BMW EfficientDynamics
Weniger Verbrauch. Mehr Fahrfreude.

Eichelmann

2013

Deutschlands Weine

Gerhard Eichelmann

Eichelmann

2013

Deutschlands Weine

930 Weingüter und 9.666 Weine

mondo Heidelberg

Der Verlag übernimmt keine Gewähr für die angegebenen Preise oder die Verfügbarkeit der Weine bei den Weinerzeugern.

Verantwortlicher Redakteur für das Rheingau:
Wolfgang Faßbender
Verantwortliche Redakteure für Pfalz und Hessische Bergstraße:
Thomas Veigel
Jens Wagner

Redaktion:
Jutta Eichelmann
Ulrike Klein-Debiasi
Alexander Zäpf

Umschlaggestaltung: www.ultrabold.com
Karte Seite 53: Deutsches Weininstitut
Herstellung, Satz: Mondo Heidelberg
Druck: TZ-Verlag & Print GmbH

Anschrift des Verlages:
Mondo Heidelberg
Bachstraße 27
69121 Heidelberg
info@mondo-heidelberg.de

ISBN 9783938839195

mondo Heidelberg

Inhalt

Autoren

Gerhard Eichelmann ist mit Wein aufgewachsen, machte aber erst über den Umweg einer internationalen Karriere als Unternehmensberater den Wein zum Hauptberuf. Er gründete 1997 den Verlag Mondo Heidelberg, führte mit der Weinzeitschrift Mondo das international übliche 100-Punkte-System für Weinbewertungen in Deutschland ein. Im Jahr 2000 veröffentlichte er die erste Ausgabe dieses Buches über deutschen Wein, das sich als Standardwerk etabliert hat.

Wolfgang Faßbender ist seit vielen Jahren freier Wein- und Gastronomiejournalist, schreibt für Medien wie die Weinwelt, das Sommelier-Magazin, Salz & Pfeffer oder die Schweizerische Weinzeitung. Er war stellvertretender Chefredakteur des Bertelsmann-Restaurantführers und hat zahlreiche regionale Gastroguides herausgegeben. Er lebt heute teilweise im Bergischen Land, teilweise in Zürich. Er verantwortet die Regionen Rheingau und Mittelrhein.

Thomas Veigel wusste schon als Jugendlicher Beerenauslesen von der Mosel zu schätzen, die ein Freund gelegentlich aus dem Keller seines Vaters besorgt hatte. Später entdeckte er die trockenen deutschen Weine, mit denen er sich seit 25 Jahren privat und beruflich als Wirtschaftsredakteur beschäftigt. Seit vielen Jahren verkostet er mit Gerhard Eichelmann, nun hat er seine Mitarbeit intensiviert und sich mit den Weinen der Pfalz und der Hessischen Bergstraße auseinandergesetzt.

Jens Wagner ist als Pfälzer Winzersohn mit Wein aufgewachsen, hat aber zunächst einen Weg außerhalb der Weinberge angestrebt. Während seines Studiums der Politik und der Geschichte in Mannheim begann er sich mit dem Thema Wein auseinander zu setzen und über Wein und Gastronomie zu schreiben, unter anderem für das Rhein-Neckar-Stadtmagazin Meier, den Gastroführer Espresso, die Rheinpfalz und Mondo. Er verantwortet die Nahe und zusammen mit Thomas Veigel die Pfalz.

Vorwort

Auf einen schlechten Jahrgang mit Spitzenweinen (2010) folgt ein eigentlich guter Jahrgang, zumindest ein etwas einfacherer Jahrgang, in dem es aber doch erstaunlich viele schwache Weine gibt. In der Spitze aber sind wir mit 2011 sehr zufrieden; nur in der Spitze.

Warum trotzdem viele Weingüter unter ihren Möglichkeiten blieben? Einige scheinen einfach zu sehr einen hohen Ertrag im Auge gehabt zu haben, was aus kommerzieller Sicht verständlich ist, nach einem ertragsschwachen Jahrgang wie 2010. Aus Sicht des Weinkritikers ist dies aber ein Ärgernis: Vielen Kollektionen fehlt es an Substanz, und das bei Winzern, die in früheren Jahrgängen schon gezeigt haben, dass sie ihr Metier beherrschen. Und gleich noch ein Ärgernis hinterher: Warum glauben viele Winzer ihre Weine mit enorm hohen Schwefeldosen beglücken zu müssen, so dass man beim Verkosten schon Kopfschmerzen bekommt und am nächsten Morgen der Schädel dröhnt?

Aber es gibt auch Erfreuliches zu berichten. Beispielsweise die Tatsache, dass jedes Jahr einige weitere ambitionierte Winzer auf biologische Bewirtschaftung umstellen, um so bessere Weine zu erzeugen. Dass Chemie immer mehr aus den Weinbergen verschwindet und auch aus den Kellern, das freut uns sehr.

In der Spitze sind wir mit den deutschen Winzern zufrieden. Und einige junge Talente haben die Chancen des Jahrgangs genutzt, so dass wir viele „Aufsteiger" auszeichnen können und viele neue Betriebe vorstellen. Absteiger und Ausschlüsse aber gibt es fast ebenso viele.

Mein Dank gilt vor allem meiner Frau Jutta, ohne die es schwer gewesen wäre, einen weiteren Verkostungssommer zu überstehen und dieses Buch rechtzeitig fertig zu stellen. Mein Dank gilt den Redakteuren dieser Ausgabe, ebenso allen, die kritisch mitverkostet haben, und den Winzern natürlich, die uns ihre Weine zur Verfügung stellten. Zu guter Letzt Frederic, der immer noch ab und an hilft beim Öffnen der Flaschen oder beim Entsorgen des Leerguts, obwohl er doch andere Dinge im Kopf hat – zum Beispiel das Abitur, auf das er sich vorbereitet.

Gerhard Eichelmann

Zum richtigen Gebrauch

In diesem Buch werden die besten deutschen Weinerzeuger und ihre Weine vorgestellt. Das Verzeichnis ist alphabetisch nach den Namen der Weingüter geordnet, wobei der für die Alphabetisierung relevante Teil des Namens durch rote Schrift gekennzeichnet ist.

1. Im Namensfeld, mit dem jeder Eintrag beginnt, finden Sie die Angaben, in welcher Region der Betrieb Weine erzeugt, und eine Qualitätseinstufung in Form von Sternen (neue Betriebe erhalten maximal 2 Sterne).

Grundlage der Beurteilung ist die Gesamtleistung des Weinguts in den letzten drei Jahren. Es bedeuten:

★★★★★	Weltklasse, internationales Spitzenweingut
★★★★	Hervorragendes Weingut
★★★	Sehr gutes Weingut
★★	Gutes Weingut
★	Überdurchschnittliches, zuverlässiges Weingut
☆	Ein weißer Stern hinter den schwarzen Sternen zeigt die Zwischenstufe zwischen zwei Kategorien an.

2. Nach dem Namensfeld folgen weitere Angaben zum Weingut wie Adresse, Telefon- und Faxnummer, ggf. E-Mail-Adresse und Webseite im Internet. Dazu der Name des Inhabers, ggf. Geschäftsführer und Mitgliederzahl einer Genossenschaft, Größe der Rebfläche in Hektar, sowie zusätzliche Informationen, die für einen Besucher von Interesse sind (Öffnungszeiten, Weinstube, Gästezimmer u. a.).

Darüber hinaus bedeuten die Symbole

- zertifiziert biologisch arbeitender Weingut
- Weingut ist in diesem Jahr neu im Buch

3. Die Weine eines Weinguts werden aufgeführt in der Reihenfolge

Sekte
Weißweine (in der Abfolge trocken, halbtrocken, süß)
Rosés/Weißherbste
Rotweine

4. Die Vorstellung der einzelnen Weine folgt dem Schema

Jahrgang und Rebsorte (oder „Name“) des Weins
Prädikatsstufe (Kabinett, Spätlese, Auslese, Beerenauslese, Trockenbeerenauslese, Eiswein) oder weitere gesetzlich geregelte Bezeichnungen wie Classic, Selection, Erstes Gewächs
Ausbauart (trocken, halbtrocken)
Zusatzbezeichnung (z.B. Goldkapsel)
Lage

Alle nicht gesetzlich geregelten Termini sind in Anführungszeichen gesetzt, z.B. „GG“, „feinherb“, aber: Erstes Gewächs, halbtrocken.

Der Übersichtlichkeit zuliebe wird auf die Bezeichnung „Qualitätswein“ oder „QbA“ verzichtet. Ebenso wird bei roten Rebsorten auf den Zusatz „Rotwein“ verzichtet.

Hinweis: Bisweilen ist eine betriebsinterne Klassifikation in Form von Sternen Bestandteil eines Weinnamens. Diese Sterne haben nichts mit einer Bewertung unsererseits zu tun.

5. Die Weinbewertung erfolgt nach dem international üblichen 100-Punkte-System:

95 bis **100**	großartig, Weltklasse
90 bis **94**	hervorragend
85 bis **89**	sehr gut
80 bis **84**	gut
75 bis **79**	durchschnittlich
70 bis **74**	unterdurchschnittlich
60 bis **69**	deutliche Mängel
50 bis **59**	völlig ungenügend

88+	Wein mit Entwicklungspotenzial
88+?	Wein womöglich mit Entwicklungspotenzial
88*	Unseres Erachtens hatte der Wein zum Zeitpunkt der Verkostung seinen Höhepunkt bereits überschritten
(88)	Fass- oder Tankprobe, keine endgültige Bewertung

6. Preise

5,20 €	Die angegebenen Preise sind Endverbraucherpreise ab Weingut, so wie sie uns von den Weinerzeugern übermittelt wurden.
4,70 €	Schnäppchen
ohne Preis	uns wurde kein Endverbraucherpreis mitgeteilt

Die Weingüter des Jahres

Die Preisträger 2013

Beste Weißweinkollektion:	Weingut Rainer Sauer
Beste Rotweinkollektion:	Weingut Dr. Heger
Beste edelsüße Kollektion:	Weingut Schloss Lieser
Aufsteiger des Jahres:	Weingut Landgraf
Klassiker:	Morstein Westhofen Weingut Wittmann
Bester Riesling 2002:	Monzinger Halenberg Weingut Emrich-Schönleber
Bester Spätburgunder 2002:	Spätburgunder Centgrafenberg Weingut Rudolf Fürst
Sonstige Rotweine 2002:	Lemberger „S" Weingut Dautel

Zu unseren Weinen empfehlen wir
Original SELTERS, den zertifizierten Weinbegleiter
Anette Closheim
Weingut Closheim
Nahe
Theresa Breuer
Weingut Georg Breuer
Rheingau
Johannes Graf
von Schönburg-Glauchau
Weingut Schloss Westerhaus
Rheinhessen
Carmen Krück
Weingut Werner Krück
Pfalz
SELTERS
Der Ursprung guten Geschmacks
SELTERS Leicht
Dezent feinperlend der perfekte Begleiter zu trockenen Weißweinen mit ausgeprägter Säure, aus z. B. Riesling, Weißburgunder und leichten Rotweinen aus z. B. Pinot Noir
SELTERS Naturell
Lässt mit zurückhaltender Stille kraftvolle, körperreiche Weiß- und Rotweine, wie z. B. Barrique-Weine bestens zur Geltung kommen
SELTERS Classic
Mit seinem ausgewogenen Kohlensäuregehalt ideal zu milderen Rebsorten wie z. B. Gutedel, Silvaner, Grauburgunder und edelsüßen Weinen
Hochschule RheinMain
Fachbereich Geisenheim
DEUTSCHES WEININSTITUT
SELTERS
GENERATION RIESLING
Rheingau
Original SELTERS ist exklusiver Partner der Sommelier Union Deutschland, des Deutschen Weininstitutes, der Generation Riesling und des Rheingauer-Weinverbandes.
Detailinformationen zur wissenschaftlichen Studie der Hochschule RheinMain/Fachbereich Geisenheim finden Sie unter www.selters.de

Beste Rotweinkollektion

Weingut

Dr. Heger

Ihringen

Die Preisträger der Vorjahre

2012	Weingut Meyer-Näkel (Ahr)
2011	Weingut Rudolf Fürst (Franken)
2010	Weingut Franz Keller (Baden)
2009	Weingut Jean Stodden (Ahr)
2008	Weingut Jürgen Ellwanger (Württemberg)
2007	Weingut Bernhard Huber (Baden)
2006	Weingut Seeger (Baden)
2005	Weingut Jacob Duijn (Baden)
2004	Weingut Knipser (Pfalz)
2003	Weingut Bercher (Baden)

Eichelmann 2013

WEINGUT DES JAHRES

BESTE ROTWEINKOLLEKTION

Weingut

Dr. Heger

Ihringen

Faszination Pinot: Immer feiner und komplexer sind Joachim Hegers Spätburgunder geworden in den letzten Jahren, immer burgundischer, die vom Winklerberg ebenso wie die vom Schlossberg.

mondo Heidelberg

Beste Weißweinkollektion

Weingut

Rainer Sauer

Escherndorf

Die Preisträger der Vorjahre

2012	Weingut Hermann Dönnhoff (Nahe)
2011	Weingut Knipser (Pfalz)
2010	Weingut Wittmann (Rheinhessen)
2009	Weingut Luckert Zehnthof (Franken)
2008	Weingut Emrich-Schönleber (Nahe)
2007	Weingut Josef Leitz (Rheingau)
2006	Weingut Klaus Keller (Rheinhessen)
2005	Weingut Wittmann (Rheinhessen)
2004	Weingut Andreas Laible (Baden)
2003	Weingut Clüsserath-Weiler (Mosel)

Eichelmann 2013

WEINGUT DES JAHRES

BESTE WEISSWEINKOLLEKTION

Weingut

Rainer Sauer

Escherndorf

Wer sich für Silvaner interessiert, der kommt an ihm nicht vorbei, und wer sich bisher noch nicht für Silvaner interessiert, der sollte nach Escherndorf fahren, Rainer Sauer besuchen.

mondo Heidelberg

Beste edelsüße Kollektion

Weingut

Schloss Lieser

Lieser

Die Preisträger der Vorjahre

2012	Weingut Markus Molitor (Mosel)
2011	Weingut Schäfer-Fröhlich (Nahe)
2010	Weingut Horst Sauer (Franken)
2009	Weingut Robert Weil (Rheingau)
2008	Weingut Clemens Busch (Mosel)
2007	Weingut Zilliken (Mosel)
2006	Weingut Markus Molitor (Mosel)
2005	Weingut Peter Jakob Kühn (Rheingau)
2004	Weingut Klaus Keller (Rheinhessen)
2003	Weingut Klaus Keller (Rheinhessen)

Eichelmann 2013

WEINGUT DES JAHRES

BESTE EDELSÜSSE KOLLEKTION

Weingut

Schloss Lieser

Lieser

Großes Kino präsentiert Thomas Haag: Alle Weine faszinieren mit Finesse und Eleganz, mit reintöniger Frucht, mit Komplexität und viel Länge. So soll Mosel sein!

mondo Heidelberg

Aufsteiger des Jahres

Weingut

Landgraf

Saulheim

Die Preisträger der Vorjahre

2012	Weingut Joh. Bapt. Schäfer (Nahe)
2011	Weingut von Winning (Pfalz)
2010	Weingut Raumland (Rheinhessen)
2009	Weingut Kühling-Gillot (Rheinhessen)
2008	Weingut Melsheimer (Mosel)
2007	Weingut Wagner-Stempel (Rheinhessen)
2006	Weingut Philipp Kuhn (Pfalz)
2005	Weingut Sybille Kuntz (Mosel)
2004	Weingut Schnaitmann (Württemberg)
2003	Weingut Flick (Rheingau)

Eichelmann 2013

WEINGUT DES JAHRES

AUFSTEIGER DES JAHRES

Weingut
Landgraf
Saulheim

Bei Andre Landgraf stimmt alles, und es geht stetig voran: Die Gutsweine sind klar und fruchtbetont, die Ortsweine kraftvoller und fülliger, die Lagenweine besitzen Substanz und Struktur.

mondo Heidelberg

Klassiker

Morstein Westhofen Riesling „GG"

Weingut Wittmann, Westhofen

Die Klassiker der Vorjahre

2012	Riesling „GG" Idig Königsbach Weingut Christmann (Pfalz)
2011	Weißburgunder „GG" Feuerberg Burkheim Weingut Bercher (Baden)
2010	Riesling Berg Schlossberg Rüdesheim Weingut Georg Breuer (Rheingau)
2009	Riesling Spätlese Niederhäuser Hermannshöhle Weingut Hermann Dönnhoff (Nahe)
2008	Grauburgunder Spätlese*** trocken Achkarrer Schlossberg Weingut Michel (Baden)
2007	Riesling Auslese „R" trocken Kallstadter Saumagen Weingut Koehler-Ruprecht (Pfalz)
2006	Spätburgunder „R" Centgrafenberg Weingut Rudolf Fürst (Franken)
2005	Weißburgunder Mandelberg Kirrweiler Weingut Bergdolt St. Lamprecht (Pfalz)
2004	Riesling Erstes Gewächs Kiedrich Gräfenberg Weingut Robert Weil (Rheingau)

Eichelmann 2013

KLASSIKER

MORSTEIN WESTHOFEN

RIESLING „GG“

Weingut

Wittmann

Westhofen

Seit über einem Jahrzehnt gehört er Jahr für Jahr zu den faszinierendsten Rieslingen Deutschlands, ist reintönig und komplex, saftig und konzentriert, lang und nachhaltig.

mondo Heidelberg

Bester Riesling 2002

Riesling Auslese trocken
Monzinger Halenberg

Weingut Emrich-Schönleber

Die Jury: Wolfgang Fassbender, Heinz Feller, Harald Stelz, Thomas Veigel, Jens Wagner und Gerhard Eichelmann

Eichelmann 2013

BESTER RIESLING 2002

Riesling Auslese trocken
Monzinger Halenberg

Weingut
Emrich-Schönleber
Monzingen

Jahr für Jahr begeistert uns der Riesling aus dem Halenberg, Jahr für Jahr gehört er zu den großen Rieslingen Deutschlands. 10 Jahre später ist das immer noch so: Riesling in Perfektion.

mondo Heidelberg

Bester Spätburgunder 2002

Spätburgunder „R“
Bürgstadter Centgrafenberg

Weingut Rudolf Fürst

Die Jury: Heinz Feller, Manfred Maser, Martin Schwegler, Harald Stelz, Thomas Veigel, Jens Wagner und Gerhard Eichelmann

Eichelmann 2013

BESTER SPÄTBURGUNDER 2002

Spätburgunder „R"
Bürgstadter Centgrafenberg

Weingut
Rudolf Fürst
Bürgstadt

Faszinierend reintönig und komplex, frisch und elegant, konzentriert und fein, lang und nachhaltig. Die Formel lautet: Paul Fürst + Centgrafenberg = Pinot pur!

mondo Heidelberg

Bester sonstiger Rotwein 2002

Lemberger „S“

Weingut Dautel

Die Jury: Heinz Feller, Manfred Maser, Martin Schwegler, Thomas Veigel, Jens Wagner und Gerhard Eichelmann

Eichelmann 2013

BESTER
SONSTIGER ROTWEIN 2002

Lemberger „S"
Trocken

Weingut
Karl Dautel
Bönnigheim

Der Lemberger „S" von Ernst Dautel begeistert: Er präsentiert sich reintönig und kraftvoll, besitzt Druck und viel reife Frucht, gute Struktur und Substanz.

mondo Heidelberg

Zur Entstehung dieses Buches

Auswahl der Weingüter

Bei in Deutschland etwa 14.000 Betrieben mit eigener Vermarktung, kann ein Buch über deutschen Wein natürlich nur eine kleine Auswahl der Weinerzeuger vorstellen. Wie kam also die Auswahl der hier vorgestellten Betriebe zustande? Natürlich orientieren wir uns zunächst am Vorjahr, alle Erzeuger, die im Vorjahr vorgestellt wurden, werden wieder gebeten Weine einzureichen. Ergänzt werden diese Betriebe durch Erzeuger, die von Freunden, aber auch von Lesern empfohlen wurden. Dazu kommen Betriebe, von denen wir auf verschiedenen Veranstaltungen, wie zum Beispiel Weinmessen, einzelne interessante Weine verkostet haben. So sind über 1100 Weinerzeuger in die Vorauswahl gekommen. Von diesen Betrieben haben wir jeweils einen Querschnitt ihrer Kollektion verkostet, das heißt meist zwischen sechs und zwölf Weine je Erzeuger. Aufgrund der Verkostungsergebnisse werden alle diejenigen Betriebe für dieses Buch ausgewählt, die eine deutlich überdurchschnittliche Gesamtleistung boten. Die Betonung liegt auf Gesamtleistung. Denn es gibt immer auch Betriebe mit allzu großen Schwankungen, die zwar einzelne sehr gute Weine haben, aber auch allzu viele unbefriedigende Weine. Bei den in diesem Buch aufgeführten Betrieben werden alle verkosteten Weine vorgestellt, auch Weine mit schwächerer Bewertung. Es wird also keine Betriebsleistung durch Weglassen einzelner Weine „beschönigt". Schon im Vorjahr vorgestellte Weine sind nur dann wieder aufgeführt, wenn sie in diesem Jahr erneut verkostet wurden.

Verkostung der Weine

Das Gros der Weine wird von Ende April bis Anfang Oktober in Blindproben verkostet. Dabei werden die Weine nicht nach Erzeugern, sondern nach Rebsorten und Weintypen (z.B. trocken, halbtrocken, süß) gruppiert und verkostet, ohne dass der Erzeuger erkenntlich ist. Der Preis der Weine spielt für die Gruppierung keine Rolle. Bei allen so verkosteten Weinen werden die AP-Nummern (amtliche Prüfnummern) erfasst. Ein kleiner Teil der Weine wird „offen" verkostet bei Besuchen bei Winzern. Von diesen solchermaßen verkosteten Weinen werden einige dann ein zweites Mal „blind" verkostet. Es werden aktuelle Weine vorgestellt. Dies heißt nicht zwangsläufig den letzten Jahrgang, sondern Weine, die aktuell im Verkauf sind. Ganz bewusst stellen wir darüberhinaus von Erzeugern, die ihre Weine auf längere Reifung anlegen oder spät in den Verkauf bringen, auch Weine aus zurückliegenden Jahrgängen vor. Einzelne Fass- oder Tankproben werden vorgestellt, sind aber als solche gekennzeichnet. Wenn die Weine bei uns eintreffen, werden sie ausgepackt. Anhand des – meist – beiliegenden Datenblattes wird jeder einzelne Wein überprüft ob Jahrgang stimmt, Lagenbezeichnung, AP-Nummer etc. (auf dem Datenblatt fragen wir auch die erzeugte Menge der Weine ab, die wir aber ebenso wie die AP-Nummern zwar erfassen, aber aus Gründen der Übersichtlichkeit nicht mit den Weinbewertungen veröffentlichen). Dann wird der Restzucker auf dem Etikett vermerkt und der Wein kommt in eine „Box" zu anderen, vergleichbaren Weinen. Entscheidend für die Zuordnung der Weine sind zunächst Region, Rebsorte und Ausbauart. Beispiel: Wir erhalten eine trockene Riesling Spätlese aus der Pfalz. Die Zuordnung ist klar. Region: Pfalz. Rebsorte: Riesling. Ausbauart: Trocken. Nun wissen wir aber, dass wir mehr trockene Rieslinge aus der Pfalz erhalten, als wir in einer Verkostung probieren können. Deshalb erfolgt in einem solchen Fall eine weitere Unterscheidung. Hier, im Falle des trockenen Rieslings, anhand des Alkoholgehaltes, nicht anhand der Prädikatsstufe. Auch in einer Verkostung von trockenen Weinen werden die Proben immer nach aufsteigendem Alkoholgehalt gestellt. Das heißt ein Qualitätswein mit 12,5 Prozent Alkohol kann neben einer trockenen Auslese mit gleichem Alkoholgehalt stehen. Anders bei süßen Weinen. Bei süßen Weinen ist der Restzucker der Weine maßgeblich für die Anordnung in der Probe.

Betriebsbeurteilung

Die Betriebsbeurteilung in diesem Buch nimmt eine Bewertung der aktuellen Leistungsfähigkeit der Weingüter anhand ihres Gesamtprogramms vor. Von den meisten aufgeführten Weingütern konnten nur mehr oder weniger große Teile des Gesamtprogramms verkostet werden. Vom Gros der Betriebe werden zwischen 6 und 12 Weine verkostet, das heißt nur ein Ausschnitt der Produktion. Diesen Ausschnitt ihrer Produktion haben die Betriebe selbst ausgewählt und zugeschickt (ein kleiner Teil der Weine, weniger als ein Prozent, wird von uns am Markt zugekauft). Bei jeder Gesamtbeurteilung muss also berücksichtigt werden, inwieweit die verkosteten Weine tatsächlich – wie gewünscht – einen Querschnitt des Gesamtprogramms der Weinerzeuger darstellen. Da dieses Buch als Einkaufshilfe für Weinfreunde gedacht ist, geht es um die aktuelle Leistungsfähigkeit der Weinerzeuger, nicht um historische Verdienste oder frühere große Weine, die schon lange nicht mehr im Verkauf sind. Für diese Betriebsbeurteilung werden folglich nur die drei letzten Jahrgänge herangezogen, wobei die Leistung im aktuellen Jahrgang am stärksten gewichtet wird. Sicherlich kann ein Winzer mit einem schwierigen Jahrgang einmal weniger gut zurechtkommen. Aber wer drei Jahrgänge hintereinander „verhaut", der hat nichts in einem Buch der besten deutschen Erzeuger verloren. Das heißt dann selbstverständlich auch, dass es von Jahr zu Jahr Veränderungen in der Betriebsbeurteilung geben kann, ja muss. Eine solche Betriebsbeurteilung will aktuell sein und stellt folglich nicht den Anspruch, eine auf Jahre hinaus gültige, starre Klassifikation zu sein, wie beispielsweise die berühmte Klassifikation der Weingüter in Bordeaux. Neben der aktuellen Leistungsfähigkeit ist es wichtig, das Gesamtprogramm der Erzeuger zu betrachten, nicht einzelne Weine oder Weintypen. Leider befasst sich die Weinkritik in letzter Zeit immer mehr nur mit einzelnen Spitzenweinen, die herausgestellt werden (meist edelsüße Weine oder aber Barriqueweine). Ohne darauf zu achten, ob es diese Weine wirklich auch in „vernünftigen" Mengen gibt, und ob sie auch tatsächlich im Verkauf sind. Der Trend hin zu solchen „Mikrovinifikationen" ist Augenwischerei. Aber solange die gewünschte Wirkung erzielt wird, kann man es den Winzern nicht verdenken, dass sie versuchen mit solchen Weinen bekannt zu werden und Auszeichnungen zu gewinnen. Immer, wenn wir eindrucksvolle Weine verkosten, versuchen wir vom Winzer zu erfahren, wie viele Flaschen es davon gibt. Und leider allzu oft bekommen wir Antworten wie „...ein Barrique". Das Gesamtprogramm eines Weinerzeugers zu beurteilen heißt ein Urteil über seine sämtlichen Weine abzugeben, über trockene und süße, halbtrockene und edelsüße Weine. Wenn einer nur edelsüße Weine macht, und diese Weine sind alle Top – Spitze! Wenn einer aber zehn edelsüße Weine in Kleinstmengen erzeugt, die nicht einmal 5 Prozent seiner Produktion ausmachen, diese zehn alle verkosten lässt – Spitze? Das lässt sich wohl erst dann sagen, wenn man auch den Rest des Programms kennt. Wir haben dieses Problem sehr oft mit Weinkennern diskutiert, die uns einzelne Winzer als die Topwinzer in einer Region empfohlen haben. Wenn wir dann einwarfen, dass aber – als Beispiel – die trockenen Weine dieses Winzers alles andere als großartig seien, kam sehr häufig die Entgegnung: „ja klar, die trockenen, die kann man vergessen, aber die Auslesen sind großartig!" Worauf wir meist entgegneten: „Aber wenn man 60 Prozent der Weine dieses Winzers „vergessen" kann, kann dies denn dann ein Top-Winzer sein?" Beurteilt man einen Betrieb nun nach seinen Spitzen oder nach dem gesamten Programm? Wir beurteilen das Gesamtprogramm, auch wenn nicht jedem Winzer dies gefallen wird. Aber die Größe eines Winzers zeigt sich an seinem kleinsten Wein. In diesem Buch wird die Gesamtleistung der Erzeuger mit Sternen bewertet. Bei Betrieben, bei denen Zweifel bestehen, ob die vorgestellten Weine tatsächlich einen Querschnitt des Programms darstellen, wird sehr „vorsichtig" und zurückhaltend bewertet (wenn beispielsweise ein Weingut zu 90 Prozent trockene Weine erzeugt, aber zu 90 Prozent edelsüße Weine eingeschickt werden).

Weinbeschreibungen

Lange Zeit hatten wir jeden einzelnen Wein beschrieben. Über die Jahre hinweg kamen immer mehr Weingüter ins Buch, aus Platzgründen mussten wir nach und nach darauf verzichten, alle Weine zu beschreiben. Zuletzt haben wir nur noch Weine mit einer gewissen Mindestpunktzahl beschrieben und/oder die am besten bewerteten Weine eines Betriebs. Dadurch wurden oft die (mengenmäßig) wichtigen Weine nicht beschrieben, z.B. die Gutsrieslinge. Was wir Schade fanden. Deshalb haben wir uns entschlossen, den Beschreibungen stärkeres Gewicht zu verleihen und sie in die Weingutportraits einfließen zu lassen. Auf Angaben zur Lagerfähigkeit der einzelnen Weine verzichten wir ganz bewusst, da wir glauben, dass jeder Weinfreund selbst am besten weiß, in welchem Reifestadium er welchen Wein bevorzugt. Kauft man größere Mengen eines Weines, so empfiehlt es sich, hin und wieder eine Flasche davon zu öffnen, um die Entwicklung zu verfolgen und für sich entscheiden zu können, ob und wann der optimale Trinkzeitpunkt gekommen ist.

Weinkritik

Weinkritik hat zwei Kriterien zu erfüllen: Sie muss in sich konsistent und sie muss nachvollziehbar sein. Konsistenz des Urteils heißt, dass man beispielsweise zwei sehr ähnliche Weine auch ähnlich bewertet, unabhängig vom Namen des Erzeugers. Konsistenz des Urteils heißt aber auch, dass man in zeitnahen Verkostungen den selben Wein identisch oder weitestgehend identisch bewertet. Alles andere ist Scharlatanerie. Abweichungen können sich ergeben, wenn man den selben Wein in einem größeren zeitlichen Abstand, zum Beispiel nach zwei Jahren, erneut verkostet. Das zweite Kriterium, die Nachvollziehbarkeit des Urteils, kann nur dadurch gewährleistet sein, dass man das Urteil begründet in dem man die Weine entweder einzeln oder in Bezug zueinander beschreibt. Der Umfang und die Sprache der Weinbeschreibung hängen prinzipiell von zwei Kriterien ab: Für wen schreibt man und wie viel Platz steht zur Verfügung. Für Önologen oder Sommeliers kann man Weine anders beschreiben als für Weinliebhaber ohne fachliche Vorkenntnisse. Genauso muss man danach differenzieren, ob man beispielsweise auf einer Buchseite nur einen Wein vorstellt, oder aber zwanzig Weine.

Warum Blindproben?

Blindproben sind keine notwendige Bedingung für seriöse Weinkritik, dies sind allein Konsistenz und Nachvollziehbarkeit des Urteils. Bei allen Weinwettbewerben weltweit haben sie sich aber als probates Mittel etabliert, um zu gewährleisten, dass jeder Wein die gleiche Chance hat. Aber vielleicht ist dies ja manchmal nicht erwünscht, so dass es immer noch Weinkritiker gibt, die lieber offen verkosten. Vielleicht ist der Grund dafür auch nur ein Mangel an Vertrauen in die eigenen Fähigkeiten als Verkoster. Wann immer wir die Wahl haben entscheiden wir uns für Blindproben, weil uns das Verkosten dadurch einfacher wird: Man kann sich ganz auf den Wein konzentrieren. Verkostet man „offen", muss man sich viel mehr darauf konzentrieren, dass nichts von dem, was man über den Wein weiß – z.B. wie der Wein im letzten Jahr geschmeckt hatte und bewertet wurde – das Urteil beeinflusst.

Die Mondo-Klassiker-Bibliothek

Marcel Reich-Ranicki hat seinen Kanon herausragender Werke der deutschen Literatur seit 2002 in fünf Teilen herausgebracht, seine „Klassiker-Bibliothek". Da unser Schaffen in einer Rezension einmal mit dem von Reich-Ranicki verglichen wurde, liegt es also nahe, dass auch wir unseren Kanon großer deutscher Weine veröffentlichen, unsere „Mondo-Klassiker-Bibliothek".

Jedes Jahr ein Klassiker

Seit Jahren schon zeichnen wir jedes Jahr einen Wein als „Klassiker" aus, einen Wein, der zum einen Jahr für Jahr hohe Qualität bietet, zum anderen aber auch Jahr für Jahr ein klares Profil zeigt und als Klassiker, als Prototyp seiner Rebsorte und Region gelten kann. Solche Klassiker zeichnen sich darüber hinaus durch ihre Langlebigkeit aus, was sie am besten in Vertikalverkostungen unter Beweis stellen können. Solche Klassiker sind für uns „große Weine", und die Weinberge, in denen sie wachsen, folglich große Lagen. Punkt.

Centgrafenberg Bürgstadt

Spätburgunder „R“

Weingut Rudolf Fürst

Der Centgrafenberg in Bürgstadt ist ein in 160 bis 250 Meter Höhe gelegener Südhang mit einer Steigung von 10 bis 40 Prozent, teilweise terrassiert. Der Boden besteht aus verwittertem Buntsandstein mit teilweise tonigem Grund und unterschiedlicher Lössauflage. Seit Jahrhunderten werden hier rote Burgunder angebaut, heute aber setzt Paul Fürst Maßstäbe für Früh- und Spätburgunder, nicht nur für Franken, sondern für Deutschland.

WEINGUT BERCHER · BURKHEIM

SEIT 1457

Feuerberg 1er

WEISSER BURGUNDER GG

Kaiserstuhl

Feuerberg Burkheim

Weißer Burgunder GG

Weingut Bercher

Der Feuerberg in Burkheim liegt in 230 bis 240 Meter Höhe am Kaiserstuhl. Der Boden besteht aus Vulkanverwitterungsgestein mit Lössauflagen, aufgrund dieses vulkanischen Ursprungs erhielt er seinen Namen Feuerberg. Burgunder jeder Couleur fühlen sich hier wohl, wie man an den Weinen von Arne und Martin Bercher erkennen kann, Jahr für Jahr faszinieren die Spätburgunder, die Grauburgunder und die wunderschön eleganten Weißburgunder vom Feuerberg.

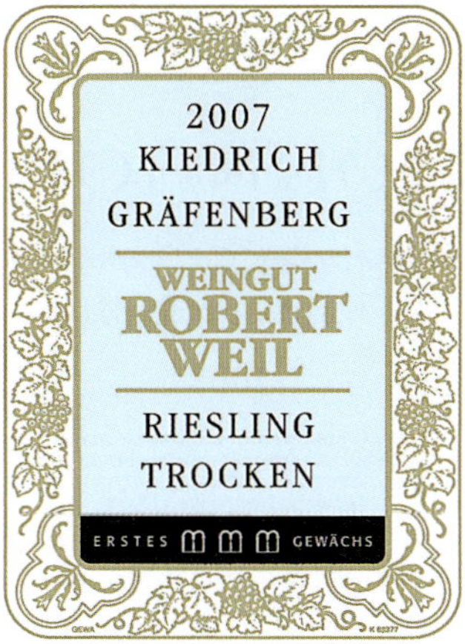

Gräfenberg Kiedrich

Riesling trocken Erstes Gewächs

Weingut Robert Weil

Im 12. Jahrhundert als Berg des Rheingrafen bezeichnet, findet sich erstmals 1258 die Bezeichnung Grevenberg urkundlich belegt. Bis 1803 gehörte der Gräfenberg größtenteils dem Kloster Eberbach, heute ist das Weingut Robert Weil größter Besitzer. Der Boden ist mittel- bis tiefgründig und mit Lösslehm durchsetzt, Phyllite bilden den hohen Gesteinsanteil. Riesling hat hier eine Heimat gefunden, erbringt Spitzen als trockenes Erstes Gewächs, aber auch in edelsüßer Form.

Hermannshöhle Niederausen

Riesling Spätlese

Weingut Hermann Dönnhoff

Die Böden der auch optisch markanten Lage – ein in einer Höhe von 130 bis 175 Meter nach Süd bis Südwest ausgerichteter kegelförmiger Hügel in einer Biegung der Nahe direkt gegenüber Oberhausen – bestehen aus Grauschieferverwitterung, durchsetzt mit vulkanischem Eruptivgestein, Porphyr, Kalkstein und steinig-grusigen Lehmen. Helmut Dönnhoff erzeugt hier eine Jahr für Jahr faszinierende Spätlese – und ein ebenso faszinierendes trockenes Großes Gewächs.

Idig Königsbach

Riesling GG

Weingut Christmann

In einer Urkunde aus dem Jahr 1346 wird erstmals ein „Weingarten im Idischen" in Königsbach erwähnt. Heute umfasst die Lage Königsbacher Idig 7 Hektar, eine 4 Hektar große arrondierte Fläche gehört Steffen Christmann, der seinen Weinberg biodynamisch bewirtschaftet. Der Idig ist ein relativ steiler Südhang, die Kessellage zusammen mit dem Boden aus tertiärem Kalkmergel ergibt kraftvolle, komplexe Rieslinge mit Wiedererkennungswert.

Mandelberg Kirrweiler

Weißburgunder GG

Weingut Bergdolt St. Lamprecht

Als Riedel bezeichnet man die in Ost-West-Richtung verlaufenden Höhenzüge, die die pfälzische Rheinebene prägen. Der Kirrweiler Mandelberg liegt an der Südseite eines solchen Riedels. Der extrem kalkhaltige Boden mit Lössablagerung bietet beste Voraussetzungen für große Burgunder – die Weißburgunder des Weinguts Bergdolt St. Lamprecht zeigen dies Jahr für Jahr, am brillantesten das Große Gewächs.

Saumagen Kallstadt

Riesling Auslese trocken R

Weingut Koehler-Rupprecht

Der Saumagen ist unter diesem Namen schon seit über 200 Jahren bekannt, woher der Name rührt ist umstritten; im deutschen Weingesetz 1971 wurde er als (wenn auch kleine) Großlage definiert. Es ist ein nach Süd-Südost ausgerichteter Hang mit bis zu 25 Prozent Steigung. Der Boden besteht vor allem aus Lösslehm und Kalkmergel. Die trockenen Rieslinge aus dem Saumagen sind präzise, mineralisch und nachhaltig – und enorm langlebig.

Schlossberg Achkarren

Grauer Burgunder*** Spätlese trocken

Weingut Michel

Der steile Süd-Südwesthang über dem Ort Achkarren ist nach einem im 13. Jahrhundert errichteten Schloss benannt. Der sehr steinhaltige Boden besteht aus Vulkanverwitterungsgestein mit hoher Wärmespeicherfähigkeit schafft zusammen mit der Kessellage ein einzigartiges Mikroklima, das feurige, lebhafte Weine hervorbringt wie die immer faszinierend reintönigen Grauburgunder von Josef Michel.

Berg Schlossberg Rüdesheim

Riesling

Weingut Georg Breuer

Der Berg Schlossberg ist ein nach Süden ausgerichteter Steilhang mit Böden aus Quarzit und rotem Schiefer. Er hat seinen Namen von der Burg Ehrenfels, die Anfang des 13. Jahrhunderts von den Mainzer Erzbischöfen als Schutz- und Zollburg errichtet wurde und inmitten der Weinberge des Schlossbergs liegt. Schlossberg-Rieslinge sind rassig, kraftvoll und mineralisch, enorm nachhaltig und langlebig.

Morstein Westhofen

Riesling „GG“

Weingut Wittmann

Der Morstein, urkundlich erstmals 1282 erwähnt, besteht im Untergrund aus massivem Kalkfelsen, die obere Schicht besteht meist aus schwerem Tonmergel mit Kalksteineinlagen. 5 Hektar besitzen Günter und Philipp Wittmann im südöstlich geneigten Teilstück des Morstein. Bereits Mitte der Achtziger Jahre begann Günter Wittmann mit der Umstellung auf biologischen Weinbau, heute werden alle Weinberge biodynamisch bewirtschaftet.

Riesling: Jahrgang 2002

Die Jury war euphorisch, bewertete ganze Serien von Weinen durchweg mit 90 Punkten und mehr. Wir hatten ja immer schon gesagt, dass 2002 ein großer Rieslingjahrgang ist, und einzelne in den letzten Jahren verkostete Weine bestätigten dies. Von dem dann so durchgängig hohen Niveau waren wird dann aber doch überrascht.

Déjà-Vu: Halenberg

Diese Probe hätte viele würdige Sieger gehabt, so viele außergewöhnliche Weine haben wir verkostet, sehr viele hätten den Sieg verdient. Dass es dann ausgerechnet – und wieder ganz knapp, nach Dekantieren und „Kampfabstimmung" – den gleichen Sieger gab wie im Vorjahr, war eigentlich nicht gewollt. Aber es war eben so. Und dass die trockene Auslese von Werner Schönleber aus dem Halenberg, heute das Große Gewächs, ein würdiger Sieger ist, steht außer Frage.

Pechstein

Danach folgte ein starkes Pfälzer Trio, knapp geschlagen. Dass der knapp geschlagene Zweitplazierte Riesling aus dem Pechstein in Forst kommt, wundert uns nicht, vor allem, nachdem wir in diesem Jahr in Wiesbaden bei der Vorpremiere der 2011er Großen Gewächse des VDP den gesamten Pechstein-Flight als grandios empfanden. Dass dann unser zweitplatzierter Riesling nicht von einem VDP-Betrieb stammt, sondern von einem Weingut, das gerade erst in das Junge-Talente-Programm des Pfälzer VDP aufgenommen wurde, erstaunte manches Jury-Mitglied dann doch. Uns weniger, denn wir schätzen das Weingut Heinrich Spindler seit unserer ersten Ausgabe, zählen es, mit 4 Sternen bewertet, zu den hervorragenden Weingütern Deutschlands. Und haben nicht zum ersten Mal erlebt, dass seine Weine sich hervorragend entwickeln, hatte doch erst im Frühjahr dieses Jahres bei einer umfangreichen 2004er Verkostung das Forster Ungeheuer dieses Weingutes einen hervorragenden zweiten Platz belegt; ein Wein übrigens, den es damals für 8,50 Euro zu kaufen gab; der Pechstein hatte zwei Jahre zuvor ganze 8 Euro gekostet.

Hohenmorgen + Idig

Nicht ganz so bekannt wie der Pechstein ist der Hohenmorgen im Forster Nachbarort Deidesheim. Was wohl damit zusammenhängt, dass der Deidesheimer Hohenmorgen recht klein ist, keine 3 Hektar groß, aufgeteilt auf drei Weingüter, darunter Bürklin-Wolf mit unserem drittplatzierten Wein. Der nächste Name erstaunt nicht: Idig, in Königsbach, vom Weingut Christmann, schließlich haben wir diesen Wein schon in unsere Mondo-Klassiker-Bibliothek aufgenommen, was schlicht heißt: Deutscher Grand Cru.

Württemberg + Rheinhessen + Franken

Nicht nur die Pfalz und die Nahe waren top, auch andere deutsche Weinbauregionen offenbarten ihr Rieslingpotenzial. So Württemberg mit dem Wein von Ernst Dautel aus dem Sonnenberg in Bönnigheim, der heute als Großes Gewächs firmiert. Oder Rheinhessen mit zwei bärenstarken Rieslingen von Klaus Peter Keller, den Weinen aus Kirchspiel und Hubacker. „Best of Franken" war der Riesling vom Weingut Hans Wirsching aus dem Iphöfer Julius-Echter-Berg, was uns auch nicht weiter überraschte, hatten wir uns doch erst letztes Jahr anhand einer Vertikalprobe vom Potenzial dieses Weines – und der Lage – überzeugen können.

Und noch mehr Pfälzer...

Ja, die Pfalz hat eine glänzende Rolle gespielt in dieser Verkostung, mit einer ganzen Reihe weiterer, hoch bewerteter Rieslinge. Der beste Südpfälzer kommt aus dem Sonnenschein in Siebeldingen und stammt von Hansjörg Rebholz – keine Überraschung. Der nächste Pfälzer stammt aus dem bekannten Saumagen in Kallstadt, die einzige Überraschung ist vielleicht, dass er von dem nicht ganz so bekannten Weingut Benderhof stammt. Dann gibt es da noch einen Riesling aus dem Reiterpfad in Ruppertsberg, ein weiteres Mal von Bürklin-Wolf, und, ex equo, einen Wein von Reichsrat von Buhl, ebenfalls aus dem Reiterpfad. Dicht dahinter folgen zwei weitere Südpfälzer, der Calvus Mons von Sven Leiner und der Sonnenberg (heute Großes Gewächs) von Thomas Siegrist, dann der Burgweg von Philipp Kuhn und Hansjörg Rebholz mit einem weiteren, ganz starken Riesling, dem aus dem Kastanienbusch. Ganz stark bewertet wurde ein weiterer Kastanienbusch-Riesling, der von Gies-Düppel, dazu Bergdolt mit einer Spätlese aus dem Kalkberg und Knipsers mit dem Himmelsrech.

Mosel, Rheingau & Co.

Die starke Moselfraktion spielte eine gute Rolle, allerdings nicht unter den Top Ten. Milz zeigte eine feine Spätlese aus dem Altärchen, Franz-Josef Eifel aus der Apotheke, S.A. Prüm aus der Sonnenuhr, Dötsch-Haupt aus dem Uhlen (abgefüllt 2006!), Martin Müllen aus dem Hühnerberg. Noch mehr beeindruckt war die Jury von Müllens Kabinett aus der Letterlay, ein spannender Wein mit gerade einmal 10,5° Alkohol! Für das Rheingau hielt Querbach die Fahne hoch, mit gleich drei sehr gut platzierten Rieslingen.

und, und, und

Weitere ganz starke Rieslinge kamen aus Franken mit den Weinen von Horst Sauer und Egon Schäffer, beide aus dem Lump, sowie dem Hagemann aus dem Würzburger Stein vom Bürgerspital. Württemberg punktete noch mit dem Lämmler von Aldinger und der Spätlese aus dem Pulvermächer von Jochen Beurer. Rheinhessen war stark vertreten durch den Frauenberg von BattenfeldSpanier, der Mittelrhein mit dem Engehöller Bernstein von Lanius-Knab.

Riesling: Jahrgang 2002

1.	2002 Riesling Auslese trocken Monzinger Halenberg Weingut Emrich-Schönleber	93,8
2.	2002 Riesling Spätlese trocken Forster Pechstein Weingut Heinrich Spindler	93,7
3.	2002 Riesling trocken „GC" Deidesheimer Hohenmorgen Weingut Bürklin-Wolf	92,8
4.	2002 Riesling trocken Königsbacher Idig Weingut Christmann	92,7
5.	2002 Riesling Spätlese trocken Bönnigheimer Sonnenberg Weingut Dautel	92,6
6.	2002 Riesling trocken Westhofen Kirchspiel „Turmstück" Weingut Keller	92,4
7.	2002 Riesling trocken Dalsheim Hubacker Weingut Keller	92,3
	2002 Riesling Spätlese trocken „S" Iphöfer Julius-Echter-Berg Weingut Hans Wirsching	92.3
9.	2002 Riesling Spätlese trocken Siebeldingen im Sonnenschein Weingut Ökonomierat Rebholz	91,7
10.	2002 Riesling Selection Kallstadter Saumagen Weingut Benderhof	91,5
11.	2002 Riesling Spätlese trocken Trittenheimer Altärchen Weingut Milz-Laurentiushof	91,3
	2002 Riesling trocken „GC" Ruppertsberger Reiterpfad Weingut Bürklin-Wolf	91,3
	2002 Riesling Spätlese trocken Ruppertsberger Reiterpfad Weingut Reichsrat von Buhl	91,3
14.	2002 Riesling Spätlese trocken „Calvus Mons" Weingut Jürgen Leiner	91,2
15.	2002 Riesling Spätlese trocken Sonnenberg Leinsweiler Weingut Siegrist	91,0
	2002 Riesling Spätlese trocken Trittenheimer Apotheke Weingut Franz-Josef Eifel	91,0
	2002 Riesling Spätlese trocken Fellbacher Lämmler Weingut Gerhard Aldinger	91,0
	2002 Riesling Frauenberg Weingut BattenfeldSpanier	91,0
	2002 Riesling Auslese trocken Escherndorfer Lump Weingut Horst Sauer	91,0
	2002 Riesling trocken Großkarlbacher Burgweg Weingut Philipp Kuhn	91,0

	2002 Riesling Spätlese trocken Wehlener Sonnenuhr Weingut S.A. Prüm	91,0
22.	2002 Riesling Spätlese trocken Kastanienbusch Birkweiler Weingut Ökonomierat Rebholz	90,9
23.	2002 Riesling Spätlese trocken Escherndorfer Lump Weingut Egon Schäffer	90,8
24.	2002 Riesling Engehöller Bernstein Weingut Lanius-Knab	90,7
25.	2002 Riesling „S" trocken Staatsweingut Weinsberg	90,3
	2002 Riesling Spätlese trocken Koberner Uhlen Weingut Dötsch-Haupt	90,3
27	2002 Riesling Spätlese trocken Wintricher Ohligsberg Weingut Molitor-Rosenkreuz	90,0
	2002 Riesling Spätlese trocken Birkweiler Kastanienbusch Weingut Gies-Düppel	90,0
	2002 Riesling trocken Trarbacher Hühnerberg Weingut Martin Müllen	90,0
30.	2002 Riesling Kabinett trocken Kröver Letterlay Weingut Martin Müllen	89,5
	2002 Riesling Edition Weingut Querbach	89,5
	2002 Riesling „Nr. 1" Oestrich Lenchen Weingut Querbach	89,5
	2002 Riesling Spätlese trocken Duttweiler Kalkberg Weingut Bergdolt	89,5
	2002 Riesling Spätlese trocken „Himmelsrech" Dirmsteiner Mandelpfad Weingut Knipser	89,5
	2002 Riesling Spätlese trocken Stettener Pulvermächer Weingut Beurer	89,5
36.	2002 Riesling Spätlese trocken „Hagemann" Würzburger Stein Bürgerspital zum Hl. Geist	89,0

Spätburgunder: Jahrgang 2002

Anfang des vergangenen Jahrzehnts, in den Jahrgängen 2001 und 2002 nahm die Zahl deutscher Spitzen-Spätburgunder stark zu. Jahr für Jahr kamen Erzeuger neu in unsere Bestenlisten, die bis dahin noch nicht mit Spätburgunder auf diesem Niveau geglänzt hatten. Auch regional begannen sich die Schwerpunkte zu verschieben, wenn auch Baden in der Spitze nachwievor tonangebend war, innerhalb Badens verlor der Kaiserstuhl die Spitzenstellung, die er lange innehatte, aus dem Breisgau und dem Markgräflerland, aus der Ortenau und von der Badischen Bergstraße kamen immer öfter top-plazierte Pinots, aber auch aus der Pfalz, aus Rheinhessen, von der Ahr und aus Franken. Mengenmäßig kamen auch in diesem Jahr die meisten Spätburgunder unserer 2002er-Verkostung aus Baden, knapp gefolgt von der Pfalz. Das Niveau war in der Spitze hervorragend, allerdings kann nicht verschwiegen werden, dass mehr als ein Viertel der eingeschickten Weine „tot" waren, oxidiert oder deutlich zu alt, und da sind die Weine mit Korkfehler noch nicht eingerechnet.

Schon wieder: Centgrafenberg

Schon vor zwei Jahren hatte Paul Fürsts Spätburgunder „R" vom Bürgstadter Centgrafenberge die Jury begeistert, im vergangenen Jahr landete er auf Platz 2, ganz knapp geschlagen von einem anderen Spätburgunder vom Centgrafenberg, dem Wein von Gerhard Stich. Dieses Jahr war sich die Jury einig: Pinot pur! Ein faszinierend reintöniger, komplexer Spätburgunder, frisch und elegant, lang und nachhaltig. Ein Jury-Mitglied fand einen anderen Wein in der Verkostung „noch mehr Pinot" – den Frühburgunder „R", ebenfalls von Paul Fürst, ebenfalls aus dem Centgrafenberg, den die Jury auf den dritten Platz wählte, wie schon den 2001er im vergangenen Jahr. Übrigens: Wir haben uns entschieden wie schon im vergangenen Jahr die Frühburgunder zusammen mit den Spätburgundern zu verkosten, und nicht in der Kategorie „sonstige Rotweine", denn wenn in einer Jury Pinot-Liebhaber sitzen und ein Wein wie der Frühburgunder von Paul Fürst gegen Lemberger, Cabernet Sauvignon & Co. antritt, ist die „Gefahr" groß, dass er jedes Jahr gewinnt; in Burgund beispielsweise unterscheidet man gar nicht zwischen Pinot Noir und Pinot Madeleine.

Breisgau: Bernhard Huber

Keine Überraschung ist auch der Zweitplazierte, wissen wir doch darum, wie hervorragend die Spätburgunder von Bernhard Huber reifen, 2009 beispielsweise präsentierte sich ein 1990er Spätburgunder „R" noch in faszinierender Form. 2002 war der „R" noch der Spitzenwein von Bernhard Huber, im Jahr darauf erzeugte er erstmals den Wein aus der Sommerhalde, seit 2004 gibt es 4 x „R": Bienenberg, Sommerhalde, Schlossberg und Wildenstein. Der 2002er ist füllig und komplex, faszinierend klar, lang und nachhaltig;

der zweite Spätburgunder von Bernhard Huber, der Spätburgunder „Alte Reben" spielte ebenfalls eine gute Rolle in der Verkostung, präsentierte sich erstaunlich frisch und lebhaft.

Markgräflerland

Gleich zwei starke Spätburgunder aus dem Markgräflerland folgen auf den Plätzen 4 und 5. Der Pinot Noir „R" von Ulrich Bernhart war 2002 der Spitzen-Spätburgunder des Weinguts Schlumberger, heute firmiert er als Großes Gewächs aus dem Wingerte, einer Teillage des Laufener Altenbergs. Der 2002er besticht durch seine Fülle und Harmonie, besitzt klare Frucht, gute Struktur und Substanz. Knapp dahinter folgt ein weiterer Wein aus dem Markgräflerland, der Schlatter Spätburgunder „SW" von Martin Waßmer, damals und bis 2009 der Spitzenwein des Betriebes, seither gibt es zwei „GC"-Pinot Noirs, einer aus dem Schlatter Maltesergarten, der andere aus dem Dottinger Castellberg. Der 2002er „SW" zeigt intensive Frucht, ist reintönig, besitzt gute Struktur und Frische. Auch der damalige Zweit-Spätburgunder von Martin Waßmer, der Spätburgunder trocken Schlatter Maltesergarten, hat sich sehr gut platziert.

Pfalz

Zwar konnte kein Pfälzer Spätburgunder sich in der absoluten Spitze platzieren, dahinter aber präsentierten sie sich ganz stark. Dass der Spätburgunder aus dem Idig von Steffen Christmann als bester Pfälzer punkten kann, war vielleicht nicht unbedingt zu erwarten, kennt man Idig und Christmann doch eher für Riesling (der sich ja in der 2002er Riesling-Verkostung noch besser platziert hat als sein rotes Pendant; heute nennt er sich übrigens „Großes Gewächs". Die nächstbesten Pfälzer folgen ex equo auf dem 8. Platz: Der Pinot Noir „Mergelweg" von Philipp Kuhn und der Spätburgunder aus dem Duttweiler Kalkberg vom Weingut Bergdolt. Dahinter folgt der Pinot Noir von Thorsten Krieger – für uns keine Überraschung, wurde wird damals doch genau durch diesen Wein auf das Rhodter Weingut aufmerksam. Hinter Krieger folgt ein weiterer Pfälzer Spätburgunder auf dem elften Platz, noch einmal ein Wein von Philipp Kuhn, der Spätburgunder aus dem Laumersheimer Kirschgarten.

Hummel & Co.

Inmitten der starken Pfälzer Phalanx hat sich Bernd Hummel auf dem siebten Rang platziert mit seinem Spätburgunder „S" Spätlese trocken aus dem Malscher Rotsteig, ein weiterer Wein von ihm, der Spätburgunder „S", ebenfalls aus dem Malscher Rotsteig, spielte ebenfalls eine gute Rolle in unserer Verkostung. Bester Württemberger war der Spätburgunder „Junges Schwaben" von Hans Hengerer vom Weingut Kistenmacher-Hengerer in Heilbronn. Ansonsten wurden noch zwei badische Spätburgunder von der Jury mit mindestens 88 Punkten bewertet, zwei Weine, die die Ehre des Kaiserstuhls retten: Der im Barrique ausgebaut 3-Sterne-Spätburgunder aus dem Endinger Engelsberg von Thomas Rinker (Weingut Knab) und der Spätburgunder „SJ" – sehr frisch und fruchtintensiv – von Karl-Heinz Johner in Bischoffingen.

1.	2002 Spätburgunder „R" Centgrafenberg Weingut Rudolf Fürst	92,7
2.	2002 Spätburgunder „R" trocken Weingut Bernhard Huber	91,8
3.	2002 Frühburgunder „R" Centgrafenberg Weingut Rudolf Fürst	91,7
4.	2002 Pinot Noir „R" Privat-Weingut H. Schlumberger	91,0
5.	2002 Spätburgunder trocken „SW" Schlatter Weingut Martin Waßmer	90,6
6.	2002 Spätburgunder trocken Königsbacher Idig Weingut Christmann	90,5
7.	2002 Spätburgunder „S" Spätlese trocken Malscher Rotsteig Weingut Bernd Hummel	90,3
8.	2002 Pinot Noir „Mergelweg" Weingut Philipp Kuhn	89,0
	2002 Spätburgunder trocken Duttweiler Kalkberg Weingut Bergdolt	89,0
10.	2002 Pinot Noir Spätburgunder trocken Barrique Weingut Krieger	88,7
11.	2002 Spätburgunder trocken Laumersheimer Kirschgarten Weingut Philipp Kuhn	88,5
	2002 Spätburgunder trocken Schlatter Maltesergarten Weingut Martin Waßmer	88,5
13.	2002 Spätburgunder „S" trocken Malscher Rotsteig Weingut Bernd Hummel	88,3
	2002 Blauer Spätburgunder „Junges Schwaben" Weingut Kistenmacher-Hengerer	88,3
	2002 Spätburgunder „Alte Reben" trocken Weingut Bernhard Huber	88,3
16.	2002 Spätburgunder*** trocken Barrique Endinger Engelsberg Weingut Knab	88,2
17.	2002 Blauer Spätburgunder „SJ" Weingut Karl. H. Johner	88,0

Sonstige Rotweine: Jahrgang 2002

Wir waren nicht zufrieden mit dem Gesamtniveau der Weine, die wir zur Verkostung bekamen, hatten auch mehr Spitzenweine erwartet. Jeweils etwa ein Viertel der Weine waren Lemberger und Cabernet Sauvignon, ein weiteres Viertel stellten Cuvées, dazu kamen Weine von Rebsorten wie Domina, Dornfelder, Merlot, Portugieser, Regent, St. Laurent und Tempranillo.

Lemberger: Dautel

Die Lemberger belegten viele Plätze im guten Mittelfeld, in die Top Ten aber schaffte es nur einer, der dafür aber ganz an die Spitze: Der Lemberger „S" von Ernst Dautel in Bönnigheim überzeugte die Jury, präsentierte sich reintönig und kraftvoll, besaß Druck und viel reife Frucht, gute Struktur und Substanz.

Saint Laurent von der Nahe

Der Zweiplatzierte stellte für manch ein Jurymitglied eine Überraschung dar, für uns jedoch nicht, wissen wird doch seit über einem Jahrzehnt, dass Sascha Montigny spannende Rotweine erzeugt, Rotweine, die auch reifen können: Sein im Barrique ausgebauter Saint Laurent „R" besitzt intensive, reintönige Frucht, gute Struktur, Kraft und Frische.

Cuvées

Die roten Cuvées aus Württemberg machten keine so gute Figur wie im vergangenen Jahr im Jahrgang 2001, die beste Cuvée kam mit dem „Philipp" vom Weingut Wegner gar aus der Pfalz. Der „G.A.1" von Martin Heinrich platzierte sich als bester der vielen Württemberger auf Rang 8, gefolgt von der „Cuvée C" von Gerd Aldinger, einer Cabernetcuvée.

Cabernet Sauvignon

Die Cabernet Sauvignon waren sehr präsent mit kräftigen Tanninen, auch wenn manche etwas unreif wirkten – der Jury gefiel's. Der im Barrique ausgebaute Cabernet Sauvignon aus dem Großkarlbacher Burgweg des Weinguts Wageck-Pfaffmann belegte Platz 4, gefolgt von Bernd Hummels Cabernet Sauvignon „S" Malscher Rotsteig und dem Cabernet Sauvignon aus dem Laumersheimer Kirschgarten von Philipp Kuhn; Joachim Wegner schließlich belegte mit seinem Barrique-Cabernet Sauvignon Platz 10.

Domina & Co.

Zwei Domina befanden sich im Wettbewerb, beide waren präsent und frisch, sehr jugendlich, sie belegten die Plätze 7 und 11: Der Domina trocken Barrique vom Weingut Josef Walter in Bürgstadt und der Domina „R" aus dem Röttinger Feuerstein von Jürgen

Sonstige Rotweine: Jahrgang 2002

Hofmann: Zwei schöne Überraschungen. Alle anderen Rebsorten schafften keine Top-Platzierung. —

1.	2002 Lemberger „S" trocken Weingut Dautel	90,5
2.	2002 Saint Laurent „R" Barrique Weingut Sascha Montigny	90,0
3.	2002 „Cuvée Philipp" trocken Barrique Dürkheimer Feuerberg Weingut Wegner	88,8
4.	2002 Cabernet Sauvignon trocken Barrique Großkarlbacher Burgweg Weingut Wageck-Pfaffmann	88,5
5.	2002 Cabernet Sauvignon „S" trocken Malscher Rotsteig Weingut Hummel	88,3
	2002 Cabernet Sauvignon trocken Laumersheimer Mandelberg Weingut Philipp Kuhn	88,3
7.	2002 Domina trocken Barrique Weingut Josef Walter	88,2
8.	2002 GA1 Rotwein trocken Barrique (1,5 l) Weingut G.A. Heinrich	88,0
	2002 „Cuvée C" trocken Weingut Gerhard Aldinger	88,0
	2002 Cabernet Sauvignon trocken Barrique Dürkheimer Feuerberg Weingut Wegner	88,0

Die deutschen Weinregionen

In diesem Kapitel werden die deutschen Weinregionen in alphabetischer Reihenfolge vorgestellt. Zu jeder Region werden am Ende des jeweiligen Teilkapitels die in diesem Buch vorgestellten Betriebe aufgeführt. Erzeuger, die Weine aus mehr als einer Weinbauregion erzeugen, finden sich unter der Region wieder, aus der die meisten der von ihnen produzierten Weine stammen. Im Anhang sind die Erzeuger nochmals alphabetisch nach Regionen gelistet.

Dreizehn Weinregionen gibt es in Deutschland, ihrer Rebfläche nach geordnet sind dies:

Rheinhessen	26.523 ha
Pfalz	23.445 ha
Baden	15.837 ha
Württemberg	11.421 ha
Mosel	8.871 ha
Franken	6.109 ha
Nahe	4.155 ha
Rheingau	3.107 ha
Saale-Unstrut	735 ha
Ahr	559 ha
Sachsen	478 ha
Mittelrhein	456 ha
Hessische Bergstraße	436 ha

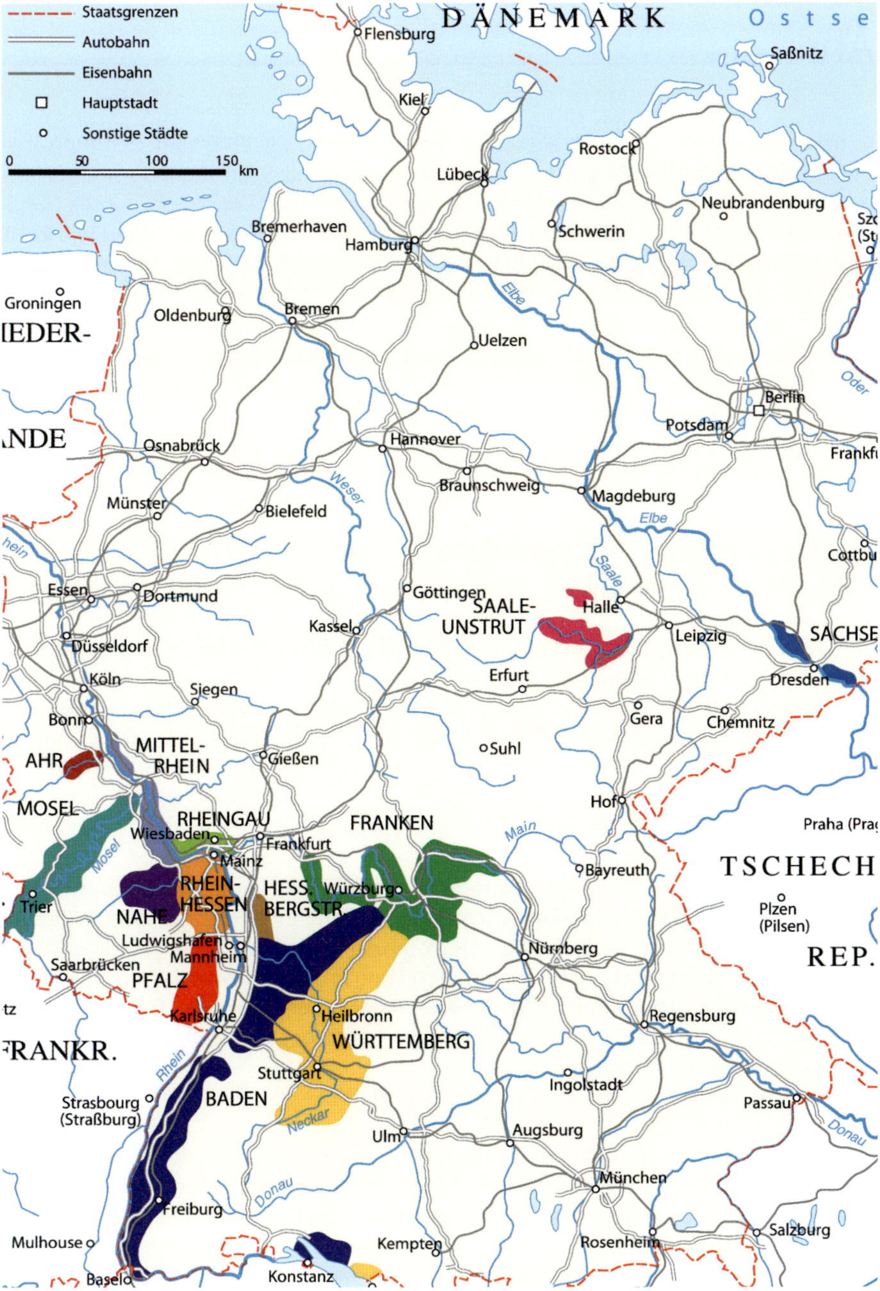
Staatsgrenzen
Autobahn
Eisenbahn
Hauptstadt
Sonstige Städte
0 50 100 150 km
DÄNEMARK
Flensburg
Kiel
Lübeck
Rostock
Saßnitz
Neubrandenburg
Schwerin
Bremerhaven
Hamburg
Elbe
Groningen
Oldenburg
Bremen
Uelzen
Berlin
Potsdam
Oder
Osnabrück
Hannover
Braunschweig
Magdeburg
Münster
Bielefeld
Weser
Elbe
Saale
Essen
Dortmund
Göttingen
SAALE-
UNSTRUT
Halle
Kassel
Leipzig
SACHSEN
Düsseldorf
Erfurt
Dresden
Köln
Siegen
Gera
Chemnitz
Bonn
MITTEL-
RHEIN
Suhl
AHR
Gießen
MOSEL
RHEINGAU
FRANKEN
Hof
Wiesbaden
Frankfurt
Main
Mainz
Bayreuth
TSCHECH
Mosel
RHEIN-
HESSEN
HESS.
BERGSTR.
Würzburg
Trier
NAHE
Plzen
(Pilsen)
Ludwigshafen
Mannheim
Nürnberg
REP.
Saarbrücken
PFALZ
Heilbronn
Regensburg
Karlsruhe
WÜRTTEMBERG
Rhein
Stuttgart
Ingolstadt
Strasbourg
(Straßburg)
BADEN
Passau
Neckar
Ulm
Augsburg
Donau
Donau
München
Freiburg
Mulhouse
Kempten
Rosenheim
Salzburg
Basel
Konstanz

Ahr 559 ha

Es geht voran an der Ahr, auch ein schwächerer Jahrgang wie 2010 kann den Aufwärtstrend nicht stoppen. Die Region hat ihre Identität gefunden: Spätburgunder. Immer besser erkennt man in den Spitzenweinen die Lagenunterschiede und nicht nur die Handschrift des Winzers, das sieht man auch – oder gerade – in einem Jahrgang wie 2010. Große Gewächse hat von den VDP-Betrieben nur Meyer-Näkel erzeugt – die aber haben es in sich. Schon der Wein aus dem Pfarrwingert ist große Klasse, mit dem Kräuterberg aber ist ihm wie schon im Vorjahr ein großer Wurf gelungen, er erweist sich als einer der großen Pinots Deutschlands. Stoddens haben einen faszinierenden „Alte Reben" aus dem Herrenberg, auch Kreuzberg und Burggarten überzeugen in diesem Jahrgang, von den jüngeren Betrieben hat Paul Schumacher einen tollen 2010er – aus dem Kräuterberg. Neu stellen wir in diesem Jahr Heiner & Kreuzberg vor, ebenfalls mit einem beeindruckenden Spitzenwein, allerdings Jahrgang 2009, aus dem Silberberg, dazu das Weingut Erwin Riske. Und die 2011er sind viel versprechend, von aromatischer Intensität.

Konzentration auf Spätburgunder

Mit gut 550 Hektar Rebfläche ist die Ahr eine kleine Weinbauregion. Die Weinberge erstrecken sich auf knapp 30 Kilometer zwischen Altenahr und Heimersheim. In den Weinbergen wachsen vor allem rote Reben, 85 Prozent. Womit die Ahr die deutsche Weinregion mit dem höchsten Rotweinanteil ist. Wichtigste Rebsorte ist der Spätburgunder, der mehr als 62 Prozent der Fläche einnimmt, dann folgt mit weitem Abstand Portugieser, der im Anbau rückläufig ist, inwischen von Riesling überholt wurde, der wichtigste Weißweinsorte an der Ahr. In den letzten Jahren legte der Frühburgunder kräftig zu; wird immer mehr zur regionalen Spezialität.

Kleine Region ganz groß

Die Ahr ist ein junges Anbaugebiet. Natürlich hat das Tal eine lange Weinbaugeschichte, aber alles, was für Weininteressierte wichtig ist, passierte in den letzten zwei Jahrzehnten. Werner Näkel war der Erste, der das Potenzial nutzte, um eigenständige, große deutsche Spätburgunder zu produzieren. Näkel fing in den achtziger Jahren an, seit Anfang der neunziger Jahre sind die Ergebnisse immer wieder großartig. Seitdem hat er – und mit ihm immer mehr Winzer – sich kontinuierlich gesteigert. Barriqueausbau bei den Spitzenweinen ist heute die Regel.

Längerer Fassausbau

Viele Weingüter füllen ihre Weine sehr früh ab, schon im Jahr nach der Ernte. Auch die Spitzenweine. Bisher lassen vor allem Gerhard Stodden und Wolfgang Hehle die Weine länger im Fass und zeigten, dass sich dies positiv auf die Lagerfähigkeit der Weine auswirkt. Auch bei anderen Erzeuger wie Werner Näkel, Ludwig Kreuzberg und den Brüdern Adeneuer zeichnet sich der gleiche Trend ab.

Die besten Erzeuger

Weltklasse

★★★★★

Weingut **Meyer-Näkel** ↑
Weingut Jean **Stodden**

Hervorragende Erzeuger

★★★★

Weingut J.J. **Adeneuer**

★★★☆

Weingut **Burggarten** ↑
Weingut **Deutzerhof** – Cossmann-Hehle
Weingut **Kreuzberg**

Sehr gute Erzeuger

★★★

Weingut Paul **Schumacher**

★★☆

Weingut Peter **Kriechel**

Gute Erzeuger

★★

Brogsitter Weinguter und Privat-Sektkellerei
Weingut **Sermann-Kreuzberg** ↑
Weingut **Sonnenberg**

★☆

Weingut **Heiner & Kreuzberg** ◈
Winzergenossenschaft **Mayschoß-Altenahr**
Weingut Erwin **Riske** ◈

Baden 15.837 ha

Man kann nicht gerade behaupten, dass Baden eine innovative Weinregion ist, oder zumindest eine Region in Bewegung. Schlagzeilen macht man mit dem Streit um die Beitragszahlungen für die Badische Weinwerbung, mit Fusionen von Genossenschaften, die den Abwärtstrudel der badischen Genossenschaften aber auch nicht aufhalten können. Dabei hatten wir uns noch in den neunziger Jahren so viel versprochen, badische Genossenschaften waren auf dem Vormarsch, machten qualitativ den guten privaten Weingütern Konkurrenz. Das Potenzial Badens liegt brach, fast brach, denn schließlich gibt es sie noch, badische Weingüter, die Jahr für Jahr Spitzenweine erzeugen. Und nach wie vor dominieren sie unsere Bestenlisten, bei Weiß- und Grauburgunder, ebenso bei Chardonnay und Spätburgunder, auch bei Riesling und Silvaner sichten wir sie immer öfter. In der Spitze grandios, unabhängig vom Jahrgang, fast alle Bereiche trumpfen auf, von Tauberfranken und der Badischen Bergstraße bis hin zum Markgräflerland. Und trotzdem und gerade deswegen bleiben wir bei unserer Aussage: Das Potenzial Badens wird viel zu wenig genutzt, es gibt viel zu viele langweilige, belanglose Weine.

Heterogen

Mit knapp 16.000 Hektar Weinbergen ist Baden der Fläche nach das drittgrößte deutsche Anbaugebiet. Keine andere deutsche Weinbauregion ist aber so heterogen wie Baden: Schließlich liegen ja auch 400 Kilometer zwischen Tauberfranken im Norden und dem Bodensee oder dem Markgräflerland im Süden. Im Vergleich zu manchen anderen deutschen Anbaugebieten ist Baden „von der Sonne verwöhnt". Die Trauben erreichen einen höheren Zuckergehalt, die daraus entstehenden Weine sind etwas höher im Alkohol. Die Region Baden ist in insgesamt neun Bereiche eingeteilt, die sich sowohl hinsichtlich der angebauten Rebsorten, als auch hinsichtlich der Böden und der Weine, die sie erzeugen, deutlich voneinander unterscheiden.

Rebsorten

Wichtigste Rebsorte in Baden ist der Spätburgunder, der inzwischen 36 Prozent der gesamten Fläche einnimmt. Danach folgt Müller-Thurgau und dann erst – mit gehörigem Abstand – Grauburgunder. Weißburgunder hat Riesling überholt, liegt nun an vierter Stelle in der Anbaustatistik, nach Riesling folgt Gutedel. Wobei die einzelnen badischen Weinbaubereiche jeweils eigene Spezialitäten haben. Im Markgräflerland ist dies der Gutedel, aber auch Rebsorten wie Nobling oder Freisamer findet man hier. Am Kaiserstuhl findet man neben den Burgundersorten auch Silvaner, Gewürztraminer und Muskateller als Spezialitäten. Im Kraichgau schließlich gibt es den Auxerrois und viele aus dem benachbarten Württemberg bekannte Rebsorten wie Lemberger oder Schwarzriesling.

Tauberfranken

Ganz im Nordosten des Anbaugebiets liegt der Bereich Tauberfranken mit etwa 700 Hektar Weinbergen. Er umfasst den badischen Teil des Taubertals zwischen Wertheim und Bad Mergentheim, dessen andere Teile zu den Regionen Franken und Württemberg zählen. Die Böden hier bestehen meist aus Muschelkalk und Buntsandstein. Die Weine hier sind sehr „fränkisch" in ihrer Art, gleichen in ihrem Geschmacksprofil eher Frankenweinen, denn badischen Weinen. Wichtigste Rebsorte ist – wie im benachbarten Franken – der Müller-Thurgau. Auch die weiteren wichtigen Rebsorten erinnern mehr an Franken als an Baden, Silvaner und Bacchus vor allem. Dazu gibt es Kerner, Riesling und als wichtigste Rotweinsorte Schwarzriesling. Eine Spezialität hier ist die alte Rebsorte Tauberschwarz, die nur noch im Taubertal auf wenigen Hektar zu finden ist. Qualitativ hat der badische Teil des Taubertals erst in den letzten Jahren auf sich aufmerksam gemacht, vor allem durch einen Winzer, Konrad Schlör in Reicholzheim.

Badische Bergstraße

Der Bereich Badische Bergstraße war früher mit dem Kraichgau in einem gemeinsamen Bereich zusammengefasst. Zu ihm zählen die Weinberge südlich und nördlich von Heidelberg. Im Norden schließt sich die Weinbauregion Hessische Bergstraße an. Der Bereich umfasst knapp 400 Hektar Weinberge. Bundesweite Bekanntheit hat hier das Weingut Seeger in Leimen erlangt, anfangs vor allem mit seinen barriqueausgebauten Rotweinen, inzwischen auch mehr und mehr mit Weißweinen, denn auch weiße Sorten, Grauburgunder, Weißburgunder oder Riesling, können hier bemerkenswerte Weine ergeben.

Kraichgau

Im Süden der Badischen Bergstraße liegt das Kraichgau mit etwa 1.300 Hektar Weinbergen. Aufgrund unterschiedlicher Böden im Kraichgau sind die Weine hier heterogener als in den anderen badischen Weinbaubereichen. Im Kraichgau wird recht viel Riesling angebaut, aber auch Müller-Thurgau, Grauburgunder und Weißburgunder sind weit verbreitet. Kraichgauer Spezialität ist der Auxerrois, der heute auch außerhalb des Kraichgaus immer häufiger zu finden ist. Anders als in Südbaden bietet das Kraichgau eine Vielfalt an roten Sorten: Neben Spätburgunder findet man Lemberger, Portugieser, Schwarzriesling und Trollinger, in den letzten Jahren aber auch immer häufiger Sorten wie Regent oder Cabernet Sauvignon. Hummel, Burg Ravensburg und Klumpp sind derzeit die Spitzenbetriebe im Kraichgau.

Ortenau

In der Ortenau, zwischen Baden-Baden und Lahr, gibt es etwa 2.600 Hektar Weinberge. Die Reben hier wachsen im Schutze des Schwarzwalds und sind – anders als sonst in Baden – von Urgesteinsverwitterungsböden durchsetzt. Der Riesling, der hier traditionell auch Klingelberger genannt wird, ist die dominierende Rebsorte. Neben Riesling gibt es recht viel Spätburgunder, die wichtigste Rotweinsorte der Ortenau. Gerade die Rieslinge aber mit ihrem eigenständigen Profil haben seit den neunziger Jahren für Aufsehen gesorgt. An erster Stelle ist Andreas Laible zu nennen, der jedes Jahr eine Vielzahl an sehr guten Rieslingen (und nicht nur Riesling!) erzeugt. Aber auch Schloss Neuweier präsentiert seit über einem Jahrzehnt beeindruckende, herrlich mineralische Weine. Mit Rotwein haben sich in der Ortenau seit den neunziger Jahren vor allem Heinrich Männle und Schloss Ortenberg einen Namen gemacht; und inzwischen natürlich Jacob Duijn und Ewald Kopp.

Breisgau

Im Breisgau, zwischen Lahr und Freiburg, gibt es etwa 1.800 Hektar Weinberge. Die wichtigsten Rebsorten hier sind Müller-Thurgau, Grauburgunder und Spätburgunder. Anders als in den benachbarten Bereichen Kaiserstuhl und Ortenau, haben sich hier noch keine Weintypen mit „Wiedererkennungswert" etabliert. Während Bernhard Huber vor allem mit seinen Spätburgundern bekannt geworden ist, aber auch immer bessere weiße Burgunder auf die Flasche bringt, waren bei der Familie Wöhrle vom Weingut der Stadt Lahr meist Chardonnay und die weißen Burgunder die interessantesten Weine; inzwischen legt man auch beim Spätburgunder zu. Faszinierende Spätburgunder macht auch Fritz Waßmer, der zwar aus dem Markgräflerland kommt, seine Weinberge aber im Breisgau hat: Eine Region mit viel Potenzial!

Kaiserstuhl

Der Kaiserstuhl ist der größte und sicherlich auch bekannteste badische Bereich. Die Burgunder vom Kaiserstuhl gehören regelmäßig zu den Spitzenweinen in Deutschland. Egal ob Grauburgunder, Weißburgunder oder Spätburgunder, nirgendwo sonst in Deutschland gibt es eine solche Dichte an Topburgundern wie am Kaiserstuhl. Aber auch Riesling, Silvaner oder Muskateller sind hier immer wieder ganz hervorragend. In keinem anderen badischen Weinbaubereich gibt es eine solche Vielzahl an Spitzenwinzern wie am Kaiserstuhl. Joachim Heger und die Brüder Bercher gehören schon seit langem zur deutschen Winzerelite, ebenso Salwey. Josef Michel ist noch immer erstaunlich wenig bekannt, gehört aber seit Ende der neunziger Jahre zur absoluten Spitze, ebenso Fritz Keller, dessen Name für durchgegorene, hochklassige Weine steht, weiß wie rot: Eine Region mit immensen Möglichkeiten!

Tuniberg

Der Tuniberg war bis 1990 ein Teil des Bereichs Kaiserstuhl. Spätburgunder spielt hier die wichtigste Rolle – mit immer besseren Ergebnissen. Grauburgunder, Chardonnay und Weißburgunder werden von Jahr zu Jahr interessanter. Wobei der Tuniberg – anders wie der Kaiserstuhl – bisher noch kein klares Profil zeigt, zu wenige Spitzenerzeuger gibt es bisher hier.

Markgräflerland

Das Markgräflerland macht immer noch rasante Fortschritte. Die Spätburgunder werden immer besser. Gleiches gilt für Weißburgunder und Grauburgunder. Und in der Liste der besten Chardonnay in Deutschland findet sich jedes Jahr eine Reihe von Markgräfler Weinen mit vorne dabei. Die Nummer Eins unter den Rebsorten ist aber nach wie vor die Markgräfler Spezialität schlechthin, der Gutedel. Er hat in den letzten Jahren sehr gewonnen, vor allem durch die kühlere Vergärung. Eine Gruppe von Winzern hat inzwischen unter dem Namen „Grüner Markgräfler" begonnen Gutedel als leichten, nicht chaptalisierten Wein mit etwa 10 Prozent Alkohol quasi als Marke zu positionieren: Absolut zeitgemäß! Mehr und mehr nutzen Winzer Gutedel auch für edelsüße Weine. Immer mehr Winzer schicken sich an den besten Weingütern vom Kaiserstuhl Paroli zu bieten. Ulrich Bernhardt vom Privatweingut H. Schlumberger ist da zu nennen, Lothar Heinemann, Gerd Schindler (Weingut Lämmlin-Schindler), auch Achim Jähnisch und das Schlossgut Ebringen zählen dazu. Und natürlich der Altmeister, Hermann Dörflinger, der als erster im Markgräflerland sich für trockene Weine engagierte und Jahr für Jahr klasse Kollektionen auf hohem Niveau auf die Flasche bringt.

Bodensee

Die Weinberge am Bodensee sind die südlichsten in Deutschland. Vor allem Müller-Thurgau und Spätburgunder gibt es hier, aber auch Silvaner, Gutedel, Kerner, Bacchus und andere mehr. Während man lange Spätburgunder vor allem für Weißherbste oder leichte Rotweine nutzte, zeigen inzwischen erste Betriebe, dass man am Bodensee sehr gute und gehaltvolle barriqueausgebaute Spätburgunder erzeugen kann. Aber auch bei den weißen Burgundern und beim Chardonnay gibt es inzwischen einzelne bemerkenswerte Weine.

Strukturwandel

Allerdings ist Baden auch eine Region, die derzeit mit vielen Problemen zu kämpfen hat. Man hat es, anders als in Württemberg, nicht verstanden, dass man im genossenschaftlichen Sektor geschlossen auftreten muss: Die Erträge sind gesunken, Investitionen unterbleiben, die Qualität stagniert oder sinkt, die Auszahlungspreise sind niedrig. Viele Feierabendwinzer haben ihre Rebflächen auf- oder abgegeben, dies wird sich in den kommenden Jahren noch verstärken. Dem stehen nur relativ wenige Betriebsneugründungen gegenüber.

Spitzenweine, unabhängig vom Jahrgang

Bei all den regionalen Differenzen in Baden ist es natürlich schwierig, allgemeine Aussagen über die Jahre zu treffen. Generell und für alle Regionen kann man sagen, dass es schon lange kein absolutes Spitzenjahr mehr gegeben hat. Was aber die badischen Winzer nicht daran hindert Spitzenweine in bisher nicht gekannter Zahl zu erzeugen. Bei Weiß- und Grauburgunder, Spätburgunder und Chardonnay findet man Jahr für Jahr mehr Spitzenweine als in jeder anderen deutschen Weinbauregion. Aber nur die Spitze stimmt, wie eingangs gesagt, nicht die Basis.

Die besten Erzeuger

Weltklasse

★★★★★

Weingut **Bercher**
Weingut Dr. **Heger**
Weingut Bernhard **Huber**
Weingut Schwarzer Adler. Franz **Keller**
Weingut **Michel**
Weingut **Seeger**

★★★★☆

Weingut **Salwey**
Weingut Stadt Lahr – Familie **Wöhrle**

Hervorragende Erzeuger

★★★★

Weingut Jacob **Duijn**
Weingut Andreas **Laible**
Weingut Konrad **Schlör**
Privat-Weingut H. **Schlumberger**
Weingut Martin **Waßmer**

★★★☆

Weingut Hermann **Dörflinger**
Weingut **Fischer** ↑
Weingut Freiherr von **Gleichenstein**
Wein- und Sektgut Bernd **Hummel**
Weingut **Klumpp**
Weingut **Knab**
Weingut Burg **Ravensburg** ↑

Sehr gute Erzeuger

★★★

Weingut Ernst **Heinemann** & Sohn
Weingut Klaus **Hermann**
Biologisches Weingut **Höfflin**
Weingut Achim **Jähnisch**
Weingut Holger **Koch**
Weingut Arndt **Köbelin** ↑
Weingut **Kopp**
Weingut Gebr. **Müller** ↑
Weingut **Pix**
Weingut **Stigler**
Weingut Fritz **Waßmer**
Weingut **Zalwander**

★★☆

Schlossgut **Ebringen**
Weingut Thomas **Hagenbucher** ↑
Weingut **Heitlinger** ↑
Weingut **Holub**
Weingut **Konstanzer**
Weingut **Lämmlin-Schindler**
Weingut Schloss **Ortenberg**
Weingut Stefan **Rinklin**
Weingut Gregor und Thomas **Schätzle** ↑
Weinbau Frank **Schiele**
Weingut Claus **Schneider** ↑
Weingut Lothar **Schwörer**
Shelter Winery

Gute Erzeuger

★★

Weingut **Aufricht**
Winzergenossenschaft **Britzingen**
Weingut Susanne u. Berthold **Clauß**
Weingut Holger **Dütsch**
Weingut Schloss **Eberstein**
Weingut Otto und Martin **Frey**
Weingut **Frick**
Weingut Reichsgraf u. Marquis zu **Hoensbroech** ↑
Weingut Karl H. **Johner**
Kalkbödele - Weingut der Gebrüder Mathis
Weingut Friedrich **Kiefer**
Weingut **Landmann**
Gut **Nägelsförst**
Weingut Schloss **Neuweier**
Weingut **Plag**
Weingut **St. Remigius**
Weingut Rainer **Schlumberger**
Weingut Schloss **Staufenberg**
Weingut Hans **Winter**

★☆

Weingut **Becker**
Weingut **Bielig** ↑
Weingut **Bös**
Weingut **danner**
Weingut **Engelhof** ↑
Weingut **Engist**
Weinfamilie **Fendt** ↑
Weingut Freiherr von und zu **Franckenstein**
Weingut Ludwig **Honold**
Weingut **Jägle** ↑
Weingut **Köninger**
Seegut **Kress**
Weingut Alexander **Laible**
Weingut Heinrich **Männle**
Weingut Edwin **Menges**
Weingut Adam **Müller**
Weingut Friedhelm **Rinklin**
Weingut **Schindler**
Weingut **Weber**
Weingut R. **Zimmerlin** ↑
Weingut **Zimmermann**
Weingut Julius **Zotz**

Zuverlässige Erzeuger

★

Weingut **Abril**
Weingut **Aenis**
Winzergenossenschaft **Auggen**
Weingut **Benz** Beckstein
Weingut Dr. **Benz** – Kirchberghof
Weingut Andreas **Bieselin**
Winzergenossenschaft **Burkheim**
Durbacher Winzergenossenschaft
Weingut Hans **Engler**
Weingut **GravinO**
Weingut Markus **Hafner**
Winzergenossenschaft **Haltingen**
Wein- und Sektgut **Harteneck**
Weingut **Hauser-Bühler**
Weingut **Huck-Wagner**
Weingut Kilian und Martina **Hunn**
Weingut **Ihle**
Wein- und Sektgut Gerhard **Karle**
Weingut **Koch**
Winzergenossenschaft **Königschaffhausen**
Spitalkellerei **Konstanz**
Weingut Thomas **Landerer**
Weingut **Löffler**
Weingut Andreas **Männle**
Staatsweingut **Meersburg**
Weingut Ludwig **Mißbach**
Weingut **Moosmann**
Winzergenossenschaft **Oberbergen**
Pfaffenweiler Weinhaus
Weingut **Rieger**
Weingut Leopold **Schätzle**
Weingut Dr. **Schneider**
Wein- und Sektgut **Schweigler**
Weingut - Weinhaus **Schwörer**
Weingut Michael **Wiesler**

Franken 6.109 ha

Wir sind zufrieden mit Franken. Noch nie war Frankenwein so gut wie heute. Der Silvaner hat es uns angetan in diesem Jahr, zeigt seine ganzen Facetten. Dass auch Pinot und Riesling erster Güte aus Franken kommen, wollen wir aber nicht verschweigen. Der Silvaner aber hat an Profil gewonnen, immer mehr Weingüter setzen auf ihn, immer mehr zeigen die Möglichkeiten auf, die diese Rebsorte bietet. Einige Jahre setzte man auf Üppigkeit, Alkohol und Restsüße – das ist glücklicherweise vorbei, denn dies sind Eigenschaften, die dem Silvaner so gar nicht gut anstehen. Rainer Sauer zeigt beispielhaft, was trockener Silvaner kann, Horst Sauer demonstriert dies edelsüß, immer andere Winzer erzeugen Spannendes: Rainer Müller und Rudolf May, Paul Weltner und Ludwig Knoll, die Luckerts, Wirsching und Hansi Ruck: Wir freuen uns auf die kommenden Jahrgänge!

Fränkisch trocken

Fränkisch trocken war früher einmal jedem Weinfreund in Deutschland ein Begriff. Als „fränkisch trocken" bezeichnete Weine hatten nicht einmal halb so viel Restzucker, wie es im deutschen Weingesetz für trockene Weine erlaubt ist. Heute aber findet man nur noch wenige Winzer in Franken, die ihre trockenen Weine grundsätzlich durchgegoren ausbauen. „Fränkisch trocken" hat praktisch keine Bedeutung mehr. Eine Chance vertan, sich am deutschen Markt zu profilieren. Also setzte man ganz auf den Bocksbeutel, der wieder einmal dahin kommen soll, wo er einmal war, nämlich als Wahrzeichen des Frankenweins für Qualität zu stehen. Aber auch den Bocksbeutel wollen viele nicht mehr haben, immer öfter findet man Frankenwein in Bordeaux- oder Burgunderflaschen.

Rebsorten

Wichtigste Rebsorte in Franken ist der Müller-Thurgau mit einem Anteil von 29 Prozent. Auch wenn dieser Anteil stetig zurückgeht stehen die Franken zu ihrem „Müller". Es folgt die Rebsorte, für die Franken bekannt ist, der Silvaner, der sich derzeit wieder großer Beliebtheit erfreut und inzwischen wieder auf 22 Prozent der Fläche angebaut wird, Tendenz steigend. An dritter Stelle kommt Bacchus. Ergänzt wird der Sortenspiegel mit Riesling, den Burgundersorten, Kerner, Scheurebe oder Rieslaner. Rote Sorten, traditionell am Untermain (Bereich Mainviereck) angebaut, erfreuen sich steigender Beliebtheit und nehmen inzwischen 20 Prozent der Rebfläche ein. Neben Spätburgunder und Frühburgunder ergibt Domina, sortenrein aber auch in Cuvées, dabei die interessantesten Ergebnisse.

Im Kommen: Silvaner

Der traditionelle „fränkische Stil", die erdigen, recht bodengeprägten Weine, sind heute wenig gefragt. Dass es auch anders geht, zeigen viele aufstrebende Betriebe in ganz

Franken, die heute wunderschön klare, fruchtbetonte Weine erzeugen. Nicht nur Silvaner und Riesling, nein, auch Müller-Thurgau, Bacchus, Kerner oder Scheurebe ergeben hier erstaunlich interessante Weine. Der Silvaner aber ist derzeit doch am meisten gefragt, bringt immer mehr komplexe und ausdrucksstarke Weine hervor.

Klima

Nicht nur die Flaschenform ist in Franken anders als in den anderen deutschen Anbaugebieten, auch die klimatischen Bedingungen in Franken sind anders. Franken hat ein ausgeprägteres Kontinentalklima als die weiter westlich gelegenen deutschen Anbaugebiete. Die Unterschiede zwischen relativ kalten Wintern und heißen Sommern sind hier deutlicher.

Mainviereck

Franken ist in drei Weinbaubereiche eingeteilt. Zum westlichsten Bereich, dem so genannten Mainviereck, gehören nicht nur die Weinberge von Kreuzwertheim über Miltenberg bis Erlenbach, wo Buntsandstein vorherrscht, sondern auch die Weinberge nördlich von Aschaffenburg, in der Gegend von Alzenau, wo die Reben auf Urgesteinsböden wachsen. Einige Winzer des Mainvierecks besitzen auch Weinberge im benachbarten badischen Tauberfranken. Bekannt geworden ist dieser Teil Frankens in den letzten Jahren vor allem durch die Rotweine, die von hier kommen. Letztendlich vor allem durch einen Mann, Paul Fürst, der in Bürgstadt vom Centgrafenberg Jahr für Jahr Rotweine – und Weißweine – erzeugt, die zu den besten Rotweinen Deutschlands zählen. Als zweite Lage muss man sich den Klingenberger Schlossberg merken, denn auch dort ist Paul Fürst inzwischen aktiv, das Potenzial anderer viel versprechender Lagen wird leider wenig genutzt.

Maindreieck

Der bekannteste fränkische Weinbaubereich ist das so genannte Maindreieck. Das Maindreieck reicht von Schweinfurt im Osten über Volkach und Würzburg bis Karlstadt und bezieht auch die Weinberge an Nebenflüssen des Mains, wie Saale und Wern, mit ein. Der Buntsandstein weicht nach Osten hin immer mehr Lehm-, Löss- und Muschelkalkböden. Hier liegen die bekanntesten fränkischen Weinbauorte: Neben Würzburg als Mittelpunkt sind Orte wie Escherndorf, Randersacker, Sommerhausen, Sommerach oder Volkach jedem Weinliebhaber ein Begriff.

Steigerwald

Der dritte fränkische Weinbaubereich ist der Bereich Steigerwald. Im Steigerwald herrschen Keuperböden vor. Die bekannteste Weinbaugemeinde hier ist Iphofen. Die Rieslinge und Silvaner vom Steigerwald sind bekannt, aber auch eine Reihe von Neuzüchtungen wie Rieslaner oder Scheurebe bringen hier immer sehr gute Ergebnisse. Und seit einigen Jahren findet man hier immer öfter auch rote Sorten und die weißen Burgunder.

Die besten Erzeuger

Weltklasse

★★★★★

Weingut Rudolf **Fürst**
Weingut **Luckert** – Zehnthof
Weingut Horst **Sauer**

★★★★☆

Weingut Am Stein – Ludwig **Knoll**
Weingut Rainer **Sauer**

Hervorragende Erzeuger

★★★★

Weingut **Glaser-Himmelstoß**
Weingut Johann **Ruck**
Weingut **Schmitt's Kinder**
Weingut J. **Störrlein & Krenig**
Weingut Hans **Wirsching**

★★★☆

Weingut **Brügel**
Weingut Michael **Fröhlich**
Weingut **Hofmann**
Weingut Max **Müller I**
Weingut Wolfgang **Weltner**

Sehr gute Erzeuger

★★★

Weingut **Bickel-Stumpf**
Fürstlich **Castell'sches** Domänenamt
Weingut Clemens **Fröhlich**
Weingut Dr. **Heigel**
Weingut **Juliusspital** Würzburg
Weingut Rudolf **May**
Weingut Richard **Östreicher** ↑
Weingut **Roth**
Weingut Graf von **Schönborn**
Weingut Schloss **Sommerhausen**
Winzerhof **Stahl**
Weingut **Stich** ↑

★★☆

Weingut **Baldauf**
Weingut **Brennfleck**
Weingut **Heilmann** ↑
Weingut Bernd **Höfler**
Ökologischer Weinbau **Krämer** ↑
LandArt Weinbau
Weingut Fürst **Löwenstein**
Weingut Max **Markert**

Gute Erzeuger

★★

Weingut & Winzerhof Johann **Arnold**
Weingut Wilhelm **Arnold**
Weingut Michael **Blendel**
Weingut Waldemar **Braun**
Bürgerspital zum Heiligen Geist
Weingut H. **Deppisch** ↑
Weingut & Gästehaus **Felshof**
Weingut Klaus **Giegerich**
Weingut **Höfling**
Weingut Helmut u. Bernd **Hofmann**
Weingut der Stadt **Klingenberg** ◆
Weingut Wolfgang **Kühn**
Weingut Ernst **Popp**
Weingut A. & E. **Rippstein** ↑
Weingut **Rothe** ↑
Weingut **Rudloff** ↑
Weinbau **Rumpel & Schömig** ↑
Weingut Egon **Schäffer**
Weinbau **Stritzinger**
Weingut **Trockene Schmitts**
Weingut **Waigand** ◆
Weingut Josef **Walter**
Weingut **Zehntkeller**

★☆

Weingut **Augustin**
Weingut Günther **Bardorf**
Winzerhof **Burrlein**
Weingut **Dereser** ↑
Weingut Walter **Erhard**
Weingut **Hausknecht**
Staatlicher **Hofkeller** Würzburg
Weingut **Hofmann-Herkert** ↑
Kremers Winzerhof ↑
Weingut Thomas **Mend** ↑
Weingut Ewald **Neder**
Weingut **Neuberger**
Weingut Christine **Pröstler**
Weingut **Römmert**
Bocksbeutelweingut **Scheller**
Weingut Berthold **Schmachtenberger**
Weingut Artur **Steinmann**
Weingut Christoph **Steinmann**
Weingut Otmar **Zang**

Zuverlässige Erzeuger

★

Weingut **Bausewein**
Bocksbeutel-Hof Escherndorf
Weingut Bruno **Bienert**
Weingut Manfred **Braun**
Familienweingut **Braun** ◆
Weingut Ignaz **Bunzelt**
Weingut **Dahms** ◆
Weinmanufaktur **3 Zeilen**
Weingut Herbert **Düll**
Weingut **Fischer**
Weingut **Galena** ◆
Weingut Richard **Glaser**
Weingut **Grebner** - Patrizierhof
Weingut Erhard & Max **Helmstetter** ◆
Weingut Roland **Hemberger**
Weingut **Hench**
Wein- und Obstbau **Hofmann**
Weingut Jürgen **Rebhann**
Weingut Bernhard **Rippstein**
Weingut **Ruppert**
Weingut **Scheuring**
Weingut **Schinhammer**
Weingut **Schwab**
Weingut Roland **Staudt**
Weingut Christian **Sturm**
Weingut Edgar **Wallrapp** ◆

Hessische Bergstraße 436 ha

Bisher war die Hessische Bergstraße für ihre Rieslinge bekannt, vor allem die edelsüßen. Weiß- und Grauburgunder haben in den letzten Jahren deutlich an Kontur gewonnen. Gleiches gilt für Rotweine, die nicht nur der Fläche nach immer mehr an Bedeutung gewinnen, sondern auch Jahr für Jahr interessantere Ergebnisse bringen. Im vergangenen Jahr gab es etwas Neues zu vermelden: Vor zwei Jahren wurden die ersten Weine im imposanten Neubau der Weinmanufaktur Montana in Bensheim-Auerbach ausgebaut. Mit ihrem klaren Konzept könnte Montana dem Anbaugebiet neue Impulse geben.

Große Genossenschaft

Der Großteil der Weinberge an der Hessischen Bergstraße liegt zwischen Heppenheim und Zwingenberg an den Hängen des Odenwaldes. In Zwingenberg, Auerbach und Bensheim herrschen Granitverwitterungsböden vor, während in einigen Heppenheimer Lagen auch gelber Buntsandstein zu finden ist. Dazu gibt es aber auch bei Groß-Umstadt (Quarzporphyrböden) und Roßdorf einige Weinberge, die ebenfalls zur Region Hessische Bergstraße zählen. Die meisten Trauben an der Hessischen Bergstraße werden von der Genossenschaft in Heppenheim, Bergsträsser Winzer genannt, verarbeitet.

Dominierender Riesling

Wichtigste Rebsorte ist der Riesling, der 47 Prozent der Fläche einnimmt, in den letzten Jahren aber zurückgegangen ist. Es folgen Spätburgunder und Grauburgunder, dann Müller-Thurgau und Silvaner. Daneben gibt es nennenswerte Mengen an Kerner, Weißburgunder, Dornfelder, Ehrenfelser, Scheurebe und Gewürztraminer. Rote Sorten nehmen inzwischen 21 Prozent der Rebfläche ein.

Die besten Erzeuger

Sehr gute Erzeuger
★★☆

Weingut **Simon-Bürkle**

Gute Erzeuger
★☆

Weingut **Edling**
Weingut **Rothweiler**

Zuverlässige Erzeuger
★

Domaine **Bergstraße**
Weinmanufaktur **Montana**

Mittelrhein 456 ha

Am Mittelrhein sind auch 2011 die großen Überraschungen ausgeblieben. Newcomer sucht man ebenso vergebens wie die, welche mit großen Ambitionen den Aufstieg in die Spitze planen. Wiederum machen Weingart, Müller und Jost das Rennen um die spannendsten Weine unter sich aus, und es fällt einigermaßen schwer, den Sieger des Jahrgangs zu küren. Während bei Weingart die als „feinherb" bezeichneten Rieslinge und die mit leichter Süße besonders faszinieren, begeistern bei Müller neben dem Großen Gewächs auch die saftigen edelsüßen, hat Toni Jost Stärken in allen Bereichen vorzuweisen. Auch in der zweiten Reihe gibt es gute Weine: Bei Lanius-Knab wirken sie saftig, aber eigenwillig, bei Didinger gleichmäßig, etwas allzu gleichmäßig, während Randolf Kauer seinen Aufwärtstrend weiter fortsetzen kann.

Dominanter Riesling

Nur das benachbarte Rheingau hat einen ähnlich hohen Rieslinganteil wie der Mittelrhein. Auch wenn der Rieslinganteil stark rückläufig ist, so liegt er doch immer noch bei 67 Prozent. Es folgen Spätburgunder, Müller-Thurgau und Kerner. Auch am Mittelrhein ist der Trend hin zu den Burgundersorten und zu Rotwein augenfällig. Gerade die Hinwendung zu Rotweinsorten finden wir bedenklich, denn die Stärke des Mittelrheins sind die vielen guten Rieslinge, zu meist moderaten Preisen. Bislang ist die Region noch den Beweis schuldig geblieben, dass sie hervorragende Rotweine erzeugen kann, auch wenn hin und wieder sehr gute Spätburgunder zu finden sind.

Flächenrückgang

Viele der Weinberge befinden sich in schwer zu bewirtschaftenden Steillagen. Mit ein Grund dafür, dass die Rebfläche stetig abgenommen hat. Da muss man gar nicht fünfzig Jahre zurückgehen, als es noch 1.200 Hektar Weinberge am Mittelrhein gab. Oder ins 19. Jahrhundert, als über 2.000 Hektar mit Reben bepflanzt waren. Allein der Rückgang in den letzten Jahren ist sehr bedenklich. Viele der Feierabendwinzer bewirtschaften ihre Weinberge nicht mehr und finden weder Käufer noch Pächter für ihre kleinen Parzellen in Steillagen. In den letzten Jahren wurden jeweils über 20 Hektar Weinberge aufgegeben und diese bedenkliche Entwicklung hält weiter an. Was in absoluten Zahlen vernachlässigbar zu sein scheint, ist bei prozentualer Betrachtung dramatisch. Allein in den letzten zehn Jahren sind so fast 200 Hektar Weinberge verschwunden. Der Rückgang scheint inzwischen gestoppt.

Unterschiedliche Böden

Im südlichen Teil des Anbaugebietes, bei Bacharach, herrschen Schieferböden vor. Der größte Teil der Reben findet sich auf der linken Seite des Rheins, meist an Südhängen in den Seitentälern. Nördlich von Oberwesel, von St. Goarshausen bis auf die Höhe von Boppard, findet man die meisten Reben am rechten Rheinufer. Beim Rheinknick oberhalb von Boppard liegt, linksrheinisch als Südlage, der Bopparder Hamm, der größte zusammenhängende Weinberg am Mittelrhein. Hier herrschen wie in Bacharach Schieferböden vor. Nördlich von Koblenz, ganz im Norden des Anbaugebietes, wachsen die Reben an Südhängen am rechten Ufer des Rheins. Hier, z.B. bei Hammerstein und Leutesdorf, gibt es schwere Lössböden.

Die besten Erzeuger

Hervorragende Erzeuger

★★★★

Weingut **Weingart**
Weingut Matthias **Müller**

★★★☆

Weingut Toni **Jost** – Hahnenhof

Sehr gute Erzeuger

★★★

Weingut **Lanius-Knab**

★★☆

Weingut **Didinger**
Weingut Martina & Dr. Randolf **Kauer**

Gute Erzeuger

★★

Weingut **Heilig Grab**
Weingut **Philipps-Mühle**

★☆

Weingut **Scheidgen**

Zuverlässige Erzeuger

★

Weingut Bernhard **Praß**
Schneider das weingut
Weingut **Selt**
Weingut **Volk**

Mosel 8.871 ha

Man könnte meinen, dass von der weltweiten Riesling-Renaissance vor allem die Mosel profitieren würde, doch dem ist nicht so, die Rebfläche geht weiter zurück, wenn auch nicht mehr ganz so dramatisch wie noch vor einigen Jahren. Die Moselaner tun sich schwer mit Neuerungen, nirgendwo sonst findet man so viele altmodische, altbackene Etiketten, nirgendwo sonst so wenig Weine mit Schraubverschluss. Nirgendwo sonst wird so viel geschwefelt, selbst bei einfachen Weinen, die jung getrunken werden sollen. Das Potenzial des Jahrgangs 2011 wurde zu wenig genutzt, oft blieb der Eindruck, dass es den Winzern in diesem Jahrgang vor allem darum ging, die Hektarhöchsterträge auszuschöpfen. Aber es gibt Winzer, die zeigen, dass 2011 Grandioses möglich war – Thomas Haag von Schloss Lieser beispielsweise, der eine faszinierende Kollektion an edelsüßen Rieslingen hat (auch die trockenen sind stark). Markus Molitor und Helmut Clüsserath haben ebenfalls die Möglichkeiten für edelsüßen Riesling genutzt. Es gibt 2011 wahrhaft dicke Trockenbeerenauslesen – man konnte fast den Eindruck gewinnen, als wäre ein Preis der höchsten Oechslegrade ausgelobt worden. Aber geht es darum, ist das Mosel?

Trocken ist gefragt

Trocken ist zur Zeit gefragt, und an der Mosel tut man sich schwer damit. „Trocken" hat die Region sich noch nicht definiert. Zwar gibt es bei den VDP-Präsentationen eine erstaunliche Vielzahl an „Großen Gewächsen", selbst von Betrieben, die noch vor wenigen Jahren an „trocken" kaum dachten; das Gesamtbild aber ist ernüchternd: Zu viele Weine mit ganz leichten Bitternoten im Abgang, von einer gemeinsamen Richtung ist nichts zu erkennen. Anders war dies beim Bernkasteler Ring, als dieser vor einigen Jahren erstmals in einer „konzertierten" Aktion „Große Gewächse" präsentierte, war zumindest eine gemeinsame Linie zu erkennen, die darin bestand, möglichst dicke und alkoholreiche Weine unter diesem Label zu vermarkten. Auch bei den VDP-Kollegen folgen einige diesem Weg. Aber steht die Mosel denn für Alkoholbomben? Die Mosel steht für filigrane Weine, mit Eleganz und Frische, mit – im Idealfall – Mineralität und Nachhaltigkeit. Wenn man diese Eigenschaften nicht in trockenem Moselriesling herausarbeiten kann, dann sollte man es besser bleiben lassen. Wir haben dieses Jahr die trockenen Rieslinge der Spitzenbetrieb in regionenübergreifende Proben gestellt: Das Ergebnis war ernüchternd. In der Regel waren die Mosel-Rieslinge die mit am Abstand süßesten Weine – und oft gleichzeitig die mit dem höchsten Alkohol. Botrytis lässt grüßen, ist auch für die immer wieder merklichen Bitternoten verantwortlich.

60 Prozent Riesling

Denkt man an die Mosel, denkt man an Riesling. Schaut man in die Rebsortenstatistik, dann ist man ganz überrascht zu sehen, dass es an Mosel, Saar und Ruwer gerade einmal 60 Prozent Riesling gibt. Dazu 14 Prozent Müller-Thurgau, 6 Prozent Elbling und 4 Prozent Kerner. Bei Neuanpflanzungen derzeit besonders beliebt sind aber Weißburgunder und Chardonnay – und natürlich rote Sorten wie Dornfelder oder Spätburgunder, rote Sorten nehmen inzwischen 9 Prozent der Fläche ein.

Obermosel

An der Obermosel ist Elbling die wichtigste Rebsorte. Aber auch Riesling, Müller-Thurgau und die Burgundersorten (speziell auch Auxerrois) sind hier zu finden. Doch anders als im benachbarten Luxemburg findet man so gut wie keine bemerkenswerten weißen Burgunder hier. Der Elbling wird nach wie vor als Rebsorte der Obermosel propagiert.

Saar

Ganz anders an der Saar, wo viele renommierte Weingüter zuhause sind. Auch hier werden immer mehr gute Steillagen aufgegeben. Es gibt aber Lichtblicke: Roman Niewodniczanski, Jochen Siemens, von Othegraven, Lauer, Reverchon, Johann Peter Mertes, Helmut Plunien – die Saar macht Freude! Und es gibt natürlich den „Klassiker": Hans-Joachim Zilliken hat Jahr für Jahr grandiose Kollektionen.

Ruwer

An der Ruwer geht die Rebfläche ebenfalls zurück. Auch hier gibt es aber Lichtblicke: Herbert Weis vom Weingut Erben von Beulwitz, Schubert, Karthäuserhof und Karlsmühle bieten seit vielen Jahren starke, enorm zuverlässige Kollektionen.

Mittelmosel

An der Mittelmosel sind in den letzten Jahren so viele beeindruckende Rieslinge entstanden wie noch nie zuvor. Der Druck ist groß – vom Markt, der Konkurrenz – und je größer der Druck, desto mehr müssen die Winzer sich anstrengen – und umso bessere Weine produzieren sie. Das funktioniert nicht nur hier so. In Gemeinden wie Trittenheim und Leiwen gibt es eine Vielzahl von Winzern, die erstaunliche Rieslinge erzeugen.

Untermosel

Auch die Untermosel hat im letzten Jahrzehnt erstaunliche Fortschritte gemacht und produziert Jahr für Jahr – und inzwischen auch in problematischen Jahren – Rieslinge, die zu den besten in der Region zählen. Trocken wie edelsüß. Die besten Betriebe sind Busch, Knebel, Heymann-Löwenstein, Franzen, Kröber, Lubentiushof, Melsheimer oder Steffens-Keß.

Die besten Erzeuger

Weltklasse

★★★★★

Weingut Clemens **Busch**
Weingut **Clüsserath-Weiler**
Weingut Markus **Molitor**
Weingut Josef **Rosch**
Weingut Willi **Schaefer**
Weingut **Vollenweider**

★★★★☆

Weingut Reinhold **Franzen**
Weingut **Grans-Fassian**
Weingut Reinhold **Haart**
Weingut Schloss **Lieser** ↑
Weingut Carl **Loewen**
C.v. **Schubert'sche** Gutsverwaltung Grünhaus
Weingut **Selbach-Oster**
Weingut **Van Volxem**
Weingut Forstmeister Geltz - **Zilliken**

Hervorragende Erzeuger

★★★★

Weingut A. J. **Adam**
Weingut Erben von **Beulwitz**
Weingut Joh. Jos. **Christoffel**-Erben
Weingut Ansgar **Clüsserath**
Galerie - Riesling Weingut **Clüsserath-Eifel**
Weingut Bernhard **Eifel**
Weingut Franz-Josef **Eifel**
Weingut Fritz **Haag**
Weingut Kurt **Hain**
Weinhof **Herrenberg**
Weingut **Heymann-Löwenstein**
Weingut Heribert **Kerpen**
Weingut **Kirsten**
Weingut Reinhard & Beate **Knebel**
Weingut Rüdiger **Kroeber**
Lubentiushof – Weingut Andreas Barth
Weingut **Melsheimer**
Weingut Martin **Müllen**
Weingut von **Othegraven**
Weingut Joh. Jos. **Prüm**
Weingut S. A. **Prüm**
Weingut **Sankt Urbans-Hof**
Weingut Wwe Dr. H. **Thanisch**, Erben Thanisch

★★★☆

Weingut **Becker-Steinhauer**
Riesling-Weingut Karl **Erbes**
Weingut Willi **Haag**
Weingut Dr. **Hermann**
Weingut von **Hövel**
Weingut **Karthäuserhof**
Weingut **Kees-Kieren**
Weingut Peter **Lauer**
Weingut **Reh**
Geheimrat J. **Wegeler** Erben
Weingut **Weiser-Künstler**

Regionen

Sehr gute Erzeuger

★★★

Weingut Frank **Brohl**
Weingut **Caspari-Kappel**
Weingut **Conrad**
Weingut **Eifel-Pfeiffer**
Weingut Joh. **Haart**
Weingut **Immich-Batterieberg** ↑
Weingut **Karlsmühle**
Weingut Sybille **Kuntz**
Weingut **Loersch-Eifel** ↑
Weingut Dr. **Loosen**
Weingut **Milz-Laurentiushof**
Weingut **Molitor** – Rosenkreuz
Weingut **Paulinshof**
Weingut Dr. **Pauly-Bergweiler**
Weingut **Philipps-Eckstein**
Weingut **Rebenhof**, Johannes Schmitz
Weingut Max Ferd. **Richter**
Weingut Schloss **Saarstein**
Weingut **Steffens-Keß**
Weingut **Studert-Prüm** - Maximinhof
Weingut **Willems-Willems**

★★☆

Weingut **Bastgen**
Bischöfliche Weingüter Trier ↑
Weingut Ernst **Clüsserath**
Weingut **Deutschherrenhof** ↑
Weingut Reiner **Fries**
Weingut **Henrichs + Friderichs**
Weingut **Jakoby-Mathy**
Weingut Albert **Kallfelz**
Weingut **Lehnert-Veit**
Wein- und Sektgut Günter **Leitzgen**
Weingut **Mönchhof**, Robert Eymael
Weingut Axel **Pauly** ↑
Wein- und Sektgut **Rauen**
Weingut F.J. **Regnery** ↑
Weingut **Römerhof**
Weingut Claes **Schmitt** Erben ↑
Weingut Dr. **Siemens**
Weingut **Staffelter Hof**
Weingut Ludwig **Thanisch** & Sohn
Weingut **Vereinigte Hospitien**
Weingut **Vols**
Weingut Dr. F. **Weins-Prüm**
Weingut O. **Werner** & Sohn

Gute Erzeuger

★★

Weingut **Bauer**
Weingut C.H. **Berres**
Weingut Heribert **Boch**
Weingut Manfred **Breit**
Sekt- und Weingut Stephan **Fischer**
Weingut Leo **Fuchs**
Weingut Reinhold **Fuchs**
Weingut Albert **Gessinger**
Weingut **Hoffmann-Simon**
Weingut **Kanzlerhof**
Weingut Reichsgraf von **Kesselstatt**
Weingut Lothar **Kettern** ↑
Weingut Christian **Klein**
Weingut **Köwerich**
Weingut **Lorenz**
Weingut **Lotz**
Weingut Gebr. **Ludwig**
Weingut **Meulenhof**
Weingut Familie **Rauen**
Weingut Johann Peter **Reinert**
Weingut **Reuscher-Haart**
Weingut Richard **Richter**
Weingut Heinz **Schmitt**
Wein- und Sektgut Heinz **Schneider** ↑
Weingut Martin **Schömann**
Weingut Günther **Steinmetz**
Weingut Stephan **Steinmetz**
Riesling Weingut Alfons **Stoffel**
Weingut **Thanisch**-Müller-Burggraef ↑

★☆

Weingut **Ackermann**
Weingut **Bernard-Kieren**
Weingut Klaus **Berweiler-Merges**
Weingut **Bollig** - Mühlenhof
Weingut Christoph **Clüsserath** ↑
Weingut Stefan **Ehlen**
Weingut Markus **Fries** ↑
Weingut **Junglen**
Weingut **Laurentiushof**
Weingut Dr. **Melsheimer**
Weingut Johann Peter **Mertes**
Weingut **St. Nikolaus-Hof**
Weingut Ulrich **Schumann**
Gebrüder **Simon** - Weingut -
Weingut **Steffen-Prüm**
Weingut Christian **Steinmetz**

Zuverlässige Erzeuger

★

Weingut **Agritiushof**
Weingut **Amlinger** & Sohn
Wein- und Gästehaus **Baum**
Weingut **Befort**
Weingut **Bottler**
Wein & Weg **Breva**
Weingut Markus **Busch**
Weingut **Clemens**
Weingut **Dötsch-Haupt**
Weingut **Dostert**
Weingut Ernst **Eifel**
Weingut Zum **Eulenturm**
Weingut **Frieden-Berg**
Weingut **Gerlachs Mühle**
Winzerhof **Gietzen**
Weingut Julian **Haart**
Weingut Freiherr von **Heddesdorff**
Weingut Bernd **Hermes**
Weingut **Hoffranzen**
Weingut Christoph **Koenen**
Weingut Theo **Loosen**
Weingut **Margarethenhof**
Weingut Klaus **Meierer**
Weingut Ingo **Norwig**
Weingut **Ollinger-Gelz**
Weingut Johannes **Peters**
Weingut Karl O. **Pohl**
Weingut Hans **Resch**
Weingut **Reverchon**
Weingut **Rosenhof**
Weingut **Roth**
Weingut **Schunk**
Weingut Hermann-Josef **Schwaab**
Weingut **Springiersbacher Hof**
Weingut Julius **Treis**
Weingut **Vanelkan**
Weingut **Villa Huesgen**
Weingut Stefanie **Vornhecke**
Weingut **Clemens**
Weingut Dr. Heinz **Wagner**
Kirchenweingut **Wolf**

Nahe 4.155 ha

Es ist schon erstaunlich, welchen Aufschwung die Weine von der Nahe in den letzten zwei Jahrzehnten genommen haben. Noch in den achtziger Jahren gab es nur eine Handvoll Erzeuger mit guten Qualitäten. Helmut Dönnhoff war dann der Erste, der große Weine erzeugt hat. Heute brauchen die Top-Weine von hier den Vergleich mit keinem anderen deutschen Anbaugebiet zu scheuen, die besten edelsüßen Rieslinge gehören ebenso wie die besten trockenen Jahr für Jahr zur Spitze in Deutschland.

Vielfalt an Böden

Aber gibt es ein klares Profil? Weiß der Verbraucher, was einen Nahewein ausmacht? Es gibt unterschiedliche Böden: Rotliegendes, Lehm, Porphyr, Quarzit, Schiefer, Kies, Löss. Alles auf kleinstem Raum. Am Boden also kann man den Nahewein nicht festmachen. Aber an den Rebsorten: Riesling.

Rebsorten

Aus Riesling werden die besten Naheweine gemacht, auch wenn Riesling erst seit kurzem auf Platz eins der Rebsortenstatistik steht und „nur" 27 Prozent der Rebfläche einnimmt. In der Statistik folgen Müller-Thurgau und neuerdings Dornfelder, noch vor Silvaner und Spätburgunder. Die weißen Burgunder kommen erst weit dahinter, noch abgeschlagener die weiteren roten Sorten. Aber auch hier boomt Rotwein, wie überall in Deutschland, ein Viertel der Rebfläche an der Nahe nehmen inzwischen rote Sorten ein.

Edelsüße Spitzen, trockene Spitzen

Die edelsüßen Rieslinge zählen seit den neunziger Jahren zur deutschen Spitze. Helmut Dönnhoff hat als Erster Weine von Weltklasse erzeugt und damit die Nahe bekannt gemacht. Inzwischen erzeugen viele Betriebe hervorragende edelsüße Weine, so Crusius und Emrich-Schönleber, auch Diel, Hahnmühle, Korrell, Schweinhart oder Joh. Bapt. Schäfer. Und natürlich Schäfer-Fröhlich, im vergangenen Jahr unser Weingut des Jahres für die beste edelsüße Kollektion. „Trocken" hat der Aufstieg zur Weltklasse ein wenig später begonnen, genauso beeindruckend aber sind heute die Ergebnisse. Werner Schönleber und Helmut Dönnhoff ist es zu verdanken, dass heute an der Nahe trockene Rieslinge von Weltklasse erzeugt werden. Tim Fröhlich schickt sich an es ihnen gleich zu tun, pirscht sich Jahr für Jahr ein klein wenig näher heran. Die „untere" Nahe reicht da nicht ganz heran. Hier hat sich Martin Tesch auf trockene Rieslinge spezialisiert, in einem sehr präzisen Stil, der auf alkoholarme und nicht allzu restsüße Weine setzt. Stefan Rumpf setzt auf Frucht und weniger Restsüße, Korrell oder Diel mehr auf Opulenz und Restsüße. Die Burgunder haben sich im letzten Jahrzehnt hier fest etabliert, Windesheim ist zur Hochburg für weiße und auch rote Burgunder geworden, wobei eigentlich alle Erzeuger auf füllige, restsüße Weine setzen. Für Rotwein stehen vor allem Sascha Montigny und Martin Reimann.

Jahrgang 2011

Das Resümee des vergangenen Jahres können wir stehen lassen: Weltklasse in der Spitze, aber sonst tut sich nicht allzu viel, der eher statische Eindruck, den wir in den letzten Jahren konstatieren mussten, ist im Großen und Ganzen geblieben, auch 2011. Die Spitzenbetriebe aber zeigen wie gehabt viel Dynamik. Dönnhoff und Emrich-Schönleber präsentieren faszinierende trockene Rieslinge, Schäfer-Fröhlich rückt ihnen immer näher – und auch edelsüß sind wie in den letzten Jahren alle drei bärenstark; Sebastian Schäfer und Gut Hermannsberg, die Aufsteiger des letzten Jahres, haben auch 2011 wieder ganz starke Kollektionen.

Die besten Erzeuger

Weltklasse

★★★★★

Weingut Hermann **Dönnhoff**
Weingut **Emrich-Schönleber**
Weingut **Schäfer-Fröhlich**

Hervorragende Erzeuger

★★★★

Weingut Dr. **Crusius**
Weingut **Kruger-Rumpf**
Weingut **Tesch**
Weingut Joh. Bapt. **Schäfer**

★★★☆

Schlossgut **Diel**
Weingut **Hahnmühle**

Sehr gute Erzeuger

★★★

Wein- und Sektgut Karl-Kurt **Bamberger** & Sohn
Weingut **Göttelmann**
Gut **Hermannsberg**
Weingut **Korrell** – Johanneshof
Weingut **Lindenhof**
Weingut **Montigny**
Weingut von **Racknitz**
Weingut Bgm. Willi **Schweinhardt** Nachf.

★★☆

Weingut **Hexamer**
Weingut Gebr. **Kauer**
Weingut **Poss**
Weingut Jakob **Schneider**

Gute Erzeuger

★★

Weingut Carl **Adelseck**
Staatsweingut **Bad Kreuznach**
Weingut **Closheim**
Weingut Theo **Enk**
Weingut Werner **Marx**
Weingut Heinrich **Schmidt**
Weingut Meinolf **Schömehl**
Weingut Rudolf **Sinß**
Weingut Wilhelm **Sitzius**

★☆

Weingut Reinhold **Barth**
Weingut **Edelberg**
Weingut **Genheimer-Kilz**
Weingut **Hees**
Weingut und Gästehaus **Honrath** ↑
Weingut **Mathern**
Weingut **Rohr**
Prinz zu **Salm**-Dalberg'sches Weingut
Weingut Karlheinz **Schneider** & Sohn
Weingut Wolfgang **Schneider**

Zuverlässige Erzeuger

★

Weingut **Alt**
Weingut **Gälweiler**
Klostermühle Odernheim
Weingut St. **Meinhard**
Weingut **Schild**
Weingut F.E. **Schott**
Sekthof **Siben**
Weingut Karl **Stein**
Weingut Udo **Weber**

Pfalz 23.445 ha

2011 war ein normaler Jahrgang, er stellte die Winzer nicht vor unlösbare Aufgaben. Das Niveau der Weißweine ist im Schnitt besser als 2010. Es kam auf den richtigen Lesezeitpunkt an. Das gute Herbstwetter lud dazu ein, die Trauben lange hängen zu lassen. Wer das tat, bekam je nach Lage alkoholstarke Weine. Rieslinge mit 13,5 oder sogar 14,5 Prozent Alkohol sind aber selten ein Spaß. Auch 2011 hat von Winning wieder rechtzeitig gelesen, wieder reichen nur die wenigsten Weine an die 13-Prozent-Marke heran. Von Winning-Weine polarisieren immer noch in Sachen Typizität und Geschmack, aber ihre Klasse ist unbestritten.

Attraktive Preise

Wie in den Vorjahren gibt es in der Pfalz viele gute Weine auch von weniger bekannten Winzern – zu attraktiven Preisen. Die Schnäppchenliste führt sie zu diesen Winzern, die Unterstützung durch mehr Kunden verdient haben. Der Rebsortenspiegel ist umfangreich, Riesling und Weißburgunder bringen die besten Weine hervor. Die Pfälzer bleiben die Spezialisten in Sachen Sauvignon Blanc, kaum ein Winzer, der diese früher exotische Sorte nicht im Programm hat. Erfreulich, dass mit Bernhard Weik ein Pionier dieser Rebsorte 2011 den besten Sauvignon Blanc aus der Pfalz erzeugte. Wer guten Gewürztraminer sucht, wird in der Pfalz ebenfalls fündig, köstlich kann der Muskateller sein, den einige Winzer meistens zu moderaten Preisen anbieten. Auch Sekte gibt es sehr gute in der Pfalz, von Buhl und Bergdolt zeigen die schönsten.

Rotweine 2010

2010 wird nicht als herausragender Rotwein-Jahrgang in die Bücher eingehen. Allerdings sind es oft die vermeintlich schwachen Jahrgänge die haltbare und elegante Weine hervorbringen. Allzu viele hervorragende 2010er Spitzenrotweine gab es nicht zu verkosten, manche Winzer zeigen sie noch nicht. Nicht verstecken mussten sich die Spätburgunder von Knipser, die drei Großen Gewächse und eine Reserve zeigen schon jetzt große Klasse.

Rebsorten

Die Pfalz ist nach Rheinhessen das zweitgrößte deutsche Anbaugebiet mit etwa einem Viertel der gesamten deutschen Rebfläche. In der Pfalz spiegelte sich in den letzten Jahren sehr deutlich der Umbruch wider, der in Deutschland in den Weinbergen stattfand: Weg von weißen Sorten und hin zu roten Sorten. Mit Ausnahme von Weißburgunder, Grauburgunder und Chardonnay, sowie einiger Spezialitäten wie Rieslaner oder Auxerrois, nehmen alle weißen Sorten im Anbau ab. Alle roten Sorten hatten in den letzten Jahren starke Zuwachsraten, allen voran der Dornfelder. Über 3.000 Hektar Dornfelder gibt es inzwischen in der Pfalz, Tendenz inzwischen rückläufig. Damit ist Dornfelder mit fast 13 Prozent nach Riesling (fast 24 Prozent) die meistangebaute Rebsorte. In der Pfalz gibt es inzwischen 39 Prozent rote Sorten in den Weinbergen. Nicht nur Dornfelder, selbst der oft geschmähte Portugieser gewinnt dazu, aber auch Spätburgunder und internationale Sorten wie Cabernet Sauvignon oder Merlot. Recht häufig findet man reinsortige Dunkelfelder (auch barriqueausgebaut) in der Pfalz, eine Sorte, die einst als Deckrotwein eingesetzt wurde. Sehr interessant und beachtenswert ist der Sankt Laurent, einst eine Südpfälzer Spezialität, heute aber auch im Norden der Pfalz, sowie in Rheinhessen und anderen deutschen Anbaugebieten immer häufiger zu finden. Immer öfter findet man auch die Württemberger Spezialität Lemberger.

Weiße Vielfalt

Bei den weißen Sorten führt in der Anbaustatistik Riesling. Es folgen Müller-Thurgau, Grauburgunder, Kerner und Weißburgunder. Müller-Thurgau und Kerner, aber auch andere einst vielangebaute Neuzüchtungen wie Morio-Muskat, Huxelrebe, Bacchus, Optima oder Faberrebe nehmen im Anbau ab, auch der Silvaner. Hingegen versuchen immer mehr Winzer sich mit Weiß- und Grauburgunder, sowie Chardonnay zu profilieren. Als Spezialität immer beliebter ist Auxerrois, und auch der Gelbe Muskateller findet neue Anhänger. Und jeder Winzer in der Pfalz scheint inzwischen Sauvignon Blanc anzubauen!

Leiningerland

Das Leiningerland, der nördlichste Teil der Pfalz, hat bisher noch kein klares Profil. Was kein Nachteil sein muss, im Gegenteil. Es ist eine Chance, nämlich die, sich von der Mittelhaardt abzugrenzen. Ob mit Weiß- oder Rotwein, Riesling oder eher den Burgundersorten, wird die Zukunft zeigen. Wobei vieles für Riesling spricht, die Weine werden immer spannender. Und für Rotwein natürlich.

Mittelhaardt

Die Weine der Mittelhaardt waren lange Zeit für das Renommee der ganzen Region Pfalz maßgeblich. Von Herxheim über Kallstadt nach Bad Dürkheim und dann weiter über Wachenheim, Forst, Deidesheim und Ruppertsberg bis nach Neustadt reihen sich weltberühmte Weinorte und Lagen aneinander. Die Mittelhaardt und die Weingüter hier stehen für Riesling. Viele der renommierten Betriebe waren Anfang der neunziger Jahre nur noch ein Schatten ihrer selbst. Dann setzten sie konsequent auf Qualität und seither produzierten sie wieder Weine, die zu den besten in der Pfalz gehören.

Südpfalz

In der Südpfalz geht es seit mehr als einem Jahrzehnt stetig bergauf. Früher haben die meisten Winzer in der Südpfalz vom Fassweinverkauf gelebt. Inzwischen aber kommen Jahr für Jahr mehr Spitzenweine aus diesem Teil der Pfalz. Jedes Jahr gibt es mehr bemerkenswerte Weißburgunder und Grauburgunder, Spätburgunder und Chardonnay, aber auch Rieslinge. Neben den genannten Sorten gibt es als Spezialitäten – das Elsass lässt grüßen – Muskateller, Gewürztraminer und Auxerrois.

Die besten Erzeuger

Weltklasse

★★★★★

Weingut **Knipser**

★★★★☆

Weingut Friedrich **Becker**
Weingut Reichsrat von **Buhl**
Weingut **Christmann**
Weingut **Koehler-Ruprecht**
Weingut Philipp **Kuhn**
Weingut Georg **Mosbacher**
Weingut Ökonomierat **Rebholz**
Weingut **von Winning**

Hervorragende Erzeuger

★★★★

Weingut Geh. Rat Dr. v. **Bassermann-Jordan**
Weingut **Bergdolt** St. Lamprecht
Wein- und Sektgut **Bernhart**
Weingut Dr. **Bürklin-Wolf**
Weingut Frank **John** Hirschhorner Hof
Weingut Theo **Minges**
Weingut **Müller-Catoir**
Weingut **Pfeffingen** – Fuhrmann-Eymael
Weingut Jakob **Pfleger**
Weingut **Siegrist**
Weingut Heinrich **Spindler**
Weingut Dr. **Wehrheim**

★★★☆

Weingut **Gies-Düppel**
Weingut Jürgen **Leiner**
Weinhof **Scheu**
Weingut Heiner **Sauer**
Weingut **Schumacher**

Sehr gute Erzeuger

★★★

Sektkellerei **Andres & Mugler**
Weingut **Benderhof**
Weingut **Corbet**
Weingut **Dengler-Seyler**
Weingut **Horcher**
Weingut Familie **Kranz**
Weingut Ludi **Neiss** ↑
Weingut **Lucashof**
Weingut Herbert **Meßmer**
Weingut **Münzberg**
Weingut **Nauerth-Gnägy**
Weingut **Petri** ↑
Weingut Karl **Pfaffmann**
Weingut **Pfirmann**
Weingut **Rings**
Weingut Egon **Schmitt**
Weingut **Schneider**
Weingut **Siener**
Weingut **Stern**
Weingut Karl **Wegner** & Sohn
Weingut **Weik** ↑
Weingut **Wilhelmshof**
Weingut **Zelt**

★★☆

Wein- und Sekthaus **Aloisiushof** ↑
Benzinger – Weingut im Leiningerhof
Weingut **Eymann** ↑
Weingut **Fader** – Kastanienhof
Weingut Matthias **Gaul**, St. Stephanshof
Wein- und Sektgut **Immengarten Hof**
Weingut **Jülg**
Weingut Gerhard **Klein**
Weingut Eugen **Müller**
Weingut **Wageck-Pfaffmann**
Sekt- und Weingut **Winterling**
Weingut Oliver **Zeter** ↑
Weingut Emil **Zimmermann**

Gute Erzeuger

★★

Weingut **Ackermann**
Weingut Michael **Andres**
Weingut **Bärenhof** ↑
Weingut **Borell-Diehl**
Weingut **Brenneis-Koch**
Weingut **Fitz-Ritter**
Weingut Karl-Heinz **Gaul**
Weingut **Hensel**
Weingut **Jesuitenhof**
Weingut Dr. **Kopf**
Weingut **Langenwalter**
Weingut **Lergenmüller**
Weingut Klaus **Meyer**
Weingut Stefan **Meyer** ↑
Weingut Georg **Naegele**
Weingut Castel **Peter**
Weingut **Porzelt**
Weingut **St. Annaberg**
Weingut Karl **Schaefer**
Weingut **Scholler**
Weingut Gerhard **Schwarztrauber**
Weingut Erich **Stachel**
Weingut **Stortz-Nicolaus**

★☆

Wein- und Sektgut **Bergdolt-Reif & Nett** ↑
Weingut **Grimm**
Weingut Christian **Heußler**
Weingut **Hollerith**
Weingut **Janson Bernhard**
Weingut Ernst **Karst** & Sohn
Weingut Jul. Ferd. **Kimich**
Weingut **Krebs**
Weingut **Krieger**
Weingut Karl-Heinz & Andreas **Meyer**
Weingut Rudi **Möwes**
Weingut am **Nil**
Weingut Johann F. **Ohler**
Fritz **Völcker'sche** Gutsverwaltung ↑
Weingut **Wilker**

Zuverlässige Erzeuger

★

Weingut Peter **Argus**
Weingut Daniel **Aßmuth** ◈
Weingut Emil **Bauer** ◈
Weingut Karlheinz **Becker**
Weingut **Bohnenstiel**
Weingut **Bühler**
Weingut **Darting**
Weingut **Dietrich**
Weingut **Ehrhart** ◈
Weingut **Hinterbichler** ◈
Weingut **Hammel-Hundinger**
Staatsweingut mit **Johannitergut**
Weingut Alfons **Hormuth**
Weingut **Kaßner-Simon**
Weingut **Kirchner**
Weingut Lukas **Krauß**
Weingut **Lidy**
Weingut **Manderschied**
Weingut **Mehling** ◈
Weingut **Mugler**
Weingut Theobald **Pfaffmann**
Weingut **Pflüger** ◈
Weingut **Rothmaier**
Weingut Stefan **Schwaab** ◈
Weingut Dominik **Sona**
Weingut **Sonnenberg**
Weingut Eugen **Spindler** ◈
Weingut Jürgen **Stentz**
Weingut Eugen **Wambsganß**
Wein- und Sektgut **Wind-Rabold**
Weingut **Wöhrle**
Weingut Klaus **Wolf**

Rheingau 3.107 ha

Der Jahrgang 2011 ist im Rheingau nicht ganz so gleichmäßig geraten, wie einem manche Erzeuger weismachen wollen. Zwar sind die Basisweine fast aller Betriebe zwischen Lorch und Wicker zuverlässig ausgefallen, aber in der Spitze gibt es sehr wohl deutliche Unterschiede. Bei den Ersten Gewächsen und anderen trockenen Lagenweinen brillierten neben Breuer und Querbach auch Weil, Spreitzer und Schloss Johannisberg, sehr überzeugend waren zudem die Leistungen von Himmel, Johannishof, Schloss Reinhartshausen, Schäfer oder dem Bischöflichen Weingut Rüdesheim. Einige Rieslinge, zum Beispiel von Flick, Leitz oder Künstler, wirkten zum Zeitpunkt der Verkostung verhalten, und die höchst eigenwilligen Ress-Weine ließen einen auch nach mehrfacher Probe eher ratlos zurück. Ein Problem stellte bei dem einen oder anderen Erzeuger der Alkohol dar: Mit über 15 Prozent wird es sehr schwer, einen ausbalancierten Riesling zu vinifizieren.

Süße Überraschungen

Bei den süßen Weinen gab es schöne Überraschungen: Auf Schloss Johannisberg wurden große Mengen faszinierender Beeren- und Trockenbeerenauslesen geerntet, die teilweise sogar im Stückfass (!) ausgebaut werden konnten, bei Robert Weil und Peter Jakob Kühn entstanden in vergleichsweise kleinen Volumen nicht weniger begeisternde Spitzen. Doch der Rheingau besteht ja nicht nur aus stillen Rieslingen des Jahrgangs 2011. So sind etwa die spät vorgestellten 2010er von Kühn grandios, allen voran der monumentale „Schlehdorn", und so sind auch die Schaumweine, beispielsweise von Solter, bemerkenswert. Was die Rotweine angeht, herrscht leider nach wie vor ein Trend zur Übertreibung vor. Wer mag denn wirklich all die mächtigen, alkoholreichen und vom Barrique geprägten Spätburgunder trinken? Wenn dann noch überreifes Traubenmaterial dazukommt und die Weine nach Amarenakirschen duften, ist alles verloren. Die schlanken, eher hellen Roten von Robert König sind da nicht zum ersten Mal eine wohltuende Ausnahme.

Riesling und Spätburgunder

Denkt man an das Rheingau, fallen einem nur zwei Rebsorten ein: Riesling und Spätburgunder. Mit 79 bzw. 12 Prozent Anteil dominieren sie die Weinberge. Neben Riesling und Spätburgunder bringt es allein der Müller-Thurgau auf mehr als ein Prozent der Rheingauer Rebfläche. Immer häufiger angepflanzt wird derzeit Weißburgunder.

Erstes Gewächs: Trend zur Restsüße

Im letzten Jahrzehnt hat man im Rheingau am meisten mit edelsüßem Riesling von sich reden gemacht. Und mit dem Begriff „Erstes Gewächs". Bei dem sich ebenfalls der Rheingauer Trend hin zu mehr Süße zeigt. Denn in der Praxis handelt es sich bei den Ersten Gewächsen meistens um – nach bisherigem Verständnis – halbtrockene Weine. Oft weisen diese vorgeblich „trockenen" Weine ganz deutlich edelsüßen Charakter auf. .

Die besten Erzeuger

Weltklasse

★★★★★

Weingut Georg **Breuer**
Weingut Peter Jakob **Kühn**
Weingut **Leitz**
Weingut Robert **Weil**

★★★★☆

Weingut **Querbach**

Hervorragende Erzeuger

★★★★

Weinbaudomäne Schloss **Johannisberg**
Weingut **Prinz**
Domänenweingut Schloss **Schönborn**
Weingut Josef **Spreitzer**

★★★☆

Weingut Joachim **Flick**
Weingut August **Kesseler** ↑
Weingut Freiherr **Langwerth** von Simmern

Sehr gute Erzeuger

★★★

Wein- und Sektgut **Barth**
Weinbau J.B. **Becker**
Weingut Carl **Ehrhard**
Weingut August **Eser**
Weingut Emmerich **Himmel**
Weingut **Johannishof**
Weingut Jakob **Jung**
Weingut Graf von **Kanitz**
Weingut J. **Kögler**
Weingut Robert **König**
Weingut Franz **Künstler** ↑
Weingut Hans **Lang**
Schloss **Reinhartshausen**
Sekthaus **Solter**
Geheimrat J. **Wegeler** Erben
Domdechant **Werner'sches** Weingut ↑

★★☆

Weingut Dr. **Corvers-Kauter**
Diefenhardt'sches Weingut
Weingut **Krone**
Weingut Wilhelm **Mohr** Erben
Weingut W. J. **Schäfer** ↑
Wein- und Sektgut F.B. **Schönleber**
Sektmanufaktur Schloss **Vaux**

Regionen

Gute Erzeuger

★★

Weingut **Altenkirch**
Domaine **Assmannshausen**
Bischöfliches Weingut Rüdesheim ↑
Weingut **Chat Sauvage** ↑
Staatsweingüter Kloster **Eberbach**
Weingut Friedr. **Fendel** Erben
Weingut Alexander **Freimuth**
Weingut **George**
Weingut Paul **Laquai**
Weingut Georg-**Müller**-Stiftung ↑
Weingut G.H. von **Mumm**
Weingut Heinz **Nikolai**
Weingut Johannes **Ohlig**
Weingut Karl **Ottes**
Weingut Balthasar **Ress**
Weingut **Sohns** ↑
Weingut Schloss **Vollrads**

★☆

Weingut **Bott** ↑
Weingut H.T. **Eser** ↑
Weinhof **Goldatzel**
Weingut Josef **Hirschmann**
Weingut **Schamari-Mühle**
Weingut **Speicher-Schuth**
das **weinwerk**

Zuverlässige Erzeuger

★

Sektmanufaktur **Bardong**
Weingut Hans **Bausch**
Weingut Stefan **Breuer**
Weingut **Dalgaard & Jordan**
Weingut Karlo **Dillmann**
Weingut **Egert**
Weingut H.J. **Ernst**
Garage Winery
Bio-Weingut **Hamm**
Weingut **Jonas**
Weingut **Mehl**
Weingut Karl-Joh. **Molitor**
Weingut Fritz **Rothenbach**
Klosterweingut Abtei **St. Hildegard**
Weingut Thilo **Strieth**
Weingut Im **Weinegg**
werk2
Weingut Dr. Christopher **Wolf**

Rheinhessen 26.523 ha

Es geht voran in Rheinhessen, in keiner anderen deutschen Region haben sich so viele Winzer mit diesem Jahrgang nach vorne gearbeitet. Man ist in Rheinhessen überein gekommen das Sortiment klar zu gliedern in Gutsweine, Ortsweine und Lagenweine. Wir finden das gut und prophezeien, dass dies der ganzen Region einen weiteren Schub geben wird. An der Spitze stehen auch dieses Jahr Klaus Peter Keller und Philipp Wittmann mit großartigen Kollektionen, Kühling-Gillot und Battenfeld-Spanier sind ebenfalls sehr stark, auch Wagner-Stempel, Volker Raumland glänzt mit Sekt. Und dazu gibt es tolle junge Betriebe, die nach vorne stürmen: Landgraf und Dreißigacker, Becker-Landgraf und Schembs, Braunewell und Bettenheimer, um nur einige wenige zu nennen. Eines soll aber nicht verschwiegen werden: Bei vielen Betrieben konnten wir uns des Eindrucks nicht erwehren, dass die Erntemengen hoch waren, allzu hoch, denn es gibt auch viel saft- und kraftlose Weine im Jahrgang 2011.

Selbstbewusstsein

Zwei Faktoren scheinen maßgeblich für den erfolgreichen Wandel der Region. Einmal der Erfolg von Klaus Keller in Flörsheim-Dalsheim, der vielen Winzern gezeigt hat, dass rheinhessischer Wein in Deutschland Spitze sein kann, Wittmann und andere bestätigen dies. Wichtig war aber auch die Initiative der „Selection Rheinhessen": Die Winzer haben gesehen und geschmeckt, dass man bei Ertragsbeschränkung bessere Weine machen kann. Und sie haben gemerkt, dass man diese bessere Qualität auch besser bezahlt bekommt.

Restrukturierung der Weinberge

Der Wandel in Rheinhessen hat sich auch in den Weinbergen vollzogen. Hier, wie in anderen deutschen Regionen auch, hat man in den letzten Jahren begonnen, viele der Neuzüchtungen wieder nach und nach aus den Rebgärten zu eliminieren. Der Trend zu internationalen Sorten und Rotweinsorten brachte neue Rebsorten ins Land. In den nächsten Jahren werden sicherlich innerhalb Rheinhessens einzelne Regionen sich mit speziellen Weintypen und/oder Rebsorten stärker profilieren.

Rebsorten

Wichtigste Rebsorte mit einem Anteil von über 16 Prozent ist Müller-Thurgau, aber den zweiten Platz nimmt mittlerweile Riesling ein mit 15 Prozent, der Dornfelder (13 Prozent) überholt hat. Dornfelder boomte in Rheinhessen wie nirgendwo in Deutschland. Der Boom ist vorbei, und das ist gut so. Der Silvaneranbau ist weiter zurückgegangen, nur noch 9,3 Prozent der Fläche nimmt die einst in Rheinhessen so populäre Rebsorte ein. Auf den nächsten Plätzen folgen Portugieser, Spätburgunder, Grauburgunder (legt kräftig zu!), Kerner und Weißburgunder, der ebenfalls kräftig zulegt. Hinzu kommen Scheurebe und Huxelrebe, die fast schon etwas wie rheinhessische Spezialitäten geworden sind,

Faberrebe und Bacchus. Chardonnay, Gewürztraminer, Riesling und die Burgundersorten legen zu, alle anderen weißen Sorten nehmen im Anbau ab. Anders die roten Sorten, die alle, teils dramatisch, zulegen. Stärker noch als Dornfelder haben Regent und St. Laurent zugelegt. Immer häufiger findet man auch Frühburgunder, Cabernet Sauvignon und Merlot. Die Rotweinfläche in Rheinhessen hat sich in den letzten zehn Jahren mehr als verdoppelt, ist inzwischen aber wie so oft in Deutschland wieder rückläufig, der Anteil an der gesamten Rebfläche beträgt heute 31 Prozent.

Junge Talente

Bei der Vielzahl von fast 3000 Erzeugern, die in Rheinhessen selbst Wein vermarkten, ist es nicht einfach, alle interessanten Winzer zu finden. Wie schon in den Vorjahren hatten wir Weine von recht vielen uns zuvor nicht bekannten Winzern probiert. Und wie in den vergangenen Jahren war dies nicht immer eine Freude. Aber wir fanden doch auch wieder einige schöne Überraschungen darunter, Weingüter mit zuverlässigen und in der Regel sehr preiswerten Weinen. Man kann gar nicht oft genug darauf hinweisen: Eine Vielzahl junger Talente wächst in der Region heran.

Die besten Erzeuger

Weltklasse

★★★★★

Weingut Klaus **Keller**
Weingut **Wittmann**

Hervorragende Erzeuger

★★★★

Weingut **Battenfeld-Spanier**
Weingut **Kühling-Gillot**
Sekthaus **Raumland**
Weingut **Wagner-Stempel**

★★★☆

Weingut **Becker-Landgraf** ↑
Weingut **Bischel**
Weingut Frieder **Dreißigacker** ↑
Weingut Destillerie **Gutzler**
Weingut **Landgraf** ↑
Weingut Adolf **Schembs** Erben ↑
Weingut Arndt F. **Werner**

COLBATZKY

Sehr gute Erzeuger

★★★

Weingut J. **Bettenheimer** ↑
Weingut **Braunewell** ↑
Weingut Kurt & Karin **Dautermann**
Geil's Sekt- und Weingut
Weingut Heinrich **Groh**
Weingut **Gunderloch**
Wein- und Sektgut **Hofmann**
Weingut Karlheinz **Keller**
Weingut **Kissinger**
Weingut Klaus **Knobloch**
Weingut **Manz**
Weingut **Riffel**
Weingut **Sander**
Weingut **Spiess**, Riederbacherhof
Weingut **Stallmann-Hiestand**
Winzerhof **Thörle**
Weingut **Winter**

★★☆

Weingut **Gysler**
Weingut **Hedesheimer Hof**
Weingut Georg Jakob + Matthias **Keth**
Weingut **Michel-Pfannebecker**
Weingut **Peth-Wetz**
Weingut **St. Antony**
Weingut Lothar **Schneider** & Tochter ↑
Weingut **Seehof**, Ernst Fauth
Weingut **Steitz**
Weingut Eckhard **Weitzel**

Gute Erzeuger

★★

Weingut Brüder Dr. **Becker**
Weingut **Göhring**
Weingut **Goldschmidt**
Weingut **Gres**
Weingut K. F. **Groebe**
Weingut Eckehart **Gröhl**
Weingut **Hirschhof**
Weingut Georg Gustav **Huff**
Weingut **Knewitz** ↑
Weingut **Kühling** ↑
Weingut **Lamberth** ↑
Bioweingut **Lorenz**
Weingut Karl **May**, Liebenauer Hof
Weingut Karl-Hermann **Milch**
Weingut **Neef-Emmich** ↑
Weingut **Pfannebecker**
Weingut **Raddeck**
Weingut **Schätzel**
Weingut **Scherner-Kleinhanss**
Weingut Eugen **Schönhals**
Weingut **Strohm**

★☆

Weingut Jean **Buscher**
Weingut **Eberle-Runkel**
Weingut Kurt **Erbeldinger** und Sohn
Weingut **Espenhof**
Weingut Winzerfamilie **Flick** ↑
Weingut **Fogt**
Weingut **Gallé**
Weingut Helmut **Geil**
Weingut Johann **Geil** I Erben
Weingut **Kampf**
Wein- und Sektgut Axel **Kreichgauer**
Weingut Dr. **Koehler** ↑
Weingut **Liebfrauenstift**
Weingut **Meiser**
Weingut **Müller-Dr. Becker**
Weingut **Posthof** - Doll & Göth
Weingut **Ruppert-Deginther** ↑
Weingut **Seebrich**
Weingut **Weinreich** ↑
Weingut Hans **Wernersbach**
Weingut Schloss **Westerhaus**

Zuverlässige Erzeuger

★

Weingut **Achenbach**
Weingut **Ahnenhof** Hermann Müller Erben
Weingut **Becker**
Weingut **Beiser**
Weingut **Bernhard-Räder**
Weingut **Brinkmann** ◆
Weingut **Büsser** ◆
Weingut **Bunn** ◆
Weingut **Diel**
Weingut **Domhof** ◆
Weingut Udo & Timo **Eppelmann**
Weingut **Feth-Wehrhof** ◆
Weingut **Fischborn-Schenk**
Weingut **Groebe** am Bergkloster
Weingut **Hauck**
Weingut **Hiestand**
Weingut **Hothum**
Weingut Fritz Ekkehard **Huff**
Weingut **Huff-Doll**
Huster Ökologischer Weinbau
Weingut **Julius**
Weingut Georg **Jung**
Weingut **Kapellenhof**
Weingut **Lorch** - Westerheymer Hof
Weingut **Machmer**
Weingut **Martinshof**
Weingut **Marx**
Weingut **Merl**
Weingut **Mett** & Weidenbach
Cisterzienser Weingut **Michel**
Weingut Dieter **Michel** ◆
Weingut Axel **Müller**
Weingut **Münzenberger** ◆
Weingut **Roll**
Weingut **Rollanderhof**
Weingut **Schick**
Weingut **Schmitt**
Weingut **Schoeneck-Schnell**
Weingut **Schweickardt**
Weingut **Scultetus-Brüssel**
Weingut **Singer-Fischer**
Weingut Gerold **Spies**
Weingut Uwe **Spies** ◆
Weingut **Spohr**
Weingut **Steinmühle** ◆
Weingut H. & H.A. **Strub**
Weingut Eva **Vollmer**
Weingut **Wagner**
Weingut **Werther Windisch** ◆
Weingut Dirk **Wendel**
Weingut **Zehe-Clauß**
Weingut **Zimmer-Mergel** ◆

Saale-Unstrut 735 ha

Die Rebfläche steigt stetig – und erfreulicherweise auch das Qualitätsniveau. Schon im problematischen Jahrgang 2010 waren wir zufrieden mit den Kollektionen, die wir zu verkosten bekamen. 2011 nun gefällt uns insgesamt besser. André Gussek und Bernard Pawis überzeugen wie gewohnt, Volker und Sandra Fröhlich (Weingut Fröhlich-Hake) und Klaus Böhme haben weiter zugelegt

Weinbau an Saale und Unstrut

Weinbau ist urkundlich seit dem 10. Jahrhundert in der Region belegt. Mit der Gründung des Klosters Pforta 1138 wurde der Weinanbau forciert, die erste Weinlage der Mönche, der Pfortenser Köppelberg, ist seit 1154 urkundlich belegt. Die meisten Weinberge im Weinbaugebiet Saale-Unstrut liegen in den Tälern der beiden gleichnamigen Flüsse. Daneben gibt es noch nennenswerten Weinbau an den Mansfelder Seen (dem Süßen See, sowie den kleineren Bruder- und Kernersee, zwischen Halle und Lutherstadt Eisleben). Das Gros der Weinberge liegt im Bundesland Sachsen-Anhalt, aber auch die bisher 66 Hektar Weinberge in Thüringen, wo ebenfalls seit tausend Jahren Wein angebaut wird, gehören zum Anbaugebiet Saale-Unstrut. Die wichtigsten Weinbauorte sind Naumburg und Freyburg.

Klima und Böden

Die Region besitzt ein eher kontinental geprägtes Klima mit kalten Wintern und recht warmen Sommern. Die Böden an Saale und Unstrut bestehen häufig aus Muschelkalk, teils auch aus Buntsandstein. Im Bereich der Mansfelder Seen wachsen die Reben auf Kupferschiefer.

Drei Dutzend Selbstvermarkter

Die Rebfläche hat sich in den letzten Jahren stetig erweitert, neue Weingüter wurden gegründet. Das Weingut Schloss Proschwitz aus Sachsen hat in Kromsdorf bei Weimar neue Weinberge angelegt in der historischen Lage Weimarer Poetenweg, wo der Boden aus Muschelkalk und Lössmergel besteht. Die Mitglieder der Freyburger Genossenschaft bewirtschaften mehr als die Hälfte der gesamten Rebfläche. Dazu gibt es etwa drei Dutzend selbstvermarktende Betriebe. Absatzprobleme gibt es nicht, folglich sind die Preise auch für sehr einfache Weine recht hoch. Was aber sicherlich eine gute Ausgangsposition für neugegründete Weingüter ist und die Chance bietet, sich über Qualität zu profilieren. Viele der kleinen privaten Betriebe haben erst in den letzten Jahren ihre ersten Weine auf den Markt gebracht.

Rebsorten

Die Rebfläche im Anbaugebiet Saale-Unstrut nimmt stetig zu, hat sich seit 1990 verdoppelt. Wichtigste Rebsorte ist Müller-Thurgau, gefolgt von Weißburgunder, Riesling und

Silvaner. Während aber Müller-Thurgau und Weißburgunder zulegen, nimmt der Anteil des Silvaners ab. Dazu gibt es vor allem noch Bacchus, Kerner, Grauburgunder, Gutedel und Traminer. An roten Sorten, die auf über 26 Prozent der Fläche angebaut werden, gibt es insbesondere Dornfelder, Portugieser – Portugieser war noch vor 30 Jahren quasi die einzige angebaute rote Rebsorte, wurde inzwischen aber von Dornfelder überholt – Spätburgunder, Regent, Zweigelt und Lemberger. Die Erträge im Anbaugebiet Saale-Unstrut sind auf Grund des Kontinentalklimas mit oft strengen Frösten recht starken Schwankungen unterworfen. Die Weine werden überwiegend trocken ausgebaut.

Die besten Erzeuger

Sehr gute Erzeuger

★★☆

Winzerhof **Gussek**

Gute Erzeuger

★★

Weingut **Fröhlich-Hake** ↑
Weingut **Pawis**

★☆

Weingut Klaus **Böhme** ↑

Zuverlässige Erzeuger

★

Winzervereinigung **Freyburg**
Landesweingut Kloster **Pforta**
Thüringer Weingut Bad Sulza

Sachsen 478 ha

Die Rebfläche wächst, das Preisniveau ist hoch, da bestünde die Möglichkeit in Qualität zu investieren, denn wir halten das Potenzial noch lange nicht für ausgereizt in Sachsen. Der Jahrgang 2010 hatte da nicht mitgespielt, 2011 nun ist deutlich besser, bringt gutes Niveau, bei allen Rebsorten. Ein Trend hin zu mehr Restsüße ist unverkennbar, durchgegorene Weine werden immer seltener in Sachsen; bei Rebsorten wie Grau- oder Weißburgunder wirkt diese Süße zuweilen störend. Beim Traminer, einer sächsischen Spezialität mit viel Tradition, scheint keine Einigkeit zu bestehen weder darüber, wie man ihn ausbaut, ob trocken oder süß, noch wann man ihn erntet, ob mit noch merklicher Säure, ob reif oder gar überreif.

Lange Tradition

Weinbau in Sachsen wurde urkundlich erstmals 1161 erwähnt. Im ausgehenden Mittelalter waren wohl etwa 4.000 Hektar in ganz Sachsen mit Reben bepflanzt, 1840 gab es noch 1636 Hektar Reben, danach ging die Rebfläche dramatisch zurück. Dieser Rückgang begann schon vor dem Reblausbefall (ab 1887) durch die Industrialisierung, die den Weinbau als Wirtschaftsfaktor für Sachsen bedeutungslos werden ließ, die Ausdehnung der Hauptstadt und der Verkauf von Weinbergen als Bauland taten ein Übriges. Nach dem Zweiten Weltkrieg gab es nur noch ganze 60 Hektar Reben in Sachsen. Seit den Fünfziger Jahren aber haben vor allem Nebenerwerbswinzer dafür gesorgt, dass die Rebfläche nach und nach bis auf die heutige Größe anwuchs.

Kontinentalklima

Das Haupt-Weinanbaugebiet in Sachsen liegt entlang der Elbe, flussabwärts von Pirna bis Diesbar. Die wichtigsten Weinbauzentren sind Radebeul (mit den Einzellagen Johannisberg, Goldener Wagen und Steinrücken) und Meißen (Einzellagen Kapitelberg, Ratsweinberg, Rosengründchen und Klausenberg, dazu Schloss Proschwitz und Proschwitzer Katzensprung). Daneben gibt es kleinere Weinbauflächen an der Schwarzen Elster (bei Jessen, Kleindröben im Bundesland Sachsen-Anhalt und bei Schlieben im Bundesland Brandenburg), die weinbaupolitisch zur Region Sachsen zählen, ebenso wie weitere neu angelegte Flächen in Brandenburg (Luckau, Ortrand, Neuzelle, Schenkendöbern). Sachsen besitzt ein Kontinentalklima mit kalten Wintern und der Gefahr von Frühjahrsfrösten, aber recht heißen Sommern mit warmen Tagen und kühlen Nächten.

Unterschiedliche Böden

Das Elbtal ist geprägt von einer Vielzahl unterschiedlicher geologischer Formationen. Hauptsächlich herrschen Granit-Syenit-Verwitterungsböden vor, aber man findet auch Sandstein, Löss, verschiedene Tonarten und Flusssand. Der größte Teil der Weinberge wird von Nebenerwerbswinzern bewirtschaftet, die in der Winzergenossenschaft Meißen zusammengeschlossen sind. Gut die Hälfte der Weinberge befindet sich in Hang- und Steillagen, wo die Weinberge oft in Terrassen angelegt sind.

Rebsorten

Die wichtigsten Rebsorten sind Müller-Thurgau, Riesling und Weißburgunder. Es folgen an weißen Sorten Grauburgunder, Traminer, Kerner, Goldriesling, Scheurebe, Bacchus, Elbling, Solaris und Gutedel, etwas Kernling und Morio-Muskat. Aber auch rote Sorten (19 Prozent der Fläche) findet man immer häufiger, allen voran Spätburgunder und Dornfelder, aber auch Regent, Frühburgunder, Portugieser, Domina, Dunkelfelder und Schwarzriesling. Es zeichnet sich ein Trend ab hin zu den Burgundersorten. Die Weine werden überwiegend trocken ausgebaut. Absatzprobleme gibt es keine, und so ist es nicht verwunderlich, dass man für sächsischen Wein hohe Preise zahlen muss und man ihn selten außerhalb der Region findet. Drei große Betriebe zeichnen zusammen für drei Viertel allen sächsischen Weins verantwortlich: Die Sächsische Winzergenossenschaft in Meißen, das Sächsische Staatsweingut Schloss Wackerbarth und Schloss Proschwitz.

Die besten Erzeuger

Gute Erzeuger

★★

Weingut Schloss **Proschwitz** – Prinz zur Lippe

★☆

Weingut Vincenz **Richter**
Weingut Schloss **Wackerbarth**

Zuverlässige Erzeuger

★

Weingut Karl-Friedrich **Aust**
Weingut **Drei Herren**
Winzerhof **Rößler**

Württemberg 11.421 ha

Es tut sich was in Württemberg. Gleich elf neue Betriebe stellen wir in diesem Jahr vor, viele von ihnen haben erst vor kurzem den Sprung in die Selbständigkeit gewagt: Bihlmayer – Dobler – Frank – Fried – Hafner – Keller – Kinzinger – Mayer – Parfum der Erde – Rux – Singer. Von manchem dieser Weingüter wird man in den kommenden Jahren noch viel hören. Außerhalb der Region ist oft noch nicht angekommen, dass Württemberg mehr zu bieten hat als nur Trollinger; es fällt einer Region immer schwer sich zu profilieren, wenn sie nicht eine eindeutige Leitrebsorte hat. Riesling könnte diese Rolle übernehmen, aber Riesling gib es überall in Deutschland. Einige Winzer äußerten uns gegenüber gar Zweifel, ob Württemberg mit Riesling eine Rolle spielen kann. Warum nicht? In den letzten Jahren gibt es sehr eigenständige, faszinierende Rieslinge wie die Weine von Jochen Beurer oder „Das Lied der Erde" von Graf Adelmann, das Große Gewächs von Fürst Hohenlohe-Öhringen, auch Dautel und Aldinger haben 2011 spannende Rieslinge. Sauvignon Blanc ist eine spannende Ergänzung – vielleicht nicht für ganz Württemberg, auf jedem Fall aber für das Remstal. Bei den Rotweinen ist die Frage schwerer zu entscheiden, worauf man setzen sollte, auf Spätburgunder oder Lemberger. Im Rotweinbereich hat Württemberg noch zwei Altlasen zu überwinden. Da ist einmal das Negativ-Image durch die restsüßen, maischeerhitzten Rotweine, die man oft mit Württemberg verbindet; zum anderen ein gar nicht ganz so altes Problem: Die Weinsberger Neuzüchtungen. Gerade in Württemberg wurde viel zu viel von diesen Sorten gepflanzt, die eigentlich völlig anachronistisch sind – wenn schon Neuzüchtungen, dann doch bitte pilzresistent; Klonenselektion für Lemberger und Spätburgunder ist aus unserer Sicht eine wichtigere Aufgabe.

71 Prozent Rotwein

Württemberg ist der Fläche nach das viertgrößte deutsche Weinbaugebiet. Hier werden drei Viertel der Ernte über Genossenschaften vermarktet. Neben der Ahr ist Württemberg das einzige deutsche Anbaugebiet, in dem mehr rote als weiße Trauben angebaut werden, 71 Prozent. Wichtigste rote Rebsorte und Württemberger Spezialität ist der Trollinger, der 21 Prozent der Fläche einnimmt. Weitere bedeutende Rotweinsorten sind Lemberger (in Österreich Blaufränkisch genannt), Schwarzriesling (der „Pinot Meunier" der Champagne) und Spätburgunder. Hinzu kommen Spezialitäten wie Samtrot, Clevner oder Muskattrollinger. Vor allem im Remstal findet man immer häufiger auch Zweigelt und Merlot.

Weißwein: Riesling dominiert

Bei den weißen Sorten dominiert der Riesling, der 18 Prozent der gesamten Rebfläche einnimmt, aber in den letzten Jahren etwas an Boden verloren hat. Hinzu kommen, mit weitem Abstand, Kerner, Müller-Thurgau und Silvaner. In letzter Zeit findet man auch immer häufiger Weiß- und Grauburgunder, sowie Chardonnay. Auch Sauvignon Blanc wird inzwischen von einigen Weingütern angebaut, vor allem im Remstal.

Furore mit Rotwein

Vor allem mit ihren Rotweinen haben Württemberger Winzer in den vergangenen Jahren für Furore gesorgt. Mit Spätburgunder und Lemberger, mehr noch aber mit Cuvées. Dazu kristallisieren sich Zweigelt und Merlot immer mehr als interessante Spezialitäten heraus. Bei den Weißweinen haben Württemberger Rieslinge es schwer. Nicht wegen ihrer Qualität, sondern vor allem deshalb, weil sie nicht dem von Rhein und Mosel geprägten Geschmacksbild entsprechen. Außerhalb Württembergs wenig bekannt sind edelsüße Weine aus Württemberg, die immer wieder ganz hervorragend ausfallen.

Starkes Remstal

Vor allem im Remstal haben die Winzer in den letzten Jahren stark zugelegt. Hans Haidle in Stetten, Gert Aldinger, Rainer Schnaitmann und Markus Heid in Fellbach, Albrecht Schwegler in Korb und Jürgen Ellwanger in Winterbach gehören zur Elite in Württemberg. Weitere rücken nach wie Beurer, oder bieten seit Jahren gutes Niveau wie Medinger, Klopfer, Siglinger, Kuhnle, Zimmerle und Bader. Alle aus dem Remstal. Im „Rest"-Württemberg tut Ernst Dautel sich regelmäßig hervor, ebenso Graf Adelmann und Rainer Wachtstetter, auch Fürst Hohenlohe-Öhringen, Hans Hengerer, Fritz Funk und Drautz-Able.

Die besten Erzeuger

Weltklasse

★★★★★

Weingut **Dautel** ↑

★★★★☆

Weingut Gerhard **Aldinger**
Weingut Karl **Haidle**, Inh. H. Haidle
Weingut Rainer **Schnaitmann**

Hervorragende Erzeuger

★★★★

Weingut Jürgen **Ellwanger**
Weingut **Heid**
Weingut **Wöhrwag**

★★★☆

Weingut Graf **Adelmann**
Weingut **Beurer**
Weingut Fürst zu **Hohenlohe-Öhringen**
Weingut **Kistenmacher-Hengerer**
Weingut **Wachtstetter**
Staatsweingut **Weinsberg**
Weingut **Zimmerle**

Sehr gute Erzeuger

★★★

Weingut **Drautz-Able**
Weingut Bernhard **Ellwanger**
Weingut Fritz **Funk**
Weingut Wolfgang **Klopfer**
Weingut **Kusterer**
Weingut **Medinger**
Weingut Albrecht **Schwegler**

★★☆

Weingut **Doreas** ↑
Weingut G.A. **Heinrich**
Schlossgut **Hohenbeilstein** ↑
Weingut **Knauß** ↑
Weingut des Grafen **Neipperg**
Weingut **Sonnenhof**, Bezner-Fischer
Weinmanufaktur **Untertürkheim**
Weingut **Zipf**

Gute Erzeuger

★★

Weingut **Albrecht-Kießling**
Weingut H. **Bader**
Weingut **Bächner**
Weingut Robert **Bauer**
Panoramaweingut **Baumgärtner**
Weingut Graf v. **Bentzel-Sturmfeder**
Weingut **Birkert**
Weingut Fritz **Currle**
Weingut Helmut **Dolde**
Fellbacher Weingärtner
Weingut Frank J. **Haller**
Hohenloher Weinkontor
Weingut **Kuhnle**
Weingut **Leiss**
Weingut **Rux**
Weingut **Sankt Annagarten**
Weingut **Schäfer-Heinrich**
Weingut Michael **Schiefer**
Weingut **Siegloch-Klöpfer**
Weingut **Siglinger**
Weingut Herzog von **Württemberg**
Weingut Walter **Zimmer**

★☆

Weingut **Amalienhof** – Gerhard Strecker
Weingärtner **Bad Cannstatt**
Weingut **Drautz-Hengerer** ↑
Weingut **Forsthof**
Weingut **Gruber** ↑
Weingut **Häußermann**
Weingut **Hirth** – Rebhof ↑
Weingut Schloss **Lehrensteinsfeld**
Weingut **Parfüm der Erde**
Weingut **Supp**
Weingut **Ungerer**

Zuverlässige Erzeuger

★

Weingut **Albrecht-Gurrath**
Weingut **Bihlmayer** ◈
Weingut **Borth**
Weingut **Bruker**
Weingärtner **Cleebronn-Güglingen**
Weingut **Diehl**
Weingut **Dobler** ◈
Weingärtner **Dürrenzimmern-Stockheim**
Weingut **Eberbach-Schäfer**
Weingut **Escher**
wein & gut **frank** ◈
Weingut **Fried** ◈
Weingut **Friedauer**
Weingut **Häge**
Weingut **Hafner** ◈
Weingut Alexander **Heinrich**
Weingut Erich **Hirth**
Weingut **Keil**
Weingut Gerd **Keller** ◈
Weingut **Kinzinger** ◈
Weingut **Kurz-Wagner**
Weingut **Maier**
Weingut Jochen **Mayer** ◈
Weingut Reinhard **Schäfer**
Weingut **Singer** ◈
Weingut **Springer**
Ökoweingut **Stutz**
Weingut **Wagner**
Weingut **Zaiß**
Weingut Manfred **Zaiß**

Die besten deutschen Weinerzeuger und ihre Weine

von A-Z

★

Abril

Weingut

Baden

Am Enselberg 1, 79235 Vogtsburg-Bischoffingen
Tel. *07662-255,* ***Fax:*** *07662-6076*
www.weingut-abril.de
weingut@weingut-abril.de
Besuchszeiten: *täglich 9-18 Uhr*

Inhaber .... Weingut Abril GbR
Betriebsleiter .... Armin Sütterlin
Rebfläche .... 20 Hektar

Die Familie Abril betreibt seit dem Jahr 1740 Weinbau in Bischoffingen am Kaiserstuhl. Hans-Friedrich Abril führte in achter Generation den Betrieb. Nach 37 Ernten haben er und Ehefrau Gabi das Weingut 2007 an Cousine Helga und ihren Mann Erivan Haub, den Seniorchef von Tengelmann, abgegeben, die das Weingut unter dem alten Namen weiterführen, das Gut ist jedoch nicht Teil der Tengelmann-Gruppe. Die Rebfläche, bei Übernahme 6,5 Hektar, wurde seither deutlich vergrößert, unter anderem durch die Übernahme des benachbarten Weinguts Consequence. Dessen Besitzer, Manfred Schmidt, ist seither für den Weinbau des Weinguts Abril verantwortlich und für die Umstellung auf biologischen Weinbau. Der neue Weinkeller konnte nicht wie geplant am alten Sitz realisiert werden, ein kompletter Neubau am Ortsrand von Bischoffingen inmitten der Weinberge wurde im September 2012 eröffnet. Der Schwerpunkt liegt auf den Burgundersorten, dazu gibt es Spezialitäten wie Gewürztraminer, Muskateller, Riesling, Scheurebe, Chardonnay oder Blauer Sylvaner.

Kollektion

Auch wenn es bis zur alten Abril'schen Klasse noch ein weiter Weg ist, so zeigt die Kollektion doch einige schöne Ansätze wie den fülligen, harmonisch Weißburgunder oder die nach Rosen und Vanille duftende Gewürztraminer Beerenauslese, die im Mund süß, konzentriert und schmeichelnd ist bei deutlichen Vanillenoten.

Weinbewertung

81 2011 Weißburgunder Kabinett trocken **12,5 %/7,90 €**
79 2011 Grauburgunder Kabinett trocken **12,5 %/7,50 €**
85 2011 Weißburgunder Spätlese trocken **13,5 %/10,80 €**
82 2011 Muskateller & Muscaris Kabinett **12 %/9,- €**
87 2010 Gewürztraminer Beerenauslese Barrique **11,5 %/22,- €/0,5l**
79 2011 Rotwein trocken **13,5 %/6,90 €**

★

Achenbach

Weingut

Rheinhessen

Kirchgasse 1, 55599 Wonsheim
Tel. *06703-707,* ***Fax:*** *06703-3627*
www.weingut-achenbach.de
info@weingut-achenbach.de
Besuchszeiten: *nach Vereinbarung*

Inhaber .... Gernot Achenbach
Rebfläche .... 19 Hektar

Gernot Achenbach baut neben traditionellen Rebsorten und Neuzüchtungen auch Spezialitäten wie Frühburgunder, Auxerrois, St. Laurent und Muskatsilvaner (Sauvignon Blanc) an. Die Weinberge liegen vor allem in Wonsheim und Siefersheim. Die Rotweine werden 5 bis 10 Tage auf der Maische vergoren und in Holzfässern ausgebaut. Der älteste Sohn Frank hat 2010 seinen ersten eigenen Wein gemacht, einen Riesling vom Porphyr im Siefersheimer Heerkretz. Ein zweiter Wein wird folgen, ein St. Laurent von 65 Jahre alten Reben.

Vorjahre

Vor zwei Jahren lagen die Stärken im restsüßen Segment. Etwas heterogen präsentierte sich die letztjährige Kollektion, wobei einige Weine schöne Ansätze zeigten.

Neue Kollektion

Der neue Jahrgang gefällt uns besser, die Kollektion ist gleichmäßiger als zuletzt. Die füllige, kraftvolle „feinherbe" Riesling Auslese ist unser Favorit, auch die bissige Ortega Trockenbeerenauslese aus dem Jahrgang 2010 überzeugt.

Weinbewertung

80 2011 Grauburgunder trocken **13 %/4,20€**
80 2011 Sauvignon Blanc trocken **12,5 %/5,50 €**
81 2011 Silvaner trocken „Alte Reben" Siefersheimer Heerkretz **13 %/5,50 €**
82 2011 Riesling Spätlese trocken Siefersheimer Heerkretz **13,5 %/5,90 €**
81 2011 Riesling Spätlese trocken „Franky's" Siefersheimer Heerkretz **14 %/8,50 €**
80 2011 Weißburgunder Spätlese trocken Volxheimer Mönchberg **14 %/5,50 €**
80 2011 Scheurebe Spätlese „feinherb" Siefersheimer Martinsberg **13,5 %/5,50 €**
86 2011 Riesling Auslese „feinherb" „Ü100" Siefersheimer Heerkretz **13,5 %/8,50 €**
82 2011 Riesling Auslese Siefersheimer Heerkretz **11,5 %/8,50 €**
86 2010 Ortega Trockenbeerenauslese **11 %/11,- €/0,375l**
83 2010 Frühburgunder Spätlese trocken **12,5 %/6,50 €**
81 2010 Spätburgunder trocken „Ü100" **13 %/8,50 €**

Ackermann ★★

Weingut

Pfalz

Oberdorfstraße 40, 76831 Ilbesheim
Tel. 06341-30664, Fax: 06341-32547
www.weingut-ackermann.de
info@weingut-ackermann.de
Besuchszeiten: nach Vereinbarung
Ferienwohnung

Inhaber .... Familie Ackermann
Rebfläche .... 14 Hektar

Das Weingut Ackermann war ursprünglich ein landwirtschaftlicher Gemischtbetrieb, der sich Mitte der sechziger Jahre auf Weinbau spezialisierte. Mit der Aussiedlung an den Ortsrand von Ilbesheim 1972 begann man die Selbstvermarktung zu forcieren. Aus dem Ertrag von einem Hektar Obst werden in der eigenen Brennerei Edelbrände hergestellt. Neben Weinbergen an der Kleinen Kalmit in Ilbesheim (Landschneckenkalk) besitzt die Familie Ackermann auch Weinberge in Eschbach und im Leinsweiler Sonnenberg (Buntsandsteinverwitterung). Riesling, Weißburgunder und Spätburgunder stehen im Vordergrund, aber auch internationale Rebsorten wie Chardonnay, Sauvignon Blanc, Merlot und Cabernet Franc wurden gepflanzt. Das Sortiment ist aufgegliedert in Guts-, Orts- und Lagenweine. Die Weißweine werden reduktiv im Edelstahl ausgebaut und bleiben teils sehr lange auf der Feinhefe, lediglich der Chardonnay wird auch im Holzfass – in der Regel zu einem Drittel – ausgebaut. Die Rotweine kommen nach der Maischegärung ins Holzfass. Seit Beendigung seiner Weinbautechnikerausbildung in Bad Kreuznach ist Frank Ackermann im Betrieb tätig. Während er für den Keller verantwortlich ist (seit 1996), kümmert sich Vater Karl-Heinz um den Außenbetrieb. Im Sommer 2011 wurde Frank Ackermann in den Kreis der Jungen Talente des VDP Pfalz aufgenommen.

Vorjahre

Vor zwei Jahren standen zwei trockene Riesling-Spätlesen an der Spitze, es folgten der auffallend minzige Sauvignon Blanc und ein füllig-schwerer Cabernet Franc/Merlot mit einem kräftigen Alkoholgehalt von 14,5 Prozent. Im letzten Jahr konnte Frank Ackermann seine beiden Lagenrieslinge aus Kalmit und Sonnenberg nicht erzeugen – was der Hagel übrig gelassen hatte, landete in der Lagencuvée „Duett", die gemeinsam mit einem prägnanten, kraftvollen St. Laurent an der Spitze des Sortiments stand, vor der erneut sehr fülligen Cuvée aus Cabernet Franc und Merlot und dem gewohnt guten Sauvignon Blanc.

Jahrgang 2011

In diesem Jahr konnten wir leider keine Rotweine verkosten, aber die Weißen zeigen durchweg klare, reintönige Frucht und feine Frische. Die gute Kollektion wird angeführt von den beiden kraftvollen Lagenrieslingen, knapp dahinter überzeugen auch die beiden würzigen und harmonischen Ortsrieslinge aus Ilbesheim und Leinsweiler, genauso wie die Chardonnay und Weißburgunder-Ortsweine und der verlässlich gute Sauvignon Blanc.

Weinbewertung

85 2011 Sauvignon Blanc trocken **12,5 %/7,50 €**
83 2011 Sylvaner trocken **12,5 %/5,10 €**
85 2011 Chardonnay trocken Ilbesheimer **13,5 %/7,50 €**
82 2011 Weißburgunder Kabinett trocken **12 %/5,10 €**
85 2011 Weißburgunder trocken Ilbesheimer **13,5 %/7,50 €**
83 2011 Riesling trocken „Glühwürmchen" **12,5 %/6,30 €**
85 2011 Riesling trocken „Kalkmergel" Ilbesheimer **13,5 %/7,70 €**
86 2011 Riesling trocken „Buntsandstein" Leinsweiler **13,5 %/7,70 €**
87 2011 Riesling trocken Ilbesheimer Kalmit **13,5 %/12,- €**
87 2011 Riesling trocken Leinsweiler Sonnenberg **13,5 %/12,- €**
81 2011 Blanc de noir „Free Run" **11,5 %/5,40 €**
83 2011 Riesling Spätlese Ilbesheimer **9,5 %/7,50 €/0,5l**

Ackermann ★☆

Weingut

Mosel

Chur-Kölnerstraße 19, 54492 Zeltingen-Rachtig
__Tel.__ 06532-2763, __Fax:__ 06532-1617
www.ackermann-weingut.de
info@ackermann-weingut.de
__Besuchszeiten:__ nach Vereinbarung
Ferienwohnung

Inhaber .... Harald und Anne Junglen
Rebfläche .... 2,8 Hektar

Das Weingut Ackermann wird seit 1993 von Harald Junglen und Anne Junglen, geborene Ackermann, geführt. Die Weinberge befinden sich in Zeltingen, zum großen Teil in Steillagen: Deutschherrenberg (roter Schiefer, neu bepflanzt 2003, mit wurzelechten Reben), Himmelreich, Schlossberg (schwarzer Devonschiefer) und in der Sonnenuhr (blauer Devonschiefer), wo Harald und Anne Junglen im Rahmen der Flurbereinigung Mitte des letzten Jahrzehnts wie schon zuvor im Deutschherrenberg zwei Parzellen mit wurzelechten Reben neu bepflanzt haben. Neben Riesling bauen sie ein klein wenig Müller-Thurgau und Weißburgunder (erster Ertrag 2010) an. Moderne Kellertechnik wird mit dem Ausbau in Eichenholzfässern kombiniert. Neben Weinen des aktuellen Jahrgangs findet man auch noch edelsüße Rieslinge aus älteren Jahrgängen auf der Preisliste.

Vorjahre

2009 überzeugte von der trockenen Spätlese bis hin zur eleganten Beerenauslese. 2010 reichte da jahrgangsbedingt nicht ganz heran, die stimmige Kollektion wurde angeführt von der Auslese aus der Sonnenuhr.

Jahrgang 2011

Jahrgang 2011 nun präsentiert sich sehr geschlossen und gleichmäßig. Die trockene Spätlese aus dem Schlossberg gefällt uns am besten, die Auslesen bringen jedoch keine Steigerung gegenüber den Spätlesen.

Weinbewertung

84 2011 Riesling Spätlese trocken Zeltinger Schlossberg **12 %/7,- €**

83 2011 Riesling Spätlese halbtrocken Zeltinger Deutschherrenberg **12 %/7,- €**

81 2011 Riesling Kabinett „feinherb" Zeltinger Sonnenuhr **11 %/6,- €**

83 2011 Riesling Spätlese „feinherb" Zeltinger Himmelreich **11,5 %/7,- €**

83 2011 Riesling Auslese „feinherb" Zeltinger Himmelreich **12 %/9,- €**

80 2011 Riesling Hochgewächs Zeltinger Himmelreich **9,5 %/5,20 €**

82 2011 Riesling Kabinett Zeltinger Sonnenuhr **10,5 %/6,- €**

82 2011 Riesling Spätlese Zeltinger Schlossberg **9 %/7,- €**

83 2011 Riesling Auslese Zeltinger Schlossberg **9,5 %/7,- €**

★★★★

A. J. Adam

Weingut

Mosel

Brückenstraße 51, 54347 Neumagen-Dhron
***Tel.** 06507-2115, **Fax**: 06507-702865*
www.aj-adam.com
dhronhofberger@gmx.de
***Besuchszeiten**: nach Vereinbarung*

Inhaber .... Andreas Adam
Rebfläche .... 3,5 Hektar

Andreas Adam übernahm das zwischenzeitlich stillgelegte Weingut des Großvaters und etwa einen Hektar Rebfläche. Im Jahr 2000 wurden die ersten Weine gekeltert, inzwischen erweiterte er die Fläche; außer den Parzellen im Hofberg werden auch Reben im Piesporter Goldtröpfchen bewirtschaftet. 2011 hat er weitere Felsterrassen im Hofberg erworben und Terrassenstücke im Goldtröpfchen neu bepflanzt. Andreas Adam geht einen extrem traditionellen Weg, arbeitet mit einer alten Korbpresse, vergärt die Rieslinge mit eigenen Hefen und baut sie mit langer Lagerung auf der Feinhefe im Holzfass aus. Dazu passen die großen, antikgrünen Flaschen, die das vorletzte Jahrhundert heraufbeschwören, und die historischen Etiketten. Binnen weniger Jahre haben sich die kraftvollen, bisweilen üppigen, aber sehr komplexen und animierenden Weine einen guten Ruf verschafft – auch im Export.

Vorjahre

2009 gelang ein herausragender, saftiger, vielschichtiger Kabinett; auch Spät- und Auslese glänzten. 2010 glänzte wieder im edelsüßen Segment mit zwei Auslesen und einer Beerenauslese. Begeistert hat uns aber auch der faszinierend reintönige Wein aus dem Goldtröpfchen und das ebenfalls hervorragende Große Gewächs aus dem Hofberg.

Jahrgang 2011

Sehr stimmig präsentiert sich nun auch der Jahrgang 2011, die Highlights liegen eindeutig im edelsüßen Segment mit zwei wunderschön reintönigen Auslesen, saftig und fruchtbetont, die Ein-Stern-Auslese deutlich konzentrierter und stoffiger. Ebenso reintönig und faszinierend sind die beiden Beerenauslesen, die aus dem Hofberg besticht mit viel Substanz und Länge, die aus dem Goldtröpfchen, leider noch etwas vom Schwefel geprägt, besitzt viel Potenzial.

Weinbewertung

85 2011 Riesling trocken **12,5 %/8,50 €**

87 2011 Riesling Dhroner **12 %/11,50 €**

87 2011 Riesling Piesporter **12 %/13,50 €**

88 2011 Riesling „feinherb" Hofberg **12 %/16,- €**

85 2011 Riesling Kabinett Hofberg **8,5 %/11,- €**

88 2011 Riesling Spätlese Hofberg **8 %/17,- €**

89 2011 Riesling Auslese Hofberg **8 %/21,- €/0,375l**

91 2011 Riesling *Auslese* Hofberg **7 %/28,- €/0,375l**

92 2011 Riesling Beerenauslese Hofberg **6,5 %/60,- €/0,375l**

92 2011 Riesling Beerenauslese Goldtröpfchen **6 %/65,- €/0,375l**

★★★☆

Graf Adelmann

Weingut

Württemberg

Burg Schaubeck, 71711 Steinheim-Kleinbottwar
***Tel.** 07148-92122-0, **Fax:** 07148-92122-25*
www.graf-adelmann.com
weingut@graf-adelmann.com
***Besuchszeiten:** Mo.-Fr. 9-12 + 14-18 Uhr, Sa. 9-13 Uhr*

Inhaber .... Felix Graf Adelmann
Rebfläche .... 20 Hektar

1914 haben die Grafen Adelmann das Gut erworben, das seit 1978 von Michael Graf Adelmann geführt wurde; 2012 hat sein Sohn Felix das Gut übernommen. Weinbau aber ist auf der Burg Schaubeck bereits im 13. Jahrhundert nachgewiesen. Das Gros der Weinberge von Graf Adelmann, 16 Hektar, liegt in Kleinbottwar (roter Keuperboden), 1 Hektar in Großbottwar und 3 Hektar in Ludwigsburg-Hoheneck am Neckar, wo die Reben auf Muschelkalkböden wachsen. In Kleinbottwar gehören dem Weingut zwei Weinbergslagen in Alleinbesitz: Oberer Berg und Süßmund. Knapp zwei Drittel der Weinberge sind mit roten Reben bestockt: Vor allem Lemberger, Spätburgunder, Trollinger und Samtrot, aber auch etwas Frühburgunder, Muskattrollinger, Urban und andere Sorten. Rotweine werden maischevergoren und im Holzfass ausgebaut. Bei den weißen Rebsorten dominiert Riesling, es folgen Grauburgunder und Weißburgunder, dazu gibt es etwas Muskateller und Traminer. Die Weißweine werden, oft nach Ganztraubenpressung, kühl vergoren.
Die besten Rieslinge, Burgunder und Lemberger werden als „Brüssele'r Spitze mit eigenem Etikett vermarktet, benannt nach den Vorbesitzern des Gutes, den Freiherren von Brüssele, denen Burg Schaubeck von 1853 bis zum Verkauf an die Grafen Adelmann im Jahr 1914 gehörte. Bei den Rotweinen setzte Michael Graf Adelmann verstärkt auf Cuvées. Nach ersten Versuchen ab 1981 lancierte man im Jahr 1989 die Cuvée „Vignette" als roten Spitzenwein, Graf Adelmann gehört damit zu den Pionieren roter Cuvées in Deutschland. Die weiteren Spitzenweine wurden 1996 eingeführt, der „Löwe von Schaubeck" (als Lemberger und als Weißweincuvée) und die rote Cuvée „Herbst im Park". Die Cuvée „Carpe Diem" wurde erstmals 1999 erzeugt.

Vorjahre

„Das Lied von der Erde" begeisterte uns 2009, war herrlich präzise und nachhaltig. Dieser Riesling führte eine sehr gute, konsistente Kollektion an. Im roten Segment gefiel uns die Cuvée Vignette, Jahrgang 2007, besonders gut. Im vergangenen Jahr führte einmal mehr der stoffige Riesling die weiße Kollektion an, im roten Segment war die Konkurrenz um die Führungsrolle groß, der „Schwarze Löwe" gefiel uns ein klein wenig besser als der „Löwe von Schaubeck" und der Pinot Noir.

Neue Kollektion

Die weiße Kollektion zeigt hohes Niveau, Grauburgunder und Weißburgunder sind füllig und reintönig, der Riesling „S" ist kraftvoll und klar, die weiße Cuvée besitzt gute Struktur und Frische. Unser Favorit ist aber eindeutig „Das Lied von der Erde", einer der faszinierendsten und eigenständigsten Rieslinge Württembergs: Der 2010er präsentiert sich heute puristisch und zupackend, der 2011er ist noch sehr verschlossen, zeigt gute Konzentration und feine rauchige Noten im Bouquet, ist füllig und kraftvoll im Mund, besitzt Druck, gute Substanz und Struktur. Das rote Segment bietet einen wunderschön reintönigen Muskattrollinger, eine zupackende Cuvée „Herbst im Park", an der Spitze aber sehen wir wieder die Lemberger, das schon im vergangenen Jahr präsentierte Große Gewächs und – fast gleichauf – „Der Löwe von Schaubeck", ein konzentrierter, kraftvoller Wein mit guter Struktur und jugendlichen Tanninen.

Weinbewertung

86 2011 Grauburgunder trocken „Brüssele"
14 %/9,60 €
86 2011 Weißburgunder trocken „Brüssele"

13,5 %/9,60 €

86 2011 Riesling „S" trocken „Brüssele" **12,5 %/9,80 €**

87 2010 „Der Löwe von Schaubeck" Weißwein trocken **12,5 %/9,50 €**

90 2010 Riesling „GG" „Das Lied von der Erde" Kleinbottwarer Süßmund **12 %/21,- €**

90+ 2011 Riesling „GG" „Das Lied von der Erde" Kleinbottwarer Süßmund

86 2011 Muskattrollinger trocken „Brüssele" **12 %/9,50 €**

83 2009 Lemberger trocken „Brüssele" **13 %/9,50 €**

86 2009 „Herbst im Park" Rotwein trocken **13 %/16,90 €**

88 2010 Lemberger trocken „Der Löwe von Schaubeck" **13,5 %/16,90 €**

89 2009 Lemberger „GG" „Der Schwarze Löwe" Kleinbottwarer Süßmund **13 %/29,- €**

★★

Carl Adelseck

Weingut

Nahe

Saarstraße 41, 55424 Münster-Sarmsheim
Tel. *06721-97440,* ***Fax:*** *06721-974422*
www.adelseck.de
info@adelseck.de
Besuchszeiten: *nach Vereinbarung*

Inhaber .... Carl und Jens Adelseck
Rebfläche .... 10 Hektar

Die Weinberge von Carl und Jens Adelseck liegen unter anderem im Münsterer Dautenpflänzer (Quarzit), im Münsterer Pittersberg (Schiefer) und im Laubenheimer Karthäuser (Sandstein), wo sie jeweils etwa einen Hektar besitzen. Zuletzt wurden weitere Flächen im Pittersberg und im Karthäuser zugekauft, minderwertige Lagen abgegeben, die Rebfläche reduziert. 70 Prozent der Weinberge befinden sich in Steil- oder Hanglagen. Wichtigste Rebsorte ist Riesling mit einem Anteil von 55 Prozent, gefolgt von Spätburgunder mit einem Anteil von 20 Prozent. Dazu gibt es etwas Silvaner, Müller-Thurgau, Weißburgunder, Grauburgunder, Chardonnay und Cabernet Sauvignon. Etwa 80 Prozent der Weine werden trocken oder halbtrocken ausgebaut. Aus Riesling und Scheurebe wird auch Sekt erzeugt.

Vorjahre

Vor zwei Jahren beeindruckten die kraftvollen Rotweine, der Riesling aus dem Karthäuser erwies sich einmal mehr als eine sichere Bank. Im vergangenen Jahr gefiel uns wieder ein Karthäuser-Riesling besonders gut, allerdings nicht die Selection, sondern der Wein von alten Reben. Manche 2010er aber waren etwas verhalten, Glanzlicht der Kollektion war der kraftvolle 2007er Pinot Noir aus dem Dautenpflänzer.

Neue Kollektion

In diesem Jahr ist erneut die stoffige Riesling aus dem Karthäuser unser Favorit, zusammen mit dem Cabernet Sauvignon mit guter Substanz aus dem Fuchsen und dem sehr kraftvollen, gut strukturierten Spätburgunder „Fass N° 81" aus dem Dautenpflänzer.

Weinbewertung

79 2011 Weißburgunder trocken **13 %/5,90 €**

83 2011 Grauburgunder Spätlese trocken Laubenheimer Karthäuser **13,5 %/7,90 €**

83 2011 Riesling trocken Münsterer Pittersberg **12,5 %/5,90 €**

86 2011 Riesling Selection Laubenheimer Karthäuser **13,5 %/12,90 €**

78 2011 Silvaner Classic **12 %/5,90 €**

79 2011 Riesling Classic **12,5 %/5,90 €**

81 2011 Riesling halbtrocken Laubenheimer Vogelsang **12,5 %/5,90 €**

86 2009 Cabernet Sauvignon trocken Laubenheimer Fuchsen **13,5 %/14,90 €**

85 2004 Cabernet Sauvignon trocken Laubenheimer Fuchsen **14 %//24,90 €**

82 2010 Spätburgunder trocken Münsterer Dautenpflänzer **13 %/5,90 €**

85 2009 Spätburgunder Selection Münsterer Dautenpflänzer **14 %/14,90 €**

86 2009 Spätburgunder trocken „Fass N° 81" Münsterer Dautenpflänzer **14,5 %/29,90 €**

★★★★

J.J. Adeneuer

Weingut

Ahr

Max-Planck-Straße 8
53474 Bad Neuenahr-Ahrweiler
***Tel.** 02641-34473, **Fax:** 02641-37379*
www.adeneuer.de
jjadeneuer@t-online.de
***Besuchszeiten:** Mo.-Fr. 9-12 + 13:30-18 Uhr, Sa. 10-15 Uhr*

Inhaber .... Frank und Marc Adeneuer
Rebfläche .... 12 Hektar

Seit über 500 Jahren betreiben die Adeneuers Weinbau an der Ahr. Seit 1984 wird das Weingut von den Brüdern Frank und Marc Adeneuer geführt. Sie bauen ausschließlich rote Sorten an. Neben Spätburgunder, der 90 Prozent der Fläche einnimmt, gibt es etwas Frühburgunder und ein klein wenig Dornfelder. Die nach Süden ausgerichtete steil terrassierte Lage Walporzheimer Gärkammer (0,64 Hektar), zwischen Kräuterberg und Pfaffenberg gelegen, eine der kleinsten Einzellagen Deutschlands, gehört dem Weingut Adeneuer seit 1714 in Alleinbesitz. Aber auch in anderen Spitzenlagen ist das Weingut vertreten, so im Walporzheimer Kräuterberg, im Ahrweiler Rosenthal und im Neuenahrer Sonnenberg, aus denen ebenfalls Große Gewächse erzeugt werden. Prädikatsbezeichnungen verwendet man seit 2004 nicht mehr. Die Weine werden nach Kaltmaceration möglichst spontanvergoren. Die Spitzenweine kommen 18 bis 20 Monate ins Barrique, ab dem „No. 1" werden ausschließlich neue Fässer verwendet.

Vorjahre

Die 2008er Großen Gewächse aus Rosenthal und Gärkammer waren einmal mehr hervorragend. Im vergangenen Jahr wurde ein neues Großes Gewächs vorgestellt, aus dem Kräuterberg, der zukünftig immer erzeugt werden soll, wenn es der Jahrgang erlaubt. Da aber 2010 überhaupt kein Großes Gewächs erzeugt wurde, heißt es für Adeneuer-Fans bei den 2009ern: Zugreifen. Unser Favorit unter den allesamt duftigen 2009er Großen Gewächsen war der Wein aus der Gärkammer. Insgesamt präsentierte sich die Kollektion stimmig auf sehr gutem Niveau, wie man das kennt vom Weingut Adeneuer.

Neue Kollektion

In diesem Jahr haben wir vorwiegend 2011er verkostet, teils unmittelbar nach der Abfüllung. Sie zeigen eine eindringliche aromatische Intensität, sind frisch, reintönig und zupackend. Besonders gut gefällt uns der strukturierte, sehr klare Spätburgunder aus der Gärkammer; die zum Teil erneut verkosteten Weine der Vorjahre bestätigen den ursprünglichen Eindruck.

Weinbewertung

82 2011 Spätburgunder „Blanc de Noir" **8,50 €**
84 2011 Spätburgunder Ahrweiler **8,90 €**
85 2011 Spätburgunder trocken **11,- €**
85 2010 Spätburgunder trocken **11,- €**
87 2011 Spätburgunder trocken „J.J. Adeneuer No. 2" **15,- €**
86 2009 Spätburgunder trocken „J.J. Adeneuer No. 1" **22,- €**
88 2011 Spätburgunder Walporzheimer Gärkammer **22,- €**
86 2010 Spätburgunder Walporzheimer Gärkammer **22,- €**
87 2011 Frühburgunder Neuenahrer Sonnenberg **25,- €**
88 2009 Spätburgunder „GG" Ahrweiler Rosenthal **33,- €**

Gerhard **Aenis** ★

Öko-Weingut

Baden

Hauptstraße 34, 79589 Binzen
Tel. 07621-63736, Fax: 07621-63736
www.weingut-aenis.de
weingut.aenis@gmx.de
Besuchszeiten: Mo./Do./Fr. 16-19 Uhr, Sa. 10-15 Uhr und nach Vereinbarung

Inhaber .... Gerhard Aenis
Rebfläche .... 2,5 Hektar

Nach seinem Geisenheim-Studium war Gerhard Aenis fast zwei Jahrzehnte bei verschiedenen Weingütern im Markgräflerland tätig, ein Jahr auch als Betriebsleiter in Ontario, bevor er sich 2006 mit dem eigenen Weingut selbständig machte, dass er zuvor im Nebenerwerb geführt hatte. Seit 1999 werden die Weinberge biologisch bewirtschaftet, Gerhard Aenis ist Mitglied bei Ecovin. Je ein Drittel der Rebfläche nehmen Spätburgunder und Gutedel ein, dazu gibt es Müller-Thurgau, Weißburgunder, Sauvignon Blanc und Grauburgunder. Alle Weine werden durchgegoren ausgebaut und abgefüllt, Süßreserve wird nicht verwendet.

Kollektion

Freunde durchgegorener Weine sind hier goldrichtig: Die Weine sind alle wunderschön puristisch und klar, sehr präzise und zupackend. Schon der Gutedel im Liter bereitet viel Freude, wie auch der Weißburgunder und der etwas fülligere Grauburgunder – und Sauvignon Blanc gehört natürlich ohne Restzucker ausgebaut, was sich aber in Deutschland noch nicht so recht herumgesprochen zu haben scheint; auch der Spätburgunder ist reintönig, frisch und zupackend.

Weinbewertung

82 2011 Gutedel trocken **11 %/4,- €/1l** ☺
83 2011 Weißburgunder Kabinett trocken **12,5 %/6,50 €**
84 2011 Grauburgunder Spätlese trocken **13 %/8,- €**
85 2011 Sauvignon Blanc Spätlese trocken **13 %/9,- €**
84 2010 Blauer Spätburgunder Kabinett trocken **13 %/7,50 €**

Agritiushof ★

Weingut

Mosel

Agritiushof, 54329 Konz-Oberemmel
Tel. 06501-14350, Fax: 06501-150611
www.weingut-agritiushof.de
weingut-agritiushof@t-online.de
Besuchszeiten: Mo.-Sa. nach Vereinbarung

Inhaber .... Alfred Kirchen
Rebfläche .... 8,5 Hektar

Die Weinberge von Alfred KIrchen liegen in Oberemmel, in den Lagen Karlsberg (einer steilen Süd-Südwest-Lage mit rotem und grauem Schiefer), Altenberg und Rosenberg. Neben Riesling, der 80 Prozent der Fläche einnimmt, baut er Weißburgunder, Spätburgunder, Chardonnay, Grauburgunder und Dornfelder an. Gärung und Ausbau erfolgen zum Großteil in traditionellen Holzfässern, die langsame Spontangärung spielt eine große Rolle; ein Teil der Weine wird erst Anfang September gefüllt.

Vorjahre

Die 2009er überzeugten, allen voran der Rieslingsekt mit seiner leichten Kräuternote und der duftige trockene „Embilaco" (der alte römische Name Oberemmels) aus dem Karlsberg. 2010 gefielen uns die beiden halbtrockenen Rieslinge – Alte Reben und Rotschiefer – besonders gut, die Basisweine allerdings stellten nicht zufrieden.

Jahrgang 2011

2011 gefällt uns da klar besser, trocken wie süß. Der kraftvolle, geradlinige Embilaco-

Riesling überzeugt, ebenso der reintönige, zupackende Selections-Riesling aus dem karlsberg und die elegante Spätlese von alten Reben aus dem Altenberg mit ihrer klaren, süßen Frucht. So darf es weitergehen.

Weinbewertung

81 2011 Weißburgunder trocken Oberemmeler Karlsberg **12,5 %/5,40 €/1l**

81 2011 Grauburgunder trocken Oberemmeler Rosenberg **12 %/6,90 €**

85 2011 Riesling trocken „Embilaco" Oberemmeler Karlsberg **11,5 %/7,20 €**

84 2011 Riesling „feinherb" „Felskupp" Oberemmeler Karlsberg **12 %/9,80 €**

85 2011 Riesling Selection Spätlese Oberemmeler Karlsberg **12 %/10,80 €**

82 2011 Riesling Oberemmeler Karlsberg **11 %/6,50 €**

85 2011 Riesling Spätlese „Alte Reben" Oberemmeler Altenberg **10 %/10,80 €**

★

Ahnenhof

Weingut Hermann Müller Erben **Rheinhessen**

Walther-Rathenau-Straße 33, 67574 Osthofen
***Tel.** 06242-1448, **Fax**: 06242-6908,*
www.ahnenhofwein.de
ahnenhofwein@t-online.de
***Besuchszeiten**: Mo.-Fr. 8-12 + 13-18 Uhr, Sa. 8-17 Uhr*

Inhaber .... Hermann Müller
Rebfläche .... 9 Hektar

Hermann Müller erwarb 1918 das Gut, das seine Vorfahren bis exakt hundert Jahre zuvor bewirtschaftet hatten, weshalb es mit dem Reichserbhofgesetz 1933 den Namen Ahnenhof erhielt. Heute wird es von seinem Enkel Hermann Müller geführt, der das Weingut 1988 von seinem Vater Ernst übernommen hat. Als typischer rheinhessischer Betrieb gibt es auf dem Ahnenhof Riesling, Burgunder, Gewürztraminer und St. Laurent, aber auch verschiedene Neuzüchtungen im Programm.

Die Vorjahre

In den vergangenen Jahren hatte Hermann Müller sehr gleichmäßige Kollektionen, immer mit Stärken im restsüßen Bereich. 2009 präsentierte sich geschlossen auf gutem Niveau, weiß wie rot, wobei uns vor zwei Jahren der barriqueausgebaute Spätburgunder aus dem Jahrgang 2008 am besten gefiel. Der Jahrgang 2010 präsentierte sich sehr geschlossen mit frischen, geradlinigen Weiß- und Rotweinen.

Jahrgang 2011

Die 2011er sind frisch und klar, zeigen sehr gleichmäßiges Niveau, auch die trockenen Weine sind von merklicher Restsüße geprägt.

Weinbewertung

83 2011 Grauburgunder Spätlese trocken **12 %/5,20 €**

83 2011 Grauburgunder Spätlese halbtrocken **11,5 %/5,20 €**

83 2011 Spätburgunder Weißherbst Spätlese halbtrocken **12,5 %/5,50 €**

83 2011 Gewürztraminer Spätlese Osthofener Hasenbiss **8,5 %/5,20 €**

82 2011 Kanzler Spätlese Osthofener Liebenberg **9 %/5,20 €**

84 2011 Huxelrebe Spätlese Osthofener Klosterberg **9 %/6,- €**

82 2011 Spätburgunder trocken **13 %/5,50 €**

83 „Cuvée 2.0.12" Rotwein **13 %/7,- €**

★

Albrecht-Gurrath

Weingut **Württemberg**

Äußere Mausklinge 2, 74074 Heilbronn
***Tel.** 07131-507194, **Fax**: 07131-578075*
www.weingut-albrecht-gurrath.de
info@weingut-albrecht-gurrath.de
***Besuchszeiten**: Mo.-Fr. nach Vereinbarung, Sa. 8-16 Uhr*

Inhaber ..... Denis, Peter und Gabriele Gurrath
Rebfläche .... 9 Hektar

Peter und Gabriele Gurrath leiten seit 1987 das Heilbronner Weingut und siedelten alsbald in die Äußere Mausklinge aus. Ihre Weinberge liegen in Heilbronn (Stiftsberg, Wartberg, Stahlbühl, Staufenberg), aber auch in Weinsberg, Neckarsulm und Flein (Eselsberg). Die Reben wachsen hauptsächlich auf tiefgründigen Keuperböden. Sohn Denis hat nach der Winzerlehre die Ausbildung zum Weinbautechniker in Weinsberg abgeschlossen, unterstützt seine Eltern seit 2010 im Betrieb, kümmert sich speziell um Cabernet Dorsa und Sauvignon Blanc.

Vorjahre

Vor zwei Jahren präsentierte sich die Kollektion geschlossen auf gutem Niveau. Die 2010er Weißweine waren etwas verhalten wie auch die 2009er Rotweine – dafür gab es aber zum dritten Mal in Folge den „Supremus B", zum dritten Mal den Jahrgang 2007.

Neue Kollektion

Nun gibt es aber einen würdigen, gleichwertigen Nachfolger aus dem Jahrgang 2009: Rauchige Noten, rote Früchte und Gewürze prägen das Bouquet, im Mund ist er füllig und kraftvoll, besitzt reife Frucht, gute Substanz, Vanille- und Schokonoten und viel Tannine – er ist der herausragende Wein in einer ansonsten sehr gleichmäßigen, überzeugenden Kollektion.

Weinbewertung

83 2011 Chardonnay Kabinett trocken Heilbronner Stiftsberg **13 %/6,80 €**
82 2011 Riesling „S" trocken Heilbronner Stiftsberg **13 %/9,50 €**
82 2011 Sauvignon Blanc „S" trocken Heilbronner Stiftsberg **13,5 %/9,80 €**
81 2011 Muskat-Trollinger Rosé **11,5 %/6,30 €**
82 2010 Lemberger „S" trocken Heilbronner Staufenberg **13 %/9,80 €**
82 2010 Acolon „S" trocken **13,5 %/9,50 €**
81 2009 Cabernet Dorsa „S" trocken (2. Füllung) **14,5 %/9,50 €**
88 2009 „Supremus B" Rotwein trocken Barrique **14,5 %/16,50 €**

★★

Albrecht-Kiessling

Weingut

Württemberg

Im Breitenloch 37, 74076 Heilbronn
Tel. *07131-178947,* **Fax:** *07131-166825*
www.albrecht-kiessling.de
weingut@albrecht-kiessling.de
Besuchszeiten: *Do. + Fr. 9-18:30 Uhr, Sa. 9-16 Uhr, oder nach Vereinbarung*

Inhaber .... Annette und Peter Albrecht
Rebfläche .... 15 Hektar

Das Weingut Albrecht-Kiessling ist hervorgegangen aus den Weinbergen von Gerhard Kiessling und Walter Albrecht, die beide aus Familien stammen, die seit Jahrhunderten Wein anbauen. Die Weinberge von Annette und Peter Albrecht befinden sich fast ganz in den Heilbronner Lagen Wartberg, Stiftsberg und Stahlbühl. Rote Rebsorten nehmen 60 Prozent der Rebfläche ein. Wichtigste rote Rebsorten sind Lemberger, Trollinger und Samtrot, dazu gibt es einige Cabernet-Kreuzungen und Merlot. Drei Viertel der Weißweinfläche nimmt Riesling ein, dazu gibt es Grauburgunder, Weißburgunder, Kerner und Muskateller. Alle Weine durchlaufen die malolaktische Gärung und bleiben vier Monate auf der Feinhefe. Gut die Hälfte der Produktion wird trocken ausgebaut.

Vorjahre

Die starke 2007er Cuvée hatte vor zwei Jahren betriebsinterne Konkurrenz durch den „Privatkeller" erhalten. Zusammen mit einem reintönigen, fülligen Grauburgunder führten sie eine starke Kollektion an. Im vergangenen Jahr begeisterten vor allem die kraftvollen Rotweine. Neben den beiden Cuvées – Privatkeller und Löwenherz – konnte auch der

Lemberger gut bestehen.

Neue Kollektion

Die kraftvolle, enorm tanninbetonte Privatkeller-Cuvée haben wir in diesem Jahr erneut verkostet. Die weißen 2011er gefallen uns gut, einmal mehr ist der füllige Grauburgunder unser Favorit, auch der reintönige, fruchtbetonte Weißburgunder-Sekt macht viel Freude.

Weinbewertung

85 2010 Weißburgunder Sekt brut Heilbronner Stiftsberg **13 %/10,30 €**
85 2011 Grauburgunder trocken „Johanna" **13,5 %/8,60 €**
83 2011 Riesling Spätlese trocken Heilbronner Stiftsberg **13 %/6,90 €**
81 2009 Lemberger trocken „alte Rebe" **13 %/4,90 €**
82 2010 Merlot trocken **13,5 %/7,70 €**
87 2009 Samtrot Spätlese trocken Heilbronner Stiftsberg **13,5 %/8,20 €**
87 2009 „Privatkeller" Rotwein trocken Barrique **14 %/14,40 €**

★★★★☆

Gerhard Aldinger

Weingut

Württemberg

Schmerstraße 25 / Ecke Lutherstraße, 70734 Fellbach
***Tel.** 0711-581417, **Fax:** 0711-581488*
www.weingut-aldinger.de
info@weingut-aldinger.de
***Besuchszeiten:** Mo.-Fr. 9-12 + 14-18 Uhr*

Inhaber .... Gert Aldinger
Rebfläche .... 28 Hektar

Wichtigste Lage im Betrieb ist der 9,5 Hektar große Untertürkheimer Gips, die Gert Aldinger allein gehört. Hinzu kommen vor allem Weinberge im Fellbacher Lämmler (Stubensandstein und Keuper), aber auch in Stetten (Pulvermächer, Kieselsandstein), Rotenberg (Schlossberg), Uhlbach und Hanweiler (Mergelböden). 2,5 Hektar liegen bei der Burg Lichteneck (Keuperböden) im Bottwartal. Über 30 Prozent der Weinberge nimmt Riesling ein. An roten Sorten gibt es vor allem Trollinger, Spätburgunder und Lemberger. Wobei Gert Aldinger auch internationale Sorten anbaut: Cabernet Sauvignon und Merlot gibt es bereits seit 1990, auch Sauvignon Blanc steht schon länger in Ertrag.

Vorjahre

2009 faszinierte uns der Sauvignon erneut, aber auch der 3-Sterne-Weißburgunder war große Klasse, beide gefielen uns ein klein wenig besser noch als das Große Riesling-Gewächs. Der Weißburgunder war 2010 ebenfalls Großes Gewächs und Rieslinge gab es als Großes Gewächs aus Lämmler und Gips – wir präferierten ganz leicht den Gips-Riesling. Genauso gut gefiel uns auch wieder der Sauvignon Blanc – „S" musste man in diesem Jahr präzisieren, denn neu im Programm war der Sauvignon Blanc „Ovum", ein opulenter, aber leider etwas allzu süßer Wein. Die Rotweinen präsentierten sich füllig und konzentriert, waren Klasse, so wie man das kennt: Einmal mehr eine ganz starke Kollektion aus Fellbach!

Weißweine 2011

Das weiße Segment präsentiert sich geschlossen wie gewohnt, an der Spitze stehen Sauvignon Blanc und die Großen Gewächse. Der Sauvignon Blanc ist klar, frisch und komplex, wunderschön reintönig und zupackend. Der Weißburgunder zeigt gute Konzentration und viel reife Frucht im Bouquet, ist füllig und kraftvoll im Mund, herrlich stoffig und lang. Der Marienglas-Riesling zeigt viel reife Frucht im Bouquet, dezent Zitrus im Hintergrund, ist füllig und stoffig im Mund, reintönig, enorm jugendlich, während der Lämmler-Riesling schon ein wenig offener ist, füllig und kraftvoll, besitzt er viel reife Frucht, gute Struktur und Frische.

Rotweine

Das rote Segment wartet mit drei bestechend fruchtbetonten, reintönigen 2011ern auf: Trollinger Lämmler, Lemberger Hanweiler Berg und Spätburgunder Gips. Noch stärker aber sind die drei vorgestellten 2010er, die beiden Großen Gewächse und der Merlot; die Cuvée C aus Cabernet Sauvignon, Cabernet Franc und Merlot wurde 2010 nicht erzeugt. Der Merlot ist fruchtbetont und konzentriert, herrlich klar und harmonisch, besitzt feine Gewürz- und Eukalyptusnoten im Hintergrund, gute Struktur und Länge. Gute Konzentration und reife Frucht prägen den Marienglas-Spätburgunder, er ist füllig und harmonisch, besitzt reife Frucht und gute Länge. Noch ein klein wenig besser gefällt uns der Lemberger aus dem Lämmler: Er ist enorm konzentriert und reintönig, besitzt viel reife Frucht (Kirschen), ist füllig, kraftvoll, lang und nachhaltig. Wieder eine bärenstarke Kollektion!

Weinbewertung

86 2011 Riesling** trocken Untertürkheimer Gips **12,5 %/10,60 €**
91 2011 Riesling „GG" „Marienglas" Untertürkheimer Gips **13 %/29,90 €**
91 2011 Riesling „GG" Fellbacher Lämmler **13 %/26,80 €**
90 2011 Weißburgunder „GG" „Marienglas" Untertürkheimer Gips **13 %/26,80 €**
90 2011 Sauvignon Blanc*** **12,5 %/18,70 €**
87 2011 Silvaner*** Hanweiler Maien **12,5 %/19,70 €**
87 2011 Trollinger** Fellbacher Lämmler **13 %/8,40 €** ☺
88 2011 Lemberger** Hanweiler Berg **13 %/14,10 €**
87 2011 Spätburgunder** Untertürkheimer Gips **13 %/14,10 €**
90 2010 Spätburgunder „GG" „Marienglas" Untertürkheimer Gips **13 %/26,80 €**
91 2010 Lemberger „GG" Fellbacher Lämmler **14 %/32,90 €**
90 2010 Merlot*** **14 %/26,80 €**

Aloisiushof ★★☆

Wein- und Sekthaus

Pfalz

Mühlstraße 2, 67487 St. Martin
Tel. *06323-2099,* ***Fax:*** *06323-5149*
www.aloisiushof.de
weinundsekthaus@aloisiushof.de
Besuchszeiten: *Mo.-Sa. 9-18 Uhr*

Inhaber .. Bernhard, Michael und Andreas Kiefer
Rebfläche .... 20 Hektar

Der Aloisiushof liegt in dem malerischen Ort St. Martin, direkt am Pfälzer Wald. Der Betrieb wurde 1950 von Alois Kiefer mit 2 Hektar Anbaufläche gegründet. Seine drei Söhne Bernhard, Michael und Andreas haben das Gut zur heutigen Größe von 22 Hektar ausgebaut. Die Rebfläche ist jeweils zur Hälfte mit Rotwein- und Weißweinsorten bestockt. Bernhards Sohn Philipp, Weinbau-Diplomingenieur übernimmt mehr und mehr die Federführung im Qualitätsmanagement in Weinberg und Keller. Seit 2006 steht der Name „Ambrosia" (ein Begriff aus der griechischen Mythologie, der Speis, Trank und Salbe bezeichnet, die Jugend und Unsterblichkeit verleihen) für die Spitzenweine aus den ältesten Lagen des Gutes. Ihr Ertrag ist auf unter 5000 Liter pro Hektar reduziert. Wichtigste Rebsorten sind Riesling, Gewürztraminer, Burgunder (Weiß-, Grau-, Spätburgunder), Chardonnay, Sauvignon Blanc und Cabernet Sauvignon. Toplagen sind Kirchberg und Baron in St. Martin.

Vorjahre

Vor zwei Jahren konnten alle sechs vorgestellten Weine überzeugen, vor allem zwei konzentrierte, kraftvoll-elegante Chardonnay aus dem Barrique und der in Zusammenarbeit mit dem Weingut Stern erzeugte saftige, im Ansatz sehr elegante „Pinotimes"-Spätburgunder. Der Pinot besaß auch im letzten Jahr wieder Substanz und Potential und stand mit einem gekonnt im Barrique ausgebauten Silvaner Eiswein an der Spitze der Kollektion. Auch die vorgestellten „Ambrosia"-Weine – Riesling, Chardonnay und Cabernet Sauvignon – überzeugten mit Kraft und Harmonie.

Neue Kollektion

Und auch in diesem Jahr überzeugt die Kollektion rundum, weiß wie rot, trocken wie süß, Sekte wie Stillweine. Die Weine sind sehr kraftvoll und stoffig, aber stets harmonisch und auch auf den Umgang mit Holz versteht man sich im Hause Kiefer sehr gut. So sind zwei Weine aus dem Barrique unsere Favoriten: Der „Pinotimes"-Pinot Noir ist auch im Jahrgang 2010 elegant und ausgewogen, der Chardonnay kraftvoll und würzig.

Weinbewertung

86 2010 Pinot Sekt brut nature **13 %/11,90 €**
86 Pinot Rosé Sekt brut „Pinotimes" **13,5 %/16,- €**
86 2011 Gewürztraminer Spätlese trocken „Stein & Erde" „vom Löss" St. Martiner Baron **14,5 %/9,30 €**
87 2011 Weißer Burgunder & Chardonnay trocken „Ambrosia" „Goldfass 121" **14 %/14,90 €**
86 2011 Pinot Blanc trocken „Pinotimes" **13,5 %/14,- €**
88 2011 Chardonnay trocken „Ambrosia" St. Martiner Baron **14,5 %/16,90 €**
86 2011 Riesling Spätlese trocken „Stein & Erde" „vom Buntsandstein" St. Martiner Baron **13,5 %/9,30 €**
87 2011 Riesling Spätlese trocken „Ambrosia" Maikammer Mandelhöhe **13,5 %/13,90 €**
86 2011 Gewürztraminer Auslese „Edel & Süß" St. Martiner Baron **10,5 %/10,50 €/0,5l**
87 2011 Riesling Auslese „Edel & Süß" St. Martiner Schloß-Ludwigshöhe **8,5 %/13,50 €/0,5l**
85 2009 „Alois K." Rotwein Cuvée trocken „Stein & Erde" „vom sandigen Lehm" **14 %/9,80 €**
88 2010 Pinot Noir trocken „Pinotimes" **13,5 %/18,- €**

★

Alt

Weingut

Nahe

Hauptstraße 67, 55569 Monzingen
***Tel.** 06751-94560, **Fax**: 06751-94561*
www.weingut-alt.de
info@weingut-alt.de
***Besuchszeiten**: Mo.-Sa. 8-18 Uhr, sonst nach Vereinbarung; Weinstube (bis 50 Personen) Fremdenzimmer, Ferienwohnung*

Inhaber .... Holger Alt
Rebfläche .... 8,3 Hektar

Das Weingut Alt ist ein Familienbetrieb, der seit über 100 Jahren besteht. Die Weinberge liegen in den Monzinger Lagen Frühlingsplätzchen und Halenberg. 70 Prozent der Rebfläche nehmen weiße Rebsorten ein, vor allem Riesling, aber auch Müller-Thurgau, Weißburgunder, Grauburgunder und andere Sorten. Wichtigste rote Rebsorten sind Dornfelder und Spätburgunder. Die Weine werden zu 90 Prozent an Privatkunden verkauft.

Vorjahre

Vor zwei Jahren präsentierte sich die Kollektion mit dem Jahrgang 2009 sehr homogen. Etwas verhaltener zeigte sich der Jahrgang 2010, der Riesling „S" aus dem Halenberg gefiel uns am besten.

Neue Kollektion

In diesem Jahr stehen zwei edelsüße Rieslinge an der Spitze der Kollektion, neben der konzentrierten Beerenauslese aus dem Frühlingsplätzchen und einer cremigen Auslese aus der gleichen Lage zeigen aber auch die beiden trockenen Rieslinge vom Blauschiefer und vom Rotliegenden klare Frucht.

Weinbewertung

81 2011 Riesling trocken Halenberg **13,5 %/5,- €**
83 2011 Riesling trocken „vom Blauschiefer" Monzinger Halenberg **12,5 %/7,20 €**
83 2011 Riesling trocken „vom Rotliegenden" Monzinger Frühlingsplätzchen **13 %/7,20 €**
80 2011 Weissburgunder halbtrocken Monzinger

Frühlingsplätzchen **13 %/4,80 €**
81 2011 Riesling halbtrocken Monzinger Frühlingsplätzchen **12,5 %/5,- €**
81 2011 Kerner Frühlingsplätzchen **10 %/5,- €**
83 2011 Riesling Spätlese Monzinger Frühlingsplätzchen **9 %/6,20 €**
84 2011 Riesling Auslese Monzinger Frühlingsplätzchen **7,5 %/8,20 €**
86 2011 Riesling Beerenauslese Monzinger Frühlingsplätzchen **7 %/22,- €/0,5l**

★★

Altenkirch

Weingut

Rheingau

Binger Weg 2, 65391 Lorch
***Tel.** 06726-830012, **Fax:** 06726-2483*
www.weingut-altenkirch.de
info@weingut-altenkirch.de
***Besuchszeiten:** Vinothek Mo.-Fr. 10-14 Uhr nach Vereinbarung*

Inhaber .... Franziska Breuer-Hadwiger, ... Andreas von Rosen
Kellermeister .... Jasper Bruysten
Rebfläche .... 20 Hektar

Franziska Breuer-Hadwiger und Andreas von Rosen wollen seit einigen Jahren den Ruf des Weinguts auf alte Höhen bringen. Bereits im 19. Jahrhundert war der Betrieb berühmt, belieferte sogar den kaiserlichen Hof in Berlin. Bewirtschaftet werden Parzellen in den Lorcher Lagen Schlossberg, Krone, Bodental-Steinberg und Pfaffenwies. Die Weine werden teilweise mit natürlichen Hefen vergoren, sind geradlinig, frisch und teilweise mineralisch. Angeboten werden auch Rebstockpartnerschaften, regelmäßig finden Kunstausstellungen im Weingut statt, abgeschafft wurden dagegen Prädikate wie Kabinett und Spätlese zugunsten von Bezeichnungen wie „Löss“, „Grauschiefer“ oder „Quarzschiefer“. Im Juni 2011 übernahm Jasper Bruysten die Verantwortung im Keller. Eine Entscheidung, die sich auch auf die Weine auszuwirken scheint: Die mineralische Komponente, die schon in den Vorjahren deutlich zu schmecken war, wird nun noch deutlicher herausgearbeitet. Alle Rieslinge wirken straff und klar, die Restzuckerwerte liegen oft deutlich unter den erlaubten Grenzen.

Vorjahre

2009 überzeugte bereits der süffige Basiswein namens „Cuvée Boogie“, die trockenen Lagenrieslinge besaßen viel Potenzial. Im Jahrgang 2010 gelangen kompakte, sehr eigenständige Rieslinge, beispielsweise aus dem Lorcher Schlossberg. Aus 2009 wurden zudem saftige, klare Rotweine vorgestellt – sehr geradlinig und nicht übertrieben vom Holz oder vom Alkohol geprägt.

Neue Kollektion

Die 2011er zeigen sich als mineralische, geradlinige und präzise Weine – der trockene „Grauschiefer“-Riesling und sein feinherbes, sehr saftiges Pendant namens „Quarzschiefer“ gehören zu den größten Schnäppchen, die man in diesem Jahr im Rheingau machen kann. Gut entwickelt haben sich auch die Lagenweine aus 2010, während die üppige Auslese schon fast den Charakter einer Beerenauslese aufweist. Der Spätburgunder aus dem Jahrgang 2009 besitzt eine leichte Schokonote und etwas Bitternoten, aber auch viel Struktur.

Weinbewertung

84 2011 Riesling trocken „Steillage“ **12 %/6,50 €**
87 2011 Riesling trocken „Grauschiefer“ **13 %/8,25 €** ☺
88 2010 Riesling trocken Lorcher Schlossberg **12,5 %/15,50 €**
88 2010 Riesling trocken Lorcher Bodental-Steinberg **13,5 %/15,50 €**
84 2011 Riesling „feinherb Steillage“ **12 %/6,50 €**
87 2011 Riesling „feinherb Quarzschiefer“ **12,5 %/8,25 €** ☺
88 2010 Riesling Auslese Lorcher Pfaffenwies **9,5 %/15,- €/0,375l**
85 2009 Spätburgunder trocken Lorcher Pfaffenwies **13,5 %/15,- €**

A

★☆

Amalienhof

Weingut Gerhard Strecker **Württemberg**

Lukas-Cranach-Weg 5, 74074 Heilbronn
Tel. *07131-251735,* ***Fax:*** *07131-572010*
www.weingut-amalienhof.de
info@weingut-amalienhof.de
Besuchszeiten: *Mo.-Fr. 9-18 Uhr, Sa. 8-16 Uhr, So. nach Vereinbarung*

Inhaber ..... Martin Strecker, Regine Böhringer
Rebfläche .... 29 Hektar

Gerhard Strecker hat 1971 den Steinberg in Beilstein erworben und im Jahr darauf begonnen Weinreben zu pflanzen. Hier gehören den Streckers heute 25 Hektar Weinberge in Alleinbesitz. Bereits 1954, noch während seiner Tätigkeit an der Weinbauschule in Weinsberg, hatte er sein eigenes Weingut gegründet. Die Reben wachsen am Steinberg auf rotem Keuper und Mergelboden. Riesling ist die wichtigste Rebsorte. Es folgen Trollinger, Samtrot und Lemberger. Nicht nur die Rotweine, sondern auch die Rieslinge reifen relativ lange im Fass. Gerhard Strecker war auch als Rebzüchter tätig, wobei er nicht durch Kreuzung, sondern über Aussaat und Selektion besseres Rebmaterial entwickelte. Bei dem Versuch, bessere Lemberger-Sämlinge zu selektionieren, ist der vielleicht faszinierendste Wein des Amalienhofs entstanden, der Muskat-Lemberger, der inzwischen unter dem Namen „Wildmuskat" auftritt. Genauso, durch Aussaat und Selektion von Cabernet Franc- und Cabernet Sauvignon-Sämlingen, ist der „Bariton" entstanden.

Entwicklung

Seit der ersten Ausgabe empfehlen wir die Weine des Amalienhofs. Sie sind immer zuverlässig, manchmal überraschen die Rieslinge, ob edelsüß oder mineralisch-trocken ausgebaut, und immer fasziniert der Wildmuskat.

Vorjahre

In den letzten Jahren waren die Kollektionen sehr ausgewogen, immer waren die Wildmuskat-Weine unsere Favoriten. Auch vor zwei Jahren gefielen sie uns besonders gut, noch besser aber die im Barrique ausgebaute rote Cuvée Bariton; die Weißweine erreichten nicht ganz das Niveau der Roten. Dies galt auch für die letztjährige Kollektion, in der wieder einmal die Wildmuskat-Weine glänzten, das rote Segment sich geschlossen auf gutem Niveau präsentierte, schon der Trollinger bereitete viel Spaß.

Neue Kollektion

Die neue Kollektion präsentiert sich sehr gleichmäßig, weiß wie rot. Erneut haben wir einen Wildmuskat am höchsten bewertet, diesmal die süße Auslese.

Weinbewertung

80 2011 Weißburgunder trocken Beilsteiner Steinberg **13 %/6,20 €**
83 2011 Sauvignon Blanc trocken Beilsteiner Steinberg **12,5 %/6,20 €**
80 2011 Riesling Kabinett trocken Beilsteiner Steinberg **12 %/5,80 €**
83 2011 Riesling und Gewürztraminer Kabinett Beilsteiner Steinberg **11,5 %/5,80 €**
82 2011 Kerner Spätlese Beilsteiner Steinberg **12,5 %/5,80 €**
80 2011 Muskattrollinger Weißherbst „feinherb" Beilsteiner Steinberg **12,5 %/5,80 €**
80 2011 Trollinger Kabinett trocken Beilsteiner Steinberg **13 %/5,60 €**
80 2009 Spätburgunder trocken Beilsteiner Steinberg **13 %/9,80 €**
82 2009 Wildmuskat „A" trocken Beilsteiner Steinberg **13 %/8,- €/0,5l**
83 2010 Wildmuskat Spätlese trocken Beilsteiner Steinberg **13 %/11,- €**
82 2010 „Wild S" Rotwein Beilsteiner Steinberg **12 %/7,50 €**
84 2012 Wildmuskat „Herbstepisode" **11,5 %/7,50 €**
84 2010 Wildmuskat Auslese Beilsteiner Steinberg **11,5 %/18,50 €**

★

Amlinger & Sohn

Weingut

Mosel

Moseluferstraße 17, 56858 Neef
Tel. *06542-2962,* ***Fax:*** *06542-21976*
www.amlinger.de
weingut@amlinger.de
Besuchszeiten: *Mo.-Sa. 9-19 Uhr, So. 10-14 Uhr nach Vereinbarung; Gästezimmer*

Inhaber .... Hans-Peter und Christian Amlinger
Rebfläche .... 9 Hektar

Das traditionsreiche Weingut wird heute von Hans-Peter und Liane Amlinger geführt. Sohn Christian studierte zunächst Wirtschaftsinformatik, schloss dann eine Winzerausbildung an, seit 2007 unterstützt er seine Eltern im Betrieb. Die Weinberge liegen in den Neefer Lagen Frauenberg, Petersberg und Rosenberg, den Bremmer Lagen Calmont und Abtei Kloster Stuben, sowie im Bullayer Brautrock. Nicht nur Riesling gibt es bei den Amlingers: Bereits seit 1987 wird Spätburgunder angebaut, in den neunziger Jahren wurde Schwarzriesling und Chardonnay gepflanzt, auch Weißburgunder, etwa noch ein weiteres Dutzend weißer und roter Rebsorten stehen im Anbau.

Kollektion

Ein kraftvoller trockener Riesling vom Frauenberg, ein Auslese mit viel süßer Frucht und Biss, sowie ein fülliger, strukturierter Frühburgunder mit dezenter Bitternote sind unsere Favoriten in der Kollektion.

Weinbewertung

81 2011 Riesling trocken „Schiefer" **12 %/5,50 €**
84 2011 Riesling trocken Frauenberg **13 %/8,90 €**
81 2011 Riesling „feinherb Alte Reben" **12,5 %/11,- €**
85 2011 Riesling Auslese Goldkapsel Frauenberg **7 %/11,- €/0,5l**
82 2009 Rotwein trocken Barrique Petersberg **13,5 %/8,90 €**
85 2009 Frühburgunder trocken **14 %/20,- €**

★★

Michael Andres

Weingut

Pfalz

Hauptstraße 33a, 67152 Ruppertsberg
Tel. *06326-8667,* ***Fax:*** *06326-981596*
Mobil: 0177-7738313
www.andres-wein.de
info@andres-wein.de
Besuchszeiten: *Sa. und nach Vereinbarung*

Inhaber .... Michael Andres
Rebfläche .... 6,5 Hektar

Michael Andres war nach seiner Winzerlehre bei Reichsrat von Buhl und seinem Weinbaustudium in Geisenheim mehrere Jahre für andere Pfälzer Betriebe tätig (Müller-Erben, Meßmer), bevor er mit einem Freund 1989 eine eigene Sektmanufaktur, Andres & Mugler, gründete (siehe nachstehenden Eintrag). 1993 gründete er sein eigenes Weingut. Neben seiner Tätigkeit im eigenen Betrieb war er lange Zeit Kellermeister bei einem anderen Weingut in Forst. Seit 2006 konzentriert er sich ganz auf den eigenen Betrieb. Im gleichen Jahr hat er auf organisch-biologische Bewirtschaftung umgestellt und die Rebfläche um knapp zwei Hektar – alles ältere Rieslinganlagen – erweitert. Seine Weinberge liegen in Deidesheim, Ruppertsberg und Niederkirchen. Riesling und die Burgundersorten baut er an, auch Sauvignon Blanc und Muskateller.

Vorjahre

Vor zwei Jahren gefielen uns die Weine von Michael Andres sehr gut. Die Rieslinge lebten von Frucht und Säure, nicht vom Alkohol. Und sie waren trotzdem reif, herrlich leicht und animierend. Im vergangenen Jahr waren die Weine wieder leicht und klar, an der Spitze stand wiederum ein feiner Spätburgunder.

Neue Kollektion

Auch in diesem Jahr bleibt sich Michael Andres treu. Neben den gewohnt leichten, fruchtig-frischen Rieslingen, dem spielerisch-eleganten Chardonnay-Auxerrois und dem köstlichen Muskateller haben wir einen neuen Stil entdeckt. Der Ferus Riesling zeigt nachhaltigen Biss, gute Struktur und Substanz. Er ist kräftig, wegen des geringen Alkoholgehalts aber trotzdem nicht schwer.

Weinbewertung

87 **2011** Riesling trocken „Ferus" **12%/8,- €** ☺
84 2011 Riesling trocken Ruppertsberger Reiterpfad **12 %/7,- €**
85 2011 Deidesheimer Mäushöhle Riesling trocken **12 %/7,- €**
83 2011 Weißer Burgunder trocken **12%/6,50 €**
84 2011 Chardonnay-Auxerrois trocken **12 %/6,90 €**
85 2011 Muskateller trocken **11,5 %/7,50 €**
84 2011 Sauvignon Blanc trocken **13 %/8,50 €**
82 Riesling „feinherb" Königsbacher Jesuitengarten **11%/7,- €**
83 2011 Spätburgunder „Blanc de Noir" trocken **12%/6,90 €**
85 2010 Spätburgunder trocken Ruppertsberger Reiterpfad **13,5 %/12,50 €**

★★★

Andres & Mugler

Sektkellerei

Pfalz

Hauptstraße 33a, 67152 Ruppertsberg
***Tel.** 06326-8667, **Fax:** 06326-981596*
0177-7738313, 0177-2940993
www.andresundmugler.de
info@andresundmugler.de
***Besuchszeiten:** nach Vereinbarung*
Weitere Verkaufsstelle: Weingut Schädler, Maikammer

Inhaber . . . Michael Andres und Steffen Mugler
Rebfläche . . . . Weine werden vom Weingut . . . . Michael Andres bezogen

Michael Andres (siehe den vorherigen Eintrag) und Steffen Mugler haben 1989 die kleine Sektmanufaktur Andres & Mugler gegründet, versekteten in diesem Jahr 1000 Liter Riesling Spätlese von zugekauften Trauben. Heute beziehen sie die Trauben aus den eigenen Weinbergen von Michael Andres. Neben Rieslingsekt erzeugen sie vor allem Sekte aus den Burgundersorten, dazu eine Cuvée aus Muskateller und Sauvignon Blanc, versekten aber auch Weine für befreundete Winzer.

Vorjahre

Vor zwei Jahren war die Kollektion – fünf Weine aus dem Jahrgang 2008, zwei von 2007 – auf gleichmäßig hohem Niveau. Positiv überrascht hatte uns der Riesling, die Burgunder-Cuvées waren stark, „Fleur d'Emely" wunderbar frisch und exotisch. Im vergangenen Jahr waren vom Jahrgang 2009 bis Redaktionsschluss nur drei Weine degorgiert, den anderen Weinen gönnten Michael Andres und Steffen Mugler ein längeres Hefelager. Die drei vorgestellten 2009er waren sehr gut, ganz klar und von guter Struktur.

Neue Kollektion

Das längere Hefelager für die 2009er hat sich gelohnt. An der Spitze steht die Cuvée Elena, sie zeigt eine gute Balance mit cremig-feinem Biss und Substanz. Der Chardonnay hat ein feines Nuss-Aroma und ist sehr elegant. Cuvée Louis ist sehr gut strukturiert, kräftig und pikant. Fleur d'Emely gefällt uns von den 2010er Sekten am besten - ein elegant gedeckter Tisch inmitten einer Blumenwiese. Riesling und Weißburgunder sind jahrgangsbedingt etwas schwächer, allerdings immer noch sehr gut. Der Riesling lebt von der frischen Frucht, der Weißburgunder ist kräftig-herb, ein gotisches Mannsbild.

Weinbewertung

86 2010 Riesling Sekt Brut **13 %/12,- €**
87 2010 Weißburgunder Sekt Brut **13,5 %/12,- €**
87 2010 „Fleur d'Emely" Sekt Brut **12,5 %/15,50 €**
86 2009 Blanc de Noir Sekt Brut **12,5 %/12,50 €**
89 2008 „Cuvée Elena" Sekt Brut **13 %/15,50 €**
88 2008 „Cuvée Louis" Sekt Brut **12,5 %/15,50 €**
88 2008 Chardonnay Auxerrois Sekt Brut **13%/14,50 €**

Peter **Argus** ★

Weingut

Pfalz

Hauptstraße 23, 76835 Gleisweiler
__Tel.__ 06345-919424, __Fax__: 06345-919425
www.argus-wein.de
mail@argus-wein.de
__Besuchszeiten__: Mo.-Fr. nach Vereinbarung, Sa. 10-17 Uhr

Inhaber .... Peter Argus
Rebfläche .... 9 Hektar

Seit Generationen betreibt die Familie Weinbau in Gleisweiler, 1954 wurden die ersten Weine in Flaschen verkauft. Heute führen Peter und Eva Argus das Gut, das als einziges Weingut in Gleisweiler noch im alten Ortskern angesiedelt ist, wo die Weine in einem alten Gewölbekeller aus dem Jahr 1610 ausgebaut werden. Die Weinberge von Peter Argus liegen in Gleisweiler und Umgebung, die Reben wachsen teils auf Buntsandsteinverwitterungsböden, auf denen vor allem Riesling steht, teils auf kalkhaltigen Lehmböden, wo vor allem die weißen und roten Burgunder angebaut werden. Spezialität des Hauses sind neben den barriqueausgebauten Weinen die eigenen, bereits seit 1988 erzeugten Sekte.

Vorjahre

Seit über einem Jahrzehnt kennen wir die Weine von Peter Argus, die uns immer überzeugten mit ihrem guten und gleichmäßigen Niveau. Mit einigen Spätlesen, auch im Barrique ausgebaut, ließ er immer wieder aufhorchen, in den letzten Jahren aber überwiegen frische und fruchtbetonte Qualitäts- und Kabinettweine. Vor zwei Jahren präsentierte Peter Argus eine homogene Kollektion mit kompakten, jahrgangsbedingt kraftvollen, dennoch frischen Weinen. Im letzten Jahr waren die Weißweine etwas verhaltener, fruchtbetont und schlank, der Spätburgunder war kraftvoll und zeigte viel Würze.

Neue Kollektion

In diesem Jahr sind die Weißweine wiederum etwas verhalten in der Frucht, die trockenen Spätlesen sind alle sehr kraftvoll, die beiden Roten leider etwas zu süß. ➖

Weinbewertung

79 2011 Silvaner trocken Gleisweiler Hölle **12,5 %/4,- €/1l**
82 2011 Sauvignon Blanc Kabinett trocken Gleisweiler Hölle **11,5 %/6,- €**
82 2011 Grauburgunder Spätlese trocken Frankweiler Kalkgrube **14 %/6,30 €**
83 2011 Chardonnay Spätlese trocken Böchinger Rosenkranz **13 %/6,20 €**
83 2011 Riesling Spätlese trocken Gleisweiler Hölle **13 %/6,20 €**
80 2011 Muskateller Gleisweiler Hölle **11,5 %/4,20 €**
82 2011 Grauburgunder Auslese „Barrique" Frankweiler Kalkgrube **12,5 %/6,50 €/0,5l**
81 2010 Cabernet Dorsa trocken Böchinger Rosenkranz **12,5 %/5,- €**
80 2010 Frühburgunder trocken **14 %/5,50 €**

Johann **Arnold** ★★

Weingut & Winzerhof

Franken

Lange Gasse 26/28, 97346 Iphofen
__Tel.__ 09323-89833, __Fax__: 09323-89834
www.weingut-arnold.de
mail@weingut-arnold.de
__Besuchszeiten__: Mo.-Sa. 8-19 Uhr, So. 9-18 Uhr
Gästezimmer, Ferienwohnungen

Inhaber .... Johannes Arnold jr.
Rebfläche .... 6,6 Hektar

Als 1959 Johann Arnold mit der Selbstvermarktung begann, war das heutige Weingut ein landwirtschaftlicher Gemischtbetrieb mit 1,5 Hektar Weinbergen, 10 Hektar Ackerland und eigener Viehhaltung. Nach und nach hat er sich ganz auf Weinbau konzentriert, die

Rebfläche kontinuierlich auf die heutige Größe erweitert, 1974 das benachbarte damalige Gasthaus Zum Lamm erworben und in den eigenen Betrieb integriert. Seit 2000 führen Johannes Arnold jr. und Ehefrau Claudia das Gut. Ihre Weinberge liegen in Iphofen in den Lagen Kalb, Kronsberg und Julius-Echter-Berg (mit dem Filetstück „Im Frohntal") und in den Rödelseer Lagen Schwanleite und Küchenmeister. Silvaner ist mit einem Anteil von 35 Prozent die wichtigste Rebsorte im Weingut. Hinzu kommen Riesling, Domina, Scheurebe, Müller-Thurgau, Bacchus, Spätburgunder, Weißburgunder und Dornfelder.

Vorjahre

2009 gefiel uns der Silvaner Im Frohntal besonders gut, ebenso die trockene Riesling Spätlese aus dem Julius-Echter-Berg. Diese beiden Weine führten eine sehr gleichmäßige Kollektion mit fruchtbetonten, reintönigen Weinen an. Eine sehr gleichmäßige Kollektion schloss sich 2010 an. Angefangen vom Liter-Silvaner über die Kabinettweine bis hin zur Domina in der roten und Rosé-Version waren die Weine fruchtbetont und klar, das Große Gewächs aus dem Frohntal besaß viel reife Frucht und Substanz: Eine gelungene Kollektion in einem nicht einfachen Jahrgang.

Neue Kollektion

2011 sind viele Weine fülliger, was aber manchmal zu Lasten der Frische und Lebendigkeit geht. Der üppige Silvaner im Frohntal gefällt uns einmal mehr besonders gut, auch die kraftvolle, geradlinig trockene Riesling Spätlese und der dicke Eiswein. ▬

Weinbewertung

79 2011 „Filius" Perlwein weiß trocken **11 %/5,50 €**
79 2011 Silvaner trocken **13 %/5,50 €/1l**
81 2011 Silvaner Kabinett trocken Iphöfer Julius-Echter-Berg **13 %/7,- €**
80 2011 Weißburgunder Kabinett trocken Iphöfer Julius-Echter-Berg **13 %/7,- €**
81 2011 Riesling Kabinett trocken Iphöfer Julius-Echter-Berg **13 %/7,- €**
85 2011 Riesling Spätlese trocken Iphöfer Kalb **13,5 %/10,- €**
86 2011 Silvaner „GG" „Im Frohntal" Iphöfer Julius-Echter-Berg **14 %/18,- €**
86 2011 Spätburgunder Weißherbst Eiswein **6 %/40,- €**
84 2010 Domina Rosé trocken **11,5 %/5,50 €**
85 2009 Domina trocken Holzfass **13 %/7,- €**

★★

Wilhelm **Arnold**

Weingut

Franken

Friedenstraße 4-6, 97236 Randersacker
Tel. *0931-708326,* ***Fax:*** *0931-700903*
www.arnoldwein.de
info@arnoldwein.de
Besuchszeiten: *Mo.-Sa. 8-18 Uhr, sonst nach Vereinbarung*

Inhaber .... Bruno Arnold
Rebfläche .... 9,5 Hektar

Seit 1673 baut die Familie Arnold Wein in Randersacker an. Heute wird das Gut von Bruno und Diana Arnold geführt. Großvater Wilhelm, Namensgeber des Weingutes, war Gründungsmitglied des Verbandes Fränkischer Weingüter und Selbstvermarkter, dem Vorgänger des fränkischen VDP. Die Weinberge von Bruno Arnold liegen in Randersacker in den Lagen Pfülben, Teufelskeller, Marsberg und Sonnenstuhl, sowie im benachbarten Eibelstadt. Er baut Silvaner, Müller-Thurgau und Riesling an, aber auch Bacchus, Scheurebe, Weißburgunder, Kerner, Rieslaner und Morio-Muskat. An roten Sorten gibt es Domina, Zweigelt und Blaufränkisch. Die Weißweine werden im Edelstahl recht lange auf der Feinhefe ausgebaut, die Rotweine kommen nach der Maischegärung in Eichenholzfässer.

Vorjahre

Die 2009er Kollektion war sehr gelungen, wurde angeführt von zwei kraftvollen trockenen Spätlesen, dem Silvaner aus dem Sonnenstuhl und dem Riesling aus dem Pfülben. Aus dem Jahrgang 2009 stellte Bruno Arnold im vergangenen Jahr erstmals zwei Große Gewächse vor, wie im Jahr zuvor bei den trockenen Spätlesen hatten wir auch bei den Großen Gewächsen eine leichte Präferenz für den Silvaner aus dem Sonnenstuhl, aber auch der füllige, ein wenig süße Riesling aus dem Pfülben gefiel uns sehr gut. Ein sehr gekonnt im Barrique ausgebauter Weißburgunder aus dem Kapellenberg komplettierte die 2009er Weißweinspitze. Die 2010er Weine präsentierten sich frisch und reintönig bei relativ moderaten Alkoholwerten, auch bei den 2010ern galt unsere Präferenz dem Silvaner, diesmal als Spätlese trocken – und wiederum aus dem Sonnenstuhl.

Neue Kollektion

Die 2011er nun präsentieren sich sehr gleichmäßig auf gutem Niveau, sind in der Spitze allerdings etwas verhalten. Die Silvaner Spätlese besitzt gute Substanz, ist aber eigenwillig zurückhaltend, der Rieslaner ist reintönig und schmeichelnd.

Weinbewertung

82 2011 Silvaner Kabinett trocken Randersacker Ewig Leben **12,5 %/7,- €**
83 2011 Blauer Silvaner Kabinett trocken **12,5 %/6,-€**
82 2011 Riesling Kabinett trocken Randersacker Sonnenstuhl **12,5 %/7,50 €**
81 2011 Riesling Kabinett trocken Randersacker Marsberg **12,5 %/7,50 €**
84 2011 Silvaner Spätlese trocken Randersacker Sonnenstuhl **13,5 %/15,- €**
84 2011 Weißburgunder Kabinett trocken Eibelstadt Kapellenberg **13 %/7,50 €**
80 2011 Würzer Kabinett Randersacker Marsberg **12,5 %/7,50 €**
82 2011 Scheurebe Kabinett Eibelstadt Kapellenberg **12 %/6,50 €**
84 2011 Rieslaner Spätlese Randersacker Pfülben **12,5 %/9,50 €**

★★

Assmannshausen

Domaine **Rheingau**

Hessische Staatsweingüter GmbH Kloster Eberbach, Höllenbergstraße 10, 65385 Rüdesheim
Tel. 06722-2273, Fax: 06722-48121
www.weingut-kloster-eberbach.de
info@weingut-kloster-eberbach.de
Besuchszeiten: Fr./Sa. 12-18 Uhr, Jan. geschlossen

Inhaber .... Land Hessen
Direktor .... Dieter Greiner
Betriebsleiter .... Ralf Bengel
Rebfläche .... 35 Hektar

Unter der Leitung von Dieter Greiner und Önologe Ralf Bengel sowie Kellermeister Frank Werle hat die Domäne Assmannshausen ihre Position als einer der Rotweinspezialisten der Region verteidigt – und sogar ausgebaut. Fast die gesamte Rebfläche ist mit Spätburgunder bestockt. Die Weine wachsen im Höllenberg an Südhängen mit Steigungen bis zu 60 Prozent. An der Spitze steht meist der so genannte Mauerwein, gekeltert aus Trauben, die im Schutze der Weinbergsmauern wachsen. Auch beim Rotwein hat inzwischen der bei den Hessischen Staatsweingütern im Weißweinbereich längst etablierte Schraubverschluss mit Innengewinde Einzug gehalten. Die Weine werden klassisch in Holzfässern ausgebaut. Die als Pinot Noir bezeichneten Weine fallen etwas rauchiger aus als ihre fruchtigen, sehr eleganten Pendants, die ausdrücklich als Spätburgunder verkauft werden und manchmal eine fast cremige Art, aber nie aufdringliche Holznoten aufweisen.

Vorjahre

Die Rotweine des Jahrgangs 2008 flößten mit ihrer Kombination aus Frucht, Finesse und Würze großen Respekt ein, auch der Folgejahrgang gelang ausgezeichnet. Ein 2009er Versteigerungswein aus dem Höllenberg ragte aus dem Sortiment heraus, der sogenannte Mauerwein wirkte bei der ersten Verkostung noch verhalten, hat sich aber gut entwickeln können.

Neue Kollektion

Die jetzt vorgestellten Rotweine des Jahrgangs 2010 besitzen eine charmante Frucht und die typisch elegante, süffige und ganz leicht cremige Art, wie sie den Weinen der Domaine Assmannshausen eigen ist. Während der Pinot Noir etwas würziger und fester ausfällt, wirkt der Spätburgunder „aus dem Cabinetkeller" eleganter, besitzt eine feine, nicht aufdringliche Tabaknote; der Spätburgunder „Crescentia" verfügt dagegen über eine leichte Speck- und Rauch-Note. Der nochmals nachverkostete 2009er aus dem Höllenberg ist eleganter geworden und noch lange nicht am Ende seiner Entwicklung. Sehr gelungen ist auch der saftige Schaumwein aus dem Höllenberg.

Weinbewertung

86 2010 Spätburgunder „Blanc de Noirs" Sekt brut Assmannshäuser Höllenberg **12 %/19,50 €**

84 2011 Spätburgunder „Blanc de Noirs" trocken Assmannshäuser Höllenberg **12,5 %/11,20 €**

85 2010 Pinot Noir trocken „Crescentia" **12,5 %/14,20 €**

87 2010 Spätburgunder Spätlese trocken Assmannshäuser Höllenberg **12,5 %/17,40 €**

86+ 2010 Pinot Noir trocken „aus dem Cabinetkeller" **13 %/30,- €**

88 2010 Spätburgunder Spätlese trocken „Crescentia" Assmannshäuser Höllenberg **13 %/Verst.**

88 2010 Spätburgunder trocken „aus dem Cabinetkeller" Assmannshäuser Höllenberg **13 %/Verst.**

90 2009 Spätburgunder trocken „aus dem Cabinetkeller" Assmannshäuser Höllenberg **13 %/Verst.**

Daniel **Aßmuth** ★

Weinbau

Pfalz

Im Letten 51, 67098 Bad Dürkheim

***Tel.** 06322-9889310*

www.assmuthwein.com

info@assmuthwein.com

***Besuchszeiten**: Mo.-Fr. nach Vereinbarung*

Inhaber .... Daniel Aßmuth

Rebfläche .... 1,5 Hektar

Daniel Aßmuth, geboren 1981, arbeitete nach seiner Ausbildung bei den Weingütern Wegner in Bad Dürkheim, Reichsrat von Buhl in Deidesheim, bei Markus Schneider in Ellerstadt und danach als Kellermeister im Wachenheimer Weingut Zimmermann. Ende 2010 gründete er sein eigenes Weingut, das er mit seiner Frau Marie betreibt. Die Weinberge werden ökologisch bewirtschaftet, seit dem vergangenen Jahr läuft die EU-Öko-Zertifizierung. Aus den Lagen Fuchsmantel und Fronhof erzeugt er seit einigen Jahren eigene, sehr eigenwillige Weine. Vor allem die beiden Dürkheimer Lagenweine sind keine süffigen Weinchen, sondern kompromisslos puristische, durchgegorene und ungeschönte Rieslinge. Der unfiltrierte Fronhof zeigt mineralische Tiefe, ein Riesling für Erwachsene. Sehr gut!

Weinbewertung

85 2011 Riesling Dürkheimer Fuchsmantel **12,5 %/11,90 €**

88 2011 Riesling Dürkheimer Fronhof **13 %/18,- €**

81 2011 Riesling „Kaleidoskop" **11,5 %/7,90 €**

84 2011 Riesling Wachenheimer Fuchsmantel **11,5 %/9,90 €**

85 2011 Rieslaner Beerenauslese **11,5 %/11,90 €**

80 2011 Portugieser Rosé „Kaleidoskop" **11,5 %/7,90 €**

★★

Aufricht

Weingut

Baden

Höhenweg 8, 88719 Stetten
***Tel.** 07532-2427, **Fax**: 07532-2421*
www.aufricht.de
info@aufricht.de
***Besuchszeiten**: täglich 8-12 + 14-18 Uhr, außer So.*

Inhaber .... Robert und Manfred Aufricht
Rebfläche .... 30 Hektar

Die Brüder Robert und Manfred Aufricht haben 1985 den Betrieb von ihren Eltern übernommen. Das Gros ihrer Weinberge ist in einer Lage – Meersburger Sängerhalde – rund um das Weingut arrondiert, die sich durch besonders schwere Böden mit hohem Kalkgehalt auszeichnet. Sie bauen hauptsächlich die Burgundersorten an, wobei allein Spätburgunder 40 Prozent ihrer Weinberge einnimmt. Neben Grau- und Weißburgunder haben sie auch Auxerrois und Chardonnay im Anbau. Hinzu kommen vor allem Frühburgunder, Lemberger, Sauvignon Blanc und Riesling.

Vorjahre

Vor zwei jahren hatte das Weingut nochmals die schon im Jahr zuvor verkosteten 2008er „1 Lilie"-Weine vorgestellt, die präsentierten 2009er waren etwas verhalten. Dies galt auch für die 2010er Weißweine, wobei die 1-Lilie-Weine deutlich mehr Substanz besaßen als ihre Pendants ohne Lilie; die Rotweine waren zuletzt meist geprägt vom Kontrast aus sehr reifer Frucht und kräftigen, manchmal etwas bitteren Tanninen.

Neue Kollektion

Ähnlich präsentiert sich auch die neue Kollektion mit kräftigen Rotweinen, bei denen die Restsüße hin und wieder ein wenig stört. Die weiße Kollektion ist, unabhängig von den Lilien, weniger gleichmäßig, am besten gefallen uns der füllige Weißburgunder und der reintönige Riesling mit seinen feinen Zitrusnoten.

Weinbewertung

82 2010 Pinot Noir Sekt trocken **12,5 %/14,80 €**
81 2011 Grauburgunder trocken Meersburger Sonnenufer **13 %/9,90 €**
82 2011 Chardonnay trocken Meersburger Sängerhalde **13 %/12,90 €**
81 2011 „Ob dem See" Weißwein trocken Meersburger Sängerhalde **12 %/12,90 €**
85 2011 Weißburgunder trocken „1 Lilie" Meersburger Sängerhalde **13,5 %/12,80 €**
84 2011 Grauburgunder trocken „1 Lilie" Meersburger Sängerhalde **12,5 %/12,80 €**
87 2011 Riesling trocken „1 Lilie" Meersburger Sängerhalde **12,5 %/16,90 €**
81 2011 Sauvignon Blanc trocken „1 Lilie" Meersburger Sängerhalde **13,5 %/16,90 €**
83 2011 Grauburgunder & Chardonnay trocken Meersburger Sängerhalde **14 %/16,90 €**
82 2011 Chardonnay & Grauburgunder trocken Meersburger Sängerhalde **13,5 %/16,90 €**
82 2011 „Inspiration Blanc" Pinot Noir „blanc de noir" trocken Meersburger Sängerhalde **13,5%/16,90€**
80 2011 „AufV" Weißwein **12,5 %/14,80 €**
80 2011 „AufV" Rotwein **14,80 €**
83 2010 Spätburgunder trocken „Sophia" **12,5 %/10,60 €**
83 2010 Spätburgunder trocken „1 Lilie" Meersburger Sängerhalde **13,5 %/16,90 €**
86 2008 Spätburgunder trocken „Isabel 3 Lilien" Meersburger Sängerhalde **14,5 %/30,- €**

★

Auggener Schäf eG

Winzerkeller

Baden

An der B 3, 79424 Auggen
***Tel.** 07631-36800, **Fax**: 07631-368080*
www.auggener-wein.de
info@auggener-wein.de
***Besuchszeiten**: Mo.-Fr. 8-18 Uhr,*
Sa. 9-13, So. 10-13 Uhr

Geschäftsführer .... Thomas Basler
Kellermeister .... Andreas Philipp

Rebfläche .... 328 Hektar
Mitglieder 322

In den Weinbergen der Auggener Genossen ist Gutedel mit einem Anteil von 50 Prozent die dominierende Rebsorte. Danach folgen Spätburgunder und Weißburgunder mit jeweils 10 Prozent, sowie Müller-Thurgau, aber auch Chardonnay und Sauvignon Blanc. Rotweine nehmen inzwischen 12 Prozent ein, wobei vor allem Regent auf dem Vormarsch ist. Drei Viertel der Rebfläche entfällt auf die Lage Auggener Schäf, ein Viertel auf die Lage Auggener Letten. Der Letten ist eine 60 Hektar große steile Südlage mit schweren, fruchtbaren Böden (Lehm). Im Letten werden Sorten wie Chardonnay, Gewürztraminer und Grauburgunder angebaut. Der 180 Hektar große Auggener Schäf besteht aus fünf Hügeln mit bis zu 50-prozentigen Steillagen. Im Schäf wächst auf Kalkschieferböden vor allem die Rebsorte, für die Auggen und der Auggener Schäf bundesweit bekannt ist: Der Gutedel. Trockene, hochwertige Weine werden mit Künstleretiketten des Auggener Heimatmalers Julius Kibiger ausgestattet. Der Name Auggen steht für Gutedel, die Gutedel sind meist die Stärke der Auggener Genossen. Aber auch mit Rotweinen und im edelsüßen Segment lassen sie immer wieder aufhorchen.

Vorjahre

2009 präsentierte sich geschlossen, wurde angeführt von der reintönigen trockenen Gutedel Spätlese. 2010 waren die Weine ein klein wenig verhaltener, der Gewürztraminer gefiel uns am besten, Gutedel Eiswein und Barrique-Chardonnay aus dem Jahrgang 2009 bewerteten wir noch etwas höher.

Neue Kollektion

Sehr geschlossen präsentiert sich die neue Kollektion mit durchweg guter Qualität, interessantem Sauvignon Blanc, konzentrierten edelsüßen Weinen und einem fülligen Pinot Noir.

Weinbewertung

81 2011 Gutedel Kabinett trocken Auggener Schäf **11,5 %**
82 2011 Gutedel Spätlese trocken Auggener Schäf **12 %**
82 2011 Sauvignon Blanc trocken Auggener Schäf **13 %**
84 2011 Sauvignon Blanc „S*****" trocken Auggener Schäf **13,5 %**
84 2011 Chardonnay Spätlese trocken Barrique Auggener Schäf **13,5 %**
82 2011 Weißburgunder Spätlese trocken Auggener Schäf
81 2011 Nobling Kabinett halbtrocken Auggener Schäf **12 %**
81 2011 Muskateller Kabinett Auggener Schäf **12,5 %**
86 2011 Chardonnay Beerenauslese Auggener Schäf **0,5l**
86 2011 Gutedel Eiswein Auggener Schäf **0,375l**
85 2009 „La" Pinot Noir trocken
81 2010 Regent trocken Barrique Auggener Schäf

★☆

Augustin

Weingut

Franken

Raiffeisenstraße 5, 97320 Sulzfeld
Tel. 09321-5663, Fax: 09321-24704
www.weingut-augustin.de
info@weingut-augustin.de
Besuchszeiten: Mo.-Sa. 8-18 Uhr, So. 10-12 Uhr und nach Vereinbarung
Probierstube, Vinotel Augustin

Inhaber .... Arno & Albert Augustin
Rebfläche .... 10,5 Hektar

Das 1988 gegründete Weingut wird seit 2001 von Geisenheim-Absolvent Arno Augustin geführt. Die Weinberge liegen alle in den Sulzfelder Lagen Maustal und Cyriakusberg, wo die Reben auf schweren Muschelkalkböden wachsen. Wichtigste Rebsorten sind Müller-Thurgau, Silvaner und Bacchus. Dazu gibt es Weißburgunder und Kerner. Die Rotweinfläche wurde mit Spätburgunder, Schwarzriesling und Merlot ausgeweitet. Die Weine werden überwiegend trocken angeboten. Seit dem Jahrgang 2003 hat Arno Augustin auch Barriqueweine im Programm.

Vorjahre

Vor zwei Jahren gefiel uns der Barrique-Weißburgunder besonders gut, ebenso der Spätburgunder, die restliche Kollektion präsentierte sich frisch, klar und fruchtbetont. 2010 brachte frische klare Weißweine, der kraftvolle 2008er Merlot war im vergangenen Jahr etwas zu sehr vom Holz dominiert.

Neue Kollektion

2011 sind einige Weißweine ein wenig verhalten, der Weißburgunder aber mit seiner Fülle und reifen Frucht gefällt uns sehr gut. Der Spätburgunder aus dem Jahrgang 2009 ist klar und zupackend, besitzt gute Struktur und viel Tannine.

Weinbewertung

81 2011 „Faszination" Weißwein **13 %/6,- €**
79 2011 Silvaner trocken Sulzfeld **12,5 %/6,10 €/1l**
81 2011 Rivaner Kabinett trocken Sulzfeld Maustal **12,5 %/7,- €**
81 2011 Bacchus Kabinett trocken Sulzfeld Maustal **12 %/7,50 €**
81 2011 Silvaner Kabinett trocken Sulzfeld Maustal **12 %/8,- €**
84 2011 Sauvignon Blanc trocken Sulzfeld **14 %/18,- €**
86 2011 Weißburgunder trocken Sulzfeld **13 %/9,-€**
80 2011 „Blanc de Noir" trocken Sulzfeld **13 %/9,-€**
83 2010 Silvaner „S" trocken **13 %/11,- €**
85 2008 Spätburgunder trocken Barrique Sulzfeld **13,5 %/18,- €**

★

Karl Friedrich **Aust**

Weingut

Sachsen

Weinbergstraße 10, 01445 Radebeul
Tel. *0351-89390100,* ***Fax:*** *0351-89390098*
www.weingut-aust.de
kontakt@weingut-aust.de
Besuchszeiten: *Do. 17-22 Uhr, Fr. 13-22 Uhr, Sa./So. 12-22 Uhr, Feiertage 11-22 Uhr*
Restaurant Weinhaus Aust; Atelier und Malschule

Inhaber .... Karl-Friedrich Aust
Rebfläche .... 5 Hektar

Das Weingut liegt am Fuße der Lage Radebeuler Goldener Wagen, ist in einem denkmalgeschützten Winzerhaus aus dem 17. Jahrhundert untergebracht. Wichtigste Rebsorten bei Karl-Friedrich Aust sind Riesling, knapp ein Viertel der Fläche, Kerner, Weißburgunder, Spätburgunder, Bacchus und Müller-Thurgau. Dazu gibt es Traminer, Auxerrois und Goldriesling, auch verschiedene Muskatsorten. Alle Weine werden als „Sächsischer Landwein" vermarkter.

Kollektion

Sowohl die 2010er als auch die 2011er sind kraftvoll und klar, zeigen eine klare, eigenständige Stilistik. Trotzdem ist unser Favorit der älteste Wein, den Karl-Friedrich Aust geschickt hat, ein Spätburgunder aus dem Jahrgang 2007, der rauchig und würzig im Bouquet ist, wunderschön reintönig, sich frisch, klar und zupackend im Mund präsentiert mit guter Struktur und feinen Tanninen.

Weinbewertung

80 2011 Goldriesling trocken **12 %/11,50 €**
82 2011 Bacchus trocken **12,5 %/12,50 €**
83 2011 Müller-Thurgau trocken **12,5 %/10,50 €**
81 2010 Riesling trocken **10,5 %/14,50 €**
83 2010 Weißburgunder trocken **12 %/16,50 €**
83 2010 Kerner **11,5 %/12,50 €**
83 2010 Traminer **12 %/17,50 €/0,5l**
82 2010 Spätburgunder **12,5 %/19,50 €**
86 2007 Spätburgunder **19,50 €**

B

★☆

Bad Cannstatt

Weingärtner **Württemberg**

Rommelstraße 20, 70376 Stuttgart
***Tel.** 0711-542266, **Fax**: 0711-557291*
www.badcannstatt-weine.de
info@badcannstatt-weine.de
***Besuchszeiten**: Mo.-Fr. 8-12 + 13:30-18 Uhr, Sa. 9:30-13 Uhr*

Teamleiter Verkauf .... Jan Steingaß
Kellermeister .... Thomas Zerweck
Mitglieder 81
Rebfläche .... 61 Hektar

Die Mitglieder der 1923 gegründeten Genossenschaft von Bad Cannstatt bewirtschaften Weinberge in den nördlichen Teilen der Landeshauptstadt Stuttgart, und zwar in den Lagen Berg und Kriegsberg (Keuperböden mit Löss), sowie Steinhalde und Zuckerle, wo die Reben auf Muschelkalkböden wachsen. Gut ein Drittel der Weinberge befinden sich in terrassierten Steillagen. Trollinger nimmt über die Hälfte der Rebfläche ein, Riesling ein knappes Viertel. Es folgen Dornfelder, Müller-Thurgau und Kerner. Dazu gibt es ein wenig Lemberger, Spätburgunder, Samtrot und Muskat-Trollinger. 15 der Mitglieder sind Vollerwerbswinzer, die etwa 90 Prozent der verarbeiteten Trauben abliefern. Seit 2005 werden keine Prädikatsbezeichnungen mehr verwendet, alle Weine werden betriebsintern mit bis zu 3 Sternen gekennzeichnet. Die Weine der Premiumserie stammen von alten, ertragsreduzierten Anlagen.

Vorjahre

Vor zwei Jahren waren die 3-Sterne-Rotweine unsere klaren Favoriten, allen voran der Merlot aus dem Jahrgang 2007. Der barriqueausgebaute Merlot aus dem Jahrgang 2009 schlug sich im vergangenen Jahr prächtig bei deutlichen Schoko- und Vanillenoten, die 2010er Weißweine waren etwas verhalten.

Neue Kollektion

Auch in diesem Jahr sind es wieder die barriqueausgebauten, sehr gewürzduftigen Rotweine, die punkten. Der reintönige Pinot Noir überzeugt, ebenso die füllige Cuvée aus Lemberger, Spätburgunder und Dornfelder, Travertin genannt. Noch ein klein wenig besser aber gefällt uns die Cuvée Condistat, die aus Cabernet Sauvignon, Merlot und Syrah besteht.

Weinbewertung

83 2011 „Travertin"** Weißwein trocken **13 %/7,80 €**
80 2011 Riesling** trocken Cannstatter Zuckerle **12,5 %/8,20 €**
82 2011 Sauvignon Blanc** trocken **13 %/9,90 €**
81 2011 Grauburgunder** trocken **13,5 %/8,20 €**
80 2011 Riesling* Cannstatter Zuckerle **12 %/6,- €**
80 2010 „Travertin"** Rotwein trocken **13,5 %/8,10 €**
81 2010 Trollinger** trocken Cannstatter Zuckerle **12,5 %/7,30 €**
81 2010 Lemberger** trocken **13 %/8,50 €**
86 2010 Pinot Noir*** trocken **13,5 %/14,80 €**
86 2010 „Travertin"*** Rotwein trocken **13,5 %/19,- €**
87 2009 „Condistat"** Rotwein trocken **14 %/23,- €**

★★

H. Bader

Weingut **Württemberg**

Albert-Moser-Straße 100, 71394 Kernen
***Tel.** 07151-42828, **Fax**: 07151-45497*
www.weingut-bader.de
info@weingut-bader.de
***Besuchszeiten**: Mo.-Fr. (außer Mi.) 16-18 Uhr, Sa. 9-13 Uhr oder nach Vereinbarung*

Inhaber .... Hans Bader
Rebfläche .... 6 Hektar

Die Weinberge von Hans Bader verteilen sich auf die Stettener Lagen Pulvermächer, Mönchberg, Lindhälder und Häder. Wichtigste Rebsorte bei Hans Bader ist der Riesling, der 44 Prozent der Rebfläche einnimmt.

Mit weitem Abstand folgen Trollinger und Spätburgunder. Hinzu kommen weitere rote Sorten wie Dornfelder, Heroldrebe, Portugieser, Lemberger, Zweigelt und Hegel. 2008 brachte der Merlot den ersten Ertrag. An weißen Sorten gibt es neben Weißburgunder noch ein klein wenig Müller-Thurgau, Sauvignon Blanc und Saphira.

Vorjahre

Sehr konsistent war die Kollektion vor zwei Jahren, bot sehr eigenständige, ausdrucksstarke Weine. Ähnlich wie in den vorausgegangenen Jahren gefiel uns die rote Cuvée „Iris" besonders gut, unter den Weißweinen der Sauvignon Blanc – aufgefrischt mit ein klein wenig Riesling – und der Riesling von alten Reben aus dem Pulvermächer. Die 2010er Weißweine waren dann etwas verhaltener, präsentierten sich klar, frisch und geradlinig. Die Rotweine zeigten reintönige Frucht, der sehr jugendliche Merlot gefiel uns besonders gut.

Neue Kollektion

Auch die neue Kollektion überzeugt. Sie bietet kraftvolle, eigenständige Weißweine, allen voran den zupackenden Sauvignon Blanc, aber auch die frische, sehr reintönige Riesling Auslese bereitet viel Freude. Auch der rote Teil der Kollektion präsentiert sich sehr gleichmäßig, dei beiden Lemberger gefallen uns besonders gut: Der 2010er ist frisch und wunderschön reintönig, die 2009er Reserve ist füllig und kraftvoll, besitzt gute Struktur, reintönige Frucht und feine Frische.

Weinbewertung

83 2011 Riesling Kabinett trocken Stettener Pulvermächer **12,5 %/6,50 €**

84 2011 Riesling trocken „alte Y Reben" Stettener Pulvermächer **12,5 %/9,50 €**

86 2011 Sauvignon Blanc trocken „Visavis" **13,5 %/10,50 €**

82 2011 Riesling Kabinett „feinherb Plaisier" **12 %/7,10 €**

(87) 2011 Riesling Auslese Stettener Häder **11 %/15,- €**

85 2010 Lemberger trocken Stettener Lindhälder **13,5 %/8,20 €**

83 2010 Zweigelt trocken **13 %/7,20 €**

85 2010 Merlot trocken **13,5 %/12,50 €**

84 2010 Spätburgunder trocken Stettener Lindhälder **13 %/7,30 €**

87 2009 Lemberger trocken „Reserve" **13,5 %/16,- €**

★★

Bad Kreuznach

Staatsweingut

Nahe

Rüdesheimer Straße 68, 55545 Bad Kreuznach
Tel. *0671-820330,* ***Fax:*** *0671-820301*
www.staatsweingut.de
info@staatsweingut.de
Besuchszeiten: *Mo.-Do. 9:30-12:30 + 14-16:30 Uhr, Fr. 9:30-16:30 Uhr*

Inhaber .... Land Rheinland-Pfalz
Betriebsleiter .... Günter Schenkel
Kellermeister .... Rainer Gies
Rebfläche .... 20 Hektar

Im Jahr 1900 wurde die „Provinziale Weinbauschule" gegründet, aus der das heutige Staatsweingut Bad Kreuznach hervorgegangen ist. Neben Weinbergen in Bad Kreuznacher Lagen (Kahlenberg, Forst, Hinkelstein, Vogelsang) besitzt das Staatsweingut auch Weinberge im Norheimer Kafels. Auf knapp der Hälfte der Rebfläche wird Riesling angebaut. Hinzu kommen Silvaner, Müller-Thurgau, Weißburgunder und Scheurebe, sowie 20 Prozent Rotweinsorten: Spätburgunder, Frühburgunder, Schwarzriesling, Dornfelder, Portugieser und Domina, eine Sorte die sonst an der Nahe nicht zu finden ist.

Vorjahre

Seit der ersten Ausgabe schon empfehlen wir die von Rainer Gies vinifizierten Weine des Staatsweingutes Bad Kreuznach. Meist gefallen uns die edelsüßen Rieslinge etwas besser als die trockenen, auch die Rotweine zeigen in den meisten Jahren gute Substanz und Struktur. Vor zwei Jahren präsentierte sich die Kollektion sehr homogen, weiß wie rot, trocken wie süß. 2010 hatten eindeutig die edelsüßen Rieslinge die Nase vorne und bestachen mit ihrer Reintönigkeit. Sehr gut gefielen uns auch die beiden roten Cuvées des Jahrgangs 2008, sowohl „Prestige" aus Cabernet Sauvignon und Spätburgunder als auch „Duett", eine Cuvée aus Spätburgunder und Frühburgunder.

Neue Kollektion

Auch 2011 stehen zwei edelsüße Rieslinge an der Spitze, beide aus dem Kafels und beide mit viel klarer, reintöniger Frucht. Aber auch die beiden trockenen Spätlesen aus dem Kahlenberg und dem Kafels mit viel Kraft und Fülle gefallen uns gut, während die beiden Rotwein-Cuvées im Jahrgang 2009 etwas zu stoffig und alkohollastig geraten sind.

Weinbewertung

82 2011 Riesling trocken **12 %/4,30 €/1l**

85 2011 Riesling „S" Spätlese trocken Kreuznacher Kahlenberg **13,5 %/9,50 €**

86 2011 Riesling „S" Spätlese trocken Norheimer Kafels **13 %/10,50 €**

82 2011 Weißburgunder Spätlese Kreuznacher Kahlenberg **14 %/7,90 €**

81 2011 Riesling Hochgewächs Kreuznacher Kahlenberg **9 %/5,- €**

83 2011 Riesling Spätlese Norheimer Kafels **8,5 %/8,50 €**

86 2011 Riesling Auslese Norheimer Kafels **8 %/12,- €/0,5l**

88 2011 Riesling Trockenbeerenauslese Norheimer Kafels **6,5 %/35,- €/0,375l**

83 2009 Cuvée „Prestige" Rotwein trocken **14,5 %/12,70 €**

83 2009 Cuvée „Duett" Frühburgunder & Spätburgunder trocken **14,5 %/14,30 €**

★★

Bächner

Weingut

Württemberg

Sulzweg 4, 72581 Dettingen
Tel. *07123-920511,* ***Fax:*** *07123-920512*
www.weingut-baechner.de
info@weingut-baechner.de
Besuchszeiten: *Di.-Sa. nach Vereinbarung*

Inhaber .... Petra Bächner
Rebfläche .... 1,7 Hektar

Die Weinberge von Petra Bächner liegen am Rande der Schwäbischen Alb bei der Burg Hohenneuffen. Seit mehr als 900 Jahren wird hier Wein angebaut, die Weinberge reichen bis in eine Höhe von 526 Meter über dem Meeresspiegel. Auf karstigen Juraböden baut Petra Bächner Silvaner, Kerner und Riesling an, dazu rote Sorten, vor allem Spät- und Frühburgunder. Um den Weinausbau kümmert sich Ehemann Thomas Bächner. Seit der Gründung des Weingutes 2007 werden die Weinberge biologisch bewirtschaftet, zertifiziert, da immer wieder Flächen hinzukamen, gingen diese neuen Anlagen in die Umstellung ein; ab dem Jahrgang 2011 ist man vollständig zertifiziert, was bisher aber nicht auf den Flaschen deklariert wird.

Vorjahre

Beim starken Debüt vor zwei Jahren präsentierten sich die Weine präzise und klar, wohltuend ungekünstelt, besaßen Kraft und Struktur. Mit der letztjährigen Kollektion bestätigten Petra und Thomas Bächner, dass unsere Entscheidung, das Weingut gleich mit 2 Sternen auszuzeichnen, gerechtfertigt war. Schon der Silvaner machte Spaß, auch die Cuvée aus Kerner, Silvaner und Riesling. Der Kerner war sehr vom Ausbau im Barrique geprägt, der Spätburgunder, unser Favorit, war etwas präziser als der Frühburgunder, die rote Cuvée aus Hebsack im Remstal aus Merlot, Lemberger und Zweigelt zeigte intensive Frucht.

Neue Kollektion

2010 gibt es weder Spätburgunder 510NN noch Frühburgunder 480NN, der „normale" Spätburgunder aber ist klar und kraftvoll. Die Kollektion bestätigt den Eindruck der Vorjahre mit frischen, klaren, zupackenden Weinen. Unser Favorit ist der im Barrique ausgebaute Kerner, der im Jahrgang 2010 das Holz schön integriert hat, füllig und kraftvoll ist, viel reife Frucht besitzt und gute Struktur.

Weinbewertung

84 2011 Silvaner **12,5 %/7,50 €**
83 2011 Riesling **12,5 %/8,50 €**
85 2011 „Cuvée Gottfried" Weißwein **13,5 %/8,- €**
88 2010 Kerner Barrique **13,5 %/13,- €**
82 2011 Rosé **12,5 %/8,- €**
85 2010 Spätburgunder **13,5 %/8,- €**
84 2011 „Cuvée Storchenfärber" Rotwein Hebsacker Lichtenberg **13,5 %/15,50 €**

★★

Bärenhof

Weingut

Pfalz

Weinstraße 4, 67098 Bad Dürkheim-Ungstein
***Tel.** 06322-4137, **Fax**: 06322-8212*
www.weingut-baerenhof.de
weingut-baerenhof@t-online.de
***Besuchszeiten**: Mo.-Fr. 8-12 + 13-18 Uhr,*
Sa. 9-16 Uhr, So. 10-12 Uhr

Inhaber .... Günther Bähr
Rebfläche .... 34 Hektar

Günther Bähr baut in seinen Weinbergen 18 verschiedene Rebsorten an. Mit Abstand die wichtigste ist Riesling, die über 40 Prozent der Rebfläche einnimmt. Es folgen die roten Sorten Portugieser und Dornfelder. Die Weißweine werden reduktiv ausgebaut und im März oder April, auf die Flasche gefüllt, die Rotweine nach der Maischegärung zum Teil im Holzfass ausgebaut. Das Gros der Weine verkauft Günther Bähr an Privatkunden. Mit dem Jahrgang 2000 wurden die Weine der Collection „JB" eingeführt. Hinter dem Kürzel „JB" verbergen sich die Weine, die Sohn Jürgen aus stark ertragsreduzierten Anlagen nach eigenen Vorstellungen ausbaut. Das Weingut expandiert stark, seit dem vergangenen Jahr ist der Bärenhof um neun Hektar gewachsen.

Vorjahre

Vor zwei Jahren waren vier „JB"-Weine an der Spitze, dazu kam ein mächtiger „Großer Bär" vom Jahrgang 2007. Die beiden „JB"-Rieslinge wurden spät gefüllt und zeigten sich anfangs noch etwas verschlossen, versprachen aber gutes Entwicklungspotenzial. Im vergangenen Jahr sahen wir einen qualitativen Schritt nach vorne bei den meisten Weißweinen, obwohl die JB-Linie nicht vertreten war! Riesling Spätlese, Sauvignon Blanc, Chardonnay und Grauburgunder, zeigten viel Substanz, Druck und Spannung mit weiterem Potenzial. Langes Hefelager und späte Füllung zahlten sich hier aus, die Säure des Jahrgangs hat Jürgen Bähr damit gut in den Griff bekommen.

Neue Kollektion

In diesem Jahr gibt es wieder zwei Weißweine der JB-Linie. An der Spitze liegt der spontan vergorene Riesling knapp vor dem Chardonnay. Auch die vier anderen Rieslinge sind sehr gut, frisch und klar, mit viel Frucht und zum Teil guter Konzentration. Auch die weißen Burgunder sprechen eine klare Sprache. Bei den Rotweinen haben wir einen sehr guten St. Laurent mit klarer roter Frucht und guter Konzentration verkostet. Der 2010er Ursus hat eine feine Frucht. Hervorzuheben sind die sehr zivilen Preise.

Weinbewertung

83 2011 Sauvignon blanc trocken **12,5 %/5,20 €**
82 2011 Riesling Kabinett trocken Ungsteiner Nußriegel **11,5 %/3,90 €**
85 2011 Riesling Spätlese trocken Dürkheimer Rittergarten **12 %/4,80 €** ☺
85 2011 Riesling Spätlese trocken Ungsteiner

Weilberg **12,5 %/5,80 €** ☺

86 2011 Riesling Spätlese trocken Ungsteiner Herrenberg „Ursus Spontaneus" JB Collection **13 %/7,90 €**

85 2011 Riesling trocken „Halbstück" **13 %/6,50 €**

83 2011 Weißer Burgunder trocken „S" Ungsteiner Osterberg **12,5 %/5,70 €**

83 2011 Grauer Burgunder trocken „S" Ungsteiner Weilberg **13,5 %/6,30 €**

84 2011 Chardonnay Spätlese trocken Ungsteiner Kobnert **13 %/5,70 €**

85 2011 Chardonnay trocken Ungsteiner Osterberg Holzfass „JB Collection" **13 %/7,90 €**

87 2009 St. Laurent trocken „Magnus JB Collection" **14 %/15,- €**

85 2010 „Cuvée Ursus" Rotwein trocken „JB Collection" **14 %/8,50 €**

★★☆

Baldauf

Weingut

Franken

Hauptstrasse 42, 97729 Ramsthal
***Tel.** 09704-1595, **Fax**: 09704-7655*
www.baldaufwein.de
info@baldaufwein.de
***Besuchszeiten**: Mo.-Fr. 9-12 + 13-18 Uhr, Sa. 9-12 + 13-16 Uhr, So. kein Verkauf*

Inhaber .... Gerald und Ralf Baldauf
Rebfläche .... 18 Hektar

Das 1966 von Karl-Heinz Baldauf in Ramsthal im Saaletal gegründete Weingut wird seit 1991 von seinen Söhnen Gerald und Ralf geführt, die beide in Veitshöchheim zum Weinbautechniker ausgebildet wurden. Ihre Weinberge befinden sich in den Lagen Ramsthaler St. Klausen und Hammelburger Trautlestal. 2010 wurden erste Versuche mit biologischem Weinbau unternommen, seit 2011 wird der komplette Betrieb biologisch bewirtschaftet. Die Weißweine werden im Edelstahl, die Rotweine – immerhin ein Viertel der Produktion – in großen oder kleinen Holzfässern ausgebaut. 2008 wurde eine neue Vinothek eröffnet. Die besten Weine eines Jahrgangs vermarkten die Baldaufs in der Linie Clees, einer sehr alten Ramsthaler Weinlagenbezeichnung (St. Clees).

Gerald und Ralf Baldauf zeigen immer wieder, dass auch ganz im Norden des fränkischen Anbaugebietes Spitzenweine erzeugt werden können. Sie setzen auf Fülle und Frucht und erzeugen mustergültige, reintönige Weine. Im trockenen Segment gefallen uns meist Silvaner und Weißburgunder besonders gut. Aber auch die restsüßen Weine überzeugen immer, sind niemals zu süß, sondern reintönig und frisch, Bacchus und Morio-Muskat machen viel Freude, auch edelsüß können die Baldaufs immer wieder mit tollen Eisweinen auftrumpfen.

Vorjahre

Der Silvaner aus dem Pfarrwengert, spontanvergoren und im Beton-Ei ausgebaut, begeisterte uns 2009, führte eine starke, sehr stimmige Kollektion mit kraftvollen, fruchtbetonten Weinen an. 2010 konnte jahrgangsbedingt in der Spitze da nicht mithalten. Die Weine waren frisch und klar, leichter als in den vorausgegangenen Jahren, präsentierten sich aber sehr homogen auf durchweg gutem Niveau.

Neue Kollektion

2011 beeindruckt die Zuverlässigkeit der Kollektion, das gute Niveau schon der Einstiegsweine, alle präsentieren sich frisch und sortentypisch. Besonders gut gefällt uns die trockene Silvaner Spätlese mit ihrer reifen Frucht, guten Konzentration und Substanz. Im restsüßen Segment präsentieren die Baldaufs zwei frische, klare Rieslaner und rot überzeugt der kraftvolle Reserve-Spätburgunder.

Weinbewertung

82 2011 Müller-Thurgau trocken „Frank & Frei" **12 %/5,80 €**

83 2011 Silvaner Kabinett trocken **12 %/6,20 €**

83 2011 Grüner Silvaner Kabinett trocken **12,5 %/7,50 €**

82 2011 Weißburgunder Kabinett trocken **13 %/6,30 €**
84 2011 Gewürztraminer Kabinett trocken **12 %/6,50 €**
84 2011 Riesling Kabinett trocken **12 %/7,- €**
87 2011 Silvaner Spätlese trocken „Clees" **13 %/9,50 €**
85 2011 Riesling Spätlese „fruchtig Clees" **12 %/10,- €**
82 2011 „white dreams" Weißwein „feinfruchtig" **12 %/5,20 €**
86 2011 Rieslaner Spätlese „Clees" **12 %/10,- €**
87 2011 Rieslaner Auslese „Clees" **11 %/11,- €/0,5l**
85 2009 Spätburgunder „Reserve" trocken „Clees" **13 %/13,50 €**

Karl-Kurt ★★★

Bamberger & Sohn

Wein- und Sektgut

Nahe

Römerstraße 10, 55566 Meddersheim
***Tel.** 06751-2624, **Fax:** 06751-2141*
www.weingut-bamberger.de
kontakt@weingut-bamberger.de
***Besuchszeiten:** täglich 8-19 Uhr, So. nach Vereinbarung*

Inhaber .... Familie Bamberger
Rebfläche .... 11 Hektar

Karl-Kurt Bamberger hatte sich in den sechziger Jahren entschieden, den landwirtschaftlichen Gemischtbetrieb aufzugeben und ganz auf Weinbau zu setzen. Seit 1993 ist Sohn Heiko für den Weinausbau verantwortlich. Die Weinberge liegen in Meddersheim (Rheingrafenberg, Altenberg), sowie in Monzingen (Frühlingsplätzchen), Schlossböckelheim (Königsfels) und Sobernheim (Marbach). Riesling nimmt fast die Hälfte der Rebfläche ein. Es folgen Weiß- und Grauburgunder, Müller-Thurgau, Spät- und Frühburgunder, Gewürztraminer, sowie Dornfelder. Die Rotweinfläche wurde in den letzten Jahren um einen Hektar reduziert. Eine Spezialität des Weinguts sind die nach der traditionellen Methode hergestellten Winzersekte. 2007 wurde noch etwas Weißburgunder angelegt und 2008 eine Steilstlage im Frühlingsplätzchen rekultiviert und mit Riesling bestockt. 2010 wurde das Kelterhaus umgebaut.

Vorjahre

Seit der ersten Ausgabe schon loben wir das immer überzeugende Programm der Bambergers. Die Sekte sind Jahr für Jahr Spitze an der Nahe, aber auch die Weine halten trocken wie edelsüß den Anschluss an die Spitze in der Region. 2009 waren die trockenen Weine stark, noch stärker war aber die edelsüße Kollektion, angeführt von Eiswein und Ein-Sterne-Auslese. Und auch die Sekte glänzten wie gewohnt, an der Spitze der neue Riesling „S". Im vergangenen Jahr konnten wir vier sehr gute Sekte verkosten, wobei uns der 2009er Pinot noch ein klein weniger besser gefiel als die 2008er „S"-Variante und die beiden Rieslinge. Im Stillweinsegment glänzten die beiden Goldkapsel-Rieslinge, der Wein aus dem Altenberg war durch den geringeren Restzucker etwas präziser als der aus dem Frühlingsplätzchen. Sehr gut gefielen uns auch Grauburgunder, Spätburgunder und die Riesling-Auslese, die Kollektion insgesamt präsentierte sich geschlossen auf hohem Niveau, unbeeindruckt vom Jahrgang.

Neue Kollektion

Auch 2011 führt die Familie Bamberger ein homogenes Sortiment ins Feld, trocken wie edelsüß, Burgunder wie Riesling, Sekt wie Stillwein. Wieder gefällt uns bei den Goldkapsel-Rieslingen der rauchig-mineralische Altenberg besser als der etwas süßere Wein aus dem Frühlingsplätzchen. Die beiden Sekte überzeugen einmal mehr mit klarer Frucht und Frische, was auch für die beiden edelsüßen Rieslinge aus dem Frühlingsplätzchen gilt: Die Auslese wie auch die Beerenauslese sind konzentriert und harmonisch mit viel feiner Würze. Erneut eine starke Kollektion!

Weinbewertung

87 2010 Cuvée Pinot Sekt brut **13 %/11,50 €**
86 2008 Riesling Sekt brut **12,5 %/11,50 €**
84 2011 Weißburgunder „S" trocken **13 %/8,90 €**
85 2011 Grauburgunder „S" trocken „Goldkapsel" **13,5 %/12,- €**
84 2011 Riesling trocken Monzinger Frühlingsplätzchen **12,5 %/8,90 €**
84 2011 Riesling trocken Meddersheimer Altenberg **12,5 %/8,90 €**
87 2011 Riesling „S" „Goldkapsel" Monzinger Frühlingsplätzchen **13 %/14,90 €**
88 2011 Riesling „S" trocken „Goldkapsel" Meddersheimer Altenberg **13 %/14,90 €**
83 2011 Riesling „feinherb" Monzinger Frühlingsplätzchen **12,5 %/8,90 €**
86 2011 Riesling Spätlese Meddersheimer Altenberg **8,5 %/8,90 €**
87 2011 Riesling Auslese Monzinger Frühlingsplätzchen **8 %/9,50 €/0,5l**
89 2011 Riesling Beerenauslese Monzinger Frühlingsplätzchen **7,5 %/27,- €/0,375l**

★

Bardong

Sektmanufaktur

Rheingau

Bahnstraße 7, 65366 Geisenheim am Rhein
***Tel.** 06722-47136, **Fax**: 06722-47555*
www.bardong.de
info@bardong.de
***Besuchszeiten**: nach Vereinbarung*

Inhaber........................Norbert Bardong
Rebfläche...........keine eigenen Weinberge

Norbert Bardong gründete 1984 seine eigene Sektkellerei, spezialisierte sich auf Jahrgangs- und Lagensekte in kleinen Auflagen, ausschließlich in den Geschmacksrichtungen brut oder extra brut. Alle Sekte reifen mindestens drei Jahre auf der Hefe, Spezialitäten bis zu zwanzig Jahre; degorgiert wird nach Bedarf. In erster Linie verwendet er die klassischen Rheingauer Rebsorten Riesling und Spätburgunder, dazu aber auch Weißburgunder, Chardonnay, Cabernet Sauvignon oder Hölder.

Jahrgang 2011

Eine interessante Kollektion präsentiert die Sektmanufaktur Bardong zum Debüt in diesem Buch, in der wir vor allem die gereifteren Sekte spannend finden. Der Weißburgunder zeigt rauchig-würzige Noten im Bouquet, feine Reife, ist füllig und harmonisch im Mund; noch interessanter finden wir den Chardonnay, der etwas Brotkruste im Bouquet zeigt, ganz dezent Petrol im Hintergrund, füllig und komplex ist bei deutlicher Reife.

Weinbewertung

83 2008 Riesling Sekt extra brut Erbacher Honigberg **12,5 %/12,- €**
83 2007 Riesling Sekt brut Erbacher Honigberg **12,5 %/12,- €**
86 2006 Weißburgunder Sekt brut **12,5 %/12,50 €**
87 2004 Chardonnay Sekt brut **12,5 %/14,50 €**
84 2007 „Blanc de Noir" Sekt brut Assmannshäuser Hinterkirch **13 %/17,- €**
83 2007 Sekt extra brut Assmannshäuser Hinterkirch **12,5 %/18,- €**

★☆

Bardorf

Weingut Gasthof Löwen

Franken

Ochsenfurter Straße 4, 97236 Randersacker
***Tel.** 0931-70550, **Fax**: 0931-7055222*
www.loewen-randersacker.de
info@loewen-randersacker.de
***Besuchszeiten**: Mo.-So. 9-22 Uhr*
Hotel-Gasthof „Löwen"

Inhaber..........................Stefan Bardorf
Rebfläche..............................3 Hektar

Das Weingut Bardorf wurde 1965 gegründet. Seit Abschluss seiner Winzerlehre arbeitet Sohn Stefan im Weinbaubetrieb mit und ist für den

Weinausbau verantwortlich, inzwischen hat er den Betrieb übernommen. Seine Weinberge liegen in den Randersackerer Lagen Marsberg, Sonnenstuhl, Teufelskeller und Dabug, sowie im Eibelstadter Kapellenberg. Er baut Silvaner, Riesling, Bacchus, Müller-Thurgau, Scheurebe und Kerner, sowie Schwarzriesling und Spätburgunder an. Neu angepflanzt wurden Domina, Blaufränkisch, Zweigelt und Weißburgunder. Die Weine werden kühl vergoren und einige Monate auf der Feinhefe ausgebaut.

Vorjahre

Zwei kraftvolle Trockenbeerenauslesen führten vor zwei Jahren die Kollektion an. Auch 2010 war mit der Silvaner Auslese ein edelsüßer Wein unser Favorit in einer wiederum etwas verhaltenen Kollektion.

Jahrgang 2011

2011 hat Stefan Bardorf eine ganze Palette an fülligen, süßen Auslesen erzeugt, am besten gefällt uns der Spätburgunder Rosé. Die trockenen Weine sind wieder ein wenig verhalten.

Weinbewertung

82 2011 Riesling Kabinett trocken Randersackerer Ewig Leben **12,5 %/7,50 €**

80 2011 Silvaner Spätlese trocken Randersackerer Sonnenstuhl **14,5 %/14,- €**

80 2011 Müller-Thurgau Spätlese trocken Randersackerer **13,5 %/12,- €**

84 2011 Bacchus Auslese Randersackerer Ewig Leben **9,5 %/14,- €**

84 2011 Riesling Auslese Randersackerer Ewig Leben **9 %/14,- €/0,375l**

85 2011 Silvaner Auslese Randersackerer Marsberg **10 %/12,- €/0,375l**

85 2011 Silvaner Auslese Randersackerer Ewig Leben **9 %/12,- €/0,375l**

84 2011 Weißburgunder Auslese Randersackerer Teufelskeller **8 %/14,- €/0,375l**

84 2011 Pinot Meunier Rosé Auslese Randersackerer Ewig Leben **8 %/11,- €/0,375l**

84 2011 Weißburgunder Auslese Randersackerer Teufelskeller **8 %/14,- €/0,375l**

86 2011 Spätburgunder Rosé Auslese Randersackerer Teufelskeller **7,5 %/13,- €/0,375l**

★★★

Barth

Wein- und Sektgut

Rheingau

Bergweg 20, 65347 Hattenheim
Tel. *06723-2514,* ***Fax:*** *06723-4375*
www.weingut-barth.de
mail@weingut-barth.de
Besuchszeiten: *Mo.-Fr. 14-18 Uhr, Sa. 11-16 Uhr*

Inhaber .... Norbert Barth
Rebfläche .... 18,5 Hektar

Das Weingut, das seit einigen Jahren offiziell als „Wein- und Sektgut Barth" firmiert, gehört zu den vielfältigsten Betrieben im Rheingau. Es hat sich für Schaumwein einen Namen gemacht, beherrscht die Erzeugung von hochwertigen trockenen und süßen Rieslingen und strengt sich auch beim Rotwein an. Riesling ist die wichtigste Rebsorte bei Norbert Barth, hinzu kommt ein für Hattenheim hoher Spätburgunderanteil, auch Weißburgunder und Cabernet Sauvignon werden angebaut. Norbert Barth lässt seine Schaumweine teilweise sehr lange auf der Hefe reifen; teilweise werden sie spät gefüllt (wie der nur in Magnums abgefüllte „Primus"), dann wieder komplett ohne Dosage ausgebaut wie der „Ultra". Auch der Spätburgundersekt ist nicht alltäglich. Zu den Besonderheiten des Barthschen Sortiments gehört auch der nicht in jedem Jahr erzeugte, deutlich vom Holz geprägte, aber interessante Riesling aus dem Barrique namens „Singularis".

Vorjahre

Die 2009er besaßen, wie die „Alten Reben" und die edelsüßen Rieslinge, einen eigenständigen Stil. Der 2007er Sekt „Primus", erzeugt aus einem Ersten Gewächs, besaß tatsächlich enorm viel Substanz und Würze, dazu eine fast üppige Art und Fülle; der „Ultra" wirkte sehr puristisch und animierend. Die 2010er Süßweine waren geradlinig, reintönig und fein.

Neue Kollektion

Die nun vorgestellten Schaumweine beweisen erneut, dass hier einige der besten Sekte des Rheingaus erzeugt werden. Der rassige Rosé besitzt Nachhaltigkeit, der Pinot Noir eine interessante, an Waldbeeren erinnernde Würze. Nur der in Magnums abgefüllte Prestige-Sekt „Primus" wirkt etwas zu breit und beweist, dass ein hochwertiger Grundwein eben noch lange keinen herausragenden Schaumwein ausmacht. Die gut balancierten, kraftvollen Ersten Gewächse aus 2010 und 2011 gefallen sehr, vor allem der 2011er mit seinen Noten nach Kräutern und Kräuterzucker. Die beiden Süßweine schließlich sind auf ihre Art spannend: Die geradlinige, reintönige Beerenauslese aus 2011 und der gereifte, aber noch sehr präsente Eiswein aus 2002, dessen hohe Süße durch eine knackige Säure abgepuffert wird.

Weinbewertung

85 Pinot Blanc Sekt brut **12,5 %/12,50 €**
87 Pinot Rosé Sekt brut **13 %/13,50 €**
87 Pinot Noir Sekt brut **13 %/16,- €**
87 Riesling Sekt extra brut **12 %/12,50 €**
86 2008 Riesling Sekt brut „Primus" Hattenheim Hassel (86+? Punkte) **13 %/125,- €/1,5l**
83 2011 Riesling Kabinett trocken **11,5 %/8,50 €**
89 2010 Riesling Erstes Gewächs Hattenheim Wisselbrunnen **13 %/22,- €**
88 2011 Riesling Erstes Gewächs Hallgarten Schönhell **13 %/24,- €**
87 2011 Riesling Charta **12 %/9,- €**
83 2011 Riesling Classic **11,5 %/7,50 €**
82 2011 Riesling „Fructus" **10,5 %/7,- €**
87 2011 Riesling Spätlese Hattenheim Hassel **9 %/12,50 €**
91 2011 Riesling Beerenauslese Hattenheim Schützenhaus **9 %/39,- €/0,375l**
91 2002 Spätburgunder Eiswein **5,5 %/95,- €/0,25l**

★☆

Reinhold **Barth**

Weingut

Nahe

Lindenallee 23, 55590 Meisenheim
***Tel.** 06753-5477, **Fax:** 06753-124849*
www.hotelweingut-barth.de
hotelweingut-barth@t-online.de
***Besuchszeiten:** durchgehend*
Hotel mit Restaurant

Inhaber .... Reinhold Barth
Rebfläche .... 6,5 Hektar

1895 begann Jakob Sottong mit dem Anbau von Wein in Meisenheim. Sein Sohn führte den Betrieb mit Landwirtschaft und Weinbau weiter, Enkelin Anna heiratete 1955 den Winzer Alois Barth aus Wallhausen. Ihr Sohn Reinhold Barth übernahm 1989 den elterlichen Betrieb und weitete den Weinanbau aus, 1991 errichtete er ein Hotel mit 11 Doppelzimmern und einem Apartment. Seine Weinberge befinden sich in den Raumbacher Lagen Schwalbennest und Schlossberg und in der Meisenheimer Obere Heimbach, 2011 ergänzt durch eine Neuanlage im Rehborner Herrenberg. Er baut Riesling, Weißburgunder, Grauburgunder, Müller-Thurgau, Auxerrois, Dornfelder, Spätburgunder und Frühburgunder an. Die Weine werden komplett über die Flasche vermarktet. Mit dem Jahrgang 2011 ging die Verantwortung im Keller an den Geisenheim-Absolventen Gregor Barth über, der damit begonnen hat, die Moste teilweise spontan zu vergären.

Vorjahre

Sehr geschlossen präsentierte sich der Jahrgang 2009 mit kraftvollen, eigenständigen Weißweinen. Der Grauburgunder gefiel uns zusammen mit den beiden Schwalbennest-Rieslingen besonders gut. Auch im letzten Jahr überzeugte die Kollektion durch ihr gutes, sehr gleichmäßiges Niveau. Die Rotweine hatten weiter zugelegt, allen voran der Frühburgunder, im weißen Segment waren einmal mehr Grauburgunder und Riesling unsere Favoriten.

Neue Kollektion

2011 präsentiert sich die Kollektion erneut sehr gleichmäßig, die Rotweine besitzen gute Substanz, die Weißen klare Frucht. Besonders gut gefallen uns wieder der saftige und reintönige Grauburgunder und der Riesling „S" aus dem Schwalbennest mit seiner feinen rauchigen Würze.

Weinbewertung

84 2011 Weißburgunder „S" trocken Raumbacher Schwalbennest **13 %/9,- €**

86 2011 Grauburgunder „S" Meisenheimer **13,5 %/10,50 €**

84 2011 Riesling Spätlese trocken Rehborner Herrenberg **12 %/7,50 €**

84 2011 Riesling trocken „Metamorphit" **12,5 %/8,- €**

86 2011 Riesling „S" trocken Raumbacher Schwalbennest **13 %/9,- €**

85 2011 Riesling Spätlese Meisenheimer **9,5 %/8,- €**

85 2011 Riesling Auslese Raumbacher Schwalbennest **9,5 %/10,- €/0,5l**

85 2010 Frühburgunder trocken Raumbacher Schwalbennest **13,5 %/13,- €**

83 2010 Spätburgunder trocken Meisenheimer Obere Heimbach **13,5 %/11,- €**

★★★★☆

Bassermann-Jordan

Weingut Geh. Rat Dr. v.

Pfalz

Kirchgasse 10, 67146 Deidesheim
***Tel.** 06326-6006, **Fax:** 06326-6008*
www.bassermann-jordan.de
hauck@bassermann-jordan.de
***Besuchszeiten:** Mo.-Fr. 8-12 + 13-18 Uhr, Sa./So. 10-15 Uhr*

Inhaber .... Achim Niederberger
Kaufm. Geschäftsführer .... Gunther Hauck
Technischer Geschäftsführer .... Ulrich Mell
Rebfläche .... 49 Hektar

Bassermann-Jordan ist eines der traditionsreichsten und bekanntesten Weingüter in Deutschland. Seit 2002 gehört es Achim Niederberger. Die Weinberge verteilen sich auf 16 Einzellagen in Forst (Ungeheuer, Grainhübel, Kirchenstück, Jesuitengarten, Pechstein, Stift), Deidesheim (Paradiesgarten, Leinhöhle, Hohenmorgen, Kieselberg, Grainhübel, Langenmorgen, Kalkofen, Herrgottsacker) und Ruppertsberg (Reiterpfad, Hoheburg). Im Anbau dominiert Riesling mit einem Anteil von 90 Prozent, hinzu kommen je 2 Prozent Chardonnay, Weißburgunder, Grauburgunder, Spätburgunder und Merlot. Die Weine werden teils in Holzfässern (sehr sehenswerter Gewölbekeller!), teils im Edelstahl ausgebaut. Das Programm ist gegliedert in Rebsortenweine, die Linie „von Bassermann-Jordan", klassifizierte Lagen und Große Gewächse (Hohenmorgen, Kalkofen, Pechstein, Jesuitengarten und Kirchenstück), das Programm ergänzen edelsüße Weine und Sekte.

Vorjahre

Eine hervorragende Kollektion präsentierte Bassermann-Jordan vor zwei Jahren. Das Trio der Großen Gewächse war beeindruckend gut, unser Favorit war der Hohenmorgen. Bassermann-Jordan versteht sich nicht nur auf Riesling, auch der Chardonnay war hervorragend gelungen. Im vergangenen Jahr sahen wir den Weißburgunder vor dem Chardonnay, beide waren köstlich. Den nicht einfachen Riesling-Jahrgang 2010 hatten Uli Mell und seine Mannschaft hervorragend gemeistert, die Großen Gewächse zeigten ein hoch elegantes Bouquet, Klarheit, Komplexität und Präzision im Mund. Sehr gut war auch der Sauvignon Blanc, hervorragend die süße Auslese.

Jahrgang 2011

In diesem Jahr haben wir wieder eine beeindruckende Kollektion verkostet. Klarheit und Präzision sind das Merkmal aller Weine, sie vibrieren, sind spannungsgeladen. Das zeigt sich schon beim neuen „Pionier", einem Prachtstück von Riesling mit 11,5 Prozent Alkohol! Er ist fokussiert und bekommt dadurch eine leichtfüßige Eleganz. „Auf der Mauer" zeigt viel Frucht, Biss und druckvolle Mineralität, in der gleichen Liga, nur etwas klarer, spielt das Ungeheuer, hier nicht als großes Gewächs ausgebaut. Die Großen Gewächse zeigen erwartungsgemäß mehr Komplexität und Dichte, bleiben aber präzise und bauen durch eine feine salzige Mineralität Druck und Spannung auf. Saftige Eleganz prägt den Hohenmorgen, Komplexität und eine süße Frucht den Ölberg, eine kräftige, druckvolle Eleganz das Freundstück. Wunderbar ist auch die Riege der anderen Weißweine: Ein sehr saftiger Weißburgunder von barocker Eleganz, ein cremig-fruchtiger Chardonnay mit feinen Holztönen und ein wunderbar leichter, fruchtig-feuersteiniger Sauvignon Blanc. Last, but not least – ein hervorragendes Süßwein-Trio. Die Scheurebe ist eine Fruchtbombe und nicht zu süß, die Beerenauslese ist vielfruchtig, dick, süß, würzig und wird von einem schönen Säuregerüst zusammengehalten, die Trockenbeerenauslese ist mehrstöckig, ganz klar, ein Wein mit Biss zum Kauen.

Weinbewertung

87 2011 Riesling trocken „Pionier" **11,5 %/9,- €**
89 2011 Riesling trocken Forster Ungeheuer **13 %/15,- €**
89 2011 Riesling trocken „Auf der Mauer" **13 %/16,- €**
91 2011 Riesling „GG" Hohenmorgen **13 %/34,- €**
91 2011 Riesling „GG" Ölberg **13 %/30,- €**
92 2011 Riesling „GG" Freundstück **13 %/59,- €**
89 2011 Weißer Burgunder „S" **13 %/17,50 €**
89 2011 Chardonnay „S" **13 %/17,50 €**
89 2011 Sauvignon Blanc „S" **12 %/21,- €**
90 2011 Scheurebe Auslese **9,5 %/13,50 €/0,375l**
92 2011 Riesling Beerenauslese Hohenmorgen **7 %/79,- €**
94 2011 Riesling Trockenbeerenauslese **6 %/210,- €/0,375l**

★★☆

Bastgen

Weingut

Mosel

Hofstraße 18, 54518 Monzel
Tel. 06535-933092, Fax: 06535-1579
www.weingut-bastgen.de
info@weingut-bastgen.de
Besuchszeiten: nach Vereinbarung

Inhaber .... Armin Vogel und Mona Bastgen
Rebfläche .... 6 Hektar

Mona Bastgen und Armin Vogel, beide diplomierte Önologen, führen das Weingut Bastgen und versuchen, die Tradition der langsam vergorenen klassischen Rieslingweine zu erhalten. Der „Blauschiefer" genannte Gutsriesling ist eine Cuvée aus verschiedenen Lagen. Als Lagenweine werden nur Selektionsweine aus den Spitzenlagen Kestener Paulinshofberg, Brauneberger Juffer Sonnenuhr und Bernkastel-Cueser Weisenstein vermarktet. Bei den Lagenweinen ist die Spontanvergärung Standard, trockene Weine werden weitgehend ohne Botrytis-Trauben gekeltert.

Vorjahre

2009 wurden rassige, komplexe Weine erzeugt, nicht nur das Große Gewächs überzeugte. 2010 war die Kollektion weniger gleichmäßig: Das Große Gewächs gehörte zu den trockenen Spitzenweinen des Jahrgangs an der Mosel, auch die filigrane Spätlese gefiel uns sehr gut, die anderen Weine aber waren verhaltener als gewohnt.

Jahrgang 2011

Auch 2011 führt der „auf den Felsen" eine gute, stimmige Kollektion an, ist konzentriert und würzig, besitzt reife süße Frucht, Substanz und Frische. Frisch und klar präsentieren sich auch Kabinett und Spätlese, zupackend der Blauschiefer, der Wein aus dem Weisenstein ist recht süß.

Weinbewertung

82 2011 Riesling trocken „Steillage" **12,5 %/7,- €**

83 2011 Weißburgunder trocken **13,5 %/7,50 €**
85 2011 Riesling trocken „Blauschiefer" **12,5%/8,50€**
85 2011 Riesling trocken Bernkastel-Cueser Weisenstein **13 %/12,- €**
88 2011 Riesling trocken „auf den Felsen" Kestener Paulinshofberg **13,5 %/19,50 €**
82 2011 Riesling „feinherb Goldmund" **11,5%/8,50€**
85 2011 Riesling Kabinett Kestener Paulinshofberg **10 %/9,- €**
87 2011 Riesling Spätlese Kestener Paulinshofberg **9 %/12,- €**

Weingut ★★★★

BattenfeldSpanier

C. Spanier-Gillot & H.O. Spanier **Rheinhessen**

Bahnhofstraße 33, 67591 Hohen-Sülzen
***Tel.** 06243-906515, **Fax**: 06243-906529*
www.battenfeld-spanier.de
kontakt@battenfeld-spanier.de
***Besuchszeiten**: Verkauf nur bei Kühling-Gillot, Mo.-Fr. 9-12 + 14-17 Uhr, Sa. 10-12 Uhr und nach Vereinbarung*

Inhaber .... Carolin Spanier-Gillot
.... H.O. Spanier
Rebfläche .... 28 Hektar

Die Wein- und Sektmanufaktur Battenfeld-Spanier entstand aus dem Zusammenschluss von Hans Oliver Spanier und dem benachbarten Weingut Battenfeld. 18 Hektar Weinberge liegen in Hohen-Sülzen und im benachbarten Nieder-Flörsheim, 10 Hektar in Mölsheim. Wichtigste Rebsorte ist Riesling, der über die Hälfte der Rebfläche einnimmt. Es folgen Spätburgunder, Weißburgunder, Silvaner, Chardonnay und Portugieser. Basis des Sortiments bilden die Gutsweine, dann kommen die Ortsweine und an der Spitze stehen die Großen Gewächse aus den Lagen Hohen-Sülzer Kirchenstück und Nieder-Flörsheimer Frauenberg. In besonders guten Jahren gibt es noch den Spitzenriesling „CO" und die rote Cuvée „Sinope". Seit 1996 ist Hans Oliver Spanier Mitglied bei Ecovin, 2007 hat er begonnen die Weinberge biodynamisch zu bewirtschaften.

Vorjahre

2009 waren die Weine recht üppig, die beiden Großen Gewächse zumindest. Mehr Trinkfreude boten zum Zeitpunkt der Verkostung die beiden Dorf-Rieslinge aus Hohen-Sülzen und Mölsheim oder der wunderschöne Silvaner. 2010 gab es ein drittes Großes Riesling-Gewächs im Programm, aus der Mölsheimer Lage Zellerweg am Schwarzen Herrgott. Unser Favorit unter den drei kompakten Rieslingen war der Wein aus dem Frauenberg. Dass Hans Oliver Spanier sich auch auf Rotwein versteht, zeigte er mit dem kraftvollen Spätburgunder aus dem Kirchenstück. Zuverlässig auf gutem und sehr gutem Niveau präsentierten sich Guts- und Ortsweine, eine sehr schöne Überraschung war der Sekt.

Neue Kollektion

Auch 2011 bringt wieder fruchtbetonte, reintönige Gutsweine. Die Ortsweine sind fülliger und kraftvoller, am besten gefallen uns der saftige, wenn auch recht süße Silvaner und der kraftvolle Weißburgunder, der viel reife Frucht besitzt, gute Struktur, Substanz und Frische. Die drei Großen Riesling-Gewächse machen die Wahl schwer, alle drei präsentieren sich in prächtiger Verfassung, haben in diesem Jahrgang an Präzision gewonnen, die Lagenunterschiede werden deutlicher: Der Frauenberg zeigt reintönige Frucht im Bouquet, etwas gelbe Früchte, Zitrus, feine Frische, ist klar, frisch und präzise im Mund, mineralisch, noch etwas unruhig. Wesentlich offener ist der Wein aus dem Kirchenstück, ist füllig und kraftvoll, besitzt reife Frucht, gute Struktur und Substanz. Viel reife Frucht zeigt der Riesling aus dem Schwarzen Herrgott, gelbe Früchte, im Mund präsentiert er sich kraftvoll und reintönig, füllig und geradlinig, besitzt gute Struktur und Länge. Noch etwas besser als diese drei famosen Großen Gewächse gefällt uns der „CO", der faszinierend reintönig ist, gelbe Früchte im Bouquet zeigt, herrlich kraftvoll und saftig im Mund, klar, harmonisch und lang. Und dass Hans Oliver Spanier sich auch auf Pinot versteht, zeigt er auch in diesem Jahr mit seinem Großen Gewächs aus dem Kirchenstück, ein kraftvoller, zupackender Spätburgunder mit guter Struktur, feiner Frische und jugendlichen Tanninen.

Weinbewertung

84 2011 Grüner Sylvaner trocken **12,5 %/8,70 €**
84 2011 Riesling trocken **12,5 %/8,90 €**
85 2011 Riesling trocken „Eisbach" **12,5 %/11,90 €**
86 2010 Riesling trocken „Königsklasse" **12,5 %/15,50 €**
86 2011 Riesling trocken Hohen-Sülzen **13 %/15,90 €**
85 2011 Riesling trocken Mölsheim **13 %/15,90 €**
86 2011 Riesling trocken „1897" **13 %/15,90 €**
87 2011 Grüner Sylvaner trocken Hohen-Sülzen **13 %/13,90 €**
88 2011 Weißburgunder trocken Hohen-Sülzen **13 %/13,90 €**
91 2011 Riesling „GG" Kirchenstück **13,5 %/29,- €**
90 2011 Riesling „GG" Frauenberg **13 %/35,- €**
91 2011 Riesling „GG" Zellerweg am schwarzen Herrgott **13 %/35,- €**
92 2011 Riesling „CO" **13,5 %/a.A.**
87 2011 Riesling Auslese „lange Goldkapsel" Kirchenstück **9 %/59,- €**
89 2011 Riesling Trockenbeerenauslese Frauenberg **8 %/75,- €**
89 2011 Riesling Trockenbeerenauslese Am Schwarzen Herrgott **8 %/75,- €**
89 2009 Spätburgunder „GG" Kirchenstück **13,5 %/27,- €**

★★

Bauer

Weingut

Mosel

Moselstraße 3, 54486 Mülheim
***Tel.** 06534-571, **Fax**: 06534-570*
www.weingut-bauer.de
info@weingut-bauer.de
***Besuchszeiten**: Mo.-Sa. 8-12 + 13-18 Uhr oder nach Vereinbarung; Probierstube*
Gästehaus

Inhaber .... Jörg Bauer
Rebfläche .... 8,3 Hektar

Jörg Bauer besitzt Weinberge in den Lagen Mülheimer Sonnenlay, Veldenzer Kirchberg und Brauneberger Juffer – vor allem aber verfügt er über einen Teil der Lage Elisenberg (der andere Teil gehört dem Weingut Max Ferd. Richter). Neben Riesling hat er auch ein wenig Müller-Thurgau, Kerner, Spätburgunder und Dornfelder im Programm. Er baut seine Weine in Holzfässern oder in Edelstahltanks aus, sie werden kühl und langsam vergoren und bleiben lange auf der Feinhefe. „Maison Elise" und Alte Reben-Riesling konkurrieren regelmäßig um die Spitze im trockenen Segment. In kleinen Mengen erzeugt Jörg Bauer auch saftige, sehr zugängliche Süßweine.

Vorjahre

2009 überzeugten „Alte Reben" und „Maison Elise" gleichermaßen, die Weine mit Restsüße waren fein und animierend. 2010 blieb ein wenig dahinter zurück. „Maison Elise" und der Riesling von alten Reben führten wie gewohnt das trockene Segment an, die Auslese aus der Sonnenlay das gleichermaßen konsistente süße Segment.

Jahrgang 2011

Die neue Kollektion hat ihre Stärken im edelsüßen Bereich, bietet drei schmeichelnde, saftige Auslesen, elegant, harmonisch und lang. Am meisten beeindruckt der Wein aus dem Elisenberg, der würzig und konzentriert ist, viel Substanz besitzt, im Bouquet Litschi und kandierte Früchte zeigt.

Weinbewertung

82 2011 Riesling Kabinett trocken Mülheimer Sonnenlay **11,5 %/6,50 €**
85 2011 Riesling Spätlese trocken Mülheimer Elisenberg **12,5 %/9,- €**
87 2011 Riesling Spätlese trocken „SL" Mülheimer Sonnenlay **12,5 %/9,80 €**
85 2011 Riesling „Maison Elise" **12,5 %/9,80 €**
84 2011 Riesling Spätlese „feinherb" Brauneberger Juffer **12 %/9,80 €**
85 2011 Riesling Spätlese „feinherb" Mülheimer Elisenberg **12,5 %/9,80 €**
80 2011 Riesling Kabinett Mülheimer Elisenberg **11,5 %/7,- €**
84 2011 Riesling Spätlese Mülheimer Elisenberg **9 %/10,20 €**
86 2011 Riesling Spätlese Brauneberger Juffer **9,5 %/10,50 €**
88 2011 Riesling Auslese Mülheimer Sonnenlay **8 %/14,50 €**
88 2011 Riesling Auslese Brauneberger Juffer **7,5 %/18,- €**
90 2011 Riesling Auslese*** Mülheimer Elisenberg **7,5 %/Verst.**

★

Emil **Bauer** & Söhne

Weingut

Pfalz

Walsheimerstraße 18, 76829 Landau-Nußdorf
***Tel.** 06341-61754, **Fax:** 06341 63584*
www.bauerwein.de
bauerwein@web.de
***Besuchszeiten:** Mo.-Sa. 8-12 und 13:30-18 Uhr*

Inhaber.... Norbert, Alexander & Martin Bauer
Rebfläche............................ 26 Hektar

Das Nußdorfer Familienweingut existiert in der vierten Generation und wird heute vom Geisenheim-Absolventen Alexander und seinem Bruder Martin Bauer, der Weinmarketing studiert hat, geleitet. Angebaut wird ein breites Rebsortenspektrum, weiß vom Riesling über die Burgundersorten hin zu Sauvignon Blanc, Silvaner, Gewürztraminer, Scheurebe und Kerner, rot vom Früh- und Spätburgunder, Dornfelder und Schwarzriesling bis zu Cabernet Sauvignon und Merlot.

Die Kollektion

Die beiden Rotweine besitzen Substanz, wirken durch ihre leichte Restsüße aber auch sehr gefällig, bei den angestellten Weißweinen ist die Sortentypizität gut heraus gearbeitet, aber auch hier könnte der Verzicht auf die jeweils knapp an der Trockengrenze liegende Restsüße aus den Weinen noch mehr Charakter herauskitzeln.

Weinbewertung

85 2011 Sauvignon Blanc trocken **12,5 %/8,90 €**
83 2011 Weißburgunder trocken **12 %/8,60 €**
80 2011 Riesling Kabinett trocken **11,5 %/3,70 €/1l**
83 2011 Riesling trocken **12 %/9,80 €**
81 2011 Muskateller „feinherb" **12,5 %/5,50 €**
86 2009 Cabernet Sauvignon trocken **14 %/14,80 €**
83 2010 Spätburgunder Spätlese trocken Nussdorfer Herrenberg **13,5 %/9,10 €**

★★

Robert **Bauer**

Weingut

Württemberg

Heilbronner Straße 56, 74233 Flein
***Tel.** 07131-251662, **Fax:** 07131-573288*
www.robertbauerflein.de
info@robertbauerflein.de
***Besuchszeiten:** Mo.-Fr. 9-12 + 14-17 Uhr, Sa. 9-12 Uhr oder nach Vereinbarung*

Inhaber............ Martin und Ingrid Albrecht
Rebfläche............................ 8,5 Hektar

Die Geschichte des Weinguts lässt sich bis ins Jahr 1587 zurückverfolgen. Robert Bauer hatte den Betrieb Ende der sechziger Jahre übernommen und ihn zur heutigen Größe und Bekanntheit geführt. Der Name Robert Bauer steht für durchgegorene Weine, und Martin Albrecht, der das Weingut 2004 erwarb, führt es im selben klassischen Stil weiter. Hauptrebsorten sind Riesling, Weißburgunder, Chardonnay, Sauvignon Blanc, Spätburgunder und Schwarzriesling. Die Burgundersorten stehen auf Lösslehm, Riesling, Muskateller und internationale Rebsorten wie Syrah oder Cabernet Sauvignon stehen auf Muschelkalk. Das Weingut besitzt bis zu 70 Jahre alte Reben. Die Weine werden überwiegend spontanvergoren, ohne jede Schönung und ohne Restzucker abgefüllt.

Vorjahre

Martin Albrecht präsentierte vor zwei Jahren sehr eigenständige Weine mit Ecken und Kanten, Weine mit Profil, die alle noch sehr jugendlich waren. Riesling und Spätburgunder von alten Reben gefielen uns besonders gut, auch der Cabernet Sauvignon. Sehr ähnlich war das Bild im letzten Jahr, mit den gleichen Favoriten: Riesling, Spätburgunder und Cabernet Sauvignon. Aber auch die 2010er Weißweine zeigten gute Präzision, waren herrlich geradlinig.

Neue Kollektion

Auch die neue Kollektion überzeugt mit puristischen, kraftvollen Weinen. Sehr geschlossen präsentiert sich die weiße Riege, der Chardonnay und der eigenwillige Riesling fallen besonders auf. Im roten Segment haben sich Cabernet Sauvignon und Spätburgunder sehr schön entwickelt, sind aber immer noch enorm jugendlich und besitzen viel Potenzial.

Weinbewertung

82 2011 Weißburgunder **13 %/9,20 €**
85 2011 Chardonnay **13 %/9,70 €**
84 2011 Sauvignon Blanc **11,5 %/10,70 €**
84 2011 Gelber Muskateller **12 %/9,70 €**
85 2010 Riesling „Pflanzjahr 1934" **13 %/16,20 €**
84 2011 Syrah Rosé **11,5 %/7,50 €**
84 2011 Syrah Rouge **13,5 %/10,50 €**
87 2009 Cabernet Sauvignon **13 %/14,20 €**
88 2009 Spätburgunder „Pflanzjahr 1949" **13 %/18,70 €**

★

Baum

Wein- und Gästehaus

Mosel

Weingartenstraße 54, 54492 Zeltingen-Rachtig
Tel. *06532-1438*
www.wein-und-gaestehaus-baum.de
wein-undgaestehausbaum@web.de
Besuchszeiten: *jederzeit, ganzjährig*
Gästehaus

Inhaber .... Peter Baum
Rebfläche .... 0,7 Hektar

Auf seiner kleinen Fläche baut Peter Baum bisher ausschließlich Riesling an, im März 2011 hat er auf einer kleinen Parzelle Spätburgunder gepflanzt. Seine Weinberge befinden sich alle in Steillagen, wo teils wurzelechte, alte Reben stehen, die er auch nach der Flurbereinigung in der Wehlener Sonnenuhr und der Zuteilung neuer Parzellen weiterbewirtschaften will. Seit einigen Jahren werden alle Weine in Edelstahltanks ausgebaut, die Jungweine bleiben lange auf der Feinhefe, Süßreserve ist tabu.

Die Entwicklung

Die 2009er überzeugten durchweg, 2010 war sehr gleichmäßig, aber etwas verhalten.

Jahrgang 2011

Ähnlich präsentiert sich 2011, wobei die Vorteile bei den süßen Rieslingen liegen, vor allem die klare, geradlinige Auslese überzeugt.

Weinbewertung

80 2011 Riesling Spätlese trocken Wehlener Sonnenuhr **12,5 %/5,30 €**
80 2011 Riesling Hochgewächs „feinherb" Wehlener Sonnenuhr **11,5 %/4,50 €**
80 2011 Riesling Spätlese Graacher Himmelreich **8,5 %/5,- €**
85 2011 Riesling Auslese „Alte Reben" Wehlener Sonnenuhr **8,5 %/6,- €/0,5l**

Baumgärtner ★★

Panoramaweingut **Württemberg**

An der Steige 94, 74343 Hohenhaslach
Tel. 07147-6298, Fax: 07147-13151
www.panoramaweingut.de
info@panoramaweingut.de
Besuchszeiten: Mo.- Sa. 8-12 + 13-18 Uhr

Inhaber .... Reinhard Baumgärtner
Rebfläche .... 10,5 Hektar

Das von den Brüdern Gottlieb und Ernst Baumgärtner 1960 gegründete Weingut wird von deren Söhnen Reinhard und Friedrich weitergeführt. Zum 1. Januar 2012 hat man sich getrennt; Reinhard Baumgärtner führt seinen Teil des Betriebes nun unter der Bezeichnung Panoramaweingut Baumgärtner. Die Weinberge liegen an den Hängen des Strombergs von Häfnerhaslach über Hohenhaslach bis nach Bönnigheim. Wichtigste Rebsorten sind Trollinger, Lemberger, Spätburgunder und Riesling, zuletzt kamen Chardonnay und Muskat-Trollinger hinzu, aber auch Sauvignon Blanc, Grauburgunder, Merlot und Cabernet Cubin. Alle Rotweine werden maischevergoren.

Vorjahre

Sehr homogen präsentierte sich die Kollektion vor zwei Jahren, überzeugte weiß wie rot, Riesling und Chardonnay gefielen uns besonders. Sehr geschlossen war auch die letztjährige Kollektion, wurde einmal mehr angeführt von dem im Holz ausgebauten 4-Sterne-Chardonnay.

Neue Kollektion

Die neue Kollektion präsentiert sich sehr geschlossen, weiß wie rot. Im weißen Segment ist der kraftvolle 4-Sterne-Riesling unser Favorit, auch der reintönige Gewürztraminer gefällt uns sehr gut. Im roten Teil der Kollektion überzeugt vor allem der 4-Sterne-Lemberger, ist würzig und kraftvoll bei reifer Frucht und guter Struktur. ▬

Weinbewertung

86 2011 Riesling**** trocken **12,5 %/9,50 €**
83 2011 Riesling „SL" **12,5 %/8,- €**
85 2011 Gewürztraminer „SL" **13 %/6,50 €/0,5l**
83 2011 Muskattrollinger Rosé „Apero" **11 %/9,- €**
82 2010 Spätburgunder*** trocken **13 %/7,50 €**
83 2009 Rotweincuvée**** trocken **13 %/10,- €**
83 2009 Merlot**** trocken **12,5 %/11,- €**
86 2009 Lemberger**** trocken **13 %/11,50 €**
81 2009 Lemberger „SL" „feinherb" **12 %/8,- €**

Hans Bausch ★

Weingut **Rheingau**

Waldbachstraße 103, 65347 Hattenheim
Tel. 06723-889300, Fax: 06723-889302
www.weingut-hans-bausch.de
info@weingut-hans-bausch.de
Besuchszeiten: täglich 8-18 Uhr

Inhaber .... Hans Bausch
Rebfläche .... 10 Hektar

Hans Bausch führt den Familienbetrieb und baut auf 85 Prozent der Fläche Riesling an, der Rest ist mit Spätburgunder bepflanzt. Bewirtschaftet werden Lagen in Hattenheim (Schützenhaus, Wisselbrunen, Hassel und Engelmannsberg) oder Oestrich (Lenchen). Gekühlte Vergärung und Lagerung der Rieslinge auf der Feinhefe im Edelstahl führen zu saftigen, klaren, fruchtbetonten und bis in die Spitze animierenden Weißweinen. Die Rotweine wirken manchmal etwas rustikal, besitzen aber immer viel Würze.

Vorjahre

Die vor zwei Jahren vorgestellten Weine überzeugten mit Frische und Frucht – selbst im Basisbereich. Kaum weniger gut gelangen die 2010er, sie waren saftig und ausgewogen, auch wenn echte Spitzen fehlten.

Neue Kollektion

Gleichmäßiger kann eine Kollektion kaum

ausfallen als hier und in diesem Jahr. 2011 überzeugen bereits die Basisweine, während das Erste Gewächs keine gewaltige Steigerung mehr darstellt und etwas trockener hätte ausfallen können. Eine elegante, saftige Auslese und die feinfruchtige Beerenauslese, die eher Auslese-Charakter aufweist, krönen das Sortiment.

Weinbewertung

82 2011 Riesling trocken **12 %/5,- €**

83 2011 Riesling Kabinett trocken Hattenheimer Schützenhaus **13 %/5,50 €**

85 2011 Riesling Spätlese trocken Hattenheimer Schützenhaus **13 %/7,50 €**

85 2011 Riesling Erstes Gewächs Hattenheimer Engelmannsberg **13 %/14,50 €**

82 2011 Riesling Classic **12,5 %/5,50 €**

83 2011 Riesling Kabinett halbtrocken Hattenheimer Schützenhaus **11 %/5,50 €**

82 2011 Riesling Kabinett Oestricher Lenchen **11 %/5,50 €**

86 2011 Riesling Spätlese Hattenheimer Wisselbrunnen **10 %/7,50 €**

88 2011 Riesling Auslese Hattenheimer Hassel **10,5 %/22,- €**

88 2011 Riesling Beerenauslese Hattenheimer Engelmannsberg **10 %/45,- €**

83 2010 Spätburgunder trocken **13 %/5,50 €**

84 2009 Spätburgunder trocken „Barrique" **13,5 %/10,50 €**

Bausewein ★

Weingut

Franken

Breite Gasse 1, 97346 Iphofen
***Tel.** 09323-876670, **Fax:** 09323-804090*
www.altstadthotel-bausewein.de
bausewein@t-online.de
***Besuchszeiten:** nach Vereinbarung*
Weinstube (Mo./Di./Fr. 18-22 Uhr, Sa. 15-22 Uhr,
So. und feiertags 17-22 Uhr
Hotel (ganzjährig geöffnet)

Inhaber .... Familie Bausewein
Rebfläche .... 4 Hektar

Die Weinberge der Familie Bausewein liegen in den Iphöfer Lagen Julius-Echter-Berg, Kronsberg und Kalb (3 Hektar), sowie im Dettelbacher Berg-Rondell (1 Hektar). Angebaut werden Silvaner, Müller-Thurgau, Scheurebe, Bacchus und Kerner, dazu gibt es die roten Sorten Spätburgunder und Regent. Die Weine werden überwiegend trocken und halbtrocken ausgebaut. Die Weinberge werden seit 1995 biologisch bewirtschaftet, das Weingut ist Mitglied bei Naturland.

Vorjahre

Vor zwei Jahren war die Kollektion gleichmäßig, ohne aber Spitzen zu bieten. Die letztjährige Kollektion gefiel uns besser, bot frische, klare 2010er Weißweine, unser Favorit war, wie zwei Jahre zuvor, der Spätburgunder, diesmal Jahrgang 2009.

Neue Kollektion

Die neue Kollektion überzeugt durch ihre gleichmäßige gute Qualität, alle Weine sind reintönig, fruchtbetont und frisch. Unsere Favoriten sind der kraftvolle, strukturierte, im 900-Liter-Fass ausgebaute Silvaner „Fass No. 1" und der reintönige, frische Spätburgunder.

Weinbewertung

82 „BRausewein" Perlwein **12 %/6,50 €**

82 2011 Silvaner Kabinett trocken Iphöfer Kronsberg **12,5 %/5,90 €**

85 2011 Silvaner Kabinett trocken „Fass No. 1" **13 %/6,20 €**

83 2011 Silvaner Spätlese trocken Iphöfer Julius-Echter-Berg **9,60 €**

84 2011 Scheurebe trocken Iphöfer Kronsberg **12 %/5,20 €**

83 2011 Rotling halbtrocken **11,5 %/5,20 €**

82 2009 Regent trocken Dettelbacher Berg-Rondell **13 %/8,20 €**

85 2010 Spätburgunder trocken Iphöfer Kalb **12 %/6,90 €**

★★

Brüder Dr. Becker
Weingut **Rheinhessen**

Mainzer Straße 3-7, 55278 Ludwigshöhe
Tel. 06249-8430, Fax: 06249-7639
www.brueder-dr-becker.de
weingut@brueder-dr-becker.de
Besuchszeiten: nach Vereinbarung & jeden ersten Samstag im Monat

Inhaber ..... Lotte Pfeffer-Müller u. Hans Müller
Rebfläche .... 11 Hektar

Das Weingut erhielt seinen Namen um die Jahrhundertwende von den beiden Brüdern Johann und Jakob Becker. Seither ist es über drei Generationen von der Mutter auf die Tochter vererbt worden. Heute wird das Weingut von Lotte Pfeffer-Müller und Hans Müller geführt. Bereits seit Mitte der achtziger Jahre bewirtschaften sie die Weinberge nach ökologischen Gesichtspunkten und sind Mitglied bei Ecovin. Riesling ist mit 40 Prozent die wichtigste Rebsorte, gefolgt von Silvaner mit 20 Prozent, sowie Scheurebe. Hinzu kommen Spätburgunder, Müller-Thurgau und die weißen Burgundersorten. Der Ausbau der Weine erfolgt teils im Edelstahl, teils in traditionellen Holzfässern, beim Spätburgunder manchmal auch im Barrique.
Seit der ersten Ausgabe präsentieren Lotte Pfeffer-Müller und Hans Müller sehr gleichmäßige Kollektionen auf stets zuverlässigem Niveau. Die fülligen, saftigen Großen Gewächse haben sich in den letzten Jahren als Zugpferde herauskristallisiert, immer wieder aber trumpfen auch die Silvaner auf, und auch mit süßen Weinen, ob von Riesling oder Scheurebe, weiß das Weingut immer wieder zu überzeugen.

Vorjahre

2009 gefielen uns die beiden Großen Gewächse sehr gut, waren die herausragenden Weine der Kollektion. Die 2010er Kollektion blieb jahrgangsbedingt dahinter zurück; die beiden Großen Gewächse gefielen uns aber erneut sehr gut, auch wenn sie nicht an ihre Vorgänger heranreichten.

Jahrgang 2011

2011 ist nun deutlich gleichmäßiger, wenn auch etwas verhalten. Der herausragende Wein ist das füllige, saftige Große Gewächs aus dem Falkenberg.

Weinbewertung

80 2011 Silvaner trocken **13 %/6,50 €**
80 2011 Riesling trocken **11,5 %/7,50 €**
81 2011 Silvaner trocken Ludwigshöhe **13 %/9,50 €**
83 2011 Riesling trocken Dienheim **12,5 %/10,5 €**
88 2011 Riesling „GG" Falkenberg **13,5 %/21,- €**
83 2011 Traminer „feinherb" **12,5 %/7,50 €**
82 2011 Scheurebe Dienheim **12,5 %/9,50 €**

★★★★☆

Friedrich Becker
Weingut **Pfalz**

Hauptstraße 29, 76889 Schweigen
Tel. 06342-290, Fax: 06342-6148
www.friedrichbecker.de
wein@friedrichbecker.de
Besuchszeiten: nach Vereinbarung

Inhaber ... Friedrich & Friedrich Wilhelm Becker
Rebfläche .... 18 Hektar

Friedrich Becker hat 1973 mit der Selbstvermarktung begonnen. Auf 60 Prozent seiner Weinberge stehen Burgundersorten (einschließlich Chardonnay), dazu kommen 22 Prozent Riesling und etwas Silvaner, Muskateller, Gewürztraminer, Schwarzriesling, Cabernet Sauvignon und Merlot. Seine Weinberge liegen in Schweigen, teils jenseits der Grenze in Frankreich. Friedrich Becker erzeugt drei Große Gewächse: Einen Riesling aus der ursprünglichen Kernlage des Sonnenbergs und zwei Spätburgunder aus den im Sonnenberg gelegenen alten Gewannen

Kammerberg und Sankt Paul. Im Kammerberg stehen 1,2 Hektar Spätburgunder, 1967 gepflanzt, aus denen er das Große Gewächs erzeugt, die jüngeren, 20 Jahre alten Reben ergeben den erstmals 2007 erzeugten Spätburgunder „Kalkstein". Sankt Paul lag lange brach, wurde in den neunziger Jahren gerodet und neu bepflanzt. Preislich über den beiden Großen Gewächsen angesiedelt sind der Spätburgunder „Reserve" (bis 2008 „Res") und der Pinot Noir, der bis zum Jahrgang 2008 als Tafelwein in den Verkauf kam. Seit einigen Jahren ist Friedrich Becker jun. im Betrieb, hat nach und nach die Verantwortung im Keller übernommen.

Unter den beiden roten Großen Gewächsen hat uns immer der Wein aus dem Kammerberg besser gefallen. Bei einem Besuch vor Ort konnten wir zusammen mit Friedrich Becker jun. der Frage auf den Grund gehen, warum das so ist. Es ist eine eigenwillige Duftigkeit im Bouquet des Sankt Paul, die uns immer ein wenig irritiert, und diese rührt anscheinend von einem Teil des dort gepflanzten Rebmaterials her. Auch im „Res" und im Pinot Noir haben uns diese Noten im Bouquet in den letzten Jahren, vor allem 2006, irritiert. 2003 war der Pinot Noir großartig – und wie Friedrich Becker jun. erklärte, kam der 2003er Pinot Noir aus dem Kammerberg, die nachfolgenden Jahrgänge aber aus dem Weinberg Sankt Paul.

Vorjahre

Vor zwei Jahren gab es keine Irritation, weder beim „Res" noch bei einem anderen Wein. Die Spätburgunder waren allesamt Spitzenweine und ließen große Klarheit und Eleganz erkennen. Auch die Weißweine hatten uns sehr gut gefallen, sowohl die Burgunder als auch die Rieslinge. Im vergangenen Jahr lieferten die Beckers erneut eine rundum überzeugende Kollektion ab, mit starken, wunderbar klaren, feinen und reintönigen Spätburgundern an der Spitze. Bei den Weißweinen gefielen uns der früher als Tafelwein angebotene Barrique-Chardonnay „TW" und der ein Jahr lang im neuen Halbstückfass ausgebaute Weißburgunder am besten.

Neue Kollektion

In diesem Jahr ein ähnliches Bild: Die sechs verkosteten 2010er Spätburgunder sind alles wunderbar klare, feine, reintönige Weine, unter den beiden Großen Gewächsen ist der Sankt Paul der etwas elegantere Wein, der Kammerberg der etwas besser strukturierte. Spätburgunder „Reserve" und Pinot Noir zeigen eindringlich, dass die Beckers auch in einem schwierigen Jahr wie 2010 alles richtig gemacht haben, die beiden Weine gehören einmal mehr zu den großen Pinots des Jahres. Auch die Weißweine präsentieren sich ohne Fehl und Tadel, unsere Favoriten in einer starken Kollektion sind der konzentrierte und harmonische Weißburgunder „Enggasse" und der im Holz ausgebaute 2010er Chardonnay „Mineral".

Weinbewertung

86 2011 Grüner Sylvaner trocken Schweigener **12,5 %/8,- €**
88 2011 Grauer Burgunder trocken „Kalkmergel" **12,5 %/15,- €**
88 2011 Weißer Burgunder trocken „Kalkgestein" **12,5 %/15,- €**
89 2011 Weißer Burgunder trocken „Engga**e" **13 %/15,- €**
88 2010 Weißer Burgunder trocken „Halbstück" **13 %/15,- €**
90 2010 Chardonnay trocken „Mineral" **13 %/35,- €**
89 2011 Riesling „GG" Schweigener Sonnenberg **12,5 %/21,- €**
86 2011 Muskat Ottonel Schweigener **10,5 %/12,- €**
87 2011 Gewürztraminer Spätlese **10 %/15,- €**
87 2010 Spätburgunder trocken „B" **13,5 %/15,- €**
89 2010 Spätburgunder trocken „Steinwingert" **13,5 %/35,- €**
90 2010 Spätburgunder „GG" „Sankt Paul" **13,5 %/55,- €**
91 2010 Spätburgunder „GG" „Kammerberg" **13,5 %/55,- €**
92 2010 Spätburgunder trocken „Reserve" **13,5 %/a.A.**
93 2010 Pinot Noir trocken **13,5 %/105,- €**

Becker ★

Weingut **Rheinhessen**

Hauptstraße 10, 67582 Mettenheim
***Tel.** 06242-2845, **Fax**: 06242-6460*
www.beckerwein.de
beckerwein@t-online.de
***Besuchszeiten**: nach Vereinbarung*

Inhaber .... Gernot Becker
Rebfläche .... 5,2 Hektar

Die Familie Becker betreibt seit Generationen Weinbau in Mettenheim, Philipp Menger, der Urgroßvater des heutigen Besitzers, hatte das Weingut im 19. Jahrhundert gegründet, damals seine Weine an Weinstuben und Händler verkauft. Gernot Becker kaufte nach seiner Winzerlehre die Gebäude und den Kundenstamm des benachbarten Weingutes und legte damit den Grundstein für den heutigen Betrieb. Im Betrieb wird er dabei heute von Sohn Amadeus unterstützt, der seine Lehrjahre bei den Weingütern Hirschhof, St. Antony und Knipser verbrachte, der 2009er im Barrique ausgebaute Grauburgunder war sein erster „eigener" Wein. In den Mettenheimer Lagen Michelsberg und Schlossberg wachsen die Reben vorwiegend auf Löss- und Lehmböden, die aber teils mit Muschelkalk durchsetzt sind. Gernot Becker besitzt aber auch Weinberge im Bechtheimer Geyersberg (Lehm) und im Mettenheimer Goldberg, wo auf Sandböden überwiegend rote Rebsorten stehen wie Spätburgunder, Dornfelder und Cabernet Dorsa. An weißen Rebsorten baut er Riesling, Grauburgunder, Weißburgunder, Sauvignon Blanc, Scheurebe und Bacchus an.

Vorjahre

Vor zwei Jahren war die Kollektion sehr homogen, überzeugte weiß wie rot. Gleichmäßig war auch die letztjährige Kollektion, in der uns neben dem schon im Jahr zuvor vorgestellten Muschelkalk-Riesling mit Grauburgunder und Cabernet Dorsa zwei weitere 2009er Weine besonders gut gefielen, beide im Barrique ausgebaut.

Neue Kollektion

Die 2011er Weißweinkollektion überzeugt, wird angeführt vom konzentrierten, klaren, zupackenden Riesling „Steinsweg" (aus dem Schlossberg) und dem kraftvollen, im Barrique ausgebauten Grauburgunder; die roten Barriqueweine allerdings sind allzu oxidativ.

Weinbewertung

- **80** 2011 Weißburgunder trocken **13 %/5,- €/1l**
- **82** 2011 Sauvignon Blanc trocken **12 %/6,20 €**
- **82** 2011 Weißburgunder Spätlese trocken Mettenheimer **12,5 %/8,20 €**
- **84** 2011 Grauburgunder Spätlese trocken Mettenheimer **13 %/8,50 €**
- **86** 2011 Grauburgunder Spätlese trocken Barrique **13 %/11,90 €**
- **82** 2011 Riesling Spätlese trocken **13 %/6,80 €**
- **81** 2011 Riesling Auslese trocken Bechtheimer **13 %/9,80 €**
- **87** 2011 Riesling Auslese trocken „Steinsweg" **13 %/15,- €**
- **81** 2011 Dornfelder Rosé trocken **12 %/5,30 €**
- **80** 2009 Spätburgunder trocken Barrique **14 %/13,90 €**
- **80** 2008 „Cuvée Amadeus Reserve" trocken Barrique **14 %/18,- €**

Becker ★☆

Weingut **Baden**

Oberer Jagdweg 13, 69254 Malsch
***Tel.** 07253-25189, **Fax**: 07253-270533*
www.weingutbecker.de
info@weingutbecker.de
***Besuchszeiten**: Di.-Fr. 17:30-19 Uhr, Sa. 10-13 Uhr*
Probierstube (bis 50 Personen)

Inhaber .... Herbert Becker
Rebfläche .... 6 Hektar

Herbert Becker hat 1981 die elterlichen Weinberge übernommen und zusammen mit Ehefrau Marliese das Weingut gegründet. Die Weinberge liegen alle am Letzenberg in den Lagen Ölbaum und Rotsteig. Wichtigste Rebsorten sind Weißburgunder, Spätburgunder und Grauburgunder, die jeweils über 20 Prozent der Rebfläche einnehmen. Es folgen Portugieser, Auxerrois, Regent und Gewürztraminer, dazu gibt es etwas Chardonnay, Müller-Thurgau und Riesling. Zuletzt hat Herbert Becker Sauvignon Blanc gepflanzt, sowie im Versuchsanbau Cabernet Cortis und Cabernet Carbon.

Vorjahre

Vor zwei Jahren überzeugte die Kollektion, bot reintönige Weißweine auf durchweg gutem und sehr gutem Niveau, angefangen vom feinen Weißburgunder im Liter. Neben dem Sauvignon Blanc gefielen uns Chardonnay und Grauburgunder besonders gut, der im Barrique ausgebaute Spätburgunder besaß Kraft und Struktur. Die 2010er Weißweine waren jahrgangsbedingt insgesamt etwas verhaltener, der 3-Sterne-Grauburgunder aber gefiel uns sehr gut. Auch der Sekt überzeugte im vergangenen Jahr, ebenso der tanninbetonte Spätburgunder.

Neue Kollektion

Die neue Kollektion ist stark: Die 2011er Weißweine präsentieren sich gleichmäßig auf gutem Niveau, der reintönige Chardonnay und der intensive Sauvignon Blanc gefallen uns besonders gut. Einmal mehr überzeugt ein klarer Sekt, der Rosé im Liter macht viel Freude. Highlight der Kollektion aber ist der Reserve-Spätburgunder, der rauchige Noten und reintönige Frucht im Bouquet zeigt, füllig und kraftvoll im Mund ist, gute Struktur besitzt, etwas Vanille und jugendliche Tannine. ▬

Weinbewertung

85 2010 Cuvée Blanc Sekt extra-brut **12,5 %/10,40 €**
83 2011 Weißburgunder trocken **13 %/6,40 €**
82 2011 Auxerrois trocken **13 %/6,40 €**
81 2011 Grauburgunder trocken **13 %/6,40 €**
84 2011 Chardonnay trocken **13,5 %/9,50 €**
84 2011 Sauvignon Blanc trocken **13 %/10,- €**
83 2011 Rosé trocken **12,5 %/4,30 €/1l** ☺
84 2011 Spätburgunder trocken **13,5 %/6,90 €**
88 2009 Spätburgunder „R" trocken Barrique **14 %/17,50 €**

★★★

J.B. Becker

Weinbau

Rheingau

Rheinstraße 6, 65396 Walluf
***Tel.** 06123-72523, **Fax**: 06123-75335*
h.j.becker@justmail.de
***Besuchszeiten**: Mo.-Fr. 9-12 und 14-17 Uhr oder nach Vereinbarung*
Weingarten von Mai bis Oktober täglich ab 17 Uhr, am Wochenende ab 15 Uhr; Glashaus November bis April Mo., Di., Mi. von 17.30-23, So. von 15-23 Uhr

Inhaber.......... Maria und Hans-Josef Becker
Rebfläche..............................11 Hektar

Hans-Josef Becker gehört zu den charismatischsten Winzern im Rheingau. Der Mann mit dem markanten Schnurrbart füllt seine Weine so spät ab wie kaum ein Zweiter in der Region, Riesling und Spätburgunder reifen gemächlich im Holzfass. Doch in die traditionalistische Schublade sollte man den Winzer nicht stecken – denn beim Thema Verschluss war er einer der Vorreiter in Deutschland. Konsequent stellte Becker seine Produktion seit 2003 auf Glasverschluss um, selbst die Rotweine sind auf diese Weise abgedichtet. Viele der betont würzigen, altmodischen und erfreulich trockenen Rieslinge sind in der Jugend nicht strahlend, sondern eher verschlossen, entwickeln sich aber umso besser. Dies gilt besonders für die Weine aus der Lage Wallufer Walkenberg, allerdings werden oft auch aus dem Oberberg oder dem Berg Bildstock interessante Spitzen vorgestellt. Die Spätburgunder wirken saftig, weisen manchmal rauchige Würze oder Tabaknoten auf. Selbst nach 15 oder mehr Jahren können solche Weine – selbst die trockenen – viel Spaß machen. Überzeugen kann man sich davon vor Ort: Auf der Raritätenliste sind noch reichlich alte Flaschen verzeichnet.

Vorjahre

Die 2008er hatten zum Zeitpunkt der Verkostung die Säure perfekt integriert. Die Rotweine, fein gereift, beeindruckten nicht zum ersten Mal. Letztes Jahr wurden zwar keine Spätburgunder vorgestellt, aber gleich vier nicht ganz trockene bis deutlich süße Rieslinge mit enormer Würze und rassiger Säure. Die trockenen Weine, vor allem jene von alten Reben, waren aber auch nicht zu vernachlässigen, sie wirkten wunderbar geradlinig und mineralisch; 2009 war hier ein großer Erfolg.

Neue Kollektion

2010 reicht da jahrgangsbedingt nicht ganz heran. Die Kollektion bietet einige stoffige, kraftvolle Rieslinge, wobei die höheren Prädikate nicht immer eine Steigerung bringen. Am besten gefällt uns die trockene Spätlese von alten Reben, die viel Substanz und Kraft besitzt.

Weinbewertung

81 2010 Riesling Kabinett trocken Wallufer Walkenberg **11,5 %/9,- €**

85 2010 Riesling Spätlese trocken Wallufer Walkenberg **13 %/13,50 €**

87 2010 Riesling Spätlese trocken „Alte Reben" Wallufer Walkenberg **13,5 %/16,50 €**

86 2010 Riesling Auslese trocken Wallufer Walkenberg **14 %/22,- €**

81 2010 Riesling Kabinett halbtrocken Wallufer Oberberg **11 %/9,- €**

86 2010 Riesling Spätlese Eltviller Sonnenberg **10,5%/14,- €**

85 2010 Riesling Auslese Eltviller Rheinberg **18,- €**

86 2010 Riesling Beerenauslese Wallufer Oberberg **70,- €**

85 2009 Spätburgunder Spätlese trocken Wallufer Walkenberg **19,- €**

84 2009 Spätburgunder Spätlese trocken „Alte Reben" Wallufer Walkenberg **21,50 €**

Karlheinz **Becker** ★

Weingut

Pfalz

Hauptstraße 34, 76831 Heuchelheim-Klingen
***Tel.** 06349-5328, **Fax**: 06349-8056*
wgkhbecker@gmx.de
***Besuchszeiten**: nach Vereinbarung*

Inhaber .... Karlheinz Becker
Rebfläche .... 10 Hektar

Das Weingut war früher ein landwirtschaftlicher Gemischtbetrieb, der Fasswein vermarktete. Karlheinz Becker forcierte die Flaschenweinvermarktung, heute werden zwei Drittel der Produktion über die Flasche verkauft. Riesling, Weißburgunder und Grauburgunder sind die wichtigsten weißen Rebsorten, dazu gibt es Gewürztraminer, Muskateller und Silvaner. Rotweine nehmen 30 Prozent der Rebfläche ein. Spätburgunder ist die wichtigste rote Sorte, zuletzt hat Karlheinz Becker etwas Frühburgunder und Merlot gepflanzt. Die Weine bleiben lange auf der Hefe und werden überwiegend trocken ausgebaut.

Vorjahre

Vor zwei Jahren präsentierten sich die Weine sehr frisch, wunderbar klar und reintönig, mit Weißburgunder und Chardonnay an der Spitze. 2010 war die Kollektion etwas verhaltener, dennoch zeigten die Rieslinge klare Frucht, die Burgunder waren füllig und saftig.

Neue Kollektion

2011 ist die Kollektion gleichmäßig gut, die Burgunder gefallen uns insgesamt aber besser als die Rieslinge, die zwar Biss besitzen, aber etwas verhalten in der Frucht sind. Neben Silvaner und Grau- und Weißburgunder sind die beiden Chardonnays unsere Favoriten, wobei die normale Spätlese etwas klarer und präziser ist als der im Holz ausgebaute Chardonnay „S".

Weinbewertung

84 2011 Silvaner Spätlese trocken „Alte Reben" **12,5 %/7,30 €**

84 2011 Weißburgunder Spätlese trocken „Terra

nera" **13,5 %/7,30 €**

84 2011 Grauburgunder „S" Spätlese trocken **13,5 %/7,30 €**
86 2011 Chardonnay Spätlese trocken **13,5 %/8,- €**
85 2011 Chardonnay „S" Spätlese trocken **13,5 %/9,20 €**
79 2011 Riesling trocken **12 %/4,80 €/1l**
82 2011 Riesling Spätlese trocken „Terra nera" **12,5 %/8,- €**
82 2010 Riesling Spätlese trocken „Weißer Stein" **12,5 %/8,- €**
83 2011 Riesling Spätlese trocken „Buntsandstein" **12,5 %/8,- €**
82 2011 Muskateller Kabinett „feinherb" **11 %/6,- €**
85 2011 Riesling Auslese **9,5 %/16,- €/0,5l**
85 2009 Spätburgunder Auslese trocken Heuchelheimer Herrenpfad **13,5 %/16,90 €**

★★★☆

Becker-Landgraf

Weingut

Rheinhessen

Im Felsenkeller 1, 55239 Gau-Odernheim
***Tel.** 06733-7449, **Fax**: 06733-1847*
www.weingut-beckerlandgraf.de
weingut@beckerlandgraf.de
***Besuchszeiten**: nach Vereinbarung*

Inhaber .... Julia und Johannes Landgraf
Rebfläche .... 8 Hektar

2005 entstand das Weingut in seiner heutigen Form durch die Heirat von Julia und Johannes Landgraf. Johannes Landgraf war bis dahin für den Weinausbau im elterlichen Weingut in Saulheim verantwortlich. Ihre Weinberge liegen überwiegend am Petersberg in Gau-Odernheim, wo der Boden aus Ton, Kalkmergel und Muschelkalk besteht. Hinzu kommt jeweils ein Weinberg in Framersheim und Biebelnheim. Sie bauen vor allem Riesling, Weißburgunder, Spätburgunder und St. Laurent an. Das Sortiment ist klar gegliedert in Guts-, Orts- und Lagenweine. Nur die Spitzen-Rieslinge und -Spätburgunder tragen die Namen ihrer besten Lagen: Herrgottspfad, Ölberg und Rosenberg. Die Weine werden bisher schon größtenteils spontanvergoren, zukünftig sollen alle Weine, auch die Gutsweine mit den natürlichen Hefen vergären. Die Rotweine werden unfiltriert und ungeschönt abgefüllt.
Es ist immer erfreulich, wenn neue Weingüter schon mit ihrem ersten Jahrgang für Furore sorgen, besonders dann, wenn sie in Gau-Odernheim Spitzenweine erzeugen, in Lagen, die bisher noch nicht mit hervorragenden Weinen aufgefallen sind. Man wird sich daran gewöhnen müssen, dass in den kommenden Jahren noch mehr bisher unbekannte Lagen in Rheinhessen in den Blickpunkt rücken. Die Weine von Julia und Johannes Landgraf sind herrlich reintönig, die Gliederung in Guts-, Orts- und Lagenweine ist absolut schlüssig und nachvollziehbar.

Vorjahre

Die 2009er Kollektion überzeugte voll und ganz, bot schönes Niveau schon bei den Gutsweinen, Orts- und Lagenweine brachten eine weitere Steigerung. Fast noch besser gefielen uns die 2010er: Die Gutsweine waren reintönig und frisch, die Ortsweine kraftvoll und füllig, der 2009er Riesling aus dem Herrgottspfad hatte an Komplexität gewonnen. Auch der rote Teil der Kollektion präsentierte sich geschlossen auf sehr gutem Niveau.

Neue Kollektion

Die neue Kollektion bringt wieder klare, fruchtbetonte Gutsweine, die harmonische Cuvée aus Weißburgunder und Chardonnay gefällt uns besonders gut. Die Ortsweine sind fülliger und kraftvoller, viel reife Frucht besitzt der geschmeidige Weißburgunder, der Riesling zeigt etwas Zitrus im Hintergrund, besitzt reife Frucht und gute Struktur. Eine Steigerung bringt der Lagen-Riesling aus dem Ölberg, ein reintöniger Riesling, der gute Struktur und Frische besitzt, Länge und Nachhall. Genauso stimmig präsentiert sich auch der rote Teil der Kollektion, angeführt von dem reintönigen, zupackenden Spätburgunder aus dem Rosenberg. Gratulation!

Weinbewertung

84 2011 Riesling trocken **7,80 €**
86 2011 Weißburgunder & Chardonnay **7,80 €**
88 2011 Weißburgunder Gau-Odernheimer **10,40 €**
89 2011 Riesling Gau-Odernheimer **10,40 €** ☺
90 2011 Riesling Ölberg **18,- €**
84 2011 Riesling „feinherb" **6,80 €**
86 2011 Riesling Spätlese Ölberg **8,20 €**
87 2011 Riesling Auslese Ölberg **12,- €**
84 2011 Spätburgunder Rosé **7,80 €**
85 2010 Spätburgunder Gau-Odernheimer **11,- €**
88 2010 Spätburgunder „Muschelkalk" **18,- €**
90 2009 Spätburgunder Rosenberg **24,- €**

★★★☆

Becker-Steinhauer

Weingut

Mosel

Hauptstraße 72, 54486 Mülheim/Mosel
***Tel.** 06534-521, **Fax:** 06534-18378*
www.becker-steinhauer.de
info@becker-steinhauer.de
***Besuchszeiten**: nach Vereinbarung; Gästehaus*

Inhaber .... Karsten Becker
Rebfläche .... 8 Hektar

Die Familie Becker betreibt seit etwa drei Jahrhunderten Weinbau. Heute wird das Weingut Becker-Steinhauer von Karsten Becker geführt, der die zum Großteil von Mauern umfasste Lage Carlsberg erworben und zu neuer Bedeutung geführt hat. Von dem 1850 erbauten Weinbergshäuschen heraus hat man einen prächtigen Ausblick auf Veldenz, wo die Hälfte der Weinberge liegt. Becker besitzt außerdem Parzellen in den Gemeinden Brauneberg (Juffer), in Mülheim, Zeltingen und Bernkastel. Neben dem dominierenden Riesling, der 90 Prozent der Rebfläche einnimmt, gibt es Spätburgunder. Die Weine werden im Edelstahl ausgebaut und meist spontan vergoren; der Spätburgunder wird teilweise unfiltriert abgefüllt.

Vorjahre

Die 2009er waren geradlinig, rassig, würzig und teilweise sogar mineralisch. Auch 2010 präsentierte sich die Kollektion geschlossen auf hohem Niveau. Die Kabinettweine und Spätlesen waren frisch und klar, trocken wie süß. Die Glanzlichter aber setzten wieder einmal die edelsüßen Rieslinge: Auslesen, Beerenauslesen und Eisweine.

Neue Kollektion

Die neue Kollektion hat ihre Stärken eindeutig im edelsüßen Segment. Die trockenen Weine sind frisch und klar wie auch die süßen Spätlesen. Spannend ist die an kandierte Früchte erinnerende Auslese aus dem Kirchberg und der stoffige süße Eiswein. Noch besser aber gefällt uns die herrlich konzentrierte, dicke Beerenauslese, die enorm füllig und dominant ist.

Weinbewertung

83 2011 Riesling Kabinett trocken Veldenzer Kirchberg **6,50 €**
85 2011 Riesling Spätlese trocken Brauneber Juffer **9,50 €**
86 2011 Riesling trocken „Alte Reben" Veldenzer Kirchberg **11,50 €**
84 2011 Riesling Spätlese „herb Steinmauer" Zeltinger **8,- €**
84 2011 Riesling Spätlese „feinherb" Veldenzer Carlsberg **8,- €**
83 2011 Riesling Kabinett Veldenzer Kirchberg **6,50 €**
86 2011 Riesling Spätlese Veldenzer Carlsberg **8,- €**
85 2011 Riesling Spätlese Brauneberger Juffer **8,- €**
89 2011 Riesling Auslese*** Veldenzer Kirchberg **25,- €/0,375l**
91 2011 Riesling Beerenauslese Brauneberger Juffer **30,- €/0,375l**
89 2011 Riesling Eiswein*** Mülheimer Sonnenlay **40,- €/0,375l**
84 2010 Spätburgunder trocken **12,- €**

★

Befort

Weingut **Mosel**

Schulstraße 17, 54453 Nittel
Tel. *06584-422,* ***Fax:*** *06584-1201*
www.befort.de
weingut@befort.de
Besuchszeiten: *Sa. 9-17 Uhr*

Inhaber .... Familie Befort
Rebfläche .... 4,5 Hektar

Das von Hans und Maria Befort aufgebaute Gut wird seit 2011 von den Geschwistern Ruth, Hans-Jörg und Marcel Befort geführt. Hans-Jörg Befort, Betriebsleiter eines Weingutes in Luxemburg, kümmert sich zusammen mit Hans Befort um den Weinausbau. Die Burgundersorten dominieren: Spätburgunder, Grauburgunder und Weißburgunder nehmen etwa gleichen Anteil an der Rebfläche ein, hinzu kommen 20 Prozent Elbling sowie etwas Auxerrois und Cabernet Sauvignon. Die Weißweine werden im Edelstahl ausgebaut, lagern bis zum Frühjahr auf der Vollhefe. Die von merklicher Restsüße geprägten Weine zeigen eine klare Handschrift, der Crémant besitzt feine süße Frucht, gute Fülle und Biss.

Weinbewertung

85 2010 Crémant Pinot Brut **12,5 %/8,90 €**
82 2011 Pinot Blanc trocken **12 %/5,50 €**
83 2011 Pinot Gris trocken **12 %/5,80 €**
80 2011 Pinot Gris „S" „feinherb" **13,5 %/8,60 €**
82 2011 Spätburgunder „Blanc de Noir" „feinherb" **12 %/5,90 €**
83 2009 Pinot Noir „Selektion" **12,5 %/12,90 €**

★

Beiser

Weingut **Rheinhessen**

Außerhalb 1, 55578 Vendersheim
Tel. *06732-8732,* ***Fax:*** *06732-5061*
www.weingut-beiser.de
weingutbeiser@t-online.de
Besuchszeiten: *täglich 9-12 + 13-19 Uhr und nach Vereinbarung*
Gutsschänke

Inhaber .... Otto und Simon Beiser
Rebfläche .... 22 Hektar

Otto Beiser begann 1971 mit der Selbstvermarktung, legte 1979 mit dem Neubau den Grundstein für das heutige Weingut. Sohn Simon schloss 2002 sein Geisenheim-Studium ab und ist für den Weinausbau verantwortlich. Ihre Weinberge befinden sich in der Vendersheimer Lage Sonnenberg, in den Sprendlinger Lagen Klostergarten, Honigberg, Geyersberg, Hölle und Wissberg, sowie in der Wallertheimer Heil und im Binger Schlossberg Schätzerchen. 60 Prozent nehmen weiße Sorten ein. Wichtigste Rebsorten sind Riesling, Weißburgunder, Grauburgunder, Müller-Thurgau und Chardonnay, aber auch Sauvignon Blanc (erster Jahrgang 2009), Gewürztraminer, Scheurebe, Silvaner und Saphira bauen Otto und Simon Beiser an. Hinzu kommen die roten Sorten Spätburgunder, Portugieser, Dornfelder, Frühburgunder, Merlot und Cabernet Sauvignon. Die Weißweine werden nach 6 bis 24 Stunden Kaltmaceration im Edelstahl vergoren und ausgebaut. Die roten Trauben werden entrappt und maischevergoren (5 bis 35 Tage) und dann im Edelstahl ausgebaut, die Spitzenweine kommen für mindestens zwölf Monate ins Barrique.

Die Entwicklung

2009 gefielen uns die Weißweine gut, allen voran der Weißburgunder, sie waren fruchtbetont und klar. Die 2010er waren klar und frisch, boten gleichmäßige, zuverlässige

Qualität. Im roten Segment prägten merkliche Bitternoten manche Weine.

Neue Kollektion

Auch die in diesem Jahr verkosteten Rotweine der Jahrgänge 2008 und 2009 sind etwas von Bitternoten geprägt. Die Weißweine sind sauber und frisch, unsere eindeutigen Favoriten sind die beiden Urgesteins-Weine aus dem Binger Schlossberg Schätzerchen, Silvaner und Riesling.

Weinbewertung

79 2011 Riesling „S" trocken **12 %/6,50 €**
80 2011 Weißburgunder „S" trocken **12,5 %/6,30 €**
80 2011 Grauburgunder „S" trocken **13 %/6,40 €**
82 2011 Sauvignon Blanc „S" trocken **12,5 %/7,- €**
79 2011 Chardonnay „S" trocken **13 %/6,50 €**
86 2011 Silvaner trocken „Urgestein vom Quarzit" Binger Schlossberg Schwätzerchen **12,5 %/11,40 €**
85 2011 Riesling trocken „Urgestein vom Quarzit" Binger Schlossberg Schwätzerchen **12,5 %/12,40 €**
81 2011 Riesling **10 %/5,50 €**
81 2008 Frühburgunder trocken **14 %/7,20 €**
81 2009 Spätburgunder „S" trocken **13,5 %/7,10 €**
80 2009 „Hintergrund" Rotwein trocken **13,5 %/8,30 €**

★★★

Benderhof

Weingut

Pfalz

Neugasse 45, 67169 Kallstadt
***Tel.** 06322-1520, **Fax**: 06322-980775*
www.weingut-benderhof.de
info@weingut-benderhof.de
***Besuchszeiten**: Mo.-Sa. 9-12 + 14-18 Uhr (mit Bitte um Anmeldung)*

Inhaber........Karola Bender-Haaß, Otto Haaß
....Martin Haaß
Rebfläche.............................12 Hektar

Riesling ist die wichtigste Rebsorte beim Benderhof, nimmt ein Drittel der Rebfläche ein. Zweitwichtigste Weißweinsorte ist Weißburgunder, gefolgt von Scheurebe, Silvaner und Grauburgunder. Rote Sorten nehmen 35 Prozent der Rebfläche ein: Spätburgunder, Saint Laurent, Schwarzriesling, Regent und Dornfelder. Die Weinberge befinden sich in den Kallstadter Lagen Steinacker, Kreidkeller und Saumagen, sowie im Herxheimer Himmelreich. Die Rotweine werden in Holzfässern ausgebaut, teilweise in Barriques.

Vorjahre

Vor zwei Jahren präsentierte der Benderhof eine Kollektion auf hohem Niveau, jeder Wein überzeugte, vor allem die Riege der Rieslinge. Sehr schön waren auch Gewürztraminer und Grauburgunder sowie eine feine Trockenbeerenauslese vom Riesling. Auch die Rotweine überzeugten. Im vergangenen Jahr ging es weiter aufwärts. Bei den trockenen Rieslingen standen zwei Weine ganz oben: Der Kreidkeller hatte eine etwas strahlendere Frucht, der Saumagen überzeugte durch stoffige Mineralität. Kallstadt hatte mit dem Jahrgang 2010 bei den Rieslingen das große Los gezogen, Klarheit, Saftigkeit, Extraktreichtum und Mineralität waren enorm.

Neue Kollektion

In diesem Jahr spürt man auch beim Benderhof die Rückkehr zu einem „normalen" Riesling-Jahrgang. Den Weinen fehlt die Dichte des Jahrgangs 2010, sie sind aber immer noch sehr gut. Potenzial zeigen sie allemal - möglicherweise hatten sie zum Zeitpunkt der Verkostungen auch eine Phase der Verschlossenheit. Sehr gut bis hervorragend sind die Rotweine, viel Saft und feine Tannine zeigen sowohl der Regent als auch die Spätburgunder. Musterexemplare sind die beiden edelsüßen Weine, wobei wir der Beerenauslese vom Riesling knapp den Vorzug gegenüber der Trockenbeerenauslese von der Scheurebe geben. Beide Weine sind von herrlich klarer Frucht, die frische Säure dürfte beiden Weinen ein langes Leben garantieren.

Weinbewertung

86 2011 Riesling trocken „alte Reben" Kallstadter Kreidkeller **13 %/9,- €**

87 2011 Riesling „S" trocken Herxheimer Himmelreich **13 %/12,- €**

87 2011 Riesling „S" trocken Kallstadter Saumagen **13 %/12,- €**

84 2011 Riesling trocken „Kiesel" Kallstadt **12,5 %/6,- €**

88 2010 Weißer Burgunder „S" trocken Kallstadter Steinacker **13,5 %/12,- €**

86 2011 Silvaner trocken Kallstadt **13 %/6,- €**

93 2011 Riesling Beerenauslese Kallstadter Saumagen **11 %/25,- €**

92 2011 Scheurebe Trockenbeerenauslese Herxheimer Honigsack **8 %/40,- €**

90 2009 Spätburgunder „S" trocken Kallstadter Steinacker **13,5 %/14,- €**

87 2009 Spätburgunder trocken Freinsheim **13 %/7,- €**

87 2009 Regent trocken „S" trocken Erpolzheimer Kirschgarten **13,5 %/14,- €**

Graf von ★★

Bentzel-Sturmfeder

Weingut

Württemberg

Sturmfederstraße 4, 74360 Schozach
***Tel.** 07133-960894, **Fax:** 07133-960895*
www.sturmfeder.de
weingut@sturmfeder.de
***Besuchszeiten:** Mo.-Fr. 9-17 Uhr, Sa. 10-14 Uhr*
Hotel „Landhaus Sturmfeder"

Inhaber .... Kilian Graf von Bentzel-Sturmfeder
Kellermeister .... Holger Matz
Rebfläche .... 15 Hektar

Die Geschichte des Sturmfederschen Weingutes reicht bis 1396 zurück, als Ritter Friedrich Sturmfeder von Graf Eberhard von Württemberg ein Gut in Schozach zu Lehen erhielt. Die Süd-Südost-Lage Schozacher Roter Berg mit ihren schweren Lehmkeuperböden gehört dem Weingut seit dem 19. Jahrhundert in Alleinbesitz. Seit 1995 leitet Kilian Graf von Bentzel-Sturmfeder den Betrieb, seit 2001 ist er auch Eigentümer des Weinguts. Drei Viertel der Rebfläche nehmen rote Sorten ein, hauptsächlich Burgundersorten wie Spätburgunder, Samtrot, Clevner und Schwarzriesling, dazu Lemberger, St. Laurent, Acolon, Cabernet Dorsa und Dornfelder. Alle Rotweine werden in Eichenholzfässern ausgebaut. Wichtigste weiße Rebsorte ist der Riesling, es folgen Weiß- und Grauburgunder.

Vorjahre

Vor zwei Jahren überzeugte vor allem das rote Segment, auch wenn uns manchmal die Restsüße etwas allzu hoch erschien. Stimmig war auch die letztjährige Kollektion, bot kraftvolle Rotweine und einen fülligen Riesling an der Spitze.

Neue Kollektion

Die neue Kollektion ist ein Schritt voran. Der feine Riesling Kabinett gefällt uns fast so gut wie das gereifte Große Gewächs, die Rotweine präsentieren sich geschlossen auf gutem Niveau, auch wenn einige ein wenig von jugendlichen Bitternoten im Abgang geprägt sind. Selbst Acolon und Cabernet Dorsa gefallen uns hier, Highlight aber ist trotzdem der Spätburgunder, das Große Gewächs: Füllig, schmeichelnd, besitzt er reintönige reife Frucht und gute Substanz.

Weinbewertung

84 2011 Riesling Kabinett trocken **11,5 %/7,90 €**

85 2010 Riesling „GG" Schozacher Rozter Berg **13 %/16,90 €**

82 2010 Sankt Laurent trocken **13 %/6,90 €**

84 2009 Lemberger trocken Schozacher Roter Berg **13 %/10,30 €**

83 2009 Spätburgunder trocken Schozacher Roter Berg **13 %/10,30 €**

85 2010 Acolon trocken Schozacher Roter Berg **12,5 %/11,90 €**

85 2010 „Souverän" Rotwein trocken Schozacher Roter Berg **13 %/10,30 €**

85 2009 Cabernet Dorsa trocken Schozacher Roter Berg **13,5 %/16,90 €**

88 2009 Spätburgunder „GG" Schozacher Roter Berg **13,5 %/19,90 €**

Benz ★

Weingut

Baden

Im Walterstal 1, 97922 Lauda-Königshofen
***Tel.** 09343-4523, **Fax**: 09343-58388*
www.weingut-benz.de
weingut.benz@t-online.de
***Besuchszeiten**: Di.-Fr. 8-18 Uhr, Sa. 9-16 Uhr, So. 10-12 Uhr; Weinproben (15 bis 80 Personen), „Vintasticum" jeden Sa. 16 Uhr; Weinhotel Benz*

Inhaber................ Hubert und Renate Benz
Rebfläche............................ 53 Hektar

Hubert und Renate Benz kamen 1994 aus der Ortenau ins mittlere Taubertal. Sie erwarben am Rande von Beckstein ein Weingut mit über 250-jähriger Tradition. Die Reben wachsen vor allem an ihrem Hausberg, dem Königshöfer Walterstal, einem Seitental der Tauber. Weitere Lagen sind – in Alleinbesitz – der Oberschüpfer Herrenberg, eine sehr muschelkalkhaltige Steillage mit 70 Prozent Hangneigung, und der teilweise terrassierte Becksteiner Kirchberg. Neben den klassischen tauberfränkischen Rebsorten setzen Hubert und Renate Benz verstärkt auf pilzresistente Sorten, bauen aber auch Tauberschwarz und Cabernet Sauvignon an. Die Weißweine werden lange auf der Hefe ausgebaut, Rotweine kommen nach der Maischegärung ins Holzfass oder Barrique, wobei ausschließlich Fässer aus heimischer Eiche verwendet werden. Tochter Corinna ist nach Geisenheim-Studium und Stationen in Übersee ebenso im Betrieb tätig wie Sohn Michael, der derzeit seine Weinbautechniker-Ausbildung in Weinsberg macht. 2010 erwarb man den 10 Hektar großen Königshöfer Turmberg, der Keller wurde erweitert. Im September 2012 wurde in den Weinbergen von Beckstein das Weinhotel Benz eröffnet.

Vorjahre

Vor zwei Jahren führte der Pinot Rosé Crémant eine sehr gleichmäßige Kollektion mit kraftvollen, eigenständigen Weiß- und Rotweinen an. Dessen Nachfolger gefiel uns im vergangenen Jahr auch gut, ebenso der Silvaner, auch die roten Barriqueweine des Jahrgangs 2007; die Kollektion war sehr gleichmäßig.

Neue Kollektion

Die neue Kollektion hat einen klaren Star: Der im Barrique ausgebaute Cabernet Sauvignon ist konzentriert und kraftvoll, besitzt Fülle, reife Frucht, gute Struktur, feine Cassis- und Vanillenoten.

Weinbewertung

82 2010 Pinot Crémant Rosé brut **12,5 %/11,50 €**
81 2011 Müller-Thurgau Kabinett trocken **12 %/5,90 €**
81 2011 Auxerrois Spätlese trocken Becksteiner Kirchberg **12,5 %/7,50 €**
81 2011 Pinot „Blanc de Noir" Spätlese trocken Königshofer Turmberg **12,5 %/7,50 €**
81 2011 Silvaner Spätlese trocken „Alte Reben" Oberschüpfer Herrenberg **13 %/9,- €**
83 2009 Grauburgunder Spätlese trocken Barrique „Edition Schlösslein" **13,5 %/16,- €**
83 2011 „Rosé de Bent" trocken **11,5 %/6,50 €**
81 2011 Schwarzriesling trocken **13 %/6,20 €**
80 2010 Tauberschwarz trocken Oberschüpfer Herrenberg **13,5 %/7,50 €**
87 2008 Cabernet Sauvignon trocken Barrique „Edition Schlösslein" **13,5 %/18,- €**

Dr. Benz Kirchberghof ★

Weingut

Baden

Pfadweg 5, 79341 Kenzingen-Bombach
***Tel.** 07644-1261, **Fax**: 07644-4054*
www.weingut-dr-benz.de
info@weingut-dr-benz.de
***Besuchszeiten**: Di.-Fr. 9-12 + 14-17:30 Uhr, Sa. nach Vereinbarung*

Inhaber......................... Dr. Eribert Benz
Rebfläche............................ 19 Hektar

Der Kirchberghof liegt in Bombach, etwa 20 Kilometer nördlich von Freiburg, besitzt Weinberge in den Lagen Kenzinger Hummelberg, Bombacher Sommerhalde und Riegeler St. Michaelsberg. Sortenschwerpunkt sind die Burgundersorten, ergänzt mit Chardonnay, Müller-Thurgau, Cabernet Sauvignon und Merlot. Daneben gibt es verschiedene pilzwiderstandsfähige Sorten wie Léon Millot und Maréchal Foch, Johanniter und Helios, Prior, Monarch, Cabernet Cortis, Cabernet Carol und Cabernet Carbon. Nach zehn Jahren organisch-biologischen Weinbaus wird das Gut seit 2002 nach den Grundsätzen des biologisch-dynamischen Weinbaus bewirtschaftet. Die Weine werden verstärkt spontanvergoren, viele im Holzfass ausgebaut.

Vorjahre

Vor zwei Jahren war die Kollektion sehr gleichmäßig, ohne aber Spitzen zu bieten. Im vergangenen Jahr gefiel uns wieder einmal die Cuvée „Resumé" am besten in einer ansonsten etwas verhaltenen, wechselhaften Kollektion.

Neue Kollektion

Auch in diesem Jahr ist die Cuvée aus Cabernet Sauvignon, Merlot und Regent unser Favorit in einer gleichmäßigen Kollektion.

Weinbewertung

80 2011 „Crystal" Weißwein trocken **12 %/5,70 €**
81 2011 Weißburgunder trocken Bombacher Sommerhalde **13 %/8,20 €**
81 2011 Grauburgunder trocken Bombacher Sommerhalde **12 %/8,20 €**
82 2011 Chardonnay trocken **13 %/8,20 €**
82 2011 Spätburgunder „Blanc de Noir" Auslese **9,5 %/12,50 €**
79 2010 Spätburgunder trocken **12,5 %/6,50 €/1l**
80 2009 Spätburgunder trocken Kenzinger Hummelberg **13 %/8,20 €**
82 2009 Spätburgunder trocken Barrique **13,5 %/13,50 €**
83 2009 „Resumé" Rotwein trocken **13 %/14,90 €**
80 2008 Léon Millot & Maréchal Foch trocken **12,5 %/8,- €**

★★☆

Benzinger

Weingut im Leiningerhof

Pfalz

Weinstraße Nord 24, 67281 Kirchheim
Tel. 06359-1339, Fax: 06359-2327
www.leiningerhof.com
info@weingut-leiningerhof.de
Besuchszeiten: Mo.-Fr. 8-12 + 13-17 Uhr, Sa. 11-17 Uhr, So. 11-14 Uhr
3 Veranstaltungsräume
Restaurant (Küchenchef: Bernhard Friedrich)

Inhaber .... Volker Benzinger
Rebfläche .... 13 Hektar

Der Leiningerhof in Kirchheim im Leiningerland wird heute von Volker und Inge Benzinger geführt. Die Weinberge liegen in verschiedenen Lagen von Kirchheim (Kreuz, Steinacker, Geißkopf), Bockenheim (Schlossberg) und Obersülzen (Schnepp). Neben Riesling und den weißen Burgundersorten spielen die roten Sorten Spätburgunder, Dornfelder und Portugieser eine sehr wichtige Rolle. Im Jahr 2001 hat Volker Benzinger etwas Merlot, Cabernet Sauvignon und Cabernet Franc gepflanzt, die er für Cuvées nutzt. Der Rotweinanteil liegt bei 35 Prozent. 90 Prozent der Weine werden trocken ausgebaut. Volker Benzinger verzichtet auf Prädikatsbezeichnungen. Seit 2004 ist die älteste Tochter Sylvia im Weingut tätig und für das Marketing verantwortlich (im Oktober 2005 wurde sie zur Deutschen Weinkönigin gewählt), inzwischen ist auch ihre jüngere Schwester Julia im Betrieb, kümmert sich zusammen mit ihrem Vater um den Keller.

Vorjahre

Seit der ersten Ausgabe empfehlen wir schon die Weine von Volker Benzinger, immer wieder begeistert uns das zuverlässige, gute Niveau seiner Kollektionen. Die Weine sind reintönig und fruchtbetont, zeigen mustergültig den Rebsortencharakter. Vor zwei Jahren bestach die Kollektion durch ihre Homogenität, alle Weine waren klar und fruchtbetont. Die Qualität blieb hoch. Besonders fielen uns neben drei sehr guten Rieslingen eine feine Trockenbeerenauslese, ein ambitionierter Spätburgunder und ein guter Dornfelder auf. Im vergangenen Jahr gefiel uns die klare frische Frucht der manchmal etwas bissigen Weißweine von 2010, an die Spitze hatten sich allerdings zwei Weißburgunder vom Jahrgang 2009 gesetzt. Auch der Grauburgunder von 2009 war sehr gut, der Riesling „J!" von 2010 zeigte ein elegantes, feines Frucht-Säurespiel. Beeindruckt waren wir ebenfalls von einer Kollektion sehr guter Rotweine.

Neue Kollektion

In diesem Jahr haben wir uns wieder an der durchgängig hohen Qualität der reintönigen Weine aus dem Hause Benzinger gefreut. An der Spitze steht ein herrlich feinfruchtiger Grauburgunder, auch der „einfache" Grauburgunder ist schon sehr gut. Auf einer Stufe liegen Auxerrois und Sauvignon Blanc, ein frischer, grün-fruchtiger Typ. Sehr gut sind auch die beiden J!-Weißweine, für die Julia Benzinger verantwortlich zeichnet. Sie bevorzugt den etwas süßeren Typ, die Weine liegen knapp über der Grenze eines trockenen Weins. Sie sind süß, frisch, leicht und harmonisch – ein moderner Weinstil, der sicher seine Freunde findet. Bei den Rotweinen ragt in diesem Jahr keiner heraus, alle sind von solider bis sehr guter Qualität.

Weinbewertung

85 2011 Auxerrois trocken **12,5 %/6,50 €**
85 2012 Sauvignon Blanc trocken Obersülzer Schnepp **12,5 %/8,50 €**
84 2011 Riesling trocken Kirchheimer Steinacker **13 %/8,50 €**
83 2011 Riesling trocken „Zero" **13 %/4,90 €/1l**
85 2011 Grauer Burgunder trocken **13 %/5,80 €**
87 2011 Grauer Burgunder trocken „Alte Reben" Kirchheimer Geißkopf **13 %/8,50 €**
85 **2011 „J! pink" Riesling** **12,5 %/8,- €**
86 2011 „J! gelb" Cuvée weiß **12,5 %/8,- €**
82 2011 „J! rot" Cuvée rot trocken **13 %/8,- €**
80 2011 Dornfelder trocken **12,5 %/5,80 €**
83 2011 Merlot trocken **14 %/6,50 €**
84 2011 St. Laurent trocken **13,5 %/6,50 €**
84 2011 „Opal" Rotwein trocken Kirchheimer Steinacker **12 %/9,- €**
85 2011 Dornfelder trocken „Alte Reben" Kirchheimer Steinacker **13 %/9,- €**
85 2009 Spätburgunder trocken „Alte Reben" Kirchheimer Kreuz **13,5 %/9,50 €**

Bercher ★★★★★

Weingut **Baden**

Mittelstadt 13, 79235 Burkheim
***Tel.** 07662-9076-0, **Fax**: 07662-8279*
www.weingutbercher.de
info@weingutbercher.de
***Besuchszeiten**: Mo.-Sa. 9-11:30 + 13:30-17 Uhr*

Inhaber .... Arne und Martin Bercher
Rebfläche .... 25 Hektar

Die aus der Schweiz stammende Familie ließ sich nach dem 30jährigen Krieg am Kaiserstuhl nieder. 1756 erbaute Franz-Michael Bercher das Gutshaus in Burkheim, das noch heute Sitz des Weinguts ist. Rainer und Eckhardt Bercher haben das Weingut in den siebziger Jahren mit damals 4 Hektar übernommen und zur heutigen Größe und zum heutigen Renommee geführt. Inzwischen hat die nächste Generation das Gut übernommen: Rainers Sohn Arne, der für den Weinausbau verantwortlich zeichnet, und Eckhardts Sohn Martin, der sich um den Außenbetrieb kümmert. Ihre Weinberge befinden sich in den Lagen Burkheimer Feuerberg (dunkles Vulkanverwitterungsgestein) und Schlossgarten (Lössterrassen), Sasbacher Limburg (Vulkangestein „Limburgit"), Jechtinger Eichert (Vulkanboden) und Steingrube, Königschaffhausener Hasenberg und Leiselheimer Gestühl. Über 40 Prozent sind mit Spätburgunder bestockt, dazu gibt es neben Weiß- und Grauburgunder vor allem noch Riesling, Müller-Thurgau und Chardonnay. Als Spezialitäten bauen sie Muskateller, Gewürztraminer, Scheurebe und Cabernet Sauvignon an. Über 90 Prozent der Weine werden trocken ausgebaut.

Vorjahre

Seit der ersten Ausgabe dieses Buches zählen wir das Weingut zu den besten Weingütern Deutschlands. Unsere Wertschätzung für die Bercherschen Weine ist in diesem Jahrzehnt stetig gestiegen, die letzten Kollektionen waren grandios, angefangen von den Kabinettweinen bis hin zu den Großen Gewächsen. Stars der Kollektionen sind die Großen Gewächse aus dem Feuerberg, Spätburgunder, Grauburgunder und Weißburgunder, die regelmäßig zu den Topweinen in Deutschland rechnen; der Chardonnay und das Große Gewächs aus dem Schlossgarten kommen ihnen oft nahe.

Weißburgunder 2011

Der Kabinett aus dem Feuerberg ist fruchtbetont und wunderschön reintönig, die Spätlese aus der Limburg konzentriert und üppig, betört mit reifer süßer Frucht. Das Große Gewächs aus dem Feuerberg ist konzentriert und reintönig, zeigt weiße und gelbe Früchte im Bouquet, ist füllig und saftig im Mund bei viel Substanz und feiner Wärme.

Grauburgunder 2011

Zwei prächtige Kabinettweine eröffnen den Reigen, beide sind reintönig und frisch, fruchtbetont und harmonisch. Das Große Gewächs aus dem Schlossgarten ist konzentriert und reintönig, zeigt reife Frucht, gelbe Früchte, ist füllig und saftig im Mund bei guter Harmonie und Länge. Ein bisschen besser noch, wie gewohnt, gefällt uns das Pendant aus dem Feuerberg, ein herrlich reintöniger Grauburgunder, füllig und saftig, er besitzt viel reife Frucht, viel Substanz und etwas Wärme, ist lang und nachhaltig.

WeitereWeißweine

Wie immer eine sichere Bank ist der Chardonnay, 2011 ist er faszinierend reintönig und konzentriert, besitzt klare, reife Frucht, gute Struktur und Substanz, feine Frische, gehört einmal mehr zu den besten Chardonnay Deutschlands. Immer faszinierend sind auch die Muskateller der Berchers, unsere Präferenz gilt der eleganten, sehr langen Spätlese aus dem Feuerberg; und als Kuriosum bieten sie dieses Jahr eine konzentrierte, saftige Auslese aus Scheurebe und Chenin Blanc.

Rotweine

Auch die Rotweine der Berchers präsentieren sich Jahr für Jahr auf hohem Niveau. Angeführt wird die rote Phalanx regelmäßig vom Großen Gewächs aus dem Feuerberg. So auch 2010: Er zeigt rauchige Noten und Toast im Bouquet, ist füllig und geschmeidig im Mund, besitzt viel reife Frucht und gute Länge. Konzentriert bei deutlichen Cassisnoten im Bouquet präsentiert sich die rote Cuvée Limberg, ist füllig und kraftvoll, besitzt gute Struktur, reife Frucht und Substanz. Wieder einmal weiße wie rot eine tolle Kollektion!

Weinbewertung

87 2011 Weißburgunder Kabinett trocken Burkheimer Feuerberg **12 %/8,50 €** ☺
87 2011 Grauburgunder Kabinett trocken Burkheimer Schlossgarten **13 %/8,50 €** ☺
87 2011 Grauburgunder Kabinett trocken Jechtinger Eichert **13 %/8,- €** ☺
89 2011 Weißburgunder Spätlese trocken Sasbacher Limburg **14 %/12,70 €**
89 2011 Grauburgunder Spätlese trocken Burkheimer Feuerberg **14,5 %/13,20 €**
92 2011 Chardonnay Spätlese trocken „SE" **13,5 %/18,- €** ☺
89 2011 „Blanc de Noirs" Spätlese trocken „SE" **14,5 %/18,- €**
91 2011 Weißburgunder „GG" Burkheimer Feuerberg **14,5 %/20,- €**
90 2011 Grauburgunder „GG" Burkheimer Schlossgarten **13,5 %/20,- €**
91 2011 Grauburgunder „GG" Burkheimer Feuer-

berg **14 %/25,- €**
86 2011 Muskateller Kabinett „SE" Burkheimer Schlossgarten **12 %/13,50 €**
88 2011 Muskateller Spätlese „SE" Burkheimer Feuerberg **12 %/18,- €**
88 2011 Scheurebe & Chenin Blanc Auslese **10,5 %/22,- €/0,5l**
84 2010 Spätburgunder Kabinett trocken Burkheimer Feuerberg **13 %/9,80 €**
87 2010 Spätburgunder Spätlese trocken Jechtinger Eichert **13 %/16,- €**
90 2010 Spätburgunder „GG" Burkheimer Feuerberg **13 %/37,- €**
89 2010 „Limberg X" Rotwein trocken **13 %/20,- €**

★★★★

Bergdolt St. Lamprecht

Weingut

Pfalz

Dudostraße 17, 67435 Neustadt-Duttweiler
Tel. 06327-5027, Fax: 06327-1784
www.weingut-bergdolt.de
weingut-bergdolt-st.lamprecht@t-online.de
Besuchszeiten: Mo.-Fr. 8-12 + 14-18 Uhr, Sa. 10-16 Uhr

Inhaber .... Rainer und Günther Bergdolt
Rebfläche .... 24 Hektar

Das ehemalige Hofgut des Klosters St. Lamprecht wurde 1754 von Jakob Bergdolt erworben. Im 19. Jahrhundert hat die Familie die Rebfläche erweitert und Riesling und Silvaner im Fass an Händler verkauft. Friedrich Bergdolt begann 1911 mit der Flaschenabfüllung und Selbstvermarktung. Die Weinberge liegen vor allem in Duttweiler (Kalkberg, Mandelberg, Kreuzberg) und Ruppertsberg (Reiterpfad, Nussbien), in Kirrweiler (Mandelberg), Mussbach (Eselshaut) und Deidesheim (Mäushöhle). Wichtigste Rebsorten bei den heutigen Besitzern, den Brüdern Rainer und Günther Bergdolt, sind Weißburgunder und Riesling mit einem Anteil von jeweils etwa einem Drittel. Hinzu kommen vor allem rote Sorten wie Spätburgunder, aber auch Dornfelder und dazu ein wenig Cabernet Dorio und Cabernet Dorsa.

Vorjahre

Seit der ersten Ausgabe empfehlen wir die Weine der Bergdolts, gehört das Weingut zu den Spitzenbetrieben der Pfalz. Früher als Weißburgunder-Spezialist bekannt, besticht heute die gesamte Kollektion durch ihr hohes Niveau. Der Weißburgunder aus dem Kirrweiler Mandelberg gehört regelmäßig zu den besten Weißburgundern in Deutschland. Die Rieslinge haben in den vergangenen Jahren deutlich an Format gewonnen, aber auch die Spätburgunder und die edelsüßen Weine sind stetig besser geworden, ebenso die Sekte. Die Weine haben sich in den letzten Jahren stilistisch ein klein wenig verändert, sie sind präziser und feiner geworden. Vor zwei Jahren erfreuten wir uns einmal mehr an der schönen Stilistik der Bergdolt'schen Weine. Eine beeindruckende Weißburgunder-Kollektion, geprägt von Eleganz und Harmonie, dazu ein Chardonnay mit wunderbar elegantem Schmelz und ein hervorragendes Großes Gewächs vom Riesling. Außerdem hatten wir die Gelegenheit, uns mittels einer kleinen Vertikalverkostung von trockenen Spätlesen der späten 90er Jahre aus dem Kirrweiler Mandelberg ein Bild vom Alterungspotenzial der Bergdolt'schen Weißburgunder zu überzeugen. Die Weine wirkten bei unterschiedlich ausgeprägten Reifenoten enorm frisch und lebendig. Eine beeindruckende Bestätigung des Alterungspotenzials guter Weißburgunder. Im vergangenen Jahr stand der Weißburgunder aus dem Mandelberg in Deutschland an der Spitze. Aber auch die restliche Riege war ganz stark: Tolle Weißburgunder Spätlesen, ein fülliger Chardonnay aus dem Holzfass, tadellose Rieslinge und kräftige Spätburgunder

Neue Kollektion

Der Mandelberg, das Große Gewächs vom Weißburgunder, führt auch in diesem Jahr die Kollektion der Bergdolts an. Er zeigt die bekannte helle klare Frucht, er hat Frische und eine feine Struktur mit einem eleganten Spannungsbogen. Auch die Kabinett und „S"-Weine vom Weißburgunder sind von einer schlanken Eleganz geprägt, was auch mit dem geringen Restzucker von weniger als 2 oder 3 Gramm pro Liter zusammenhängt. Den Lössriedel kann man bereits als hervorragend bezeichnen. Auch die Riesling-Kollektion zeigt eine klare Handschrift. Die Weine sind gut strukturiert, mit frischer Frucht und aufsteigender Kraft und Komplexität. Das Große Gewächs ist elegant, vielschichtig, mit viel Saft und Substanz. Die Sekte sind sehr elegant, profitieren von einem langen Hefelager. Die Spätburgunder zeigen kühle Eleganz und feine, salzige Mineralität, angeführt vom blaublütigen Großen Gewächs.

Weinbewertung

88 2009 Spätburgunder Sekt extra brut **13 %/13,50 €**
88 2009 „Fluxus" Sekt extra brut **13 %/14,50 €**
89 2008 Weißburgunder „S" Sekt extra brut **13 %/17,50 €**
86 2011 Weißburgunder Kabinett St.Lamprecht **12,5 %/7,50 €**
87 2011 Weißburgunder Kabinett Duttweiler **12 %/7,50 €** ☺
89 2011 Weißburgunder „S" St.Lamprecht **12 %/12 €** ☺
90 2011 Weißburgunder „S" „Lössriedel" **13 %/14,50 €** ☺
92 2011 Weißburgunder „GG" Mandelberg Kirrweiler **14 %/22 €** ☺
86 2011 Riesling Kabinett Duttweiler Mandelberg **12 %/7,50 €**
86 2011 Rieslimng Kabinett „Buntsandstein" Ruppertsberg **12 %/7,50 €**
85 2011 Riesling Kabinett Deidesheimer **12,5 %/7,50 €**
87 2011 Riesling „Buntsandstein S" Ruppertsberg **12,5 %/12,50 €**
88 2011 Riesling „Kalkmergel S" Duttweiler **12,5 %/12,50 €**
89 2011 Riesling „GG" Reiterpfad Ruppertsberg **13 %/22,- €**
87 2011 Sauvignon Blanc trocken **13 %/9,90 €**
87 2011 Riesling Spätlese Ruppertsberger **12,5 %/12 €**
87 2011 Riesling Spätlese **11 %/12,- €**
86 2009 Cabernet Sauvignon/Merlot trocken **13,5 %/12,- €**
85 2010 Spätburgunder **13 %/9,90 €**
87 2010 Spätburgunder „S" **13,5 %/18 €**
89 2010 Spätburgunder „GG" Kalkberg Duttweiler **13,5 %/26,50 €**

★☆

Bergdolt-Reif & Nett

Wein- und Sektgut

Pfalz

Dudostraße 24, 67435 Neustadt-Duttweiler
***Tel.** 06327-2803, **Fax**: 06327-1485*
www.weingut-brn.de
info@weingut-brn.de
***Besuchszeiten**: 8-18 Uhr*

Geschäftsführer .... Bernhard Nett
Betriebsleiter/Kellermeister .... Christian Nett
Rebfläche .... 30 Hektar

Bergdolt-Reif & Nett vermarktet die Weine in drei Linien: „Tradition" für Weine aus traditionellen Rebsorten für den täglichen Genuss, „Avantgarde" für Weine aus modernen Rebsorten bei niedrigen Erträgen, sowie „Prestige" für die besten Weine und Jahrgänge. 70 Prozent der Weinberge nehmen weiße Rebsorten ein, vor allem Riesling, Weißburgunder, Grauburgunder und Müller-Thurgau, aber auch Sauvignon Blanc, Scheurebe, Silvaner, Muskateller, Gewürztraminer und Bacchus. An roten Sorten gibt es Spätburgunder, Dornfelder, Merlot und Lagrein. Für den Ausbau der Weine ist Christian Nett verantwortlich, der seine Ausbildung bei den Weingütern August Ziegler, Dr. Deinhard und Müller-Catoir absolvierte.

Vorjahre

Vor zwei Jahren war die Kollektion sehr homogen, Muskateller, Gewürztraminer und

Riesling gefielen uns am besten. Im vergangenen Jahr stellten wir einen qualitativen Schritt nach vorne fest, alle Weine waren klar mit feinem Saft.

Neue Kollektion

Die positive Entwicklung hat sich in diesem Jahr bestätigt. Alle Weine sind sehr klar, rund und rebsortentypisch. Der Weiß- und der Grauburgunder waren eine positive Überraschung, sie zeigen eine herrlich klare Frucht mit ganz feinem, unaufdringlichem Holzeinsatz, wobei der Grauburgunder mit ein paar Gramm weniger Zucker noch eleganter sein könnte. Auch die vorgestellten Rotweine überzeugen, sie zeigen klare Frucht und eine gute Struktur.

Weinbewertung

81 2011 „PIN:OX" Weißweincuvée trocken „Creation" **12,5 %/5,90 €**
81 2011 Riesling trocken „Tradition" **12,5 %/5,50 €**
82 2011 Silvaner trocken „Tradition" **12,5 %/4,90 €**
84 2010 Sauvignon Blanc trocken „Black Edition" **13 %/8,50 €**
86 2011 Weißburgunder trocken „Black Edition" **13 %/8,50 €**
87 2010 Grauburgunder trocken „Avantgarde Hansen" **13 %/12,- €**
83 2011 Muskateller „feinherb Black Edition" **12%/8,50 €**
86 2011 Gewürztraminer „Avantgarde Sträßchen" **10,5 %/11,- €**
82 2010 „1838 Creation" Rotwein trocken **13 %/6,90 €**
85 2009 Merlot Rotwein trocken „Kreuz Avantgarde" **13,5 %/14,- €**
84 2010 „Olé Ola" Rotweincuvée trocken „Black Edition" **13,5 %/9,50 €**
86 2010 Spätburgunder Rotwein trocken „Hölle Avantgarde" **13,5 %/14,- €**

★

Bergstraße

Domaine **Hessische Bergstraße**

Hessische Staatsweingüter GmbH
Kloster Eberbach Domaine Bergstrasse
Grieselstraße 34-36, 64625 Bensheim
***Tel.** 06251-3107, **Fax:** 06251-690057*
www.kloster-eberbach.de
weingut@kloster-eberbach.de
***Besuchszeiten:** Mo.-Fr. 8-18, Sa. 9:30-13 Uhr*
Weinpavillon im Rebmuttergarten (1. Mai bis 31. Oktober Sa. ab 16 Uhr, So. & Feiertage ab 11 Uhr, zusätzlich 1. Juni bis 31. August Fr. ab 16 Uhr)

Inhaber .... Land Hessen
Direktor .... Dieter Greiner
Rebfläche .... 35 Hektar

Die Weinbaudomäne entstand aus dem Kammerbesitz des Großherzogs von Hessen-Darmstadt. Die beiden Lagen Heppenheimer Centgericht und Schönberger Herrnwingert befinden sich in Alleinbesitz der Domäne. Knapp zwei Drittel der Rebfläche sind mit Riesling bestockt, hinzu kommen Weißburgunder und Chardonnay, Grauburgunder, Spätburgunder, Müller-Thurgau, Traminer und Dornfelder. Eine Spezialität des Weingutes, von Betriebsleiter Volker Hörr und Kellermeister Thomas Löffler ist die Erzeugung edelsüßer Weine. Mit der Ernte 2011 wurde der Weinausbau von der Bensheimer Innenstadt nach Bensheim-Auerbach verlegt. Für die Zeit kurz nach Redaktionsschluss dieses Buches war der Umzug der Vinothek von Bensheim in das Gebäude im Rebmuttergarten geplant.

Vorjahre

In den letzten Jahren fielen die Kollektionen stetig schwächer aus. Die 2009er Kollektion gefiel uns ein klein wenig besser, vor allem der Eiswein überzeugte. 2010 war die Kollektion gleichmäßig gut, aber ohne echte Spitzen, Grauburgunder Spätlese und Riesling Auslese gefielen uns am besten.

Neue Kollektion

Die 2011er sind geradlinig und eher schlank. Am besten gefallen die beiden Spätlesen aus dem Centgericht, trocken wie süß. Der saftige Weißburgunder Kabinett wirkt präziser und balancierter als die Grauburgunder Spätlese. Edelsüße Gewächse oder Rotweine wurden nicht vorgestellt. Nach wie vor gilt, dass hier in der Spitze, etwa bei den trockenen Spätlesen, noch deutlich mehr möglich wäre.

Weinbewertung

81 2011 „Vividus" Weißwein trocken **11 %/6,50 €**

83 2011 Weißburgunder Kabinett trocken Schönberger Herrnwingert **11 %/8,90 €**

82 2011 Grauburgunder Spätlese trocken Heppenheimer Centgericht **11,5 %/10,20 €**

82 2011 Riesling Kabinett trocken Heppenheimer Centgericht **12 %/8,60 €**

81 2011 Riesling Kabinett trocken Bensheimer Kalkgasse **11,5 %/8,60 €**

82 2011 Riesling Spätlese trocken Heppenheimer Steinkopf **11,5 %/10,- €**

84 2011 Riesling Spätlese trocken Heppenheimer Centgericht **11,5 %/10,20 €**

81 2011 Riesling Kabinett „feinherb" Heppenheimer Steinkopf **10 %/8,60 €**

85 2011 Riesling Spätlese Heppenheimer Centgericht **7 %/10,20 €**

Josef Bernard-Kieren ★☆

Weingut

Mosel

Hauptstraße 101, 54470 Graach
***Tel.** 06531-2183, **Fax:** 06531-2090*
www.bernard-kieren.de
info@bernard-kieren.de
***Besuchszeiten:** täglich nach Vereinbarung*
offener Keller: Pfingst- und Fronleichnamwochenende; Straußwirtschaft (Juli bis Ende Oktober täglich geöffnet); Gästezimmer

Inhaber .... Josef Bernard
Rebfläche .... 3,2 Hektar

Die Weinberge von Josef Bernard liegen in den Graacher Lagen Domprobst und Himmelreich, sowie im Lösnicher Burgberg. Neben Riesling gibt es ein wenig Müller-Thurgau und Spätburgunder. Die Weine werden langsam vergoren, überwiegend in Holzfässern, allerdings kommen auch Stahltanks zum Einsatz. Die Rieslinge von Josef Bernard besitzen immer Finesse und Frucht, wirken nie aufdringlich. Die trockenen Weine stehen oft ein wenig im Schatten der saftigen Spät- und Auslesen, die mit ein bis drei Sternen gekennzeichnet werden.

Vorjahre

2009 überzeugte die „M"-Spätlese noch ein bisschen mehr als die Auslesen, 2010 präsentierte sich konsistent auf gutem Niveau, wurde angeführt von der würzigen Beerenauslese aus dem Himmelreich.

Jahrgang 2011

2011 präsentiert Josef Bernard eine sehr gleichmäßige Kollektion, in der, anders als gewohnt, die trockenen Weine den restsüßen Paroli bieten können; die klare, zupackende, noch etwas vom Schwefel geprägte Auslese aus dem Domprobst gefällt uns am besten.

Weinbewertung

83 2011 Riesling Spätlese* trocken Graacher Himmelreich **11,5 %/6,50 €**

82 2011 Riesling Spätlese* trocken Graacher Dompropst **12 %/6,80 €**

83 2011 Riesling Spätlese* halbtrocken Graacher Dompropst **11,5 %/6,50 €**

84 2011 Riesling Spätlese* „feinherb" Graacher Himmelreich **10,5 %/6,80 €**

81 2011 Riesling Kabinett Graacher Himmelreich **8,5 %/5,- €**

82 2011 Riesling Spätlese** Graacher Himmelreich **8,5 %/7,- €**

83 2010 Riesling Spätlese „M" Graacher Domprobst **8,5 %/7,50 €**

85 2011 Riesling Auslese** Graacher Domprobst **9 %/10,- €**

Bernhard-Räder ★

Weingut **Rheinhessen**

Langgasse 41, 55234 Flomborn
***Tel.** 06735-960085, **Fax**: 06735-960086*
www.bernhardraeder.de
weingut@bernhardraeder.de
***Besuchszeiten**: nach Vereinbarung*
Gästehaus

Inhaber .... Rüdiger und Philipp Räder, ... Ulla Bernhard-Räder
Rebfläche .... 22 Hektar

Ulla Bernhard-Räder und Ehemann Rüdiger Räder haben 1987 den elterlichen Betrieb übernommen und mit der Flaschenweinvermarktung begonnen. 1991 wurde eine Scheune in ein Gästehaus umgewandelt. Etwa ein Viertel der Ernte wird selbst vermarktet, der andere Teil wird an die Erzeugergemeinschaft Bornheim geliefert. Die Weinberge liegen in den Flomborner Lagen Goldberg und Feuerberg, im Ober-Flörsheimer Blücherpfad, sowie in den 15 km entfernten Hillesheimer Lagen Sonnheil und Altenberg. 2010 wurde mit der Umstellung auf ökologischen Weinbau begonnen. Sohn Philipp kreiert seit dem 17. Lebensjahr seine eigene Kollektion; er hat 2011 seine Ausbildung zum Weinbautechniker abgeschlossen, war im Frühjahr 2012 zu einem Praktikum in Hawkes Bay.

Vorjahre

Beim guten Debüt vor zwei Jahren gefiel uns der Riesling „Mordhohl" aus dem Flomborner Goldberg besonders gut. Auch 2010 überzeugte er in einer eigenständigen, teils etwas eigenwilligen Kollektion.

Neue Kollektion

Die neue Kollektion präsentiert sich ein wenig uneinheitlich mit kraftvollen Rotweinen, einem geradlinigen Riesling Mordhohl und einigen recht süß geratenen, fülligen Weißweinen.

Weinbewertung

80 2011 Müller-Thurgau trocken **12 %/4,30 €/1l**
80 2011 Chardonnay trocken **13,5 %/6,90 €**
83 2011 Riesling trocken „Mordhohl" **13 %/6,90 €**
83 2011 Sauvignon Blanc **11 %/6,90 €**
82 2011 Spätburgunder „Blanc de noirs" **13,5 %/6,90 €**
80 2011 Weißburgunder Classic **14 %/5,90 €**
79 2010 Grauburgunder Classic **15 %/5,90 €**
80 2011 Spätburgunder trocken **13 %/5,90 €**
84 2010 Spätburgunder trocken Barrique **13,5 %/9,90 €**
84 2008 St. Laurent trocken „Ulrubera" **13 %/8,90 €/0,5l**

Bernhart ★★★★

Wein- und Sektgut **Pfalz**

Hauptstraße 8, 76889 Schweigen-Rechtenbach
***Tel.** 06342-7202, **Fax**: 06342-6396*
www.weingut-bernhart.de
info@weingut-bernhart.de
***Besuchszeiten**: Fr./Sa. 9-12 + 13-17 Uhr und nach Voranmeldung*

Inhaber .... Willi und Gerd Bernhart
Rebfläche .... 16 Hektar

Das Weingut Bernhart in Schweigen an der Grenze zum Elsass wird heute geführt von Willi Bernhart und seinem Sohn Gerd, der für den Keller verantwortlich ist. Spezialität des Weingutes sind trockene Weine aus den Burgundersorten. Neben den Burgundersorten (etwa 40 Prozent) und Chardonnay bauen Willi und Gerd Bernhart auch Riesling, Portugieser, Gewürztraminer, Silvaner und Müller-Thurgau, sowie Cabernet Sauvignon und Merlot an. Immer häufiger findet man barriqueausgebaute Weine im Programm. Bereits seit 1985 stellt man hier auch eigenen Sekt her. 90 Prozent der Weine werden an Privatkunden verkauft.

Seit der ersten Ausgabe empfehlen wir schon die Weine der Bernharts. Sie waren immer schon reintönig und frisch – und sind es auch heute noch. Seither aber haben sie in der Spitze stetig zugelegt, sowohl die Weißweine wie auch die Roten haben an Konzentration und Kraft, an Fülle und Nachhaltigkeit gewonnen – der erstmals 2004 erzeugte Rädling (mittlerweile Redling) Spätburgunder besitzt das Format zu den großen Spätburgundern Deutschlands zu zählen.

Vorjahre

Die Kollektion vor zwei Jahren konnte überzeugen. Die 2009er Weißweine waren klar und frisch, der Redling-Weißburgunder gehörte zur deutschen Spitzenklasse. Dies galt auch für sein Pendant im roten Segment, den Spätburgunder, der vor zwei Jahren eine einmal mehr ganz starke rote Kollektion ins Feld führte. Auch im vergangenen Jahr zeigte Gerd Bernhart Konstanz auf hohem Niveau, mit eindeutigen Stärken im roten Bereich: Die vier Spätburgunder waren alle wunderbar klar und reintönig, besaßen Kraft und Eleganz – eine beeindruckende Reihe. St. Laurent und die Cuvée aus Cabernet Sauvignon und Merlot verfügten über viel Kraft und Strukur und auch die Weißweine – wie gewohnt mit dem Weißburgunder Redling an der Spitze – machten erneut viel Freude.

Neue Kollektion

In diesem Jahr kann Gerd Bernhart erneut mit einer starken Kollektion aufwarten, schon die Weißweine der Terroir-Linie zeigen alle wunderbar klare, feine Frucht und besitzen Substanz. An der Spitze des weißen Segments stehen die beiden Großen Gewächse aus Riesling und Weißburgunder, bei denen zur reintönigen Frucht und Substanz noch feine nachhaltige Würze dazu kommt. Unter den 2010er Rotweinen sind die Cabernet-Merlot-Cuvée und der Spätburgunder „S" eine Spur verhaltener als ihre Jahrgangsvorgänger, an der Spitze brilliert aber wie gewohnt der Redling-Spätburgunder mit viel Saft, feiner Frucht, Struktur und Länge.

Weinbewertung

86 2011 Auxerrois trocken „Tonmergel" Schweigener **13,5 %/9,60 €**
87 2011 Grauburgunder trocken „Kalkmergel" Schweigener **14 %/9,60 €**
87 2011 Weißburgunder trocken „Tonmergel" Schweigener **14 %/9,- €**
88 2011 Weißburgunder trocken „Kalkmergel" Schweigener **14 %/9,60 €**
90 2011 Weißburgunder „GG" „Redling" Sonnenberg **14 %/21,- €**
86 2011 Riesling trocken „Kalkmergel" Schweigener **13 %/9,60 €**
90 2011 Riesling „GG" Sonnenberg **13 %/18,- €**
87 2010 Cabernet Sauvignon Merlot „S" trocken **13,5 %/17,- €**
87 2010 Spätburgunder „S" trocken **13 %/18,- €**
89 2010 Spätburgunder „R" trocken **13,5 %/25,- €**
91 2010 Spätburgunder „GG" „Redling" Sonnenberg **13,5 %/37,- €**

★★

C.H. Berres

Weingut

Mosel

Würzgartenstraße 41, 54539 Ürzig / Mosel
***Tel.** 06532-2513, **Fax:** 06532-4442*
www.berres.de
info@berres.de
***Besuchszeiten:** Mo-Fr 8.30-12.30 + 14-18 Uhr, sonst nach Vereinbarung*

Inhaber .... Markus Berres
Rebfläche .... 3,5 Hektar

Bis ins Jahr 1510 lässt sich die Geschichte der Familie Berres zurückverfolgen. C.H. Berres ist heute ein reines Rieslingweingut mit Weinbergen in besten Lagen von Ürzig (Goldwingert, Würzgarten), Erden (Treppchen), Kinheim (Hubertuslay), Zeltingen (Himmelreich) und Wehlen (Klosterberg), allesamt in Steillagen. Markus Berres – Weinbauingenieur mit praktischen Erfahrungen unter anderem beim Weingut Chard Farm in Neuseeland – führt seit 2004 den Betrieb. Alle Weine werden in Eichenholzfässern ausgebaut.

Die Vorjahre

2009 brachte saftige, sehr zugängliche und animierende Rieslinge, bis hinauf zur reintönigen und feingliedrigen Beerenauslese. Die 2010 Qualitäts- und Kabinettweine waren deutlich verhaltener, etwas vordergründig süß. Die halbtrockenen Weine waren etwas bitter; die edelsüßen Weine aber glänzten wie gewohnt.

Jahrgang 2011

2011 gefallen uns die trockenen Weine – bei weniger Alkohol - deutlich besser als im Vorjahr, die Glanzlichter setzen aber erneut die edelsüßen Weine: Die 3-Sterne-Auslese aus dem Treppchen ist konzentriert und schmeichelt mit viel Frucht, die nach kandierten Früchten duftende Beerenauslese aus dem Würzgarten ist stoffig und dick.

Weinbewertung

80 2011 Weißburgunder trocken Kabinett Ürziger Würzgarten **12,5 %/6,90 €**

81 2011 Riesling Kabinett trocken Erdener Treppchen **11 %/7,90 €**

83 2011 Riesling Spätlese trocken Ürziger Würzgarten **12 %/9,80 €**

81 2011 Riesling Auslese Ürziger Goldwingert **13,5 %/14,- €**

82 2011 Riesling „Impulse“ **11,5 %/,90 €**

81 2011 Riesling Kabinett „feinherb“ Ürziger Würzgarten **11 %/7,90 €**

83 2011 Riesling Kabinett Ürziger Würzgarten **8,5 %/8,10 €**

83 2011 Riesling Spätlese Ürziger Würzgarten **9,5 %/10,20 €**

88 2011 Riesling Auslese*** Erdener Treppchen **10,5 %/14,95 €/0,375l**

89 2011 Riesling Beerenauslese Ürziger Würzgarten **7 %/46,- €/0,375l**

★☆

Klaus Berweiler-Merges

Weingut

Mosel

Euchariusstraße 35, 54340 Leiwen
***Tel.** 06507-3285, **Fax**: 06507-80175*
www.weingutberweiler.de
weingutberweiler@t-online.de
***Besuchszeiten**: Mo.-Sa. 10-18 Uhr und nach Vereinbarung*
Straußwirtschaft (1. Juli bis 31. Oktober, Di.-So. ab 17 Uhr)

Inhaber .... Klaus und Edith Berweiler
Kellermeisterin .... Sandra Berweiler
Rebfläche .... 5 Hektar

Das Weingut Berweiler-Merges gehört seit Jahren zu denjenigen in Leiwen mit den konstantesten Leistungen und den günstigsten Preisen. Sandra Berweiler, die bis Anfang 2009 Vorsitzende der Leiwener Jungwinzer war, vinifiziert seit 2001 Weine nach ihren Vorstellungen. Diese werden spontan vergoren und nach einer langen, kühlen Gärung erst sehr spät abgefüllt.

Vorjahre

2009 besaßen alle Weine eine schöne Balance, waren saftig und herrlich animierend. Die 2010er Rieslinge waren fruchtbetont und kraftvoll, die Kollektion präsentierte sich geschlossen auf gutem Niveau.

Neue Kollektion

Sehr gleichmäßig präsentiert sich nun auch 2011, lässt aber doch ein wenig die Brillanz früherer Jahrgänge vermissen.

Weinbewertung

82 2011 Sandra's Riesling Spätlese trocken **12 %/6,- €**

83 2011 Riesling Spätlese trocken „Alte Reben“ Pölicher Held **12 %/7,20 €**

84 2011 Riesling Spätlese „Alte Reben“ Schweicher Annaberg **12 %/7,20 €**

83 2011 Sandra's Riesling Spätlese halbtrocken **11,5 %/6,- €**

84 2011 Riesling Spätlese „feinherb" Leiwener Klostergarten **11,5 %/6,20 €**
83 2011 Riesling Spätlese „Alte Reben" Pölicher Held **8 %/7,20 €**
83 2010 Riesling Auslese „Herz & Seele" Schweicher Annaberg **9 %/8,50 €**
83 2011 Riesling Auslese „Herz & Seele" Schweicher Annaberg **8,5 %/8,50 €**

★★★

J. Bettenheimer

Weingut **Rheinhessen**

Stiegelgasse 32, 55218 Ingelheim
***Tel.** 06132-3041, **Fax:** 06132-786795*
www.bettenheimer.de
info@weingut-bettenheimer.de
***Besuchszeiten:** nach Vereinbarung*
Gutsausschank „Zum Kuhstall"
Gästezimmer

Inhaber......................Jens Bettenheimer
Rebfläche..............................12 Hektar

Nach Geisenheim-Diplom und achtmonatigem Auslandspraktikum in Neuseeland (Fromm Winery) übernahm Jens Bettenheimer das elterliche Weingut. Die klassischen Rebsorten möchte er forcieren: Spätburgunder und Frühburgunder, Grau- und Weißburgunder, Riesling und Silvaner, dazu Chardonnay. Alle Rotweine werden im Holz ausgebaut. Seit dem Jahrgang 2009 ist das Sortiment gegliedert in Guts-, Orts- und Lagenweine.

Vorjahre

Vor zwei Jahren war die Kollektion stark, ein weiterer klarer Schritt voran. Die letztjährige Kollektion war nochmals besser, zeigte gutes Niveau schon beim Liter-Silvaner, Zuverlässigkeit bei den Ortsweinen und brachte kraftvolle, füllige Lagenweine.

Neue Kollektion

Eine ebenso starke Kollektion folgt in diesem Jahr nach, wieder mit einem feinen Literwein und fruchtbetonten, fülligen Ortsweinen, am besten gefällt uns der im Barrique vergorene Chardonnay. Noch stärker sind die Lagenweine: Der würzige, füllige Silvaner aus dem Eselspfad, der zu einem Viertel im Barrique ausgebaut wurde; der kraftvolle, zupackende, wunderschön reintönige Riesling aus dem Burgberg; sowie ein fruchtbetonter, klarer Grauburgunder aus dem Sonnenhang. Gekrönt wird die weiße Kollektion wie im vergangenen Jahr von einer faszinierenden Trockenbeerenauslese, die herrlich reintönig und konzentriert ist, im Bouquet Trockenfrüchte zeigt. Ganz stark sind auch die drei vorgestellten Rotweine: Der konzentrierte, kraftvolle, achtzehn Monate im neuen französischen Barrique ausgebaute Spätburgunder aus dem Täuscherspfad; der wunderschön reintönige, zupackende Spätburgunder aus dem Sonnenhang; sowie der frische, geradlinige Frühburgunder aus dem Schlossberg. Starke Kollektion!

Weinbewertung

81 2011 Silvaner trocken **12,5 %/4,- €/1l**
82 2011 Grüner Silvaner trocken Ingelheim **13 %/8,50 €**
87 2011 Sylvaner trocken Appenheimer Eselspfad **13,5 %/11,90 €**
83 2011 Riesling trocken Ingelheim **13 %/8,50€**
85 2011 Chardonnay trocken Ingelheim **13,5 %/11,90 €**
83 2011 Grauburgunder trocken Ingelheim **13 %/8,50 €**
87 2011 Weißer Riesling trocken Ingelheimer Burgberg **13 %/11,90 €**
86 2011 Grauburgunder trocken Ingelheimer Sonnenhang **13,5 %/11,90 €**
90 2011 Huxelrebe Trockenbeerenauslese Appenheimer Eselspfad **7 %/25,- €**
88 2010 Blauer Spätburgunder trocken Ingelheimer Sonnenhang **13 %/14,90 €**
87 2010 Blauer Frühburgunder trocken Ingelheimer Schlossberg **13 %/15,90 €**
88 2009 Blauer Spätburgunder trocken Ingelheimer Täuscherspfad **13,5 %/18,90 €**

★★★★

Erben von **Beulwitz**

Weingut

Mosel

Eitelsbacher Straße 4, 54318 Mertesdorf
***Tel.** 0651-95610, **Fax**: 0651-9561150*
www.von-beulwitz.de
info@von-beulwitz.de
***Besuchszeiten**: jederzeit*
Hotel Weis, Restaurant „Vinum", Weinstube

Inhaber .... Herbert Weis
Rebfläche .... 7,5 Hektar

1982 erwarb Herbert Weis das traditionsreiche Weingut Erben von Beulwitz und gliederte es seinem eigenen Betrieb an. Seine Weinberge liegen in Steillagen über der Ruwer hauptsächlich in der Lage Kaseler Nies'chen, aber auch im Kaseler Kehrnagel und im Eitelsbacher Marienholz, wo der Gutsriesling erzeugt wird, aber auch Weißburgunder und Spätburgunder. Ein großer Teil der Weinberge ist mit wurzelechten Reben bestockt, die teilweise noch im 19. Jahrhundert gepflanzt wurden. Neben Riesling baut Herbert Weis seit 1993 ein wenig Weiß- und Spätburgunder an. Die Weine sind feingliedrig, präzise und elegant, sie reifen ausgezeichnet – wie man vor Ort feststellen kann: Auf der Weinkarte des Lokals finden sich immer ältere Rieslinge.

Vorjahre

Die 2009er waren voller Würze und Frucht, beginnend beim fast trockenen, animierenden Weißburgunder und endend bei den filigranen, sehr präzise gearbeiteten Eisweinen. Im edelsüßen Segment hatte Herbert Weis auch 2010 wieder einige hervorragende Rieslinge zu bieten, allen voran die famose Trockenbeerenauslese; trocken konnte vor allem das Große Gewächs „Im Taubenberg" überzeugen.

Jahrgang 2011

Wie im Vorjahr ist auch 2011 das Große Gewächs „Im Taubenberg" der herausragende Wein der trockenen Kollektion, präsentiert sich kraftvoll und reintönig, besitzt gute Struktur und Substanz; sein Pendant „Auf den Mauern" ist uns etwas zu süß und alkoholreich. Im süßen Segment brilliert die Spätlese von alten Reben, ist wunderschön eindringlich und elegant. Noch etwas gehaltvoller ist die saftige Auslese, besitzt Substanz und Frische. Die Beerenauslese zeigt kandierte Früchte im Bouquet, ist süß, dick und konzentriert; sehr ähnlich ist auch die Trockenbeerenauslese, noch etwas süßer, noch etwas dicker und noch konzentrierter.

Weinbewertung

84 2011 Weißburgunder trocken „Selektion" **13 %/8,50 €**
84 2011 Riesling Kabinett trocken Kaseler Nies'chen **13 %/7,- €**
86 2011 Riesling Spätlese trocken Kaseler Nies'chen **12,5 %/8,50 €**
89 2011 Riesling „GG" „Im Taubenberg" Kaseler Nies'chen **13 %/15,50 €**
87 2011 Riesling „GG" „Auf den Mauern" Kaseler Nies'chen **14 %/15,50 €**
83 2011 Riesling Kabinett „feinherb" Kaseler Nies'chen **11,5 %/7,- €**
86 2011 Riesling Spätlese „feinherb" Kaseler Nies'chen **12,5 %/9,50 €**
86 2011 Riesling Kabinett Kaseler Nies'chen **8,5 %/7,50 €**
89 2011 Riesling Spätlese „Alte Reben" Kaseler Nies'chen **7,5 %/11,50 €** ☺
90 2011 Riesling Auslese „Alte Reben" Kaseler Nies'chen **7 %/19,50 €**
91 2011 Riesling Beerenauslese Kaseler Nies'chen **7 %/44,50 €/0,375l**
92 2011 Riesling Trockenbeerenauslese Kaseler Nies'chen **8,5 %/59,50 €/0,375l**

★★★☆

Beurer

Weingut

Württemberg

Lange Straße 67, 71394 Kernen-Stetten
Tel. 07151-42190, Fax: 07151-41878
www.weingut-beurer.de
info@weingut-beurer.de
Besuchszeiten: Fr. 14-19 Uhr, Sa. 9-14 Uhr und nach Vereinbarung

Inhaber .... Jochen Beurer
Rebfläche .... 9 Hektar

Die Familie Beurer ist eine alteingesessene Winzerfamilie in Stetten im Remstal, die seit Generationen Wein- und Obstbau betreibt. Nachdem Sohn Jochen seine Ausbildung in Weinsberg beendet hatte, gründete er mit Vater Siegfried das Weingut Beurer (zuvor hatte Siegfried Beurer die Trauben an die Genossenschaft abgeliefert). 1997 war der erste Jahrgang im eigenen Betrieb. Im Gegensatz zu vielen anderen Württemberger Weingütern setzt Jochen Beurer auf Weißwein. Riesling ist seine wichtigste Rebsorte und da die Weinberge in Stetten (in Lagen wie Pulvermächer, Häder oder Mönchberg), auf kleinem Raum unterschiedliche Böden aufweisen, hat er nach diesen Bodenformationen sein Rieslingsortiment gegliedert. An der Spitze aber steht der Riesling „Junges Schwaben", der erst im zweiten Jahr nach der Ernte in den Verkauf kommt. Dazu gibt es Kerner, Grauburgunder, Gewürztraminer und Sauvignon Blanc, aber auch rote Sorten wie Trollinger, Portugieser und Dornfelder. In den letzten Jahren hat er auf tiefgründigeren, schweren Böden auch rote Sorten wie Spätburgunder, Lemberger und Zweigelt gepflanzt, die bis zu zwei Jahre ins Holzfass kommen. Die Weinberge werden biologisch bewirtschaftet, seit 2006 ein Hektar biodynamisch, Jochen Beurer ist Mitglied bei Ecovin. Seit dem Jahrgang 2003 werden alle Weine mit ihren natürlichen Hefen vergoren. Auch bei den Weißweinen arbeitet Jochen Beurer mit je nach Jahrgang mehr oder weniger langen Maischestandzeiten.

Vorjahre

Schon in der ersten Ausgabe dieses Weinführers waren wir erstaunt und angenehm überrascht vom guten Niveau der Weine Jochen Beurers. Seither hat er eine interessante Entwicklung genommen. Durch Spontangärung und Maischestandzeiten sind seine Weine eigenwilliger und eigenständiger geworden, durch die lange Gärdauer brauchen sie auch längere Zeit auf der Flasche bis sie zeigen, was in ihnen steckt. Das wird nicht jedem Kunden gefallen, wer fruchtbetonte und jung konsumreife Weine sucht ist bei Jochen Beurer fehl am Platz. Spannend ist es aber allemal, was er macht, nach einer etwas „wilden" Übergangsphase haben die Weine zuletzt an Komplexität zugelegt. Ganz stark präsentierten sich vor zwei Jahren wieder die Rotweine, Spätburgunder und Secundus, beides Jahrgang 2007. Begeistert aber hatte uns der Riesling „Junges Schwaben" aus dem Jahrgang 2008, ein faszinierend komplexer und nachhaltiger Wein, nicht nur der beste Riesling Württembergs, nein, einer der großen Rieslinge in Deutschland. Er führte eine stimmige Kollektion mit gewohnt eigenständigen Weißweinen an. Auch 2009 gefiel er uns wieder ganz hervorragend und auch der Kieselsandstein-Riesling und der Grauburgunder präsentierten sich prächtig. Im 2010er Teil der Kollektion gefiel uns im vergangenen Jahr der Schilfsandstein-Riesling besonders gut – und aus dem Jahrgang 2008 überraschten der wunderschön stoffige Sekt und die Jahr für Jahr spannender werdenden mineralischen Rotweine, wobei wir wieder einmal Secundus ganz knapp vor Spätburgunder sahen.

Neue Kollektion

Dieses Jahr sehen wir sie gleichauf: Der Spätburgunder ist reintönig, fruchtbetont und zupackend, die Cuvée aus Lemberger und Zweigelt etwas fülliger, auch mineralischer, besitzt gute Struktur und Substanz. Die weiße Kollektion bietet einen wunderschön fülligen Grauburgunder, kraftvoll und zupackend, eine faszinierend eindringliche Gewürztraminer Spätlese, halbtrocken ausgebaut, einen duftigen eigenwilligen Eiswein – und wie gewohnt faszinierende Rieslinge. Die spannendsten kommen aus dem Jahrgang 2010, da Jochen Beurer wie immer seine Spitzenweine sehr spät abfüllt. Der Schilfsandstein-Riesling hat seit vergangenem Jahr an Komplexität gewonnen, dem jugendlichen 2011er trauen wir das auch noch zu. Ganz faszinierend, präzise und puristisch präsentiert sich der Kieselsandstein, ist druckvoll, reintönig, enorm nachhaltig, macht dem „Junges Schwaben" starke Konkurrenz, der ebenso druck- und kraftvoll ist, rauchig im Bouquet, lang und nachhaltig im Mund: Faszinierende Riesling-Interpretationen! Eine sehr gute Rolle spielte auch die Spätlese trocken Pulvermächer in unserer 2002er-Verkostung.

Weinbewertung

85 2011 „Weiss" trocken **12 %/8,- €**
85 2011 Riesling trocken **11,5 %/7,- €**
87 2011 Riesling „Gipskeuper" Stettener Häder **11 %/9,80 €**
86 2011 Riesling trocken „Schilfsandstein" Stettener Pulvermächer **11 %/9,80 €**
88 2010 Riesling trocken „Schilfsandstein" Stettener Pulvermächer **11,5 %/9,80 €** ☺
91 2010 Riesling trocken „Kieselsandstein" Stettener Pulvermächer **12 %/14,- €** ☺
92 2010 Riesling „Junges Schwaben" **12,5 %/22,- €** ☺
89 2010 Grauburgunder trocken **12,5 %/16,- €**
85 2011 Sauvignon Blanc trocken **13,5 %/18,50 €**
88 2011 Gewürztraminer Spätlese **12 %/15,- €**
90 2010 Riesling Eiswein **6,5 %/42,- €**
84 2010 Trollinger trocken **12,5 %/7,50 €**
82 2011 „Rot" trocken **13 %/8,- €**
85 2010 Zweigelt trocken **13 %/9,80 €**
89 2009 „Secundus" Rotwein trocken **13 %/20,- €**
89 2009 Spätburgunder trocken **13 %/18,- €**

Bickel-Stumpf ★★★

Weingut **Franken**

Kirchgasse 5, 97252 Frickenhausen
***Tel.** 09331-2847, **Fax**: 09331-7176*
www.bickel-stumpf.de
info@bickel-stumpf.de
***Besuchszeiten**: Mo.-Fr. 9-13 + 14-17 Uhr, Sa. 10-15 Uhr oder nach Vereinbarung*

Inhaber .... Reimund & Carmen Stumpf,
.... Melanie & Matthias Stumpf
Rebfläche .... 12,5 Hektar

Das Weingut Bickel-Stumpf entstand 1976 mit der Heirat der beiden Winzermeister Carmen Bickel aus Frickenhausen und Reimund Stumpf aus Thüngersheim, die ihre gleich großen elterlichen Weinbaubetriebe unter dem neuen Namen zusammenlegten. Seit 2008 werden sie im Betrieb unterstützt von Sohn Matthias und Tochter Melanie. Während die Reben im Frickenhäuser Kapellenberg auf Muschelkalk wachsen, findet man im 200 bis 330 Meter hoch gelegenen Johannisberg im so genannten Thüngersheimer Sattel den Übergang vom Buntsandstein zum Muschelkalk, der auch als Wellenkalk bezeichnet wird. Mit Abstand wichtigste Rebsorte ist Silvaner, es folgen Müller-Thurgau und Riesling. Den Anbau roter Sorten forcierte Reimund Stumpf, Spätburgunder, Portugieser und Domina, sowie inzwischen auch Cabernet Dorsa nehmen zusammen ein Viertel der Rebfläche ein. Seit 1994 baut er ausgesuchte Weine auch im Barrique aus. 2004 wurde die neue Vinothek eröffnet. Als Große Gewächse führen die Stumpfs aus dem Johannisberg einen Riesling (Rothlauf) und einen Spätburgunder (Freiberg), aus dem Kapellenberg Silvaner und Riesling Mönchshof im Programm. Mit dem Jahrgang 2005 kam der Silvaner „Crossover" neu ins Sortiment, der erste spontanvergorene Wein von Junior Matthias Stumpf, der ab dem Jahrgang 2008 als Silvaner „vom Berg" bezeichnet wird. Es handelt sich dabei um die Partie des Großen Gewächses, die im 500-Liter-Holzfass ausgebaut wird. 2009 brachte den ersten Gemischten Satz aus einem 2007 mit Silvaner, Elbling, Gutedel und Muskateller bepflanzten Weinberg.

Vorjahre

Seit über einem Jahrzehnt schon empfehlen wir die Weine von Reimund Stumpf, Jahr für Jahr erzeugt er stets zuverlässige Kollektionen mit fruchtbetonten, fülligen, reintönigen trockenen Weinen, hin und wieder ergänzt um edelsüße Spitzen. 2009 waren die Gutsweine lebhaft und frisch, die Ortsweine füllig und fruchtig, die Großen Gewächse konzentriert und üppig. Auch die letztjährige Kollektion überzeugte: 2010 präsentierte sich frisch und klar, wurde angeführt vom prächtigen Großen Gewächs; hinzu kamen zwei Weine aus den Vorjahren, die uns beeindruckten, der Gemischte Satz aus dem Jahrgang 2009 und der komplexe, konzentrierte Silvaner „vom Berg" aus dem Jahrgang 2008.

Jahrgang 2011

Die 2011er Weine sind frisch und klar, geradlinig und fruchtbetont. Der Silvaner aus dem Kapellenberg besitzt gute Struktur und Substanz, ist füllig, reintönig und frisch. Der Mönchshof-Silvaner zeigt gute Konzentration im Bouquet, reife Frucht, dezent Birnen und Marzipan, ist frisch, klar und zupackend im Mund, jugendlich.

Weinbewertung

81 2011 Silvaner trocken **11,5 %/7,50 €**
84 2011 Silvaner trocken „Buntsandstein" **12 %/8,50 €**
85 2011 Silvaner trocken „Muschelkalk" **13 %/9,50 €**
84 2011 Riesling trocken „Buntsandstein" **12,5 %/9,50 €**
87 2011 Silvaner trocken Kapellenberg **13,5 %/13,50 €**
89 2011 Silvaner „GG" Mönchshof
86 2011 Fränkischer Gemischter Satz trocken **12 %/13,50 €**
83 2011 „twentysix" Weißwein **11,5 %/7,50 €**

★☆

Bielig

Weingut

Baden

Aussiedlerhof 5a, 69198 Schriesheim
***Tel.** 06203-925198, **Fax**: 06203-925199*
weingut-bielig@t-online.de
***Besuchszeiten**: Mi. + Fr. 14-18 Uhr, Sa. 9-15 Uhr*

Inhaber .... Eva und Georg Bielig
Rebfläche .... 4 Hektar

Georg Bielig gründete 1994 mit 18 Jahren sein eigenes Weingut und bewirtschaftet es heute im Nebenerwerb zusammen mit seiner Frau Eva. Angefangen hat er als „Garagenwinzer" mit 25 Ar, heute stehen 4 Hektar in Ertrag. Seine Weinberge liegen in Schriesheim (Kuhberg, Staudenberg), Dossenheim (Ölberg) und Heidelberg (Heiligenberg). Er baut Riesling (1 Hektar), Spätburgunder, Müller-Thurgau und Weißburgunder an, aber auch Grauburgunder, Silvaner, Cabernet Sauvignon, Dornfelder, Cabernet Mitos, Roten Muskateller und Gewürztraminer. Die Hälfte der Fläche nehmen rote Sorten ein.

Vorjahre

Vor zwei Jahren präsentierte sich die Kollektion geschlossen, bot kraftvolle Rotweine und einen feinen im Holz ausgebauten trockenen Riesling. Auch die letztjährige Kollektion präsentierte sich geschlossen auf gutem Niveau, die 2010er Weißweine waren klar und frisch, heraus ragte aber der tanninbetonte Lemberger aus dem Jahrgang 2009.

Neue Kollektion

Die neue Kollektion ist ein klarer Schritt voran, präsentiert sich sehr homogen auf gutem Niveau, weiß wie rot. Der füllige, im Holzfass ausgebaute Weißburgunder gefällt uns im Weißweinbereich besonders gut, bei den Roten ist der kraftvolle, strukturierte Merlot unser Favorit.

Weinbewertung

83 2011 Riesling Kabinett trocken Dossenheimer Ölberg **12,5 %/4,50 €**

83 2011 Grauburgunder trocken Schriesheimer **12 %/4,50 €**
85 2011 Weißburgunder trocken Holzfass Schriesheimer **12,5 %/6,50 €**
84 2011 Spätburgunder „Blanc de Noirs" Auslese trocken Schriesheimer **15,5 %/6,50 €**
83 2011 Merlot Rosé trocken Schriesheimer **12,5 %/6,- €**
84 2011 Cabernet Sauvignon trocken Schriesheimer **12 %/6,50 €**
85 2009 Merlot trocken Holzfass Schriesheimer **14,5 %/6,- €**
84 2011 Rotwein Auslese Schriesheimer **14 %/6,50 €**

Bruno **Bienert** ★
Weingut
Franken

Kapellenweg 7, 97332 Volkach
***Tel.** 09381-2261, **Fax**: 09381-716818*
www.weingut-bienert.de
info@weingut-bienert.de
***Besuchszeiten**: Mo.-Sa. 8-18 Uhr, So. 10-12 Uhr*

Inhaber .... Bruno Bienert
Rebfläche .... 5 Hektar

Seit 1977 führen Bruno Bienert und Ehefrau Sigrid dieses Volkacher Gut, heute unterstützt von Sohn Oliver, der ausgebildeter Weinbautechniker ist. Ihre Weinberge liegen hauptsächlich im Volkacher Ratsherr, aber auch im Escherndorfer Fürstenberg, Volkacher Kirchberg und Neuseser Glatzen. Sie bauen Silvaner, Müller-Thurgau, Riesling, Scheurebe, Bacchus, Weißburgunder und Grauburgunder an, aber auch Optima, Morio-Muskat, Kerner und Ortega. An roten Sorten gibt es Spätburgunder, Domina und Dornfelder. Die Weine werden zu 85 Prozent an Endverbraucher verkauft.

Vorjahre

Beim guten Debüt vor zwei Jahren gefielen uns die trockenen Spätlesen besonders gut, allen voran Weißburgunder und Grauburgunder – füllige Weißweine im Schnäppchenformat. Die letztjährige Kollektion präsentierte sich sehr gleichmäßig mit frischen Weißweinen, am besten aber gefiel uns die rote Cuvée aus dem Jahrgang 2008.

Jahrgang 2011

Die 2011er Weißweine sind reintönig, frisch und schlank – der üppigste Wein ist der Weißburgunder, der viel Fülle und Saft besitzt.

Weinbewertung

80 2011 Silvaner Kabinett trocken **12 %/4,80 €/1l**
81 2011 Silvaner Kabinett trocken **12 %/4,90 €**
81 2011 Riesling Kabinett trocken **12 %/5,20 €**
82 2011 Kerner Spätlese trocken **13 %/5,90 €**
84 2011 Weißburgunder Spätlese trocken **14 %/6,40 €**
82 2011 Grauburgunder Spätlese trocken **13 %/6,40 €**

Andreas **Bieselin** ★
Weingut
Baden

Im Brünnelinsgraben 1, 77955 Ettenheim
***Tel.** 07822-446319, Handy 0170-9122929*
***Fax**: 07822-446320*
www.andreas-bieselin.de
info@andreas-bieselin.de
***Besuchszeiten**: nach Vereinbarung*

Inhaber .... Andreas Bieselin
Rebfläche .... 5 Hektar

Andreas Bieselin arbeitete unter anderem bei Bernhard Huber und beim Weingut Poggio al Sole (Toskana). 2002 erzeugte er seinen ersten eigenen Wein. Er baut vor allem die Burgundersorten an, aber auch Riesling, Muskateller, Chardonnay, Cabernet Franc und Merlot.

Vorjahre

Vor zwei Jahren waren die Weißweine harmonisch und klar, die Rotweine etwas vom oxidativen Ausbau im Holz geprägt. Die 2008er Rotweine gefielen uns besser, vor allem die Cuvée aus Cabernet Franc, Merlot und Spätburgunder; dafür mussten die Weißweine dem Jahrgang 2010 Tribut zollen. Im weißen Segment gefiel uns so die Cuvée aus Grauburgunder und Chardonnay aus dem Jahrgang 2009, der Wein 2, am besten.

Neue Kollektion

Es geht voran, die neue Kollektion gefällt uns klar besser. Die Weißweine sind klar und geradlinig, die Rotweine besitzen nach wie vor ihre Ecken und Kanten, sind kraftvoll und strukturiert; die Entscheidung fällt schwer, ob wir den Wein 1, den Spätburgunder mit seinen deutlich Toastnoten vorziehen, oder aber Wein 3, die Cuvée aus Cabernet Franc, Merlot und Spätburgunder. Weiter so!

Weinbewertung

82 2011 Auxerrois trocken **12 %/8,50 €**
83 2011 Grauburgunder trocken **12,5 %/11,50 €**
85 2009 „Wein 2" Weißwein trocken **13,5 %/14,80 €**
83 2011 Gewürztraminer **10,5 %/8,50 €**
83 2011 Spätburgunder Rosé trocken **12 %/8,50 €**
84 2009 Spätburgunder trocken Barrique **13,5 %/12,50 €**
86 2009 „Wein 1" Spätburgunder trocken Barrique **13,5 %/20,80 €**
86 2009 „Wein 3" Cabernet Franc Merlot Spätburgunder trocken Barrique **13,5 %/17,80 €**

Bihlmayer ★

Weingut

Württemberg

Reisacher Straße 60, 74245 Löwenstein
***Tel.** 07130-8172, **Fax**: 07130-3881*
www.bihlmayer-weine.de
info@bihlmayer-weine.de
***Besuchszeiten**: Mo.-Fr. 9:30-11:30 + 13:30-18:30 Uhr, Sa. 9:30-17 Uhr, So. 9:30-11:30 Uhr*

Inhaber .... Bernd Bihlmayer
Rebfläche .... 15 Hektar

1969 verließ Herbert Bihlmayer die Genossenschaft und begann mit der Selbstvermarktung. Seit 1982 führt sein Sohn Bernd zusammen mit Ehefrau Sabine den Betrieb. Seit 2010 werden sie von Cathrin, einer ihrer vier Töchter unterstützt, die Diplomingenieurin für Weinbau und Önologie ist und sich im Keller um die Weißweine und die hochwertigen Rotweine kümmert.

Kollektion

In einer gleichmäßigen Kollektion ist uns im weißen Segment der frische, reintönige Silvaner besonders aufgefallen. Star der Kollektion ist aber der Herzblut-Lemberger aus dem Jahrgang 2009, der rauchige Noten im Bouquet zeigt, klare reife Frucht, etwas Gewürze, kraftvoll, klar und zupackend im Mund ist bei dezenten jugendlichen Bitternoten.

Weinbewertung

83 2011 Silvaner trocken „vom Gipskeuper" **13 %/6,50 €**
82 2011 Riesling trocken „vom bunten Mergel" **13 %/6,50 €**
82 2011 Muskattrollinger Weißherbst **10,5 %/5,50 €**
86 2009 Lemberger trocken Barrique „Herzblut" **13,5 %/14,- €**
80 2010 Trollinger mit Lemberger **11 %/4,50 €/1l**
82 2009 Samtrot Spätlese **11 %/5,90 €**

Birkert ★★

Weingut

Württemberg

Unterheimbacher Straße 28, 74626 Adolzfurt
***Tel.** 07946-484, **Fax**: 07946-3378*
www.weingut-birkert.com
info@weingut-birkert.com
***Besuchszeiten**: nach Vereinbarung*
Besenwirtschaft (Öffnungszeiten siehe Webseite)

Inhaber .... Boris Birkert
Rebfläche .... 14 Hektar

Im Jahr 2000 war Boris Birkert in den Betriebe eingestiegen, den er nun 2012 von seinem Vater Manfred übernommen hat und zusammen mit Ehefrau Regina führt. Nach Erfahrungen in Südafrika bei Nederburg und in Burgund bei der Domaine Taupenot-Merme hatte er nach vier Semestern seines Geisenheim-Studiums ein Stipendium der University of California in Davis erhalten. Mit seinem Einstieg 2000 hatte er die Barrique-Serie „roburis" eingeführt. Der Name rührt von der botanischen Bezeichnung für die Stieleiche her, aus der die Fässer gemacht werden, quercius robur, und den letzten beiden Buchstaben des Vornamen von Boris Birkert. Hinzu gefügt wird der Buchstabe für die Rebsorte. Seine Weinberge liegen im Adolzfurter Schneckenhof und im Bretzfelder Goldberg; neu hinzugekommen sind die Weinberge seiner Schwiegereltern in der Lage Michelbacher Margarethe. Neben in Württemberg üblichen Rebsorten baut er auch Sorten wie Chardonnay, Muskateller, Gewürztraminer, Bacchus und Rotberger an. In der hauseigenen Brennerei werden die eigenen Mirabellen, Kirschen, Himbeeren und Brombeeren zu Schnäpsen gebrannt.

Vorjahre

Seit einem Jahrzehnt nun überzeugt uns das Weingut immer wieder mit homogenen Kollektionen. In den letzten Jahren waren meist die kraftvollen und konzentrierten Barriquerotweine unsere Favoriten. Die Weißweine sind ebenfalls füllig und kraftvoll, Chardonnay und Sauvignon Blanc gefallen uns immer wieder besonders gut, aber auch die Rieslinge. Vor zwei Jahren führten wieder die kraftvollen, deutlich vom Holzausbau geprägten Rotweine eine starke, gleichmäßige Kollektion an. Im Jahrgang 2010 hatte sich Boris Birkert mit seinen Weißweinen gut behauptet. Die Highlights der Kollektion waren aber einmal mehr die konzentrierten, holzwürzigen Rotweine, allen voran der Merlot und die Cuvée „CM".

Weißweine 2011

2011 wurde erstmals eine Beerenauslese geerntet. Diese führt eine gleichmäßige weiße Kollektion an mit kraftvollen, recht fülligen 2011ern.

Rotweine

Einmal mehr aber finden wir unsere Favoriten im roten Teil der Kollektion, auch wenn uns bei dem einen oder anderen Barriquewein eine kleine Bitternote im Abgang ein wenig irritiert – mit viel Kraft und Substanz machen sie das wett. Der Merlot zeigt eindringlich Gewürz- und Schokonoten, der Lemberger gute Struktur, der 2010er Spätburgunder ist noch sehr vom Holz geprägt. Unser Favorit ist wie im vergangenen Jahr die Cuvée CM aus Cabernet Cubin und Merlot, ein mächtiger, kraftvoller Weine mit guter Struktur und Substanz.

Weinbewertung

83 2010 Riesling Sekt extra trocken Adolzfurter Schneckenhof **13 %/9,50 €**

82 2011 Chardonnay Spätlese trocken Adolzfurter Schneckenhof **13 %/7,- €**

84 2011 Sauvignon Blanc Spätlese trocken Adolzfurter Schneckenhof **13 %/8,50 €**

83 2011 Riesling Auslese trocken Adolzfurter Schneckenhof **13 %/8,- €**

83 2011 Muskateller Adolzfurter Schneckenhof **12 %/5,50 €**

86 2011 Gewürztraminer Beerenauslese **10,5 %/11,50 €**

84 2009 Merlot trocken **14 %/9,50 €**

85 2009 „Triequus" Rotwein trocken **13,5 %/9,- €**

85 2010 Spätburgunder trocken Barrique „Roburis S" **13 %/12,- €**

86 2010 Lemberger trocken Barrique „Roburis L" **13,5 %/13,50 €**

86 2009 Rotweincuvée trocken Barrique **14 %/13,50 €**

86 2009 Merlot trocken Barrique **14,5 %/15,- €**

88 2009 „CM" Rotwein trocken Barrique **14 %/20,- €**

B

★★★☆

Bischel

Weingut

Rheinhessen

Sonnenhof, 55437 Appenheim
***Tel.** 06725-2683, **Fax:** 06725-5127*
www.weingut-bischel.de
info@weingut-bischel.de
***Besuchszeiten:** Mo.-Fr. 9-18 Uhr und nach Vereinb.*

Inhaber .... Heike & Hartmut Runkel
Kellermeister ...... Christian & Matthias Runkel
Rebfläche .... 14 Hektar

Seit fünf Generationen baut die Familie Wein in Appenheim an. Heute wird der Sonnenhof von Hartmut und Heike Runkel geführt, unterstützt von den Söhnen Christian und Matthias. Die Weinberge liegen vor allem in der an Kalkstein reichen Gau-Algesheimer St. Laurenzikapelle. Seit 2004 besitzt man auch eine Parzelle mit alten Rieslingreben im Binger Scharlachberg. Wichtigste Rebsorten sind Riesling, Grauburgunder, Weißburgunder, Silvaner, Chardonnay, Spätburgunder, Frühburgunder und Huxelrebe. Zuletzt wurden Merlot, Cabernet Sauvignon und Sauvignon Blanc neu gepflanzt. Die Rotweine werden maischevergoren und kommen dann ins Holzfass, die Weißweine werden in Edelstahltanks recht lange auf der Hefe ausgebaut. Seit dem Jahrgang 2006 gibt es die „Quarzit" (Binger Scharlachberg) und „Terra Fusca" (St. Laurenzikapelle) genannten Weine. Diese bilden zusammen mit den „S"-Weinen den mittleren Teil des Sortiments, zwischen den Gutsweinen als Basis und den Lagenweinen aus Scharlachberg (Riesling) und Johannisberg (Spätburgunder). Dazu gibt es süße und edelsüße Weine, die als einzige Weine Prädikatsbezeichnungen tragen.

Vorjahre

Vor zwei Jahren ging es weiter voran, die Rieslinge hatten weiter an Präzision und Ausdruck gewonnen, auch auf edelsüß verstand man sich. 2010 brachte mit der Beerenauslese aus dem Hundertgulden erneut einen hervorragenden edelsüßen Wein. Im trockenen Segment gefiel uns im vergangenen Jahr der Riesling aus dem Hundertgulden ein klein wenig besser als sein Pendant aus dem Scharlachberg, im Guts- und Ortsweinbereich blieb die Kollektion jahrgangsbedingt ein wenig hinter dem Vorjahr zurück.

Neue Kollektion

Sehr stimmig präsentiert sich auch die neue Kollektion. Die Gutsweine sind frisch und klar, die Ortsweine fülliger und kraftvoller, der fruchtbetonte, strukturierte Chardonnay und der zupackende, präzise Quarzit-Riesling gefallen uns besonders gut. Die Lagen-Rieslinge sind konzentrierter, stoffiger, bieten viel reife Frucht und viel Substanz, der Wein aus der St. Laurenzikapelle ist würzig und saftig, der Hundertgulden kraftvoll und strukturiert, der Scharlachberg enorm üppig und saftig. Die edelsüßen Rieslinge sind konzentriert, stoffig und reintönig. Sehr stark ist dieses Jahr auch der rote Teil der Kollektion mit einem reintönigen, fruchtbetonten Frühburgunder, dem kraftvollen, zupackenden Johannesberg-Spätburgunder und einem rauchig-würzigen Pinot Noir Reserve mit Eleganz, guter Struktur und Frische.

Weinbewertung

83 2011 Weißburgunder trocken **12,5 %/7,40 €**
84 2011 Riesling trocken **12 %/7,40 €**
86 2011 Silvaner trocken „Terrassen" Gau-Algesheimer **13 %/0,20 €**
88 2011 Chardonnay trocken „Kapelle" Gau-Algesheimer **13,5 %/12,90 €**
85 2011 Weißburgunder trocken Appenheimer **13 %/10,90 €**
86 2011 Riesling trocken „Terra Fusca" Appenheimer **12,5 %/10,90 €**
87 2011 Riesling trocken „Quarzit" Binger **13 %/10,90 €**
89 2011 Riesling trocken Appenheimer Hundertgulden **13 %/17,90 €**
88 2011 Riesling trocken Gau-Algesheimer St. Laurenzikapelle **13 %/17,90 €**
89 2011 Riesling trocken Binger Scharlachberg

13 %/18,90 €
88 2011 Riesling Auslese Binger Scharlachberg **7,5 %/12,90 €/0,375l**
89 2011 Riesling Trockenbeerenauslese Binger Scharlachberg **5,5 %/55,- €/0,375l**
89 2011 Riesling Trockenbeerenauslese Appenheimer Hundertgulden **5,5 %/55,- €/0,375l**
87 2010 Frühburgunder trocken Appenheimer **13 %/13,90 €**
88 2010 Spätburgunder trocken Gau-Algesheimer Johannisberg **13,5 %/18,90 €**
89 2009 Pinot Noir „Reserve" **13,5 %/25,90 €**

★★☆

Bischöfliche

Weingüter Trier

Mosel

Gervasiusstraße 1, 54290 Trier
***Tel.** 0651-14576-0, **Fax**: 0651-40253*
www.bwgtrier.de
info@bwgtrier.de
***Besuchszeiten**: Mo.-Fr. 8-18 Uhr; Sa. 10-14 Uhr*

Inhaber ..... Bischöfliches Priesterseminar Trier
.... Hohe Domkirche Trier
.... Bischöfliches Konvikt Trier
Güterdirektor .... Dr. Karsten Weyand
Rebfläche .... 129 Hektar

Die Bischöflichen Weingüter in Trier bewirtschaften den Weingutsbesitz des Bischöflichen Priesterseminars, der Hohen Domkirche und des Bischöflichen Konvikts Trier. Sie verfügen über umfangreichen Weinbergbesitz in besten Lagen, sowohl an Mosel (Avelsbacher Altenberg, Trittenheimer Apotheke, Dhron-Hofberger, Piesporter Goldtröpfchen, Bernkasteler Badstube, Graacher Domprobst und Himmelreich, Ürziger Würzgarten und Erdener Treppchen), als auch an Saar (Falkensteiner Hofberg, Wiltinger Kupp, Kanzemer Altenberg, Ayler Kupp und Scharzhofberger) und Ruwer (Eitelsbacher Marienholz, Kaseler Kehrnagel und Nies'chen). Neben dem dominierenden Riesling gibt es ein klein wenig Weißburgunder, Spätburgunder, Frühburgunder, St. Laurent und Regent. Nirgendwo sonst kann man so viele Rieslinge mit ihren lagenspezifischen Besonderheiten aus dem gesamten Anbaugebiet verkosten. Der Ausbau im Holz soll zukünftig forciert werden, die traditionellen Fuder werden nach und nach erneuert; auch wird seit 2010 verstärkt mit Spontangärung gearbeitet.

Vorjahre

Im Jahrgang 2009 zeigten vor allem die animierenden Spätlesen, dass 2009 an Saar und Ruwer ein bemerkenswerter Jahrgang war und dass die Bischöflichen Weingüter durchaus Ambitionen haben. 2010 behauptete man sich gut, präsentierte eine konsistente Kollektion mit zwei feinen Auslesen an der Spitze.

Jahrgang 2011

Die neue Kollektion präsentiert sich sehr stimmig, trocken wie süß, wobei die Stärken nachwievor im süßen und edelsüßen Segment liegen. Trocken gefällt uns die klare, zupackende Spätlese aus dem Nies'chen besonders gut, auch die warme, üppige Auslese Scharzhofberger. Der süße Teil der Kollektion bringt feine, reintönige Kabinettweine, eine konzentrierte Spätlese aus dem Altenberg mit viel Substanz und reifer süßer Frucht, die der noch etwas vom Schwefel geprägten Scharzhofberger-Spätlese ebenbürtig ist. Die elegante Auslese aus dem Nies'chen und eine konzentrierte, stoffige Beerenauslese krönen das Programm.

Weinbewertung

81 2011 Riesling trocken Ruwer **13 %/8,50 €**
84 2011 Riesling Kabinett trocken Eitelsbacher **12,5 %/8,90 €**
87 2011 Riesling Spätlese trocken Kaseler Nies'chen **12 %/11,90 €**
86 2011 Riesling Spätlese trocken Kanzemer Altenberg **13 %/11,90 €**
87 2011 Riesling Auslese trocken Scharzhofberger **13,5 %/17,80 €**
81 2011 Riesling „feinherb Dom" **11,5 %/6,90 €**

83 2011 Riesling Kabinett „feinherb" Kaseler **11 %/8,90 €**
85 2011 Riesling Spätlese „feinherb" Kaseler Nies'chen **11,5 %/11,90 €**
85 2011 Riesling Spätlese „feinherb" Ayler Kupp **11 %/11,90 €**
85 2011 Riesling Kabinett Scharzhofberger **9 %/9,40 €**
86 2011 Riesling Kabinett Piesporter Goldtröpfchen **9 %/8,90 €**
88 2011 Riesling Spätlese Kanzemer Altenberg **8,5 %/11,90 €**
88 2011 Riesling Spätlese Scharzhofberger **8,5 %/11,90 €**
88 2011 Riesling Auslese Kaseler Nies'chen **8,5 %/19,- €**
91 2011 Riesling Beerenauslese Kanzemer Altenberg **8,5 %/39,50 €**

★★

Bischöfliches

Weingut Rüdesheim Bistum Limburg **Rheingau**

Marienthaler Straße 3, 65385 Rüdesheim
***Tel.** 06722-910560, **Fax**: 06722-910562*
www.bischoefliches-weingut.de
weingut@bistumlimburg.de
***Besuchszeiten:** Mo.-Fr. 14-17 Uhr und nach Vereinbarung*

Geschäftsführer .... Silke Trick
Techn. Betriebsleiter/Kellermeister Peter Perabo
Rebfläche .... 9 Hektar

Das Weingut des Bistums Limburg führt seine Geschichte auf das Mittelalter zurück, im 11. Jahrhundert wurde es bereits urkundlich erwähnt. Der eindrucksvolle Klosterkeller stammt aus dem Jahr 1683. Die Reben befinden sich beispielsweise in den Rüdesheimer Spitzenlagen Berg Schlossberg, Berg Roseneck und Berg Rottland. Für den Keller ist inzwischen Peter Perabo zuständig, und er hat die Qualität des Betriebes in neue Höhen getrieben. Die Rieslinge (an der Spitze die „Alten Reben" aus dem Berg Roseneck, und der Schlossberg-Riesling) sind mineralisch und präzise, die Burgunder elegant, saftig, nicht vom Holz erschlagen. Der Riesling-Basiswein nennt sich nun „A priori S*" und ist sehr zugänglich, ohne zu langweilen.

Vorjahre

Die aus dem Jahrgang 2009 vorgestellten Weine überzeugten voll und ganz – ohne jede Ausnahme. Auch aus dem Jahrgang 2010 stellte das Weingut rassige, komplexe Rieslinge voller Würze vor; die 2009er Spätburgunder waren frisch und, trotz merkbaren Holzeinsatzes, feingliedrig, fruchtig und animierend.

Neue Kollektion

Auch die 2011er machen mit ihrem geradlinigen, in der Spitze wie in der Basis animierenden Stil viel Spaß. Die Gutsrieslinge sind klar und animierend, die Lagenweine mineralisch (Schlossberg) oder mit viel Schmelz ausgestattet (Roseneck). Als „Episcopus" wird in diesem Jahr ein leicht nach Äpfeln und Blüten duftender beinah trockener Riesling vermarktet. Die Trockenbeerenauslese ist zwar wunderschön klar und reintönig, wirkt aber so süß, dass sie noch viele Jahre bis zur Trinkreife benötigen dürfte. Die Rotweine schließlich besitzen viel Struktur und Würze; der Barriquewein aus der Klosterlay scheint noch etwas komplexer als sein Pendant aus Assmannshausen.

Weinbewertung

84 2011 Riesling trocken „A priori S*" Rüdesheimer **12,5 %/8,- €**
85 2011 Riesling trocken Rüdesheimer Berg Rottland **12,5 %/10,- €**
88 2011 Riesling trocken Rüdesheimer Berg Schlossberg **12,5 %/15,- €**
88 2011 Riesling trocken „Alte Reben" Rüdesheimer Berg Roseneck **12,5 %/14,50 €**
87 2011 Riesling „Episcopus" **12,5 %/14,- €**
84 2011 Riesling „feinherb A priori S*" Rüdesheimer **12,5 %/8,- €**
86 2011 Riesling Spätlese Rüdesheimer Berg Schlossberg **10,5 %/14,- €**

88 2011 Riesling Auslese Rüdesheimer **22,50 €**
89+ 2011 Riesling Trockenbeerenauslese Rüdesheimer Berg Schlossberg **6,5 %**
87 2010 Spätburgunder trocken Assmannshäuser **15,- €**
88 2010 Spätburgunder trocken „Barrique" Rüdesheimer Klosterlay **17,50 €**

Michael **Blendel** ★★

Weingut

Franken

Bocksbeutelstraße 13, 97332 Escherndorf
Tel. 09381-9130, Fax: 09381-6936
www.weingut-blendel.de
infopost@weingut-blendel.de
Besuchszeiten: Mo.-Fr. 8-18 Uhr, Sa. 8-17 Uhr, So. 10-12 Uhr oder nach Vereinbarung
2 Gästezimmer

Inhaber .... Michael Blendel
Rebfläche .... 6,5 Hektar

Seit zehn Generationen baut die Familie Wein in Escherndorf an, seit 1908 betreibt sie eine Brennerei. 1975 wurde die erste eigene Kelter gekauft, 1982 mit der Selbstvermarktung begonnen, 1989 konzentrierte man sich dann ganz auf Weinbau. Die Weinberge von Michael Blendel liegen überwiegend in Escherndorf, in den Lagen Lump, Fürstenberg und Berg, hinzu kommen zwei Weinberge in Sommerach. An weißen Rebsorten gibt es Silvaner, Müller-Thurgau, Bacchus, Traminer und Riesling, aber auch Scheurebe und Kerner. Hinzu kommen die roten Sorten Dornfelder, Domina, Spätburgunder und Regent. Die Weißweine werden in Edelstahltanks ausgebaut, die Rotweine in Holzfässern, auch im Barrique.

Vorjahre

2009 besaßen die Spätlesen Fülle und Kraft, schon der Müller-Thurgau in der Literflasche war klar und frisch. Auch 2010 hatte sich Michael Blendel gut behauptet, die Weine waren frisch, fruchtbetont und klar. Der „Teamgeist"-Silvaner war unser Favorit in einer guten, sehr gleichmäßigen Kollektion.

Jahrgang 2011

2011 präsentiert sich sehr gleichmäßig, angefangen vom geradlinigen Müller-Thurgau in der Literflasche. Die beiden trockenen Spätlesen aus dem Lump, Silvaner und Riesling, führen die Kollektion an, beide sind füllig und reintönig, besitzen reife Frucht und gute Substanz.

Weinbewertung

81 2011 Müller-Thurgau trocken Escherndorfer Berg **12 %/4,40 €/1l**
83 2011 „der Franke" Müller-Thurgau trocken **11,5 %/5,20 €**
83 2011 „der Franke" Silvaner trocken **13 %/5,20 €**
83 2011 Riesling Kabinett trocken Escherndorfer Lump **13 %/6,80 €**
86 2011 Silvaner Spätlese trocken Escherndorfer Lump **14 %/8,30 €**
86 2011 Riesling Spätlese trocken Escherndorfer Lump **14 %/8,50 €**
84 2011 Bacchus Kabinett Escherndorfer Fürstenberg **12 %/5,30 €**
81 2011 „der Franke" Rotwein trocken **13 %/6,70 €**

Heribert **Boch** ★★

Weingut

Mosel

Moselweinstraße 62, 54349 Trittenheim
Tel. 06507-2713, Fax: 06507-6795
weingut.boch@t-online.de
Besuchszeiten: Mo.-Sa. 9-12 + 14-19 Uhr, So. 9-14 Uhr nach Vereinbarung
4 Doppelzimmer, 1 Ferienwohnung

Inhaber .... Michael Boch
Rebfläche .... 7,1 Hektar

Das Weingut Heribert Boch in Trittenheim wird seit 1989 von Michael Boch geführt, seit

1999 unterstützt ihn seine Frau Anne. Nach der Übernahme des Betriebes kaufte Boch etwa 6000 Stock Riesling mit wurzelechten, 100 Jahre alten Reben in den besten Trittenheimer Steillagen hinzu. Die Weinberge liegen in den Trittenheimer Lagen Apotheke und Altärchen. Michael Boch hat sich nach und nach auf Steillagen und auf Riesling konzentriert, der heute 60 Prozent seiner Weinberge einnimmt. Hinzu kommen 25 Prozent Spätburgunder sowie etwas Müller-Thurgau, Kerner, Bacchus und Cabernet Sauvignon an. Die Moste werden nach kurzer Maischestandzeit kühl vergoren und reifen in Edelstahltanks, die Rotweine werden teils im Barrique ausgebaut.

Vorjahre

In den letzten Jahren haben die Weine an Substanz und Frucht gewonnen; sie sind saftig und reintönig – und nach wie vor günstig. 2009 gefiel bereits der trockene Kabinett, das überschaubar gestaltete Sortiment war sehr ausgewogen. 2010 präsentierte sich sehr gleichmäßig, die Weine waren geradlinig und klar, im süßen Segment gefiel uns die 3-Sterne-Spätlese besonders gut.

Jahrgang 2011

Auch 2011 präsentiert sich sehr geschlossen, schon die Kabinettweine überzeugen. Highlights in diesem Jahrgang sind die beiden Auslesen aus der Apotheke, die beide wunderschön reintönig und harmonisch sind.

Weinbewertung

82 2011 Riesling Kabinett trocken Trittenheimer Apotheke **12 %/5,90 €**

84 2011 Riesling Spätlese trocken Trittenheimer Apotheke **13 %/7,90 €**

82 2011 Riesling Spätlese „Urstück" Trittenheimer Apotheke **13 %/9,40 €**

84 2011 Riesling Spätlese halbtrocken Trittenheimer Apotheke **12,5 %/7,90 €**

82 2011 Riesling Kabinett Trittenheimer Altärchen **9 %/5,40 €**

83 2011 Riesling Spätlese Trittenheimer Apotheke **8,5 %/7,90 €**

84 2011 Riesling Spätlese*** Trittenheimer Apotheke **8 %/8,90 €**

86 2011 Riesling Auslese Trittenheimer Apotheke **7,5 %/16,- €**

88 2011 Riesling Auslese*** Trittenheimer Apotheke **8 %/16,- €/0,375l**

83 2011 Blauer Spätburgunder trocken Trittenheimer Altärchen **13 %/6,40 €**

Bocksbeutel-Hof ★

Escherndorf **Franken**

Astheimer Straße 6, 97332 Escherndorf
***Tel.** 09381-803310, **Fax**: 09381-803311*
www.bocksbeutel-hof.de
info@bocksbeutel-hof.de
***Besuchszeiten**: Apr.-Okt.: Mo.-Fr. 9-18 Uhr, Sa. 9-12 + 14-17 Uhr, So. 14-17 Uhr*
Nov.-März: Mo.-Fr. 9-17 Uhr, Sa. 9-12 Uhr, im Nov. + Dez. auch Sa./So. 14-17 Uhr,
Jan. bis Mitte März Sa. nachm. / So. geschlossen
Verkostungs- und Erlebnisraum, Weinprobierstube

Verkaufsleiter .... Thomas Römmelt
Mitglieder 35
Rebfläche .... 26 Hektar

Der 1913 gegründete Escherndorfer Winzerverein verlor 1970 seine Selbstständigkeit und wurde als Kelterstation einer Zentralkellerei (GWF) angegliedert. 1997 haben sich neun Winzer zusammengetan und die Winzergenossenschaft Escherndorf wieder gegründet. Neben Weinbergen in Escherndorf bewirtschaften die Mitglieder des Bocksbeutel-Hofs auch Weinberge in Neuses, Nordheim, Volkach und Dettelbach. Gut ein Drittel der Weinberge liegt in Steillagen. Wichtigste Rebsorten sind Müller-Thurgau und Silvaner. Es folgen Riesling, Bacchus, Spätburgunder und Domina.

Vorjahre

Die 2009er Kollektion präsentierte sich geschlossen auf gutem Niveau. Ein homogener

Jahrgang 2010 folgte nach, die Beerenauslese aus dem Vorgängerjahrgang war unser Favorit in der letztjährigen Kollektion.

Jahrgang 2011

Sehr gleichmäßig präsentiert sich nun der Jahrgang 2011, wobei die Spätlesen zwar fülliger sind, aber kaum eine Steigerung bieten gegenüber den Kabinettweinen.

Weinbewertung

79 2011 Silvaner trocken Escherndorfer Fürstenberg **12 %/5,20 €/1l**

81 2011 Silvaner Kabinett trocken Escherndorfer Lump **13 %/6,70 €**

81 2011 Riesling Kabinett trocken Escherndorfer Lump **12,5 %/7,- €**

82 2011 Silvaner Spätlese trocken Escherndorfer Lump **14 %/9,- €**

82 2011 Riesling Spätlese trocken Escherndorfer Lump **13 %/9,- €**

82 2011 Kerner Spätlese Escherndorfer Fürstenberg **12 %/6,50 €**

82 2011 Pinot Blanc Auslese Escherndorfer Fürstenberg **11,5 %/20,- €**

83 2011 Riesling Auslese Escherndorfer Lump **12,5 %/20,- €**

81 2011 Domina trocken Escherndorfer Fürstenberg **12,5 %/6,50 €**

★☆

Klaus **Böhme**

Weingut

Saale-Unstrut

Lindenstraße 42, 06636 Kirchscheidungen
***Tel.** 034462-20395, **Fax**: 034462-22794*
www.weingut-klaus-boehme.de
weingut.boehme@t-online.de
***Besuchszeiten**: nach Vereinbarung*

Inhaber .... Klaus Böhme
Rebfläche .... 10 Hektar

Klaus Böhme entschied sich nach seiner landwirtschaftlichen Ausbildung für den Weinbau – die Familie hatte immer schon Weinberge bewirtschaftet aber die Trauben an die Genossenschaft abgeliefert – und begann 1993 mit der Flaschenweinvermarktung. Seither hat er die Rebfläche erweitert und einen neuen Keller gebaut. Seine Reben stehen auf Muschelkalkböden in verschiedenen Variationen in den Lagen Burgscheidunger Veitsgrube, Freyburger Mühlberg und Schweigenberg (der einstigen Kernlage), sowie im Dorndorfer Rappental. Müller-Thurgau, Silvaner, Weißburgunder und Riesling sind die wichtigsten Rebsorten, hinzu kommen Kerner, Traminer und Gutedel, sowie fast 20 Prozent rote Sorten: Spätburgunder, Portugieser und Dornfelder, zuletzt pflanzte er Frühburgunder. Die Rotweine werden maischevergoren, durchgegoren und teilweise in 600-Liter-Fässern ausgebaut, die Weißweine gekühlt im Edelstahl vergoren und ausgebaut und mit natürlicher Restsüße abgefüllt.

Vorjahre

Die 2009er von Klaus Böhme konnten überzeugen, allen voran der reintönige Riesling aus dem Rappental. Einen wunderschön leichten, frischen Riesling aus dem Rappental bot Klaus Böhme 2010 an – so macht Riesling Spaß. Auch sonst waren die Weine frisch, klar und geradlinig, angenehm niedrig im Alkohol, bereiteten Trinkfreude.

Neue Kollektion

Sehr homogen präsentiert sich die neue Kollektion, alle Weine sind frisch und reintönig. Zwei feine Rieslinge bietet Klaus Böhme an, noch besser allerdings gefällt uns der klare, herrlich geradlinige und zupackende Bacchus – so schöne trockene Weine von dieser Rebsorte erhält man nur selten. Viel Freude bereitet auch der Frühburgunder, er ist frisch und fruchtbetont, reintönig und zupackend: Eine stimmige Kollektion.

Weinbewertung

83 2011 Silvaner trocken „Alte Reben" Dorndorfer Rappental **7,30 €**

83 2011 Weißburgunder trocken „Schloss Neuenburg" **7,30 €**

85 2011 Bacchus Spätlese trocken Dorndorfer

Rappental **8,20 €**

84 2011 Riesling trocken Dorndorfer Rappental **7,30 €**

84 2011 Riesling Spätlese trocken Dorndorfer Rappental **8,50 €**

85 2011 Frühburgunder trocken Dorndorfer Rappental **9,50 €**

Bös ★☆

Weingut

Wiesenäcker 2, 69254 Malsch
***Tel.** 07253-278818, **Fax**: 07253-278819*
www.weingut-boes.de
info@weingut-boes.de
***Besuchszeiten**: Di. + Do. 17-19 Uhr, Fr. 15-19 Uhr, Sa. 9-14 Uhr und nach Vereinbarung*
Besenwirtschaft „Reblaus", Weinwanderungen

Inhaber .... Rüdiger Bös
Rebfläche .... 18 Hektar

Die Eltern von Rüdiger Bös besaßen einen landwirtschaftlichen Mischbetrieb mit 3 Hektar Weinbergen. Im Laufe der Zeit wurde die Rebfläche vergrößert und der Keller ausgebaut. Nach dem Studienabschluss von Rüdiger Bös in Geisenheim entstand aus dem Genossenschaftsbetrieb ein selbstvermarktendes Weingut. 1999 übernahm Rüdiger Bös den Betrieb. Im Anbau dominieren die Burgundersorten, dazu gibt es Gewürztraminer, Chardonnay, Portugieser und Lemberger. 2001 wurde Dornfelder, Merlot und Cabernet Sauvignon gepflanzt.

Vorjahre

Vor zwei Jahren präsentierte sich die Kollektion geschlossen auf gutem Niveau, wurde angeführt von zwei kraftvollen Barrique-Rotweinen aus dem Jahrgang 2008. Der im vergangenen Jahr präsentierte 2008er Barrique-Spätburgunder war von eigenwilligen Gewürznoten dominiert, da gefiel uns der im Holzfass ausgebaute Lemberger schon besser. Die 2010er Weißweine waren jahrgangsbedingt sehr verhalten.

Neue Kollektion

Die neue Kollektion ist sehr gleichmäßig, weiß wie rot, an der Spitze ein fruchtbetonter, recht süßer Weißburgunder und der konzentrierte, im Barrique ausgebaute Lemberger, der Fülle und Kraft besitzt.

Weinbewertung

84 2011 Weißburgunder Kabinett trocken **13 %/6,- €**

82 2011 Auxerrois trocken **13,5 %/6,- €**

80 2011 Grauburgunder trocken **12,5 %/5,50 €**

82 2011 Grauburgunder Kabinett trocken **13 %/6,- €**

83 2011 Grauburgunder Spätlese trocken **13 %/7,- €**

81 2010 Lemberger trocken **13 %/6,- €**

80 2011 Merlot trocken Rotsteig **13,5 %/12,- €**

85 2008 Lemberger trocken Barrique **13,5 %/21,- €**

82 2009 Spätburgunder Spätlese trocken **14 %/12,- €**

Bohnenstiel ★

Weingut **Pfalz**

Weinstraße 77, 67273 Herxheim am Berg
***Tel.** 06353-91186, **Fax**: 06353-91196*
www.weingut-bohnenstiel.de
weingut.bohnenstiel@t-online.de
***Besuchszeiten**: wochentags 9-18 Uhr möglichst nach Vereinbarung, Samstag 9-17 Uhr*
Probierstube, Ferienwohnung

Inhaber .... Edwin und Martina Bohnenstiel
Rebfläche .... 12 Hektar

Seit Ende des 17. Jahrhunderts betreibt die Familie Bohnenstiel Weinbau in Herxheim am Berg. Neben den traditionellen Weißweinsorten wie Riesling, Weiß- und Grauburgunder und Silvaner baut Edwin Bohnenstiel inzwischen auch Chardonnay und Sauvignon Blanc an. An roten Sorten gibt es Portugieser, Dornfelder, Spätburgunder, St. Laurent, Acolon, Cabernet Sauvignon und Merlot.

Vorjahre

Vor zwei Jahren waren die Weißweine frisch und reintönig, mit deutlicher Säure und guter Frucht, neben der sehr guten Spätlese vom Herxheimer Himmelreich gefiel uns die rote Cuvée BB am besten. Im vergangenen Jahr waren es zwei Weißweine, die uns sehr gut gefallen haben. Die trockene Riesling Spätlese zeigte die klare Kraft des Jahrgangs ohne schwer zu sein.

Neue Kollektion

In diesem Jahr verkosteten wir eine stimmige Kollektion mit zwei sehr guten Rieslingen und einem feinen, sehr fruchtigen Chardonnay. Der Riesling „Alte Rebe" ist eine Spur zu süß, der „Wermuth" ist stoffig und nachhaltig. Der Spätburgunder ist konzentriert, dunkelfruchtig und von guter Tanninstruktur, die Cuvée „BB" – Nomen est Omen – präsentiert sich rund und vollbusig.

Weinbewertung

86 2011 Riesling Spätlese trocken „Im Wermuth" **13,5 %/9,50 €**

85 2011 Riesling Spätlese trocken „Alte Rebe" **13,5 %/9,50 €**

84 2011 Riesling Spätlese trocken Herxheimer Honigsack **12,5 %/6,20 €**

82 2011 Riesling Kabinett trocken „Verde" **11,5 %/5,10 €**

84 2011 Sauvignon Blanc Kabinett trocken **12 %/6,70 €**

83 2011 Grüner Silvaner Kabinett trocken **11,5 %/4,60 €**

78 2011 Weißburgunder Kabinett trocken **12,5 %/5, €**

79 2011 Grauburgunder Spätlese trocken **12,5 %/5,80 €**

85 2011 Chardonnay Spätlese trocken **12,5 %/5,90 €** ☺

83 2009 „Cuvée Cultus" Rotwein trocken **13 %/6,70 €**

86 **2009** Spätburgunder Spätlese trocken „Felsenberg" **14 %/11,- €**

85 2010 „Cuvée BB" Rotwein trocken **13%/11,- €**

★☆

Bollig – Mühlenhof

Weingut

Mosel

Mühlenhof, Brunnenstraße 69
54484 Maring-Noviand
***Tel.** 06535-490, **Fax:** 06535-7639*
www.bollig-muehlenhof.de
info@bollig-muehlenhof.de
***Besuchszeiten:** nach Vereinbarung*
5 Ferienwohnungen (4 Sterne)

Inhaber .... Hans Dieter und Carsten Bollig
Rebfläche .... 6,3 Hektar

Die Weinberge von Hans Dieter Bollig und seinem Sohn Carsten, der für den Weinausbau verantwortlich ist, werden „kontrolliert umweltschonend" bewirtschaftet. Riesling nimmt 50 Prozent der Rebfläche ein, hinzu kommen 20 Prozent Spätburgunder sowie Chardonnay, Grauburgunder, Müller-Thurgau, Regent, Frühburgunder und Dornfelder. Rote Rebsorten nehmen zusammen mehr als 30 Prozent der Rebfläche ein. Bereits seit dem Jahrgang 2001 verzichten sie auf Prädikatsbezeichnungen bei trockenen Weinen. 2009 wurde eine Vinothek eröffnet für deren Bau fast ausschließlich natürliche Materialien verwendet wurden. Die Bolligs erzeugen auch Kuriositäten wie aus Auslesetrauben hergestellten Balsam-Essig, Aperitifessig aus Riesling Trockenbeerenauslese oder einen Weinbrand Riesling Spätlese.

Die Vorjahre

Die 2009er fielen wie gewohnt saftig und füllig aus, besaßen Substanz. 2010 waren die Weißweine etwas verhaltener, der sehr barriquegeprägte 2009er Spätburgunder besaß gute Substanz.

Jahrgang 2011

Der neue Jahrgang überzeugt, die Weine sind füllig und kraftvoll, klar und zupackend. Trocken gefällt uns der Laymühle-Riesling am besten, die Auslese aus dem Klosterberg zeigt feine Zitrusnoten und Biss, führt den süßen Teil der Kollektion an – und nicht vergessen sollte man den fülligen Spätburgunder mit viel reifer Frucht.

Weinbewertung

81 2011 Riesling trocken **13 %/4,90 €**
85 2011 Riesling trocken Laymühle **12 %/7,- €**
82 2011 Riesling „alte Reben" Klosterberg **13 %/9,50 €**
84 2011 Riesling „feinherb" Laymühle **11,5 %/7,- €**
82 2011 Riesling „feinherb" Sonnenuhr **11,5 %/9,50 €**
85 2011 Riesling Spätlese Honigberg **9,5 %/7,- €**
84 2011 Riesling Spätlese „alte Reben" Honigberg **8,5 %/8,- €**
87 2011 Riesling Auslese Klosterberg **9 %/11,50 €**
84 2011 Spätburgunder trocken **14,5 %/7,20€**

Borell-Diehl ★★

Weingut

Pfalz

Weinstraße 47, 76835 Hainfeld
Tel. *06323-980530,* ***Fax:*** *06323-980570*
www.borell-diehl.de
info@borell-diehl.de
Besuchszeiten: *Mo.-Sa. 8-12 + 13-18 Uhr*

Inhaber .... Thomas Diehl
.... Annette Borell-Diehl
Rebfläche .... 28 Hektar

Die Familie Borell ist seit dem 17. Jahrhundert in Hainfeld ansässig. In seiner heutigen Form entstand das Weingut aber erst 1990 durch die Heirat von Annette Borell mit Thomas Diehl, der ebenfalls aus einer Winzerfamilie (im benachbarten Edesheim) stammt. Wichtigste Rebsorten sind Dornfelder, Riesling und die Burgundersorten. Dazu gibt es Silvaner und Müller-Thurgau, Sauvignon Blanc und Gewürztraminer, aber auch Chardonnay, Sankt Laurent, Schwarzriesling, Merlot und Cabernet Sauvignon. Die Weißweine werden langsam und temperaturkontrolliert im Edelstahl vergoren, die roten Trauben werden entrappt und maischevergoren, Spitzenweine kommen für mindestens 18 Monate ins Barrique.

Vorjahre

Vor zwei Jahren überzeugte der Grauburgunder von alten Reben aus dem Hainfelder Letten, ebenso wie der Riesling „Kupperwolf", die 2008er Spätburgunder waren dagegen etwas zu verhalten. Im vergangenen Jahr standen vier Weiße gleich obenauf: Der Silvaner aus dem Heiligenberg, der Grauburgunder von alten Reben, der im Barrique ausgebaute Chardonnay und der Riesling „Kupperwolf" zeigten alle gute Konzentration und klare Frucht. Die drei ambitionierten 2009er Spätburgunder besaßen Kraft und Substanz, ähnelten sich aber so sehr, dass keine wirklichen Lagenunterschiede erkennbar waren.

Neue Kollektion

In diesem Jahr ähneln sich die beiden 2010er Spätburgunder mit ihrem kräftigen Holzeinsatz erneut sehr, sind jahrgangsbedingt aber etwas verhaltener als ihre Vorgänger. Die Rieslinge sind alle klar, reintönig und würzig, an der Spitze steht wieder der füllige „Kupperwolf" und auch der Grauburgunder von alten Reben überzeugt wie gewohnt mit Substanz und viel reifer gelber Frucht.

Weinbewertung

83 2011 Sauvignon Blanc trocken **12 %/6,- €**
82 2011 Auxerrois Kabinett trocken Flemlinger Vogelsprung **12,5 %/5,- €**
85 2011 Weißer Burgunder Spätlese trocken „Alte Reben" Hainfelder Kapelle **13,5 %/7,20 €**
86 2011 Grauer Burgunder Spätlese trocken „Alte Reben" Hainfelder Letten **13,5 %/7,20 €**
80 2011 Riesling trocken **12 %/4,- €/1l**
83 2011 Riesling Kabinett trocken „vom Muschelkalk" **12,5 %/5,- €**
83 2011 Riesling Kabinett trocken „Alte Reben"

Hainfelder Kapelle **12,5 %/5,80 €**

85 2011 Riesling Spätlese trocken Edesheimer Forst **13 %/6,50 €**

87 2011 Riesling trocken „Kupperwolf" Edesheimer Rosengarten **13 %/9,- €**

85 2009 Cabernet Sauvignon trocken **13,5 %/9,- €**

85 2010 Spätburgunder Spätlese trocken „Kupperwolf" **13 %/12,80 €**

86 2010 Spätburgunder Spätlese trocken „Georg Nr. VIII" **13 %/18,20 €**

★

Borth

Weingut

Württemberg

Unterheimbacher Straße 35, 74626 Bretzfeld-Adolzfurt
***Tel.** 07946-2139, **Fax:** 07946-942533*
www.weingut-borth.de
info@weingut-borth.de
***Besuchszeiten:** täglich nach Vereinbarung*
Weinstube (60-80 Personen), zweimal monatlich für eine Woche geöffnet

Inhaber........................... Michael Borth
Rebfläche............................. 6,5 Hektar

Seit 1993 bewirtschaften Andrea und Michael Borth ihr Weingut in Adolzfurt. Ihre Weinberge befinden sich in der Adolzfurter Lage Schneckenhof und im Cleversulzbacher Eberfürst. Die Reben wachsen auf Keuperverwitterungsböden. Drei Viertel der Fläche nehmen rote Sorten ein: Trollinger, Lemberger, Spätburgunder, Schwarzriesling, Samtrot, Muskattrollinger und Dornfelder, inzwischen auch Merlot und Cabernet Cubin. An weißen Sorten gibt es Riesling, Traminer und Silvaner, sowie Weißburgunder.

Vorjahre

Vor zwei Jahren war die Kollektion sehr homogen, weiß wie rot. Die letztjährige Kollektion gefiel uns insgesamt besser, bot zuverlässige Qualität auf gutem Niveau, weiß wie rot. Wer restsüße Weißherbste mag, der findet bei Michael Borth eine prächtige Auswahl, stellten wir im vergangenen Jahr fest

Neue Kollektion

Noch besser gefällt uns der aktuelle Jahrgang: Die Kollektion bietet sehr gleichmäßige Qualität, weiß wie rot, hat mit den beiden kraftvollen Barriquerotweinen Spitzen zu bieten, beide besitzen gute Struktur und jugendliche Tannine.

Weinbewertung

81 2011 Riesling Spätlese trocken Adolzfurter Lindelberg **12,5 %/6,- €**

82 2011 Weißburgunder Spätlese trocken Adolzfurter Schneckenhof **12 %/5,60 €**

81 2011 Riesling „Schneckle" **10,5 %/4,50 €**

82 2010 Lemberger Weißherbst Spätlese Adolzfurter Lindelberg **10,5 %/6,- €**

81 2011 Muskattrollinger **11 %/6,- €**

82 2009 Lemberger trocken Holzfass Adolzfurter Schneckenhof **14 %/6,- €**

82 2009 Spätburgunder Spätlese trocken Adolzfurter Lindelberg **13,5 %/6,- €**

87 2009 Cabernet Cubin trocken Barrique **13 %/16,- €**

87 2009 Merlot trocken Barrique **13,5 %/16,- €**

★☆

Bott

Weingut

Rheingau

Frohnseestraße 24, 65474 Bischofsheim
***Tel.** 06144-1365, **Fax:** 06144-1365*
www.weingut-bott.de
riesling@weingut-bott.de
***Besuchszeiten:** Mo.-Fr. 16-19 Uhr, Sa. 10-14 Uhr*

Inhaber............................ Michael Bott
Rebfläche............................. 3,2 Hektar

Michael Bott baut neben Riesling etwas Spätburgunder und Grauburgunder an. Seine Weinberge liegen am Hochheimer Berg, vor allem in den Lagen Kostheimer St. Kiliansberg und Hochheimer Reichestal. Die spannendsten Weine stammen oft aus der Lage Reichestal (viel Löss) und aus der Kisselgass (viel Kalk im Unterboden). Die Reduktion auf das Wesentliche ist das Bestreben von Michael Bott, seine Rieslinge sollen nicht nach tropischer, sondern nach heimischer Frucht schmecken; der Terroir-Charakter soll mehr und mehr herausgearbeitet werden, was freilich nicht bei jedem Gewächs und in jedem Jahr gelingt. Davon unabhängig sind alle Weine schlank und geradlinig, auch in reifen Jahren.

Vorjahre

Die Weine des Jahrgangs 2009er fielen überdurchschnittlich gut aus, auch wenn das Erste Gewächs ein wenig unzugänglich wirkte. 2010 waren nur begrenzt Höhenflüge möglich; Riesling und Spätburgunder waren würzig und straff, aber nicht allzu komplex.

Jahrgang 2011

Die 2011er gefallen auch deshalb, weil die Weine sehr klar sind, präzise wirken und im trockenen Bereich nicht durch unnötige Süße harmonisiert werden. Schon die Literweine sind sehr zuverlässig, während der Kostheimer „Drei-Sterne-Riesling" durch rassige Art gefällt. Noch entwicklungsfähig sind sicher die beiden offiziellen Spitzen: Das kraftvolle Erste Gewächs sowie der mit ganz leichter Süße ausgestattete „Einmalig". ▬

Weinbewertung

83 2011 Riesling trocken **12 %/4,80 €/1l** ☺
84 2011 Grauburgunder trocken **12 %/5,80 €**
84 2011 Riesling Kabinett trocken **11,5 %/5,80 €**
86 2011 Riesling trocken „Drei Sterne" Kostheimer **13,5 %/6,80 €** ☺
86 2011 Riesling trocken Erstes Gewächs Kostheimer St. Kiliansberg **14 %/18,- €**
83 2011 Riesling Classic **12,5 %/5,80 €**
83 2011 Riesling halbtrocken **12 %/4,80 €/1l** ☺
86 2011 Riesling Spätlese „Einmalig" Kostheimer St. Kiliansberg **14 %/10,60 €**

★

Bottler

Weingut

Mosel

Hauptstraße 11, 54486 Mülheim
***Tel.** 06534-324, **Fax** 06534-18395*
www.weingut-bottler.de
wein-gaestehaus-bottler@t-online.de
***Besuchszeiten:** Mo.-Sa. 8-12 + 13-18 Uhr oder nach Vereinbarung*
Straußwirtschaft, Gästehaus

Inhaber .... Hermann und Andreas Bottler
Rebfläche .... 5 Hektar

Das Weingut Bottler ist ein typisches Moselweingut mit Straußwirtschaft und Gästehaus. Hermann und Andreas Bottler bauen zu 80 Prozent Riesling an, dazu Weißburgunder, Kerner, Müller-Thurgau, Regent und Spätburgunder. Die Weine werden kühl vergoren, teils im Holz, teils im Edelstahl. Zwei Drittel der Produktion wird trocken ausgebaut. Zu den Spezialitäten gehört der Eiswein, der fast in jedem Jahr erzeugt wird.

Vorjahre

Dieser war beim Debüt vor zwei Jahren unser Favorit in einer guten Kollektion, die ihre Stärken eindeutig im süßen und edelsüßen Segment hatte. Auch 2010 führte der geschmeidige Eiswein die Kollektion an, die ansonsten sehr gleichmäßige, gute Qualität bot.

Jahrgang 2011

Eine stimmige, überzeugende Kollektion präsentieren Hermann und Andreas Bottler 2011. Trocken gefällt uns die „normale" Spätlese ein wenig besser als die Spätlese von alten Reben, etwas stärker noch ist aber der süße Teil der Kollektion, angeführt von zwei reintönigen Auslesen; viel Freude bereitet der frische, zupackende „591 Molinum". Weiter so! ▬

Weinbewertung

82 2011 Riesling Kabinett trocken „Blauschiefer" Mülheimer Sonnenlay **12,5 %/5,50 €**
85 2011 Riesling „S" Spätlese trocken Mülheimer Sonnenlay **13 %/7,50 €**

84 2011 Riesling „S" Spätlese trocken „Alte Reben" Mülheimer Sonnenlay **14 %/9,50 €**
80 2011 Riesling Kabinett halbtrocken Mülheimer Sonnenlay **12 %/5,50 €**
81 2011 Riesling Spätlese halbtrocken Mülheimer Sonnenlay **13,5 %/7,- €**
81 2011 Riesling Spätlese „feinherb" Mülheimer Sonnenlay **12,5 %/7,- €**
84 2011 Riesling „591 Molinum" Mülheimer Sonnenlay **9,5 %/4,50 €** ☺
83 2011 Riesling Kabinett Mülheimer Sonnenlay **9,5 %/5,50 €**
83 2011 Riesling Spätlese Mülheimer Sonnenlay **10 %/7,- €**
85 2011 Riesling Spätlese*** Mülheimer Sonnenlay **10,5 %/9,- €**
87 2011 Riesling Auslese (Goldkapsel) Nr. 16/12 Mülheimer Sonnenlay **9,5 %/10,- €/0,5l**
87 2011 Riesling Auslese (Goldkapsel) Nr. 17/12 Mülheimer Sonnenlay **9,5 %/10,- €/0,5l**

★

Braun
Familienweingut

Franken

Blütenstraße 22, 97332 Volkach-Fahr
***Tel.** 09381-80730, **Fax:** 09381-807320*
www.weingut-braun.de
info@weingut-braun.de
***Besuchszeiten:** Di.-So. 8:30-11:30 + 14-18 Uhr*
Häckerstube, Gästehaus

Inhaber .... Thomas und Heike Braun
Rebfläche .... 22 Hektar

Die Weinberge von Thomas und Heike Braun, die das Weingut 1998 von ihren Eltern übernommen haben, liegen in Fahr, Neuses, Obereisenheim, Volkach, Obervolkach, Sommerach, Stammheim, Nordheim, Escherndorf und Astheim. Vierzehn verschiedene Weißweinsorten bauen sie an, dazu vier rote Sorten.

Kollektion

Die 2011er Weißweine sind frisch und klar, am besten gefällt uns der füllige, konzentrierte Traminer mit seiner reintönigen Frucht, der Merlot ist reintönig und frisch, besitzt gute Struktur und Biss.

Weinbewertung

80 2011 Bacchus trocken **11,5 %/5,- €/1l**
81 2011 Silvaner Kabinett trocken Volkacher Ratsherr **13 %/6,50 €**
82 2011 Sauvignon Blanc Kabinett trocken **11 %/7,- €**
85 2011 Traminer Spätlese trocken Sommeracher Rosenberg **13 %/9,- €**
81 2011 Rotling „feinherb" **11,5 %/5,- €**
84 2009 Merlot trocken **13,5 %/9,- €**

★

Manfred Braun
Weingut

Franken

Weinbergstraße 7, 97334 Nordheim
***Tel.** 09381-1682, **Fax:** 09381-847351*
www.weingut-manfred-braun.de
info@weingut-manfred-braun.de
***Besuchszeiten:** täglich, auch am Wochenende, nach Vereinbarung*

Inhaber .... Manfred Braun
Rebfläche .... 3,6 Hektar

Die Familie baut seit Generationen Wein in Nordheim an. Herbert Braun begann in den siebziger Jahren mit der Selbstvermarktung, heute führt sein Sohn Manfred den Betrieb. Er baut Müller-Thurgau, Silvaner, Riesling, Bacchus, Kerner, Scheurebe und Rieslaner an, sowie die roten Sorten Spätburgunder, Frühburgunder, Domina, Acolon und Dornfelder.

Vorjahre

Beim starken Debüt vor zwei Jahren überzeugten alle vorgestellten Weine. Im trockenen Segment gefiel uns die Silvaner Spätlese von alten Reben am besten, süß die Rieslaner Spätlese. Und dass sich Manfred Braun auch auf Rotwein versteht stellte er mit der barriqueausgebauten Domina aus dem Jahrgang 2007 unter Beweis. Auch 2010 behauptete Manfred Braun sich gut, bot sehr gleichmäßige Qualität mit fruchtbetonten, reintönigen Weinen, an der Spitze die Rieslaner Spätlese.

Neue Kollektion

Auch 2011 vermag die schmeichelnde, reintönige Rieslaner Spätlese zu überzeugen, noch besser gefällt uns der Silvaner von alten Reben, er besitzt viel reife Frucht, gute Fülle und Substanz.

Weinbewertung

81 2011 Müller-Thurgau Kabinett trocken Nordheimer Kreuzberg **12 %/5,50 €**

81 2011 Scheurebe Kabinett trocken Nordheimer Vögelein **11,5 %/5,60 €**

80 2011 Silvaner Kabinett trocken Nordheimer Ratsherr **12,5 %/5,70 €**

85 2011 Silvaner Spätlese trocken „Alte Reben" Nordheimer Vögelein **13,5 %/9,50 €**

82 2011 Bacchus Spätlese Nordheimer Vögelein **11,5 %/7,20 €**

84 2011 Rieslaner Spätlese Nordheimer Vögelein **12 %/8,90 €**

Waldemar **Braun** ★★

Weingut

Franken

Langgasse 10, 97334 Nordheim
***Tel.** 09381-9061, **Fax**: 09381-71179*
www.weingut-waldemar-braun.de
info@weingut-waldemar-braun.de
***Besuchszeiten**: Mo.-Sa. 9-18 Uhr, So. 10-13 Uhr*

Inhaber .... Waldemar Braun
Rebfläche .... 14,4 Hektar

Waldemar Braun hat 1985 sein eigenes Weingut gegründet. Seine Weinberge liegen vor allem in Nordheim, aber auch in Volkach, Escherndorf und Sommerach. Wichtigste Rebsorten sind Müller-Thurgau, Silvaner und Bacchus. Dazu gibt es Riesling, Kerner, Scheurebe, Rieslaner, Chardonnay, sowie Grau- und Weißburgunder. Hinzu kommen die roten Sorten Domina, Spätburgunder und Schwarzriesling.

Vorjahre

Vor zwei Jahren gefiel uns der üppige „Mandelbrecht" besonders gut, führte eine konsistente, gute Kollektion an. Ganz stark war auch die letztjährige Kollektion. Die beiden Silvaner – „Mandelbrecht" und „Am starken Holz" – gefielen uns einmal mehr besonders gut, aber auch die weißen Burgunder machten viel Freude mit ihrer reintönigen Frucht. Die Domina „vom langen Berg" war kraftvoll und konzentriert, der Spätburgunder besaß viel Kraft und Substanz, aber auch viel jugendliche Tannine.

Neue Kollektion

2011 nun hat Waldemar Braun gleich vier mächtige „große" Weine im Programm, drei Silvaner und einen Weißburgunder. Der Hohe Setz-Weißburgunder ist füllig und kraftvoll bei reifer Frucht. Unter den Silvanern gefällt uns der füllige Mandelbrecht aus dem Lump am besten, er besitzt viel Substanz und Wärme. Der neue Kreiden-Silvaner, ebenfalls aus dem Lump, ist wunderschön reintönig und füllig, der üppige Silvaner vom starken Holz, aus dem Vögelein, ist im Abgang ein wenig von Bitternoten geprägt. Wer's weniger üppig mag, dem sei der feine Silvaner Kabinett empfohlen, der sich, wie auch sonst die Kollektion, nicht zu verstecken braucht.

Weinbewertung

79 2011 Silvaner trocken Nordheimer Vögelein **12,5 %/6,20 €/1l**

84 2011 Silvaner Kabinett trocken Nordheimer Vögelein **13 %/7,50 €**

83 2011 Weißburgunder Kabinett trocken Nordheimer Vögelein **13 %/9,50 €**

87 2011 Silvaner Spätlese trocken „Am starken Holz" Nordheimer Vögelein **14,5 %/13,- €**

88 2011 Silvaner Spätlese trocken „Mandelbrecht" Escherndorfer Lump **14 %/15,- €**

88 2011 Silvaner Spätlese trocken „Kreiden" Escherndorfer Lump **13,5 %/15,- €**
86 2011 Weißburgunder Spätlese trocken „Hohe Setz" Nordheimer Vögelein **14 %/14,50 €**
82 2011 Scheurebe Kabinett Sommeracher Rosenberg **12 %/8,50 €**
83 2011 Riesling Kabinett trocken Nordheimer Vögelein **12 %/8,50 €**
86 2011 Rieslaner Auslese Nordheimer Vögelein **9,5 %/19,50 €**
82 2011 Domina Weißherbst Kabinett Nordheimer Kreuzberg **12,5 %/8,50 €**
81 2011 „Rendezvous" Rotwein trocken **12,5 %/9,- €**

Braunewell ★★★

Weingut **Rheinhessen**

Am Römerberg 34, 55270 Essenheim
***Tel.** 06136-88917, **Fax:** 06136-81226*
www.weingut-braunewell.de
stefan@weingut-braunewell.de
***Besuchszeiten:** Mo.-Fr. 13-19 Uhr, Sa. 9-18 Uhr*

Inhaber .... Familie Braunewell
Rebfläche .... 18 Hektar

Seit über 350 Jahren bewirtschaften die Braunewells Weinberge in Essenheim. Heute wird das Weingut von Axel Braunewell und seinem Sohn Stefan geführt. Die wichtigsten Rebsorten sind Riesling, Grauburgunder, Chardonnay, Sauvignon Blanc, Silvaner und Scheurebe, im roten Segment Spätburgunder, Portugieser, St. Laurent und Merlot; die wichtigsten Lagen sind Teufelspfad in Essenheim und Blume in Elsheim. Das Sortiment ist gegliedert in Gutsweine, Terroirweine und Lagenweine. 2009 wurden Stück und Halbstückfässer erworben, in denen die spontanvergorenen Terroir- und Lagen-Weißweine ausgebaut werden.

Vorjahre

Vor zwei Jahren gefiel uns die Kollektion sehr gut, die Lagenrieslinge besaßen Substanz und Kraft, auch Grauburgunder und Rotweine waren klar und kraftvoll, gekonnt vinifiziert. Und es ging weiter voran im letzten Jahr. Die 2010er Weißweine waren frisch und klar, die Rieslinge aus Blume und Teufelspfad überzeugten mit Fülle, Kraft und Substanz. In der roten Riege gefiel uns der 2008er Spätburgunder ein klein wenig besser als sein Jahrgangsnachfolger und als die R-Variante des Jahrgangs 2007, er war zwar nicht der kräftigste der drei Weine, aber der harmonischste.

Neue Kollektion

Der Aufwärtstrend hält an: Schon der Liter-Riesling bereitet viel Freude, ist frisch und klar, der Orts-Riesling aus Essnheim ist herrlich kraftvoll und reintönig, so dass die beiden Lagen-Rieslinge es gegen ihn schwer haben, obwohl beide wunderschön füllig und saftig sind. Überrascht hat uns der Grauburgunder aus dem Teufelspfad, der herrlich konzentriert ist, leicht rauchig, füllig und kraftvoll ist bei guter Substanz und Länge – solche Grauburgunder gibt es nicht viele in Rheinhessen. Auch im roten Segment hat Axel Braunewell weiter zugelegt, bietet einen kraftvollen Teufelspfad-Spätburgunder 2010, die wesentlich komplexere R-Variante aus 2009 mit ihren feinen Schokonoten, sowie einen mächtigen Merlot, der eindringlich Gewürznoten und etwas Eukalyptus im Bouquet zeigt, füllig und kraftvoll im Mund ist bei jugendlichen Tanninen. Starke Kollektion! ➝

Weinbewertung

83 2011 Riesling trocken **12,5 %/5,- €/1l** ☺
85 2011 Riesling trocken **12,5 %/5,90 €** ☺
87 2011 Riesling trocken „Kalkstein" Essenheim **13 %/9,90 €**
86 2011 Grauburgunder trocken „Kalkmergel" Essenheim **14 %/9,90 €**
87 2011 Riesling Teufelspfad **13,5 %/16,50 €**
87 2011 Riesling Blume **13 %/16,50 €**
89 2011 Grauburgunder Teufelspfad **14 %/16,50 €**
85 2011 Riesling Auslese Teufelspfad **8,5 %/12,50 €**
88 2011 Beerenauslese Barrique **10 %/16,50 €**

83 2008 „Cuvée Nr. 1" Rotwein trocken **13,5 %/8,- €**
86 2009 St. Laurent trocken „Gelber Sand" Essenheimer **13,5 %/10,50 €**
84 2010 Spätburgunder „Kalkmergel" Essenheim **13 %/12,50 €**
87 2010 Spätburgunder Teufelspfad **14 %/19,50 €**
90 2010 Spätburgunder „R" Teufelspfad **14 %/30,50 €**
86 2010 Portugieser Teufelspfad **13,5 %/19,50 €**
89 2009 Merlot „R" „François" **14,5 %/35,- €**

★★

Manfred **Breit**

Weingut

Mosel

Bahnhofstraße 31, 54498 Piesport
***Tel.** 06507-99033, **Fax**: 06507-99034*
www.manfredbreit.de
info@manfredbreit.de
***Besuchszeiten**: Mo.-Sa. 10-18 Uhr,*
So. nach Vereinbarung

Inhaber .... Holger Breit
Rebfläche .... 6,5 Hektar

Holger Breit, der das Gut seit 2000 führt, hat den Betrieb durch Zukauf insbesondere im Piesporter Goldtröpfchen vergrößert. Sein Hauptaugenmerk gilt den restsüßen Rieslingen, allerdings werden auch trockene Spät- oder Auslesen ausgebaut, und es gibt etwas Spätburgunder. Die hochwertigeren Weine werden ausschließlich mit natürlichen Hefen vergoren, der Ausbau erfolgt im Edelstahl. 2008 wurde eine neue Lagerhalle gebaut, 2011 wurden Haupthaus und Probierstube renoviert.

Vorjahre

Der Jahrgang 2009 gefiel – die restsüßen Weine aus dem Goldtröpfchen sowie der zarte „Fragile" und der straffe „FH" machten bereits im jugendlichen Stadium viel Spaß. Sehr konsistent präsentierte sich 2010 mit klaren, fruchtbetonten Basisweinen und einer feinen Auslese an der Spitze.

Neue Kollektion

2011 folgt nun eine stimmige, überzeugende Kollektion. Die trockenen Goldtröpfchen-Rieslinge sind reintönig und zupackend, die edelsüßen besitzen Substanz und Frische. Aber nicht nur die Rieslinge, auch die Spätburgunder überzeugen, der 2009er aus dem Dhroner Hofberg ist rauchig, füllig und kraftvoll, besitzt gute Struktur und Frische.

Weinbewertung

85 2011 Riesling trocken Goldtröpfchen **12 %/7,- €**
86 2011 Riesling Spätlese trocken Goldtröpfchen **13 %/9,- €**
81 2011 Riesling „feinherb" **11,5 %/4,30 €/1l**
83 2011 Riesling Kabinett Gemini **10 %/5,- €**
84 2011 Riesling Spätlese Goldtröpfchen **10 %/9,- €**
87 2011 Riesling Auslese Goldtröpfchen **9,5 %/12,- €**
87 2011 Riesling „Selektion Matthias" Goldtröpfchen **10 %/9,50 €**
88 2011 Riesling Beerenauslese Goldtröpfchen **10 %/15,- €/0,375l**
83 2010 Spätburgunder **13 %/9,50 €**
87 2009 Spätburgunder „GG" Dhroner Hofberg **13 %/15,- €**

★★

Brenneis-Koch

Weingut

Pfalz

Freinsheimer Straße 2, 67098 Bad Dürkheim
***Tel.** 06322-1898, **Fax**: 06322-7241*
www.brenneis-koch.de,
matthias.koch@brenneis-koch.de
***Besuchszeiten**: nach Vereinbarung*

Inhaber ..... Matthias Koch und Verena Suratny
Rebfläche .... 8,2 Hektar

Das Weingut Brenneis-Koch entstand 1993 aus dem Zusammenschluss der Weingüter Emil Brenneis in Leistadt und Erhard Koch in Ellerstadt und wird von den Diplom-Biologen Matthias Koch und Verena Suratny geführt. Neben Weinbergen in Bad Dürkheim, Leistadt und Ellerstadt besitzen Matthias Koch und Verena Suratny auch Weinberge in den bekannten Kallstadter Lagen Saumagen und Steinacker. Wichtigste Rebsorte ist der Riesling, dazu gibt es neben den weißen Burgundersorten Gelber Muskateller, Chardonnay, Sauvignon Blanc und Viognier. 40 Prozent der Rebfläche ist mit roten Sorten bestockt. Neben Sankt Laurent, Spätburgunder und Portugieser gibt es Merlot, Nebbiolo und Syrah – aber keinen einzigen Stock Dornfelder! Alle Rotweine werden unfiltriert abgefüllt.

Vorjahre

Seit der ersten Ausgabe empfehlen wir die Weine von Matthias Koch. Anfangs haben uns meist die Weißweine etwas besser gefallen, in den letzten Jahren aber wartete er immer wieder mit gekonnt vinifizierten, kraftvollen Rotweinen auf. Vor zwei Jahren überzeugten neben Merlot und Syrah vom Jahrgnag 2007 auch Sekt und Weißweine, darunter der exotische Viognier und ein köstlicher Muskateller. Angeführt wurde die Riege der Weißen aber von einer eindrucksvollen Trockenbeerenauslese. Das war auch im vergangenen Jahr so, eine nochmalige Verkostung der Trockenbeerenauslese bestätigte dies. Von den Weißweinen des Jahrgangs 2010 haben uns Sauvignon Blanc, Viognier und Muskateller gefallen.

Neue Kollektion

In diesem Jahr gefällt uns bei den Weißen wieder der feine Muskateller und der blütenduftige Viognier sehr gut. Die Riesling Spätlese von 2010 ist schon erstaunlich gereift. Der 2008er Spätburgunder ist einfach und geradlinig, der Pinot Noir zeigt bei guter Struktur noch etwas harte Tannine. Auch der Nebbiolo von 2007 braucht Zeit, er öffnet sich sehr langsam, zeigt dann aber sogar elegante Ansätze

Weinbewertung

85 2011 Viognier trocken **13,5 %/ 9,- €**
82 2011 Riesling trocken Leistadt **12 %/5,60 €/1l**
80 2010 Riesling Kabinett trocken **13 %/6,80 €**
85 2010 Riesling Spätlese trocken Kallstadter Saumagen **13 %/9,80 €**
82 2011 Grauburgunder trocken **12 %/6,80 €**
85 2011 Muskateller **12 %/7,90 €**
86 2007 Nebbiolo trocken **13%/16,80 €**
86 2007 Pinot Noir trocken Dürkheimer Feuerberg **13,5 %/16,80 €**
83 2008 Spätburgunder trocken Dürkheimer Feuerberg **13,5 %/8,60 €**

★★☆

Brennfleck

Weingut, Inh. Hugo Brennfleck

Franken

Papiusgasse 7, 97320 Sulzfeld
Tel. *09321-4347,* ***Fax:*** *09321-4345*
www.weingut-brennfleck.de
info@weingut-brennfleck.de
Besuchszeiten: *Mo.-Fr. 8-17 Uhr oder nach Vereinbarung*

Inhaber .... Hugo Brennfleck
Rebfläche .... 22 Hektar

Das Weingut Brennfleck hat seinen Sitz in einem im 15. Jahrhundert errichteten Gutshof. Hugo Brennfleck übernahm das Weingut 1998 mit damals 12 Hektar Rebfläche. Seine Weinberge liegen in den Sulzfelder Lagen Maustal und Cyriakusberg, in den Iphöfer Lagen Kalb und Kronsberg, im Rödelseer Küchenmeister und im Escherndorfer Lump. Etwa die Hälfte der Rebfläche nimmt Silvaner ein. Es folgen Riesling und Müller-Thurgau. Grauburgunder nimmt an Bedeutung zu, Weißburgunder wurde gepflanzt, dazu gibt es Kerner, Bacchus, Scheurebe und Huxelrebe, eine Rebsorte, die man sonst kaum in Franken trifft. Seit 1994 gibt es auch rote Sorten – Domina, Spätburgunder, Dornfelder. Die Weine werden langsam in temperaturgesteuerten Edelstahltanks vergoren.

Vorjahre

In der zweiten Ausgabe dieses Weinführers haben wir die Weine von Hugo Brennfleck erstmals vorgestellt, mit Weinen der Jahrgänge 1999 und 2000. Die große Stärke des Weinguts zeigte sich schon damals: Die Zuverlässigkeit aller Weine, das hohe Basisniveau. Dies gilt heute noch wie damals. In der Spitze hat Hugo Brennfleck zugelegt mit fülligen Spätlesen, die, wie alle Weine, eine zeitlang von deutlicher Restsüße geprägt waren, zuletzt aber wieder trockener und präziser sich präsentierten. Die Cuvée aus Silvaner und Riesling war im Jahrgang 2009 unser Favorit in einer sehr gleichmäßigen Kollektion. Im Jahrgang 2010 hatte sich Hugo Brennfleck gut behauptet, die Weine waren frisch, klar und geradlinig, die Kabinettweine angenehm leicht, die Spätlesen deutlich fülliger.

Neue Kollektion

Sehr gleichmäßig und zuverlässig präsentiert sich nun auch die 2011er Kollektion mit im Vergleich zum Vorjahr recht fülligen Weinen. Üppig ist die trockene Riesling Spätlese aus dem Lump, fruchtbetont und zupackend die Silvaner Spätlese aus dem Kronsberg, der Weißburgunder ist frisch und klar, die trockene Scheurebe besitzt Kraft und gute Struktur bei reintöniger Frucht. Eine stimmige Kollektion, wobei angesichts des Lagenpotenzials in der Spitze sicherlich noch mehr möglich wäre.

Weinbewertung

82 2011 Silvaner Kabinett trocken **11,5 %/6,50 €**

82 2011 Silvaner Kabinett trocken „Anna-Lena" **12,5 %/7,50 €**

82 2011 Silvaner Kabinett trocken Rödelseer Küchenmeister **12,5 %/7,- €**

83 2011 Silvaner Kabinett trocken Iphöfer Kronsberg **12,5 %/8,50 €**

83 2011 Riesling Kabinett trocken Sulzfelder Maustal **13 %/9,- €**

81 2011 Grauburgunder Kabinett trocken Sulzfelder Cyriakusberg **12,5 %/8,- €**

85 2011 Weißburgunder Kabinett trocken Sulzfelder Cyriakusberg **13 %/8,50 €**

83 2011 Silvaner Spätlese trocken Sulzfelder Maustal **14 %/12,- €**

86 2011 Silvaner Spätlese trocken Iphöfer Kronsberg **14 %/12,50 €**

86 2011 Riesling Spätlese trocken Escherndorfer Lump **15 %/13,- €**

86 2011 Scheurebe Spätlese trocken Iphöfer Kronsberg **12,5%/11,30 €**

83 2011 Scheurebe Kabinett Iphöfer Kronsberg **11,5%/8,- €**

★★★★★

Georg **Breuer**

Weingut

Rheingau

Grabenstraße 8, 65385 Rüdesheim am Rhein
Tel. *06722-1027,* ***Fax:*** *06722-4531*
www.georg-breuer.com
info@georg-breuer.com
Besuchszeiten: *Vinothek, täglich 10-18 Uhr*
Breuer's Rüdesheimer Schloss (Weinhotel und Weingasthaus, Steingasse 10, Tel. 06722-90500)

Inhaber .... Theresa Breuer
Kellermeister .... Hermann Schmoranz, ... Markus Lundén
Rebfläche .... 33 Hektar

Das Weingut Breuer wird in der fünften Generation von Theresa Breuer geführt, bei der Weinbereitung wird der langjährige Kellermeister Hermann Schmoranz inzwischen vom jungen Markus Lundén unterstützt. Die Weinberge des Weinguts liegen in besten Lagen von Rüdesheim und Rauenthal. Dort, in Rauenthal, gehört dem Weingut die Lage Nonnenberg in Alleinbesitz. 85 Prozent der Weinberge sind mit Riesling bepflanzt. Hinzu kommen Spätburgunder, sowie Weiß- und Grauburgunder. Das Programm ist sehr klar und übersichtlich gestaltet. Die Basis bilden die Gutsrieslinge, die es trocken („Sauvage") und halbtrocken („Charm") gibt. Dann kommen die beiden Ortsrieslinge, Rüdesheim Estate und Rauenthal Estate, welche die unterschiedlichen Böden in Rüdesheim und Rauenthal widerspiegeln. Während die Reben in Rüdesheim auf den schieferhaltigen Böden des Rüdesheimer Bergs und den mit Lehm durchsetzten Weinbergen des ehemaligen Oberfeldes wachsen, herrschen in Rauenthal Ablagerungen von Lehm, Kies und Sand vor. Nach diesen beiden Ortsrieslingen folgt der „Terra Montosa", der die zweitbesten Partien der großen Lagen enthält. Die Spitze des Programms bilden schließlich die Weine aus den Lagen Berg Schlossberg, Berg Roseneck und Berg Rottland in Rüdesheim sowie dem Nonnenberg in Rauenthal. Neben Riesling, der 85 Prozent der Weinberge einnimmt, gibt es etwas Spät-, Grau- und Weißburgunder. Dazu existieren kleine Anlagen der alten Rebsorten Gelber Orleans und Heunisch.

Die Lagenweine kommen im Weingut Breuer erst im Frühjahr des zweiten auf die Ernte folgenden Jahres in den Verkauf und besitzen einen unverkennbaren Stil, der durch Verzicht auf schmeckbare Süße und durch den Ausbau im großen Fass geprägt wird. Auch die Alkoholwerte sind nie übertrieben hoch. Während „Terra Montosa" sehr saftig ausfällt, eine Spur Restsüße aufweist und bereits jung zugänglich ist, brauchen vor allem Schlossberg (mineralisch, in der Jugend eher verhalten) und Nonnenberg (offensiv, kraftvoll, ohne seine ganze Komplexität zu zeigen) eine Menge Zeit. Hinzu kommen je nach Jahrgang edelsüße Rieslinge, die oft zu den besten Weinen der Region zählen, rassig und komplex, nie im Geringsten konfitürig wirkend.

Vorjahre

Die 2009er waren stark, vor allem der Schlossberg-Riesling gehörte zu den besten trockenen Weinen des Jahrgangs in Deutschland. Aus dem Jahrgang 2010 stellte Theresa Breuer erfreulich klare Basisweine und komplexe, teilweise sehr verschlossene Spitzen vor. Der Schlossberg ragte aus der Riege der trockenen Lagenrieslinge nicht zum ersten Mal heraus, die Goldkapsel-Auslese faszinierte mit ihrer reintönigen Frucht. Nur der Nonnenberg gab wie so oft Rätsel auf – er war kraftvoll, aber in diesem Stadium kaum zu beurteilen

Neue Kollektion

Die 2011er sind wunderbar saftig und rassig. Während „Terra Montosa", Roseneck und Rottland schon jetzt zugänglich sind, wirken Schlossberg und Nonnenberg wie gewohnt verschlossen. Der saftige, kraftvolle, etwas an Stachelbeeren erinnernde Rauenthaler Lagenwein ist wunderschön klar, animierend und trocken; der finessenreiche, elegante Schlossberg steht seinem Jahrgangsvorgänger nicht nach. Alle trockenen Spitzenweine beweisen, dass große Rheingauer Rieslinge auch mit wenig Alkohol auskommen! Die feingliedrige Goldkapsel-Auslese aus dem Schlossberg zeigt Klasse, die normale Auslese wirkt dagegen eher eindimensional.

Weinbewertung

86 2010 Grauer Burgunder trocken **11 %/18,50 €**
84 2011 Riesling trocken „Sauvage" **11,5 %/9,- €**
86 2011 Riesling trocken Rüdesheim „Estate" **12 %/11,50 €**
87 2011 Riesling trocken Rauenthal „Estate" **11 %/11,50 €**
90 2011 Riesling Rüdesheim Berg Roseneck **12 %/29,- €**
93 2011 Riesling Rüdesheim Berg Schlossberg **12,5 %/42,- €**
91 2011 Riesling Rüdesheim Berg Rottland **11,5 %/29,- €**
91+ 2011 Riesling Rauenthal Nonnenberg **11,5 %/37,- €**
88 2011 Riesling „Terra Montosa" **12 %/17,- €**
87 2011 Riesling Auslese **8,5 %/9,- €/0,375l**
93+ 2011 Riesling Auslese Goldkapsel Rüdesheim Berg Schlossberg **8,5 %/48,- €/0,375l**
87 2010 Spätburgunder trocken **12,5 %/18,50 €**

★

Stefan **Breuer**

Weingut

Rheingau

Auf der großen Straße 10,
65345 Eltville/Rauenthal
***Tel.** 06123-9742136, **Fax:** 06123-9747972*
www.breuer-wein.de
sb@breuer-wein.de
***Besuchszeiten**: nach Vereinbarung*

Inhaber .... Stefan Breuer
Rebfläche .... 9 Hektar

Stefan Breuer gründete sein Weingut im Jahre 2006 und hat die anfängliche Rebfläche rasch vergrößern können. Heute bewirtschaftet er 9 Hektar, darunter 2,5 in Rheinhessen. Außer Riesling baut er auch Grau-, Weiß- und Spätburgunder an. Noch scheint es zu früh, von einem fertigen Stil zu sprechen. Die Weine sind mit Ziffern bezeichnet, welche das Qualitätsniveau signalisieren, die Buchstaben stehen für die Rebsorte. „G3" deutet auf einen jugendlich-frischen Grauburgunder hin, „R1" auf einen komplexeren Riesling.

Neue Kollektion

Aus dem Jahrgang 2011 stellt Stefan Breuer geradlinige, zuverlässige Rieslinge und einen saftigen Grauburgunder an. Der „Two Faces" wird aus Rheingauer und rheinhessischen Trauben komponiert, ist duftig und rassig; der würzige, angenehm trockene „10/90" aus dem Jahrgang 2010 wurde aus 90 Prozent Weißburgunder mit Barriqueausbau sowie zehn Prozent Riesling ohne Holzeinfluss assembliert und präsentiert sich als Cuvée voller Schmelz und Würze.

Weinbewertung

84 Sekt brut „Edition X" **12,5%/10,20 €**
84 2011 Riesling Spätlese trocken „R1" **11,5%/10,20€**
83 2011 Grauburgunder trocken „G3" (Rheinhessen) **12,5 %/7,95 €**
86 2011 Riesling trocken „Two Faces" (Rheinhessen) **13 %/11,30 €**
86 2010 „10/90 Cuvée weiß" trocken **12,5 %/15,50 €**
79 2011 „Stefan Sommer feinherb" **12 %/6,05 €**
83 2011 Riesling „feinherb R3" **12,5 %/7,95 €**
80 2011 Rosé „feinherb S3" **12 %/7,95 €**
85 2010 Spätburgunder trocken „S3" **13 %/10,20 €**
84 2009 Spätburgunder trocken „S3" **13 %/9,80 €**

★

Breva

Wein & Weg

Mosel

Auf der Winneburg 17, 56814 Ernst
***Tel.**02671/916748*
www.brevaweinundweg.de
info@brevaweinundweg.de
***Besuchszeiten**: nach Vereinbarung*

Breva ist ein Gemeinschaftsprojekt, an dem Winzer aus den Orten Bruttig, Ernst und Valwig beteiligt sind. Erzeugt wird, erstmals 2006, jeweils nur ein Wein. Ein Teil des Erlöses dient der Erhaltung des Breva-Weges im Valwiger Herrenberg. Im Mai 2011 wurde die Breva-Vinothek eröffnet, in der 20 Weine von 20 Winzern aus der Region erhältlich sind und verkostet werden können.

Der Wein

Der vor zwei Jahren zum Debüt vorgestellte 2009er Riesling beeindruckte mit Kraft und pikanter Säure; sehr ähnlich präsentierte sich auch der Folgejahrgang 2010. 2011 gefällt er uns nochmals besser, ist würzig und eindringlich, zeigt gelbe Früchte im Bouquet, ist füllig und kraftvoll im Mund, besitzt gute Struktur und Substanz.

Weinbewertung

87 2011 Riesling trocken „Edition No. 6" **12,5 %/13,80 €**

Brinkmann ★
Weingut
Rheinhessen

Hintergasse 48, 55270 Jugenheim
Tel. 06130-1817, Fax: 06130-949395
www.weingut-brinkmann.de
info@weingut-brinkmann.de
Besuchszeiten: Mo.-Sa. 8-18 Uhr und nach Ver.

Inhaber .... Heimo Brinkmann
Rebfläche .... 8 Hektar

Heimo Brinkmanns Weinberge liegen in den Jugenheimer Lagen Goldberg und Hasensprung. Er baut vor allem Riesling, Silvaner und die Burgundersorten an. Der füllige Silvaner gefällt uns am besten in einer überzeugenden, gleichmäßigen Kollektion von durch Restsüße geprägten Weißweinen.

Weinbewertung

79 2011 Riesling trocken **13,5 %/3,60 €/1l**
83 2011 „Trilogie vom Kalkstein" Weißwein trocken Jugenheimer **12,5 %/4,20 €**
84 2011 Grauburgunder trocken Jugenheimer **14 %/4,10 €** ☺
82 2011 Riesling trocken „Lena" Jugenheimer Hasensprung **13 %/5,40 €**
84 2011 Riesling trocken Holzfass Jugenheimer Goldberg **14 %/7,90 €**
85 2011 Silvaner trocken „Alte Reben" Jugenheimer Goldberg **13,5 %/4,80 €** ☺

Britzingen ★★
Winzergenossenschaft
Baden

Markgräflerstraße 25-29, 79379 Britzingen
Tel. 07631-17710, Fax: 07631-4013
www.britzinger-wein.de
info@britzinger-wein.de
Besuchszeiten: Mo.-Fr. 9-12:30 + 14-18 Uhr, Sa. 9-12 Uhr, So. 11-14 Uhr
Weinproben (bis 160 Personen)

Geschäftsführer .... Achim Frey
Kellermeister .... Bruno Kiefer
Mitglieder 200
Rebfläche .... 190 Hektar

45 Prozent der Rebfläche der Winzergenossenschaft Britzingen nehmen die Burgundersorten und Chardonnay ein. Auf ebenfalls 45 Prozent bringen es Gutedel und Müller-Thurgau. Hinzu kommt als Spezialität der Nobling. Die Weinberge befinden sich in den Britzinger Lagen Sonnhole und Rosenberg, sowie im Badenweiler Römerberg.

Vorjahre

Vor zwei Jahren lagen die Vorteile eindeutig im roten Segment, unter den Weißweinen gefiel uns die Gewürztraminer Beerenauslese besonders gut. Die letztjährige Kollektion präsentierte sich geschlossen auf gutem Niveau. Sehr gut gefielen uns die beiden roten Barriqueweine mit ihren eindringlichen Schoko- und Gewürznoten, ebenso die beiden harmonischen Sekte; aber auch mit ihren 2010er Weißweinen hatten sich die Britzinger gut behauptet, alle Weine waren frisch und klar.

Neue Kollektion

Auch die neue Kollektion überzeugt, weiß wie rot. Im weißen Segment gefällt uns die trockene Grauburgunder Spätlese am besten, sie ist füllig und kraftvoll bei klarer, reifer Frucht; rot gefällt uns der Regent mit seinen eindringlichen Gewürznoten besonders gut.

Weinbewertung

83 2010 Crémant Brut **12 %**
83 2010 Chardonnay Sekt brut **12,5 %**
82 2011 „Chasslie" trocken **12 %**
82 2011 Spätburgunder „Blanc de Noirs" trocken **12,5 %**
82 2011 Weißburgunder Kabinett trocken **12,5 %**
81 2011 Chardonnay Kabinett trocken **13 %**
87 2011 Grauburgunder Spätlese trocken Britzinger Sonnhole **13 %**
83 2011 Gewürztraminer Spätlese **12,5 %**
84 2009 Muskateller Beerenauslese Britzinger

Sonnhole **10 %/0,375l**
81 2011 Spätburgunder Rosé Kabinett trocken **12,5 %**
86 2009 „St. Peter" Rotwein trocken Barrique Badenweiler Römerberg **13,5 %/18,40 €**
84 2010 Spätburgunder trocken Britzinger Rosenberg **13 %**
86 2010 Regent trocken „St. Johann" **13 %**

★★

Brogsitter
Weingüter und Privat-Sektkellerei

Ahr

Max-Planck-Straße 1, 53501 Grafschaft-Gelsdorf
Tel. *02225-918111,* ***Fax:*** *02225-918112*
www.brogsitter.de
verkauf@brogsitter.de
Besuchszeiten: *Vinothek: Mo.-Fr. 8-20 Uhr, Sa. 9-20 Uhr, So. 13-19 Uhr*
Historisches Gasthaus Sanct Peter (seit 1246) und Romantik-Hotel Sanct Peter in Walporzheim, Tel. 02641-97750

Inhaber .... Hans-Joachim Brogsitter
Rebfläche .... 33 Hektar

Hans-Joachim Brogsitter besitzt Weinberge in vielen verschiedenen Lagen, unter anderem in den Walporzheimer Lagen Pfaffenberg, Alte Lay, Domlay und Kräuterberg, im Neuenahrer Sonnenberg und im Ahrweiler Silberberg. Spätburgunder ist mit einem Anteil von knapp zwei Drittel an der Gesamtfläche die wichtigste Rebsorte bei Hans-Joachim Brogsitter. Es folgen Frühburgunder, Portugieser, Dornfelder und Riesling. Die Weine der Serie „Selection" werden im Holzfass ausgebaut, die Weine der Serie „Ad Aram" im Barrique. Spezialität des Hauses sind neben Rotweinen und Rosé die im traditionellen Verfahren hergestellten Sekte. Bestandteil von Brogsitter ist auch ein renommiertes Weinimporthaus. In jüngster Zeit wurde weiter in Gärtanks und den Barriquekeller investiert, das Lesegut wird vor der Verarbeitung noch an einem Rüttelpult selektiert.

Vorjahre

2009 überzeugte voll und ganz, bot eine Reihe kraftvoller, reintöniger Rotweine, allen voran der Frühburgunder aus dem Pfaffenberg. Einige 2009er konnten wir im vergangenen Jahr noch einmal verkosten, zusammen mit 2010er Weinen, die uns gut gefielen. In diesem Jahr wurden noch einmal die 2010er vorgestellt, einige haben inzwischen deutlich oxidative Noten entwickelt, die zusammen mit Gewürznoten die Frucht überdecken. Von den 2011er Weinen gefällt uns der geradlinige Spätburgunder „Edition B" am besten.

Weinbewertung

82 2011 Riesling trocken Marienthaler Stiftsberg **11,5 %/8,95 €**
80 2011 Spätburgunder „Blanc de Noir" trocken „Brogsitter No. 1" **12 %/8,95 €**
80 2011 Grauburgunder trocken „Private Edition" **11,5 %/8,95 €**
81 2011 Spätburgunder trocken „Private Edition" **13,5 %/9,80 €**
82 2011 Frühburgunder trocken „Edition B" **13,5 %/12,80 €**
83 2011 Spätburgunder trocken „Edition B" **13,5 %/12,80 €**

★★★

Frank Brohl
Weingut

Mosel

Zum Rosenberg 2, 56862 Pünderich
Tel. *06542-22148,* ***Fax:*** *06542-1295*
www.weingut-brohl.de
info@weingut-brohl.de
Besuchszeiten: *nach Vereinbarung*

Inhaber .... Jutta und Frank Brohl
Rebfläche .... 7 Hektar

Jutta und Frank Brohl arbeiten ökologisch mit voller Überzeugung, sind Mitglied bei Ecovin. Bereits seit 1984 werden die Weinberge organisch-biologisch bewirtschaftet, zur Kräftigung der Reben werden Kräuterauszüge gespritzt. Ihre Weinberge befinden sich in den Pündericher Lagen Marienburg, Nonnengarten und Rosenberg sowie in den Reiler Lagen Mullay-Hofberg und Goldlay. Seit 2001 werden nur noch die besten Rieslinge aus den besten Lagen (Marienburg, Nonnengarten und Goldlay) mit Lagenbezeichnungen versehen. Zwei Drittel der Rebfläche nimmt Riesling ein, hinzu kommen etwas Müller-Thurgau, Kerner, Weißburgunder, Spätburgunder und Dornfelder. Obwohl der Großteil der Weine trocken ausgebaut wird, überzeugen immer wieder auch die süßen Spät- und Auslesen sowie die nicht in jedem Jahr erzeugten Beerenauslesen.

Vorjahre

Im Jahrgang 2009 führte eine mineralische Zwei-Sterne-Spätlese das Feld an, in dem aber auch der – aus 2008 stammende und nicht zu hoch dosierte! – Weißburgunder-Sekt und der animierende „Heartbreak" überzeugten. Die 2010er Kollektion präsentierte sich geschlossen auf gewohnt hohem Niveau, bot trocken wie süß charaktervolle Rieslinge mit Kraft, Substanz und Nachhaltigkeit.

Jahrgang 2011

Die neue Kollektion ist ganz stark, bietet frische, klare, zupackende Weine, angefangen beim feinen Literriesling. Highlight sind im trockenen Segment die beiden Spätlesen, herrlich zupackend und konzentriert die 2-Sterne-Spätlese, stoffig, komplex und sehr druckvoll die Spätlese von alten Reben. Süß fasziniert die saftige, kraftvolle 2-Sterne-Spätlese ebenso wie die würzige, füllige Auslese: Eine stimmige Kollektion charaktervoller Rieslinge zu moderaten Preisen.

Weinbewertung

83 2011 Riesling trocken Reiler vom heißen Stein **11,5 %/Fachhandel/1l**
84 2011 Riesling Hochgewächs trocken „Heartbreak" **12,5 %/6,70 €**
84 2011 Riesling Kabinett trocken „Alte Reben 1889" **11,5 %/6,70 €**
86 2011 Riesling Spätlese trocken Pündericher Nonnengarten **13 %/9,- €**
88 2011 Riesling Spätlese** trocken Pündericher Marienburg **13,5 %/11,50 €**
89 2011 Riesling Spätlese trocken „Alte Reben 1889" **13 %/11,50 €** ☺
82 2011 Riesling „feinherb" Pündericher Marienburg **11,5 %/6,50 €**
86 2011 Riesling Spätlese „feinherb" Pündericher Marienburg **13 %/9,- €**
85 2011 Riesling Kabinett Pündericher Marienburg **9 %/6,70 €**
90 2011 Riesling Spätlese** Pündericher Marienburg **8,5 %/11,50 €** ☺
90 2011 Riesling Auslese Pündericher Marienburg **9 %/11,- €/0,5l**

Brügel ★★★☆

Weingut

Franken

Hauptstraße 49, 97355 Castell-Greuth
***Tel.** 09383-7619, **Fax:** 09383-6733*
www.weingut-bruegel.de
info@weingut-bruegel.de
***Besuchszeiten:** Mo.-Fr. 9-12 + 13-18 Uhr, Sa. 9-12 + 13-17 Uhr und nach Vereinbarung*

Inhaber .... Harald Brügel
Rebfläche .... 8 Hektar

Die Weinberge dieses 1992 gegründeten Weingutes liegen am Fuß des Steigerwalds in den Orten Abtswind, Greuth und Castell, wo die Reben auf Gipskeuperböden wachsen. Heinrich Brügel hatte einen landwirtschaftlichen Gemischtbetrieb, die Trauben seiner damals 1,8 Hektar Weinberge lieferte er an eine Genossenschaft. Als Sohn Harald begann sich für Wein zu interessieren, eine Küferlehre machte und die

Schule in Veitshöchheim besuchte, wurde nach und nach der Betrieb erweitert und ganz auf die Selbstvermarktung gesetzt. Seit 1998 ist Harald Brügel voll im Betrieb tätig, inzwischen hat er das Weingut übernommen. Wichtigste Rebsorten sind Silvaner und Müller-Thurgau, dazu gibt es Riesling, Spätburgunder, Scheurebe, Bacchus und Domina. Die Weißweine vergärt er kühl im Edelstahl und lagert sie anschließend auf der Feinhefe, die Filtration beschränkt er auf ein Minimum. Die Rotweine werden nach der Maischegärung in Holzfässern oder Barriques ausgebaut.
Wie kaum ein anderer Winzer in Franken hat Harald Brügel sich im letzten Jahrzehnt stetig gesteigert. Schon vor zehn Jahren gefielen uns seine fruchtbetonten, reintönigen Weine. In der Spitze haben sie weiter an Fülle und Nachhaltigkeit zugelegt, schon die Kabinettweine machen nach wie vor immer noch viel Freude. Und in den letzten Jahren zeigt Harald Brügel, dass er sich auch im roten und edelsüßen Segment mit der fränkischen Spitze messen kann.

Vorjahre

Vor zwei Jahren bestätigte Harald Brügel den guten Eindruck der Vorjahre. Angefangen vom Liter-Silvaner präsentierten alle Weine sich reintönig und frisch, ob Kabinettweine oder Spätlesen, die „Best of"-Weine besaßen noch etwas mehr Fülle und Kraft. Die Rotweine waren gekonnt vinifiziert, die edelsüßen Weine wieder sehr reintönig. Auch 2010 waren die Weine frisch und klar, „Best of" hatte Harald Brügel nicht erzeugt in diesem schwierigen Jahrgang, dafür sprangen die beiden spontanvergorenen pur-Silvaner in die Bresche.

Silvaner 2011

Eine beeindruckende Silvanerriege hat Harald Brügel 2011 erzeugt und wie gewohnt findet man reichlich Schnäppchen. Reintönig und fruchtbetont ist schon der Liter-Silvaner, ebenso der Gutswein, die beiden Kabinettweine zeigen wie jedes Jahr schön die Lagenunterschiede von Bastel und Altenberg. Wer's fülliger mag kann sich an die Spätlese halten, die trotz ihrer Kraft und Substanz auch Eleganz besitzt. Für Puristen schließlich gibt es den präzisen, druckvollen pur-Silvaner aus dem Jahrgang 2009.

Riesling & Co.

Aber nicht nur auf Silvaner versteht sich Harald Brügel, das beweist er eindruckvoll mit der neuen Kollektion. Der Riesling vom Keuper ist druckvoll und zupackend, der pur-Riesling ist präzise und nachhaltig bei ganz dezent mineralischen Noten. Zwei recht üppige Weißburgunder ergänzen das Bild, der weißgekelterte Spätburgunder gehört wie so oft zu den Besten seiner Art; dies gilt auch für den jüngsten Zugang im Programm, den Muskateller, der herrlich reintönig, frisch und zupackend ist bei guter Fülle. Zwei Auslesen – leichte Präferenz für die cassisduftige Scheurebe – ergänzen das weiße Sortiment. Aber auch die Rotweine Harald Brügels hatten schon in den letzten Jahren an Präzision und Komplexität gewonnen. Reintönig und zupackend präsentiert sich der Spätburgunder, viel reife Frucht und etwas Vanille- und Schokonoten prägen die rote Cuvée. Insgesamt eine sehr stimmige Kollektion mit starken Basisweinen!

Weinbewertung

84 2011 Silvaner trocken **12,5 %/5,70 €/1l** ☺
85 2011 Silvaner trocken **12,5 %/6,- €** ☺
86 2011 Silvaner Kabinett trocken Greuther Bastel **13 %/7,- €** ☺
86 2011 Silvaner Kabinett trocken Abtswinder Altenberg **13 %/7,- €** ☺
88 2011 Silvaner Spätlese trocken Greuther Bastel **13,5 %/9,50 €** ☺
88 2009 Silvaner trocken „pur" **13 %/12,50 €**
84 2011 Riesling trocken **12,5 %/6,50 €**
87 2011 Riesling trocken „vom Keuper" **13 %/9,50 €**
89 2011 Riesling trocken „pur" **13 %/9,50 €**
86 2011 Weißburgunder trocken „vom Keuper" **13,5 %/9,- €**
88 2011 Weißburgunder Spätlese trocken Greuther Bastel **14,5 %/12,50 €**
87 2011 Spätburgunder „weißgekeltert" trocken **13,5 %/9,- €**
87 2011 Muskateller trocken „vom Keuper" **12,5 %/9,- €**

86 2011 Scheurebe „vom Keuper" **13 %/9,- €**
87 2011 Riesling Auslese Greuther Bastel **10 %/12,50 €/0,375l**
88 2011 Scheurebe Auslese Greuther Bastel **10 %/12,50 €/0,375l**
88 2009 Spätburgunder Spätlese trocken Greuther Bastel **14 %/13,50 €**
88 2008 „David P." Rotwein trocken **14 %/14,50 €**

★

Markus **Bruker**

Weingut

Württemberg

Kleinaspacher Straße 18, 71723 Großbottwar
***Tel.** 07148-921050, **Fax**: 07148-9210599*
www.weingut-bruker.de
info@weingut-bruker.de
***Besuchszeiten**: nach Vereinbarung*
Hotel Bruker, „Wengerterstüble"

Inhaber............................Markus Bruker
Rebfläche...............................8,5 Hektar

Otto Bruker, der Urgroßvater des heutigen Besitzers, hatte als hauptberuflicher Landwirt um 1930 auch einige Weinberge angelegt. Sein Sohn Rudolf führte die Landwirtschaft weiter, Wein spielte nur eine Nebenrolle. Das änderte sich erst als dessen Sohn Herbert den Betrieb 1974 übernahm. 1977 eröffnete er die „Wengerterstüble" genannte Besenwirtschaft, 1984 wurde das Gut umgebaut und man konzentrierte sich mit damals 2,5 Hektar Reben ganz auf Weinbau, später kam eine Pension hinzu, die dann Ende der neunziger Jahre zum Hotel ausgebaut wurde. Heute führt Sohn Markus den Betrieb. Seine Weinberge liegen in den Großbottwarer Lagen Harzberg und Lichtenberg und im Oberstenfelder Forstberg, wo die Reben jeweils auf Gipskeuperböden wachsen. Muschelkalkböden, teils von Lettenkeuper und Lösslehmschollen durchzogen, herrschen in den Hessigheimer Felsengärten, sowie in den Mundelsheimer Lagen Käsberg, Mühlbächer und Rozenberg vor. Wichtigste Rebsorten sind Trollinger, Muskat-Trollinger, Lemberger, Riesling und Dornfelder. Daneben gibt es noch Chardonnay, Spätburgunder, Samtrot und Zweigelt, inzwischen auch Sauvignon Blanc. Weißweine werden kurz maceriert, die roten Trauben werden entrappt und dann etwa 20 Tage bei niedriger Temperatur auf der Maische vergoren. Neben Weinen werden auch Aperitifessig aus Beerenauslese und Brände erzeugt.

Vorjahre

Vor zwei Jahren gefiel uns die Black Berry-Cuvée sehr gut, noch besser aber die neue Cuvée „Black Pepper". In vergangenen Jahr wurde uns nur „Black Berry" präsentiert, der auch klar die neue Kollektion anführte, die beiden Illusions-Rotweine besaßen Kraft und Struktur, der weiße Teil der Kollektion präsentierte sich geschlossen auf gutem Niveau.

Neue Kollektion

Auch die neue Kollektion überzeugt. Die Weißweine zeigen sich homogen auf gutem Niveau, auch wenn die Restsüße oft etwas irritiert. In der Spitze besser gefallen uns die Rotweine, allen voran der füllige, kraftvolle Shiraz mit seinen jugendlichen Tanninen und die Black Berry-Cuvée aus Cabernet, Lemberger und Merlot, die von Gewürznoten geprägt ist, gute Struktur und Frische besitzt.

Weinbewertung

79 2011 Riesling trocken **11,5 %/4,60 €/1l**
82 2011 „Gretchen" Weißwein trocken **12,5 %/7,50 €**
82 2011 Sauvignon Blanc trocken **13 %/7,90 €**
84 2011 Riesling Spätlese „vom Schilfsandstein" **12 %/8,90 €**
83 2011 Riesling Spätlese „vom Rotkeuper" **11 %/7,50 €**
82 2011 Muskattrollinger Rosé trocken **12 %/6,90 €**
80 2011 Trollinger Spätlese „Illusion" **12 %/7,90 €**
81 2011 Lemberger „Alte Rebe" **13,5 %/6,50 €**
80 2010 Lemberger trocken **14 %/6,50 €**
83 2010 „Mephisto" Rotwein trocken **14 %/7,90 €**
86 2010 „Black Berry" Rotwein trocken **14 %/14,90 €**
88 Shiraz trocken **13,5 %/17,50 €**

★

Bühler

Weingut

Pfalz

Backhausgasse 2, 67169 Kallstadt
Tel. 06322-61261, Fax: 06322-981090
www.buehler-pfalz.de
weingut@buehler-pfalz.de
Besuchszeiten: zu den Öffnungszeiten der Weinstube Fr. und Sa. ab 16 Uhr, So.- und Feiertag ab 12 Uhr und nach Vereinbarung

Inhaber .... Familie Bühler
Ansprechpartner .... Jens Bühler
Rebfläche .... 15 Hektar

Das Weingut wurde 1992 von Pia und Werner Bühler gegründet. Zwei Jahre später wurde im Kallstadter Saumagen ein Neubau errichtet. Schon während der Ausbildung zum Winzer in renommierten Pfälzer Betrieben übernahm Sohn Jens Bühler den Ausbau der Weine. Nach Auslandsaufenthalten in Frankreich, Italien, Portugal und Österreich schloss Jens Bühler 2005 seine Ausbildung zum Techniker für Weinbau und Önologie in Bad Kreuznach ab. Auf 15 Hektar wird vor allem Riesling, Weiß- und Grauburgunder, Chardonnay, Gewürztraminer, Spätburgunder, Merlot und Dornfelder angebaut – der Rotweinanteil liegt bei 30 Prozent. Die besten Lagen sind Kallstadter Steinacker, Kallstadter Saumagen und Felsenberger Hang. Die Eltern von Jens Bühler betreiben eine Weinstube mit Blick in den Saumagen.

Vorjahre

Mit fruchtbetonten, reintönigen Weinen präsentierte sich Jens Bühler vor zwei Jahren als Neuaufnahme aus dem nördlichen Teil des Anbaugebietes. Die Weine zeigten alle eine gute Struktur, die Qualität war gleichmäßig gut – mit Vorteilen bei den Weißweinen. Im vergangenen Jahr führte der Riesling vom Saumagen eine gute und stimmige Weißweinkollektion an, die Rotweine waren von guter bis sehr guter Qualität bei sehr akzeptablen Preisen bei Spätburgunder und St. Laurent. Der Eiswein von 2009 hatte sich gut entwickelt.

Neue Kollektion

In diesem Jahr hat sich zum stoffig-fruchtigen Saumagen-Riesling ein köstlicher Sauvignon Blanc gesellt, der sehr fruchtig und sehr leicht daherkommt. Sie führen eine sehr ordentliche Weißweinriege an. Der Merlot von 2009 ist immer noch sehr gut.

Weinbewertung

86 2011 Kallstadter Saumagen Riesling Spätlese trocken **12,5 %/8,90 €**
82 2011 Weißburgunder trocken **12,5 %/6,50 €**
84 2011 Riesling Kabinett trocken **11,5 %/5,90 €**
83 2011 Grauburgunder trocken **13 %/7,90 €**
83 2011 Chardonnay trocken „Petite Lie" **7,- €**
86 2011 Sauvignon Blanc trocken **11%/8,-€**
81 2011 Riesling Kabinett „feinherb" **10,5 %/5,90 €**
83 **2011** Gewürztraminer Auslese **8 %/7,90 €**
82 **2011** „Saignée" Rosé trocken **12 %/5,10 €**
82 **2011** Spätburgunder „Blanc de Noir" trocken **12 %/6,50 €**
82 2010 St. Laurent Rotwein trocken **13 %/6,- €**
86 2009 Merlot Rotwein trocken **13,5 %/9,90 €**

★★

Bürgerspital

zum Heiligen Geist

Franken

Theaterstraße 19, 97070 Würzburg
Tel. 0931-3503441, Fax: 0931-3503444
www.buergerspital.de
weingut@buergerspital.de
Besuchszeiten: Mo.-Fr. 9-18 Uhr, Sa. 9-15 Uhr
Bürgerspital-Weinstuben (Pächter: Familie Wiesenegg), Vinothek
Weinproben, kulinarische Weinproben

Inhaber .... Stiftung des öffentlichen Rechts
Gutsdirektor .... Robert Haller
Rebfläche .... 110 Hektar

1316 wurde das Bürgerspital von Johannes und Mergardis von Steren als Spital gegründet, 1334 erhielt man durch Schenkungen die ersten Weinberge. Heute gehört das Bürgerspital zu den größten Weingütern in Deutschland. Das Gros der Weinberge, fast 80 Hektar, liegt in Würzburg. Fast 30 Hektar besitzt man im Würzburger Stein, die Einzellage Stein-Harfe im Zentrum des Steins gehört dem Bürgerspital in Alleinbesitz. Neben den Würzburger Lagen Pfaffenberg und Abtserde erweitern Weinberge in Randersacker (Teufelskeller, Pfülben), Frickenhausen (Kapellenberg), Veitshöchheim (Sonnenschein) und Thüngersheim (Scharlachberg) das Lagenportfolio. Riesling ist mit einem Anteil von 28 Prozent wichtigste Rebsorte, es folgen Silvaner und Müller-Thurgau, die weißen Burgunder werden immer wichtiger, dazu gibt es Scheurebe, Bacchus, Rieslaner und Gewürztraminer. An roten Sorten werden Domina, Blaufränkisch und Spätburgunder angebaut.

Vorjahre

Die Großen Gewächse führten 2009 eine konsistente Kollektion an, der Spätburgunder aus dem Veitshöchheimer Sonnenschein überraschte uns vor zwei Jahren angenehm. Der gefiel uns auch im vergangenen Jahr sehr gut, ebenso die Großen Gewächse und die Trockenbeerenauslese; die Distanz zu den Kabinettweinen war aber, wie seit einigen Jahren schon, recht groß.

Neue Kollektion

Auch 2011 finden wir diese Diskrepanz erschreckend: Biedere, seelenlose Weine bis hin zu den Spätlesen – die Großen Gewächse aber präsentieren sich in guter Form: Der Silvaner aus dem Stein ist weich und füllig bei deutlicher Bitternote, der Hagemann-Riesling besitzt reife süße Frucht, ist fruchtbetont und klar, der Riesling aus der Stein-Harfe ist kraftvoller und komplexer.

Weinbewertung

80 2011 Müller-Thurgau trocken **11,5 %/6,- €**
80 2011 Silvaner trocken **12,5 %/6,50 €**
80 2011 Silvaner Kabinett trocken Würzburger Innere Leiste **12,5 %/9,60 €**
81 2011 Riesling Kabinett trocken Würzburger Stein **12,5 %/10,40 €**
81 2011 Weißburgunder Spätlese trocken Würzburger Pfaffenberg **13,5 %/13,20 €**
81 2011 Silvaner Spätlese trocken Würzburger Pfaffenberg **13,5 %/13,50 €**
79 2011 Riesling trocken „RR" Randersackerer Marsberg **12,5 %/13,20 €**
86 2011 Weißburgunder „GG" Würzburger Stein **14,5 %/22,- €**
88 2011 Silvaner „GG" Würzburger Stein **14 %/22,- €**
89 2011 Riesling „GG" Würzburger Stein-Harfe **13,5 %/22,- €**
88 2011 Riesling „GG" „Hagemann" Würzburger Stein **13 %/40,- €**
87 2011 Riesling „GG" „Hagemann" Würzburger Stein **13 %/40,- €**
86 2009 Spätburgunder und Domina „R" trocken **13,5 %/17,- €**
82 2009 Blaufränkisch trocken Würzburger Stein **13,5 %/13,40 €**

★★★★

Dr. Bürklin-Wolf

Weingut

Pfalz

Weinstraße 65, 67157 Wachenheim
***Tel.** 06322-95330, **Fax:** 06322-953330*
www.buerklin-wolf.de
bb@buerklin-wolf.de
***Besuchszeiten**: Vinothek täglich 11-18 Uhr*

Inhaber .... Bettina Bürklin-von Guradze
Rebfläche .... 85 Hektar

Das 1597 gegründete Gut erreichte bereits Ende des 19. Jahrhunderts weltweite Bekanntheit unter der Führung von Albert Bürklin. Seit 1990 wird es von Bettina Bürklin-von Guradze geführt. Das traditionsreiche Haus in Wachenheim verfügt über Besitz in den besten Lagen der Mittelhaardt. Die Spitzenweine vermarktet Bürklin-Wolf unter den Bezeichnungen „P.C." (Premiers Crus) und „G.C." (Grands Crus). G.C. umfasst in Forst die Lagen Kirchenstück, Jesuitengarten, Ungeheuer und Pechstein, in Deidesheim die Lagen Hohenmorgen und Kalkofen, sowie in Ruppertsberg die Lagen Reiterpfad und Gaisböhl (in Alleinbesitz). In der Serie P.C. findet man die Weine der Ruppertsberger Lage Hoheburg, der Deidesheimer Lage Langenmorgen, sowie die Weine der Wachenheimer Lagen Altenburg, Böhlig, Gerümpel, Goldbächel und Rechbächel (Monopollage). Gutsriesling und Ortsrieslinge bilden die Basis des Sortiments. Riesling nimmt über 82 Prozent der Rebfläche ein. Die seit Anfang der 90er Jahre gepflanzten internationalen Rebsorten wurden zum Großteil wieder entfernt. Neben Riesling wird vor allem Weißburgunder, Pinot Noir und Dornfelder angebaut. Die Weinberge im Ruppertsberger Gaisböhl und im Wachenheimer Gerümpel wurden seit 2001 bzw. 2002 schrittweise auf biologisch-dynamischen Anbau umgestellt und mit dem gutseigenen Rieslingklon BW 14 bepflanzt. 2005 wurde die gesamte Anbaufläche auf biodynamischen Weinbau umgestellt, das Weingut ist Mitglied in der französischen Vereinigung Biodyvin.

Vorjahre

Eine starke Kollektion haben wir vor zwei Jahren verkostet, die Weine hatten Eleganz und Komplexität. Die „G.C."-Weine vom Jahrgang 2009 waren auf gleichmäßig hohem Spitzenniveau, die „P.C."-Weine waren ebenfalls hervorragend gelungen. Im vergangenen Jahr war die „P.C."-Linie auf gleichmäßig hohem Niveau; die „G.C."-Weine, die bei Veranstaltungen des VDP als Große Gewächse präsentiert werden, waren im vergangenen Jahr etwas süßer als sonst. Sie kamen zunächst weich auf die Zunge, entwickelten dann aber eine feine Säure-Spannung und zum Teil eine druckvolle Mineralität, im Ansatz wunderschön elegant und vielschichtig.

Neue Kollektion

In diesem Jahr sind die „P.C."-Weine ebenfalls auf gleichmäßig hohem Niveau mit feinen Unterschieden. Das Gerümpel ist frisch und klar, Hoheburg eher weich und süß, beim Böhlig kommt mineralischer Druck dazu, Langenmorgen und Altenburg sind die komplexesten und nachhaltigsten Weine. Die „G.C."-Weine sind präzise, geschliffen-elegant und von feiner Mineralität, über die sich eine fokussierte Spannung legt. Bürklin-Wolf-Weine haben ein großes Entwicklungspotenzial, jung verstecken sie zuweilen ihre wahre Größe. Der Pechstein gehört zu den herausragenden Vertretern der Lage, er ist komplex gewoben und zeigt saftige Kraft, Gaisböhl ist hell und klar und von sehr feiner Textur, Hohenmorgen ist zunächst zurückhaltend im Bukett, öffnet sich dann etwas, zeigt süße Frucht und feinen Biss, Spiel und Würze. Kalkofen ist eigenwillig, reif und baut enormen Druck auf, Kirchenstück zeigt reife, eigenwillige Frucht, der Wein ist sehr jugendlich mit großem mineralischen Druck und wird sich voraussichtlich über viele Jahre gut entwickeln.

Weinbewertung

85 2011 Riesling **12,5 %/9,- €**
86 2011 Riesling Wachenheimer **13,0%/11,- €**
88 2011 Riesling „P. C." Wachenheimer Gerümpel **13,0%/18,- €**
89 2011 Riesling „P. C." Wachenheimer Böhlig **13,0%/18,- €**
89 2011 Riesling „P. C." Wachenheimer Altenburg **13,5%/18,- €**
88 2011 Riesling „P. C." Ruppertsberger Hoheburg **13,0%/18,- €**
89 2011 Riesling „P. C." Deidesheimer Langenmorgen **13,0%/18,- €**
92 2011 Riesling „G. C." Gaisböhl **13,5 %/32,- €**
91 2011 Riesling „G. C." Hohenmorgen **13,5 %/38,- €**
91 2011 Riesling „G. C." Kalkofen **13 %/32,- €**
92 2011 Riesling „G. C." Kirchenstück **13,5 %/90,- €**
92 2011 Riesling „G. C." Pechstein **13 %/38,- €**

Büsser ★

Weingut

Rheinhessen

Mainzer Straße 50, 55239 Gau-Odernheim
Tel. *06733-6001,* **Fax:** *06733-6319*
www.weingut-buesser.de
info@weingut-buesser.de
Besuchszeiten: *nach Vereinbarung*

Inhaber .... Udo und Eva Büsser
Rebfläche .... 5 Hektar

Das Weingut Büsser wird heute in vierter Generation von Udo Büsser und seiner ältesten Tochter Eva geführt. Die Topweine werden in der Linie „Magicus" vermarktet. Der gekonnt vinifizierte, kraftvolle Spätburgunder führt zusammen mit dem fülligen Weißburgunder eine sehr gleichmäßige und überzeugende Kollektion an mit klaren, fruchtbetonten Weiß- und Rotweinen.

Weinbewertung

81 2011 Chardonnay trocken **12,5 %/4,60 €**
82 2011 Riesling Spätlese trocken „Magicus" **12,5 %/8,20 €**
84 2011 Weißburgunder Spätlese trocken „Magicus" **13 %/8,20 €**
82 2011 St. Laurent trocken **12,5 %/4,90 €**
85 2009 Spätburgunder Spätlese trocken „Magicus" **13,5 %/8,50 €**
82 2010 Dornfelder **11 %/4,70 €**

Reichsrat von Buhl ★★★★☆

Weingut

Pfalz

Weingut Reichsrat von Buhl GmbH
Weinstraße 16-24, 67146 Deidesheim
Tel. *06326-965017,* **Fax:** *06326-965024*
www.reichsrat-von-buhl.de
info@reichsrat-von-buhl.de
Besuchszeiten: *Mo.-Fr. 8-12 + 13-18 Uhr, Sa./So. 10-12 + 13-17 Uhr*

Inhaber .... Achim Niederberger
Pächter .... Reichsrat von Buhl GmbH
Geschäftsf. Gesellschafter .... Stefan Weber
.... Christoph Graf
Rebfläche .... 60 Hektar

Das 1849 von Franz-Peter Buhl gegründete Weingut entstand aus der Erbteilung des Jordan'schen Weingutes. 1989 wurde es an eine japanische Weinhandelsfirma verpachtet, es wurden Millionenbeträge in Keller und Außenbetrieb investiert. Eigentümer ist inzwischen Achim Niederberger, dem auch die Weingüter Bassermann-Jordan und von Winning (ehemals Dr. Deinhard) gehören. Reichsrat von Buhl verfügt über beste Lagen in Forst (Freundstück, Jesuitengarten, Pechstein, Ungeheuer, Paradiesgarten), Deidesheim (Leinhöhle, Herrgottsacker, Kieselberg) und Ruppertsberg (Reiterpfad). Riesling ist die dominierende Rebsorte. Daneben findet man etwas Weißburgunder, Grauburgunder, Scheurebe und Gewürztraminer, sowie Spätburgunder. Seit dem Jahrgang 2007 werden im trockenen und halbtrockenen Bereich keine Prädikatsbezeichnungen mehr verwendet. Seit 2009 ist der Betrieb bio-zertifiziert.

Vorjahre

Die Weine und Sekte waren das ganze letzte Jahrzehnt von zuverlässiger, sehr guter Qualität. In den letzten Jahren aber zeigen sie Größe, die Großen Gewächse vor allem, heute zählt das Gut zur Spitze in Deutschland. Vor zwei Jahren zeigte die Kollektion eine faszinierende Vielzahl an Großen Gewächsen, die Sekte waren allesamt eine sichere Bank und zählten wieder zu den besten in Deutschland. Die Großen Gewächse beeindruckten mit intensiver, würziger Mineralität, angeführt wurde die Phalanx von Kirchenstück und Pechstein. Die edelsüßen Rieslinge vom Jahrgang 2009 waren von bestechender Klarheit. Auch im vergangenen Jahr machten die Sekte und Weine viel Freude. Die Großen Gewächse hatten viel Stoff; Frucht und Mineralität waren präzise herausgearbeitet. Der straffen Säure des Jahrgangs wurde mit etwas höherem Restzucker die Spitze genommen. Die weitere Entwicklung der Weine wird zeigen, ob die Harmonie von Süße und Säure Bestand haben wird. Hervorragend waren der Rosé-Sekt und der Riesling-Sekt aus dem Pechstein. Die edelsüßen Weine strahlten hell und klar.

Neue Kollektion

In diesem Jahr stellt Buhl einmal mehr sehr gute Sekte vor, sie gehören wieder zu den besten in Deutschland. Der Riesling zeigt eine reife und elegante Säure mit nussigen Nuancen und etwas Salz, der Blanc de Noir ist ausgewogen und besitzt ein feines Aroma von gerösteten Haselnüssen. Die Lagenweine sind unterschiedlich, der Herrgottsacker ist leicht und fruchtig, der Musenhang straff, trocken, puristisch. der „F.P."-Riesling zeigt viel Frucht, er erscheint als der kleine Bruder der üppig-barocken Großen Gewächse. Pechstein zeigt eine füllige reife Frucht mit gutem Biss und Druck, auch Jesuitengarten ist füllig mit viel saftiger Frucht, Konzentration und Länge, Ungeheuer ist etwas schlanker, zeigt große Klarheit und feinen Biss. Die Pechstein Auslese ist wild, konzentriert, vielschichtig mit ausladender Frucht, die von mineralischer Dichte und Säurespannung zusammengehalten wird. Die Beerenauslese vom Ungeheuer ist köstlich, vielfruchtig, konzentriert, dick, die Säure verleiht ihr ein gutes Stehvermögen. Der Spätburgunder zeigt eine schöne Reife, kühle, elegante Frucht und eine gute Tanninstruktur.

Weinbewertung

89 2008 Riesling Sekt brut Forster Pechstein **12 %/17,- €**

89 2006 „Blanc de Noir" Sekt brut **12,5 %/22,- €**

86 2011 Riesling trocken Deidesheimer Herrgottsacker **12,5 %/10,- €**

87 2011 Riesling trocken Forster Musenhang **12,5 %/12,- €**

88 2011 Riesling trocken „F.P. Buhl" **12,5 %/16,- €**

91 2011 Riesling „GG" Pechstein Forst **13 %/30,- €**

91 2011 Riesling „GG" Ungeheuer Forst **13,5%/30,- €**

90 2011 Riesling „GG" Jesuitengarten Forst **13 %/30,- €**

91 2011 Riesling Auslese Forster Pechstein **8,5 %/18,- €/0,375l**

93 2011 Riesling Beerenauslese Forster Ungeheuer **7,5 %/45,- €/0,375l**

88 2008 Spätburgunder trocken „F.P. Buhl" **12,5 %/24,- €**

★

Bunn

Weingut

Rheinhessen

Mainzer Straße 86, 55283 Nierstein

Tel. *06133-59290,* ***Fax:*** *06133-60309*

www.weingut-bunn.de

info@weingut-bunn.de

Besuchszeiten: *Di.-Sa. 10-18 Uhr*

Inhaber .... Georg Bunn

Rebfläche .... 10 Hektar

Seit drei Generation ist der Margarethenhof im Besitz der Familie Bunn. Er wird heute von Georg und Eva Bunn geführt, seit 2011 unterstützt von Tochter Lisa, die in Geisenheim studiert hat. Die Weinberge liegen in Nierstein, Dienheim und Guntersblum, wo sich auch der Keller befindet. Neben Riesling gibt es Weißburgunder, Grauburgunder, Chardonnay, Müller-Thurgau, Silvaner, Gewürztraminer, Huxelrebe und Scheurebe, sowie Dornfelder, Spätburgunder und St. Laurent, zuletzt wurde Merlot gepflanzt.

Kollektion

Eine stimmige Kollektion stellen die Bunns zum Debüt vor, in der uns die drei Lagenrieslinge aus Nierstein besonders gut gefallen, sind doch die Unterschiede zwischen den Lagen schön herausgearbeitet; der Riesling aus dem Hipping ist der druckvollste Wein, bleibt aber ein wenig kurz.

Weinbewertung

83 2011 Riesling trocken „vom Rotliegenden" **13 %/6,80 €**

81 2011 Chardonnay trocken **13,5 %/6,80 €**

81 2011 Grauburgunder trocken **13,5 %/6,80 €**

85 2011 Riesling trocken Nierstein Hipping **12,5 %/9,50 €**

85 2011 Riesling trocken Nierstein Ölberg **13 %/8,50 €**

85 2011 Riesling trocken Nierstein Orbel **13 %/7,50 €**

Ignaz Bunzelt ★

Weingut

Franken

Heerweg 12, 97334 Nordheim
***Tel.** 09381-4657 oder 4511, **Fax**: 09381-6283*
www.weingut-bunzelt.de
info@weingut-bunzelt.de
***Besuchszeiten**: Mo.-Sa. 9-18 Uhr,*
So. nach Vereinbarung
Probierstube (bis 20 Personen)

Inhaber .... Hans und Barbara Bunzelt
Rebfläche .... 9 Hektar

Das 1969 von Ignaz und Irmina Bunzelt gegründete Weingut wird seit 1985 von Hans Bunzelt geführt. Er besitzt Rebflächen unter anderem in den Iphöfer Spitzenlagen Julius-Echter-Berg und Kronsberg, sowie im Nordheimer Vögelein. Weiße Rebsorten nehmen 89 Prozent der Fläche ein. Wichtigste Sorten sind Müller-Thurgau, Silvaner und Bacchus. Dazu kommt eine breite Palette weiterer Sorten, angeführt von Domina, Riesling und Kerner. Neben Sekten werden auch Edelbranntweine in der eigenen Brennerei hergestellt.

Entwicklung

Seit mehr als einem Jahrzehnt nun kennen wir die Weine von Hans Bunzelt und, heute wie damals, überzeugen sie durch ihre Zuverlässigkeit. Sie sind recht füllig bei reifer Frucht, und oft sind es die Weine aus den so genannten Bukettsorten, die uns besonders gefallen, Traminer und Rieslaner beispielsweise.

Vorjahre

Gleichmäßig war Jahrgang 2009, ohne Fehl und Tadel selbst bei den Literweinen, bot aber keine Spitzen wie in früheren Jahren. 2010 war etwas weniger gleichmäßig: Die Traminer Spätlese gefiel uns sehr gut, die Müller-Thurgau stellten aber nicht zufrieden.

Neue Kollektion

Die neue Kollektion präsentiert sich geschlossen auf gutem Niveau. Im trockenen Segment gefällt uns die füllige Silvaner Spätlese besonders gut, restsüß die reintönige Scheurebe Spätlese aus dem Julius-Echter-Berg und die frische, zupackende Rieslaner Auslese, ebenfalls aus dem Julius-Echter-Berg.

Weinbewertung

83 2011 Riesling Kabinett trocken Sommeracher Katzenkopf **12 %/6,50 €**

82 2011 Silvaner Kabinett trocken Escherndorfer Fürstenberg **13 %/7,- €**

83 2011 Silvaner Kabinett trocken „2" **12,5 %/6,50 €**

82 2011 Scheurebe Kabinett trocken Iphöfer Kronsberg **12,5 %/6,50 €**

81 2011 Müller-Thurgau Kabinett trocken Iphöfer Kalb **12 %/5,- €**

84 2011 Silvaner Spätlese trocken Escherndorfer Fürstenberg **13,5 %/8,50 €**

83 2011 Kerner Spätlese Iphöfer Kronsberg **13,5 %/7,50 €**

84 2011 Scheurebe Spätlese Iphöfer Julius-Echter-Berg **13 %/8,- €**

84 2011 Rieslaner Auslese Iphöfer Julius-Echter-Berg **13 %/8,- €**

81 2009 „(W)einzigartig" Rotwein trocken **14 %/18,- €**

★★★☆

Burggarten

Weingut

Ahr

Landskroner Straße 61, 53474 Heppingen
Tel. *02641-21280,* ***Fax:*** *02641-79220*
www.weingut-burggarten.de
burggarten@t-online.de
Besuchszeiten: *Mo.-Fr. 10-12 + 13-18 Uhr,*
Sa./So. 10-13 Uhr
Gästehaus

Inhaber........................Familie Schäfer
Rebfläche..............................16 Hektar

Paul Josef Schäfer hat sein Weingut in den letzten Jahren noch stärker auf Spätburgunder ausgerichtet, vom Frühburgunder besitzt er inzwischen 2 Hektar. Dazu gibt es ein klein wenig Zweigelt (seit 1982), kaum noch Dornfelder und Portugieser, aber weiße Sorten wie Riesling und Weißburgunder. Inzwischen besitzt er auch Weinberge an der Mosel, in Piesport und Zeltingen. Seine drei Söhne sind alle ausgebildete Winzer und unterstützen ihn mittlerweile im Betrieb. Die Weinberge von Paul Josef Schäfer liegen im Heimersheimer Burggarten (schwere Lehmböden), Neuenahrer Sonnenberg und Schieferlay (Grauwacke und Grauwackeschiefer) und Ahrweiler Ursulinengarten (Kies am Fluss, weiter oben schwerere Böden). In den letzten Jahren ist er dazu übergegangen seine Weine später abzufüllen. Seit 2005 ist dem Weingut ein Gästehaus angeschlossen.

Vorjahre

Seit der ersten Ausgabe empfehlen wir die Weine von Paul Josef Schäfer, schon damals haben wir konstatiert, dass er den Anschluss an die besten Betriebe der Region geschafft hat. Jahr für Jahr sind wir angetan vom guten Niveau seiner Basisweine, in den letzten Jahren legte er in der Spitze noch einmal zu. Der Spätburgunder „R“ aus dem Burggarten gefiel uns im Jahrgang 2008 ganz hervorragend, war kraftvoll und tanninbetont. Aber auch die anderen Weine überzeugten vor zwei Jahren, besaßen Struktur und Kraft. Ähnlich präsentierte sich der Jahrgang 2009: Die Weine waren kraftvoll und reintönig, die Spitzenweine tanninbetont, sehr jugendlich bei dezenten Schokonoten. Unser Favorit war einmal mehr der Spätburgunder „R“, der Wein aus der Schieferlay war noch allzu jugendlich, der Frühburgunder aus dem Sonnenberg eine schöne Überraschung.

Neue Kollektion

Die neue Kollektion ist ganz stark – und beginnt mit einer Überraschung: Chardonnay und Weißburgunder sind konzentriert und klar, füllig und harmonisch, sehr gekonnt vinifiziert, sie besitzen gute Struktur und Substanz. Die roten 2011er präsentieren sich fruchtbetont und reintönig, schon der Spätburgunder vom Vulkangestein macht viel Freude, der Frühburgunder ist intensiv, der Signatur-Spätburgunder strukturiert und kraftvoll, wie auch sein Vorgänger im Jahrgang 2010. Auch die anderen 2010er zeigen sehr hohes Niveau: Der Burggarten-Spätburgunder besitzt Fülle und Harmonie, der aus dem Sonnenberg ist konzentriert und reintönig, besitzt viel Substanz und gute Struktur. Noch etwas besser gefällt uns der Wein aus der Schieferlay, ist füllig und kraftvoll, fruchtbetont, harmonisch und lang, erweist sich in diesem Jahrgang dem „R“ aus dem Burggarten als ebenbürtig, der ebenfalls viel reife Frucht und viel Substanz besitzt, feine Tannine und noch dezente jugendliche Bitternoten. Eine bärenstarke Kollektion!

Weinbewertung

88 2011 Weißburgunder „S“ trocken **13,5 %/16,- €**
88 2011 Chardonnay „S“ trocken **13,5 %/16,- €**
85 2011 Spätburgunder trocken „Vulkangestein“ **13 %/7,90 €**
87 2010 Spätburgunder trocken „P.J.'s Signatur“ **13,5 %/12,50 €**
87 2011 Spätburgunder trocken „P.J.'s Signatur“ **13,5 %/12,50 €**
87 2011 Frühburgunder „S“ trocken **13,5 %/17,- €**

88 2010 Spätburgunder trocken Heimersheimer Burggarten **13,5 %/17,- €**
89 2010 Spätburgunder trocken Neuenahrer Sonnenberg **13,5 %/26,- €**
90 2010 Spätburgunder trocken Neuenahrer Schieferlay **13,5 %/38,- €**
90 2010 Spätburgunder trocken „R" Heimersheimer Burggarten **13,5 %/42,- €**

★

Burkheim

Winzergenossenschaft **Baden**

Winzerstraße 8, 79235 Vogtsburg-Burkheim
***Tel.** 07662-9393-0, **Fax**: 07662-9393-25*
www.burkheimerweine.de
info@burkheimerweine.de
***Besuchszeiten:** Mo.-Fr. 9-12 + 13:30-18 Uhr, Sa. 9-16 Uhr, So. 10-16 Uhr (April-Okt.), Mo.-Fr. 9-12 + 13:30-17 Uhr, Sa. 9-16 Uhr, So. 10-16 Uhr (Nov.-März.)*

Geschäftsführer .... Gert Schmidt
Kellermeister .... Dominik Schweizer
Mitglieder 320
Rebfläche .... 106 Hektar

Die Mitglieder der Genossenschaft von Burkheim bewirtschaften 56 Hektar Weinberge im Burkheimer Feuerberg, in dem Vulkangesteinsböden vorherrschen, und 50 Hektar im Burkheimer Schlossgarten, in dem die Reben auf tiefgründigem Lössboden wachsen. Spätburgunder nimmt gut ein Drittel der Rebfläche ein, gefolgt von Müller-Thurgau und Grauburgunder mit jeweils etwa einem Viertel. Dazu gibt es insbesondere noch Silvaner und Weißburgunder. Neben der Basislinie gibt es die Weine der Linie „Karat", die von mindestens 25 Jahre alten Reben stammen. Darüber gibt es die Linie „ViniGrande", sowie Barriqueweine.

Vorjahre

Die 2009er Kollektion war sehr gleichmäßig, ohne aber Spitzen zu bieten. Die letztjährige Kollektion präsentierte sich geschlossen auf gutem Niveau, der Weißherbst Eiswein aus dem Jahrgang 2009 ragte hervor zusammen mit der reintönigen trockenen Grauburgunder-Spätlese.

Neue Kollektion

Auch die neue Kollektion überzeugt, bietet sehr gleichmäßiges, zuverlässiges Niveau, weiß wie rot. Im Weißweinbereich gefällt uns der kraftvolle Grauburgunder von alten Reben am besten, rot die füllige, recht süße trockene Spätburgunder Auslese.

Weinbewertung

82 2011 Weißburgunder Kabinett trocken Burkheimer Schlossgarten **12,5 %/5,50 €**
81 2011 Grauburgunder Kabinett trocken Burkheimer Feuerberg **12,5 %/5,80 €**
81 2011 Chardonnay Kabinett trocken Burkheimer Schlossgarten **13 %/6,20 €**
82 2011 Grauburgunder Spätlese trocken Burkheimer Feuerberg **13 %/6,80 €**
82 2011 Chardonnay Spätlese trocken Burkheimer Schlossgarten **13 %/6,80 €**
83 2011 Weißburgunder Spätlese trocken „Alte Rebe" Burkheimer Schlossgarten **14 %/8,80 €**
85 2011 Grauburgunder Spätlese trocken „Alte Rebe" Burkheimer Feuerberg **13,5 %/6,80 €**
81 2011 Müller-Thurgau Kabinett Burkheimer **12 %/4,20 €**
79 2010 Spätburgunder trocken Burkheimer Feuerberg **13,5 %/5,60 €**
85 2009 Spätburgunder Auslese trocken Burkheimer Schlossgarten **14,5 %/14,80 €**
84 2009 Spätburgunder Auslese Burkheimer Schlossgarten **10 %/7,80 €/0,5l**

B

Die besten deutschen Weinerzeuger und ihre Weine

★☆

Burrlein

Winzerhof

Franken

(🍎) *Hauptstraße 149, 97320 Mainstockheim*
***Tel.** 09321-5578, **Fax:** 09321-5510*
www.winzerhof-burrlein.de
mail@winzerhof-burrlein.de
***Besuchszeiten:** Mo.-Sa. 9-18 Uhr*

Inhaber .... Frieder Burrlein
Rebfläche .... 33 Hektar

Der Winzerhof Burrlein betreibt seit 1904 Weinbau. Ein Teil der eigenen Weinberge wird nach kontrolliert ökologischen Richtlinien (Ecovin) bewirtschaftet. Darüber hinaus verarbeitet der Winzerhof Burrlein die Trauben von 35 örtlichen Kleinwinzern, zusammen weitere 25 Hektar. Die Trauben kommen aus der Einzellage Mainstockheimer Hofstück. Vor allem weiße Sorten werden angebaut: Silvaner, Müller-Thurgau, Bacchus, Kerner, Scheurebe und Weißburgunder, seit 2004 auch Riesling. An roten Sorten gibt es Domina, Dornfelder, Regent und Zweigelt. Die Weißweine werden temperaturgesteuert in Edelstahltanks vergoren. Die Rotweine kommen nach der Maischegärung in Holzfässer (auch Barriques).

Vorjahre

Vor zwei Jahren gefiel uns die Kollektion sehr gut, alle Weine waren reintönig und frisch, die Schlossportal-Serie zeigte Struktur und Klasse. Ähnlich präsentierte sich die letztjährige Kollektion mit fülligen, alkoholreichen Schlossportal-Weinen des Jahrgangs 2009 und frischen, leichten Weißweinen des Jahrgangs 2010.

Neue Kollektion

2011 bringt frische, sehr reintönige Weißweine, egal ob Silvaner oder Riesling, Weißburgunder oder Scheurebe, alle überzeugen; nur der Regent kann nicht mithalten. ━

Weinbewertung

84 2011 Silvaner Kabinett trocken Mainstockheimer Hofstück **13 %/6,90 €**
84 2011 Silvaner trocken „Bio Edition Karl" **12,5 %/6,- €**
84 2011 Riesling Kabinett trocken Mainstockheimer Hofstück **12,5 %/6,90 €**
84 2011 Weißburgunder Kabinett trocken Mainstockheimer Hofstück **13 %/6,90 €**
84 2011 Scheurebe trocken „Edition Karl" **11,5 %/5,40 €**
83 2011 Scheurebe Kabinett Mainstockheimer Hofstück **12,5 %/7,50 €**
79 2011 Regent trocken „Bio Edition Karl" **13 %/7,40 €**

★★★★★

Clemens Busch

Weingut

Mosel

🍎 *Kirchstraße 37, 56862 Pünderich*
***Tel.** 06542-22180, **Fax:** 06542-1625*
www.clemens-busch.de
info@clemens-busch.de
***Besuchszeiten:** nach Vereinbarung*

Inhaber .... Clemens und Rita Busch
Rebfläche .... 13 Hektar

Clemens und Rita Busch bewirtschaften ihre Weinberge seit 1986 nach den Kriterien ökologischen Anbaus und sind Mitglied im Bundesverband Ökologischer Weinbau, im Jahr 2007 folgte die Aufnahme in den Verband der Prädikatsweingüter (VDP). Der größte Teil der Weinberge liegt in der Lage Pündericher Marienburg. Ein Kernstück dieser Lage ist die „Felsterrasse", wo Clemens Busch bis zu 70 Jahre alte Reben stehen hat. Neu bestockt wurde die Parzelle Rothenpfad, eine bereits im 19. Jahrhundert gerühmte, aber bald darauf in Vergessenheit geratene Lage. Der Ausbau der Weine erfolgt in Eichenholzfässern, die Weine lagern lange auf der Hefe. Wurden früher noch 80 Prozent der Weine trocken ausgebaut, so spielen heute die cremig-würzigen Rieslinge mit Restzuckerwerten zwischen etwa 15 und 40 Gramm eine zunehmend größere Rolle. Allerdings stellte Busch 2007 auch zwei Große Gewächse in einem betont trockenen, kraftvollen Stil vor – und 2009 präsentierte er gleich drei Große Gewächse. Prädikate wie Kabinett und Spätlese sind von den Etiketten der trockenen oder fast trockenen Weine verschwunden, werden nur noch bei den Weinen mit deutlicher Restsüße verwendet. Die Rieslinge vom grauen (aus der dem ursprünglichen Bereich der Marienburg) und roten Schiefer stammen aus verschiedenen Teillagen der Pündericher Marienburg, zeigen schön die Terroirunterschiede in dieser Lage, die Clemens Busch mit seinen Großen Gewächsen und den „feinherben" Erste-Lage-Weinen in der Spitze herausarbeitet. Die Marienburg ist ein steiler Süd/Südost ausgerichteter Hang gegenüber von Pünderich. Bis 1971 bestand sie aus verschiedenen kleinen Einzellagen, die dann alle zur Lage Marienburg zusammengefasst wurden. Zu diesen Teillagen gehören Fährlay (die einzige Lage in der der blaue Schiefer dominiert), Falkenlay (grauer Schiefer, etwas tiefgründigerer Boden; das älteste Stück der Fährlay wird Raffes genannt), Rothenpfad (roter Schiefer) und Felsterrasse (hellgrauer Schiefer mit eisenhaltigen Schichten).

Vorjahre

Die 2009er Großen Gewächse wirkten zum Zeitpunkt der Verkostung noch unzugänglich, wiesen aber Substanz und einen eigenen Stil auf. Die süßen Rieslinge präsentierten sich enorm saftig und in der Spitze von faszinierender Reintönigkeit; spannend war aber bereits der Riesling vom grauen Schiefer. Wie kaum ein Anderer an der Mosel meisterte Clemens Busch auch den Jahrgang 2010, hatte trockene Spitzenweine erzeugt und in edelsüß brilliert. Schon die Basisweine, trocken wie süß, waren klar und kraftvoll, die trockenen und halbtrockenen Lagenweine kraftvoll und dominant, wenn auch noch etwas wild und unruhig, wie man das ja so kennt von Clemens Buschs Weinen. Dazu gab es eine Batterie an beeindruckend reintönigen Edelsüßen: Auslesen, Beerenauslesen und Trockenbeerenauslesen, eine besser als die andere.

2011 trocken

2011 präsentieren sich schon die Gutsrieslinge auf gewohnt starkem Niveau, sind kraftvoll, klar und zupackend, der Riesling vom roten Schiefer ist ein wenig nachhaltiger als der vom grauen. Die vier Großen Gewächse unterscheiden sich deutlich: Der Wein aus der Fahrlay ist füllig und saftig bei viel reifer Frucht, der aus de, Falkenlaylay noch vom Schwefel geprägt, aber mit enorm viel Substanz, der Rothenpfad füllig und saftig bei viel Substanz, muss aber noch an Komplexität gewinnen, das „normale" Große Gewächs Marienburg ist präzise und zupackend, der geradlinigste der vier Weine.

2011 süß

Auch der süße Teil der Kollektion präsentiert sich sehr stimmig, so wie man das kennt bei Clemens Busch. Schon die Spätlesen sind kraftvoll und konzentriert, besitzen Substanz, Druck und Länge, die Auslesen, alle sehr konzentriert und süß, bringen eine weitere Steigerung, die nach Orangenschalen duftende Auslese aus dem Rothenpfad gefällt uns besonders gut. Eine weitere Steigerung bringen die rosinierte Lange Goldkapsel-Auslese und die duftige, enorm stoffige Beerenauslese aus der Falkenlay.

Weinbewertung

85 2011 Riesling trocken **11 %/8,50 €**

87 2011 Riesling trocken „vom grauen Schiefer" **12,5 %/12,50 €**

88 2011 Riesling trocken „vom roten Schiefer" **12,5 %/12,50 €**

91 2011 Riesling „GG" Marienburg **13,5 %/22,- €**

91 2011 Riesling „GG" „Rothenpfad" Marienburg **14 %/25,- €**

91 2011 Riesling „GG" „Fahrlay" Marienburg **14 %/30,- €**

89 2011 Riesling „GG" „Falkenlay" Marienburg

B

14 %/25,- €

85 2011 Riesling Kabinett Pündericher **8,5 %/9,50 €**

86 2011 Riesling Kabinett Marienburg **9 %/12,50 €**

89 2011 Riesling Spätlese Marienburg **9 %/17,50 €**

90 2011 Riesling Spätlese „Goldkapsel" Marienburg **8 %/24,- €**

91 2011 Riesling Auslese „Fahrlay" Marienburg **8 %/27,- €**

90 2011 Riesling Auslese „Falkenlay" Marienburg **8 %/29,- €**

92 2011 Riesling Auslese „Rothenpfad" Marienburg 7,5**8 %/29,- €**

91 2011 Riesling Auslese „Goldkapsel" Marienburg **7 %/35,- €**

93 2011 Riesling Auslese „Lange Goldkapsel" Marienburg **8 %**

93 2011 Riesling Beerenauslese „Falkenlay" Marienburg

Markus **Busch** ★

Weingut

Mosel

Schulstraße 6, 56862 Pünderich

***Tel.** 06542-2810, **Fax**: 06542-1583*

www.buschwein.de, www.steillagenprojekt.de

info@buschwein.de

***Besuchszeiten**: nach Vereinbarung*

Ferienwohnungen

Inhaber .... Markus Busch

Rebfläche .... 3 Hektar

Dem Riesling aus der Lage Pündericher Marienburg gehört das Hauptaugenmerk von Markus Busch. Dazu gibt es etwas Weißburgunder, Müller-Thurgau und die roten Sorten Spätburgunder, Dornfelder und Cabernet Dorsa. Markus Busch ist vor allem durch sein Steillagenprojekt bekannt geworden: Die Anteilseigner haben Mitspracherecht bei der Bewirtschaftung der Parzelle und bekommen Riesling als Dividende – mit speziellem Etikett. Die Weißweine werden gekühlt vergoren und in Edelstahltanks ausgebaut, Spitzenrotweine reifen auch im kleinen Holzfass.

Vorjahre

2009 gefiel bereits der saftige, ausgewogene Classic, auch der Rest des Sortiments wirkte sehr ausgeglichen. Die 2010er Weine waren sehr verhalten, der Spätburgunder gefiel uns aus diesem Jahrgang am besten.

Neue Kollektion

2011 präsentiert sich sehr gleichmäßig auf gutem Niveau. Der frische, zupackende Riesling aus dem Steillagenprojekt gefällt uns besonders gut, die halbtrockene Auslese aus dem Vorjahr, die ein Jahr gegoren hat, beeindruckt mit Süße und Substanz, ist uns aber doch „too much".

Weinbewertung

82 2011 Riesling Hochgewächs trocken **12,5 %/5,- €**

81 2011 Riesling Spätlese trocken **12,5 %/6,50 €**

81 2011 Riesling Spätlese trocken „Steillagenprojekt" **13 %/10,- €**

81 2011 Riesling Classic **12 %/5,- €**

81 2011 Riesling Spätlese halbtrocken **12,5 %/6,50 €**

84 2010 Riesling Auslese halbtrocken **13,5 %/7,- €/0,5l**

82 2011 Riesling Kabinett **9 %/5,50 €**

Jean **Buscher** ★☆

Weingut

Rheinhessen

Wormser Straße 4-6, 67595 Bechtheim

***Tel.** 06242-872, **Fax**: 06242-875*

www.jean-buscher.de

weingut@jean-buscher.de

***Besuchszeiten**: Mo.-Fr. 8-17 Uhr und nach Vereinbarung*

Inhaber .... Jean Michael Buscher,
.... Jean Raphael Buscher

Rebfläche .... 16 Hektar

Seit 1844 betreibt die Familie Weinbau in Bechtheim, das Gut wird heute von Jean Michael Buscher und seinem Sohn Jean Raphael geführt. Gut die Hälfte der Rebfläche nehmen rote Rebsorten ein, Spätburgunder, Dornfelder, Schwarzriesling und Portugieser vor allem, aber auch Heroldrebe, Regent und Rosenmuskateller, eine Rebsorte, die man hin und wieder in Südtirol findet. Mit Abstand wichtigste weiße Rebsorte ist Riesling, dazu gibt es Weißburgunder, Grauburgunder, Silvaner, Muskateller, Kerner und Gewürztraminer. Nach Praktika in Burgund und Südtirol ist Geisenheim-Absolvent Jean Raphael zusammen mit dem Kellermeister Matthias Schanz für Weinberg und Keller verantwortlich. Sie haben erstmals zusammen den 2007er Jahrgang betreut. 85 Prozent der Weine werden trocken oder halbtrocken ausgebaut.

Vorjahre

Vor zwei Jahren gefielen uns Goldkapsel-Riesling und Rosenmuskateller besonders gut. Die letztjährige Kollektion stand eindeutig im Zeichen der edelsüßen Rosenmuskateller, im trockenen Segment gefielen uns die 2009er Weine am besten.

Neue Kollektion

Die neue Kollektion ist ein wenig verhalten, mit zwei Ausnahmen: Die Nibelungencuvée besitzt gute Konzentration und reife Frucht, der edelsüße Rosenmuskateller ist faszinierend reintönig bei deutlichen Tanninen.

Weinbewertung

80 2011 Riesling trocken **12 %/5,70 €**
81 2011 Muskateller trocken **11,5 %/6,30 €**
81 2011 Silvaner trocken „Edition S" Bechtheimer **13 %/7,60 €**
82 2011 Riesling trocken „Edition S" Bechtheimer **13 %/7,70 €**
81 2011 Weißburgunder trocken „Edition S" Bechtheimer **13 %/7,90 €**
82 2011 Riesling & Silvaner „Kometenwein" **13 %/11,11 €**
86 2011 Weiß- und Grauburgunder trocken „Edition S Nibelungencuvée" **13 %/14,90 €**
82 2011 Muskateller **7,5 %/5,70 €**
80 2011 Spätburgunder „Blanc de Noir Edition S" „feinherb" **12 %/7,90 €**
82 2009 Rotwein trocken „Devin Miles" **13 %/16,50 €**
81 2010 Schwarzriesling trocken „Edition S" **13 %/9,20 €**
86 2011 Rosenmuskateller edelsüß **9 %/15,50 €/0,5l**

★★★

Caspari-Kappel

Weingut

Mosel

Am Steffensberg 29, 56850 Enkirch
***Tel.** 06541-6348, **Fax**: 06541-1628*
www.caspariwein.de
info@caspariwein.de
***Besuchszeiten**: jederzeit nach Vereinbarung*

Inhaber .... Nico Caspari, Uwe Jostock,
Rebfläche .... 11 Hektar

Das Weingut Caspari-Kappel entstand als Projekt von Thomas Caspari, Frank Gibbert und Uwe Jostock, der früher maßgeblich für die Weinbereitung bei Immich-Batterieberg verantwortlich war. Der Betrieb bewirtschaftet inzwischen 11 Hektar in Enkirch und Traben, darunter Parzellen in den Spitzenlagen Ellergrub, Zeppwingert, Monteneubel und Steffensberg, sowie im Trabener Gaispfad. In den Jahrgängen 2007 und 2008 wurden auch die Weine aus der Monopollage Enkircher Batterieberg vinifiziert. Ziel der Kellerarbeit ist es authentische, mineralische Rieslinge zu erzeugen, seit 2009 arbeitet man nach ökologischen Kriterien, ist Mitglied bei Ecovin.

Vorjahre

2009 gelangen rassige trockene und saftige süße Rieslinge, bereits die Basis war sehr gelungen. Auch die 2010er Kollektion zeigte hohes Niveau, vor allem im rest- und edelsüßen Segment, das angeführt wurde von einer faszinierenden Trockenbeerenauslese, einem der großen Süßweine des Jahrgangs in Deutschland; „feinherb" gefiel uns der „Caspari 100" am besten.

Jahrgang 2011

Eine starke Kollektion folgt mit dem Jahrgang 2011 nach, wobei in diesem Jahr die trockenen und feinherben Rieslinge den süßen Paroli bieten können. Die trockene Spätlese ist faszinierend reintönig und zupackend, die aus der Ellergrub etwas süßer, aber ebenso klar und strukturiert, die feinherbe Spätlese aus dem Zeppwingert besitzt Fülle und Saft. Highlight ist aber der feinherbe Wein aus dem Gaispfad, der faszinierend reintönig und fruchtbetont ist, konzentriert, saftig und lang. Aber auch süß hat der Gaispfad viel zu bieten von der wunderschön harmonischen Spätlese über eine reintönige, konzentrierte Auslese bis hin zur stoffigen, aber doch eleganten Beerenauslese.

Weinbewertung

84 2011 Riesling Kabinett trocken **11,5 %/8,- €**

88 2011 Riesling Spätlese trocken Monteneubel **12,5 %/11,- €**

88 2011 Riesling Spätlese trocken „Alte Reben" Ellergrub **12 %/13,- €**

84 2011 Riesling Kabinett „feinherb" **11 %/8,- €**

88 2011 Riesling Spätlese „feinherb" „Alte Reben" Zeppwingert **12 %/13,- €**

91 2011 Riesling Spätlese „feinherb" „100" Gaispfad **12 %/21,- €**

84 2011 Riesling Kabinett **7,5 %/8,- €**

86 2011 Riesling Spätlese Steffensberg **7 %/11,- €**

88 2011 Riesling Spätlese „Alte Reben" Gaispfad **7 %/13,- €**

89 2011 Riesling Auslese Gaispfad **7 %/24,- €/0,375l**

90 2011 Riesling Beerenauslese Gaispfad **5,5 %/48,- €/0,375l**

Fürstlich ★★★

Castell'sches

Domänenamt

Franken

Schlossplatz 5, 97355 Castell
***Tel.** 09325-60160, **Fax**: 09325-60188*
www.castell.de
weingut@castell.de
***Besuchszeiten**: Mo.-Fr. 8-18 Uhr, Sa. 10-16 Uhr*
Restaurant „Weinstall", Schlossplatz 5 (Pächter: Sabine Koch, im Sommer durchgehend geöffnet, sonst Fr.-So., Tel. 09325-902561)

Inhaber .... Ferdinand Graf zu Castell-Castell
Betriebsleiter .... Karl-Heinz Rebitzer
Rebfläche .... 70 Hektar

Seit 800 Jahren betreibt die Familie Weinbau in Castell. Wald, Landwirtschaft und Bankgeschäft sind die anderen drei Wirtschaftszweige, das Weingut aber ist „ein emotionaler Schwerpunkt und repräsentatives Aushängeschild", wie Ferdinand Erbgraf zu Castell betont. Die Weinberge des Fürstlich Castell'schen Domänenamtes befinden sich größtenteils rings um Castell im Steigerwald. Die Casteller Lagen Schlossberg, Reitsteig, Trautberg, Hohnart, Kugelspiel und Feuerbach gehören dem Weingut in Alleinbesitz, die Lagen Bausch und Kirchberg teilt man sich mit anderen Besitzern. Die Reben wachsen in Castell, am Rande des Steigerwalds, auf Keuperböden. Bereits 1266 wurden in einem Dokument die Lagen Schlossberg, Hohnart, Reitsteig (Der Stieg) und Trautberg (Trucberch) erwähnt. 1659 wurden die ersten Silvanerreben gepflanzt – weshalb sich die Domäne als „erstes Silvanerweingut Deutschlands" bezeichnet. Neben den Trauben der eigenen Weinberge werden auch die Trauben von ca. 90 Winzern der Erzeugergemeinschaft Steigerwald mit weiteren 30 Hektar Weinbergen in den Schlosskellern ausgebaut und über das Weingut vermarktet. Wichtigste Rebsorte ist der Silvaner, der fast 40 Prozent der Rebfläche einnimmt. Es folgen Müller-Thurgau und Riesling, Weißburgunder, Rieslaner, Bacchus, Kerner, Traminer und Scheurebe, sowie die roten Sorten Spätburgunder und Domina, aber auch etwas Dornfelder, Regent und Acolon. Die Weine werden überwiegend trocken ausgebaut. Die Basis-Linie nennt sich Castell-Castell, dann kommt die Linie Schloss Castell, anschließend die Lagenweine (teils im Boxbeutel, teils als Edition Graf Ferdinand in der Bordeauxflasche) und schließlich als Spitzenweine die Großen Gewächse Silvaner und Riesling aus dem Casteller Schlossberg, der im Holzfass ausgebaute Silvaner „6. apriles anno 1659", der Spätburgunder aus dem Schlossberg und die Cuvée C.

Vorjahre

2009 führte der Riesling aus dem Schlossberg eine starke Kollektion an, in der uns der Spätburgunder, ebenfalls aus dem Schlossberg, angenehm überraschte. Sehr ähnlich war das Bild im vergangenen Jahr: Spätburgunder und Riesling aus dem Schlossberg waren die herausragenden Weine der Kollektion, der Silvaner blieb etwas dahinter zurück. Konsistent auf gutem bis sehr gutem Niveau präsentierte sich der Rest der Kollektion, weiß wie rot.

Neue Kollektion

Sehr ähnlich präsentiert sich nun auch 2011, auch wenn die Weine völlig anders sind als im Vorjahr, deutlich gehaltvoller. Der gewürzduftige Silvaner aus dem Schlossberg gefällt uns wieder etwas weniger als der füllige, zupackende, dezent mineralische Riesling, der Spätburgunder aus dem Schlossberg ist auch 2010 füllig, kraftvoll und reintönig. Eine schöne Überraschung ist der drei Jahre auf der Hefe ausgebaute Silvaner-Sekt aus dem Jahrgang 2007, der sich wunderschön harmonisch und füllig präsentiert; das Pendant ohne Jahrgang zeigt ähnliche Harmonie.

Weinbewertung

86 Silvaner Sekt brut „Schloss Castell" **12 %/17,50 €**
88 2007 Silvaner Sekt brut „Schloss Castell" **12 %/24,50 €**
82 2011 Silvaner trocken „Schloss Castell" **12,5 %/7,80 €**
81 2011 Riesling trocken „Schloss Castell" **12,5 %/9,- €**
83 2011 Silvaner Kabinett trocken Casteller Hohnart **12,5 %/10,80 €**
85 2011 Silvaner trocken Kugelspiel „Edition Graf Ferdinand" **12,5 %/10,80 €**
83 2011 Silvaner Spätlese trocken Casteller Trautberg **13,5 %/14,50 €**
84 2011 Silvaner Spätlese trocken Casteller Kirchberg **13,5 %/14,50 €**
85 2011 Riesling trocken Hohnart „Edition Graf Ferdinand" **13,5 %/13,80 €**
85 2011 Weißburgunder trocken Kirchberg „Edition Graf Ferdinand" **13,5 %/13,80 €**
86 2011 Silvaner „6.apriles anno 1659" **13,5 %/27,- €**
87 2011 Silvaner „GG" Casteller Schlossberg **13,5 %/27,- €**
90 2011 Riesling „GG" Casteller Schlossberg **13,5 %/27,- €**
87 2011 Silvaner Auslese Casteller Schlossberg **9 %/25,- €**
90 2011 Silvaner Beerenauslese Casteller Schlossberg **8,5 %/48,- €**
83 2009 „Cuvée Rot" trocken „Edition Graf Ferdinand" **12,5 %/13,80 €**
87 2010 Spätburgunder trocken Casteller Reitsteig **18,- €**
89 2010 Spätburgunder trocken Casteller Schlossberg **13,5 %/33,- €**

Chat Sauvage ★★

Weingut

Rheingau

Hohlweg 23, 65366 Johannisberg
Tel. *06722-9372586,* ***Fax*** *06722-9372588*
www.chat-sauvage.de
pinot@chat-sauvage.de
Besuchszeiten: *täglich 9-17 Uhr nach Vereinbarung*

Inhaber .... Günter Schulz
Verwalter/Kellermeister .... Michael Städter
Rebfläche .... 7 Hektar

Das Weinbauprojekt Chat Sauvage („wilde Katze") wurde vom Hamburger Unternehmer Günter Schulz ins Leben gerufen und wird heute von Michael Städter geleitet, Außenbetriebsleiter ist Mathias Scheidweiler. Der Betrieb hat sich inzwischen mit einem Kellerneubau samt Vinothek etabliert und bewirtschaftet auf 7 Hektar vor allem Spätburgunderreben, dazu kommen 20 Prozent Chardonnay. Die Weinberge liegen im Assmannshäuser Höllenberg, im Rüdesheimer Drachenstein, im Lorcher Kapellenberg und in der Johannisberger Hölle. Die nicht filtrierten Rotweine besitzen eine animierende Frucht sowie rauchige Würze und entwickeln sich über Tage hinweg gut, der mineralische Chardonnay reift 14 Monate im Fass.

Vorjahre

Im vergangenen Jahr wurden die 2009er präsentiert, die noch sehr jung waren, aber durch eine klare Aromatik und feine Säure überzeugten, der Barriqueeinsatz war gelungen.

Neue Kollektion

Der Chardonnay ist sehr präzise, kraftvoll und klar, gekonnt vinifiziert, zeigt reintönige Frucht und gute Struktur – ein sehr „burgundischer" Chardonnay. Der Rosé ist frisch, fruchtbetont und klar, die im Barrique ausgebaute Variante etwas komplexer, aber verhaltener in der Frucht. Zwischen den drei Pinot Noir fällt die Wahl schwer: Der Kapellenberg ist fruchtbetont und klar, der Höllenberg etwas intensiver, strukturierter, der Wein aus dem Drackenstein etwas fülliger und kraftvoller. Eine starke Kollektion! ━

Weinbewertung

89 2011 Chardonnay „Clos de Schulz" **12,5%/16,- €**
85 2011 Pinot Noir Rosé **12,5 %/9,- €**
85 2010 Pinot Noir Rosé Barrique **12,5 %/12,- €**
86 2010 Pinot Noir Assmannshäuser Höllenberg **13,5 %/25,- €**
86 2010 Pinot Noir Rüdesheimer Drachenstein **13,5 %/30,- €**
85 2010 Pinot Noir Lorcher Kapellenberg **13 %/25,- €**

★★★★☆

Christmann

Weingut **Pfalz**

Peter-Koch-Straße 43
67435 Neustadt-Gimmeldingen
***Tel.** 06321-66039, **Fax:** 06321-68762*
www.weingut-christmann.de
info@weingut-christmann.de
***Besuchszeiten:** Mo.-Fr. 9-11 + 14-18 Uhr,*
Sa. 9-12 Uhr oder nach Vereinbarung

Inhaber .... Steffen Christmann
Kellermeister .... Martin Eller
Rebfläche .... 19,5 Hektar

Karl-Friedrich Christmann hat 1965 das Weingut übernommen, heute führt es sein Sohn Steffen. Die Weinberge befinden sich in besten Lagen der Mittelhaardt, so in Gimmeldingen in den Lagen Mandelgarten und Biengarten, in Königsbach in den Lagen Idig (3,5 Hektar) und Ölberg, in Ruppertsberg in den Lagen Reiterpfad und Linsenbusch und in den Deidesheimer Lagen Langenmorgen, Paradiesgarten und Mäushöhle. Riesling ist mit einem Anteil von 70 Prozent die wichtigste Rebsorte. Hinzu kommen Spätburgunder, Weißburgunder, Grauburgunder und Gewürztraminer. Die Weinberge werden ökologisch bewirtschaftet (nach der biodynamischen Methode), zertifiziert seit dem Jahrgang 2004. 2007 wurde Steffen Christmann zum Präsidenten des VDP gewählt.
„Seit Jahren gehört das Weingut Christmann zur Pfälzer Spitze, selbst die „einfachen" Weine sind hier zuverlässig gut." So hatten wir es in der ersten Ausgabe formuliert, so kann man es heute noch stehen lassen. Auch wenn man präzisieren muss: Sowohl die „einfachen" Weine, als auch die Spitzenweine – die Großen Gewächse – sind noch besser geworden. Die Umstellung auf biodynamischen Weinbau, sicherlich auch die Spontangärung, haben die Weine verändert, zu ihrem Vorteil verändert, wie wir meinen,

sie sind komplexer geworden. Und dass sie hervorragend reifen können stellte eine Vertikalverkostung des Idig unter Beweis.

Vorjahre

Vor zwei Jahren brachte der Jahrgang 2009 im Weingut Christmann eine wiederum beeindruckende Kollektion. Bei den Großen Gewächsen gefiel uns der Mandelgarten etwas besser als der Idig, der wie zum Trost neben dem Großen Gewächs auch einen wunderbaren Eiswein erbrachte. Im vergangenen Jahr hatte sich der Idig wieder deutlich an die Spitze gesetzt, ein kompromisslos puristischer Riesling, strahlend klar und sehr elegant. Auch die anderen Großen Gewächse trugen ihren Namen zu Recht. Hervorragend waren auch die Weißburgunder und ein Spätburgunder GG von burgundischer Kühle.

Neue Kollektion

In diesem Jahr führen Idig und Mandelgarten die Riege der Rieslinge an. Auf ihre Art sind sie alle sehr puristisch-mächtig, bis auf Langenmorgen und Reiterpfad bleiben alle Rieslinge unter drei Gramm Restzucker, Orts- und Lagenweine sogar unter zwei Gramm. Die dunkle Farbe zeugt von hochreifem Lesegut, das macht sich allerdings auch in hohen Alkoholgehalten zwischen 13 und 14 Prozent bemerkbar. Die Weißburgunder stecken den Alkohol gut weg, sie sind typisch, von heller Frucht und cremiger Fülle. Die Spätburgunder sind wiederum burgundisch kühl, saftig, elegant und zeigen feine salzige Mineralität, was ein Ergebnis der biologisch-dynamischen Wirtschaftsweise sein könnte.

Weinbewertung

86 2011 Riesling trocken **12 %/9,60 €**
87 2011 Riesling trocken Königsbach **13,5 %/15,30 €**
87 2011 Riesling trocken Gimmeldinger Kapellenberg **13 %/17,- €**
88 2011 Riesling trocken Königsbacher Ölberg **13,5 %/18,- €**
90 2011 Riesling „GG" Reiterpfad **14 € %/30,- €**
90 2011 Riesling „GG" Langenmorgen **13,5 %/35,- €**
92 2011 Riesling „GG" Mandelgarten **13,5 %/35,- €**
92 2011 Riesling „GG" Idig **13,5 %/39,- €**
87 2011 Weißburgunder trocken Gimmeldingen **13,5 %/16,50 €**
88 2011 Weißburgunder trocken Gimmeldinger Biengarten **13,5 %/24,- €**
87 2009 Spätburgunder trocken „SC" **13 %/19,50 €**
88 2009 Spätburgunder trocken Königsbacher Ölberg **13,5 %/28,50 €**
90 2009 Spätburgunder „GG" Idig **13,5 %/46,- €**

★★★★

Joh. Jos. Christoffel Erben

Weingut **Mosel**

Verwaltung Weingut Mönchhof,
Robert Eymael, 54539 Ürzig
***Tel.** 06532-93164, **Fax:** 06532-93166*
www.moenchhof.de
moenchhof.eymael@t-online.de
***Besuchszeiten:** Mo.-Sa. 9-17 Uhr, am Wochenende nach Vereinbarung*
3 Gästezimmer

Inhaber .... Robert Eymael
Rebfläche .... 6 Hektar

Die Geschichte des Weinguts lässt sich 400 Jahre zurückverfolgen, berühmt wurden die Rieslinge aber erst in der zweiten Hälfte des 20. Jahrhunderts. Im Jahr 2000 ist Hans-Leo Christoffel eine Kooperation mit dem Weingut Mönchhof eingegangen, die Weinberge werden zusammen bearbeitet, und seit 2001 werden auch die Kellerarbeiten und der Verkauf gemeinsam betrieben. Da er keinen Nachfolger hat, entschied sich Hans-Leo Christoffel für diese Lösung. Die beiden Weingüter bleiben trotz der gemeinsamen Bewirtschaftung selbstständig und werden unter den bisherigen Namen weitergeführt. Die Weinberge des Weingutes liegen in besten Lagen von Ürzig und Erden. Ausschließlich Riesling wird angebaut, überwiegend wurzelechte Reben, die teilweise bis zu 100 Jahre alt sind. Alle Weine werden in Holzfässern ausgebaut, vergoren werden sie mit den eigenen Hefen.

Vorjahre

Jahr für Jahr hatte Hans-Leo Christoffel durch das hohe Niveau und die Zuverlässigkeit jedes einzelnen Weines beeindruckt, alle Weine waren immer wunderbar reintönig und fruchtbetont, alle betörend schön und süffig. Auch unter der Führung von Robert Eymael blieb dieser Stil erhalten. Die 2009er waren herrlich saftig, würzig und zupackend. Die 2010er begeisterten mit Finesse und Eleganz, waren verspielt und lang. Von feinen, leichten Kabinettweinen über kraftvollere, aber ebenso leicht und verspielt wirkende Spätlesen bis hin zu wunderschön reintönigen Auslesen überzeugte der süße Teil der Kollektion voll und ganz.

Jahrgang 2011

Die trockene Spätlese von alten Reben ist füllig, kraftvoll und zupackend, besitzt viel süße Frucht, insgesamt aber setzt doch das edelsüße Segment die Glanzlichter in der neuen Kollektion. Die Auslesen, mit ein bis drei Sternen gekennzeichnet, sind alle reintönig, frisch und elegant, besitzten faszinierend viel Frucht, Länge und Biss, werden zunehmend komplexer; eine Trockenbeerenauslese krönt den Jahrgang.

Weinbewertung

83 2011 Riesling Kabinett trocken Ürzig Würzgarten **13 %/9,80 €**

88 2011 Riesling Spätlese trocken „Alte Reben" Ürzig Würzgarten **12,5 %/12,90 €**

83 2011 Riesling Kabinett „feinherb" Ürzig Würzgarten **11,5 %/9,80 €**

85 2011 Riesling Kabinett Erden Treppchen **8,5 %/9,40 €**

84 2011 Riesling Kabinett Ürzig Würzgarten **8,5 %/9,40 €**

87 2011 Riesling Spätlese Ürzig Würzgarten **8 %/12,90 €**

86 2011 Riesling Spätlese Erden Treppchen **8,5 %/12,90 €**

89 2011 Riesling Auslese* Ürzig Würzgarten **7,5 %/16,90 €**

90 2011 Riesling Auslese** Erden Treppchen **8 %/18,90 €**

92 2011 Riesling Auslese*** Ürzig Würzgarten **8,5 %/19,80 €** ☺

91 2011 Riesling Trockenbeerenauslese Ürzig Würzgarten **6,5 %/175,- €/0,375l**

★★

Susanne u. Berthold **Clauß**

Weingut

Baden

Obere Dorfstraße 39, 79807 Nack
***Tel.** 07745-5492, **Fax**: 07745-927951*
www.weingutclauss.de
info@weingutclauss.de
***Besuchszeiten**: Mo.-Fr. 10-12 + 14-18 Uhr, Sa. 9-13 Uhr, Mi. geschlossen*

Inhaber .... Susanne und Berthold Clauß
Rebfläche .... 16 Hektar

Das Weingut wurde 1981 von Elisabeth und Friedrich Clauß aus Esslingen gegründet, 2003 von ihrem Sohn Berthold Clauß und Ehefrau Susanne übernommen. Berthold Clauß machte seine Winzerlehre bei den Weingütern Fritz Currle und Hans Haidle. Die Weine wurden anfangs in den Kellern der Weingüter des Markgrafen von Baden in Schloss Salem ausgebaut, die Ernte 2003 dann erstmals im eigenen Keller vinifiziert, den Berthold Clauß am Fuße des Nacker Weinberges neu erbaute. Gut die Hälfte der Weinberge liegt am Nacker Hausberg (sandiger Lehm und Kiesgestein), hinzu kommen Weinberge in Rechberg und Erzingen im Klettgau (schwerer Lehm und Kalkgestein), wo vor allem Burgundersorten angebaut werden; alle Belemnit-Weine und der Urbanus-Spätburgunder kommen aus Erzingen. Spätburgunder nimmt 70 Prozent der Rebfläche ein. An weißen Rebsorten gibt es Müller-Thurgau, Weißburgunder, Grauburgunder und Sauvignon Blanc.

Vorjahre

Vor zwei Jahren war der „Urbanus" – Jahrgang 2008 – der Star, aber auch Frühburgunder, Spätburgunder „CB" und Sauvignon Blanc gefielen uns sehr gut. Die 2010er Weißweine behaupteten sich sehr gut, vor allem der Grauburgunder aus dem Holzfass, unser Favorit aber war auch im vergangenen Jahr wieder der Urbanus, auch wenn er zum Zeitpunkt der Verkostung sich noch sehr tanninbetont präsentierte.

Neue Kollektion

Die neue Kollektion überzeugt wie gewohnt mit der Zuverlässigkeit aller Weine – und sie bietet Spitzen, weiß wie rot. Der Star im weißen Sortiment ist ganz klar der Pinot Gris, ein herrlich konzentrierter und reintöniger Wein, sehr gekonnt im Holz ausgebaut, kraftvoll, füllig und lang. Der rote Teil der Kollektion bietet einen wunderschön reintönigen, zupackenden Frühburgunder, den würzigen Spätburgunder „CB", eindeutiger Star ist aber wieder der Pinot Noir Urbanus: Gute Konzentration, Toast und reife Frucht prägen das Bouquet, im Mund ist er füllig und kraftvoll, besitzt gute Struktur und Substanz, viel Tannine, ist noch sehr jugendlich.

Weinbewertung

83 2011 „Cuvée Susan" Weißwein trocken **12,5 %/8,30 €**
82 2011 Sauvignon Blanc Nacker **13 %/14,50 €**
82 2011 Grauburgunder „Belemnit" **13 %/8,50 €**
88 2011 Pinot Gris **13,5 %/18,- €**
82 2011 Spätburgunder Rosé Nacker **12,5 %/7,60 €**
84 2010 Spätburgunder Nacker **13,5 %/8,50 €**
86 2010 Spätburgunder „CB Belemnit" **14 %/16,- €**
86 2010 Frühburgunder „Belemnit" **13,5 %/18,- €**
89 2010 Pinot Noir „Urbanus" **14,5 %/26,- €**

★

Cleebronn-Güglingen

Weingärtner **Württemberg**

Ranspacher Straße 1, 74389 Cleebronn
***Tel.** 07135-98030, **Fax:** 07135-13228*
www.cleebronner-winzer.de
info@cleebronner-winzer.de
***Besuchszeiten:** Mo.-Fr. 8-18 Uhr, Sa. 8:30-13 Uhr, von April bis Dez. So. 11-14 Uhr*

Geschäftsführer .... Axel Gerst
Kellermeister .... Andreas Reichert
Mitglieder 580
Rebfläche .... 260 Hektar

Die 1951 gegründete Genossenschaft ist ein Zusammenschluss der Weingärtner der Gemeinden Cleebronn, Eibensbach, Frauenzimmern und Güglingen. Wichtigste Lagen sind Cleebronner Michaelsberg und Güglinger Kaiserberg, die beide aus kalkhaltigen Keuperböden bestehen. Rote Rebsorten nehmen 60 Prozent der Rebfläche ein. Das Sortiment besteht aus vier Linien: Rebsortenweine, St. Michael, Herzog Christoph und Emotion CG, hinzu kommen restsüße Prädikatsweine.

Vorjahre

Ganz stark und stimmig war vor zwei Jahren die Kollektion, angeführt von einem beeindruckenden Riesling „Emotion CG". Die 2010er Weißweine präsentierten sich geschlossen auf gutem Niveau, waren fruchtbetont und recht füllig wie auch die Rotweine des Jahrgangs 2009.

Neue Kollektion

In diesem Jahr nun gefällt uns wie vor zwei Jahren der füllige, kraftvolle Riesling „Emotion CG" besonders gut. Die trockenen Weißweine sind frisch und klar, die sirupartigen edelsüßen Weine „einfach nur süß", da will keine Trinkfreude aufkommen. Der rote Teil der Kollektion präsentiert sich recht gleichmäßig auf gutem Niveau, auch wenn die roten Barriqueweine für unseren Geschmack wie schon im Vorjahr etwas allzu sehr vom Holz geprägt und manchmal ein wenig bitter im Abgang sind.

Weinbewertung

82 2011 Weißburgunder trocken „St. Michael“ **12,5 %/4,99 €**
81 2011 Riesling trocken „St. Michael“ **12 %/4,99 €**
84 2011 Sauvignon Blanc trocken „Herzog Christoph“ **13,5 %/8,49 €**
87 2011 Riesling trocken „Emotion CG“ **13 %/14,99 €**
83 2011 Riesling Beerenauslese Cleebronner Michaelsberg **9 %/42,- €/0,375l**
83 2011 Riesling Trockenbeerenauslese Cleebronner Michaelsberg **6 %/83,- €/0,375l**
81 2011 Rosé trocken „Neo“ **13,5 %/7,99 €**
81 2010 Lemberger trocken „St. Michael“ **13 %/4,99 €**
82 2010 Lemberger trocken „Herzog Christoph“ **13,5 %/8,49 €**
83 2010 Spätburgunder trocken „Emotion CG“ **13,5 %/14,99 €**
84 2009 „Emotion CG“ Rotwein trocken **13 %/24,99 €**
85 2009 Lemberger trocken „Emotion CG“ **13,5 %/14,99 €**

Clemens ★

Weingut

Mosel

Weinstraße 8, 56821 Ellenz-Poltersdorf
***Tel.** 02673-1387, **Fax:** 02673-1700*
www.weingut-clemens.de
kontakt@weingut-clemens.de
***Besuchszeiten:** 8-18 Uhr*
Gästezimmer, Ferienwohnungen

Inhaber .... Werner und Andreas Clemens
Rebfläche .... 4 Hektar

Seit fünf Generationen betreibt die Familie Weinbau an der Mosel. 2004, nach Beendigung seines Geisenheim-Studiums, ist Sohn Andreas in den Betrieb eingestiegen. Die Weinberge liegen im Cochemer Schlossberg, im Domherrenberg und im Altarberg; es wird hauptsächlich Riesling angebaut. Der Ausbau der Weine erfolgt teils im traditionellen Fuder, teils im Edelstahl. Die Moste werden bei niedrigen Temperaturen langsam vergoren.

Neue Kollektion

Nach einem guten Debüt im vergangenen Jahr mit einem kraftvollen 2009er Spätburgunder an der Spitze ist die 2011er Kollektion ein wenig verhaltener. Unser Favorit ist die duftige Auslese mit viel reifer, süßer Frucht.

Weinbewertung

78 2011 Riesling trocken **11 %/4,40 €/1l**
81 2011 Weißburgunder trocken **12 %/6,20 €**
79 2011 Riesling Hochgewächs trocken **12 %/5,40 €**
83 2011 Riesling „S“ trocken Domherrenberg **12 %/7,20 €**
81 2011 Riesling „A“ trocken Domherrenberg **12,5 %/9,80 €**
79 2011 Riesling Hochgewächs halbtrocken **11,5 %/5,40 €**
80 2011 Riesling „feinherb“ Cochemer Schlossberg **12 %/7,20 €**
81 2011 Riesling „Bestes Fass feinherb“ **12,5 %/14,- €**
83 2011 Riesling Spätlese Domherrenberg **7 %/7,50 €**
85 2011 Riesling Auslese **7 %/9,50 €/0,5l**
83 2010 Spätburgunder trocken Cochemer Schlossberg **12,5 %/8,50 €**
79 2010 Spätburgunder **12 %/5,40 €**

Closheim ★★

Weingut

Nahe

Naheweinstraße 97, 55450 Langenlonsheim
***Tel.** 06704-1314, **Fax**: 06704-1516*
www.weingut-closheim.de, www.anetteclosheim.de
info@weingutclosheim.de
***Besuchszeiten**: 8-12 + 13-18 Uhr (Bitte um Anmeldung)*

Inhaber .... Familie Closheim
Rebfläche .... 9 Hektar

Das Weingut Closheim in Langenlonsheim wird in dritter Generation von Konrad und Hannelore Closheim geführt, heute zusammen mit Tochter Anette. Die Weinberge befinden sich in den Langenlonsheimer Lagen Königsschild, Löhrer Berg und Steinchen, sowie in den Guldentaler Lagen Hipperich und Rosenteich. Wichtigste weiße Rebsorten sind Riesling, Weißburgunder und Grauburgunder. Bei den roten Sorten dominieren Dornfelder, Spätburgunder und St. Laurent. 2007 wurde die Weinlinie „Summarum" für die Topweine eingeführt, die unter Federführung von Tochter Anette entstanden ist. Mit ihrem Einstieg in das Weingut hat Anette Closheim eine weitere Linie „anetteclosheim" geschaffen, die primär an Fachhandel und Gastronomie distribuiert wird.

Vorjahre

Konrad Closheim hatte über Jahre hinweg solide Kollektionen, die Weine zeigten gleichmäßige Qualität, egal ob weiß oder rot, trocken oder süß. Mit Einführung der „Summarum"-Linie, zunächst mit Riesling und Rotwein, ging es einen klaren Schritt voran: Die Weine dieser Linie bieten ein Mehr an Kraft und Konzentration, sind fülliger und nachhaltiger. Gleiches gilt auch für die Weine der „anetteclosheim"-Linie. Vor zwei Jahren präsentierte sich der Jahrgang geschlossen auf gutem Niveau, wurde angeführt von der roten Cuvée. Daneben gefielen uns die beiden Neuzugänge im Programm besonders gut, Sauvignon Blanc und Grauburgunder „Summarum", aber auch der Chardonnay. Eine ebenso starke Kollektion präsentierten die Closheims im vergangenen Jahr mit frischen, klaren Weißweinen, angeführt vom kraftvollen Riesling von alten Reben, dem nur der Pinot Noir der Linie anetteclosheim Paroli bieten konnte, einer der besten 2009er Spätburgunder an der Nahe.

Neue Kollektion

In diesem Jahr stehen zwei „Summarum"-Weine an der Spitze der wiederum gelungenen Kollektion: Der kraftvolle und füllige Chardonnay zeigt rauchige Noten und viel gelbe Frucht und der Riesling „Alte Reben" besitzt gute Substanz und feinen Biss.

Weinbewertung

82 2011 Cuvée „blanc" trocken „anetteclosheim" **12 %/6,50 €**
85 2011 Sauvignon Blanc trocken „anetteclosheim" **13 %/9,50 €**
81 2011 Weißer Burgunder trocken **13 %/5,20 €**
84 2011 Weißer Burgunder trocken „anetteclosheim" Langenlonsheimer Steinchen **14 %/8,90 €**
85 2011 Grauer Burgunder trocken „Summarum" **13,5 %/7,80 €**
87 2011 Chardonnay Auslese trocken „Summarum" **14 %/8,90 €**
84 2011 Riesling Spätlese trocken Langenlonsheimer Löhrer Berg **12,5 %/6,80 €**
87 2011 Riesling trocken „Summarum Alte Reben" **13 %/9,50 €**
86 2011 Riesling trocken „anetteclosheim" Langenlonsheimer Löhrer Berg **13,5 %/11,- €**
81 2011 Spätburgunder „Blanc de Noir" trocken **13,5 %/5,50 €**
85 2010 „Cuvée Rot" trocken „anetteclosheim" **13 %/16,- €**

★★★★ Ansgar **Clüsserath**

Weingut **Mosel**

Spielesstraße 4, 54349 Trittenheim
Tel. *06507-2290,* ***Fax:*** *06507-6690*
www.ansgar-cluesserath.de
weingut@ansgar-cluesserath.de
Besuchszeiten: *nach Vereinbarung*
Gästehaus (4 Gästezimmer)

Inhaber .... Ansgar und Eva Clüsserath
Rebfläche .... 5 Hektar

Seit dem 17. Jahrhundert wird in der Familie Weinbau betrieben. Heute bewirtschaften Ansgar Clüsserath und seine Tochter 5 Hektar Weinberge, die fast ganz mit Riesling bestockt sind, auf 5 Prozent der Fläche wächst Weißburgunder. Außer Parzellen in der Trittenheimer Apotheke (mit bis zu 80 Jahre alten Reben) besitzt das Weingut auch Flächen im Piesporter Goldtröpfchen, im Trittenheimer Altärchen, Neumagener Rosengärtchen, der Mülheimer Sonnenlay und im Dhron Hofberger. Für den Weinausbau ist seit dem Jahrgang 1998 Eva Clüsserath verantwortlich, die mit Philipp Wittmann vom Weingut Wittmann in Westhofen verheiratet ist. Die Weine werden spontanvergoren, im traditionellen Holzfass ausgebaut und bleiben recht lange auf der Hefe liegen.

Vorjahre

2009 bot sehr klare, rassige Weine. Unbeeindruckt vom Jahrgang erzeugten man auch 2010 einen sehr guten stoffigen trockenen Riesling aus der Apotheke, auch Schiefer- und Steinreich-Riesling präsentierten sich klar und präzise. Das süße Segment wurde angeführt von zwei sehr schönen, reintönigen Auslesen.

2011 trocken

Klare, präzise trockene Moselrieslinge: So macht uns das Spaß. Der Riesling vom Schiefer ist frisch und zupackend, der Steinreich wunderschön reintönig, frisch, strukturiert und präzise, der Wein aus der Apotheke ist der kraftvollste trockene Riesling im Programm, besitzt gute Struktur und Substanz, viel reintönige Frucht, bleibt aber präzise und frisch.

2011 süß

Sehr stimmig präsentiert sich aber auch der süße Teil der Kollektion, der ebenfalls mit der Reintönigkeit aller Weine besticht, vom feinen frischen Kabinett über eine wunderschön harmonische, füllige Spätlese bis hin zu zwei saftigen, wunderschön fülligen Auslesen mit viel Substanz und Länge.

Weinbewertung

85 2011 Weißburgunder trocken **13 %/7,90 €**
86 2011 Riesling trocken „Vom Schiefer" **11,5 %/8,20 €**
88 2011 Riesling trocken „Steinreich" **11,5 %/12,30 €**
89 2011 Riesling trocken Trittenheimer Apotheke **12 %/16,50 €**
84 2011 Riesling „feinherb" „Vom Schiefer" **10,5 %/8,20 €**
87 2011 Riesling „feinherb" Trittenheimer Apotheke **12 %/12,30 €**
86 2011 Riesling Kabinett Trittenheimer Apotheke **8,5 %/8,90 €**
89 2011 Riesling Spätlese Trittenheimer Apotheke **8 %/12,30 €**
90 2011 Riesling Auslese Trittenheimer Apotheke **8 %/16,30 €**
90 2011 Riesling Auslese „Goldkapsel" Trittenheimer Apotheke **8,5 %/19,30 €**

★☆ Christoph **Clüsserath**

Weingut **Mosel**

Im Hof 7, 54349 Trittenheim
Tel. *06507-2167,* ***Fax:*** *06507-99086*
www.christoph-cluesserath.de
info@christoph-cluesserath.de
Besuchszeiten: *täglich ab 9 Uhr oder nach Vereinbarung; Gästehaus*

Inhaber .... Christoph Clüsserath und
.... Alexandra Clüsserath-Eifel
Rebfläche .... 4,35 Hektar

Christoph Clüsserath und Alexandra Clüsserath-Eifel, beide Geisenheim-Absolventen, (sie stammt aus dem Weingut Bernhard Eifel) haben den Betrieb im Jahr 2008 von Klaus und Marie-Theres Clüsserath übernommen. Ihre Weinberge liegen in den Trittenheimer Lagen Apotheke und Altärchen, sowie im Piesporter Falkenberg. 80 Prozent der Rebfläche nimmt Riesling ein, dazu gibt es Weißburgunder, Müller-Thurgau, Kerner und Dornfelder. Die Weine werden, teils nach Maischestandzeiten, gekühlt im Edelstahl oder im traditionellen Fuder vergoren, die Spitzenweine ausschließlich mit natürlichen Hefen.

Vorjahre

Beim guten Debüt vor zwei Jahren gefielen uns die restsüßen Weine, gleich drei Weine zeichneten wir als „Schnäppchen" aus. Auch 2010 befanden wir die beiden Apotheken-Spätlesen aus der „schnäppchenwürdig", die Basisweine überzeugten mit Frische und klarer Frucht.

Jahrgang 2011

Auch die neue Kollektion macht viel Freude, angefangen beim saftigen trockenen Riesling aus der Literflasche über den kraftvollen Weißburgunder bis hin zu den reintönigen Spätlesen und der Auslese. ➡

Weinbewertung

83 2011 Riesling trocken Trittenheimer Altärchen **12 %/4,90 €/1l** ☺

82 2011 Müller-Thurgau trocken Trittenheimer Altärchen **12 %/4,70 €/1l**

86 2011 Weißburgunder trocken **12,5 %/5,20 €** ☺

86 2011 Riesling Spätlese trocken Trittenheimer Apotheke **13 %/7,30 €**

82 2011 Riesling Classic **12 %/5,20 €**

81 2011 Riesling Kabinett „feinherb" Trittenheimer Altärchen **11,5 %/5,20 €**

85 2011 Riesling Spätlese „feinherb" Piesporter Falkenberg **12 %/7,30 €**

80 2011 Riesling Altärchen **9,5 %/4,90 €/1l**

85 2011 Riesling Spätlese Trittenheimer Apotheke **8,5 %/7,30 €**

87 2011 Riesling Auslese Trittenheimer Apotheke **9,5 %/12,- €/0,5l**

★★☆

Ernst **Clüsserath**

Weingut

Mosel

Moselweinstraße 67, 54349 Trittenheim
***Tel.** 06507-2607, **Fax:** 06507-6607*
www.ernst-cluesserath.de
info@weingut-ernst-cluesserath.de
***Besuchszeiten:** jederzeit nach Vereinbarung*
Gästehaus

Inhaber .... Ernst Clüsserath
Rebfläche .... 4,4 Hektar

Ernst Clüsserath hat das Weingut nach und nach zu einem der besten Betriebe Trittenheims gemacht. Im Jahr 1991 übernahm er das Familienweingut, das er heute mit seiner Frau Heike führt. Seine Weinberge liegen in den Trittenheimer Lagen Apotheke und Altärchen, er baut zu 97 Prozent Riesling an. Ernst Clüsserath baut seine Weine im traditionellen Fuder aus, die Vergärung erfolgt spontan. Verkauft werden die Rieslinge überwiegend an Privatkunden, die oftmals im angegliederten Gästehaus des Weingutes ihren Urlaub verbringen. 2011 wurden Kelterhaus und Keller in ein Wirtschaftsgebäude am Ortsrand ausgelagert, das Gästehaus wurde erweitert.

Entwicklung

Seit der ersten Ausgabe empfehlen wir die Weine von Ernst Clüsserath. Immer schon gefällt uns, dass bei ihm trockene, halbtrockene und süße Rieslinge den gleichen Stellenwert besitzen, jede Kategorie gleichermaßen überzeugt. Ernst Clüsserath erzeugt fruchtbetonte, reintönige Rieslinge, die sehr typisch für die Trittenheimer Lagen sind.

Vorjahre

2009 überzeugte trocken wie süß, das „Große Gewächs" aus der Apotheke und die 2-Sterne-Auslese waren unsere Favoriten in einer stimmigen Kollektion. Auch 2010 war stimmig: Die Versteigerungs-Auslese gefiel uns besonders gut, die trockene Spätlese aus der Apotheke überzeugte wie gewohnt, einige Weine wirkten bei der Verkostung noch recht vom Schwefel geprägt.

Jahrgang 2011

Auch 2011 halten sich trocken und süß die Waage, nur die „feinherbe" Spätlese fällt ein wenig ab. Der trockene Spitzenriesling aus der Apotheke ist füllig und kraftvoll, besitzt gute Struktur und klare Frucht. Die 2-Sterne-Spätlese besitzt viel reintönige Frucht und gute Substanz, die Versteigerungsauslese präsentiert sich konzentriert und herrlich eindringlich, noch sehr jugendlich.

Weinbewertung

82 2011 Riesling Kabinett trocken Trittenheimer Apotheke **12,5 %/7,50 €**

84 2011 Riesling Spätlese trocken Trittenheimer Apotheke **12,5 %/9,50 €**

88 2011 Riesling Trittenheimer Apotheke **12,5 %/16,- €**

82 2011 Riesling Spätlese „feinherb" Trittenheimer Apotheke **12 %/9,50 €**

87 2011 Riesling Spätlese** Trittenheimer Apotheke **8,5 %/10,50 €**

88 2011 Riesling Auslese** Trittenheimer Apotheke **9,5 %/Versteigerung/0,375l**

★★★★

Clüsserath-Eifel

Galerie - Riesling Weingut

Mosel

Im Hof 6, 54349 Trittenheim

***Tel.** 06507-99000, **Fax**: 06507-99002*

www.galerie-riesling.de

info@galerie-riesling.de

***Besuchszeiten**: nach Vereinbarung*

*Gutshotel*** - Restaurant „Galerie Riesling"*

Inhaber .... Gerhard Eifel
Rebfläche .... 3,8 Hektar

Gerhard Eifel ist nicht nur Winzer, er ist auch einer der engagiertesten Sammler alter Rieslingweine und veranstaltet regelmäßig hochkarätige Altweinverkostungen. Mit Zukäufen in der Trittenheimer Apotheke, hatte Gerhard Eifel seine Möglichkeiten, hochkarätige Weine zu erzeugen, in den letzten Jahren weiter verbessert. Dazu besitzt er Weinberge in den Lagen Trittenheimer Altärchen, Klüsserather Bruderschaft und Neumagener Rosengärtchen. Zusammen mit Helmut Clüsserath vom Weingut Clüsserath-Weiler hatte er 1996 vom Friedrich-Wilhelm-Gymnasium den so genannten Fährfels erworben, eine der besten Parzellen der Apotheke mit 110 Jahre alten Reben. Den gleichnamigen Wein vinifizieren sie gemeinsam.

Vorjahre

Die Weine von Gerhard Eifel sind klassische Mosel-Rieslinge – jung manchmal unzugänglich, mit zunehmender Reife herrlich elegant und animierend. Seine Süßweine wirken immer üppig und kraftvoll; der Stil des Hauses ist bei jedem Wein herauszuschmecken. Die 2009er waren üppig, teilweise füllig, manchmal eigenwillig, aber immer interessant. Mit dem „1745" setzte Gerhard Eifel Maßstäbe, bereits das „Urstück" war ein wunderbar saftiger, mit viel Würze ausgestatteter Wein. 2010 waren die Weine etwas höher im Restzucker als gewohnt, was ihnen aber angesichts der Säurewerte gut stand. Sie waren kraftvoll und üppig im gewohnten Stil. Das edelsüße Segment wurde angeführt von der faszinierenden Trockenbeerenauslese aus der Bruderschaft, im „feinherben" Teil der Kollektion gefiel uns der komplexe Fährfels ein klein wenig besser als der „1745", auch der Riesling Eminenz bestach wie gewohnt.

Jahrgang 2011

Auch 2011 präsentiert Gerhard Eifel wieder eine stimmige Kollektion trockener und feinherber Rieslinge. Der Eminenz-Riesling ist füllig und kraftvoll, das Große Gewächs aus der Apotheke besitzt viel Kraft und Spannung bei relativ wenig Alkohol, der Fährfels ist füllig, intensiv, besitzt herrlich viel Frucht und Substanz. Highlight im edelsüßen Segment ist aus unserer Sicht die 3-Sterne-Auslese, die faszinierend konzentriert und stoffig und doch reintönig ist; dies vermissen wir etwas bei dem am 2. Februar 2012 geernteten Celsius und bei der duftigen, enorm dicken Beerenauslese.

Weinbewertung

85 2011 Riesling „Devon-Terrassen" **11,5 %/9,50 €**
86 2011 Riesling Trittenheimer Apotheke **11,5 %/11,50 €**
88 2011 Riesling „Eminenz Alte Reben" **12 %/15,50 €**
89 2011 Riesling „GG" Trittenheimer Apotheke **11,5 %/a.A.**
83 2010 Riesling „Nova - Vila F" **10,5 %/8,50 €**
86 2011 Riesling „Urstück Alte Reben" Trittenheimer Apotheke **10,5 %/11,50 €**
88 2011 Riesling Spätlese „Alte Reben" Trittenheimer Apotheke **11,5 %/18,50 €**
90 2011 Riesling „Fährfels" **11,5 %/27,- €**
86 2011 Riesling Spätlese Trittenheimer Apotheke **8,5 %/11,50 €**
86 2011 Riesling Auslese Neumagener Rosengärtchen **8,5 %/14,50 €**
91 2011 Riesling Auslese*** Trittenheimer Apotheke **7 %/45,- €**
90 2011 Riesling Beerenauslese*** Trittenheimer Apotheke **7 %/a.A.**
88 2011 Riesling Auslese „Celsius" Trittenheimer Apotheke **7 %/45,- €**

★★★★★

Clüsserath-Weiler

Weingut

Mosel

Haus an der Brücke, 54349 Trittenheim
***Tel.** 06507-5011, **Fax**: 06507-5605*
www.cluesserath-weiler.de
helmut@cluesserath-weiler.de
***Besuchszeiten**: nach Vereinbarung*
Gästehaus mit 7 Zimmern

Inhaber .... Helmut und Hilde Clüsserath
Rebfläche .... 6 Hektar

Helmut Clüsserath baut ausschließlich Riesling an. Seine Weinberge befinden sich in besten Lagen von Trittenheim (Apotheke und Altärchen) und im Mehringer Zellerberg. Zusammen mit Gerhard Eifel vom Weingut Clüsserath-Eifel hatte er 1996 vom Weingut Friedrich-Wilhelm-Gymnasium den so genannten Fährfels erworben, eine der besten Parzellen der Apotheke. Den gleichnamigen Wein vinifizieren sie gemeinsam – er ist immer ein bisschen schmelziger und besitzt etwas mehr Restzucker als die trockenen „Alten Reben". Der Ausbau der Weine erfolgt teils in Holzfässern, teils in Edelstahltanks. Alle Weine werden mit den traubeneigenen Hefen vergoren.

Ein klarer Stil zieht sich durch die gesamte Kollektion. Sowohl die trockenen als auch „fruchtig trockenen" Weine begeistern mit Finesse und reintöniger Frucht. So faszinierend wie seine trockenen und halbtrockenen Rieslinge, so faszinierend sind auch die süßen Weine von Helmut Clüsserath. Außer den sehr frischen und animierenden Spät- und Auslesen gibt es in manchen Jahren Beerenauslese, Trockenbeerenauslese oder Eiswein.

Vorjahre

Die 2009er waren wie immer elegant, feingliedrig und nachhaltig, wobei die „Alten Reben" dem noch sehr jungen „Fährfels" nicht im Geringsten nachstanden. Einen eigenständigen Stil vertrat der neue „Terra Rossa" aus dem Zellerberg, allerdings war der Eiswein der unumstrittene Spitzenwein der Kollektion. Auch ohne edelsüße Weine gefiel uns die 2010er Kollektion ganz enorm, alle Weine präsentierten sich reintönig, präzise und frisch. Star im Programm war der neue trockene Spitzenriesling, Primus genannt, der hervorragend war, herrlich nachhaltig sich präsentierte mit feinen mineralischen Noten, sich deutlich unterschied vom ebenfalls hervorragenden Riesling Alte Reben. Auch sonst war die Kollektion konsistent, ob trocken, „feinherb" oder süß, der Gutsriesling war wie immer eine sichere Bank.

2011 trocken

Sehr konsistent präsentiert sich der trockene Teil der Kollektion, angefangen vom frischen, zupackenden Gutsriesling über den fruchtbetonten HC bis zum fruchtbetonten, kraftvollen (Basis-)Wein aus der Apotheke. Eine Steigerung bringt der Wein von alten Reben, der wunderschön saftig und füllig ist, viel Substanz und Länge besitzt; mehr auf Präzision, Frische und Mineralität setzt der Primus, der ebenfalls aus der Apotheke stammt. Aber nicht nur aus der Apotheke kommen spannende trockene Rieslinge, auch aus dem Zellerberg: Der Terra Rossa ist wunderschön frisch und präzise, reintönig und zupackend. Ähnlich präsentiert sich auch der feinherbe Teil der Kollektion, bietet ebenso einen prächtigen Literriesling, der Wein aus der Apotheke gefällt uns 2011 sogar ein klein wenig besser als sein trockenes Pendant, ist herrlich saftig und fruchtbetont; gleiches gilt für den feinherben Wein aus dem Zellerberg, der wunderschön füllig, harmonisch und lang ist; der Fährfels schließlich präsentiert sich komplex und füllig wie gewohnt, sehr eigenständig.

2011 süß

Der süße Reigen beginnt mit zwei harmonischen, saftigen Spätlesen, beide faszinierend reintönig, die 2-Sterne-Variante mit etwas mehr Substanz. Herrlich viel Frucht besitzt die Auslese aus der Apotheke, ist reintönig, harmonisch und wunderschön lang. Noch mehr fasziniert uns aber die Auslese aus dem Zellerberg: Sie besitzt faszinierend viel Frucht und Substanz, ist brillant und komplex, enorm lang und nachhaltig. Gleich zwei Trockenbeerenauslesen krönen den Jahrgang, beide sind konzentriert und dick, reintönig, stoffig und dominant, zeigen kandierte Früchte im Bouquet. Unsere leichte Präferenz gilt dem Wein aus dem Zellerberg, den die feine Säure wunderschön lebendig und frisch erscheinen lässt: Eine große Kollektion! ▬

Weinbewertung

85 2011 Riesling trocken **12 %/7,80 €/1l** ☺

87 2011 Riesling „HC" trocken **12 %/9,- €**

88 2011 Riesling trocken Trittenheimer Apotheke **11,5 %/11,50 €**

89 2011 Riesling „Terra Rossa" Mehringer Zellerberg **12 %/14,50 €**

89 2011 Riesling „Alte Reben" Trittenheimer Apotheke **12 %/16,50 €**

90 2011 Riesling „Primus" Trittenheimer Apotheke **12 %/21,- €**

85 2011 Riesling „feinherb" **11 %/7,80 €/1l** ☺

86 2011 Riesling „HC" „feinherb" **12 %/9,- €**

89 2011 Riesling „feinherb" Trittenheimer Apotheke **12 %/11,50 €** ☺

90 2011 Riesling „Alte Reben" „feinherb" Mehringer Zellerberg **11,5 %/16,50 €**

90 2011 Riesling „Fährfels" **12 %/27,- €**

89 2011 Riesling Spätlese* Trittenheimer Apotheke **9 %/12,50 €**

90 2011 Riesling Spätlese** Trittenheimer Apotheke **8,5 %/22,- €**

92 2011 Riesling Auslese* Trittenheimer Apotheke **7 %/21,- €/0,5l**

94 2011 Riesling Auslese** Mehringer Zellerberg **7 %/25,- €/0,5l**

94 2011 Riesling Trockenbeerenauslese Trittenheimer Apotheke **6 %/a.A./0,375l**

96 2011 Riesling Trockenbeerenauslese Mehringer Zellerberg **6 %/a.A./0,375l**

★★★

Martin Conrad

Weingut Brauneberger Hof

Mosel

Moselweinstraße 136, 54472 Brauneberg
***Tel.** 06534-93980, **Fax**: 06534-939855*
www.martinconrad.de
info@martinconrad.de
***Besuchszeiten**: täglich und am Wochenende bitte nur nach Vereinbarung*
Hotel Restaurant Brauneberger Hof (Tel. 06534-1400), täglich außer Do. von 18-21:30 Uhr

Inhaber .... Martin Conrad
Rebfläche .... 5,5 Hektar

Martin Conrad hat 1998 die Führung des Weingutes übernommen, das bereits seit 14 Generationen von der Familie bewirtschaftet wird. Urkundlich wurde der Betrieb erstmals 1558 erwähnt. Martin Conrad kombiniert Tradition und Moderne, die Erträge werden schon im Weinberg reduziert, die Lese erfolgt selektiv. Die Weine werden mit den natürlichen Hefen vergoren. Neben Riesling, der 95 Prozent der Rebfläche einnimmt, gibt es ein klein wenig Weißburgunder. Die Weinberge liegen in der Brauneberger Juffer und Juffer-Sonnenuhr, sowie in den Lagen Mülheimer Sonnenlay und Veldenzer Kirchberg. Die besten trockenen und halbtrockenen Weine werden als Goldkapsel bezeichnet und zeigen über Jahrgänge hinweg einen mineralischen, von Kräuter-, manchmal auch leichten Tabaknoten beherrschten Stil; die Hefenoten, welche die Weine in der Jugend manchmal prägen, binden sich nach einer Weile gut ein.

Vorjahre

Die 2009er waren kompakt und kraftvoll, teilweise noch deutlich unruhig. Neben den vielen gelungenen Rieslingen sollte der saftige Weißburgunder nicht vernachlässigt werden. 2010 behauptete sich Martin Conrad gut, auch wenn in der Spitze im trockenen Segment jahrgangsbedingt nicht ganz das Niveau der letzten Jahre erreicht wurde. Schon der Liter-Riesling war frisch und klar, machte viel Freude, der mächtige Goldkapsel-Riesling aus der Juffer-Sonnenuhr führte die trockene Riege an. Sehr konsistent präsentierte sich auch der süße Teil der Kollektion, mit einer Auslese aus der Juffer-Sonnenuhr an der Spitze.

Jahrgang 2011

2011 gibt es Neuerungen zu vermelden: Einen Gavius genannten Weißburgunder und zwei Große Gewächse. Ersterer zeigt sich ambitioniert, besitzt Fülle und Substanz, aber auch merkliche Süße. Die Großen Gewächse haben wir, dem Wunsch von Martin Conrad entsprechend, nicht nur atmen lassen, sondern auch noch einige Tage „nachverfolgt". Beide besitzen Substanz und Kraft, viel Würze und reife Frucht, beim Wein aus der Sonnenuhr irritierte uns die Bitternote im Abgang. Der süße Teil der Kollektion wird wie im vergangenen Jahr von einer Auslese angeführt.

Weinbewertung

83 2011 Weißburgunder trocken **12 %/12,90 €**
87 2011 Weißburgunder trocken „Gavius" **12,5 %/21,50 €**
83 2010 Riesling trocken **7,90 €/1l**
83 2011 Riesling trocken „Conradus" **12 %/8,90 €**
83 2011 Riesling trocken Veldenzer Kirchberg **12 %/9,90 €**
82 2011 Riesling trocken Brauneberger Juffer **12,5 %/12,90 €**
85 2011 Riesling trocken „Goldkapsel" Brauneberger Juffer **13 %/16,90 €**
88 2011 Riesling „GG" Brauneberger Juffer **13 %/28,50 €**
86 2011 Riesling „GG" Brauneberger Juffer-Sonnenuhr **13 %/32,50 €**
83 2011 Riesling „feinherb" Mülheimer Sonnenlay **11,5 %/9,90 €**
82 2011 Riesling „feinherb" Brauneberger Juffer **12 %/12,90 €**
84 2011 Riesling „feinherb" Goldkapsel Brauneberger Juffer **12,5 %/16,90 €**
83 2011 Riesling Kabinett Brauneberger Juffer **8,5 %/9,90 €**
89 2011 Riesling Auslese Brauneberger Juffer-Sonnenuhr **8 %/24,50 €/0,5l**

★★★

Corbet

Wein- & Sektgut

Pfalz

Kreuzstraße 7, 67434 Neustadt-Diedesfeld
Tel. *06321-86144,* ***Fax:*** *06321-84468*
www.corbet.de
weingut@corbet.de
Besuchszeiten: *Fr. 10-18 Uhr, Sa. 10-16 Uhr und nach Vereinbarung*

Inhaber .... Lukas Corbet
Rebfläche .... 10 Hektar

Das Weingut Corbet wird in vierter Generation von Lukas Corbet und seiner Ehefrau Christina geführt. Ihre Weinberge liegen in den Gemarkungen Diedesfeld, Maikammer, Hambach und Neustadt. Wichtigste Rebsorten sind Riesling und die Burgundersorten, die zusammen drei Viertel der Rebfläche einnehmen. Dazu gibt es Chardonnay, Silvaner, Sauvignon Blanc, Portugieser, Cabernet Sauvignon und Sankt Laurent. Die Weißweine werden langsam vergoren und bleiben längere Zeit auf der Feinhefe. Die Rotweine stammen aus stark ertragsreduzierten Anlagen. Nach der Maischegärung lagern sie in kleinen Holzfässern. Das Gros der Weine wird trocken ausgebaut.

Vorjahre

Corbet-Weine sind immer bestechend reintönig. Seit einem Jahrzehnt bewundern wir immer wieder die Klarheit und Frische in den Weinen, die Zuverlässigkeit der Kollektionen. Was für die Weine gilt, das zeigt sich auch in den Sekten: Sie sind immer wunderschön frisch und harmonisch, nur wenige Erzeuger in Deutschland bieten wie Lukas Corbet so zuverlässig hohe Sektqualität – und schon gar nicht zu diesen Preisen. Vor zwei Jahren war schon der „einfache" Spätburgunder bestechend klar und elegant, die Spätlese zählte zur Pfälzer Spitze. Die Sekte waren auf beständig hohem Niveau, die Weißweine hatten zugelegt, am besten gefielen uns der Chardonnay „R", sowie Riesling und Weißburgunder Spätlese. Im vergangenen Jahr stand wieder der Pinot Noir an der Spitze. Ihm zur Seite stand die beeindruckend dichte Cuvée CL. Die Sekte zeigten das gewohnt sehr gute Niveau, die Weißweine zeigten den jahrgangstypischen Biss, Frucht und Frische.

Neue Kollektion

In diesem Jahr steht bei den Weißweinen der sehr elegante und komplexe Chardonnay R an der Spitze. Knapp dahinter rangiert die Riesling Spätlese. Sehr typisch und ausbalanciert sind die anderen Weißweine. Die Sekt-Kollektion ist großartig, die Weine sind frisch, elegant und feinfruchtig. Der Spätburgunder ist wieder einmal klar und elegant mit kühler roter Frucht und feinem Tannin – sehr viel Wein zu einem günstigen Preis; die Cuvée ist dunkel und fruchtig.

Weinbewertung

86 2010 Weißer Burgunder Sekt extra brut **13 %/10,50 €**
87 2009 „Blanc de Noir" Pinot Sekt brut **13 %/12,50 €**
87 2010 Pinot Rosé Sekt brut **13 %/11,50 €**
87 2010 Riesling Sekt brut **13%/10,50 €**
83 2011 Silvaner Kabinett trocken **12,5 %/6,- €**
85 2011 Weißer Burgunder Kabinett trocken **13 %/6,80 €**
85 2011 Sauvignon Blanc trocken **13 %/7,80 €**
84 2011 Riesling Kabinett trocken Hambacher Schlossberg **12 %/6,80 €**
86 2010 Riesling Spätlese trocken Neustadter Erkenbrecht **12,5 %/9,- €**
87 2011 Chardonnay trocken „R" **13,5%/12,- €**
85 2009 Chardonnay trocken **13%/6,80 €**
87 2010 Spätburgunder trocken Diedesfelder Johanniskirchel **13 %/7,50 €**
85 2009 „Cuvée Corbet" Rotwein trocken **13,5 %/8,- €**

★★☆

Dr. Corvers-Kauter

Weingut

Rheingau

Rheingaustraße 129, 65375 Oestrich-Winkel
***Tel.** 06723-2614, **Fax**: 06723-2404*
www.corvers-kauter.de
info@corvers-kauter.de
***Besuchszeiten**: nach Vereinbarung oder während der Vinotheksöffnungszeiten (April bis Oktober Mi.-Fr. 16-20 Uhr, Sa. & So. 14-20 Uhr)*
Gutsausschank

Inhaber .... Dr. Matthias und Brigitte Corvers
Rebfläche .... 12 Hektar

Die Weinberge von Matthias und Brigitte Corvers verteilen sich auf verschiedene Parzellen in Rüdesheim, Johannisberg, Winkel, Mittelheim, Oestrich und Rauenthal. Wichtigste Rebsorte ist der Riesling, der etwa drei Viertel der Fläche einnimmt. Hinzu kommt vor allem noch etwas Spätburgunder. Im Jahr 2004 hat Matthias Corvers zudem 850 Rebstöcke des Roten Rieslings angepflanzt – die erste Ernte wurde 2006 eingefahren. Matthias Corvers strebt fruchtbetonte Weine mit feiner Säure an, die ihr Terroir widerspiegeln. Die Weißweine werden kühl und langsam vergoren und auf der Feinhefe im Edelstahl ausgebaut, Rotweine reifen im Holz. In den letzten beiden Jahren fiel auf, dass die Spitzenweine des Betriebes kraftvoll wirken, teilweise deutlichen Alkohol aufweisen – was manchmal auf Kosten der Finesse geht, gelegentlich aber auch zu eindrucksvollen Ergebnissen führt.

Vorjahre

Die 2009er waren kompakt und würzig, zum Zeitpunkt der Verkostung aber teilweise noch unzugänglich. Die 2010er wirkten da deutlich zugänglicher, darunter eine mächtige, feinherb ausgebaute Spätlese aus dem Berg Rottland. Kraftvoll war auch der Schaumwein aus dem Lenchen, der deutlichen Alkohol, aber dazu viel Würze aufwies. Generell muss man aber fragen, ob diese üppigen Weine die richtige Lösung sind und ob nicht jene Klarheit, welche beispielsweise die trockene Doosberg-Spätlese mitbrachte, eher zukunftsweisend ist.

Jahrgang 2011

Der Jahrgang 2011 hinterlässt einen zwiespältigen Eindruck. Neben geradlinigen, rassigen Basisweinen, wie dem fast trockenen Kabinett aus dem Kirchenpfad, stehen üppige Spitzengewächse mit 14, gar mit 15 Prozent Alkohol. Solche Fülle geht auf Kosten der Finesse, und die unzweifelhaft vorhandene Mineralität wird verdeckt. Vor allem der feinherbe „vom Schiefer" wirkt derzeit eher breit und sättigend, während der leicht süße „Quarzit" eine Menge Schmelz besitzt und der trockene „vom Löss" deutliche Kräuternoten aufweist. Eine originelle, sehr saftige und nicht zu süße Auslese vom Spätburgunder ergänzt das Sortiment.

Weinbewertung

87 2009 Riesling Sekt Brut „vom Schiefer" Rüdesheimer Berg Rottland **12,5 %/19,50 €**
84 2011 Riesling Spätlese „vom Löss" Rüdesheimer Bischofsberg **14 %/18,50 €**
84 2011 Riesling Oestricher Lenchen **12,5 %/7,90 €**
86 2011 Riesling Kabinett Rüdesheimer Kirchenpfad **13 %/8,50 €**
85 2011 Riesling Kabinett „feinherb" Rüdesheimer Berg Roseneck **14 %/8,70 €**
83? 2011 Riesling Spätlese „feinherb vom Schiefer" Rüdesheimer Berg Rottland **15 %/18,50 €**
85 2011 Riesling Spätlese „Alte Reben vom Quarzit" Rüdesheimer Drachenstein **11,5 %/18,- €**
88 2011 Spätburgunder „Blanc de Noir" Auslese Assmannshäuser Höllenberg **12 %/19,- €**

C

★★★★

Dr. Crusius

Weingut **Nahe**

Hauptstraße 2, 55595 Traisen
***Tel.** 0671-33953, **Fax**: 0671-28219*
www.weingut-crusius.de
weingut-crusius@t-online.de
***Besuchszeiten**: Mo.-Sa. 9-17 Uhr nach Vereinbarung*

Inhaber .... Dr. Peter Crusius
Rebfläche .... 17 Hektar

Peter Crusius besitzt Weinberge in besten Lagen der Nahe, darunter einen halben Hektar an der berühmten Traiser Bastei. Andere klangvolle Namen in seinem Lagen-Portfolio sind Schlossböckelheimer Felsenberg und Kupfergrube, Norheimer Kirschheck, Niederhäuser Felsensteyer und Traiser Rotenfels. Peter Crusius baut zu 65 Prozent Riesling an. Hinzu kommen 20 Prozent Weißburgunder, sowie jeweils 5 Prozent Spätburgunder, Müller-Thurgau und weitere Burgundersorten.

Vorjahre

Seit der ersten Ausgabe empfehlen wir die Weine von Peter Crusius, sind stets begeistert von der Konsistenz seiner Kollektionen. Wobei die Glanzlichter immer wieder im edelsüßen Segment zu finden sind. Peter Crusius gelingt es meisterhaft in seinen edelsüßen Rieslingen Konzentration und Eleganz zu vereinen. 2009 beeindruckte das Große Gewächs aus dem Felsenberg, ebenso der Riesling „Top of the rock". Ein wenig faszinierender aber fanden wir wieder den edelsüßen Teil der Kollektion. 2010 zeigte sich Peter Crusius unbeeindruckt vom Jahrgang, alle Weine waren frisch und reintönig. Im trockenen Segment dominierten die Großen Gewächse, dem Wein aus der Bastei galt unsere leichte Präferenz. Noch etwas stärker war der süße und edelsüße Teil der Kollektion, der zwei wunderschöne, reintönige Spätlesen, zwei klasse Goldkapsel-Auslesen und einen faszinierenden Eiswein bot.

Neue Kollektion

Ähnlich ist das Bild in diesem Jahr, in dem die Kollektion von drei starken edelsüßen Rieslingen angeführt wird, einer frischen und eleganten Goldkapsel-Auslese, einer komplexen und fein-würzigen Beerenauslese und einer herrlich konzentrierten, öligen und stoffigen Trockenbeerenauslese. Im trockenen Bereich steht den beiden kraftvollen Großen Gewächsen mit viel klarer Frucht aus der Bastei und dem Rotenfels der „Top of the rock"-Riesling mit prägnanten Zitrusnoten und feiner nachhaltiger Würze kaum nach.

Weinbewertung

84 2011 Weißburgunder & Auxerrois trocken Traiser **13 %/8,- €**
86 2011 Weißburgunder trocken „Kaffel" Traiser **13,5 %/13,- €**
87 2011 Riesling trocken Traiser Rotenfels **13,5 %/13,- €**
87 2011 Riesling trocken Schloßböckelheimer Felsenberg **13,5 %/13,- €**
88 2011 Riesling trocken „Top of the rock" **13 %/15,- €**
89 2011 Riesling „GG" Traiser Rotenfels **13,5 %/27,- €**
89 2011 Riesling „GG" Traiser Bastei **13,5 %/35,- €**
85 2011 Riesling Kabinett Schloßböckelheimer Kupfergrube **9 %/9,50 €**
86 2011 Riesling Spätlese Niederhäuser Felsensteyer **7,5 %/13,- €**
91 2011 Riesling Auslese „Goldkapsel" Schloßböckelheimer Felsenberg **20,- €/0,375l**
91 2011 Riesling Beerenauslese „Goldkapsel" Schloßböckelheimer Felsenberg **40,- €/0,375l**
93 2011 Riesling Trockenbeerenauslese „Goldkapsel" Schloßböckelheimer Felsenberg **a.A./0,375l**

Christel **Currle** ★★

Wein- und Sektgut **Württemberg**

Tiroler Straße 17, 70329 Stuttgart-Uhlbach
***Tel.** 0711-3427133, **Fax**: 0711-3427134*
www.weingut-currle.de
info@weingut-currle.de
***Besuchszeiten**: Mi./Do. 16-19 Uhr, Fr. 14-19 Uhr, Sa. 10-14 Uhr und nach Vereinbarung*

Inhaber .... Christel Currle
Rebfläche .... 8,5 Hektar

Fritz Currle ist 1973 aus der Genossenschaft ausgetreten und hat mit der Selbstvermarktung begonnen, 1974 wurde die Besenwirtschaft „Dreimädelhaus" gegründet. Heute führt seine Tochter Christel den Betrieb. Neben Weinbergen in der Uhlbacher Lage Götzenberg besitzt sie Weinberge in den Fellbacher Lagen Lämmler und Goldberg. Wichtigste rote Sorten sind Spätburgunder, Trollinger, Lemberger und Dornfelder. Wichtigste weiße Sorten sind Riesling, Kerner und Müller-Thurgau. Zuletzt kamen Merlot, Sauvignon Blanc, Weiß- und Grauburgunder hinzu. Seit 1998 werden die Weine im Edelstahl ausgebaut. Die Rotweine werden maischevergoren. Spätburgunder und Lemberger kommen ins große Holzfass oder ins Barrique. 1994 hatte Christel Currle erstmals 600-Liter-Fässer angeschafft, 1996 dann erstmals Barriques. Ihre Barriques sind aus schwäbischer Eiche und werden nur zweimal belegt. Die Weine verkauft sie fast ausschließlich an Endverbraucher.

Vorjahre

Seit der ersten Ausgabe schon empfehlen wir die Weine von Christel Currle, immer wieder aber sind es auch die Sekte, die uns begeistern. Schon in der ersten Ausgabe gefiel uns ein Muskattrollinger-Sekt besonders gut, auch auf die Versektung von Trollinger versteht man sich wie kein anderes Weingut in Württemberg. In immer zuverlässigen Kollektionen setzen barriqueausgebaute Weiß- und Rotweine regelmäßig Akzente. Vor zwei Jahren gehörten die Sekte wie gewohnt zu den besten in Württemberg, die Weißweine waren gleichmäßig und zuverlässig, im roten Segment hatte Christel Currle zur Spitze aufgeschlossen, die Cuvée Sophia beeindruckte mit viel Fülle, Frucht und Konzentration. Die 2009er Rotweine waren klar und geradlinig, die 2010er Weißweine frisch und fruchtbetont, schon der Literriesling zuverlässig gut. Die Highlights im Programm waren die 2008er Sekte: Neben dem Muskattrollinger gefiel uns der fruchtbetonte Trollinger Rosé besonders gut.

Neue Kollektion

Sekt gab es dieses Jahr nicht zu verkosten, die „alten" Jahrgänge sind komplett ausverkauft, die jüngeren noch nicht degorgiert. Dafür gibt es zwei kraftvolle, konzentrierte Barrique-Rotweine aus dem Jahrgang 2009, mit rauchigen Noten im Bouquet, viel Substanz und reifer Frucht im Mund. Auch die weiße Kollektion überzeugt, die trockene Riesling Spätlese ist kraftvoll, klar und zupackend, der Weißburgunder besitzt Fülle und Substanz, ist aber ein wenig (zu) süß. Stimmige Kollektion!

Weinbewertung

82 2011 Riesling trocken Uhlbacher Götzenberg **12,5 %/4,90 €/1l**
85 2011 Muskateller Uhlbacher Götzenberg **12 %/7,20 €**
87 2011 Riesling Spätlese trocken Uhlbacher Götzenberg **13,5 %/9,20 €**
86 2011 Weißburgunder Spätlese trocken Uhlbacher Götzenberg **14 %/10,50 €**
85 2011 Sauvignon Blanc Uhlbacher Götzenberg **12,5 %/9,20 €**
84 2011 Chardonnay Uhlbacher Götzenberg **12 %/7,20 €**
82 2011 Spätburgunder trocken Uhlbacher Götzenberg **14,5 %/7,20 €**
88 2009 Merlot trocken Barrique Uhlbacher Götzenberg **14 %/19,50 €**
87 2009 Cabernet Mitos trocken Barrique Uhlbacher Götzenberg **13,5 %/34,- €**

★

Dahms

Weingut **Franken**

August-Borsig-Straße 8, 97526 Sennfeld
Tel. *09721-69123*, **Fax:** *09721-609426*
www.weingut-dahms.de
info@weingut-dahms.de
Besuchszeiten: *Mo.-Fr. 8-17 Uhr, Sa. 9-13 Uhr*

Inhaber .... Horst und Ulrich Dahms,
.... Jürgen und Alexander Dahms
Rebfläche .... 9,5 Hektar

Das Weingut Dahms wird heute in dritter Generation von Jürgen und Alexander Dahms geführt. Die eigenen Weinberge befinden sich in den Lagen Schweinfurter Peterstirn (Lettenkeuper und sandiger Lehm; die gleichnamige Burg gehört ebenfalls der Familie), Mainberger Schlossberg (Muschelkalk und Keuper) und Stammheimer Eselsberg, aus anderen Lagen wie Schonunger Mainleite, Wirmsthaler Scheinberg, Nordheimer Vögelein, Astheimer Karthäuser, Wipfelder Zehntgraf, Obereisenheimer Höll oder Volkacher Kirchberg kauft man Trauben zu.

Kollektion

Die 2011er Weißweine sind frisch und klar, wunderschön fruchtbetont, die 2009er Rotweine kraftvoll bei guter Struktur, die Trockenbeerenauslese süß, dick und konzentriert: Stimmige Kollektion.

Weinbewertung

82 2011 Silvaner Kabinett Schweinfurter Peterstirn **12,5 %/6,95 €**
82 2011 „Dreist" Weißwein **11 %/5,90 €**
84 2011 Scheurebe Kabinett halbtrocken Schweinfurter Peterstirn **11 %/7,50 €**
85 2009 Traminer Trockenbeerenauslese Mainberger Schlossberg **8 %/49,- €/0,375l**
83 2009 Domina trocken Obereisenheimer Höll **12,5 %/6,95 €**
82 2009 Rondo trocken (Premium) **12,5 %/9,95 €**

★

Dalgaard & Jordan

Weingut **Rheingau/Mittelrhein**

Hauptstraße 4, 65344 Eltville am Rhein
Tel. *06123-704907*
christin.jordan@gmail.com
Besuchszeiten: *nach Vereinbarung*

Inhaber .... Christin Jordan
Rebfläche .... 0,4 Hektar (+ Zukauf)

Das Weingut wurde 2011 von Christin Jordan (aus Norddeutschland stammend) und dem Dänen Lars Dalgaard (vormals Villa Riesling) gegründet. Sie besitzen 0,4 Hektar Reben am Mittelrhein, kaufen von einem halben Hektar im Rheingau Trauben zu, die selbst gelesen werden. Die Weine werden langsam und kalt vergoren und lange im Edelstahl auf der Feinhefe gelagert, chaptalisiert wird nicht.

Neue Kollektion

Die überzeugende Kollektion bietet einen klaren, zupackenden Riesling von alten Reben aus dem Fürstenberg und als Krönung die Auslese aus der gleichen Lage, die fein nach Zitrus duftet, frisch, klar und zupackend im Mund ist.

Weinbewertung

85 2011 Riesling Spätlese trocken „Alte Reben" Oberdiebacher Fürstenberg 12,50 **€**
82 2011 Riesling Kabinett halbtrocken „Bildschön" Wallufer Berg Bildstock **8,50 €**
82 2011 Riesling Spätlese halbtrocken „Blauschiefer" Oberdiebacher Fürstenberg 11,50 **€**
83 2011 Riesling Spätlese „Bildschön" Wallufer Berg Bildstock 10,- **€**
88 2011 Riesling Auslese Oberdiebacher Fürstenberg 15,- **€/0,5l**

★☆

danner

Weingut

Baden

Heimbach 3, 77770 Durbach
***Tel.** 0781-9483123, **Fax**: 0781-94869537*
www.danner-weingut.de
info@danner-weingut.de
***Besuchszeiten**: Mo.-Fr. 9-18 Uhr, Sa. 9-16 Uhr oder nach Vereinbarung*
Ferienwohnung

Inhaber .... Alexander und Sonja Danner
Rebfläche .... 4 Hektar

Das Weingut danner entstand 2006 (ursprünglich als Weingut Cristalin) aus der Verbindung zweier Familien, der Familie Danner, seit 1761 in Durbach ansässig, und der Familie Zöllin, die seit fünf Generationen im Weinbau tätig ist. Das Sortiment ist in drei „Weintypen" gegliedert: Die Weine vom Typ „1" werden im Edelstahl ausgebaut, die des Typs „2" im Holz und die des Typs „3" im Barrique.

Vorjahre

Der 2009er Riesling „3" war enorm verschlossen, so dass vor zwei Jahren der Pinot Noir „3" unser eindeutiger Favorit war. Die 2009er Rotweine waren im vergangenen Jahr noch sehr verschlossen; im weißen Segment, insgesamt ein wenig verhalten, gefiel uns der Chardonnay am besten.

Neue Kollektion

Sehr ähnlich ihren Vorgängern präsentieren sich die weißen 2011er, der kraftvolle, füllige Chardonnay gefällt uns einmal mehr am besten. Im roten Segment hat sich der im vergangenen Jahr völlig verschlossene Pinot Noir 3 sehr schön entwickelt, zeigt rauchige Noten, Gewürze und Toast im Bouquet, ist kraftvoll und füllig im Mund bei sehr präsenten Tanninen.

Weinbewertung

83 2009 Sekt brut **12 %/14,- €**
82 2011 Grauburgunder „2" trocken **12 %/13,- €**
82 2010 Grauburgunder „2" trocken **12,5 %/13,- €**
83 2011 Weißburgunder „2" trocken **12,5 %/13,- €**
83 2010 Weißburgunder „2" trocken **12,5 %/13,- €**
81 2010 Riesling „1" trocken **11,5 %/8,- €**
85 2011 Riesling „2" trocken **12 %/13,- €**
80 2011 „Exot" „2" trocken **12 %/9,50 €**
85 2011 Chardonnay „3" trocken **13 %/16,- €**
80 2009 Pinot Noir „2" trocken **13,5 %/12,- €**
87 2009 Pinot Noir „3" trocken **13,5 %/26,- €**

★

Darting

Weingut

Pfalz

Am Falltor 4, 67098 Bad Dürkheim
***Tel.** 06322-979830 , **Fax**: 06322-9798326*
www.darting.de
weingut@darting.de
***Besuchszeiten**: Mo.-Fr. 8-18 Uhr, Sa. 8-16:30 Uhr*

Inhaber .... Ella und Helmut Darting
Rebfläche .... 25 Hektar

Wichtigste Rebsorte beim Weingut Darting ist Rielsing, der knapp die Hälfte der Rebfläche einnimmt. Hinzu kommen Weißburgunder, Rieslaner, Scheurebe, Sauvignon Blanc und Muskateller, sowie in verstärktem Umfang Rotweinsorten wie Spätburgunder, Sankt Laurent, Dornfelder und Schwarzriesling. Aus Kanzler und Huxelrebe werden edelsüße Weine erzeugt. Die edelsüßen Weine haben das Weingut in der Welt berühmt gemacht.

Vorjahr

Die Basis-Kollektion der Darting-Weine, die wir im vergangenen Jahr verkostet haben, hat uns gut gefallen. Die Rieslinge präsentierten sich als hervorragende Essens-Begleiter, frisch und klar, der Sauvignon Blanc war sehr expressiv, der Muskateller machte Spaß.

Neue Kollektion

In diesem Jahr zeigen Ella und Helmut Darting wieder eine stimmige Kollektion. Bereits der Riesling in der Liter-Flasche überzeugt, die Weine sind fruchtig und klar, die Restsüße ist am oberen Ende der Trocken-Skala angesiedelt. Frisch und klar ist die „Sommerfrische“, gerade nicht mehr gesetzlich trocken. Die Scheurebe zeigt sehr viel Frucht, der Gewürztraminer ist typisch und konzentriert. Der Spätburgunder ist deutlich restsüß, der St. Laurent ist harmonischer, er reifte in gutem Holz. Die Cuvée „Zeitreise“ ist durchgegoren, sehr konzentriert, die Tannine sind immer noch straff.

Weinbewertung

83 2011 Riesling Kabinett trocken Dürkheimer Fronhof **12 %/5, €-/1l** ☺
84 2010 Riesling Kabinett trocken Dürkheimer Spielberg **13 %/6,- €**
85 2010 Riesling Spätlese trocken Ungsteiner Herrenberg **13 %/8,- €**
84 2011 Sauvignon Blanc Kabinett trocken Dürkheimer Schenkenböhl **11,5 %/7,- €**
84 2011 „Sommerfrische“ Weißwein-Cuvée **11,5 %/7,50 €**
86 2010 Scheurebe Spätlese Ungsteiner Honigsäckel **9,5 %/7,50 €**
86 2010 Gewürztraminer Kabinett Dürkheimer Nonnengarten **10,5 %/7,50 €**
83 2010 Spätburgunder trocken Dürkheimer Feuerberg **14 %/7,- €**
85 2009 St. Laurent trocken Dürkheimer Feuerberg **14 %/7,- €**
85 2005 „Zeitreise“ Rotwein trocken **15 %/25,- €**

★★★★★

Dautel

Weingut

Württemberg

Lauerweg 55, 74357 Bönnigheim
***Tel.** 07143-870326, **Fax**: 07143-870327*
www.weingut-dautel.de
info@weingut-dautel.de
***Besuchszeiten**: Mo.-Fr. 10-12 + 14-18 Uhr, Sa. 10-16 Uhr*

Inhaber .... Ernst Dautel
Rebfläche .... 13 Hektar

Weinbau gibt es seit Anfang des 16. Jahrhunderts in der Familie, mit der Selbstvermarktung hat aber erst Ernst Dautel Ende der siebziger Jahre begonnen, nach Abschluss eines Studiums in Geisenheim. Konsequent hat Ernst Dautel seine Vorstellungen vom Wein umgesetzt, hat viel ausprobiert und ist stetig vorangekommen: Seit Mitte der achtziger Jahre baut er Weine im Barrique aus, 1988 pflanzte er Chardonnay, 1990 erzeugte er seine erste Cuvée, die Kreation Rot. Seine Weinberge liegen in Bönnigheim (Sonnenberg) und Besigheim (Wurmberg). Der Sonnenberg besteht aus buntem Mergel, Schilfsandstein und Gipskeuper; die Großen Gewächse stammen von alten Reben im Herzstück des Sonnenbergs. Die Muschelkalkterrassen des Wurmbergs liegen am Ufer der Enz. Rote Sorten nehmen 60 Prozent der Fläche ein. Hauptrebsorten sind Riesling und Lemberger. Dazu gibt es Spätburgunder, Weißburgunder, Samtrot und Trollinger, aber auch Chardonnay, Cabernet Sauvignon und Merlot. Die Weißweine werden lange auf der Feinhefe ausgebaut, die Rotweine kommen nach der Maischegärung bis zu zwei Jahre ins Barrique. Die Weine werden betriebsintern mit bis zu 4 Sternen klassifiziert, Prädikatsbezeichnungen werden ausschließlich für edelsüße Weine verwendet. Inzwischen wird Ernst Dautel im Betrieb unterstützt von Sohn Christian; im vergangenen Jahr wurden neue Rebflächen erworben, vor allem Spätburgunder möchte Christian Dautel im Anbau forcieren.

Entwicklung

Schon vor zehn Jahren haben wir die Weine von Ernst Dautel wärmstens empfohlen, schon damals gehörte er für uns zur absoluten Spitze in Württemberg. Seine Weine kennen wir noch viel länger, von seinen Anfängen als „wilder Barriquewinzer", als er noch Riesling und Kerner ins kleine Eichenholzfass zwang, wenn uns die Erinnerung nicht täuscht. Im letzten Jahrzehnt hat er sich kontinuierlich gesteigert, nicht nur bei den weißen und roten Spitzenweinen, nein, auch seine Basisweine, die nur einen oder zwei Sterne abbekommen, sind stets von zuverlässiger Güte. Die Rotweine sind kompromisslos vinifiziert, in ihrer Jugend oft etwas verschlossen und tanningeprägt, entwickeln sie sich sehr schön über viele Jahre hinweg: Es sind Rotweine mit Potenzial.

Vorjahre

Eine konsistente, starke Rotweinkollektion präsentierten Ernst und Christian Dautel vor zwei Jahren mit kraftvollen, recht tanninbetonten, wie gewohnt kompromisslos vinifizierten Weinen, die rote „Kreation" gefiel uns besonders gut. Unsere leichte Präferenz aber galt vor zwei Jahren dem weißen Segment, vor allem den beiden im Barrique ausgebauten Weinen, Chardonnay und Weißburgunder, aber auch die Rieslinge, angeführt vom Großen Gewächs aus dem Sonnenberg, bereiteten viel Freude. Die 2008er Rotweine, im vergangenen Jahr noch einmal verkostet, hatten sich prächtig entwickelt, hatten an Präzision und Komplexität gewonnen. Von den 2009er Barriqueweinen waren nur drei bis Redaktionsschluss gefüllt, der präzise Lemberger gefiel uns besonders gut, knapp gefolgt vom erstmals erzeugten Großen Spätburgunder-Gewächs aus dem Sonnenberg. Klasse waren aber auch die weißen Barriqueweine des Jahrgangs 2010, die eine schöne Weißweinriege anführten, die sich unbeeindruckt zeigte vom Jahrgang.

Weißweine 2011

Prächtige Weißweine haben Ernst und Christian Dautel 2011 auf die Flasche gebracht. Das fängt an mit einem reintönigen Gipskeuper-Weißburgunder, der wunderschön harmonisch, fruchtbetont und lang ist, geht über den klaren, zupackenden Wurmberg-Riesling hin zur saftigen, fruchtbetonten Cuvée Weiß. Doch es kommt noch besser, denn Chardonnay und Weißburgunder „S" sind so gut wie noch nie, auch das Große Gewächs aus dem Sonnenberg, nun „Grübenstein" genannt, ist hervorragend. Der Chardonnay zeigt viel reife Frucht im Bouquet, gelbe Früchte, ist füllig und saftig im Mund, dabei komplex, strukturiert und lang. Der Weißburgunder ist wunderschön fruchtbetont und füllig, kraftvoll und komplex, besitzt gute Struktur und Substanz, Frische und Nachhall. Der Grübenstein zeigt gute Konzentration im Bouquet, etwas rauchige Noten, ist füllig und kraftvoll im Mund, besitzt gute Präzision, Substanz und Struktur.

Rotweine 2009

Schon im vergangenen Jahr hatten wir einige Barriquerotweine vorgestellt, der Lemberger faszinierte uns ganz besonders (91 Punkte). Dieses Jahr folgt nun der Zweigelt, ein herrlich kraftvoller Wein, sehr reintönig und konzentriert, füllig, präzise und nachhaltig, gefällt er uns noch ein klein wenig besser als sein ebenfalls hervorragender Vorgänger aus dem Jahrgang 2008. Noch faszinierender aber ist der „Kreation Rot", ein Klassiker unter den roten deutschen Cuvées und ein Wein mit viel Entwicklungspotenzial. Sein Vorgänger, Jahrgang 2008, hatte uns vor zwei Jahren begeistert, noch grandioser finden wir nun den Jahrgang 2009: Herrlich druckvoll und präzise, komplex, enorm nachhaltig mit mineralischen Noten, noch allzu jugendlich – aber mit Gewissheit ein Wein, der auch in zwanzig Jahren noch viel Freude bereiten wird. Zwei rote Große Gewächse haben wir nur „im Schnelldurchgang" bei der Vorpremiere in Wiesbaden verkostet, deshalb sehr vorsichtig bewertet: Der Lemberger „St. Michaelsfeder" aus dem Michaelsberg ist würzig und konzentriert, füllig und stoffig, noch sehr verschlossen, etwas kurz; der Spätburgunder aus dem Sonnenberg ist präzise und puristisch, besitzt Frische, Biss – und Potenzial. Und dass Dautel-Wein gut altern kann, zeigt der Sieg des Lembergers in unserer 2002er Verkostung.

Weinbewertung

88 2011 Weißburgunder „Gipskeuper" **13 %/12,10 €**
89 2011 Riesling Besigheimer Wurmberg **13 %/11,40 €** ☺
89 2011 „Kreation Weiß S" **12,5 %/12,70 €**
92 2011 Weißburgunder „S" **19,80 €** ☺
92 2012 Chardonnay „S" **19,80 €** ☺
91 2011 Riesling „GG" „Grübenstein" Sonnenberg **13 %/20,50 €**
87 2010 Spätburgunder „Schilfsandstein" **12,5 %/12,60 €**
85 2010 Lemberger „Gipskeuper" **13 %/12,90 €**
91 2009 Zweigelt „S" **13 %/23,90 €**
93 2009 „Kreation Rot" **13 %**
90 2010 Lemberger „GG" „St. Michaelsfeder" Michaelsberg (90+? Punkte)
90+ 2010 Spätburgunder „GG" Sonnenberg

★★★ K. & K. Dautermann
Weingut
Rheinhessen

Unterer Schenkgarten 6, 55218 Ingelheim am Rhein
Tel. *06132-1279,* ***Fax:*** *06132-431191*
www.dautermannwein.de
k.dautermann@t-online.de,
info@dautermannwein.de
Besuchszeiten: *Mo.-Sa. nach Vereinbarung*
„Erlebnis-Weinproben", Gästehaus Dautermann

Inhaber .... Kristian Dautermann
Rebfläche .... 13,75 Hektar

Das Weingut Dautermann, im Zentrum von Ingelheim gelegen, besteht bereits seit über 100 Jahren. Heute wird es geführt von Kristian Dautermann, der bereits seit 2005 voll im Betrieb an der Seite seines Vaters tätig war. Sie konzentrieren sich vor allem auf Spätburgunder. Daneben findet man bei ihm eine breite Palette weiterer roter Sorten wie Frühburgunder, Portugieser, St. Laurent und Domina. Der Weißweinanteil beträgt 35 Prozent. Es werden hauptsächlich Riesling, Silvaner, Weißburgunder und Grauburgunder angebaut. Auf Lagenbezeichnungen wurde lange Zeit verzichtet, ebenso auf Prädikatsbezeichnungen. 2011 wurde die historische Lage Ingelheimer Kirchenstück übernommen.

Vorjahre

Seit der ersten Ausgabe überzeugt uns das Weingut mit höchst zuverlässigen Kollektionen, kein Wein enttäuscht, ob weiß oder rot. Vor allem die Rotweine haben in den letzten Jahren noch einmal zugelegt, haben an Ausdruck und Klarheit gewonnen. Die Weißweine sind füllig und reintönig, wirken aber durch die merkliche Restsüße oft ein wenig gefällig, gerade die weißen Burgunder. Enorm stark war die Kollektion vor zwei Jahren: Frühburgunder und Spätburgunder trumpften auf, auch der Riesling bestätigte einmal mehr seine Klasse – und zur Überraschung gab es obendrein einen sehr guten Sekt. In der letztjährigen Kollektion lagen die Vorteile im roten Segment, wobei auch die 2010er Weißweine überzeugten, allen voran der substanzreiche Riesling „Kalkbank". Star im Programm war einmal mehr der Pinot Noir, Jahrgang 2008, der uns mit seiner enormen Kraft und seiner Reintönigkeit noch besser gefiel als die sehr schöne Frühburgunder-Riege.

Neue Kollektion

Die neue Kollektion schließt nahtlos an die Vorjahre an, die Stärken liegen wiederum im roten Segment, wobei uns in diesem Jahr die Spätburgunder besser gefallen als die Frühburgunder. Die 2010er sind kraftvoll, klar und elegant, besitzen reife Frucht und gute Struktur; noch etwas besser gefällt uns der 2009er Pinot Noir, ist harmonisch und klar bei reifer Frucht, guter Struktur und Frische.

Weinbewertung

85 2010 „Cuvée P" Sekt extra brut **13 %/12,50 €**

83 2011 Weißburgunder*** trocken Ingelheimer Schlossberg **12,5 %/7,50 €**

84 2011 Cabernet Blanc trocken Ingelheimer Schlossberg **13 %/7,50 €**

83 2011 Riesling trocken „Kalkbank" Ingelheimer Sonnenhang **12,5 %/13,- €**

83 2011 Riesling trocken (Zweitwein) Ingelheimer Kirchenstück **12,5 %/12,50 €**

85 2011 Riesling trocken (Erstwein) Ingelheimer Kirchenstück **13 %/18,- €**

84 2010 Frühburgunder trocken Ingelheimer Burgberg **13,5 %/9,90 €**

86 2010 Frühburgunder trocken Ingelheimer Pares **14 %/15,- €**

87 2010 Spätburgunder trocken „vom Kalkmergel" Ingelheimer Horn **13 %/14,40 €**

87 2010 Spätburgunder trocken „vom Kalkmergel" Ingelheimer Sonnenhang **13,5 %/15,- €**

88 2009 Pinot Noir trocken Ingelheimer Horn **14 %/23,- €**

86 2011 Spätburgunder Beerenauslese Ingelheimer Sonnenhang **9 %/17,50 €**

★★★

Dengler-Seyler

Weingut

Pfalz

Weinstraße Süd 6, 67487 Maikammer
***Tel.** 06321-5103, **Fax**: 06321-57325*
www.dengler-seyler.de
info@dengler-seyler.de
***Besuchszeiten**: Mo.-Sa. 8-18 Uhr*
Gasthaus „Zum Winzer" mit Gästezimmern

Inhaber .... Familie Seyler
Rebfläche .... 12 Hektar

Das Weingut Dengler-Seyler in Maikammer ist ein Familienbetrieb, der heute in vierter Generation von der Familie Seyler bewirtschaftet wird. Wichtigste Lage ist der Heiligenberg, wo das Weingut 6 Hektar bewirtschaftet. Die weiteren Weinberge befinden sich vor allem in den anderen Maikammer Lagen Kirchenstück (tiefgründige Lösslehmböden) und Kapellenberg (Ton, Lehm und tertiärer Kalkstein), hinzu kommen Weinberge in Kirrweiler, Alsterweiler und in der Lage Berg in Diedesfeld. In der Hauptlage Heiligenberg gibt es sehr unterschiedliche Böden, weshalb Matthias Seyler aus dem Heiligenberg drei verschiedene Rieslinge erzeugt. Der Heiligenberg-Riesling wächst in der ursprünglich 8 Hektar großen, kalkgeprägten Kernlage „Im Heiligenberg", der Riesling Heidenstock kommt von der Spitze des Heiligenbergs rund um den im 19. Jahrhundert erbauten Tempel, wo das Weingut 2 Hektar mit alten Rieslingreben besitzt (Parabraunerde über Löss). In der 2006 erworbenen Lage Schlangengässel schließlich wachsen die Reben auf carbonhaltigem Kieslehm. Riesling spielt die Hauptrolle im Betrieb, nimmt knapp die Hälfte der Rebfläche ein. Hinzu kommen jeweils 9 Prozent Spätburgunder, Weißburgunder und Grauburgunder, sowie jeweils 6 Prozent Silvaner, Portugieser und Dornfelder. Bukettsorten wie Gewürztraminer, Scheurebe und Muskateller ergänzen das Programm. Die Weißweine werden im Edelstahl kühl vergoren und bis Januar auf der Hefe ausgebaut. Die Rotweine – 20 Prozent der Rebfläche – werden maischevergoren (7 bis 14 Tage) und dann ein Jahr im Holzfass ausgebaut, die Spitzenweine kommen für achtzehn Monate ins Barrique.

Vorjahre

Vor zwei Jahren hatten die drei Heiligenberg-Rieslinge weiter an Kontur gewonnen, sie boten ein schönes Spiel von Frucht und Mineralität, bei aller Kraft zeigten sie doch Eleganz – und viel Nachhaltigkeit. Auch die weißen Burgunder waren hervorragend gelungen, ebenso die beiden Spätburgunder vom Jahrgang 2008, die elegante Kühle und Klarheit ausstrahlten. Im vergangenen Jahr überzeugten erneut alle Weine, ob trocken oder edelsüß, weiß oder rot. Eine wunderbar konzentrierte und frische Trockenbeerenauslese von der Scheurebe führte mit den beiden eindringlichen, geschliffenen Rieslingen aus dem Heiligenberg die weiße Kollektion an, Weißburgunder und die Burgundercuvée „Autumnus" waren ebenso gelungen wie die beiden klaren und harmonischen Spätburgunder.

Neue Kollektion

2011 steht erneut eine herrlich konzentrierte Trockenbeerenauslese mit viel Substanz und Länge an der Spitze der Kollektion, dieses Mal vom Rieslaner. Die beiden mineralisch-würzigen Rieslinge vom Heiligenberg brauchen in diesem Jahr viel Luft, um ihre eindringliche Aromatik zu entfalten, der Spätburgunder „R" besitzt sehr prägnante Kräuternoten und auch Grau- und Weißburgunder und die Cuvée „Autumnus" zeigen viel klare Frucht und sind harmonisch.

Weinbewertung

87 2011 „Autumnus" Cuvée weiß trocken **13,5 %/10,- €**
84 2011 Muskateller trocken **11 %/7,80 €**
84 2011 Silvaner trocken Alsterweiler **13 %/6,- €**
87 2011 Weißburgunder Spätlese trocken **13 %/9,- €**
86 2011 Grauburgunder Spätlese trocken **14 %/9,- €**
81 2011 Riesling trocken **12 %/4,50 €/1l**
83 2011 Riesling Kabinett trocken **12 %/6,- €**
85 2011 Riesling trocken „Der Dengler Seyler" **12,5 %/9,50 €**
89 2011 Riesling trocken Maikammer Heiligenberg **13 %/15,- €**
88 2011 Riesling trocken „Heidenstock" Maikammer Heiligenberg **13 %/15,- €**
91 2011 Rieslaner Trockenbeerenauslese Maikammer Heiligenberg **38,- €/0,375l**
87 2010 Spätburgunder „R" trocken **18,- €**

★★

H. Deppisch

Weingut

Franken

Kirchgasse 4, 97288 Theilheim
***Tel.** 09303-8986, 0177-6338263,*
***Fax:** 09303-980183*
www.weingut-deppisch.com
kontakt@weingut-deppisch.com
***Besuchszeiten:** Mo.-Sa. nach Vereinbarung*
Heckenwirtschaft

Inhaber .... Christian Deppisch
Rebfläche .... 3 Hektar

Hermann Deppisch, der Vater von Christian Deppisch, war langjähriger Außenbetriebsleiter beim Bürgerspital. 1989 pachtete er die ersten Rebstöcke. Seit dieser Zeit wurde das Weingut auf die heutige Größe erweitert. Christian Deppisch arbeitet, nach Ausbildung beim Bürgerspital und Önologiestudium, bei der Bayerischen Landesanstalt für Weinbau und Gartenbau, wo er hauptsächlich für ökologischen Weinbau zuständig ist. Er führt das Weingut im Nebenerwerb, sein Vater kümmert sich um die Weinberge. Diese liegen alle im nicht flurbereinigten Theilheimer Altenberg. Christian Deppisch baut vor allem Silvaner an. Riesling, Weißburgunder und Blauer Silvaner wurden zuletzt hinzugepflanzt, sowie ein paar Stock Muskateller. An roten Sorten gibt es Spätburgunder, Frühburgunder, Domina, Regent und Portugieser. Die Weinberge werden biologisch-dynamisch bewirtschaftet (Mitglied bei Demeter), 2011 ist der erste vollzertifizierte Jahrgang. Alle Rotweine werden im Fass ausgebaut.

Vorjahre

Vor zwei Jahren überzeugten uns die Weißweine, vor allem die beiden trockenen Spätlesen, Silvaner und Riesling. Die 2010er Weißweine präsentierten sich frisch und klar, unser Favorit war der knackige Riesling, die 2008er Rotweine waren fruchtbetont und kraftvoll: Eine stimmige Kollektion.

Neue Kollektion

Die neue Kollektion ist ein klarer Schritt voran, alle Weine präsentieren sich frisch, reintönig und harmonisch, weiß wie rot. An der Spitze stehen der saftige, füllige Weißburgunder, der reintönige Silvaner, herrlich füllig und kraftvoll, sowie der zupackende Frühburgunder, der gute Struktur, Frische und Frucht besitzt.

Weinbewertung

83 2011 Silvaner Kabinett trocken Theilheimer Altenberg **6,50 €**

87 2011 Silvaner trocken „per Se" Theilheimer Altenberg **9,60 €**

87 2011 Weißburgunder Spätlese trocken Theilheimer Altenberg **10,60 €**

85 2011 Riesling Spätlese trocken Theilheimer Altenberg **9,60 €**

83 2011 Rosé **5,40 €**

84 2010 „Christina" Rotwein trocken **5,90 €**

84 2009 Domina trocken Theilheimer Altenberg **7,80 €**

87 2009 Frühburgunder trocken Theilheimer Altenberg **10,60 €**

★☆

Hermann **Dereser**

Weingut

Franken

Maintalstraße 8, 97509 Stammheim
Tel. *09381-2187* ***Fax:*** *09381-802973*
www.weingut-dereser.de
info@weingut-dereser.de
Besuchszeiten: *nach Vereinbarung*
Gästezimmer

Inhaber .... Hermann Dereser
Rebfläche .... 6 Hektar

Seit sieben Generationen baut die Familie Wein an, aus dem ehemaligen Gemischtbetrieb hat sich im Laufe der Zeit ein Weingut mit Brennerei entwickelt. Hermann Dereser baut am Eselsberg Müller-Thurgau, Bacchus, Silvaner, Riesling, Weißburgunder und Kerner an, dazu die roten Sorten Domina, Spätburgunder, Portugieser und Acolon. Hermann Dereser ist dabei den Betrieb schrittweise zu erweitern durch den Erwerb guter Parzellen (z.B. im Volkacher Ratsherr), der Neubau des Weiß- und Rotweinkellers wurde zur Ernte 2011 fertiggestellt. Nach Abschluss seines Geisenheim-Studiums ist Sohn Johannes seit Herbst 2011 im Betrieb tätig.

Vorjahr

Beim guten Debüt im vergangenen Jahr gefielen uns der Silvaner aus der „Steinhecke" und die halbtrockene Bacchus Spätlese besonders gut, alle Weine waren frisch und klar.

Neue Kollektion

Die neue Kollektion gefällt uns noch besser, alle Weine sind reintönig und frisch. Am besten gefallen uns die drei trockenen Silvaner Spätlesen, die alle drei sehr verschieden sind, reintönig und kraftvoll. Sehr überzeugend ist schon das Niveau der Kabinettweine, bei den Weißburgundern gilt unsere leiche Präferenz der spontanvergorenen Variante.

Weinbewertung

81 2011 Silvaner Kabinett trocken Stammheimer Eselsberg **12,5 %/4,50 €/1l**

82 2011 Silvaner Kabinett trocken Stammheimer Eselsberg **12 %/5,50 €**

83 2011 Riesling Kabinett trocken Stammheimer Eselsberg **12 %/6,30 €**

82 2011 Bacchus Kabinett trocken Stammheimer Eselsberg **12,5 %/5,20 €**

85 2011 Silvaner Spätlese trocken „Steinhecke" Stammheimer Eselsberg **13 %/6,80 €**

85 2011 Silvaner Spätlese trocken Volkacher Ratsherr **13 %/6,80 €**

86 2011 Silvaner Spätlese trocken Stammheimer Eselsberg **13 %/7,20 €**

83 2011 Weißburgunder Spätlese trocken Nr. 12/12 Stammheimer Eselsberg **13 %/7,50 €**

84 2011 Weißburgunder Spätlese trocken Nr. 14/12 Stammheimer Eselsberg **13 %/8,90 €**

83 2009 Rotweincuvée trocken Stammheimer Eselsberg **13,5 %/8,90 €**

★★☆

Deutschherrenhof

Weingut

Mosel

Olewigerstraße 181, 54295 Trier - Olewig
***Tel.** 0651-31113, **Fax**: 0651-30463*
www.weingut-deutschherrenhof.de
info@weingut-deutschherrenhof.de
***Besuchszeiten**: Mo.-Do. 8-17 Uhr, Fr.+ Sa. bis 24 Uhr im Gutsausschank*

Inhaber .... Albert Oberbillig
Rebfläche .... 9,5 Hektar

Mit einem Gemischtbetrieb und 2 Hektar Reben hat Albert Oberbillig begonnen, heute ist ein überregional bekanntes Weingut mit Weinstube daraus geworden. Nach seinem Geisenheim-Studium ist Sohn Sebastian in den Betrieb eingestiegen. Ihre Weinberge liegen in den Trierer Lagen Deutschherrenberg (4 Hektar), Burgberg (wo sie vor allem Burgunder anbauen) und Jesuitenwingert. 70 Prozent der Rebfläche nimmt Riesling ein, hinzu kommen vor allem Weißburgunder und Spätburgunder. 2008 wurde die seit Mitte der achtziger Jahre brachliegende Steillage Deutschherrenköpfchen mit alten Rieslingklonen neu bepflanzt, 2010 brachte die ersten Weine aus dieser Lage, die Sebastian Oberbillig als seine „Große Gewächs"-Lage sieht. Die Weine werden im Edelstahl ausgebaut, etwa die Hälfte der Produktion entfällt auf trockene Weine.

Vorjahr

Der Jahrgang 2009 brachte mit dem „Schliescht" aus dem Deutschherrenberg einen neuen Spitzenwein und im Übrigen sehr zuverlässige, feingliedrige Rieslinge. 2010 brachte die ersten Weine aus dem Deutschherrenköpfchen: Ein kraftvolles, halbtrockenes „Großes Gewächs" und eine nicht minder beeindruckende Auslese. Diese beiden Weine führten eine konsistente, überzeugende Kollektion an.

Neue Kollektion

Die neue Kollektion ist stimmig, beginnt mit einem feinen Gutsriesling, führt über einen kraftvollen, reintönigen Riesling von alten Reben zu den beiden halbtrockenen Spitzenweinen: Der Schliescht ist füllig, kraftvoll, saftig und lang, der Wein aus dem Deutschherrenköpfchen ist konzentriert, wunderschön reintönig, besitzt viel reife Frucht, Substanz und Länge. Der süße Teil der Kollektion wird von einer duftigen Beerenauslese angeführt.

Weinbewertung

84 2008 Riesling Sekt brut **12,5 %/10,- €**
82 2011 Weißburgunder trocken **12 %/6,50 €**
83 2011 Riesling trocken **12 %/6,50 €**
87 2011 Riesling trocken „Alte Reben" Deutschherrenberg **12 %/8,50 €** ☺
84 2011 Riesling „feinherb" „Sebastian No. 1" **11,5 %/6,50 €**
85 2011 Riesling „feinherb" Burgberg **11,5 %/10,- €**
88 2011 Riesling „Schliescht" Trierer Deutschherrenberg **12,5 %/14,- €**
89 2011 Riesling Trierer Deutschherrenköpfchen **12,5 %/17,50 €**
86 2011 Riesling Spätlese Trierer Deutschherrenberg **9 %/10,- €**
88 2011 Riesling Beerenauslese Trierer Deutschherrenköpfchen **6,5 %/35,- €/0,375l**

★★★☆

Deutzerhof

Weingut Cossmann-Hehle

Ahr

Deutzerhof, 53508 Mayschoß
***Tel.** 02643-7264, **Fax**: 02643-3232*
www.deutzerhof.de
info@deutzerhof.de
***Besuchszeiten**: nach Vereinbarung*

Inhaber .... Hella und Wolfgang Hehle
Rebfläche .... 9 Hektar

Als Wolfgang Hehle, von Haus aus Steuerberater, in den Betrieb seines Schwiegervaters einstieg, war alles ganz anders als es heute ist. Die Weine waren süß und für den schnellen Konsum bereitet. Er war einer der Ersten an der Ahr, der dies änderte, stellte von fast ganz süß auf fast ganz trocken um. Und er orientierte sich an Burgund, vinifizierte seine Weine auf Haltbarkeit hin. 1952 hatte sein Schwiegervater Alfred Cossmann mit damals 3,5 Hektar mit der Selbstvermarktung begonnen. Nach und nach vergrößerte er sich, und als der Betrieb zu klein wurde, errichtete man 1980 einen Aussiedlerhof. Dieser entstand auf einer Außenstelle des ehemaligen Kloster Deutz – und erhielt daher seinen Namen Deutzerhof. Die Weinberge von Wolfgang Hehle verteilen sich auf verschiedene Lagen entlang der ganzen Ahr: Altenahrer Eck, Laacherberg, Mayschosser Mönchberg und Burgberg, Altenahrer Daubhaus, Neuenahrer Kirchtürmchen und Heimersheimer Landskrone bis Lohrsdorf. Spätburgunder nimmt drei Viertel der Rebfläche ein, hinzu kommen Riesling, Dornfelder und Frühburgunder, sowie ein klein wenig Chardonnay und Portugieser. Von Letzterem besitzt er 1927 gepflanzte Reben, die ältesten Rieslinge sind über 50 Jahre alt.

Vorjahre

2008 führten die beiden Großen Gewächse aus Mönchberg und Eck eine starke, konsistente Kollektion an, in der auch die edelsüßen Rieslinge überzeugten. Konsistent präsentierte sich auch 2009: Grand Duc und das Große Gewächs aus dem Mönchberg gefielen uns am besten, viele weitere sehr gute Weine komplettierten das Sortiment.

Neue Kollektion

Auch 2010 überzeugt: Zwar gibt es keine Großen Gewächse, dies aber scheint den anderen Spätburgundern zu Gute gekommen zu sein. Grand Duc zeigt gute Konzentration und reife Frucht, besitzt Fülle und Kraft, gute Struktur und Substanz. Auch Caspar C. ist kraftvoll, klar und zupackend, ebenso der reintönige Balthasar C.; der Dornfelder präsentiert sich im gewohnt kraftvollen, tanninbetonten Stil. 2011 bringt unter anderem einen wunderschön reintönigen Frühburgunder und einen immer zuverlässigen Rosé Toujours.

Weinbewertung

85 2011 Riesling „feinherb" **11,5 %/9,- €**
87 2011 Riesling Auslese Altenahrer Eck **7,5 %/33,- €**
85 2011 Spätburgunder Rosé trocken „Toujours" **13 %/9,- €**
84 2011 Spätburgunder trocken „Cossmann-Hehle" **13 %/11,- €**
87 2010 Spätburgunder trocken „Balthasar C." **13,5 %/15,- €**
88 2010 Spätburgunder trocken „Caspar C." **13,5 %/22,- €**
87 2011 Frühburgunder trocken „Alpha & Omega" **13,5 %/25,- €**
87 2010 Dornfelder trocken Barrique **13,5%/16,50€**
89 2010 Spätburgunder trocken „Grand Duc" **13,5 %/32,- €**

★★☆

Didinger

Weingut

Mittelrhein

Rheinuferstraße 13, 56340 Osterspai
Tel. *02627-512,* ***Fax:*** *02627-971272*
www.weingut-didinger.de
weingutdidinger@web.de
Besuchszeiten: *Gutsausschank täglich außer Mi. ab 15 Uhr*

Inhaber .... Jens Didinger
Rebfläche .... 4,8 Hektar

Das Weingut Didinger ist heute das einzige Osterspaier Weingut (auf der rechten Seite des Rheins), das seine Weinberge noch auf der anderen Rheinseite im Bopparder Hamm hat. Neben dem dominierenden Riesling, der 80 Prozent seiner Weinberge einnimmt, baut Jens Didinger auch etwas Dornfelder, Spätburgunder, Müller-Thurgau und Kerner an.

Inzwischen wurde die Rebfläche bis auf sechs Hektar erweitert. Die Rieslinge sind stets rassig, klar und geradlinig, schon jung zugänglich.

Vorjahre

Die 2009er präsentierten sich sehr gleichmäßig, blieben aber ein wenig hinter den Vorjahren zurück, wie bei den meisten Betrieben vom Mittelrhein. Angeführt wurde die Kollektion einmal mehr von einer prächtigen Beerenauslese. Die 2010er Weine waren nochmals verhaltener, zeigten nicht die Klarheit und Brillanz früherer Kollektionen.

Neue Kollektion

Der Jahrgang 2011 ist eine Steigerung zu 2010. Alle Weine sind rassig und geradlinig, jugendlich und balanciert – auch wenn man sich da und dort etwas mehr Individualität, deutlichere Unterschiede zwischen den Lagen wünschen würde. Die beiden duftigen, feingliedrigen und animierenden Süßweine, in erster Linie die sehr süße, aber dennoch ausgewogene Beerenauslese, führen das Sortiment an.

Weinbewertung

83 2011 Riesling Kabinett trocken Bopparder Hamm Fässerlay **12 %/5,50 €**

84 2011 Riesling Kabinett trocken Bopparder Hamm Feuerlay **12,5 %/6,- €**

84? 2011 Riesling Spätlese trocken Bopparder Hamm Mandelstein **13 %/8,- €**

85 2011 Riesling Spätlese trocken Bopparder Hamm Feuerlay **13 %/8,- €**

81 2011 Rivaner Bopparder Hamm Gedeonseck **12,5 %/4,30 €**

81 2011 Müller-Thurgau halbtrocken Osterspaier Liebeneck-Sonnenlay **12 %/4,30 €**

83 2011 Riesling Kabinett halbtrocken Bopparder Hamm Feuerlay **12 %/6,- €**

85 2011 Riesling Spätlese halbtrocken Bopparder Hamm Mandelstein **13 %/8,- €**

86 2011 Riesling Spätlese halbtrocken Bopparder Hamm Feuerlay **13 %/8,- €**

85 2011 Riesling Spätlese Bopparder Hamm Feuerlay **9,5 %/8,50 €**

88 2011 Riesling Auslese Bopparder Hamm **8 %/12,50 €/0,5l**

90 2011 Riesling Beerenauslese Bopparder Hamm **7 %/19,- €/0,375l**

★★☆

Diefenhardt'sches

Weingut

Rheingau

Hauptstraße 9-11, 65344 Martinsthal
Tel. *06123-71490,* ***Fax:*** *06123-74841*
www.diefenhardt.de
weingut@diefenhardt.de
Besuchszeiten: *Mo.-Sa. 9-12 + 14-20 Uhr*
Gutsausschank (So. und Mo. Ruhetage)

Inhaber .... Peter Seyffardt
Rebfläche .... 18 Hektar

1917 erwarb Jakob Diefenhardt den Besitz, dem er seinen Namen gab, von Baron von Reichenau. Seither wird das Weingut in Familienbesitz bewirtschaftet, seit rund einem Jahrzehnt ist Peter Seyffardt Inhaber und Betriebsleiter. Seyffardt arbeitete zuvor unter anderem als Kellermeister in Südafrika, engagierte sich auch in der Weinbau- und Lokalpolitik, seit Anfang 2009 sitzt er im Hessischen Landtag. Seine Weinberge befinden sich in den Martinsthaler Lagen Langenberg, Wildsau und Rödchen sowie in den Rauenthaler Lagen Rothenberg und Langenstück. Neben dem dominierenden Riesling nimmt der Spätburgunder etwa 15 Prozent der Rebfläche ein, 80 Prozent der Weinberge liegen in Hang- und Steillagen. Im angeschlossenen Gutsausschank finden Chanson- und Mundartabende mit Ulrike Neradt statt, der Tochter des Hauses. Die Weine werden im Holzfass ausgebaut und weisen einen ruhigen, würzigen Stil auf, der sich nicht nur bei den fast in jedem Jahr erzeugten cremigen Süßweinen zeigt, sondern auch bei den nie allzu konzentrierten trockenen Rieslingen, die traditionell in mehrfacher Ausfertigung zu haben sind: An der Spitze steht oft nicht etwa das Erste Gewächs, sondern die trockene Auslese. Viel Arbeit investiert Seyffardt auch in die Rotweinbereitung, die Weine sind kompakt, saftig, eher zupackend als elegant.

Vorjahre

Die Weine des Jahrgangs 2009er zeigten sich sehr zugänglich und klar, mit feinen, sehr süffigen Süßweinen an der Spitze. 2010 fiel überzeugend aus, an der Spitze stand ein saftiger Riesling vom Rothenberg mit Substanz und Würze.

Neue Kollektion

Wiederum fällt auf, wie konstant das Programm ist: vom trockenen Kabinett über den kraftvollen trockenen Rothenberg-Riesling bis zur straffen, aber nicht übertrieben alkoholreichen trockenen Auslese aus dem Langenberg. Das Erste Gewächs aus 2010 ist verhaltener, während sich die 2009er Spätlese als eleganter, in sich ruhender Wein zeigt, mit ersten leichten Reifenoten im Nachhall, aber noch viel Substanz. Der saftige Pinot Noir macht das Beste aus dem Jahrgang 2010.

Weinbewertung

84 2011 Riesling Kabinett trocken Martinsthaler Wildsau **12,5 %/6,80 €**

86 2011 Riesling Spätlese trocken „JD" Martinsthaler Langenberg **13 %/9,80 €**

87 2011 Riesling trocken Rauenthaler Rothenberg **13,5 %/11,80 €**

86 2010 Riesling trocken Erstes Gewächs Martinsthal Langenberg **12,5 %/16,90 €**

88 2011 Riesling Auslese trocken Martinsthaler Langenberg **13,5 %/22,50 €**

82 2011 Riesling Kabinett „feinherb" Martinsthaler Wildsau **12,5 %/6,80 €**

87 2009 Riesling Spätlese Martinsthaler Langenberg **9,5 %/9,80 €**

81 2011 Spätburgunder Rosé „feinherb" Martinsthaler Wildsau **12,4 %/6,20 €**

85 2010 Pinot Noir trocken Martinsthaler Wildsau **13,5 %/11,80 €**

★

Diel

Weingut

Rheinhessen

Hauptstraße 10, 55234 Biebelnheim
***Tel.** 06733-9600540, **Fax**: 06733-960055*
www.weingut-diel.de
info@weingut-diel.de
***Besuchszeiten**: Fr. 17-19 Uhr, Sa. 10-16 Uhr oder nach Vereinbarung*
Vinothek, Straußwirtschaft

Inhaber .... Udo Diel
Rebfläche .... 4 Hektar

Der Weinbau in der Familie geht bis in das 17. Jahrhundert zurück. Heute wird der Betrieb von Udo Diel, gelernter Techniker für Weinbau und Kellerwirtschaft und Diplom-Betriebswirt, geführt. Unterstützt wird er dabei von Ehefrau Sandra und Mutter Helga. Sein besonderes Interesse gilt den roten Sorten, die inzwischen mehr als die Hälfte seiner Rebfläche einnehmen.

Vorjahre

Der Cabernet Sauvignon, Jahrgang 2007 führte vor zwei Jahren eine gute, homogene Kollektion an. Der 2009er Cabernet Sauvignon überzeugte ebenfalls, allerdings gefiel uns im vergangenen Jahr mit dem Sauvignon Blanc erstmals ein Weißwein noch ein klein wenig besser.

Neue Kollektion

Der weiße Teil der neuen Kollektion will nun nicht so recht überzeugen, die beiden Rotweine aber präsentieren sich auf gewohnt gutem Niveau: Der Cabernet Sauvignon besitzt gute Struktur und feine Tannine, der Frühburgunder ist fruchtbetont und klar.

Weinbewertung

80 2011 Weißburgunder trocken Biebelnheimer Pilgerstein **12,5 %/4,- €**

78 2011 Sauvignon Blanc „feinherb" Biebelnheimer Rosenberg **12,5 %/4,80 €**

78 2011 Spätburgunder Weißherbst „feinherb"

Biebelnheimer Rosenberg **12 %/4,- €**
81 2011 Chardonnay Auslese Biebelnheimer Rosenberg **8,5 %/5,50 €**
83 2011 Blauer Frühburgunder trocken Holzfass Biebelnheimer Rosenberg **13 %/4,80 €**
85 2009 Cabernet Sauvignon trocken Barrique Biebelnheimer Rosenberg **13,5 %/8,20 €**

★★★☆

Diel

Schlossgut

Nahe

Burg Layen, 55452 Rümmelsheim
Tel. *06721-96950,* ***Fax:*** *06721-45047*
www.schlossgut-diel.com
info@schlossgut-diel.com
Besuchszeiten: *Mo.-Do. 8-12 + 13-16 Uhr, Fr. 8-14 Uhr, Wochenende nach Vereinbarung*

Inhaber................Armin Diel, Caroline Diel
Verwalter.................Christoph J. Friedrich
Rebfläche..............................20 Hektar

1802 erwarb Peter Diel das Landgut des Barons von Dalberg mit der Burg Layen. Unter der Führung von Armin Diel und seiner Ehefrau Monika wurde der Betrieb erweitert und auf Riesling und die Burgundersorten umgestellt. Seit 2006 ist Tochter Caroline im Betrieb tätig, Sohn Victor kümmert sich um Verkauf und Export. In den Dorsheimer Spitzenlagen sind Armin und Caroline Diel gut vertreten, besitzen die Hälfte (knapp 2 Hektar) am Burgberg (eisenhaltiger Lehmboden mit hohem Anteil an Taunusquarzit), 5 Hektar im Goldloch (Urgesteinsboden mit dünner Lehmschicht, die Kieselsteine enthält) und 1 Hektar im Pittermännchen (Lehmboden, mit grauem Schiefer, Kieselstein und Quarzit durchsetzt). Seit 2007 erzeugen sie auch ein Großes Gewächs aus dem Burg Layer Schlossberg (tonhaltiger Lehmboden mit stark verwittertem Schiefer durchsetzt), wo ihnen 1,3 Hektar gehören. Wichtigste Rebsorte ist Riesling mit 65 Prozent. Hinzu kommen 20 Prozent Grauburgunder, sowie Weißburgunder und Spätburgunder.

Vorjahre

2009 begeisterten vor allem die edelsüßen Rieslinge, aber auch der Pinot Noir machte viel Freude. Die Großen Gewächse präsentierten sich geschlossen, am besten gefiel uns 2009 der Wein aus dem Goldloch. Es deutet sich eine stilistische Änderung an, sie wirkten etwas weniger monolithisch als in vergangenen Jahren. 2010 lagen die Vorteile eindeutig im restsüßen Segment, das sich sehr stringent präsentierte mit reintönigen Spät- und Auslesen, die vielleicht nicht ganz so lang waren wie in Spitzenjahren, aber Kraft und Substanz besaßen. Der Nahestein-Riesling überzeugte, der Eierfels-Riesling gefiel uns sehr gut, die Großen Gewächse waren recht duftig, im Mund aber doch mehr oder weniger stark von Bitternoten geprägt; die Burgunder waren schwächer als zuletzt. Die beiden Sekte präsentierten sich auf sehr gutem Niveau, allerdings hatten sie von der Flaschenreife seit dem vorletzten Jahr nicht profitiert..

Neue Kollektion

2011 gefallen uns die Rieslinge in der sehr gelungenen Kollektion wesentlich besser als die Burgunder – mit Ausnahme des Pinot Noirs, der erneut seine Position als einer der besten Nahe-Rotweine bestätigt – und unter den Rieslingen wiederum sind die rest- und edelsüßen Weine etwas klarer, präziser und reintöniger als die trockenen Exemplare. Allen voran die herrlich eindringliche und komplexe Versteigerungsauslese aus dem Pittermännchen und die konzentrierte Beerenauslese aus dem Goldloch mit viel feiner Frucht und Würze, aber auch schon der Kabinett-Riesling bereitet viel Freude. Unter den Großen Gewächsen, die alle Luft brauchen und sich über Tage hinweg in der offenen Flasche positiv entwickeln, ragt in diesem Jahr das Pittermännchen mit seiner komplexen Aromatik nach Brotkruste, Kräutern und gelben Früchten deutlich heraus. Im Vergleich mit den drei anderen Weinen ist es zudem das eleganteste und nachhaltigste unter den Diel'schen Großen Gewächsen des Jahrgangs 2011.

Weinbewertung

86 2008 Riesling Sekt brut **12,5 %/22,- €**
87 2006 „Cuvée Mo" Sekt brut nature **13 %/45,- €**
86 2011 „Cuvée Victor" Weißwein trocken **14 %**
85 2011 Pinot Blanc trocken „Reserve" **13,5 %**
86 2011 Pinot Gris trocken „Reserve" **14 %**
83 2011 Riesling trocken „Nahesteiner" **13 %/10,20 €**
85 2011 Riesling trocken Dorsheim **13 %/13,50 €**
86 2011 Riesling trocken „Eierfels" **13,5 %/18,- €**
87 2011 Riesling „GG" Burg Layen Schlossberg **13 %/26,- €**
91 2011 Riesling „GG" Dorsheim Pittermännchen **13 %/30,- €**
88 2011 Riesling „GG" Dorsheim Goldloch **13 %/33,- €**
88 2011 Riesling „GG" Dorsheim Burgberg **13 %/36,- €**
86 2011 Riesling Kabinett Dorsheim Goldloch **8,5 %/15,- €**
87 2011 Riesling Spätlese Dorsheim Pittermännchen **8,5 %/26,50 €**
88 2011 Riesling Auslese Dorsheim Goldloch **8,5 %/36,- €**
91 2011 Riesling Auslese „GK" Dorsheim Pittermännchen **8 %/Verst.**
91 2011 Riesling Beerenauslese Dorsheim Goldloch **9 %**
89 2010 Pinot Noir trocken „Caroline" **13,5 %**

Dietrich ★

Weingut **Pfalz**

Am Osterberg 1, 67229 Großkarlbach
***Tel.** 06238-2000, **Fax**: 06238-1494*
www.weinhof-dietrich.de
info@weinhof-dietrich.de
***Besuchszeiten**: Mo.-Fr. 9-12 + 13-19 Uhr,*
Sa. 9-12 + 13-18 Uhr oder nach Vereinbarung

Inhaber .... Arnd und Gerrit Dietrich
Rebfläche .... 22 Hektar

Der Weinhof Dietrich wird heute von den Brüdern Arnd und Gerrit Dietrich geführt. Gerrit Dietrich hat nach seinem Geisenheim-Studium fast ein Jahr bei De Wetshof Estate in Südafrika gearbeitet. Seit 2006 ist er für den Weinausbau im elterlichen Betrieb verantwortlich, Arnd Dietrich ist nach Beendigung seines Jurastudiums 2008 dazu gestoßen. Sie besitzen 6 Hektar Weinberge „Im Großen Garten", dem Herzstück des Großkarlbacher Burgwegs. Dazu sind sie im Großkarlbacher Osterberg vertreten, wo sich auch das Weingut befindet, und im Weisenheimer Rosenbühl. Die Böden reichen von Muschelkalk, Kalkfels über Löss-Lehm und Kies bis hin zu reinem Sand. Hauptrebsorte im umfangreichen Sortenspiegel ist Riesling, gefolgt von Grauburgunder, Chardonnay, Sauvignon Blanc, Weißburgunder und Müller-Thurgau. Bei den Rotweinen setzen sie verstärkt auf Spätburgunder, Merlot und Cabernet Dorsa, besitzen aber auch Portugieser und Dornfelder. 2011 haben die Brüder ein lange angedachtes Projekt verwirklicht, eine Weinbar aus Beton und Glas in der Tradition des Bauhauses, zurückhaltend und modern, mit schönem Blick auf den Burgweg.

Vorjahre

Vor zwei Jahren gefielen uns zwei Rotweine und der Chardonnay am besten. Im vergangenen Jahr überzeugten uns neben dem Clavis vor allem der Liter-Riesling und der Liter-Rotwein. Der frische, klare und zupackende Riesling und sein saftiger roter Bruder aus Spätburgunder und Portugieser waren Prachtexemplare in ihrer Preisklasse. Im Mittelbau sahen wir noch Luft nach oben.

Neue Kollektion

Die ist weiterhin da. Einige Weine sind schwächer als im vergangenen Jahr. Dafür haben sich Arnd und Gerrit Dietrich viel Arbeit mit zwei Rieslingen aus dem Großen Garten gemacht. Die Richtung stimmt. Der „Nord" ist ein kompromisslos puristischer Riesling, konzentriert und bissig. Der „Süd" hat etwas mehr Spiel und Frucht. Cremig und fruchtig ist der Weiße Burgunder aus dem „Höhlchen". Bei den Rotweinen überzeugt der „Clavis", nach wie vor das Aushängeschild des Weinguts.

Weinbewertung

81 2011 Riesling trocken Großkarlbacher Burgweg **12 %/3,80 €/1l**
83 2011 Sauvignon Blanc trocken Großkarlbacher Osterberg **13 %/4,80 €**
82 2011 Chardonnay trocken Großkarlbacher Burgweg **12,5 %/4,80 €**
79 2011 Grauer Burgunder trocken Weisenheimer Rosenbühel **12 %/4,80 €**
84 2011 Riesling trocken „Nord im Großen Garten" Großkarlbacher Burgweg **12 %/9,80 €**
85 2011 Riesling trocken „Süd im Großen Garten" Großkarlbacher Burgweg **12 %/9,80 €**
85 2011 Weißer Burgunder trocken „Im Höhlchen" Großkarlbacher Burgweg **12 %/9,80 €**
76 2011 Riesling „feinherb" Großkarlbacher Burgweg **11 %/4,80 €**
78 2011 Spätburgunder Rosé trocken Weisenheimer Burgweg **12 %/4,80 €**
87 2009 Cuvée „Clavis" Rotwein trocken Großkarlbacher Osterberg **13,5 %/12,-€**
83 2009 „Fortis" Rotwein trocken Großkarlbacher Osterberg **13,5 %/12,- €**
83 2009 Spätburgunder trocken Großkarlbacher Burgweg **12,5 %/12,- €**

Karlo **Dillmann** ★

Weingut

Rheingau

Langestraße 6, 65366 Geisenheim
Tel. *06722-8162,* ***Fax:*** *06722-980334*
www.weingut-dillmann.de
weingutkarlodillmann@t-online.de
Besuchszeiten: *nach Vereinbarung*

Inhaber .... Karlo und Annette Dillmann
Rebfläche .... 4 Hektar

Karlo und Annette Dillmann haben das Weingut 1980 gegründet, inzwischen entstand eine moderne Kellerei mit blitzenden Stahltanks. Neben 80 Prozent Riesling gibt es eine kleine Menge Spätburgunder sowie Weiß- und Grauburgunder. Die Weinberge liegen vor allem in den Geisenheimer Lagen Kläuserweg, Mäuerchen und Rothenberg sowie im Rüdesheimer Magdalenenkreuz. Etwa 60 Prozent der Weine werden trocken ausgebaut, und selbst die in besonderen Jahrgängen erzeugten Edelsüßen besitzen eine eher schlanke Art.

Vorjahre

Die saftigen 2009er begeisterten durch ihr gutes Preis-Leistungs-Verhältnis. Aus dem Jahrgang 2010 stellten Karlo und Annette Dillmann erneut klare, fruchtige Rieslinge an. Der saftige Spätburgunder aus 2007 besaß eine überdurchschnittliche Balance und war noch nicht am Ende seiner Möglichkeiten angelangt.

Neue Kollektion

Die Rieslinge des Jahrgangs 2011 sind rassig und ausgewogen, allen voran die trockene Spätlese aus dem Kläuserweg. Mit reifer Frucht und guter Balance zwischen Süße und Säure präsentiert sich die 2010er Auslese, während der Spätburgunder aus dem Jahrgang 2009 zwar eine attraktive, an Erdbeere erinnernde Frucht besitzt, aber im Nachhall etwas zu stark vom Alkohol geprägt ist.

Weinbewertung

81 2011 Riesling Kabinett trocken Geisenheimer Mäuerchen **12,5 %/4,80 €**
81 2011 Grauer Burgunder trocken **13 %/5,50 €**
81 2011 Weißer Burgunder Spätlese trocken **13 %/5,50 €**
86 2011 Riesling Spätlese trocken Geisenheimer Kläuserweg **13,5 %/7,- €** ☺
85 2011 Riesling Spätlese „feinherb" Geisenheimer Rothenberg **13 %/7,- €**
86 2010 Riesling Auslese Geisenheimer Rothenberg **9,5 %/10,- €**
80 2011 Spätburgunder Weißherbst Spätlese trocken **12,5 %/5,- €**
81 2011 Spätburgunder Weißherbst Spätlese „feinherb" **12 %/5,- €**
83 2009 Spätburgunder Spätlese trocken Barrique **14 %/12,- €**

★

Dobler

Weingut

Württemberg

Eberhardstraße 18/1, 71384 Weinstadt
Tel. *07151-660437,* ***Fax:*** *07151-660437*
www.weingut-dobler.de
info@weingut-dobler.de
Besuchszeiten: *während der Öffnungszeiten der Weinstube und nach Vereinbarung*
Weinstube (saisonal geöffnet), Gästezimmer, Ferienwohnungen

Inhaber .... Markus Dobler
Rebfläche .... 6 Hektar

Lange Zeit Mitglied bei einer Genossenschaft, begann man erst 1996 mit der Selbstvermarktung. An weißen Sorten baut Markus Dobler Riesling, Kerner, Müller-Thurgau, Chardonnay und Sauvignon Blanc an; das rote Sortiment ist umfangreicher: Trollinger, Dornfelder, Zweigelt, Acolon, Regent, Frühburgunder, Spätburgunder, Merlot und Muskat-Trollinger, dazu die Cabernet-Neuzüchtungen (Dorio, Mitos, Cubin).

Kollektion

Frisch und klar präsentieren sich die 2011er Weißweine, etwas besser aber gefallen uns die Roten: Der Trollinger ist wunderschön reintönig und zupackend, die im Barrique ausgebaute Cuvée, die gute Konzentration und reife Frucht besitzt, feine Schoko- und Vanillenoten und gute Struktur.

Weinbewertung

81 2011 Chardonnay** **13,5 %/6,50 €**
82 2011 Sauvignon Blanc*** **13,5 %/12,50 €**
81 2011 Muskattrollinger „Blanc de Noir"** **12 %/6,50 €**
83 2011 Riesling „Alte Reben" **12,5 %/7,50 €**
85 2010 Trollinger „Alte Reben" **13 %/7,50 €**
86 2009 „Cuvée SC" **14 %/15,90 €**

★★★★★

Hermann Dönnhoff

Weingut

Nahe

Bahnhofstraße 11, 55585 Oberhausen
Tel. *06755-263,* ***Fax:*** *06755-1067*
www.doennhoff.com
weingut@doennhoff.com
Besuchszeiten: *nach Vereinbarung*

Inhaber .... Helmut Dönnhoff
Rebfläche .... 30 Hektar

Helmut Dönnhoff setzte immer schon auf Riesling, schon in den siebziger Jahren, als an der Nahe Riesling nur die Nummer 3 war, hinter Müller-Thurgau und Silvaner. 80 Prozent seiner Rebfläche nimmt Riesling ein, dazu gibt es Weißburgunder und Grauburgunder. Er bewirtschaftet Weinberge in der Niederhäuser Hermannshöhle, in der er heute größter Anteilseigner ist, im Schlossböckelheimer Felsenberg, in den Norheimer Lagen Kirschheck und Dellchen, in Oberhausen in den Lagen Leistenberg und Brücke, die Helmut Dönnhoff in Alleinbesitz gehört, sowie in den Bad Kreuznacher Lagen Kahlenberg und Krötenpfuhl. Seine großen trockenen Weine erzeugt er in Hermannshöhle, Dellchen und Felsenberg. Aus der Hermannshöhle kommen Jahr für Jahr aber auch große süße und edelsüße Rieslinge, wie auch aus der Brücke, wo sich Helmut Dönnhoff ganz auf süße Rieslinge konzentriert.
Helmut Dönnhoff hat die Nahe bekannt gemacht, gezeigt, welches Potenzial die Region besitzt. Denn einmal ehrlich: Wer beschäftigte sich – vor Dönnhoff – ernsthaft mit den Weinen der Nahe? Wer hätte – vor Dönnhoff – geglaubt, dass die Region Weine von Weltformat erzeugen kann? Als wir vor über einem Jahrzehnt die erste Ausgabe dieses Buches veröffentlichten, war Helmut Dönnhoff für uns mit weitem Abstand der führende Winzer an der Nahe, gehörte er für uns zu einer Handvoll deutscher Winzer mit Weltformat. In diesem Jahrzehnt hat sich enorm viel getan in Deutschland, deut-

scher Wein ist in der Spitze dramatisch besser geworden. Aber auch die Weine von Helmut Dönnhoff sind immer noch faszinierender geworden. Dabei ist er seiner Stilistik treu geblieben, denn anders als bei vielen anderen Winzern wirken die süßen Kabinettweine, Spät- und Auslesen von Helmut Dönnhoff niemals zu süß, niemals zu fett, sie sind immer elegant und animierend, sie sind immer eben Kabinettweine, Spätlesen, Auslesen, stehen mustergültig dafür, wie Riesling dieser Prädikatsstufen sein sollte. Helmut Dönnhoff ist seiner Stilistik treu geblieben, hat diese aber immer noch verfeinert. Und doch haben die Weine von Helmut Dönnhoff in diesem Jahrzehnt eine große Entwicklung erfahren. Nicht die süßen und edelsüßen Rieslinge, die waren immer schon Weltklasse, nein, die trockenen Rieslinge. Mit diesen ist er in eine neue Dimension vorgestoßen, hat gezeigt, dass er aus der Hermannshöhle nicht nur eine großartige Spätlese erzeugen kann, sondern auch einen großartigen trockenen Wein.

Vorjahre

Die Großen Gewächse aus Hermannshöhle und Dellchen waren auch 2009 wieder großartig, der Wein aus dem Felsenberg stand ihnen kaum nach, erwies sich als würdiges drittes Großes Gewächs. Brillant waren aber auch die süßen Rieslinge von Helmut Dönnhoff, angefangen vom wunderbar leichten Kabinett aus dem Leistenberg über die gewohnt faszinierende Spätlese aus der Hermannshöhle bis hin zu den zwei reintönigen Auslesen aus Brücke und Hermannshöhle.

Auch 2010 fiel es uns schwer zu entscheiden, was wir mehr bewundern, die trockenen oder die süßen und edelsüßen Weine von Helmut Dönnhoff. Die Kabinettweine boten wieder Trinkfreude pur, die Spätlesen waren noch faszinierender als vor zwei Jahren, die Auslesen und der Eiswein wunderbar reintönig. Ganz großartig waren aber auch die Großen Gewächse, die Weine aus Dellchen und Felsenberg standen 2010 der sonst dominierenden Hermannshöhle nicht nach, alle drei zeigten sich sehr eigenständig, waren komplex und nachhaltig. Genauso wichtig ist uns aber auch das klasse Niveau der Einstiegsweine, alle Rieslinge waren herrlich reintönig, auch die Burgunder waren sehr gut in einer großartigen Kollektion!

Neue Kollektion

Die Burgunder konnten wir 2011 leider nicht verkosten, aber ansonsten können wir uns nur wiederholen – auch der neue Jahrgang ist wieder großartig gelungen. Unter den süßen Weinen sind schon die Kabinette herrlich eindringlich, wobei der Wein vom Leistenberg noch eine Spur feiner und präziser ist als der aus dem Krötenpfuhl. Die vier Spätlesen sind Lehrstücke in Sachen Eleganz, allen voran der faszinierend nachhaltige und reintönige Riesling aus der Hermannshöhle, die beiden Auslesen sind glasklar in der Frucht und auch hier besitzt die Hermannshöhle eine wunderbare Frische und Komplexität und eine enorme Länge. Bei den trockenen Rieslingen zeigen schon der „Tonschiefer" und die beiden Lagenweine aus Kahlenberg und Höllenpfad Reintönigkeit und feine Würze. Die drei Großen Gewächse sind allesamt herrlich nachhaltig, besitzen viel eindringliche Mineralität und sind bei aller Kraft doch wunderbar elegant. Auch nach Tagen in der offenen Flasche bleiben die Weine noch frisch und präsent und verlieren nichts von ihrem Druck. Die Hermannshöhle hat in diesem Jahr wieder ganz knapp die Nase vorne, aber auch Dellchen und Felsenberg gehören zu den großen Weinen des Jahrgangs 2011. ▬

Weinbewertung

87 2011 Riesling trocken „Tonschiefer" **12,5%/12,50€**
88 2011 Riesling trocken Kreuznacher Kahlenberg **13 %/17,50 €**
89 2011 Riesling trocken Roxheimer Höllenpfad **13 %/18,50 €**
93 2011 Riesling „GG" Felsenberg **13,5 %**
94 2011 Riesling „GG" Dellchen **13,5 %**
95 2011 Riesling „GG" Hermannshöhle **13,5 %**
87 2011 Riesling Kabinett Kreuznacher Krötenpfuhl **10 %/11,- €**
88 2011 Riesling Kabinett Oberhäuser Leistenberg **10 %/12,50 €**

90 2011 Riesling Spätlese Norheimer Kirschheck **8,5 %**
90 2011 Riesling Spätlese Schlossböckelheimer Felsenberg **8,5 %/21,- €**
91 2011 Riesling Spätlese Oberhäuser Brücke **8,5 %/24,- €**
93 2011 Riesling Spätlese Niederhäuser Hermannshöhle **9 %/27,50 €**
92 2011 Riesling Auslese Oberhäuser Brücke **8,5 %/19,50 €/0,375l**
94 2011 Riesling Auslese Niederhäuser Hermannshöhle **8,5 %/21,50 €/0,375l**

★★★☆

Hermann **Dörflinger**

Weingut

Baden

Mühlenstraße 7, 79379 Müllheim
***Tel.** 07631-2207, **Fax:** 07631-4195*
www.weingut-doerflinger.de
mail@weingut-doerflinger.de
***Besuchszeiten:** Mo.-Fr. 8-12 + 13:30-18:30 Uhr, Sa. 9-16 Uhr*
Weinproben in Probierstube oder Holzfasskeller

Inhaber.................... Hermann Dörflinger
Rebfläche.............................. 20 Hektar

Hermann Dörflinger gehörte zu den ersten Winzern in Baden, die durchgegorene Weine erzeugten (der Restzucker wird auf dem Etikett vermerkt). Seine Weinberge liegen in den Müllheimer Lagen Sonnhalde, Reggenhag und Pfaffenstück, sowie im Badenweiler Römerberg. Neben Gutedel baut er vor allem die Burgundersorten an: Weißburgunder, Grauburgunder und Spätburgunder. Dazu gibt es ein wenig Silvaner, Müller-Thurgau, Riesling, Nobling und Chardonnay.

Vorjahre

Natürlich kennen wir schon lange die Weine von Hermann Dörflinger, wer kennt sie nicht. Natürlich empfehlen wir sie auch schon seit unserer ersten Ausgabe. Die kompromisslos trockenen Weine von Hermann Dörflinger gehören Jahr für Jahr zu den besten in Baden. Bei ihm bereitet immer schon der einfachste Gutedel viel Freude, ist glasklar und präzise wie alle anderen Weine im Sortiment auch. Eine ganz starke Kollektion präsentierte Hermann Dörflinger vor zwei Jahren mit wunderschön reintönigen Kabinettweinen, kraftvollen weißen Spätlesen und kompromisslos vinifizierten Rotweinen. Diese Stilistik fand sich auch in den reintönigen 2009er Rotweinen – und dass Hermann Dörflinger sein Metier beherrscht, zeigte sich an den Weißweinen des Jahrgangs 2010, die alle wunderschön frisch, klar und geradlinig waren.

Weißweine 2011

Auch 2011 besticht wieder das hohe Niveau der Einstigesweine: Egal ob Gutedel oder Silvaner, Weißburgunder oder Grauburgunder, alle Weine sind reintönig und präzise, geradlinig und frisch. Die Spätlesen bringen eine weitere Steigerung: Der Weißburgunder aus dem Römerberg ist kraftvoll, zupackend und strukturiert, der Grauburgunder aus der Sonnhalde rauchig und füllig, besitzt viel Konzentration und klare reife Frucht. Unser Favorit aber ist der Chardonnay aus dem Reggenhag, der rauchig und konzentriert ist, herrlich eindringlich und reintönig, gute Struktur und Substanz besitzt und viel Nachhall.

Rotweine

Auch der rote Teil der Kollektion bestätigt den starken Eindruck der letzten Jahre. Der Spätburgunder aus dem Reggenhag ist fruchtbetont, wunderschön reintönig und zupackend, der Merlot aus dem Römerberg ist konzentriert und herrlich reintönig, klar, frisch und zupackend bei reifer Frucht und guter Struktur. Unser Favorit im roten Teil der Kollektion ist aber der Spätburgunder aus dem Römerberg, der konzentriert und rauchig ist, wunderschön reintönig, viel Kraft und Frucht besitzt, gute Struktur und Substanz.

Weinbewertung

85 2011 Gutedel trocken Badenweiler Römerberg **11,5 %/5,50 €** ☺

84 2011 Gutedel trocken Müllheimer Pfaffenstück **11.5 %/5,80 €**

85 2011 Silvaner Kabinett trocken Mülheimer Pfaffenstück **12,5 %/6,50 €**

85 2011 Weißburgunder Kabinett trocken Mülheimer Reggenhag **13 %/7,- €**

88 2011 Weißburgunder Spätlese trocken Badenweiler Römerberg **13,5 %/10,- €**

85 2011 Grauburgunder Kabinett trocken Mülheimer Sonnhalde **13 %/7,- €**

86 2011 Chardonnay Kabinett trocken Mülheimer Reggenhag **13,5 %/8,80 €**

88 2011 Grauburgunder Spätlese trocken Barrique Mülheimer Sonnhalde **13,5 %/16,- €**

90 2011 Chardonnay Spätlese trocken Barrique Mülheimer Reggenhag **13,5 %/16,- €**

87 2010 Spätburgunder Spätlese trocken Mülheimer Reggenhag **13 %/12,- €**

89 2011 Spätburgunder Spätlese trocken Barrique Badenweiler Römerberg **13 %/16,- €**

88 2011 Merlot Spätlese trocken Barrique Badenweiler Römerberg **13 %/16,- €**

★

Dötsch-Haupt

Weingut

Mosel

Lennigstraße 38, 56330 Kobern-Gondorf
***Tel.** 02607-8497, **Fax:** 02607-973421*
www.weingut-doetsch.de
info@weingut-doetsch.de
***Besuchszeiten:** täglich, möglichst nach Vereinbarung*

Inhaber .... Martin Dötsch
Rebfläche .... 12 Hektar

1983 hat Franz Dötsch, der Vater des heutigen Besitzers, das elterliche Weingut übernommen und 1986 mit dem Weingut seines Schwagers, dem Weingut Heinrich Haupt, zusammengeführt. Seit 2003 führen Martin und Gaby Dötsch den Betrieb. Ihre Reben wachsen in den Koberner lagen Uhlen, Schlossberg, Weißenberg und Fahrberg, überwiegend (zu 92 Prozent) auf Terrassen. Neben Riesling bauen sie 20 Prozent Spätburgunder an. Die Weine werden im Edelstahl ausgebaut. Das Angebot umfasst vor allem trockene und halbtrockene Weine, die teilweise mehrere Jahre auf der Feinhefe reifen.

Vorjahre

Vorgestellt werden immer Weine verschiedener Jahrgänge, oft werden diese erst spät gefüllt. Konsequenterweise wurde vor zwei Jahren kein einziger 2009er eingereicht, die reiferen Weine präsentierten sich aber ausnahmslos interessant und zum Großteil sogar spannend. Im vergangenen Jahr wurden Rieslinge der Jahrgänge 2007 bis 2009 vorgestellt, wobei insbesondere die 2008er deutliche Petrolnoten aufwiesen.

Neue Kollektion

In diesem Jahr nun wurden überwiegend 2009er vorgestellt, alle im Februar 2012 abgefüllt; 2010 wurde komplett als Fassware verkauft. Die kraftvolle, präzise trockene Spätlese aus dem Weißenberg überzeugt am meisten, aber auch die süße Variante und der sehr eigenständige Rosé gefallen.

Weinbewertung

82 2009 Riesling Kabinett trocken Koberner Schlossberg **12,5 %/4,80 €**

84 2009 Riesling Spätlese trocken Koberner Weißenberg **12,5 %/7,50 €**

83 2009 Riesling Spätlese Koberner Weißenberg **11 %/6,50 €**

81 2009 Riesling Spätlese halbtrocken Koberner Uhlen **12 %/9,50 €**

83 2009 Spätburgunder Rosé halbtrocken Koberner Schlossberg **12,5 %/5,50 €**

80 2007 Spätburgunder trocken Koberner Schlossberg **12,5 %/8,- €**

★★
Hedwig & Helmut Dolde
Weingut
Württemberg

Beurener Straße 16, 72636 Frickenhausen
Tel. 07025-4982, Fax: 07025-840620
www.doldewein.de
doldewein@gmx.de
Besuchszeiten: Do. 16-19 Uhr, Sa. 10-13 Uhr oder nach Vereinbarung

Inhaber............Hedwig und Helmut Dolde
Rebfläche..............................2 Hektar

Hedwig und Helmut Dolde führen ein kleines Weingut am Rande der Schwäbischen Alb und bewirtschaften Deutschlands höchstgelegene Weinberge. Alle Weine werden trocken ausgebaut.

Vorjahre

Vor zwei Jahren gefiel uns die Kollektion gut, die Weine waren klar, kraftvoll und zupackend. Diese Stilistik zeigte durchgängig auch der Jahrgang 2010, wobei der Silvaner von über 50 Jahre alten Reben unser Favorit im weißen Segment war. Noch spannender aber fanden wir die beiden Spätburgunder aus dem Jahrgang 2009: Herrlich fruchtbetont der Linsenhöfer, kraftvoll und strukturiert der barriqueausgebaute Wein.

Neue Kollektion

Sehr gleichmäßig auf gutem und sehr gutem Niveau präsentiert sich nun der Jahrgang 2011, egal ob Silvaner oder Riesling, Weißburgunder, Müller-Thurgau oder Kerner (Creation K.); die 2010er Rotweine sind frisch, klar und zupackend.

Weinbewertung

83 2011 Silvaner trocken Linsenhöfer „Vulkan" **12,5 %/7,50 €**
84 2011 Silvaner trocken „Alte Reben" **12,5 %/7,50 €**
84 2011 Silvaner trocken „Weißer Jura" **12 %/8,- €**
85 2011 Silvaner trocken „Brauner Jura" **13 %/9,- €**
82 2011 Müller-Thurgau trocken „Weißer Jura" **12 %/6,80 €**
84 2011 Riesling trocken „Weißer Jura" **12 %/7,50 €**
84 2011 „Creation K." Weißwein trocken **13,5 %/7,- €**
85 2011 Weißburgunder trocken „Brauner Jura" **14 %/9,- €**
84 2010 „Roter Jura" Rotwein trocken **13,5 %/8,- €**
84 2010 Spätburgunder trocken Linsenhöfer **12,5 %/7,50 €**

★
Domhof
Weingut
Rheinhessen

Bleichstraße 12-14, 67583 Guntersblum
Tel. 06249-8057671, Fax: 06249-80039
www.weingut-domhof.de
baumann@weingut-domhof.de
Besuchszeiten: Di.-Fr. 16-19 Uhr, Sa. 10-12 Uhr oder nach Vereinbarung

Inhaber....................Alexander Baumann
Rebfläche............................9,4 Hektar

Das einst dem Domstift Worms gehörende Gut ging 1874 in Familienbesitz über. Alexander Baumann übernahm den elterlichen Betrieb 2004, führt ihn zusammen mit Ehefrau Chris. Seine Weinberge liegen in Guntersblum, Alsheim und Nierstein. Neben Riesling, der 35 Prozent der Rebfläche einnimmt, baut er Silvaner, Grauburgunder, Sauvignon Blanc und Kerner, sowie die roten Sorten Schwarzriesling, Spätburgunder, Portugieser, Regent und Dornfelder an.

Kollektion

Vor allem die Rieslinge überzeugen beim Debüt des Domhofs: Uns gefällt sehr, wie Alexander Baumann die Lagenunterschiede herausgearbeitet hat zwischen den Weinen aus Paterberg, Auflangen und Himmelthal, und das obwohl alle recht hoch im Restzucker liegen.

Weinbewertung

81 2011 Riesling trocken **12 %/4,90 €**
81 2011 „Blanc de Noir" trocken Guntersblumer **13 %/6,80 €**

80 2011 Silvaner trocken „vom Löss" **12 %/7,80 €**
85 2011 Riesling trocken „vom Kalk" Niersteiner Paterberg **12,5 %/9,80 €**
85 2011 Riesling trocken „vom Löss" Guntersblumer Himmelthal **12,5 %/9,80 €**
85 2011 Riesling „vom Roten Hang" Niersteiner Auflangen **13 %/9,80 €**

★★☆

Doreas

Weingut

Württemberg

Ernst-Heinkel-Straße 85,
73630 Remshalden-Grunbach
***Tel.** 07151-75569, **Fax:** 07151-2061200*
www.doreas.de
info@doreas.de
***Besuchszeiten:** Do./Fr. 16-18:30 Uhr, Sa. 9:30-14 Uhr und nach Vereinbarung*

Inhaber .... Dorothee Wagner-Ellwanger
.... Andreas Ellwanger
Rebfläche (Eigenausbau) .... 4,5 Hektar
Gesamtfläche .... 6,5 Hektar

Dorothee Wagner-Ellwanger und Andreas Ellwanger, im elterlichen Betrieb in Winterbach für den Weinausbau verantwortlich, haben unter dem Namen Doreas 2007 mit der Selbstvermarktung begonnen. Alle Weine stammen aus Grunbach aus den Lagen Klingle und Berghalde, von bis zu 40 Jahre alten Reben. Riesling, Trollinger und Merlot sind die wichtigsten Rebsorten, dazu gibt es Zweigelt, Lemberger, Cabernet Cubin und Cabernet Dorsa. Die Rotweine werden in 1.000-Liter-Zubern maischevergoren, der Riesling wird, teils mit Maischestandzeiten, teils auch mit Spontangärung im Edelstahl ausgebaut. Die Weine sind den Linien Ballade (Alltagsweine) und Symphonie (Spitzenweine), sowie Oper (edelsüße Weine) zugeordnet. Vor zwei Jahren wurde mit der Umstellung auf ökologischen Weinbau begonnen, Dorothee Wagner-Ellwanger und Andreas Ellwanger sind Mitglied bei Ecovin.

Vorjahre

Vor zwei Jahren überzeugte die Kollektion gleichermaßen weiß wie rot. Vier Barriqueweine aus dem Jahrgang 2008 konnten wir im vergangenen Jahr verkosten, der strukturierte, kraftvolle Lemberger und der füllige Syrah mit seinen Schokonoten gefielen uns am besten. Im weißen Segment brillierte die Beerenauslese, der frische Schillerwein-Sekt machte Spaß wie gehabt.

Neue Kollektion

Der Aufwärtstrend hält an: Die Weißweine sind frisch und klar, ein konzentrierter Eiswein krönt den weißen Teil der Kollektion. Das rote Segment hat drei kraftvolle Barrique-Rotweine aus dem Jahrgang 2009 vorzuweisen, alle mit guter Struktur und Substanz und dezenten Schokonoten, der Zweigelt ist sehr tanninbetont, der Syrah fast schon zu „schokoladig", so dass der reintönige Merlot unser Favorit ist.

Weinbewertung

84 2011 Riesling trocken „Symphonie" Grunbacher Klingle **13 %/8,- €**
84 2011 Cabernet Blanc trocken „Symphonie N" **12,5 %/8,50 €**
89 2011 Riesling Eiswein „Oper" Grunbacher Klingle **9 %/22,- €/0,375l**
82 2011 Schillerwein trocken „Symphonie" **13 %/9,- €**
85 2011 Trollinger trocken „Symphonie" Korber Sommerhalde **13 %/8,- €**
84 „Ballade in Rot" Rotwein trocken Grunbacher Berghalde **13 %/7,20 €**
88 2009 Merlot trocken „Symphonie N" Grunbacher Berghalde **14 %/20,- €**
87 2009 Syrah trocken „Symphonie" Grunbacher Berghalde **13,5 %/19,- €**
87 2009 Zweigelt trocken „Symphonie" Grunbacher Berghalde **14 %/20,- €**

Matthias **Dostert** ★

Weingut — **Mosel**

Weinstraße 5, 54453 Nittel
Tel. *06584-91450,* ***Fax:*** *06584-914526*
www.weingutdostert.de
info@weingutdostert.de
Besuchszeiten: *9-12 + 13-18 Uhr, So. 9-12 Uhr*
Landrestaurant „Culinarium Nittel (Tel. 06584/91450)
Gästezimmer

Inhaber .... Anita und Matthias Dostert
Rebfläche .... 18 Hektar

Das Weingut Dostert ist ein klassischer Familienbetrieb. 80 Prozent der Weinberge von Matthias Dostert sind mit Elbling bepflanzt. Spezialität dieses Weingutes an der Obermosel – gegenüber dem Großherzogtum Luxemburg – sind die Sekte aus weißem und rotem Elbling. Die Tochter von Anita und Matthias Dostert, Carina Curmann, war 2000/2001 Deutsche Weinkönigin und hat sich mit ihrem Mann und dem gemeinsamen Projekt namens „Culinarium" ein zweites Standbein geschaffen. Der als Gemeinschaftsprojekt von fünf Jungwinzern der südlichen Weinmosel gefüllte „Sunshine" ist nicht zuletzt ihre Idee. Zusammen mit ihrem Mann zeichnet sie für ein Landrestaurant mit Kochschule verantwortlich.

Entwicklung

Das Weingut Dostert ist unser Klassiker von der Obermosel, als einziger Betrieb von dort empfehlen wir das Gut seit unserer ersten Ausgabe Jahr für Jahr. Matthias Dostert liefert sehr gleichmäßige Kollektionen, er hat uns nie enttäuscht, seine Sekte sind regelmäßig die besten Elbling-Sekte im Land.

Vorjahre

Vor zwei Jahren überzeugte ein Roter Elbling Sekt mit Schmelz und ganz leichter Süße am meisten. Nicht zu unterschätzen: Die saftigen 2009er Elblinge mit reifer, knackiger Säure. Eine vergleichbare Kollektion schloss sich 2010 an, wieder war der trockene Sekt vom Roten Elbling unser Favorit, aber auch sonst gefielen die Elblinge, ebenso der kraftvolle Grauburgunder aus dem Rochusfels.

Neue Kollektion

Auch in diesem Jahr gefallen uns wieder die Sekte besonders gut, unsere leichte Präferenz gilt allerdings diesmal den Versionen extrabrut und brut; unter den Weißweinen ist der harmonische Weißburgunder unser Favorit.

Weinbewertung

85 Elbling Sekt extra brut **12,5 %/8,- €**
85 Elbling Sekt brut **12,5 %/8,- €**
84 Roter Elbling Sekt trocken **12,5 %/8,70 €**
81 2011 Elbling trocken Nitteler Leiterchen **12 %/4,30 €**
84 2011 Weißburgunder trocken **12 %/5,50 €**
82 2011 Grauburgunder Spätlese trocken Nitteler Rochusfels **13,5 %/7,50 €**
80 2011 Spätburgunder „Blanc de Noir" trocken **12 %/6,20 €**
82 2011 Elbling Classic **12 %/5,- €**
80 2011 Rivaner Classic **12 %/4,40 €**

Drautz-Able ★★★

Weingut — **Württemberg**

Faißtstraße 23, 74076 Heilbronn
Tel. *07131-177908,* ***Fax:*** *07131-941239*
www.drautz-able.de
info@drautz-able.de
Besuchszeiten: *Mo.-Fr. 8-12 + 13:30-18 Uhr, Sa. 9-16 Uhr*
Beteiligung an der Wein Villa Heilbronn

Inhaber ..... Monika Drautz und Markus Drautz
Rebfläche .... 16 Hektar

Die Weinberge des Weingutes Drautz-Able liegen in Heilbronn (Wartberg, Stiftsberg), Neckarsulm (Scheuerberg), Erlenbach, Brackenheim, Stetten und Lauffen (Katzenbeißer). Die roten Sorten dominieren, nehmen 65 Prozent der Rebfläche ein. Die Lembergerfläche wurde in den vergangenen Jahren ausgeweitet, zu Lasten des Trollingers. Dazu gibt es Spätburgunder, Samtrot und Schwarzriesling, aber auch Merlot, Dornfelder, Regent und Cabernet Sauvignon. Bei den weißen Sorten dominiert Riesling. Hinzu kommen vor allem die Burgundersorten und Sauvignon Blanc, den es bereits seit 1989 gibt und der inzwischen zweitwichtigste weiße Sorte im Betrieb ist, sowie Gewürztraminer, Müller-Thurgau und Kerner. Das Weinprogramm ist seit 1998 in drei Linien unterteilt. Zunächst die Basisweine, dann die „drei Tauben-Weine" (benannt nach den Tauben im Familienwappen der Weingärtnerfamilie Drautz) und schließlich die „fünf Tauben-Weine" bzw. die im Barrique ausgebauten Hades-Weine. Bereits seit 1986 werden bei Drautz-Able Barriqueweine erzeugt, 1990 war das Weingut Gründungsmitglied des Deutschen Barrique Forums. Neue Barriques werden für die Hades-Weine genutzt, die gebrauchten Barriques für die „drei Tauben-Weine". Prädikatsbezeichnungen werden nur für süße Weine verwendet. Aushängeschild des Weinguts ist der „Jodokus", benannt nach Jodokus Drautz, der 1496 das Recht erhielt mit seinem eigenen Wappen zu siegeln. Seit 2007 führt Markus Drautz zusammen mit seiner Mutter Monika das Gut. Im gleichen Jahr wurde in Zusammenarbeit mit der Forschungsanstalt Geisenheim ein Trollinger-Versuchsweinberg mit schwachwüchsigen Unterlagsreben angelegt.

Vorjahre

Vor zwei Jahren gefiel uns die Kollektion sehr gut, wobei wir ganz leichte Vorteile im roten Segment sahen, angeführt von Jodokus und Merlot. Der Jodokus war auch in der letztjährigen Kollektion unser roter Favorit, hatte allerdings starke Konkurrenz durch den Spätburgunder aus dem Scheuerberg und dem Lemberger R. Der Hades-Sauvignon Blanc wurde in unserem Sauvignon Blanc-Finale heftig diskutiert, wer Holz bei dieser Rebsorte nicht mag wird ihn ablehnen, spannend aber fanden wir ihn allemal.

Neue Kollektion

Das weiße Segment wartet mit einem feinen, reintönigen Gewürztraminer auf, noch besser gefällt uns das Große Gewächs aus dem Scheuerberg, ist im Jahrgang 2010 würzig und eindringlich, besitzt gute Struktur und Substanz, ist jugendlich wie auch der noch sehr unruhige, kraftvolle 2011er. Rot überzeugt in der Spitze: Der Jodocus zeigt eindringlich Gewürze im Bouquet, ist füllig und kraftvoll im Mund, tanninbetont bei guter Substanz. Der duftige Hades-Lemberger ist füllig, kraftvoll und konzentriert, gefällt uns besser wie der noch allzu tanninbetonte Lemberger Steinkreuz, der Spätburgunder ist duftig im Bouquet, füllig und harmonisch im Mund.

Weinbewertung

82 2011 Weißburgunder trocken **13 %/5,95 €**
86 2011 Gewürztraminer trocken „Drei Tauben" **14 %/11,90 €**
88 2010 Riesling „GG" Heilbronner Stiftsberg **12,5 %/21,42 €**
87+ 2011 Riesling „GG" „Hunsperg" Stiftsberg
85 2011 Sauvignon Blanc Auslese **10 %/11,90 €/0,375l**
81 2011 Lemberger trocken **13,5 %/6,19 €**
82 2010 Trollinger trocken „Drei Tauben" **13,5 %/8,93 €**
82 2010 Lemberger trocken „Drei Tauben" **13 %/11,90 €**
87+ 2010 Lemberger „GG" „Steinkreuz" Scheuerberg **13,5 %/35,70 €**
88 2010 Spätburgunder „GG" Neckarsulmer Scheuerberg **13 %/26,18 €**
89 2009 Lemberger „R" trocken „Hades" **13,5 %/23,80 €**
89 2009 „Jodokus" Rotwein trocken „Hades" **14 %/29,75 €**

★☆

Drautz-Hengerer
Weingut
Württemberg

Schirmannstraße 13, 74074 Heilbronn
***Tel.** 07131-172479, **Fax:** 07131-167074*
www.drautz-hengerer.de
info@drautz-hengerer.de
***Besuchszeiten:** Mo.-Fr. 17:30-19 Uhr, Sa. 9-15 Uhr und nach Vereinbarung*
Besenwirtschaft

Inhaber .... Christina Hengerer-Müller
Rebfläche .... 10 Hektar

Das Familienweingut Drautz-Hengerer wird heute von Christina Hengerer-Müller und Jürgen Müller geführt. Sie ist zuständig für Keller und Besenwirtschaft, er für Außenbetrieb und Verkauf. Ihre Weinberge liegen in der Gemarkung Heilbronn in den Lagen Stiftsberg, Stahlbühl und Wartberg, in Flein in den Lagen Altenberg und Sonnenberg, in Abstatt im Burgberg und in Binswangen im Kayberg. Wichtigste Rebsorten sind Trollinger und Riesling, dazu gibt es Schwarzriesling, Lemberger, Spätburgunder, Weißburgunder, Samtrot, Muskateller, Kerner und Müller-Thurgau.

Vorjahre

In den vergangenen Jahren hatten Christina Hengerer-Müller und Jürgen Müller sehr gleichmäßige, gute Kollektionen. Meist gefielen die Rotweine, vor allem die barriqueausgebauten, besser als die Weißweine. Auch vor zwei Jahren gefiel uns ein Barriquerotwein am besten, die Cuvée Vinius aus dem Jahrgang 2008. Fast gleichwertig präsentierte sich im vergangenen Jahr der barriqueausgebaute Acolon, ebenfalls aus dem Jahrgang 2008. Aber auch der Rest der Kollektion überzeugte.

Neue Kollektion

Beide 2008er haben wir dieses Jahr erneut verkostet, vor allem der „Vinius" zeigt gute Struktur und Komplexität. Sehr gut gefällt uns auch der reintönige, zupackende Lemberger, der Rest der Kollektion präsentiert sich geschlossen auf gutem Niveau: Weiter im Aufwind!

Weinbewertung

82 2011 Weißburgunder*** trocken **12,5 %/7,50 €**
82 2011 Cuvée „M" Weißwein „feinherb" **12,5 %/5,50 €**
82 2011 Riesling** **12 %/5,90 €**
83 2011 „der Trollinger" trocken **12,5 %/6,90 €**
82 2010 Spätburgunder** trocken **12,5 %/7,- €**
85 2010 Lemberger*** trocken **12 %/7,80 €**
85 2008 Acolon trocken Barrique **13 %/10,30 €**
87 2008 „Vinius" Rotwein trocken Barrique **13 %/15,- €**

★★★☆

Frieder Dreißigacker
Weingut
Rheinhessen

Untere Klinggasse 4-5, 67595 Bechtheim
***Tel.** 06242-2425, **Fax:** 06242-6381*
www.dreissigacker-wein.de
info@dreissigacker-wein.de
***Besuchszeiten:** Mo.-Fr. 8-12 + 13-18 Uhr, Sa. 9-16 Uhr*

Inhaber .... Frieder & Jochen Dreißigacker
Rebfläche .... 24 Hektar

Die Weinberge von Frieder Dreißigacker liegen in den verschiedenen Bechtheimer Lagen, dazu gibt es Weinberge in Westhofen. 60 Prozent der Rebfläche nimmt Riesling ein, hinzu kommen jeweils 10 Prozent Grau-, Weiß und Spätburgunder, sowie Chardonnay und Silvaner. Seit man im Sommer 2006 das Bechtheimer Weingut Dr. Koehler übernommen hat, führt der älteste Sohn Christian das Weingut Dr. Koehler, der jüngere Sohn Jochen kümmert sich um das elterliche Gut. Die Weinberge befinden sich in Umstellung auf biologischen Weinbau (zertifiziert). Jochen Dreißigacker arbeitet verstärkt mit Spontangärung, möchte zukünftig alle Weine spontan vergären. Das Programm ist klar gegliedert in Gutsweine, Ortsweine und Lagenweine. Neben den Rieslingen aus Geyersberg, Rosengarten und Hasensprung gibt es den Weißburgunder Einzigacker, aber auch regelmäßig edelsüße Rieslinge und Rieslaner.

Vorjahre

Der Geyersberg-Riesling führte 2009 eine geschlossene, starke Kollektion mit reintönigen Weinen an, in der das hohe Niveau der Gutsweine einmal mehr beeindruckte. Diese waren jahrgangsbedingt 2010 deutlich schwächer; auch die Lagenweine präsentierten sich nicht ganz einheitlich: Der Geyersberg-Riesling gefiel uns sehr gut, von den beiden neuen Westhofener Weinen präferierten wir ganz klar den Riesling aus der Aulerde gegenüber dem Wein aus dem Kirchspiel. Auch der rote Teil der Kollektion präsentierte sich konsistent, der Geyersberg-Spätburgunder war unser klarer Favorit.

Neue Kollektion

Die neue Kollektion ist bärenstark: Was für ein beeindruckender Gutsriesling! Der Grauburgunder steht ihm kaum nach, die Bechtheimer Ortsweine zeigen hohes Niveau: Der Chardonnay ist herrlich füllig, saftig und reintönig, der Silvaner besitzt Substanz, Kraft und klare reife Frucht, der Riesling ist faszinierend reintönig und zupackend. Der Weißburgunder Einzigacker hat uns noch nie so gut gefallen wie 2011, er ist füllig und harmonisch, reintönig, strukturiert und lang. Dann kommen die Lagen-Rieslinge, von denen Jochen Dreißigacker gleich sechs Stück präsentiert im Jahrgang 2011, je drei aus Bechtheim und Westhofen, eine klasse Serie, alle zeigen sehr hohes Niveau. Der Hasensprung ist fruchtbetont und zupackend, besitzt gute Frische und klare Frucht, der Rosengarten-Riesling ist würziger, besitzt viel Substanz und ebenfalls feine Frische unser Favorit unter den drei Bechtheimer ist, wie meist, der Riesling aus dem Geyersberg, ein herrlich reintöniger Wein, der gelbe Früchte im Bouquet zeigt, füllig im Mund ist, stoffig, kraftvoll, frisch und nachhaltig. Der Westhofener Teil präsentiert einen konzentrierten, herrlich reintönigen Wein aus dem Kirchspiel, füllig, kraftvoll und mit guter Substanz; ebenso saftig und füllig ist der Riesling aus dem Morstein, zeigt reintönige Frucht und gute Länge. Unser Favorit aber ist der Riesling aus der Aulerde, fruchtbetont, lebhaft, wunderschön reintönig, dabei lang und nachhaltig. Gratulation zu dieser Kollektion!

Weinbewertung

86 2011 Riesling trocken **12,5 %/8,90 €**
89 2011 Weißburgunder trocken „Einzigacker" **13 %/29,50 €**
85 2011 Grauburgunder trocken **13 %/9,90 €**
87 2011 Chardonnay trocken Bechtheimer **13 %/18,50 €**
88 2011 Riesling trocken Bechtheimer **13 %/14,50 €**
88 2011 Silvaner trocken Bechtheimer **12,5%/14,50€**
89 2011 Riesling trocken Hasensprung **13 %/19,50 €**
89 2011 Riesling trocken Rosengarten **13,5%/24,50€**
91 2011 Riesling trocken Aulerde **13,5 %/24,50 €**
89 2011 Riesling trocken Kirchspiel **13 %/28,50 €**
91 2011 Riesling trocken Geyersberg **13 %/28,50 €**
90 2011 Riesling trocken Morstein **13 %/36,- €**

Drei Herren ★

Weingut

Sachsen

Weinbergstraße 34, 01445 Radebeul
Tel. *0351-7956099,* ***Fax:*** *0351-7956315*
www.weingutdreiherren.de
info@weingutdreiherren.de
Besuchszeiten: *Do.-Sa. 14-18 Uhr, So. 11-18 Uhr*

Inhaber .... Prof. Dr. Rainer Beck & Claus Höhne
Rebfläche .... 4 Hektar

Bis Ende des 19. Jahrhunderts gab es Weinbau auf dem Radebeuler Ballberg durch das Weingut Hermannsberg, das aber nach der Reblauskatastrophe im Jahr 1907 den Betrieb einstellte. 2004 gründeten „Drei Herren" das Gut neu: Der Kunsthistoriker Prof.

Dr. Rainer Beck, der Radebeuler Winzer Claus Höhne und ein dritter Herr, der inzwischen ausgeschieden ist. Sie bewirtschaften traditionsreiche Weinberge wie den Radebeuler Ballberg oder den Sörnewitzer Taubenheimer Berg, wo die Böden durch die Gesteinsarten Syenit und Biotit-Granodiorit geprägt sind, magnetisches Urgestein, das sich schnell erwärmt. 2011 wurde ein neuer Lager- und Weinkeller fertig gestellt.

Vorjahre

Die 2009er Weine waren puristisch, eigenständig, allesamt durchgegoren, hatten Ecken und Kanten. Die 2010er zeigten eine vergleichbare Stilistik, auch wenn die Restsüße, zumindest analytisch, etwas höher lag; sie waren kraftvoll und geradlinig, eigenständig. Die gute trockene Kollektion wurde ergänzt durch eine saftige Solaris-Auslese.

Neue Kollektion

2011 gefällt uns die Kollektion nochmals besser, allerdings hat man einen stilistischen Wandel hin zu restsüßen und halbtrockenen Weinen vollzogen, nur ein Riesling und die Rotwein liegen im gesetzlich trockenen Bereich. Unser Favorit ist die zwei Jahre im Barrique ausgebaute Cuvée Eigensinn, ein fülliger, kraftvoller, zupackender Rotwein.

Weinbewertung

83 2010 Riesling Sekt brut **16,- €**
83 2011 Riesling trocken **12,- €**
83 2011 Grauburgunder **13,- €**
82 2011 Weißburgunder **13,- €**
82 2011 Scheurebe **14,- €**
81 2010 Traminer **14,- €**
83 2011 Riesling „Spontan" **15,50 €**
84 2011 Solaris Beerenauslese **16,- €**
80 Rotwein **12,- €**
85 2009 „Eigensinn" Rotwein **13,- €**

★

3 Zeilen

Weinmanufaktur

Franken

Heinrich-Wiegand-Straße 2, 97348 Rödelsee
Tel. *09323-876454*
www.3-zeilen.de
3zeilen@web.de
Besuchszeiten: *nach Vereinbarung*

Inhaber .... Christian Ehrlich
Rebfläche .... 2,2 Hektar

Christian Ehrlich bekam als 16-jähriger von seinem Vater drei Weinbergszeilen geschenkt. Nach Küferlehre und Weinbaustudium arbeitete er bei verschiedenen Weingütern. Im Herbst 2007 gründete er zusammen mit Alexandra Müller die Weinmanufaktur 3 Zeilen. Die Weinberge werden biologisch bewirtschaftet. Zuletzt hat er einen Hektar im Rödelseer Küchenmeister neu angelegt mit Spätburgunder, Weißburgunder, Silvaner, Riesling, Scheurebe und Sauvignon Blanc, auch etwas Goldmuskateller pflanzte er. Alle Weine werden spontanvergoren. Sie werden in der Regel trocken ausgebaut und kommen als Landwein in den Verkauf.

Vorjahre

Mit eigenständigen, fülligen Weinen stellten wir Christian Ehrlich vor zwei Jahren erstmals vor. Seine 2010er füllte er spät, Mitte August 2011 als Fassproben verkostet, zeigten sie die gleiche Stilistik, waren sehr von der Spontangärung geprägt, besaßen Fülle und Substanz.

Neue Kollektion

Die gleiche Stilistik zeigen auch die 2011er. Der Silvaner ist füllig und schmeichelnd, der Bacchus geradlinig und trocken, auch die weiße Cuvée aus Sauvignon Blanc, Weißburgunder und Silvaner besitzt gute Fülle und reife Frucht. Die neue Kollektion ist in „normale" Flaschen gefüllt, nicht mehr in 0,5-Liter-Flaschen, die Preise liegen zwischen 9 und 12 Euro.

Weinbewertung

84 2011 Silvaner
84 2011 Bacchus
83 2011 „28/10“ Weißwein
80 2009 „Rouge“ Rotwein
83 2009 Spätburgunder

Herbert Düll ★
Weingut
Franken

Schützenstraße 15, 91472 Ipsheim
***Tel.** 09846-254, **Fax**: 09846-977561*
www.weingut-duell.de
weingut.duell@gmx.de
***Besuchszeiten**: Mo.-Sa. ganztägig, So. nach Vereinbarung*

Inhaber .... Herbert und Thomas Düll
Rebfläche .... 8 Hektar

Das Weingut Düll liegt in Ipsheim in Mittelfranken. Die Weinberge von Herbert und Thomas Düll befinden sich in den Lagen Ipsheimer Burg Hoheneck, Weimersheimer Roter Berg und Bad Windsheimer Rosenberg. Müller-Thurgau, Silvaner, Kerner und Bacchus bauen sie an, aber auch rote Sorten wie Dornfelder und Regent.

Vorjahre

Vor zwei Jahren war die Kollektion sehr gleichmäßig und gut, nur die Spitzen vermissten wir ein wenig. 2010 dann hatten sich die Dülls gut behauptet, die Weißweine waren frisch und schön sortentypisch. Highlight der letztjährigen Kollektion war der Cabernet Dorsa aus dem Jahrgang 2009.

Jahrgang 2011

Der 2011er nun ist etwas von jugendlichen Bitternoten geprägt; in der sehr gleichmäßigen Kollektion gefällt uns die frische, süffige Riesling Spätlese am besten.

Weinbewertung

82 2011 „Vielfalter“ Weißwein trocken **12 %/5,- €**
82 2011 Silvaner trocken Kabinett Ipsheimer Burg Hoheneck **12,5 %/5,50 €**
84 2011 Riesling Spätlese Ipsheimer Burg Hoheneck **12,5 %/6,50 €**
83 2011 Weißburgunder Spätlese Weimersheimer Roter Berg **11,5 %/6,50 €**
81 2011 Rosé trocken Ipsheimer Burgberg **11,5 %/5,- €**
82 2011 Cabernet Dorsa Spätlese trocken **12,5 %/7,- €**

Dürrenzimmern-Stockheim ★
Weingärtnergenossenschaft
Württemberg

Meimsheimer Straße 11
74336 Brackenheim-Dürrenzimmern
***Tel.** 07135-95150, **Fax**: 07135-951539*
www.wg-duerrenzimmern.de
info@wg-duerrenzimmern.de
***Besuchszeiten**: Mo.-Fr. 8-18 Uhr, Sa. 9-13 Uhr*

Vorstandsvorsitzender ...... Matthias Schilling
Geschäftsführer .... Matthias Göhring
Kellermeister .... Kurt Freudenthaler
Mitglieder 371
Rebfläche .... 220 Hektar

Die 1937 gegründete Genossenschaft von Dürrenzimmern hat 1970 mit der Weingärtnergenossenschaft Stockheim fusioniert. Die Reben wachsen auf schweren Keuperböden an der Südseite des Heuchelbergs. Wichtigste Rebsorten sind Lemberger und Riesling. Es folgen Trollinger, Schwarzriesling, Spätburgunder und Portugieser. Etwa 20 Prozent der Weine werden trocken ausgebaut.

Vorjahre

Vor zwei Jahren besaßen die Barrique-Rotweine Kraft und Konzentration, allerdings erschien uns die Holznote oft etwas zu dominant. Auch die Barriqueweine der letztjährigen Kollektion waren geprägt von Tanninen und Gewürznoten, noch allzu jugendlich; unser Favorit war der saftige Riesling aus der „Divinus“-Linie.

Neue Kollektion

Es geht weiter im gewohnten Kontext: Kraftvolle, gewürzduftige Barrique-Rotweine, füllig und konzentriert, mit jugendlichen Tanninen.

Weinbewertung

81 2011 Riesling trocken „Exclusiv“ **13 %/10,- €**
83? 2011 Riesling „Divinus“ **13,5 %/13,- €**
84 2009 Lemberger trocken Barrique „Divinus“ **14 %/15,20 €**
83 2009 „S“ trocken Barrique „Divinus“ **14 %/15,20 €**
84 2010 Merlot trocken Barrique „Divinus“ **13 %/19,- €**

Dütsch ★★

Weingut

Baden

St. Michael-Straße 39, 76534 Baden-Baden
***Tel.** 07223-959739, **Fax**: 07223-2818823*
www.weingut-duetsch.de
info@weingut-duetsch.de
***Besuchszeiten**: Di./Do./Fr. 15-18 Uhr, Sa. 10-13 Uhr und nach Vereinbarung*

Inhaber .... Holger Dütsch
Rebfläche .... 4 Hektar

Holger Dütsch und Hannelore Dütsch-Weiß haben 2004 ihr eigenes Weingut gegründet. Holger Dütsch hatte lange in Südtirol gearbeitet und war anschließend Betriebsleiter bei Schloss Neuweier, bevor er sich mit dem Jahrgang 2004 selbständig machte. Wichtigste Rebsorte ist Riesling. Dazu gibt es Silvaner und Spätburgunder, sowie Blaufränkisch.

Vorjahre

2009 brachte eine weitere Steigerung, überzeugte mit reintönigen Rieslingen, auch die 2008er Rotweine machten Freude. 2009 gefiel uns der Spätburgunder etwas besser als der Lemberger, die 2010er Weißweine boten vom Silvaner bis hin zu den trockenen Riesling-Spätlesen Frische und reintönige Frucht, die Spätlese aus dem Mauerberg gefiel uns gar noch etwas besser als 2009. Angesichts des Jahrgangs hatte Holger Dütsch eine starke Kollektion auf die Flasche gebracht.

Neue Kollektion

Die neue Kollektion bietet frische, reintönige Weißweine, unser klarer Favorit ist die trockene Spätlese Finesse, sie zeigt klare Frucht im Bouquet, etwas Limone, ist frisch, klar und zupackend im Mund. Die beiden 2010er Rotweine sind fruchtbetont und wunderschön reintönig.

Weinbewertung

83 2011 Silvaner trocken **11,5 %/6,50 €**
82 2011 Riesling Kabinett trocken „Mineral“ **12 %/8,- €**
83 2011 Riesling Kabinett trocken Mauerberg **12 %/8,- €**
85 2011 Riesling Spätlese trocken Altenberg **12,5 %/10,50 €**
83 2011 Riesling Spätlese trocken Mauerberg **13 %/11,50 €**
87 2011 Riesling Spätlese trocken „Finesse“ **12,5 %/13,50 €**
83 2011 Riesling Spätlese „feinherb“ **12 %/11,- €**
85 2010 Spätburgunder trocken **12,5 %/9,50 €**
84 2010 Blaufränkisch trocken **13 %/9,50 €**

Duijn ★★★★

Weingut

Baden

Erlenstraße 38, 77815 Bühl
***Tel.** 07223-21497, Mobil: 0172-6040182*
***Fax:** 07223-83773*
www.weingut-duijn.com
info@weingut-duijn.com
***Besuchszeiten:** Mi.-Sa. 10-13 Uhr oder nach Vereinbarung*

Inhaber .... Jacob Duijn
Rebfläche .... 6,5 Hektar

Jacob Duijn ist kein gelernter Winzer und er stammt auch nicht aus einem Weinland. Er ist Holländer und war zunächst Sommelier, unter anderem auf der Bühler Höhe und bei Eckart Witzigmann. Dann hat er das Metier gewechselt und Wein an die Spitzengastronomie verkauft. 1994 begann seine Karriere als Winzer: 15 Ar Spätburgunder hat er in diesem Jahr gekauft, im Engelsfelsen, hoch über dem Bühlertal. Und daraus im folgenden Jahr seinen ersten Wein auf den Markt gebracht, 600 Flaschen Spätburgunder. Dann kamen Weinberge im Sternenberg hinzu und schließlich im Mai 2001 Gut Alsenhof, eine der wenigen arrondierten Einzellagen in Baden, 3,6 Hektar groß. Die Weine werden seit 2004 ökologisch bewirtschaftet, inzwischen biodynamisch. 2008 wurde die Zertifizierung bei Demeter beantragt.

Anfangs machte Jacob Duijn nur einen Wein, ab 1999 gab es zwei Weine: Den „normalen" Spätburgunder, den er seit dem Jahrgang 2002 nach seiner Tochter „Jannin" nennt, und den „SD". Hinzu kommt seit dem Jahrgang 2002 der „Gut Alsenhof". Mit dem Jahrgang 2006 tragen alle Weine zusätzlich Lagenbezeichnungen, also auch „SD" (Bühlertäler Engelsfelsen) und „Jannin" (Altschweier Sterneberg). Zuletzt wurde die Reihe „Bühler Charme" eingeführt. Jacob Duijn strebt eine lange Gärdauer an, etwa 30 Tage, vergoren werden die Moste mit den traubeneigenen Hefen. Alle Trauben werden entrappt, die für den „SD" seit 2002 mit der Hand. Alle Barriques sind aus französischer Eiche. Früher hat Jacob Duijn ausschließlich neue Barriques verwendet. Seit 2002 nutzt er für einige Partien auch gebrauchte Barriques. Die Dauer des Ausbaus variiert von 13 bis 24 Monate. Die Weine kommen ohne Schönung und ohne Filtration auf die Flasche.

Vorjahre

Die 2008er, als Fassproben verkostet, waren präzise, ja puristisch, bestachen mit ihrer Nachhaltigkeit. Vor Ort konnten wir vor zwei Jahren einige ältere Jannin-Weine verkosten – sie reifen hervorragend, präsentierten sich größtenteils noch schöner als in ihrer Jugend. 2009 präsentierte sich im vergangenen Jahr sehr stimmig mit kraftvollen, tanninbetonten Weinen, vor allem Gut Alsenhof und SD waren noch Tage nach dem Öffnen verschlossen und tanninbetont.

Neue Kollektion

Dieses Jahr haben wir erneut die 2009er verkostet, diesmal abgefüllt, Jacob Duijn bringt seine Weine zukünftig erst später in den Verkauf. Der Laufer Gut Alsenhof ist konzentriert und reintönig bei guter Substanz, kräftigen Tanninen und jugendlicher Bitternote; der Jannin zeigt Gewürznoten im Bouquet und reife Frucht, ist füllig, kraftvoll und zupackend im Mund, besitzt gute Struktur und deutliche Bitternoten. Der SD ist kraftvoll im Mund, besitzt viel Druck und Präzision, dezent mineralische Noten, ist aber immer noch enorm jugendlich, geprägt von kräftigen Tanninen. ━

Weinbewertung

88 2009 Pinot Noir Laufer Gut Alsenhof **17,- €**
88 2009 Pinot Noir „Jannin" Altschweier Sternenberg **27,- €**
90 2009 Pinot Noir „SD" Bühlertäler Engelsfelsen **47,- €**

Durbacher ★

Winzergenossenschaft **Baden**

Nachtweide 2, 77770 Durbach
***Tel.** 0781-93660, **Fax**: 0781-36547*
www.durbacher.de
wg@durbacher.de
***Besuchszeiten**: Mo.-Fr. 9-18 Uhr, Sa./So. 10-13 Uhr*

Gf. Vorstand .... Dr. Johannes Himmelsbach
Vorstandsvorsitzender .... Emil Klaus
Kellermeister .... Rüdiger Nilles
Mitglieder 250
Rebfläche .... 340 Hektar

Die Durbacher Winzergenossenschaft wurde 1928 gegründet. Die Weinberge liegen in den Durbacher Lagen Ölberg, Plauelrain, Kochberg und Steinberg. Knapp die Hälfte der Rebfläche der Mitglieder der Durbacher Winzergenossenschaft nimmt Spätburgunder ein, ein Viertel Riesling. Es folgen Müller-Thurgau, Grauburgunder, Traminer und Gewürztraminer, aber auch Scheurebe, Weißburgunder, Chardonnay, Sauvignon Blanc, Muskateller und Cabernet Dorio werden angebaut.

Vorjahre

Vor zwei Jahren gefiel uns der Sauvignon Blanc am besten auch der Riesling „SL" war sehr gut, der Gewürztraminer zeigte, dass man sich bei den Durbacher Genossen auch auf edelsüß versteht. Edelsüß erwies sich dann als die Stärke der letztjährigen Kollektion mit einigen enorm konzentrierten, dicken Weinen des Jahrgangs 2009; aus 2010 gefiel uns der Weißburgunder am besten.

Neue Kollektion

Ähnlich ist das Bild in diesem Jahr: Im trockenen Segment gefällt uns der kraftvolle Sauvignon Blanc am besten, noch stärker aber finden wir im edelsüßen Bereich die nach Litschi duftende, reintönige Scheurebe Auslese und die dicke, stoffige, ebenfalls wunderschön reintönige Muskateller Trockenbeerenauslese.

Weinbewertung

80 2011 Klingelberger (Riesling) trocken Durbacher Plauelrain **13 %/7,70 €**
82 2011 Klingelberger (Riesling) Kabinett trocken Durbacher Steinberg **13 %/10,90 €**
79 2010 Chardonnay trocken (international) **12,5 %/7,70 €**
85 2011 Sauvignon Blanc Spätlese trocken Durbacher Steinberg **12 %/14,- €**
81 2011 Clevner Kabinett Durbacher Plauelrain **12 %/6,40 €**
86 2010 Scheurebe Auslese Durbacher Plauelrain **10 %/9,90 €/0,5l**
88 2010 Muskateller Trockenbeerenauslese Durbacher Steinberg **9 %/40,- €/0,5l**
80 2011 Spätburgunder Weißherbst Spätlese Durbacher Kochberg **10,5 %/7,30 €**
84 2010 Spätburgunder Weißherbst Auslese Durbacher Kochberg **10,5 %/9,90 €/0,5l**
78 2010 Pinot Noir trocken **13 %/7,20 €**
80 2010 Spätburgunder Spätlese trocken Durbacher Kochberg **13 %/9,50 €**
82 2009 Spätburgunder trocken „Cuvée Diamant" Durbacher Kochberg **14,5 %/29,50 €**

E

Kloster Eberbach ★★

Hessische Staatsweingüter

Rheingau

Hessische Staatsweingüter GmbH Kloster Eberbach
Schwalbacher Straße 56-62, 65343 Eltville
***Tel.** 06123-92300, **Fax:** 06123-923090*
www.weingut-kloster-eberbach.de
info@weingut-kloster-eberbach.de
***Besuchszeiten:** Mo.-So. 10-18 Uhr (Vinothek); April bis Oktober Fr. 16-22 Uhr, Sa. 12-22 Uhr, So. und Feiertage 11-22 Uhr (Gutsausschank im Steinberg)*
Gästehaus Kloster Eberbach; Gutsschänken im Kloster Eberbach und im Rauenthaler Baiken (Eltville)

Inhaber .... Land Hessen
Direktor .... Dieter Greiner
Rebfläche .... 175 Hektar

Die Hessischen Staatsweingüter sind das größte Weingut in Deutschland: Außer den Rheingauer Lagen (Domäne Assmannshausen, Kloster Eberbach) werden auch jene an der Hessischen Bergstraße von Kloster Eberbach aus verwaltet. Die Hessische Landesregierung hat den bisherigen Staatsbetrieb in eine GmbH umgewandelt, die aber weiterhin zu 100 Prozent in Staatsbesitz ist. Der Kellereistandort in Eltville wurde aufgegeben und an den Steinberg verlagert. Dort, unweit vom Kloster, wurde für 15 Millionen Euro eine in die Landschaft integrierte, unterirdische Kellerei errichtet, in der sämtliche Rieslinge der Rheingauer Staatsdomänen ausgebaut werden, der Ausbau der Assmannshäuser Spätburgunder erfolgt noch in Assmannshausen (siehe eigener Eintrag). Geschäftsführer Dieter Greiner bringt die Hessischen Staatsweingüter auf einen zukunftsweisenden Kurs, unterstützt wird er vom Önologen Ralf Bengel und vom Kellermeister Bernd Kutschick. Auf den neuen Etiketten fehlt der traditionelle Adler, der Schraubverschluss wurde konsequent eingeführt – selbst für die Trockenbeerenauslesen. Mittlerweile hat sich die Aufregung um die neue Kellerei gelegt; wohl auch deshalb, weil man von außen nur einen kleinen Teil der Anlage sieht. Die Trauben- und Weinverarbeitung erfolgt nach dem Schwerkraftprinzip, im Herbst können große Mengen an Trauben gleichzeitig verarbeitet werden. Seit Jahrzehnten schwört man hier auf eine Vergärung der Weine mit Reinzuchthefen; die trockenen Rieslinge sind entsprechend klar und elegant, von den Basisweinen bis zu den Ersten Gewächsen. Bei den Süßweinen ist eine schlanke, elegante Art festzustellen.

Vorjahre

Die 2009er waren sehr gelungen, beginnend bei den Einstiegsweinen wie dem Steinberger Kabinett und endend bei den kompakten Ersten Gewächsen. Die 2010er überzeugten, ohne in allen Bereichen zu begeistern; die rundum zuverlässigen, präzise wirkenden Kabinettweine und ein balanciertes Erstes Gewächs aus der Domdechaney konnten besonders gefallen.

Neue Kollektion

Die Weine des Jahrgangs 2011 gefallen überwiegend sehr gut, wie zum Beispiel der rassige Kabinett aus der Lage Rauenthaler Baiken beweist. Enttäuschungen, wie sie das eher säuerliche Pendant aus dem Neroberg darstellt, sind die absolute Ausnahme. Die beiden Ersten Gewächse besitzen Präzision, vor allem der würzige, eher schlanke, aber nachhaltige Marcobrunn kann überzeugen, auch der Schlossberg-Riesling besitzt Potenzial. Eine reintönige Trockenbeerenauslese mit sehr feiner, eleganter Art krönt das Sortiment.

Weinbewertung

82 2011 Riesling trocken **12,5 %**
83 2011 Riesling trocken Hochheimer Kirchenstück **12 %**
85 2011 Riesling Kabinett trocken Rauenthaler Baiken **12 %/10,40 €**
80 2011 Riesling Kabinett trocken Wiesbadener Neroberg **13,5 %/10,- €**
86 2011 Riesling Spätlese trocken Rauenthaler Gehrn **13,5 %/10,40 €**
87 2011 Riesling trocken Erstes Gewächs Rüdesheimer Berg Schlossberg (87+? Punkte) **13,5 %/28,- €**
88 2011 Riesling trocken Erstes Gewächs Erbacher Marcobrunn **12 %/30,- €**
84 2011 Riesling Spätlese Rauenthaler Baiken **8 %/15,40 €**
87 2011 Riesling Spätlese Steinberger **9 %/20,30 €**
87? 2011 Riesling Auslese Steinberger **7,5 %/Verst.**
89 2011 Riesling Trockenbeerenauslese „Goldkapsel" Rauenthaler Gehrn **(89+ Punkte)** **6 %**

★

Eberbach-Schäfer

Weingut **Württemberg**

Rieder 6, 74348 Lauffen
***Tel.** 07133-5222, **Fax**: 07133-7485*
www.eberbach-schaefer.de
weingut@eberbach-schaefer.de
***Besuchszeiten**: Mo.-Sa. 8-18 Uhr*
Weinprobierstube (bis 50 Personen)

Inhaber .... Frieder Sven Schäfer
Rebfläche .... 8 Hektar

Das Weingut Eberbach-Schäfer liegt auf dem Riedersbückele, etwa 3 km von Lauffen. Dort gehört dem Weingut in Alleinbesitz die etwa 15 Hektar große Lage Lauffener Riedersbückele, die Muschelkalk-Lössverwitterungsböden aufweist. In der Lage Helfenberger Schlossberg wächst auf schweren Keuperböden Trollinger.

Neben Spätburgunder und Schwarzriesling (der fast komplett versektet wird) hat sich das Weingut auf Lemberger und Cabernet-Kreuzungen, auch Cabernet Sauvignon spezialisiert.

Vorjahre

Vor zwei Jahren bot die Kollektion Spitzen im roten Segment, auch wenn uns die Schokonoten manchmal allzu intensiv waren. Sehr geschlossen präsentierte sich die letztjährige Kollektion mit guten Weißweinen und einer feinen roten Riege, in der uns der barriqueausgebaute Pinot Noir am besten gefiel.

Neue Kollektion

Ähnlich ist das Bild nun auch in diesem Jahr: Die Weißweine sind etwas verhalten, die Sekte frisch und klar, das rote Segment überzeugt am meisten. Und dort wieder die Barriqueweine: Der Spätburgunder besitzt gute Struktur und klare Frucht, der Cabernoir ist konzentriert und kraftvoll wie auch der Lemberger.

Weinbewertung

83 2011 Schwarzriesling „Blanc de Noir" Sekt extra brut Lauffener Riedersbückele **13 %/7,80 €**

82 2011 Pinot Noir Sekt brut Lauffener Riedersbückele **13 %/7,80 €**

79 2011 Sauvignon Blanc trocken Lauffener Riedersbückele **12,5 %/9,50 €**

82 2011 Riesling & Sauvignon Blanc trocken Lauffener Riedersbückele **12,5 %/7,- €**

78 2011 Riesling Lauffener Riedersbückele **12 %/5,80 €/1l**

80 2011 Chardonnay „feinherb" Lauffener Riedersbückele **12 %/7,- €**

81 2011 Traminer fruchtig Lauffener Riedersbückele **12 %/7,90 €**

81 2011 Acolon trocken Lauffener Riedersbückele **13,5 %/7,- €**

84 2010 „Cuvée Ann-Kathrin" Rotwein trocken Lauffener Riedersbückele **13 %**

85 2009 Lemberger trocken Barrique Lauffener Riedersbückele **13,5 %/12,30 €**

86 2010 Spätburgunder trocken Barrique Lauffener Riedersbückele **13,5 %/12,30 €**

86 2009 „Cabernoir" Rotwein trocken Barrique Lauffener Riedersbückele **14 %/16,50 €**

★☆

Eberle-Runkel

Weingut

Rheinhessen

Niedergasse 23-25, 55437 Appenheim
***Tel.** 06725-2810, **Fax:** 06725-5273*
www.weingut-eberle-runkel.de
info@weingut-eberle-runkel.de
***Besuchszeiten:** Straußwirtschaft geöffnet von Mai bis Sept. am Wochenende, sonst nach Vereinbarung*

Inhaber .... Michael Runkel
Rebfläche .... 13 Hektar

Seit mehreren Generationen betreibt die Familie Weinbau in Appenheim, aus einem landwirtschaftlichen Gemischtbetrieb entstand nach und nach das Weingut in seiner heutigen Form. Die Weinberge von Michael Runkel liegen in den Appenheimer Lagen Eselspfad (hoher Sandanteil), Daubhaus (leichte und sandige Löss-Lehmböden) und Hundertgulden (tonhaltige Lehmböden), sowie im Nieder-Hilbersheimer Honigberg (ebenfalls tonhaltige Lehmböden). Neben regionaltypischen Rebsorten wie Müller-Thurgau, Silvaner, Riesling, Portugieser und Spätburgunder werden Sorten wie Scheurebe, Dornfelder, Chardonnay, Weißburgunder und Grauburgunder angebaut. Sohn Stefan hat nach seiner Weinküferlehre das Studium in Geisenheim abgeschlossen.

Vorjahre

Beim starken Debüt vor zwei Jahren gefielen uns Silvaner Hundertgulden und Riesling Honigberg besonders gut. Diese zeigten sich auch 2010 in prächtiger Form, ebenso der Riesling Hundertgulden. Aber auch die Gutsweine besaßen Frucht und Substanz, dee Kollektion zeigte eine eigenständige Handschrift.

Neue Kollektion

Geschlossen präsentiert sich nun auch die neue Kollektion. Im trockenen weißen Segment gefallen uns die beiden puristischen Rieslinge am besten, edelsüß hat Michael

E

Die besten deutschen Weinerzeuger und ihre Weine

Runkel eine Beerenauslese zu bieten und rot einen feinen, strukturierten Frühburgunder aus dem Barrique.

Weinbewertung

81 2011 Riesling Spätlese trocken **13 %/5,60 €**
85 2011 Riesling Spätlese trocken Appenheimer Hundertgulden **13,5 %/9,30 €**
84 2011 Riesling Spätlese trocken Nieder-Hilbersheimer Honigberg **13,5 %/9,30 €**
83 2011 Grauburgunder Spätlese **13 %/5,90 €**
80 2011 Weißburgunder Classic **13 %/5,60 €**
81 2011 Würzer Spätlese **11 %/5,90 €**
85 2011 Huxelrebe Beerenauslese **13,5 %/10,- €**
85 2009 Blauer Frühburgunder trocken Barrique **14,5 %/10,- €**

★★

Schloss Eberstein
Weingut

Baden

Schloss Eberstein, 76593 Gernsbach
Postadresse: Carl-Benz-Straße 25, 77871 Renchen
***Tel.** 07222-958838, **Fax**: 07222-53115*
www.weingut-schloss-eberstein.de
info@weingut-schloss-eberstein.de
***Besuchszeiten**: Vinothek im Schlosshof, Fr.-So. 14-19 Uhr*

Inhaber .... J. Decker & E. Möschle GbR
Betriebsleiter .... Jürgen Decker
Rebfläche .... 6 Hektar

Seit dem 14. Jahrhundert existierten Reben auf Schloss Eberstein, in den neunziger Jahren des letzten Jahrhunderts gaben die Markgrafen von Baden den Weinbau auf. Mit dem Erwerb von Schloss Eberstein begannen Gerd und Jörg Overlack 2002 und 2003 mit der Neubepflanzung der Lage, die einst den Namen Grafensprung trug, und die nördlichste Lage in der Ortenau ist. Der Boden hier im Murgtal besteht aus rotem Granit. Spätburgunder und Riesling hat man gepflanzt, dazu Merlot, Weißburgunder und Sauvignon Blanc. Erster offizieller Jahrgang war 2005. Die Weißweine werden kühl vergoren und im Edelstahl, die Rotweine nach Saftabzug offen maischevergoren und etwa 18 Monate im Fass ausgebaut. Die Weine sind betriebsintern mit ein bis drei Sternen klassifiziert. Alle Weine werden durchgegoren ausgebaut. Zum 1. November 2012 haben der Ortenauer Unternehmen Ernst Möschle, der Behälter für die Wein- und Fruchtsaftindustrie baut, sowie Jürgen Decker, langjähriger Geschäftsführer des Winzerkellers Hex von Dasenstein, das Gut übernommen.

Vorjahre

Vor zwei Jahren präsentierten sich die Weine klar, präzise und puristisch, besaßen Kraft und Frucht. Diesen Stil hat man auch 2010 durchgehalten, die Weine waren frisch, reintönig, zupackend. Einen neuen Meilenstein setzte der 2008er 3-Sterne-Spätburgunder, ein gekonnt vinifizierter, hervorragender Pinot; die 2-Sterne-Version gefiel uns ebenfalls sehr gut.

Neue Kollektion

Neues im 2- und 3-Sterne Segment gab es beim Spätburgunder dieses Jahr nicht zu verkosten, dafür entschädigen die Weißweine: In einer konsistenten Kollektion gefallen uns der klare, zupackende Sauvignon Blanc und der 3-Sterne-Riesling besonders gut, der Riesling ist konzentriert und reintönig, kraftvoll, besitzt gute Struktur und Frische.

Weinbewertung

84 Riesling Sekt **12,5 %/9,90 €**
83 2011 Riesling* **12,5 %/8,50 €**
85 2011 Riesling** **12,5 %/13,- €**
88 2011 Riesling** **12,5 %/17,90 €**
82 2011 Weißburgunder* **12,5 %/8,50 €**
84 2011 Weißburgunder** **13 %/12,50 €**
86 2011 Sauvignon Blanc** **12,5 %/17,85 €**
83 2011 Spätburgunder Rosé* **12 %/8,- €**
85 2011 Spätburgunder Rosé** **12,5 %/10,- €**
83 2011 Spätburgunder* **12,5 %/8,90 €**
87 2009 Spätburgunder** **13 %/19,50 €**

★★☆

Ebringen

Schlossgut

Baden

Schlossplatz 1, 79299 Ebringen
Tel. *07664-6805,* ***Fax:*** *07664-60695*
www.schlossgut-ebringen.de
schlossgut@wein-ebringen.de /
andreas.engelmann@schlossgut-ebringen.de
Besuchszeiten: *nach Vereinbarung*

Geschäftsführer .... Klaus Ruh
Gutsverwalter .... Andreas Engelmann
Rebfläche .... 6 Hektar

Mit dem Jahrgang 2003 hat die Winzergenossenschaft Ebringen ein Projekt unter der Führung von Andreas Engelmann ins Leben gerufen: Sie hat Weinberge von ihren Mitgliedern gepachtet und Andreas Engelmann bewirtschaftet diese mit seinem Team. Die Reben wachsen in der Lage Ebringer Sommerberg auf mäßig kalkhaltigen Lösslehmböden oder tonigem Lehm, teils auf Mergel- und Kalkverwitterungsböden, teils mit hohem Steingehalt. Die Weine werden im alten Schlosskeller ausgebaut und unter dem Namen Schlossgut Ebringen vermarktet. Man konzentrierte sich anfangs ganz auf Pinot: Pinot Blanc, Pinot Gris und Pinot Noir. Seit dem Jahrgang 2007 ergänzen Sauvignon Blanc und Gutedel das Sortiment.

Vorjahre

Mit dem Jahrgang 2009 wurde eine Gutslinie eingeführt mit frischen, sauberen, aber doch einfachen Weinen. Die Weine der Selektionslinie überzeugten wie gehabt, boten hohes und gleichmäßiges Niveau. Die Einführung einer neuen Linie im Basisbereich veränderte natürlich das Gesamtbild einer Kollektion, so dass wir die Betriebsbewertung für Schlossgut Ebringen ein klein wenig nach unten korrigieren mussten. Das ändert nichts an unserer Wertschätzung für die Selektionslinie des Betriebes, die früher die ganze Kollektion darstellte. Die beiden Pinot Noir gefielen uns sehr gut, ebenso Pinot Blanc und Pinot Gris, die Weine der Gutslinie präsentierten sich frisch und klar. Die 2010er Selektions-Weißweine überzeugten voll und ganz, allen voran der füllige Grauburgunder und der zupackende Sauvignon Blanc. Auch die beiden Pinot Noir des Jahrgangs 2009 gefielen uns sehr gut, sie besaßen gute Struktur und reintönige Frucht.

Neue Kollektion

Die neue Kollektion bestätigt den sehr guten Eindruck der letzten Jahre. Neu im Sortiment ist der Crémant, ein frischer, klarer, wunderschön zupackender Sekt. Im weißen Segment gefällt uns einemal mehr der füllige, kraftvolle Grauburgunder am besten, er besitzt gute Struktur und Substanz. Rot überzeugt der reintönige, fruchtbetont Pinot Noir, der „S" bringt wie gewöhnlich eine weitere Steigerung, ist konzentriert und wunderschön reintönig, frisch und elegant, besitzt feine Frucht und gute Struktur.

Weinbewertung

87 2010 Pinot „Blanc de Noir" Crémant brut nature **12,5 %/16,50 €**
85 2011 Weißburgunder „S" **13 %/10,90 €**
87 2011 Grauburgunder „S" **13,5 %/11,90 €**
85 2011 Chasselas **12 %/9,90 €**
84 2011 Sauvignon Blanc **12,5 %/11,90 €**
87 2010 Pinot Noir **13,5 %/12,90 €**
89 2010 Pinot Noir „S" **13 %/24,50 €**

★☆

Edelberg

Weingut

Nahe

Gonratherhof 3, 55624 Weiler
Tel. *06754-224,* ***Fax:*** *06754-945881*
www.weingut-edelberg.de
info@weingut-edelberg.de
Besuchszeiten: *täglich 9-19 Uhr nach Vereinbarung*
Gutsausschank Sa. ab 17 Uhr, So. ab 11 Uhr

Inhaber .... Willi, Christa und Peter Ebert
Kellermeister .... Peter und Michael Ebert
Rebfläche .... 9,5 Hektar

Willi und Christa Ebert haben 1978 den elterlichen Betrieb übernommen, 1995 erfolgte der Umzug auf den Gonratherhof. 70 Prozent der Weinberge liegen in Weiler, der Rest in Meddersheim. Riesling nimmt zwei Drittel der Fläche ein. Um den Weinausbau kümmern sich die beiden Söhne Peter und Michael. Vor zwei Jahren wurde eine neue Traubenpresse angeschafft, die Flaschen wurden neu ausgestattet, alle Trauben werden nur noch mit der Hand gelesen.

Vorjahre

Die beiden S-Rieslinge aus Rheingrafenberg und Herrenzehntel gefielen uns 2009 nochmals besser als im Jahr zuvor, sie führten eine sehr gleichmäßige, gute Kollektion an. Die S-Klasse gab es im vergangenen Jahr nicht, so dass die Riesling Auslese eine geschlossene Kollektion mit reintönigen Weinen anführte.

Neue Kollektion

An der Spitze der Kollektion gesellt sich 2011 ein reintöniger und stoffiger Gewürztraminer S mit viel Würze zu den erneut starken S-Rieslingen, unter denen wir den Wein aus dem Herrenzehntel mit guter Substanz und feinen Zitrusnoten etwas gegenüber dem frischen und klaren Rheingrafenberg favorisieren.

Weinbewertung

82 2010 Spätburgunder Rosé Sekt trocken **12,5 %/9,20 €**
82 2011 Weißburgunder trocken **13,5 %/6,20 €**
84 2011 Weißer Burgunder trocken „Edition E" Weilerer **13 %/9,20 €**
82 2011 Riesling trocken „vom Rotliegenden" **12,5 %/5,80 €**
83 2011 Riesling trocken „Edition E" Weilerer **12 %/8,20 €**
86 2011 Riesling „S" trocken Meddersheimer Rheingrafenberg **12,5 %/11,20 €**
87 2011 Riesling „S" trocken Weilerer Herrenzehntel **12,5 %/13,20 €**
82 2011 Riesling halbtrocken „No. 13" Meddersheimer Rheingrafenberg **11,5 %/5,80 €**
86 2011 Gewürztraminer „S" Meddersheimer Altenberg **13,5 %/11,20 €**
82 2011 Kerner Spätlese **8,5 %/6,50 €**
83 2011 Riesling Spätlese Weilerer Herrenzehntel **8,5 %/7,90 €**
83 2009 „Edition E" Rotwein trocken **14 %/9,20 €**

★☆

Edling

Weingut

Hessische Bergstraße

Weingut Edling GbR, Kirchgasse 9, 64380 Roßdorf
***Tel.** 06154-8402, **Fax:** 06154-803685*
www.weingut-edling.de
info@weingut-edling.de
***Besuchszeiten:** Di. + Fr. 15-18 Uhr, Sa. 9-13 Uhr Winzerstube (Di., Mi., Fr. ab 19 Uhr, Sa. + So. ab 17 Uhr), aber nicht mehr ganzjährig geöffnet*

Inhaber .... Werner und Lisa Edling
Rebfläche .... 3,4 Hektar

Roßdorf liegt östlich von Darmstadt und gehört zum Bereich Umstadt der Region Hessische Bergstraße. Seit 1947 wird hier Wein angebaut. Nur ein einziges Weingut gibt es hier, nämlich das von Werner Edling. Die Reben wachsen in der Lage Roßdorfer Roßberg auf vulkanischen Basaltböden mit Löss-Lehmauflage. Die Lage befindet sich in Alleinbesitz des Weingutes. Tochter Lisa und Ehemann Matthias haben 2006 einen Steillagenweinberg am Schlossberg in Heppenheim gepachtet. Wichtigste Rebsorte im Betrieb ist Grauburgunder, gefolgt von Kerner und Müller-Thurgau. Dazu gibt es Riesling, Silvaner, Muskateller, Weißburgunder und Traminer. Rote Rebsorten nehmen 35 Prozent der Rebfläche ein: Spätburgunder, Frühburgunder und Dornfelder, aber auch Cabernet Sauvignon, Cabernet Mitos und Merlot.

Vorjahre

In den letzten Jahren hatten Werner und Lisa Edling überzeugende Kollektionen, mit leichten Vorteilen im roten Segment. Vor zwei Jahren war das auch so, die Rotweine hatten die

Nase vorne mit zwei kraftvollen Barriqueweinen, Merlot und Cabernet Sauvignon; ebenso im vergangenen Jahr. Die Weißweine waren frisch und klar, geprägt von viel Frucht

Neue Kollektion

In diesem Jahr gefällt uns bei den Weißweinen der Riesling am besten, er ist frisch mit klarer Frucht und feinem Biss, hat Länge. Die Rotweine liegen wieder in Front, der Cabernet Sauvignon vom Jahrgang 2009 ist immer noch jung, dicht und tanninbetont, Merlot und Frühburgunder zeigen im jungen Stadium Potenzial.

Weinbewertung

85 2011 Riesling trocken Roßdorfer Roßberg **12,5 %/7,- €**
78 2011 Grauburgunder trocken Roßdorfer Roßberg **12 %/6,50 €**
82 2011 Grüner Silvaner Roßdorfer Roßberg **12,5 %/5,80 €**
84 2011 Frühburgunder trocken Roßdorfer Roßberg **13 %/9,20 €**
84 2011 Merlot trocken Roßdorfer Roßberg **13,5 %/10,- €**
86 2009 Cabernet Sauvignon trocken Barrique Roßdorfer Roßberg **14 %/15,40 €**

★

Egert

Weingut

Rheingau

Friedensplatz 15, 65375 Oestrich-Winkel
Verkauf: Rheinallee 33, 65347 Hattenheim
***Tel.** 06723-5557, **Fax:** 06723-4958*
www.weingut-egert.de
weingut.egert@t-online.de
***Besuchszeiten**: Mo.-Fr. 8-12 + 13-18 Uhr, Wochenende nach Vereinbarung*

Inhaber .... Manfred Egert
Rebfläche .... 5 Hektar

Bis ins 18. Jahrhundert reicht die Weinbautradition des Betriebes zurück, 1997 übernahm Manfred Egert die Leitung des Gutes von seinem Vater. Bewirtschaftet werden zum Großteil Spitzenlagen – 85 Prozent der Rebfläche in den Ortschaften Mittelheim, Oestrich und Hattenheim sind als Erstes Gewächs klassifiziert. Manfred Egert baut außer Riesling noch etwas Spätburgunder an. Bei den Weißweinen versucht er ein harmonisches Verhältnis von Säure und Restzucker zu erreichen. Die offiziell als trocken gekennzeichneten Weine sind in den letzten Jahren präziser geworden.

Vorjahre

Keineswegs verstecken mussten sich die 2009er, allesamt saftig, würzig und balanciert. 2010 war jahrgangsbedingt deutlich schwächer, das Erste Gewächs aus dem Nikolaus aber gefiel uns sehr gut.

Neue Kollektion

Rundum erfreulich ist nun der Jahrgang 2011. Alle Weine sind rassig und saftig, wobei die Doosberg-Rieslinge etwas kompakter, fester und würziger ausfallen als die Lenchen-Weine. Auch im edelsüßen Bereich setzt Egert auf Geradlinigkeit. Sowohl die Auslese als auch die Beerenauslese sind rassig und animierend, außerdem lobenswert reintönig.

Weinbewertung

83 2011 Riesling Kabinett trocken Oestricher Lenchen **11,5 %/5,90 €**
84 2011 Riesling Kabinett trocken Oestricher Doosberg **12 %/5,90 €**
85 2011 Riesling Spätlese trocken Hattenheimer Hassel **12,5 %/6,90 €**
87 2011 Riesling Spätlese trocken Hattenheimer Wisselbrunnen **12,5 %/7,90 €** ☺
83 2011 Riesling Classic **11,5 %/5,50 €**
83 2011 Riesling Kabinett halbtrocken Oestricher Lenchen **11,5 %/5,90 €**
85 2011 Riesling Kabinett halbtrocken Oestricher Doosberg **11,5 %/6,40 €**
86 2011 Riesling Spätlese halbtrocken Hattenheimer Hassel **12,5 %/7,90 €**
84 2011 Riesling Kabinett Hattenheimer Heiligenberg **8,5 %/5,90 €**

86 2011 Riesling Spätlese Hattenheimer Hassel **11,5 %/7,90 €**
88 2011 Riesling Auslese Hattenheimer Wisselbrunnen **10 %/9,80 €/0,5l**
89 2011 Riesling Beerenauslese Mittelheimer St. Nikolaus **8,5 %/13,80 €/0,5l**

Stephan Ehlen ★☆
Weingut

Mosel

Zur Kapelle 8, 54492 Erden
Tel. 06532-2267, Fax: 06532-1552
meulenhof@web.de
Besuchszeiten: immer, nach Vereinbarung

Inhaber .... Helma Justen
Kellermeister .... Stefan Justen
Rebfläche .... 2,5 Hektar

Auf mehr als 350 Jahre Geschichte blickt das Weingut Ehlen in Erden zurück. Angebaut wird ausschließlich Riesling, ein Großteil der Weine geht in den Export. Verantwortlich für den Weinausbau ist allerdings nicht mehr Stephan Ehlen, der sich aus dem Geschäft zurückzog, sondern Stefan Justen vom Weingut Meulenhof. Die Weine, überwiegend mit Restsüße abgefüllt, ähneln stilistisch unverkennbar den Rieslingen des Meulenhofs, allerdings sind jene oft noch ein wenig nachhaltiger und würziger.

Vorjahre

2009 überzeugten die saftige Spätlese und die kompakte Auslese am meisten. Die 2010er waren deutlich verhaltener, allein die Auslese konnte an die Vorjahresweine anknüpfen.

Jahrgang 2011

Sehr stimmig präsentiert sich der Jahrgang 2011 mit feinen, eleganten klassischen Moselrieslingen, angeführt von einer reintönigen, zupackenden Auslese, die zum Zeitpunkt der Verkostung noch sehr vom Schwefel geprägt war.

Weinbewertung

83 2011 Riesling Kabinett „feinherb" Erdener Treppchen **12 %/6,50 €**
84 2011 Riesling Spätlese „feinherb" Erdener Treppchen **12 %/9,30 €**
83 2011 Riesling Kabinett Erdener Treppchen **8,5 %/6,50 €**
85 2011 Riesling Spätlese Lösnicher Försterlay **8,5 %/9,50 €**
84 2011 Riesling Spätlese Erdener Treppchen **7,5 %/9,60 €**
87 2011 Riesling Auslese Erdener Treppchen **8,5 %/14,- €**

Carl Ehrhard ★★★
Weingut

Rheingau

Geisenheimer Straße 3, 65385 Rüdesheim
Tel. 06722-47396, Fax: 06722-9370129
www.carl-ehrhard.de
info@carl-ehrhard.com
Besuchszeiten: Vinothek „Wijnhuis" (Di.-Fr. 16-19 Uhr, Sa 10-15 Uhr), Straußwirtschaft Nov./Dez., Tapas & Wein vor Ostern, kulinarische Weinproben nach Vereinbarung

Inhaber .... Carl und Petra Ehrhard
Rebfläche .... 10 Hektar

Carl und Petra Ehrhard haben dieses traditionsreiche Weingut 1998 übernommen. Ihre Weinberge liegen alle in Rüdesheim, in den Lagen Berg Rottland, Berg Roseneck, Bischofsberg und Kirchenpfad. Neben 90 Prozent Riesling bauen sie etwas Spätburgunder an. Durch langsame und kühle Spontanvergärung versucht Carl Ehrhard die natürliche Frucht des Rieslings zu erhalten. Die Spätburgunder kommen nach der Maischegärung für mindestens zwölf Monate ins Holzfass – die „Selection" wird in Magnumflaschen abgefüllt. In der eigenen Straußwirtschaft kochen die Ehrhards Gerichte, die weit über das normale Gutsschenkenangebot ringsum hinausgehen – beispielsweise Spezialitäten aus Südafrika. Seit Carl Ehrhard das Weingut übernommen hat, werden die Weine meist trocken oder halbtrocken ausgebaut, sie besitzen viel Würze und Frucht und eine manchmal fast erdige Mineralität – vor allem dann, wenn sie unter der Bezeichnung „Urstück" vermarktet werden. Und sie altern ausgezeichnet, wie vor zwei Jahren eine umfangreiche Verkostung von Rieslingen über zwei Jahrzehnte zurück bewies.

Vorjahre

Die 2009er Rieslinge waren sehr gleichmäßig, kraftvoll und unverwechselbar. 2010 war nicht einfach ausgefallen, die Rieslinge besaßen eine markante Säure und waren im Spätsommer 2011 noch sehr jugendlich, teilweise nicht harmonisch. Vor allem die „Urstück"-Weine zeigten aber schon da die typisch erdige Würze und dürften sich gut entwickeln. Viel Spaß machten schon damals die saftige Auslese und die nachhaltige Beerenauslese.

Neue Kollektion

Die Weine des Jahrgangs 2011 sind gelungen, rassig und voller Würze. Schön, dass sich die drei „Urstück"-Rieslinge deutlich voneinander entscheiden. Der Bischofsberg besitzt eine leichte Zitrusnote, einen puristischen Stil und resche Säure, der Rottland Schmelz, der Roseneck-Riesling ist derzeit am charmantesten und komplexesten. Eigenwillig, vom Jahrgang geprägt und nur zart süß präsentiert sich die 2010er „Alte Rebe" aus der Klosterlay, saftig und zupackend die Auslese. Auch der Spätburgunder aus 2011 ist ein Musterbeispiel für stoffigen Rotwein, der sein Terroir nicht verleugnet und kein bisschen anstrengend ist.

Weinbewertung

85 2010 Pinot Sekt brut trocken Rüdesheimer **12,5 %/11,80 €**
82 2011 Riesling trocken Rüdesheimer **12 %/6,50 €**
85 2011 Grauburgunder trocken Rüdesheimer Klosterberg **12,5 %/7,50 €**
84 2011 Riesling Kabinett trocken **12,5 %/7,80 €**
87 2011 Riesling trocken „Urstück Nr. 1" Rüdesheimer Bischofsberg (87+ Punkte) **13,5 %/10,80 €**
88 2011 Riesling trocken „Urstück Nr. 2" Rüdesheimer Berg Roseneck **13,5 %/10,80 €**
89 2011 Riesling trocken „Urstück Nr. 3" Rüdesheimer Berg Rottland **13,5 %/10,80 €** ☺
83 2011 Riesling Kabinett „feinherb" **12 %/7,30 €**
86 2010 Riesling „Alte Rebe" Rüdesheimer Klosterlay **11,5 %/10,50 €**
90 2011 Riesling Auslese Rüdesheimer Berg Rottland **9,5 %/18,- €**
84 2011 Spätburgunder Rosé trocken Rüdesheimer **12,5 %/7,50 €**
86 2011 Spätburgunder trocken Rüdesheimer Kirchenpfad **13,5 %/10,80 €**

Ehrhart ★

Weinbau

Pfalz

Weinstraße 2, 76831 Eschbach
***Tel.** 06345-7474, **Fax:** 06345-7474*
www.weingut-ehrhart.de
mail@weingut-ehrhart.de
***Besuchszeiten:** Mo.-Sa. nach Vereinbarung*

Inhaber .... Reinhold und Benjamin Ehrhart
Rebfläche .... 1,5 Hektar

1959 füllte die Familie Ehrhart den ersten Wein unter ihrem Namen, 1988 übernahmen Reinhold und Ute Ehrhart den Betrieb und erweiterten ihn auf die heutige Größe von knapp über 10 Hektar. Mittlerweile ist Sohn Benjamin nach seiner Ausbildung zum Weinbautechniker für den Weinausbau verantwortlich und dreht an der Qualitätsschraube. Die Weinberge liegen rund um Eschbach, die besten Lagen der Familie sind der Leinsweiler Sonnenberg und der Ilbesheimer Rittersberg. Wichtigste Rebsorten im Betrieb sind Riesling und Spätburgunder, daneben gibt es Weiß- und Grauburgunder, Sauvignon Blanc, Gewürztraminer, Morio-Muskat, Dornfelder und Schwarzriesling. Das Sortiment ist aufsteigend durch einen bis drei Sterne gegliedert, darüber gibt es noch die Lagenweine.

Die Kollektion

Die trockenen Weißweine brauchen alle viel Luft und setzen weniger auf vordergründige Frucht als vielmehr auf mineralische Würze und Tabaknoten – spannende Weine, die gut reifen dürften. Der drei-Sterne-Spätburgunder bietet viel Wein fürs Geld, nur mit seinem im Barrique ausgebauten großen Bruder, dem Spätburgunder aus dem Sonnenberg können wir uns nicht so recht anfreunden, hier fehlt uns die Typizität.

Weinbewertung

83 2011 Sauvignon Blanc** trocken **12 %/4,90 €**

85 2011 Grauburgunder trocken Ilbesheimer Rittersberg **13 %/6,50 €**

82 2011 Riesling** trocken **12 %/4,50 €**

86 2011 Riesling trocken „Alte Reben" Leinsweiler Sonnenberg **12,5 %/6,90 €**

82 2009 Spätburgunder*** trocken **13,5 %/5,50 €**

82 2009 Spätburgunder trocken Leinsweiler Sonnenberg **14,5 %/14,- €**

★★★★

Bernhard **Eifel**

Weingut

Mosel

Laurentiusstraße 17, 54349 Trittenheim
Tel. *06507-5972,* ***Fax:*** *06507-6460*
www.weingut-bernhard-eifel.de
bernhard.eifel@t-online.de
Besuchszeiten: *9-18 Uhr nach Vereinbarung*
„Stefan-Andres" Weinstube/Restaurant
(ab 18 Uhr, Mo. + Di. Ruhetag)
Gästehaus, Weinwanderungen, Fahrradtouren, kulinarische Veranstaltungen

Inhaber............................Bernhard Eifel
Rebfläche................................6 Hektar

Das Weingut in Trittenheim ist nicht das einzige, das den Namen Eifel führt. Seit Generationen ist dieses Weingut in Trittenheim in Familienbesitz und wird heute von Bernhard und Marietta Eifel geleitet. Tochter Alexandra ist nach einem Önologiestudium in Geisenheim und nach Praktika an der Terrassenmosel und in der Pfalz zurück nach Hause gekehrt; der von ihr verantwortete Wein mit dem Namen „Alex E." hat sich etabliert. Die Jungwinzerin ist allerdings nun auch, zusammen mit ihrem Mann, im Weingut Christoph Clüsserath aktiv. Die Weinberge von Bernhard Eifel liegen in Trittenheim in den Lagen Apotheke und Altärchen, im Longuicher Maximiner Herrenberg und im Schweicher Annaberg. Bei der Weinbereitung versucht man, das Terroir herauszuarbeiten, sowohl Edelstahl als auch Holzfässer kommen zum Einsatz; teilweise werden auch natürliche Hefen verwendet.

Vorjahre

Die Basisweine sind eine Stärke des Weinguts, der „Maximilian E." überzeugt auch in schwierigen Jahren, die betont schmelzigen, manchmal recht fülligen, aber komplexen Spitzenweine vom blauen und roten Schiefer bilden die Spitze – inzwischen gemeinsam mit dem Erste Lage-Riesling aus dem Schweicher Annaberg. Sie benötigen oft lange, um zur vollen Form zu finden, jung sind sie manchmal etwas verschlossen. Die 2009er waren im trockenen Bereich überzeugend, klar und mineralisch; die süßen Weine wirkten dagegen ein wenig verhalten. Sehr geschlossen präsentierte sich auch der Jahrgang 2010, bot kraftvolle, eigenständige Rieslinge mit Frucht und Substanz, ob trocken, halbtrocken oder süß.

Jahrgang 2011

Auch 2010 ist stark, trocken wie süß. „Maximilian E." und Spätlese trocken aus der Apotheke sind wunderschön saftig, klar und fruchtbetont, der Erste Lage-Wein aus dem Annaberg konzentrierter und würziger, aber auch verschlossener, der Wurzelechte bietet viel Kraft und Substanz. Saftig und wunderschön süffig ist „Alex E.", wie auch die harmonischen Auslesen, gekrönt wird der Jahrgang durch eine dicke, konzentrierte Beerenauslese mit viel Substanz.

Weinbewertung

83 2011 Guts-Riesling trocken **12 %/6,90 €/1l**
87 2011 Riesling „Maximilian E." **12,5 %/8,50 €** ☺
88 2011 Riesling Spätlese trocken Trittenheimer Apotheke **12 %/10,- €** ☺
86 2011 Riesling „vom Rotliegenden" Schweicher Annaberg **11,5 %/9,- €**
86 2010 Riesling „Alte Reben" Longuicher Maximiner Herrenberg **12 %/15,- €**
82 2011 Riesling Kabinett „feinherb" Trittenheimer Apotheke **11,5 %/9,- €**
87 2011 Riesling „erste Lage" Schweicher Annaberg **12 %/20,- €**
88 2011 Riesling „Der Wurzelechte vom roten Schiefer" Schweicher Annaberg **12 %/15,- €**
88 2011 Riesling „Alex E." „feinherb" Longuicher Maximiner Herrenberg **11 %/13,- €**
87 2011 Riesling Spätlese Longuicher Maximiner Herrenberg **11 %/13,- €**
88 2011 Riesling Auslese Schweicher Annaberg **9 %/12,50 €**
88 2011 Riesling Auslese Trittenheimer Apotheke **8 %/15,- €**
90 2011 Riesling Beerenauslese Schweicher Annaberg **10,5 %/45,- €**

★

Ernst **Eifel**

Weingut

Mosel

Johannes-Trithemius-Straße 21, 54349 Trittenheim
***Tel.** 06507-2632, **Fax:** 06507-6683*
www.weinguteifel.de
info@weinguteifel.de
***Besuchszeiten:** täglich 8-20 Uhr*
Gästehaus „Moselkloster" (45 Betten)

Inhaber .... Ernst und Marlene Eifel
Rebfläche .... 3,3 Hektar

Seit 1635 bewirtschaftet die Familie Eifel Weinberge in Trittenheim. Die Weinberge von Ernst und Marlene Eifel befinden sich in den Lagen Trittenheimer Apotheke, Trittenheimer Altärchen und Detzemer Würzgarten. 1980 hat Ernst Eifel einen Teil des Betriebes von seinem Vater übernommen (den anderen Teil sein Bruder Bernhard, siehe vorherigen Eintrag). Er baut zu 90 Prozent Riesling an, Weißburgunder und Müller-Thurgau ergänzen das Angebot. Sohn Christoph hat im August 2010 seine Winzerausbildung begonnen.

Vorjahre

2009 bot eine gleichmäßige Kollektion animierender Rieslinge. Gleichmäßig präsentierte sich auch 2010, allerdings auf einem jahrgangsbedingt etwas niedrigeren Niveau.

Jahrgang 2011

Sehr ähnlich präsentiert sich nun auch der Jahrgang 2011, mit etwas verhaltenen trockenen und halbtrockenen Weißweinen. Highlights der Kollektion sind eindeutig die edelsüßen Rieslinge: Die würzige, harmonische Auslese aus der Apotheke und die nach Trockenfrüchten duftende, reintönige Beerenauslese aus dem Altärchen.

Weinbewertung

80 2011 Weißburgunder trocken **12 %/7,- €**
80 2011 Riesling trocken **12 %/5,20 €**
82 2011 Riesling Spätlese trocken „vom blauen Schiefer" Trittenheimer Altärchen **12 %/8,50 €**
82 2011 Riesling Spätlese trocken Trittenheimer Apotheke **12,5 %/9,50 €**
80 2011 Riesling Spätlese trocken „aus dem Rosengarten" **12,5 %/9,50 €**
81 2011 Riesling Kabinett halbtrocken Trittenheimer Apotheke **11 %/7,- €**
80 2011 Riesling Spätlese halbtrocken Trittenheimer Altärchen **12,5 %/9,- €**
83 2011 Riesling Spätlese Trittenheimer Altärchen **9 %/8,50 €**
87 2011 Riesling Auslese Trittenheimer Apotheke **10 %/14,- €/0,5l**
88 2011 Riesling Beerenauslese Trittenheimer Altärchen **9,5 %/24,- €/0,375l**

★★★★

Franz-Josef Eifel

Weingut

Mosel

Engelbert-Schue-Weg 2, 54349 Trittenheim
Tel. *06507-70009,* ***Fax:*** *06507-7139*
www.fjeifel.de
info@fjeifel.de
Besuchszeiten: *nach Vereinbarung*
Gästehaus

Inhaber .... Franz-Josef Eifel
Rebfläche .... 5 Hektar

Das Weingut, etwas versteckt in Trittenheim gelegen, wird in der vierten Generation von Franz-Josef Eifel geführt. Mit 1,3 Hektar fing er an, heute besitzt er 5 Hektar Weinberge. Jeweils gut zwei Hektar hat er in den Trittenheimer Lagen Apotheke und Altärchen, hinzu kommt eine Parzelle im Neumagener Rosengärtchen. Riesling nimmt 95 Prozent seiner Rebfläche ein, dazu gibt es Weißburgunder, der 2002 den ersten Ertrag brachte. Franz-Josef Eifel vergärt seine Weine recht kühl und langsam, teilweise mit den eigenen Hefen. Ausgebaut werden sie teils in Edelstahltanks, teils in Fuderfässern. Die Weinberge werden biologisch bewirtschaftet (Ecovin).

Vorjahre

Die 2009er waren saftig, rassig und teilweise deutlich mineralisch. Die 2010er Kollektion war hervorragend, wie nur wenige andere an der Mosel hat Franz-Josef Eifel sowohl klasse trockene Rieslinge, als auch „feinherbe" und süße Rieslinge erzeugt, hinzu kamen edelsüße Weine mit einer faszinierenden Beerenauslese an der Spitze.

Jahrgang 2011

Die neue Kollektion präsentiert sich homogen auf hohem Niveau, schon der Kabinett ist frisch und zupackend, trocken trumpft der Sonnenfels auf, besitzt Fülle und Kraft, viel Substanz und gute Länge. Im starken feinherben Segment ist die Große Leidenschaft unser Favorit, zeigt etwas gelbe Früchte und Zitrus im Bouquet, ist füllig und kraftvoll im Mund bei viel Substanz und Biss. Die süßen Spätlesen stehen ihren Kollegen nicht nach, sie sind konzentriert und reintönig, saftig und lang. Und der 2002er spielte in unserer Sonderverkostung eine sehr gute Rolle, gehörte zu den Spitzenweinen der Mosel.

Weinbewertung

85 2011 Riesling Kabinett trocken Trittenheimer Apotheke **12 %/8,50 €**
87 2011 Riesling Spätlese „Alte Reben" trocken Trittenheimer Apotheke **12,5 %/14,- €**
89 2011 Riesling trocken „Sonnenfels" Trittenheimer Apotheke **12,5 %/18,- €**
87 2011 Riesling „Su wie frieja" Trittenheimer Apotheke **12 %/12,- €**
87 2011 Riesling Spätlese „feinherb" „Jungheld" Trittenheimer Apotheke **12 %/14,- €**
89 2011 Riesling Auslese „feinherb" „Die große Leidenschaft" Trittenheimer Apotheke **12 %/18,- €**
88 2011 Riesling Spätlese „Alte Reben" Trittenheimer Apotheke **8,5 %/14,- €**
89 2011 Riesling Spätlese „Goldstückchen" Trittenheimer Apotheke **8 %/18,- €**
90 2002 Riesling Spätlese trocken Trittenheimer Apotheke **12,5 %/18,- €**

★★☆

Eifel-Pfeiffer

Weingut

Mosel

Moselweinstraße 70, 54349 Trittenheim
Tel. *06507-926214 / 926215,* ***Fax:*** *06507-926230*
www.eifel-pfeiffer.de
anne.eifel@eifel-pfeiffer.de
Besuchszeiten: *nach Vereinbarung*
Weinproben

Inhaber .... Heinz und Brigitte Eifel
Rebfläche .... 7 Hektar

Das Weingut Eifel-Pfeiffer ist ein alteingesessenes Familienweingut in Trittenheim, das bereits 1640 erstmals urkundlich erwähnt wurde. Heinz und Brigitte Eifel werden heute von Tochter Anne unterstützt, die ihr Studium in Geisenheim bereits im Jahr 2000 beendet hat. Die Weinberge liegen in den Lagen Trittenheimer Apotheke und Altärchen, Graacher Himmelreich und Domprobst sowie in der Wehlener Sonnenuhr und in der Bernkasteler Badstube. Riesling nimmt über 90 Prozent der Rebfläche ein. Etwa ein Fünftel der Rieslingfläche ist mit wurzelechten, 50 bis 90 Jahre alten Reben bestockt. Je nach Jahrgangsbedingungen und Reifezustand wird das Lesegut mittels Ganztraubenpressung gekeltert oder vor dem Pressen angequetscht. Die Weine werden teils in Edelstahltanks, teils in Fuderfässern ausgebaut.

Vorjahre

Die 2009er waren wunderschön rassig und animierend, bereits die Basis hatte Klasse. 2010 war jahrgangsbedingt etwas verhaltener, bot aber zuverlässig gute Qualität, am besten gefiel uns die Auslese aus der Apotheke.

Jahrgang 2011

Die 2010er schließen wieder an frühere Jahrgänge an, die Kollektion präsentiert sich geschlossen auf gutem und sehr gutem Niveau. Der Gutsriesling ist frisch und klar, die drei trockenen Spätlesen besitzen klare, reife Frucht und gute Substanz; bei den süßen Spätlesen gilt unsere leichte Präferenz dem Wein aus der Sonnenuhr, am besten aber gefällt uns wieder die reintönige, füllige Auslese aus der Apotheke.

Weinbewertung

83 2011 Riesling trocken **12 %/6,- €**
86 2011 Riesling Spätlese trocken Trittenheimer Apotheke **12,5 %/10,- €**
86 2011 Riesling Spätlese trocken Neumagener Sonnenuhr **12 %/10,- €**
86 2010 Riesling Spätlese (trocken) „Der Wurzelechte" Graacher Domprobst **12 %/10,- €**
83 2011 Riesling Kabinett Trittenheimer Altärchen **9,5 %/7,50 €**
86 2011 Riesling Spätlese Trittenheimer Apotheke **9 %/11,- €**
87 2011 Riesling Spätlese Wehlener Sonnenuhr **9 %/11,- €**
88 2011 Riesling Auslese Trittenheimer Apotheke **9,5 %/17,- €/0,5l**

★★★

Bernhard **Ellwanger**

Weingut

Württemberg

Rebenstraße 9, 71384 Weinstadt
***Tel.** 07151-62131, **Fax:** 07151-603209*
www.weingut-ellwanger.com
info@weingut-ellwanger.com
***Besuchszeiten:** Mo./Di./Do./Fr. 14-18:30 Uhr, Sa. 9:30-12:30 Uhr*

Inhaber .... Familie Ellwanger
Rebfläche .... 27 Hektar

Bernhard und Ingrid Ellwanger gründeten 1975 das Weingut, mit einem halben Hektar Weinberge. Vor allem in den letzten zehn Jahren haben sie sich kontinuierlich vergrößert, so dass das Gut mit heute 27 Hektar, verteilt aufs ganze Remstal, zu den großen Weingütern in der Region gehört. Die Weinberge liegen vor allem in Großheppach (in 270 bis 430 Meter Höhe, Lage Steingrübler mit buntem Mergel), Schorndorf (Grafenberg, Keuperböden) und Geradstetten (Sandsteinverwitterungsböden). Zwei Drittel der Fläche nehmen rote Sorten ein. Neben Trollinger, Spätburgunder und Lemberger gibt es auch Sorten wie Muskattrollinger, Hegel, Merlot, Syrah und Cabernet Franc. Wichtigste Weißweinsorte ist Riesling. Danach folgt Sauvignon Blanc. Seit 1999, nach Geisenheim-Studium und Aufenthalt in Neuseeland – daher die Begeisterung für Sauvignon Blanc – ist Sohn Sven im Betrieb tätig und für den Keller verantwortlich. Mit dem Jahrgang 2007 wurde erstmals der Riesling „R" erzeugt, eine natürliche Mutation des Weißen Rieslings, dessen Beerenhaut eine ähnliche Farbe aufweist wie die des Traminers oder des Grauburgunders.

Vorjahre

Seit der ersten Ausgabe empfehlen wir die Weine der Ellwangers, in diesem Zeitraum haben sie kräftig zugelegt, heute können sie sich mit den besten Weingütern Württembergs messen. Vor zwei Jahren trumpfte Sven Ellwanger mit kraftvollen Rotweinen auf, Spätburgunder und Lemberger gefielen uns besonders, der Syrah stand ihnen kaum nach. Das weiße Segment führte der Sauvignon Blanc „Junges Schwaben" an, auch der Riesling aus dem Steingrüble überzeugte. Der 2010er Sauvignon Blanc „Junges Schwaben" war eigenwillig verschlossen, besaß viel Substanz. Besser aber gefielen uns im vergangenen Jahr die 2009er Rotweine, zum Teil als Fassproben verkostet, sie besaßen Frucht und Struktur.

Neue Kollektion

Dieses Jahr nun konnten wir Lemberger und Syrah abgefüllt verkosten – sie gefielen uns noch besser. Beide sind kraftvoll und herrlich reintönig, der Syrah zeigt etwas Brombeeren und Pfeffer, der Lemberger faszinierend viel Frucht – so macht das Freude. Auch sonst präsentiert sich die Kollektion stimmig auf gutem Niveau, schon die Holzfass-Rotweine sind klar und wunderschön fruchtbetont, die Cuvée CMX besitzt gute Struktur und Substanz. Das weiße Segment wird angeführt von dem gewohnt eigenwilligen Sauvignon Blanc „Junges Schwaben", 2010 intensiv, fruchtbetont und kraftvoll, 2011, als Fassprobe verkostet, enorm verschlossen.

Weinbewertung

84 2008 Pinot Sekt brut **12 %/11,50 €**
86 2005 Pinot „V" Sekt brut **12 %/15,- €**
83 2011 Riesling trocken **11,5 %/6,50 €**
84 2011 Riesling Spätlese trocken „bunter Mergel" **12,5 %/9,- €**
85 2011 Sauvignon Blanc trocken **12,5 %/8,80 €**
(86) 2011 Chardonnay Spätlese trocken „bunter Mergel" **13,5 %/11,- €**
88 2010 Sauvignon Blanc trocken „Junges Schwaben" **12,5 %/22,- €**
(88) 2011 Sauvignon Blanc trocken „Junges Schwaben" **13 %/22,- €**
87 2011 „Die kleine Eiszeit" Eiswein **10,5 %/a.A./0,375l**
86 2010 Lemberger trocken Holzfass **13,5 %/8,80 €**
87 2009 „Kreation CMX" Rotwein trocken **13,5 %/14,- €**
86 2010 Spätburgunder trocken Holzfass **12 %/11,- €**
89 2009 Lemberger „SL" trocken **14 %/22,- €**
90 2009 Syrah „SL" trocken **13,5 %/20,- €**

★★★★

Jürgen Ellwanger

Weingut

Württemberg

Bachstraße 21, 73650 Winterbach
***Tel.** 07181-44525, **Fax:** 07181-46128*
www.weingut-ellwanger.de
info@weingut-ellwanger.de
***Besuchszeiten:** Di.-Fr. 8-12 + 15-19 Uhr, Sa. 8-15 Uhr*

Inhaber .... Jörg Ellwanger
Rebfläche .... 23 Hektar

Weinbau wird schon seit dem 16. Jahrhundert in der Familie betrieben, das heutige Weingut Ellwanger wurde 1949 von Gottlob Ellwanger gegründet. Jürgen Ellwanger machte das Gut über Württemberg hinaus bekannt, war als Mitglied der 1986 gegründeten Hades-Gruppe einer der Pioniere des Barriqueausbaus in Deutschland. Heute führt sein Sohn Jörg Ellwanger den Betrieb zusammen mit Ehefrau Sylvia und unterstützt von seinem jüngsten Bruder Felix. Der andere Bruder, Andreas, hat zusammen mit seiner Ehefrau das Weingut Doreas gegründet, unterstützt aber seinen Bruder noch im Keller. Jörg Ellwangers Weinberge verteilen sich auf fünf Gemeinden im Remstal. Wichtigste Lagen sind Winterbacher Hungerberg, Hebsacker Lichtenberg und

Schnaiter Altenberg. Er baut zu 65 Prozent rote Sorten an, vor allem Lemberger, Trollinger und Spätburgunder, aber auch Zweigelt, Merlot und Syrah. Mit Abstand wichtigste weiße Rebsorte ist Riesling, dazu gibt es Weißburgunder, Grauburgunder und Kerner.

Vorjahre

Seit der ersten Ausgabe empfehlen wir das Weingut, wiesen schon damals darauf hin, dass hier mit die interessantesten Rotweine in Württemberg entstehen. In Deutschland, müsste man mittlerweile präzisieren, zeichneten wir doch das Weingut einmal für die beste Rotweinkollektion in Deutschland aus. Aber auch mit seinen Rieslingen, trocken wie edelsüß, gehört Jörg Ellwanger regelmäßig zur Spitze. Vor zwei Jahren war die Kollektion ganz stark, wie im Jahr zuvor gefielen uns Hades-Grauburgunder und Riesling Altenberg am besten; die Rotweine aber gefielen uns noch ein klein wenig besser: Gleich fünf bärenstarke Hades-Weine aus dem Jahrgang 2007 hatte Jörg Ellwanger auf die Flasche gebracht, dem Nicodemus galt unsere leichte Präferenz. Die 2008er präsentierten sich im vergangenen Jahr ebenso geschlossen auf hohem Niveau, der 2009er Spätburgunder aus dem Lichtenberg konnte Paroli bieten. Im weißen 2010er Segment überraschte der reintönige Sauvignon Blanc, der Riesling aus dem Altenberg bestätigte den sehr guten Eindruck der vergangenen Jahre und der Riesling Eiswein setzte das gewohnte edelsüße Glanzlicht.

Weißweine

Sehr stimmig präsentieren sich die Weißweine in diesem Jahr, mit einem feinen, frischen, fruchtbetonten und zupackenden Riesling Kabinett, einem reintönigen Sauvignon Blanc, einem konzentrierten, fülligen Hades-Grauburgunder mit viel Substanz und guter Struktur und einem fruchtbetonten, fülligen, saftigen Riesling aus dem Schnaiter Altenberg.

Rotweine

Ganz leicht präferieren wir aber auch in diesem Jahr wieder die Rotweine, wobei die 2009er teils recht holzgeprägt sind. Der Merlot besitzt viel Fülle und Kraft, aber auch kräftige Tannine, ebenso wie der Nicodemus noch sehr jugendlich ist. Der Zweigelt ist fruchtbetont, kraftvoll und zupackend, ebenfalls tanninbetont, etwas zugänglicher finden wir den Hades-Lemberger, stoffig und opulent besitzt er gute Substanz und Struktur; das Große Gewächs ist ebenfalls füllig bei deutlichen Vanillenoten. Bei den Spätburgundern fällt uns die Wahl schwer zwischen dem kraftvollen, recht tanninbetonten Hades-Wein und dem strukturierten, frischen Großen Gewächs aus dem Lichtenberg – leichte Präferenz für Letzteren.

Weinbewertung

88 2011 Sauvignon Blanc trocken **12 %/13,- €**
86 2011 Riesling Kabinett trocken Winterbacher Hungerberg **12 %/7,50 €**
89 2011 Riesling „GG" Schnaiter Altenberg **13 %/22,- €**
89 2010 Grauburgunder trocken „Hades" **13 %/19,- €**
85 2011 Lemberger trocken Hebsacker Lichtenberg **13 %/7,50 €**
84 2011 Spätburgunder Spätlese trocken Hebsacker Lichtenberg **13,5 %/10,50 €**
90 2010 Spätburgunder „GG" Hebsacker Lichtenberg **13,5 %/22,- €**
89 2009 Spätburgunder trocken „Hades" **14 %/21,- €**
89 2010 Lemberger „GG" Hebsacker Lichtenberg
90 2009 Lemberger trocken „Hades" **13,5 %/21,- €**
89 2009 Zweigeltrebe trocken „Hades" **13,5 %/24,- €**
89 2009 „Nicodemus" Rotwein trocken „Hades" **13,5 %/26,- €**
89 2009 Merlot trocken „Hades" **14 %/25,- €**

★★★★★

Emrich-Schönleber

Weingut **Nahe**

Soonwaldstraße 10a, 55569 Monzingen
***Tel.** 06751-2733, **Fax:** 06751-4864*
www.emrich-schoenleber.com
weingut@emrich-schoenleber.com
***Besuchszeiten:** Mo.-Fr. 8-12 + 13:30-18 Uhr, Sa. 8-12 + 13-16 Uhr, NUR nach Vereinbarung*

Inhaber .... Werner und Frank Schönleber
Rebfläche .... 17 Hektar

Seit mehr als 250 Jahren gibt es zwar Weinbau in der Familie, aber erst Ende der sechziger Jahre – mit zwei Hektar Weinbergen – begann die Entwicklung zum Weingut durch Hannelore und Werner Schönleber, die heute im Betrieb von Sohn Frank unterstützt werden. Sie bauen neben 80 Prozent Riesling etwas Grau- und Weißburgunder an. Ihnen gehören Weinberge in den Monzinger Lagen Frühlingsplätzchen und Halenberg (5 Hektar), beides steile Süd- bis Südwesthänge, in denen die Reben auf Gesteinsböden der so genannten Waderner Schichten wachsen. Hauptbodenbestandteile sind unterschiedliche Schieferarten, Quarzit und Quarz. Der Halenberg, die kleinste Monzinger Lage, besteht aus steinigen, von blauem Schiefer und Quarzit geprägten Böden. Das Frühlingsplätzchen ist von rotem Schiefer und Kiesel geprägt, häufig durchsetzt mit rotem Lehm und Rotliegendem. Im Filetstück des Halenberg, früher Lay genannt, haben Werner und Frank Schönleber 2007 eine 0,64 Hektar große Brachfläche rekultiviert, 2008 eine weitere, 1,2 Hektar groß, direkt über dem Halenberg.

Schon in der ersten Ausgabe konstatierten wir, dass Werner Schönleber sich in der Spitze der Nahe-Winzer etabliert hat. Aber Spitze sein genügt nicht, man muss immer noch besser werden. Wir sind beeindruckt, wie die Qualität in diesen zehn Jahren stetig weiter gesteigert wurde, wie die Weine immer noch präziser, noch ausdrucksstärker geworden sind. Wir sind beeindruckt, weil dies nicht nur für die Großen Gewächse gilt, sondern in gleichem Maße auch für den Gutsriesling und für alle anderen Weine: Das ist Größe!

Vorjahre

2009 galt wie auch schon im Jahr zuvor, dass bei den süßen Spätlesen von Frühlingsplätzchen und Halenberg ganz klar die Lagencharakteristika hervortraten: Beide Spätlesen fanden wir hervorragend, beide unterschieden sich deutlich voneinander. Wobei sie noch übertroffen wurden von der Goldkapsel-Auslese aus dem Halenberg. Großartig war aber auch wieder der trockene Teil der Kollektion, die beiden Großen Gewächse aus Halenberg und Frühlingsplätzchen begeisterten uns, beides große Weine, faszinierend präzise und enorm nachhaltig! Auch 2010 brillierten Werner und Frank Schönleber wieder mit faszinierenden edelsüßen Weinen, mit Auslese und Eiswein aus dem Halenberg. Im trockenen Segment gab es einen ganz puristischen Riesling „Mineral", die trockenen Lagenweine zeigten ebenfalls diese puristische, mineralische Stilistik, besaßen aber noch mehr Substanz und Druck. In den Großen Gewächsen war dann alles noch konzentrierter, der Halenberg lag einmal mehr vor dem Frühlingsplätzchen. Dass trockene Schönleber-Rieslinge hervorragend reifen, davon konnten wir uns im verganenen Jahr bei einem Besuch vor Ort überzeugen, diese Überzeugung wurde dann bei unserer großen Verkostung mit trockenen Rieslingen des Jahrgangs 2001 eindrucksvoll bestätigt mit dem Sieg der trockenen Auslese aus dem Halenberg.

Neue Kollektion

Keine Überraschung: Die Kollektion ist auch 2011 wieder rundum gelungen! Schon der Gutsriesling ist herrlich reintönig zeigt präzise Frucht und feine mineralische Noten – Charakteristika, die beim „Mineral" noch deutlicher ausgeprägt sind. Die beiden Lagenrieslinge sind dann noch einmal substanzreicher und auch eleganter, mit nachhaltigen mineralischen Noten. Unter den beiden Großen Gewächsen – beide enorm nachhaltig, mit viel Druck und

Länge – ist einmal mehr der Wein aus dem Halenberg knapp unser Favorit, der Versteigerungswein „A.de.L." aus der Lay ist unter den großen trockenen Rieslingen der Schönlebers der eleganteste und feinste und steht ganz am Anfang seiner Entwicklung. Der halbtrockene 2009er Riesling „R" aus dem Halenberg ist faszinierend nachhaltig und harmonisch und so klar und präzise wie auch die hervorragenden süßen und edelsüßen Rieslinge: Bei den herrlich eleganten Spät- und Auslesen sind die Weine aus dem Halenberg noch eine Spur komplexer und prägnanter als jene vom Frühlingsplätzchen, die Beerenauslese ist konzentriert und cremig und zeigt viel feine Frische.

Weinbewertung

86 2011 Weißburgunder trocken **13,5 %/11,90 €**
87 2011 Grauburgunder „S" trocken **13,5 %/13,90 €**
86 2011 Riesling trocken **12,5 %/8,90 €**
88 2011 Riesling trocken „Mineral" **13 %/13,90 €**
90 2011 Riesling trocken Monzinger Frühlingsplätzchen **13 %/17,50 €**
90 2011 Riesling trocken Monzinger Halenberg **13 %/19,50 €**
93 2011 Riesling „GG" Frühlingsplätzchen **12,5 %/34,50 €**
94 2011 Riesling „GG" Halenberg **13 %/36,50 €**
92 2011 Riesling trocken „A.de.L" **13 %/Verst.**
86 2011 Riesling „Lenz" **12,5 %/10,50 €**
93 2009 Riesling „R" Monzinger Halenberg **13 %/32,50 €**
88 2011 Riesling Kabinett Monzinger **10,5 %/12,50 €**
90 2011 Riesling Spätlese Monzinger Frühlingsplätzchen **9 %/19,90 €**
92 2011 Riesling Spätlese „Rutsch" Monzinger Frühlingsplätzchen **9,5 %/Verst.**
92 2011 Riesling Spätlese Monzinger Halenberg **9 %/19,90 €**
92 2011 Riesling Auslese Monzinger Frühlingsplätzchen **9 %/32,50 €/0,375l**
93 2011 Riesling Auslese Monzinger Halenberg **9 %/32,50 €/0,375l**
93 2011 Riesling Beerenauslese Monzinger Halenberg **7,5 %/79,- €/0,375l**

★☆

Engelhof

Weingut

Baden

Engelhof 1, 79801 Hohentengen am Hochrhein
***Tel.** 07742-7497, **Fax**: 07742-7960*
www.engelhof.de, engelhof@t-online.de
***Besuchszeiten**: Mo.-Fr. 8-12 + 14:30-18:30 Uhr, Sa. 9-13 Uhr nach Vereinbarung*

E

Inhaber .... Georg Netzhammer
Kellermeister .... Alexander Schira
Rebfläche .... 26 Hektar

Das 1628 gegründete Gut wurde 1982 von Obst- auf Weinbau umgestellt. 1986 übernahm die Familie Georg Netzhammer den Betrieb. Georg Netzhammer beendete 1990 in Wädenswil sein Önologiestudium und baute seither das Weingut mit seiner Frau Andrea aus. Neben der arrondierten, 20 Hektar großen Lage um das Gut am Hohentengener Oelberg bewirtschaftet Georg Netzhammer 6 Hektar am Erzinger Kapellenberg. Der Schwerpunkt liegt auf den Burgundersorten und Gutedel, zuletzt wurden Chardonnay, Johanniter und Solaris gepflanzt. Mit Ausnahme edelsüßer Spezialitäten werden alle Weine traditionell trocken ausgebaut. Die letzten Jahre investierte man in Betrieb und Kellertechnik, ein Weinforum für Degustationen und Verkauf wurde mitten im Weinberg errichtet.

Vorjahre

Vor zwei Jahren war die Kollektion homogen, der barriqueausgebaute Weißburgunder war unser Favorit. 2010 waren die Weißweine jahrgangsbedingt schwächer, die Barriquerotweine präsentierten sich im letzten Jahr würzig, tanninbetont und etwas holzgeprägt.

Neue Kollektion

Die 2009er Rotweine haben sich schön entwickelt, das Holz integriert, die jüngeren Spätburgunder besitzen klare Frucht und gute Struktur. Im weißen Segment gefällt uns der barriqueausgebaute Chardonnay am besten, ist füllig und kraftvoll, besitzt reife Frucht, gute Struktur und Substanz.

Weinbewertung

81 2011 Müller-Thurgau trocken **11,5 %/5,50 €**
82 2011 Grauburgunder **12,5 %/7,50 €**
82 2011 Riesling trocken **12,5 %/10,50 €**
82 2011 Weißburgunder Spätlese trocken **12,5 %/9,- €**
83 2011 Grauburgunder Spätlese trocken **12 %/9,50 €**
86 2011 Chardonnay Barrique **13 %/12,- €**
83 2011 Spätburgunder Spätlese Erzinger Kapellenberg **13 %/9,40 €**
84 2010 Spätburgunder „S" **13 %/7,20 €**
85 2009 Regent Barrique **13 %/8,40 €**
85 2009 Spätburgunder Barrique **13 %/12,90 €**
86 2009 Pinot Noir **13 %/15,90 €**
83 2010 „Laura" Rotwein **13,5 %/12,- €**

★☆

Engist
Weingut

Baden

Winzerweg 6, 79235 Vogtsburg-Achkarren
***Tel.** 07662-373, **Fax**: 07662-912203*
www.weingut-engist.de
weingut-herbert-engist@t-online.de
***Besuchszeiten**: nach Vereinbarung*
2 Ferienwohnungen

Inhaber .... Herbert Daniel Engist
Rebfläche .... 4,5 Hektar

Nach seiner Meisterprüfung in Weinsberg hat Herbert Daniel Engist 1998 ein Weingut in Staufen übernommen, das er zwei Jahre lang führte. Bereits im Jahr zuvor hatte er in Achkarren die Weinberge seines Vaters, der Betriebsleiter bei der örtlichen Genossenschaft war, übernommen und in Terrassen neu angelegt. Seit dem Jahr 2000 sind diese Weinberge in Ertrag und er konzentriert sich ganz auf seine Kaiserstühler Weine. Neben den Burgundersorten hat er Riesling, Müller-Thurgau und Muskateller, aber auch Regent, Merlot und Cabernet Sauvignon gepflanzt. Die Trauben werden entrappt und meist erst nach kurzer Maischestandzeit weiterverarbeitet. Weißweine werden im Edelstahl ausgebaut, beim Chardonnay kommt ein Drittel des Weins ins Barrique. Die Rotweine baut er in gebrauchten Barriques aus, die er aus dem Piemont bezieht. Alle Rotweine durchlaufen den biologischen Säureabbau und bleiben mindestens zwölf Monate im Holz. Seine Weine baut Herbert Daniel Engist überwiegend trocken und durchgegoren aus.

Vorjahre

Vor zwei Jahren gefiel uns der im Barrique ausgebaute Grauburgunder von halbierten Trauben besonders gut, führte zusammen mit dem Spätburgunder die Kollektion an. Ähnlich präsentierte sich im vergangenen Jahr auch der 2009er Spätburgunder, der uns am besten gefiel in einer homogenen, guten Kollektion.

Neue Kollektion

Die neue Kollektion ist wiederum homogen auf gutem Niveau, mit Vorteilen im weißen Segment. Der füllige Chardonnay und der fruchtbetonte Grauburgunder gefallen uns gut, den Grauburgunder aus halbierten Trauben haben wir ebenso hoch bewertet, er hat zwar mehr Konzentration, aber auch mehr Alkohol.

Weinbewertung

82 2011 Weißburgunder Kabinett trocken Achkarrer Schlossberg **12,5 %/6,50 €**
84 2011 Chardonnay Spätlese trocken Achkarrer Schlossberg **13,5 %/8,- €**
85 2011 Grauburgunder Spätlese trocken Achkarrer Schlossberg **13,5 %/8,- €**
85 2011 Grauburgunder Auslese „HTB" trocken Barrique Achkarrer Schlossberg **15,5 %/18,- €**
81 2009 Spätburgunder trocken Achkarrer Schlossberg **13,5 %/8,- €**
81 2008 Cabernet Sauvignon trocken Achkarrer Schlossberg **13,5 %/15,- €**

★

Hans **Engler**

Weingut

Baden

Moltkeplatz 2, 79379 Müllheim
***Tel.** 07631-170550, **Fax:** 07631-173345*
www.weingut-engler.de
info@weingut-engler.de
***Besuchszeiten:** Mo.-Fr. 9-18:30 Uhr, Sa. 9-16 Uhr oder nach Vereinbarung*

Inhaber .... Andrea Engler-Waibel
Rebfläche .... 10 Hektar

Seit 1892 ist das Gut am Moltkeplatz in Müllheim in Familienbesitz. 1960 übernahm Hans Engler das Gut. Zusammen mit seiner Frau Ursula erweiterte er es auf die heutige Fläche und stellte ganz auf Flaschenvermarktung um. Tochter Andrea war nach ihrem Geisenheimstudium 5 Jahre Betriebsleiterin eines Weingutes am Bodensee bevor sie 1999 in das elterliche Weingut zurückgekommen ist, das sie dann 2004 übernommen hat. Ihre Weinberge befinden sich in den Müllheimer Lagen Reggenhag, Pfaffenstück und Sonnhalde, sowie im Badenweiler Römerberg. Hauptrebsorten sind Spätburgunder und Gutedel. Hinzu kommen Grau- und Weißburgunder, Nobling, sowie etwas Riesling, Chardonnay und Gewürztraminer. Die Weißweine werden reduktiv ausgebaut mit Betonung auf Frische und Frucht. Die Spätburgunder werden maischevergoren und in Holzfässern ausgebaut. 2011 wurde der neue Weinverkauf mit Probierstube eröffnet.

Vorjahre

Vor zwei Jahren gefiel uns die Kollektion sehr gut, die Kabinettweine waren klar und frisch, die Spätlesen besaßen Fülle und Substanz und waren ebenfalls wunderschön reintönig. Hinzu kam ein wunderschöner Weißburgunder-Sekt. Auch im vergangenen Jahr gefiel uns dieser Sekt wieder gut, noch besser aber der Nobling. Die 2010er Weißweine präsentierten sich frisch, klar und fruchtbetont wie auch die Rotweine des Jahrgangs 2009, angeführt von der fülligen trockenen Auslese.

Neue Kollektion

Seht stimmig und gleichmäßig ist nun die neue Kollektion, bietet frische, reintönige Weißweine, klare, fruchtbetonte Spätburgunder und einen geradlinigen, würzigen Nobling-Sekt.

Weinbewertung

84 Nobling Sekt extra brut **12 %/9,50 €**
82 2011 Gutedel Kabinett trocken Müllheimer Reggenhag **11,5 %/5,20 €**
81 2011 Weißburgunder Kabinett trocken Müllheimer Pfaffenstück **12,5 %/6,- €**
82 2011 Grauburgunder Kabinett trocken Müllheimer Sonnhalde **12,5 %/6,- €**
83 2011 Chardonnay Spätlese trocken Müllheimer Sonnhalde **13,5 %/8,50 €**
82 2011 Spätburgunder Rosé Kabinett trocken Müllheimer Sonnhalde **12,5 %/6,- €**
82 2010 Spätburgunder trocken Müllheimer Pfaffenstück **13,5 %/6,- €**
84 2010 Spätburgunder Spätlese trocken Müllheimer Reggenhag **14 %/9,90 €**

★★

Theo **Enk**

Weingut

Nahe

Weinbergstraße 13, 55452 Dorsheim
***Tel.** 06721-45470, **Fax:** 06721-47884*
www.weingut-theo-enk.de
info@weingut-theo-enk.de
***Besuchszeiten:** nach Vereinbarung*

Inhaber .... Theo Enk
Rebfläche .... 8 Hektar

Das Weingut wird heute in dritter Generation von Theo Enk geführt. Sohn Steffen hat 2002 die Ausbildung zum staatlich geprüften Weinbautechniker abgeschlossen. 40 Prozent der Weinberge nimmt Riesling ein, dazu gibt es 15 Prozent Grauburgunder und je 10 Prozent

Weißburgunder und Spätburgunder, aber auch Scheurebe, Kerner, Silvaner, Dornfelder und Portugieser. Die Weine werden zu 85 Prozent trocken ausgebaut.

Vorjahre

Vor zwei Jahren begeisterte Steffen Enk vor allem mit seinen Rieslingen, besonders die Weine aus Goldloch und Karthäuser besaßen Kraft und Substanz. Der Wein aus dem Karthäuser war auch im letzten Jahr unser Favorit in einer überzeugenden Kollektion, in der nicht nur die Rieslinge, sondern auch Weißburgunder und Grauburgunder zu gefallen wussten. Beeindruckend, bei ein wenig bitteren Tanninen, war auch der barriqueausgebaute Spätburgunder aus dem Jahrgang 2009.

Neue Kollektion

In diesem Jahr steht der ganz knapp über der für trockene Weine zulässigen Restzuckergrenze liegende Goldloch-Riesling mit guter Substanz und Länge an der Spitze der Kollektion, gefolgt von den Rieslingen aus dem Karthäuser und dem Fuchsen mit klarer Frucht und feinem Biss. Und auch der nach Steffen Enks 2011 geborenem Sohn Florian benannte Grauburgunder, eine Selektion aus der ältesten Parzelle des Weinguts, und der Silvaner von alten Reben überzeugen.

Weinbewertung

84 2011 Silvaner trocken „Alte Reben" **13 %/5,50 €**
83 2011 Grauer Burgunder trocken **13,5 %/5,90 €**
85 2011 Grauer Burgunder trocken „Florian" **13,5 %/9,80 €**
82 2011 Riesling Kabinett trocken Laubenheimer Karthäuser **12,5 %/5,40 €**
86 2011 Riesling trocken „mariage II" Laubenheimer Fuchsen **13,5 %/8,50 €**
85 2011 Riesling Spätlese trocken „Steinrech" Laubenheimer Karthäuser **13 %/8,- €**
87 2011 Riesling „S" Spätlese trocken Laubenheimer Karthäuser **13 %/9,- €**
88 2011 Riesling Dorsheimer Goldloch **13 %/13,80 €**
85 2011 Riesling Spätlese halbtrocken Dorsheimer Goldloch **12,5 %/9,- €**
81 2011 Riesling Kabinett „feinherb" Laubenheimer Karhäuser **12 %/5,40 €**
85 2011 Riesling Spätlese Dorsheimer Goldloch **8,5 %/7,80 €**
82 2011 Spätburgunder trocken „Blanc de noir" **13 %/6,40 €**

Udo & Timo Eppelmann ★

Weingut

Rheinhessen

Kirchgasse 10, 55271 Stadecken-Elsheim
***Tel.** 06136-2778, **Fax:** 06136-3403*
www.weingut-eppelmann.de
info@weingut-eppelmann.de
***Besuchszeiten**: Di.-Fr. 16-18 Uhr, Sa. 10-15 Uhr und nach Vereinbarung*

Inhaber .... Udo & Timo Eppelmann
Rebfläche .... 18 Hektar

Die wichtigsten Rebsorten bei Udo und Timo Eppelmann – Vater Udo kümmert sich um den Vertrieb, Sohn Timo um Weinan- und -ausbau – sind Riesling, Spätburgunder, Grauburgunder und Dornfelder. Es folgen Portugieser, Silvaner, Müller-Thurgau, Sankt Laurent, Weißburgunder und Frühburgunder, aber auch Spezialitäten wie Gewürztraminer und Huxelrebe. 40 Prozent der Rebfläche nehmen rote Sorten ein. Ihre Spitzenlagen sind die Elsheimer Lagen Blume und Bockstein. Die Weißweine werden gezügelt vergoren und im Edelstahl ausgebaut, die Rotweine reifen nach der Maischegärung in Holzfässern. Im Barrique ausgebaute Spitzenweine werden in der Linie „Turmjuwel" vermarktet. 2010 wurde die neue Vinothek fertig gestellt.

Vorjahre

Die 2009er überzeugte, bot einige kraftvolle, fruchtbetonte trockene Weißweine, aber auch eine wunderschöne Huxelrebe Auslese. Die letztjährige Kollektion gefiel uns gut, die Weißweine waren klar und frisch, die Barrique-Rotweine kraftvoll und konzentriert, der enorm üppige Spätburgunder war besonders stark.

Neue Kollektion

Ein solches Highlight gibt es dieses Jahr nicht, aber die Kollektion gefällt uns gut, überzeugt durch ihre Geschlossenheit. Der Grauburgunder ist kraftvoll, aber leider recht süß, die Huxelrebe saftig und schmeichelnd, die beiden Roten besitzen Struktur.

Weinbewertung

80 2011 Silvaner trocken **12 %/5,40 €**
82 2011 Weißburgunder trocken **13 %/5,40 €**
80 2011 Riesling trocken „Terra Fusca" **13 %/8,40 €**
83 2011 Riesling trocken „Kalkmergel" **13 %/8,40 €**
84 2011 Pinot Gris „Kalkmergel" **13,5 %/7,40 €**
82 2010 Chardonnay trocken **13,5 %/6,80 €**
81 2011 Auxerrois „feinherb" **12,5 %/6,40 €**
80 2011 Riesling „feinherb" **12 %/5,40 €**
84 2011 Huxelrebe Spätlese **8,5 %/7,10 €**
80 2011 Cuvée Rosé „feinherb" **11 %/4,80 €**
83 2010 Merlot trocken **13 %/8,40 €**
84 2009 Pinot Noir trocken „Terra Fusca" **14 %/9,40 €**

★☆

Kurt **Erbeldinger** & Sohn

Weingut

Rheinhessen

West 3, 67595 Bechtheim
***Tel.** 06244-4932, **Fax:** 06244-7131*
www.weingut-erbeldinger.de
info@weingut-erbeldinger.de
***Besuchszeiten:** Mo.-Fr. 7-18 Uhr, Sa. 8-17 Uhr, So. 9-12 Uhr*
Weinprobierstube

Inhaber .... Stefan Erbeldinger
Rebfläche .... 30 Hektar

Kurt und Gertrud Erbeldinger haben 1960 ihre ersten Flaschen unter eigenem Etikett vermarktet und den Mischbetrieb nach und nach auf Flaschenweinvermarktung umgestellt. Nach dem Tod von Kurt Erbeldinger übernahm sein Sohn Stefan den Betrieb, heute führt ihn Stefans Sohn Christoph. Neben Weinbergen in den verschiedenen Bechtheimer Lagen – Heilig-Kreuz, Pilgerpfad, Hasensprung, Geyersberg – ist er in der Gundheimer Lage Mandelbrunnen vertreten. Wichtigste Rebsorten sind Riesling, Weißburgunder, Spätburgunder, Portugieser und Dornfelder, dazu gibt es vor allem noch Müller-Thurgau, Silvaner und Chardonnay.

Vorjahre

Vor zwei Jahren überraschten uns die Sekte angenehm, aber auch sonst überzeugten die Weine, insbesondere die trockenen Weißweine. Gleichmäßig präsentierte sich der Jahrgang 2010, wurde angeführt vom faszinierenden „feinherben" Muskateller.

Jahrgang 2011

Sehr gleichmäßig präsentiert sich nun der Jahrgang 2011, wird angeführt von einem üppigen, etwas süßen Weißburgunder und der knackigen trockenen Riesling Spätlese.

Weinbewertung

81 2011 Riesling trocken **12,5 %/5,- €**
83 2011 Grüner Silvaner Spätlese trocken Bechtheimer Heiligkreuz **12,5 %/6,50 €**
85 2011 Weißburgunder trocken „privat" Bechtheimer Hasensprung **14,5 %/12,50 €**
83 2011 Scheurebe trocken „privat" Bechtheimer Hasensprung **13,5 %/10,- €**
85 2011 Riesling Spätlese trocken Bechtheimer Heiligkreuz **13,5 %/6,50 €**
82 2011 Riesling Hochgewächs „feinherb" Gundheimer Mandelbrunnen **11 %/6,50 €**

★★★☆

Karl **Erbes**

Riesling-Weingut

Mosel

Moseluferstraße 27-29, 54539 Ürzig
***Tel.** 06532-94465, **Fax:** 06532-953736*
www.weingut-karlerbes.com
info@weingut-karlerbes.com
***Besuchszeiten:** nach Vereinbarung*

Inhaber .... Stefan Erbes
Rebfläche .... 5 Hektar

Karl Erbes gründete 1967 das Weingut, das heute von seinem Sohn Stefan geführt wird, der seit 1984 im Betrieb arbeitet und ihn 2002 übernommen hat. Stefan Erbes baut ausschließlich Riesling an, besitzt nur wurzelechte Reben im Ürziger Würzgarten und im Erdener Treppchen. Die ältesten Reben sind 70 bis 80 Jahre alt. Im Ausland ist dieses Traditionsweingut teilweise bekannter als bei deutschen Weintrinkern. Kein Wunder, 70 Prozent der Erzeugung wandern in den Export, nach Japan, in die USA oder nach Großbritannien. Traditionelle Arbeit dominiert im Keller, der Ausbau im Holzfass trägt zum Charakter der Weine bei. Diese wirken in ihrer Jugend oft ein wenig unzugänglich, sind teilweise vom Schwefel geprägt. Sie reifen aber zu beeindruckender Würze, wie die immer wieder verkosteten Weine aus den neunziger Jahren zeigen.

Vorjahre

2009 waren die Weine feingliedrig und würzig, und die vorgestellten älteren Weine machten noch sehr viel Spaß. 2010 hatte Stefan Erbes eine beeindruckende Batterie an edelsüßen Weinen aufgefahren, eine der besten edelsüßen Kollektionen des Jahrgangs an der Mosel und in Deutschland.

Jahrgang 2011

Die trockene Kollektion ist überschaubar, die füllige, stoffige Auslese gefällt uns sehr gut. Halbtrocken und feinherb präsentiert sich auf zuverlässigem Niveau, der spannendste Teil der Kollektion ist aber wie gewohnt der edelsüße. Die Auslesen sind faszinierend klar und konzentriert, die aus der Kranklay besitzt viel Substanz und Länge, die 3-Sterne-Auslesen bieten ein Mehr an Konzentration und sind ebenso reintönig. Je zwei dicke, stoffige Beerenauslesen und Trockenbeerenauslesen krönen die Kollektion.

Weinbewertung

85 2011 Riesling Spätlese trocken Erdener Treppchen **12,5 %/8,50 €**
85 2011 Riesling Spätlese trocken Ürziger Würzgarten **13,5 %/8,50 €**
87 2011 Riesling Auslese trocken Ürziger Würzgarten **13,5 %/11,80 €**
83 2011 Riesling Spätlese halbtrocken Erdener Treppchen **12,5 %/8,50 €**
83 2011 Riesling Kabinett „feinherb" Ürziger Würzgarten **10 %/7,- €**
85 2011 Riesling Spätlese „feinherb" Ürziger Würzgarten **10,5 %/8,50 €**
84 2011 Riesling Kabinett Ürziger Würzgarten **7,5 %/7,- €**
86 2010 Riesling Spätlese Ürziger Würzgarten **9,5 %/9,- €**
85 2011 Riesling Spätlese Ürziger Würzgarten **8 %/8,50 €**
87 2011 Riesling Spätlese** „Kranklay" Ürziger Würzgarten **7,5 %/9,50 €**
88 2011 Riesling Auslese* Ürziger Würzgarten **7,5 %/17,- €**
87 2011 Riesling Auslese** Ürziger Würzgarten **8 %/16,50 €**
89 2011 Riesling Auslese** „Kranklay" Ürziger Würzgarten **7,5 %/16,50 €**
90 2011 Riesling Auslese*** Ürziger Würzgarten **7,5 %/18,- €**
90 2011 Riesling Auslese*** Goldkapsel Ürziger Würzgarten **7 %/16,50 €/0,375l**
89 2011 Riesling Beerenauslese Ürziger Würzgarten **7 %/23,- €/0,375l**
89 2011 Riesling Beerenauslese Erdener Treppchen **7 %/23,- €/0,375l**
90 2011 Riesling Trockenbeerenauslese Ürziger Würzgarten **5,5 %/75,- €/0,375l**
91 2011 Riesling Trockenbeerenauslese Erdener Treppchen **5,5 %/75,- €/0,375l**
90 1998 Riesling Eiswein Ürziger Würzgarten **8 %/23,50 €/0,375l**

★☆

Walter **Erhard**
Weingut

Franken

Weinstraße 21, 97332 Volkach
***Tel.** 09381-2623, **Fax**: 09381-71116*
www.weingut-erhard.de
info@weingut-erhard.de
***Besuchszeiten**: Di.-Sa. 9-18 Uhr, So. 10-12 Uhr und nach Vereinbarung*
Gästezimmer, „Schoppenhäusle" (Frühjahr und Herbst), „Schatzsuche" in den Volkacher Weinbergen

Inhaber............................Walter Erhard
Rebfläche............................5,6 Hektar

1990 übernahm Walter Erhard den ehemals landwirtschaftlichen Betrieb mit Fassweinerzeugung. Zusammen mit Frau Sabine strukturierte er den Betrieb neu, stellte auf Selbstvermarktung um. Ihre Reben, überwiegend in der Lage Volkacher Ratsherr, wachsen auf Muschelkalkböden. Wichtigste Rebsorten sind Silvaner und Müller-Thurgau, die jeweils 30 Prozent der Fläche einnehmen. Dazu gibt es Bacchus, Kerner, Scheurebe und Weißburgunder, sowie 20 Prozent mit roten Sorten wie Domina, Spätburgunder und Schwarzriesling.

Vorjahre

2009 überzeugten alle Weine mit ihrer klaren Frucht. Die trockene Silvaner Spätlese aus dem Escherndorfer Lump gefiel uns besonders gut, auch der Spätburgunder machte viel Freude. Sehr homogen präsentierte sich dann der Jahrgang 2010 mit fruchtbetonten, frischen Weinen. Die trockenen Spätlesen von Scheurebe und Riesling, beide aus dem Lump in Escherndorf, waren unsere Favoriten.

Neue Kollektion

2011 sind einige Basisweine etwas verhalten, am besten gefällt uns die reintönige Silvaner Auslese. Überzeugt hat uns auch der Weißburgunder-Sekt, der Spätburgunder aus dem Jahrgang 2009 ist kraftvoll und strukturiert, hat sich schön entwickelt.

Weinbewertung

85 2010 Weißburgunder Sekt extra brut Volkacher Ratsherr **13 %/12,50 €**
78 2011 Silvaner trocken Volkacher Ratsherr **11,5 %/5,60 €/1l**
81 2011 Müller-Thurgau trocken „Frank & Frei" **12 %/5,80 €**
81 2011 Silvaner Kabinett trocken Volkacher Ratsherr **13 %/7,- €**
83 2011 Weißburgunder Kabinett trocken Volkacher Ratsherr **12,5 %/7,50 €**
80 2011 Weißwein „Frank & Frei" **12 %/6,- €**
80 2011 Scheurebe Kabinett Volkacher Ratsherr **12 %/7,20 €**
83 2011 Riesling Spätlese Escherndorfer Lump **12,5 %/10,50 €**
86 2011 Silvaner Auslese Escherndorfer Lump **9,5 %/20,- €/0,5l**
85 2009 Scheurebe Beerenauslese Escherndorfer Lump **9,5 %/25,- €/0,5l**
81 2011 Rosé trocken **12 %/6,- €**
85 2009 Spätburgunder trocken Volkacher Ratsherr **13 %/9,- €**

★

H.J. **Ernst**
Weingut

Rheingau

Holzstraße 40, 65343 Eltville
***Tel.** 06123-2363, **Fax**: 06123-4062*
www.weingut-ernst.de
info@weingut-ernst.de
***Besuchszeiten**: Mo.-Sa. 8-12 + 13-18 Uhr*

Inhaber............................Johannes Ernst
Rebfläche............................35 Hektar

Das Weingut wird in vierter Generation von Hans-Josef Ernst und Sohn Johannes geführt. Ihre Weinberge liegen vor allem in Eltville, aber auch in Rauenthal, Martinsthal und Walluf. Riesling nimmt über 80 Prozent der Rebfläche ein. Dazu gibt es 5 Hektar Spätburgunder, sowie etwas Weißburgunder, Grauburgunder und Chardonnay.

Vorjahr

Aus dem Jahrgang 2010 wurden geradlinige Rieslinge vorgestellt. Gut gefiel auch der 2009er Spätburgunder aus dem Eltviller Sonnenberg.

Neue Kollektion

Aus 2011 wurden zwar keine Basisweine angestellt, aber überzeugende, wenngleich manchmal etwas allzu geradlinige Spätlesen. Das Erste Gewächs ist etwas zu mächtig, hat aber Substanz, die Auslese scheint recht süß, erinnert im ersten Moment leicht an Zuckerwatte. Gelungen ist die im besten Sinne süffige Beerenauslese.

Weinbewertung

84 2011 Riesling Spätlese trocken Eltviller Langenstück **13 %/7,50 €**

84 2011 Riesling Selection Eltviller Langenstück **13,5 %/10,- €**

86 2011 Riesling Erstes Gewächs Rauenthaler Gehrn **13,5 %/15,- €**

86 2011 Riesling Spätlese Eltviller Taubenberg **10 %/7,50 €**

86 2011 Riesling Auslese Eltviller Langenstück **8 %/15,- €/0,5l**

88 2011 Riesling Beerenauslese Eltviller Sonnenberg **7,5 %/50,- €/0,5l**

Escher ★

Weingut

Württemberg

Seestraße 4, 71409 Schwaikheim
***Tel.** 07195-57256, **Fax:** 07195-137319*
www.wein-escher.de
info@wein-escher.de
***Besuchszeiten:** Di.-Fr. ab 16:30 Uhr, Sa. 9-14 Uhr oder nach Vereinbarung*
Gutsausschank

Inhaber .... Ottmar und Lisa Escher
Rebfläche .... 8,5 Hektar

Die Weinberge von Ottmar und Lisa Escher liegen verstreut im ganzen Remstal, in Stetten (Pulvermächer), Strümpfelbach, Hanweiler, Steinreinach und Korb. 65 Prozent der Rebfläche nehmen rote Sorten ein: Acolon, Cabernet Franc, Dornfelder, Trollinger, Lemberger, Muskattrollinger, Merlot, Regent, Spätburgunder und Zweigelt. An weißen Sorten gibt es Chardonnay, Cabernet Blanc, Grauburgunder, Kerner, Riesling, Müller-Thurgau, Sauvignon Blanc, Muscaris und Weißburgunder. Alle Rotweine werden maischevergoren. Sohn Christian studiert nach Ausbildung bei Gert Aldinger, der Fellbacher Genossenschaft und dem Staatsweingut Weinsberg, sowie einem Praktikum beim Weingut Hofstätter in Tramin, derzeit in Weisnberg.

Vorjahre

Beim guten Debüt vor zwei Jahren war der barriqueausgebaute Lemberger aus dem Jahrgang 2007 unser Favorit. Die letztjährige Kollektion präsentierte sich geschlossen auf gutem Niveau, alle Weine waren frisch und klar, Spätburgunder und Riesling von alten Reben waren unsere Favoriten.

Neue Kollektion

Es geht voran. Die Weine gewinnen Kontur, sind geradlinig, besitzen Struktur und Kraft. Im weißen Segment gefällt uns der Grauburgunder besonders gut, auch Sauvignon Blanc und Riesling überzeugen. Im roten Teil der Kollektion ist der barriqueausgebaute Lemberger der eindeutige Star, zeigt viel Gewürze und Toast im Bouquet, ist füllig und kraftvoll im Mund, reintönig, besitzt gute Struktur und Substanz.

Weinbewertung

84 2011 „Kreation weiß" trocken **13 %/5,80 €**

81 2011 Silvaner** trocken **13,5 %/5,80 €**

81 2011 Weißburgunder** trocken **13,5 %/5,80 €**

84 2011 Riesling** trocken „Alte Reben" Stettener Pulvermächer **13 %/7,50 €**

85 2011 Grauburgunder*** trocken **13,5 %/9,50 €**

84 2011 Sauvignon Blanc*** trocken **13,5 %/9,50 €**

83 2011 „Rubin"** Rosé trocken **13 %/5,50 €**

80 2011 Trollinger trocken **12,5 %/4,20 €/1l**
81 2010 „Kreation Rot"** trocken **14 %/7,50 €**
83 2010 Lemberger** trocken **13,5 %/7,50 €**
81 2010 Zweigelt** trocken **14 %/8,50 €**
87 2009 Lemberger*** trocken Barrique **13,5 %/17,80 €**

***

August Eser
Weingut

Rheingau

Friedensplatz 19, 65375 Oestrich-Winkel
***Tel.** 06723-5032, **Fax**: 06723-87406*
www.eser-wein.de
mail@eser-wein.de
***Besuchszeiten**: Mo.-Fr. 9-12 + 13-17 Uhr, Sa. 9-12 Uhr, nach Vereinbarung*

Inhaber............................Désirée Eser
Rebfläche............................10,4 Hektar

Neben Riesling bauen Joachim, Ehefrau Renée und Tochter Désirée, die inzwischen offiziell Inhaberin des Betriebes ist, etwas Spätburgunder an. Ihre Weinberge verteilen sich auf acht Gemeinden und 17 verschiedene Parzellen. Etwa 80 Prozent der Weine werden trocken oder halbtrocken ausgebaut, süße Spezialitäten sind eher die Ausnahme – und diese wirken dann eher zurückhaltend in der Süße. Die Weine reifen in einem aus dem 17. Jahrhundert stammenden Gutshaus in Oestrich, die Gärung in traditionellen Holzfässern verleiht ihnen eine eher ruhige Art. Jung sind die Weine manchmal etwas verschlossen, die Zuckerwerte liegen bei den trockenen Rieslingen oft in der Nähe der gesetzlich erlaubten Grenze, was den Weinen erstaunlicherweise aber nicht schadet. Dieser Stil scheint zur langen Reife prädestiniert: Eine 1959er Auslese des Gutes wurde Ende 2008 für mehr als 500 Euro versteigert.

Vorjahre

Die Weine aus 2009 waren ein großer Schritt nach vorne: Alle Rieslinge wiesen Würze und Kraft auf, waren animierend und bis hin zur Auslese sehr ausgewogen und balanciert. Auch die 2010er waren sehr gelungen, allen voran das geradlinige, animierende Erste Gewächs aus dem Lenchen, das zu den schönsten Weinen dieser Kategorie im Rheingau zählte, oder die kraftvolle trockene Spätlese aus dem Nussbrunnen. Auch die Auslese faszinierte mit ihrer kühlen Frucht.

Neue Kollektion

2011 gibt es zwischen den trockenen Spätlesen deutliche stilistische und qualitative Unterschiede. Am spannendsten wirkt sicher der Steillagen-Riesling aus dem Rauenthaler Rothenberg mit seiner rassigen, mineralischen Art. Überzeugen können auch das Erste Gewächs, das sich nochmals besser entwickeln könnte, und die saftige, wunderschön ausbalancierte und als „feinherb" gekennzeichnete Spätlese aus der Lage Doosberg.

Weinbewertung

84 2011 Riesling Kabinett trocken Winkeler Jesuitengarten **12,5 %/7,60 €**
85 2011 Riesling Kabinett trocken Hattenheimer Wisselbrunnen **12,7 %/7,30 €**
84 2011 Riesling Kabinett trocken Oestricher Lenchen **12 %/7,80 €**
89 2011 Riesling Erstes Gewächs Oestrich Lenchen (89+? Punkte)
87 2011 Riesling Spätlese trocken Hattenheimer Nussbrunnen **13,6 %/10,30 €**
85 2011 Riesling Spätlese trocken Oestricher Lenchen **13 %/10,30 €**
88 2011 Riesling Spätlese trocken „Steillage" Rauenthaler Rothenberg **13,9 %/8,60 €**
84 2011 Riesling Kabinett „feinherb" Rauenthaler Gehrn **11,6 %/7,70 €**
85 2011 Riesling Kabinett „my way 10. Generation" **12,9 %/7,80 €**
89 2011 Riesling Spätlese „feinherb" Oestricher Doosberg **12,6 %/9,80 €**

H.T. Eser

★☆

Weingut

Rheingau

Rheingaustraße 12, 65375 Oestrich-Winkel
***Tel.** 06723-6016980, **Fax**: 06723-6016980*
www.weingut-eser.de
post@weingut-eser.de
***Besuchszeiten**: Fr. 14-18.30 Uhr, Sa. 13.30-18 Uhr*

Inhaber .... Christoph und Thomas Eser
Rebfläche .... 11,5 Hektar

Das Weingut Eser wurde 1936 gegründet und wird heute von Christoph und Thomas Eser geführt. Neben Riesling (85 Prozent) sind auch Burgundersorten im Anbau. Beim Ausbau spielt auch das klassische Holzfass eine Rolle, ein Teil der Rieslinge wird erst im August gefüllt. Der Betrieb hat sich auf den Vertrieb durch den Fachhandel spezialisiert. Die Rieslinge präsentieren sich, über alle Jahre hinweg, als kompakte, stoffige, geradlinige Weine; selbst die Basistropfen sind von zuverlässiger Güte.

Vorjahre

Die Weine des Jahrgangs 2009 konnten ans Vorjahr anschließen. Auch 2010 sind keine Enttäuschungen zu konstatieren, der „Purist" besaß viel Schmelz, und auch die Weine von alten Reben und die beiden praktisch trocken wirkenden Lagenrieslinge aus Doosberg und Lenchen hatten Substanz.

Neue Kollektion

2011 kommt man bei den verschiedenen Weinen fast ein wenig durcheinander. Der „Purist" genannte Wein wirkt de facto nicht trockener als etwa der Lenchen-Riesling – überzeugen können beide. Dazu kommen ein kraftvolles Erstes Gewächs aus dem Doosberg und sein etwas trockener scheinendes, eleganteres Pendant aus dem Lenchen. Gut entwickelt hat sich die Spätlese aus 2009. ━

Weinbewertung

82 2011 Riesling trocken **11,5 %/6,30 €**
83 2011 Riesling trocken Oestricher Lenchen **12 %/7,40 €**
85 2011 Riesling trocken „Der Purist" **12 %/8,- €**
86 2011 Riesling trocken „Alte Reben" **13,5 %/10,90 €**
86 2009 Riesling Spätlese trocken Oestricher Doosberg **11,5 %/8,- €**
88 2011 Riesling Erstes Gewächs Oestrich Doosberg **13,5 %/18,60 €**
87 2011 Riesling Erstes Gewächs Oestrich Lenchen **13,5 %**
84 2011 Riesling Classic **12 %/6,30 €**

Espenhof

★☆

Weingut

Rheinhessen

Hauptstrasse 81, 55237 Flonheim
***Tel.** 06734-94040, **Fax**: 06734-940450*
www.espenhof.de
weingut@espenhof.de
***Besuchszeiten**: nach Vereinbarung*
Weingut & Vinothek, Landhotel & Weinrestaurant

Inhaber .... Wilfried Espenschied
Rebfläche .... 26 Hektar

Der Espenhof im Flonheimer Ortsteil Uffhofen wird heute in siebter Generation von Wilfried Espenschied geführt. Die Weinberge liegen vor allem in Uffheim (La Roche) und Flonheim (Rothenpfad, Geisterberg, Klostergarten). Das Sortiment wird dominiert von klassischen Rebsorten wie Riesling (35 %), Weiß- und Grauburgunder sowie Chardonnay (zusammen 30 %), Silvaner, Scheurebe und Müller-Thurgau. An roten Sorten, die knapp ein Viertel der Fläche einnehmen, gibt es Spätburgunder, Portugieser, Dornfelder, Cabernet Sauvignon, Cabernet Franc, Syrah und Merlot. Die Weine werden überwiegend trocken ausgebaut, teils im Edelstahl, teils im Holz (40 %). Das Programm ist klar gegliedert in Gutsweine, S-Klasse (Ortsweine) und SL-Klasse mit Lagenweinen aus der Uffhofener La Roche und den Flonheimer Lagen Rotenpfad, Geisterweg und Binger Berg (Parzellen: Ringelberg, Kisselberg, Pfaffenberg).

Vorjahre

Vor zwei Jahren überraschte die Kollektion mit einem wunderschönen Weißburgunder-Sekt. Die 2010er Weißweine waren deutlich zurückhaltender, dafür entschädigte im vergangenen Jahr der beeindruckende Portugieser aus dem Jahrgang 2008.

Neue Kollektion

2011 sind die Weißweine nun deutlich ausdrucksstärker. Der Riesling „S" ist frisch und präzise bei feinen Zitrusnoten, auch die Scheurebe ist wunderschön reintönig, der Sekt klar, frisch und zupackend. Trotzdem gefällt uns mit dem kraftvollen, noch enorm jugendlichen Cabernet Sauvignon wiederum ein Rotwein am besten.

Weinbewertung

85 2007 „Lena Marie" Chardonnay Pinot Noir Sekt brut **12,5 %/16,- €**
79 2011 Riesling trocken **12,5 %/5,50 €/1l**
84 2011 Weißer Riesling „S" trocken Flonheim **13 %/7,90 €**
82 2011 Grüner Silvaner „S" trocken Flonheim **13 %/7,90 €**
82 2011 Weißburgunder „S" trocken Flonheim **13 %/7,90 €**
81 2011 Grauburgunder „S" trocken Flonheim **12,5 %/7,90 €**
81 2011 Chardonnay „S" trocken Flonheim **13,5 %/7,90 €**
83 2011 Scheurebe „S" trocken Flonheim **12,5 %/7,90 €**
80 2011 Riesling „feinherb" **12,5 %/5,90 €**
82 2011 Riesling Spätlese **9,5 %/6,90 €**
81 2010 Merlot „Blanc" **13 %/k.A.**
80 2009 Blauer Portugieser „S" trocken **12,5 %/7,90 €**
85 2009 Cabernet Sauvignon „SL" trocken Binger Berg **14 %/16,- €**

★

Zum Eulenturm

Weingut

Mosel

Hauptstraße 218, 56867 Briedel
***Tel.** 06542-4702, **Fax**: 06542-41673*
www.zum-eulenturm.de
t.stoelben@zum-eulenturm.de
***Besuchszeiten**: Mo.-Fr. 8-18 Uhr, Sa. 9:30-17 Uhr oder nach Vereinbarung*

Inhaber .... Hans-Otto Stölben
Rebfläche .... 3 Hektar

Matthias Schinnen, der Großvater des heutigen Besitzers, begann Anfang des 20. Jahrhunderts mit der Flaschenweinvermarktung. Heute führt Hans-Otto Stölben den Betrieb, Sohn Timo Stölben ist für den Weinausbau verantwortlich. Die Weinberge liegen in den Briedeler Lagen Schäferlay, Herzchen (mit den Felsenterrassen Trieren) und Nonnengarten, Hans-Otto Stoelben möchte in den kommenden Jahren weitere Parzellen in Steillagen zukaufen.

Neue Kollektion

Nach einem guten Debüt im vergangenen Jahr bestätigt Hans-Otto Stölben mit dem Jahrgang 2011 seine Aufnahme. Die stimmige Kollektion wird wieder von einer Beerenauslese angeführt, die Auslese aus den Felsenterrassen steht ihr nur wenig nach.

Weinbewertung

80 2011 Riesling trocken **11 %/5,50 €**
80 2011 Riesling „feinherb" **11,5 %/5,- €/1l**
82 2011 Riesling Spätlese trocken Briedeler Herzchen **11 %/8,50 €**
82 2011 Riesling Spätlese trocken „Alte Reben" Briedeler Schäferlay **11,5 %/8,50 €**
82 2011 Riesling Spätlese „feinherb" Bernkasteler Schlossberg **10 %/8,50 €**
81 2011 Riesling Kabinett Herzchen **8,5 %/6,50 €**
86 2011 Riesling Auslese „Felsenterrassen Trieren" **8 %/9,50 €/0,5l**
87 2011 Riesling Beerenauslese Briedeler Schäferlay **7 %/25,- €/0,375l**

★★☆

Eymann

Weingut

Pfalz

Ludwigstraße 35, 67161 Gönnheim
Tel. 06322-2808, Fax: 06322-68792
www.weinguteymann.de
e-mail@weinguteymann.de
Besuchszeiten: Mo.-Fr. 8-12 + 13-19 Uhr, Sa. 10-19 Uhr
Weinstube im Haus, geöffnet abends (Do./Fr./Sa.)

Inhaber .... Rainer Eymann
Rebfläche .... 15,3 Hektar

Rainer Eymann gehörte zu den ersten Winzern in der Pfalz, die ihre Weinberge ökologisch bewirtschafteten. Bereits mit der Betriebsübernahme 1982 begann er mit der Umstellung. Wichtigste Rebsorte ist der Riesling, der etwa ein Drittel seiner Weinberge einnimmt. Dann folgen Spätburgunder, Portugieser, Grauburgunder, Gewürztraminer und Weißburgunder. Die Rotweine werden maischevergoren und im Fass ausgebaut. Eine Spezialität von Rainer Eymann sind die Sekte, die bis zu 60 Monate auf der Hefe ausgebaut werden. Die Spitzenweine werden in der „Selektion Toreye" angeboten, deren Name – wie der Familienname Eymann – auf einen bereits 1350 erwähnten Lehnshof Toreye zurückgeht.

Vorjahre

Seit der ersten Ausgabe empfehlen wir die Weine von Rainer Eymann, seit einem Jahrzehnt bietet er zuverlässige Kollektionen – was man nicht von jedem biologisch wirtschaftenden Betrieb behaupten kann – und immer wieder auch Spitzenweine. Und Spitzensekte. Vor zwei Jahren ragten die Rotweine und die Sekte heraus. Die Weißweine standen etwas hinter den Rotweinen. Im vergangenen Jahr haben wir drei sehr gute Sekte verkostet, mit herrlich viel klarer Frucht und Eleganz. Bei den Weißweinen stand ein würzig- süßfruchtiger Riesling an der Spitze. Das Rotwein-Trio wurde vom St. Laurent und vom Merlot angeführt.

Neue Kollektion

In diesem Jahr nun präsentiert Rainer Eymann eine sehr beeindruckende Kollektion. Neben drei außergewöhnlich guten Sekten vom Jahrgang 2008 und den drei bereits verkosteten Rotweinen vom Jahrgang 2009 zeigt der Bio-Pionier vier sehr gute weiße Spätlesen. Am besten haben uns der durchgegorene, mineralisch-konzentrierte Weißburgunder und der konzentrierte und doch elegante Riesling gefallen. Doch auch Grauburgunder und Gewürztraminer sind Weine, die Charakter haben und viel Spaß machen. Bei den Rotweinen hat sich die glasklare, elegant-kräftige Kirschfrucht des Merlot nach vorne geschoben, der Pinot Noir zeigt sich bei der Nachverkostung geklärt mit guter Struktur und feiner Frucht. Der Pinot Blanc de Noir hat ein feines Nussaroma in der Nase und kommt straff und klar in den Mund mit leicht salzigen Noten – sehr fokussiert. Etwas verspielter ist der Rosé, aber auch er zeigt große Klarheit und elegante Frucht. Der Muskateller ist sehr charmant.

Weinbewertung

88 2008 Pinot „Blanc de Noir" Sekt extra brut **12 %/11,40 €**
87 2007 Pinot Rosé Sekt brut **12 %/11,40 €**
86 2008 Muskateller Sekt trocken **11,5 %/11,70 €**
87 2010 Riesling Spätlese trocken „Toreye" Gönnheimer Mandelgarten **12,5 %/9,20 €**
82 2011 Riesling Classic **12 %/5,80 €**
87 2011 Weißburgunder Spätlese trocken „Toreye" Gönnheimer Sonnenberg **13 %/9,20 €**
86 2011 Grauburgunder Spätlese trocken „Toreye" Gönnheimer Sonnenberg **13 %/9,20 €**
82 2011 Spätburgunder „Blanc de Noir" trocken Gönnheimer Sonnenberg **12,5 %/6,50 €**
86 2011 Gewürztraminer Spätlese trocken „Toreye" Gönnheimer Mandelgarten **13 %/9,20 €**
87 2009 St. Laurent Rotwein trocken Barrique „Toreye" Gönnheimer Sonnenberg **13 %/9,30 €**
87 2009 Merlot Rotwein trocken Barrique „Toreye" Gönnheimer Mandelgarten **13,5 %/11,80 €**
87 2009 Pinot Noir Rotwein trocken Barrique „Toreye" Gönnheimer Sonnenberg **13,5 %/15,50 €**

★★☆

Fader – Kastanienhof

Weingut **Pfalz**

Theresienstraße 62, 76835 Rhodt unter Rietburg
***Tel.** 06323-5193, **Fax:** 06323-980841*
www.weingut-fader.de
weingut-fader@t-online.de
***Besuchszeiten:** Mo.-Sa. 8-12 + 13-18 Uhr*

Inhaber .... Karl-Heinz und Knut Fader
Rebfläche .... 15,6 Hektar

Der Kastanienhof in Rhodt ist seit 1780 in Familienbesitz und wird heute von Karl-Heinz Fader, Sohn Knut und ihren Ehefrauen Hedwig und Heike bewirtschaftet. Ihre Weinberge liegen hauptsächlich in Rhodt in den Lagen Rosengarten (sandiger und toniger Lehm), Klosterpfad (sandiger Lehm) und Schlossberg (leichter lehmiger Sand, Kalkmergel, Buntsandstein). Auf den zwei Hektar im Godramsteiner Münzberg, wo die Reben auf Lehm-Löss-Kalkböden wachsen, stehen vor allem rote Sorten. Die Trauben von weiteren drei Hektar Weinbergen kaufen sie von Winzern hinzu, mit denen sie Bewirtschaftungsverträge abgeschlossen haben. Rotwein nimmt 30 Prozent der Fläche ein. Zu Spätburgunder, Portugieser und Dornfelder kamen in den letzten Jahren St. Laurent und Merlot hinzu. Die Rotweine werden alle maischevergoren und dann in Holzfässern ausgebaut. Bei den weißen Sorten liegt der Schwerpunkt auf Riesling, Weiß- und Grauburgunder, sowie Gewürztraminer, eine Spezialität der Gemeinde Rhodt, aber auch Chardonnay und Auxerrois. Bei den Weißweinen versuchen Karl-Heinz und Knut Fader die natürliche Frische und Fruchtigkeit der Weine zu erhalten.

Vorjahre

Seit der ersten Ausgabe empfehlen wir die Weine der Faders, schon damals haben wir Weine als „Schnäppchen" gekennzeichnet. Und auch all die Jahre darauf. Alle Weine sind von höchst zuverlässiger Qualität, alle immer reintönig und fruchtbetont, die trockenen Spätlesen und die barriqueausgebauten Weine reichen nahe an die Pfälzer Spitze heran – kosten aber deutlich weniger als vergleichbare Weine.
Vor zwei Jahren war die Weißwein-Kollektion auf gleichmäßig hohem Niveau – allein die Spätlese vom Weißburgunder litt unter ihrem hohen Alkoholgehalt. Im letzten Jahr waren es wieder die Weißweine, die mit klarer, reintöniger Frucht überzeugten, allen voran der Barrique-Grauburgunder und der Riesling von alten Reben.

Neue Kollektion

Auch in diesem Jahr ist die Weißwein-Kollektion wieder gleichmäßig gut, alle Weine besitzen viel klare reintönige Frucht und ein sehr gutes Preis-Qualitäts-Verhältnis. Unser Favorit unter den Weißen ist wieder der saftige und füllige Riesling von alten Reben mit feiner mineralischer Würze, die beiden gelungenen Rotweine besitzen viel Alkohol und deutliche Röstnoten vom Holz, aber vor allem der Pinot Noir zeigt auch gute Substanz und Länge.

Weinbewertung

85 2011 Sauvignon Blanc trocken **12,5 %/6,20 €**
85 2011 Silvaner Spätlese trocken „Kalkmergel" **13,5 %/5,80 €** ☺
86 2011 Gewürztraminer Spätlese trocken Rhodter Rosengarten **14 %/6,50 €** ☺
85 2011 Weißer Burgunder Spätlese trocken Rhodter Rosengarten **13,5 %/6,- €** ☺
83 2011 Riesling Kabinett trocken Rhodter Schlossberg **12,5 %/4,60 €**
84 2011 Riesling Spätlese trocken Rhodter Schlossberg **12,5 %/5,80 €**
86 2011 Riesling Spätlese trocken „Kalkmergel" **13 %/7,- €** ☺
87 2011 Riesling Spätlese trocken „Buntsandstein Alte Reben" **12,5 %/7,20 €** ☺
87 2011 Albalonga Trockenbeerenauslese **7,5 %/17,80 €/0,375l**
83 2011 Spätburgunder Spätlese trocken Rosé **13 %/5,60 €**

85 2009 Cabernet Sauvignon trocken Rhodter Klosterpfad **13,5 %/11,70 €**

87 2009 Pinot Noir trocken Rhodter Klosterpfad **14 %/14,30 €**

★★

Fellbacher

Weingärtner

Württemberg

Kappelbergstraße 48, 70734 Fellbach
***Tel.** 0711-578803-0, **Fax:** 0711-578803-40*
www.fellbacher-weine.de
info@fellbacher-weine.de
***Besuchszeiten:** Mo.-Sa. 9-18:30 Uhr*

Vorstandsvorsitzender .... Thomas Seibold
Geschäftsf. Verwaltung .. Friedrich Georg Benz
Geschäftsf. Vertrieb .... Rolf-Dieter Hess
Kellermeister .... Werner Seibold
Mitglieder 280
Rebfläche .... 185 Hektar

Die Fellbacher Weingärtnergenossenschaft wurde 1858 gegründet, ist damit die älteste noch bestehende Winzergenossenschaft Württembergs. Auf den Keuperböden in Fellbach werden zu 70 Prozent rote Sorten angebaut wie Trollinger, Schwarzriesling, Lemberger und Spätburgunder, aber auch Dornfelder, Acolon, verschiedene Cabernet-Kreuzungen, Blauburger und Merlot. Der Weißweinanteil wird dominiert vom Riesling, dazu gibt es Müller-Thurgau, Kerner, Grauburgunder, Chardonnay, Sauvignon Blanc und Gewürztraminer.

Vorjahre

Vor zwei Jahren überzeugte die Kollektion, allen voran die rote Cuvée Amandus, die sich ihrem Vorgänger als ebenbürtig erwies; die Vorteile lagen im roten Segment. Im vergangenen Jahr waren die Rotweinen recht holzwürzig, die Weißweine jahrgangsbedingt etwas weniger komplex als gewohnt.

Neue Kollektion

Die 2011er Weißweine der „Edition S"-Linie präsentieren sich geschlossen auf gutem Niveau, sind fruchtbetont und füllig. Die Stars der Kollektion sind einmal mehr im roten Segment zu finden mit drei kraftvollen Lembergern, von denen uns der konzentrierte, stoffige Barriquewein etwas besser gefällt als das sehr tanninbetonte Große Gewächs, noch höher aber haben wir die rote Cuvée Amandus aus dem Jahrgang 2008 bewertet, ein herrlich konzentrierter Wein mit Kraft, Substanz und feinen Schokonoten.

Weinbewertung

81 2011 Riesling trocken „Edition S" Fellbacher Lämmler **12,5 %/7,50 €**

84 2011 „Justinus K." Weißwein trocken „Edition S" **13,5 %/7,50 €**

83 2011 Grauburgunder trocken „Edition S" **13,5 %/8,50 €**

84 2011 Chardonnay trocken „Edition S" **13,5 %/8,50 €**

83 2011 Sauvignon Blanc trocken „Edition S" **13 %/9,60 €**

83 2011 Gewürztraminer „Edition C" **11 %/6,80 €**

83 2011 Trollinger trocken „Edition P" Fellbacher Lämmler **12,5 %/12,50 €**

86 2010 Lemberger trocken „Edition P" Fellbacher Goldberg **14 %/12,50 €**

88 2009 Lemberger trocken „Edition P" Barrique Fellbacher Goldberg **13,5 %/19,- €**

87 2009 Lemberger „GG" „Edition P" Fellbacher Goldberg **13,5 %/25,- €**

85 2009 Spätburgunder trocken „Edition P" Fellbacher Lämmler **14 %/12,50 €**

89 2008 „Amandus" Rotwein trocken „Edition P" Barrique Fellbacher Lämmler **14 %/25,- €**

Felshof ★★

Weingut & Gästehaus

Franken

Felshof, 97286 Sommerhausen
***Tel.** 09333-90480, **Fax:** 09333-904838*
www.felshof.de
info@felshof.de
***Besuchszeiten:** Mo.-Sa. 9-19 Uhr, So. 9-13 Uhr*
Gästehaus (9 „Wohlfühlgästezimmer")

Inhaber .... Familie Wenninger
Rebfläche .... 11,7 Hektar

Der Felshof in Sommerhausen ist ein Familienbetrieb mit 10 Hektar Weinbergen, 5 Hektar Obst (Äpfel und Birnen), eigener Brennerei und Gästehaus mit 9 Zimmern. Zwölf verschiedene Rebsorten stehen in den Weinbergen, die sich in den Sommerhäuser Lagen Reifenstein, Steinbach und Ölspiel (einer ursprünglichen Einzellage) befinden. Das Sortiment ist gegliedert in Gutsweine, die Mittellinie „Fränkische Klassik" und die „Großen Weine", die seit 2011 den Zusatz „Saxum Nobile" (edler Fels) tragen. In diese Kategorie gehören die Weißweine aus den besten Weinbergen wie der Silvaner vom Alten Berg, der Riesling vom Stachelberg und die Scheurebe vom Neuen Berg; Barriqueweine (Spätburgunder, Domina); sowie edelsüße Weine. Seit 2011 wird 1 Hektar biologisch bewirtschaftet und ein Weinberg biodynamisch, aber ohne Zertifizierung.

Entwicklung

Silvaner und Scheurebe sind seit vielen Jahren die herausragenden Weine des Felshofs, mit ihnen zeigt die Familie Wenninger, dass sie zuverlässige Qualität auf hohem Niveau erzeugen kann. Dass man in Zukunft wohl auch Riesling mit einreihen muss, deutet der 2008er Wein aus dem Stachelberg an; Gleiches gilt für Spätburgunder.

Vorjahre

Der Jahrgang 2009 präsentierte sich geschlossen auf gutem Niveau, jeder Wein überzeugte, allen voran die trockenen weißen Spätlesen. In der letztjährigen Kollektion war erstmalig ein Rotwein unser Favorit beim Felshof, der im Barrique ausgebaute Spätburgunder. Der 2009er Riesling aus dem Stachelberg war üppig, aber nicht ganz so nachhaltig wie sein Vorgänger. Insgesamt präsentierten sich die 2010er Weißweine frisch und fruchtbetont, die Scheurebe glänzte als Sekt.

Jahrgang 2011

Sehr gleichmäßig ist nun der Jahrgang 2011, bringt frische, fruchtbetonte Weißweine, die Spätlesen sind deutlich gehaltvoller als die Kabinettweine: Der Silvaner zeigt sehr viel reife Frucht und dezente Bitternoten, der Riesling ist füllig und kraftvoll wie auch der Weißburgunder, die halbtrockene Scheurebe besitzt reintönige Frucht und feine Säure. Reinsortige Rotweine wurden 2011 aufgrund des Spätfrostes nicht geerntet, es gibt nur eine Cuvée und einen Rosé.

Weinbewertung

80 2011 Silvaner trocken **12 %/5,20 €/1l**
82 2011 Silvaner Kabinett trocken Sommerhäuser Ölspiel **12 %/6,- €**
81 2011 Riesling Kabinett trocken Sommerhäuser Ölspiel **12 %/6,- €**
82 2011 Scheurebe Kabinett trocken Sommerhäuser Ölspiel **12 %/6,- €**
85 2011 Silvaner Spätlese trocken Sommerhäuser Steinbach **14 %/8,- €**
85 2011 Riesling Spätlese trocken Sommerhäuser Steinbach **13 %/9,- €**
85 2011 Weißburgunder trocken Sommerhäuser Reifenstein **13,5 %/9,- €**
82 2011 Bacchus Kabinett halbtrocken Sommerhäuser Ölspiel **11 %/5,50 €**
82 2011 Scheurebe Kabinett halbtrocken Sommerhäuser Ölspiel **12 %/6,- €**
84 2011 Scheurebe Spätlese halbtrocken Sommerhäuser Ölspiel **12 %/8,- €**
80 2011 Rosé halbtrocken Sommerhäuser Ölspiel **11,5 %/6,- €**

Friedrich Fendel ★★

Weingut **Rheingau**

Marienthaler Strasse 46, 65385 Rüdesheim
Tel. 06722-90570, Fax: 06722-905766
www.friedrich-fendel.de
info@friedrich-fendel.de
Besuchszeiten: nach Vereinbarung
„Weinhaus Fendel"

F

Inhaber .... Familie Fendel - Hetzert
Rebfläche .... 14,5 Hektar

Das Weingut Fendel führt seine Geschichte auf das Jahr 1510 zurück. Heute wird es von Paul Peter und Walter Hetzert geführt. Die Weinberge befinden sich in Rüdesheim, Geisenheim und Assmannshausen. 90 Prozent der Rebfläche sind mit Riesling bepflanzt, der Rest mit Spätburgunder. Der Ausbau der Weine erfolgt teils im Holz, teils im Edelstahl. Als „fum Allerhinnerschde" wird stets ein würziger, saftiger Wein mit ganz leichter Süße vermarktet. Die trockenen Spitzen sind in den letzten Jahren deutlich präziser geworden, zeigen oft eine attraktive Kräuterwürze und wirken nicht zu süß.

Vorjahr

2009 gefielen die Ersten Gewächse am meisten, vor allem jenes aus dem Roseneck. Auch 2010 war der Roseneck-Spitzenriesling wiederum der mit Abstand interessanteste Wein.

Neue Kollektion

Aus dem Jahrgang 2011 stellt das Weingut gelungene, saftige Basisweine und eine würzige, kraftvolle Spätlese aus dem Rottland vor. Das Erste Gewächs aus der Klosterlay wirkte zum Zeitpunkt der Verkostung noch etwas verhalten. Eine elegante, süffige Auslese krönt das Sortiment

Weinbewertung

82 2011 Riesling trocken **13 %/7,- €/1l**
83 2011 Riesling trocken „Gutswein" **13 %/7,- €**
83 2011 Riesling Kabinett trocken Rüdesheimer **13 %/8,50 €**
86 2011 Riesling Spätlese trocken Rüdesheimer Berg Rottland **14,5 %/13,- €**
89 2011 Riesling Erstes Gewächs Rüdesheim Klosterlay
90 2010 Riesling Erstes Gewächs Rüdesheim Berg Roseneck
85 2011 Riesling Kabinett „feinherb" Rüdesheimer **12,5 %/8,50 €**
83 2011 Riesling „fum Allerhinnerschde" **13 %/7,- €**
87 2011 Riesling Spätlese Rüdesheimer Berg Schlossberg **10,5 %/13,- €**
89 2011 Riesling Auslese Rüdesheimer Berg Roseneck **8,5 %/16,- €/0,375l**

Fendt ★☆

Weinfamilie **Baden/Mosel**

Max-Eyth-Straße 36, 72270 Baiersbronn
Tel. 07449-913160
www.fendtwein.de
info@fendtwein.de
Besuchszeiten: nur nach Vereinbarung,
Maren Fendt, Tel. 0171-9386092

Inhaber .... Jürgen Fendt
Rebfläche .... 3 Hektar

Jürgen Fendt, bundesweit bekannter Spitzensommelier, erwarb 2001 eine erste Parzelle in der Klüsserather Bruderschaft. Ab 2008 kamen Parzellen in Baden hinzu, teils gekauft, teils gepachtet. Heute ist er vertreten in den Lagen Altschweier Sternenberg (85 Ar), Umweg Stich den Buben (61 Ar), Neuweier Mauerberg (50 Ar), Neuweier Altenberg (17 Ar), sowie an der Mosel in den Lagen Klüsserath Bruderschaft (7 Ar) und Köwerich Laurentiuslay (11 Ar). Riesling dominiert im Anbau, gefolgt von Spätburgunder, dazu gibt es ein wenig Müller-Thurgau und Kerner. Die Moselrieslinge werden seit 2010 im Weingut Kirsten in Klüsserath ausgebaut.

Vorjahr

Die 2009er Weine führten im vergangenen Jahr die Kollektion an, ein kraftvoller Riesling aus dem Altenberg und ein fruchtbetonter, fülliger Spätburgunder standen an der Spitze.

Neue Kollektion

Die neue Kollektion ist deutlich stärker, bietet im weißen Segment einen feinen Literwein, einen fruchtbetonten, zupackenden Riesling Steinbach und eine schmeichelnde saftige Auslese von der Mosel – für uns aber ist der herrlich puristische Riesling Réserve aus dem Jahrgang 2010 das Highlight, ein reintöniger, sehr präziser Riesling, strukturiert und jugendlich. Der kraftvolle, zupackende Spätburgunder rundet die Kollektion ab.

Weinbewertung

82 2011 „Saugut" Weißwein **11,5 %/7,- €/1l**
82 2011 „Légère" Weißwein **11,5 %/8,- €**
86 2011 Riesling Steinbach **12 %/12,- €**
89 2010 Riesling „Réserve" **11 %/10,- €** ☺
87 2011 Riesling Auslese (Mosel) **9 %/22,- €**
81 2011 Rosé „Légère" **11 %/9,- €**
86 2010 Spätburgunder „zweinullzehn" **13 %/22,- €**

Feth-Wehrhof ★

Weingut

Rheinhessen

Rodensteinerstraße 17,
67592 Flörsheim-Dalsheim
***Tel.** 06243-7501, **Fax:** 06243-907558*
www.feth-wehrhof.de
florianfeth@feth-wehrhof.de
***Besuchszeiten:** Mo.-Fr. 8-12+14-17 Uhr, Sa. 8-12 Uhr*

Inhaber .... Florian und Volker Feth
Rebfläche .... 27 Hektar

Volker Feth stellte 1985 auf biologisch-dynamischen Weinbau um, ist seit 1988 demeter-zertifiziert. Sohn Florian war seit 2006 als Betriebsleiter beim Weingut Wehrhof in Pfeddersheim tätig; dieses Weingut hat er 2011 übernommen und mit dem elterlichen Betrieb zum Weingut Feth-Wehrhof zusammengelegt. Die zum Debüt vorgestellten Weine sind klar und harmonisch, besitzen feine Frucht und gute Struktur, schon der Müller-Thurgau im Liter bereitet Freude.

Weinbewertung

82 2011 Rivaner trocken Pfeddersheimer Liebfrauenmorgen **4,60 €/1l**
84 2011 Riesling trocken Pfeddersheimer St. Georgenberg **6,- €**
84 2011 Grauburgunder trocken Dalsheimer Burg Rodenstein **5,90 €**
82 2011 Grauburgunder „feinherb" Pfeddersheimer St. Georgenberg **5,30 €**
84 2011 Huxelrebe Spätlese Dalsheimer Hubacker **6,50 €**
83 2011 Rotweincuvée trocken Dalsheimer Burg Rodenstein **6,50 €**

Fischborn-Schenk ★

Weinhof

Rheinhessen/Nahe

Weingasse 2, 55546 Biebelsheim
***Tel.** 06701-1214, **Fax:** 06701-2304*
www.schenkwein.de
hw.schenk@t-online.de
***Besuchszeiten:** Mo.-Sa. 8-18 Uhr oder nach Vereinbarung*

Inhaber .... Hans-Werner Schenk
Rebfläche .... 14 Hektar

Der „Weinhof" befindet sich seit 1833 in Familienbesitz und wird heute von Hans-Werner Schenk und seiner Ehefrau Martina geführt. Zwei Drittel ihrer Weinberge liegen in Biebelsheim (Rheinhessen), ein Drittel in den benachbarten Gemeinden Planig und Ippesheim (Nahe). Im Biebelsheimer Kieselberg mit seinen kargen, steinigen Kiessandböden bauen sie vor allem Riesling an, im Biebelsheimer Honigberg wachsen vor allem rote Rebsorten und Bacchus auf tiefgründigen Lössböden. Traditionelle Rebsorten wie Riesling, Silvaner und Burgunder bilden den Schwerpunkt der Produktion, aber auch internationale Rebsorten wie Chardonnay und Merlot werden angebaut. Die Weißweine werden recht lange auf der Feinhefe und überwiegend im Edelstahl ausgebaut. Die roten Trauben werden entrappt, in offenen Behältern etwa 14 Tage maischevergoren und kommen dann in Eichenholzfässer.

Vorjahre

Vor zwei Jahren gefiel uns die Kollektion gut, präsentierte sich sehr geschlossen, der Grauburgunder aus der Römerhelde beeindruckte am meisten. Sehr gut und geschlossen präsentierte sich auch die letztjährige Kollektion mit eigenständigen, kraftvollen Weißweinen des Jahrgangs 2010 und geradlinigen 2009er Rotweinen, angeführt vom Spätburgunder aus dem Kieselberg.

Jahrgang 2011

Ein gutes Gesamtniveau zeigt auch der Jahrgang 2011, präsentiert sich sehr geschlossen, wie gewohnt. Der Grauburgunder aus der Römerhelde ist kraftvoll und strukturiert, geradlinig klar sind auch Chardonnay und Weißburgunder, der Dornfelder ist wunderschön fruchtbetont.

Weinbewertung

81 2011 Silvaner trocken **12 %/3,20 €/1l**
80 2011 Riesling trocken **11,5 %/4,50 €**
81 2011 Grauburgunder trocken Nahe **13 %/4,90 €**
81 2011 Riesling Spätlese trocken Biebelsheimer Kieselberg **13 %/6,50 €**
83 2011 Chardonnay Spätlese trocken Biebelsheimer Kieselberg **13 %/6,50 €**
84 2011 Grauburgunder Spätlese trocken Kreuznacher Römerhelde **13 %/6,50 €**
83 2011 Weißburgunder Spätlese trocken Kreuznacher Junker **13 %/6,50 €**
79 2011 Riesling Classic **11,5 %/4,50 €**
81 2011 Scheurebe Kabinett **10,5 %/4,- €**
81 2011 Riesling Spätlese Biebelsheimer Kieselberg **10,5 %/6,50 €**
80 2011 Blauer Portugieser trocken Nahe **12 %/4,10 €/1l**
83 2011 Dornfelder trocken Biebelsheimer Kieselberg **13 %/4,50 €**

★★★☆

Fischer

Weingut

Baden

Auf der Ziegelbreite 8, 79331 Nimburg-Bottingen
Tel. *07663-1747,* ***Fax:*** *07668-9300*
www.fischer-weine.de
info@fischer-weine.de
Besuchszeiten: *Di. + Do. 16-19 Uhr, Sa. 10-15 Uhr oder nach Vereinbarung*

Inhaber .... Silvia und Joachim Heger
Gutsleiter .... Lisa Meyer & Stefan Schneider
Kellermeister .... Stefan Rinklin
Rebfläche .... 17,5 Hektar

1978 beschlossen Otto und Mina Fischer, die damals in Nimburg-Bottingen rund 8 Hektar Reben bewirtschafteten, ihre Trauben selbst zu keltern und die Weine unter eigenem Etikett zu vermarkten. Durch die Tätigkeit als Rebveredler besaß die Familie Fischer viele Parzellen mit interessanten Klonen der Burgunderfamilie. Aus Altersgründen wurde das Weingut Otto Fischer 1997 an Joachim und Silvia Heger aus Ihringen verkauft. Der Nimberg ist ein isoliert stehender Vorberg der Freiburger Bucht. Weinbaulich ist er dem Bereich Kaiserstuhl zugeordnet. Auf dem Schuttkegel lagerte sich wie beim vulkanisch entstandenen Kaiserstuhl eine Lösssandschicht ab, der Boden ist geprägt von braunem Jura, Muschelkalk und eben dieser Lössauflage. Die Weinberge auf dem Nimberg – die Lage heißt Nimburg-Bottinger Steingrube – sind vor allem mit Burgundersorten bepflanzt. 6,5 Hektar sind allein mit Spätburgunder bepflanzt. Weiß- und Grauburgunder nehmen zusammen mit Chardonnay knapp die Hälfte der Fläche ein. In den letzten Jahren hat Joachim Heger neue rote Sorten angelegt, wobei er sich ganz bewusst auf zwar nicht in Baden, aber doch in Deutschland verbreitete Sorten beschränkt hat: Frühburgunder, St. Laurent, Samtrot und Lemberger. Beim Spätburgunder wurden neue Klone gepflanzt, die den Weinen eine zusätzliche Dimension geben sollen. Die Weine werden zu 95 Prozent durchgegoren ausgebaut.

Vorjahre

Vor zwei Jahren präsentierte sich die Kollektion geschlossen mit wunderschön reintönigen Weiß- und Rotweinen, wurde angeführt von den kraftvollen 3-Sterne-Selektionen von Weiß-, Grau- und Spätburgunder. Auch 2010 präsentierte Joachim Hegers Team eine Kollektion ohne Fehl und Tadel, alle Weine waren frisch und reintönig. Viel Freude machten schon der präzise Sauvignon Blanc und der reintönige Riesling, noch besser aber gefielen uns die beiden Holzfass-Burgunder und der kraftvolle Spätburgunder aus dem Barrique.

Neue Kollektion

Auch die neu Kollektion ist sehr gut, besticht einmal mehr mit dem hohen Niveau der Basislinie, alle Weine sind fruchtbetont und sehr sortentypisch. Das weiße Segment wartet mit einer Neuerung auf, einem kraftvollen, reintönigen, im Barrique ausgebauten Sauvignon Blanc, der gute Struktur und Substanz besitzt; der 3-Sterne-Chardonnay ist ihm ebenbürtig. Das rote Segment wird angeführt vom konzentrierten, reintönigen 3-Sterne-Spätburgunder des Jahrgangs 2009, der reintönige Rosé bereitet viel Freude. ▬

Weinbewertung

86 2011 Auxerrois trocken **12 %/9,10 €**
85 2011 Sauvignon Blanc trocken **12 %/9,60 €**
85 2011 Weißburgunder trocken **12,5 %/9,10 €**
84 2011 Grauburgunder trocken **12,5 %/9,10 €**
85 2011 Weißburgunder & Chardonnay trocken **12 %/9,10 €**
85 2011 Chardonnay trocken Holzfass **12,5 %/9,80 €**
87 2011 Weißburgunder trocken Holzfass Nimburg-Bottinger Steingrube **13 %/9,80 €**
87 2011 Chardonnay trocken Holzfass Nimburg-Bottinger Steingrube **12,5 %/9,80 €**
88 2011 Chardonnay*** trocken Nimburg-Bottinger Steingrube **13,5 %/a.A.**
88 2011 Sauvignon Blanc trocken Barrique **12,5 %/a.A.**
86 2011 Spätburgunder Rosé trocken **12,5 %/9,10 €**
88 2009 Spätburgunder*** trocken Barrique Nimburg-Bottinger Steingrube **13,5 %/17,40 €**

F

★★

Stephan **Fischer**

Weingut und Sektmanufaktur

Mosel

Merler Straße 12, 56856 Zell
***Tel.** 06542-41612, **Fax**: 06542-41651*
www.weingut-stephan-fischer.de
info@weingut-stephan-fischer.de
***Besuchszeiten**: nach Vereinbarung*

Inhaber .... Stephan Fischer
Rebfläche .... 3 Hektar

Dieses Weingut mit über 300-jähriger Tradition wird heute in zehnter Generation von Stephan Fischer geführt. Alle seine Weinberge liegen in Steillagen in Zell: Nussberg, Burglay Felsen und Kreuzlay, alle sind teils mit wurzelechten Reben bestockt. Neben dem dominierenden Riesling baut Stephan Fischer ein klein wenig Grauburgunder, Spätburgunder und Dornfelder an. Die Weine werden alle in Eichenholzfässern ausgebaut.

Entwicklung

Seit der ersten Ausgabe empfehlen wir die Weine von Stephan Fischer. Seither gehören seine Sekte regelmäßig zu den besten Rieslingsekten der Mosel, seine Weine bestechen mit reintöniger Frucht und Frische – und die Preise sind immer noch moderat.

Vorjahre

Die nichtschäumenden 2009er waren saftig und klar. Auch letztes Jahr hatte Stephan Fischer wieder drei schöne Rieslingsekte im Programm – extra brut, brut und trocken. Aber auch die 2010er Weine überzeugten, angefangen vom saftigen Riesling in der Literflasche.

Neue Kollektion

Die Sekte des Jahrgangs 2010 erreichen nicht ganz das gewohnte Niveau, am besten gefällt uns die zupackende Extra-Brut-Variante. Der Liter-Riesling bereitet einmal mehr viel Freude, ansonsten überzeugt die Spätlese, vor allem in der trockenen und „feinherben" Version, diese beiden führen eine ansonsten sehr gleichmäßige Kollektion mit frischen, reintönigen Weinen an.

Weinbewertung

84 2010 Riesling Sekt extra brut Zeller Nussberg **13 %/8,50 €**

82 2010 Riesling Sekt brut Zeller Nussberg **13 %/8,50 €**

81 2010 Riesling Sekt trocken Zeller Nussberg **13 %/8,50 €**

82 2011 Riesling trocken Zeller Schwarze Katz **12 %/4,50 €/1l**

81 2011 Grauburgunder trocken Zeller Nussberg **13 %/5,50 €**

83 2011 Riesling Kabinett trocken Zeller Nussberg **11,5 %/6,- €**

85 2011 Riesling Spätlese trocken Zeller Nussberg **13 %/8,- €**

82 2011 Riesling Kabinett halbtrocken Zeller Nussberg **11 %/6,- €**

85 2011 Riesling Spätlese „feinherb" Zeller Nussberg **10,5 %/8,- €**

83 2011 Riesling Spätlese Zeller Nussberg **8,5 %/8,- €**

F

Die besten deutschen Weinerzeuger und ihre Weine

Fischer ★

Weingut

Franken

Erweinstraße 6, 97353 Wiesentheid
***Tel.** 09383-377, **Fax:** 09383-1735*
www.fischer-wein.de
post@fischer-wein.de
***Besuchszeiten:** Mo.-Fr. 8-12 + 13-17 Uhr, Sa./So. 9-13 Uhr*
Gasthaus „Zur Krone" (Sa. & Mo. 17:30-24 Uhr), 6 Fremdenzimmer

Inhaber .... Joachim Fischer
Rebfläche .... 8,04 Hektar

Das 1848 von Martin Fischer gegründete Weingut wird heute von Joachim und Elisabeth Fischer geführt, die im Betrieb unterstützt werden von ihren Söhnen Thomas und Alexander. Neben den Trauben der eigenen Weinberge werden auch zugekaufte Trauben verarbeitet.

Vorjahr

Highlight beim Debüt im vergangenen Jahr war eine Silvaner Trockenbeerenauslese aus dem Jahrgang 2009, auch die Auslese und die beiden Rotweine, alle Jahrgang 2009, überzeugten.

Jahrgang 2011

Die neue Kollektion ist gleichmäßig, wenn auch ein wenig verhalten. Eine Silvaner Auslese mit schmeichelnder reifer Frucht gefällt uns am besten, die trockenen Weine sind alle von merklicher Restsüße geprägt.

Weinbewertung

80 2011 Silvaner Kabinett trocken Rödelseer Schlossberg **12,5 %/6,- €**

80 2011 Müller-Thurgau Kabinett trocken Rödelseer Schlossberg **11,5 %/5,20 €**

79 2011 Riesling Kabinett trocken Rödelseer Schlossberg **12,5 %/6,- €**

83 2011 Silvaner Spätlese trocken Rödelseer Schlossberg **13,5 %/8,50 €**

82 2011 Riesling Spätlese trocken Rödelseer Schlossberg **13 %/8,- €**

81 2011 Bacchus Kabinett Kammerforster Teufel **11 %/5,50 €**
82 2011 Bacchus Kabinett Oberschwarzacher Herrenberg **11,5 %/5,50 €**
79 2011 Bacchus Spätlese Oberschwarzacher Herrenberg **11,5 %/7,50 €**
80 2011 Scheurebe Kabinett Kammerforster Teufel **12 %/5,50 €**
83 2011 Scheurebe Spätlese Kammerforster Teufel **11,5 %/7,50 €**
82 2011 Gewürztraminer Spätlese Kammerforster Teufel **12 %/7,50 €**
85 2011 Silvaner Auslese Rödelseer Schlossberg **11 %/10,50 €**

★★

Fitz-Ritter

Weingut

Pfalz

Weinstraße Nord 51, 67098 Bad Dürkheim
***Tel.** 06322-5389, **Fax**: 06322-66005*
www.fitz-ritter.de
info@fitz-ritter.de
***Besuchszeiten**: Mo.-Fr. 8-12 + 13-18 Uhr, Sa. 10-16 Uhr, So. 11-17 Uhr*

Inhaber .... Johann Fitz
Rebfläche .... 24 Hektar

Das traditionsreiche Weingut Fitz-Ritter wird heute von Johann Fitz geführt. Zum Betrieb gehört auch die Sektkellerei Fitz. Zwei Drittel der Rebfläche nimmt Riesling ein. Dazu gibt es etwas Spätburgunder, Gewürztraminer, Chardonnay und eine ganze Reihe weiterer Sorten.

Vorjahre

In der Kollektion des vorvergangenen Jahres gefielen uns neben dem roten „Revoluzzer" auch die Weißweine sehr gut, vor allem die trockenen wie die edelsüßen Rieslinge. Im vergangenen Jahr waren es wieder die trockenen Rieslinge, die uns gut gefielen. Typische Rieslinge – nicht zu schwer, klare Frucht, feiner Biss. Schon der Liter-Riesling war sehr empfehlenswert. Auch die beiden Spätburgunder, hier Pinot Noir genannt, gefielen uns sehr gut.

Neue Kollektion

Auch in diesem Jahr haben wir eine gute und stimmige Kollektion verkostet. Die Rieslinge sind frisch und klar, noch einen Tick besser gefiel uns allerdings der trockene Gewürztraminer. Die süßen Weine haben eine sehr feine Frucht. Der rote Revoluzzer ist süffig dank fließender Tannine, der Pinot Noir zeigt eine klare rote Frucht.

Weinbewertung

81 2011 Riesling trocken **12 %/5,80 €/1l**
82 2011 Riesling trocken Fitz-Ritter **12,5 %/6,50 €**
85 2011 Riesling trocken „RebArena" **12,5 %/7,50 €**
85 2011 Riesling trocken Dürkheimer Abtsfronhof **13 %/10,- €**
85 2011 Chardonnay Spätlese trocken Dürkheimer Spielberg **13 %/10,- €**
84 2011 Weißer Burgunder trocken Wachenheim **12,5 %/8,- €**
85 2011 Grauer Burgunder trocken Wachenheim **12,5 %/8,- €**
84 2011 Sauvignon Blanc trocken Dürkheim **12,5 %/8,50 €**
86 2011 Gewürztraminer trocken Dürkheimer Abtsfronhof **10 %/10,- €**
84 2011 Riesling „feinherb Flaggenturm" **11 %/7,50€**
86 2011 Gewürztraminer Dürkheimer Abtsfronhof **10 %/10,- €**
86 2011 Riesling Spätlese Ungsteiner Herrenberg **9 %/10,- €**
88 2009 „Revoluzzer" Rotwein trocken Barrique **13,5 %/20,- €**
87 2009 Pinot Noir trocken Barrique **13%/20,- €**

★★★☆

Joachim **Flick**

Weingut

Rheingau

In der Straßenmühle, 65439 Flörsheim-Wicker
Tel. *06145-7686,* ***Fax:*** *06145-54393*
www.flick-wein.de
info@flick-wein.de
Besuchszeiten: *Mo.-Fr. 15-19 Uhr, Sa. 10-14 Uhr*
Veranstaltungen (bis 240 Personen)

F

Inhaber .... Reiner Flick
Rebfläche .... 19 Hektar

2011 war der 30. Jahrgang von Reiner Flick, der den Betrieb in dieser Zeit auf beinah 20 Hektar Rebfläche erweitern konnte. Inzwischen wurde in dem Weingut Flick, das seit 1997 in der Straßenmühle untergebracht ist, auch ein Kreuzgewölbekeller zur Lagerung von Stück- und Doppelstückfässern fertig gestellt, eine moderne Lichtinstallation inklusive. Es existiert auch eine renovierte alte Scheune für größere Veranstaltungen. Riesling ist mit einem Anteil von über 80 Prozent wichtigste Rebsorte bei Reiner Flick. Daneben gibt es etwa 8 Prozent Spätburgunder, aber auch Chardonnay, Weiß- und Grauburgunder sowie Sauvignon Blanc. Seine wichtigsten Lagen sind Wickerer Mönchsgewann, Wickerer Stein, Wickerer Nonnberg, Flörsheimer Herrnberg und Hochheimer Hölle. Die Mönchsgewann ist eine Süd-West-Lage mit lösshaltigen, kiesigen Böden, teilweise mit tertiärem Mergel, der Stein ist ebenfalls eine Süd-West-Lage mit Kiesböden, teilweise mit tertiärem Mergel durchsetzt. Der Nonnberg, seit 2004 in Besitz von Reiner Flick, besteht aus Lösslehm und tertiärem Mergel. Der Herrnberg, seit 1270 in Besitz der Mainzer Domherren, ist eine Südlage mit tiefgründigem Löss und teils hohem Kiesanteil. In der Hochheimer Hölle wiederum wachsen die Reben auf tiefgründigem Löss mit kiesigem Untergrund. Seit 2010 bewirtschaftet Joachim Flick auch den Hochheimer Königin Victoriaberg, eine Lage, die lange Zeit Weine unter ihren Möglichkeiten geliefert hatte.

Die Ersten Gewächse aus dem Weingut Flick sind komplex und voller Würze, geradlinig und stoffig. Edelsüße Weine werden nur erzeugt, wenn das Wetter mitspielt und die Botrytis einwandfrei ist. Wie gut die Weine reifen können, zeigt sich bei den immer wieder präsentierten älteren trockenen oder süßen Weinen. Die Rieslinge aus dem Victoriaberg sind sehr fein und duftig, werden beim ersten Verkosten manchmal unterschätzt.

Vorjahre

Aus dem Jahrgang 2009 präsentierte Reiner Flick zwei elegante Auslesen, eine Beerenauslese und einen Eiswein, dazu spannende trockene Weine und einen bemerkenswert gut gereiften Charta-Riesling des Jahrgangs 1999. Der Jahrgang 2010 verlangte Reiner Flick alles ab, aber die Mühen lohnten sich. Es entstanden geradlinige, ausgewogene Weine aus Mönchsgewann und Nonnberg; einige der Rieslinge aus dem Königin Victoriaberg wirkten etwas verhalten, allerdings entwickelte sich das feingliedrige, zunächst verschlossene Erste Gewächs über 48 Stunden ausgezeichnet: Für den schwierigen Jahrgang bemerkenswert.

Neue Kollektion

Eine stoffige trockene Spätlese aus der Hölle sowie das mit Schmelz ausgestattete Erste Gewächs aus dem Nonnberg gehören zu den spannendsten Weinen der 2011er Kollektion. Das Erste Gewächs aus dem Königin Victoriaberg gab beim Verkosten noch Rätsel auf, wirkt trotz vorhandener Substanz etwas unausgeglichen, könnte sich aber positiv entwickeln. Edelsüße Weine wurden nicht vorgestellt.

Weinbewertung

84 2011 Sauvignon Blanc trocken **12,5 %/7,50 €**
82 2011 Chardonnay trocken **13 %/7,50 €**
84 2011 Weißer Burgunder trocken **12,5 %/7,20 €**
83 2011 Riesling trocken „F. vini et vita" **12 %/6,50 €**
85 2011 Riesling trocken Wickerer Nonnberg **12 %/8,30 €**
86 2011 Riesling trocken Hochheimer Königin Victoriaberg **12 %/9,80 €**
86 2011 Riesling Spätlese trocken Wickerer Mönchsgewann **12 %/9,50 €**

88 2011 Riesling Spätlese trocken Hochheimer Hölle **12,5 %/10,50 €**
89 2011 Riesling trocken Erstes Gewächs Wickerer Nonnberg **13 %/23,50 €**
88 2011 Riesling trocken Erstes Gewächs Hochheimer Königin Victoriaberg **13 %/28,50 €**
82 2011 Riesling Classic **11,5 %/6,50 €**
85 2011 Riesling Kabinett Hochheimer Königin Victoriaberg **9 %/9,80 €**
84 2011 Spätburgunder Rosé **10,5 %/6,20 €**

★☆

Flick

Weingut Winzerfamilie

Rheinhessen

Brückesgasse 15, 55234 Bechtolsheim
Tel. *06733-6814,* ***Fax:*** *06733-961863*
www.weingut-flick.de
info@weingut-flick.de
Besuchszeiten: *Mo.-Sa. nach Vereinbarung*

Inhaber .... Ulrich und Alexander Flick
Rebfläche .... 20 Hektar

Die Weinberge von Ulrich und Alexander Flick liegen in Bechtolsheim, Gau-Odernheim (Herrgottspfad), Siefersheim, Gundersheim (Höllenbrand) und Westhofen (Morstein). An weißen Sorten werden Riesling, Chardonnay, Weißburgunder, Silvaner und Müller-Thurgau angebaut, an roten Sorten findet man Spätburgunder, Portugieser, Dornfelder, Regent und St. Laurent. Das Sortiment ist gegliedert in Gutsweine, Ortsweine und Lagenweine.

Vorjahre

Beim starken Debüt vor zwei Jahren gefiel uns die trockene Riesling Spätlese aus dem Morstein besonders gut. Mit der letztjährigen Kollektion schlossen Ulrich und Alexander Flick nahtlos an das Vorjahr an. Die 2010er Weißweine besaßen Fülle und Frucht, die Rotweine des Jahrgangs 2009 waren kraftvoll und gekonnt vinifiziert, vor allem der Pinot Noir bereitete uns viel Freude.

Jahrgang 2011

2011 haben die Flicks in der Spitze weiter zugelegt. Herrlich füllig und kraftvoll präsentiert sich der Morstein-Riesling, besitzt gute Struktur und Frische; der Riesling aus dem Herrgottspfad ist kraftvoll und klar. Chardonnay, Weißburgunder und Silvaner präsentieren sich geschlossen auf gutem Niveau: Im Aufwind!

Weinbewertung

80 2011 Riesling trocken **12 %/4,90 €**
79 2011 Weißburgunder trocken **12,5 %/4,10 €**
84 2011 Weißburgunder trocken Bechtolsheimer **13 %/6,90 €**
83 2011 Silvaner trocken Siefersheimer **13 %/5,90 €**
86 2011 Riesling trocken Gau-Odernheimer Herrgottspfad **13 %/10,50 €**
88 2011 Riesling trocken Westhofener Morstein **13 %/12,50 €**
85 2011 Chardonnay trocken „Alexander" **13 %/8,20 €**
83 2011 Riesling „feinherb" „Jakob" **13 %/7,50 €**
84 2011 Huxelrebe Auslese „Katharina" **11 %/10,50€**

★☆

Forsthof

Weingut

Württemberg

Forsthof 4, 71711 Kleinbottwar-Steinheim
Tel. *07148-6134,* ***Fax:*** *07148-4011*
www.weingut-forsthof.com
info@weingut-forsthof.com
Besuchszeiten: *Mo.-Fr. 12-13 Uhr + 17-18:30 Uhr, Sa. 8-16 Uhr*
„Waldstüble" (saisonal geöffnet, 70 Sitzplätze, auf der Freiterrasse 50 Sitzplätze)
Waldhotel Forsthof

Inhaber .... Wilfried Roth und Andreas Roth
Rebfläche .... 10 Hektar

Der Forsthof liegt bei Kleinbottwar auf einer Anhöhe des Bottwartals. Die Weinberge von Wilfried und Andreas Roth befinden sich im Bottwartal zwischen Steinheim und dem

Lichtenberg. Drei Viertel der Weinberge nehmen rote Sorten ein. Es dominieren die Burgundersorten, Trollinger und Lemberger. Daneben gibt es ein klein wenig Regent und Dornfelder, sowie Acolon, Merlot und Cabernet Mitos. Ein Fünftel der Fläche nimmt Riesling ein, hinzu kommt ein wenig Weiß- und Grauburgunder, sowie Kerner. Seit August 2009 befindet sich das Weingut in der Umstellung auf ökologischen Weinbau, seit Januar 2010 ist man Mitglied bei Naturland.

Vorjahre

Vor zwei Jahren gefielen uns die Rotweine etwas besser als die Weißen, allen voran der kraftvolle, reintönige 2008er Merlot. Sein Nachfolger war im vergangenen Jahr unser Favorit in einer Kollektion, die wie gehabt ihre Vorteile im roten Segment besaß.

Neue Kollektion

Kein einheitliches Bild bietet die neue Kollektion. Es gibt viel versprechende Ansätze, im weißen Segment beispielsweise den reintönigen Muskateller, rot den kraftvollen Merlot oder würzige Spätburgunder Auslese trocken, eine klare Linie aber können wir nicht erkennen: Eine Konzentration auf wenige Weine, auf die für die Lagen „passenden" Weine, schiene uns angebracht.

Weinbewertung

82 2011 Riesling Kabinett trocken **13 %/5,80 €**
82 2011 Cabernet Blanc Spätlese trocken **13 %/8,50 €**
84 2011 Muskateller **12,5 %/6,80 €**
81 2011 „Ars Vinitoris" Weißwein **12,5 %/6,50 €**
82 2011 Riesling Auslese „feinherb" „Edition 1.11" **13 %/12,50 €**
82 2011 Schwarzriesling Rosé **12,5 %/4,90 €**
82 2009 „Ars Vinitoris" Rotwein trocken **13,5 %/8,20 €**
82 2010 Lemberger trocken **14 %/6,90 €**
81 2009 Cabernet Cubin trocken **13 %/9,20 €**
85 2009 Merlot Auslese trocken **13,5 %/9,20 €**
85 2009 Spätburgunder Auslese trocken „Edition 1.09" **15 %/12,50 €**
81 2011 Muskattrollinger **12 %/6,90 €**

★☆

Franckenstein

Weingut Freiherr von und zu

Baden

Weingartenstraße 66, 77654 Offenburg
Tel. *0781-34973,* ***Fax:*** *0781-36046*
www.germanwine.de/weingut/franckenstein
weingut-franckenstein@t-online.de
Besuchszeiten: *Mo.-Fr. 9-12 + 14-18 Uhr, Sa. 9-13 Uhr*
Präsentations- und Degustationsraum (bis 50 Personen)

Inhaber .... Stefan Huschle/Familie Huschle
Rebfläche .... 14 Hektar

Die Geschichte dieses Betriebes reicht bis ins 13. Jahrhundert zurück, seit 1710 gehört das Gut den Freiherren von und zu Franckenstein. 2008 hat die Familie Huschle das Weingut gepachtet. Sohn Stefan Huschle, Geisenheim-Absolvent, war schon 2007 für die Vinifikation verantwortlich. Die Weinberge liegen in Zell-Weierbach und Berghaupten, darunter die Lagen Zell-Weierbacher Neugesetz (3,2 Hektar) und Berghauptener Schützenberg (6,4 Hektar) in Alleinbesitz. Die Weinberge in Berghaupten wurden 1989 hinzugekauft, 1,5 Hektar hat man quer terrassiert. Die Reben wachsen auf tiefgründigen Urgesteinsböden, Granit im Neugesetz und Gneis im Schützenberg. Inzwischen wurde die Monopollage Laufer Gut Alsenhof zugepachtet. Wichtigste Rebsorte ist Riesling, es folgen die Burgundersorten und Müller-Thurgau. Etwa 80 Prozent der Weine werden durchgegoren ausgebaut.

Vorjahre

2009 stellten wir eine deutliche Steigerung bei den Großen Gewächsen fest, auch der neue Weißburgunder „GG" aus dem Schützenberg machte viel Freude. 2010 waren die Großen Gewächse ein klein wenig verhaltener, am besten gefiel uns der Riesling. Auch Kabinettweine und Spätlesen waren jahrgangsbedingt schwächer als zuletzt, die Spätburgunder wollten uns aromatisch so gar nicht gefallen.

Neue Kollektion

Auch die 2011er Weißweine sind etwas verhalten, die Großen Gewächse stechen klar hervor: Der Riesling ist frisch und zupackend, der Weißburgunder fruchtbetont und harmonisch, der Grauburgunder klar und geradlinig. Im roten Segment gefällt uns der kraftvolle Zweigelt am besten.

Weinbewertung

81 2011 Weißburgunder Kabinett trocken Berghauptener Schützenberg **7,90 €**
83 2011 Weißburgunder Spätlese trocken Berghauptener Schützenberg **10,20 €**
79 2011 Grauburgunder trocken **6,50 €**
81 2011 Grauburgunder Kabinett trocken Zell-Weierbacher Abtsberg **7,90 €**
79 2011 Grauburgunder Spätlese trocken Zell-Weierbacher Abtsberg **12,40 €**
80 2011 Chardonnay Kabinett trocken Berghauptener Schützenberg **7,90 €**
84 2011 Chardonnay Spätlese trocken Berghauptener Schützenberg **11,90 €**
82 2011 Riesling Kabinett trocken Zell-Weierbacher Neugesetz **7,90 €**
81 2011 Riesling Kabinett trocken Berghauptener Schützenberg **7,90 €**
82 2011 Riesling Spätlese trocken Berghauptener Schützenberg **10,50 €**
87 2011 Riesling „GG" Zell-Weierbacher Neugesetz **17,90 €**
87 2011 Weißburgunder „GG" Berghauptener Schützenberg **17,90 €**
86 2011 Grauburgunder „GG" Zell-Weierbacher Abtsberg **17,90 €**
82 2010 Spätburgunder trocken Zell-Weierbacher Neugesetz **8,50 €**
81 2010 Spätburgunder trocken Berghauptener Schützenberg **8,50 €**
83 2010 Spätburgunder Spätlese trocken Zell-Weierbacher Neugesetz **14,90 €**
85 2009 Zweigelt trocken „B" **16,50 €**
83 2009 Spätburgunder „GG" Zell-Weierbacher Neugesetz **23,80 €**

frank
wein & gut

★

Württemberg

Bönnigheimer Straße 29, 74336 Brackenheim - Botenheim
Tel. *07135-9361281,* ***Fax****: 07135-2017*
www.weingutfrank.de
info@weingutfrank.de
Besuchszeiten*: Fr. 14-19 Uhr, Sa. 10-16 Uhr oder nach Vereinbarung*

Inhaber .... Florian Frank
Rebfläche .... 2,5 Hektar

2009 verließ Florian Frank die Genossenschaft und begann mit der Selbstvermarktung, mit damals einem Hektar, zur Risikominderung schloss er Traubenablieferverträge mit verschiedenen Kellereien. Heute vermarktet er bereits den Ertrag von 2,5 Hektar selbst. Er baut Riesling, Grauburgunder, Müller-Thurgau und Traminer an, sowie die roten Sorten Trollinger, Lemberger, Acolon und Merlot. Alle Weine werden in der Regel trocken ausgebaut.

Kollektion

Florian Franks Weine zeigen eine klare Handschrift, sie sind frisch, geradlinig und reintönig – und von sehr gleichmäßiger Qualität, so dass es schwerfällt einen einzelnen Wein herauszuheben. So feine Traminer sind selten in Württemberg, der Riesling ist frisch und zupackend, der Grauburgunder wunderschön reintönig, der Lemberger besitzt gute Struktur, Frische und Biss.

Weinbewertung

84 2010 Riesling trocken** **12 %/8,50 €**
84 2011 Traminer trocken** **13 %/8,50 €**
83 2011 Grauburgunder trocken** **12,5 %/9,50 €**
83 2011 Rosé trocken* „Rosarot" **12 %/5,70 €**
84 2010 Lemberger trocken*** **13 %/14,90 €**
82 2009 „Freudensprung" Rotwein trocken* **12 %/5,30 €**

★★★★☆

Reinhold **Franzen**

Weingut **Mosel**

Gartenstraße 14, 56814 Bremm
***Tel.** 02675-412, **Fax:** 02675-1655*
www.weingut-franzen.de
info@weingut-franzen.de
***Besuchszeiten:** nach Vereinbarung*

Inhaber .... Kilian Franzen
Rebfläche .... 9,3 Hektar

Das Weingut Franzen hat sich, wie kein anderer Betrieb, um den Bremmer Calmont und den Steilstlagenweinbau in diesem Teil der Mosel verdient gemacht. Im Juni 2010 verunglückte Ulrich Franzen, dem die Renaissance der steilsten Lage Europas ganz wesentlich zu verdanken ist, mit dem Schmalspurschlepper. Iris Franzen führt den Betrieb weiter, wird dabei unterstützt von Sohn Kilian, der ihn inzwischen übernommen hat, und Angelina Lenz, sowie deren Bruder, dem Weinbautechniker Benedikt Lenz. Die Reben wachsen vor allem im Bremmer Calmont, wo Ulrich Franzen im letzten Jahrzehnt zahlreiche aufgelassene Parzellen neu bepflanzt hat. Der Boden im 2 Kilometer langen, stark zerklüfteten Calmont besteht aus Schiefer mit einem sehr hohen Steinanteil. Hinzu kommen 2,5 Hektar im Neefer Frauenberg. Riesling nimmt 80 Prozent der Rebfläche ein, hinzu kommen Weißburgunder und Elbling, sowie ein klein wenig Grauburgunder, Spätburgunder und Frühburgunder. Das Sortiment ist gegliedert in die Gutsweine, wie den Riesling „vom Quarzitschiefer", dann folgen der durchgegorene „FranZero" und die Lagenweine mit schwarzer Kapsel, schließlich die mit einer Goldkapsel ausgestatteten Großen Gewächse aus Calmont und Frauenberg, sowie als Spitzenwein des Gutes der „Calidus Mons". In manchen Jahren werden auch edelsüße Rieslinge erzeugt, das Gros der Weine aber wird trocken und halbtrocken ausgebaut.

Vorjahre

Schon seit der ersten Ausgabe empfehlen wir die Franzen-Weine, schon damals waren wir besonders angetan von der Nachhaltigkeit der beiden Goldkapsel-Weine, den Calidus Mons gab es damals noch nicht. Seither haben die Weine stetig an Ausdruck gewonnen, sie sind präzise und kraftvoll, besitzen Substanz und viel Mineralität. Die 2009er zeigten sich sehr ausgeglichen und mineralisch, der „Calidus Mons" war noch sehr unzugänglich. 2010 war den Franzens und ihren Helfern ein bemerkenswerter Jahrgang gelungen, die Weine besaßen Kraft und Substanz, waren füllig und nachhaltig bei feinen mineralischen Noten, vom puristischen „FranZero" bis hin zu den beiden Großen Gewächsen und dem Calidus Mons.

Neue Kollektion

Auch 2011 bringt bestechend klare Rieslinge angefangen vom Quarzitschiefer und dem FranZero über die kraftvollen, zupackenden Lagenweine aus Calmont und Frauenberg – unsere Präferenz gilt dem Calmont – bis hin zu den Großen Gewächsen. Auch hier gilt unsere leichte Präferenz dem Wein aus dem Calmont, der kraftvoll und strukturiert ist, gute Substanz und Frische besitzt. Highlight der Kollektion ist aber einmal mehr der Calidus Mons mit seiner faszinierend reintönigen Frucht, er vereint Fülle und Eleganz, Konzentration und Präzision, ist saftig, lang und nachhaltig. Das Kilian Franzen und sein Team sich auch auf edelsüß verstehen, stellen sie mit einer hervorragenden Beerenauslese und einer faszinierend konzentrierten Trockenbeerenauslese unter Beweis, die allerdings aufgrund ihrer dominanten Süße – bei 460 Gramm Restzucker – derzeit noch nicht abschließend zu beurteilen ist.

Weinbewertung

86 2011 Riesling trocken „Vom Quarzitschiefer" **12,5 %/7,90 €**
87 2011 Riesling trocken „FranZero" **13 %/10,50 €**
87 2011 Riesling trocken Neefer Frauenberg **13 %/10,50 €**

88 2011 Riesling trocken Bremmer Calmont **13 %/11,50 €**
87 2011 Riesling „Der Sommer war sehr groß" **12,5 %/11,- €**
88 2011 Riesling Goldkapsel Neefer Frauenberg **13 %/19,50 €**
89 2011 Riesling Goldkapsel Bremmer Calmont **13 %/19,50 €**
92 2011 Riesling „Calidus Mons" **12,5 %/31,50 €**
92 2011 Riesling Beerenauslese Neefer Frauenberg **8 %/150,- €/0,375l**
90+ 2011 Riesling Trockenbeerenauslese Bremmer Calmont **6 %/190,- €/0,375l**

★★

Alexander Freimuth

Weingut

Rheingau

Am Rosengärtchen 25, 65366 Geisenheim-Marienthal
***Tel.** 06722-981070, **Fax:** 06722-981071*
www.weingut-alexander-freimuth.de
info@weingut-alexander-freimuth.de
***Besuchszeiten:** Mo.-Sa. nach Vereinbarung*
Straußwirtschaft (8 Wochen im Mai/Juni, 4 Wochen im Nov./Dez.)

Inhaber .... Alexander und Karin Freimuth
Rebfläche .... 8,5 Hektar

Karin und Alexander Freimuth, beide Diplomingenieure für Weinbau, führen das Gut seit 1984, seit 1999 ist der Betrieb Mitglied im Verband der Prädikatsweingüter. Die Weinberge liegen in den Geisenheimer Lagen Kläuserweg, Mönchspfad, Kilzberg und Mäuerchen sowie im Rüdesheimer Bischofsberg. Neben 65 Prozent Riesling baut Alexander Freimuth ein Viertel Spätburgunder sowie etwas Grauburgunder, Weißburgunder und Müller-Thurgau an. Eine Spezialität ist der Sauvignon Blanc, der in manchen Jahren – wie 2007 – besonders früh gelesen wird, um Frische und grasige Noten herauszuarbeiten. Die Weine werden temperaturgesteuert unter 17 Grad Celsius vergoren. Alexander Freimuth ist bestrebt, die natürliche Gärungskohlensäure in den Weinen zu erhalten. Drei Viertel seiner Weine sind trocken, weitere 15 Prozent halbtrocken; süße und edelsüße Weine werden zwar manchmal erzeugt, spielen aber eine untergeordnete Rolle. Experimente mit dem Barrique führen meist zu interessanten Ergebnissen – beim Spätburgunder, aber auch beim Weißburgunder.

Vorjahre

Eindrucksvoll und präzise zeigten sich die Ersten Gewächse aus 2009, während die süße Spätlese und der Riesling von alten Reben etwas verhalten wirkten. 2010 war der Sauvignon Blanc wunderschön schlank und frisch, wirkte viel animierender als in manch anderem Jahr. Gut gelang beispielsweise auch der „Zero", der in der Nase eine offensive Frucht, sogar einen Hauch von Zuckerwatte aufwies und puristisch trocken war.

Neue Kollektion

Im Jahrgang 2011 gelangen viele Weine ausgezeichnet – vom saftigen Roten Riesling über den kompromisslosen „Zero" bis zu den stoffigen „Alten Reben". Das nach Melone und Kräutern duftende Erste Gewächs aus dem Bischofsberg ist angenehm trocken, aber so kraftvoll und alkoholreich, dass es im Moment kaum zu beurteilen ist. Nicht auszuschließen, dass es sich positiv entwickelt! Die Roséweine können da nicht ganz heranreichen (der Weißherbst scheint etwas vom Alkohol dominiert), der 2010er Spätburgunder Rotwein zeigt hingegen eine gute Balance.

Weinbewertung

87 2011 Riesling Kabinett trocken „Zero" **13,6 %/8,50 €**
87 2011 Roter Riesling Kabinett trocken Geisenheimer Kläuserweg **12,7 %/9,- €**
87 2011 Riesling trocken „Alte Reben" **13,5 %/8,50 €**
87 2011 Riesling trocken Erstes Gewächs Rüdesheimer Bischofsberg (87+ Punkte) **15,4 %/17,50 €**
85 2011 Riesling Kabinett halbtrocken Geisenheimer Mäuerchen **11,2 %/8,- €**

86 2011 Riesling Kabinett Charta „feinherb" **13,5 %/9,- €**
85 2011 Riesling Kabinett Geisenheimer Mönchspfad **11,7 %/8,- €**
87 2011 Riesling Spätlese Geisenheimer Mönchspfad **9,7 %/11,50 €**
82 2011 Spätburgunder Weißherbst Kabinett trocken Rüdesheimer **13,3 %/8,- €**
83 2011 Spätburgunder „Blanc de Noir" trocken Geisenheimer **12,8 %/8,- €**
85 2010 Spätburgunder trocken Barrique Rüdesheimer Magdalenenkreuz **13,5 %/11,- €**

F

Die besten deutschen Weinerzeuger und ihre Weine

Otto und Martin Frey ★★

Weingut

Baden

Im Brühl 1, 79211 Denzlingen
***Tel.** 07666-5253, **Fax:** 07666-2314*
www.frey-weine.de
info@frey-weine.de
***Besuchszeiten:** Di/Do./Fr. 9-12 + 14-19 Uhr, Mi. 9-12 Uhr, Sa. 9-16 Uhr*

Inhaber .... Otto und Martin Frey
Rebfläche .... 12 Hektar

Otto Frey übernahm 1970 den damaligen landwirtschaftlichen Mischbetrieb von seinem Vater, siedelte 1972 vom Ortskern Denzlingen aus. Seit 1995 ist Sohn Martin im Betrieb tätig, der die Technikerausbildung in Weinsberg machte. Vor allem die Burgundersorten werden angebaut, aber auch Müller-Thurgau und Gewürztraminer. Die Weine werden in Edelstahltanks ausgebaut. Rotweine werden etwa zwei Wochen maischevergoren, die Spitzenweine dann im Barrique ausgebaut. Das Programm ist gegliedert in 3 Stufen: Die Basisqualität bilden Lagenweine aus Glottertäler Eichberg, Gundelfinger Sonnenberg oder Denzlinger Sonnhalde. Dann folgt die mittlere Stufe „Gneis" und schließlich als Toplinie „Aigi", der ursprüngliche Name der Lage Eichberg.

Vorjahre

Vor zwei Jahren präsentierte sich die Kollektion gleichmäßig mit kraftvollen, fruchtbetonten Weinen, weiß wie rot. Besonders gefielen uns der Spätburgunder Steinhalde und der Weißburgunder aus der Gneis-Serie. Noch besser gefielen uns dann die 2009er Rotweine, allen voran der Spätburgunder Aigi, aber auch der Spätburgunder Gneis war wunderschön reintönig und zupackend, die Merlot-Spätburgunder-Cuvée besaß gute Struktur und Frische. Die 2010er Weißweine behaupteten sich, boten durchweg gute Qualität.

Neue Kollektion

Die neue Kollektion präsentiert sich geschlossen auf gutem und sehr gutem Niveau. Schon die Gutsweine sind fruchtbetont und klar, die Gneis-Linie bietet ein Mehr an Fülle und Kraft, nochmals konzentrierter sind die Aigi-Weine; die 2010er Rotweine haben sich gut behauptet, besitzen gute Struktur und klare Frucht.

Weinbewertung

83 2010 Pinot Cuvée Sekt brut **12 %/10,- €**
81 2011 Auxerrois trocken **11,5 %/5,70 €**
83 2011 Weißburgunder trocken **13 %/5,70 €**
85 2011 Weißburgunder trocken „Gneis" **13,5 %/8,60 €**
84 2011 Grauburgunder trocken „Gneis" **13 %/8,60 €**
84 2011 Chardonnay trocken „Gneis" **12,5 %/8,60 €**
83 2011 Gewürztraminer trocken „Gneis" **13,5 %/9,50 €**
86 2011 Weißburgunder-Chardonnay trocken „Aigi" **13,5 %/13,50 €**
86 2011 Grauburgunder trocken „Aigi" **13 %/13,50 €**
83 2010 Spätburgunder trocken Holzfass **13 %/8,20 €**
84 2010 Spätburgunder trocken „Alte Rebe" **13 %/9,60 €**
85 2010 Merlot-Spätburgunder trocken „Gneis" **13 %/12,- €**

★

Freyburg-Unstrut

Winzervereinigung **Saale-Unstrut**

Querfurter Straße 10, 06632 Freyburg
Tel. 034464-30622, Fax: 034464-30626
www.winzervereinigung-freyburg.de
info@winzervereinigung-freyburg.de
Besuchszeiten: Mo.-Fr. 7-18 Uhr, Sa. 10-18 Uhr, So. 10-16 Uhr; Kulinarische Weinproben

Geschäftsführer .... Dr. Gerald Lange
Produktionsleiter .... Hans-Albrecht Zieger
Mitglieder 470
Rebfläche .... 360 Hektar

Die 1934 gegründete Winzervereinigung Freyburg ist heute der größte Erzeuger in den ostdeutschen Anbaugebieten. Fünf große Agrarbetriebe mit zusammen 240 Hektar Weinberge sind Mitglied, dazu 470 Winzer, die zusammen weitere 120 Hektar bewirtschaften. Die Sortenvielfalt ist groß: Müller-Thurgau, Silvaner, Kerner, Riesling, Weißburgunder, Grauburgunder, Traminer, Bacchus und Gutedel, dazu gibt es Hölder, Morio-Muskat und Ortega. Rote Rebsorten nehmen ein Viertel der Fläche ein: Dornfelder, Portugieser, Spätburgunder, Lemberger, Zweigelt, André und Regent. Die Weine werden als Qualitätsweine angeboten, von fünf Sorten werden trockene Spätlesen erzeugt.

Vorjahre

Die 2009er Weine waren sehr klar, frisch und geradlinig – und so präsentierte sich dann auch der Jahrgang 2010, bot geradlinige, frische Weine, am besten aber gefielen uns in der letztjährigen Kollektion die beiden Barriqueweine des Jahrgangs 2009.

Neue Kollektion

Der Jahrgang 2011 bringt frische, geradlinige Weine, weiß wie rot. Unser Favorit ist die fruchtbetonte, reintönige trockene Weißburgunder Spätlese, die gute Fülle und Struktur besitzt.

Weinbewertung

80 2010 Riesling extra brut **13 %/12,-€**
80 2011 Gutedel trocken **11,5 %/5,- €**
80 2011 Silvaner trocken **12 %/5,40 €**
81 2011 Bacchus trocken **11,5 %/6,- €**
82 2011 Hölder trocken **12,5 %/6,30 €**
82 2011 Riesling Spätlese trocken **12 %/8,- €**
81 2011 Traminer Spätlese trocken **12,5 %/7,90 €**
82 2011 Grauburgunder Spätlese trocken „Pinot Gris“ **12,5 %/13,80 €**
85 2011 Weißburgunder Spätlese trocken **12,5 %/7,90 €**
78 2011 Portugieser Weißherbst halbtrocken **11 %/6,- €**
81 2011 Dornfelder trocken **11 %/7,70 €**
83 2011 Blauer Zweigelt trocken **12,5 %/7,30 €**

★★

Frick

Weingut **Baden**

Im Freihof 9, 79589 Binzen
Tel. 07621-65610
www.weingut-frick.de
weingut-frick-binzen@t-online.de
Besuchszeiten: Winter: Di./Do./Fr. 17.30-19:30 Uhr, Sa. 9-16 Uhr; Sommer: Di./Do./Fr. 18-20 Uhr, Sa. 9-16 Uhr Ferienwohnung

Inhaber .... Bernhard und Heike Frick
Rebfläche .... 4 Hektar

Bernhard und Heike Frick aus Binzen im Markgräflerland erzeugen neben Wein auch Branntweine und Edelbrände in der eigenen Brennerei. Bei der Bewirtschaftung der Weinberge werden keine Insektizide und Herbizide eingesetzt, bei Bedarf erfolgt biotechnische Schädlingsbekämpfung. Fast alle Weine werden absolut trocken und durchgegoren ausgebaut.

Vorjahre

Seit mehr als einem Jahrzehnt nun empfehlen wir die Weine und Sekte von Bernhard und

Heike Frick. Sie sind immer präzise und klar, sind alles andere als gefällig. Der Nobling-Sekt gefällt uns immer, die Weißweine sind knackig und zupackend, die Rotweine haben in den letzten Jahren an Statur gewonnen – kurzum die richtige Adresse für jeden, der durchgegorene Weine mag. Die 2009er Weißweine präsentierten sich präzise und klar, der Chardonnay zeigte Klasse, die 2008er Rotweine waren kraftvoll und recht tanningeprägt. Die letztjährige Kollektion war sehr homogen, bot einen dicken Eiswein, Jahrgang 2008, kraftvolle Rotweine aus den Jahrgängen 2008 und 2009 und frische, zupackende Weißweine des Jahrgangs 2010; der Nobling-Sekt war wie immer eine sichere Bank.

Neue Kollektion

2011 bereiten schon Gutedel und Müller-Thurgau viel Freude, Sauvignon Blanc und Weißburgunder besitzen Fülle und Kraft, ebenso der zupackende Chardonnay. Im roten Segment besticht der Spätburgunder von alten Reben mit seiner reintönigen Frucht, besitzt gute Struktur und feine Tannine.

Weinbewertung

83 2011 Gutedel trocken Binzener Sonnhohle **11.5 %/4,10 €/1l** ☺

83 2011 „Lenz" Weißwein Kabinett trocken (Müller-Thurgau) **11,5 %/4,40 €**

83 2011 Gutedel trocken „Markgräfler Gumsle" Rümminger Sonnhohle **11 %/4,70 €**

84 2011 Spätburgunder „Blanc de Noirs" Kabinett trocken **13 %/5,90 €**

86 2011 Sauvignon Blanc Kabinett trocken Binzener Sonnhohle **13 %/9,80 €**

85 2011 Weißburgunder Kabinett trocken Binzener Sonnhohle **12 %/5,90 €** ☺

86 2011 Chardonnay Spätlese trocken Binzener Sonnhohle **13,5 %/7,90 €**

82 2011 Spätburgunder Rosé trocken **13 %/4,90 €**

83 2010 Spätburgunder Kabinett trocken Binzener Sonnhohle **6,90 €**

88 2009 Spätburgunder trocken „Alte Reben" **13,- €**

★

Fried Baumgärtner

Weingut

Württemberg

Freudentalerstraße 32, 74343 Hohenhaslach
***Tel.** 07147-3487, **Fax**: 07147-13832*
www.friedbaumgaertner.de
info@friedbaumgaertner.de
***Besuchszeiten**: Mo.-Sa. 9-18 Uhr*

Inhaber.................Friedrich Baumgärtner
Rebfläche.............................9,6 Hektar

Friedrich Baumgärtner hat sich von seinem Cousin getrennt, führt nun sein eigenes Weingut in Hohenhaslach. Das Gros seiner Weinberge liegt im Hohenhaslacher Kirchberg, aber auch im Bönnigheimer Sonnenberg ist er vertreten. Er baut zu 80 Prozent rote Rebsorten an: Lemberger, Trollinger, Cabernet Cubin, Merlot, Spätburgunder, Samtrot, Schwarzriesling und Muskattrollinger, dazu Riesling und Kerner; Chardonnay und Zweigelt hat er neu gepflanzt.

Kollektion

Die Kollektion ist stimmig und gleichmäßig, bietet fruchtbetonte, klare Weiß und Rotweine. Unser Favorit ist der im Holzfass ausgebaute Riesling, der kraftvoll und klar ist, gute Struktur und Substanz besitzt.

Weinbewertung

82 2011 Riesling trocken **13 %/10,- €**

87 2011 Riesling trocken Holzfass **13 %/22,- €**

83 2011 „Cuvée weiß" trocken **11,5 %/9,- €**

82 2011 Riesling trocken **13 %/10,- €**

82 2010 Lemberger trocken **12,5 %/4,80 €/1l**

83 2011 Spätburgunder trocken **12 %/8,- €**

Frieden-Berg ★
Weingut
Mosel

Weinstraße 19, 54453 Nittel
Tel. 06584-99070, Fax: 06584-99072
www.frieden-berg.de
info@frieden-berg.de
Besuchszeiten: Mo.-Sa. 9-17 Uhr, So. 10-12 Uhr, sowie zu den Öffnungszeiten der Gutsschenke (Fr.-Di. ab 17 Uhr)

Inhaber .... Horst Frieden
Rebfläche .... 8 Hektar

Elbling nimmt die Hälfte der Rebfläche von Horst Frieden ein, dazu gibt es Grauburgunder, Auxerrois, Weißburgunder, Müller-Thurgau und Spätburgunder.

Die Weine

Die Kollektion 2010 überzeugte durch ihr gleichmäßiges Niveau. Die Weine waren füllig und klar, die beiden Auxerrois gefielen uns besonders gut. Sehr gleichmäßig und gut mit sauberen, frischen Weinen präsentiert sich der Jahrgang 2011, einmal mehr hat der üppige Pinot Auxerrois von uns die betriebsinterne Höchstnote erhalten.

Weinbewertung

82 2010 Elbling Cremant **12,5 %/9,50 €**
81 2011 Elbling trocken **12 %/5,30 €/1l**
83 2011 Rivaner trocken **12,5 %/4,70 €**
83 2011 Elbling trocken Nitteler Leiterchen **12 %/5,70 €**
83 2011 Elbling trocken „Novum" Nitteler Leiterchen **12 %/5,90 €**
82 2011 Auxerrois trocken **12,5 %/6,- €**
85 2011 Pinot Auxerrois **14 %/7,90 €**
81 2011 Weißburgunder trocken **12,5 %/6,90 €**
81 2011 Grauburgunder trocken **13 %/7,90 €**
82 2011 Spätburgunder „Blanc de Noir" **13 %/6,90 €**

Fries ★★☆
Weingut
Mosel

Bachstraße 66, 56333 Winningen
Tel. 02606-2686, Fax: 02606-200016
www.weingut-fries.de
info@weingut-fries.de
Besuchszeiten: nach Vereinbarung

Inhaber .... Reiner und Anke Fries
Rebfläche .... 7,7 Hektar

Reiner und Anke Fries führen heute dieses Winninger Gut in achter Generation. Sie bauen neben Riesling vor allem Spätburgunder und ein wenig Weißburgunder an. Ihre Weinberge befinden sich in den Winninger Lagen Röttgen, Uhlen und Hamm. Seit dem Jahrgang 2002 verzichten sie bei trockenen und halbtrockenen Weinen auf Prädikatsbezeichnungen wie Spät- und Auslese. Stilistisch sind die Fries-Weine leicht erkennbar. Sie werden – mit Ausnahme des Rotweins – im Stahltank ausgebaut, sind eher schlank als füllig, immer fruchtig und klar.

Vorjahre

Die 2009er waren bereits im Basisbereich sehr gelungen, aber auch die kühlfruchtige Auslese, sowie der würzige Uhlen-Riesling überzeugten. Die 2010er Weine waren jahrgangsbedingt etwas schwächer, vor allem im trockenen und „feinherben" Segment; die süßen und edelsüßen Rieslinge überzeugten.

Neue Kollektion

2011 zeigen sich die trockenen Weine wieder auf gewohntem Niveau. Der füllige, kraftvolle Riesling von alten Reben aus dem Uhlen ist unser Favorit im trockenen Segment, im süßen Segment ist es die füllige, saftige Auslese aus dem Röttgen. Highlight für uns ist aber der barriqueausgebaute Spätburgunder aus dem Jahrgang 2009, der würzig-rauchige Noten im Bouquet zeigt, im Mund füllig und kraftvoll sich präsentiert bei guter Struktur und jugendlichen Tanninen – einer der besten Spätburgunder an der Mosel.

Weinbewertung

84 2011 Weißburgunder trocken **13,5 %/9,20 €**

83 2011 Riesling Kabinett trocken Winninger Röttgen **12 %/7,20 €**

85 2011 Riesling trocken „Apollo-Terrassen" **12,5 %/9,40 €**

87 2011 Riesling trocken „Alte Reben" Winninger Uhlen **13 %/13,50 €**

82 2011 Riesling Kabinett „feinherb" Winninger Hamm **12 %/7,20 €**

84 2011 Riesling „feinherb" „Apollo-Terrassen" **12 %/12,- €**

85 2011 Riesling Spätlese Winninger Röttgen **10 %/9,80 €**

87 2011 Riesling Auslese Winninger Röttgen **11,5 %/17,- €/0,5l**

88 2009 Spätburgunder trocken Barrique **13,5 %/14,50 €**

★☆

Markus **Fries**

Weingut **Mosel**

Zum Brauneberg 16, 54484 Maring-Noviand
***Tel.** 06535-493, **Fax:** 06535-1505*
www.weingut-fries.com
direkt@markus-fries.de
***Besuchszeiten:** Mo.-So. 8-20 Uhr*
Probierstube, Gästezimmer, Ferienwohnungen

Inhaber .... Markus Fries
Rebfläche .... 4 Hektar

Die Weinberge von Markus Fries befinden sich in Bernkastel (Lay, Badstube, Schlossberg), Noviand (Honigberg, Römerpfad) und Maring (Sonnenuhr). Seit dem Jahrgang 1999 ist er durch den Zukauf einer Parzelle auch in der Wehlener Sonnenuhr vertreten. Nach seinem Studium in Geisenheim und Bordeaux arbeitet Markus Fries seit 1997 im elterlichen Weingut mit, das er inzwischen übernommen hat. Neben dem dominierenden Riesling gibt es nur ein klein wenig Spätburgunder. 40 Prozent der Rieslingreben sind wurzelechte Reben. Die Weine werden mit ihren natürlichen Hefen vergoren und in Eichenholzfässern ausgebaut. In Noviand hat er Weinberge mit einer Pflanzdichte von 10.000 Stock je Hektar angelegt. Im Betrieb wird Markus Fries unterstützt von seiner Frau Cécile, einer französischen Önologin, die aus Bordeaux stammt.

Vorjahr

Die 2010er waren verhaltener und weniger klar als gewohnt, der Spätburgunder aber überzeugte.

Neue Kollektion

Die neue Kollektion präsentiert sich geschlossen auf gutem Niveau, trocken wie süß, vom feinen Gutsriesling bis hin zu den kraftvollen, saftigen Spätlesen.

Weinbewertung

83 2011 Riesling trocken **12 %/6,- €**

83 2011 Riesling trocken „Lesura" **13 %/7,20 €**

83 2011 Riesling Kabinett trocken Bernkasteler Schlossberg **11 %/6,50 €**

86 2011 Riesling Spätlese trocken Wehlener Sonnenuhr **12 %/12,50 €**

86 2011 Riesling Spätlese trocken Maringer Sonnenuhr **12,5 %/14,50 €**

82 2011 Riesling „feinherb" **11,5 %/6,- €**

83 2011 Riesling Kabinett „feinherb" Bernkasteler Schlossberg **9,5 %/6,50 €**

86 2011 Riesling Spätlese „feinherb" Wehlener Sonnenuhr **11 %/12,50 €**

86 2011 Riesling Spätlese Noviander Honigberg **8,5 %/8,- €**

86 2009 Spätburgunder **13 %/13,90 €**

Clemens Fröhlich ★★★
Weingut
Franken

Bocksbeutelstraße 19, 97332 Escherndorf
***Tel.** 09381-1776, **Fax**: 09381-6163*
www.weingut-froehlich.de
info@weingut-froehlich.de
***Besuchszeiten**: täglich geöffnet, möglichst nach Vereinbarung*
4 Gästezimmer (Aufenthaltsraum, Küche)

Inhaber .... Clemens Fröhlich
Rebfläche .... 6 Hektar

Clemens Fröhlich hat 1987 mit nur einem halben Hektar Weinberge angefangen. Heute bewirtschaftet er 6 Hektar, 3,5 Hektar davon in Steillagen. Ehefrau Ingrid Fröhlich ist für den Verkauf zuständig. Clemens Fröhlich vergärt die Weine kühl mit Reinzuchthefen. Wichtigste Rebsorten sind Riesling und Silvaner. Hinzu kommen vor allem noch Müller-Thurgau, Kerner und Bacchus. Zum Weingut gehören auch ein Hektar Obstbäume, aus deren Ertrag Edelbrände erzeugt werden. Alle als trocken bezeichneten Weine (85 Prozent der Produktion) von Clemens Fröhlich sind „fränkisch trocken", Restzucker und Säure sind auf dem Etikett angegeben; die nicht als trocken bezeichneten Weine sind in der Regel ebenfalls noch im gesetzlich trockenen Bereich.

Vorjahre

Seit der ersten Ausgabe empfehlen wir die Weine von Clemens Fröhlich, schon damals lobten wir die wunderschön fruchtbetonten Weine und die gleichmäßige, zuverlässige Qualität. Jahr für Jahr stellt Clemens Fröhlich uns überzeugende Kollektionen vor, alle Weine sind immer bestechend reintönig. Die 2009er Kollektion war sehr gut, einmal mehr waren Riesling Spätlese und die beiden Versionen der Silvaner Spätlese – alles Weine aus dem Lump und alle durchgegoren – unsere Favoriten. Diese drei Weine gefielen uns auch 2010 wieder sehr gut, ebenso der Riesling Kabinett – und alle waren sie durchgegoren, wie gehabt. Auch die restlichen Weine der Kollektion präsentierten sich zuverlässig wie gewohnt, waren reintönig und frisch.

Jahrgang 2011

Auch 2011 präsentiert Clemens Fröhlich reintönige, fruchtbetonte Weine, wobei wir in diesem Jahrgang eindeutlig die Silvaner gegenüber den Rieslingen präferieren. Die Silvaner Spätlese besitzt viel reintönige Frucht, ist füllig und harmonisch, besitzt Substanz – hier schmeckt man den Lump. Noch ausgeprägter und komplexer ist der „Beste Beere"-Silvaner – ebenfalls Lump pur. Die Riesling Spätlese ist kraftvoll und geradlinig und Bacchus überzeugt gleich doppelt, als frischer, geradliniger Kabinett und als fruchtbetonte, reintönige halbtrockene Spätlese.

Weinbewertung

82 2011 Müller-Thurgau Kabinett **12 %/5,10 €**
84 2011 Bacchus Kabinett trocken Escherndorfer Berg **11,5 %/5,10 €**
84 2011 Silvaner Kabinett **12 %/5,70 €**
84 2011 Silvaner Kabinett trocken Escherndorfer Lump **13 %/6,10 €**
83 2011 Riesling Kabinett **12 %/6,30 €**
85 2011 Riesling Kabinett trocken Escherndorfer Lump **13 %/6,50 €**
88 2011 Silvaner Spätlese trocken Escherndorfer Lump **13,5 %/8,- €** ☺
90 2011 Silvaner Spätlese trocken „Beste Beere" Escherndorfer Lump **13,5 %/10,5 €** ☺
86 2011 Riesling Spätlese trocken Escherndorfer Lump **13 %/8,50 €**
82 2011 Silvaner Kabinett halbtrocken Escherndorfer Lump **13 %/5,90 €**
86 2011 Bacchus Spätlese halbtrocken Escherndorfer Berg **12,5 %/7,30 €**
84 2011 Silvaner Auslese Escherndorfer Lump **11,5 %/15,- € /0,5l**

★★★☆

Michael **Fröhlich**

Weingut

Franken

Bocksbeutelstraße 41, 97332 Escherndorf
***Tel.** 09381-2847, **Fax**: 09381-71360*
www.weingut-michael-froehlich.de
info@weingut-michael-froehlich.de
***Besuchszeiten**: Mo.-Sa. 9-18 Uhr oder nach Vereinbarung*
Probierstube, Hofschoppenfest an den letzten beiden August-Wochenenden

F

Inhaber .... Michael Fröhlich
Rebfläche .... 11 Hektar

1985 hat Michael Fröhlich sein Weingut gegründet, anfangs mit einer Rebschule als zweitem Standbein. Seine Weinberge liegen in Escherndorf, hauptsächlich in den Lagen Lump und Fürstenberg. Müller-Thurgau, Silvaner und Riesling sind die wichtigsten Sorten, dazu gibt es Rieslaner und Scheurebe, als Spezialität Muskateller und etwa 20 Prozent mit roten Rebsorten.

Vorjahre

Seit der ersten Ausgabe empfehlen wir die Weine von Michael Fröhlich. Riesling und Silvaner aus dem Escherndorfer Lump sind meist die interessantesten Weine, aber auch der Muskateller gefällt uns immer sehr gut. Die Weine sind fruchtbetont, reintönig, besitzen Fülle und Substanz – und die Kollektionen sind immer bestechend zuverlässig. 2009 präsentierte sich geschlossen auf hohem Niveau, schon die Kabinettweine waren sehr gut, reintönig und frisch, Spätlesen und Große Gewächse boten ein Mehr an Fülle und Konzentration. Auch die 2010er Kollektion überzeugte voll und ganz. Die Kabinettweine waren frisch und klar, die Spätlese füllig und kraftvoll. Unser Favorit war der Riesling Großes Gewächs, bei den Silvanern gefiel uns die Spätlese eigentlich besser als das etwas allzu mächtig geratene Große Gewächs.

Neue Kollektion

Ganz stark ist die neue Kollektion, schon die Einstigesweine bereiten viel Freude, der Müller-Thurgau ist wunderschön reintönig, der Silvaner Kabinett frisch und zupackend, die Spätlese besitzt viel Substanz und viel süße Frucht. Der Riesling Kabinett ist saftig und frisch, die Spätlese würzig und eindringlich bei reifer süßer Frucht. Die beiden Großen Gewächse sehen wir gleichauf, der Silvaner ist füllig und harmonisch bei reifer Frucht, der Riesling intensiv, füllig, besitzt viel Substanz, beide sind von viel Reife und hohem Alkohol geprägt. Restsüß betört der Muskateller wie gewohnt, gekrönt wird die Kollektion von einer reintönigen Rieslaner Beerenauslese, die konzentriert und klar ist, viel Zug und Biss hat.

Weinbewertung

85 2011 Müller-Thurgau trocken „Frank & Frei" **11,5 %/6,- €**

84 2011 Silvaner trocken „Frank & Frei" **11,5 %/6,- €**

86 2011 Silvaner Kabinett trocken Escherndorfer Lump **12,5 %/7,- €** ☺

88 2011 Silvaner Spätlese trocken Escherndorfer Lump **14 %/9,- €** ☺

89 2011 Silvaner „GG" Escherndorfer Lump **14,5 %/18,- €**

85 2011 Riesling Kabinett trocken Escherndorfer Lump **13 %/7,50 €**

87 2011 Riesling Spätlese trocken Escherndorfer Lump **13 %/10,- €**

89 2011 Riesling „GG" Escherndorfer Lump **14,5 %/18,- €**

86 2011 Muskateller Kabinett Untereisenheimer Sonnenberg **12 %/6,50 €** ☺

86 2011 Rieslaner Spätlese Escherndorfer Lump **11 %/10,- €**

90 2011 Rieslaner Beerenauslese Escherndorfer Lump **9 %/35,- €/0,5l**

★★
Frölich-Hake
Weingut

Saale-Unstrut

Am Leihdenberg 11, 06618 Naumburg/Roßbach
***Tel.** 03445-266800, **Fax**: 03445-266801*
www.weingut-froelich-hake.de
weingut-froelich-hake@t-online.de
***Besuchszeiten**: Mo.-Fr. 11-20 Uhr, Sa./So. 10-20 Uhr*
Gutsausschank (50 Personen)
Kulinarische Weinproben

Inhaber .... Volker und Sandra Frölich
Kellermeister .... Volker Frölich
Rebfläche .... 10 Hektar

Das Weingut wurde 1997 von Volker Frölich und Sandra Hake gegründet. Er ist Weinbautechniker, sie Diplom-Journalistin, war 1993 Deutsche Weinkönigin. In den Jahren 1997 und 1998 haben sie 6 Hektar Reben neu gepflanzt. Ihre Weinberge liegen im Naumburger Steinmeister (Muschelkalkböden mit hohem Steinanteil), im Schönburger Fachberg (Buntsandsteinverwitterung), in der Bad Kösener Schöne Aussicht (Lösslehmauflage auf Muschelkalk), sowie in den Freyburger Lagen Mühlberg (Muschelkalk) und Edelacker (Terrassenweinberg, Muschelkalkboden mit hohem Steinanteil). Sie bauen zu 85 Prozent weiße Rebsorten an: Weißburgunder, Silvaner, Grauburgunder, Müller-Thurgau, Kerner und Riesling. Hinzu kommt Dornfelder, etwas Cabernet Dorsa, Portugieser und Spätburgunder. Alle Weine werden im Edelstahl ausgebaut. 2005 haben sie einen Gutsausschank eröffnet.

Vorjahre

Im mengenmäßig kleinen Jahrgang 2009 hatte es der Riesling Sekt uns einmal mehr besonders angetan. Konsistent präsentierte sich dann der Jahrgang 2010 mit frischen, geradlinigen, leichten Weißweinen.

Neue Kollektion

Die neue Kollektion ist ein klarer Schritt voran. Man hat das Sortiment neu strukturiert, stellt bei den Spitzenweinen nun die Lagen heraus. Was uns besonders gefällt ist aber natürlich die Qualität: Alle Weine präsentieren sich frisch und klar, sind kraftvoll und zupackend. Von den Lagenweinen, alle aus dem Naumburger Steinmeister, gefällt uns der Grauburgunder am besten, er ist reintönig und konzentriert, besitzt gute Struktur und Kraft; der füllige, zupackende Riesling und der leider recht süße Weißburgunder stehen ihm nur wenig nach. Eine starke Kollektion – wir freuen uns auf den nächsten Jahrgang.

Weinbewertung

85 2010 Riesling Sekt brut **12,5 %/12,90 €**
83 2011 Silvaner trocken **12 %/6,50 €**
83 2011 Silvaner „Muschelkalk" **11,5 %/7,50 €**
84 2011 Silvaner „Buntsandstein" **12 %/9,- €**
83 2011 Scheurebe trocken **12 %/7,50 €**
83 2011 Riesling „Muschelkalk" **12 %/9,- €**
84 2011 Weißburgunder „Buntsandstein" **12,5 %/9,- €**
85 2011 Grauburgunder „Muschelkalk" **12 %/9,- €**
87 2011 Grauburgunder Naumburger Steinmeister **12,5 %/11,- €**
85 2011 Weißburgunder Naumburger Steinmeister **12 %/12,- €**
86 2011 Riesling Naumburger Steinmeister **12 %/14,- €**
84 2011 Rosé Spätlese trocken „Dorpino" **12,5 %/8,50 €**

★★
Leo Fuchs
Weingut

Mosel

Hauptstraße 3, 56829 Pommern
***Tel.** 02672-1326, **Fax**: 02672-1336*
www.leo-fuchs.de
leo-fuchs@t-online.de
***Besuchszeiten**: Vinothek Pomaria, April-Dez.*
Mo.-Do. 17-19 Uhr, Fr. 13-19 Uhr, Sa. 10-17 Uhr, sonst nach Vereinbarung

Inhaber .... Bruno Fuchs und Ulrich Fuchs
Rebfläche .... 7 Hektar

Das Weingut Leo Fuchs, eines der ältesten und traditionsreichsten Weingüter in Pommern, wird heute von Bruno Fuchs und seinem Sohn Ulrich geführt. Das Gros ihrer Weinberge liegt in Pommern in den Lagen Rosenberg, Sonnenuhr, Goldberg und Zeisel, hinzu kommen Parzellen in den Klottener Lagen Brauneberg und Burg Coraidelstein. Neben Riesling gibt es Müller-Thurgau, Chardonnay, Auxerrois, Weiß- und Grauburgunder, sowie Gewürztraminer. Die Vinothek setzt einen architektonischen Glanzpunkt im alten Ortskern von Pommern. Die Weine werden langsam und kühl vergoren und bleiben lange im Holzfass auf der Feinhefe.

Vorjahre

Die 2009er beeindruckten mit viel Würze. 2010 wurde ein Großes Gewächs aus dem Brauneberg erzeugt, das aber einfach zu sehr von Alkohol und Bitternoten geprägt war, wie auch die „feinherbe" 3-Sterne-Auslese. Besser gefielen uns Beerenauslese und Trockenbeerenauslesen, auch der Sekt machte Freude.

Neue Kollektion

Die neue Kollektion ist ingesamt ein wenig verhalten, am besten gefallen uns das füllige, stoffige Große Gewächs und die frische, lebhafte Auslese.

Weinbewertung

83 2010 Riesling Sekt brut „vom grauen Schiefer" **12,5 %/12,50 €**

82 2011 Rivaner trocken **12,5 %/5,30 €**

80 2011 Chardonnay trocken **12,5 %/7,50 €**

83 2011 Pinot Blanc trocken **12,5 %/7,50 €**

80 2011 Riesling Hochgewächs trocken Pommerner Sonnenuhr **11,5 %/7,50 €**

84 2011 Riesling trocken „vom grauen Schiefer" **12,5 %/8,90 €**

80 2011 Gewürztraminer Spätlese trocken Pommerner Rosenberg **12,5 %/12,50 €**

87 2011 Riesling „GG" Pommerner Rosenberg **13 %/19,50 €**

82 2010 „Sinfonie" Weißwein „feinherb" **12 %/7,20 €**

81 2011 Riesling Hochgewächs „feinherb" Pommerner Zeisel **12 %/7,50 €**

82 2011 Riesling „feinherb" „vom grauen Schiefer" **12 %/8,90 €**

84 2011 Riesling Spätlese „feinherb von alten Reben" Klottener Brauneberg **12 %/8,90 €**

86 2011 Riesling Spätlese „feinherb von alten Reben S" Klottener Brauneberg **12 %/15,- €**

85 2011 Rieslaner Auslese „feinherb" Pommerner Zeisel **13,5 %/15,- €**

83 2011 Riesling Spätlese Pommerner Zeisel **7,5 %/12,50 €**

87 2011 Riesling Auslese Pommerner Zeisel **9,5 %/17,50 €**

★★

Reinhold **Fuchs**

Weingut

Mosel

Zehnthofstraße 4, 56829 Pommern
Tel. *02672-7405,* ***Fax:*** *02672-2427*
www.fuchs-vallendar.de
info@fuchs-vallendar.de
Besuchszeiten: *nach Vereinbarung*

Inhaber .... Eva-Maria Vallendar
Rebfläche .... 3 Hektar

Es handelt sich beim Weingut Fuchs um eines der kompromisslosesten Weingüter der Mosel. Eva-Maria und Josef Vallendar bauen in ihren Weinbergen in Pommern neben Riesling lediglich noch ein klein wenig Müller-Thurgau an. Die Weinbereitung ist durch und durch traditionell. Die Trauben kommen auf eine Kelter aus dem Jahr 1904, die Vergärung erfolgt ausschließlich mit den natürlichen Hefen, entsäuert oder geschönt wird prinzipiell nicht. Alle Weine werden in alten Eichenholzfässern ausgebaut und vergleichsweise spät abgefüllt. Entsprechend unzugänglich sind die Rieslinge dann, im besten Falle aber auch rassig, deutlich mineralisch und animierend. Die Weine sind stets eigenwillig und fast immer trocken oder „feinherb" – allerdings scheinen sie in den letzten Jahren an Fülle zugenommen zu haben.

Vorjahre

Die 2009er zeigten sich eigenwillig, würzig, ausgestattet mit rassiger Säure und einer manchmal überraschend deutlichen Süße. Auch 2010 war Josef Vallendar seinem Stil treu geblieben, alle Weine waren spontanvergoren, kein Wein wurde entsäuert – dafür hatte er so viel Restsüße gelassen wie noch nie. Trotz dieser Restsüße waren die Weine alle enorm säurebetont und zupackend, brauchen Zeit.

Jahrgang 2011

2011 kehrt wieder Normalität ein. Unsere Präferenz ist klar: Je trockener, desto spannender. Die durchgegorenen, herrlich geradlinigen und zupackenden Rieslinge „unner Spitz" und „Geth Mannwerk" gefallen uns sehr, aber Vorsicht, dies sind keine Rieslinge für Warmduscher – schon gar nicht der Sekt brut nature. ▬

Weinbewertung

84 2010 Riesling Sekt brut nature Pommerner Sonnenuhr **12 %/11,50 €**

84 2010 Riesling Sekt brut Pommerner Sonnenuhr **12 %/11,50 €**

85 2011 Riesling trocken „unner Spitz" Pommerner Sonnenuhr **12,5 %/7,50 €**

86 2011 Riesling trocken „Geth Mannwerk" Pommerner Zeisel **12,5 %/8,- €**

83 2011 Riesling trocken „ewer Spitz" Pommerner Sonnenuhr **12 %/6,60 €**

84 2011 Riesling Auslese „feinherb Projekt Goldberg" Pommerner Goldberg **11 %/7,90 €**

82 2011 Riesling halbtrocken „vom junge Goldberch" Pommerner Goldberg **10,5 %/5,50 €**

★★★★★

Rudolf **Fürst**

Weingut

Franken

Hohenlindenweg 46, 63927 Bürgstadt
Tel. *09371-8642,* ***Fax:*** *09371-69230*
www.weingut-rudolf-fuerst.de
info@weingut-rudolf-fuerst.de
Besuchszeiten: *Mo.-Fr. 9-12 + 14-18 Uhr, Sa. 10-15 Uhr nach Anmeldung*

Inhaber .... Paul und Sebastian Fürst GbR
Rebfläche .... 19 Hektar

1979 haben Monika und Paul Fürst ihr Gutsgebäude in den Weinbergen am Centgrafenberg errichtet. Sie besitzen neben Weinbergen im Bürgstadter Centgrafenberg auch Reben im Volkacher Karthäuser. Spätburgunder ist ihre wichtigste Rebsorte, dann folgen Riesling, Weißburgunder, Silvaner, Frühburgunder und Chardonnay. Allein ihnen ist es zu verdanken, dass der Centgrafenberg in Bürgstadt allen Weinkennern in Deutschland ein Begriff ist. Nun aber hat Paul Fürst, inzwischen im Betrieb unterstützt von Sohn Sebastian, ein neues Projekt gestartet, ist dabei einer weiteren Weinlage am Untermain zu Reputation zu verhelfen, dem Klingenberger Schlossberg. 2004 hat Paul Fürst seinen ersten Wein in Klingenberg gemacht, von den alten, vorhandenen Reben. 2008 war der erste Jahrgang als „Großes Gewächs", ergänzt nun die Großen Gewächse aus Centgrafenberg und Hunsrück, der inzwischen wieder „Hundsrück" heißen darf, nachdem die alte Einzellage wieder anerkannt und in die Lagenrolle eingetragen wurde.

Vorjahre

2008 bestachen Frühburgunder und Spätburgunder aus dem Centgrafenberg mit ihrer Frucht und Präzision, der Hunsrück brachte eine weitere Steigerung, erhielt aber weitere betriebsinterne Konkurrenz durch den „R" aus dem Klingenberger Schlossberg, der zum Zeitpunkt der Verkostung noch ein wenig säuregeprägt, aber faszinierend reintönig war. Bei unserer Verkostung 1999er Rotweine ging ebenfalls Paul Fürst als Sieger hervor – mit dem Spätburgunder „R" aus dem Centgrafenberg, Hunsrück und Schlossberg gab es damals noch nicht. Ein Grund mehr aber, die Fürsts vor zwei Jahren als Weingut des Jahres für die beste Rotweinkollektion auszuwählen. 2009 war der Riesling „R" der spannendste Riesling in Franken, die „pur mineral"-Weine glänzten wie gewohnt. Die „pur mineral"-Weine machten auch 2010 ihrem Namen alle Ehre, der Riesling R aus dem Centgrafenberg war noch puristischer und druckvoller als sein Vorgänger. Die Roten 2009er waren nochmals stärker, die Weine hatten weiter an Präzision gewonnen, waren enorm druckvoll und nachhaltig. Wie im Vorjahr war der Schlossberg unter den Großen Gewächsen derzeit der verschlossenste Wein, zeigte aber faszinierende Frucht, Spannung und Kraft. Der Centgrafenberg präsentierte sich in Topform, wurde noch ganz leicht übertrumpft vom Hunsrück.

Weißweine 2011

Sehr stimmig präsentieren sich 2011 die drei Rieslinge: Der „pur mineral" ist klar, präzise und zupackend, der Centgrafenberg-Riesling fülliger, aber ebenso präzise und kraftvoll, sehr jugendlich, das Große Gewächs schließlich ist enorm druckvoll, zupackend, konzentriert und komplex, ist faszinierend nachhaltig. Dass auch Silvaner aus dem Centgrafenberg überzeugen kann, das zeigt der wunderschön reintönige 2011er mit seiner Harmonie und Länge.

Rotweine 2010

Auch ein Jahrgang wie 2010 kann den Fürsts nichts anhaben, ihre Rotweine werden immer noch präziser, feiner und eleganter. Schon der Spätburgunder Tradition lässt an Burgund erinnern, was darauf folgt, ist großes Kino. Elegant und reintönig präsentieren sich der Klingenberger Spätburgunder und sein Pendant aus dem Centgrafenberg, wobei wir dieses Jahr anders als 2009 ganz leicht den Centgrafenberg präferieren, dessen Finesse ihn wunderschön leicht erscheinen lässt. Bei den Großen Gewächsen hat man erneut die Qual der Wahl, am Ende unserer Verkostungen stehen nun einmal Bewertungen in der Liste, großartig sind sie alle drei, das steht außer Frage. Das Große Gewächs aus dem Centgrafenberg betört mit Finesse, mit Frische und Eleganz – wer da nicht den Drang verspürt, die Flasche zu leeren, der kann kein wahrer Burgunderliebhaber sein. Der Schlossberg fasziniert mit seinem Bouquet, mit Frische und Reintönigkeit, dezenten Toastnoten, ist dann komplex und elegant im Mund, füllig und konzentriert, bestechend klar, lang und nachhaltig. Herrlich reintönige Frucht prägt auch das Bouquet des Hundsrück, wenn auch nicht ganz so offensiv wie beim Schlossberg, gute Konzentration und reife Frucht, im Mund ist er elegant und konzentriert, kraftvoll und doch fein, faszinierend lang und nachhaltig, je länger man sich mit ihm befasst, desto betörender wird er: Drei großartige Spätburgunder-Interpretationen! Wobei wir lieber von Pinot sprechen, denn von Spätburgunder, und darunter noch einen weiteren Wein subsumieren, den Frühburgunder, den vierten großen Pinot der Fürsts, den die gleiche Eleganz und Finesse auszeichnet wie seine Kollegen. Und nach zehn Jahren noch fasziniert, wie unsere 2002er-Verkostung beweist, wobei die Mehrheit der Jury sich für den Spätburgunder aus dem Centgrafenberg entschieden hat.

Weinbewertung

88 2011 Riesling „pur mineral" **11,- €**
89 2011 Silvaner Centgrafenberg **16,- €**
90 2011 Riesling Centgrafenberg **17,50 €**
93 2011 Riesling „GG" Centgrafenberg **34,- €**
87 2010 Spätburgunder „Tradition" **12,50 €**
90 2010 Frühburgunder Centgrafenberg **24,- €**
91 2010 Spätburgunder Centgrafenberg **23,- €**
90 2010 Spätburgunder Klingenberger **27,- €**
93 2010 Frühburgunder „R" Centgrafenberg **57,- €**
94 2010 Spätburgunder „GG" Centgrafenberg **44,- €**
95 2010 Spätburgunder „GG" Schlossberg **57,- €**
94 2010 Spätburgunder „GG" Hundsrück **85,- €**

★★★

Fritz **Funk**

Weingut

Württemberg

Friedhofstraße 25, 74369 Löchgau
Postadresse: Finkenweg 13
***Tel.** 07143-7666, **Fax**: 07143-24873*
www.weinbau-fritz-funk.de
info@weinbau-fritz-funk.de
***Besuchszeiten**: nach Vereinbarung*
Besenwirtschaft (2 x im Jahr für 4 Wochen geöffnet, Jan./Febr. und Sept.)

Inhaber .... Fritz Funk
Rebfläche .... 2,2 Hektar

Das Weingut Funk ist ein kleiner Betrieb in Löchgau, der bis 1987 seine Trauben an die Felsengartenkellerei Besigheim abgeliefert hatte. Die Weinberge von Fritz Funk liegen alle in der Gemeinde Löchgau, wo die Reben auf Keuper- oder Muschelkalkböden wachsen. Trollinger, Riesling, Lemberger, Schwarzriesling und Spätburgunder sind die wichtigsten Rebsorten, dazu gibt es etwas Dornfelder, sowie die zuletzt angelegten Sorten Cabernet Dorio, Zweigelt und Kerner. Alle Weine werden durchgegoren und kompromisslos trocken ausgebaut. Die im Barrique ausgebauten Rotweine füllt Fritz Funk alle unfiltriert ab, ebenso einige andere Rotweine. 95 Prozent der Weine werden an Privatkunden verkauft.

Die Vorjahre

Vor zwei Jahren wurde die Kollektion angeführt von kraftvollen, geradlinigen Rotweinen, die alle noch sehr jugendlich wirkten. Neu im Programm war im vergangenen Jahr der Syrah: 2007 hatte Fritz Funk in seiner Toplage den Trollinger gerodet und im Jahr darauf Syrah gepflanzt, 2009 brachte er den ersten Ertrag, der für ein Barrique reichte. Er präsentierte sich herrlich reintönig, bildete zusammen mit dem Spätburgunder die Spitze der Kollektion, auch wenn Lemberger, Cabernet Dorio und die rote Cuvée aus Lemberger und Spätburgunder ihnen kaum nachstanden.

Neue Kollektion

Fritz Funk versteht sich auch auf Weißweine, das zeigt er mit Riesling und Kerner in diesem Jahr. Cabernet Dorio und Syrah wurden 18 Monate im Barrique ausgebaut, alle anderen Barriqueweine 24 Monate. Die Roten aber sind in der Spitze stärker, die Kollektion präsentiert sich geschlossen und stimmig wie gewohnt. Der „Duette in Rot", eine Cuvée aus 60 % Lemberger und 40 Prozent Spätburgunder, ist kraftvoll und strukturiert, der Pinot Meunier rauchig und klar, frisch und zupackend, der Lemberger wunderschön reintönig und kraftvoll bei dezenten Vanillenoten, der Cabernet Dorio konzentriert und von Gewürznoten geprägt, enorm mächtig und kraftvoll. Am besten aber gefällt uns wieder das „eine Barrique" Syrah: Gute Konzentration und dezent Gewürz- und Schokonoten prägen das Bouquet, etwas Brombeeren und Pfeffer, im Mund ist er füllig und kraftvoll, besitzt klare reife Frucht, gute Struktur und Substanz.

Weinbewertung

85 2011 Riesling Spätlese trocken **13 %/6,50 €**
86 2011 Kerner Auslese trocken **14 %/8,- €**
83 2011 Trollinger Kabinett trocken **12 %/5,50 €**
85 2011 Trollinger Auslese trocken Holzfass **13,5 %/8,- €**
85 2010 Zweigelt „S" trocken Holzfass **13 %/6,50 €**
85 2011 Lemberger Spätlese trocken Holzfass **13 %/8,- €**
85 2009 Spätburgunder Auslese trocken Holzfass **13,5 %/9,- €**
87 2009 „Duett in Rot" Auslese trocken Barrique **14 %/12,- €**
87 2008 Lemberger Spätlese trocken Barrique **13 %/12,- €**
88 2009 Pinot Meunier trocken Barrique **14 %/14,- €**
87 2009 Lemberger Auslese trocken Barrique **14 %/14,- €**
86 2009 Spätburgunder Auslese trocken Barrique **14 %/14,- €**
88 2009 Cabernet Dorio Auslese trocken Barrique **15 %/16,- €**
89 2010 Syrah Auslese trocken Barrique **14 %/22,- €**

★

Albert **Gälweiler**

Weingut

Nahe

Mühlenstraße 6, 55595 St. Katharinen
Tel. 06706-405, Fax: 06706-6786
www.gaelweiler-wein.de
info@gaelweiler-wein.de
***Besuchszeiten**: täglich, möglichst nach Vereinbarung*

Inhaber .... Andreas und Dr. Leo Gälweiler
Rebfläche .... 16 Hektar

1834 erbaute Johann Gälweiler den Hof in St. Katharinen. Heute führen Andreas und Leo Gälweiler den Betrieb. Sie bauen eine Vielzahl von Rebsorten an: Riesling, Grauburgunder, Weißburgunder, Müller-Thurgau, Silvaner, Gewürztraminer, Bacchus, Scheurebe, Spätburgunder, Dornfelder und Regent. Vor zwei Jahren hatte uns in einer gleichmäßigen Kollektion der Grauburgunder aus dem St. Katthariner Fels am besten gefallen.

Vorjahre

Sehr homogen präsentierte sich die Kollektion vor zwei Jahren, überzeugte weiß wie rot, trocken wie süß. Gleichmäßig und zuverlässig war auch der letztjährige Jahrgang, in dem uns der Pinot Noir aus dem Hüttenberg am besten gefiel.

Neue Kollektion

Die wiederum gleichmäßig gute Kollektion diesen Jahres wird von einem stoffigen Chadonnay angeführt, dicht gefolgt von einem saftigen, fruchtbetonten Riesling aus dem Roxheimer Höllenpfad.

Weinbewertung

83 2011 Sauvignon Blanc trocken St. Katthariner Fels **12,5 %/7,90 €**
82 2011 Weißer Burgunder trocken St. Katthariner Fels **12,5 %/6,40 €**
81 2011 Grauer Burgunder trocken St. Katthariner Fels **13 %/6,90 €**
83 2011 Grauer Burgunder Spätlese trocken „Alte Reben" St. Katthariner Fels **13,5 %/9,70 €**
85 2011 Chardonnay Spätlese trocken Braunweiler Michaeliskapelle **14,5 %/10,20 €**
82 2011 Riesling trocken „vom roten Sandstein" Roxheimer Höllenpfad **12,5 %/6,90 €**
84 2011 Riesling Spätlese trocken Roxheimer Höllenpfad **12,5 %/10,50 €**
82 2011 Scheurebe Spätlese St. Katthariner Fels **9 %/7,50 €**
81 2010 Blauer Spätburgunder trocken St. Katthariner Fels **12,5 %/7,- €**

★

Michael & Christine **Galena**

Weingut

Franken

Turmstraße 1, 97334 Sommerach
Tel. 09381-9368, Fax: 09381-9034
www.weingut-galena.de
info@weingut-galena.de
***Besuchszeiten**: täglich, auch So. nach Vereinbarung*
Ferienwohnung, Heckenwirtschaft (Frühjahr und Herbst, Mo.-Do. 16-22 Uhr)

Inhaber .... Michael und Christine Galena
Rebfläche .... 4,5 Hektar

Der kleine Familienbetrieb in Sommerach wird von Michael und Christine Galena geführt, unterstützt von Tochter Franziska, einer ausgebildeten Winzerin. Die Weinberge liegen im Sommeracher Katzenkopf sowie den Escherndorfer Lagen Lump und Fürstenberg.

Kollektion

Die 2011er Weißweine sind alle frisch und klar, fruchtbetont und harmonisch, die trockene Silvaner Spätlese besitzt gute Konzentration und reife Frucht, ist harmonisch und klar bei guter Substanz, ragt heraus aus der guten, stimmigen Kollektion.

Weinbewertung

81 2011 Müller-Thurgau Kabinett trocken „Konrad alte Reben" **12,5 %/6,- €**
82 2011 Silvaner Kabinett trocken Escherndorfer Lump **12,5 %/6,- €**

82 2011 Weißburgunder Kabinett trocken **12,5 %/6,- €**
82 2011 Riesling Kabinett trocken **12 %/6,- €**
86 2011 Silvaner Spätlese trocken Sommeracher Katzenkopf **13 %/6,75 €** ☺
83 2011 Scheurebe Kabinett (halbtrocken) Escherndorfer Lump **11,5 %/6,- €**

Gallé ★☆

Weingut

Rheinhessen

Langgasse 69, 55237 Flonheim
***Tel.** 06734-8961, 06734-6676*
www.weingut-galle.de
info@weingut-galle.de
***Besuchszeiten**: nach Vereinbarung*

Inhaber .... Klaus und Ortrud Gallé
Rebfläche .... 13 Hektar

1995 haben Klaus und Ortrud Gallé ein damals 5 Hektar großes Weingut in Flonheim gekauft und nach und nach auf die heutige Fläche erweitert. Ihre Weinberge liegen in der Uffheimer Lage La Roche, in den Flonheimer Lagen Rotenstein, Klostergarten und Binger Berg, im Erbes-Büdesheimer Vogelsang, sowie in den Gemarkungen Badenheim, Pleitersheim und Wöllstein. An roten Sorten, 30 Prozent der Rebfläche, gibt es Spätburgunder, Dornfelder, Portugieser, Dunkelfelder, Cabernet Sauvignon und St. Laurent. Beim Weißwein überwiegen Riesling und die Burgundersorten, hinzu kommen Silvaner, Sauvignon Blanc und Chardonnay.

Vorjahre

Vor zwei Jahren erwies sich mit dem Weißburgunder erstmals ein Weißer den Roten ebenbürtig. Die Barriquerotweine waren füllig und teilweise allzu jugendlich und tanninbetont – im vergangenen Jahr aber hatte sich das Holz beim Spätburgunder Uffheimer La Roche doch gut integriert. Auch der Weißburgunder gefiel uns wieder sehr gut, ebenso der mächtige Portugieser.

Neue Kollektion

Der 2009er Spätburgunder La Roche erweist sich als ebenbürtiger Nachfolger des 2008er, besitzt viel Kraft und gute Struktur. Auch sonst überzeugen die Rotweine, im gleichmäßigen weißen Sortiment gilt einmal mehr unsere leichte Präferenz dem in diesem Jahr etwas verschlossenen Weißburgunder.

Weinbewertung

81 2011 Riesling trocken **13 %/5,90 €**
82 2011 Grauburgunder trocken **13 %/5,90 €**
82 2011 Chardonnay trocken **13 %/5,90 €**
81 2011 „Blanc de Noir" trocken **13 %/5,90 €**
83 2011 Weißburgunder trocken Flonheimer Bingerberg **13 %/8,50 €**
83 2009 Spätburgunder trocken **13 %/6,20 €**
87 2009 Spätburgunder trocken Uffhofener La Roche **13 %/24,- €**
84 2008 Cabernet Sauvignon trocken Uffhofener La Roche **13,5 %/19,- €**

Garage ★

Winery

Rheingau

Friedensplatz 12, 65375 Oestrich-Winkel
***Tel.** 06723-603340, **Fax**: 06723-601530*
www.garage-winery.com
info@garage-winery.com
***Besuchszeiten**: Mo.-Fr. 9-12 Uhr, Sa. 14-16.30 Uhr*

Geschäftsführer ... Anthony Robert Hammond
Rebfläche .... 5 Hektar

Anthony Hammond ist Restaurantfachmann, hat eine Winzerausbildung gemacht und Betriebswirtschaft studiert. Mit zwei Mitstreitern gründete er im Jahr 2000 seine Garage Winery in Oestrich-Winkel. In zehn verschiedenen Lagen zwischen Winkel und Rüdesheim baut er heute mit seiner Frau Simone Böhm neben Riesling (80 Prozent der Fläche) Burgundersorten und Chardonnay, aber auch Traminer und Scheurebe an. Inzwischen hat er seine Rebfläche auf 5 Hektar ergänzt, darunter befindet sich auch eine Parzelle im Kaisersteinfels. Alle Weine verblüffen mit originellen Namen („Paradise Garage" oder „Sugar Babe") und Etiketten, sind schlank, frisch und geradlinig. Der selbst ernannte „Garage Winemaker" Anthony Hammond vergärt seine Weine gelegentlich spontan.

Vorjahre

2009 brachte einen würzigen Traminer und eine süffige Scheurebe hervor. Die 2010er waren geradlinig, aber nicht herausragend. Überzeugend waren im vergangenen Jahr der Riesling und der 2009er Pinot Noir.

Neue Kollektion

2011 kommt der typische Stil der Weine besonders gut zur Geltung. Schon der trockene Auxerrois ist knackig, der Traminer erfrischend und schlank. Besonders gut gefällt der kräuterwürzige, rassige und gleichzeitig herrlich süffige „Old School". An Kräuter erinnert auch der noch etwas unruhige und betont saftige, herb-würzige „Wild Thing". Auch wenn der Rosé ein wenig allzu unkompliziert ausfällt, besteht kein Zweifel, dass 2011 ein gelungener Garagen-Jahrgang ist!

Weinbewertung

83 2011 Auxerrois trocken **13 %/10,- €**
82 2011 Riesling trocken **11,5 %/8,50 €**
84 2011 Traminer trocken **11 %/10,50 €**
85 2011 Riesling Spätlese trocken Rüdesheimer Berg Kaisersteinfels **11 %/16,- €**
87 2011 Riesling Spätlese trocken „Old School Alte Reben" **12 %/19,50 €**
83 2011 Scheurebe „feinherb Paradise Garage" **10,5 %/9,50 €**
85 2011 Riesling Spätlese „feinherb Wild Thing" **12 %/13,50 €**
78 2011 Spätburgunder Rosé „feinherb Rosamunde" **11,5 %/8,50 €**
85 2011 Riesling Spätlese „Sugar Babe" **8,5 %/9,50 €**

★★

Karl-Heinz **Gaul**

Weingut

Pfalz

Bärenbrunnenstraße 15, 67269 Grünstadt-Sausenheim
Tel. *06359-84569,* ***Fax:*** *06359-87498*
www.weingut-gaul.de
info@weingut-gaul.de
Besuchszeiten: *Mo.-Fr. 8-12 + 13-18 Uhr, Sa. 9-16 Uhr*
Ferienwohnungen

Inhaber .... Karoline und Dorothee Gaul
Rebfläche .... 17 Hektar

Am 1. September 2011 haben Karoline und Dorothee Gaul das Weingut von ihrem Vater übernommen. Die Weinberge liegen vor allem in Sausenheim und Asselheim, wo die Böden teils sandigen Lehm, teils Kalkstein aufweisen. Wichtigste Rebsorte ist Riesling. Dazu kommen Spätburgunder, Dunkelfelder, Sankt Laurent, Portugieser und Schwarzriesling. Bei den weißen Sorten folgen Weißburgunder und Müller-Thurgau. Zuletzt hat Karl-Heinz Gaul auch Sorten wie Cabernet Cubin und Cabernet Mitos, sowie Auxerrois gepflanzt. Bereits seit Herbst 2008 waren die Töchter Karoline und Dorothee für die 17 Hektar Weinberge verantwortlich und führten den Keller in eigener Regie. Beide haben in Top-Betrieben der Pfalz (Bassermann-Jordan, Mosbacher, Wehrheim) eine Winzerlehre absolviert und in Geisenheim studiert. Unter der Linie „KD" werden bereits seit 2007 die besonderen „Schätzchen" vermarktet.

Vorjahre

Vor zwei Jahren zeigte das Weingut aufsteigende Tendenz, die reintönigen, klar strukturierten Weißweine hatten uns sehr gut gefallen. Im vergangenen Jahr hatten wir nur mit den sehr bissigen Rieslingen kleinere Probleme, die hohe Säure wirkte trotz teilweise hoher Restsüße etwas ruppig. Ansonsten gab es nur Gutes zu berichten – an der Spitze standen ein sehr guter Spätburgunder von 2009, ein feiner Weißburgunder und ein würzig-vielfruchtiger Grauburgunder.

Neue Kollektion

In diesem Jahr sind die Rieslinge wieder sehr gut, die Kabinette leicht und von klarer Frische, die Spätlese Hütt ist konzentriert, elegant und von feiner Frucht, die Spätlese vom Schlossberg hat Kraft. Die Weißburgunder Spätlese ist elegant, hat Zug und sehr feinen Biss, der Grauburgunder ist herrlich leicht und fruchtig. Die Schwestern Gaul arbeiten an einer klaren Weißwein-Stilistik: Die Rebsortentypizität wird deutlich herausgearbeitet, das bringt Klarheit mit sich, die Kabinette sind eher leicht und unkompliziert, die Spätlesen dürfen sich so zeigen, wie sie im Weinberg wachsen: Elegant bis kräftig. Das gilt auch für die süßen Weine, auch für die überraschend gute Weißherbst-Auslese vom Cabernet Cubin, der auch als Rotwein bestehen kann. Deutlich besser ist der St. Laurent.

Weinbewertung

87 2011 Weißer Burgunder Spätlese trocken Sausenheimer Honigsack **13 %/8,- €** ☺

84 2011 Riesling Kabinett trocken „Linie KD" Neuleininger Schlossberg **12 %/6,50 €**

84 2011 Riesling Kabinett trocken Asselheimer St.Stephan **12,5 %/6,20 €**

86 2011 Riesling Spätlese trocken Sausenheimer Hütt **13,5 %/9,- €**

80 2011 Riesling Spätlese trocken Neuleininger Schlossberg **13,5 %/9,- €**

84 2011 Weißer Burgunder trocken **13 %/5,60 €**

86 2011 Grauer Burgunder Kabinett trocken Sausenheimer Höllenpfad **12,5 %/6,- €** ☺

86 2011 Riesling Spätlese Asselheimer St. Stephan **10 %/8,80 €**

87 2011 Riesling Spätlese Sausenheimer Honigsack **8,5 %/15,- €**

85 2011 Cabernet Cubin Weißherbst Auslese Sausenheimer Hütt **10 %/10,- €/0,5l**

85 2011 Cabernet Cubin trocken Sausenheimer Hütt **13,5 %/9,- €**

86 2010 St. Laurent trocken **13,5 %/8,50 €**

★★☆

Matthias **Gaul**

Weingut

Pfalz

Weinstraße 10, 67269 Grünstadt-Asselheim
Tel. *06359-3668,* ***Fax:*** *05359-86575*
www.gaul-weine.de
gaul@gaul-weine.de
Besuchszeiten: *Mo.-Sa. 8-12 + 13-18 Uhr*

Inhaber .... Matthias Gaul
Rebfläche .... 24 Hektar

Werner Gaul hatte in den siebziger Jahren den damaligen Gemischtbetrieb auf Weinbau spezialisiert und von Fass- auf Flaschenweinvermarktung umgestellt. Nach Studium und Auslandsaufenthalten hat Matthias Gaul 1995 den elterlichen Betrieb mit damals 8 Hektar Reben übernommen. 60 Prozent seiner Weinberge nehmen weiße Sorten ein, Riesling vor allem, aber auch Grauburgunder, Chardonnay, Weißburgunder und Sauvignon Blanc. Wichtigste rote Rebsorten sind Spätburgunder und Dornfelder, hinzu kommen Cabernet Sauvignon und Cabernet Franc. Die Rotweine werden 8 bis 21 Tage auf der Maische vergoren und im Holz ausgebaut, die Weißweine im Edelstahl, der Chardonnay auch im Barrique. 2011 hat Matthias Gaul zusammen mit dem Weinmacher Gerd Stepp die neue Line „Stepp & Gaul" eingeführt. Stepp war bisher für das Londoner Unternehmen Marks und Spencer als Winemaker tätig. Ihr gemeinsames Ziel ist es Weine mit Lagencharakter zu produzieren, allerdings nicht nur aus dem Asselheimer Raum, man sei offen für andere Lagen, Regionen und auch für Experimente.

Vorjahre

Vor zwei Jahren wurde die Kollektion angeführt von drei sehr guten, fruchtig-mineralischen Rieslingen mit Kraft und Substanz, einem expressiven Sauvignon Blanc und einer cremigen weißen Cuvée mit feinem Holzeinsatz. Im vergangenen Jahr stand ein

Riesling vom Jahrgang 2009 an der Spitze neben zwei sehr guten Spätburgundern aus der neuen Linie „Stepp & Gaul". Sehr gut sind auch zwei Weine von 2010, der Sauvignon Blanc und die weiße Cuvée aus dem Barrique.

Neue Kollektion

In diesem Jahr haben wir wieder eine sehr gute Kollektion verkostet. Bei den Weißweinen liegen zwei trockene Rieslinge vorne, der Saumagen überzeugt schon in der Nase mit eindringlicher Feinheit, im Mund zeigt er viel Frucht, feinen Biss und Substanz. Der Steinrassel ist sehr reif, gelbfruchtig und hat viel Substanz. Sehr gut ist auch die konzentrierte Beerenauslese von der Scheurebe, sie zeigt allerdings noch strenge Röstaromen. Bei den Rotweinen führt eine Cuvée von 2009 die eindrucksvolle Riege an. „Grand jeté" ist tatsächlich ein großer Wurf: Sehr viel reife Frucht, sehr konzentriert, sehr viel weiche Tannine. Potenzial hat der Tempranillo von 2009, er hat eine sehr gute Struktur und zeigt ebenfalls keine Härte. Auch der Cabernet Sauvignon ist ein Prachtexemplar, reife Frucht, konzentriert, kräftig, das könnte auch ein sehr guter Bordeaux sein. Die Spätburgunder von 2009 haben sich wie erwartet gut entwickelt, der Steinrassel zeigt noch immer leichte Röstaromen bei guter, schlanker Struktur, der „S" ist elegant und saftig, die Frucht ist schön kühl geblieben.

Weinbewertung

82 2011 Riesling „t'c terrain calcaire" **13 %/7,20 €**
84 2011 Riesling trocken „Alte Reben Stepp & Gaul" **13 %/8,90 €**
87 2011 Riesling trocken Saumagen „Stepp & Gaul" **13,5 %/14,90 €**
86 2011 Riesling trocken Fuchsmantel „Stepp & Gaul" **13 %/14,90 €**
87 2011 Riesling trocken Steinrassel „Stepp & Gaul" **13,5 %/14,90 €**
83 2011 Sauvignon Blanc trocken **13 %/9,80 €**
85 2010 „Pas de Deux" Weißwein trocken **14 %/8,90 €**
87 2011 Scheurebe Beerenauslese **12,5 %/19,50 €**
84 2011 Pinot Noir trocken „Alte Reben Stepp & Gaul" **13,5 %/9,90 €**
88 2009 Pinot Noir trocken Steinrassel „Stepp & Gaul" **14 %/19,50 €**
90 2009 Pinot Noir trocken „S Stepp & Gaul" **14 %/25,- €**
89 2009 Cabernet Sauvignon trocken **14 %/18,- €**
91 2009 „Grand Jeté" Rotwein trocken **14,5 %/25,- €**
88 2009 Tempranillo trocken **14,5 %/18,- €**

★★★

Geil's

Sekt- und Weingut

Rheinhessen

Zeller Straße 8, 67593 Bermersheim bei Worms
***Tel.** 06244-4413, **Fax**: 06244-57384*
www.geils.de
mail@geils.de
***Besuchszeiten**: Mo.-Sa. nach Vereinbarung*

Inhaber .... Rudolf und Birgit Geil
Rebfläche .... 13,8 Hektar

Bereits 1987 begannen Rudolf und Birgit Geil mit der Herstellung eigener Sekte nach der klassischen Methode. Seit 1989 bauen sie Weine im Barrique aus. Zuletzt haben sie verstärkt auf rote Rebsorten gesetzt. Bereits seit 1995 gibt es Merlot und Cabernet Sauvignon, inzwischen auch Frühburgunder. Letzter Neuzugang im Sortenspiegel ist der Gelbe Muskateller. Sohn Florian studiert derzeit in Geisenheim, soll nach dem Studienabschluss in den Betrieb einsteigen.

Vorjahre

Vor zwei Jahren beeindruckte der Spätburgunder aus dem Bürgel, Jahrgang 2007, ebenso wie sein neues weißes Pendant, der Riesling aus dem Frauenberg; die Sekte erwiesen sich wie immer als eine sichere Bank. Auch im vergangenen Jahr gefielen uns die Sekte sehr gut, sowohl der Blanc de Noirs aus Spätburgunder und Schwarzriesling, als auch der Pinot3 aus Spätburgunder, Weißburgunder und Grauburgunder, beide bestachen mit Harmonie und Substanz; der 2008er Spätburgunder aus dem Bürgel überzeugte wie seine Vorgänger, zusammen führten sie eine konsistente, überzeugende Kollektion an.

Neue Kollektion

Eine starke Kollektion folgt nun auch in diesem Jahr. Der nach 40 Monaten Hefelager neu degorgierte Pinot3-Sekt aus Spätburgunder, Weiß- und Grauburgunder ist wunderschön rauchig und komplex, die weiße „Cuvée P" aus Weißburgunder, Chardonnay und Grauburgunder präsentiert sich füllig und kraftvoll. Am besten aber gefällt uns wieder der Frauenberg-Riesling, zeigt gelbe Früchte, ein wenig Zitrus, ist füllig und kraftvoll im Mund bei klarer reifer Frucht. Auch im roten Segment bleibt alles beim alten, Star ist ganz eindeutig der Spätburgunder aus dem Bürgel, zeigt feine rauchige Noten, reintönige Frucht, ist füllig und elegant im Mund, zupackend, besitzt gute Struktur und feine Wärme.

Weinbewertung

87 2007 „Blanc de Noirs" Sekt brut **12,5 %/13,70 €**
88 2008 „Pinot3" Sekt brut **12 %/16,- €**
83 2011 Spätburgunder „Blanc de Noirs" trocken **12,5 %/7,40 €**
83 2011 Weißburgunder trocken **12,5 %/6,- €**
83 2011 Riesling trocken **12 %/6,- €**
86 2011 Sylvaner „S" trocken „Alte Reben" **13 %/10,50 €**
84 2011 Gelber Muskateller trocken **12,5 %/7,20 €**
87 2011 „Cuvée P" Weißwein „S" trocken **13,5 %/14,80 €**
89 2011 Riesling trocken Frauenberg Nieder-Flörsheim **13 %/18,50 €**
86 2011 Riesling Auslese Frauenberg Nieder-Flörsheim **9,5 %/28,- €**
83 2010 Merlot trocken Dalsheimer Sauloch **13,5 %/8,40 €**
82 2009 Spätburgunder trocken **13 %/6,70 €**
86 2009 „Nocturne" Rotwein trocken Barrique **13,5 %/10,80 €**
90 2009 Spätburgunder trocken Bürgel Dalsheim **14 %/24,- €**

★☆

Helmut **Geil**

Weingut

Rheinhessen

Am Römer 26, 55234 Monzernheim
***Tel.** 06244-220, **Fax**: 06244-57489*
www.weingut-helmut-geil.de
info@weingut-helmut-geil.de
***Besuchszeiten**: Mo.-Fr. 9-18 Uhr, Sa. 9-13 Uhr und nach Vereinbarung*
Gästezimmer, Wohnmobilstellplätze

Inhaber .... Helmut und Andreas Geil
Rebfläche .... 9 Hektar

Helmut und Andreas Geil bauen neben den klassischen Sorten wie Riesling, Grauburgunder, Weißburgunder und Müller-Thurgau auch Neuzüchtungen wie Kerner, Scheurebe, Bacchus und Albalonga an. Die wichtigsten roten Sorten sind Dornfelder, Portugieser, Spätburgunder und St. Laurent. Das Programm gliedert sich in Basisweine (Bonus), Lagenweine (Melior) und Spitzenweine (Optimus). Vater Helmut Geil kümmert sich vor allem um den Außenbetrieb, Sohn Andreas um Vinifikation und Vermarktung.

Vorjahre

Vor zwei Jahren gefiel uns die Kollektion sehr gut, allen voran der stoffige 2007er Spätburgunder „Nachwuchs". Sehr ähnlich präsentiert sich im vergangenen Jahr der „Optimus" aus dem gleichen Jahrgang, führte eine gute, konsistente Kollektion an, die zeigte, dass man im Hause Geil auch mit schwierigen Jahrgängen zurechtkommt.

Neue Kollektion

Sehr stimmig ist die neue Kollektion, an der Spitze stehen die Optimus-Weine, so soll es ja auch sein. Der Grauburgunder besitzt Fülle, Kraft und reife Frucht, der Riesling ist konzentriert und zupackend, sehr jugendlich.

Weinbewertung

80 2011 Grauburgunder trocken „Bonus" **12,5 %/5,50 €**

83 2011 Riesling trocken „Bonus" **12,5 %/5,80 €**
84 2011 Weißburgunder trocken „Melior" **13 %/8,50 €**
82 2011 Grauburgunder trocken „Melior" **13,5 %/8,50 €**
86 2011 Riesling trocken „Melior" **13 %/8,50 €**
87 2011 Riesling trocken „Optimus" **13 %/15,50 €**
86 2011 Grauburgunder trocken „Optimus" **13,5 %/15,50 €**
82 2011 Grauburgunder „feinherb Bonus" **12 %/5,50 €**
82 2011 Albalonga Spätlese „Melior" **10 %/7,50 €**
85 2011 Huxelrebe Auslese „Optimus" **11,5 %/19,80 €/0,375l**
86 2011 Riesling Beerenauslese „Optimus" **10,5 %/28,30 €/0,375l**
84 2010 Spätburgunder trocken „Melior" **13 %/9,- €**

G

Oekonomierat ★☆

Johann **Geil** I. Erben

Weingut

Rheinhessen

Kuhpfortenstraße 11, 67595 Bechtheim
***Tel.** 06242-1546, **Fax:** 06242-6935*
www.weingut-geil.de
info@weingut-geil.de
***Besuchszeiten:** Mo.-Fr. 8-12 + 13-17 Uhr u. n. V.*

Inhaber....Johannes und Karl Geil-Bierschenk
Rebfläche..............................32 Hektar

1871 kaufte Georg Geil das Stammhaus nahe der ehemaligen Dorfgrenze von Bechtheim. Sein Sohn Georg, Namensgeber des Weingutes, war Bürgermeister und Mitbegründer der Winzergenossenschaft. Monika und Karl Geil-Bierschenk führen heute das Gut, unterstützt von Sohn Johannes, Geisenheim-Absolvent, der für den Keller verantwortlich ist. Die Weinberge befinden sich in den verschiedenen Bechtheimer Lagen wie Geyersberg (beste Lage nach Einschätzung des Weingutes), Rosengarten, Hasensprung, Heiligkreuz und Stein. Wichtigste weiße Rebsorte ist Riesling mit einem Anteil von gut 30 Prozent, gefolgt von Silvaner, Kerner, Weißburgunder, Chardonnay und Rieslaner. Der Anteil der roten Sorten ist weiter gestiegen. Spätburgunder, Frühburgunder, Dornfelder, Portugieser und inzwischen auch Cabernet Dorsa nehmen etwa ein Viertel der Rebfläche ein. Die Weine werden teils in Edelstahltanks, teils in Holzfässern ausgebaut und recht früh gefüllt.

Vorjahre

Seit der ersten Ausgabe kennen wir das Weingut und meist haben uns die süßen und edelsüßen Weine etwas besser gefallen als die trockenen. In den letzten Jahren aber deutet der Geyersberg-Riesling an, dass er zum Aushängeschild des Weingutes werden könnte. Der Geyersberg-Riesling besaß 2009 Fülle und Kraft, die edelsüßen Weine waren dick und konzentriert. 2010 war der Geyersberg-Riesling einmal mehr unser Favorit, führte eine stimmige, wenn auch etwas verhaltene Kollektion an.

Neue Kollektion

Die neue Kollektion ist der letztjährigen ähnlich, mit dem Unterschied, dass es mit der konzentrierten, dicken Huxelrebe Trockenbeerenauslese einen faszinierenden edelsüßen Wein gibt. Star im trockenen Teil der kollektion ist einmal mehr der Riesling aus dem Geyersberg, er besitzt Fülle und Kraft, Substanz und Biss.

Weinbewertung

78 2011 Grüner Silvaner trocken **12 %/5,90 €**
80 2011 Muskateller trocken **12 %/6,70 €**
80 2011 Riesling trocken **12,5 %/6,30 €**
79 2011 Scheurebe trocken **12 %/6,70 €**
84 2011 Grüner Silvaner „S" trocken Bechtheimer **13 %/8,60 €**
82 2011 Weißburgunder „S" trocken Bechtheimer **13 %/8,20 €**
85 2011 Riesling „S" trocken Bechtheimer **13%/8,50 €**
88 2011 Riesling trocken Geyersberg **13 %/13,50 €**
81 2011 Riesling „S" „feinherb" Bechtheimer **12,5 %/8,50 €**

83 2011 Riesling Spätlese Bechtheimer Geyersberg **10 %/8,50 €**

89 2011 Huxelrebe Trockenbeerenauslese **6 %/22,50 €/0,375l**

83 2011 Frühburgunder trocken Geyersberg **14 %/14,90 €**

★☆

Genheimer-Kilz

Weingut

Nahe

Zum Sportfeld 6, 55595 Gutenberg
***Tel.** 06706-8633, **Fax**: 06706-6319*
www.genheimer-kiltz.de
info@genheimer-kiltz.de
***Besuchszeiten**: Mo.-Sa. 9-17 Uhr oder nach Vereinbarung; Gästehaus*

Inhaber .... Georg und Gerlinde Kilz
Rebfläche .... 10,2 Hektar

Die Weinberge von Georg und Gerlinde Kilz liegen überwiegend im Gräfenbachtal in den Gutenberger Lagen Schlossberg (rötlicher, sandig-kiesiger Lehmboden) und Römerberg (lehmiger Sand, sandig-kiesiger Lehm). Weitere Weinberge besitzen sie in den Kreuznacher Lagen Hinkelstein (feinsandige Lehmböden) und Narrenkappe (verschiedene Lehmarten, teils Kies und Schotter), sowie im Felseneck. Sie bauen vor allem Riesling, Müller-Thurgau, Weiß- und Grauburgunder an, aber auch Sauvignon Blanc. An roten Sorten gibt es Dornfelder, Spätburgunder und Regent. Seit 2001 ist Harald Kilz für den Keller verantwortlich.

Vorjahre

Vor zwei Jahren gefielen uns in der überzeugenden 2009er Kollektion Sauvignon Blanc Römerberg und Grauburgunder Narrenkappe besonders gut. Auch die letztjährige Kollektion überzeugte. Der 2009er Riesling von alten Reben hatte an Komplexität gewonnen, der „Gold"-Grauburgunder war reintönig und füllig. Eindeutiger Star im Sortiment aber war der barriqueausgebaute Pinot Noir aus dem Schlossberg, der zu den besten Spätburgundern des Jahrgangs an der Nahe gehörte.

Neue Kollektion

2011 sind es vor allem die drei „Gold"-Weine, die überzeugen, ein kraftvoller, fülliger Grauburgunder und zwei frische, würzige Sauvignon Blancs.

Weinbewertung

83 2011 Sauvignon Blanc trocken Gutenberg **12 %/6,90 €**

85 2011 Sauvignon Blanc trocken „Gold" Gutenberger Römerberg **13 %/9,50 €**

85 2011 Sauvignon Blanc trocken „Gold" Gutenberger Felseneck **13 %/9,50 €**

82 2011 Grauer Burgunder trocken Gutenberg **12,5 %/5,70 €**

86 2011 Grauer Burgunder trocken „Gold" Kreuznacher Narrenkappe **13,5 %/8,80 €**

★★

George

Weingut

Rheingau

Winkelerstraße 111, 65366 Geisenheim
***Tel.** 06722-980343, **Fax**: 06722-980344*
www.wagenitz.de
info@wagenitz.de
***Besuchszeiten**: nach Vereinbarung*

Inhaber .... Jutta und Jürgen Wagenitz
Rebfläche .... 2 Hektar

Beim Weingut George handelt es sich nicht um einen Traditionsbetrieb, sondern um ein vergleichsweise neues Weingut. Erst 1994 haben Jutta und Jürgen Wagenitz mit dem Weinbau begonnen, inzwischen werden auf knapp zwei Hektar Riesling und Spätburgunder geerntet. Spezialisiert hat man sich hier auf trockene Weine, was einige fruchtsüße Rieslinge und in Jahren wie 2003 oder 2009 auch edelsüße Spezialitäten nicht ausschließt. Bei den Weißweinen ist eine langsame kühle Gärung Grundprinzip.

Vorjahre

Die 2009er zeigten sich präsent und komplex. 2010 brachte geradlinige, schlanke Basisweine und einen überraschend würzigen, sehr gelungenen Riesling aus dem Berg Rottland hervor.

Jahrgang 2011

Aus der 2011er Kollektion ragt ein duftiger, straffer und nachhaltiger Bischofsberg-Riesling heraus, der auch deshalb beeindruckt, weil er sehr wenig Restzucker aufweist und zum sofortigen Trinken animiert. Ein wenig rustikal wirkt dagegen die Trockenbeerenauslese des Jahrgangs 2009.

Weinbewertung

84 2010 Pinot „Blanc de Noir" Sekt Brut **12,5 %/9,50 €**

83 2011 Riesling trocken **12 %/7,95 €**

84 2011 Riesling trocken „Alte Reben" Geisenheimer Mönchspfad **12,5 %/6,50 €**

88 2011 Riesling trocken Rüdesheimer Bischofsberg **13 %/7,50 €** ☺

82 2011 Riesling halbtrocken „Villa Clara" **12 %/5,50 €**

86 2009 Riesling Trockenbeerenauslese Rüdesheimer Berg Rottland **10 %/33,- €/0,375l**

★

Gerlachs Mühle

Weingut

Mosel

Im Keverbachtal 2, 56330 Kobern-Gondorf
***Tel.** 02607-6140, **Fax:** 02607-961809*
www.gerlachsmuehle.de
weingutgerlach@t-online.de
***Besuchszeiten**: nach Vereinbarung*

Inhaber .... Martin Gerlach
Rebfläche .... 6 Hektar

Bereits mit 20 Jahren übernahm Martin Gerlach im Jahr 2003 das Weingut, das aus einem gemischt landwirtschaftlichen Betrieb mit angeschlossener Getreidemühle entstand. Inzwischen wurde der Flaschenweinverkauf kräftig ausgebaut. Er besitzt bis zu 100 Jahre alte Reben. Bis auf etwas Spätburgunder und Dornfelder wird ausschließlich Riesling in Steil- und Steilstlagen angebaut; Lagenbezeichnungen nutzt Martin Gerlach allerdings nicht für seine Weine.

Vorjahre

2009 stimmten die Qualitäten. 2010 waren die Weine verhaltener, waren teils zum Zeitpunkt der Verkostung noch vom Schwefel geprägt. Sie waren frisch, geradlinig, recht würzig, überwiegend halbtrocken ausgebaut.

Jahrgang 2011

Die neue Kollektion gefällt gut, bietet kraftvolle, eigenständige Riesling mit Struktur, Frische und Frucht: So darf es weitergehen!

Weinbewertung

82 2011 Riesling „Secco" **10,5 %/5,60 €**

82 2011 Riesling trocken „Backes" **12,5 %/5,20 €**

82 2011 Riesling trocken „Stehkragen" **13 %/5,50 €**

81 2011 Riesling halbtrocken „Blauschiefer" **11,5 %/5,10 €**

84 2011 Riesling „Dangerous" **11,5 %/5,30 €**

84 2011 Riesling „Limited Edition Alte Reben" **13 %/7,- €**

85 2011 Riesling „Wildes Schieferwerk Alte Reben" **13,5 %/7,- €**

81 2011 Riesling „edelsüß" **10 %/4,90 €**

83 2011 Riesling „Schieferwerk edelsüß" **8,5 %/6,- €**

★★

Albert Gessinger

Weingut

Mosel

Moselstraße 9, 54492 Zeltingen
***Tel.** 06532-2369, **Fax:** 06532-1578*
www.weingut-gessinger.de
kontakt@weingut-gessinger.de
***Besuchszeiten**: jederzeit nach Anmeldung*
Ferienhaus, Gästezimmer

Inhaber .... Alfred Gessinger
Rebfläche .... 3,2 Hektar

Bis zum Jahr 1680 reicht die Geschichte des Weinguts zurück. In den Zeltinger Lagen Schlossberg, Himmelreich und Sonnenuhr werden Riesling und Spätburgunder angebaut. Die Weine werden mit den traubeneigenen Hefen im traditionellen Fuder vergoren.

Vorjahre

Die 2009er hatten Klasse, auch wenn bei der Verkostung einige Rieslinge noch nicht wirklich zugänglich waren. Die 2010er Weine blieben dahinter zurück: Die mächtigen trockenen Weine waren allzu bitter, bei den süßen Weinen vermissten wir, von der Versteigerungsauslese einmal abgesehen, die Klarheit früherer Jahrgänge.

Jahrgang 2011

2011 gefällt uns nun wieder besser, präsentiert sich sehr gleichmäßig auf gutem Niveau, trocken wie süß, die füllige Versteigerungs-Auslese gefällt uns besonders gut.

Weinbewertung

83 2011 Riesling Kabinett trocken „Ambrosia" **12 %/5,- €**

82 2011 Riesling Kabinett trocken „Alte Reben" Zeltinger Sonnenuhr **12 %/5,50 €**

85 2011 Riesling Spätlese trocken „Alte Reben" Zeltinger Sonnenuhr **12,5 %/8,- €**

85 2011 Riesling „GG" Zeltinger Sonnenuhr **14 %/15,- €**

82 2011 Riesling Kabinett „feinherb" Zeltinger Sonnenuhr **12 %/5,- €**

83 2011 Riesling Spätlese „feinherb" Zeltinger Sonnenuhr **12,5 %/7,80 €**

82 2011 Riesling Spätlese* Zeltinger Sonnenuhr **9 %/6,- €**

83 2011 Riesling Spätlese „Tradition Alte Reben" Zeltinger Sonnenuhr **12,5 %/6,- €**

84 2011 Riesling Spätlese** „Alte Reben Josefsberg" Zeltinger Sonnenuhr **9 %/10,50 €**

85 2011 Riesling Auslese** „Alte Reben Rothlay" Zeltinger Sonnenuhr **9 %/14,50 €**

86 2011 Riesling Auslese*** „Alte Reben" Zeltinger Sonnenuhr **7,5 %/Verst.**

Klaus Giegerich ★★

Weingut

Franken

Weichgasse 19, 63868 Großwallstadt
Tel. *06022-655355,* ***Fax:*** *06022-655366*
www.weingut-giegerich.de
info@weingut-giegerich.de
Besuchszeiten: *Di.- Fr. 14-18 Uhr, Sa. 9-13 Uhr oder nach Vereinbarung*
Weinbergshüttenfest (Juli), Hofschoppenfest, Kulinarische Weinproben, Theater im Weingut

Inhaber .... Klaus Giegerich
Rebfläche .... 8,3 Hektar

Die Reben von Helga und Klaus Giegerich wachsen auf roten Buntsandsteinverwitterungsböden mit Lösslehmauflage in Großwallstadt (Lützeltalerberg), Elsenfeld/Rück (Schalk, Jesuitenberg) und Wörth am Main, dem 2008 die neue Einzellage „Campestres Wörth" zuerkannt wurde. Ihre wichtigsten Rebsorten sind Silvaner, Riesling, Bacchus, Müller-Thurgau, Kerner, Spätburgunder und Portugieser. Zuletzt gepflanzt wurden Weißburgunder, Rieslaner, Frühburgunder, Regent und Dornfelder.

Vorjahre

2008 hatte Klaus Giegerich wieder zwei beeindruckende rote Burgunder, wobei uns vor zwei Jahren der Frühburgunder aus der Lage Campestres fast noch ein klein wenig besser gefiel als der „Lignum"-Spätburgunder. Im weißen Segment war 2009 die trockene Silvaner Spätlese aus dem Rücker Schalk unser Favorit. Auf diese stimmige Kollektion folgte eine noch bessere Kollektion im vergangenen Jahr: Die 2010er Weißweine waren reintönig, frisch und leicht, die beiden Barriqueweine des Jahrgangs 2009, Chardonnay und Frühburgunder, besaßen gute Fülle, Struktur und reife Frucht.

Neue Kollektion

Überzeugend ist nun auch die neue Kollektion: Die 2011er Weißweine sind kraftvoll und klar, deutlich fülliger als ihre Vorgänger, der Chardonnay mit seiner reifen süßen Frucht gefällt uns besonders gut, selbst wenn wir die Süße, wie auch bei den Silvanern, ein wenig als störend empfinden. Der Frühburgunder bestätigt den starken Eindruck des Vorjahres, noch ein klein wenig besser allerdings finden wir den Spätburgunder Lignum aus dem gleichen Jahrgang, er zeigt gute Konzentration und reintönige Frucht, ist frisch, klar und zupackend.

Weinbewertung

83 2011 Müller-Thurgau trocken „Frank & Frei" **11 %/6,- €**

82 2011 Silvaner Kabinett trocken Großwallstadter Lützeltalerberg **13 %/7,60 €**

81 2011 „Blanc de Noir" Kabinett Großwallstadter Lützeltalerberg **12,5 %/7,60 €**

84 2011 Silvaner Spätlese trocken Rücker Schalk **13,5 %/9,20 €**

83 2011 Weißburgunder Spätlese trocken **12,5 %/12,50 €**

83 2011 Riesling Spätlese trocken Großwallstadter Lützeltalerberg **12,5 %/9,80 €**

87 2011 Chardonnay Spätlese trocken Großwallstadter Lützeltalerberg **13,5 %/12,50 €**

85 2011 Rieslaner Spätlese Großwallstadter Lützeltalerberg **9,5 %/14,50 €**

82 2010 „Bellissima" Rotwein trocken **12 %/6,90 €**

82 2011 Rotwein trocken Großwallstadter Lützeltalerberg **12,5 %/5,90 €**

85 2011 Spätburgunder trocken Großwallstadter Lützeltalerberg **12,5 %/8,60 €**

88 2009 Frühburgunder trocken Campestres Wörth **14,5 %/22,50 €**

89 2009 Spätburgunder trocken „Lignum" **14 %/18,50 €**

★★★☆

Gies-Düppel

Weingut

Pfalz

Am Rosenberg 5, 76831 Birkweiler
***Tel.** 06345-919156, **Fax**: 06345-919157*
www.gies-dueppel.de
info@gies-dueppel.de
***Besuchszeiten**: Mo.-Fr. 9-12 +14-18 Uhr, Sa. 10-16 Uhr (um Anmeldung wird gebeten)*

Inhaber .... Volker Gies
Rebfläche .... 15 Hektar

Das Weingut Gies-Düppel ist ein Familienbetrieb in der vierten Generation. Der heutige Inhaber, Volker Gies, hat den Betrieb 1998 von seinem Vater Franz-Josef Gies übernommen. Die Hälfte seiner Weinberge liegt im Kastanienbusch (teils Buntsandstein, teils Rotliegendes), hinzu kommen vor allem Weinberge im Mandelberg (Muschelkalk), im Rosenberg und im Ranschbacher Seligmacher (teils Muschelkalk, teils Rotliegendes). Riesling und Spätburgunder sind die wichtigsten Rebsorten, gefolgt von Weiß- und Grauburgunder. Dazu gibt es Auxerrois und Chardonnay, aber auch Sauvignon Blanc und Viognier. Seit dem Jahrgang 2008 verzichtet Volker Gies auf Prädikatsbezeichnungen.

Vorjahre

Schon in der ersten Ausgabe empfahlen wir die Weine von Volker Gies, schon damals überzeugten sie mit Reintönigkeit – und moderaten Preisen. Die Reintönigkeit kennzeichnet auch heute noch alle Weine, die Preise sind gestiegen, wie aber auch die Qualität. Vor allem mit Weißburgunder und Riesling hat Volker Gies den Anschluss an die Südpfälzer Spitze geschafft – und wir sind uns sicher, dass er in den kommenden Jahren weiter zulegen wird. Eine starke Kollektion durften wir vor zwei Jahren verkosten. Wie zuvor führten Weißburgunder und Riesling aus dem Kastanienbusch das Sortiment an, aber auch alle anderen Weine gefielen uns – und die Preise. Im letzten Jahr zeigte Volker Gies erneut hohe Konstanz: Zu unseren beiden aus dem Kastanienbusch stammenden Favoriten der letzten Jahre gesellte sich der Weißburgunder aus dem Mandelberg, aber auch schon die Terroir-Rieslinge vom Buntsandstein, Rotliegenden und dem Muschelkalk waren geschliffen und klar und zeigten deutlich die Lagenunterschiede.

Neue Kollektion

In diesem Jahr präsentiert Volker Gies eine starke Kollektion, alle Weine sind kraftvoll und klar. In seiner beeindruckenden Riesling-Riege hat Gies die Terroir-Linie weiter differenziert und wie auch im letzten Jahr sind die Lagenunterschiede deutlich herausgearbeitet. An der Spitze stehen die beiden fülligen, mineralischen Rieslinge aus dem Kastanienbusch, der „R" ist im neuen Stückfass ausgebaut. Und auch die Burgunder überzeugen voll und ganz, besitzen viel Stoff und Substanz.

Weinbewertung

87 2011 Chardonnay trocken **14 %/9,50 €**
87 2011 Grauer Burgunder trocken Birkweiler Mandelberg **14,5 %/10,80 €**
88 2011 Weißer Burgunder trocken Birkweiler Mandelberg **14,5 %/13,50 €**
86 2011 Riesling trocken „Rotliegendes Schiefer" **13 %/7,80 €**
87 2011 Riesling trocken „Rotliegendes Granit" **12,5 %/7,80 €** ☺
86 2011 Riesling trocken „Rotliegendes Roter Sandstein" **13 %/7,80 €**
86 2011 Riesling trocken „Buntsandstein Quarzsandstein" **12,5 %/7,80 €**
87 2011 Riesling trocken „Muschelkalk Kalkstein" **13 %/7,80 €** ☺
88 2011 Riesling trocken Birkweiler Mandelberg **13 %/10,80 €**
89 2011 Riesling trocken Birkweiler Kastanienbusch **13,5 %/13,50 €**
89 2011 Riesling „R" trocken Birkweiler Kastanienbusch **13,5 %/15,50 €**
85 2010 Spätburgunder trocken „Quarz" **13,5 %/9,50 €**
87 2010 Spätburgunder trocken Birkweiler Kastanienbusch **14 %/19,50 €**

★

Maria & Albrecht **Gietzen**

Winzerhof

Mosel

Moselstraße 70, 56332 Hatzenport
***Tel.** 02605-952371, **Fax:** 02605-952372*
www.winzerhof-gietzen.de
service@winzerhof-gietzen.de
***Besuchszeiten**: am Wochenende ganztägig, in der Woche nach Vereinbarung*
Gästezimmer, Ferienwohnungen

Inhaber .... Albrecht Gietzen
Rebfläche .... 3 Hektar

Die Weinberge von Albrecht Gietzen liegen in den Hatzenporter Lagen Stolzenberg, Kirchberg und Burg Bischofstein.

Kollektion

Eine geschlossene Kollektion mit sehr eigenständigen, kraftvollen Rieslingen präsentiert Albrecht Gietzen: Unser Favorit ist der reintönige Wein aus dem Kirchberg, der konzentriert ist, gute Struktur und Substanz besitzt.

Weinbewertung

82 2011 Riesling trocken „Nikolaus Gietzen" **12,5 %/9,- €**
83 2011 Riesling trocken Hatzenporter Burg Bischofstein **12,5 %/9,50 €**
85 2011 Riesling trocken Goldkapsel Hatzenporter Kirchberg **13 %/12,50 €**
82 2011 Riesling halbtrocken Hatzenporter Burg Bischofstein **12 %/9,50 €**
83 2011 Riesling („feinherb") Hatzenporter Stolzenberg **12 %/13,50 €**
83 2011 Riesling Spätlese Hatzenporter Stolzenberg **11 %/10,50 €**

★

Richard Glaser
Weingut **Franken**

Langgasse 4, 97334 Nordheim am Main
Tel. 09381-9464, Fax: 09381-6810
www.weingut-glaser.com
info@weingut-glaser.com
Besuchszeiten: Weinverkauf immer geöffnet, Anmeldung erbeten; Häckerwirtschaft

Inhaber .... Rudolf Glaser
Rebfläche .... 9 Hektar

Das von Richard Glaser gegründete Weingut, ein Familienbetrieb in Nordheim am Main, wird heute von Sohn Rudolf Glaser geführt. Seine Weinberge erstrecken sich über die gesamte Mainschleife, liegen vor allem in den beiden Volkacher Lagen Vögelein und Kreuzberg, aber auch im Sommeracher Katzenkopf und der Dettelbacher Sonnenleite. 80 Prozent der Rebfläche nehmen weiße Sorten ein: Silvaner, Müller-Thurgau, Bacchus, Riesling, Grauburgunder, Weißburgunder, Kerner, Scheurebe und Rieslaner. An roten Sorten baut Rudolf Glaser Früh- und Spätburgunder, Domina, Regent und Dornfelder an. Die Rotweine kommen nach der Maischegärung teils ins große Holzfass oder ins Barrique.

Vorjahre

Sehr geschlossen und zuverlässig – vom Liter-Silvaner bis hin zu den Spätlesen – zeigte sich der Jahrgang 2009. Etwas weniger homogen war die letztjährige Kollektion: Zwei sehr schönen Rotweinen aus dem Jahrgang 2009 standen etwas allzu verhaltene, einfache 2010er Weißweine gegenüber.

Neue Kollektion

Etwas verhalten sind nun auch die 2011er Weißweine; der fruchtbetonte Frühburgunder, Jahrgang 2009, macht wie schon im Vorjahr eine gute Figur.

Weinbewertung

79 2011 Müller-Thurgau trocken Volkacher Kirchberg **12 %/4,70 €/1l**
80 2011 Riesling Kabinett trocken „Junge Linie" **12,5 %/4,90 €**
80 2011 „Blanc de Noir" Spätlese trocken **13 %/7,50 €**
81 2011 Silvaner Kabinett trocken Nordheimer Kreuzberg **13 %/6,20 €**
80 2011 Weißburgunder Kabinett trocken Nordheimer Kreuzberg **11,5 %/7,50 €**
81 2011 Grauburgunder Kabinett trocken Nordheimer Vögelein **12 %/7,50 €**
80 2011 Rosé halbtrocken „Junge Linie" **11 %/4,90 €**
81 2011 Domina trocken Nordheimer Kreuzberg **13 %/6,50 €**
85 2009 Frühburgunder Spätlese trocken **12,5 %/9,- €**

★★★★

Glaser-Himmelstoss
Weingut **Franken**

Langgasse 7, 97334 Nordheim-Dettelbach
Tel. 09381-4602, Fax: 09381-6402
www.weingut-glaser-himmelstoss.de
info@weingut-glaser-himmelstoss.de
Besuchszeiten: Mo.-Sa. 9-18 Uhr, So. & Feiertage 13:30-17 Uhr, Dienstag Ruhetag
Restaurant Himmelstoss, Pächter: Romann Krückel (Sommelier), Carsten di Lorenzi (Küchenchef)

Inhaber .... Wolfgang und Monika Glaser
Rebfläche .... 15 Hektar

Das Weingut Glaser-Himmelstoss entstand durch die Vereinigung der jeweils elterlichen Weingüter von Wolfgang und Monika Glaser (Weingut Siegfried Glaser und Weingut Himmelstoss) und befindet sich in zwei fränkischen Ortschaften, Dettelbach und Nordheim. Dort liegt auch das Gros der Weinberge, hinzu kommen Parzellen in Obervolkach. Wichtigste Rebsorten sind Müller-Thurgau, Silvaner und Bacchus, gefolgt von Spätburgunder, Kerner, Schwarzriesling und Riesling.

Vorjahre

Wolfgang Glaser hat Jahr für Jahr beeindruckende Kollektionen von einer Zuverlässigkeit, wie man sie nur selten findet. Seine trockenen Weißweine gehören immer wieder zur Spitze in Franken und in Deutschland, egal ob Silvaner oder Riesling, Weiß- oder Grauburgunder oder aber Rieslaner und Traminer. Auch mit seinen Rotweinen hat er stetig zugelegt, und dass er sich auf edelsüß versteht beweist er ebenfalls regelmäßig. „Einer der Top-Betriebe in Franken", hatten wir vor zehn Jahren resümiert und die mustergültige Kollektion mit vielen reintönigen Weinen gelobt. An diesem Resümee müssen wir keinerlei Abstriche vornehmen: Glaser-Himmelstoss ist top. Die 2009er Kollektion war gewohnt stark. Die trockenen Weißweine präsentierten sich kraftvoll und reintönig wie gehabt – hinzu kam eine beispiellose Palette an edelsüßen Weinen, darunter allein vier Trockenbeerenauslesen, von vier verschiedenen Rebsorten. Unsere Präferenz galt nicht dem Klassiker Riesling, sondern Scheurebe und Bacchus. 2010 behauptete sich Wolfgang Glaser gut: Die Kabinettweine waren frisch und klar, die Spätlesen besaßen Kraft und Substanz, die roten Barriqueweine gefielen uns im vergangenen Jahr ebenfalls sehr gut.

Neue Kollektion

Die neue Kollektion ist bärenstark. Schon die Kabinettweine bereiten alle viel Freude: Die Scheurebe ist wunderschön reintönig und zupackend, der Silvaner aus dem Vögelein fruchtbetont und saftig, der aus dem Berg-Rondell wie immer noch ein wenig kraftvoller, der Riesling ist wunderschön reintönig, besitzt gute Struktur und Biss, der Weißburgunder ist füllig und harmonisch. Die Spätlesen bringen eine weitere Steigerung: Der Traminer, trocken ausgebaut, ist für uns nun schon seit mehr als einem Jahrzehnt der beste trockene Traminer in Deutschland, kein anderer zeigt diese Konstanz. Der Silvaner aus dem Vögelein ist reintönig und füllig, wie immer aber gefällt uns der aus dem Berg-Rondell besser, der faszinierend klar und konzentriert ist, reife Frucht besitzt, gelbe Früchte, viel Substanz, feine Frische und Biss – und wohltuend trocken ist. Ganz spannend finden wir die beiden Grauburgunder aus dem Berg-Rondell: Der Denker ist wunderschön reintönig, füllig und harmonisch, der Rebell besitzt viel Konzentration und viel reife Frucht, viel Substanz und Kraft, ist füllig und druckvoll. Nicht nur Silvaner- und Traminerfreunde, nein, auch Burgunderfreunde kommen 2011 bei Wolfgang Glaser voll auf ihre Kosten.

Weinbewertung

86 2011 Scheurebe Kabinett trocken Nordheimer Vögelein **12,5 %/8,- €**

86 2011 Silvaner Kabinett trocken Nordheimer Vögelein **13 %/8,- €**

87 2011 Silvaner Kabinett trocken Dettelbacher Berg-Rondell **13 %/9,- €**

88 2011 Riesling Kabinett trocken Dettelbacher Berg-Rondell **12 %/9,50 €** ☺

88 2011 Silvaner Spätlese trocken Nordheimer Vögelein **14 %/15,50 €**

90 2011 Silvaner Spätlese trocken Dettelbacher Berg-Rondell **13,5 %/20,- €**

89 2011 Traminer Spätlese trocken Nordheimer Vögelein **14 %/15,50 €**

87 2011 Weißburgunder Kabinett trocken „Denker" Nordheimer Vögelein **12,5 %/9,50 €**

89 2011 Grauburgunder Spätlese trocken „Denker" Dettelbacher Berg-Rondell **14 %/12,- €** ☺

91 2011 Grauburgunder Spätlese trocken „Rebell" Dettelbacher Berg-Rondell **14,5 %/16,50 €** ☺

88 2011 Silvaner Spätlese trocken „Rebell" Sommeracher Katzenkopf **14 %/16,50 €**

87 2011 Müller-Thurgau Beerenauslese Nordheimer Kreuzberg **14 %/25,- €/0,375l**

Freiherr

★★★☆

von Gleichenstein

Weingut

Baden

Bahnhofstraße 12, 79235 Vogtsburg-Oberrotweil
***Tel.** 07662-288, **Fax**: 07662-1856*
www.gleichenstein.de
weingut@gleichenstein.de
***Besuchszeiten**: Mo.-Sa. 11-18 Uhr, So. + feiertags 11-17 Uhr*
Probierstube (bis 50 Personen)
Kelterhalle (überdacht, bis 200 Personen)

Inhaber ... Johannes Freiherr von Gleichenstein
Kellermeister .... Odin Bauer
Außenbetriebsleiter .... Franz Galli
Rebfläche .... 43 Hektar

1634 erwarb die Familie der jetzigen Freiherren von Gleichenstein die Gebäude und Ländereien des Benediktinerordens St. Blasien im damaligen Rothwyhl. Hans-Joachim von Gleichenstein hatte 1959 das Gut als landwirtschaftlichen Mischbetrieb übernommen und ganz auf Wein ausgerichtet. Seit 2003 führt sein Sohn Johannes von Gleichenstein das Weingut in elfter Generation, seit 2004 unterstützt von Ehefrau Christina. Seine Weinberge liegen in den Oberrotweiler Lagen Eichberg (Vulkanverwitterungsgestein) und Henkenberg (Vulkanverwitterungsböden mit Basaltschichten), in der Oberbergener Bassgeige (mit mächtiger Lössschicht überlagertes Vulkangestein) und im Achkarrer Schlossberg (Vulkanverwitterungsböden). Im Anbau dominieren die Burgundersorten, jeweils 30 Prozent der Fläche nehmen Spätburgunder und Weißburgunder ein, 25 Prozent der Grauburgunder. Dazu gibt es Müller-Thurgau, Chardonnay und Muskateller. „Hofgarten" ist die gutsinterne Bezeichnung für Qualitäts- und Kabinettweine.

Vorjahre

Das Weingut Freiherr von Gleichenstein empfahlen wir schon in der ersten Ausgabe, es war schon immer ein grundsolider Betrieb. Seit Johannes von Gleichenstein das Gut übernommen hat ist es stetig bergauf gegangen, die Kollektionen haben an Konstanz gewonnen. Schon die Basisweine machen viel Freude, in der Spitze kann man ganz oben mitmischen. Vor zwei Jahren gefiel uns die Kollektion sehr gut, auch wenn wir keine weißen Barrique-Spitzen zu verkosten bekamen. Die Weine der Hofgarten-Linie waren fruchtbetont und klar, die 2008er Spätburgunder besaßen Kraft und Struktur, ebenso der neue „Baron Philipp", Jahrgang 2007. Im vergangenen Jahr konnten wir ihn nochmals zusammen mit seinem Jahrgangsnachfolger verkosten, beide besaßen viel Substanz und gute Struktur. Auch die beiden Barrique-Rotweine aus dem Eichberg waren sehr gut, ebenso alle weißen Burgunder-Spätlesen, ob mit oder ohne Barrique ausgebaut, unsere leichte Präferenz galt dem neuen Spitzen-Grauburgunder „Baron Louis"; bestechend gut war die Hofgarten-Linie.

Weißweine 2011

Auch 2011 sind die Gutsweine frisch und klar, der wunderschön reintönige Grauburgunder gefällt uns am besten, der Blanc de Noirs ist herrlich frisch und zupackend. Der Weißburgunder aus dem Eichberg ist füllig und üppig, aber leider etwas zu süß, der Muskateller dafür knackig trocken. Aber auch bei den Lagenweinen gefallen uns 2011 die Grauburgunder besonders gut: Die trockene Spätlese aus dem Henkenberg besitzt Kraft, gute Struktur und Substanz, noch druckvoller ist der Baron Louis, der ebenfalls aus dem Henkenberg stammt; allerdings ist er noch enorm jugendlich und verschlossen, könnte sicherlich noch an Komplexität gewinnen.

Spätburgunder

Bei den beiden barriqueausgebauten Spätburgundern aus dem Eichberg gilt unsere Präferenz dem Jahrgang 2010. Beide sind füllig und kraftvoll, im Bouquet von Gewürznoten geprägt, der 2010er besitzt aber die etwas feineren Tannine. Viel reife Frucht und viel Konzentration zeigt auch das Flagschiff von Johannes von Gleichenstein, der Baron Philipp: Er ist füllig und kraftvoll, besitzt viel Substanz, ist momentan noch recht verschlossen, könnte aber sicherlich noch an Komplexität gewinnen.

Weinbewertung

82 2011 Weißburgunder Kabinett trocken „Hofgarten" **13 %/8,50 €**
85 2011 Grauburgunder Kabinett trocken „Hofgarten" **13 %/8,50 €**
84 2011 Weißburgunder & Chardonnay trocken „Hofgarten" **13 %/8,50 €**
85 2011 Spätburgunder „Blanc de Noirs" trocken „Hofgarten" **12,5 %/8,50 €**
87 2011 Weißburgunder Spätlese trocken Eichberg **14 %/15,- €**
87 2011 Muskateller Spätlese trocken Eichberg **13,5 %/15,- €**
88 2011 Grauburgunder Spätlese trocken Henkenberg **13,5 %/15,- €**
89 2011 Grauburgunder trocken „Baron Louis" **13 %/30,- €**
88 2009 Spätburgunder trocken Barrique Eichberg **13,5 %/30,- €**
89 2010 Spätburgunder trocken Barrique Eichberg **13,5 %/30,- €**
89 2009 Spätburgunder trocken „Baron Philipp" **14 %/50,- €**

★★

Göhring

Weingut

Rheinhessen

Alzeyer Straße 60, 67592 Flörsheim-Dalsheim
***Tel.** 06243-408, **Fax**: 06243-6525*
www.goehring-wein.de
info@goehring-wein.de
***Besuchszeiten**: Mo.-Sa. 8-12 + 13-19 Uhr, So. 10-12 Uhr*
Probierstuben für 20 und 40 Personen, Weinfest im Hof (August)

Inhaber .... Wilfried und Arno Göhring
Rebfläche .... 17,5 Hektar

Das Weingut Göhring in Flörsheim-Dalsheim ist ein Familienbetrieb, der seine Weine fast ausschließlich an Privatkunden verkauft. Als Wilfried Göhring den Betrieb vor 30 Jahren übernahm, gab es 5 Hektar Weinberge und 25 Hektar Ackerland und auch Vieh wurde gehalten. Die Äcker sind schon lange verpachtet und Wilfried Göhring und Sohn Arno bauen nur noch Wein an. Weißwein dominiert, wobei man nicht nur auf Riesling und die Burgundersorten setzt, sondern ganz bewusst auch Spezialitäten wie Albalonga pflegt. Die roten Sorten nehmen mehr als ein Viertel der Weinberge ein: Portugieser, Dornfelder, Spätburgunder, Schwarzriesling und St. Laurent. Alle Rotweine werden auf der Maische vergoren. Für den Weinausbau ist Arno Göhring verantwortlich.

Vorjahre

Seit der ersten Ausgabe empfehlen wir die Weine der Göhrings, immer wieder bieten sie zuverlässige Kollektionen auf hohem Niveau. Anfangs dominierten die Weißweine, trocken wie süß, seither hat das rote Segment an Bedeutung gewonnen. Die Auswahl an Rebsorten und Prädikaten ist groß, eine Straffung des Programms würde uns gefallen – den Kunden aber anscheinend nicht. Vor zwei Jahren präsentierte sich die Kollektion geschlossen auf gutem Niveau, die höchste Bewertung vergaben wir an den barriqueausgebauten Chardonnay. Auch 2010 behaupteten sich Wilfried und Arno Göhring gut, boten fruchtbetonte, klare Weißweine, unser Favorit aber war im vergangenen Jahr die im Barrique ausgebaute Albalonga Beerenauslese aus dem Jahrgang 2009.

Neue Kollektion

Sehr gleichmäßig auf bekannt zuverlässigem Niveau ist nun auch die neue Kollektion, bietet frische, fruchtbetonte Weißweine, trocken wie süß und kraftvolle Rotweine, eine Albalonga Beerenauslese darf natürlich nicht fehlen, ebensowenig wie unser Schnäppchen-Smiley.

Weinbewertung

83 2011 Gelber Muskateller trocken **11,5 %/5,- €**
85 2011 Riesling trocken Nieder-Flörsheimer Frauenberg **13,5 %/6,50 €**
86 2011 Riesling trocken Dalsheimer Bürgel **13 %/7,- €** ☺
83 2011 Weißburgunder trocken Dalsheimer Bürgel **13,5 %/6,- €**
83 2011 Grauburgunder trocken Nieder-Flörsheimer Goldberg **13,5 %/6,- €**
83 2011 Scheurebe trocken Nieder-Flörsheimer Goldberg **13,5 %/7,- €**
84 2011 „xXx Adamah N°10" Weißwein trocken **13,5 %/6,50 €**
85 2011 Gewürztraminer trocken Dalsheimer Sauloch **14 %/8,- €**
81 2011 Riesling Classic **12 %/4,80 €**
83 2011 Scheurebe Kabinett Nieder-Flörsheimer Goldberg **12 %/4,20 €**
87 2011 Albalonga Beerenauslese Nieder-Flörsheimer Frauenberg **11,5 %/12,- €**
83 2010 Schwarzriesling trocken Monsheimer Silberberg **13,5 %/7,50 €**
87 2009 Spätburgunder trocken Barrique **14 %/11,50 €**
87 2007 Portugieser trocken Barrique **14 %/12,50 €**

G

Die besten deutschen Weinerzeuger und ihre Weine

★★★

Göttelmann

Weingut

Nahe

Rheinstraße 77, 55424 Münster-Sarmsheim
***Tel.** 06721-43775, **Fax**: 06721-42605*
goettelmannwein@aol.com
***Besuchszeiten**: nach Vereinbarung*
Straußwirtschaft Mai - Nov. Do.-So. ab 18 Uhr

Inhaber .... Ruth Göttelmann-Blessing
.... Götz Blessing
Rebfläche .... 14 Hektar

Die Weinberge von Ruth Göttelmann-Blessing und Götz Blessing liegen in Münster-Sarmsheim in den Lagen Dautenpflänzer, Kapellenberg, Pittersberg und Rheinberg. Wichtigste Rebsorte ist der Riesling, der etwa 60 Prozent der Rebfläche einnimmt. Hinzu kommen Silvaner und Weißburgunder, aber auch Grauburgunder, Chardonnay, Dornfelder, Spätburgunder und Portugieser. Seit dem Jahrgang 2008 werden bei trockenen Weinen keine Prädikatsbezeichnungen mehr verwendet. Um die prägenden Terroirs hervorzuheben wurden die Weine vom roten Schiefer (Kapellenberg) und schwarzen Schiefer (Rheinberg) eingeführt. Der 2007 neu eingeführte trockene Spitzenriesling aus dem Dautenpflänzer hat seinen Namen „Tres Uvae" daher, dass der Weinberg auf drei Trauben je Stock ausgedünnt wird.

Vorjahre

Schon vor mehr als einem Jahrzehnt haben wir die höchst zuverlässigen Weine von Götz Blessing gelobt. In diesem Jahrzehnt wurde die Rebfläche erweitert, die Preise sind gestiegen. Die Qualität aber auch. Jahr für Jahr erzeugt Götz Blessing Kollektionen auf hohem Niveau, in denen trockene und süße Weine immer gleichermaßen überzeugen. Der Jahrgang 2009 wurde angeführt von der wunderschön reintönigen Auslese aus dem Rheinberg, aber auch die trockenen Weine überzeugten. Im Jahrgang 2010 hat sich Götz Blessing gut behauptet. Aufgrund der kleinen Erntemenge verzichtete er auf Ausdünnung und erzeugte keinen „Tres Uvae". Dafür hat er aus dem vordersten Kapellenberg unterhalb einer vor wenigen Jahren errichteten Bruchsandsteinmauer aus besonders kleinbeerigen Trauben den „Le Mur" genannten Riesling erzeugt, der mit den traubeneigenen Hefen im Holzfass vergoren wurde. Dieser Wein war 2010 unser Favorit, er führte eine stimmige Kollektion mit reintönigen, frischen, säurebetonten Weinen an.

Jahrgang 2011

2011 überzeugt trocken wie edelsüß. Die trockenen Rieslinge sind klar und reintönig mit Würze und feinem Säure-Spiel, allen voran der „Le Mur" mit rauchig-mineralischen Noten und guter Substanz. Noch besser ist der edelsüße Teil des Sortiments gelungen, mit einem beeindruckenden Trio an der Spitze: Auslese, Beerenauslese und Trockenbeerenauslese sind alle konzentriert und reintönig, die TBA besitzt faszinierend viel Frucht und ist herrlich nachhaltig.

Weinbewertung

83 2011 Chardonnay trocken Münsterer **14 %/7,80 €**

82 2011 Riesling trocken Münsterer Pittersberg **12,5 %/7,20 €**

85 2011 Riesling trocken „Vom Schwarzen Schiefer" **13,5 %/7,50 €**

86 2011 Riesling trocken „Vom Roten Schiefer" **13,5 %/7,80 €**

86 2011 Riesling trocken Münsterer Dautenpflänzer **13,5 %/8,80 €**

88 2011 Riesling trocken „Le Mur" Münsterer Kapellenberg **13 %/12,50 €**

85 2011 Riesling Spätlese Münsterer Rheinberg **8,5 %/8,50 €**

86 2011 Riesling Spätlese Münsterer Kapellenberg **8 %/8,90 €**

89 2011 Riesling Auslese** Münsterer Kapellenberg **7,5 %/18,- €/0,5l**

89 2011 Riesling Beerenauslese Münsterer Kapellenberg **6,5 %/26,- €/0,5l**

91 **2011 Riesling Trockenbeerenauslese Münsterer Kapellenberg 6,5 %/41,30 €/0,5l**

Goldatzel ★☆

Weinhof

Rheingau

Hansenbergallee 1a, 65366 Johannisberg
***Tel.** 06722-50537, **Fax:** 06722-6009*
www.goldatzel.de
wein@goldatzel.de
***Besuchszeiten:** täglich außer Mo., 10-18 Uhr*
Gutsschänke, Terrasse mit Weitblick (März bis November)

Inhaber .... Andrea und Gerhard Groß
Rebfläche .... 9,8 Hektar

Der Betrieb von Andrea und Gerhard Groß ist vor allem seines Gutsausschanks wegen bekannt geworden, hat sich in den letzten Jahren aber auch einen sehr guten Ruf für die Weine erworben. Der Ertrag der beinah zehn Hektar – neben Riesling auch Kerner, Grau- und Spätburgunder sowie Frühburgunder – stammt teilweise von alten Reben und wird zu eher traditionellen, würzigen, aber sehr saftigen Weinen verarbeitet. Immer wieder fällt auf, wie gelungen die Basisweine sind und wie gering der Abstand zu den Spitzen, die als „Bestes Fass", unter der Bezeichnung „Alte Reben" oder als Erste Gewächse verkauft werden.

Vorjahre

Die 2009er waren durchweg ausgezeichnet, nicht zuletzt die Rotweine machten viel Freude. Auch die 2010er befanden sich auf einem erfreulich gleichmäßigen Niveau, lediglich die Weine der Kategorie Erstes Gewächs wirkten zum Zeitpunkt der Verkostung verhalten.

Neue Kollektion

Es ist wahrlich nicht einfach, einzelne Weine aus dem starken, rundum überzeugenden Sortiment des Weinguts herauszuheben. Die trockene Spätlese aus der Goldatzel wirkt angenehm stoffig, die „Alten Reben" präsentieren sich mineralisch, wenngleich sie noch etwas vom Alkohol geprägt sind. Sehr überzeugend, reintönig und präzise sind auch die beiden Süßweine.

Weinbewertung

81 2011 Riesling trocken **11 %/5 €/1l**

82 2011 Riesling trocken Johannisberger Vogelsang **12 %/5,70 €**

84 2011 Riesling Spätlese trocken Rüdesheimer Bischofsberg **13,5 %/9,40 €**

85 2011 Riesling Spätlese trocken „Bestes Fass" Winkeler Hasensprung **13,5 %/9,40 €**

86 2011 Riesling Spätlese trocken Johannisberger Hölle **13,5 %/15,- €**

87 2011 Riesling „feinherb Alte Reben" Johannisberger Vogelsang **13,5 %/13,- €**

83 2011 Riesling Kabinett halbtrocken Johannisberger Goldatzel **12,5 %/8,- €**

86 2011 Riesling Spätlese halbtrocken Johannisberger Hölle **12,5 %/8,- €**
86 2011 Riesling Spätlese Johannisberger Goldatzel **9,5 %/8,- €**
90 2011 Riesling Beerenauslese Winkeler Hasensprung **7 %/32,- €/0,5l**
91 2011 Riesling Trockenbeerenauslese Johannisberger Goldatzel **7,5 %/47,- €/0,5l**

★★

Goldschmidt

Weingut

Rheinhessen

Enzingerstraße 27-31, 67551 Worms-Pfeddersheim
***Tel.** 06247-7044, **Fax:** 06247-6205*
www.wein-goldschmidt.de
weingut.goldschmidt@t-online.de
***Besuchszeiten**: nach Vereinbarung*
Vinothek (im ehemaligen Kuhstall)

Inhaber .... Ulrich Goldschmidt
Rebfläche .... 12 Hektar

Das Weingut Goldschmidt ist aus einem typisch rheinhessischen landwirtschaftlichen Mischbetrieb entstanden. Jochen Goldschmidt hat Ende der sechziger Jahre die ersten Reben gepflanzt und mit der Selbstvermarktung begonnen. Seit 1998 wird das Gut von Ulrich Goldschmidt geführt. Unterstützt wird er im Betrieb von Ehefrau Elke und seinen Eltern. Seine Weinberge liegen in Pfeddersheim, Osthofen und Dalsheim. In jeder Gemarkung herrscht ein anderer Bodentyp vor, so dass Ulrich Goldschmidt ein breites Spektrum von schweren, kalkhaltigen Tonböden bis hin zu leichten Lösslehmböden in seinen Weinbergen hat. Er vergärt die Weine langsam und kühl. Bei den Weißweinen strebt er fruchtige, filigrane Weine mit dezenter, aber lebendiger Säure an. Den Spätburgunder baut er in neuen und gebrauchten Barriques aus. 2002 hat er den Betrieb auf ökologische Bewirtschaftung umgestellt, ist Mitglied bei Ecovin und Bioland. Neben Johanniter gibt es seit dem Jahrgang 2006 mit Regent einen weiteren Wein aus einer pilzresistenten Rebsorte.

Vorjahre

Seit der ersten Ausgabe empfehlen wir die Weine von Ulrich Goldschmidt. Damals dominierten die weißen Rebsorten im Betrieb, nach und nach hat er den Rotweinanteil erhöht. Die Weißweine haben uns immer wieder begeistert, waren klar und fruchtbetont – und die Preise waren sehr moderat, so dass wir regelmäßig Weine als „Schnäppchen" kennzeichneten. In den letzten Jahren allerdings veränderten sich die Weine stilistisch, verloren ihre – im positiven Sinne! – Unkompliziertheit. Wir stellen dies fest, eine Verbindung zur Umstellung auf ökologische Bewirtschaftung herzustellen ist sicherlich verfehlt. Die Rotweine, die in den letzten Jahren immer wichtiger geworden sind, präsentieren sich geradlinig und kraftvoll bei guter Struktur. Vor zwei Jahren hatten die Rotweine die Nase vorne, vor allem der barriqueausgebaute Cabernet Sauvignon gefiel uns sehr gut. Im vergangenen Jahr war der kraftvolle Spätburgunder aus dem Bürgel unser klarer Favorit in einer guten, konsistenten Kollektion.

Neue Kollektion

Die neue Kollektion zeigt wieder zuverlässig gutes Niveau, bietet eine feine Scheurebe, kraftvollen Spätburgunder und als Überraschung eine Beerenauslese, die gute Konzentration besitzt, reintönige Frucht, feine Frische und Biss.

Weinbewertung

81 2011 Rivaner trocken **12,5 %/4,10 €**
83 2011 Silvaner Spätlese trocken Pfeddersheimer St. Georgenberg **12,5 %/5,50 €**
84 2011 Chardonnay Spätlese trocken Pfeddersheimer Kreuzblick **13 %/5,90 €**
83 2011 Riesling Spätlese trocken Dalsheimer Hubacker **13 %/5,70 €**
84 2011 Riesling „S" Spätlese trocken Osthofener Liebenberg **13 %/8,50 €**

85 2011 Scheurebe trocken „Jeanette" **12,5 %/5,50 €** ☺
81 2011 Johanniter Kabinett „feinherb" Dalsheimer Steig **11,5 %/5,30 €**
89 2011 Riesling Beerenauslese Dalsheimer Hubacker **8 %/12,50 €/0,375l**
83 2011 Cabernet Sauvignon Rosé trocken **13 %/6,10 €**
83 2011 Spätburgunder trocken Dalsheimer Bürgel **13 %/6,80 €**
84 2009 Frühburgunder trocken Pfeddersheimer St. Georgenberg **13 %/7,90 €**
87 2009 Spätburgunder „S" trocken Dalsheimer Bürgel **13,5 %/9,80 €**

★★★★☆

Grans-Fassian

Weingut

Mosel

Römerstraße 28, 54340 Leiwen
***Tel.** 06507-3170, **Fax**: 06507-8167*
www.grans-fassian.de
weingut@grans-fassian.de
***Besuchszeiten**: nach Vereinbarung*
Wein & Tafelhaus, Inh. Alexander Oos, Trittenheim, Moselpromenade 4, Tel. 06507-702803, Fax: 06507-702804, tafelhaus@t-online.de

Inhaber .... Gerhard Grans
Rebfläche .... 11 Hektar

Gerhard Grans verfügt über Weinberge in besten Lagen, in der Trittenheimer Apotheke, der Leiwener Laurentiuslay und im Piesporter Goldtröpfchen, nicht zu vergessen die Parzellen im Dhron Hofberger. Das allein reicht natürlich kaum aus und wäre dem ehrgeizigen Winzer ohnehin nicht genug. Es kommt die konsequente Arbeit in Weinberg und Keller hinzu, und das Qualitätsstreben und Können des Winzers ist ebenfalls unverzichtbar, dann entstehen Spitzenweine. Gerhard Grans ist immer bestrebt, auch die Basisweine in überzeugender Weise zu vinifizieren – der „Mineralschiefer" ist auch in schwierigen Jahren eine sichere Bank.

Vorjahre

2009 reichte die Bandbreite hochklassiger Weine vom Mineralschiefer bis zur eleganten Trockenbeerenauslese; die beiden Großen Gewächse waren herrlich klar und präzise. 2010 blieb vor allem in der Spitze dahinter zurück. Trotzdem hatte Gerhard Grans eine überzeugende Kollektion, angefangen vom einmal mehr sehr guten Mineralschiefer bis hin zur opulenten Trockenbeerenauslese.

2011 trocken

Eine prächtige Kolelktion präsentiert Gerhard Grans nun 2011. Der Mineralschiefer ist frisch und zupackend, der Riesling von alten Reben aus der Laurentiuslay wunderschön füllig und saftig, der aus der Apotheke noch etwas konzentrierter, kraftvoller, besitzt reife Frucht und viel Substanz. Das Große Gewächs aus der Apotheke bringt eine weitere Steigerung, ist konzentriert und rauchig im Bouquet, füllig und stoffig im Mund, enorm nachhaltig. Sehr anders der Wein aus dem Hofberg, der viel Würze und Duft im Bouquet zeigt, etwas Zitrus, füllig und stoffig im Mund ist bei reifer süßer Frucht. Das Große Gewächs aus der Laurentiuslay ist wunderschön reintönig im Bouquet, rauchig und konzentriert, ist fruchtbetont und komplex im Mund bei feiner Süße.

2011 süß

Der süße Teil der Kollektion ist dem trockenen ebenbürtig. Nach einem frischen reintönigen Kabinett folgen nur noch hervorragende Weine. Die beiden Apotheken-Auslesen sind wunderschön reintönig, füllig und saftig, harmonisch und lang, noch ein klein wenig besser gefällt uns die Spätlese aus dem Goldtröpfchen mit ihrem faszinierenden Bouquet, ist reintönig, frisch, komplex und wunderschön lang. Zwei Auslesen runden die Kollektion ab, beide konzentriert und herrlich eindringlich, die Goldkapsel-Auslese etwas zupackender, kraftvoller. Klasse Kollektion!

Weinbewertung

85 2011 Riesling trocken „Mineralschiefer" **12 %/8,20 €**

88 2011 Riesling trocken „Alte Reben L" **12,5 %/12,50 €**

89 2011 Riesling trocken „alte Reben" Trittenheimer **13 %/15,- €**

90 2011 Riesling „GG" Apotheke **13 %/24,- €**

89 2011 Riesling „GG" Laurentiuslay **13 %/22,- €**

90 2011 Riesling „GG" Hofberg **13 %/22,- €**

84 2011 Riesling „Catherina" **12 %/9,80 €**

86 2011 Riesling Kabinett Trittenheimer **9 %/10,- €**

90 2011 Riesling Spätlese „Fass 33" Trittenheimer Apotheke **7 %/17,- €**

90 2011 Riesling Spätlese „Fass 25" Trittenheimer Apotheke **8 %/17,- €**

91 2011 Riesling Spätlese Piesporter Goldtröpfchen **7,5 %/17,- €**

90 2011 Riesling Auslese Trittenheimer Apotheke **7,5 %/27,- €**

91 2011 Riesling Auslese Goldkapsel Trittenheimer Apotheke **8 %/31,- €**

GravinO ★
Weingut

Baden/Württemberg

Gräfental 54, 75057 Kürnbach
***Tel.** 07258-7784, **Fax:** 07258-925373*
www.gravino.de
gravino.kuernbach@t-online.de
***Besuchszeiten**: nach Vereinbarung*

Inhaber............................Helmut Grahm
Rebfläche.............................7,5 Hektar

Als „Hobby" ist der Betrieb entstanden, heute bewirtschaftet man 7,5 Hektar Reben, sowohl in Baden, als auch in Württemberg, wobei der größere Teil der Trauben verkauft wird. Die Reben sind im Durchschnitt 25 Jahre alt. Die Reben wachsen in der Umgebung von Kürnbach teils auf Muschelkalk, teils auf Tonböden. Helmut und Hannelore Grahm hatten mit dem Weinbau begonnen, heute ist Sohn Jochen für die gesamte Produktion bis hin zur Vermarktung verantwortlich.

Vorjahre

Beim guten Debüt vor zwei Jahren gefielen uns die beiden barriqueausgebauten Rotweine des Jahrgangs 2008, Lemberger und Spätburgunder, am besten. Der Lemberger wurde im vergangenen Jahr noch einmal vorgestellt, führte zusammen mit dem Cabernet Sauvignon, ebenfalls Jahrgang 2008, eine zuverlässige, sehr gleichmäßige Kollektion an mit durchweg guten Weinen.

Neue Kollektion

Sehr zuverlässig und konsistent präsentiert sich auch der neue Jahrgang mit kraftvollen, geradlinigen Weinen. Unser eindeutiger Favorit ist der 2009er Lemberger aus dem Barrique, der Gewürznoten und gute Konzentration im Bouquet zeigt, füllig und kraftvoll im Mund ist, reife Frucht und gute Struktur besitzt.

Weinbewertung

82 2010 Grauburgunder Sekt brut **13 %/9,90 €**

82 2011 „P.I.N.O.T" weiß trocken **12,5 %/6,20 €**

82 2011 Riesling** trocken „Alte Rebe" **12,5 %/7,80 €**

82 2011 Grauburgunder** trocken „Alte Rebe" **13 %/7,80 €**

81 2011 Weißburgunder** trocken „Alte Rebe" **14 %/7,80 €**

83 2010 Weißburgunder Eiswein **10,5 %/28,- €**

82 2011 Schwarzriesling Weißherbst* trocken **11,5 %/5,10 €**

81 2011 „P.I.N.O.T Blanc de Noirs" **12,5 %/6,80 €**

83 2011 „P.I.N.O.T" rot trocken **13 %/6,80 €**

83 2010 Schwarzriesling** trocken „Alte Reben" **12,5 %/7,50 €**

87 2009 Lemberger*** trocken Barrique **13,5 %/21,- €**

79 2011 Lemberger* halbtrocken **13,5 %/5,50 €**

★

Grebner

Der Patrizierhof – Weingut **Franken**

Hauptstraße 71, 97320 Großlangheim
Tel. 09325-262, Fax: 09325-6325
www.der-patrizierhof.de
info@der-patrizierhof.de
Besuchszeiten: täglich 8-19 Uhr, am besten nach Vereinbarung
Weinhotel und Weingasthof

Inhaber .... Günter Grebner
Rebfläche .... 8 Hektar

Der 1738 erbaute Patrizierhof liegt am Marktplatz von Großlangheim. 1993 erwarb die Familie Grebner das Anwesen und restaurierte es. Weinbau betreibt die Familie seit Generationen. Die Weinberge von Günter Grebner liegen im Großlangheimer Kiliansberg, sowie in den Wiesenbronner Lagen Wachhügel und Geißberg, die Reben wachsen auf Gipskeuperböden. Angebaut werden die weißen Sorten (70 Prozent) Müller-Thurgau, Silvaner, Bacchus und Riesling, sowie die roten Sorten Domina, Spätburgunder, Blaufränkisch und Schwarzriesling.

Vorjahre

Vor zwei Jahren war die edelsüße Silvaner Auslese unser Favorit in einer gleichmäßigen Kollektion. Zwei recht eigenwillige Weine führten im vergangenen Jahr die Kollektion an, ein mächtiger Regent (für Portweintrinker) und ein kraftvoller, gereifter „Blanc de Noir". Aber auch die frischen, leichten 2010er Weißweine gefielen uns gut.

Neue Kollektion

In der neuen Kollektion gefällt uns wieder einmal der kraftvolle, zupackende Blanc de Noir sehr gut, auch der üppige, reife Spätburgunder mit seinen dezenten Bitternoten macht eine gute Figur.

Weinbewertung

81 2011 Silvaner Kabinett trocken **12 %/5,80 €**
81 2011 Müller-Thurgau Kabinett trocken **11,5 %/5,80 €**
79 2011 Silvaner Spätlese trocken **13 %/9,- €**
85 2011 „Blanc de Noir" trocken „Anna-Maria Cuntzmann" **12,5 %/9,- €**
80 2011 Riesling Spätlese **12 %/9,- €**
81 2011 Bacchus Kabinett **11 %/5,80 €**
80 2011 Rotling Kabinett **11 %/5,80 €**
80 „Barocco" Rotwein trocken **12,5 %/5,80 €**
85 2009 Spätburgunder Auslese trocken **14 %/14,- €**
83 2009 Schwarzriesling Spätlese trocken **13,5 %/9,- €**

★★

Gres

Weingut **Rheinhessen**

Ingelheimer Straße 6, 55437 Appenheim
Tel. 06725-3310, Fax: 06725-5529
www.weingutgres.de
weingut.gres@t-online.de
Besuchszeiten: Fr./Sa. 8-18 Uhr oder nach Vereinbarung
Weinstube, Straußwirtschaft, Gästezimmer

Inhaber .... Hans-Jürgen und Klaus Gres
Rebfläche .... 14 Hektar

Seit über 300 Jahren baut die Familie Gres Wein in Rheinhessen an, davor schon im Burgund und im Elsass. Heute wird das Gut von Hans-Jürgen Gres und Sohn Klaus, der für den Weinausbau verantwortlich ist, geführt. Die Weinberge verteilen sich auf fünf Gemeinden. Spätburgunder, Chardonnay und Silvaner sind die wichtigsten Rebsorten, gefolgt von Müller-Thurgau, Riesling, Weißburgunder, Huxelrebe, Sauvignon Blanc, Dornfelder, Merlot und Frühburgunder.

Vorjahre

Sehr gleichmäßig präsentierte sich die Kollektion vor zwei Jahren, überzeugte weiß wie rot, wobei uns einmal mehr die rote Cuvée „Nummer 1" besonders gut gefiel, ebenso der Hundertgulden-Riesling. Dieser überzeugte auch 2010, führte eine stimmige Kollektion an.

Neue Kollektion

2011 gefällt uns sehr gut, bietet reintönige, füllige Weißweine, allen voran der füllige, kraftvolle Riesling Hundertgulden. Auch der edelsüße Teil der Kollektion trumpft auf mit einer enorm konzentrierten Bacchus Trockenbeerenauslese und einer frischen, komplexen Riesling Beerenauslese. Die beiden Rotweine – der Spätburgunder und die Cuvée aus Merlot, Frühburgunder und Cabernet – besitzen Kraft und gute Struktur: So darf es weitergehen!

Weinbewertung

81 2011 Grüner Silvaner Classic **12 %/4,70 €**
82 2011 Riesling trocken **12,5 %/5,50 €**
84 2011 Sauvignon Blanc trocken **13 %/6,50 €**
83 2011 „Blanc de Noir" trocken **13,5 %/6,50 €**
85 2011 Grauburgunder „S" trocken **13,5 %/6,90 €**
84 2011 Weißburgunder „S" trocken **13,5 %/8,50 €**
87 2011 Riesling trocken Hundertgulden **13,5 %/9,20 €**
85 2011 Huxelrebe Auslese Appenheimer Eselspfad **10,5 %/8,20 €**
88 2011 Riesling Beerenauslese Appenheimer Hundertgulden **8,5 %/36,40 €/0,375l**
89 2011 Bacchus Trockenbeerenauslese Appenheimer Daubhaus **8 %/19,20 €**
86 2009 Spätburgunder „S" trocken Appenheimer Eselspfad **13,5 %/8,60 €**
86 2010 „Gres Nummer I" Rotwein **13,5 %/9,20 €**

G

Die besten deutschen Weinerzeuger und ihre Weine

★☆

Grimm

Weingut, Inh. Bruno und Andreas Grimm **Pfalz**

Paulinerstraße 3, 76889 Schweigen-Rechtenbach
***Tel.** 06342-7106, **Fax**: 06342-249*
www.weingutgrimm.de
info@weingutgrimm.de
***Besuchszeiten**: Sa. 9-18 Uhr oder nach Vereinbarung*
Probierstube

Inhaber ..... Bruno Grimm und Andreas Grimm
Rebfläche .... 9 Hektar

Wie andere Winzer in Schweigen auch besitzen Bruno und Andreas Grimm Weinberge sowohl in der Pfalz als auch jenseits der Grenze im Elsass. Neben Riesling, den weißen Burgundersorten, Müller-Thurgau und Gewürztraminer bauen sie vor allem rote Sorten an, die inzwischen etwa ein Drittel der Fläche einnehmen. Die Weißweine werden im Edelstahl ausgebaut, die Rotweine kommen nach der Maischegärung ins Holzfass, ein Teil auch ins Barrique.

Vorjahre

Seit der ersten Ausgabe empfehlen wir das Weingut mit seinen immer zuverlässigen Kollektionen. Und in diesem Jahrzehnt sind die Preise praktisch stabil geblieben, gerade einmal 5,40 Euro kostet heute eine trockene Spätlese: Die Kunden dürfen sich freuen. Mit dem Jahrgang 2009 stellten wir eine Steigerung fest, alle Weine waren klar und reintönig, die weißen Burgunder gefielen uns am besten. Unter den 2010er Weinen standen Grauburgunder und Chardonnay an der Spitze, übertroffen wurden sie in der Kollektion des letzten Jahres allerdings noch von einem kraftvollen Pinot Noir aus dem Jahr 2009.

Neue Kollektion

Und auch in diesem Jahr führt ein kraftvoller, gut strukturierter Spätburgunder die Kollektion an, erneut gefolgt von den Grauburgunder und Chardonnay Spätlesen, die beide Fülle und klare Frucht besitzen.

Weinbewertung

83 2011 Sauvignon Blanc trocken **13 %/6,20 €**
82 2011 Weißburgunder Kabinett trocken **12,5 %/4,90 €**
83 2011 Weißburgunder Spätlese trocken **13 %/5,40 €**
85 2011 Chardonnay Spätlese trocken **13 %/5,40 €** ☺
85 2011 Grauburgunder Spätlese trocken **12,5 %/5,40 €** ☺
82 2011 Riesling Kabinett trocken **11,5 %/4,90 €**
83 2011 Riesling Spätlese trocken **12,5 %/5,40 €**
81 2011 Spätburgunder Rosé trocken **12,5 %/4,90 €**
86 2010 Spätburgunder „Kalkgestein" **13 %/10,90 €**

★★

K. F. **Groebe**

Weingut

Rheinhessen

Mainzer Straße 18, 67593 Westhofen
Tel. *06244-4523,* ***Fax:*** *06244-9191617*
www.weingut-k-f-groebe.de
weingut.k.f.groebe@t-online.de
Besuchszeiten: *nach Vereinbarung*

Inhaber .... Friedrich Groebe
Rebfläche .... 8 Hektar

Während die Weinberge und der Keller in Westhofen liegen, befand sich die Verwaltung des Weingutes bis 2012 auf der anderen Seite des Rheins in Biebesheim; nun aber spielt sich alles in Westhofen ab. Wichtigste Rebsorte ist mit einem Anteil von über 60 Prozent Riesling, dazu gibt es 18 Prozent Burgundersorten und 15 Prozent Silvaner. Einige der Weinberge sind seit über 250 Jahren in Familienbesitz. Das Weinprogramm ist klar gegliedert in Gutsweine, Ortsweine („Westhofener") und „Große Gewächse" (aus den Westhofener Lagen Kirchspiel und Aulerde). Die Weine werden in Eichenholzfässern vergoren und ausgebaut.

Vorjahre

2009 präsentierten sich die Großen Gewächse füllig und harmonisch bei reifer süßer Frucht, aber nicht so mineralisch und nachhaltig wie in manchen früheren Jahrgängen. Gleiches galt 2010, wobei uns in diesem Jahrgang der Wein aus der Aulerde ein klein wenig besser gefiel als der aus dem Kirchspiel, wobei beide von Bitternoten geprägt waren.

Neue Kollektion

Stilistisch hat sich viel verändert im letzten Jahrzehnt, die Rieslinge sind heute enorm duftig, sind füllig im Mund bei süßer Frucht, wesentlich gefälliger als einst, als sie Ecken und Kanten aufwiesen, oft etwas rustikal waren, aber nach vielen Jahren noch Freude bereiteten. Wir fanden sie früher spannender.

Weinbewertung

80 2011 Riesling trocken **7,50 €**
82 2011 Riesling Kabinett trocken
82 2011 Riesling trocken Westhofener **14,50 €**
86 2011 Riesling „GG" Kirchspiel Westhofen **25,- €**
87 2011 Riesling „GG" Aulerde Westhofen **25,- €**

★

Günther **Groebe** & Sohn

Weingut am Bergkloster

Rheinhessen

Am Bergkloster 4, 67593 Westhofen
Tel. *06244-905080,* ***Fax:*** *06244-905082*
www.weingut-groebe.eu
anja@weingut-groebe.eu
Besuchszeiten: *Mo.-Fr. 8-12 + 13-17 Uhr, Sa. 8-12 Uhr und nach Vereinbarung*

Inhaber .... Günther Groebe & Thomas Groebe
Rebfläche .... 11 Hektar

Die Gründung des Weinguts am Bergkloster geht auf das Jahr 1625 zurück. Die Weinberge liegen vor allem in Westhofen (Morstein, Aulerde, Rotenstein) und Gundersheim (Höllenbrand, Königstuhl). Günther Groebe ist für den Weinausbau verantwortlich, Thomas Groebe kümmert sich seit seinem Abschluss als Weinbautechniker 2006 um die Weinberge. Mit dem Jahrgang 2007 wurde die Umstellung auf ökologischen Weinbau vollzogen.

Die Weine

Sehr gleichmäßig war der Jahrgang 2009, bot aber wie dann auch 2010, als die Weine etwas allzu verhalten waren, keine Spitzen. 2011 gefällt uns nun besser: Die weiße Cuvée „Philipp vom Berg" besitzt gute Struktur, der Cabernet Sauvignon ist reintönig und kraftvoll.

Weinbewertung

80 2011 Weißer Riesling trocken Westhofener Bergkloster **11 %/4,50 €/1l**
83 2011 „Philipp vom Berg" Weißwein trocken Westhofener Brunnenhäuschen **13 %/8,50 €**
83 2011 Chardonnay Spätlese Westhofener Stein-

grube **11 %/5,50 €**
82 2011 Schwarzriesling trocken Westhofener Brunnenhäuschen **13 %/5,90 €**
85 2011 Cabernet Sauvignon trocken Westhofener Brunnenhäuschen **13 %/6,45 €**
78 2011 Acolon „feinherb" Westhofener Morstein **12 %/5,80 €**

★★

Eckehart **Gröhl**

Weingut **Rheinhessen**

Uelversheimer Straße 4 + 6, 55278 Weinolsheim
***Tel.** 06249-93988, **Fax**: 06249-93998*
www.weingut-groehl.de
info@weingut-groehl.de
***Besuchszeiten**: nach Vereinbarung*
Probierstube

Inhaber .... Eckehart Gröhl
Rebfläche .... 20 Hektar

Die Familie Gröhl lebt seit dem 16. Jahrhundert in Weinolsheim und baut heute in zwölfter Generation Wein an. Aus dem ehemaligen landwirtschaftlichen Mischbetrieb ist nach und nach das Weingut in seiner heutigen Form entstanden. Eckehart und Angela Gröhl haben das Weingut 1994 von seinen Eltern gepachtet und 2003 übernommen. Sie reduzierten konsequent die Erträge und setzten auf die klassischen Rebsorten. Vor allem Riesling und die Burgundersorten will Eckehart Gröhl weiter forcieren. Seine Weinberge liegen in den Weinolsheimer Lagen Hohberg und Kehr, im Dalheimer Kranzberg und im Uelversheimer Aulenberg. Er hat sein Lagenpotenzial um Weinberge an der Rheinfront erweitert, in den Niersteiner Lagen Pettenthal, Hölle und Bergkirche und in den Oppenheimer Lagen Sackträger, Schützenhütte (in Alleinbesitz) und Herrenberg. Ein weiterer Schwerpunkt der Produktion ist die Versektung.

Vorjahre

Vor zwei Jahren waren die Weine weniger komplex als gewohnt. Nichtsdestotrotz hatte Eckehart Gröhl eine gute, eine gleichmäßige Kollektion, die angeführt wurde vom Riesling aus der Schützenhütte und dem saftigen Pinot Noir. Die letztjährige Kollektion präsentierte sich sehr homogen mit sortentypischen Weißweinen. Am besten gefielen uns die süße Auslese und die beiden harmonischen, saftigen Sekte.

Neue Kollektion

Auch der in diesem Jahr verkostete Sekt „Pure" überzeugt, ist frisch und geradlinig. In der sehr gleichmäßigen weißen 2011er Kollektion gefallen uns Weiß- und Grauburgunder mit ihrer reintönigen, reifen süßen Frucht besonders gut; der kraftvolle, konzentrierte Pinot Noir besitzt gute Struktur bei etwas Bitternoten im Abgang.

Weinbewertung

85 „Pure" Sekt **12,5 %/12,20 €**
80 2011 Riesling trocken **12,5 %/4,40 €/1l**
82 2011 Riesling trocken „Roter Hang" Niersteiner Pettenthal **12,5 %/7,20 €**
81 2011 Chardonnay trocken Dalheimer Kranzberg **12,5 %/7,30 €**
81 2011 Weißburgunder Spätlese trocken Weinolsheimer Hohberg **13 %/6,80 €**
85 2011 Weißburgunder trocken „Kalkstein" Niersteiner Hölle **13,5 %/9,80 €**
85 2011 Grauburgunder Spätlese trocken „S***" Dalheimer Kranzberg **13 %/7,40 €**
83 2010 Riesling Spätlese trocken „Alte Reben" Oppenheimer Sackträger **13 %/7,90 €**
82 2011 Gewürztraminer trocken Weinolsheimer Hohberg **12,5 %/8,60 €**
82 2011 Riesling Spätlese trocken „Kalkmergel" Oppenheimer Herrenberg **12,5 %/6,70 €**
84 2011 Riesling Spätlese „feinherb" Oppenheimer Schützenhütte **12 %/6,50 €**
84 2011 Riesling Spätlese Oppenheimer Herrenberg **9,5 %/6,30 €**
86 2009 Pinot Noir trocken Oppenheimer Herrenberg **14 %/16,90 €**

★★★

Heinrich **Groh**

Weingut

Rheinhessen

Deichelgasse 8, 67595 Bechtheim
***Tel.** 06242-1443, **Fax:** 06242-60046*
www.heinrichgroh.de
weine@heinrichgroh.de
***Besuchszeiten**: nach Vereinbarung*

Inhaber .... Axel Groh
Rebfläche .... 12 Hektar

Das Weingut Heinrich Groh wurde 1899 gegründet und wird heute in vierter Generation von Axel Groh geführt. Seine Weinberge liegen in den Gemeinden Bechtheim und Alsheim. Wichtigste Rebsorten sind die Burgundersorten, die 35 Prozent der Fläche einnehmen, und Riesling. Die Weine werden überwiegend trocken ausgebaut. Eine Spezialität des Weingutes sind Barriqueweine, die in der Linie „Haus Groh" vermarktet werden: Bereits seit 1985 (mit einem Silvaner!) hat das Weingut mit dem Barriqueausbau begonnen. Seit 1999 gibt es einen barriqueausgebauten Cabernet Sauvignon im Programm, inzwischen auch einen Merlot, seit dem Jahrgang 2006 die Cuvée „Trei". Axel Groh nutzt heute ausschließlich medium getoastete Fässer des Allier-Typs, den Neuholzanteil reduzierte er in den letzten Jahren, für den Spätburgunder nutzt er ausschließlich gebrauchte Barriques, für Cabernet Sauvignon und Merlot etwa ein Viertel bis ein Drittel neue Fässer.

Vorjahre

Die Barriqueweine der Linie „Edition Haus Groh" sind zum Markenzeichen von Axel Groh geworden. Der Spätburgunder legte zuletzt zu, Cabernet Sauvignon und Merlot zeigen schöne Konstanz. Den immer wieder beeindruckenden Dornfelder soll es zukünftig nicht mehr geben, so dass die Cuvée „Trei" die rote Barriquekollektion vervollständigt. Wie die Rotweine zeigt auch der lange Zeit einzige Barrique-Weißwein, der Chardonnay, bemerkenswerte Konstanz auf hohem Niveau. Die im Edelstahl vinifizierten Weißweine sind immer klar und frisch, fruchtbetont und süffig, egal ob trocken ausgebaut oder süß.

Vorjahre

Vor zwei Jahren gefiel uns die Kollektion wieder sehr gut, das galt für die fruchtbetonten, reintönigen Weißweine ebenso wie für die kraftvollen Barrique-Rotweine – und auch der Barrique-Chardonnay überzeugte. Der trumpfte auch 2010 wieder auf, in der starken 2009er Rotweinriege waren die Cuvée Trei und der Spätburgunder unsere Favoriten.

Jahrgang 2011

Barriquerotweine hat Axel Groh 2010 nicht erzeugt, so dass wir erstmalig nur Weißweine vorstellen – und einen Rosé. Alle Weine sind frisch und klar, wunderschön fruchtbetont, die Kollekion bietet einige süße Schnäppchen. An der Spitze steht der konzentrierte, kraftvolle Chardonnay aus dem Rosengarten, der im Barrique ausgebaute, füllige Grauburgunder steht ihm nur wenig nach.

Weinbewertung

84 2011 Silvaner trocken Osthofener Hasenbiss **13,5 %/7,- €**
83 2011 Weißburgunder trocken **13 %/4,90 €**
83 2011 Grauburgunder trocken **13 %/5,50 €**
82 2011 Riesling Kabinett trocken **11,5 %/4,50 €**
84 2011 Chardonnay trocken Bechtheimer Geyersberg **13 %/6,- €**
84 2011 Riesling Spätlese trocken Bechtheimer Rosengarten **12,5 %/6,- €**
87 2011 Chardonnay Rosengarten **14 %/11,50 €**
86 2011 Grauburgunder Barrique **14 %/9,- €**
84 2011 Kerner Spätlese **12 %/4,90 €** ☺
85 2011 Riesling Spätlese Bechtheimer Geyersberg **10 %/6,- €** ☺
85 2011 Huxelrebe Auslese **10 %/6,- €** ☺
83 2011 Spätburgunder Rosé trocken **13 %/4,50 €**

G

Die besten deutschen Weinerzeuger und ihre Weine

Gruber ★☆

Weingut

Württemberg

Tannenhof 1, 74182 Obersulm-Eschenau
Tel. 07130-450128, Fax: 07130-450128
www.weingut-gruber.de
info@weingut-gruber.de
Besuchszeiten: Mi./Fr. nachm., Sa. ganztägig, ansonsten (auch So.) nach Vereinbarung
Gutsgasthof (1 Woche im Monat geöffnet)

Inhaber .... Andrea und Markus Gruber
Rebfläche .... 8 Hektar

Anneliese und Reinhold Gruber haben 1990 mit der Selbstvermarktung begonnen, seit September 2007 führen Andrea und Markus Gruber – der bisher schon für den Weinausbau verantwortlich war – das Gut. Ihre Weinberge liegen im Weinsberger Tal, in Eschenau (Paradies), Lehrensteinsfeld (Steinacker), Weinsberg (Ranzenberg) und Affaltrach (Dieblesberg). Sie bauen insgesamt vierzehn verschiedene Rebsorten an. Die Weine werden mit bis zu drei Sternen klassifiziert.

Vorjahre

Vor zwei Jahren überzeugte die Kollektion mit frischen reintönigen Weißweinen und klaren 2009er Rotweinen. Sehr geschlossen präsentierte sich auch die letztjährige Kollektion, bot zuverlässige, gute Qualität, weiß wie rot. Unser klarer Favorit war der im Barrique ausgebaute Lemberger, Jahrgang 2007.

Neue Kollektion

Die neue Kollektion überzeugt, präsentiert sich gleichmäßig auf gutem Niveau, weiß wie rot. Überrascht haben uns zwei Weißweine aus dem Jahrgang 2010: Der von Vanillenoten geprägt Chardonnay aus dem Barrique und der faszinierende Gewürztraminer, der füllig und kraftvoll ist, reintönig, gute Struktur und Substanz besitzt und herrlich viel Frucht – so gute trockene Gewürztraminer sind rar in Deutschland. —

Weinbewertung

83 2011 Kerner trocken **13,5 %/5,50 €**
83 2011 „Cuvée C" Weißwein trocken **12,5 %/5,90 €**
81 2011 Riesling trocken **12 %/5,50 €**
87 2010 Gewürztraminer trocken **13,5 %/9,- €**
85 2010 Chardonnay trocken Barrique **13,5 %/12,- €**
81 2011 Lemberger Rosé trocken **12,5 %/5,50 €**
83 2011 „der Trollinger" trocken **12,5 %/6,90 €**
83 2009 Spätburgunder* trocken **13,5 %/6,60 €**
84 2009 Lemberger trocken **13 %/6,60 €**
81 2009 Acolon trocken **13 %/6,60 €**
81 2011 Trollinger Kabinett **12 %/5,90 €**
83 2011 Samtrot Spätlese **12 %/6,60 €**

Gunderloch ★★★

Weingut

Rheinhessen

Carl-Gunderloch-Platz 1, 55299 Nackenheim
Tel. 06135-2341, Fax: 06135-2431
www.gunderloch.de
weingut@gunderloch.de
Besuchszeiten: Mo.-Fr. 9-12 + 13-17 Uhr

Inhaber .... Fritz und Agnes Hasselbach
Rebfläche .... 12,5 Hektar

Das Weingut Gunderloch wurde 1890 vom Bankier Carl Gunderloch gegründet und wird heute von Fritz und Agnes Hasselbach geführt. Sie haben zudem seit 1996 das Niersteiner Weingut Balbach Erben gepachtet. Sie bauen zu 80 Prozent Riesling an, je 5 Prozent nehmen Silvaner und Grauburgunder ein. Hinzu kommen ein wenig Scheurebe, Gewürztraminer, Dornfelder, Spätburgunder und Weißburgunder. Ihre Weinberge liegen in den Niersteiner Lagen Rothenberg und Pettenthal.

Vorjahre

Im Jahrgang 2009 gefiel uns der Wein aus dem Rothenberg besonders gut, auch die Auslesen besaßen Klasse. 2010 sahen wir die beiden Großen Gewächse gleichauf; gut gefiel uns aber auch das Basissegment mit den beiden deutlich unterscheidbaren trockenen Rieslingen; bei den Ortsweinen präferierten wir ganz leicht den Niersteiner Riesling gegenüber dem Nackenheimer.

Neue Kollektion

2011 nun sind beide merklich süß, so dass uns der frische klare Gutsriesling fast besser gefällt. Das Große Gewächs aus dem Pettenthal zeigt viel reife Frucht im Bouquet, etwas Marzipan, ist füllig und zupackend im Mund; ein klein besser gefällt uns der Wein aus dem Rothenberg, der würzig und konzentriert ist, präzise und zupackend, er besitzt feine Frische und Biss.

Weinbewertung

83 2011 Riesling trocken **8,- €**
83 2011 Riesling trocken Nierstein **12,- €**
83 2011 Riesling trocken Nackenheim **14,- €**
88 2011 Riesling „GG" Nierstein Pettenthal **25,- €**
89 2011 Riesling „GG" Nackenheim Rothenberg **28,- €**
83 2011 Riesling Kabinett „feinherb Jean-Baptiste" **8,- €**

Gussek ★★☆

Winzerhof

Saale-Unstrut

Kösener Straße 66, 06618 Naumburg
Tel. *03445-7810366,* ***Fax:*** *03445-7810360*
www.winzerhof-gussek.de
winzerhofgussek@t-online.de
Besuchszeiten: *nach Vereinbarung*

Inhaber .... André Gussek
Rebfläche .... 9,1 Hektar

André Gussek war 20 Jahre lang Kellermeister des Landesweingutes Kloster Pforta. 1992 gründete er sein eigenes Weingut, seit 1993 werden die Weine im eigenen Keller ausgebaut. Er bewirtschaftet die Kernlage des steilterrassierten Kaatschener Dachsberg (1 Hektar, unter anderem mit 1927 gepflanzten Silvanerreben), weitere 1,5 Hektar im Dachsberg (in der früheren Lage Boxberg, die heute ebenfalls zum Dachsberg zählt) und in Naumburg einen Teil der Lage Steinmeister. Hauptrebsorte ist Müller-Thurgau mit einem Anteil von 40 Prozent. Es folgen Weißburgunder, Riesling, Zweigelt, Spätburgunder, Silvaner, Kerner und Portugieser. Die Weine werden überwiegend trocken ausgebaut. Seit 1994 erzeugt André Gussek auch edelsüße Weine. Im Jahr darauf hat er mit dem Barriqueausbau ausgesuchter Rotweine begonnen.

Vorjahre

Stark und stimmig war die letztjährige Kollektion von André Gussek. Die 2010er Weißweine besaßen Struktur, Kraft und Frische, die beiden roten Barriqueweine aus dem Jahrgang 2009 gefielen uns sehr gut, noch ein wenig mehr aber faszinierte uns der eigenwillige und eigenständige auf der Maische vergorene und im Barrique ausgebaute Grauburgunder.

Neue Kollektion

Auch in diesem Jahr präsentiert André Gussek wieder eine sehr eigenständige Kollektion mit kraftvollen, charaktervollen Weinen, egal ob weiß oder rot. Besonders gut gefällt uns der Weißburgunder „Breitengrad 51" aus dem Dachsberg, ein kraftvoller Weine mit reifer süßer Frucht und guter Struktur; dann der sehr jugendliche, im Barrique ausgebaute Grauburgunder aus dem Naumburger Göttersitz; und der konzentrierte, füllige Zweigelt aus dem Steinmeister.

Weinbewertung

81 2011 Silvaner trocken **12 %/6,50 €/1l**
85 2011 Silvaner trocken „Alte Reben" Kaatschener Dachsberg **14 %/13,50 €**
85 2011 Weißburgunder trocken Kaatschener Dachsberg **13,5 %/11,50 €**
84 2011 Grauburgunder trocken Naumburger Göttersitz **13,5 %/9,30 €**
85 2011 Riesling trocken Kaatschener Dachsberg

12 %/11,50 €
87 2010 Grauburgunder trocken Barrique Naumburger Göttersitz **14,5 %/18,- €**
88 2011 Weißburgunder „Breitengrad 51" Kaatschener Dachsberg **13,5 %/21,- €**
86 2011 Riesling Spätlese („feinherb") Kaatschener Dachsberg **12 %/12,50 €**
85 2011 Riesling Spätlese „feinherb Bin 65 Alte Reben" Naumburger Steinmeister **12,5 %/13,50 €**
86 2011 Traminer Spätlese „feinherb" **13 %/12,50 €**
83 2010 Spätburgunder Holzfass Kaatschener Dachsberg **13 %/9,90 €**
87 2009 Blauer Zweigelt Barrique Naumburger Steinmeister **13 %/18,- €**

★★★☆

Gutzler

Weingut Destillerie

Rheinhessen

Weingut Gutzler GbR, Rossgasse 19, 67599 Gundheim
Tel. *06244-905221,* ***Fax:*** *06244-905241*
www.gutzler.de
weingut.gutzler@t-online.de
Besuchszeiten: *Mo.-Sa. nach Vereinbarung*

Inhaber ...... Gerhard Gutzler, Michael Gutzler
Rebfläche .... 15,1 Hektar

Gerhard Gutzler übernahm 1985 das Weingut und stellte bis 1990 das Sortiment auf trockene Weine um. Inzwischen ist Sohn Michael in den Betrieb eingestiegen. Neben Weinbergen in Gundheim, Westhofen (Morstein, Steingrube, Brunnenhäuschen), Dorn-Dürkheim und Alsheim (Römerberg) gehört ihnen seit 1997 auch ein Stück am bekannten Wormser Liebfrauenstift Kirchenstück. Wichtigste Rebsorten sind Spätburgunder und Riesling, es folgen Weißburgunder, Grauburgunder und Silvaner. Die Weißweine werden im Edelstahl ausgebaut. Nur Weißburgunder und Chardonnay werden bei Mostgewichten über 100° Öchsle im Barrique ausgebaut. Die Rotweine kommen nach einer fünfzehn- bis dreißigtägigen Maischegärung ins traditionelle Holzfass oder ins Barrique. Mit Ausnahme einiger edelsüßer Spezialitäten werden alle Weine trocken ausgebaut. Bekannt ist das Weingut auch für seine Edelbrände, die seit 1991 in der hauseigenen Destillerie erzeugt werden.

Vorjahre

Seit der ersten Ausgabe empfehlen wir die Weine von Gerhard Gutzler. In diesem Zeitraum hat er sich stetig gesteigert, weiß wie rot weiter zugelegt. Der Spätburgunder aus dem Morstein hat sich als einer der herausragenden Spätburgunder Rheinhessens etabliert, der Riesling aus dem Liebfrauenstift ist auf dem besten Weg es ihm gleich zu tun. 2008 fuhren Gerhard und Michael Gutzler gleich drei beeindruckende Spätburgunder auf, wobei wir die Weine aus Morstein und Dorn-Dürkheim präferierten. Die weiße 2009er Kollektion präsentierte sich geschlossen – mit dem bekannten Favoriten. Das Große Gewächs Liebfrauenstift Kirchenstück war auch 2010 unser klarer Favorit, im roten Segment trumpften im vergangenen Jahr die beiden Großen Gewächse auf, wobei wir den Wein aus dem Brunnenhäuschen leicht favorisierten.

Neue Kollektion

Im weißen Segment überzeugen die beiden fülligen, kraftvollen Ortsweine, der Grauburgunder aus Westhofen und der Silvaner von alten Reben in Dorn-Dürkheim, auch Riesling und Chardonnay gefallen uns sehr gut. Ganz faszinierend ist die Cuvée aus Chardonnay und Weißburgunder, die gute Konzentration im Bouquet zeigt, reife Frucht, Vanille, füllig und kraftvoll im Mund ist, gute Struktur und Substanz besitzt. Der rote Teil der Kollektion ist sehr stimmig, angefangen vom reintönigen, frischen Gutswein über den kraftvollen, zupackenden Westhofener Spätburgunder. Der Spätburgunder aus dem Morstein ist 2010 enorm holzwürzig und tanninbetont, der aus dem Brunnenhäuschen intensiver in der Frucht, kraftvoll, aber ebenfalls sehr tanninbetont, beide brauchen noch Zeit.

Weinbewertung

81 2011 Riesling trocken **12,5 %/7,50 €**
82 2011 Weißburgunder trocken **12,5 %/7,50 €**
83 2010 Sauvignon Blanc trocken **8,50 €**
82 2011 Spätburgunder „Blanc de Noir" trocken **13 %/8,50 €**
85 2011 Chardonnay trocken Holzfass Westhofen **13 %/12,50 €**
85 2011 Riesling trocken Westhofen **13 %/13,- €**
86 2011 Grauburgunder trocken Westhofen **13 %/13,- €**
86 2011 Silvaner trocken „Alte Reben sur lie" Dorn-Dürkheim **13 %/14,50 €**
89 2011 Riesling „GG" Wormser Liebfrauenstück Kirchenstift **13 %/20,50 €**
89 2011 Chardonnay & Weißburgunder trocken Barrique **34,50 €**
84 2010 Spätburgunder trocken **12,5 %/8,90 €**
87 2009 Spätburgunder trocken Barrique Westhofen **13 %/13,90 €**
85 2009 Spätburgunder Westhofen **13,80 €**
89 2009 Spätburgunder „GG" Westhofen Morstein **30,- €**
88 2010 Spätburgunder „GG" Westhofen Morstein **30,- €**
90 2009 Spätburgunder „GG" Westhofen Brunnenhäuschen **13 %/42,50 €**
89 2010 Spätburgunder „GG" Westhofen Brunnenhäuschen **42,50 €**

★★☆

Gysler

Weingut

Rheinhessen

Großer Spitzenberg 8, 55232 Alzey-Weinheim
Tel. *06731-41266,* ***Fax:*** *06731-44207*
www.weingut-gysler.de
info@weingut-gysler.de
Besuchszeiten: *Mo.-Fr. 13-18 Uhr, Sa. 10-16 Uhr, möglichst nach Vereinbarung*
Hoffest (erstes Septemberwochenende)

Inhaber .... Alexander Gysler
Rebfläche .... 12 Hektar

Alexander Gysler, Geisenheim-Absolvent, hat das Weingut 1999 nach dem Tod seines Vater Gernot Gysler übernommen, der mit der Flaschenweinvermarktung begonnen hatte. Alexander Gysler bewirtschaftet das Weingut zusammen mit Ehefrau Heike und Mutter Renate. Seine Weinberge befinden sich in den Weinheimer Lagen Hölle, Kirchenstück, Kapellenberg und Mandelberg. 90 Prozent der Reben wachsen auf Sandsteinverwitterungsböden. Alexander Gysler hat den Rieslinganbau forciert, die Rieslingfläche in den letzten Jahren auf 30 Prozent erweitert. Daneben spielen die Burgundersorten eine wichtige Rolle, Scheurebe und Huxelrebe möchte er als Spezialitäten erhalten. Im Jahr 2004 hat Alexander Gysler mit der Umstellung auf ökologische Bewirtschaftung begonnen, 2007 war der erste zertifiziert biologische Jahrgang. Seit 2008 ist Alexander Gysler Mitglied bei Demeter. Im Keller arbeitet er teils mit Spontangärung, die Weine werden recht lange auf der Hefe ausgebaut und nur ein einziges Mal vor der Füllung filtriert.

Vorjahre

Die 2009er Kollektion bestätigte den guten Eindruck der Vorjahre, die Weine waren reintönig und frisch, die Spitzenweine boten Fülle und Substanz. Auch 2010 präsentierten sich Alexander Gyslers Weine frisch und präzise, puristisch und klar.

Neue Kollektion

Auch 2011 besticht das gute Niveau der Gutsweine, alle präsentieren sich klar, frisch, fruchtbetont und sehr sortentypisch. Spannend ist auch die neue Burgundercuvée aus Weißburgunder, Grauburgunder und Chardonnay, die wir wie auch den Riesling JC als Fassprobe verkosten konnten. Der Riesling ist herrlich füllig und saftig, die Cuvée konzentriert und eindringlich, besitzt viel reife Frucht und Substanz.

Weinbewertung

82 2011 Riesling trocken **12,5 %/5,30 €/1l**
84 2011 Riesling trocken Weinheimer **12 %/6,90 €**

85 2011 Scheurebe trocken **12,5 %/6,90 €**
83 2011 Grauburgunder trocken **12,5 %/6,90 €**
84 2011 Weißburgunder trocken **13 %/6,90 €**
83 2011 Huxelrebe trocken **13,5 %/6,90 €**
84 2011 Riesling „S" trocken **12,5 %/9,90 €**
(88) 2011 „3erlei" Weißwein trocken **13 %/12,50 €**
(87) 2011 Riesling „JC" trocken **12,5 %/14,50 €**
84 2011 Riesling Kabinett Weinheimer **8 %/6,90 €**
84 2011 Huxelrebe Spätlese Weinheimer Hölle **8,5 %/6,90 €**

★★★★

Fritz **Haag**

Weingut

Mosel

Dusemonder Straße 44, 54472 Brauneberg
***Tel.** 06534-410, **Fax**: 06534-1347*
www.weingut-fritz-haag.de
info@weingut-fritz-haag.de
***Besuchszeiten**: nur nach Vereinbarung*

Inhaber .... Oliver Haag
Rebfläche .... 14 Hektar

Das Weingut Fritz Haag kann seine Geschichte bis ins frühe 17. Jahrhundert zurückverfolgen. Wilhelm Haag hat die Verantwortung mittlerweile an seinen Sohn Oliver abgegeben. Die Weinberge, ausschließlich mit Riesling bepflanzt, liegen in besten Lagen von Brauneberg (Juffer-Sonnenuhr und Juffer). Seit dem Jahrgang 2008 werden für trockene Weine keine Prädikatsbezeichnungen mehr verwendet, zumindest nicht auf dem Schmucketikett. Die Rieslinge sind schon seit vielen Jahren dafür bekannt, Finesse und mineralische Struktur miteinander zu verbinden – im süßen Bereich bis hinauf zur Trockenbeerenauslese, immer deutlicher aber auch im trockenen Segment.

Vorjahre

2009 bestachen vor allem die restsüßen Spätlesen, die Goldkapsel-Auslese war allzu süß und mächtig, da wird erst in 20 Jahren Trinkfreude aufkommen. 2010 war sie nicht ganz so mächtig, dafür präziser. Auch die beiden Spätlesen waren reintönig und frisch, beim Kabinett kam Trinkfreude auf. Trocken gefiel uns der Wein aus der Brauneberger Juffer etwas besser als das duftige Große Gewächs.

Jahrgang 2011

2011 gibt es neben dem Großen Gewächs aus der Juffer-Sonnenuhr auch ein Großes Gewächs aus der Juffer – letzteres ziehen wir klar vor, es ist konzentriert und füllig, reintönig, zeigt etwas Zitrus und gelbe Früchte, während der Wein aus der Juffer-Sonnenuhr von eigenwilligen Gewürznoten im Bouquet geprägt ist, im Mund ist er dann saftig und füllig, besitzt viel süße Frucht.

Weinbewertung

83 2011 Riesling trocken **9,- €**
84 2011 Riesling trocken Brauneberger **12,50 €**
86 2011 Riesling trocken Brauneberger Juffer **16,- €**
89 2011 Riesling „GG" Brauneberger Juffer
87 2011 Riesling „GG" Brauneberger Juffer-Sonnenuhr **25,- €**
85 2011 Riesling Brauneberger **9,- €**
88 2011 Riesling Kabinett Brauneberger **12,50 €**

★★★☆

Willi **Haag**

Weingut

Mosel

Burgfriedenspfad 5, 54472 Brauneberg
***Tel**. 06534-450, **Fax**: 06534-689*
www.willi-haag.de
info@willi-haag.de
***Besuchszeiten**: nach Vereinbarung*

Inhaber .... Marcus Haag
Rebfläche .... 5,8 Hektar

Die Familie ist seit dem Jahr 1500 in Brauneberg ansässig. Heute wird das Weingut von Marcus Haag geführt, der neben Weinbergen in den beiden Brauneberger Lagen Juffer und Juffer-Sonnenuhr auch Reben in Veldenz, Burgen und Mülheim besitzt. Die Weinberge, ausschließlich Riesling, liegen fast ganz in Steillagen. 80 Prozent der Weine werden süß ausgebaut, jeweils 10 Prozent trocken und halbtrocken bzw. „feinherb".

Vorjahre

Die Weine präsentieren sich stets als Rieslingklassiker: Finessenreich und elegant. Die Kabinette sind Kabinette und keine verkappten Auslesen, und die Spätlesen besitzen immer viel Frische. 2009 gelangen wieder hochwertige Spät- und Auslesen, die mit saftiger Art überzeugten; die Kabinette standen den höheren Prädikaten fast nicht nach, und bereits der – nur nominell einfache – trockene Qualitätswein war ein kompletter Riesling mit Biss. 2010 war die Kollektion ohne Fehl und Tadel, ohne allerdings das Niveau des Vorjahres zu erreichen. Alle Weine waren frisch und klar, durchweg gut und sehr gut, die Vorteile lagen wie gewohnt im süßen und edelsüßen Segment.

Jahrgang 2011

Der Jahrgang 2011 präsentiert sich geschlossen auf gutem und sehr gutem Niveau, schon die Gutsweine präsentieren sich frisch und klar, Kabinettweine und Spätlesen bringen ein weitere Steigerung, die halbtrockene Juffer-Spätlese besticht durch ihre Harmonie. Noch besser bewertet haben wir allerdings die Auslese aus der Juffer-Sonnenuhr, die füllig und schmeichelnd, komplex und lang ist.

Weinbewertung

82 2011 Riesling trocken **12 %/6,- €**
86 2011 Riesling Spätlese trocken **12,5 %/7,50 €**
84 2011 Riesling halbtrocken **12 %/6,- €**
84 2011 Riesling Kabinett „feinherb" Brauneberger Juffer **11 %/7,- €**
87 2011 Riesling Spätlese „feinherb" Brauneberger Juffer **11 %/8,50 €** ☺
83 2011 Riesling **9,6 %/6,- €**
85 2011 Riesling Kabinett Brauneberger Juffer **9 %/7,50 €**
84 2011 Riesling Spätlese Brauneberger **9 %/7,- €**
86 2011 Riesling Spätlese Brauneberger Juffer **9 %/9,- €**
85 2011 Riesling Spätlese Brauneberger Juffer-Sonnenuhr **9 %/10,- €**
87 2011 Riesling Auslese Brauneberger Juffer **8,5 %/11,- €**
89 2011 Riesling Auslese Brauneberger Juffer-Sonnenuhr **8,5 %/15,- €**

★★★

Joh. Haart

Weingut

Mosel

Sankt-Michael-Straße 47, 54498 Piesport
Tel. *06507-2955,* ***Fax:*** *06507-6155*
www.johann-haart.de
joh.haart@t-online.de
Besuchszeiten: *nach Vereinbarung*

Inhaber .... Gerd Haart
Rebfläche .... 6,6 Hektar

Bis zum Jahre 1337 lässt sich die Weinbautradition in der Familie Haart zurückverfolgen. Die Weinberge des heutigen Inhabers Gerd Haart liegen in den Piesporter Lagen Goldtröpfchen, Domherr und Falkenberg. Neben Riesling baut er ein klein wenig Müller-Thurgau, Kerner und Weißburgunder an. Die Weine werden gekühlt vergoren und teils im Holz, teils im Edelstahl ausgebaut. Gerd Haarts Spezialität sind restsüße Weine, die über 80 Prozent der Produktion ausmachen.

Vorjahre

Die Auslesen waren 2009 saftig und gelungen, aber keine dramatische Steigerung zu den starken Spätlesen. Sehr konsistent präsentierte sich der Jahrgang 2010 mit Stärken wie gewohnt im restsüßen Segment. Beerenauslese und Auslese führten die überzeugende Kollektion mit wunderschön reintönigen Rieslingen an.

Jahrgang 2011

Der Jahrgang 2011 bringt frisch, lebhafte Rieslinge mit klarer Frucht und feiner Frische. Der halbtrockene Goldtröpfchen-Riesling gefällt uns gut, noch besser aber einige restsüße Weine, die Spätlese mit der Nr. 13 oder die beiden wunderschön saftigen eleganten, reintönigen Auslesen.

Weinbewertung

83 2011 Riesling Kabinett trocken Piesporter Goldtröpfchen **12,5 %/6,50 €**
86 2011 Riesling Piesporter Goldtröpfchen **13 %/9,30 €**
80 2011 Riesling Kabinett „feinherb" Piesporter Goldtröpfchen **12 %/6,50 €**
86 2011 Riesling Spätlese „feinherb" Piesporter Goldtröpfchen **11,5 %/8,30 €**
84 2011 Riesling Kabinett Piesporter Goldtröpfchen **9 %/6,50 €**
83 2011 Riesling Kabinett „Tradition" Piesporter Goldtröpfchen **8 %/7,- €**
85 2011 Riesling Spätlese Nr. 12 Piesporter Goldtröpfchen **8 %/9,30 €**
87 2011 Riesling Spätlese Nr. 13 Piesporter Goldtröpfchen **8 %/9,30 €**
89 2011 Riesling Auslese Nr. 14 Piesporter Goldtröpfchen **8 %/16,- €**
89 2011 Riesling Auslese Nr. 15 Piesporter Goldtröpfchen **8,5 %/14,- €**

H

Julian Haart ★★

Weingut

Mosel

Triererstraße 12, 54498 Piesport
Tel. *0160-5543432*
julian.haart@t-online.de
Besuchszeiten: *nach Vereinbarung*

Inhaber .... Julian Haart
Rebfläche .... 1,5 Hektar

Julian Haart gründete sein Weingut 2010 mit dem Kauf einer großen Parzelle mit 40 Jahre alten Rieslingreben im Wintricher Ohligsberg. Der Devonschieferboden im Ohligsberg ist stark mit hartem Quarzit durchsetzt. Anfang 2011 konnte er weitere Parzellen mit vor dem Ersten Weltkrieg gepflanzten Reben in Piesport erwerben, in den Lagen Goldtröpfchen und Schubertslay. Julian Haart stammt zwar aus einer seit 650 Jahren in Piesport ansässigen Winzerfamilie, hat aber zunächst als Koch in deutschen Spitzenrestaurants gearbeitet, bevor er über Stationen bei deutschen Spitzenweingütern (Heyman-Löwenstein, Emrich-Schönleber, Egon Müller, Klaus-Peter Keller) die Passion für Riesling verinnerlichte.

Kollektion

Sensationelle Weine – und das von einem Winzer, der gerade einmal seinen zweiten Jahrgang auf die Flasche brachte. Ein frischer Kabinett, ein saftiger Gutsriesling, ein konzentrierter Piesporter mit rauchigen Noten und reintöniger Frucht. Dann wird es erst richtig spannend: Der Wintricher Riesling zeigt faszinierend viel Frucht im Bouquet, gute Konzentration, gelbe Früchte, ist füllig und kraftvoll im Mund bei reifer Frucht und feiner Süße. Die gleichen Eigenschaften kennzeichnen auch den Wein aus dem Ohligsberg, der noch etwas mehr Substanz und Tiefe besitzt. Noch etwas spannender finden wir den Wein aus dem Goldtröpfchen, der faszinierend kraftvoll und klar im Bouquet ist, einfach Goldtröpfchen! Im Mund präsentiert er sich füllig und kraftvoll, stoffig und druckvoll, ist lang und nachhaltig, besitzt gute Struktur und Substanz.

Weinbewertung

84 2011 Riesling Mosel **12 %/9,90 €**
87 2011 Riesling Piesporter **12 %/13,- €**
89 2011 Riesling Wintricher **12 %/19,- €**
91 2011 Riesling Piesporter Goldtröpfchen **12,5 %/a.A.**
90 2011 Riesling Wintricher Ohligsberg **12 %/a.A.**
85 2011 Riesling Kabinett Schubertslay **9 %/12,- €**

★★★★☆

Reinhold **Haart**

Weingut

Mosel

Ausoniusufer 18, 54498 Piesport
***Tel.** 06507-2015, **Fax**: 06507-5909*
www.haart.de
info@haart.de
***Besuchszeiten**: nach Vereinbarung*

Inhaber............Theo Haart, Johannes Haart
Rebfläche............................7,5 Hektar

Die Haarts führen ihre Geschichte auf das Jahr 1337 zurück und können sich als älteste Winzerfamilie des Ortes bezeichnen. Theo Haart besitzt erstklassige Weinberge in den renommierten Lagen von Piesport, wie Goldtröpfchen und Domherr, die Lage Kreuzwingert gehört ihm in Alleinbesitz. Dazu hat Haart, der von seinem Sohn Johannes unterstützt wird, Besitz im Wintricher Ohligsberg, der ebenfalls schon im 19. Jahrhundert als Spitzenlage klassifiziert wurde. Er baut ausschließlich Riesling an. Die Weine werden ohne Reinzuchthefen sehr langsam vergoren und zeigen sich in ihrer Jugend oftmals recht unruhig und verschlossen – sind aber herrlich kraftvoll und saftig, haben viel Frucht und Struktur.

Vorjahre

2009 waren alle Weine enorm saftig und rassig, der Kabinett war wunderschön, der Eiswein ein Musterbeispiel für Klarheit. Eigenwillig wie immer war das Große Gewächs aus dem Goldtröpfchen. 2010 aber gefiel es uns sehr gut, gehörte zu den wenigen hervorragenden trockenen Weinen des Jahrgangs an der Mosel. Beeindruckend gut, wie gewohnt, war das Basisniveau, die Spätlesen waren reintönig und präzise, ebenso die „normale" Auslese, die uns deutlich besser gefiel als die Goldkapsel-Auslese, Theo und Johannes Haart hatten eine starke, konsistente Kollektion, eine der besten des Jahrgangs im Anbaugebiet.

2011 trocken

Der geradlinige, zupackend Piesporter-Riesling eröffnet den trockenen Reigen. An der Spitze stehen die beiden Großen Gewächse: Der Wein aus dem Goldtröpfchen ist konzentriert und rauchig, füllig, kraftvoll und zupackend, recht jugendlich bei dezent mineralischen Noten, der Ohligsberger ist würziger und fülliger, konzentrierter und saftiger. Die beiden feinherben Rieslinge sind wunderschön saftig, harmonisch und lang.

2011 süß

Der Goldtröpchen-Kabinett besticht einmal mehr mit seiner reintönigen Frucht, die Spätlese ist faszinierend reintönig, füllig, frisch und komplex, die aus dem Ohligsberger gefällt uns fast noch ein klein wenig besser, ist wunderschön lang. Bei den Auslesen gilt unsere leichte Präferenz der aus dem Goldtröpfchen, beide sind bestechend reintönig und elegant. Eine Steigerung hinsichtlich Konzentration und Fülle bieten die beiden Goldkapsel-Auslesen, wobei wir diesmal ganz leicht die Ohligsberger-Auslese favorisieren. Starke, konsistente Kollektion!

Weinbewertung

86 2011 Riesling trocken Piesporter **12,5 %/12,50 €**
88 2011 Riesling „GG" Goldtröpfchen **12,5 %/23,- €**
89 2011 Riesling „GG" Ohligsberger **13 %/23,- €**
88 2011 Riesling „feinherb" „Rotschiefer" **11,5 %/12,50 €**
87 2011 Riesling „feinherb" Kreuzwingert **12,5 %/16,40 €**
87 2011 Riesling Kabinett Goldtröpfchen **9,5 %/13,- €**
90 2011 Riesling Spätlese Goldtröpfchen **8 %/19,80 €**
90 2011 Riesling Spätlese Ohligsberger **8,5 %/19,80 €**
91 2011 Riesling Auslese Goldtröpfchen **8 %/32,50 €**
90 2011 Riesling Auslese Ohligsberger **8,5 %/32,50 €**
91 2011 Riesling Auslese Goldkapsel Goldtröpfchen **8 %/30,50 €/0,375l**
92 2011 Riesling Auslese Goldkapsel Ohligsberger **8,5 %/30,50 €/0,375l**

W. Häfner

Weingut

Württemberg

Wilhelm-Enssle-Straße 5, 73630 Remshalden
Tel. 07151-73139, Fax: 07151-75593
www.weinguthaefner.de
info@weinguthaefner.de
Besuchszeiten: Mi.+Do. 16-18 Uhr, Fr. 9-20 Uhr, Sa. 9-18 Uhr, nach Vereinbarung

Inhaber .... Wolfgang Häfner
Rebfläche .... 3 Hektar

Seit dem 15. Jahrhundert baut die Familie Wein im Remstal an. Die Weinberge liegen in Geradstetten, Hebsack, Beutelsbach und Schnait. Neben klassischen Rebsorten wie Riesling, Trollinger, Silvaner, Lemberger, Portugieser, Kerner und Spätburgunder gibt es auch Zweigelt, Dornfelder, Chardonnay, Gewürztraminer und Muskattrollinger, zuletzt wurde etwas Acolon und Regent gepflanzt.

Kollektion

Eine stimmige Kollektion hat uns Wolfgang Häfner vorgestellt, unter anderem mit einem klaren, zupackenden Rieslingsekt, einem reintönigen Lemberger und einer würzigen roten Cuvée, die achtzehn Monate in amerikanischen Barriques ausgebaut wurde, viel Frucht und Kraft besitzt, Vanillenoten und kräftige, jugendliche Tannine.

Weinbewertung

84 2009 Riesling Sekt brut Schnait Sonnenberg **13 %/12,80 €**

84 2011 Chardonnay Spätlese trocken Geradstetten Lichtenberg **13 %/8,50 €**

80 2011 Riesling (halbtrocken) Geradstetten Lichtenberg **11,5 %/4,50 €/1l**

82 2011 Muskattrollinger Spätlese Rosé Hebsack Lichtenberg **11,5 %/7,50 €**

84 2010 Lemberger Spätlese trocken Beutelsbach Altenberg **12,5 %/11,20 €**

85 2009 „oaklover's Dark Velvet" Rotwein trocken Barrique **12 %/15,- €**

Häge

Weingut

Württemberg

Illinger Straße 13, 75428 Illingen-Schützingen
***Tel.** 07043-8915, **Fax**: 07043-5930*
www.weingut-haege.de,
info@weingut-haege.de
***Besuchszeiten**: Di., Fr. 16-20 Uhr, Sa. 9-13 Uhr*
Gutsschenke

Inhaber .... Ilse und Johannes Häge
Rebfläche .... 6 Hektar

1987 gründeten Ilse und Johannes Häge ihr eigenes Weingut, damals ohne einen Rebstock Wein zu besitzen. 2006 sind sie in die ehemalige Schützinger Kelter umgezogen. Die Weinberge befinden sich in den Lagen Mühlhauser Halde, Schützinger Heiligenberg, Illinger Schanzreiter und Maulbronner Closterweinberg. Seit den neunziger Jahren wird ein Teil der Weinberge ökologisch bewirtschaftet, 2004 wurden die ersten Weine zertifiziert.

Weinbewertung

Vor zwei Jahren gefiel uns in einer gleichmäßigen Kollektion der 2008er Spätburgunder Reserve besonders gut; die frischen 2010er Weißweine überzeugten.

Neue Kollektion

Die neue Kollektion zeigt gutes, gleichmäßiges Niveau, das Highlight im Programm ist der kraftvolle Lemberger Reserve, der gute Struktur und klare reife Frucht besitzt.

Weinbewertung

81 2011 Weißburgunder trocken Schützinger Heiligenberg **13 %/7,20 €**

81 2011 Riesling trocken Schützinger Heiligenberg **11,5 %/6,90 €**

84 2011 Gewürztraminer Auslese Schützinger Heiligenberg **13 %/12,50 €**

82 2010 Spätburgunder „M Balthasar Sprenger" **13 %/6,90 €**

79 2011 „Arcturus" Rotwein trocken **12,5 %/5,40 €**

86 2009 Lemberger „Reserve" **13 %/14,50 €**

★☆

Häußermann

Weingut **Württemberg**

Burrainstraße 55, 75447 Diefenbach (Sternenfels)
Tel. *07043-8449,* ***Fax****: 07043-40383*
www.weingut-haeussermann.de
info@weingut-haeussermann.de
Besuchszeiten*: Di.-Fr. 9-12 + 15-18:30 Uhr,*
Sa. 9-15 Uhr und nach Vereinbarung
Wengertstube (Öffnungszeiten siehe Webseite);
Ferienwohnung

Inhaber ...... Christian & Annette Häußermann
Rebfläche .... 18 Hektar

Seit dem 16. Jahrhundert baut die Familie Wein in Württemberg an. Werner und Inge Häußermann gründeten 1972 das Weingut mit damaligem Betrieb in Fellbach. Ein paar Jahre später kauften sie Weinberge in Diefenbach hinzu, 1986 verlagerten sie den Betrieb dorthin. Seit 2006 führt ihr Sohn Christian zusammen mit Ehefrau Annette das Gut. Sie bauten einen neuen Holzfasskeller und einen neuen Weinverkaufsraum, erweiterten die ehemalige Besenstube zu einem Festsaal für Veranstaltungen. Ihre Weinberge liegen teils an den Westhängen des Strombergs in den Lagen Diefenbacher König und Freudensteiner Reichshalde, sowie bei Hohenneuffen in der Neuffener Schlosssteige.

Vorjahre

Beim guten Debüt vor zwei Jahren gefiel uns der Sauvignon Blanc am besten. Die letztjährige Kollektion stand eindeutig im Zeichen der Rotweine, die Substanz und Kraft besaßen, dabei reintönig und strukturiert waren. Der Lemberger aus dem Barrique war unser Favorit, aber auch die intensive, reintönige trockene Spätlese gefiel uns sehr, ebenso wie die leicht nach Johannisbeeren duftende Cuvée.

Jahrgang 2011

Solche Highlights fehlen in diesem Jahr, der reintönige, zupackende Muskateller ist unser Favorit in einer ansonsten etwas verhaltenen Kollektion.

Weinbewertung

80 2011 Rivaner trocken Diefenbacher König **12 %/4,50 €**
82 2011 Riesling trocken „Alte Reben" Diefenbacher König **12,5 %/8,50 €**
84 2011 Muskateller trocken Freudensteiner Reichshalde **13 %/6,- €**
83 2009 Schwarzriesling trocken **12,5 %/6,50 €**
79 2011 Lemberger trocken (Serie König) Diefenbacher König **13,5 %/7,50 €**
81 2011 Lemberger Spätlese trocken Diefenbacher König **13,5 %/10,50 €**
82 2011 Schwarzriesling trocken Diefenbacher König **13 %/7,- €**

★

Markus Hafner

Weingut **Baden**

Kirchstraße I-3, 76698 Ubstadt-Weiher
Tel. *07253-354661,* ***Fax****: 07253-9591293*
www.weinguthafner.de
info@weinguthafner.de
Besuchszeiten*: Mo.-Fr. 15-18:30 Uhr,*
Sa. 10-13:30 Uhr

Inhaber .... Markus Hafner
Rebfläche .... 10 Hektar

Markus Hafner übernahm 2006 das elterliche Weingut, das er heute zusammen mit Ehefrau Tanja führt, seit 2008 im Haupterwerb. Seine Weinberge liegen in Stettfeld, Zeutern, Bad Langenbrücken und Oberöwisheim. Er baut Spätburgunder, Grauburgunder und Riesling an, aber auch Spezialitäten wie Gewürztraminer, Muskateller, Merlot und Lagrein.

Vorjahr

Die 2010er waren von zuverlässiger Qualität, was uns überzeugte, das Weingut erstmals vorzustellen; Weißburgunder und Chardonnay gefielen uns besonders gut.

Neue Kollektion

Auch die neue Kollektion stellt uns zufrieden. Die Weißweine sind klar und füllig, die reintönige süße Gewürztraminer Spätlese gefällt uns am besten im weißen Segment. Ein wenig besser noch aber finden wir den roten Teil der Kollektion, der mit fruchtbetonten, geradlinigen Weinen aufwartet, darunter der überraschende Lagrein aus dem Jahrgang 2010. Noch etwas besser allerdings gefällt uns der im Barrique ausgebaute Pinot Noir aus dem Jahrgang 2009, der gute Konzentration und rauchige Noten im Bouquet zeigt, kraftvoll , klar und zupackend im Mund ist.

Weinbewertung

81 2011 Riesling Kabinett trocken **12 %/5,15 €**
82 2011 Chardonnay trocken **12,5 %/6,80 €**
81 2011 Grauburgunder trocken **12 %/5,25 €**
82 2011 Pinot Noir „Blanc de Noirs" trocken **14 %/12,50 €**
81 2011 Auxerrois Kabinett „feinherb" **12 %/5,15 €**
83 2011 Gewürztraminer Spätlese **13 %/6,80 €**
83 2011 Pinot Noir trocken **12,5 %/6,50 €**
84 2011 Merlot trocken **12,5 %/6,30 €**
84 2010 „Cuvée Cabernet Laura" Rotwein trocken **13 %/10,- €**
86 2009 Pinot Noir trocken Barrique **13 %/12,50 €**
85 2010 Lagrein trocken **12,5 %/6,30 €**

★★☆

Thomas Hagenbucher
Weingut

Baden

Friedrichstraße 36, 75056 Sulzfeld
Tel. 07269-911120, Fax: 07269-911122
www.weingut-hagenbucher.de
info@weingut-hagenbucher.de
Besuchszeiten: nach Vereinbarung

Inhaber .... Thomas Hagenbucher
Rebfläche .... 8,5 Hektar

Thomas Hagenbucher gründete 1992 sein eigenes Weingut, das er 1998 durch die Übernahme des elterlichen Weinbaubetriebes in der Rebfläche verdoppelte. Wichtigste Rebsorten bei Hagenbucher sind Riesling, Müller-Thurgau, Schwarzriesling, Weiß- und Grauburgunder. Dazu gibt es etwas Spätburgunder, Chardonnay, Lemberger und Sauvignon Blanc. Auf Lagennamen verzichtet Thomas Hagenbucher konsequent. Die meisten Weine baut er trocken aus. Ausgesuchte Weiß- und Rotweine baut er auch im Barrique aus.

Vorjahre

Seit der ersten Ausgabe empfehlen wir die Weine von Thomas Hagenbucher, seit über einem Jahrzehnt präsentiert er sehr zuverlässige Kollektionen. Immer wieder begeistern uns seine kraftvollen, sehr gekonnt vinifizierten Barriqueweine, weiß wie rot, die er leider nicht jedes Jahr erzeugt. Die 2009er Weißweine waren klar, frisch und fruchtbetont; ähnlich fruchtbetont und klar waren die 2010er Weißweine. Unsere Favoriten in der letztjährigen Kollektion (die Barrique-Roten waren zum Zeitpunkt der Verkostung noch nicht gefüllt) waren die drei kraftvollen Barriqueweißweine, die alle deutliche Vanillenoten aufwiesen, gute Substanz und reife Frucht besaßen.

Jahrgang 2011

Eine sehr stimmige Kollektion hat Thomas Hagenbucher im Jahrgang 2011 erzeugt. Die 2-Sterne-Weißweine sind kraftvoll und klar, unsere Präferenz gilt dem fülligen Weißburgunder. Unter den barriqueausgebauten Weißweinen gefällt uns in diesem Jahr der Chardonnay am besten, alle drei aber besitzen gute Fülle, Kraft und Struktur, der Grauburgunder war zum Zeitpunkt der Verkostung noch recht verschlossen und etwas vom Holz dominiert; reintönig und frisch präsentiert sich der 3-Sterne-Riesling. Drei gekonnt im Barrique vinifizierten Rotweine ergänzen in diesem Jahr das Programm: Ein faszinierend reintöniger Schwarzriesling, ein kraftvoller Spätburgunder mit eindringlichen Gewürz- und Vanillenoten, sowie ein fülliger Lemberger mit herrlich viel Frucht, guter Struktur und feinen Tanninen.

Weinbewertung

85 2011 Weißburgunder** trocken Sulzfelder **13 %/7,50 €**
83 2011 Riesling** trocken Sulzfelder **12,5 %/7,50 €**
83 2011 Grauburgunder** trocken Sulzfelder **13,5 %/7,50 €**
83 2011 Chardonnay** trocken Sulzfelder **14 %/7,50 €**
87 2011 Riesling*** trocken Sulzfelder **12,5 %/11,50 €**
87 2011 Weißburgunder*** trocken Barrique Sulzfelder **13,5 %/14,50 €**
86 2011 Grauburgunder*** trocken Barrique Sulzfelder **14 %/14,50 €**
88 2011 Chardonnay*** trocken Barrique Sulzfelder **14 %/14,50 €**
89 2011 Lemberger*** trocken Barrique Sulzfelder **13,5 %/18,- €**
88 2011 Schwarzriesling*** trocken Barrique Sulzfelder **14 %/13,50 €**
88 2011 Spätburgunder*** trocken Barrique Sulzfelder **14 %/18,- €**

★★★☆

Hahnmühle

Weingut

Nahe

Alsenzstraße 25, 67822 Mannweiler-Cölln
***Tel.** 06362-993099, **Fax:** 06362-4466*
www.weingut-hahnmuehle.de
info@weingut-hahnmuehle.de
***Besuchszeiten:** Mo.-Sa. 8-12 + 14-18 Uhr, Sa. 9-15 Uhr und nach Vereinbarung*

Inhaber .... Peter und Martina Linxweiler
Rebfläche .... 14 Hektar

Martina und Peter Linxweiler bewirtschaften ihr Weingut Hahnmühle im Alsenztal – einem Seitental der Nahe – seit 1987 nach den Richtlinien Ökologischen Weinbaus. Die Hahnmühle entstand im Mittelalter als Getreidemühle, wird aber seit über 100 Jahren von der Familie Linxweiler als Weingut genutzt. Im Alsenztal findet man Sandsteinverwitterungs- und Schieferböden. Wichtigste Rebsorte ist der Riesling, der gut die Hälfte der Rebfläche einnimmt. Dazu gibt es Gewürztraminer, Silvaner, Chardonnay, Weißburgunder, sowie Spätburgunder als wichtigste rote Sorte. Der Alisencia genannte Riesling stammt aus der Schieferlage des Weinguts, dem Alsenzer Elkersberg. Dort gehört Martina und Peter Linxweiler ein 1 Hektar großer Weinberg, der in einer Hangmulde liegt und so vor kalten Nord- und Ostwinden geschützt ist. Diese Steillage ist die Spitzenlage der Hahnmühle. Die weiteren Weinberge liegen im Cöllner Rosenberg (wovon der „Alte Wingert", von über dreißigjährigen Reben, stammt), in den Lagen Oberndorfer Beutelstein, Feuersteindrossel und Aspenberg, sowie im Steckweiler Mittelberg.

Vorjahre

Seit der ersten Ausgabe empfehlen wir die Weine der Hahnmühle, schon damals zählten wir das Weingut zu den Spitzenbetrieben an der Nahe, lobten die konsequente Qualitätsorientierung und das hohe Niveau der Basisweine. Jahr für Jahr wurde dieser Eindruck bestätigt mit immer frischen und mineralischen Weinen, die niemals sättigend oder dick sind, sondern immer animierend – am schönsten zeigt sich diese Stilistik in den immer wieder faszinierenden mineralisch-nachhaltigen Alisencia-Rieslingen. Den Riesling „Alisencia" gab es 2009 erstmals als „S"-Klasse – ein überzeugendes Debüt, führte er doch die konsistente Kollektion zusammen mit der Trockenbeerenauslese aus dem Mittelberg an. Der Jahrgang 2010 war enorm stark: Alle Weine waren sehr gut, waren frisch, präzise und zupackend. An der Spitze stand wieder der herrlich mineralische „Alisencia S", aber auch „Alisencia" und „Sandstein" zeigten feine mineralische Noten.

Jahrgang 2011

„Klasse Kollektion!" hatten wir geurteilt, und das gilt auch für den Jahrgang 2011: Das Sortiment wird im trockenen Bereich wieder von den drei wunderbar eleganten und reintönigen Rieslingen angeführt, die alle feine nachhaltige Würze und prägnante mineralische Noten besitzen, aber auch Silvaner, Traminer und Chardonnay sind klar und präzise. Die in diesem Jahr wieder erzeugte Trockenbeerenauslese aus dem Mittelberg besitzt viel konzentrierte, dichte Frucht und ist herrlich würzig und lang.

Weinbewertung

84 2011 Riesling + Traminer trocken Cöllner Rosenberg **12 %/8,50 €**

87 2011 Roter Traminer Spätlese trocken Oberndorfer Beutelstein **13,5 %/11,50 €**

86 2011 Silvaner trocken „Gäseritsch" **13 %/9,40 €**

86 2011 Chardonnay trocken „Gäseritsch" **12,5 %/9,40 €**

88 2011 Riesling trocken „Sandstein" **12 %/10,10 €**

88 2011 Riesling trocken „Alisencia" **12,5 %/11,70 €**

90 2011 Riesling Spätlese trocken „Alisencia S" **12,5 %/15,- €** ☺

86 2011 Riesling + Traminer Spätlese „feinherb" Oberndorfer Beutelstein **12,5 %/10,10 €**

86 2011 Roter Traminer Spätlese Steckweiler Mittelberg **9 %/7,90 €/0,375l**

85 2011 Riesling Spätlese Oberndorfer Beutelstein **8,5 %/10,40 €**

87 2011 Riesling Auslese Steckweiler Mittelberg **8 %/9,90 €/0,375l**

91 2011 Riesling Trockenbeerenauslese Steckweiler Mittelberg **5,5 %/a.A./0,375l**

★★★★☆

Karl Haidle

Weingut, Inh. Hans Haidle **Württemberg**

Hindenburgstraße 21, 71394 Kernen-Stetten
Tel. *07151-949110,* ***Fax:*** *07151-46313*
www.weingut-karl-haidle.de
info@weingut-karl-haidle.de
Besuchszeiten: *Mo.-Fr. 9-12 + 13-18 Uhr, Sa. 9-13 Uhr*

Inhaber .... Hans Haidle
Rebfläche .... 23 Hektar

Wichtigste Rebsorte bei Hans Haidle ist der Riesling, der knapp die Hälfte seiner Weinberge einnimmt. Dazu gibt es an weißen Sorten Kerner, Grauburgunder, Weißburgunder und Chardonnay. Wichtigste rote Sorten sind Trollinger, Spätburgunder und Lemberger. Aber Hans Haidle baut auch Dornfelder, Zweigelt und Acolon an und hat in den letzten Jahren ein wenig Cabernet Franc und Cabernet Sauvignon angelegt, die er für Cuvées nutzt.

Vorjahre

Vor zwei Jahren brillierte im weißen Segment das Große Gewächs und der Eiswein, rot war es einmal mehr schwer sich auf einen Favoriten zu einigen, so stark und gleichmäßig präsentierten sich die Barriqueweine. Dies galt auch für die im vergangenen Jahr vorgestellten 2009er, wobei wir ganz leicht den jugendlichen Lemberger vorne sahen, der Dornfelder überraschte mit seiner Kraft und Struktur. Im weißen Segment gab es wie fast immer einen hervorragenden Eiswein, der Riesling „S" machte dem Großen Gewächs Konkurrenz, der Chardonnay gefiel uns wesentlich besser als noch im Jahr zuvor.

Weißweine

Mit dem Jahrgang 2010 hat der Chardonnay weiter zugelegt, fasziniert mit seiner reintönigen Frucht, ist fruchtbetont, kraftvoll und komplex, wunderschön lebhaft und saftig, besitzt gute Struktur, Substanz und Länge. Aber auch die 2011er Weißweine machen eine prächtige Figur: Der Kerner „Justinus K." ist geradlinig und frisch bei guter Fülle, der Grauburgunder besitzt reintönige Frucht, gute Struktur und Substanz. Strukturiert und reintönig ist auch der Gewürztraminer, saftig und schmeichelnd die Beerenauslese, die drei Rieslinge aus dem Pulvermächer sind wunderschön reintönig, der „S" ist kraftvoll und präzise, dem fülligeren, saftigeren Großen Gewächs ebenbürtig.

Rotweine

Auch die Rotweine schlagen sich prächtig, wobei wir im Reigen der fünf vorgestellten Weine die Großen Gewächse – hinten gesehen haben. Was nicht heißt, dass sie nicht auch überzeugen, der Spätburgunder ist konzentriert und klar bei feinen Gewürznoten, der Lemberger duftig, stoffig und klar. Aber die anderen drei Barrique-Rotweine sind eben noch besser: Der Zweigelt ist herrlich kraftvoll und zupackend, sehr präzise und druckvoll, enorm nachhaltig wie auch die Cuvée Ypsilon, die konzentriert ist, herrlich viel Frucht besitzt, rote und dunkle Früchte, kraftvoll ist, stoffig, enorm lang und nachhaltig. Der Lemberger Reserve aus dem Jahrgang 2009 besitzt herrlich viel Frucht und Saft, Kraft und Substanz, ist reintönig und lang: Faszinierende Rotweine!

Weinbewertung

86 2011 „Justinus K." Weißwein trocken **13,5%/9,60 €**
86 2011 Riesling trocken Stettener Pulvermächer **12,5 %/9,60 €**
89 2011 Riesling „S" trocken Stettener Pulvermächer **13 %/14,70 €**
87 2011 Grauburgunder „S" trocken **13,5 %/11,50 €**
89 2011 Riesling „GG" Stettener Pulvermächer **13 %/25,80 €**
92 2010 Chardonnay trocken Barrique **14 %/22,80 €**
86 2011 Gewürztraminer „S" trocken Stettener Häder **13 %/14,70 €**
88 2011 Kerner Beerenauslese Stettener **7,5 %/17,- €/0,375l**
88 2010 Spätburgunder „GG" Schnaiter Burghalde **13,5 %/28,90 €**
91 2010 Zweigelt trocken Barrique **14,5 %/25,90 €**
92 2010 „Ypsilon" Rotwein trocken Barrique **14 %/29,80 €**
89 2010 Lemberger „GG" Stettener Mönchberg **14 %/29,80 €**
91 2009 Lemberger trocken Barrique „Reserve" **14 %/64,- €/1l**

★★★★

Hain

Weingut

Mosel

Am Domhof 5, 54498 Piesport
Tel. *06507-2442,* ***Fax:*** *06507-6879*
www.weingut-hain.de
weingut-hain@t-online.de
Besuchszeiten: *Mo.-Fr. 9-18 Uhr, Sa./So. nach Vereinbarung*
Weinhotel „Piesporter Goldtröpfchen"

Inhaber .... Gernot Hain
Rebfläche .... 7,5 Hektar

Gernot Hains Weinberge liegen alle in Piesport, vor allem in den Lagen Goldtröpfchen und Domherr. Er baut zu 85 Prozent Riesling an, hinzu kommen jeweils 5 Prozent Weißburgunder, Spätburgunder und Müller-Thurgau. Die Weine baut Gernot Hain überwiegend im Edelstahl aus, zu einem kleinen Teil auch in Holzfässern, den Spätburgunder im Barrique. Etwa die Hälfte der Weine ist trocken oder halbtrocken ausgebaut.

Vorjahre

Seit der ersten Ausgabe empfehlen wir die Weine Gernot Hains, schon damals zählten wir ihn zur Spitze in Piesport, schon damals reüssierte er gleichermaßen mit trockenen und süßen Rieslingen. Seine Weine sind immer schon bestechend reintönig und fruchtbetont, sie zeigen Finesse und Länge: Faszination Goldtröpfchen! Die 2009er waren saftig, sehr zugänglich und animierend. Die feinherbe Spätlese von alten Reben und die trockene Drei-Sterne-Spätlese gehörten mit ihrer mineralischen Finesse zu den schönsten Weinen Piesports, die „Felsterrassen"-Spätlese hatte viel Potenzial. 2010 gefielen uns die restsüßen Spitzen etwas besser als die trockenen Rieslinge, wie eigentlich überall an der Mosel. Alle Weine waren wie gewohnt präzise und fruchtbetont, frisch, säurebetont und zupackend: Eine gelungene Kollektion in einem problematischen Jahrgang.

2011 trocken

2011 gefällt uns klar besser. Die trockenen Rieslinge bereiten Freude, vor allem die beiden Goldtröpfchen-Weine zeigen glasklare Frucht, der Drei-Sterne-Riesling ist kraftvoll und füllig, besitzt gute Substanz und Länge. Goldtröpfchen pur!

2011 süß

Die „feinherben" Rieslinge sind etwas verhaltener, wir ziehen eindeutig die süßeren Varianten vor, wobei es schwer fällt, sich für eine der drei Spätlesen zu entscheiden. Alle drei sind sie herrlich reintönig, der Felsterrassen-Riesling besticht mit Fülle und Substanz, der Rotschiefer-Riesling ist wunderschön nachhaltig. Bei den Auslesen präferieren wir, anders als im Vorjahr, die Auslese, respektive Auslesen, aus dem Goldtröpfchen: Die „normale" Auslese ist würzig und konzentriert, besitzt herrlich viel Frucht, Substanz und Länge, ein klein wenig mehr Komplexität als die ebenfalls feine Auslese aus dem Domherr. Die Goldkapsel-Auslese ist konzentrierter, besitzt viel reife reintönige Frucht wie auch die Beerenauslese, die noch ein wenig mehr Substanz aufweist, dabei aber ebenfalls wunderschön reintönig und zupackend ist. Stimmige, starke Kollektion!

Weinbewertung

86 2011 Riesling Kabinett trocken Piesporter Goldtröpfchen **12,5 %/7,- €** ☺

86 2011 Riesling Spätlese trocken Piesporter Domherr **13 %/9,- €**

89 2011 Riesling*** trocken Piesporter Domherr **12,5 %/12,50 €**

85 2011 Riesling Kabinett „feinherb" Piesporter Goldtröpfchen **11 %/7,- €**

85 2011 Riesling Spätlese „feinherb" Piesporter Goldtröpfchen **12 %/9,50 €**

84 2011 Riesling Spätlese „feinherb" „Alte Reben" Piesporter Goldtröpfchen **12,5 %/11,- €**

84 2011 Riesling Kabinett Piesporter Goldtröpfchen **8,5 %/7,- €**

88 2011 Riesling Spätlese „Rotschiefer" Piesporter Goldtröpfchen **8 %/10,- €**

87 2011 Riesling Spätlese „Grauschiefer" Piesporter Goldtröpfchen **8 %/10,- €**

88 2011 Riesling Spätlese „Felsterrassen" Piesporter Goldtröpfchen **8 %/10,- €**

89 2011 Riesling Auslese Piesporter Domherr **8,5 %/18,- €**

90 2011 Riesling Auslese Piesporter Goldtröpfchen **8 %/18,- €**

90 2011 Riesling Auslese (Goldkapsel) Piesporter Goldtröpfchen **8 %/k.A./0,375l**

91 2011 Riesling Beerenauslese Piesporter Goldtröpfchen **6,5 %/k.A./0,375l**

★★

Frank J. **Haller**

Weingut

Württemberg

Masurenstraße 60, 70374 Stuttgart
Tel. 0711-51882710
www.weingutfrankjhaller.de
mail@weingutfrankjhaller.de
Besuchszeiten: Di. + Fr. 15-18:30 Uhr, Sa. 10-14 Uhr und nach Vereinbarung

Inhaber .... Frank J. Haller
Rebfläche .... 3,5 Hektar

Mit dem Jahrgang 2007 hat Frank Haller seine ersten eigenen Weine auf die Flasche gebracht. Seine Weinberge liegen hauptsächlich im Cannstatter Zuckerle, aber auch in Schnait im Remstal besitzt er einen halben Hektar Reben. Bei den roten Sorten liegt der Schwerpunkt derzeit bei Lemberger und Trollinger, dazu Spätburgunder (seit 2009) und Zweigelt. Bei den weißen Sorten überwiegt Riesling, hinzu kommen im Remstal auf 400 Meter Höhe Kerner, Silvaner und Müller-Thurgau.

Vorjahre

Vor zwei Jahren überzeugte die Kollektion mit frischen, fruchtbetonten, sehr sortentypischen Weiß- und Rotweinen. Mit der letztjährigen Kollektion ging es weiter aufwärts: Die 2010er Weißweine waren frisch und klar, wie auch der herrlich reintönige Lemberger, der Zweigelt aus dem Jahrgang 2009 konnte ihm Paroli bieten.

Neue Kollektion

Eine feine Kollektion folgt nun auch in diesem Jahr mit gleichermaßen starken Weiß- und Rotweinen. Muskateller und Riesling sind klar und geradlinig, der Lemberger besitzt reintönige, jugendliche Frucht, auch die rote Cuvée ist fruchtbetont und klar – und der Trollinger-Sekt ist eine klasse Überraschung!

Weinbewertung

86 2010 Trollinger Rosé Sekt brut **12,5 %/11,50 €**
84 2011 Riesling trocken Cannstatter Zuckerle **13 %/9,40 €**
85 2011 Muskateller trocken Zuckerle **13 %/8,- €**
83 2011 Trollinger trocken Cannstatter Zuckerle **12,5 %/7,- €**
85 2011 „0711" Rotwein trocken **13 %/8,50 €**
86 2011 Lemberger trocken Cannstatter Zuckerle **13 %/13,- €**

Haltinger ★
Winzer eG

Baden

Winzerweg 8, 79576 Weil am Rhein
***Tel.** 07621-62449, **Fax:** 07621-65725*
www.wg-haltingen.de
info@wg-haltingen.de
***Besuchszeiten:** Mo.-Fr. 8-12 + 14-18 Uhr, Sa. 9-13 Uhr*

Mitglieder 110
Vorstandsvorsitzender .... Alfred Wendle
Kellermeister .... Markus Büchin
Rebfläche .... 48 Hektar

Die Haltinger Winzergenossenschaft, 1936 gegründet, ist die südlichste Genossenschaft Deutschlands. Die Reben wachsen auf Schluff- und Kalk-Verwitterungsböden in den beiden wichtigsten Lagen Haltinger Stiege und Weiler Schlipf. Gutedel nimmt 45 Prozent der Rebfläche ein, Spätburgunder 30 Prozent. Hinzu kommen Riesling, Weißburgunder, Grauburgunder, Chardonnay, Sauvignon Blanc und Gewürztraminer. Die Weine werden in drei Linien vermarktet: Basis (Literweine), Premium (Lagenweine) und Exclusiv für die Spitzenweine.

Vorjahre

Sauvignon Blanc und Pinot Noir gefielen uns vor zwei Jahren besonders gut in einer überzeugenden Kollektion. Auch 2010 behaupteten sich die Haltinger sehr gut, die Weißweine waren frisch und klar; unser Favorit war allerdings der feine 2009er Pinot Noir.

Neue Kollektion

Die neue Kollektion ist sehr gleichmäßig, vor allem die frischen, fruchtbetonten Weißweine überzeugen.

Weinbewertung

82 2011 Gutedel Haltinger Stiege **12 %**
83 2011 Roter Gutedel **12,5 %**
83 2011 Weißburgunder trocken **13 %**
83 2011 Grauburgunder trocken **12,5 %**
80 2011 „Eco Noir" Rotwein trocken **13,5 %**
81 2010 Spätburgunder Weiler Schlipf **13 %**

Hamm ★
Bio-Weingut

Rheingau

Hauptstraße 60, 65375 Oestrich-Winkel
***Tel.** 06723-2432, **Fax:** 06723-87666*
www.hamm-wine.de
info@hamm-wine.de
***Besuchszeiten:** nach Vereinbarung*

Inhaber .... Karl-Heinz Hamm
Rebfläche .... 7 Hektar

Der Name Hamm hat nicht nur in Deutschland einen guten Klang, sondern auch in Japan. Anfang des 20. Jahrhunderts baute Heinrich Hamm dort den ersten trinkbaren Traubenwein an, konnte 1914 eine Flasche dem Tenno überreichen. Heute führt sein Nachfahre Karl-Heinz Hamm das Weingut im Rheingau. Bereits seit 1977 werden im Weingut Hamm Flächen nach ökologischen Prinzipien bewirtschaftet, seit 1990 ist der Betrieb biozertifiziert. Heute sind 90 Prozent der Rebfläche mit Riesling, 10 Prozent mit Spätburgunder bepflanzt.

Jahrgang 2011

Zum Debüt stellt Karl-Heinz Hamm sechs Rieslinge vor, die allesamt einen klaren, rassigen Stil aufweisen. Spitzenreiter ist die trockene Spätlese, die leicht nach Kräutern duftet und mit ebenfalls an Kräuter erinnernder Würze ausklingt. Sowohl die elegante restsüße Spätlese als auch die enorm saftige Auslese machen viel Spaß. Ein hervorragender Einstieg!

Weinbewertung

82 2011 Riesling trocken „Hammlet“ **12 %/5,90 €**
84 2011 Riesling Kabinett trocken Winkeler Hasensprung **12,5 %/7,90 €**
86 2011 Riesling Spätlese trocken Winkeler Hasensprung **12,5 %/9,60 €**
85 2011 Riesling Spätlese „feinherb“ Winkeler Jesuitengarten **12,5 %/12,50 €**
87 2011 Riesling Spätlese „Edition“ Winkeler Jesuitengarten **11,5 %/14,50 €**
87 2011 Riesling Auslese Winkeler Hasensprung **10 %/22,90 €**

★

Hammel-Hundinger

Weingut **Pfalz**

Hauptstraße 33, 67229 Gerolsheim
***Tel.** 06238-3562, **Fax**: 06238-929272*
www.hammel-hundinger.de
info@hammel-hundinger.de
***Besuchszeiten**: Mi.-Fr. 13-18 Uhr, Sa. 9-17 Uhr und nach Vereinbarung*

Inhaber .... Familie Hundinger
Rebfläche .... 17 Hektar

Das Weingut Hammel-Hundinger ist in der nördlichen Pfalz, in Gerolsheim, gelegen. Der Anteil der mit Spätburgunder und anderen roten Sorten bestockten Rebfläche ist hoch. Seit fünf Jahren bringt auch Gerald Hundinger seine Rotwein-Erfahrung ein. Sammeln konnte er diese unter anderem bei seinem Önologie-Studium in Bordeaux oder bei anderen Rotwein-Pionieren in der Pfalz. Burgundersorten und Riesling liegen bei den weißen Sorten im Fokus des jungen Kellermeisters, der letzter Schüler des Weißweinspezialisten Hans-Günter Schwarz bei Müller-Catoir war. Bei den edelsüßen Weinen spielen Rieslaner und Gewürztraminer eine besondere Rolle.

Vorjahre

Wir haben im vergangenen Jahr sehr klare und sehr gute Weine verkostet. Die Weißweine waren sortentypisch und reintönig, die beiden Rotweine fein.

Neue Kollektion

In diesem Jahr war die kleine Kollektion etwas zurückhaltender, gleichwohl sind die Weine klar und fein und von guter Struktur und Frucht.

Weinbewertung

84 2011 Chardonnay & Weißburgunder trocken Rosenbühl **13 %/8,-€**
80 2011 Grauburgunder Kabinett trocken **12,5 %/6,- €**
84 2011 Riesling trocken Goldberg **12,5 %/8,- €**

81 2011 „Blanc de Noir" trocken Rosenbühl **12,5 %/8,- €**
83 Gewürztraminer & Riesling **11,5 %/5,50 €**
85 2008 Spätburgunder & Frühburgunder trocken Holzfass **14%/15,- €**

Harteneck ★

Wein- und Sektgut

Baden

Brezelstraße 15, 79418 Schliengen
Tel. 07635-8837, Fax: 07635-823755
www.weingut-harteneck.de
info@weingut-harteneck.de
***Besuchszeiten:** Mo.-Fr. 9-19 Uhr, Sa. 9-14 Uhr*

Inhaber .... Thomas Harteneck
Rebfläche .... 8 Hektar

Die Weinbautradition der Familie lässt sich bis in die Mitte des 19. Jahrhunderts in die Pfalz zurückverfolgen. Thomas Harteneck bewirtschaftet seine Weinberge nach biodynamischen Grundsätzen, ist Mitglied bei Ecovin und Demeter. Er baut jeweils zur Hälfte rote und weiße Sorten an. Wichtigste rote Rebsorte ist Spätburgunder. Dazu gibt es Dornfelder, Regent, Cabernet Sauvignon und Cabernet Franc. Bei den weißen Sorten überwiegt Gutedel, gefolgt von Weiß- und Grauburgunder. Im Jahr 2000 zog das Weingut in neue Betriebsgebäude, die nach Plänen von Thomas Harteneck nach ökologischen Gesichtspunkten errichtet wurden. Das Weingut ist Demonstrationsbetrieb „Ökologischer Landbau". Seit dem Jahrgang 2003 gibt es die Selektionsreihe „SH".

Vorjahre

Vor zwei Jahren präsentierte sich die Kollektion geschlossen, wurde angeführt vom kraftvollen Cabernet Franc. Auch die letztjährige Kollektion war sehr gleichmäßig, unser Favorit war der harmonische Crémant.

Neue Kollektion

Eine ebenso gleichmäßige Kollektion präsentiert Thomas Harteneck in diesem Jahr. Im weißen Segment gefällt uns der Cabernet Blanc mit seiner feinen süßen Frucht am besten, rot der füllige, kraftvolle Merlot.

Weinbewertung

83 2011 Cabernet Blanc „SH" **12 %/8,80 €**
81 2011 Auxerrois „SH" **12 %/8,80 €**
82 2011 Weißburgunder „SH" **13 %/9,80 €**
82 2011 Rosé **13,5 %/7,40 €**
80 2009 Spätburgunder „SH" **14 %/10,80 €**
84 2009 Merlot „SH" **13 %/9,80 €**

Hauck ★

Weingut

Rheinhessen

Sonnenhof, 55234 Bermersheim vor der Höhe
Tel. 06731-1272,3195, Fax: 06731-45652
www.weingut-hauck.de
vinum@weingut-hauck.de
***Besuchszeiten:** Mo.-Sa. nach Vereinbarung*
Weinproben und Weinseminare

Inhaber .... Heinz-Günter und Heike Hauck
Rebfläche .... 30 Hektar

Heinz-Günter Hauck hatte schon in den achtziger Jahren mit der Umstellung hin zu mehr Rotwein begonnen. Neben Spätburgunder, Dornfelder und Portugieser hat er Merlot und Cabernet Sauvignon angepflanzt. Bei den weißen Sorten dominieren Silvaner, Weißburgunder, Grauburgunder, Riesling und Müller-Thurgau.

Vorjahre

Seit der ersten Ausgabe empfehlen wir die Weine von Hans-Günter Hauck, immer wieder überzeugt er mit seinem guten, gleichmäßigen Niveau. Im Weißweinbereich ist der Grauburgunder seine große Stärke, im roten Segment setzt er mit Erfolg auf Cuvées. Vor zwei Jahren präsentierte sich die Kollektion sehr gleichmäßig, einmal mehr war der Grauburgunder unser Favorit - und fast identisch war das Bild auch im Jahrgang 2010, in dem die Weine durch den Kontrast von Süße und Säure geprägt waren.

Neue Kollektion

Sehr homogen ist die neue Kollektion, in der uns im roten Teil St. Laurent und Spätburgunder gut gefallen, beide sind kraftvoll und klar; im weißen Teil überzeugt der Riesling von alten Reben, auch die fruchtbetonte Cuvée aus Weißburgunder und Auxerrois bereitet Freude.

Weinbewertung / keine Preisangaben

78 2011 Silvaner trocken (1l) **13 %**
84 2011 Riesling Spätlese trocken „Alte Reben" **13,5 %**
80 2011 Silvaner trocken „Hildegard" **12,5 %**
81 2011 Weißburgunder Chardonnay Kabinett trocken **14 %**
84 2011 „Kunststück" Weißburgunder Auxerrois trocken **13 %**
81 2011 Weißburgunder Spätlese trocken **13 %**
81 2011 Grauburgunder Spätlese trocken **13 %**
81 2011 Sauvignon Blanc Spätlese trocken **13 %**
82 2011 Riesling Auslese **11,5 %**
85 2011 Riesling Beerenauslese **11 %**
81? 2009 „Essential" Rotwein „Reserve" **14 %**
85 2009 St. Laurent „Reserve" **14 %**
84 2009 Spätburgunder „Reserve" **13,5 %**

Hauser-Bühler ★

Weingut

Baden

Neunlindenstraße 34, 79235 Vogtsburg-Bickensohl
***Tel.** 07662-8280, **Fax:** 07662-8290*
www.hauser-buehler.de
info@hauser-buehler.de
***Besuchszeiten:** täglich nach Vereinbarung*

Inhaber .... Alexandra Hauser-Bühler
.... Hubertus Bühler
Rebfläche .... 5 Hektar

Das Weingut wurde 1923 von Adolf Hauser gegründet und unter der Führung seines Sohnes Arno vergrößert und modernisiert. Seit 1990 führen in dritter Generation Alexandra Hauser-Bühler und Hubertus Bühler den Betrieb. Ihre Weinberge befinden sich in den Bickensohler Lagen Herrenstück und Steinfelsen, sowie im Endinger Engelsberg. Sie bauen hauptsächlich die Burgundersorten an, aber auch Riesling, Gewürztraminer und Müller-Thurgau. 2012 ist ihr Sohn Felix Bühler in den Betrieb eingestiegen; man plant sich in den kommenden Jahren zu erweitern und auf biologischen Weinbau umzustellen.

Vorjahre

Vor zwei Jahren war die Kollektion sehr gleichmäßig, ohne Spitzen zu bieten; die letztjährige Kollektion überzeugte weiß wie rot, wurde angeführt von dem barriqueausgebauten Grauburgunder.

Jahrgang 2011

Die 2011er Weißweine sind klar und geradlinig, von sehr gleichmäßiger Qualität, der Muskateller hat für uns leicht die Nase vorne.

Weinbewertung

80 2011 Rivaner Kabinett trocken „F2" Bickensohler Steinfelsen **12 %/5,50 €**
82 2011 Weißburgunder Kabinett trocken Bickensohler Steinfelsen **13 %/6,50 €**
80 2011 Grauburgunder Spätlese trocken Bickensohler Herrenstück **13,5 %/8,50 €**
83 2011 Muskateller Spätlese trocken Ihringer Winklerberg **12,5 %/8,50 €**
81 2011 Weißburgunder Kabinett „feinherb" Bickensohler Steinfelsen **13 %/6,50 €**
80 2011 Gewürztraminer Spätlese Bickensohler Herrenstück **13 %/10,50 €**

Hausknecht ★☆
Weingut
Franken

Würzburger Straße 59, 97250 Erlabrunn
***Tel.** 09364-2533, **Fax**: 09364-79346*
www.weingut-hausknecht.de
weingut-hausknecht@t-online.de
***Besuchszeiten**: Mo.-Sa. 8-18 Uhr und nach Vereinbarung*
Heckenwirtschaft

Inhaber .... Frank Hausknecht
Rebfläche .... 9,8 Hektar

Das Weingut Hausknecht war früher ein landwirtschaftlicher Gemischtbetrieb, der sich seit den achtziger Jahren ganz auf Wein- und Obstbau konzentrierte und die Rebfläche stetig vergrößerte. 1990 wurden die Betriebsgebäude erweitert, seit 1992 gibt es zweimal jährlich eine Heckenwirtschaft. 1997 übernahm Monika Laudenbach-Hausknecht den elterlichen Betrieb, den sie heute mit ihrem Ehemann Frank Hausknecht führt, der für Weinbau und Vinifikation verantwortlich ist. Ihre Weinberge liegen im Erlabrunner Weinsteig, Escherndorfer Lump und in der Obereisenheimer Höll. Weiße Rebsorten nehmen 80 Prozent der Rebfläche ein: Müller-Thurgau, Silvaner, Bacchus, Kerner, Scheurebe, Weißburgunder und Riesling. An roten Sorten bauen sie Spätburgunder, Domina und Dornfelder an.

Vorjahre

Beim guten Debüt vor zwei Jahren gefielen uns Silvaner Spätlese trocken (2009) und Riesling Spätlese trocken (2008), beide aus dem Escherndorfer Lump, besonders gut. Die beiden Jahrgangsnachfolger waren im vergangenen Jahr unsere Favoriten in einer sehr gleichmäßigen, überzeugenden Kollektion.

Neue Kollektion

Sehr gleichmäßig präsentiert sich die Kollektion auch in diesem Jahr mit reintönigen, fruchtbetonten Weinen. Besonders gefallen uns die üppige, recht süße Silvaner Spätlese aus dem Lump, die füllige, ebenfalls recht süße trockene Riesling Spätlese, Jahrgang 2010, ebenfalls aus dem Lump und der kraftvolle, zupackende Spätburgunder, der feine süße Frucht und eine gute Struktur besitzt.

Weinbewertung

82 2011 Silvaner Kabinett trocken Erlabrunner Weinsteig **12,5 %/4,90 €**
80 2011 Riesling Kabinett trocken Erlabrunner Weinsteig **12,5 %/5,40 €**
85 2011 Silvaner Spätlese trocken Escherndorfer Lump **13,5 %/7,- €**
84 2011 Weißburgunder Spätlese trocken Obereisenheimer Höll **13,5 %/7,- €**
85 2010 Riesling Spätlese trocken Escherndorfer Lump **13 %/7,- €**
82 2011 Riesling Spätlese Escherndorfer Lump **13 %/7,- €**
85 2011 Bacchus Spätlese Erlabrunner Weinsteig **12 %/6,20 €**
83 2011 Spätburgunder Kabinett Weißherbst Erlabrunner Weinsteig **11,5 %/5,20 €**
85 2009 Spätburgunder Spätlese trocken Barrique Erlabrunner Weinsteig **14 %/10,50 €**

Freiherr von Heddesdorff ★
Weingut
Mosel

Am Moselufer 10, 56333 Winningen,
***Tel.** 02606-962033, **Fax**: 02606-962034*
www.vonheddesdorff.de
weingut@vonheddesdorff.de
***Besuchszeiten**: nach Vereinbarung*
3 Ferienwohnungen

Inhaber .... Andreas von Canal
Rebfläche .... 5,3 Hektar

Seit 1424 befindet sich das Weingut in Familienbesitz, das Gutsgebäude gehört zu den ältesten Häusern Winningens. Die Hälfte der Weinberge von Andreas von Canal liegt im bekannten Winninger Uhlen, dazu besitzt er Weinberge in den Lagen Röttgen und Brückstück. Er baut ausschließlich Riesling an. Die Weine werden mit den natürlichen Hefen reduktiv im Edelstahl vergoren und sind in den meisten Fällen schon jung zugänglich, sie zeigen oft eine leicht hefegeprägte Würze. 2012 wurde eine neue Kelter- und Abfüllhalle gebaut, zukünftig soll verstärkt mit Maischestandzeiten gearbeitet werden.

Vorjahre

Die 2009er waren saftig und balanciert, angeführt vom trockenen Spitzenwein Uhlen Baron und den beiden eleganten edelsüßen Spitzen. 2010 konnte, was die trockenen und „feinherben" Weine betrifft, da nicht mithalten, die Stärken lagen eindeutig im süßen Segment.

Jahrgang 2011

2011 wurde so früh wie noch nie mit der Lese begonnen. In diesem Jahrgang macht der füllige, kraftvolle Uhlen Baron mit bitter-mineralischen Noten im Abgang eine gute Figur, den anderen Weinen fehlt es an Länge und Nachhaltigkeit.

Weinbewertung

79 2011 Riesling trocken **12,5 %/5,50 €**
77 2011 Riesling Kabinett trocken Winninger Uhlen **12 %/7,50 €**
79 2011 Riesling Spätlese trocken Winninger Röttgen **12,5 %/10,50 €**
86 2011 Riesling Spätlese trocken „Uhlen Baron" Winninger Uhlen **13 %/12,50 €**
78 2011 Riesling „feinherb" **12 %/5,50 €**
81 2011 Riesling Spätlese „feinherb" Winninger Brückstück **12,5 %/10,- €**
82 2011 Riesling Spätlese Winninger Röttgen **10 %/10,- €**

Hedesheimer Hof ★★☆

Weingut Beck

Rheinhessen

Schildweg 2, 55271 Stadecken-Elsheim
***Tel.** 06136-2487, **Fax:** 06136-924413*
www.hedesheimer-hof.de
weingut@hedesheimer-hof.de
***Besuchszeiten:** Mo.-Fr. 14-19 Uhr, Sa. 9-16 Uhr und nach Vereinbarung*
Inhaber .... Michael Beck
Rebfläche .... 26,5 Hektar

Gut ein Drittel der Weinberge von Michael Beck sind mit Rotweinreben bepflanzt, vor allem Portugieser, Spätburgunder und Dornfelder, aber auch ein wenig Frühburgunder und St. Laurent. Hinzu kommt Riesling als wichtigste Weißweinsorte, gefolgt von Weiß- und Grauburgunder, Silvaner, Kerner und ein klein wenig Müller-Thurgau, dessen Anteil reduziert wurde. Dafür wurde Auxerrois angepflanzt, der auch im Barrique ausgebaut wird. Die Reben stehen auf unterschiedlichen Böden, in Stadecken in den Lagen Lenchen (Löss) und Spitzberg (Pelosol), in Elsheim in den Lagen Bockstein und Blume (Kalkmergel), sowie im Jugenheimer Goldberg. Alle Weißweine werden, nach Ganztraubenpressung, gezügelt vergoren und in Edelstahltanks ausgebaut. Die Rotweine werden ausschließlich im Holzfass ausgebaut.

Vorjahre

Der Hedesheimer Hof gehört seit über einem Jahrzehnt zu den immer zuverlässigen und überzeugenden Betrieben in Rheinhessen. Die trockenen Weißweine besitzen Fülle und Substanz, sind immer aber von merklicher Restsüße geprägt. Wenn es der Jahrgang erlaubt, werden die Kollektionen mit edelsüßen Rieslingen gekrönt. Sehr homogen präsentierte sich die Kollektion vor zwei Jahren, bot kraftvolle, füllige Weiß- und Rotweine. 2010 behauptete sich Michael Beck gut, bot eine gleichmäßige Kollektion, in der uns die weißen Burgunder in der Spitze noch ein klein wenig besser gefielen als die Rieslinge.

Neue Kollektion

Mit der neuen Kollektion gewinnen in der Spitze die Weine an Profil. Der Riesling-Lagenwein aus der Blume ist klar und konzentriert, zeigt etwas gelbe Früchte im Bouquet, auch Zitrus, besitzt gute Substanz. Sein Pendant vom Spitzberg, Jahrgang 2010, ist würzig und zupackend, füllig und strukturiert. Noch ein klein wenig besser gefällt uns der Auxerrois – trotz seiner hohen Restsüße, er zeigt gute Konzentration und feine Vanillenoten im Bouquet, ist füllig und schmeichelnd im Mund, besitzt gute Struktur.

Weinbewertung

81 2011 Grauburgunder Kabinett trocken Stadecker Lenchen **12 %/4,90 €**

82 2011 Riesling trocken **12,5 %/4,90 €**

84 2011 Weißburgunder Spätlese Elsheimer Blume **13,5 %/7,- €**

82 2011 Riesling Spätlese trocken „Terra Fusca" **12,5 %/7,- €**

85 2011 Grauburgunder Spätlese trocken „Alte Reben" Stadecker Lenchen **13 %/7,- €**

87 2011 Riesling trocken „Marhans" Elsheimer Blume **13,5 %/11,80 €**

87 2010 Riesling trocken „Pelosol" Stadecker Spitzberg **13,5 %/11,80 €**

88 2010 Auxerrois Spätlese trocken Stadecker Spitzberg **12,5 %/11,60 €**

83 2011 Riesling Spätlese „Late Night" Stadecker Lenchen **9,5 %/6,70 €**

82 2009 Portugieser trocken „Oporta" Barrique Selection Rhh. Jugenheimer Goldberg **14,5 %/9,80 €**

82 2009 St. Laurent trocken Barrique Jugenheimer Goldberg **14,5 %/11,60 €**

85 2009 Blauer Spätburgunder trocken Barrique Selection Rhh. Elsheimer Bockstein **14,5 %/9,80 €**

★☆

Hees

Weingut

Nahe

Zur feuchten Ecke 6, 55569 Auen
***Tel.** 06754-373, **Fax:** 06754-946925*
www.jaegerauskurpfalz.de
info@jaegerauskurpfalz.de
***Besuchszeiten:** täglich 10-20 Uhr*
Landgasthof und Pension

Inhaber .... Anita Hees
Betriebsleiter .... Marcus Hees
Rebfläche .... 4,5 Hektar

Seit 1824 ist das Weingut im Familienbesitz, seit 2007 wird es von Marcus Hees geführt, der damals seine Ausbildung zum Weinbautechniker beendete. Er setzt verstärkt auf Riesling und möchte in den kommenden Jahren die Rebfläche erweitern. In den Auener Lagen Römerstich und Kaulenberg wachsen die Reben auf unterschiedlich zusammengesetzten Böden aus Sandstein, Schiefer und Tonschiefer.

Vorjahre

In der 2009er Kollektion setzte die Beerenauslese das edelsüße Glanzlicht. Daran knüpfte 2010 die Auslese an, aber auch der Römerstich-Riesling präsentierte sich auf sehr gutem Niveau, zusammen führten sie eine überzeugende Kollektion mit reintönigen Weinen an.

Jahrgang 2011

Die 2011er Kollektion führt das konsequent fort: Die trockenen Rieslinge aus dem Römerstich und dem Halenberg sind kraftvoll und füllig mit guter Substanz, die Beerenauslese zeigt Frische, Dichte und klare Frucht.

Weinbewertung

84 2011 Weisburgunder „S" trocken Auener **13 %/7,80 €**

82 2011 Riesling trocken „vom Sandstein" **13 %/5,70 €**

85 2011 Riesling „S" trocken Auener **13 %/8,- €**

87 2011 Riesling trocken Auener Römerstich **13,5 %/10,50 €**
87 2011 Riesling trocken Monzinger Halenberg **13 %/10,50 €**
84 2011 Riesling Spätlese Auener Römerstich **9 %/8,- €**
88 2011 Riesling Beerenauslese Auener Römerstich **7,5 %/26,60 €/0,375l**

★★★★★

Dr. Heger
Weingut

Baden

Bachenstraße 19, 79241 Ihringen
Tel. 07668-995110 Fax: 07668-9300
www.heger-weine.de
info@heger-weine.de
Besuchszeiten: Mo.-Fr. 8-12 + 13:30-17:30 Uhr, Sa. 10-14 Uhr und nach Vereinbarung

Inhaber .... Sylvia und Joachim Heger
Außenbetriebsleiter .... Jürgen Kühnle
Kellermeister .... Jürgen Jehle
Rebfläche .... 23 Hektar

Das 1935 von Dr. Max Heger gegründete Weingut wurde ab 1949 von seinem Sohn Wolfgang (genannt Mimus) geführt. Dessen Sohn Joachim trägt seit 1981 die Verantwortung im Keller, 1992 übernahm Joachim Heger zusammen mit Ehefrau Silvia das Gut. Die Weinberge von Joachim Heger befinden sich vor allem in den Lagen Ihringer Winklerberg und Achkarrer Schlossberg, etwas auch im Freiburger Schlossberg. Wichtigste Rebsorten sind Spätburgunder, Riesling, Grauburgunder, Weißburgunder und Silvaner. Dazu gibt es Chardonnay und Muskateller, aber auch etwas Scheurebe, Cabernet Sauvignon, Müller-Thurgau und Gewürztraminer. Für die ökologische Ausrichtung der Arbeit in den Weinbergen hat Joachim Heger Claude Bourguignon als Berater verpflichtet. 95 Prozent der Weine baut Joachim Heger durchgegoren aus. Als Zweitmarke führt Joachim Heger das 1986 gegründete „Weinhaus Joachim Heger“, dessen Weine aus den Erträgen einer Erzeugergemeinschaft entstehen. Die besten Weine aus Winklerberg und Schlossberg werden intern mit 3 Sternen klassifiziert. 3 Sterne erhalten, wenn es der Jahrgang zulässt, nicht nur die besten Weißburgunder, Grauburgunder, Spätburgunder und Rieslinge, sondern auch die Spitzen-Silvaner und -Muskateller.

Vorjahre

2008 lagen die Spätburgunder aus Schlossberg und Winklerberg in etwa gleichauf, wurden aber übertrumpft vom neuen Spätburgunder im Programm, dem Häusleboden aus dem Winklerberg. 2009 gefiel uns der Grauburgunder aus dem Schlossberg wieder ganz hervorragend, der aus dem Winklerberg stand ihm kaum nach. Genauso stark waren aber auch die Weißburgunder, der Wein aus dem Schlossberg gehörte zu den großen Weinen des Jahrgangs in Deutschland. Silvaner, Riesling und Muskateller, allesamt durchgegoren, waren präzise und mineralisch, der Chardonnay machte den weißen Burgundern Konkurrenz. Auch 2010 waren die Weißburgunder wieder bärenstark – und noch enorm jugendlich, unsere leichte Präferenz galt wieder dem Wein aus dem Schlossberg. Noch ein klein wenig spannender fast fanden wir die druckvollen Grauburgunder, auch hier mit ganz leichter Präferenz für den Schlossberg; Riesling und Silvaner begeisterten uns erneut, der Riesling aus dem Schlossberg und der Silvaner aus dem Winklerberg waren noch druckvoller, noch nachhaltiger als ihre Vorgänger. Im roten Segment gab sich der Häusleboden 2009 noch ein wenig zugeknöpft, wie auch sein kleinerer Bruder aus dem Winklerberg, der Spätburgunder aus dem Schlossberg war wesentlich präsenter, wie oft in diesem Stadium, die Winklerberg-Spätburgunder brauchen eben ein klein wenig länger bis sie offenbaren, was in ihnen steckt.

Weißburgunder 2011

Aus eins mach drei: 2011 gibt es gleich drei Große Weißburgunder-Gewächse aus dem Winklerberg, die auf die Namen Rappenecker, „Gras im Ofen" und „vorderer Berg" hören. Sie unterscheiden sich voneinander, das müssen wir zugestehen. Der Rappenecker ist konzentriert und klar, besitzt viel reife Frucht und gute Substanz, aber nicht ganz die Länge der beiden anderen. Der Wein vom vorderen Berg ist faszinierend reintönig und kraftvoll, vereint Fülle und Frische, ist ausgewogen und „sehr typisch Winklerberg". Der „Gras im Ofen" strotzt vor Kraft, ist konzentriert und füllig, besitzt gute Struktur und Substanz und viel Länge – aber auch die saftige Spätlese sollte man nicht außer Acht lassen.

Grauburgunder 2011

Die saftige Spätlese aus dem Winklerberg ist reintönig und schön, den beiden hervorragenden Großen Gewächsen aber kann sie nicht das Wasser reichen. Der Winklerberg ist rauchig und stoffig, besitzt herrlich viel Frucht und Substanz, ist enorm druckvoll und nachhaltig. Genauso spannend finden wir den Schlossberg: Gute Konzentration und viel reife Frucht prägen das reintönige Bouquet, er ist füllig und stoffig im Mund, besitzt viel Substanz und Kraft, dabei Frische, ist lang und nachhaltig.

Sonstige Weißweine

Der Silvaner aus dem Winklerberg ist klar, geradlinig und zupackend, der aus dem Schlossberg verschlossener, besitzt aber mehr Kraft und Druck, gute Präzision und dezent mineralische Noten. Bei den beiden Rieslingen fällt die Entscheidung schwer, wir sehen sie gleichauf: Der Winklerberg konzentriert und kraftvoll, noch unruhig, muss sich noch harmonisieren, was aber auch für den Schlossberg gilt, ein präziser, zupackender Riesling mit reintöniger Frucht. Herrlich viel Fülle und Saft besitzt der Chardonnay, gute Struktur und Substanz, viel reife Frucht, Harmonie und Länge, ein Klassewein!

Spätburgunder 2010

Der Mimus eröffnet den Spätburgunder-Reigen, er ist frisch, reintönig und zupackend, besitzt Säure und Biss. Das Große Gewächs aus dem Schlossberg besitzt wunderschön reintönige Frucht, ist frisch und zupackend, präzise bei feinen Tanninen. Viel Substanz, Fülle und Kraft besitzt der Wein aus dem Winklerberg, inzwischen mit dem Zusatz „vorderer Berg" versehen, er ist druckvoll, klar und nachhaltig. Noch komplexer und kraftvoll ist der Häusleboden, der ebenfalls aus dem Winklerberg stammt. Er besitzt herrlich viel Frucht und Kraft, ist dabei lebhaft und elegant, lang und nachhaltig: Faszination Pinot!

Weinbewertung

89 2011 Silvaner trocken Ihringer Winklerberg **13 %/10,30 €** ☺

90 2011 Silvaner*** Spätlese trocken Achkarrer Schlossberg **13,5 %/20,50 €**

89 2011 Riesling Spätlese trocken Ihringer Winklerberg **12 %/16,50 €**

90 2011 Riesling*** „GG" Ihringer Winklerberg **12,5 %/20,50 €**

90 2011 Riesling*** „GG" Achkarrer Schlossberg **12,5 %/20,50 €**

89 2011 Weißburgunder Spätlese trocken Ihringer Winklerberg **13,5 %/16,50 €**

90 2011 Weißburgunder*** „GG" „Rappenecker" Ihringer Winklerberg **13,5 %/20,50 €**

91 2011 Weißburgunder*** „GG" „Gras im Ofen" Ihringer Winklerberg **13,5 %/20,50 €**

91 2011 Weißburgunder*** „GG" „Vorderer Berg" Ihringer Winklerberg **14 %/20,50 €**

88 2011 Grauburgunder Spätlese trocken Ihringer Winklerberg **13,5 %/16,50 €**

92 2011 Grauburgunder*** „GG" Ihringer Winklerberg **14 %/20,50 €**

92 2011 Grauburgunder*** trocken Barrique Achkarrer Schlossberg **14 %/24,- €**

88 2011 Viognier Spätlese trocken Ihringer Winklerberg

92 2011 Chardonnay trocken Barrique Ihringer Winklerberg **13,5 %/20,50 €**

89 2010 Spätburgunder trocken „Mimus" Ihringer Winklerberg **13,5 %/23,90 €**

92 2010 Spätburgunder*** „GG" Achkarrer Schlossberg **13,5 %/44,-€**

92 2010 Spätburgunder*** „GG" „vorderer Berg" Ihringer Winklerberg **13,5 %/44,-€**

94 2010 Spätburgunder*** „GG" „Häusleboden" Ihringer Winklerberg **13,5 %/68,-€**

★★★★

Heid

Weingut

Württemberg

Cannstatter Straße 13/2, 70734 Fellbach
Tel. 0711-584112, Fax: 0711-583761
www.weingut-heid.de
info@weingut-heid.de
***Besuchszeiten:** Mo.-Fr. 17-19 Uhr, Sa. 9-13 Uhr*

Inhaber .... Markus Heid
Rebfläche .... 7,5 Hektar

Das Weingut Heid ist aus einem ehemaligen Gemischtbetrieb entstanden, der neben Weinbau vor allem Obstbau betrieb. Markus Heid hat das Weingut 1996 von seinen Eltern übernommen. Er setzte verstärkt auf Qualität und ging „weg von der Literflasche und vom Trollinger", der bei seiner Betriebsübernahme über die Hälfte der Weinberge einnahm. Seine Weinberge liegen vor allem in Fellbach in den Lagen Goldberg und Lämmler, hinzu kommen weitere Parzellen im Remstal. Drei Viertel seiner Weinberge sind mit roten Reben bepflanzt, vor allem Lemberger, Trollinger und Spätburgunder, aber auch Cabernet Mitos, Regent, St. Laurent, Cabernet Dorio, Cabernet Dorsa, Merlot Samtrot und Syrah. Wichtigste Weißweinsorte ist Riesling. Zuletzt hat er Sauvignon Blanc und Johanniter gepflanzt. Die Weißweine werden kühl und langsam vergoren und ebenso wie Trollinger und Rosé lange auf der Feinhefe ausgebaut. Für Weißweine wird das Prädikatssystem genutzt. Die Rotweine werden mit einer bis drei Trauben klassifiziert. Ein-Trauben-Weine werden 4 bis 8 Monate in gebrauchten Barriques ausgebaut, 2-Trauben-Weine kommen 7 bis 11 Monate teils in gebrauchte, teils in neue Barriques, 3-Trauben-Weine schließlich bleiben 15 bis 22 Monate im Barrique, bei hohem Neuholzanteil. Die Weinberge werden biologisch bewirtschaftet.

Vorjahre

Als wir in der ersten Ausgabe die Weine von Markus Heid empfahlen, waren er und das Weingut weitgehend unbekannt. Seither hat er uns Jahr für Jahr mit sehr guten Kollektionen erfreut, nicht nur mit kraftvollen Rotweinen, die den größten Anteil seiner Produktion ausmachen, auch mit fülligen, fruchtintensiven Weißweinen von Riesling und Sauvignon Blanc vermochte er uns immer wieder zu überraschen. Vor zwei Jahren bot die Kollektion Spitzen mit den roten 3-Trauben-Weinen, aber auch mit dem herrlich saftigen Sauvignon Blanc und dem Riesling aus dem Pulvermächer. Auch im vergangenen Jahr präsentierte Markus Heid wieder drei sehr gute Barrique-Rotweine, noch besser aber bewerteten wir den faszinierenden Sauvignon Blanc; wie gewohnt war die gesamte Kollektion durchgängig auf gutem und sehr gutem Niveau.

Neue Kollektion

Auch 2011 ist der intensive Sauvignon Blanc sehr gut, noch besser aber gefällt uns unter den Weißweinen der würzige, kraftvolle Riesling aus dem Pulvermächer, der Fülle besitzt, viel reife Frucht, gute Struktur und Substanz. Im roten Segment sind die beiden Barriqueweine des Jahrgangs 2010 aus dem Lämmler die Stars: Der Spätburgunder ist würzig und fruchtbetont, kraftvoll und doch elegant, der Lemberger herrlich reintönig, besitzt viel reife Frucht, gute Struktur und Frische. Allerdings machen ihnen die 2-Sterne-Weine des Jahrgangs 2011 starke Konkurrenz: Der Lemberger ist faszinierend fruchtbetont und reintönig, ebenso der zupackende, frische St. Laurent. Da darf man sich heute schon auf die 3-Sterne-Selektionen im kommenden Jahr freuen.

Weinbewertung

85 2010 „Cuvée Blanc de Blancs" Sekt brut Fellbacher Goldberg **13 %/10,80 €**

83 2011 Riesling Kabinett* trocken Fellbacher Goldberg **12 %/7,20 €**

85 2011 Riesling und Sauvignon Blanc** trocken **12 %/8,50 €**

88 2011 Sauvignon Blanc*** trocken Fellbacher Lämmler **13,5 %/15,50 €**

89 2011 Riesling*** trocken Stettener Pulvermächer **13,5 %/15,50 €**

83 2011 Trollinger* trocken Fellbacher Goldberg **12,5 %/6,80 €**

84 2011 „Melchior" Rotwein trocken Fellbacher Goldberg **12,5 %/7,20 €**

87 2011 Lemberger** trocken Fellbacher Goldberg **13,5 %/10,50 €**

87 2011 St. Laurent** trocken Fellbacher Lämmler **13 %/11,50 €**

85 2011 Syrah** trocken Fellbacher Lämmler **13 %/12,50 €**

88 2010 Spätburgunder*** trocken Fellbacher Lämmler **13 %/19,50 €**

89 2010 Lemberger*** trocken Fellbacher Lämmler **13 %/19,50 €**

★★★

Dr. Heigel

Weingut

Franken

Haßfurter Straße 30, 97475 Zeil am Main
***Tel.** 09524-3110, **Fax:** 09524-3109*
weingut-dr-heigel@t-online.de
***Besuchszeiten:** jederzeit, mit Bitte um Vereinbarung*
Probierstube (Weinproben bis 60 Personen),
Hofschoppentage am letzten Maiwochenende

Inhaber .... Dr. Klaus-Peter Heigel
Rebfläche .... 13,8 Hektar

Die Weinberge von Klaus-Peter Heigel liegen vor allem in Zeil, wo ihm die Lage Zeiler Mönchshang in Alleinbesitz gehört, aber auch in Kitzingen (Hofrat), Randersacker (Pfülben, Sonnenstuhl) und Würzburg (Abtsleite). Neben Silvaner und Müller-Thurgau baut er vor allem noch Rieslaner, Weißburgunder, Riesling, Kerner und Bacchus an. Rote Sorten nehmen inzwischen ein Viertel seiner Weinberge ein.

Vorjahre

Vor zwei Jahren war die Kollektion stark, bot gutes Niveau bei den klaren Basisweinen, in der Spitze präsentierte Klaus-Peter Heigel kraftvolle, präzise vinifizierte Weine, egal ob Weißburgunder oder Silvaner, Riesling oder Merlot. Der 2009er Merlot war uns im vergangenen Jahr etwas zu duftig, sonst aber präsentierte sich die Kollektion wie in den Jahren zuvor: Die Basisweine waren fruchtbetont und frisch, die trockene Silvaner Spätlese besaß Substanz und Kraft, noch besser gefiel uns der kraftvolle, nachhaltige Weißburgunder.

Neue Kollektion

2010 ist der Merlot kraftvoll und klar, besitzt gute Fülle und Frucht. Das weiße Segment präsentiert sich stimmig wie in den Vorjahren: Angefangen vom Müller-Thurgau bis hin zu den trockenen Spätlesen überzeugen alle Weine mit reintöniger Frucht, guter Fülle und Frische. Der Weißburgunder „S" gefällt uns, wie so oft, besonders gut, besitzt klare Frucht, gute Fülle und Substanz. Ganz faszinierend ist aber auch, was Klaus-Peter Heigel an edelsüßen Silvanern 2011 auf die Flasche gebracht hat: Die Auslese ist wunderschön fruchtbetont und saftig, der Eiswein brilliert mit faszinierend viel Frucht, guter Substanz und Länge, ist dabei reintönig – wie alle Weine von Klaus-Peter Heigel. Starke Kollektion.

Weinbewertung

85 2009 Silvaner Sekt brut Randersackerer Sonnenstuhl **11,- €**

84 2011 Müller-Thurgau trocken „Frank & Frei" **6,- €**

84 2011 Silvaner Kabinett trocken Randersackerer Sonnenstuhl **7,- €**

85 2011 Weißburgunder Kabinett trocken Kitzinger Hofrat **7,- €**
84 2011 Riesling Kabinett trocken Randersackerer **7,- €**
86 2011 Silvaner Spätlese trocken Zeiler Mönchshang **10,- €**
88 2011 Weißburgunder „S" Spätlese trocken **14,- €**
86 2011 Riesling Spätlese trocken Randersackerer Pfülben **11,- €**
86 2011 Rieslaner Spätlese Zeiler Mönchshang **10,- €**
88 2011 Silvaner Auslese Zeiler Mönchshang **12,50 €/0,375l**
91 2011 Silvaner Eiswein Zeiler Mönchshang **30,- €/0,375l**
88 2010 Merlot „S" trocken **18,- €**

Heilig Grab ★★

Weingut

Mittelrhein

Zelkesgasse 12, 56154 Boppard
***Tel.** 06742-2371, **Fax:** 06742-81220*
www.heiliggrab.de
weinhausheiliggrab@t-online.de
***Besuchszeiten:** Öffnungszeiten der Weinstube*
älteste Weinstube in Boppard, Gartenwirtschaft unter Kastanienbäumen, täglich ab 15 Uhr geöffnet (außer dienstags)
5 Gästezimmer

Inhaber .... Rudolf Schoeneberger
Rebfläche .... 3,5 Hektar

Das Weinhaus Heilig Grab ist ein Familienbetrieb, der seine Weine zum größten Teil in der eigenen Weinstube mit Gartenwirtschaft verkauft, die sich seit mehr als 200 Jahren in Familienbesitz befindet. Die Weinberge verteilen sich über 5 Einzellagen des Bopparder Hamm, alle reine Seilzuglagen. Hauptrebsorte ist Riesling mit einem Anteil von 80 Prozent. Daneben werden Spätburgunder und etwas Kerner angebaut. Das Gros seiner Weine baut Rudolf Schoeneberger trocken oder halbtrocken aus, immer wieder gehören aber auch geradlinige, frisch wirkende Auslesen zum Programm. Die Weine werden im Edelstahl vergoren und je nach Bedarf anschließend in Eichenfässern vinifiziert.

Vorjahre

Die 2009er Kollektion überzeugte mit ihren reintönigen und geradlinigen Weinen, wobei uns 2009 eindeutig die trockenen Rieslinge besser gefielen als die halbtrockenen. 2010 war es umgekehrt, lagen die Stärken eindeutig im restsüßen Segment, das angeführt wurde von einer feinen Auslese und der „feinherben" Spätlese. Die trockenen Weine waren weniger komplex als in den vorausgegangenen Jahren.

Neue Kollektion

Die 2011er Rieslinge gefallen mit ihrer saftigen geradlinigen Art in allen Bereichen gut. Die trockene Ein-Sterne-Spätlese aus der Lage Hamm Feuerlay besitzt eine fast schon opulent zu nennende Würze, die saftige, nachhaltige Auslese ist wunderschön balanciert zwischen deutlicher Süße und knackiger Säure.

Weinbewertung

84 2011 Riesling Hochgewächs trocken Bopparder Hamm Fässerlay **12 %/5,- €**
83 2011 Riesling Spätlese trocken Bopparder Hamm Feuerlay **12,5 %/7,50 €**
87 2011 Riesling Spätlese trocken* Bopparder Hamm Feuerlay **13 %/9,50 €**
83 2011 Riesling Hochgewächs halbtrocken Bopparder Hamm Mandelstein **11,5 %/5,- €**
84 2011 Riesling Spätlese halbtrocken Bopparder Hamm Mandelstein **12,5 %/7,50 €**
88 2011 Riesling Auslese Bopparder Hamm Feuerlay **8 %/12,- €**

★★☆

Heilmann

Weingut

Franken

Bogenstraße 10, 63755 Alzenau-Michelbach
***Tel.** 06023-2502, **Fax:** 06023-310921*
www.weingut-heilmann.de
info@weingut-heilmann.de
***Besuchszeiten:** Weinstube Apostelgarten (Vinothek): Di.-Fr. 14:30-18:30 Uhr, Sa. 9-15 Uhr oder nach Vereinbarung; Häckerwirtschaft (2 x im Jahr)*

Inhaber........................Armin Heilmann
Rebfläche............................3,5 Hektar

Nach dem Tod seines Vaters hat Armin Heilmann 1978 den Obst- und Gemüsehandel seiner Familie übernommen. Großvater Josef Gündling hatte mit dem Weinbau begonnen, unter seiner Anleitung begann Armin Heilmann sich intensiver mit Weinbau zu beschäftigen. Anfangs gab es nur Weißweine im Betrieb, 1991 wurde der erste Spätburgunder abgefüllt. Seit der Modernisierung des Betriebes 1994 gibt es eine Häckerwirtschaft in einer ehemaligen Scheune. Armin Heilmanns Weinberge liegen in den Michelbacher Lagen Apostelgarten und Steinberg. Wichtigste Rebsorten sind Riesling, Silvaner und Spätburgunder, dazu gibt es Weißburgunder, Frühburgunder und Saint Laurent.

Vorjahre

Vor zwei Jahren glänzten die Rotweine wie gewohnt, die Weißweine hatten weiter zugelegt, die trockene Riesling Spätlese aus dem Apostelgarten besaß viel Kraft und Substanz. So darf es weitergehen, lautete unser Fazit – der Jahrgang 2010 hat da leider nicht mitgespielt. Die Weißweine präsentierten sich fruchtbetont, frisch und klar, besaßen aber nicht ganz die Fülle und Komplexität der 2009er. Dafür entschädigten die Barrique-Rotweine, allen voran der kompromisslos vinifizierte Spätburgunder, ein Wein, der auch in vielen Jahren noch Freude bereiten wird.

Neue Kollektion

Die neue Kollektion ist stark, bringt frische, feine Weißweine und kraftvolle Rot. Der Weißburgunder ist füllig und reintönig, besitzt gute Substanz wie auch der kraftvolle, leider recht süße Silvaner. Unter den drei restsüßen Spätlesen gefällt uns der klare, zupackende Riesling aus dem Apostelgarten am besten. Rot trumpft Armin Heilmann mit einem rauchigen, konzentrierten St. Laurent auf, der Toastnoten besitzt, gute Struktur und jugendliche Tannine. Rauchige Noten und Gewürze prägen auch das Bouquet des Spätburgunders, im Mund präsentiert er sich füllig und kraftvoll bei gute Struktur und Substanz und jugendlichen Tanninen.

Weinbewertung

82 2011 „Summertime" Weißwein **12 %/6,50 €**
84 2011 Riesling Kabinett trocken Michelbacher Apostelgarten **12 %/11,- €**
86 2011 Weißburgunder Spätlese trocken Michelbacher Apostelgarten **13 %/11,- €**
86 2011 Silvaner Spätlese trocken Michelbacher Apostelgarten **13 %/12,50 €**
87 2011 Riesling Spätlese Michelbacher Apostelgarten **12 %/15,- €**
86 2011 Riesling Spätlese Hörsteiner Abtsberg **11,5 %/12,50 €**
86 2011 Kerner Spätlese Michelbacher Apostelgarten **12 %/14,- €**
84 2011 Frühburgunder Rosé trocken Michelbacher Apostelgarten **11,5 %/8,50 €**
82 2010 „Summertime rot" Rotling halbtrocken **11 %/6,50 €**
81 2011 „Summertime schwarz" Rotwein trocken **12 %/6,50 €**
88 2010 St. Laurent trocken Barrique Michelbacher Steinberg **12,5 %/15,- €**
88 2009 Spätburgunder trocken Barrique „Rue Noire No. 10" **13 %/19,50 €**

★★★

Ernst **Heinemann**

Baden

Baden

Mengenerstraße 4, 79238 Ehrenkirchen-Scherzingen
***Tel.** 07664-6351, **Fax:** 07664-600465*
www.weingut-heinemann.de
weingut-heinemann@t-online.de
***Besuchszeiten:** Mo.-Fr. 9-12 + 13:30-18:30 Uhr,*
Sa. 9-12 + 13-16 Uhr
Eigene Weinstube in der Freiburger Altstadt (Batzenbergstüble)

Inhaber .... Lothar Heinemann
Rebfläche .... 13 Hektar

Wichtigste Rebsorten bei Lothar Heinemann in Scherzingen im Markgräflerland sind Gutedel und Spätburgunder, dazu kommen vor allem Chardonnay, Weißburgunder und Müller-Thurgau. Aber auch Gewürztraminer, Muskateller, Nobling und Regent findet man in seinen Weinbergen im Scherzinger Batzenberg. Die Weißweine werden bei Heinemann recht lange auf der Feinhefe ausgebaut, die Rotweine kommen nach der Maischegärung ins Holzfass (auch Barriques). Das Gros der Weine wird trocken ausgebaut, wobei trocken bei Heinemann durchgegoren heißt. Sein Vater Ernst Heinemann hatte bereits in den sechziger Jahren als einer der ersten Winzer in Deutschland Chardonnay angepflanzt. Seit dem Jahrgang 2008 nutzt er statt des Begriffs Spätlese bei trockenen Weinen nur noch die Bezeichnungen „S" (für Selection) bzw. „SR" (für Selection Reserve).

Vorjahre

Seit der ersten Ausgabe empfehlen wir schon die Weine von Lothar Heinemann. In diesem Zeitraum hat er sich stetig gesteigert, bietet Jahr für Jahr zuverlässige Kollektionen, weiß wie rot, gehört immer zur Spitze im Markgräflerland. Ganz stark war die Kollektion vor zwei Jahren, wieder mit zwei sehr guten Sekten, einem faszinierenden Chardonnay „SR", der zur Jahrgangsspitze in Baden zählte, aber auch erneut mit einem gekonnt vinifizierten Spätburgunder „SR". Fast identisch war das Bild im vergangenen Jahr: Chardonnay SR, Blanc de Noir-Sekt und Spätburgunder SR glänzten wie gewohnt, aber auch sonst präsentierte sich die Kollektion durchweg auf gutem und sehr gutem Niveau.

Neue Kollektion

Eine noch stärkere Kollektion folgt nun mit dem neuen Jahrgang, wobei Lothar Heinemann im roten Segment nochmals die 2009er vorstellt; die Bordeauxcuvée hat sich seit letztem Jahr schön entwickelt, präsentiert sich füllig und kraftvoll bei guter Struktur. Die beiden Sekte betören einmal mehr mit ihrer Fülle und Harmonie, sind beide sehr fruchtbetont und klar. Das weiße Segment beginnt mit einem gewohnt starken, reintönigen Gutedel, der zupackende Muskateller gehört zu den wenigen überzeugenden trockenen Muskatellern in Deutschland. Noch schöner als gewohnt ist der füllige, wunderschön reintönige Sauvignon Blanc, der konzentrierte, kraftvolle Weißburgunder bereitet ebenfalls viel Freude, wie auch der frische, geradlinige Riesling. Und mit seinen beiden Chardonnay zeigt Lothar Heinemann seit vielen Jahren, was mit dieser Sorte im Markgräflerland möglich ist, beide sind kraftvoll und füllig, reintönig und konzentriert, der „SR" ein klein wenig fülliger, der Kabinett steht ihm aber kaum nach.

Weinbewertung

88 2009 Chardonnay Sekt brut Scherzinger Batzenberg **13 %/11,90 €**
88 2010 Pinot „Blanc de Noirs" Sekt brut Scherzinger Batzenberg **12,5 %/11,90 €**
85 2011 Weißer Gutedel Kabinett trocken „alte Reben" Scherzinger Batzenberg **11 %/7,50 €**
86 2011 Muskateller Kabinett trocken Scherzinger Batzenberg **12 %/9,60 €**
86 2011 Riesling Kabinett trocken Scherzinger Batzenberg **12,5 %/9,60 €**
88 2011 Sauvignon Blanc Kabinett trocken Scherzinger Batzenberg **12,5 %/11,30 €**

87 2011 Chardonnay Kabinett trocken „alte Reben" Scherzinger Batzenberg **12,5 %/12,90 €**
88 2011 Chardonnay „SR" trocken Scherzinger Batzenberg **13 %/15,90 €**
88 2011 Weißburgunder „S" trocken Scherzinger Batzenberg **13 %/10,90 €**
84 2011 Spätburgunder Rosé Kabinett trocken Scherzinger Batzenberg **12,5 %/6,20 €**
88 2009 Cabernet Sauvignon & Merlot „S" trocken Barrique Scherzinger Batzenberg **13 %/16,90 €**
88 2009 Blauer Spätburgunder „S" trocken Barrique Scherzinger Batzenberg **13,5 %/16,90 €**
89 2009 Blauer Spätburgunder „SR" trocken Barrique Scherzinger Batzenberg **13,5 %/21,90 €**

★☆

Heiner & Kreuzberg

Weingut

Ahr

Burgstraße 12, 53507 Dernau
Tel. 02643-9029155, Fax: 02643-9029155
www.heiner-kreuzberg.de
info@heiner-kreuzberg.de
Besuchszeiten: März-Nov. Mo.-Fr. 14-18 Uhr, Sa./So. + feiertags 10-18 Uhr und nach Vereinbarung

Inhaber............Hermann-Josef Kreuzberg, ...David Kreuzberg, Michel Kreuzberg ....Joern Heiner
Rebfläche.............................6 Hektar

Hermann-Josef Kreuzberg, langjähriger Kellermeister bei seinem Bruder Ludwig, hat sich mit seinen beiden Söhnen David (Kellermeister) und Michael (Marketing) sowie Joern Heiner (Organisation) zusammengetan und das Weingut Heiner & Kreuzberg gegründet. Die Weinberge liegen hauptsächlich in den Lagen Silberberg, Trotzenberg, Schieferlay, Pfarrwingert und Rosenthal. Angebaut werden zu 85 Prozent rote Rebsorten, vor allem Spätburgunder, aber auch Frühburgunder, Merlot und Cabernet Sauvignon. Die Rotweine werden spontanvergoren und nach dem Ausbau im kleinen oder großen Holzfass teils unfiltriert abgefüllt.

Die Kollektion

Aus der ansonsten sehr gleichmäßigen Kollektion ragen zwei Weine hervor: Der Frühburgunder ist herrlich fruchtbetont, reintönig und intensiv, noch faszinierender ist aber der Spätburgunder aus dem Silberberg, Jahrgang 2009, der herrliche rauchige Noten im Bouquet zeigt, reintönige Frucht und feinen Toast, kraftvoll und füllig im Mund ist bei guter Struktur, Substanz und feiner Frische.

Weinbewertung

81 2011 Spätburgunder „Blanc de Noirs" trocken **13 %/9,90 €**
82 2011 Riesling **11,5 %/8,90 €**
81 2011 Riesling „feinherb" **12 %/8,90 €**
82 2010 Spätburgunder trocken **12,5 %/8,90 €**
87 2010 Frühburgunder trocken **13 %/18,90 €**
83 2009 „Cuvée Michel" Rotwein trocken **12,5 %/8,90 €**
90 2009 Spätburgunder trocken Ahrweiler Silberberg **13,5 %/29,90 €**
81 2010 Spätburgunder „feinherb" **12,5 %/8,90 €**

★★☆

G.A. Heinrich

Weingut

Württemberg

Riedstraße 29, 74076 Heilbronn
Tel. 07131-175948, Fax: 07131-166306
www.weingut-heinrich.de
info@weingut-heinrich.de
Besuchszeiten: Mo.-Fr. 9-12 + 13:30-18 Uhr, Sa. 9-14 Uhr

Inhaber.........................Martin Heinrich
Rebfläche............................12 Hektar

Martin Heinrich baut in seinen Weinbergen 15 verschiedene Rebsorten an. Rote Sorten nehmen 70 Prozent der Fläche ein. Wichtigste Rebsorten sind Trollinger und Lemberger, sowie Riesling, der zwei Drittel der Weißweinfläche einnimmt. Neben der Basislinie gibt es seit 1991 die „G.A.-Linie" für ausgesuchte, lange im Holzfass gereifte Weine, eine Rotweincuvée und einen Weißburgunder. Unter dem Begriff „G.A. Exklusiv" werden edelsüße Weine vermarktet. Für die Spitzenweine ist der Name „Wollendieb" reserviert. Diesen Namen hatte man einem ehemaligen Teilstück des Heilbronner Stiftsbergs, dem Hundsberger, gegeben, weil ein Fuhrmann aus Bayern, der Wolle verkaufen wollte, dem Hundsberger so zusprach, dass er den ganzen Erlös der Wolle in Wein anlegte und vertrank. 2004 wurde ein neuer Holzfasskeller fertig gestellt, sowie eine begehbare Schatzkammer eingerichtet. Nach Geisenheim-Studium und Arbeitsstationen sowohl in der neuen (Marlborough, Central Otago) als auch in der alten Weinwelt (Württemberg, Kamptal, Wachau, Burgund, Provence) ist inzwischen Sohn Tobias Heinrich für die Weinproduktion verantwortlich.

Vorjahre

Die beiden roten Spitzencuvées waren vor zwei Jahren einmal mehr die Glanzlichter einer durch und durch überzeugenden, guten Kollektion. Der Wollendieb 2008 dominierte im vergangenen Jahr, unterstrich das sehr gute Niveau der letzten Jahre; der Rest der Kollektion präsentierte sich zuverlässig wie gewohnt.

Neue Kollektion

2011 präsentieren sich die Weißweine auf zuverlässig gutem Niveau, etwas spanneneder finden wir aber wieder die Roten. Die Cuvée „G.A.1" besitzt gute Struktur und jugendliche Tannine bei kräftigen Vanillenoten, der Lemberger Edition hat uns angenehm überrascht, ist faszinierend fruchtbetont und reintönig, kraftvoll und klar wie auch der Lemberger aus dem Holzfass; der Wollendieb lag zum Zeitpunkt unserer Verkostung noch im Fass, sollte nachgereicht werden, ist aber bis Redaktionsschluss nicht eingetroffen.

Weinbewertung

83 2011 Riesling trocken „Steillage" **12 %/6,20 €**
83 2011 Riesling trocken „alte Reben" **12 %/7,50 €**
85 2011 Riesling trocken „Edition S" **12 %**
83 2011 Weißburgunder trocken **12 %/8,- €**
82 2011 Weißweincuvée „S" „feinherb" **11,5 %/8,- €**
83 2010 „Cuvée Fass No. IV" Rotwein trocken **13 %/8,50 €**
86 2010 Lemberger trocken **12,5 %/11,- €**
83 2010 Spätburgunder trocken „Edition S" **12,5 %/11,- €**
88 2009 Lemberger trocken „Edition S" **13 %**
88 2009 „G.A.1" Rotwein trocken **13 %/20,- €**

★★☆

Heitlinger

Weingut

Baden

Am Mühlberg 3, 76684 Östringen-Tiefenbach
Tel. *07259-9112-0,* ***Fax:*** *07259-911299*
www.weingut-heitlinger.de
info@weingut-heitlinger.de
Besuchszeiten: *Vinothek Tiefenbach Mo.-Fr. 10-18 Uhr, Sa. 11-18 Uhr, Vinothek Sulzfeld (Burg Ravensburg) Di.-Fr. 11-18 Uhr, Sa. 10-13 Uhr Restaurant (Mo. + Di. Ruhetag)*

Inhaber .... Weingut Heitlinger & .... Burg Ravensburg GmbH, Heinz Heiler
Geschäftsführer .... Claus Burmeister
Kellermeister .... Jürgen Kern
Rebfläche .... 36 Hektar

Albert Heitlinger gründete 1960 das Weingut, sein Sohn Erhard expandierte stark. Inzwischen hat Heinz Heiler das Gut übernommen, seit Januar 2009 ist die Weingut Heitlinger GmbH auch Pächter des benachbarten Weinguts Burg Ravensburg. Claus Burmeister, vorher Betriebsleiter bei Burg Ravensburg, übernahm die Leitung beider Weingüter. Die Weinberge liegen hauptsächlich in Tiefenbach (Keuper- und Lössböden, Sandsteinverwitterungsböden mit Kalkunterlage im Spiegelberg) und im Odenheimer Königsbecher. Wichtigste Rebsorten sind Spätburgunder, Grauburgunder, Weißburgunder und Riesling. Hinzu kommen unter anderem Lemberger, Auxerrois und Dornfelder. Das Programm wurde unter der neuen Führung neu strukturiert in eine Basislinie, sowie Lagenweine und zwei Premiumcuvées. Seit 2010 werden die Weinberge biologisch bewirtschaftet.

Vorjahre

Die 2009er Basisweine waren klar und fruchtbetont, die Lagenweine besaßen Fülle und Substanz. Ähnlich präsentierte sich auch die letztjährige Kollektion mit frischen, geradlinigen Basisweinen und recht fülligen Lagenweinen. Die beiden Spitzencuvées waren konzentriert und mächtig, der feine Spätburgunder aus dem Königsbecher gefiel uns aber doch besser.

Neue Kollektion

Es geht weiter voran. Die Gutsweine sind frisch und sortentypisch, die Lagen-Weißweine haben an Präzision gewonnen. Die Rieslinge aus Schellenbrunnen und Kapellenberg besitzen Frische und reintönige Frucht, werden noch übertroffen vom neuen Museums-Riesling, der viel Substanz und Druck besitzt. Reintönig und kraftvoll ist der Pinot Gris Spiegelberg, klar und zupackend der Pinot Blanc Kapelle, stoffig und saftig die weiße Cuvée: Eine stimmige weiße Kollektion. Der 2010er Pinot Noir Königsbecher ist seinem Vorgänger ebenbürtig, besitzt klare Frucht und feine Gewürznoten; kraftvoller noch ist die rote Cuvée, besitzt gute Struktur und Substanz bei jugendlichen Bitternoten.

Weinbewertung

83 2011 Riesling trocken „Shiny River" **12 %/8,80 €**
82 2011 Pinot Blanc trocken „Smooth Leaf" **13 %/8,80 €**
84 2011 Auxerrois trocken „Gentle Hills" **12 %/8,80 €**
84 2011 Pinot Gris trocken „Spicy Stone" **12,5 %/8,80 €**
88 2011 Riesling trocken Schellenbrunnen **13 %/18,50 €**
88 2011 Riesling trocken Eichelberger Kapellenberg **13 %/18,50 €**
89 2011 Riesling trocken „Museum" **12,5 %/a.A.**
88 2011 Pinot Blanc trocken „Kapelle" **14 %/18,50 €**
89 2010 Pinot Gris trocken Spiegelberg **14,5 %/18,50 €**
88 2010 „White Tie" Weißwein trocken **13 %/40,- €**
88 2010 Pinot Noir trocken Königsbecher **13,5 %/19,50 €**
88 2009 „Black Tie" Rotwein trocken **13 %/40,- €**

★

Erhard & Max **Helmstetter**

Weingut

Franken

Bainweg 1, 63927 Bürgstadt
Tel. 09371-3341, Fax: 09371-66237
www.weingut-helmstetter.de
info@weingut-helmstetter.de
Besuchszeiten: Mo.-Sa. 8-12 + 14-18 Uhr
Vinotel (www.main-vinotel.de), Häckerwirtschaft

Inhaber................ Erhard & Max Helmstetter
Rebfläche............................ 4,6 Hektar

Seit 100 Jahren betreibt die Familie Weinbau, aber erst in jüngster Zeit wurde aus dem Nebenerwerbsbetrieb ein Weingut. Die Weinberge liegen in den Bürgstadter Lagen Centgrafenberg und Hundsrück (bisher ein Teil des Centgrafenberg). Spätburgunder spielt die wichtigste Rolle, dazu gibt es Frühburgunder, Portugieser und Domina, sowie die weißen Sorten Riesling, Silvaner, Weißburgunder, Sauvignon Blanc, Bacchus und Müller-Thurgau. 2011 ist man an den Ortsrand von Bürgstadt ausgesiedelt, wo nicht nur das neue Weingut errichtet wurde, sondern auch das so genannte Main-Vinotel mit 10 Zimmern, 2 Ferienwohnungen und einer Vinothek mit Weinlounge und Veranstaltungsräumen.

Weinbewertung

Die Weißweine präsentieren sich geschlossen auf gutem Niveau, dem würzigen, zupackenden Sauvignon Blanc gilt unsere leichte Präferenz. Noch besser gefallen uns die beiden präsentierten Rotweine des Jahrgangs 2009: Der Frühburgunder ist reintönig, besitzt gute Struktur und Frische, der Spätburgunder ist rauchig, kraftvoll und fruchtbetont, klar und zupackend bei guter Struktur.

Weinbewertung

83 2011 Silvaner trocken **12 %/6,80 €**
83 2011 Weißburgunder „R" trocken **13 %/11,- €**
84 2011 Sauvignon Blanc „R" trocken **12,5 %/12,50 €**
83 2011 Spätburgunder „weißgekeltert" **11,5 %/7,80 €**
87 2009 Spätburgunder „R" trocken **13,5 %/17,- €**
86 2009 Frühburgunder trocken **13 %/16,- €**

Roland Hemberger
Weingut ★
Franken

Aussiedlerhof 3, 97348 Rödelsee
***Tel.** 09323-435, **Fax**: 09323-5072*
www.weingut-hemberger.de
info@weingut-hemberger.de
***Besuchszeiten**: Mo.-Sa. 8-17 Uhr, So. 10-12 Uhr*

Inhaber .... Roland Hemberger
Rebfläche .... 10,3 Hektar

Die Familie baut seit Generationen Wein an, seit 1985 wird das Gut von Roland und Elisabeth Hemberger geführt. Die Weinberge liegen in den Rödelseer Lagen Küchenmeister und Schwanleite, wo die Reben auf Gipskeuperböden wachsen. Hauptrebsorten sind Silvaner, Riesling, Domina und alle Burgundersorten.

Vorjahre

Vor zwei Jahren hatte Roland Hemberger eine überzeugende, sehr gleichmäßige und zuverlässige Kollektion mit frischen, reintönigen Weinen. Und als hätte der Jahrgang 2010 keine Probleme bereitet, präsentierten sich die Weißweine wieder wunderschön reintönig und frisch, leicht und lebhaft: Trinkvergnügen pur.

Neue Kollektion

Die 2011er Weine sind deutlich fülliger, lassen manchmal aber die Frische etwas vermissen, die ihre Vorgänger auszeichnete. Die Spätlesen bringen nicht unbedingt eine Steigerung gegenüber den Kabinettweinen, im Gegenteil, der Silvaner gefällt uns als frischer, reintöniger Kabinett besser wie als füllige Spätlese.

Weinbewertung

78 2011 Silvaner trocken **12,5 %/5,- €/1l**
83 2011 Silvaner Kabinett trocken **12,5 %/6,- €**
81 2011 Scheurebe Kabinett trocken **12 %/6,- €**
81 2011 Bacchus Kabinett trocken **12 %/5,50 €**
81 2011 Riesling Kabinett trocken **12,5 %/6,50 €**
82 2011 Silvaner Spätlese trocken **13 %/7,- €**
81 2011 Grauburgunder Spätlese trocken **14 %/8,- €**
83 2011 Kerner Spätlese trocken **13,5 %/7,- €**
82 2011 Riesling Spätlese trocken **13,5 %/8,- €**
81 2011 Riesling Spätlese **12,5 %/8,- €**
81 2011 Weißburgunder Spätlese **13,5 %/8,- €**
82 2010 Spätburgunder trocken **13 %/9,- €**

Hench
Weingut ★
Franken

Hauptstraße 32, 63927 Bürgstadt
***Tel.** 09371-5752, **Fax**: 09371-948287*
www.weingut-hench.de
info@weingut-hench.de
***Besuchszeiten**: 15-18:30 Uhr, Sa. 9:30-16:30 Uhr, Di. geschlossen*

Inhaber .... Burkhard Hench
Rebfläche .... 6 Hektar

Der älteste Teil des mitten in Bürgstadt gelegenen Weingutes geht auf das Jahr 1563 zurück. Die Weinberge von Burkhard Hench liegen alle im Bürgstadter Centgrafenberg, auch in der neu eingetragenen Lage Hundsrück, einem Teil des Centgrafenberg, besitzt er einen Terrassenweinberg. Er baut vor allem Burgundersorten an, der Rotweinanteil beträgt 70 Prozent. Spätburgunder dominiert, hinzu kommen Frühburgunder, Pinot Meunier, Regent und St. Laurent, sowie die weißen Sorten Silvaner, Riesling und Müller-Thurgau. Die Weißweine werden im Edelstahl ausgebaut, die Rotweine kommen nach der Maischegärung ins Holzfass. Burkhard Hench führt den Betrieb zusammen mit Ehefrau Helene, inzwischen unterstützt von Sohn Peter.

Vorjahre

Beim guten Debüt vor zwei Jahren gefiel uns der Spätburgunder „R" aus dem Jahrgang 2008 besonders gut, ebenso der weißgekelterte Spätburgunder, aus dem selben Jahrgang. Auch in der guten letztjährigen Kollektion war wieder ein 2008er Wein unser Favorit, der im Holzfass ausgebaute Silvaner.

Neue Kollektion

In diesem Jahr sind nun wieder die Rotweine unsere Favoriten. Der nach roten Beeren duftende Frühburgunder ist reintönig, harmonisch und elegant bei guter Struktur; eine spätere Füllung des schon vor zwei Jahren vorgestellten Spätburgunder „R" 2008 zeigt feine Würze und Duft im Bouquet, ist klar und zupackend im Mund bei guter Struktur und kräftigen Tanninen. Der weiße Teil der Kollektion präsentiert sich klar, aber etwas verhaltener als die Rotweine.

Weinbewertung

81 2010 Riesling trocken Bürgstadter Centgrafenberg **12 %/7,30 €**
81 2011 Silvaner trocken Bürgstadter Centgrafenberg **11,5 %/6,80 €**
81 2011 Spätburgunder „weiß gekeltert" trocken Bürgstadter Centgrafenberg **11,5 %/7,20 €**
82 2011 Rosé „veris" **11,5 %/6,20 €**
83 2009 Pinot Meunier **13,5 %/7,- €**
83 2009 St. Laurent Bürgstadter Centgrafenberg **14 %/9,- €**
84 2009 Spätburgunder Bürgstadter Centgrafenberg **13,5 %/9,- €**
87 2009 Frühburgunder Bürgstadter Centgrafenberg **13 %/14,- €**
87 2008 Spätburgunder „R" Bürgstadter Centgrafenberg **13 %/17,- €**

★★☆

Henrichs + Friderichs

Weingut - Vinothek

Mosel

Weingut: Paulusstraße 29, 56814 Ediger
Vinothek: Moselstraße 10, 56820 Nehren
***Tel.** 02673-4187 (Vinothek), 02675-716 (Weingut)*
***Fax:** 02673-960281*
www.wein-mosel-wein.de
info@wein-mosel-wein.de
***Besuchszeiten:** Mi.-Fr. ab 17; Sa. 13.30-18.30 Uhr (Vinothek); „im Weingut einfach mal klingeln"*
Inhaber .... Bernadette Friderichs
Rebfläche .... 1,8 Hektar

1998 haben Bernadette Friderichs und Thomas Henrichs als Quereinsteiger den elterlichen Betrieb in Ediger übernommen. Sie ist Sprachheiltherapeutin, er Landschaftsarchitekt. Neben Riesling bauen sie Spätburgunder, Dornfelder und Weißburgunder an. 2003 eröffneten sie eine Vinothek im Nachbarort Nehren. Sie haben sich auf trockene und halbtrockene Weine spezialisiert, wobei seit dem Jahrgang 2003 auf Prädikatsbezeichnungen verzichtet wird. Die „Mons Ignis" und „vom roten Schiefer" genannten Rieslinge kommen aus dem Ediger Feuerberg, einer steilen, felsigen Süd-Südwest-Lage mit eisenhaltigem roten Schiefer. Desweiteren besitzen sie Weinberge im Bremmer Calmont, in den Ediger Lagen Osterlämmchen und Elzhofberg, sowie im Nehrener Römerberg. Die Weine sind meist deutlich vom Terroir beeinflusst und weisen einen erdigwürzigen Charakter auf.

H

Die besten deutschen Weinerzeuger und ihre Weine

Vorjahre

2009 wirkten alle Weine fest und würzig, waren von reifer Säure geprägt. Auch 2010 war hier gut gelungen, die Weine waren frisch, fruchtbetont und reintönig, besaßen gute Substanz und Länge.

Neue Kollektion

Hohes Niveau nun auch 2011, mit Präferenz für das trockene Segment, das sich sehr stimmig präsentiert mit einem geradlinigen Devonschiefer-Riesling, einem würzigen, zupackenden Riesling vom roten Schiefer und einem mineralischen Mons Ignis mit viel reifer Frucht und viel Substanz; sehr ähnlich, ein wenig gereifter, ist auch sein Vorgänger aus dem Jahrgang 2010.

Weinbewertung

84 2011 Weißburgunder „Pinot" **13,5 %/8,50 €**
84 2011 Riesling trocken „Devonschiefer" **12,5 %/8,50 €**
86 2011 Riesling trocken „vom roten Schiefer" **13 %/10,50 €**
88 2011 Riesling trocken „Mons Ignis" **13,5 %/14,50 €**
88 2010 Riesling trocken „Mons Ignis" **13,5 %/14,50 €**
84 2011 Riesling „feinherb" „Drei Sonnen" **13 %/10,50 €**
85 2011 Riesling „C + P" **9 %/8,50 €**

★★

Hensel

Weingut

Pfalz

In den Almen 13, 67098 Bad Dürkheim
***Tel.** 06322-2460, **Fax:** 06322-66918*
www.henselwein.de
info@henselwein.de
***Besuchszeiten:** Mo.-Fr. 8-12 und 13-18 Uhr, Sa. 9-16 Uhr*

Inhaber .... Thomas Hensel
Rebfläche .... 14,5 Hektar

Thomas Hensel hat Aufwind, ziemlich viel davon. So nennt der Winzer aus Bad Dürkheim nämlich einen Teil seiner Weine, die trockene Basiskollektion. Die Premium-Linie heißt folgerichtig Höhenflug und mit dem Barrique-Wein Ikarus kommt er der Sonne schon bedenklich nahe. Die Namen sind nicht vom Himmel gefallen – Hensel kann vom Weingut aus den Segelflugzeugen auf dem angrenzenden Flugplatz in Bad Dürkheim zusehen. Manchmal fliegt er auch selbst. Dafür hat er allerdings nicht allzu viel Zeit, denn knapp 20 Hektar wollen auch bewirtschaftet werden. In den Weinbergen werden vor allem Riesling, Weiß- und Grauburgunder, Chardonnay und Sauvignon Blanc bei den weißen Sorten und Spätburgunder, Saint Laurent, Dornfelder, Merlot und Cabernet Sauvignon bei den roten Rebsorten angebaut. Bei den Weißweinen setzt Thomas Hensel, der das Weingut von den Eltern übernommen hat und schon seit 20 Jahren für den Keller verantwortlich ist, auf langes Hefelager. Auf biologischen Säureabbau und jegliche Schönung wird verzichtet. Die Rotweine werden in Spezialtanks 7 bis 30 Tage maischevergoren, die besten Weine eines Jahrgangs kommen für bis zu 20 Monate ins Barrique.

Vorjahre

Der Umgang mit dem Weinausbau in den kleinen Eichenholzfässern ist gekonnt, wie die beiden Rotweine Ikarus und Höhenflug vor zwei Jahren zeigten. Die Weißweine waren frisch und klar und hatten alle eine schöne Frucht. Im vergangenen Jahr haben wir eine Kollektion auf hohem Niveau verkostet, neben sehr guten Rieslingen und einem köstlichen Rosé aus dem Jahrgang 2010 erlebten wir den buchstäblichen Höhenflug des Jahrgangs 2009 mit Grauburgunder, Spätburgunder und Rotwein-Cuvée.

Neue Kollektion

Der Höhenflug geht mit dem Weißwein-Jahrgang 2011 weiter, Thomas Hensel hat sehr gute Weißweine gemacht, die Höhenflug-Weine sind dicht und trotzdem fein, zeigen gekonnten Umgang mit dem Holz. Auch die Aufwind-Weine machen Spaß, frisch und klar ist der Steinberg-Riesling, wilde Kräuter zeigt der Hochbenn-Riesling, der Sauvignon ist reif und dicht. Der neu vorgestellte Ikarus zeigt ein sehr würziges und konzentriertes Bukett, im Mund ist er enorm dicht und konzentriert, die Tannine sind noch sehr hart und haftend.

Weinbewertung

86 2011 Riesling trocken Hochbenn „Aufwind" **13,5 %/9,90 €**
85 2011 Riesling trocken Steinberg „Aufwind" **12,5 %/8,- €**
86 2011 Sauvignon Blanc trocken „Aufwind" **12,5 %/9,90 €**
88 2011 Riesling trocken „Höhenflug" **13 %/14,- €**
88 2011 Grauer Burgunder trocken „Höhenflug" **13,5 %/13,- €**
88 2011 Chardonnay trocken „Höhenflug" **14 %/15 €**
89 2009 „Ikarus" Rotwein trocken **13 %/35,- €**
87 2009 Merlot trocken „Höhenflug" **13,5 %/14,50 €**
87 2009 „Höhenflug" Rotwein trocken **13,5 %/15 €**

Hermann ★★★

Weingut **Baden**

Alt-Vogtsburg 19, 79235 Vogtsburg
Tel. *07662-6202,* ***Fax:*** *07662-935833*
mail@weingut-hermann.de
Besuchszeiten: *Mo.-Fr. 9-19 Uhr, Sa. 9-17 Uhr*
Probierstube

Inhaber .... Gitta Hermann
Kellermeister .... Falk Hermann
Rebfläche .... 4 Hektar

Gitta und Klaus Hermann gründeten 1995 ihr Weingut. Im Anbau dominieren die Burgundersorten, die zwei Drittel der Rebfläche einnehmen. Hinzu kommen Silvaner und Müller-Thurgau, sowie etwas Sauvignon Blanc, Cabernet Sauvignon und Syrah. Die Weinberge verteilen sich auf verschiedene Lagen des Kaiserstuhls und liegen in der Oberbergener Bassgeige, den Oberrotweiler Lagen Henkenberg, Eichberg und Käsleberg, im Schelinger Kirchberg und im Gottenheimer Kirchberg am Tuniberg. Manche der Burgunderanlagen sind über 40 Jahre alt. Sohn Falk kümmert sich um den Weinausbau. Die Weine werden ausschließlich trocken und durchgegoren ausgebaut. Vor allem die Burgunder reifen recht lange auf der Feinhefe, die Rotweine werden grundsätzlich im Holzfass ausgebaut. Die Weine der Serie „Cantus Avis" kommen komplett in neue Barriques aus französischer Eiche und werden unfiltriert abgefüllt.

Vorjahre

Sehr gut gefiel uns vor zwei Jahren die Kollektion, die angeführt wurde von den wunderschön reintönigen Spätburgundern. Die gleichen Weine – Cantus Avis und Bassgeige-Spätburgunder – gefielen uns auch in der letztjährigen Kollektion am besten, aber auch die 2010er Weißweine wussten zu überzeugen.

Neue Kollektion

2011 sind die Weißweine klar und geradlinig, der zupackende, reintönige Sauvignon Blanc gefällt uns besonders gut. Die beiden Spätburgunder betören mit ihrer Reintönigkeit, sind frisch, klar und fruchtbetont, besitzten gute Struktur, der Cantus Avis auch Fülle und Substanz.

Weinbewertung

84 2011 Weißburgunder & Chardonnay trocken Schelinger Kirchberg **12,5 %/8,90 €**
86 2011 Sauvignon Blanc trocken **12,5 %/8,90 €**
84 2011 Grauburgunder trocken Schelinger Kirchberg **13 %/9,50 €**
87 2010 Blauer Spätburgunder trocken **13,5 %/a.A.**
89 2010 Blauer Spätburgunder trocken „Cantus Avis" **13 %/25,- €**

★★★☆

Dr. Hermann

Weingut

Mosel

Moselufer 22, 54539 Ürzig
Tel. *06532-2542,* ***Fax:*** *06532-4021*
Besucherinformation, Lager und Verkauf:
Auf der Geig 3, 54492 Erden,
Tel. 06532-3549, Fax: 06532-4021
www.weingut-drhermann.de
drhermann@gmx.de
Besuchszeiten: *nach Vereinbarung*

Inhaber .... Rudi Hermann
Kellermeister .... Christian Hermann
Rebfläche .... 7 Hektar

Das Weingut Dr. Hermann (ehemals Sanitätsrat Dr. Hermann) entstand 1966 im Wege der Erbteilung des Weingutes Joh. Jos. Christoffel Erben in fünf Betriebe. Rudi Hermann führt das Gut seit 1974, seit 2001 wird er im Betrieb unterstützt von Sohn Christian. Die Produktionsstätte wurde mit dem Bau eines neuen Kellers von Ürzig nach Erden verlegt, wo die Weine in Edelstahltanks ausgebaut werden. Die Hermanns bauen ausschließlich Riesling an. Ihre Weinberge befinden sich im Ürziger Würzgarten, in der Lösnicher Försterlay sowie in den Erdener Lagen Treppchen und Herrenberg. Hinzu kommen ein Hektar im nicht flurbereinigten Teil des Ürziger Würzgarten sowie eine Parzelle im Erdener Prälat. 90 Prozent der Fläche in Erden und Ürzig sind mit wurzelechten Reben bestockt. Der Schwerpunkt der Produktion liegt auf edelsüßen Weinen, der Großteil wird exportiert.

Vorjahre

2009 setzte die Reihe mit saftigen, kraftvollen Weinen fort, die edelsüßen Weine, vor allem die in kleinsten Mengen erzeugten Trockenbeerenauslesen, waren eine Klasse für sich. Auch 2010 war die Kollektion stimmig auf hohem Niveau: Feine Kabinettweine, saftige Spätlesen und edelsüße Rieslinge hin bis zur gewaltigen Goldkapsel-Trockenbeerenauslese aus dem Würzgarten.

Jahrgang 2011

Die 2011er erreichen nicht ganz die Brillanz ihrer Vorgänger, das betrifft Kabinettweine, aber auch Spätlesen und Auslesen. Die Auslesen sind konzentriert und dick, allen voran die Goldkapsel-Auslese aus dem Prälat. Noch dicker, noch konzentrierter präsentieren sich die drei Trockenbeerenauslesen, sind Weine mehr zum „Staunen", denn zum Trinken, die enorme Süße dominiert und erschlägt in diesem jugendlichen Stadium.

Weinbewertung

82 2011 Riesling Spätlese „feinherb" Ürziger Würzgarten **10,5 %/10,- €**
82 2011 Riesling „H" **9,5 %/5,50 €**
84 2011 Riesling Kabinett Ürziger Würzgarten **7,5 %/8,- €**
83 2011 Riesling Kabinett Erdener Treppchen **8 %/8,- €**
86 2011 Riesling Spätlese Erdener Treppchen **8 %/10,- €**
85 2011 Riesling Spätlese Ürziger Würzgarten **8 %/10,- €**
85 2011 Riesling Spätlese „Herzlay" (Goldkapsel) Erdener Treppchen **7,5 %/12,50 €**
87 2011 Riesling Auslese Erdener Prälat **7,5 %/20,- €**
89 2011 Riesling Auslese (Goldkapsel) Erdener Treppchen **7,5 %/20,- €**
88 2011 Riesling Auslese (Goldkapsel) Ürziger Würzgarten **7,5 %/20,- €**
89 2011 Riesling Auslese (Goldkapsel) Erdener Prälat **7,5 %/16,50 €/0,375l**
90 2011 Riesling Trockenbeerenauslese Ürziger Würzgarten **6 %/95,- €/0,375l**
90 2011 Riesling Trockenbeerenauslese Erdener Treppchen **6 %/95,- €/0,375l**
92 2011 Riesling Trockenbeerenauslese Erdener Prälat **6 %/auf Anfrage/0,375l**

Hermannsberg

★★★

Gut

Nahe

Ehemalige Weinbaudomäne, 55585 Niederhausen/Nahe
Tel. 06758-92500, Fax: 06758-925019
www.gut-hermannsberg.de
info@gut-hermannsberg.de
Besuchszeiten: Mo.-Fr. 10-18 Uhr, Sa. 10-16 Uhr
Gästehaus (7 Zimmer)

Inhaber .... Dr. Christine Dinser, Jens Reidel
Betriebsleiter/Kellermeister ..... Karsten Peter
Rebfläche .... 30 Hektar

Die ehemalige Weinbaudomäne wurde 1902 vom Königreich Preußen als Lehr- und Mustergut gegründet und gehörte nach 1946 dem Land Rheinland-Pfalz. 1998 wurde das Gut privatisiert und an die Pfälzer Familie Maurer verkauft, im Sommer 2009 erwarb es der Unternehmer Jens Reidel. Die Domäne besitzt Weinberge in erstklassigen Lagen von Schlossböckelheim (Kupfergrube und Felsenberg) und Niederhausen (Hermannsberg, Hermannshöhle, Steinberg, Kertz), aber auch im Altenbamberger Rotenberg und in der Traiser Bastei. 85 Prozent der Weinberge sind mit Riesling bepflanzt. Dazu gibt es Weißburgunder, Grauburgunder, Spätburgunder und Müller-Thurgau.

Vorjahre

Die 2009er Kollektion war ein klarer Schritt voran. Stilistisch schien man auf Üppigkeit und Alkohol zu setzen, die Mineralität und Eleganz kamen – noch? – ein wenig zu kurz. „Wir werden die weitere Entwicklung mit Spannung verfolgen", endeten wir vor zwei Jahren. Und es ging weiter voran mit dem Jahrgang 2010, Gut Hermannsberg präsentierte eine stimmige Kollektion mit klaren, frischen und fruchtbetonten Weinen. Angeführt wurde die Kollektion von drei Großen Gewächsen – leichte Präferenz für den Riesling aus der Bastei – und einer schönen edelsüßen Serie mit Eiswein und Hermannshöhle-Auslese an der Spitze: Sehr schöne Kollektion in einem problematischen Jahrgang, war unser Fazit.

Jahrgang 2011

Auch 2011 weisen die Zeichen ganz klar nach oben, die Kollektion hat weiter an Profil gewonnen: Schon der Basisriesling besitzt klare Frucht, wenn auch etwas zu viel Restsüße, bei den Ortsrieslingen und dem Riesling „Steinterrassen" kommen zur präzisen Frucht noch feine mineralische Würze und Substanz hinzu. Die drei Großen Gewächse besitzen viel Kraft und Stoff und bleiben mehrere Tage in der offenen Flasche stabil. Der Wein aus der Kupfergrube ist unter den Dreien unser Favorit, er ist noch eine Spur komplexer und eigenständiger als die ebenfalls sehr gelungenen Weine aus der Bastei und dem Hermannsberg. Auch der süße Teil der Kollektion hat im Vergleich zum Vorjahr zugelegt, mit zwei feinen, saftigen und harmonischen Spätlesen und zwei cremigen, konzentrierten und herrlich reintönigen Auslesen.

Weinbewertung

85 2011 Weißer Burgunder trocken **13 %/10,- €**
84 2011 Riesling trocken „Just Riesling!" **12,5 %/8,- €**
86 2011 Riesling trocken Niederhäuser **13 %/13,90 €**
87 2011 Riesling trocken Schlossböckelheimer **13 %/13,90 €**
88 2011 Riesling trocken „Steinterrassen" **13,5 %/19,90 €**
91 2011 Riesling „GG" Schlossböckelheimer Kupfergrube **13,5 %/30,- €**
90 2011 Riesling „GG" Niederhäuser Hermannsberg **13,5 %/30,- €**
90 2011 Riesling „GG" Traiser Bastei **13,5 %/30,- €**
84 2011 Riesling Kabinett **9,5 %/10,- €**
86 2011 Riesling Spätlese Altenbamberger Rotenberg **9,5 %/13,90 €**
87 2011 Riesling Spätlese Niederhäuser Steinberg **9,5 %/13,90 €**
90 2011 Riesling Auslese Schlossböckelheimer Kupfergrube **7 %/25,- €/0,375l**
91 2011 Riesling Auslese „Versteigerung" Schlossböckelheimer Kupfergrube **7,5 %/a. A./0,375l**

H

Die besten deutschen Weinerzeuger und ihre Weine

★

Bernd **Hermes**

Weingut

Mosel

Im Flurgarten 31-32, 54536 Kröv
Tel. 06541-3619, Fax: 06541-3584
www.bernd-hermes.de
weingut@bernd-hermes.de
Besuchszeiten: nach Vereinbarung
Luxusferienwohnungen (5 Sterne)

Inhaber .... Bernd Hermes
Rebfläche .... 3,5 Hektar

Bernd Hermes baut in den besten Kröver Lagen, dazu im Wolfer Klosterberg, vor allem Riesling an, pflegt aber auch eine Spezialität, die an der Mosel sonst kaum zu finden ist, den Findling. Die Weine werden temperaturgesteuert vergoren und reduktiv vinifiziert. Ein neues Flaschenlager und Luxusferienwohnungen im Penthousestil wurden gebaut. Inzwischen bringt auch Sohn Maximilian, der nach Lehrjahren bei Daniel Vollenweider, Thorsten Melsheimer und beim Pfälzer Weingut Fitz-Ritter derzeit bei Andreas Schmitges arbeitet, seine Erfahrungen in die Weinbereitung ein.

Vorjahre

2009 war gelungen, überzeugte mit saftigen, zugänglichen Rieslingen. Sehr ähnlich präsentierte sich 2010, die Weine waren fruchtbetont und füllig, besaßen Saft und gute Substanz.

Jahrgang 2011

2011 gab es aufgrund von Hagelschäden Ende August nur eine sehr kleine Ernte. Die Kollektion präsentiert sich sehr gleichmäßig, Highlight ist eindeutig die konzentrierte, nach Trockenfrüchten duftende Auslese aus dem Steffensberg. ▬

Weinbewertung

82 2011 Riesling Spätlese trocken Kröver Letterlay **12,5 %/6,50 €**
82 2011 Riesling Spätlese „feinherb" Kröver Letterlay **10,5 %/7,- €**
80 2011 Riesling Kabinett Kröver Kirchlay **8 %/5,70 €**
82 2011 Riesling Spätlese Nr. 18/12 Kröver Steffensberg **8 %/8,50 €**
81 2011 Riesling Spätlese Nr. 2/12 Kröver Steffensberg **8,5 %/9,50 €**
87 2011 Riesling Auslese*** Kröver Steffensberg **8,5 %/29,- €/0,5l**

★★★★

Herrenberg

Weinhof

Mosel

Hauptstraße 80-82, 54441 Schoden
Tel. 06581-1258, Fax: 06581-995438
www.lochriesling.de
info@lochriesling.de
Besuchszeiten: jederzeit nach Vereinbarung
Ferienwohnung

Inhaber .... Claudia und Manfred Loch
Rebfläche .... 3, Hektar

Claudia und Manfred Loch gründeten 1992 ihr Weingut. Sie bearbeiten Parzellen in den Lagen Schodener Herrenberg, Wiltinger Schlangengraben und Ockfener Bockstein, darunter viele uralte Rebstöcke. Sie bauen ausschließlich Riesling an. Die Lochs pflegen ihren eigenen, sehr persönlichen Weinstil. Mit Ausnahme von Jahren wie 1999, als ausschließlich edelsüße Weine gekeltert wurden, konzentriert man sich auf kraftvolle, sehr mineralische trockene Weine; wenn es das Wetter zulässt, werden allerdings in kleinen Mengen auch Auslesen, Beeren- oder Trockenbeerenauslesen erzeugt. Die Moste werden im Edelstahl vergoren. Manfred Loch baut einzelne Parzellen im Schodener Herrenberg gesondert aus: Cruv (Hangfuß, tiefgründige Böden), Stier (steilste Parzelle, extremer Rollschiefer), Stoveler (höchstgelegene Parzelle, hoher Schieferanteil) und „De kleinen Hehrenbersch" (jüngste Parzelle am Hangfuß mit tiefgründigen Böden, 2007 gepflanzt, sehr hohe Pflanzdichte). Die jeweils besten trockenen, „feinherben" und süßen Partien werden als Saartyr, Quasaar und Contessaar angeboten.

Vorjahre

Die 2009er waren, beginnend beim Basisriesling, großartige, sehr finessenreiche und mineralische Weine, die einen ganz eigenen Stil aufwiesen; nur wenige Winzer im Anbaugebiet konnten so feine, extrem sauber selektierte Süßweine erzeugen wie Manfred Loch. 2010 zeigte sich unbeeindruckt vom Jahrgang, alle Weine waren reintönig und kraftvoll, besaßen gute Substanz und Präzision; die edelsüßen Rieslinge waren durch enorme Säure dominiert und schwierig zu bewerten.

Neue Kollektion

Auch 2011 bringt wieder stoffige, sehr eigenständige Rieslinge. Begeistert hat uns der Wein aus dem Bockstein, ein Monument, opulent und konzentriert, faszinierend reintönig – und hoch im Alkohol. Der Riesling von alten Reben aus dem Schlangengraben ist faszinierend reintönig, zeigt reife Frucht, der Saartyr ist saftig und lang. Prinzipiell finden wir 2011 die trockeneren Weine etwas spannender als die von viel Restsüße geprägten, sie sind präziser und nachhaltiger. Auch mit zwei Auslesen brilliert Manfred Loch , wobei die „hochfeinste" Auslese bei der Verkostung noch stark vom Schwefel geprägt war. Starke Kollektion!

Weinbewertung

91 2011 Riesling Ockfener Bockstein **14 %/28,90 €**
88 2011 Riesling „Cruv" **13 %/15,90 €**
85 2011 „LochRiesling" **12,5 %/9,90 €**
90 2011 Riesling „Alte Reben" Schlangengraben **13 %/36,- €**
89 2011 Riesling „Saartyr" **13 %/19,90 €**
88 2011 Riesling „Stier" **12,5 %/15,90 €**
87 2011 Riesling „Stoveler" **12,5 %/15,90 €**
89 2011 Riesling „QuoSaar" **11,5 %/19,90 €**
88 2011 Riesling „ContesSaar" **10 %/19,90 €**
89 2011 Riesling Auslese Herrenberg **9,5 %/29,50 €**
90 2011 Riesling „hochfeinste" Auslese Herrenberg **7 %/38,90 €/0,375l**

★☆

Christian **Heußler**

Weingut

Pfalz

Mühlgasse 5, 76835 Rhodt
***Tel.** 06323-2235, **Fax:** 06323-980533*
www.heussler-wein.de
info@heussler-wein.de
***Besuchszeiten:** Mo + Mi.-Fr. 10-12 + 13:30-18 Uhr, Sa. 10-17 Uhr*

Inhaber .... Christian Heußler
Rebfläche .... 14,5 Hektar

Seit 1750 bearbeitet die Familie Heußler Weinberge in Rhodt und Umgebung. Seit 1996 wurde der Ertrag von 7 Hektar über die Flasche vermarktet, seit 2005 wird der Ertrag der gesamten Rebfläche selbst vermarktet. Die Weinberge befinden sich vor allem in Rhodt in den Lagen Schlossberg, Rosengarten und Klosterpfad, aber auch in den Nachbargemeinden Hainfeld und Edenkoben. 65 Prozent der Fläche nehmen weiße Sorten ein, vor allem Riesling, Weiß- und Grauburgunder, aber auch Chardonnay, Muskateller, Gewürztraminer und Sauvignon Blanc. Wichtigste rote Sorten sind Dornfelder, Spätburgunder und Portugieser. St. Laurent, Dunkelfelder und Cabernet Sauvignon kamen in den letzten Jahren hinzu.

Vorjahre

Vor zwei Jahren fanden sich einige Spitzen in der Kollektion, neben dem Eiswein vom Cabernet Sauvignon waren das zwei Grauburgunder und ein Chardonnay, der mit 14,5 Prozent Alkohol allerdings etwas zu muskulös daherkam. In der gleichmäßig guten Kollektion des vergangenen Jahres standen wiederum die beiden konzentrierten Grauburgunder und der im Vergleich zum Vorjahr etwas schlankere und harmonischere Chardonnay an der Spitze, dazu kam ein gut strukturierter Spätburgunder aus dem Jahrgang 2009.

Neue Kollektion

Die 2010er Rotweine in der aktuellen Kollektion präsentieren sich etwas verhaltener und mit leicht spröden Tanninen, aber unter den Weißweinen sind die Rieslinge und die Grauburgunder wieder gut gelungen, allen voran die beiden „Rosswingert"-Weine, auch wenn der saftige und füllige Grauburgunder „Rosswingert" im Restzucker knapp über der Trockengrenze liegt.

Weinbewertung

80 „Trisecco" Perlwein trocken **12 %/5,20 €**
83 2011 Muskateller trocken Rhodter Rosengarten **12,5 %/6,20 €**
83 2011 Weißburgunder trocken **12,5 %/4,70 €**
86 2011 Grauburgunder Spätlese trocken Rhodter Rosengarten **13,5 %/7,40 €**
86 2011 Riesling Kabinett trocken „Rosswingert" Rhodter Schlossberg **12,5 %/8,80 €**
85 2011 Riesling Spätlese trocken „Granit" Rhodter Schlossberg **13,5 %/9,20 €**
87 2011 Grauburgunder Spätlese „Rosswingert" Rhodter Schlossberg **14 %/9,80 €**
84 2011 Gewürztraminer Spätlese Rhodter Ordensgut **13,5 %/7,- €**
83 2011 Riesling Spätlese Rhodter Schlossberg **10,5 %/7,- €**
83 2010 Cabernet Sauvignon trocken Barrique Rhodter Schlossberg **13 %/9,80 €**
82 2010 Spätburgunder trocken „Holzfass" Rhodter Klosterpfad **13 %/6,40 €**

★★☆

Helmut **Hexamer**

Weingut

Nahe

Sobernheimer Straße 3, 55566 Meddersheim
***Tel.** 06751-2269, **Fax**: 06751-94707*
www.weingut-hexamer.de
info@weingut-hexamer.de
***Besuchszeiten**: Mo.-Fr. 8-19 Uhr, Sa. 8-17 Uhr*

Inhaber .... Harald Hexamer
Rebfläche .... 17,8 Hektar

Vor allem auf Riesling setzt Harald Hexamer, der den Betrieb 1999 von seinem Vater übernommen hat, knapp zwei Drittel der Rebfläche nimmt er inzwischen ein. Es folgen Spätburgunder, Weißburgunder, Grauburgunder und Frühburgunder, auch Domina und Regent baut Harald Hexamer inzwischen an. Die Weinberge liegen in Meddersheim und im Sobernheimer Marbach. Zuletzt konnte er zwei Weinberge in den Schlossböckelheimer Lagen „In den Felsen" und Königsfels erwerben, dazu 0,6 Hektar im besten Teil des Rheingrafenberg, (Birkenfelder). Die Weißweine werden fast ganz im Edelstahl ausgebaut, nur Grau- und Weißburgunder kommen seit dem Jahrgang 2010 ins Holz, wofür Harald Hexamer Meddersheimer Eiche nutzt; die Rotweine werden immer im großen Holzfass oder Barrique ausgebaut.

Vorjahre

2009 konnten die beiden trockenen „No. 1"-Rieslinge überzeugen, der Eiswein war aber einmal mehr der herausragende Wein der Kollektion. Die 2010er Weine hatte Harald Hexamer noch länger auf der Hefe gelassen als gewöhnlich, das Ergebnis gab ihm recht. Die Weine waren frisch, klar und geradlinig, schon der Gutsriesling bereitete viel Freude. Highlights im Programm waren einmal mehr die edelsüßen Rieslinge.

Neue Kollektion

Das ist auch 2011 wieder so: Die Beerenauslese und die Trockenbeerenauslese besitzen ein prägnantes Säuregerüst, viel Konzentration und feine Zitrusnoten. Das straffe Säure-Spiel findet sich auch bei den trockenen Rieslingen, unter denen wieder die beiden „No. 1"-Weine hervorstechen.

Weinbewertung

85 2011 Gewürztraminer trocken **13,5 %/14,80 €**
84 2011 Weißburgunder trocken **13 %/7,30 €**
82 2011 Riesling trocken **12,5 %/6,30 €**
85 2011 Riesling trocken „Eisendell" Meddersheimer Rheingrafenberg **13 %/7,30 €**
85 2011 Riesling trocken Schlossböckelheimer In den Felsen **13,5 %/8,80 €**
87 2011 Riesling trocken „No. 1" Schlossböckel-

heimer In den Felsen **13,5 %/15,30 €**
86 2011 Riesling trocken „No. 1" Meddersheimer Rheingrafenberg **13 %/15,80 €**
84 2011 Riesling „Porphyr" Schlossböckelheimer In den Felsen **11,5 %/8,50 €**
85 2011 Riesling Kabinett Meddersheimer Altenberg **9 %/8,30 €**
85 2011 Riesling Spätlese Schlossböckelheimer Königsfels **9 %/13,80 €**
87 2011 Riesling Spätlese „No. 1" Meddersheimer Rheingrafenberg **7,5 %/17,80 €**
88 2011 Riesling Auslese Meddersheimer Rheingrafenberg **8 %/32,- €**
90 2011 Riesling Beerenauslese Meddersheimer Rheingrafenberg **7,5 %/39,80 €/0,375l**
90 2011 Riesling Trockenbeerenauslese Meddersheimer Rheingrafenberg **6 %/98,- €/0,375l**
85 2009 Frühburgunder trocken **13,5 %/15,80 €**
85 2009 Spätburgunder trocken „No. 1" **14 %/17,80 €**

★★★★

Heymann-Löwenstein

Weingut **Mosel**

Bahnhofstraße 10, 56333 Winningen
***Tel.** 02606-1919, **Fax:** 02606-1909*
www.heymann-loewenstein.com
info@hlweb.de
***Besuchszeiten:** nach Vereinbarung*

Inhaber .... Cornelia Heymann-Löwenstein
.... Reinhard Löwenstein
Rebfläche .... 15 Hektar

Reinhard Löwenstein ist einer der profiliertesten Winzer der Mosel. Wohl nicht viele aus seiner Branche haben das Thema Terroir so intensiv ergründet wie er. Löwenstein konzentriert sich auf Riesling, die Herzstücke seines Programms sind die von ihm propagierten „Ersten Lagen" – die er teilweise weiter nach Parzellen unterteilt. Außer dem Röttgen und dem Uhlen hat sich Löwenstein auch mit dem Kirchberg und dem Stolzenberg einen Namen gemacht. Hinzu kommen als Gutsweine der „Schieferterrassen"-Riesling, der „Schieferterrassen Alte Reben" und der Riesling „vom blauen Schiefer". Seine trockenen Lagenweine füllt Reinhard Löwenstein immer recht spät ab, und sie sind auch dann noch vergleichsweise unzugänglich. Schon jung bemerkenswert saftig und komplex sind seine Süßweine. Löwensteins Terroir-Konzept ist umfassend, und kein anderer Erzeuger spricht und schreibt so gern über dieses Thema. Nicht immer gelang es uns allerdings in den letzten Jahren, den Charakter der Lage in den Weinen zu erkennen, manchmal waren die Rieslinge zu sehr von Botrytis und üppiger Süße beherrscht.

Vorjahre

Exzellent: Die beiden wunderschön saftigen Süßweine aus dem Jahrgang 2009; noch sehr verschlossen, aber viel versprechend: Die nicht ganz trockenen 2009er. 2010 trugen alle Weine den Zusatz „Reserve". Ob dies bewusst so gewählt wurde, um den außergewöhnlichen Weinen Rechnung zu tragen? Denn 2010 stellte Reinhard Löwenstein die Hey-Lö-Fangemeinde vor eine harte Probe. 2007 und 2008 zeigten die Weine feine mineralische Noten, ja selbst die üppigen 2009er waren noch mineralisch. 2010 aber war extrem anders, extrem anders wie zuletzt die 2000er von Reinhard Löwenstein, aber doch auf eine andere Art. Er hatte mächtige Weine erzeugt, die im Bouquet an Beerenauslesen erinnerten, im Mund dominant waren, merklich süß, hoch im Alkohol, mit Bitternoten im Abgang, verknappt hätte man sie als „feinherbe" Beerenauslesen bezeichnen können.

Jahrgang 2011

2011 gefällt uns da deutlich besser, bereits die Einstigesweine – Schieferterrassen und „vom blauen Schiefer" – präsentieren sich füllig und klar, besitzen reife Frucht, gute Struktur und Substanz, beim „vom blauen Schiefer" findet man feine rauchige Noten, etwas gelbe Früchte. Die Lagenweine sind 2011 alle hervorragend: Der Stolzenberg ist konzentriert, zeigt gelbe Früchte im Bouquet, etwas Zitrus im Hintergrund, ist füllig und kraftvoll, besitzt gute Struktur und Substanz. Ähnlich stoffig und kraftvoll ist der Wein aus dem Kirchberg, noch ein klein wenig nachhaltiger; der Röttgen präsentiert sich füllig und harmonisch, wunderschön saftig, besitzt aber nicht ganz die Länge der anderen Lagenrieslinge. Der Laubach zeigt viel Duft im Bouquet, etwas gelbe Früchte im Hintergrund, besitzt herrlich viel Fülle und Kraft, Substanz und Druck, ist noch enorm jugendlich. Klares Highlight aber ist für uns der Riesling aus der Blaufüßer Lay: Gute Konzentration und faszinierend viel Frucht prägen das Bouquet, gelbe Früchte, im Mund präsentiert er sich füllig und kraftvoll, komplex und konzentriert, ist faszinierend lang und nachhaltig. Großartige Kollektion, da vergessen wir gerne die Reserve-Weine des Jahrgangs 2010.

Weinbewertung

87 2011 Riesling „Schieferterrassen" **14,50 €**
88 2011 Riesling „vom blauen Schiefer" **17,50 €**
90 2011 Riesling Stolzenberg **21,- €**
90 2011 Riesling Röttgen **22,- €**
93 2011 Riesling Uhlen „B" **26,- €**
91 2011 Riesling Uhlen „L" **29,- €**
91 2011 Riesling Kirchberg

Hiestand ★

Weingut

Rheinhessen

Nordhöferstraße 19, 67583 Guntersblum
***Tel.** 06249-2266, **Fax**: 06249-7835*
www.hiestand-weingut.com
hiestand.wein@t-online.de
***Besuchszeiten**: Sa. 10-18 Uhr und nach Vereinbarung*
Hoffest am 1. Wochenende im Oktober.
Straußwirtschaft erste beide Wochen im Oktober

Inhaber .... Gunther Hiestand
Rebfläche .... 12 Hektar

Die wichtigsten Rebsorten bei Gunther Hiestand sind Silvaner, Riesling, Weißburgunder und Gewürztraminer. Ihre Weinberge liegen in den Guntersblumer Lagen Kreuzkapelle, Steig-Terrassen, Bornpfad und Eiserne Hand, sowie im Albiger Schloss Hammerstein. Während der Gutshof der Hiestands in der Nordhöferstraße liegt, befindet sich der Keller im Guntersblumer Kellerweg. Dort reifen die Weine in Fässern aus Spessarteiche. Alle Weine werden seit jeher mit den natürlichen Hefen vergoren. Seit 1997 wird das alte Brennrecht wieder ausgeübt und Trauben, Hefe, Holunder, Weinbergpfirsich und Quitte werden in der hauseigenen Destille gebrannt.

Vorjahre

2009, beeindruckten uns zwei Rieslinge aus den Vorjahren am meisten: Hiestand-Weine brauchen Zeit stellten wir vor zwei Jahren fest. Dies galt auch im vergangenen Jahr: Die beiden spannendsten Weine waren die Rieslinge aus dem Jahrgang 2009, die 2010er präsentierten sich wie gehabt markant und eigenständig.

Neue Kollektion

Die neue Kollektion bringt einen kraftvollen, geradlinigen Gewürztraminer und eine füllige Riesling Spätlese mit viel reifer Frucht und guter Substanz.

Weinbewertung

82 2011 Silvaner trocken **12 %/5,90 €**
82 2011 Riesling trocken Guntersblum **12,5 %/8,90 €**
82 2011 „Grauweiss" Grauburgunder + Weißburgunder trocken Guntersblum **13 %/8,90 €**
84 2011 Gewürztraminer Guntersblum **13 %/8,90 €**
87 2011 Riesling Spätlese Guntersblumer Kreuzkapelle **9,5 %/15,90 €**
80 2009 Portugieser „JJ" Hammerstein **13 %/15,90 €**

★★★

Emmerich **Himmel**

Weingut

Rheingau

Holger-Crafoord-Strasse 4, 65239 Hochheim
Tel. 06146-6590, Fax: 06146-601570
www.weingut-himmel.de
info@weingut-himmel.de
Besuchszeiten: nach Vereinbarung, jeden 1. Sa. im Monat 11-17 Uhr Weintheke

Inhaber .... Emmerich Himmel
Rebfläche .... 5 Hektar

Emmerich Himmel hat das Weingut 1984 von seinem Vater als Fassweinbetrieb übernommen, auf Flaschenweinvermarktung umgestellt und die Qualität der Weine nach und nach immer weiter gesteigert. Heute bewirtschaftet er vor allem Rieslingparzellen (80 Prozent), aber auch Weißburgunder- und Spätburgunderlagen. Die Weine werden zum Teil mit den eigenen Hefen vergoren. Sowohl der Riesling aus dem Kirchenstück als auch jener aus der Hölle zeichnen sich durch eine im Rheingau seltene Geradlinigkeit und Balance aus, ein Übermaß an Süße in den nominell trockenen Weinen wird zum Glück vermieden. Als „Lumen Naturale“ wird ein Riesling aus dem Kirchenstück bezeichnet, dessen Trauben langsam gepresst werden, bei der Vergärung lässt Himmel etwa 20 Prozent ganze Trauben mitvergären, der Ausbau findet im großen Holzfass statt. Der im Barrique ausgebaute Weißburgunder und ein ebenfalls im Holz gereifter Spätburgunder ergänzen das Sortiment.

Vorjahre

Der Jahrgang 2009 brachte eine sehr ausgewogene Kollektion hervor mit einem Ersten Gewächs voller Schmelz an der Spitze, auch der spät vorgestellte „Lumen Naturale“ faszinierte. Nicht weniger gelungen, lediglich etwas schlanker, waren die 2010er.

Neue Kollektion

Die 2011er befinden sich auf einem überaus erfreulichen Niveau, beginnend mit dem Classic und endend mit den beiden sehr guten Ersten Gewächsen. Diese präsentieren sich, wie auch die übrigen Weine des Jahrgangs, geradlinig, balanciert und voller Würze – das Kirchenstück scheint im Moment etwas verschlossener. Der erst jetzt vorgestellte „Lumen Naturale“ des Jahrgangs 2010 wirkt derzeit nicht ganz ausgewogen, könnte aber noch zulegen, eine Kirchenstück-Spätlese aus dem gleichen Jahr ist dagegen jetzt in Hochform. Saftig und erfrischend, ohne Holzdominanz, zeigt sich der Spätburgunder.

Weinbewertung

83 2011 Riesling Kabinett trocken Hochheimer Hölle „Himmel“ **12,5 %/6,- €**
85 2011 Riesling Spätlese trocken „Himmelstraum“ **12,5 %/8,- €**
85 2011 Riesling Spätlese trocken Hochheimer Hölle **12,5 %/10,- €**
88 2010 Riesling Spätlese trocken Hochheimer Kirchenstück **13 %/13,- €**
89 2011 Riesling trocken Erstes Gewächs Hochheimer Hölle **13 %/15,- €**
89 2011 Riesling trocken Erstes Gewächs Hochheimer Kirchenstück **13 %/18,- €**
87 2010 Riesling Spätlese trocken „Lumen Naturale“ **14 %/20,- €**
85 2009 Weißburgunder Spätlese trocken Barrique **13,5 %/13,- €**
83 2011 Riesling Classic **12 %/6,- €**
86 2008 Spätburgunder trocken Barrique Hochheimer Stein **14 %/20,- €**

★

Hinterbichler

Weingut

Pfalz

Kleinkarlbacher Straße 16, 67273 Bobenheim am Berg
***Tel.** 06353-3990, **Fax:** 06353-507170*
www.hinterbichler.de
info@hinterbichler.de
***Besuchszeiten:** nach Vereinbarung*

Inhaber .... Famiie Hinterbichler
Rebfläche .... 16 Hektar

In Bobenheim am Berg betreibt Markus Hinterbichler zusammen mit seinem Vater das Weingut Hinterbichler. Der Vater kam 1980 aus Österreich 1980 in die Pfalz. Weinbautechniker Markus Hinterbichler will in Zukunft auch österreichische Rebsorten kultivieren. Eine der Wurzeln liegt in Oberösterreich beim „Stoana" (Steine), dem Geburtshaus des Vaters. Im Weingut Hinterbichler trägt jetzt eine Cuvée aus Scheurebe, Bacchus und Chardonnay diesen Namen. Dieser wächst schließlich auch auf „Stoana": In den Lagen Kieselberg, wo verwitterter Buntsandstein anliegt, und Ohligpfad, der von Lehm und Löss geprägt ist.

Kollektion

Die Cuvée hat uns von den sechs Weinen, die wir von den Hinterbichlers verkostet haben, knapp am besten gefallen. Der Wein ist frisch, klar, fruchtig und ein wenig süß. Frische und rebsortentypische Klarheit sind auch die wichtigsten Merkmale der anderen Weine. Eine gute Premiere!

Weinbewertung

85 2011 „Stoana" Weißwein trocken **12 %/6,- €** ☺
84 2011 Sauvignon Blanc trocken **12 %/6,- €**
82 2011 Weißburgunder trocken **12,5 %/6,- €**
84 2011 Chardonnay trocken **12,5 %/6,- €**
84 2011 Grauburgunder trocken **12,5 %/6,- €**
84 2011 Rosé trocken **11,5 %/6,- €**

★★

Hirschhof

Weingut

Rheinhessen

Seegasse 29, 67593 Westhofen
***Tel.** 06244-349, **Fax:** 06244-57112*
www.weingut-hirschhof.de
hirschhof@t-online.de
***Besuchszeiten:** Mo.-Fr. 8-12 + 13-18 Uhr, Sa. nach Vereinbarung*

Inhaber .... Familie Zimmer
Rebfläche .... 30 Hektar

Die Ursprünge des Hirschhofs reichen bis ins Jahr 1466 zurück, als ein Vorfahre der heutigen Besitzer seinen Landesherrn vor einem angreifenden Hirsch rettete und zum Dank dafür die Ländereien, das Wappen und den Namen erhielt. Seit 1991 werden alle Rebflächen beim Weingut Hirschhof nach ökologischen Gesichtspunkten bewirtschaftet (Ecovin). Neben den klassischen Sorten wie Riesling, Silvaner und Burgundern spielen rote Sorten wie Saint Laurent, Dornfelder und Portugieser eine wichtige Rolle in den Weinbergen, die in den Gemeinden Westhofen, Guntersblum und Bechtheim liegen. Aber auch Chardonnay und Sauvignon Blanc bauen Walter und Tobias Zimmer inzwischen an. Neben Wein wird Traubensaft hergestellt, ein Riesling-Hefebrand, Marc vom Gewürztraminer und bereits seit 1986 Sekte im traditionellen Verfahren.

Vorjahre

Nicht viele Weingüter bieten Jahr für Jahr solch zuverlässige Qualität wie der Hirschhof. Das war vor zehn Jahren so, heute, mit 10 Hektar mehr Rebfläche, gilt es genauso. Die trockenen Rieslinge aus dem Morstein gehören ebenso wie Spätburgunder und edelsüße Weine immer wieder zur Spitze in Rheinhessen. Sehr konsistent präsentierte sich der Jahrgang 2009 – und einmal mehr gefiel uns der trockene Riesling aus dem Morstein besonders gut. 2010 behauptete sich der Hirschhof gut, alle Weine waren klar und frisch, schon der Liter-Silvaner machte Freude. Das Highlight in der letztjährigen Kollektion stammte aber mit dem kraftvollen Spätburgunder aus dem Jahrgang 2009.

Neue Kollektion

Eine sehr schöne Kollektion folgt 2011 mit vielen reintönigen, frischen Weinen. Der Riesling aus dem Kirchspiel ist klar, füllig und zupackend, Grauburgunder und Chardonnay besitzen gute Harmonie und Substanz, unser eindeutiger Favorit aber ist der Weißburgunder, ein herrlich fülliger, kraftvoller Wein, stoffig und lang, mit guter Struktur und Wärme.

Weinbewertung

81 2011 Riesling trocken **12,5 %/5,50 €**

84 2011 Sauvignon Blanc trocken Westhofener Steingrube **12,5 %/6,90 €**

83 2011 Gewürztraminer Kabinett trocken Westhofener Kirchspiel **12 %/6,50 €**

85 2011 Grauburgunder Spätlese trocken Westhofener Steingrube **13,5 %/7,40 €**

86 2011 Riesling Spätlese trocken Westhofener Kirchspiel **13,5 %/7,40 €**

85 2011 Chardonnay Spätlese trocken Westhofener Kirchspiel **13,5 %/7,40 €**

88 2011 Weißburgunder „S" trocken Westhofener Kirchspiel **14 %/12,- €**

82 2010 Riesling Kabinett Westhofener Morstein **10 %/5,80 €**

84 2010 Gewürztraminer Spätlese Westhofener Kirchspiel **10,5 %/6,90 €**

82 2011 Riesling Spätlese „feinherb" Westhofener Morstein **13,5 %/8,90 €**

85 2011 Riesling Auslese Westhofener Morstein **9,5 %/9,50 €**

★☆

Hirschmann

Weingut

Rheingau

Hauptstraße 10, 65375 Oestrich-Winkel
***Tel.** 06723-2800, **Fax:** 06723-885484*
www.hirschmann-wein.de
info@hirschmann-wein.de
***Besuchszeiten:** Mo.-Sa. nach Vereinbarung*

Inhaber .... Christoph Hirschmann
Rebfläche .... 5,8 Hektar

Die Familie betreibt seit dem 17. Jahrhundert Weinbau in Oestrich-Winkel. 1860 erwarb Johann Hirschmann das historische Gutshaus in Winkel, in dessen altem Gewölbekeller immer noch die Weine ausgebaut werden. Christoph Hirschmann, der heutige Besitzer, baut neben Riesling etwas Spätburgunder an. Seine besten Lagen sind Doosberg, Lenchen (beide Oestrich) sowie Hasensprung (Winkel). Die im Stahl gereiften Rieslinge besitzen auch in schwierigen Jahrgängen eine eindrucksvolle Balance.

Vorjahre

Die 2009er waren sehr ausgewogen und besaßen ein bemerkenswertes Preis-Leistungs-Verhältnis. Auch 2010 fiel rundum überzeugend aus.

Neue Kollektion

Die 2011er begeistern durchweg mit saftiger, zugänglicher Art. Bereits der trockene Kabinett besitzt eine animierende, keineswegs unreif wirkende Säure, und der unter dem Label „Edition" abgefüllte Riesling ist ungemein stoffig. Eine nach Apfel duftende, rassige Spätlese mit guter Süße-Säure-Balance krönt den Jahrgang. Am meisten überzeugt jedoch das Erste Gewächs aus 2010, das im Vorjahr noch verhalten wirkte, sich aber ausgezeichnet entwickelt hat und jetzt mit seiner Kräuterwürze fasziniert – mit dem günstigen Preis natürlich auch.

Weinbewertung

85 2011 Riesling Kabinett trocken „Alte Reben" **12,5 %/6,40 €**

84 2011 Riesling Spätlese trocken Oestricher Lenchen **12,5 %/7,20 €**

86 2011 Riesling Spätlese trocken „Edition" Winkeler Hasensprung **12,5 %/8,80 €**

88 2010 Riesling trocken Erstes Gewächs Oestricher Lenchen **13 %/13,50 €**

85 2011 Riesling Kabinett halbtrocken Winkeler Hasensprung **11,5 %/5,50 €** ☺

86 2011 Riesling Spätlese Oestricher Lenchen **9 %/7,20 €**

Erich **Hirth** ★

Weingut

Württemberg

Löwensteiner Straße 76, 74182 Obersulm-Willsbach
***Tel.** 07134-3633, **Fax**: 07134-8622*
www.weingut-hirth.de
erich.hirth@t-online.de
***Besuchszeiten**: Mo.-Fr. (außer Mi.) 16-18 Uhr, Sa. 9-12 Uhr und nach Vereinbarung*

Inhaber .... Erich Hirth
Rebfläche .... 10 Hektar

Seit Generationen betreibt die Familie Weinbau, aber erst Erich Hirth begann 1986 mit dem Aufbau des eigenen Weinguts mit damals 3,5 Hektar Reben. 70 Prozent der Rebfläche nehmen rote Rebsorten ein, vor allem Trollinger, Lemberger, Schwarzriesling und Spätburgunder. Bei den weißen Sorten dominiert Riesling, hinzu kommen Grauburgunder, Weißburgunder und Chardonnay. Die Weine werden überwiegend trocken ausgebaut.

Vorjahre

Beim guten Debüt vor zwei Jahren überzeugte die Gleichmäßigkeit der Kollektion, der Grauburgunder gefiel uns besonders gut. Auch die letztjährige Kollektion war sehr gleichmäßig, wurde angeführt von der Cuvée Optimus, Jahrgang 2009.

Neue Kollektion

In der neuen Kollektion haben ganz klar die Rotweine, trotz meist merklicher Restsüße, die Nase vorne. Die 2009er Cuvée Optimus hat von dem Jahr auf der Flasche noch profitiert, der Lemberger überzeugt mit seiner reintönigen Frucht.

Weinbewertung

80 2011 Riesling Kabinett trocken Willsbacher Dieblesberg **12,5 %/5,80 €**
81 2011 Grauburgunder Kabinett trocken Willsbacher Dieblesberg **12,5 %/6,70 €**
83 2011 Samtrot Kabinett trocken Willsbacher Dieblesberg **12,5 %/6,20 €**
82 2010 Lemberger trocken Willsbacher Dieblesberg **13 %/6,70 €**
85 2009 „Optimus" Rotwein Spätlese trocken Willsbacher Dieblesberg **13 %/11,60 €**
85 2009 Lemberger Spätlese trocken Willsbacher Dieblesberg **13 %/12,70 €**

Hirth - Rebhof ★☆

Weingut

Württemberg

Weingut Hirth GmbH
Rebhof 1, 74182 Obersulm-Willsbach
***Tel.** 07134-5369454, **Fax**: 07134-5298682*
www.weinguthirth.de
info@weinguthirth.de
***Besuchszeiten**: Do.-Fr. 10-18 Uhr, Sa. 10-14 Uhr und nach Vereinbarung; Gutsausschank (Anfang des Monats, Termine siehe Webseite)*

Inhaber .... Weingut Hirth GmbH
Betriebsleiter/Kellermeister ...... Frank Kayser
Rebfläche .... 9 Hektar

Seit mehreren Generationen betreibt die Familie Weinbau in Willsbach. Walter Hirth begann Anfang der siebziger Jahre selbst Wein auszubauen, im Jahr 2000 übernahm Helmuth Hirth den Betrieb. 2010 nahm man den Weinbautechniker Gebhard Steng als Außenbetriebsleiter und den Kellermeister Frank Kayser als Betriebsleiter an Bord und gründete die Weingut Hirth GmbH. Die Weinberge liegen größtenteils rund um das Weingut am Willsbacher Föhrenberg, wo die Reben auf Keuper- und Mergelböden wachsen. Sie sind mit den roten Sorten Spätburgunder, Trollinger, Dornfelder und Lemberger, sowie den weißen Sorten Auxerrois, Riesling und Weißburgunder bestockt. Seit 2009 werden die Weinberge biologisch bewirtschaftet (Mitglied bei Ecovin).

Vorjahre

Vor zwei Jahren war der Sekt unser Favorit. Die letztjährige Kollektion gefiel uns besser, vor allem die Weißweine zeigten sich klar verbessert, waren reintönig und frisch – und das im schwierigen Jahrgang 2010.

Neue Kollektion

Die 2011er Kollektion schließt nahtlos daran an. Die Weißweine sind frisch und reintönig, die merkliche Restsüße wirkt überhaupt nicht störend; frisch und leicht ist der Schwarzriesling-Sekt. Klar und geradlinig präsentieren sich einmal mehr die Rotweine, besitzen gute Struktur, sind kraftvoll und doch frisch.

Weinbewertung

85 2010 Rosé Sekt brut **11,5 %/12,- €**
83 2011 Riesling trocken **12 %/10,- €**
84 2011 Auxerrois trocken **12,5 %/10,- €**
83 2011 „Chronos" Weißwein trocken **12 %/9,- €**
85 2011 Chardonnay trocken **12,5 %/15,- €**
82 2011 Rosé trocken **12 %/9,- €**
85 2009 Lemberger trocken **13,5 %/13,- €**
84 2009 „Kairos" Rotwein trocken **13 %/11,- €**

★★★

Höfflin

Biologisches Weingut

Baden

Schambachhof, 79268 Bötzingen
***Tel.** 07663-1474, **Fax:** 07663-1461*
www.weingut-hoefflin.de
info@weingut-hoefflin.de
***Besuchszeiten:** Mo.-Fr. 8:30-12 Uhr, Do./Fr. auch 13-17 Uhr, Sa. 10-16 Uhr oder nach Vereinbarung*

Inhaber .... Stella & Matthias Höfflin
Rebfläche .... 11 Hektar

1970 ist die Familie in das Schambachtal ausgesiedelt, seit 1974 wird der Hof – Obst, Gemüse, Reben – biologisch bewirtschaftet (Bioland). 1994 wurde zur Weinlagerung ein Keller gebaut, dessen Dach mit einer Erdschicht bedeckt und begrünt ist. Mit der Selbstvermarktung begann man erst, nachdem Matthias Höfflin seine Ausbildung beendete und im Keller die Regie übernahm. Im Anbau dominieren die Burgundersorten, allen voran Spätburgunder. Dazu gibt es etwas Gewürztraminer und Müller-Thurgau, aber auch pilzresistente Sorten wie Regent, Cabernet Carbon, Cabernet Carol (die zusammen die Cuvée Rufus ergeben) und Johanniter. Diese pilzresistenten Rebsorten sollen zukünftig ein Drittel der Rebfläche einnehmen. Alle Weine werden durchgegoren ausgebaut.

Vorjahre

Seit der ersten Ausgabe empfehlen wir die Weine von Matthias Höfflin. Mehr zufällig sind wir bei einer Veranstaltung mit Biowinzern auf ihn aufmerksam geworden. Die Qualität seiner Weine überraschte uns, wobei wir damals seine reintönigen weißen Burgunder präferierten. In diesem Jahrzehnt steigerte er sich kontinuierlich, die Weine haben an Kraft und Konzentration gewonnen, vor allem auch im roten Segment, bieten Kraft und Fülle, sind kompromisslos vinifiziert. Vor zwei Jahren war der Barrique-Spätburgunder Prestige noch allzu verschlossen; im weißen Segment gab es ein spannendes Kopf-an-Kopf-Rennen zwischen Weißburgunder, Grauburgunder und Chardonnay. In der letztjährigen Kollektion war der barriqueausgebaute Biegarten-Spätburgunder unser eindeutiger Favorit, die 2010er Weißweine präsentierten sich frisch und klar.

Neue Kollektion

Die 2011er Weißweinen sind klar und zupackend, im gewohnten Stil, die Prestigelinie ist stark, Grauburgunder und Chardonnay sind kraftvoll und strukturiert, der Sauvignon Blanc ist spannend, war aber zum Zeitpunkt der Verkostung noch recht verschlossen. Noch spannender aber finden wir die drei Spätburgunder: Schon der Schambach ist rauchig, zupackend und strukturiert, der Breitenacker konzentrierter, fülliger, zeigt feine Gewürznoten im Bouquet und reintönige Frucht im Mund; unser Favorit aber ist wie im vergangenen Jahr der Biegarten-Spätburgunder, der wunderschön rauchig und reintönig ist, klar frisch und zupackend bei guter Struktur. Prima Kollektion!

Weinbewertung

85 2008 Chardonnay + Pinot Noir Sekt extra brut **12,%/14,50 €**

82 2011 Auxerrois trocken „Brenntensaul" **11,5 %/8,20 €**

85 2011 Weißburgunder Kabinett trocken „Schambach" **13 %/8,20 €**

80 2011 Grauburgunder Kabinett trocken „Schambach" **12,5 %/8,20 €**

86 2011 Grauburgunder trocken „S Prestige Endhohle" **13 %/12,50 €**

87 2011 Chardonnay trocken „S Prestige Laire" **13,5 %/12,50 €**

86 2011 Sauvignon Blanc trocken „S Prestige fumé Meisental" **12 %/13,50 €**

87 2010 Spätburgunder trocken Holzfass „Prestige Schambach" **13 %/14,50 €**

89 2010 Spätburgunder trocken Barrique „Breitenacker" **12,5 %/16,- €**

90 2009 Spätburgunder trocken Barrique „Prestige Biegarten" **13 %/28,- €**

★★☆

Bernd Höfler
Weingut

Franken

Albstädter Straße 1, 63755 Alzenau
***Tel.** 06023-5495, **Fax**: 06023-31417*
www.weingut-hoefler.de
info@weingut-hoefler.de
***Besuchszeiten**: Mo.-Fr. 9-12 + 14-19 Uhr, Mi. nachm. geschlossen, Sa. 9-16 Uhr*

Inhaber .... Edeltraud und Bernd Höfler
Rebfläche .... 7,5 Hektar

Seit 1924 baut die Familie Wein an und aus, als die Brüder Josef und Richard Höfler brachliegende Weinberge neu bepflanzten. Seit 1984 wird das Weingut von Edeltraud und Bernd Höfler geführt. Ihre Weinberge liegen hauptsächlich in Michelbach, seit 2007 bewirtschaften sie auch 30 Ar Müller-Thurgau in Hörstein. Die Reben wachsen auf Quarzitschiefer, Gneis und Lössböden mit hohem Anteil an Mineralien. Neben Riesling und Müller-Thurgau bauen sie Silvaner, Weißburgunder, Rieslaner und Bacchus an, sowie die roten Sorten Domina, Schwarzriesling und Spätburgunder.

Vorjahre

2009 brachte zwei spannende Rieslinge aus dem Apostelgarten, mit Präzision und Nachhaltigkeit; die Basisweine waren frisch und klar. Auch 2010 begeisterte uns das Große Gewächs aus dem Apostelgarten, präsentierte sich herrlich präzise und nachhaltig. Auch die „feinherbe" Spätlese zeigte diese feinen mineralischen Noten, die Rotweine präsentierten sich ebenfalls präzise, fein und nachhaltig: Starke Kollektion – und wir freuten uns, dass diese „fränkische Randregion" mit ihren Urgesteinsböden zeigte, was in ihr steckt!

Neue Kollektion

2011 konnten wir das Große Gewächs nur kurz bei der Vorpremiere in Wiesbaden verkosten, so dass uns leider keine Zeit blieb uns ausführlich mit diesem Wein zu beschäftigen, er ist seinem Vorgänger zumindest ebenbürtig, besitzt Kraft und Präzision, Fülle und Nachhaltigkeit, Eigenschaften, die auch die beiden Spätlesen aus dem Apostelgarten auszeichnen. Sehr stimmig präsentiert sich der Rest der Kollektion mit kraftvollem Silvaner und Weißburgunder und einer üppigen Rieslaner Auslese; schon der klare, geradlinige Müller-Thurgau bereitet Freude.

Weinbewertung

83 2011 Müller-Thurgau trocken Michelbacher **12 %/7,- €**

81 2011 Riesling trocken „defetzer" Hörsteiner Abtsberg **12 %/7,50 €**

85 2011 „David Dorner" Weißwein trocken Michelbacher **13 %/8,50 €**

82 2011 Spätburgunder „Blanc de Noir" trocken Michelbacher **12,5 %/8,50 €**

86 2011 Weißburgunder trocken Michelbacher **13,5 %/10,- €**

83 2011 Grauburgunder trocken Michelbacher **14,5 %/12,50 €**
83 2011 Riesling Kabinett trocken Michelbacher **13 %/9,50 €**
86 2011 Silvaner Spätlese trocken Michelbacher Apostelgarten **12,5 %/11,- €**
88 2011 Riesling Spätlese trocken Michelbacher Apostelgarten **13,5 %/15,- €**
91 2011 Riesling „GG" Michelbacher Apostelgarten
87 2011 Riesling Spätlese („feinherb") Michelbacher Apostelgarten **13 %/15,- €**
83 2011 Gewürztraminer („feinherb") Michelbacher **12,5 %/9,50 €**
87 2011 Rieslaner Auslese Michelbacher Apostelgarten **15 %/18,- €/0,375l**
83 2010 Rotling „feinherb Urgestein" **11 %/5,95 €**
87 2007 Domina „Blanc de Noir" Trockenbeerenauslese Michelbacher **8,5 %/35,- €/0,375l**
85 2009 Schwarzriesling trocken Michelbacher **12,5 %/9,- €**
83 2009 „David Domer" Rotwein trocken Michelbacher **13,5 %/8,- €**

★★

Höfling

Weingut

Franken

Kellereigasse 14, 97776 Eußenheim
***Tel.** 09353-7632, **Fax:** 09353-1264*
www.weingut-hoefling.fwo.de
weingut-hoefling@weinland-franken.de
***Besuchszeiten:** Mo.-Fr. 9-18 Uhr, Sa. 9-16 Uhr*
Gastwirtschaft (saisonal geöffnet, bis 65 Personen), kulinarische Weinproben; Bauernladen

Inhaber............................Klaus Höfling
Rebfläche.............................20 Hektar

Werner Höfling ist 1988 aus der Genossenschaft ausgetreten und hat mit damals 2,6 Hektar die Selbstvermarktung begonnen, in den letzten Jahren wurde das Weingut stetig erweitert. 2004 baute man einen neuen Keller, und es wurden eine neue Presse und Maischegärtanks angeschafft. Sohn Klaus, der bisher schon für den Keller verantwortlich war, hat 2009 den Betrieb übernommen. Die Weinberge verteilen sich auf vier Lagen: Eußenheimer First, Gössenheimer Homburg, Stettener Stein und Gambacher Kalbenstein, wo ein kleinbeeriger Spätburgunder-Klon gepflanzt wurde. Zu den weißen Sorten Müller-Thurgau, Silvaner, Kerner und Bacchus wurden zuletzt Riesling, Weißburgunder und Gewürztraminer hinzugepflanzt. An roten Sorten gibt es Domina, Spätburgunder und Frühburgunder. Bis 2013 sollen 6 Hektar in Gössenheim neu angelegt werden, wo Klaus Höfling die seit dem Frostjahr 2002 brachliegenden Flächen des Bürgerspitals übernommen hat; vor allem Silvaner hat er neu angelegt, aber auch Spätburgunder, Weißburgunder und Sauvignon Blanc, die Scheurebe bringt 2013 den ersten Ertrag.

Vorjahre

Der weiße Teil der Kollektion präsentierte sich vor zwei Jahren geschlossen auf gutem Niveau, die edelsüßen Weine waren füllig und konzentriert, erreichten aber nicht das Niveau der grandiosen 2007er Bacchus Trockenbeerenauslese. Auch 2010 behauptete sich Klaus Höfling gut, schon die Literweine waren frisch und klar. Die Stars im Programm aber waren die barriqueausgebauten Rotweine des Jahrgangs 2009, die alle sehr gekonnt vinifiziert waren, klar, harmonisch und elegant. Alle fünf Weine waren sehr gut, wir präferierten ganz leicht den Frühburgunder aus dem First und den Spätburgunder aus dem Kalbenstein.

Neue Kollektion

Die neue Kollektion präsentiert sich sehr stimmig, weiß wie rot, mit fruchtbetonten, klaren Weinen. Im weißen Segment gefällt uns die wunderschön reintönige trockene Silvaner Spätlese von der Homburg besonders gut, ebenso die weiße Cuvée, die aus Silvaner und Weißburgunder mit ein klein wenig Riesling und Gewürztraminer besteht. 2010 wurden keine Barrique-Rotweine erzeugt, die verkosteten 2011er sind noch nicht im Verkauf. Am besten gefallen uns der wunderschön reintönige Frühburgunder mit seinen feinen Vanillenoten und der fruchtbetonte, harmonische Spätburgunder vom First.

Weinbewertung

86 2011 Pinot Sekt brut **12,5 %/11,20 €**
81 2010 Müller-Thurgau trocken Eußenheimer First **11 %/4,90 €/1l**
81 2011 Silvaner trocken Gössenheimer Homburg **11,5 %/1l**
83 2011 Bacchus trocken „First Class" **11,5 %/5,40 €**
83 2011 Müller-Thurgau trocken „First Class" **11,5 %/5,40 €**
83 2011 Weißburgunder Kabinett trocken Gössenheimer Homburg **12,5 %/6,10 €**
85 2011 Silvaner Kabinett trocken Gössenheimer Homburg **12,5 %/6,10 €**
86 2011 Silvaner Kabinett trocken Stettener Stein **12,5 %/6,90 €**
85 2011 Riesling Kabinett trocken Stettener Stein **12,5 %/7,60 €**
86 2011 Riesling Spätlese trocken Stettener Stein **13 %/11,80 €**
87 2011 Silvaner Spätlese trocken Gössenheimer Homburg **13 %/9,80 €**
85 2011 Silvaner Spätlese trocken Stettener Stein **13,5 %/9,80 €**
87 2011 Weißburgunder Spätlese trocken Gössenheimer Homburg **13,5 %/9,80 €**
87 2011 „Cuvée weiß" „H" trocken **12,50 €**
85 2011 Gewürztraminer Spätlese trocken Gössenheimer Homburg **13 %/9,- €/0,5l**
84 2011 Bacchus Kabinett halbtrocken Gössenheimer Homburg **11,5 %/5,80 €**
84 2011 Kerner Kabinett Eußenheimer First **12 %/5,80 €**
86 2011 Kerner Spätlese **12,5 %/7,40 €**
85 2011 Spätburgunder trocken Eußenheimer First **6,90 €**
83 2011 Domina trocken Gössenheimer Homburg **6,90 €**
85 2011 Domina trocken Barrique Stettener Stein **13 %**
87 2011 Frühburgunder trocken Barrique Eußenheimer First **13,5 %**
87 2011 Spätburgunder trocken Barrique Eußenheimer First **13,5 %**
85 2011 Spätburgunder Spätlese trocken Barrique Gambacher Kalbenstein **15 %**

Reichsgraf und Marquis zu ★★

Hoensbroech

Weingut **Baden**

Herrmannstraße 12, 74916 Angelbachtal-Michelfeld
***Tel.** 07265-911034, **Fax**: 07265-911035*
www.hoensbroech.eu
mail@hoensbroech.eu
***Besuchszeiten**: Mo.-Fr. 10-18 Uhr, Sa. 10-16 Uhr*

Inhaber .... Graf von Hoensbroech
Rebfläche .... 15 Hektar

Schon im 14. Jahrhundert besaß die Familie einen Weinberg in Maastricht, seit 1738 gehörte ihr ein kleines Weingut in Wiltingen, das 1968 verkauft wurde. Im Jahr darauf erwarb man 4 Hektar Weinberge im Kraichgau. 1978 erbaute man das Weingut in Michelfeld. Wichtigste Rebsorte und Spezialität des Betriebes ist der Weißburgunder. Hinzu kommen Riesling, Grauburgunder, Spätburgunder, Auxerrois, Chardonnay und Blauer Limberger, wie der Lemberger hier ampelografisch richtig heißt.

Vorjahre

Weißburgunder war und ist die Stärke des Weinguts, das sah man 2009, denn der Weißburgunder Kabinett war reintönig und zupackend, führte ganz klar eine gleichmäßige Kollektion mit sauberen, frischen Weinen an. 2010 war alles anders: Erstmals gefiel uns nicht ein Weißburgunder am besten, sondern Chardonnay und Limberger erhielten von uns die höchste Bewertung; die 2010er behaupteten sich gut, waren frisch, klar und geradlinig.

Jahrgang 2011

Der Jahrgang 2011 präsentiert sich geschlossen auf gutem und sehr gutem Niveau. Der

Weißburgunder Kabinett ist wunderschön reintönig und zupackend wie auch der Grauburgunder, der Chardonnay besitzt Fülle und Harmonie, der Riesling ist würzig und geradlinig, auch der geradlinige Rotgold bereitet Freude. Die erstmals erzeugten Groß-en Gewächse sind fülliger, bieten mehr Saft und reife Frucht, der Grauburgunder zeigt feine Frische, der Weißburgunder viel Substanz und gute Länge: Eine gelungene Kollektion!

Weinbewertung

85 2011 Riesling Kabinett trocken Michelfelder Himmelberg **12,5 %/9,- €**
82 2011 Auxerrois Kabinett trocken Michelfelder Himmelberg **12,5 %/9,- €**
86 2011 Weißburgunder Kabinett trocken Michelfelder Himmelberg **12,5 %/9,50 €**
85 2011 Grauburgunder trocken Michelfelder Himmelberg **12,5 %/9,- €**
85 2011 Chardonnay trocken Michelfelder Himmelberg **13 %/10,- €**
88 2011 Weißburgunder „GG" Michelfelder Himmelberg **13 %**
87 2011 Grauburgunder „GG" Michelfelder Himmelberg **13 %**
84 2011 Rotgold Kabinett Michelfelder Himmelberg **12,5 %/9,- €**

von Hövel

★★★☆

Weingut

Mosel

Agritiusstraße 5-6, 54329 Konz-Oberemmel
Tel. *06501-15384,* ***Fax:*** *06501-18498*
www.weingut-vonhoevel.de
weingutvonhoevel@t-online.de
Besuchszeiten: *nach Vereinbarung*

Inhaber .... Maximilian von Kunow
Rebfläche .... 11 Hektar

Das Weingut von Hövel befindet sich in einem Abteihof des ehemaligen Klosters St. Maximin in Trier. Nach der Säkularisation kaufte 1803 die Familie Grach das Gut, 1917 heiratete der Forstmeister Balduin von Hövel in die Familie ein und gab dem Gut seinen Namen. 1950 kauften Friedrich und Irmgard von Kunow, die Enkelin von Balduin von Hövel, das Gut aus einer Erbengemeinschaft. Seit 2011 führt Maximilian von Kunow den Betrieb. Er besitzt zwei Lagen in Alleinbesitz, die Oberemmeler Hütte und den Kanzemer Hörecker, ist auch im Scharzhofberger vertreten. Er baut alle seine Weine in Holzfässern aus.

Vorjahre

2009 war überaus gelungen – und das nicht nur bei den Weinen mit Restsüße: Auch im trockenen oder fast trockenen Bereich besaßen die Rieslinge viel Biss und Frucht. 2010 waren die Rollen klar verteilt: Die Auslesen und Beerenauslesen brillierten mit viel Konzentration und Substanz, auch die süßen Spätlesen gefielen uns sehr gut, die Kabinettweine blieben aber ebenso wie die trockenen und halbtrockenen Rieslinge hinter früheren Jahrgängen zurück.

Jahrgang 2011

2011 gefallen uns die trockenen und feinherben Weine wieder besser, allen voran das Große Gewächs aus dem Scharzhofberg, das füllig und kraftvoll ist, viel reife süße Frucht besitzt, viel Substanz. Die Glanzlichter setzen aber einmal mehr die Auslesen: Die aus der Oberemmeler Hütte ist reintönig, frisch und zupackend, die „normale" aus dem Scharzhofberg ist wunderschön elegant, reintönig, zupackend und lang, gefällt uns ein klein wenig beser als die Auslese mit der Nr. 33, die zum Zeitpunkt der Verkostung noch recht vom Schwefel geprägt war.

Weinbewertung

85 2011 Riesling Spätlese trocken „R" **12,5 %/15,- €**
87 2011 Riesling „GG"" Hörecker
89 2011 Riesling „GG"" Scharzhofberg
85 2011 Riesling Spätlese „feinherb" Oberemmeler Hütte **12,90 €**
87 2011 Riesling Spätlese „feinherb" Scharzhof-

berg **12 %/16,- €**
83 2011 Riesling Kabinett Oberemmeler Hütte **8,5 %/8,50 €**
84 2011 Riesling Kabinett Scharzhofberg **9 %/13,- €**
87 2011 Riesling Spätlese Oberemmeler Hütte **8 %/13,50 €**
87 2011 Riesling Spätlese Scharzhofberg **8 %/15,- €**
91 2011 Riesling Auslese Scharzhofberg **7,5 %/22,-€**
89 2011 Riesling Auslese Nr. 22 Oberemmeler Hütte **8 %/25,- €**
90 2011 Riesling Auslese Nr. 33 Scharzhofberg **8 %/28,- €**

★★

Hoffmann-Simon

Weingut **Mosel**

Kettergasse 24, 54498 Piesport
Tel. 06507-5025, Fax: 06507-992227
www.hoffmann-simon.de
weingut@hoffmann-simon.de
Besuchszeiten: nach Vereinbarung

Inhaber .... Dieter Hoffmann
Rebfläche .... 10,2 Hektar

Das Weingut Hoffmann-Simon besitzt Weinberge in Piesport, Klüsserath, Köwerich und Maring. Dieter Hoffmann baut neben dem dominierenden Riesling ein klein wenig Müller-Thurgau und Regent an. Die Weine werden im Edelstahl kühl vergoren, die trockenen Rieslinge bleiben recht lange auf der Feinhefe. Alle Rieslinge besitzen eine ruhige, süffige Art, sind nicht offensiv, sondern zurückhaltend, haben aber Substanz.

Vorjahre

Auch 2009 konnte Dieter Hoffmann an die Erfolge der letzten Jahre anknüpfen. Die Spätlesen standen den noch höheren Prädikaten nicht nach, und der Goldtröpfchen-Kabinett war mit seiner Frische eine besondere Empfehlung wert. 2010 war deutlich verhaltener. Die Beerenauslese gefiel uns sehr gut, ebenso die Spätlese aus der Köwericher Laurentiuslay, die trockenen und „feinherben" Weine aber waren etwas verhalten.

Jahrgang 2011

Die neue Kollektion überzeugt auf der ganzen Linie, trocken wie süß. Die beiden trockenen Spätlesen aus der Klüsserather Bruderschaft sind füllig und kraftvoll, besitzen Substanz. Süß brilliert das Goldtröpfchen, von einer fülligen, schmeichelnden Spätlese über eine reintönige Auslese mit viel Substanz und einer süßen, konzentrierten und doch wunderschön frischen Beerenauslese bis hin zur Trockenbeerenauslese, die nach kandierten Früchten duftet, süß und konzentriert ist: Viel Stoff! So darf es weitergehen!

Weinbewertung

80 2011 Riesling trocken **11,5 %/5,50 €/1l**
82 2011 Riesling Kabinett trocken Piesporter Treppchen **12,5 %/5,50 €**
84 2011 Riesling trocken „Blauschiefer" **12,5 %/5,50 €**
86 2011 Riesling Spätlese trocken Klüsserather Bruderschaft **13 %/8,- €**
87 2011 Riesling Spätlese* trocken Klüsserather Bruderschaft **13 %/12,50 €**
83 2011 Riesling Kabinett „feinherb" Piesporter Günterslay **11,5 %/5,50 €**
86 2011 Riesling Spätlese „feinherb" Köwericher Laurentiuslay **12,5 %/8,- €**
83 2011 Riesling Kabinett Piesporter Goldtröpfchen **9,5 %/6,- €**
85 2011 Riesling Spätlese Piesporter **8,5 %/7,50 €**
87 2011 Riesling Spätlese Piesporter Goldtröpfchen **9 %/8,50 €**
85 2011 Riesling Spätlese Köwericher Laurentiuslay **9 %/8,50 €**
88 2011 Riesling Auslese Piesporter Goldtröpfchen **9 %/13,50 €**
89 2011 Riesling Beerenauslese Piesporter Goldtröpfchen **9 %/14,50 €/0,375l**
90 2011 Riesling Trockenbeerenauslese Piesporter Goldtröpfchen **8,5 %/35,- €/0,375l**

★

Hoffranzen

Classisches Weingut **Mosel**

Schulstraße 22, 54346 Mehring
***Tel.** 06502-8441, **Fax:** 06502-980574*
www.weingut-hoffranzen.de
info@weingut-hoffranzen.de
***Besuchszeiten**: nach Vereinbarung*
Gästehaus

Inhaber .... Hans Hoffranzen
Rebfläche .... 9 Hektar

Seit 1601 baut die Familie Wein in Mehring an, heute wird das Weingut von Hans Hoffranzen geführt, unterstützt von Tochter Carolin Victoria. Die Weinberge liegen in den Mehringer Lagen Zellerberg und Blattenberg, in dem auch die „Layterrassen" liegen, sowie in der St. Maximiner Klosterlay. 90 Prozent der Rebfläche nimmt Riesling ein.

Kollektion

In der überzeugenden Kollektion gefallen uns die süßen Wein ein klein wenig besser als die trockenen, die duftige Beerenauslese aus dem Jahrgang 2010 ist konzentriert, besitzt viel süße Frucht, Säure und Biss.

Weinbewertung

80 2011 Riesling trocken **12,5 %/5,- €/1l**
83 2011 Riesling „Layterrassen" **12,5 %/9,- €**
81 2011 Riesling „feinherb" **12 %/5,- €/1l**
84 2011 Riesling „Contur" **11,5 %/9,- €**
85 2011 Riesling Spätlese „Caro" **8 %/7,- €**
87 2010 Riesling Beerenauslese Mehringer Blattenberg **7 %/39,- €**

★☆

Hofkeller Würzburg

Staatlicher **Franken**

Residenzplatz 3, 97070 Würzburg
***Tel.** 0931-3050923, **Fax:** 0931-3050966*
www.hofkeller.de
michael.jansen@hofkeller.bayern.de
***Besuchszeiten:** Mo.-Fr. 9-18 Uhr, Sa. 10-16 Uhr (Hauptsaison), 10-14 Uhr (Nebensaison)*
Veranstaltungen im Fasskeller (bis 320 Personen)

Inhaber .... Freistaat Bayern
Geschäftsführer .... Michael Jansen
Rebfläche .... 150 Hektar

Die Geschichte des Hofkellers lässt sich über eine Schenkungsurkunde bis ins Jahr 1128 zurückverfolgen. Der Hofkeller verfügt über umfangreichen Besitz in ganz Franken, so unter anderem in den bekannten Würzburger (Stein, Innere Leiste) und Randersackerer (Pfülben, Marsberg) Lagen, aber auch im Großheubacher Bischofsberg, dem Iphöfer Julius-Echter-Berg und dem Thüngersheimer Scharlachberg. Wichtigste Rebsorten sind Riesling, Silvaner und Müller-Thurgau. In den letzten Jahren setzt man verstärkt auch auf rote Sorten. Das Programm des Hofkellers ist gegliedert in Gutsweine, Lagenweine und Große Gewächse.

Vorjahre

2009 gefielen uns die Großen Gewächse etwas besser als in den vorausgegangenen Jahren, allen voran die Rieslinge aus Stein und Pfülben, die Kabinettweine waren frisch und unkompliziert. 2010 war jahrgangsbedingt deutlich schwächer, sowohl in der Spitze als auch im Basissegment.

Neue Kollektion

2011 zeigt sich das Basissegment verbessert, schon der Guts-Silvaner ist fruchtbetont und klar, die Kabinettweine geradlinig und frisch, die Spätlesen sind fülliger, was – zusammen mit kräftiger Restsüße – zu Lasten der Finesse geht. Auch in der Spitze sehen wir Fortschritte: Die beiden Großen Silvaner-Gewächse sind füllig und saftig, besitzen reife Frucht und gute Substanz, noch besser gefällt uns der Riesling aus dem Pfülben, der füllig und kraftvoll ist, viel reife Frucht, Substanz und Länge besitzt; auch der füllige Riesling aus dem Stein überzeugt. Etwas einfach ist allerdings der Riesling aus der Inneren Leiste, recht gefällig der Weißburgunder aus dem Stein. Dick und konzentriert präsentiert sich die reintönige Scheurebe Beerenauslese, besitzt viel Substanz.

Weinbewertung

82 2011 Silvaner trocken **12 %/7,10 €**
80 2011 Scheurebe trocken **12 %/6,70 €**
80 2011 Weißburgunder Kabinett trocken Würzburger Stein **13,5 %/11,- €**
83 2011 Riesling Kabinett trocken Randersackerer Pfülben **12,5 %/9,30 €**
82 2011 Silvaner Kabinett trocken Hammelburger Trautlestal **13 %/8,70 €**
82 2011 Silvaner Kabinett trocken Würzburger Schlossberg **13 %/10,20 €**
83 2011 Silvaner Spätlese trocken Würzburger Innere Leiste **14 %/14,30 €**
83 2011 Silvaner Spätlese trocken Würzburger Stein **13,5 %/14,60 €**
82 2011 Riesling Spätlese trocken Würzburger Innere Leiste **12,5 %/14,20 €**
85 2011 Riesling Spätlese trocken Würzburger Stein **13 %/14,60 €**
88 2011 Silvaner „GG" Stein **13,5 %/ 22,90 €**
88 2011 Silvaner „GG" Innere Leiste **14 %/ 22,90 €**
88 2011 Riesling „GG" Stein
86 2011 Riesling „GG" Innere Leiste
90 2011 Riesling „GG" Pfülben **13,5 %/ 22,90 €**
83 2011 Weißburgunder „GG" Stein **14 %/ 24,90 €**
89 2011 Scheurebe Beerenauslese Abtswinder Altenberg **8,5 %/ 52,- €/0,375l**
85 2011 Rieslaner Spätlese Würzburger Stein **12 %/13,- €**

★★★☆

Hofmann

Weingut

Franken/Württemberg

Strüther Straße 7, 97285 Röttingen
Tel. 09338-1577, Fax: 09338-993375
www.weinguthofmann.com
info@weinguthofmann.com
Besuchszeiten: nach Vereinbarung
Heckenwirtschaft, Gästezimmer

Inhaber .... Alois und Jürgen Hofmann
Rebfläche .... 7,5 Hektar

1990 beschloss Alois Hofmann seine Trauben nicht länger an eine Weinkellerei abzuliefern und im Jahr darauf vermarktete er erstmals den Wein seiner damals 1,3 Hektar Weinberge komplett selbst. 2001 ist Sohn Jürgen nach Beendigung seines Geisenheim-Studiums (die Winzerlehre hat er bei Paul Fürst in Bürgstadt gemacht) in den Betrieb eingestiegen, war aber schon zuvor für den Weinausbau verantwortlich. Ihre Weinberge liegen vor allem im Röttinger Feuerstein, wo die Reben auf Muschelkalkböden wachsen, die mit Feuerstein durchzogen sind. Hinzu kommen Weinberge in der Lage Tauberrettersheimer Königin und im Probstberg bei Weikersheim, der zur Region Württemberg gehört. 40 Prozent der Rebfläche nehmen rote Sorten ein: Spätburgunder, Schwarzriesling, Domina, Merlot, Cabernet Sauvignon und Cabernet Franc, aber auch Tauberschwarz, eine alte, einst in Vergessenheit geratene Rotweinsorte, die nur noch in einigen wenigen Weinbergen im Taubertal zu finden ist. 1997 hatte das Weingut den ersten Tauberschwarz geerntet und inzwischen baut Jürgen Hofmann ihn sogar im Barrique aus. Wichtigste Weißweinsorten sind Silvaner, Müller-Thurgau, Riesling und Bacchus.

Vorjahre

Seit der ersten Ausgabe schon empfehlen wir die Weine von Jürgen Hofmann. Damals war das Weingut noch völlig unbekannt, und Röttingen kannten nicht einmal Weinkenner. Das hat sich seither gründlich geändert. Jahr für Jahr überzeugen die Kollektionen, haben stetig an Klasse gewonnen. Die Rieslinge zeigen mineralische Noten, die Silvaner besitzen Fülle und Kraft, die Rotweine sind kompromisslos vinifiziert – wie man das eben erwarten kann, wenn jemand bei Paul Fürst in die Lehre gegangen ist. Eine ganz starke Kollektion hatte Jürgen Hofmann vor zwei Jahren mit kraftvollen stoffigen Weißweinen und beeindruckenden Rotweinen, kompromisslos und gekonnt vinifiziert. Der Spätburgunder „RR" war eine Wucht – und der Tauberschwarz war spannend wie nie. Auch 2009 gefiel uns der Tauberschwarz aus dem Probstberg, spannender aber waren die Spätburgunder, R und RR, 2009 respektive 2008. Und mit seinen 2010er Weißweinen behauptete Jürgen Hofmann sich gut, angefangen vom Flint, der immer viel Trinkspaß bereitet.

Weißweine 2011

Den Trinkspaß finden wir auch 2011, nicht nur beim Flint, der Cuvée aus Riesling, Silvaner, Müller-Thurgau und Bacchus. Die Silvaner sind klar und fruchtbetont, die Spätlese füllig und kraftvoll bei guter Substanz, noch ein wenig besser gefallen uns die Rieslinge, allen voran der 3-Sterne-Wein aus dem Feuerstein, der herrlich reintönig und kraftvoll ist bei mineralischen Noten, der Kabinett aus dem Weickersheimer Schmecker ist reintönig und frisch.

Rotweine

Auch die rote Kollektion bestätigt den starken Vorjahreseindruck – und wer Tauberschwarz probieren will, kommt ohnehin nicht an Jürgen Hofmann vorbei: Der 2011er ist fruchtbetont und floral, frisch, klar und zupackend, die im Barrique ausgebaute Variante zeigt etwas Vanille und rote Früchte im Bouquet, ist fruchtbetont und komplex im Mund, besitzt reintönige Frucht, gute Struktur und Tannine. Die rote Cuvée aus Cabernet Franc und Merlot ist kraftvoll, strukturiert und tanninbetont, strukturiert, aber noch sehr jugendlich, besser gefallen uns wie schon im Vorjahr die beiden Spätburgunder. Der 2010er R ist frisch und lebhaft, wunderschön reintönig, besitzt gute Struktur, Komplexität und feine Säure; druckvoller ist der 2009er RR, konzentrierter, ist kraftvoll und zupackend, besitzt gute Struktur und Substanz, ist reintönig, präzise und nachhaltig. Starke Kollektion!

Weinbewertung

85 2011 „Flint" Weißwein trocken **11,5 %/6,-€** ☺
83 2011 Silvaner Kabinett trocken Röttinger Feuerstein **11,5 %/6,50 €**
86 2011 Riesling Kabinett trocken Weickersheimer Schmecker **11,5 %/7,50 €**
86 2011 Silvaner Spätlese trocken Röttinger Feuerstein **12 %/9,50 €**
89 2011 Riesling Spätlese*** trocken Röttinger Feuerstein **11,5 %/9,50 €** ☺
85 2011 Riesling Kabinett Röttinger Feuerstein **11,5 %/6,60 €**
86 2011 Tauberschwarz trocken Röttinger Feuerstein **13,5 %/8,90 €**
84 2011 Spätburgunder trocken Röttinger Feuerstein **13,5 %/7,50 €**
89 2009 Tauberschwarz „R" trocken Röttinger Feuerstein **13,5 %/18,- €**
90 2010 Spätburgunder „R" trocken Röttinger Feuerstein **13,5 %/18,- €**
92 2009 Spätburgunder „RR" trocken Röttinger Feuerstein **13,5 %/22,- €** ☺
88 2009 „Sophie Marie" „R" Rotwein trocken **13,5 %/18,- €**

★★★

Hofmann

Wein- und Sektgut **Rheinhessen**

Vor dem Klopp 4, 55437 Appenheim
Tel. *06725-300063,* ***Fax****: 06725-300477*
www.schiefer-trifft-muschelkalk.de
info@schiefer-trifft-muschelkalk.de
Besuchszeiten*: nach Vereinbarung*

Inhaber .... Carolin & Jürgen Hofmann
Rebfläche .... 14,8 Hektar

Klaus und Irene Hofmann begannen 1972 mit der Flaschenweinvermarktung. Inzwischen hat Sohn Jürgen, der nach Studium in Geisenheim in Weinbaugebieten wie Kalifornien, Südafrika, Ungarn, Rumänien und Australien gearbeitet hatte, dann als Weinmacher bei Reh-Kendermann für die Premiummarken verantwortlich war, das Weingut übernommen. Seine Weinberge liegen in Appenheim, St. Johann und Gau-Algesheim. Er baut vor allem Riesling, Silvaner und die Burgundersorten an, aber auch internationale Sorten wie Sauvignon Blanc.

Vorjahre

2009 sahen wir die Rieslinge aus Oelberg und Hundertgulden gleichauf, sie führten eine konsistente trockene Kollektion an, die süßen Huxelreben betörten wie gehabt. 2010 präferierten wir Hundertgulden knapp vor Oelberg, auch die beiden Sauvignon Blanc gefielen uns sehr gut, ebenso die anderen Ortsweine, die Gutsweine präsentierten sich ebenso auf durchgängig gutem Niveau: Eine stimmige Kollektion mit reintönigen, frischen Weinen.

Neue Kollektion

Was für schöne Gutsweine! Alle sind frisch, fruchtbetont und sortentypisch, der Silvaner bereitet besonders viel Freude. Die Ortsweine bringen dann eine Steigerung hinsichtlich Fülle und Substanz, sind aber ebenso klar und fruchtbetont, der Sauvignon Blanc, den wir aufgrund seines Preises der Einfachheit halber den Ortsweinen zurechnen, ist faszinierend reintönig und zupackend. An der Spitze stehen die Lagenweine: Ein fülliger, fruchtbetonter Riesling Hundertgulden, ein duftiger, zupackender Riesling Oelberg, ein stoffiger, etwas verschlossener Sauvignon Blanc St. Laurenzikapelle und schließlich ein konzentrierter Weißburgunder Eselspfad mit viel reifer süßer Frucht. Edelsüß glänzt wie gewohnt eine reintönige, schmeichelnde Huxelrebe: Eine durch und durch stimmige Kollektion!

Weinbewertung

83 2011 Riesling trocken **12,5 %/7,20 €**
85 2011 Grüner Silvaner trocken **12,5 %/7,30 €**
84 2011 Weißburgunder trocken **12,5 %/7,30 €**
86 2011 Grüner Silvaner trocken Appenheimer **12,5 %/9,80 €**
86 2011 Weißburgunder trocken Appenheimer **13 %/10,20 €**
85 2011 Chardonnay trocken „vom Korallenriff" **13 %/10,20 €**
87 2011 Sauvignon Blanc trocken **13 %/10,80 €**
87 2011 Sauvignon Blanc trocken Gau-Algesheimer St. Laurenzikapelle **13 %/17,80 €**
85 2011 Riesling trocken „vom Muschelkalk" Appenheimer **12,5 %/10,40 €**
88 2011 Riesling Spätlese trocken Appenheimer Hundertgulden **12,5 %/17,80 €**
88 2011 Riesling Spätlese trocken Niersteiner Oelberg **12,5 %/17,80 €**
88 2011 Weißburgunder trocken Appenheimer Eselspfad **13 %/17,80 €**
88 2011 Huxelrebe Beerenauslese Appenheimer Eselspfad **7,5 %/25,-€/0,375l**

Hofmann ★★
Weingut
Franken

Oberndorfer Straße 20, 91472 Ipsheim
Tel. *09846-727,* ***Fax:*** *09846-9791717*
www.wein-hofmann.de
weingut@wein-hofmann.de
Besuchszeiten: *Mo.-Fr. 9-18:30 Uhr, Sa. 9-17 Uhr, So. 9-18:30 Uhr*

Inhaber .... Helmut und Bernd Hofmann
Rebfläche .... 15 Hektar

Das Weingut Hofmann liegt in Ipsheim in Mittelfranken. Die Reben wachsen in den Lagen Bad Windsheimer Rosenberg (Gipskeuperboden mit Kalkstein im Untergrund), Ipsheimer Burg Hoheneck (schwere Tonböden) und Weimersheimer Roter Berg (tiefgründige Böden mit hohem Löss-Lehm-Anteil). Neben den weißen Sorten Silvaner, Müller-Thurgau, Bacchus, Riesling und Kerner bauen Helmut und Bernd Hofmann auch Spätburgunder, Dornfelder und Domina an. Die Weine werden recht kühl in Edelstahltanks vergoren und bleiben bis März auf der Feinhefe. Ausgewählte Rotweine werden im Barrique ausgebaut. Das Sortiment ist in 4 Klassen gegliedert: „L" (Liter), „J" (jung und leicht), „F" (feinfruchtig) und „S" (selektive Spitze).

Vorjahre

Der 2009er Rosenberg-Riesling faszinierte mit seiner Kraft und Nachhaltigkeit, war vor zwei Jahren der herausragende Wein in einer durchweg stimmigen, starken Kollektion. Vergleichbar war auch die letztjährige Kollektion. Der Riesling „S" besaß Substanz und Kraft, wenn auch nicht ganz die Nachhaltigkeit seines Vorgängers. Der Weißburgunder „S" war herrlich reintönig, der Spätburgunder aus dem Rosenberg kraftvoll und klar, kompromisslos vinifiziert, noch sehr jugendlich.

Jahrgang 2011

2011 gibt es aufgrund des Frostes keinen Rosenberg-Riesling, auch Spätburgunder und Domina verzeichneten 90 Prozent Frostschaden. Die Weine aber, die Helmut und Bernd Hofmann auf die Flasche gebracht haben, sind wie gewohnt frisch, fruchtbetont und reintönig. Das F-Segment präsentiert sich geschlossen, unsere leichte Präferenz gilt der feinen Scheurebe. Die S-Weine bieten mehr Fülle und Substanz, der Silvaner ist kraftvoll und klar, der Weißburgunder besitzt viel reife süße Frucht. Unser Favorit ist der Silvaner Roter Berg: Gute Konzentration und reife Frucht prägen das Bouquet, im Mund ist er füllig, kraftvoll und reintönig, besitzt gute Struktur und Substanz und feine Frische.

Weinbewertung F

83 2011 Riesling „F" trocken **12 %/7,- €**
82 2011 Silvaner „F" trocken **12,5 %/7,- €**
84 2011 Scheurebe „F" trocken **12,5 %/7,- €**
83 2011 Spätburgunder „F" „weiß" trocken **13 %/7,50 €**
86 2011 Silvaner „S" trocken **13 %/8,50 €**
86 2011 Weißburgunder „S" trocken **13 %/8,50 €**
88 2011 Silvaner „S" trocken Roter Berg **13,5 %/15,- €**

Hofmann ★
Weinbau, eG
Franken

Schulgasse 2, 97355 Wiesenbronn
Tel. *09325-6871,* ***Fax:*** *09325-902672*
www.weinbau-hofmann.de
info@weinbau-hofmann.de
Besuchszeiten: *Mo.-Sa. 8-18 Uhr, Sonn- und Feiertage 9-12 + 13-18 Uhr*

Inhaber .... Mario und Heinrich Hofmann
Rebfläche .... 2,5 Hektar

Seit 1750 sind die Hofmanns Weinbauern und Büttner (bis 1960) in Wiesenbronn. Michael Hofmann hat 1970 mit der Selbstvermarktung begonnen, sein Sohn Heinrich Hofmann übernahm 1993 den 20 Hektar großen Betrieb, einen Teil der Fläche nutzt er für Wein- und Obstbau. Seit 2004 kümmert sich Heinrichs Sohn Mario um den Weinbereich. Die Weinberge liegen in Wiesenbronn in den Lagen Wachhügel und Geißberg, sowie im Casteller Kirchberg. Silvaner, Müller-Thurgau, Weißburgunder, Bacchus, Riesling und Grauburgunder werden angebaut, dazu die roten Sorten Spätburgunder, Portugieser, Blauburger, Regent und Dornfelder.

Vorjahre

Vor zwei Jahren präsentierte sich die Kollektion geschlossen auf gutem Niveau. Die 2010er Weißweine waren jahrgangsbedingt etwas schwächer, der Pinot Noir aus dem Jahrgang 2009 zeigte im vergangenen Jahr das gewohnt starke Niveau.

Neue Kollektion

Die 2011er Weißweine gefallen uns ein wenig besser als ihre Vorgänger, allen voran die trockene Silvaner Spätlese mit ihrer reifen süßen Frucht. Im roten Segment haben die Spätburgunder die Nase vorne, wobei uns der reintönige, geradlinige Wein aus dem Kirchberg etwas besser gefällt als sein Pendant aus dem Wachhügel.

Weinbewertung

81 2011 „Sommerzeit Blanc" Weißwein trocken **12 %/4,50 €**

79 2011 „Sommerzeit Blanc de Noir" trocken **12,5 %/5,- €**

78 2011 Silvaner Kabinett trocken Wiesenbronner Wachhügel **13 %/4,25 €/1l**

81 2011 Silvaner trocken „anno 1712" Wiesenbronner Wachhügel **12,5 %/6,- €**

81 2011 Müller-Thurgau Spätlese trocken Casteller Kirchberg **13 %/6,50 €**

81 2011 Riesling Spätlese trocken Wiesenbronner Wachhügel **13 %/8,25 €**

85 2011 Silvaner Spätlese trocken Wiesenbronner Geißberg **13,5 %/7,50 €**

82 2011 Weißburgunder Spätlese trocken Wiesenbronner Wachhügel **13,5 %/7,75 €**

79 2011 Portugieser Weißherbst Wiesenbronner Wachhügel **12 %/4,50 €/1l**

80 2011 Portugieser trocken Wiesenbronner Wachhügel **12 %/5,- €/1l**

83 2011 Spätburgunder Spätlese trocken Wiesenbronner Wachhügel **13 %/7,50 €**

85 2011 Spätburgunder Spätlese trocken Casteller Kirchberg **13 %/7,50 €**

★☆

Hofmann-Herkert

Weingut

Franken

Schenkenstraße 8-10, 63911 Klingenberg
Tel. *09372-3747 oder 408418,* ***Fax:*** *09372-134691*
www.weinbau-hofmann-herkert.de
info@weinbau-hofmann-herkert.de
Besuchszeiten: *nach Vereinbarung*
Heckenwirtschaft „Schenken-Weinstube"

Inhaber .... Christian Herkert
Rebfläche .... 3,5 Hektar

Hans und Christa Hofmann kauften 1985 ihren ersten Weinberg, Tochter Karin und ihr Ehemann Friedrich Herkert führten das Weingut weiter, heute leitet ihr Sohn Christian, ausgebildeter Techniker für Weinbau- und Kellerwirtschaft, den Betrieb. Die Reben wachsen in Klingenberg auf überwiegend quergezeilten Buntsandsteinterrassen. Müller-Thurgau, Bacchus und Silvaner sind die wichtigsten weißen Rebsorten, an roten Sorten baut Christian Herkert vor allem Spätburgunder und Portugieser (teilweise über 80 Jahre alte Reben) an. Die Weißweine werden, teils nach Maischestandzeiten, kühl im Edelstahl vergoren und bis Weihnachten auf der Feinhefe ausgebaut; die roten Trauben entrappt und maischevergoren (8 bis 14 Tage).

Vorjahre

Vor zwei Jahren gefiel uns die Kollektion gut, wurde angeführt von dem eleganten Spätburgunder aus dem Schlossberg. Der gefiel uns auch 2009 wieder sehr gut, noch ein klein wenig besser aber der Spätburgunder von alten Reben. Wir waren sehr angetan von der Kollektion, die Rotweine Christian

Herkerts waren ungekünstelt, sehr reintönig, geradlinig und frisch.

Neue Kollektion

2010 gab es weder Schlossberg noch Alte Reben, so dass in diesem Jahr der Jugendstil genannte Weine die Spitze des Spätburgunder-Programms bildet. Er ist reintönig und frisch, wie auch die weiteren präsentierten Rotweine. Auch Gewürztraminer gab es 2010 nicht – der halbtrockene 2011er ist üppig und klar. Da Christian Herkert zwei Hektar neu erwerben konnte, besteht die Hoffnung, dass zukünftig auch in mengenmäßig etwas schwächeren Jahren die komplette Kollektion erzeugt werden kann.

Weinbewertung

83 2011 Müller-Thurgau trocken Klingenberger **12 %/5,20 €**
85 2011 Gewürztraminer **13,5 %/9,50 €**
83 2009 Spätburgunder Klingenberger **13 %/7,50 €**
85 2010 Spätburgunder „Jugendstil" **13 %/9,50 €**
84 2009 Portugieser Klingenberger **12,5 %/6,- €**
84 2009 „Creszentia" Rotwein Klingenberger **13 %/6,50 €**

Hohenbeilstein ★★☆

Schlossgut

Württemberg

Schlossstraße 40, 71717 Beilstein
***Tel.** 07062-937110, **Fax**: 07062-9371122*
www.schlossgut-hohenbeilstein.de
info@schlossgut-hohenbeilstein.de
***Besuchszeiten**: Mo.-Fr. 9-12 + 14-18 Uhr, Sa. 9-13 Uhr*

Inhaber .... Hartmann Dippon
Rebfläche .... 15 Hektar

Naturland-Winzer Hartmann Dippon gehört die Lage Hohenbeilsteiner Schlosswengert in Alleinbesitz. 2,5 Hektar davon sind terrassierte Steillagen. Aus Gründen der Übersichtlichkeit verzichtet er inzwischen darauf die Lage auf den Etiketten aufzuführen, mit Ausnahme der Großen Gewächse. Er baut das in Württemberg übliche Sortiment an Rebsorten an: Trollinger und Riesling an der Spitze, gefolgt von Spätburgunder, Lemberger, Samtrot und Schwarzriesling. Schon 1987 hatte Hartmann Dippons Vater Eberhard, der das Anwesen 1959 erworben hatte, mit der Umstellung auf ökologischen Weinbau begonnen. 1991 übernahm Sohn Hartmann das Gut, 1992 wurde er Mitglied bei Naturland und seit 1994 ist das Weingut komplett auf ökologischen Weinbau umgestellt. Am Eingang zur Burg hat Hartmann Dippon einen Lehrweinpfad mit pilzresistenten Rebsorten angelegt.

Vorjahre

Vor zwei Jahren hatte man vergessen Wein einzuschicken, die Proben trafen erst nach Ende der Verkostungen ein. Die letztjährige Kollektion präsentierte sich geschlossen: Ein feiner gereifter Sekt, die geradlinige trockene Riesling Spätlese und die beiden Großen Gewächse waren unsere Favoriten.

Neue Kollektion

Eine interessante Kollektion stellte Hartmann Dippon in diesem Jahr vor. Im weißen Segment dominieren die beiden Großen Gewächse, der Riesling ist kraftvoll, klar und zupackend, der Weißburgunder besitzt viel süße Frucht. Die edelsüße Überraschung ist der Silvaner „Winterlese", der intensiv nach reifen Birnen duftet, füllig und reintönig sich im Mund präsentiert. Auch im roten Segment dominieren die beiden Großen Gewächse: Der Spätburgunder ist rauchig und konzentriert, kraftvoll, besitzt viel Fülle und Substanz, während der Lemberger im Bouquet von Gewürznoten geprägt ist, aber ebenso kraftvoll ist, zupackend, gute Struktur und Frische besitzt.

Weinbewertung

85 2011 Riesling Kabinett trocken **12,5 %/6,70 €**
85 2011 Weißburgunder Kabinett trocken **12,5 %/7,40 €**
83 2011 Cabernet Blanc Kabinett trocken **13 %/8,50 €**

88 2011 Riesling „GG" Schlosswengert **13,5 %/19,- €**
87 2011 Weißburgunder „GG" Schlosswengert **13 %/19,- €**
88 2011 Silvaner Auslese „Winterlese" **13 %/15,90 €/0,5l**
81 2011 Trollinger trocken **12,5 %/6,30 €**
89 2009 Lemberger „GG" Schlosswengert **13,5 %/21,- €**
89 2009 Spätburgunder „GG" Schlosswengert **14,5 %/21,- €**
83 2011 Muskattrollinger **12 %/9,20 €**

H

★★★☆

Hohenlohe-Öhringen

Weingut Fürst **Württemberg**

Wiesenkelter, 74613 Öhringen-Verrenberg
Tel. *07941-94910,* ***Fax:*** *07941-9491-20*
www.verrenberg.de
info@verrenberg.de
Besuchszeiten: *Mo.-Fr. 9-18 Uhr, Sa. 10-14 Uhr*
Restaurant Wiesenkelter direkt am Weingut

Inhaber . . . Fürst Kraft zu Hohenlohe-Öhringen
Betriebsleiter .... Joachim Brand
Rebfläche .... 20 Hektar

Dem Weingut Fürst Hohenlohe-Öhringen gehört der Verrenberger Verrenberg in Alleinbesitz, wo die Reben auf Muschelkalk-Lettenkeuperböden wachsen. Gutsverwalter war über dreißig Jahre lang Siegfried Röll, 2011 hat Joachim Brand seine Nachfolge übernommen. Wichtigste Rebsorte ist Riesling, der mehr als die Hälfte der Fläche einnimmt. Dazu gibt es Weißburgunder, Chardonnay und Sauvignon Blanc, Müller-Thurgau und Kerner wurden ebenso abgeschafft wie Grauburgunder. Bei den roten Sorten dominieren Lemberger und Spätburgunder, Trollinger wurde etwas reduziert, dafür mehr Merlot angelegt. Die besten Weine werden nach dem Filetstück des Verrenbergs „Butzen" genannt. 2008 errichtete man eine neue moderne Kellerei am Verrenberg. Seit September 2008 werden die Weinberge biologisch bewirtschaftet. Das Sortiment ist eingeteilt in Gutsweine, Lagenweine der Gewann „Butzen", sowie Hades-Weine und Große Gewächse, wenn es der Jahrgang erlaubt werden auch edelsüße Weine erzeugt. Das Weingut gehört zu den Vorreitern roter Cuvées in Deutschland. Bereits 1986 wurde erstmals die nach dem Wappenspruch des Hauses benannte Cuvée „Ex flammis orior" erzeugt, die heute aus Lemberger, Cabernet und Merlot besteht, seit Anfang der neunziger Jahre gibt es die zweite Spitzencuvée „In senio", die nach Bordeauxvorbild aus Cabernet Sauvignon, Cabernet Franc und Merlot besteht.

Vorjahre

Nachdem in früheren Jahren vor allem die Rotweine heraus stachen, haben in den letzten Jahren die Weißweine stark zugelegt. Vor allem die Rieslinge werden immer besser, wirken jung aber recht verschlossen und mineralisch. Die roten 2008er boten bestechend gutes, gleichmäßiges Niveau, auch das weiße Segment überzeugte 2009 wie gewohnt. Sehr geschlossen präsentierte sich die letztjährige Kollektion, wobei unser eindeutiger Favorit das herrlich mineralische Große Gewächs war: Der Riesling. Die 2009er Rotweine waren kraftvoll und stoffig, aber alle recht jugendlich, von Gewürznoten und Tanninen geprägt, wesentlich unzugänglicher als die 2008er.

Neue Kollektion

2011 wurden alle Weißweine spontanvergoren. Sie sind kraftvoll und klar, der Weißburgunder besitzt gute Fülle und Substanz, der Riesling Butzen ist frisch und zupackend, besitzt gute Struktur und dezent mineralische Noten. Die weiße Hades-Cuvée ist noch sehr vom Ausbau im Holz geprägt, wesentlich besser gefällt uns das Große Gewächs, das herrlich kraftvoll, präzise und mineralisch ist. Im roten Segment gibt es harte Konkurrenz um die Spitzenposition: Der Spätburgunder

Großes Gewächs zeigt viel Duft und Gewürznoten im Bouquet, ist kraftvoll und tanninbetont im Mund, der Lemberger ist herrlich fruchtbetont, frisch und reintönig bei guter Struktur. Ein klein wenig besser gefallen uns die beiden Cuvées: „Es flammis orior" zeigt gute Konzentration im Bouquet, reife Frucht, etwas Gewürze, ist füllig und kraftvoll im Mund bei reifer Frucht, guter Substanz und feinen Schokonoten; „In senio" ist fruchtbetont und konzentriert, besitzt gute Struktur und Substanz, feine Tannine. Strake Kollektion!

Weinbewertung

85 2008 Pinot Sekt brut **12,5 %/15,20 €**
86 2011 Weißburgunder trocken „Butzen" **12,5 %/11,40 €**
83 2011 Chardonnay trocken „Butzen" **13,5 %/11,40 €**
88 2011 Riesling trocken „Butzen" **13 %/11,40 €**
90 2011 Riesling „GG" Verrenberger Verrenberg **13,5 %/25,- €**
86 2010 Riesling Auslese **9,5 %/19,50 €**
87 2011 Weißburgunder & Chardonnay „Hades" **13 %/25,- €**
85 2010 Spätburgunder trocken „Butzen" **13 %/11,80 €**
85 2010 Lemberger trocken „Butzen" **13,5 %/11,80 €**
88 2010 Spätburgunder „GG" Verrenberger Verrenberg **13,5 %/28,- €**
88 2010 Lemberger „GG" Verrenberger Verrenberg **14 %/28,- €**
89 2010 „Ex flammis orior" Rotwein trocken „Hades" **14 %/35,- €**
89 2010 „In senio" Rotwein trocken „Hades" **14 %/38,- €**

★☆

Hollerith

Weingut

Pfalz

Gartenstraße 17, 67487 Maikammer
***Tel.** 06323-6168, **Fax:** 06323-6362*
www.weingut-hollerith.de
info@weingut-hollerith.de
***Besuchszeiten:** nach Vereinbarung*

Inhaber .... Peter und Florian Hollerith
Kellermeister .... Florian Hollerith
Rebfläche .... 9,5 Hektar

Hugo Hollerith, der Vater des heutigen Besitzers Peter Hollerith, kaufte Weinberge, baute den Hof und betrieb eine Rebschule. Peter Hollerith begann dann 1981 mit der Selbstvermarktung. Inzwischen ist sein Sohn Florian in den Betrieb eingestiegen. Bei den weißen Sorten dominiert der Riesling. Hinzu kommen Weiß- und Grauburgunder, Chardonnay und Sauvignon Blanc. Etwa die Hälfte der Rebfläche ist mit roten Sorten bestockt. Neben Spätburgunder hat das Weingut auch Cabernet Sauvignon und Merlot im Anbau, mit dem Jahrgang 2009 kam noch Syrah dazu. Bereits seit Ende der achtziger Jahre baut Peter Hollerith Weine im Barrique aus.

Vorjahre

Vor zwei Jahren war mit dem Pinot Noir von 2007 ein Rotwein der Favorit, bei den Weißweinen war es ein Chardonnay aus dem Barrique, gefolgt von Sauvignon Blanc und Riesling Spätlese. Ähnlich verhielt es sich im vergangenen Jahr: Bei den ansonsten etwas zu süffig-süßlich ausgebauten Weißweinen gefiel uns der Sauvignon Blanc am besten, unser Favorit war erneut der Pinot Noir.

Neue Kollektion

In diesem Jahr ist unter den Weißweinen wieder der zu 40 Prozent in neuen Barriques ausgebaute Chardonnay Rosengarten unser Favorit und auch der Chardonnay Sekt überzeugt mit viel klarer Frucht. Pinot Noir, Syrah und die Cuvée „No Limit“ aus je einem Drittel Merlot, Cabernet Sauvignon und Spätburgunder zeigen viel reife, süße Frucht und gute Struktur.

Weinbewertung

85 2009 Chardonnay Sekt brut **12,5 %/10,- €**
84 2011 Sauvignon Blanc Spätlese trocken **13 %/9,50 €**
82 2011 Chardonnay trocken **13 %/6,80 €**
85 2011 Chardonnay trocken Rosengarten **13 %/11,- €**
81 2011 Spätburgunder Rosé trocken **12 %/5,30 €**
84 2009 „Luciana“ Rotwein trocken **14 %/12,- €**
87 2009 „No Limit“ Rotwein trocken **14 %/23,- €**
82 2011 Merlot trocken **14 %/7,50 €**
86 2009 Syrah trocken **14 %/26,- €**
82 2011 Spätburgunder trocken **14 %/6,- €**
88 2009 Pinot Noir trocken Maikammer Heiligenberg **14 %/28,- €**

H

★★☆

Holub

Weingut

Baden

Weinstraße 4, 79336 Herbolzheim
Tel. 07643-9141412, Fax: 07643-9141414
www.weingut-holub.com
info@weingut-holub.com
Besuchszeiten: Mo.-Do. 9-17 Uhr, Fr. 9-12 Uhr und nach Vereinbarung

Inhaber .... Horst Holub
Rebfläche .... 1,4 Hektar

Es begann mit 7 Ar Spätburgunder, die Horst Holub 1999 zu seinem 50. Geburtstag zum Geschenk erhielt. Ein Barrique ergab die erste Ernte. Jedes Jahr kamen dann einige Parzellen hinzu, so dass heute mehr als 1 Hektar Weinberge Horst Holub gehören, Spätburgunder und Grauburgunder vor allem, aber auch ein klein wenig Weißburgunder. Die Weinberge befinden sich in den Lagen Malterdinger Bienenberg, Nordweiler Herrenberg und Herbolzheimer Kaiserberg und sind größtenteils mit 25 bis 40 Jahre alten Reben bepflanzt. Den Weinberg in der Lage Amolterner Steinhalde am Kaiserstuhl hat Horst Holub 2009 aufgegeben und dafür Weinberge im Breisgau in den Lagen Herbolzheimer Sonnhalde (Grau- und Weißburgunder) und Bombacher Sommerhalde (Spätburgunder) hinzugenommen, wodurch sich insgesamt der Anteil des Weißburgunders zu Lasten des Spätburgunders erhöht hat. Die Spätburgunder werden nach der Maischegärung (2 bis 3 Wochen) etwa achtzehn Monate in neuen Barriques aus französischer Eiche ausgebaut und dann unfiltriert abgefüllt. Die Weißburgunder werden teils im Edelstahl, teils in einjährigen französischen Barriques, die Grauburgunder ganz in neuen und einjährigen Barriques ausgebaut.

Vorjahre

Vor zwei Jahren gefielen uns die wunderschön reintönigen, sehr „burgundisch“ anmutenden Spätburgunder sehr gut, die Weißweine aus dem Bienenberg präsentierten sich puristisch und jugendlich. Da 2010 erst nach Redaktionsschluss gefüllt wurde, verkosteten wir im vergangenen Jahr erneut die 2009er, das Jahr auf der Flasche hatte ihnen gut getan, sie präsentierten sich immer noch jugendlich, die beiden Bienenberg-Weine besaßen guten Druck. Noch etwas besser aber gefielen uns wie gehabt die beiden Spätburgunder, wie immer mit kleinen Vorteilen beim „SH“.

Neue Kollektion

Die beiden 2010er Weißweine aus dem Bienenberg sind kraftvoll und klar, besitzen gute Struktur und Substanz, unsere leichte Präferenz gilt dem Grauburgunder. Bei den Spätburgundern ist der Unterschied zwischen den beiden Weinen deutlicher als gewohnt, der „SH“ hat klar die Nase vorne, zeigt gute Konzentration im Bouquet, feinen Toast, rauchige Noten, ist wunderschön frisch und zupackend im Mund bei guter Struktur.

Weinbewertung

86 2010 Weißburgunder Spätlese Malterdinger Bienenberg **12,5 %/9,80 €**

87 2010 Grauburgunder Spätlese Malterdinger Bienenberg **13 %/9,80 €**
85 2010 Spätburgunder **13,5 %/14,50 €**
89 2010 Spätburgunder **13,5 %/24,- €**

★☆

Ludwig **Honold**

Weingut

Baden

Am Hummelberg 1, 76684 Östringen
***Tel.** 07253-278627, **Fax:** 07253-278628*
www.weingut-honold.de
info@weingut-honold.de
***Besuchszeiten:** Mo.-Fr. 8-12 + 13-18 Uhr, Sa. 8-12 Uhr*

Inhaber........................Ludwig Honold
Rebfläche............................12 Hektar

Das Weingut wurde 1938 von Ludwig Honold gegründet und dann von seinem Sohn Theo auf die heutige Größe erweitert. Seit 1985 führt Ludwig Honold, der Enkel des Gründers, das Gut. Seit 1999 ist das Weingut auf den 234 Meter hoch gelegenen Hummelberg oberhalb von Östringen ausgesiedelt. Ludwig Honolds Weinberge liegen in Östringen, Malsch und Tiefenbach. 60 Prozent der Rebfläche nehmen weiße Sorten ein: Müller-Thurgau, Riesling, Grauburgunder, Weißburgunder, Sauvignon Blanc, Auxerrois und Chardonnay. An roten Sorten gibt es Portugieser, Spätburgunder, Lemberger, Trollinger und Dornfelder. Zuletzt hat er pilzresistente Sorten gepflanzt: 2003 Cabernet Cortis und Cabernet Carbon, 2006 Muscaris und 2008 Cabernet Blanc. Die Weißweine werden kalt vergoren und lange auf der Hefe ausgebaut. Die Rotweine werden maischevergoren und dann in kleinen Holzfässern ausgebaut.

Vorjahre

Vor zwei Jahren war ein Lemberger der beste Wein unter den Roten, im weißen Segment gefiel uns einmal mehr der Sauvignon Blanc besonders gut. Die 2010er Weißweine kamen nicht an ihre Vorgänger heran, das rote Segment präsentiert sich im vergangenen Jahr sehr gleichmäßig, aber es fehlten die Spitzen der Vorjahre.

Neue Kollektion

Eine sehr gleichmäßige Kollektion präsentiert Ludwig Honold auch in diesem Jahr, mit Vorteilen im weißen Segment, in dem uns die feine Muscaris Spätlese angenehm überrascht. Noch besser aber bewerten wir den fülligen, sehr harmonischen Sekt aus Weißburgunder und Chardonnay.

Weinbewertung

85 2010 Weißburgunder & Chardonnay Sekt brut **13,5 %/8,90 €**
82 2011 Weißburgunder trocken **13,5 %/5,90 €**
83 2011 Chardonnay trocken **13 %/5,90 €**
81 2011 Cabernet Blanc trocken **13,5 %/6,90 €**
82 2011 Sauvignon Blanc Kabinett trocken Östringer Rosenkranzweg **14,5 %/8,50 €**
83 2011 Riesling Spätlese trocken Östringer Hummelberg **13,5 %/7,90 €**
84 2011 Muscaris Spätlese Östringer Hummelberg **13 %/8,50 €**
81 „Rot" Rotwein trocken **13,5 %/9,50 €**
80 „Anthelu" Rotwein trocken **12,5 %/5,90 €**

★★★

Horcher

Weingut

Pfalz

Freinsheimer Straße 86a, 67169 Kallstadt
***Tel.** 06322-941520, **Fax:** 06322-941521*
www.horcher-wein.de
w.gruen@weingut-horcher.de
***Besuchszeiten:** jederzeit nach Vereinbarung*

Inhaber.........................Herbert Beltle
Betriebsleiter..................Wolfgang Grün
Rebfläche.............................5 Hektar

Herbert Beltle, Gastronom in Berlin, erwarb 2005 ein Weingut in der Pfalz. Seine Weinberge liegen alle in Kallstadt in den Lagen

Kreidkeller, Steinacker, Kobnert und Saumagen. In den nächsten Jahren möchte er die Rebfläche erweitern. Betriebsleiter ist der gebürtige Heidelberger Wolfgang Grün, der nach Studium und Praktika in verschiedenen Ländern auch beim Weingut Fürst arbeitete.

Vorjahre

Vor zwei Jahren stellten wir bei den 2009er Weißweinen einen großen Schritt nach vorne fest. Bei aller Kraft waren die Weine sehr elegant, tiefgründig und von großer Klarheit. Die frisch gefüllten Rotweine des Jahrgangs 2008 waren geprägt von transparenter Struktur. Im vergangenen Jahr zeigten die 2008er Top-Rotweine von Wolfgang Grün bereits ihre große Klasse; auch unterhalb der Top-Etage gab es nur sehr gute Rotweine, einschließlich der Cuvée in der Literflasche. Auch die Weißweine hatten weiter zugelegt; die Rieslinge waren sehr puristisch, durchgängig.

Neue Kollektion

Der Weißweinjahrgang 2011 war in Kallstadt eher normal, die Weine haben nicht ganz die prickelnde Dichte des Vorjahres. Die erkennen wir wieder in den beiden sehr guten Sekten, der Rosé ist ein Spätburgunder. Insgesamt bleibt die Qualität im Basis- und Mittelsegment hoch, die Weine sind geprägt von Klarheit und Frische. Das gilt für die weiße Cuvée aus Riesling, Silvaner und Scheurebe ebenso wie für die rote Cuvée aus Spätburgunder, Merlot, St. Laurent und Acolon und für die Rebsortenweine. Von den Spitzenweinen zeigte Wolfgang Grün in diesem Jahr nur den hervorragenden Merlot von 2009. ▬

Weinbewertung

87 2010 Rosé Sekt brut **13,5 %/12,50 €**
87 2010 „HB" Sekt brut **13 %/12,50 €**
87 2011 Riesling trocken **12,5 %/8,90 €**
84 2011 „Cuvée Weiß" trocken **12 %/5,90 €/1l**
85 2011 Sauvignon Blanc trocken **12 %/8,90 €**
84 2011 Grauburgunder trocken **12,5 %/8,90 €**
86 2011 Chardonnay trocken **13,5 %/8,90 €**
86 2011 Riesling „feinherb" **11,5 %/8,90 €**
85 2011 „Secco" Rosé **11 %/8,90 €**
84 2011 Rosé **11 %/8,90 €**
84 2010 „Cuvée Rot" trocken **13 %/5,90 €/1l**
87 2009 „Aigner" Rotwein trocken **13,5 %/8,90 €**
86 2010 Spätburgunder trocken „Silber" **13,5 %/8,90 €**
90 2009 Merlot trocken „Gold" **14,5 %/29,- €**
87 2009 Merlot trocken „Silber" **14 %/8,90 €**

★☆

Clemens **Honrath**

Weingut & Gästehaus

Nahe

Obere Grabenstraße 2, 55450 Langenlonsheim
***Tel.** 06704-729, **Fax**: 06704-717*
www.weingut-honrath.de
info@weingut-honrath.de
***Besuchszeiten**: nach Vereinbarung*
Gästehaus

Inhaber .... Clemens Honrath
Rebfläche .... 6 Hektar

Die Weinberge von Clemens Honrath liegen fast ganz auf Langenlonsheimer Gemarkung, in den Lagen Rothenberg, Königsschild, Löhrer Berg und Steinchen, nur ein Grauburgunder-Weinberg liegt in Guldental in der Lage Hipperich. Weiße Sorten nehmen drei Viertel der Rebfläche ein, vor allem Riesling, gefolgt von den Burgundern. Wichtigste rote Rebsorten sind Spätburgunder und Acolon. Die Weine werden in kleinen Gebinden zum Teil spontan vergoren. Seit Abschluss seines Geisenheim-Studiums 2007 ist Sohn Christian im Betrieb tätig.

Vorjahre

Beim guten Debüt vor zwei Jahren gefiel uns der Acolon besonders gut. Den schwierigen Jahrgang 2010 bewältigten Clemens und Christian Honrath gut, die Weine waren sortentypisch und frisch.

Neue Kollektion

Der kraftvolle Grauburgunder aus dem Hipperich ist auch in diesem Jahr wieder gut gelungen, ebenso wie ein starkes Trio trockener

Rieslinge. Schon der Gutswein vom Löss ist klar und präzise, der stoffige Riesling aus dem Königsschild zeigt viel klare Zitrusnoten und feine Mineralität und der neu im Sortiment vertretene „R Quadrat" potenziert die gleiche Charakteristik getreu seines Namens und zeigt dazu noch feine Kräuternoten. Eine gute Leistung, die uns gerne einen halben Stern mehr in der Betriebsbewertung wert ist!

Weinbewertung

79 2011 Scheurebe trocken **12,5 %/5,50 €**

82 2011 Weißer Burgunder Spätlese trocken Langenlonsheimer Steinchen **13 %/5,50 €**

86 2011 Grauer Burgunder Spätlese trocken Guldentaler Hipperich **14 %/8,50 €**

84 2011 Riesling trocken „Löss" **13 %/5,50 €**

86 2011 Riesling Spätlese trocken Langenlonsheimer Königsschild **13,5 %/6,50 €** ☺

88 2011 Riesling Spätlese trocken „R Quadrat" Langenlonsheimer Rothenberg **13,5 %/10,80 €**

80 2011 Scheurebe „feinherb" **12 %/4,90 €**

85 2011 Scheurebe Auslese Langenlonsheimer Steinchen **9 %/7,50 €**

82 2011 Riesling Spätlese Langenlonsheimer Löhrer Berg **10 %/6,50 €**

84 2011 Riesling Auslese Langenlonsheimer Königsschild **9,5 %/8,50 €**

81 2010 Acolon & Spätburgunder trocken „AS" Langenlonsheimer Steinchen **13 %/9,80 €**

83 2010 Acolon trocken Langenlonsheimer Steinchen **13 %/12,90 €**

★

Alfons **Hormuth**

Weingut

Pfalz

Edenkobener Straße 11, 67487 St. Martin
***Tel.** 06323-5309, **Fax:** 06323-3238*
www.weingut-hormuth.de
info@weingut-hormuth.de
***Besuchszeiten:** nach Vereinbarung*

Inhaber .... Andreas Hormuth
Rebfläche .... 8,5 Hektar

Andreas Hormuth hat das Weingut 1989 von seinem Vater Alfons übernommen. Seine Weinberge befinden sich in St. Martin, aber auch in Alsterweiler, Edenkoben und Edesheim. 40 Prozent der Fläche nehmen rote Sorten ein, wobei zu Portugieser, Dornfelder und Spätburgunder zuletzt Frühburgunder und Cabernet Mitos hinzugekommen sind. Die wichtigsten weißen Sorten sind Riesling, Gewürztraminer, Weißburgunder und Grauburgunder, dazu gibt es Silvaner, Kerner und Müller-Thurgau, sowie als Spezialitäten Huxelrebe und seit dem Jahrgang 2003 Muskateller. Die Weine werden meist im Edelstahl ausgebaut, die Spitzenrotweine im Holz. Die besten Weine des Jahrgangs werden in der Serie „Expression" vermarktet.

Vorjahre

Der Silvaner war in der 2009er-Kollektion unserer Favorit, es folgte ein halbtrockener Riesling mit viel Biss. Im vergangenen Jahr gefiel uns unter den trockenen Weinen erneut der saftige und kräuterwürzige Silvaner am besten, an der Spitze der Kollektion stand ein gekonnt vinifizierter, harmonischer Eiswein vom Spätburgunder.

Neue Kollektion

Eine solche Spitze fehlt in der aktuellen Kollektion, die trockenen Weißweine sind alle sehr füllig mit merklicher Restsüße, was leider etwas zu Lasten der Typizität geht. Am besten gefällt uns die halbtrockene Riesling-Spätlese mit klarer Frucht und feinem Süße-Säure-Spiel, der ambitionierte Pinot Noir leidet unter seinem hohen Alkoholgehalt.

Weinbewertung

83 2011 Silvaner trocken „Expression" **13,5 %/5,30 €**

82 2011 Sauvignon Blanc trocken „Expression" **12,5 %/6,60 €**

80 2011 Weißburgunder Kabinett trocken St. Martiner Baron **13 %/4,- €**

78 **2011 Riesling trocken** **12,5 %/4,- €/1l**

82 2011 Riesling trocken „Expression" **13 %/5,30 €**

81 2011 Spätburgunder „blanc de noir" trocken „Expression" **13,5 %/6,- €**

84 2011 Riesling Spätlese halbtrocken „terra tertius" **13 %/7,20 €**

82 2011 Huxelrebe Spätlese St. Martiner Baron **11 %/4,60 €**

82 2011 Kerner Spätlese St. Martiner Baron **10,5 %/4,20 €**

81 2009 Pinot Noir Auslese trocken „novus" **15,5 %/18,- €**

★

Hothum

Wein- und Sektgut am Rothes

Rheinhessen

Germaniastraße 46, 55459 Aspisheim
Tel. 06727-8696, Fax: 06727-8411
www.hothum.com
info@hothum.com
Besuchszeiten: nach Vereinbarung

Inhaber .... Karlfried und Andreas Hothum
Rebfläche .... 15 Hektar

Karlfried und Regina Hothum betreiben seit 1989 ökologischen Weinbau nach den Richtlinien von Naturland und Ecovin. Sie werden im Betrieb unterstützt von ihren drei Söhnen Andreas, Christoph und Benjamin, allesamt Önologen, sowie von Tochter Kathi, einer Agrarbiologin. Ihre Weinberge liegen vor allem in und um Aspisheim, aber auch im St. Johanner Steinberg. Riesling und Silvaner sind die wichtigsten Rebsorten, gefolgt von Dornfelder, Portugieser, Grau-, Weiß- und Spätburgunder, sowie Sauvignon Blanc, St. Laurent, Frühburgunder, Gewürztraminer und diverse Neuzüchtungen.

Vorjahre

Vor zwei Jahren trumpften die Hothums mit fülligen, reintönigen Weißweinen auf, Sauvignon Blanc, Silvaner und Riesling waren sehr gut gelungen. 2010 konnte da jahrgangsbedingt nicht ganz heranreichen, die Weine waren frisch und klar, aber etwas weniger konzentriert und komplex als ihre Vorgänger.

Neue Kollektion

Die neue Kollektion gefällt uns besser, auch wenn einige Weine recht hoch im Alkohol sind. Der Frühburgunder ist intensiv und fruchtbetont, klar und harmonisch, noch spannender ist die wunderschön reintönige, konzentrierte Gewürztraminer Beerenauslese.

Weinbewertung

79 2011 Grüner Silvaner trocken **13,5 %/4,50 €**

78 2011 Sauvignon Blanc trocken **13,5 %/6,50 €**

82 2011 Riesling trocken „vom Muschelkalk" **14 %/6,50 €**

82 2011 Grüner Silvaner trocken Aspisheimer Sonnenberg **13,5 %/9,90 €**

84 2011 Weißburgunder trocken „Halbstück" **15 %/6,50 €**

82 2011 Riesling trocken St. Johanner Steinberg **13 %/9,90 €**

83 2011 Gewürztraminer trocken St. Johanner Steinberg **13 %/9,90 €**

79 2011 Riesling Classic **13,5 %/5,50 €**

88 2011 Gewürztraminer Beerenauslese St. Johanner Steinberg **9,5 %/25,- €/0,375l**

85 2009 Frühburgunder trocken Barrique **14 %/15,- €**

★★★★★

Bernhard Huber

Weingut

Baden

Heimbacher Weg 19, 79564 Malterdingen
Tel. 07644-1200, Fax: 07644-8222
www.weingut-huber.com
info@weingut-huber.com
Besuchszeiten: Mo.-Fr. 14-18 Uhr, Sa. 10-12 Uhr

Inhaber .... Bernhard Huber
Rebfläche .... 25 Hektar

Erst 1987 begann Bernhard Huber mit der Selbstvermarktung. Seine Weinberge befinden sich in Malterdingen, Hecklingen und

Bombach, dazu bezieht er Trauben aus Köndringen. Im Hecklinger Schlossberg hat er einen Weinberg mit 13.000 Reben je Hektar bestockt. Spezialität von Bernhard Huber ist der Spätburgunder, der knapp zwei Drittel seiner Rebfläche einnimmt. Dazu kommen insbesondere Chardonnay und Weißburgunder, aber auch Grauburgunder, Freisamer, Riesling, Auxerrois, Muskateller und Müller-Thurgau. In den letzten Jahren pflanzte Bernhard Huber auch ein wenig Cabernet Sauvignon und Merlot.

Vor allem mit seinen Spätburgundern fand Bernhard Huber in den vergangenen Jahren bundesweit Beachtung. Der „Alte Reben" und der „Reserve" gehören immer wieder zu den besten Spätburgundern in Baden. Vertikalproben bewiesen eindrucksvoll das hervorragende Alterungspotenzial der Huber-Weine. Den früheren „Reserve" gibt es seit dem Jahrgang 2004 in 4 „R"-Varianten – Bienenberg, Sommerhalde, Schlossberg und Wildenstein (eine besondere Parzelle des Bienenbergs). Zugelegt hat Bernhard Huber in den letzten Jahren aber auch ganz enorm im weißen Segment. Kompakt waren seine Barrique-Weißweine schon immer, in den letzten Jahren aber sind sie deutlich komplexer geworden. Das gilt vor allem für den Chardonnay aus dem Schlossberg, der im Vergleich zum „normalen" Chardonnay einen höheren Anteil an neuen Fässern enthält. Aber auch der Grauburgunder Bienenberg und der Malterer, eine Cuvée aus Weißburgunder und Freisamer, präsentieren sich Jahr für Jahr feiner und komplexer.

Vorjahre

Ende September 2010, unmittelbar nach der Füllung verkostet, zeigten die 2008er Spätburgunder viel Spannung und Kraft, präsentierten sich aber noch enorm jugendlich. Der 2008er Chardonnay Schlossberg war ganz stark, die Überraschung aber stellte der Grauburgunder aus dem Bienenberg dar, einer der großen weißen Burgunder des Jahrgangs. Ähnlich stark war der 2010er, auch beide Chardonnay, Jahrgang 2009, trumpften wieder auf, der Malterer war fein und komplex wie nie. Ganz großartig waren die 2009er Spätburgunder, wobei wir uns für den Wildenstein entschieden, der enorm „burgundisch" auftrat, wie überhaupt stilistisch Bernhard Hubers Spätburgunder einen weiteren Schritt Richtung Burgund gegangen waren, wie sich schon beim tollen Malterdinger Spätburgunder zeigte, auch bei Sommerhalde und Bienenberg.

Weißweine

Der weiße Reigen wird eröffnet vom Müller-Thurgau in der Magnum – das ist witzig, und es schmeckt. Der Malterer zeigt viel reife Frucht und ganz leicht rauchige Noten im Bouquet, ist füllig und kraftvoll, besitzt gute Struktur und Substanz. Der Weißburgunder aus dem Bienenberg zeigt viel Toast und eindringliche Holznoten im Bouquet, ist füllig und stoffig im Mund, besitzt viel Substanz und Druck, gewinnt nach längerem Öffnen, ist jugendlich und braucht Zeit. Der Grauburgunder ist anfangs verschlossen, öffnet sich dann, ist komplex, kraftvoll, besitzt gute Struktur und Substanz, ist druckvoll und lang. Der duftige Chardonnay ist füllig und kraftvoll, besitzt viel reife Frucht, Struktur und Substanz; etwas beeindruckender noch ist der Chardonnay aus dem Schlossberg, der Gewürznoten und Toast im Bouquet zeigt, viel Konzentration, kraft- und druckvoll im Mund ist bei viel Substanz. Und dass Bernhard Huber sich auf Sekt versteht, das beweist der 2006er Pinot brut mit seinen feinen rauchigen Noten, guter Fülle und Länge.

Weißweine

Das Spätburgunder-Sortiment beginnt mit einem wunderschön reintönigen Wein von jungen Reben, der Malterdinger ist etwas kraftvoller und zupackender, besitzt klare Frucht und Biss. Der Wein von alten Reben ist faszinierend reintönig im Bouquet, zeigt rote Früchte, feine Würze, ist klar und sehr präzise im Mund, druckvoll, besitzt Säure und Biss. Das Große Gewächs aus dem Bienenberg ist ähnlich puristisch und präzise, kraftvoll und reintönig, druckvoll und lang. Der Wein aus der Sommerhalde ist etwas fülliger und stoffiger, besitzt ebenfalls viel Kraft und guten Druck, Länge und Biss. Der Wildenstein ist frisch und fruchtbetont im Bouquet, anfangs etwas wild, im Mund präsentiert er sich frisch, klar und enorm präzise, gewinnt zunehmend an Komplexität, ist kraftvoll und lang. Unsere ganz leichte Präferenz aber gilt dieses Jahr dem Schlossberg, der faszinierend reintönig und elegant ist, präzise und zupackend, die Frucht erinnert ein wenig an Johannisbeeren; er besitzt viel Säure, ist faszinierend frisch, puristisch und nachhaltig. Und Huber-Wein ist haltbar: Der 2002er „R" belegte in den zweiten Platz in einer hochklassigen Jahrgangsverkostung.

Weinbewertung

- **88** 2006 Pinot Sekt brut **12,5 %/18,- €**
- **86** 2011 Müller-Thurgau trocken **12 %/17,50 €/1,5l**
- **93** 2010 Grauburgunder „GG" Bienenberg **13,5 %/25,- €**
- **90** 2010 Weißburgunder „GG" Bienenberg **12,5 %/25,- €**
- **90** 2010 „Malterer" Weißwein trocken **13,5 %/25,- €**
- **91** 2010 Chardonnay trocken **13,5 %/25,- €**
- **92** 2010 Chardonnay trocken Hecklinger Schlossberg **13,5 %/48,- €**
- **86** 2010 Spätburgunder trocken („Junge Reben") **13,5 %/11,80 €**
- **87** 2010 Spätburgunder trocken Malterdinger **13,5 %/15,50 €**
- **90** 2010 Spätburgunder trocken „Alte Reben" **13,5 %/27,- €**
- **91** 2010 Spätburgunder „GG" Bienenberg **13,5 %/40,- €**
- **91** 2010 Spätburgunder „GG" Sommerhalde **13,5 %/40,- €**
- **93** 2010 Spätburgunder „GG" Schlossberg **13,5 %/55,- €**
- **93** 2010 Spätburgunder „GG" Wildenstein **13,5 %/120,- €**

★

Huck-Wagner

Weingut

Baden

Engetalstraße 31, 79588 Efringen-Kirchen
Tel. *07628-1462,* ***Fax:*** *07628-800319*
www.huck-wagner.de
huck-wagner@gmx.de
Besuchszeiten: *täglich 8-19 Uhr*
Weinproben (bis 50 Personen)

Inhaber .... Familie Huck-Wagner
Rebfläche .... 14 Hektar

Efringen-Kirchen, die Heimat des Weingutes Huck-Wagner, liegt am Fuße des Ölbergs. Dort befindet sich auch der größte Teil der Weinberge, die Reben wachsen auf Jura-Kalk-Formationen. Hinzu kommen Parzellen in den Lagen Binzener Sonnhole und Blansinger Wolfer. Wichtigste Rebsorten sind Gutedel, Müller-Thurgau und Spätburgunder. Dazu gibt es Silvaner, Muskateller, Grauburgunder, Riesling, Chardonnay, Weißburgunder und Gewürztraminer, sowie Regent und Merlot. Die Weine werden überwiegend trocken ausgebaut. Das Weingut wird in dritter Generation von Christine Huck-Wagner und Ehemann Roland Wagner geführt.

Vorjahre

Der 2008er Spätburgunder besaß Fülle und Kraft, unter den 2009er Weißweinen gefiel uns der Grauburgunder am besten, führte eine gleichmäßige, überzeugende Kollektion an. Auch die letztjährige Kollektion gefiel uns gut, alle Weißweine waren frisch und reintönig, der Eiswein besaß viel Substanz, die beiden Spätburgunder waren füllig und klar.

Neue Kollektion

Eine vergleichbare Kollektion folgt nach mit frischen, reintönigen Weißweinen des Jahrgangs 2011. Unser Favorit ist der füllige, kraftvolle Chardonnay, der im Barrique ausgebaute Spätburgunder zeigt Gewürznoten im Bouquet, ist füllig und strukturiert im Mund.

Weinbewertung

81 2011 Gutedel Kabinett trocken Efringer Ölberg **11.5 %/4,80 €**
82 2011 Weißburgunder Kabinett trocken Binzener Sonnhohle **13 %/5,80 €**
83 2011 Silvaner Kabinett trocken Efringer Ölberg **13 %/4,80 €**
83 2011 Grauburgunder Kabinett trocken Efringer Ölberg **13 %/6,80 €**
85 2011 Chardonnay Spätlese trocken Efringer Ölberg **13 %/7,50 €**
85 2010 Spätburgunder trocken Barrique Efringer Ölberg **13 %/8,80 €/0,5l**

Fritz Ekkehard Huff ★

Weingut **Rheinhessen**

Hauptstraße 90, 55283 Nierstein
Tel. *06133-58003,* ***Fax:*** *06133-58617*
www.weingut-huff.de
info@weingut-huff.de
Besuchszeiten: *nach Vereinbarung*

Inhaber..................... Fritz Ekkehard Huff
Kellermeister.................... Christine Huff
Rebfläche.......................... 6,75 Hektar

Dieser Familienbetrieb im Niersteiner Ortsteil Schwabsburg wird heute in dritter Generation als Flaschenweinbetrieb von Fritz Ekkehard Huff geführt. Die Weinberge liegen in Nierstein und Schwabsburg, unter anderem in den Lagen Schloss Schwabsburg, Orbel und Paterberg. Riesling und Weißburgunder sind die wichtigsten Rebsorten, rote Sorten nehmen inzwischen 30 Prozent der Fläche ein.

Vorjahre

2009 gefiel uns der „Rabenturm"-Riesling wieder am besten, ragte hervor in einer ansonsten ein wenig verhaltenen Kollektion. 2010 hatte man sich gut behauptet, der Rabenturm-Riesling war einmal mehr sehr gut, dazu gab es Edelsüßes von Riesling und Scheurebe.

Neue Kollektion

2011 nun ist sehr gleichmäßig, allerdings vermissen wir bei den trockenen Weißweinen die Highlights früherer Jahre. Glanzstück der Kollektion ist die dicke, konzentrierte Riesling Trockenbeerenauslese.

Weinbewertung

78 2011 Grauburgunder trocken Niersteiner Paterberg **13,5 %/7,50 €**
80 2011 Weißburgunder trocken **12,5 %/5,30 €**
80 2011 Scheurebe trocken **11,5 %/4,80 €**
78 2011 Riesling trocken **11 %/4,- €/1l**
80 2011 Riesling trocken „vom Rotliegenden" **12 %/6,30 €**
83 2011 Riesling trocken Schloss Schwabsburg **13 %/8,- €**
82 2011 Riesling trocken „Rabenturm" **13 %/15,- €**
81? 2011 Riesling trocken Pettenthal **12,5 %/18,- €**
80 2011 Riesling „feinherb" Orbel **12,5 %/8,20 €**
84 2011 Riesling Auslese Schloss Schwabsburg **8 %/9,50 €**
87 2011 Riesling Trockenbeerenauslese Orbel **9 %/32,- €/0,375l**
80 2009 Spätburgunder trocken „vom Kalkstein" **13,5 %/6,50 €**

Georg Gustav Huff ★★

Weingut **Rheinhessen**

Woogstraße 1, 55283 Nierstein
Tel. *06133-50514,* ***Fax:*** *06133-61395*
www.weingut-huff.com
info@weingut-huff.com
Besuchszeiten: *Sa. 9-17 Uhr, So. 10-12 Uhr, Mo.-Fr. nach Vereinbarung*

Inhaber.............................. Dieter Huff
Rebfläche............................ 19 Hektar

Seit 300 Jahren baut die Familie Wein in Nierstein an. Dieter Huff hat das Weingut 1989 übernommen. Die Weinberge liegen unter anderem in den Niersteiner Lagen Hipping, Pettenthal und Schloss Schwabsburg. Riesling nimmt etwa ein Viertel seiner Rebfläche ein. Es folgen Spätburgunder, Dornfelder, Müller-Thurgau, Portugieser, Chardonnay, Grauburgunder und Weißburgunder. Sohn Daniel, Weinbautechniker, ist seit 2003 für den Ausbau der Weine verantwortlich. Der jüngere Sohn Stefan ist nach Beendigung seiner Technikerausbildung in Weinsberg und praktischen Erfahrungen in Rheinhessen (Peth-Wetz), an der Ahr (Burggarten), in Österreich und in Australien 2010 ebenfalls in den Betrieb eingestiegen, kümmert sich um den Ausbau der Rotweine.

Vorjahre

Der Jahrgang 2009 gefiel uns sehr gut, bot edelsüße Weine und kraftvolle, trockene Lagen-Rieslinge. Stimmig präsentierte sich auch der Jahrgang 2010. Alle Weine waren klar und frisch, die 3-Sterne-Rieslinge besaßen Kraft und Substanz. Unser Favorit war einmal mehr der Riesling aus dem Hipping, der Pettenthal-Riesling stand ihm kaum nach: Sehr schöne Kollektion in einem schwierigen Jahrgang!

Neue Kollektion

Ähnlich ist das Bild 2011: Der füllige, kraftvolle Riesling von alten Reben aus dem Hipping führt den trockenen Teil der Kollektion an, eine Beerenauslese den edelsüßen. Angenehm überrascht haben uns die sehr klaren, kraftvollen Rotweine, allen voran der mächtige Spätburgunder von alten Reben aus dem Jahrgang 2009. ➖

Weinbewertung

84 2011 Silvaner trocken Niersteiner Kirchplatte **13 %/8,70 €**
80 2011 Weißburgunder trocken **13 %/5,30 €**
81 2011 Grauburgunder*** trocken Niersteiner Ebersberg **13,5 %/8,70 €**
83 2011 Riesling Spätlese trocken Niersteiner Hipping **13 %/5,90 €**
85 2011 Riesling*** trocken Niersteiner Schloss Schwabsburg **13,5 %/9,70 €**
85 2011 Riesling*** trocken Niersteiner Pettenthal **13,5 %/10,20 €**
88 2011 Riesling*** trocken „Alte Reben" Niersteiner Hipping **13,5 %/15,70 €**
85 2011 Riesling Auslese Niersteiner Schloss Schwabsburg **9 %/8,70 €**
87 2011 Riesling Beerenauslese Niersteiner Schloss Schwabsburg **9 %/10,- €/0,375l**
86 2009 Spätburgunder*** trocken „Alte Reben" **14,5 %/15,70 €**
84 2010 Frühburgunder trocken **14 %/10,20 €**
84 2010 „J + P" Rotwein trocken **14 %/10,20 €**

★

Huff-Doll

Weingut

Rheinhessen

Weedstraße 6, 55457 Horrweiler
***Tel.** 06727-343, **Fax**: 06727-5366*
www.huff-doll.de
weingut@huff-doll.de
***Besuchszeiten**: täglich nach Vereinbarung*

Inhaber .... Ulrich Doll
Rebfläche .... 8,2 Hektar

Seit 1848 bewirtschaftet die Familie Weinberge rund um Horrweiler, wo die Reben auf schweren, kalkhaltigen Böden wachsen. Gudrun und Ernst Doll haben 1960 das Gut übernommen und stellten von einem landwirtschaftlichen Mischbetrieb auf Weinbau und Flaschenweinvermarktung um. 2002 ist ihr Sohn Ulrich, Weinbautechniker, in den Betrieb eingestiegen, den er inzwischen übernommen hat. Seit 2011 ist nun auch seine Frau Bettina im Betrieb tätig, kümmert sich um Büro und Marketing. Eine Vinothek mit „Eventbereich" soll demnächst errichtet werden. Grauburgunder, Riesling und Weißburgunder sind die wichtigsten Rebsorten, dazu gibt es Silvaner, Müller-Thurgau und Chardonnay. Rote Rebsorten nehmen ein Viertel der Rebfläche ein: Dornfelder, Spätburgunder, St. Laurent und Portugieser.

Vorjahre

In den vergangenen Jahren war regelmäßig der Riesling aus dem Gewürzgärtchen unser Favorit. 2009 hatte er starke betriebsinterne Konkurrenz bekommen in Gestalt des Silvaners „Prestige". 2010 präsentierten sich die Weißweine frisch und klar, der Riesling aus dem Gewürzgärtchen war erneut der eindeutige Star im Programm.

Neue Kollektion

Auch 2011 gefällt uns der Gewürzgärtchen-Riesling sehr gut, ist füllig, kraftvoll und reintönig. In der neuen Kollektion aber hat er kräftig Konkurrenz bekommen durch zwei Weine, die zwar reinsortig sind, aber nur einen Namen tragen. Der weiße „Frederick" ist ein im Holzfass ausgebauter Grauburgunder, der gute Konzentration besitzt, viel reife süße Frucht und Substanz. „Milena Johanna" heißt der im Barrique ausgebaute Spätburgunder des Jahrgangs 2007: Gewürznoten und reife Frucht prägen das Bouquet, im Mund präsentiert er sich füllig und kraftvoll bei guter Struktur. So darf es weitergehen!

Weinbewertung

81 2011 Riesling trocken **12,5 %/5,50 €**
82 2011 Chardonnay trocken **13 %/5,50 €**
82 2011 Chardonnay trocken **13 %/5,50 €**
81 2011 „Independent" Weißwein trocken **12,5 %/5,90 €**
80 2011 Spätburgunder „Blanc de Noir" trocken **13 %/5,50 €**
80 2011 Grauburgunder trocken „Prestige" **13,5 %/7,90 €**
87 2011 Riesling trocken Gewürzgärtchen **13,5 %/11,50 €**
85 2011 „Frederick" Weißwein trocken **14 %/12,90 €**
86 2007 „Milena Johanna" Rotwein trocken **13,5 %/12,90 €**

★★★☆

Bernd **Hummel**

Wein & Sektgut

Baden

Oberer Mühlweg 5, 69254 Malsch
***Tel.** 07253-27148, **Fax:** 07253-25799*
www.weingut-hummel.de
info@weingut-hummel.de
***Besuchszeiten:** Mo.-Fr. 17-19 Uhr, Sa. 9-13 Uhr und nach Vereinbarung*
Probierstube für Weinproben

Inhaber .... Bernd Hummel
Rebfläche .... 8,5 Hektar

Bernd Hummel hat vor allem durch seine Rotweine bundesweite Bekanntheit erlangt, gehören sie doch immer wieder zur Spitze in Deutschland. Darüber vergisst man oft, dass seine Weißweine stetig besser geworden sind, und auch auf die Herstellung von Sekten versteht er sich wie nur wenig andere in Deutschland. Burgundersorten (inklusive Schwarzriesling und Auxerrois) nehmen 80 Prozent seiner Rebfläche ein, rote Sorten nehmen zwei Drittel seiner Weinberge ein. Spätburgunder, Lemberger, Schwarzriesling und Cabernet Sauvignon baut er an, aber auch Cabernet Mitos, Regent und Dornfelder. Bei den weißen Sorten dominieren Riesling und die Burgundersorten. Zuletzt pflanzte er Sauvignon Blanc, Muskateller und Syrah. Das Gros seiner Weine baut er durchgegoren aus, Süßreserven verwendet er nicht.

Vorjahre

2009 gab es wieder einmal einen Weißwein aus dem Barrique, der die starke weiße Riege anführte. Im roten Segment bestach der füllige Spätburgunder „RR" aus dem Jahrgang 2007. Die 2010er Weißweine waren frisch und reintönig, der Sauvignon Blanc gefiel uns besonders gut. Die 2009er Rotweine präsentierten sich geschlossen, Schwarzriesling und Spätburgunder waren füllig und klar, auch Cabernet Sauvignon und die

Cuvée aus Cabernet Sauvignon und Merlot wussten zu überzeugen.

Weißweine 2011

Auch 2011 sind die Weißweine reintönig, frisch und klar, so wie man das kennt von Bernd Hummel. Der zupackende Sauvignon Blanc hat uns wieder besonders gut gefallen, der harmonische Chardonnay steht ihm kaum nach, auch Grauburgunder und Weißburgunder bereiten viel Freude.

Rotweine 2010

Die Rotweine aber haben wir, wie eigentlich alle Jahre, in der Spitze doch noch ein klein wenig höher bewertet, trotz des problematischen Jahrgangs 2010. Der Spätburgunder Reserve ist wunderschön reintönig, frisch und zupackend, besitzt gute Struktur. Ihm Paroli bieten der Syrah, der reintönige Frucht und feine Gewürznoten zeigt, füllig und kraftvoll ist wie auch der Cabernet Sauvignon mit seinen Cassisnoten.

Weinbewertung

83 2011 Auxerrois Kabinett trocken Malscher Ölbaum **12,5 %/8,90 €**

85 2011 Grauburgunder Kabinett trocken Malscher Ölbaum **12,5 %/8,90 €**

85 2011 Weißburgunder Kabinett trocken Malscher Ölbaum **12,5 %/8,90 €**

87 2011 Sauvignon Blanc Kabinett trocken Malscher Ölbaum **13,5 %/15,- €**

86 2011 Chardonnay Kabinett trocken Malscher Ölbaum **13 %/9,50 €**

85 2011 Spätburgunder Rosé Kabinett trocken Malscher Ölbaum **12,5 %/8,90 €**

84 2010 Spätburgunder trocken Malscher Rotsteig **12,5 %/9,90 €**

85 2010 Regent Spätlese trocken Malscher Rotsteig **13,5 %/9,50 €**

88 2010 Spätburgunder „Reserve“ trocken Malscher Rotsteig **13,5 %/19,- €**

85 2010 Lemberger trocken Malscher Rotsteig **13,5 %/15,- €**

88 2010 Cabernet Sauvignon trocken Malscher Rotsteig **12,5 %/15,- €**

88 2010 Syrah trocken Rotsteig **12,5 %/12,90 €**

★

Kilian und Martina **Hunn**

Weingut

Baden

Rathausstraße 2, 79288 Gottenheim
***Tel.** 07665-6207, **Fax**: 07665-6223*
www.weingut-hunn.de
mail@weingut-hunn.de
***Besuchszeiten**: täglich 9-13 + 15-19 Uhr oder nach Vereinbarung*
Straußwirtschaft (Mitte Juni bis Okt. Mo.-Fr. ab 17 Uhr, Sa. ab 16 Uhr)

Inhaber .... Kilian und Martina Hunn
Rebfläche .... 16 Hektar

Das Weingut Hunn in Gottenheim, westlich von Freiburg am Tuniberg gelegen, wurde 1982 von Felix Hunn gegründet mit damals einem halben Hektar Weinberge. 1998 übernahmen es Sohn Kilian und Ehefrau Martina. Nach und nach erweiterten sie die Rebfläche auf die heutige Größe (überwiegend in der Lage Gottenheimer Kirchberg). Der Gottenheimer Kirchberg ist eine mit einer Lössschicht überzogene Kalkscholle aus der Zeit des Jura. Die Burgundersorten nehmen drei Viertel der Weinberge ein. Wichtigste Rebsorte ist Spätburgunder mit einem Anteil von 35 Prozent. Es folgen Weiß- und Grauburgunder, Chardonnay, Riesling und Müller-Thurgau. Die Rotweine kommen nach der Maischegärung in Eichenholzfässer, ausgewählte Weine auch ins Barrique. Die Weißweine vergären langsam und kühl. Die Weine werden überwiegend trocken und durchgegoren ausgebaut. Seit 1993 gibt es im traditionellen Verfahren erzeugte Sekte.

Vorjahre

Schon in der ersten Ausgabe empfahlen wir die Weine von Kilian Hunn. Seither bietet er Jahr für Jahr sehr gleichmäßige Kollektionen zu moderaten Preisen, hin und wieder gibt es ein Glanzlicht in Form eines barriqueausgebauten Spätburgunders. Im weißen Segment gefallen uns oft die Grauburgunder am besten, zuletzt aber hatte oft ein Chardonnay die Nase vorne. Aus der ansonsten gleichmäßigen Kollektion vor zwei Jahren ragte der barriqueausgebaute Spätburgunder aus dem Jahrgang 2007 hervor. Mit der letztjährige Kollektion wurde die Ausstattung geändert, drei verschiedene Farben kennzeichnen die Weinlinien „Die jungen Frischen", „Die jungen Wilden" und die „Hunn-Selectionen". Diese neue Ausstattung gefällt uns gut, genauso wie die letztjährige Kollektion, die sich sehr gleichmäßig präsentierte auf zuverlässigem Niveau, schon die „jungen Frischen" waren fruchtbetont und klar, die Selectionsweine konzentrierter, allerdings nicht unbedingt komplexer.

Neue Kollektion

Dass mit der neuen Ausstattung neuer Schwung ins Weingut gekommen ist, zeigt sich nun auch in diesem Jahr. Die Weißweine sind frisch und klar, der feine trockene Chardonnay ist unser Favorit im weißen Segment, noch besser aber gefällt uns der im Barrique ausgebaute Spätburgunder aus dem Jahrgang 2009, er ist würzig und eindringlich, besitzt Fülle und Kraft, reife Frucht und gute Struktur.

Weinbewertung

81 2011 Weißburgunder Kabinett trocken („Junge Frische") **13 %/6,- €**

80 2011 Grauburgunder Kabinett trocken („Junge Frische") **12,5 %/6,30 €**

84 2011 Chardonnay Kabinett trocken („Junge Wilde") **13,5 %/7,20 €**

83 2011 Sauvignon Blanc trocken („Junge Wilde") **13 %/8,50 €**

81 2011 Weißburgunder Kabinett „feinherb" („Junge Frische") **12 %/6,- €**

83 2011 Chardonnay Spätlese („Junge Wilde") **12,5 %/8,80 €**

82 2011 Spätburgunder Rosé Kabinett trocken („Junge Frische") **12,5 %/5,30 €**

86 2009 Spätburgunder („Selection") **14 %/13,50 €**

Huster ★

Ökologischer Weinbau

Rheinhessen

Rosenstraße 13, 55218 Ingelheim
Tel. *06132-944114,* ***Fax:*** *06132-944116*
www.weingut-huster.de
info@weingut-huster.com
Besuchszeiten: *Mo.-Fr. 17-19 Uhr, Sa. 9-17 Uhr oder nach Vereinbarung*
Straußwirtschaft

Inhaber .... Raimund und Jutta Huster
.... Tobias Huster
Rebfläche .... 11 Hektar

Raimund und Jutta Huster bewirtschaften ihre Weinberge seit 1995 nach den Richtlinien des Bundesverbandes Ökologischer Weinbau. Nach Abschluss seines Geisenheim-Studiums ist Sohn Tobias 2008 in den Betrieb eingestiegen und hat die Verantwortung für den Keller übernommen. 55 Prozent der Rebfläche nehmen weiße Sorten ein, wie Riesling, Silvaner, Weiß- und Grauburgunder. Wichtigste rote Rebsorten sind Spätburgunder, Portugieser, Regent und Sankt Laurent. Die Rotweine werden maischevergoren, die Weißweine nach langem Feinhefelager nur einmal vor der Füllung filtriert.

Vorjahre

2009 gefiel uns gut, die Weine waren wie gewohnt frisch und klar. Sehr ähnlich präsentierte sich auch der Jahrgang 2010 mit leichten, frischen und reintönigen Weißweinen, bot ein Highlight mit dem kraftvollen neuen Riesling „Q1".

Neue Kollektion

Die neue Kollektion ist sehr gleichmäßig, die Weißweine sind frisch und klar, der süffige „frizz" gehört zu den besseren Perlweinen Rheinhessens. Insgesamt etwas stärker ist der rote Teil der Kollektion mit einer fruchtbetonten, kraftvollen Cuvée und einem rauchigen Spätburgunder.

Weinbewertung

83 2011 „frizz" Perlwein trocken **11,5 %/5,90 €**
80 2011 Grüner Silvaner trocken **12 %/5,50 €**
81 2011 Grauburgunder trocken **12 %/5,80 €**
81 2011 Chardonnay trocken **12 %/7,40 €**
80 2011 Weißburgunder Classic **12,5 %/6,- €**
80 2011 Riesling Classic **12,5 %/5,90 €**
84 2009 „Cuvée No. 2" Rotwein trocken **13 %/8,40 €**
82 2009 Frühburgunder trocken **13,5 %/9,70 €**
84 2008 Spätburgunder Spätlese trocken **13 %/9,80 €**

Ihle ★

Weingut **Baden**

Höfe am Sträßel 3, 69231 Rauenberg
***Tel.** 06222-64692, **Fax**: 06222-64259*
www.weingut-ihle.de
weingut.ihle@t-online.de
***Besuchszeiten**: Mo.-Fr. 10-12 + 16-18:30 Uhr, Sa. 10-14 Uhr*
Besenwirtschaft (Mitte April bis Anfang Juni und Ende Sept. bis Mitte Nov.)

Inhaber... Michael Ihle, Andreas Ihle, Sabine Haas
Rebfläche............................. 12 Hektar

Der Ihle-Hof ist nicht nur ein Weingut, sondern auch ein Bauernhof mit Schweinen, Hühnern, Ziegen und Pferden. Im Hofladen kann man alle Produkte aus eigener Produktion erwerbe. Das Weingut besteht seit 1988. Für Weinberge und Keller sind Michael und Andreas Ihle verantwortlich, Schwester Sabine kümmert sich um Verkauf und Besenwirtschaft. An weißen Sorten werden Müller-Thurgau, Weißburgunder, Grauburgunder, Auxerrois, Riesling und Gewürztraminer angebaut. An roten Sorten gibt es Portugieser, Spätburgunder, Dornfelder, Lemberger, St. Laurent, Cabernet Mitos und Syrah. Auch Sekt wird hergestellt, ebenso Edelbrände und Liköre.

Vorjahre

Vor zwei Jahren gefiel uns die Kollektion gut, wurdet angeführt von der Gewürztraminer Spätlese, auch die zwei barriqueausgebauten Weine überzeugten. Im vergangenen Jahr erreichte uns die Kollektion erst nach Redaktionsschluss; sie war sehr gleichmäßig, mit Vorteilen bei den Barrique-Rotweinen des Jahrgangs 2008.

Neue Kollektion

2011 sind die Weißweine ein wenig verhalten, der rote Teil der Kollektion überzeugt, einmal mehr vor allem die Barriqueweine. Der Spätburgunder ist rauchig und kraftvoll, der Syrah zeigt gute Konzentration und reintönige Frucht, etwas Brombeeren, besitzt gute Struktur und Substanz.

Weinbewertung

80 2011 Riesling Kabinett trocken **12,5 %/5,60 €**
82 2011 Auxerrois Kabinett trocken **12,5 %/5,60 €**
80 2011 Grauburgunder Kabinett trocken **13 %/5,60 €**
82 2011 Weißburgunder Spätlese trocken **13 %/7,80 €**
83 2011 Weißburgunder Auslese **10,5 %/9,80 €**
82 2009 Lemberger „Alte Rebe" **12,5 %/7,80 €**
82 2008 „Dreiklang" Rotwein trocken **12,5 %/8,90 €**
85 2008 Spätburgunder trocken Barrique **13 %/12,30 €**
86 2009 Syrah trocken Barrique **13,5 %/13,80 €**

Immengarten Hof ★★☆

Wein- und Sektgut **Pfalz**

Marktstraße 62, 67487 Maikammer
***Tel.** 06321-59400, **Fax**: 06321-57437*
www.immengarten-hof.de
weingut.hoehn@t-online.de
***Besuchszeiten**: Fr.-Sa. 9-18 Uhr, So. 10:30-12:30 Uhr, sonst nach Vereinbarung*
Gästezimmer, Ferienwohnung

Inhaber .... Familie Höhn
Rebfläche .... 13 Hektar

Der Immengarten Hof in Maikammer gehört seit 1865 der Familie Höhn. Gisela und Hans Höhn werden seit dem Jahr 2000 von Sohn Frank im Betrieb unterstützt. In den letzten Jahren haben sie verstärkt auf rote Sorten gesetzt. Die Sortenvielfalt ist groß bei den Höhns, über 20 verschiedene Rebsorten werden angebaut. So findet man neben Dornfelder, Spätburgunder und Sankt Laurent auch Merlot, Cabernet Franc, Blaufränkisch und einige der Weinsberger Neuzüchtungen (Cabernet Dorsa, Cabernet Cubin) in den Weinbergen, die in den Gemeinden Maikammer, Diedesfeld, Hambach und Venningen liegen. Im weißen Segment gibt es Riesling, Weißburgunder, Auxerrois, Chardonnay, Sauvignon Blanc, Muskateller und Gewürztraminer, dazu aber auch Neuzüchtungen wie Kerner, Morio-Muskat, Müller-Thurgau und Huxelrebe.

Vorjahre

Vor zwei Jahren wurde die Kollektion von drei sehr guten Rieslingen angeführt, wobei wir den „Kalkmergel" wegen seiner mineralischen Tiefe leicht favorisierten. Der gut entwickelte Spätburgunder „R" führte wieder die Rotweine an. So auch im vergangenen Jahr: Der Spätburgunder gefiel uns etwas besser als der ebenfalls sehr gute, kraftvolle Merlot. Unter den Weißweinen lag der würzige und harmonische Chardonnay gleichauf mit dem besten der Rieslinge, dem „Kalkmergel". Und auch wenn die Rieslinge, dem Jahrgang entsprechend, im letzten Jahr etwas verhaltener waren – die jeweilige Lagencharakteristik war gut heraus gearbeitet.

Neue Kollektion

In diesem Jahr konnten wir leider keine Rieslinge verkosten, aber die übrigen Weißweine bestechen durch klare und reintönige Frucht. Beim im Barrique ausgebauten Chardonnay „R" beweist Frank Höhn genauso wie bei seinen Rotweinen, dass er sich auf den Umgang mit dem Holz bestens versteht. Unter den Roten liegen in diesem Jahr der gut strukturierte Spätburgunder „R" und der kraftvolle „Flagship"-Merlot gleichauf an der Spitze.

Weinbewertung

86 2011 Weißer Burgunder trocken Heiligenberg **14 %/7,10 €**
86 2011 Chardonnay trocken „Kalkmergel" **14,5 %/7,40 €**
87 2011 Chardonnay „R" trocken Barrique **14,5 %/11,80 €**
83 2011 Gelber Muskateller **11,5 %/6,60 €**
84 2009 Cuvée „CuPiDo" trocken Barrique **14,5 %/9,60 €**
86 2009 Cuvée „CabMerl" trocken Barrique **14,5 %/14,90 €**
85 2009 Cabernet Franc trocken Barrique **14 %/14,90 €**
87 2009 Merlot trocken „Flagship" Barrique **14,5 %/14,90 €**
87 2009 Spätburgunder „R" trocken Barrique **14 %/14,90 €**

★★★

Immich-Batterieberg

Weingut

Mosel

Im Alten Tal 2, 56850 Enkirch
***Tel.** 06541-815907, **Fax**: 06541-817926*
www.batterieberg.com
info@batterieberg.com
***Besuchszeiten**: nach Vereinbarung*

Betriebsleiter/Kellermeister .. Gernot Kollmann
Rebfläche .... 5 Hektar

Das Weingut Immich-Batterieberg hat wechselvolle Zeiten hinter sich. Vor einigen Jahren gehörte es zu den besten Betrieben an der Mittelmosel, dann ging es bergab. Inzwischen ist das Weingut mit der langen Tradition von neuen Investoren übernommen worden. Gernot Kollmann und sein Team bewirtschaften nicht nur den Batterieberg, sondern auch Parzellen in den Lagen Ellergrub, Steffensberg und Zeppwingert. Die Ambitionen scheinen hoch, die Preise sind bereits von Anfang an gehoben. Es deutet vieles darauf hin, dass man hier wieder an die großen Zeiten des Weinguts, das im 19. Jahrhundert von Carl August Immich gegründet wurde, anknüpfen will; nach dem berühmten Ahnherrn wurde auch der Riesling „C.A.I." benannt. Die Lagenweine stammen alle von wurzelechten, mindestens 60 Jahre alten Reben.

Vorjahre

Nach starken 2009er Weinen waren 2010 jahrgangsbedingt etwas verhaltener, die Weine präsentierten sich bei der Verkostung noch recht unruhig, der Batterieberg-Riesling aber gefiel uns sehr gut.

Neue Kollektion

Schön, dass wir noch einmal die 2010er verkosten konnten, die im vergangenen Jahr, unmittelbar nach der Füllung, noch allzu unruhig waren. Alle haben deutlich zugelegt, sich harmonisiert und an Komplexität gewonnen. Unser Favorit: Batterieberg, ganz knapp vor Ellergrub. Die 2011er, unmittelbar nach der Abfüllung verkostet, sind wesentlich präsenter: Escheburg präsentiert sich konzentriert und fruchtintensiv, reintönig, füllig und saftig, harmonisch; Steffensberg zeigt rauchige Noten im Bouquet, gute Konzentration, gelbe Früchte, ist füllig und kraftvoll im Mund, besitzt viel Substanz, ist noch enorm jugendlich; betörend füllig und saftig ist Batterieberg, reintönig, besitzt viel reife Frucht, Substanz und Länge; ebenso reintönig und saftig ist Ellergrub, aber schmeichelnder; faszinierend konzentriert und klar schließlich Zeppwingert, Riesling pur, saftig, schmeichelnd und wunderschön lang. Ganz starke Kollektion!

Weinbewertung

84 2011 Riesling Kabinett „C.A.I." **11,5 %/9,- €**
88 2011 Riesling Escheburg **11,5 %/14,50 €**
87 2010 Riesling Steffensberg **12 %/22,- €**
90 2011 Riesling Steffensberg **12,5 %/22,- €**
89 2010 Riesling Batterieberg **12 %/24,- €**
90 2011 Riesling Batterieberg **12 %/24,- €**
88 2010 Riesling Ellergrub **11,5 %/24,- €**
89 2011 Riesling Ellergrub **11,5 %/24,- €**
87 2010 Riesling Zeppwingert **10,5 %/24,- €**
90 2011 Riesling Zeppwingert **11,5 %/24,- €**

★☆

Jägle

Weingut

Baden

Balger Straße 8, 79341 Kenzingen
Tel. *07644-4105,* ***Fax:*** *07644-930031*
www.weingut-jaegle.de
weingut.jaegle@t-online.de
Besuchszeiten: *Mo.-Do. 16:30-18:30 Uhr, Fr. 15-18:30 Uhr, Sa. 9-18:30 Uhr*

Inhaber .... Gudrun und Bernhard Jägle
Rebfläche .... 11,5 Hektar

Das Weingut Jägle, 1987 gegründet, liegt in Kenzingen im Breisgau. Alle Weinberge liegen in Kenzingen, in den Lagen Hummelberg und Roter Berg, wo die Reben teils auf Löss-, Löss-Lehm- und Muschelkalkböden wachsen. An roten Sorten bauen Gudrun und Bernhard Jägle Spätburgunder, Dornfelder, Merlot und Cabernet Sauvignon an. An weißen Sorten gibt es Riesling, Chardonnay, Weißburgunder, Müller-Thurgau, Roter Traminer und Auxerrois. Die Spitzenweine werden in der Reihe „MJ" (Methode Jägle) angeboten.

Vorjahre

In der konsistenten Kollektion im letzten Jahr gefielen uns die beiden herrlich fruchtbetonten Spätburgunder von alten Reben besonders gut, Jahrgang 2009.

Neue Kollektion

Die neue Kollektion überzeugt voll und ganz. Die Weißweine sind frisch und klar, der Chardonnay „MJ" besitzt gute Fülle, Kraft und Substanz, der Riesling steht ihm kaum nach und mit dem Crémant hat Bernhard Jägle einen feinen, harmonischen Sekt im Programm. Die Rotweine aus dem problematischen Jahrgang 2010 besitzen gute Struktur und Kraft, der Spätburgunder von alten Reben mit seiner feinen süßen Frucht gefällt uns wie im Vorjahr besonders gut.

Weinbewertung

86 2010 Crémant Sekt brut **10,60 €**
84 2011 Auxerrois trocken **6,80 €**
82 2011 Weißburgunder trocken **6,20 €**
83 2011 Chardonnay trocken **7,20 €**
86 2011 Chardonnay trocken „MJ" **12,90 €**
84 2011 Riesling trocken **6,- €**
85 2011 Riesling trocken „MJ" **8,40 €**
82 2011 Traminer „feinherb" **8,50 €**
82 2010 Cabernet Sauvignon trocken **9,60 €**
83 2010 Spätburgunder trocken „TC" **6,90 €**
85 2010 Spätburgunder trocken „MJ" „Alte Reben" **14,90 €**

★★★

Achim **Jähnisch**

Weingut

Baden

Hofmattenweg 19, 79238 Kirchhofen
***Tel.** 07633-801161, **Fax:** 07633-925915*
www.weingut-jaehnisch.de
a.jaehnisch@t-online.de
***Besuchszeiten:** täglich ab 17 Uhr, Sa. ab 10 Uhr, oder nach Vereinbarung*

Inhaber .... Achim Jähnisch
Rebfläche .... 3 Hektar

Achim Jähnisch hat 1999 ein Weingut in Kirchhofen im Markgräflerland übernommen. Er stammt aus Nordhessen. 1992 bis 1994 absolvierte er eine Winzerlehre bei Bernhard Huber in Malterdingen, anschließend studierte er Weinbau in Geisenheim und machte dabei mehrere Praktika, unter anderem im Napa Valley. Seine Weinberge liegen zum Teil in sehr steilen Lagen, vorwiegend am Staufener Schlossberg. Viele der Reben sind über 40 Jahre alt. Die Hälfte der Weinberge nehmen die Burgundersorten ein. Hinzu kommen Riesling, Gutedel und Müller-Thurgau. Die Moste werden nach der Ganztraubenpressung langsam und kühl vergoren um reintönige Aromen zu erhalten. Die Weine werden trocken ausgebaut (was nicht auf dem Etikett vermerkt ist) und bleiben bis kurz vor der Abfüllung auf der Feinhefe liegen. Achim Jähnisch konzentriert sich ganz auf Riesling und die Burgundersorten, sowie auf die Markgräfler Spezialität Gutedel.

Vorjahre

Vor zwei Jahren wurde die Kollektion angeführt vom beeindruckenden Riesling aus dem Kapellenstück im Schlossberg. Auch der 2010er gefiel uns sehr gut, kam allerdings an seinen Vorgänger nicht heran, so wie auch der 2009er Pinot Noir ein klein wenig hinter früheren Jahrgängen zurück blieb.

Neue Kollektion

Riesling gab es in diesem Jahr nicht zu verkosten, im gleichmäßigen weißen Segment gefallen uns Chardonnay und Grauburgunder – beide sehr füllig bei reifer Frucht – besonders gut, der Gutedel überzeugt wie gewohnt. Beim Spätburgunder wurden 2010 die besten Partien wie schon 2008 als „Steinkreuz" gefüllt.

Weinbewertung

84 2011 Gutedel **6,- €**
86 2011 Grauburgunder **9,- €**
86 2011 Chardonnay **12,- €**
85 2011 „Blanc de Noir" **8,- €**
83 2009 Spätburgunder **9,- €**
84 2010 Spätburgunder „Steinkreuz" **12,- €**

★★☆

Jakoby-Mathy

Weingut

Mosel

Königstraße 4, 54538 Kinheim
***Tel.** 06532-3819, **Fax:** 06532-953443*
www.jakobypur.de
info@jakobypur.de
***Besuchszeiten:** nach Vereinbarung*

Inhaber .... Erich Jakoby
Rebfläche .... 4,5 Hektar

Die Familie blickt auf Weinbautradition bis in die Mitte des 19. Jahrhunderts zurück. Für die Vinifizierung ist Peter Jakoby zuständig, während sich Bruder Stefan in erster Linie um den Verkauf kümmert. Angebaut wird vor allem Riesling, die Weine stammen aus den Lagen Rosenberg und Hubertuslay und werden zum großen Teil an Privatkunden abgegeben, ein Teil geht aber auch in den Export.

Vorjahre

2009 war spannend, die trockenen Rieslinge oder die Spätlese Goldkapsel gehörten zu den schönsten und animierendsten Weinen. Im vergangenen Jahr trumpfte Peter Jakoby mit seinen edelsüßen Weinen auf; überzeugend war aber auch das gute Gesamtniveau, auch die trockenen Weine waren sehr gelungen, allen voran die kraftvolle, reintönige Spätlese aus der Hubertuslay.

Jahrgang 2011

Eine ebenso überzeugende Kollektion schließt sich 2011 an. Das trockene Segment präsentiert sich klar und stimmig, Highlights sind aber einmal mehr die edelsüßen Rieslinge wie die reintönigen Spätlesen und Auslesen aus Hubertuslay und Rosenberg, angeführt von einer faszinierenden Beerenauslese, die nach kandierten Früchten duftet.

Weinbewertung

82 2011 Riesling trocken „Aufbruch" Kinheimer Hubertuslay **11,5 %/5,50 €**
83 2011 Riesling Kabinett trocken „Abstieg" Kinheimer Hubertuslay **11,5 %/6,- €**
86 2011 Riesling Spätlese trocken „Bergspitze" Kinheimer Hubertuslay **12,5 %/8,- €**
83 2011 Riesling Kabinett „feinherb Weitblick" Kinheimer Hubertuslay **11 %/6,- €**
84 2011 Riesling Kabinett Kinheimer Rosenberg **9 %/6,- €**
86 2011 Riesling Spätlese Kinheimer Rosenberg **7,5 %/7,60 €**
88 2011 Riesling Spätlese (Goldkapsel) Kinheimer Hubertuslay **8,5 %/8,20 €** ☺
89 2011 Riesling Auslese „Eulenlay" Kinheimer Rosenberg **8,5 %/10,- €** ☺
89 2011 Riesling Auslese (Goldkapsel) Kinheimer Hubertuslay **9 %/17,50 €/0,375l**
91 2011 Riesling Beerenauslese (Goldkapsel) Kinheimer Rosenberg **6,5 %/k.A./0,375l**

★☆

Janson Bernhard

Weingut

Pfalz

Hauptstraße 5, 67308 Zellertal
***Tel.** 06355-1781, **Fax:** 06355-3725*
www.jansonbernhard.de
weingut-janson-bernhard@t-online.de
***Besuchszeiten:** nach Vereinbarung*
Weinproben/Feste: Gartenlaube + Park (Sommer), Kreuzgewölbe (Winter), Kulturveranstaltungen, Kochkurse, private Feste, Hochzeiten

Inhaber .... Christine Bernhard
Rebfläche .... 9 Hektar

1738 ließ sich der Mennonit Abraham Janson in Harxheim nieder. 1893 wurden die ersten Weine auf Flaschen gefüllt, 1898 das Gutshaus erbaut, das in einem der größten Privatparks der Pfalz liegt. 1918 heiratete Hans Bernhard in die Familie ein, seither trägt das Weingut den Namen Janson Bernhard. Heute wird das Gut von Christine Bernhard geführt. Sie hat 1993 komplett auf ökologische Bewirtschaftung umgestellt, arbeitet inzwischen biodynamisch und ist Mitglied bei Ecovin und Demeter. Im Zellertal wachsen die Reben auf mageren Kalkmergelböden. Christine Bernhard baut die klassischen Rebsorten der Region an wie Riesling, Silvaner, Grauburgunder, Spätburgunder, Gewürztraminer und Portugieser, dazu pilzresistente Sorten.

Vorjahre

Vor zwei Jahren verkosteten wir eine konsistente Kollektion auf gutem Niveau. Die Weine waren reintönig, kraftvoll und fruchtbetont bei guter Struktur. An der Spitze stand ein trockener Gewürztraminer, es folgten Gewürztraminer mit Riesling im Mischsatz und ein Grauburgunder. Im vergangenen Jahr haben wir die Weine von Christine Bernhard im Schnitt etwas höher bewertet, sie waren alle frisch und von klarer Frucht. An der Spitze stand der Riesling Taubrunnen.

Neue Kollektion

Das ist in diesem Jahr auch so, der Taubrunnen ist duftig, konzentriert und dennoch leicht und elegant. Sehr gut sind auch Weißburgunder und Silvaner, frisch und klar in der Frucht. Eindrucksvoll ist die Beerenauslese vom Gewürztraminer, eine rosenduftige Essenz.

Weinbewertung

84 2011 Riesling und Gewürztraminer Schwarzer Herrgott **13 %/7,20 €**

87 2011 Riesling trocken „Taubrunnen" **12,5 %/14 €**

85 2011 Weißburgunder Zellertaler **12 %/7.- €**

85 2011 Silvaner trocken Harxheimer Herrgottsblick **12 %/6,90 €**

86 2011 Riesling Spätlese Schwarzer Herrgott **12 %/9 €/0,5l**

87 2011 Gewürztraminer Beerenauslese Zeller Kreuzberg **11,5 %/12,- €/0,375l**

★★

Jesuitenhof

Weingut

Pfalz

Obertor 6, 67246 Dirmstein
Tel. 06238-2942, Fax: 06238-4601
www.jesuitenhof.de
jesuitenhof.dirmstein@t-online.de
Besuchszeiten: Mo.-Fr. 8-18 Uhr, Sa. 8-16 Uhr oder nach Vereinbarung

Inhaber .... Klaus Schneider
Rebfläche .... 19 Hektar

Der Jesuitenhof in Dirmstein ist seit 1803 als Guts- und Weingutsbetrieb in Familienbesitz. Nach einer Erbteilung 1969 wurde die Flaschenweinvermarktung eingestellt. Erst Mitte der achtziger Jahre nach einer Teilung in einen landwirtschaftlichen Betrieb und ein Weingut wurde wieder mit der Selbstvermarktung begonnen, die Betriebsfläche seither durch Kauf und Zupachtung von Weinbergen von 6,5 Hektar auf die heutige Größe erweitert. Die Weinberge liegen vor allem in Dirmstein in den Lagen Mandelpfad und Herrgottsacker, sowie im Jesuitenhofgarten, der Klaus Schneider in Alleinbesitz gehört. Die 2,5 Hektar innerhalb der ehemaligen Klostergartenmauer sind ausschließlich mit Riesling und Spätburgunder bestockt. Die Weine aus den Kirchheimer Weinbergen (Geißkopf, Kreuz, Steinacker) werden unter der Großlagenbezeichnung Dirmsteiner Schwarzerde vermarktet. Wichtigste Rebsorte ist Riesling. Es folgen Portugieser, Müller-Thurgau, Spätburgunder, Weißburgunder und Dornfelder.

Vorjahre

Eine sehr konsistente Kollektion hatte Klaus Schneider vor zwei Jahren vorgestellt. Die Weine waren alle klar und präzise, der Spätburgunder aus dem „Kleinen Garten" gefiel uns wieder besonders gut, die trockene Riesling Spätlese aus dem Jesuitenhofgarten zeigte Klasse – und kostete nicht einmal die

Hälfte von dem, was man für oft schwächere Große Gewächse ausgeben muss. Die Kollektion des vergangenen Jahres war ähnlich gut, jahrgangsbedingt waren einige Weißweine ganz leicht schwächer. Die trockene Riesling Spätlese und der Spätburgunder aus dem „Kleinen Garten" waren wieder die Top-Weine neben dem Chardonnay und dem sehr guten und klaren Riesling Sekt vom Jahrgang 2009.

Neue Kollektion

Auch in diesem Jahr gibt es an den Weinen nichts auszusetzen. Sie sind sehr klar, die sehr geringe Restsüße gibt den Weißweinen Eleganz und Frische. Die Weißburgunder sind sehr typische Vertreter und hervorragende Essensbegleiter. Auch der Chardonnay ist wieder sehr gut. Der Spätburgunder aus dem Jesuitenhofgarten zeigt eine klare rote Kirschfrucht und hat eine elegante Struktur.

Weinbewertung

80 2011 Riesling trocken Dirmsteiner Mandelpfad **12,5/4,20 /1l**

81 2011 Riesling Kabinett trocken Dirmsteiner Jesuitenhofgarten **12 %/5,80 €**

83 2011 Riesling Spätlese trocken Dirmsteiner Mandelpfad **13 %/7,50 €**

86 2011 Riesling Spätlese trocken Dirmsteiner Jesuitenhofgarten **13 %/8,50 €**

80 2011 Weißer Burgunder Kabinett trocken Dirmsteiner Mandelpfad **12,5 %/5,50 €**

84 2011 Weißer Burgunder Spätlese trocken Dirmsteiner Mandelpfad **13 %/7,50 €**

85 2011 Chardonnay Spätlese trocken Dirmsteiner Mandelpfad **13 %/7,- €**

82 2011 Sauvignon Blanc Laumersheimer Steinbuckel **12 %/7,- €**

86 2011 Weißburgunder Spätlese trocken „Halbstück" Dirmsteiner Mandelpfad **13%/9,50 €**

86 2010 Spätburgunder trocken Dirmsteiner Jesuitenhofgarten **14 %/10,50**

83 2011 Spätburgunder trocken Dirmsteiner Herrgottsacker **13 %/6,50 €**

★★★★

Schloss Johannisberg

Weinbaudomäne

Rheingau

65366 Geisenheim-Johannisberg
Tel. *06722-70090,* ***Fax:*** *06722-700933*
www.schloss-johannisberg.com
info@schloss-johannisberg.com
Besuchszeiten: *Mo.-Fr. 10-13 + 14-18 Uhr, Sa. + So. 11-17 Uhr*
Gutsschänke Schloss Johannisberg (täglich ab 11:30 Uhr geöffnet, Tel. 06722-96090, Fax: 7392, schloss-johannisberg@freenet.de

Inhaber .... Fürst von Metternich GbR
Gutsverwalter .... Christian Witte
Rebfläche .... 35 Hektar

Das Weingut gehört zu den traditionsreichsten Betrieben Deutschlands. Auf Schloss Johannisberg wird ausschließlich Riesling angebaut. Die 35 Hektar Weinberge umgeben voll arrondiert das Schloss und bilden die Monopollage Schloss Johannisberger. Die Reben wachsen auf einem Untergrund aus Taunusquarzit mit einer Lehm-Lössauflage. Nach der Ganztraubenpressung werden die Weine langsam und kühl vergoren. Mit Einführung des deutschen Weingesetzes 1971 hat man die gutseigene Kennzeichnung der Weine mit Lackfarben an die Prädikatsstufen des Weingesetzes angepasst. Christian Witte, der heutige Gutsverwalter, ist drauf und dran, den Betrieb wieder an die Spitze des Rheingaus und noch weiter nach oben zu führen. Neue Fässer wurden angeschafft, das Sortiment wurde gestrafft (so gibt es keinen trockenen Grünlack mehr, sondern oberhalb des Kabinetts Rotlack gleich das Erste Gewächs). Kaum ein anderer Betrieb in Deutschland kann eine so große Menge eines trockenen Spitzenrieslings anbieten, und dieser besitzt sogar einen eigenen Stil, wirkt betont würzig, ruht in sich selbst – und gehört regelmäßig zu den besten trockenen Weinen des Rheingaus. Die Süßweine wirken schon jung saftig, ungemein reintönig und komplex, sicher auch eine Folge der Weinbergsarbeit.

Vorjahre

2009 war das Erste Gewächs nicht zum ersten Mal eines der besten der Region. Selbst in 2010 war der trockene Spitzenwein von Schloss Johannisberg leicht unter anderen derselben Kategorie herauszuschmecken: Er besaß Würze, war vom Ausbau im großen Fass beeinflusst und hatte alle Anlagen für lange Lagerung. Aus den Süßweinen, die allesamt eindrucksvoll sind, ragte die Beerenauslese heraus.

Neue Kollektion

Waren wir schon im Vorjahr voll des Lobes, kann sich das Weingut 2011 noch steigern. Das Erste Gewächs führt den ruhigen, komplexen Stil der Vorjahre fort, ist perfekt balanciert und verfügt über eine hintergründige, lang anhaltende Würze: Einzigartig im Rheingau. Die edelsüßen Weine stehen in großen Mengen zur Verfügung, die ungewöhnlich saubere Botrytis in 2011 ermöglichte sogar den Ausbau jeweils einer Beeren- und Trockenbeerenauslese im Stückfass. Eine Art der Vinifikation, die zu erstaunlicher Finesse führt: Vor allem die Trockenbeerenauslese besitzt eine unglaubliche Kraft und trotz aller Süße eine faszinierende Mineralität. Dass die normale Auslese da nicht ganz mitkommt, fällt kaum ins Gewicht. Ein grandioser Jahrgang!

Weinbewertung

85 2011 Riesling trocken Gelblack Schloss Johannisberger **12,5 %/13,70 €**

87 2011 Riesling Kabinett trocken Rotlack Schloss Johannisberger **11,5 %/19,- €**

93 2011 Riesling Erstes Gewächs Silberlack Schloss Johannisberger

85 2011 Riesling „feinherb" Gelblack Schloss Johannisberger **12 %/13,70 €**

87 2011 Riesling Kabinett „feinherb" Rotlack Schloss Johannisberger **11 %/19,- €**

90 2011 Riesling Spätlese Grünlack Schloss Johannisberger **7,5 %/30,- €**

90 2011 Riesling Auslese Rosalack Schloss Johannisberger **9,5 %/69,- €**

94 2011 Riesling Beerenauslese Rosa-Goldlack Schloss Johannisberger **8,5 %/280,- €**

95 2011 Riesling Beerenauslese Rosa-Goldlack „Stückfass" Schloss Johannisberger **8,5 %**

96 2011 Riesling Trockenbeerenauslese Goldlack Schloss Johannisberger **8 %/520,- €**

98 2011 Riesling Trockenbeerenauslese Goldlack „Stückfass" Schloss Johannisberger **7,5 %**

★★★

Johannishof

Weingut

Rheingau

Grund 63, 65366 Johannisberg
Tel. 06722-8216, Fax: 06722-6387
www.weingut-johannishof.de
info@weingut-johannishof.de
Besuchszeiten: Mo.-Fr. 8-12 + 13-18 Uhr (Weingut); Sa. 15-18 Uhr, So. 11-17 Uhr (Vinothek Weintempel)

Inhaber .... Johannes Eser
Rebfläche .... 20 Hektar

Der Ursprung des Anwesens Johannishof, ehemals eine Mühle, geht auf das Jahr 1790 zurück. Weinbau ist in der Familie Eser aber bereits im Jahr 1685 nachgewiesen. Das Weingut wird heute in zehnter Generation von Johannes und Sabine Eser geführt, Senior Hans Hermann Eser ist aber immer noch aktiv. Die Weinberge verteilen sich auf elf verschiedene Einzellagen in Johannisberg, Winkel, Geisenheim und Rüdesheim. Johannisberger Hölle und Rüdesheimer Berg Schlossberg gelten als Prestigelagen. Neben Riesling wird ein klein wenig Weißburgunder angebaut, die Vinifizierung erfolgt im Edelstahl und im Holzfass. Der neu erbaute Weintempel steht für Verkostungen und Feste zur Verfügung. Die Weine sind über alle Jahrgangsunterschiede hinweg saftig und rassig, es mangelt nie an Frische und Frucht. Fast immer ist der Charta-Riesling einer der ausgewogensten Weine.

Vorjahre

Die 2009er überzeugten bereits in der Basis (der geradlinige „Mineral"-Riesling!), die saftigen Spätlesen zeigten viel Potenzial. 2010 war es wiederum der Basisriesling, der beeindruckte, aber auch die übrigen Weine präsentierten sich voll empfehlenswert, balanciert und ausgestattet mit feiner, unaufdringlicher Säure.

Neue Kollektion

2011 wurden außergewöhnlich viele Weine zur Verkostung angestellt, und diese Entscheidung ist nachvollziehbar. Vom Kabinett bis zum saftigen Charta-Riesling überzeugen alle Sorten. Die beiden Ersten Gewächse wirken fein und rassig, der Rottland scheint noch etwas komplexer und nachhaltiger als die derzeit ein wenig verhaltene Hölle. Auch die Süßweine, von der rassigen Spätlese über die nach Zitronenkuchen duftende Beerenauslese bis zur komplexen Trockenbeerenauslese, sind sehr gelungen, fein und elegant, alles andere als aufdringlich und vor allem bis in die Spitze reintönig.

Weinbewertung

85 2011 Riesling Kabinett trocken Johannisberger Holle **12 %/10,10 €**

84 2011 Riesling Kabinett trocken Rüdesheimer Berg Roseneck **13,5 %/10,10 €**

89 2011 Riesling Erstes Gewächs Johannisberg Hölle **13 %**

91 2011 Riesling Erstes Gewächs Rüdesheim Berg Rottland **13,5**

86 2011 Riesling Charta **11,5 %**

85 2011 Riesling Kabinett „feinherb" Rüdesheimer Klosterlay **13 %/10,10 €**

89 2011 Riesling Spätlese Rüdesheimer Berg Rottland **9,5 %/16,30 €**

89 2011 Riesling Auslese Rüdesheimer Berg Rottland **7 %/18,50 €/0,375l**

90 2011 Riesling Beerenauslese Rüdesheimer Berg Rottland **7 %/68,- €/0,375l**

93 2011 Riesling Trockenbeerenauslese Rüdesheimer Berg Rottland **7 %/130,- €/0,375l**

★

Johannitergut

Staatsweingut mit **Pfalz**

Breitenweg 71, 67433 Neustadt
Tel. 06321-671319, Fax 671222
staatsweingut-neustadt@dlr.rlp.de
www.staatsweingut-johannitergut.de
Besuchszeiten: Mo.-Do. 9-12 und 14-17 Uhr, Fr. 9-14.30 Uhr

Inhaber .... Land Rheinland-Pfalz
Direktor .... Dr. Günter Hoos
Rebfläche .... 28 Hektar

Das Staatsweingut in seiner heutigen Form ist 1970 entstanden, als das Land Rheinland-Pfalz das Johannitergut erwarb, eines der ältesten Weingüter in Deutschland. In den siebziger und achtziger Jahren wurden am Ortsrand von Mußbach neue Gebäude für die staatliche Lehr- und Forschungsanstalt (SLFA) errichtet, die seit 1993 diesen Namen trägt. Sie unterhält Lehr- und Versuchsbetriebe für Weinbau, Gartenbau, Obstbau und Rebveredlung. Die Weinberge des Staatsweinguts liegen in Haardt, Mußbach, Gimmeldingen, Königsbach, Ruppertsberg und Deidesheim. Ein Drittel der Rebfläche ist mit Riesling bestockt. An sonstigen Rebsorten hat man alles zu bieten, was in der Pfalz üblicherweise angebaut wird und den in Vergessenheit geratenen Gänsfüßer. Diese, vor 500 Jahren bekannteste Rebsorte in der Pfalz, ist wegen unsicherer Erträge nach und nach aus den Weinbergen verschwunden und wird hier wieder gepflegt.

Vorjahre

Nachdem vor zwei Jahren drei Rieslinge eine gute Kollektion anführten dominierten, hat sich im vergangenen Jahr ein Spätburgunder neben den Kalkmergel Riesling - beide Weine vom Jahrgang 2009 - mit an die Spitze gesetzt. Auch die Weißweine von 2010 waren sehr gut, die straffe Klarheit des Jahrgangs kam gut zur Geltung.

Neue Kollektion

In diesem Jahr wirken die Rieslinge etwas

schwächer als im vergangenen Jahr, wie gewohnt sehr gut sind die Weißburgunder, der einfache ist saftig, frisch und klar, die Spätlese ist saftig, cremig und füllig. Sehr gut und sortentypisch sind Muskateller und Sauvignon Blanc, der nicht zu süße Goldmuskateller krönt jedes Kaffeekränzchen. Der Cabernet Sauvignon zeigt viel Kraft und rote Frucht, der Spätburgunder ist kräftig und füllig bei guter Tanninstruktur.

Weinbewertung

82 2011 Riesling Kabinett trocken Mußbacher Johannitergarten **12,5 %/5,90 €**
80 2011 Riesling Kabinett trocken Deidesheimer Herrgottsacker **11 %/4,90 €**
84 2011 Riesling Spätlese trocken Königsbacher Ölberg **13 %/12,50 €**
87 2011 Weißburgunder Spätlese trocken Haardter Herrenletten **12,5 %/12,50 €**
84 2011 Weißburgunder trocken **12,5 %/5,50 €**
84 2011 Muskateller trocken Haardter Herrenletten **11,5 %/6,50 €**
85 2011 Sauvignon Blanc Spätlese trocken Mußbacher Glockenzehnt **12,5 %/8,- €**
76 2011 Riesling Kabinett **10 %/4,10 €**
84 2011 Rieslaner Spätlese Haardter Herrenletten **9 %/7,50 €**
85 2011 Goldmuskateller **10,5 %/6,- €/0,5 l**
85 2010 Cabernet Sauvignon trocken **14,5 %/15,- €**
86 2010 Spätburgunder trocken „Kalkmergel" Haardter Herrenletten **14 %/12,50 €**

★★★★

Frank **John**

Weingut Hirschhorner Hof **Pfalz**

Hirschhornring 34, 67435 Neustadt
***Tel.** 06321-670537, **Fax**: 06321-670804*
www.hirschhornerhof.de
f.john@hirschhornerhof.de
***Besuchszeiten**: nach Vereinbarung*

Inhaber .... Frank John
Rebfläche .... 3 Hektar

Frank John war Betriebsleiter bei Reichsrat von Buhl. Nach seinem Ausscheiden begann er sein eigenes Projekt. Unter der Bezeichnung Hirschhorner Hof erzeugte er im Jahrgang 2003 seinen ersten Wein. Die Trauben hierfür kommen von Winzern, die ihre Weinberge nach den Vorgaben von Frank John ökologisch bewirtschaften. Neben Riesling und Pinot Noir gibt es einen Rieslingsekt, nächste Ergänzung im Programm wird ein Blanc de Noirs-Sekt werden, der aber erst nach zehn Jahren auf der Hefe in den Verkauf kommen soll. Der Riesling Buntsandstein wird sehr lange auf der Hefe ausgebaut und erst im September nach der Ernte gefüllt. Der Pinot Noir wird in Fässern mit 225 bis 1200 Liter ausgebaut, überwiegend im gebrauchten Holz, und unfiltriert abgefüllt. Frank John erzeugt nicht nur Wein, er ist auch als Berater für Weingüter in ganz Europa tätig.

Vorjahre

Der vor zwei Jahren verkostete Sekt, Jahrgang 2007, war wunderschön füllig, rauchig und harmonisch, gehörte zu den besten Rieslingsekten in Deutschland. Noch besser gefiel uns der puristische Riesling Buntsandstein, auch der Pinot Noir bestach mit Klarheit und Präzision. Sehr ähnlich war das Bild im vergangenen Jahr: Präzise und druckvoll präsentierte sich der Riesling, zupackend der Pinot Noir und die letzte degorgierte Tranche des 2007er Sektes war komplex und füllig wie schon im Jahr zuvor.

Neue Kollektion

Der Sekt zeigt rauchige Noten und reintönige Frucht im Bouquet, ist klar und zupackend im Mund, besitzt gute Frische und Struktur, ganz dezente Tannine im Abgang. Präzise und klar im gewohnten Stil präsentiert sich der Buntsandstein-Riesling, sehr reintönig bei dezenter Süße im Mund, dann aber druckvoll und mit guter Länge. Reintönig und rauchig zeigt sich der Pinot Noir im Bouquet, ist kraftvoll und zupackend im Mund, jugendlich und strukturiert bei feiner Säure und ganz dezenter Bitternote im Abgang.

Weinbewertung

88 2008 Riesling Sekt brut **11,5 %/18,- €**
89 2011 Riesling trocken „Buntsandstein" **14,50 €**
89 2010 Pinot Noir trocken **31,- €**

★★

Karl H. Johner

Weingut

Baden

Gartenstraße 20, 79235 Bischoffingen
***Tel.** 07662-6041, **Fax**: 07662-8380*
www.johner.de
info@johner.de
***Besuchszeiten**: Mo.-Sa. 14-17 Uhr*

Inhaber............. Karl Heinz und Patrick Johner
Rebfläche............................ 17,5 Hektar

Karl Heinz Johner begann in den achtziger Jahren mit 0,3 Hektar Weinbergen. Reisen nach Kalifornien und Frankreich brachten ihn dazu, von Anfang an auf Barriqueausbau zu setzen. Spätburgunder ist seine wichtigste Rebsorte, gefolgt von Grau- und Weißburgunder. Hinzu kommen Chardonnay und Müller-Thurgau, aber auch Sauvignon Blanc und Cabernet Sauvignon. Seit 1996 ist Sohn Patrick im Betrieb tätig.

Kollektion

Nach dreijähriger Abstinenz stellen wir wieder die Johner'schen Weine vor, was uns besonders freut, hatten wir diese doch seit unserer ersten Ausgabe immer besonders geschätzt. Die drei vorgestellten 2011er Weißwein überzeugen, die fruchtbetonte, füllige Cuvée aus Weißburgunder und Chardonnay gefällt uns am besten. Die drei 2009er Barrique-Weißweine sind enorm würzig, kraftvoll und konzentriert, der Weißburgunder besitzt gute Struktur und Frische im Abgang, der Chardonnay enorm viel Substanz, ein klein wenig besser noch gefällt uns der Grauburgunder mit seiner Kraft und reifen Frucht. Der Spätburgunder zeigt feinen Duft und klare Frucht, der Pinot Noir aus dem Steinbuck ist klar und kraftvoll, aber ein wenig von bitteren Tanninen geprägt; der Spätburgunder „SJ" ist konzentriert und fruchtbetont, intensiv und komplex, besitzt viel Frische, Biss und jugendliche Tannine. Zwei Dessertweine aus 2009 komplettieren das Sortiment: Die Gewürztraminer Auslese ist harmonisch und reintönig, der „Saint Patrick" ist konzentriert und duftig, besitzt viel Druck und Biss.

Weinbewertung

86 2011 Rivaner **8,- €**
86 2011 Grauburgunder **12,- €**
88 2011 Weißburgunder & Chardonnay **16,- €**
88 2009 Weißburgunder „SJ" **30,- €**
89 2009 Grauburgunder „SJ" **30,- €**
88 2009 Chardonnay „SJ" **30,- €**
87 2009 Gewürztraminer Auslese **13,- €/0,375l**
89 2009 Beerenauslese „Saint Patrick" **13,- €/0,375l**
87 2009 Blauer Spätburgunder **20,- €**
88 2008 Pinot Noir Bischoffinger Steinbuck **33,- €**
91 2009 Blauer Spätburgunder „SJ" **100,- €**

★

Jonas

Weingut

Rheingau

Schwalbacher Straße 101, 65343 Eltville am Rhein
***Tel.** 06123-2367, **Fax**: 06123-5805*
www.weingut-jonas.de
steffen.jonas@weingut-jonas.de
***Besuchszeiten**: Di.-Sa. 10-19 Uhr*

Inhaber............... Wilhelm und Silvia Jonas
Rebfläche............................... 9 Hektar

Im Jahre 1925 legte Johann Jonas den Grundstein für Gutshaus samt Weingut in Eltville, nach und nach wurde die Fläche auf neun Hektar vergrößert. Heute sind Steffen Jonas, staatlich geprüfter Wirtschafter und Weinbautechniker, sowie seine Brüder Axel Jonas und Markus Jonas für die Geschicke des Betriebes verantwortlich. Angebaut werden primär Riesling und Spätburgunder.

Jahrgang 2011

Zum Debüt wurden Weine angestellt, über deren Etikettengestaltung man zwar streiten kann, die aber eine beachtlich gleichmäßige Qualität erreichen. Im direkten Vergleich der beiden trockenen Rieslinge weist die Spätlese aus dem Rothenberg eine beinah offensive Frucht auf, während der „Prima Noctis" verhaltener, würziger und saftiger ausfällt und im Nachhall einen Hauch von Bitternote erkennen lässt. Eine zuverlässige Leistung.

Weinbewertung

80 2011 Riesling trocken Eltviller Taubenberg **12,5 %/4,50 €/1l**

83 2011 Riesling Kabinett trocken Kiedricher Sandgrub **12 %/6,- €**

84 2011 Riesling Spätlese trocken Rauenthaler Rothenberg **13 %/7,50 €**

85 2011 Riesling trocken „Prima Noctis" Rauenthaler Rothenberg **13 %/9,- €**

84 2011 Riesling Kabinett halbtrocken Kiedricher Klosterberg **11 %/6,- €**

78 2011 Rotling „feinherb" Rauenthaler Steinmächer **11,5 %/4,50 €/1l**

★★★☆

Toni Jost

Weingut Hahnenhof

Mittelrhein/Rheingau

Oberstraße 14, 55422 Bacharach
***Tel.** 06743-1216, **Fax:** 06743-1076*
www.tonijost.de
tonijost@debitel.net
***Besuchszeiten:** nach Vereinbarung*

Inhaber .... Peter Jost
Rebfläche .... 15 Hektar

Im Jahr 1975 übernahm Peter Jost das Weingut von seinem Vater. Den Namen des Vaters hat er beibehalten, so dass das Weingut immer noch „Toni Jost" heißt. In der Lage Bacharacher Hahn hat der Sohn die Rebfläche vergrößert, heute gehört ihm die Lage fast ganz. Der Hahn ist ein nach Süd-Südost ausgerichteter Devonschiefer-Verwitterungshang. Riesling baut Jost vor allem in dieser Steillage mit bis zu 60 Prozent Hangneigung an, am Hangfuß steht auch Spätburgunder. Die zweite wichtige Lage von Peter Jost ist der Wallufer Walkenberg, und der liegt im Rheingau. Seit 1953 besitzt das Gut Weinberge in den Gemarkungen Walluf und Rauenberg. Riesling ist die wichtigste Rebsorte, nimmt 80 Prozent der Rebfläche ein. Hinzu kommen Spätburgunder (den es bereits seit 1965 gibt) und ein wenig Weißburgunder und Dunkelfelder. Die Trauben aus dem Rheingau werden in Bacharach verarbeitet. Nach Abschluss ihres Geisenheim-Studiums und Praktika in der Wachau und in Neuseeland ist Tochter Cecilia 2009 in den Betrieb eingetreten.

Während der Hahn vom Schiefer geprägt ist, herrschen in Walluf Löss-Lehm-Böden vor: Unterschiede, die man auch in den Weinen deutlich schmeckt. Mit dem Jahrgang 2001 hat Peter Jost sein Programm neu strukturiert: Zwei Große Gewächse bietet er als trockene Spitzenweine an, einen aus dem Hahn, den anderen aus dem Walkenberg.

Vorjahre

2009 galt unsere leichte Präferenz den Bacharacher Weinen, die einmal mehr angeführt wurden vom saftigen Großen Gewächs. Auch Weiß- und Spätburgunder behaupteten sich gut in einer sehr konsistenten Kollektion. Der 2009er Spätburgunder war sehr reif in der Frucht, weniger elegant als der 2007er; dafür sprang der Rheingauer Spätburgunder „R" in die Bresche. Die 2010er Rieslinge präsentierten sich stimmig, selbst der trockene Teil der Kollektion überzeugte, was selten war in diesem Jahrgang am Mittelrhein. Glanzlichter setzen aber die edelsüßen Weine.

Neue Kollektion

2011 birgt viele angenehme Überraschungen. Die wunderschön klare, mineralische „Devon"-Spätlese gehört dazu, der enorm kraftvolle, aber viel zu junge trockene Riesling auch dem Hahn, selbst der Rheingauer Einstiegsriesling namens „Jodocus" ist sehr gelungen. Vielversprechend ist auch der kompakte, nach Kräutern duftende Riesling von alten Rheingauer Reben, der kaum weniger interessant wirkt als das Große Gewächs aus der Lage Hahn (mineralisch, straff, vom Schiefer geprägt) oder das Erste Gewächs aus dem Walkenberg (jugendlich, saftig, mit viel Schmelz ausgestattet). Animierende Spätlesen mit vergleichsweise wenig Restzucker leiten über zu den Süßweinen. Die Mittelrhein-Auslesen gefallen mit erstaunlicher Geradlinigkeit, während die Beerenauslese aus dem Wallufer Walkenberg nach Aprikosenhaut duftet und mit beachtlicher Mineralität aufwartet.

Mittelrhein

83 2011 Riesling trocken **12 %/7,- €**
84 2011 Riesling Kabinett trocken Bacharacher **12 %/8,20 €**
87 2011 Riesling Spätlese trocken „Devon S" **13 %/10,50 €**
86+ 2011 Riesling Spätlese trocken Bacharacher Hahn **13,5 %/13,20 €**
91 2011 Riesling „GG" Bacharach Hahn **13 %/22,50 €**
85 2011 Riesling Kabinett „feinherb" Bacharacher **12,5 %/8,20 €**
85 2011 Riesling Spätlese „feinherb" Bacharacher **13 %/11,80 €**
86 2011 Riesling Kabinett Bacharacher Hahn **10 %/9,- €**
87 2011 Riesling Spätlese Bacharacher Hahn **10 %/13,20 €**
90 2011 Riesling Auslese Bacharacher **11 %/18,-€/0,5l**
91 2011 Riesling Auslese Goldkapsel Bacharacher Hahn **8 %/25,- €/0,5l**
91 2011 Riesling Beerenauslese Bacharacher Hahn **7 %/35,- €/0,375l**

Rheingau

85 2011 Weißburgunder trocken **13 %/8,20 €**
85 2011 Riesling trocken „Jodocus" **12 %/8,20 €**
88 2011 Riesling trocken „Alte Reben" **13 %/11,80 €**
89 2011 Riesling Erstes Gewächs Walluf Walkenberg **13 %/20,50 €**
88 2011 Riesling Spätlese Wallufer Walkenberg **10 %/11,80 €**
93 2011 Riesling Beerenauslese Wallufer Walkenberg **9 %/Verst.**

★★☆

Jülg
Weingut

Pfalz

Hauptstraße 1, 76889 Schweigen-Rechtenbach
Tel. 06342-919090, Fax: 06342-919091
www.weingut-juelg.de
info@weingut-juelg.de
Besuchszeiten: täglich außer Do. + Fr. (Weinstube geschlossen)
Pfälzer Weinstube, bewirteter Innenhof

Inhaber .... Familie Werner Jülg
Rebfläche .... 17 Hektar

Die Weinberge von Werner Jülg liegen alle in Schweigen. Es gibt nach dem Weingesetz nur eine Einzellage für Schweigen, den Sonnenberg, aber tatsächlich doch deutlich unterschiedliche Teillagen mit unterschiedlichen Böden: Kalkmergel, Ton, Löss und Sand. Es ist also sinnvoll nach Teillagen wie Springberg, Münzberg, St. Paul oder Wurmberg zu differenzieren, auch wenn die Weinkontrolle untersagt, diese alten Lagenbezeichnungen zu verwenden – so verwendet Werner Jülg auf seinen Etiketten eben das Kürzel „Springb`g". An weißen Sorten baut Werner Jülg vor allem Riesling, Weiß- und Grauburgunder an, aber auch Silvaner, Chardonnay, Gewürztraminer, Muskateller, Scheurebe und Sauvignon Blanc. Zuletzt hat er verstärkt auf rote Sorten gesetzt, wie Spätburgunder, St. Laurent, Schwarzriesling, Cabernet Sauvignon, Dornfelder und Portugieser. Die Rotweine werden maischevergoren und in Allier-Barriques ausgebaut.

Vorjahre

Vor zwei Jahren kamen wir mit den weichen, nussigen Riesling-Spätlesen nicht zurecht, die beiden Spätburgunder zeigten sich verschlossen, während uns drei Sekte gut gefallen hatten. Im vergangenen Jahr hatten die Rieslinge wieder an Präzision gewonnen und zeigten klare Frucht, allen voran die elegante Beerenauslese.

Neue Kollektion

Auch in diesem Jahr haben die Rieslinge weiter zugelegt, sie zeigen viel klare Frucht und feine Würze, einzig der hohe Alkoholgehalt stört die Trinkfreude etwas. Und auch die beiden 2010er Spätburgunder gefallen uns besser als ihre Jahrgangsvorgänger, sie zeigen zwar kräftige Röstnoten, aber auch viel reintönige Frucht, der Pinot Noir ist dabei eindringlicher und auch harmonischer als der Spätburgunder „R".

Weinbewertung

84 2011 Sauvignon Blanc trocken Sonnenberg **13 %/9,50 €**
82 2011 Muskateller trocken Schweigener Sonnenberg **12 %/7,20 €**
79 2011 Weißer Burgunder trocken Schweigener Sonnenberg **13 %/4,60 €/1l**
83 2011 Grauer Burgunder Kabinett trocken Schweigener Sonnenberg **13 %/6,50 €**
85 2011 Grauer Burgunder trocken Sonnenberg **14,5 %/9,50 €**
79 2011 Riesling trocken Schweigener Sonnenberg **13 %/4,60 €/1l**
85 2011 Riesling trocken „Kalkmergel" **13,5 %/7,50 €**
84 2011 Riesling trocken „Buntsandstein" **13,5 %/7,50 €**
86 2011 Riesling trocken „St. Paul" **13,5 %/9,50 €**
87 2011 Riesling trocken „Springb`g" **13,5 %/11,50 €**
85 2010 Spätburgunder „R" trocken Sonnenberg **13,5 %/15,- €**
87 2010 Pinot Noir trocken Sonnenberg **13 %/24,- €**

Julius ★

Weingut

Rheinhessen

Hauptstraße 5, 67599 Gundheim
Tel. *06244-905218,* ***Fax:*** *06244-905219*
www.julius-weingut.de
info@julius-weingut.de
Besuchszeiten: *Mo.-Fr. 10-18 Uhr, Sa. 10-17 Uhr nach Vereinbarung*
„Design Vinothek"

Inhaber .... Georg Julius
Rebfläche .... 19 Hektar

60 Prozent der Weinberge von Georg Julius sind mit weißen Sorten bepflanzt, vor allem Riesling, Silvaner, Müller-Thurgau, Weißburgunder, Grauburgunder, Chardonnay und Sauvignon Blanc. Wichtigste rote Sorten sind Dornfelder, Spätburgunder, Portugieser und Merlot. Die Weinberge befinden sich unter anderem im Flörsheimer Frauenberg, in den Gundheimer Lagen Mandelbrunnen und Sonnenberg, im Abenheimer Klausenberg, im Dalsheimer Sauloch, im Bermersheimer Hasenlauf und in den Westhofener Lagen Morstein und Rotenstein. Die Weine werden überwiegend trocken ausgebaut. Die Weinberge werden seit 2007 ökologisch bewirtschaftet, 2010 war der erste zertifiziert ökologische Jahrgang.

Vorjahre

Etwas verhalten präsentierte sich der Jahrgang 2009, die weiße Cuvée aus Chardonnay und Grauburgunder gefiel uns am besten. 2010 schloss daran an: Die Weißweine waren sauber und frisch, etwas verhalten – angesichts des Jahrgangs eine ordentliche Kollektion.

Neue Kollektion

Die neue Kollektion präsentiert sich nicht ganz einheitlich. Am besten gefallen uns der blumige Morstein-Riesling, der neu im Programm ist, und der tanninbetonte Spätburgunder aus dem Sonnenberg.

Weinbewertung

83 2009 Rosé Sekt brut **12,5 %/12,50 €**
79 2011 Rivaner trocken **11,5 %/4,50 €/1l**
82 2011 Silvaner trocken Westhofener Rotenstein **12,5 %/6,30 €**
81 2011 Chardonnay trocken Abenheimer Klausenberg **13 %/7,20 €**
80 2011 Riesling trocken Bermersheimer Hasenlauf **12 %/6,90 €**
79 2011 Grauburgunder trocken Nieder-Flörsheimer Frauenberg **13,5 %/7,20 €**
85 2011 Riesling Westhofener Morstein **11,5 %/12,50 €**
79 2011 „Sommerlust" Rosé halbtrocken **11,5 %/5,80 €**
81 2009 „Rubin" Rotwein trocken **13,5 %/6,50 €**
80 2009 Merlot trocken Barrique Gundheimer Mandelbrunnen **13,5 %/11,90 €**
84 2009 Spätburgunder trocken Barrique Gundheimer Sonnenberg **13,5 %/11,90 €**

★★★ Juliusspital Würzburg

Weingut **Franken**

Klinikstraße 1, 97070 Würzburg
Tel. 0931-393-1400, Fax: 0931-393-1414
www.juliusspital.de
weingut@juliusspital.de
Besuchszeiten: Mo.-Do. 7:30--16:30 Uhr, Fr. 7:30-12 Uhr
Weinstuben (Juliuspromenade 19), täglich 10-24 Uhr; Weinverkauf im Weineck „Julius Echter" (Koellikerstraße 1/2), Mo.-Fr. 9-18 Uhr, Sa. 9-16 Uhr

Inhaber .... Stiftung des öffentlichen Rechts
Leiter .... Horst Kolesch
Rebfläche .... 172 Hektar

Die Stiftung Juliusspital wurde 1576 vom Würzburger Fürstbischof Julius Echter von Mespelbrunn gegründet. Das Weingut der Stiftung trägt mit seinen Erlösen zu den gemeinnützigen Stiftungsaufgaben (z.B. Klinik, Altenpflege) bei. Der ausgedehnte Besitz verteilt sich auf viele Lagen, darunter so renommierte Namen wie Würzburger Stein, Würzburger Innere Leiste, Iphöfer Julius-Echter-Berg, Randersackerer Pfülben, Volkacher Karthäuser, Rödelseer Küchenmeister oder Escherndorfer Lump. Wichtigste Rebsorten beim Juliusspital, dem größten Weingut in Franken, sind Silvaner, Müller-Thurgau und Riesling. Dazu gibt es Weißburgunder, Grauburgunder, Bacchus, Rieslaner, Traminer und Scheurebe, aber auch rote Rebsorten wie Spätburgunder, Domina, und Schwarzriesling. Die Spitzenweine aus den besten Lagen werden seit dem Jahrgang 2003 als Große Gewächse vermarktet, zuvor trugen sie die Bezeichnung Spätlese trocken. Nachdem einige Jahre die Weine enorm üppig und süß ausfielen, sind sie seit 2007 wieder klarer und präziser, haben an Länge und Nachhaltigkeit gewonnen.

Vorjahre

Auch 2009 wieder hatte das Juliusspital die überzeugendste Kollektion der großen Würzburger Betriebe. Angeführt von den prächtigen Großen Gewächsen präsentierten sich die Weine füllig und fruchtbetont. 2010 waren die Kabinettweine eher wieder im „Kabinettbereich", die Großen Gewächse behaupteten in etwa ihre Stellung. Die Kollektion insgesamt reichte nicht ganz an die Vorjahre heran.

Neue Kollektion

2011 nun ist mancher Kabinett eine verkappte Spätlese oder gar Auslese, wir müssen die Frage von vor zwei Jahren wiederholen: Wer bitte braucht solche Kabinettweine? Sehr gut gefällt uns die saftige, füllige trockene Riesling Spätlese aus dem Pfülben. Die Großen Gewächse, im „Schnelldurchgang" bei der Vorpremiere in Wiesbaden verkostet, sind wahre Monsterweine mit viel Konzentration und Alkohol, üppig und eindringlich in ihrer Jugend.

Weinbewertung

84 2011 Sauvignon Blanc trocken **13,5 %/7,90 €**
81 2011 Müller-Thurgau Kabinett trocken Würz-

burger Stein **12,5 %/8,50 €**
84 2011 Silvaner Kabinett trocken Würzburger Stein **13,5 %/10,90 €**
83 2011 Silvaner Kabinett trocken Iphöfer Julius-Echter-Berg **13,5 %/9,90 €**
83 2011 Riesling Kabinett trocken Iphöfer Julius-Echter-Berg **13 %/10,50 €**
82 2011 Grauburgunder Kabinett trocken Thüngersheimer **14 %/10,50 €**
86 2011 Silvaner Spätlese trocken Escherndorfer Lump **14 %/16,- €**
89 2011 Riesling Spätlese trocken Randersackerer Pfülben **14 %/16,- €**
89 2011 Silvaner „GG" Iphöfer Julius-Echter-Berg **14,5 %/25,- €**
89 2011 Silvaner „GG" Würzburger Stein **14,5 %/25,- €**
90 2011 Riesling „GG" Würzburger Stein **14 %/27,50 €**
83 2011 Muskateller Kabinett Würzburger Abtsleite **13 %/11,- €**
83 2011 Scheurebe Kabinett Würzburger Stein **13 %/9,90 €**
88 2011 Silvaner Auslese Iphöfer Julius-Echter-Berg **8 %/14,- €/0,5l**
89 2011 Rieslaner Auslese **7,5 %/14,- €/0,5l**

Georg **Jung** ★

Weingut

Rheinhessen

Alzeyer Straße 4, 55278 Undenheim
***Tel.** 06737-246, **Fax**: 06737-9952*
jung-weingut-undenheim@t-online.de
***Besuchszeiten**: täglich 8-18 Uhr und nach Vereinbarung*
Gästezimmer (3 Doppelzimmer)

Inhaber .... Georg Jung
Rebfläche .... 17 Hektar

Das Weingut Jung ist ein typischer rheinhessischer Mischbetrieb, der neben Weinbergen noch 43 Hektar Ackerland bewirtschaftet. Besonderes Augenmerk legt man bei Jung auf den Silvaner, aber auch Neuzüchtungen wie Faberrebe oder Regner stehen in den Weinbergen. Hinzu kamen mit dem Jahrgang 2000 Cabernet Dorsa und Ortega.

Vorjahre

Die 2009er Kollektion überzeugte durch ihre Homogenität, bot klare, frische Weiß- und Rotweine. Die letztjährige Kollektion war etwas weniger gleichmäßig, die restsüßen Weißweine gefielen uns besser als die trockenen, im roten Segment überzeugte der tanningeprägte Cabernet Dorsa.

Neue Kollektion

Die neue Kollektion ist besser, bietet gleichmäßiges Niveau, schon der Müller-Thurgau im Liter überzeugt, die Huxelrebe Beerenauslese ist würzig, konzentriert und saftig.

Weinbewertung

81 2011 Müller-Thurgau trocken **12,5 % /3,60 €/1l**
83 2011 Chardonnay trocken **12,5 %/5,90 €**
84 2011 Grauburgunder Spätlese trocken **14 %/5,90 €**
80 2011 Riesling Spätlese trocken **13 %/5,90 €**
81 2011 Gelber Muskateller „feinherb" **11 %/4,90 €**
82 2011 Bacchus Kabinett **10 %/4,90 €**
83 2011 Riesling Auslese **10,5 %/8,- €**
86 2011 Huxelrebe Beerenauslese **12,5 %/9,80 €/0,5l**
80 2011 Spätburgunder Rosé „Sommerliebe" **13,5 %/4,70 €**
80 2011 Spätburgunder trocken **13 %/5,20 €**
83 2011 Sankt Laurent trocken **14 %/5,90 €**

★★★

Jakob **Jung**

Weingut

Rheingau

Eberbacher Straße 22, 65346 Erbach
Tel. *06123-900620,* ***Fax:*** *06123-900621*
www.weingut-jakob-jung.de
info@weingut-jakob-jung.de
Besuchszeiten: *Mo.-Fr. 13-18 Uhr, Sa. 10-17 Uhr*
Weinproben (bis 50 Personen)

Inhaber .... Alexander Johannes Jung
Rebfläche .... 14 Hektar

Seit 1799 befindet sich das Weingut im Besitz der Familie. Ludwig Jung stieg 1969 bereits als 18-Jähriger in den Betrieb ein, inzwischen wird das Gut von seinem Sohn Alexander Johannes Jung geleitet; Vater Ludwig ist allerdings immer noch aktiv und unterstützt den Junior im Weinberg. Alexander Jung absolvierte ein Studium in Geisenheim sowie Praktika in Baden sowie in Südafrika. Die Reben befinden sich in Erbach (Steinmorgen, Honigberg, Michelmark, Hohenrain) und Kiedrich (Sandgrub). Wichtigste Rebsorte bei ihm ist der Riesling, der 85 Prozent der Fläche einnimmt. Hinzu kommen vor allem Spätburgunder, aber auch Chardonnay und Weißburgunder.
Die Rieslinge von Alexander Johannes Jung bleiben nach einer kühlen Gärung, die im Edelstahl stattfindet, recht lange auf der Feinhefe, damit sie mehr Fruchtfülle und Extrakt erhalten. Sie werden größtenteils erst im Spätsommer abgefüllt. Die Weine werden meist trocken und halbtrocken angeboten. Echte Süßweine sind in einem eher ruhigen, würzigen Stil gehalten.

Vorjahre

Im Jahrgang 2009 gerieten nicht nur der „Friends"-Riesling und die balancierte Spätlese aus dem Steinmorgen sehr animierend. 2010 war gelungen, wartete mit einem würzigen Weißburgunder auf, auch der leicht nach Spargel duftende Sauvignon Blanc und das schlanke, rassige Erste Gewächs gefielen.

Neue Kollektion

Die „Alten Reben" aus dem Hohenrain stehen dem kompakten, würzigen Ersten Gewächs aus dem Siegelsberg nicht im Geringsten nach. Gut gefallen auch der rassige Sauvignon blanc und die in sich ruhenden, aber sehr reintönigen Süßweine. Alles in allem ein sehr überzeugender Jahrgang! Der einzige Wein, der irritiert, stammt aus 2009, ist ein im Barrique ausgebauter Spätburgunder und duftet nach Amarenakirschen, wirkt viel zu reif und breit. Ob ein Spätburgunder auf diese Weise ausgebaut werden sollte, ist fraglich.

Weinbewertung

85 2011 Riesling trocken **12 %/6,90 €**
86 2011 Sauvignon Blanc trocken **13,5 %/10,40 €**
82 2011 Weißburgunder trocken **13,5 %/10,40 €**
86 2011 Riesling Kabinett trocken Erbacher Steinmorgen **12,5 %/8,20 €**
84 2011 Riesling Spätlese „Alte Reben" Erbacher Hohenrain **13 %/11,90 €**
89 2011 Riesling Erstes Gewächs Erbach Siegelsberg
85 2011 Riesling Spätlese „feinherb" Erbacher Steinmorgen **13,5 %/10,40 €**
86 2011 Riesling Spätlese Erbacher Michelmark **9,5 %/10,40 €**
88 2011 Riesling Auslese „S" Erbacher Michelmark **8 %/15,- €**
89 2011 Riesling Beerenauslese Erbacher Hohenrain **7 %/30,- €/0,375l**
90 2011 Riesling Trockenbeerenauslese Erbacher Michelmark **6,5 %/55,- €/0,375l**
85 2010 Spätburgunder trocken Barrique Erbacher Steinmorgen **13,5 %/14,40 €**
81? 2009 Spätburgunder trocken Barrique „Alexander Johannes" Erbacher Steinmorgen **14 %/20,40 €**

★☆

H.-J. Junglen
Weingut **Mosel**

Stablostraße 20, 54536 Kröv
***Tel.** 06541-3292, **Fax:** 06541-814537*
www.junglenwein.de
info@junglenwein.de
***Besuchszeiten:** täglich (am besten nach Absprache)*
Ferienwohnungen, Gästezimmer, Straußwirtschaft (Sept. & Okt.)

Inhaber ... Markus und Hermann-Josef Junglen
Rebfläche ... 4 Hektar

Hermann-Josef Junglen baute zusammen mit Ehefrau Gerti den Nebenerwerbsbetrieb seiner Eltern zum Weingut aus. Seit 2008 werden sie im Betrieb unterstützt von Sohn Markus, nach Winzerlehre, Technikerlehre und vier Jahren Kellermeistertätigkeit an der unteren Mosel. Ihre Weinberge liegen in Kröv und Kinheim. Der Kröver Steffensberg ist ein steiler Südwesthang mit tiefgründigen Devonschieferböden, in der über 160 Hektar großen Einzellage Kröver Paradies sind die Böden schwerer, vor allem im unteren Teil. Gleiches gilt für den Kinheimer Rosenberg. Außer Riesling, der mit 60 Prozent der Fläche dominiert, werden auch Rivaner, Weiß- und Spätburgunder, Kerner und Dornfelder angebaut. Reinzuchthefen und Spontanvergärung kommen zum Einsatz. Die Weißweine werden kühl vergoren, teils im Edelstahl, teils im Holz ausgebaut. 90 Prozent der Produktion wird an Privatkunden verkauft.

Vorjahre

Beim guten Debüt vor zwei Jahren überzeugte die vorgestellte Kollektion vom Gutsriesling bis zur Auslese. Noch überzeugender ist die letztjährige Kollektion, angeführt von den kraftvollen, reintönigen Rieslingen aus dem Steffensberg, die trocken, „feinherb" wie süß überzeugten.

Neue Kollektion

Eine sehr gleichmäßige Kollektion schließt sich in diesem Jahr an, die mit Auslese und Beerenauslese aus dem Steffensberg zwei edelsüße Highlights zu bieten hat, beide sind süß und schmeichelnd, frisch und reintönig.

Weinbewertung

81 2011 Riesling trocken **12,5 %/4,80 €**
84 2011 Riesling trocken „Edition M" Kröver Steffensberg **13,5 %/9,30 €**
81 2011 Riesling „feinherb" **12 %/4,80 €**
83 2011 Riesling „feinherb" „von alten Reben" Kröver Steffensberg **13 %/9,30 €**
83 2011 Riesling Kabinett Paradies **8,5 %/5,40 €**
83 2011 Riesling Spätlese Kröver Steffensberg **9,5 %/7,20 €**
87 2010 Riesling Auslese Kröver Steffensberg **8 %/14,- €**
89 2010 Riesling Beerenauslese Kröver Steffensberg **7 %/20,- €/0,375l**
82 2010 Spätburgunder trocken **13,5 %/6,- €**

★★

Kalkbödele
Weingut der Gebrüder Mathis **Baden**

Enggasse 21, 79291 Merdingen
***Tel.** 07668-902672, **Fax:** 07668-94505*
www.kalkboedele.de
weingut@kalkboedele.de
***Besuchszeiten:** Mo./Di./Do./Fr. 10-12 + 14-17 Uhr, Sa. 10-13 Uhr*

Inhaber ... Familie Bernhard Mathis
Gutsverwalter/Kellermeister ... Martin Schärli
Rebfläche ... 14 Hektar

1978 begannen Paul Mathis, Gründer eines Kalkwerks in Merdingen, und seine Brüder Bernhard und Franz mit der Herstellung eigener Weine vom Tuniberg. Heute wird das Weingut von Sonja Mathis-Stich geführt. Betriebsleiter und Kellermeister beim Kalkbödele ist der Schweizer Martin Schärli. Das Weingut ist auf Spätburgunder spezialisiert, der 60 Prozent der Rebfläche einnimmt. Ein weiteres

Viertel der Rebfläche ist mit Weiß- und Grauburgunder bepflanzt. Cabernet Sauvignon und Merlot ergänzen das Programm. Die Rotweine werden maischevergoren und in Holzfässern ausgebaut; auch ein Teil der Weißweine kommt ins Holz. Alle Weine werden durchgegoren ausgebaut. Das Sortiment wurde neu strukturiert in Gutsweine, Lagenweine und Reserveweine.

Vorjahre

Schon seit der ersten Ausgabe empfehlen wir die Weine vom Kalkbödele, aber in den letzten Jahren erst haben die Kollektionen deutlich an Konstanz gewonnen, die Weißweine sind fruchtbetonter und reintöniger geworden, den Holzeinsatz bei den Rotweine scheint man etwas zurückgefahren zu haben. Der im Barrique ausgebaute Grauburgunder aus dem Jahrgang 2008 führte vor zwei Jahren die sehr ausgeglichene Kollektion an. Die letztjährige Kollektion war die beste, die wir vom Weingut Kalkbödele je verkostet hatten, und sie bot mit dem Spätburgunder Reserve ein echtes Highlight, auch der Spätburgunder Barrique schlug sich prächtig. Die Rotweine waren fein und elegant, reintonig und frisch, die 2010er Weißweine präsentierten sich geschlossen auf gutem Niveau.

Neue Kollektion

Die neue Kollektion bietet kraftvolle Weine, weiß wie rot. Die weißen Reserveweine besitzen Fülle und Substanz; gleiches gilt für die im Barrique ausgebauten Spätburgunder, die alle viel Substanz aufweisen im Jahrgang 2010. Unser eindeutiger Favorit ist der Spätburgunder Reserve, dem es gelingt diese Substanz und Kraft mit reintöniger Frucht, guter Struktur und Frische zu verbinden.

Weinbewertung

82 2011 Weißburgunder Kabinett trocken Merdinger Bühl **13,5 %/7,20 €**
82 2011 Grauburgunder Kabinett trocken Merdinger Bühl **13 %/7,20 €**
85 2011 Pinot Gris trocken Merdinger Bühl **13 %/9,30 €**
85 2011 Weißburgunder trocken „Reserve" Merdinger Bühl **14 %/12,50 €**
84 2011 Grauburgunder trocken „Reserve" Merdinger Bühl **13,5 %/12,50 €**
81 2010 Spätburgunder trocken „Alte Reben" Merdinger Bühl **13 %/8,90 €**
82 2010 Pinot Noir trocken Merdinger Bühl **13 %/10,30 €**
85 2010 Spätburgunder trocken Barrique Merdinger Bühl **13 %/12,20 €**
85 2010 Spätburgunder trocken „Edition" Merdinger Bühl **13 %/14,50 €**
87 2010 Spätburgunder trocken „Reserve" Merdinger Bühl **13 %/21,50 €**
83 2010 „Cuvée Paul" Cabernet Sauvignon Merlot trocken Merdinger Bühl **13 %/14,50 €**

★★☆

Albert **Kallfelz**

Weingut

Mosel

Hauptstraße 60-62, 56856 Zell-Merl
Tel. 06542-93880, Fax: 06542-938850
www.kallfelz.de
info@kallfelz.de
***Besuchszeiten:** Mo.-Fr. 8-18 Uhr, Sa. 9-14 Uhr, sonst nach Vereinbarung*

Inhaber .... Albert Kallfelz
Rebfläche .... 49 Hektar

2007 feierte Albert Kallfelz, der 1972 das elterliche Weingut übernommen hat, das 100-jährige Bestehen des Betriebes. Von 1,8 Hektar im Jahr 1972 hat er die Rebfläche bis auf heute 49 Hektar gesteigert. Neben den Trauben aus den eigenen Weinbergen verarbeitet er auch die Trauben von Winzern, mit denen er Pacht- und Bewirtschaftungsverträge abgeschlossen hat. Zwei Drittel der Weinberge befinden sich in Steillagen. 1998 konnte er weitere 1,7 Hektar in der Spitzenlage Merler Königslay-Terrassen zukaufen, die Albert Kallfelz nun fast ganz allein gehört.

Daneben besitzt er größere Flächen in den Merler Lagen Adler, Stephansberg und Fettgarten. Im Jahr 2000 hat Albert Kallfelz die Betriebsgebäude vergrößert und zusätzliche Lagerkapazitäten geschaffen. Neben Riesling gibt es etwas Weißburgunder und Müller-Thurgau, allerdings werden diese Sorten immer nur als Qualitätswein ohne Prädikat ausgebaut. Über 85 Prozent der Weine baut Albert Kallfelz trocken aus. Zum 1. Juni 2010 trat Dennis Lehmen die Nachfolge des langjährigen Kellermeisters Rüdiger Nilles an.

Vorjahre

Die 2009er waren kompakt und kraftvoll, hatten aber doch auch Spiel und Finesse. 2010 reichte jahrgangsbedingt da nicht ganz heran. Die stimmige Kollektion wurde angeführt von der Auslese aus den Königslay-Terrassen.

Jahrgang 2011

Sehr stimmig ist nun auch die neue Kollektion, bringt im trockenen Segment eine schöne Steigerung hin bis zur fülligen, harmonischen Spätlese aus den Königslay-Terrassen. 2011 wurde neben der reintönigen, eleganten Auslese auch eine Beerenauslese erzeugt, die stoffig, klar und zupackend ist.

Weinbewertung

80 2011 Riesling Hochgewächs trocken **11,5 %/5,95 €/1l**

82 2011 Riesling Hochgewächs trocken **12 %/6,70 €**

83 2011 Riesling Kabinett trocken Merler Adler **11,5 %/7,15 €**

84 2011 Riesling Spätlese trocken Merler Stephansberg **12,5 %/7,80 €**

86 2011 Riesling Spätlese trocken Merler Königslay-Terrassen **12,5 %/9,40 €**

81 2011 Riesling Hochgewächs „feinherb" **12 %/6,70 €**

84 2011 Riesling Spätlese „feinherb" Merler Königslay-Terrassen **11,5 %/9,40 €**

88 2011 Riesling Auslese Merler Königslay-Terrassen **10 %/16,20 €/0,5l**

88 2011 Riesling Beerenauslese Merler Königslay-Terrassen **8 %/82,- €/0,3755l**

★☆

Kampf

Weingut

Rheinhessen

Langgasse 75, 55237 Flonheim
Tel. *06734-1626,* ***Fax:*** *06734-7117*
www.weingut-kampf.de
info@weingut-kampf.de
Besuchszeiten: *Mo.-Fr. 8-12 + 13-19 Uhr, Sa. 8-15 Uhr oder nach Vereinbarung*

Inhaber .... Hanspeter & Patrick Kampf
Rebfläche .... 12 Hektar

Lange Zeit wurden die Weine zwar ausgebaut, aber dann füllfertig an andere Betriebe verkauft. Mit dem Einstieg von Patrick Kampf hat sich dies geändert: Geisenheim-Studium, Praktika bei Wagner-Stempel, Schäfer-Fröhlich und Battenfeld-Spanier, bei Pichler in Oberloiben und Hartford Family in Sonoma – da will man mehr. Seit 2008 werden die Weinberge biologisch bewirtschaftet, 2011 ist der erste zertifizierte Jahrgang.

Kollektion

Schöne Stilistik, klasse Kollektion: Über solche Neuzugänge freuen wir uns. Ein feiner Riesling, eine sortentypische Scheurebe, reintönig auch Grauburgunder und Weißburgunder; füllig und kraftvoll der Flonheimer Riesling, mit reifer Frucht und Substanz, herrlich kraftvoll auch der Sauvignon Blanc, füllig, zupackend, mit Substanz: Wir freuen uns auf den nächsten Jahrgang!

Weinbewertung

83 2011 Weißburgunder trocken **13,5 %/6,- €**

84 2011 Scheurebe trocken **13 %/7,- €**

83 2011 Riesling trocken **12,5 %/7,- €**

86 2011 Riesling trocken Flonheimer **13,5 %/11,- €**

86 2011 Sauvignon Blanc trocken Flonheimer **14 %/11,- €**

84 2011 Grauburgunder **13 %/6,- €**

★★★

Graf von Kanitz

Weingut

Rheingau

Rheinstraße 49, 65391 Lorch
Tel. 06726-346, Fax: 06726-2178
www.weingut-kanitz.de
info@weingut-kanitz.de
Besuchszeiten: Mo.-Fr. 8-17 Uhr, Mai bis Okt. Sa. 10-15 Uhr und nach Vereinbarung

Inhaber .... Sebastian Graf von Kanitz
Betriebsleiter .... Kurt Gabelmann
Rebfläche .... 13,5 Hektar

Das Weingut Graf von Kanitz führt seine Geschichte bis ins 13. Jahrhundert zurück. Es gehört heute zu jenen Betrieben, die eine Mitgliedschaft im Verband der Prädikatsweingüter (VDP) mit jener bei Ecovin verbinden; das Ökosystem Weinberg hat hier höchste Priorität. Die Weinberge liegen in den Lorcher Lagen Bodental-Steinberg, Kapellenberg, Pfaffenwies, Schlossberg und Krone. Neben dem dominierenden Riesling spielt vor allem der Spätburgunder eine wichtige Rolle, auch etwas Grauburgunder wird im Schlossberg angepflanzt, und aus der Pfaffenwies stammt ein in kleinen Mengen erzeugter Gewürztraminer. Der Jahrgang 2004 war der erste unter der Regie des Betriebsleiters Kurt Gabelmann, der den Betrieb inzwischen deutlich nach vorne gebracht hat. Im Weingut Graf von Kanitz wirken die Weine stets klar und unaufdringlich, besitzen Eleganz und Substanz.

Vorjahre

Die 2009er erfüllten alle Erwartungen und übertrafen sie bisweilen sogar noch. Alle Weine wirkten wunderschön klar und würzig. Die 2010er waren straff und kraftvoll, besaßen Struktur und Würze, die Säure war im Vergleich mit vielen anderen Weinen der Region gut integriert. Viel Frucht und Eleganz wies schließlich auch der Spätburgunder aus dem Jahrgang 2009 auf.

Jahrgang 2011

Aus dem Jahrgang 2011 wurde nur ein kleines Sortiment vorgestellt, das aber voll überzeugen konnte. Schon der stoffige Basiswein macht viel Spaß, der halbtrockene Riesling Kabinett aus der Krone begeistert mit seiner feinfruchtigen Nase und der überdurchschnittlichen Balance. Die nach Steinobst und einem winzigen Hauch Rhabarber duftenden „Alten Reben" wiederum besitzen eine deutlich mineralische Komponente und viel Struktur.

Weinbewertung

84 2011 Riesling trocken „Graf von Kanitz" **13 %/6,90 €**
86 2011 Riesling Kabinett trocken Lorcher Pfaffenwies **13,5 %/8,40 €**
85 2011 Riesling Spätlese trocken Lorcher Kapellenberg **13 %/10,70 €**
88 2011 Riesling trocken „Alte Reben" Lorcher Krone **13 %/14,50 €**
87 2011 Riesling Kabinett halbtrocken Lorcher Krone **13 %/8,40 €** ☺
86 2011 Riesling Kabinett Lorcher Bodental-Steinberg **11,5 %/8,20 €**

★★

Kanzlerhof

Weingut

Mosel

Hauptstraße 23, 54340 Pölich
Tel. 06507-9389660 oder 3193, Fax: 06507-9389661
www.kanzlerhof.de
weingutkanzlerhof@web.de
Besuchszeiten: täglich nach Vereinbarung
Weinstube, Gästezimmer, Straußwirtschaft Schömann

Inhaber .... Familie Schömann-Kanzler
Rebfläche .... 4,5 Hektar

Die Weinberge des Weinguts Kanzlerhof liegen in den Lagen Mehringer Blattenberg und Pölicher Held (zum Teil noch mit wurzelechten Reben bestockt) und werden im naturnahen Anbau bewirtschaftet. 60 Prozent der Weine werden trocken oder halbtrocken ausgebaut. Neben Riesling gibt es ein klein wenig Spätburgunder und Müller-Thurgau. Das Stammhaus, der Kanzlerhof, wo die Weine heute noch vinifiziert werden, wurde im Jahr 1578 als Fronhaus der Trierer Abtei St. Maximin errichtet. Der Ausbau der Weine erfolgt teils im traditionellen Fuderfass, teils im Edelstahl.

Vorjahre

2009 gelang ausgezeichnet, vor allem die Spätlesen wirkten sehr saftig, machten Lust auf das nächste Glas. 2010 waren die Weine deutlich verhaltener. Sie waren würzig und geradlinig, aber verschlossener als ihre Vorgänger, am besten gefielen uns die Spätlesen, trocken, „feinherb" und süß.

Jahrgang 2011

In einer ansonsten sehr gleichmäßigen Kollektion sind die edelsüßen Weine die Highlights des Jahrgangs 2011. Die Auslese aus dem Blattenberg ist würzig und klar bei viel Substanz, die Beerenauslese aus dem Pölicher Held konzentriert, klar und zupackend.

Weinbewertung

80 2011 Riesling trocken Pölicher Held **11 %/4,80 €/1l**

83 2011 Riesling Spätlese „S" trocken Pölicher Held **12,5 %/7,50 €**

81 2011 Riesling „Schieferheld" **12 %/5,- €**

80 2011 Riesling Kabinett „feinherb" Pölicher Held **11 %/5,- €**

81 2011 Weißburgunder **13 %/5,50 €**

84 2011 Riesling Spätlese „feinherb" Mehringer Blattenberg **11,5 %/7,50 €**

83 2011 Riesling Spätlese Pölicher Held **8,5 %/6,50 €**

85 2011 Riesling Spätlese Mehringer Blattenberg **8 %/8,50 €**

87 2011 Riesling Auslese Mehringer Blattenberg **8 %/9,50 €/0,5l**

88 2011 Riesling Beerenauslese Pölicher Held **8 %/24,- €/0,375l**

Kapellenhof ★

Weingut Oek.Rat Schätzel Erben **Rheinhessen**

Kapellenstraße 18, 55278 Selzen
Tel. 06737-204, Fax: 06737-8670
www.kapellenhof-selzen.de
kapellenhof@t-online.de
Besuchszeiten: Mo.-Fr. 7:30-12 + 13-18 Uhr, Sa. 9-14 Uhr
Kauper's Restaurant im Kapellenhof

Inhaber .... Thomas Schätzel
Rebfläche .... 17,5 Hektar

Der Kapellenhof in Selzen wurde erstmals 1373 als „Capell-Hube" urkundlich erwähnt. Heute wird das Gut von Thomas Schätzel geführt, der nach dem Abschluss seines Weinbaustudiums 1984 in den elterlichen Betrieb eingetreten ist. Weißweine machen 80 Prozent der Produktion aus. Wichtigste Rebsorte ist Riesling, gefolgt von Silvaner, Müller-Thurgau, Grau- und Weißburgunder, sowie etwas Chardonnay und Sauvignon Blanc. An roten Sorten baut Thomas Schätzel Dornfelder, Spätburgunder, Portugieser, sowie ein wenig St. Laurent und Cabernet Cubin an. Wichtigste Lagen sind Hahnheimer Knopf, wo die Reben auf Kalkmergelböden wachsen, und Selzener Gottesgarten.

Vorjahre

Vor zwei Jahren führte der „Oekonomie-Rat" aus dem Jahrgang 2008 eine sehr gleichmäßige Kollektion an. Sehr gleichmäßig präsentierte sich auch die letztjährige Kollektion: Der leicht bittere Riesling „Kalkmergel" gefiel uns am besten.

Neue Kollektion

Auch 2011 gefällt er uns gut, ist klar und zupackend, noch besser aber finden wir die süße Spätlese aus dem Osterberg, die wunderschön frisch und geradlinig ist.

Weinbewertung

81 2011 Silvaner trocken **13 %/5,- €**

83 2011 Riesling Spätlese trocken „Kalkmergel" Hahnheimer Knopf **13 %/7,- €**

79 2011 Weißburgunder Classic **13 %/6,50 €**
79 2011 Grauburgunder Classic **13,5 %/6,50 €**
81 2011 Riesling Spätlese „feinherb" Hahnheimer Knopf **12,5 %/5,30 €**
84 2011 Riesling Spätlese Selzener Osterberg **10 %/6,80 €**

Gerhard **Karle** ★
Wein- und Sektgut

Baden

Scherkhofenstraße 69, 79241 Ihringen
***Tel.** 07668-5252, **Fax**: 07668-94181*
www.weingut-gerhard-karle.de
info@weingut-gerhard-karle.de
***Besuchszeiten**: Mo.-Fr. 8-12 + 13-18 Uhr, Sa. 8-17 Uhr und nach Vereinbarung*

Inhaber .... Gerhard Karle
Rebfläche .... 12 Hektar

Das 1899 von Friedrich Karle gegründete Weingut wird heute in vierter Generation von Gerhard und Elisabeth Karle geführt. Die Weinberge befinden sich in Ihringen in den Lagen Winklerberg und Fohrenberg. Neben den Burgundersorten, die 75 Prozent der Rebfläche einnehmen, gibt es Riesling, Chardonnay und Gewürztraminer. Die Weine werden überwiegend trocken ausgebaut.

Vorjahre

Vor zwei Jahren präsentierte sich die Kollektion geschlossen auf gutem Niveau. Ähnlich war die letztjährige Kollektion, bot einen feinen Sekt, klare Weißweine und merklich süße Spätburgunder.

Neue Kollektion

Sehr gleichmäßig auf gutem Niveau präsentiert sich die neue Kollektion, weiß wie rot, mit kräftigen, geradlinigen Weinen, ohne aber Highlights wie in früheren Jahren zu bieten.

Weinbewertung

80 2011 Silvaner Kabinett trocken Ihringer Winklerberg **12,5 %/4,90 €**
81 2011 Grauburgunder Kabinett trocken Ihringer Winklerberg **12,5 %/5,90 €**
81 2011 Sauvignon Blanc Spätlese trocken Ihringer Winklerberg **13,5 %/7,10 €**
83 2011 Chardonnay Spätlese trocken Ihringer Winklerberg **13 %/6,90 €**
82 2011 Spätburgunder Rosé Kabinett trocken Ihringer Winklerberg **13 %/5,90 €**
81 2010 Spätburgunder Spätlese trocken Ihringer Winklerberg **13 %/10,90 €**

Karlsmühle ★★★
Weingut

Mosel

Im Mühlengrund, 54318 Mertesdorf
***Tel.** 0651-5123, **Fax**: 0651-5610296*
www.weingut-karlsmuehle.de
anfrage@weingut-karlsmuehle.de
***Besuchszeiten**: Mo.-Sa. 8-17 Uhr und nach Vereinbarung*
Gutsausschank Karlsmühle (Di.-So. ab 12 Uhr)

Inhaber .... Peter Geiben
Rebfläche .... 14,5 Hektar

Die Geschichte der Mühle, die als älteste Gesteinsmühle nördlich der Alpen gilt, reicht bis weit ins erste nachchristliche Jahrtausend zurück. 1889 heiratete der erste Geiben in die Besitzerfamilie ein. Die Weinberge von Peter Geiben, dem heutigen Inhaber, befinden sich zu 80 Prozent in Steillagen, alle auf der rechten Seite der Ruwer. Fast alle Rieslinge werden spontanvergoren. Die Hälfte der Weine baut er trocken aus, 20 Prozent halbtrocken und 30 Prozent süß. Die Mertesdorfer Einzellagen Lorenzhöfer Mäuerchen und Lorenzhöfer Felslay gehören Peter Geiben in Alleinbesitz. Mit dem Erwerb des Weinguts Partheiger kam die Lage Kaseler Kehrnagel hinzu, dann die Lage Kaseler Timpert.

Vorjahre

Die 2009er zeigten rassige Würze, die Auslesen oder die würzige Timpert-Spätlese gefielen besonders gut, aber bereits die Basisabfüllungen überzeugten. 2010 waren die Qualitäts- und Kabinettweine etwas verhaltener, die Spät- und Auslesen aber überzeugten wie gewohnt, insbesondere im restsüßen Segment.

Jahrgang 2011

2011 bereitet schon der Literriesling viel Freude, die Selektion von alten Reben ist unser Favorit im trockenen Segment. Highlights der Kollektion sind die frische, reintönige Auslese mit ihrer feinen Länge und die nach kandierten Früchten duftende Trockenbeerenauslese, die sich enorm jugendlich präsentiert, dick, süß und konzentriert.

Weinbewertung

83 2011 Riesling trocken **12,5 %/6,50 €/1l**
83 2011 Riesling Kabinett trocken Lorenzhöfer **12 %/8,- €**
88 2011 Riesling Spätlese trocken „Selektion von alten Reben" Lorenzhöfer **12,5 %/12,- €**
87 2011 Riesling Auslese „Selektion Quarzitschiefer" Lorenzhöfer **12,5 %/13,50 €**
82 2011 Riesling Kabinett „feinherb" Kaseler Nies'chen **11,5 %/8,- €**
83 2011 Riesling Spätlese „feinherb" Kaseler Timpert **12 %/9,80 €**
84 2011 Riesling Spätlese Kaseler Nies'chen **8,5 %/9,80 €**
89 2011 Riesling Auslese Kaseler Nies'chen **10 %/20,50 €**
89 2011 Riesling Trockenbeerenauslese Kaseler Nies'chen **8 %/60,- €/0,375l**

★☆

Ernst **Karst** & Sohn

Weingut

Pfalz

In den Almen, 67098 Bad Dürkheim
***Tel.** 06322-2862, **Fax**: 06322-65965*
www.weingut-karst.de
info@weingut-karst.de
***Besuchszeiten**: Di.-Sa. 10-12 + 13-18 Uhr*
Gästehaus
Restaurant Weinrefugium, Schlachthausstraße 1a

Inhaber .... Erika und Manfred Karst
Kellermeister .... Uli Karst
Rebfläche .... 11,5 Hektar

Das Weingut ist seit 1765 in Besitz der Familie und wird heute von Manfred und Erika Karst geführt. Sohn Uli ist – nach Geisenheim-Studium, USA-Aufenthalt und Praxiserfahrung in der Pfalz und in Franken – inzwischen für den Keller verantwortlich. Die Weinberge befinden sich in den Lagen Spielberg, Rittergarten, Hochbenn und Mandelgarten. Wichtigste Rebsorte ist Riesling, der 40 Prozent der Fläche einnimmt. Hinzu kommen 20 Prozent Burgundersorten und 40 Prozent Rotweinsorten wie Spätburgunder, Dornfelder, St. Laurent, Lemberger, Merlot und Cabernet Sauvignon. Alle Rotweine werden maischevergoren und in Holzfässern ausgebaut.

Vorjahre

Vor zwei Jahren führte ein momentum-Riesling eine gleichmäßig gute Kollektion an. Im vergangenen Jahr lag bei den trockenen Weißweinen wieder ein momentum-Wein von Chardonnay & Weißburgunder vorne, eine reife Grauburgunder Beerenauslese von 2007 konnte ebenso überzeugen wie die Rotwein-Cuvée von 2009. Auch Sauvignon Blanc und Gewürztraminer trocken waren sehr gut.

Neue Kollektion

In diesem Jahr liegen bei Rot- wie bei Weißweinen die „momentum"-Weine vorne. Der Riesling zeigt viel Frucht, Biss und Nachhaltigkeit, der Spätburgunder hat eine gute Tanninstruktur. Auch Grauer Burgunder und Chardonnay sind sehr gut, die rote Cuvée Georg I. hat sich sehr gut entwickelt.

Weinbewertung

81 2011 Riesling trocken Rittergarten „Kabinettstück" **12,5 %/5,50 €**

83 2011 Riesling trocken Kalkstein „Kunststück" **13 %/7,50 €**

86 2011 Riesling trocken „momentum" **13 %/9,50 €**

85 2011 Grauer Burgunder trocken Königswingert „Kunststück" **13 %/7,50 €**

83 2011 Muskateller trocken „Kabinettstück" **11,5 %/5,30 €**

82 2011 Chardonnay trocken „Kabinettstück" **12,5%/5,50 €**

85 2011 Chardonnay trocken Spielberg „Kunststück" **12,5 %/7,50 €**

84 2011 Spätburgunder trocken „Kunststück" **13,5%/7,90 €**

86 2009 Spätburgunder trocken „momentum" **13,5%/12,90 €**

81 2011 St. Laurent trocken „Kabinettstück" **13%/5,50 €**

86 2009 „Georg I." Rotwein trocken **13,5 %/9,90 €**

★★★☆

Karthäuserhof

Weingut

Mosel

54292 Trier-Eitelsbach
***Tel.** 0651-5121, **Fax:** 0651-53557*
www.karthaeuserhof.com
mail@karthaeuserhof.com
***Besuchszeiten:** Mo.-Fr. 8-12 + 13-17 Uhr*

Geschäftsführer .. Christoph Tyrell, Christian Vogt
Kellermeister .... Christian Vogt
Rebfläche .... 19 Hektar

Der Karthäuserhof hat seinen Namen von den Karthäusermönchen, die das Weingut 1335 vom Kurfürsten von Luxemburg als Geschenk erhielten. Nach der Säkularisierung kam es in den Besitz der Familie Rautenstrauch und wird seit 1986 in sechster Generation von Christoph Tyrell geführt, einem gelernten Juristen. Ihm gehört der knapp 19 Hektar große Eitelsbacher Karthäuserhofberg in Alleinbesitz. Der Karthäuserhofberg ist eine Süd-Südwest-Lage mit einer Hangneigung bis zu 55 Prozent. Die Reben wachsen auf feinschiefrigen Verwitterungsböden. Neben 93 Prozent Riesling baut er 7 Prozent Weißburgunder an. Ende der achtziger Jahre hat Christoph Tyrell die alten Fuderfässer durch Edelstahltanks ersetzt, in denen heute alle Weine vom Karthäuserhof ausgebaut werden. Ende 2009 verabschiedete sich der langjährige Kellermeister Ludwig Breiling in den Ruhestand, sein Nachfolger ist der aus Kinheim stammende Christian Vogt.

Vorjahre

Die 2009er, der erste Jahrgang des neuen Kellermeisters, zeigten sich prachtvoll, besaßen Schmelz und Frische, waren ungeheuer animierend, das Große Gewächs ragte heraus. 2010 brillierte die Trockenbeerenauslese, einer der großen edelsüßen Weine des Jahrgangs in Deutschland. Auch das Große Gewächs gefiel uns sehr gut, trotzdem blieben die trockenen Weine, wie eigentlich überall im Anbaugebiet, hinter dem Vorjahr zurück.

Jahrgang 2011

Der trockene Teil der Kollektion präsentiert sich stimmig, der Wein von alten Reben ist reintönig und geradlinig, der neue Editions-Riesling besitzt gute Struktur und Substanz, noch besser gefallt uns das würzige, zupackende Große Gewächs, bei dem Süße und mineralische Noten schön zusammenspielen. Ebenso stimmig sind die Süßen Rieslinge: Über Spätlese und eine recht duftige Auslese reicht der Bogen zur konzentrierten, enorm würzigen Beerenauslese bis zu einer wieder großartigen Trockenbeerenauslese, die herrlich würzig und konzentriert ist, klare Frucht im Bouquet zeigt; viel Stoff, Süße und Konzentration prägen den Mund.

Weinbewertung

84 2011 Weißburgunder trocken **12,5 %/9,90 €**
82 2011 Riesling trocken Ruwer **12 %/8,90 €**
83 2011 Riesling trocken „Schieferkristall" **11,5 %/11,50 €**
86 2011 Riesling trocken „Alte Reben" **12,5%/14,90€**
88 2011 Riesling trocken „Tyrell's Edition" Karthäuserhofberg **12,5 %/18,90 €**
89 2011 Riesling „GG" Karthäuserhofberg **13 %/26,50 €**
82 2011 Riesling Kabinett „feinherb Schieferkristall" Karthäuserhofberg **11 %/11,50 €**
83 2011 Riesling Kabinett Karthäuserhofberg **9 %/12,45 €**
85 2011 Riesling Spätlese Karthäuserhofberg **10 %/15,45 €**
88 2011 Riesling Auslese Karthäuserhofberg **8 %/18,95 €**
90 2011 Riesling Beerenauslese Nr. 53 Karthäuserhofberg **8 %/86,50 €/0,375l**
93 2011 Riesling Trockenbeerenauslese Nr. 54 Karthäuserhofberg **6 %/135,- €/0,375l**

Kaßner-Simon ★

Weingut **Pfalz**

Wallstraße 15, 67251 Freinsheim
***Tel.** 06353-989320, **Fax:** 06353-989321*
www.kassner-simon.de
info@kassner-simon.de
***Besuchszeiten:** Mo.-Sa. 13-18 Uhr, So. 10-13 Uhr*
Landhotel „Altes Wasserwerk"

Inhaber .... Thomas Simon
Rebfläche .... 15 Hektar

Das 1949 gegründete Weingut wird heute von Thomas Simon geführt. Seine Weinberge befinden sich in verschiedenen Freinsheimer Lagen. Wichtigste Rebsorte ist Riesling, der gut ein Drittel der Rebfläche einnimmt. Es folgen die roten Sorten Portugieser, Spätburgunder und Dornfelder, sowie an weißen Sorten Weiß- und Grauburgunder, Scheurebe, Müller-Thurgau, Auxerrois, Rieslaner, Chardonnay und Kerner. Dazu gibt es Merlot und Cabernet Dorsa.

Vorjahre

Vor zwei Jahren war in einer guten Kollektion die trockene Riesling Spätlese „Groß" unser Favorit. Die war es auch im vergangenen Jahr. Die Freinsheimer und Kallstader Winzer hatten den zuweilen schwierigen, weil säurereichen Jahrgang 2010 gut genutzt. Auch bei Kaßner-Simon waren die Rieslinge klar und frisch, hatten hohe Extrakte und waren bei guter Struktur und knackiger Mineralität nicht schwer. Auch Spätburgunder und Merlot waren sehr gut, die beiden Sekte elegant.

Neue Kollektion

In diesem Jahr liegen die Weine dicht beieinander, Ausreißen nach oben oder unten gibt es nicht. Der Riesling-Sekt mit feinem Haselnusston und der exotisch-süße Riesling „Gross" sind sehr gut, ebenso der elegante Chardonnay-Weißburgunder. Der Chardonnay aus dem Barrique ist noch sehr jung, das Holz ist fein, aber es dominieren (noch?) pilzige Noten. Auch die Rotweine sind sehr gut, der Spätburgunder ist konzentriert mit reichlich Röstnoten, die Cuvée ist nachhaltig, hat viel rote Frucht und feine Tannine.

Weinbewertung

85 2008 Riesling Sekt extra brut **12,5 %/11,20 €**
83 2011 Chardonnay Spätlese trocken **13%/12,- €**
83 2011 Riesling Spätlese trocken **13 %/8,- €**
85 2011 Riesling Spätlese trocken „Groß" **14 %/12,-€**
82 2011 Grauer Burgunder trocken **13 %/6,10 €**
85 2011 Chardonnay-Weißburgunder Spätlese trocken **13%/8,- €**
83 2011 Rieslaner Spätlese **12 %/7,50 €**
83 2011 Rosé Cuvée trocken „Euphorie" **13 %/6,10 €**
86 2009 Spätburgunder Spätlese trocken Barrique „Edition KS" **14 %/16,80 €**
87 2009 Rotwein-Cuvée trocken Barrique „Edition KS" **15%/16,80 €**

★★☆

Gebrüder **Kauer**

Weingut

Nahe

Bürgermeister-Dielhenn-Straße 1, 55452 Windesheim
Tel. *06707-255,* ***Fax****: 06707-517*
www.kauerwein.de
info@kauerwein.de
Besuchszeiten*: Vinothek Bruchgasse: Di./Do. 17-19 Uhr und nach Vereinbarung*

Inhaber .... Markus und Christoph Kauer
Rebfläche .... 10 Hektar

Der einstige landwirtschaftliche Gemischtbetrieb hat sich seit den achtziger Jahren ganz auf Weinbau konzentriert. 1992 hat Markus Kauer die Führung des Gutes übernommen, seit 2000 steht ihm sein Cousin Christoph zur Seite, der sich um den Weinausbau kümmert. Die Weinberge von Markus und Christoph Kauer liegen in den Windesheimer Lagen Sonnenmorgen, Rosenberg, Saukopf und Römerberg, sowie im Schlossböckelheimer Felsenberg. Die Reben wachsen auf Sandsteinverwitterungsböden des Rotliegenden und des Hunsrückschiefers, aber auch auf Sand und Lehm, im Felsenberg auf Vulkangestein. Markus und Christoph Kauer haben in den vergangenen Jahren den Rebsortenspiegel weiter verändert hin zu den Burgundersorten, die inzwischen die Hälfte der Rebfläche einnehmen, und Riesling, der auf einem Viertel der Rebfläche wächst. Daneben gibt es etwas Müller-Thurgau und Bukettsorten. Drei Viertel der Weine werden trocken ausgebaut.

Vorjahre

Der Jahrgang 2009 präsentierte sich sehr homogen mit einem kraftvollen Weißburgunder „R" an der Spitze. Die neuen Rieslinge aus Schlossböckelheim überzeugten, ohne aber die Windesheimer Weine übertrumpfen zu können. 2010 gefielen uns die Schlossböckelheimer Rieslinge ein klein wenig besser als ihre Windesheimer Pendants, auch Grau- und Weißburgunder gaben eine prächtige Vorstellung: Sehr gelungene Kollektion in einem schwierigen Jahrgang.

Jahrgang 2011

Auch 2011 ist die Kollektion rundum gelungen: Zwar ist der Alkoholgehalt bei den Weiß- und Grauburgundern recht hoch, die Weine sind aber trotzdem harmonisch und besitzen viel reintönige Frucht. Die trockenen Rieslinge, unter denen wir erneut die Schlossböckelheimer Weine etwas stärker einschätzen als die Windesheimer, sind klar und präzise mit feinem Biss und überzeugen vom Gutsriesling bis zum eindringlichen, kraftvollen Wein aus dem Felsenberg. Zwei ausgewogene, konzentrierte edelsüße Rieslinge, ebenfalls aus dem Felsenberg, runden das Sortiment nach oben ab.

Weinbewertung

83 2011 Weißburgunder trocken **13,5 %/6,20 €**
86 2011 Weißburgunder „S" trocken Windesheimer **14 %/9,50 €**
87 2011 Weißburgunder „R" trocken Windesheimer **14,5 %/13,50 €**
86 2011 Grauburgunder „S" trocken **14 %/9,50 €**
84 2011 Riesling trocken **13 %/5,90 €**
85 2011 Riesling trocken „Roter Sandstein" Windesheimer **13 %/7,90 €**
86 2011 Riesling trocken „Vulkangestein" Schlossböckelheimer **13,5 %/9,50 €**
87 2011 Riesling trocken Windesheimer Römerberg **13,5 %/10,50 €**
88 2011 Riesling trocken Schlossböckelheimer Felsenberg **13,5 %/14,50 €**
85 2011 Riesling Spätlese Windesheimer Römerberg **8,5 %/7,90 €**
88 2011 Riesling Auslese Schlossböckelheimer Felsenberg **7,5 %/14,- €/0,375l**
89 2011 Riesling Beerenauslese Schlossböckelheimer Felsenberg **6 %/30,-/0,375l**

★★☆

Martina und Dr. Randolf Kauer

Weingut

Mittelrhein

Mainzer Straße 21, 55422 Bacharach
***Tel.** 06743-2272, **Fax**: 06743-93661*
www.weingut-dr-kauer.de
weingut-dr.kauer@t-online.de
***Besuchszeiten**: nach Vereinbarung*

Inhaber .... Martina und Randolf Kauer
Rebfläche .... 3,6 Hektar

Randolf Kauer hat 1982 den Grundstein für sein eigenes Weingut gelegt und es seither nach und nach auf die heutige Betriebsgröße erweitert. Zusammen mit seiner Ehefrau Martina bewirtschaftet Professor Dr. Kauer, der im Hauptberuf an der Fachhochschule Geisenheim tätig ist, die Weinberge nach den Richtlinien des ökologischen Weinbaus (Mitglied bei Ecovin). Die Weinberge, allesamt Steillagen, liegen in Bacharach (Kloster Fürstental, Wolfshöhle), Oberwesel (Oelsberg), Oberdiebach (Fürstenberg) und Urbach (Beulsberg). 90 Prozent der Rebfläche nimmt Riesling ein, die restlichen 10 Prozent sind mit Spätburgunder bestockt. 2009 wurden Traubenannahme und Kelterhaus komplett erneuert. Randolf Kauer möchte in den kommenden Jahren qualitativ gute bis sehr gute Brachflächen erwerben, um mittelfristig den Betrieb erweitern und auf Vollerwerb umstellen zu können. Randolf Kauer baut seine Weine überwiegend trocken aus. Die Kabinettweine sind klar, frisch und zupackend, die Spätlesen kraftvoller und stoffiger, oft geprägt von mineralischen Noten. Die Weine insgesamt haben in den letzten Jahren an Präzision gewonnen.

Vorjahre

Sehr gut gefiel uns die 2009er Kollektion: Schon der Gutsriesling war knackig und präzise. Auch 2010 waren die Weine klar und präzise, besaßen Kraft und Spannung, die trockenen Weine, ob Kabinett oder Spätlese, waren sogar mineralisch – eine Seltenheit am Mittelrhein. Die trockene Spätlese aus dem Oelsberg war unser Favorit, auch die trockenen Kabinettweine aus Wolfshöhle und Kloster Fürstental gefielen uns sehr gut, der süße Teil der Kollektion überzeugte ebenfalls.

Neue Kollektion

Aus dem Jahrgang 2011 stellen die Kauers würzig-erdige Rieslinge vor, die erfreulich geradlinig und klar wirken, nie unter zu viel Süße leiden. Die stoffigen Kabinette aus dem Oelsberg besitzen eine wunderschöne Balance, der Riesling von alten Reben aus dem Oelsberg wirkt etwas präziser und mineralischer als sein Pendant aus der Lage Kloster Fürstental. Gut gehalten hat sich der trocken wirkende Kabinett aus 2002, saftig, kraftvoll und direkt präsentiert sich die nach kandiertem Rhabarber duftende Beerenauslese aus 2011.

Weinbewertung

82 2011 Riesling Kabinett trocken **11,5 %/7,50 €**
83 2011 Riesling Kabinett trocken Bacharacher Kloster Fürstental **12 %/8,50 €**
86 2011 Riesling Kabinett trocken Oberweseler Oelsberg **12 %/8,50 €**
88 2011 Riesling Spätlese trocken „Alte Reben" Oberweseler Oelsberg **13 %/12,50 €**
87 2011 Riesling Spätlese trocken „Alte Reben" Bacharacher Kloster Fürstental **13 %/12,50 €**
86 2002 Riesling Kabinett Bacharacher Wolfshöhle
85 2011 Riesling Kabinett „feinherb" Bacharacher Kloster Fürstental **11,5%/8,50 €**
86 2011 Riesling Spätlese „feinherb Alte Reben" Bacharacher Wolfshöhle **13 %/12,50 €**
86 2011 Riesling Kabinett Oberdiebacher Fürstenberg **10 %/9,- €**
86 2011 Riesling Spätlese Oberdiebacher Fürstenberg **8,5 %/12,50 €**
88 2011 Riesling Auslese Bacharacher Kloster Fürstental **8,5 %/24,- €/0,5l**
91 2011 Riesling Beerenauslese Bacharacher Kloster Fürstental **9 %/65,- €/0,375l**
83 2011 Spätburgunder Weißherbst trocken **12,5 %/6,50 €**

★★★☆

Kees-Kieren

Weingut

Mosel

Hauptstraße 22, 54470 Graach
***Tel.** 06531-3428, **Fax**: 06531-1593*
www.kees-kieren.de
weingut@kees-kieren.de
***Besuchszeiten**: Mo.-Fr. 9-18 Uhr, Sa. 10-18 Uhr und nach Vereinbarung*
Gutsausschank, Tage der offenen Weinkeller (Pfingsten, Mo.-Fr., und Fronleichnam, Do.-So.)

Inhaber .... Ernst-Josef und Werner Kees
Rebfläche .... 6,5 Hektar

Seit beinah einem Vierteljahrhundert führen die Brüder Ernst-Josef und Werner Kees diesen Graacher Betrieb, der seine Weinbautradition über 300 Jahre zurückverfolgen kann. Das Weingut verfügt über Steillagenparzellen in Graach, Erden, Kinheim und Kesten, Riesling spielt mit rund 90 Prozent die Hauptrolle, daneben wird etwas Kerner, Müller-Thurgau und Spätburgunder angebaut. Die Weine werden vorwiegend in Fuderfässern ausgebaut; sie präsentieren sich immer wieder sehr saftig und rassig, im edelsüßen Bereich sogar opulent.

Vorjahre

2009 konnten Werner und Ernst-Josef Kees erneut auftrumpfen; die trockenen Rieslinge überzeugten ebenso wie die enorm rassigen, aber reintönigen süßen. 2010 war jahrgangsbedingt schwächer: Die trockenen Rieslinge blieben hinter den Vorjahren zurück, die edelsüßen Weine waren etwas weniger brillant, am meisten begeisterte uns die Beerenauslese.

Neue Kollektion

Die neue Kollektion insgesamt gefällt uns besser, präsentiert sich stimmig, trocken wie süß. Das Große Gewächs aus dem Domprobst ragt aus den trockenen Weinen hervor, ist konzentriert und herrlich reintönig, besitzt reife süße Frucht und gute Substanz. Noch etwas spannender sind in der Spitze die Süßen, die würzige, elegante Spätlese aus dem Treppchen, die stoffige Auslese aus dem Himmelreich mit ihrer faszinierend reintönigen Frucht, die duftige, noch konzentriertere Auslese aus dem Domprobst, sowie als Höhepunkt wie im Vorjahr eine konzentrierte, komplexe Beerenauslese.

Weinbewertung

82 2011 Riesling Hochgewächs trocken Graacher **12.5 %/5,80 €**
81 2011 Riesling Kabinett trocken Kinheimer Rosenberg **12 %/7,50 €**
85 2011 Riesling Spätlese trocken „S" Graacher Domprobst **12,5 %/12,- €**
89 2011 Riesling „GG" Graacher Domprobst **12,5 %/16,50 €**
85 2011 Riesling Spätlese* „feinherb" Graacher Domprobst **11,5 %/10,- €**
87 2011 Riesling Auslese* „feinherb" Graacher Himmelreich **12 %/14,- €**
83 2011 Riesling Kabinett Kestener Paulinshofberg **10 %/7,50 €**
84 2011 Riesling Spätlese* Graacher Himmelreich **7,5 %/12,- €**
84 2010 Riesling Spätlese** Graacher Himmelreich **8,5 %/11,80 €**
88 2011 Riesling Spätlese** Erdener Treppchen **8 %/Versteigerung**
90 2011 Riesling Auslese** Graacher Himmelreich **7,5 %/19,50 €**
91 2011 Riesling Auslese*** Graacher Domprobst **7,5 %/Verst.**
91 2011 Riesling Beerenauslese Graacher Himmelreich **8 %/36,- €/0,375l**

★

Keil

Weingut

Württemberg

Alt-Renzener Weg 2, 74629 Pfedelbach-Untersteinbach
Tel. *07949-528,* ***Fax****: 07949-940645*
www.weingut-keil.de; info@weingut-keil.de
Besuchszeiten*: Mo.-Fr. 18 -20 Uhr, Sa. 13:30-18 Uhr, oder nach Vereinbarung*

Inhaber .... Ralf Keil
Rebfläche .... 3,5 Hektar

Ralf Keil gründete 2004 mit damals 1,7 Hektar Weinbergen sein eigenes Weingut. Seine Weinberge liegen alle im Steinbacher Tal in der Lage Heuholzer Dachsteiger. Dort wachsen die Reben überwiegend auf schweren Keuperböden, einzelne Parzellen sind mit Muschelkalk durchsetzt. Ralf Keil hat neue Rebsorten gepflanzt und mit dem Barriqueausbau begonnen.

Vorjahre

Vor zwei Jahren gefiel uns ein Barriquewein besonders gut, der Samtrot, Jahrgang 2007. Die 2010er Weißweine waren gleichmäßig, aber etwas verhalten, so dass der rote Teil der Kollektion im vergangenen Jahr erneut die Nase vorne hatte, der würzige Cabernet Mitos und der intensiv fruchtige Spätburgunder überzeugten.

Neue Kollektion

Die neue Kollektion überzeugt: Die Weißweine sind frisch und klar, der geradlinige Sauvignon Blanc gefällt uns besonders gut. Das rote Segment wird angeführt von der Barriquecuvée, die gute Konzentration im Bouquet zeigt, etwas Gewürze, rote und dunkle Früchte, im Mund viel Fülle und Substanz besitzt.

Weinbewertung

84 2011 Sauvignon Blanc** trocken **13 %/6,- €**
82 2011 Riesling Kabinett** trocken **13 %/4,20 €**
82 2011 Riesling Spätlese** trocken **13,5 %/6,- €**
84 2009 Spätburgunder*** Auslese trocken Holzfass **14 %/9,80 €**
82 2009 „Cuvée C"** trocken Holzfass **13 %/5,80 €**
87 2009 „Cuvée C"*** trocken Barrique **13,5 %/14,50 €**

★★★★★

Franz Keller

Weingut Schwarzer Adler

Baden

Badbergstraße 23, 79235 Vogtsburg-Oberbergen
Tel. *07662-93300,* ***Fax****: 07662-719*
www.franz-keller.de
keller@franz-keller.de
Besuchszeiten*: Mo.-Fr. 8-18 Uhr, Sa. 8-16 Uhr*
Hotel und Restaurant Schwarzer Adler, Winzerhaus Rebstock

Inhaber .... Fritz Keller
Rebfläche .... 57 Hektar

Kein Anderer in Deutschland hat sich so für trockene, durchgegorene Weine eingesetzt wie Franz Keller. Sein Sohn Fritz Keller führt diesen Weg konsequent fort: Alle Weine sind durchgegoren und trocken, auch wenn dies nicht auf dem Etikett vermerkt ist. Dafür stehen Restzucker und Säure auf dem Etikett. Im Anbau dominieren die Burgundersorten. Dazu kommen vor allem Müller-Thurgau und Silvaner, beide aber mit abnehmender Bedeutung. Ein wenig Sauvignon Blanc hat Fritz Keller gepflanzt, auch Merlot und Cabernet Sauvignon. Die besten Weine werden in der Reihe Selection angeboten. Entweder als Selection „S" oder – in Ausnahmejahren, wenn die Weine viel Lagerpotenzial versprechen – als Selection „A". Alle Selectionsweine werden zu 100 Prozent im Holzfass ausgebaut. Bei den Weißweinen geht Fritz Keller weg vom Barrique und hin zu 360-Liter-Fässern.

Vorjahre

Die „normalen" Selectionsweine wurden mit dem Jahrgang 2009 umgetauft heißen seither „Franz Anton". Weißburgunder und Grauburgunder „Franz Anton" überzeugten, noch besser gefielen uns 2009 Chardonnay S, Grauburgunder S und Weißburgunder A. Eine schöne Überraschung waren die beiden Grauburgunder aus der Bassgeige, sie waren reintönig und kraftvoll, besaßen gute Struktur und Substanz. 2008 waren Spätburgunder „S" und „A" wunderschön reintönig und präzise, elegant und nachhaltig, große Pinot Noir vom Kaiserstuhl. Sie führten eine stimmige rote Kollektion mit wunderschön reintönigen Spätburgundern an. Und in der Verkostung von 90 Rotweinen des Jahrgangs 1999 belegte der Spätburgunder S einen großartigen zweiten Platz – Keller-Pinot kann reifen! Auch 2010 zeigten Weiß- und Grauburgunder viel reintönige Frucht, Substanz und Frische, Selektionsweine von Weißburgunder und Chardonnay waren wieder große Klasse. Auch die 2009er Spätburgunder waren großartig, sehr burgundisch und etwas wild der A, enorm verschlossen und ebenfalls burgundisch der S.

Weißburgunder 2011

Der Weißburgunder-Reigen beginnt mit einem wunderschön reintönigen, fruchtbetonten Wein aus der Bassgeige. Noch saftiger, reintöniger ist dann der Weißburgunder aus dem Pulverbuck – und überraschend süß, denn über 4 Gramm Restzucker, das kennt man eigentlich nicht von Fritz Keller: Die Flasche wurde trotzdem leer. Der Weißburgunder „Franz Anton" Ist wunderschön füllig und harmonisch, leicht cremig, besitzt gute Struktur, Substanz und Länge. Dann wird es spannend, denn der Weißburgunder „A" ist faszinierend reintönig und konzentriert, füllig, kraftvoll und saftig, besitzt herrlich viel Frucht und gewinnt mit dem Öffnen stetig an Länge – ein faszinierender Weißburgunder.

Grauburgunder 2011

Auch beim Grauburgunder beginnen wir mit dem reintönigen, saftigen Wein aus der Bassgeige. Der zweite Grauburgunder aus der Bassgeige, „vum Steinriesen" ist deutlich würziger, besitzt ebenfalls reintönige Frucht; der Grauburgunder vom Schlossberg ist (noch?) etwas unruhig, besitzt nicht ganz so viel Druck. Dann beginnt das große Kino mit zwei faszinierenden Grauburgundern, uns fällt die Entscheidung schwer ob wir S oder A bevorzugen. Beide sind konzentriert und saftig, kraftvoll und stoffig, enorm reintönig und dominant. „S" präsentiert sich derzeit ein wenig komplexer, lebhafter, ist faszinierend lang; „A" besitzt viel Substanz und Kraft, viel Zukunft.

Chardonnay 2011

Beim Chardonnay steigen wir in der „Franz Anton"-Linie ein: Füllig, harmonisch, schmeichelnd, feine Vanillenoten, Substanz und Länge, das lassen wir uns gefallen. Und dann stehen wir schon wieder vor der Entscheidung: „S" oder „A"? Und wir entscheiden uns für „S", der herrlich füllig und komplex ist, kraftvoll und reintönig, viel reife Frucht und Länge besitzt, einfach etwas offener ist als der ansonsten sehr ähnliche, etwas stoffigere „A", der sich noch sehr zugeknöpft gibt. Und die Rebsorte liefert noch ein Schmankerl: Den wunderschön fülligen Chardonnay-Sekt ohne Dosage, rauchig und komplex, reintönig und lang.

Rotweine

Bei den Spätburgundern konnten wir schon den fruchtbetonten 2011er aus der Bassgeige verkosten, unmittelbar zuvor gefüllt. Mehr Kraft besitzt der 2010er „Franz Anton", der reintönig, frisch und zupackend ist. Beim Spätburgunder müssen wir dann nicht lange überlegen ob „A" oder „S": Der „S" ist klar, präzise und fruchtbetont, herrlich druckvoll und jugendlich, der „A" aber besitzt deutlich mehr Komplexität, ist kraftvoll und stoffig, wunderschön reintönig, tanninbetont und nachhaltig, ebenfalls noch sehr jugendlich. Eine schöne Überraschung ist die Cuvée aus Cabernet Sauvignon und Merlot, die Gewürznoten und gute Konzentration im Bouquet zeigt, im Mund kraftvoll und klar ist, strukturiert und frisch bei guter Substanz. Eine reintönige, beinahe elegante Spätburgunder Beerenauslese rundet die rote Kollektion ab, so wie es die dicke, saftige Müller-Thurgau Trockenbeerenauslese mit der weißen Kollektion tut. Ganz starke Vorstellung!

Weinbewertung

90 2009 Chardonnay Sekt Zero Dosage **12,5 %/26,- €**
88 2011 Weißburgunder Oberbergener Bassgeige **13 %/10,50 €**
87 2011 Grauburgunder Oberbergener Bassgeige **12,5 %/10,80 €**
88 2011 Chardonnay Oberbergener Bassgeige **13 %/10,80 €**
88 2011 Grauburgunder „vum Steinriesen" Oberbergener Bassgeige **13 %/14,50 €**
87 2011 Grauburgunder Achkarrer Schlossberg **13,5 %/15,90 €**
89 2011 Weißburgunder Oberbergener Pulverbuck **13,5 %/15,20 €**
90 2011 Weißburgunder „Franz Anton" **13,5 %/17,50 €**
90 2011 Chardonnay „Franz Anton" **13,5 %/17,50 €**
93 2011 Chardonnay „S" **13,5 %/24,- €**
94 2011 Grauburgunder „S" **13,5 %/24,- €**
92 2011 Weißburgunder „A" **13,5 %/32,- €**
94 2011 Grauburgunder „A" **13,5 %/32,- €**
92 2011 Chardonnay „A" **13,5 %/32,- €**
87 2011 Gewürztraminer Auslese Jechtinger Eichert **9 %/18,50 €**
90 2011 Müller-Thurgau Oberbergener Bassgeige **8 %/63,- €/0,375l**
86 2011 Spätburgunder Oberbergener Bassgeige **13 %/12,50 €**
89 2010 Spätburgunder „Franz Anton" **13 %/17,50 €**
91 2010 Spätburgunder „S" **13 %/32,- €**
93 2010 Spätburgunder „A" **13 %/43,- €**
90 2010 Merlot - Cabernet Sauvignon „S" **13 %/29,50 €**
90 2011 Spätburgunder Beerenauslese Oberbergener Bassgeige **10,5 %/36,- €/0,375l**

★

Gerd **Keller**

Weingut **Württemberg**

Rechentshoferstraße 8, 74343 Sachsenheim
Tel. *07147-7909*
www.weinbauer-gerd-keller.de
keller.gerd@web.de
Besuchszeiten: *Sa. 9-14 Uhr oder nach Vereinbarung*

Inhaber .... Gerd Keller
Rebfläche .... 3 Hektar

Bereits mit 17 Jahren kaufte Gerd Keller die ersten Terrassenlagen im Geigersberg in Ochsenbach, seit dem Jahr 2000 erzeugt er Wein. Seine Lehre hatte er bei Wöhrwag in Stuttgart absolviert, später dann im In- und Ausland Erfahrungen gesammelt, unter anderem bei Bründelmayer und Mosbacher. Seine Weinberge liegen im Kirbachtal in den Lagen Hohenhaslacher Kirchberg (Keuper), Ochsenbacher Geigersberg (roter Keuper mit Sand) und Häfnerhaslacher Heiligenberg (Buntsandstein). Zu 70 Prozent baut er Rotweine an, Lemberger vor allem, aber auch Trollinger, Portugieser und Schwarzriesling, Regent und Spätburgunder, Cabernet Sauvignon und Merlot. Dazu gibt es weiße Sorten wie Riesling, Grauburgunder, Kerner, Müller-Thurgau und Gewürztraminer. Die Weine werden zu 80 Prozent trocken ausgebaut.

Kollektion

Eine interessante Kollektion mit eigenständigen Weinen hat Gerd Keller uns vorgestellt. Ein zupackender Riesling aus dem Jahrgang 2010, Frosch genannt, gefällt uns besonders gut im weißen Segment, aber auch die Hannah genannte Cuvée aus Müller-Thurgau und Grauburgunder. Rot gefallen der reintönige, fruchtbetonte Lemberger „Brombär", der kraftvolle, zupackende Trollinger und die strukturierte Geigenspiel-Cuvée aus Merlot und Cabernet Sauvignon.

K

Die besten deutschen Weinerzeuger und ihre Weine

Weinbewertung

84 2010 Riesling trocken „Frosch" Häfnerhaslacher Heiligenberg **13 %/5,40 €**
84 2011 „Hannah" Weißwein trocken **12,5 %/6,20 €**
81 2011 Grauburgunder trocken Hohenhaslacher Kirchberg **12,5 %/6,20 €**
81 2011 „Schella" Weißwein **11 %/6,50 €**
81 2011 „Fetz" Rosé trocken **11,5 %/4,50 €**
83 2011 Lemberger trocken „Brombär" Hohenhaslacher Kirchberg **13,5 %/5,40 €**
84 2010 Trollinger „V" trocken Hohenhaslacher Kirchberg **13 %/5,60 €**
82 2010 Lemberger trocken „Alte Reben" Hohenhaslacher Kirchberg **13 %/11,90 €**
85 2009 „Geigenspiel" Rotwein trocken Ochsenbacher Geigersberg **13 %/11,90 €**

★★★

Karlheinz Keller

Weingut

Rheinhessen

Landgrafenstraße 74-76, 67549 Worms-Pfiffligheim
***Tel.** 06241-75562, **Fax:** 06241-74836*
www.weingutkeller.de
info@weingutkeller.de
***Besuchszeiten:** Mo.-Fr. 9-18 Uhr, Sa. 9-15 Uhr*

Inhaber .... Karlheinz und Markus Keller
Rebfläche .... 21 Hektar

Karlheinz Keller hat 1975 den elterlichen Betrieb übernommen, seither die Rebfläche mehr als verdoppelt. Seit 1997 werden er und Ehefrau Petra im Betrieb von Sohn Markus unterstützt, der bei Klaus Keller und Bassermann-Jordan in die Lehre gegangen war. Die Weinberge liegen in Pfiffligheim (Nonnenwingert, Lössböden), Pfeddersheim (St. Georgenberg und Hochberg, roter Kiesboden mit hohem Lehmanteil, auch Löss und teils Kalk) und Nieder-Flörsheim (Frauenberg). Rotweine spielen eine wichtige Rolle im Betrieb, St. Laurent vor allem, aber auch Merlot, Cabernet Sauvignon, Syrah und Lagrein. Dazu gibt es etwas Frühburgunder, Portugieser und Dornfelder. An weißen Sorten gibt es vor allem Weiß- und Grauburgunder, Chardonnay und Riesling, noch ein klein wenig Bacchus und Morio-Muskat. Die Rotweine werden im Holzfass und teilweise im Barrique ausgebaut und seit 2007 unfiltriert abgefüllt, die Weißweine kommen in Edelstahltanks. Das Gros der Weine wird ab Hof an Privatkunden verkauft.

Vorjahre

Karlheinz und Markus Keller liefern seit der ersten Ausgabe zuverlässige Kollektionen auf sehr gutem Niveau. Die Qualität stimmt, die Rotweine vor allem haben zuletzt weiter zugelegt. Die 2008er Rotweine gefielen uns sehr gut, die weiße 2009er Kollektion bot die gewohnt zuverlässig gute Qualität. 2010 hatte sich Markus Keller gut behauptet, die Weißweine waren alle frisch und klar. Die Rotweine, alle unmittelbar nach der Abfüllung verkostet, waren noch sehr von Kohlensäure geprägt, zeigten sich dabei aber reintönig und geradlinig.

Neue Kollektion

Sehr konsistent präsentiert sich der neue Jahrgang im weißen Segment, wobei uns die Rieslinge und der erstmals vorgestellte, wunderschön reintönige Grüner Veltliner etwas besser gefallen als die Burgunder. Der Frauneberg-Riesling ist kraftvoll, füllig und reintönig, gefällt uns ein klein wenig besser als der vom Typ sehr ähnliche Wein aus dem St. Georgenberg. Stärker noch aber ist das rote Segment: Vier beeindruckende Weine hat Markus Keller dieses Jahr präsentiert. Der Syrah ist rauchig, kraftvoll und konzentriert, der Merlot von Gewürznoten geprägt bei guter Struktur, der Lagrein ist reintönig, konzentriert und herrlich zupackend, noch ein klein wenig besser aber gefällt uns der Spätburgunder, der Gewürznoten und Toast im Bouquet zeigt, viel reife Frucht, im Mund füllig ist, kraftvoll, viel reife Frucht und Substanz besitzt.

Weinbewertung

86 2011 Grüner Veltliner trocken Wormser Nonnenwingert **13 %/9,20 €**
82 2011 Grauburgunder Spätlese trocken Wormser Nonnenwingert **13 %/6,80 €**
84 2011 Sauvignon Blanc trocken Pfeddersheimer St. Georgenberg **12,5 %/6,70 €**
82 2011 Riesling trocken Pfeddersheimer St. Georgenberg **12,5 %/5,80 €**
85 2011 Riesling Spätlese „S" trocken Pfeddersheimer St. Georgenberg **13 %/8,80 €**
86 2011 Riesling Spätlese trocken Nieder-Flörsheimer Frauenberg **13,5 %/9,20 €**
83 2011 Chardonnay Spätlese trocken Pfeddersheimer St. Georgenberg **13 %/8,50 €**
81 2011 Weißburgunder Spätlese Wormser Nonnenwingert **13 %/7,20 €**
87 2010 Lagrein trocken „R" Pfeddersheimer St. Georgenberg **13,5 %/10,20 €**
87 2010 Syrah trocken „R" Wormser Nonnenwingert **13 %/6,80 €**
86 2010 Merlot trocken **13,5 %/10,20 €**
88 2010 Spätburgunder trocken **13,5 %/15,- €**

★★★★★

Klaus Keller
Weingut

Rheinhessen

Bahnhofstraße 1, 67592 Flörsheim-Dalsheim
***Tel.** 06243-456, **Fax:** 06243-6686*
www.keller-wein.de
info@keller-wein.de
***Besuchszeiten:** Mo.-Fr. 8-12 + 13-17:30 Uhr, Sa. 8-12 + 13-16 Uhr*

Inhaber .... Klaus Keller
Rebfläche .... 15 Hektar

Klaus Keller und Sohn Klaus Peter Keller bauen vor allem Riesling und die Burgundersorten an. Dazu gibt es Silvaner, Rieslaner und Scheurebe. Die Rieslinge der Kellers wachsen im Dalsheimer Hubacker, einem nach Südosten geneigten Hang (Kalksteinfels), sowie in Westhofen in den Lagen Morstein, Brunnenhäuschen (Abtserde) und Kirchspiel. Die besten Spätburgunder kommen von Muschelkalkböden aus dem Dalsheimer Bürgel und vom Niederflörsheimer Frauenberg. 2009 hat Klaus Peter Keller Weinberge im Niersteiner Pettenthal zugepachtet, die er 2011 erwerben konnte, dazu einen halben Hektar im besten Teil des Niersteiner Hipping. Die Moste werden bei niedrigen Temperaturen möglichst spontan vergoren. Die Gärung dauert mindestens acht bis zehn Wochen, edelsüße Spitzenweine gären oft ein halbes Jahr. Die Weine werden im Edelstahl oder in Holzfässern ausgebaut.
Die entscheidende Änderung bei den trockenen Keller-Rieslingen der letzten Jahre ist die Vinifikation hin auf lange Haltbarkeit, weshalb sie in ihrer Jugend verschlossener, „schwieriger" sind. Das gilt nicht nur für den G-Max, das gilt auch – je nach Jahrgang mehr oder weniger – für die anderen großen Rieslinge aus Morstein, Hubacker, Kirchspiel und schließlich Abtserde, der mit dem Jahrgang 2006 sein Debüt gab und oft der verschlossenste Keller-Riesling ist.

Vorjahre

2008 gefiel uns der wesentlich zugänglichere Spätburgunder aus dem Frauenberg ein klein wenig besser, der Bürgel wirkte stärker vom Holz geprägt, obwohl Klaus-Peter Keller fast nur noch gebrauchte Barriques verwendete. 2009 waren die Unterschiede zwischen den Spitzen-Rieslingen deutlich: Der G-Max war großartig, ein faszinierender, großer Riesling. Am nächsten, auch stilistisch, kam ihm der Wein aus der Abtserde. Viel Kraft und Konzentration zeichneten auch den Morstein aus, doch blieb er etwas verschlossener. Der Wein aus dem Kirchspiel war offener, am zugänglichsten. 2009 gab es nur eine Trockenbeerenauslese, die aber hatte es in sich, gehörte zu den großen edelsüßen Weinen des Jahrgangs in Deutschland. Auch die 3-Sterne-Auslese aus dem Morstein begeisterte uns, wie überhaupt der ganze süße und edelsüße Teil der Kollektion. Bärenstark waren die Edelsüßen auch 2010, angeführt von zwei faszinierenden Trockenbeerenauslesen, dazu feine Spätlesen, Auslesen, Beerenauslesen. Auch 2010 waren die Unterschiede im Top-Segment deutlich, die Reihenfolge identisch wie 2009: Der G-Max war einmal mehr unser Favorit vor den noch verschlossenen Rieslingen aus Abtserde und Morstein. Bei den Spätburgundern trat der Frauenberg mit dem Jahrgang 2009 erstmals als Großes Gewächs auf; beide Spätburgunder waren hervorragend, unsere leichte Präferenz galt dem eleganteren Frauenberg.

2011 trocken

2011 bringt prächtige Gutsweine vom frischen, reintönigen Silvaner über den saftigen Silvaner bis hin zur faszinierend reintönigen trockenen Scheurebe. Der Riesling „von der Fels" ist wunderschön reintönig, frisch und zupackend, der Feuervogel-Silvaner, saftig, harmonisch und lang. In der S-Klasse präferieren wir ganz leicht den saftigen, strukturierten, wunderschön klaren Weißburgunder, wobei der Grauburgunder ihm nur wenig nachsteht. Der Niersteiner Riesling besitzt Fülle, Kraft und gute Struktur – und dann kommen die Großen Gewächse. Vorneweg: 2011 war zum Zeitpunkt der Verkostung die Rangfolge nicht ganz die, die wir aus den letzten Jahren kennen. Der Wein aus dem Kirchspiel ist geradlinig klar, besitzt gute Struktur, ist noch jugendlich. Der Hubacker ist herrlich präzise und zupackend, kraftvoll und strukturiert, besitzt Substanz und hat Biss – ist jugendlich, wenn auch nicht ganz so verschlossen wie der 2010er im vergangenen Jahr, der heute aber schön an Komplexität und Druck gewonnen hat. Der Morstein ist faszinierend klar und konzentriert, fruchtbetont und intensiv, besitzt Kraft, Substanz, Fülle und Länge – so man ihn kennt! Die Abtserde dann ist völlig verschlossen, wie dies des Öfteren schon der Fall war: Im „Langzeittest" über viele Tage deutet er an, was in ihm steckt. Er ist druckvoll und stoffig, enorm fest, besitzt viel Substanz und Kraft - braucht aber noch Zeit, viel Zeit. Beim G-Max ist dies nicht anders: Völlig verschlossen, geradlinig, reintönig, aber enorm zurückhaltend, will sich momentan so gar nicht zu erkennen geben – aber wer Klaus Peter Keller kennt, der kann darauf setzen, dass auch der 2011er G-Max ein großer Wein ist.

2011 süß

Der süße Teil der Kollektion braucht sich hinter dem trockenen nicht zu verstecken. Die Kirchspiel-Spätlese ist faszinierend frisch und lebhaft, die Auslese wunderschön elegant, etwas konzentrierter und komplexer, die aus dem Pettenthal füllig und schmeichelnd, dabei ebenso lebhaft. Die 3-Sterne-Auslese aus dem Hubacker ist wieder einmal groß: Sie zeigt Trockenfrüchte im Bouquet, Rosinen, ist dabei faszinierend klar, ist konzentriert und komplex im Mund, lang und nachhaltig. Die drei Trockenbeerenauslesen haben es da nicht leicht, dies zu toppen. Alle vier sind faszinierend konzentriert und reintönig, dick und doch komplex und lebhaft, aber hinsichtlich Komplexität und Kraft unterscheiden sie sich dann doch: Eine klasse Kollektion. Und dass Scheurebe und Rieslaner edelsüß ebenfalls faszinieren kann, das kennt man von Kellers schon lange.

Spätburgunder 2010

Mit seinen beiden 2010er Spätburgundern ist Klaus-Peter Keller stilistisch Burgund nähergerückt. Der Frauenberg ist konzentriert und reintönig im Bouquet, klar, frisch und zupackend im Mund bei deutlicher Säure. Die besitzt auch der Bürgel, der wunderschön elegant und komplex ist, fruchtbetont, lebhaft und reintönig.

Weinbewertung

85 2011 Silvaner trocken **12,5 %/8,50 €**
87 2011 Scheurebe trocken **12 %/9,80 €**
86 2011 Riesling trocken **12,5 %/8,80 €**
89 2011 Riesling trocken „von der Fels" **12,5 %/16,- €**
89 2011 Silvaner „Feuervogel" **13 %/24,90 €**
91 2011 Weißburgunder trocken „S" **12 %/24,50 €**
90 2011 Grauburgunder trocken „S" **13 %/24,50 €**

K

Die besten deutschen Weinerzeuger und ihre Weine

90 2011 Riesling trocken Nierstein **13 %/25,- €**
91 2011 Riesling „GG" Kirchspiel Westhofen **13 %/31,50 €**
91 2010 Riesling „GG" Hubacker Dalsheim
93 2011 Riesling „GG" Hubacker Dalsheim **13 %/31,50 €**
94 2011 Riesling „GG" Morstein Westhofen **13 %/56,- €**
93 2011 Riesling „GG" „Abts-E." Westhofen **13 %/62,- €**
92 2011 Riesling „G-Max" **13 %/a.A.**
90 2011 Riesling Spätlese Westhofener Kirchspiel **9 %/23,50 €**
91 2011 Scheurebe Auslese **9 %/22,- €**
92 2011 Rieslaner Auslese Monsheimer Silberberg **8,5 %/16,- €/0,375l**
91 2011 Riesling Auslese Westhofener Kirchspiel **8,5 %/32,- €**
92 2011 Riesling Auslese Niersteiner Pettenthal **7,5 %/48,- €**
95 2011 Riesling Auslese*** Dalsheimer Hubacker **8 %/48,- €/0,375l**
94 2011 Riesling Trockenbeerenauslese Westhofener Kirchspiel **6 %/175,- €/0,375l**
95 2011 Riesling Trockenbeerenauslese Dalsheimer Hubacker **6,5 %/235,- €/0,375l**
95 2011 Riesling Trockenbeerenauslese Westhofener „Abts-E." **6,5 %/350,- €/0,375l**
96 2011 Riesling Trockenbeerenauslese Westhofener „Abts-E." **6 %/Verst./0,375l**
92 2010 Spätburgunder „GG" Bürgel Dalsheim **13 %/42,- €**
90 2010 Spätburgunder „GG" Frauenberg Nieder-Flörsheim **13,5 %/59,- €**

★★★★

Heribert **Kerpen**

Weingut

Mosel

Uferallee 6, 54470 Bernkastel-Wehlen
***Tel.** 06531-6868, **Fax**: 06531-3464*
www.weingut-kerpen.de
info@weingut-kerpen.de
***Besuchszeiten**: Mo.-Fr. 10-18 Uhr, Sa. 10-15:30 Uhr und nach Vereinbarung*
Weinprobierstube, Weinkellerwoche (Christi Himmelfahrt bis Pfingsten)

Inhaber.......................... Martin Kerpen
Rebfläche.......................... 7,5 Hektar

Das Weingut blickt auf 250 Jahre Tradition zurück, die Familie auf Weinbau in der achten Generation. Martin Kerpen hat 1988 den elterlichen Betrieb übernommen. Das Gros seiner Weinberge liegt in Steillagen in Wehlen und Graach, hinzu kommt ein wenig Besitz in Bernkastel. Er baut ausschließlich Riesling an. Etwa 60 Prozent seiner Rieslinge baut er trocken und halbtrocken aus. Seine Auslesen klassifiziert er intern, gemäß seiner eigenen Einschätzung, mit ein bis drei Sternen. Etwa ein Drittel seiner Weine wird exportiert.

Vorjahre

Martin Kerpens Rieslinge zeigen eine klare Handschrift: Sie sind alle sehr reintönig und zupackend, mit wunderschöner Säure, in den letzten Jahren sind die Weine noch etwas präziser und eleganter geworden. Die 2009er waren durchweg gelungen, vom erfrischenden „Blauschiefer"-Riesling bis zum hoch komplexen Eiswein. Auch im schwierigen Jahrgang 2010 hatte sich Martin Kerpen sehr gut behauptet. Die Weine waren frisch und klar, angefangen von den Kabinettweinen bis hin zu den edelsüßen Spitzen.

Neue Kollektion

Die neue Kollektion ist nochmals stärker, trocken wie süß, schon die Basisweine überzeugen. Der Blauschiefer-Riesling ist frisch und klar, zupackend wie auch der Kabinett. Die beiden trockenen Sonnenuhr-Spätlesen sind konzentriert und reintönig, füllig und doch elegant, kraftvoll; die von alten Reben besitzt noch ein klein wenig mehr Substanz. Das feinherbe Segment bietet eine prächtige, saftige Spätlese aus dem Domprobst. Noch etwas spannender finden wir die süße Domprobst-Spätlese, ist frisch und zupackend, reintönig und komplex, ein klein wenig fülliger als ihr Pendant aus der Sonnenuhr, das aber brillant klar und elegant ist, Sonnenuhr eben. Die gleichen Eigenschaften kennzeichnen die drei Auslesen, die jeweils auf der nächst-besternten Stufe ein wenig Mehr an Fülle und Konzentration bieten. Angesichts der Preise kann es hier nur heißen: Zugreifen!

Weinbewertung

85 2011 Riesling trocken „Blauschiefer" **11,5 %/5,90 €** ☺

85 2011 Riesling Kabinett trocken Wehlener Sonnenuhr **12 %/7,80 €**

88 2011 Riesling Spätlese trocken Wehlener Sonnenuhr **12,5 %/9,- €** ☺

89 2011 Riesling Spätlese trocken „Alte Reben" Wehlener Sonnenuhr **12,5 %/11,- €** ☺

84 2011 Riesling Kabinett „feinherb" Graacher Himmelreich **11,5 %/7,80 €**

88 2011 Riesling Spätlese „feinherb" Graacher Domprobst **11,5 %/9,- €** ☺

83 2011 Riesling Kabinett Wehlener Sonnenuhr **9 %/7,80 €**

89 2011 Riesling Spätlese Wehlener Sonnenuhr **8,5 %/9,- €** ☺

89 2011 Riesling Spätlese Graacher Domprobst **8 %/9,50 €** ☺

89 2011 Riesling Auslese Wehlener Sonnenuhr **8 %/11,50 €** ☺

91 2011 Riesling* Auslese Wehlener Sonnenuhr **8,5 %/13,- €** ☺

91 2011 Riesling** Auslese Wehlener Sonnenuhr **8 %/18,50 €** ☺

★★★☆

August Kesseler

Weingut

Rheingau

Lorcher Straße 16, 65385 Assmannshausen
Tel. 06722-2513, Fax: 06722-47477
www.august-kesseler.de
info@august-kesseler.de
Besuch nach Vereinbarung

Inhaber .... August Kesseler
Rebfläche .... 23 Hektar

August Kesseler hat das elterliche Weingut 1977 übernommen und auf die heutige Größe erweitert. Er gehört zu den Pionieren des modernen, im kleinen Holzfass ausgebauten Spätburgunders im Rheingau und machte ab Ende der Achtziger mit seinen Rotweinen Furore. Etwa 50 Prozent seiner Weinberge sind mit Spätburgunder bepflanzt, darunter ist ein hoher Anteil alter Reben, hinzu kommen etwa 50 Prozent Riesling und eine kleine Menge Silvaner. Außer im Assmannshäuser Höllenberg ist er in Rüdesheim in den Lagen Berg Schlossberg, Bischofsberg, Berg Roseneck und Rottland vertreten. Hinzu kommen Reben im Lorcher Schlossberg. Die Rieslinge werden reduktiv im Edelstahl ausgebaut und besitzen Finesse und eine sehr geradlinige Art, von den trockenen Basisweinen (wie den „Jungen Reben") bis zu den animierenden Süßweinen. Sein trockener Spitzenriesling aus dem Roseneck wirkt fast immer würziger und etwas breiter als jener aus dem Berg Schlossberg. Die Spätburgunder reifen im Holz – mal im großen Fass, dann wieder im Barrique – und besitzen Eleganz sowie eine mineralische Struktur; sie leiden nie unter einem Übermaß an Barriquenoten oder Alkohol.

Vorjahre

2009 wirkten die Basisweine sehr frisch und animierend, das Erste Gewächs aus dem Schlossberg überzeugte mit klarer Frucht – und die 2008er Rotweine besaßen ebenfalls

K

Die besten deutschen Weinerzeuger und ihre Weine

viel kühle Frucht und dazu noch eine gute Balance. Charakter besaßen im Folgejahr die 2009er Spätburgunder, sie wiesen eine bemerkenswerte Balance zwischen Frucht und Würze auf, rechtfertigten durchaus die hohen Preise. Die 2010er Weißweine waren animierend, von der saftigen Assemblage aus Riesling und Silvaner bis zur rassigen Auslese aus dem Schlossberg.

Neue Kollektion

Für diese Ausgabe stellt August Kesseler lediglich Weißweine an. Eine fürs Erste Gewächs vorgesehene trockene Spätlese aus dem Rüdesheimer Schlossberg fasziniert mit Eleganz, Frische und Nachhaltigkeit, während das Pendant aus dem Roseneck zum Zeitpunkt der Verkostung etwas unzugänglich wirkte, deutlich verhalten und zudem nicht ganz trocken. Auch bei den eindeutig süßen Rieslingen gibt es Unterschiede: Die enorm saftige, faszinierend würzige Auslese aus dem Lorcher Schlossberg gefällt deutlich besser als die noch beinah unfertig wirkende Beerenauslese aus Rüdesheim, die womöglich einfach noch sehr viel Zeit braucht.

Weinbewertung

85 2011 Riesling Kabinett trocken „Junge Reben" **12,3 %/13,90 €**

85 2011 Riesling Kabinett trocken Lorcher Kapellenberg **12 %/15,90 €**

88 2011 Riesling Spätlese trocken Lorcher Schlossberg **13,1 %/22,90 €**

92 2011 Riesling Spätlese trocken Rüdesheimer Berg Schlossberg **13,5 %/34,50 €**

87 2011 Riesling Spätlese „feinherb" Rüdesheimer Berg Roseneck (87+ Punkte) **12,8 %/34,50 €**

88 2011 Riesling Spätlese „feinherb Alte Reben" Lorcher Schlossberg **12,8 %/30,- €**

92 2011 Riesling Auslese Goldkapsel Lorcher Schlossberg **11,5 %**

89+ 2011 Riesling Beerenauslese Rüdesheimer Berg Schlossberg **10 %**

Kesselstatt ★★

Weingut Reichsgraf von

Mosel

Schloss Marienlay, 54317 Morscheid
***Tel.** 06500-91690, **Fax:** 06500-916969*
www.kesselstatt.com
weingut@kesselstatt.de
***Besuchszeiten:** nach Vereinbarung*

Inhaber .... Familie Günther Reh
Geschäftsführerin ...... Annegret Reh-Gartner
Betriebsleiter/Kellermeister .. Wolfgang Mertes
Rebfläche .... 36 Hektar

Die Geschichte des Weinguts Reichsgraf von Kesselstatt lässt sich bis ins Jahr 1349 zurückverfolgen. In der zweiten Hälfte des 19. Jahrhunderts wurde der Besitz durch den Kauf vier ehemaliger Klöster in Graach (Josephshof), Piesport, Oberemmel und Kasel erheblich erweitert. 1979 erwarb Günther Reh das traditionsreiche Gut, seit 1983 wird es von seiner Tochter Annegret Reh-Gartner geleitet. Seither wurde das Weingut auf die heutigen 36 Hektar verkleinert, je 12 Hektar in Steillagen an Mosel, Saar und Ruwer. An der Mosel gehört Reichsgraf von Kesselstatt die Lage Josephshöfer in Alleinbesitz. Hinzu kommen Weinberge in den Piesporter Lagen Goldtröpfchen und Domherr, dem Graacher Domprobst, der Brauneberger Juffer-Sonnenuhr und dem Bernkasteler Doctor. An der Saar ist man in den Lagen Scharzhofberger, Ockfener Bockstein und Wiltinger Gottesfuß vertreten, an der Ruwer in den Kaseler Lagen Nies'chen und Kehrnagel. Auf Schloss Marienlay im Ruwertal entstand 1987 die neue Kellerei.

Vorjahre

Der Jahrgang 2009 präsentierte sich geschlossen auf sehr gutem Niveau, brachte viele kraftvolle Große Gewächse, wunderschön klare „feinherbe" und süße Kabinettweine, saftige Spät- und Auslesen. Das gab der Jahrgang 2010 nicht her. Unter den sieben Großen Gewächsen gefiel uns der Wein aus dem Doctor am besten, im restsüßen Segment die Spätlese Josephshöfer knapp vor der Scharzhofberger-Spätlese.

Neue Kollektion

Eine umfangreiche Kollektion: Im süßen Segment gefällt uns die Scharzhofberger Spätlese am besten, trocken einige der Großen Gewächse, die oft sehr ähnlich schmecken, auch im Bouquet sehr ähnlich sind, einzig der Wein aus der Juffer-Sonnenuhr unterscheidet sich deutlich. Die Kollektion insgesamt ist stimmig, angesichts des Lagenpotenzials sollte auf allen Ebenen aber mehr möglich sein.

Weinbewertung

81 2011 Riesling trocken Kaseler **12 %/9,30 €**
82 2011 Riesling trocken Graacher **12 %/9,30 €**
82 2011 Riesling trocken Wiltinger **9,5 %/9,30 €**
82 2011 Riesling Kabinett trocken Kaseler Nies'chen **12,5 %/11,90 €**
85 2011 Riesling „GG" Juffer-Sonnenuhr **13 %/23,70 €**
85 2011 Riesling „GG" Goldtröpfchen **13 %/23,20 €**
86 2011 Riesling „GG" Sonnenuhr **13 %/22,90 €**
86 2011 Riesling „GG" Josephshöfer **12,5 %/24,80 €**
86 2011 Riesling „GG" Scharzhofberger **12,5 %/23,70 €**
86 2011 Riesling „GG" Nies'chen **12,5 %/23,20 €**
85 2011 Riesling „GG" Doctor
81 2011 Riesling Kabinett „feinherb" Kaseler Kehrnagel **12 %/10,90 €**
82 2011 Riesling Kabinett „feinherb" Josephshöfer **11 %/12,70 €**
80 2011 Riesling Kabinett „feinherb" Scharzhofberger **11,5 %/11,90 €**
82 2011 Riesling Kabinett „feinherb" Wiltinger Gottesfuß **11,5 %/11,40 €**
84 2011 Riesling Kabinett Graacher Domprobst **9,5 %/11,40 €**
83 2011 Riesling Kabinett Piesporter Goldtröpfchen **9,5 %/11,90 €**
85 2011 Riesling Spätlese Josephshöfer **8 %/17,10 €**
86 2011 Riesling Spätlese Scharzhofberger **7,5 %/16,50 €**

★★☆

Georg Jakob + Matthias Keth

Weingut

Rheinhessen/Pfalz

Wormserstraße 37, 67591 Offstein
Tel. *06243-7522,* ***Fax:*** *06243-7751*
www.weingut-keth.de
kontakt@weingut-keth.de
Besuchszeiten: *Mo.-Sa. 8-11:30 + 13-18 Uhr, So. 10-12 Uhr*
Probierzimmer, 4 Gästezimmer, Vinothek

Inhaber ..... Georg Jakob Keth & Matthias Keth
Rebfläche .... 45 Hektar

Das Weingut Keth liegt in Offstein, ganz im Süden Rheinhessens. Neben Weinbergen in Rheinhessen besitzt es auch Anlagen in der benachbarten Pfalz. 1972 hat Georg Jakob Keth das Weingut übernommen mit damals 2,5 Hektar Reben. Noch im selben Jahr begann er mit der Selbstvermarktung, hat seine ersten 600 Liter Wein gemacht. Von Anfang an setzte er auf Rotweinsorten, die schon immer 50 Prozent seiner Weinberge einnahmen. Schon recht früh pflanzte er neben Spätburgunder und Portugieser Sorten wie Dornfelder, Cabernet Sauvignon und Merlot, aber auch Sankt Laurent. Zuletzt kamen kleinere Anlagen mit Cabernet Dorsa, Cabernet Mitos und Frühburgunder hinzu. Alle Rotweine werden maischevergoren und in Holzfässern ausgebaut. 1998 wurde ein Barriquekeller fertig gestellt, in dem die Spitzenweine im kleinen Holzfass ausgebaut werden. Georg Jakob Keth nutzt sowohl amerikanische als auch französische Eiche. Der Anteil neuer Fässer wird auf etwa ein Drittel begrenzt, damit das Holz den Wein nicht zu sehr dominiert. 90 Prozent der Weine werden trocken ausgebaut. Die Weinberge liegen überwiegend im Offsteiner Engelsberg (leichte Sandböden) und in den Eimsheimer Lagen Sonnenhang und Römerschanze. Auch bei den Weißweinen, die von Sohn Matthias vinifiziert werden, hat Georg Jakob Keth von Anfang an auf die traditionellen Sorten gesetzt. Neben

Riesling, Weiß- und Grauburgunder spielt Chardonnay eine wichtige Rolle. Die Weißweine werden kaltvergoren und im Edelstahl ausgebaut. In den Weinbergen setzt Georg Jakob Keth bewusst auf Klonengemische, das heißt, dass die Reben der verschiedenen Klone einer Sorte durcheinander und nicht gesondert nach Zeilen gepflanzt werden. Der Verkauf der Weine – die gesamte Produktion wird über die Flasche vermarktet – erfolgt zu 70 Prozent an Privatkunden. Nur einzelne Spitzenweine tragen eine Lagenbezeichnung.

Vorjahre

Vor zwei Jahren wartete die Kollektion mit einer Überraschung auf, mit dem faszinierenden Scheurebe Eiswein. Die rote Kollektion präsentierte sich geschlossen wie gewohnt mit kraftvollen, gekonnt vinifizierten Weinen. Mächtige Rotweine prägten auch die letztjährige Kollektion, wobei durch die hohe Reife die Eleganz etwas zu kurz kam; trotzdem gefielen uns die Spätburgunder, auch der St. Laurent lieferte ein prächtiges Bild. Im weißen Segment gefiel uns der kraftvolle Morstein-Riesling besonders gut.

Neue Kollektion

Die neue Kollektion präsentiert sich geschlossen auf gutem und sehr gutem Niveau, weiß wie rot. Unser Favorit ist der kraftvolle, konzentrierte Spätburgunder aus dem Engelsberg, der gute Struktur und Frische besitzt.

Weinbewertung

81 2011 Grauburgunder trocken **12,5 %/6,10 €**
83 2011 „Asia-Cuvée" Weißwein trocken **12,5 %/8,90 €**
82 2011 Riesling trocken „Sonnenspiel" **13 %/5,60 €**
83 2011 Weißburgunder trocken „S" Engelsberg **13 %/9,- €**
85 2011 Riesling trocken „S" Morstein **13,5 %/9,90 €**
82 2011 Spätburgunder trocken **13 %/6,30 €**
84 2010 Spätburgunder trocken Holzfass **12,5 %/8,60 €**
85 2010 Merlot trocken Barrique **14,5 %/9,20 €**
88 2009 Spätburgunder trocken „S" Engelsberg **14 %/13,- €**
83 2011 Frühburgunder trocken „S" **13 %/16,- €**

★★

Lothar **Kettern**

Weingut

Mosel

Müsterterstraße 14, 54498 Piesport
Tel. *06507-2813,* ***Fax:*** *06507-6672*
www.weingut-kettern.de
weingut.kettern@t-online.de
Besuchszeiten: *8-18 Uhr*
Gästezimmer, Straußwirtschaft

Inhaber............... Lothar und Petra Kettern
Rebfläche............................. 6,6 Hektar

Die Weinbautradition der Familie reicht bis ins 17. Jahrhundert zurück. Philipp Kettern, der im Staatsweingut Eltville seine Ausbildung zum Winzergesellen absolviert hat, unterstützt seinen Vater Lothar im Keller. Beide legen großen Wert auf Riesling, andere Sorten – Müller-Thurgau und Spätburgunder – dienen nur der Ergänzung. Die edelsüßen Spitzen gehen zu einem nicht unerheblichen Teil in den Export. 2003 wurden neue Edelstahltanks angeschafft, die Gärung findet bewusst sehr kühl statt. Im Angebot sind auch ältere Weine zurück bis 1989. Alle Weine wirken saftig und zugänglich.

Vorjahre

2009 überzeugte mit saftigen Weinen vom Kabinett bis zur Trockenbeerenauslese. Auch 2010 führte wieder eine Trockenbeerenauslese die in sich stimmige Kollektion an, die bis auf den halbtrockenen Goldtröpfchen-Riesling ausschließlich süße Rieslinge umfasste.

Jahrgang 2011

Sehr stimmig präsentiert sich die neue Kollektion mit klaren, fruchtbetonten Weinen und feiner Goldtröpfchen-Aromatik. Der saftige trockene „GC" zeigt gute Ansätze, letztendlich haben aber doch die Süßen wieder die Nase vorne mit einer wunderschön lebhaften, klaren Auslese.

Weinbewertung

82 2011 Riesling trocken Piesporter **12,5 %/8,50 €**
85 2011 Riesling trocken „GC" Piesporter Gold-

tröpfchen **12,5 %/14,- €**

83 2011 Riesling „feinherb" Piesporter **11,5 %/8,50 €**

84 2011 Riesling „feinherb" „GC" Piesporter Goldtröpfchen **11,5 %/13,50 €**

83 2010 Riesling „Blauschiefer" Piesporter Goldtröpfchen **10 %/6,50 €**

83 20111 Riesling Kabinett Piesporter Goldtröpfchen **8 %/6,50 €**

85 2010 Riesling Spätlese Piesporter Goldtröpfchen **7,5 %/10,50 €**

88 2011 Riesling Auslese Piesporter Goldtröpfchen **7,5 %/18,- €**

Kiechlinsbergen ★

Winzergenossenschaft

Baden

siehe → Königschaffhausen-Kiechlinsbergen

Friedrich Kiefer ★★

Weingut

Baden

Bötzinger Straße 13, 79356 Eichstetten
Tel. 07663-1063, Fax: 07663-3927
www.weingutkiefer.de
info@weingut-kiefer.de
Besuchszeiten: Mo.-Fr. 8-12 + 13-17:30 Uhr, Sa. 9-16 Uhr

Inhaber .... Helen & Martin Schmidt
Vertriebsleiter .... Alexander Ultes
Rebfläche .... 105 Hektar

Der bisherige Besitzer des Weingutes, Lutz Grafahrend, ist ein Urenkel von Friedrich Kiefer, der 1851 den Weinbaubetrieb gründete. 2008 haben Helen und Martin Schmidt den Betrieb übernommen. Der Önologe Martin Schmidt war bereits seit dem Jahrgang 2003 für die Vinifikation der Weine sowohl des 12 Hektar großen eigenen Weingutes als auch der angeschlossenen Erzeugergemeinschaft verantwortlich. In den letzten Jahren wurden neue Weinberge erworben, der Keller erneuert und neue große Holzfässer und Barriques für den Ausbau der Rotweine angeschafft. Das Weingut ist auf die Burgundersorten spezialisiert: 38 Prozent der Rebfläche nimmt Spätburgunder ein, 19 Prozent Grauburgunder und 10 Prozent Weißburgunder. Neu angepflanzt wurde zuletzt Sauvignon Blanc. Die Paradelage des Weingutes, der Eichstetter Herrenbuck, besteht aus Löss-, Lehm- und Vulkanverwitterungsböden in unterschiedlicher Zusammensetzung. Die Weine werden nach intensiver Vorklärung langsam und kühl vergoren und auf der Feinhefe ausgebaut. Die Rotweine werden maischevergoren, die Weine aus der Lage Herrenbuck dann in großen Eichenholzfässern oder im Barrique ausgebaut.

Vorjahre

Edelsüße Scheureben präsentierte Martin Schmidt 2009, vor allem die Trockenbeerenauslese beeindruckte. Das trockene Segment wurde vor zwei Jahren angeführt von dem kraftvollen Spätburgunder aus dem Jahrgang 2008. Die letztjährige Kollektion präsentierte sich sehr gleichmäßig, aber ohne Spitzen wie in früheren Jahren; unser Favorit war der Spätburgunder Innovation.

Neue Kollektion

2011 bringt klare, geradlinige Weißweine, die Spätlesen bringen keine Steigerung im Vergleich zu den Kabinettweinen. Highlight des Jahrgangs ist der gekonnt im Barrique ausgebaute Sauvignon Blanc, der kraftvoll und strukturiert ist bei reifer Frucht. Die beiden weiteren Highlights stammen aus den Vorjahren: Der Grauburgunder „Dreistern", Jahrgang 2010, ist herrlich füllig und stoffig, der Spätburgunder „Dreistern", Jahrgang 2009, zeigt gute Konzentration und feinen Toast im Bouquet, ist füllig und kraftvoll im Mund bei reintöniger Frucht und jugendlichen Tanninen.

Weinbewertung

81 2011 Grauburgunder trocken Eichstetter **13 %/6,70 €/1l**

82 2011 „Mit den Wolken ziehen" Weißwein trocken **12 %/5,80 €**

83 2011 Weißburgunder Kabinett trocken Eichstetter Herrenbuck **13 %/6,95 €**

82 2011 Grauburgunder Kabinett trocken Eichstetter Herrenbuck **13 %/7,20 €**

83 2011 Weißburgunder Spätlese trocken Eichstetter Herrenbuck **13,5 %/9,90 €**

82 2011 Grauburgunder Spätlese trocken Eichstetter Herrenbuck **13,5 %/9,90 €**

83 2011 Sauvignon Blanc trocken Eichstetter Herrenbuck **12,5 %/9,50 €**

87 2011 Sauvignon Blanc trocken Barrique Eichstetter Herrenbuck **13,5 %/13,50 €**

87 2010 Grauburgunder trocken „Dreistern" Eichstetter Herrenbuck **13 %/13,80 €**

83 2011 Muskateller Kabinett halbtrocken Eichstetter Herrenbuck **11,5 %/6,80 €**

84 2009 Spätburgunder trocken Eichstetter Herrenbuck **12,5 %/7,50 €**

87 2009 Spätburgunder trocken „Dreistern" Eichstetter Herrenbuck **13 %/19,50 €**

★☆

Jul. Ferd. Kimich

Weingut

Pfalz

Weinstraße 54, 67146 Deidesheim
***Tel.** 06326-342, **Fax**: 06326-980414*
www.weingut-kimich.de
info@weingut-kimich.de
***Besuchszeiten:** Mo.-Sa. 8-12 + 13:30-18 Uhr, So. und feiertags 10-12 + 14-17 Uhr*

Inhaber .... Franz Arnold
Rebfläche .... 12,5 Hektar

Der Elsässer Küfer Andreas Kimich gründete 1758 ein Weingut, das noch heute in Familienbesitz ist. 1949 heiratete Joachim Arnold eine Tochter von Julius Ferdinand Kimich, heute führt Franz Arnold das Gut. Die Weinberge liegen in Deidesheim, Forst und Ruppertsberg. Riesling ist die wichtigste Rebsorte, nimmt 70 Prozent der Rebfläche ein. Dazu gibt es Grauburgunder, Müller-Thurgau, Gewürztraminer, Weißburgunder, Chardonnay, Spätburgunder und Regent.

Vorjahre

Die Kollektion des vorvergangenen Jahres hatte eigentlich nur einen Fehler: Zu viel Alkohol. Im Ansatz waren die Kimich-Rieslinge des Jahrgangs 2009 sehr gut, mit reintöniger Frucht und klarer Struktur, bei einigen war auch muskulöse Eleganz zu erkennen. Wer fetten, bissigen, restsüßen Riesling sucht, lag hier richtig. Die Spätlese aus dem Ungeheuer lag vor dem Grainhübel. Im vergangenen Jahr war es umgekehrt. Den Grainhübel sahen wir vor dem Ungeheuer. Der Jahrgang 2010 verhalf den Kimich-Weinen zu etwas weniger Alkohol, die hohe Restsüße am trockenen Grenzwert zog sich durch die gesamte, daher in sich stimmige Riesling-Kollektion.

Neue Kollektion

In diesem Jahr haben wir uns mit den beiden Top-Rieslingen etwas schwer getan. Beide sind ziemlich süß und sehr mächtig, etwas weniger von den beiden wichtigen Stellschrauben Restsüße und Alkohol würden die Weine gewinnen lassen. Ansonsten ist die Kollektion gut und stimmig wie immer. Sehr fein ist die Zitrus geprägte Auslese vom Riesling. Eine feinfruchtige Überraschung ist der sehr gute Spätburgunder!

Weinbewertung

81 2011 Riesling Kabinett trocken Forster Mariengarten **12,5 %/5,20 €/1l**

83 2011 Riesling Kabinett trocken Deidesheimer Leinhöhle **12 %/6,50 €**

82 2011 Riesling Kabinett trocken Deidesheimer Paradiesgarten **12,5 %/6,30 €**

83 2011 Riesling Kabinett trocken Ruppertsberger Reiterpfad **12,5 %/6,20 €**

86 2011 Riesling Spätlese trocken Deidesheimer Grainhübel **13,5 %/12,50 €**

86 2011 Riesling Spätlese trocken Forster Ungeheuer **13,5 %/9,80 €**
85 2011 Riesling Spätlese trocken Deidesheimer Mäushöhle **13 %/8,50 €**
80 2011 Grauburgunder Kabinett trocken **13,5 %/6,20 €**
80 2011 Riesling Kabinett halbtrocken Deidesheimer Paradiesgarten **13 %/6,30 €**
88 2011 Riesling Auslese Deidesheimer Kalkofen **11 %/16.- €**
79 2011 Spätburgunder „Blanc de Noir" trocken **13 %/6,20 €**
85 2010 Spätburgunder trocken **13,5 %/9,50 €**

Kinzinger ★

Weingut **Württemberg**

Berghof, 71665 Vaihingen/Enz
***Tel.** 07042-4680, **Fax:** 07042-370988*
www.weingut-kinzinger.com
info@weingut-kinzinger.com
***Besuchszeiten**: Mi.+Do. 9-13 + 17-18:30 Uhr, Fr. 9-18 Uhr, Sa. 9-13 Uhr*
Besenwirtschaft Kinzingers Berghof

Inhaber .... Gerd Kinzinger
Rebfläche .... 2,5 Hektar

Mit dem Jahrgang 2011 hat sich der Weinbaubetrieb zum Weingut Kinzinger umfirmiert, nachdem Sohn Michael komplett den Weinbau und die Kellerwirtschaft übernommen hat. Seine Ausbildung absolvierte er im Remstal bei den Weingütern Bernhard Ellwanger und Schnaitmann, bis zu Beginn seiner Technikerausbildung in Weinsberg im Herbst 2012 hat er bei Hofstätter in Tramin und Wachtstetter in Pfaffenhofen gearbeitet. Die Reben wachsen auf tiefgründigen Keuperböden in den beiden Vaihinger Stadtteilen Horrheim und Enzweihingen. Rotweine nehmen zwei Drittel der Rebfläche ein. Trollinger und Lemberger spielen die wichtigste Rolle, dazu gibt es Muskattrollinger, Acolon, Spätburgunder und Schwarzriesling. An weißen Sorten gibt es Sauvignon Blanc, Silvaner und Riesling. Weißweine erhalten Maischestandzeiten von 6 bis 36 Stunden, werden anschließend gezügelt im Edelstahl vergoren und lange auf der Feinhefe ausgebaut. Rotweine werden maischevergoren, teils im Edelstahl, teils im Barrique ausgebaut. Neben dem Weingut betreibt die Familie eine Edelbrennerei, einen Hofladen zur Vermarktung der eigenen landwirtschaftlichen Produkte sowie eine Besenwirtschaft, die zehn Wochen im Jahr geöffnet ist.

Kollektion

Eine feine Kollektion mit klaren, durchgegorenen Weinen präsentiert Michael Kinzinger zum Debüt in diesem Buch. Frisch und zupackend ist der Silvaner, geradlinig der Riesling, herrlich kraftvoll und klar der Sauvignon Blanc. Trollinger mit Lemberger in der Literflasche kann schmecken, wie man hier merkt, wie auch der fruchtbetonte Trollinger und der würzige, kraftvolle Lemberger.

Weinbewertung

83 2011 Riesling* trocken **11,5 %/6,20 €**
84 2011 Silvaner** trocken **12 %/6,70 €**
85 2011 Sauvignon Blanc** trocken **13 %/7,90 €**
82 2011 Trollinger mit Lemberger trocken **12 %/4,50 €/1l**
83 2011 Trollinger** trocken **12,5 %/6,50 €**
84 2011 Lemberger**trocken Holzfass **12,5%/7,50€**

Kirchner ★

Weingut **Pfalz**

Korngasse 14, 67251 Freinsheim
***Tel.** 06353-1838, **Fax:** 06353-4471*
www.weingut-kirchner.de
info@weingut-kirchner.de
***Besuchszeiten**: nach Vereinbarung*

Inhaber .... Günter + Ralph Kirchner
Rebfläche .... 12 Hektar

Ulrike und Günter Kirchner haben 1974 ihr eigenes Weingut gegründet. Heute werden sie im Betrieb von Sohn Ralph unterstützt. Ihre Weinberge liegen in Freinsheim in den Lagen Schwarzes Kreuz (sandige Böden auf schwerem Grund), Oschelskopf (hoher Lehm- und Kalkanteil), Rosenbühl (schwere Böden mit Humusauflage) und Musikantenbuckel (teils leichte lehmige Sandböden, teils schwere Lehmböden). Die gesamte Ernte wird über die Flasche vermarktet, zu 80 Prozent an Privatkunden, zu 20 Prozent an Gastronomie und Fachhandel.

Vorjahre

Vor zwei Jahren war die Kollektion gut, der trockene Riesling aus dem Saumagen stand an der Spitze. So war es auch im vergangenen Jahr, der Saumagen führte eine gleichmäßig gute Kollektion an.

Neue Kollektion

Auch in diesem Jahr ist der Saumagen das Aushängeschild bei den trockenen Weißweinen, die alle mit sehr geringer Restsüße ausgebaut werden. Ein guter Ansatz. Sehr gut sind auch die samtige Beerenauslese vom Gewürztraminer und eine konzentrierte, nachhaltige Trockenbeerenauslese vom Riesling. Bei den Rotweinen zeigt der XXL eine tolle Frucht und Struktur, der St. Laurent ist sehr typisch, kirschfruchtig mit guten Tanninen.

Weinbewertung

86 2011 Riesling trocken Kallstadter Saumagen **12,5 %/13,50 €**
83 2011 Riesling trocken Oschelskopf **12,5 %/6,20 €**
82 2010 Sauvignon Blanc trocken Rosenbühl **12,5 %/11,50 €**
81 2011 Sauvignon Blanc trocken Rosenbühl **12,5 %/6,80 €**
85 2011 Weißer Burgunder trocken Rosenbühl **13 %/7,50 €**
82 2011 Riesling Spätlese Oschelskopf **8,5 %/8,50 €**
86 2011 Riesling Trockenbeerenauslese Oschelskopf **7,5 %/36,- €/0,375l**
86 2011 Gewürztraminer Beerenauslese **9 %/11,- €/0,5l**
78 2011 Spätburgunder trocken Rosenbühl **13 %/5,- €**
84 2009 Spätburgunder trocken Rosenbühl **13,5 %/13,50 €**
86 2009 St. Laurent trocken Freinsheimer Schwarzes Kreuz **14 %/13,50 €**
87 2008 Rotwein trocken „XXL" **14 %/19,90 €**

★★★★

Kirsten

Weingut

Mosel

Krainstraße 5, 54340 Klüsserath
***Tel.** 06507-99115, **Fax:** 06507-99113*
www.weingut-kirsten.de
mail@weingut-kirsten.de
***Besuchszeiten:** nach Vereinbarung*

Inhaber .... Bernhard Kirsten
Rebfläche .... 14 Hektar

Neben Riesling, der 95 Prozent seiner Weinberge einnimmt, baut Bernhard Kirsten ein klein wenig Spätburgunder und Weißburgunder (bereits seit 1990) an, seit kurzem auch Sauvignon Blanc. Der Großteil seiner Weinberge liegt in der Lage Klüsserather Bruderschaft. Des Weiteren hat er Weinberge im Pölicher Held, in der Köwericher Laurentiuslay und inzwischen auch im Longuicher Maximiner Herrenberg, alle in Steillagen; sie werden biologisch bewirtschaftet. Die eine Hälfte der Weine wird trocken oder halbtrocken ausgebaut, die andere restsüß. Die Weine werden spontan vergoren, und nur bei trockenen Weinen, die nicht zu Ende gären wollen, werden später Reinzuchthefen zugesetzt. Der Schaumwein namens „Heldensekt" gehört oft zu den besten Sekten der Mosel. Inzwischen wird außer den Klassikern „Herzstück" und „Alte Reben" auch der „von Geldern pur" erzeugt, ein frischer, sehr trockener, jung bereits zugänglicher Riesling. Noch spannender ist die Prestigecuvée mit Namen „1904", die von alten Rebstöcken aus dem Longuicher Maximiner Herrenberg stammt.

Vorjahre

Die 2009er überzeugten, stellten sogar noch eine Steigerung dar. Eigenständigen Charakter hatte nicht nur der Barrique-Weißburgunder, auch „Herzstück" oder „Alte Reben" besaßen Würze und Nachhall, ohne es an Frucht und Finesse fehlen zu lassen; die Kirsten-Weine gehörten zu den eigenständigsten der Mittelmosel. Auch die 2010er Kollektion gefiel uns sehr gut, bot gutes Basisniveau und eine Reihe von Spitzen wie „1904", „pur" und „Herzstück", Laurentiuslay und „Alte Reben", nicht zu vergessen den Heldensekt, einen der besten Riesling-Sekte Deutschlands.

Neue Kollektion

Auch die neue Kollektion ist stark, bietet sehr eigenständige Weine, trocken wie süß. Der „von Geldern pur", fast durchgegoren, ist präzise, fruchtbetont und zupackend; das „Herzstück" präsentiert sich würzig und konzentriert, besitzt gute Struktur und Substanz; der Wein von alten Reben zeigt rauchige Noten im Bouquet, reife Frucht, besitzt gute Struktur und Fülle, feine Frische. Der Wein aus der Laurentiuslay, gesetzlich im halbtrockenen Bereich, ist stoffig, frisch und zupackend, besitzt feine süße Frucht. Noch ein wenig besser gefällt uns der faszinierende reintönige Riesling von 1904 gepflanzten Reben im Longuicher Maximiner Herrenberg, ist füllig und schmeichelnd, harmonisch und lang. Faszinierend reintönig ist auch der 2010er Riesling von alten Reben aus dem Maximiner Herrenberg, füllig, stoffig und lang. Deutlich süßer wird es mit der Spätlese Pölicher Held, die saftig, füllig und harmonisch ist. Noch konzentrierter, noch süßer ist die Auslese von alten Reben aus der Bruderschaft, dabei faszinierend reintönig, strukturiert und lang.

Weinbewertung

85 2011 Riesling trocken **12 %/8,50 €**
84 2011 Weißburgunder **12,5 %/8,50 €**
83 2011 Sauvignon Blanc **12 %/12,- €**
88 2011 Riesling Spätlese „von Geldern pur" **12,5 %/12,- €**
88 2011 Riesling Spätlese „Herzstück" **12,5 %/14,- €**
88 2011 Riesling Spätlese „Alte Reben" **12 %/15,- €**
82 2011 Riesling „feinherb" **11,5 %/9,- €**
87 2011 Riesling Spätlese Laurentiuslay **12 %/12,- €**
89 2011 Riesling Spätlese „1904" **12 %/18,- €**
89 2010 Riesling „Alte Reben" Longuicher Maximiner Herrenberg **12,5 %/18,- €**
89 2011 Riesling Spätlese Pölicher Held **9 %/14,- €**
91 2011 Riesling Auslese „Alte Reben" Klüsserather Bruderschaft **8,5 %/18,- €**

★★★

Kissinger

Weingut

Rheinhessen

Außerhalb 13, 55278 Uelversheim
***Tel.** 06249-7969, **Fax**: 06249-7989*
www.weingutkissinger.de
weingut.kissinger@t-online.de
***Besuchszeiten**: nach Vereinbarung*
Jahrgangspräsentation am 27.4.2013

Inhaber .... Jürgen Kissinger
Rebfläche .... 12,65 Hektar

Jürgen Kissinger hat zum väterlichen Betrieb nach und nach Weinberge in den renommierten Lagen an der Rheinfront gekauft und hinzugepachtet. Neben Riesling spielen Silvaner, die weißen Burgunder und Rotweinsorten bei ihm eine wichtige Rolle. Das Gros seiner Weine baut er trocken aus.

Vorjahre

2009 gefiel uns sehr gut, bot kraftvolle, füllige trockene Auslesen an der Spitze, überzeugte aber auch mit den Kabinettweinen. Die 2010er Kollektion war stark: Die Basisweine waren frisch und klar, die trockenen Spätlesen etwas fülliger, die beiden Lagenweine aus dem Tafelstein zeigten Klasse.

Neue Kollektion

Sehr ähnlich präsentiert sich nun der Jahrgang 2011: Die Gutsweine sind reintönig und frisch, die beiden Goldkapsel-Weine aus dem

Tafelstein führen das trockene Weißweinsegment an. Der Riesling besticht durch Fülle und Substanz, der Chardonnay zeigt viel Konzentration und viel reife Frucht, würde uns mit weniger Restsüße noch besser gefallen. Auch auf edelsüß versteht sich Jürgen Kissinger, wie er in diesem Jahr zeigt – und auf rot, was der rauchige, kraftvolle Spätburgunder beweist. Stimmige Kollektion!

Weinbewertung

83 2011 Weißburgunder trocken **12 %/5,10 €**
85 2011 Sauvignon Blanc trocken **11,5 %/6,10 €**
85 2011 Grauburgunder Spätlese trocken Dienheimer Kreuz **12,5 %/6,90 €**
84 2011 Weißburgunder Spätlese trocken Uelversheimer Tafelstein **13 %/6,90 €**
84 2011 Riesling Spätlese trocken Oppenheimer Herrenberg **12 %/6,90 €**
87 2011 Riesling Spätlese trocken Goldkapsel Uelversheimer Tafelstein **13 %/10,50 €**
88 2011 Chardonnay Spätlese trocken Goldkapsel Uelversheimer Tafelstein **13 %/10,50 €**
81 2011 Riesling Kabinett „feinherb“ **11 %/5,10 €**
83 2011 Riesling Spätlese Dienheimer Kreuz **9,5 %/6,90 €**
87 2011 Riesling Beerenauslese Uelversheimer Tafelstein **9 %/15,40 €**
82 2010 Cuvée Rot trocken **13 %/5,60 €**
88 2009 Spätburgunder Barrique Goldkapsel Oppenheimer Herrenberg **14 %/12,20 €**

★★★☆

Kistenmacher-Hengerer

Weingut

Württemberg

Eugen-Nägele-Straße 23-25, 74074 Heilbronn
***Tel.** 07131-172354, **Fax**: 07131-172350*
www.kistenmacher-hengerer.de
kistenmacher-hengerer-wein@t-online.de
***Besuchszeiten**: Mo.-Fr. 16-18:30 Uhr,*
Sa. 9-11 + 13-16 Uhr

Inhaber .... Hans Hengerer
Rebfläche .... 8 Hektar

Die Weinberge von Hans Hengerer liegen hauptsächlich in den Heilbronner Lagen Stiftsberg, Wartberg und Stahlbühl, hinzu kommen Weinberge auf Löwensteiner Gemarkung. Er baut zu 60 Prozent rote Rebsorten an, vor allem Trollinger, Spätburgunder und Lemberger, den er seit den neunziger Jahren verstärkt pflanzte (sein Vater hatte keinen Lemberger angelegt). Dazu gibt es Muskattrollinger, Clevner und Schwarzriesling, seit 2000 auch Merlot, seit 2005 Cabernet Franc, den er zukünftig auch reinsortig ausbauen will. Bei den weißen Sorten dominiert Riesling, dazu kommt etwas Kerner, Müller-Thurgau und Muskateller. Der Großteil der Weinberge ist zwischen 25 und 30 Jahre alt. Die Rotweine kommen nach der Maischegärung ins Holz, wobei Hans Hengerer meist 300-Liter-Fässer nutzt. Abgefüllt werden sie größtenteils ohne Filtration. Die Weißweine durchlaufen teilweise den biologischen Säureabbau, sie werden nicht geschönt und nur einmal leicht filtriert, eine natürliche Kohlensäure in den Weinen ist durchaus erwünscht.

Vorjahre

Schon in der ersten Ausgabe lobten wir die Weine von Hans Hengerer, schon damals haben wir ihm attestiert zu den Top-Winzern in Württemberg zu gehören. Dies können wir heute nur unterstreichen. Seine Kollektionen bestechen Jahr für Jahr durch ihr gleichmäßiges Niveau und ihre Konstanz, auch die Basisweine haben uns nie enttäuscht – bei nach wie vor moderaten Preisen. In der Spitze legte er in den letzten Jahren vor allem im roten Segment weiter zu, die Weine sind kompromisslos vinifiziert, besitzen Struktur und Kraft. Vor zwei Jahren präsentierte sich die Kollektion enorm geschlossen, jeder Wein überzeugte, weiß wie rot. 2010 waren die Weißweine ein wenig verhaltener: Der Gelbe Muskateller war unser Favorit im weißen Segment, im roten gefielen uns Spätburgunder Junges Schwaben und Cuvée Maximilian sehr gut, aber auch, trotz ein wenig bitterer Tannine, Cabernet Franc und der Lemberger von alten Reben.

Neue Kollektion

Die neue Kollektion bringt zwei feine Sekte und klare, frische Weißweine, eine zupackende Riesling Spätlese trocken, einen kraftvollen, reintönigen Muskateller und einen sehr interessanten, im Barrique ausgebauten weißgekelterten Spätburgunder. Die Rotweine sind in der Spitze noch stärker: Der Clevner ist rauchig und reintönig, besitzt gute Struktur und Frische, der Lemberger Edition ist konzentriert und klar, besitzt reife Frucht, gute Struktur und Substanz. Sehr gut gefallen uns alle Spätburgunder, angefangen vom fülligen, kraftvollen „R" über den komplexen, sehr jugendlichen „Edition S" bis hin zum fülligen, enorm stoffigen „Junges Schwaben", der viel reife Frucht besitzt, gute Struktur und Frische, noch enorm jugendlich ist – der 2002er ist kraftvoll und immer noch voll präsent.

Weinbewertung

85 2009 Trolliger „weißgekeltert" Sekt brut **12,5 %/14,50 €**

85 2009 Riesling Sekt brut **13 %/13,50 €**

83 2011 Riesling „G" trocken **12,5 %/6,70 €**

86 2011 Weißer Riesling trocken „Theresa" **13 %/8,10 €**

84 2011 „Josephine" Weißwein trocken **13 %/7,30 €**

87 2011 Weißer Riesling Spätlese trocken **12,5 %/11,50 €**

87 2011 Gelber Muskateller Spätlese trocken **14 %/9,50 €**

88 2010 Spätburgunder „weißgekeltert" trocken „Edition S" **13 %/14,10 €**

84 2011 Muskattrollinger Spätlese trocken **13 %/9,50 €**

87 2009 Blauer Spätburgunder „R" trocken **13 %/11,50 €**

88 2009 Blauer Spätburgunder trocken „Edition S" **13,5 %/29,- €/1,5l**

88 2009 Clevner „R" trocken „Alte Reben" **13 %/16,50 €**

89 2009 Lemberger trocken „Edition S" **14 %/24,- €**

90 2009 Blauer Spätburgunder trocken „Junges Schawaben" **13,5 %/24,- €**

★★

Christian **Klein**

Weingut

Mosel

Moselweinstraße 25, 54536 Kröv
Tel. *06541-835833,* ***Fax:*** *06541-9566*
www.weingut-christianklein.de
info@weingut-christianklein.de
Besuchszeiten: *nach Vereinbarung*

Inhaber .... Christian Klein
Rebfläche .... 1,5 Hektar

Christian Klein schloss 2004 sein Studium an der Fachhochschule Geisenheim als Diplom-Ingenieur für Weinbau ab und leitete anschließend vier Jahre den Außenbetrieb des Pfälzer Weinguts Fitz-Ritter. Seit 2007 bewirtschaftet er im Nebenerwerb 0,6 Hektar in der Steillage Kröver Steffensberg, mit der Übernahme der elterlichen Weinberge 2010 hat sich diese Fläche dann mehr als verdoppelt. Im Hauptberuf ist Christian Klein leitender Mitarbeiter im Weingut Vollenweider in Traben-Trarbach. Aus den hinzugekommenen Flachlagen entstehen der trockene und „feinherbe" Gutsriesling, Christian Kleins Hauptaugenmerk gilt aber weiterhin der Produktion filigraner Rieslinge aus den Steillagen des Steffensbergs.

Vorjahre

Die 2009er waren animierend, zugänglich, elegant und saftig: Kompliment! Dieses Kompliment konnten wir für den Jahrgang 2010 wiederholen: Die Weine waren präzise, frisch und klar, komplex und elegant. Die Kollektion war stimmig bei Vorteilen im restsüßen Segment, die Trockenbeerenauslese aus dem Jahrgang 2009 war hervorragend.

Jahrgang 2011

Sehr stimmig ist auch der Jahrgang 2011, angefangen vom Gutsriesling über die beiden fruchtbetonten, klaren Spätlesen, leichte Präferenz für die süße Variante, bis hin zur fruchtbetonten Auslese, die füllig und schmeichelnd ist bei klarer reifer Frucht, feiner Frische und Süße.

Weinbewertung

83 2011 Riesling trocken **8,- €**
81 2011 Riesling „feinherb" **8,- €**
85 2011 Riesling Spätlese „feinherb" Steffensberg **13,- €**
86 2011 Riesling Spätlese Steffensberg **15,- €**
89 2011 Riesling Auslese „Goldkapsel" Steffensberg **25,- €/0,375l**

★★☆

Gerhard **Klein**

Weingut

Pfalz

Weinstraße 38, 76835 Hainfeld
***Tel.** 06323-2713, **Fax**: 06323-81343*
www.weingut-gerhard-klein.de
klein-wein@t-online.de
***Besuchszeiten**: Mo.-Fr. 8-18 Uhr, Sa. 9-17 Uhr*

Inhaber ..... Peter, Gerhard und Sieglinde Klein
Kellermeister .... Peter Klein & Jürgen Wadle
Rebfläche .... 24 Hektar

Die Weinberge von Gerhard und Sieglinde Klein liegen vor allem in den Hainfelder Lagen Letten, Kirchenstück und Kapelle, wo die Reben auf Lehmlöss- und Tonböden stehen. Hinzu kommen Parzellen im Burrweiler Altenforst (Schiefer) und im Weyherer Michelsberg. Gerhard Klein setzt auf die traditionellen Pfälzer Rebsorten: Neben den Burgundersorten (zusammen 45 Prozent) und Riesling (22 Prozent) pflegt er als Spezialitäten Gewürztraminer und Muskateller, die er meist süß ausbaut. Aber auch Cabernet Sauvignon und Syrah hat er gepflanzt, dazu etwas Grüner Veltliner. Die Top-Rieslinge werden möglichst spontan vergoren, die Rotweine auf der Maische. Das Sortiment ist in vier Weinlinien gegliedert: Die „Gutsweine" in Literflaschen, „Kabinett & Co.", die „S-Linie", die bis zum Jahrgang 2009 die Spitze markierte, und als neue Spitze seit dem Jahrgang 2010 (bei Rotweinen 2009) „GK – Großer Klein" aus den Rebsorten Weiß- und Grauburgunder, Riesling, Früh- und Spätburgunder.

Vorjahre

Schon in der ersten Ausgabe hatten wir die Weine von Gerhard Klein empfohlen. Damals glänzten vor allem Gewürztraminer und Muskateller, restsüß ausgebaut. In den folgenden Jahren sind dann die Rotweine und Rieslinge immer stärker in den Vordergrund gerückt. Die Spitzenweine setzen auf Konzentration und Kraft, manchmal zu Lasten der Finesse. Vor zwei Jahren gefielen uns bei den Weißweinen neben dem Riesling „Alte Reben" vor allem der gekonnt vinifizierte Grüne Veltliner und der weiße „Theatrum Vinum". Daneben stand ein starkes Rotwein-Trio. Im vergangenen Jahr standen die fünf Weine der neuen „GK"-Linie an der Spitze: Allen voran die kraftvollen und würzigen Frühburgunder Kirchenstück und Spätburgunder Kapelle, die auch Anlagen zur Eleganz besaßen, aber auch der Weißburgunder Letten, der Grauburgunder Kirchenstück und der Riesling „Im Alten Forst" überzeugten, ebenso wie der erneut sehr gute Grüne Veltliner und der rote „Theatrum Vinum".

Neue Kollektion

Eine starke Kollektion, war unser Fazit im letzten Jahr und das gilt auch für den neuen Jahrgang: Die 2010er Rotweine waren zum Zeitpunkt der Verkostung leider noch nicht gefüllt, die 2011er Weißweine sind alle sehr klar und reintönig. An der Spitze stehen wieder die Weine der „GK"-Linie, wobei uns die saftigen und fülligen Grau- und Weißburgunder eine Spur besser gefallen als die ebenfalls sehr gut gelungenen Rieslinge. Neu in der „GK"-Riege ist der nicht ganz trocken ausgebaute Grüne Veltliner Michelsberg, der, wie auch der gleich hoch bewertete Grüne Veltliner „S", viel typische pfeffrige Würze und gute Substanz besitzt. Die Rieslaner Trockenbeerenauslese zeigt faszinierend viel Frucht, ist konzentriert und frisch.

Weinbewertung

85 2011 Sauvignon Blanc trocken **11,5 %/7,90 €**
87 2011 Grüner Veltliner „S" trocken „vom Löss" **13,5 %/8,50 €** ☺
85 2011 Chardonnay trocken **12 %/6,90 €**
86 2011 Weißburgunder „S" trocken „vom Kalkmergel" **13 %/8,40 €**
88 2011 Weißburgunder trocken „GK" Im Letten **13,5 %/12,90 €**
88 2011 Grauburgunder trocken „GK" Kirchenstück **14 %/13,90 €**
83 2011 Riesling trocken „Schiefer" **12 %/5,90 €**
85 2011 Riesling „S" trocken „vom Kalkmergel" **12,5 %/8,40 €**
87 2011 Riesling trocken „GK" Im alten Forst **13 %/12,90 €**
87 2011 Riesling trocken „GK" Im Letten **12,5 %/13,50 €**
87 2011 Grüner Veltliner „GK" Michelsberg **13 %/13,50 €**
86 2011 Grauburgunder Auslese **13 %/11,- €/0,5l**
89 2011 Rieslaner Trockenbeerenauslese **6 %/38,- €/0,375l**

Stadt Klingenberg ★★

Weingut der – Benedikt Baltes

Franken

Wilhelmstraße 107, 63911 Klingenberg am Main
***Tel.** 09372-2438, **Fax:** 09372-921059*
www.weingut-klingenberg.de
info@weingut-klingenberg.de
***Besuchszeiten:** nach Vereinbarung*

Inhaber .... Benedikt Baltes
Rebfläche .... 13 Hektar

Das 1912 gegründete Weingut der Stadt Klingenberg wurde 2010 von Benedikt Baltes erworben, einem Jungwinzer von der Ahr. Nach der Ausbildung bei Adeneuer hatte er in Österreich und Ungarn gearbeitet, nach seiner Technikerausbildung folgten Aufenthalte in Portugal und Rheinhessen. Die Weinberge liegen im Klingenberger Schlossberg und im Großheubacher Bischofsberg, bestehen aus 65 Prozent Spätburgunder, 20 Prozent Portugieser und anderen roten Rebsorten, 15 Prozent weißen Sorten, vor allem Riesling und Müller-Thurgau.

Kollektion

Schon im vergangenen Jahr hatten wir bei der Großen Gewächs-Probe in Wiesbaden einen beeindruckenden Spätburgunder aus dem Schlossberg verkostet, dieses Jahr nun konnten wir einen Querschnitt des Programms verkosten, wobei 2010 ein recht großer Teil der roten Trauben zu Blanc de Noir und Rosé verarbeitet wurde – der Blanc de Noir „R" dieses Jahrgangs ist füllig und kraftvoll bei guter Struktur. Ein ungewohnt kraftvoller, mächtiger Portugieser mit viel reifer Frucht (Kirschen), guter Substanz und feinen Schokonoten beeindruckt im roten Segment. Feiner und präziser noch sind die Spätburgunder, allen voran der zupackende, noch sehr jugendliche „R" und das faszinierende Große Gewächs aus dem Schlossberg – eine beeindruckende rote Kollektion aus dem alles andere als einfachen Jahrgang 2010. Im Auge behalten!

Weinbewertung

82 2011 „Blanc de Noir Buntsandstein" **13 %/10,- €**
86 2010 „Blanc de Noir R" Klingenberger **12,5 %/22,- €**
85 2010 Spätburgunder „Buntsandstein" **12 %/10,- €**
86 2010 Spätburgunder Klingenberger **13 %/14,50 €**
90 2010 Spätburgunder „R" Klingenberger **13 %/29,- €**
92 2010 Spätburgunder „GG" Schlossberg **40,- €**
88 2010 Portugieser „R" Klingenberger **12,5 %/22,- €**

★★★

Wolfgang **Klopfer**

Weingut **Württemberg**

Gundelsbacher Straße 1, 71384 Weinstadt-Großheppach
Tel. *07151-603848,* ***Fax:*** *07151-600956*
www.weingut-klopfer.de
info@weingut-klopfer.de
Besuchszeiten: *Di.+ Fr. 16-19 Uhr, Sa. 9-16 Uhr*
Probierstube

Inhaber........................Wolfgang Klopfer
Rebfläche..............................10 Hektar

Die Weinberge von Wolfgang Klopfer liegen verstreut in 40 Parzellen am Großheppacher und Geradstettener Hang, hinzu kommt eine Parzelle im Cannstatter Zuckerle. Rote Sorten nehmen zwei Drittel seiner Fläche ein. Trollinger, Schwarzriesling, Lemberger und Spätburgunder sind seine Hauptsorten. Seit 1995 baut er auch Merlot, Cabernet Dorio und Cabernet Dorsa an, zuletzt pflanzte er Frühburgunder und Zweigelt an. Wichtigste Weißweinsorte ist der Riesling, von dem er zuletzt mehr gepflanzt hat, wie auch vom Sauvignon Blanc. Dazu gibt es Weißburgunder, Grauburgunder, Kerner und Gewürztraminer. Das Gros der Weine baut Wolfgang Klopfer trocken aus. Steht nicht trocken auf dem Etikett, dann handelt es sich um – nach dem Weingesetz – halbtrockene Weine (mit Ausnahme der edelsüßen Weine). Die komplette Ernte wird über die Flasche vermarktet, fast ausschließlich an Privatkunden.

Vorjahre

Schon in der ersten Ausgabe haben wir die Weine von Wolfgang Klopfer empfohlen, damals war er außerhalb des Remstals weitgehend unbekannt. Immer wieder sind die barriqueausgebauten Rotweine – Modus-K und Merlot – die herausragenden Weine im Programm von Wolfgang Klopfer. Aber auch die Weißweine haben in den vergangenen Jahren deutlich zugelegt und an Konstanz gewonnen, auch seine Spätburgunder und Lemberger gewinnen immer mehr an Profil. Vor zwei Jahren hatte Wolfgang Klopfer den Modus-K aus dem Jahrgang 2007 vorgestellt, der sich dem im Jahr zuvor präsentierten Merlot ebenbürtig erwies. Er führte eine homogene Kollektion an, in der uns der barriqueausgebaute Lemberger besonders gut gefiel. Im vergangenen Jahr gab es Abwechslung, der Spätburgunder aus dem Barrique gefiel uns noch eine Spur besser als unsere langjährigen Favoriten Merlot und Modus-K; die Weißweine waren jahrgangsbedingt etwas verhaltener als gewohnt.

Neue Kollektion

2011 sind die Weißweine frisch, fruchtbetont und klar – und Wolfgang Klopfer wartet mit einer Überraschung auf: Der im Barrique ausgebaute Sauvignon Gris ist füllig und kraftvoll, klar und zupackend, besitzt feine Frucht und Biss. Auch im roten Segment gibt es Überraschungen: Der Frühburgunder ist wunderschön reintönig und strukturiert, kraftvoll und harmonisch; der im Barrique ausgebaute Lemberger zeigt viel Konzentration im Bouquet, reintönige Frucht, ist kraftvoll und zupackend im Mund bei guter Struktur und jugendlichen Tanninen. Noch besser aber gefällt uns der Zweigelt, ein faszinierend präziser, reintöniger Wein mit viel Kraft und Druck, Nachhall und mineralischen Noten. Eine starke Kollektion!

Weinbewertung

83 2011 Grauburgunder trocken Großheppacher Steingrüble **12,5 %/6,50 €**
83 2011 Weißburgunder trocken Großheppacher Steingrüble **12,5 %/6,50 €**
85 2011 Sauvignon Blanc trocken Großheppacher Steingrüble **12,5 %/9,80 €**
85 2011 Riesling Spätlese trocken Großheppacher Steingrüble **12,5 %/9,80 €**
88 2011 Sauvignon Gris trocken Bqrrique „Modus-K" **13,5 %/15,- €**
84 2011 Riesling Spätlese Cannstatter Zuckerle **11,5 %/8,- €**
85 2011 Riesling Auslese Großheppacher Steingrüble **8,5 %/13,- €**
83 2011 Muskattrollinger Großheppacher Wanne **11,5 %/6,50 €**

84 2010 Spätburgunder trocken Holzfass **13 %/9,80 €**
86 2010 Frühburgunder trocken Holzfass **13 %/9,80 €**
89 2009 Lemberger trocken Barrique **13,5 %/18,- €**
91 2009 Zweigelt trocken Barrique **13,5 %/38,- €/1,5l**

★

Klostermühle Odernheim

Weingut

Nahe

Am Disibodenberg, 55571 Odernheim
***Tel.** 06753-124841, **Fax:** 06753-124847*
www.klostermuehle-odernheim.de
mail@boos-von-waldeck.de
***Besuchszeiten:** im Ladengeschäft: Boos von Waldeckscher Hof KG, Obergasse 26 in 55590 Meisenheim Di.- Fr. 13-18 Uhr, Sa. 10-17 Uhr; abends und am Sonntag nach Vereinbarung*

K

Geschäftsführer .... Christian Held
Betriebsleiter .... Thomas Zenz
Rebfläche .... 13,5 Hektar

Seit über 1000 Jahren besteht das Weingut Klostermühle am Fuße des Disibodenbergs, ursprünglich als Wirtschaftshof des gleichnamigen Klosters. 1992 wurde es von Peter Becker und Christian Held erworben, die den Betrieb erweiterten und die Sektproduktion begründeten, heute werden 30.000 Flaschen Sekt erzeugt. Die 4,5 Hektar große Lage Montfort, in der vor allem Burgundersorten wachsen, ist in Alleinbesitz des Gutes. In der Lage Odernheimer Kloster Disibodenberg wird vor allem Riesling angebaut, im Odernheimer Kapellenberg Frühburgunder. Riesling, Spätburgunder und Grauburgunder nehmen jeweils ein Viertel der Rebfläche ein, hinzu kommen Weißburgunder, Frühburgunder, Chardonnay und Silvaner. Das Gros der Weißweine wird im Edelstahl vinifiziert, die Rotweine und ausgesuchte Weißweine werden in Stückfässern oder Barriques ausgebaut. Die Weine des Gutes können im Boos von Waldeckschen Hof in Meisenheim erworben werden, der in jahrelanger Arbeit denkmalgerecht saniert wurde.

Vorjahr

Beim Debüt im vergangenen Jahr präsentierte sich die Kollektion geschlossen auf gutem Niveau, angeführt von Spätburgunder und Chardonnay, zwei kraftvollen, kompromisslos vinifizierten Barriqueweinen und einem fülligen Sekt, der mit viel reifer Frucht betörte.

Neue Kollektion

Auch in diesem Jahr ist die Kollektion auf gutem Niveau, lediglich die beiden Trockenbeerenauslesen, denen es an Reintönigkeit und Frische mangelt, und der unharmonische Pinot Noir Likörwein wollen uns nicht so recht gefallen. Sehr gut gelungen sind dagegen der füllige Rosé Sekt, die konzentrierte und würzige trockene Riesling Auslese und die beiden kraftvollen und harmonischen Rotweine.

Weinbewertung

86 2009 Pinot Noir Rosé Sekt brut „Monopol Held" Odernheimer Montfort **14 %/12,90 €**
82 2011 Silvaner trocken **13 %/6,90 €**
83 2011 Weißburgunder trocken **13 %/7,80 €**
82 2011 Grauburgunder trocken **14,5 %/7,80 €**
85 2009 Chardonnay Weißburgunder trocken Odernheimer Montfort **14 %/14,90 €**
82 2011 Riesling trocken **13 %/5,90 €**
84 2011 Riesling*** trocken Odernheimer Kloster Disibodenberg **12,5 %/8,90 €**
86 2011 Riesling Auslese trocken „u.b.F." Odernheimer Kloster Disibodenberg **13 %/14,90 €**
86 2011 Riesling Auslese Odernheimer Kloster Disibodenberg **8,5 %/19,90 €**
84 2011 Grauer Burgunder Trockenbeerenauslese Odernheimer Kapellenberg **6 %/25,- €/0,5l**
84 **2011 Spätburgunder Trockenbeerenauslese Odernheimer Montfort 7 %/29,- €/0,5l**
85 2009 Frühburgunder trocken Odernheimer Kapellenberg **13,5 %/12,90 €**
85 2009 Spätburgunder*** trocken **13,5 %/12,90 €**
78 o.J. Pinot Noir „Likörwein" „1908* Monopol Held" **19 %/19,08 €/0,5l**

★★★☆

Klumpp

Weingut

Baden

Heidelberger Straße 100, 76646 Bruchsal
Tel. *07251-16719,* ***Fax:*** *07251-10523*
www.weingut-klumpp.com
info@weingut-klumpp.com
Besuchszeiten: *Mo.-Fr. 16-19 Uhr, Sa. 9-13 Uhr oder nach Vereinbarung*

Inhaber .... Ulrich Klumpp
Kellermeister .... Markus Klumpp
Außenbetriebsleiter .... Andreas Klumpp
Rebfläche .... 25 Hektar

Ulrich Klumpp machte sich 1983 selbstständig mit damals 4,5 Hektar Weinbergen. 1990 baute er dann das neue Weingut am Stadtrand von Bruchsal. Bereits seit 1985 stellte er Versuche mit ökologischer Bewirtschaftung an, 1995 stellte er komplett um, bewirtschaftet seither seinen gesamten Betrieb nach den Richtlinien des ökologischen Weinbaus (Ecovin). Die Böden im Kraichgau sind sehr heterogen, man findet auf kleinstem Raum Buntsandstein, Muschelkalk und Keuper. Seit 2007 tragen die Premiumweine Lagenbezeichnungen. Grauburgunder, Spätburgunder (Alte Reben) und St. Laurent kommen aus dem Eichholz in Bruchsal, einer reinen Südlage mit Gipskeuperboden mit toniger Lehmauflage und hohem Kalkgehalt. Weißburgunder und Chardonnay, sowie die Cuvée M aus Cabernet Sauvignon, Merlot und Cabernet Franc kommen aus dem Kirchberg in Unteröwisheim, einer windexponierten Südlage mit einem tiefgründigen sandigen Lössboden. Der Pinot Noir kommt aus dem Weiherberg in Bruchsal, einer windoffenen Süd-Ost-Lage aus Kalksandsteinverwitterungsboden mit lehmiger Tonauflage. Im Zeuterner Himmelreich (Gipskeuper, Tonmergel, Buntsandstein) wachsen Riesling und Lemberger. Ein weiterer Lagen-Riesling kommt aus dem Bruchsaler Klosterberg (Lettenkeuper). Die Editionsweine stammen aus den Bruchsaler Lagen Klosterberg und Glöcklesberg, dem Zeuterner Himmelreich und dem Ubstadter Altenberg. Wichtigste Rebsorte ist Spätburgunder, gefolgt von Riesling, Grauburgunder, Weißburgunder, Auxerrois (die älteste Anlage wurde 1965 gepflanzt) und Lemberger. Bei den roten Sorten setzt Ulrich Klumpp neben Spätburgunder und Lemberger verstärkt auf St. Laurent, rote Rebsorten nehmen etwa die Hälfte der Rebfläche ein.

Alle Rotweine werden in kleinen Bütten maischevergoren (12 bis 18 Tage), die Maische wird dabei 3 bis 4 Mal täglich von Hand untergetaucht. Alle Rotweine reifen seit 2007 mindestens 6 Monate im Barrique, die Lagenweine in der Regel 18 Monate in überwiegend neuen Barriques. Trauben, Maische und Most werden nur mittels Gravitation bewegt, ohne Pumpeneinsatz. Die Weißweine werden gekühlt vergoren, die Burgunder durchlaufen ganz oder zur Hälfte (bei Edelstahlausbau) den biologischen Säureabbau, die Rieslinge nicht. Sie werden überwiegend im Edelstahl ausgebaut. 2008 wurde der Tankkeller modernisiert und der Barriquekeller um einen Raum erweitert. 95 Prozent der Weine werden trocken ausgebaut, der Rest – mit seltenen edelsüßen Ausnahmen – halbtrocken. Seit 2004 ist Markus Klumpp für die Vinifikation zuständig, seit 2010 ist auch der zweite Sohn Andreas im Betrieb tätig.

Vorjahre

Die 2008er Rotweine präsentierten sich kraftvoll und tanninbetont, gefielen uns insgesamt sogar noch ein wenig besser als ihre Vorgänger. Im weißen Segment waren Chardonnay und Grauburgunder vor zwei Jahren unsere Favoriten. Die letztjährige Kollektion präsentierte sich sehr geschlossen mit kraftvollen Weiß- und Rotweinen. Die Lagenweine waren alle sehr gut, weiß wie rot, es fiel schwer einen Favoriten zu benennen, Weißburgunder und Chardonnay im weißen

Segment, der Spätburgunder von alten Reben im roten, aber auch Weiherberg-Pinot Noir und Grauburgunder überzeugten.

Weißweine 2011

Die 2011er Weißweine überzeugen voll und ganz, schon die Gutsweine bereiten viel Freude, der Auxerrois ist reintönig und frisch, der Grauburgunder besitzt viel Substanz. Die Lagenweine bringen eine weitere Steigerung: Der Riesling aus dem Klosterberg duftet nach Limone, ist klar und zupackend im Mund, der Himmelreich-Riesling ist herrlich zupackend bei deutlich höherer Restsüße. Der Weißburgunder aus dem Kirchberg ist füllig und kraftvoll, noch stoffiger präsentiert sich der Grauburgunder von alten Reben, besitzt gute Struktur und Substanz, wie auch der Chardonnay aus dem Kirchberg, der bei aller Kraft doch auch elegant ist und viel feine süße Frucht besitzt.

Rotweine

Noch geschlossener präsentiert sich der rote Teil der Kollektion mit durchweg sehr starken Weinen. Die Cuvée M besitzt viel Fülle und Kraft, der St-Laurent ist faszinierend reintönig, besitzt gute Struktur und Frische. Der Lemberger ist klar und kraftvoll, der Syrah herrlich reintönig, besitzt gute Struktur und Substanz, dabei feine Frische. Unter den beiden Spätburgundern präferieren wir den Wein von alten Reben, der faszinierend reintönig und elegant ist; aber auch sein Pendant aus dem Weiherberg, besitzt gute Konzentration und klare reife Frucht. Eine starke Kollektion!

Weinbewertung

83 2011 Weißburgunder trocken **12,5 %/9,- €**
86 2011 Auxerrois trocken **12,5 %/9,50 €**
86 2011 Grauburgunder trocken **13,5 %/9,- €**
87 2011 Riesling trocken Bruchsaler Klosterberg **12,5 %/14,- €**
87 2011 Weißburgunder trocken Unteröwisheimer Kirchberg **12,5 %/14,- €**
89 2011 Grauburgunder trocken „Alte Reben" **13,5 %/17,- €**
89 2011 Chardonnay trocken Unteröwisheimer Kirchberg **13,5 %/19,- €**
87 2011 Riesling Zeuterner Himmelreich **13 %/14,-€**
88 2009 „Cuvée M" Rotwein trocken Unteröwisheimer Kirchberg **13,5 %/25,- €**
89 2010 St. Laurent trocken Eichholz **13,5 %/19,- €**
88 2010 Lemberger trocken Zeuterner Himmelreich **13,5 %/17,- €**
88 2010 Pinot Noir trocken Bruchsaler Weiherberg **14 %/17,- €**
90 2010 Spätburgunder trocken „Alte Reben" **13,5 %/25,- €**
89 2010 Syrah trocken Unteröwisheimer Kirchberg **14 %/32,- €**

★

Klundt

Weingut **Pfalz**

Mörzheimer Hauptstraße 15, 76829 Landau
Tel. *06341-32392,* ***Fax:*** *06341-932703*
www.klundt.de
weingut@klundt.de
Besuchszeiten: *Mo.-Fr. 9-12:30 und 13:30-18 Uhr, Sa. 9-16 Uhr nach Voranmeldung*

Inhaber .... Hans Klundt
Rebfläche .... 14,5 Hektar

In den 1970er Jahren richtete die Familie Klundt ihren traditionellen landwirtschaftlichen Mischbetrieb mehr und mehr auf den Weinbau aus, Hans Klundt beschäftigt sich aber hauptsächlich mit der Erzeugung von Fasswein. Junior Sven begann mit dem Jahrgang 2009, seine eigenen Weine zu erzeugen, er konzentriert sich dabei auf bislang nur drei Rebsorten, Weißburgunder, Riesling und Pinot Noir, die er als gehobene Basisweine („Obsession") und als Lagenweine vermarktet. Die Lagenweine stammen aus dem Birkweiler Kastanienbusch (Rotliegendes), dem Steinweg (eine Parzelle im Godramsteiner Münzberg, Kalk) und dem Wacholderberg (eine Parzelle im Mörzheimer Pfaffenberg, Kalkmergel).

Kollektion

Die sechs verkosteten Weine sind alle klar und reintönig, die Weißen sind kraftvoll und trotz des vor allem bei den Weißburgundern recht hohen Alkoholgehalts, harmonisch und ausgewogen. Unsere Favoriten sind der konzentrierte und kräuterwürzige Weißburgunder aus dem Wacholderberg und der mineralische Kastanienbusch-Riesling. Ein starkes Debüt!

Weinbewertung

85 2011 Weißer Burgunder trocken „Obsession" **14 %/8,50 €**

87 2011 Weißer Burgunder trocken „Wacholder[berk]" **14,5 %/10,- €**

84 2011 Riesling trocken „Obsession" **13 %/9,- €**

86 2011 Riesling trocken „Stein[vek]" **13,5 %/10,50 €**

87 2011 Riesling trocken Birkweiler Kastanienbusch **13,5 %/11,- €**

84 2009 Pinot Noir trocken „Obsession" **13 %/9,50 €**

★★★☆

Knab

Weingut

Baden

Hennengärtle 1a, 79346 Endingen
***Tel.** 07642-6155, **Fax**: 07642-931377*
www.knabweingut.de
regina-rinker@t-online.de
***Besuchszeiten**: Mo.-Fr. 17-18:30 Uhr, Sa. 10-14 Uhr oder nach Vereinbarung*

Inhaber .... Thomas und Regina Rinker
Rebfläche .... 20 Hektar

Thomas und Regina Rinker haben das Weingut Knab 1994 übernommen. Ihre Weinberge befinden sich fast ganz in der Lage Endinger Engelsberg. Über 90 Prozent der Fläche nehmen die Burgundersorten ein. Die Weißweine werden im Edelstahl ausgebaut, ausgesuchte Weine auch im Barrique. Die Spätburgunder werden alle im Holz ausgebaut.

Vorjahre

Seit der ersten Ausgabe empfehlen wir die Weine von Thomas Rinker, schon damals lobten wir das „überzeugende Programm mit einer Reihe von Highlights", erklärten ihn zu einem der Shooting Stars in Baden. In diesem Zeitraum hat er uns Jahr für Jahr stets zuverlässige Kollektionen präsentiert mit wunderschön reintönigen Kabinetten und Spätlesen. Ohne die Basisweine zu vernachlässigen legte er in diesem Jahrzehnt mit seinen 3-Sterne-Spätlesen bei Weißburgunder und Grauburgunder zu, die, wie auch die Top-Spätburgunder, Kraft und Fülle mit Reintönigkeit und Frische vereinen. 2009 glänzten die beiden 3-Sterne-Selektionen, führten ein stimmiges weißes Sortiment an, die 2008er Spätburgunder präsentierten sich zum Zeitpunkt der Verkostung noch allzu jugendlich. Auch die 2009er waren im vergangenen Jahr sehr jugendlich, besaßen aber enorme Konzentration und Kraft, werden sich in den kommenden Jahren schön entwickeln. Die 2010er Weißweine zeigten sich unbeeindruckt vom Jahrgang: Die reintönigen Kabinettweine bereiteten viel Freude, noch viel besser gefielen uns die beiden Spätlesen, so dass die 3-Sterne-Selektionen es schwer hatten eine weitere Steigerung zu bringen.

Neue Kollektion

2011 bringt im weißen Sortiment eine stimmige Kollektion von Kabinettweinen und Spätlesen – nur die 3-Sterne-Selektionen bringen keine weitere Steigerung, sind sie doch recht duftig und süß. Das Spätburgunder-Ensemble beginnt mit einem kraftvollen, reintönigen Barrique-Spätburgunder, die 3-Sterne-Selektion ist konzentrierter und komplexer, aber ebenso reintönig, besitzt gute Struktur und Substanz, recht unruhig und hart mit merklichen Bitternoten präsentiert sich derzeit der „R" – aber vielleicht gibt sich das noch, er soll ja erst in einigen Jahren in den Verkauf kommen.

Weinbewertung

83 2011 Auxerrois Kabinett trocken Endinger Engelsberg **12 %/7,30 €**

85 2011 Weißburgunder Kabinett trocken Endinger Engelsberg **12,5 %/7,30 €**
85 2011 Grauburgunder Kabinett trocken Endinger Engelsberg **12,5 %/7,30 €**
84 2011 Riesling Kabinett trocken Endinger Engelsberg **12,5 %/7,30 €**
87 2011 Weißburgunder Spätlese trocken Endinger Engelsberg **13,5 %/9,70 €**
87 2011 Grauburgunder Spätlese trocken Endinger Engelsberg **13,5 %/9,70 €**
86 2011 Weißburgunder Spätlese*** trocken Endinger Engelsberg **14 %/14,70 €**
86 2011 Grauburgunder Spätlese*** trocken Endinger Engelsberg **14 %/14,70 €**
88 2010 Spätburgunder trocken Barrique Endinger Engelsberg **13 %/12,50 €**
90 2010 Spätburgunder*** trocken Barrique Endinger Engelsberg **13 %/22,50 €**
88 2010 Spätburgunder*** „R" trocken Barrique Endinger Engelsberg **13 %/a.A.**

★★☆

Knauß

Weingut **Württemberg**

Nolten 2, 71384 Weinstadt
***Tel.** 07151-606345, **Fax:** 07151-960145*
www.weingut-knauss.com
info@weingut-knauss.com
***Besuchszeiten:** Fr. 16-19 Uhr, Sa. 10-13 Uhr, Mo.-Do. nach Vereinbarung*
Besenwirtschaft „Sonna-Besa"

Inhaber .... Familie Knauß
Betriebsleiter .... Andi Knauß
Rebfläche .... 12 Hektar

1995 begann man mit damals 50 Ar Reben mit der Selbstvermarktung. 1998 ist das Weingut an den Ortsrand von Strümpfelbach ausgesiedelt, hat sich seither auf die heutige Betriebsgröße erweitert. Die Weinberge liegen in den Strümpfelbacher Lagen Altenberg und Nonnenberg, aber auch in Endersbach, Schnait und Beutelsbach, sowie in Lehrensteinsfeld in der Lage Steinacker, wo auf kalkhaltigem Boden Riesling und Lemberger angebaut wird. Die Remstaler Böden bestehen aus Stubensandstein, Kieselsandstein und Buntem Mergel. 75 Prozent der Fläche ist mit roten Reben bestockt. Der Schwerpunkt liegt auf gebietstypischen Rebsorten wie Trollinger, Lemberger, Spätburgunder und Riesling. Dazu gibt es internationale Rebsorten wie Merlot, Chardonnay und Sauvignon Blanc. Die Weißweine werden kalt und gezügelt vergoren und im Edelstahl ausgebaut, die Rotweine prinzipiell alle auf der Maische vergoren und teils im Edelstahl, teils in kleinen oder großen Eichenholzfässern ausgebaut. Die Spitzenweine werden in den Linien „S" (Selektion) und „R" (Reserve) vermarktet. Die Rotweine der R-Linie werden in 300- oder 500-Liter Fässern ausgebaut (und unfiltriert abgefüllt), die Weißweine zum Teil im großen Holzfass. Zusammen mit Rainer Scholz hat Andi Knauß das Weingut „Parfüm der Erde" gegründet.

Vorjahre

Vor zwei Jahren waren drei Rotweine der R-Linie, Lemberger, Spätburgunder und die Cuvée aus dem Strümpfelbacher Altenberg, die herausragenden Weine einer ansonsten sehr gleichmäßigen Kollektion. Die letztjährige Kollektion gefiel uns nochmals besser: Nicht nur die kräftigen Barriquerotweine überzeugten, auch die 2010er Weißweine präsentierten sich frisch und klar, der Muskat-Trollinger machte Spaß.

Neue Kollektion

Es geht weiter voran. Die Weißweine sind frisch, fruchtbetont und klar, der zupackende Sauvignon Blanc macht viel Freude, noch besser ist der konzentrierte, kraftvolle Riesling „R", der reintönig ist, gute Struktur und Substanz besitzt. Im roten Segment ragen wieder die kompromisslos vinifizierten Barriqueweine hervor: Der Lemberger besitzt gute Struktur, viel Kraft und reintönige Frucht, der Altenberg ist im Bouquet etwas von Gewürznoten geprägt, füllig und kraftvoll im Mund, besitzt gute Struktur und jugendliche Tannine; der Spätburgunder ist rauchig und würzig, füllig, kraftvoll und reintönig, besitzt gute Struktur und Frische. Eine gelungene Vorstellung!

Weinbewertung

82 2010 „Sommernachtstraum" Weißwein trocken **11,5 %/4,90 €**
83 2011 Riesling „G" trocken **12 %/6,80 €**
86 2011 Sauvignon Blanc „S" trocken **13 %/12,90 €**
85 2010 „GrauWeisse Reben S" Weißwein trocken **13 %/10,90 €**
88 2011 Riesling „R" trocken **12,5 %/13,80 €**
83 2011 „Weiße Reben" Weißwein **11 %/5,60 €**
83 2011 Muskat-Trollinger Rosé **11 %/6,80 €**
82 2011 Trollinger „S" trocken **11,5 %/6,90 €**
82 2011 Lemberger „G" trocken **12,5 %/6,60 €**
85 2011 Lemberger „S" trocken **13 %/10,90 €**
88 2010 Spätburgunder „R" trocken **13 %/22,- €**
87 2010 Lemberger „R" trocken **13,5 %/22,- €**
88 2010 „Altenberg" „R" trocken **14 %/28,- €**

★★★★

Reinhard und Beate **Knebel**

Weingut

Mosel

August-Horch-Straße 24, 56333 Winningen
Tel. 02606-2631, Fax: 02606-2569
www.weingut-knebel.com
info@weingut-knebel.de
Besuchszeiten: Mo.-Sa. nach Anmeldung

Inhaber .... Beate Knebel, Matthias Knebel
Rebfläche .... 6,5 Hektar

Seit 1990 erzeugen Reinhard und Beate Knebel Weine von den Terrassen in der Nähe der Moselmündung. Nach dem Tod Reinhard Knebels führt Beate Knebel das Weingut allein weiter, heute unterstützt von Sohn Matthias Knebel, der nach dem Studium in Geisenheim und Stationen bei Florian Weingart und Peter Jakob Kühn in den Betrieb eingetreten ist. Die Weinberge befinden sich in den Winninger Lagen Uhlen, Röttgen, Hamm und Brückstück. Neben Riesling wird ein klein wenig Weißburgunder angebaut. Die Moste werden stets spontan vergoren, die trockenen bzw. „feinherben" Spitzenweine kommen erst spät in den Verkauf. Auch wenn in den letzten Jahren immer wieder grandiose edelsüße Rieslinge erzeugt wurden, wird doch das Gros der Produktion trocken oder feinherb ausgebaut.

Vorjahre

2009 hatte viele Höhepunkte zu bieten, vom animierenden „Terrassen"-Riesling über die „Alten Reben" aus der Lage Hamm bis zur Trockenbeerenauslese. Die edelsüßen Rieslinge präsentierten sich auch 2010 reintönig wie gewohnt, wobei wir die beiden Auslesen präferierten. Liter- und Terrassen-Riesling waren 2010 gesetzlich halbtrocken, die Lagen-Rieslinge alle von deutlicher Süße geprägt, die Weine aus Hamm und Uhlen gefielen uns am besten.

Jahrgang 2011

Ein feiner trockener Liter-Riesling eröffnet den 2011er Reigen, unter den Lagenweinen – überwiegend halbtrocken und feinherb ausgebaut – gefallen uns die beiden kraftvollen Weine aus dem Uhlen besonders gut, sie besitzen gute Struktur und Substanz, der saftige Wein aus dem Röttgen steht ihnen kaum nach. Der stimmige süße Teil der Kollektion wird angeführt von einer faszinierend konzentrierten und reintönigen Trockenbeerenauslese aus dem Röttgen, die saftige Beerenauslese aus dem Uhlen steht ihr kaum nach.

Weinbewertung

84 2011 Riesling trocken **12 %/7,50 €/1l**
85 2011 Riesling „von den Terrassen" **12,5 %/9,- €**
85 2011 Riesling Hamm **13 %/15,- €**
86 2011 Riesling Brückstück **13 %/15,- €**
88 2011 Riesling Uhlen **13,5 %/18,- €**
87 2011 Riesling Röttgen **12,5 %/18,- €**
88 2011 Riesling Uhlen „R" **13 %/25,- €**
84 2011 Riesling Kabinett Röttgen **10,5 %/10,50 €**

88 2011 Riesling Auslese Röttgen **8,5 %/23,- €/0,375l**
92 2011 Riesling Beerenauslese Uhlen **8,5 %/95,- €/0,375l**
93 2011 Riesling Trockenbeerenauslese Röttgen **6 %/150,- €/0,375l**

★★

Knewitz

Weingut

Rheinhessen

Rheinblick, 55437 Appenheim
***Tel.** 06725-2949, **Fax:** 06725-96003*
www.weingut-knewitz.de
info@weingut-knewitz.de
***Besuchszeiten:** nach Vereinbarung*

Inhaber .... Gerold Knewitz
Kellermeister .... Tobias Knewitz
Rebfläche .... 16 Hektar

Die Weinberge der Familie Knewitz verteilen sich auf vier Gemeinden, die wichtigsten Lagen sind in Appenheim Hundertgulden (Kalkstein) und Eselspfad (Löss, gelber Sand), der Goldberg in Gau-Algesheim (Kalkstein) und der Schlossberg in Ingelheim (Löss über Kalkstein). 25 Prozent der Rebfläche nimmt Riesling ein, hinzu kommen 20 Prozent Burgundersorten und 15 Prozent Silvaner, rote Rebsorten nehmen gut ein Drittel der Rebfläche ein. Seit 2010 baut Sohn Tobias Knewitz alle Weine aus, der nach Winzerlehre bei Dautermann, Kuhn und Meßmer im Oktober 2011 sein Geisenheim-Studium begonnen hat.

Vorjahr

Die letztjährige Kollektion überzeugte, die 2010er Weine waren frisch und klar, wobei die beiden Spitzen-Rieslinge aus Hundertgulden und Goldberg bei der Verkostung im späten Frühjahr noch sehr jugendlich und etwas verschlossen waren, so dass uns der gereiftere 2009er aus dem Goldberg am besten gefiel.

Neue Kollektion

Die neue Kollektion ist sehr stimmig: Die Gutsweine sind frisch und klar, die Ortsweine etwas fülliger und konzentrierter, die Highlights im Programm sind dann die beiden trockenen Lagen-Rieslinge. Der Wein aus dem Hundertgulden ist würzig und konzentriert, besitzt gute Struktur und Substanz, ist noch sehr jugendlich. Noch besser gefällt uns der Riesling aus dem Goldberg: Er zeigt gute Konzentration im Bouquet, herrlich reintönige Frucht, gelbe Früchte, ist füllig und kraftvoll im Mund, zupackend, jugendlich. So darf es weitergehen!

Weinbewertung

82 2011 Grüner Silvaner trocken **12 %/6,10 €**
81 2011 Riesling trocken **12 %/6,80 €**
83 2011 Sauvignon Blanc trocken **12,5 %/6,80 €**
84 2011 Silvaner trocken Appenheimer **13 %/9,50 €**
85 2011 Weißburgunder trocken Appenheimer **12,5 %/9,50 €**
85 2011 Riesling trocken „Kalkstein" Appenheimer **12,5 %/9,50 €**
88 2011 Riesling trocken Appenheimer Hundertgulden **12,5 %/17,90 €**
90 2011 Riesling trocken Gau-Algesheimer Goldberg **13 %/16,80 €**
85 2011 Riesling Auslese Nieder-Hilbersheimer Steinacker **8 %/0,5l**
86 2011 Riesling Auslese Goldkapsel Gau-Algesheimer Goldberg **7,5 %/15,- €**
82 2010 Spätburgunder trocken **13 %/6,80 €**
85 2010 Spätburgunder trocken Ingelheimer **13 %/10,90 €**

★★★★★

Knipser

Weingut **Pfalz**

Hauptstraße 47, 67229 Laumersheim
***Tel.** 06238-742, **Fax:** 06238-4377*
www.weingut-knipser.de
mail@weingut-knipser.de
***Besuchszeiten:** Mo.-Fr. 10-12 + 14-18 Uhr, Sa. 10-16 Uhr*

Inhaber .... Werner Knipser
.... Volker Knipser
.... Stephan Knipser
Rebfläche .... 40 Hektar

Werner und Volker Knipser haben Laumersheim bekannt gemacht. Für Rotwein zunächst, aber in den letzten Jahren erzeugen sie regelmäßig auch faszinierende Rieslinge, die zur Spitze in der Pfalz und in Deutschland zählen. Neben Riesling gibt es insbesondere noch Weiß- und Grauburgunder, Chardonnay, Gewürztraminer und Sauvignon Blanc. Als Spezialitäten bauen sie früher in der Pfalz und in Deutschland weit verbreitete Sorten wie Gelber Orleans oder Blauer Arbst an, die inzwischen ganz aus deutschen Weinbergen verschwunden sind. An roten Sorten gibt es neben Spätburgunder, Sankt Laurent und Dornfelder schon recht lange auch internationale Rebsorten wie Cabernet Sauvignon, Cabernet Franc und Syrah. Inzwischen ist Werner Knipsers Sohn Stephan im Betrieb tätig. Die Rieslinge der Knipsers sind in ihrer Jugend enorm verschlossen, zeigen erst nach einiger Flaschenreife, was in ihnen steckt. Die Knipser'sche Stilistik mit reintönigen, frischen und vielschichtigen, charaktervollen Weißweinen fand man auch beim Jahrgang 2008 wieder: Komplexe Weißweine mit relativ wenig Alkohol. An der Spitze der weißen Kollektion standen einmal mehr die beiden Großen Gewächse, beide jugendlich und verschlossen, unsere Präferenz galt dem Steinbuckel.

Vorjahre

Vor zwei Jahren waren die 2007er und 2008er Großen Gewächse vom Spätburgunder zwar noch von ihren jugendlichen Tanninen bestimmt, aber im Vergleich der beiden Jahrgänge zeigte sich doch der Unterschied zu einem Jahr längerer Reife. Die 2007er waren etwas dunkler als die 2008er, die durch ihre kühle Frucht faszinierten und denen man eine große Zukunft voraussagen konnte. Das galt auch für die faszinierende Reserve, die zu einem sehr feinen, hocheleganten Wein reifen dürfte. Die Syrah waren eine Klasse für sich und dürften neben großen Weinen dieser Rebsorte von der Rhone bestehen. Genauso wie die großartige Cuvée X gegen vielfach teurere Bordeaux. Der XR von 2005 war atemberaubend. Das zeigte sich im vergangenen Jahr auch bei den Rotweinen des Jahrgangs 2009. In ihnen steckt enormes Potenzial, vor allem die beiden Reserve-Weine vom Spätburgunder waren noch enorm jugendlich und verschlossen; hervorragend auch die Großen Gewächse vom Spätburgunder. Auch Syrah und Cuvée X waren wieder eine Klasse für sich. Die Großen Gewächse vom Riesling des Jahrgangs 2010 waren noch sehr verschlossen, in einigen Jahren werden sie strahlen, ihre puristische Riesling-Kraft verspricht viel; eine große Zukunft liegt auch vor dem Chardonnay.

Weißweine 2011

Die Knipser'sche Stilistik mit reintönigen, frischen und vielschichtigen, charaktervollen Weißweinen findet man auch in diesem Jahr. Riesling steht im Vordergrund, aber der beste Pfälzer Chardonnay kommt ebenfalls aus dem Hause Knipser, die Cuvée von Weißburgunder und Chardonnay ist ein großes Vergnügen und der Sauvignon Blanc ist wie immer grün, leicht und knackig. Der Riesling aus dem Halbstück-Fass, der erst im Herbst 2016 in den Verkauf kommt, zeigt jetzt schon seine künftige Eleganz und große Feinheit. Die beiden Großen Gewächse sind unterschiedlich. Der Steinbuckel hat wenig Restsüße, dadurch ist er sehr druckvoll und von klarer Struktur. Der Mandelpfad ist nicht weniger klar, die schöne Frucht wird von einem feinen Säuregerüst gestützt. Der Weißburgunder vom Kirschgarten ist präzise, vielschichtig und sehr elegant.

Rotweine

Fünf Spätburgunder vom schwierigen Jahrgang 2010 haben wir verkostet und sie sind allesamt großartig gelungen, das ist schon in diesem frühen Stadium erkennbar. Der „einfache" Spätburgunder ist klar, saftig und von kühler Frucht, der Kalkmergel zeigt zusätzlich „Fleisch", hinter den noch etwas trockenen Tanninen winkt eine herrlich-saftige Frucht. Bei den Großen Gewächsen hat sich der Burgweg etwas in den Vordergrund gedrängt. Alle drei sind saftig, würzig, elegant, vielschichtig und von guter Säurestruktur, der Burgweg zeigt von allem ein Quäntchen mehr. Diese Weine werden sich in den nächsten Jahren sehr gut entwickeln, sie haben eine jugendliche Balance. Der Reserve-Wein könnte in drei Jahren, wenn er auf dem Markt kommt, bereits viel Spaß machen, er verspricht Großes, dafür sprechen die konzentrierte Würze, die Vielschichtigkeit schon im Bukett, die feinen Tannine und die stützende Säure. Die beiden X-Cuvées sind großartig, sehr saftig, rotfrüchtig, es duftet nach Veilchen und frisch gespitztem Bleistift, die Struktur ist fein gewebt mit einem passenden Tanninkleid, durch das ein ganz feiner Saft fließt, die Konzentration wird deutlich durch ein wenig salzige Mineralität im Finale.

Weinbewertung

85 2011 Riesling trocken „HPB" **11,5 %/7,80 €**
87 2011 Riesling trocken „Kalkmergel" **12 %/14,20 €**
92 2011 Riesling „GG" Mandelpfad **12,5 %/24,- €**
91 2011 Riesling „GG" Steinbuckel **13 %/25,- €**
86 2011 Riesling Kabinett trocken Laumersheimer Kapellenberg **11,5 %/7,80 €**
92+ 2011 Riesling trocken „Reserve" Halbstück **12,5 %/a.A.**
87 2011 Sauvignon Blanc trocken **11 %/9,80 €**
87 2011 Chardonnay & Weißburgunder trocken **12,5 %/9,80 €**
86 2011 Grauburgunder trocken **12,5 %/11,80 €**
87 2011 Gewürztraminer & Riesling trocken **11 %/9,80 €**
91 2011 Weißburgunder „GG" Kirschgarten **12,5%/24,- €**
93 2011 Chardonnay**** trocken **13,5 %/28 ,- €**
86 2011 Rosé trocken „Clarette" **11,5 %/8,20 €**
85 2009 „Gaudenz" Rotwein trocken **13 %/8,20 €**
87 2010 Blauer Spätburgunder trocken **13 %/9,80 €**
89 2010 Spätburgunder trocken „Kalkmergel" **13,5 %/16,20 €**
90 2009 St. Laurent trocken **13,5 %/18,- €**
91 2010 Spätburgunder „GG" Kirschgarten **13,5 %/39,- €**
92 2010 Spätburgunder „GG" Burgweg **13 %/38,- €**
92 2010 Spätburgunder „GG" Mandelpfad **13,5 %/38,- €**
93 2010 Spätburgunder „Reserve" trocken **13,5 %/a.A.**
91 2009 „Cuvée X" Rotwein trocken **14 %/35,- €**
92 2009 „Cuvée XR" Rotwein trocken **14 %/45,- €**

★★★

Knobloch

Weingut

Rheinhessen

Saurechgäßchen 7, 55234 Ober-Flörsheim
***Tel.** 06735-344, **Fax:** 06735-8244*
www.weingut-klausknobloch.de
info@weingut-klausknobloch.de
***Besuchszeiten:** nach Vereinbarung*

Inhaber .... Ralf und Arno Knobloch
Rebfläche .... 32 Hektar

Klaus Knobloch wurde 1988 Mitglied im Bundesverband Ökologischer Weinbau (Ecovin). Heute wird das Weingut von seinen Söhnen Ralf und Arno geführt. Ralf Knobloch kümmert sich um den Keller, Arno Knobloch hauptsächlich um die Weinberge. In den letzten Jahren haben sie verstärkt die weißen Burgundersorten und Riesling, sowie Rotweinsorten angepflanzt. An roten Sorten – der rote Anteil beträgt etwa 50 Prozent – gibt es Dornfelder, Spätburgunder und Portugieser, als Spezialitäten St. Laurent, Lemberger und Regent. Hinzu gekommen sind Auxerrois, Cabernet Mitos und Dunkelfelder. Die Rotweine werden auf der Maische vergoren und überwiegend im Holzfass (auch Barrique) ausgebaut. Zur Unterscheidung vom Basissortiment wurde die Weinlinie Edelsteine kreiert. Für diese Weine, die aus den besten Lagen Westhofener Morstein und Brunnenhäuschen, Gundersheimer Höllenbrand, Dintesheimer Felsen und Esselborner Goldberg stammen, wird der Ertrag auf 25 bis 30 Hektoliter je Hektar reduziert. Ein kleiner Prozentsatz der Burgunder wird im Barrique ausgebaut. Die Rotweine der Edelsteinlinie werden bis zu achtzehn Monate in großen Holzfässern und gebrauchten Barriques ausgebaut. Die Barriqueweine werden ebenfalls bis zu achtzehn Monate im Holzfass ausgebaut, wobei meist drei Viertel neue Barriques verwendet werden, in der Regel Allier- und Spessarteiche. In den letzten Jahren hat man alle Weißweine mit Maischestandzeiten ausgebaut, bis zu 24 Stunden für den Riesling „No. 1", die Weine werden überwiegend mit ihren eigenen Hefen vergoren.

Vorjahre

Seit der ersten Ausgabe bewundern wir die zuverlässigen Kollektionen der Brüder Knobloch. So bestechend klar wie ihr Programm gegliedert ist, so klar sind auch ihre Weine, mustergültig zeigen sie die Eigenschaften jeder Rebsorte. Wer reintönige Weine liebt, die den Geldbeutel nicht allzu sehr strapazieren, dazu noch aus biologischem Anbau sind, der wird in Ober-Flörsheim bei den Knoblochs bestens versorgt. Die 2009er Kollektion präsentierte sich geschlossen auf gutem Niveau, schon die Gutsweine zeigten die für Knobloch-Weine typische Reintönigkeit, der Höllenbrand-Riesling besaß Substanz und Kraft. 2010 behaupteten sich Ralf und Arno Knobloch gut, zeigten eine Kollektion ohne Fehl und Tadel. Alle Basisweine waren zuverlässig gut, die Weine der Edelstein-Linie waren kraftvoller, wenn auch vielleicht nicht immer so brillant wie in manchem früheren Jahrgang. Die Stars im Programm waren die beiden stoffigen Selektionsweine, Grauburgunder und Spätburgunder.

Neue Kollektion

2011 bringt eine konsistente, sehr zuverlässige Kollektion mit klaren Weinen, angefangen vom feinen Gutssilvaner. Der Barriqueanteil bei den Burgundern der Edelstein-Linie wurde erhöht auf bis zu 70 Prozent. Der füllige, reintönige Auxerrois gefällt uns besonders gut, ebenso der klare, zupackende Riesling aus dem Höllenbrand, Highlight ist aber ganz klar der Riesling No. 1 aus dem Brunnenhäuschen, ein konzentrierter, sehr reintöniger Wein mit viel Kraft und Substanz.

Weinbewertung

83 2011 Silvaner trocken **12 %/4,80 €**
83 2011 Riesling Kabinett trocken **11 %**
82 2011 Weißburgunder trocken **12 %/5,80 €**
82 2011 Grauburgunder trocken **12 %/5,80 €**
84 2011 Weißburgunder trocken „Achat" Westhofener Morstein **14 %/9,- €**
84 2011 Grauburgunder trocken „Feueropal" Dintesheimer Felsen **14 %/9,- €**
86 2011 Auxerrois trocken „Edeltopas" Dintesheimer Felsen **13,5 %/9,- €**
86 2011 Riesling trocken „Jade" Gundersheimer Höllenbrand **12,5 %/9,- €**
88 2011 Riesling trocken „No. 1" Westhofener Brunnenhäuschen **13 %/15,- €**
83 2011 Riesling „feinherb" **11 %/5,80 €**
86 2011 Riesling Spätlese Westhofener Brunnenhäuschen **10 %/7,20 €**
85 2009 Spätburgunder trocken „Turmalin" Eppelsheimer Felsen **14 %/9,- €**

★★★★☆

Ludwig **Knoll**

Weingut Am Stein

Franken

Mittlerer Steinbergweg 5, 97080 Würzburg
Tel. *0931-25808,* ***Fax****: 0931-25880*
www.weingut-am-stein.de
mail@weingut-am-stein.de
Besuchszeiten*: Mo.-Fr. 10-12:30 + 14-18 Uhr,*
Sa. 10-14 Uhr
„Weinstein" Weinbar - Restaurant
Gästezimmer

Inhaber .... Ludwig Knoll
Rebfläche .... 28 Hektar

Das Weingut Am Stein liegt umgeben von Reben am Fuße des berühmten Würzburger Stein. Ludwig Knoll hat es 1990 von seinem Vater übernommen und führt es mit Ehefrau Sandra. Er besitzt Weinberge in den Würzburger Lagen Innere Leiste und Stein, sowie im Stettener Stein, aber auch in Randersacker, Escherndorf und Thüngersheim. In der Kernlage des Stettener Steins (Muschelkalk) wachsen die Reben 80 Meter über dem Main oberhalb eines Kalksteinbruchs. Silvaner und die Burgundersorten nehmen jeweils ein Viertel der Rebfläche ein, Riesling 20 Prozent. Dazu gibt es Rieslaner, Müller-Thurgau, Bacchus und Scheurebe. Seit 2008 werden die Weinberge biologisch bewirtschaftet (zertifiziert). Die Basis des Programms bilden die Gutsweine, dann folgen die Lagenweine. Die Spitze des Programms bilden „Vinz" (von den besten Parzellen im Stettener Stein mit über 40 Jahre alten Reben), „Montonia" (im Barrique ausgebaute Burgunder, der Weißburgunder zur Hälfte im großen Holzfass) und die beiden Großen Gewächse aus der Inneren Leiste; edelsüße Spitzen ergänzen Jahr für Jahr das Programm.

Sandra und Ludwig Knoll verbinden beispielhaft Wein und Küche mit kulturellen Erlebnissen: Kochabende im Küchenhaus, Jazz beim Hoffest und im Juli und August ein Freilichttheater mit jährlich wechselnden Aufführungen. Jedes Jahr am 1. Mai laden sie zur „Wein-Kunst-Probe", bei der im Rahmen einer Vernissage die Werke junger Künstler zusammen mit den Weinen des neuen Jahrgangs präsentiert werden.

Vorjahre

Alle 2009er Weine waren präzise und reintönig – und das bei relativ niedrigen Alkoholwerten; dies ist zeitgemäß und vorbildlich. Schon der Müller-Thurgau machte viel Freude, Silvaner und Grauburgunder präsentierten sich klar und frisch, die drei Großen Gewächse – der Vereinfachung wegen zählen wir den „Vinz"-Silvaner dazu – präsentierten sich sehr präzise und enorm nachhaltig. Ganz faszinierend fanden wir 2010 die beiden Vinz-Weine von alten Reben aus dem Stettener Stein. Aus der Inneren Leiste präferierten wir 2010 ganz leicht den Riesling aufgrund seiner Mineralität, die „Hoch 3"-Weine zeigten die eigenständige Aromatik der Vinz-Weine, stammen sie doch ebenfalls aus dem Stettener Stein. Bestechend gut war auch das Niveau der „einfachen" Terroirweine und edelsüß wurde man bei den Knolls ebenfalls fündig auf höchstem Niveau.

Neue Kollektion

Auch die neue Kollektion bereitet uns viel Freude, „helle Freude" ist man versucht zu schreiben, angesichts der gleichnamigen frischen weißen Gutscuvée. Schon die Gutsweine sind stark wie der reintönige Müller-Thurgau „Frank & Frei", das mittlere Segment bietet reintönige, zupackende Weißweine wie die herrlich fruchtbetonten, harmonischen Silvaner aus Stein und Sonnenstuhl, den fülligen Grauburgunder oder die reintönige Scheurebe mit ihrer feinen Süße; am besten gefällt uns in diesem Segment der zupackende Riesling aus dem Stettener Stein. Die konzentrierte, faszinierende Vinz-Scheurebe begeistert uns wie schon im Vorjahr, der Vinz-Silvaner ist komplex und füllig, besitzt herrlich viel Frucht und Substanz, der saftige „Hoch 3"-Silvaner steht ihm nicht nach. Das Große Gewächs aus der Inneren Leiste sehen wir in diesem Jahr auf Augenhöhe, es ist herrlich reintönig und füllig, besitzt viel reife Frucht und gute Substanz. Beim Riesling sehen wir das Große Gewächs klar vor dem reintönigen, fülligen „Hoch 3": Der Wein aus der Inneren Leiste ist kraftvoll und stoffig, zeigt reife Frucht im Bouquet, gelbe Früchte, ist füllig, harmonisch und lang. Der Montonia-Weißburgunder hat das Holz gut integriert, ist komplex und lang, der elegante Spätburgunder steht ihm kaum nach – und Edelsüßes gibt es ebenfalls wie meist, auf hohem Niveau. Starke Kollektion!

Weinbewertung

86 2011 Müller-Thurgau trocken „Frank & Frei" **6,50 €** ☺
85 2011 „Helle Freude" Weißwein trocken **7,50 €**
85 2011 Silvaner trocken „Muschelkalk" **8,50 €**
87 2011 Silvaner trocken Würzburger Stein **9,50 €**
86 2011 Riesling trocken „Muschelkalk" **8,50 €**
87 2011 Silvaner trocken Randersackerer Sonnenstuhl **9,- €**
87 2011 Grauburgunder trocken Stettener Stein **9,50 €**
88 2011 Riesling trocken Stettener Stein **9,50 €** ☺
90 2011 Silvaner trocken „Hoch 3" **20,- €**
89 2011 Riesling trocken „Hoch 3" **20,- €**
90 2011 Silvaner trocken „Vinz" „Alte Reben" **18,- €**
90 2010 Scheurebe trocken „Vinz" „Alte Reben" **18,- €**
90 2011 Scheurebe trocken „Vinz" „Alte Reben" **18,- €**
90 2011 Weißburgunder trocken „Montonia" **18,- €**
89 2010 Weißburgunder trocken „Montonia" **18,- €**
91 2011 Riesling „GG" Würzburger Innere Leiste **22,- €**
90 2011 Silvaner „GG" Würzburger Innere Leiste **22,- €**
87 2011 Scheurebe Würzburger Innere Leiste **9,50 €**
89 2011 Riesling Auslese Randersackerer Pfülben **20,- €/0,5l**
91 2011 Rieslaner Beerenauslese Stettener Stein **40,- €/0,375l**
84 2011 „Rosamunde" Rosé trocken **7,50 €**
86 2009 Spätburgunder trocken Würzburger Innere Leiste **12,- €**
89 2009 Spätburgunder trocken „Montonia" **25,- €**

★

Friedhelm **Koch**

Weingut

Baden

Rudolf-Diesel-Straße 4, 69234 Dielheim
***Tel.** 06222-70344, **Fax:** 06222-70348*
www.weingut-koch-baden.de
mail@weingut-koch-baden.de
***Besuchszeiten:** Mi.-Fr. 15-18:30 Uhr, Sa. 9-13 Uhr;*
Dez: Mo.-Fr. 15-18:30 Uhr, Sa. 9-13 Uhr

Inhaber .... Friedhelm Koch
Rebfläche .... 6,5 Hektar

Die Reben von Friedhelm und Cornelia Koch wachsen in den Lagen Dielheimer Teufelskopf und Rauenberger Burggraf. Sie bauen die traditionellen Rebsorten der Region an, vor allem die Burgundersorten, wie Spätburgunder, Weißburgunder, Grauburgunder und Auxerrois. Aber auch Riesling, Müller-Thurgau und Gewürztraminer spielen eine wichtige Rolle. Weißweine machen 85 Prozent der Produktion aus. Die Weine werden überwiegend trocken ausgebaut. Sekt, Liköre und Brände ergänzen das Programm. Die Weine werden überwiegend an Privatkunden und die regionale Gastronomie verkauft.

Kollektion

Sehr geschlossen und gleichmäßig präsentierten sich die beiden letzten Kollektionen, so nun auch 2011, der kompakte Weißburgunder „S" ist unser Favorit.

Weinbewertung

80 2011 Auxerrois Kabinett trocken Dielheimer Teufelskopf **12,5 %/6,- €**

81 2011 Grauburgunder trocken Dielheimer Teufelskopf **12,5 %/5,80 €**
83 2011 Weißburgunder „S“ trocken Dielheimer Teufelskopf **13,5 %/6,80 €**
80 2011 Riesling Kabinett „feinherb“ Dielheimer Teufelskopf **12 %/6,- €**
81 2011 Rosé Spätlese trocken Dielheimer Teufelskopf **14 %/5,60 €**
81 2011 Spätburgunder „S“ trocken Dielheimer Teufelskopf **14,5 %/7,20 €**

Holger Koch ★★★
Weingut
Baden

Mannwerk 3, 79235 Bickensohl
Tel. 07662-912258, Fax: 07662-949859
www.weingut-holger-koch.de
hk@weingut-holger-koch.de
Besuchszeiten: nach Vereinbarung

Inhaber .... Holger Koch, Gabriele Engesser
Rebfläche .... 6,5 Hektar

Holger Koch war unter anderem Praktikant beim Grafen Neipperg in St. Emilion und Kellermeister bei Franz Keller in Oberbergen bevor er den Winzerhof der Familie übernahm, den er zusammen mit seinen Eltern und Ehefrau Gabriele Engesser führt. 1999 begann er mit der Selbstvermarktung. Seine Weinberge befinden sich in Bickensohl. Er baut ausschließlich Weiß-, Grau- und Spätburgunder an. Die weißen Qualitätsweine werden im Edelstahl ausgebaut, Rotweine und weiße Selektionsweine werden ausschließlich in Barriques aus französischer Eiche ausgebaut. Die Weine bleiben bis zur Abfüllung auf der Feinhefe liegen. Die Selektions-Spätburgunder werden ohne Filtration abgefüllt. Alle Weine sind durchgegoren und trocken, auch wenn dies nicht auf dem Etikett vermerkt ist. Ab dem Jahrgang 2012 werden die Weine EU-Bio-zertifiziert sein.

Vorjahre

Vor zwei Jahtren gefielen uns erstmals die Weißweine fast noch ein wenig besser als die Rotweine, die noch sehr jugendlich wirkten. Die 2010er Weißweine reichten da nicht ganz heran; die 2009er Rotweine zeigten sich im gewohnten Stil: Reintönig, frisch und mit merklicher Säure.

Neue Kollektion

2011 melden sich die Weißweine wieder zurück in gewohnter Form. Die beiden Herrenstück-Weine sind reintönig und zupackend, kompromisslos vinifiziert, wie auch die 3-Sterne-Selektion, die gute Konzentration und feine rauchige Noten zeigt. Stimmig präsentieren sich auch die Spätburgunder, die 1-Sterne-Selektion besitzt gute Struktur, reintönige Frucht und Biss wie auch der wunderschön präzise, intensive und geradlinige Pinot Noir.

Weinbewertung

86 2011 Weißburgunder Herrenstück **12,5 %/9,50 €**
87 2011 Grauburgunder Herrenstück **12,5 %/9,50 €**
89 2011 Grauburgunder*** Selektion **13 %/15,- €**
85 2011 Spätburgunder Kaiserstuhl **12,5 %/7,90 €**
87 2010 Pinot Noir* Selektion **12 %/15,- €**
89 2010 Pinot Noir*** **12 %/22,50 €**

Arndt Köbelin ★★★
Weingut
Baden

Altweg 131, 79356 Eichstetten
Tel. 07663-1414, Fax: 07663-912666
www.weingut-koebelin.de
info@weingut-koebelin.de
Besuchszeiten: Do. + Fr. 9-12 + 15-18 Uhr, Sa. 9-12 Uhr und nach Vereinbarung

Inhaber .... Arndt Köbelin
Rebfläche .... 10 Hektar

Arndt Köbelin gründete – nach Küferlehre und Tätigkeit in verschiedenen Betrieben, zuletzt als Kellermeister der Winzergenossenschaft Durbach – 2005 sein eigenes Weingut. Seine Eltern hatten bis dahin den Ertrag ihrer 3,5 Hektar Reben an die örtliche Genossenschaft abgeliefert. Arndt Köbelin erweiterte die Rebfläche, baute 2006 ein neues Weingut mit Keller, 2011 wurde ein neuer Degustations- und Verkaufsraum eröffnet. Seine Weinberge liegen alle im Eichstetter Herrenbuck, wo die Reben auf Vulkanverwitterungsgestein mit Lössauflage wachsen. Er baut vor allem die Burgundersorten an, Spätburgunder, Grauburgunder und Weißburgunder nehmen jeweils ein Viertel der Rebfläche ein. Dazu gibt es Riesling, Müller-Thurgau, Scheurebe und Gewürztraminer.

Vorjahre

Vor zwei Jahren konnte Arndt Köbelin weiter zulegen, nicht nur die Rotweine überzeugten, auch mit seinen Weißweinen zeigte Arndt Köbelin eine geschickte Hand. Und es ging weiter aufwärts, selbst in einem Jahrgang wie 2010: Die beiden im Holz ausgebauten weißen Burgunder besaßen im vergangenen Jahr Struktur und Kraft wie auch der noch allzu tanninbetonte Barrique-Spätburgunder; sehr erfreulich fanden wir das gute Gesamtniveau, auch die restsüßen Spätlesen überzeugten.

Weißweine 2011

Ganz stark sind nun auch die 2011er Weißweine mit reintönigen, kraftvollen Kabinettweinen von Weißburgunder, Grauburgunder und Muskateller. Die 3-Sterne-Selektionen sind nochmals stärker: Der Weißburgunder ist reintönig bei dezenter Vanillenote, besitzt gute Struktur und Substanz, noch ein klein wenig besser gefällt uns der Grauburgunder, der wunderschön komplex und frisch ist, kraftvoll und reintönig.

Rotwein 2010

Aber auch die Spätburgunder präsentieren sich stimmig: Die Holzfass-Variante ist fruchtbetont und klar, die 3-Sterne-Selektion besitzt feine rauchige Noten, reintönige Frucht und gute Struktur. Eine weitere, klare Steigerung bringt der neue Eichenlaub-Spätburgunder: Er zeigt feinen Duft im Bouquet, reintönige Frucht, ist klar und stoffig im Mund, druckvoll, komplex, besitzt feine süße Frucht und gute Struktur. Zu guter Letzt gibt es 2011 eine Spätburgunder Trockenbeerenauslese, konzentriert, süß und klar bei feinem Biss.

Weinbewertung

84 2011 Weißburgunder Kabinett trocken **13 %/7,70 €**
84 2011 Grauburgunder Kabinett trocken **13 %/7,90 €**
85 2011 Muskateller Kabinett trocken **11 %/8,90 €**
89 2011 Weißburgunder*** trocken Holzfass **13,5 %/12,50 €**
90 2011 Grauburgunder*** trocken Holzfass **13,5 %/12,50 €** ☺
86 2011 Gewürztraminer Spätlese **13 %/10,50 €**
85 2010 Spätburgunder trocken Holzfass **13 %/9,50 €**
88 2010 Spätburgunder*** trocken Barrique **13,5 %/14,50 €**
92 2010 Spätburgunder*** trocken „Eichenlaub" Barrique **13,5 %/40,- €**
90 2011 Blauer Spätburgunder Trockenbeerenauslese **9 %/39,50 €**

★★★

J. Kögler KG

Weingut

Rheingau

Kirchgasse 5, 65343 Eltville
***Tel.** 06123-2437, **Fax**: 06123-81118*
www.weingut-koegler.de
info@weingut-koegler.de
***Besuchszeiten**: Mo.-Fr. ab 8 Uhr, Sa. & So. ab 12 Uhr oder nach Vereinbarung*

Inhaber .... Ferdinand Koegler
Rebfläche .... 34 Hektar

Das Weingut befindet sich in einem Gebäude, dessen Geschichte auf das Jahr 1420 zurückgeht, die dazugehörigen Weinberge liegen in Eltville, Kiedrich, Walluf und Hochheim. Neben Riesling und Spätburgunder baut Ferdinand Koegler als einer der wenigen Winzer in Deutschland den Grünen Veltliner an. Als weitere Kuriosität gehört inzwischen der Zweigelt zum Programm. Im Jahr 2000 übernahm Ferdinand Koegler das traditionsreiche Eltviller Weingut Oekonomierat Fischer Erben mit 7,5 Hektar Weinbergen in den Eltviller Lagen Sonnenberg und Kalbspflicht. Koegler vergärt die Weine mit Reinzucht- bzw. natürlichen Hefen und lässt sie möglichst lange auf der Feinhefe lagern. Der Riesling namens „Alte Villa" reift immer im großen Holzfass, die Rotweine werden stets erst sehr spät präsentiert: Verständlich, wenn man weiß, dass beispielsweise das Erste Gewächs aus dem Eltviller Sonnenberg 24 Monate im Barrique reifen darf. Die Tannine sind bei diesen kompakten Spätburgundern trotzdem gut integriert.

Vorjahre

Aus dem Jahrgang 2009 wurden viele spannende Weine vorgestellt, allen voran das herrlich saftige, animierende Erste Gewächs. 2010 überzeugte nicht zum ersten Mal der Grüne Veltliner, auch die Süßweine hatten unbestreitbare Klasse. Dazu kamen Spätburgunder aus dem Jahrgang 2008, die durch ihren hohen Alkohol etwas unnahbar wirkten.

Neue Kollektion

Die 2011er hinterlassen, auch wenn lediglich drei Weine vorgestellt wurden, einen sehr guten Eindruck. Ein knackiger, wunderschön trockener Grüner Veltliner mit pfeffriger Würze sowie der saftige Riesling namens „Alte Villa" überzeugen voll. Das Erste Gewächs aus 2010 hat sich positiv entwickelt und den Alkohol eingebunden, wirkt trocken und präzise. Die 2009er Rotweine scheinen mit ihrer reifen Beerenfrucht noch fülliger und dichter als jene des Vorjahres, und man fragt sich, ob in diesen Fällen die Eleganz nicht ein wenig auf der Strecke geblieben ist.

Weinbewertung

86 2011 Grüner Veltliner trocken **12 %/9,- €**
85 2011 Riesling trocken „Alte Villa" **12,5 %/8,- €**
88 2010 Riesling Erstes Gewächs Eltviller Sonnenberg **14 %/19,50 €**
85 2011 Riesling „1467" **12 %/9,- €**
86 2009 Spätburgunder trocken „Rubeus" **15 %/18,- €**
86 2009 Spätburgunder trocken Erstes Gewächs Eltviller Sonnenberg **15,5 %/45,- €**

★☆

Dr. Koehler

Weingut

Rheinhessen

Pfandturmstraße 16, 67595 Bechtheim
***Tel.** 06242-1525, **Fax:** 06242-904881*
www.dr-koehler-wein.de
info@dr-koehler-wein.de
***Besuchszeiten**: nach Vereinbarung*

Inhaber .... Christian Dreißigacker
Rebfläche .... 15 Hektar

2006 hat die Familie Dreißigacker das bereits seit 1898 bestehende Weingut Dr. Koehler übernommen. Christian Dreißigacker führt das Gut, hat mit der Umstellung auf zertifiziert biologischen Weinbau begonnen. Im Anbau dominieren Riesling und die Burgundersorten.

Vorjahre

2009 besaß der Mandelbaum-Riesling Substanz und Kraft. 2010 waren die Weine einfach und verhalten – einen Mandelbaum-Riesling gab es nicht.

Jahrgang 2011

Mit dem Jahrgang 2011 gewinnt das Programm an Kontur. Die Gutsweine sind klar und frisch, die Ortsweine fülliger, aber ebenso reintönig, wie auch die Süßweine. Unser klarer Favorit aber ist der Mandelbaum-Riesling, der füllig und kraftvoll ist, reife Frucht und Substanz besitzt.

Weinbewertung

82 2011 Riesling trocken **12 %/5,80 €**
83 2011 Weißburgunder trocken **13 %/6,90 €**
83 2011 Chardonnay & Weißburgunder trocken **13 %/7,- €**
84 2011 Grauburgunder trocken Bechtheimer **13,5 %/9,50 €**
84 2011 Gewürztraminer trocken Bechtheimer **13,5 %/9,50 €**
84 2011 Riesling trocken Bechtheimer **12,5%/8,50€**
84 2011 Sauvignon Blanc trocken „Pfandturm" **12,5 %/6,50 €**
85 2011 Grauburgunder trocken „Pfandturm" **12,5 %/6,50 €**
87 2011 Riesling trocken „Weißer Mandelbaum" **13 %/12,50 €**
82 2011 Riesling „feinherb" **12,5 %/5,80 €**
84 2011 Scheurebe Kabinett **10,5 %/5,50 €**
85 2011 Riesling Auslese **10 %/9,50 €/0,5l**

★★★★☆

Koehler-Ruprecht

Weingut **Pfalz**

Weinstraße 84, 67169 Kallstadt
***Tel.** 06322-1829, **Fax**: 06322-8640*
www.koehler-ruprecht.com
info@koehler-ruprecht.com
***Besuchszeiten**: Mo.-Fr. 9-11:30 + 13-17 Uhr oder nach Vereinbarung*
Gutsausschank „Weincastell" (Spezialitätenrestaurant, Hotel)

Inhaber .... Bernd Philippi
Rebfläche .... 12 Hektar

Bernd Philippi macht die eigenwilligsten und faszinierendsten Weine in der Pfalz. Was heißt in der Pfalz, in Deutschland! Kein anderer gibt seinen Weinen so viel Zeit, bis er sie in den Verkauf bringt. Die 2009er Riesling Auslese „RR" beispielsweise wird nicht vor 2016 in den Verkauf kommen. Verkostet man einmal ältere Jahrgänge dieses Weins, dann kann man verstehen warum. Aber auch schon in ihrer Jugend verraten sie, was in ihnen steckt. Alle Weine von Bernd Philippi sind enorm stoffig und bestechen durch ihre Nachhaltigkeit. Sie schwimmen gegen den Strom an und trotzen dem Trend, möglichst frische, konsumreife Weine sehr jung auf den Markt zu bringen. Sie sind in ihrer Jugend sicherlich schwierig für den, der solche Weine nicht (mehr) kennt. Sie sind von enormer Lagerfähigkeit, nicht nur die Reserve-Weine (R oder RR), sondern auch die „einfachen" Rieslinge und die barriqueausgebauten Burgunder. Es sind Weine mit Wiedererkennungswert – von welch anderem Winzer kann man solches behaupten?

Vorjahre

Vor zwei Jahren waren die 2009 Auslesen R und RR vom Saumagen Riesling-Monumente. Elf Rieslinge hatten wir verkostet – es war eine der besten Kollektionen des Jahrgangs in der Pfalz. Im vergangenen Jahr war die Kollektion überschaubar, sechs Weine haben wir verkostet, zwei feine Weißburgunder und vier Rieslinge, davon ein Saumagen-Trio – ohne „R". Auf die Top-Weine hat die Truppe um Bernd Philippi im Jahrgang 2010 verzichtet.

Neue Kollektion

In diesem Jahr gibt es vom Riesling-Jahrgang 2011 wieder zwei R-Weine, allerdings sehen wir von einer Bewertung ab. Die Weine kamen als füllfertige Fassproben zur Verkostung, zeigen sich aber – wie der Kabinett vom Saumagen – völlig verschlossen und von Filternoten belastet. Da die R-Weine erst 2015 (Spätlese) und 2017 (Auslese) in den Verkauf kommen, ist das auch nicht tragisch - bis dahin werden sie sich beruhigt haben. Die beiden anderen Fassproben, Spätlese trocken und Auslese trocken, zeigen sich zugänglicher. Die Spätlese ist eindringlich und weich, mit viel Stoff und leichtem Biss, die trockene Auslese ist eigenwillig, hat Biss und Spannung. Weich und mild ist der Weißburgunder Kabinett, die Spätlese vom Annaberg ist elegant und cremig-weich. Die Spätlese „R" von 2008, die jetzt in den Verkauf kommt, öffnet sich langsam, sie ist elegant und zeigt Nussaromen. Die süße Auslese ist klar und leichtfüßig.

Weinbewertung

85 2011 Weißburgunder Kabinett trocken **12,5 %/6,- €** ☺
87 2011 Weißburgunder Spätlese trocken Kallstadter Annaberg **13 %/10,- €**
84 2011 Riesling Kabinett trocken Kallstadter **12,5 %/6,- €**
o.B. 2011 Riesling Kabinett trocken Kallstadter Saumagen **13 %/ 9,- €**
(87) 2011 Riesling Spätlese trocken Kallstadter Saumagen **13 %/13,50 €**
(89) 2011 Riesling Auslese trocken Kallstadter Saumagen **13 %/20,- €**
o.B. 2011 Riesling Spätlese trocken „R" Kallstadter Saumagen **13 %/13,50 € (Verkauf ab 2015)**
o.B. 2011 Riesling Auslese trocken „R" Kallstadter Saumagen **13 %/(Verkauf ab 2015)**
91 2008 Riesling Spätlese trocken Kallstadter Saumagen „R" **12,5 %/30,- €**
88 2011 Riesling Auslese Kallstadter Saumagen **10,5 %/16,- €**

★

Christoph **Koenen**

Weingut

Mosel

Am Eichhaus 4a, 54518 Minheim
Tel. 06507-939970, Fax: 06507-939975
www.ck-weine.de
info@ck-weine.de
Besuchszeiten: täglich nach Vereinbarung

Inhaber.........Simone und Christoph Koenen
Rebfläche...............................3 Hektar

Christoph Koenen übernahm im Jahr 2000 den elterlichen Betrieb in Minheim. Er baut zu 85 Prozent Riesling an, hinzu kommen Müller-Thurgau und Weißburgunder. Seit dem Umzug in ein neues Kellereigebäude werden die Weine im Edelstahl vergoren und sehr lange auf der Feinhefe ausgebaut.

Neue Kollektion

Beim guten Debüt im vergangenen Jahr war die trockene Spätlese aus dem Rosenberg unser Favorit in einer gleichmäßigen Kollektion. 2011 haben die süßen Rieslinge die Nase vorne: Die klare, zupackende Spätlese bereitet viel Freude, die Auslese zeigt viel Duft und Biss, die dicke Trockenbeerenauslese ist etwas von Kaffeenoten geprägt.

Weinbewertung

79 2011 Riesling trocken **11,5 %/5,50 €**
80 2011 Riesling trocken Minheimer **11,5 %/6,50 €**
83 2011 Riesling Spätlese trocken Minheimer Rosenberg **11,5 %/8,- €**
80 2011 Riesling halbtrocken Minheimer **11,5 %/6,50 €**
80 2011 Riesling Spätlese „feinherb" **10,5 %/8,- €**
80 2011 Riesling Minheimer **9,5 %/6,50 €**
81 2011 Riesling Kabinett **9 %/7,50 €**
85 2011 Riesling Spätlese **8 %/8,- €**
85 2011 Riesling Auslese **8 %/9,50 €/0,5l**
86 2011 Riesling Trockenbeerenauslese **6 %/50,- €/0,375l**

★★★

Robert **König**

Weingut

Rheingau

Landhaus Kenner, 65385 Assmannshausen
Tel. 06722-1064, Fax: 06722-48656
www.weingut-robert-koenig.de
info@weingut-robert-koenig.de
Besuchszeiten: nach Vereinbarung
Schlemmerwochen (Mai) und Tage der offenen Keller (September)

Inhaber............................Robert König
Rebfläche..............................8 Hektar

Weinanbau wird in der Familie König mindestens schon seit dem Jahr 1704 betrieben, inzwischen wird das Gut von Diplom-Weinbauingenieur Robert König junior geführt. Seine Spezialität sind Spätburgunder (etwa 90 Prozent der Rebfläche sind mit dieser Sorte bepflanzt), allerdings sind auch Frühburgunder, Weißburgunder und etwas Riesling im Anbau. König bewirtschaftet Parzellen im Assmannshäuser Höllenberg sowie im Assmannshäuser Frankenthal und in Rüdesheim. Im Gegensatz zu den meisten anderen Rheingauer Rotweinerzeugern pflegt Robert König einen etwas fruchtbetonteren, eleganteren Spätburgunderstil. Die Weine sind vergleichsweise hellfarbig, die Frucht ist präsent, nie wirkt das Holz aufdringlich. Allzu lange Ausbauzeiten im Fass sind hier unbekannt. Man würde sich wünschen, dass mehr Winzer im Rheingau solche animierenden Rotweine erzeugen. Angesichts vieler überkonzentrierter Spätburgunder sind die Erzeugnisse aus dem Hause König immer wieder ein Lichtblick.

Vorjahre

Die 2009er besaßen aller Fülle und des Alkohols zum Trotz feine Frucht und Eleganz. Deutlich schlanker, aber nicht weniger fein präsentierten sich die vorgestellten 2010er, an der Spitze ein wunderschön saftiger, herrlich süffiger Frühburgunder aus dem Höllenberg.

Neue Kollektion

In der neuen Kollektion zeigt bereits der trockene Riesling mustergültig den Stil des Hauses: Er wirkt rassig und zugänglich, angenehm trocken und würzig. Ebenso animierend ist der rote Kabinettwein mit Beerennote und knackiger, aber keineswegs unreifer Säure. Der nach Kirschen duftende Frühburgunder überzeugt ebenso wie die dichte, kompakte, entwicklungsfähige Spätburgunder Auslese, der man noch etwas Reife gönnen sollte. Eine Meisterleistung.

Weinbewertung

83 2011 Riesling Spätlese trocken Rüdesheimer **13 %/7,25 €**
83 2011 Spätburgunder „Blanc de Noir" trocken Assmannshäuser Höllenberg **13 %/7,25 €**
86 2011 Spätburgunder Kabinett trocken Assmannshäuser Höllenberg **12 %/9,75 €**
87 2011 Spätburgunder Spätlese trocken Assmannshäuser Höllenberg **13 %/15,25 €**
87 2011 Frühburgunder Spätlese trocken Assmannshäuser Höllenberg **13,5 %/17,25 €**
87 2011 Spätburgunder Auslese trocken **14 %/19,50 €**

★

Königschaffhausen-

Kiechlinsbergen, Winzergenossenschaft **Baden**

Kiechlinsberger Straße 2-6
79346 Endingen-Königschaffhausen
***Tel.** 07642-90410, **Fax**: 07642-804141*
www.koenigschaffhauser-wein.de / www.kiechlinsberger-wein.de
info@koenigschaffhauser-wein.de / info@kiechlinsberger-wein.de
***Besuchszeiten**: Jan.-März: Mo.-Fr. 8-12 + 13:30-17:30 Uhr; Apr.-Dez.: Mo.-Fr. 8-17:30 Uhr, Sa. 9-14 Uhr*

Geschäftsführer .... Günter Zimmermann
Kellermeister .... Reiner Roßwog, Hans Ens
Mitglieder 650
Rebfläche .... 320 Hektar

Die 1933 gegründete Genossenschaft von Königschaffhausen und die 1930 gegründete Genossenschaft Kiechlinsbergen haben 2012 fusioniert und treten nun als Winzergenossenschaft Königschaffhausen-Kiechlinsbergen auf. Ihre 650 Mitglieder bewirtschaften 320 Hektar Weinberge in den Königschaffhauser Lagen Hasenberg und Steingrüble und den Kiechlinsberger Lagen Ölberg und Teufelsburg. Der Schwerpunkt der Produktion liegt bei den Burgundersorten. Dazu gibt es Gewürztraminer, Scheurebe, Chardonnay, Müller-Thurgau, Riesling und Sauvignon Blanc, sowie Cabernet Sauvignon. Bereits seit 1985 werden in Königschaffhausen Weine im Barrique ausgebaut.

Vorjahre

Vor zwei Jahren zeigten vor allem die beiden Königschaffhauser Barrique-Rotweine Klasse. Die letztjährige Kollektion war deutlich verhaltener, am besten gefiel uns die Scheurebe Trockenbeerenauslese aus dem Jahrgang 2009, in der Kiechlinsberger Kollektion waren der Chardonnay Sekt und der 2007er Barrique-Spätburgunder unsere Favoriten.

Neue Kollektion

Die neue Kollektion ist etwas verhalten, bietet aber zwei Spitzen mit dem fülligen, kraftvollen, im Barrique ausgebauten Grauburgunder des Jahrgangs 2010 und der saftigen, wunderschön reintönigen Scheurebe Auslese aus 2011.

Weinbewertung

83 2009 Pinot Sekt brut Kiechlinsberger Ölberg **12,5 %/11,50 €**

80 „Kösecco" Perlwein **10,3 %/7,- €**

81 2011 Grauburgunder trocken „KS" Kiechlinsberger Ölberg **12 %/11,45 €**

79 2011 Weißburgunder Kabinett trocken Kiechlinsberger Teufelsburg **12,5 %/6,35 €**

81 2011 Pinot Noir „Blanc de Noirs" trocken Königschaffhauser Steingrüble **12,5 %/6,65 €**

81 2011 Grauburgunder trocken „KB" Königschaffhauser Hasenberg **13,5 %/6,95 €**

82 2011 Weißburgunder Spätlese trocken Königschaffhauser Hasenberg **13,5 %/7,90 €**

85 2010 Grauburgunder trocken Barrique Königschaffhauser Hasenberg **13,5 %/13,90 €**

86 2011 Scheurebe Auslese Königschaffhauser Vulkanfelsen **8 %/13,65 €(0,375l**

79 2011 Spätburgunder trocken „1150 Jahre" Kiechlinsberger Ölberg **13 %/7,40 €**

80 2011 Spätburgunder Spätlese trocken Kiechlinsberger Ölberg **14,5 %/9,75 €**

81 2010 Spätburgunder trocken Selection Königschaffhauser Steingrüble **13 %/11,05 €**

K

Die besten deutschen Weinerzeuger und ihre Weine

Tobias Köninger

★☆

Weingut

Baden

Steinebach 24, 77876 Kappelrodeck
***Tel.** 07842-996999, **Fax**: 07842-996145*
www.weingut-koeninger.de
post@weingut-koeninger.de
***Besuchszeiten**: nach Vereinbarung*

Inhaber .... Tobias Köninger
Rebfläche .... 3 Hektar

Tobias Köninger hat 2000 mit der Selbstvermarktung begonnen. Seine Weinberge liegen im Kappelrodecker Hex vom Dasenstein, wo die Reben auf Granitverwitterungsböden wachsen, und im Renchener Kreutzberg, wo er auf sehr tiefgründigen Löss- und Lehmböden vor allem Cabernet Sauvignon anbaut. 70 Prozent der Fläche nimmt Spätburgunder ein, die restlichen 30 Prozent verteilen sich zu gleichen Teilen auf Riesling, Grauburgunder, Cabernet Sauvignon und Gewürztraminer. Alle Rotweine werden im Holzfass ausgebaut.

Vorjahre

Der Pinot Noir Reserve gefiel uns 2008 sehr gut, gehörte vor zwei Jahren zusammen mit Cabernet Sauvignon und Gewürztraminer zu den besten Weinen einer ansprechenden Kollektion; auch in der letztjährigen, sehr gleichmäßigen Kollektion war er unser klarer Favorit.

Neue Kollektion

Sehr gleichmäßig präsentiert sich nun auch die neue Kollektion angefangen vom süffigen Sekt über klare, geradlinige Rieslinge, einen wunderschön reintönigen Gewürztraminer bis hin zu zwei kraftvollen, reintönigen Rotweinen des Jahrgangs 2009: Dies lässt auf mehr hoffen für die kommenden Jahre.

Weinbewertung

84 2010 Rosé Sekt trocken **12,5 %/10,60 €**

82 2011 Riesling Kabinett trocken **11,5 %/7,90 €**

83 2011 Grauburgunder Kabinett trocken **12 %/8,50 €**

84 2011 Riesling Spätlese trocken **12,5 %/9,90 €**
82 2011 Riesling Kabinett **11 %/7,90 €**
85 2011 Gewürztraminer Spätlese **12,5 %/9,90 €/0,5l**
82 2011 Spätburgunder trocken Holzfass **13 %/8,40 €**
84 2009 Pinot Noir trocken **13,5 %/9,90 €**
85 2009 Cabernet Sauvignon trocken **14 %/12,90 €**

Köwerich ★★

Weingut

Mosel

Maximinstraße 11, 54340 Leiwen
Tel. 06507-4282, *Fax*: 06507-3037
www.weingutkoewerich.de
weingut.koewerich@t-online.de
Besuchszeiten: nach Vereinbarung

Inhaber .... Nick Köwerich
Rebfläche .... 9,5 Hektar

Nick Köwerich übernahm das Weingut 1994 von seinen Eltern. Er baut ausschließlich Riesling an. Das Weingut ist mit seinem Marketingkonzept, den eingängigen Weinnamen und den originellen Etiketten weit über die Region hinaus bekannt geworden. Es werden nur wenige Weine erzeugt, in manchen Jahren ergänzen edelsüße Weine das Programm. „Einblick No. 1" und „Für Feen und Elfen" werden reduktiv ausgebaut, die „Für Träumer und Helden"-Rieslinge im großen Holzfass.

Vorjahre

Die 2009er überzeugten durchweg und sehr stimmig präsentierte sich auch der Jahrgang 2010, vor allem die beiden reintönigen süßen Spätlesen bereiteten viel Freude, eine Beerenauslese krönte die Kollektion.

Jahrgang 2011

Mit der 2011er Trockenbeerenauslese ist Nick Köwerich allerdings über das Ziel hinausgeschossen – es ist nicht allein das Mostgewicht, das zählt. Der Rest der Kollektion überzeugt mehr, allen voran der konzentrierte, würzige Weine aus der Laurentiuslay, der füllig und kraftvoll ist, viel reife Frucht und Substanz besitzt.

Weinbewertung

82 2011 Riesling „Einblick No. 1" **11 %/7,50 €**
82 2011 Riesling „Für Feen und Elfen" **10 %/9,50 €**
84 2011 Riesling Spätlese „Für Träumer und Helden" Köwericher Laurentiuslay **8,5 %/12,50 €**
84 2011 Riesling Spätlese „Für Träumer und Helden" Leiwener Laurentiuslay **8,5 %/12,50 €**
85 2011 Riesling „Nic und Nick" **12 %/15,- €**
87 2011 Riesling Leiwener Laurentiuslay **12,5 %/auf Anfrage**
76 2011 Riesling Trockenbeerenauslese Leiwener Laurentiuslay **6 %/auf Anfrage**

Konstanz ★

Spitalkellerei, Böttcher u. Düringer GbR

Baden

Brückengasse 16, 78462 Konstanz
Tel. 07531-128760, Fax: 07531-1287611
www.spitalkellerei-konstanz.de
info@spitalkellerei-konstanz.de
Besuchszeiten: Mo.-Fr. 9-12 + 14-18 Uhr, Sa. 9-13 Uhr

Inhaber .. Hubert Böttcher & Stephan Düringer
Rebfläche .... 18,5 Hektar

Die auf die 1255 gegründete Spitalstiftung Konstanz zurückgehende Spitalkellerei ist Deutschlands älteste Weinbau betreibende Stiftungskellerei und die zweitälteste Europas. Die Weinberge liegen in der Konstanzer Sonnenhalde und der Meersburger Haltnau. An Rebsorten gibt es Spätburgunder, Müller-Thurgau, Grauburgunder, Weißburgunder, Chardonnay, Traminer, Regent, Schwarzriesling, Bacchus, Cabernet Mitos und Dakapo.

Vorjahre

Vor zwei Jahren wurde die Kollektion angeführt vom kraftvollen, barriqueausgebauten Spätburgunder. Die letztjährige Kollektion war etwas verhaltener, aber von guter, gleichmäßiger Qualität.

Neue Kollektion

Ähnlich präsentiert sich nun auch der neue Jahrgang, ist von sehr gleichmäßiger Qualität. Highlight der Kollektion ist die wunderschön saftige, reintönige trockene Grauburgunder Spätlese aus der Sonnenhalde.

Weinbewertung

80 2011 Müller-Thurgau trocken Konstanzer Sonnenhalde **12,5 %/6,40 €**

81 2011 Chardonnay trocken Konstanzer Sonnenhalde **12,5 %/8,40 €**

81 2011 Weißburgunder trocken Meersburger Haltnau **12,5 %/8,40 €**

82 2011 Grauburgunder trocken Konstanzer Sonnenhalde **12,5 %/8,90 €**

85 2011 Grauburgunder Spätlese trocken Konstanz Sonnenhalde **12,5 %/12,50 €**

80 2011 Pinot Meunier „Blanc de Noir" Konstanzer Haltnau **12 %/7,40 €**

81 2011 Müller-Thurgau Meersburger Haltnau **9 %/6,40 €**

80 2011 Spätburgunder Weißherbst halbtrocken Meersburger Haltnau **12,5 %/7,60 €**

79 2011 Spätburgunder Rosé trocken Meersburger Haltnau **12,5 %/6,60 €**

79 2010 Spätburgunder trocken Konstanzer Sonnenhalde **13 %/8,90 €**

82 2010 „Imperia" Rotwein trocken **13 %/12,50 €**

Konstanzer

★★☆

Weingut

Baden

Quellenstraße 22, 79241 Ihringen
***Tel.** 07668-5537, **Fax**: 07668-5097*
www.weingut-konstanzer.de
info@weingut-konstanzer.de
***Besuchszeiten**: Mo.-Fr. 17-19 Uhr, Sa. 10-17 Uhr und nach Vereinbarung*

Inhaber .... Horst und Petra Konstanzer
Rebfläche .... 9 Hektar

1983 haben Horst und Petra Konstanzer, damals noch im Nebenerwerb, ihren ersten Wein gemacht. 1989 übernahmen sie den elterlichen Betrieb, der bis dahin die Trauben an die Genossenschaft abgeliefert hatte, betreiben ihn seither im Haupterwerb. Ihre Weinberge liegen in Ihringen in den Lagen Winklerberg und Fohrenberg. 85 Prozent ihrer Weinberge nehmen die Burgundersorten und Chardonnay ein. Hinzu kommen Silvaner, Müller-Thurgau, Riesling, Muskateller und Gewürztraminer. In der hauseigenen Brennerei werden Obstschnäpse und Edelbrände destilliert.

Vorjahre

Ganz stark und gleichmäßig war die Kollektion vor zwei Jahren, bot kraftvolle, reintönige Spätburgunder des Jahrgangs 2008 und füllige weiße Spätlesen des Jahrgangs 2009. 2010 blieb jahrgangsbedingt klar dahinter zurück, so dass uns im weißen Segment die beiden holzwürzigen Weine aus 2009, Chardonnay und Grauburgunder, im vergangenen Jahr klar am besten gefielen. Die stimmige 2009er Spätburgunder-Kollektion wurde wie im Jahrgang 2007 angeführt vom faszinierenden „pur".

Neue Kollektion

In diesem Jahr nun präsentiert sich die Kollektion in gewohnter Form. Die Kabinettweine sind klar und geradlinig, die Spätlesen fülliger und kraftvoller. Der 2010er Grauburgunder aus dem Holzfass besitzt gute Konzentration, viel Würze und Frucht, der im Barrique ausgebaute Chardonnay ist kraftvoll und strukturiert. Überzeugend sind aber auch die Spätburgunder des Jahrgangs 2010, wenn auch vielleicht etwas weniger füllig als sonst, bestechen mit ihrer Reintönigkeit. Unser Favorit ist die kraftvolle Barrique-Variante, die gute Struktur, Frische und Eleganz besitzt.

Weinbewertung

83 2011 Weißburgunder Kabinett trocken **13 %/7,50 €**

82 2011 Grauburgunder Kabinett trocken

13 %/7,50 €

85 2011 Silvaner Spätlese trocken Ihringer Winklerberg **13 %/8,50 €**

85 2011 Muskateller Spätlese trocken Ihringer Winklerberg **13,5 %/11,50 €**

86 2011 Weißburgunder Spätlese trocken Ihringer Winklerberg **13,5 %/13,- €**

84 2011 Grauburgunder Spätlese trocken Ihringer Winklerberg **13,5 %/13,50 €**

87 2010 Grauburgunder Spätlese trocken Holzfass Ihringer Winklerberg **14 %/14,- €**

87 2010 Chardonnay Spätlese trocken Barrique Ihringer Winklerberg **13 %/14,- €**

83 2010 Spätburgunder trocken **12,5 %/8,- €**

85 2010 Spätburgunder trocken Ihringer Winklerberg **12,5 %/10,30 €**

87 2010 Spätburgunder Spätlese trocken Ihringer Winklerberg **13 %/14,50 €**

89 2010 Spätburgunder Spätlese trocken Barrique Ihringer Winklerberg **13 %/21,- €**

★★

Dr. Andreas **Kopf**

Weingut

Pfalz

Am Frohnacker 1, 76829 Landau-Mörzheim
Tel. *06341-32355,* ***Fax:*** *06341-939395*
biolandhofkopf@t-online.de
www.weingut-dr-kopf.de
Besuchszeiten: *nach Vereinbarung*

Inhaber .... Dr. Andreas Kopf
Rebfläche .... 1,4 Hektar

Mit einer Rebfläche von nur 1,4 Hektar gehört der Betrieb von Dr. Andreas Kopf zu den ganz kleinen Weingütern in der Pfalz. In seinem Hauptberuf als Lehrer – nach Winzerlehre und Studium der Agrarwissenschaften – unterrichtet Andreas Kopf die angehenden Winzer an der Berufsbildenden Schule des DLR Rheinpfalz, der „Weinbauschule" in Neustadt/Weinstraße. Seit 1991 ist er Mitglied bei Bioland. In seinen Weinbergen in den Lagen Mörzheimer Pfaffenberg und Wollmesheimer Mütterle baut er überwiegend Burgundersorten an, daneben Riesling.

Vorjahre

Vor zwei Jahren stellten wir einen deutlichen Sprung nach vorne fest. Neben dem Blanc de Noir Sekt hatten uns zwei Grauburgunder am besten gefallen. Bis auf den Sekt und die Cuvée hatten alle Weine weniger als ein Gramm Restzucker, Weißburgunder und Grauburgunder Spätlese wurden mit 0,0 Gramm analysiert. Im Gegensatz dazu wiesen die Weine im letzten Jahr alle deutlichen Restzucker auf. Die Kollektion war erneut sehr gleichmäßig, an der Spitze stand die Jubiläums-Cuvée aus Grau- und Weissburgunder mit viel reifer süßer Frucht.

Neue Kollektion

In diesem Jahr sind die Weißweine wieder knochentrocken ausgebaut, wirken dadurch sehr puristisch und brauchen viel Luft. Unser Favorit unter den Weißen ist der Sylvaner mit Biss und klarer Frucht, übertroffen wird er noch von dem in Pfälzer Eiche ausgebauten stoffigen Spätburgunder.

Weinbewertung

83 2011 Sylvaner trocken **12,5 %/6,50 €**

81 2011 Weißer Burgunder Kabinett trocken **12 %/6,- €**

82 2011 Grauer Burgunder trocken **12,5 %/6,- €**

81 2011 Riesling Kabinett trocken **11,5 %/6,50 €**

82 2011 Spätburgunder Weißherbst Kabinett trocken **12 %/5,50 €**

85 2009 Spätburgunder Spätlese trocken „Pfälzer Eiche" **14 %/12,- €**

★★★

Kopp
Weingut

Baden

Ebenunger Straße 21
76547 Sinzheim-Ebenung bei Baden-Baden
***Tel.** 07221-803601, **Fax:** 07221-803602*
www.weingut-kopp.com
info@weingut-kopp.com
***Besuchszeiten:** Mo.-Fr. 14-18 Uhr, Sa. 10-13 Uhr, So. + feiertags geschlossen*

Inhaber .... Familie Kopp
Rebfläche .... 17 Hektar

Das Weingut Kopp liegt in der unteren Ortenau in dem kleinen Weiler Ebenung, zwischen Varnhalt und Sinzheim. Nach einem einjährigen Praktikum bei Bernhard Huber in Malterdingen und einer Winzerlehre begann Ewald Kopp 1996 mit der Selbstvermarktung; seit 2009 bewirtschaftet man auch die Weinberge des Klosterguts Fremersberg mit der Lage Feigenwäldchen. Wichtigste Rebsorten sind Spätburgunder und Riesling, die zusammen 70 Prozent der Rebfläche einnehmen. Hinzu kommen Weißburgunder, Grauburgunder, Chardonnay, Sauvignon Blanc und Scheurebe. Die Spätburgunder kommen nach der Maischegärung in Holzfässer, die Weißweine werden langsam und kühl vergoren und in Edelstahltanks ausgebaut. Die Weine der Selektions-Linie („S") werden im Barrique ausgebaut. Der Bertrieb wird nach dem Tod von Ewald Kopp von Ehefrau Birgit und Sohn Johannes geführt.

Vorjahre

Vor zwei Jahren haben wir nur 2009er Weißweine zu verkosten bekommen; in einer gleichmäßigen Kollektion gefielen uns Chardonnay und Sauvignon Blanc am besten. Die 2010er Weißweine präsentierten sich gleichmäßig auf gutem Niveau, die Spätburgunder-Riege war im vergangenen Jahr stärker.

Neue Kollektion

2011 wissen die Weißweine zu überzeugen – gut gefallen die Rieslinge aus dem Feigenwäldchen, zeigen eine schöne, sehr eigenständige Aromatik, Anklänge an Limone. Auch der füllige Chardonnay „S" gefällt uns sehr gut, ebenso der reintönige, zupackende trockene Muskateller.

Weinbewertung

84 2011 Riesling Kabinett trocken Sinzheimer Klostergut Fremersberg Feigenwäldchen **12 %/8,50 €**
87 2011 Riesling trocken „S" Sinzheimer Klostergut Fremersberg Feigenwäldchen **11,5 %/15,50 €**
84 2011 Sauvignon Blanc trocken **13 %/10,90 €**
84 2011 Chardonnay trocken **13 %/9,- €**
82 2011 Weißburgunder trocken „Alte Reben" **13 %/10,90 €**
82 2011 Grauburgunder trocken **13 %/8,50 €**
84 2011 Grauburgunder „S" trocken **13 %/14,50 €**
86 2011 Muskateller trocken **12 %/9,- €**
86 2011 Chardonnay „S" trocken **13 %/14,50 €**
82 2011 Muskat-Ottonel Sinzheimer Klostergut Fremersberg Feigenwäldchen **9,5 %/12,50 €**
83 2010 Spätburgunder trocken **13,5 %/9,50 €**

★★★

Korrell
Weingut Johanneshof

Nahe

Parkstraße 4, 55545 Bad Kreuznach
***Tel.** 0671-63630, **Fax:** 0671-71954*
www.korrell.com
weingut@korrell.com
***Besuchszeiten:** Mo.-Fr. 10-12 + 14-18 Uhr, Sa. 10-12 + 14-16 Uhr*

Inhaber .... Britta und Martin Korrell
Rebfläche .... 22 Hektar

Wichtigste Rebsorte beim Weingut Korrell ist mit 35 Prozent der Riesling. Dazu gibt es jeweils 10 Prozent Grauburgunder, Spätburgunder, Portugieser und Müller-Thurgau, aber auch Weißburgunder und Chardonnay.

Die Weinberge befinden sich in den Kreuznacher Lagen Rosenberg (Kies), St. Martin (rotliegender Sandsteinverwitterungsboden) und Paradies (tiefgründiger Tonboden mit hohem Kalkanteil), wo Martin Korrell fast 10 Hektar besitzt, davon 5 Hektar in einer arrondierten Fläche. Hinzu kamen zuletzt Flächen in den beiden Schlossböckelheimer Lagen Königsfels und In den Felsen. Die Rotweine kommen nach Maischegärung und biologischem Säureabbau im Stahltank bis zu 15 Monate ins Holzfass (auch ins Barrique). Die Weißweine werden nach langem Feinhefelager relativ früh auf Flaschen gefüllt. 2011 wurde ein neues Kelterhaus gebaut.

Vorjahre

Schon seit der ersten Ausgabe empfehlen wir die Weine der Korrells, schon damals hatte uns das Weingut mit einer homogenen Kollektion beeindruckt. In allen Jahren überzeugten die Weine, weiß wie rot, trocken wie süß, Riesling wie Burgundersorten. Und stetig ist eine Steigerung gelungen, vor allem mit den mächtigen trockenen Rieslingen aus dem Paradies und den beiden Schlossböckelheimer Lagen Königsfels und In den Felsen. 2009 sahen wir Paradies und Königsfels gleichauf, statt des Rieslings In den Felsen gab es den „Magnum". Die weißen Burgunder waren zuverlässig und merklich süß wie gewohnt, die edelsüßen Rieslinge brillant und frisch. Der Jahrgang 2010 war Martin Korrell gut gelungen, alle Weine waren frisch und klar. Im Burgundersegment präferierten wir leicht die Weißburgunder gegenüber den Grauburgundern, unter den drei Lagen-Rieslingen sahen wir in diesem Jahrgang klare Vorteile bei den Schlossböckelheimer Weinen, der Königsfels mit seinen feinen mineralischen Noten war unser Favorit. Die Rotweine waren kraftvoll und stoffig, der Spätburgunder gefiel uns zusammen mit der roten Cuvée „Ars Vini" (85 % Spätburgunder und 15 % Cabernet Sauvignon) am besten, auch der Sekt war sehr gut.

Neue Kollektion

Rotwein und Sekt konnten wir in diesem Jahr nicht verkosten, stattdessen trumpft Martin Korrell 2011 mit einer starken Riesling-Kollektion auf. Die trockenen Lagen-Rieslinge sind alle sehr klar und präzise, noch besser als die fülligen und harmonischen Weine aus dem Königsfels und dem Paradies gefällt uns der neue Riesling aus dem Kirschheck, der sich mit viel Würze und klaren mineralischen Noten an die Spitze des trockenen Sortiments setzt. Unter den edelsüßen Rieslingen ist die konzentrierte und cremige Trockenbeerenauslese unser Favorit und auch Grau- und Weißburgunder sind wieder gewohnt gut.

Weinbewertung

86 2011 Weißer Burgunder „Johannes K." **13,5 %/11,80 €**
86 2011 Grauer Burgunder „Johannes K." **13,5 %/11,80 €**
82 2011 Riesling „vom Tonmergel" **12,5 %/7,- €**
82 2011 Riesling „vom Rotliegenden" **12,5 %/7,- €**
84 2011 Riesling „Goldkapsel" Kreuznacher St.Martin **12,5 %/9,40 €**
87 2011 Riesling „Goldkapsel" Schloßböckelheimer In den Felsen **12 %/12,80 €**
88 2011 Riesling „Goldkapsel" Kreuznacher Paradies **13 %/13,80 €**
88 2011 Riesling „Goldkapsel" „Jubiläumsedition" Schloßböckelheimer Königsfels **12 %/14,80 €**
89 2011 Riesling „Goldkapsel" „Jubiläumsselektion" Norheimer Kirschheck **13 %/16,80 €**
85 2011 Gelber Muskateller **7,5 %/9,- €**
85 2011 Riesling Spätlese Schloßböckelheimer Königsfels **7,5 %/9,80 €**
87 2011 Riesling Auslese Kreuznacher St. Martin **8 %/9,30 €/0,375l**
88 2011 Riesling Beerenauslese Kreuznacher Paradies **7,5 %/25,- €/0,375l**
88 2011 Riesling Beerenauslese Schloßböckelheimer In den Felsen **7,5 %/49,- €**
90 2011 Riesling Trockenbeerenauslese Kreuznacher Paradies **6 %/99,- €/0,375l**

★★☆

Krämer

Ökologischer Weinbau

Franken

Lange Dorfstraße 24, 97215 Auernhofen
***Tel.** 09848-96845, **Fax:** 09848-96847*
www.kraemer-oeko-logisch.de
info@kraemer-oeko-logisch.de
***Besuchszeiten:** nach Vereinbarung*
Ferienwohnungen

Inhaber .... Stefan Krämer
Rebfläche .... 2 Hektar

Seit 1989, mit dem Beitritt zu Naturland, bewirtschaftet die Familie Krämer ihr Land ökologisch. Erst in den letzten Jahren hat Stefan Krämer den Weinausbau forciert. Die Weinberge liegen in der Steillage Tauberzeller Hasennestle, wo die Reben auf Muschelkalkböden wachsen. Von einem befreundeten Ökowinzer in Iphofen kauft er Trauben zu. Sein Sortiment gliedert er in die Linien „Frisch", „Klar" (teils mit Reinzuchthefen, teils spontanvergorene Weine) und „Ganz Pur" (spontanvergorene Weine). Die Weine werden im Edelstahl ausgebaut, bleiben mindestens fünf Monate auf der Hefe. Mit Ausnahme der Scheurebe werden alle Weine durchgegoren ausgebaut.

Vorjahre

Die 2009er Weine waren im gleichen, sehr puristischen Stil erzeugt wie ihre Vorgänger. Sie bestachen mit Präzision und Geradlinigkeit, waren zupackend und eigenwillig. Auch 2010 sah man wieder schön die Unterschiede zwischen Silvaner vom Muschelkalk (M) und Keuper (K), die Scheurebe duftete intensiv nach Cassis, der Müller-Thurgau war präzise und zupackend – wie alle Weine von Stefan Krämer.

Jahrgang 2011

Dies gilt auch 2011, alle Weine sind klar und zupackend, sogar den Perlwein mag man hier mit Freude trinken. Ganz spannend, aber noch sehr jugendlich, sind die spontanvergorenen Weine, die faszinierend präzise Scheurebe oder die beiden schön unterschiedlichen Silvaner aus Iphofen und Tauberzell; aber auch die mit Reinzuchthefen vergorenen Weine bereiten viel Freude, der Müller-Thurgau ist wie immer eine sichere Bank. Starke Vorstellung!

Weinbewertung

85 „Secco" Rosé Perlwein trocken **12 %/7,- €**
86 2011 Müller-Thurgau trocken **12,5 %/7,50 €**
85 2011 Johanniter trocken **12,5 %/8,50 €**
86 2011 Silvaner „K" trocken Iphöfer Kronsberg **12,5 %/9,50 €**
87 2011 Silvaner „M" trocken Tauberzeller Hasennestle **12 %/9,50 €**
86 2011 Scheurebe trocken Iphöfer Kronsberg **12 %/9,- €**
86 2011 Rosé trocken **12,5 %/7,50 €**

★★★

Familie Kranz

Weingut

Pfalz

Mörzheimer Straße 2, 76831 Ilbesheim
***Tel.** 06341 939206, **Fax:** 06341 939207*
www.weingut-kranz.de
weingut-kranz@t-online.de
***Besuchszeiten:** Mo.-Mi. 8-12 Uhr, Do.-Fr. 8-12 + 14-18 Uhr, Sa. 9-16 Uhr*

Inhaber .... Familie Kranz
Rebfläche .... 17 Hektar

Wein wird schon lange angebaut in der Familie, aber erst in den siebziger Jahren entschlossen sich Robert und Lilo Kranz ihren Wein selbst abzufüllen und zu vermarkten. 60 Prozent der Weinberge nehmen weiße Reben ein, 40 Prozent rote. Wichtigste Rebsorten sind Riesling, Weißburgunder, Silvaner und Spätburgunder. Die Weißweine werden gekühlt, teils nach Maischestandzeiten vergoren und teils im Stahltank, teils im großen Holzfass ausgebaut. Alle Rotweine werden maischevergoren. Für den Weinausbau verantwortlich ist seit 1990 Sohn Boris, der sich auch besonders für die Schaffung der Einzellage Kalmit engagiert hatte – die seit Januar 2010 in die Lagenrolle eingetragen ist – und mittlerweile mit seiner Frau Kerstin den Betrieb führt.

Vorjahre

Seit der ersten Ausgabe schon empfehlen wir die Weine der Familie Kranz. In diesem Zeitraum hat man sich kontinuierlich gesteigert bei Jahr für Jahr homogenen Kollektionen – und es geht weiter voran! Mit der Aufnahme in den VDP im Januar 2012 hat Boris Kranz sein Sortiment neu in vier Linien gegliedert: Guts-, Orts- und Terroirweine und die Großen Gewächse aus dem Ilbesheimer Kalmit. Vor zwei Jahren stellten wir einen deutlichen Sprung nach vorne fest. Alle Weine überzeugten durch eine präzise herausgearbeitete, nachhaltige Mineralität, die den Weinen Frische verlieh. Sie wirkten deshalb trotz teilweise hoher Alkoholgehalte nicht fett. Selbst die Weißburgunder Spätlese zeigte mit 14,5 Volumenprozent Alkohol Präzision und frische Saftigkeit. Riesling und Weißburgunder beeindruckten vom Gutswein bis zum Lagenwein. Auch die beiden Sylvaner machten viel Freude, ebenso die Spätburgunder: Eine hervorragende, klar gegliederte, stimmige Kollektion. Das traf auch im vergangenen Jahr wieder zu, erneut war die Kollektion gleichmäßig gut auf hohem Niveau, die Qualität stimmte von der Basis bis zu den Lagenweinen. Weißburgunder und Riesling „Terrassenlage" lagen gleichauf vorne, sie waren für den Jahrgang 2010 außergewöhnlich füllig, aber durch ihre feine Mineralität auch harmonisch und frisch. Der Spätburgunder war trotz seiner 14,5 Prozent Alkohol gut ausbalanciert, aber etwas weniger wäre hier vermutlich mehr gewesen. Und um mal eine Lanze für den oft vernachlässigten Silvaner zu brechen: Kranz' Ilbesheimer Sylvaner bot herrlich viel Trinkspaß.

Neue Kollektion

Ein ähnliches Bild bietet sich auch in diesem Jahr: Schon die Guts- und Ortsweine sind alle herrlich klar und reintönig und zeigen feine Frische, die Terroirweine und die Großen Gewächse besitzen noch ein Mehr an Konzentration, Kraft und Substanz. An der Spitze der Kollektion stehen vier Weine: Die Großen Gewächse von Riesling und Weißburgunder aus der Kalmit und die beiden „Landschneckenkalk"- Riesling und Weißburgunder, alles Weine mit viel reifer Frucht, die Weißburgunder cremig mit Kräuternoten und die Rieslinge mit Biss und mineralischer Würze. Und auch der Sylvaner „vom Ton" gefällt uns mit seiner rauchigen Würze ausgezeichnet.

Weinbewertung

85 2010 Cabernet Sauvignon Rosé Sekt brut **12 %/14,50 €**
85 2011 Sauvignon Blanc trocken **12,5 %/8,50 €**
85 2011 Sylvaner trocken **13 %/7,50 €**
87 2011 Sylvaner trocken „vom Ton" Ilbesheim **13,5 %/12,- €**
84 2011 Weißer Burgunder trocken **13,5 %/6,70 €**
86 2011 Weißer Burgunder trocken Ilbesheim **14 %/9,- €**
88 2011 Weißer Burgunder trocken „vom Landschneckenkalk" Ilbesheim **14 %/14,- €**
89 2011 Weißer Burgunder „GG" Ilbesheimer Kalmit **14,5 %/25,- €**
82 2011 Riesling trocken **12 %/5,- €/1l**
84 2011 Riesling trocken **12 %/6,70 €**
85 2011 Riesling trocken Göcklingen **12,5 %/9,- €**
86 2011 Riesling trocken Ilbesheim **13 %/9,- €**
88 2011 Riesling trocken „vom Landschneckenkalk" Ilbesheim **13,5 %/14,- €**
89 2011 Riesling „GG" Ilbesheimer Kalmit **13,5 %/25,- €**
84 2011 Riesling „feinherb" **12,5 %/7,50 €**
86 2011 Rieslaner Auslese **8 %/14,- €/0,375l**
85 2010 Spätburgunder trocken Ilbesheim **13,5 %/10,50 €**
87 2010 Spätburgunder trocken „vom Landschneckenkalk" Ilbesheim **13,5 %/16,- €**

★

Krauß

Weingut **Pfalz**

Weisenheimer Straße 23, 67245 Lambsheim
Tel. *06233-55688,* ***Fax****: 06233-506667*
www.weingut-krauss.de
info@weingut-krauss.de
Besuchszeiten*: Fr. 17-19 Uhr, Sa. 10-12 + 14-18 Uhr*

Inhaber .... Harald Krauß
Rebfläche .... 5 Hektar

Harald Krauß gründete 1984 das Weingut, ursprünglich ein landwirtschaftlicher Gemischtbetrieb, und erweiterte es seither auf die heutige Größe. Sohn Lukas Krauß erzeugte nach seiner Lehrzeit bei Müller-Catoir mit dem Jahrgang 2008 seine ersten Weine nach eigenen Vorstellungen (Kollektion „ß").

Vorjahre

Vor zwei Jahren war der Silvaner unser Favorit. Im vergangenen Jahr verkosteten wir wieder eine gute Kollektion, mit einem Grauburgunder an der Spitze.

Neue Kollektion

Der kräftige, typische Grauburgundergefällt uns auch in diesem Jahr am besten, gefolgt von einem holzgeprägten Silvaner. Alle Weine sind wie gewohnt frisch und klar.

Weinbewertung

85 2011 Grauer Burgunder trocken „2 Hut" **13,5 %/10,50 €**
84 2011 Silvaner trocken „2 Hut" **13 %/13,50 €**
82 2011 „Chapeau Krauß" Weißwein trocken **11,5 %/5,- €**
82 2011 Riesling trocken„1 Hut" **12 %/6,- €**
82 2010 Riesling trocken „2 Hut" **13 %/10,50 €**

★☆

Krebs

Weingut **Pfalz**

Großkarlbacher Straße 10, 67251 Freinsheim
Tel. *06353-3149,* ***Fax****: 06353-1012*
www.weingut-krebs.eu
info@weingut-krebs.eu
Besuchszeiten*: Mo.-Fr. 10-12 + 14-18 Uhr,*
Sa. 9-17 Uhr und nach Vereinbarung
Gästehaus

Inhaber .... Harald Krebs
Rebfläche .... 13,5 Hektar

1982 wagte Harald Krebs mit seinem am Ortsrand Freinsheims gelegenen Weingut und 7 Hektar Reben den Schritt in die Selbständigkeit. Seit 2005 wird er im Betrieb unterstützt von Sohn Jürgen, der bei den Weingütern Lucashof, Knipser und Kuhn seine Lehre und 2008 seinen Abschluss als Weinbautechniker machte. Die Weinberge von Harald Krebs liegen in den Freinsheimer Einzellagen Schwarzes Kreuz, Musikantenbuckel, Oschelskopf und Goldberg. 60 Prozent der Rebfläche nehmen weiße Sorten ein, vor allem Riesling, gefolgt von Weißburgunder, Grauburgunder und Sauvignon Blanc. An roten Sorten gibt es Spätburgunder, Merlot, Cabernet Sauvignon und Dornfelder. Die Weißweine bleiben bis zur Füllung auf der Feinhefe. Der Ausbau erfolgt überwiegend im Edelstahl, Riesling kommt auch schon einmal ins Halbstückfass. Die Rotweine werden alle maischevergoren und größtenteils im Holz ausgebaut, die Topweine kommen bis zu zwanzig Monate ins neue Barrique.

Vorjahre

Der Sieg beim Deutschen Rotweinpreis 2010 in der Königsklasse der Spätburgunder sollte Harald und Jürgen Krebs weiteren Auftrieb geben, uns war allerdings der Goldkapsel-Spätburgunder vor zwei Jahren zu schwer, zu alkoholisch. Im vergangenen Jahr gefiel uns die Kollektion von Harald und Jürgen Krebs sehr gut. Die Weine waren klar und präzise, die allermeisten mit erfreulich wenig Restsüße von weniger als drei Gramm pro Liter. Besonders gut gefielen uns Rosé und Sauvignon Blanc.

Neue Kollektion

In diesem Jahr zeigt das Weingut wieder eine knochentrockene Kollektion, beim Zuckergehalt steht bei den meisten Weinen eine 0 oder eine 1 vor dem Komma. Das sind sehr puristische Weine, straff und kompromisslos. Die Rieslinge namens „Gross“ und „Halbstück“ sind im Ansatz sehr gut, reif und komplex – aber mit 14 und 14,5 Prozent deutlich überalkoholisiert. Weniger wäre da sicherlich mehr gewesen. Die höchste Punktzahl bei den Weißen erhält der Wein mit dem geringsten Alkoholgehalt – die Beerenauslese vom Gewürztraminer ist herrlich saftig und eine konzentrierte Sammlung kandierter Früchte. Die Rotweine vertragen die hohen Alkoholgehalte durch ihre muskulöse Struktur sehr gut. Der Portugieser ist konzentriert und duftet nach dunklen Früchten und Kräutern, der Cabernet Sauvignon ist reif und zeigt ein straffes Tanningerüst. Der Spätburgunder ist süffig, duftig und zeigt heiße Eleganz.

Weinbewertung

80 2011 Riesling trocken **12 %/5,20 €**
82 2011 Riesling trocken Freinsheim **13 %/7,80 €**
84 2011 Riesling trocken „Gross“ **14,5 %/13,50 €**
85 2011 Riesling trocken „Halbstück“ **14 %/13,50 €**
85 **2011 Sauvignon Blanc trocken Freinsheim 12,5 %/7,80 €**
84 2011 Viognier trocken Freinsheim **13 %/9,80 €**
81 2011 Weißburgunder trocken **12 %/5,20 €**
84 2011 Grauburgunder trocken Freinsheim **13,5 %/7,80 €**
87 2011 Gewürztraminer Beerenauslese **6,5%/18,- €**
88 2009 Portugieser „R“ **14,5 %/19,-€**
88 2009 Spätburgunder trocken Musikantenbuckel **14 %/21,- €**
87 2009 Cabernet Sauvignon trocken Oschelskopf **14,5 %/21,- €**

★☆

Axel **Kreichgauer**

Wein- und Sektgut

Rheinhessen

Kirchgasse 2, 67585 Dorn-Dürkheim
***Tel.** 06733-7005, **Fax**: 06733-960806*
a.kreichgauer@t-online.de
***Besuchszeiten**: nach Vereinbarung, täglich ab 9 Uhr*

Inhaber .... Axel Kreichgauer
Rebfläche .... 12,5 Hektar

Das Weingut Kreichgauer befindet sich seit Generationen in Familienbesitz und wird heute von Axel und Anke Kreichgauer geführt. Bis 1991, als Axel Kreichgauer den Betrieb übernahm, wurde der Wein ausschließlich als Fasswein vermarktet. Kreichgauer begann dann nach und nach einzelne Partien selbst über die Flasche zu vermarkten. Die Weinberge befinden sich überwiegend in Dorn-Dürkheim und Alsheim. Dazu gibt es im Oppenheimer Herrengarten einen Rieslingweinberg, sowie in Wintersheim eine Anlage mit Spätburgunder und Chardonnay. Wichtigste Rebsorten sind Riesling und die Burgundersorten. Recht ungewöhnlich für Rheinhessen ist, dass es bei Kreichgauer keinen Silvaner gibt. 2001 kamen Anlagen mit Cabernet Dorio und Cabernet Dorsa in den Ertrag. Die Weinberge werden biologisch bewirtschaftet, seit September 2007 kontrolliert (Ecovin). Axel Kreichgauer baut seine Weine überwiegend trocken aus. Ausgesuchte Rot- und Weißweine kommen ins Barrique. Seit dem Jahrgang 2004 tragen die Spitzenweine die Bezeichnung „S“. Diese Weine werden möglichst mit den natürlichen Hefen vergoren und recht lange auf der Hefe ausgebaut.

Vorjahre

Vor zwei Jahren präsentierte sich die Kollektion sehr gleichmäßig, der Riesling von alten Reben war unser Favorit. Sehr homogen war auch die letztjährige Kollektion mit frischen, geradlinigen 2010er Weißweinen und eigenwilligen, tanninbetonten Rotweinen.

Neue Kollektion

Die neue Kollektion ist sehr gleichmäßig, weiß wie rot. Klar am besten gefällt uns die füllige, schmeichelnde rote Cuvée Eigensinn, Jahrgang 2008; manche Rotweine sind uns etwas zu oxidativ.

Weinbewertung

80 2011 „Sonnenseele" Weißwein trocken

82 2011 Weißburgunder trocken „vom Muschelkalk" Dorn-Dürkheimer Römerberg **13 %/6,50 €**

81 2011 Weißburgunder „S" Spätlese trocken Dorn-Dürkheimer Römerberg **13,5 %/8,50 €**

81 2011 „Pinot Blanc de Noir" Wintersheimer Fraugarten **13 %/6,50 €**

81 2011 Grauburgunder „G" trocken Gau-Odernheimer Fuchsloch **13 %/6,50 €**

82 2011 Grauburgunder „S" trocken Holzfass Gau-Odernheimer Fuchsloch **14,5 %/8,50 €**

81 2011 Chardonnay „G" trocken Wintersheimer Fraugarten **12,5 %/6,50 €**

82 2011 Chardonnay „S" trocken Holzfass Wintersheimer Fraugarten **13 %/8,50 €**

80 2008 „Mythos" Rotwein trocken Barrique Alsheim Römerberg **14 %/12,50 €**

85 2008 „Eigensinn" Rotwein trocken Barrique Dorn-Dürkheimer Römerberg **15 %/19,50 €**

80 2008 Merlot trocken Barrique Gau-Odernheim Fuchsloch **14,5 %/12,50 €**

83 2007 Cabernet Dorsa trocken Barrique **14,5 %/13,50 €**

★☆

Kremers

Winzerhof

Franken

Mühlgasse 12, 63920 Großheubach
***Tel.** 09371-3270, **Fax:** 09371-3271*
www.kremers-winzerhof.de
winzerhof-kremer@t-online.de
***Besuchszeiten:** Mo.-Fr. 8:30-18:30 Uhr, Sa. 8:30-15 Uhr*
Heckenwirtschaft

Inhaber .... Stefan Kremer
Rebfläche .... 5 Hektar

Kremers Winzerhof, mit Sitz in der „unteren Mühle" im Ortszentrum von Großheubach, hat sich seit 1975 auf Weinbau spezialisiert und die alte Mühle zur Heckenwirtschaft umgebaut. Stefan Kremer übernahm nach Ausbildung und Tätigkeit beim Staatlichen Hofkeller 1990 den Betrieb, den er zusammen mit Ehefrau Christine führt. In den Weinbergen, überwiegend Buntsandsteinterrassen, werden Müller-Thurgau, Silvaner, Bacchus, Kerner, Riesling, Scheurebe, Weißburgunder und Chardonnay angebaut. Rote Sorten nehmen 40 Prozent der Rebfläche ein: Spätburgunder, Portugieser, Regent, St. Laurent und Cabernet Dorsa. Die Rotweine werden maischevergoren und teilweise im Barrique ausgebaut.

Vorjahre

Vor zwei Jahren lagen die Vorteile ganz leicht im roten Segment. Die letztjährige Kollektion überzeugte mit zuverlässig guten, fruchtbetonten Weinen, weiß wie rot.

Neue Kollektion

Die neue Kollektion ist die stärkste, die wir bisher von Stefan Kremer verkostet haben, präsentiert sich geschlossen auf gutem und sehr gutem Niveau, weiß wie rot. Im weißen Segment gefällt uns der füllige Chardonnay besonders gut, auch der klare, zupackende Riesling macht Freude. Der rote Teil der Kollektion ist noch homogener, fast gleichwertig sind alle Weine: Unsere leichte Präferenz gilt hier der roten Cuvée und dem kraftvollen St. Laurent, auch die Spätburgunder zeigen gute Struktur und klare Frucht.

Weinbewertung

80 2011 Silvaner Kabinett trocken Großheubacher Bischofsberg **13 %/5,60 €**

82 2011 Scheurebe Kabinett (trocken) Großheubacher Bischofsberg **12 %/6,- €**

86 2011 Chardonnay Spätlese trocken Großheubacher Bischofsberg **13,5 %/9,- €**

83 2011 Weißburgunder Spätlese trocken Großheubacher Bischofsberg **12,5 %/9,- €**

83 2011 Silvaner Spätlese trocken Großheubacher Bischofsberg **13 %/9,- €**

85 2011 Riesling Spätlese trocken Großheuba-

cher Bischofsberg **13 %/9,- €**
83 2009 Spätburgunder Kabinett trocken „Churfranken" Großheubacher Bischofsberg **13,5 %/8,- €**
85 2009 Spätburgunder Spätlese trocken Großheubacher Bischofsberg **13,5 %/11,- €**
85 2009 Cabernet Dorsa trocken Großheubacher Bischofsberg **13,5 %/10,- €**
86 2009 „Othello" Rotwein trocken Großheubacher Bischofsberg **13 %/10,- €**
84 2009 St. Laurent trocken Großheubacher Bischofsberg **12,5 %/10,- €**
84 2008 Regent trocken Großheubacher Bischofsberg **13 %/10,- €**

★☆

Kress

Seegut

Baden

Hauptstraße 2, 88709 Hagnau
***Tel.** 07532-6205, **Fax**: 07532-2909*
www.seegut-kress.de
info@seegut-kress.de
***Besuchszeiten**: Di.-Fr. 10-12 Uhr, Sa. 9:30-16 Uhr und nach Vereinbarung*

Inhaber .... Kristin und Thomas Kress
Rebfläche .... 7,2 Hektar

Kristin und Thomas Kress haben nach ihrem Austritt aus der Genossenschaft 2001 ihren ersten eigenen Wein erzeugt. Sie bauen vor allem Spätburgunder und Müller-Thurgau an, dazu Weißburgunder, Grauburgunder und Auxerrois.

Vorjahre

Konsistent und überzeugend war der Jahrgang 2009, wobei uns der Auxerrois besonders gut gefiel, er führte eine Kollektion mit reintönigen, frischen Weinen an. 2010 zeigte sich unbeeindruckt vom problematischen Jahrgang, alle Weine waren frisch und reintönig, besaßen Frucht und Substanz: Kein anderes Weingut am Bodensee hatte eine solch konsistente und gleichmäßig gute Kollektion.

Neue Kollektion

Auch 2011 haben Kristin und Thomas Kress wieder eine tadellose Kollektion mit fruchtbetonten, harmonischen, sehr reintönigen Weinen, die immer eine dezente Restsüße aufweisen, die aber niemals störend wirkt. So ist der „süßeste" Wein im Programm, der Müller-Thurgau, herrlich klar und zupackend, wie auch der tolle Weißburgunder und der Blanc de Noir, die gesamte Kollektion: Überzeugende Vorstellung!

Weinbewertung

86 2011 „Blanc de Noir" **13 %/10,80 €**
83 2011 Grauburgunder **13 %/10,40 €**
85 2011 Weißburgunder **13 %/10,80 €**
84 2011 Auxerrois **13 %/12,40 €**
82 2011 Rosé **13 %/10,40 €**
85 2011 Müller-Thurgau **12 %/8,20 €**

★★★☆

H.J. Kreuzberg

Weingut

Ahr

Benedikt-Schmittmann-Straße 30, 53507 Dernau
***Tel.** 02643-1691, **Fax**: 02643-3206*
www.weingut-kreuzberg.de
info@weingut-kreuzberg.de
***Besuchszeiten**: Mo.-Fr. 10-12 + 14-18 Uhr, Sa./So. 10-15 Uhr*
Straußwirtschaft und Pension

Inhaber .... Ludwig Kreuzberg
Rebfläche .... 8,5 Hektar

Das 1953 gegründete Gut wird heute von Ludwig und Sandra Kreuzberg geführt. Bruder Hermann-Josef war lange Zeit der Önologe im Betrieb, hat inzwischen eine Straußwirtschaft eröffnet, ein eigenes kleines Weingut gegründet und ist an einem Weinprojekt in der Türkei beteiligt. Seit 2008 sind Franz-Josef Stodden und David Kreuzberg, der Sohn von Hermann-Josef, für den Weinausbau verantwortlich. Seit 1994, als er den

Betrieb mit damals 3,2 Hektar übernahm, hat Ludwig Kreuzberg kräftig expandiert. Seine Weinberge liegen in Dernau, Neuenahr und Ahrweiler, aus den Lagen Schieferlay, Sonnenberg und Silberberg erzeugt er Große Gewächse (Spätburgunder), erstmals mit dem Jahrgang 2007 auch einen Frühburgunder aus dem Hardtberg. Spätburgunder nimmt mehr als zwei Drittel der Rebfläche ein, hinzu kommen weitere rote Sorten wie Frühburgunder, von dem er inzwischen über einen Hektar hat, Portugieser und Dornfelder, sowie seit 1999 auch Regent, Cabernet Franc und Cabernet Sauvignon.

Vorjahre

Vor zwei Jahren präsentierte Ludwig Kreuzberg neben dem Hardtberg-Frühburgunder gleich drei Spätburgunder-Große Gewächse, neu hinzu kam der Wein aus dem Sonnenberg. Unser knapper Favorit war der Wein aus dem Silberberg, der eine hochklassige Kollektion anführte. Auch im vergangenen Jahr gefielen uns die vier Großen Gewächse enorm gut, wobei wir knapp den Spätburgunder aus dem Sonnenberg präferierten; sie waren präzise und klar, hatten an Ausdruck und Komplexität gewonnen.

Neue Kollektion

Die neue Kollektion ist ebenfalls ganz stark. Die 2011er Weine sind fruchtbetont, frisch, klar und intensiv, angefangen vom einfachen Spätburgunder über den zupackenden Unplugged und einem strukturierten Devonschiefer bis hin zum reintönigen Marienthaler Spätburgunder. Gleiches gilt für die Frühburgunder: Reintönig und frisch der „C", konzentriert und saftig der „B", noch jugendlich, sein Vorgänger aus dem Jahr 2010 zeigt ein klein wenig mehr Komplexität. 2010 hat Ludwig Kreuzberg keine Großen Gewächse erzeugt, aber was er auf die Flasche gebracht hat, das kann sich sehen lassen. Der Devonschiefer Goldkapsel ist füllig und kraftvoll, lang und nachhaltig wie auch der strukturierte Ahrweiler Spätburgunder. Noch besser gefällt uns der faszinierend reintönige Devonschiefer „R", er ist füllig und komplex, besitzt herrlich viel Frucht und Länge.

Weinbewertung

84 2011 Spätburgunder **12,5 %/10,- €**
86 2011 Spätburgunder „Unplugged" **13 %/15,- €**
85 2011 Spätburgunder Neuenahrer **13 % 17,- €**
88 2011 Spätburgunder „Devonschiefer" **13 %/22,- €**
87 2011 Spätburgunder Dernauer **13,5 %/29,- €**
88 2011 Spätburgunder Marienthaler **13,5 %/29,- €**
86 2009 Spätburgunder „Devonschiefer" **13 % 20,- €**
86 2011 Frühburgunder „C" **13 %/22,- €**
88 2011 Frühburgunder „B" **13 %/34,- €**
89 2010 Frühburgunder „B" **13 %/34,- €**
89 2010 Spätburgunder „Devonschiefer Goldkapsel" **13,5 % 32,- €**
89 2010 Spätburgunder Ahrweiler **14 % 34,- €**
91 2010 Spätburgunder „Devonschiefer R" **14 % 54,- €**

★★☆

Peter Kriechel

Weingut **Ahr**

Walporzheimer Straße 83-85, 53474 Ahrweiler
***Tel.** 02641-36193, **Fax**: 02641-5004*
www.weingut-kriechel.de
info@weingut-kriechel.de
***Besuchszeiten**: Mo.-Fr. 8-18 Uhr, Sa. 10-18 Uhr, So. 10-18 Uhr; Jan. bis März So. 12-17 Uhr*
Gutsausschank „Weinhaus Kriechel"

Inhaber ... Ernst, Markus, Michael & Gerd Kriechel
Rebfläche .... 23 Hektar

1952 gründete Peter Kriechel, bis dahin Mitglied einer Winzergenossenschaft, mit 1,5 Hektar Weinbergen sein eigenes Weingut. Seine Söhne Hermann und Ernst übernahmen 1969 das Gut und erweiterten es auf die heutige Größe. Heute ist die dritte Generation im Betrieb tätig. Die Weinberge liegen unter anderem in den Walporzheimer Lagen Kräuterberg und Himmelchen, im Neuenahrer Sonnenberg, Ahrweiler Forstberg und

Marienthaler Trotzenberg und Rosenberg. Der Schwerpunkt des Betriebes liegt auf Rotwein, auf Spätburgunder, der die Hälfte der Fläche einnimmt, Frühburgunder, Dornfelder und Portugieser. Daneben gibt es auch Regent, Domina und Schwarzriesling, sowie an weißen Sorten Müller-Thurgau, Riesling, Grau- und Weißburgunder.

Vorjahre

Vor zwei Jahren waren eindeutig die 2008er Spätburgunder unsere Favoriten, allen voran die konzentrierte Auslese aus dem Kräuterberg. Auch 2009 brachte eine Batterie an kraftvollen, gewürzduftigen Rotweinen, wobei unsere Präferenz dem Spätburgunder aus dem Rosenthal und dem Goldkapsel-Frühburgunder galt; auch die beiden Portugieser überzeugten mit Fülle und Kraft.

Neue Kollektion

Zwei weitere 2009er wurden nun dieses Jahr vorgestellt, sie führen eine konsistente, überzeugende Kollektion an. Der Frühburgunder aus dem Rosenberg ist herrlich reintönig und rauchig, kraftvoll und strukturiert; noch etwas besser gefällt uns die Spätburgunder Auslese aus dem Kräuterberg, ein fülliger, kraftvoller Wein mit viel reifer Frucht und Substanz. Ähnlich füllig präsentiert sich auch der 2010er Spätburgunder aus dem Kräuterberg, besitzt reife Frucht und gute Substanz, der harmonische Frühburgunder „B" besticht durch seine Reintönigkeit. Der Goldkapsel-Portugieser, der uns im letzten Jahr so gefallen hatte, ist 2011 noch allzu jugendlich und ein wenig bitter.

Weinbewertung

83 2011 „Jubilus blanc" Weißwein halbtrocken **12 %/6,- €**
81 2011 Spätburgunder trocken **13,5 %/7,- €**
82 2011 Spätburgunder „S" trocken **13,5 %/9,50 €**
85 2010 Spätburgunder „B" trocken **14 %/12,90 €**
88 2010 Spätburgunder trocken Walporzheimer Kräuterberg **14 %/25,- €**
89 2009 Spätburgunder Auslese trocken Walporzheimer Kräuterberg **14 %/39,- €**
83 2011 Portugieser trocken „Goldkapsel" Walporzheimer Pfaffenberg **14 %/19,50 €**
83 2011 Frühburgunder trocken „Jubilus" **13,5 %/9,50 €**
87 2010 Frühburgunder „B" trocken **14 %/15,50 €**
88 2009 Frühburgunder trocken Marienthaler Rosenberg **13,5 %/39,- €**
84 2011 Merlot „B" trocken **14 %**
86 2009 Spätburgunder „R" trocken Neuenahrer Sonnenberg **14 %/24,- €**

★☆

Thorsten **Krieger**

Weingut

Pfalz

Theresienstraße 71, 76835 Rhodt
Tel. 06323-704998, Fax: 06323-938728
www.weingut-thorsten-krieger.de
info@weingut-thorsten-krieger.de
Besuchszeiten: nach Vereinbarung

Inhaber .... Thorsten Krieger
Rebfläche .... 14 Hektar

Das Weingut Krieger befindet sich seit 1652 in Familienbesitz. Mit dem Jahrgang 2001 hat Thorsten Krieger das Weingut von seinem Vater Ludwig übernommen. Seine Weinberge befinden sich in den Rhodter Lagen Rosengarten, Klosterpfad und Schlossberg. Weiße Sorten nehmen etwa 60 Prozent der Rebfläche ein. Sortenschwerpunkte sind Riesling, sowie weiße und rote Burgunder. Hinzu kommen Dornfelder, Dunkelfelder, St. Laurent und Portugieser, sowie Scheurebe, Chardonnay und Gewürztraminer. Neu gepflanzt wurden zuletzt Cabernet Sauvignon, Merlot und Regent.

Vorjahre

Vor zwei Jahren präsentierte sich die Kollektion sehr homogen, mit deutlichen Vorteilen im süßen Segment. Auch im vergangenen Jahr überzeugten die beiden fülligen und cremigen Auslesen, unser Favorit war aber eindeutig der stoffige Pinot Noir.

Neue Kollektion

In diesem Jahr ziehen wir wieder die süßen Weißweine den trockenen vor, an der Spitze steht erneut die harmonische und frische Scheurebe Auslese. Bei Chardonnay und Grauburgunder macht sich der hohe Alkoholgehalt unangenehm bemerkbar, vor allem der Grauburgunder ist viel zu wuchtig geraten, schmeckt brandig und unharmonisch. Unter den Rotweinen gefällt uns die „Rhodter Kult"-Cuvée mit dunkler Beerenfrucht und feinen Röstnoten am besten.

Weinbewertung

84 2011 Sauvignon Blanc Spätlese trocken **13%/8,- €**
82 2011 Chardonnay Spätlese trocken **14 %/8,- €**
74 2011 Grauburgunder „S" Spätlese trocken Barrique **16 %/12,- €**
83 2011 Riesling Kabinett trocken **13 %/6,- €**
84 2011 Gewürztraminer Spätlese **10 %/8,- €**
86 2011 Scheurebe Auslese **9,5 %/10,- €**
85 2011 Rieslaner Auslese **9,5 %/10,- €**
84 2011 Riesling Spätlese **8,5 %/8,- €**
85 2010 „Rhodter Kult" Rotwein trocken Barrique" **14 %/10,- €**
84 2010 Frühburgunder „S" trocken Barrique" **13,5 %/13,50 €**
82 2010 Spätburgunder trocken Holzfass **13 %/6,- €**

★★★★

Rüdiger **Kröber**

Weingut

Mosel

Hahnenstraße 14, 56333 Winningen
***Tel.** 02606-351, **Fax:** 02606-2600*
www.weingut-kroeber.de
info@weingut-kroeber.de
***Besuchszeiten:** Mo.-Sa. 9-18 Uhr*

Inhaber .... Rüdiger Kröber
Rebfläche .... 6 Hektar

1991 haben Ute und Rüdiger Kröber das Weingut von Erika und Werner Kröber übernommen. Werner Kröber hatte als Küfer den Grundstock für das Weingut gelegt. Seither haben Ute und Rüdiger Kröber die Rebfläche mehr als verdoppelt indem sie Weinberge in Steil- und Terrassenlagen zugekauft haben. Ihre Weinberge befinden sich in den Winninger Lagen Uhlen, Röttgen und Hamm. Die Hälfte der Weinberge liegt in Steillagen, weitere 40 Prozent in Terrassenlagen. Neben Riesling – 95 Prozent der Rebfläche – gibt es ein klein wenig Müller-Thurgau, Spätburgunder und Dornfelder. Die Weine werden teils im Holz, teils im Edelstahl ausgebaut, wobei der Trend eindeutig hin zum Ausbau im Holz geht. Rüdiger Kröber arbeitet heute überwiegend mit Spontangärung, nutzt Maischestandzeiten (bis zu 18 Stunden), so der Jahrgang es erlaubt, und lässt die Weine recht lange auf der Hefe.

Vorjahre

Die Weine von Rüdiger Kröber begeistern uns seit vielen Jahren, trocken wie süß. Und sie begeistern noch heute, wobei sie sich in diesem Jahrzehnt deutlich im Stil verändert haben. Damals waren sie fruchtbetont und frisch, bestachen durch ihre Reintönigkeit. Durch Spontangärung, Maischestandzeiten und Holzfassausbau sind die Weine komplexer geworden, gleichzeitig aber wirken sie in ihrer Jugend verschlossen, manchmal gar unzugänglich. Sie brauchen heute wesentlich mehr Zeit um zu zeigen, was in ihnen steckt: Eine spannende Entwicklung! 2009 stellte Rüdiger Kröber viele spannende Weine vor: Der trockene Kabinett und die Röttgen-Spätlese gefielen ebenso wie die rassige Beerenauslese – und wieder mal überzeugte auch die Basiskollektion. Gut behauptet hatte sich Rüdiger Kröber auch 2010, präsentierte eine ähnliche Kollektion wie im Vorjahr, mit feinen Basisweinen, einer hervorragenden Auslese und der stoffigen trockenen Spätlese aus dem Röttgen. Wegen der geringen Erntemenge hatte er weniger Weine ausgebaut als üblich, sein Topwein aus dem Uhlen (Uhlen Laubach) war zum

Zeitpunkt der Verkostung noch nicht gefüllt.

Neue Kollektion

Den Uhlen Laubach 2010 konnten wir nun in diesem Jahr verkosten, halbtrocken ausgebaut präsentiert er sich füllig und kraftvoll, besitzt herrlich viel Frucht und Substanz. Die trockenen und halbtrockenen 2011er sind stimmig vom feinen Literriesling bis hin zum reintönigen Uhlen „S" und dem fülligen, schmeichelnden „Nr. 1". Der ebenfalls stimmige süße Teil der Kollektion wird gekrönt von einer konzentrierten Beerenauslese, die füllig und schmeichelnd ist bei enorm viel Substanz.

Weinbewertung

83 2011 Riesling trocken Winninger Domgarten **11 %/5,30 €/1l** ☺

84 2011 Kröber's Riesling trocken **12 %/6,50 €**

85 2011 Riesling Kabinett trocken Winninger Uhlen **12 %/7,50 €**

86 2011 Riesling trocken Uhlen „S" **12 %/7,80 €**

87 2011 Riesling Spätlese Uhlen „Nr. 1" **12 %/12,50 €**

88 2010 Riesling Spätlese Uhlen „Laubach" **12,5 %/17,50 €**

84 2011 Riesling Kabinett „Fein Herb" Winninger Brückstück **11 %/6,50 €**

86 2011 Riesling Spätlese „Fein Herb Alte Reben" Winninger Röttgen **11 %/9,- €**

83 2011 Riesling Kabinett Winninger Röttgen **9 %/6,50 €**

91 2011 Riesling Beerenauslese Winninger Röttgen **8 %/35,- €/0,375l**

★★☆

Krone Assmannshausen

Weingut

Rheingau

Niederwaldstraße 2
65385 Rüdesheim-Assmannshausen
***Tel.** 06722-2525, **Fax** 06722-48346*
www.weingut-krone.de
info@weingut-krone.de
***Besuchszeiten**: nach Vereinbarung (Verkauf auch über Hotel Krone Assmannshausen)*

Inhaber ..... Botho Jung und Familie Driesberg
Betriebsleiter .... Michael Burgdorf
Kellermeister ..... Dominic Nindl, Peter Perabo
Rebfläche .... 5,5 Hektar

Das Assmannshäuser Weingut gehört zu den traditionsreichsten Betrieben des Ortes – ebenso wie das Hotel „Krone". Man verfügt über beste Parzellen im Assmannshäuser Höllenberg sowie im Frankenthal, aber ebenso im Rüdesheimer Berg Schlossberg. Spätburgunder dominiert, aber auch Weißburgunder und Riesling werden angebaut. Inzwischen hat die Familie Driesberg (Weingüter Wegeler) das Weingut Krone von Botho Jung gepachtet, Michael Burgdorf amtiert als Betriebsleiter, als Kellermeister fungieren Dominic Nindl und Peter Perabo. Ein großer Teil der Weine wird im Hotel verkauft, was möglicherweise auch die vergleichsweise hohen Preise erklärt. Der Stil der Rotweine ist eher traditionell, die Weine werden spät vorgestellt. Sobald die immer sehr spät präsentierte Spitzencuvée „Juwel", die aus den besten Parzellen der Assmannshäuser Lagen stammt, auf dem Markt ist, zeigt sie sich elegant, feingliedrig, nicht übertrieben konzentriert. Ein sehr sympathischer Weinstil und eine nachahmenswerte Verkaufspolitik.

Vorjahre

Die 2009er Weißweine sowie der Spitzenrotwein aus 2006 überzeugten vor zwei Jahren. Im letzten Jahr ergab sich ein ähnliches Bild: Die 2010er Weißweine waren tadellos, an der Spitze stand der fast trockene Riesling von alten Reben, und der Blanc de Noir besaß eine animierend-saftige Art. Top bei den Roten: Der 2007er aus der „Juwel"-Kategorie und der enorm saftige 2008er Höllenberg.

Neue Kollektion

Die Weißweine der 2011er Kollektion sind gelungen, die saftige Weißherbst Auslese entpuppt sich als origineller Dessertwein mit exzellenter Balance zwischen Süße und Säure. Beim 2009er Spätburgunder aus dem

Höllenberg und erst recht beim 2008er „Juwel" zeigt das Weingut, dass es sich auf die Vinifizierung sehr geradliniger, verführerisch wirkender Rotweine versteht. Das Holz dominiert nicht, und die leichte Reife des fruchtigen, nach süßen Kirschen und Beeren duftenden 2009ers sowie die enorm saftige, würzige und noble Art des Spitzenweines beeindrucken.

Weinbewertung

87 2011 Weißburgunder trocken **13 %/18,- €**
85 2011 Riesling „Alte Reben" **12,5 %/15,50 €**
84 2011 Spätburgunder „Blanc de Noir" **11,5 %/15,50 €**
87 2010 Spätburgunder trocken **12,5 %/18,- €**
89 2009 Spätburgunder trocken Assmannshäuser Höllenberg **13,5 %/38,- €**
90 2008 Spätburgunder trocken „Juwel" Assmannshäuser **13,5 %/57,- €**
89 2011 Spätburgunder Weißherbst Auslese Assmannshäuser Höllenberg **9 %/35,- €/0,375l**

★★★★

Kruger-Rumpf

Weingut **Nahe/Rheinhessen**

Rheinstraße 47, 55424 Münster-Sarmsheim
***Tel.** 06721-43859, **Fax:** 06721-41882*
www.kruger-rumpf.com
kruger-rumpf@t-online.de
***Besuchszeiten:** Mo.-Sa. 9-18 Uhr, während der Öffnungszeiten der Weinstube und nach Vereinbarung*
Weinstube (Di.-Fr. ab 17 Uhr, Sa./So. 12-14 Uhr und ab 16 Uhr)

Inhaber .... Stefan Rumpf, Georg Rumpf
Rebfläche .... 23 Hektar

Bis 1984, als Stefan Rumpf das Weingut von seinen Eltern übernahm, wurden die Weine vorwiegend im Fass vermarktet, teilweise an renommierte Weingüter. Stefan Rumpf stellte auf Selbstvermarktung um und gliederte dem Weingut einen Gutsausschank an, der von seiner Frau Cornelia geführt wird. Heute wird er im Betrieb unterstützt von Sohn Georg. Ihre Weinberge liegen in den Münster-Sarmsheimer Lagen Pittersberg (Devon-Schiefer), Dautenpflänzer (Quarzitverwitterung mit Lösslehm), Rheinberg (überwiegend Quarzit und Schiefer) und Kapellenberg (Quarzitverwitterung mit Lösslehm). Dazu sind sie im Dorsheimer Burgberg (Lehmboden mit Schiefer und Quarzit) und im Binger Scharlachberg (Quarzitverwitterung mit Schiefer) vertreten. 70 Prozent der Weinberge sind mit Riesling bestockt, dazu gibt es Weißburgunder, Silvaner, Grau- und Spätburgunder, sowie Frühburgunder, Gewürztraminer, Scheurebe und Chardonnay (Kruger-Rumpf war das erste Weingut an der Nahe, das Chardonnay anpflanzte). In den Lagen Pittersberg und Dautenpflänzer besitzt man über 50 Jahre alte Reben.

Vorjahre

Seit der ersten Ausgabe stellen wir immer höchst zuverlässige, homogene Kollektionen von Stefan Rumpf vor, bei dem schon immer trockene Weine eine wichtigere Rolle gespielt haben als edelsüße. Die Weine, egal ob Riesling oder die Burgunder, bestechen immer wieder durch ihre Reintönigkeit, durch Frische und Saftigkeit. 2009 präsentierte sich ausgewogen mit fülligen, kraftvollen Großen Gewächsen und ungewöhnlich vielen edelsüßen Rieslingen, angeführt von einer Trockenbeerenauslese. Aber auch die Burgunder, weiß wie rot, konnten überzeugen. Weißburgunder und Chardonnay waren 2010 ein wenig schwächer als üblich, aber mit ihren Rieslingen hatten sich Stefan und Georg Rumpf gut behauptet, sie waren reintönig, besaßen Fülle und Kraft. Das Große Gewächs aus dem Pittersberg war unser knapper Favorit im trockenen Segment, edelsüß glänzte die Auslese, der Spätburgunder gehörte einmal mehr zur regionalen Spitze.

Neue Kollektion

2011 geben wir unter den trockenen Rieslingen trotz der gleichen Bewertung ganz knapp dem Großen Gewächs aus dem Dautenpflänzer den Vorzug vor dem Pittersberg, da sich der Wein nach mehreren Tagen in der offenen Flasche noch wunderbar frisch präsentierte. Klare Frucht und Frische zeichnen auch das süße Sortiment vom Kabinett bis zu den zwei Beerenauslesen aus – hier besticht vor allem der Versteigerungswein aus dem Pittersberg durch gute Konzentration und eine feine nachhaltige Würze.

Weinbewertung

83 2011 Weißer Burgunder trocken **13 %/7,30 €**
86 2011 Weißer Burgunder „S" trocken **13,5 %/13,- €**
84 2011 Riesling trocken „Quarzit" **12,5 %/6,80 €**
86 2011 Riesling trocken Münsterer Kapellenberg **13 %/12,- €**
89 2011 Riesling „GG" Münsterer Dautenpflänzer **13 %/22,- €**
89 2011 Riesling „GG" Münsterer Pittersberg **13,5 %/22,- €**
86 2011 Riesling „feinherb" Münsterer Dautenpflänzer **13,5 %/13,- €**
85 2011 Riesling Kabinett Münsterer Kapellenberg **9,5 %/7,50 €**
86 2011 Riesling Spätlese Münsterer Dautenpflänzer **9,5 %/11,50 €**
87 2011 Riesling Auslese Münsterer Pittersberg **8,5 %/13,- €/0,375l**
89 2011 Riesling Beerenauslese Dorsheimer Burgberg **7 %/49,- €/0,375l**
90 2011 Riesling Beerenauslese Münsterer Pittersberg **6,5 %/Verst./0,375l**

Kühling ★★

Weingut

Rheinhessen

Gartenstraße 2, 67599 Gundheim
***Tel.** 06244-666, **Fax:** 06244-840*
www.weingut-kuehling.de
info@weingut-kuehling.de
***Besuchszeiten:** nach Vereinbarung*

Inhaber .... Berthold und Benedikt Kühling
Rebfläche .... 15 Hektar

Heute führen Berthold und Silvia Kühling das Gut, das sich seit mehreren Generationen in Familienbesitz befindet. Ihre Weinberge liegen in Gundheim, Westhofen, Abenheim und Monzernheim. Wichtigste weiße Sorten sind Riesling, Müller-Thurgau, Silvaner, Grauburgunder und Weißburgunder, dazu gibt es Neuzüchtungen wie Kerner, Huxelrebe, Bacchus und Scheurebe, aber auch Chardonnay und Sauvignon Blanc. An roten Sorten, die 25 Prozent der Rebfläche einnehmen, gibt es Spätburgunder, Portugieser, Dornfelder und St. Laurent. Die Rotweine werden maischevergoren und überwiegend im Holzfass, auch im Barrique ausgebaut. Die Weißweine werden großteils im Edelstahl ausgebaut. Seit 2007 werden die Weinberge ökologisch bewirtschaftet, 2010 ist der erste zertifiziert biologische Jahrgang. 2008, nach Beendigung seines Geisenheim-Studiums, ist Sohn Benedikt in den Betrieb eingestiegen. 2010 wurde das Sortiment neu gegliedert in Gutsweine, Ortsweine und Lagenweine, Prädikatsbezeichnungen werden für trockene Weine nicht länger verwendet.

Vorjahre

Die 2009er Kollektion war ein weiterer Schritt voran, jeder Wein, angefangen vom feinen Gutsriesling, überzeugte, Spätburgunder und Chardonnay gefielen uns besonders gut. Ihre Jahrgangsnachfolger waren unsere Favoriten in der letztjährigen Kollektion. Die 2010er Weißweine waren fruchtbetont und klar, die 2009er Rotweine besaßen Kraft und Struktur.

Neue Kollektion

Es geht weiter voran. In einer überzeugenden, sehr gleichmäßigen Kollektion haben die Weine in der Spitze weiter zugelegt. Der Steinböhl-Riesling ist füllig und stoffig, besitzt viel Substanz und reintönige Frucht, dezente Zitrusnoten im Bouquet, der Sauvignon Blanc ist klar und geradlinig, die beiden edelsüßen Rieslinge sind saftig und reintönig. Das rote Segment wird angeführt vom

Spätburgunder von alten Reben, einem kraftvollen, zupackenden Wein mit reintöniger Frucht, guter Struktur und Substanz.

Weinbewertung

82 2011 Riesling trocken **12 %/4,90 €**
85 2011 Sauvignon Blanc trocken Westhofener **12 %/6,50 €**
83 2011 Riesling „S" trocken Westhofener Rotenstein **13 %/6,90 €**
84 2011 Grauburgunder trocken Gundheimer **13 %/5,50 €**
82 2011 Chardonnay trocken Gundheimer **13 %/5,60 €**
88 2011 Riesling trocken Monzernheimer Steinböhl **13,5 %/12,30 €**
85 2011 Chardonnay trocken Gundheimer Sonnenberg **13,5 %/9,80 €**
87 2011 Riesling Auslese **8,5 %/8,50 €** ☺
88 2011 Riesling Beerenauslese **8 %/16,50 €/0,375l**
83 2010 St. Laurent trocken Gundheimer **13,5 %/6,90 €**
82 2010 Spätburgunder trocken **13 %/5,20 €**
87 2009 Spätburgunder trocken „Alte Reben" Abenheimer Klausenberg **14 %/12,50 €**

★★★★

Kühling-Gillot

Weingut

Rheinhessen

Ölmühlstraße 25, 55294 Bodenheim
***Tel.** 06135-2333, **Fax:** 06135-6463*
www.kuehling-gillot.de
info@kuehling-gillot.de
***Besuchszeiten**: Mo.-Fr. 9-12 + 14-17 Uhr, Sa. 10-12 Uhr und nach Vereinbarung*

Inhaber ... Carolin Spanier-Gillot & H.O. Spanier
Rebfläche .... 11 Hektar

Das Weingut Kühling-Gillot entstand in seiner heutigen Form 1970 mit der Heirat von Roland Gillot und Gabi Kühling, bei der die beiden Weingüter Kühling und Gillot verschmolzen. Seit 2002 führt Tochter Carolin das Gut, heute zusammen mit ihrem Ehemann Hans Oliver Spanier. Ihre Weinberge liegen in Oppenheim (Sackträger, Kreuz), Dienheim, Nierstein (Pettenthal, Ölberg), Laubenheim, Nackenheim (Rothenberg) und Bodenheim (Burgweg). Wichtigste Rebsorte ist Riesling mit einem Anteil von 55 Prozent. Es folgen Spätburgunder und Grauburgunder, sowie etwas Silvaner, Chardonnay und Portugieser. Das Programm ist in drei Stufen gegliedert: Gutsweine (Qvinterra), Ortsweine (Nierstein Riesling, seit 2008 auch Oppenheim Riesling) und Erste Lagen. Die Weinberge werden biologisch bewirtschaftet (in Umstellung).

Vorjahre

Sehr stimmig präsentierte sich die 2009er Kollektion, angefangen von den Qvinterra-Weinen über die beiden herrlich kraftvollen Ortsweine bis zu den – in diesem Jahr nur 3 (der Wein aus dem Sackträger hatte nicht weit genug gegoren) – Großen Gewächsen, bei denen wir uns so gar nicht auf einen Favoriten einigen konnten, so gleichmäßig zeigten sie sich. Eine vergleichbare Kollektion präsentierten Hans Oliver Spanier und Carolin Spanier-Gillot auch im problematischen Jahrgang 2010: Die Ortsweine waren bestechend gut, der Oppenheim-Riesling brachte eine Steigerung, ebenso die Großen Gewächse. Letztes Jahr aber war unsere Reihenfolge klar: Pettenthal vor Rothenberg und Oelberg. Angenehm überrascht hatten uns die beiden roten Großen Gewächse aus dem Jahrgang 2008, noch besser aber gefiel uns der 2009er Pinot Noir.

Neue Kollektion

Was für eine stimmige Kollektion! Tolle Qvinterra-Weine, der Riesling reintönig, fruchtbetont und zupackend, die Scheurebe herrlich klar und geradlinig. Die Ortsweine bringen eine klare Steigerung – die Unterschiede sind schön herausgearbeitet: So soll das sein! Wir finden den Niersteiner wieder ein klein wenig spannender, er ist füllig und stoffig, ein klein wenig druckvoller als der fruchtbetonte, saftige Oppenheimer. Auch die Großen Gewächse gewinnen Jahr für Jahr mehr an Kontur: Der Riesling aus dem Oelberg ist füllig und saftig, harmonisch, besitzt herrlich viel Frucht. Spannender finden wir aber, was folgt: Der Pettenthal ist faszinierend reintönig im Bouquet, zeigt gelbe Früchte, reife Rieslingfrucht. Im Mund präsentiert er sich kraftvoll und zupackend, harmonisch und füllig, besitzt gute Struktur und Substanz, ganz dezent mineralische Noten, feinen Nachhall. Noch etwas druckvoller und mineralischer aber ist 2011 der Wein aus dem Rothenberg, herrlich präzise: So begeistert hat uns der sonst oft verschlossene Rothenberg noch nie. Und er besitzt Potenzial. Zwei konzentrierte, stoffige Trockenbeerenauslesen runden das weiße Sortiment ab. Aber auch rot gibt es zwei Große Gewächse, Jahrgang 2009: Der Spätburgunder aus dem Burgweg zeigt viel reife Frucht im Bouquet, gute Konzentration, ist füllig und kraftvoll im Mund bei jugendlichen, ganz leicht bitteren Tanninen. Der Spätburgunder aus dem Kreuz ist würzig und konzentriert, komplex, frisch, zupackend, besitzt feine Frucht und gute Struktur.

Weinbewertung

86 2011 Riesling trocken „Qvinterra" **12,5 %/8,90 €**
85 2011 Scheurebe trocken „Qvinterra" **13 %/8,90 €**
87 2011 Riesling trocken Oppenheim **13 %/15,90 €**
88 2011 Riesling trocken Nierstein **13,5 %/15,90 €**
87 2011 Gewürztraminer & Riesling trocken **13,5 %/13,90 €**
89 2011 Riesling „GG" Oelberg 13 %/29,- €
91 2011 Riesling „GG" Pettenthal 13,5 %/35,- €
92 2011 Riesling „GG" „wurzelecht" Rothenberg 13,5 %/55,- €
84 2011 Riesling „Qvinterra" 12,5 %/8,90 €
89 2011 Riesling Trockenbeerenauslese Pettenthal 8 %/75,- €/0,375l
90 2011 Riesling Trockenbeerenauslese „Leopold" Oelberg 7 %/a.A./0,375l
85 2009 Spätburgunder trocken **13,5 %/11,90 €**
89 2009 Spätburgunder „GG" Burgweg **13,5 %/24,- €**
89 2009 Spätburgunder „GG" Kreuz **13,5 %/27,- €**

★★★★★

Peter Jakob **Kühn**

Weingut

Rheingau

Mühlstraße 70, 65375 Oestrich-Winkel
Tel. *06723-2299,* ***Fax:*** *06723-87788*
www.weingutpjkuehn.de
info@weingutpjkuehn.de
Besuchszeiten: *Mo.-Fr. 9-17 Uhr, Sa. 11-17 Uhr, So. geschlossen*

Inhaber .... Peter Jakob Kühn
Rebfläche .... 18 Hektar

Peter Jakob Kühn gehört seit vielen Jahren, mit Unterstützung seiner Frau Angela, seiner Tochter Sandra und dem Rest der Familie, zu den innovativsten Winzern Deutschlands. Er verzichtet bei den trockenen Weinen auf Prädikatsangaben, experimentiert mit Amphorenausbau oder Säureabbau. Seit 2004 arbeitet das Weingut ökologisch und biodynamisch, seit 2009 ist es Mitglied bei Demeter. Kein anderer Winzer hat im Rheingau in den letzten Jahren für so viel Furore gesorgt wie Peter Jakob Kühn – und kein anderer Winzer hat solche Kollektionen auf durchgängig hohem Niveau vorzuweisen. Bei Kühn wird akribisch gearbeitet und immer wieder selektiert. Schon die „einfachen" Qualitätsweine machen richtig viel Spaß. Die Spätlese aus dem Oestricher Lenchen ist Jahr für Jahr hervorragend, wie auch Auslese, Beerenauslese, Eiswein oder, wie 2005, 2008 oder 2010 und 2011, die Trockenbeerenauslesen. Mit diesen edelsüßen Weinen gehört Peter Jakob Kühn zur Spitze in Deutschland. 2005 waren die edelsüßen Spitzen sensationell klar und brillant, in den Folgejahren setzte sich die Erfolgsgeschichte fort, selbst in schwierigen Jahren gelingen, in kleinen Mengen, sehr komplexe süße Spezialitäten.

Peter Jakob Kühn setzt bei seinen Rotweinen ganz auf reife, ausgewogene Frucht – ein Stil, der im Rheingau sonst kaum anzutreffen ist. Die 2005er Rotweine zeigten ebenso wie die

2006er feine Würze und einen sehr eigenen Charakter; auch beim 2007er Spätburgunder war das Holz auf perfekte Weise mit der Frucht vereint: Das bekommen nur wenige Erzeuger so gut hin.
Die trockenen Rieslinge überzeugen Jahr für Jahr durch ihre Geschlossenheit. Im Jahr 2008 wurde erstmals der „Schlehdorn" aus dem Jahrgang 2006 vorgestellt, ein Extrem-Riesling, unfiltriert abgefüllt. Auch die Nachfolger aus 2007, 2008 und 2009 zeigen, was man aus Riesling machen kann – faszinierend, aber höchst eigenwillig. Der Basisriesling, leichter zugänglich, heißt seit dem Jahrgang 2008 „Jacobus"; neu ins Sortiment kam der Riesling Hallgartener Hendelberg, ein besonders filigraner Riesling, 2010 wurde zudem erstmals der finessenreiche „Rheinschiefer" vorgestellt. Straff, voller Würze, eher mineralisch, mit gelegentlich leicht floralen Noten und kompromisslos trocken – die Kühnschen Rieslinge sind im Rheingau leicht herauszuschmecken.

Vorjahre

Die 2009er waren wie gewohnt hochklassig, die Spitzen wirkten bei der ersten Verkostung noch ein wenig verhalten, besaßen aber viel Potenzial. Aus dem Jahrgang 2010 stellten die Kühns einen sehr feinen, animierenden „Rheinschiefer" und eine großartige Beerenauslese vor, auch der Rest des Sortiments war, inklusive des Basisweines „Jacobus", bemerkenswert.

Neue Kollektion

Der Jahrgang 2011 ist überaus gelungen und bietet stilistisch sehr unterschiedliche Weine. Ein geradliniger, straffer „Rheinschiefer" entwickelt sich über 24 Stunden hinweg ausgezeichnet, während der „Quarzit" sofort mit viel Würze überzeugt. Auch die Süßweine begeistern, von der saftigen, nach Aprikosen duftenden Doosberg-Auslese bis zur Trockenbeerenauslese „E", die trotz aller Opulenz rassig und animierend wirkt und noch ganz am Anfang ihrer Entwicklung ist. Die trockenen 2010er Spitzen begeistern nun mit Schmelz, wobei der St. Nikolaus etwas zugänglicher wirkt als der auch nach Stunden noch verhaltene, aber sehr vielversprechende Doosberg. Der ungeheuer komplexe und bei aller Fülle unangestrengt wirkende 2010er „Schlehdorn" gehört zu den besten trockenen Weinen, die hier jemals erzeugt wurden.

Weinbewertung

85 2011 Riesling trocken „Jacobus" **11,5 %/9,20 €**
88 2011 Riesling trocken „Rheinschiefer 2 Trauben" **11,5 %/12,70 €**
89 2011 Riesling trocken „Quarzit" **12 %/14,70 €**
89 2011 Riesling trocken Hallgarten Hendelberg **12 %/16,40 €**
93 2010 Riesling trocken Mittelheim St. Nikolaus „3 Trauben" **13 %/26,- €**
91+ 2010 Riesling trocken Oestrich Doosberg „3 Trauben" **12,5 %/28,- €**
94 2011 Riesling trocken „Schlehdorn 4 Trauben" **13,5 %/75,- €**
87 2011 Riesling Kabinett Oestrich Lenchen **7,5 %/11,30 €**
88 2011 Riesling Spätlese Oestrich Lenchen **8 %/18,30 €**
94 2011 Riesling Auslese Oestrich Lenchen **8,5 %/25,30 €/0,375l**
92+ 2011 Riesling Auslese Mittelheim St. Nikolaus **8,5 %/29,30 €/0,375l**
93 2011 Riesling Beerenauslese Oestrich Lenchen **9 %/65,30 €/0,375l**
95 2011 Riesling Trockenbeerenauslese Oestrich Lenchen **7 %/200,- €/0,375l**
96 2011 Riesling Trockenbeerenauslese „E" **7 %/Verst.**

Wolfgang **Kühn** ★★
Weingut

Franken

Ludwigstraße 29, 63911 Klingenberg
Tel. *09372-3169,* ***Fax:*** *09372-12365*
www.weingueter.de
Besuchszeiten*: nach Vereinbarung*
Häckerwirtschaft

Inhaber .... Wolfgang und Ulrike Kühn
Rebfläche .... 2,5 Hektar

Wolfgang Kühn hat 1987 die elterlichen Weinberge übernommen. Seine Weinberge liegen alle im Klingenberger Schlossberg und sind alle in Form kleiner Terrassen angelegt. Spätburgunder nimmt 40 Prozent der Rebfläche ein, es folgen Portugieser, Frühburgunder, St. Laurent, Müller-Thurgau, Silvaner, Riesling und Gewürztraminer, sowie die pilzresistenten Sorten Regent und Rondo, inzwischen auch Cabernet Sauvignon. Alle Rotweine werden durchgegoren.

Vorjahre

Vor zwei Jahren überzeugten uns die 2008er Rotweine von Wolfgang Kühn – in der gewohnten Stilistik mit Ecken und Kanten. Die Spätburgunder waren unsere Favoriten, die trockene Spätlese zeigte Eleganz. Im weißen Segment gefiel uns einmal mehr der Traminer am besten. Sehr konsistent präsentierte sich auch die letztjährige Kollektion, wie gewohnt mit Stärken im roten Segment. Einmal mehr war der Spätburgunder unser Favorit, führte eine Riege kraftvoller Rotweine an.

Neue Kollektion

Neue Kollektion, gewohntes Bild: Die Weißweine sind ein wenig verhalten, die saftige Traminer Spätlese aber bereitet viel Freude, schließlich ist Klingenberg nicht nur für seinen Spätburgunder bekannt, sondern auch für seinen Traminer. Der rote Teil der Kollektion ist wieder stärker und wieder gefällt uns der wunderschön reintönige, elegante Spätburgunder ein wenig besser als der fruchtbetonte, ebenfalls sehr reintönige Frühburgunder. Gute Konzentration und feine, klare Cassisfrucht besitzt der Cabernet Sauvignon, ein kraftvoller Wein mit guter Struktur – ein gelungener Wein, auch wenn Puristen nichts von Cabernet im Schlossberg halten werden.

Weinbewertung

80 2011 Müller-Thurgau Kabinett trocken Klingenberger Schlossberg **12 %/6,20 €**
81 2011 Silvaner Kabinett trocken Klingenberger Schlossberg **12,5 %/6,90 €**
82 2011 Johanniter Kabinett trocken „Filius Jan" Klingenberger Schlossberg **12 %/6,90 €**
86 2011 Traminer Spätlese Klingenberger Schlossberg **13,5 %/12,50 €**
85 2011 Spätburgunder Weißherbst Auslese Klingenberger Schlossberg **10 %/19,50 €**
83 2010 Spätburgunder trocken Klingenberger Schlossberg **13 %/9,- €**
88 2010 Spätburgunder Spätlese trocken „U" Klingenberger Schlossberg **13,5 %/20,50 €**
82 2011 „Altrod" Rotwein trocken Klingenberger Schlossberg **13 %/8,50 €**
87 2010 Frühburgunder Spätlese trocken Klingenberger Schlossberg **13,5 %/24,- €**
83 2010 St. Laurent trocken Klingenberger Schlossberg **13 %/13,50 €**
83 2009 Regent trocken Klingenberger Schlossberg **13 %/8,50 €**
86 2009 Cabernet Sauvignon trocken Klingenberger Schlossberg **13 %/13,50 €**

★★★

Franz Künstler
Weingut

Rheingau

Geheimrat-Hummel-Platz 1 a
65239 Hochheim am Main
***Tel.** 06146-83860, **Fax**: 06146-7335*
www.weingut-kuenstler.de
info@weingut-kuenstler.de
***Besuchszeiten**: Vinothek Mo.-Fr. 8-12 + 13-18 Uhr, Sa. 10-15 Uhr*

Inhaber .... Gunter Künstler
Rebfläche .... 42 Hektar

Seit Mitte des 17. Jahrhunderts hat die Familie Künstler in Südmähren Weinbau betrieben. Nach dem zweiten Weltkrieg musste sie die Heimat verlassen. Franz Künstler leitete 15 Jahre lang andere Weingüter in Hochheim, bevor er sich 1965 selbstständig

machte. Seit 1988 führt sein Sohn Gunter das Weingut, seit 1994 ist es Mitglied im VDP. 1996 übernahm Künstler das Weingut Aschrott Erben, vor einigen Jahren zog er in neue Räume um: Hier ist ausreichend Platz, um die Erträge der mit der Zeit auf stolze 42 Hektar angewachsenen Rebfläche zu verarbeiten. Künstler baut etwa 85 Prozent Riesling an, hinzu kommen Spätburgunder und kleine Mengen Chardonnay, Sauvignon Blanc, Grüner Veltliner und Silvaner. Er bewirtschaftet Parzellen in den Hochheimer Lagen Hölle, Kirchenstück oder Domdechaney, aber auch im Kostheimer Weiß Erd oder im Rüdesheimer Berg Rottland.
Die Künstlerschen Rieslinge sind stoffig und mineralisch, lassen die Lage fast immer deutlich erkennen. Wer vom trockenen Goldkapsel-Wein aus der Hölle automatisch mehr Konzentration erwartet, wird enttäuscht: Dieser Wein entwickelt sich oft erst über Jahre hinweg zur ganzen Komplexität. Künstlers Spätburgunder, vor allem jener aus dem Reichestal, gehören nicht selten zu den besten im Rheingau.

Vorjahre

Die 2009er Ersten Gewächse – gleich vier! – zeigten sich stoffig, voller Würze und vielversprechend. 2010 präsentierten sie sich sehr geschlossen, bei gleicher Bewertung favorisierten wir ganz leicht den Wein aus der Hölle; die Basisweine waren frisch und klar, die Rieslinge aus Stielweg und Domdechaney kraftvoll und geradlinig.

Neue Kollektion

Die 2011er sind beim Weingut Künstler überzeugend ausgefallen – und das nicht nur auf der Ebene der Ersten Gewächse. Der starke, stoffige Drachenstein-Riesling begeistert mit Präzision, während die Hölle-Goldkapsel sehr viel feingliedriger ist, mit floralen Noten, Finesse und Potenzial aufwartet. Der Weiß-Erd-Riesling ist noch verhalten, der Kirchenstück-Riesling überzeugt mit seiner fast salzigen Würze und seiner zugänglichen Art besonders. Unter den edelsüßen Weinen gefällt die Auslese aus dem Rottland mit ihrer saftigen Würze und einem Hauch von Bitterton schon jetzt sehr gut, während die mächtige Hölle-Auslese den Charakter der Lage widerspiegelt, üppig-würzig wirkt und eher an eine Beerenauslese erinnert. Während die Chardonnays etwas breit ausfallen, haben die Rotweine eine Menge Finesse anzubieten, vor allem das komplexe Erste Gewächs aus der Lage Reichestal.

Weinbewertung

83 2011 Chardonnay trocken **13 %/13,50 €**
82? 2010 Chardonnay trocken Barrique **13,5 %/27,50 €**
83 2011 Riesling trocken Hochheimer Herrnberg **12,5 %/9,50 €**
86 2011 Riesling Kabinett trocken Hochheimer Kirchenstück **12,5 %/11,- €**
86 2011 Riesling Kabinett trocken Hochheimer Hölle **12,5 %/12,- €**
85 2011 Riesling Kabinett trocken Rüdesheimer Klosterlay **12 %/10,- €**
87 2011 Riesling Kabinett trocken Rüdesheimer Berg Roseneck **12,5 %/13,75 €**
85 2011 Riesling trocken Hochheimer Stein **12,5 %/14,90 €**
86 2011 Riesling trocken Hochheimer Domdechaney **12 %/16,50 €**
87 2011 Riesling trocken „Alte Reben" Hochheimer Stielweg **12,5 %/16,50 €**
88 2011 Riesling trocken „Alte Reben" Rüdesheimer Bischofsberg **12,5 %/16,50 €**
89 2011 Riesling trocken Rüdesheimer Drachenstein **12,5 %/16,50 €**
89 2011 Riesling trocken Erstes Gewächs Kostheim Weiß Erd **13 %/20,50 €**
91 2011 Riesling trocken Erstes Gewächs Hochheim Kirchenstück **14 %/27,50 €**
89+ 2011 Riesling trocken Erstes Gewächs Hochheim Hölle **13 %/27,50 €**
89 2011 Riesling trocken Erstes Gewächs Rüdesheim Berg Rottland **13,5 %/30,50 €**
89+ 2011 Riesling trocken Goldkapsel Hochheimer Hölle **13 %/42,- €**
85 2011 Riesling Kabinett Hochheimer Reichestal **8 %/10,50 €**

87 2011 Riesling Spätlese Rüdesheimer Berg Roseneck **8 %/16,50 €**
92 2011 Riesling Auslese Rüdesheimer Berg Rottland **7,5 %/22,50 €/0,375l**
90 2011 Riesling Auslese Hochheimer Hölle **9,5 %/22,50 €/0,375l**
92 2011 Riesling Beerenauslese Hochheimer Hölle **6,5 %/59,- €/0,375l**
93 2011 Riesling Trockenbeerenauslese Rüdesheimer Berg Rottland **6,5 %/150,- €/0,375l**
85 2010 Spätburgunder trocken „Tradition" **13,90 €**
86 2009 Spätburgunder trocken „Tradition" **13 %/13,90 €**
87 2010 Spätburgunder trocken Erstes Gewächs Hochheim Stein **24,90 €**
89 2009 Spätburgunder trocken Erstes Gewächs Hochheim Stein **13 %/24,90 €**
90 2010 Spätburgunder trocken Erstes Gewächs Hochheim Reichestal **45,- €**
89 2009 Spätburgunder trocken Erstes Gewächs Hochheim Reichestal **13,5 %/45,- €**

★★★★☆

Philipp Kuhn
Weingut

Pfalz

Grosskarlbacherstraße 20, 67229 Laumersheim
***Tel.** 06238-656, **Fax:** 06238-4602*
www.weingut-philipp-kuhn.de
weingut-philipp-kuhn@gmx.de
***Besuchszeiten:** Mo.-Sa. 10-12 + 13-17 Uhr (telefonische Voranmeldung) und nach Vereinbarung*

Inhaber .... Philipp Kuhn
Rebfläche .... 20 Hektar

Philipp Kuhn erzeugt jeweils zur Hälfte Rot- und Weißwein. Der Schwerpunkt beim Rotwein liegt auf Spätburgunder, daneben gibt es Dornfelder, Portugieser, Frühburgunder, St. Laurent, Lemberger und Cabernet Sauvignon. Alle Rotweine werden in Holzfässern ausgebaut, die Topweine lagern mindestens 20 Monate in neuen Barriques. Bei den Weißweinen dominiert Riesling, gefolgt von den weißen Burgundern, Chardonnay und Gewürztraminer. Der Ausbau erfolgt teils im Edelstahl, teils in Holzfässern (auch Barriques).

Vorjahre

Seit der ersten Ausgabe empfehlen wir die Weine von Philipp Kuhn, kaum ein Anderer in Deutschland hat sich in diesem Zeitraum so gesteigert, so dass er heute mit Rotweinen und Weißweinen regelmäßig zur Jahrgangsspitze in Deutschland zählt. Philipp Kuhn zeigt immer wieder sehr starke rote Kollektionen. Er setzt bei den Rotweinen auf Haltbarkeit, vor zwei Jahren waren die 2008er Spätburgunder immer noch sehr verschlossen und hart, zeigten aber bereits ihre Qualität und deuteten großes Potenzial an. Es wäre schade, diese Weine zu früh zu öffnen. Einige Jahre Flaschenreife sollte man Ihnen gönnen. Die Weißweinriege war wieder beeindruckend gut, beim Riesling sahen wir leichte Vorteile beim Steinbuckel. Köstlich auch die Trockenbeerenauslese aus dem Kirschgarten. Im vergangenen Jahr zeigte Philipp Kuhn wieder eine bärenstarke Kollektion, er hatte wie seine Laumersheimer Kollegen Knipser und Zelt den schwierigen Jahrgang 2010 gut gemeistert. Die Großen Gewächse vom Riesling waren stark, die anderen Weißweine von gleichmäßig hohem Niveau, Sauvignon Blanc und Riesling Alte Reben ragten leicht heraus. Hervorragend waren auch die beiden edelsüßen Weine. Bei den Rotweinen hatte uns neben den hervorragenden Großen Gewächsen die Cuvée Luitmar sehr gut gefallen, so gut wie noch nie. Köstlich auch der St. Laurent, ein deutscher Sangiovese. Auch der Cabernet Sauvignon war großartig.

Weißweine 2011

Bei den Weißweinen steht der Riesling im Vordergrund, Philipp Kuhn kann auch Sauvignon Blanc, Weißburgunder und Chardonnay, wie die vorgestellten frischen, fruchtigklaren Exemplare beweisen. Vom Quarzsand kommt die hellste Frucht, der Kalksteinfels ist kräftiger, die Alten Reben sind konzentriert und die Frucht ist reif und gelb. Die Großen Gewächse sind alle drei präzise gearbeitet, sie haben eine reife Frucht, sind kräftig und haben viel Biss, der Steinbuckel ist der druckvollste, der Kirschgarten der mineralischste und der Burgweg der wuchtigste des Trios. Das Große Gewächs vom Pinot Blanc ist durchgegoren, dadurch sehr klar und präzise, ein dichter und spannender Weißburgunder. Sehr füllig und reif ist die Trockenbeerenauslese, im Mund dicht und konzentriert mit feinem Karamell, die Säurestruktur ist sehr gut.

Rotweine

In diesem Jahr haben wir noch einmal viele Rotweine von 2009 verkostet, sie haben ihre hohe Qualität eindrucksvoll bestätigt. Sie sind immer noch sehr jung und werden sich weiter sicherlich gut entwickeln. Sie zeigen allesamt eine klare Frucht und eine elegante Tannin- und Säurestruktur. Vom Spätburgunder-Jahrgang 2010 haben wir ein Großes Gewächs aus dem Kirschgarten verkostet. Er ist sehr fein, zeigt klassische Frucht, etwas Tabak, im Mund viel Klarheit, Saft und Eleganz, etwas Salz und eine gute Säurestruktur. Ähnlich ist der Spätburgunder vom Kalksteinfels, in der Fruchtattacke etwas kühler, im Finale kommt salzige Wärme hinzu. Anspruchsvoll ist der Frühburgunder von 2010, mit dunkler, saftiger Frucht, noch in der Entwicklung, aber vielversprechend. Die Cuvée Luitmar von 2010 ist ebenfalls noch sehr jung, aber die saftige Frucht und die gute Tannin- und Säurestruktur versprechen ein gute Entwicklung.

Weinbewertung

88 2011 Sauvignon Blanc trocken **12 %/10,80 €**
88 2011 Weißer Burgunder „vom Kalksteinfels" trocken Laumersheimer **13,5 %/11,50 €**
87 2011 Chardonnay trocken Dirmsteiner **13 %/11,50 €**
87 2011 Riesling „vom Quarzsand" trocken Laumersheimer **12 %/11,50 €**
87 2011 Riesling „vom Kalksteinfels" trocken Laumersheimer **12,5 %/12,50 €**
88 2011 Riesling „Alte Reben" trocken Laumersheimer **13 %/15,- €**
91 2011 Pinot Blanc „GG" Kirschgarten **13 %/22,- €**
90 2011 Riesling „GG" Steinbuckel **13,5 %/24,- €**
91 2011 Riesling „GG" Burgweg **13 %/24,- €**
91 2011 Riesling „GG" Kirschgarten **13 %/26,- €**
93 2011 Riesling Trockenbeerenauslese Kirschgarten **6 %/85,- €/0,375l**
85 2010 „Mano Negra" Rotwein trocken **13,5 %/11,50 €**
86 2010 Spätburgunder trocken „Tradition" **13,5 %/11,50 €**
89 2009 Spätburgunder trocken „vom Kalksteinfels" Laumersheimer **13,5%/22,80 €**
92 2010 Pinot Noir „GG" Kirschgarten **13,5 %/34,- €**
92 2009 Pinot Noir „GG" Steinbuckel **13,5 %/34,- €**
92 2009 Pinot Noir „GG" Kirschgarten **13,5 %/34,- €**
90 2009 Cabernet Sauvignon trocken „Réserve" Laumersheimer **14 %/22,80 €**
91 2009 „Luitmar" Rotwein trocken **14 %/22,80 €**
88 2009 Blaufränkisch trocken „Réserve" Laumersheimer **13,5 %/29,50 €**
90 2009 Saint Laurent trocken „Réserve" Laumersheimer **13 %/19,80 €**
90 2009 Frühburgunder trocken „Réserve" Großkarlbacher **13,5 %/22,80 €**

★★

Kuhnle

Weingut

Württemberg

Hauptstraße 49, 71384 Weinstadt-Strümpfelbach
***Tel.** 07151-61293, **Fax:** 07151-610747*
www.weingut-kuhnle.de
info@weingut-kuhnle.de
***Besuchszeiten**: Di.-Fr. 9-12 + 14-18 Uhr, Sa. 9-13 Uhr und nach Vereinbarung*
Kulinarische Weinproben

Inhaber .... Werner und Margret Kuhnle
Rebfläche .... 23 Hektar

Das Weingut von Margret und Werner Kuhnle befindet sich im "alten Forsthaus" im Ortskern von Strümpfelbach. Margret und Werner Kuhnle haben sich 1983 selbstständig gemacht und nach und nach ihre Rebfläche erweitert. Sie bauen vor allem rote Sorten an, sowohl die traditionellen Sorten wie Samtrot, Schwarzriesling, Spätburgunder, Lemberger und St. Laurent, aber auch Zweigelt, Regent und Garanoir (eine Schweizer Neuzüchtung). In den letzten Jahren kamen dann fünf der Weinsberger Neuzüchtungen und Merlot hinzu. Werner Kuhnle hat einen Rotweinanteil von 60 Prozent und insgesamt 20 Rotweinsorten. Bei den weißen Sorten dominiert Riesling, dazu gibt es vor allem Kerner und Chardonnay. Die Weißweine werden im Edelstahl ausgebaut. Die einfachen Rotweine werden maischeerhitzt, die besseren maischevergoren, ausgewählte Weine kommen ins Barrique, wobei Werner Kuhnle Fässer aus schwäbischer, französischer und ungarischer Eiche nutzt.

Vorjahre

Die 2009er Weißweine blieben in der Spitze etwas hinter den Vorjahren zurück, so dass uns vor zwei Jahren die barriqueausgebauten Rotweine am besten gefielen. Die letztjährige Kollektion brachte einige eigenwillige Rotweine, darunter den „Caratello" von getrockneten Cabernet Cubin-Trauben; die weißen 2010er Weißweine besaßen jahrgangsbedingt nicht die Brillanz früherer Jahre.

Neue Kollektion

2011 glänzt im weißen Segment der Riesling, trocken als zupackende, fruchtbetonte Spätlese und süß als füllige Auslese mit viel Substanz. Im roten Segment gefällt uns der duftige, würzige Forstknecht Marz, besitzt reife Frucht, gute Struktur und Tannine; noch besser aber finden wir die Trollinger Auslese, die fruchtbetont und intensiv ist, füllig und kraftvoll, viel Substanz besitzt bei ganz leichten Bitternoten: Ein beeindruckender Wein.

Weinbewertung

83 2011 Chardonnay trocken **13 %/6,90 €**
83 2011 Sauvignon Blanc **13 %/8,20 €**
86 2011 Riesling Spätlese trocken Strümpfelbacher Nonnenberg **12 %/8,20 €**
81 2011 Riesling Kabinett Stettener Pulvermächer **11,5 %/6,- €**
81 2011 Kerner Spätlese Strümpfelbacher Nonnenberg **12 %/8,20 €**
86 2011 Riesling Auslese Strümpfelbacher Nonnenberg **11,5 %/22,- €**
81 2011 Schillerwein **11,5 %/4,70 €/1l**
83 2011 Merlot trocken **13 %/7,50 €**
81 2011 Sankt Laurent trocken **12,5 %/6,40 €**
81 2011 Trollinger Auslese trocken Strümpfelbacher Altenberg **14 %/22,- €**
87 2008 „Forstknecht Marz" Rotwein trocken Barrique **13 %/16,- €**
83 2011 Muskattrollinger **11,5 %/6,40 €**
83 „Caratello" **16,5 %/13,80 €**

★★★

Sybille **Kuntz**

Weingut

Mosel

Moselstraße 25, 54470 Bernkastel - Lieser
***Tel.** 06531-91000, **Fax**: 06531-91001*
www.sybillekuntz.de
weingut@sybillekuntz.de
***Besuchszeiten**: Mo.-Fr. 9-12 + 13-17 Uhr, Sa. nach Vereinbarung*

Inhaber . . Sybille Kuntz & Markus Kuntz-Riedlin
Rebfläche .... 12 Hektar

Von Anfang an, seit der Gründung des Weingutes 1984, hat Sybille Kuntz ihren eigenen Stil verwirklicht. Sie macht „Food-Weine", die sie vor allem über die gehobene Gastronomie und Hotellerie im In- und Ausland vermarktet. Unterstützt wird sie dabei von Markus Kuntz-Riedlin, der erst acht Jahre Winemaker und Vice-President eines Weinguts im Bundesstaat New York und schließlich bis 1995 Güterdirektor eines Stiftungsweinguts an der Mosel war. Seit 1998 wurden alle Parzellen von der Einzelpfahlerziehung auf die Spaliererziehung umgestellt; die Reben sind zu einem großen Teil mehr als 40 und bis zu 90 Jahre alt. Die Weinberge liegen in Lieser (Niederberg-Helden, Rosenlay, Schlossberg) und Bernkastel-Kues (Weisenstein, Kardinalsberg). Sybille Kuntz und Markus Kuntz-Riedlin erzeugen Weine mit klarem Profil und Wiedererkennungswert. Ihre bekanntesten Weine kommen aus der Lage Niederberg-Helden, so der trockene „Gold-Quadrat" (1998 eingeführt) von 40 bis 60 Jahre alten Reben, der als „feinherbe" Auslese angebotene „Scharz" von 60 bis 90 Jahre alten Reben aus dem Kernstück der Lage oder die Auslese „Helden" von in den 20er Jahren gepflanzten Reben aus dem mittleren Teil des Berges. Das Weingut befindet sich in der Umstellung auf biologischen Weinbau.

Vorjahre

Aus 2009 stellte das Weingut vier Weine vor, darunter zwei komplexe, aber eigenwillige Auslesen mit vergleichsweise wenig Restzucker. Auch 2010 bot Sybille Kuntz mit Gold-Quadrat und Scharz wieder gewaltig stoffige Rieslinge. Dass 2003er Weine reifen können zeigte die kraftvolle und immer noch jugendliche Auslese.

Jahrgang 2011

Die trockenen 2011er sind frisch, kraftvoll und zupackend, die Spätlese besitzt viel Substanz und Konzentration. Die feinherbe Auslese ist gewaltig konzentriert, aber etwas von Bitternoten im Abgang geprägt. Viel Duft und Gewürznoten prägen das Bouquet der Beerenauslese, sie ist füllig, stoffig im Mund, besitzt feine Säure und viel Konzentration. Viel Duft, kandierte Früchte findet man im Bouquet der Trockenbeerenauslese, die dann im Mund noch dicker ist, noch süßer und dominanter, die Süße überlagert derzeit allzu sehr den Wein.

Weinbewertung

83 2011 Riesling trocken **12,5 %/11,90 €**
83 2011 Riesling Kabinett trocken **12,5 %/17,50 €**
87 2011 Riesling Spätlese trocken **13,5 %/26,50 €**
87 2011 Riesling Auslese „feinherb" **13 %/42,50 €**
89 2011 Riesling Beerenauslese **13,5 %/125,- €**
90 2011 Riesling Trockenbeerenauslese **7 %/385,- €**

Kurz-Wagner ★

Weingut **Württemberg**

Haigern 8, 74388 Talheim
***Tel.** 07133-8436, **Fax**: 07133-963196*
www.kurz-wagner.com. info@kurz-wagner.com
***Besuchszeiten**: Mo.-Fr. 18-20 Uhr, Sa. 8-16 Uhr oder nach Vereinbarung*

Inhaber .... Oliver Kurz
Rebfläche .... 14 Hektar

1964 haben die Großeltern von Oliver Kurz den Landgasthof Haigern gepachtet und das Weingut gegründet. Seine Eltern Sybille und Otto Kurz haben nach und nach Betriebsgebäude und Rebfläche erweitert. Oliver Kurz unterstützte seit 2002 seine Eltern im Weingut, das er 2012 übernommen hat. Die Weinberge liegen in Heilbronn (Stiftsberg) und Talheim (Schlossberg). Ein Drittel der Fläche nehmen weiße Sorten ein: Riesling, Chardonnay, Weißburgunder, Grauburgunder, Scheurebe und Gewürztraminer. An roten Sorten gibt es Spätburgunder, Lemberger, Schwarzriesling, Samtrot, Trollinger, Acolon, Cabernet Dorsa, Cabernet Mitos und Merlot.

Vorjahre

Sehr gleichmäßig war vor zwei Jahren die Kollektion; vergleichbar präsentierte sich der letztjährige Jahrgang, bei leichten Vorteilen im roten Segment, der Lemberger gefiel am besten.

Neue Kollektion

Auch die neue Kollektion präsentiert sich geschlossen auf gutem Niveau, weiß wie rot. Unser eindeutiger Favorit ist der Othello, eine Cuvée aus Merlot und Cabernet Mitos, die achtzehn Monate im Barrique ausgebaut wurde: Speck- und Gewürznoten prägen das Bouquet, im Mund ist er füllig und kraftvoll bei feinen Vanille- und Schokonoten.

Weinbewertung

82 2011 Weißburgunder trocken Talheimer Schlossberg **12,5 %/5,30 €**

80 2011 Grauburgunder trocken Talheimer Schlossberg **13 %/5,50 €**

81 2011 Chardonnay trocken Heilbronner Stiftsberg **13,5 %/5,60 €**

82 2011 Riesling Spätlese „S" trocken Heilbronner Stiftsberg **13 %/5,60 €**

80 2011 Riesling Classic **12,5 %/4,90 €**

82 2010 Lemberger „S" trocken Heilbronner Stiftsberg **13,5 %/7,30 €**

81 2010 „Baron" Rotwein **13 %/6,70 €**

85 2009 „Othello" Rotwein **13,5 %/12,80 €**

Kusterer ★★★

Weingut

Württemberg

Untere Beutau 44, 73728 Esslingen
***Tel.** 0711-357909, **Fax**: 0711-3508105*
www.weingut-kusterer.de
weinwelt.hmkusterer@weingut-kusterer.de
***Besuchszeiten**: Di. 16-19 Uhr, Sa. 9-13 Uhr und nach Vereinbarung*

Inhaber .... Hans und Monika Kusterer
Rebfläche .... 5 Hektar

Das Weingut Kusterer liegt im Herzen der Altstadt von Esslingen. Die Weinberge von Hans und Monika Kusterer befinden sich in den um das Jahr 1200 angelegten Terrassen des Esslinger Schenkenberg, wo sie 50 Parzellen besitzen, sowie in der kleinsten Einzellage Württembergs, der Esslinger Neckarhalde, die bis 1997 von der Sektkellerei Kessler bewirtschaftet wurde und seit 1998 an Hans und Monika Kusterer verpachtet ist. 2007 konnten sie dieses 2 Hektar große Areal – 90 Ar sind mit Riesling und Spätburgunder bestockt – erwerben. Der Schenkenberg besteht im unteren Teil aus buntem Mergel, dazwischen findet man Stubensandstein, darüber Knollenmergel. Die Neckarhalde, die ihnen in Alleinbesitz gehört, besteht aus kalkhaltigem, tonreichen Knollenmergel. Ihre wichtigsten Rebsorten sind Trollinger, Riesling, Spätburgunder und Lemberger. Hinzu kommen Grauburgunder, Zweigelt und etwas Merlot. Die Weine werden in der Regel durchgegoren ausgebaut. 2012 wurde eine neue viergeschossige Kelter in den Berg gebaut, inklusive Vinothek, inmitten der Weinberge.

Vorjahre

Vor zwei Jahren hatte der Melac starke betriebsinterne Konkurrenz erhalten durch den reinsortigen Merlot. Auch sonst überzeugte die Kollektion, eine schöne Überraschung war der Sekt, der zu den besten Rieslingsekten unserer Verkostung zählte. Auch die letztjährige Kollektion gefiel uns sehr gut, wobei die Stärken eindeutig im roten Segment lagen, wo Hans Kusterer mit einer starken Riege aufwartete: Melac und Merlot, aber auch Spätburgunder, Lemberger und Zweigelt besaßen alle reintönige Frucht, gute Struktur und Substanz.

Neue Kollektion

Weiß wartet Hans Kusterer 2011 mit einem kraftvollen, reintönigen 4-Sterne-Riesling auf, der Chardonnay besitzt viel Würze und gute Struktur. Rot ist in der Spitze noch stärker: Der Spätburgunder Reserve ist kraftvoll und zupackend bei guter Struktur, der Melac ist kraftvoll und präzise, besitzt herrlich viel Frucht, gute Struktur, dezent mineralische Noten – ein klein wenig besser aber gefällt uns auch dieses Jahr wieder der Merlot, ist herrlich reintönig, kraftvoll und präzise, besitzt gute Struktur und viel Nachhall.

Weinbewertung

87 2011 Riesling**** Auslese trocken Esslinger Schenkenberg **13 %/12,50 €**

84 2011 Grauburgunder*** trocken Esslinger Schenkenberg **13 %/10,50 €**
87 2011 Chardonnay*** trocken Barrique Esslinger Schenkenberg **13 %/15,- €**
83 2011 Muskattrollinger Rosé trocken Esslinger Schenkenberg **12,5 %/8,50 €**
83 2010 Spätburgunder** trocken Esslinger Schenkenberg **13,5 %/9,50 €**
96 2009 Blauer Zweigelt*** trocken Esslinger Schenkenberg **13,5 %/14,50 €**
89 2009 „Melac"*** Rotwein trocken Esslinger Schenkenberg **13,5 %/21,- €**
90 2009 Merlot**** trocken Esslinger Schenkenberg **13,5 %/22,- €**
87 2009 Spätburgunder**** trocken „Reserve" Esslinger Schenkenberg **13,5 %/25,- €**

★★☆

Lämmlin-Schindler

Weingut

Baden

L

Müllheimer Straße 4, 79418 Mauchen
***Tel.** 07635-440, **Fax**: 07635-436*
www.laemmlin-schindler.de
weingut@laemmlin-schindler.de
***Besuchszeiten**: Mo.-Fr. 8:30-12 + 14-18 Uhr, Sa. 8:30-12 + 14-16:30 Uhr*
Probierstube; Gutsausschank Gasthaus „Zur Krone" in Mauchen

Inhaber .... Gerd Schindler
Rebfläche .... 19 Hektar

Weinbau ist seit dem 12. Jahrhundert in der Familie nachgewiesen, seit dem 17. Jahrhundert ist die Familie in Mauchen ansässig. Heute führt Gerd Schindler das Gut, dem die Gastwirtschaft Zur Krone angeschlossen ist. Seine Weinberge liegen in den Mauchener Lagen Sonnenstück und Frauenberg, wo die Reben auf Kalkverwitterungsböden mit Lösslehmauflage wachsen. Die eigenen Weinberge bearbeitet Gerd Schindler in kontrolliert ökologischem Anbau, die 5,5 Hektar Weinberge der zugekauften Trauben werden umweltschonend bewirtschaftet. Wichtigste Rebsorten sind Spätburgunder und Gutedel, gefolgt von Weißburgunder und Chardonnay. Am Mauchener Frauenberg hat er Cabernet Dorio, Cabernet Cubin und Merlot gepflanzt, denen Muskat-Ottonel und Silvaner weichen mussten. Sowohl Weiß- als auch Rotweine lässt er recht lange auf der Hefe liegen. Rotweine werden grundsätzlich im Holzfass ausgebaut.

Entwicklung

Gerd Schindler möchte fruchtbetonte Weine erzeugen, und dieses Ziel erreicht er Jahr für Jahr auf vorbildliche Weise. Die Weißweine, ob Kabinett oder Spätlese, präsentieren sich immer wunderschön reintönig, die Rotweine haben in den letzten Jahren an Struktur und Präzision gewonnen. Seit der ersten Ausgabe empfehlen wir das Weingut als einen der Top-Betriebe im Markgräflerland.

Vorjahre

Vor zwei Jahren bestach die Kollektion durch ihre Ausgewogenheit, bot reintönige Weine und einen gewohnt feinen Sekt. Der gefiel uns auch im vergangenen Jahr wieder besonders gut, ebenso die füllige trockene Chardonnay Spätlese. Ansonsten war die Kollektion sehr gleichmäßig mit durchweg guten, klaren Weißweinen und zupackenden, geradlinigen Rotweinen.

Neue Kollektion

Ähnlich ist nun auch die neue Kollektion: Der füllige, klare Sekt gefällt uns einmal mehr besonders gut, auch der harmonische Weißburgunder Selektion mit seiner reifen Frucht; anssonsten präsentiert sich Kollektion sehr gleichmäßig auf gutem Niveau.

Weinbewertung

86 Sekt extra brut **12 %/11,50 €**
82 2011 Gutedel trocken „Grüner Markgräfler" **10 %/5,60 €**
82 2011 Weißburgunder Kabinett trocken **12,5 %/7,80 €**
81 2011 Chardonnay Kabinett trocken **12,5 %/8,50 €**
83 2011 Sauvignon Blanc Kabinett trocken

12,5 %/8,80 €
85 2011 Weißburgunder Selektion trocken „Alte Reben" 13,5 %/10,50 €
84 2011 Gewürztraminer Spätlese 12 %/11,50 €
82 2010 Merlot trocken 13,5 %/11,50 €
84 2010 Spätburgunder Spätlese trocken „Alte Reben" 13 %/13,80 €

★☆

Alexander **Laible**

Weingut

Baden

Unterweiler 48, 77770 Durbach
***Tel.** 0781-2842380, **Fax**: 0781-2842180*
www.weingut-alexanderlaible.de
info@weingut-alexanderlaible.de
***Besuchszeiten**: Mo.-Fr. 14-18 Uhr, Sa. 9-17 Uhr*

Inhaber .... Alexander Laible
Rebfläche .... 8 Hektar

2007 übernahm Alexander Laible, Sohn von Andreas Laible (siehe nachstehenden Eintrag) ein Anwesen am Eingang zum Durbachtal und im Herbst des gleichen Jahres erzeugte er seinen ersten eigenen Wein. Nach Winzerlehre und Ausbildung zum Weinbautechniker war er mehrere Jahre an der Mosel tätig, seit 2004 wieder in der Ortenau. Seine Weinberge liegen zum Teil in Sinzheim bei Baden-Baden. Die Reben wachsen teils auf Lehmlöss, teils auf kalkhaltigen Granitverwitterungsböden. Riesling ist seine wichtigste Rebsorte, dazu gibt es Spätburgunder, Weißburgunder, Grauburgunder, Chardonnay und ein wenig Lemberger.

Vorjahre

2008 zeigten die Rotweine viel Frucht und Kraft, aber auch viel teils etwas hartes Tannin. Der weiße Teil der Kollektion präsentierte sich 2009 gleichmäßig auf gutem Niveau. Auch die letztjährige Kollektion war sehr gleichmäßig mit kraftvollen, geradlinigen Weißweinen und drei sehr ähnlichen R-Spätburgundern, die nur aufgrund ihrer AP-Nummer zu unterscheiden waren.

Jahrgang 2011

2011 sind einige Weine etwas verhalten. Gut gefällt uns insbesondere der füllige Chardonnay „Louis" mit seiner reifen süßen Frucht, noch besser der Riesling „Tausend Sterne", der wunderschön stoffig und kraftvoll ist bei reintöniger Frucht.

Weinbewertung

81 2011 Riesling*** „Alte Reben" 13 %/9,90 €
81 2011 Riesling*** „SL" 13 %/11,- €
84 2011 Riesling*** „Alte Reben SG" 13 %/13,50 €
79 2011 Riesling*** „Chiara" 13%/14,50 €
87 2011 Riesling „Tausend Sterne" 13 %/22,- €
81 2011 Weißburgunder*** „SL" 13 %/11,- €
82 2011 Weißburgunder*** „Chiara" 13 %/14,50 €
81 2011 Grauburgunder*** „SL" 13 %/11,- €
80 2011 Grauburgunder*** „Alte Reben" 13 %/13,50 €
81 2011 Chardonnay*** „SL" 13 %/12,80 €
81 2011 Chardonnay*** „Chiara" 13 %/14,50 €
85 2011 Chardonnay „Louis" 13 %/22,- €

★★★★

Andreas **Laible**

Weingut

Baden

Am Bühl 6, 77770 Durbach
***Tel.** 0781-41238, **Fax**: 0781-38339*
www.weingut-laible.de
info@weingut-laible.de
***Besuchszeiten**: Mo.-Fr. 8-11:30 + 13:30-18 Uhr, Sa. 8-16 Uhr oder nach Vereinbarung*

Inhaber .... Ingrid und Andreas Laible
Rebfläche .... 7,5 Hektar

Die Weinberge von Andreas Laible liegen alle in der bekannten Steillage Durbacher Plauelrain. Zu 60 Prozent baut er Riesling an, hinzu kommen die Burgundersorten, sowie Scheurebe, Traminer, Muskateller und Chardonnay. 85 Prozent der Weine werden trocken ausgebaut. Dem Riesling gilt Laibles ganze Passion. Zwölf verschiedene Klone hat er inzwischen in seinen Weinbergen stehen, einige davon hat er selbst selektioniert. Der Weg zu besseren Rieslingen führt nur über das bessere Verständnis der einzelnen Rieslingklone. Da kann man Andreas Laible nur zustimmen. Andreas Laible wird heute im Betrieb unterstützt von seinem ältesten Sohn Andreas Laible Jr., der jüngere Sohn Alexander hat sein eigenes Weingut gegründet (siehe vorherigen Eintrag).

Vorjahre

2009 gab es eine prächtige Palette an trockenen und edelsüßen Weißweinen, darunter gleich fünf sehr gute trockene Rieslinge, aber auch einen wunderschönen Eiswein. Auch 2010 stellte Andreas Laible wieder eine geschlossene Riesling-Riege vor in der wir allerdings nicht das Große Gewächs präferierten, sonder „Achat" und „SL".

Jahrgang 2011

2011 präsentiert sich noch geschlossener auf durchgängig sehr hohem Niveau. Auch dieses Jahr haben wir in der ganz starken Riesling-Riege den Achat am besten bewertet, das Große Gewachs schien uns zum Zeitpunkt der Verkostung noch etwas vom Schwefel geprägt. Der Achat besitzt feine süße Frucht und dezent mineralische Noten, der Klingelberger reife süße Frucht und Substanz, der SL ist frisch, klar und geradlinig, der Riesling „An der Kapelle" zeigt Zitrusnoten im Bouquet, ist frisch und zupackend im Mund. Auch edelsüß brilliert Andreas Laible wieder mit zwei feinen Auslesen von Traminer und Riesling. Aber es gibt noch weitere Weine, die uns sehr gut gefallen haben, allen voran der Grauburgunder als Großes Gewächs, ein fülliger, reintöniger Wein mit viel Kraft; und nicht zu vergessen die faszinierende trockene Scheurebe, zupackend und kraftvoll, eine Scheurebe, wie es nur wenige gibt in Deutschland.

Weinbewertung

86 2011 Weißburgunder Spätlese trocken Durbacher Plauelrain **13 %/12,50 €**

89 2011 Grauburgunder „GG" Durbacher Plauelrain **13 %/16,- €**

87 2011 Chardonnay Spätlese trocken Durbacher Plauelrain **13 %/14,- €**

88 2011 Scheurebe Spätlese trocken Durbacher Plauelrain **12,5 %/11,- €**

85 2011 Gewürztraminer Spätlese trocken Durbacher Plauelrain **13,5 %/11,- €**

88 2011 Riesling Spätlese trocken „SL" Durbacher Plauelrain **12,5 %/12,50 €**

89 2011 Riesling Spätlese trocken „An der Kapelle" **12,5 %/13,50 €**

89 2011 Klingelberger Spätlese trocken Durbacher Plauelrain **12,5 %/15,- €**

90 2011 Riesling Spätlese trocken „Achat" Durbacher Plauelrain **13 %/16,- €**

89 2011 Riesling Spätlese „GG" Durbacher Plauelrain **13 %/19,- €**

89 2011 Riesling Auslese Durbacher Plauelrain **8,5 %/16,50 €**

88 2011 Traniber Auslese Durbacher Plauelrain **10,5 %/14,- €**

★★

Lamberth

Weingut

Rheinhessen

Kirchstraße 20, 55278 Ludwigshöhe
Tel. *06249-8811,* ***Fax:*** *06249-906434*
www.weingut-lamberth.de
info@weingut-lamberth.de
Besuchszeiten: *Mo.-Sa. nach Vereinbarung*

Inhaber .... Armin Lamberth
Rebfläche .... 12 Hektar

Das Weingut Lamberth wird in dritter Generation von Armin Lamberth geführt. Inzwischen steigt mit Carsten Lamberth und Ehefrau Nicole, beide Weinbauingenieure, die nächste Generation in den Betrieb mit ein, wobei Carsten Lamberth hauptberuflich als Kellermeister beim Weingut Knipser in Laumersheim arbeitet. Im elterlichen Weingut verantwortet er die Weine der „Edition CL", deren Weine aus den besten Lagen, vor allem kalkgeprägten Lagen wie Himmelthal und Auenthal stammen; besondere Weine werden im Barrique ausgebaut. Herausragende Weine werden als Reserveweine mit „R" gekennzeichnet, so der Riesling von alten Reben aus der östlichen Parzelle des Teufelskopfs, die durch starke Lösslehmauflage über Kalkstein geprägt ist; der Grauburgunder aus der Parzelle Himmelthal, dem Filetstück der gleichnamigen Einzellage (dünne Lösslehmauflage über Kalkstein).

Vorjahre

Eine überzeugende Kollektion präsentierten die Lamberths vor zwei Jahren in der uns der 2007er Merlot Himmelthal besonders gut gefiel. Der 2008er, 21 Monate in französischer Eiche ausgebaut, war ebenfalls sehr gut, kraftvoll und strukturiert. Noch besser aber gefiel uns im vergangenen Jahr im weißen Segment der Grauburgunder „R", gefolgt von der fülligen 2010er Grauburgunder Spätlese und dem reintönigen, geradlinigen Riesling aus dem Teufelskopf.

Neue Kollektion

Und es geht weiter voran mit der neuen Kollektion. Im weißen Segment gefällt uns wieder einmal der füllige, kraftvolle Grauburgunder besonders gut, er besitzt gute Struktur und Substanz. Noch mehr beeindruckten uns allerdings zwei Rotweine. Der im Barrique ausgebaute Dornfelder besitzt viel Kraft und Konzentration, reife Frucht und jugendliche Tannine. Der Spätburgunder „R" zeigt viel intensive Frucht im Bouquet, dezent Eukalyptus, ist füllig und stoffig im Mund, besitzt viel Kraft und Substanz. Weiter im Aufwind!

Weinbewertung

79 2011 Riesling trocken 11,5 %/4,- €/1l
81 2011 Silvaner Kabinett trocken **11 %/4,30 €**
82 2011 Burgundercuvée trocken **12,5 %/4,70 €**
84 2011 Merlot „Blanc de Noir" trocken **11,5 %/5,60 €**
81 2011 Riesling trocken **12 %/6,10 €**
84 2011 Chardonnay Spätlese trocken „Kalkstein" **13 %/7,- €**
87 2011 Grauburgunder Spätlese trocken Himmelthal „Edition CL" **13,5 %**
83 2011 Riesling Spätlese „Alte Reben" **9 %/6,- €**
86 2011 Riesling Auslese „Henri Edition CL" **8,5 %**
83 2009 Spätburgunder trocken Holzfass **13,5 %/6,50 €**
88 2009 Dornfelder trocken Barrique **13,5 %**
89 2009 Spätburgunder Auslese trocken „R" „Edition CL" **13,5 %/18,- €**

★★☆

LandArt

Weingut

Franken

Winterleite 11, 97320 Mainstockheim
***Tel.** 09321-926464, **Fax:** 09321-926465*
www.landartwein.de
mail@landartwein.de
***Besuchszeiten:** Mo. 10-13 + 17-19 Uhr, Mi.-Fr. 15-19 Uhr, Sa. 10-13 Uhr*

Inhaber . . Brigitte Günzel-Stintzing, Olaf Stintzing
Rebfläche . . . . 2,8 Hektar

2005 begannen Brigitte Günzel-Stintzing, Diplom-Geografin, und Olaf Stintzing, Diplom-Önologe, mit dem Weinbau im Nebenerwerb, indem sie einen halben Hektar mit 25 Jahre alten Silvanerreben in Mainstockheim pachteten. Inzwischen haben sie ihre Rebfläche deutlich vergrößert: 2007 wurde Riesling gepflanzt, im Jahr darauf kamen Weißburgunder und Chardonnay (im gemischten Satz), Grüner Veltliner und inzwischen auch Blauer Silvaner und St. Laurent hinzu. Mittlerweile bewirtschaften sie auch den vermutlich ältesten Weinberg Mainstockheims, über 100 Jahre alt, im Volksmund Krabbelwengert genannt. Inzwischen haben sie zwei Spätburgunder-Parzellen gepachtet, so dass sie mit dem Jahrgang 2012 erstmals auch Rotwein anbieten werden. Sie haben ihr Sortiment in drei Linien eingeteilt: Vineta, LandArt und Premium, auf Prädikatsbezeichnungen und Lagennamen verzichten sie. Während die Weine der Basislinie Vineta im Stahltank ausgebaut werden, liegen die LandArt-Weine unterschiedlich lange im Holz, der Premium-Wein zum Teil auch im Barrique. Der biologische Säureabbau ist wichtiges Instrument, um harmonische, cremige Weine mit niedriger Restsüße zu erzeugen.

Vorjahre

Vor zwei Jahren überzeugte die Kollektion voll und ganz: Gutes Niveau im Vineta-Segment, zwei kraftvolle LandArt-Weine (neben dem Silvaner gab es neu einen Riesling) und ein sehr eigenständiger Erdrauch-Silvaner des Jahrgangs 2008. Auch sein Nachfolger 2009 präsentierte sich sehr eigenständig, ja eigenwillig, die 2010er Weißweine waren frisch, reintönig und geradlinig.

Neue Kollektion

Die neue Kollektion präsentiert sich sehr stimmig mit kraftvollen, fruchtbetonten Weinen. Der Grüne Veltliner ist reintönig und füllig, besitzt gute Struktur und Substanz, der Erdrauch-Silvaner ist enorm würzig, deutlich vom Ausbau im Holz geprägt, füllig und kraftvoll, uns scheint, dass im Jahrgang 2010 das Holz etwas an Komplexität nimmt, statt Komplexität zu geben.

Weinbewertung

86 2011 Grüner Veltliner trocken „LandArt" **14 %/14,- €**
85 2011 Silvaner trocken „LandArt" **13 %/11,20 €**
85 2011 Riesling trocken „LandArt" **13 %/11,70 €**
84 2011 „W & Y LandArt" Weißwein trocken **13 %/11,70 €**
87 2010 Silvaner trocken „Erdrauch" **13,5 %/18,50 €**
85 2011 „Vineta Rosenholz" trocken **11,5 %/6,90 €**
85 2010 Silvaner „Aurum" **11 %/22,- €/0,375l**

★ Thomas Landerer

Weingut

Baden

Niederrotweil 3, 79235 Oberrotweil
Tel. *07662-1070,* ***Fax:*** *07662-94485*
www.weingut-landerer.de
info@weingut-landerer.de
Besuchszeiten: *Mo.-Sa. 8-12 + 14-18 Uhr und nach Vereinbarung*
Ferienwohnungen(****)

Inhaber........................Thomas Landerer
Rebfläche..............................16 Hektar

Das Weingut Landerer ist aus einem bäuerlich-landwirtschaftlichen Betrieb entstanden und wird seit 1989 von Thomas und Karin Landerer geführt. Damals gab es 6 Hektar Reben, die Ernte wurde zum Teil als Trauben, zum Teil als Fasswein weiterverkauft. Thomas Landerer hat den Winzerhof saniert und die Rebfläche erweitert. Neben 16 Hektar Reben bewirtschaftet er 4 Hektar Obstanlagen, deren Früchte in der hauseigenen Brennerei zu Obstbränden verarbeitet werden. Die Weinberge befinden sich in den Oberrotweiler Lagen Henkenberg und Käsleberg, sowie in der Wasenweiler Kreuzhalde. Spätburgunder nimmt die Hälfte der Rebfläche ein. Hinzu kommen 20 Prozent Grauburgunder, je 10 Prozent Müller-Thurgau, und Weißburgunder. Chardonnay, Sauvignon Blanc, Muskateller, Scheurebe und Cabernet Sauvignon ergänzen das Sortiment

Weinbewertung

Vor zwei Jahren überzeugte die Kollektion, wurde angeführt vom fülligen Spätburgunder aus dem Henkenberg. Sehr ähnlich, sehr gleichmäßig präsentierte sich der Jahrgang 2010, in dem uns der kraftvolle Grauburgunder SL aus dem Henkenberg am besten gefiel.

Neue Kollektion

Die neue Kollektion ist im weißen Segment klar stärker, bietet durchweg gutes und sehr gutes Niveau. Der Grauburgunder aus dem Henkenberg ist füllig und konzentriert, besitzt gute Substanz; noch besser aber gefällt uns die Cuvée aus Weißburgunder und Chardonnay aus dem Käsleberg, sie besitzt reife Frucht, gute Struktur und Länge.

Weinbewertung

83 2011 Weißburgunder Kabinett trocken **13 %/7,60 €**

82 2011 Grauburgunder Kabinett trocken **13 %/7,60 €**

83 2011 Sauvignon Blanc „S" trocken Oberrotweiler Käsleberg **13 %/11,20 €**

86 2011 Weißburgunder & Chardonnay „S" trocken Oberrotweiler Käsleberg **13,5 %/10,- €**

85 2011 Grauburgunder „SL" trocken Oberrotweiler Henkenberg **13 %/13,20 €**

82 2011 Muskateller Kabinett **11 %/7,40 €**

81 2011 „Insider" Rotwein trocken **13,5 %/7,80 €**

80 2010 Spätburgunder trocken Oberrotweiler Käsleberg **13,5 %/8,- €**

80 2010 Spätburgunder trocken Oberrotweiler Henkenberg **13,5 %/7,80 €**

Landgraf ★★★☆

Weingut

Rheinhessen

Außerhalb 9, 55291 Saulheim
Tel. *06732-5126,* ***Fax:*** *06732-62646*
www.weingut-landgraf.de
info@weingut-landgraf.de
Besuchszeiten: *Mo.-Fr. 10-12 + 16-18 Uhr, Sa. 10-15 Uhr*
Weinstube (ganzjährig für Veranstaltungen), Kulinarische Weinproben, Kunstausstellungen

Inhaber .... Andre Landgraf
Rebfläche .... 17,5 Hektar

Seit 1752 betreibt die Familie Weinbau. Bernd Landgraf konzentrierte sich zunehmend auf Weinbau und erweiterte die Rebfläche. Seit 2001 wird er im Betrieb unterstützt von Sohn Andre, einem Geisenheim-Absolventen. Der ältere Sohn Johannes gründete inzwischen mit seiner Ehefrau Julia das Weingut Becker-Landgraf in Gau-Odernheim. Die Weinberge liegen allesamt in Saulheim, etwa 20 Kilometer südwestlich von Mainz, in den Lagen Haubenberg, Hölle, Heiligenhaus und Schlossberg. Sortenschwerpunkte sind Riesling (35 Prozent), die weißen Burgunder und Spätburgunder, mit steigender Tendenz. Dazu gibt es etwas Silvaner und Portugieser, zuletzt wurden Cabernet Sauvignon und Merlot gepflanzt. Weiße Rebsorten nehmen knapp drei Viertel der Rebfläche ein. Die Weine werden zum größten Teil direkt an den Endverbraucher vermarktet. Seit 2004 werden die Weinberge biologisch bewirtschaftet. Bei den Weißweinen arbeitet Andre Landgraf mit Maischestandzeiten, Spontangärung und langem Feinhefelager, ausgebaut werden sie teils im Edelstahl, teils im Holz. Rotweine werden maischevergoren und im kleinen oder großen Holzfass ausgebaut. Das Sortiment ist klar gegliedert in Gutsweine, Ortsweine (Saulheimer) und die Spitzenweine mit Lagenbezeichnung, Rieslinge aus Schlossberg und Hölle und ein Spätburgunder aus der Hölle. Der Schlossberg ist eine geschützte, leicht ansteigende Lage, deren Boden aus tertiärem Mergel mit einer Kalksteinschicht besteht. Die Hölle ist eine offene, nach Süden ausgerichtete Hanglage, deren Boden aus tiefgründigem Löss besteht, der mit Kalkstein durchsetzt ist. Orts- und Lagenweine werden unfiltriert abgefüllt.

Vorjahre

Die Weine haben in den letzten Jahren stetig an Profil gewonnen. Seit dem Jahrgang 2006 werden alle Weine mit den natürlichen Hefen vergoren, inzwischen wird selbst bei den Gutsweinen mit Maischestandzeiten gearbeitet. Diese Gutsweine sind stets von guter, zuverlässiger Qualität, überzeugen mit reintöniger Frucht. Die Ortsweine bringen eine weitere Steigerung, ein Mehr an Fülle und Kraft. Die herausragenden Weine aber sind die Lagenweine, die in den letzten Jahren stets zu den Jahrgangsbesten in Rheinhessen gehörten. Die 2009er Kollektion überzeugte wie gewohnt mit sehr gutem Niveau, bot reintönige Gutsweine und füllige, klare Ortsweine. Die letztjährige Kollektion zeigte sich völlig unbeeindruckt vom Jahrgang, was eine Seltenheit war in Rheinhessen. Bemerkenswert war einmal mehr das hohe Niveau der Gutsweine, die allesamt reintönig und frisch waren. Die Ortsweine waren füllig, noch konzentrierter und kraftvoller waren die Lagenweine, wobei der Spätburgunder aus der Hölle den Rieslingen aus Schlossberg und Hölle Paroli bieten konnte.

Neue Kollektion

Es geht weiter voran. An Gutsweinen wurde uns Riesling und Weißburgunder präsentiert – beide sind klar, fruchtbetont, besitzen Struktur und Kraft. Die Ortsweine sind fülliger, kraftvoller: Der Weißburgunder ist wunderschön harmonisch und reintönig, besitzt gute Struktur und Substanz, der Riesling ist kraftvoll und stoffig bei feiner süßer Frucht. Die Lagenweine gehen noch einen Schritt weiter: Der Riesling aus dem Schlossberg ist faszinierend reintönig, saftig und frisch, der aus der Hölle füllig und saftig bei viel Substanz. Der Hölle-Weißburgunder ist stoffig und konzentriert, besitzt gute Substanz und feine süße Frucht. Dass Andre Landgraf sich auch auf edelsüß versteht, zeigen Auslese und Trockenbeerenauslese. Aber auch mit seinen Spätburgundern zeigt er Ambitionen: Der 2009er aus der Hölle ist füllig und kraftvoll, besitzt reife Frucht, gute Struktur und Frische, gehört zu den Top-Spätburgundern Rheinhessens. Eine klasse Kollektion von Andre Landgraf, für uns der Aufsteiger des Jahres!

Weinbewertung

85 2011 Riesling trocken **12,5 %/6,30 €**
85 2011 Weißburgunder trocken **13 %/6,30 €**
87 2011 Weißburgunder trocken Saulheimer **13,5 %/9,20 €**
86 2011 Grauburgunder trocken Saulheimer **13,5 %/9,50 €**
87 2011 Riesling trocken Saulheimer **13 %/8,90 €**
90 2011 Riesling trocken Saulheimer Schlossberg **13 %/16,20 €**
89 2011 Riesling trocken Saulheimer Hölle **13 %/16,20 €**
88 2011 Weißburgunder trocken Saulheimer Hölle **14 %/a.A.**
88 2011 Riesling Auslese Saulheimer Hölle **7,5 %/18,- €/0,5l**
90 2011 Riesling Beerenauslese Saulheimer Haubenberg **7 %/39,50 €/0,375l**
86 2010 Spätburgunder trocken Saulheimer **13,5 %/9,90 €**
90 2010 Spätburgunder trocken Saulheimer Hölle **14 %/16,90 €**

★★

Landmann

Weingut

Baden

Umkircher Straße 29, 79112 Freiburg-Waltershofen
***Tel.** 07665-6756, **Fax:** 07665-51945*
www.weingut-landmann.de
weingut-landmann@t-online.de
***Besuchszeiten:** Mo.-Sa. 8-19 Uhr*
7 Ferienwohnungen

Inhaber .... Peter und Jürgen Landmann
Rebfläche .... 26 Hektar

Josef Landmann hatte seine Trauben immer an die Genossenschaft abgeliefert. Als seine Söhne Peter und Jürgen das Weingut 1995 mit 2 Hektar Weinbergen übernahmen, bauten sie einen eigenen Keller und begannen mit der Selbstvermarktung. Peter Landmann ist für den Keller zuständig und Jürgen Landmann kümmert sich um den Vertrieb. Das Gros ihrer Weinberge liegt in der Lage Freiburg-Waltershofener Steinmauer (14 Hektar). 1999 konnten sie Weinberge in der Lage Freiburger Kapellenberg, an der Südwestseite des Tunibergs, erwerben. Weine aus dieser Lage sind seit dem Jahrgang 2000 in ihrem Programm. Am Kapellenberg bewirtschaften sie 4 Hektar Weinberge, hinzu kommen 3 Hektar in der Lage Merdinger Bühl. Spätburgunder ist ihre wichtigste Rebsorte und nimmt 40 Prozent der Fläche ein. Hinzu kommen Grauburgunder, Weißburgunder, Müller-Thurgau und Chardonnay, sowie ein wenig Cabernet Sauvignon, Merlot, Cabernet Franc, Riesling, Sauvignon Blanc und Bronner. Cabernet Sauvignon gibt es bei ihnen bereits seit 1997, Chardonnay seit 1995. Sie bauen die Weine unter Verzicht auf Prädikatsbezeichnungen konsequent trocken aus. Die Weine werden zu 60 Prozent über die Gastronomie vertrieben. Inzwischen besitzen sie auch 2 Hektar Reben bei Villányi in Ungarn, wo sie Syrah, Cabernet Sauvignon, Cabernet Franc und Merlot anbauen. Seit 2007 werden die Weinberge kontrolliert biologisch bewirtschaftet (Mitglied bei Bioland).

Vorjahre

Was Peter und Jürgen Landmann aufgebaut haben, ist bemerkenswert. Sie haben die Produktion ausgedehnt, sind dabei auch qualitativ vorangekommen – und sie begannen mit der Umstellung auf ökologischen Weinbau – man darf gespannt sein, wie es weitergeht in Waltershofen. 2009 bot gleichmäßige Qualität, unser Favorit vor zwei Jahren war der kraftvolle Spätburgunder Kapellenberg. Auch 2010 hatten sich die Brüder Landmann gut behauptet, die Weine waren kraftvoll und geradlinig, im gewohnten Stil.

Neue Kollektion

Sehr zuverlässig präsentiert sich nun die neue Kollektion mit kraftvollen, geradlinigen Weinen. Unser Favorit ist einmal mehr der Spätburgunder aus dem Kapellenberg, der kraftvoll und tanninbetont ist, gute Struktur und Substanz besitzt.

Weinbewertung

84 Pinot & Chardonnay Sekt brut **12 %/12,90 €**
84 2011 Grauburgunder trocken Merdinger Bühl **12 %/9,50 €**
82 2011 Weißburgunder trocken Freiburger Steinmauer **12,5 %/9,50 €**
84 2011 Chardonnay trocken Freiburger Steinmauer **13,5 %/11,60 €**
83 2011 Sauvignon Blanc trocken Freiburger Steinmauer **12 %/12,90 €**
85 2011 Grauburgunder trocken Barrique Freiburger Kapellenberg **14 %/20,60 €**
85 2009 Gewürztraminer Selektion Freiburger Kapellenberg **15,5 %/13,20 €**
82 2010 Spätburgunder trocken „SL" Freiburger Steinmauer **13,5 %/13,70 €**
87 2010 Spätburgunder trocken Barrique Freiburger Kapellenberg **13,5 %/20,60 €**

★★★

Hans **Lang**
Weingut

Rheingau

Rheinallee 6, 65347 Eltville-Hattenheim
***Tel.** 06723-2475, **Fax:** 06723-7963*
www.weingut-hans-lang.de
langwein@t-online.de
***Besuchszeiten:** Mo.-Fr. 8-12 + 13-17 Uhr, Sa. 9-13 Uhr oder nach Vereinbarung; Vinothek Mo.-Fr. 16-21 Uhr, Sa. und So. 11-21 Uhr*

Inhaber .... Johann Maximilian Lang
Rebfläche .... 20 Hektar

Das Weingut wurde 1953 von Johann Josef Lang gegründet, dem Vater des heutigen Besitzers Johann Maximilian Lang. Dieser übernahm das Weingut 1971, führt es zusammen mit seiner Frau Gabriele. Johann Maximilian Lang hat sukzessive Betriebsgebäude und Rebfläche vergrößert. Seine Weinberge befinden sich hauptsächlich in Hattenheim, in den Lagen Wisselbrunnen, Hassel, Schützenhaus und Engelmannsberg; hinzu kommen drei Hektar am Stück im Hallgartener Hendelberg. Die Böden bestehen aus Löss-Lehm, Mergel bis hin zu tonigem Lehm, im Hendelberg aus Buntschiefer. Neben Riesling, der drei Viertel der Fläche einnimmt, baut er 15 Prozent Spätburgunder an, 5 Prozent Weißburgunder und ein wenig Chardonnay, Silvaner und Grauburgunder. 2009 hat Johann Maximilian Lang den kompletten Betrieb auf ökologische Bewirtschaftung umgestellt und ist Mitglied bei Ecovin geworden. Er gehörte 1992 zu den ersten vier Winzern, die ein Erstes Gewächs erzeugten, zu jener Zeit auf freiwilliger Basis. Der Wein damals kam aus der Hallgartener Schönhell, heute kommen seine Ersten Gewächse aus Wisselbrunnen und Hassel; ist der Jahrgang aber nicht gut genug, verzichtet Lang darauf, Erste Gewächse zu erzeugen. Die Rieslinge werden nach der Ganztraubenpressung, je nach Jahr auch mit Maischestandzeiten, im Holzfass oder im Edelstahl drei bis sechs Monate auf der Feinhefe ausgebaut. Eine Spezialität von Johann Maximilian Lang ist der Barriqueausbau: Seit 1987 baut er seine besten Spätburgunder im kleinen Eichenholzfass aus. 90 Prozent der Weine werden trocken ausgebaut, edelsüße Spezialitäten bis hin zu Trockenbeerenauslesen ergänzen je nach Jahrgang das Programm.

Vorjahre

Der Jahrgang 2009 fiel sehr gleichmäßig aus, bereits der erfrischende Silvaner war gelungen. Dies war anschließend auch in der 2010er Kollektion die Stärke von Johann Maximilian Lang: Die Basisweine waren von zuverlässiger Güte. Schon der Silvaner bereitete viel Freude, die Rieslinge waren frisch und reintönig, die weißen und roten Burgunder gekonnt vinifiziert: Trinkweine, keine Show-Weine.

Neue Kollektion

2011 ist nicht nur bei den Basisweinen gelungen, auch in der Spitze sind die Weine balanciert und nachhaltig. Schon der Gutsriesling und der trockene Kabinett machen unbändigen Spaß. Der Hassel-Riesling wirkt in sich ruhend und saftig, die Jungfer ist ein kraftvoller, zugänglicher Wein, der Schützenhaus frischer und schlanker und der Hendelberg geradlinig mit betonter Säure. Sehr gut gefällt uns der Charta-Riesling mit seiner saftigen Art und dem unaufdringlichen Pfirsichduft.

Weinbewertung

84 2011 Grüner Silvaner trocken **11,5 %/6,60 €**
83 2011 Chardonnay trocken **12,5 %/9,90 €**
86 2011 Weißburgunder „S" trocken **12 %/12,60 €**
85 2011 Gutsriesling trocken **11,5 %/6,90 €**
85 2011 Riesling Kabinett trocken **10,5 %/ 8,40 €**
86 2011 Riesling trocken „Johann Maximilian" **12,5 %/10,80 €**
86 2011 Riesling trocken Hattenheimer Schützenhaus **12,5 %/12,- €**
87 2011 Riesling trocken Hallgartener Jungfer **12 %/13,50 €**
86 2011 Riesling trocken Hallgartener Hendelberg **12,5 %/13,50 €**
88 2011 Riesling trocken Hattenheimer Hassel **12,5 %/16,50 €**
90 2011 Riesling Erstes Gewächs Hattenheimer Wisselbrunnen **12,5 %/21,- €**
87 2011 Riesling „Charta" **12 %/10,20 €**
85 2011 Riesling Kabinett „feinherb" **11 %/8,40 €**
87 2011 Riesling Spätlese Hallgartener Hendelberg **9 %/12,- €**
88 2011 Riesling Auslese Hattenheimer Wisselbrunnen **8 %/9,60 €/0,375l**
85 2010 Spätburgunder trocken **13 %/9,- €**
85 2009 Spätburgunder „Maximilian" **13,5%/15,90€**

Philipp Lang ★

Weingut

Baden

Alter Weg 52, 79112 Freiburg-Munzingen
***Tel.** 07664-59283, **Fax**: 07664-40052*
www.philipp-lang.com
contact@philipp-lang.com
***Besuchszeiten**: nach Vereinbarung Mo.-Sa.*

Inhaber .... Philipp Lang
Rebfläche .... 4,5 Hektar

Seit mehreren Generationen betreibt die Familie Weinbau am Tuniberg. 2009 gründete Philipp Lang nach Abschluss seines Geisenheim-Studiums zusammen mit seinem Vater

Meinrad Lang das Weingut. Die Reben wachsen alle auf tiefgründigen Löss-Lehmböden im Munzinger Kapellenberg. Spätburgunder, Grauburgunder und Weißburgunder nehmen über 80 Prozent der Rebfläche ein. Hinzu kommen Riesling, Müller-Thurgau und Muskateller. Die Weißweine werden kalt, der Spätburgunder wird auf der Maische vergoren.

Vorjahr

Die Weine präsentierten sich frisch und sortentypisch, angeführt von einer feinen Muskateller Spätlese: Darauf kann man aufbauen, hatten wir im vergangenen Jahr beim Debüt geschlossen.

Weinbewertung

Knapp vor Redaktionsschluss, Anfang Oktober, haben uns noch vier Weine erreicht, zwei davon Fassproben. Was wir verkosten konnten, hat uns gefallen, allen voran der leider ein wenig süße Barrique-Grauburgunder und der füllige Riesling mit seiner reifen Frucht und guten Struktur.

Weinbewertung

(83) 2011 Rivaner Kabinett trocken **12,5 %/4,20 €**
(86) 2011 Riesling Spätlese trocken **12,5 %/8,40 €**
86 2010 Grauburgunder Spätlese Barrique **13 %/12,90 €**
83 2010 Spätburgunder Kabinett trocken **13,5 %/6,90 €**

Langenwalter ★★

Weingut

Pfalz

Bahnhofstraße 45, 67256 Weisenheim am Sand
***Tel.** 06353-7390, **Fax**: 06353-4152*
www.weingut-langenwalter.de
info@weingut-langenwalter.de
***Besuchszeiten**: Mo.- Mi., Fr. 9:30-19 Uhr, Sa. 9-17 Uhr*
Weinprobierstube (max. 50 Personen)

Inhaber .... Thorsten Langenwalter
Rebfläche .... 25 Hektar

Die Familie von Thorsten Langenwalter betreibt seit dem 17. Jahrhundert Weinbau in der Pfalz. Willi Langenwalter hatte in den sechziger Jahren mit der Selbstvermarktung begonnen, sein Sohn Klaus und dessen Ehefrau Renate erweiterten den Betrieb. 2002 stieg ihr Sohn Thorsten in den Betrieb mit ein und hat ihn mittlerweile übernommen. Die Weinberge liegen alle in Weisenheim am Sand. Wie der Name schon sagt, gibt es hier vor allem sandige Lehmböden, im Süden von Weisenheim auch kalkhaltige, tiefgründige Böden. Hauptrebsorte ist Riesling. Hinzu kommen Weiß- und Grauburgunder, Gewürztraminer und Silvaner. An roten Sorten gibt es Portugieser, Dornfelder, Spätburgunder und Sankt Laurent. Die Weißweine werden kühl vergoren und überwiegend im Edelstahl ausgebaut, die Rotweine kommen nach der Maischegärung ins Holz, auch ins Barrique. Die Weine werden vorwiegend trocken ausgebaut und größtenteils an Privatkunden verkauft.

Vorjahre

Schon in der ersten Ausgabe haben wir die Weine der Langenwalters empfohlen. Seither überzeugen die Kollektionen Jahr für Jahr, immer wieder gibt es barriqueausgebaute Spitzen, vor allem der Chardonnay gehört immer wieder zu den Besten seiner Art in der Pfalz. Vor zwei Jahren wurde eine etwas verhaltene Kollektion präsentiert, sowohl rot als auch weiß. An der Spitze stand der Grauburgunder SL. Im vergangenen Jahr haben wir eine mehr als überzeugende Kollektion verkostet. Chardonnay, Grauburgunder und Gewürztraminer waren sehr gut, der Portugieser ragte aber heraus, knapp vor dem St. Laurent.

Weinbewertung

In diesem Jahr wird wieder eine sehr ordentliche Kollektion gezeigt. Der sonst überzeugende Chardonnay aus dem Barrique vom Jahrgang 2010 lag zwar in einem feinen Holz, ist aber ansonsten etwas schwach auf der Brust. Gut gefallen hat uns der trockene Gewürztraminer, der nach Honig und Rosen duftet. Sehr gut sind wieder die Rotweine, angeführt von zwei Weinen aus dem Jahrgang 2009. Die Cuvée zeigt viel Frucht und feine Tannine, der Cabernet Sauvignon ist reif und konzentriert.

Weinbewertung

77 2011 Weißer Burgunder trocken **12 %/5,70 €**
80 2011 Riesling trocken Weisenheimer Hahnen **13 %/8,80 €**
81 2011 Grauer Burgunder trocken Weisenheimer Altenberg **13,5 %/8,80 €**
83 2011 Riesling trocken Weisenheimer Burgweg **13 %/13,50 €**
83 2010 Chardonnay trocken Barrique Weisenheimer Halde **13,0 %/13,50 €**
85 2011 Gewürztraminer trocken Weisenheimer Hasenzeile **13,5 %/8,80 €**
87 2009 Terra „S" Rotwein trocken Barrique Weisenheimer **13,5 %/18,- €**
86 2010 Spätburgunder trocken Barrique Weisenheimer Altenberg **13 %/18, -€**
87 2009 Cabernet Sauvignon trocken Barrique Weisenheimer Goldberg **13,5 %/20,- €**

L

Freiherr ★★★☆
Langwerth von Simmern
Weingut
Rheingau

Kirchgasse, 65343 Eltville
***Tel.** 06123-92110, **Fax**: 06123-921133,*
www.weingut-langwerth-von-simmern.de
weingut-langwerth-von-simmern@t-online.de
***Besuchszeiten**: Mo.-Fr. 10-12 & 13.30-17 Uhr;*
Vinothek: Sa. 10-17 Uhr
Gutsausschank „Gelbes Haus", Eltville

Inhaber.. Georg R. Freiherr Langwerth von Simmern
Rebfläche............................ 31,5 Hektar

Das Weingut der Freiherren Langwerth von Simmern ist eines der ältesten sich in Familienbesitz befindlichen Weingüter der Welt. Die Familie betreibt seit dem Jahr 1464 Weinbau. Das Weingut wird heute von Georg Reinhard Langwerth von Simmern und seiner Frau Andrea geführt. Die Weinberge verteilen sich auf die fünf Gemarkungen Hattenheim, Erbach, Kiedrich, Rauenthal und Eltville. Als Spitzenlagen gelten, neben den Lagen Erbacher Marcobrunn und Hattenheimer Mannberg, auch der Rauenthaler Rothenberg, der Baiken sowie der Hattenheimer Nussbrunnen. Es dominiert der Riesling mit weit über 90 Prozent der Rebfläche, dazu gibt es ein klein wenig Spätburgunder, Chardonnay und Weißburgunder.

Vorjahre

In den letzten Jahren wirkten die trockenen Weine stets rassig und kompakt, die restsüßen Spätlesen besaßen Spiel. Nur bei den edelsüßen Weinen scheint das Gut noch seinen Stil zu suchen. Der Aufwärtstrend bei Langwerth von Simmern setzte sich auch 2009 fort. Der trockene Bereich präsentierte sich wie gewohnt überzeugend, nur die edelsüßen Spitzen enttäuschten. Auch 2010 konnte die Beerenauslese nicht völlig überzeugen, während die beiden Ersten Gewächse und die rassige Spätlese auf dem gewohnt hohen Niveau lagen. Auch die straffen Basisweine, beispielsweise der feine Kabinett aus dem Baiken, hatten Stil.

Neue Kollektion

Über die 2011er lässt sich noch kein abschließendes Urteil fällen, da die Ersten Gewächse, im August gefüllt, bei Redaktionsschluss noch nicht zur Verkostung vorgestellt wurden. Gut möglich, dass man sich bei Langwerth von Simmern nicht unter Druck setzen lassen und den Weinen Zeit geben will. Die Basisweine sind zuverlässig, die Spätlese aus dem Mannberg wirkt recht füllig und nachhaltig, auch wenn sie etwas Spiel vermissen lässt. Bei den edelsüßen Gewächsen ist 2011 sehr gelungen. Die drei vorgestellten Weine sind deutlich reintöniger, als sie es in den Vorjahren waren, und werden angeführt von der eleganten, nachhaltigen Marcobrunn-Trockenbeerenauslese, der ein Pendant aus dem Mannberg (schlank, mit Anklängen an Zitronenkuchen) und der üppige, nach kandierten Nektarinen duftende Baiken-Riesling zur Seite stehen.

Weinbewertung

83 2011 Riesling Kabinett trocken Rauenthaler Baiken **12,5 %/12,50 €**

85 2011 Riesling Kabinett trocken Hattenheimer Nussbrunnen **13 %/11,- €**

85 2011 Riesling Kabinett Erbacher Marcobrunn **12 %/12,50 €**

88 2011 Riesling Spätlese Rauenthaler Rothenberg **11 %/12,- €**

88 2011 Riesling Spätlese Blaukapsel Hattenheimer Mannberg **11 %/20,- €**

91 2011 Riesling Trockenbeerenauslese Hattenheimer Mannberg **8,5 %/180,- €/0,375l**

93 2011 Riesling Trockenbeerenauslese Erbacher Marcobrunn **8 %/180,- €/0,375l**

92 2011 Riesling Trockenbeerenauslese Rauenthaler Baiken (92+? Punkte) **6 %/180,- €/0,375l**

Lanius-Knab ★★★

Weingut

Mittelrhein

Mainzer Straße 38, 55430 Oberwesel
***Tel.** 06744-8104, **Fax**: 06744-1537*
www.lanius-knab.de
weingut@lanius-knab.de
***Besuchszeiten**: Mo.-Fr. nach Vereinbarung, Sa. 8-17 Uhr*

Inhaber .... Jörg Lanius
Rebfläche .... 7,5 Hektar

Die Weinberge von Jörg Lanius liegen im Engehöller Tal in den Lagen Engehöller Bernstein und Goldemund sowie im Oberweseler Oelsberg. Neben dem dominierenden Riesling baut er etwa 10 Prozent Spätburgunder und 5 Prozent Müller-Thurgau an. Die Weine werden im Edelstahl mit den traubeneigenen Hefen vergoren und reifen anschließend in alten Eichenholzfässern. Jörg Lanius bringt den neuen Jahrgang immer erst im September in den Verkauf. Eine Spezialität sind edelsüße Weine, von denen er Jahr für Jahr eine breite Auswahl bis hin zur Trockenbeerenauslese im Programm hat.
Die Weine besitzen immer einen ganz eigenen, unverwechselbaren Stil, sind saftig und komplex, zeigen selbst in der Basis schon eine spannende Würze. Wenn alles zusammenpasst, gelingen hier trockene wie süße Rieslinge in einer Art, wie sie am Mittelrhein kein zweites Mal zu finden ist.

Vorjahre

2009 konnten die trockenen Rieslinge den edelsüßen Paroli bieten, die trockene Spätlese aus dem Bernstein ebenso wie das Große Gewächs aus dem Oelsberg schlugen sich prächtig, edelsüß setzte der Eiswein das Glanzlicht. Auch die 2010er Kollektion war ganz stark, bot zwei markante, kraftvolle trockene Rieslinge, edelsüße Spitzen und eine überzeugende Basis.

Neue Kollektion

Die 2011er Kollektion ist vor allem in der Spitze spannend. Während der eine oder andere Basiswein etwas klarer ausfallen könnte, wirkt das Große Gewächs zwar in der Nase verhalten, besitzt aber viel Kraft und eine zupackende Art. Leicht rustikal ist die Trockenbeerenauslese aus dem Bernstein, während die Beerenauslese aus dem Oelsberg mit ihrem saftigen und nachhaltigen Stil überrascht. Alle sind eben nicht nur süß, wie manch andere Auslese am Mittelrhein, sondern auch vielschichtig und darüber hinaus eigenwillig.

Weinbewertung

81 2011 Riesling trocken **12 %/7,50 €**

86 2011 Riesling Spätlese trocken Engehöller Bernstein **13,5 %/11,50 €**

86 2011 Riesling trocken Engehöller Bernstein **13,5 %/12,- €**

89 2011 Riesling „GG" Engehöller Bernstein **22,50 €**

80 2011 Riesling „feinherb" **12 %/7,50 €**

84 2011 Riesling Kabinett „feinherb" Oberweseler **12 %/8,50 €**
86 2011 Riesling Kabinett „feinherb" Engehöller Bernstein **12,5 %/12,- €**
88 2011 Riesling Auslese Engehöller Bernstein **9 %/21,- €/0,5l**
92 2011 Riesling Beerenauslese Oberweseler Oelsberg **10 %/50,- €/0,5l**
90 2011 Riesling Trockenbeerenauslese Engehöller Bernstein **10,5 %/106,- €/0,375l**

★★

Paul **Laquai**

Weingut

Rheingau

Park Wispertal 2, 65391 Lorch
***Tel.** 06726-830838, **Fax**: 06726-830840*
www.weingut-laquai.com
kontakt@weingut-laquai.de
***Besuchszeiten**: Mo.-Fr. 8-18 Uhr, Sa. 9-14 Uhr*
Weinproben (bis 40 Personen)
Gutsausschank „Weinwirtschaft Laquai" in Lorch, Schwalbacher Straße 20 (Tel. 839213)
Gutsausschank „Langehof" in Eltville-Rauenthal, Martinsthaler Straße 4 (Inh. Matthias Klein)

Inhaber......... Gundolf Laquai, Gilbert Laquai
Rebfläche.............................. 16 Hektar

Das Weingut Paul Laquai ging 1990 an die beiden Brüder Gilbert und Gundolf Laquai über. Seither wurde die Rebfläche von 3,5 auf heute 16 Hektar erweitert. Neben zahlreichen Rebflächen in Lorch sind 1996 durch die Übernahme des Weinguts Langehof auch Weinberge in Rauenthal hinzugekommen. Mit der Erweiterung des Weingutes wurden die alten Anlagen zu klein, deshalb kaufte man in Wispertal bei Lorch neue Betriebsgebäude. 2008 wurde ein neuer Weinberg in der Lage Lorcher Kapellenberg angelegt – der erste mit Querterrassierung. Die Rieslinge aus dem Weingut Laquai sind immer saftig und voller Würze, leicht zugänglich und mit Schmelz ausgestattet. Am deutlichsten zeigt sich dies bei den Terroir-Weinen aus Schlossberg und Kapellenberg. Die Präzision geht, das ist die Kehrseite, manchmal verloren; die Ersten Gewächse beispielsweise sind nicht immer eine dramatische Steigerung zu den übrigen Rieslingen. Saftig, würzig, manchmal von Toastaromen geprägt, zeigen sich die Spätburgunder; bei ihnen könnte ein wenig zusätzliche Finesse nicht schaden.

Vorjahre

Die 2009er Weißweine waren zugänglich, besaßen eine schöne Würze und viel Frucht. Die beiden Ersten Gewächse präsentierten sich allerdings bei mehreren Verkostungen ein wenig verhalten. Die 2010er waren wiederum rundum zuverlässig, die Spätburgunder aus 2009 präsentierten sich als feine Rotweine mit viel Frucht.

Neue Kollektion

Die Basisweine der 2011er Kollektion sind überdurchschnittlich stimmig und gelungen, neben dem „Terroir"-Kabinett aus dem Kapellenberg fällt auch der Weiße Burgunder sehr angenehm auf – und der Classic besitzt eine schöne Balance. Gut entwickelt hat sich das Erste Gewächs aus dem Schlossberg (Jahrgang 2010), während die 2011er Auslese etwas kurz ausfällt. Etwas anstrengend, mit Noten von gekochter Erdbeere, wirkt derzeit der 2009er Spätburgunder.

Weinbewertung

83 2011 Riesling Kabinett trocken Lorcher Kapellenberg **12,5 %/6,80 €**
84 2011 Riesling Kabinett trocken „Terroir" Lorcher Schlossberg **13 %/7,50 €**
85 2011 Riesling Kabinett trocken „Terroir" Lorcher Kapellenberg **13 %/7,50 €**
86 2011 Weißer Burgunder trocken Lorcher Bodental-Steinberg **12,5 %/7,80 €**
86 2011 Riesling Spätlese trocken Lorcher Schlossberg **13 %/9,80 €**
87 2010 Riesling trocken Erstes Gewächs Lorcher Schlossberg **14 %/18,- €**
82 2011 Riesling Classic **12,5 %/6,80 €**

86 2011 Riesling Spätlese Lorcher Pfaffenwies **8,5 %/9,80 €**
85 2011 Riesling Auslese Lorcher Schlossberg **7,5 %/16,50 €**
83 2011 Spätburgunder trocken Lorcher Bodental-Steinberg **14 %/9,50 €**
85 2009 Spätburgunder trocken Erstes Gewächs Lorcher Bodental-Steinberg **14 %/19,50 €**

★★★☆

Peter **Lauer**

Weingut **Mosel**

Triererstraße 49, 54441 Ayl
Tel. 06581-3031, Fax: 06581-2344
www.saarriesling.de
info@lauer-ayl.de
***Besuchszeiten:** jederzeit nach Anmeldung*
Weinhotel „Ayler Kupp"

Inhaber .... Peter Lauer
Rebfläche .... 7 Hektar

Vater Peter und Sohn Florian führen nicht nur das an der Saar gelegene Weingut, sondern auch ein Hotel-Restaurant, dessen Küche einen guten Ruf genießt. Alle Weine werden lange im Holzfass auf der Feinhefe gelagert, von Zeit zu Zeit aufgerührt, wodurch sie eine cremige, saftige Fülle gewinnen. Auf den Etiketten sind außer den Fassnummern nun auch an Parzellen erinnernde Begriffe angegeben – Schonfels, Kern oder Stirn erinnern an besonders gute Stücke in der Lage Ayler Kupp, die 1971 massiv vergrößert wurde und heute Parzellen sehr unterschiedlicher Güte beinhaltet. Prädikate werden nur für edelsüße Weine verwendet

Vorjahre

2009 gelang im Weingut die Ernte einer sehr geringen Menge Trockenbeerenauslese mit viel reintöniger Frucht und Charakter. Die übrigen Weine waren herrlich saftig und kraftvoll. 2010 präsentierte sich die Kollektion geschlossen. Die mit Parzellennamen bezeichneten Weine waren allesamt nicht gesetzlich trocken, der Restzucker lag zwischen 10 und 40 Gramm. Sie waren alle kraftvoll und stoffig, unsere Favoriten waren Neuenbersch und Schonfels. Eine ganze Palette an edelsüßen Weinen hatte Peter Lauer 2010 erzeugt: Eine faszinierende Auslese, drei sehr ähnliche Beerenauslesen und drei deutlich unterscheidbare Trockenbeerenauslesen.

Jahrgang 2011

Auch die neue Kollektion präsentiert sich sehr gleichmäßig mit frischen, geradlinigen Rieslingen. Zum Zeitpunkt der Verkostung wirkten viele noch recht schwefelgeprägt, sie kommen kraftvoll und sehr präsent in den Mund, dann fehlt es aber an Druck und Nachhall, verglichen mit 2010.

Weinbewertung

82 2011 Riesling „Fass 2" Ayler Kupp **13 %/12,50 €**
85 2011 Riesling „Fass 12 Unterstenbersch" Ayler Kupp **12,5 %/16,90 €**
85 2011 Riesling „Fass 18 Kupp 56" **13 %/21,50 €**
84 2011 Riesling „Fass 1" Ayler Kupp **12,5 %/12,50 €**
84 2011 Riesling „Fass 3" Ayler Kupp **10,5 %/12,50 €**
87 2011 Riesling „Fass 11 Schoenfels" **13 %/23,50 €**
87 2011 Riesling „Fass 17 Neuenberg" **12,5%/23,50€**
87 2011 Riesling „Fass 15 Stirn" Ayler Kupp **10 %/19,- €**
84 2011 Riesling „Fass 9 Kern" Ayler Kupp **10%/19,-€**
88 2011 Riesling Saarfeisler „Fass 3" **10 %/19,- €**
87 2011 Riesling Spätlese** „Fass 23" Ayler Kupp **8 %/20,- €**
88 2011 Riesling Auslese „Fass 23" Ayler Kupp **7,5 %/32,50 €**

★☆

Laurentiushof

Weingut

Mosel

Gartenstraße 13, 56814 Bremm
Tel. 02675-508, Fax: 02675-910285
www.weingut-laurentisuhof.de
info@weingut-laurentiushof.de
Besuchszeiten: nach Vereinbarung
Komfort-Ferienhaus

Inhaber .... Thomas Franzen-Martiny
Rebfläche .... 4,5 Hektar

Thomas Franzen-Martiny und Liz Martiny führen den Laurentiushof in Bremm nach ökologischen Richtlinien; das Weingut ist Mitglied bei Ecovin. Gut die Hälfte der Weinberge liegt in Steillagen wie dem Bremmer Calmont oder dem Neefer Frauenberg, ein Teil der Reben ist 100 Jahre alt. Außer Riesling werden auch Weißburgunder, Müller-Thurgau, Elbling und Spätburgunder angebaut. Die Weine werden in Eichenholzfässern ausgebaut, die Vergärung erfolgt mit keller- bzw. weinbergseigenen Hefen.

Vorjahre

Die 2009er waren sehr gleichmäßig. 2010 war etwas verhaltener, die Weine zeigten sich würzig und duftig, aber etwas weniger komplex als in früheren Jahrgängen.

Jahrgang 2011

2011 präsentiert sich geschlossen auf gutem Niveau, mit leichten Vorteilen im halbtrockenen und süßen Segment, wo zwei Weine aus dem Calmont uns am besten gefallen, der fruchtbetonte süße „Freigeist" und die zupackende Spätlese.

Weinbewertung

83 2011 Riesling trocken Bremmer Calmont **12 %/6,50 €/1l**
83 2011 Riesling trocken „Urgestein" Bremmer Calmont **11,5 %/7,50 €**
83 2011 Riesling „feinherb" Neefer Frauenberg **11,5 %/7,50 €**
85 2011 Riesling „Freigeist" Bremmer Calmont **12,5 %/13,50 €**
81 2011 Müller-Thurgau Bremmer Laurentiusberg **10,5 %/5,60 €/1l**
85 2011 Riesling Spätlese Bremmer Calmont **9 %/8,50 €**

★★☆

Lehnert-Veit

Müsterter Hof, Weingut

Mosel

In der Dur 6-10, 54498 Piesport
Tel. 06507-2123, Fax: 06507-7145
www.lehnert-veit.de
info@lehnert-veit.de
Besuchszeiten: täglich 9-21 Uhr; Straußwirtschaft von Mai - Oktober, Gästezimmer, Gutsausschank

Inhaber .... Erich und Peter Lehnert
Rebfläche .... 10,5 Hektar

Die Weinbautradition des Betriebs reicht bis ins Jahr 1653 zurück, als ein gewisser Eucharius Lehnert Weinberge bewirtschaftete. Inzwischen ist die 9. Generation für das Gut zuständig, zu dem auch eine im weiten Umkreis beliebte Straußwirtschaft am Moselufer zählt. Erich und Peter Lehnert bauen die Weine – neben Riesling auch Weiß- und Spätburgunder – teils im Edelstahl, teils im Holzfass aus. Ihre Weinberge liegen in den Piesporter Lagen Goldtröpfchen, Falkenberg, Günterslay und Treppchen. Neben Weinen aus dem jüngsten Jahrgang findet man auch viele gereifte Rieslinge, die in der Straußwirtschaft verkostet werden können.

Vorjahre

2009 war gelungen, ein 2007er Spätburgunder und eine 2005er Auslese überraschten vor zwei Jahren. Auch die letztjährige Kollektion überzeugte. Im trockenen Segment gefiel uns der stoffige Riesling „N° 1" besonders gut, im restsüßen der üppige Riesling „Kapital". Viel Freude bereiteten uns auch die gekonnt vinifizierten Spätburgunder, die Reserve aus der Gunterslay präsentierte sich ebenso reintönig und harmonisch wie der „N° 1" aus dem Falkenberg.

Neue Kollektion

Die neue Kollektion präsentiert sich geschlossen auf gutem Niveau, auch wenn manche Weine nicht allzu nachhaltig sind. Highlight ist einemal mehr die edelsüße Auslese, Kapital genannt, die sich wunderschön füllig und saftig präsentiert, uns noch etwas besser gefällt als die duftige, schmeichelnde Beerenauslese. Klasse ist auch der jugendliche, noch enorm tanninbetonte Spätburgunder Nummer 1, auch der kraftvolle Riesling „Tradition" gefällt uns sehr gut.

Weinbewertung

82 2011 Riesling Kabinett trocken „Mineral" Piesporter Goldtröpfchen **12 %/7,20 €**
83 2011 Riesling Spätlese trocken „Edition" Piesporter Goldtröpfchen **12,5 %/8,80 €**
85 2011 Riesling „N° 1" Piesporter Goldtröpfchen **13 %/12,- €**
82 2011 Riesling Kabinett „feinherb" „Mineral" Piesporter Falkenberg **11 %/6,60 €**
83 2011 Riesling Spätlese „feinherb" „Edition" Piesporter Goldtröpfchen **12 %/8,80 €**
86 2011 Riesling „feinherb" „Tradition" Piesporter Goldtröpfchen **12,5 %/12,- €**
83 2011 Riesling Kabinett „Mineral" Piesporter Günterslay **9 %/6,60 €**
84 2011 Riesling Spätlese** Piesporter Goldtröpfchen **8 %/10,50 €**
88 2011 Riesling Auslese „Kapital***" Piesporter Goldtröpfchen **8,5 %/19,50 €**
87 2011 Riesling Beerenauslese Piesporter Goldtröpfchen **6 %/28,- €/0,375l**
87 2009 Spätburgunder trocken „N° 1" Piesporter Falkenberg **13,5 %/22,50 €**

★★★☆

Jürgen **Leiner**

Weingut

Pfalz

Arzheimer Straße 14, 76831 Ilbesheim
***Tel.** 06341-30621, **Fax**: 06341-34401*
www.weingut-leiner.de
info@weingut-leiner.de
***Besuchszeiten**: nach Vereinbarung*
Ferienwohnungen

Inhaber .... Sven Leiner
Rebfläche .... 14,5 Hektar

Das in den siebziger Jahren gegründete Weingut Jürgen Leiner liegt im Ortskern von Ilbesheim, einem Winzerdorf am Fuß der Kleinen Kalmit. Die Weinberge liegen in Ilbesheim, Arzheim und Göcklingen. Rote Sorten, insbesondere Dornfelder und Spätburgunder, dazu als Spezialität Tempranillo, nehmen zusammen ein Drittel der Weinberge ein. Die Burgundersorten (mehr Grauburgunder als Weißburgunder) und Riesling dominieren im weißen Segment, hinzu kommen Chardonnay und Gewürztraminer. Die besten Weine werden mit Gewannnamen bezeichnet, respektive mit der Lagenbezeichnung Ilbesheimer Kalmit, die mit dem Jahrgang 2009 als Einzellage anerkannt wurde. Die Rotweine kommen nach der Maischegärung ins Holzfass oder Barrique. Weißweine werden im Stahltank ausgebaut, Riesling- und Grauburgunder-Lagenweine kommen ins Holzfass, der Chardonnay ins Barrique. Die Weinberge werden biodynamisch bewirtschaftet, für die Vinifikation ist Sohn Sven verantwortlich, der mittlerweile das Weingut übernommen hat.

Vorjahre

Vor zwei Jahren verkosteten wir die 2009er Lagenweine wenige Tage nach der späten Füllung. Bedenken deswegen waren unbegründet, denn mit dem 2009er Jahrgang hatte Sven Leiner einen großen Schritt nach vorne gemacht. Weißburgunder und Riesling aus der neu zugelassenen Lage Kalmit, Chardonnay Hadorne und Riesling Setzer ruhten in sich, strahlten Klarheit aus und waren großartige Weine, konzentriert, dabei doch von spielerischer Eleganz. Weißburgunder und Chardonnay hatten eine spürbare, aber gut eingebundene Restsüße. Auch der 2009er Spätburgunder Kalmit zeigte in früher Jugend ein gutes Entwicklungspotenzial. Die Kollektion des vergangenen Jahres setzte diesen Weg konsequent fort: Weißburgunder und Riesling aus der Lage Kalmit waren prägnant und eigenständig und besaßen einiges an Reifepotential, der Grauburgunder „Katzebosch" aus dem Jahrgang 2009 und der 2010er Chardonnay „Hadorne" gehörten jeweils zu den besten ihrer Art in der Pfalz, sehr gut gefielen uns auch die herrlich eindringliche Gewürztraminer Auslese und der klare und reintönige Weißburgunder „Handwerk" – allesamt spannende Weine.

Neue Kollektion

In diesem Jahr waren die 2011er Lagenweine zum Zeitpunkt unserer Verkostung noch nicht gefüllt, die mustergültigen „Handwerk"-Basisweine, die mit viel klarer, reintöniger Frucht, Frische und Substanz überzeugen, lassen jedoch einiges von den Lagenweinen erwarten. Die erneut verkosteten 2010er Riesling und Weißburgunder aus der Lage Kalmit brauchen immer noch viel Luft, zeigen viel Substanz und feine nachhaltige Würze und stehen immer noch am Anfang ihrer Entwicklung. Die süßen Spät- und Auslesen von Riesling und Gewürztraminer sind ganz klar und präzise in der Frucht, der 2009er Spätburgunder ist gut strukturiert, kraftvoll und harmonisch.

Weinbewertung

87 2011 Weißer Burgunder trocken „Handwerk" **12,5 %/7,20 €** ☺
89 2010 Weißer Burgunder trocken Ilbesheimer Kalmit **13 %/16,50 €**
86 2011 Grauer Burgunder trocken „Handwerk" **12,5 %/7,20 €**
87 2011 Chardonnay trocken „Handwerk" **13 %/7,20 €** ☺
82 2011 Riesling trocken **12,5 %/5,50 €/1l**
85 2011 Riesling trocken „Handwerk" **12 %/7,20 €**
90 2010 Riesling trocken Ilbesheimer Kalmit **12,5 %/16,50 €**
87 2011 Gewürztraminer Spätlese **11,5 %/15,- €**
88 2011 Gewürztraminer Auslese **7,5 %/13,- €/0,375l**
87 2011 Riesling Spätlese **7 %/15,- €**
88 2009 Spätburgunder trocken Ilbesheimer Kalmit **13 %/19,50 €**
86 2010 Chardonnay trocken „Handwerk" **12 %/6,80 €** ☺
82 2010 Riesling trocken **12 %/5,- €/1l**
85 2010 Riesling trocken „Handwerk" **12 %/6,80 €**
87 2010 Riesling Auslese **7,5 %/10,50 €/0,375l**

★★

Leiss

Weingut

Württemberg

Lennacher Straße 7, 74189 Gellmersbach
Tel. 07134-14389, Fax: 07134-20621
www.weingut-leiss.de
info@weingut-leiss.de
Besuchszeiten: Mo.-Fr. 10:30-12 + 17:30-19 Uhr, Sa. 9-16 Uhr
Besenwirtschaft

Inhaber .... Wolf-Peter Leiss
Rebfläche .... 13 Hektar

Zwei Drittel der Weinberge von Wolf-Peter Leiss nehmen rote Rebsorten ein. Wichtigste rote Sorte ist Trollinger, gefolgt von Lemberger und Schwarzriesling. Riesling nimmt ein Viertel der Rebfläche ein, dazu gibt es etwas Kerner, Müller-Thurgau, Gewürztraminer und Grauburgunder. Die Reben wachsen in Gellmersbach auf Keuperverwitterungsböden. Die 1998 erstmals erzeugte Cuvée Nobilis aus Cabernet Cubin und Lemberger ist die Spitzencuvée von Gerhard Leiss.

Vorjahre

Vor zwei Jahren präsentierte sich die Kollektion geschlossen, mit leichten Vorteilen im roten Segment. Im vergangenen Jahr dominierten die Barrique-Rotweine, wobei Lemberger und Cuvée G uns noch besser gefielen als unser oftmaliger Favorit, die Cuvée Nobilis. Die Weißweine waren jahrgangsbedingt etwas verhaltener.

Neue Kollektion

Die neue Kollektion ist stimmig und gleichmäßig, die Vorteile liegen wie gehabt bei den barriqueausgebauten Rotweinen. Der Lemberger ist kraftvoll und reintönig bei guter Substanz und dezenten Schokonoten, noch besser gefällt uns die Cuvée Nobilis, die gute Konzentration im Bouquet zeigt, rote und dunkle Früchte, füllig und kraftvoll ist, viel Stoff und Tannine besitzt.

Weinbewertung

80 2010 Riesling Classic **12,5 %/5,20 €**
84 2011 Sauvignon Blanc Spätlese trocken Gellmersbacher Dezberg **13 %/9,50 €**
84 2011 Riesling Spätlese trocken „Ursprung" **13,5 %/9,50 €**
83 2011 Muskateller Spätlese „feinherb" **12 %/7,50 €**
85 2011 Gewürztraminer Spätlese Gellmersbacher Dezberg **11,5 %/8,20 €**
83 2011 Lemberger Rosé trocken **14 %/5,50 €**
83 2009 Trollinger trocken „Oberer Berg" **12 %/5,60 €**
83 2009 Spätburgunder trocken Gellmersbacher Dezberg **14 %/8,20 €**
85 2009 Spätburgunder trocken „Kirchberg" **14 %/9,50 €**
83 2009 Lemberger trocken „Herzgrüble" **14 %/7,80 €**
86 2009 Lemberger trocken (Barrique) **14 %/16,- €**
88 2009 „Cuvée Nobilis" Rotwein trocken **14 %/19,- €**

★★★★★

Leitz

Weingut **Rheingau**

Theodor-Heuss-Straße 5, 65385 Rüdesheim
***Tel.** 06722-48711, **Fax**: 06722-47658*
www.leitz-wein.de
johannes.leitz@leitz-wein.de
***Besuchszeiten**: Mo.-Fr. 8-17 Uhr nach Vereinbarung*

Inhaber .... Johannes Leitz
Rebfläche .... 40 Hektar

Weinbau gibt es in der Familie Leitz bereits seit 1744, aber erst in den fünfziger Jahren des letzten Jahrhunderts hatte sich Josef Leitz, der Großvater des heutigen Besitzers Johannes Leitz, ganz auf Weinbau spezialisiert. Nach dem frühen Tod des Vaters hat die Mutter von Johannes Leitz das Weingut als Feierabendbetrieb erhalten. Er selbst vinifizierte bereits 1985 seinen ersten Jahrgang. Johannes Leitz vergrößerte seine Rebfläche in den vergangenen Jahren beträchtlich, beispielsweise, indem er das Erbslöh'sche Weingut in Geisenheim übernahm, inzwischen bewirtschaftet er 40 Hektar – ausschließlich Riesling. Seine Erfolge erzielt Leitz nicht zuletzt im Export; in den USA zählt er längst zu den bekanntesten deutschen Winzern.
Seine Spitzenweine, mit natürlichen Hefen vergoren und im Holz vinifiziert, erzeugt er aus dem Rüdesheimer Berg, aus den Lagen Berg Roseneck, Berg Schlossberg und Berg Rottland, sowie aus dem Berg Kaisersteinfels, wo er alte, brachliegende Terrassen rekultiviert hat. Mit dem Jahrgang 2011 fielen die „Alten Reben", die lange die Prestigegewächse des Hauses waren, weg: Die Spitzenrieslinge nennen sich nun „Terrassen" (Kaisersteinfels), „Hinterhaus" (Rottland), „Katerloch" (Roseneck) und „Ehrenfels" (Schlossberg). Immer wieder fällt auf, wie viel Wert Johannes Leitz auf seine Basisweine legt: Kaum ein anderes Weingut vermag selbst im preiswertesten Wein so viel Qualität zu erreichen.

Vorjahre

Die 2009er wirkten rassig, bereits die Basisweine überzeugten, die Spitzen begeisterten. 2010 stellte Leitz straffe Rieslinge voller Würze an, darunter einen faszinierenden „Ehrenfels"-Riesling aus dem Schlossberg, aber auch geradlinige, elegante Süßweine. Die „Alten Reben" besaßen in diesem Jahr nicht ganz die Komplexität der Vorjahre, aber die Basis hatte gewohnte Klasse – beginnend beim erfrischenden „Eins-zwei-Dry".

Jahrgang 2011

2011 begeistern wieder einmal die Basisweine, bei denen man kaum sagen kann, ob der saftige „Eins-zwei-Dry", der stoffige Rüdesheimer oder der rassige „Magic Mountain" vorzuziehen ist. Die Lagenweine waren zum Zeitpunkt der Verkostung teilweise noch etwas verhalten. Ein straffer, mineralischer „Katerloch" zeigt zunächst eine deutliche Zitrus-Aromatik und ist recht verschlossen, entwickelt sich aber über 24 Stunden sehr gut. Auch der saftige Rottland-Riesling und der süffige, mit merkbarer Süße versehene Spitzenwein aus dem Berg Kaisersteinfels („Terrassen") besitzen Potenzial – am meisten Substanz hat aber der schlank und geradlinig wirkende „Ehrenfels" aus dem Schlossberg. Unter den mehr oder weniger süßen Weinen ist beispielsweise der filigrane, nachhaltige Kabinett aus der Klosterlay hervorzuheben.

Weinbewertung

86 2011 Riesling trocken „Eins-zwei-Dry" **12,5 %/8,50 €**

87 2011 Riesling trocken Rüdesheimer **12,5 %/9,90 €**

88 2011 Riesling trocken „Magic Mountain" **13 %/14,90 €**

90 2011 Riesling trocken „Katerloch" Rüdesheimer Berg Roseneck **13 %/25,- €**

89+ 2011 Riesling trocken „Hinterhaus" Rüdesheimer Berg Rottland **13,5 %/27,50 €**

90+ 2011 Riesling trocken „Ehrenfels" Rüdesheimer Berg Schlossberg **12,5 %/29,50 €**

89 2011 Riesling „Terrassen" Rüdesheimer Berg Kaisersteinfels **12 %/25,- €**

87 2011 Riesling Kabinett „feinherb" Rüdesheimer Kirchenpfad **11 %/9,90 €**

88 2011 Riesling Kabinett Rüdesheimer Klosterlay **10 %/9,90 €**

87 2011 Riesling Spätlese Rüdesheimer Magdalenenkreuz **8,5 %/12,50 €**

90 2011 Riesling Spätlese Rüdesheimer Berg Roseneck **7,5 %/25,- €**

★★

Günter Leitzgen

Wein- und Sektgut

Mosel

Auf Cales 28, 56814 Bremm
***Tel.** 02675-1673, **Fax**: 02675-1709*
www.leitzgen-weine.de
info@leitzgen-weine.de
***Besuchszeiten**: nach Vereinbarung*

Inhaber .... Günter und Susanne Leitzgen
Rebfläche .... 3 Hektar

Nach zehn Jahren als Kellermeister in zwei großen Kellereibetrieben hat sich Günter Leitzgen selbständig gemacht. Seine Weinberge befinden sich in Bremm (darunter der Calmont), Eller (Pfirsichgarten) und Neef (Frauenberg). Neben Riesling baut er ein wenig Müller-Thurgau und immerhin ein Fünftel Elbling an. Die Weine werden langsam und kühl vergoren, teilweise mit natürlichen Hefen. Die Spitzen lagern anschließend rund sechs Monate auf der Feinhefe. Das Angebot an trockenen Weinen ist groß, sie nennen sich „Stern", „Prestige" oder „Terroir". „Elegance" kennzeichnet den halbtrockenen, „Avantgarde" den lieblichen Topwein. Selten wird ein edelsüßer Riesling erzeugt; auch Schaumwein gehört zum Repertoire.

Vorjahre

Kompakte, saftige Rieslinge mit reifer Säure brachte der Jahrgang 2009. Die 2010er präsentierten sich geschlossen auf gutem Niveau, waren kraftvoll, kompakt und geradlinig, besaßen Frucht und Struktur.

Jahrgang 2011

Geschlossen und stark ist auch die neue Kollektion: Der Sekt Royal zeigt gute Komplexität, die trockenen Rieslinge sind durchweg kraftvoll, stoffig und zupackend, unsere ganz leichte Präferenz gilt dem Wein aus dem Calmont. Die halbtrockenen Rieslinge präsentieren sich ebenso geschlossen, in der gleichen Stilistik, auch hier präferieren wir ganz leicht den konzentrierten, reintönigen Wein aus dem Calmont.

Weinbewertung

83 2009 Riesling Sekt brut „Tradition" **12 %/13,- €**
86 2009 Riesling Sekt brut „Royal" **12 %/19,90 €**
83 2011 Elbling trocken **11,5 %/6,20 €**
85 2011 Riesling trocken „Tradition" **13,5 %/8,50 €**
87 2011 Riesling trocken „Stern" Bremmer Calmont **13 %/10,50 €**
86 2011 Riesling trocken „Stern" Pfirsichgarten **12,5 %/10,50 €**
86 2011 Riesling trocken Neefer Frauenberg **12,5 %/8,50 €**
86 2011 Riesling „Prestige" **13 %/12,50 €**
86 2011 Riesling Spätlese halbtrocken „Elegance" **12,5 %/10,50 €**
84 2011 Riesling halbtrocken Ellerer Bienenlay **11,5 %/8,50 €**
87 2011 Riesling „Terroir" Bremmer Calmont **12 %/17,50 €**
84 2011 Riesling Spätlese „Avantgarde" **8,5 %/10,50 €**

Lergenmüller ★★

Weingut

Pfalz

Weinstraße 16, 76835 Hainfeld
***Tel.** 06341-96333, **Fax**: 06341-96334*
www.lergenmueller.de
lergenmueller@t-online.de
***Besuchszeiten**: täglich*
Gutsrestaurant mit Hotel (Landhaus Herrenberg in Landau-Nußdorf)

Inhaber .... Familie Lergenmüller
Rebfläche .... 85 Hektar

Stefan und Jürgen Lergenmüller verzichten konsequent auf Lagennamen und bauen ihre Weine überwiegend trocken aus. Ihre Weinberge setzen sich aus mehr als 300 einzelnen Parzellen von Godramstein bis Rhodt unter Rietburg zusammen. 1998 haben sie in Burrweiler das Weingut St. Annaberg übernommen, das als eigenständiges Weingut weitergeführt wird (siehe eigenen Eintrag). Für Furore sorgten die beiden Brüder in den neunziger Jahren mit ihren Rotweinen. Neben Spätburgunder und Dornfelder galt ihr besonderes Interesse schon immer dem St. Laurent. Aber auch mit Cuvées oder internationalen Sorten wie Cabernet Sauvignon gehörten sie zu den Vorreitern in der Pfalz.

Vorjahre

Vor zwei Jahren hielt der Sauvignon Blanc „Feuerstein" die Fahne hoch, zusammen mit Chardonnay und Weißburgunder. Die Rotweine konnten nicht überzeugen, sie wirkten teils unharmonisch, teils spröde, teils holzig – was sich leider auch im letzten Jahr fortsetzte, besonders deutlich bei dem alkoholreichen Spätburgunder. In einer insgesamt etwas verhalteneren Kollektion gefiel uns wieder einmal der klare und würzige Sauvignon Blanc am besten.

Neue Kollektion

Und auch in der aktuellen Kollektion gefällt uns ein Sauvignon Blanc am besten, der kraftvolle und komplexe Wein aus der neuen Toplinie „Privatreserve". Die beiden anderen „Privatreserve"-Weine können dagegen nur bedingt überzeugen, angesichts des hohen Preises fehlt es ihnen etwas an Substanz und Typizität. Gut gefällt uns der eindringliche und frische Chardonnay, die beiden vorgestellten Rotweine hingegen sind zu wuchtig, zu süß und unharmonisch.

Weinbewertung

84 2011 Sauvignon Blanc trocken **12 %/9,80 €**
88 2011 Sauvignon Blanc trocken „Privatreserve"

13,5 %/34,10 €
83 2011 Weißer Burgunder trocken „Muschelkalk" **12,5 %/13,60 €**
85 2011 Weißer Burgunder trocken „Privatreserve" **13,5 %/31,40 €**
84 2011 Grauer Burgunder trocken „Buntsandstein" **13 %/13,60 €**
86 2011 Grauer Burgunder trocken „Privatreserve" **13,5 %/31,40 €**
87 2011 Chardonnay trocken „Pur Mineral" **13,5 %/18,50 €**
83 2011 Gelber Muskateller „feinherb" **11 %/9,80 €**
81 2010 Dornfelder trocken „Bremer Ratskeller" Nußdorfer Herrenberg **13,5 %/8,95 €**
82 2009 Spätburgunder trocken „Angiolino" **15 %/14,90 €**

Lidy ★

Weingut **Pfalz**

Frankenburgstraße 6, 76833 Frankweiler
Tel. 06345-3472, Fax: 06345-5238
www.weingut-lidy.de
weingut-lidy@t-online.de
Besuchszeiten: Mo.-Fr. 9-12 + 13-17 Uhr

Inhaber .... Bertram Lidy
Rebfläche .... 22 Hektar

Seit den fünfziger Jahren vermarktet die Familie Lidy ihre Weine selbst. Die Weinberge liegen in Frankweiler, wo die Reben auf Schichten von Kalkstein, blauem Keuper und Buntsandstein wachsen. Ein Drittel der Rebfläche ist mit Riesling bestockt, auf einem Drittel stehen rote Sorten (Spätburgunder, St. Laurent, Frühburgunder, Portugieser, Schwarzriesling und Dornfelder), auf einem weiteren Drittel andere weiße Rebsorten wie Silvaner, Weißburgunder, Grauburgunder, Chardonnay, Gewürztraminer, Rieslaner und Müller-Thurgau. 90 Prozent der Weine werden trocken ausgebaut.

Vorjahre

Vor zwei Jahren bildete ein Trio aus roter Cuvée, Silvaner und Weißburgunder die Spitze in einer gleichmäßig guten Kollektion. In der Kollektion des Vorjahres zeigten die beiden Spätburgunder Substanz und viel Kraft, waren aber etwas zu alkoholreich geraten, an der Spitze des Sortiments stand eine feine Beerenauslese.

Neue Kollektion

In diesem Jahr bietet die Kollektion gutes, gleichmäßiges Niveau, unser Favorit unter den Weißweinen ist der saftige, stoffige und frische Weiße Burgunder, er liegt gleichauf an der Spitze mit dem eindringlichen, wiederum etwas zu alkoholstarken Spätburgunder.

Weinbewertung

83 2011 Silvaner Kabinett trocken „SC" Frankweiler Kalkgrube **12,5 %/6,90 €**
85 2011 Weißer Burgunder Spätlese trocken „Kalkgestein" Frankweiler Kalkgrube **13 %/7,90 €**
84 2011 Grauer Burgunder Spätlese trocken Frankweiler Kalkgrube **13 %/7,90 €**
83 2011 Chardonnay Kabinett trocken Frankweiler Kalkgrube **12,5 %/5,90 €**
83 2011 Riesling Kabinett trocken „SC" Frankweiler Kalkgrube **12,5 %/6,90**
82 2011 Riesling Kabinett trocken „Alte Rebe" Frankweiler Kalkgrube **12,5 %/7,90 €**
84 2011 Riesling Spätlese trocken „Kalkgestein" Frankweiler Kalkgrube **13 %/7,50 €**
85 2009 Spätburgunder Spätlese trocken „SC" Frankweiler Biengarten **14,5 %/10,50 €**

Liebfrauenstift ★☆

Weingut **Rheinhessen**

Liebfrauenstift 20, 67547 Worms/Rhein
Tel. 06241-9111-19, Fax: 06241-9111-60
www.liebfrauenstift.com
weingut@liebfrauenstift.com
Besuchszeiten: Di.-Fr. 12-18 Uhr, Sa. 10-14 Uhr („Der Weinladen" am Weckerlingplatz)

Inhaber ..... Weinhandelshaus P.J. Valckenberg
Geschäftsführer .... Peter Bohn, Tilman Queins
Rebfläche .... 13,3 Hektar

1786 gründete Peter Joseph Valckenberg das noch heute existierende, gleichnamige Weinhandelshaus in Worms. 1808 erwarb er das Kapuzinerkloster und die historischen Weingärten um die Liebfrauenkirche. Nachdem die Weinberge lange Jahre vom Weingut Heyl zu Herrnsheim in Nierstein bewirtschaftet wurden, hat man wieder selbst die Regie übernommen und den Önologen Tilman Queins als Gutsverwalter eingesetzt. Nach seiner Paradelage benannte man 2009 das Weingut um, gab ihm den Namen Liebfrauenstift.

Vorjahre

Stimmig und stark präsentierte sich der Jahrgang 2009, angeführt vom neuen Riesling „Kirchenschlüssel". Die 2010er Weine gefielen uns gut, waren frisch und klar.

Neue Kollektion

In der verschlankten Kollektion hat der füllige, kraftvolle Lagenwein die Nase vorne, auch wenn er sonderbar verhalten ist. ▬

Weinbewertung

82 2011 Riesling trocken **12 %/8,50 €**
84 2011 Riesling trocken Liebfrauenstück-Kirchenstift **12,5 %/17,- €**
81 2011 Riesling **10 %/8,50 €**

★★★★☆

Schloss **Lieser**

Weingut

Mosel

Am Markt 1, 54470 Lieser
***Tel.** 06531-6431, **Fax**: 06531-1068*
www.weingut-schloss-lieser.de
info@weingut-schloss-lieser.de
***Besuchszeiten**: nach Vereinbarung*

Inhaber .... Thomas Haag
Rebfläche .... 12,5 Hektar

Das Weingut Schloss Lieser stammt aus dem Jahr 1904 und war bereits in der ersten Hälfte des 20. Jahrhunderts berühmt. Anfang der neunziger Jahre wurde es von Thomas Haag, dem Sohn von Wilhelm Haag (Weingut Fritz Haag in Brauneberg), übernommen. Thomas Haag baut ausschließlich Riesling an. Das Gros seiner Weinberge liegt in Lieser, vor allem in der Lage Niederberg-Helden, es werden aber auch Parzellen in der Brauneberger Juffer-Sonnenuhr und in anderen Lagen der Mittelmosel bewirtschaftet. Die Weine haben in den letzten Jahren deutlich an Charakter gewonnen, auch die trockenen Rieslinge konnten deutlich zulegen. Die typischen Spontangärnoten sind bei vielen Weinen immer noch merkbar, aber nicht dominant. Im jugendlichen Stadium wirken einige der Auslesen oft recht süß – sie finden aber nach einigen Jahren zu einer faszinierenden Harmonie.

Vorjahre

2009 überzeugte, der Basiswein zeigte viel Biss und die Spätlesen begeisterten ebenso wie die rassigen, animierenden Auslesen. Genauso rassig und animierend präsentierten sich die 2010er: Schon die faszinierend reintönigen, zupackenden Spätlesen waren hervorragend, dazu gab es mehrere faszinierend reintönige, frische Auslesen bis hin zur langen Goldkapsel, die beiden Beerenauslese waren sehr jugendlich und brauchten noch etwas Zeit. Thomas Haag hatte im Jahrgang 2010 eine der großen edelsüßen Kollektionen des Jahrgangs in Deutschland!

2011 süß

Und was für 2010 galt, gilt auch für 2011: Eine großartige süße und edelsüße Kollektion! Die Kabinettweine sind wunderschön frisch und verspielt, reintönig und zupackend. Die Spätlesen sind so, wie wir Spätlesen lieben, lebhaft und elegant, frisch und komplex, animierend und lang, wobei wir die aus der Juffer-Sonnenuhr ganz leicht präferieren. Dann folgen je drei weitere edelsüße Glanzlichter aus Juffer-Sonnenuhr und Niederberg-Helden, die von

Stufe zu Stufe immer noch eine Steigerung bieten. Die Goldkapsel-Auslese Niederberg-Helden fasziniert mit Finesse und Eleganz, reintöniger Frucht und viel Länge; genauso faszinierend ist die Lange Goldkapsel, bietet noch mehr Substanz und Komplexität – und eine weitere Steigerung folgt mit der Beerenauslese, mustergültig reintönig, wie man das leider nur sehr selten erlebt. Gleiches von der Juffer-Sonnenuhr: Eine faszinierende, schmeichelnde, wunderschön reintönige Goldkapsel-Auslese, noch etwas konzentrierter und komplexer die Lange Goldkapsel und nochmal ein wenig faszinierender dann die Versteigerungs-Auslese: Großes Kino!

2011 trocken

Darüber sollte man aber nicht die trockenen Rieslinge von Thomas Haag vergessen, die noch nie so gut waren wie 2011, angefangen vom feinen Gutsriesling über den zupackenden Kabinett und die kraftvolle Spätlese bis zu den beiden Großen Gewächsen. Der Wein aus der Juffer-Sonnenuhr ist rauchig, konzentriert, besitzt gute Fülle und viel süße Frucht, Biss und Struktur, unsere leichte Präferenz aber gilt dem Großen Gewächs Niederberg-Helden, der kraftvoll, klar und zupackend ist, nachhaltiger als sein Pendant aus der Juffer-Sonnenuhr.

Weinbewertung

85 2011 Riesling trocken **11,5 %/7,80 €**
87 2011 Riesling Kabinett trocken **12 %/9,80 €**
88 2011 Riesling Spätlese trocken **12,5 %/15,- €**
90 2011 Riesling „GG" Juffer-Sonnenuhr
91 2011 Riesling „GG" Niederberg-Helden
86 2011 Riesling „feinherb" **10 %/7,80 €**
87 2011 Riesling Kabinett **8,5 %/9,80 €**
89 2011 Riesling Kabinett Juffer **8 %/10,80 €** ☺
91 2011 Riesling Spätlese Niederberg-Helden **7,5 %/15,- €** ☺
92 2011 Riesling Spätlese Juffer-Sonnenuhr **7 %/16,50 €** ☺
92 2011 Riesling Auslese „Goldkapsel" Niederberg-Helden **7 %/31,- €**
94 2011 Riesling Auslese „Lange Goldkapsel" Niederberg-Helden **7 %/41,- €**
95 2011 Riesling Beerenauslese Niederberg-Helden **5,5 %/a.A.**
93 2011 Riesling Auslese „Goldkapsel" Juffer-Sonnenuhr **7 %/33,- €**
94 2011 Riesling Auslese „Lange Goldkapsel" Juffer-Sonnenuhr **7 %/45,- €**
95 2011 Riesling Auslese „Lange Goldkapsel" (Versteigerung) Juffer-Sonnenuhr **7 %/Verst.**

★★★

Lindenhof

Weingut

Nahe

Lindenhof, 55452 Windesheim
Tel. *06707-330, 06707-8310*
www.weingutlindenhof.de
info@weingutlindenhof.de
Besuchszeiten: *Mo.-Fr. 10-12 + 14-18 Uhr,*
Sa. 10-12 + 14-16 Uhr und nach Vereinbarung

Inhaber .... Martin Reimann
Rebfläche .... 10 Hektar

Der Lindenhof ist seit über 100 Jahren in Familienbesitz und wird heute von Martin Reimann geführt. Er hat in den letzten Jahren geringere Lagen aufgegeben oder verpachtet und Weinberge in guten Lagen hinzugekauft. Seine Weinberge liegen in Windesheim (Fels, Römerberg, Rosenberg) und Schweppenhausen. Seinen Sortenspiegel hat er hin zu seiner Idealvorstellung – 50 Prozent Riesling und 50 Prozent Burgundersorten – angepasst, so dass er heute 45 Prozent Riesling und 45 Prozent Spät- und Weißburgunder in seinen Weinbergen stehen hat. Über 90 Prozent der Weine werden trocken ausgebaut.

Vorjahre

Vor zwei Jahren verkosteten wir ausschließlich Riesling und Weißburgunder. Bei den Rieslingen überzeugten vor allem die restsüßen Weine, die Weißburgunderriege bot eine klare Steigerung bis hin zum prächtigen „R", der einmal mehr zu den besten Burgundern an der Nahe zählte. Auch 2010 präsentierten sie sich in prächtiger Form, allen voran die beiden Goldkapsel-Weine; der Sekt gehörte zu den schönsten Sekten im Anbaugebiet. Botrytisprobleme gab es bei Martin Reimann nicht, so dass er auch 2010 mit langen Maischestandzeiten arbeiten konnte. Der 2009er Frühburgunder war kraftvoll und noch sehr jugendlich, noch besser aber hatte uns die Spätburgunder R-Selektion des Jahrgangs 2007 gefallen - gewaltig viel Rotwein!

Neue Kollektion

2011 stellt Reimann erneut eine Kollektion auf gleichmäßig hohem Niveau vor: Die Rieslinge zeigen viel Fülle und Substanz, die beiden Weine aus dem Fels besitzen gute Länge, vor allem der „R" ist enorm nachhaltig. Die beiden Goldkapsel-Weißburgunder sind kraftvoll und harmonisch und auch die beiden 2009er Spätburgunder setzen ganz auf Kraft und zeigen viel klare Frucht. An der Spitze der Kollektion steht die herrlich eindringliche und reintönige Trockenbeerenauslese aus dem Römerberg.

Weinbewertung

86 2011 Weißburgunder„S" trocken **13 %/9,20 €**
88 2011 Weißer Burgunder „S" trocken „Goldkapsel" **13,5 %/12,80 €**
88 2011 Weißer Burgunder „R" trocken „Goldkapsel" **13,5 %/17,50 €**
83 2011 Riesling trocken **12,5 %/6,80 €**
85 2011 Riesling trocken „Grauschiefer" Schweppenheimer Steyerberg **13 %/9,80 €**
87 2011 Riesling trocken Windesheimer Fels **13,5 %/14,50 €**
88 2011 Riesling „R" trocken Windesheimer Fels **13,5 %/21,50 €**
83 2011 Riesling Spätlese „feinherb" **12 %/8,50 €**
88 2011 Riesling Auslese Windesheimer Römerberg **8 %/24,50 €**
91 2011 Riesling Trockenbeerenauslese Windesheimer Römerberg **7 %/75,- €/0,5l**
86 2009 Spätburgunder „S" trocken **13,5 %/12,80 €**
88 2009 Spätburgunder „R" Auslese trocken Windesheimer Rosenberg **14,5 %/31,50 €**

★

W. Löffler

Weingut

Baden

Fohrenbergstraße 43, 79219 Staufen-Wettelbrunn
***Tel.** 07633-6307, **Fax** 07633-808994*
www.weingut-loeffler.de
info@weingut-loeffler.de
***Besuchszeiten:** Mo.-Fr. 9-12 + 14:30-17 Uhr, Sa. 9-12 Uhr; Straußwirtschaft*

Inhaber .... Wolfgang Löffler
Kellermeister ... Wolfgang und Andreas Löffler
Rebfläche .... 14 Hektar

Das 1988 gegründete Weingut zog 1994 in einen Neubau in Staufen-Wettelbrunn. 1996 erweiterte man den Betrieb um Keller, Flaschenlager und Veranstaltungsraum, 2009 wurde ein Holzfasskeller gebaut. Angebaut werden an den Hängen von Castell- und Fohrenberg vor allem Gutedel und Spätburgunder, aber auch Grauburgunder, Weißburgunder und Müller-Thurgau, sowie etwas Regent und Gewürztraminer. In der hauseigenen Brennerei werden Edelbrände und Liköre erzeugt.

Vorjahre

Beim guten Debüt vor zwei Jahren hatte uns die Zuverlässigkeit der Kollektion mit reintönigen Weinen gut gefallen. Die 2010er Weißweine waren frisch und klar, aber ein wenig verhaltener als ihre Vorgänger. So stammten die Highlights der letztjährigen Kollektion aus dem Jahrgang 2009: Ein dicker süßer Eiswein, ein feiner Barrique-Chardonnay und ein üppiger Spätburgunder.

Neue Kollektion

Die 2011er Weißweine sind frisch, klar und fruchtbetont, von guter, sehr gleichmäßiger Qualität. Der schon im letzten Jahr vorgestellte 2009er Chardonnay besitzt gute Struktur, viel reife Frucht und Wärme, die dezente Holznote ist gut integriert.

Weinbewertung

83 2011 Gutedel Kabinett trocken Ballrechten-Dottinger Castellberg **11,5 %/5,50 €**

82 2011 Weißburgunder Kabinett trocken Ballrechten-Dottinger Castellberg **13 %/6,50 €**

82 2011 Grauburgunder Kabinett trocken Ballrechten-Dottinger Castellberg **13 %/6,50 €**

81 2011 Sauvignon Blanc Kabinett trocken Ballrechten-Dottinger Castellberg **13 %/6,50 €**

86 2009 Chardonnay Kabinett trocken (Barrique) Ballrechten-Dottinger Castellberg **14 %/14,50 €**

81 2009 Spätburgunder Spätlese trocken Ballrechten-Dottinger Castellberg **13,5 %/9,90 €**

★★☆

Loersch-Eifel

Weingut

Mosel

Tannenweg 11, 54340 Leiwen/Zummet
***Tel.** 06507-3229, **Fax:** 06507-3205*
www.weingut-loersch.de
info@weingut-loersch.de
***Besuchszeiten:** nach Vereinbarung*
Gästehaus

Inhaber .... Alexander Loersch
Rebfläche .... 4,5 Hektar

Alexander Loersch, gelernter Weinbautechniker, ist Mitglied im Verein der Leiwener Jungwinzer. Seit dem Jahr 2002 ist er im elterlichen Weingut für den Ausbau der Weine verantwortlich, inzwischen als Inhaber. Die Weinberge liegen in den Trittenheimer Lagen Apotheke und Altärchen, im Piesporter Goldtröpfchen und im Dhroner Hofberg. Neben Riesling (90 Prozent) wird Spätburgunder angebaut. Bei der Lese und beim Ausbau zieht Loersch alle Register. So dürfen die Trauben für die Spitzenweine eine Weile auf der Maische verbringen, werden dann spontanvergoren.

Vorjahre

2009 hatten die trockenen Weine ebenso viel Substanz wie die feingliedrigen süßen Rieslinge. Auch 2010 präsentierte sich geschlossen auf gutem Niveau, der kraftvolle Riesling „Devon-Terrassen" gefiel uns im trockenen Segment am besten, edelsüß glänzten Auslese und Beerenauslese, die noch stoffigere, nach Rosinen und Kaffee duftende Trockenbeerenauslese war enorm konzentriert, süß, aber (noch?) allzu monolithisch, eindimensional.

Jahrgang 2011

Die neue Kollektion ist stark. Trocken gefällt uns der kraftvolle Riesling von den Devon-Terrassen besonders gut, feinherb der von den Fels-Terrassen, der herrlich viel Frucht und Substanz besitzt. Aber schon die Kabinettweine überzeugen, trocken, feinherb und süß. Die Spätlese von alten Reben ist reintönig und schmeichelnd, die Auslesen sind ebenfalls reintönig, noch konzentrierter, die duftige Beerenauslese ist nochmals dicker und intensiver, die Trockenbeerenauslese bietet viel Stoff und Konzentration, ist durch die dominierende Süße im heutigen Stadium nur schwer zu bewerten: Gelungene Kollektion!

Weinbewertung

83 2011 Riesling Kabinett trocken Trittenheimer Apotheke **11,5 %/7,80 €**

87 2011 Riesling Spätlese trocken „Devon-Terrassen" Trittenheimer Apotheke **13 %/13,80 €**

83 2011 Riesling Kabinett „feinherb" Dhroner Hofberg **10,5 %/7,80 €**

85 2011 Riesling Spätlese „feinherb" Trittenheimer Altärchen **12 %/9,80 €**

88 2011 Riesling Spätlese „feinherb Fels-Terrassen" Trittenheimer Apotheke **12,5 %/14,80 €**

84 2011 Riesling Kabinett Trittenheimer Apotheke **8 %/8,80 €**

84 2011 Riesling Kabinett Piesporter Goldtröpfchen **8 %/8,80 €**

88 2011 Riesling Spätlese „Alte Reben" Trittenheimer Apotheke **8,5 %/14,80 €**

89 2011 Riesling Auslese „Alte Reben Fass 20" Trittenheimer Apotheke **7,5 %/16,80 €/0,5l**

89 2011 Riesling Auslese „Alte Reben Fass 17" Trittenheimer Apotheke **7,5 %/16,80 €/0,5l**

89 2011 Riesling Beerenauslese Trittenheimer Apotheke **6,5 %/42,- €/0,375l**

90 2011 Riesling Trockenbeerenauslese Trittenheimer Apotheke **6 %/69,- €/0,375l**

★★★★☆

Carl **Loewen**

Weingut

Mosel

Matthiasstraße 30, 54340 Leiwen
***Tel.** 06507-3094, **Fax**: 06507-802332*
www.weingut-loewen.de
mail@weingut-loewen.de
***Besuchszeiten**: Mo.-Fr. nach Vereinbarung, Sa. 13-16 Uhr*

Inhaber .... Karl Josef Loewen
Rebfläche .... 12 Hektar

Die Geschichte des Weinguts lässt sich auf die Zeit Napoleons zurückführen. Damals war ein Vorfahr von Karl Josef Loewen Verwalter des Detzemer Gutshofs der Benediktinerabtei St. Maximin. Mit der Säkularisation übernahm er Weinberge des Klosters in der Detzemer Maximiner Klosterlay. Darauf basiert das heutige Weingut Carl Loewen. 1982 wurden Weinberge in der Laurentiuslay übernommen, 1995 ein Weinberg in der Thörnicher Ritsch. 2008 wurde das Weingut Carl Schmitt-Wagner in Longuich übernommen, womit Karl Josef Loewen, der heutige Besitzer, seinen Weinbergsbesitz noch einmal vergrößert hat. Seine Weinberge liegen in der Leiwener Laurentiuslay (Grauschiefer), im Thörnicher Ritsch (brüchiger Grauschiefer) und in der Detzemer Maximiner Klosterlay (Blauschiefer), Maximin Herrenberg (Rotschiefer), sowie im Leiwener Klostergarten (wo beispielsweise Varidor und „Alte Reben" herstammen) und im Pölicher Held. Neben Riesling baut er ein klein wenig Weißburgunder und Müller-Thurgau an.

Karl Josef Loewen hat sein Programm klar gegliedert. Es gibt Riesling im Liter, Blauschiefer, Quant (erstmals 2004 erzeugt), Varidor, „Neun" (ein bewusst alkoholarmer trockener Riesling) und den Riesling von alten Reben im trockenen Segment. Dann folgen trockene Lagenweine: „Christopher's Wine" aus der Maximin Klosterlay, „Alte Reben" von über 90-jährigen wurzelechten Reben der Laurentiuslay, „Herrenberg 1896" von 1896 gepflanzten wurzelechten Reben und das Große Gewächs aus der Thörnicher Ritsch. Aus diesen Lagen erzeugt Karl Josef Loewen je nach Jahrgang auch süße und edelsüße Rieslinge, sowie hin und wieder Eisweine aus dem Klostergarten. Die Weine des 2008 übernommenen Weingutes Carl Schmitt-Wagner werden teilweise weiter unter diesem Namen vermarktet, aus über 100 Jahre alten wurzelechten Reben im Herrenberg werden Kabinett und Spätlese sowie gegebenenfalls eine Auslese angeboten. Alkoholarme, klassische Moselrieslinge will Karl Josef Loewen erzeugen. 12,5 Prozent Alkohol in trockenen Rieslingen ist für ihn das Maximum dessen, was Moselriesling braucht, angestrebt sind 11,5 bis 12 Volumenprozent.

Vorjahre

Schon seit der ersten Ausgabe zählen wir das Weingut Carl Loewen zu den Top-Betrieben an der Mosel. Schon damals viel besonders auf, dass trockene und edelsüße Rieslinge gleichermaßen überzeugen. Dies gilt nach wie vor: Wie nur wenige Andere an der Mosel zeigt Karl Josef Loewen hohes Niveau sowohl im trockenen als auch im restsüßen Segment. 2009 war die Basis mit „Varidor" und „Quant" sehr zuverlässig, in der Spitze fanden sich viele spannende trockene und süße Rieslinge. Auch 2010 präsentierte sich sehr homogen: Der Varidor entpuppte sich wie in den meisten Jahren als Schnäppchen, die trockenen Lagenweine waren von gleichmäßiger, sehr guter Qualität. Im edelsüßen Segment gefiel uns die lebhafte Ritsch-Auslese besser als die dickeren Auslesen aus dem Maximin Herrenberg oder die noch dickeren Spitzen, Beerenauslese und Eiswein.

2011 trocken

Eine klasse Kollektion folgt 2011: Der herrlich reintönige Varidor macht uns wie immer viel Freude, fasziniert jedes Jahr mit seiner wunderschönen Frucht, der Riesling von alten Reben ist fülliger und kraftvoller, aber ebenso reintönig, noch mehr Substanz besitzt der Wein von alten Reben aus der Laurentiuslay, ist konzentriert und füllig, dabei frisch. Reintönig und rauchig ist der Riesling von 1896 gepflanzten Reben im Maximin Herrenberg, besitzt viel reife Frucht, gelbe Früchte, viel Substanz und Länge. Noch besser aber gefällt uns das Große Gewächs aus der Thörnicher Ritsch, einer faszinierenden, aber leider nicht allzu bekannten Lage. Gute Konzentration und viel reintönige Frucht prägen das Bouquet, im Mund präsentiert sich der Wein stoffig und konzentriert, druckvoll, besitzt reintönige Frucht, viel Substanz, Kraft und Länge.

2011 süß

Schon die Spätlese aus der Laurentiuslay besitzt viel Substanz, reintönige reife Frucht und Länge. Etwas komplexer noch ist die wunderschön elegante Auslese Ritsch, die aus der Laurentuislay ist herrlich konzentriert und reintönig, besitzt viel Substanz, ebenso wie die Auslese Maximin Herrenberg, die faszinierend stoffig und nachhaltig ist. Dass es noch dicker geht und dies nicht zu Lasten der Reintönigkeit gehen muss, beweist Karl Josef Loewen mit zwei Beerenauslesen, beide herrlich konzentriert, stoffig und saftig, mit reintöniger Frucht und viel Substanz. Große Kollektion, trocken wie süß!

Weinbewertung

87 2011 Riesling trocken „Varidor" **12 %/7,- €** ☺
88 2011 Riesling trocken „Alte Reben" **12,5 %/9,- €** ☺
88 2011 Riesling trocken „Alte Reben" Laurentiuslay **12,5 %/12,50 €**
89 2011 Riesling trocken „1896 Alte Reben" Maximin Herrenberg **12,5 %/18,- €**
91 2011 Riesling „GG" Ritsch **13 %/20,- €**
85 2011 Riesling „Christopher's Wein" Maximin Herrenberg **12,5 %/10,- €**
89 2011 Riesling Spätlese Laurentiuslay **9 %/11,- €** ☺
90 2011 Riesling Auslese Ritsch **8,5 %/15,- €** ☺
91 2011 Riesling Auslese Goldkapsel Laurentiuslay **10 %/24,- €/0,5l**
92 2011 Riesling Auslese Goldkapsel Maximin Herrenberg **8,5 %/Verst.**
93 2011 Riesling Beerenauslese Ritsch **9,5 %/29,- €/0,375l€**
94 2011 Riesling Beerenauslese Goldkapsel Maximin Herrenberg **7,5 %/Verst.**

★★☆

Fürst **Löwenstein**

Weingut **Franken/Rheingau**

Schlosspark 5, 63924 Kleinheubach
***Tel.** 09371-9486600, **Fax:** 09371-9486633*
www.loewenstein.de
weingut@loewenstein.de
***Besuchszeiten:** Mo.-Fr. 10-12 + 13-18 Uhr, Sa. 10-15 Uhr*
Schlosshotel

Inhaber .... Dr. Stephanie Erbprinzessin zu Löwenstein
Technische Leiterin ..... Friederike Voigtländer
Außenbetriebsleiter (Rhg) . . Henning Bromser
Außenbetriebsleiter (Fr) .... Daniel May
Rebfläche .... 19 Hektar

Das traditionsreiche Haus besitzt Weinberge in Franken, im benachbarten Tauberfranken und im Rheingau. 2009 wurde das Weingut komplett umstrukturiert und ist 2010 von Kreuzwertheim in den Fürstlichen Schlosspark nach Kleinheubach gezogen. Im Zuge dieser Umstrukturierung konzentriert man sich auf die Spitzenlagen, auf den Terrassenweinberg Kallmuth in Homburg und auf die Lagen Jungfer und Schönhell in Hallgarten. Wichtigste Rebsorten sind Silvaner und Riesling. Die beiden Spitzenweine aus dem Homburger Kallmuth tragen die Bezeichnungen Asphodill (Silvaner) und Coronilla (Riesling). Nach dem Tod von Carl Friedrich Prinz zu Löwenstein hat seine Frau Erbprinzessin Stephanie zu Löwenstein die Leitung der Betriebe übernommen, Friederike Voigtländer trägt die Verantwortung im Keller.

Vorjahre

2009 präsentierte das Weingut eine konsistente, gute Kollektion, die einmal mehr angeführt wurde von den im Jahrgang 2009 sehr cremigen und weichen Großen Gewächsen. Wie im Jahr zuvor präferierten wir leicht den Riesling „Coronilla". 2010 war es umgekehrt: Der Silvaner gefiel uns besser als der würzige Riesling, die restliche Kollektion blieb hinter den Vorjahren zurück, auch der Riesling „Sophie Löwenstein".

Neue Kollektion

In der stimmigen neuen Kollektion finden wir wieder unsere „alten" Favoriten vom Vorjahr: Der faszinierend reintönige Asphodill besitzt viel Fülle und Kraft, dezent mineralische Noten, gefällt uns ein wenig besser als der präzise Coronilla; zusammen mit dem herrlich intensiven, reintönigen und zupackenden Frühburgunder aus dem Jahrgang 2006 führen sie die gute Kollektion an.

Weinbewertung

81 2011 Silvaner trocken „CF" **12 %/7,50 €**
83 2011 Riesling trocken „CF" **11,5 %/7,50 €**
82 2011 Silvaner Kabinett trocken Homburger Kallmuth **12,5 %/10,50 €**
83 2011 Riesling Kabinett trocken Homburger Kallmuth **12 %/10,50 €**
83 2011 Riesling Kabinett trocken Hallgartener Jungfer **11,5 %/9,- €**
88 2011 Riesling „GG" Coronilla" Homburger Kallmuth **25,- €**
89 2010 Silvaner „GG" Asphodill" Homburger Kallmuth **25,- €**
90 2011 Silvaner „GG" Asphodill" Homburger Kallmuth **25,- €**
80 2011 Riesling Kabinett „feinherb" Hallgartener Schönhell **11,5 %/9,- €**
85 2010 Riesling „Sophie Löwenstein" Hallgartener Schönhell **12,5 %/20,- €**
82 2009 Spätburgunder „CF" **14 %/8,50 €**
83 2009 Spätburgunder Lengfurter Oberrot **14 %/8,50 €**
88 2006 Frühburgunder „R" Hallgarten Schönhell **13,5 %/22,- €**

★★★

Dr. Loosen

Weingut

Mosel

St. Johannishof, 54470 Bernkastel-Kues
***Tel.** 06531-3426, **Fax**: 06531-4248*
www.drloosen.de
vertrieb@drloosen.de
***Besuchszeiten**: nach Vereinbarung*

Inhaber .... Ernst F. Loosen
Rebfläche .... 18 Hektar

Das Weingut Dr. Loosen gehört zu den bekanntesten Betrieben an der Mittelmosel. Besitzer Ernst Loosen, der das Weingut von seinem Vater übernahm, hat sich vor allem im angelsächsischen Raum einen großen Bekanntheitsgrad erworben – den er auch seinem eloquenten Auftreten verdankt. Die Weinberge von Ernst Loosen sind überwiegend mit wurzelechten Reben bepflanzt, deren durchschnittliches Alter etwa 60 Jahre beträgt. Er besitzt Weinberge in besten Lagen von Erden (Prälat, Treppchen), Ürzig (Würzgarten, mit teilweise 100 Jahre alten Reben), Wehlen (Sonnenuhr), Graach (Himmelreich) und Bernkastel (Lay). Für seine trockenen Weine verwendet er keine Prädikatsbezeichnungen mehr, allerdings erzeugt Ernst Loosen mittlerweile Große Gewächse nach Vorgabe des VDP – und wenn er den Begriff „Alte Reben" auf seine Etiketten setzt, dann sind die Reben tatsächlich sehr alt! Unterstützt wird Loosen vom langjährigen Kellermeister Bernhard Schug, der für eine langsame Vergärung der Rieslinge und die typischen klaren, eleganten Weine mit eher kühler Frucht sorgt. Auch im Ausland ist Ernst Loosen inzwischen als Weinmacher gefragt: In Washington erzeugt er zusammen mit Chateau Ste. Michelle einen „Eroica" genannten Riesling in großer Stückzahl, in Oregon hat er ein eigenes Weingut gegründet, das sich auf Pinot Noir (und etwas Sauvignon Blanc) spezialisiert. Das Weingut ist traditionell stark im Export, allerdings konzentriert man sich inzwischen wieder stärker auf den deutschen Markt, der mittlerweile komplett von Bernkastel aus betreut wird.

Vorjahre

2009 zeigte sich sehr gelungen; das Große Gewächs aus dem Prälat überzeugte, die Kabinette waren herrlich süffig, die süßen Spitzen zugänglich und saftig. 2010 waren die Basisweine jahrgangsbedingt schwächer, unter den Großen Gewächsen gefiel uns der Wein aus dem Treppchen am besten.

Jahrgang 2011

2011 präsentiert sich wie in den letzten Jahren mit unkomplizierten Gutsweinen und nun gleich fünf Großen Gewächsen. Allen gemeinsam ist die deutliche Restsüße, es sind füllige, teils cremige Rieslinge mit guter Substanz aber etwas zu wenig Präzision und Länge; unser Favorit ist der Wein aus dem Prälat. Nun hatten wir schon oft von ausländischen Journalisten gehört, wie omnipräsent der „Dr. L." in ihren Ländern sei, Liebfraumilch als meist verbreiteten deutschen Wein aus den Regalen verdrängt habe. Bei einem Besuch in Litauen fanden wir dies bestätigt und konnten nicht umhin ihn zu verkosten, was wir besser hätten sein lassen: Der Wein mag zwar ein Goldesel für Ernst Loosen sein, gute Werbung für deutschen Wein ist er aber nicht.

Weinbewertung

82 2011 Riesling trocken „Blauschiefer"
82 2011 Weißburgunder
85 2011 Riesling trocken Bernkasteler Lay
86 2011 Riesling „GG" Himmelreich
87 2011 Riesling „GG" Sonnenuhr
87 2011 Riesling „GG" Würzgarten
87 2011 Riesling „GG" Treppchen
88 2011 Riesling „GG" Prälat
83 2011 Riesling „Satyricus"

Theo **Loosen** ★

Weingut

Mosel

Mittelstraße 12, 56818 Klotten
Tel. *02671-7501,* ***Fax:*** *02671-4839*
www.weingut-loosen.de
weingut-loosen@t-online.de
Besuchszeiten: *ganzjährig 9-18 Uhr, am liebsten nach Vereinbarung*
Gästezimmer

Inhaber .... Familien Theo & Hans-Theo Loosen
Rebfläche .... 4,2 Hektar

Der Betrieb in Klotten versteht sich ausdrücklich als Ferienweingut. Senior Theo und Junior Hans-Theo Loosen bewirtschaften gemeinsam ihre Reben in Klotten – vor allem Riesling (70 Prozent), aber auch Weißburgunder, Müller-Thurgau, Dornfelder und Spätburgunder. Die Rieslinge werden teilweise mit den natürlichen Hefen vergoren. 2011 wurde die neue Vinothek fertig gestellt.

Vorjahre

Die 2009er waren spannend, nicht nur der „Finesse"-Riesling überzeugte, auch die Basisweine waren gelungen. 2010 blieb jahrgangsbedingt deutlich dahinter zurück, bot geradlinige, frische Weine, trocken wie süß.

Jahrgang 2011

2011 kann nun nicht ganz an 2009 anknüpfen. Die Weine sind frisch und geradlinig, die mit Restsüße gefallen uns ein wenig besser als die trockenen, vor allem der frische, zupackende Riesling „Finesse", aber auch Ehrenfelser und Auslese.

Weinbewertung

79 2011 Weißburgunder trocken **13,5 %/8,- €**
81 2011 Riesling trocken „Grauschiefer" **12,5 %/6,- €**
82 2011 Riesling Spätlese trocken Klottener Brauneberg **12,5 %/8,- €**
82 2011 Riesling trocken „Alte Reben" Klottener Burg Coraidelstein **13 %/10,- €**
80 2011 Riesling halbtrocken „Grauschiefer" **12 %/6,- €**

81 2011 Riesling Spätlese „feinherb" Klottener Brauneberg **11,5 %/8,- €**
84 2011 Riesling „Finesse" **12 %/8,- €**
83 2011 Ehrenfelser Spätlese Klottener Burg Coraidelstein **9 %/8,50 €**
84 2011 Riesling Auslese Klottener Brauneberg **8 %/11,- €**

★

Thomas **Lorch**

Weingut Westerheymer Hof

Rheinhessen

In der Hüttstädt, 55294 Bodenheim
***Tel.** 06135-5404, **Fax**: 06135-80105*
www.westerheymer-hof.de
info@thomaslorch.de
***Besuchszeiten**: nach Vereinbarung*

Inhaber............................Thomas Lorch
Rebfläche...............................9 Hektar

In den achtziger Jahren wurde das Weingut inmitten der Bodenheimer Weinberge neu errichtet, 1992 hat es Thomas Lorch von seinen Eltern übernommen. Fast die Hälfte seiner Weinberge ist mit roten Sorten bestockt: Spätburgunder, Portugieser, Merlot, Cabernet Sauvignon, Dornfelder und Regent. An weißen Rebsorten gibt es Riesling, Grauburgunder, Weißburgunder, Chardonnay, Silvaner und Müller-Thurgau, dazu etwas Gewürztraminer und Scheurebe. Die Weinberge befinden sich in Ingelheim, Laubenheim, Bodenheim, Nackenheim und Nierstein.

Vorjahre

Schon in unserer ersten Ausgabe waren Thomas Lorch und sein Westerheymer Hof vertreten, und seitdem hat uns das Weingut nie enttäuscht, bietet Jahr für Jahr äußerst zuverlässige Kollektionen, manchmal mit leichten Vorteilen im roten Segment. Die 2009er Kollektion überzeugte mit dem gleichmäßigen Niveau aller Weine, weiß wie rot, 2010 war jahrgangsbedingt ein klein wenig schwächer.

Neue Kollektion

Die neue Kollektion ist zuverlässig wie gehabt, alle Weine sind klar und frisch, die Cuvée aus Merlot und Cabernet Sauvignon gefällt uns sehr gut, ist kraftvoll und klar bei reifer süßer Frucht und guter Struktur.

Weinbewertung

81 2011 Weißburgunder trocken **12 %/4,40 €**
82 2011 Sauvignon Blanc „S" trocken **13 %/5,30 €**
82 2011 Riesling „S" trocken „vom Rotliegenden" **12,5 %/5,40 €**
82 2011 Chardonnay „S" trocken **12,5 %/5,40 €**
80 2011 Spätburgunder „Blanc de Noir" **12 %/4,40 €**
81 2011 Grauburgunder „feinherb" **11,5 %/4,40 €**
81 2011 Portugieser Rosé „feinherb" **12 %/3,60 €**
85 2010 Merlot & Cabernet Sauvignon trocken **13,5 %/6,40 €**
78 2011 Spätburgunder „feinherb" **12 %/4,80 €**

★★

Lorenz

Weingut

Mosel

Neustraße 6, 54340 Detzem
***Tel.** 06507-3802, **Fax**: 06507-4830*
www.lorenz-weine.com
info@lorenz-weine.com
***Besuchszeiten**: täglich nach Vereinbarung*
Ferienwohnungen

Inhaber.........................Nikolaus Lorenz
Rebfläche...............................7 Hektar

Nikolaus Lorenz baut neben Riesling (85 Prozent der Anbaufläche) auch ein wenig Weißburgunder, Spätburgunder, Müller-Thurgau und Chardonnay an. Seine Weinberge liegen in Detzem (Würzgarten, Maximiner Klosterlay), Thörnich (Ritsch), Pölich (Held) und Trittenheim (Apotheke, Altärchen). Die Kernlage, Detzemer Maximiner Klosterlay, besteht aus Grauschiefer gemischt mit Quarzit. Die Spitzenweine sollen zukünftig aus Parzellen mit alten Reben in der Lage Kronenberg im

Pölicher Held und der Lage Bergwingert im Thörnicher Ritsch kommen. Die Weine werden teils im Edelstahl, teils im Holzfass ausgebaut. Man setzt zuletzt wieder verstärkt auf klassische Fuderfässer, in denen vor allem die Lagenweine ausgebaut werden, spontanvergoren und mit langem Hefelager. 80 Prozent der Weine bietet Nikolaus Lorenz trocken oder halbtrocken an. Dem Weingut ist eine Brennerei angegliedert, in der Trester- und Obstbrände hergestellt werden. Sohn Tobias hat nach seiner Winzerlehre bei Van Volxem 2010 seine Technikerausbildung in Weinsberg abgeschlossen und ist in den elterlichen Betrieb eingestiegen, wo er sich vor allem um die Weinberge kümmert.

Vorjahre

2009 war gelungen und auch 2010 gefiel uns gut, vor allem die beiden „großen Steillagenweine"; aber auch die „feinherbe" Spätlese war sehr gut, ebenso der feine Chardonnay-Sekt.

Jahrgang 2011

Sehr stimmig ist die neue Kollektion, bringt klare, fruchtbetonte Weine, trocken wie süß. Wobei die süßen Rieslinge ganz leicht die Nase vorne haben mit der fülligen, harmonischen Spätlese und einer saftigen, klaren Auslese Thörnicher Ritsch.

Weinbewertung

80 2011 Weißer Burgunder trocken **12 %/5,80 €**
81 2011 Riesling trocken Detzemer **12 %/5,80 €**
84 2011 Riesling Kabinett trocken Detzemer Maximiner Klosterlay **11,5 %/6,50 €**
85 2011 Riesling trocken „zusammensein" **12,5 %/8,- €**
83 2011 Riesling Spätlese „feinherb" Detzemer Maximiner Klosterlay **11,5 %/8,- €**
84 2011 Riesling Kabinett Trittenheimer **9,5 %/6,50 €**
86 2011 Riesling Spätlese Detzemer Maximiner Klosterlay **7 %/9,- €**
87 2011 Riesling Auslese Thörnicher Ritsch **8 %/12,- €/0,5l**
83 2010 Spätburgunder trocken **12,5 %/6,50 €**

★★

Lorenz

Bioweingut

Rheinhessen

Gaustraße 28, 55278 Friesenheim
Tel. 06737-9703, Fax: 06737-1448
www.weingut-lorenz.de
info@weingut-lorenz.de
Besuchszeiten: Sa. 9-12 + 13-17 Uhr, werktags nach Vereinbarung
Gästehaus (7 Doppelzimmer)

Inhaber .... Wendelin und Johannes Lorenz
Rebfläche .... 15 Hektar

Das Bioweingut Lorenz, Mitglied bei Ecovin, wird heute von Wendelin Lorenz und Sohn Johannes, Geisenheimabsolvent, geführt. Ihre Weinberge liegen rund um Friesenheim, im Windschatten des Petersbergs. Die Reben wachsen hier teils auf tiefgründigen Löss- und Lehmböden, teils auf kalkreichen Ton-Mergelböden. Sie bauen Riesling an, Weißburgunder, Chardonnay, Müller-Thurgau, Huxelrebe und Scheurebe, sowie an roten Sorten Dornfelder, Regent, Cabernet Sauvignon und St. Laurent. Die Weine werden spontan vergoren, lagern bis Ende März auf der Feinhefe.

Vorjahre

Vor zwei Jahren überzeugte die Kollektion, bot kraftvolle, reintönige Weißweine und eigenständige Rotweine. Die letztjährige Kollektion war sehr gleichmäßig, zeigte keinerlei Schwächen. Am besten gefiel uns die Huxelrebe Beerenauslese, aber auch die trockenen Weine waren alle klar und kraftvoll, die Rotweine sehr eigenständig, angefangen vom Urschrei über Kraftwerk bis hin zum kraftvollen, strukturierten „Sum ut Sum".

Neue Kollektion

Auch die neue Kollektion ist stimmig, bietet kraftvolle, geradlinige trockene Weißweine: edelsüß aber gefällt uns 2011 besser, die schmeichelnde Huxelrebe Auslese zum Beispiel, noch faszinierender aber ist die Trockenbeerenauslese, ist füllig und konzentriert, herrlich reintönig, stoffig und lang. Rot gefällt uns der Kraftwerk genannte Portugieser besonders gut, ist füllig und strukturiert, sehr tanninbetont.

Weinbewertung

81 2011 Riesling **13 %/8,- €**
83 2011 Riesling Pilgerstein **13 %/12,- €**
84 2011 Riesling Bergpfad **13,5 %/12,- €**
83 2011 Weißburgunder **13 %/8,- €**
84 2011 Scheurebe Spätlese **9,5 %/8,- €**
87 2011 Huxelrebe Auslese **8,5 %/8,- €/0,375l**
90 2011 Huxelrebe Trockenbeerenauslese **6,5 %/a.A./0,375l**
83 2010 „Urschrei" Rotwein **13 %/8,- €**
86 2010 „Kraftwerk" Rotwein **13 %/11,- €**

★★

Lotz

Weingut

Mosel

Hauptstraße 71, 54492 Erden
***Tel.** 06532-3029, **Fax**: 06532-953569*
www.weingut-lotz.de
info@weingut-lotz.de
***Besuchszeiten**: täglich 10-18 Uhr*
Gästezimmer, Ferienwohnung

Inhaber .... Stefan Lotz
Rebfläche .... 7 Hektar

Seit dem Jahr 2003 trägt Stefan Lotz Verantwortung für den Weinausbau im elterlichen Weingut, inzwischen ist er offiziell Inhaber. Seine Weinberge befinden sich in den Erdener Lagen Treppchen, Herrenberg (oberhalb des Treppchens gelegen, mit stark verwittertem Schiefer) und Busslay (auf dem rechten Moselufer, tiefgründige Böden). Außer Riesling (drei Viertel der Rebfläche) baut er ein wenig Müller-Thurgau und Weißburgunder, sowie Dornfelder und Spätburgunder an. Stefan Lotz verfügt über einen beträchtlichen Anteil an alten Rebstöcken.

Vorjahre

2009 waren die Weine würzig und straff, der Eiswein gefiel uns besonders gut. 2010 waren die Weine enorm würzig und geradlinig, die trockene Spätlese besaß Substanz und Kraft, gefiel uns ein klein wenig besser als die ebenfalls überzeugenden süßen Varianten.

Jahrgang 2011

2011 nun liegen die Vorteile eindeutig im süßen und restsüßen Segment, angeführt von einer Beerenauslese mit herrlich viel Frucht und Substanz. Auch die Spätlesen aus Treppchen und Würzgarten gefallen uns sehr gut, die Auslese bringt ihnen gegenüber keine Steigerung.

Weinbewertung

83 2011 Riesling trocken „Schieferstein" **13 %/7,- €**
83 2011 Riesling Spätlese trocken Erdener Treppchen **13,5 %/9,- €**
83 2011 Riesling Auslese trocken „Alte Reben" Erdener Treppchen **14 %/12,50 €**
83 2011 Riesling Kabinett „feinherb" Herrenberg **11,5 %/6,80 €**
83 2011 Riesling Spätlese „feinherb" Erdener Treppchen **12 %/9,- €**
82 2011 Riesling Kabinett Erdener Treppchen **8,5 %/6,80 €**
86 2011 Riesling Spätlese Ürziger Würzgarten **8,5 %/8,- €**
86 2011 Riesling Spätlese Erdener Treppchen **8,5 %/9,- €**
86 2011 Riesling Auslese Erdener Treppchen **8 %/12,50 €**
89 2011 Riesling Beerenauslese Erdener Treppchen **8 %/29,- €/0,375l**

Lubentiushof ★★★★

Weingut Andreas Barth

Mosel

Kehrstraße 16, 56332 Niederfell
Tel. 02607-8135, Fax: 02607-8425
www.lubentiushof.de
info@lubentiushof.de
Besuchszeiten: nach Vereinbarung

Inhaber .... Andreas Barth
Rebfläche .... 4,9 Hektar

Andreas Barth ist Quereinsteiger: Er hat Jura studiert und dann 1994 den Lubentiushof übernommen, seit Jahren ist er auch im Saar-Weingut von Othegraven für die Vinifikation zuständig. Der Lubentiushof bestand zum damaligen Zeitpunkt aus einem alten Betriebsgebäude und 2,5 Hektar Weinbergen. Seitdem hat Andreas Barth die Rebfläche nach und nach ausgeweitet. Seine Weinberge, darunter solche mit 70 bis 90 Jahre alten Reben, liegen in Gondorf, Kobern, Niederfell und Dieblich. Von der 3 Hektar großen Lage Gondorfer Gäns gehören ihm 2,5 Hektar. Dort hat er alte Terrassen wieder neu errichtet und bepflanzt. Neben Riesling baut er ein klein wenig Spätburgunder an. 80 Prozent seiner Weine baut er trocken aus. Alle Weine werden mit den natürlichen Hefen sehr langsam vergoren, ohne Schönung und mit nur einer Filtration sehr spät auf die Flasche gefüllt.

Vorjahre

Die 2009er wirkten unruhig, aber viel versprechend. 2010 hatte Andreas Barth einen prächtigen Riesling von alten Reben, die Beerenauslese war wunderschön reintönig, auch Riesling „von der Leyen" und Kabinett bereiteten Freude.

Jahrgang 2011

Eine kleine, aber ganz feine Kollektion präsentiert Andreas Barth mit dem Jahrgang 2011: Schon der Riesling „von der Leyen" ist kraftvoll und klar, besitzt Substanz, der trockene Riesling Gondorfer Gäns ist fülliger, kraftvoller, besticht mit seiner reintönigen Frucht. Mit dem „X" ist Andreas Barth ein großer Wurf gelungen: Was für ein faszinierend reintöniger Wein, füllig und doch puristisch, konzentriert und doch präzise, faszinierend lang und nachhaltig. Da können die beiden Rieslinge von alten Reben, beide halbtrocken ausgebaut, nicht ganz mithalten, obwohl sie ebenfalls beeindrucken: Der aus dem Uhlen ist herrlich saftig, besitzt viel reife Frucht und gute Struktur, der aus Gondorf etwas druckvoller und stoffiger bei viel Substanz. Last but not least zeigt Andreas Barth, dass er auch „süß" kann: Die Spätlese ist frisch und lebhaft, herrlich fruchtbetont und reintönig.

Weinbewertung

86 2011 Riesling trocken „von der Leyen" **12 %/9,- €**
88 2011 Riesling trocken Gondorfer Gäns **12,5 %/14,- €**
92 2011 Riesling trocken „X" Gondorfer Gäns **13 %/26,- €**
89 2011 Riesling „Alte Reben" Koberner Uhlen **12,5 %/18,50 €**
90 2011 Riesling „Alte Reben" Gondorfer Gäns **12,5 %/18,50 €**
89 2011 Riesling Spätlese Gondorfer Gäns **8,5 %/14,- €**

Lucashof ★★★

Weingut

Pfalz

Wiesenweg 1a, 67147 Forst
Tel. 06326-336, Fax: 06326-5794
www.lucashof.de
weingut@lucashof.de
Besuchszeiten: Mo.-Fr. 8-12 + 13-18 Uhr, Sa. 8-16 Uhr, So. 10-12 Uhr
Landhotel (7 Doppelzimmer)

Inhaber .... Klaus Lucas
Rebfläche .... 23 Hektar

Anfang der 60er Jahre wurde der Lucashof gegründet, heute führen Klaus Lucas und Ehefrau Christine das Weingut und das angeschlossene Landhotel. Bruder Hans Lucas ist für die Weinberge verantwortlich. Neben Weinbergen in den Forster Lagen Ungeheuer, Pechstein, Musenhang, Elster, Bischofsgarten und Stift besitzt die Familie Lucas auch Reben im Deidesheimer Herrgottsacker. 90 Prozent der Weinberge sind mit Riesling bepflanzt. Die Trauben werden schonend gepresst, langsam vergoren und dann in Edelstahltanks oder Holzfässern ausgebaut.

Vorjahre

Seit der ersten Ausgabe empfehlen wir die Weine von Klaus Lucas, seine Kollektionen sind immer höchst zuverlässig. Im trockenen Segment ragen meist die Spätlesen aus Ungeheuer und Pechstein hervor. Wie nur wenige andere Weingüter in der Pfalz wartet der Lucashof in den meisten Jahren aber auch mit edelsüßen Rieslingen auf, die immer wunderschön reintönig und elegant sind. Vor zwei Jahren präsentierte Klaus Lucas eine geschlossen gute Kollektion, die beiden trockenen Riesling-Spätlesen zeigten sich zum Zeitpunkt der Verkostung noch etwas verschlossen. Das war im vergangenen Jahr nicht so. Die Kabinettweine waren herrlich saftig und frisch, gute Säurestruktur, hohe Extrakte und dadurch kräftige Mineralität schufen auch bei den Spätlesen ein harmonisches Gegengewicht zu den relativ hohen Restzuckergehalten.

Neue Kollektion

In diesem Jahr haben wir wieder eine sehr gute Kollektion verkostet. Klaus Lucas bleibt sich treu – hohe Restzuckergehalte bei den Rieslingen vertragen sich gut mit der straffen Säure. Die beiden Spätlesen sind elegant, dicht und nachhaltig. Sehr gut sind auch die beiden Weißburgunder und der Chardonnay. Hervorragend ist die Beerenauslese vom Riesling, sehr gut der Frühburgunder.

Weinbewertung

88 2011 Riesling Spätlese trocken Forster Pechstein **12,5 %/15,- €**
88 2011 Riesling Spätlese trocken Forster Ungeheuer **12,5 %/15,- €**
84 2010 Riesling Kabinett trocken Forster Musenhang **12 %/8,- €**
84 2011 Riesling Kabinett trocken Wachenheimer Luginsland **12 %/7, 50 €**
85 2011 Riesling Kabinett trocken Herrgottsacker **12 %/7,80 €**
85 2011 Riesling Kabinett trocken Forster Ungeheuer **12 %/8,30 €**
85 2011 Weißburgunder trocken **12 %/7,20 €**
87 2011 Weißburgunder trocken „SL" **13 %/10,- €**
86 2011 Chardonnay trocken **12,5 %/7,50 €**
83 2011 Riesling Goldbächel **11,5 %/7,80 €**
90 2011 Riesling Beerenauslese Forster Pechstein **9,5 %/30,- €**
86 2010 Frühburgunder trocken **13 %/15,- €**

★★

Gebr. **Ludwig**
Weingut

Mosel

Im Bungert 10, 54340 Thörnich
Tel. 06507-3760, Fax: 06507-4677
www.gebruederludwig.de
info@gebruederludwig.de
Besuchszeiten: nach Vereinbarung

Inhaber .... Thomas Ludwig
Rebfläche .... 8 Hektar

Seit 1628 betreibt die Familie Ludwig Weinbau in Thörnich. Seit 2005 wird das Gut von Meike und Thomas Ludwig geführt. Ihre Weinberge liegen in den Thörnicher Lagen Ritsch (einer steilen, reinen Südlage, in der ausschließlich Riesling steht) und Schießlay (wo neben Riesling auch Müller-Thurgau und Burgundersorten angebaut werden), sowie in der Klüsserather Bruderschaft, wo die Reben auf etwas tiefgründigeren Schieferböden stehen als in der Thörnicher Ritsch. Riesling (mit bis zu 100 Jahre alten Reben) nimmt 80 Prozent der Rebfläche ein, hinzu kommen Müller-Thurgau,

Weißburgunder, Grauburgunder, Sauvignon Blanc, St. Laurent und Frühburgunder.

Vorjahre

Die 2009er gefielen mit mineralischer Substanz und Würze, die süßen Weine waren rassig und animierend. Auch 2010 überzeugte Thomas Ludwig mit einer guten, sehr gleichmäßigen Kollektion, wobei die edelsüßen Rieslinge keine Steigerung darstellten gegenüber den reintönigen, kraftvollen trockenen und „feinherben" Weinen.

Jahrgang 2011

2011 bringt eine sehr konsistente Kollektion. Schon der füllige Weißburgunder überzeugt, das Große Gewächs, das nun anstelle des „Montis" das Aushängeschild im trockenen Segment ist, beeindruckt mit gute Konzentration, Substanz und reifer Frucht. „Feinherb" gefällt uns einmal mehr der Terrassen-Riesling am besten, und edelsüß wird für jedermann etwas geboten bis hin zur Trockenbeerenauslese.

Weinbewertung

85 2011 Weißburgunder trocken **12,5 %/8,- €**
82 2011 Riesling trocken Thörnicher **11,5 %/6,50 €**
85 2011 Riesling trocken „Ritsch" Thörnicher Ritsch **13 %/9,- €**
87 2011 Riesling trocken „GG" Thörnicher Ritsch **12 %/17,50 €**
82 2011 Riesling „feinherb" Thörnicher **11 %/6,50 €**
86 2011 Riesling „feinherb" „Terrassen" Thörnicher Ritsch **11,5 %/14,50 €**
83 2011 Riesling Kabinett Thörnicher Ritsch **9,5 %/6,50 €**
85 2011 Riesling Spätlese Klüsserather Bruderschaft **8,5 %/10,- €**
86 2011 Riesling Auslese Thörnicher Ritsch **9 %/14,50 €/0,375l**
86 2011 Riesling Beerenauslese Thörnicher Ritsch **8,5 %/37,50 €/0,375l**
87 2011 Riesling Beerenauslese Klüsserather Bruderschaft **9,5 %/34,50 €/0,375l**
88 2011 Riesling Trockenbeerenauslese Klüsserather Bruderschaft **8,5 %/79,- €/0,375l**

★

G&M Machmer

Weingut

Rheinhessen

Im Rosengarten, 67595 Bechtheim
***Tel.** 06242-915717, **Fax:** 06242-915718*
www.weingut-machmer.de
mail@weingut-machmer.de
***Besuchszeiten:** Mo.-Fr. 9-12 + 13-18 Uhr, Sa. 9-16 Uhr*

Inhaber .... Markus Machmer
Rebfläche .... 31 Hektar

Die Familie Machmer baut seit Generationen Wein in Bechtheim an. 24 verschiedene Rebsorten gibt es, vor allem Riesling, Kerner, Gewürztraminer, Chardonnay, Weißburgunder, Grauburgunder und Ehrenfelser.

Vorjahre

Der 2007er Spätburgunder war unser klarer Favorit vor zwei Jahren. 2008 war er uns etwas zu würzig und üppig, der Cabernet Sauvignon gefiel uns ein klein wenig besser im vergangenen Jahr, noch besser die trockene Riesling Auslese aus dem Geyersberg.

Neue Kollektion

Die neue Kollektion präsentiert sich geschlossen auf gutem Niveau. Die Weißweine sind füllig, oft recht hoch im Alkohol, die Rotweine besitzen gute Struktur und jugendliche Bitternoten.

Weinbewertung

82 2011 Silvaner trocken „Edition" Bechtheimer Hasensprung **13,5 %/6,10 €**
83 2011 Riesling Spätlese trocken Bechtheimer Rosengarten **13,5 %/6,10 €**
83 2011 Chardonnay trocken „Edition" Bechtheimer Pilgerpfad **14 %/6,40 €**
83 2011 Weißburgunder trocken „Edition" Bechtheimer Pilgerpfad **14 %/6,40 €**
82 2011 Grauburgunder trocken „Edition" Bechtheimer Geyersberg **14,5 %/6,40 €**
81 2011 Riesling trocken „Edition" Bechtheimer Geyersberg **13,5 %/8,90 €**
82 2011 Riesling Spätlese halbtrocken Bechtheimer Geyersberg **13 %/6,10 €**

81 2011 Riesling „feinherb" „Edition" Bechtheimer Geyersberg **13,5 %/8,50 €**
80 2011 Spätburgunder „Blanc de Noir" „Edition" Bechtheimer Pilgerpfad **13,5 %/6,40 €**
83 2011 Schwarzriesling trocken „Edition" Bechtheimer Stein **13,5 %/6,60 €**
84 2009 Cabernet Mitos trocken Barrique Osthofener Klosterberg **14 %/12,60 €**
84 2009 „Don Pinot" Rotwein trocken **14,5 %/11,20 €**

Andreas Männle ★

Weingut

Baden

Heimbach 12, 77770 Durbach
Tel. *0781-41486,* ***Fax:*** *0781-42981*
www.weingut-maennle.de
info@weingut-maennle.de
Besuchszeiten: *Mo.-Fr. 9-12 + 13:30-18 Uhr, Sa. 9-12 + 13:30-16 Uhr, März-Dez. So. 10-12 Uhr*

Inhaber .... Alfred Männle
Kellermeister .... Thomas Männle
Rebfläche .... 15,3 Hektar

Das bereits 1561 urkundlich erwähnte Weingut ist seit 1919 in Familienbesitz. Alfred Männle bewirtschaftet in dritter Generation die Weinberge am Durbacher Bienenberg. In der Einzellage Durbacher Bienengarten wachsen die Reben auf Granitverwitterungsböden. Riesling und die Burgundersorten spielen die wichtigste Rolle. Dazu gibt es Chardonnay, Gewürztraminer, Traminer, Müller-Thurgau und Scheurebe. Für den Weinausbau ist Sohn Thomas verantwortlich.

Vorjahre

Vor zwei Jahren war die Kollektion etwas verhaltener, die Gewürztraminer Beerenauslese aber bestach mit ihrer reintönigen Frucht. Die 2010er Weine besaßen Fülle, aber zu wenig Finesse.

Jahrgang 2011

Eine ebenso verhaltene Kollektion folgt nun 2011 nach, am besten gefallen uns der saftige Riesling „Klingelberger 1782" und die frische, reintönige Scheurebe Spätlese.

Weinbewertung

79 2011 Rivaner trocken Durbacher Biengarten **12 %/5,50 €**
80 2011 Grauburgunder Kabinett trocken Durbacher Biengarten **13 %/7,90 €**
80 2011 Klingelberger Kabinett trocken Durbacher Biengarten **12 %/7,90 €**
80 2011 Klingelberger Spätlese trocken Durbacher Biengarten **12,5 %/9,90 €**
84 2011 Klingelberger trocken „1782" Durbacher Biengarten **12 %/15,50 €**
77 2011 Grauburgunder Spätlese trocken Durbacher Biengarten **13,5 %/9,90 €**
81 2011 Chardonnay Spätlese trocken Durbacher Biengarten **14 %/10,50 €**
82 2011 Gewürztraminer Spätlese Durbacher Biengarten **12 %/10,50 €**
82 2011 Clevner (Traminer) Spätlese Durbacher Biengarten **12 %/9,90 €**
84 2011 Scheurebe Spätlese Durbacher Biengarten **11 %/10,50 €**
79 2011 Spätburgunder Rosé Kabinett trocken Durbacher Biengarten **13 %/7,90 €**
82 2011 Spätburgunder Kabinett trocken Durbacher Biengarten **13,5 %/8,90 €**

Heinrich Männle ★☆

Weingut

Baden

Sendelbach 16, 77770 Durbach
Tel. *0781-41101,* ***Fax:*** *0781-44010*
www.weingutmaennle.de
info@weingutmaennle.de
Besuchszeiten: *Mo.-Fr. 8-18 Uhr, Sa. 8-16 Uhr, So. nach Vereinbarung*
Naturstein-Gewölbekeller für Weinlehrproben, 3 Ferienwohnungen (4 Sterne)

Inhaber .... Heinrich und Sylvia Männle
Rebfläche .... 5,5 Hektar

Seit 1737 ist der Erbguthof in einem Durbacher Seitental in Familienbesitz. Bis 1956 wurden die Weine im Fass verkauft, in den sechziger Jahren hat man dann die Rebfläche im Durbacher Kochberg vergrößert, neue Weinberge angelegt. Spätburgunder ist bei Heinrich Männle – dem „Rotwein-Männle" – mit einem Anteil von über 50 Prozent die wichtigste Rebsorte. Hinzu kommen Weiß- und Grauburgunder, Scheurebe, Riesling, Gewürztraminer, Chardonnay und Müller-Thurgau und bereits seit 1991 auch etwas Cabernet Sauvignon und Merlot. 3,5 Hektar seiner Weinberge liegen in einer arrondierten Fläche in der Lage Durbacher Kochberg direkt beim Weingut. Die weiteren Parzellen befinden sich in den Durbacher Lagen Plauelrain und Ölberg. Barriqueweine bleiben alle mindestens 20 Monate im Fass, seit 2007 werden alle Weine in Holzfässern ausgebaut.

Vorjahre

Seit über einem Jahrzehnt empfehlen wir die Weine von Heinrich Männle, gehört das Weingut zu den Spitzenbetrieben in der Ortenau. Rotweine und Weißweine überzeugen gleichermaßen, auch die edelsüßen Weine – Scheurebe! – gehören immer wieder zur Spitze in der Region. Vor zwei Jahren präsentierte sich die Kollektion sehr geschlossen, überzeugte gleichermaßen weiß wie rot, trocken wie süß. Da konnte 2010 jahrgangsbedingt nicht mithalten, die Weine waren weniger komplex als in früheren Jahren; bei den Rotweinen irritierte uns die hohe Restsüße.

Neue Kollektion

Diese Irritation besteht auch in diesem Jahr, und ob man Rotwein sechs Jahre im Barrique ausbauen muss, ist ebenso diskussionswürdig. Im weißen Segment hat für uns eindeutig die Scheurebe die Nase vorne, überzeugt als Sekt ebenso wie als süße Spätlese.

Weinbewertung

85 Scheurebe Sekt brut Durbacher Kochberg **12,5 %/13,- €**

80 2010 Klingelberger Kabinett trocken „Fass 32" Durbacher Kochberg **11 %/9,80 €**

82 2011 Weißburgunder Spätlese trocken „Fass 30" Durbacher Kochberg **12,5 %/9,80 €**

82 2011 Grauburgunder Spätlese trocken „Fass 16" Durbacher Plauelrain **12,5 %/9,90 €**

81 2011 Chardonnay Spätlese trocken „Fass 14" Durbacher Plauelrain **13 %/10,60 €**

81 2011 Chardonnay Spätlese trocken „Fass 18" Durbacher Plauelrain **12,5 %/10,60 €**

84 2011 Scheurebe Spätlese „Fass 35" Durbacher Kochberg **9 %/9,60 €**

81 2010 Spätburgunder Kabinett trocken „Fass 2+10" Durbacher Kochberg **12 %/9,90 €**

82 2009 Spätburgunder Spätlese trocken „alte Rebe Fass 19" Durbacher Kochberg **13,5 %/15,- €**

83 2008 Spätburgunder Spätlese trocken Barrique Durbacher Kochberg **13,5 %/27,50 €**

80 2006 Merlot trocken Barrique Durbacher Kochberg **13,5 %/26,50 €**

★

Maier

Weingut

Württemberg

Zehnmorgenweg 2, 71409 Schwaikheim
***Tel.** 07195-5565, **Fax**: 07195-139508*
www.maier-weingut.de
info@maier-weingut.de
***Besuchszeiten**: Di.-Fr. 17-19 Uhr, Sa. 10-14 Uhr*
Besenwirtschaft täglich ab 11 Uhr, Mo. Ruhetag

Inhaber .... Lothar und Rose Maier GbR
Rebfläche .... 9,2 Hektar

Die Familie Maier betreibt seit mehreren Generationen Weinbau, auch wenn zu Beginn des 20. Jahrhunderts, wie im ganzen Remstal, der Weinbau eine untergordnete Rolle spielte, man von Ackerbau und Viehzucht lebte. Das Weingut in seiner heutigen Form besteht seit 1986 als Lothar Maier begann den Weinbaubetrieb auszuweiten und zusammen mit Ehefrau Rose eine Besenwirtschaft eröffnete. Heute werden sie im Betrieb unterstützt von Sohn Michael, Geisenheim-Absolvent. Ihre Weinberge liegen im Remstal, vor allem in Korb (Sommerhalde) und Hanweiler (Berg), aber auch in Breuningsweiler, Winnenden und Endersbach (Wetzstein). Rote Sorten überwiegen im Anbau: Trollinger, Lemberger, Muskat-Trollinger, Samtrot, Zweigelt und Spätburgunder, aber auch Cabernet Dorio und Dornfelder. An weißen Sorten gibt es Riesling, Silvaner, Kerner, Weißburgunder und Traminer.

Vorjahre

Lothar und Michael Maier präsentierten vor zwei Jahren eine starke Kollektion mit kraftvollen, eigenständigen Weinen, allen voran der vier Jahre im Fass ausgebaute Trollinger. Die 2010er Weißweine behaupteten sich gut, waren frisch und klar; die Highlights der letztjährigen Kollektion waren aber die barriqueausgebauten Rotweine, Lemberger und Zweigelt, auch der Dornfelder machte eine gute Figur.

Neuer Jahrgang

Sehr gleichmäßig präsentiert sich nun der Weißweinjahrgang 2011, ohne Highlights, aber auch ohne jede Schwäche. Etwas weniger homogen ist das rote Segment, dass aber mit dem kraftvollen, noch sehr jugendlichen Lemberger aus dem Barrique den herausragenden Wein der Kollektion stellt.

Weinbewertung

80 2011 Riesling trocken **12 %/4,20 €**
82 2011 Sylvaner Spätlese **12,5 %/5,10 €**
83 2011 Sauvignon Blanc Spätlese trocken **13 %/9,20 €**
82 2011 Weißburgunder Spätlese trocken **13,5 %/6,80 €**
82 2011 Riesling Spätlese trocken **13 %/8,50 €**
82 2011 Muskat-Trollinger Rosé **11,5 %/6,- €**
78 2011 Trollinger trocken **12,5 %/3,90 €/1l**
84 2011 Trollinger trocken „Alte Reben" **13,5%/5,10€**
80 2011 Zweigelt trocken **12,5 %/5,50 €**
83 2010 „Elegantis" Rotwein trocken Holzfass **13,5 %/6,50 €**
84 2010 Spätburgunder trocken Holzfass **13,5 %/8,70 €**
86 2010 Lemberger trocken Barrique **13,5 %/20,- €**

Manderschied ★

Weingut

Pfalz

Dorfstraße 4, 76889 Kapellen-Drusweiler
Tel. 0176-20611693, Fax: 06343-935230
www.weingut-manderschied.de
weingut-manderschied@gmx.de
Besuchszeiten: nach Vereinbarung

Inhaber .... Wilfried Manderschied
Rebfläche .... 20 Hektar

Wilfried Manderschied hat lange Zeit Fasswein an Großkellereien und andere Weingüter verkauft. 2002, mit dem Einstieg von Martin Manderschied, wurden die ersten eigenen Flaschenweine erzeugt. Die Weinberge liegen in den Gemarkungen Kapellen-Drusweiler (Rosengarten) und Bad Bergzabern (Altenberg). 35 Prozent der Rebfläche nehmen rote Sorten ein. Im September 2008 wurde mit der Umstellung auf biologischen Weinbau begonnen, mit dem Jahrgang 2011 sind die Weine erstmals zertifiziert biologisch.

Vorjahre

Vor zwei Jahren präsentierte sich die Kollektion gleichmäßig gut. Wie vor zwei Jahren war es im vergangenen Jahr wieder der mineralische, sehr säurebetonte Riesling aus dem Altenberg, der uns am besten gefiel, die im Barrique ausgebauten Chardonnay und Spätburgunder zeigten gute Ansätze.

Neue Kollektion

Auch in diesem Jahr ist die Kollektion wieder auf gleichmäßigem Niveau, die Weißweine besitzen viel klare Frucht, der 2009er Altenberg-Riesling zeigt schon deutliche, feine Reifenoten.

Weinbewertung

82 2011 „Rosengartencuvée" trocken **11,5 %/5,10 €**
81 2011 Weißburgunder trocken **12 %/5,90 €**
82 2011 Grauburgunder trocken **13 %/6,40 €**
83 2011 Chardonnay trocken **11,5 %/5,90€**
84 2009 Riesling trocken „Selection" Bad Bergzaberner Altenberg **13 %/7,60 €**
82 2009 Cuvée „Collin" Rotwein trocken **14 %/7,50 €**

★★★

Manz

Weingut

Rheinhessen

Lettengasse 6, 55278 Weinolsheim
***Tel.** 06249-7981, -803008*
***Fax**: 06249-80022, -803041*
www.manz-weinolsheim.de
weingut@manz-weinolsheim.de
***Besuchszeiten**: nach Vereinbarung*
Neuer Holzfasskeller, Aussiedlung mit medit. Graten

Inhaber .... Erich Manz und Eric Manz
Rebfläche .... 20 Hektar

Erich Manz und Sohn Eric haben zu ihren Weinbergen in den Gemeinden Weinolsheim, Uelversheim, Dalheim und Dexheim in den letzten Jahren Weinberge in Oppenheim (Herrenberg, Sackträger), Nierstein (Hipping) und Guntersblum (Steig-Terrassen) hinzugekauft. Ihre Reben wachsen auf sehr unterschiedlichen Böden. Der Ludwigshöher Teufelskopf, 2006 mit Riesling bepflanzt, ist vom Löss geprägt, genauso wie die Guntersblumer Steig-Terrasse und der Dalheimer Kranzberg. In den Oppenheimer Lagen Sackträger und Herrenberg herrscht Kalkmergel vor, im Niersteiner Hipping Rotliegendes. Ihre traditionelle Lage Weinolsheimer Kehr, das Filetstück wird Hahnbügel genannt, ist von Tonmergel geprägt. Die wichtigsten Rebsorten sind Riesling und die Burgundersorten, aber auch Silvaner, Kerner, Huxelrebe, Gewürztraminer und Scheurebe, sowie Dornfelder. Die Weißweine werden kühl vergoren und im Edelstahl ausgebaut, die Rotweine kommen nach vier- bis achtwöchiger Maischegärung ins Holz.

Vorjahre

Schon seit der ersten Ausgabe kennen wir die Weine von Erich Manz, bewundern immer wieder die Konsistenz seiner Kollektionen. In diesem Jahrzehnt hat sich viel getan, er hat die Rebfläche mehr als verdoppelt, sein Lagenportfolio erweitert. Vor allem die Weine von der Rheinfront stellt er immer mehr in den Vordergrund, während die Lagen seiner ursprünglichen Weinberge – mit Ausnahme der Weinolsheimer Kehr – zunehmend von den Etiketten verschwinden. Aber sind denn die Weine, die heute aus Oppenheim und Nierstein kommen, besser als diejenigen, die früher beispielsweise Dalheimer oder Uelversheimer Lagenbezeichnungen trugen? Vor zwei Jahren waren die edelsüßen Weine füllig und konzentriert, im trockenen Teil trumpfte der Riesling aus der Weinolsheimer Kehr einmal mehr auf. Die Rotweine des Jahrgangs 2007 gefielen uns deutlich besser als ihre Vorgänger, vor allem die beiden kraftvollen Spätburgunder. Sehr ähnlich war das Bild im vergangenen Jahr: Im trockenen Weißweinsegment war der Riesling aus der Kehr Spitze, rot der Spätburgunder aus dem Herrenberg; hinzu kamen drei konzentrierte, dicke Trockenbeerenauslesen.

Neue Kollektion

Bei den trockenen Weißweinen sind es wieder einmal die Rieslinge, die uns am besten gefallen. Der Wein aus der Kehr besitzt Fülle und Konzentration, Kraft und Substanz wie auch der aus dem Herrenberg, beide besitzen viel süße Frucht. Edelsüß glänzt die nach Zitrusfrüchten duftende Beerenauslese, ebenso die konzentrierte, enorm dicke Trockenbeerenauslese. Die rote Kollektion ist größer geworden seit es nun Merlot und Cabernet Sauvignon auch reinsortig gibt.

Beide sind füllig und konzentriert, wie auch die Cuvée M, unsere ganz leichte Präferenz gilt aber dem noch sehr jugendlichen Spätburgunder, der gute Struktur und Substanz besitzt.

Weinbewertung / keine Preisangaben

84 2011 Chardonnay Spätlese trocken „Kalkstein" **13 %**

83 2011 Grauburgunder trocken „Alte Reben" **13 %**

83 2011 Weißburgunder Spätlese trocken „Kalkstein" Oppenheimer Herrenberg **13 %**

86 2011 Weißburgunder*** trocken Kranzberg **13,5%**

81 2011 Riesling Spätlese trocken Niersteiner Hipping **13 %**

84 2011 Riesling Spätlese trocken Oppenheimer Sackträger **13 %**

88 2011 Riesling Spätlese trocken „100" Oppenheimer Herrenberg **13 %**

89 2011 Riesling Spätlese trocken*** Weinolsheimer Kehr **13 %**

84 2011 Gewürztraminer trocken Guntersblumer Steig-Terrassen **12,5 %**

82 2010 Riesling Spätlese „M" Kehr **8 %/8,10 €**

86 2011 Riesling Auslese „M" Oppenheimer Herrenberg **7,5 %**

89 2011 Riesling Beerenauslese „Julius" **7,5 %**

90 2011 Riesling Trockenbeerenauslese Oppenheimer Sackträger **7,5 %**

86 2009 Spätburgunder trocken „Kalkstein" Oppenheimer Herrenberg **14 %**

88 2009 Spätburgunder trocken „M***" Oppenheimer Herrenberg **14 %**

87 2009 Merlot trocken Oppenheimer Herrenberg **14,5 %**

87 2009 Cabernet Sauvignon trocken Oppenheimer Herrenberg **14,5 %**

88 2009 Cuvée „M" Rotwein trocken **14 %**

Margarethenhof ★

Weingut Weber

Mosel

Kirchstraße 17, 54441 Ayl
Tel. *06581-2538,* ***Fax:*** *06581-6829*
www.margarethenhof-ayl.de
mail@margarethenhof-ayl.de
Besuchszeiten: *Mo.-Fr. 9:30-12:30 + 14-18 Uhr, Sa. 9:30-17 Uhr und nach Vereinbarung*

Inhaber .... Jürgen Weber
Rebfläche .... 20 Hektar

Das Weingut, ursprünglich in Tawern zuhause, wird heute in dritter Generation von Jürgen und Dorothee Weber geführt, die seit 2000 den Betrieb erweitert haben und im benachbarten Ayl das historische Gebäude des ehemaligen Winzervereins erwarben. Die Weinberge liegen an der Saar (vor allem in der Ayler Kupp) und an der Obermosel.

Kollektion

Eine beeindruckende trockene Auslese aus der Ayler Kupp führt die Kollektion an, kraftvoll, füllig, reintönig, besitzt sie viel Substanz und reife Frucht, gefällt uns besser als die ebenfalls sehr gute saftige feinherbe Variante.

Weinbewertung

80 2011 Grauburgunder Classic **12 %/6,50 €**

81 2011 Riesling Hochgewächs trocken Ayler Kupp **12 %/7,90 €**

88 2011 Riesling Auslese trocken „Alte Reben Gold Line" Ayler Kupp **12,5 %/12,90 €**

80 2011 Elbling Classic **11 %/5,- €**

82 2011 Riesling „feinherb" „Schieferstein" Ayler Kupp **12 %/7,90 €**

86 2011 Riesling Auslese „feinherb Alte Reben Gold Line" Ayler Kupp **12,5 %/12,90 €**

★★☆

Max **Markert**

Weingut

Franken

Am Zöller 1, 97246 Eibelstadt
Tel. *09303-1795,* ***Fax:*** *09303-1090*
www.weingut-markert.de
info@weingut-markert.de
Besuchszeiten: *nach Vereinbarung*

Inhaber .... Max Markert
Rebfläche .... 10,6 Hektar

Max Markert betreibt Weinbau erst seit 1995 im Vollerwerb. 1974 hatte er seine ersten Reben gepflanzt, seit 1977 das Weingut im Nebenerwerb geführt. Seine Weinberge liegen in den Eibelstadter Lagen Mönchsleite, Kapellenberg und Teufelstor, sowie im Randersackerer Dabug. Die Reben wachsen auf Muschelkalkböden. Weiße Rebsorten nehmen 70 Prozent der Fläche ein: Silvaner, Müller-Thurgau, Bacchus, Kerner, Scheurebe, Rieslaner, Riesling und Weißburgunder baut er an. An roten Sorten gibt es Domina, Spätburgunder, Portugieser, Dornfelder und Cabernet Dorsa. Neben überwiegend trocken ausgebauten Weinen erzeugt Max Markert auch Edelbrände in der eigenen Brennerei.

Vorjahre

Seit der ersten Ausgabe empfehlen wir die Weine von Max Markert. Jahr für Jahr bietet er starke, sehr gleichmäßige Kollektionen, noch nie hat uns ein Wein enttäuscht. Die Weine sind immer wunderschön reintönig und fruchtbetont, die Rotweine baut er sehr gekonnt im Holz aus. In der ersten Ausgabe bewunderten wir schon seinen damals allerersten im Barrique ausgebauten Wein. Die Preise sind nach wie vor angenehm niedrig, liegen nur unwesentlich über denen von damals. Vor zwei Jahren war die Kollektion homogen, blieb in der Spitze allerdings ein wenig hinter den Vorjahren zurück. Sehr gleichmäßig präsentierte sich auch die letztjährige Kollektion, allerdings stellte Max Markert nur einen einzigen 2010er vor. Die verkosteten 2009er waren füllig und klar, sehr ausgewogen, vor allem die Rotweine gefielen uns sehr gut.

Neue Kollektion

Eine sehr gleichmäßige und sehr überzeugende Kollektion bietet Max Markert 2011, alle Weine sind wunderschön klar und fruchtbetont, die Preise nach wie vor moderat. Vom reintönigen Müller-Thurgau über Silvaner und Riesling bis hin zu Weißburgunder oder Kerner: Jeder Wein ist wunderschön sortentypisch.

Weinbewertung

83 2011 Silvaner Kabinett trocken Eibelstadter Kapellenberg **12,5 %/5,50 €/1l** ☺
85 2011 Müller-Thurgau trocken „Frank & Frei" **12 %/5,80 €** ☺
84 2011 Müller-Thurgau Kabinett trocken Eibelstadter Kapellenberg **12 %/6,- €**
84 2011 Silvaner Kabinett trocken Eibelstadter Kapellenberg **13 %/6,50 €**
86 2011 Riesling Kabinett trocken Eibelstadter Teufelstot **12,5 %/7,- €** ☺
85 2011 Weißburgunder Kabinett trocken Eibelstadter Kapellenberg **13 %/7,20 €**
86 2011 Silvaner Spätlese trocken Eibelstadter Kapellenberg **14 %/8,50 €**
85 2011 Scheurebe Kabinett trocken Eibelstadter Teufelstor **12 %/6,80 €**
83 2011 Rieslaner Kabinett Eibelstadter Teufelstor **12,5 %/7,- €**
84 2011 Kerner Kabinett Eibelstadter Teufelstor **12 %/6,- €**

★

Martinshof

Weingut

Rheinhessen

Rheinstraße 85, 55276 Dienheim
Tel. *06133-2280,* ***Fax:*** *06133-70763*
www.wein-martinshof.de
info@wein-martinshof.de
Besuchszeiten: *nach Vereinbarung*

M

Die besten deutschen Weinerzeuger und ihre Weine

Inhaber .... Familie Martin
Rebfläche .... 25 Hektar

Die Weinberge der Familie Martin liegen in Dienheim und Oppenheim, seit 2003 ist man auch in Nierstein vertreten. Die Reben wachsen auf schweren Kalksteinverwitterungsböden und teils tiefgründigen Lösslehmböden, in Nierstein auf Rotliegendem. Vor allem Riesling und die Burgundersorten werden angebaut, aber auch Silvaner, Müller-Thurgau, Huxelrebe und Scheurebe. An roten Sorten gibt es Dornfelder, St. Laurent, Spätburgunder, Portugieser, Cabernet Dorio, Merlot und Cabernet Sauvignon. Reinhard Martin ist für den Außenbetrieb verantwortlich, Sohn Achim kümmert sich um den Ausbau der Weine.

Vorjahre

2009 präsentierte sich sehr ausgewogen, trocken wie süß, weiß wie rot. 2010 waren die Weißweine etwas verhaltener, am besten gefällt uns der fruchtbetonte Grauburgunder. Die rote Symphonie aus dem Jahrgang 2008 überzeugte, auch der geradlinige Portugieser für ganze 4 Euro machte Freude.

Neue Kollektion

Sehr geschlossen präsentiert sich der neue Jahrgang, vor allem die Rieslingkollektion bereitet Freude. Die Auslese ist harmonisch und klar, unter den drei trockenen Spätlesen gefällt uns der füllige Wein aus dem Falkenberg am besten.

Weinbewertung

83 2011 Riesling Spätlese trocken Niersteiner Heiligenbaum **13,5 %/5,80 €**
82 2011 Riesling Spätlese trocken Niersteiner Pettenthal **13 %/5,- €**
84 2011 Riesling Spätlese trocken Dienheimer Falkenberg **13,5 %/5,- €** ☺
80 2011 Weißburgunder Spätlese trocken **12,5 %/4,90 €**
80 2011 Spätburgunder „Blanc de Noir" trocken **12,5 %/5,- €**
81 2011 Riesling Spätlese „feinherb" **13,5 %/4,50 €**
83 2011 Huxelrebe Spätlese **9 %/4,50 €**
85 2011 Riesling Auslese „Elise" Oppenheimer Herrenberg **9 %/8,- €**
80 2011 Dornfelder trocken Dienheimer Paterhof **14 %/4,90 €**
81 2009 „Symphonie" Rotwein trocken **13,5%/7,50€**

★

Marx

Weingut

Rheinhessen

Hauptstraße 83, 55232 Alzey-Weinheim
Tel. 06731-41313, Fax: 06731-45290
www.weingut-marx.de
info@weingut-marx.de
Besuchszeiten: Mo.-Fr. 8-19 Uhr, Sa. 8-16 Uhr, So. 10-12 Uhr und nach Vereinbarung

Inhaber .... Klaus Marx
Rebfläche .... 11,5 Hektar

Das Weingut Marx wurde in den sechziger Jahren von Hans Marx, dem Vater des heutigen Besitzers Klaus Marx, aufgebaut. Die Vorfahren hatten seit Generationen einen eigenen Sandsteinbruch in Weinheim und waren Steinmetze. Hans Marx jedoch entschloss sich den Beruf des Winzers zu erlernen und ein Weingut zu gründen. Seit 1989 ist Klaus Marx im Betrieb tätig. Die Reben wachsen rund um Weinheim auf rotliegenden Gesteinsverwitterungsböden. Riesling ist mit fast 40 Prozent die wichtigste Rebsorte im Betrieb, gefolgt von Grauburgunder, Silvaner, Müller-Thurgau, Portugieser und Dornfelder. Dazu gibt es noch etwas Weißburgunder, Huxelrebe, Kerner, Scheurebe und Siegerrebe, sowie Cabernet Mitos. Die Weißweine werden temperaturkontrolliert vergoren und im Edelstahl ausgebaut. Die Rotweine kommen nach der Maischegärung ins Holzfass. 80 Prozent der Weine sind trocken oder halbtrocken ausgebaut. Die Weine werden überwiegend an Privatkunden verkauft.

Vorjahre

Immer wieder gefällt der Cabernet Mitos von Klaus Marx am besten. Die 2009er Weißweine waren etwas zu zurückhaltend, der Cabernet Mitos, Jahrgang 2008, gefiel uns vor zwei Jahren einmal mehr am besten. Auch sein Nachfolger war im vergangenen Jahr unser klarer Favorit, der Riesling von alten Reben zeigte gute Ansätze.

Neue Kollektion

Die 2011er Weißweine sind frisch und klar, alle von merklicher Süße geprägt. Der 2010er Cabernet Mitos präsentiert sich füllig und kraftvoll mit guter Struktur und reifer, ebenfalls merklich süßer Frucht.

Weinbewertung

79 2011 Silvaner trocken Weinheimer **12,5 %/4,20 €/1l**

80 2011 Riesling trocken Weinheimer **12 %/4,60 €**

81 2011 Riesling trocken „Alte Reben" Weinheimer **12,5 %/6,80 €**

82 2011 Grauburgunder trocken Weinheimer **12,5 %/5,40 €**

81 2011 Riesling halbtrocken Weinheimer **12 %/4,60 €**

85 2010 Cabernet Mitos trocken Barrique Weinheimer **13 %/9,30 €**

★★

Marx

Weingut

Nahe

Im Setzling 6, 55452 Windesheim
Tel. *06707-316,* ***Fax:*** *06707-1669*
www.weingutmarx.com
info@weingutmarx.com
Besuchszeiten: *nach Vereinbarung*
Ferienwohnung

Inhaber.............................Rainer Marx
Rebfläche............................8,5 Hektar

Seit über 300 Jahren betreibt die Familie Weinbau an der Nahe. Die Weinberge von Rainer Marx, der das Gut 2005 von seinen Eltern übernommen hat, liegen in Windesheim, Waldlaubersheim und Schweppenhausen. Die Weißweine werden langsam und kühl vergoren und im Edelstahl ausgebaut. Die Rotweine kommen nach der Maischegärung in Eichenholzfässer, teilweise auch ins Barrique. Die Weine werden ohne Lagenbezeichnung vermarktet. Seit dem Jahrgang 2007 verzichtet Rainer Marx bei trockenen Weinen auf Prädikatsbezeichnungen, die nach eigener Einschätzung besten Weine tragen die Zusatzbezeichnung „S". Diese Weine bieten ein Mehr an Fülle und Konzentration im Vergleich zu den klaren, geradlinigen Basisweinen. Am besten gefällt meist der Grauburgunder, aber Weißburgunder und Chardonnay stehen ihm nur wenig nach, die Rotweine besitzen Kraft und Struktur.

Vorjahre

Die 2009er Kollektion präsentierte sich geschlossen auf gutem Niveau, der Spätburgunder „R" gehörte zu den besten Rotweinen der Nahe. Sehr gut behauptete sich Rainer Marx auch im schwierigen Jahrgang 2010 mit einer in sich durchweg stimmigen Kollektion mit reintönigen, kraftvollen Weinen der S-Klasse an der Spitze – und wie schon im Jahr zuvor mit einem wunderschönen Sekt.

Neue Kollektion

Eine starke, sehr gleichmäßige Kollektion präsentiert Rainer Marx auch in diesem Jahr, mit einem feinwürzigen Sekt, kraftvollen trockenen Rieslingen und fülligen Burgundern, unter denen wir ganz knapp den stoffigen und harmonischen Chardonnay favorisieren. Und der gut strukturierte, füllige 2009er Spätburgunder „R" gehört erneut zu den besten Rotweinen des Anbaugebiets.

Weinbewertung

86 2009 Pinot Sekt brut **13 %/12,- €**

86 2011 Weißer Burgunder „S" trocken **14 %/8,- €**

87 2011 Chardonnay „S" trocken **14 %/9,- €**

82 2011 Grauer Burgunder trocken **12,5 %/6,20 €**

86 2011 Grauer Burgunder „S" trocken **14 %/8,70 €**
86 2011 Grauer Burgunder „R" trocken Römerberg **14,5 %/13,- €**
85 2011 Riesling „S" trocken Sonnenmorgen **13,5 %/8,- €**
86 2011 Riesling „R" trocken Fels **13,5 %/11,- €**
84 2011 Riesling Spätlese **8,5 %/7,- €**
86 2010 Spätburgunder „S" trocken **14 %/15,- €**
88 2009 Spätburgunder „R" trocken **14,5 %/25,- €**

★☆

Mathern

Weingut

Nahe

Winzerstraße 7, 55585 Niederhausen
Tel. 06758-6714, Fax: 06758-8109
www.weingut-mathern.de
info@weingut-mathern.de
Besuchszeiten: nach Vereinbarung
Gästehaus

Inhaber .... Gloria Mathern
Kellermeister .... Felix Eberhard
Rebfläche .... 10 Hektar

Das Weingut Mathern in Niederhausen wird seit dem Tod vom Helmut Mathern von Gloria Mathern geführt. Im Anbau dominiert Riesling, hinzu kommt vor allem noch etwas Dornfelder, Müller-Thurgau und Weißburgunder.

Vorjahre

2009 lagen die Vorteile eindeutig im restsüßen Segment der Kollektion, die beiden Auslesen aus dem Rosenberg bereiteten viel Freude. Auch 2010 war die Kollektion ohne Fehl und Tadel, alle Weine waren zuverlässig gut, sehr gut gefiel uns der Riesling „Merum 10".

Jahrgang 2011

2011 sind es wie vor zwei Jahren zwei Auslesen, die uns am besten gefallen, die Weine aus dem Rosenberg und dem Dellchen sind saftig und füllig mit feiner Süße. Im trockenen Bereich ist der kraftvolle Riesling aus der Hermannshöhle unser Favorit.

Weinbewertung

80 2011 Riesling trocken „vom Rotliegenden" **12,5 %/6,- €**
82 2011 Riesling Spätlese trocken Niederhäuser Rosenberg **12,5 %/8,50 €**
85 2011 Riesling Spätlese trocken Niederhäuser Hermannshöhle **13,5 %/9,- €**
81 2011 Riesling halbtrocken „vom Blauschiefer" **12 %/6,- €**
82 2011 Riesling Auslese „feinherb" „von den Terrassen" Norheimer Dellchen **12,5 %/9,- €**
81 2011 Riesling Kabinett „vom Porphyr" **11 %/6,- €**
82 2011 Riesling Spätlese Niederhäuser Rosenheck **9 %/8,50 €**
85 2011 Riesling Auslese „HM" Niederhäuser Rosenberg **8,5 %/11,- €**
86 2011 Riesling Auslese „Luisa" Norheimer Dellchen **9,5 %/12,- €**

★★

Karl May

Weingut

Rheinhessen

Ludwig-Schwamb-Straße 22, 67574 Osthofen
Tel. 06242-2356, Fax: 06242-3690
www.weingut-karl-may.de
info@weingut-karl-may.de
Besuchszeiten: nach Vereinbarung

Inhaber .... Karl May, Peter May, Fritz May
Rebfläche .... 21 Hektar

Der schon im Jahr 1309 beurkundete Liebenauer Hof wurde nach der Säkularisation 1815 von den Vorfahren des heutigen Besitzers Karl May erworben. Seine Weinberge liegen in Osthofen und Bechtheim. Karl und Irmgard May werden im Betrieb unterstützt von Carolin, Peter und Fritz May. Die breite Rebsortenpalette wird angeführt von Riesling, Spätburgunder, Portugieser, Dornfelder und Müller-Thurgau. 2010 wurde das 300 Jahre alte Fachwerkhaus renoviert, ein neues Barriquelager errichtet und die Vinothek fertig gestellt. Neue Weine im Programm sind der Riesling aus dem Osthofener Goldberg, die rote Cuvée Blutsbruder und der Cabernet Sauvignon.

Vorjahre

Vor zwei Jahren bekam der trockene Geyersberg-Riesling betriebsinterne Konkurrenz durch den Wein aus dem Goldberg, auch der Grauburgunder Goldgeyer machte eine prächtige Figur. Die letztjährige Kollektion war stimmig und überzeugte. Die 2008er Barriqueweine zeigten alle Gewürznoten und Toast im Bouquet, waren vom Holzausbau geprägt, am stimmigsten fanden wir den Spätburgunder Geyersberg; im weißen Segment dominierten der Goldberg-Riesling und der Grauburgunder Goldgeyer.

Neue Kollektion

Die neue Kollektion ist in der Spitze ganz stark. Der Grauburgunder ist füllig und kraftvoll, sein Riesling-Pendant klar und zupackend, der Goldberg-Riesling besitzt mehr Substanz, aber auch viel Süße und Biss, die Trockenbeerenauslese ist konzentriert und reintönig. Aber auch im roten Segment gibt es Spitzen, so die Cuvée „Der Alte Fritz" mit ihren kräftigen Gewürznoten und reifer Frucht, den fülligen, herrlich kraftvollen und reintönigen Cabernet Sauvignon, sowie den Spätburgunder aus dem Geyersberg, der viel reife Frucht und Toast im Bouquet zeigt, klar und zupackend ist bei guter Struktur und feinen Tanninen.

Weinbewertung

82 2011 Riesling trocken **12,5 %/6,20 €**
80 2011 Weißburgunder trocken **13 %/6,20 €**
82 2011 „Blutsbruder" Weißwein trocken **13 %/9,90 €**
86 2010 Grauburgunder trocken „Goldgeyer" **13,5 %/10,30 €**
87 2011 Riesling trocken „Goldgeyer" **13 %/9,90 €**
87 2011 Riesling trocken Osthofener Goldberg **13,5 %/13,90 €**
88 2011 Riesling Trockenbeerenauslese Osthofener Goldberg **8 %/a.A.**
81 2010 Spätburgunder trocken **13 %/6,20 €**
81 2011 „Blutsbruder" Rotwein trocken **13,5 %/11,50 €**
87 2009 „Der Alte Fritz" Rotwein trocken **14 %/17,90 €**
89 2009 Spätburgunder trocken Bechtheimer Geyersberg **14 %/16,90 €**
88 2009 Cabernet Sauvignon trocken Bechtheimer Geyersberg **14 %/25,- €**

★★★

Rudolf May
Weingut

Franken

Im Eberstal, 97282 Retzstadt
Tel. 09364-5760, Fax: 09364-896434
www.weingut-may.de
info@weingut-may.de
Besuchszeiten: nach Vereinbarung
Weinprobierraum für Veranstaltungen

Inhaber .... Petra & Rudolf May
Rebfläche .... 12,8 Hektar

Seit 1987 vermarktet Rudolf May seine Weine selbst. Seither hat er seine Rebfläche vervielfacht. 1997 wurde der Betrieb in das Eberstal an den Ortsrand von Retzstadt ausgesiedelt, wo Petra und Rudolf May ein neues Weingut errichtet haben. Die Weine wachsen in Retzstadt und Umgebung, hauptsächlich auf Muschelkalkböden. Eindeutig wichtigste Rebsorte bei Rudolf May ist heute der Silvaner, der 60 Prozent seiner Rebfläche einnimmt. Dazu gibt es Riesling, Müller-Thurgau, Rieslaner, Grauburgunder, Weißburgunder und Kerner, sowie an roten Sorten Spätburgunder, Dornfelder und Regent. Ausgewählte Weine, auch Weißweine, baut er im Barrique aus. Die Spitzenweine werden in der Linie „Recis" vermarktet.

Vorjahre

Es war schon beeindruckend zu verfolgen, wie Rudolf May sich im letzten Jahrzehnt kontinuierlich gesteigert hat. Als wir ihn in der ersten Ausgabe vorstellten, war er noch weitgehend unbekannt, ebenso Retzstadt, wo er zuhause ist. Damals waren seine Weine klar, saftig und süffig. Diese Stilistik findet man auch heute noch bei seinen Weinen: Sie sind reintönig, fruchtbetont und wunderschön süffig, haben dabei aber deutlich an Struktur und Komplexität gewonnen, profitieren von geringerer Restsüße, denn „fränkisch trocken" ausgebaut zeigen sie, was in ihnen steckt, gewinnen an Länge und Nachhaltigkeit. 2009 gefiel uns der Silvaner Recis sehr gut, ebenso der Grauburgunder, die Rieslaner Beerenauslese setzte einen edelsüßen Glanzpunkt. Einen Recis-Silvaner erzeugte Rudolf May 2010 nicht, dafür sprang der formidable Silvaner „Wellenkalk" in die Bresche, mit der Trockenbeerenauslese gab es wieder einen tollen edelsüßen Wein. Überhaupt machte die Kollektion viel Spaß, bot frische, fruchtbetonte, wunderschön reintönige leichte Weine. Eine Vertikalprobe des Spätburgunders zeigte eine schöne Konstanz des Weines über die Jahrgänge hinweg, mit Highlights und immer sehr guter Qualität.

Weinbewertung

Auch 2011 präsentiert Rudolf May eine schöne, stimmige Kollektion. Müller-Thurgau und Gutssilvaner sind frisch und klar, die Kalkmineral-Serie wartet mit einem klaren, zupackenden Silvaner und einem wunderschön reintönigen Grauburgunder auf. Der Wellenkalk-Silvaner bietet mehr reife Frucht, auch der Weißburgunder ist füllig und harmonisch. Danach wird es spannend, Rudolf May arbeitet zunehmend Unterschiede zwischen seinen Silvanern heraus. Der Recis ist kraftvoll, präzise und zupackend, herrlich reintönig, puristisch; der „Recis 1963" – raten wir, ob es sich um das Pflanzjahr der Reben oder das Geburtsjahr von Rudolf May handelt, oder beides? – ist faszinierend reintönig und konzentriert im Bouquet, zeigt weiße und gelbe Früchte, Birnen, er ist füllig und komplex im Mund, wird immer komplexer und nachhaltiger bei ganz dezenter Bitternote – ein absolut spannender Wein!

Weinbewertung

83 2011 Silvaner trocken **12,5 %/6,50 €**
84 2011 Müller-Thurgau trocken „Frank & Frei" **11,5 %/6,30 €**
87 2011 Grauburgunder trocken „Kalkmineral" **13 %/8,- €** ☺
86 2011 Silvaner trocken „Kalkmineral" **12,5 %/8,50 €**
86 2011 Riesling trocken „Kalkmineral" **12,5 %/8,50 €**
87 2011 Silvaner trocken „Wellenkalk" **13 %/11,50 €**
86 2011 Weißburgunder trocken „Wellenkalk" **13 %/11,- €**
89 2011 Silvaner trocken „Recis" **13,5 %/19,- €**
91 2011 Silvaner trocken „Recis 1963" **13,5 %/26,- €**
86 2010 Spätburgunder trocken „Wellenkalk" **13 %/11,- €**
88 2009 Spätburgunder trocken „Recis" **13,5 %/22,- €**

Jochen Mayer ★
Weingut

Württemberg

Friedrichstraße 9, 71384 Weinstadt-Großheppach
***Tel.** 07151-609763, **Fax**: 07151-62846*
www.weingut-jochen-mayer.de
jm@weingut-jochen-mayer.de
***Besuchszeiten**: Fr. 17-19 Uhr, jederzeit Mo.-Sa. nach Vereinbarung*

Inhaber .... Jochen Mayer
Rebfläche .... 5 Hektar

Jochen Mayer begann 1986 mit der Selbstvermarktung. Seine Weinberge befinden sich hauptsächlich in den beiden Großheppacher Lagen Wanne und Steingrüble. Zu 60 Prozent baut er rote Rebsorten an: Lemberger, Spätburgunder, Zweigelt, Syrah, Merlot, Schwarzriesling, Trollinger und Muskattrollinger. An weißen Sorten gibt es Riesling, Weißburgunder, Sauvignon Blanc, Chardonnay, Kerner und Müller-Thurgau.

Neue Kollektion

Mit einer gleichmäßigen Kollektion stellen wir Jochen Mayer erstmals vor, aus der zwei Weine herausragen, beide im Barrique ausgebaut. Der Chardonnay zeigt gute Konzentration und klare reife Frucht im Bouquet, etwas Vanille, ist füllig und reintönig im Mund bei guter Struktur und Substanz. Gewürznoten zeigt der Zweigelt im Bouquet, ist füllig und kraftvoll bei jugendlichen Tanninen.

Weinbewertung

82 2011 Weißburgunder trocken **12,5 %/6,- €**
81 2011 Sauvignon Blanc trocken **12,5 %/7,- €**
86 2010 Chardonnay trocken Barrique **13 %/13,20 €**
82 2010 Spätburgunder trocken **13 %/9,80 €**
86 2009 Zweigelt trocken Barrique **13,5 %/15,80 €**
82 2010 Trollinger mit Lemberger **12 %/4,80 €/1l**

★☆

Mayschoß-Altenahr

Winzergenossenschaft

Ahr

Ahrrotweinstraße 42, 53508 Mayschoß
***Tel.** 02643-93600, **Fax:** 02643-936093*
www.wg-mayschoss.de
baltes@wg-mayschoss.de
***Besuchszeiten:** ganzjährig 8-18 Uhr (außer 1.+2. Weihnachtstag, Neujahr)*

Geschäftsführer .... Rudolf Mies
Verkaufsleiter .... Rudolf Stodden
Kellermeister .... Rolf Münster
Rebfläche .... 139 Hektar
Mitglieder 390

1868 wurde der Winzerverein Mayschoß gegründet, ist damit die älteste Winzergenossenschaft der Welt. 1982 erfolgt die Fusion mit der Winzergenossenschaft Altenahr, im September 2009 mit der 1871 gegründeten Winzergenossenschaft Walporzheim. 60 Prozent der Weinberge der Mitglieder nimmt Spätburgunder ein, 20 Prozent Riesling, je 4 Prozent Portugieser und Frühburgunder, hinzu kommen 12 Prozent mit anderen Rebsorten wie Domina, Dornfelder, Müller-Thurgau, Kerner, Weißburgunder und Regent. Die jährliche Produktion beträgt 1,1 Millionen Flaschen.

Vorjahre

Vor zwei Jahren war die Kollektion nicht einheitlich, bot Spitzen, vermochte aber im Basissegment nicht ganz zu überzeugen. Ähnlich war das Bild auch im vergangenen Jahr: Der 2007er Spätburgunder aus dem Walporzheimer Kräuterberg gefiel uns am besten, auch der Pinot Noir überzeugte, einige der Roten aber wirkten etwas gefällig.

Neue Kollektion

Dieses Jahr hat man nochmals einige Editionsweine des Jahrgangs 2009 vorgestellt; besser aber gefallen uns zwei der 2010er Spätburgunder, der kraftvolle, füllig Pinot Noir und der Wein aus dem Kräuterberg mit seiner reifen Frucht, auch wenn beide im Abgang ein klein wenig bitter sind.

Weinbewertung

80 2011 Spätburgunder trocken „Blanc de Noir" **12,5 %/6,95 €**
81 2011 Riesling trocken **12,5 %/7,50 €**
80 2011 Riesling „S" („feinherb") **13 %/10,90 €**
82 2011 Riesling Auslese **9,5 %/9,50 €**
81 2010 Spätburgunder trocken „Edition Saffenburg" **14 %/11,90 €**
82 2009 Spätburgunder trocken „Edition J" **14 %/15,90 €**
84 2009 Spätburgunder trocken „Edition Ponsart" **13,5 %/14,90 €**
85 2009 Spätburgunder trocken „Edition Ponsart" (Goldkapsel) **14 %/18,90 €**
86 2010 Pinot Noir „R" trocken **14 %/19,90 €**
86 2010 Spätburgunder trocken Walporzheimer Kräuterberg **14 %/25,- €**

M
Die besten deutschen Weinerzeuger und ihre Weine

★★★

Medinger

Weingut

Württemberg

Brühlstraße 6, 71394 Kernen-Stetten
Tel. 07151-44513, Fax: 07151-41737
www.weingut-medinger.de
weingut.medinger@t-online.de
Besuchszeiten: Mo.-Fr. 18-19:30 Uhr, Sa. 15:30-18 Uhr

Inhaber .... Barbara Medinger-Schmid
.... und Markus Schmid
Rebfläche .... 5,8 Hektar

Erst 1988, als Barbara Medinger ihre Ausbildung beendet hatte, begann das Weingut Medinger mit der Selbstvermarktung (zuvor wurden die Trauben an die Genossenschaft geliefert). Damals hatte man 80 Prozent Weißwein im Programm, heute liegt der Rotweinanteil bei 60 Prozent. Die Weinberge befinden sich in den Stettener Lagen Pulvermächer, Häder und Mönchberg, sowie in Strümpfelbach in den Lagen Altenberg und Sonnenbühl. Riesling ist die wichtigste weiße Sorte, dazu gibt es Kerner, Sauvignon Blanc und Chardonnay. An roten Sorten gibt es Trollinger, Lemberger, Schwarzriesling, Spätburgunder und Dornfelder, aber auch Regent, Cabernet Cubin, Syrah und Acolon. Die Rotweine werden in 800 bis 1000-Liter-Fässern ausgebaut, teilweise auch im Barrique. Barriqueweine werden 18 bis 24 Monate im Fass ausgebaut.

Vorjahre

Seit der ersten Ausgabe empfehlen wir schon die Weine von Barbara Medinger-Schmid und Markus Schmid, immer präsentierten sie uns höchst zuverlässige Kollektionen, sehr oft mit fülligen, fruchtbetonten Rieslingen und gekonnt vinifizierten Barriquerotweinen an der Spitze. Den in der ersten Ausgabe besonders gelobten Kerner aus dem Barrique gibt es nicht mehr, der ebenfalls gelobte Lemberger aus dem Barrique hat über die Jahre rote Kollegen und damit starke gutsinterne Konkurrenz erhalten. Sehr geschlossen präsentierte sich vor zwei Jahren die Kollektion, wieder mit leichten Vorteilen im roten Segment. Ähnlich war das Bild auch im vergangenen Jahr: Die 2010er Weißweine waren fruchtbetont und klar auf zuverlässigem Niveau, insgesamt spannender aber waren die Rotweine: Die trockenen Auslesen zeigten Frucht und Frische, die Barriqueweine waren kraftvoll und stoffig, mehr oder weniger deutlich vom Ausbau im Holz geprägt.

Neue Kollektion

Im weißen Segment gefällt uns der neue Riesling „SiebenLinden" am besten, er ist füllig, kraftvoll und reintönig. In der Spitze stärker sind die Roten – worüber wir aber nicht den feine Trollinger in der Literflasche vergessen wollen. Die Barriqueweine sind kraftvoll und konzentriert, würzig, die Cuvée M sehr von Schokonoten geprägt, der Lemberger besitzt viel Substanz und reife Frucht, der Spätburgunder ist dominant, noch jugendlich, braucht Zeit. Sehr stimmig präsentiert sich der Cabernet Cubin: Gute Konzentration, viel reife Frucht und etwas Toast prägen das Bouquet, im Mund ist er füllig und kraftvoll, besitzt reife Frucht, gute Struktur und Substanz, feine Schokonoten.

Weinbewertung

82 2011 Kerner Kabinett trocken **13 %/6,50 €**
83 2011 Riesling Kabinett trocken Stettener Pulvermächer **12,5 %/7,- €**
84 2011 Riesling „M" Auslese trocken Stettener Pulvermächer **13 %/9,90 €**
86 2011 Riesling Spätlese trocken Holzfass „SiebenLinden" Stettener Pulvermächer **13 %/12,50 €**
83 2011 Trollinger trocken Stettener Mönchberg **13 %/4,80 €/1l** ☺
82 2010 Acolon trocken **13 %/6,50 €**
82 2009 Lemberger trocken **14 %/6,50 €**
84 2011 Muskattrollinger **14 %/6,50 €**
88 2009 Spätburgunder trocken Barrique **14,5 %/21,- €**
88 2009 Lemberger trocken Barrique **14 %/21,- €**

90 2009 Cabernet Cubin trocken Barrique **14,5 %/21,- €**
88 2009 Cuvée „M" Rotwein trocken Barrique **14,5 %/21,- €**

Meersburg ★
Staatsweingut
Baden

Seminarstraße 6, 88709 Meersburg
Tel. *07532-446744,* ***Fax:*** *07532-446747*
www.staatsweingut-meersburg.de
info@staatsweingut-meersburg.de
Besuchszeiten: *Mo.-Fr. 9-18 Uhr, Sa. 9-16 Uhr*

Inhaber Finanzministerium Baden-Württemberg
Leiter .... Dr. Jürgen Dietrich
Rebfläche .... 62 Hektar

Die historischen Gebäude, wie auch die Weinberge des Staatsweingutes stammen aus dem ehemaligen Besitz der Fürstbischöfe von Konstanz. Mit der Säkularisation entstand die „Großherzogliche Domänenkellerei Meersburg", aus der 1919 das Staatsweingut wurde. Neben Weinbergen in verschiedenen Meersburger Lagen (darunter die Lagen Rieschen, Bengel, Jungfernstieg und Lerchenberg in Alleinbesitz) gehören dem Staatsweingut auch Weinberge am Hohentwieler Olgaberg (mit 520 Meter über Meeresspiegel der höchstgelegene Weinberg Deutschlands) und in der Gailinger Ritterhalde. Wichtigste Rebsorte ist Spätburgunder, der die Hälfte der Weinberge einnimmt und zu zwei Drittel als Weißherbst oder Rosé vermarktet wird. Wichtigste Weißweinsorte ist Müller-Thurgau, aber auch Weiß- und Grauburgunder, sowie Riesling, Chardonnay und Traminer spielen als Spezialitäten eine wichtige Rolle. Im Jahr 2002 hat Jürgen Dietrich die Leitung des Staatsweingutes übernommen. Er war zuvor Leiter des Staatlichen Hofkellers in Würzburg und davor Leiter des Weinguts des Hauses Württemberg in Ludwigsburg. Mit dem Jahrgang 2003 wurde das Programm neu strukturiert in Gutsweine, Lagenweine und Premiumweine (***). Prädikatsbezeichnungen werden nur noch beim Traminer verwendet.

Vorjahre

Vor zwei Jahren ragten die 3-Sterne-Selektionen von Chardonnay und Spätburgunder heraus. 2010 brachte frische, schlanke, aber etwas zurückhaltende Weine; der Weißburgunder aus der Chorherrenhalde besaß Kraft und Substanz.

Neue Kollektion

Auch in der neuen Kollektion gefällt er uns wieder sehr gut, besitzt viel reife Frucht und viel Süße; kraftvoll und reintönig präsentiert sich der 3-Sterne-Spätburgunder aus dem Bengel. In gewohnter Manier führen die beiden eine ansonsten sehr gleichmäßige Kollektion mit zuverlässigen Weinen an.

Weinbewertung

83 2010 Pinot Sekt Brut **13 %/14,- €**
81 2011 Grauburgunder trocken **12 %/7,- €**
83 2011 Müller-Thurgau trocken Hohentwieler Olgaberg **12,5 %/6,80 €**
82 2011 Weißburgunder trocken Meersburger Jungfernstieg **13 %/8,60 €**
82 2011 Spätburgunder „Blanc de Noirs" Meersburger Jungfernstieg **13 %/8,60 €**
86 2011 Chardonnay trocken*** Meersburger Chorherrenhalde **13 %/14,- €**
81 2011 Müller-Thurgau „feinherb" **11,5 %/5,60 €**
81 2011 Spätburgunder Weißherbst trocken Meersburger Bengel **12,5 %/7,50 €**
81 2011 Spätburgunder Weißherbst trocken Gailinger Ritterhalde **12,5 %/7,50 €**
79 2011 „Annette" Rotwein trocken **13,5 %/8,20 €**
82 2010 Spätburgunder trocken Meersburger Rieschen **13 %/9,- €**
86 2010 Spätburgunder trocken*** Meersburger Bengel **13 %/17,50 €**

Mehl ★

Weingut

Rheingau

Haselnussgasse 6, 65396 Walluf
Tel. *06123-73274,* ***Fax:*** *06123-75626*
www.weingut-mehl.de
weingut.mehl@t-online.de
Besuchszeiten: *Mo. bis Fr. 17-19 Uhr, Sa. 10-14 Uhr und jederzeit nach Vereinbarung*
Weingutsschänke

Inhaber .... Markus Mehl
Rebfläche .... 2,7 Hektar

Das Weingut Mehl entstand aus einer kleinen Ortsküferei und wird heute in der 5. Generation betrieben. Während der Vater sich um die Weinberge kümmert, die Mutter um die Gutsschänke, ist Markus Mehl im Keller aktiv. Die Weißweine werden gekühlt im Stahltank vergoren und ausgebaut, der Spätburgunder lagert im Eichenholzfass. Von dieser Regel weicht Markus Mehl beim Grauburgunder, im Holzfass gereift, ab. Der Großteil der Erzeugung von ungefähr 30.000 Flaschen pro Jahr wird an Privatkunden verkauft oder an Ort und Stelle in der eigenen Gutsschänke getrunken. Markus Mehl bevorzugt den Schraubverschluss für seine klaren, fruchtigen und in einem ruhigen, zugänglichen Stil gehaltenen Weine. Der „Authentico" ist tatsächlich authentisch trocken (2010 unter 5 Gramm pro Liter, 2011 nur knapp darüber), und auch die übrigen Basisweine sind straff und voller Würze, während die Rotweine saftige Frucht aufweisen und nicht im Geringsten schwer wirken. Mehls Spätburgunder sind konzentriert, aber nicht übertrieben mächtig.

Vorjahre

Aus dem Jahrgang 2009 beeindruckten ein sortentypischer Sauvignon Blanc und der Lagenriesling besonders. Die 2010er fielen wunderschön geradlinig aus, schienen keine Spur unreif, waren auch im Basisbereich animierend – nur die Grauburgunder konnten, da etwas rustikal, nicht überzeugen.

Neue Kollektion

Diesmal stellt Markus Mehl außer einem animierenden 2010er Sekt kraftvolle, zugängliche 2011er Rieslinge vor. Die „Alten Reben" beendeten die Gärung erst im März, besitzen Schmelz und eine hefig-nussige Würze. Sehr saftig wirkt die fruchtsüße Spätlese, knackig präsentiert sich der nach Apfel und Steinobst duftende „Authentico", auch der an Stachelbeeren erinnernde Sauvignon Blanc gelingt weit überdurchschnittlich. Die beiden Rotweine (aus 2008 und 2009) besitzen eine gute Balance und sollten sich noch bestens entwickeln.

Weinbewertung

85	2010 Riesling Sekt brut **13 %/7,90 €**
84	2011 Sauvignon Blanc trocken **13 %/8,70 €**
83	2011 Riesling trocken **12 %/4,- €**
85	2011 Riesling trocken „Authentico" **13 %/5,60 €**
81	2011 Weißburgunder trocken **13 %/6,- €**
87	2011 Riesling Spätlese „Alte Reben"
82	2011 Riesling Classic **12,5 %/5,20 €**
86	2011 Riesling Spätlese **8 %/8,40 €**
85	2009 Spätburgunder trocken „R" **13 %/6,20 €**
86	2008 Spätburgunder trocken „R" **14 %/14,70 €**

Mehling ★

Weingut

Pfalz

Weinstraße 55, 67146 Deidesheim
Tel. *06326-274,* ***Fax:*** *06326-7473*
www.weingut-mehling.de
info@weingut-mehling.de
Besuchszeiten: *Mo.-Fr. 9-12 + 14-19 Uhr, Sa. 9-17 Uhr*

Inhaber ... Bernd Otte und Anne Mehling-Otte
Rebfläche .... 7 Hektar

Bernd Otte und Anne Mehling-Otte bewirtschaften das Weingut in dritter Generation. Tochter Kathrin hat ihr Studium der Önologie in Geisenheim beendet und wird die Eltern in Zukunft unterstützen und neue Ziele hinzufügen. Riesling ist mit einem Anteil von 75 Prozent die wichtigste Rebsorte, weitere weiße Sorten sind Weißburgunder, Grauburgunder, Chardonnay, Gewürztraminer und seit 2010 Muskateller. Als Rotweine werden Dornfelder und Spätburgunder angebaut. Seit 2010 werden die Weinberge ökologisch bewirtschaftet. Die Weißweine werden in Edelstahltanks ausgebaut, Spätburgunder in Barriques.

Jahrgang 2011

Neben einem sehr ordentlichen Liter-Riesling haben wir frische und klare Lagen-Rieslinge verkostet, wobei uns von den Kabinett-Weinen die Leinhöhle am besten gefiel. Die beiden Spätlesen zeigen gute Konzentration.

Weinbewertung

82 2011 Riesling trocken **12 %/4,60 €/1l**

84 2011 Riesling Kabinett trocken Deidesheimer Leinhöhle **13 %/6,10 €**

83 2011 Riesling Kabinett trocken Deidesheimer Maushöhle **12,5 %/6,10 €**

82 2011 Grauburgunder trocken **13 %/6,- €**

85 2011 Riesling Spätlese trocken Deidesheimer Paradiesgarten **13 %/9,- €**

86 2011 Riesling Spätlese Deidesheimer Kalkofen **13,5 %/9,50 €**

★

Meierer

Weingut

Mosel

Am Herrenberg 15, 54518 Kesten
***Tel.** 06535-7012, **Fax:** 06535-944404*
www.weingut-meierer.de
info@weingut-meierer.de
***Besuchszeiten:** nach Vereinbarung*

Inhaber .... Klaus Meierer
Rebfläche .... 6 Hektar

Seit 1767 betreibt die Familie Weinbau in Kesten, heute führt Klaus Meierer in siebter Generation den Betrieb. Seine Weinberge, überwiegend Riesling, liegen vor allem in Kesten in den Lagen Paulinsberg und Paulinshofberger. Seit 2005 unterstützt Sohn Markus seinen Vater im Betrieb, hauptberuflich aber arbeitet er beim Weingut Fritz Haag in Brauneberg.

Jahrgang 2011

Beim guten Debüt im vergangenen Jahr war die Auslese aus dem Paulinshofberg unser Favorit in einer stimmigen Kollektion. Auch 2011 überzeugt: Die trockenen Rieslinge sind klar, kraftvoll und geradlinig, besitzen gute Struktur und Frische. Saftig und frisch präsentieren sich auch die restsüßen Weine, vor allem Spätlese, Auslese und der Riesling von jungen Reben können punkten.

Weinbewertung

81 2011 Riesling trocken Kestener **11 %/4,90 €**

83 2011 Riesling trocken Paulinsberg **12 %/6,90 €**

84 2011 Riesling trocken „Alte Reben" **12,5 %/9,90 €**

85 2011 Riesling „WTF?!" **12 %/14,90 €**

79 2011 Riesling **10 %/4,90 €/1l**

81 2011 Riesling „feinherb" Kestener **10,5 %/4,90 €**

80 2011 Riesling „feinherb" Paulinshofberg **11,5 %/6,90 €**

85 2011 Riesling „Junge Reben" **7,5 %/7,90 €**

85 2011 Riesling Spätlese Kestener Paulinsberg **8 %/6,90 €**

85 2011 Riesling Auslese Kestener Paulinshofberg **7,5 %/9,90 €/0,375l**

★

St. Meinhard

Weingut

Nahe

Kirchstraße 13, 55545 Bad Kreuznach
***Tel.** 0671-43030, **Fax:** 0671-43006*
www.weingut-meinhard.de
info@weingut-meinhard.de
***Besuchszeiten:** täglich nach Vereinbarung*
Straußwirtschaft (Okt.-Nov., März-Mai)

Inhaber .... Steffen Meinhard
Rebfläche .... 8 Hektar

Das Weingut wurde 1885 von Daniel Meinhard, dem Urgroßvater des heutigen Besitzers, gegründet. Seit 1990 wird es von Steffen und Angela Meinhard geführt. Ihre Weinberge liegen rund um Winzenheim. Wichtigste Rebsorte ist Riesling, gefolgt von Weiß- und Grauburgunder. Dazu gibt es Chardonnay, Spätburgunder, Portugieser und Gewürztraminer.

Vorjahre

Die 2009er Kollektion präsentierte sich geschlossen mit kraftvollen, fülligen Weinen. Diesen Stil bestätigten die 2010er Weißweine, sie boten Substanz, Fülle und Kraft.

Jahrgang 2011

Und auch 2011 bleibt Steffen Meinhard diesem Stil weiterhin treu, teilweise fehlt es den Weinen aufgrund des hohen Alkoholgehalts allerdings etwas an Balance.

Weinbewertung

80 2011 Weißburgunder trocken **13 %/4,80 €**
82 2011 Weißburgunder Spätlese trocken Winzenheimer Berg **14 %/8,- €**
83 2011 Weißburgunder „R" Spätlese trocken Winzenheimer Berg **14,5 %/a.A.**
79 2011 Grauburgunder Classic **12,5 %/4,80 €**
83 2011 Grauburgunder „S" Spätlese trocken Kreuznacher St. Martin **13,5 %/9,- €**
83 2011 Riesling Spätlese trocken Bretzenheimer Pastorei **12,5 %/8,- €**

★☆

Meiser

Weingut

Rheinhessen

Alzeyer Straße 131, 55239 Gau-Köngernheim
***Tel.** 06733-508, **Fax**: 06733-8326*
www.weingut-meiser.de
frank.meiser@weingut-meiser.de
***Besuchszeiten**: nach Vereinbarung*
Gutsschänke (Fr., Sa., Mo. ab 18 Uhr, Sonn- und feiertags ab 11 Uhr), Gästehaus

Inhaber .... Frank Meiser
Rebfläche .... 28 Hektar

Seit 1696 ist die Familie in Gau-Köngernheim ansässig, betreibt dort Landwirtschaft und Weinbau. In den 30er Jahren des letzten Jahrhunderts hat man verstärkt in den Weinbau investiert. Heute führt Frank Meiser das Gut, er ist bereits seit 1990 für die Vinifikation verantwortlich. Die Weinberge liegen in Gau-Köngernheim, Alzey und Weinheim. Die wichtigsten Rebsorten sind Riesling, die Burgundersorten, Silvaner, Huxelrebe und Dornfelder. Der Rotweinanteil beträgt 20 Prozent. 80 Prozent der Weine werden über den Fachhandel vertrieben.

Vorjahre

Sehr gleichmäßig präsentierte sich die Kollektion vor zwei Jahren, jeder Wein war zuverlässig wie gewohnt. 2010 waren die trockenen Weißweine jahrgangsbedingt etwas schwächer, der süße Teil der Kollektion aber überzeugte, auch die beiden Rotweine gefielen uns gut.

Jahrgang 2011

Die neue Kollektion ist sehr gleichmäßig, bringt fruchtbetonte, klare, meist merklich restsüße Weine, der kraftvolle, jugendliche Riesling aus dem Rotenfels ist unser Favorit.

Weinbewertung

82 2011 Weißburgunder trocken **13,5 %/5,80 €**
85 2011 Riesling Spätlese trocken Alzeyer Rotenfels **13 %/12,- €**
83 2011 Riesling Spätlese trocken Alsheimer Römerberg **13 %/7,20 €**
83 2011 Riesling Spätlese trocken Bechtheimer Hasensprung **12,5 %/7,20 €**
81 2011 Chardonnay Spätlese trocken **13 %/7,- €**
82 2011 Grauburgunder Spätlese trocken **13 %/7,- €**
82 2011 Gewürztraminer Spätlese trocken **14,5 %/7,20 €**
84 2011 Gelber Muskateller Spätlese trocken **12,5 %/7,20 €**
80 2011 Spätburgunder Weißherbst „Blanc de Noir" **13 %/5,80 €**
81 2011 Riesling halbtrocken **12,5 %/5,50 €**

Melsheimer ★★★★

Weingut

Mosel

Dorfstraße 21, 56861 Reil
Tel. 06542-2422, Fax: 06542-1265
www.melsheimer-riesling.de
mail@melsheimer-riesling.de
Besuchszeiten: Mo.-Fr. 9-11 + 14-18 Uhr, Sa. 11-18 Uhr, So. 10-12 Uhr
Gästehaus (Frühstückspension, Ferienwohnungen)

Inhaber .... Thorsten Melsheimer
Rebfläche .... 12 Hektar

Das Weingut ist seit 200 Jahren in Familienbesitz. 1995 ist Thorsten Melsheimer nach seinem Weinbaustudium in den Betrieb eingestiegen und hat mit der Umstellung auf ökologischen Weinbau begonnen. Seit 1997 ist er Mitglied bei Ecovin. Die Weinberge liegen zur Hälfte in Steilstlagen, vor allem in der Lage Mullay-Hofberg, die erstmals 1143 urkundlich als Hofgut Molun des Klosters Springiersbach belegt ist. Einzelne Parzellen im Mullay-Hofberg baut Thorsten Melsheimer gesondert aus, so Schäf, Kellerchen, Langeberg und Pfefferberg. Thorsten Melsheimer baut ausschließlich Riesling an, sieht man von Versuchsanlagen mit pilzresistenten Rebsorten ab. Die Weine werden fast ganz in traditionellen Fuderfässern ausgebaut.

Vorjahre

Die 2009er waren rassig, mineralisch und würzig, teilweise noch etwas unzugänglich; einige Weine lagen bei Redaktionsschluss noch auf der Hefe. Langeberg, Kellerchen und Pfefferberg konnten wir im vergangenen Jahr verkosten, sie zeigten bestechend hohes Niveau. Aber auch die beiden trockenen 2010er Rieslinge waren stark: Schon der Gutsriesling war sehr gut, der „Molun 1143" gehörte zu den wenigen hervorragenden trockenen Weinen des Jahrgangs an der Mosel. Herrlich reintönig waren die Spätlesen aus Goldlay und Schäf, dazu gab es eine geschlossene Kollektion an edelsüßen Weinen, in der uns der Eiswein besonders gut gefiel. Nicht zu vergessen die Rieslingsekte von Thorsten Melsheimer, die immer zu den besten Sekten der Mosel gehören.

Neue Kollektion

Die Sekte sind auch 2010 wieder sehr gut – und wieder viel zu jung. Der Gutsriesling ist klar und zupackend, der „Molun 1143" stoffiger und fülliger, noch besser aber gefällt uns im trockenen Segment der Wein aus dem Kellerchen, der herrlich kraftvoll, klar und zupackend ist. Der süße Teil der Kollektion präsentiert sich stimmig auf hohem Niveau mit reintönigen, zupackenden Spätlesen, einer wunderschön fülligen und doch eleganten Auslese und einer enorm konzentrierten, aber ebenfalls sehr reintönigen Beerenauslese.

Weinbewertung

86 2010 Riesling Sekt extra-brut **12,5 %/12,50 €**
86 2010 Riesling Sekt brut **12,5 %/12,50 €**
85 2011 Riesling trocken **11,5 %/8,- €**
88 2011 Riesling trocken „Molun 1143" Reiler Mullay-Hofberg **12 %/12,- €**
87 2011 Riesling Kabinett trocken „Langeberg" Reiler Mullay-Hofberg **11 %/12,- €**
89 2011 Riesling trocken „Kellerchen" Reiler Mullay-Hofberg **12,5 %/18,- €**
86 2011 Riesling Kabinett „feinherb" Reiler Mullay-Hofberg **11 %/9,- €**
86 2011 Riesling „feinherb" „Pfefferberg" Reiler Mullay-Hofberg **12 %/13,- €**
86 2011 Riesling Spätlese Reiler Goldlay **7,5 %/12,- €**
87 2011 Riesling Spätlese „Schäf" Reiler Mullay-Hofberg **7,5 %/15,- €**
90 2011 Riesling Auslese Reiler Mullay-Hofberg **8 %/30,- €**
91 2011 Riesling Beerenauslese Reiler Mullay-Hofberg **7 %/35,- €/0,375l**

★☆

Dr. **Melsheimer**

Weingut

Mosel

Wolfer Weg 11, 56841 Traben-Trarbach
Tel. *06541-811075*, **Fax:** *06541-812844*
www.weingut-melsheimer.de
info@weingut-melsheimer.de / md@graifen.de
Besuchszeiten: *nach Vereinbarung und zu Öffnungszeiten des Restaurants*
Restaurant „Die Graifen" (Tel. 06541-811075)

Inhaber .... Fritz Horst Melsheimer
Verwalter .... Matthias Decker
Kellermeister .... Thorsten Melsheimer
Rebfläche .... 1,6 Hektar

Fritz Horst Melsheimer baut ausschließlich Riesling an. Die Reben stehen in den Lagen Schlossberg, Würzgarten und Steffensberg. Seit 2009 werden die Weinberge biologisch bewirtschaftet (Mitglied bei Ecovin). Die Weine werden zum Teil über das Restaurant die Graifen vermarktet, die Sortimentsplanung erfolgt in Abstimmung mit dem Restaurant.

Vorjahre

Die 2009er waren saftig, würzig, teilweise recht füllig, sehr individuell. Eine klare Stilistik zeigten auch die drei vorgestellten 2010er Weine, waren präzise und zupackend.

Jahrgang 2011

Die neue, stimmige Kollektion wird angeführt von drei Spätlesen aus dem Schlossberg, wobei unsere leichte Präferenz der saftigen süßen Variante gilt.

Weinbewertung / keine Preisangaben

82 2011 Riesling trocken „Fabelwein" **12,5 %**
84 2011 Riesling Spätlese trocken Trabener Schlossberg **11,5 %**
82 2011 Riesling Kabinett „feinherb" Trabener Würzgarten **10,5 %**
85 2011 Riesling Spätlese „feinherb" Trabener Schlossberg **11 %**
82 2011 Riesling (1l) **9 %**
86 2011 Riesling Spätlese Schlossberg **8,5 %**

★☆

Thomas **Mend**

Weingut

Franken

Weinbergstraße 13, 97346 Iphofen
Tel. *09323-3013*, **Fax:** *09323-870171*
www.weingut-mend.de
info@weingut-mend.de
Besuchszeiten: *Mo.-Fr. 9-18 Uhr, Sa. 10-17 Uhr, So. 11-16 Uhr*

Inhaber .... Thomas Mend
Rebfläche .... 7 Hektar

Seit 1992 führt Thomas Mend in vierter Generation das Gut. Seine Weinberge liegen in den Iphöfer Lagen Julius-Echter-Berg, Kronsberg und Kalb. Bei den Rebsorten dominiert Silvaner. Es folgen Müller-Thurgau, Bacchus, Weißburgunder und Riesling, sowie die roten Rebsorten Portugieser, Spätburgunder und Domina. 90 Prozent der Weine werden trocken ausgebaut. 2009 hat Thomas Mend zwei kleine Weinberge in Semsogard in Ostjütland (Dänemark) angelegt mit 1.000 Stock Seyval Blanc, im April 2011 kamen 500 Stock Johanniter hinzu.

Vorjahre

In einer guten, gleichmäßigen Kollektion vor zwei Jahren gefiel uns die trockene Weißburgunder Spätlese am besten. Sehr gleichmäßig präsentierte sich auch die letztjährige Kollektion, bei leichten Vorteilen im roten Segment, aber auch die Weißburgunder Spätlese gefiel uns einmal mehr gut.

Jahrgang 2011

Die neue Kollektion überzeugt voll und ganz, schon der Gutssilvaner ist fruchtbetont und klar. Die trockene Silvaner Spätlese aus dem Julius-Echter-Berg ist kraftvoll und zupackend, noch besser gefällt uns der Weißburgunder aus dem Kronsberg mit seiner klaren, reifen Frucht und guten Struktur, auch die schmeichelnde Kerner Auslese bereitet Freude.

Weinbewertung

83 2011 Silvaner trocken **11,5 %/4,80 €**
82 2011 Silvaner trocken Iphöfer Kronsberg

12 %/5,20 €

83 2011 Silvaner Kabinett trocken Iphöfer Kronsberg **12,5 %/5,90 €**

85 2011 Silvaner Spätlese trocken Iphöfer Julius-Echter-Berg **13,5 %/7,90 €**

86 2011 Weißburgunder Spätlese trocken Iphöfer Kronsberg **13,5 %/7,90 €**

85 2011 Kerner Auslese Iphöfer Kalb **12,5 %/9,80 €/0,5l**

★☆

Edwin Menges

Weingut

Baden

Suttenweg 1, 69231 Rauenberg
***Tel.** 06222-9510, **Fax**: 06222-951100*
www.gutshof-menges.de
info@gutshof-menges.de
***Besuchszeiten**: Mo.-Fr. ab 15 Uhr, Sa. nach Vereinbarung*
Hotel, Weinstube

Inhaber............................Edwin Menges
Rebfläche.............................5,5 Hektar

1988 übernahm Edwin Menges die 1,5 Hektar Weinberge seines Vaters und gründete sein eigenes Weingut. Alle seine Weinberge liegen im Rauenberger Burggraf. Je einen Hektar nehmen Riesling und Spätburgunder ein, dazu gibt es Silvaner, Chardonnay, Sauvignon Blanc, Muskateller, sowie die weißen Burgundersorten. An roten Sorten baut er noch Lemberger, St. Laurent, Cabernet Mitos, Dornfelder und Portugieser an, inzwischen auch Cabernet Sauvignon und Petit Verdot. Die Weißweine werden kühl vergoren, die Rotweine kommen nach der Maischegärung ins Holzfass. Ehefrau Susanne leitet das Hotel, Sohn Sebastian und Schwiegertochter Laure um den Weinverkauf.

Vorjahre

Vor zwei Jahren hatten die Rotweine die Nase vorne, vor allem die beiden Cuvées konnten gefallen. Die letztjährige Kollektion war sehr gleichmäßig, zeigte auch 2010 keine Schwächen; neben dem Sekt überzeugte der barriqueausgebaute Chardonnay am meisten.

Neue Kollektion

Die 2011er Rotweine präsentieren sich kraftvoll und klar, die Stars im Programm sind aber eindeutig die beiden im Barrique ausgebauten Rotweine des Jahrgangs 2009. Der Spätburgunder zeigt rauchige Noten und etwas Gewürze im Bouquet, ist füllig und kraftvoll im Mund bei guter Struktur. Noch mehr Substanz und viel jugendliche Tannine prägen die Cuvée Fleur d'Oswald aus Cabernet Sauvignon und Petit Verdot; sie zeigt Cassis und rauchige Noten im Bouquet, wird noch von etwas Lagerung profitieren.

Weinbewertung

82 2008 Riesling Sekt brut **11,5 %/13,- €**

81 2011 Auxerrois Kabinett trocken **12,5 %/5,50 €**

83 2011 Sauvignon Blanc Spätlese trocken **13 %/8,80 €**

83 2010 Chardonnay Spätlese trocken „Rock n' Roll" **12,5 %/18,- €**

83 2011 Grauburgunder Spätlese trocken **12,5 %/7,50 €**

82 2011 Riesling Auslese **10,5 %/19,50 €**

83 2011 Rosé Kabinett trocken „Aira" **12,5 %/6,50 €**

83 2010 „Cuvée Edvon" Rotwein trocken **12,5 %/9,50 €**

86 2009 Spätburgunder trocken Barrique **13,5 %/18,- €**

88 2009 „Fleur d'Oswald" Rotwein trocken **13 %/50,- €**

★

Merl
Weingut

Rheinhessen

Schwabenheimer Straße 32, 55218 Ingelheim
Tel. *06130-1300,* ***Fax:*** *06130-941450*
www.weingut-merl.de
info@weingut-merl.de
Besuchszeiten: *Mo.-Sa. 9-19 Uhr*

Inhaber..........Hans-Peter und Dominik Merl
Rebfläche............................16 Hektar

Der Christopherushof, der Sitz des Weingutes, wird heute von Hans-Peter Merl und Sohn Dominik geführt. Ihre Weinberge befinden sich in den Ingelheimer Lagen Schlossberg, Klosterbruder, Heilig Häuschen und Bockstein. Neben traditionellen Rebsorten wie Spätburgunder, Portugieser und Silvaner werden auch Sorten wie St. Laurent, Dornfelder, Domina, aber auch die weißen Burgundersorten und Riesling angebaut.

Vorjahre

2009 gefiel uns gut, die Weine waren frisch und klar, der barriqueausgebaute Spätburgunder aus dem Jahrgang 2007 besaß Fülle und Kraft. Die 2010er Weine waren etwas verhaltener, aber sortentypisch, die beiden Barrique-Rotweine aus dem Jahrgang 2009 gefielen uns im vergangenen Jahr sehr gut.

Vorjahre

Solche Highlights fehlen in diesem Jahr. Die Weißweine sind geradlinig und klar, die Rotweine fruchtbetont und zupackend, die 2009er Spätburgunder Auslese aus dem Barrique ist etwas zu oxidativ geraten.

Weinbewertung

82 2011 Weißburgunder trocken **13,5 %/4,60 €**
79 2011 RS-Rheinhessen Silvaner trocken **13,5 %/4,60 €**
81 2011 Riesling trocken **13,5 %/4,50 €**
82 2011 Weißburgunder Classic **13 %/4,60 €**
81 2011 Pinot Noir „blanc de noirs" trocken **12 %/4,60 €**
82 2010 Kerner **10,5 %/4,50 €**
81 2011 Spätburgunder trocken **13,5 %/4,50 €**
81 2011 Domina trocken **13,5 %/4,50 €**
81 2011 St. Laurent trocken **12,5 %/4,60 €**
82 2010 Spätburgunder trocken Barrique **13 %/9,90 €**
81 2009 Spätburgunder Auslese trocken Barrique **14 %/13,80 €**

★★

Johann Peter Mertes
Weingut & Brennerei

Mosel

Kirchstraße 19, 54441 Kanzem
Tel. *06501-17163,* ***Fax:*** *06501-16629*
www.weingut-mertes.de
info@weingut-mertes.de
Besuchszeiten: *Mo.-Sa. 8-18 Uhr und nach Vereinbarung*

Inhaber....................Johann Peter Mertes
Rebfläche............................11,6 Hektar

Seit 1891 besteht das Weingut, das heute in fünfter Generation von dem Önologen Johann Peter Mertes und seiner Frau Dagmar geführt wird. Sie verfügen über Parzellen in den Kanzemer Lagen Altenberg und Sonnenberg (in den Teillagen Breizwingert und Sank), den Wawerner Lagen Ritterpfad und Goldberg (fast 2 Hektar im Filetstück, wo bereits seit 1981 auch Spätburgunder angebaut wird), sowie im Ockfener Bockstein und in der Saarburger Kupp (wo insbesondere die Grundweine für die Sekte gewonnen werden). In Alleinbesitz befindet sich die Lage Saarburger Stirn.

Vorjahre

Die 2009er waren frisch und geradlinig; die konsistente 2010er Kollektion war ein wenig verhaltener, wurde angeführt von der stoffigen Beerenauslese aus dem Altenberg.

Jahrgang 2011

Eine sehr ausgeglichene Kollektion präsentiert Johann Peter Mertes mit dem Jahrgang

2011, die sehr gleichmäßiges Niveau zeigt, trocken, wie „feinherb" und süß: Darauf kann man aufbauen.

Weinbewertung

83 2011 Riesling trocken Wawerner Goldberg **12,5 %/6,90 €**

83 2011 Riesling Kabinett trocken Wawerner Ritterpfad **11,5 %/7,80 €**

85 2011 Riesling „S" trocken Wawerner Goldberg **12,5 %/8,90 €**

85 2011 Riesling Spätlese trocken „Alte Reben" Kanzemer Altenberg **12,5 %/9,80 €**

82 2011 Riesling „feinherb" Ockfener Bockstein **11,5 %/6,90 €**

83 2011 Riesling Kabinett „feinherb" Saarburger Kupp **11 %/7,80 €**

85 2011 Riesling Spätlese „feinherb Sank Alte Reben" Kanzemer Sonnenberg **11,5 %/8,90 €**

84 2011 Riesling Spätlese „feinherb" „Alte Reben" Saarburger Stirn **11,5 %/9,80 €**

83 2011 Riesling Kabinett Kanzem Altenberg **9,5 %/9,50 €**

M

★★★

Herbert Meßmer

Weingut

Pfalz

Gaisbergstraße 5, 76835 Burrweiler
***Tel.** 06345-2770, **Fax:** 06345-7917*
www.weingut-messmer.de
m.messmer@weingut-messmer.de
***Besuchszeiten:** Mo.-Fr. 8-11:30 + 13:30-17 Uhr, Sa. 9-13 Uhr*
Komfort-Ferienwohnungen

Inhaber .... Familie Meßmer
Kellermeister .... Gregor Meßmer
Rebfläche .... 26 Hektar

1960 haben Herbert und Elisabeth Meßmer ihr Weingut gegründet. Beide stammen aus Winzerfamilien und machten sich mit dem Kauf eines bestehenden Weingutes selbstständig. Seit 1984 ist mit Gregor Meßmer und dessen Frau Sieglinde die zweite Generation im Weingut tätig. Inzwischen ist auch der zweite Sohn Martin im Betrieb aktiv, zuständig für die Bereiche Marketing und Vertrieb. Die Weinberge liegen in Burrweiler in den Lagen Schäwer (Schiefer), Altenforst (steinigfelsiger Untergrund) und Schlossgarten, sowie im Weyherer Michelsberg. Riesling nimmt 40 Prozent der Rebfläche ein. Es folgen Spätburgunder, Grauburgunder und Weißburgunder, dazu gibt es St. Laurent, Chardonnay, Cabernet Sauvignon und Merlot. Der Rotweinanteil beträgt etwa ein Drittel.

Vorjahre

Vor zwei Jahren lag ein Wein an der Spitze, der in der Pfalz kein Großes Gewächs sein kann – ein eleganter Grauburgunder aus dem Barrique, sehr gekonnt vinifiziert. Das galt auch für die Großen Gewächse, insgesamt zeigte die starke Kollektion eine einheitliche Handschrift. Beeindruckend war auch der Sankt Laurent. Im vergangenen Jahr gefiel uns das im vorletzten Jahr schon einmal vorgestellte Große Gewächs aus dem Schäwer am besten. Aktuelle Große Gewächse wurden uns letztes Jahr keine zur Verkostung geschickt – und auch sonst leider nur drei Weine aus dem Jahrgang 2010. Gewohnt gut war wieder der Barrique-Grauburgunder, die Rieslaner Auslese war herrlich lebendig und frisch.

Neue Kollektion

In diesem Jahr konnten wir wieder eine umfangreichere Kollektion verkosten, die sich auf hohem Niveau präsentiert: Die rundum mit viel klarer Frucht und Würze überzeugende Riesling-Riege wird angeführt von dem neuen, im Holz ausgebauten Riesling „Einzig & Artig" und dem Großen Gewächs aus dem Schäwer mit viel reifer Pfirsichfrucht und Kräuterwürze, genauso stark ist der Selektions-Grauburgunder mit Kraft und Saft. Übertroffen werden sie aber in diesem Jahr noch von dem fülligen Weißburgunder Großes Gewächs, das mit Würze, Biss und Länge punkten kann.

Weinbewertung

85 2011 Weißburgunder trocken **13 %/7,50 €**

90 2011 Weißburgunder „GG" „IGJ" Burrweiler Schloßgarten **20,50 €**

86 2011 Grauburgunder trocken „Muschelkalk" **13,5 %/8,- €**

89 2011 Grauburgunder trocken „Selektion" Burrweiler Schlossgarten **16,- €**

85 2011 Riesling trocken „Buntsandstein" **12,5 %/7,50 €**

85 2011 Riesling trocken „Granit" **12 %/7,80 €**

86 2011 Riesling trocken „Schiefer" **13 %/8,50 €**

87 2011 Riesling trocken „Einzig & Artig" Weyhrer Michelsberg **13 %/12,- €**

89 2011 Riesling „GG" Burrweiler Schäwer **20,50 €**

85 2011 Muskateller „feinherb" **11,5 %/8,50 €**

87 2010 Sankt Laurent trocken „Selektion" **15,- €**

88 2010 Spätburgunder „GG" Burrweiler Schlossgarten **25,- €**

Mett & Weidenbach ★

Weingut

Rheinhessen

Mainzer Straße 31, 55218 Ingelheim
***Tel.** 06132-2682, **Fax:** 06132-3271*
www.weingut-mett.de
info@weingut-mett.de
***Besuchszeiten:** Di.-Fr. 9-12:30 + 14-18 Uhr, Sa. 9-14 Uhr (Bitte um Anmeldung)*
Vinothek mit Kreuzgewölbe

Inhaber .... Jürgen Mett
Rebfläche .... 12 Hektar

Die Familie Mett bewirtschaftet seit 1842, seit fünf Generationen, Weinberge auf den Hügeln rund um Ingelheim. Mehr als zwei Drittel der Weinberge sind mit roten Sorten bestockt, wobei Spätburgunder den größten Anteil einnimmt. Neben Spätburgunder wird vor allem noch Riesling, Silvaner, Grauburgunder, Müller-Thurgau und Frühburgunder angebaut. 2004 übernahm Jürgen Mett einige Weinberge seiner Schwiegereltern (Weingut Weidenbach) in besten Ober-Ingelheimer Lagen. Weißweine werden im Edelstahl ausgebaut, Rotweine werden 6 bis 14 Tage auf der Maische vergoren. 80 Prozent der Weine sind trocken ausgebaut. Die Weine werden zum größten Teil ab Hof an Privatkunden verkauft.

Vorjahre

Vor zwei Jahren bot die Kollektion gute, gleichmäßige Qualität bei leichten Vorteilen im roten Segment. Ähnlich präsentierte sich die letztjährige Kollektion: Frische, klare Weißweine, fruchtbetonte Rotweine, unser Favorit war der Spätburgunder von alten Reben aus dem Pares.

Neue Kollektion

Die neue Kollektion präsentiert sich geschlossen auf gutem Niveau, weiß wie rot. Die Rieslinge gewinnen nach und nach an Profil, die Rotweine sind fruchtintensiv, am besten gefällt uns der reintönige Frühburgunder aus dem Pares.

Weinbewertung

83 2010 Chardonnay trocken Ingelheimer **13 %/7,60 €**

82 2011 Weißer Riesling trocken **12,5 %/5,80 €**

82 2011 Grauburgunder trocken **13 %/6,- €**

80 2011 „Blanc de Noir" trocken **13 %/5,80 €**

84 2011 Weißer Riesling trocken „aus der Unft" Ingelheimer **13 %/7,90 €**

85 2011 Weißer Riesling trocken Ingelheimer Lottenstück **13 %/9,60 €**

82 2009 St. Laurent „S" trocken **13 %/7,90 €**

81 2009 Blauer Spätburgunder „S" trocken **13 %/8,40 €**

80 2010 „Carolus Magnus" Rotwein trocken Ingelheimer **12,5 %/9,20 €**

82 2009 „No. 6" Rotwein trocken Ingelheimer **13,5 %/8,80 €**

83 2009 Blauer Portugieser trocken Selection Rheinhessen Ingelheimer Rotes Kreuz **14,5 %/12,90 €**

85 2009 Blauer Frühburgunder trocken Selection Rheinhessen Ingelheimer Pares **13,5 %/14,90 €**

83 2009 Blauer Spätburgunder trocken Selection Rheinhessen Ingelheimer Pares **14 %/14,80 €**

★★

Meulenhof

Weingut

Mosel

Zur Kapelle 8, 54492 Erden
Tel. 06532-2267, Fax: 06532-1552
meulenhof@web.de
Besuchszeiten: immer nach Vereinbarung

Inhaber .... Stefan Justen
Rebfläche .... 4,5 Hektar

Der historische Meulenhof wird urkundlich bereits in der ersten Hälfte des 14. Jahrhunderts erwähnt. Seit 1990 leitet Stefan Justen den Betrieb, der sich auf restsüße Weine konzentriert. Riesling spielt mit rund 80 Prozent die Hauptrolle, Müller-Thurgau und Kerner dienen nur der Ergänzung. Das Weingut ist mit erstklassigen Parzellen in Erdener Treppchen, Wehlener Sonnenuhr und Erdener Prälat vertreten.

Vorjahre

2009 brachte kompakte, reife, fruchtige Spät- und Auslesen. Die 2010er Weine waren verhaltener, die Prälat Auslese und die Beerenauslese aus dem Treppchen gefielen uns am besten; noch besser aber waren die beiden erst im vergangenen Jahr vorgestellten edelsüßen 2009er aus dem Treppchen.

Jahrgang 2011

2011 ist in der Spitze spannend; die Kollektion insgesamt weist eine merkliche Diskrepanz zwischen trockenen und süßen Weinen auf, letztere sind deutlich interessanter. Die Spätlesen sind frisch und klar, die Auslesen sehr gleichmäßig, schlank, frisch und elegant, die 2-Sterne-Auslese ist deutlich konzentrierter. Highlight der Kollektion ist die wunderschön reintönige Beerenauslese, die harmonisch ist, gute Struktur und Frische besitzt.

Weinbewertung

80 2011 Riesling trocken **11,5 %/5,70 €/1l**
78 2011 Rivaner trocken **12,5 %/4,80 €**
82 2011 Riesling Kabinett trocken Erdener Treppchen **12,5 %/6,50 €**
81 2011 Riesling trocken „Devon-Schiefer" **12,5 %/6,50 €**
82 2011 Riesling Spätlese trocken Erdener Treppchen **13 %/9,50 €**
81 2011 Riesling **9,5 %/5,70 €**
84 2011 Riesling Kabinett Erdener Treppchen **8,5 %/6,50 €**
85 2011 Riesling Spätlese Wehlener Sonnenuhr **8 %/9,50 €**
85 2011 Riesling Spätlese Erdener Treppchen **8,5 %/9,80 €**
86 2011 Riesling Spätlese* Erdener Treppchen **9 %/9,90 €**
84 2010 Riesling Spätlese „Alte Reben" Erdener Treppchen **8,5 %/9,80 €**
88 2011 Riesling Auslese Erdener Treppchen **8,5 %/12,- €**
88 2011 Riesling Auslese* Erdener Treppchen **8,5 %/17,- €**
90 2011 Riesling Auslese** Erdener Treppchen **8,5 %/15,- €/0,375l**
88 2011 Riesling Auslese „Alte Reben" Erdener Treppchen **8,5 %/13,50 €**
92 2011 Riesling Beerenauslese Erdener Treppchen **8,5 %/28,- €/0,375l**

★☆

Karl-Heinz & Andreas Meyer

Wein- und Sektgut

Pfalz

Bahnhofstraße 10, 76831 Heuchelheim-Klingen
Tel. 06349-5895, Fax: 06349-7812
www.meyer-weingut.de. mail@meyer-weingut.de
Besuchszeiten: Mo.-Sa. 9-12 + 13-18 Uhr
Weinprobierstube, Weinproben mit Essen, Hoffest (Mitte Juni), Straußwirtschaft (Sept./Okt.)

Inhaber .... Karl-Heinz und Andreas Meyer
Rebfläche .... 17 Hektar

Das 1949 von Edmund Meyer gegründete Weingut begann Anfang der fünfziger Jahre mit der Selbstvermarktung. Ursprünglich ein

M

Die besten deutschen Weinerzeuger und ihre Weine

landwirtschaftlicher Gemischtbetrieb mit 3,5 Hektar Rebfläche, haben sich Karlheinz Meyer und Ehefrau Gudrun seit der Übernahme 1980 ganz auf Weinbau konzentriert und die Rebfläche deutlich erweitert. Nach Abschluss seiner Technikerprüfung – und Ausbildung bei Weingütern wie Siegrist, Dr. Wehrheim und Christmann – ist Sohn Andreas im Juni 2008 in den Betrieb eingestiegen. Er war bereits zuvor für den Keller verantwortlich und hat inzwischen Versuche mit Spontangärung durchgeführt. Die Weinberge liegen in Heuchelheim (Herrenpfad), Göcklingen (Kaiserberg) und Appenheim (Steingebiss) und wachsen auf unterschiedlichen Böden. Von leichten Sandböden bis hin zu schweren Ton- und Lehmböden reicht das Spektrum. Die Weißweine werden nach gezügelter Gärung lange auf der Hefe ausgebaut, die Rotweine kommen nach klassischer Maischegärung in Eichenholzfässer. Das Sortiment ist gegliedert in Literweine, Gutsweine, Terroirweine (Silberkapsel) und Lagenweine (Goldkapsel), auf eine Angabe der Prädikatsstufen wird bei den Weißweinen seit dem Jahrgang 2010 verzichtet.

Vorjahre

Vor zwei Jahren war ein Spätburgunder aus dem Herrenpfad unser Favorit, neben einem Chardonnay aus einer guten Weißwein-Kollektion. Neben dem erneut gelungenen Spätburgunder stand im letzten Jahr ein ebenfalls aus dem Herrenpfad stammender kraftvoller, nachhaltiger Riesling aus dem Jahrgang 2009 an der Spitze einer Kollektion, die insgesamt an Profil gewonnen hatte.

Neue Kollektion

In diesem Jahr präsentiert sich die Kollektion gleichmäßig gut, unser Favorit unter den Weißweinen ist erneut der Riesling aus dem Herrenpfad, der gute Konzentration und nachhaltige mineralische Noten zeigt. Die beiden Weißburgunder vom Muschelkalk und aus dem Herrenpfad sind beide sehr wuchtig geraten, was auf Kosten der Eleganz geht. Die zwei Spätburgunder aus dem Herrenpfad besitzen viel Stoff und trotz des kräftigen Holzeinsatzes auch Feinheit und Finesse.

Weinbewertung

82 2011 Weißer Burgunder trocken **13 %/5,10 €**
84 2011 Weißer Burgunder trocken „Muschelkalk" **14 %/7,- €**
85 2011 Weißer Burgunder trocken Herrenpfad **14 %/8,- €**
85 2011 Chardonnay trocken „Buntsandstein" **13,5 %/6,30 €**
83 2011 Riesling trocken **12,5 %/5,10 €**
85 2011 Riesling trocken „Buntsandstein" **13 %/7,- €**
87 2011 Riesling trocken Herrenpfad **13,5 %/9,- €**
86 2011 Riesling Auslese Herrenpfad **8,5%/9,50€/0,5l**
83 2009 Cuvée „Kleines M" Rotwein **13,5 %/7,50 €**
85 2009 Cuvée „Großes M" Rotwein **13,5 %/11,- €**
86 2009 Spätburgunder trocken Herrenpfad **14 %/12,50 €**
88 2009 Spätburgunder trocken Herrenpfad „R" **13,5 %**

★★

Klaus Meyer

Weingut

Pfalz

Theresienstraße 80a, 76835 Rhodt
***Tel.** 06323-93233, **Fax:** 06323-93235*
weingut.klaus.meyer@t-online.de
www.weingut-meyer.com
***Besuchszeiten:** Mo.-Sa. 14-17 Uhr, So. 10-12 Uhr*

Inhaber .... Klaus Meyer
Kellermeister .... Marius Meyer
Rebfläche .... 10,5 Hektar

Klaus und Dorit Meyer haben das Weingut in Rhodt unter Rietburg an der südlichen Weinstraße 1987 gegründet. 2006 hat Sohn Marius Meyer (1987 geboren) nach Lehr- und Wanderjahren unter anderem bei Ökonomierat Rebholz in Siebeldingen und Praktika in Österreich, Burgund und Neuseeland die Verantwortung für den Keller übernommen. Seither wurde die Rebfläche auf 10,5 Hektar mehr als verdoppelt, wichtigste Rebsorten sind Riesling, Weiß-, Grau- und Spätburgunder, Gewürztraminer, Dornfelder und St. Laurent. Der Rotweinanteil liegt bei 30 Prozent. Die besten Lagen sind Rhodter Schlossberg, Rhodter Rosengarten und Edenkobener Bergel. Neben dem Weingut betreibt die Familie Meyer einen Gutsausschank, der rund sieben Monate im Jahr geöffnet ist. Mit dem Jahrgang 2010 wird auf die Angabe der Prädikate bei trockenen und feinherben Weinen verzichtet, das Sortiment ist gegliedert in Gutsweine, Ortsweine (beide mit Silberkapsel und dem Label „Klaus Meyer"), Terroirweine (ausschließlich Rieslinge unter dem Label „Marius Meyer") und Lagenweine (Goldkapsel, Label „Klaus Meyer").

Vorjahre

Die sechs Weine, die das Weingut Meyer vor zwei Jahren anstellte, hatten uns positiv überrascht. Die Weine zeigten ein klares Profil, waren verständlich, klar und reintönig, von guter Struktur und Substanz. Die Kollektion des letzten Jahres baute darauf auf: Die Lagenunterschiede der Rieslinge waren klar herausgearbeitet, der Riesling aus dem Schlossberg an der Spitze besaß Substanz, genauso wie der Weißburgunder aus dem Rosengarten, hinzu kamen zwei Auslesen mit feiner Süße und rauchig-mineralischer Würze.

Neue Kollektion

Auch in diesem Jahr konnten wir wieder eine Kollektion auf hohem Niveau verkosten: Die Rieslinge brauchen Luft, entfalten dann aber klar ihre Lagentypizität, der Schlossberg besitzt wieder gute Substanz. An der Spitze der gelungenen Burgunder-Riege steht erneut der Weißburgunder aus dem Rosengarten mit gutem Holzeinsatz und die Rieslaner Beerenauslese zeigt, dass Marius Meyer auch eine gute Hand für edelsüße Weine besitzt.

Weinbewertung

85 2011 Sauvignon Blanc trocken **12 %/6,50 €**
85 2011 Weißburgunder trocken Rhodt **13 %/8,- €**
87 2011 Weißburgunder trocken Rhodt Rosengarten **13 %/14,- €**
85 2011 Grauburgunder trocken Rhodt **13 %/8,- €**
86 2011 Chardonnay trocken Rhodt **13,5 %/9,- €**
82 2011 Riesling trocken „back to the root" **12 %/6,50 €**
85 2011 Riesling trocken Edenkoben **13 %/8,- €**
84 2011 Riesling trocken „Buntsandstein" **12%/8,50€**
86 2011 Riesling trocken „Rotliegendes" **13 %/9,50 €**
86 2011 Riesling trocken „Granit" **12,5 %/9,50 €**
87 2011 Riesling trocken Rhodt Schlossberg **13 %/14,- €**
88 2011 Rieslaner Beerenauslese Edenkobener Bergel **8 %/12,50 €/0,375l**

★★

Stefan **Meyer**

Weingut

Pfalz

Edesheimer Straße 17, 76835 Rhodt
Tel. 06323-2348, Fax: 06323-81446
www.meyer-rhodt.de
weingut@meyer-rhodt.de
Besuchszeiten: Mo.-Fr. 14-19 Uhr, Sa. 10-16 Uhr
Ferienwohnung, Reisemobilstellplätze

Inhaber .... Stefan Meyer
Rebfläche .... 12 Hektar

Die Familie Meyer betreibt seit 1702 Weinbau in Rhodt. Seit 2007, nach Abschluss seiner Ausbildung zum Weinbautechniker und Auslandsaufenthalten in Kalifornien und Österreich, ist Sohn Stefan im Betrieb tätig, 2010 übernahm er das Weingut von seinem Vater. Die besten Lagen sind Rhodter Schlossberg (Buntsandstein und roter Sandstein), Rhodter Rosengarten (Muschelkalk, schwerer Lehm) und Edenkobener Schwarzer Letten (schwerer Lehm). Mit dem Jahrgang 2011 hat Stefan Meyer das Sortiment neu gegliedert in „1 Liter"-, „3/4 Liter"- und Lagenweine. Die Lagenweine werden im Holz ausgebaut, die Weißweine in großen Holzfässern und 500-Liter-Fässern, die Rotweine werden auf der Maische vergoren und liegen anschließend zwischen 11 und 18 Monaten in großen Fässern und neuen Barriques

Vorjahre

Vor zwei Jahren gefielen uns Pinot Noir und der Grauburgunder am besten, hinzu kamen ein Chardonnay und ein Riesling. Die gesamte Kollektion war auf gleichmäßig hohem Niveau, was auch für das vergangene Jahr galt: Die Weine waren reintönig und klar, an der Spitze stand erneut der Grauburgunder, flankiert von einem Riesling aus dem Rhodter Schlossberg und einer Chardonnay Auslese, die beide Ansätze von Eleganz zeigten.

Neue Kollektion

In diesem Jahr hat das neu gegliederte Sortiment deutlich an Profil gewonnen: Die „3/4"-Liter-Weine sind klar und reintönig, die Lagenweine besitzen Kraft, Fülle und Frische, in beiden Linien stehen jeweils die Grauburgunder an der Spitze. Sie werden noch übertroffen von zwei sehr guten 2009er Pinot Noirs, die Weine aus dem Rosengarten und dem Schwarzen Letten sind kraftvoll, harmonisch und zeigen feine Frische. Weiter so! ▬

Weinbewertung

83 2011 Weißburgunder trocken „3/4 Liter" **12%/5,- €**
86 2011 Weißburgunder trocken „Lagenwein" Rhodter Rosengarten **14 %/9,- €**
84 2011 Grauer Burgunder trocken „3/4 Liter" **13 %/6,- €**
87 2011 Grauer Burgunder trocken „Lagenwein" Rhodter Rosengarten **14 %/9,- €**
86 2011 Chardonnay trocken „Lagenwein" Rhodter Rosengarten **13,5 %/9,- €**
83 2011 Riesling trocken „3/4 Liter" **12,5 %/6,- €**
83 2011 Rosé trocken „3/4 Liter" **12 %/5,- €**
88 2009 Pinot Noir trocken „Lagenwein" Rhodter Rosengarten **14,5 %/15,70 €**
87 2009 Pinot Noir trocken „Lagenwein" Edenkobener Schwarzer Letten **14,5 %/15,70 €**

★★★★★

Meyer-Näkel

Weingut

Ahr

Friedensstraße 15, 53507 Dernau
***Tel.** 02643-1628, **Fax:** 02643-3363*
www.meyer-naekel.de
weingut@meyer-naekel.de
***Besuchszeiten:** nach Vereinbarung*
Gutsschenke Weingut Meyer-Näkel, Bachstraße 26, 53507 Dernau (An der Kirche; Tel. 02643-1540), Ferienwohnung

Inhaber .... Werner Näkel
Rebfläche .... 16 Hektar

Werner Näkel ist der renommierteste Winzer an der Ahr, ihm ist der Aufschwung, den die Region in den letzten zwanzig Jahren genommen hat, maßgeblich zu verdanken. Als er in den achtziger Jahren anfing trockene Weine zu erzeugen und Rotweine im Barrique auszubauen, war die Verwunderung groß. Heute sind Ahrweine überwiegend trocken, Barriqueausbau für die Spitzenweine ist eine Selbstverständlichkeit. Walporzheimer Kräuterberg, Dernauer Pfarrwingert und Neuenahrer Sonnenberg sind seine Paradelagen. Spätburgunder ist die absolute Nummer Eins in den Weinbergen, nimmt drei Viertel der Rebfläche ein. Dazu gibt es 15 Prozent Frühburgunder, etwas Weißburgunder (erster Jahrgang war 2003) und Riesling.

Seine Spitzenweine baut er in 300-Liter-Fässern aus, medium getoastet. Werner Näkel füllte diese früher meist im Herbst vor der neuen Ernte ab, heute bleiben die Topweine deutlich länger im Fass. Inzwischen hat Werner Näkel starke Unterstützung erhalten: Tochter Meike, Geisenheim-Absolventin, ist seit 2005 im Betrieb und kümmert sich um die Vinifikation, die zweite Tochter Dörte, ebenfalls Geisenheim-Absolventin, ist 2008 hinzugestoßen. Zusammen mit Neil Ellis stellt Werner Näkel auch in Südafrika Weine her, die unter dem Namen „Zwalu" (auf deutsch „Neubeginn") vermarktet werden. Aber auch in Portugal ist er aktiv, an der Quinta da Carvalhosa beteiligt, im Douro-Gebiet.

Vorjahre

Auch 2008 waren die vier Großen Gewächse allesamt hervorragend, einmal mehr präferierten wir ganz leicht den Spätburgunder aus dem Kräuterberg. Der Rest der Kollektion war ebenfalls ganz stark, alle Weine, weiß wie rot, bestachen mit ihrer reintönigen Frucht, besaßen Frische und Länge. Die letztjährige Kollektion gefiel uns in der Spitze noch besser, die Großen Gewächse aus Kräuterberg und Pfarrwingert waren so komplex und fein wie noch nie. Klasse waren auch die beiden anderen Großen Gewächse, der Spätburgunder aus dem Sonnenberg und der Frühburgunder aus dem Pfarrwingert, die Basisweine waren wie immer eine sichere Bank: Unsere Auszeichnung für die beste Rotweinkollektion des Jahres ging an Werner Näkel und seine Töchter.

Neue Kollektion

Dass man sich in Dernau nicht nur auf Rotwein versteht, zeigt die neue Kollektion. Der Riesling ist frisch, klar und zupackend, der Weißburgunder füllig und harmonisch, der weißgekelterte Spätburgunder wunderschön fruchtbetont und zupackend. Auch die Einstiegs-Roten präsentieren sich in prächtiger Form, wobei wir wie so oft den eleganten Frühburgunder ein klein wenig präferieren gegenüber dem fruchtbetonten, reintönigen Spätburgunder und der frischen, klaren Cuvée „Us de la meng". 2010 war ein sehr problematischer Jahrgang an der Ahr, den Näkel'schen Spätburgundern aber merkt man dies nicht an. Schon der Blauschiefer betört mit Eleganz, Harmonie und reintöniger Frucht, der „S" ist ebenfalls faszinierend harmonisch und reintönig, elegant und lang. Noch beeindruckender ist das Große Gewächs aus dem Pfarrwingert: Gute Konzentration, viel reife Frucht und ganz dezent rauchige Noten prägen das Bouquet, Im Mund präsentiert er sich füllig und harmonisch, kraftvoll und schmeichelnd, besitzt viel Substanz und Länge. Der Wein aus dem Kräuterberg aber ist 2010 eindeutig noch faszinierender, ist einer der großen Pinots des Jahrgangs in Deutschland. Er zeigt faszinierend viel Frucht im Bouquet, ist intensiv, herrlich eindringlich und reintönig; im Mund präsentiert er sich kraftvoll und komplex, konzentriert und doch elegant, jugendlich und nachhaltig: Großes Kino!

Weinbewertung

87 2011 Riesling **12,5 %/9,80 €**
86 2011 Weißburgunder **13 %/10,50 €**
87 2011 „Illusion" Spätburgunder „weißgekeltert" **13 %/12,- €**
85 2011 „Us de la meng" Rotwein **13,5 %/10,50 €**
86 2011 Spätburgunder **13,5 %/11,50 €**
87 2011 Frühburgunder **13,5 %/17,- €**
89 2010 Spätburgunder „Blauschiefer" **13,5 %/19,- €**
90 2010 Spätburgunder „S" **13,5 %/29,- €**
92 2010 Spätburgunder „GG" Dernauer Paffwingert **14 %/48,- €**
94 2010 Spätburgunder „GG" Walporzheimer Kräuterberg **14 %/65,- €**

★★★★★

Michel

Weingut

Baden

Winzerweg 24, 79235 Achkarren
***Tel.** 07662-429, **Fax:** 07662-763*
info@weingutmichel.com
www.weingut-michel.com
***Besuchszeiten:** Mo.-Fr. 14-17 Uhr, Sa. 10-13 Uhr und gerne nach Vereinbarung*
Straußwirtschaft

Inhaber .... Josef Michel
Rebfläche .... 14 Hektar

Das Gros der Weinberge von Josef Michel liegt in Achkarren in den Lagen Schlossberg und Castellberg. Hinzu kommen 2 Hektar in Munzingen am Tuniberg, wo er ausschließlich Spätburgunder stehen hat. Die Liebe von Josef Michel gilt eindeutig den Burgundersorten: 40 Prozent Spätburgunder, 30 Prozent Grauburgunder, 20 Prozent Weißburgunder – das spricht für sich. Das bisschen Chardonnay und Müller-Thurgau fällt da nicht ins Gewicht.

Vorjahre

Seit der ersten Ausgabe empfehlen wir die Weine von Josef Michel, seit einem Jahrzehnt rechnen wir ihn zu den Top-Winzern in Deutschland. Zweifel kamen nie auf, im Gegenteil, Jahr für Jahr hat er uns bestärkt in unserer Auffassung, Jahr für Jahr hat er weiter zugelegt. Immer bestechend reintönig und fruchtbetont präsentieren sich seine Qualitäts- und Kabinettweine, die Spätlesen und 3-Sterne-Selektionen von Weiß- und Grauburgunder gehören immer zu den Jahrgangsbesten in Deutschland, und mit seinen Spätburgundern spielt er seit einigen Jahren auch in der allerersten Liga. Nur was die Preise betrifft nicht – die Kunden dürfen sich freuen!

Das Ziel von Josef Michel ist es reintönige Weine zu erzeugen, die Frucht, Spiel und Frische aufweisen. Was ihm in den letzten Jahren immer ganz phantastisch gelungen ist, die Konzentration auf die Burgunder macht sich eben bezahlt. 2009 hatten wir im Kabinett- und im 3-Sterne-Bereich eine Präferenz für Weißburgunder, die trockenen Spätlesen sahen wir gleichauf. 2008 gab es eine Neuerung im Spätburgunder-Programm von Josef Michel, den „R" aus dem Schlossberg, den wir in der internen Konkurrenz auch knapp vorne sahen. Brillant reintönig und frisch präsentierten sich die 2010er Weißweine mit feinen Kabinettweinen, die wie immer viel Trinkfreude bereiteten, und faszinierend klaren Spätlesen, wobei wir sowohl beim Weißburgunder als auch beim Grauburgunder „normale" Spätlese und 3-Sterne-Selektion identisch bewerteten; der Chardonnay zeigte viel Kraft und herrlich reintönige Frucht. Die Spätburgunder 2009 waren kraftvoll und klar, boten durchgängig hohes Niveau.

Weißburgunder 2011

Der Kabinett aus dem Schlossberg ist frisch und fruchtbetont, wunderschön reintönig – so macht Weißburgunder Spaß. Die Spätlese ist eigenwillig und konzentriert, herrlich saftig, harmonisch und reintönig, ein Bilderbuch-Weißburgunder. Da hat es die 3-Sterne-Spätlese schwer sich dagegen zu behaupten, sie ist füllig und schmeichelnd, saftig und konzentriert, wobei wir – ein klein bisschen – die „normale" Spätlese vorziehen.

Grauburgunder 2011

Der Grauburgunder Kabinett zeigt etwas florale Noten im Bouquet, ist harmonisch und klar. Die Spätlese ist faszinierend reintönig, besitzt herrlich viel Frucht, ist saftig, harmonisch und komplex, wunderschön klar und lang, viel Grauburgunder! Die 3-Sterne-Selektion ist konzentrierter, etwas rauchig, besitzt viel reife Frucht, viel Substanz und Länge, etwas Wärme, ein klasse Wein – aber momentan ziehen wir die „einfache" Spätlese ganz leicht vor.

Spätburgunder 2010

Der Spätburgunder von alten Reben ist wunderschön und frisch, fruchtbetont, zeigt rote Früchte, dezent rauchige Noten. Frisch, konzentriert und klar ist die 3-Sterne-Variante aus dem Schlossberg, im Mund präsentiert er sich frisch und reintönig, harmonisch und elegant, besitzt gute Struktur und Frische noch im Abgang. Faszinierend viel Frucht zeigt der „R" im Bouquet, ist herrlich eindringlich und reintönig, Pinot! Im Mund ist er frisch, klar und präzise, herrlich reintönig und lebendig bei toller Frucht: Spannend! Nicht zu vergesseen der wunderschön reintönige, saftige Chardonnay, der eine ganz starke Kollektion abrundet.

Weinbewertung

86 2011 Weißburgunder Kabinett trocken Achkarrer Schlossberg **12,5 %/7,80 €**

88 2011 Grauburgunder Kabinett trocken Achkarrer Schlossberg **12,5 %/7,80 €** ☺
91 2011 Weißburgunder Spätlese trocken Achkarrer Schlossberg **13,5 %/10,20 €** ☺
92 2011 Grauburgunder Spätlese trocken Achkarrer Schlossberg **13,5 %/10,20 €** ☺
91 2011 Weißburgunder Spätlese*** trocken Achkarrer Schlossberg **13,5 %/14,80 €** ☺
91 2011 Grauburgunder Spätlese*** trocken Achkarrer Schlossberg **13,5 %/14,80 €** ☺
91 2011 Chardonnay Spätlese*** trocken Achkarrer Schlossberg **13,5 %/14,80 €** ☺
88 2010 Spätburgunder trocken „Alte Reben" **13,5 %/11,20 €**
90 2010 Spätburgunder*** trocken Achkarrer Schlossberg **13,5 %/19,80 €**
92 2010 Spätburgunder „R" trocken Achkarrer Schlossberg **13,5 %/32,- €**

★

Michel

Cisterzienser Weingut **Rheinhessen**

Dalbergstraße 28, 67596 Dittelsheim-Hessloch
Tel. *06244-4921,* ***Fax:*** *06244-5499*
www.cisterzienser-weingut.de
info@cisterzienser-weingut.de
Besuchszeiten: *Mo.-Fr. 8-11:30 + 13-19 Uhr, Sa. 9-13 Uhr (Bitte um Anmeldung)*

Inhaber .... Familie Michel
Rebfläche .... 22 Hektar

Das heutige Cisterzienser Weingut Michel geht auf ein im Jahr 1173 vom Cisterzienser Kloster Otterberg gegründetes Wein- und Hofgut zurück. 1780 wurde es von den Vorfahren der heutigen Eigentümer erworben. Ulrich Michel, Geisenheim-Absolvent, ist seit 1993 für den Weinausbau verantwortlich. Bis in die neunziger Jahre war das Gut ein landwirtschaftlicher Gemischtbetrieb. Inzwischen hat man die Ackerflächen verpachtet und konzentriert sich ganz auf den Weinbau. Die Weinberge befinden sich in Hessloch – dort überwiegen tiefgründige Löss-Lehmböden mit hohem Kalkanteil – und im Bechtheimer Hasensprung, wo die Böden eisenerzhaltig sind und den Weinen mineralische Noten mitgeben. Wichtigste Rebsorten in einer breiten Palette sind Dornfelder und Riesling. Ulrich Michel möchte das Sortiment hin zu den klassischen und internationalen Rebsorten verändern. Chardonnay, Gewürztraminer, Sauvignon Blanc, Merlot, Cabernet Sauvignon und Frühburgunder wurden gepflanzt, zuletzt kamen St. Laurent und Regent hinzu. Der Rotweinanteil beträgt derzeit 42 Prozent. Die Rotweine werden nach der Maischegärung im Holzfass ausgebaut, Weißweine im Edelstahl. Ulrich Michel hat zuletzt weitere Maischegärtanks angeschafft, aber auch Barriques aus französischer und amerikanischer Eiche, sowie 500-Liter-Fässer und kleine Edelstahltanks, um die einzelnen Lagen besser herausarbeiten zu können. 70 Prozent der Produktion wird an Privatkunden verkauft.

Vorjahre

Die 2009er Weißweine waren recht verhalten, so dass uns vor zwei Jahren die Rotweine des Jahrgangs 2007 am besten gefielen. Die letztjährige Kollektion präsentierte sich gleichmäßig auf gutem Niveau, unser Favorit war der feine Spätburgunder aus dem Jahrgang 2009.

Neue Kollektion

Die neue Kollektion ist sehr gleichmäßig, die gewürzduftige Cuvée aus Cabernet Sauvignon und Merlot gefällt uns am besten.

Weinbewertung / keine Preisangaben

81 2011 Weißburgunder „S" trocken **13.5 %**
82 2011 Sauvignon Blanc trocken **13 %**
82 2011 Riesling trocken **13 %**
83 2011 Silvaner „S" trocken „Löwenerz" **13.5 %**
80 2011 Chardonnay Riesling trocken **13.5 %**
82 2011 Merlot Rosé trocken **13 %**
84 2010 Cabernet Sauvignon Merlot trocken Barrique **13,5 %**
80 2009 Merlot trocken Barrique **13,5 %**

★

Dieter **Michel**

Weingut **Rheinhessen**

Dittelsheimer Weg 31, 55234 Hochborn
***Tel.** 06735-283, **Fax**: 06735-1598*
www.weingut-michel.de
info@weingut-michel.de
***Besuchszeiten**: nach Vereinbarung*

Inhaber .... Dieter Michel
Rebfläche .... 20 Hektar

Die Weinberge von Dieter Michel liegen zwischen Alzey und Westhofen; unter anderem ist er im Westhofener Morstein und im Gundersheimer Höllenbrand vertreten. Erst in den neunziger Jahren des letzten Jahrhunderts begann man mit der Selbstvermarktung. Sohn Sebastian studiert derzeit in Geisenheim, 2011 ist der erste gemeinsame Jahrgang von Vater und Sohn.

Kollektion

Dieter Michel stellt eine homogene Kollektion, ein Wein gefällt uns besonders gut: Der Silvaner aus dem Morstein besitzt gute Konzentration, Fülle, Substanz und viel reife Frucht.

Weinbewertung

85 2011 Silvaner Spätlese trocken Westhofener Morstein **13 %/6,20 €**
83 2011 Riesling Spätlese trocken Westhofener Morstein **14 %/4,60 €**
81 2011 Grauburgunder Spätlese trocken Westhofener Morstein **13,5 %/4,60 €**
81 2011 Weißburgunder Spätlese trocken Westhofener Morstein **14 %/4,60 €**
81 2011 Riesling & Kerner Kabinett „feinherb" Westhofener Morstein **12 %/3,90 €**
83 2011 Riesling Auslese Dautenheimer Himmelacker **11,5 %/6,70 €**

★★☆

Michel-Pfannebecker

Weingut **Rheinhessen**

Langgasse 18-19, 55234 Flomborn
***Tel.** 06735-355, **Fax**: 06735-836*
www.michel-pfannebecker.de
wgtmi.pfa@t-online.de
***Besuchszeiten**: Mo.-Sa. 9-18 Uhr nach Vereinbarung*

Inhaber ... Heinfried und Gerold Pfannebecker
Rebfläche .... 11,8 Hektar

Heinfried und Gerold Pfannebecker setzen vor allem auf Riesling und Spätburgunder, aber auch traditionelle Rebsorten wie Silvaner, Weißburgunder, Grauburgunder, Müller-Thurgau und Chardonnay spielen bei ihnen eine wichtige Rolle. Ein Viertel ihrer Weinberge nehmen rote Rebsorten ein. Neben Spätburgunder gibt es etwas Portugieser, Merlot und Cabernet Sauvignon. Die Weinberge liegen in Flomborn (Feuerberg, Goldberg) und Westhofen (Steingrube, Morstein), im Eppelsheimer Felsen, im Ober-Flörsheimer Blücherpfad und im Gundersheimer Höllenbrand. Die Reben wachsen auf leichten bis mittelschweren Lösslehmböden, teils mit extrem hohem Kalkanteil. Heinfried Pfannebecker kümmert sich vor allem um die Weinberge, Gerold Pfannebecker mehr um den Keller. Etwa 80 Prozent ihrer Weine bauen sie trocken und halbtrocken aus. Die Rotweine werden maischevergoren und im Holzfass (auch im Barrique) ausgebaut.

Vorjahre

Vor zwei Jahren führten die beiden Selections-Rieslinge zusammen mit dem Spätburgunder aus dem Höllenbrand eine gute, sehr gleichmäßige Kollektion an. 2010 hatten sich die Brüder Pfannebecker gut behauptet, alle Weine, angefangen vom Literriesling, waren frisch und klar; am besten gefiel uns der Selectionswein aus dem Feuerberg, der eine sehr stimmige, gleichmäßige Kollektion anführt.

Neue Kollektion

Die neue Kollektion überzeugt voll und ganz. Schon der Literriesling bereitet viel Freude, die breite Palette an trockenen Weißweinen präsentiert sich geschlossen, alle Weine sind füllig, saftig und harmonisch. Unser Favorit aber ist wie so oft der Spätburgunder aus dem Höllenbrand, der viel Würze und Toast im Bouquet zeigt, füllig und kraftvoll im Mund, gute Struktur und Substanz besitzt.

Weinbewertung

83 2010 Riesling trocken **12,5 %/4,20 €/1l** ☺
83 2011 Silvaner Spätlese trocken Flomborner Feuerberg **13 %/6,10 €**
85 2011 Silvaner trocken Selection Rheinhessen Flomborner Feuerberg **13 %/8,70 €**
84 2011 Riesling Spätlese trocken Eppelsheimer Felsen **13 %/6,60 €**
84 2011 Riesling Spätlese trocken Flomborner Feuerberg **13 %/6,80 €**
85 2011 Riesling Spätlese trocken Westhofener Morstein **13,5 %/6,90 €**
85 2011 Riesling trocken Selection Rheinhessen Westhofener Steingrube **13,5 %/8,90 €**
86 2011 Weißburgunder Spätlese trocken Flomborner Feuerberg **14 %/6,70 €**
84 2011 Chardonnay Spätlese trocken Flomborner Goldberg **13 %/6,90 €**
84 2010 Gewürztraminer Spätlese trocken Flomborner Feuerberg **12,5 %/6,60 €**
85 2011 Grauburgunder Spätlese trocken Flomborner Feuerberg **14 %/6,60 €**
84 2009 Merlot trocken Flomborner Goldberg **14 %/8,90 €**
88 2009 Spätburgunder trocken Selection Rheinhessen Gundersheimer Höllenbrand **14 %/16,50 €**

★★

Karl-Hermann **Milch**

Weingut

Rheinhessen

Rüstermühle, 67590 Monsheim
***Tel.** 06243-337, **Fax**: 06243-6707*
www.weingut-milch.de
info@weingut-milch.de
***Besuchszeiten**: Mo.-Fr. nach Vereinbarung, Sa. 9-12 + 13-17 Uhr*

Inhaber .... Karl-Hermann Milch
Rebfläche .... 13,7 Hektar

Karl-Hermann Milch übernahm 2001 das Weingut von seinem Vater Karlheinz Milch. Seine Winzerlehre verbrachte er bei den Weingütern Keller in Flörsheim-Dalsheim und Knipser in Laumersheim, die Ausbildung zum Weinbautechniker hat er im Jahr 2000 abgeschlossen. Das Weingut ist in der Rüstermühle untergebracht, einer ehemaligen Getreidemühle, die von der Familie 1926 erworben wurde. Der landwirtschaftliche Gemischtbetrieb begann nach dem Zweiten Weltkrieg mit der Flaschenweinvermarktung, seit den achtziger Jahren hatte man sich auf Weinbau konzentriert. In den letzten Jahren wurde der Rotweinanteil auf knapp 50 Prozent erhöht. Vor allem Spätburgunder und Dornfelder werden angebaut, aber auch Frühburgunder, Domina (seit 1990), St. Laurent, Merlot und Cabernet Sauvignon. Wichtigste weiße Sorten sind Chardonnay (seit 1993), Riesling, Müller-Thurgau, Grauburgunder und Scheurebe, dazu gibt es etwas Gewürztraminer, Silvaner und Weißburgunder. Die Weinberge liegen in den Monsheimer Lagen Silberberg und Rosengarten, sowie im Mörstadter Nonnengarten. Die Reben wachsen teils auf Löss-Lehmböden, teils auf Sand und Kies. Seit 2002 (Weißweine) bzw. 2000 (Rotweine) werden keine Prädikatsbezeichnungen mehr für trockene Weine verwendet, die Spitzenweine tragen die Zusatzbezeichnung „S".

Vorjahre

Vor zwei Jahren war die Kollektion recht verhalten, und eine ähnlich verhaltene Kollektion schloss sich im vergangenen Jahr an, zumindest was die Basisweine betraf. Die Spitze gefiel uns besser, allen voran der Spätburgunder Silberberg (früher „S"), auch Chardonnay Blauarsch und Riesling „Auf dem Tal" waren sehr gut.

Neue Kollektion

Die neue Kollektion präsentiert sich geschlossen auf gutem Niveau mit fülligen, klaren Weißweinen. Unser eindeutiger Favorit ist der einzige vorgestellte Rotwein, der Frühburgunder aus dem Silberberg, der wunderschön fruchtbetont und reintönig ist, klar, harmonisch und elegant bei guter Struktur – aber wir haben sie ja immer schon gemocht, die Barriquerotweine von Karl-Hermann Milch.

Weinbewertung

79 2011 Rivaner trocken **12 %/4,20 €/1l**
83 2011 Sylvaner trocken „vom Kieselstein" Monsheimer **13,5 %/7,- €**
82 2011 Riesling trocken „vom Kieselstein" Monsheimer **13,5 %/7,- €**
83 2009 Riesling trocken „Auf dem Tal" Monsheimer Rosengarten **14 %/13,90 €**
84 2011 Riesling trocken „Auf dem Tal" Monsheimer Rosengarten **13,5 %/13,90 €**
82 2011 Chardonnay trocken „Valentin" **13,5 %/5,90 €**
83 2011 Chardonnay „S" trocken Monsheimer **14 %/10,50 €**
81 2010 Chardonnay „S" trocken Monsheimer **14 %/10,50 €**
85 2011 Chardonnay trocken „Blauarsch" Monsheimer Silberberg **14 %/14,50 €**
80 2011 Riesling Classic **12,5 %/5,70 €**
80 2011 Rosé trocken **12 %/4,20 €**
88 2009 Frühburgunder trocken Monsheimer Silberberg **14 %/16,- €**

★★★

Milz – Laurentiushof

Weingut

Mosel

Moselstraße 7-9, 54349 Trittenheim
***Tel.** 06507-2300, **Fax**: 06507-5650*
www.milz-laurentiushof.com
milz@milz-laurentiushof.com
***Besuchszeiten**: nach Vereinbarung*
Veranstaltungen, Weinproben (bis 100 Personen)

Inhaber .... Markus Milz
Rebfläche .... 6 Hektar

Die Weinbaugeschichte der Familie Milz reicht bis ins 16. Jahrhundert zurück. Markus Milz, der heutige Inhaber, ist auch ein erfolgreicher Geschäftsmann im Bereich der Kellertechnik. Die Weinberge des Laurentiushofs befinden sich zu 90 Prozent in Steillagen, darunter drei Lagen in Alleinbesitz: Trittenheimer Leiterchen und Trittenheimer Felsenkopf, beide jeweils knapp einen Hektar groß, sowie Neumagener Nusswingert (etwa 0,6 Hektar). Das Weingut Milz ist aber auch in den Lagen Trittenheimer Apotheke, Trittenheimer Altärchen und Dhron Hofberger vertreten. Das Gros der Weine wird mit den eigenen Hefen vergoren. Bei der Vinifikation spielen Edelstahltank und traditionelle Fuderfässer eine Rolle. 2009 wurde erstmals ein Großes Gewächs aus der Lage Leiterchen vorgestellt.

Vorjahre

2009 entstanden saftige, würzige Rieslinge, die besonders im „feinherben" Segment überzeugen konnten, aber auch das Große Gewächs gefiel, die süßen Weine zeigten die für das Weingut typische Eleganz und Finesse. 2010 war deutlich verhaltener. Die Weine wurden erst ungewöhnlich spät gefüllt, wirkten bei der Verkostung kurz vor Redaktionsschluss noch etwas unruhig. Unser Favorit war das Große Gewächs aus dem Leiterchen, knapp vor seiner „feinherben" Variante.

Jahrgang 2011

Auch 2011 gefällt uns das Große Gewächs aus

dem Leiterchen im trockenen Segment am besten, ist üppig und füllig bei reifer süßer Frucht. Sehr stimmig präsentiert sich der süße Teil der Kollektion, angefangen vom feinen Kabinett bis hin zu den beiden dicken, süßen Highlights, der Goldkapsel-Auslese aus der Apotheke und der Beerenauslese aus dem Leiterchen.

Weinbewertung

81 2011 Riesling Kabinett trocken Trittenheimer Apotheke **13 %/8,90 €**

83 2011 Riesling Spätlese trocken Trittenheimer Felsenkopf **13 %/12,80 €**

87 2011 Riesling „GG" Trittenheimer Leiterchen **13,5 %/15,90 €**

81 2011 Riesling Kabinett „feinherb" Dhron Hofberger **11,5 %/8,90 €**

84 2011 Riesling Spätlese „feinherb" Trittenheimer Apotheke **13 %/12,50 €**

85 2011 Leiterchen „feinherb" **13 %/15,50 €**

83 2011 Riesling Kabinett Trittenheimer Apotheke **9 %/8,90 €**

85 2011 Riesling Spätlese Trittenheimer Felsenkopf **8,5 %/12,80 €**

88 2011 Riesling Auslese (Goldkapsel) Trittenheimer Apotheke **7,5 %/24,50 €/0,375l**

88 2011 Riesling Beerenauslese Trittenheimer Leiterchen **6 %/57,50 €/0,375l**

Theo Minges

★★★★

Weingut

Pfalz

Bachstraße 11, 76835 Flemlingen

***Tel.** 06323-93350, **Fax**: 06323-93351*

info@weingut-minges.com

***Besuchszeiten**: Mo.-Fr. 9-12 + 13-18 Uhr, Sa. 9-17 Uhr*

Inhaber .... Theo Minges

Rebfläche .... 24 Hektar

Der Weinkeller von Theo Minges stammt aus dem 15. Jahrhundert und gehörte damals als Zehntkeller den Grafen von der Leyen. Wichtigste Rebsorte ist Riesling, es folgen Grauburgunder, Weißburgunder und Chardonnay. Wichtigste rote Sorte ist Spätburgunder. Hinzu kommen Dornfelder und St. Laurent, aber auch Cabernet Sauvignon, Cabernet Franc und Merlot. Den Riesling hat Theo Minges vor allem in der Gleisweiler Hölle stehen. Die Weißweine werden nach Maischestandzeiten von 6 bis 30 Stunden kühl und langsam vergoren und bleiben recht lange auf der Feinhefe. Seine Rotweine baut Theo Minges sehr lange im Fass aus.

Vorjahre

Schon in der ersten Ausgabe lobten wir die Weine von Theo Minges, besonders die Rieslinge und Rotweine. Die Rieslinge haben sich in diesem Jahrzehnt immer mehr als seine Stärke erwiesen, auch die Rotweine haben uns immer beeindruckt, wenn wir welche zu verkosten bekamen. Die Qualität ist stetig gestiegen, die Konsistenz der Kollektionen ist beeindruckend. Das vorletzte Jahr brachte glasklare und präzise Weine, alle waren von feiner bis kraftvoller Frische, bei den Edelsüßen gefielen uns der Muskateller und der wunderbar konzentrierte Riesling Eiswein am besten. Auch im letzten Jahr waren die Rieslinge wieder klar und präzise, am besten hatte uns der 18 Monate lang auf der Hefe ausgebaute „Froschkönig"-Riesling aus dem Jahrgang 2009 gefallen, zusammen mit einem starken Rotwein-Trio aus Cuvée, Cabernet Franc und Cabernet Sauvignon des Jahrgangs 2007.

Neue Kollektion

Rotweine konnten wir in diesem Jahr keine verkosten, aber die Weißweinkollektion präsentiert sich auf hohem Niveau, alle Weine sind erneut präzise und klar. Die vier trockenen Riesling Spätlesen unterscheiden sich deutlich und zeigen viel Lagencharakteristik, der Riesling vom Kalkstein, der dieses Mal unser Favorit ist, ist der mineralischste der Weine, mit Saft und Kraft und viel feiner Kräuterwürze. Weiß- und Grauburgunder sind kraftvoll und füllig, gut gefallen haben uns auch der reintönige Gewürztraminer mit feiner Süße und die konsequent trocken ausgebaute, sehr sortentypische Scheurebe Spätlese.

Weinbewertung

86 2010 Pinot Sekt brut **13 %/11,- €**
85 2011 Muskateller trocken **11,5 %/7,80 €**
86 2011 Scheurebe Spätlese trocken Gleisweiler Hölle **12,5 %/10,40 €**
86 2011 Grauburgunder Spätlese trocken „Muschelkalk" **13,5 %/12,- €**
87 2011 Weißburgunder Spätlese trocken „Löss" **13,5 %/12,- €**
85 2011 Riesling Kabinett trocken Gleisweiler **11,5 %/7,60 €**
87 2011 Riesling Spätlese trocken Gleisweiler Hölle **14 %/11,- €**
88 2011 Riesling Spätlese trocken „Buntsandstein" **13,5 %/12,- €**
89 2011 Riesling Spätlese trocken „Kalkstein" **13,5 %/14,- €**
88 2010 Riesling Spätlese trocken „Froschkönig" **12,5 %/17,- €**
87 2011 Gewürztraminer Spätlese „Edition Rosenduft" **10,5 %/12,50 €**
86 2011 Riesling Spätlese Gleisweiler Hölle **8,5 %/10,- €**

Ludwig **Mißbach** ★

Weingut

Baden

Schönbergstraße 32, 79285 Ebringen
***Tel.** 07664-6513, **Fax:** 07664-60209*
www.weingut-missbach.de
missbach-wein@t-online.de
***Besuchszeiten:** Mo.-Fr. 8-12 + 14-18 Uhr, Sa. 9-12:30 Uhr oder nach Vereinbarung*

Inhaber .... Ralf Mißbach
Rebfläche (Eigenbesitz) .... 6 Hektar
Rebfläche (Erzeugergemeinschaft) . . . 9 Hektar

1789 gründete Mathias Mißbach den Weinbaubetrieb, Namensgeber des Weingutes ist Ludwig Mißbach, der den Betrieb 1923 übernahm. Heute führt Ralf Mißbach das Weingut in siebter Generation. 1994 erfolgte die Umstellung der Rebflächen auf ökologische Bewirtschaftung (Ecovin). Neben den eigenen Weinbergen wird die Ernte von weiteren 12 Hektar Weinbergen vermarktet, die Vertragswinzer nach Ralf Mißbachs Vorgaben bewirtschaften. Neben Müller-Thurgau, Gutedel, Weißburgunder, Grauburgunder, Riesling, Gewürztraminer, Chardonnay und Spätburgunder werden auch pilzresistente Sorten wie Maréchal Foch, Léon Millot oder Cabernet Carol angebaut.

Vorjahre

Der Freisamer war vor zwei Jahren unser Favorit in einer konsistenten Kollektion. Im vergangenen Jahr gefiel uns mit dem barriqueausgebauten Weißburgunder ein Wein aus dem Jahrgang 2009 am besten in einer ansonsten sehr gleichmäßigen Kollektion.

Neue Kollektion

Die 2011er Weißweine präsentieren sich sehr homogen, wenn auch etwas verhalten, die in diesem Jahr vorgestellten 2010er gefallen uns ein klein wenig besser, allen voran die kraftvolle Spätburgunder-Spätlese.

Weinbewertung

80 2011 Chasselas trocken **12 %/6,20 €**
80 2011 Weißburgunder Kabinett trocken **12,5 %/7,50 €**
81 2011 Grauburgunder Kabinett trocken **13 %/6,80 €**
80 2011 Riesling Kabinett trocken **12,5 %/7,50 €**
82 2011 Chardonnay Kabinett trocken **12,5 %/8,50 €**
83 2010 Weißburgunder Spätlese trocken Barrique **14 %/14,50 €**
80 2011 Spätburgunder Rosé trocken „Rosa Markgräfler" **11,5 %/6,50 €**
82 2010 Spätburgunder Kabinett trocken **13 %/8,50 €**
84 2010 Spätburgunder Spätlese trocken **13,5 %/14,50 €**

★★☆

Mönchhof

Weingut Robert Eymael

Mosel

Mönchhof, 54539 Ürzig
Tel. 06532-93164, Fax: 06532-93166
www.moenchhof.de
moenchhof.eymael@t-online.de
Besuchszeiten: Mo.-Sa. 9-17 Uhr, am Wochenende nach Vereinbarung
3 Gästezimmer

Inhaber .... Robert Eymael
Rebfläche .... 14 Hektar

Der Mönchhof, der ehemals der Zisterzienserabtei Himmerod gehörte, ist eines der ältesten Weingüter an der Mosel. Zum Mönchhof gehören Weinberge in berühmten Lagen wie Ürziger Würzgarten (an dessen Fuß das Weingut liegt), Erdener Treppchen oder Erdener Prälat. Sie sind ausschließlich mit wurzelechten, teilweise hundert Jahre alten Rieslingreben bepflanzt. Robert Eymael, der das elterliche Weingut 1994 übernommen hat, baut nur Riesling an. Alle Weine werden im alten Gewölbekeller in Holzfässern ausgebaut. Neben dem Gutsgebäude aus dem 16. Jahrhundert kann man eine weitere Sehenswürdigkeit aus der Römerzeit bewundern, nämlich die älteste bislang bekannte römische Kelteranlage nördlich der Alpen, die in den Erdener Weinbergen des Mönchshofs entdeckt wurde. Typisch für die Mönchhof-Weine ist der reduktive, frische Stil der Weine, der von etwas Kohlensäure unterstrichen wird.

Vorjahre

2009 faszinierte nicht nur die Frische, auch die klare Frucht. 2010 präsentierte sich geschlossen auf hohem Niveau: Die Auslese aus dem Prälat, ein Klassiker des Mönchhofs, führte die Kollektion an, die Spätlesen präsentierten sich reintönig und elegant, der Kabinett verspielt und leicht.

Jahrgang 2011

2011 präsentiert sich sehr gleichmäßig, vor allem die „feinherben" und süßen Weine überzeugen mit Frische und Frucht. Am besten gefällt uns wieder einmal die reintönige, zupackende Auslese aus dem Prälat, auch wenn sie zum Zeitpunkt der Verkostung noch etwas vom Schwefel geprägt schien.

Weinbewertung

83 2011 Riesling trocken „Grand Lay" **12,5 %/7,40 €**
82 2011 Riesling Spätlese trocken Erden Treppchen **12,5 %/12,90 €**
84 2011 Riesling „feinherb Salve" **11 %/7,40 €**
86 2011 Riesling Spätlese „feinherb" „Fass 33" Ürzig Würzgarten **11,5 %/12,40 €**
84 2011 Riesling Kabinett Ürzig Würzgarten **8,5 %/9,80 €**
85 2011 Riesling Spätlese Ürzig Würzgarten **8 %/12,40 €**
87 2011 Riesling Auslese Erden Prälat **8 %/19,80 €**

★☆

Rudi Möwes

Weingut

Pfalz

Hübühl 10, 76835 Weyher in der Pfalz
Tel. 06323-5602, Fax: 06323-980158
www.weingut-moewes.de
info@weingut-moewes.de
Besuchszeiten: nach Vereinbarung
Ferienhaus „An der Dorflinde", Ferienwohnung

Inhaber .... Rudi und Michael Möwes
Rebfläche .... 9,9 Hektar

Die Weinberge von Rudi und Michael Möwes liegen in den Lagen Weyherer Michelsberg, Burrweiler Altenforst, Hainfelder Kapelle und Rhodter Schlossberg und Rosengarten. Die Reben wachsen auf unterschiedlichen Böden von Schiefer über Granit, Rotliegendem, Kalkmergel bis Buntsandstein. Weiße Sorten nehmen 65 Prozent der Rebfläche ein: Riesling, Weißburgunder, Grauburgunder, Chardonnay und Silvaner vor allem, aber auch Müller-Thurgau, Kerner, Scheurebe, Bacchus,

Rieslaner und Muskateller. An roten Sorten bauen sie Spätburgunder, Sankt Laurent, Portugieser und Dornfelder an. Die Rotweine werden nach der Maischegärung im Holz ausgebaut, der Ausbau der Weißweine erfolgt im Edelstahl.

Vorjahre

Vor zwei Jahren zeigte die Familie Möwes eine starke Kollektion, angeführt vom Steillagen-Riesling, einem Weißburgunder, einem im Barrique ausgebauten Portugieser und einem sehr guten Eiswein. Die Kollektion des vergangenen Jahres war wesentlich verhaltener. Ein fülliger, cremig-süßer Ruländer Eiswein hatte uns am besten gefallen, aber die Terroir-Rieslinge litten unter der zu prägnanten Säure.

Neue Kollektion

In diesem Jahr präsentiert sich die Kollektion etwas uneinheitlich: Auslese und Beerenauslese vom Rieslaner sind klar, reintönig und harmonisch mit feiner Süße und Fülle, aber die trockenen Weißweine, unter denen uns der kraftvolle Altenforst-Riesling noch am besten gefällt, zeigen wenig Typizität.

Weinbewertung

81 2011 Silvaner Kabinett trocken Rhodter Rosengarten **12,5 %/4,30 €**

81 2011 Weißburgunder Spätlese trocken „Kalkmergel" Rhodter Rosengarten **12,5 %/6,- €**

83 2011 Chardonnay Spätlese trocken Weyherer Michelsberg **13,5 %/6,- €**

79 2011 Riesling trocken **11,5 %/3,70/1l**

84 2011 Riesling Spätlese trocken „Alte Reben Schiefer-Steillage" Burrweiler Altenforst **12,5 %/10,- €**

86 2011 Rieslaner Auslese Burrweiler Altenforst 8,5 %/7,50 €/0,375l

88 2011 Rieslaner Beerenauslese Weyherer Michelsberg **7 %/20,- €/0,375l**

78 2010 Spätburgunder trocken Holzfass **13 %/5,- €**

★★☆

Wilhelm **Mohr** Erben

Weingut

Rheingau

Rheinstraße 21, 65391 Lorch
Tel. 06726-9484, Fax: 06726-1694
www.weingut-mohr.de
info@weingut-mohr.de
Besuchszeiten: nach Vereinbarung
Straußwirtschaft (Ende April-Ende Juni, Mitte Oktober-Anfang November)

Inhaber .... Jochen Neher
Rebfläche .... 6,5 Hektar

Das 1875 von Wilhelm Mohr gegründete Weingut wird heute von dessen Urenkel Jochen Neher und seiner Frau Saynur geführt. Hauptrebsorte bei Jochen Neher ist der Riesling. Daneben gibt es Spätburgunder, Weißburgunder, Silvaner sowie Scheurebe und Muskateller. Die Weißweine werden in Edelstahltanks vergoren, die Rotweine dürfen nach der Maischegärung in Eichenholzfässern reifen. Einen Namen gemacht hat sich das Weingut auch für elegante und nachhaltige Schaumweine aus Burgundersorten und Riesling, die regelmäßig zu den besten im Rheingau gehören; die Ersten Gewächse sind erfreulich trocken und klar.

Vorjahre

Die Weine des Jahrgangs 2009 überzeugten. Im letzten Jahr stellte das Weingut neben bemerkenswert gut gelungenen 2010ern (darunter die komplexen „Alten Reben", ein Erstes Gewächs voller Kraft und ein stoffiger Weißburgunder) auch spannende 2009er Süß- und Schaumweine vor. Die Rotweine besaßen Substanz, wirkten allerdings noch etwas unzugänglich.

Neue Kollektion

Außer dem 2011er Riesling „Alte Reben" gefallen auch der Silvaner und die rassige Spätlese aus der Scheurebe, während der Weißburgunder etwas enttäuscht. Auch die beiden frisch wirkenden und zum Glück nicht zu alkoholreichen Schaumweine aus 2010 überzeugen. Kraftvoll, aber nicht übertrieben mächtig und leicht nach Tabak duftend präsentiert sich der Spätburgunder von alten Reben aus dem Assmannshäuser Höllenberg.

Weinbewertung

87 2010 Riesling Sekt brut **12,5 %/17,50 €**
87 2010 Pinot Sekt brut **12,5 %/17,50 €**
81 2011 „Blanc de Blancs" trocken **13 %/7,90 €**
85 2011 Silvaner trocken **13,5 %/7,90 €**
82 2011 Weißburgunder trocken Lorcher Krone **14 %/13,90 €**
83 2011 Riesling Kabinett trocken **13 %/8,90 €**
86 2011 Riesling Spätlese trocken **13,5 %/11,90 €**
86 2011 Riesling trocken „Alte Reben" **13,5 %/13,90 €**
84 2011 Riesling Kabinett „feinherb" **12,5 %/8,90 €**
85 2011 Scheurebe Spätlese **11 %/10,90 €**
86 2011 Riesling Auslese **11 %/16,50 €**
86 2010 Spätburgunder trocken „Alte Reben" Assmannshäuser Höllenberg **14 %/25,- €**

M

★★☆

Karl-Joh. **Molitor**

Weingut **Rheingau**

Weider Weg 1, 65346 Eltville-Hattenheim
***Tel.** 06723-2537, **Fax**: 06723-7517*
www.molitor-wein.de
info@molitor-wein.de
***Besuchszeiten**: täglich nach Vereinbarung*

Inhaber .... Klaus Molitor
Rebfläche .... 14 Hektar

Das Weingut Molitor befindet sich in Hattenheim direkt neben der bekannten Lage Steinberg und besitzt mehr als 100 Jahre Tradition. Neben Riesling und Weißburgunder baut Klaus Molitor Spätburgunder und seit einigen Jahren auch St. Laurent an. Seine Weinberge verteilen sich auf nicht weniger als 14 (!) verschiedene Lagen im Rheingau. Die Weine sind praktisch in jedem Jahrgang enorm saftig und würzig, zeigen oft mehr Frucht als Eleganz.

Vorjahre

Der Jahrgang 2009 gelang gut, die Weine waren saftig und animierend. Die 2010er kamen da nicht ganz heran, allerdings waren auch keine Ausfälle zu beklagen.

Jahrgang 2011

In einem sehr gleichmäßigen Sortiment unterscheiden sich die vorgestellten Qualitäten nur geringfügig. Am besten gefällt dieses Mal die duftige, angenehm saftige Spätlese aus dem Schlossberg, ihr Pendant aus dem Schützenhaus steht ihr allerdings kaum nach.

Weinbewertung

83 2011 Riesling Kabinett trocken Hattenheimer Engelmannsberg **11 %/4,50 €**
80 2011 Riesling Kabinett trocken „Edition René" **11,5 %/3,80 €**
85 2011 Riesling Spätlese trocken Hattenheimer Schützenhaus **12,5 %/6,50 €**
86 2011 Riesling Spätlese trocken Rüdesheimer Berg Schlossberg **12,5 %/7,90 €**
83 2011 Riesling „feinherb Primus Marco VIII" Hattenheimer Wisselbrunnen **12 %/4,90 €**
82 2011 Riesling Kabinett „feinherb Alte Reben Dicke Toni" Rüdesheimer Klosterlay **11,5 %/5,50 €**

★★★★★

Markus **Molitor**

Weingut **Mosel**

Haus Klosterberg, 54470 Bernkastel-Wehlen
***Tel.** 06532-95400-0, **Fax**: 06532-95400-29*
www.markusmolitor.com
info@markusmolitor.com
***Besuchszeiten**: Mo.-Fr. 10-18 Uhr, Sa./So. nach Vereinbarung*

Inhaber .... Markus Molitor
Rebfläche .... 42 Hektar

Ganz klein und sehr jung hat er angefangen, heute ist Markus Molitor größter Weingutsbesitzer an der mittleren Mosel. Direkt am Weingut besitzt Markus Molitor 10 Hektar Weinberge, das größte arrondierte Stück an der Mittelmosel (Wehlener Klosterberg). Beträchtlichen Besitz hat er auch an der Zeltinger Sonnenuhr, ist aber auch auf der Wehlener Seite vertreten und im Zeltinger Schlossberg. Hinzu kommen unter anderem Weinberge im Graacher Domprobst und Himmelreich, Erdener Treppchen, Ürziger Würzgarten und in der Bernkasteler Lay. An der Saar hat er 3 Hektar im Saarburger Rausch erworben, einen halben Hektar im Ockfener Bockstein. Neben Riesling besitzt er 1,3 Hektar Weißburgunder und 2,5 Hektar Spätburgunder. Die Burgunder werden bei ihm prinzipiell im Holz ausgebaut. Markus Molitor vergärt alle Weine ohne Reinzuchthefen. Zum Pressen benutzt er in den letzten Jahren verstärkt Korbpressen, lässt die Weine 12 bis 18 Stunden macerieren, je nach Jahrgang auch mal zwei Tage. Zum Ausbau nutzt er Edelstahl und Holzfässer, hat den Holzfassanteil in den letzten Jahren weiter vergrößert. Er baut die Weine lange auf der Feinhefe aus und füllt sehr spät ab. In ihrer Jugend wirken sie dadurch oft etwas streng und verschlossen, eine Tendenz, die sich von Jahr zu Jahr immer deutlicher abzeichnet. Solche Weine sollte man eigentlich erst nach ein paar Monaten Flaschenreife zeigen.

Bezeichnungen wie trocken oder „feinherb" hat Markus Molitor mit dem Jahrgang 2007 abgeschafft. Für ihn trocken schmeckende Weine (auch wenn nicht im gesetzlich trockenen Bereich) werden mit weißer Kapsel ausgestattet, „feinherbe" mit grüner Kapsel und süße mit goldener Kapsel.

Vorjahre

2009 hatte Markus Molitor, wie gehabt, sehr spät gefüllt, und wir hatten, wie gehabt, die Weine unmittelbar nach der Füllung verkostet. Vor allem die edelsüßen Weine waren noch stark vom Schwefel geprägt. Die Kollektion aber war bärenstark, angefangen vom Gutsriesling. Das trockene (oder fast trockene) Segment präsentierte sich geschlossen und eindrucksvoll mit den gewohnt starken „Alten Reben" von Saar und Mosel und mit gleich vier 2-Sterne-Selektionen im Auslesebereich. Unser Favorit: Der Wein aus der Zeltinger Sonnenuhr. Und auch im „feinherben" Segment war unser Favorit ebenfalls eine 2-Sterne-Auslese aus der Zeltinger Sonnenuhr. Stärker noch erschienen uns 2009 aber die edelsüßen 2-Sterne-Selektionen von Markus Molitor, natürlich im Auslesebereich, die beiden Zeltinger Weine aus Schlossberg und Sonnenuhr fanden wir besonders faszinierend, ebenso die 3-Sterne-Auslese aus dem Graacher Himmelreich. Vor zwei Jahren hatten wir alle 2007er Spätburgunder noch einmal verkostet, sie hatten meist weiter zugelegt, waren aber immer noch enorm jugendlich. 2008 schien daran anzuknüpfen, wie die verkosteten, füllfertigen Fassproben zeigten. Und Pinot gibt es auch in weiß: Pinot Blanc, puristisch und kraftvoll wie der rote Bruder, ganz auf Haltbarkeit vinifiziert, ganz stark, vor allem der 3-Sterne-Wein. Einen solchen hatte Markus Molitor 2010 nicht erzeugt, um die Qualität des Ein-Sterne-Weins zu halten. Die 2009er Spätburgunder, Ende September als füllfertige Fassproben verkostet, präsentierten sich sehr stimmig, die beiden 3-Sterne-Selektionen besaßen wunderschön feine Tannine. Ganz starke Rieslinge hatte Markus Molitor 2010 auf die Flasche gebracht, der trockene und „feinherbe" Teil der Kollektion war stark, schon einige wunderschöne, im Alkohol niedrige Kabinettweine machten viel Freude. Grandios war aber 2010 einmal mehr der edelsüße Teil der Kollektion, in einem Jahrgang mit 10 Trockenbeerenauslesen, dazu Beerenauslesen, Eiswein, 3- und 2-Sterne-Auslesen zuhauf, jeder einzelne Wein bestechend reintönig!

2011 „trocken"

Man steigt ein auf hohem Niveau: Der Riesling Haus Klosterberg ist kraftvoll und klar, der Schiefersteil noch etwas lebhafter. Star unter den Kabinetten – Markus Molitor würde „Kabis" sagen – ist das Fuder 6 aus der Zeltinger Sonnenuhr, ein Wein, der druckvoll und lang ist, dezente Tannine aufweist. Das Beste: Kein Kabinett hat mehr als 11,5° Alkohol. Die Alten Reben-Weine sind füllig und saftig, merklich restsüß, der von der Saar ist ein klein wenig nachhaltiger als der von der Mosel. Unter den beiden Spätlesen präferieren wir die aus der Sonnenuhr (viel Länge!), die 2-Sterne-Auslese ist saftig und konzentriert, herrlich nachhaltig, die 3-Sterne-Variante besitzt noch mehr Druck und Präzision, die Versteigerungs-Auslese ist noch konzentrierter. Die 3-Sterne-Auslese aus dem Treppchen ist enorm stoffig und konzentriert, besitzt aber derzeit noch nicht die Komplexität der Sonnenuhr-Auslesen.

2011 „feinherb"

Auch der feinherbe Teil der Kollektion präsentiert sich stimmig. Highlight im Kabinettbereich ist der Wein aus der Badstube, der füllig, kraftvoll und zupackend ist. Die Spätlesen sind fruchtbetont, reintönig und zupackend, die aus dem Himmelreich besitzt viel Präzision. Kraftvoller und saftiger sind die Auslesen, eindeutiges Highlight im feinherben Segment ist die 3-Sterne-Auslese aus dem Würzgarten, ein enorm komplexer, druckvoller und nachhaltiger Riesling.

2011 süß

Wie im Vorjahr, wie eigentlich jedes Jahr, hat Markus Molitor wieder eine grandiose Palette an süßen und edelsüßen Rieslingen erzeugt. Die Kabis sind frisch und klar, die Spätlesen faszinierend elegant, die beiden Versteigerungs-Spätlesen, 2010 und 2011, noch komplexer als ihre Kolleginnen. Die Auslesen sind großes Kino: Gleich sieben 3-Sterne-Auslesen 2011 konnten wir verkosten, dazu die faszinierende Versteigerungsauslese aus 2010. Untern den 2011ern gilt unsere leichte Präferenz der Zeltinger Sonnenuhr, knapp vor Würzgarten, Himmelreich und der anderen Sonnenuhr, aus Wehlen. Alle sind enorm konzentriert – und bestechend reintönig. Noch konzentrierter und dicker sind Beerenauslese und Trockenbeerenauslese, die 2006er Versteigerungs-Trockenbeerenauslese zeigt bei aller Konzentration und Süße ansatzweise auch Komplexität – in 50 Jahren wird das richtig Spaß machen!

Burgunder

Sehr stimmig präsentiert sich die Weißburgunder-Riege: Der Haus Klosterberg ist füllig und cremig, die 1-Sterne-Variante kraftvoll und präzise bei klarer Frucht, der 3-Sterne-Wein, den es 2011 wieder gibt, ist komplex, kraftvoll und sehr nachhaltig. Seine Spätburgunder füllt Markus Molitor erst sehr spät, bringt sie noch später in den Verkauf; als Ausblick auf das kommende Jahr konnten wir den 3-Sterne-Wein aus dem Himmelreich verkosten, ein faszinierend kraft- und druckvoller Spätburgunder, präzise, zupackend und nachhaltig.

Weinbewertung

Weißburgunder:

87 2011 Pinot Blanc „Haus Klosterberg" **8,95 €**
89 2011 Pinot Blanc* Wehlener Klosterberg **14,50 €**
91 2011 Pinot Blanc*** Wehlener Klosterberg **39,- €**

Weiße Kapseln (trocken):

86 2011 Riesling „Haus Klosterberg" **8,95 €**
87 2011 Riesling „Schiefersteil" **9,95 €**
87 2011 Riesling Kabinett Erdener Treppchen **11,90 €**
88 2011 Riesling Kabinett Graacher Domprobst **11,90 €**
88 2011 Riesling Kabinett Wehlener Klosterberg **11,90 €**
89 2011 Riesling Kabinett „Fuder 6" Zeltinger Sonnenuhr **18,90 €**
89 2011 Riesling „Alte Reben" Mosel **15,50 €**
90 2011 Riesling „Alte Reben" Saar **15,50 €**
90 2011 Riesling Spätlese Graacher Domprobst **16,50 €**
91 2011 Riesling Spätlese Zeltinger Sonnenuhr **16,90 €** ☺
92 2011 Riesling Auslese** Zeltinger Sonnenuhr **33,- €**
94 2011 Riesling Auslese*** Zeltinger Sonnenuhr **59,90 €**
92 2011 Riesling Auslese*** Erdener Treppchen **58,90 €**

95 2011 Riesling Auslese*** Zeltinger Sonnenuhr **100,- €/Verst.**

Grüne Kapseln („feinherb"):

86 2011 Riesling Haus Klosterberg **8,50 €**

86 2011 Riesling Kabinett Zeltinger Himmelreich **11,90 €**

89 2011 Riesling Kabinett Bernkasteler Badstube **11,50 €** ☺

90 2011 Riesling Spätlese Bernkasteler Badstube **15,90 €**

90 2011 Riesling Spätlese Wehlener Klosterberg **15,90 €**

91 2011 Riesling Spätlese Graacher Himmelreich **16,90 €** ☺

92 2011 Riesling Auslese** Erdener Treppchen **29,50 €**

92 2011 Riesling Auslese** Zeltinger Sonnenuhr **32,50 €**

94 2011 Riesling Auslese*** Ürziger Würzgarten **58,90 €**

Goldene Kapseln („frucht- und edelsüß"):

86 2011 Riesling Kabinett Wehlener Sonnenuhr **12,50 €**

87 2011 Riesling Kabinett Zeltinger Sonnenuhr **13,90 €**

91 2011 Riesling Spätlese Wehlener Sonnenuhr **16,90 €** ☺

91 2011 Riesling Spätlese Zeltinger Sonnenuhr **17,90 €** ☺

92 2010 Riesling Spätlese Zeltinger Sonnenuhr **50,- €/Verst.**

92 2011 Riesling Spätlese Zeltinger Sonnenuhr **Verst.**

92 2011 Riesling Auslese** Zeltinger Sonnenuhr **33,- €**

92 2011 Riesling Auslese*** Erdener Treppchen **48,- €**

92 2011 Riesling Auslese*** Zeltinger Schlossberg **53,- €**

91 2011 Riesling Auslese*** Bernkasteler Lay **53,- €**

93 2011 Riesling Auslese*** Ürziger Würzgarten **53,- €**

93 2011 Riesling Auslese*** Wehlener Sonnenuhr **53,- €**

93 2011 Riesling Auslese*** Graacher Himmelreich **54,- €**

94 2011 Riesling Auslese*** Zeltinger Sonnenuhr **59,50 €**

95 2010 Riesling Auslese*** Zeltinger Sonnenuhr **375,06 €/Verst.**

94 2011 Riesling Beerenauslese* Zeltinger Sonnenuhr **142,90 €**

96 2011 Riesling Trockenbeerenauslese* Zeltinger Sonnenuhr **369,- €**

97 2006 Riesling Trockenbeerenauslese* Zeltinger Sonnenuhr **3.438,10 €/Verst.**

Spätburgunder:

(93) 2010 Spätburgunder*** Graacher Himmelreich **79,90 €**

★★★

Molitor – Rosenkreuz

Weingut

Mosel

Am Rosenkreuz 1, 54518 Minheim
***Tel.** 06507-6739, **Fax:** 06507-992109*
weingutmolitor-rosenkreuz@freenet.de
***Besuchszeiten:** jederzeit nach Vereinbarung*

Inhaber .... Achim W. Molitor
Rebfläche .... 5,2 Hektar

Achim Molitor hat 1995 ein Weingut in Minheim gekauft. Dadurch kam er in den Besitz von 4 Hektar Weinbergen in Piesport, darunter über 50 Jahre alte Reben im Piesporter Goldtröpfchen. Hinzu kam ein Hektar mit 40 bis 80 Jahre alten Reben in Wintrich. 1998 hat Achim Molitor in neue Kelter- und Kelleranlagen in Minheim investiert. Neben 95 Prozent Riesling baut er 5 Prozent Spätburgunder an. Die Hälfte der Jahresproduktion wird exportiert.

Vorjahre

Die 2009er Weine waren kraftvoll und eigenwillig, sehr eigenständig. Nicht nur die Rieslinge überzeugten, auch der Pinot Noir war wie immer eine sichere Bank. Sehr geschlossen präsentierte sich der Jahrgang 2010, der seine Stärken mit den Goldtröpfchen-Weinen im edelsüßen Segment hatte. Das 2009er Große Gewächs, ebenfalls aus dem Goldtröpfchen, gefiel uns auch sehr gut, ebenso der Pinot Noir.

Jahrgang 2011

Eine ganz starke Kollektion präsentiert Achim Molitor mit dem Jahrgang 2011. Das Große Gewächs aus dem Goldtröpfchen ist kraftvoll und präzise, sehr jugendlich. Der süße Teil der Kollektion wird gekrönt von zwei druckvollen Trockenbeerenauslesen, beide zupackend, besitzen sie viel Substanz und feinen Nachhall. Dass die Weine von Achim Molitor sich gut entwickeln, zeigt die trockene Spätlese aus dem Ohligsberg in unserer 2002er-Verkostung.

Weinbewertung

89 2011 Riesling „GG" Piesporter Goldtröpfchen **12,5 %/16,- €**
88 2002 Riesling Spätlese trocken Wintricher **11,5 %/9,- €** ☺
85 2011 Riesling Spätlese halbtrocken Piesporter Goldtröpfchen **12,5 %/10,- €**
85 2011 Riesling Spätlese Piesporter Goldtröpfchen **9 %/11,- €**
88 2011 Riesling Auslese* Piesporter Goldtröpfchen **8 %/16,- €**
89 2011 Riesling Eiswein Piesporter Falkenberg **11,5 %/26,- €/0,375l**
87 2011 Riesling Beerenauslese Piesporter Falkenberg **10 %/26,- €/0,375l**
89 2011 Riesling Beerenauslese Piesporter Goldtröpfchen **8 %/30,- €/0,375l**
92 2011 Riesling Trockenbeerenauslese Piesporter Goldtröpfchen **8,5 %/100,- €/0,375l**
92 2011 Riesling Trockenbeerenauslese „Honigberg" Bernkasteler Kurfürstlay **11 %/60,- €/0,375l**

Montana ★

Weinmanufaktur

Hessische Bergstraße

Zwischen den Bächen 23-25, 64625 Bensheim
***Tel.** 06251-8692910, **Fax**: 06251-8699499*
www.weinmanufaktur-montana.de
info@weinmanufaktur-montana.de
***Besuchszeiten**: Mo.- Fr. 10-18 Uhr, Sa. ab 11 Uhr, Restaurant Mi.-So. ab 18 Uhr, So. auch 12-15 Uhr*

Inhaber .... Wilfried Trepels
Geschäftsführer .. Wilfried Trepels, Alexander Heer
Kellermeister .... Alexander Heer
Rebfläche .... 3 Hektar

Frischer Wind an der Hessischen Bergstraße: In Bensheim-Auerbach hat sich der Manager Wilfried Trepels, Finanzvorstand eines börsennotierten Unternehmens, den Traum vom eigenen Weingut verwirklicht. Zur Zeit werden 3 Hektar bewirtschaftet, eine Vergrößerung ist aber geplant, wenn gute Lagen erworben werden können. Hauptrebsorte soll einmal der Riesling sein, zur Zeit sind es Rivaner und Silvaner, dazu kommen Riesling, Grauburgunder, Weißburgunder und Auxerrois, bei den Rotweinen sind es Dornfelder, Spätburgunder und St. Laurent. Die Reben stehen in den Lagen Bensheimer Streichling, Zwingenberger Steingeröll und Alte Burg. Von jeder Rebsorte wird ein Wein hergestellt, ohne Lage, ohne Prädikate.

Vorjahr

Bei der Premiere im vergangenen Jahr waren die Weine reintönig und frisch, von den 2010ern hatte uns am besten der Rivaner gefallen, die Cuvée aus Weißburgunder, Auxerrois und Grauburgunder, kurz im neuen Holz ausgebaut, zeigte gute Ansätze. Der Barrique-Dornfelder von 2009, der noch außer Haus ausgebaut wurde, gehörte zu den besseren seiner Sorte.

Neue Kollektion

In diesem Jahr haben wir sehr trockene Weißweine verkostet, am besten gefallen uns Rivaner und Auxerrois. Der Barrique Dornfelder zeigt ein fast burgundisches Bukett, im Mund ist er dicht, weich und elegant. Für die 2011er Weine zeichnete noch Verena Schöttle verantwortlich, sie hat das Weingut in Richtung Rheinhessen verlassen, neuer Kellermeister ist Alexander Heer, der bisher im Rheingau arbeitete und dort auch ein kleines eigenes Weingut hat.

Weinbewertung

83 2011 Rivaner trocken **12,5 %/7,50 €**
79 2011 Silvaner trocken **13 %/ 8,- €**
84 2011 Auxerrois trocken **12,5 %/8,50 €**
78 2011 Grauburgunder trocken **12 %/8,50 €**
86 2010 Dornfelder trocken Barrique **13 %/15,50 €**

★★★

Montigny

Weingut

Nahe

Weidenpfad 46, 55452 Laubenheim/Nahe
***Tel.** 06704-1468, **Fax**: 06704-1602*
www.montigny.de
sascha.montigny@montigny.de
***Besuchszeiten**: Mo.-Fr. 10-12 + 14-18 Uhr, Sa. 10-14 Uhr, jeweils nach Vereinbarung*

Inhaber .... Sascha Montigny
Rebfläche .... 8,08 Hektar

Das Weingut Montigny wurde in den sechziger Jahren von den Eltern des heutigen Besitzers gegründet. Sascha Montigny ist seit fast zwanzig Jahren im Weingut tätig, das er 1994 übernommen hat. Ungewöhnlich für die Nahe ist, dass mittlerweile die Hälfte der Rebfläche mit roten Sorten bestockt ist. Spätburgunder, den es bereits seit 1975 gibt, ist die wichtigste rote Sorte. Zweite wichtige Rotweinsorte ist der St. Laurent. Der Schwerpunkt bei den Weißweinen liegt beim Riesling, der ein Viertel der Rebfläche einnimmt. Dazu gibt es Grauburgunder und Weißburgunder. Die Weißweine werden kühl in Edelstahltanks vergoren. Die Rotweine werden maischevergoren und anschließend in Eichenholzfässern ausgebaut, teils in Stückfässern, teils in Barriques.

Vorjahre

Vor zwei Jahren war der 2008er St. Laurent „R" unser klarer Favorit, führte eine konsistente Kollektion an, mit leichten Vorteilen im roten Segment. Im letzten Jahr lagen die Vorteile klar im roten Segment, das sich sehr geschlossen präsentierte; allerdings war diesmal nicht der allzu duftige St. Laurent „R" unser Favorit, die Cuvée Mariage gefiel uns noch ein klein wenig besser.

Neue Kollektion

In diesem Jahr punktet Sascha Montigny mit vier starken Rotweinen des 2010er Jahrgangs und einem 2011er, die alle saftig und fleischig sind und sich durch einen wohl dosierten, zurückhaltenden Holzeinsatz auszeichnen. An der Spitze steht der Spätburgunder aus der Krone, und aus dieser Lage stammen auch zwei überzeugende, füllige Rieslinge, die das weiße Segment zusammen mit einem harmonischen Barrique-Grauburgunder anführen.

Weinbewertung

85 2010 Spätburgunder „blanc de noir" Sekt brut **13 %/10,- €**
85 2009 Riesling Sekt brut **12,5 %/9,50 €**
86 2011 Grauburgunder trocken Barrique Laubenheimer Karthäuser **14 %/9,- €**
85 2011 Riesling Spätlese trocken Laubenheimer Karthäuser **13 %/7,- €**
87 2011 Riesling trocken Laubenheimer Krone **13 %/13,50 €**
84 2011 Riesling Spätlese „feinherb" Laubenheimer Karthäuser **12,5 %/7,- €**
86 2011 Riesling „S" „feinherb" Laubenheimer Krone **12,5 %/13,50 €**
87 2010 „Cuvée Mariage" Rotwein trocken Barrique Laubenheimer **14 %/15,50 €**
86 2010 Saint Laurent trocken Barrique Laubenheimer **13 %/12,50 €**
87 2011 Frühburgunder trocken Barrique Laubenheimer **14 %/14,50 €**

87 2010 Spätburgunder trocken Barrique Laubenheimer **14 %/13,50 €**
88 2010 Spätburgunder trocken Barrique Laubenheimer Krone **13,5 %/24,50 €**

★

Moosmann
Weingut, Siegfried & Georg

Baden

Alte Dorfstrasse 32, 79183 Waldkirch-Buchholz
***Tel.** 07681-7574, **Fax**: 07681-25118*
www.weingut-moosmann.de
weingut.moosmann@t-online.de
***Besuchszeiten**: nach Vereinbarung*

Inhaber.......... Siegfried & Georg Moosmann
Rebfläche.............................. 22 Hektar

Seit 1986 baut Siegfried Moosmann seine Weine selbst aus, seit 1994 ist Sohn Georg für den Weinausbau verantwortlich. Von ursprünglich 7,5 Hektar ist die Rebfläche auf die heutige Größe angewachsen. Die Weinberge liegen in Buchholz und Glottertal, wo die Reben auf Gneisverwitterungsböden wachsen, sowie in Mundingen und Herbolzheim; dort stehen die Reben auf tiefgründigen Lössböden. Die Hälfte der Rebfläche nimmt Spätburgunder ein, es folgen Grauburgunder, Weißburgunder und Chardonnay. Dazu gibt es etwas Müller-Thurgau, Riesling, Gewürztraminer und Muskateller, seit 2005 auch Sauvignon Blanc.

Kollektion

Die Weine sind füllig und kraftvoll, besitzen reife Frucht und gute Substanz, nur die deutliche Restsüße wurde ab und an etwas störend empfunden, insbesondere bei den Rotweinen; am besten gefällt uns der intensive, herrlich zupackende Sauvignon Blanc.

Weinbewertung

81 2011 Grauburgunder Kabinett trocken **12,5 %/6,- €**
84 2011 Weißburgunder Spätlese trocken **13,5 %/7,90 €**
82 2011 Chardonnay Spätlese trocken **13,5 %/7,90 €**
85 2011 Sauvignon Blanc trocken **13 %/7,50 €**
84 2010 Spätburgunder trocken Holzfass **13,5 %/11,90 €**
82 2009 Spätburgunder Auslese trocken **14,5 %/14,90 €**

★★★★☆

Georg Mosbacher
Weingut

Pfalz

Weinstraße 27, 67147 Forst
***Tel.** 06326-329, **Fax**: 06326-6774*
www.georg-mosbacher.de
info@georg-mosbacher.de
***Besuchszeiten**: Mo.-Fr. 8-12 + 13:30-18 Uhr, Sa. 9-13 Uhr*

Inhaber...................... Familie Mosbacher
Betriebsleiter..... Sabine Mosbacher-Düringer
.... Jürgen Düringer
Rebfläche............................. 20 Hektar

Seit über 200 Jahren betreibt die Familie Weinbau in Forst. Richard Mosbacher Sen. gründete das Weingut 1920 zusammen mit seinen Schwestern und benannte es nach seinem Vater Georg. Sein Sohn Richard und Ehefrau übernahmen das Gut in den sechziger Jahren, seit 1992 leiten Tochter Sabine und ihr Ehemann Jürgen Düringer, beide Geisenheim-Absolventen, den Betrieb. Ihre Weinberge liegen in Forst und Deidesheim. Große Gewächse erzeugen sie in den Forster Lagen Pechstein (Basalt, Buntsandsteingeröll), Ungeheuer (Buntsandstein mit Kalkgeröll und Basalt) und Freundstück (Buntsandsteingeröll, stellenweise etwas Kalkgeröll), sowie im Deidesheimer Kieselberg (lehmiger Sand, stellenweise Buntsandstein und Geröll). Weitere Weinberge besitzen sie in den Forster Lagen Musenhang, Stift und Elster, sowie in den Deidesheimer

Lagen Herrgottsacker, Mäushöhle und Leinhöhle. Riesling ist die mit Abstand wichtigste Rebsorte im Betrieb. Daneben gibt es ein klein wenig Weißburgunder, Gewürztraminer und Sauvignon Blanc, aber auch Spätburgunder, Dornfelder, Regent und Merlot.

Vorjahre

Schon in unserer ersten Ausgabe haben wir festgestellt: Einer der Top-Betriebe in der Pfalz. Dies gilt heute noch wie damals. Jahr für Jahr präsentiert das Weingut konsistente Kollektionen auf hohem Niveau, die immer angeführt werden von den prächtigen Großen Gewächsen. Vor zwei Jahren präsentierte Mosbacher eine beeindruckende Riesling-Armada, angeführt von vier Großen Gewächsen auf hohem Niveau. Besonders gut gefallen haben uns auch der Gutsriesling und die Kabinett-Weine. Im vergangenen Jahr gehörte Mosbacher zu den wenigen Weingütern, die beim Riesling das Niveau hielten oder zum Teil sogar übertreffen konnten. Neben zwei tollen Rotweinen und dem herrlich saftigen Sauvignon Blanc hatten uns die Rieslinge erfreut. Die etwas höhere Restsüße als üblich fügte sich gut in die Struktur der Weine, die tolle Frucht und der hohe Extrakt macht die kräftige Säure mehr als erträglich. Von den Großen Gewächsen gefielen uns Freundstück und Pechstein besser als im vergangenen Jahr, sie gewannen durch ihre Präzision an Statur und dürften auch noch in einigen Jahren viel Freude machen.

Neue Kollektion

In diesem Jahr haben wir wieder eine sehr gute bis hervorragende Riesling-Kollektion verkostet. Die Kabinett-Weine sind leicht und von gutem Biss, die Mäushöhle zeigt ein vielschichtiges Spiel. Bei den Terroir-Weinen haben wir in diesem Jahr keinen Favoriten: Trockenster Wein ist der Basalt, die Frucht ist dadurch ganz klar und die feinsalzige Mineralität erzeugt Druck und Spannung. Das Große Gewächs aus der Basalt-Lage Pechstein ist das mit dem höchsten Restzucker, dadurch entsteht zusammen mit der hohen Konzentration barocke Eleganz und karamellige Fülle. Fokussiert und elegant ist der Kalkstein-Riesling, eine opulente Frucht, Druck und Spannung zeigt der Buntsandstein-Riesling. Bei den Großen Gewächsen favorisieren wir in diesem Jahr wieder das Ungeheuer, er zeigt komplexe Kraft, der Kieselberg ist etwas zurückhaltender, überzeugt aber mit feinem Biss und feiner Frucht. Sehr gut sind auch der knackig-frische Sauvignon Blanc und der cremige Weißburgunder.

Weinbewertung

90 2011 Riesling „GG" Kieselberg Deidesheim **13 %/25,- €**
90 2011 Riesling „GG" Pechstein Forst **13 %/27,- €**
91 2011 Riesling „GG" Ungeheuer Forst **13 %/29,- €**
89 2011 Riesling trocken „Basalt" **12,5 %/15,- €**
89 2011 Riesling trocken „Buntsandstein" **13,5 %/16,- €**
89 2011 Riesling „Kalkstein" **13 %/15,- €**
87 2011 Riesling Kabinett trocken Deidesheimer Mäushöhle **12,5 %/9,80 €**
86 2011 Riesling Kabinett trocken Deidesheimer Herrgottsacker **12,5 %/8,- €**
86 2011 Riesling Kabinett trocken Deidesheimer Leinhöhle **12 %/9,80 €**
87 2011 Sauvignon Blanc trocken **12 %/10,- €**
87 2011 Weißburgunder „SL" trocken **13 %/12,- €**
89 2011 Riesling Auslese Goldkapsel **12 %/20,-€/0,375l**

Martin **Müllen** ★★★★

Weingut

Mosel

Alte Marktstraße 2, 56841 Traben-Trarbach
***Tel.** 06541-9470, **Fax**: 06541-9470*
www.weingutmuellen.de
info@muellen.de
***Besuchszeiten**: Mo.-Sa. 10-12 + 15-19 Uhr (um Anmeldung wird gebeten), So. Ruhetag*

Inhaber .... Martin Müllen
Rebfläche .... 4,6 Hektar

M

Die besten deutschen Weinerzeuger und ihre Weine

Martin Müllen hat 1991 sein eigenes Weingut gegründet, mit einer „Hobby-Rebfläche", zu der er nach und nach weitere Parzellen in besten Lagen von Kröv und Wolf hinzu erworben hat, sowie einen Weinberg im Trarbacher Hühnerberg. Neben Riesling baut er etwas Weißburgunder, Spätburgunder und Dornfelder an. Die Weine werden mit den natürlichen Hefen vergoren und lange auf der Feinhefe in Eichenholzfässern ausgebaut. Sie zeichnen sich durch ihr sehr gutes Alterungspotenzial aus.

Vorjahre

Die Weine von Martin Müllen zeigen eine klare Handschrift: Sie sind kraftvoll und zupackend, konzentriert und sehr nachhaltig, Jahr für Jahr. Auch in schwierigen Jahren überzeugt er mit dem guten Niveau seiner Basisweine. Die 2009er präsentierten sich teilweise sehr verhalten, vor allem die trockenen Spitzen. Die Auslesen und die Beerenauslese präsentierten sich wie gewohnt als enorm rassige, saftige, eigenständige Weine. Sehr verhalten und eigenwillig waren die trockenen 2010er. Der edelsüße Teil der Kollektion präsentierte sich geschlossen auf sehr gutem Niveau, die Beerenauslesen waren noch sehr jugendlich.

Jahrgang 2011

Die neue Kollektion präsentiert sich geschlossen, mit Vorteilen im edelsüßen Segment, an der Spitze mehrere Beerenauslesen, Auslesen und eine Trockenbeerenauslese, alle recht duftig und konzentriert. Sehr gut haben sich die Müllen-Rieslinge in unserer 2002er-Verkostung behauptet, besonders fasziniert hat uns der trockene Kabinett aus der Letterlay mit nur 10,5 % Alkohol.

Weinbewertung

84 2011 Riesling Kabinett trocken Kröver Paradies **11,5 %/7,90 €**
86 2011 Riesling Kabinett* trocken „R" Trarbacher Hühnerberg **12 %/12,90 €**
85 2011 Riesling Spätlese* trocken Kröver Paradies **12,5 %/11,90 €**
88 2011 Riesling Spätlese trocken „R" Trarbacher Hühnerberg **12,5 %/15,90 €**
89 2002 Riesling Kabinett trocken Kröver Letterlay **10,5 %/9,90 €**
88 2002 Riesling Spätlese trocken Kröver Paradies **11 %/12,90 €**
90 2002 Riesling trocken Trarbacher Hühnerberg **12,5 %/16,- €**
86 2011 Riesling Kabinett* „feinherb" „R" Trarbacher Hühnerberg **11 %/14,- €**
86 2011 Riesling Kabinett Trarbacher Hühnerberg **7,5 %/12,90 €**
84 2010 Riesling Kabinett Trabener Würzgarten **7,90 €**
86 2011 Riesling Spätlese** Kröver Letterlay **8 %/14,90 €**
86 2011 Riesling Spätlese** Kröver Paradies **8 %/14,90 €**
86 2011 Riesling Spätlese*** Kröver Paradies **8,5 %/17,- €**
88 2011 Riesling Spätlese Trarbacher Hühnerberg **8 %/18,- €**
87 2010 Riesling Auslese Kröver Letterlay **25,- €**
89 2011 Riesling Auslese Kröver Paradies **8,5 %/22,- €**
89 2011 Riesling Auslese Kröver Letterlay **8,5 %/22,- €**
90 2011 Riesling Auslese* Trarbacher Hühnerberg
90 2011 Riesling Beerenauslese Kröver Letterlay
91 2011 Riesling Beerenauslese* Kröver Letterlay
90 2011 Riesling Beerenauslese Trarbacher Hühnerberg
90 2011 Riesling Trockenbeerenauslese Kröver Letterlay

★☆

Adam **Müller**
Weingut

Baden

Adam-Müller-Straße 1, 69181 Leimen
Tel. *06224-97100,* ***Fax:*** *06224-971047*
www.weingut-adam-mueller.de
verkauf@weingut-adam-mueller.de
Besuchszeiten: *Mo.-Fr. 8-18 Uhr, Sa. 9-13 Uhr*

Inhaber............Matthias und Marcus Müller
Rebfläche.............................21 Hektar

Die Cousins Marcus und Matthias Müller, die das Weingut zum 1. Januar 2003 von ihren Vätern übernommen haben, bringen ihre durch viele Auslandsaufenthalte geprägten Erfahrungen in dieses traditionsreiche Haus ein. Zunächst trennten sie das eigene Weingut vom Kellereibetrieb. Nur die besten Weine aus den eigenen Weinbergen werden in anderer Ausstattung in der Weingutslinie vermarktet. Neben Weinbergen in den Leimener Lagen Kreuzweg und Herrenberg haben sie von der Stadt Heidelberg einen 1,2 Hektar großen Weinberg in der Lage Sonnenseite ob der Bruck gepachtet, den sie mit Riesling und Spätburgunder bepflanzten. An roten Sorten, die ein Drittel der Rebfläche einnehmen, gibt es neben Spätburgunder noch Lemberger und Portugieser. Alle Rotweine werden im Barrique ausgebaut. Wichtigste weiße Sorten sind Riesling, Weiß- und Grauburgunder. Marcus Müller ist für den Weinausbau verantwortlich, Matthias Müller für den kaufmännischen Bereich, dessen Frau Nathalie für Kundenbetreuung und Öffentlichkeitsarbeit.

Vorjahre

Seit über einem Jahrzehnt empfehlen wir nun die Weine vom Weingut Adam Müller. Anfangs etwas wechselhaft, hat man mit den letzten Jahrgängen an Konstanz gewonnen, Weiß- und Rotweine überzeugen gleichermaßen. Sehr homogen präsentierte sich der Jahrgang 2009 mit reintönigen, fruchtbetonten Weiß- und Rotweinen. Die 2010er Weißweine waren deutlich verhaltener, am besten gefiel uns in der letztjährigen Kollektion der 2008er Spätburgunder „Ernte 273".

Neue Kollektion

Enorm gleichmäßig ist nun auch die neue Kollektion, weiß wie rot, mit zwei saftigen, klaren Rieslingen an der Spitze. ▬

Weinbewertung

82 2011 Weißburgunder Kabinett trocken Leimener Kreuzweg **12 %/6,80 €**

82 2011 Grauburgunder Kabinett trocken Leimener Kreuzweg **12 %/6,80 €**

83 2011 Riesling trocken „Alte Reben" Leimener Herrenberg **12,5 %/8,95 €**

84 2011 Riesling Spätlese trocken Heidelberger Sonnenseite ob der Bruck **12 %/13,50 €**

82 2011 Sauvignon Blanc trocken Leimener Herrenberg **12,5 %/7,50 €**

82 2011 Spätburgunder Rosé Kabinett trocken Heidelberger Burg **12 %/5,30 €**

81 2011 Spätburgunder Spätlese trocken Heidelberger Sonnenseite ob der Bruck **13 %/15,95 €**

82 2010 Spätburgunder Spätlese trocken Leimener Herrenberg **13 %/12,90 €**

Axel **Müller** ★

Weingut

Rheinhessen

Ph.-Merckel-Straße 23, 67592 Flörsheim-Dalsheim
***Tel.** 06243-7412, **Fax:** 06243-6295*
www.weingut-otto-mueller.de
weingutottomueller@t-online.de
***Besuchszeiten:** Mo.-Sa. 8-18 Uhr, So. 10-14 Uhr*

Inhaber .... Axel Müller
Rebfläche .... 12 Hektar

Seit 1625 ist das Gut in Familienbesitz, das heute von Axel und Birgit Müller geführt wird. 18 verschiedene Rebsorten baut Axel Müller an, zuletzt wurden Chardonnay, Cabernet Sauvignon und St. Laurent gepflanzt. Über ein Drittel der Rebfläche ist mit roten Sorten bestockt.

Vorjahre

In der 2009er Kollektion waren einige Weine allzu verhalten. Gleiches galt 2010: Wie im Jahr zuvor gefiel uns der Riesling von alten Reben am besten, das Gros der Weine war aber zu verhalten.

Neue Kollektion

Die neue Kollektion gefällt uns besser, bringt klare, geradlinige Weißweine; am besten aber haben wir die rote Cuvée aus dem Jahrgang 2009 bewertet, die rauchig-würzige

Noten mit Fülle und Kraft und süßer Frucht verbindet.

Weinbewertung

82 2011 Grüner Veltliner trocken **12,5 %/7,- €**
83 2011 Weißburgunder „S" trocken **13 %/7,- €**
80 2011 Chardonnay Spätlese trocken **13 %/6,50 €**
82 2011 Sauvignon Blanc trocken **12,5 %/5,50 €**
80 2011 Riesling trocken **12 %/4,50 €**
80 2011 Spätburgunder „Blanc de Noir" trocken **12,5 %/5,50 €**
83 2011 Grauburgunder Spätlese trocken **12,5%/6,-€**
82 2011 Riesling „S" trocken „Alte Reben" **14 %/7,50 €**
81 2011 Grüner Silvaner „feinherb" **11,5 %/4,80 €**
82 2011 Gewürztraminer Spätlese „feinherb" **11,5 %/6,50 €**
83 2011 Huxelrebe Auslese **10,5 %/8,- €**
85 2009 Cuvée „X" Rotwein trocken **13,5 %/8,50 €**

★★☆

Eugen **Müller**

Weingut

Pfalz

Weinstraße 34a, 67147 Forst
***Tel.** 06326-330, **Fax:** 06326-6802*
www.weingut-eugen-mueller.de
weingut-eugen-mueller@t-online.de
***Besuchszeiten:** Mo.-Fr. 8-12 + 13:30-18 Uhr, Sa. 9-16 Uhr*
Ferienwohnungen

Inhaber .... Stephan & Kurt Müller
Rebfläche .... 17 Hektar

Eugen Müller heiratete in die Familie Wallbillich ein, die seit 1767 eine Küferei in Forst betrieb. Die eigentliche Entwicklung vom Küfer zum Weinhändler und Weingut begann 1952, als ein Hagelsturm die Ernte der Forster Winzer vernichtete, so dass Eugen Müllers 30 neue Fässer nicht benötigt wurden. Er kaufte darauf Trauben aus anderen Gemeinden zu und baute seinen ersten Wein auf eigene Rechnung aus. Später kaufte und pachtete er Weinberge zu, 1971 gründete er das Weingut Eugen Müller, das nach Beendigung seines Geisenheimstudiums im gleichen Jahr von seinem Sohn Kurt Müller geführt wird. Dieser wird seit 2000 im Betrieb unterstützt von Sohn Stephan, der nach seinem Geisenheim-Studium ein halbes Jahr in Australien verbrachte, wo er im Barossa Valley beim Weingut Glaetzer arbeitete. Sie besitzen Weinberge in den besten Lagen von Forst: Kirchenstück (Buntsandsteingeröll mit Kalksteingeröll, sandigem Lehm und Basalt), Jesuitengarten (Sandsteingeröll, sandiger Lehm und Basalt), Pechstein (Basalt), Ungeheuer (Buntsandstein vermischt mit Kalksandsteingeröll und Basalt) und Freundstück (Buntsandsteingeröll mit Kalksteingeröll durchsetzt). Mehr als drei Viertel der Weinberge sind mit Riesling bestockt. Hinzu kommen Weißburgunder und Grauburgunder, aber auch rote Sorten wie Dornfelder, Spätburgunder, Portugieser, Dunkelfelder und Cabernet Cubin. 75 Prozent der Weine werden trocken ausgebaut, weitere 15 Prozent halbtrocken. Die Weine werden in Eichenholzfässern kühl vergoren, Dunkelfelder, Cabernet Cubin und Weißburgunder danach in Barriques ausgebaut.

Vorjahre

Vor zwei Jahren verkosteten wir kraftvolle, füllige trockene Spätlesen. Zupackend waren zwei sehr gute Rotweine, dicht, würzig und saftig. Im vergangenen Jahr haben wir herrlich klare, saftige Rieslinge verkostet, nicht zu fett, mit sehr guter Struktur und feinem Spiel von Frucht, Säure und Mineralität.

Neue Kollektion

In diesem Jahr zeigen die trockenen Riesling-Spätlesen viel Frucht und feinen Biss. Sie sind dicht und nachhaltig. Die Lage Ungeheuer zeigt Eleganz und mineralischen Druck, die beiden Rieslinge vom Kirchenstück sind sehr süffig und harmonisch. Sehr gut ist auch der Sauvignon Blanc. Bei den edelsüßen Weinen liegt die Riesling Auslese aus dem Holzfass an der Spitze. Noch deutlich vom Holz geprägt ist der duftige Barrot Rotwein.

Weinbewertung

82 2011 Gutsriesling Kabinett trocken **12 %/5,50 €/1l**
86 2011 Riesling Kabinett trocken Forster Jesuitengarten **12 %/7,90 €**
83 2011 Riesling Kabinett halbtrocken Forster Pechstein **11,5 %/7,30**
88 2011 Riesling Spätlese trocken Forster Ungeheuer **12,5 %/12,- €**
89 2011 Riesling Spätlese trocken „Z" Forster Ungeheuer **12,5 %/16,- €**
89 2011 Riesling Spätlese trocken Forster Kirchenstück **12,5 %/16,- €**
90 2011 Riesling Spätlese trocken „Cyriakus" Forster Kirchenstück **16,- €**
87 2011 Sauvignon Blanc trocken **13 %/9,- €**
86 2011 Riesling Spätlese „feinherb" Forster Pechstein **12 %/12,- €**
87 2011 Riesling Spätlese Forster Ungeheuer **9,5 %/12,- €**
87 2011 Riesling Auslese Forster Kirchenstück **10,5 %/14,50 €/0,5l**
87 2011 Gewürztraminer Spätlese **9,5 %/12,- €**
88 2011 Riesling Auslese „HF" Forster **10,5 %/14,50 €/0,5l**
87 2008 „Barrot C" Rotwein trocken Barrique **13,5 %/15,- €**
83 2010 Rotwein trocken Tradition „R" **13 %/8,20 €**

Gebr. Müller ★★★

Weingut

Baden

Richard-Müller-Straße 5, 79206 Breisach
***Tel.** 07667-511, **Fax:** 07667-6581*
www.mueller-weine.de
info@-mueller-weine.de
***Besuchszeiten:** Mo.-Fr. 15-17:30 Uhr oder nach Vereinbarung*

Inhaber .... Peter Bercher
Weinbau & Keller .... Team Dr. Heger
Betriebsleiter .... Timo Renner
Verkauf .... Clarissa Lübke
Rebfläche .... 2,5 Hektar

Das Weingut wurde 1822 von Johann Baptist Hau gegründet, Kaufmann und Bürgermeister der Stadt Breisach. Er übergab es an seinen Schwiegersohn Franz Josef Müller, der ihm den heutigen Namen gab. Die Weinberge liegen im Breisacher Eckartsberg und im Ihringer Winklerberg. Die Hälfte der Rebfläche nimmt Spätburgunder ein. Es folgen Weiß- und Grauburgunder, dazu kleine Flächen Riesling, Silvaner und andere. Seit 2005 wird das Gut vom Weingut Dr. Heger bewirtschaftet.

Vorjahre

Vor zwei Jahren waren die Weine kraftvoll und strukturiert, an der Spitze standen ein fülliger Grauburgunder und ein reintöniger Spätburgunder. Ihre Jahrgangsnachfolger führten im vergangenen Jahr die Kollektion an, die sich geschlossen auf gutem Niveau präsentierte mit klaren, fruchtbetonten Kabinettweinen, dem noch sehr jugendlichen 3-Sterne-Spätburgunder, der Potenzial besaß, sowie der kraftvollen trockenen Grauburgunder Spätlese an der Spitze: Hier ging es weiter voran.

Neue Kollektion

Und es geht auch dieses Jahr weiter voran, die Weine haben nochmals an Ausdruck und Komplexität gewonnen, sind nochmals druckvoller. Schon die Kabinettweine besitzen Kraft und Struktur, die beiden weißen Spätlesen sind reintönig und konzentriert, besitzen reife Frucht, gute Struktur und Substanz, der Grauburgunder ist noch ein klein wenig druckvoller und nachhaltiger als der Weißburgunder. Die 2010er Spätburgunder bestechen mit ihrer reintönigen Frucht, der Barriquewein ist kraftvoll und zupackend; viel Tannine und Kraft besitzt auch der 2009er, der im vergangenen Jahr noch allzu verschlossen war. Starke Kollektion! ▬

Weinbewertung

83 2011 Weißburgunder Kabinett trocken „Johann Baptist Hau" Breisacher Eckartsberg **12,5 %/10,- €**
85 2011 Grauburgunder Kabinett trocken „Johann

Baptist Hau" Breisacher Eckartsberg **12,5%/10,-€**
84 2011 Riesling Kabinett trocken „Johann Baptist Hau" Ihringer Winklerberg **12%/10,-€**
88 2011 Weißburgunder Spätlese trocken „Johann Baptist Hau" Breisacher Eckartsberg **13,5%/16,50€**
89 2011 Grauburgunder Spätlese trocken „Johann Baptist Hau" Breisacher Eckartsberg **13,5%/16,50€**
85 2010 Spätburgunder trocken „Johann Baptist Hau" Breisacher Eckartsberg **13,5%/11,-€**
89 2009 Spätburgunder trocken Barrique „Johann Baptist Hau" Breisacher Eckartsberg **13,5%/23,90€**
88 2010 Spätburgunder trocken Barrique „Johann Baptist Hau" Breisacher Eckartsberg **13,5%/23,90€**

★★

Georg-**Müller**-Stiftung

Weingut

Rheingau

Eberbacher Straße 7-9, 65347 Hattenheim
***Tel.** 06723-2020, **Fax**: 06723-2035*
www.georg-mueller-stiftung.de
info@georg-mueller-stiftung.de
***Besuchszeiten**: Mo.-Fr. 9-12 + 14-17 Uhr,*
Wochenende nach Vereinbarung

Inhaber .... Peter Winter
Betriebsleiter .... Alf-Erik Ewald
Rebfläche .... 12,5 Hektar

Im Jahr 1913 stiftete Georg Müller, Miteigentümer der Eltviller Sektkellerei „Matheus Müller", sein Weingut seiner Heimatgemeinde. Hattenheim wurde 1972 zu Eltville eingemeindet, seitdem trug das Weingut den Namen „Weingut der Stadt Eltville". 2003 erwarb schließlich Peter Winter das Gut. Seine Weinberge liegen alle in Hattenheim, in den Lagen Schützenhaus, Wisselbrunnen, Nussbrunnen, Hassel, Engelmannsberg und Heiligenberg. Riesling nimmt 80 Prozent der Fläche ein, Spätburgunder 10 Prozent. Dazu gibt es ein klein wenig Frühburgunder, Auxerrois, Scheurebe, Ehrenfelser und Müller-Thurgau. Betriebsleiter und Kellermeister Alf-Erik Ewald hat sich auf klare, elegante Weine spezialisiert. Der Ausbau der Weißweine erfolgt in aller Regel im Edelstahl, für die Rotweine sowie weiße Spezialitäten kommen auch Barriques zum Einsatz.

Vorjahre

Die 2009er fielen überzeugend aus, mit einer feingliedrigen Beerenauslese an der Spitze. 2010 überzeugte der hochkarätigste Süßwein, eine Trockenbeerenauslese aus Scheurebe, am meisten – aber auch die übrigen Weine gefielen mit Würze und eher schlanker Art. Die 2009er Rotweine wirkten dagegen zum Zeitpunkt der Verkostung teilweise noch etwas rau, hätten mehr Eleganz vertragen.

Neue Kollektion

2011 gefallen nicht nur die Basisweine, auch die reif-würzigen Ersten Gewächse besitzen Substanz. Jenes aus dem Nussbrunnen wirkt noch etwas verhalten und wäre mit einem Hauch weniger Restzucker sicher noch präziser, dürfte sich aber gut entwickeln. Auch der Schützenhaus besitzt einen interessanten, betont würzigen Stil, während der Hassel noch etwas verhalten wirkt. Klar und saftig ist die Auslese, während die Trockenbeerenauslese eine konfitürige Üppigkeit aufweist. Der Spätburgunder Erstes Gewächs aus 2009 ist zwar mächtig und alkoholreich, besitzt aber auch eine interessante Aromatik nach getrockneten Beeren.

Weinbewertung

85 2008 Riesling Sekt brut **12,5%/14,80€**
82 2011 Riesling trocken **13%/6,80€**
83 2011 Riesling trocken „Edition PW" **12,5%/9,80€**
86 2011 Riesling Spätlese trocken Hattenheimer Schützenhaus **14%/12,80€**
87 2011 Riesling Erstes Gewächs Hattenheimer Schützenhaus (87+? Punkte)
87 2011 Riesling Erstes Gewächs Hattenheimer Hassel
88 2011 Riesling Erstes Gewächs Hattenheimer Nussbrunnen **13,5%/19,80€**
86 2011 Riesling Spätlese „feinherb" Hattenheimer Engelmannsberg **11,5%/12,80€**

86 2011 Riesling Spätlese Hattenheimer Heiligenberg **10 %/12,80 €**
87 2011 Riesling Auslese „Katharina" **12 %/14,80 €**
88 2011 Riesling Trockenbeerenauslese Hattenheimer Schützenhaus **8,5 %**
83 2010 Frühburgunder trocken „Edition PW" **13,5 %/14,80 €**
88 2009 Spätburgunder trocken Erstes Gewächs Hattenheimer Hassel **14,5 %/38,- €**

★★★★

Matthias **Müller**

Weingut

Mittelrhein

Mainzer Straße 45, 56322 Spay
***Tel.** 02628-8741, **Fax:** 02628-3363*
www.weingut-matthiasmueller.de
weingut.matthias.mueller@t-online.de
***Besuchszeiten:** ganztägig, Mo. bis So.*
Hofschoppenfest am 1. Septemberwochenende

Inhaber .... Familie Matthias Müller
Rebfläche .... 14,5 Hektar

Die Weinberge von Matthias Müller liegen in den Steillagen des Bopparder Hamm in den Lagen Feuerlay, Mandelstein, Ohlenberg und Engelstein. Neben 90 Prozent Riesling baut er ein wenig Grauburgunder und Spätburgunder an. Den Spätburgunder baut er allerdings ausschließlich als Rosé oder „Blanc de Noir" aus. Seit dem Jahrgang 2000 werden ausgewählte Spitzenweine in der „Edition MM" (nach den Initialen von Matthias und Marianne Müller) vermarktet. 2010 wurde eine neue Kelterhalle mit Flaschenlager gebaut, eine moderne Vinothek soll eingerichtet werden.
Matthias Müller versucht alle Weine spontan zu vergären, das heißt ohne Reinzuchthefen. Alle seine Rieslinge weisen sehr eigenständige Aromen auf, unterscheiden sich klar voneinander. Die trockenen Weine sind meist deutlich von Restsüße geprägt, aber dennoch ungemein saftig und animierend. Neben halbtrockenen Weinen gibt es seit einigen Jahren noch mit „feinherb" bezeichnete Rieslinge, die in der Restsüße noch einmal deutlich höher liegen. Angeführt werden seine Kollektionen in der Regel von edelsüßen Rieslingen, bis hin zur Trockenbeerenauslese.

Vorjahre

2009 präsentierte Müller wieder eine bestechend konsistente Kollektion mit reintönigen Rieslingen, trocken, „feinherb" und süß. 2010 war die Kollektion stark, allerdings dieses Mal mit klaren Vorteilen im süßen Segment, angeführt von zwei wunderschön reintönigen Auslesen; die trockenen und „feinherben" Rieslinge gerieten teils etwas mächtig.

Neue Kollektion

Nicht nur die trockenen Weine, auch die süßen des Jahrgangs 2011 begeistern. Fangen wir bei den durchgegorenen an: Schon der Kabinett von alten Reben besitzt Klasse, die trockene Spätlese „MM" aus dem Ohlenberg zeigt Kräuterwürze und Mineralität, ohne im Geringsten breit zu wirken. Das Große Gewächs wiederum präsentiert sich als saftiger, zugänglicher Wein, noch etwas hefig und jugendlich, aber bestens balanciert. Auch die Süßweine haben große Klasse, beginnend bei der nach Aprikosen duftenden, nachhaltigen Auslese aus der Feuerlay. Geradlinig und seidig wirkt die Mandelstein-Auslese, während die nach frischen Datteln duftende Trockenbeerenauslese wunderschön komplex und zudem reintönig wirkt.

Weinbewertung

87 2011 Riesling Kabinett trocken „Alte Reben" Bopparder Hamm Ohlenberg **12,5 %/7,50 €** ☺
87 2011 Riesling Spätlese trocken Bopparder Hamm Mandelstein **13 %/9,- €**
89 2011 Riesling Spätlese trocken „Edition MM" Bopparder Hamm Ohlenberg **13 %/12,50 €**
90 2011 Riesling „GG" Bopparder Hamm Mandelstein **13,5 %/17,50 €**
86 2011 Riesling Kabinett „feinherb Alte Reben" Bopparder Hamm Feuerlay **12 %/7,50 €**

85 2011 Riesling Spätlese „feinherb" Bopparder Hamm Ohlenberg **12,5 %/8,- €**
88 2011 Riesling Spätlese „feinherb Edition MM" Bopparder Hamm Engelstein **13 %/12,50 €**
88 2011 Riesling Spätlese Bopparder Hamm Mandelstein **8 %/9,- €**
90 2011 Riesling Auslese Bopparder Hamm Feuerlay **9 %/16,50 €**
91 2011 Riesling Auslese Bopparder Hamm Mandelstein **8,5 %/14,- €/0,375l**
91 2011 Riesling Beerenauslese Bopparder Hamm Mandelstein **8 %/32,- €/0,375l**
93 2011 Riesling Trockenbeerenauslese Bopparder Hamm Engelstein **6,5 %/75,- €/0,375l**

★★★☆

Max **Müller** I

Weingut

Franken

Hauptstraße 46, 97332 Volkach
***Tel.** 09381-1218, **Fax:** 09381-1690*
www.max-mueller.de
info@max-mueller.de
***Besuchszeiten:** Mo.-Fr. 9-18 Uhr, Sa. 9-15 Uhr, So. 10 12 Uhr*

Inhaber .... Rainer und Monika Müller
Rebfläche .... 17,7 Hektar

Das seit 1991 von Rainer und Monika Müller geführte Familienweingut hat seinen Sitz in einem 1692 von den Würzburger Fürstbischöfen erbauten Winzerhof. Die Weinberge liegen in Volkach, Sommerach, Escherndorf und Obereisenheim. Wichtigste Rebsorte ist Silvaner, der 38 Prozent der Rebfläche einnimmt. Es folgen Müller-Thurgau und Riesling, dazu gibt es Weißburgunder, Scheurebe, Rieslaner, Kerner und Bacchus. Die roten Sorten Spätburgunder, Domina, Portugieser und Schwarzriesling nehmen 12 Prozent der Rebfläche ein. Die Weißweine werden überwiegend im Edelstahl ausgebaut und lagern recht lange auf der Feinhefe. Rainer Müller will damit die Aromenvielfalt und Frische der Weine erhalten. Die Rotweine kommen nach der Maischegärung ins große Holzfass, Domina auch ins Barrique. 2008 wurde eine neue moderne Vinothek eröffnet.

Vorjahre

Nicht viele Weingüter in Franken haben im letzten Jahrzehnt ein solch konstant hohes Niveau gezeigt. Rainer Müller hat in den letzten Jahren die Rebfläche deutlich erweitert, der Qualität tat dies keinen Abbruch, im Gegenteil. Seine Weine bestechen immer wieder durch ihre reintönige Frucht, sind frisch und wunderschön süffig. Das gilt für die Kabinettweine ebenso wie für die edelsüßen. In den letzten Jahren haben die Spitzenweine weiter an Profil und Klasse gewonnen, vor allem der Silvaner von alten Reben und der „Eigenart"-Silvaner, aber auch Weißburgunder und Riesling. 2009 war stark, die Kollektion bot durchweg sehr gutes Niveau, die Spitzenweine zeigten Profil und Klasse. Es wird weiter vorangehen, sagten wir vor zwei Jahren vorher. Und es ging weiter voran, auch in einem Jahrgang wie 2010 boten die Müllers eine ganz starke Kollektion auf hohem Niveau mit einer Reihe klasse Silvaner, aber auch Weißburgunder, Riesling und Rieslaner waren ganz stark.

Neue Kollektion

Die neue Kollektion ist nochmals stärker, die Weine haben in der Spitze weiter zugelegt, einige neue Weine wurden eingeführt. Die Silvaner sind bärenstark, die Spätlese aus dem Ratsherr ist füllig und harmonisch bei reifer süßer Frucht. Der rauchige Eigenart-Silvaner ist üppig und dominant, füllig und komplex, besitzt viel reife Frucht und gute Länge. Noch etwas besser gefällt uns der faszinierend reintönig Silvaner von alten Reben, der Birnen im Bouquet zeigt, weiße und gelbe Früchte, im Mund füllig und harmonisch ist, viel reife Frucht und viel Länge besitzt. Auch die Rieslinge überzeugen, wie die kraftvolle Spätlese aus dem Lump oder die noch komplexere Spätlese von alten Reben, ebenfalls aus dem Lump. Gleiches gilt für Weißburgunder: Die trockene Spätlese aus dem Katzenkopf ist herrlich saftig, harmonisch und reintönig, der im Holz ausgebaute Weißburgunder ist anfangs völlig verschlossen, öffnet sich dann, besitzt enorm viel Kraft und Substanz, gute Präzision und Nachhall. Der „Lump 64", ein Gemischter Satz, ist ebenfalls kraftvoll, strukturiert und lang. Klasse Kollektion!

Weinbewertung

83 2011 Silvaner Kabinett trocken **12 %/6,20 €**
84 2011 Silvaner Kabinett trocken Volkacher Ratsherr **11,5 %/7,10 €**
88 2011 Silvaner Spätlese trocken Volkacher Ratsherr **13,5 %/12,50 €**
90 2011 Silvaner trocken „Eigenart" **13,5 %/14,50 €** ☺
91 2011 Silvaner Spätlese trocken „Alte Reben" **13,5 %/18,- €** ☺
86 2011 Riesling Kabinett trocken Sommeracher Katzenkopf **12 %/8,20 €**
86 2011 Riesling trocken Berg **13,5 %/13,- €**
88 2011 Riesling Spätlese trocken Escherndorfer Lump **13,5 %/13,- €**
90 2011 Riesling Spätlese trocken „Alte Reben" Escherndorfer Lump **13,5 %/21,- €**
88 2011 Weißburgunder Spätlese trocken Sommeracher Katzenkopf **13 %/10,- €**
90 2011 Weißburgunder trocken **13,5 %/16,50 €**
89 2011 „Lump 64" Gemischter Satz trocken **13,5 %/19,- €**
87 2011 Riesling Auslese **9,5 %/20,- €/0,5l**

Müller-Catoir ★★★★

Weingut

Pfalz

Mandelring 25, 67433 Haardt/Wstr.
***Tel.** 06321-2815, **Fax:** 06321-480014*
www.mueller-catoir.de
weingut@mueller-catoir.de
***Besuchszeiten:** Mo.-Fr. 8-12 + 13-17 Uhr, Sa. 10-14 Uhr (keine Gruppen)*

Inhaber .... Philipp David Catoir
Betriebsleiter .... Martin Franzen
Rebfläche .... 20 Hektar

Die Weinberge von Philipp David Catoir liegen vor allem in Haardt (Bürgergarten, Herzog, Mandelring) und Gimmeldingen (Mandelgarten, Schlössel). Im Kernstück des Bürgergarten besitzt er eine 2,8 Hektar große arrondierte Fläche, Breumel in den Mauern genannt, aus der das derzeit einzige Große Gewächs erzeugt wird. Riesling ist mit Abstand die wichtigste Rebsorte, nimmt etwa zwei Drittel der Rebfläche ein. Hinzu kommen Weißburgunder und Grauburgunder, Rieslaner, Muskateller und Scheurebe.

Vorjahre

Vor zwei Jahren haben uns die Ortsweine besonders gut gefallen – frisch, leicht, saftig, süffig. Auch die Lagen-Rieslinge und das Große Gewächs waren hervorragend gelungen, ebenso die Riege der edelsüßen Weine und die Nicht-Rieslinge. Im vergangenen Jahr waren uns bei einigen Weinen nicht ganz saubere Noten aufgefallen - bei eigentlich sehr guten Weinen, die viel Stoff und präzise herausgearbeitete Frucht zeigten. Hervorragend war die Riege der edelsüßen Weine.

Neue Kollektion

Das ist auch in diesem Jahr so. Die Auslese ist bei aller Konzentration nicht dick, sondern elegant mit feiner Zitrus-Süße. Die beiden Trockenbeerenauslesen sind dicht, würzig, dunkel, konzentriert, die 270°-Ausgabe ist hervorragend strukturiert, eine wahre Essenz mit perfektem Biss. Die trockenen Weißweine sind alle sehr gut, fruchtig-frisch und klar, wobei die wilden Noten des Vorjahres noch da sind, die Weine aber nicht mehr beherrschen. Der trockene Rieslaner ist etwas anders, er ist konzentriert, sein Geschmacksbild wird bestimmt von kandierten Früchten und gebrannten Mandeln – ein etwas anderer trockener Wein. Limonig-wild ist der Sekt.

Weinbewertung

87 Riesling Sekt brut Haardt **12,5 %/12,- €**
85 2011 Riesling trocken „MC" **12 %/7,- €**
86 2011 Riesling trocken Haardt **12 %/10,- €**
87 2011 Riesling trocken Bürgergarten **12,5 %/16,- €**
89 2011 Riesling „GG" Bürgergarten „Breumel in den Mauern" **13 %/26,- €**
86 2011 Scheurebe trocken Haardt **12 %/11,- €**
86 2011 Muskateller trocken Haardt **12 %/11,- €**
87 2011 Weißburgunder trocken Haardt **12,5 %/10,- €**
87 2011 Rieslaner trocken Herzog **13 %/17,- €**
90 2011 Rieslaner Auslese Herzog **9,5 %/16,- €/0,375l**
93 2011 Rieslaner Trockenbeerenauslese Herzog **6,5 %/64,- €/0,375l**
94 2011 Rieslaner Trockenbeerenauslese Herzog „270°" **6,5 %/86,- €/0,375l**

★☆

Müller-Dr. Becker

Weingut **Rheinhessen**

Vordergasse 14-18, 67592 Flörsheim-Dalsheim
Tel. *06243-5524,* ***Fax:*** *06243-6227*
www.mueller-dr-becker.de
info@mueller-dr-becker.de
Besuchszeiten: *Mo.-Fr. 10-18 Uhr, Wochenende nach Vereinbarung*

Inhaber .... Jochen Becker
Rebfläche .... 14 Hektar

Die Familie betreibt Weinbau in der zwölften Generation, heute führt Jochen Becker das Gut. Seine Weinberge liegen alle in Dalsheim, dort stehen die Reben auf unterschiedlichen Böden von tiefgründigen Lehm-Löss-Böden über Muschelkalkböden bis hin zu schweren Lettenböden. Gut 60 Prozent nehmen weiße Rebsorten ein wie Riesling, Weißburgunder, Grauburgunder, Chardonnay, Silvaner, Müller-Thurgau und Gewürztraminer. An roten Sorten gibt es hauptsächlich Spätburgunder, Schwarzriesling und St. Laurent.

Vorjahre

Vor zwei Jahren gefiel uns die Kollektion gut, schon der Literriesling machte Spaß, vor allem aber in der Spitze hatte Jochen Becker nochmals zugelegt. Den Aufwärtstrend hatte der Jahrgang 2010 vorerst gestoppt. Die Kollektion präsentierte sich geschlossen, der barriqueausgebaute Chardonnay gefiel und sehr gut, das Vorjahresniveau aber wurde insgesamt nicht erreicht.

Neue Kollektion

Mit dem neuen Jahrgang knüpft Jochen Becker an die 2009er Kollektion an. Die Weine sind fruchtbetont und klar, füllig und harmonisch, weiß wie rot. Am besten gefällt uns der trockene Riesling aus dem Hubacker, der füllig und kraftvoll ist, viel Substanz besitzt.

Weinbewertung

81 2011 Riesling trocken **11,5 %/4,70 €/1l**
86 2011 Riesling Auslese trocken Dalsheimer Hubacker **13 %/12,80 €**
83 2011 Riesling Spätlese trocken Dalsheimer Bürgel **12,5 %/6,80 €**
84 2011 Chardonnay trocken Barrique Dalsheimer Bürgel **13,5 %/9,50 €**
82 2011 Muskateller Steig **7,5 %/8,50 €**
83 2011 Riesling Auslese Dalsheimer Hubacker **12 %/7,80 €**
84 2011 Gewürztraminer Auslese Dalsheimer Sauloch **10 %/8,- €**
81 2011 Schwarzriesling trocken Bürgel **12,5 %/6,80 €**
82 2011 Spätburgunder trocken Steig **12,5 %/6,80 €**
84 2009 Saint Laurent trocken Bürgel **14,5 %/16,- €**

Münzberg ★★★

Weingut

Pfalz

Hofgut, 76829 Landau-Godramstein, Pfalz
***Tel.** 06341-60935, **Fax:** 06341-64210*
www.weingut-muenzberg.de /
www.fuenf-winzer.de
wein@weingut-muenzberg.de
***Besuchszeiten:** Mo.-Fr. 8-12 + 14-18 Uhr, Sa. 9-16 Uhr*

Inhaber .... Lothar Kessler und Söhne
Rebfläche .... 17 Hektar

Lothar Kessler zog 1974 aus dem Godramsteiner Ortskern an den Münzberg um, der dem Weingut seinen Namen gab. Heute führen seine Söhne Rainer und Gunter Kessler das Gut. Der Münzberg ist geprägt von Keuperböden, die mehr oder weniger Anteile von Muschelkalk, Sand und Lehm enthalten. 60 Prozent der Fläche nehmen die Burgundersorten und Chardonnay ein, hinzu kommen 22 Prozent Riesling, sowie Silvaner, Müller-Thurgau, Dornfelder und Gewürztraminer. Die Weißweine werden überwiegend im Edelstahl ausgebaut, der Chardonnay teils auch im Holz. Seit 1989 werden die besten Rotweine im Barrique ausgebaut.

Vorjahre

Vor zwei Jahren gefiel uns der Weißburgunder Schlangenpfiff am besten, knapp dahinter folgte der Riesling Schlangenpfiff. Hervorragend war auch der Pinot Sekt. Alle Weine waren sehr klar, fein und reintönig, elegant und nicht schwer. Im vergangenen Jahr wurden uns leider die Großen Gewächse nicht zur Verkostung geschickt. Aus dem „Mittelbau" gefielen uns die reintönigen Weißburgunder am besten, die Gewürztraminer Auslese war ebenfalls herrlich klar und reintönig während die Rieslinge und Grauburgunder sich im letzten Jahr etwas verhaltener präsentierten.

Neue Kollektion

In der aktuellen Kollektion zeigen alle Weine, egal ob weiß oder rot, Rieslinge oder Burgunder, klare, reintönige Frucht. Die Eleganz vergangener Jahre vermissen wir in diesem Jahr jedoch gänzlich. Bei einigen Weinen macht sich der hohe Alkoholgehalt sogar unangenehm bemerkbar, vor allem der Gewürztraminer, die Chardonnay Spätlese und der Spätburgunder vom Kalkmergel erscheinen deswegen unharmonisch, auch wenn die Weine an sich Substanz besitzen. Unsere Favoriten sind die drei Großen Gewächse aus dem Münzberg, allen voran einmal mehr der Weißburgunder mit Fülle und nachhaltiger Würze, aber auch Riesling und Chardonnay vom Kalkmergel überzeugen mit viel Kraft und Saft.

Weinbewertung

87 2010 Pinot Sekt brut **12,5 %/15,50 €**
86 2011 Gewürztraminer Spätlese trocken **14,5 %/12,- €**
86 2011 Grauer Burgunder Spätlese trocken **13,5 %/12,- €**
86 2011 Chardonnay Spätlese trocken **14,5 %**
87 2011 Chardonnay trocken „Kalkmergel" Godramsteiner **14,5 %**
85 2011 Weißer Burgunder Kabinett trocken **12,5 %/7,50 €**
87 2011 Weißer Burgunder Spätlese trocken **13,5 %/12,- €**
89 2011 Weißer Burgunder „GG" „Schlangenpfiff" Godramsteiner Münzberg **13,5 %/19,50 €**
83 2011 Riesling Kabinett trocken **12,5 %/7,50 €**
87 2011 Riesling trocken „Kalkmergel" Godramsteiner **13,5 %/16,- €**
88 2011 Riesling „GG" „Schlangenpfiff" Godramsteiner Münzberg **13 %/19,50 €**
87 2009 „Jubiläumscuvée Gustav" Rotwein trocken **14 %/22,- €**
87 2009 Spätburgunder trocken „Kalkmergel" Godramsteiner **14,5 %/22,- €**
88 2009 Spätburgunder „GG" „Schlangenpfiff" Godramsteiner Münzberg **14,5 %/28,- €**

Münzenberger ★

Weingut im Brunnenhof **Rheinhessen**

Lindenplatz 9, 55270 Zornheim
Tel. 06136-44573, *Fax:* 06136-46904
www.weingut-muenzenberger.de
info@weingut-muenzenberger.de
Besuchszeiten: nach Vereinbarung

Inhaber .... Andreas Münzenberger
Rebfläche .... 18 Hektar

1962 gegründet, wird das Weingut heute in zweiter Generation von Andreas Münzenberger geführt. Seine Weinberge liegen in Zornheim, Hahnheim, Selzen und Nierstein; 17 weiße und 10 rote Rebsorten baut er an.

Kollektion

Andreas Münzenberger präsentiert eine stimmige Kollektion mit fruchtbetonten, klaren Weinen: Eine konzentrierte Beerenauslese mit viel Substanz, ein feiner Chardonnay, schön schon der Riesling im Liter – das kann sich sehen lassen.

Weinbewertung

81 2011 Riesling trocken **13 %/3,90 €/1l**
83 2011 Weißburgunder trocken Zornheim **13 %/4,90 €**
84 2011 Chardonnay trocken Selzen **12,5 %/5,- €** ☺
81 2011 Riesling Classic Zornheim **13,5 %/5,- €**
83 2011 Riesling trocken „Kalkstein" Zornheim **13 %/5,50 €**
85 2011 Grauburgunder Beerenauslese Zornheimer Guldenmorgen **12 %/12,90 €/0,375l**

Mugler ★

Weingut **Pfalz**

Peter-Koch-Straße 50, 67435 Neustadt-Gimmeldingen
Tel. 06321-66062, *Fax:* 06321-68609
www.weingut-mugler.de
info@weingut-mugler.de
Besuchszeiten: Mo.-Sa. 9-18 Uhr und nach Vereinbarung

Inhaber .... Susanne Mugler
Gutsverwaltung .... Harald Mugler
Kellermeister .... Günther Majer
Rebfläche .... 13 Hektar

1790 in Gimmeldingen gegründet, hat das Weingut Mugler die Geschichte des Weinbaus in der Pfalz maßgeblich mitbestimmt. Vier Familienmitglieder kümmern sich heute um alle Belange des Weinguts, vom Weinberg über die Produktion bis zum Marketing. Susanne Mugler besitzt Weinberge in Gimmeldingen (Biengarten, Mandelgarten, Kapellenberg und Schlössel), Ruppertsberg (Reiterpfad) und Königsbach (Idig und Ölberg). Neben Riesling werden Weißburgunder, Chardonnay, Müller-Thurgau und Scheurebe angebaut, sowie die roten Sorten Spätburgunder, St. Laurent, Regent und Dornfelder. 80 Prozent der Weine werden trocken ausgebaut.

Vorjahre

Im vergangenen Jahr hatten wir sechs klare und frische Weine verkostet, dabei war ein duftig-harmonischer Rivaner und ein Grauburgunder mit Eleganz, Fülle und feinem Spiel.

Neue Kollektion

In diesem Jahr zeigt uns das Weingut eine Armada von 18 Weinen. Eine stimmige Kollektion mit einigen sehr guten Rieslingen. Die 2011er zeigen eine klare Linie, sie sind eher schlank und haben einen feinen Biss bei mittlerer Restsüße. Wir favorisieren die nachhaltige Spätlese vom Ölberg. Fruchtig-cremig ist der gute Chardonnay, auch der Grauburgunder ist ein typischer Vertreter seiner Art mit guter Struktur und Substanz. Bei den Rotweinen fanden wir einen ordentlichen, kirschfruchtigen St. Laurent, bei den beiden Cuvées fehlte uns etwas die Orientierung. Die Aussage war unklar, König Ludwig zeigte eine gute Tannin-Struktur.

Weinbewertung

85 „Blanc de Blanc" Sekt brut **13,5 %/14,50 €**
82 2011 Riesling trocken **12 %/5,20 €/1l**
82 2011 Riesling Kabinett trocken Gimmeldinger Biengarten **12%/8,- €**
83 2011 Riesling Kabinett trocken „Levitas" **11,5 %/8,- €**
85 2011 Riesling Spätlese trocken Königsbacher Ölberg **12,5 %/12,- €**
86 2010 Reiterpfad Riesling „GG" trocken Ruppertsberg **12,5 %/21,- €**
85 2011 Riesling Kabinett trocken Königsbacher Idig **12 %/9,50 €**
83 2010 Riesling Kabinett trocken Königsbacher Idig **12%/12,- €**
83 2010 Riesling Spätlese trocken Ruppertsberger Nussbien **12 %/9,50 €**
85 2011 Chardonnay Spätlese trocken **13 %/9,50 €**
83 2011 Grauburgunder trocken **13,5 %/7,50 €**
80 2011 Riesling „feinherb" **11,5 %/5,20 €/1l**
81 2010 Riesling Kabinett „feinherb" Gimmeldinger Biengarten **11 %/7,50 €**
84 2011 Spätburgunder „Blanc de Noir" trocken **13,5%/8,- €**
82 2011 Spätburgunder Rosé trocken **13%/6,50 €**
82 2010 St. Laurent trocken **13 %/8,- €**
83 2010 Rotwein trocken Barrique „Nr.7" **13,5 %/18,- €**
84 2009 „König Ludwig" Rotwein trocken **13 %/13,50 €**

★★

G.H. von Mumm

Weingut

Rheingau

Schloss Johannisberger Weingüterverwaltung
Am Erntebringer 9a, 65366 Geisenheim-Johannisberg
***Tel.** 06722-70090, **Fax:** 06722-700933*
www.mumm.de
***Besuchszeiten:** Mo.-Fr. 10-18, Sa. & So. 11-17 Uhr*
Guts-Restaurant Burg Schwarzenstein (täglich ab 12 Uhr geöffnet, Tel. 06722-99500)
Gutsschänke Schloss Johannisberg (täglich ab 11:30 Uhr geöffnet, Tel. 06722-96090)

Gutsverwalter.... Christian Witte, Hans Kessler
Rebfläche.............................. 65 Hektar

Das 1811 aus der Domäne Schloss Johannisberg hervorgegangene Weingut bewirtschaftet heute 65 Hektar Reben in 16 Einzellagen in Assmannshausen, Rüdesheim, Geisenheim, Johannisberg und Winkel. Dazu gehören Spitzenlagen wie beispielsweise Schwarzenstein, Hansenberg und Mittelhölle. Hauptsächlich Riesling wird angebaut, dazu etwas Weißburgunder sowie im Assmannshäuser Höllenberg und in der Lage Assmannshäuser Hinterkirch Spätburgunder; außer Rotweinen werden auch Roséweine bzw. Weißherbste vinifiziert. Das Weingut ist mittlerweise in den VDP aufgenommen worden und feiert mit dem nun präsentierten Jahrgang 2011 sein 200-jähriges Jubiläum. Im Vergleich mit den Weinen von Schloss Johannisberg wirken die Mummschen Rieslinge oft etwas schlanker und können im ersten Moment unterschätzt werden, entwickeln sich aber erfahrungsgemäß gut. Die Süßweine wirken oft zugänglicher, saftiger, unmittelbarer als jene des großen Bruders.

Vorjahre

2009 waren die Ersten Gewächse nicht zum ersten Mal sehr überzeugend, auch die restlichen Weine zeigten Frucht und Würze, dazu eine sehr geradlinige Art. Die reifen, animierenden Süßweine, wie sie das Vorjahr erbrachte, waren 2010 nicht im Angebot, doch dafür wurden saftige trockene Rieslinge (gute Basisqualitäten, ein sehr präzises Erstes Gewächs) vorgestellt, die nicht zu viel Alkohol aufwiesen. Die Spätburgunder aus 2009 waren voller Eleganz und Frucht, beginnend beim Basiswein; auch das recht dunkle Erste Gewächs aus dem Höllenberg konnte gefallen.

Jahrgang 2011

Aus dem Jahrgang 2011 stellt das Weingut saftige Rieslinge an, die bereits in der Basis voll überzeugen können. Der animierende trockene Kabinett aus dem Johannisberger Schwarzenstein ist ein Sonderlob wert – ebenso wie die in halbe Flaschen gefüllte Spätlese aus der gleichen Lage: Ein echtes Schnäppchen. Etwas verhalten wirken dagegen die Auslese und der Jubiläumswein „Elfer". Die beiden Süßweine – eine saftige, deutlich süße Beerenauslese und eine nach Nektarinen duftende, sehr reintönige Trockenbeerenauslese – scheinen im Moment etwas eindimensional und sind gewiss zu jung, um endgültig beurteilt zu werden.

Weinbewertung

84 2011 Riesling trocken Johannisberger Hansenberg **12,5 %/7,90 €**
86 2011 Riesling Kabinett trocken Johannisberger Schwarzenstein **12 %/10,- €**
85 2011 Riesling Spätlese trocken Johannisberger Schwarzenstein **12,5 %/12,50 €**
91 2011 Riesling Erstes Gewächs Johannisberg Hölle
91 2011 Riesling Erstes Gewächs Rüdesheim Berg Rottland
84 2011 Riesling „feinherb" Johannisberger Hölle **11 %/7,90 €**
84 2011 Riesling Johannisberger „Elfer" **12,5 %/12,50 €**
85 2011 Riesling Spätlese Johannisberger Mittelhölle **9,5 %/12,50 €**
87 2011 Riesling Spätlese Johannisberger Schwarzenstein **8,5 %/6,60 €/0,375l**
86 2011 Riesling Auslese Johannisberger Schwarzenstein **7,5 %/48,- €**
89 2011 Riesling Beerenauslese Johannisberger Mittelhölle **8 %/120,- €**
90+ 2011 Riesling Trockenbeerenauslese Johannisberger Schwarzenstein **8,5 %/200,- €**

★★

Georg **Naegele**

Weingut

Pfalz

Schlossstraße 27-29, 67434 Neustadt-Hambach
***Tel.** 06321-2880, **Fax**: 06321-30708*
www.naegele-wein.de
info@naegele-wein.de
***Besuchszeiten**: Mo.-Fr. 8-12 + 13-17:30 Uhr, Sa. 9:30-12 Uhr und nach Vereinbarung*
Klassik-Musikfest im Juni, Hoffest am 1. Juliwochenende

Inhaber .... Familie Bonnet
Rebfläche .... 14 Hektar

Das Weingut Georg Naegele am Schlossberg in Hambach ist ein bereits 1796 gegründetes Familien-Weingut. Zu den Trauben der 14 Hektar eigenen Weinberge werden die Trauben von befreundeten Winzern hinzugekauft. Eva und Ralf Bonnet führen heute das Gut, unterstützt von ihren Eltern Volker und Gerda Bonnet. Sie investierten in den letzten Jahren vor allem in die Kellertechnik. In den Weinbergen haben sie verstärkt rote Sorten angepflanzt, wie Domina, Cabernet Sauvignon, Merlot, Dornfelder oder Spätburgunder. Hauptrebsorte ist aber weiterhin der Riesling mit einem Anteil von gut 30 Prozent. An weißen Sorten gibt es noch Chardonnay, Gewürztraminer, Rieslaner, Silvaner, Müller-Thurgau und Weißburgunder. Unter dem Namen „Naegele Chronos" werden barriqueausgebaute Spitzenweine angeboten. 2008 wurde das verwandtschaftlich verbundene Weingut Alfred Bonnet in Friedelsheim übernommen, dessen Kernsortiment unter der Bezeichnung „Edition Alfred Bonnet" weitergeführt wird.

Vorjahre

Vor zwei Jahren präsentierte sich die Kollektion sehr ausgewogen, ein weißer Barriquewein aus Weißburgunder und Chardonnay wurde von uns am höchsten bewertet. So war es auch im vergangenen Jahr, der Kirchberg-Riesling, der Weißburgunder „Im Garten" und das rote „Feuer" lagen gleichauf.

Neue Kollektion

Ein sehr ähnliches Bild bietet sich in diesem Jahr. Die beiden Sekte sind sehr gut, der Riesling hat Substanz, zeigt feine Nuss-Noten und die Reife des Jahrgangs. Bei den Weißweinen sehen wir den trotz hohem Alkohol eleganten, feuersteinig-weißblütigen Weißburgunder und den ebenso eleganten Chardonnay, der feins Holz gesehen hat, knapp vor dem Riesling, der aus weinrechtlichen Gründen nicht mehr Kirchberg heißen darf. der weiße Chronos ist uns zumindest im Moment zu ruppig, die laktischen Noten stören. Sehr gut und von klarer Frucht sind die beiden Rotweine.

Weinbewertung

87 2009 „Sekt ohne Namen" Chardonnay und Spätburgunder brut nature **13,5 %/13,50 €**

87 2009 „Naegele de Luxe" Riesling Sekt brut **13 %/11,50 €**

83 2011 „Naegele Chronos" Weißburgunder & Chardonnay trocken **14 %/12,- €**

87 2011 Weißburgunder Spätlese trocken „Im Garten" **14%/10,50 €**

86 2011 Sauvignon Blanc trocken **13%/7,- €**

86 2011 Riesling Spätlese trocken „Kirchblick" **13 %/10,50 €**

87 2011 Chardonnay Spätlese trocken Hambacher Schlossberg **13 %/9 €**

83 2011 Grauburgunder Spätlese trocken Hambacher Römerbrunnen **13,5 %/8,50 €**

84 2011 Riesling Auslese Hambacher Schlossberg **8,5 %/12,- €**

83 2011 „Blanc de Noir" Spätburgunder trocken „Feuer" **12 %/6,50 €**

86 2010 Spätburgunder trocken „Feuer" **13,5 %/11,50 €**

87 2010 Rotwein trocken Cuvée „Naegele Chronos" **13,5 %/16,- €**

★★

Nägelsförst

Gut

Baden

Nägelsförst 1, 76534 Baden-Baden (Varnhalt)
__Tel.__ 07221-35550, __Fax:__ 07221-355556
www.naegelsfoerst.de
info@naegelsfoerst.de
__Besuchszeiten:__ Mo.-Fr. 9-18 Uhr, Sa. 10-16 Uhr
Probierstube, Herrenhaus mit Bankett-Räumen, Gutspark für Wein-Menüs

Inhaber .... Reinhard J. Strickler
Kellermeister .... Siegbert Konopka
Rebfläche .... 33 Hektar

Gut Nägelsförst wurde 1268 als Hofgut des Cisterzienserinnenklosters Lichtenthal gegründet. Aus der Klosterchronik geht hervor, dass die Nonnen bereits 1344 Pinot Noir am „Klosterberg", dem Hausberg von Gut Nägelsförst pflanzten. Nach der Säkularisierung gelangte das Anwesen in den Besitz der Markgrafen von Baden, später gehörte es einem Bankier. 1993 hat Reinhard J. Strickler das Gut übernommen und in Keller und Weinberge investiert. Seine Weinberge liegen im Varnhalter Klosterbergfelsen (granithaltige Böden), im Umweger Stich den Buben (Granit und Löss) und im Neuweierer Mauerberg (Granit und Porphyrschutt mit Lösslehmauflagen), sowie in Waldulm und Bühlertal. Wichtigste Rebsorte ist Riesling mit einem Anteil von 40 Prozent, es folgt Spätburgunder mit 35 Prozent. Der Rest entfällt auf Weißburgunder, Chardonnay, Grauburgunder, Gewürztraminer, Sauvignon Blanc, sowie auf Cabernet Sauvignon und Merlot, und inzwischen gibt es sogar etwas Tempranillo.

Vorjahre

Seit mehr als einem Jahrzehnt nun gehört Gut Nägelsförst zu den Spitzenbetrieben der Ortenau. Die Weine sind kompakt und konzentriert, setzen auf Fülle und Kraft, was – insbesondere bei den Rotweinen – hin und wieder zu Lasten der Eleganz geht. 2009 präsentierten sich die Spitzenrieslinge kraftvoll und kantig, die 2006er Rotweine waren tanninbetont wie gewohnt, vor allem aber die Weißweine blieben ein wenig hinter früheren Spitzenjahren zurück. Im vergangenen Jahr wurden die 2009er Rotweine vorgestellt, der kraftvoll „RJS Prestige" war unser Favorit. Die 2010er Weißweine waren etwas verhalten, am besten gefielen uns die beiden Großen Gewächse aus Mauerberg und Stich den Buben.

Neue Kollektion

Im roten Segment wurde nochmals der RJS-Prestige vorgestellt, er besitzt Kraft und gute Struktur, ist immer noch sehr jugendlich. Im weißen Segment trumpfen die Rieslinge auf, alle sind klar, kraftvoll und zupackend, wir präferieren ganz leicht den „RJS-Prestige" vor den drei Lagenweinen aus Mauerberg, Stich den Buben und Klosterbergfelsen: Eine überzeugende Kollektion!

Weinbewertung

84 2011 Riesling Spätlese trocken **12,5 %/9,90 €**
81 2011 Sauvignon Blanc trocken **12,5 %/11,90 €**
85 2011 Chardonnay trocken „Alte Reben" **13 %/10,50 €**
81 2011 Pinot Blanc trocken „Alte Reben" **12,5 %/9,50 €**
83 2011 Pinot Gris trocken „Alte Reben" **12 %/10,50 €**
86 2011 Riesling Spätlese trocken „Großes Gewächs" Varnhalter Klosterbergfelsen **12 %/17,50 €**
87 2011 Riesling Spätlese trocken „Großes Gewächs" Neuweierer Mauerberg **12,5 %/17,50 €**
87 2011 Riesling Spätlese trocken „Großes Gewächs" Umweger Stich den Buben **12 %/17,50 €**
88 2011 Riesling trocken „RJS-Prestige" **12,5 %/19,50 €**
82 2011 „Gutsrosé No. 1" trocken **12 %/82,50 €**
88 2009 Pinot Noir trocken „RJS-Prestige" **13,5 %/32,- €**
86 2010 „Cru Vision Rouge" Rotwein trocken Barrique **12,5 %/18,50 €**

★★★

Nauerth-Gnägy

Weingut **Pfalz**

Müllerstraße 5, 76889 Schweigen-Rechtenbach
***Tel.** 06342-919042, 06349-8529*
***Fax**: 06342-919043, 06349-6795*
www.nauerth-gnaegy.de
info@nauerth-gnaegy.de
***Besuchszeiten**: Sa. 9-17 Uhr und nach Vereinbarung*
Weinprobierstube, Destillate aus eigener Brennerei, Gästezimmer

Inhaber .... Familie Nauerth-Gnägy
Rebfläche .... 26 Hektar

Das Weingut Nauerth-Gnägy entstand im Sommer 2011 aus einer Fusion der Weingüter Nauerth in Heuchelheim-Klingen und Gnägy in Schweigen-Rechtenbach, nachdem Mareen Nauerth und Michael Gnägy 2009 geheiratet hatten. Die wichtigsten Rebsorten im Betrieb sind Riesling, Weiß-, Grau- und Spätburgunder, dazu gibt es Sauvignon Blanc, Auxerrois, Chardonnay und Gewürztraminer, bereits seit 1994 gab es im Weingut Gnägy Cabernet Sauvignon, seit 2001 auch Merlot. Mit der Fusion wurde das Sortiment neu in Guts-, Orts- und Lagenweine gegliedert, auf den Etiketten gekennzeichnet mit den Kürzeln ng.1, ng.2 und ng.3. Mit dem Jahrgang 2011 durften erstmals die Schweigen-Rechtenbacher Lagenbezeichnungen Herrenwingert (schwerer, kalkhaltiger Tertiär-Tonboden) und Pfarrwingert (Muschelkalk) benutzt werden, zwei Lagen, die vormals zum Schweigener Sonnenberg gehörten.

Vorjahre

Die Weine des Weinguts Nauerth empfehlen wir seit der Ausgabe 2006, jene des Weinguts Gnägy bereits seit der ersten Ausgabe, in dem kontinuierlich an der Qualität gearbeitet wurde. Reintönig waren die Weine immer schon, in den letzten Jahren sind sie strukturierter und kraftvoller geworden. Vor allem im roten Segment erzielte man große

Fortschritte mit kompromisslosen, in der Jugend oft etwas tanninbetonten Weinen, die ausgezeichnet reifen können – was zwei gute Platzierungen in unserer letztjährigen Verkostung von Rotweinen des Jahrgangs 2001 belegten.

Neue Kollektion

Die Weißweine der aktuellen Kollektion sind gleichmäßig gut, alle sind reintönig und klar, die Orts- und die Lagenweine unterscheiden sich deutlich voneinander. Unsere Favoriten im weißen Segment sind der würzige und mineralische Riesling aus dem Herrenwingert und der stoffige Grauburgunder aus dem Pfarrwingert. Als wahre Stärke auch des fusionierten Betriebs erweisen sich aber – wie auch schon beim Weingut Gnägy – die Rotweine, alle vier angestellten Weine der Jahrgänge 2009 und 2010 überzeugen mit Kraft und Saft, guter Struktur und Potential.

Weinbewertung

83 2011 Sauvignon Blanc trocken „ng.2" **12,5 %/7,30 €**

83 2011 Weißer Burgunder trocken „ng.2" **12,5 %/5,10 €**

85 2011 Weißburgunder trocken „ng.3" Schweigener Sonnenberg **13,5 %/7,50 €**

83 2011 Grauburgundertrocken „ng.2" **12,5 %/5,10 €**

86 2011 Grauburgunder trocken „ng.3" Schweigen-Rechtenbacher Pfarrwingert **14 %/7,50 €**

83 2011 Riesling trocken „ng.2" **12,5 %/5,10 €**

86 2011 Riesling trocken „ng.3" Schweigen-Rechtenbacher Herrenwingert **13 %/7,80 €**

82 2011 Spätburgunder Rosé trocken „ng.2" **12,5 %/4,80 €**

87 2010 Merlot trocken „ng.3" Schweigener Sonnenberg **13,5 %/8,70 €**

88 2009 Cabernet Sauvignon trocken „ng.3" **13,5 %/9,60 €**

87 2010 Spätburgunder trocken „ng.3" **13,5 %/11,50 €**

88 2009 Pinot Noir trocken „ng.3" „HW" **13,5 %/18,50 €**

★☆

Ewald **Neder**

Weingut

Franken

Urbanusweg 5, 97729 Ramsthal
***Tel.** 09704-5692, **Fax:** 09704-7469*
www.weingut-neder.de
info@weingut-neder.de
***Besuchszeiten:** Mo.-Fr. 14-18 Uhr, Sa. 9-16 Uhr oder nach Vereinbarung*
Probierstube (bis 20 Personen) und Weinpavillon im Hof

Inhaber............................Ewald Neder
Rebfläche.............................9,5 Hektar

Ganz im Norden des fränkischen Anbaugebietes liegt in einem Seitental der Fränkischen Saale der Ort Ramsthal mit etwa 50 Hektar Weinbergen. Eugen Neder hat Ende der siebziger Jahre mit der Flaschenweinvermarktung begonnen und die Rebfläche erweitert, die größte Erweiterung erfolgte mit der Flurbereinigung 1981, in dem Jahr, in dem Ewald Neder den Betrieb mit damals 4,5 Hektar Weinbergen von seinen Eltern übernahm. Stetig erweiterte er ihn seither auf die heutige Größe, 1991 errichtete er neben dem Wohnhaus im Urbanusweg ein neues Kellereigebäude. Seine Weinberge liegen allesamt in Steillagen vor allem in der Lage Ramsthaler St. Klausen, wo die Reben in Höhen von 280 bis 360 Meter auf Muschelkalkböden wachsen. Hinzu kommen Weinberge im Wirmsthaler Scheinberg (Muschelkalkböden mit etwas mehr Lössauflage) und im Trimberger Schlossberg, wo die Böden etwas tiefgründiger und sehr nährstoffarm sind. Er baut Müller-Thurgau, Bacchus, Silvaner, Kerner, Grauburgunder, Weißburgunder und Scheurebe an, sowie die roten Sorten Domina, Dornfelder und Regent.

Vorjahre

Seit mehr als einem Jahrzehnt nun kennen wir die Weine von Ewald Neder, und in diesem Jahrzehnt haben sie uns niemals enttäuscht: Sie sind kraftvoll, sehr „fränkisch", geradlinig und klar. Vor zwei Jahren präsentierte sich die Kollektion homogen, unsere Präferenz galt einmal mehr den weißen Burgundern. Der barriqueausgebaute 2009er Weißburgunder gefiel uns im vergangenen Jahr besonders gut, die 2010er Weißweine waren frisch und klar.

Jahrgang 2011

Auch 2011 überzeugt, die Weine sind fülliger und kraftvoller als ihre Vorgänger, aber präzise und klar, angefangen vom durchgegorenen feinen Müller-Thurgau Kabinett bis hin zur ebenfalls durchgegorenen Silvaner Spätlese: Liebhaber fränkisch trockener Weine können sich freuen.

Weinbewertung

82 2011 Müller-Thurgau Kabinett trocken Ramsthaler St. Klausen **12 %/4,90 €**

82 2011 Kerner Kabinett trocken Ramsthaler St. Klausen **14 %/5,80 €**

84 2011 Grauburgunder Spätlese trocken Ramsthaler St. Klausen **14,5 %/8,50 €**

84 2011 Weißburgunder Spätlese trocken Ramsthaler St. Klausen **13,5 %/8,50 €**

85 2011 Silvaner Spätlese trocken Wirmsthaler Scheinberg **13,5 %/8,50 €**

82 2011 Bacchus Kabinett Ramsthaler St. Klausen **11,5 %/5, €**

N

Die besten deutschen Weinerzeuger und ihre Weine

Neef-Emmich ★★

Weingut

Rheinhessen

Alzeyerstraße 15, 67593 Bermersheim
***Tel.** 06244-905254, **Fax:** 06244-905255*
www.neef-emmich.de
info@neef-emmich.de
***Besuchszeiten:** nach Vereinbarung*
Weinprobierstube

Inhaber .... Dirk Emmich
Rebfläche .... 20 Hektar

Wichtigste Weißweinsorten bei Dirk Emmich sind Riesling, Weißburgunder, Silvaner und Müller-Thurgau, hinzu kommen Sorten wie Siegerrebe, Bacchus oder Huxelrebe, von denen er regelmäßig edelsüße Weine erzeugt. Bei den roten Sorten dominieren Dornfelder, Spätburgunder, Portugieser und St. Laurent. Die Weinberge von Dirk Emmich liegen teils in Bermersheim (Seilgarten, Hasenlauf) und benachbarten Gemeinden wie Westhofen (Rotenstein), teils um Albig (Hundskopf, Schloss Hammerstein), wo unterschiedliche Böden zu finden sind von Kalkgestein über Rotliegendes bis hin zu schwerem Tonmergel. Die Rotweine werden nach der Maischegärung im Holzfass ausgebaut. Die Weißweine werden kühl vergoren. 2010 wurde das Kelterhaus innerhalb des historischen Baubestandes umgebaut. Dirk Emmich hat Weinbergsflächen im Höllenbrand in Gundersheim erworben, wo er nach der Flurbereinigung 2012 Riesling und Spätburgunder pflanzte. Im Sommer 2012 wurde ein neuer Verkostungsraum in einer ehemaligen Kuhkapelle eröffnet.

Vorjahre

Schon in der ersten Ausgabe dieses Weinführers stellten wir das Weingut vor, überraschte uns Dirk Emmich mit einer sehr gleichmäßigen Kollektion mit fruchtbetonten Weinen; seither glänzte er immer wieder mit einzelnen edelsüßen Weinen. In den letzten Jahren legte er auch im trockenen Segment in der Spitze zu. Sehr gleichmäßig präsentierte sich die Kollektion vor zwei Jahren, weiß wie rot. 2010 hatte sich Dirk Emmich sehr gut behauptet, die Weine waren frisch und klar, der Riesling aus dem Hundskopf und der Silvaner aus dem Seilgarten waren unsere Favoriten, im roten Segment gefiel uns der barriqueausgebaute St. Laurent am besten.

Neue Kollektion

Die neue Kollektion ist ganz stark, weiß wie rot, trocken wie süß. Die weißen Lagenweine haben an Ausdruck gewonnen: Der Weißburgunder Rotenstein ist reintönig, füllig und kraftvoll, der Silvaner Seilgarten würzig und klar, der Riesling Hundskopf besitzt viel reife Frucht; die beiden Beerenauslesen sind konzentriert und dick. Im roten Teil der Kollektion trumpfen zwei Barriqueweine auf: Der Spätburgunder ist füllig und kraftvoll, besitzt feine Vanille- und Schokonoten; der St. Laurent ist wunderschön reintönig, besitzt reife Frucht, gute Struktur und Substanz.

Weinbewertung

82 2011 Weißburgunder trocken **12,5 %/6,30 €**
83 2011 Riesling Spätlese trocken Dalsheimer **13 %/7,10 €**
86 2011 Silvaner Spätlese trocken Seilgarten **13,5 %/12,- €**
87 2011 Weißburgunder Spätlese trocken Rotenstein **14 %/12,- €**
86 2011 Riesling Spätlese trocken Hundskopf **13 %/12,- €**
83 2011 Scheurebe „feinherb" **12 %/5,80 €**
83 2011 Riesling „feinherb" **12 %/6,10 €**
87 2011 Bacchus Beerenauslese **7,5 %/14,50 €/0,5l**
86 2011 Siegerrebe Beerenauslese **8,5 %/14,50 €/0,5l**
83 2011 St. Laurent trocken **13 %/7,30 €**
88 2010 St. Laurent trocken Barrique **14 %/14,50 €**
87 2008 Spätburgunder trocken Barrique **14,5 %/14,50 €**

★★☆

Grafen Neipperg
Weingut des

Württemberg

Schlossstraße 12, 74193 Schwaigern
***Tel.** 07138-941400, **Fax:** 07138-4007*
www.neipperg-weingut.de
info@graf-neipperg.de
***Besuchszeiten:** Mo.-Fr. 8-12 + 13-16 Uhr, Sa. 10-12:30 Uhr*
Gaststätte „Zum alten Rentamt"

Inhaber .... Erbgraf zu Neipperg
Rebfläche .... 31,5 Hektar

Die beiden Spitzenlagen des Gutes sind seit dem 13. Jahrhundert mit Reben bestockt. Im Neipperger Schlossberg ebenso wie in der Schwaigerner Ruthe wachsen die Reben auf Keuperböden. Anders in der dritten Lage des Weinguts, die seit dem Jahrgang 2008 ebenfalls auf Etiketten erscheint: Im Klingenberger Schlossberg – Klingenberg ist ein Stadtteil von Heilbronn – besteht der Boden aus Lösslehm auf Muschelkalkgestein. Aus dem Klingenberger Schlossberg, eine der kleinsten Einzellagen Württembergs, wird ausschließlich ein Riesling erzeugt. Lemberger und Riesling sind die wichtigsten Rebsorten im Weingut, es folgen Trollinger, Schwarzriesling, Spätburgunder und Müller-Thurgau, dazu gibt es Dornfelder, Samtrot, Weißburgunder und Muskateller, aber auch Merlot, aus dem der Spitzenrotwein des Hauses, der „S.E." bereitet wird.

Vorjahre

Die Weißweinkollektion präsentierte sich 2009 geschlossen auf gutem Niveau. Die Roten waren weniger einheitlich: Der Merlot war hervorragend, Spätburgunder Schlossberg und Lemberger Ruthe standen ihm kaum nach. In der letztjährigen Kollektion präsentierten sich die Großen Gewächse geschlossen auf sehr gutem Niveau, es fiel schwer einen Favoriten zu benennen, so gleichmäßig waren sie, weiß (neu: Weißburgunder) wie rot. Aber auch die trockene Riesling Spätlese und der Weißburgunder gefielen uns sehr gut, ebenso der „normale" Lemberger aus dem Neipperger Schlossberg.

Neue Kollektion

Die neue Kollektion ist etwas weniger einheitlich, die Spitze mit den Großen Gewächsen gefällt uns sehr gut, auch die süßen Weißweine überzeugen. Der Weißburgunder vom Schlossberg ist füllig bei deutlichen Vanillenoten, die beiden Rieslinge sind ebenfalls füllig, recht süß, besitzen Substanz, der aus dem Schlossberg ist etwas druckvoller. Unter den roten Großen Gewächsen gefällt uns der Spätburgunder aus dem Schlossberg am besten, er ist füllig und kraftvoll, besitzt klare reife Frucht, gute Struktur und Substanz. Der Lemberger aus dem Schlossberg ist von Gewürz- und Toastnoten geprägt, noch allzu jugendlich, der aus der Ruthe ist konzentriert und kraftvoll, besitzt viel Tannine.

Weinbewertung

81 2011 Riesling Kabinett trocken Neipperger Schlossberg **12 %/8,90 €**
81 2011 Muskateller trocken **12,5 %/8,45 €**
83 2011 Riesling trocken Neipperger Schlossberg **12,5 %/9,90 €**
81 2011 Riesling trocken Klingenberger Schlossberg **12 %/9,- €**
87 2011 Weißburgunder „GG" Neipperger Schlossberg **15 %/18,50 €**
87 2011 Riesling „GG" Schwaigerner Ruthe **13 %/19,50 €**
88 2011 Riesling „GG" Neipperger Schlossberg **13 %/19,50 €**
85 2011 Muskateller Neipperger Schlossberg **12,5 %/10,80 €**
86 2011 Traminer Auslese Neipperger Schlossberg **10,5 %/19,50 €**
87 2011 Muskateller Auslese Neipperger Schlossberg **11 %/21,50 €**
79 2011 Trollinger **12 %/7,60 €**
80 2011 Schwarzriesling **13 %/8,60 €**
81 2011 Lemberger **13 %/9,90 €**
82 2010 „Attila" Rotwein **13 %/10,90 €**
81 2010 Schwarzriesling Neipperger Schlossberg **13,5 %/14,- €**
84 2010 Spätburgunder Neipperger Schlossberg **13,5 %/14,- €**
89 2010 Spätburgunder „GG" Neipperger Schlossberg **13,5 %/30,- €**
88 2010 Lemberger „GG" Schwaigerner Ruthe **13,5 %/30,- €**
86+ 2010 Lemberger „GG" Neipperger Schlossberg **13,5 %/30,- €**
79 2011 Trollinger halbtrocken **11,5 %/7,60 €**

★★★

Ludi Neiss

Weingut

Pfalz

Hauptstraße 91, 67271 Kindenheim
Tel. 06359-4327, Fax: 06359-40476
www.weingut-neiss.de
weingut-neiss@t-online.de
Besuchszeiten: Mo.-Fr. 9-12 + 13:30-17:30 Uhr, Sa. 10-15 Uhr
Veranstaltungsraum

Inhaber .... Familie Neiss
Rebfläche .... 15 Hektar

1959 übernahm Ludi Neiss den landwirtschaftlichen Mischbetrieb, den er erst allein, dann mit Ehefrau Christine führte. In den siebziger Jahren konzentrierte er sich dann ganz auf Weinbau. Seit 1997 führt sein Sohn Axel Neiss, Geisenheim-Absolvent, das Weingut. Er stellte auf klassische Rebsorten um und konzentrierte sich auf die besten Lagen in der Region. Die Weinberge liegen in Kindenheim und Bockenheim, die Reben wachsen auf schweren, kalksteindurchzogenen Lehmböden. Rote Sorten nehmen die Hälfte seiner Weinberge ein. Neben Spätburgunder, Dornfelder und Portugieser gibt es Frühburgunder, Dunkelfelder, Regent, Cabernet Sauvignon, Merlot und Syrah. Wichtigste weiße Sorte ist Riesling, dazu gibt es Weißburgunder, Müller-Thurgau, Silvaner und Chardonnay. Fast alle Weine werden trocken ausgebaut. Das Weißwein-Programm wurde von Axel Neiss neu strukturiert in Gutsweine, Lagenweine und dem Top-Segment, in dem der Riesling aus der Lage Burgweg angesiedelt ist, ein 35 Jahre alter Weinberg an der Abbruchkante zwischen Kindenheim und Bockenheim.

Vorjahre

Axel Neiss ist es zu verdanken, dass Weinkenner in Deutschland den Namen Kindenheim kennen. Zunächst machte er oft mit barriqueausgebauten Rotweinen auf sich aufmerksam, in den letzten Jahren aber sind die Rieslinge immer wichtiger geworden in seinem Sortiment. Seine Weine bestechen durch Fülle, Kraft und Konzentration. Vor zwei Jahren zeigte sich der Top-Riesling aus dem Burgweg auf hohem Niveau noch verschlossen, dafür machten die anderen Rieslinge schon viel Spaß. Bei den Rotweinen gefielen uns der Spätburgunder Glockenseil und der Syrah am besten. So war es auch im vergangenen Jahr, wobei die 2009er Rotweine deutlich gegenüber den Vorjahresweinen gewonnen hatten. Auch die 2010er Weißweine gefielen uns deutlich besser als die 2009er. Die Rieslinge zeigten viel Stoff, enorme Konzentration und Präzision.

Neue Kollektion

In diesem Jahr ist der Top-Riesling aus dem Burgweg wieder da und liegt ganz vorne. Aber auch die anderen Rieslinge müssen sich nicht verstecken. Sie zeigen reife Frucht, sind sehr süffig, konzentriert und sehr klar. Das macht Spaß. Sehr gut ist auch die neue Weißwein-Cuvée „That's Neiss". Der rote Bruder allerdings kann uns nicht ganz überzeugen, für unser Rotwein-Verständnis ist der Wein deutlich zu süß. Großes Potenzial sehen wir im Barrique-Chardonnay, er ist noch sehr jung, man sollte ihn reifen lassen. Eine tolle klare Frucht, viel Frische und große Spannung zeigt die Beerenauslese vom Riesling. Pech hatte Axel Neiss im Jahr 2010 mit dem Hagel, dem fast alle Rotweine zum Opfer fielen. Spätburgunder und Cuvée N II sind aber sehr gut. Sehr gut entwickelt haben sich die Rotweine vom Jahrgang 2009, Axel Neiss ist ein Könner. Syrah und Spätburgunder führen die rote 2009er Phalanx an.

Weinbewertung

87 2009 Riesling Sekt brut **12 %/11,90 €**
87 2011 Riesling trocken Sonnenberg **13 %/8,40 €**
87 2011 Riesling trocken Heiligenkirche **13%/9,20 €**
88 2011 Riesling trocken „Alte Reben" **13,5%/13,20 €**
90 2011 Riesling trocken Burgweg **13 %/19,20 €**
87 2011 „That´s Neiss" Weisswein **13,5 %/9,90 €**
85 2011 Weißburgunder trocken Vogelsang **13,5 %/8,50 €**
83 2011 Chardonnay trocken Schlossberg **13 %/8,50 €**
84 2011 Grauburgunder trocken Schlossberg **13 %/8,60 €**
87 2011 Weißburgunder trocken „Alte Reben" **13 %/10,20 €**
89 2011 Chardonnay trocken Barrique **13,5 %/20,- €**
92 2011 Riesling Beerenauslese **9 %/29,70 €/0,375l**
83 2010 „That´s Neiss" Rotwein **13 % /9,90 €**
85 2010 Rotwein trocken „N II" Vogelsang **13 %/8,50 €**
86 2010 Spätburgunder trocken Vogelsang **13 %/8,50 €**
90 2009 Spätburgunder trocken „Glockenseil" Kindenheimer Vogelsang **13 %/19,70 €**
89 2009 Syrah trocken Kindenheimer Katzenstein **13,5 %/15,90 €**
88 2009 Cabernet Sauvignon und Merlot trocken Kindenheimer Vogelsang **13,5 %/14,40 €**
88 2009 Frühburgunder trocken Kindenheimer Vogelsang **13,5 %/15,90 €**
87 2009 Cuvée „N" Rotwein trocken Kindenheimer Vogelsang **13 %/14,40 €**

★☆

Neuberger

Weingut

Franken

Freudenberger Straße 7, 63927 Bürgstadt
***Tel.** 09371-2562, **Fax:** 09371-7008*
www.weingut-neuberger.de
info@weingut-neuberger.de
***Besuchszeiten:** Di.-Fr. 9-12 + 14-18:30 Uhr, Sa. 9-15 Uhr*
Häckerwirtschaft (3 x jährlich)

Inhaber .... Burkhard Neuberger
Rebfläche .... 10 Hektar

Burkhard Neuberger baut in seinen Weinbergen im Bürgstadter Centgrafenberg gut zur Hälfte rote Sorten an. Spätburgunder ist seine wichtigste Rebsorte, hinzu kommen Frühburgunder, Cabernet Dorsa und Cabernet Mitos. Die Rotweine werden alle maischevergoren und grundsätzlich trocken ausgebaut. An weißen Sorten gibt es Riesling, Silvaner, Müller-Thurgau, Weißburgunder, Bacchus, Kerner und Rieslaner.

Vorjahre

Vor zwei Jahren hatten die Weißweine die Nase vorne, die restsüßen Weine, Kerner und Rieslaner, gefielen uns am besten. Im vergangenen Jahr war der im Holz ausgebaute Weißburgunder aus dem Jahrgang 2009 unser Favorit, aber auch die Rotweine überzeugten mit klarer Frucht und guter Struktur.

Neue Kollektion

Sehr geschlossen präsentiert sich die neue Kollektion, weiß wie rot. Wobei uns im weißen Segment die Silvaner ein klein wenig besser gefallen als die Rieslinge, schon der reintönige Kabinett macht viel Freude, die Spätlese ist konzentrierter und fülliger. Mit seinen Rotweinen hat Burkhard Neuberger sich im schwierigen Jahrgang 2010 gut behauptet, der feine Frühburgunder mit seinen rauchigen Noten gefällt uns besonders gut.

Weinbewertung

84 2011 Silvaner Kabinett trocken Bürgstadter Centgrafenberg **11,5 %/4,60 €** ☺

82 2011 Riesling Kabinett trocken Bürgstadter Centgrafenberg **11,5 %/5,20 €**

86 2011 Silvaner Spätlese trocken Bürgstadter Centgrafenberg **13 %/8,80 €**

84 2011 Riesling Spätlese trocken Bürgstadter Centgrafenberg **13 %/8,80 €**

84 2011 Spätburgunder „Blanc de Noir" Kabinett Bürgstadter Centgrafenberg **11,5 %/5,50 €**

85 2011 Kerner Auslese Bürgstadter Centgrafenberg **13 %/8,80 €**

82 2010 Spätburgunder trocken Bürgstadter Centgrafenberg **13 %/6,50 €**

85 2010 Frühburgunder trocken Bürgstadter Centgrafenberg **13,5 %/10,- €**

84 2010 Cabernet Mitos trocken Bürgstadter Centgrafenberg **12,5 %/10,- €**

84 2010 Spätburgunder trocken Barrique Bürgstadter Centgrafenberg **13,5 %/10,- €**

Schloss Neuweier ★★

Weingut

Baden

Mauerbergstraße 21, 76534 Baden-Baden
***Tel.** 07223-96670, **Fax:** 07223-60864*
www.weingut-schloss-neuweier.de
kontakt@weingut-schloss-neuweier.de
***Besuchszeiten:** Jan.-April Mo./Mi./Do./Fr. 9-12 + 13-17 Uhr, Sa. 9-14 Uhr; April bis Dez.: Mo./Mi./Do./Fr. 9-12 + 13-18 Uhr, Sa. 9-14 Uhr, So. 10-15 Uhr*

Inhaber .... Klaus Schätzle
Gutsverwalter .... Robert Schätzle
Kellermeister .... Alexander Spinner
Rebfläche .... 15 Hektar

Die Anfänge von Schloss Neuweier reichen bis ins 12. Jahrhundert zurück. Gisela und Helmut W. Joos haben 1992 Schloss Neuweier gekauft und Keller und Weinberge sukzessive saniert; im Juni 2012 wurde es von Klaus Schätzle erworben. Sein Sohn Robert führt den Betrieb; er hat zuvor unter anderem für Joachim Heger und Fritz Keller gearbeitet, bei Zind-Humbrecht und Clos du Val. Wichtigste Lagen sind der Neuweierer Mauerberg, unter anderem mit dem jahrzehntelang brachgelegenen Teilstück, dem so genannten „Goldene Loch", und der Neuweierer Schlossberg, der dem Weingut in Alleinbesitz gehört. Riesling ist mit einem Anteil von über 80 Prozent die mit Abstand wichtigste Rebsorte bei Schloss Neuweier. Hinzu kommen Spätburgunder, sowie ein klein wenig Weißburgunder und Gewürztraminer. Das Gros der Weine wird trocken ausgebaut.

Vorjahre

2009 führten die beiden Großen Gewächse aus dem Mauerberg eine stimmige Kollektion an, auch die Beerenauslese gefiel uns sehr gut. 2010 ergab sich das gewohnte Bild: Die beiden Großen Gewächse dominierten, auch wenn sie zum Zeitpunkt der Verkostung noch recht verschlossen wirkten, führten eine stimmige Kollektion an.

Neue Kollektion

Die neue Kollektion lässt uns etwas ratlos zurück, ist wohl nur durch den Umbruch im Betrieb zu erklären. Die Weine sind alle etwas ausdruckslos, recht süß, das Große Gewächs aus dem Goldenen Loch gefällt uns gut – normalerweise allerdings noch klar besser.

Weinbewertung

83 2007 Riesling Sekt brut Neuweierer **12,5%/15,-€**
80 2011 Riesling trocken **12%/7,50€/1l**
81 2011 Riesling trocken **12%/5,90€**
81 2011 Riesling Kabinett trocken Neuweierer Mauerberg **12,5%/11,30€**
82 2011 Riesling Kabinett trocken Neuweierer Schlossberg **12,5%/11,80€**
82 2011 Riesling Spätlese trocken Neuweierer Mauerberg **12,5%/13,50€**
83 2011 Riesling Spätlese trocken Neuweierer Schlossberg **12,5%/15,-€**
87 2011 Riesling Spätlese trocken „GG Goldenes Loch" Neuweierer Mauerberg **12,5%/20,-€**
82 2011 Gewürztraminer Spätlese Neuweierer Schlossberg **12%/10,-€**
87 2011 Riesling Auslese Neuweierer Mauerberg **8%/18,40€/0,5l**
82 2011 Spätburgunder Rosé trocken **12,5%/7,50€**
81 2009 Spätburgunder Auslese trocken Neuweierer Heiligenstein **14%/13,50€**

★★ Heinz **Nikolai**

Weingut

Rheingau

Ringstraße 16, 65346 Erbach
***Tel.** 06123-62708, **Fax**: 06123-81619*
www.heinz-nikolai.de
weingut@heinz-nikolai.de
***Besuchszeiten**: Mo.-Fr. 10-19 Uhr, Sa./So. 10-14 Uhr*
Straußwirtschaft während der Rheingauer Schlemmerwochen (April/Mai)

Inhaber............Katharina und Frank Nikolai
Rebfläche.............................12,5 Hektar

Das Erbacher Weingut wird inzwischen von Frank und Katharina Nikolai in der sechsten Generation bewirtschaftet. Die beiden bauen in ihren Weinbergen zu 85 Prozent Riesling an, hinzu kommen etwas Spätburgunder und Weißburgunder sowie Sauvignon Blanc. Ihre besten Lagen sind Erbacher Michelmark, Erbacher Steinmorgen, Erbacher Siegelsberg und Hallgartener Jungfer. Nach intensiver Vorklärung werden die Moste kühl und gezügelt vergoren. Die Rieslinge werden grundsätzlich im Edelstahl ausgebaut, der Spätburgunder kommt nach der Maischegärung ins Eichenholzfass. Die Weine sind meist sehr klar und feingliedrig, Experimente wie ein süßer Eiswein-Sekt gehören bisweilen ebenso zum Programm wie reintönige, sehr klare und schon in der Jugend zugängliche edelsüße Weine.

Vorjahre

Die 2009er waren überzeugend – beispielsweise, was den kraftvollen, animierenden „Primus Maximus" oder die saftige Auslese anging. Im Jahrgang 2010 war die Basis bemerkenswert gut und würzig, der „Primus Maximus" machte erneut viel Spaß, und auch der saftige Weißburgunder und die Süßweine gefielen sehr. Dass die Ersten Gewächse keine Steigerung darstellten und der Spätburgunder aus 2009 ein wenig schokoladig-mächtig wirkte, trübte das Bild kaum.

Neue Kollektion

Aus der 2011er Kollektion ragen gleich mehrere Weine heraus: Der stoffige „Primus Maximus", die nach Steinobst duftende, leicht cremig-saftig wirkende Spätlese aus dem Steinmorgen sowie deren feinherb ausgebautes Pendant. Wie im Vorjahr sind auch diesmal die Ersten Gewächse keine Steigerung, ihnen fehlen etwas Geradlinigkeit und Finesse.

Weinbewertung

83 2011 Riesling Kabinett trocken Hallgartener Schönhell **12%/6,20€**
83 2011 Riesling Kabinett trocken Erbacher Michelmark **12%/6,20€**

85 2011 Riesling Spätlese trocken Erbacher Michelmark **13 %/7,20 €**
87 2011 Riesling Spätlese trocken „Primus Maximus" **13 %/9,20 €**
87 2011 Riesling Erstes Gewächs Erbacher Steinmorgen **13 %/14,- €**
86 2011 Riesling Erstes Gewächs Erbacher Siegelsberg **13 %/15,- €**
82 2011 Riesling Kabinett „feinherb" Hallgartener Jungfer **11,5 %/6,20 €**
87 2011 Riesling Spätlese „feinherb Alte Reben" Erbacher Steinmorgen **12,5 %/7,70 €**
87 2011 Riesling Spätlese Erbacher Steinmorgen **9 %/7,20 €**

am **Nil** ★☆
Weingut
Pfalz

Neugasse 21, 67169 Kallstadt
***Tel.** 06322-8011*
www.weingutamnil.de
info@weingutamnil.de
***Besuchszeiten**: Mo.-Fr. 8-12 Uhr*

Inhaber .... Ana Pohl
Rebfläche .... 12 Hektar

Floss der Nil in grauen Vorzeiten bei Kallstadt in den Rhein? Das war wohl nicht mal vor Jahrmilllionen der Fall. Der Nil ist eine Lage, die dem Kallstadter Saumagen zugeschlagen wurde und im Besitz der Familie Schuster war. Im Herbst 2010 wurde das Weingut Schuster von der Familie Pohl übernommen. Ein ambitioniertes Team hat mit der Arbeit begonnen.

Jahrgang 2011

Grau- und Weißburgunder punkten, weil sie durchgegoren sind. Der Grauburgunder sah junges Holz, er hat Biss und zeigt eine typische Frucht, der Weißburgunder ist klar und frisch, beide Weine zeigen etwas Schärfe. Die Rieslinge sind konzentriert, fruchtig, süß, füllig und haben Biss.

Weinbewertung

85 2011 Riesling trocken **13,5 %/8,50 €**
87 2011 Riesling trocken Ungsteiner **13 %/17,90 €**
88 2011 Riesling trocken Herrenberg **13 %/23,50 €**
88 2011 Riesling trocken Saumagen **13,5 %/23,50 €**
86 2011 Grauburgunder trocken **13,5 %/9,50 €**
86 2011 Weißburgunder trocken **13,5 %/9,50 €**

Ingo **Norwig** ★
Weingut
Mosel

Am Frohnbach 1, 54472 Burgen
***Tel.** 06534-763, **Fax**: 06534-949504*
www.weingut-norwig.de
info@weingut-norwig.de
***Besuchszeiten**: nach Vereinbarung*
Ferienwohnung

Inhaber .... Ingo Norwig
Rebfläche .... 6 Hektar

Ingo Norwig baut neben Riesling auch etwas Müller-Thurgau, Grauburgunder, Ortega, Spätburgunder und Dornfelder an. Seine Weinberge liegen in Burgen, Brauneberg, Veldenz und Mülheim. Die Weine werden kühl vergoren und bleiben lange auf der Feinhefe.

Vorjahre

2009 wurde ein kleines Sortiment vorgestellt, das mit saftigen, unspektakulären Weinen überzeugte. Etwas weniger gleichmäßig präsentierte sich der Jahrgang 2010, wurde angeführt von der saftigen Auslese aus der Brauneberger Juffer.

Jahrgang 2011

2011 gefällt uns besser, bietet frische, saftige Rieslinge wie die trockene Spätlese aus dem Kirchberg, eine würzige, konzentrierte Beerenauslese, der stets von Ingo Norwig vorgestellte Kerner überzeugt dieses Jahr als Auslese.

Weinbewertung

84 2011 Riesling Spätlese trocken Veldenzer Kirchberg **12 %/5,- €** ☺
82 2011 Riesling Spätlese halbtrocken Burgener Hasenläufer **11,5 %/5,- €**
82 2011 Riesling Auslese „feinherb" Brauneberger Juffer **13,5 %/8,- €**
80 2011 Riesling Spätlese Burgener Hasenläufer **8,5 %/5,- €**
84 2011 Kerner Auslese Burgener Hasenläufer **9 %/6,50 €**
87 2011 Riesling Beerenauslese Veldenzer Kirchberg **9,5 %/16,- €/0,375l**

Oberbergen ★

Winzergenossenschaft

Baden

Badbergstraße 2, 79235 Vogtsburg-Oberbergen
Tel. *07662-94600,* ***Fax:*** *07662-946024*
www.wg-oberbergen.com
info@wg-oberbergen.com
Besuchszeiten: *Mo.-Fr. 8-12 + 13:30-17:30 Uhr, Sa. 8:30-13 Uhr (nicht Jan.-März)*

Geschäftsführer .... Rolf Hofschneider
Kellermeister .... Wolfgang Schupp
Rebfläche .... 340 Hektar
Mitglieder 450

Die Mitglieder der 1924 gegründeten Genossenschaft von Oberbergen bauen neben Spätburgunder vor allem weiße Sorten wie Müller-Thurgau, Silvaner, Weiß- und Grauburgunder, sowie Chardonnay an. Daneben gibt es insbesondere noch Gewürztraminer, Muskateller, Kerner und Riesling. In der bekannten Lage Bassgeige finden sich die steilsten Terrassen am Kaiserstuhl.

Vorjahre

Die Kollektion vor zwei Jahren überzeugte, hatte in allen Segmenten – weiß, rot und süß – Spitzen zu bieten bei gutem Gesamtniveau. Gleiches galt im vergangenen Jahr: Homogenes Niveau, weiß wie rot. Dazu gab es mit der Muskateller Trockenbeerenauslese aus dem Jahrgang 2009 ein faszinierendes Highlight.

Neue Kollektion

Man muss froh sein, dass es noch so qualitativ zuverlässige Genossenschaften in Baden gibt wie die von Oberbergen. Natürlich, die Restsüße ist hoch, ebenso der Alkohol, das scheint unumstößliche Genossenschaftsstilistik zu sein, hier und anderswo. Aber die Kollektion zeigt eine überzeugende Zuverlässigkeit über das ganze Sortiment, wenn wir einen Wein herausheben müssten, würden wir uns für den reintönigen Weißburgunder „TT", also Traubenteilung entscheiden.

Weinbewertung

79 2011 Müller-Thurgau Kabinett trocken Oberbergener Bassgeige **11,5 %/5,05 €**
82 2011 Grauburgunder Kabinett trocken Oberbergener Bassgeige **13 %/6,40 €**
82 2011 Weißburgunder Spätlese trocken Oberbergener Bassgeige **14 %/7,75 €**
85 2011 Grauburgunder Spätlese trocken „Edition Terroir" Oberbergener Bassgeige **14,5 %/22,- €**
85 2011 Weißburgunder trocken „Edition TT" Oberbergener Bassgeige **14 %/12,- €**
83 2011 Chardonnay Spätlese trocken Oberbergener Bassgeige **14 %/13,30 €**
83 2011 Gewürztraminer Spätlese trocken Oberbergener Bassgeige **13,5 %/10,50 €**
83 2011 Muskateller Kabinett Oberbergener Bassgeige **11 %/6,75 €**
83 2011 Gewürztraminer Spätlese Oberbergener Bassgeige **11 %/10,50 €**
85 2010 Weißburgunder Eiswein Oberbergener Bassgeige **7 %/27,25 €/0,5l**
84 2009 Spätburgunder Auslese trocken Barrique Oberbergener Bassgeige **14,5 %/21,50 €/0,5l**
85 2009 Spätburgunder Beerenauslese Oberbergener Bassgeige **11,5 %/52,50 €/0,375l**

★★★

Richard **Östreicher**
Weingut

Franken

Hauptstraße 15, 97334 Sommerach
Tel. 09381-1698, Fax: 09381-3010
www.weingut-richard-oestreicher.de
weingut@richard-oestreicher.de
Besuchszeiten: nach Vereinbarung
Weinstube, 3 Pensionszimmer

Inhaber .... Richard Östreicher
Rebfläche .... 3 Hektar

Richard Östreicher hat seit der Betriebsübernahme von seinem Vater 1995 das über 250 Jahre alte Anwesen umgestaltet, die Remise wurde zur Weinstube. Seine Weinberge liegen vor allem in Sommerach (Katzenkopf), aber auch in Dettelbach (Honigberg) und in Volkach (Kirchberg, Ratsherr). 40 Prozent der Anbaufläche wurde umstrukturiert, vor allem Spätburgunder, Merlot und Cabernet Sauvignon pflanzte Richard Östreicher in Toplagen. Fast die Hälfte der Rebfläche nehmen heute rote Sorten ein. Müller-Thurgau und Kerner reduzierte er, konzentriert sich auf Silvaner, Riesling und Weißburgunder bei den weißen Sorten. Seine Leidenschaft aber gilt den Rotweinen, die er nach langer Maischegärung in kleinen Bottichen lange auf der Hefe reifen lässt und ohne Filtration abfüllt.

Vorjahre

Vor zwei Jahren präsentierte Richard Östreicher kraftvolle, kompromisslos vinifizierte Barriqueweine, wobei der Weißburgunder den drei Roten Paroli bieten konnte. Im vergangenen Jahr wurden nochmals diese drei Rotweine des Jahrgangs 2007 vorgestellt; neu war der barriqueausgebaute Weißburgunder des Jahrgangs 2009, der ebenso überzeugte wie sein Vorgänger.

Neue Kollektion

Dieses Jahr nun stellte Richard Östreicher seine 2009er Rotwein vor – und sie gefallen uns nochmals besser als ihre Vorgänger aus dem Jahrgang 2007. Der Merlot zeigt reintönige Frucht im Bouquet, etwas Gewürznoten, ist füllig und kraftvoll im Mund bei reifer Frucht und guter Struktur. Etwas Cassis und Eukalyptus findet man im Bouquet des Cabernet Sauvignon, im Mund ist er kraftvoll und klar, besitzt gute Struktur und Substanz. Gute Konzentration und rauchige Noten prägen das Bouquet des Spätburgunders, im Mund ist er füllig, kraftvoll und reintönig. An diese starke rote Riege kommt der sehr gute Weißburgunder nicht ganz heran, der gute Struktur und Substanz besitzt, noch sehr jugendlich ist.

Weinbewertung

83 2010 „Sommergewitter" Weißwein trocken Sommeracher Katzenkopf **12 %/7,50 €**
84 2011 Silvaner trocken „Lieblingsstück" Sommeracher Katzenkopf **13,5 %/11,50 €**
87 2010 Weißburgunder „S.L." trocken Sommeracher Katzenkopf **13,5 %/34,- €**
89 2009 Merlot trocken Sommeracher Katzenkopf **13,5 %/34,- €**
90 2009 Cabernet Sauvignon trocken Sommeracher Katzenkopf **13,5 %/38,- €**
90 2009 Spätburgunder „No. 1" trocken Sommeracher Katzenkopf **13,5 %/30,- €**

★☆

Johann F. **Ohler**
Weingut

Pfalz

Meerspinnstraße 33, 67435 Neustadt-Gimmeldingen
Tel. 06321-6116, Fax: 06321-60382
www.weingut-ohler.de
webmaster@weingut-ohler.de
Besuchszeiten: Mo.-Fr. 9-12 + 14-18 Uhr, Sa. 10-16 Uhr oder nach Vereinbarung

Inhaber .... Sabine Ohler-Jost
Kellermeister .... Stefan Giese
Rebfläche .... 6,4 Hektar

Seit mehr als 200 Jahren betreibt die Familie Weinbau in Gimmeldingen. 1758 baute Johann Michael Ohler eine Küferei auf, erst 1962 hat Reinhard Ohler sie eingestellt und sich ganz auf Weinbau konzentriert. Sabine Ohler-Jost übernahm 2007 das Weingut von ihrem Vater Reinhard Ohler und führt es zusammen mit ihrem Ehemann Dr. Arnim Jost. Die Weinberge von Sabine Ohler-Jost liegen in Gimmeldingen (Mandelgarten, Schlössel), Königsbach (Idig), Mußbach (Eselshaut) und Haardt. Riesling nimmt gut die Hälfte der Rebfläche ein, es folgen Spätburgunder, Cabernet Sauvignon, St. Laurent, Chardonnay und Weißburgunder. Die Weißweine werden im Edelstahl ausgebaut, Rotweine im großen Holzfass oder im Barrique.

Vorjahre

Vor zwei Jahren gefiel uns der Riesling vom Königsbacher Idig am besten, auch die Auslese aus dem Mandelgarten konnte punkten. Im vergangenen Jahr konnten wir eine gute Kollektion mit Weinen aus drei Jahrgängen verkosten, mit einem Chardonnay von 2009 an der Spitze. Die 2010er Rieslinge hatten ordentlichen Biss, gute Frucht und Mineralität mit hohen Extrakten. Viel Spaß machte der Liter-Riesling mit viel klarer Frucht und feiner Säure.

Neue Kollektion

In diesem Jahr sind die Rieslinge zum Teil noch sehr verschlossen. Es gibt (noch?) kein klares Bild. Am besten haben uns zum Zeitpunkt der Verkostung im Juni der Kabinett aus dem Schlössel und die „Alten Reben" aus dem Mandelgarten gefallen. Ganz vorne liegt bei den Weißweinen aber der Chardonnay „JFO", ein duftiger, eleganter Wein, der in feinem Holz reifen durfte. Überzeugen können auch die beiden Rotweine.

Weinbewertung

84 2008 Sekt Chardonnay & Spätburgunder brut **12,5 %/13,- €**
79 2011 Riesling trocken **5,- €/1l**
84 2011 Riesling Kabinett trocken Gimmeldinger Schlössel **13 %/7,80€**
84 2011 Riesling trocken „Alte Reben" Gimmeldinger Mandelgarten **13 %/9,50 €**
83 2011 Riesling trocken Idig „JFO" **12,5 %/11,-€**
82 2011 Riesling „JFO" trocken **12,5 %/12,30 €**
82 2011 Weißer Burgunder trocken **13 %/7,- €**
79 2011 Chardonnay trocken **13,5 %/8,20 €**
88 2011 Chardonnay „JFO" trocken **12,5 %/13,50 €**
81 2011 Cabernet Sauvignon Rosé trocken „CS" **11,5 %/8,50 €**
86 2009 Cabernet Sauvignon trocken **14,5 %/14,-€**
85 2010 Spätburgunder trocken "Alte Reben" **13,5 %/15,- €**

★★

Johannes **Ohlig**

Weingut

Rheingau

Hauptstraße 68, 65375 Oestrich-Winkel
Tel. 06723-2012, Fax: 06723-87872
www.weingut-ohlig.de
info@weingut-ohlig.de
Besuchszeiten: Mo.-Fr. 8-12 + 14-18 Uhr, Sa. nach Vereinbarung
Gutsausschank Zehntenhof ganzjährig geöffnet (Mi. Ruhetag), Innenhof (bei schönem Wetter)

Inhaber .... Johannes Ohlig
Rebfläche .... 9,5 Hektar

Das Weingut Ohlig befindet sich im historischen, Ende des 16. Jahrhunderts erbauten Zehntenhof in Winkel. Johannes Ohlig, der den Betrieb in der vierten Generation führt, verfügt über große Gewölbekeller und Parzellen in Lagen wie Hasensprung, Gutenberg (beide Winkel), Klaus (Johannisberg) oder Kläuserweg (Geisenheim). Wichtigste Rebsorte ist Riesling, der 80 Prozent der Fläche einnimmt, hinzu kommen 15 Prozent Spätburgunder, kleine Mengen Rivaner sowie spezielle Rotweinsorten, die zu einem Glühwein verarbeitet werden. Drei Viertel der Weine werden trocken oder halbtrocken ausgebaut, vier

Fünftel der Gesamterzeugung verkauft man an Privatkunden.

Vorjahre

2009 fiel sehr gleichmäßig aus, die Weine waren duftig und feingliedrig, selbst die süßen Rieslinge wirkten eher würzig als zuckrig. Auch die 2010er Kollektion präsentierte sich homogen mit frischen klaren Weinen, überzeugte sowohl trocken als auch „feinherb" und süß.

Jahrgang 2011

Die 2011er sind rundum zuverlässig ausgefallen, auch wenn den trockenen Weinen teilweise die letzte Präzision fehlt. Möglicherweise liegt das auch an der Tatsache, dass die Restzuckerwerte bei diesen oft nahe der obersten Grenze des Zulässigen angesiedelt sind. Eine saftige, animierende Beerenauslese krönt das Sortiment, auch die Spätlese aus dem Kläuserweg kann voll überzeugen.

Weinbewertung

83 2011 Riesling Kabinett trocken Winkeler Gutenberg **11,5 %/5,80 €**

84 2011 Riesling Spätlese trocken Johannisberger Klaus **12 %/7,30 €**

85 2011 Riesling Spätlese trocken „Alte Reben" **12,5 %/8,50 €**

82 2011 Riesling Classic **12 %/5,50 €**

82 2011 Riesling Kabinett „feinherb" Winkeler Hasensprung **11,5 %/5,80 €**

84 2011 Riesling Spätlese „feinherb" Mittelheimer Edelmann **11,5 %/7,30 €**

84 2011 Riesling Kabinett Mittelheimer Edelmann **10,5 %/5,80 €**

83 2011 Riesling Spätlese Johannisberger Goldatzel **10,5 %/7,30 €**

87 2011 Riesling Spätlese Geisenheimer Kläuserweg **8,5 %/8,30 €** ☺

88 2011 Riesling Beerenauslese Winkeler Hasensprung **9 %/32,- €/0,375l**

81 2011 Spätburgunder Rosé „feinherb" **11,5 %/5,50 €**

★

Ollinger-Gelz

Weingut

Mosel

Marienstraße 40, 66706 Perl
Tel. *06867-461,* ***Fax:*** *06867-861*
www.ollinger-gelz.de
weingut@ollinger-gelz.de
Besuchszeiten: *werktags nach Vereinbarung*

Inhaber .... Inge und Willi Ollinger
Rebfläche .... 8,8 Hektar

Das Weingut Ollinger-Gelz ist einer der wenigen selbst vermarktenden Betriebe im Saarland. Seit 1980 führen Willi und Inge Ollinger das Gut. Elbling und die Burgundersorten bilden den Schwerpunkt. Dazu gibt es Müller-Thurgau, Gewürztraminer und Dornfelder, zuletzt kam Cabernet Dorsa hinzu. Inzwischen ist auch die pilzwiderstandsfähige Sorte Solaris im Sortiment, ebenso Cabernet Blanc. Die Böden in Perl und Umgebung sind vom gelbbraunen Muschelkalk geprägt. Im Jahr 2001 hat Willi Ollinger mit der Umstellung auf ökologischen Weinbau begonnen, seit 2005 ist er Mitglied bei Ecovin. Die Weine werden überwiegend trocken oder feinherb ausgebaut. 2011 haben Inge und Willi Ollinger mit der Aussiedlung begonnen, zunächst einen Produktionskeller inmitten der Weinberge des Marienbergs gebaut. Sohn Simon studiert derzeit Weinbau und Önologie.

Vorjahre

2009 war einmal mehr der Gewürztraminer mit seiner zarten Frucht und der leichten Süße der schönste Wein; auch der Rest des Sortiments überzeugte. Sehr gleichmäßig präsentierte sich auch der Jahrgang 2010 mit edelsüßen Weinen von Solaris und Gewürztraminer, sowie zwei feinen trockenen Spätlesen.

Neue Kollektion

Die neue Kollektion ist sehr gleichmäßig, die Unterschiede zwischen Qualitätsweinen und Spätlesen sind gering. Am besten gefällt uns die Solaris Auslese, sie besitzt feine süße Frucht und Biss.

Weinbewertung

80 2011 Weißburgunder trocken **12,5 %/6,50 €**
81 2011 Grauburgunder trocken **12,5 %/7,50 €**
80 2011 Auxerrois trocken **12 %/6,50 €**
82 2011 Auxerrois Spätlese trocken **12 %/8,50 €**
81 2011 Weißburgunder Spätlese trocken **13 %/8,50 €**
81 2011 Grauburgunder Spätlese trocken **13,5 %/9,50 €**
82 2011 Cabernet Blanc trocken **12 %/8,- €**
80 2011 Riesling „feinherb" **12 %/7,- €**
85 2011 Solaris Auslese „feinherb" **13 %/10,- €/0,5l**

★★☆

Schloss Ortenberg

Weingut

Baden

Am St. Andreas 1, 77799 Ortenberg
Tel. 0781-93430, Fax: 0781-934320
www.weingut-schloss-ortenberg.de
info@weingut-schloss-ortenberg.de
Besuchszeiten: Mo.-Fr. 8-12 + 13-17 Uhr, Sa. 9-12:30 Uhr

Inhaber .... Zweckverband Weingut Schloss Ortenberg
Geschäftsführer .... Matthias Wolf
Kellermeister .... Hanspeter Rieflin
Rebfläche .... 45 Hektar

Das Weingut Schloss Ortenberg ist 1997 durch Zusammenlegung des Weingutes Schloss Ortenberg des Ortenaukreises mit dem St. Andreas-Weingut der Stadt Offenburg entstanden. Das 1300 gegründete St. Andreas-Hospital bewirtschaftete seit 1500 Rebhöfe, vor der Fusion umfasste es 29 Hektar Reben. Das 1950 gegründete Weinbauversuchsgut des Ortenaukreises führte seit 1992 den Namen Weingut Schloss Ortenberg, der dann auch für das fusionierte Weingut übernommen wurde. Winfried Köninger, seit 1991 Leiter von Schloss Ortenberg, wurde Betriebsleiter des neuen Gutes. Seit 2010 ist Matthias Wolf als Nachfolger von Winfried Köninger neuer Geschäftsführer. Die Weinberge liegen vor allem in Ortenberg (Käfersberg, Schlossberg) und Zunsweier (Halde), sowie in Ohlsbach (Fürsteneck), Zell-Weierbach (Abtsberg) und Gengenbach (Nollen). Die Reben stehen auf Granitverwitterungsböden. Spätburgunder und Riesling sind die wichtigsten Rebsorten, gefolgt von Müller-Thurgau, Weißburgunder, Grauburgunder und Chardonnay. Dazu gibt es Scheurebe, Kerner, Sauvignon Blanc, Cabernet Sauvignon, Gewürztraminer, Muskat Ottonel, Silvaner, Muskateller und Merlot.

Vorjahre

Vor zwei Jahren präsentierte sich die Kollektion geschlossen auf sehr gutem Niveau, bot weiß wie rot sehr schöne, reintönige Weine, hinzu kam als edelsüßes Highlight die Riesling Trockenbeerenauslese. 2010 hatte sich Schloss Ortenberg mit seinen Weißweinen gut behauptet, sie präsentierten sich frisch und klar, ein Eiswein setzte im vergangenen Jahr das edelsüße Glanzlicht; die Rotweine allerdings hatten uns früher schon einmal besser gefallen.

Neue Kollektion

Die neue Kollektion ist sehr gleichmäßig, bietet zuverlässiges Niveau weiß wie rot. Der füllige, schmeichelnde Sauvignon Blanc et Gris gefällt uns gut, auch der Klingelberger „1782" mit seiner reifen Frucht. Süß überzeugt wie so oft eine Scheurebe, die Rotweine präsentieren sich homogen und klar.

Weinbewertung

81 2011 Grauburgunder Kabinett trocken **13 %/7,90 €**
81 2011 Sauvignon Blanc Kabinett trocken **13 %/7,90 €**
86 2011 Sauvignon Blanc et Gris trocken **14 %/13,- €**
85 2011 Klingelberger „SL" trocken **13 %/13,- €**
86 2011 Klingelberger „1782" trocken **13 %/15,- €**
82 2011 Chardonnay Spätlese trocken

13,5 %/10,- €
83 2011 Weißburgunder „SL" Spätlese trocken 13,5 %/13,- €
84 2011 Gewürztraminer Spätlese **13 %/10,- €**
86 2011 Scheurebe Auslese **10 %/11,- €**
85 2010 Pinot Noir trocken **13 %/8,50 €**
84 2009 „Duett" Rotwein trocken **13 %/13,- €**
85 2009 Merlot Spätlese trocken **13,5 %/17,50 €**

★★★★

von Othegraven

Weingut

Mosel

Weinstraße 1, 54441 Kanzem
Tel. *06501-150042,* ***Fax:*** *06501-18879*
www.von-othegraven.de
info@von-othegraven.de
Besuchszeiten: *Mo.-Fr. 8-12, 13-17 Uhr und nach Vereinbarung*

Inhaber .... Günther Jauch
Kellermeister .... Andreas Barth
Rebfläche .... 16 Hektar

Es war vor drei Jahren die Meldung des Jahres an der Saar: Heidi Kegel, die das traditionsreiche Weingut vor einigen Jahren von ihrer Tante Maria von Othegraven übernommen hatte, veräußerte den Betrieb an den Fernsehmoderator Günther Jauch. Der Wahl-Potsdamer ist ein Nachkomme von Emmerich Grach, eines Multi-Weingutsbesitzers, der Anfang des 19. Jahrhunderts mehrere Weingüter an Mosel und Saar kaufte, darunter auch jenes, das später als Weingut von Othegraven bekannt wurde. Für den Keller ist nach wie vor Andreas Barth zuständig, der nebenbei noch sein eigenes Weingut, den Lubentiushof, versorgt. Zum Weingut gehört ein 7,5 Hektar großer, voll arrondierter Weinberg im Herzstück des Kanzemer Altenbergs (Devonschiefer mit hohem Steinanteil und Spuren von Eisenoxid), der ausschließlich mit Riesling bestockt ist. Hinzu kommen Weinberge im Ockfener Bockstein (silbriggrauer Schiefer) und in der Wiltinger Kupp (stark verwitterter Schiefer). Im Januar 2011 erwarb Günther Jauch die 3,5 Hektar große Monopollage Wawerner Herrenberg, die bis dahin dem Weingut Dr. Fischer gehörte.

An der Spitze des Programmssteht der Kanzem Altenberg als Großes Gewächs, auch aus dem Ockfener Bockstein wird ein Großes Gewächs erzeugt, 2008 einmalig auch aus der Wiltinger Kupp, 2011 aus dem Herrenberg. Dann folgt der Maximus, der im Sinne eines Zweitweines die nächstbesten Partien enthält, schließlich Qualitätswein und Kabinett trocken sowie süße und edelsüße Rieslinge. Die Weine werden alle spontan vergoren, seit 2008 nutzt man auch wieder Eichenholzfässer für den Ausbau.

Vorjahre

2009 brachte auf allen Ebenen vibrierende, komplexe Weine. Auch die 2010er Kollektion überzeugte, trocken wie süß. Das Große Gewächs aus dem Bockstein gefiel uns in diesem Jahr ein klein wenig besser als der Wein aus dem Altenberg, die Kabinettweine waren frisch und reintönig, die süßen Rieslinge präsentierten sich konsistent bis hin zur Auslese von alten Reben und der Beerenauslese.

2011 trocken

Der Max ist würzig und stoffig wie auch der trockene Wein aus der Kupp, beiden fehlt es jedoch ein wenig an Nachhall. Zu den beiden Großen Gewächsen aus Bockstein und Altenberg kam 2011 ein Wein aus dem Herrenberg hinzu, der jedoch mit den beiden erstgenannten noch nicht ganz mithalten kann. Der Altenberg zeigt Zitrus und gelbe Früchte im Bouquet, ist füllig, frisch und klar im Mund bei dezenter Süße. Zupackend und reintönig präsentiert sich der Bockstein, ein klein wenig mineralischer, schlanker, aber doch druckvoll. Der Wein aus dem Herrenberg zeigt viel Duft und Würze im Bouquet, ist füllig und harmonisch im Mund, aber ein wenig vordergründig. Und Altenberg gibt es 2011 auch in einer „feinherben" Version mit 19

Gramm Restzucker: Ein stoffiger, herrlich kraftvoller und fruchtbetonter Wein, der sich hinter dem Großen Gewächs nicht zu verstecken braucht.

2011 süß

Die edelsüßen Rieslinge glänzen auch 2011 bei von Othegraven. Beide Spätlesen aus dem Altenberg sind wunderschön reintönig, frisch, elegant und zupackend, die Auslese bringt eine weitere Steigerung, zeigt gute Konzentration im Bouquet, viel reintönige Frucht, ist füllig und schmeichelnd im Mund, bei herrlich viel Frucht und feiner Frische, die Auslese aus dem Bockstein steht ihr kaum nach, ist ebenfalls faszinierend reintönig und fruchtbetont, harmonisch und lang.

Weinbewertung

85 2011 Riesling trocken „Max" **12,5 %/10,80 €**
86 2011 Riesling trocken Kupp **12,5 %/16,- €**
89 2011 Riesling „GG" Altenberg **13,5 %/27,- €**
87 2011 Riesling „GG" Herrenberg **13 %/25,- €**
89 2011 Riesling „GG" Bockstein **12,5 %/23,- €**
89 2011 Riesling „Alte Reben" Altenberg **13,5 %**
82 2011 Riesling Kabinett Herrenberg **10 %/12,50 €**
85 2011 Riesling Kabinett Altenberg **9 %/13,- €**
88 2011 Riesling Spätlese „Alte Reben" Altenberg **8 %/16,- €**
89 2011 Riesling Spätlese „Alte Reben" Altenberg **7,5 %/19,- €**
90 2011 Riesling Auslese Bockstein **7,5 %/20,- €**
91 2011 Riesling Auslese Altenberg **7,5 %/20,- €**

★★

Karl **Ottes**

Weingut

Rheingau

Binger Weg 1a, 65391 Lorch im Rheingau
***Tel.** 06726-830083, **Fax**: 06726-830084*
www.weingut-ottes.de
info@weingut-ottes.de
***Besuchszeiten**: täglich (Anmeldung erbeten)*

Inhaber .... Helmut Ottes und Gerald Ottes
Rebfläche .... 7 Hektar

Seit 1841 betreibt die Familie Weinbau im Rheingau. Das heutige Weingut wurde 1959 von Karl Ottes zusammen mit seinem Sohn Helmut gegründet. Heute wird das Weingut von Helmut und Annelore Ottes geführt. Für den Keller verantwortlich ist – nach Geisenheimstudium und Praxisaufenthalten im In- und Ausland – ihr Sohn Gerald, unterstützt von seiner Frau Fumiko, die ebenfalls Diplom-Ingenieurin für Weinbau und Önologie ist. Drei Viertel der Rebfläche nimmt Riesling ein, hinzu kommen rund ein Viertel Spätburgunder und eine kleine Menge Weißburgunder. Die Rieslinge werden hier kühl und langsam vergoren, als „Aurum" wird ein trockener bzw. „feinherber" Wein von alten Reben vermarktet. Gerald und Helmut Ottes haben auch beim Spätburgunder Ehrgeiz und erzeugen mächtige, oft alkoholreiche, kraftvolle Weine. In manchen Jahren wirken diese allerdings ein wenig zu üppig, etwas weniger könnte in diesen Fällen mehr sein.

Vorjahre

Die 2009er waren saftig, am meisten überzeugte eine intensive Beerenauslese. Bei den Spätburgundern war das Erste Gewächs aus dem Bodental-Steinberg aus 2008 dicht, kompakt und nicht vom Holz überzeichnet. Die 2010er Weißweine wirkten im Folgejahr zuverlässig, wenngleich nicht begeisternd, die 2009er Spätburgunder besaßen Substanz.

Neue Kollektion

2011 ist gelungen, beginnend beim knackigfrischen Riesling „Schiefer" und endend beim erfreulich geradlinigen, nach gelben Früchten duftenden Ersten Gewächs, das mit etwas weniger Süße noch spannender wäre. Der 2010er Spätburgunder wirkt etwas kantig, duftet nach reifen Beeren und könnte sich mit Reife noch positiv entwickeln.

Weinbewertung

85 2011 Riesling trocken „Schiefer" Lorcher Pfaffenwies **12,5 %/8,50 €**
83 2011 Riesling Kabinett trocken Lorcher Kapellenberg **12 %/6,90 €**

85 2011 Riesling Spätlese trocken Lorcher Kapellenberg **13 %/9,- €**
86 2011 Riesling „Aurum" **13,5 %/12,20 €**
88 2011 Riesling Erstes Gewächs Lorcher Kapellenberg **14 %/16,80 €**
83 2011 Riesling Kabinett halbtrocken Lorcher Bodental-Steinberg **11,5 %/6,90 €**
82 2011 Weißburgunder „feinherb" Lorcher Schlossberg **12,5 %/7,60 €**
83 2009 Spätburgunder Spätlese trocken Lorcher Pfaffenwies **14 %/12,- €**
84 2010 Spätburgunder trocken Erstes Gewächs Lorcher Bodental-Steinberg **14 %**

★☆

Parfum der Erde

Weingut

Württemberg

Hauptstraße 32, 71384 Weinstadt
www.parfum-der-erde.de
info@parfum-der-erde.de
***Besuchszeiten**: nach Vereinbarung*

Inhaber .... Dr. Rainer Scholz, Andi Knauß
Rebfläche .... 1 Hektar

Wenn ein Hamburger und ein Schwabe sich zusammentun, dann muss etwas Ungewöhnliches dabei herauskommen, so wie das Weingut von Rainer Scholz und Andi Knauß: Parfum der Erde nennen sie es, auf allen Etiketten sind groß die Geokoordinaten notiert, aus deren Weinberg die jeweiligen Weine kommen.

Kollektion

Die Weine sind klar und kompromisslos vinifiziert. Geradlinig und frisch präsentieren sich Müller-Thurgau und Riesling, die beiden Regent sind kraftvoll und strukturiert. Am meisten aber haben uns die Spätburgunder beeindruckt: Reintönig und elegant besitzen sie gute Struktur, Frische und Biss, der 2009er ist ein klein wenig komplexer als der lebhafte 2010er.

Weinbewertung

82 2011 Müller-Thurgau trocken **11,5 %/12,90 €**
82 2011 Riesling trocken **13 %/15,90 €**
85 2010 Regent trocken **13,5 %/24,90 €**
84 2009 Regent trocken **13 %/24,90 €**
87 2010 Spätburgunder trocken **13 %/28,90 €**
88 2009 Spätburgunder trocken **13,5 %/28,90 €**

★★★

Paulinshof

Weingut

Mosel

Paulinsstraße 14, 54518 Kesten
***Tel.** 06535-544, **Fax**: 06535-1267*
www.paulinshof.de
paulinshof@t-online.de
***Besuchszeiten**: Mo.-Fr. 8-18 Uhr, Sa. 9-17 Uhr und nach Vereinbarung*

Inhaber .... Klaus und Oliver Jüngling
Rebfläche .... 9 Hektar

Der Paulinshof ist ein ehemaliger Stiftshof der Kirche St. Paulin, der erstmals im Jahr 936 urkundlich erwähnt wurde. Die heutigen Besitzer Klaus und Christa Jüngling sowie Sohn Oliver, denen der Paulinshof seit 1969 gehört, haben sich vor allem mit ihren trockenen und halbtrockenen Weinen einen guten Namen geschaffen. Die Lage Brauneberger Kammer, eine der kleinsten existierenden Einzellagen an der Mosel, bewirtschaften sie in Alleinbesitz. Daneben gehören ihnen Weinberge in den Kestener Lagen Paulins-Hofberger, Paulinsberg und Herrenberg, sowie in den Brauneberger Lagen Juffer und Juffer-Sonnenuhr. Die Weine, vor allem die trockenen, präsentieren sich kurz nach der Abfüllung oft sehr würzig und verschlossen. Die süßen Weine besitzen ebenfalls einen eigenständigen Stil, sind oft rauchig-würzig und nachhaltig. Große Gewächse werden inzwischen aus den beiden Lagen Kammer und Paulins-Hofberger erzeugt.

Vorjahre

2009 waren die Weine kraftvoll, würzig, oft tiefgründig. 2010 präsentierte sich etwas weniger einheitlich. Die Spätlese aus dem Paulinshof gefiel uns wieder sehr gut, ebenso das eigenwillige und eigenständige Große Gewächs aus der Brauneberger Kammer, das Gros der Weine besaß aber nicht die Rasse und Feinheit ihrer Vorgänger.

Jahrgang 2011

Etwas ungleichmäßig präsentiert sich nun 2011, die Stärken liegen eindeutig im edelsüßen Bereich. Die trockenen und feinherben Rieslinge bleiben eigenwillig verschlossen – bei viel Substanz; die süßen zeigen sich viel offener, schon der Kabinett bereitet Freude, die Spätlese aus der Juffer ist harmonisch und enorm süffig, die Auslese aus der Juffer-Sonnenuhr besitzt gute Konzentration und herrlich viel Frucht, Frische und Länge. Noch konzentrierter, zupackender ist die Beerenauslese, sie besitzt viel Substanz und Kraft.

Weinbewertung

83 2011 Riesling Kabinett trocken Brauneberger Juffer **12,5 %/8,90 €**

84 2011 Riesling Spätlese trocken Brauneberger Juffer-Sonnenuhr **12,5 %/13,50 €**

85 2011 Riesling „GG" Brauneberger Juffer **13 %/19,- €**

82 2011 Riesling „feinherb" Kestener Paulins-Hofberger **12,5 %/9,50 €**

85 2011 Riesling Spätlese Trittenheimer Apotheke **12,5 %/13,50 €**

84 2011 Riesling Spätlese „feinherb" Brauneberger Kammer **12,5 %/13,50 €**

84 2011 Riesling Kabinett Brauneberger Juffer **10 %/9,90 €**

87 2011 Riesling Spätlese Brauneberger Juffer **8,5 %/13,50 €**

85 2011 Riesling Spätlese Kestener Paulinsberg **10 %/12,90 €**

89 2011 Riesling Auslese Brauneberger Juffer-Sonnenuhr **9,5 %/14,50 €/0,375l**

90 2011 Riesling Beerenauslese Brauneberger Juffer-Sonnenuhr **10 %/38,- €/0,375l**

★★☆

Axel **Pauly**

Weingut

Mosel

Hochstraße 80, 54470 Lieser
__Tel.__ 06531-6143, __Fax:__ 06531-915007
www.wein-pauly.de
info@wein-pauly.de
__Besuchszeiten:__ Mo.-Sa. 10-18 Uhr und nach Vereinbarung; mit Bitte um Anmeldung

Inhaber .... Axel Pauly
Rebfläche .... 6,7 Hektar

Das Weingut der Paulys ist ein typischer Familienbetrieb, lange geführt von Rudolf und Ursel Pauly. Seit 2004 ist Axel Pauly für den Keller verantwortlich, 2009 übernahm er das Weingut, und inzwischen wurde auch der Name des Gutes angepasst. Axel Paulys Frau Sabrina ist mittlerweile ebenfalls im Betrieb tätig. 2009 wurden weitere Parzellen im Niederberg-Helden gepachtet oder erworben, 2010 Weinberge mit alten Reben in Bernkastel-Kues (Kardinalsberg) und Lieser (Niederberg-Helden). Für die Vinifikation werden Edelstahltanks und Holzfässer genutzt, die Weine verbleiben nach der langsamen Gärung lange auf der Feinhefe.

Vorjahre

2009 überzeugte von trocken bis edelsüß, wurde angeführt von einer hervorragenden Trockenbeerenauslese. Eine vergleichbare Trockenbeerenauslese gab es auch 2010, sehr gut gefiel uns aber auch der gekonnt vinifizierte Spätburgunder, die Kollektion insgesamt bot zuverlässig gute Qualität – nicht selbstverständlich in diesem Jahrgang.

Weinbewertung

Auch 2011 bereiten die Weine wieder viel Freude, angefangen beim glasklaren, geradlinigen „purist". Noch besser gefällt uns im trockenen Segment der Helden-Riesling, der gute Struktur und Substanz besitzt, Konzentration und Frische. Neu im Programm ist der „Drei Helden", quasi als Großes Gewächs, der aus der Parzelle Held im Lieserer Niederberg-Helden stammt. Den Wein hat Axel Pauly bewusst nicht ganz trocken ausgebaut (mit 10 Gramm Restzucker), damit der Alkohol nicht zu sehr in den Vordergrund rückt, zukünftig aber soll er trocken werden. Er besitzt Fülle und Kraft, uns aber gefällt der „einfache" Helden etwas besser. Edelsüß gibt es 2011 gleich zwei Auslesen und eine Beerenauslese, alle sind reintönig und frisch, elegant und zupackend, die an kandierte Früchte erinnernde Beerenauslese besitzt viel Konzentration. Der Frühburgunder zeigt rauchige Noten und etwas Gewürze im Bouquet, ist klar, füllig und kraftvoll im Mund bei guter Struktur: Eine gelungene Kollektion!

Weinbewertung

86 2011 Riesling trocken „purist" **11 %/7,20 €**
83 2011 Riesling trocken „Tres Naris" **12 %/6,90 €**
87 2011 Riesling trocken „Helden" Lieserer Niederberg-Helden **12,5 %/9,80 €**
86 2011 Riesling „Drei Helden" Lieserer Niederberg-Helden **13 %/15,80 €**
83 2011 Riesling „feinherb Generations" **11,5 %/6,90 €**
86 2011 Riesling „feinherb" „Steinerd" Bernkastel-Kueser Kardinalsberg **11,5 %/9,80 €**
85 2011 Riesling Spätlese Lieserer Niederberg-Helden **8 %/9,80 €**
87 2011 Riesling Auslese Lieserer Niederberg-Helden **8 %/12,80 €**
88 2011 Riesling Auslese*** Lieserer Niederberg-Helden **7,5 %/10,80 €/0,375l**
90 2011 Riesling Beerenauslese Lieserer Niederberg-Helden **8 %/22,- €/0,375l**
87 2009 Frühburgunder trocken Barrique **13 %/15,80 €**

★★★

Dr. Pauly-Bergweiler

Weingut **Mosel**

Gestade 15, 54470 Bernkastel-Kues
Tel. 06531-3002, Fax: 06531-7201
www.pauly-bergweiler.com
info@pauly-bergweiler.com
Besuchszeiten: Mo.-Sa. 10–18 Uhr, So. nur nach Vereinbarung

Inhaber .... Stefan Pauly
Rebfläche .... 16,2 Hektar

Dr. Peter Paulys Großvater, Zacharias Bergweiler, war einer der legendärsten Moselwinzer überhaupt. 1959 übernahm Pauly den Betrieb, 2006 übertrugen er und seine Frau Helga das Weingut auf ihren Sohn Stefan. Der Betrieb verfügt über beste Lagen in Bernkastel, Graach, Wehlen, Zeltingen, Ürzig (darunter die ganze Lage Ürziger Goldwingert in Familienbesitz), Erden und Brauneberg, wobei die Weine aus Ürzig und Erden traditionell unter dem Namen Peter Nicolay vermarktet werden. Die Rieslinge, die im Edelstahl ausgebaut werden, sind klar und feingliedrig und spiegeln ihr Terroir deutlich wider.

Vorjahre

2009 war stark, die Weine besaßen Substanz und Würze, bereits der feinherbe Riesling aus dem Treppchen überzeugte voll, die Spätlesen aus der Alten Badstube begeisterten ebenso wie die saftige Auslese. Substanz und Würze zeigten auch die 2010er Weine, allerdings nicht die Klarheit ihrer Vorgänger. Die Beerenauslese aus der Badstube und eine der beiden Himmelreich-Auslesen gefielen uns enorm, einige andere Weine allerdings weniger, manche waren allzu unausgewogen; interessant war der Spätburgunder aus dem Jahrgang 2009.

Jahrgang 2011

Die neue Kollektion ist nicht ganz gleichmäßig, aber vor allem der süße Teil der Kollektion überzeugt, bietet saftige Spätlesen aus Badstube und Alte Badstube am Doctorberg, sowie drei brillant klare Auslesen, alle sehr reintönig, zupackend und elegant. Das Große Gewächs aus der Alten Badstube am Doctorberg ist ein wenig zu sehr vom Alkohol und von Bitternoten geprägt.

Weinbewertung

78 2011 Riesling trocken **12 %/7,50 €/1l**
79 2011 Riesling trocken Ürziger Würzgarten **12,5 %/10,20 €**
84 2011 Riesling Spätlese trocken Bernkasteler Alte Badstube am Doctorberg **13 %/13,20 €**
86 2011 Riesling „GG" Bernkasteler Alte Badstube am Doctorberg **14 %/18,- €**
83 2011 Riesling Kabinett Bernkasteler Alte Badstube am Doctorberg **7 %/10,50 €**
87 2011 Riesling Spätlese Bernkasteler Badstube **7,5 %/12,- €**
85 2011 Riesling Spätlese Ürziger Goldwingert **8 %/13,- €**
88 2011 Riesling Spätlese Bernkasteler Alte Badstube am Doctorberg **8,5 %/13,- €**
87 2011 Riesling Auslese Bernkasteler Badstube **10,5 %/16,- €**
88 2011 Riesling Auslese Bernkasteler Alte Badstube am Doctorberg **7,5 %/19,50 €**
89 2011 Riesling Auslese Graacher Himmelreich **7,5 %/18,- €**
89 2011 Riesling Auslese Wehlener Sonnenuhr **8,5 %/17,- €**

★★

Pawis

Weingut

Saale-Unstrut

Auf dem Gut 2, 06632 Freyburg-Zscheiplitz
Tel. *034464-28315,* ***Fax****: 033464-66727*
www.weingut-pawis.de
info@weingut-pawis.de
Besuchszeiten*: Mo.-Sa. 10-12 + 13-18 Uhr, So. 10-12 Uhr oder nach Vereinbarung*
Straußwirtschaft

Inhaber .... Bernard und Kerstin Pawis
Rebfläche .... 11 Hektar

1990 gründeten Herbert und Irene Pawis mit 0,5 Hektar Weinbergen ihr eigenes Weingut. 1998 übernahm Sohn Bernard das Gut, im Jahr darauf baute er einen neuen Keller. Seit 2007, nach umfangreicher Sanierung und Neubau, hat der Betrieb seinen Sitz im Klostergut Zscheipitz. Wichtigste Lage (5,6 Hektar) ist der Freyburger Edelacker, dessen Boden aus verwittertem Muschelkalk besteht, in der Talsohle mit Übergängen zu rotem Keuper. Im Freyburger Mühlberg (3,5 Hektar) herrschen Löss-Lehmböden mit Muschelkalkuntergrund vor. Dazu besitzt das Weingut Flächen im Naumburger Sonneck (0,7 Hektar, Kalkschotter mit Lösslehm, Übergänge zu verwittertem Buntsandstein und Keuper) und im Weischützer Nüssenberg (1,2 Hektar, Kalkverwitterungsböden mit Lössanteilen). Riesling nimmt ein Viertel der Rebfläche ein, es folgen Müller-Thurgau und Weißburgunder mit zusammen einem weiteren Viertel an der Anbaufläche, je 10 Prozent Silvaner und Grauburgunder, sowie etwas Bacchus und Kerner. Rote Sorten kommen zusammen auf 20 Prozent: Portugieser, Dornfelder, Spätburgunder, Zweigelt und Regent.

Vorjahre

Die 2009er Kollektion wurde angeführt von den beiden fülligen Großen Gewächsen aus dem Edelacker. Sie präsentierte sich geschlossen auf sehr gutem Niveau, unterstrich, dass Bernard Pawis zur Spitze im Anbaugebiet zählt. Mit dem Jahrgang 2010 bestätigte er dies: Die teils halbtrockenen Weine besaßen Frische und Klarheit, das Große Gewächs vom Edelacker Fülle und Substanz, war aber etwas allzu süß geraten. Besser noch gefiel uns der 2009er Spätburgunder, auch der klare, kraftvolle Dornfelder war sehr gelungen.

Neue Kollektion

Die neue Kollektion ist sehr stimmig, bietet fruchtbetont, zupackende Gutsweine, fülligere trockene Spätlesen und dann an der Spitze drei üppige Große Gewächse. Der saftige Riesling besitzt viel reife Frucht und

Wärme, der Weißburgunder ist wie im Vorjahr sehr von Restsüße geprägt, wie eigentlich alle Weine von Bernard Pawis, der duftige Grauburgunder besitzt viel reife Frucht.

Weinbewertung

82 2011 Müller-Thurgau trocken **11,5 %/8,- €**
83 2011 Bacchus trocken **11,5 %/8,- €**
83 2011 Riesling Kabinett trocken **12 %/9,- €**
84 2011 Traminer Spätlese trocken **12,5 %/14,- €**
85 2011 Riesling Spätlese trocken **12 %/14,- €**
86 2011 Weißburgunder „GG" Edelacker **13 %/19,80 €**
87 2011 Grauburgunder „GG" Edelacker **13,5 %/19,80 €**
87 2011 Riesling „GG" Edelacker **13,5 %/19,80 €**
82 2011 Blauer Zweigelt trocken **12,5 %/9,95 €**

★★

Castel **Peter**

Weingut

Pfalz

Am Neuberg 2, 67098 Bad Dürkheim
***Tel.** 06322-5899, **Fax:** 06322-67978*
www.castel-peter.de
info@castel-peter.de
***Besuchszeiten:** Mo.-Fr. 9-12 + 13-18 Uhr, Sa. nach Vereinbarung*

Inhaber .... Hoffmann und Merck GbR
Rebfläche .... 14 Hektar

2007 hat Wilfried Peter das Weingut an Barbara Hoffmann und Albrecht Merck verpachtet, blieb aber für den Außenbetrieb verantwortlich. Die Weinberge liegen in den Dürkheimer Lagen Fuchsmantel, Hochbenn und Spielberg. Der Schwerpunkt der Produktion liegt auf Weißweinen, insbesondere Riesling. Hinzu kommen die Burgundersorten, aber auch Gewürztraminer, Rieslaner, Portugieser Cabernet Sauvignon und Dornfelder. Alle Rotweine werden maischevergoren und im Holzfass ausgebaut. Eine Spezialität des Weingutes sind barriqueausgebaute Weine (Wilfried Peter war Gründungsmitglied des Pfälzer Barrique-Forums). Der Großteil der Weine wird trocken ausgebaut. Seit einigen Jahren wird auf Prädikatsangaben verzichtet, stattdessen ein eigenes System mit ein bis drei Sternen verwendet.

Vorjahre

Vor zwei Jahren lagen zwei Rotweinen von 2007 an der Spitze. Die 2009er Weißweine waren gleichmäßig gut. Im vergangenen Jahr wirkten die Rieslinge etwas unharmonisch, die anderen Weißen waren frisch und klar, Chardonnay und die rote Cuvée Pierre N. waren sehr gut.

Neue Kollektion

In diesem Jahr sind wieder zwei Rotweine an der Spitze, ein konzentrierter Spätburgunder von 2009 mit viel Frucht und angenehmer Säure sowie eine dunkelfruchtig-konzentrierte Cuvée aus Merlot und Cabernet Sauvignon. Sehr gut ist auch der klare und kirschfruchtige St. Laurent. Bei den guten Weißweinen liegt der Riesling „Terrassen" in Front, auch der Chardonnay ist wieder sehr gut.

Weinbewertung

80 2011 Riesling* trocken **12 %/4,50 €/1l**
82 2011 Silvaner** trocken Ungsteiner Herrenberg **13 %/6,- €**
81 2011 Weißburgunder/Auxerrois** trocken **12,5 %/6,50 €**
85 2011 Chardonnay** trocken **12,5 %/6,50 €**
83 2011 Riesling** trocken Dürkheimer Hochbenn **12,5 %/6,50 €**
82 2011 Riesling** trocken Dürkheimer Fuchsmantel **12,5 %/6,50 €**
86 2011 Riesling** trocken „von den Terrassen" **12,5 %/9,- €**
84 2011 Sauvignon Blanc** trocken **12,5 %/7,- €**
82 2009 „Tous les Jours* Rotwein trocken **13,5 %/5,50 €**
86 2009 St. Laurent**trocken **13,5 %/8,- €**
87 2009 Spätburgunder**** trocken „Bird" **14 %/20,- €**
87 2008 Merlot/Cabernet Sauvignon**** trocken „Dizzy" **14 %/20,- €**

Johannes **Peters** ★

Weingut

Mosel

Zum Schlossberg, 54459 Wiltingen
Tel. 06501-18753, Fax: 06501-18755,
www.peterswein.de
info@peterswein.de
Besuchszeiten: nach Vereinbarung

Inhaber .... Johannes Peters
Rebfläche .... 7 Hektar

Johannes Peters arbeitete nach seiner Ausbildung und einem Auslandspraktikum in Australien bei verschiedenen deutschen Weingütern, bevor er 1991 sein eigenes Weingut gründete. Seine Weinberge liegen in den Wiltinger Lagen Braunfels, Klosterberg, Kupp und Rosenberg, sowie in der Lage Scharzhofberger. 70 Prozent der Rebfläche nimmt Riesling ein, der Rest verteilt sich auf Weißburgunder, Müller-Thurgau, Grauburgunder und Sauvignon Blanc. Die Weine werden temperaturkontrolliert vergoren und teilweise im Holzfass, teilweise im Edelstahltank auf der Feinhefe ausgebaut. Der Großteil der Weine wird trocken ausgebaut.

Vorjahre

Die 2009er waren saftig, würzig und rundum empfehlenswert. Sehr geschlossen präsentierte sich auch der Jahrgang 2010 mit klaren, geradlinigen Weinen, angeführt von zwei kraftvollen Rieslingen.

Neue Kollektion

Die neue Kollektion gefällt uns gut, bietet frische, klare, geradlinige Weine. Unsere Favoriten sind der fruchtbetont Riesling-Sekt, der zupackende Sauvignon Blanc und die interessante Cuvée aus Riesling und Weißburgunder; Highlight aber ist ganz klar die trockene Scharzhofberger-Spätlese, die gute Konzentration besitzt, Fülle und Kraft, reife Frucht und Substanz. —

Weinbewertung

80 2011 Riesling trocken **12 %/6,19 €/1l**
85 Riesling Sekt brut **12 %/9,88 €**
83 2011 „Grau-Weiß" trocken **12,5 %/6,78 €**
84 2011 „Strandgut" Riesling Weißburgunder trocken **12 %/6,54 €**
83 2011 Riesling trocken Wiltinger Klosterberg **12 %/6,19 €**
83 2011 Riesling Kabinett trocken Wiltinger Braunfels **12,5 %/7,14 €**
87 2011 Riesling Spätlese trocken Scharzhofberger **12,5 %/8,92 €**
82 2011 Rivaner trocken **11 %/5,24 €**
85 2011 Sauvignon Blanc trocken **12 %/7,14 €**
80 2011 Riesling Classic **12 %/6,78 €**

Peth-Wetz ★★☆

Weingut

Rheinhessen

Alzeyer Straße 16, 67593 Bermersheim
Tel. 06244-4494, Fax: 06244-4424
www.weingut-peth-wetz.de
info@weingut-peth-wetz.de
Besuchszeiten: Mo.-Sa. 9-12 + 13-18 Uhr
Probierstube (bis 50 Personen)

Inhaber .... Familie Peth
Rebfläche .... 20 Hektar

Das Bermersheimer Weingut Peth-Wetz wird heute in dritter Generation von Johanna und Hartmut Peth geführt. Sohn Christian ist, nach Ausbildung bei Keller und Knipser und Praktika in USA, Australien und Chile, für den Keller zuständig. Die Weinberge befinden sich vor allem in Bermersheim und Westhofen. Die wichtigsten Lagen sind Westhofener Rotenstein (sehr kalkhaltig), Bermersheimer Hasenlauf (leichte Lösslehmböden mit hohem Kalkgehalt) und Dalsheimer Bürgel (Terra-Fusca-Böden mit hohem Kalkgehalt), in den letzten Jahren kamen Weinberge in Siefersheim (Heerkretz) hinzu. Es werden Riesling, Müller-Thurgau, Silvaner, Weißburgunder, Huxelrebe, Scheurebe, Chardonnay und andere weiße Sorten angebaut. Aus der Rebsorte Bacchus erzeugt das Weingut immer wieder faszinierende edelsüße Weine. Bei den roten Sorten setzte die Familie Peth in den letzten Jahren verstärkt auf Spätburgunder, hat aber auch Cabernet Sauvignon, Cabernet Franc, Merlot, Petit Verdot und Malbec gepflanzt. Daneben gibt es Dornfelder, Portugieser und St. Laurent. Grundsätzlich werden nur gesunde Trauben verarbeitet. Die Weine werden kühl vergoren und lagern bis Januar auf der Feinhefe, hochwertige Qualitäten bis Februar auf der Vollhefe. Alle Rotweine werden maischevergoren und in großen Holzfässern oder im Barrique ausgebaut.

Vorjahre

Vor zwei Jahren präsentierte sich die Kollektion im gewohnt kraftvollen, konzentrierten Stil, bot mächtige, tanninbetonte Rotweine und stoffige Rieslinge – nicht zu vergessen den feinen, fruchtbetonten Gutsriesling. Ähnlich war die letztjährige Kollektion: In der 2010er Rieslingriege gefiel uns der Wein aus dem Hubacker am besten, er besaß etwas mehr Nachhaltigkeit als seine Kollegen aus Heerkretz und Hasenlauf. Auch die rote Kollektion präsentierte sich geschlossen, im Jahrgang 2009 war der Spätburgunder aus dem Rotenstein unser Favorit, auch der kraftvolle Merlot gefiel uns sehr gut.

Neue Kollektion

Die neue Kollektion ist ganz stark, angefangen beim feinen Gutsriesling. Die kraftvollen, stoffigen Lagenrieslinge präsentieren sich auf hohem Niveau, wobei wir dieses Jahr den stoffigen Heerkretz bevorzugen, gleichauf liegt der zupackende Hasenlauf-Riesling, der Wein aus dem Hubacker gefällt uns dieses Jahr etwas weniger. Rot trumpft wieder der konzentrierte und reintönige Rotenstein-Spätburgunder auf, besitzt aber noch kräftige, jugendliche Tannine; diese finden sich auch in der roten Cuvée, die aus Cabernet Sauvignon, Merlot, Cabernet Franc, Petit Verdot und Malbec besteht.

Weinbewertung

83 2011 Riesling trocken **13 %/6,70 €**
83 2011 Chardonnay & Weißburgunder **14 %/6,70 €**
84 2011 Chardonnay „unfiltered" Bermersheimer **14 %/13,50 €**
85 2011 Grauburgunder „unfiltered" Westhofener **14 %/13,50 €**
84 2011 Riesling „Kalkstein" Bermersheimer **13 %/10,50 €**
85 2011 Riesling „Porphyr" Siefersheimer **13 %/12,50 €**
88 2011 Riesling Heerkretz **13 %/25,- €**
88 2011 Riesling Hasenlauf **13 %/25,- €**
85 2011 Riesling Hubacker **13 %/25,- €**
85 2010 Blauer Spätburgunder **14 %/8,50 €**
86 2010 „Assemblage Reserve" Rotwein **14 %/25,- €**
87 2009 Spätburgunder Rotenstein **14 %/25,- €**

★★★

Petri

Weingut **Pfalz**

Weinstraße 43, 67273 Herxheim am Berg
***Tel.** 06353-2345, **Fax**: 06353-4181*
www.weingut-petri.de
weingut-petri@aol.com
***Besuchszeiten**: Mo.-So. 8-12 + 13-18 Uhr*
Gutsausschank (mit Pfälzer Spezialitäten)

Inhaber .... Sigrun und Gerd Petri
Rebfläche .... 14 Hektar

Als Gerd Petri das Weingut 1977 von seinem Vater übernahm, wurde noch die komplette Ernte als Fassware vermarktet. Inzwischen wird alles über die Flasche verkauft. Die Weinberge bewirtschaften Sigrun und Gerd Petri nach den Richtlinien des kontrolliert umweltschonenden Weinbaus. Die Weinberge liegen in den Herxheimer Lagen Himmelreich und Honigsack, aber auch im Kallstadter Saumagen. Wichtigste Rebsorte ist der Riesling, der gut 40 Prozent der Weinberge einnimmt. Hinzu kommen vor allem Spätburgunder und Grauburgunder, aber auch Weißburgunder, Chardonnay, St. Laurent und Portugieser. Cabernet Cubin, Merlot und Frühburgunder vervollständigen das Programm. Seine Rotweine baut Gerd Petri alle im Holzfass aus, ebenso wie die meisten Rieslinge. 80 Prozent der Weine sind trocken.

Vorjahre

Gerd Petri will mineralische Rieslinge erzeugen. Schon in der ersten Ausgabe waren wir angenehm überrascht von der klaren Handschrift und der guten Qualität. Und die Preise, die sind nach wie vor sehr moderat. Vor zwei Jahren waren die Rieslinge deutlich verhaltener als in den Vorjahren. Im vergangenen Jahr war es ähnlich, den Rieslingen fehlte es etwas an Harmonie. Dafür erfreuten uns zwei Barrique-Weine von 2009, ein sehr guter Chardonnay und ein sehr guter Spätburgunder, der an den großartigen 2005er anschloss.

Neue Kollektion

Nach zwei schwächeren Jahren sind die Petris zu alter Stärke zurückgekehrt. Die Weine sind wieder kraftvoll und klar, besitzen Substanz und Charakter. Nicht nur die Rieslinge, auch Weißburgunder, Grauburgunder und Chardonnay sind sehr gut. An der Spitze steht ein Riesling aus dem Saumagen mit viel Biss, Substanz und mineralischem Druck. Der Honigsack ist sehr fein, eindringlich und nachhaltig. Grauburgunder und Chardonnay sind in feinem Holz gereift, der Grauburgunder ist klar und typisch, der Chardonnay feinfruchtig, füllig und cremig. Eine herrlich frische Frucht hat der Weißburgunder, mit weniger als drei Gramm Zucker ist er auch wirklich trocken.

Weinbewertung

84 2011 Riesling Kabinett trocken Herxheimer Honigsack **12,5 %/ 4,90 €** ☺

84 2011 Riesling Kabinett trocken Kallstadter Saumagen **12,5 %/ 5,20 €**

87 2011 Riesling Spätlese trocken Herxheimer Honigsack 13,5 %/6,70 € ☺

88 2011 Riesling Spätlese trocken Kallstadter Saumagen **13,5 %/7,80 €** ☺

85 2011 Weißburgunder Kabinett trocken **13 %/4,90 €** ☺

87 2011 Grauburgunder Spätlese trocken Herxheimer Honigsack **13 %/6,70 €** ☺

87 2010 Chardonnay Spätlese trocken Barrique Herxheimer Himmelreich **14 %/9,- €**

86 2011 Riesling Spätlese halbtrocken Herxheimer Himmelreich **13 %/6,70 €** ☺

83 2011 Gewürztraminer Spätlese Herxheimer Himmelreich **12,5 %/6,- €**

Pfaffenweiler ★

Weinhaus

Baden

Weinstraße 40, 79292 Pfaffenweiler
***Tel.** 07664-97960, **Fax:** 07664-979644*
www.pfaffenweiler-wein.de
info@pfaffenweiler-wein.de
***Besuchszeiten:** Mo.-Fr. 8-12 + 13-17 Uhr, Sa. 9-12 Uhr*

Geschäftsführer .... Heinrich Stefan Männle
Kellermeister .... Roland Braun
Rebfläche .... 112 Hektar
Mitglieder 270

Wichtigste Rebsorten in den Weinbergen der 270 Pfaffenweiler Genossen sind Gutedel, Spätburgunder und Müller-Thurgau, in den letzten Jahren setzt man verstärkt auf Sauvignon Blanc. Hinzu kommen Weißburgunder und Grauburgunder, aber auch Gewürztraminer. Die Weinberge befinden sich in den Pfaffenweiler Lagen Oberdürrenberg und Batzenberg. Die Spitzenweine, früher als „Primus“ bezeichnet, werden heute in der Linie „Sancta Clara“ vermarktet.

Vorjahre

2009 führte ein Sauvignon Blanc eine feine Kollektion mit frischen, reintönigen Weißweinen an. Und es ging weiter so, das Pfaffenweiler Weinhaus entwickelt sich immer mehr zum Sauvignon Blanc-Spezialisten, gleich vier Weine hatte man im vergangenen Jahr vorgestellt, alle überzeugten, an der Spitze der dicke, reintönige Eiswein.

Neue Kollektion

Sehr homogen präsentiert sich auch die neue Kollektion mit frischen, klaren trockenen Weißweinen und fülligen, schmeichelnden süßen Auslesen von Gewürztraminer und Scheurebe. Zuverlässig, so wie man das kennt von den Pfaffenweiler Genossen.

Weinbewertung

80 2011 Grauburgunder Kabinett trocken Pfaffenweiler **13 %/5,- €**

82 2011 Sauvignon Blanc trocken „Bannstein" Pfaffenweiler **12,5 %/5,95 €**

83 2011 Grauburgunder Spätlese trocken „Sancta Clara" Pfaffenweiler **13 %/7,50 €**

83 2011 Sauvignon Blanc Spätlese trocken „Sancta Clara" Pfaffenweiler **13 %/8,- €**

82 2011 Muskateller Kabinett „feinfruchtig" Pfaffenweiler **11 %/5,95 €**

83 2011 Scheurebe Spätlese „feinfruchtig" Pfaffenweiler **10 %/6,95 €**

86 2011 Sauvignon Blanc Auslese Pfaffenweiler **9 %/9,95 €/0,375l**

85 2011 Gewürztraminer Auslese Pfaffenweiler **10,6 %/8,80 €/0,5l**

84 2010 Cuvée Cabernet Eiswein Pfaffenweiler **9,5 %/29,50 €/0,375l**

82 2009 Merlot trocken „Sancta Clara" Pfaffenweiler **13,5 %/13,50 €**

P

★★★

Karl Pfaffmann

Weingut

Pfalz

Allmendstraße 1, 76833 Walsheim
***Tel.** 06341-61856, **Fax**: 06341-62609*
www.weingut-karl-pfaffmann.de
info@weingut-karl-pfaffmann.de
***Besuchszeiten**: Mo.-Fr. 8-12 + 13-18 Uhr, Sa. 9-16 Uhr*

Inhaber .... Helmut und Markus Pfaffmann
Rebfläche .... 60 Hektar

Bei Helmut Pfaffmann und Sohn Markus, der nach seinem Studium in Geisenheim seit 1998 im Betrieb mitarbeitet und für den Keller verantwortlich ist, sind etwa 35 Prozent der Weinberge mit roten Reben bepflanzt, vor allem Dornfelder und Spätburgunder, aber auch Portugieser, Dunkelfelder, Sankt Laurent und Merlot. Wichtigste Weißweinsorte ist Riesling, gefolgt von Weiß- und Grauburgunder, Chardonnay, Müller-Thurgau, Silvaner, Huxelrebe und Gewürztraminer. Die Weinberge befinden sich in Walsheim und Nussdorf.

Vorjahre

Vor zwei Jahren zeigten die Pfaffmanns die Ergebnisse guter Arbeit in Weinberg und Keller. Alle Weine waren reintönig mit klarer Aussage und wunderbar süffig. Hervorragend gelungen war das edelsüße Riesling-Trio von der Auslese bis zum Eiswein. Bei den Rotweinen gefielen uns neben dem Spätburgunder „Selection" auch die neue Cuvée „Red.Vineyard" sehr gut. Reintönig, klar und süffig waren die Weine auch im vergangenen Jahr, aus einer gleichmäßig guten Kollektion ragte der Riesling aus dem Walsheimer Silberberg hervor, knapp vor dem ebenfalls sehr guten Chardonnay aus der gleichen Lage.

Neue Kollektion

Diese beiden Weine sind auch in diesem Jahr wieder unsere Favoriten unter den trockenen Weißweinen, die, wie gewohnt, wieder alle sehr klar und reintönig in der Frucht sind. Angeführt wird das weiße Segment von einem edelsüßen Duo aus Riesling Auslese und Beerenauslese, beide aus dem Silberberg, beide eindringlich und konzentriert, mit herrlich viel klarer, süßer Frucht und Frische. An der Spitze des roten Segments stehen zwei neue Weine, der 2009er Pinot Noir „Charlotte" und die 2007er Cuvée „Lara", die hauptsächlich aus Merlot besteht. Beide Weine sind eindringlich mit viel dunkler Frucht und deutlichen Röstnoten und besitzen viel – fast zu viel – Stoff und Wucht.

Weinbewertung

82 2011 Grüner Silvaner trocken Nußdorfer Bischofskreuz **12 %/5,50 €**

84 2011 Sauvignon Blanc trocken **12,5 %/6,70 €**
83 2011 Weißburgunder Kabinett trocken Nußdorfer Bischofskreuz **12,5 %/5,70 €**
86 2011 Weißburgunder Spätlese trocken „Selection" Knöringer Hohenrain **13,5 %/9,- €**
86 2011 Grauburgunder Spätlese trocken Walsheimer Silberberg **13,5 %/7,70 €**
84 2011 Chardonnay Kabinett trocken Nußdorfer Bischofskreuz **12,5 %/5,70 €**
87 2011 Chardonnay Spätlese trocken Walsheimer Silberberg **13,5 %/7,70 €** ☺
84 2011 Riesling Kabinett trocken Walsheimer Silberberg **12 %/5,70 €**
86 2011 Riesling Spätlese trocken Nußdorfer Herrenberg **13 %/7,70 €**
87 2011 Riesling Spätlese trocken „Selection" Walsheimer Silberberg **13 %/9,- €**
83 2011 Gelber Muskateller Walsheimer Silberberg **10,5 %/5,70 €**
88 2011 Riesling Auslese Walsheimer Silberberg **9,5 %/13,50 €**
90 2011 Riesling Beerenauslese Walsheimer Silberberg **7,5 %/19,60/0,375l**
84 2008 „Red.Vineyard" Rotwein trocken **13,5 %/8,90 €**
87 2007 Cuvée „Lara" Rotwein trocken **14,5 %/21,90 €**
82 2011 Dornfelder trocken Walsheimer Silberberg **13,5 %/5,70 €**
86 2009 Pinot Noir trocken „Charlotte" Walsheimer Silberberg **14,5 %/21,90 €**

Theobald Pfaffmann ★

Weingut

Pfalz

Lindenbergstraße 32 & 36, 76829 Landau-Nußdorf
***Tel.** 06341-969187, **Fax**: 06341-969188*
www.vinopan.de
info@vinopan.de
***Besuchszeiten**: Mo.-Fr. 9-19 Uhr, Sa. 8-18 Uhr, Anmeldung erwünscht*
Weinproben (bis 120 Personen)
Gästezimmer (1 Doppelzimmer)

Inhaber .... Theobald Pfaffmann
Rebfläche .... 8,1 Hektar

Theobald Pfaffmann wollte seine Weine nicht mehr länger an den Handel abgeben und hat deshalb vor 20 Jahren mit der Selbstvermarktung begonnen. Er baut jeweils zur Hälfte rote und weiße Sorten an. Die Rotweine werden maischevergoren und in Holzfässern, auch Barriques, ausgebaut. Die Weine werden überwiegend trocken ausgebaut.

Vorjahre

Vor zwei Jahren überzeugte uns aus dem „Haus der trockenen Weine" vor allem eine süße Rieslaner Auslese, St. Laurent und Spätburgunder zeigten gute Ansätze. Im vergangenen Jahr waren es die beiden „Pan"-Sekte, Rosé und Pinot, die uns in einer homogenen Kollektion am besten gefallen hatten, Merlot und Spätburgunder besaßen Substanz, aber auch viel Holzwürze.

Neue Kollektion

In diesem Jahr sind die Weißweine konsequent trocken und puristisch ausgebaut und besitzen Kraft, fallen aber im Mund schnell ab und bleiben recht kurz. Gut gelungen sind wieder die beiden „Pan"-Sekte mit klarer Frucht, Frische und Fülle und der kraftvolle 2010er Pinot Noir.

Weinbewertung

86 2009 „Pan" Pinot Sekt brut **13 %/14,- €**
85 2009 „Pan" Rosé Sekt brut **13 %/14,- €**
81 2011 Sauvignon Blanc trocken Nußdorfer Herrenberg **13 %/8,50 €**
81 2011 Auxerrois trocken Nußdorfer Kaiserberg **13 %/8,50 €**
82 2011 Weißer Burgunder trocken Nußdorfer Kaiserberg **13 %/9,50 €**
81 2011 Grauer Burgunder trocken Nußdorfer Bischofskreuz **13 %/6,- €**
82 2011 Chardonnay trocken Nußdorfer Herrenberg **13 %/8,- €**
80 2011 Riesling Kabinett trocken Nußdorfer Herrenberg **12 %/7,- €**
80 2011 „Blanc de noir" trocken Nußdorfer Herrenberg **13 %/6,50 €**

84 2011 Rieslaner Auslese Nußdorfer Bischofskreuz **9,5 %/11,- €/0,5l**
81 2010 Sankt Laurent trocken Nußdorfer Herrenberg **13 %/7,50 €**
85 2010 Pinot Noir trocken **13,5 %/16,- €**

★★

Pfannebecker

Weingut Burgunderhof **Rheinhessen**

Zum Neusatz 14, 67551 Worms-Pfeddersheim
***Tel.** 06247-286, **Fax:** 06247-905287*
burgunderhof@gmx.net
***Besuchszeiten:** Mo.-Sa. 8-12 + 13-18 Uhr (Anmeldung) und nach Vereinbarung*

Inhaber .... Holker & Max Pfannebecker
Rebfläche .... 21 Hektar

Die Weinberge der Pfannebeckers liegen vor allem in Pfeddersheim, aber auch in Wiesoppenheim und Mörstadt. Sortenschwerpunkte sind Riesling und die Burgundersorten. Dazu gibt es Spezialitäten wie Gewürztraminer, Huxelrebe und Dunkelfelder. Seit dem Jahrgang 2004 ist Max Pfannebecker für den Weinausbau verantwortlich, der nach der Winzerlehre beim Weingut Hirschhof in Westhofen und bei Knipser in Laumersheim seine Ausbildung zum Weinbautechniker in Oppenheim beendet hat.

Vorjahre

2009 bekam der Riesling aus dem Hochberg starke betriebsinterne Konkurrenz durch den Riesling aus dem Sankt Georgenberg, der uns sogar ein klein wenig besser gefiel, beide zusammen führten eine gleichmäßige, gute Kollektion an. 2010 hatten sich die Pfannebeckers, anders als manche andere Winzer in Rheinhessen, gut behauptet, die Weine waren frisch und klar, der Pfeddersheimer Riesling saftig und zupackend. Noch besser aber gefielen uns die 2008er Rotweine mit ihrer Kraft und Struktur.

Neue Kollektion

Die neue Kollektion bestätigt den guten Eindruck der letzten Jahre, überzeugt gleichermaßen weiß wie rot. Die beiden fülligen, kraftvollen Rieslinge aus Hochberg und St. Georgenberg gefallen uns besonders gut, auch der Pfeddersheimer Weißburgunder mit seiner reifen süßen Frucht. Im roten Segment trumpfen erneut der Spätburgunder St. Georgenberg und die Cuvée Maximus auf, beides kraftvolle Weine mit gut integriertem Holz und guter Struktur. Weiter im Aufwind!

Weinbewertung

82 2010 Cuvée Pinot Sekt brut **12,5 %/10,- €**
82 2011 Weißburgunder **13 %/5,90 €**
83 2011 Grauburgunder **12 %/5,90 €**
82 2011 Sauvignon Blanc **12 %/6,50 €**
82 2011 Riesling Pfeddersheimer **13 %/7,20 €**
86 2011 Weißburgunder Pfeddersheimer **13,5 %/14,- €**
88 2011 Riesling Hochberg **13 %/11,50 €**
87 2011 Riesling St. Georgenberg **13 %/12,- €**
86 2010 Riesling Auslese**** **7,5 %/15,- €**
84 2009 Spätburgunder Pfeddersheimer **13,5 %/12,- €**
87 2009 Spätburgunder St. Georgenberg **13,5 %/18,50 €**
87 2009 „Maximus“ Rotwein **14 %/13,20 €**

★★★★

Pfeffingen

Weingut Fuhrmann-Eymael **Pfalz**

Pfeffingen 2, 67098 Bad Dürkheim-Pfeffingen
***Tel.** 06322-8607, **Fax:** 06322-8603*
www.vdp.de/weingut/pfeffingen oder
www.pfeffingen.de
info@pfeffingen.de
***Besuchszeiten:** Mo.-Fr. 8-12 + 13-18 Uhr, Sa. 9-12 + 13-16 Uhr, So. nach Vereinbarung*

Inhaber .... Familien Fuhrmann-Eymael
Rebfläche .... 15 Hektar

Das Weingut Pfeffingen im gleichnamigen Bad Dürkheimer Ortsteil wird heute von Doris Eymael geführt. Dabei wird sie unterstützt von Kellermeister Rainer Gabel und zwei Generationen der Familien Fuhrmann und Eymael. Die Weinberge liegen alle nicht weit vom Weingut in Ungstein, die besten Lagen sind Herrenberg und Weilberg. Wichtigste Rebsorte ist der Riesling, der zwei Drittel der Rebfläche einnimmt. Es folgen Scheurebe, Weißburgunder, Chardonnay, Spätburgunder und Gewürztraminer.

Vorjahre

Seit der ersten Ausgabe empfehlen wir die Weine, und in dieser Zeit ging es stetig voran. Die edelsüßen Scheureben waren immer schon faszinierend, im trockenen Segment haben die Großen Gewächse eine weitere Steigerung gebracht, die Qualitäts- und Kabinettweine sind stets reintönig und fruchtbetont. Vor zwei Jahren gefielen uns die reintönigen, saftigen Rieslinge, die nicht nur als Großes Gewächs Nachhaltigkeit und Tiefe zeigten. Aus einer gleichmäßig hervorragenden Kollektion ragte der Herrenberg „M" heraus. Sehr schön waren auch die Riege der Scheureben und der konzentrierte Eiswein. Im vergangenen Jahr standen ein feinfruchtiger Riesling-Sekt und zwei Große Gewächse aus dem Weilberg an der Spitze. Die gesamte Kollektion war wieder sehr gut.

Neue Kollektion

In diesem Jahr führen drei große Gewächse und eine Beerenauslese von der Scheurebe eine wieder sehr gute Kollektion an. Die Großen Gewächse vom Riesling sind sehr kräftig, klar und dicht, der Weilberg überzeugt mit viel Frucht, der Herrenberg durch seine Vielschichtigkeit. Der Weißburgunder vom Herrenberg ist sehr klar und elegant, weich und saftig. Herrlich saftig, komplex und gut strukturiert ist die Beerenauslese von der Scheurebe. Die trockenen Spätlesen vom Riesling und einige andere Weine sind vielleicht etwas zu kräftig geraten, angenehme Alkoholwerte haben die trockene Ungsteiner Scheurebe und der Riesling Kabinett.

Weinbewertung

85 2011 Riesling Kabinett trocken Ungsteiner Herrenberg **12,5 %/8,80 €**
87 2011 Riesling Spätlese trocke „Terra Rossa" **13,5 %/12,50 €**
87 2011 Riesling Spätlese trocken „Kalkstein" **14 %/12,50 €**
87 2011 Scheurebe trocken Ungstein **13 %/11,- €**
88 2011 Scheurebe trocken „SP" **14 %/17,- €**
87 2011 Gewürztraminer trocken Ungstein **13 %/11,- €**
87 2011 Chardonnay trocken Ungstein **13,5 %/11,- €**
90 2011 Riesling „GG" Herrenberg **14 %/23,- €**
89 2011 Riesling „GG" Weilberg **13,5 %/23,- €**
90 2011 Weißburgunder „GG" Herrenberg **13 %/19,- €**
87 2011 Gewürztraminer Spätlese Ungstein **11,5 %**
90 2011 Scheurebe Beerenauslese Ungsteiner Herrenberg **11 %/22,- €/0,375l**

Pfirmann ★★★

Weingut

Pfalz

Wollmersheimer Hauptstraße 84,
76829 Landau-Wollmesheim
***Tel.** 06341-32584, **Fax**: 06341-930066*
www.weingut-pfirmann.de
info@weingut-pfirmann.de
***Besuchszeiten**: nach Vereinbarung*
Weinproben (bis 25 Personen), im Sommer auch im Kelterhaus (bis 60 Personen)

Inhaber .... Jürgen Pfirmann
Rebfläche .... 13,5 Hektar

Das Weingut Pfirmann wird heute in fünfter Generation von Jürgen Pfirmann geführt, der bereits seit dem Abschluss seiner Ausbildung zum Weinbautechniker im Jahr 2001 für den Ausbau der Weine verantwortlich ist. Die Weinberge befinden sich in den Lagen Wollmesheimer Mütterle, Mörzheimer Pfaffenberg und Leinsweiler Sonnenberg. Wichtigste Rebsorte ist Riesling, gefolgt von Spätburgunder, Weißburgunder, Dornfelder, Grauburgunder, Chardonnay und Silvaner. Auch Merlot und Cabernet Sauvignon werden angebaut. Die Weißweine werden in Edelstahltanks ausgebaut und bleiben bis zur Abfüllung teils auf der Vollhefe, teils auf der Feinhefe. Die Rotweine werden maischevergoren und in kleinen oder großen Holzfässern ausgebaut. Das Programm ist gegliedert in Gutsweine, Terroirweine und Lagenweine.

Vorjahre

Vor zwei Jahren konnte Jürgen Pfirmann seine Klasse als einer der Aufsteiger der vergangenen Jahre in der Pfalz eindrücklich bestätigen. Die gesamte Kollektion war sehr gut, alle Weine waren wieder klar und elegant – bei den Lagenweinen trotz kraftvoller Substanz – Frucht und Mineralität waren harmonisch vereint. Im Führungs-Trio hatte sich neben dem Spätburgunder Mütterle und dem Riesling Sonnenberg der Weißburgunder aus der neuen Einzellage Ilbesheimer Kalmit an die Spitze der Kollektion gesetzt. Da stand er auch im letzten Jahr wieder, knapp vor dem enorm mineralischen Riesling Sonnenberg, dem klaren, eindringlichen Spätburgunder Mütterle und einem ebenfalls sehr guten, saftigen und cremigen Sauvignon Blanc.

Neue Kollektion

In diesem Jahr präsentiert sich die starke Kollektion wieder gleichmäßig gut, alle Weine besitzen sehr klare, reintönige Frucht. Der Spätburgunder aus dem Mütterle wurde 2010 wegen Hagelschäden nicht produziert, aber die beiden anderen Spitzen der Vorjahre, Riesling Sonnenberg und Weißburgunder Kalmit, überzeugen auch in diesem Jahr mit Kraft, Stoff und viel nachhaltiger Mineralität. Die beiden Rieslinge aus dem Mütterle stehen ihnen kaum nach, beide zeigen viel Zitrusfrucht und Kräuternoten, beim „R" noch ergänzt durch feine Holzwürze.

Weinbewertung

85 2011 Gelber Muskateller trocken **12,5 %/6,40 €**
86 2011 Sauvignon Blanc trocken **13 %/7,90 €**
85 2011 Grauer Burgunder trocken „Kalkmergel" **13,5 %/7,10 €**
84 2011 Weißer Burgunder trocken **12,5 %/4,80 €** ☺
86 2011 Weißer Burgunder trocken „Kalkmergel" **13,5 %/7,10 €**
88 2011 Weißer Burgunder trocken Ilbesheimer Kalmit **14 %/9,80 €** ☺
86 2011 Riesling trocken „Kalkmergel" **12,5 %/7,10 €**
86 2011 Riesling trocken „Buntsandstein" **12,5 %/7,10 €**
88 2011 Riesling trocken Leinsweiler Sonnenberg **13,5 %/9,80 €**
87 2011 Riesling trocken Wollmesheimer Mütterle **13,5 %/9,80 €**
87 2011 Riesling „R" trocken Wollmesheimer Mütterle **13 %/10,80 €**

★★★★

Jakob **Pfleger**

Weingut **Pfalz**

Weinstraße 38, 67273 Herxheim am Berg
***Tel.** 06353-7465, **Fax**: 06353-6850*
www.weingut-jakob-pfleger.de
weingutjpfleger@t-online.de
***Besuchszeiten**: Mo.-Fr. 8-12 + 13-18 Uhr, Sa. 9-16 Uhr nach Vereinbarung*

Inhaber .... Roland Pfleger
Rebfläche .... 5,5 Hektar

Roland Pfleger gehört zu den Pionieren des Barriqueausbaus in der Pfalz, bereits 1985 erzeugte er seine ersten Barriqueweine. Diese werden ohne Lagenangabe als „Edition Curator" vermarktet. Bei den weißen Sorten dominiert der Riesling, dazu gibt es Grauburgunder, Scheurebe, Chardonnay und etwas Sauvignon Blanc, zuletzt hat Roland Pfleger noch ein klein wenig Viognier gepflanzt. An

Rotweinsorten baut er Spätburgunder, Dornfelder, St. Laurent, Portugieser und etwas Merlot an, aber auch Cabernet Sauvignon und Cabernet Franc. Das Gros seiner Weine baut er trocken aus.

Vorjahre

Seit der ersten Ausgabe empfehlen wir die Weine von Roland Pfleger, schon damals lobten wir, wie gekonnt er mit dem Barrique umgeht. In diesem Jahrzehnt waren es immer wieder die Barriqueweine, die uns begeisterten. Dornfelder und Spätburgunder zunächst, dann der Chardonnay und schließlich St. Laurent, Merlot und die Cuvée Claret. Vor zwei Jahren präsentierte Roland Pfleger wieder ganz starke Rotweine, mit drei Favoriten: Die beiden saftigen Curator-Pinots von 2008 und die Bordeaux-Cuvée Claret von 2007. Im vergangenen Jahr sahen wir bei den Rotweinen Licht und auch ein wenig Schatten: Klarer Favorit war der Pinot Noir, gefolgt von Cuvée Laura und Cuvée Goldberg Claret. Deutlich zugelegt hatten zuletzt auch die Weißweine von Roland Pfleger. Vor zwei Jahren überzeugte die weiße Kollektion mit reintönigen, fruchtbetonten Weinen, wobei der Chardonnay aus dem Jahrgang 2007 unser Favorit war. Im vergangenen Jahr hatten sich Riesling „Am Berg" und Pinot Blanc zu ihm gesellt, der Chardonnay präsentierte sich noch etwas verschlossen. Sehr gut war auch der Sekt vom Jahrgang 2007.

Eine beeindruckende Vertikalverkostung durften wir Mitte September 2011 in der Villa Curator in Herxheim erleben. Roland Pfleger zeigte sechs Jahrgänge Pinot Noir von 1998 bis 2008 und zehn Jahrgänge Pinot Noir R von 1995 bis 2009, bis auf zwei Ausnahmen aus Magnum-Flaschen. Die älteren Jahrgänge waren noch quicklebendig. Bei den „einfachen" Pinots Noir gefielen uns am besten die Jahrgänge 2002 und 2004, sie beeindruckten vor allem durch reife Frucht und salzige Mineralität. Bei den R-Weinen gefielen uns die Jahrgänge 2002 und 2008 am besten, knapp dahinter der mächtige 2003er mit herrlich viel Saft. Vor allem seit dem Jahrgang 1999, als nur noch kleinbeerige französische Klone des Spätburgunders zum Einsatz kamen, ist die Pfleger'sche Stilistik gut zu erkennen. Die kühle burgundische Frucht zeigt im Mund Eleganz und auch nach Jahren saftige Frische, die Tannine sind immer gut eingebunden: Klassische Pinots, die keinen Vergleich mit den burgundischen Vorbildern scheuen müssen.

Neue Kollektion

In diesem Jahr hat uns auch der Sekt vom Jahrgang 2009 sehr gut gefallen, er ist kräftig mit reifen gelben Früchten. An der Spitze liegt in diesem Jahr der Chardonnay Curator vom Jahrgang 2010, er ist sehr elegant, geprägt von feiner Frucht und feinem Holz. Bei den 2011er Weißweinen gefällt uns ein fruchtiger Chardonnay am besten, auch der Rest der Kollektion ist sehr gut. In diesem Jahr gibt es an den vier präsentierten aktuellen Rotweinen nichts auszusetzen, drei sind sogar bereits vom Jahrgang 2011. Spätburgunder und Merlot zeigen viel saftige Frucht und eine gute Tanninstruktur, beide sind sehr gute Weine zu äußerst zivilen Preisen. Der Curator Pinot Noir vom schwierigen Jahrgang 2010 zeigt kühle Frucht und elegante Tannine.

Weinbewertung

87 2009 Riesling Crémant brut **12 %/9,80 €**
84 2011 Riesling Kabinett Kallstadter Steinacker **12 %/5,60 €**
85 2011 Sauvignon Blanc „Am Berg" **13 %/8,50 €**
86 2011 Riesling Spätlese „Am Berg" **13 %/8,90 €**
87 2011 Chardonnay „Felsenberg" **13 %/9,20 €**
86 2011 Viognier „Felsenberg" **12,5 %/10,60 €**
89 2010 Chardonnay „Edition Curator" **13 %/15,20 €**
84 2011 Dornfelder Herxheimer Kirchenstück **12 %/5,50 €**
87 2011 Spätburgunder Spätlese „Sommerseite" **13 %/9,20 €**
87 2011 Merlot Spätlese Herxheimer Kirchenstück **13 %/9,80 €**
89 2010 Pinot Noir „Edition Curator" **13,5 %/16,90 €**

★

Pflüger

Weingut

Pfalz

Gutleustraße 48, 67098 Bad Dürkheim
Tel. *06322-63148,* ***Fax:*** *06322-66043*
www.pflueger-wein.de
info@pflueger-wein.de
Besuchszeiten: *nach Vereinbarung*

Inhaber .... Bernd und Alexander Pflüger
Rebfläche .... 18 Hektar

Im Jahr 2007 ist Alexander Pflüger nach seinem Diplom zum Ingenieur für Weinbau und Oenologie im väterlichen Weingut eingestiegen. Im Jahr 2010 hat er zusammen mit seiner Frau Aline die Verantwortung im Weingut übernommen. Das Weingut arbeitet ökologisch und ist Mitglied bei Ecovin, Demeter und im Pfälzer Barrique-Forum. 2011 wurde Alexander Pflüger ins Talente-Programm des VDP Pfalz aufgenommen. 60 Prozent der Fläche ist mit weißen Rebsorten bestockt, es dominiert mit 60 Prozent der Riesling, gefolgt von 15 Prozent Burgundersorten. Beim Rotwein sind es 50 Prozent Burgundersorten.

Kollektion

Die Guts- und Ortsweine sind frisch und klar, der Lagenriesling sehr kräftig, der St. Laurent hat ein sehr feines Kirscharoma.

Weinbewertung

84 2011 Riesling trocken Dürkheimer **13 %/7,50 €**
85 2011 Riesling trocken „Roterde" Ungsteiner Herrenberg **14 %/11,50 €**
85 2011 Weißburgunder trocken Friedelsheimer **13 %/8,50 €**
83 2011 Weißburgunder trocken **12 %/7,- €**
86 2010 St. Laurent trocken Dürkheimer **12,5 %/8,50 €**
82 2009 Spätburgunder trocken **13 %/8,- €**

★

Kloster Pforta

Landesweingut

Saale-Unstrut

Saalhäuser, 06628 Bad Kösen
Tel. *034463-300-0,* ***Fax:*** *034463-300-35*
www.kloster-pforta.de
service@kloster-pforta.de
Besuchszeiten: *Verkaufsstelle Schulpforte täglich von 10-18 Uhr*

Inhaber .... Land Sachsen-Anhalt
Betriebsleiter .... Christian S. Kloss
Rebfläche .... 55 Hektar

Das Zisterzienser-Kloster Pforta wurde 1137 gegründet, mit dieser Gründung begann der Weinbau in der Region. Bereits Mitte des 12. Jahrhunderts wurde der zwischen Bad Kösen und Schulpforte gelegene Köppelberg von Mönchen mit Reben bepflanzt (urkundlich belegt erstmals 1154). Das heutige Landesweingut Kloster Pforta, 1993 vom Land Sachsen-Anhalt gegründet, ist heute Besitzer dieser Reben am Köppelberg. Es ist ein Muster- und Demonstrationsweingut, das den bestehenden und künftigen Weinbau an Saale und Unstrut fördern will. Neben dem Köppelberg (Muschelkalk), einer teilweise verpachteten Monopollage, besitzt man die Monopollagen Saalhäuser (Muschelkalk), und Gosecker Dechantenberg (roter Buntsandstein), ist darüber hinaus vertreten im Naumburger Paradies (tiefgründige Lösslehmböden), Großjenaer Blütengrund (Lösslehm- und Gesteinsböden) und Freyburger Schweigenberg (Muschelkalk). Bei den weißen Rebsorten dominieren Weißburgunder, Müller-Thurgau, Silvaner, Riesling, Morio-Muskat, Traminer und Gutedel, zuletzt hat man Blauen Silvaner, Weißen Heunisch und Elbling gepflanzt. An roten Sorten gibt es die traditionellen Portugieser und Spätburgunder, dazu André und recht viel Zweigelt. Die Weinberge im Köppelberg sind auf ökologische Bewirtschaftung umge-

P

stellt und zur Zertifizierung angemeldet. Das Programm ist gegliedert in Gutsweine (bronze), Lagenweine (silber) und Klosteredition (gold).

Vorjahre

Vor zwei Jahren zeigte sich die Kollektion sehr homogen, der Premium-Burgundersekt und der Riesling Eiswein waren unsere Favoriten. Sehr ausgeglichen präsentierte sich auch die letztjährige Kollektion mit klaren, frischen Weißweinen des Jahrgangs 2010 – und einmal mehr mit einem sehr guten Sekt.

Neue Kollektion

Die neue Kollektion ist sehr gleichmäßig, weiß wie rot, in der Spitze aber sollte doch mehr möglich sein. Am besten gefallen uns der Silvaner aus dem Dechantenberg und der Zweigelt von alten Reben.

Weinbewertung

81 2011 „Cuvée Tradition" Sekt brut **12,5 %/9,50 €**
82 2011 „Premium Burgunder" Sekt brut **12,5 %/16,50 €**
82 2011 Roter Traminer trocken **13,5 %/8,60 €**
83 2011 Grüner Silvaner trocken Gosecker Dechantenberg **12 %/11,90 €**
81 2011 Weißer Riesling trocken Saalhäuser **12 %/15,90 €**
81 2011 Weißburgunder trocken Saalhäuser „Breitengrad 51" **13,5 %/15,90 €**
81 2011 Grauburgunder trocken Pfortenser Köppelberg **13 %/10,50 €**
80 2011 Weißer Riesling „feinherb" **11,5 %/8,50 €**
80 2011 Blauer Spätburgunder trocken Saalhäuser **12,5 %/11,50 €**
80 2011 Blauer Zweigelt trocken Saalhäuser **12,5 %/10,80 €**
83 2009 Blauer Zweigelt trocken „Alte Reben" Saalhäuser **11,5 %/16,90 €**

★★★

Philipps-Eckstein

Weingut

Mosel

Panoramastraße 11, 54470 Graach-Schäferei
***Tel.** 06531-6542, **Fax:** 06531-4593*
www.weingut-philipps-eckstein.de
info@weingut-philipps-eckstein.de
***Besuchszeiten:** täglich 10:30-22 Uhr*
Gästehaus, Winzerwirtschaft (60 Sitzplätze)

Inhaber .... Patrick und Michaela Philipps
Rebfläche .... 4 Hektar

Patrick Philipps ist Bürokaufmann und als Quereinsteiger Winzer geworden. Riesling nimmt 93 Prozent seiner Weinberge ein, dazu gibt es etwas Weißburgunder, Spätburgunder und Dornfelder. Die Weinberge befinden sich in den Graacher Lagen Domprobst und Himmelreich, im Bernkasteler Johannisbrünnchen und im Zeltinger Himmelreich. Patrick Philipps baut die Weine eher modern aus, mit kühler Gärung, im Stahltank und mit Verzicht auf Süßreserve.

Vorjahre

Die 2009er waren gleichmäßig und saftig, vom Kabinett „Alte Reben" bis zu den beiden saftigen 3-Sterne-Spätlesen – und die edelsüßen Weine waren ein Muster an Eleganz. Sehr konsistent präsentierte sich auch der Jahrgang 2010, überzeugte mit frischen, fruchtbetonten Weinen, trocken wie süß.

Jahrgang 2011

2011 bleibt die Kollektion, wie bei manch anderem Weingut an der Mosel auch, ein klein wenig hinter 2010 zurück. Die Weine sind frisch und fruchtbetont, klar und zupackend, aber etwas weniger brillant als 2010, manche Weinen schienen noch etwas vom Schwefel geprägt zum Zeitpunkt unserer Verkostung. Die Vorteile liegen leicht im restsüßen Segment, bei drei frischen Domprobst-Rieslingen von alten Reben und der würzigen, dicken Beerenauslese.

Weinbewertung

84 2011 Riesling Spätlese trocken Graacher Domprobst **12 %/8,50 €**

85 2011 Riesling Spätlese trocken „Alte Reben" Graacher Domprobst **12,5 %/9,50 €**
84 2011 Riesling Spätlese halbtrocken Graacher Domprobst **12 %/10,- €**
82 2011 Riesling Kabinett „feinherb" Graacher Domprobst **10,5 %/7,80 €**
82 2011 Riesling Spätlese „feinherb" Graacher Domprobst **11 %/9,50 €**
84 2011 Riesling Kabinett Graacher Himmelreich **8,5 %/7,- €**
85 2011 Riesling Kabinett „Alte Reben" Graacher Domprobst **8,5 %/7,80 €**
81+ 2011 Riesling Spätlese „Laurine" Graacher Domprobst **8,5 %/8,50 €**
86 2011 Riesling Spätlese „Alte Reben" Graacher Domprobst **8,5 %/11,80 €**
86 2011 Riesling Auslese „Alte Reben" Graacher Domprobst **8 %/17,- €**
87 2011 Riesling Beerenauslese Graacher Domprobst **7 %/32,- €/0,375l**

Philipps-Mühle ★★

Weingut **Mittelrhein**

Gründelbach 49, 56329 St. Goar
***Tel.** 06741-1606, **Fax**: 06741-981838*
www.philipps-muehle.de
thomas@philipps-muehle.de
***Besuchszeiten**: täglich von 9-18 Uhr oder nach Vereinbarung*
Winzerschenke, Vinothek
Vinothek an der Loreley, täglich 10-18 Uhr

Inhaber .... Thomas und Martin Philipps
Rebfläche .... 3 Hektar

Die beiden Jungwinzer Martin und Thomas Philipps rücken den Weinbau mehr und mehr in den Mittelpunkt der alten Getreidemühle und Winzerschenke. Thomas Philipps studierte Önologie, sein Bruder Martin machte eine Winzerlehre. Sie haben die Rebfläche von 0,3 Hektar auf heute drei Hektar erweitert und möchten weitere Brachflächen rekultivieren. Sie bauen 90 Prozent Riesling und 10 Prozent Müller-Thurgau an. Das Sortiment ist in drei Linien gegliedert: Das Basissegment „Steilhang", das Mittelsegment mit den Weinen der Großlage St. Goarer Burg Rheinfels und das Premiumsegment mit den Weinen aus den St. Goarer Einzellagen Frohwingert und Ameisenberg.

Vorjahre

Der kraftvolle trockene Riesling aus dem Frohwingert gefiel uns 2009 nicht zum ersten Mal sehr gut, war der herausragende Wein in einer überzeugenden, sehr stimmigen Kollektion. Im Jahrgang 2010 war das Bild ähnlich: Die Weine waren präzise und klar, der Frohwingert-Riesling wirkte noch jugendlich und verschlossen: Auch in diesem schwierigen Jahrgang konnten sich die Philipps-Brüder gut behaupten.

Jahrgang 2011

Der Jahrgang 2011 gefällt auch deswegen so gut, weil schon die Basisweine sehr präzise und geradlinig ausfallen. Der Müller-Thurgau wirkt erfrischend und besitzt wenig Alkohol. Würzig und stoffig ist der Frohwingert-Riesling, der mit einer Spur weniger Süße vielleicht noch feiner wäre. Animierend ist schließlich auch der süße Riesling aus dem Ameisenberg, nach getrockneten Äpfeln duftend und bestens balanciert.

Weinbewertung

84 2011 Müller-Thurgau trocken „Steilhang" **11 %/6,- €**
83 2011 Riesling trocken „Steilhang" **12 %/6,- €**
85 2011 Riesling trocken St. Goarer Burg Rheinfels **12,5 %/8,50 €**
85 2011 Riesling trocken St. Goarer Frohwingert **13 %/13,50 €**
83 2011 Riesling halbtrocken „Steilhang" **11,5 %/6,- €**
84 2011 Riesling halbtrocken St. Goarer Burg Rheinfels **12 %/8,50 €**
86 2011 Riesling St. Goarer Ameisenberg **9 %/13,50 €**

★★★

Pix

Weingut

Baden

Eisenbahnstraße 19, 79241 Ihringen
Tel. *07668-879,* ***Fax:*** *07668-902678*
www.weingut-pix.de
info@weingut-pix.de
Besuchszeiten: *immer, nach tel. Voranmeldung*
Inhaber .... Helga und Reinhold Pix
Rebfläche .... 6 Hektar

Die Weinberge, sowie 10 Hektar Acker und Wiesen werden von Helga und Reinhold Pix seit 1984 nach den Bioland-Richtlinien bewirtschaftet. Daneben gab es im Betrieb auch Landwirtschaft und Viehhaltung mit „Hinterwälder"-Rindern, beides wurde aber wegen eines Arbeitsunfalls im Frühjahr 2005 aufgegeben. Seither konzentrieren sich Helga und Reinhold Pix voll auf den Weinbau. Spezialität des Weinguts sind die Burgundersorten, aber auch Silvaner. Dazu gibt es einen Gewürztraminer von alten Reben. Und der gebürtige Stuttgarter Reinhold Pix hat auch etwas Lemberger gepflanzt, inzwischen auch Cabernet. Alle Weine werden durchgegoren ausgebaut, die Rotweine bleiben mindestens ein Jahr im Barrique.

Vorjahre

Schon in der ersten Ausgabe haben wir die Weine von Helga und Reinhold Pix empfohlen, diese Empfehlung gilt nach wie vor ohne jede Einschränkung. Die Qualität der Basisweine ist immer wieder erstaunlich hoch, Enttäuschungen erlebt man nicht. Immer wieder aber gibt es Überraschungen mit weißen wie roten Spitzen – nicht nur bei Spät-, Grau- und Weißburgunder, auch bei Sorten wie Silvaner und Gewürztraminer – oder Weinen mit besonders attraktivem Preis-Leistungs-Verhältnis. Mit dem Jahrgang 2008 wurde die Ausstattung verändert, Restzucker und Säure findet man seither auf dem Etikett, Lagennamen aber nicht mehr. Sehr gleichmäßig war auch der Jahrgang 2009, die Weine besaßen klare Frucht und gute Substanz, Grauburgunder und Gewürztraminer waren unsere Favoriten. Die 2010er Weißweine präsentierten sich geschlossen auf gutem und sehr gutem Niveau, unsere leichte Präferenz galt dem Chardonnay; noch etwas besser gefiel uns der 2009er Crémant. Im roten Segment war die 18 Monate im Barrique ausgebaute Cuvée aus Cabernet, Lemberger und Spätburgunder unser Favorit.

Neue Kollektion

Die 2011er Weißweine sind stark und überzeugen, vor allem die Grauburgunder bereiten Freude, der kraftvoll Kabinett und die konzentrierte, stoffige Spätlese, beide sehr reintönig. Mit den Rotweinen allerdings tun wir uns nicht leicht, zu eindringlich sind sie, zu hoch im Alkohol: Wer soll das trinken?

Weinbewertung

83 2011 Rivaner Kabinett **12,5 %/6,- €**
85 2011 Grüner Silvaner Kabinett **13 %/7,- €**
87 2011 Grauburgunder Kabinett **13 %/8,- €** ☺
88 2011 Grauburgunder Spätlese **14 %/13,50 €**
86 2011 Gewürztraminer Spätlese **14 %/12,50 €**
85 2011 Riesling Kabinett **12,5 %/7,- €**
81 2010 Spätburgunder **14 %/7,- €**
85 2009 Spätburgunder Spätlese „Rebecca" **14,5 %/13,50 €**
85 2009 Spätburgunder Auslese „Judith" **15 %/19,50 €**
81 2009 Cabernet Carol Auslese „Kamikaze" **16,5 %/24,- €**

★★

Plag
Weingut

Baden

Leiberger Weg 1, 75057 Kürnbach
***Tel.** 07258-234, **Fax**: 07258-9269561*
www.weingut-plag.de
info@weingut-plag.de
***Besuchszeiten**: Mi. + Fr. 14-18 Uhr, Sa. 9-16 Uhr und nach Vereinbarung*
Besenwirtschaft „Plag's Weinstube" (2 x im Jahr, Ende April + November)

Inhaber .... Werner Plag
Rebfläche .... 8 Hektar

Reinhold Plag, der Vater des heutigen Besitzers, trat 1982 aus der Genossenschaft aus und begann mit der Selbstvermarktung. Heute führt Werner Plag zusammen mit Sohn Philipp das Gut. 70 Prozent der Rebfläche nehmen rote Rebsorten ein. Schwarzriesling ist die wichtigste Rebsorte im Betrieb, gefolgt von Pinot Noir, Lemberger, Riesling und Weißburgunder. Dazu gibt es etwas Müller-Thurgau, Gewürztraminer, Dunkelfelder, Cabernet Dorsa und Samtrot. Die Weine werden seit 2006 in den drei Linien Gutsweine, Premiumweine und Excellance vermarktet.

Vorjahre

Vor zwei Jahren trumpften in einer zuverlässigen Kollektion einmal mehr zwei Barrique-Rotweine auf. Auch die letztjährige Kollektion überzeugte: Die 2010er Weißweine waren frisch und klar, der barriqueausgebaute Weißburgunder besaß Struktur und Kraft. Highlights der Kollektion aber waren einmal mehr die beiden roten Barriqueweine, wobei uns der Lemberger noch ein klein wenig besser gefiel als der Pinot Noir.

Neue Kollektion

Beide Weine konnten wir dieses Jahr noch einmal verkosten, sie bestätigten den sehr guten Eindruck des Vorjahres. Aber auch sonst bereiten die Rotweine viel Freude, sie sind fruchtbetont und klar; auch die Weißweine zeigen durchweg gutes Niveau, alle sind frisch, fruchtbetont und zupackend. Überzeugende Kollektion!

Weinbewertung

84 2011 Riesling trocken „Premium" **13 %/5,80 €**
83 2011 Weißburgunder trocken „Premium" **13,5 %/6,20 €**
83 2011 Rivaner trocken „Premium" **12 %/5,20 €**
82 2011 Lemberger „Blanc de Noirs" **12,5 %/6,20 €**
84 2011 Gewürztraminer „Premium" **12,5 %/6,80 €**
83 2011 Rosé trocken „Premium" **13 %/5,80 €**
84 2011 Lemberger trocken „Premium" **13,5 %/ca. 9,- €**
83 2010 Schwarzriesling trocken „Premium" **13 %/7,50 €**
83 2010 Spätburgunder trocken „Premium S" **13,5 %/9,50 €**
86 2010 Lemberger trocken „Premium S" **13,5 %/9,50 €**
88 2009 Pinot Noir trocken „Excellance **13,5 %/16,- €**
89 2009 Lemberger trocken „Excellance **13,5 %/16,- €**

★

Karl O. Pohl
Weingut

Mosel

Weingut Karl O. Pohl GbR, Uferallee/Reitzengang 9, 54470 Bernkastel-Wehlen
***Tel.** 06531-8372, **Fax**: 06531-1792*
www.weinpohl.de
info@weinpohl.de
***Besuchszeiten**: täglich 9-20 Uhr*
Gutsweinstube (Mai-Oktober, Mi.-Sa. ab 17 Uhr, So. ab 11 Uhr und nach Vereinbarung)

Inhaber .... Familie Pohl
Rebfläche .... 1,8 Hektar

Dieses kleine Wehlener Weingut befindet sich seit 400 Jahren in Familienbesitz. Die

Weinberge liegen in der Wehlener Sonnenuhr sowie in den Graacher Lagen Himmelreich und Domprobst. Es wird ausschließlich Riesling angebaut, alle Weine werden im Edelstahl ausgebaut.

Vorjahre

2009 brachte saftige, zugängliche Rieslinge; aus 2010 wurden nur süße Spät- und Auslesen vorgestellt, die sich recht schlank und zugänglich präsentierten.

Jahrgang 2011

2011 sind die Weine frisch, schlank und säurebetont, man kann sie nur schwerlich voneinander unterscheiden, die „feinherbe" Spätlese aus dem Himmelreich gefiel uns ein klein wenig besser als der Rest der Kollektion.

Weinbewertung

80 2011 Riesling Hochgewächs trocken Graacher Himmelreich **12 %/6,- €**
79 2011 Riesling Kabinett trocken Graacher Himmelreich **11,5 %/6,50 €**
81 2011 Riesling Spätlese trocken Wehlener Sonnenuhr **12 %/9,- €**
79 2011 Riesling Kabinett halbtrocken Graacher Himmelreich **11 %/6,50 €**
79 2011 Riesling Kabinett halbtrocken Wehlener Sonnenuhr **10,5 %/7,- €**
80 2011 Riesling Spätlese halbtrocken Wehlener Sonnenuhr **11,5 %/9,- €**
79 2011 Riesling Kabinett „feinherb" Graacher Himmelreich **10 %/6,50 €**
80 2011 Riesling Kabinett „feinherb" Wehlener Sonnenuhr **10 %/7,- €**
83 2011 Riesling Spätlese „feinherb" Graacher Himmelreich **11 %/7,80 €**
81 2011 Riesling Spätlese „feinherb" Wehlener Sonnenuhr **11 %/9,- €**
81 2011 Riesling Kabinett Graacher Himmelreich **9,5 %/6,50 €**
82 2011 Riesling Spätlese Graacher Domprobst **8,5 %/10,- €**

★★

Ernst **Popp**
Weingut

Franken

Rödelseer Straße 14, 97343 Iphofen
***Tel.** 06723-3371, **Fax**: 06723-5781*
www.weingut-popp.de
info@weingut.popp.de
***Besuchszeiten**: Mo.-Sa. 8-18 Uhr, So. 10-12:30 Uhr und nach Vereinbarung*

Inhaber .... Familie Popp
Kellermeister .... Ernst Popp
Außenbetrieb .... Georg Giel
Rebfläche .... 32 Hektar

Das 1878 am Marktplatz von Iphofen gegründete Weingut hat seinen Sitz seit 1959 am Fuß des Kronsbergs. Seit dem Tod von Ernst Popp wird es von seiner Witwe Maria Popp geführt, unterstützt von den Söhnen Ernst und Johannes. Ihre Weinberge liegen in Iphofen in den Lagen Julius-Echter-Berg, Kronsberg, Kalb und Burgweg, sowie in den Rödelseer Lagen Küchenmeister und Schwanleite. Wichtigste Rebsorte ist Silvaner. Es folgen Riesling, Müller-Thurgau, Bacchus, Kerner, Scheurebe und Weißburgunder. Zuletzt wurde mehr Riesling, Silvaner und Grauburgunder gepflanzt.

Vorjahre

Sehr konsistent präsentierte sich vor zwei Jahren die Kollektion mit kraftvollen, fülligen Weiß- und Rotweinen. Die 2010er Weißweine behaupteten sich gut, waren frisch und klar bei guter Fülle. Die Highlights im Programm stammten aber im vergangenen Jahr aus dem Jahrgang 2009: Zwei dicke Eisweine und der kraftvolle, reintönige Spätburgunder „R".

Neue Kollektion

Sehr gleichmäßig präsentiert sich nun die neue Kollektion, bietet üppige Weißweine, die alle von merklicher Restsüße und teils vom hohen Alkohol geprägt sind. Die beiden Silvaner Spätlesen aus dem Julius-Echter-Berg gefallen uns sehr gut, auch der fruchtbetont Riesling; der unfiltriert abgefüllte Frühburgunder besitzt rauchige Noten und reintönige Frucht.

Weinbewertung

82 2011 Silvaner Kabinett trocken Rödelseer Küchenmeister **13,5 %/7,30 €**
84 2011 Silvaner Spätlese trocken Iphöfer Kalb **13,5 %/12,- €**
83 2011 Silvaner Kabinett trocken Iphöfer Julius-Echter-Berg **13 %/7,80 €**
84 2010 Weißburgunder Kabinett trocken Iphöfer Kronsberg **12,5 %/8,- €**
85 2011 Silvaner Spätlese „I" trocken Iphöfer Julius-Echter-Berg **14 %/14,50 €**
86 2011 Silvaner Spätlese „II" trocken Iphöfer Julius-Echter-Berg **13,5 %/13,- €**
83 2011 Riesling Kabinett trocken Iphöfer Julius-Echter-Berg **13 %/8,20 €**
86 2011 Riesling Spätlese trocken Iphöfer Julius-Echter-Berg **13,5 %/13,- €**
83 2011 Weißburgunder Spätlese trocken Iphöfer Kronsberg **14,5 %/11,- €**
84 2011 Rieslaner Spätlese Iphöfer Kalb **11 %/11,50 €**
86 2009 Grauburgunder Eiswein Rödelseer Schwanleite **8 %/33,- €**
86 2009 Frühburgunder trocken Rödelseer Schwanleite **13,5 %/18,- €**

P

★★

Porzelt

Weingut

Pfalz

Steinstraße 91, 76889 Klingenmünster
***Tel.** 06349-8186, **Fax:** 06349-3950*
www.weingut-porzelt.de
info@weingut-porzelt.de
***Besuchszeiten:** Mo.-Sa. 9-12 + 14-18 Uhr*
Gästehaus, Weinstube (bis 50 Personen)

Inhaber .... Andreas Porzelt
Rebfläche .... 12 Hektar

Das Weingut wird heute in dritter Generation von Andreas Porzelt geführt, der 1998 nach seiner Ausbildung zum Weinbautechniker die Regie im Keller übernahm. Die Weinberge liegen im Klingenmünsterer Maria Magdalena, Heuchelheimer Herrenpfad und Gleiszeller Kirchberg. Die wichtigsten Rebsorten sind Riesling, Portugieser, Spätburgunder, Weiß- und Grauburgunder, Silvaner und Dornfelder, aber auch Merlot, Domina und verschiedene Weinsberger Neuzüchtungen werden inzwischen angebaut. Die Weine werden überwiegend an Privatkunden verkauft. Bei Weißweinen wird teils mit Maischestandzeiten gearbeitet, sie werden kühl vergoren und teils im Edelstahl, teils im Holz ausgebaut. Die Rotweine werden maischevergoren und in Eichenholzfässern ausgebaut. Im Sommer 2011 wurde Andreas Porzelt in das Talentprogramm des Pfälzer VDP aufgenommen.

Vorjahre

Die Weißweine des Jahrgangs 2009 waren alle fruchtig und klar, auffallend war eine hohe Säure. Gut gefallen hatten uns die trockenen Spätlesen von Riesling, Weißburgunder, Silvaner und Chardonnay, sowie zwei Rotweine aus dem Barrique. Wie viele andere Betriebe in der Südpfalz war auch das Weingut Porzelt im Jahrgang 2010 vom Hagel betroffen, weshalb sich die Kollektion des vergangenen Jahres ein klein wenig verhaltener präsentierte. Die Weißweine waren dennoch ausgewogen und konzentriert, am besten gefiel uns ein fülliger Chardonnay aus dem Jahrgang 2009, aber auch der Riesling-Sekt und der Portugieser überzeugten.

Neue Kollektion

Die 2011er Kollektion präsentiert sich wieder stärker, schon die Basisweine haben eine klare, reintönige Frucht, bei den Terroir-Rieslingen ist die jeweilige Lagentypizität gut herausgearbeitet, der Riesling vom Buntsandstein ist mit seinen prägnanten mineralischen Noten unser Favorit. Bei den Weißburgundern gefällt uns der „Muschelkalk" mit viel präziser Frucht besser als der im Holz ausgebaute Wein aus der Lage Maria Magdalena. Und auch der Silvaner mit feinen rauchigen Noten und der konzentrierte, kraftvolle Spätburgunder aus dem Jahrgang 2008 überzeugen.

Weinbewertung

86 2011 Silvaner Spätlese trocken „Muschelkalk" Gleiszeller **12,5 %/9,50 €**
84 2011 Weißer Burgunder trocken **12,5 %/6,50 €**
86 2011 Weißer Burgunder Spätlese trocken „Muschelkalk" Klingenmünster **13 %/9,50 €**
85 2011 Weißer Burgunder trocken Klingenmünster Maria Magdalena **13,5 %/14,50 €**
86 2011 Chardonnay Spätlese trocken „Muschelkalk" Klingenmünster **13 %/9,50 €**
83 2011 Riesling trocken **12 %/6,50 €**
85 2011 Riesling Spätlese trocken „Kieselstein" Klingenmünster **12 %/9,- €**
86 2011 Riesling Spätlese trocken „Muschelkalk" Klingenmünster **12,5 %/9,- €**
87 2011 Riesling Spätlese trocken „Buntsandstein" Klingenmünster **12 %/9,- €**
86 2011 Gewürztraminer Auslese Klingenmünster **11 %/10,50 €/0,5l**
86 2009 Portugieser trocken „Barrique" Klingenmünsterer Maria Magdalena **13 %/a.A.**
87 2008 Spätburgunder Spätlese trocken „Muschelkalk" Klingenmünsterer Maria Magdalena **14%/16,90€**

★★☆

Poss

Weingut

Nahe

Goldgrube 20-22, 55452 Windesheim
***Tel.** 06707-342, **Fax**: 06707-8332*
www.weingut-poss.de
info@weingut-poss.de
***Besuchszeiten**: nach Vereinbarung*
Neue moderne Vinothek „Pinoteca" mit direktem Zugang zu einem ehemaligen römischen Weinkeller einer ehemaligen Villa Rustica aus dem 3. Jahrhundert

Inhaber .... Karl-Hans und Harald Poss
Rebfläche .... 10 Hektar

Die Weinberge von Karl-Hans und Harald Poss befinden sich in den Windesheimer Lagen Römerberg, Rosenberg und Saukopf, im Winzenheimer Berg, sowie in Waldlaubersheim. 45 Prozent der Rebfläche nimmt Weißburgunder ein, 25 Prozent Grauburgunder, 15 Prozent Spätburgunder, 5 Prozent Riesling, hinzu kommen weitere Rebsorten. Die Konzentration auf wenige Rebsorten und das straffe, übersichtliche Programm zahlen sich aus. Die Weine sind reintönig, besitzen Substanz und Fülle. Vor allem mit ihren Weißburgundern gehören Karl-Hans und Harald Poss Jahr für Jahr zur Spitze in der Region, aber auch Grauburgunder und Spätburgunder überzeugen immer wieder.

Vorjahre

2009 überzeugten die beiden Lagen-Burgunder, die S-Linie blieb etwas hinter früheren Jahrgängen zurück. Die Kollektion des letzten Jahres gefiel uns insgesamt besser, präsentierte sich stimmig in den drei Linien, die Weine besaßen Substanz und Kraft. Unser Favorit war der stoffige 2010er Grauburgunder aus dem Winzenheimer Berg.

Neue Kollektion

Der steht auch 2011 wieder an der Spitze der Kollektion, zusammen mit dem Weißburgunder aus dem Römerberg, beide Weine zeigen Konzentration, Fülle und nachhaltige Würze. Die beiden erst jetzt in den Verkauf gebrachten 2007er Rotweine sind eindringlich, mit viel Frucht und Würze ausgestattet und besitzen Substanz, auch wenn die Kraft und Wucht beim Spätburgunder etwas zu Lasten der Typizität gehen.

Weinbewertung

83 2011 Weißburgunder trocken **13,5 %/7,90 €**
85 2011 Weißburgunder „S" trocken **13,5 %/11,90 €**
88 2011 Weißburgunder trocken Windesheimer Römerberg **13,5 %/26,- €**
82 2011 Grauburgunder trocken **13 %/8,90 €**
85 2011 Grauburgunder „S" trocken **14 %/12,40 €**
88 2011 Grauburgunder trocken Winzenheimer Berg **14,5 %/19,80 €**
86 2007 „Vinum Picatum" Rotwein trocken **13,5 %/15,90 €**
88 2007 Spätburgunder „S" trocken **14,5 %/29,40 €**

★☆

Posthof – Doll & Göth

Weingut **Rheinhessen**

Kreuznacher Straße 2, 55271 Stadecken-Elsheim
***Tel.** 06136-3000, **Fax:** 06136-6001*
www.doll-goeth.de
weingut.posthof@doll-goeth.de
***Besuchszeiten:** Mo.-Fr. 8-12 + 13:30-18:30 Uhr,*
Sa. 9-17 Uhr und nach Vereinbarung
Weinbar – Rotwein-Lounge – Weintafel

Inhaber .... Roland Doll
Rebfläche .... 18 Hektar

Nach der Heirat von Erika Göth und Roland Doll wurden 1993 die beiden Familienbetriebe Göth in Gau-Bischofsheim und Doll zum Weingut Posthof mit Sitz in der ehemaligen kaiserlichen Postagentur in Stadecken zusammen geschlossen. Die Weinberge liegen vor allem in Stadecken (Lenchen und Spitzberg, Elsheim (Blume) und Gau-Bischofsheim (Kellersberg und Glockenberg). Wichtigste Rebsorte mit einem Viertel der Rebfläche ist Riesling. Dazu gibt es die in Rheinhessen übliche breite Sortenpalette mit Dornfelder, Spätburgunder, Portugieser und St. Laurent, sowie den weißen Sorten Grau- und Weißburgunder, Silvaner, Gewürztraminer, Huxelrebe, Scheurebe und Kerner. Zuletzt ist Merlot hinzugekommen, im Spitzberg wurde Chardonnay neu gepflanzt.

Vorjahre

Seit über einem Jahrzehnt gehört der Posthof zu den höchst zuverlässigen Weingütern in Rheinhessen, die Weine enttäuschen nie. Während aber in diesem Jahrzehnt andere rheinhessische Weingüter kräftig die Preise anhoben, sind die Preise des Pothofs nur sehr moderat gestiegen. Die Kunden wird es freuen. Vor zwei Jahren war der 2007er Merlot unser Favorit, führte eine sehr gleichmäßige, überzeugende Kollektion an. 2010 waren die Weine jahrgangsbedingt deutlich verhaltener, der Sauvignon Blanc gefiel uns in der letztjährigen Kollektion am besten, zusammen mit den beiden 2009er Rotweinen.

Neue Kollektion

Die neue Kollektion präsentiert sich sehr stimmig: Im weißen Segment gefällt uns der kraftvolle, recht süße Riesling aus dem Kellersberg sehr gut, aber auch die frische, zupackende Kerner Spätlese und die wunderschön saftige Huxelrebe Auslese. Der einzige verkostete Rotwein ist ebenfalls stark, besitzt gute Struktur und jugendliche Tannine.

Weinbewertung

84 2010 Weißburgunder Sekt extra trocken **12,5 %/8,30 €**
82 2011 Riesling Kabinett trocken Stadecker Lenchen **12 %/6,30 €**
81 2011 Silvaner trocken **12 %/4,30 €/1l**
82 2011 Silvaner Spätlese trocken Gau-Bischofsheimer Glockenberg **13 %/7,80 €**
84 2011 Chardonnay trocken Stadecker Spitzberg **13 %/6,80 €**
86 2011 Riesling Spätlese trocken Gau-Bischofsheimer Kellersberg **13 %/7,80 €**
81 2011 Grauburgunder Classic **13 %/6,30 €**
82 2011 Weißburgunder Spätlese „feinherb" **12,5 %/6,30 €**
84 2011 Riesling Spätlese Essenheimer Teufelspfad **11 %/7,80 €**
85 2011 Kerner Spätlese Elsheimer Blume **10,5 %/4,80 €** ☺
86 2011 Huxelrebe Auslese Stadecker Lenchen **10 %/7,80 €**
86 2009 Merlot Auslese trocken Barrique Elsheimer Bockstein **14 %/15,30 €**

Bernhard **Praß** ★

Weingut **Mittelrhein**

Blücherstraße 132, 55422 Bacharach-Steeg
***Tel.** 06743-1585, **Fax**: 06743-3260*
www.weingut-prass.de
weingut-prass@t-online.de
***Besuchszeiten**: Mo.-So. nach Vereinbarung*
Hoffest am ersten Samstag im August

Inhaber .... Bernhard Praß
Rebfläche .... 2 Hektar

Die Weinberge von Bernhard Praß, der den elterlichen Betrieb 1976 übernommen hat, liegen überwiegend im Steeger Tal, wo die Reben auf Schiefer- und Grauwackeverwitterungsböden wachsen. Er baut neben 60 Prozent Riesling noch Spätburgunder, Weißburgunder, Grauburgunder und Dornfelder an. Die Weißweine werden ausschließlich im Edelstahl ausgebaut, die Rotweine reifen nach der Maischegärung in Holzfässern.

Vorjahre

Die Weine des Jahrgangs 2009 überzeugten; 2010 reichte da jahrgangsbedingt nicht ganz heran, bot aber gleichmäßige, zuverlässig gute Weine zu moderaten Preisen.

Neue Kollektion

Die 2011er Rieslinge präsentieren sich auf zuverlässigem Niveau, ohne zu begeistern. Sehr süffig wirkt der trockene Weißherbst.

Weinbewertung

82 2011 Riesling trocken „S Charta" Bacharacher Wolfshöhle **13,5 %/5,70 €**
81 2011 Riesling halbtrocken „Charta Handstreich" Bacharacher Wolfshöhle **10,5 %/6,- €**
83 2011 Riesling halbtrocken „S Charta" Steeger St. Jost **13 %/5,70 €**
83 2011 Spätburgunder Weißherbst trocken Bacharacher **12,5 %/5,10 €**
82 2011 Spätburgunder „S" Bacharacher **14 %/6,90 €**

Prinz ★★★★

Weingut **Rheingau**

Im Flachsgarten 5, 65375 Hallgarten
***Tel.** 06723-999847, **Fax**: 06723-999848*
www.prinz-wein.de
info@prinz-wein.de
***Besuchszeiten**: nach Vereinbarung*

Inhaber .... Familie Prinz
Rebfläche .... 7 Hektar

Großeltern und Eltern von Fred Prinz hatten die Trauben noch an die Genossenschaft abgeliefert, 1991 hat man dann die ersten 3.000 Flaschen eigenen Wein vermarktet. Fred Prinz führte den Betrieb lange im Nebenerwerb, arbeitete nach dem Studium bei Breuer, dann bei den Staatsweingütern Kloster Eberbach. 2003 bot sich die Möglichkeit einen Betrieb im Ort zu übernehmen, Keller, Lager und Weinberge. Im Jahr darauf wagte Fred Prinz den Schritt in die Selbständigkeit, schon ein Jahr später wurde er in den VDP aufgenommen. Seine Weinberge befinden sich rund um Hallgarten in den Lagen Schönhell (teils sandige, teils steinige Lösslehmböden), Hendelberg (blauer und grüner Schiefer, Phyllit) und Jungfer (Taunusquarzit mit Lösslehmeinlagerungen). Über 90 Prozent der Rebfläche nimmt Riesling ein, dazu gibt es Spätburgunder, inzwischen auch Sauvignon Blanc (erste Ernte 2006) und Roten Riesling (erste Ernte 2008).
Das Programm ist in vier Linien gegliedert. Die Basis bilden die Gutswein, dann folgen die Kabinettweine und der Riesling „Tradition". Die dritte Linie bilden die traditionellen Spätlesen, trocken wie süß, wobei Fred Prinz bei dem 2008 neu eingeführten Riesling aus dem Hendelberg auf eine Prädikatsbezeichnung verzichtet. Roter Riesling und Sauvignon Blanc gehören ebenfalls in diese Linie. Das Topsegment schließlich bilden die Ersten Gewächse und die Goldkapsel-Spätle-

sen. Die Weine werden fast ganz im Edelstahl ausgebaut, nur für den Riesling „Tradition“ wird ein Teil des Weines im Halbstück ausgebaut. Die Basisweine werden überwiegend mit Reinzuchthefen vergoren, alle höherwertigen Weine mit natürlichen Hefen, wobei Fred Prinz dies nicht dogmatisch sieht, auch noch einmal etwas Hefen zusetzt, wenn die Weine nicht weit genug vergären.

Vorjahre

Schon in der allerersten Ausgabe haben wir die Weine von Fred Prinz vorgestellt, schon damals lobten wir die Reintönigkeit des gesamten Sortiments. Die trockene Schönhell-Spätlese hatte uns damals schon besonders gut gefallen, trotzdem erhielten zunächst meist die rest- und edelsüßen Rieslinge Höchstnoten von uns. In den vergangenen Jahren haben die trockenen Rieslinge weiter zugelegt: Sie sind rassig und elegant, aber auch kraftvoll und nachhaltig. Die 2009er waren ganz stark: Bereits der „Traditions“-Riesling begeisterte, der Versteigerungs-Kabinett zeigte erstaunliche Fülle. Auch 2010 gelang Fred Prinz gut, die Weine waren reintönig und frisch, schon der Gutsriesling machte viel Freude, die Steigerung kam mit „Tradition“, Hendelberg und dem Ersten Gewächs; auch der Sauvignon Blanc beeindruckte.

Jahrgang 2011

2011 gefällt bereits der trockene Gutsriesling ausgezeichnet, der Rote Riesling weist eine reife, würzige Art und eine leichte Quittennote auf, und das Erste Gewächs besitzt einen erfreulich geradlingen Stil, sogar eine Menge Mineralität und Finesse. Der Goldkapsel-Kabinett wirkte bei zwei Verkostungen zwar sehr verhalten, Spät- und Auslese überzeugen aber mit viel Frische – und der 2009er Spätburgunder „R“ besitzt das, was vielen Rheingauer Rotweinen fehlt: Eine wunderschöne Balance zwischen Fülle, Frucht und Würze.

Weinbewertung

84 2011 Riesling trocken **12 %/6,90 €**
85 2011 Riesling Kabinett trocken Hallgartener Schönhell **11,5 %/9,20 €**
87 2011 Roter Riesling trocken **12,5 %/13,20 €**
87 2011 Riesling Spätlese trocken Hallgartener Schönhell **13 %/13,20 €**
87 2011 Riesling trocken Hallgartener Hendelberg **13,5 %/13,20 €**
90 2011 Riesling Erstes Gewächs Hallgarten Jungfer
85 2011 Riesling Kabinett Hallgartener Jungfer **8 %/9,50 €**
87 2011 Riesling Kabinett Goldkapsel Hallgartener Jungfer **8 %/Verst.**
88 2011 Riesling Spätlese Hallgartener Jungfer **8 %/14,60 €**
90 2011 Riesling Auslese Hallgartener Jungfer **8 %/23,- €/0,375l**
88 2009 Spätburgunder trocken „R“ Hallgartener Hendelberg **13,8 %/18,50 €**

★☆

Christine **Pröstler**

Weingut

Franken

Mühlgasse 9, 97225 Retzbach
***Tel.** 09364-7904229*
www.cproestlerweine.de
kontakt@cproestlerweine.de
***Besuchszeiten:** nach Vereinbarung*

Inhaber .... Christine Pröstler
Rebfläche .... 5 Hektar

Christine Pröstler hat in Geisenheim studiert, Praktika in Südafrika und Neuseeland absolviert, dann bei Reh-Kendermann gearbeitet, war seit 2010 als Kellermeisterin beim Staatlichen Hofkeller in Würzburg, konzentriert sich nun seit 2012 ganz auf den eigenen Betrieb. Ihr Vater bewirtschaftete seine Weinberge im Nebenerwerb, die Trauben wurden an eine Genossenschaft abgeliefert. Davon übernahm Christine Pröstler 1,4 Hektar, verkaufte aber einen Teil der Trauben aus Platzmangel an ein anderes Weingut. In den elterlichen Weinbergen im Retzbacher Benediktusberg (Muschelkalkböden) wachsen Müller-Thurgau, Silvaner, Bacchus, Weißburgunder, Grauburgunder, Riesling, Domina, Schwarzriesling, Regent und Spätburgunder. Christine Pröstlers erster Jahrgang war 2008. Am Ortsrand von Retzbach wurde 2012 das neue Weingut errichtet, der 2012er Jahrgang wurde bereits dort verarbeitet, auch wenn die offizielle Eröffnung erst im Frühjahr 2013 erfolgt. Mit dem Jahrgang 2012 wird der Ertrag der gesamten Rebfläche, knapp 5 Hektar, selbst verarbeitet.

Vorjahre

Die 2009er Kollektion überzeugte mit homogenen Weinen, der füllige Silvaner Benediktusberg gefiel uns am besten im vergangenen Jahr. Die 2010er Kollektion war nochmals klar stärker: Die Weine der Benediktusberg-Linie besaßen gute Fülle und reife Frucht, die als Frankenwein ohne Lagenbezeichnung angebotenen Basisweine waren klar und frisch.

Jahrgang 2011

2011 präsentiert sich geschlossen auf gutem Niveau mit fruchtbetonten, frischen Weißweinen. Am besten gefällt uns der füllige, merklich restsüße Silvaner aus dem Benediktusberg, auch die schmeichelnde süße Variante überzeugt.

Weinbewertung

82 „Secco" **11 %/6,50 €**
83 2011 Silvaner trocken **13 %/6,50 €**
83 2011 Grauburgunder trocken **13 %/6,50 €**
83 2011 Weißburgunder trocken **12,5 %/6,50 €**
85 2011 Silvaner trocken Benediktusberg **13,5 %/8,50 €**
83 2011 Weißburgunder trocken Benediktusberg **13 %/9,50 €**
85 2011 Silvaner Spätlese **9 %/10,50 €/0,375l**

Schloss Proschwitz ★★

Weingut Prinz zur Lippe

Sachsen

Dorfanger 19, 01665 Zadel
Tel. 03521-76760, Fax: 03521-767676
www.schloss-proschwitz.de
weingut@schloss-proschwitz.de
Besuchszeiten: Mo.-So. 10-18 Uhr
Restaurant „Lippe'sche Gutshaus"; Gästezimmer

Inhaber .... Dr. Georg Prinz zur Lippe
Marketing/Vertrieb .... Peter Bohn
Außenbetriebsleiter .... Walter Beck
Kellermeister .... Martin Schwarz
Rebfläche .... 90 Hektar

Das seit 1991 wieder aufgebaute Gut ist das größte private Weingut in den ostdeutschen Anbaugebieten und das älteste Weingut Sachsens. Zur Hauptlage Schloss Proschwitz kam eine neue Einzellage auf dem linken Elbufer hinzu, Kloster Heilig Kreuz Meissen, die 2008 neu in Ertrag kam. Die wichtigsten Rebsorten sind Grauburgunder, Weißburgunder, Müller-Thurgau, Elbling, Spätburgunder, Riesling, Traminer, Dornfelder, Goldriesling, Scheurebe, Traminer und Frühburgunder. Neues Projekt von Georg Prinz zur Lippe ist der Aufbau eines Weingutes in der Nähe von Weimar, wo bei Kromstorf bereits die ersten Reben gepflanzt wurden. 50 Hektar sollen es einmal werden, der Rebsortenspiegel soll ähnlich werden wie auf Schloss Proschwitz, Sauvignon Blanc soll hinzu kommen. 2009 war die erste Ernte, die Trauben wurden auf Schloss Proschwitz verarbeitet. 2010 hat Georg Prinz zur Lippe die Ordensburg Liebstedt erworben, in deren Vorburg das neue Weingut für die Thüringer Weinberge errichtet werden soll.

Vorjahre

Die 2009er Kollektion brachte frische, klare Kabinettweine, dazu als Spitzen der Weißburgunder „GG" und die barriqueausgebauten Burgunder des Jahrgangs 2008. Die

2010er Basisweine waren frisch und klar, alle deutlich von Restsüße geprägt.

Neue Kollektion

2011 gefällt uns deutlich besser, die Weine sind kraftvoll und fruchtbetont. Am besten gefallen uns der kraftvolle Grauburgunder, der viel reife Frucht und viel Substanz besitzt, und der konzentrierte Weißburgunder Großes Gewächs mit seiner reifen süßen Frucht.

Weinbewertung

83 2011 Müller-Thurgau trocken Schloss Proschwitz **12 %/10,50 €**
83 2011 Weißburgunder trocken Schloss Proschwitz **12 %/12,50 €**
87 2011 Grauburgunder Spätlese trocken Schloss Proschwitz **13 %/16,- €**
84 2011 Traminer Spätlese trocken Schloss Proschwitz **13,5 %/16,- €**
87 2011 Weißburgunder „GG“ Schloss Proschwitz **21,- €**
84 2011 Riesling Schloss Proschwitz **11,5 %/12,50 €**
85 2009 Spätburgunder trocken Schloss Proschwitz **14 %/23,- €**

★★★★

Joh. Jos. **Prüm**

Weingut

Mosel

Uferallee 19, 54470 Bernkastel-Wehlen
***Tel.** 06531-3091, **Fax:** 06531-6071*
www.jjpruem.com
info@jjpruem.com
***Besuchszeiten**: nach Vereinbarung*

Inhaber .... Dr. Manfred und Wolfgang Prüm
Rebfläche .... 19 Hektar

Manfred Prüm baut ausschließlich Riesling an. Er verfügt über beste Lagen in Wehlen, Graach, Zeltingen und Bernkastel und füllt seine Weine erst sehr spät ab. Sehr jung probiert sind seine Weine oft nicht so recht zugänglich sondern von heftigen Spontangärnoten geprägt. Viele seiner Weine altern ausgezeichnet und wirken oft noch nach zwei oder drei Jahrzehnten frisch und jugendlich.

Vorjahre

Die 2009er wiesen exemplarisch die Stärke des Weingutes auf: Die Kabinettweine und Spätlesen zeigten klassische Moselstilistik, waren präzise und elegant, leicht und beschwingt; die Auslesen waren konzentrierter und üppiger. 2010 präsentierte sich sehr stimmig, bot die Steigerung über Spätlesen und Auslesen bis hin zu den Goldkapsel-Auslesen, bei denen wir die aus dem Himmelreich ganz leicht präferierten.

Jahrgang 2011

Klar und elegant präsentieren sich nun auch die 2011er, sind frisch und lebendig, angefangen vom wunderschön leichten Kabinett über die verspielten Kabinettweine aus Sonnenuhr und Himmelreich, letzterer etwas fruchtintensiver, bis hin zu den Spätlesen. Unsere leichte Präferenz gilt in diesem Jahr der Spätlese aus dem Himmelreich, die sich wunderschön reintönig, frisch und komplex präsentiert mit Anklängen an Orangen im Bouquet. Die würzige Auslese aus der Sonnenuhr ist frisch und zupackend, enorm zupackend, dabei komplex, lebhaft und frisch, noch etwas unruhig, jugendlich.

Weinbewertung

87 2011 Riesling Kabinett
88 2011 Riesling Kabinett Wehlener Sonnenuhr
88 2011 Riesling Kabinett Graacher Himmelreich
90 2011 Riesling Spätlese Wehlener Sonnenuhr
91 2011 Riesling Spätlese Graacher Himmelreich
91 2011 Riesling Auslese Wehlener Sonnenuhr

★★★★

S.A. Prüm

Weingut

Mosel

Uferallee 25-26, 54470 Bernkastel-Wehlen
***Tel.** 06531-3110, **Fax:** 06531-8555*
www.sapruem.com
info@sapruem.com
***Besuchszeiten:** Mo.-Fr. 10-12 + 14-18 Uhr, Sa. 10-16 Uhr*
Vinothek, exklusives Gästehaus, Veranstaltungsräume, Gutsausschank

Inhaber .... Raimund Prüm
Kellermeister .... Michael Blümling
Rebfläche .... 16,5 Hektar

Seit dem 12. Jahrhundert betreibt die Familie nachweislich Weinbau in Bernkastel, Wehlen, Graach und Zeltingen, Jodocus Prüm baute 1842 die berühmte Sonnenuhr, die der gleichnamigen Wehlener und Zeltinger Lage ihren Namen gab. Das heutige Weingut S.A. Prüm entstand aus einer Erbteilung im Jahr 1911, wurde von Sebastian Alois Prüm gegründet. Seit 1971 leitet Raimund Prüm das Weingut. Lange Zeit wurde nur Riesling angebaut, inzwischen gibt es auch etwas Weißburgunder, Chardonnay und Spätburgunder. Die Weinberge liegen vor allem in der berühmten Wehlener Sonnenuhr, außerdem verfügt Raimund Prüm über Besitz in Graach (Domprobst) und Bernkastel (Graben, Lay, Bratenhöfchen), in Ürzig (Würzgarten), Erden, Kinheim und Lösnich. Seit 1999 ist dem Gut ein Gästehaus angeschlossen, das von Erika Prüm geleitet wird. Beim Ausbau der Weine spielen sowohl die Spontanvergärung als auch die Reife in Fuderfässern eine große Rolle. 2009 war der erste Jahrgang des neuen Kellermeisters Michael Blümling.

S.A. Prüm ist bekannt für seine edelsüßen Rieslinge, die schon lange regelmäßig zu den Besten an der Mosel gehören; in vielen Jahrgängen erzeugt Raimund Prüm alle Prädikate bis hin zu Eiswein und Trockenbeerenauslese. Aber auch trockene Rieslinge spielen bei ihm eine wichtige Rolle. Die trockene Spitze bilden die Großen Gewächse, zwei davon aus der Sonnenuhr: Der „Devon" stammt von 60 bis 80 Jahre alten Reben aus der Gemarkung Lay, der „Alte Reben" stammt von 100 bis 120 Jahre alten Reben aus der Gemarkung Langenberg. Die weiteren, erstmals 2009 erzeugten Großen Gewächse stammen aus dem Domprobst und aus der Bernkasteler Lay (Grand Ley).

Vorjahre

2009 begeisterten bereits die Kabinette aus der Sonnenuhr, die edelsüßen Rieslinge präsentierten sich komplex und sehr reintönig. Unbeeindruckt vom Jahrgang zeigte sich die 2010er Kollektion: Gutes Basisniveau, sehr gute Spätlesen und dazu wie gewohnt Brillantes in edelsüß, an der Spitze die faszinierende Trockenbeerenauslese aus der Sonnenuhr.

2011 trocken

Die vier Großen Gewächse führen 2011 die trockene Fraktion an. Der Devon ist konzentriert, frisch, klar und zupackend, zeigt trotz deutlicher Süße feine mineralische Noten. Der „Alte Reben" besitzt mehr Substanz, ist druckvoller im Mund, aber etwas weniger nachhaltig als der Devon. Der Wein aus der Lay ist konzentriert und herrlich eindringlich im Bouquet, kraftvoll und füllig im Mund, besitzt gute Struktur und Frische. Der Wein aus dem Domprobst schließlich ist würzig und konzentriert, füllig und kraftvoll, besitzt gute Struktur und viel Substanz, ist sehr kompakt. In der Sonderverkostung 2002er Rieslinge spielte die trockene Spätlese aus der Wehlener Sonnenuhr eine gute Rolle, lag mit in der Spitze einer starken Moselfraktion.

2011 süß

Zwei brillante Spätlesen begeistern uns in diesem Jahr: Der Wein aus dem Himmelreich ist würzig und eindringlich, füllig und harmonisch, besitzt viel Substanz, die Sonnenuhr-Spätlese ist wunderschön reintönig, frisch und zupackend, besitzt gute Harmonie und Länge. Eine Trockenbeerenauslese darf natürlich auch 2011 nicht fehlen, stammt wie gehabt aus der Sonnenuhr. Sie zeigt gute Konzentration im Bouquet, Trockenfrüchte, ist herrlich eindringlich und dominant, dick und konzentriert, besitzt viel Substanz und Kraft.

Weinbewertung

82 2011 Riesling Kabinett trocken „Prüm Blue" **12,5 %/11,50 €**

85 2011 Riesling Kabinett trocken „Sebastian A." **12 %/11,50 €**

87 2010 Riesling „GG" „Devon" Wehlener Sonnenuhr **12,5 %/19,50 €**

89 2011 Riesling „GG" „Devon" Wehlener Sonnenuhr **21,50 €**

89 2011 Riesling „GG" „Alte Reben" Wehlener Sonnenuhr **28,50 €**

88 2011 Riesling „GG" „Grand Lay" Bernkasteler Lay **21,50 €**

89 2011 Riesling „GG" Graacher Domprobst **28,50 €**

90 2002 Riesling Spätlese trocken Wehlener Sonnenuhr **12 %/17,50 €**

84 2011 Riesling Kabinett Wehlener Sonnenuhr **8 %/15,90 €**

89 2011 Riesling Spätlese Graacher Himmelreich **7,5 %/17,90 €**

89 2011 Riesling Spätlese Wehlener Sonnenuhr **8 %/18,50 €**

91 2011 Riesling Trockenbeerenauslese Wehlener Sonnenuhr **6,5 %/Verst.**

Q

★★★★☆

Querbach

Weingut

Rheingau

Lenchenstraße 19, 65375 Oestrich-Winkel

***Tel.** 06723-3887, **Fax:** 06723-87405*

www.querbach.com

mail@querbach.com

***Besuchszeiten:** Mo.-Fr. 8-12 + 14-17:30 Uhr, Sa. 9-14 Uhr und nach Vereinbarung*

Inhaber .... Peter Querbach

Rebfläche .... 10 Hektar

Wilfried Querbach und Sohn Peter bauen neben Riesling noch etwas Spätburgunder an. In den letzten Jahren haben sie ihr Sortiment neu gestaltet. Die Basis bilden die Liter- und Guts-Rieslinge, dann die Orts-Rieslinge, schließlich der Lagenriesling aus dem Oestricher Lenchen („Querbach N° 1") und das Erste Gewächs aus dem Oestricher Doosberg. Seit dem Jahrgang 1999 bieten Wilfried und Peter Querbach ihre Weine mit dem von Peter Querbach entwickelten Verschlusssystem, basierend auf einem Edelstahlverschluss (eine Art Kronkorken) an. Nach einer Maischestandzeit von ca. zwölf Stunden werden die Moste mit den natürlichen Hefen vergoren, alle Weine werden in Edelstahltanks ausgebaut. Die Weine bleiben recht lange auf der Hefe und werden relativ spät abgefüllt, sie zeigen eine klare Handschrift: Geradlinig und klar in der Frucht, mustergültige Rheingauer Rieslinge.

Vorjahre

Wie immer kurz vor Redaktionsschluss konnten wir die 2009er Querbach-Weine verkosten, teils unmittelbar nach der Füllung. Sie präsentierten sich präzise und zupackend, wie gewohnt, allzu jugendlich, die Süße oft etwas merklich, das Erste Gewächs aus dem Doosberg deutete Größe an. 2010 bestach die Kollektion mit dem guten Niveau der Basisweine, schon der Schoppen war sehr gut, angenehm saftig und klar.

Neue Kollektion

2011 ist die Kollektion wieder bestechend gut, schon der füllige, saftige Schoppen bereitet viel Freude. Der Classic ist reintönig und elegant, die Edition füllig und kraftvoll, der stoffige Hallgarten besitzt herrlich viel Frucht, der Wein aus dem Lenchen viel reife süße Frucht und Substanz. Highlight ist aber ganz eindeutig der Doosberg, ein faszinierend komplexer Riesling, herrlich lang und nachhaltig. Auch die beiden Sekte überzeugen, sind fruchtbetont und klar, auch die 2002er schlugen sich prächtig in unserer Verkostung.

Weinbewertung

87 2010 „Blanc de" Pinot Noir Sekt brut
86 2008 Riesling Sekt brut
86 2011 Riesling „Schoppen" **5,90 €/1l** ☺
87 2011 Riesling Classic **6,45 €** ☺
88 2011 Riesling Edition **7,75 €** ☺
89 2002 Riesling Edition **7,75 €** ☺
89 2011 Riesling Hallgarten **9,80 €** ☺
88 2002 Riesling Hallgarten **9,80 €** ☺
89 2011 Riesling „Querbach No. 1" Oestrich Lenchen **11,85 €** ☺
89 2002 Riesling „Querbach No. 1" Oestrich Lenchen **11,85 €** ☺
93 2011 Riesling Erstes Gewächs Oestrich Lenchen **15,90 €** ☺

★★★

von Racknitz

Weingut

Nahe

Disibodenberger Hof, 55571 Odernheim
***Tel.** 06755-285, **Fax**: 06755-1653*
www.von-racknitz.com
weingut@von-racknitz.com
***Besuchszeiten**: 10-18 Uhr und nach Vereinbarung*

Inhaber .... Luise Frfr. von Racknitz-Adams
.... Matthias Adams
Rebfläche .... 18 Hektar

Das Weingut von Racknitz ist der ehemalige Gutshof des Klosters Disibodenberg an der Mündung der Glan in die Nahe. Römische Spuren lassen sich nachweisen, aber zumindest seit dem 11. Jahrhundert ist der Disibodenberg ununterbrochen bestockt. Seit 1753 sind Weingut und Klosterruine in Familienbesitz, wobei 1989 die Ruine in die Scrivias-Stiftung eingebracht wurde. Luise von Racknitz, Geisenheim-Absolventin, und Matthias Adams haben das Weingut 2003 von Luises Eltern übernommen. Anfang 2004 erwarben sie Weinberge in Niederhausen. Weinberge besitzen sie nun in folgenden Lagen: Odernheimer Kloster Disibodenberg (Disibodenberger Schichten), Niederhäuser Klamm (Porphyr) und Hermannshöhle (grauer Schiefer, etwas Porphyr), Schlossböckelheimer Königsfels (Porphyr), Traiser Rotenfels (Melaphyr), Niederhäuser Kertz (roter Schiefer, zum Teil Kupfer, stark verwitterter Basalt) und Rosenheck (Schiefer). Jüngster Neuerwerb ist ein Weinberg im Kieselberg. Wichtigste Rebsorte ist Riesling, dazu gibt es Schwarzriesling, Grauburgunder und St. Laurent. Die Weißweine werden teils im Holzfass, teils im Edelstahl ausgebaut, die Rotweine kommen grundsätzlich ins Holzfass. Bei trockenen Weinen werden keine Prädikatsbezeichnungen verwendet. Alle Weine werden spontanvergoren und bleiben bis zu einem Jahr auf der Vollhefe. Mit dem Jahrgang 2007 wurde das Sortiment gestrafft. Der erste Lesedurchgang aller Weinberge liefert den Gutsriesling, mit dem zweiten Lesedurchgang wird differenziert nach den beiden Hauptgesteinssorten (Schiefer und Vulkangestein), der dritte Lesedurchgang liefert die Lagenweine, wobei es je Lage nur einen einzigen Wein gibt.

Vorjahre

Vor zwei Jahren konnten wir jeweils drei Weine aus den Jahrgängen 2008 und 2009 verkosten, der Aufwärtstrend hielt an. Die 2010er Weine wurden ebenfalls erst sehr spät gefüllt, so dass wir im vergangenen Jahr überwiegend Weine aus dem Jahrgang 2009 verkosteten. Der im Jahr zuvor sehr unruhige Riesling vom Vulkangestein hatte sich prächtig entwickelt, war präzise und mineralisch, auch das Pendant vom Schieferboden gefiel uns sehr gut, noch besser aber wie schon im vergangenen Jahr der Wein aus der Hermannshöhle.

Neue Kollektion

Ja, gerne hätten wir die neue Kollektion verkostet, und dass es nur vier Weine geworden sind, das liegt nicht an Luise von Racknitz und Matthias Adams, und es liegt auch nicht an uns: Anscheinend kommen die Prüfer der

Qualitätsweinprüfung – wieder einmal – mit den Spontangärnoten in den von Racknitz'schen Weinen zurecht, so dass bis Redaktionsschluss noch keine AP-Nummern erteilt wurden. So konnten wir nur Gutsriesling und die „Gesteinsweine" verkosten. Der Gutsriesling ist saftig, klar und frisch, der Riesling vom Kieselstein kraftvoll, präzise und zupackend, leicht mineralisch, präszie und klar ist auch der Riesling vom Schieferboden, besitzt dezent mineralische Noten, aber es kommt noch besser, für uns der faszinierendste der drei ist der Riesling vom Vulkangestein: Füllig und komplex, dabei frisch und mineralisch, herrlich nachhaltig. Das ist klasse, wir lieben das – und verdammen die Qualitätsweinprüfung, die Schuld daran hat, dass uns der Rest der Kollektion vorenthalten wird.

Weinbewertung

85 2011 Riesling trocken **12,5 %/8,- €**
88 2011 Riesling trocken „Kieselstein" **12,5 %/13,- €**
87 2011 Riesling trocken „Schieferboden" **13,5%/12,-€**
89 2011 Riesling trocken „Vulkangestein" **13 %/13,- €**

Raddeck ★★

Weingut

Rheinhessen

Am Hummertal 100, 55283 Nierstein
Tel. *06133-58115,* ***Fax:*** *06133-58331*
www.raddeckwein.de
info@raddeckwein.de
Besuchszeiten: *Mo.-Fr. 9-18 Uhr, Sa. 9-16 Uhr, sonst nach Vereinbarung*

Inhaber .... Stefan Raddeck
Rebfläche .... 17 Hektar

2003 haben Birgit und Hans Raddeck auf ökologische Bewirtschaftung umgestellt, nach Abschluss der Lehre von Stefan Raddeck beim Weingut Roth in Wiesenbronn. Inzwischen hat Stefan Raddeck das Gut übernommen, das vom Ortskern in das Hummertal ausgesiedelt wurde. Wichtigste weiße Rebsorten sind Riesling, Weißburgunder, Silvaner und Müller-Thurgau, im roten Segment sind es Spätburgunder, Dornfelder und Portugieser. Das Sortiment ist gegliedert in Gutsweine, „Edition 2Hügel" und „Edition S".

Vorjahre

2009 hatte Stefan Raddeck mit Maischestandzeiten von bis zu 36 Stunden gearbeitet, die Weine langsam vergoren und lange auf der Hefe ausgebaut: Die Kollektion war stark, zeigte ein gutes Niveau bei den Gutsweinen, aber auch im mittleren Segment und in der S-Klasse legte Stefan Raddeck weiter zu. Mit dem Jahrgang 2010 war der Aufwärtstrend erst einmal gestoppt. Die Weine waren frisch und klar, erreichten aber in der Spitze nicht das Niveau der Vorjahre, so dass uns das rote Segment ein klein wenig besser gefiel, angeführt von der kraftvollen Cuvée.

Neue Kollektion

Die neue Kollektion ist deutlich besser, glänzt mit zwei feinen edelsüßen Weinen, der wunderschön saftigen, klaren Riesling Auslese und der konzentrierten, reintönigen Huxelrebe Beerenauslese. Der trockene Teil der Kollektion ist sehr gleichmäßig, weiß wie rot. Der füllige Riesling „S" überzeugt, auch der kraftvolle Spätburgunder und die konzentrierte, aber ganz leicht bittere rote Cuvée gefallen uns sehr gut.

Weinbewertung

81 2011 Silvaner trocken **12,5 %/4,80 €**
82 2011 Riesling trocken **12,5 %/5,50 €**
83 2011 Grauburgunder trocken **13 %/5,80 €**
81 2011 Weißburgunder trocken **13,5 %/7,- €**
83 2011 Riesling trocken „2Hügel" **13 %/8,50 €**
85 2011 Riesling „S" **13 %/11,50 €**
88 2011 Riesling Auslese **9 %/18,- €/0,5l**
88 2011 Huxelrebe Beerenauslese **9 %/15,- €/0,375l**
81 2011 Spätburgunder **13,5 %/5,60 €**
82 2011 St. Laurent **13,5 %/7,50 €**
85 2009 „Cuvée S" Rotwein **13,5 %/16,50 €**
85 2009 Spätburgunder Barrique **13,5 %/11,50 €**

Familie **Rauen** ★★
Weingut
Mosel

Hinterm Kreuzweg 5, 54340 Thörnich
Tel. 06507-3403, Fax: 06507-8382
www.weingut-familie-rauen.de
info@weingut-familie-rauen.de
Besuchszeiten: nach Vereinbarung
Weinprobierstube

Inhaber .... Maria und Harald Rauen
Rebfläche .... 8,3 Hektar

Harald Rauen übernahm 1982 das elterliche Weingut, damals überwiegend Fassweinbetrieb, und verlagerte 1997 den Sitz von Detzem nach Thörnich. Seine Weinberge befinden sich in den Lagen Detzemer Würzgarten, Detzemer Maximiner Klosterlay und Thörnicher Ritsch. Neben Riesling gibt es ein wenig Weißburgunder, Spätburgunder, Müller-Thurgau und Dornfelder, sowie Sauvignon Blanc. 80 bis 90 Prozent der Weine werden trocken ausgebaut, zwei Drittel der Produktion wird über den Fachhandel vermarktet.

Vorjahre

Die 2009er waren in der Summe sehr gut geraten und auch 2010 präsentierte Harald Rauen eine konsistente Kollektion mit reintönigen, frischen Rieslingen, allen voran die feinherbe Spätlese von alten Reben.

Jahrgang 2011

Die neue Kollektion überzeugt auf der ganzen Linie, bietet fruchtbetonte, reintönige Weine – zu moderaten Preisen. Trocken ist die saftige Spätlese aus der Klosterlay unser Favorot, im halbtrockenen Segment trumpft der Riesling vom Schieferfels auf, besitzt Fülle und Kraft, reife Frucht und gute Struktur, im süßen Segment gefällt uns die harmonische Spätlese Thörnicher Ritsch noch etwas besser als die Auslese: So darf es weitergehen!

Weinbewertung

83 2011 Sauvignon Blanc trocken **11,5 %/6,30 €**
83 2011 Riesling Kabinett trocken Detzemer Würzgarten **11,5 %/5,40 €**
85 2011 Riesling Spätlese trocken Detzemer Maximiner Klosterlay **12 %/6,30 €**
84 2011 Riesling Kabinett halbtrocken „Edition Matthias" **11,5 %/5,40 €**
85 2011 Riesling Spätlese halbtrocken Detzemer Maximiner Klosterlay **11,5 %/6,30 €**
88 2011 Riesling „feinherb" „vom Schieferfels" **12 %/11,50 €**
83 2011 Riesling Kabinett Detzemer Würzgarten **8,5 %/5,40 €**
85 2010 Riesling Spätlese **7,5 %/6,30 €**
86 2011 Riesling Spätlese „Alte Reben" Thörnicher Ritsch **7,5 %/7,80 €**
85 2011 Riesling Auslese „Alte Reben" „Kirschenberg" **7 %/12,50 €**

Rauen ★★☆
Wein- & Sektgut, Inh. Stefan Rauen
Mosel

Im Würzgarten 2, 54340 Detzem
Tel. 06507-3278, Fax: 06507-8372
www.weingut-rauen.de
info@weingut-rauen.de
Besuchszeiten: nach Vereinbarung
Weinprobierstube

Inhaber .... Stefan Rauen
Rebfläche .... 13,5 Hektar

Walter Rauen ist Ende der sechziger Jahre an den Ortsrand von Detzem ausgesiedelt und hat nach und nach auf Selbstvermarktung umgestellt. Heute führt Stefan Rauen den Betrieb. Das Gros seiner Weinberge liegt in den Detzemer Lagen Würzgarten und Maximiner Klosterlay. Riesling nimmt zwei Drittel der Weinberge ein. Dazu gibt es etwas Müller-Thurgau, Kerner und Weißburgunder, sowie Spätburgunder, Dornfelder und Regent. Alle Weine werden im Edelstahl vergoren, die besseren Qualitäten kommen dann für zwei bis drei Monate ins Holzfass. Etwa drei Viertel der Weine baut Stefan Rauen trocken oder halbtrocken aus.

Vorjahre

2009 präsentierten sich alle Weine wunderschön saftig, selbst die Literweine waren ausgesprochen gut. Auch die 2010er Kollektion war wieder ein Muster an Zuverlässigkeit, alle Weine waren frisch, klar und süffig.

Neue Kollektion

Auch 2011 präsentiert Stefan Rauen wieder eine zuverlässige Kollektion – mit weiterhin moderaten Preisen. Die Literweine sind frisch und klar, Crémant und Weißburgunder überzeugen, die trockene Spätlese aus der Thörnicher Ritsch ist füllig und kraftvoll bei guter Struktur, die süße Spätlese aus der Klosterlay harmonisch und füllig, die Auslese besitzt mehr Substanz und viel Duft: Eine stimmige Kollektion.

Weinbewertung

83 2010 Riesling Crémant brut Detzemer Würzgarten **12,5 %/8,90 €**
84 2011 Weißburgunder trocken **12,5 %/5,60 €**
82 2011 Riesling Hochgewächs trocken Detzemer Würzgarten **12 %/5,20 €/1l**
85 2011 Riesling Spätlese trocken „Alte Reben" Thörnicher Ritsch **12,5 %/6,50 €**
82 2011 Riesling Hochgewächs halbtrocken Pölicher Held **12 %/5,20 €**
81 2011 Riesling Hochgewächs Detzemer Würzgarten **10 %/5,20 €/1l**
86 2011 Riesling Spätlese „Alte Reben" Detzemer Maximiner Klosterlay **10 %/6,50 €** ☺
87 2011 Riesling Auslese Detzemer Maximiner Klosterlay **10 %/9,80 €**

★★★★

Raumland

Sekthaus

Rheinhessen

Alzeyerstraße 134, 67592 Flörsheim-Dalsheim
Tel. *06243-908070,* ***Fax****: 06243-908077*
www.raumland.de
raumland@t-online.de
Besuchszeiten*: nach Vereinbarung*

Inhaber .... Volker Raumland
Rebfläche .... 10 Hektar

1990 haben Volker und Rose Raumland das Anwesen in Flörsheim-Dalsheim gekauft, 1991 dann die ersten Sekte aus eigenen Trauben erzeugt, vorher nur aus zugekauften Trauben. Seit 1997 durchlaufen alle Sekte den biologischen Säureabbau, seit 2002 sind die Weinberge biologisch zertifiziert. Neben Riesling, Weißburgunder und Chardonnay werden Spätburgunder und Schwarzriesling verwendet. Nach der Ganztraubenpressung – die Taille wird inzwischen nicht mehr verwendet – werden die Weine lange bei kühler Temperatur vergoren.

Vorjahre

Volker Raumlands Sekte werden Spitzenchampagner immer ähnlicher, ohne dass sie versuchen, diese zu kopieren, nein, sie sind eigenständig – und sie brauchen Zeit, profitieren vom langen Hefelager. Und Volker Raumland arbeitet permanent an weiteren, kleinen Veränderungen, probiert aus, was möglich ist. Vor zwei Jahren hatten wir ein Faible für den 2005er „Blanc et Noirs", ohne Dosage und doch füllig und komplex. Die letztjährige Kollektion war etwas weniger gleichmäßig. Sehr gut, wie immer, gefielen uns die beiden nach den Töchtern benannten Cuvées Marie-Luise und Katharina. Sehr gut waren auch wieder die beiden Triumvirate, Nr. V und VII, am meisten faszinierte der 2001er MonRose, ein komplexer, wunderschön gereifter Sekt, dem zur Größe nur etwas die Länge fehlte.

Neue Kollektion

Auch in diesem Jahr gefallen uns Marie-Luise und Katharina wieder sehr gut, beide besitzen ein wunderschönes Bouquet. Der Rosé ist präzise und geradlinig, der Blanc de Noir besitzt gute Substanz und Länge. Die beiden Triumvirate, neu degorgiert, sind füllig und komplex, rauchig und lang, beide sind immer noch sehr jugendlich. Unser eindeutiger Favorit ist aber der „Blanc et Noirs" aus dem Jahrgang 2005, neu degorgiert, ohne Dosage abgefüllt, ein faszinierend druck- und kraftvoller Sekt mit viel Substanz und guter Struktur, mit Länge und viel Nachhall.

Weinbewertung

85 Riesling Sekt brut (deg. 5/12) **12,5 %/12,- €**
87 „Cuvée Marie-Luise" Sekt brut (deg. 1/12) **12 %/14,- €**
86 „Cuvée Katharina" Sekt brut (deg. 1/12) **12 %/14,- €**
88 2007 Pinot „Blanc de Noir" „Prestige" Sekt brut (deg. 1/12) **12,5 %/19,- €**
87 2007 „Blanc de Blancs" Sekt brut (deg. 11/11) **12 %/25,- €**
92 2005 „Blanc et Noirs" Sekt brut nature (deg. 11/11) **12,5 %/29,- €**
81 2008 St. Laurent Sekt brut **12 %/30,- €**
90 2005 „V Triumvirat Grande Cuvée" Sekt brut (deg. 1/12) **12,5 %/33,- €**
90 2007 „VII Triumvirat Grande Cuvée" Sekt brut (deg. 1/12) **11,5 %/35,- €**
87 2007 Chardonnay „Prestige" Sekt brut (deg. 5/12) **12,5 %/29,- €**
88 2007 Rosé „Prestige" Sekt brut (deg. 5/12) **12 %/17,- €**

★★★☆

Burg **Ravensburg**

Weingut

Baden

Hauptstraße 44, 75056 Sulzfeld
Tel. 07269-91410, Fax: 07269-914140
www.burg-ravensburg.de
weingut@burg-ravensburg.de
Besuchszeiten: Vinothek Sulzfeld (Burg Ravensburg) Di.-Fr. 14-18 Uhr, Sa. 10-13 Uhr, Vinothek Tiefenbach (Weingut Heitlinger) Mo.-Fr. 10-18 Uhr, Sa. 11-18 Uhr Restaurant im Weingut Heitlinger (Mo. + Di. Ruhetag)

Inhaber .... Weingut Heitlinger GmbH, ... Heinz Heiler
Geschäftsführer .... Claus Burmeister
Kellermeister .... Jürgen Kern
Rebfläche .... 40 Hektar

Dem Weingut Burg Ravensburg gehören 18 Hektar Weinberge arrondiert um die gleichnamige Burg mit den drei Einzellagen Burg Ravensburger Löchle, Burg Ravensburger Dicker Franz und Burg Ravensburger Husarenkappe. Die Reben wachsen hier auf Gipskeuperböden. Die Husarenkappe ist eine reine Rieslinglage, das Löchle überwiegend Burgunderlage und die Lage Dicker Franz ist für ihren Lemberger bekannt. Wichtigste Rebsorte ist Riesling, gefolgt von Lemberger, Schwarzriesling, Spätburgunder, Weißburgunder, Grauburgunder und Trollinger. Das Programm ist gegliedert in Gutsweine, Lagenweine und die Großen Gewächse bzw. die Corvus genannten Barriqueweine. 2009 wurde das Weingut von den Unternehmern Heinz Heiler, Barry Green und Klaus Vogel übernommen, denen auch das benachbarte Weingut Heitlinger in Tiefenbach gehört. Claus Burmeister, der Burg Ravensburg seit 1995 führt, ist nun für beide Weingüter verantwortlich. Seit 2010 werden die Weinberge ökologisch bewirtschaftet.

Vorjahre

Burg Ravensburg hat in den letzten Jahren deutlich zugelegt. Vor allem bei den Weißweinen. Die Rieslinge haben stetig an Ausdruck gewonnen, zuletzt aber gefiel meist der Grauburgunder aus dem Löchle besonders gut in überzeugenden Kollektionen. Auch die Rotweine zeigten Klasse auf hohem Niveau, haben ebenfalls weiter zugelegt in den letzten Jahren. Der Grauburgunder hatte vor zwei Jahren weiter zugelegt, lag klar vor seinen Kollegen im weißen Sortiment. Noch bemerkenswerter war die Steigerung bei den Roten: Klasse Spätburgunder und dazu zwei Lemberger, die zu den Jahrgangsbesten in Deutschland zählten. Die Basisweine überzeugten im vergangenen Jahr weiß wie rot, die 2010er Lagenweine mussten allerdings ein wenig dem Jahrgang Tribut zollen: Der Riesling gefiel uns am besten, gefolgt vom Weißburgunder – und erst an dritter Stelle folgte unser Favorit der letzten Jahre, der Grauburgunder.

Neue Kollektion

Die neue Kollektion wartet mit starken weißen Basisweinen auf – und drei bärenstarken Lagenweinen, die sich geschlossen präsentieren wie selten zuvor: Der Riesling ist füllig und harmonisch, kraftvoll und klar, besitzt gute Struktur und Substanz, der Weißburgunder ist ganz leicht rauchig, füllig und konzentriert, besitzt eine gute Struktur. Noch ein klein wenig besser gefällt uns der Grauburgunder, der herrlich viel Frucht besitzt, gute Struktur und Substanz, kraftvoll und füllig ist bei dezenter Süße. Im roten Teil der Kollektion gefällt uns der reintönige Spätburgunder aus dem Löchle, der Star im Programm ist aber eindeutig der konzentrierte, faszinierend eindringliche Corvus-Lemberger, der enorm füllig und kraftvoll ist, gute Substanz und Wärme besitzt.

Weinbewertung

85 2011 Riesling trocken **12 %/8,80 €**
85 2011 Weißburgunder trocken **13 %/8,80 €**
89 2011 Riesling trocken Husarenkappe **13 %/21,- €**
89 2011 Weißburgunder trocken Löchle **14 %/21,- €**
90 2011 Grauburgunder trocken Löchle **14 %/21,- €**
86 2011 Gewürztraminer Spätlese „Raitlich" **10 %/22,50 €**
86 2009 Lemberger trocken **13 %/10,- €**
83 2011 Spätburgunder trocken **13 %/10,- €**
88 2010 Spätburgunder trocken Löchle **13,5 %/22,50 €**
87 2009 Lemberger trocken Dicker Franz **13 %/22,50 €**
91 2009 Lemberger trocken „Corvus" **13,5 %/55,- €**

Rebenhof ★★★

Weingut Johannes Schmitz

Mosel

Hüwel 2-3, 54539 Ürzig
***Tel.** 06532-4546, **Fax:** 06532-1565*
www.rebenhof.de; info@rebenhof.de
***Besuchszeiten:** täglich nach Vereinbarung*
Gästezimmer, Apartments, kulinarische Wochenenden

Inhaber .... Johannes Schmitz
Rebfläche .... 6 Hektar

Der Rebenhof in Ürzig wird von Johannes und Doris Schmitz bewirtschaftet. Die Weinberge liegen größtenteils in der Ürziger Moselschleife, in der Lage Ürziger Würzgarten. Die Trauben aus benachbarten Lagen gehen in den Gutsriesling ein. Johannes Schmitz vergärt die Weine langsam und kühl, teils in Holzfässern, teils im Edelstahl, und lässt sie recht lange auf der Feinhefe liegen.

Vorjahre

Die 2009er waren kompakt und würzig. Die 2010er präsentierten sich sehr gleichmäßig: Sie waren üppig und saftig, aber nicht ganz so feingliedrig und elegant wie in vorausgegangenen Jahren; drei konzentrierte, dicke edelsüße Weine führten die Kollektion an.

Jahrgang 2011

Die neue Kollektion ist stimmig und stark. Das trockene Segment wird angeführt vom würzigen, fülligen Große Gewächs, die beiden trockenen Spätlesen stehen ihm kaum nach. Noch stärker ist der süße Teil der Kollektion mit wunderschön reintönigen, zupackenden Spätlesen und sehr duftigen, konzentrierten Edelsüßen: Auslese, Beerenauslese und Trockenbeerenauslese.

Weinbewertung

82 2011 Riesling Kabinett trocken „von wurzelechten Reben" Ürziger Würzgarten **12,5 %/8,30 €**
85 2011 Riesling Spätlese trocken Ürziger Würzgarten **12,5 %/11,50 €**
86 2011 Riesling Spätlese trocken „von alten Reben" Ürziger Würzgarten **13,5 %/13,50 €**
87 2011 Riesling „GG" Ürziger Würzgarten **13 %/18,50 €**
81 2011 Riesling „feinherb" **11 %/6,40 €/1l**
82 2011 Riesling Kabinett „feinherb" „vom roten Schiefer" **11 %/7,50 €**
84 2011 Riesling „Renaissance" **8,5 %/7,- €**
86 2011 Riesling Spätlese Ürziger Würzgarten **8,5 %/13,50 €**
87 2011 Riesling Spätlese „von alten Reben" Ürziger Würzgarten **7,5 %/13,50 €**
88 2011 Riesling Auslese „Fass 24" Ürziger Würzgarten **8 %/18,50 €**
89 2011 Riesling Beerenauslese „Fass 17" Ürziger Würzgarten **7,5 %/a.A./0,375l**
90 2011 Riesling Trockenbeerenauslese Ürziger Würzgarten **6,5 %/a.A./0,375l**

Jürgen Rebhann ★

Weinkellerei

Franken

Kammerforst 11, 97516 Oberschwarzach
***Tel.** 09553-469, **Fax:** 09553-921081*
www.rebhann.de
rebhann-juergen@t-online.de
***Besuchszeiten:** 8-18 Uhr, auch am Wochenende*
Gastronomiebetrieb (Wochenende)

Inhaber .... Jürgen Rebhann
Rebfläche .... 5,8 Hektar

Von den 5,8 Hektar Rebfläche, die Jürgen Rebhann besitzt, werden 3,5 Hektar an den Winzerkeller Sommerach abgeliefert, letztmalig 2010. Derzeit kauft Jürgen Rebhann Trauben zu, dass wird sich aber voraussichtlich ändern, sobald der Vertrag mit dem Winzerkeller abgelaufen ist. Seine Weinberge liegen im Steigerwald in den Lagen Kammerforster Teufel und Handthaler Stollberg. Derzeit strukturiert er den Sortenspiegel neu. Bacchus und Silvaner sind derzeit die wichtigsten Rebsorten, gefolgt von Domina, Müller-Thurgau, Johanniter, Scheurebe, Grauburgunder, Kerner und Weißburgunder. Silvaner und Johanniter will er weiter forcieren, Chardonnay und Frühburgunder wurden neu angelegt, die Scheurebe wurde gerodet, dafür Silvaner gepflanzt. Die Weißweine werden kühl im Edelstahl vergoren, die Rotweine kommen nach der Maischegärung ins Holz. Das Holz stammt aus eigenen Wäldern, die an die Weinberge angrenzen. Die 3 Hektar Obst werden komplett in der eigenen Brennerei verarbeitet und ganz über die Flasche vermarktet.

Vorjahre

Beim guten Debüt vor zwei Jahren gefiel uns die Domina aus dem Jahrgang 2006 am besten. Im vergangenen Jahr präsentierte Jürgen Rebhann ausschließlich Weine der Jahrgänge 2009 und 2008. Die Kollektion gefiel uns noch ein wenig besser als im Jahr zuvor, bot sehr zuverlässige Qualität, mit Grauburgunder und Kerner haben vor allem zwei teilweise bzw. ganz im Barrique ausgebaute Weißweine überzeugt.

Jahrgang 2011

Sehr gleichmäßig präsentiert sich nun der Jahrgang 2011, überzeugt mit frischen, klaren Weinen. Wieder einmal gefällt uns der im Barrique ausgebaute Grauburgunder sehr gut, zeigt rauchige Noten, gute Struktur und Substanz. Die Scheurebe Auslese ist reintönig und geschmeidig, die trockene Silvaner Spätlese besitzt viel Fülle und klare reife Frucht.

Weinbewertung

81 2011 Müller-Thurgau Kabinett trocken **12,5 %/4,50 €/1l**
82 2011 Silvaner Kabinett trocken **12,5 %/4,- €**
86 2011 Silvaner Spätlese trocken **14 %/9,- €**
83 2011 Weißburgunder Spätlese trocken Barrique **13,5 %/10,- €**
85 2011 Grauburgunder Spätlese trocken Barrique **15 %/11,- €**
80 2011 Bacchus halbtrocken **11,5 %/4,40 €/1l**
82 2011 Scheurebe Kabinett halbtrocken **12,5 %/6,50 €**
82 2011 Johanniter Kabinett halbtrocken **11,5 %/4,50 €**
85 2011 Scheurebe Auslese **13 %/10,- €**
81 2011 Rotling Kabinett halbtrocken **11,5 %/4,50 €**

★★★★☆

Rebholz

Weingut Ökonomierat

Pfalz

Weinstraße 54, 76833 Siebeldingen
***Tel.** 06345-3439, **Fax:** 06345-7954*
www.oekonomierat-rebholz.de
wein@oekonomierat-rebholz.de,
***Besuchszeiten**: Mo.-Fr. 9-12 + 14-17 Uhr, Sa. 9-15 Uhr, Vereinbarung erwünscht*

Inhaber .... Hansjörg Rebholz
Rebfläche .... 20 Hektar

Wichtigste Rebsorten bei Hansjörg Rebholz sind Riesling und Spätburgunder. Hinzu kommen die weißen Burgundersorten, Chardonnay, Silvaner und Müller-Thurgau, sowie als Spezialitäten Gewürztraminer und Muskateller. An der Basis des Programms von Hansjörg Rebholz stehen die Rebsortenweine, darüber die Terroirweine und die „S"-Weine, trockene Spätlesen. Dann folgen die klassifizierten Lagenweine, von denen im umstrukturierten Programm allerdings nur noch der Gewürztraminer aus dem Albersweiler Latt übrig geblieben ist. An der Spitze der Pyramide stehen die Großen Gewächse aus den Ersten Lagen: Riesling aus dem Birkweiler Kastanienbusch, Riesling, Weißburgunder und Spätburgunder aus dem Siebeldinger Im Sonnenschein und Riesling aus dem alten Gewann „Ganz Horn" im Siebeldinger Im Sonnenschein. Daneben gibt es noch die im Barrique ausgebauten „R"-Weine. 2006 stellte Hansjörg Rebholz auf ökologischen Weinbau um.

Vorjahre

Seit Ende der achtziger Jahre kennen wir nun die Weine von Rebholz: Kein Anderer im Süden der Pfalz steigerte sich so kontinuierlich Jahr für Jahr wie Hansjörg Rebholz.
Präzision und Klarheit zeichneten die Weine der Kollektion vor zwei Jahren aus. Die Riesling-Riege war beeindruckend stark, bei den Großen Gewächsen lag „Ganz Horn" knapp vor Kastanienbusch und Im Sonnenschein. Eleganz zeichnete die weißen Burgunder aus, „PiNo" lag im letzten Jahr vor dem Chardonnay. Sehr elegant war der Spätburgunder „R" von 2007, das Große Gewächs von 2005 war immer noch jugendlich - ein Wein, dem wir weiterhin großes Potenzial attestierten. Die weißen Burgunder fanden wir im vergangenen Jahr etwas verhaltener als in den Jahren zuvor, vor allem der sonst so starke Chardonnay hatte uns enttäuscht, da er die gewohnte Präzision vermissen lies. Gewohnt gut waren hingegen der Graue Burgunder und das Große Gewächs vom Weißen Burgunder. Die drei Großen Gewächse vom Riesling waren bei der Verkostung im letzten Jahr noch enorm jugendlich und zeigten erst nach zwei, drei Tagen in der offenen Flasche ihre ganze Klasse – Weine für die Reife. Der faszinierend nachhaltige „Ganz Horn" lag erneut vorne, knapp vor dem Sonnenschein und etwas deutlicher vor dem Kastanienbusch. Die beiden Spätburgunder aus dem Jahrgang 2008 präsentierten sich herrlich klar und präzise und besaßen Eleganz und Potential – und wir mutmaßten, dass das Große Gewächs aus dem Sonnenschein, bis

es 2013 in den Verkauf kommt, noch zulegen könnte.

Neue Kollektion

In diesem Jahr ist die Kollektion erneut sehr stark, alle Weine überzeugen. Die Riesling-Riege ist vorbildlich, schon der „Ökonomierat"-Riesling ist sehr klar, knochentrocken und herrlich schlank, die drei Terroir-Riesling bilden ihre jeweilige Lagentypizität ganz klar und präzise ab. Alle drei Großen Gewächse vom Riesling sind wunderbar elegant, der „Ganz Horn" besitzt ein faszinierend komplexes Bouquet und ist wieder enorm nachhaltig mit salzig-mineralischen Noten, der Sonnenschein ist eine Spur weniger mineralisch, aber nicht weniger komplex und eindringlich und der Kastanienbusch ist etwas fülliger als die beiden anderen Rieslinge und besitzt mehr süße Frucht.
Der Chardonnay meldet sich mit viel Kraft und Frucht, Substanz und nachhaltiger Würze zurück und stellt seine Klasse als einer der besten Vertreter der Rebsorte in Deutschland eindringlich unter Beweis, die drei Weißburgunder mit dem gut strukturierten und saftigen Großen Gewächs an der Spitze sind ebenfalls herrlich eindringlich, wenn auch der Weißburgunder vom Muschelkalk etwas zu viel Alkohol besitzt. Jeweils sehr klare, reintönige und frische Silvaner, Muskateller und Gewürztraminer – trocken wie restsüß – komplettieren das weiße Sortiment. Die beiden Spätburgunder besitzen herrlich reintönige Frucht und feine, gut eingebundene Röstaromen und sind harmonisch und elegant, das Große Gewächs aus dem Jahrgang 2007 zeigt schon ganz dezente Reifenoten, besitzt aber noch Einiges an Potential.

Weinbewertung

86 2011 Silvaner Kabinett trocken **11,5 %/8,50 €**
87 2011 Muskateller Kabinett trocken **11 %/12,50 €**
87 2011 Gewürztraminer „S" Spätlese trocken **13 %/16,- €**
90 2011 „PiNo" „R" Spätlese trocken **13 %/27,- €**
92 2011 Chardonnay „R" Spätlese trocken **13,5 %/27,- €**
88 2011 Weißer Burgunder „S" Spätlese trocken **13,5 %/16,50 €**
89 2011 Weißer Burgunder trocken „vom Muschelkalk" Birkweiler **15 %/29,- €**
91 2011 Weißer Burgunder „GG" Im Sonnenschein Siebeldingen **14 %/36,-**
86 2011 Riesling Kabinett trocken „Ökonomierat" **11 %/11,- €**
87 2011 Riesling „S" Spätlese trocken „vom Buntsandstein" **12,5 %/16,- €**
88 2011 Riesling „S" Spätlese trocken „vom Muschelkalk" **13 %/16,- €**
88 2011 Riesling „S" Spätlese trocken „vom Rotliegenden" **12,5 %/16,50 €**
92 2011 Riesling „GG" Kastanienbusch Birkweiler **12,5 %/38,- €**
93 2011 Riesling „GG" trocken Im Sonnenschein Siebeldingen **12,5 %/34,- €**
93 2011 Riesling „GG" „Ganz Horn" Im Sonnenschein Siebeldingen **12,5 %/34,- €**
88 2011 Gewürztraminer Spätlese Albersweiler Latt **10,5 %/22,- €**
90 2009 Spätburgunder „S" Spätlese trocken „vom Muschelkalk" **14 %/27,50 €**
91 2007 Spätburgunder „GG" Im Sonnenschein Siebeldingen **13,5 %/45,- €**

★★☆

F.J. Regnery
Weingut

Mosel

Mittelstraße 39, 54340 Klüsserath
Tel. *06507-4636,* ***Fax:*** *06507-3053*
www.weingut-regnery.de
mail@weingut-regnery.de
Besuchszeiten: *nach Vereinbarung*

Inhaber .... Peter Regnery
Rebfläche .... 7 Hektar

Die Geschichte des Weinguts Regnery geht auf das 17. Jahrhundert zurück. Franz-Josef Regnery hatte seine Weinberge in Flachlagen verkauft und Parzellen in den besten

Lagen der Klüsserather Bruderschaft hinzugekauft. Davon profitiert heute sein Sohn Peter, der 2000 sein Studium in Geisenheim beendet hat und heute den väterlichen Betrieb führt, unterstützt von den Eltern Franz-Josef und Waltraud. Während seines Studiums hatte er jeweils zweimonatige Praktika in Neuseeland (Corban's) und Südafrika (Louisvale) gemacht. Neben Riesling baut Peter Regnery ein Viertel Spätburgunder an, von dem es vier verschiedene Klone gibt. Die Rieslinge werden überwiegend im Edelstahl ausgebaut, kommen aber während des Ausbaus alle auch für kurze Zeit (maximal zwei Monate) ins Holzfass. 80 Prozent der Weine werden trocken abgefüllt.

Vorjahre

2009 lagen die trockenen oder fast trockenen Spitzenweine, die Spätlese, die „Alten Reben" und das „Große Gewächs" qualitativ sehr nah beieinander. Auch die letztjährige Kollektion gefiel uns gut. Im weißen Segment war das füllige Große Gewächs der Star, im roten gefiel uns der Spätburgunder Barrique ein klein wenig besser als die Auslese trocken: Überzeugende Vorstellung in einem schwierigen Jahrgang.

Neue Kollektion

Die neue Kollektion ist nochmals stärker, alle Weine sind reintönig und kraftvoll. Schon der Gutsriesling macht Freude, die trockene Spätlese ist kraftvoll und zupackend, die trockene Auslese von alten Reben besitzt viel reife Frucht und gute Struktur, noch faszinierender aber ist das Große Gewächs, das konzentriert ist, reintönig, füllig und kraftvoll, gute Struktur und Substanz besitzt. Die „feinherbe" und süße Spätlesen sind harmonisch und elegant, die Auslesen und die Beerenauslese bieten ein Mehr an Fülle und Konzentration.

Weinbewertung

83 2011 Riesling trocken **12 %/5,50 €**
86 2011 Riesling Spätlese trocken Klüsserather Bruderschaft **12,5 %/9,50 €**
87 2011 Riesling Auslese trocken „Alte Reben" Klüsserather Bruderschaft **13 %/11,50 €**
89 2011 Riesling „GG" Klüsserather Bruderschaft **12,5 %/17,50 €**
86 2011 Riesling Spätlese „feinherb" Klüsserather Bruderschaft **12 %/9,50 €**
86 2011 Riesling Spätlese Klüsserather Bruderschaft **9,5 %/9,50 €**
87 2011 Riesling Auslese Klüsserather Bruderschaft **9,5 %/12,50 €**
87 2011 Riesling Auslese „Frieda & Greta" Klüsserather Bruderschaft **9,5 %/Verst.**
88 2011 Riesling Beerenauslese Klüsserather Bruderschaft **11 %/30,- €**
85 2010 Spätburgunder trocken Holzfass Klüsserather Bruderschaft **13 %/7,- €**
85 2010 Spätburgunder Auslese trocken Barrique Klüsserather Bruderschaft **13,5 %/17,50 €**

★★★☆

Reh
Weingut

Mosel

Weierbachstraße 12, 54340 Schleich
Tel. 06507-99110, Fax: 06507-99111
www.weingut reh.de
weingut-reh@t-online.de
Besuchszeiten: nach Vereinbarung

Inhaber .... Winfried und Sigrid Reh
Rebfläche .... 7,5 Hektar

Sigrid und Winfried Reh bewirtschaften vor allem Rieslingreben in Lagen wie dem Mehringer Blattenberg und dem Zellerberg. Winfried Reh hat im vergangenen Jahrzehnt sein Weingut neu strukturiert. Er hat Weinberge in schlechteren Lagen verkauft und sich immer mehr auf Riesling und Toplagen konzentriert. Im Mehringer Blattenberg besitzt er 1,1 Hektar wurzelechte Rieslingreben, die vor mehr als 100 Jahren gepflanzt wurden. Der Stil der Weine hat sich in den letzten Jahren allmählich verändert. Seine Weine vergärte Reh früher konsequent mit Reinzuchthefen, heute experimentiert er auch mit Spontanvergärung. Die Rieslinge sind komplexer geworden und zeigen oft eine leicht kräuterwürzige Note. Einen Großteil ihrer Weine bauen die Rehs trocken und feinherb aus, allerdings werden immer in kleinen Mengen animierende, frische restsüße Spätlesen (mit eher wenig Zucker) und sehr kleine Mengen der „Zenit"-Auslese gewonnen. Großen Wert legt man hier wie eh und je auf zuverlässige, animierende Basisweine.

Vorjahre

2009 hat frische, stoffige Basisweine, einen sehr geradlinigen „Layet 1900" und sehr reintönige Süßweine hervorgebracht. Auch 2010 präsentierte sich sehr geschlossen, wobei die Vorteile in diesem Jahrgang im restsüßen Segment lagen, das von Auslese und Beerenauslese aus dem Blattenberg angeführt wurde, die Basisweine überzeugten wie gewohnt.

Jahrgang 2011

Auch 2011 bekommt man bei Winfried Reh wieder feinen Riesling im Liter, ob trocken, „feinherb" oder süß. Der frische, zupackende Schieferterrassen-Riesling gefällt uns im trockenen Segment besonders gut, noch besser der konzentrierte „Layet 1900", der kraftvoll, klar und zupackend ist. Das „feinherbe" Segment kommt da nicht ganz heran, die süßen Rieslinge aber können sich sehen und schmecken lassen: Die Spätlese aus dem Zellerberg ist süß und schmeichelnd, die aus dem Blattenberg herrlich saftig bei viel reifer Frucht, die Auslese betört mit ihrer Harmonie und Länge. Das Glanzlicht aber ist ohne Frage die Trockenbeerenauslese, die viel Würze und Duft im Bouquet zeigt, viel Konzentration, herrlich stoffig und konzentriert ist, dominant und nachhaltig.

Weinbewertung

82 2011 Riesling trocken **12 %/5,- €/1l**
83 2011 Riesling Hochgewächs trocken **12 %/5,- €**
85 2010 Riesling trocken „Schieferterrassen" **12,5 %/6,- €** ☺
88 2011 Riesling Spätlese trocken „Layet 1900" Mehringer Blattenberg **13,5 %/7,50 €** ☺
82 2011 Riesling „feinherb" **12 %/5,- €/1l**
82 2011 Riesling „feinherb" „Schieferterrassen" **12 %/6,- €**
83 2011 Riesling Spätlese „feinherb" „Alte Reben" Mehringer Zellerberg **12,5 %/8,- €**
82 2011 Riesling **9 %/5,- €/1l**
86 2011 Riesling Spätlese Mehringer Zellerberg **9 %/8,- €**
87 2011 Riesling Spätlese „S" Mehringer Blattenberg **8,5 %/8,- €/0,5l**
90 2011 Riesling Auslese „Zenit" Mehringer Blattenberg **8,5 %/12,- €/0,5l**
92 2011 Riesling Trockenbeerenauslese Mehringer Zellerberg **9 %/8,- €**

Johann Peter Reinert ★★
Weingut

Mosel

Alter Weg 7a, 54441 Kanzem
Tel. 06501-13277, Fax: 06501-150068
www.weingut-reinert.de
kontakt@weingut-reinert.de
Besuchszeiten: nach Vereinbarung
Probierstube, Hoffest Ende August

Inhaber .... Johann Peter Reinert
Rebfläche .... 4,4 Hektar

1813 gründete Johann Peter Reinert, ein Vorfahre des heutigen Inhabers, das gleichnamige Weingut in Kanzem. Der heutige Inhaber, der wie seine vier Vorgänger ebenfalls den Namen Johann Peter Reinert trägt, hat das Weingut 1965 im Alter von einundzwanzig Jahren übernommen, wird heute im Betrieb unterstützt von seinem Sohn Johannes. Seit 1970 befindet sich das Weingut am Ortsrand von Kanzem. 1987 hat Johann Peter Reinert die Reberziehung im gesamten Betrieb umgestellt: Er hat den Zeilenabstand vergrößert und die Reben von den

Spanndrähten befreit. So können viele junge Blätter am Stock belassen werden, was nach Meinung von Reinert zu einer deutlichen Qualitätssteigerung führt. Die Vielfalt der Lagen hängt mit der Geschichte des Weingutes zusammen: Jede der Ehefrauen brachte einige Weinberge in die Ehe mit. So besitzt Johann Peter Reinert heute Weinberge – alle in Steillagen – in Wiltingen, Filzen, Ayl, Wawern und natürlich Kanzem. Alle Weine werden im traditionellen Fuder ausgebaut und reifen meist bis zum Mai im Fass. Die Rieslinge reifen eher langsam und benötigen entsprechend viel Zeit, um sich im Bestzustand zu präsentieren, bleiben dann aber lange auf diesem Niveau.

Vorjahre

2009 begeisterte das Weingut mit feingliedrigen Spätlesen oder dem komplexen, animierenden Eiswein, der am 19. Dezember bei minus 13 Grad gelesen wurde. 2010 präsentierte sich konsistent auf gutem Niveau, angefangen vom feinen Gutsriesling bis hin zu den Versteigerungsauslesen.

Jahrgang 2011

Auch 2011 bietet gutes Niveau, mit leichten Vorteilen im restsüßen Segment. Die Auslese aus dem Ritterpfad ist frisch, reintönig und zupackend, ihr Pendant aus dem Altenberg besticht mit Substanz und guter Struktur, ist herrlich reintönig und noch sehr jugendlich.

Weinbewertung

85 2011 Weißburgunder Auslese trocken **14 %/8,40 €**

86 2011 Riesling Auslese trocken Wiltinger Klosterberg **13,5 %/11,- €**

81? 2011 Riesling Auslese halbtrocken Wawerner Ritterpfad **11,5 %/9,50 €**

85 2011 Riesling Spätlese Wiltinger Schlangengraben **9,5 %/7,40 €**

87 2011 Riesling Auslese Wawerner Ritterpfad **7,5 %/10,50 €**

89 2011 Riesling Auslese Kanzemer Altenberg **7,5 %/Versteigerungswein**

★★★

Reinhartshausen

Weingut Schloss

Rheingau

Hauptstraße 41, 65346 Eltville-Erbach
***Tel.** 06123-676333, **Fax:** 06123-4222*
www.schloss-reinhartshausen.de
service@schloss-reinhartshausen.de
***Besuchszeiten:** Vinothek Mo.-Fr. 9-18 Uhr, Sa./So. 11-17 Uhr*
Schlossausschank (Mo.-Fr. ab 16 Uhr, Sa./So. ab 11 Uhr)

Inhaber .... Freunde von Reinhartshausen GbR
Geschäftsführender Direktor ...... Walter Bibo
Rebfläche .... 80 Hektar

Das Weingut wurde 1999 von einer Gruppe übernommen, die sich „Freunde von Schloss Reinhartshausen" nennt, seit 2003 leitet Walter Bibo den Betrieb. Schloss Reinhartshausen baut neben knapp 90 Prozent Riesling noch etwas Weißburgunder, Chardonnay und Spätburgunder an. Zum Besitz gehören Weinberge in den Erbacher Lagen Marcobrunn, Schlossberg (in Alleinbesitz), Siegelsberg und Hohenrain, in den Hattenheimer Lagen Wisselbrunnen und Nussbrunnen, sowie in der Kiedricher Sandgrub. Zum Betrieb gehört auch eine eigene Insel im Rhein, die Mariannenaue mit 24 Hektar Rebfläche. Aus dem Marcobrunn wird neben dem Ersten Gewächs seit 2008 auch eine restsüße Spätlese erzeugt. Erste Gewächse gibt es zudem aus dem Schlossberg, in manchen Jahren auch aus der Lage Hohenrain (alternativ als „Alte Reben"). Die Weine werden in Edelstahltanks vergoren und dann in Holzfässern gelagert, sie wirken manchmal im ersten Moment nicht so strahlend wie die Rieslinge anderer Rheingauer Weingüter, besitzen aber Würze und Länge.

Vorjahre

2009 überzeugte praktisch alles, am meisten eine cremige, reintönige Trockenbeerenauslese. 2010 schloss nahtlos an das Vorjahr an, die edelsüße Kollektion gehörte zu den besten im Rheingau, wurde angeführt von zwei konzentrierten Eisweinen. Aber auch trocken gelang Walter Bibo und seinem Team eine gute Kollektion, vor allem die Spitzen überzeugten, angeführt vom nachhaltigen Ersten Gewächs aus dem Marcobrunn.

Jahrgang 2011

Auch die neue Kollektion hat viel zu bieten, vor allem mit dem Ersten Gewächs aus dem Schlossberg, das nach reifen Zitrusfrüchten, Mirabellen und Apfel duftet und saftig-würzig daherkommt. Der trockene Riesling aus dem Marcobrunn besitzt viel Würze und entwickelt sich über einige Zeit im Glas gut. Eine echte Überraschung stellt der würzige, fast trocken wirkende und sehr nachhaltige „Alte-Reben"-Wein aus der Lage Hohenrain dar. Das gewaltige Sortiment an Süßweinen bietet etwas für jeden Geschmack – etwa die saftige, dezent an Apfelschalen erinnernde Auslese aus dem Marcobrunn oder die nach kandierten Zitronen duftende Beerenauslese aus dem Schlossberg. Auch die drei Trockenbeerenauslesen wirken wunderschön reintönig, unterscheiden sich deutlich voneinander; der Marcobrunn ragt mit enormer Saftigkeit heraus.

Weinbewertung

84 2011 Gutsriesling trocken **12 %/9,20 €**
86 2011 Riesling trocken Hattenheimer Nussbrunnen **12 %/11,- €**
85 2011 Riesling Kabinett trocken **13 %/12,- €**
88 2011 Riesling trocken Erbacher Marcobrunn **13 %/25,- €**
90 2011 Riesling Erstes Gewächs Erbach Schlossberg **13 %/25,- €**
83 2011 Riesling Classic **12 %/9,20 €**
89 2011 Riesling „Alte Reben" Erbacher Hohenrain **13 %/14,50 €**
87 2011 Riesling Spätlese Hattenheimer Wisselbrunnen **14,50 €**
90 2011 Riesling Auslese Hattenheimer Wisselbrunnen **8,5 %/16,- €**
88 2011 Riesling Auslese Erbacher Schlossberg **10 %/16,- €/0,375l**
92 2011 Riesling Auslese Goldkapsel Erbacher Marcobrunn **9 %/37,50 €/0,375l**
89 2011 Riesling Beerenauslese Hattenheimer Wisselbrunnen **9 %/76,- €/0,375l**
92 2011 Riesling Beerenauslese Erbacher Schlossberg **8,5 %/85,- €/0,375l**
91 2011 Riesling Trockenbeerenauslese Erbacher Schlossberg **7 %/192,50 €/0,375l**
93 2011 Riesling Trockenbeerenauslese Hattenheimer Wisselbrunnen **6,5 %/170,- €/0,375l**
94 2011 Riesling Trockenbeerenauslese Erbacher Marcobrunn **6,5 %/330,- €/0,375l**

Hans Resch ★

Weingut

Mosel

Kirchstraße 29, 54459 Wiltingen
***Tel.** 06501-16450, **Fax**: 06501-14586*
www.weingut-resch.de
info@weingut-resch.de
***Besuchszeiten**: Mo.-Sa. nach Vereinbarung*

Inhaber .... Franz-Andreas Resch
Rebfläche .... 6,6 Hektar

Franz-Andreas Resch führt heute mit Ehefrau Monika das Weingut in fünfter Generation. Offiziell hat er es 1983 übernommen, aber erst nach seinem Betriebswirtschaftsstudium ist er ganz in den Betrieb eingestiegen. Riesling ist mit einem Anteil von über 80 Prozent die wichtigste Rebsorte, aber auch etwas Chardonnay, Weißburgunder und Spätburgunder baut er an. Die Weine werden langsam mit ihren natürlichen Hefen vergoren und lagern recht lange auf der Feinhefe. Etwa 70 Prozent der Weine baut er trocken aus, knapp ein Drittel der Trauben nutzt er für die Erzeugung von Sekt.

Vorjahre

Die 2009er waren schlank und würzig, hätten aber noch etwas mehr Substanz zeigen können. 2010 hatte Franz-Andreas Resch mit Bâtonnage gearbeitet, zum Zeitpunkt der

Verkostung wirkten die 2010er aber nicht harmonisch, waren sehr säuregeprägt.

Jahrgang 2011

Die 2011er Weine nun sind sehr gleichmäßig, manche ein wenig verhalten. Am besten gefällt uns die kraftvolle, zupackende trockene Spätlese aus dem Klosterberg, auch der cremige Chardonnay mit seiner süßen Frucht überzeugt.

Weinbewertung

81 2011 Saar-Riesling **11 %/5,50 €/1l**

85 2011 Riesling Spätlese trocken Wiltinger Klosterberg **12 %/8,50 €**

84 2011 Chardonnay Spätlese trocken „La Seigneurie" Wiltinger Schlangengraben **11,5 %/7,50 €**

81 2011 Saar-Riesling „feinherb" **11 %/5,50 €/1l**

82 2011 Riesling Kabinett „Selection" Wiltinger Klosterberg **11 %/7,- €**

82 2011 Riesling Kabinett „feinherb" „Newton" Wiltinger Schlangengraben **10,5 %/7,- €**

82 2011 Riesling Spätlese „feinherb" Scharzhofberger **12 %/12,- €**

81 2011 Riesling Kabinett „Alte Reben" Wiltinger Klosterberg **10,5 %/7,- €**

81 2011 Riesling Spätlese „Schieferkopf" Wiltinger Rosenberg **11,5 %/8,50 €**

★★

Balthasar **Ress**

Weingut

Rheingau

Rheinallee 7, 65347 Hattenheim
***Tel.** 06723-9195-0, **Fax:** 06723-9195-91*
www.balthasar-ress.de
info@balthasar-ress.de
***Besuchszeiten:** Vinothek Mo.-Fr. 9-18 Uhr, Sa./So. 12-17 Uhr*

Inhaber .... Stefan und Christian Ress
Rebfläche .... 45 Hektar

Im Jahre 1870 gründete Balthasar Ress einen Gastronomiebetrieb mit angeschlossenem Weinbau. Inzwischen gehört das Unternehmen zu den größten familiengeführten Weingütern im Rheingau und wird heute in vierter und fünfter Generation von Stefan und Christian Ress geführt – der Gastronomiezweig wurde abgespalten. Das Weingut hat sich zu beachtlicher Größe entwickelt – mittlerweile werden 45 Hektar bewirtschaftet, darunter Parzellen in Spitzenlagen wie dem Rüdesheimer Berg Schlossberg oder dem Hattenheimer Nussbrunnen. Über 90 Prozent der Rebfläche nimmt Riesling ein, dazu kommt ein kleiner Anteil Spätburgunder. Im Jahr 2009 bepflanzte Christian Ress sogar eine Parzelle auf der Nordseeinsel Sylt mit Solaris- und Müller-Thurgau-Reben. Inzwischen fungiert der umtriebige Allrounder Dirk Würtz als Betriebsleiter, bringt frischen Wind ins Weingut. Die Basisweine sind in aller Regel straff und mineralisch, manchmal deutlich säurebetont, die Lagenweine sind sehr individuell, straff und nicht eben leicht verständlich. Eigenwillige Etiketten ergänzen das Gesamtpaket. Als „Von Unserm" wird ein trockener Basiswein, als „Von Unserm S" ein deutlich kraftvollerer Premium-Riesling vermarktet.

Vorjahre

Die 2009er stellten einen Schritt in die richtige Richtung dar, die trockenen Weine waren frisch und rassig, die süßen wirkten um Längen feiner und reintöniger als in manchen Jahren zuvor. 2010 wirkten die mächtigen edelsüßen Weine leider weniger reintönig als im Vorjahr, auch im trockenen und „feinherben" Teil des Sortiments würden wir uns viele Weine etwas klarer und feiner wünschen; nichtsdestotrotz präsentierte sich die Kollektion geschlossen auf gutem Niveau.

Neue Kollektion

Sehr eigenwillig wirkt die Kollektion 2011, beginnend bei den überwiegend tadellosen Basisweinen über einen sehr feinen, eleganten Kabinett mit weniger als 11 Prozent Alkohol bis zum leicht alkoholisch wirkenden „Von Unserm S". Die Lagenweine sind speziell, sehr verschlossen, offenbar von Spontangärnoten geprägt, trocken und bisweilen fordernd. Der Rottland-Riesling besitzt Länge und Komplexität, scheint aber sehr unzugänglich, während der Schlossberg im Moment eher mächtig und nicht sehr nachhaltig scheint. Auch Engelmannsberg und Nussbrunnen wirken zum Zeitpunkt der Verkostung unfertig – ihnen ist allerdings zugute zu halten, dass sie trocken und präzise gearbeitet sind. Süßweine wurden diesmal nicht vorgestellt, dafür ein 2009er Spätburgunder aus dem Höllenberg mit beachtlicher Substanz.

Weinbewertung

81 2011 Riesling trocken **11,8 %/ 7,40 €/1l**
85 2011 Riesling Kabinett trocken **10,9 %/8,- €**
83 2011 Riesling trocken „Von Unserm" **11,7 %/9,20 €**
85 2011 Riesling trocken Rüdesheimer **13,3 %/12,50 €**
84 2011 Riesling trocken „Von Unserm S" **13,6 %/17,- €**
88 2011 Riesling trocken Hattenheim Engelmannsberg **13,5 %/20,- €**
89 2011 Riesling trocken Rüdesheim Berg Rottland **13,5 %/27,- €**
87+ 2011 Riesling trocken Rüdesheim Berg Schlossberg **14,5 %/32,50 €**
87? 2011 Riesling trocken Hattenheim Nussbrunnen **13 %/29,- €**
82 2011 Riesling „feinherb" **11,9 %/7,30 €/1l**
85 2011 Riesling „feinherb" Hattenheimer **11,7 %/7,60 €**
83 2011 Riesling Kabinett „feinherb" Schloss Reichartshausen **10,4 %/11,10 €**
85 2011 Riesling Kabinett Hattenheim Schützenhaus **11,8 %/9,20 €**
82 2010 Pinot Noir trocken „Von Unserm" **12,6 %/12,50 €**
87 2009 Spätburgunder trocken Barrique Assmannshäuser Höllenberg **12,8 %/29,50 €**

★★

Reuscher-Haart

Weingut

Mosel

Sankt-Michael-Straße 20/22, 54498 Piesport
***Tel.** 06507-2492, **Fax**: 06507-5674*
www.weingut-reuscher-haart.de
info@weingut-reuscher-haart.de
***Besuchszeiten**: jederzeit nach Vereinbarung*

Inhaber .... Mario Schwang
Rebfläche .... 6 Hektar

Seit 1337 existiert das Weingut Reuscher-Haart, der Doppel-Name entstand 1919 mit der Heirat von Elisabeth Haart und Matthias Reuscher, den Urgroßeltern des heutigen Besitzers Mario Schwang, der, nach Geisenheim-Studium und Arbeit in der Provence, das Weingut 2006 von seinem Vater Hugo Schwang übernommen hat. 95 Prozent der Rebfläche nimmt Riesling ein, dazu gibt es 4 Prozent Müller-Thurgau und 1 Prozent Regent. Die Weinberge befinden sich in den Piesporter Lagen Goldtröpfchen, Domherr, Falkenberg, Treppchen, Gräfenberg und Günterslay. Die Weine werden kalt vergoren und lagern etwa drei Monate auf der Feinhefe.

Vorjahre

Die 2009er waren sehr geradlinig und animierend, die 2010er jahrgangsbedingt etwas verhaltener, überzeugten aber durch ihr gutes Gesamtniveau, schon die beiden Liter-Rieslinge waren klar und frisch und bereiteten Freude.

Jahrgang 2011

Auch die neue Kollektion ist sehr homogen, wieder mit feinen Liter-Rieslingen als Einstieg, saftigen Spät- und Auslesen. Am besten aber gefällt uns das trockene „Urgestein" aus dem Domherr, ein Riesling mit Fülle und Kraft, reifer Frucht und guter Struktur.

Weinbewertung

81 2011 Riesling trocken Piesporter Falkenberg **12 %/4,20 €/1l**
82 2011 Riesling Kabinett trocken Piesporter Fal-

kenberg **12 %/5,30 €**
84 2011 Riesling Spätlese trocken Piesporter Goldtröpfchen **12,5 %/7,- €**
85 2011 Riesling Spätlese trocken „Urgestein" Piesporter Domherr **13 %/7,20 €**
82 2011 Riesling Spätlese halbtrocken „RZ13" Piesporter Goldtröpfchen **12 %/6,30 €**
83 2011 Riesling Spätlese „feinherb ÜberSchwang" Piesporter Goldtröpfchen **11,5 %/7,20 €**
81 2011 Riesling Piesporter **9 %/4,20 €/1l**
82 2011 Riesling Kabinett Piesporter Goldtröpfchen **8 %/5,30 €**
83 2011 Riesling Spätlese Nr. 12 Piesporter Goldtröpfchen **9 %/6,80 €**
84 2011 Riesling Spätlese Nr. 10 Piesporter Goldtröpfchen **8,5 %/7,50 €**
84 2011 Riesling Auslese Piesporter Goldtröpfchen **9,5 %/12,- €**

Reverchon ★

Weingut

Mosel

Saartalstraße 2-3, 54329 Konz-Filzen
***Tel.** 06501-923500, **Fax:** 06501-923509*
www.weingut-reverchon.de
kontakt@weingut-reverchon.de
***Besuchszeiten:** Mo.-Do. 8-14 Uhr, Fr. 8-18 Uhr, Sa./So. 13-17 Uhr und nach Vereinbarung*

Inhaber .... Hans Maret
Kellermeister .... Bernhard Maas
Rebfläche .... 15,2 Hektar

Das Gut wurde 1685 von der Kirche an die Familie Staadt verkauft, 1921 kam es in den Besitz der Familie Reverchon, 2007 wurde es von der Weingut Reverchon KG unter Führung des geschäftsführenden Gesellschafters Hans Maret übernommen. Inzwischen wurde die Rebfläche erweitert, die Spontanvergärung eingeführt, auch eine neue Vinothek hat mittlerweile eröffnet. Neuer Spitzenwein des Hauses ist der Herrenberg „GC", eine Selektion aus dem Filzener Herrenberg, der sich in Alleinbesitz befindet. Außer Riesling sind auch Weißburgunder, Chardonnay, Auxerrois sowie Spätburgunder im Anbau.

Vorjahre

Die 2009er Rieslinge präsentierten sich recht kompakt und teilweise etwas verhalten. Ähnlich war auch der Jahrgang 2010: Die gleichmäßige Kollektion wurde angeführt von der „feinherben" Spätlese aus dem Herrenberg.

Neue Kollektion

Die neue Kollektion zeigt einige vielversprechende Ansätze: Der Saar-Riesling ist klar und zupackend wie auch der Riesling von alten Reben, das Große Gewächs aus dem Herrenberg besitzt Kraft und Stoff, feine süße Frucht und gute Struktur, es fehlt nur ein wenig der Nachhall, die Auslese ist füllig und schmeichelnd.

Weinbewertung

81 2009 Chardonnay Sekt brut **12 %/15,50 €**
81 2009 Riesling Crémant brut **12,5 %/17,50 €**
81 2011 Weißburgunder trocken **12 %/7,90 €**
83 2011 Riesling trocken Saar **11,5 %/6,90 €**
84 2011 Riesling trocken „Alte Reben" **12 %/9,90 €**
87 2011 Riesling „GC" Herrenberg **12 %/19,50 €**
80 2011 Riesling Kabinett „feinherb" Filzener Herrenberg **11,5 %/9,90 €**
83 2011 Riesling Kabinett Filzener Pulchen **11 %/8,90 €**
82 2011 Riesling Spätlese „feinfruchtig" Filzener Herrenberg **11,5 %/13,90 €**
86 2011 Riesling Auslese „fruchtig" Filzener Herrenberg **10,5 %/9,90 €/0,375l**

Rheingraf ★

Weingut

Rheinhessen

Schlossstraße, 55595 Wallhausen
***Tel.** 06706-94440, **Fax:** 06706-944424*
www.prinzsalm.de
info@prinzsalm.de
***Besuchszeiten:** Mo.-Fr. 8-12 + 13-17 Uhr*

Inhaber .... Michael Prinz zu Salm-Salm
.... Constantin Prinz zu Salm-Salm
Rebfläche .... 15 Hektar

Das Weingut Rheingraf, einst als Weingut Villa Sachsen bekannt, besitzt Weinberge in den Binger Lagen Kirchberg und Scharlachberg. 60 Prozent der Rebfläche nimmt Riesling ein, hinzu kommen Weißburgunder, Spätburgunder, Grauburgunder und andere Rebsorten.

Kollektion

Eine stimmige Kollektion wurde uns präsentiert, an der Spitze die beiden Großen Gewächse: Der Wein aus dem Kirchberg ist füllig und kraftvoll, aber ein klein wenig vordergründig bei dezenten Bitternoten; besser gefällt uns der Wein aus dem Scharlachberg, der kraftvoll und füllig ist, gute Struktur, Kraft, Frische und Nachhall besitzt.

Weinbewertung

79 2011 Riesling trocken **13 %/6,50 €/1l**
80 2011 Riesling trocken **13 %/8,- €**
80 2011 Weißburgunder trocken **12,5 %/6,90 €**
80 2011 Grauburgunder trocken **13 %/8,50 €**
82 2011 Riesling trocken „Roterde" **13 %/10,50 €**
86 2011 Riesling „GG" Binger Kirchberg **13 %/19,- €**
88 2011 Riesling „GG" Binger Scharlachberg **12,5 %/23,- €**
86 2011 Riesling Beerenauslese Binger Scharlachberg **7 %/55,- €**
85 2010 Riesling Trockenbeerenauslese Binger Scharlachberg **10,5 %/59,- €**

★★★

Max Ferd. Richter
Weingut

Mosel

Hauptstraße 37/85, 54486 Mülheim / Mosel
***Tel.** 06534-933003, **Fax**: 06534-1211*
www.maxferdrichter.com
weingut@maxferdrichter.com
***Besuchszeiten**: nach Vereinbarung*

Inhaber .... Dr. Dirk M.F. Richter
Rebfläche .... 17 Hektar

Das Weingut Max Ferd. Richter geht auf ein 1680 gegründetes Handelsunternehmen zurück. Die Kellerei wurde 1880 errichtet und beherbergt den größten Holzfasskeller an der mittleren Mosel. Die Weinberge von Dirk Richter liegen in Trarbach, Wehlen, Graach, Bernkastel, Brauneberg, Mülheim und Veldenz. Die Lagen Mülheimer Helenenkloster, ein 1 Hektar großer relativ flacher nach Südwesten ausgerichteter Weinberg, und Veldenzer Elisenberg, 4,3 Hektar groß, gehören dem Weingut in Alleinbesitz. 90 Prozent der Weinberge von Max Ferd. Richter sind mit Riesling bepflanzt. Alle Rieslinge werden in Eichenholzfässern vergoren und ausgebaut, etwa die Hälfte der Weine wird trocken oder halbtrocken angeboten.

Vorjahre

Im Jahrgang 2009 waren alle Weine geradlinig und animierend, beginnend beim Classic und den präzisen Kabinetten. 2010 war jahrgangsbedingt deutlich verhaltener, hatte seine Vorteile im edelsüßen Bereich.

Jahrgang 2011

Auch 2011 setzen edelsüße Weine die Glanzlichter, die trockenen und „feinherben" Rieslinge können da nicht mithalten; am interessantesten fanden wir noch den 2002 Selection Mülheimer Sonnenlay mit seiner sehr eigenwilligen Aromatik. Die süßen Kabinettweine und Spätlesen präsentieren sich stimmig, unter den drei verkosteten Auslesen präferieren wir ganz klar diejenigen aus Juffer-Sonnenuhr – fruchtbetont, würzig, frisch und klar – und Sonnenlay, ein wunderschön konzentrierter, saftiger Wein mit Fülle, Substanz und Frische.

Weinbewertung

87 2002 Riesling Selection Mülheimer Sonnenlay **11,5 %/10,- €**
81 2011 Riesling Kabinett trocken Brauneberger Juffer **12 %/9,- €**
82 2011 Riesling Spätlese trocken Brauneberger Juffer-Sonnenuhr **12,5 %/12,- €**

81 2011 Riesling Classic **12 %/7,- €**
82 2011 Riesling Kabinett „feinherb" Mülheimer Sonnenlay **11 %/8,50 €**
82 2011 Riesling Spätlese „feinherb" Graacher Domprobst **11,5 %/11,- €**
85 2011 Riesling Kabinett Graacher Himmelreich **8,5 %/9,- €**
84 2011 Riesling Kabinett Wehlener Sonnenuhr **8,5 %/9,- €**
85 2011 Riesling Spätlese Veldenzer Elisenberg **8 %/10,- €**
86 2011 Riesling Spätlese Brauneberger Juffer-Sonnenuhr **8,5 %/12,- €**
86 2011 Riesling Auslese Graacher Domprobst **9 %/18,50 €**
90 2011 Riesling Auslese Brauneberger Juffer-Sonnenuhr **8,5 %/18,50 €**
90 2011 Riesling Auslese Mülheimer Sonnenlay **8 %/21,- €**

Richard **Richter** ★★

Weingut

Mosel

Marktstraße 19, 56333 Winningen
***Tel.** 02606-311, **Fax:** 02606-312*
www.weingut-richter.net
info@weingut-richter.net
***Besuchszeiten:** Mo.-Fr. 8-18 Uhr,*
Sa.+ So. nach Vereinbarung
Weinproben im Gewölbefasskeller

Inhaber ...... Thomas und Claus-Martin Richter
Rebfläche .... 6,5 Hektar

1838 gründete Karl-Friedrich Richter ein Weinhandelshaus. Heute wird das Gut von den Cousins Thomas und Claus-Martin Richter geführt, die Handelsaktivitäten hat man bereits 1990 aufgegeben. 90 Prozent ihrer Rebfläche nimmt Riesling ein, dazu gibt es etwas Spätburgunder, Frühburgunder, Weißburgunder und Chardonnay. Die Weinberge liegen alle in der Winninger Gemarkung. Die Rieslinge werden temperaturgeführt vergoren und in Edelstahltanks ausgebaut. Die Spätburgunder werden in gebrauchten Barriques ausgebaut.

Vorjahre

2009 waren die Rieslinge straff und geradlinig, einige präsentierten sich zum Zeitpunkt der Verkostung im Sommer 2010 allerdings arg unruhig und wenig zugänglich. Auch die 2010er Rieslinge waren meist recht verhalten, die trockenen Spitzenrieslinge allzu üppig und alkoholreich. Ganz toll aber war im vergangenen Jahr der Frühburgunder aus dem Jahrgang 2009, einer der faszinierendsten Rotweine an der Mosel.

Neue Kollektion

Die neue Kollektion gefällt uns klar besser, angefangen vom feinen Literriesling bis hin zur schmeichelnden Beerenauslese, die gute Substanz und feine Würze besitzt. Im trockenen Segment ist der Wein aus dem Uhlen unser Favorit, er besitzt Fülle und Kraft, reife Frucht und Substanz.

Weinbewertung

82 2011 Riesling trocken **12 %/6,- €/1l**
82 2011 Riesling Kabinett trocken Winninger Brückstück **12 %/7,50 €**
85 2011 Riesling Spätlese trocken Winninger Brückstück **13 %/12,50 €**
87 2011 Riesling trocken Winninger Uhlen **13 %/16,50 €**
84 2011 Chardonnay **13,5 %/10,- €**
80 2011 Riesling Kabinett „feinherb" Winninger Brückstück **11,5 %/7,50 €**
82 2011 Riesling Spätlese „feinherb" Winninger Brückstück **12,5 %/12,50 €**
85 2011 Riesling Spätlese „feinherb" „Terra V" **13,5 %/14,50 €**
85 2011 Riesling „auf der Hefe gereift" Winninger Röttgen **14 %/19,50 €**
82 2011 Riesling Kabinett Winninger Brückstück **7,50 €**
85 2011 Riesling Spätlese „Alte Reben" Winninger Röttgen **14,50 €**
88 2011 Riesling Beerenauslese Winninger Hamm **69,- €/0,375l**

★☆

Vincenz **Richter**

Weingut

Sachsen

Kapitelholzsteig 1, 01662 Meißen
Tel. *03521-73F1606,* ***Fax:*** *03521-731923*
www.vincenz-richter.de
weingut@vincenz-richter.de
Besuchszeiten: *Vinothek Kapitelholzsteig Di.-So. 13-18 Uhr, Vinothek Dresdner Straße Mo.-Fr. 9-16 Uhr*
Restaurant „Vincenz Richter", Meißen

Inhaber .... Thomas Herrlich
Rebfläche .... 9 Hektar

Das Weingut wurde 1873 von Vincenz Anton Richter gegründet und wird heute, nach der Neugründung 1990, in vierter Generation von Thomas Herrlich geführt. Seine Weinberge liegen vor allem im Meißner Kapitelberg (mit Granit-Syenit-Verwitterungsböden), sowie im Weinböhlaer Gellertberg, wo die Reben auf leichten Sandböden wachsen. 30 Prozent der Rebfläche von Thomas Herrlich nimmt Riesling ein. Es folgen Weißburgunder und Grauburgunder, aber auch Kerner, Traminer und Scheurebe, dazu gibt es etwas Müller-Thurgau, Spätburgunder, Goldriesling, sowie Cabernet Dorsa. 2009 begann man einen neuen Betriebssitz unterhalb des Kapitelbergs im ehemaligen Stadtweingut der Stadt Meißen zu erstellen, der 2010 bezogen werden konnte.

Vorjahre

Sehr gut gefiel uns vor zwei Jahren die Kollektion, wobei mit der Riesling Spätlese ein Wein aus dem Jahrgang 2008 unser Favorit war. 2010 waren die Weine jahrgangsbedingt verhaltener, aber von guter, gleichmäßiger Qualität.

Jahrgang 2011

Sehr gleichmäßig ist nun auch der Jahrgang 2011, die fruchtbetonte, zupackende Traminer Spätlese und die harmonische Riesling Spätlese gefallen uns am besten.

Weinbewertung

83 2011 Riesling trocken **11,5 %/8,90 €**
82 2011 Kerner trocken **12 %/8,70 €**
81 2011 „Blanc de" Pinot Noir trocken **11,5 %/9,90 €**
84 2011 Traminer Spätlese trocken **12 %/12,50 €**
84 2011 Riesling Spätlese (trocken) **12 %/12,50 €**
82 2011 Weißburgunder Spätlese **12 %/12,50 €**

★

Rieger

Weingut

Baden

Noblingstraße 13b, 79426 Buggingen-Betberg
Tel. *07634-2013,* ***Fax:*** *07634-553452*
www.weingutrieger.de
info@weingutrieger.de
Besuchszeiten: *nach Vereinbarung*
Straußwirtschaft (Frühjahr und Herbst)

Inhaber .... Philipp und Bernhard Rieger
Rebfläche .... 13 Hektar

Seit Generationen ist der Hof in Familienbesitz, aber erst 1984 spezialisierten sich Bernhard und Josepha Rieger auf Weinbau, heute unterstützt von Sohn Bernhard. Seit 2005 werden alle Weinberge biologisch bewirtschaftet (Ecovin). Sie bauen vor allem Gutedel, Spätburgunder, Weiß- und Grauburgunder an, aber auch etwas Gewürztraminer, Muskateller, Riesling und Müller-Thurgau.

Kollektion

Die Weine sind fruchtbetont und kraftvoll, besitzen Substanz und Frische. Am besten gefallen uns der füllige, kraftvoll Spätburgunder aus dem Jahrgang 2009 und der frische, fruchtbetonte und zupackende Muskateller.

Weinbewertung

82 2011 Weißer Gutedel trocken **11,5 %/6,20 €**
83 2011 Grauburgunder trocken **13 %/8,50 €**
80 2011 Chardonnay trocken **12,5 %/8,90 €**
81 2011 Pinot Noir „blanc de noirs" trocken **12,5 %/8,50 €**
85 2011 Muskateller trocken **12,5 %/8,90 €**
85 2009 Spätburgunder Auslese trocken **15 %/18,50 €**

Riffel

★★★

Weingut

Rheinhessen

Mühlweg 14A, 55411 Bingen
***Tel.** 06721-994690, **Fax**: 06721-994691*
www.weingut-riffel.de
service@weingut-riffel.de
***Besuchszeiten**: Mo.-Fr. 17-19 Uhr, Sa. 10-16 Uhr*

Inhaber .... Erik und Carolin Riffel
Rebfläche .... 11,5 Hektar

Das Weingut Riffel in Büdesheim-Bingen ist Ende der fünfziger Jahre als landwirtschaftlicher Gemischtbetrieb mit Ackerbau, Viehzucht, Obst- und Weinbau entstanden, hat dann in den siebziger Jahren die ersten eigenen Weine vermarktet und sich danach immer mehr auf Weinbau spezialisiert. Die wichtigsten Rebsorten sind Riesling, Silvaner und Weißburgunder, mit dem Jahrgang 2011 kam Grauburgunder neu ins Programm. An der bekannten Binger Lage Scharlachberg besitzt das Weingut über einen Hektar, die anderen Weinberge liegen in den Bingener Lagen Schlossberg Schwätzerchen und Bubenstück. Die Reben wachsen teils auf Quarzit, teils auf Löss (in Bingen auch „Leimen" genannt) und Tonmergel. Die Weißweine werden langsam und gezügelt vergoren um ausdrucksstarke, fruchtbetonte Weine zu erhalten. Bei Rotweinen wird prinzipiell ein biologischer Säureabbau durchgeführt. Seit 1994 kommen ausgesuchte Rotweine auch ins Barrique. Die Weine werden überwiegend trocken ausgebaut. Das Sortiment ist in drei Linien gegliedert. Die Basis bilden die Gutsweine, dann kommen die Lagenweine und darüber gibt es seit dem Jahrgang 2007 die Linie „Turm" für die Spitzenweine, in der Riesling, Silvaner, Weißburgunder und Spätburgunder angeboten werden.

Vorjahre

Seit der ersten Ausgabe kennen und schätzen wir die Weine von Erik Riffel. Nur wenige andere Weingüter in Deutschland wurden in diesem Jahrzehnt so oft für Weine mit besonders gutem Preis-Leistungs-Verhältnis ausgezeichnet. Die Weine von Erik Riffel sind betörend reintönig, die besten zeigen Jahr für Jahr feine mineralische Noten. Dass die Preise in den letzten Jahren deutlich angezogen haben, das kann man, angesichts der sehr guten Qualität, nachvollziehen. Vielleicht ist damit ja auch eine weitere Qualitätssteigerung für die kommenden Jahre angesagt. Der Riesling „Turm" war 2009 unser Favorit, die Weine präsentierten sich fruchtbetont, präzise und reintönig, zeigten trotz oft merklicher Süße feine mineralische Noten und eine gute Nachhaltigkeit. 2010 war zwar jahrgangsbedingt schwächer, trotzdem präsentierten sich die Weine ohne Fehl und Tadel, waren frisch, klar und zupackend. Unsere Favoriten waren zwei Weine der Turm-Linie, Riesling und Chardonnay.

Neue Kollektion

Sehr konsistent präsentiert sich die neue Kollektion, angefangen vom feinen, klaren Gutsriesling. Unter den Ortsweinen gefällt uns der reintönige, etwas süße Weißburgunder besonders gut, Riesling und Silvaner vom Quarzit stehen ihm kaum nach, beide sind wunderschön klar und zupackend. Der Turm-Silvaner besitzt viel reife reintönige Frucht, hat Fülle und Kraft wie auch der Turm-Riesling, ein üppiger Wein – bei beiden allerdings fanden wir die Restsüße ein wenig störend. Das Pendant im roten Segment, der Spätburgunder aus dem Bubenstück, überzeugt ebenfalls, er ist füllig und kraftvoll, besitzt reife Frucht, gute Struktur und Frische.

Weinbewertung

84 2011 Riesling trocken **12,5 %/4,90 €** ☺
83 2011 Silvaner trocken „MDCLIX" **12 %/6,20 €**
87 2011 Weißburgunder trocken „Tonmergel" Binger **13,5 %/8,90 €**
85 2011 Chardonnay trocken „Tonmergel" Binger **13 %/8,90 €**
83 2011 Sauvignon Blanc trocken **13 %/6,20 €**

86 2011 Silvaner trocken „Quarzit" Binger **13 %/9,20 €**
86 2011 Riesling trocken „Quarzit" Binger **13 %/9,20 €**
88 2011 Silvaner trocken „Turm" Binger Scharlachberg **13,5 %/29,- €**
88 2011 Riesling trocken „Turm" Binger Scharlachberg **14 %/29,- €**
83 2011 Riesling „feinherb" **13,5 %/9,50 €**
87 2011 Riesling Auslese „Turm" Binger Scharlachberg **8,5 %/9,90 €/0,375l**
88 2009 Spätburgunder trocken „Turm" Binger Bubenstück **14 %/25,50 €**

Rings ★★★

Weingut

Pfalz

Dürkheimer Hohl 21, 67251 Freinsheim
***Tel.** 06353-2231, **Fax:** 06353-915164*
www.weingut-rings.de
info@weingut-rings.de
***Besuchszeiten:** Mo.-Sa. 10-12 + 13-17 Uhr*
Gästehaus

Inhaber............. Steffen und Andreas Rings
Rebfläche.............................. 20 Hektar

Seit sechs Generationen wird in der Familie Rings Weinbau betrieben. 1960 siedelte Friedrich Weinsheimer in die Dürkheimer Hohl aus und errichtete den neuen Winzerhof. 1973 übernahmen seine Tochter Traudel und ihr Mann Willi Rings den Betrieb. Sie haben bis zum Jahr 2000 ihren Wein als Fasswein verkauft, erst als Steffen Rings seine Ausbildung beendete und die Verantwortung im Keller übernahm begann man mit der Selbstvermarktung. Heute führt Steffen Rings den Betrieb zusammen mit seinem Bruder Andreas. Das Gros ihrer Weinberge (12 Hektar) liegt in Freinsheim, dort bauen sie vor allem Burgunder, Sauvignon Blanc und rote Sorten an. Zugekauft haben sie Weinberge in Lagen wie Weilberg, Nussriegel und Saumagen, wo sie verstärkt Riesling und weiße Rebsorten anbauen. Rote Rebsorten nehmen die Hälfte der Rebfläche ein: Portugieser und Dornfelder, aber auch Spätburgunder, Cabernet Sauvignon (2 Hektar), Merlot, St. Laurent und ein klein wenig Syrah. Neben Riesling gibt es an weißen Sorten Weißburgunder und Grauburgunder, Chardonnay, Silvaner und inzwischen 2 Hektar Sauvignon Blanc. Die Weine werden fast komplett trocken ausgebaut.

Vorjahre

Vor zwei Jahren lagen die Rotweine wieder vor den Weißweinen, angeführt vom 2007er Kreuz, der zu den besten deutschen Cuvées internationalen Charakters zählte. Die Weißweine wirkten etwas unruhig. Im vergangenen Jahr haben die Weißweine deutlich zugelegt, die Rieslinge waren noch etwas ungestüm und strotzten vor Kraft. Bei den Rotweinen wurde das wiederum exzellente 2008er „Kreuz" übertroffen vom hervorragenden Saumagen-Spätburgunder, der noch einiges Potenzial versprach.

Neue Kollektion

In diesem Jahr zeigen die Brüder Rings wieder eine beeindruckende Kollektion. Bei den Weißweinen sind alle Rieslinge sehr gut, der Saumagen liegt an der Spitze. Er zeigt den typischen Charakter der Lage mit Saft und Kraft, viel mineralischem Druck und feinem Biss. Alle Rieslinge sind trocken-trocken, ihr Restzuckergehalt liegt zwischen 1,2 und 2,7 Gramm pro Liter. Das macht sie frisch und klar, Riesling pur. Bei den Spätburgundern haben wir eine 2009er Reserve vom Gottesacker am höchsten bewertet. Die 2010er Spätburgunder sind noch sehr jung. Die hohe Säure und das kräftige Tanningerüst sprechen für ein gutes Alterungspotenzial, ob aus der Schlankheit des Jahrgangs allerdings Eleganz werden kann, bezweifeln wir etwas, wir befürchten eher ein Fehlen von Substanz. Abwarten. Sehr saftig und konzentriert ist die hervorragende Syrah-Reserve von 2009, ein Monument ist der Portugieser. Er ist würzig, konzentriert, hat feine Röstaromen, ist sehr dicht und komplex. Ein Händchen haben die Rings auch für edelsüßen Riesling. Die Auslese ist ganz fein, reintönig und elegant mit viel süßer Frucht. Die Trockenbeerenauslese ist ebenso klar, vielfruchtig und bekommt durch ein feines Säurespiel eine gute Struktur.

Weinbewertung

80 2011 Cuvée weiß (Weißburgunder & Chardonnay) trocken **12 %/ 6,20 €**
83 2011 Silvaner trocken **13 %/7,- €**
84 2011 Weißer Burgunder trocken Freinsheim **13,5%/12,50 €**
85 2011 Sauvignon Blanc trocken Freinsheim **12 %/10,50**
84 2011 Riesling trocken „Kalkmergel" **12 %/7,20 €**
85 2011 Riesling Freinsheim trocken **12,5%/10,50 €**
86 2011 Riesling Ungstein trocken **13,5 %/12,50 €**
87 2011 Riesling Kallstadt trocken **13 %/14,50 €**
89 2011 Riesling trocken Kallstadter Saumagen **13 %/24,- €**
88 2011 Riesling trocken Ungsteiner Weilberg **13,5 %/22,- €**
90 2011 Riesling Auslese Ungsteiner Weilberg **8 %/20,- €/0,375l**
92 2011 Riesling Trockenbeerenauslese Kallstadter Saumagen **7,5 %/65,- €/0,375l**
86 2010 Spätburgunder trocken Freinsheim **14 %/14,- €**
86 2010 Spätburgunder trocken Kallstadt **13,5 %/18,- €**
90 2009 Syrah trocken „Reserve" **14,5 %/40,- €**
90 2009 Portugieser trocken „Reserve" **14,5%/26,-€**
85 2010 „Das Kleine Kreuz" Rotwein **14,5 %/16,-€**
89 2009 „Das Kreuz" Rotwein **14,5 %/32 ,- €**
88 2010 Spätburgunder trocken Freinsheimer Gottesacker **13,5 %/28,- €**
88 2010 Spätburgunder trocken Kallstadter Saumagen **13,5 %/32,- €**
89 2009 Spätburgunder trocken „Reserve" Freinsheimer Gottesacker **13,5 %/a.A.**

★☆

Friedhelm **Rinklin**

Weingut

Baden

Hauptstraße 94, 79356 Eichstetten
***Tel.** 07663-99218, **Fax:** 07663-99724*
www.rinklin.de
rinklin.weine@t-online.de
***Besuchszeiten**: jederzeit nach Vereinbarung*
2 Ferienwohnungen
Inhaber .... Friedhelm Rinklin
Rebfläche .... 7 Hektar

Friedhelm Rinklin baut Müller-Thurgau, Spätburgunder, Grauburgunder, Weißburgunder, Muskateller, Riesling und Regent an. Der Vater von Friedhelm Rinklin stellte bereits 1955 den gesamten Betrieb auf ökologische Bewirtschaftung nach Demeter-Richtlinien um und war 1971 maßgeblich an der Gründung des heutigen Verbandes Bioland beteiligt. Die Weine werden ohne Chaptalisation mit den traubeneigenen Hefen vergoren, bleiben recht lange auf der Hefe und werden in der Regel trocken ausgebaut. Alle Rotweine werden maischevergoren. Das Gros der Weine wird als Tafelwein verkauft, der Restzucker ist auf dem Etikett vermerkt.

Vorjahre

Vor zwei Jahren gefiel uns die Kollektion gut, die Weine präsentierten sich präzise und klar, wohltuend „ungekünstelt". Unser Favorit war einmal mehr der Grauburgunder „aus dem Eichenfass". Diese Stilistik des Vorjahres fanden wir auch in den 2010er Weißweinen wieder, die sich frisch und klar präsentierten, recht puristisch.

Neue Kollektion

Wir mögen die Stilistik: Eine überzeugende Kollektion mit geradlinigen, zupackenden Weinen, weiß wie rot. Im weißen Segment gefällt uns einmal mehr der strukturierte, reintönige Holzfass-Grauburgunder und bei den Spätburgundern ziehen wir fast den leichten, wunderschön klaren Holzfass-Wein aus dem Jahrgang 2010 dem fülligen, deutlich von Vanillenoten geprägten Barriquewein vor.

Weinbewertung

83 2011 Weißburgunder trocken **13 %/7,- €**
83 2011 Riesling trocken **12,5 %/7,- €**
83 2011 Grauburgunder Spätlese trocken **14 %/7,50 €**
86 2009 Grauburgunder Spätlese trocken Holzfass **14 %/12,- €**
84 2011 Sauvignon Blanc „feinherb" **13 %/7,50 €**
84 2011 Muskateller „feinherb" **11,5 %/7,- €**
82 2010 Spätburgunder **12 %/6,90 €**
85 2010 Spätburgunder trocken Holzfass **12 %/7,90 €**
85 2009 Spätburgunder trocken Barrique **14 %/14,50 €**

★★☆

Stefan Rinklin
Weingut

Baden

Hauptsraße 102, 79268 Bötzingen
***Tel.** 07663-949706, **Fax:** 07663-949707*
www.weingut-stefan-rinklin.de
kontakt@weingut-stefan-rinklin.de
***Besuchszeiten:** nach Vereinbarung*

Inhaber .... Stefan Rinklin
Rebfläche .... 3 Hektar

Das Weingut wurde 2007 von Stefan Rinklin (Kellermeister bei Fritz Keller) und Miriana Rinklin gegründet. Ihre Weinberge liegen in Bötzingen. Sie bauen hauptsächlich die Burgundersorten an, dazu etwas Müller-Thurgau. Die Weine werden alle trocken und durchgegoren ausgebaut, auf Prädikats- und Lagenangaben wird verzichtet.

Vorjahre

Vor zwei Jahren präsentierte sich der im Barrique ausgebaute Spätburgunder herrlich präzise, führte die ansonsten gute Kollektion an. Der 2008er Spätburgunder war nochmals klar besser, begeisterte mit seiner Präzision; aber auch die 2010er Weißweine gefielen uns sehr gut, alle präsentierten sich frisch, klar, und präzise.

Neue Kollektion

Die 2011er Weißweine präsentieren sich im gewohnten Stil, sind frisch, klar und zupackend, wobei wir dieses Jahr die Grauburgunder ganz leicht präferieren im Vergleich zu den Weißburgundern. Der Spätburgunder ist wunderschön reintönig, besitzt gute Struktur und Biss, der im Barrique ausgebaute Wein besitzt Kraft und Druck, gute Substanz und klare Frucht.

Weinbewertung

81 2011 Weißburgunder trocken **13 %/7,- €/1l**
83 2011 Grauburgunder trocken **12,5 %/7,- €/1l**
85 2011 Weißburgunder trocken **12,5 %/7,50 €**
86 2011 Grauburgunder trocken **12,5 %/8,- €**
87 2010 Spätburgunder trocken **12,5 %/11,50 €**
89 2010 Spätburgunder trocken Barrique **12,5 %/21,- €**

★★

A. & E. Rippstein
Weingut

Franken

Sandgasse 26, 97522 Sand am Main
***Tel.** 09524-1341, **Fax:** 09524-301046*
www.weingut-rippstein.de
info@weingut-rippstein.de
***Besuchszeiten:** Mo.-Sa. 15-18 Uhr und nach Vereinbarung*
Heckerstube (täglich von April bis September)
Weinsommerfest am 2. Wochenende im August

Inhaber .... Mathias Rippstein
Rebfläche .... 5,5 Hektar

Die Familie baut seit Generationen Wein in Sand am Main an, heute führt Mathias Rippstein das Gut. Die Reben wachsen teils auf verwittertem Sandsteinkeuper, teils auf tonigem Lehm und lehmigen Sand. Mathias Rippstein baut Silvaner, Müller-Thurgau,

Weißburgunder, Riesling, Bacchus und Kerner an. An roten Sorten gibt es Domina, Dornfelder und Merlot. Die Weißweine werden langsam bei 16 bis 18° C vergoren und bis März auf der Feinhefe ausgebaut, teilweise mit Batonnage. Die roten Trauben werden entrappt, zwei Tage kaltmaceriert, dann maischevergoren (10 bis 16 Tage) und anschließend 12 bis 18 Monate im Barrique ausgebaut bevor sie unfiltriert abgefüllt werden.

Vorjahre

Die 2009er Kollektion bot eine breite Silvaner-Palette bis hin zur Trockenbeerenauslese, auch die beiden Weißburgunder und die rote Cuvée gefielen uns sehr gut. 2010 war jahrgangsbedingt etwas schwächer, bot aber trotzdem eine gute Kollektion mit durchweg überzeugenden Weinen, Weißburgunder und Silvaner gefielen uns, wie so oft, am besten.

Neue Kollektion

Die neue Kollektion überzeugt auf der ganzen Linie, schon der Gutssilvaner bereitet Freude. Herrlich saftig und fruchtbetont ist der Silvaner „Pure Sand", noch besser gefällt uns im weißen Segment der Weißburgunder „S", der füllig und kraftvoll ist, herrlich viel Frucht und gute Struktur besitzt. Und wie 2009 hat Mathias Rippstein eine breite Palette an edelsüßen Silvanern bis hin zur wunderschön reintönigen Trockenbeerenauslese.

Weinbewertung

82 2011 „Secco Rosé Saignée" trocken **11,5 %/7,- €**
83 2011 Silvaner trocken **13 %/5,80 €**
84 2011 Silvaner Kabinett trocken Sander Kronberg **12,5 %/6,80 €**
86 2011 Silvaner Spätlese trocken „Pure Sand" Sander Kronberg **13,5 %/12,- €**
84 2011 Weißburgunder Kabinett trocken Sander Himmelsbühl **12,5 %/6,80 €**
82 2011 „Blanc de Noir" Kabinett trocken Sander Kronberg **12,5 %/6,80 €**
83 2011 Riesling Kabinett trocken Sander Kronberg **11,5 %/6,80 €**
87 2011 Weißburgunder „S" Spätlese trocken Sander Himmelsbühl **13,5 %/10,50 €**
86 2011 Silvaner Auslese Sander Kronberg **8 %/8,50 €/0,375l**
87 2011 Silvaner Beerenauslese Sander Kronberg **6,5 %/22,- €/0,375l**
89 2011 Silvaner Trockenbeerenauslese Sander Kronberg **6 %/30,- €/0,375l**
83 2009 „Amma" Rotwein trocken **13,5 %/14,- €**

Bernhard Rippstein ★

Weingut

Franken

Anger 14 und Wörth 6, 97522 Sand am Main
***Tel.** 09524-5167, **Fax**: 09524-850930*
www.rippstein.de
info@rippstein.de
***Besuchszeiten**: täglich geöffnet*

Inhaber .... Michael und Stefan Rippstein
Rebfläche .... 5 Hektar

Das Weingut wurde 1980 von Bernhard und Elfriede Rippstein gegründet, heute wird es von den Söhnen Stefan und Michael geführt. In ihren Weinbergen in den Sander Lagen Himmelsbühl und Kronberg bauen sie Müller-Thurgau, Bacchus, Silvaner, Kerner, Dornfelder, Schwarzriesling und Cabernet Dorsa an.

Vorjahre

Beim guten Debüt vor zwei Jahren gefielen uns Silvaner „S" und Blanc de Noir besonders gut – und auch die moderaten Preise. Die 2010er Weißweine waren klar, frisch und fruchtbetont, unser Favorit unter den im vergangenen Jahr vorgestellten Weinen war aber der barriqueausgebaute Cabernet Dorsa aus dem Jahrgang 2009.

Jahrgang 2011

Sehr gleichmäßig präsentiert sich nun der Jahrgang 2011, die Weine sind frisch, klar und geradlinig. Am besten gefallen uns die beiden Silvaner Spätlesen, die füllig und harmonisch sind bei süßer Frucht, die im Eichenfass ausgebaute Variante weist dezente Vanillenoten auf.

Weinbewertung

83 2011 Rivaner Kabinett trocken **12 %/4,50 €**
82 2011 Müller-Thurgau Kabinett trocken **11,5 %/4,50 €**
82 2011 Silvaner Kabinett trocken **12 %/5,- €**
83 2011 „Blanc de Noir" Spätlese trocken **12 %/6,50 €**
84 2011 Silvaner Spätlese trocken **14 %/6,- €**
85 2011 Silvaner Spätlese trocken „Eichenfass" **14 %/8,50 €**
81 2011 Bacchus **12 %/4,40 €/1l**
83 2011 Kerner Spätlese **12 %/4,50 €**
83 2011 Scheurebe Spätlese **11 %/6,50 €**
82 2011 Rotling Kabinett **10,5 %/5,- €**
82 2011 Cabernet Dorsa Spätlese trocken **12,5 %/6,50 €**

Erwin Riske

★☆

Weingut, Inhaber Volker Riske

Ahr/Mittelrhein

Wingertstraße 26-28, 53507 Dernau
***Tel.** 02643-8406, **Fax**: 02643-3531*
www.weingut-riske.de
weingut-riske@t-online.de
***Besuchszeiten**: Mo.-Fr. nach Vereinbarung, Sa. 19-18 Uhr, So. + feiertags 15-18 Uhr*
Ferienwohnungen, Straußwirtschaft

Inhaber .... Volker Riske
Rebfläche .... 6,5 Hektar

Volker Riske führt zusammen mit Ehefrau Mechthild in vierter Generation den Betrieb. Neben Weinbergen an der Ahr gehört Volker Riske auch ein Hektar in Leutesdorf am Mittelrhein. Seine Ahr-Weinberge liegen in den Dernauer Lagen Burggarten, Hardtberg, Schieferlay und Pfarrwingert, in den Marienthaler Lagen Trotzenberg und Rosenberg, im Ahrweiler Ursulinengarten, Bachemer Sonnenschein und Bad Neuenahrer Sonnenberg. Spät- und Frühburgunder nehmen drei Viertel der Fläche ein, Riesling 15 Prozent, dazu gibt es Portugieser, Dornfelder und Müller-Thurgau. Die Spitzen-Spätburgunder werden alle fünfzehn Monate in neuen Barriques ausgebaut.

Die Kollektion

Die im Barrique ausgebauten Weine gefallen uns am besten, angefangen vom reintönigen Schieferturm und dem von Gewürznoten und Tanninen geprägten Wein aus dem Hardtberg bis hin zum strukturierten Wein aus dem Sonnenberg mit seinen Vanille- und Schokonoten und dem kraftvollen, fülligen und sehr reintönigen Wein aus dem Kräuterberg. Eine stimmige Kollektion.

Weinbewertung

82 2011 Spätburgunder „Blanc de Noirs" trocken „Surprise" **12,5 %/8,90 €**
84 2010 Spätburgunder trocken „Schieferturm" **13,5 %/13,90 €**
87 2010 Spätburgunder trocken Bad Neuenahrer Sonnenberg **13,5 %/18,50 €**
83 2009 Spätburgunder trocken „Schieferfels" **13,5 %/12,90 €**
85 2009 Spätburgunder trocken Dernauer Hardtberg **13,5 %/15,90 €**
87 2009 Spätburgunder trocken Dernauer Paffwingert **13,5 %/21,- €**

Römerhof

★★☆

Weingut

Mosel

Burgstraße 2, 54340 Riol
***Tel.** 06502-2189, **Fax**: 06502-20671*
www.weingut-roemerhof.de
mail@weingut-roemerhof.de
***Besuchszeiten**: nach Vereinbarung*

Inhaber .... Franz-Peter Schmitz
Rebfläche .... 8 Hektar

Franz-Peter Schmitz hat in seinem Weingut in Riol neben Riesling auch Spät- und Frühburgunder gepflanzt. Er bewirtschaftet steile Parzellen – beispielsweise die Felsenterrasse im Zellerberg – und besitzt über 60 Jahre alte Reben. Franz-Peter Schmitz nutzt für den Ausbau Holzfässer und Stahltanks, die Rieslinge wirken eher schlank und würzig, im besten Falle mineralisch, das Gros der Weine wird trocken und halbtrocken ausgebaut. Selbst die nicht trockenen Weine sind eher zurückhaltend in der Süße. Einen Namen gemacht hat sich Schmitz auch mit dem Schaumwein namens „Rigodulum".

Vorjahre

Die 2009er waren stoffig, besaßen aber auch eine Menge Spiel. Die kühlfruchtige Auslese bewies, dass sich Franz-Peter Schmitz auch auf Süßweine versteht. Auch 2010 gefiel uns die Auslese wieder besonders gut. Insgesamt war die Kollektion stimmig: Die trockenen wie auch die halbtrockenen Rieslinge überzeugten mit Kraft und Präzision, die Rotweine besaßen feine Frucht bei merklicher Süße.

Neue Kollektion

Die neue Kollektion ist insgesamt etwas verhalten, bietet klare, geradlinige Weine. Unsere Favoriten sind die trockene Spätlese von alten Reben, die viel Fülle und reife Frucht besitzt, die harmonische, schmeichelnde Spätlese und der kraftvolle, zupackende Frühburgunder aus dem Barrique.

Weinbewertung

80 2011 Riesling Kabinett trocken **12 %/6,- €**
81 2011 Gutsriesling trocken **12 %/6,30 €**
81 2011 Riesling Spätlese trocken **12,5 %/8,- €**
86 2011 Riesling Spätlese trocken „Alte Reben" **13 %/9,50 €**
80 2011 Riesling halbtrocken **11 %/5,80 €/1l**
82 2011 Riesling Spätlese halbtrocken „Filius II" **12,5 %/8,50 €**
82 2011 Riesling Spätlese halbtrocken „Felsenterrasse" **12 %/10,-€**
83 2011 Riesling Spätlese „feinherb" „vom grauen Tonschiefer" **12 %/9,-€**
79 2011 „Sommer" Riesling Hochgewächs „feinherb" **10,5 %/6,- €**
83 2011 Riesling Spätlese **8,5 %/8,-€**
85 2011 Riesling Spätlese „No. 1" **8 %/9,-€**
85 2009 Blauer Frühburgunder trocken Barrique **13,5 %/13,- €**

★☆

Römmert

Weingut

Franken

Erlachhof 1, 97332 Volkach
Tel. *09381-2366,* ***Fax****: 09381-4185*
www.weingut-roemmert.de
infoweingut-roemmert.de
Besuchszeiten*: Mo.-Fr. 9-18 Uhr, Sa. 9-16 Uhr, So. 10-13 Uhr und nach Vereinbarung*

Inhaber .... Isolde Flammersberger
Rebfläche .... 12 Hektar

Die Besonderheit beim Weingut Römmert ist, dass es seit seiner Gründung 1923 immer von der Mutter an die Tochter vererbt wird, erklärt Andrea Flammersberger. Sie kümmert sich um die Vermarktung der Weine, ihre Mutter Isolde Flammersberger um den Außenbetrieb und Vater Wolfgang um den Keller. Das Gros der Weinberge liegt in Volkach in der Lage Ratsherr, 2 Hektar liegen etwa 25 Kilometer entfernt im Steigerwald in der Lage Altmannsdorfer Sonnenwinkel. Silvaner, Müller-Thurgau und Riesling spielen eine wichtige Rolle, dazu gibt es Bacchus, Kerner, Traminer und Chardonnay. An roten Sorten werden Spätburgunder, Schwarzriesling, Domina, Dornfelder, Acolon und Regent angebaut.

Vorjahre

Sehr gleichmäßig präsentierte sich der Jahrgang 2009, im trockenen Segment gefiel uns die Silvaner Spätlese besonders gut, bei den restsüßen Weinen waren Gewürztraminer und Rieslaner unsere Favoriten. 2010 war jahrgangsbedingt schwächer, die Kombination aus Säure und Süße gelang nicht immer, am besten gefiel sie uns beim Gewürztraminer.

Jahrgang 2011

2011 gefällt uns da klar besser, die Kollektion präsentiert sich geschlossen auf gutem und sehr gutem Niveau. Die trockene Riesling Auslese besitzt Fülle, Kraft und Wärme, wen der hohe Alkohol schreckt, dem sei die klare, zupackende Silvaner Spätlese empfohlen oder die frische, reintönige Scheurebe.

Weinbewertung

82 2011 Müller-Thurgau trocken „Frank & Frei" **12 %/6,- €**
81 2011 Riesling trocken Volkacher Ratsherr **13 %/7,- €**
82 2011 Silvaner Kabinett trocken Volkacher Ratsherr **12 %/7,80 €**
82 2011 Bacchus Kabinett trocken Volkacher Ratsherr **11,5 %/6,90 €**
85 2011 Silvaner Spätlese trocken Volkacher Ratsherr **12,5 %/12,- €**
86 2011 Riesling Auslese trocken Volkacher Ratsherr **15 %/15,- €**
84 2011 Weißburgunder Spätlese trocken Volkacher Ratsherr **13 %/14,- €**
84 2011 Chardonnay Spätlese trocken Volkacher Ratsherr **14,5 %/18,- €**
85 2011 Scheurebe Spätlese trocken Volkacher Ratsherr **11,5 %/12,- €**
84 2011 Rieslaner Spätlese Volkacher Ratsherr **12 %/10,50 €**
84 2011 Kerner Spätlese Volkacher Ratsherr **12 %/9,50 €**
84 2010 Gewürztraminer Spätlese Volkacher Ratsherr **13,5 %/14,- €**
84 2010 Weißburgunder Eiswein Volkacher Ratsherr **8 %/65,- €/0,5l**
79 2010 Rosé trocken Volkacher Ratsherr **11,5 %/6,- €**

Rößler ★

Winzerhof

Sachsen

Rietzschkegrund 37, 01445 Radebeul
Tel. *0172-3445755*
www.winzerhof-roessler.de
info@winzerhof-roessler.de
Besuchszeiten: *Fr. 15-19 Uhr und nach Vereinbarung*
Straußwirtschaft (Mai/Juni + Aug./Sept.)

Inhaber .... Steffen Rößler
Rebfläche .... 1 Hektar

Im Juli 2010 gründete Steffen Rößler den Winzerhof. Nach Lehre in Sachsen (Staatsweingut) und Arbeit in Franken (Wirsching, Roth) betreute er von 1998 bis 2006 die Weine von Hoflößnitz in Radebeul, dann die Außenwirtschaft bei Vincenz Richter in Meißen. Seine Weinberge liegen in Radebeul, vorwiegend in Steillagen am Rande des Lößnitzer Naturschutzgebietes, wo seit 2005 brachliegende Weinberge neu aufgebaut wurden; hinzu kommen gepachtete Flächen in Naundorf, der Niederlößnitz und Lindenau. Er baut Müller-Thurgau, Weißburgunder, Grauburgunder, Riesling, Kerner und Traminer an, sowie Regent und Spätburgunder. Steffen Rößler verzichtet auf eine AP-Nummer-Anstellung und bietet seine Weine als Sächsischer Landwein an.

Kollektion

Beim guten Debüt im vergangenen Jahr gefiel uns der Traminer am besten. Die neue Kollektion ist noch besser, vor allem Traminer und Müller-Thurgau überzeugen, unser Favorit in diesem Jahr ist aber der kraftvolle, klare feinherbe Riesling, der Süße und Biss besitzt.

Weinbewertung

83 2011 Müller-Thurgau trocken **11,5 %/8,50 €**
81 2011 Grauburgunder trocken **12 %/9,80 €**
83 2011 Traminer trocken **12,5 %/11,- €**
85 2011 Riesling (feinherb) **11,5 %/10,50 €**
81 2011 Regent trocken **12 %/12,- €**

★☆

Rohr

Weingut

Nahe

Hauptstraße 104, 55592 Raumbach
Tel. *06753-2827,* ***Fax:*** *06753-6278*
www.weingut-rohr.de
weingut-rohr@t-online.de
Besuchszeiten: *Mo.-Fr. 8-18 Uhr oder nach Vereinbarung; 2 Ferienwohnungen*

Inhaber .... Michael Rohr
Rebfläche .... 4,7 Hektar

Die Weinberge von Michael Rohr liegen in Steillagen mit Sandsteinverwitterungsböden in den Gemarkungen Raumbach (Schwalbennest, Schlossberg), Rehborn (Herrenberg) und Meisenheim (Obere Heimbach). Hinzu kommt ein kleiner Weinberg im Weilerer Klostergarten. Hauptrebsorte ist der Riesling, der knapp die Hälfte der Fläche einnimmt. Dazu gibt es Müller-Thurgau, Kerner, Weißburgunder und Traminer, sowie über 20 Prozent an roten Sorten: Dornfelder, Spätburgunder und Portugieser. Die Weine werden gezügelt vergoren und im Edelstahl oder im Holzfass ausgebaut. Die Rotweine und der Weißburgunder durchlaufen den biologischen Säureabbau. 95 Prozent der Weine wird an Endverbraucher verkauft.

Die Kollektion

Die aktuelle 2011er Kollektion präsentiert sich gleichmäßig gut, die Weine besitzen klare Frucht, sind reintönig: Unsere Favoriten sind ein kraftvoller Traminer, ein würziger trockener Riesling aus dem Schwalbennest und eine füllige Riesling Auslese aus der gleichen Lage.

Weinbewertung

84 2011 Weißer Burgunder Spätlese trocken „Barrique" Rehborner Herrenberg **14 %/7,50 €**
85 2011 Riesling Spätlese trocken Raumbacher Schwalbennest **13 %/7,50 €**
85 2011 Traminer Spätlese „feinherb" Raumbacher Schloßberg **13,5 %/7,50 €**
83 2011 Riesling Spätlese „feinherb" Rehborner Herrenberg **12,5 %/7,50 €**
82 2011 Kerner Spätlese Raumbacher Schloßberg **12 %/6,50 €**
85 2011 Riesling Auslese Raumbacher Schwalbennest **9,5 %/11,90 €**

★

Roll

Weingut

Rheinhessen

Kloppbergstraße 36, 67596 Dittelsheim-Heßloch
Tel. *06244-7438,* ***Fax:*** *06244-7751*
www.weingut-roll.de
weingut.roll@web.de
Besuchszeiten: *Mo.-Fr. 8-17:30 Uhr, Sa. nach Vereinbarung, So. 10-12 Uhr*

Inhaber .... Familie Roll
Rebfläche .... 15 Hektar

Friedrich Robert Roll führt heute das Gut zusammen mit seinem Sohn Christian, Geisenheim-Absolvent, der für An- und Ausbau der Weine verantwortlich ist. Riesling, Silvaner, Weißburgunder und Sauvignon Blanc sind die wichtigsten weißen Rebsorten, Spätburgunder, St. Laurent und Merlot die roten.

Vorjahre

2009 gefielen uns die Weißweine gut, vor allem die beiden trockenen Lagen-Rieslinge. 2010 war jahrgangsbedingt wieder schwächer, die Rotweine aber überzeugten einschließlich des portweinähnlichen „Trop".

Neue Kollektion

Die neue Kollektion gefällt uns besser: Im weißen Segment überzeugt der füllige, recht süße Riesling aus dem Leckerberg, ebenso die saftige Auslese. Die Rotweine zeigen rauchige Noten und reintönige Frucht, sind strukturiert und zupackend.

Weinbewertung

81 2011 Grüner Silvaner trocken Dittelsheimer **13 %/5,80 €**

82 2011 Weißburgunder trocken Dittelsheimer **14 %/7,- €**
83 2011 Riesling Spätlese trocken Dittelsheimer Geiersberg **12,5 %/8,30 €**
83 2011 Riesling Spätlese trocken „vom Tertiär" Dittelsheimer Geiersberg **12,5 %/8,50 €**
85 2011 Riesling „Edition" Dittelsheimer Leckerberg **13 %/9,30 €**
83 2011 Sauvignon Blanc trocken Dittelsheimer Pfaffenmütze **13,5 %/8,60 €**
79 2011 „Blanc de Noir Cuvée F und C" **13 %/9,30 €**
85 2011 Riesling Auslese **11 %/10,50 €**
80 2011 Spätburgunder Weißherbst halbtrocken **12 %/6,20 €**
86 2009 Spätburgunder „R" trocken Dittelsheimer Geiersberg **14 %/13,- €**
86 2009 St. Laurent „R" trocken Dittelsheimer Geiersberg **13 %/13,- €**

Rollanderhof ★

Weingut

Rheinhessen

55291 Saulheim
***Tel.** 06732-61820, **Fax:** 06732-8231*
www.rollanderhof.de
rollanderhof@t-online.de
***Besuchszeiten:** nach Vereinbarung*

Inhaber .... Rudolf und Brigitte Weyerhäuser
.... Anna und Andreas Weyerhäuser
Rebfläche .... 28 Hektar

Seit mehreren Generationen betreibt die Familie Weinbau, aber erst mit Übernahme des Betriebes durch Rudolf Weyerhäuser und Brigitte Thörle-Weyerhäuser im Jahr 1980 hat man sich auf die Flaschenweinvermarktung konzentriert. Rudolf und Brigitte Weyerhäuser führen das Weingut seit 2011 gemeinsam mit ihren Kindern Anna und Andreas. Die Weinberge liegen vor allem in Saulheim in den Lagen Hölle, Schlossberg und Probstey, wo die Reben auf schweren Tonmergel- und Kalksteinverwitterungsböden wachsen. 70 Prozent der Rebfläche nehmen weiße Sorten ein, vor allem Grauburgunder, Riesling, Müller-Thurgau, Silvaner und Weißburgunder, aber auch Chardonnay und Sauvignon Blanc. An roten Sorten gibt es Portugieser, Spätburgunder, Dornfelder und Merlot, sowie Frühburgunder und Cabernet Sauvignon. Die Weißweine werden kühl vergoren und im Edelstahl ausgebaut, die besten Rotweine kommen nach der Maischegärung ebenso wie ausgesuchte Weißweine in neue oder gebrauchte Barriques. 85 Prozent der Weine werden trocken ausgebaut. Die besten trockenen Weine erhalten gutsintern den Zusatz „S".

Vorjahre

Vor zwei Jahren gefiel uns die Kollektion gut, allen voran der barriqueausgebaute Spätburgunder. 2010 waren die Weißweine jahrgangsbedingt schwächer, der 2009er Grauburgunder war, bei enormer Substanz, etwas allzu sehr vom Barrique dominiert.

Neue Kollektion

Die neue Kollektion ist sehr gleichmäßig, allerdings sind die trockenen Weißweine etwas allzu verhalten; Highlight ist ganz klar die füllige, konzentrierte Trockenbeerenauslese aus der Hölle.

Weinbewertung

80 2011 Weißburgunder trocken Saulheimer Hölle **13 %/5,50 €**
79 2011 Grauburgunder trocken **13,5 %/5,50 €**
79 2011 Sauvignon Blanc trocken „S" Saulheimer Hölle **13 %/8,20 €**
80 2011 Chardonnay trocken „S" Saulheimer Probstey **13 %/7,80 €**
80 2011 Riesling trocken „S Kalkmergel" Nieder-Olmer Klosterberg **13 %/8,20 €**
79 2011 Riesling trocken „S Kalkstein" Saulheimer Hölle **13 %/8,80 €**
83 2011 Gewürztraminer Auslese „S" Saulheimer Hölle **11,5 %/11,20 €**
88 2011 Riesling Trockenbeerenauslese „S" Saulheimer Hölle **10,5 %/32,50 €/0,375l**
82 2011 Spätburgunder Spätlese trocken **13,5 %/6,80 €**

83 2009 Spätburgunder Auslese trocken „S Edition Anna" Saulheimer Hölle **14 %/14,90 €**
81 2008 Merlot & Cabernet Sauvignon trocken „S" Saulheimer Hölle **13,5 %/12,80 €**
83 2009 Portugieser trocken „S" Saulheimer Probstey **13,5 %/7,80 €**

Josef Rosch

★★★★★

Weingut

Mosel

Mühlenstraße 8, 54340 Leiwen
***Tel.** 06507-4230, **Fax:** 06507-8287*
weingut-josef-rosch@t-online.de
***Besuchszeiten:** nach Vereinbarung*

Inhaber .... Werner Rosch
Rebfläche .... 6,5 Hektar

Es gibt wenige Winzer an der Mosel, die Jahr für Jahr so geradlinige, klare und animierende Weine auf höchstem Niveau erzeugen, aber gleichzeitig vielen Genießern noch so unbekannt sind. Werner Rosch besitzt Weinberge in den Trittenheimer Lagen Apotheke und Altärchen, in der Leiwener Laurentiuslay, der Klüsserather Bruderschaft, der Köwericher Bruderschaft, sowie in der Lage Dhron Hofberger. Es werden ausschließlich Rieslingreben angebaut. Die Moste werden fast alle spontan vergoren, das heißt mit ihren natürlichen Hefen. Im Gegensatz zu vielen anderen trockenen Prestigetropfen der Mosel sind die von Werner Rosch stets sehr präzise, klar und animierend.

Vorjahre

Bei den Weinen mit Restsüße hatte man 2009 die Qual der Wahl: Die 3-Sterne-Spätlese war wieder einmal ein Musterbeispiel für einen rassigen, frischen Riesling; die elegante, reintönige, deutlich süße Trockenbeerenauslese benötigte dagegen noch viele Jahre der Reife. 2010 behauptete sich Werner Rosch sehr gut, bot trocken wie süß Spitzenweine, im edelsüßen Segment glänzte die Beerenauslese.

2011 trocken

Der Leiwener Riesling ist frisch und geradlinig wie gewohnt, die Dhron Hofberger-Spätlese, früher Selection JR genannt, ist konzentriert und füllig, besitzt reife Frucht, gute Struktur und Substanz.

2011 „feinherb"

Auch im „feinherben" Segment gibt es einen frischen, geradlinige Einstiegsriesling. Die Spätlese aus der Bruderschaft ist frisch und elegant, wunderschön reintönig und klar, der Wein aus der Laurentuislay fülliger und kraftvoller, herrlich reintönig und saftig, besitzt viel Substanz und Länge.

2011 süß

Die Glanzleichter jedoch findet man 2011 wie im Jahr zuvor im süßen Segment. Der Kabinett ist frisch und lebhaft, die immer zuverlässige Apotheke-Spätlese ist wunderschön klar, fruchtbetont und zupackend. Dann folgen drei Auslesen, alle aus der Apotheke, die höherstufige bringt jeweils eine weitere Steigerung an Konzentration und Substanz, alle drei sind herrlich reintönig, harmonisch, elegant und lang. Aber damit noch nicht genug: Die Beerenauslese zeigt viel Würze und Frische im Bouquet, ist klar und konzentriert im Mund, besitzt herrlich viel Frucht, Substanz, Kraft und Biss; eine weitere Steigerung bringt die Trockenbeerenauslese, die enorm süß, dick und konzentriert ist, dabei reintönig und lang. Große edelsüße Weine, die in Jahrzehnten noch Freude bereiten werden.

Weinbewertung

85 2011 Riesling trocken Leiwener **11,5 %/6,80 €**
89 2011 Riesling Spätlese trocken Dhroner Hofberg **12,5 %/13,50 €**
85 2011 Riesling „feinherb" Leiwener **11 %/6,80 €**
88 2011 Riesling Spätlese „feinherb" Klüsserather Bruderschaft **11,5 %/13,50 €**
90 2011 Riesling „feinherb" Laurentiuslay **12,5 %/20,- €**
85 2011 Riesling Kabinett Leiwener Klostergarten **8,5 %/9,50 €**

89 2011 Riesling Spätlese Trittenheimer Apotheke **8,5 %/13,- €**
90 2011 Riesling Auslese Trittenheimer Apotheke **8 %/13,- €/0,5l**
91 2011 Riesling Auslese* Trittenheimer Apotheke **8 %/17,- €/0,5l**
92 2011 Riesling Auslese*** Trittenheimer Apotheke **7,5 %/20,- €/0,375l**
93 2011 Riesling Beerenauslese Trittenheimer Apotheke **6,5 %/60,- €/0,375l**
94 2011 Riesling Trockenbeerenauslese Trittenheimer Apotheke **6 %/90,- €/0,375l**

Rosenhof ★

Weingut

Mosel

Moselstraße 45, 54484 Maring
***Tel.** 06535-93030, **Fax:** 06535-93112*
www.rosenhof-moselweine.de
fritzen@rosenhof-moselweine.de
***Besuchszeiten:** Mo.-Sa. 10-19 Uhr, So. 10-14 Uhr*

Inhaber .... Stefan Fritzen
Rebfläche .... 10 Hektar

Stefan Fritzen setzt im Liesertal, einem Seitental der Mosel, nicht nur auf Riesling, sondern baut auch Chardonnay, Weißburgunder, Sauvignon Blanc, Spätburgunder, Dornfelder, Merlot und Cabernet Sauvignon an, konzentriert sich stark auf Rotwein. Der Ausbau der Weine erfolgt, mit Ausnahme der Barriquereifung bei einem Teil des Rotweins, konsequent im Edelstahl und mit Reinzuchthefen.

Vorjahre

Die 2009er Weißweine zeigten klare Frucht, die 2008er Rotweine besaßen eine beachtliche Balance. 2010 waren die Weißweine deutlich verhaltener, auch die Roten blieben im vergangenen Jahr hinter ihren Vorgängern zurück.

Jahrgang 2011

Die neue Kollektion ist sehr gleichmäßig, bietet frische geradlinige Weißweine, trocken wie süß, am besten aber gefällt uns ein Rotwein, die füllige, kraftvolle Cuvée aus Cabernet Sauvignon und Merlot, die gute Struktur und klare Frucht besitzt.

Weinbewertung

80 2011 Riesling trocken **12 %/4,- €/1l**
80 2011 Sauvignon Blanc trocken **13,5 %/5,50 €**
80 2011 Chardonnay trocken **13 %/6,- €**
81 2011 Weißburgunder trocken **13 %/5,- €**
80 2011 „Blanc de Noir" trocken **12,5 %/4,50 €**
81 2011 Riesling Spätlese trocken Kestener Paulinsberg **12,5 %/6,50 €**
79 2011 Riesling halbtrocken **12 %/4,- €/1l**
80 2011 Riesling Classic **12 %/5,- €**
83 2011 Riesling Spätlese „feinherb" Maringer Sonnenuhr **11 %/6,50 €**
80 2011 Riesling **12 %/4,- €/1l**
83 2011 Riesling Spätlese Maringer Honigberg **8 %/6,50 €**
82 2011 Blauer Spätburgunder trocken „Cuvée Noir" **13 %/6,50 €**
85 2011 Cabernet Sauvignon + Merlot trocken **13 %/8,- €**

Roth ★★★

Weingut

Franken

Büttnergasse 11, 97355 Wiesenbronn
***Tel.** 09325-902004, **Fax:** 09325-902520*
www.weingut-roth.de
info@weingut-roth.de
***Besuchszeiten:** Mo.-Sa. 9-11:30 + 13-17 Uhr*
„Rothweinhotel" (16 Doppelzimmer)

Inhaber .... Gerhard Roth
Rebfläche .... 17 Hektar

Die Weinberge von Gerhard Roth, der seit 1974 ökologischen Weinbau betreibt, liegen in Wiesenbronn am Fuße des Schwanberges, wo die Reben in den Lagen Wachhügel und Geißberg auf dunklen Gipskeuperböden wachsen; im Abtswinder Altenberg baut er

Riesling an. Seit dem Jahrgang 2008 gibt es eine neue Lage in Wiesenbronn, Heller Berg. Das beste Stück im Geißberg war bis 1971 eine Einzellage, deren Name daher rührt, dass die Lage von morgens bis abends der Sonne ausgesetzt ist. Die 2,5 Hektar große Lage ist komplett in Besitz von Gerhard Roth, der dort Silvaner, Riesling, Spätburgunder und Blaufränkisch stehen hat. 45 Prozent der Weinberge von Gerhard Roth ist mit roten Reben bestockt, vor allem Spätburgunder, Portugieser, Domina und Schwarzriesling, sowie als Spezialität der bei ihm Blaufränkisch genannte Lemberger, der sonst selten in Franken zu finden ist. An weißen Sorten baut Gerhard Roth Silvaner, Riesling, Müller-Thurgau, Bacchus, Kerner und Traminer an. Die Rotweine werden alle maischevergoren und prinzipiell trocken und ohne Restzucker ausgebaut, das Gros der Weine wird spontanvergoren. Ein Teil der Rotweine kommt ins Barrique, wofür Gerhard Roth seit 1988 Wiesenbronner Eiche nutzt. Seit dem gleichen Jahr gibt es die Cuvée Purpur aus Domina, Spätburgunder und Blaufränkisch. 2007 wurde eine neue Vinothek gebaut, 2009 ein benachbartes Grundstück erworben und zum „Rothweinhotel" mit 16 Doppelzimmern umgebaut.

Vorjahre

Vor zwei Jahren bot die Kollektion füllige, kraftvolle Weine im gewohnten Stil, überzeugte gleichermaßen weiß wie rot, trocken wie süß. Ähnlich präsentierte sich die letztjährige Kollektion, bot aber zwei Überraschungen: Den wunderschön reintönigen Silvaner Eiswein und den Riesling Heller Berg, den präzisesten und mineralischsten Riesling, den wir bisher von Gerhard Roth verkostet hatten.

Neue Kollektion

Der Aufwärtstrend hält auch in diesem Jahr an, die Weine, zunehmend spontanvergoren, haben weiter an Präzision gewonnen. Das fängt beim wunderschön reintönigen Silvaner Kabinett an, geht über die faszinierend klare Scheurebe und den ebenso faszinierenden Sauvignon Blanc (leider etwas zu süß), einen komplexen, cremigen Grauburgunder mit viel Substanz bis hin zum Riesling aus dem Heller Berg, der kraftvoll und zupackend ist, gute Struktur und Substanz besitzt. Im roten Segment ist die Cuvée Purpur, bereits 1988 erstmals erzeugt, der eindeutige Star. Sie besteht aus Blaufränkisch, Spätburgunder, Domina und ein klein wenig Cabernet Sauvignon, wurde 18 Monate im Barrique ausgebaut: Viel reife Frucht prägt das Bouquet, rote und dunkle Früchte, auch Herzkirschen, im Mund präsentiert sie sich füllig und komplex, fruchtbetont, strukturiert und lang.

Weinbewertung

86 2011 Silvaner Kabinett trocken Wiesenbronner Geißberg **12 %/7,25 €**

85 2011 Scheurebe Kabinett Wiesenbronner Geißberg **11,5 %/7,- €**

88 2011 Grauburgunder Spätlese trocken Wiesenbronner Geißberg **12,5 %/11,- €**

89 2011 Riesling „G" trocken Wiesenbronner Heller Berg **13 %/12,- €** ☺

86 2011 Sauvignon Blanc Kabinett Wiesenbronner Geißberg **12 %/8,- €**

84 2011 Portugieser trocken Wiesenbronner Wachhügel **12,5 %/8,- €**

87 2010 Pinot Noir trocken Wiesenbronner Wachhügel **13 %/12,50 €**

90 2009 „Purpur" Rotwein trocken **13 %/17,50 €**

★

Roth

Weingut

Mosel

Auf der Lährwiese 8, 54538 Kinheim-Kindel
***Tel.** 06532-953761, **Fax:** 06532-954493*
www.roth-riesling.de
weingut@roth-riesling.de
***Besuchszeiten:** nach Vereinbarung*
Ferienwohnung

Inhaber .... Andreas Roth
Rebfläche .... 4,5 Hektar

Andreas Roth – Weinküfer und Winzermeister – sowie seine Frau Nicole führen das Familienweingut seit 2006. Riesling ist die wichtigste Sorte, daneben gibt es noch etwas Müller-Thurgau, Kerner, Dornfelder und Spätburgunder.

Die Vorjahre

2009 waren alle Weine saftig, hatten Substanz, 2010 glänzten die edelsüßen Rieslinge.

Jahrgang 2011

Die neue Kollektion ist sehr gleichmäßig, trocken wie süß, ohne aber Highlights zu bieten wie in den vergangenen Jahren.

Weinbewertung

77 2011 Riesling trocken **11,5 %/4,20 €**
81 2011 Riesling Kabinett trocken Kinheimer Rosenberg **11,5 %/5,20 €**
83 2011 Riesling Spätlese trocken Kinheimer Hubertuslay **11,5 %/6,20 €**
81 2011 Riesling Spätlese trocken Erdener Treppchen **11,5 %/7,20 €**
79 2011 Riesling Kabinett halbtrocken Kinheimer Rosenberg **11 %/5,20 €**
80 2011 Riesling Spätlese halbtrocken Erdener Herrenberg **11 %/6,20 €**
83 2011 Riesling Spätlese Kinheimer Hubertuslay **8 %/7,30 €**
82 2011 Riesling Spätlese Kinheimer Rosenberg **8 %/6,50 €**
84 2011 Riesling Auslese Kinheimer Rosenberg **9 %/11,- €**

★★

Rothe

Weingut

Franken

Hauptstraße 14, 97334 Nordheim
***Tel.** 09381-4579, **Fax:** 09381-6644*
www.wein-rothe.de
info@wein-rothe.de
***Besuchszeiten:** nach Vereinbarung*
Gästezimmer

Inhaber .... Manfred Rothe
Rebfläche .... 7,5 Hektar

Die Weinberge von Manfred Rothe liegen vor allem in der Mainschleife bei Nordheim und Sommerach, aber auch im Astheimer Karthäuser. Bis 2002 hat er sie im Nebenerwerb bewirtschaftet, seither ist er vollberuflich Winzer. Auf den Muschelkalkböden baut er die traditionellen Rebsorten der Region wie Müller-Thurgau, Silvaner, Bacchus, Grauburgunder und Scheurebe, aber auch pilzresistente Neuzüchtungen wie Helios oder Muscaris an. An roten Sorten gibt es Domina, Schwarzriesling, Spätburgunder, Regent und Zweigelt. Alle Rotweine werden im Holz ausgebaut, statt Barriques nutzt Manfred Rothe inzwischen nur noch 500-Liter-Fässer, in denen die Weine zwölf Monate bleiben. Alle Rotweine werden komplett durchgegoren. Spezialität von Manfred Rothe sind lange gereifte Weine und Weine von alten Reben. Die Weine der „Grande"-Linie stammen von ertragsreduzierten Anlagen und bleiben lange auf der Hefe. Die Weinberge werden biologisch bewirtschaftet, Manfred Rothe ist Mitglied bei Bioland.

Vorjahre

Sehr gut gefiel uns die Kollektion vor zwei Jahren, bot reintönige, frische Weißweine und präzise, kraftvolle Rotweine. Diese Stilistik fanden wir auch im vergangenen Jahr wieder in Manfred Rothes Weinen. Sie waren klar und zupackend, die 2010er Weißweine deutlich säurebetont, die Rotweine puristisch klar und durchgegoren.

Neue Kollektion

Sehr konsistent präsentiert sich nun die neue Kollektion, die Seccos, Müller-Thurgau und Helios sind frisch, klar und geradlinig. Ganz spannend sind die Silvaner, die Manfred Rothe alle spontanvergoren hat, die alle drei sich deutlich voneinander unterscheiden. Die Basisversion ist frisch und zupackend, der Grande fülliger und kraftvoller. Highlight aber ist der kraftvolle, puristische Silvaner aus dem Holzfass, den Manfred Rothe vierzehn Tage auf der Maische vergoren und dann im 500-Liter-Fass ausgebaut hat, ein sehr präziser, druckvoller Wein. Grauburgunder und Rieslaner zeigen ebenfalls sehr gutes Niveau. Auch die Rotweine haben an Präzision gewonnen, präsentieren sich alle sehr reintönig, das Holz ist sehr schön integriert. Unser Favorit ist der Zweigelt – rauchig, strukturiert und frisch, aber Schwarzriesling und Domina stehen ihm nur wenig nach. Klasse Kollektion!

Weinbewertung

83 „Secco" weiß **7,- €**
84 „Secco" rosé **7,- €**
84 2011 Müller-Thurgau trocken **6,50 €**
84 2011 Helios **6,- €**
85 2011 Silvaner trocken **6,50 €**
87 2011 Silvaner trocken „Grande" **9,- €**
89 2011 Silvaner trocken Holzfass „Muschelkalk" **25,- €**
86 2011 Grauburgunder trocken **8,50 €**
86 2011 Rieslaner „Grande" **15,- €**
83 2011 Rotling trocken **5,50 €**
85 2011 Regent trocken **7,50 €**
86 2010 Domina trocken **9,- €**
86 2010 Schwarzriesling trocken „Grande" **9,- €**
87 2010 Blauer Zweigelt trocken **10,- €**

Fritz **Rothenbach** ★

Weingut

Rheingau

Eisenbahnstraße 12, 65375 Oestrich-Winkel
Tel. 06723-2695, Fax: 06723-889851
www.weingut-rothenbach.de
info@weingut-rothenbach.de
Besuchszeiten: Mo.-Sa. 8-18 Uhr, sonst nach Vereinbarung

Inhaber .... Fritz Peter Rothenbach
Rebfläche .... 8 Hektar

Auf rund 300 Jahre Tradition kann dieses Weingut zurückblicken. Die Weinberge verteilen sich auf elf verschiedene Lagen in Oestrich, Mittelheim und Hallgarten. Zu den 5 Hektar eigenen Weinbergen hat Fritz Peter Rothenbach weitere 3 Hektar hinzugepachtet. Neben Riesling und Spätburgunder baut er etwas Portugieser und Dunkelfelder sowie als Spezialitäten Frühburgunder und Huxelrebe an. Die Weißweine werden hier kühl vergoren und meist im Edelstahl ausgebaut, Rotweine kommen nach der Maischegärung ins Holzfass. Jeweils etwa 45 Prozent der Weine werden trocken und halbtrocken ausgebaut. Immer wieder stellt Fritz Peter Rothenbach zudem Süßweine vor, die ebenso süffig wie preiswert sind und sich perfekt als Einstieg in die Welt der Beerenauslesen anbieten.

Vorjahre

2009 gerieten alle Weine sehr saftig und zugänglich. Die 2010er waren gleichmäßig, allesamt saftig, voller Würze und Frucht.

Neue Kollektion

Enttäuschungen sind in der 2011er Kollektion nicht zu entdecken, vor allem die Spätlesen aus dem Doosberg überzeugen in der trockenen, der feinherben sowie der süßen Version. Letztere ist duftig, saftig und besitzt eine schöne Balance zwischen Süße und Säure. Der 2009er Rieslingsekt wäre noch einen Punkt höher zu bewerten, wenn er etwas weniger Alkohol aufweisen würde.

Weinbewertung

85 2009 Riesling Sekt Brut Oestricher Lenchen **13 %/7,20 €**
83 2009 Spätburgunder Weißherbst Sekt extra trocken Oestricher Klosterberg **13,5 %/7,80 €**
85 2011 Riesling trocken Oestricher Lenchen **13 %/3,70 €/1l** ☺
83 2011 Riesling Kabinett trocken Oestricher Lenchen **12,5 %/4,50 €**
85 2011 Riesling Spätlese trocken Oestricher Lenchen **13 %/5,80 €** ☺
83 2011 Riesling Classic **12 %/4,50 €**
84 2011 Riesling Kabinett halbtrocken Oestricher Klosterberg **13 %/4,50 €** ☺
83 2011 Riesling Kabinett halbtrocken Hallgartener Jungfer **12 %/4,50 €**
85 2011 Riesling Spätlese „feinherb" Oestricher Doosberg **12,3 %/5,80 €**
82 2011 Riesling Kabinett Mittelheimer Edelmann **11 %/4,50 €**
87 2011 Riesling Spätlese Oestricher Doosberg **9,5 %/6,20 €** ☺
86 2010 Huxelrebe Beerenauslese Oestricher Klosterberg **10 %/5,60 €/0,375l**

Rothmeier ★

Weingut

Pfalz

Offenbacher Weg 8, 76829 Landau-Mörlheim
***Tel.** 06341-52600, **Fax**: 0634153033*
www.weingut-rothmeier.de
philipp-rothmeier@t-online.de
***Besuchszeiten**: Mo.-Fr. 8-12 + 13:30-18 Uhr, Sa. 9-16 Uhr*

Inhaber .... Philipp und Margarethe Rothmeier
Kellermeister .... Ben Rothmeier
Rebfläche .... 13 Hektar

Philipp Rothmeier begann Anfang der 1980er Jahre mit der Direktvermarktung. Sein Sohn Ben hat seine Lehre bei den Weingütern Münzberg, Meßmer und Müller-Catoir gemacht, anschließend die Ausbildung zum Techniker für Weinbau und Kellerwirtschaft in Weinsberg. Seit der Ernte 2007 arbeitet er an seiner eigenen Kollektion, die anfänglich nur aus Merlot und Pinot Noir im Barrique bestand, aber in den folgenden Jahren ausgeweitet wurde. Der Dornfelder nimmt 25 Prozent der Rebfläche ein, Riesling 20 Prozent, Spätburgunder 10 Prozent, Weiß- und Grauburgunder, Chardonnay und Merlot sind mit je 5 Prozent vertreten, auf dem Rest der Rebfläche stehen außerdem noch Saint Laurent, Muskateller, Rieslaner, Müller-Thurgau, Kerner und Portugieser. Die Weinberge liegen rund um Landau, in erster Linie auf Lösslehmböden.

Vorjahr

Die im vergangenen Jahr angestellten sechs Weine konnten allesamt mit ihrer klaren, reintönigen Frucht überzeugen und waren gleichmäßig gut. Die gekonnt im Barrique ausgebauten Merlot und Pinot Noir ließen Ambitionen nach oben erkennen, der Pinot setzte aber mit 14,5 Prozent Alkohol mehr auf Kraft und Fülle als auf Finesse und Eleganz.

Neue Kollektion

Mit Ausnahme der saftigen und konzentrierten trockenen Riesling Spätlese präsentieren sich die Weißweine in diesem Jahr etwas verhaltener, die Stärken liegen eher im roten Segment der Kollektion: Der im letzten Jahr schon einmal verkostete kraftvolle und eindringliche 2009er Merlot hat sich gut entwickelt und verfügt noch über weiteres Potential.

Weinbewertung

81 2011 Scheurebe Kabinett trocken **11,5 %/5,50 €**
83 2011 Muskateller trocken **12,5 %/5,50 €**
79 2011 Riesling trocken **12 %/3,50 €/1l**
85 2011 Riesling Spätlese trocken **13 %/7,- €**
82 2011 Huxelrebe Auslese **11 %/6,70 €**
84 „Be Yourself" Rotwein trocken **13,5 %/7,50 €**
82 2008 Cuvée „Be Different" Rotwein trocken **13 %/5,50 €**
87 2009 Merlot trocken „15/10" **14 %/20,- €**
83 2008 Pinot Noir trocken **13,5 %/6,- €**

★☆

Rothweiler

Weingut

Hessische Bergstraße

Berliner Ring 184, 64625 Bensheim-Auerbach
Tel. *06251-76569,* ***Fax:*** *06251-788385*
www.weingut-rothweiler.de
mail@weingut-rothweiler.de
Besuchszeiten: *Mo.-Fr. 17-19 Uhr, Sa. 10-13 Uhr und nach Vereinbarung*

Inhaber .... Hanno Rothweiler
Rebfläche .... 4 Hektar

Hanno Rothweiler, der nicht aus einer Winzerfamilie stammt, hat schon während seiner Ausbildung 1983 seine ersten eigenen Weine gemacht. Wichtigste Rebsorte in seinem Betrieb ist Riesling, der mehr als die Hälfte seiner Rebfläche einnimmt. Es folgen Grauburgunder, St. Laurent und Dornfelder. Dazu gibt es Sorten wie Ehrenfelser, Silvaner, Chardonnay, Gewürztraminer und Dakapo, inzwischen auch Merlot und Syrah. Die Rotweine werden mit den Rappen maischevergoren und dann gut ein Jahr im Barrique ausgebaut. Die Weine baut Hanno Rothweiler zu 90 Prozent trocken aus. Neben Weinen führt Hanno Rothweiler auch Obstbrände und Liköre im Programm.

Vorjahre

Die Kollektion vor zwei Jahren wurde einmal mehr angeführt von einem kraftvollen St. Laurent. Im vergangenen Jahr gefiel uns der herrlich fruchtige St. Laurent aus dem Schöntal am besten, der St. Laurent aus dem Barrique war konzentriert, aber noch sehr verschlossen und vom Holz geprägt. Sehr gut auch der Chardonnay - als Stillwein und als Sekt. Auch Auxerrois und Syrah hatten uns gut gefallen.

Neue Kollektion

In diesem Jahr zeigt sich ein etwas uneinheitliches Bild. Am besten gefiel uns ein feinfruchtiger Chardonnay mit leichtem Holzeinsatz, bei den Rotweinen war es der vielfruchtige St. Laurent.

Weinbewertung

75 2011 Riesling Kabinett trocken Auerbacher Fürstenlager **12 %/7,30 €**
77 2011 Riesling Spätlese trocken Auerbacher Fürstenlager **12,5 %/8,70 €**
82 2011 Ehrenfelser trocken Auerbacher Rott **12 %/7,30 €**
83 2011 Weißer Burgunder trocken Heppenheimer Steinkopf **12,5 %/8,70 €**
80 2011 Auxerrois trocken Auerbacher Fürstenlager **13 %/8,70 €**
84 2011 Chardonnay trocken Auerbacher Fürstenlager **12,5 %/9,70 €**
79 2011 Gewürztraminer feinherb Auerbacher Fürstenlager **12 %/8,70 €**
81 2010 Rot Cuvée trocken **13 %/9,20 €**
80 2011 Regent trocken Auerbacher Fürstenlager **13 %/8,70 €**
79 2011 Dakapo trocken Auerbacher Fürstenlager **13 %/9,90 €**
83 2011 St. Laurent trocken **12,5%/9,90 €**
79 2010 St. Laurent trocken Barrique Auerbacher Fürstenlager **13 %/11,20 €/0,5l**

★★★★

Johann Ruck

Weingut

Franken

Marktplatz 19, 97346 Iphofen
Tel. *09323-800880,* ***Fax:*** *09323-800888*
www.ruckwein.de, www.triaswein.de
post@ruckwein.de
Besuchszeiten: *Mo.-Fr. 9-12 + 13-18 Uhr, Sa. 10-15 Uhr, So. 10-12 Uhr*

Inhaber .... Johann Ruck
Rebfläche .... 12,4 Hektar

Die Weinberge von Johann Ruck liegen in den Iphöfer Lagen Julius-Echter-Berg (3,5 Hektar), Kronsberg und Kalb, sowie in den Rödelseer Lagen Schwanleite und Küchenmeister. Silvaner ist mit einem Anteil von 30 Prozent die mit Abstand wichtigste Rebsorte bei Ruck. Es folgen Müller-Thurgau, Riesling und Grauburgunder, dann Scheurebe, Kerner und Domina. Anstelle des Kerners pflanzte er mehr Spätburgunder. Er setzt dabei auf Spätburgunderklone aus Burgund. Sohn Johann jr. unterstützt seinen Vater heute im Betrieb und ist für den Keller verantwortlich. Die meisten Weine werden im Edelstahl vergoren und bleiben lange auf der Hefe.

Vorjahre

Seit der ersten Ausgabe empfehlen wir die Ruckschen Weine, seit dieser Zeit gehören sie zur fränkischen Spitzenklasse. In diesem Jahrzehnt aber hat sich viel getan im Hause Ruck, die Stilistik hat sich komplett verändert. Früher waren die Weine immer herrlich fruchtbetont und reintönig, saftig und zugänglich, heute sind sie wesentlich puristischer, weniger charmant, aber nicht weniger beeindruckend, ganz auf Haltbarkeit vinifiziert. Die beiden Großen Gewächse gefielen uns vor zwei Jahren besonders gut, beide waren präzise und nachhaltig. Auch Estheria und Myophorium - Scheurebe und Silvaner - fanden wir spannend, wie die gesamte Kollektion, angefangen vom Gutssilvaner. 2010 waren die Basisweine frisch und klar, niedrig im Alkohol. Die Großen Gewächse behaupteten ihre Stellung, Estheria und Myophorium waren eigenständig und eigenwillig: Wir fanden sie außerordentlich spannend, 2008 mit Vorteilen bei Estheria.

Neue Kollektion

Dem 2008er Myophorium hat das Jahr auf der Flasche gut getan, er präsentiert sich dieses Jahr wesentlich komplexer, begeistert wie auch Estheria 2009, beide sind sehr eigenständige Weine, spannende Interpretationen ihrer jeweiligen Rebsorte. Die 2011er Kollektion ist stimmig: Der Riesling ist frisch und klar, der Kalb-Silvaner fruchtbetont, der Traminer zupackend bei feiner Süße, der Sauvignon Blanc überrascht mit seiner reintönigen Frucht, besitzt Frische und Biss. Der Riesling aus dem Julius-Echter-Berg ist klar und kraftvoll, da hat es das Große Gewächs schwer ihn zu toppen, schafft dies aber, ist druckvoller und präzise, auch der Silvaner präsentiert sich präzise und klar, ist druckvoll und nachhaltig. Starke Kollektion!

Weinbewertung

86 2011 Riesling **12,5 %/8,- €**
85 2011 Silvaner Iphöfer Kalb **12,5 %/10,- €**
86 2010 Grauburgunder trocken **12 %/8,- €**
89 2011 Riesling Iphöfer Julius-Echter-Berg **12,5 %/14,- €**
86 2011 Traminer Iphöfer Julius-Echter-Berg **13,5 %/12,50 €**
90 2011 Riesling „GG" Iphöfer Julius-Echter-Berg **13 %/24,- €**
90 2011 Silvaner „GG" Iphöfer Julius-Echter-Berg **13 %/24,- €**
90 2009 „Estheria" Weißwein **13,5 %/18,- €**
90 2008 „Myophorium" Weißwein **14 %/21,- €**
87 2009 Grauburgunder „Alte Reben" **13,5 %/24,- €**
87 2011 Rieslaner Spätlese Rödelseer Küchenmeister **12,5 %/12,50 €**
85 2011 Rosé „de J.R." **12 %/7,- €**

Rudloff ★★

Weingut

Franken

Mainstraße 19, 97334 Nordheim
Tel. *09381-2130,* ***Fax:*** *09381-2136*
www.weingut-rudloff.de
info@weingut-rudloff.de
Besuchszeiten: *Mo.-Fr. 10-18 Uhr, Sa. 9-14 Uhr und nach Vereinbarung*
Gästeführungen, 2 Ferienwohnungen.

Inhaber .... Peter Rudloff
Rebfläche .... 4,5 Hektar

Seit Ende des 19. Jahrhunderts sind die Müllers Weinbauern in Nordheim. Das heutige Gut wurde 1980 von Dorothea Rudloff, geb. Müller, erbaut. 1998 richtete man eine Probierstube und Ferienwohnungen ein. Bereits seit 1990 ist Sohn Peter für den Weinausbau verantwortlich, der inzwischen den Betrieb auch übernommen hat. Die Weinberge befinden sich in den Nordheimer Lagen Vögelein und Kreuzberg, sowie im Sommeracher Katzenkopf. 70 Prozent der Fläche nehmen weiße Reben ein, vor allem Müller-Thurgau und Silvaner, gefolgt von Weißburgunder und Bacchus. Zu Domina und Spätburgunder hat er zuletzt Cabernet Dorio, Cabernet Dorsa und Zweigelt hinzugepflanzt. Das Programm ist in vier Linien unterteilt: Edle Rebe, Klassische Beere, Junge Triebe und Gute Traube. Die Weine werden gezügelt und langsam vergoren. Die Weine der einfachen Linien werden im Edelstahl ausgebaut. Die besten Weine, rot wie weiß, kommen ins Barrique, wobei Peter Rudloff darauf achtet, dass die Barriquenote nicht dominiert.

Vorjahre

Vor zwei Jahren gefiel uns die Kollektion gut, ein prachtvoller Weißburgunder führte sie an, aber auch sonst überzeugten alle „Edlen Reben". 2010 blieb jahrgangsbedingt deutlich dahinter zurück. Die Weine waren frisch, angenehm niedrig im Alkohol, aber recht verhalten, der Weißburgunder aus der Serie „Edle Rebe" und die rote Cuvée standen an der Spitze.

Jahrgang 2011

Die neue Kollektion ist die stärkste, die wir bisher von Peter Rudloff verkostet haben, präsentiert sich geschlossen auf gutem und sehr gutem Niveau. Die Weine der Linie „Klassische Beere" besitzen reintönige Frucht und Frische, der Weißburgunder gefällt uns besonders gut, auch die überraschende Cuvée aus Silvaner und Traminer. Kraftvoller und stoffiger sind die Weine der Linie „Edle Rebe": Der Gewürztraminer zeigt gute Konzentration und Wärme, der Silvaner reife reintönige Frucht, am besten aber gefällt uns der kraftvolle, noch sehr jugendliche Weißburgunder. Starke Kollektion!

Weinbewertung

84 Rosé Sekt brut „Edle Rebe" **12,5 %/13,50 €**
83 2011 Weißburgunder trocken „Junge Triebe" **12,5 %/6,20 €**
82 2011 Silvaner Kabinett trocken „Klassische Beere" **13 %/6,60 €**
85 2011 Weißburgunder Kabinett trocken „Klassische Beere" **13 %/6,60 €**
84 2011 Riesling Kabinett trocken „Klassische Beere" **13 %/6,60 €**
84 2011 Gewürztraminer Kabinett trocken „Klassische Beere" **13 %/6,60 €**
86 2011 Silvaner & Traminer Spätlese trocken „Klassische Beere" **13 %/7,50 €**
86 2011 Silvaner Spätlese trocken „Edle Rebe" **13,5 %/15,- €**
88 2011 Weißburgunder Spätlese trocken „Edle Rebe" **13,5 %/15,- €**
86 2011 Gewürztraminer Spätlese trocken „Edle Rebe" **14 %/15,- €**
85 2011 „Blanc de Noir" Beerenauslese „Edle Rebe" **9 %/16,50 € /0,375l**
83 2011 Zweigelt trocken „Junge Triebe" **13,5 %/7,-€**

★★

Rumpel & Schömig

Weinbau

Franken

Obere Torstraße 3, 97273 Kürnach
***Tel.** 09367-3331; bzw. Versbacher Straße 13, 97222 Rimpar-Maidbronn. **Tel.** 09365-1644*
www.rumpel-schoemig.de
m.a.schoemig@web.de
***Besuchszeiten:** nach Vereinbarung*

Inhaber... Klemens Rumpel, Manfred Schömig
Rebfläche.............................. 2 Hektar

Klemens Rumpel und Manfred Schömig bewirtschaften seit 1986 zwei Hektar Reben im Rimparer Kobersberg, von Anfang an nach ökologischen Gesichtspunkten. Sie sind Mitglied bei Naturland und beim Bund Fränkischer Ökowinzer, Klemens Rumpel ist Vorsitzender des Bundes Fränkischer Ökowinzer. Ausgebaut werden ihre Weine bei Gerhard Roth in Wiesenbronn.

Vorjahre

2009 waren wir angetan von den reintönigen Weinen und den für Franken extrem niedrigen Preisen. Die Kollektion präsentierte sich sehr gleichmäßig auf gutem Niveau. Sehr ähnlich präsentierte sich 2010: Der Müller-Thurgau gefiel uns besonders gut, ebenfalls die als Fassprobe verkostete Domina.

Neue Kollektion

Dieses Jahr nun abgefüllt verkostet, präsentiert sie sich präzise und klar, das Jahr auf der Flasche hat ihr gut getan; etwas fülliger noch ist die 2011er, besitzt gute Struktur und dezente Vanillenoten. Frisch und geradlinig sind die beiden Seccos aus Müller-Thurgau, der Rotling enthält ein wenig Portugieser; im weißen Segment gefällt uns der Silvaner besonders gut, er präsentiert sich reintönig und kraftvoll, besitzt gute Struktur und Frische. Über die nach wie vor sehr moderaten Preise kann man sich freuen – wenn man denn Klemens Rumpel oder Manfred Schömig besucht, denn sie versenden keine Weine.

Weinbewertung

84 2011 „Secco weiß" Perlwein **11,5 %/5,50 €**
83 2011 „Schnelzer Secco" Rotling Perlwein **11,5 %/5,50 €**
85 2011 Silvaner **12,5 %/4,- €** ☺
84 2010 Müller-Thurgau **12,5 %/4,- €** ☺
83 2011 Rotling **10,5 %/4,- €** ☺
87 2010 Domina **13 %/7,- €** ☺
(87) 2011 Domina **7,- €**

Klaus & Matthias **Runkel** ★

Weingut

Rheinhessen

Petersgässchen 2, 67595 Bechtheim
Tel. *06242-2110,* ***Fax:*** *06242-5554*
www.weingut-runkel.de
info@weingut-runkel.de
Besuchszeiten: *Mo.-Fr. 8-12 + 13-18 Uhr, Sa. 9-16 Uhr*

Inhaber .... Matthias Runkel
Rebfläche .... 10 Hektar

Seit dem 17. Jahrhundert betreibt die Familie Weinbau, mit der Flaschenweinvermarktung wurde in den fünfziger Jahren des letzten Jahrhunderts begonnen. Jakob Runkel erweiterte die Rebfläche seit 1958, im Vordergrund stand aber der Küferbetrieb. Klaus Runkel und Ehefrau Gabriele bauten die Selbstvermarktung aus, seit 2006 hat sich ihr Sohn Matthias in den Betrieb eingebracht, der 2011 sein Geisenheim-Studium abschloss. Die Weinberge liegen in den Bechtheimer Lagen Rosengarten, Heilig-Kreuz, Stein, Hasensprung und Geyersberg, sowie in den Hesslocher Lagen Mondschein und Edle Weingärten. Seit 2011 befindet sich das Weingut in Umstellung zum biologischen Weinbau. Es werden jeweils zur Hälfte weiße und rote Rebsorten angebaut. Spätburgunder, St. Laurent, Portugieser, Dornfelder und Merlot sind die wichtigsten roten Rebsorten, Riesling, Grauburgunder, Chardonnay, Weißburgunder, Silvaner und Gewürztraminer die wichtigsten weißen.

Kollektion

Eine starke Kollektion stellte Matthias Runkel vor, an der Spitze eine rauchiger Spätburgunder, kraftvoll und klar, mit reifer Frucht, guter Struktur und Frische. Die Rieslinge waren alle würzig im Bouquet, verhalten, im Mund aber druckvoll und recht nachhaltig, jugendlich.

Weinbewertung

82 2011 Riesling trocken **12,5 %/7,50 €**
84 2011 Chardonnay trocken Bechtheimer **13 %/15,- €**
85 2011 „Grüner Burgunder" trocken Mondschein **12,5 %/18,- €**
85 2011 Riesling trocken Geyersberg **12,5 %/21,- €**
85 2011 Riesling trocken Heilig-Kreuz **13 %/21,- €**
87 2009 Spätburgunder trocken Bechtheimer **13,5 %/18,- €**

★

Ruppert

Weingut

Franken

Obere Stadtmauer 15, 97762 Hammelburg
***Tel.** 09732-7374, **Fax**: 09732-7337*
www.weingut-ruppert.com
kontakt@weingut-ruppert.com
***Besuchszeiten**: nach Vereinbarung*

Inhaber .... Christiana Ruppert
Rebfläche .... 6 Hektar

1938 hat der damalige Besitzer Alfons Ruppert den ersten Wein in Bocksbeutel gefüllt. Neben weißen Sorten wie Müller-Thurgau, Silvaner, Bacchus und Optima wird Spätburgunder, Domina und Portugieser angebaut.

Vorjahre

Vor zwei Jahren gefiel uns die Kollektion gut, alle Weine waren frisch und klar, unsere Favoriten waren die beiden Auslesen, Optima und Spätburgunder Weißherbst. Die 2010er Weine waren frisch, aber doch etwas verhalten.

Jahrgang 2011

Die neue Kollektion gefällt uns besser, bietet gleichmäßig gutes Niveau, am besten finden wir den fruchtbetonten halbtrockenen Rotling und den fülligen, kraftvollen Silvaner aus dem Ofental.

Weinbewertung

82 2011 „TurmSecco" Perlwein trocken **11,5 %/6,60 €**
82 2011 Riesling trocken **11,5 %/6,30 €**
79 2011 Silvaner Kabinett trocken Hammelburger Heroldsberg **12,5 %/5,60 €**
81 2011 Silvaner Spätlese trocken Hammelburger Heroldsberg **13 %/9,90 €**
85 2011 Silvaner Spätlese trocken „Ofental" **13,5 %/7,90 €/0,5l**
81 2011 Müller-Thurgau Kabinett trocken Hammelburger Trautlestal **12 %/5,50 €**
80 „2gether white" Weißwein halbtrocken **12,5 %/5,40 €**
82 2011 Bacchus Kabinett halbtrocken Hammelburger Heroldsberg **11,5 %/5,90 €**
83 2011 Rotling halbtrocken Hammelburger Trautlestal **12,5 %/5,40 €**
80 2011 Domina trocken Hammelburger Trautlestal **13,5 %/6,90 €**
80 2011 Spätburgunder trocken Hammelburger Heroldsberg **13,5 %/7,30 €**
82 2011 Spätburgunder Spätlese trocken Hammelburger Heroldsberg **14 %/12,90 €**

★☆

Ruppert-Deginther

Weingut

Rheinhessen

Kämmerergasse 8, 67596 Dittelsheim-Hessloch
***Tel.** 06244-292, **Fax**: 06244-57134*
www.ruppert-deginther.de
kontakt@ruppert-deginther.de
***Besuchszeiten**: nach Vereinbarung*

Inhaber .... Karl-Joachim Ruppert
Rebfläche .... 28 Hektar

Seit sechs Generationen betreibt die Familie Weinbau in Hessloch. Heute wird der Betrieb von Karl-Joachim Ruppert und Ehefrau Gabi geführt. Karl-Joachim Ruppert hatte den ehemaligen landwirtschaftlichen Gemischtbetrieb auf Weinbau umgestellt, die Rebfläche vergrößert und die Vermarktung ausgebaut. Junior Justus ist nach Geisenheim-Studium und Praktika bei Keller und Knipser in den Betrieb eingestiegen und kümmert sich hauptsächlich um die Weinberge. Die Weinberge liegen in den Hesslocher Lagen Liebfrauenberg und Mondschein, im Bechtheimer Hasensprung und in der Westhofener Aulerde. Der Riesling „Weißer Stein" stammt aus der ehemaligen Einzellage Lebkuchenberg, heute Teil der Lage Hesslocher Edle Weingärten. Rote Sorten wie Dornfelder, Portugieser und Spätburgunder nehmen 30 Prozent der Rebfläche ein. Wichtigste weiße Sorten sind Riesling und Silvaner. Zuletzt wurde die Traubenannahme komplett geändert, so dass keine Pumpen mehr verwendet werden müssen; neue Edelstahltanks in Größen von 240 bis 2.100 Liter wurden angeschafft. Die roten Lagenweine werden zwei Jahre in deutschen oder französischen Barriques ausgebaut.

Vorjahre

Beim starken Debüt vor zwei Jahren führte der kraftvolle Riesling vom Weißen Stein die Kollektion an. 2010 wurden die Weine länger auf der Vollhefe gelassen, erst spät geschwefelt. Anscheinend ein probates Mittel, um auf den schwierigen Jahrgang zu reagieren, denn Justus Ruppert hatte sich gut behauptet, die Weine waren frisch, kraftvoll und klar. Unser eindeutiger Favorit war wieder der Riesling vom Weißen Stein, auch der „feinherbe" Gewürztraminer gefiel uns sehr gut.

Neue Kollektion

Auch die neue Kollektion überzeugt; im weißen Segment ist wieder einmal der kraftvolle, zupackende Riesling „Weißer Stein" unser Favorit, eine schöne Überraschung aber sind die beiden gekonnt vinifizierten Rotweine. Der Spätburgunder ist reintönig und rauchig, besitzt klare reife Frucht und gute Struktur, der Cabernet Sauvignon zeigt feine Cassisnoten im Bouquet, ist füllig und kraftvoll, besitzt Struktur und Substanz.

Weinbewertung

81 2011 Silvaner Kabinett trocken Bechtheimer Pilgerpfad **13 %/5,40 €**
83 2011 Silvaner Spätlese trocken Hesslocher Edle Weingärten **13 %/6,60 €**
86 2011 Riesling Spätlese trocken „Weißer Stein" **13 %/15,10 €**
81 2011 Riesling Spätlese trocken Westhofener Aulerde **12 %/7,60 €**
81 2011 Gelber Muskateller trocken Bechtheimer Hasensprung **13 %/7,10 €**
81 2011 Chardonnay Spätlese trocken Hesslocher Edle Weingärten **13,5 %/6,80 €**
82 2011 Riesling Spätlese „feinherb" Hesslocher Liebfrauenberg **13 %/12,20 €**
83 2011 Gewürztraminer Spätlese „feinherb" Hesslocher Edle Weingärten **14 %/7,45 €**
84 2011 Riesling Spätlese Hesslocher Liebfrauenberg **12 %/6,85 €**
85 2011 Riesling Auslese Hesslocher Mondschein **10,5 %/9,95 €**
86 2009 Spätburgunder trocken Bechtheimer Hasensprung **14 %/13,45 €**
87 2009 Cabernet Sauvignon trocken Hesslocher Liebfrauenberg **14 %/23,40 €**

★★

Rux

Weingut

Württemberg

Heidenburgstraße 20, 70378 Stuttgart
Tel. *07111-51861894*
www.ruxwein.de
rux@ruxwein.de
Besuchszeiten*: nach Vereinbarung*

Inhaber .... Heike + Christoph Ruck
Rebfläche .... 2,5 Hektar

Heike Ruck hat bei Hans-Peter Wöhrwag gelernt, dann in Geisenheim studiert. Von ihrem Großvater übernahm sie 70 Ar Reben, ist 2008 aus der Genossenschaft ausgetreten und hat ihren eigenen Wein gemacht, einen tatsächlichen Garagenwein. Inzwischen hat sie sich vergrößert, ihr Mann Christoph Ruck ist nun mit an Bord, der seit 2003 Betriebsleiter bei Schloss Lehrensteinsfeld war, aus dem bekannten Weingut in Iphofen stammt. Bisher hatten Heike und Christoph Ruck nur 0,85 Hektar Reben, weshalb die 2011er Weißweine, ganz schnell ausverkauft waren; mit dem Jahrgang 2012 werden 2,5 Hektar bewirtschaftet. Bisher gibt es Riesling und Sauvignon Blanc, Trollinger, Lemberger und Spätburgunder, die Weine stammen aus steilen Terrassenlagen im Cannstatter Zuckerle.

Kollektion

Fruchtbetont und frisch präsentieren sich die Weine, klar und zupackend. Der Trollinger von alten Reben ist reintönig und kraftvoll, der Nimbus – der „Spezial-Trollinger meines Mannes", schreibt Heike Ruck – besitzt faszinierend viel Frucht, gute Konzentration, ist druckvoll und zupackend im Mund bei guter Struktur und Frische. Aber nicht nur Trollinger können Heike und Christoph Ruck: Der Spätburgunder ist herrlich reintönig und fruchtbetont, der Lemberger intensiv, füllig und kraftvoll, besitzt reintönige Frucht, gute Struktur und Frische – die Kennzeichen aller Rux-Weine. Wir freuen uns auf die kommenden Jahrgänge!

Weinbewertung

84 2011 Trollinger trocken „Alte Reben" **8,- €**
85 2011 Spätburgunder trocken **15,- €**
86 2011 Lemberger trocken **16,- €**
87 2011 Trollinger trocken „Nimbus" **18,50 €**

★★★

Schloss Saarstein

Weingut

Mosel

54455 Serrig
***Tel.** 06581-2324, **Fax:** 06581-6523*
www.saarstein.de
weingut@saarstein.de
***Besuchszeiten**: nach Vereinbarung*

Inhaber .... Christian Ebert
Rebfläche .... 11 Hektar

Das Weingut Schloss Saarstein wurde 1828 von einem Schifffahrtsunternehmer gegründet, der die Weinberge des damaligen Saarsteiner Schlossberges kaufte und im Tal ein Kelterhaus baute. Schloss Saarstein war Gründungsmitglied des Großen Rings in Trier. 1956 erwarb Dieter Ebert das Gut, das heute von seinem Sohn Christian Ebert und Ehefrau Andrea geführt wird. Schloss Saarstein gehört in Alleinbesitz die direkt am Gutshaus arrondiert liegende Lage Serriger Schloss Saarstein, in der die Reben in 160 bis 200 Meter Höhe auf blauem Devonschiefer wachsen, in Steilhängen mit bis zu 60 Prozent Steigung. Der älteste Weinberg besteht aus 1943 gepflanzten wurzelechten Rieslingreben. Christian Ebert baut neben Riesling ein klein wenig Weißburgunder und Grauburgunder an. Die Weine werden stark vorgeklärt und geschönt, dann mit den eigenen Hefen langsam vergoren, teils im Fuder, teils im Edelstahl.

Vorjahre

2009 war rundum überzeugend, mit eleganten, feingliedrigen Weinen bis hinauf zur Beerenauslese mit markanter Säure. 2010 war jahrgangsbedingt verhaltener; die Auslese gefiel uns sehr gut, ebenso Spätlese und „Alte Reben".

Jahrgang 2011

2011 nun ist klar stärker, angefangen vom frischen, klaren Gutsriesling, die Weine zeigen reintönige Frucht und dezent mineralische Noten. Der Riesling von alten Reben besitz Kraft, Struktur und Substanz, ebenso wie die stoffige, harmonische „feinherbe" Spätlese, die zupackende süße Variante steht ihnen kaum nach. Edelsüß glänzen zwei faszinierend reintönige Auslesen, beide würzig und konzentriert, klar, zupackend und lang.

Weinbewertung

82 2011 Pinot Blanc **12,5 %/8,50 €**
83 2011 Pinot Gris **13 %/9,- €**
82 2011 Riesling trocken **12 %/8,- €/1l**
84 2011 Riesling Kabinett trocken „Grauschiefer" **12,5 %/10,50 €**
88 2011 Riesling Spätlese „Alte Reben" **13,5 %/15,-€**
84 2011 Riesling Kabinett „feinherb" Serriger Schloss Saarsteiner **12 %/10,50 €**
88 2011 Riesling Spätlese Serriger Schloss Saarsteiner **12 %/14,50 €**
84 2011 Riesling Kabinett Serriger Schloss Saarsteiner **9 %/10,50 €**
87 2011 Riesling Spätlese Serriger Schloss Saarsteiner **8 %/14,50 €**

90 2011 Riesling Auslese Serriger Schloss Saarsteiner **7,5 %/27,50 €**
91 2011 Riesling Auslese (Goldkapsel) Serriger Schloss Saarsteiner **7,5 %/Verst.**

Salm-Dalberg'sches ★☆

Prinz zu, Weingut

Nahe

Schlossstraße, 55595 Wallhausen
Tel. *06706-94440,* ***Fax:*** *06706-944424*
www.prinzsalm.de
info@prinzsalm.de
Besuchszeiten: *Mo.-Fr. 8-12 + 13-17 Uhr*

Inhaber .... Michael Prinz zu Salm-Salm
.... Constantin Prinz zu Salm-Salm
Rebfläche .... 12,5 Hektar

Unbestritten die Nummer Eins beim Salm-Dalberg'schen Weingut ist der Riesling, der etwa 70 Prozent der Rebfläche einnimmt. Daneben gibt es vor allem noch Spätburgunder, aber auch Grauburgunder, Weißburgunder und Silvaner. Michael Prinz zu Salm-Salm hat bereits 1989 mit der Umstellung auf ökologischen Weinbau begonnen, das Weingut ist seit 1995 zertifizierter Naturland-Betrieb. Mit Lagenbezeichnung werden bei Salm-Dalberg nur noch Rieslinge aus den Lagen Wallhäuser Johannisberg und Felseneck, sowie aus dem Roxheimer Berg vermarktet. Der Ausbau der Weine erfolgt in Holzfässern.

Vorjahre

2009 gefiel uns das Große Gewächs aus dem Johannisberg etwas besser als das aus dem Berg, zwischen beiden platzierte sich das neue Große Gewächs aus dem Felseneck. Diese Reihenfolge bestätigte sich im vergangenen Jahr bei der erneuten Verkostung. 2010 gefiel uns der Riesling Felseneck etwas besser als der Johannisberg-Riesling, die Basisweine waren frisch und klar, die feine Spätlese zeigte Zitrusfrüchte und Pfirsiche, der barriqueausgebaute Spätburgunder war klar und zupackend.

Jahrgang 2011

In diesem Jahr ist unter dem süßen Teil des Sortiments die ausgewogene Spätlese aus dem Berg mit Würze und feinem Säurebiss unser Favorit, die beiden gleich bewerteten, hochfarbigen Trockenbeerenauslesen besitzen zwar Konzentration und viel süße Frucht, aber wenig Reintönigkeit und Frische. Die beiden Großen Gewächse, von denen uns das Felseneck wieder etwas besser gefällt als der Johannisberg, sind saftig und füllig, aber vor allem der Johannisberg zeigt auch störende grasig-grüne Noten, die in der offenen Flasche von Tag zu Tag deutlicher werden.

Weinbewertung

81 2011 „Der Salm" trocken **12 %/6,90 €**
83 2011 Riesling trocken „Grünschiefer" **12,5 %/12,- €**
86 2011 Riesling „GG" Johannisberg Wallhausen **13,5 %/25,- €**
87 2011 Riesling „GG" Felseneck Wallhausen **13,5 %/23,- €**
83 2011 Riesling „vom Roten Schiefer" **13 %/12,- €**
82 2011 Riesling Kabinett **10 %/8,50 €**
86 2011 Riesling Spätlese Berg Roxheim **10 %/15,- €**
86 2011 Riesling Trockenbeerenauslese Berg Roxheim **9 %/85,- €**
86 2011 Riesling Trockenbeerenauslese Johannisberg Wallhausen **7 %/95,- €**

★★★★☆

Salwey

Weingut

Baden

Hauptstraße 2, 79235 Oberrotweil/Kaiserstuhl
Tel. 07662-384, Fax: 07662-6340
www.salwey.de
weingut@salwey.de
Besuchszeiten: Mo.-Sa. 14-18 Uhr, Sa. 11-17 Uhr

Inhaber .... Konrad und Franziska Salwey
Rebfläche .... 40 Hektar

Seit 2002 bereits war Konrad Salwey für An- und Ausbau der Weine verantwortlich, das er set dem Tod seines Vaters Wolf-Dietrich Salwey führt. Das Gros der Weinberge liegt in Oberrotweil am Kaiserstuhl, in den Lagen Käsleberg (Lössboden), Henkenberg und Eichberg (beide vulkanischen Ursprungs mit Asche und tuffhaltigem Gestein), sowie der kleinen Lage Kirchberg mit steinigen, felsigen Böden, die dem Weingut zu etwa 80 Prozent gehört. In den Weinbergen im Glottertal, einem Schwarzwaldtal, wird an dessen Südwesthängen auf Gneisverwitterungsböden vor allem Spätburgunder angebaut. Spätburgunder und Grauburgunder sind mit Abstand die wichtigsten Rebsorten im Betrieb, hinzu kommt noch Weißburgunder, Riesling und Silvaner, sowie ein klein wenig Müller-Thurgau, Chardonnay, Auxerrois, Muskateller und Gewürztraminer. Seit dem Jahrgang 2008 gibt es aus den Lagen Oberrotweiler Käsleberg und Glottertäler Eichberg RS-Weine der Sorten Grauburgunder und Weißburgunder, dazu einen Spätburgunder Weißherbst. Im Oberrotweiler Kirchberg wurden 2009 die Weinberge wieder überwiegend in ihren Zustand vor der Terrassierung zurückversetzt, mit Hangneigungen bis zu 45 Prozent.

Vorjahre

2009 zeigte sich eine kleine stilistische Änderung, manche der Großen Gewächse waren stark von Spontangärung geprägt, auch schien Konrad Salwey mit langen Maischestandzeiten und Maischegärung gearbeitet zu haben. Die Weine waren sehr puristisch, präzise und nachhaltig, wenn vielleicht auch – in ihrer Jugend – weniger zugänglich, weniger „saftig". Uns gefiel es sehr gut; die 2008er Spätburgunder-Kollektion überzeugte ebenfalls wurde angeführt vom Großen Gewächs aus dem Kirchberg, der gleichfalls hervorragende Spätburgunder aus dem Glottertäler Eichberg, bestach mit Präzision und Nachhaltigkeit. 2010 waren die Weine weniger extrem, allerdings konstatierten wir eine große Kluft zwischen Qualitäts- und Kabinettweinen einerseits, Spätlesen und Großen Gewächsen andererseits; unter den vier hervorragenden weißen Großen Gewächsen galt unsere leichte Präferenz dem Grauburgunder aus dem Henkenberg Den Spätburgunder aus dem Kirchberg gab es 2009 zusätzlich in einer „Rappen"-Version, die uns fast ebensogut gefiel wie die herrlich kraftvolle „normale" Version.

Weißburgunder 2011

Der Gutswein ist frisch und klar, der Weißburgunder „RS" besitzt reife, reintönige Frucht, gute Struktur, Substanz und Frische. Als Großes Gewächs hat Konrad Salwey in diesem Jahr nur den Wein aus dem Henkenberg präsentiert, der zu den großen Weißburgundern des Jahrgangs in Deutschland zählt, der Wein aus dem Kirchberg wurde erst später gefüllt. Der Henkenberg zeigt gute Konzentration und reife, reintönige Frucht im Bouquet, ist füllig im Mund, besitzt reife, süße Frucht, gute Substanz und Länge.

Grauburgunder 2011

Bei den Grauburgundern gibt es starke interne Konkurrenz, denn der „RS" ist herrlich reintönig, stoffig und kraftvoll bei viel Substanz. Der Henkenberg ist konzentriert und rauchig, besitzt eigenwillig würzige Noten, viel Kraft und Substanz, Wärme und Frische im Abgang. Der Eichberg 2011 war zum Zeitpunkt der Verkostung noch am Gären,

Spätburgunder 2010

Bei den Spätburgundern gelingt es Konrad Salwey Jahr für Jahr besser, Unterschiede zwischen den Großen Gewächsen herauszuarbeiten. Der Wein aus dem Oberrotweiler Eichberg ist herrlich reintönig, würzig und konzentriert, besitzt viel Kraft und reife Frucht. Der Henkenberg-Spätburgunder ist ähnlich kraftvoll und füllig, besitzt aber viel Frische und gute Struktur, ist noch sehr jugendlich. Der kompletteste Wein ist der Kirchberg-Spätburgunder, zeigt gute Konzentration und etwas Gewürze im Bouquet, ist füllig und komplex im Mund – in beiden Versionen. Eine überzeugende, starke 2010er Spätburgunder-Kollektion!

Weinbewertung

82 2011 Grauburgunder **13 %/5,30 €/1l**
84 2011 Weißburgunder **13 %/8,95 €**
82 2011 Grauburgunder **13 %/8,95 €**
83 2011 Weißherbst Glottertäler **12,5 %/8,95 €**
88 2011 Weißburgunder „RS" **13 %/14,30 €**
89 2011 Grauburgunder „RS" **13 %/14,30 €**
91 2011 Weißburgunder „GG" Henkenberg **13,5 %/25,50 €**
90 2011 Grauburgunder „GG" Henkenberg **13,5 %/25,50 €**
80 2010 Spätburgunder trocken **13 %/7,85 €/1l**
82 2010 Spätburgunder trocken **13 %/8,95 €**
91 2010 Spätburgunder „GG" Henkenberg **13,5 %/25,50 €**
91 2010 Spätburgunder „GG" Eichberg Oberrotweil **13,5 %/35,- €**
92 2010 Spätburgunder „Rappen" Kirchberg **13,5 %/35,- €**
92 2010 Spätburgunder „GG" Kirchberg **13,5 %/50,- €**

★★★

Sander

Weingut

Rheinhessen

In den Weingärten 11, 67582 Mettenheim
***Tel.** 06242-1583, **Fax:** 06242-6589*
www.sanderweine.de
info@sanderweine.de
***Besuchszeiten:** nach Vereinbarung*

Inhaber.......................... Familie Sander
Rebfläche............................ 25 Hektar

Bereits in den fünfziger Jahren hatte Otto Heinrich Sander konsequent auf chemische Mittel verzichtet und sich dem ökologischen Weinbau verschrieben, gilt allgemein als ältestes Bio-Weingut in Deutschland. Sohn Gerhard, der den Betrieb 1979 übernahm, und Enkel Stefan führen heute diese Arbeit fort, das Weingut wird biodynamisch bewirtschaftet, ist Mitglied bei Naturland und Demeter. An weißen Sorten, die 55 Prozent der Weinberge einnehmen, gibt es Riesling, Weißburgunder, Sauvignon Blanc, Müller-Thurgau, Kerner, Silvaner und Chardonnay. Auch bei den roten Sorten finden sich mit Merlot und Cabernet Sauvignon internationale Rebsorten neben Spätburgunder, Dornfelder, Portugieser und Schwarzriesling. Die Weine werden zu über 90 Prozent trocken ausgebaut.

Vorjahre

Schon in der ersten Ausgabe waren wir angetan vom guten, gleichmäßigen Niveau der Sanderschen Kollektion. Seither hat immer jeder Wein überzeugt, in den letzten Jahren haben die Weine weiter an Komplexität und Nachhaltigkeit gewonnen. Mit der 2009er Kollektion setzte sich der Aufwärtstrend fort. Zwei kraftvolle Rieslinge, aus Michelsberg und Schlossberg, führten eine durchgängig überzeugende Kollektion an. In der Spitze gefiel uns die letztjährige Kollektion nochmals besser, vor allem der Schlossberg-Riesling mit seiner Präzision und Nachhaltigkeit, auch der Geyersberg-Riesling hatte an Kontur gewonnen, der Michelsberg-Spätburgunder präsentierte sich wunderschön elegant. Überzeugend war aber auch der Rest der Kollektion, angefangen vom Sekt über Chardonnay und Sauvignon Blanc, den fülligen Ortsweinen bis hin zum Cabernet Sauvignon.

Neue Kollektion

Die neue Kollektion präsentiert sich geschlossen auf sehr gutem Niveau. Der Gutsriesling ist frisch und klar, der Mettenheimer Riesling reintönig und zupackend, der aus dem Michelsberg lebhaft und geradlinig. Die erwartete Steigerung durch den Schlossberg-Riesling blieb allerdings aus, im fehlt die Spannung, die uns im vergangenen Jahr so begeistert hatte. Aber nicht nur Riesling erzeugen die Sanders auf hohem Niveau, auch Weißburgunder und Silvaner, Sauvignon Blanc und Chardonnay, alle Weine besitzen reintönige Frucht und gute Substanz, alle sind sehr gut, auch wenn uns manch ein Wein mit etwas weniger Restsüße noch besser gefallen könnte. Der Michelsberg-Spätburgunder ist ein würdiger Nachfolger des 2009er, besitzt reintönige Frucht, gute Fülle und Konzentration.

Weinbewertung / keine Preisangaben

83 2011 Riesling trocken **12 %**
86 2011 Riesling „S" Mettenheimer **13 %**
87 2011 Riesling trocken Mettenheimer Michelsberg **13 %**
86 2011 Riesling trocken Mettenheimer Schlossberg **13,5 %**
86 2011 Silvaner trocken „Alte Rebe" Mettenheimer Schlossberg **13 %**
86 2011 Chardonnay trocken **13 %**
86 2011 Sauvignon Blanc trocken **13 %**
86 2011 Weißburgunder trocken Mettenheimer Michelsberg **13 %**
87 2010 Spätburgunder trocken Mettenheimer Michelsberg **13,5 %**

★★

St. Annaberg

Weingut **Pfalz**

St. Annagut, 76835 Burrweiler
***Tel.** 06345-3258, **Fax:** 06345-918140*
www.sankt-annaberg.de
lergenmueller@t-online.de
***Besuchszeiten:** nach Voranmeldung*
Gutsschänke (geöffnet Mi.-Fr. ab 15 Uhr, Sa./So. ab 12 Uhr)
Gästezimmer

Inhaber .... Familie Lergenmüller
Rebfläche .... 7,5 Hektar

Die Weinberge vom Weingut St. Annaberg, dem den eigenen Angaben zufolge höchstgelegenen Weingut der Pfalz, sind arrondiert in der Monopollage St. Annaberg, drei Hektar davon sind Terrassenlagen. Das Gut wurde 1998 von der Familie Lergenmüller (siehe Weingut Lergenmüller) übernommen, wird aber als eigenständiges Gut weitergeführt. Neben Riesling gibt es etwas Gewürztraminer, Gelben Muskateller und Spätburgunder.

Vorjahre

Vor zwei Jahren präsentierte sich der Riesling aus der Gleisweiler Hölle etwas zurückhaltender, der Burrweiler Schäwer zeigte etwas mehr Transparenz und Mineralität. Auch im vergangenen Jahr hatte der Schäwer die Nase vorne und lag knapp vor dem rauchig-mineralischen Riesling aus dem Kastanienbusch und deutlich vor der etwas zu süßen und zu verhaltenen Hölle.

Neue Kollektion

In diesem Jahr liegen die Weine aus dem Schäwer und dem Kastanienbusch gleichauf an der Spitze der Kollektion, beide Weine brauchen viel Luft und zeigen dann feine mineralische Noten. Der neue Top-Riesling „Privatreserve" hat Substanz, leidet aber an einem zu starken Holzeinsatz, die Röstnoten stehen viel zu sehr im Vordergrund. Gelungen ist hingegen die dichte und cremige Beerenauslese.

Weinbewertung

85 2011 Riesling trocken Gleisweiler Hölle **13 %/9,- €**

83 2011 Riesling trocken „Terrassenlage" Burrweiler Sankt Annaberg **12 %/11,- €**

87 2011 Riesling trocken „GG" Birkweiler Kastanienbusch **13 %/18,- €**

87 2011 Riesling trocken „GG" Burrweiler Schäwer **13 %/22,- €**

85 2011 Riesling trocken „Privatreserve" Burrweiler Sankt Annaberg **12,5 %/31,40 €**

82 2011 Riesling „feinherb" „355 N.N." Burrweiler Sankt Annaberg **12,5 %/9,- €**

84 2011 Gewürztraminer Burrweiler Sankt Annaberg **13,5 %/9,- €**

86 2011 Riesling Beerenauslese Burrweiler Sankt Annaberg **8,5 %/29,- €/0,375l**

★★

Sankt Annagarten

Weingut

Württemberg

St. Annagärten 1, 71717 Beilstein
Tel. *07062-3166,* ***Fax:*** *07062-22851*
www.sankt-annagarten.de
info@sankt-annagarten.de
Besuchszeiten: *Mo.-Fr. 9-12 + 13:30-19 Uhr, Sa. 9-15 Uhr*

Inhaber... Hans und Renate Wiedenmann GbR
Rebfläche............................ 10,5 Hektar

Die Weinberge von Hans und Renate Wiedenmann liegen am Beilsteiner Wartberg, die Böden hier sind vom Keuper geprägt. Trollinger und Riesling sind die wichtigsten Rebsorten, gefolgt von Schwarzriesling, Lemberger, Samtrot und Grauburgunder, zuletzt neu gepflanzt wurden Spätburgunder und Sauvignon Blanc. Nach Stationen in Geisenheim, Südafrika und Siebeldingen (Rebholz) ist Sohn Marcel seit 2007 offiziell im Weingut tätig. In Zukunft soll die Lage Beilsteiner Wartberg stärker in den Vordergrund gerückt werden. Marcel Wiedenmann vermarktet seine Lieblingsweine in der Linie „Generation". Das Weingut befindet sich in der Umstellung zum biologischen Weinbau.

Vorjahre

Vor zwei Jahren bot die Kollektion kraftvolle, eigenständige Weine mit Konzentration und Fülle. Auch die letztjährige Kollektion gefiel uns sehr gut: Die 2010er Weißweine waren kraftvoll und klar, die Spitzen-Roten besaßen Kraft und Substanz bei klarer Frucht. Im Auge behalten, lautete unsere Empfehlung im vergangenen Jahr.

Weißweine

Sehr stimmig präsentieren sich 2011 die Weißweine, angefangen beim druckvollen, klaren Riesling Kabinett bis hin zum „Experimentalwein", dem maischevergorenen Grauburgunder: Das muss man nicht mögen, interessant ist es allemal. Große Klasse ist der Riesling „Generation" aus dem Jahrgang 2010, präsentiert sich frisch, kraftvoll, präzise und lang – bei erfreulich zurückhaltendem Alkoholgehalt.

Rotweine

Ebenso stimmig ist der rote Teil der Kollektion. Schon der reintönige Lemberger „Tradition" bereitet viel Freude, der Trollinger „Generation" besitzt Struktur und Kraft, die beiden „Sankt Anna"-Barriqueweine sind klar und präzise, kompromisslos vinifiziert.

Weinbewertung

84 2011 Riesling Kabinett trocken „Gipskeuper" Beilsteiner Sankt Annagarten **12,5 %/6,- €**

85 2011 Grauburgunder Spätlese trocken „Muschelkalk" Beilsteiner Sankt Annagarten **13,5 %/7,80 €**

86 2011 Riesling Spätlese trocken „Kieselsandstein" Beilsteiner Sankt Annagarten **13 %/9,50 €**

89 2010 Riesling Auslese trocken „Generation" **12,5 %/12,80 €**

87 2011 Grauburgunder trocken „Generation G" **12,5 %/12,80 €**

82 2011 „Cuvée Anna W." Weißwein Kabinett trocken Beilsteiner Sankt Annagarten **12,5 %/6,10 €**

83 2011 Riesling Kabinett „feinherb" Beilsteiner Sankt Annagarten **12,5 %/6,- €**

82 2011 Trollinger trocken „Alte Reben" Beilsteiner Sankt Annagarten **12,5 %/5,70 €**

86 2011 Trollinger trocken „Generation" **12,5 %/9,50 €**

85 2010 Lemberger trocken „Tradition" Beilsteiner Sankt Annagarten **12,5 %/6,60 €**

86 2006 Samtrot Auslese trocken „Sankt Anna" **13,5 %/12,80 €**

87 2009 „Sankt Anna Selbander" Rotwein trocken **4 %/12,80 €**

St. Antony ★★☆

Weingut

Rheinhessen

Wilhelmstraße 4, 55283 Nierstein
Tel. *06133-50911-0,* ***Fax:*** *06133-50911-299*
www.st-antony.de
info@st-antony.de
Besuchszeiten: *Mo.-Fr. 8-18 Uhr, Sa. 10-15 Uhr*

Inhaber .... Detlev Meyer
Geschäftsführer .... Felix Peters
Rebfläche .... 42 Hektar

Das 1920 auf einem Gelände der MAN-Vorgängerfirma GHH gegründete Weingut wurde 2005 von der MAN AG an Detlev Meyer verkauft. Durch Weinbergskauf und Tausch liegt nun drei Viertel der Rebfläche direkt im Roten Hang. Dort besitzt das Weingut größere Anteile an den Lagen Orbel, Oelberg, Hipping und Pettenthal. Wichtigste Rebsorte ist Riesling, der gut drei Viertel der Fläche einnimmt. Dazu gib es etwas Spätburgunder, Weißburgunder, Dornfelder und ein klein wenig Silvaner. Seit 2007 werden alle Weinberge ökologisch bewirtschaftet. Die Weine werden überwiegend trocken ausgebaut. Das ehemalige Weingut Heyl zu Herrnsheim wurde ebenfalls von Detlef Meyer erworben und in das Weingut St. Antony integriert. Die Weine werden vom selben Team und im selben Keller (ein Neubau ist in Planung) ausgebaut, Heyl zu Herrnsheim bleibt aber als eigenständige Marke erhalten, wobei das Sortiment reduziert wurde auf Weißburgunder, Rotschiefer Riesling und das Große Gewächs aus dem Brudersberg.

Vorjahre

Die Weine aus Pettenthal und Orbel führten 2009 eine etwas verhaltenere Kollektion an; 2010 hatten sich die Basisweine gut behauptet.

Neue Kollektion

Die nun in diesem Jahr verkosteten 2010er Großen Gewächse aus Brudersberg und Orbel konnten uns nicht überzeugen, auch dem 2011er Brudersberg fehlt es ein wenig an Charme. Ganz hervorragend aber sind 2011 Orbel und Pettenthal. Der Orbel ist offener, wunderschön harmonisch, elegant und lang, der Wein aus Pettenthal kraftvoller und konzentrierter, zeigt viel Duft im Bouquet, ist reintönig im Mund, dezent mineralisch, lang.

Weinbewertung

85 2011 Riesling trocken „Heyl zu Herrnsheim" **10,90 €**

81 2011 Weißburgunder trocken **8,50 €**

84 2011 Riesling trocken „Bodenschatz" **7,90 €**

90 2011 Riesling „GG" Orbel **16,- €**

85 2010 Riesling „GG" Orbel **16,- €**

90 2011 Riesling „GG" Pettenthal **21,- €**

87 2011 Riesling „GG" Brudersberg „Heyl zu Herrnsheim" **35,- €**

85 2010 Riesling „GG" Brudersberg „Heyl zu Herrnsheim" **35,- €**

Abtei St. Hildegard ★

Klosterweingut

Rheingau

Klosterweg 1, 65385 Rüdesheim
***Tel.** 06722-499130, **Fax:** 06722-499185*
www.abtei-st-hildegard.de
weingut@abtei-st-hildegard.de
***Besuchszeiten:** Mo.-Sa. 9.30-11:45 + 14-17 Uhr*
(außer an kirchlichen Feiertagen)

Inhaber .... Abtei St. Hildegard
Rebfläche .... 7 Hektar

Die Tradition des Weinbaus reicht zurück bis in die Zeit der Gründung der Abtei im 12. Jahrhundert. Die Weinberge liegen meist rings um die Abtei in Lagen, deren Namen deutliche Hinweise auf die Bedeutung der Kirche vermitteln – wie Klosterberg oder Klosterlay. Etwa 80 Prozent der Rebfläche nimmt Riesling ein, auf dem restlichen Teil stehen Spätburgunderreben. Die Weine werden, mit Ausnahme der roten Varianten, reduktiv im Stahltank ausgebaut und zeigen sich frisch und zugänglich.

Vorjahre

Die 2009er Rieslinge waren sehr erfreulich, saftig und direkt. 2010 gelang, gemessen an den Bedingungen des Herbstes, recht gut; alle Weine wirkten saftig und frisch, auch wenn die Säure deutlich merkbar blieb.

Neue Kollektion

Aus der Preisgestaltung der 2011er Kollektion werden wir zwar nicht schlau (der Kabinett kostet mehr als die Spätlese), aber an der Qualität der duftigen, knackig wirkenden Rieslinge ist wieder mal nicht das Geringste auszusetzen. Lediglich vom Perlwein hätten wir für diesen Preis etwas mehr erwartet.

Weinbewertung

77 2011 Spätburgunder Weißherbst Perlwein „Klostersecco" **11,2 %/10,80 €**
84 2011 Riesling Spätlese trocken „Domus Domini" **12,7 %/11,- €**
81 2011 Riesling Spätlese halbtrocken „Mons Sanctus" **11,4 %/11,- €**
83 2011 Riesling Spätlese „feinherb Benedictus" **11,2 %/9,80 €**
82 2011 Riesling Kabinett „Hildegardis Prophetissa" **10,3 %/14,80 €**
82 2011 Riesling Spätlese „Hildegardis Scivias" **10,2 %/14,50 €**

St. Nikolaus-Hof ★☆

Weingut

Mosel

Mühlenstraße 44, 54340 Leiwen
***Tel.** 06507-8107, **Fax:** 06507-802821*
www.nikolaushof.de
klausschweicher@t-online.de
***Besuchszeiten:** nach Vereinbarung*
Weinprobierstube (10 Personen)

Inhaber .... Klaus und Annegret Schweicher
Rebfläche .... 7 Hektar

Der Vater von Klaus Schweicher hatte den Betrieb bis in die achtziger Jahre als reinen Fassweinbetrieb geführt und dann nach und nach begonnen, Weine auch über die Flasche zu verkaufen. Im Jahr 2000 übernahm Klaus Schweicher den Betrieb und setzt seither konsequent auf Ertragsbeschränkung und Qualität. Durch Zukauf hat er seine Fläche in der Leiwener Spitzenlage Laurentiuslay vergrößert, wo er Querterrassen angelegt und einen Hektar neu bepflanzt hat. Daneben besitzt er unter anderem auch Weinberge im Wintricher Ohligsberg und in der Trittenheimer Apotheke. Neben Riesling (90 Prozent) werden Müller-Thurgau, Spät- und Weißburgunder angebaut. Besonders stolz ist Klaus Schweicher auf die felsige Parzelle „Vor dem Stortel", gut einen halben Hektar groß, die sich in Alleinbesitz des Gutes befindet.

Vorjahre

2009 überzeugte, 2010 hatte seine Stärken im edelsüßen Segment mit Auslese und Beerenauslese aus der Parzelle „Vor dem Stortel".

Jahrgang 2011

2011 nun ist etwas verhaltener bei leichten Vorteilen im restsüßen Segment, die süffige, harmonische süße Spätlese hat uns am besten gefallen, der halbtrockene Gutsriesling ist frisch und klar.

Weinbewertung

81 2011 Riesling Hochgewächs trocken **12 %/5,50 €**
82 2011 Riesling halbtrocken **11 %/6,- €/1l**
81 2011 Riesling Hochgewächs halbtrocken **11,5 %/5,50 €**
80 2011 Riesling Hochgewächs **8 %/5,50 €**
83 2010 Riesling Spätlese „feinherb" Wintricher Ohligsberg **11,5 %/7,50 €**
84 2011 Riesling Spätlese Leiwener Laurentiuslay **8 %/7,50 €**

St. Remigius

★★

Weingut

Baden

Rittgasse 17, 79291 Merdingen
***Tel.** 07668-5718, **Fax**: 07668-7252*
st.remigius@web.de
www.weingut-st-remigius.de
***Besuchszeiten**: nach Vereinbarung*
Weinproben mit Vesper (bis 40 Personen)

Inhaber ...... Edgar Bärmann und Conrad Isele
Rebfläche .... 8 Hektar

Das Weingut St. Remigius wurde 1988 von Edgar Bärmann und Conrad Isele gegründet. Neben Weinbergen am Tuniberg in den Lagen Merdinger Bühl und Niederrimsinger Rotgrund besitzen sie auch Weinberge am Kaiserstuhl, und zwar in der Lage Achkarrer Schlossberg. Gut die Hälfte der Rebfläche nimmt Spätburgunder ein. Es folgen Grau- und Weißburgunder. Dazu gibt es etwas Chardonnay, Müller-Thurgau, Riesling, Sauvignon Blanc und andere Versuchssorten, inzwischen auch Merlot. Die Weine werden überwiegend trocken ausgebaut. Nicht nur Spätburgunder, sondern auch Chardonnay und Weißburgunder kommen ins Barrique. Neben Weinbau besitzen Edgar Bärmann und Conrad Isele eineinhalb Hektar mit Kern- und Steinobst, deren Ertrag in der hauseigenen Brennerei verwertet wird.

Vorjahre

Vor zwei Jahren überzeugte die Kollektion, präsentierte sich sehr geschlossen auf gutem Niveau. Sehr gut gefiel uns auch die letztjährige Kollektion, bot fruchtbetonte, klare Weißweine, fruchtintensive Rotweine. Der Chardonnay überzeugte, wie so oft, im weißen Segment am meisten, aber auch Weißburgunder Spätlese und Sauvignon Blanc waren sehr gut; im roten Segment fiel uns die Wahl schwer zwischen der üppigen Auslese und dem etwas geradlinigeren „SR".

Neue Kollektion

Auch die neue Kollektion ist stark, bietet kraftvolle, präzise Weißweine, darunter ein zupackender, reintöniger Sauvignon Blanc, und klare, fruchtbetonte Rotweine. Unser Favorit im Programm ist der Spätburgunder Reserve, der gute Konzentration und reintönige Frucht im Bouquet zeigt, füllig, kraftvoll und reintönig im Mund ist bei guter Struktur und Frische.

Weinbewertung

82 2010 Weißburgunder Kabinett trocken Merdinger Bühl **13 %/6,10 €**
84 2010 Grauburgunder Kabinett trocken Merdinger Bühl **13 %/6,10 €**
85 2011 Weißburgunder Spätlese trocken Achkarrer Schlossberg **13,5 %/7,80 €**
83 2011 Grauburgunder Spätlese trocken Achkarrer Schlossberg **13,5 %/7,80 €**
85 2011 Sauvignon Blanc Spätlese trocken Achkarrer Schlossberg **13 %/9,70 €**
85 2005 Chardonnay Eiswein **14 %/35,- €/0,375l**
83 2010 Spätburgunder trocken Achkarrer Schlossberg **13,5 %/6,60 €**
83 2009 Merlot trocken Niederrimsinger Rotgrund **14 %/9,80 €**
87 2009 Spätburgunder trocken „Reserve" **13,5 %/11,90 €**

★★★★
Sankt Urbans-Hof
Weingut **Mosel**

Urbanusstraße 16, 54340 Leiwen
Tel. *06507-93770,* ***Fax:*** *06507-937730*
www.urbans-hof.com
info@urbans-hof.com
Besuchszeiten: *Mo.-Fr. 8-17, Sa./So. nach Vereinbarung*
Landhaus St. Urban (Büdlicherbrück/Naurath)

Inhaber .... Nik Weis
Rebfläche .... 33 Hektar

Der Sankt Urbans-Hof wurde 1947 auf einer Anhöhe bei Leiwen von Nicolaus Weis erbaut und wird heute in dritter Generation von seinem Enkel Nik Weis geführt. Riesling spielt die dominierende Rolle. Ungewöhnlich ist die Verteilung der Parzellen: Neben Weinbergen an der mittleren Mosel (zum Beispiel in den Lagen Leiwener Laurentiuslay und Piesporter Goldtröpfchen) besitzt Nik Weis auch Weinberge an der Saar (Ockfener Bockstein, Wiltinger Schlangengraben, Saarfeilser). Die Trauben werden aber alle in Leiwen gekeltert, ausgebaut und abgefüllt. Die Weine werden teils im Edelstahl, teils im Holzfass ausgebaut. Typisch für die Rieslinge aus dem Sankt Urbans-Hof ist die Spontanvergärung. In manchen Jahren führte diese zu unverkennbaren, in der Jugend manchmal gewöhnungsbedürftigen Aromen. Seit einiger Zeit sind diese Noten allerdings auch bei den Jungweinen nicht mehr so dominant, wirken eher wild und animierend als aufdringlich.

Vorjahre

2009 waren es die Kabinettweine, die mit Frische und saftiger Art überzeugten, klasse präsentierten sich die edelsüßen Spitzen. 2010 haben sich Nic Weis und sein Team sehr gut behauptet, angefangen von den Gutsrieslingen bis hin zu den edelsüßen Spitzen. Im Kabinettbereich gefiel uns der Wein aus dem Goldtröpfchen am besten, die Phalanx an Spätlesen und Auslesen war beeindruckend.

Jahrgang 2011

Der Reigen beginnt mit einem frischen klaren Gutsriesling und einem wunderschön leichten trockenen Saarfeilser. Das Große Gewächs aus der Laurentiuslay zeigt gute Konzentration und herrlich eindringliche, reintönige Frucht im Bouquet, ist füllig und saftig im Mund, recht süß bei viel Substanz. Die beiden „feinherben" Kabinettweine von alten Reben sind frisch und zupackend, der Kabinett aus dem Bockstein klar und zupackend, wie im Vorjahr aber gefällt uns der wunderschön reintönige, komplexe Kabinett aus dem Goldtröpfchen ein klein wenig besser. Die drei präsentierten Spätlesen unterscheiden sich klar voneinander, nur für welche man sich entscheidet, da fällt die Wahl schwer. Der Wein aus der Laurentiuslay besitzt viel Konzentration, viel Substanz und Struktur, die Bockstein-Spätlese ist herrlich klar und zupackend, dabei ebenfalls kraftvoll, die Spätlese aus dem Goldtröpfchen ist herrlich saftig und reintönig, Goldtröpfchen eben. Die Auslese ist nochmals konzentrierter, stoffiger, aber ebenso reintönig, trotzdem gilt unsere leichte Präferenz bei den Auslesen dem Wein aus dem Bockstein, ein stoffiger, druckvoller Wein, sehr präzise, reintönig und nachhaltig. Und dann hat Nic Weis noch zwei mächtige Trockenbeerenauslesen erzeugt, zwei gewaltige Weine, die sich heute, bei über 400 Gramm Restzucker, unmöglich bewerten lassen. Beide zeigen Litschi im Bouquet, eingelegte süße Aprikosen, auch kandierte Früchte, sind dick und süß im Mund, enorm konzentriert, die Süße überlagert alles – dies sind Weine für zukünftige Generationen.

Weinbewertung

84 2011 Riesling trocken **11,5 %/8,50 €**
85 2011 Riesling trocken Saarfeilser **9,5 %/12,50 €**
89 2011 Riesling „GG" Leiwener Laurentiuslay **12,5 %/29,- €**

85 2011 Riesling Kabinett „Alte Reben" Wiltinger **10,5 %/9,50 €**

86 2011 Riesling Kabinett „Alte Reben" Mehringer **10,5 %/12,50 €**

86 2011 Riesling Spätlese „feinherb" Saarfeilser **11,5 %/12,50 €**

84 2011 Riesling **9,5 %/8,50 €**

88 2011 Riesling Kabinett Piesporter Goldtröpfchen **9 %/15,- €**

87 2011 Riesling Kabinett Ockfener Bockstein **9,5 %/13,- €**

89 2011 Riesling Spätlese Leiwener Laurentiuslay **10 %/24,- €**

89 2011 Riesling Spätlese Ockfener Bockstein **9 %/20,- €**

89 2011 Riesling Spätlese Piesporter Goldtröpfchen **9 %/20,- €**

91 2011 Riesling Auslese Ockfener Bockstein **8 %/29,- €**

90 2011 Riesling Auslese Piesporter Goldtröpfchen **9 %/29,- €**

91+ 2011 Riesling Trockenbeerenauslese Piesporter Goldtröpfchen **6 %/300,- €/0,375l**

91+ 2011 Riesling Trockenbeerenauslese Leiwener Laurentiuslay **6 %/300,- €/0,375l**

★★★☆

Heiner **Sauer**

Weingut

Pfalz

Hauptstraße 44, 76833 Böchingen
Tel. 06341-61175, Fax: 06341-64380
www.weingut-sauer.com
info@weingut-sauer.com
Besuchszeiten: nach Vereinbarung

Inhaber .... Heiner Sauer
Rebfläche .... 20 Hektar

Die Familie von Heiner Sauer hat lange schon Weinbau betrieben, das Weingut in seiner jetzigen Form existiert aber erst seit 1987. Von Anfang an hat Heiner Sauer nach biologischen Grundsätzen gearbeitet und sich dem Bioland-Verband angeschlossen. Riesling und Weißburgunder sind seine wichtigsten Weißweinsorten, Spätburgunder und St. Laurent die wichtigsten Rotweinsorten. Bemerkenswert sind auch die Weine, die Heiner Sauer seit 1998 von seinem ebenfalls ökologisch bewirtschafteten Weingut Bodegas Palmera in Utiel-Requeña in Südspanien erzeugt.

Vorjahre

Seit der ersten Ausgabe empfehlen wir die Weine von Heiner Sauer, seit einem Jahrzehnt bestechen die Kollektionen mit ihrer Qualität, kein Wein enttäuscht, alle Weine sind wunderschön reintönig und frisch: Bioweine auf sehr hohem Niveau! Frisch, reintönig und zupackend war die Kollektion auch vor zwei Jahren. Am besten hat uns der Weißburgunder „Schloss" aus dem Holzfass gefallen, gefolgt vom Weißburgunder aus dem Münzberg, dem Riesling „Steinreich" und dem feinen St. Laurent. Im letzten Jahr war der neue Riesling „Feinschliff" unser Favorit, eine Lagencuvée aus drei verschiedenen Lagen, der zur Hälfte in 500-Liter-Tonneaus ausgebaut wurde. Aber auch der Weißburgunder aus dem Münzberg und der Riesling „Steinreich" waren wieder von gewohnter Güte in einer Kollektion auf gleichmäßig hohem Niveau.

Neue Kollektion

In diesem Jahr sind alle Weine erneut herrlich klar und zeigen viel reintönige Frucht, die starke Kollektion wartet mit einigen Spitzen auf: Die beiden trockenen Riesling Spätlesen „Steinreich" und aus dem Schäwer zeigen feine mineralische Noten, aber auch – wie auch die sehr guten Burgunder – recht viel Restsüße. Die überzeugende Trockenbeerenauslese ist konzentriert, saftig und frisch, der eindringliche und elegante 2009er St. Laurent ist einer der besten Vertreter seiner Rebsorte und der 2008er Spätburgunder ist frisch und gut strukturiert und zeigt feine Gewürznoten.

Weinbewertung

84 2009 Schwarzriesling Rosé Sekt brut **12,5 %/11,- €**

85 2010 Schwarzriesling Rosé Sekt brut

12,5 %/11,- €
86 2011 Sauvignon Blanc trocken **12 %/8,80 €**
87 2011 Chardonnay Spätlese trocken Nußdorfer Herrenberg **13 %/9,50 €**
87 2011 Grauburgunder Spätlese trocken Nußdorfer Herrenberg **14 %/9,50 €**
87 2011 Weißburgunder Spätlese trocken Godramsteiner Münzberg **13 %/9,50 €**
88 2010 Weißburgunder Spätlese trocken „Schloss" **13 %/14,50 €**
83 2011 Riesling trocken **12 %/5,80 €/1l**
86 2011 Riesling Kabinett trocken „Zinkler" **12 %/7,- €**
88 2011 Riesling Spätlese trocken „Steinreich" **13,5 %/12,- €**
88 2011 Riesling Spätlese trocken Burrweiler Schäwer **13 %/12,50 €**
87 2011 Gewürztraminer Spätlese Nußdorfer Herrenberg **13 %/10,- €**
89 2011 Riesling Trockenbeerenauslese „Zinkler" **7,5 %/32,- €/0,375l**
88 2009 St. Laurent trocken Böchinger Rosenkranz **13 %/13,50 €**
89 2008 Spätburgunder trocken Nußdorfer Kaiserberg **13 %/17,50 €**

★★★★★

Horst Sauer

Weingut

Franken

Bocksbeutelstraße 14, 97332 Escherndorf
***Tel.** 09381-4364, **Fax:** 09381-6843*
www.weingut-horst-sauer.de
mail@weingut-horst-sauer.de
***Besuchszeiten:** Mo.-Fr. 9-12 + 13-18 Uhr, Sa. 11-17 Uhr*

Inhaber .... Magdalena und Horst Sauer
Rebfläche .... 17,5 Hektar

Seit Mitte der achtziger Jahre hat Horst Sauer seinen Betrieb kontinuierlich auf die heutige Größe ausgedehnt. Seine Weinberge liegen in den Escherndorfer Lagen Lump und Fürstenberg. Silvaner nimmt inzwischen fast 40 Prozent der Fläche ein, ein Viertel ist mit Müller-Thurgau bestockt, 15 Prozent mit Riesling. Dazu gibt es etwas Bacchus, Scheurebe, Weißburgunder, Spätburgunder und Domina. Seit 2005 werden Magdalena und Horst Sauer im Betrieb von Tochter Sandra unterstützt. Sandra Sauer kümmert sich um die Burgunder (in Weinberg und Keller), Horst Sauer um die edelsüßen Weine, um das sonstige Sortiment kümmern sie sich gemeinsam.

Vorjahre

Seit unserer ersten Ausgabe haben wir Horst Sauer und sein Weingut mit unserer Höchstnote bedacht, und in diesem ganzen Zeitraum kam uns nie der leiseste Zweifel, ob diese Höchstbewertung denn gerechtfertigt sei. Schon damals waren wir begeistert von seinen edelsüßen Weinen, genauso begeistert aber auch vom hohen Niveau seiner Basisweine. Niemand macht Jahr für Jahr so schönen Müller-Thurgau, so schönen Silvaner Kabinett. Aufmerksamkeit erregt man mit Müller-Thurgau nicht, und ist er noch so gut. In Deutschland ist Riesling gefragt, in Franken der Silvaner. Und Horst Sauer beherrscht beide Rebsorten, von der Basis bis zur Spitze, vom Kabinett bis hin zu den Großen Gewächsen. Sehr stimmig und hochklassig war auch die 2009er Kollektion, die Müller-Thurgau machten Spaß, die Kabinette von Silvaner und Riesling waren reintönig und fruchtbetont, die Spätlesen fülliger, aber ebenso reintönig, die Großen Gewächse und der „Sehnsucht"-Silvaner gehörten einmal mehr zu den großen trockenen Weißweinen Frankens; die edelsüße Kollektion war großartig auf höchstem Niveau. 2010 gefiel uns der Sehnsucht-Silvaner klar besser als das Große Silvaner-Gewächs, noch besser aber fanden wir den druckvollen Riesling. Bei Kabinett und Spätlesen wurde nicht ganz das Niveau der Vorjahre erreicht, das gab der Jahrgang einfach nicht her. Auch 2010 brillierte Horst Sauer wieder mit edelsüßem Silvaner, angeführt von einer mächtigen Trockenbeerenauslese.

2011 trocken

2011 machen schon die Kabinettweine viel Freude, die beiden Silvaner sind wunderschön fruchtbetont, reintönig und saftig, der Riesling ist kraftvoll und zupackend. Die Müller-Thurgau Spätlese ist wunderschön füllig und reintönig, der nach Birnen duftende Silvaner besitzt viel Substanz und reife Frucht, der Riesling ist wunderschön reintönig, kraftvoll und strukturiert. Noch ein klein wenig besser gefällt uns das Große Gewächs, das herrlich füllig, saftig und lang ist. Bei den Silvanern präferieren wir einmal mehr ganz leicht die „Sehnsucht" – füllig, saftig, sehr reintönig und lang – gegenüber dem Großen Gewächs, das faszinierend reintönig ist, im Mund füllig und saftig sich präsentiert, gleichzeitig Frische und Wärme besitzt.

2011 trocken

Der süße Reigen wird von einer fülligen, harmonischen, wunderschön reintönigen Silvaner Auslese eröffnet. Noch besser gefällt uns die würzige, kraftvolle Riesling Auslese, die ebenso reintönig ist. Die Beerenauslese ist konzentrierter, bringt aber nicht unbedingt eine Steigerung; die erfolgt erst durch die Trockenbeerenauslese: Würzig und konzentriert duftet sie nach eingelegten süßen Aprikosen, ist dick, stoffig und konzentriert. Ihr ebenbürtig ist die Silvaner Trockenbeerenauslese, ein faszinierend reintöniger Wein, der nach Birnen duftet, süß und konzentriert im Mund ist bei herrlich viel Frucht und Stoff. Große Klasse!

Weinbewertung

87 2011 Müller-Thurgau Spätlese trocken Escherndorfer Fürstenberg **13 %/8,60 €**
86 2011 Silvaner Kabinett trocken Escherndorfer Fürstenberg **12 %/7,70 €**
87 2011 Silvaner Kabinett trocken Escherndorfer Lump **12 %/8,80 €**
87 2011 Riesling Kabinett trocken Escherndorfer Lump **12,5 %/9,30 €**
88 2011 Silvaner Spätlese trocken Escherndorfer Lump **13,5 %/11,20 €**
89 2011 Riesling Spätlese trocken Escherndorfer Lump **13,5 %/13,40 €**
89 2011 Silvaner „GG" Escherndorfer Lump **14 %/19,- €**
90 2011 Riesling „GG" Escherndorfer Lump **13,5 %/19,50 €**
90 2011 Silvaner „Sehnsucht" Escherndorfer Lump **14 %/18,- €**
90 2011 Silvaner Auslese Escherndorfer Lump **9 %/18,50 €/0,5l**
91 2011 Riesling Auslese Escherndorfer Lump **8,5 %/18,50 €/0,5l**
91 2011 Riesling Beerenauslese Escherndorfer Lump **6,5 %/35,- €/0,5l**
94 2011 Silvaner Trockenbeerenauslese Escherndorfer Lump **6,5 %/62,- €/0,5l**
94 2011 Riesling Trockenbeerenauslese Escherndorfer Lump **6,5 %/62,- €/0,5l**

★★★★☆

Rainer **Sauer**
Weingut

Franken

Bocksbeutelstraße 15, 97332 Escherndorf
Tel. 09381-2527, Fax: 09381-71340
www.weingut-rainer-sauer.de
info@weingut-rainer-sauer.de
Besuchszeiten: Mo.-Fr. 9-12 + 13-18 Uhr, Sa. 10-17 Uhr, So. nach Vereinbarung
Wein-Sommerfest (3. Juli-Wochenende)

Inhaber .... Rainer Sauer
Rebfläche .... 12 Hektar

Seit 1979 führen Helga und Rainer Sauer das elterliche Weingut und haben mit der Selbstvermarktung begonnen. Seither haben sie den Betrieb auf die heutige Größe erweitert, wovon 3,7 Hektar im Escherndorfer Lump liegen, insgesamt 5 Hektar in Steillagen. Die anderen Weinberge liegen im Fürstenberg, hinzu kommen 40 Ar in Untereisenheim. Helga und Rainer Sauer werden im Betrieb unterstützt von Sohn Daniel, der 2007 seinen Abschluss in Geisenheim machte. Silvaner ist mit Abstand wichtigste Rebsorte, nimmt 62 Prozent der Weinberge ein. Mit weitem Abstand folgen Müller-Thurgau und Riesling, dazu gibt es etwas Traminer, Kerner, Weißburgunder und rote Sorten. Seit 2007 werden 2,5 Hektar biodynamisch bewirtschaftet. Seit 1999 gibt es den Silvaner „L" aus dem Herzstück des Lump, in den letzten Jahren hat Rainer Sauer sein Silvaner-Sortiment weiter differenziert mit „Freiraum" (von Sohn Daniel vinifiziert), „Alte Reben" und „Muschelkalk", setzt nach und nach Spontangärung ein und hat versuchsweise mit einer Sondergenehmigung einen Wein in einem 900-Liter-Beton-Ei ausgebaut („ab ovo"), Silvaner, was sonst.

Vorjahre

Schon in der ersten Ausgabe haben wir die Weine von Rainer Sauer empfohlen, seither hat er gewaltig zugelegt. Wer sich für Silvaner interessiert, der kommt an ihm nicht vorbei, und wer sich nicht für Silvaner interessiert, der sollte nach Escherndorf fahren und Rainer Sauer besuchen. Qualitätswein und Kabinett sind wunderschön reintönig, die Spitzen-Silvaner sind puristisch und doch erstaunlich komplex, faszinieren mit ihrer Nachhaltigkeit. Dass auch die Weine aus anderen Rebsorten wie Riesling oder Weißburgunder ganz toll sind, das versteht sich von selbst. Stark und stimmig war die 2009er Kollektion von Rainer und Daniel Sauer. Der Silvaner „L" faszinierte einmal mehr, mindestens ebenso aber auch der völlig andersartige Silvaner aus dem Ei. Bestechend reintönig und gut waren einmal mehr auch die Basis- und Kabinettweine. Auch 2010 präsentierte sich die Silvaner-Riege wieder bärenstark. Unser Favorit war der Silvaner „ab ovo", knapp vor „L" und dem herrlich fruchtbetonten „Freiraum". Auch der Weißburgunder machte viel Freude, der Riesling lag ein wenig zurück, die Basisweine waren klar und fruchtbetont, so wie man das kennt aus dem Hause Sauer.

Neue Kollektion

Die neue Kollektion ist großartig, so macht Silvaner Spaß! Der Guts-Silvaner eröffnet den Reigen, er ist faszinierend reintönig und saftig – danach folgen immer weitere Facetten. Der Kabinett aus dem Fürstenberg ist wunderschön elegant, der aus dem Lump fülliger, zupackend, besitzt herrlich viel Frucht wie auch der ein klein wenig süßere Kabinett von alten Reben. Der Freiraum-Silvaner ist faszinierend klar und frisch, dabei saftig, komplex und lang, die Spätlese ist füllig und schmeichelnd, besitzt viel süße reife Frucht und viel Schmelz. Strukturierter und kraftvoller ist die Spätlese vom Muschelkalk, faszinierend reintönig, harmonisch und lang. Der „ab ovo" präsentiert sich konzentriert und komplex, frisch, elegant und nachhaltig, unser Favorit in diesem Jahr aber ist der „L" , ein großartig reintöniger und komplexer Wein, dem man den hohen Alkohol überhaupt nicht anmerkt, der kraftvoll und füllig ist, dezent mineralisch, herrlich lang und nachhaltig. Großes Silvaner-Kino! Wobei man darüber nicht den reintönigen Müller-Thurgau, den zupackenden Riesling Kabinett und die underschön reintönige, füllige Weißburgunder Spätlese vergessen sollte. Großartige Kollektion!

Weinbewertung

87 2011 Müller-Thurgau trocken „Frank & Frei" **11,5 %/6,- €** ☺

87 2011 Silvaner trocken **12 %/6,- €** ☺

88 2011 Silvaner Kabinett trocken Escherndorfer Fürstenberg **12,5 %/7,50 €** ☺

89 2011 Silvaner Kabinett trocken Escherndorfer Lump **12,5 %/7,80 €** ☺

89 2011 Silvaner Kabinett trocken „Alte Reben" Escherndorfer Lump **13 %/8,30 €** ☺

87 2011 Riesling Kabinett trocken Escherndorfer Lump **12,5 %/8,30 €** ☺

90 2011 Silvaner trocken „Freiraum" **13 %/10,30 €** ☺

90 2011 Silvaner Spätlese trocken Escherndorfer Lump **13,5 %/10,50 €** ☺

92 2011 Silvaner Spätlese trocken „L" Escherndorfer Lump **14,5 %/15,- €** ☺

91 2011 Silvaner Spätlese trocken „vom Muschelkalk" Escherndorfer Lump **14 %/15,- €** ☺
91 2011 Silvaner Spätlese trocken „ab ovo" Escherndorfer Lump
89 2011 Weißburgunder Spätlese trocken „L" Escherndorfer Lump **14 %/15,- €**

★★★★

Joh. Bapt. Schäfer
Weingut

Nahe

Burg Layen 8, 55452 Burg Layen
Tel. *06721-43552,* ***Fax:*** *06721-47841*
www.jbs-wein.de
schaefer@jbs-wein.de
Besuchszeiten: *nur nach Vereinbarung*

Inhaber .... Sebastian Schäfer
Rebfläche .... 6,5 Hektar

Das Weingut Joh. Bapt. Schäfer ist ein Familienbetrieb in vierter Generation. Seit Beendigung seiner Lehre 1997 baut Sohn Sebastian die Weine aus, 2002 hat er den Betrieb übernommen. Wichtigste Rebsorte ist Riesling, dessen Anteil Sebastian Schäfer auf 65 Prozent ausgeweitet hat. Es folgen die Burgundersorten mit 30 Prozent, sowie als Spezialitäten Scheurebe und Gewürztraminer. Die Weinberge befinden sich in den Dorsheimer Lagen Goldloch (0,6 Hektar) und Pittermännchen (1,5 Hektar), sowie in Laubenheim, wo neben einem Hektar Riesling im Karthäuser vorwiegend Burgunderreben stehen. Hinzu kommen Weinberge in Rümmelsheim, darunter ein Weinberg im Burg Layer Schlossberg. Die Weine werden teils spontanvergoren und lange auf der Feinhefe ausgebaut, teils im Holz, teils im 2003 neu erbauten Edelstahlkeller. Aus Pittermännchen und Goldloch erzeugt Sebastian Schäfer in guten Jahren seine „Großen Gewächse", beide Weine stammen von 30 bis 40 Jahre alten Reben und werden mit langem Hefekontakt in großen Holzfässern ausgebaut.

Vorjahre

In der ersten Ausgabe schon hatten wir die Weine von Sebastian Schäfer vorgestellt, ihn damals erstmals auch besucht. Und schon damals waren wir sehr angetan von der Kollektion des damals weitgehend unbekannten Winzers. Seither hat er die Weinberge auf Riesling und die Burgundersorten ausgerichtet und sein Programm neu strukturiert. Seine Weine sind immer höchst zuverlässig, bestechen durch Reintönigkeit und Frische, wenn es der Jahrgang zulässt erzeugt er reintönige, konzentrierte edelsüße Rieslinge, die den Weinen der berühmteren Nahe-Kollegen ebenbürtig sind.
2009 gefiel uns sehr gut. Die Kollektion war durch und durch stimmig, die trockenen Spitzenrieslinge aus Pittermännchen und Goldloch waren das Beste, was die untere Nahe in diesem Jahrgang trocken zu bieten hatte. Dies galt so auch 2010: Während sonst die Betriebe im westlichen Teil des Anbaugebietes dem Jahrgang Tribut zollen mussten, präsentierte Sebastian Schäfer eine tadellose, stimmige Kollektion, angefangen vom Gutsriesling über die Rieslinge vom Kieselstein und Dorsheimer bis hin zu den Spitzen aus Pittermännchen und Goldloch, und dass er sich auch auf edelsüß versteht hatte er ja ebenfalls schon oftmals bewiesen.

Jahrgang 2011

Und auch 2011 sind alle Weine, egal ob Riesling, Burgunder oder Scheurebe, herrlich reintönig und besitzen Substanz. Unter den trockenen Rieslingen liegt in diesem Jahr das Pittermännchen klar vorne, der Wein ist noch eine Spur würziger, noch mineralischer, noch nachhaltiger als der aus dem Goldloch und reiht sich mühelos unter die großen Rieslinge der Nahe. Im edelsüßen Segment präsentiert Schäfer vier faszinierend komplexe Weine, unter denen besonders die beiden Beerenauslesen und die Trockenbeerenauslese von einem prägnanten Säure-Spiel getragen werden, das den Weinen trotz aller Konzentration und Eindringlichkeit eine feine Frische verleiht. ▬

Weinbewertung

85 2011 Scheurebe trocken **13 %/9,50 €**
85 2011 Weißer Burgunder trocken **13,5 %/10,50 €**
86 2011 Grauer Burgunder trocken **13,5 %/11,50 €**
88 2011 Chardonnay „S" trocken Burg Layer **13,5 %/18,50 €**
85 2011 Riesling trocken **12,5 %/8,90 €**
87 2011 Riesling trocken „vom Kieselstein" Rümmelsheim **12,5 %/13,-**
87 2011 Riesling trocken Dorsheimer **13 %/14,- €**
89 2011 Riesling trocken Burg Layer Schlossberg **12,5 %/16,50 €**
90 2011 Riesling trocken Dorsheimer Goldloch **13 %/21,- €**
92 2011 Riesling trocken Dorsheimer Pittermännchen **13 %/21,- €**
87 2011 Riesling Laubenheimer **12,5 %/13,- €**
86 2011 Scheurebe Spätlese **8,5 %/9,50 €**
86 2011 Riesling Kabinett Dorsheimer Pittermännchen **8 %/10,50 €**
90 2011 Riesling Auslese „Goldkapsel" Dorsheimer Goldloch **8,5 %/28,- €/0,375l**
91 2011 Riesling Beerenauslese Laubeheimer Karthäuser **6 %/45,- €/0,375l**
91 2011 Riesling Beerenauslese Burg Layer Schlossberg **6 %/55,- €/0,375l**
93 2011 Riesling Trockenbeerenauslese Dorsheimer Pittermännchen **6 %/130,- €/0,375l**

Karl Schaefer ★★
Weingut

Pfalz

Weinstraße Süd 30, 67098 Bad Dürkheim
Tel. 06322-2138, Fax: 06322-8729
www.weingutschaefer.de
info@weingutschaefer.de
Besuchszeiten: Mo.-Fr. 9-12 + 13-18 Uhr, Sa. 10-16 Uhr

Inhaber .... Familie von Nell
Kellermeister .... Jan Gross
Rebfläche .... 16,5 Hektar

1843 kaufte der Arzt Dr. Christian Schaefer das klassizistische Gutshaus in Bad Dürkheim, sein Sohn Karl Schaefer vergrößerte das Gut und wurde einer der ersten Flaschenweinvermarkter in der Region. Bis 2009 hatte es in fünfter Generation Gerda Lehmeyer geführt, im vergangenen Jahr nun wurde es von der Familie von Nell übernommen. Die Weinberge liegen in Bad Dürkheim (Steinberg, Spielberg, Michelsberg), Wachenheim (Fuchsmantel, Gerümpel), Forst (Pechstein) und Ungstein (Herrenberg). Die dominierende Rebsorte ist Riesling, der 85 Prozent der Rebfläche einnimmt. Daneben gibt es eine für die Mittelhaardt ungewöhnlich breite Palette an anderen Rebsorten wie Weißburgunder, Chardonnay, Grauburgunder, Gewürztraminer, Muskateller, Rieslaner und Spätburgunder. Die Weine wurden bisher in bis zu 80 Jahre alten Holzfässern ausgebaut, der Jahrgang 2010 wurde erstmals zu zwei Dritteln in Edelstahl-Tanks vergoren. Seit 2008 sind die Weine nach EU-Richtlinien biologisch zertifiziert.

Vorjahre

Vor zwei Jahren verkosteten wir durchgegorene Lagen-Rieslinge des Jahrgangs 2009, enorm extraktreich, vielschichtig und mit viel Biss. Uns störte lediglich ein nicht ganz sauberer Fass- oder Kellerton bei einigen Weinen. Die Lagen-Rieslinge des Jahres 2009 wurden übertroffen vom Großen Gewächs aus dem Pechstein, das sich bereits gut entwickelt hatte. Im vergangenen Jahr hatte sich der Stil verändert. Der Fasston war verschwunden, dafür war nur ein Wein, das Gerümpel mit 2 Gramm „richtig" trocken. Das Weingut hatte mit dem Jahrgang 2010 zu zwei Drittel auf Edelstahl umgestellt, der Rest wird weiterhin im Holzfass ausgebaut. Kellermeister Jan Gross verteidigte die hohe Restsüße damit, dass er sonst nicht auf eine massive Entsäuerung hätte verzichten können. Der „knochentrockene" Weg werde aber auch in Zukunft beschritten, der Jahrgang 2010 stellte nur die Ausnahme der Regel dar.

Neue Kollektion

„Richtig" trocken sind in diesem Jahr auch nur zwei Weine, der „Fosslilium Riesling" und das Gerümpel. Letzterer ist ein typischer Schaefer-Wein, puristisch, stoffig, bissig – kein Wein für jedermann. An die Spitze setzt sich der „Fosslilium" Riesling, er ist eigenwillig, straff, mit viel Frucht und mineralischer Kraft. Auf die gleiche Stufe setzen wir den Quetschenbaum, er hat Spiel, Kraft und viel Saft. Eigenwillig und verführerisch wild ist auch der süße Muskateller.

Weinbewertung

82 2011 Riesling trocken Dürkheimer „Sonnentropfen" **11,5 %/8 €**

83 2011 Riesling trocken Wachenheimer Fuchsmantel **12,5 %/9,- €**

84 2011 Riesling trocken Wachenheimer Gerümpel **11 %/9,- €**

86 2011 Riesling trocken „Quetschenbaum" **12,5 %/12,- €**

86 2011 Riesling trocken „Fossilium" **12 %/13,- €**

80 2011 Weißburgunder trocken **11,5 %/8,- €**

83 2011 Riesling „feinherb" **11 %/ 6,50 €**

83 2011 Riesling Spätlese „Schöne Anna" Dürkheimer Spielberg **9 %/12,- €**

85 2011 Muskateller **8%/8,-€**

Reinhard **Schäfer** ★

Weingut

Württemberg

Weinbergstraße 21, 71711 Steinheim-Kleinbottwar
***Tel.** 07148-8937, **Fax:** 07148-4545*
www.schaeferwein.com
info@schaeferwein.com
***Besuchszeiten:** Mo.-Fr. 17-18:30 Uhr, Sa. 8-13 Uhr oder nach Vereinbarung; Weinproben (mit Essen), Ferienwohnung auf dem Weingut*

Inhaber .... Reinhard Schäfer
Rebfläche .... 5 Hektar

Reinhard Schäfer war zweiter Kellermeister bei der Genossenschaft in Mundelsheim als er sich 1981 mit damals 70 Ar selbstständig machte. Von Anfang an hat er auf durchgegorene Weine gesetzt - eine Seltenheit in Württemberg. Seine inzwischen auf 5 Hektar angewachsene Rebfläche liegt rund um Kleinbottwar, unter anderem auch am Götzenberg. Die Reben wachsen hier auf tiefgründigen Keuperböden. Reinhard Schäfer baut zu 70 Prozent rote Sorten an, zu 30 Prozent weiße Sorten, bei denen Riesling und Grauburgunder dominieren. Hinzu kommen als Spezialitäten Silvaner und Gewürztraminer, aber auch Müller-Thurgau. Bei den Rotweinen spielen die Burgundersorten (Spätburgunder, Samtrot, Schwarzriesling) die Hauptrolle, hinzu kommen Lemberger und Trollinger, sowie etwas Cabernet Dorsa, Dornfelder und Merlot. Die Rotweine werden nach der Maischegärung (bis zu 3 Wochen) überwiegend in Holzfässern ausgebaut und reifen in einem aus dem Fels gehauenen Gewölbekeller aus dem 17. Jahrhundert. Seit 2009 befindet sich das Weingut in Umstellung auf biologischen Weinbau (Ecovin).

Vorjahre

Vor zwei Jahren überzeugte die Kollektion, bot homogenes Niveau mit sehr sortentypischen Weiß- und Rotweinen, Lemberger und Grauburgunder gefielen uns besonders gut. Homogen präsentierte sich auch die letztjährige Kollektion, der barriqueausgebaute Spätburgunder führt die gute Riege an.

Neue Kollektion

Auch die neue Kollektion ist gleichmäßig, mit Vorteilen im roten Segment. Eindeutiges Highlight ist wie im vergangenen Jahr ein barriqueausgebauter Wein, diesmal ein Lemberger. Er zeigt rauchig-würzige Noten im Bouquet, dezent Vanille und Speck, etwas Herzkirschen, ist füllig und kraftvoll im Mund, besitzt reife Frucht, gute Struktur und Frische.

Weinbewertung

81 2011 Grauburgunder „S" trocken **12,5 %/7,80 €**

80 2011 Riesling „S" trocken **12 %/6,80 €**

79 2011 Trollinger „Blanc de Noirs" trocken **12 %/5,40 €**
82 2011 Trollinger „S" trocken **12,5 %/5,80 €**
83 2010 Spätburgunder trocken **12,5 %/5,80 €**
87 2010 Lemberger „B No. 1" trocken **13 %/14,50 €**

★★★★★

Willi Schaefer

Weingut

Mosel

Hauptstraße 130, 54470 Graach
***Tel.** 06531-8041, **Fax:** 06531-1414*
info@weingut-willi-schaefer.de
***Besuchszeiten**: nach Vereinbarung, So. geschlossen*

Inhaber...........Christoph und Willi Schaefer
Rebfläche...............................4 Hektar

Das Weingut Schaefer kann seine Weinbautradition bis zurück ins Jahr 1590 verfolgen. In der Schatzkammer lagern zudem noch Weine bis in die erste Hälfte des 20. Jahrhunderts zurück. Sohn Christoph ist mittlerweile voll im Betrieb tätig. Alle Weinberge befinden sich in Graach und in Wehlen, alle in Steillagen und sämtlich mit Riesling bestockt, teilweise mit bis zu 70 Jahre alten wurzelechten Reben. Beim Ausbau spielt das Holzfass eine große Rolle, auch das Hefelager trägt zum Charakter der Rieslinge bei. Jahr für Jahr hat Willi Schaefer tadellose Kollektionen mit höchst zuverlässigen, wunderbar fruchtbetonten Weinen. Vor allem die Auslesen aus dem Graacher Domprobst gehören immer wieder zu den Spitzenweinen an der Mosel. Wobei besonders gefällt, dass sie wirklich den Charakter einer Moselauslese mustergültig zeigen. Während andere Winzer immer mehr auf Kraft und Konzentration setzen und Weine als Auslesen vermarkten, die eigentlich dem Charakter nach Beerenauslesen sind, setzt Willi Schaefer auf Reintönigkeit, Eleganz und Finesse, zieht die Verspieltheit der Fülle vor. Er will, dass seine Auslesen lebendig sind und zum Weitertrinken reizen. Und das gelingt ihm von Jahr zu Jahr, am besten oft mit der Versteigerungsspätlese, die meist zu den spannendsten restsüßen Spätlesen der Mosel gehört.

Vorjahr

2009 brachte mit dem Großen Gewächs aus dem Himmelreich einen kompakten, entwicklungsfähigen Riesling hervor – und begeisterte mit klaren, rassigen, ungemein komplexen Versteigerungsweinen. 2010 verzichtete Willi Schaefer darauf Große Gewächse zu erzeugen, der Jahrgang war eindeutig besser für süße und edelsüße Weine geeignet. Die Kollektion präsentierte sich konsistent, überzeugte mit feinen eleganten Spätlesen und ebenso eleganten Auslesen, hinzu kam eine prächtige Beerenauslese.

Jahrgang 2011

2011 präsentieren Willi und Christoph Schaefer eine starke Kollektion. Schon der „feinherbe" Riesling ist frisch und klar, harmonisch und elegant wie auch die beiden Kabinettweine; das Große Gewächs war zum Zeitpunkt der Verkostung sehr verhalten, noch deutlich vom Schwefel geprägt. Die Himmelreich-Spätlese besitzt dann etwas mehr Fülle, aber dieselbe Eleganz und Harmonie. Herrlich komplex präsentiert sich die Domprobst-Spätlese, zeigt herrlich viel Frucht im Bouquet, ist frisch und elegant im Mund, besitzt feine süße Frucht und Biss.
Aber es gibt noch die Versteigerungs-Spätlese, und, wie man das kennt und gewohnt ist, bietet sie eine weitere Steigerung, ist faszinierend reintönig im Bouquet, frisch und elegant im Mund, besitzt wunderschön reintönige Frucht, Komplexität und Länge – eine grandiose Spätlese. Da tut sich die „normale" Auslese schwer dagegen, obwohl sie ebenfalls hervorragend ist, harmonisch, reintönig, saftig, enorm komplex und lang. Die Versteigerungs-Auslese zeigt gute Konzentration im Bouquet, herrlich viel Frucht, ist reintönig, füllig, komplex, herrlich konzentriert und lang – faszinierend, wie gehabt. In Sachen Konzentration aber gibt es

2011 eine weitere Steigerung durch die Beerenauslese, die ebenfalls faszinierend reintönig ist, füllig, harmonisch und elegant, besitzt herrlich viel Frucht, Substanz und Frische. Eine faszinierende Kollektion!

Weinbewertung

88 2011 Riesling „GG" Himmelreich **12 %/19,- €**
86 2011 Riesling „feinherb" **11 %/7,80 €**
86 2011 Riesling Kabinett Graacher Himmelreich **8,5 %/11,40 €**
86 2010 Riesling Kabinett Nr. 3 Graacher Domprobst **8,5 %/11,40 €**
88 2011 Riesling Spätlese Graacher Himmelreich **8 %/16,20 €**
90 2011 Riesling Spätlese Nr. 5 Graacher Domprobst **8 %/21,- €**
93 2011 Riesling Spätlese Nr. 9 Graacher Domprobst **8,5 %/Verst.**
91 2011 Riesling Auslese Nr. 14 Graacher Domprobst **8 %/50,- €**
94 2011 Riesling Auslese Nr. 15 Graacher Domprobst **8 %/Verst.**
94 2011 Riesling Beerenauslese Graacher Domprobst **6,5 %/85,- €/0,375l**

★★☆

W. J. Schäfer

Weingut

Rheingau

Elisabethenstraße 4, 65239 Hochheim
***Tel.** 06146-2112 oder 4821, **Fax:** 06146-61560*
www.wj-schaefer.de
info@wj-schaefer.de
***Besuchszeiten:** Mo.- Sa. 9-18 Uhr*

Inhaber .... Josef Schäfer
Rebfläche .... 6,8 Hektar

Wilhelm Joseph Schäfer hat den Betrieb in seiner heutigen Form aufgebaut. Seit 1988 wird das Weingut von Josef Schäfer geführt, der neben dem dominierenden Riesling ein wenig Spätburgunder und, seit 2004, auch etwas Weißburgunder anbaut. Als Spezialität des Hauses wird der Gewürztraminer gepflegt. Die Weinberge befinden sich in den Hochheimer Lagen Domdechaney, Kirchenstück, Hölle und Reichestal. Josef Schäfer ist stolz auf seine alten Reben: Die ältesten wurden 1943 gepflanzt, und sie dürften einen Grund liefern für die beachtliche Struktur der hier erzeugten Weine. Jahr für Jahr gelingen hier saftige, rassige Rieslinge, die sofort überzeugen und eine duftige Art aufweisen. Man muss bei ihrem Genuss selten lange nachdenken, was aber keineswegs bedeutet, dass hier Langeweile produziert würde. Die verwendeten Schraubverschlüsse unterstützen den geradlinigen, zugänglichen Stil.

Vorjahre

Die 2009er präsentierten sich als animierende, saftige Weine, nur das Erste Gewächs hinterließ, kraftvoll und etwas alkoholisch, einen zwiespältigen Eindruck. Selbst 2010 bekam Josef Schäfer saftige, stoffige, keinesfalls unharmonisch schmeckende Weine hin, vom Classic bis zu den Spätlesen.

Neue Kollektion

Auch die 2011er gefallen mit ihrem saftigen, zugänglichen Stil. Die stoffige trockene Spätlese liegt angenehm niedrig im Alkohol, die nach Apfel und gelben Früchten duftende Hölle-Spätlese kommt da zwar nicht ganz heran, besitzt aber ebenfalls Finesse. Erfreulich, dass hier auch der anderswo vernachlässigte Classic mit seiner nur ganz leicht wahrnehmbaren Süße überzeugend ausfällt!

Weinbewertung

86 2011 Riesling Kabinett trocken Hochheimer Hölle **12 %/7,- €** ☺
88 2011 Riesling Spätlese trocken Hochheimer Kirchenstück **12,5 %/10,50 €**
85 2011 Riesling Classic **11 %/6,- €** ☺
86 2011 Riesling Spätlese halbtrocken Hochheimer Hölle **11,5 %/9,50 €**
85 2011 Riesling Kabinett Hochheimer Stein **8 %/6,- €** ☺
87 2011 Riesling Spätlese Hochheimer Domdechaney **8 %/10,50 €**

★★★★★

Schäfer-Fröhlich

Weingut

Nahe

Schulstraße 6, 55595 Bockenau
***Tel.** 06758-6521, **Fax**: 06758-8794*
www.weingut-schaefer-froehlich.de
info@weingut-schaefer-froehlich.de
***Besuchszeiten**: nach Vereinbarung*

Inhaber .... Hans, Karin und Tim Fröhlich
Rebfläche .... 17,5 Hektar

Seit Anfang der siebziger Jahre wird das Weingut von Hans und Karin Fröhlich geführt, seit 1995 ist ihr Sohn Tim für den Weinausbau verantwortlich. Neben Weinbergen in Bockenau (mit ihrer Paradelage Felseneck) besitzen sie auch Weinberge in Schlossböckelheim (Felsenberg, Kupfergrube) und Monzingen (Halenberg, Frühlingsplätzchen). Sie bauen zu 80 Prozent Riesling an, hinzu kommen 20 Prozent Burgundersorten: Weißburgunder, Grauburgunder und Spätburgunder.

Vorjahre

Schon in der ersten Ausgabe hatten uns vor allem die Rieslinge begeistert, auch wenn Riesling damals erst die Hälfte der Rebfläche einnahm. Seither ist die Qualität stetig gestiegen, sowohl mit den trockenen als auch mit den edelsüßen Rieslingen gehört Schäfer-Fröhlich zur Spitze an der Nahe und in Deutschland. Das feine Zusammenspiel von Süße und Säure prägte die 2009er Kollektion von Tim Fröhlich, war stilbildend für seine trockenen wie für seine süßen Rieslinge. Schon der Gutsriesling bestach mit seiner reintönigen Frucht, ebenso die Orts- und Lagenweine, die Großen Gewächse waren füllig und kraftvoll, besaßen Präzision und Länge, alle vier waren bärenstark. Genauso bärenstark war aber auch der edelsüße Teil der Kollektion. Kein Anderer in Deutschland hatte 2009 eine solche Vielzahl an hochkarätigen edelsüßen Rieslingen wie Tim Fröhlich. Ob Auslesen, Beerenauslesen, Eiswein oder Trockenbeerenauslese, alle waren faszinierend konzentriert und reintönig: Unsere edelsüße Kollektion des Jahres! Und die 2010er Kollektion schloss nahtlos daran an, wieder waren alle süßen und edelsüßen Rieslinge bis hin zu Beerenauslese und Eiswein faszinierend reintönig. Im trockenen Segment gefielen uns die Burgunder etwas weniger, die Rieslingkollektion aber war aus einem Guss und ganz stark, angefangen beim feinen Gutsriesling. Unter den Großen Gewächsen war im vergangenen Jahr eindeutig der Wein aus dem Halenberg unser Favorit, einer der großen Weine des Jahrgangs in Deutschland.

Jahrgang 2011

2011 liegen die vier Großen Gewächse wieder sehr nah beieinander, sind spannende, eindringliche, noch sehr jugendliche Weine, die zum Zeitpunkt der Verkostung noch deutlich vom Schwefel und von Spontinoten geprägt waren. Aber wir sind zuversichtlich, dass die Vier, unter denen wir ganz leicht die Weine aus dem Halenberg und dem Felseneck präferieren, eine große Zukunft vor sich haben. Der Gutsriesling überzeugt wieder mit feiner, klarer Frucht und Frische, bei den Vulkan- und Schiefergestein-Rieslingen kommen dazu noch Fülle und nachhaltige mineralische Würze. Ganz und gar faszinierend sind auch wieder die süßen und edelsüßen Rieslinge gelungen: Der Schiefergestein-Kabinett ist eine wahre Trinkfreude, die Goldkapsel-Spätlese bietet feine rauchig-mineralische Noten und viel harmonische, klare Frucht und die Weine von der Auslese aufwärts zeichnen sich allesamt durch zunehmende Konzentration, wunderbare Reintönigkeit und ein sehr feines lebendiges Säure-Spiel aus, das den Weinen viel Frische verleiht. Die beiden Goldkapsel-Trockenbeerenauslesen an der Spitze des Sortiments sind zwei faszinierende edelsüße Unikate, die sich trotz aller erkennbaren Verwandtschaft auch deutlich in ihrer Aromatik voneinander unterscheiden: Großartig!

Weinbewertung

86 2011 Weißer Burgunder „S" trocken Bockenauer **13,5 %/14,- €**
86 2011 Riesling trocken **12,5 %/9,- €**
87 2011 Riesling trocken „Vulkangestein" **12,5 %/12,- €**
88 2011 Riesling trocken „Schiefergestein" Bockenauer **13 %/16,- €**
92 2011 Riesling „GG" Schloßböckelheimer Kupfergrube **13 %/31,- €**
92 2011 Riesling „GG" Schloßböckelheimer Felsenberg **13 %/31,- €**
93 2011 Riesling „GG" Monzinger Halenberg **13 %/31,- €**
93 2011 Riesling „GG" Bockenauer Felseneck **13 %/34,- €**
86 2011 Riesling „feinherb" „Vulkangestein" **12 %/12,- €**
87 2011 Riesling halbtrocken „Schiefergestein" Bockenauer **12,5 %/16,- €**
87 2011 Riesling Kabinett „Schiefergestein" Bockenauer **8 %/12,- €**
88 2011 Riesling Spätlese Bockenauer Felseneck **7,5 %/16,- €**
90 2011 Riesling Spätlese „Goldkapsel" Bockenauer Felseneck **7,5 %/22,- €**
91 2011 Riesling Auslese Bockenauer Felseneck **7,5 %/25,- €/0,375l**
93 2011 Riesling Auslese „Goldkapsel" Bockenauer Felseneck **7,5 %/a.A./0,375l**
94 2011 Riesling Beerenauslese Bockenauer Felseneck **7 %/59,- €/0,375l**
95 2011 Riesling Beerenauslese „Goldkapsel" Bockenauer Felseneck **7 %/a.A./0,375l**
95 2011 Riesling Trockenbeerenauslese 26-12 Bockenauer Felseneck **6 %/a.A./0,375l**
96 2011 Riesling Trockenbeerenauslese 27-12 „Goldkapsel" Bockenauer Felseneck **5,5 %/a.A./0,375l**
97 2011 Riesling Trockenbeerenauslese 28-12 „Goldkapsel" Bockenauer Felseneck **5,5 %/a.A./0,375l**

★★

Schäfer-Heinrich

Weingut **Württemberg**

Im Letten 3, 74074 Heilbronn
***Tel.** 07131-162454, **Fax**: 07131-165659*
www.schaefer-heinrich.de
weingut@schaefer-heinrich.de
***Besuchszeiten**: Mo.-Do. ab 17 Uhr, Fr. ab 13 Uhr, Sa. ab 9 Uhr*

Inhaber .... Elke und Andreas Hieber
Rebfläche .... 14 Hektar

1986 haben Elke und Andreas Hieber das elterliche Weingut übernommen, und dann Schritt für Schritt auf ökologische Bewirtschaftung umgestellt. 1990 sind sie Mitglied beim Bundesverband Ökologischer Weinbau (Ecovin) geworden. 70 Prozent der Weinberge sind mit roten Rebsorten bestockt, vor allem Trollinger und Lemberger, aber auch Spätburgunder, Clevner, Dornfelder, Samtrot, Regent, Cabernet Cubin und Cabernet Mitos. Bei den weißen Sorten dominiert der Riesling. Daneben gibt es etwas Kerner, Grauburgunder und Müller-Thurgau. Die Rotweine werden alle maischevergoren (bis zu drei Wochen).

Vorjahre

Seit der ersten Ausgabe empfehlen wir die Weine von Elke und Andreas Hieber, seither präsentieren sie Jahr für Jahr zuverlässige Kollektionen mit reintönigen, fruchtbetonten Weinen. Die Basisweine sind immer zuverlässig, dazu gibt es immer wieder weiße und rote Spitzen. Vor zwei Jahren hatten die Rotweine knapp die Nase vorne, die Kollektion präsentierte sich geschlossen auf gutem Niveau. Auch die letztjährige Kollektion war sehr homogen, bot kraftvolle Rotweine, geradlinige Weißweine und einen wunderschönen Sekt.

Neue Kollektion

Die neue Kollektion präsentiert sich etwas weniger gleichmäßig, die Stärken liegen eindeutig im roten Segment, in dem uns drei Barriqueweine besonders gut gefallen: Der Merlot zeigt viel Duft im Bouquet, ist aber füllig und kraftvoll im Mund; der Cabernet Cubin ist fruchtbetont und intensiv, füllig und konzentriert; der Clevner schließlich ist wunderschön reintönig und harmonisch, fruchtbetont und frisch, besitzt gute Struktur.

Weinbewertung

79 2011 Riesling **12 %/5,10 €**

79 2011 Pinot Noir „Blanc de Noirs" trocken **12 %/6,30 €**

82 2011 Riesling Spätlese trocken** Heilbronner Stiftsberg **13 %/8,60 €**

82 2011 Riesling „N" trocken Heilbronner Stiftsberg **13 %/9,30 €**

81 2011 Riesling „N" Heilbronner Stiftsberg **12,5 %/9,30 €**

79 2011 Trollinger trocken Heilbronner Stiftsberg **12,5 %/6,20 €**

81 2008 Cabernet Mitos trocken** Barrique **14 %/11,30 €**

87 2009 Merlot trocken*** Barrique **13,5 %/17,90 €**

87 2009 Clevner trocken*** Barrique Heilbronner Stiftsberg **13,5 %/19,10 €**

86 2009 Cabernet Cubin trocken*** Barrique **14 %/17,90 €**

Egon Schäffer ★★

Weingut

Franken

Astheimer Straße 17, 97332 Escherndorf
***Tel.** 09381-9350, **Fax:** 09381-4834*
www.weingut-schaeffer.de
info@weingut-schaeffer.de
***Besuchszeiten:** Mo.-Sa. 9-18 Uhr*

Inhaber .... Egon Schäffer
Rebfläche .... 3,32 Hektar

Die Weinberge von Egon Schäffer liegen in den Escherndorfer Lagen Lump und Fürstenberg, sowie im Untereisenheimer Sonnenberg, 70 Prozent davon in Steillagen. Silvaner ist seine wichtigste Rebsorte, es folgen Müller-Thurgau und Riesling. Dazu gibt es etwas Weißburgunder, Bacchus und Schwarzriesling. Egon Schäffer baut seine Weine durchgegoren aus („Schäffer trocken" = unter 2 Gramm Restzucker) und lässt ihnen viel Zeit zur Reife. Egon Schäffer pflegt einen eigenen, oftmals etwas eigenwilligen Stil, den wir seit der ersten Ausgabe (und schon zuvor) schätzen. Alle Weine sind kraftvoll und markant, mit Ecken und Kanten. Und sie reifen gut, auch ohne Restsüße, davon konnten wir uns bei einem Besuch vor Ort vergewissern.

Vorjahre

Die 2009er Kollektion überzeugte mit kraftvollen, eigenständigen Weinen, alle noch jugendlich und etwas unruhig, verkostet unmittelbar nach der Abfüllung. Ähnlich war das Bild 2010, die als Fassprobe unmittelbar vor der Abfüllung verkostete Silvaner Spätlese gefiel uns am besten, weitere Weine wurden erst 2012 gefüllt.

Vorjahre

Diese konnten wir nun in dieses Jahr verkosten. Der Silvaner von alten Reben präsentiert sich füllig und kraftvoll bei viel Substanz, der Riesling konzentriert und reintönig, wirkt aber immer noch verschlossen. 2011 besticht der Weißburgunder mit Fülle, Kraft und reifer Frucht – und mit für Egon Schäffer ungewohnter Restsüße.

Weinbewertung

82 2011 Müller-Thurgau Kabinett trocken Escherndorfer Fürstenberg **12 %/5,50 €**

82 2010 Silvaner Kabinett trocken Untereisenheimer Sonnenberg **12,5 %/7,80 €/1l**

87 2011 Weißburgunder Spätlese trocken Escherndorfer Fürstenberg **13,5 %/12,80 €**

85 2010 Riesling Spätlese trocken Escherndorfer Lump **13,5 %/14,10 €**

86 2010 Silvaner Spätlese trocken „Alte Reben" Escherndorfer Lump **13 %/15,60 €**

★★

Schätzel

Weingut

Rheinhessen

Oberdorfstraße 34, 55283 Nierstein
***Tel.** 06133-5512, **Fax**: 06133-60159*
www.schaetzel.de
weingut@schaetzel.de, kai@schaetzel.de
***Besuchszeiten**: 9-19 Uhr*

Inhaber..............................Kai Schätzel
Rebfläche............................6,5 Hektar

Seit über 650 Jahren betreibt die Familie Schätzel Weinbau am Rhein. 1850 gründete Jakob Schlamp das Weingut in Nierstein, 1874 erwarb sein Sohn Heinrich das Anwesen „General von Zastrow", Sitz des Weinguts. Der heutige Besitzer Kai Schätzel baut zu 60 Prozent Riesling an. Es folgen 15 Prozent Silvaner und 10 Prozent Spätburgunder, dazu gibt es Müller-Thurgau, Portugieser und andere Rebsorten.

Vorjahre

2009 überzeugten die Rieslinge aus Heiligenbaum und Pettenthal, ebenso der Silvaner aus dem Hipping und die Spätlese aus dem Oelberg. 2010 galt unsere eindeutige Präferenz dem Riesling aus dem Pettenthal, aber auch der Heiligenbaum-Riesling gefiel uns sehr gut, besaß gute Struktur und Substanz.

Jahrgang 2011

Ähnlich präsentiert sich nun der Jahrgang 2011, mit den identischen Favoriten, den beiden Rieslingen aus Pettenthal und Heiligenberg, ersterer ist etwas kraft- und druckvoller, weist aber ganz dezente Bitternoten auf, beide sind deutlich süß, halbtrocken ausgebaut. Konkurrenz macht ihnen der Silvaner aus dem Rothenberg, ein kraftvoller, fülliger Wein mit viel Substanz.

Weinbewertung

79 2010 Silvaner trocken „ReinWeiß" **12 %/6,50 €**
83 2011 Silvaner Hipping **12 %/15,- €**
86 2011 Silvaner Rothenberg **12 %/22,- €**
81 2011 Riesling trocken „ReinWeiß" **12 %/6,50 €**
82 2011 Riesling trocken „ReinSchiefer" Nierstein **12 %/9,50 €**
81 2011 Riesling „ReinLöss" Guntersblum **12 %/8,50 €**
83 2011 Riesling Hipping **12 %/15,- €**
86 2011 Riesling Heiligenbaum **12 %/20,- €**
87 2011 Riesling Pettenthal **12 %/25,- €**
82 2011 Riesling Kabinett **10,5 %/9,50 €**
84 2011 Riesling Spätlese Ölberg **10,5 %/25,- €**

★★☆

Gregor u. Thomas Schätzle

Weingut

Baden

Heinrich-Kling-Straße 38, 79235 Vogtsburg-Schelingen
***Tel.** 07662-9461-0, **Fax**: 07662-9461-20*
www.weingutschaetzle.de
info@weingutschaetzle.de
***Besuchszeiten**: Mo.-Fr. 8-12 + 13:30-18 Uhr, Sa. 9-16 Uhr oder nach Vereinbarung*

Inhaber........................Thomas Schätzle
Rebfläche............................13 Hektar

Thomas Schätzle hat das Weingut 1994 von seinem Vater Gregor übernommen. Dieser erbaute 1972 einen Aussiedlerhof außerhalb von Schelingen und verließ 1982 mit damals 5 Hektar Weinbergen die Genossenschaft. Die Weinberge von Thomas Schätzle befinden sich in den Lagen Schelinger Kirchberg (Verwitterungsgestein vulkanischen Ursprungs), Oberbergener Bassgeige (mit Lösslehm überlagertes Vulkangestein) und Amolterer Steinhalde. Wichtigste Rebsorten sind Spätburgunder und Grauburgunder, die jeweils etwa ein Drittel der Rebfläche einnehmen. Dazu gibt es Müller-Thurgau, Weißburgunder und Chardonnay, aber auch Muskateller, Kerner, Gewürztraminer und Merlot. Die Spitzenweine von den Schelinger Terrassen werden lange im Barrique ausgebaut und seit dem Jahrgang 2005 in der Linie „RS" (Reserve Schätzle) angeboten.

Vorjahre

Vor zwei Jahren gefielen uns einmal mehr die Barriqueweine am besten, sie waren kraftvoll und klar, kompromisslos vinifiziert. Dies galt auch im vergangenen Jahr für Chardonnay und Spätburgunder des Jahrgangs 2009; aber auch die 2010er Weißweine gefielen uns gut, sie waren frisch und klar bei guter Substanz.

Neue Kollektion

2011 sind sie kraftvoller, besitzen klare Frucht, gute Struktur und Substanz, schon die Kabinettweine. Highlights sind einmal mehr die RS-Weine: Der Chardonnay zeigt gute Konzentration im Bouquet, herrlich viel Frucht, etwas Vanille, ist füllig und kraftvoll im Mund. Noch ein klein wenig besser gefällt uns der Grauburgunder, ist faszinierend reintönig, druckvoll und nachhaltig. Im roten Segment überrascht uns der wunderschön reintönige kleine Schatz aus dem Jahrgang 2010, auch die Sekte überzeugen, vor allem die elegante Cuvée aus dem Jahrgang 2005. Starke Kollektion!

Weinbewertung

84 2010 Pinot Rosé Sekt brut **12,5 %/10,50 €**
86 2005 Pinot & Chardonnay Sekt brut **12,5 %/13,50 €**
83 2011 Weißburgunder Kabinett trocken Schelinger **13 %/8,90 €**
85 2011 Grauburgunder Kabinett trocken Schelinger **13 %/8,90 €**
84 2011 Chardonnay Kabinett trocken Schelinger **13,5 %/8,90 €**
86 2011 Grauburgunder Spätlese trocken „Weißer Schatz" **14 %/11,- €**
89 2011 Grauburgunder „RS" trocken Schelinger Kirchberg **14 %/18,- €**
88 2011 Chardonnay „RS" trocken Schelinger Kirchberg **13,5 %/18,- €**
82 2010 „Toccatta" Rotwein trocken **11,5 %/9,20 €**
86 2010 Spätburgunder trocken „Unser kleiner Schatz" **13 %/14,90 €**
86 2011 Spätburgunder Beerenauslese Schelinger Kirchberg **11 %/28,- €**

★

Leopold Schätzle

Weingut

Baden

Wilhelmshöfe 1, 79346 Endingen
***Tel.** 07642-3361, **Fax:** 07642-2460*
www.schaetzle-weingut.de
leopold@schaetzle-weingut.de
***Besuchszeiten:** Mo.-Fr. 9-12 + 13:30-18:30 Uhr, Sa. 9-12 + 13:30-15:30 Uhr und nach Vereinbarung*
Ferienwohnung

Inhaber .... Leopold Schätzle
Rebfläche .... 13,5 Hektar

Leopold Schätzle begann 1970 mit einem Hektar Weinberg und einem gemieteten Keller. Zwei Jahre später baute er einen Aussiedlerhof zwischen Endingen und Riegel. Seine Weinberge liegen in den Endinger Lagen Steingrube (in Alleinbesitz) und Engelsberg. Dazu ist er in den Lagen Oberbergener Bassgeige, Bombacher Sommerhalde, Kenzinger Hummelberg und Hecklinger Burg Lichteneck vertreten. Wichtigste Rebsorte ist Spätburgunder, gefolgt von Riesling, Grauburgunder, Müller-Thurgau, Scheurebe, Weißburgunder und ein klein wenig Gewürztraminer.

Vorjahre

Vor zwei Jahren war die Kollektion sehr ausgewogen und fast identisch präsentierte sie sich im vergangenen Jahr, weiß wie rot.

Neue Kollektion

Die neue Kollektion gefällt uns deutlich besser, auch wenn eine merkliche Restsüße oft etwas störend wirkt, weiß wie rot. Die Weißweine sind füllig bei klarer Frucht, die Grauburgunder-Auslesen mächtig und konzentriert. Die Rotweine des Jahrgangs 2010 präsentieren sich frisch und klar, die 2009er Auslese ist kraftvoll und stoffig, leider ein wenig von Bitternoten im Abgang überlagert.

Weinbewertung

82 2011 Riesling Kabinett trocken Endinger Steingrube **12 %/7,70 €**

83 2011 Riesling Spätlese trocken „SL" Endinger Steingrube **12,5 %/10,80 €**
80 2011 Grauburgunder Kabinett trocken Endinger Steingrube **13 %/9,20 €**
81 2011 Grauburgunder Spätlese trocken „SL" Endinger Steingrube **13,5 %/12,90 €**
82 2011 Grauburgunder Spätlese trocken Kenzinger Hummelberg **13 %/12,40 €**
86 2011 Grauburgunder Auslese trocken „SL" Kenzinger Hummelberg **14 %/24,80 €**
85 2010 Grauburgunder Auslese trocken „SL" Oberbergener Bassgeige **14,5 %/29,80 €**
87 2008 Spätburgunder Weißherbst Eiswein Barrique Endinger Engelsberg **9,5 %/28,50 €**
81 2010 Spätburgunder trocken Endinger Engelsberg **12,5 %/7,90 €**
83 2010 Spätburgunder Spätlese trocken Endinger Steingrube **13 %/14,90 €**
81 2010 Spätburgunder trocken Hecklinger Burg Lichteneck **12,5 %/8,80 €**
85 2009 Spätburgunder Auslese trocken „SL" Barrique Endinger Engelsberg **14 %/28,90 €**

★☆

Schamari-Mühle

Weingut **Rheingau**

Grund 65, 65366 Johannisberg
***Tel.** 06722-64537, **Fax:** 06722-7421*
www.schamari.de
mail@schamari.de
***Besuchszeiten:** Mo.-Sa. 9-12 + 13-18 Uhr oder nach Vereinbarung*
Gutsausschank: April bis Nov. Fr. ab 17 Uhr, Sa./So. ab 15 Uhr

Inhaber .... Petra und Erik Andersson
Rebfläche .... 5 Hektar

Um 1900 war die Schamari-Mühle die letzte noch arbeitende Mühle in Johannisberg, 1929 jedoch wurde auch sie aufgegeben. In den 50er Jahren dann erweckte Erik Andersson senior, Sohn eines schwedischen Kaufmanns und Olympiateilnehmer im Zehnkampf, das Anwesen zu neuem Leben. Seit 1987 hat Erik Andersson junior den Betrieb modernisiert und erweitert. Er baut sowohl Riesling (60 Prozent) als auch Spätburgunder, Frühburgunder, Dornfelder und Regent an. Inzwischen werden Weinberge in Geisenheim, Johannisberg, Assmannshausen, Winkel und Lorch bearbeitet. Die edelsüßen Weine des Gutes sind unverkennbar, recht füllig, manchmal überraschend cremig, immer saftig. Bei den trockenen Rieslingen experimentiert Andersson schon mal (Vergärung im kleinen Fass), auch bei den Weinnamen lässt er sich immer etwas Neues einfallen.

Vorjahre

Die 2009er Weißweine überzeugten allesamt mit Frische und Frucht, die Rotweine mit Würze und Geradlinigkeit. 2010 gelangen feine, würzige, eher schlanke Weine – darunter ein kurioser, tatsächlich nach Cassis duftender feinherber Riesling namens „Cassis".

Neue Kollektion

An der Spitze der 2011er Kollektion stehen mit der Kläuserweg-Auslese und dem trockenen „Scha-TO-Marie" zwei sehr harmonische Rieslinge. Die eine dufte nach Mirabellen, wirkt sehr schlank und süffig, der andere besitzt viel Würze. Auch die übrigen Weine überzeugen, lediglich die 2011er Spätlese wirkt etwas verhalten.

Weinbewertung

79 2011 Riesling „Schoppen" trocken **11,5 %/4,90 €/1l**
82 2011 Riesling Kabinett trocken „Domols" **12 %/5,80 €**
84 2011 Riesling Spätlese trocken „EEE" **12,5 %/6,80 €**
87 2011 Riesling Spätlese trocken „Scha-TO-Marie" **13,5 %/12,90 €**
81 2011 Riesling „feinherb Cassion" **12 %/6,30 €**
83 2011 Riesling Spätlese Geisenheimer Kläuserweg **9 %/8,70 €**
87 2011 Riesling Auslese Geisenheimer Kläuserweg **8,5 %/14,50 €**

78 2010 Spätburgunder trocken „Partisan" **12,5 %/5,80 €**
85 2010 Pinot Noir Lorcher Kapellenberg **13,5 %/14,50 €**

Scheidgen ★☆

Weingut **Mittelrhein**

Hauptstraße 10, 56598 Hammerstein
***Tel.** 02635-2329 **Fax:** 02635-6082*
www.weingut-scheidgen.de
winzer@weingut-scheidgen.de
***Besuchszeiten:** Mo.-Sa. 8-19 Uhr, So. 9:30-18 Uhr*
Weinprobierstube bis 60 Personen
Ferienwohnung

Inhaber .... Georg Scheidgen
Rebfläche .... 17 Hektar

Die Weinberge des Weinguts Scheidgen liegen in verschiedenen Lagen der Gemarkungen Rheinbrohl, Hammerstein und Leutesdorf. Elf verschiedene Rebsorten baut Georg Scheidgen an. Neben Riesling gibt es auch Weiß- und Grauburgunder, Chardonnay, Silvaner, Kerner und Müller-Thurgau sowie an Rotweinsorten Portugieser, Dornfelder und Spätburgunder. Die Weißweine werden kühl, die Rotweine werden auf der Maische vergoren.

Vorjahre

Die 2009er Kollektion präsentierte sich geschlossen auf gutem Niveau, die Weißen Burgunder und die Rieslinge überzeugten gleichermaßen. Die sehr gleichmäßige 2010er Kollektion wurde angeführt von der trockenen Spätlese „In den Layfelsen".

Jahrgang 2011

Auch 2011 fällt das vorgestellte Sortiment sehr gleichmäßig aus, die Rieslinge präsentieren sich auf weitgehend einheitlichem Niveau, der frische Weißburgunder gefällt etwas besser als der Grauburgunder. Noch etwas verhalten, mit einer fast nussig wirkenden Würze, präsentiert sich derzeit der Riesling aus der Kategorie „Selection". Ein unfiltrierter Spätburgunder, der ganz leicht bitter wirkt, und zwei saftige Süßweine sind nicht zu vergessen. Dass die Auslese eher wie eine Spätlese schmeckt, schadet ihr nicht.

Weinbewertung

84 2011 Weißer Burgunder trocken „Edition Pinot" Hammersteiner Hölle **12,7 %/7,40 €**
83 2011 Grauer Burgunder trocken „Edition Pinot" Hammersteiner Hölle **12,6 %/7,40 €**
82 2011 Riesling trocken „von den Terrassen" **12,2 %/6,80 €**
83 2011 Riesling trocken „vom Blauschiefer" **12,2 %/6,80 €**
85 2011 Riesling trocken „Selection Alte Reben" Hammersteiner In den Layfelsen **12,9 %/11,- €**
82 2011 Riesling halbtrocken Hammersteiner In den Layfelsen **11,8 %/5,20 €**
85 2011 Riesling Auslese **9,6 %/11,- €**
87 2011 Riesling Beerenauslese Hammersteiner Hölle **8,4 %/20,- €**
81 2011 Spätburgunder Blanc de Noir trocken Leutesdorfer Gartenlay **12,6 %/6,40 €**
83 2011 Spätburgunder trocken Barrique Rheinbrohler Römerberg **13,6 %/12,- €**

Scheller ★☆

Bocksbeutelweingut **Franken**

Weinbergstraße 24, 97509 Stammheim
***Tel.** 09381-3295, **Fax:** 09381-710686*
www.bocksbeutelweingut.de
info@bocksbeutelweingut.de
***Besuchszeiten:** nach Vereinbarung*

Inhaber .... Familie Scheller
Rebfläche .... 2,6 Hektar

Wahrzeichen des Betriebes ist seit 2003 ein fast 12 Meter hoher Bocksbeutel, in dem 50

Personen Platz finden. Die Reben der Familie Scheller wachsen auf Muschelkalkböden im Stammheimer Eselsberg. Neben Silvaner gibt es Müller-Thurgau, Bacchus, Kerner, Weißburgunder und Silvaner, dazu Domina und Dornfelder. Seit 2008 ist Geisenheim-Absolvent Michael Scheller für den Weinausbau verantwortlich.

Vorjahre

Beim guten Debüt vor zwei Jahren hatte uns die reintönige trockene Silvaner Spätlese am besten gefallen. Diese überzeugte auch im vergangenen Jahr, ebenso der Rieslaner, die barriqueausgebaute, tanninbetonte Domina stand ihnen kaum nach. Die 2010er Weißweine präsentierten sich insgesamt frisch und klar, keine Selbstverständlichkeit in diesem Jahrgang,

Jahrgang 2011

Der Jahrgang 2011 präsentiert sich sehr geschlossen auf gutem Niveau, es fällt schwer einzelne Weine herauszuheben, so gleichmäßig ist die Kollektion, am höchsten bewerteten wir den Weißburgunder mit seiner reintönigen, süßen Frucht.

Weinbewertung

80 2011 Silvaner Kabinett trocken Stammheimer Eselsberg **12,5 %/6,- €**

84 2011 Weißburgunder Spätlese trocken Stammheimer Eselsberg **13 %/8,50 €**

83 2011 Silvaner Spätlese trocken „von alten Reben" Stammheimer Eselsberg **13 %/8,50 €**

82 2011 Bacchus Kabinett Stammheimer Eselsberg **11,5 %/5,50 €**

81 2011 Silvaner Spätlese Stammheimer Eselsberg **12 %/8,50 €**

82 2011 Kerner Spätlese Stammheimer Eselsberg **11 %/8,- €**

83 2011 Rieslaner Spätlese Stammheimer Eselsberg **11 %/9,- €**

83 2011 Domina trocken Stammheimer Eselsberg **13 %/7,50 €**

82 2011 Rotweincuvée Stammheimer Eselsberg **12 %/6,70 €**

★★★

Adolf **Schembs**

Weingut

Rheinhessen

Herrnsheimer Hauptstraße 1c, 67550 Worms
Tel. *06241-52056,* ***Fax****: 06241-591720*
www.schembs-worms.de
info@schembs-worms.de
Besuchszeiten*: nur nach Vereinbarung*
Weingeschäft in der Herrnsheimer Hauptstraße 50,52,54 (Do./Fr. 15-19 Uhr, Sa. 10-14 Uhr)

Inhaber .... Arno Schembs
Rebfläche .... 9,5 Hektar

Wichtigste Rebsorten bei Arno Schembs sind Riesling und Spätburgunder, die zusammen mehr als die Hälfte seiner Weinberge einnehmen. Dazu gibt es vor allem noch Weißburgunder und Grauburgunder, Schwarzriesling, Dornfelder und Chardonnay. Die Weine baut er „eigentlich nur trocken" aus. Bereits Mitte der achtziger Jahre begann er sich im Vertrieb auf den Fachhandel zu konzentrieren. Seine Weinberge liegen in verschiedenen Gemeinden im Norden von Worms, auch im Liebfrauenstift Kirchenstück, einer ehemals sehr berühmten Lage (und Namensgeber für die Liebfraumilch), ist er vertreten. Zusammen mit Freunden hat er Räumlichkeiten im Herrnsheimer Schloss gepachtet. Jeweils einen Weiß- und Rotwein baut er im Schloss aus.

Vorjahre

Sehr konsistent auf hohem Niveau präsentierte sich die Kollektion vor zwei Jahren. In der letztjährigen, sehr gleichmäßigen und zuverlässigen Kollektion gefielen uns Sekt, Sauvignon Blanc und Kvadratur am besten, aber auch schon der Wilde Wonnegauer im Liter bereitete viel Freude.

Vorjahre

Die neue Kollektion ist bärenstark. Der Wilde Wonnegauer ist frisch und klar, der Gutsriesling fruchtbetont und zupackend, der Grauburgunder cremig, der Weißburgunder harmonisch und reintönig wie auch der Blanc de Noir. Die Cuvée aus rotem und gelbem Muskateller ist wunderschön frisch und zupackend, der Rieslingsekt hat Struktur und Biss, der Riesling aus dem Liebfrauenstift-Kirchenstück ist würzig und kraftvoll. Der eindeutige Star im weißen Segment ist allerdings der Château Schembs, eine Cuvée von Riesling (aus dem Kirchenstück), Weißburgunder (aus dem Osthofener Goldberg) und in den achtziger Jahren gepflanztem Chardonnay. Er zeigt viel Konzentration im Bouquet, feine rauchige Noten, dezenten Toast im Hintergrund, reife Frucht, weiße und gelbe Früchte, ist kraftvoll und komplex im Mund, harmonisch, besitzt gute Struktur und Substanz und viel Länge. Im roten Teil der Kollektion überrascht der wunderschön reintönige St. Laurent, aber auch hier gibt es nun einen Château Schembs, einen Pinot Noir, der konzentriert und kraftvoll ist, stoffig bei viel reifer Frucht und Substanz.

Weinbewertung

87 2009 „Wild at heart" Riesling Sekt brut **12 %/14,- €**

83 2011 „Wilder Wonnegauer" Riesling **12 %/6,50 €/1l**

85 2011 „Guuuuuutsriesling" trocken **12,5 %/6,50 €**

85 2011 Pinot (blanc de) Noir trocken **12 %/7,50 €**

85 2011 Weißburgunder trocken **12,5 %/6,50 €**

85 2011 Grauburgunder trocken **12 %/8,30 €**

86 2011 Muskateller trocken **12 %/7,- €** ☺

87 2010 Riesling trocken Wormser Liebfrauenstift-Kirchenstück **13 %/20,- €**

91 2009 „Ch★teau Schembs" weiss **13,5 %/49,- €**

88 2009 St. Laurent trocken **13,5 %/10,- €** ☺

87 2011 Frühburgunder trocken **12,5 %/12,- €**

89 2009 „Ch★teau Schembs" Pinot Noir **13,5 %/49,- €**

★★

Scherner-Kleinhanss

Weingut **Rheinhessen**

Alzeyer Straße 10, 67592 Flörsheim-Dalsheim
Tel. 06243-435, Fax: 06243-5665
www.scherner-kleinhanss.de
info@scherner-kleinhanss.de
Besuchszeiten: nach Vereinbarung
Kulinarische Weinproben

Inhaber .... Klaus Scherner
Rebfläche .... 12 Hektar

Seit 1726 ist das Gut in Familienbesitz, wird heute in neunter Generation von Klaus Scherner geführt. Klaus Scherner war nach seinem Studium in Geisenheim vier Jahre in Nordamerika tätig, bevor er die Verantwortung im Weingut der eigenen Familie übernahm. Seine Weinberge liegen in den Nieder-Flörsheimer Lagen Frauenberg (Muschelkalk, Löss, quarz- und kieshaltige Böden), Goldberg (Lehmmergel auf Kalksteinuntergrund) und Steig (Löss), im Monsheimer Rosengarten (Löss mit Kies), dem Dalsheimer Bürgel (schwere Böden) und dem Dalsheimer Sauloch (Löss mit Muschelkalk). Seine wichtigsten Rebsorten sind die Burgundersorten, Riesling und Silvaner. Die Weine werden überwiegend trocken ausgebaut.

Vorjahre

Seit der ersten Ausgabe stellen wir die Weine von Klaus Scherner vor, und immer überzeugen uns die Kollektionen mit gutem Niveau bei nach wie vor moderaten Preisen. Oft ist es ein Riesling aus dem Goldberg, der uns besonders gefällt, hin und wieder sind es barriqueausgebaute Weine oder edelsüße Spitzen. In der überzeugenden 2009er Kollektion hatten eindeutig die Rieslinge die Nase vorne; geschlossen präsentierte sich auch der Jahrgang 2010, angefangen vom feinen Liter-Riesling bis hin zur Ortega Trockenbeerenauslese, auch der Spätburgunder gab eine gute Vorstellung.

Jahrgang 2011

Die neue Kollektion hat, wieder einmal, als Highlight die Ortega Trockenbeerenauslese, die faszinierend reintönig und konzentriert ist, süß und schmeichelnd bei feinen Litschinoten. Sonst präsentiert sie sich gleichmäßig, vor allem Weißburgunder und Sauvignon Blanc überzeugen, der Riesling aus dem Goldberg ist 2011 etwas süß und üppig geraten. ▬

Weinbewertung

84 2011 Sauvignon Blanc trocken **12,5 %/8,50 €**
84 2011 Weißburgunder trocken **12,5 %/6,20 €**
83 2011 Weißburgunder Kabinett trocken Dalsheimer Sauloch **13 %/7,50 €**
83 2011 Riesling Spätlese trocken Dalsheimer Bürgel **13 %/8,50 €**
82 2011 Riesling Spätlese Nieder-Flörsheimer Goldberg **14 %/12,50 €**
79 2011 Riesling „feinherb" **12,5 %/5,50 €/1l**
91 2011 Ortega Trockenbeerenauslese Nieder-Flörsheimer Frauenberg **6 %/30,- €**
82 2011 Spätburgunder Weißherbst trocken **12 %/6,30 €**
83 2011 Spätburgunder trocken Dalsheimer Sauloch **13 %/7,70 €**

★★★☆

Scheu

Weinhof

Pfalz

Hauptstraße 33, 76889 Schweigen-Rechtenbach
***Tel.** 06342-7229, **Fax:** 06342-919975*
www.weinhof-scheu.de
weinhof.scheu@t-online.de
***Besuchszeiten:** Mo.-Do. nach Vereinbarung, Fr./Sa. 9-18 Uhr*

Inhaber .... Familie Scheu
Rebfläche .... 12,5 Hektar

Der Weinhof Scheu wurde 1964 mit damals 2 Hektar Reben von Günter Scheu und seiner Frau gegründet. 1996 hat Klaus Scheu den Betrieb übernommen. Die Weinberge liegen im Schweigener Sonnenberg, der aus klar unterscheidbaren Teillagen besteht. Die besten Weine tragen seit dem Jahrgang 2004 diese Teillagen-Namen, seit dem Jahrgang 2009 aus bezeichnungsrechtlichen Gründen nur noch die Abkürzungen „R*DL*G" und „ST*B*G" : Im Raedling mit seinem Boden aus Kalkgestein und schwerem Letten wachsen Weiß- und Grauburgunder, im Strohlenberg – Kalkboden, der mit Buntsandstein, Silikat und Sand versetzt ist – werden Riesling und Weißburgunder angebaut. Beide liegen auf französischem Staatsgebiet. In der Kernlage, dem ursprünglichen Sonnenberg mit seinen leichteren Böden stehen vor allem Riesling und Gewürztraminer. Riesling und Weißburgunder sind die wichtigsten Sorten im Betrieb. Hinzu kommen Grauburgunder, Spätburgunder, Müller-Thurgau, Scheurebe, Rieslaner und Gewürztraminer.

Vorjahre

Seit der ersten Ausgabe empfehlen wir die Weine von Klaus Scheu, schon damals hat uns die Reintönigkeit und Frische der gesamten Kollektion sehr gut gefallen. Jahr für Jahr präsentiert er zuverlässig gute Kollektionen, in denen schon die Kabinettweine viel Freude bereiten. In der Spitze hat er zuletzt weiter zugelegt, die Weine haben an Kraft, Fülle und Nachhaltigkeit gewonnen. Vor zwei Jahren bewegte sich Klaus Scheu auf hohem Niveau. Alle Weine waren von sehr guter Qualität, frisch, saftig, elegant und nachhaltig. Im vergangenen Jahr konnte uns Klaus Scheu nur wenige Weine zur Verkostung schicken, die sich jahrgangsbedingt etwas verhaltener präsentierten, aber die beiden Spitzen, der Raedling-Riesling und der Weißburgunder vom Kalkstein, zeigten die gewohnte Eleganz und Reintönigkeit.

Neue Kollektion

In diesem Jahr präsentiert sich die Kollektion wieder wesentlich stärker, mit kraftvollen trockenen Weißweinen und zwei feinen edelsüßen Weinen. An der Spitze steht ein hervorragender trockener Gewürztraminer, der nicht – wie viele andere Vertreter der Rebsorte – auf vordergründige Frucht setzt, sondern viel Substanz und Würze besitzt. Und auch die vier anderen Lagenweine, zwei Rieslinge und zwei Weißburgunder, sind stark und überzeugen mit klarer, feiner Frucht, Würze, Substanz und Potential.

Weinbewertung

89 2011 Gewürztraminer trocken Sonnenberg **13,5 %/12,- €**

86 2011 Weißburgunder trocken „Kalkstein" Schweigen **13,5 %/8,- €**

88 2011 Weißburgunder trocken „R*DL*G" **13,5 %/12,- €**

88 2011 Weißburgunder trocken „ST*B*G" **13,5 %/12,- €**

84 2011 Riesling Kabinett trocken Schweigen **12,5 %/6,- €**

86 2011 Riesling trocken „Kalkstein" Schweigen **12,5 %/8,- €**

88 2011 Riesling trocken „R*DL*G" **13 %/12,- €**

88 2011 Riesling trocken Sonnenberg **13,5 %/14,- €**

86 2011 Rieslaner Auslese „113°Oe" Schweigen **8,5 %/9,- €/0,375l**

87 2011 „Philipp Cuntz" Beerenauslese „135°Oe" Schweigen **7,5 %/18,- €/0,375l**

Scheuring ★

Weingut

Franken

Lutzgasse 6, 97276 Margetshöchheim
Tel. *0931-463633,* ***Fax:*** *0931-3046438*
www.weingut-scheuring.de
info@weingut-scheuring.de
Besuchszeiten: *jederzeit nach Vereinbarung, Sa. 8-15 Uhr*
Heckenwirtschaft (nach Fasching der 1. Samstag, im Herbst nach der Weinlese Ende Okt./Anfang Nov.)

Inhaber .... Ilonka Scheuring
Rebfläche .... 10 Hektar

Die Familie Scheuring betreibt seit 1983 Weinbau in Margetshöchheim und in den umliegenden Gemeinden Erlabrunn, Leinach, Thüngersheim, Retzbach und Stetten. Es werden Müller-Thurgau, Silvaner, Bacchus, Scheurebe, Kerner, Weißburgunder und Grauburgunder angebaut, dazu die roten Sorten Domina, Blaufränkisch, Spätburgunder und Cabernet Dorsa. 2007 ist Tochter Ilonka, nach Ausbildung zur Weinküferin, Auslandsaufenthalten in Südtirol und Neuseeland und Abschluss als Weinbautechnikerin, in den Betrieb mit eingestiegen, hat ihn mittlerweile übernommen.

Vorjahre

In einer sehr gleichmäßige Kollektion vor zwei Jahren gefiel uns der Silvaner aus dem Stettener Stein besonders gut, auch Grauburgunder bereitete viel Freude. Im vergangenen Jahr gefiel uns der Sekt am besten in einer guten, sehr homogenen Kollektion.

Jahrgang 2011

2011 überzeugt mit einer sehr gleichmäßigen Kollektion, in der uns wieder einmal ein Silvaner besonders gut gefällt, allerdings ist nicht die üppige trockene Spätlese unser Favorit, sondern der präzise, zupackende Silvaner „Franken".

Weinbewertung

81 2011 Silvaner trocken **12,5 %/4,9 €/1l**

85 2011 Silvaner „Franken" trocken **12 %/6,- €** ☺

83 2011 Silvaner Spätlese trocken Stettener Stein **13,5 %/8,- €**

82 2011 Grauburgunder Spätlese trocken Retzbacher Benediktusberg **12 %/7,- €**

83 2011 Scheurebe **11,5 %/6,- €**

81 2011 Riesling Spätlese Thüngersheimer Scharlachberg **13 %/8,- €**

★ Adolf Schick
Weingut **Rheinhessen**

Krainergasse 1, 55270 Jugenheim
***Tel.** 06130-256, **Fax:** 06130-8211*
www.weingutschickjugenheim.de
weingut.schick@t-online.de
***Besuchszeiten:** Mo.-Fr.*
Hotel-Restaurant Weedenhof

Inhaber .... Susanne Schick
Rebfläche .... 12 Hektar

Seit 1590 ist die Familie in Jugenheim ansässig. Wichtigste Rebsorten von Susanne Schick sind die Burgundersorten, Chardonnay, Riesling, Kerner, Portugieser und Dornfelder. Seit 1995 ist dem Weingut das Hotel-Restaurant Weedenhof angeschlossen. 2007 begann das Weingut mit der Umstellung auf ökologischen Weinbau, ist seit 2008 Mitglied bei Ecovin.

Vorjahre

Vor zwei Jahren war die Kollektion sehr gleichmäßig, bot gutes Niveau, trocken wie süß. Die letztjährige Kollektion überzeugte ebenfalls mit ihrem guten, gleichmäßigen Niveau, bot frische, fruchtbetonte Weine – und als Überraschung einen wunderschön reintönigen Grünen Veltliner.

Neue Kollektion

Die neue Kollektion ist gleichmäßig, wenn auch ein wenig verhalten, die duftige, konzentrierte Scheurebe Beerenauslese gefällt uns am besten.

Weinbewertung

80 2011 Grüner Veltliner trocken **13 %/4,80 €**
82 2011 Chardonnay trocken **13 %/4,80 €**
82 2011 Riesling Spätlese trocken **13,5 %/6,80 €**
85 2011 Scheurebe Beerenauslese **13 %/8,50 €/0,375l**
80 2009 St. Laurent trocken **12 %/6,- €**
79 2009 „Cuvée No. 5" Rotwein **12 %/8,- €**

★★ Michael Schiefer
Weingut **Württemberg**

Südstraße 12, 74348 Lauffen
***Tel.** 07133-203821, **Fax:** 07133-203823*
www.weingut-schiefer.de
info@weingut-schiefer.de
***Besuchszeiten:** Sa. 9-15 Uhr und nach Vereinbarung*

Inhaber .... Michael Schiefer
Rebfläche .... 4 Hektar

Michael Schiefer studierte nach Winzerlehre bei Jürgen Ellwanger und Geisenheim-Studium zunächst in Berlin und Lissabon Musikwissenschaft und Philosophie, bevor er im Jahr 2000 doch den elterlichen Betrieb übernahm und aus der Genossenschaft austrat. Vor allem die Burgundersorten baut er an, aber auch Trollinger, Lemberger, Kerner und Gewürztraminer. Spätburgunder möchte er in den kommenden Jahren weiter forcieren. Die Rotweine werden vier bis sechs Wochen auf der Maische vergoren.

Vorjahre

Vor zwei Jahren beeindruckten die kompromisslos vinifizierten Rotweine. Dass sie sich vorteilhaft entwickeln, zeigte der im letzten Jahr erneut verkostete 2008er 3-Sterne-Spätburgunder, der, obwohl immer noch sehr jugendlich, deutlich an Komplexität gewonnen hatte, der 2009er war schon etwas offener als sein Vorgänger ein Jahr zuvor. Sehr gut gefiel uns auch die Cuvée aus Cabernet Cubin und Samtrot, in der 2-Sterne-Klasse waren Lemberger und Spätburgunder unsere Favoriten, die Weißen präsentierten sich geschlossen auf gutem Niveau.

Neue Kollektion

Die 2011er Weine präsentieren sich sehr gleichmäßig auf gutem Niveau, weiß wie rot, der reintönige Weißburgunder ist leider nicht ganz zu Ende gegoren. Die Stars im Programm sind einmal mehr die Rotweine: Der Cabernet Cubin zeigt viel Duft im Bouquet,

Gewürze, Cassis, ist füllig und kraftvoll im Mund bei reifer Frucht und guter Struktur. Der Lemberger ist herrlich reintönig und kraftvoll, besitzt gute Struktur und Substanz – und kann reifen, wie der für die 2002er Verkostung eingereichte Wein eindrucksvoll beweist.

Weinbewertung

83 2011 Grauburgunder** trocken **12,5 %/7,30 €**
83 2011 Weißburgunder** **11 %/7,30 €**
83 2011 Rosé trocken **12 %/5,20 €**
82 2011 Trollinger trocken **10,5 %/5,- €/1l**
83 2011 Lemberger trocken **12,5 %/6,- €**
87 2010 Lemberger*** trocken **12,5 %/14,50 €**
88 2002 Lemberger*** trocken **12,5 %**
88 2009 „Cabernet C" Rotwein **12,5 %/17,- €**

★★☆

Frank **Schiele**

Weinbau

Baden

Weieräcker 17, 69231 Rauenberg
***Tel.** 06222-62040, **Fax:** 06222-769747*
www.weinbau-schiele.de
info@weinbau-schiele.de; f.schiele@online.de
***Besuchszeiten:** Do./Fr. 16:30-18:30 Uhr, Sa. 14:30-17:30 Uhr (ab Ende Nov. 2011) oder nach Vereinbarung*

Inhaber .... Frank Schiele
Rebfläche .... 1 Hektar

Frank Schiele baut zu 65 Prozent rote Sorten an, Spätburgunder, Cabernet Sauvignon und Merlot, 35 Prozent nehmen weiße Sorten ein: Chardonnay, Auxerrois und Grauburgunder, ab 2010 kam Riesling in den Ertrag, 2012 kommt Sauvignon Blanc hinzu (zuvor hat Frank Schiele den Sauvignon Blanc aus der Pfalz bezogen). 2005 erzeugte er seine ersten Weine. Die Rotweine werden etwa drei Wochen maischevergoren, die Weißweine bei etwa 13 Grad kühl vergoren. 2010 begann Frank Schiele den Bau eines neuen Kellers, der Ende 2011 fertig gestellt wurde.

Vorjahre

2009 hatte Frank Schiele wunderschön fruchtbetonte, frische Kabinettweine mit wenig Alkohol erzeugt. Unter den weißen Barriqueweinen gefiel uns der Grauburgunder am besten, bei den roten 2008ern galt unsere Präferenz dem Spätburgunder, obwohl wir die Cuvée Andrea aus Merlot und Cabernet Sauvignon genauso bewerteten. Die 2010er Weißweine waren frisch und zupackend, Barrique-Weißweine hatte Frank Schiele in diesem Jahrgang nicht erzeugt. Spannender waren die 2009er Rotweine: Unser Favorit war die Cuvée Andrea, gefolgt vom kraftvollen, reintönigen Cabernet Sauvignon und der tanninbetonten Cuvée M, Spätburgunder und Merlot zeigten ein wenig härtere Tannine.

Neue Kollektion

Da die 2010er Rotweine unmittelbar nach der Abfüllung nach Meinung Frank Schieles noch vollkommen verschlossen waren, stellte er nochmals die 2009er vor: Sie präsentieren sich immer noch sehr jugendlich, wenig verändert zum Vorjahr, die etwas harten Tannine in manchem Wein sind immer noch präsent. Die Weißweine gleichen stilistisch ihren Vorgängern, sind klar, frisch und geradlinig, die analytisch recht hohe Restsäure wird überhaupt nicht als störend empfunden.

Weinbewertung

81 „Secco" **12 %/9,- €**
83 2011 Auxerrois Kabinett **11,5 %/8,- €**
81 2011 Chardonnay Kabinett **11,5 %/8,- €**
83 2011 Riesling Kabinett **11,5 %/8,- €**
83 2011 „Cuvée weiß" **11,5 %/8,- €**
84 2011 Rosé Kabinett **12 %/8,- €**
86 2009 Spätburgunder trocken Barrique **13 %/14,- €**
86 2009 Merlot trocken Barrique **13 %/14,- €**
87 2009 Cabernet Sauvignon trocken Barrique **13 %/14,- €**
87 2009 Cuvée „M" Rotwein trocken Barrique **13 %/14,- €**
88 2009 Cuvée „Andrea" Rotwein trocken Barrique **12,5 %/16,- €**

Schild ★

Weingut **Nahe**

Klosterstraße 7, 55595 St. Katharinen
***Tel.** 06706-447, **Fax**: 06706-6298*
www.schild-weingut.de
weingut-schild@t-online.de
***Besuchszeiten**: nach Vereinbarung*
Ferienwohnung

Inhaber .... Thomas, Johannes, Maria .... und Brigitte Schild
Rebfläche .... 10 Hektar

Das Weingut wird heute in zweiter und dritter Generation von Thomas und Johannes Schild geführt. Ihre Weinberge liegen in St. Katharinen (Fels), Roxheim (Berg), Bad Kreuznach (Hofgarten, Hinkelstein), Wallhausen (Laurentiusberg, Höllenpfad, Backöfchen, Pastorenberg), Braunweiler (Michaeliskapelle, Hellenpfad) Sommerloch (Ratsgrund) und Mandel (Schlossberg). Wichtigste Rebsorten sind Riesling und die Burgunder, hinzu kommen Sauvignon Blanc, Portugieser und einige Neuzüchtungen.

Vorjahre

Beim guten Debüt vor zwei Jahren hatte uns die Riesling Auslese aus dem Kreuznacher Hofgarten besonders gut gefallen. Eine sehr homogene Kollektion folgte im vergangenen Jahr mit klaren, deutlich restsüßen und säuregeprägten Weißweinen und süffigen Rotweinen des Jahrgangs 2009.

Neue Kollektion

Die in diesem Jahr präsentierten 2010er Rotweine finden wir dagegen zu süß, zudem zeigen sie leichte Bitternoten. Am besten gefällt uns die Riesling-Spätlese, die eine feine Frische besitzt.

Weinbewertung

81 2011 Weißburgunder trocken Roxheimer Berg **12,5 %/5,30 €**
82 2011 Grauburgunder trocken Wallhäuser Laurentiusberg **13 %/6,- €**
81 2011 Riesling trocken St. Katchariner Fels **12 %/5,30 €**
82 2011 Riesling trocken Braunweiler Michaeliskapelle **13 %/6,- €**
82 2011 Kerner Spätlese Braunweiler Michaeliskapelle **9 %/5,- €**
83 2011 Riesling Spätlese Kreuznacher Hofgarten **8,5 %/6,- €**
82 2009 Cabernet Dorsa & Spätburgunder trocken Braunweiler Hellenpfad **14 %/10,- €**
81 2010 Portugieser trocken „Halbstück“ **13,5 %/8,- €**
80 2010 Dornfelder trocken „Alte Rebe“ **13 %/7,- €**
79 2010 Spätburgunder trocken „Zweigestein“ **13,5 %/6,70 €**

Schindler ★☆

Weingut **Baden**

Bachgasse 4, 79379 Müllheim
***Tel.** 07631-2597, **Fax**: 07631-174306*
www.weingut-schindler.de
info@weingut-schindler.de
***Besuchszeiten**: Mo.-Fr. 9-12:30 + 14-18:30 Uhr, Sa. 9-13 + 15-18 Uhr*

Inhaber .... Wolfgang Schindler
Rebfläche .... 8 Hektar

Großvater und Vater von Wolfgang Schindler haben ihre Trauben noch an die Genossenschaft abgeliefert. Wolfgang Schindler hat vor mehr als zwanzig Jahren das Weingut mit damals 4 Hektar Weinbergen übernommen und auf Selbstvermarktung umgestellt. Damals wie heute war das Weingut ein Burgunderbetrieb mit 40 Prozent Spätburgunderanteil, aber auch Weiß- und Grauburgunder. Wichtig ist natürlich auch der Gutedel. Als Spezialitäten pflegt Wolfgang Schindler Riesling und Muskateller. Zuletzt hat er Chardonnay angelegt und ein wenig Regent. Die Weinberge von Wolfgang Schindler befinden sich vor allem in Müllheim (Sonnhalde, Reggenhag, Pfaffenstück), wo die Reben teils auf Löss, teils auf sehr schweren Böden wachsen. Auch in Badenweiler (Römerberg) und in Auggen (Schäf) besitzt er Parzellen. Die Weißweine werden kühl vergoren und lagern bis zur Abfüllung im März auf der Feinhefe. Der Spätburgunder wird je nach Jahrgang ganz oder teilweise im Barrique ausgebaut.

Vorjahre

Die 2009er machten Freude, waren frisch und reintönig. Im problematischen Jahrgang 2010 zeigte Wolfgang Schindler wieder frische, reintönige Weine von allen Rebsorten, der Gutedel Kabinett gefiel uns besonders gut, aber auch die Spätburgunder des Jahrgangs 2009 überzeugten.

Neue Kollektion

Auch die 2011er präsentieren sich im gewohnten Stil, sind frisch und fruchtbetont, klar und lebendig, ein wunderschön reintöniger Muskateller und der Gutedel aus dem Römerberg sind unsere Favoriten in einer gleichmäßigen Kollektion.

Weinbewertung

83 2010 Pinot Noir Sekt „weißgekeltert" brut **12,5 %/8,45 €**
84 2011 Gutedel Kabinett trocken Badenweiler Römerberg **11,5 %/4,40 €** ☺
81 2011 Grauburgunder Kabinett trocken **13,5 %/5,20 €**
82 2011 Weißburgunder Kabinett trocken **13 %/5,20 €**
83 2011 Chardonnay Kabinett trocken **13,5 %/6,20 €**
84 2011 Muskateller **12,5 %/5,40 €**
81 2010 Spätburgunder Kabinett trocken **13 %/6,40 €**

★

Schinhammer

ökologischer Weinbau

Franken

Lindenstraße 8, 97337 Bibergau
***Tel.** 09324-771, **Fax**: 09324-771*
www.weinbau-schinhammer.de
info@weinbau-schinhammer.de
***Besuchszeiten**: nach Vereinbarung*
Restaurant und Weinbar, Mai-Okt. Fr. + Sa. ab 18 Uhr

Inhaber .... Fred und Brigitte Schinhammer
Rebfläche .... 3 Hektar

Fred und Brigitte Schinhammer haben mit einem drei Viertel Hektar angefangen, nach und nach den Betrieb auf die heutige Fläche erweitert. Der Betrieb befindet sich in Bibergau, die Weinberge aber liegen vor allem in Dettelbacher Steillagen, hinzu kommen ein halber Hektar in Neuses und ein Weinberg im Mainstockheimer Hofstück. Die Weinberge werden ökologisch bewirtschaftet (Bioland). Sie bauen Silvaner, Müller-Thurgau, Bacchus, Riesling und Weißburgunder an, aber auch Johanniter und Regent. Sohn Richard hat 2007 seine Winzerlehre abgeschlossen und arbeitet im Betrieb mit. 2010 wurden Restaurant und Weinbar eröffnet.

Neue Kollektion

Nach einem guten Debüt im vergangenen Jahr – am besten gefiel uns der Weißburgunder Kabinett – folgen 2011 frische, fruchtbetonte, schön geradlinige halbtrockene Weißweine und ein intensiv-lebhafter Regent mit Biss.

Weinbewertung

83 2011 Müller-Thurgau Kabinett halbtrocken Dettelbacher Honigberg **11 %/1l**
82 2011 Bacchus Kabinett halbtrocken Dettelbacher Honigberg **12 %**
84 2011 Johanniter Kabinett halbtrocken Mainstockheimer Hofstück **11,5 %**
82 2011 Regent trocken Dettelbacher Honigberg **13 %**

★★★★

Schlör

Weingut

Baden

Martin-Schlör-Straße 22, 97877 Wertheim-Reicholzheim
***Tel.** 09342-4976, **Fax**: 09342-6959*
www.weingut-schloer.de
info@weingut-schloer.de
***Besuchszeiten**: nach Vereinbarung*

Inhaber .... Konrad Schlör
Rebfläche .... 6,5 Hektar

Das Weingut Schlör in Reicholzheim liegt im badischen Teil des Taubertals. Seit 1983, nach dem Austritt aus der Genossenschaft, vermarkten Konrad und Monika Schlör ihre Weine selbst. Die Weinberge liegen vor allem im Reicholzheimer First, wo die Reben auf Muschelkalkböden mit hohem Steinanteil wachsen, sowie im Reicholzheimer Satzenberg. Wichtigste Rebsorten sind Müller-Thurgau, Riesling, Spätburgunder und Schwarzriesling. Dazu gibt es insbesondere noch Weißburgunder und Silvaner. 40 Prozent der Rebfläche nehmen rote Reben ein, wobei Konrad Schlör diesen Anteil keinesfalls steigern will. Die Weißweine werden kühl oder kalt vergoren, die Rotweine maischevergoren. Ausgewählte Weine baut Konrad Schlör bis zu 18 Monate im Barrique aus.

Vorjahre

Seit der ersten Ausgabe empfehlen wir die Weine von Konrad Schlör, mit einer starken Kollektion haben wir ihn schon in der ersten Ausgabe gelobt. Seither ist es weiter vorangegangen, hat er in der Spitze weiter zugelegt, vor allem mit Spätburgunder und Schwarzriesling, aber auch die Kabinettweine sind stetig besser geworden: Eine tolle Entwicklung. Die reintönigen Kabinettweine zeigten 2009 sehr gutes Niveau, die Spätlesen waren fülliger. Bestechend klar und konsistent präsentierte sich einmal mehr der rote Teil der Kollektion mit wunderschön reintönigen Weinen, egal ob Spätburgunder oder Schwarzriesling. Die 2010er Weißweine waren frisch und klar, ohne aber in der Spitze frühere Jahrgänge zu erreichen. Rot überzeugte im vergangenen Jahr wie gewohnt, wobei der Schwarzriesling „R" dem Spätburgunder First Paroli bieten konnte.

Neue Kollektion

Die Spätfröste 2011 haben Konrad Schlör und das ganze Taubertal stark getroffen, so dass er in diesem Jahr Trauben zukaufen musste. Das Programm ist etwas kleiner als gewohnt, was es aber gibt, dass kann sich sehen und vor allem schmecken lassen. Die trockene Riesling Spätlese ist klar und zupackend, das Große Gewächs aus dem Satzenberg kraftvoll und zupackend, aber allzu duftig. Der Weißburgunder aus dem First gefällt uns da besser, bietet Fülle, Kraft und viel reife Frucht, ist noch sehr jugendlich. Im roten Segment bietet Konrad Schlör eine frische, fruchtbetonte Cuvée, den wie gewöhnlich faszinierend reintönigen Schwarzriesling mit seiner feinen Kirschenfrucht und als Highlight das Große Gewächs aus dem First, das viel Vanille und viel reife Frucht im Bouquet zeigt, im Mund dann wunderschön fruchtbetont, harmonisch und elegant ist, gute Struktur, feine Frische und Länge besitzt.

Weinbewertung

85 2010 Pinot Sekt brut **13,5 %/12,50 €**
83 2011 Müller-Thurgau Kabinett trocken Reicholzheimer First **11,5 %/5,50 €**
86 2011 Riesling Spätlese trocken Reicholzheimer First **13 %/10,50 €**
82 2011 Weißburgunder Spätlese trocken **13 %/10,- €**
89 2011 Weißburgunder „GG" First **13 %/18,- €**
87 2011 Riesling „GG" Satzenberg **13 %/19,- €**
86 2010 „M" Rotwein trocken **13,5 %/8,50 €**
88 2010 Schwarzriesling trocken Reicholzheimer First **13,5 %/11,- €**
90 2010 Spätburgunder „GG" First **13,5 %/25,- €**

★★★★
H. Schlumberger
Privat-Weingut
Baden

Weinstraße 19, 79295 Laufen
Tel. *07634-8992,* ***Fax****: 07634-8255*
www.schlumbergerwein.de
info@schlumbergerwein.de
Besuchszeiten*: Mo.-Fr. 8-12 + 14-18 Uhr,*
Sa. 10-12 + 14-16 Uhr
Probierraum im Keller

Inhaber .... Claudia Schlumberger-Bernhart
.... Ulrich Bernhart
Rebfläche .... 9 Hektar

Hartmut Schlumberger hat den Betrieb inzwischen an Tochter Claudia und deren Ehemann Ulrich Bernhart übergeben, der schon zuvor für den Keller verantwortlich war. Neben Gutedel bauen sie vor allem Burgundersorten an. Spätburgunder hat flächenmäßig inzwischen gar den Gutedel überholt. Dazu gibt es Scheurebe und Riesling, Sauvignon Blanc, Chardonnay, Cabernet Sauvignon und Merlot.

Vorjahre

Seit der ersten Ausgabe loben wir die Weine von Claudia Schlumberger-Bernhart und Ulrich Bernhart, schon damals waren wir sehr angetan von ihrer Kollektion. Seither ging es stetig weiter voran mit bestechend klaren und frischen Basisweinen, kraftvollen Spätlesen und starken Rotweinen, der Pinot Noir R – heute Großes Gewächs – gehört immer wieder zu den Jahrgangsbesten in Deutschland. 2008 war der Spätburgunder Großes Gewächs hervorragend, führte eine konsistente rote Kollektion an. Auch die Weißweinriege präsentierte sich geschlossen, bot feine, reintönige Kabinettweine und füllige, aber ebenso reintönige Spätlesen, so dass es die beiden Großen Gewächse schwer hatten sich abzusetzen. 2010 waren die beiden weißen Großen Gewächse eigenartig verhalten und würzig, besser gefiel uns der Riesling Kalkgestein mit seiner reintönigen Frucht. Die rote Kollektion war stimmig, wie man das kennt, wurde angeführt vom Großen Gewächs, dass seither wie seine beiden weißen Kollegen den Namen der Teillage „Wingerte" auf dem Etikett trägt.

Weißweine 2011

Eine schöne, stimmige Kollektion folgt 2011, mit ganz starken Kabinettweinen. Der Gutedel ist reintönig, frisch und geradlinig, wie auch der Riesling, Grau- und Weißburgunder besitzen gute Fülle und Harmonie. Der Sauvignon Blanc ist wunderschön reintönig und zupackend, Gleiches gilt für die saftige Scheurebe. Noch besser gefällt uns der würzige, eindringliche Kalkstein-Riesling, der herrlich füllig und kraftvoll im Mund ist, gute Struktur und Substanz besitzt. Füllig und kraftvoll ist auch der Grauburgunder Altenberg, herrlich saftig, reintönig und lang der Weißburgunder. Da haben es die Großen Gewächse schwer, dies zu toppen: Der Weißburgunder Wingerte besitzt feine Vanillenoten, viel Fülle und Substanz – trinken aber würden wir lieber den Altenberg-Weißburgunder. Beim Grauburgunder ist es ähnlich: Der Wingerte zeigt deutlichere Vanillenoten, ist füllig und harmonisch, besitzt Frische und Biss, aber nicht mehr Komplexität als der Altenberg-Grauburgunder, dieses Mittelsegment ist einfach „zu gut".

Rotweine 2011

Der Spätburgunder-Reigen wird vom wunderschön reintönigen „einfachen" Spätburgunder eröffnet, der „S" ist ebenso reintönig, besitzt Struktur, Frische und Biss, der Altenberg-Pinot Noir ist füllig und kraftvoll, besitzt reife Frucht, gute Struktur und Frische. Hier nun kommt aber die Steigerung durch das Große Gewächs: Der Wingerte ist reintönig und konzentriert, zeigt etwas Vanille und Schokolade im Bouquet, ist kraftvoll und präzise im Mund, zupackend und nachhaltig; dass Schlumberger-Pinots reifen können, zeigte unsere 2002er-Verkostung. Die strukturierte, zupackend Cuvée aus Cabernet Sauvignon und Merlot rundet die rundum gelungene rote Kollektion ab.

Weinbewertung

85 2011 Gutedel Kabinett trocken **11 %/6,- €** ☺
85 2011 Riesling Kabinett trocken **12,5 %/8,- €**
86 2011 Weißburgunder Kabinett trocken **12,5 %/8,- €**
85 2011 Grauburgunder Kabinett trocken **12,5 %/8,- €**
88 2011 Sauvignon Blanc **12,5 %/11,50 €**
89 2011 Weißburgunder Altenberg **13,5 %/11,50 €** ☺
88 2011 Grauburgunder Altenberg **13,5 %/11,50 €**
88 2011 Scheurebe „Kalkgestein" **13 %/13,- €**
88 2011 Chardonnay „Kalkgestein" **13,5 %/14,- €**
89 2011 Riesling „Kalkgestein" **12,5 %/12,- €** ☺
89 2011 Weißburgunder „GG" „Wingerte" **13,5 %/17,50 €**
88 2011 Grauburgunder „GG" „Wingerte" **13,5 %/17,50 €**
86 2010 Spätburgunder **12,5 %/8,- €**
87 2010 Spätburgunder „S" **13 %/11,- €**
88 2010 Cabernet Sauvignon & Merlot **13,5 %/15,-€**
89 2010 Pinot Noir Altenberg **13,5 %/16,- €**
91 2010 Pinot Noir „GG" „Wingerte" **13,5 %/26,- €**

★★

Rainer Schlumberger

Weingut

Baden

Obere Holzgasse 4, 79295 Sulzburg-Laufen
***Tel.** 07634-592240, **Fax**: 07634-592241*
www.weingut-schlumberger.de
info@weingut-schlumberger.de
***Besuchszeiten:** Mo.-Sa. 14-18 Uhr und nach Vereinbarung*

Inhaber.................... Rainer Schlumberger
Rebfläche............................ 5,5 Hektar

Wichtigste Rebsorten bei Rainer Schlumberger sind Gutedel und Spätburgunder mit 40 bzw. 20 Prozent Anteil an der Rebfläche. Spezialität ist der naturtrüb abgefüllte, als Tafelwein verkaufte Gutedel (seit 1999), sowie die Huxelrebe.

Vorjahre

Seit der ersten Ausgabe empfehlen wir die Weine von Rainer Schlumberger. Sie sind immer klar und geradlinig, immer zuverlässig. Mit trockenen weißen Spätlesen oder mit barriqueausgebauten Rotweinen gehört er immer wieder zur Spitze im Markgräflerland. 2009 waren die Weißweine schwächer als in den Vorjahren, so dass der 2007er „Eich" vor zwei Jahren unser Favorit war. Sein Nachfolger gefiel uns in der letztjährigen Kollektion besonders gut, aber auch die Weißweine präsentierten sich reintönig und frisch, angefangen beim feinen, leichten „Grünen Markgräfler" bis hin zur barriqueausgebauten Gutedel-Variante.

Neue Kollektion

Die neue Kollektion überzeugt auf der ganzen Linie: Die Weißweine sind frisch, fruchtbetont und reintönig, die Weißburgunder Spätlese besitzt Fülle und Kraft, die Trockenbeerenauslese ist konzentriert und reintönig – und im roten Segment gibt es wie gehabt den Pinot Noir Eich, der Fülle, Kraft und gute Struktur besitzt.

Weinbewertung

82 2011 Gutedel Kabinett trocken Laufener Altenberg **11,5 %/5,- €**
84 2011 Huxelrebe trocken Laufener Altenberg **13 %/5,- €**
84 2011 Weißburgunder Kabinett trocken Laufener Altenberg **13 %/6,- €**
83 2011 Grauburgunder Kabinett trocken Laufener Altenberg **12,5 %/6,- €**
85 2011 Weißburgunder Spätlese trocken Laufener Altenberg **14 %/7,50 €**
83 2011 Grauburgunder Spätlese trocken Laufener Altenberg **13,5 %/7,50 €**
88 2011 Weißburgunder Trockenbeerenauslese Laufener Altenberg **10 %/26,- €/0,5l**
82 2009 Spätburgunder trocken Laufener Altenberg **13,5 %/6,50 €**
87 2009 Pinot Noir trocken „Eich" **14 %/14,- €**

★☆

Schmachtenberger

Berthold, Weingut

Franken

Klosterstraße 43, 97236 Randersacker
***Tel.** 0931-707850, **Fax:** 0931-708961*
www.weingut-schmachtenberger.com
mail@weingut-schmachtenberger.com
***Besuchszeiten:** täglich, So. + feiertags nach Vereinbarung*

Inhaber.......... Berthold Schmachtenberger
Rebfläche............................ 8,5 Hektar

Berthold Schmachtenberger führt seit 1977 in elfter Generation den Betrieb, der sich bis ins Jahr 1598 in den Nachbarort Eibelstadt zurückverfolgen lässt. Seine Weinberge liegen vor allem in Randersacker (Muschelkalk) in den Lage Sonnenstuhl und Marsberg, sowie in der früheren Lage Gerstberg (heute Großlage Ewig Leben), wo er rote Rebsorten und Silvaner anbaut. Die Weinberge in Sulzfeld und Iphofen wurden gegen Weinberge in Randersacker getauscht, befinden sich aber weiterhin im Eigentum der Familie. Berthold Schmachtenberger baut Müller-Thurgau, Silvaner, Bacchus, Scheurebe und Kerner an, sowie Riesling, Weißburgunder, Traminer und Rieslaner. Hinzu kommen die roten Sorten Domina, Spätburgunder und Portugieser, sowie Spezialitäten wie Ortega, Traminer und Rieslaner. Die Spitzenweine werden in der Linie „Greif" ausgebaut. Im Herbst 2012 wurde die neue Vinothek eröffnet.

Vorjahre

Die 2009er Kollektion wurde angeführt von den Weinen der „Greif"-Linie – Silvaner und Riesling aus dem Marsberg. Auch 2010 behauptete sich Berthold Schmachtenberger gut, alle Weine waren frisch und klar, besaßen reintönige Frucht. Der Greif-Silvaner aus dem Marsberg gefiel uns wieder besonders gut, ebenso der Silvaner von alten Reben aus dem Sonnenstuhl.

Jahrgang 2011

Ähnlich ist das Bild 2011: Der Silvaner von alten Reben aus dem Sonnenstuhl ist klar und füllig bei feiner Süße, der Greif-Silvaner, in diesem Jahrgang aus dem Sonnenstuhl, ist üppig und füllig, deutlich süß. Noch besser aber gefällt uns der Neuzugang im Programm, der im Barrique ausgebaute Silvaner aus dem Marsberg mit dem Namen Caractère. Er zeigt gute Konzentration im Bouquet, feine rauchige Noten und etwas Vanille, ist füllig und schmeichelnd im Mund, besitzt viel Substanz und süße Frucht.

Weinbewertung

80 2011 Rivaner Kabinett trocken Randersackerer Ewig Leben **11 %/4,60 €**
80 2011 Silvaner Kabinett trocken Randersackerer Ewig Leben **13 %/4,80 €**
84 2011 Silvaner Kabinett trocken „Quaderkalk" Randersackerer Ewig Leben **13 %/5,20 €**
81 2011 Weißburgunder Kabinett trocken Randersackerer Sonnenstuhl **12,5 %/5,20 €**
80 2011 Riesling Kabinett trocken „Quaderkalk" Randersackerer Ewig Leben **12,5 %/5,60 €**
85 2011 Silvaner Spätlese trocken „Alte Reben" Randersackerer Sonnenstuhl **13,5 %/7,50 €**
86 2011 Silvaner Spätlese trocken „Greif" Randersackerer Sonnenstuhl **14 %/8,50 €**
87 2011 Silvaner Spätlese trocken „Caractère" Randersackerer Marsberg **13,5 %/15,- €**
85 2011 Rieslaner Auslese Randersackerer Sonnenstuhl **10 %/11,50 €**

★★

Heinrich **Schmidt**

Weingut

Nahe

Hauptstraße 8, 55452 Windesheim
***Tel.** 06707-414, **Fax**: 06707-1725*
weingut-heinrich-schmidt@t-online.de
***Besuchszeiten**: Mo.-Fr. 9-17 Uhr, Wochenende nach Vereinbarung*

Inhaber .... Günter Schmidt
Rebfläche .... 8,3 Hektar

Das Windesheimer Weingut wird in fünfter Generation seit dem Jahr 2000 von Günter Schmidt geführt. Er hat die Sortenstruktur geändert, weg von Neuzüchtungen, hin zu Burgundersorten, die inzwischen 40 Prozent der Rebfläche einnehmen, und Riesling. Etwas Müller-Thurgau, Kerner und Scheurebe will er aber weiterhin behalten. Seine Weinberge liegen in Windesheim und Schweppenhausen, die Hälfte davon in Steillagen. Auf den Schweppenhäuser Schieferverwitterungsböden baut er vor allem Riesling und Spätburgunder an, in Windesheim überwiegend Grauburgunder und Weißburgunder. Ein Teil der Rotweine wie auch der Weißweine wird im Barrique ausgebaut. Wobei die Weißweine nach Vergärung und sechsmonatigem Ausbau im Holz wieder mit einem im Edelstahl ausgebauten Teil rückverschnitten werden. Die Spitzenweine werden in den Linien „S" (Selektion) und „R" (Reserve) vermarktet. Die Weine werden fast ausschließlich an Privatkunden verkauft.

Vorjahre

Vor zwei Jahren präsentierte sich die Kollektion geschlossen, mit fülligen, kraftvollen Weinen, wobei wir die Rotweine – Jahrgang 2007 – ganz leicht präferierten. Der 2008er Frühburgunder gefiel uns im vergangenen Jahr sehr gut, ebenso der im Barrique ausgebaute Grauburgunder aus dem Fels, sie führten eine konsistente Kollektion an.

Neue Kollektion

Als Fazit hatten wir geschrieben, dass die trockenen Weine, weiß wie rot, mit weniger Restsüße an Präzision gewinnen könnten – und da können wir uns in diesem Jahr nur wiederholen. Die 2009er Früh- und Spätburgunder besitzen gute Substanz, wirken aber durch zu viel Restzucker unnötig „aufgehübscht". Der Grauburgunder aus dem Fels überzeugt auch in diesem Jahr wieder mit Kraft, Fülle und einem gelungenem Ausbau im Holz.

Weinbewertung

81 2011 Weißburgunder trocken **12,5 %/5,90 €**
83 2011 Weißburgunder „S" trocken Windesheimer Sonnenmorgen **14 %/7,60 €**
84 2011 Grauburgunder „S" trocken **13,5 %/7,60 €**
86 2011 Grauburgunder „R" trocken Windesheimer Fels **14 %/9,20 €**
83 2011 Riesling „S" trocken Schweppenhäuser Schlossgarten **13 %/6,50 €**
81 2011 Riesling Classic **12,5 %/5,70 €**
82 2011 Riesling & Kerner Spätlese **10 %/5,60 €**
84 2011 Scheurebe Spätlese Windesheimer Rosenberg **10 %/6,10 €**
80 2011 „Blanc de Noir" trocken **13,5 %/5,90 €**
86 2009 Frühburgunder „R" trocken Schweppenhäuser Schlossgarten **14 %/15,90 €**
83 2010 Spätburgunder „S" trocken Schweppenhäuser Schlossgarten **13,5 %/8,80 €**
85 2009 Spätburgunder „R" trocken Schweppenhäuser Schlossgarten **14 %/12,80 €**

★★☆

Claes **Schmitt** Erben

Weingut

Mosel

Moselweinstraße 43, 54349 Trittenheim
***Tel.** 06507-701736, **Fax**: 06507-701738*
www.claeswein.de
info@claeswein.de
***Besuchszeiten**: nach Vereinbarung*
Gästehaus

Inhaber .... Niko Schmitt
Rebfläche .... 4 Hektar

Niko Schmitt absolvierte seine Winzerlehre beim Weingut Dr. Crusius und anschließend in Weinsberg die Ausbildung zum Weinbautechniker. Im Jahr 2001 übernahm er das elterliche Weingut, und nach und nach verfeinerte er den Stil der Weine, die Vinifikation findet teils im Edelstahl, teils im Holz statt. Der Name des Weingutes wurde geändert im Andenken an den Großvater des heutigen Besitzers, der Nikolaus Schmitt hieß, kurz Claes genannt. Die Weinberge befinden sich in den beiden Trittenheimer Lagen Apotheke und Altärchen. 2006 kam eine steile Terrassenlage mit 70 Jahre alten Rebstöcken hinzu, der Jungheld, ein Gemeinschaftsprojekt Niko Schmitts und des fränkischen Jungwinzers Paul Weltner; 2012 kam ein Weinberg im Neumagener Rosengärtchen hinzu. Neben Riesling gibt es Müller-Thurgau und Spätburgunder im Anbau, 2010 wurde ein klein wenig Sauvignon Blanc gepflanzt. Inzwischen machen die trockenen und „feinherben" Weine 90 Prozent der Produktion aus. 2010 wurde die neue „Weinlounge" fertig gestellt.

Vorjahre

Die 2009er fielen saftig, feingliedrig und zugänglich aus. Neben dem „Jungheld"-Riesling überzeugten auch die süßen Weine. Sehr gut gefiel uns auch die 2010er Kollektion, die Weine waren reintönig und frisch, überzeugten trocken und „feinherb" ebenso wie „restsüß", unser Favorit war der präzise und kraftvolle Riesling „Jungheld".

Jahrgang 2011

2011 stellt Niko Schmitt eine starke Kollektion vor, die trocken wie süß gleichermaßen überzeugt. Schon der Gutsriesling ist saftig und klar, der Sonntheilen herrlich kraftvoll und zupackend, besitzt gute Struktur und Substanz, er gefällt uns in diesem Jahr besser als der füllige Jungheld, der in den Vorjahren unser Favorit war. Im süßen Segment wartet Niko Schmitt mit zwei Auslesen und einer Beerenauslese auf, alle präsentieren sich konzentriert, fruchtbetont und reintönig, die Beerenauslese zeigt Litschi und viel Duft im Bouquet. Eine gelungene Kollektion!

Weinbewertung

84 2011 Riesling trocken Trittenheimer Altärchen **12 %/5,80 €**

88 2011 Riesling trocken „Sonntheilen" Trittenheimer Apotheke **12 %/9,80 €**

84 2011 Riesling Spätlese „feinherb" Trittenheimer Apotheke **11,5 %/8,- €**

86 2011 Riesling Spätlese „feinherb" „Jungheld" Trittenheimer Apotheke **12 %/14,80 €**

83 2011 Riesling Kabinett Trittenheimer Altärchen **9 %/5,80 €**

83 2011 Riesling Spätlese Trittenheimer Apotheke **8 %/8,50 €**

87 2011 Riesling Auslese Trittenheimer Apotheke **8 %/11,80 €**

88 2011 Riesling Auslese „Eiszeit" Trittenheimer Apotheke **8 %/12,80 €**

89 2011 Riesling Beerenauslese Trittenheimer Apotheke **8 %/24,80 €**

★

Schmitt

Weingut

Rheinhessen

In den Weingärten 7, 67582 Mettenheim
Tel. *06242-1717,* ***Fax:*** *06242-60004*
www.wgt-schmitt.de, www.schmitt-weine.com
wgt.schmitt@t-online.de
Besuchszeiten: *nach Vereinbarung*

Inhaber .... Daniel Schmitt
Rebfläche .... 15 Hektar

Nach Geisenheim-Studium und Auslandsaufenthalten in Neuseeland und Südafrika übernahm Daniel Schmitt 2009 das elterliche Weingut. Innerhalb eines Jahres erweiterte er die Rebfläche von 8 auf 15 Hektar. Seine Weinberge liegen in Mettenheim und Bechtheim.

Vorjahr

Der kraftvolle Riesling aus dem Geyersberg und eine konzentrierte Huxelrebe Beerenauslese führten die Kollektion beim guten Debüt im vergangenen Jahr an.

Jahrgang 2011

Überzeugend ist auch die homogene 2011er Kollektion, alle Weine sind fruchtbetont und klar. Der kraftvolle, strukturierte Grauburgunder aus dem Geyersberg gefällt uns am besten, die Gewürztraminer Spätlese ist wunderschön reintönig.

Weinbewertung

82 2011 Riesling trocken **12 %/5,90 €**
83 2011 Weißburgunder trocken **12 %/5,90 €**
83 2011 Sauvignon Blanc trocken **12 %/5,90 €**
82 2011 Silvaner trocken Mettenheimer **13 %/6,90 €**
85 2011 Grauburgunder trocken Bechtheimer Geyersberg **13,5 %/10,40 €**
84 2011 Gewürztraminer Spätlese **10 %/5,40 €**

★★★

Egon **Schmitt**

Weingut

Pfalz

Am Neuberg 6, 67098 Bad Dürkheim
***Tel.** 06322-5830, **Fax**: 06322-68899*
www.weingut-egon-schmitt.de
info@weingut-egon-schmitt.de
***Besuchszeiten**: Mo.-Fr. 10:30-12 + 14-18:30 Uhr (Mi. nach Voranmeldung), Sa. 9-15 Uhr*
Ferienwohnung

Inhaber .... Familie Schmitt
Rebfläche .... 15 Hektar

Bis in die siebziger Jahre war das Weingut ein Gemischtbetrieb, der in der Stadtmitte von Bad Dürkheim angesiedelt war. 1976 haben Inge und Egon Schmitt den Betrieb am Neuberg gebaut, zwei Jahre später folgte der Austritt aus der Genossenschaft. Aber erst in den letzten Jahren hat Egon Schmitt auch überregional Beachtung gefunden. Was sicherlich auch Sohn Jochen zu verdanken ist, der – nach Geisenheim-Studium – seit 1997 für den Keller verantwortlich ist. Die Weinberge befinden sich in verschiedenen Dürkheimer und Ungsteiner Lagen: Spielberg, Nonnengarten, Hochbenn, Fronhof, Steinberg und Herrenberg. In den letzten Jahren haben Egon und Jochen Schmitt auch in den Weinbergen Änderungen vorgenommen. Rote Sorten nehmen inzwischen die Hälfte der Fläche ein, Sorten wie Silvaner, Ortega oder Kerner sind ganz verschwunden. Neue Sorten wurden gepflanzt, wie z.B. Cabernet Sauvignon, Acolon und St. Laurent, der Anbau von Spätburgunder und auch Regent wurde verstärkt. Wichtigste Weißweinsorte ist der Riesling. Daneben gibt es die Burgundersorten, aber auch Chardonnay, Scheurebe und Rieslaner. Etwas Prinzipal wurde versuchsweise angelegt – insgesamt werden 20 Rebsorten angebaut!

Vorjahre

Schon seit der ersten Ausgabe empfehlen wir die Weine von Egon Schmitt, schon damals, wie in vielen Folgejahren, hatte uns die rote Cuvée Duca XI besonders gut gefallen. Den Rotweinanbau hat man in diesem Jahrzehnt weiter forciert, aber nicht nur die Rotweine, auch die Weißweine beweisen Jahr für Jahr Konstanz und Klasse. Vor zwei Jahren verhinderte der spürbar hohe Alkoholgehalt bei den Spitzen-Rieslingen eine noch höhere Bewertung. Die Rotwein-Kollektion, die mit dem grandiosen Duca XI bis ins schwierige Jahr 2006 zurückreichte, zählte zu den stärksten in der Pfalz. Eine köstliche Überraschung war der fruchtig-charmante Lagrein. Der erfreute uns auch im vergangenen Jahr. Die Rotwein-Riege war wieder beeindruckend gut, nur der Spätburgunder Goldkapsel war für unseren Geschmack etwas zu alkoholisch, ein elegantes Pinot-Feeling wollte da nicht aufkommen. Köstlich waren wieder einige Weißweine; Grauburgunder, Riesling Hochbenn und Chardonnay boten sehr viel Wein fürs Geld. Die Top-Rieslinge zeigten viel Frucht, hohen Extrakt und eindringliche Mineralität.

Neue Kollektion

Auch in diesem Jahr zeigt Jochen Schmitt eine außergewöhnliche Rotwein-Kollektion, wobei die am höchsten bewerteten Weine aus den Jahrgängen 2009 und 2008 stammen. Vom Jahrgang 2010 wurde uns der Lagrein gezeigt, der fast so gut wie der 2009er ist. Hervorragend sind Merlot und Cabernet Sauvignon, saftig, beerig, und von sehr guter Tannin-Struktur. Der Duca XI wirkt noch sehr jung, die Tannine sind noch etwas streng, aber Frucht und Konzentration stimmen zuversichtlich. An den Weißweinen gibt es ebenfalls nichts auszusetzen. Sicher sind die Top-Rieslinge fett und kräftig, aber sie sind auch sehr saftig und konzentriert, das macht den hohen Alkoholgehalt erträglich. Sehr fein sind Chardonnay und Weißburgunder.

Weinbewertung

88 2011 Riesling trocken Ungsteiner Herrenberg **14 %/14,- €**

89 2011 Riesling trocken „Z" Dürkheimer Spielberg **13,5 %/13,- €**

85 2011 Riesling trocken Dürkheimer Hochbenn **12,5 %/7,50 €**

87 2011 Weißburgunder trocken Dürkheimer Fronhof **13,5 %/7,80 €** ☺

88 2011 Chardonnay trocken Dürkheimer Spielberg **14 %/9,50 €** ☺

85 2011 Grauburgunder trocken **13,5 %/7,80 €**

83 2011 Riesling halbtrocken Dürkheimer Rittergarten **11,5 %/6,20 €**

90 2009 Merlot trocken **14,5 %/13,- €**

89 2008 „Duca XI" Rotwein trocken **13,5 %/18,- €**

90 2009 Cabernet Sauvignon trocken **14 %/16,- €**

87 2010 Lagrein trocken **13,5 %/13,- €**

87 2009 „Thor" Rotwein trocken **13,5 %/12,- €**

★★

Heinz **Schmitt** Erben

Weingut

Mosel

Stephanusstraße 4, 54340 Leiwen
Tel. 06507-4276, Fax: 06507-8161
www.weingut-heinz-schmitt.de
weingutheinzschmitt@t-online.de
Besuchszeiten: Mo.-Sa. 8-18 Uhr und nach Vereinbarung

Inhaber.......................... Familie Schmitt
Rebfläche.......................... 4 Hektar

Heinz Schmitt gehörte spätestens seit Mitte der Achtziger des letzten Jahrhunderts zu den profiliertesten Winzern von Leiwen und zu denen, die einst die Leiwener Jungwinzer zu einer der bekanntesten Winzervereinigungen Deutschlands führten. Im Spätsommer 2010 verunglückte Heinz Schmitt tödlich im Weinberg. Daraufhin wurde der Betrieb radikal verkleinert von 22 auf 4 Hektar, der langjährige Kellermeister Erich Clüsserath füllte aus dem Jahrgang 2010 drei Weine ab, zusammen 12.000 Flaschen.

Vorjahre

2009, der letzte Jahrgang von Heinz Schmitt, beeindruckte mit Würze und Kraft. Wie in den Vorjahren war die Qualität der Basisweine herauszuheben. Im schwierigen Jahrgang 2010 zeigten die drei erzeugten Weine klare Frucht, waren frisch und zupackend.

Neue Kollektion

Die drei vorgestellten 2011er präsentieren sich frisch, klar und harmonisch, vor allem die geradlinige, feine trockene Spätlese aus dem Altärchen bereitet viel Freude.

Weinbewertung

87 2011 Riesling Spätlese trocken Trittenheimer Altärchen **11,5 %/11,- €**

84 2011 Riesling **12 %/7,50 €**

84 2011 Riesling halbtrocken **11,5 %/7,50 €**

★★★★

Schmitt's Kinder

Weingut **Franken**

Am Sonnenstuhl 45, 97236 Randersacker
Tel. *0931-7059197,* ***Fax:*** *0931-7059198*
www.schmitts-kinder.de
info@schmitts-kinder.de
Besuchszeiten: *Mo.-Fr. 8-18 Uhr, Sa. 9-17 Uhr*

Inhaber .... Karl Martin Schmitt
Rebfläche .... 14 Hektar

Die Familie betreibt seit Generationen Weinbau in Randersacker, das Stammhaus im Ortskern wurde 1712 erbaut. Der Name Schmitt's Kinder geht auf eine Erbteilung von 1910 zurück: Entgegen den fränkischen Gepflogenheiten wurde der Betrieb nicht aufgeteilt sondern von den Geschwistern zusammen bewirtschaftet. 1984 wurde ein neuer Betrieb am Fuß des Sonnenstuhls erbaut. Heute führen Karl Martin und Renate Marie Schmitt das Weingut, inzwischen unterstützt von Sohn Martin Johannes. Ihre Weinberge liegen in den Randersackerer Lagen Sonnenstuhl, Marsberg, Teufelskeller und Pfülben. Silvaner ist die wichtigste Rebsorte, die knapp ein Drittel der Fläche einnimmt. Es folgen Riesling, Müller-Thurgau, Spätburgunder, Bacchus, Domina und Weißburgunder, sowie etwas Rieslaner und Scheurebe. Die Weine werden langsam vergoren und lange auf der Feinhefe ausgebaut, teils im Edelstahl, teils im Holz.

Vorjahre

Seit der ersten Ausgabe schon empfehlen wir die Weine von Karl Martin Schmitt, seither zählt er zur fränkischen Spitze. Wie kaum ein Anderer hat er in diesem Zeitraum Jahr für Jahr homogene Kollektionen sowohl im trockenen als auch im edelsüßen Segment hervorgebracht. Seine Weine sind füllig und kraftvoll, dabei aber immer auch wunderschön reintönig, schon die Gutsweine machen viel Freude. Die 2009er Kollektion präsentierte sich stimmig und stark, wobei wir angefangen vom Kabinett bis hin zu den Großen Gewächsen immer ganz leicht die Silvaner präferierten gegenüber den Rieslingen, einmal mehr war das Silvaner-Große Gewächs aus dem Pfülben unser Favorit, auch rot und edelsüß stimmte die Kollektion. Ganz stark war auch der Jahrgang 2010, wie nur wenigen Anderen gelang es Karl Martin und Martin Johannes Schmitt das Niveau der Vorjahre zu halten, alle Weine waren sehr gut. Die beiden Beerenauslesen präsentierten sich reintönig und konzentriert, der Spätburgunder kraftvoll und klar, die beiden Großen Gewächse aus dem Pfülben besaßen Fülle und Substanz.

2011 trocken

Ganz stark ist nun auch die neue Kollektion, schon die beiden Kabinettweine sind sehr gut, sind reintönig und zupackend. Der Riesling aus dem Weinberg Mendelsohn ist noch ein wenig kraftvoller, der aus dem Marsberg besitzt reife Frucht, gute Substanz und Frische, die Scheurebe ist wunderschön elegant und reintönig. Der Riesling aus dem Pfülben ist kraftvoll und füllig, aber nicht ganz so druckvoll wie sein Vorgänger. Etwas besser gefällt uns der Silvaner, der viel Konzentration im Bouquet zeigt, gelbe Früchte, etwas Birnen und Zitrus im Hintergrund; im Mund präsentiert er sich füllig, stoffig und kraftvoll, ist jugendlich bei viel Substanz.

2011 edelsüß

Edelsüß gibt es bei den Schmitts 2011 eine feine, reintönige Silvaner Auslese und als Highlight die Rieslaner Trockenbeerenauslese, die herrlich konzentriert und komplex ist, faszinierend reintönig und lang.

Weinbewertung

86 2011 Silvaner Kabinett trocken Randersackerer Sonnenstuhl **13 %/8,40 €**

86 2011 Riesling Kabinett trocken Randersackerer Sonnenstuhl **12,5 %/10,50 €**

87 2011 Riesling trocken „Weinberg Mendelssohn" Randersackerer Pfülben **12,5 %/11,80 €**

89 2011 Riesling Spätlese trocken „Trias" Randersackerer Marsberg **13 %/14,- €**

87 2011 Scheurebe Spätlese trocken Randersackerer Sonnenstuhl **12,5 %/11,80 €**
89 2011 Silvaner trocken „GG" Randersackerer Pfülben **13,5 %/17,- €**
90 2011 Riesling trocken „GG" Randersackerer Pfülben **13 %/19,- €**
88 2011 Silvaner Auslese Randersackerer Sonnenstuhl **9,5 %/12,- €/0,375l**
91 2011 Rieslaner Trockenbeerenauslese Randersackerer Sonnenstuhl **9,5 %/40,- €/0,375l**

★★★★☆

Rainer **Schnaitmann**

Weingut

Württemberg

Untertürkheimer Straße 4, 70734 Fellbach
Tel. 0711-574616, Fax: 0711-5780803
www.weingut-schnaitmann.de
info@weingut-schnaitmann.de
Besuchszeiten: Mo., Mi,. Do. 9-12 + 13-17 Uhr, Di. + Fr. 9-12 + 13-18:30 Uhr, Sa. 9-13 Uhr

Inhaber .... Rainer Schnaitmann
Rebfläche .... 20,8 Hektar

Rainer Schnaitmann vermarktete mit dem Jahrgang 1997 die ersten Weine unter dem eigenen Etikett. Davor machte der Geisenheim-Absolvent Praktika in Neuseeland (Morton) und in Südtirol (Waldthaler). Das Gros der Weinberge von Rainer Schnaitmann liegt im Fellbacher Lämmler, aber auch in benachbarten Lagen ist er vertreten, so in Uhlbach im Götzenberg. Seine wichtigsten Rebsorten sind Riesling und Trollinger, es folgen Spätburgunder und Schwarzriesling. Er baut aber auch Rebsorten wie Cabernet Sauvignon, Merlot, Syrah und Sauvignon Blanc an. Ausgesuchte Weine werden im Barrique ausgebaut und unter dem Namen „Simonroth" verkauft. Inzwischen werden die Weinberge biologisch bewirtschaftet (zertifiziert, in Umstellung), Rainer Schnaitmann ist aber bisher noch keinem Verband beigetreten.

Vorjahre

Schon in der ersten Ausgabe empfahlen wir die Weine von Rainer Schnaitmann – den damals noch niemand kannte, kein Wunder, hatte er doch erst zwei Jahre zuvor mit der Selbstvermarktung begonnen. Heute kennt man ihn nicht nur in Württemberg, sondern in ganz Deutschland. Jahr für Jahr konnte er seine Qualität steigern, Jahr für Jahr haben uns seine Kollektionen besser gefallen. Dies gilt gleichermaßen für Weiß- wie für Rotweine. Seine Pinots faszinieren mit Frucht und Fülle, sein Sauvignon Blanc ist immer eine Klasse für sich, die Rieslinge haben zuletzt weiter zugelegt: Rainer Schnaitmann ist weiter auf dem Vormarsch!
2009 machte schon der Gutsriesling viel Freude. Die Stars der weißen Kollektion waren naturgemäß andere, die Großen Gewächse aus Lämmler und Götzenberg, der Sauvignon Blanc und die Burgundercuvée „GrauWeiß". Ganz stark war vor zwei Jahren auch die rote Kollektion, bot fruchtbetonte, sehr reintönige Weine, angefangen vom Trollinger. An der Spitze stand einmal mehr eine eindrucksvolle Simonroth-Riege. Sehr ähnlich präsentierte sich auch der Rotweinjahrgang 2009 mit einer Reihe sehr guter und hervorragender Weine, wobei wir Lemberger und Cuvée MC ganz leicht den Pinots vorzogen. Die weißen 2010er machten ebenfalls eine gute Figur vom neuen Großen-Grauburgunder-Gewächs über die beiden Rieslinge und den Sauvignon Blanc bis hin zum Silvaner.

Weiße Kollektion

Sehr stimmig und stark ist 2011 die weiße Kollektion, schon die Basiscuvée und der Gutsriesling sind frisch und klar, bereiten viel Freude wie auch der geradlinige, zupackende Sekt. Die neue Steinriegel-Linie präsentiert ein wenig kraftvollere Weine, die Ortsweine bringen eine weitere Steigerung. Der Schnaiter Riesling ist konzentriert und klar, füllig und kraftvoll, besitzt gute Substanz, der Schnaiter Silvaner, nun in der Dreistern-Linie angeboten, ist faszinierend reintönig und kraftvoll, gefällt uns noch besser als sein Vorgänger. Die zweite Füllung des GrauWeiss ist deutlich komplexer als im Vorjahr, der Sauvignon Blanc ist ein sichere Bank, ist kraftvoll und reintönig, füllig und zupackend. Die große Überraschung ist der Dreistern-Gewürztraminer, ein faszinierend reintöniger Wein, der Substanz und Kraft besitzt, herrlich frisch und zupackend ist. Der Grauburgunder aus dem Lämmler zeigt gute Konzentration und etwas rauchige Noten im Bouquet, ist kraftvoll, klar und zupackend im Mund bei guter Substanz. Die Großen Riesling-Gewächse hat Rainer Schnaitmann erst spät gefüllt, der 2010er Wein aus dem Lämmler aber hat sich seit letztem Jahr, damals unmittelbar nach der Füllung verkostet, enorm entwickelt, ist herrlich druckvoll, mineralisch und nachhaltig.

Rote Kollektion

Die rote Kollektion beginnt mit einem klaren Steinriegel-Trollinger, der faszinierend reintönige und kraftvolle Trollinger von alten Reben bringt eine klare Steigerung. Im Drei-Sterne-Bereich präsentieren sich Lemberger und Schwarzriesling wie gewohnt fruchtbetont und reintönig, besitzen gute Struktur und Frische. Die Simonroth-Linie überzeugt wie gewohnt: Der Spätburgunder ist konzentriert und klar, kraftvoll, besitzt gute Struktur und Substanz, der Simonroth D ist frisch und fruchtbetont, klar und zupackend, wie immer eine sichere Bank. Der MC aus Merlot und Cabernet Franc ist (noch?) allzu von Holz und Tanninen geprägt, braucht Zeit. Dazu gibt es zwei Große Gewächse aus dem Lämmler. Der Spätburgunder zeigt viel Frucht im Bouquet, rote Früchte, ist füllig und kraftvoll im Mund, besitzt gute Struktur und jugendliche Tannine, braucht Zeit; der 2008er präsentiert sich heute faszinierend reintönig und komplex, ist lang und nachhaltig, immer noch sehr jung. Der Lemberger zeigt gute Konzentration im Bouquet, herrlich viel Frucht, feine Frische, ist kraftvoll und reintönig im Mund, zupackend, besitzt gute Struktur und Substanz, Frische und Biss.

Weinbewertung

86 2010 „Evoé! Blanc de Noir" Sekt brut **12,5 %/16,40 €**
85 2011 „Evoé! weiß" **12 %/7,- €**
85 2011 Riesling trocken **12,5 %/6,40 €**
86 2011 Riesling „Steinriegel" **12,5 %/8,60 €**
88 2011 Riesling Schnait **12,5 %/10,90 €**
88 2011 Silvaner Schnait „Dreistern" **12,5 %/15,20 €**
86 2011 Grauburgunder „Steinriegel" **12,5 %/8,80 €**
89 2010 „GrauWeiss Dreistern" **13 %/15,20 €**
89 2011 Sauvignon Blanc „Dreistern" **12,5 %/18,50 €**
89 2011 Gewürztraminer „Dreistern" **13 %/16,50 €**
91 2010 Riesling „GG" Lämmler **12 %/24,80 €**
89 2011 Grauburgunder „GG" Lämmler **13 %/28,- €**
85 2011 „Evoé! rosé" **12 %/7,- €**
84 2011 Trollinger „Steinriegel" **12,5 %/6,90 €**
87 2011 Trollinger „Alte Reben" **12,5 %/9,40 €**
87 2011 Lemberger** **13 %/10,90 €**
88 2010 Lemberger*** **13,5 %/16,50 €**
88 2010 Schwarzriesling*** **13,5 %/15,40 €**
87 2010 Spätburgunder „Junge Reben" trocken **13,5 %/15,40 €**
88 2010 „D" Rotwein „Simonroth" **13,5 %/13,50 €**
89 2010 Spätburgunder „Simonroth" **13,5 %/26,50 €**
88 2010 „MC" Rotwein „Simonroth" **13,5 %/26,50 €**
89 2010 Spätburgunder „GG" Lämmler **13,5 %/42,- €**
91 2008 Spätburgunder „GG" Lämmler
91 2010 Lemberger „GG" Lämmler **13,5 %/24,50 €**

Claus Schneider

★★☆

Weingut

Baden

Lörracher Straße 4, 79576 Weil am Rhein
Tel. *07621-72817,* ***Fax:*** *07621-78014*
www.schneiderweingut.de
info@schneiderweingut.de
Besuchszeiten: *Mo. 14:30-18:30 Uhr, Di.-Fr. 9-12 + 14:30-18:30 Uhr, Sa. 10-14 Uhr und nach Vereinbarung*

Inhaber .... Claus Schneider
Rebfläche .... 9 Hektar

Das Gros der Weinberge von Claus Schneider liegt im Weiler Schlipf, wo die Reben auf schweren, kalkhaltigen Lehmböden wachsen. Weitere zwei Hektar befinden sich in der Stiege in Haltingen. Spätburgunder, die Traditionssorte am Weiler Schlipf, nimmt 40 Prozent seiner Weinberge ein. Es folgen Gutedel, Weißburgunder, Grauburgunder und Chardonnay. Die Rotweine lagern mindestens zwölf Monate in großen oder kleinen Eichenholzfässern. Alle Weine werden vollständig durchgegoren. „CS" (Creation S) steht für besondere Weine aus Steillagen mit niedrigem Ertrag.

Vorjahre

Vor zwei Jahren überzeugten die reintönigen Spätburgunder, die 2009er Spitzen-Weißweine waren zum Zeitpunkt der Verkostung noch nicht gefüllt, ebenso wie der 2008er Pinot Noir. Diese konnten wir im vergangenen Jahr verkosten, der Pinot Noir gefiel uns sehr gut, im weißen Segment war der im Barrique ausgebaute Chardonnay unser Favorit, aber auch die 2010er Kabinettweine überzeugten mit Frische und klarer Frucht.

Neue Kollektion

Sehr geschlossen präsentiert sich die neue Kollektion mit kompromisslos durchgegorenen Weinen. Im weißen Segment gefallen uns die beiden klaren, kraftvollen Chardonnay besonders gut, der Pinot Blanc besitzt gute Struktur und Fülle bei deutlichen Vanillenoten. Mit seinen Spätburgundern behauptet sich Claus Schneider sehr gut im schwierigen Jahrgang 2010, schon der Einstiegswein überzeugt mit reintöniger Frucht. In der Spitze fällt uns die Entscheidung schwer, ob wir den CS*** als „Spätburgunder" oder „Pinot Noir" präferieren, beide sind füllig und kraftvoll, besitzen gute Struktur und Substanz.

Weinbewertung

84 2011 Weißburgunder **13,5 %/7,90 €**
83 2011 Grauburgunder **13,5 %/8,20 €**
82 2011 „Pino(t)cchio" Pinot Noir „blanc de noir" **13 %/ 7,40 €**
86 2011 Weißburgunder „CS" Weiler Schlipf **13,5 %/ 10,80 €**
85 2011 Pinot Blanc „CS***" Weiler Schlipf **13,5 %/18,- €**
85 2011 Grauburgunder „CS" Weiler Schlipf **13,5 %/11,80 €**
87 2011 Chardonnay „CS" Weiler Schlipf **13,5 %/ 14,80 €**
87 2011 Chardonnay „CS***" Weiler Schlipf **13,5 %/ 22,- €**
84 2010 Spätburgunder Weiler Schlipf **13,5 %/8,80 €**
84 2010 Spätburgunder „CS" Weiler Schlipf **13,5 %/11,80 €**
87 2010 Spätburgunder „CS***" Weiler Schlipf **13,5 %/17,80 €**
87 2010 Pinot Noir „CS***" Weiler Schlipf **13,5 %/28,- €**

Dr. Schneider ★

Weingut

Baden

Rosenbergstraße 10, 79379 Müllheim-ZunZingen
***Tel.** 07631-2915, **Fax**: 07631-15399*
www.weingut-dr-schneider.de
info@weingut-dr-schneider.de
***Besuchszeiten**: Mo.-Sa. 14-18 Uhr*
Gutsschänke Di.-Sa. 17-23 Uhr, So. 12-23 Uhr
Weinetiketten-Museum,
Hoffeste (Ende Mai und Ende August)

Inhaber .... Dr. Gustav Schneider
Rebfläche .... 12 Hektar

Das 1950 von der Familie Bolanz gegründete Gut wurde 1995 von Elisabeth und Gustav Schneider übernommen. Die Weinberge liegen in den Gemarkungen ZunZingen (Rosenberg), Müllheim (Reggenhag und Pfaffenstück) und Auggen (Letten). Vor allem die Burgundersorten werden angebaut, dazu unter anderem Gutedel, Nobling und Regent, aber auch internationale Sorten wie Chardonnay, Sauvignon Blanc, Cabernet Franc, Merlot und Cabernet Sauvignon. Rote Sorten nehmen 44 Prozent der Rebfläche ein. 2004 wurde eine Gutsschänke eröffnet, die regionale Speisen anbietet.

Vorjahre

Vor zwei Jahren waren die Rotweine kraftvoll und kantig, die Weißweine etwas verhalten. Die letztjährige Kollektion schloss daran an, die kraftvollen Rotweine gefielen uns einmal mehr etwas besser als die verhaltenen Weißweine, hinzu kam ein feiner Crémant.

Neue Kollektion

Nichts Neues in diesem Jahr: Gleichmäßige, etwas verhaltene Weißweine, kraftvolle, eigenwillige Rotweine. Am besten gefällt uns der Pinot Noir, rauchig im Bouquet, mit Gewürznoten, füllig und kraftvoll im Mund bei guter Struktur.

Weinbewertung

83 2010 „Edition Jacob" Pinot Crémant Brut **12,5 %/13,- €**
82 2011 Weißburgunder trocken **13 %/6,30 €**
81 2011 Grauburgunder trocken (rote Kapsel) **14 %/8,50 €**
81 2011 Chardonnay trocken (rote Kapsel) **13 %/8,50 €**
80 2011 Sauvignon Blanc trocken (rote Kapsel) **12,5 %/9,- €**
86 2009 Pinot Noir trocken Barrique **14 %/15,- €**
84 2009 Merlot trocken Barrique **13,5 %/11,50 €**
84 2009 Cuvée Cabernet trocken Barrique **13 %/11,50 €**

Heinz Schneider ★★

Wein- und Sektgut

Mosel

Klostergartenstraße 34-36, 54340 Leiwen
***Tel.** 06507-99139, **Fax**: 06507-99137*
www.weingut-schneider.de
info@weingut-schneider.de
***Besuchszeiten**: nach Vereinbarung*

Inhaber .... Heinz Schneider
Rebfläche .... 13,5 Hektar

Das Weingut hat seinen Sitz in einem im 17. Jahrhundert im Ortskern von Leiwen erbautem Nonnenkloster mit Zehnthof. Susanne und Heinz Schneider erzeugen auf rund einem Drittel ihrer Rebfläche Rotwein: Bei den Weißweinen setzt man auf langsame Vergärung und lange Lagerung auf der Feinhefe, es werden Eichenfässer und Edelstahltanks verwendet. 2006 erweiterten sie die bestehende Rebfläche um 6,5 Hektar im Ginsterberg. Hier wurden Querterrassen angelegt und neben Riesling auch Cabernet gepflanzt.

Vorjahre

2009 bot eine Reihe von würzigen, eigenständigen Rieslingen. Auch 2010 hatte sich Heinz Schneider gut behauptet, bot eine stimmige Kollektion mit fülligen, sehr eigenständigen Rieslingen, die trocken wie süß überzeugten; auch der Sekt bereitete Freude.

Neue Kollektion

Die neue Kollektion präsentiert sich geschlossen auf sehr gutem Niveau. Der trockene Riesling von alten Reben besitzt Fülle und Kraft, der trockene Mons Gradus ist klar und zupackend, der Sekt zeigt feine Hefewürze, der Spätburgunder ist kraftvoll und klar: So darf es weitergehen.

Weinbewertung

86 2009 Riesling „Alte Reben" Sekt brut **12,5 %/10,50 €**
86 2011 Riesling trocken „Mons Gradus" **12,5 %/8,90 €**
87 2011 Riesling trocken „Alte Reben vom blauen Devonschiefer" **12,5 %/9,50 €**
84 2011 Riesling „Terra Decoris" Leiwener Laurentiuslay **11,5 %/8,90 €**
85 2011 Riesling „feinherb" „Mons Gradus" **11,5 %/7,- €**
84 2011 Riesling „Quarzschiefer" **9,5 %/5,90 €**
84 2011 Riesling „Sedimentgestein" **9 %/8,90 €**
85 2011 Riesling Auslese „Mons Gradus" **9 %/10,- €**
85 2009 Spätburgunder trocken „Terra Lapidis" **12,5 %/9,50 €**

Jakob **Schneider** ★★☆
Weingut
Nahe

Winzerstraße 15, 55585 Niederhausen
***Tel.** 06758-93533, **Fax**: 06758-93535*
www.schneider-wein.com
info@schneider-wein.com
***Besuchszeiten**: Mo.-Sa. 9-18 Uhr, bitte Termin vereinbaren*

Inhaber..... Jakob Schneider senior und junior
Rebfläche.............................. 18 Hektar

Das 1575 gegründete Weingut wird heute von Jakob Schneider und seinem Sohn geführt. Die Weinberge, allesamt in Niederhausen und Norheim gelegen, befinden sich zu 80 Prozent in Steillagen und zu 20 Prozent in Hanglagen. Riesling ist bei Jakob Schneider mit knapp 90 Prozent Anteil an der Rebfläche die wichtigste Rebsorte. Dazu gibt es ein klein wenig Dornfelder und Grauburgunder.

Vorjahre

Ende der neunziger Jahre, selbst im problematischen Jahrgang 2000, hatte Jakob Schneider faszinierende Kollektionen mit wunderschön reintönigen edelsüßen Weinen. Warum dann ausgerechnet mit einem relativ „einfachen" Jahrgang wie 2001 die Reintönigkeit verloren ging, haben wir nicht verstanden. In den letzten Jahren aber haben die Kollektionen wieder zugelegt, wobei immer den edelsüßen Weinen die Vorliebe von Vater und Sohn Schneider zu gelten scheint, die Weine setzen auf Fülle und Kraft, manchmal zu Lasten der Finesse. 2009 gefiel uns noch besser als 2008, die edelsüßen Rieslinge waren etwas reintöniger als in den Jahren zuvor, auch der trockene Teil der Kollektion zeigte sich klarer und präziser. 2010 behaupteten sich die Schneiders gut: Die trockenen Weine präsentierten sich kraftvoll und würzig, stärker aber war wie gewohnt die edelsüße Riege, in der uns im Jahrgang 2010 die Beerenauslese am besten gefallen hatte.

Jahrgang 2011

Auch 2011 zeigen sich die trockenen Rieslinge wieder kraftvoll und besitzen Biss, werden aber von einem edelsüßen Trio aus zwei Beerenauslesen und einer Trockenbeerenauslese übertroffen: Die Weine besitzen Frische, sind konzentriert, reintönig und nachhaltig.

Weinbewertung

83 2011 Riesling trocken „Melaphyr" **12,5 %/6,- €**
84 2011 Riesling trocken Niederhäuser Hermannshöhle **13 %/8,20 €**
86 2011 Riesling trocken Niederhäuser Felsensteyer **13 %/9,- €**
87 2011 Riesling trocken Norheimer Dellchen **13,5 %/12,- €**
84 2011 Riesling Spätlese Niederhäuser Klamm **9 %/8,50 €**
85 2011 Riesling Spätlese Niederhäuser Hermannshöhle **9 %/9,20 €**
85 2011 Riesling Auslese Niederhäuser Hermannshöhle **9 %/13,- €**
88 2011 Riesling Auslese „Junior" Niederhäuser Hermannshöhle **8,5 %/11,- €/0,375l**
90 2011 Riesling Beerenauslese Niederhäuser Hermannshöhle **7,5 %/35,- €/0,375l**
91 2011 Riesling Beerenauslese „3.Februar" Niederhäuser Hermannshöhle **7 %/40,- €/0,375l**
91 2011 Riesling Trockenbeerenauslese Niederhäuser Hermannshöhle **8 %/60,- €/0,375l**

Karlheinz **Schneider** & Sohn ★☆
Weingut
Nahe

Meddersheimer Straße 29, 55566 Bad Sobernheim
***Tel.** 06751-2505, **Fax**: 06751-3657*
www.weingut-schneider.com
wgt.schneider@t-online.de
***Besuchszeiten**: Mo.-Sa. 10-18 Uhr, So. nach Vereinbarung*

Inhaber......................... Bernd Schneider
Rebfläche........................... 11,55 Hektar

Das Weingut wurde 1956 von Karlheinz Schneider gegründet, der aus Guldental stammte und dessen Familie seit vielen Generationen Weinbau betrieb. Seit 1999 führen Bernd Schneider und seine Frau Marion das Weingut. Nach Abschluss seines Studiums in Heilbronn, sowie praktischen Erfahrungen in Neuseeland und beim Weingut Wagner-Stempel ist Sohn Andi für den Weinausbau verantwortlich, Bruder Christoph hat seine Winzerlehre abgeschlossen und kümmert sich um den Außenbetrieb. Die Weinberge liegen in den Bad Sobernheimer Lagen Marbach und Domberg (60 % Steillagen), wo die Böden aus rotem Lehm mit hohem Steinanteil bestehen, teils mit Schiefer durchsetzt. 2011 kamen 0,9 Hektar Riesling in Schlossböckelheim dazu, darunter eine Parzelle im Felsenberg. Wichtigste Rebsorte ist Riesling, der inzwischen 40 Prozent der Fläche einnimmt. Es folgen Müller-Thurgau, Spätburgunder, Portugieser und Grauburgunder. Cabernet Dorsa, Cabernet Mitos und Sauvignon Blanc wurden neu angepflanzt. In Zukunft sollen Riesling- und Spätburgunderanteil weiter erhöht werden.

Vorjahre

2009 glänzte Bernd Schneider mit zwei wunderschön reintönigen edelsüßen Rieslingen, auch der trockene Wein aus dem Marbach gefiel uns sehr gut, zusammen führten sie eine zuverlässige, gleichmäßige Kollektion an. 2010 arbeitete Bernd Schneider mit langen Maischestandzeiten und verlängertem Hefelager und füllte später wie sonst. Auch im vergangenen Jahr brachte er wieder eine prächtige Beerenauslese auf die Flasche, auch die beiden trockenen Spitzenrieslinge gefielen uns in einer gelungenen Kollektion in einem schwierigen Jahrgang.

Jahrgang 2011

2011 konnten wir drei sehr gute trockene Lagenrieslinge verkosten, der Wein aus dem Felsenberg hat dabei dank seiner Kraft, Fülle und Nachhaltigkeit knapp die Nase vorne. Die wiederum sehr gute und reintönige Beerenauslese wird in diesem Jahr noch von der dichten und öligen Trockenbeerenauslese aus dem Marbach übertroffen.

Weinbewertung

- **82** 2011 Sauvignon Blanc trocken Sobernheimer **13 %/8,- €**
- **81** 2011 Grauburgunder trocken **13,5 %/5,60 €**
- **81** 2011 Riesling trocken **12 %/5,50 €**
- **83** 2011 Riesling trocken „Roter Tonschiefer" Sobernheimer **12,5 %/7,50 €**
- **84** 2011 Riesling trocken „Vulkanstein" Schloßböckelheimer **12,5 %/8,50 €**
- **86** 2011 Riesling trocken Sobernheimer Domberg **13 %/12,50 €**
- **86** 2011 Riesling trocken Sobernheimer Marbach **13 %/12,50 €**
- **87** 2011 Riesling trocken Schloßböckelheimer Felsenberg **13 %/13,50 €**
- **84** 2011 Riesling Spätlese Sobernheimer Domberg **8,5 %/8,- €**
- **84** 2011 Riesling Spätlese Sobernheimer Marbach **9,5 %/7,50 €**
- **88** 2011 Riesling Beerenauslese Sobernheimer Marbach **8 %/25,- €/0,375l**
- **90** 2011 Riesling Trockenbeerenauslese Sobernheimer Marbach **6 %/39,- €/0,375l**

★★★

Schneider

Weingut **Pfalz**

Am hohen Weg 1, 67158 Ellerstadt
Tel. 06237-7288, Fax: 06237-977230
www.black-print.net
info@black-print.net
Besuchszeiten: Mo.-Fr. 9-12 + 13-17:30 Uhr, Sa. 10-16 Uhr

Inhaber............Klaus und Markus Schneider
Rebfläche..............................60 Hektar

1990 kaufte Klaus Schneider ein altes Weingut, welches in den fünfziger Jahren aufgegeben worden war. Sein Sohn Markus, der drei Jahre bei Bürklin-Wolf gelernt hatte, ist der Weinmacher. 1994 wurden die ersten vier eigenen Weine erzeugt. Neben Weinbergen in Ellerstadt besitzt man Reben in Kallstadt, Ungstein und Bad Dürkheim. Die Rotweine – immerhin 50 Prozent der Produktion – werden bei Markus Schneider im Holzfass ausgebaut. Wichtigste rote Rebsorten sind Spätburgunder, St. Laurent, Portugieser, Cabernet Franc, Cabernet Sauvignon und Merlot. Weiße Hauptrebsorten sind Riesling, Weißburgunder, Chardonnay, Grauburgunder und Sauvignon Blanc, von dem es inzwischen 5 Hektar gibt. Bei den Weißweinen arbeitet Markus Schneider mit Maischestandzeiten bis zu 48 Stunden. Sie bleiben bis unmittelbar vor der Füllung auf der Feinhefe, teils in Edelstahltanks, teils in Holzfässern, auch Barriques. Die Sekte bleiben mindestens achtzehn Monate auf der Hefe. Nur Riesling- und Burgundertrauben werden zur Sektbereitung genutzt. 2007 wurden die neuen Gutsgebäude mitten in den Weinbergen bei Ellerstadt bezogen.

Vorjahre

Als wir in der allerersten Ausgabe die Weine von Markus Schneider empfahlen, kannte noch niemand diesen Namen, heute ist er ganz Wein-Deutschland ein Begriff. Stetig steigerte er seither Qualität und Größe – eine Leistung, die man nicht genug würdigen kann, haben doch andere, bekanntere Weingüter eine kräftige Flächenexpansion oft qualitativ nicht in den Griff bekommen. Bei Markus Schneider aber stimmen Qualität und Menge. Seine Weißweine sind kraftvoll und reintönig, die Rotweine setzen auf Fülle und Opulenz. Vor zwei Jahren gefiel uns die Kollektion sehr gut. Die Weißweine zeigten Frische und Reintönigkeit, die Rotweine Fülle und Kraft. Bei den Weißweinen gefiel uns ein fruchtiger, komplexer Weißburgunder am besten. Gut gefiel uns neben dem Tailor auch die Bordeaux-Cuvée Tohuwabohu und der konzentrierte Portugieser von „Alten Reben". Im vergangenen Jahr zeigte uns Markus Schneider nur sechs Weißweine, die Rotweine waren bis Redaktionsschluss noch nicht gefüllt. Am besten gefiel uns ein fülliger Chardonnay mit viel Holzeinsatz.

Neue Kollektion

In diesem Jahr präsentiert Markus Schneider die Rotweine von 2009, allerdings keinen Tailor. Bei den Weißweinen vom Jahrgang 2011 sehen wir den Sauvignon Blanc Fumé an der Spitze, er ist konzentriert, reif und zeigt Holz, die Rebsorte ist etwas in den Hintergrund geraten. Wild und fleischig ist der Chardonnay, der könnte noch etwas Ruhe benötigen. Die Rotweine von Markus Schneider sind nichts für zarte Gemüter. Die Weine sind sehr gut, aber die Frucht verschwindet fast hinter einer harten Wand von Holz und Tanninen. Am ehesten hält der Syrah dagegen, auch beim Merlot führt eine saftig dichte Frucht einen heroischen Kampf gegen eine Übermacht von Tanninen.

Weinbewertung

83 2011 Riesling **12,5 %/8,40 €**
84 2011 Sauvignon Blanc „Kaitui" **12 %/9,90 €**
87 2011 Sauvignon Blanc „Kaitui Fumé" **13 %/15,20 €**
87 2011 Chardonnay Ellerstadter Bubeneck **13,5 %/15,20 €**
86 2011 Riesling Ellerstadter Kirchenstück **13,5 %/15,20 €**
83 2010 „Black Print" Rotwein **14 %/12,50 €**
87 2009 „Alte Reben" Rotwein **14,5 %/16,- €**
87 2009 Spätburgunder „M" **14,5 %/16,- €**
87 2009 „Tohuwabohu" Rotwein **14,5 %/19,90 €**
89 2009 Syrah **15 %/29,50 €**
88 2009 Merlot **15 %/29,50 €**

★★☆

Lothar **Schneider** & Tochter

Weingut **Rheinhessen**

Klein-Winternheimer-Weg 6, 55129 Mainz-Hechtsheim
Tel. *06131-59678,* ***Fax****: 06131-9728804*
www.schneider-weingut.com
info@schneider-weingut.com
Besuchszeiten*: Mo.-Fr. 8:30-12 + 14-19 Uhr, Sa. 8-14 Uhr oder nach Vereinbarung, Mi. nachm. geschlossen*

Inhaber ... Lothar Schneider & Mirjam Schneider
Rebfläche .... 5 Hektar

Das Weingut Schneider wird heute in sechster Generation von Lothar Schneider als typisch rheinhessischer Gemischtbetrieb geführt. Wichtigste Rebsorten sind Riesling, Silvaner und Portugieser. Die Weißweine werden im Edelstahl ausgebaut, die Rotweine kommen nach der Maischegärung ins Holz. Seit 2002 ist Tochter Mirjam Schneider für den Weinausbau verantwortlich. Die Weine werden betriebsintern mit drei (Gutsweine), vier (Ortsweine) oder fünf Sternen (Lagenweine) klassifiziert.

Vorjahre

Vor zwei Jahren war die Kollektion sehr gleichmäßig und stark – und auch im schwierigen Jahrgang 2010 behauptete sich das Weingut, der Silvaner gefiel uns im vergangenen Jahr einmal mehr besonders gut, noch besser aber der kraftvolle Merlot aus dem Jahrgang 2008, dessen Tannine etwas besser eingebunden waren als die des jugendlichen Portugiesers.

Neue Kollektion

Silvaner glänzt nun auch 2011, der kraftvolle Ortswein als Schnäppchen, der Lagenwein aus dem Edelmann besticht mit Konzentration, Fülle und Kraft. Bei den Rieslingen gefällt uns der füllige, strukturierte Wein aus dem Pettenthal ein wenig besser als sein Laubenheimer Pendant. Gekonnt und kompromisslos vinifiziert präsentiert sich der 2009er Spätburgunder aus dem Kellersberg, ist reintönig und kraftvoll bei guter Struktur: Es geht weiter voran!

Weinbewertung

85 2011 Silvaner*** trocken **12,5 %/5,30 €** ☺
82 2011 Riesling*** trocken **12,5 %/5,70 €**
84 2011 Grauburgunder**** trocken Hechtsheimer **13,5 %/6,90 €**
87 2011 Silvaner***** trocken Laubenheimer Edelmann **13 %/10,30 €**
85 2011 Riesling***** trocken Laubenheimer Edelmann **13 %/13,- €**
87 2011 Riesling***** trocken Niersteiner Pettenthal **13 %/25,- €**
82 2011 Scheurebe**** „feinherb" Laubenheimer **12 %/6,30 €**
87 2009 Spätburgunder***** trocken Barrique Gau-Bischofsheimer Kellersberg **14 %/17,30 €**

★★

Wolfgang **Schneider**

Weingut **Nahe**

Naheweinstraße 35, 55452 Guldental
Tel. *06707-324,* ***Fax****: 06707-7201*
www.weingut-wolfgang-schneider.de
info@weingut-wolfgang-schneider.de
Besuchszeiten*: täglich nach Vereinbarung*

Inhaber .... Wolfgang und Nils Schneider
Rebfläche .... 10 Hektar

Das heutige Weingut wurde über mehrere Generationen als landwirtschaftlicher Gemischtbetrieb mit Weinbau, Ackerbau und Viehzucht geführt. Die Viehzucht gab Wolfgang Schneider 1978 auf, 1993 verpachtete er die Äcker und spezialisierte sich ganz auf Weinbau. Er führt zusammen mit seiner Frau Birgitt den Betrieb seit 1975. Sohn Nils, Diplom-Ingenieur für Weinbau und Önologie, arbeitet seit 2003 im Betrieb mit. Die Weinberge befinden sich in verschiedenen Lagen von Guldental, Roxheim und Langenlonsheim. Wichtigste Rebsorten sind Müller-Thurgau, Spätburgunder und Riesling. Dazu gibt es Weißburgunder, Grauburgunder,

Scheurebe, Silvaner, Bacchus, Kerner, Dornfelder, Frühburgunder und Gewürztraminer. Bereits seit 1988 werden auch Sekte erzeugt.

Vorjahre

Weißburgunder und Grauburgunder sind meist zuverlässig, auch die fülligen Rieslinge bereiten viel Vergnügen, hinzu kommen interessante Gewürztraminer. Interessantester Weißwein ist allerdings oft der Silvaner. Die Rotweine sind mindestens ebenbürtig, der im Barrique ausgebaute Spätburgunder zeigt über Jahre hinweg hohes Niveau, besitzt immer Kraft und doch auch Eleganz. Die Kollektion vor zwei Jahren gefiel uns gut, bot Spitzen, weiß wie rot und wurde angeführt von einem fülligen Grauburgunder. Auch im schwierigen Jahrgang 2010 hatten sich Wolfgang und Nils Schneider gut behauptet. Die Weißweine waren frisch, fruchtbetont und reintönig, boten zuverlässig gute Qualität. Auch mit Silvaner vermochte man hier zu punkten, Riesling, Grauburgunder, Chardonnay und Gewürztraminer gefielen uns wie gewohnt, der barriqueausgebaute Spätburgunder besaß Struktur und Kraft.

Neue Kollektion

2011 bietet die Kollektion füllige Weine mit kräftigem, aber gut eingebundenem Alkohol. Besonders gut gefallen uns die Weine der „Linie S“, allen voran der cremige Silvaner, der reintönige Gewürztraminer und der stoffige und weiche Grauburgunder, der 2010er Spätburgunder fällt dagegen etwas verhaltener als seine Jahrgangsvorgänger aus.

Weinbewertung

85 2011 Gewürztraminer Auslese trocken Guldentaler Sonnenberg **14 %/7,50 €**

85 2011 Grüner Silvaner Spätlese trocken „Linie S“ Guldentaler Hipperich **14 %/6,80 €**

82 2011 Grauer Burgunder trocken Guldentaler Hipperich **13 %/4,50 €**

85 2011 Grauer Burgunder Auslese trocken „Linie S“ Guldentaler Hipperich **14 %/8,50 €**

83 2011 Chardonnay Spätlese trocken „Linie S“ **13,5 %/8,- €**

82 2011 Riesling Spätlese trocken Guldentaler Hipperich **13 %/5,- €**

84 2011 Riesling Spätlese trocken „Linie S“ Guldentaler Sonnenberg **13 %/8,50 €**

80 2011 Riesling Classic **12,5 %/4,50 €**

81 2011 Scheurebe Spätlese Guldentaler Apostelberg **10 %/4,50 €**

80 2011 Spätburgunder trocken „blanc de noir“ **12,5 %/4,50 €**

82 2011 Frühburgunder Auslese trocken Guldentaler Hipperich **14 %/10,50 €**

84 2010 Spätburgunder trocken Barrique Guldentaler Sonnenberg **13,5 %/9,50 €**

★

Schneider

das weingut

Mittelrhein

Markenweg 8, 53557 Bad Hönningen
***Tel.** 02635-3116 / 0177-3735278*
www.schneider-das-weingut.de
s.schneider@schneider-das-weingut.de
***Besuchszeiten**: nach Vereinbarung*

Inhaber .... Sebastian Schneider
Rebfläche .... 2,5 Hektar

Sebastian Schneider hat seine Winzerlehre im elterlichen Weingut in Bad Hönningen und bei Helmut Dönnhoff gemacht, anschließend die Ausbildung zum Weinbautechniker in Bad Kreuznach. Mitte 2005 wurde er Außenbetriebsleiter bei Markus Molitor, heute ist Sebastian Schneider hauptberuflich Betriebsleiter beim Weingut Emrich-Montigny. Mit dem Jahrgang 2006 startete er mit damals einem Hektar Reben im Hönninger Schlossberg und im Bopparder Hamm – mit Riesling, Grauburgunder und Müller-Thurgau – sein eigenes Weingut. Von 2007 an wurde die Rebfläche erweitert, so dass er heute in Oberheimbach, im Bopparder Hamm und im Hönninger Schlossberg vertreten ist und in Kooperation mit dem Weingut Bröhl in Rhöndorf auch in der Lage Drachenfels. Schneiders Weine gehören zu den klarsten am Mittelrhein, ohne belanglos zu wirken. Sie werden konsequent mit Schraubverschluss abgefüllt.

Vorjahre

Die 2009er waren schlank und frisch, dabei alle merklich süß. Sehr homogen präsentierte sich auch der Jahrgang 2010, bot frische, klare Weißweine mit deutlicher Restsüße.

Jahrgang 2011

Der knackige und angenehm trockene Steillagen-Riesling macht in diesem Jahr viel Spaß, auch die beiden „Münchberg"-Rieslinge sind gut balanciert. Ein wenig dahinter rangieren die Burgundersorten, die teilweise etwas unausgewogen scheinen. Insgesamt eine überzeugende Leistung.

Weinbewertung

85 2011 Steillagen-Riesling trocken **11,8 %/5,50 €**

81 2011 Weißburgunder trocken **13 %/6,20 €**

84 2011 Grauburgunder trocken „S vom Münchberg" **13,1 %/7,50 €**

85 2011 Riesling trocken „S vom Münchberg" **12,7 %/7,50 €**

85 2011 Riesling „feinherb S vom Münchberg" **11,7 %/7,50 €**

81 2011 Spätburgunder trocken „Blanc de noir" **12,3 %/6,20 €**

Martin Schömann ★★

Weingut

Mosel

Uferallee 50, 54492 Zeltingen
***Tel.** 06532-2347, **Fax**: 06532-1010*
www.schoemann-weine.de
info@schoemann-weine.de
***Besuchszeiten**: nach Vereinbarung*

Inhaber .... Martin Schömann
Rebfläche .... 6,5 Hektar

1982 hat Martin Schömann den Betrieb von seinem Vater, Otto Schömann, übernommen, damals mit einem Hektar Weinbergen. Durch Zukauf und Pacht erweiterte er die Flächen und entwickelte aus der kleinen Handelskellerei ein Weingut. Vor allem in der Zeltinger Sonnenuhr liegen seine Weinberge, aber auch in Wintrich, größtenteils in Steillagen. Martin Schömann baut zu 90 Prozent Riesling an. Seit dem 2007er Jahrgang gibt Martin Schömann zu seinen Trauben bei der Vergärung keine Hefe mehr zu, sondern arbeitet nur noch mit den auf dem Lesegut und im Keller vorhandenen natürlichen Hefen.

Vorjahre

Die 2009er zeigten sich gelungen; nicht immer waren allerdings die höheren Prädikate auch die spannenderen Weine. 2010 war jahrgangsbedingt schwächer; am besten gefielen uns die restsüßen Spätlesen und Auslesen, allen voran die Auslese „Felsen" aus der Zeltinger Sonnenuhr.

Jahrgang 2011

Erheblich gleichmäßiger ist nun die neue Kollektion, bietet gute und sehr gute Qualität, trocken, halbtrocken und süß, die feinherben Spätlesen und die Auslesen führen die Kollektion an.

Weinbewertung

84 2011 Riesling trocken „Devon Elegantia" **12 %/8,50 €**

81 2011 Riesling Kabinett trocken Graacher Himmelreich **11,5 %/7,50 €**

82 2011 Riesling Spätlese trocken Zeltinger Sonnenuhr **11 %/12,50 €**

84 2011 Riesling „feinherb" „Devon Elegantia" **11,5 %/8,50 €**

81 2011 Riesling Kabinett „feinherb" Zeltinger Sonnenuhr **11,5 %/10,50 €**

85 2011 Riesling Spätlese „feinherb" Graacher Domprobst **11 %/12,50 €**

85 2011 Riesling Spätlese „feinherb" Zeltinger Sonnenuhr **11,5 %/12,50 €**

82 2011 Riesling Kabinett Bernkasteler Johannisbrünnchen **10,5 %/8,50 €**

81 2010 Riesling Spätlese Zeltinger Himmelreich **11,50 €**

84 2011 Riesling Auslese „Kalk" Zeltinger Sonnenuhr **10,5 %/24,50 €**

86 2011 Riesling Auslese „Graben" Zeltinger Sonnenuhr **11,5 %/19,50 € /0,375l**

Meinolf **Schömehl** ★★

Weingut

Nahe

Binger Straße 2, 55452 Dorsheim
Tel. *06721-45675,* ***Fax:*** *06721-48623*
www.schoemehl.de
weingut@schoemehl.de
Besuchszeiten: *Mo.-Sa. 9-12 + 13-18 Uhr und nach Vereinbarung*

Inhaber ... Hartmut Hahn, Elke Schömehl-Hahn
Kellermeister .... Hartmut Hahn
Rebfläche .... 12 Hektar

Das Weingut Meinolf Schömehl ist ein Familienbetrieb in Dorsheim. Die Weinberge von Hartmut Hahn und Elke Schömehl-Hahn liegen in Dorsheim und Laubenheim, unter anderem in den Lagen Burgberg, Goldloch, Pittermännchen und Karthäuser (3 Hektar). Hauptrebsorte ist Riesling, der knapp die Hälfte der Rebfläche einnimmt. Weitere Schwerpunkte sind weiße Burgunder und rote Sorten wie Spätburgunder, Frühburgunder und Dornfelder. Dazu gibt es vor allem noch Müller-Thurgau und Scheurebe, zuletzt wurde Auxerrois gepflanzt. Die Rieslingrebfläche soll erweitert werden, auch Spätburgunder wurde 2011 nochmals angepflanzt. Die Weißweine werden gekühlt vergoren und im Edelstahl ausgebaut. Die Rotweine werden maischevergoren und im Holz, teils im Barrique, ausgebaut. Weiß- und Grauburgunder werden in Basislinie und „S"-Linie vermarktet.

Vorjahre

Der Jahrgang 2009 präsentierte sich sehr homogen, überzeugte trocken wie süß. Gleiches galt auch 2010: Die Kollektion war sehr gleichmäßig auf gutem Niveau, brachte aber anders als in früheren Jahren keine süßen Spitzen.

Neue Kollektion

Die gibt es nun 2011 wieder, in Form einer Beerenauslese und einer Trockenbeerenauslese, die beide viel klare und reintönige Frucht aufweisen können. Und auch sonst bietet die Kollektion rundum zuverlässige Qualität, besonders gut gefallen uns noch der feinwürzige Riesling von alten Reben und die kraftvolle und saftige trockene Riesling Spätlese aus dem Goldloch.

Weinbewertung

81 2011 Auxerrois trocken Dorsheimer **12,5 %/5,20 €**

83 2011 Weißburgunder „S" Spätlese trocken Laubenheimer Hörnchen **13,5 %/7,90 €**

84 2011 Grauburgunder „S" Spätlese trocken Laubenheimer Hörnchen **14 %/7,80 €**

85 2011 Riesling Spätlese trocken „Alte Reben" **13 %/6,80 €**

86 2011 Riesling Spätlese trocken Dorsheimer Goldloch **13 %/6,90 €**

83 2011 Riesling Spätlese halbtrocken Laubenheimer Karthäuser **12,5 %/6,- €**

84 2011 Riesling Spätlese Laubenheimer Karthäuser **8,5 %/8,20 €**

85 2011 Riesling Spätlese Dorsheimer Goldloch **10 %/8,50 €**

85 2011 Riesling Auslese Dorsheimer Burgberg **8,5 %/9,20 €**

88 2011 Riesling Beerenauslese Dorsheimer Pittermännchen **7,5 %/20,- €/0,375l**

88 2011 Riesling Trockenbeerenauslese Dorsheimer Goldloch **7,5 %/30,- €/0,375l**

83 2010 Saint Laurent trocken „Edition B" **13 %/8,90 €**

★★★★

Schloss Schönborn

Domänenweingut **Rheingau**

Hauptstraße 53, 65347 Hattenheim
***Tel.** 06723-91810, **Fax:** 06723-918191*
www.schoenborn.de
schloss-schoenborn@schoenborn.de
***Besuchszeiten:** Mo.-Fr. 8-16 Uhr*

Inhaber . . Paul Graf von Schönborn-Wiesentheid
Technischer Betriebsleiter .... Peter Barth
Kellermeister .... Philipp Wölfel
Rebfläche .... 50 Hektar

Schloss Schönborn ist eines der größten privaten Weingüter im Rheingau. Gleichzeitig ist es eines der ältesten Weingüter Deutschlands und gehört seit 1349 der Familie der Grafen Schönborn. Die lange Geschichte wird allein schon von einer Flasche 1735er Riesling illustriert, des ältesten existierenden und vermutlich noch trinkbaren deutschen Weines; im Jahre 1987 wurde diese für mehr als 50.000 DM versteigert. Schloss Schönborn besitzt heute Weinberge in nahezu allen renommierten Rheingauer Lagen, von Hochheim bis Lorch. Das Weingut ist größter Anteilseigner am Erbacher Marcobrunn und Alleineigentümer des Hattenheimer Pfaffenbergs. Neben 90 Prozent Riesling gibt es etwas Spätburgunder und Weißburgunder. 70 Prozent der Weine gehen in den Export.

Peter Barth wurde 2006 zum Technischen Betriebsleiter ernannt. In gemeinsamer Verantwortung mit Inhaber Paul Graf von Schönborn-Wiesentheid und dem jetzigen Kellermeister Philipp Wölfel hat Barth einen klaren, inzwischen für Schloss Schönborn typischen Stil herausgearbeitet. Der Ausbau in großen Holzfässern gewann in den letzten Jahren immer mehr an Bedeutung. Alle Rieslinge besitzen viel Finesse, die Süßweine sind klar, seidig und elegant.

Vorjahre

2009 begeisterte mit sehr präzise gearbeiteten trockenen Weinen und einer opulenten Trockenbeerenauslese. 2010 schloss da nahtlos an, die Ersten Gewächse gehörten nicht zum ersten Mal zu den besten Weinen im Rheingau, und die leicht süßen besaßen Finesse. Die wunderschön elegante Trockenbeerenauslese aus dem Pfaffenberg gefiel allerdings nochmals besser als jene aus dem Marcobrunn.

Jahrgang 2011

Unter den Ersten Gewächsen gefallen besonders jene aus dem Schlossberg (kraftvoll, mineralisch) und aus der Domdechaney (gelbfruchtig und finessenreich). Der saftige Marcobrunn-Riesling ist noch etwas unentwickelt, besitzt aber Potenzial, der Pfaffenberg-Wein wirkt ein wenig verhalten. Unter den restsüßen Rieslingen präsentiert sich die Spätlese namens „Pfaffenberger" noch extrem jugendlich und sehr süß, während die edelsüßen Vertreter mit Reintönigkeit gefallen. Vor allem die Marcobrunn-Weine begeistern bis in die Spitze mit saftiger Art, aber auch die aprikosige Pfaffenberg-Trockenbeerenauslese besitzt erstaunliche Klarheit und Reintönigkeit.

Weinbewertung

83 2011 Riesling trocken **11,5 %/8,25 €**
84 2011 Riesling Kabinett trocken Hochheim Kirchenstück **12,5 %/10,50 €**
86 2011 Riesling Kabinett trocken Hattenheim Nussbrunnen **12,5 %/11,50 €**
86 2011 Riesling Kabinett trocken Hattenheim Pfaffenberg **12 %/12,50 €**
86 2011 Riesling Spätlese trocken Winkel Hasensprung **13 %/15,60 €**
90 2011 Riesling Erstes Gewächs trocken Hochheim Domdechaney **14 %/24,- €**
88 2011 Riesling Erstes Gewächs trocken Hattenheim Pfaffenberg **13,5 %/24,- €**
91 2011 Riesling Erstes Gewächs trocken Rüdesheim Berg Schlossberg **13,5 %/24,- €**
89+ 2011 Riesling Erstes Gewächs trocken Erbach Marcobrunn **13,5 %/29,50 €**
83 2011 Riesling „feinherb" **11 %/8,25 €**

85 2011 Riesling Kabinett „feinherb" Hattenheim Pfaffenberg **12 %/12,50 €**
86 2011 Riesling Kabinett Erbach Marcobrunn **9,5 %/14,40 €**
88 2011 Riesling Spätlese Erbach Marcobrunn **9,5 %/18,- €**
87 2011 Riesling Spätlese „Pfaffenberger" Hattenheim Pfaffenberg (87+? Punkte) **9 %/21,30 €**
90 2011 Riesling Auslese Erbach Marcobrunn **9 %/34,50 €/0,375l**
90 2011 Riesling Beerenauslese Hattenheim Pfaffenberg **8 %/69,- €/0,375l**
92 2011 Riesling Beerenauslese Erbach Marcobrunn **8,5 %/77,50 €/0,375l**
92 2011 Riesling Trockenbeerenauslese Hattenheim Pfaffenberg (92+ Punkte) **6 %**
94 2011 Riesling Trockenbeerenauslese Erbach Marcobrunn **6 %**

★★★

Graf von Schönborn

Weingut Schloss Hallburg **Franken**

Schloss Hallburg, 97332 Volkach
***Tel.** 09381-2415, **Fax**: 09381-3780*
www.schoenborn.de
schlosshallburg@schoenborn.de
***Besuchszeiten**: Mo.-Do. 9-17 Uhr, Fr. 9-14 Uhr, So. und Feiertage 11-17 Uhr in der Vinothek*
Schlossweinstuben (Pächter: Karin und Peter Hartmann)

Inhaber .... Paul Graf von Schönborn
Gutsdirektor .... Georg Hünnerkopf
Rebfläche .... 30 Hektar

Das 30 Hektar große, arrondierte Weingut Schloss Hallburg ist seit 1806 in Familienbesitz, urkundlich erstmals erwähnt wurde das Schloss bereits 1284. Die beiden reinen Südlagen Hallburger Schlossberg und Gaibacher Schlosspark mit Muschelkalk- und Keuperverwitterungsböden sind Monopollagen von Schloss Hallburg. Dazu besitzt man Weinberge im Gaibacher Kapellenberg, unter anderem einen 1867 gepflanzten Silvanerweinberg. Am Schlossberg sind 4,65 Hektar, ausschließlich mit Silvaner und Riesling bepflanzt, von einer Mauer umgeben. Silvaner und Riesling sind die wichtigsten Rebsorten, es folgen Bacchus, Müller-Thurgau, Traminer, Weißburgunder, Grauburgunder und Spätburgunder. Das Gut wird seit 1984 von Georg Hünnerkopf geleitet.

Vorjahre

2009 brachte wieder konzentrierte edelsüße Weine, im trockenen Segment gefielen uns Riesling und Silvaner in der 3-Sterne-Variante am besten, Weiß- und Grauburgunder standen ihnen kaum nach. Die 2010er Kollektion bot frische, geradlinige, relativ leichte Basisweine, gewohnt stoffige 3-Sterne-Selektionen – leichte Präferenz in diesem Jahrgang für Weißburgunder und Silvaner – und zwei konzentrierte Trockenbeerenauslesen: Insgesamt eine stimmige Kollektion auf hohem Niveau, die Georg Hünnerkopf auf die Flasche gebracht hatte.

Neue Kollektion

2011 bringt frische, klare Guts- und Kabinettweine, die Spätlesen sind füllig und kraftvoll, unsere leichte Präferenz gilt dem Riesling. Die Selektionsweine waren angekündigt, trafen aber nicht mehr vor Redaktionsschluss ein, so dass die unangefochtenen Stars der Kollektion die beiden Trockenbeerenauslesen sind: Der Silvaner zeigt kandierte Früchte im Bouquet, Gewürze, ist dick und konzentriert im Mund, der enorm duftige Riesling ist noch dicker, süßer, konzentrierter.

Weinbewertung

82 2011 Riesling Kabinett trocken **11,5 %/7,20 €**
81 2011 Müller-Thurgau trocken **11,5 %/6,20 €**
82 2011 Silvaner Kabinett trocken **12 %/6,80 €**
82 2011 Grauburgunder Kabinett trocken **12 %/7,80 €**
81 2011 Weißburgunder Kabinett trocken **12 %/7,80 €**
83 2011 Silvaner Kabinett trocken Hallburger Schlossberg **12,5 %/8,50 €**

86 2011 Silvaner Spätlese trocken Hallburger Schlossberg **12,5 %/15,- €**
84 2011 Riesling Kabinett trocken Hallburger Schlossberg **12 %/8,50 €**
87 2011 Riesling Spätlese trocken Hallburger Schlossberg **13 %/19,50 €**
82 2011 Rosé trocken **11,5 %/6,20 €**
91 2011 Silvaner Trockenbeerenauslese Hallburger Schlossberg **10 %/a.A./0,375l**
91 2011 Riesling Trockenbeerenauslese Hallburger Schlossberg **9 %/a.A./0,375l**

★

Schoeneck-Schnell

Weingut **Rheinhessen**

Obergasse 9, 55546 Biebelsheim
***Tel.** 06701-961465, **Fax:** 06701-961463*
www.schoeneck-schnell.de
weingut@schoeneck-schnell.de
***Besuchszeiten:** nach Vereinbarung*

Inhaber . . . Silke Adams & Wolfgang Schoeneck
Rebfläche . . . . 9,1 Hektar

Das Weingut Schoeneck verkauft Flaschenweine seit 1921 und wird in dritter Generation von Wolfgang Schoeneck geführt. 2003 hat er sich mit dem Weingut Schnell in Biebelsheim zusammengeschlossen. Silke Adams hatte das Weingut Schnell 1993 von ihren Eltern übernommen. Ihre Rebflächen haben Silke Adams und Wolfgang Schoeneck in Bechtheim und Biebelsheim. Sie bauen vor allem Weißburgunder, Grauburgunder, Chardonnay, Riesling, Silvaner, Dornfelder und Spätburgunder an. Mit dem Jahrgang 2004 gab es erstmals einen Cabernet Dorsa. Die Rotweine werden maischevergoren und im Holzfass ausgebaut. Das Weingut verzichtet auf Lagenbezeichnungen, verwendet Prädikatsbezeichnungen nur für edelsüße Weine. Das Sortiment wird in die drei Linien „Tag für Tag", „Premium" und „Noblesse" eingeteilt.

Vorjahre

Die 2009er Kollektion überzeugte, die Weine waren klar und fruchtbetont. Auch die geradlinigen 2010er Weißweine präsentierten sich im vergangenen Jahr geschlossen auf gutem Niveau, ebenso wie die kraftvollen 2009er Rotweine.

Neue Kollektion

2011 bringt keine Steigerung, was doch ein wenig verwundert. Die Weine sind geradlinig und unkompliziert, aber doch etwas einfach geraten.

Weinbewertung

79 2011 Silvaner trocken **12,5 %/3,60 €/1l**
80 2011 Riesling trocken **12 %/4,20 €**
81 2011 Weißburgunder trocken „Premium" **14 %/6,40 €**
79 2011 Chardonnay & Weißburgunder trocken **13,5 %/7,20 €**
80 2011 Riesling „feinherb" **11,5 %/4,20 €**
83 2011 Riesling „Premium feinherb" **11,5 %/6,- €**
82 2011 Gewürztraminer „feinherb" **11,5 %/4,60 €**
80 2011 Spätburgunder „Blanc de Noir" **12 %/4,50 €**
81 2010 Cabernet Dorsa trocken **12,5 %/6,- €**

★★

Eugen Schönhals

Weingut **Rheinhessen**

Hauptstraße 23, 55234 Biebelnheim
***Tel.** 06733-960050, **Fax:** 06733-960052*
www.weingut-schoenhals.de
schoenhals@weingut-schoenhals.de
***Besuchszeiten:** Mo.-Sa., nach Vereinbarung*

Inhaber . . . . Eugen Schönhals
Kellermeister . . . . Martin Knab
Rebfläche . . . . 13 Hektar

Eugen Schönhals hat 1986 auf ökologischen Weinbau umgestellt und ist seit 1988 Ecovin-Mitglied. Seit 1995 führt er den Betrieb zusammen mit Martin Knab. Rotweine nehmen die Hälfte der Fläche in den Weinbergen von Eugen Schönhals ein, insbesondere Dornfelder, Portugieser und Spätburgunder. Bei den Weißweinen dominiert der Riesling. Aber auch mehltauresistente Rebsorten wie Rondo, Regent oder Saphira baut Eugen Schönhals bereits seit 1990 an.

Vorjahre

Von Anfang an haben wir die Weine von Eugen Schönhals und Martin Knab empfohlen, schon damals überzeugten Rondo, Spätburgunder und Co. Und heute noch gehört das Weingut zu den zuverlässigsten Betrieben in Rheinhessen. Vor zwei Jahren gefiel uns der Spätburgunder „S" am besten, aber auch die Weißweine überzeugten, sie waren reintönig und frisch. Die letztjährige Kollektion war sehr gleichmäßig, präsentierte sich geschlossen auf gutem Niveau, auch wenn die 2010er Weißweine im Allgemeinen ein klein wenig verhaltener waren als ihre Vorgänger. Unsere Favoriten waren der harmonische Sekt und der kraftvolle Rondo, beide aus dem Jahrgang 2009.

Neue Kollektion

Die neue Kollektion überzeugt, bietet gutes Niveau schon im Einstiegssegment. Im weißen Segment gefallen uns Saphira – füllig, harmonisch – und der deutlich vom Holzausbau geprägte Pinot Blanc am besten; rot präferieren wir den reintönigen, tanninbetonten Pinot Noir, ziehen ihn dem kraftvollen, würzigen Rondo vor.

Weinbewertung

82 2011 Riesling trocken „Steine" **11 %/5,60 €**
85 2011 Saphira „S" trocken **13 %/9,50 €**
82 2011 Cabernet Blanc trocken **12,5 %/7,20 €**
83 2011 Riesling „S" trocken **13 %/8,50 €**
85 2010 Pinot Blanc „S" trocken **13 %/10,95 €**
82 2011 Riesling „feinherb" **11 %/6,20 €**
83 2010 Spätburgunder trocken **12,%/6,40 €**
86 2009 Pinot Noir „S" trocken **13,5 %/13,- €**
84 2009 Rondo „R" trocken **13,5 %/28,- €**

★★☆

F.B. Schönleber

Wein- und Sektgut

Rheingau

Obere Roppelsgasse 1, 65375 Oestrich-Winkel
***Tel.** 06723-3474, **Fax:** 06723-4759*
www.fb-schoenleber.de
info@fb-schoenleber.de
***Besuchszeiten:** Mo.-Sa. nach Vereinbarung*

Inhaber .... Bernd und Ralf Schönleber
Rebfläche .... 10 Hektar

Das Weingut kann auf eine Tradition bis ins Jahr 1783 zurückblicken. Franz und Katharina Schönleber übernahmen es 1965 und vergrößerten das Weingut. Heute wird der Betrieb von Bernd und Ralf Schönleber geführt. Sie bauen hauptsächlich Riesling an, dazu 10 Prozent Spätburgunder und ein klein wenig Grauburgunder, der wie Teile des Spätburgunders zu Sekt verarbeitet wird. Die Weine vergären im Edelstahl. In den letzten Jahren hat sich der Betrieb mehr und mehr einen Namen gemacht für komplexe Schaumweine, die teilweise erfreulich niedrig dosiert sind und fast immer eine gute Balance aufweisen, sowie feingliedrige Erste Gewächse, die allerdings oft keine Steigerung zu den bereits beachtlich gelungenen Spätlesen darstellen.

Vorjahre

Die 2009er waren rundum zuverlässig, die Schaumweine aus 2008 zeigten viel Frische. 2010 gab es keine Ausreißer nach unten, doch die Spitzen-Spätlesen wirkten teilweise etwas zu füllig. Voll überzeugen konnten indes die Schaumweine aus dem Jahrgang 2009, auch wenn diese einen vergleichsweise hohen Alkoholgehalt aufwiesen.

Neue Kollektion

Über die Qualität der Schaumweine muss man kaum mehr sprechen – sie besitzen Kraft und vergleichsweise hohen Alkohol, wirken aber dennoch kein bisschen sättigend, sind sogar sehr puristisch gearbeitet. Die 2011er Stillweine überzeugen durch Balance, allen voran ein leicht nach Kräutern duftendes potenzielles Erstes Gewächs aus dem Doosberg. Elegant, geradlinig und im besten Sinne süffig präsentieren sich die Süßweine.

Weinbewertung

87 „Création Karat" Sekt extra brut **13,5 %/15,10 €**
87 Riesling Sekt extra brut **13,5 %/12,10 €**
81 2011 Riesling trocken **12,5 %/7,10 €/1l**
82 2011 Riesling Kabinett trocken Mittelheimer St. Nikolaus **12 %/7,60 €**
84 2011 Riesling Spätlese trocken Erbacher Steinmorgen **13 %/10,10 €**
88 2011 Riesling Spätlese trocken (Erstes Gewächs) Oestricher Doosberg **13,5 %/19,60 €**
87 2011 Riesling Spätlese trocken Mittelheimer St. Nikolaus **13 %/10,10 €**
87 2011 Riesling Spätlese trocken (Erstes Gewächs) Erbacher Steinmorgen **13,5 %/19,60 €**
83 2011 Riesling Kabinett halbtrocken Oestricher Klosterberg **12 %/8,10 €**
84 2011 Riesling Spätlese halbtrocken Mittelheimer St. Nikolaus **12,5 %/10,10 €**
85 2011 Riesling Spätlese halbtrocken „Edition" **13 %/12,10 €**
88 2011 Riesling Auslese Oestricher Doosberg **9,5 %/15,10 €/0,5l**
88 2011 Riesling Beerenauslese Oestricher Doosberg **10 %/35,- €/0,5l**
88 2011 Riesling Trockenbeerenauslese Mittelheimer Edelmann **7,5 %/55,- €/0,375l**

Scholler ★★

Weingut

Pfalz

Alte Kirchstraße 7, 76831 Birkweiler
***Tel.** 06345-3529, **Fax**: 06345-8535*
www.weingut-scholler.de
info@weingut-scholler.de
***Besuchszeiten**: Mo.-Sa. 8-12 + 13-18 Uhr*
Ferienwohnungen

Inhaber .... Helmut und Bettina Scholler
Rebfläche .... 13 Hektar

Seit 1991 führen Helmut und Bettina Scholler dieses Weingut, das seit Jahrhunderten in Familienbesitz ist und seit 1889 den Namen Scholler trägt. Die Weinberge verteilen sich auf 40 Parzellen von Birkweiler bis Nussdorf. Hauptrebsorten sind Riesling, Weißburgunder und Spätburgunder mit jeweils 15 Prozent. Es folgen Müller-Thurgau, Silvaner und Sankt Laurent. Hinzugekommen sind zuletzt Chardonnay, Regent und noch mehr Sankt Laurent. Rote Sorten nehmen inzwischen 30 Prozent der Weinberge von Helmut Scholler ein und er möchte diesen Anteil noch etwas erhöhen. Im Birkweiler Kastanienbusch wird Riesling und Spätburgunder auf Rotliegendem und Weißburgunder auf Buntsandsteinverwitterungsböden angebaut, im Mandelberg Riesling und Chardonnay auf Muschelkalk. Im Rosenberg mit seinen lehmigen und tonigen Böden wachsen Gewürztraminer, Weißburgunder, Spätburgunder und Sankt Laurent. Im Nussdorfer Herrenberg mit seinen Lößböden wachsen Silvaner, Riesling, Portugieser und Spätburgunder. Die Rotweine werden nach der Maischegärung in Holzfässern ausgebaut, die Weißweine werden temperaturkontrolliert vergoren und im Edelstahl ausgebaut. Ausgesuchte Weine kommen ins Barrique. Die Weine werden überwiegend trocken angeboten und vor allem an Privatkunden verkauft. Mit dem Jahrgang 2011 verzichten die Schollers auf die Angabe der Prädikatsbezeichnungen, das Sortiment wird in Guts-, Orts- und Lagenweine gegliedert.

Vorjahre

Seit der ersten Ausgabe schon empfehlen wir die Weine von Helmut Scholler, seit einem Jahrzehnt loben wir die gute, stets zuverlässige Qualität ebenso wie die sehr verbraucherfreundlichen Preise. Alle Weine sind stets wunderschön reintönig und fruchtbetont, süffig ohne je oberflächlich zu sein. Vor zwei Jahren war die Kollektion gleichmäßig gut. Die Weißweine hatten Frucht und Biss, angeführt wurde die Kollektion von einem 2007er Spätburgunder, der sich sehr gut entwickelt hatte, ein toller Wein unter zehn Euro. Auch der Weißburgunder Muschelkalk war ein echtes Schnäppchen. Im vergangenen Jahr gefielen uns zwei Sekte aus Weiß- und Spätburgunder am besten, der etwas prägnantere Extra Brut hatte dabei die Nase vorne. Die vorgestellten Weißweine aus dem Jahrgang 2010 waren dagegen etwas verhaltener als in den Vorjahren.

Neue Kollektion

In diesem Jahr ist in der gleichmäßig guten Kollektion unter den beiden „Blanc de Noirs"-Sekten der Extra Brut etwas präziser und geradliniger als der Brut. Beim guten Riesling-Trio sind die Lagenunterschiede klar erkennbar, die beiden Chardonnays sind prägnanter als die etwas verhalteneren Weißburgunder. Und die Preise sind immer noch sehr moderat.

Weinbewertung

85 2010 Spätburgunder „Blanc de Noirs" Sekt brut **12,5 %/9,40 €**
86 2010 Spätburgunder „Blanc de Noirs" Sekt extra brut **12,5 %/9,40 €**
84 2011 Sauvignon Blanc trocken „{Tonmergel}" Birkweiler **12,5 %/6,50 €**
82 2011 Weißburgunder trocken „{Sandstein}" Birkweiler **13 %/5,30 €**
85 2011 Weißburgunder trocken Birkweiler Kastanienbusch **13,5 %/6,90 €**
84 2011 Chardonnay trocken „{Kalkstein}" Birkweiler **13 %/5,90 €**
86 2011 Chardonnay trocken Birkweiler Mandelberg **13,5 %/7,90 €**
84 2011 Riesling trocken „{Kalkstein)" Birkweiler **12 %/5,30 €**
84 2011 Riesling trocken „{Rotliegendes}" Birkweiler **12 %/5,50 €**
86 2011 Riesling trocken Birkweiler Kastanienbusch **13 %/6,90 €** ☺
82 2011 Spätburgunder „Blanc de Noirs" trocken **13 %/5,50 €**
83 2009 Cabernet Sauvignon trocken **13 %/9,40 €**

F.E. Schott ★

Weingut

Nahe

An der Ruh 2, 55595 Wallhausen
Tel. 06706-402, Fax: 06706-6283
www.schottwein.de
weingut@schottwein.de
Besuchszeiten: Mo.-Sa. 8-18 Uhr, So. 10-12 Uhr

Inhaber .... Edwin, Michael, Benjamin Schott
Rebfläche .... 15 Hektar

Friedrich Edwin Schott gab die Landwirtschaft auf und konzentrierte sich ganz auf Weinbau. 1959 füllte er den ersten Jahrgang unter eigenem Etikett ab. Seine Söhne Hermann und Edwin erweiterten das Weingut auf die heutige Größe. Edwins Söhne Michael und Benjamin stiegen 2009 in den Betrieb ein. Michael Schott kümmert sich um den Weinausbau, Edwin und Benjamin Schott leiten den Außenbetrieb. Die Reben wachsen in den Wallhäuser Lagen Backöfchen, Pastorenberg, Höllenpfad und Laurentiusberg, sowie auf Kreuznacher Gemarkung. Die Schotts bauen vor allem Riesling, Weißburgunder und Grauburgunder, sowie die roten Sorten Dornfelder, Dunkelfelder und Schwarzriesling an. 2010 hat man zusammen mit anderen Wallhäuser Winzern die brachgefallene Lage Wallhäuser Johannisberg rekultiviert und einen Hektar Terrassen mit Riesling und Spätburgunder bepflanzt.

Vorjahre

Beim überzeugenden Debüt vor zwei Jahren hat uns der Weißburgunder „R" aus dem Laurentiusberg am besten gefallen. Den gab es im letzten Jahr erneut – und wieder war er unser Favorit. Vom recht bitteren Dunkelfelder einmal abgesehen überzeugte das gleichmäßige Niveau der Weine, die sich alle recht frisch und sortentypisch präsentierten, bei immer merklicher Süße.

Neue Kollektion

Der erneut sehr bittere Dunkelfelder lässt uns auch in diesem Jahr ratlos zurück, gerade im direkten Vergleich mit dem mit viel dunkler Frucht und röstiger Würze ausgestatteten, gelungenen Dornfelder. Ansonsten präsentiert sich die Kollektion wieder gleichmäßig gut, neben dem Dornfelder sind der füllige Riesling „R" und der Grauburgunder mit viel Saft und klarer Frucht unsere Favoriten.

Weinbewertung

82 2011 Sauvignon Blanc **11,5 %/5,70 €**
83 2011 Weißburgunder „S" trocken Wallhäuser Laurentiusberg **13,5 %/6,80 €**
84 2011 Grauburgunder „S" trocken Wallhäuser Höllenpfad **13,5 %/7,60 €**
80 2011 Riesling trocken **11,5 %/4,60 €**
85 2011 Riesling „R" trocken Wallhäuser Johannisberg **12,5 %/15,- €**
78 Weißwein halbtrocken **10,5 %/3,60 €/1l**
84 2011 Riesling „S vom Kalkstein" Kreuznacher Hinkelstein **12 %/7,- €**
82 2011 Riesling Spätlese Kreuznacher Hinkelstein **9 %/6,50 €**
84 2011 Riesling Auslese Kreuznacher Hinkelstein **8,5 %/8,50 €**
83 2011 Scheurebe Auslese Wallhäuser Backöfchen **8,5 %/9,- €/0,5l**
72 2008 Dunkelfelder „R" trocken Wallhäuser Backöfchen **12,5 %/9,90 €**
84 2009 Dornfelder „R" trocken Wallhäuser Backöfchen **14 %/15,50 €**

★★★★☆

C. von Schubert

Weingut Maximin Grünhaus

Mosel

Hauptstraße 1, 54318 Mertesdorf
Tel. *0651-5111,* ***Fax:*** *0651-52122*
www.vonschubert.com
info@vonschubert.com
Besuchszeiten: *Mo.-Fr. 8-17 Uhr, Sa. 8-12 Uhr*

Inhaber .... Dr. Carl-Ferdinand von Schubert
Betriebsleiter .... Stefan Kraml
Rebfläche .... 34 Hektar

Die Weinberge von Carl-Ferdinand von Schubert befinden sich in einer arrondierten Lage auf der linken Seite der Ruwer. Alle drei Teile dieser Lage, Bruderberg, Herrenberg und Abtsberg gehören ihm in Alleinbesitz. Der 14 Hektar große Abtsberg besteht im Untergrund aus blauem Devonschiefer, im Herrenberge, 19 Hektar groß, dominiert roter Devonschiefer. Der nur 1 Hektar große Brudersberg hat als direkter Nachbar des Abtsbergs ebenfalls blauen Schieferboden. Angebaut wird vor allem Riesling, Weißburgunder und Auxerrois brachten 2008 den ersten Ertrag, im Jahr zuvor hatte man auch Spätburgunder gepflanzt. Die Weine werden mit ihren natürlichen Hefen vergoren, teils im klassischen Fuder, teils in kleinen Edelstahltanks. Dank einer sehr klaren Linie sind von den angebotenen Weinen „vernünftige" Mengen vorhanden. Von Qualitätsweinen, Kabinett und Spätlesen werden jeweils etwa 10.000 Flaschen erzeugt. Wie nur bei wenigen anderen Weingütern in Deutschland, zeigen die Weine von Carl-Ferdinand von Schubert eine klare, unverwechselbare Handschrift, sind wieder erkennbar. Sie sind kraftvoll und mineralisch, in ihrer Jugend oft etwas streng und verschlossen. Selbst einfache Rieslinge sind von bemerkenswerter Lagerfähigkeit. Kein Wunder, dass man diese Weine in der gehobenen Gastronomie fast überall findet. In den letzten Jahren wurden die trockenen oder fast trockenen Spitzenweine immer ausdrucksstärker. Die „Superior"-Rieslinge (mit um die 20 Gramm Restzucker) und die ab 2008 „Alte Reben" genannten trockenen Spitzenweine zeigen eine straffe Art und viel Struktur.

Vorjahre

Der Jahrgang 2009 war der erfolgreichste und gleichmäßigste seit langem. Selbst die einfachsten Weine waren rassig und komplex, die Spitzen aus alten Reben besaßen enorm viel Biss, und die Weine mit Restsüße überzeugten ab Kabinett aufwärts mit einem faszinierenden Süße-Säure-Spiel und mineralischer Länge. 2010 folgte eine stimmige starke Kollektion, die aber naturgemäß nicht ganz an die Vorjahreskollektion heranreichte. Im edelsüßen Segment hatte man eine Reihe hochkarätiger Auslesen und Eisweine zu bieten, unser Favorit war der Eiswein Nr. 56. Auch der trockene und „feinherbe" Teil der Kollektion war stimmig, wurde wiederum angeführt von „Superior" und „Alte Reben".

2011 trocken

Im trockenen Segment kommt 2011 nicht ganz an 2010 heran, es fehlt den Spitzenweinen etwas an Druck und Nachhall. Der „Alte Reben" aus dem Herrenberg ist würzig, füllig und kraftvoll, sein Pendant aus dem Abtsberg besitzt etwas mehr Substanz. Dies unterscheidet auch die beiden halbtrockenen Superior-Weine, der Wein aus dem Abtsberg ist stoffiger und kraftvoller.

2011 süß

Deutlich spannender ist der süße Teil der Kollektion, mit einem frischen klaren Abtsberg-Kabinett, einer Spätlese aus dem Bruderberg, die herrlich konzentriert und stoffig ist, gute Struktur und Substanz besitzt, und einer reintönigen Abtsberg-Spätlese, die füllig und harmonisch ist, frisch und lang. Unter den beiden Herrenberg-Auslesen präferieren wir klar die Nr. 15: Sie ist würzig, konzentriert, herrlich reintönig, füllig, harmonisch und lang. Aus dem Abtsberg wurden gleich drei Auslesen vorgestellt, alle drei sind hervorragend. Die „normale" Auslese ist enorm würzig, besitzt viel Substanz und Biss; Auslese Nr. 84 war zum Zeitpunkt der Verkostung noch sehr vom Schwefel geprägt, zeigt kandierte Früchte im Bouquet, ist füllig und kraftvoll im Mund, enorm stoffig und druckvoll; auch Auslese Nr. 87 zeigt kandierte Früchte im Bouquet, gelbe Früchte, ist faszinierend reintönig, füllig und konzentriert im Mund, besitzt viel Substanz, Länge und Nachhall.

Weinbewertung

84 2011 Weißburgunder **12,5 %/13,80 €**
83 2011 Riesling trocken Maximin Grünhäuser **12 %/9,90 €**
84 2011 Riesling trocken Maximin Grünhäuser Herrenberg **12,5 %/12,40 €**
85 2011 Riesling trocken Maximin Grünhäuser Abtsberg **12,5 %/12,90 €**
86 2011 Riesling trocken „Alte Reben" Maximin Grünhäuser Herrenberg **12,5 %/13,80 €**
87 2011 Riesling trocken „Alte Reben" Maximin Grünhäuser Abtsberg **13 %/15,50 €**
87 2011 Riesling „Superior" Maximin Grünhäuser Herrenberg **13 %/19,90 €**
88 2011 Riesling „Superior" Maximin Grünhäuser Abtsberg **12,5 %/21,90 €**
82 2011 Riesling Kabinett „feinherb" Maximin Grünhäuser Herrenberg **12,5 %/12,40 €**
82 2011 Riesling Maximin Grünhäuser Bruderberg **10 %/10,80 €**
87 2011 Riesling Kabinett Maximin Grünhäuser Abtsberg **9 %/12,90 €**
89 2011 Riesling Spätlese Maximin Grünhäuser Bruderberg **8 %/13,80 €**
90 2011 Riesling Spätlese Maximin Grünhäuser Abtsberg **8,5 %/15,50 €**
89 2011 Riesling Auslese Maximin Grünhäuser Herrenberg **8 %/25,- €**
91 2011 Riesling Auslese Nr. 15 Maximin Grünhäuser Herrenberg **7,5 %/29,- €**
90 2011 Riesling Auslese Maximin Grünhäuser Abtsberg **7,5 %/28,- €**
92 2011 Riesling Auslese Nr. 84 Maximin Grünhäuser Abtsberg **7,5 %/39,- €**
93 2011 Riesling Auslese Nr. 87 Maximin Grünhäuser Abtsberg **7,5 %/53,- €**

★★★☆

Schumacher

Weingut **Pfalz**

Hauptstraße 40, 67273 Herxheim am Berg
***Tel.** 06353-93590, **Fax:** 06353-935922*
www.schumacher-weine.de
weingut-schumacher@t-online.de
***Besuchszeiten:** M.-Fr. 14-17 Uhr, Sa. 10-14 Uhr*

Inhaber .... Annetrud Franke
Gutsverwalter .... Martin Leyh
Rebfläche .... 7 Hektar

Die Weinberge von Annetrud Franke liegen vor allem in Herxheim. Die mit dem Zusatz „Garten" versehenen Weine sind die Spitzenweine aus einer arrondierten Lage – im Herxheimer Himmelreich – unmittelbar beim Weingut, die 3,5 Hektar umfasst und von einer bis zu 5 Meter hohen Kalk- und Buntsandsteinmauer umgeben ist. Im Himmelreich herrschen mineralstoffreiche Kalkböden vor, mit einer sandigen Lehmauflage im „Garten". Weitere Weinberge besitzt das Weingut im Herxheimer Honigsack (sandiger Lehm auf Kalkgeröll), Kallstadter Saumagen (Muschelkalk), Dirmsteiner Herrgottsacker (Lösslehm) und Freinsheimer Musikantenbuckel (lehmiger Sand). Wichtigste Rebsorte ist Riesling, gefolgt von Spätburgunder, die zusammen 70 Prozent der Fläche einnehmen. Hinzu kommen Portugieser, Grauburgunder, Weißburgunder, Dornfelder, Frühburgunder und Auxerrois. Alle Rotweine werden im Holzfass ausgebaut.

Vorjahre

Vor zwei Jahren war es einmal mehr der Riesling „Garten", der uns am besten gefiel. Die 2008er Rotweine, waren ganz stark, herausragend der Garten R. Im vergangenen Jahr führte wieder ein Riesling aus dem Garten die Riege der Weißweine an, auch Grauburgunder, Weißburgunder und der Riesling aus dem Saumagen waren sehr gut. Mit den Rotweinen des Jahrgangs 2009 hinterließ Michael Acker eine Demonstration von Kraft und Fülle. Bei allen drei Spätburgundern und dem Frühburgunder stand ein Alkohol-Gehalt von 14,5 Prozent auf dem Etikett, der Garten „R" präsentierte sich als toller Rotwein von kalifornischer Wucht.

Neue Kollektion

In diesem Jahr wird der Wechsel im Betrieb deutlich. Die Weißweine sind im Ansatz gut, zeigen eine schöne Frucht, es fehlt jedoch etwas an Substanz. Allerdings war der Weißwein-Jahrgang 2010 in Herxheim und vor allem in Kallstadt deutlich besser als 2011. In diesem Jahr gibt es eine ordentliche Cuvée namens „Roter Rock", der Spätburgunder ist unaufdringlich elegant mit kühler Frucht und guter Tanninstruktur. Der Spätburgunder „Garten" ist sehr saftig, reif und klar, der hohe Alkohol lässt ihn etwas zu wuchtig erscheinen.

Weinbewertung

82 2011 Riesling trocken **12 %/6,50 €/1l**
85 2011 Riesling Kabinett trocken Herxheimer Himmelreich **12 %/9,- €**
87 2011 Riesling Spätlese trocken Kallstadter Saumagen **12,5 %/12,- €**
87 2011 Riesling Spätlese trocken Herxheimer Himmelreich **12,5 %/12,- €**
83 2011 Weißburgunder Kabinett trocken Herxheimer **12 %/8,- €**
84 2011 Spätburgunder trocken „Blanc de Noir" Dirmsteiner Herrgottsacker **12 %/8,50 €**
85 2011 „Saignée" Kabinett trocken **12 %/8,50 €**
84 2010 „Roter Rock" Rotwein trocken **13,5 %/9,- €**
87 2010 Spätburgunder trocken **14,5 %/13,- €**
90 2010 Spätburgunder trocken Herxheimer Himmelreich „Garten" **14 %/23,- €**

★★★

Paul Schumacher

Weingut **Ahr**

Marienthaler Straße 6, 53474 Marienthal / Ahr
Tel. 02642-4345, Fax: 02642-359419
www.weingut-ps.de
ps-info@weingut-ps.de
Besuchszeiten: Mo.-Do. 9-12 Uhr, Fr.-So. 10-12 Uhr oder nach Vereinbarung
Straußwirtschaft Mai, Sept., Okt., Sa. + So. ab 12 Uhr

Inhaber .... Paul Schumacher
Rebfläche .... 3,4 Hektar

Das Weingut von Paul Schumacher gehört zu den kleinsten an der Ahr. Er baut Spätburgunder, Frühburgunder, Riesling, Portugieser, Merlot und Kerner an. Aufgrund der steigenden Nachfrage kauft er seit 2005 auch Trauben von anderen Winzern zu. Im Keller arbeitet er mit offener Maischegärung (8 bis 14 Tage), teilweise mit Kaltmaceration, langen Maischestandzeiten, Mostentzug, Spontangärung und Holzfassausbau, ein Teil der Weine wird ohne Filtration abgefüllt.

Vorjahre

Sehr gut gefiel uns der „PurPinot" 2008, war fein, reintönig und nachhaltig, führte vor zwei Jahren eine überzeugende, stimmige Kollektion an. Der Aufwärtstrend hielt auch im vergangenen Jahr an, und es gab wieder Neuerungen: Lagenweine aus Trotzenberg und Kräuterberg, sowie den Spätburgunder „Ex Core". Diese drei neuen Weine waren unsere Favoriten in einer starken Kollektion, die mit reintönigen, recht puristischen Spät- und Frühburgundern aufwartete, einer Kollektion, die eine klare Handschrift zeigte.

Neue Kollektion

Mit dem schwierigen Jahrgang 2010 bestätigt Paul Schumacher den starken Eindruck der Vorjahre. Star im Programm ist eindeutig der Spätburgunder aus dem Kräuterberg, er besitzt Fülle und Konzentration, gute Struktur und Substanz und viel Kraft. Der reintönige „PurPinot" hat uns ebenfalls begeistert, schon die einfachen Rotweine sind fruchtbetont und klar: Eine stimmige, starke Kollektion.

Weinbewertung

81 2011 Spätburgunder „Blanc de Noir" **12,5 %/8,- €**
82 2011 Riesling **12,5 %/8,- €**
83 2010 „Intuition" Rotwein **13 %/8,- €**
83 2010 Spätburgunder **12,5 %/8,- €**
84 2010 Frühburgunder **13,5 %/12,- €**
86 2010 Frühburgunder „Allegria" **13 %/17,- €**
85 2010 Spätburgunder „Carpe Diem" **13,5 %/11,- €**
88 2010 Spätburgunder „PurPinot" **13,5 %/18,- €**
90 2010 Spätburgunder Walporzheimer Kräuterberg **13,5 %/35,- €**

★☆

Ulrich Schumann

Weingut und Ferienhaus **Mosel**

Beethovenstraße 36, 54470 Lieser
Tel. 06531-6353, Fax: 06531-6454
www.weingut-schumann.de
info@weingut-schumann.de
Besuchszeiten: täglich nach Vereinbarung
Ferienhaus

Inhaber .... Ulrich Schumann
Rebfläche .... 3,5 Hektar

Ulrich Schumann baut zu 85 Prozent Riesling und zu 15 Prozent Müller-Thurgau an. 70 Prozent seiner Weinberge befinden sich in Steillagen. Die Weine werden fast ausschließlich an Privatkunden verkauft. Seit 1992 ist dem Weingut ein Ferienhaus angeschlossen. Ulrich Schumann vergärt seine Weine teils mit Reinzuchthefen, teils mit den natürlichen Hefen. Alle Weine werden im Edelstahl ausgebaut, um sehr klare, fruchtige Rieslinge zu erzeugen.

Vorjahre

Wunderschön rassig und nachhaltig waren die 2009er geraten. 2010 konnte da nicht ganz mithalten, wurde angeführt von einer sehr guten Auslese aus der Rosenlay.

Jahrgang 2011

Die neue Kollektion überzeugt, schon der Literriesling ist frisch und klar, die Kabinettweine sind lebhaft und fein, die Spätlesen besitzen Substanz. Die trockene Spätlese aus dem Goldtröpfchen besitzt reife Frucht, gute Fülle und Substanz, die „feinherbe" aus der Rosenlay ist recht süß und saftig, die süße Helden-Spätlese ist füllig, saftig und harmonisch: So darf es weitergehen.

Weinbewertung

83 2010 Riesling trocken **12,5 %/5,50 €/1l**
83 2011 Riesling Kabinett trocken Lieser Schlossberg **12 %/6,50 €**
86 2011 Riesling Spätlese trocken Piesporter Goldtröpfchen **12,5 %/9,- €**
83 2011 Riesling Kabinett halbtrocken Lieser Rosenlay **12 %/6,50 €**
85 2011 Riesling Spätlese „feinherb" Lieser Rosenlay **12 %/9,- €**
83 2011 Riesling Kabinett Lieser Rosenlay **12 %/9,- €**
86 2011 Riesling Spätlese Lieser Niederberg-Helden **8,5 %/9,- €**

★

Paul Schunk

Weingut

Mosel

Hauptstraße 26, 56814 Bruttig-Fankel
***Tel.** 02671-1458, **Fax:** 02671-8221*
www.weingut-schunk.de
info@weingut-schunk.de
***Besuchszeiten:** täglich nach Vereinbarung*

Inhaber .... Paul Schunk
Rebfläche .... 2,6 Hektar

Seit 1625 betreibt die Familie Schunk Weinbau an der Mosel. Paul Schunk baut in Bruttig-Fankel vor allem Riesling an – 80 Prozent der Rebfläche sind mit dieser Sorte bestockt. Die Spitzenweine des Gutes stammen von weniger bekannten Steillagen wie der Bruttiger Götterlay oder dem Fankeler Rosenberg. Die Weine gären überwiegend mit natürlichen Hefen, der Ausbau erfolgt im Edelstahl oder im Fuder.

Vorjahre

Die 2009er waren herrlich saftig und ausgewogen, mit zwei wunderschön animierenden Auslesen an der Spitze. 2010 waren die Weine frisch und lebhaft, geradlinig und klar. Der Riesling „Vinovation" wirkte recht überladen und schwer, sonst aber präsentierte sich die Kollektion stimmig.

Jahrgang 2011

2011 gefällt uns sehr gut, gerade der Vinovation, der mit viel Fülle und Kraft besticht. Auch die trockene Spätlese von alten Reben ist druckvoll und strukturiert, zusammen führen sie eine stimmige, überzeugende Kollektion an.

Weinbewertung

80 2011 Riesling trocken Bruttig-Fankeler **11,5 %/4,20 €**
83 2011 Riesling Kabinett trocken Bruttiger Pfarrgarten **12 %/5,40 €**
86 2011 Riesling Spätlese trocken „alte Reben" Bruttiger Götterlay **12,5 %/8,40 €**
86 2011 Riesling Auslese trocken „Vinovation" **12,5 %/10,70 €**
81 2011 Riesling Kabinett „feinherb" Bruttig-Fankeler **11 %/5,40 €**
83 2011 Riesling Spätlese „feinherb" Bruttiger Götterlay **11 %/7,70 €**
84 2011 Riesling Spätlese Bruttiger Götterlay **8,5 %/7,70 €**
85 2011 Riesling Auslese „alte Reben" Bruttiger Götterlay **9 %/9,90 €**

★

Hermann-Josef **Schwaab**

Weingut

Mosel

Im Unterdorf 10, 54492 Erden
***Tel.** 06532-3452, **Fax:** 06532-1052*
www.weingut-schwaab.de
info@weingut-schwaab.de
***Besuchszeiten:** Ostern bis Ende Oktober täglich außer Mittwoch ab 12 Uhr, sonst nach Vereinbarung*
Weinstube, Gästezimmer

Inhaber .... Hermann-Josef, Karin und .... Hans-Hermann Schwaab
Rebfläche .... 5,2 Hektar

Das Weingut Schwaab ist ein klassischer Familienbetrieb im Ortskern Erden, der von zwei Generationen geleitet wird. Die Weinberge befinden sich in den Erdener Lagen Treppchen, Prälat und Busslay. Angebaut werden außer Riesling auch Müller-Thurgau und Kerner.

Vorjahre

Auf ein starkes Debüt vor zwei Jahren folgte eine konsistente, überzeugende 2010er Kollektion klassischer Moselrieslinge, die von zwei Auslesen angeführt wurde.

Jahrgang 2011

Die neue Kollektion ist etwas verhalten, die trockene Prälat-Auslese will nicht so recht überzeugen, da wäre ein restsüßer Ausbau wohl passender gewesen. Da gefällt die sehr süße Treppchen-Auslese uns besser, sie ist frisch und schmeichelnd.

Weinbewertung

81 2011 Riesling Kabinett trocken Erdener Herrenberg **11,5 %/5,- €**
82 2011 Riesling Spätlese trocken „Arduena" Erdener Treppchen **12,5 %/6,50 €**
81 2011 Riesling Auslese trocken Erdener Prälat **13 %/9,50 €**
79 2011 Riesling Kabinett Erdener Treppchen **10 %/5,- €**
82 2011 Riesling Spätlese Erdener Treppchen **8,5 %/6,50 €**
84 2011 Riesling Auslese Erdener Treppchen **8,5 %/11,50 €**

★

Stefan **Schwaab**

Weingut

Pfalz

Marktstraße 7, 67487 Maikammer
***Tel.** 06321-58411, **Fax:** 06321-5421*
www.weingutschwaab.de
info@weingutschwaab.de
***Besuchszeiten:** Mo.-Fr. 9-18 Uhr, Sa. 9:30-17 Uhr, So. 10-12 Uhr*

Inhaber .... Marion und Stefan Schwaab
Rebfläche .... 4,5 Hektar

Das Familienweingut besteht in der fünften Generation, 2002 übernahm Stefan Schwaab die Verantwortung im Betrieb. Angebaut wird ein breites Spektrum an Rebsorten: Riesling, Silvaner, Weiß- und Grauburgunder, Chardonnay, Auxerrois, Sauvignon Blanc, Rieslaner und Muskateller, ergänzt durch die roten Sorten Dornfelder, Spätburgunder, Cabernet Dorsa und Cabernet Sauvignon. Die Weißweine werden kalt vergoren und im Edelstahl ausgebaut, zum Teil aber auch im Holzfass spontan vergoren, die Rotweine werden im großen Holz oder im Barriquefass ausgebaut.

Kollektion

Die vier verkosteten Weißweine sind klar und reintönig, kraftvoll und ausgewogen, bei dem im 500-Liter-Fass spontan vergorenen Weißburgunder „D" ist das Holz gekonnt eingebunden, der Wein zeigt nachhaltige mineralische Noten. Die beiden Rotweine besitzen gute Substanz, könnten aber durch einen Verzicht auf Restsüße noch an Präzision zulegen.

Weinbewertung

84 2011 Silvaner Kabinett trocken Maikammer Heiligenberg **12,5 %/6,- €**

86 2011 Chardonnay „-S-" Spätlese trocken Maikammer Heiligenberg **13,5 %/9,50 €**
85 2011 Weißer Burgunder „-S-" Spätlese trocken Alsterweiler Kapellenberg **14 %/9,50 €**
86 2011 Weißer Burgunder „-D-" trocken Alsterweiler Kapellenberg **14 %/13,- €**
82 2009 Cuvée „-S-" Rotwein trocken **14,5 %/15,50 €**
82 2009 Cabernet Dorsa „-S-" Spätlese trocken Maikammer Mandelhöhe **14 %/15,50 €**

Schwab ★
Weingut

Franken

Bühlstraße 17, 97291 Thüngersheim
***Tel.** 09364-89183, **Fax**: 09364-89184*
www.weingut-schwab-franken.de
info@weingut-schwab-franken.de
***Besuchszeiten**: Mo.-Fr. 8-18 Uhr, Sa./So. nach Vereinbarung*
Probierstube (bis 70 Personen), Vinothek
Ferienzimmer (5 Doppelzimmer, 1 Einzelzimmer)

Inhaber .... Thomas Schwab
Rebfläche .... 12 Hektar

Das Weingut Schwab war ursprünglich ein landwirtschaftlicher Mischbetrieb, bevor Gregor und Barbara Schwab Mitte der siebziger Jahre sich ganz auf Weinbau spezialisierten. Seit 1990 bewirtschaftet mit Thomas und Andrea Schwab die nächste Generation das Familienweingut. Die Weinberge von Thomas Schwab liegen in den Thüngersheimer Lagen Johannisberg und Scharlachberg. Wichtigste Rebsorte ist Müller-Thurgau, gefolgt von Riesling, Silvaner, Bacchus, Kerner und Spätburgunder.

Vorjahre

Die 2009er Kollektion gefiel uns, bot durchweg gute Qualität, vor allem Silvaner und Riesling aus dem Johannisberg überzeugten. Die 2010er Weine waren gleichmäßig, wenn auch ein wenig verhaltener, Star in der letztjährigen Kollektion war das üppige 2009er Große Silvaner-Gewächs.

Neue Kollektion

Die neue Kollektion ist sehr gleichmäßig, in der Spitze aber etwas verhalten. Die saftige, süffige Solaris Auslese und der kraftvolle, im Barrique ausgebaute Spätburgunder sind unsere Favoriten.

Weinbewertung

82 2011 Müller-Thurgau trocken Thüngersheimer **12,5 %/4,50 €**
80 2011 Silvaner trocken Thüngersheimer **13 %/5,-€**
80 2011 Silvaner Kabinett trocken Thüngersheimer Johannisberg **13 %/6,- €**
80 2011 Weißburgunder Kabinett trocken Thüngersheimer Scharlachberg **12,5 %/6,- €**
81 2011 Scheurebe Kabinett trocken Thüngersheimer Johannisberg **12,5 %/6,- €**
83 2011 Silvaner Spätlese trocken Thüngersheimer Johannisberg **13 %/8,50 €**
82 2011 Riesling Spätlese trocken Thüngersheimer Johannisberg **13 %/8,- €**
84 2011 Solaris Auslese Thüngersheimer Scharlachberg **12 %/6,50 €/0,25l**
84 2009 Spätburgunder Spätlese trocken Thüngersheimer Johannisberg **13,5 %/12,- €**

Gerhard Schwarztrauber ★★
Weingut

Pfalz

Lauterbachstraße 20
67435 Neustadt-Mußbach an der Weinstraße
***Tel.** 06321-968561, **Fax**: 06321-968562*
weingut@schwarztrauber.com
***Besuchszeiten**: Mo.-Do. 8-12, Fr. 8-18 Uhr, Sa. 9-16 Uhr und nach Vereinbarung*

Inhaber .... Gerhard Schwarztrauber
Rebfläche .... 15 Hektar

Das Weingut Schwarztrauber ist ein Familienbetrieb in Mußbach bei Neustadt. 1959 haben Walther und Gerlinde Schwarztrauber mit der Selbstvermarktung begonnen, sechs Jahre später ist man von der Ortsmitte Mußbachs ausgesiedelt. Seit 1986 ist das Weingut Mitglied bei Bioland, mittlerweile hat Sohn Gerhard den Betrieb übernommen. Der Boden wird mit Klee, Roggen oder Wicken begrünt, Kompost versorgt ihn mit Nährstoffen. Gegen Pilzbefall und Schädlinge helfen intensive Laubarbeit und Spritzungen mit Fenchelextrakten und Backpulver. Wichtigste Rebsorte ist Riesling. Es folgen Spätburgunder, Silvaner, Dornfelder, Regent, sowie Weiß- und Grauburgunder. 2011 wurde der neue Weinkeller eingeweiht, in dem die kommenden Jahrgänge noch schonender und moderner ausgebaut werden sollen. Ziel ist es, im Rotweinbereich noch mehr mit Barriques zu arbeiten, wobei auf minimales Toasting gesetzt wird, dominante Holznoten sind nicht erwünscht.

Vorjahre

Vor zwei Jahren zeigte Gerhard Schwarztrauber frische und fruchtige Weißweine. Die damals frisch gefüllten Rotweine vom Jahrgang 2009 zeigten sich ebenfalls fruchtig und reintönig, Saint Laurent, Spätburgunder und Masterpiece Junior hatten uns vom Jahrgang am besten gefallen. Der „Masterpiece" von 2007 beeindruckte schon damals, vor allem durch seine Konzentration. Auch im vergangenen Jahr hatte er noch nichts davon verloren. Die Weißweine waren durch ihre hohe Restsüße gefällig und betonten ihre Fruchtigkeit, der Merlot zeigte ebenfalls viel Frucht, der Spätburgunder wirkte noch sehr jung.

Neue Kollektion

In diesem Jahr sind die Weißweine klar und frisch, der Sauvignon ist knackig, fruchtig mit grünen Reflexen, der Weißburgunder ist fein, der Riesling süffig. Chardonnay und Auxerrois wären trocken ausgebaut deutlich harmonischer dahergekommen. Unkompliziert ist der Merlot mit klarer reifer Frucht; Konzentration und eine gute Struktur zeigt der „Masterpiece Junior" , beim dunkelfruchtigen „Meisterstück" von 2009 kommen Komplexität und kräftige Tannine dazu.

Weinbewertung

85 2009 Pinot Blanc Sekt extra trocken **12,5%/9,90€**
84 2011 Sauvignon Blanc trocken **12,5 %/6,90 €**
83 2011 Weißburgunder trocken **13 %/6,20 €**
84 2011 Riesling trocken Mußbacher Eselshaut **12,5 %/6,50 €**
83 2011 Chardonnay **12,5 %/7,20 €**
82 2011 Auxerrois **12,5 % /6,20 €**
84 2011 Gewürztraminer **11 %/7,50 €**
83 2010 Merlot trocken **13,5 %/7,50 €**
86 2010 „Masterpiece Junior" Rotwein trocken **14 %/12,50 €**
88 2009 „Masterpiece" Rotwein trocken **13,5 %/18,50 €**

★★★

Albrecht **Schwegler**

Weingut

Württemberg

Steinstraße 35, 71404 Korb
***Tel.** 07151-34895, **Fax**: 07151-34978*
www.albrecht-schwegler.de
weingut@albrecht-schwegler.de
***Besuchszeiten**: nach Vereinbarung*

Inhaber .... Albrecht Schwegler
Rebfläche .... 2,5 Hektar

Albrecht Schwegler ist der wohl erfolgreichste Feierabendwinzer Deutschlands. Eigentlich hat er ja seine eigene Firma, die „Korb Linearsysteme". Aber das scheint ihm nicht zu genügen, denn Albrecht Schwegler ist auch Winzer aus Leidenschaft. Also macht er auch selbst Wein, so wie sie seiner Vorstellung von Rotwein entsprechen. Vier Weine gab es lange Zeit nur – und die auch nicht in jedem Jahr. Zunächst einmal in der Literflasche, „d'r Oifache", der meist einen größeren Anteil Trollinger enthält. Dann kommt der

„Beryll", der in gebrauchten Barriques ausgebaut wird, anschließend der „Saphir" und schließlich – aber wirklich nur in Spitzenjahren – der „Granat", der es zu gewissem Kultstatus unter Weinliebhabern gebracht hat. 1990 gab es den ersten Granat, dann erst wieder 1993, 1994 und 1997. Danach alle zwei Jahre: 1999, 2001, 2003, dann aber 2004, 2005, 2006 und 2007. Albrecht Schwegler setzt beim Rotwein ganz auf Cuvées. Zweigelt ist die wichtigste Rebsorte bei ihm. Dazu gibt es Lemberger, Merlot und Trollinger. Vor einigen Jahren hat er auch etwas Syrah, Regent und Cabernet Franc angepflanzt. Er verwendet ausschließlich französische Barriques, nur Allier- und Limousineiche. Die Weine werden zwei Jahre lang nach Rebsorten getrennt im Fass ausgebaut, dann erst werden die Cuvées zusammengestellt, abgefüllt wird ohne jede Filtration. Mit dem Jahrgang 2006 gab es dann erstmals einen Weißwein aus dem Hause Schwegler, einen Kerner, der 2007 gleich in zwei Versionen, „feinherb" und süß, zu erhalten war.

Vorjahre

2007 präsentierte sich der Granat etwas verschlossen und tanninbetont, war etwas weniger mineralisch als seine Vorgänger. Eine Besonderheit war der Solitär, ein Lemberger, der sechs Jahre im Barrique ausgebaut wurde. Der 2003er hatte dies hervorragend „weggesteckt", beim 1999er schien uns im Jahr zuvor das Holz allzu dominant. 2008 gab es aufgrund von Hagel nur eine sehr kleine Ernte, Albrecht Schwegler erzeugte keinen Granat. Das kam Beryll und Saphir zugute, die sich klar, kraftvoll und zupackend präsentierten. Die 2009er Kerner, erst im September 2011 gefüllt, präsentierten sich frisch und klar. Nicht zu vergessen d'r Oifache: Rotwein in Reinkultur aus Zweigelt, Trollinger und Regent.

Neue Kollektion

Die 2009er Rotweine sind uns generell zu sehr vom Holz geprägt. Sie besitzen Kraft und Struktur, sind zupackend und druckvoll, Trinkfreude aber kommt – derzeit – nicht auf. Aber kennt man die Weine von Albrecht Schwegler, dann weiß man, dass man ihnen Potenzial zusprechen muss.

Weinbewertung

85 „dr'Oifache" Rotwein **13,5 %/7,50 €/1l** ☺
85 2010 Kerner „feinherb" „Achat" **131 %/12,- €**
84 „d'r Oifache" Rotwein **12,5 %/8,50 €**
86 2009 „Beryll" Rotwein **13,5 %/15,- €**
87 2009 „Saphir" Rotwein **13,5 %/32,- €**
88 2009 „Granat" Rotwein **13,5 %/48,- €**

Schweickardt ★

Weingut

Rheinhessen

Breitgasse 48, 55437 Appenheim
Tel. *06725-2723,* ***Fax:*** *06725-963046*
www.weingut-schweickardt.de
info@weingut-schweickardt.de
Besuchszeiten: *Mo.-Fr. 8-19 Uhr, Sa. 9-17 Uhr, So. 10-12 Uhr*
Vinothek (bis 70 Personen), Gästezimmer

Inhaber .... Gunnar Schweickardt
Rebfläche .... 13 Hektar

Der Weidenhof ist ein 1870 gegründeter Familienbetrieb, der heute von Gunnar Schweickardt geführt wird. Seine Weinberge liegen in den Appenheimer Lagen Eselspfad, Hundertgulden und Daubhaus, sowie im Gau-Algesheimer Goldberg. Der Boden im Eselspfad ist durch einen hohen Sandanteil geprägt, im Daubhaus findet man leichten Lösslehm mit etwas Feinsandanteil, in den Lagen Hundertgulden und Goldberg tonige Lehmböden. Riesling, Weißburgunder, Grauburgunder, Chardonnay und Silvaner werden angebaut, aber auch Bacchus, Huxelrebe und Kerner. An roten Sorten gibt es Spätburgunder, Frühburgunder, Portugieser, Sankt Laurent, Dornfelder und Merlot.

Vorjahre

Seit der ersten Ausgabe kennen wir das Weingut als höchst zuverlässigen Betrieb mit moderaten Preisen. Die 2009er Kollektion gefiel uns gut, zeigte Zuverlässigkeit. 2010 präsentierten sich die Weine frisch und fruchtbetont, der Riesling aus dem Hundertgulden bereitete viel Freude.

Neue Kollektion

Die neue Kollektion ist ohne Fehl und Tadel, präsentiert sich gleichmäßig auf gutem Niveau, neben dem Hundertgulden-Riesling gefällt uns der leider recht süße Grauburgunder am besten.

Weinbewertung

81 2011 Weißburgunder trocken **13 %/4,40 €**
82 2011 Riesling trocken „Kalkstein" **13 %/5,90 €**
83 2011 Riesling trocken Hundertgulden **13 %/6,- €**
83 2011 Grauburgunder „S" trocken **14 %/6,70 €**
80 2011 Riesling „feinherb" **13 %/4,90 €**
80 2011 „Sommer-Sinfonie" Weißwein „feinherb" **11 %/4,40 €**
80 2010 Frühburgunder trocken **13,5 %/6,70 €**
81 2010 Pinot Noir trocken **13,5 %/9,- €**

★

Schweigler

Wein- und Sektgut

Baden

Hauptstraße 23, 79589 Binzen
***Tel.** 07621-64790, **Fax** 07621-669639*
www.weingut-schweigler.de
info@weingut-schweigler.de
***Besuchszeiten:** Mo.-Fr. 8-12 + 13:30-19 Uhr, Sa. 8-12 + 13:30-18 Uhr*

Inhaber........................Dieter Schweigler
Kellermeister................Stefan Schweigler
Rebfläche..............................6 Hektar

Wichtigste Rebsorte bei Dieter Schweigler ist der Gutedel, der über 40 Prozent der Fläche einnimmt. Es folgt Spätburgunder als zweite Hauptrebsorte, dazu gibt es Müller-Thurgau, Nobling, Weißburgunder, Grauburgunder, Regent und ein klein wenig Gewürztraminer. Seit 2002 ist Sohn Stefan im Betrieb tätig und verantwortlich für den Weinausbau.

Weinbewertung

Beim guten Debüt vor zwei Jahren gefiel uns die trockene Spätburgunder Spätlese aus dem Jahrgang 2008 am besten, die 2009er Weißweine präsentierten sich fruchtbetont und reintönig. Die 2010er blieben ein klein wenig dahinter zurück, der Nobling-Sekt, der Weißburgunder und der 2009er Spätburgunder gefielen uns in der letztjährigen Kollektion am besten.

Neue Kollektion

Sehr gleichmäßig präsentiert sich der neue Jahrgang mit frischen, geradlinigen 2011er Weißweinen und einem fruchtbetonten Spätburgunder aus dem Jahrgang 2010. Unser Favorit ist einmal mehr der reintönige, merklich süße Nobling-Sekt.

Weinbewertung

85 2011 Nobling Sekt brut **12,5 %/8,20 €**
83 2011 Pinot Rosé Sekt extra trocken **12,5 %/8,90 €**
80 2011 Gutedel trocken **12 %/4,40 €**
80 2011 Roter Gutedel Kabinett trocken **11,5 %/4,90 €**
81 2011 „Grüner Markgräfler" Weißwein trocken **10,5 %/5,50 €**
81 2011 Weißburgunder Kabinett trocken **13 %/6,30 €**
82 2010 Grauburgunder Kabinett trocken **12,5 %/6,30 €**
82 2011 Johanniter Spätlese trocken **13,5 %/7,90 €**
81 2011 „Rosa Markgräfler" Rosé trocken **11,5 %/6,50 €**
83 2010 Spätburgunder trocken **13 %/6,10 €**

Bgm. Willi ★★★

Schweinhardt Nf.

Weingut **Nahe/Mittelrhein**

Heddesheimer Straße 1, 55450 Langenlonsheim
Tel. *06704-93100,* ***Fax:*** *06704-931050*
www.schweinhardt.de
info@schweinhardt.de
Besuchszeiten: *Mo.-Fr. 9-18 Uhr, Sa. 10-18 Uhr, So. 12-18 Uhr*
„Heinrichs Bed & Breakfast im Weingut Schweinhardt"

Inhaber .... Axel Schweinhardt
Rebfläche .... 33 Hektar

Das Weingut Bürgermeister Willi Schweinhardt gehört mit einer durchschnittlichen Jahresproduktion von 300.000 Flaschen zu den größten Weingütern an der Nahe. 90 Prozent davon werden an Privatkunden verkauft. Die Reben wachsen in den Langenlonsheimer Lagen Löhrer Berg (Terrassenschotter und Kies), Königsschild (Muschelkalk) und Rothenberg (Rotschiefer). Wichtigste Rebsorten bei Axel Schweinhardt sind Riesling und die Burgundersorten, sowie in den letzten Jahren verstärkt auch rote Sorten wie Spätburgunder, Dornfelder, Portugieser, Frühburgunder, Merlot und Cabernet Sauvignon. Wobei das Weingut auf eine lange Rotweintradition zurückblickt und bereits seit den fünfziger Jahren Rotwein erzeugt. Auch Grau- und Weißburgunder haben schon immer eine wichtige Rolle gespielt, ebenso Chardonnay. Die Weine werden kühl mit Reinzuchthefen vergoren.

Vorjahre

Seit der ersten Ausgabe empfehlen wir die Weine von Axel Schweinhardt, seither beweist er Konstanz auf hohem Niveau. Konstanz über die Jahrgänge hinweg, aber auch Konstanz innerhalb der Kollektionen, trocken wie süß, weiß wie rot, bei den Burgundern wie beim Riesling. Die Weine sind füllig und kraftvoll, auch im trockenen Segment oft von einer merklichen Restsüße geprägt, sie besitzen Substanz und Länge. Die Kollektion vor zwei Jahren überzeugte. Neu im Programm waren die Weine vom Mittelrhein, aus Kaub und Oberwesel. Im trockenen Segment gefiel uns einmal mehr der Terrassen-Riesling aus dem Rothenberg am besten, zwei dicke Trockenbeerenauslesen führten die süße Kollektion an. Solche Highlights fehlten 2010, wie überhaupt der Jahrgang in den Weinen seine Spuren hinterlassen hatte, die Weine waren weniger fruchtig und harmonisch als gewohnt, unabhängig davon ob sie aus Langenlonsheim kamen oder vom Mittelrhein.

Jahrgang 2011

Die 2011er Kollektion präsentiert sich sehr homogen. Die drei Weine vom Mittelrhein sind knackige Rieslinge mit Biss und auch die trockenen Rieslinge von der Nahe sind alle klar mit feiner Würze und Frische – und deutlicher Restsüße. Unser Favorit ist wieder einmal der nachhaltige Terrassen-Riesling.

Weinbewertung

84 2011 Chardonnay trocken Langenlonsheimer Steinchen **13,5 %/7,20 €**
84 2011 Grauer Burgunder Langenlonsheimer Löhrer Berg **13 %/7,20 €**
85 2011 Weißer Burgunder Langenlonsheimer Löhrer Berg **13 %/8,10 €**
85 2011 Riesling trocken Langenlonsheimer Löhrer Berg **13 %/7,50 €**
85 2011 Riesling trocken Langenlonsheimer Königsschild **13,5 %/7,70 €**
85 2011 Riesling trocken Langenlonsheimer Rothenberg **13 %/8,50 €**
87 2011 Riesling trocken „Terrasse" Langenlonsheimer Rothenberg **13 %/16,50 €**
85 2011 Riesling trocken Oberweseler Oelsberg **12,5 %/8,50 €**
85 2011 Riesling trocken Oberweseler Goldemund **12,5 %/8,50 €**
86 2011 Riesling trocken Kauber Backofen **13 %/8,50 €**
83 2011 Riesling Kabinett „feinherb" Langenlonsheimer Rothenberg **12 %/8,20 €**
86 2011 Riesling Auslese Langenlonsheimer Rothenberg **7,5 %/16,90 €**

Schwörer ★

Weingut - Weinhaus

Baden

Grol 8, 77770 Durbach
***Tel.** 0781-42362, **Fax**: 0781-33408*
www.weingut-schwoerer.de
info@weingut-schwoerer.de
***Besuchszeiten**: Mo.-Fr. 8:30-12 + 13:30-18 Uhr, Sa. 8:30-13 Uhr, So. 10-12 Uhr (außer Jan./Febr.)*

Inhaber .... Josef Rohrer
Rebfläche .... 25 Hektar

Die Familie Schwörer betrieb seit 1812 Weinbau in Durbach. 2001 übernahm Josef Rohrer, zuvor Gutsverwalter des Weingutes Graf Wolff Metternich in Durbach, das Gut. Die Weinberge befinden sich in den Durbacher Lagen Plauelrain, Kochberg und Ölberg. Riesling und Spätburgunder sind die wichtigsten Rebsorten. Hinzu kommen Müller-Thurgau, Grauburgunder, Traminer, Weißburgunder und Chardonnay, inzwischen auch Cabernet Sauvignon und Sauvignon Blanc.

Vorjahre

Sehr homogen präsentierte sich der Jahrgang 2009 – und einmal mehr bewerteten wir die Scheurebe Auslese am höchsten. 2010 war das Bild nicht anders: Schöne Scheurebe Auslese, aber sonst nicht zufriedenstellende Weißweine; gleichmäßiger war da das 2009er Rotweinsegment, ohne aber Spitzen zu bieten.

Neue Kollektion

Die neue Kollektion gefällt uns insgesamt besser. Die Weißweine sind ein wenig verhalten, die Scheurebe Auslese aber zeigt viel Duft, besitzt herrlich viel Frucht, ist füllig und schmeichelnd. Die 2010er Rotweine haben uns angenehm überrascht, allen voran der füllige, kraftvolle Cabernet Sauvignon.

Weinbewertung

81 2011 Klingelberger Riesling trocken „Premium HS“ Durbacher **12,5 %/7,80 €**
81 2011 Klingelberger Riesling Spätlese trocken Durbacher Plauelrain **12,5 %/7,70 €**
81 2011 Grauburgunder Spätlese trocken Durbacher Plauelrain **13 %/7,70 €**
80 2011 Chardonnay trocken „Premium HS“ Durbacher **12,5 %/9,60 €**
88 2011 Scheurebe Auslese Durbacher Ölberg **10 %/12,- €/0,5l**
81 2011 Spätburgunder Rosé trocken Durbacher **12,5 %/5,90 €**
86 2010 Cabernet Sauvignon trocken Barrique Durbacher **13,5 %/11,80 €**
81 2010 Spätburgunder trocken Holzfass Durbacher Plauelrain **13,5 %/9,60 €**
81 2010 Spätburgunder trocken „Premium HS“ Durbacher **13,5 %/9,60 €**
84 2010 Spätburgunder trocken Barrique Durbacher Plauelrain **13,5 %/10,50 €**

Lothar Schwörer ★★☆

Weingut

Baden

Waldstraße 6, 77971 Kippenheim-Schmieheim
***Tel.** 07825-7411, **Fax**: 07825-2381*
www.weingut-lothar-schwoerer.de
mail@weingut-lothar-schwoerer.de
***Besuchszeiten**: Mo.-Fr. 9-12 + 16-19 Uhr, Sa. 9-15 Uhr*

Inhaber .... Lothar Schwörer
Rebfläche .... 10 Hektar

Lothar und Cornelia Schwörer führen das Weingut seit 1993 in fünfter Generation. Sie haben die Rebfläche verdoppelt, das Sortenspektrum erweitert und in neue Kellerei- und Betriebstechnik investiert. Ihre wichtigsten Lagen sind Schmieheimer Kirchberg (mit der Premiumlage Kalkofen) und Kippenheimer Haselstaude. Die Reben wachsen hier, im nördlichen Breisgau, teils auf Kalkstein, teils aber auch auf Löss und auf Muschelkalkverwitterungsböden. Zwei Drittel der Rebfläche nehmen die Burgundersorten ein, vor allem Spätburgunder, aber auch Auxerrois (10 Prozent der Fläche!), Grauburgunder und Weißburgunder. Hinzu kommen Riesling und Müller-Thurgau, Chardonnay und Muskateller. Die Weine aus dem Gewann Kalkofen (weiß-gelblicher Kalksteinfels) tragen die Bezeichnung „Vom Kalksteinfels".

Vorjahre

Vor zwei Jahren präsentierte sich die Kollektion sehr gleichmäßig, weiß wie rot. Im vergangenen Jahr hatten die Spätburgunder weiter zugelegt, bestachen mit ihrer reintönigen Frucht. Auch die 2010er Weißweine präsentierten sich frisch und klar, Weißburgunder und Muskateller gefielen uns sehr gut, ebenso die beiden „Visionen", noch besser aber fanden wir den Riesling vom Kalksteinfels aus dem Jahrgang 2009.

Neue Kollektion

Eine sehr geschlossene, überzeugende Kollektion präsentiert Lothar Schwörer auch in diesem Jahr. Die Crémants sind frisch und harmonisch, im weißen Segment gefallen uns die beiden Weine vom Kalksteinfels besonders gut, der füllige, kraftvolle Weißburgunder und der würzige Riesling mit seiner reifen süßen Frucht. Die 2008er Rotweine bestätigen den sehr guten Eindruck aus dem Vorjahr, der 2009er Spätburgunder von alten Reben steht seinem Vorgänger kaum nach, ist reintönig und strukturiert.

Weinbewertung

84 2010 Riesling Crémant brut **12,5 %/11,- €**
85 2010 Pinot Rosé Crémant brut **12,5 %/11,- €**
83 2010 „Charisma" Crémant trocken **11,5 %/11,- €**
82 2011 Weißburgunder trocken **13 %/7,90 €**
86 2011 Weißburgunder trocken „vom Kalksteinfels" **13 %/11,- €**
85 2011 Grauburgunder trocken Kirchberg **12,5 %/7,90 €**
83 2011 Auxerrois trocken „Hugenottenwein" **12,5 %/7,90 €**
85 2011 Chardonnay trocken Haselstaude **13 %/7,90 €**
82 2011 Riesling „SL" **12,5 %/7,90 €**
86 2011 Riesling trocken „vom Kalksteinfels" **12,5 %/11,- €**
83 2011 Muskateller **12 %/9,- €**
85 2009 Spätburgunder trocken „Fass Nr. 1" **13 %/9,50 €**
89 2008 Spätburgunder trocken „Alte Reben" **14 %/17,- €**
86 2008 „Salomé" Rotwein trocken **13 %/14,- €**
87 2009 Spätburgunder trocken „Alte Reben" **14 %/17,- €**

Scultetus-Brüssel ★

Weingut

Rheinhessen

Winzerstraße 15, 67595 Bechtheim
***Tel.** 06242-7048, **Fax**: 06242-7077*
www.weingut-scultetus-bruessel.de
mail@weingut-scultetus-bruessel.de
***Besuchszeiten**: Mi. + Fr. 9-12 + 13-18 Uhr, Sa. 9-12 + 13-16 Uhr und nach Vereinbarung*

Inhaber ...... Dieter Brüssel und Janine Brüssel
Rebfläche .... 10 Hektar

Das Weingut Scultetus-Brüssel wird von Dieter und Martina Brüssel geführt, sowie Tochter Janine, die ebenso wie die jüngere Tochter Jasmin Weinbautechnikerin ist. Die wichtigsten Rebsorten sind Riesling, Silvaner, Weißburgunder, Grauburgunder, Spätburgunder, Portugieser und Dornfelder, aber auch Chardonnay, Merlot und Cabernet Sauvignon werden angebaut.

Vorjahre

Die sehr gleichmäßige Kollektion vor zwei Jahren wurde angeführt von dem kraftvollen Riesling „JJ" aus dem Jahrgang 2008. Dessen Jahrgangsnachfolger gefiel uns im vergangenen Jahr nochmals besser, führte die gleichmäßige, gute Kollektion an.

Neue Kollektion

Gut und gleichmäßig präsentiert sich nun auch die neue Kollektion, in der wir den im Barrique ausgebauten Weißburgunder am besten bewertet haben, der viel Fülle und eindringliche Vanillenoten besitzt.

Weinbewertung

81 2011 Silvaner Kabinett trocken **12 %/4,30 €**
82 2011 Riesling trocken **13 %/4,50 €**
82 2011 Grauburgunder Spätlese trocken **13 %/5,80 €**
84 2011 Weißburgunder trocken Barrique „JJ" **1,53 %/10,- €**
82 2009 Cabernet Sauvignon **13 %/6,- €**
83 „Cuvée JJ" trocken **13,5 %/8,50 €**

★☆

Heinrich Seebrich

Weingut

Rheinhessen

Schmiedgasse 3-5, 55283 Nierstein
***Tel.** 06133-60150, **Fax**: 06133-60165*
www.weingut-seebrich.de
kontakt@weingut-seebrich.de
***Besuchszeiten**: nach Vereinbarung*

Inhaber..........Jochen und Heinrich Seebrich
Rebfläche............................14,5 Hektar

Das Weingut Seebrich in Nierstein befindet sich seit seiner Gründung 1783 in Familienbesitz. Die Weinberge liegen in den Niersteiner Lagen Hipping, Oelberg, Heiligenbaum, Findling, Klostergarten, Paterberg, Rosenberg und Brückchen. Wichtigste Rebsorte bei Jochen und Heinrich Seebrich ist Riesling, der knapp 50 Prozent der Rebfläche einnimmt. Hinzu kommen Dornfelder, Grauburgunder, Weißburgunder, Müller-Thurgau, Silvaner, Spätburgunder, Kerner, Merlot, Scheurebe Gewürztraminer und Frühburgunder. Die Weine werden langsam vergoren und dann im Holzfass oder im Edelstahltank ausgebaut. 2008 wurde der Weingarten des Mathildenhofes in Nierstein gepachtet und mit Riesling bepflanzt.

Vorjahre

Seit der ersten Ausgabe empfehlen wir das Weingut. In starken, homogenen Kollektionen setzen immer wieder edelsüße Rieslinge – Auslesen, Eisweine, Beerenauslesen – die Glanzlichter, edelsüße Weine, die immer durch Eleganz und Frische bestechen. 2009 sahen wir trocken und edelsüß gleichauf, die Kollektion überzeugte durch ihr homogenes Niveau. Homogen war auch der Jahrgang 2010, allerdings nicht ganz auf dem Niveau des Vorjahres; die trockenen Spitzenweine waren mächtig, allzu mächtig, vom Alkohol geprägt und merklich süß.

Jahrgang 2011

2011 nun präsentiert sich sehr ähnlich wie das Vorjahr, allerdings mit der entscheidenden Ausnahme, dass Spitzen vorhanden sind, trocken wie edelsüß: Die trockene Auslese Schloss Schwabsburg ist füllig, kraftvoll und konzentriert bei viel Substanz; die süße Auslese aus dem Hipping ist süffig und frisch, die Beerenauslese besitzt herrlich viel Frucht und Substanz, ist reintönig, füllig und schmeichelnd.

Weinbewertung

80 2011 Riesling trocken **12,5 %/5,90 €/1l**
80 2011 Weißburgunder trocken Niersteiner **12,5 %/7,- €**
81 2011 Riesling trocken „Roter Schiefer" **12,5 %/7,- €**
83 2011 Riesling Spätlese trocken Niersteiner Ölberg **13 %/8,- €**
83 2011 Riesling trocken „Mathildenhof" **13,5 %/11,- €**
85 2011 Riesling trocken „Steilhang" **13,5 %/14,50 €**
87 2011 Riesling Auslese trocken Niersteiner Schloss Schwabsburg **13,5 %/18,50 €**
79 2011 Sauvignon Blanc **12 %/7,30 €**
82 2011 Riesling Spätlese Niersteiner Hipping **10 %/8,- €**
86 2011 Riesling Auslese Niersteiner Hipping **8 %/11,90 €**
90 2011 Riesling Beerenauslese Niersteiner Oelberg **7,5 %**

★★★★★

Seeger

Weingut

Baden

Rohrbacher Straße 101, 69181 Leimen
Tel. 06224-72178, Fax: 06224-78363
www.seegerweingut.de
info@seegerweingut.de
Besuchszeiten: nach Vereinbarung
Gutsausschank „Jägerlust", Di.-Fr. 18-23 Uhr

Inhaber .... Thomas Seeger
Rebfläche .... 10 Hektar

Die Weinberge von Thomas Seeger liegen alle im Herrenberg, der teils zu Leimen, teils zu Heidelberg gehört. Riesling und die Burgunder sind die wichtigsten Sorten. Zu Spätburgunder und Schwarzriesling, Weiß- und Grauburgunder hat er zuletzt ein wenig Sauvignon Blanc hinzu gepflanzt. Die Barrique-Rotweine werden für etwa 22 Monate in französischer Eiche ausgebaut. Seine Barriqueweine kennzeichnet er nach eigener Einschätzung mit den Buchstaben S, R und RR, in aufsteigender Reihenfolge. Alle Weine werden trocken ausgebaut. Die Weine stammen aus dem Herrenberg, tragen aber nur zum Teil die Lagenbezeichnung auf dem Etikett.

Vorjahre

2009 hatten alle Weine weiter zugelegt. Der Oberklamm-Riesling faszinierte, aber auch Weißburgunder „S" und Grauburgunder „S" machten in den Rebsorten-Schlussverkostungen eine prächtige Figur, zeigten erst im Vergleich zu anderen Spitzenweinen, welche Kraft und Präzision in ihnen steckte. Diese Kraft und Präzision fand man auch in den AS-Weinen, alle zeigten ganz feine mineralische Noten. 2008 präsentierte sich die rote Kollektion geschlossen auf sehr hohem Niveau. Die beiden Lemberger faszinierten, vereinten Eleganz und Kraft, die Schwarzrieslinge bestachen wie gewohnt durch ihre Reintönigkeit, auch die Cuvées zeigten sich in Bestform. Unumstritten Spitze aber waren 2008 wieder die Spätburgunder – Pinot vom Feinsten! 2010 gab es zwar keine neuen Weine im Programm, aber doch eine Neuerung: Weißburgunder S und Grauburgunder S trugen jetzt die Bezeichnung Oberklamm, sind wie der Riesling VDP-klassifizierte Große Gewächse. Alle drei präsentierten sich druckvoll und komplex, unsere leichte Präferenz galt dem faszinierenden Grauburgunder. Auch die anderen Weißweine waren frisch und klar, der Auxerrois, alle Rieslinge und auch der geradlinige Sauvignon Blanc. Die 2009er Spätburgunder waren noch feiner als ihre Vorgänger, im wahrsten Sinne des Wortes, eleganter, präziser, „burgundischer", ohne aber an Kraft und Konzentration einzubüßen im Vergleich zu früheren Jahrgängen. Den Dreifach-R sahen wir an der Spitze, die Spätburgunder mit einem und zwei R auf dem Etikett sahen wir gleichauf, schon der Spätburgunder S war hervorragend. Auch die beiden Schwarzrieslinge begeisterten uns 2009 wieder, sie waren reintönig, komplex und lang. Noch faszinierender aber fanden wir die Lemberger, den Lemberger R insbesondere. Die Cuvées Anna und Naan ergänzten mit gewohnt hohem Niveau das rote Programm.

Riesling 2011

Der Alte Rebe-Riesling zeigt viel reife Frucht im Bouquet, etwas Pfirsiche und Aprikosen, ist klar und präzise im Mund, zupackend, besitzt dezente Zitrusnoten und feine Mineralität. Etwas fülliger und saftiger ist der Philipp Georg, fruchtbetont, harmonisch und dezent mineralisch. Ähnlich präsentiert sich Anna Marie, ist aber deutlich komplexer und auch nachhaltiger. Ganz grandios fanden wir das Große Gewächs: Konzentriert und herrlich eindringlich, stoffig und druckvoll, faszinierend kraftvoll und nachhaltig. Wir finden diesen Wein groß – wer aber Holz bei Riesling ablehnt und auf Primärfrucht steht, der wird mit diesem Wein nichts anfangen können.

Weißburgunder 2011

Die Weißburgunder-Serie beginnt mit einem frischen, klaren Qualitätswein, führt über einen wunderschön fruchtbetonten, reintönigen Kabinett zum AS, der rauchig und konzentriert ist, ganz dezent Toast im Hintergrund zeigt, im Mund enorm kraft- und druckvoll sich gibt. Die Steigerung folgt mit dem Großen Gewächs, das feinen Toast im Bouquet zeigt, fruchtbetont und konzentriert im Mund ist, klar und elegant, gute Struktur und Substanz besitzt.

Grauburgunder 2011

Ein großes Grauburgunderjahr? Anhand der Kollektion von Thomas Seeger muss man diese Frage bejahen. Schon der Kabinett ist saftig, fruchtbetont und kraftvoll, der AS ist rauchig und konzentriert, enorm druckvoll und jugendlich, besitzt gute Struktur und Substanz, viel Kraft. Ein großer Wurf ist mit dem Großen Gewächs gelungen: Konzentriert und rauchig im Bouquet bei herrlich viel Frucht, kraftvoll im Mund, präzise, herrlich reintönig mit schön integriertem Holz, enorm druckvoll und nachhaltig.

WeitereWeißweine

Dazu gibt es einen frischen, wunderschön reintönigen Sauvignon Blanc, einen klaren Auxerrois, kraftvoller in der AS-Version, eine faszinierend konzentrierte und komplexe Cuvée Georg, sowie Chardonnay, erstmals nun in einer Barriqueversion, füllig, kraftvoll, komplex, besitzt er herrlich viel Frucht.

Spätburgunder 2010

Eine sehr stimmige Spätburgunder-Serie präsentiert Thomas Seeger im Jahrgang 2010, angefangen vom wunderschön eleganten S, der rauchig und präzise ist bei reintöniger Frucht. Fülliger und komplexer ist der „R", enorm stoffig und jugendlich, noch sehr tanninbetont, braucht Zeit. Noch etwas konzentrierter und stoffiger ist das Große Gewächs, dass Seeger-Fans bisher als Doppel-R kannten. Es ist frisch und elegant, wunderschön reintönig und komplex, eine sehr burgundische Pinot-Interpretation. Diese Stilistik zeigt auch der Dreifach-R, bringt aber ein Mehr an Konzentration und Kraft, ist faszinierend lang und nachhaltig: Großes Burgunder-Kino!

Weitere Rotweine

Aber nicht nur beim Spätburgunder erweist Thomas Seeger sich als Meister, auch Lemberger und Schwarzriesling beherrscht er wie kein Anderer in Deutschland. Beide Schwarzrieslinge sind bestechend reintönig und elegant, besitzen gute Struktur und Frische, der R ist konzentrierter und kraftvoll, noch sehr tanningeprägt und braucht Zeit. Fruchtbetont und reintönig sind auch die Lemberger, der S herrlich zupackend, frisch und strukturiert, der R wie schon sein Vorgänger faszinierend komplex, druckvoll und nachhaltig, von fast burgundischer Manier. Dazu gibt es zwei rote Cuvées: Naan enorm intensiv und konzentriert, dominant, ein Monsterwein, obwohl er „nur" 13,5° Alkohol aufweist; die Cuvée Anna ist rauchig und intensiv, aber wesentlich eleganter, besitzt herrlich viel Frucht und Stoff.

Fazit: Eine gewohnt großartige 2010er Rotweinkollektion hat Thomas Seeger, die weiße Kollektion 2011 ist so gut wie noch nie, eine der großen weißen Kollektionen des Jahrgangs in Deutschland.

Weinbewertung

86 2011 Weißburgunder trocken **12,5 %/6,50 €** ☺
87 2011 Weißburgunder Kabinett trocken **12 %/7,90 €** ☺
86 2011 Auxerrois Kabinett trocken **12 %/7,90 €**
88 2011 Grauburgunder Kabinett trocken **12 %/7,90 €** ☺
87 2011 Chardonnay trocken **12,5 %/7,90 €** ☺
88 2011 Sauvignon Blanc „S" trocken **10,90 €**
89 2011 Auxerrois „AS" trocken **13 %/12,50 €**
90 2011 Weißburgunder „AS" trocken **12,5 %/12,50 €** ☺
91 2011 Grauburgunder „AS" trocken **12,5 %/12,50 €** ☺
91 2011 „Georg" Weißwein trocken **13 %/13,50 €** ☺
91 2011 Chardonnay „S" trocken 13 %

92 2011 Weißburgunder „GG" „Oberklamm" **19,50 €** ☺
95 2011 Grauburgunder „GG" „Oberklamm" **19,50 €** ☺
89 2011 Riesling trocken „Alte Reben" **12,5 %/11,50 €** ☺
89 2011 Riesling trocken „Philipp Georg" **12,5 %/11,50 €** ☺
91 2011 Riesling trocken „Anna Marie" **12,5 %/12,50 €** ☺
95 2011 Riesling „GG" „Oberklamm" **25,- €** ☺
83 2011 Spätburgunder **13 %/7,90 €**
86 2011 Lemberger „K" **13 %/7,40 €**
88 2010 Schwarzriesling „S" **12,5 %/19,50 €**
90 2010 Spätburgunder „S" **13 %/22,- €**
88 2010 Schwarzriesling „R" **13 %/27,50 €**
90 2010 „Anna" Rotwein **13 %/14,80 €** ☺
91 2010 „Naan" Rotwein **13,5 %/20,50 €**
91 2010 Spätburgunder „R" trocken **13,5 %/36,- €**
92 2010 Spätburgunder „GG" „Oberklamm" **64,- €**
94 2010 Spätburgunder „RRR" **120,- €**

★★☆

Seehof

Weingut Ernst Fauth

Rheinhessen

Seegasse 20, 67593 Westhofen
***Tel.** 06244-4935, **Fax:** 06244-907465*
www.weingut-seehof.de
weingut-seehof@t-online.de
***Besuchszeiten:** Mo.-Sa. nach Vereinbarung*
Gästezimmer

Inhaber .... Familie Fauth
Rebfläche .... 16 Hektar

Seit vier Generationen baut die Familie Fauth auf dem 1200 Jahre alten Seehof in Westhofen Wein an. Seit 1999 werden Ernst und Ruth Fauth von Sohn Florian im Betrieb unterstützt, der für den Keller verantwortlich ist. Ihre Weinberge liegen vor allem in den Westhofener Lagen Morstein, Steingrube und Kirchspiel. Riesling, Müller-Thurgau, Weißburgunder und Grauburgunder bauen sie an, aber auch Scheurebe, Silvaner, Auxerrois und Chardonnay, dazu rote Sorten wie Spätburgunder, Frühburgunder, Dornfelder und Portugieser.

Vorjahre

Seit über einem Jahrzehnt nun empfehlen wir die Weine der Fauths. Damals fanden wir die edelsüßen Weine etwas interessanter als die trockenen – und wir freuten uns über die vielen „Schnäppchen". Die Preise haben ein wenig angezogen in den letzten Jahren, die Qualität aber auch, vor allem die trockenen Weißweine haben an Kraft und Nachhaltigkeit gewonnen. 2009 gab es eine wunderschöne Huxelrebe Beerenauslese, der trockene Teil der Kollektion präsentierte sich etwas uneinheitlich. Dies galt auch 2010: Der Riesling von alten Reben aus dem Morstein präsentierte sich so gut wie noch nie, auch der „normale" Morstein-Riesling war sehr gut, ebenso der Wein aus der Steingrube, der Abstand zu den Guts- und Ortsweinen war sehr groß. Edelsüß überzeugte wie gewohnt, gleich mit drei sehr schönen Weinen in diesem Jahrgang.

Jahrgang 2011

2011 zeigen sich die Gutsweine leicht verbessert, der Riesling von alten Reben aus dem Morstein ist unser Favorit im trockenen Segment, ist füllig und kraftvoll, besitzt Wärme und Biss, erreicht aber nicht ganz die Brillanz seines Vorgängers. Auch der Riesling aus dem Kirchspiel ist sehr reintönig, füllig und kraftvoll, gefällt uns sehr gut. Die Glanzlichter setzen aber eindeutig die edelsüßen Weine, angefangen von der wunderschön reintönigen Scheurebe Auslese bis hin zu zwei fülligen Trockenbeerenauslesen: Der Riesling ist herrlich eindringlich und konzentriert, besitzt viel reintönige Frucht und Substanz; die Scheurebe ist sehr duftig im Bouquet, im Mund aber herrlich konzentriert, reintönig und lang.

Weinbewertung

81 2011 Riesling trocken **12,5 %/5,50 €**
81 2011 Grüner Silvaner trocken **12,5 %/5,20 €**
83 2011 Auxerrois trocken „vom Kalkstein" Westhofen **13 %/6,80 €**

81 2011 Weißburgunder trocken „vom Kalkstein" Westhofen **13,5 %/7,- €**
85 2011 Grauburgunder trocken „S" Westhofener Steingrube **14 %/10,50 €**
83 2011 Chardonnay trocken „R" Westhofener Steingrube **14 %/14,50 €**
80 2011 Scheurebe trocken „vom Kalkstein" Westhofen **12,5 %/6,80 €**
85 2011 Riesling trocken Westhofener Morstein **13,5 %/11,50 €**
87 2011 Riesling trocken Westhofener Kirchspiel **13,5 %/13,90 €**
88 2011 Riesling trocken „Alte Reben" Westhofener Morstein **13,5 %/19,- €**
88 2011 Scheurebe Auslese Westhofener Morstein **7,5 %/10,90 €**
91 2011 Riesling Trockenbeerenauslese Westhofener Steingrube **9 %/17,90 €/0,5l**
91 2011 Scheurebe Trockenbeerenauslese Westhofener Morstein **7 %/22,50 €/0,375l**

★★★★☆

Selbach-Oster

Weingut **Mosel**

Uferallee 23, 54492 Zeltingen
***Tel.** 06532-2081, **Fax**: 06532-4014*
www.selbach-oster.de
info@selbach-oster.de
***Besuchszeiten**: nach Vereinbarung*
Ratsschänke auf dem Marktplatz in Zeltingen (www.ratsschaenke-zeltingen.de)

Inhaber .... Johannes Selbach
Rebfläche .... 20 Hektar

Die Geschichte des Weinguts Selbach-Oster reicht bis in die Mitte des 17. Jahrhunderts zurück. Johannes Selbach, der einen Großteil seiner Weine in den Export gibt, besitzt heute Weinberge in besten Lagen wie Graacher Domprobst, Zeltinger Sonnenuhr und Schlossberg, Wehlener Sonnenuhr und Bernkasteler Badstube. Ein Großteil der Reben ist noch wurzelecht. Johannes Selbach baut praktisch ausschließlich Riesling an. Die Weine werden meist spontan vergoren, der Ausbau erfolgt in erheblichem Umfang im Eichenfuder.

Vorjahre

Jahr für Jahr fallen die Rieslinge von Selbach-Oster selbst in umfangreichen Mosel-Verkostungen auf: Sie bestechen durch ihre Eleganz und Reintönigkeit, und somit wirkt die Süße niemals vordergründig: Klassische Mosel-Rieslinge! 2009 brachte mit dem „Anrecht" und den beiden „Schmitt"-Weinen drei jeder auf seine Art spannende Rieslinge, die alle mit Auslesemostgewichten gelesen wurden. Die Kabinettweine präsentierten sich feingliedrig, die süßen Spitzen sehr reintönig, die trockenen Weine etwas zurückhaltender als gewohnt. Ähnlich war das Bild auch 2010: Die trockenen Weine waren etwas allzu verhalten, die Spät- und Auslesen aber glänzten wie gewohnt mit Reintönigkeit und Eleganz.

2011 trocken

2011 sind die trockenen und halbtrockenen Weine wieder deutlich stärker. Die trockene Spätlese aus der Sonnenuhr präsentiert sich reintönig, fruchtbetont und zupackend, noch kraftvoller ist der „Bömer" aus dem Schlossberg, besitzt Fülle, herrlich viel Frucht und Substanz. Der halbtrockene Kabinett ist frisch und zupackend, die „feinherbe" Spätlese von alten Reben ist frisch, reintönig und zupackend, besitzt gute Struktur und Substanz.

2011 süß

Der süße Reigen wird mit zwei feinen, frischen, wunderschön eleganten Kabinettweinen eröffnet. Die Spätlese aus der Sonnenuhr zeigt viel Würze und Konzentration, ist füllig, harmonisch, wunderschön reintönig. Ein klein wenig besser hat uns 2011 noch die Domprobst-Spätlese gefallen: Sie ist frisch und zupackend, kraftvoll und doch elegant, wunderschön lang. Eine Steigerung hinsichtlich Konzentration bringt der „Anrecht", ist herrlich füllig, stoffig und kraftvoll bei viel Substanz und Länge. Ähnlich kraftvoll und stoffig ist der Rotlay-Riesling, enorm würzig, präzise und nachhaltig. Schließlich wurden uns noch zwei 2-Sterne-Auslesen vorgestellt und obwohl beide deutlich unterschiedlich ausfallen, fällt uns die Entscheidung schwer. Die Sonnenuhr-Auslese zeigt eingelegte süße Aprikosen im Bouquet, viel Konzentration, ist füllig und saftig im Mund, wunderschön harmonisch und lang. Die Himmelreich-Auslese ist würziger, stoffig, besitzt viel Substanz und Kraft, gute Fülle und Harmonie.

Weinbewertung

83 2011 Riesling trocken **12,5 %/6,90 €/1l**
85 2011 Weißburgunder trocken **13 %/8,- €**
86 2011 Riesling Kabinett trocken Zeltinger Schlossberg **12 %/9,50 €**
86 2011 Riesling Kabinett trocken Zeltinger Sonnenuhr **12 %/9,50 €**
87 2011 Riesling Spätlese trocken Zeltinger Sonnenuhr **12,5 %/13,50 €**
88 2011 Riesling Spätlese (trocken) „Bömer" Zeltinger Schlossberg **12 %/15,- €**
86 2011 Riesling Kabinett halbtrocken Zeltinger Himmelreich **11 %/9,20 €**
87 2011 Riesling Spätlese halbtrocken „Alte Reben" Graacher Domprobst **11,5 %/15,- €**
88 2011 Riesling Spätlese „feinherb" „Alte Reben" **11,5 %/14,- €**
87 2011 Riesling Kabinett Zeltinger Schlossberg **9 %/9,50 €**
86 2011 Riesling Kabinett Wehlener Sonnenuhr **8,5 %/9,50 €**
89 2011 Riesling Spätlese Zeltinger Sonnenuhr **8 %/14,- €**
90 2011 Riesling Spätlese Graacher Domprobst **8 %/13,50 €** ☺
91 2011 Riesling „Anrecht" Zeltinger Himmelreich **7,5 %/18,- €** ☺
91 2011 Riesling „Rotlay" Zeltinger Sonnenuhr **8,5 %/21,- €**
92 2011 Riesling Auslese** Zeltinger Sonnenuhr **8 %/22,- €/0,375l**
92 2011 Riesling Auslese** Zeltinger Himmelreich **7,5 %/22,- €/0,375l**

★

Selt

Weingut

Mittelrhein

Zehnthofstraße 22, 56599 Leutesdorf
***Tel.** 02631-75118, **Fax**: 02631-77352*
www.weingut-selt.de
weinmaster@weingutselt.de
***Besuchszeiten**: Mo.-Fr. nach Vereinbarung, Sa. 9-18 Uhr*
2 x jährlich Hoffest

Inhaber .... Horst Peter Selt
Rebfläche .... 4 Hektar

Die Familie baut seit der ersten Hälfte des 19. Jahrhunderts Wein am Mittelrhein an. Die Weinberge von Horst Peter Selt, der das Weingut 1979 von seinem Vater übernommen hat, befinden sich überwiegend in Steillagen mit bis zu 75 Prozent Steigung. Riesling ist bei ihm die wichtigste Rebsorte mit einem Anteil von 70 Prozent. Hinzu kommen etwas Kerner, Müller-Thurgau, Dornfelder und Portugieser. Seit dem Jahrgang 2006 kennzeichnet Horst Peter Selt seine Weine mit den Bezeichnungen Blauschiefer (Forstberg), Goldschiefer (Gartenlay) und Rosenschiefer (Rosenberg), weil er seine Weine lagenspezifisch ausbaut, die Leutesdorfer Winzerschaft aber mehrheitlich beschlossen hat, die Leutesdorfer Weinbergslagen Forstberg, Gartenlay und Rosenberg in der Lagenbezeichnung Gartenlay zu vereinen. Die Selt-Weine sind immer rassig, saftig und direkt. Sie werden gekühlt in Edelstahltanks mit den natürlichen Hefen vergoren. 70 Prozent der Weine werden trocken ausgebaut, weitere 25 Prozent halbtrocken.

Vorjahre

In der homogenen 2009er Kollektion lagen die Stärken im restsüßen Segment, die Auslese gefiel uns am besten. Auch 2010 konnte sich Horst Peter Selt sehr gut behaupten: Die kraftvolle trockene Spätlese aus dem Forstberg gefiel am besten, auch die beiden Kabinettweine bereiteten Freude.

Neue Kollektion

Über die Weine des Jahrgangs 2011 kann man nur Positives sagen. Sie sind rassig, straff und erfrischend (vor allem die saftige, ansatzweise mineralische trockene Spätlese), besitzen hin und wieder etwas viel Kohlendioxid, aber nie aufdringliche Süße. Auch die nur ganz leicht pudrig-parfümierte Spätlese aus der Sorte Kerner macht Spaß.

Weinbewertung

80 2011 Weißburgunder trocken „Blauschiefer" Leutesdorfer **12,5 %/5,30 €**

84 2011 Riesling trocken „Blauschiefer" Leutesdorfer **12 %/5,40 €**

84 2011 Riesling Kabinett trocken „Goldschiefer" Leutesdorfer **12,5 %/6,30 €**

87 2011 Riesling Spätlese trocken „Blauschiefer" Leutesdorfer **13 %/8,70 €**

83 2011 Riesling Kabinett halbtrocken „Rosenschiefer" Leutesdorfer **12 %/6,30 €**

84 2011 Kerner Spätlese „Rosenschiefer" Leutesdorfer **10,5 %/8,- €**

★★

Sermann-Kreuzberg

Weingut

Ahr

Seilbahnstraße 22, 53505 Altenahr
Tel. *02643-7105,* ***Fax:*** *02643-901646*
www.sermann.de
info@sermann.de
Besuchszeiten: *täglich 10-18 Uhr und nach Vereinbarung*
Gästezimmer (4 Doppelzimmer)

Inhaber .... Klaus Sermann
Rebfläche .... 7,5 Hektar

Seit 1775 betreibt die Familie Weinbau aber erst seit 1936 besteht das eigene Weingut. Mit der Übernahme des Gutes durch Klaus Sermann im Jahr 1995 und dem Erwerb des Weingutes Kreuzberg in Reimerzhoven wurde das Weingut auf knapp 6 Hektar Weinberge erweitert, heute besitzt Klaus Sermann über 7 Hektar Reben. Spätburgunder nimmt 60 Prozent der Rebfläche ein. Es folgen Frühburgunder, Riesling und Portugieser. In den letzten Jahren sind Kerner und Bacchus ganz aus dem Programm verschwunden, Müller-Thurgau und Portugieser wurden stark reduziert.

Vorjahre

Der Goldkapsel-Frühburgunder aus dem Hardtberg gefiel uns vor zwei Jahren besonders gut und auch im vergangenen Jahr war er wieder unsere Favorit unter den 2009er Rotweinen, wobei der Goldkapsel-Spätburgunder ihm sehr nahe kam. Insgesamt präsentierte Klaus Sermann eine sehr homogene, stimmige Kollektion, die wie gewohnt ihre Stärken bei den barriqueausgebauten Rotweinen hatte.

Neue Kollektion

Im Jahrgang 2010 gefällt uns der reintönige, strukturierte Goldkapsel-Spätburgunder aus dem Altenahrer Eck klar besser als der Frühburgunder aus dem Hardtberg. Die Kollektion ist stimmig, die recht würzigen Barriqueweine führen sie an, wie gewohnt, wobei wir hin und wieder den Eindruck hatten, dass etwas weniger Holzeinfluss die Lagenunterschiede besser zur Geltung bringen würde.

Weinbewertung

81 2011 Riesling trocken **12 %/5,50 €**

81 2011 „Bellabianca" Spätburgunder „Blanc de Noir" trocken **12 %/6,50 €**

81 2011 Weißburgunder trocken Altenahrer Ubigberg **12 %/7,30 €**

85 2011 Weißburgunder trocken Barrique Altenahrer Ubigberg **13 %/12,50 €**

80 2011 Spätburgunder trocken **13 %/6,- €**

83 2011 Spätburgunder trocken Altenahrer Eck **13 %/7,60 €**

83 2011 Frühburgunder trocken **13,5 %/8,- €**

82 2011 Spätburgunder trocken Altenahrer Forstberg **13,5 %/8,20 €**

85 2010 Frühburgunder trocken Barrique Mayschosser Burgberg **13 %/13,- €**

87 2010 Spätburgunder trocken Barrique Altenahrer Eck **13,5 %/12,30 €**
89 2010 Spätburgunder trocken Barrique „Goldkapsel" Altenahrer Eck **13,5 %/19,50 €**
87 2010 Frühburgunder trocken Barrique „Goldkapsel" Dernauer Hardtberg **13 %/19,50 €**

Shelter ★★☆

Winery

Baden

Mühlestraße 17, 79341 Kenzingen
__Tel.__ 07644-927663, __Fax__: 07644-927775
www.shelterwinery.de
espe@shelterwinery.de
__Besuchszeiten__: nur nach Vereinbarung

Inhaber .... Hans-Bert Espe
Kellermeister ... Hans-Bert Espe und Silke Wolf
Rebfläche .... 4,5 Hektar

Hans-Bert Espe stammt aus Osterode, Silke Wolf aus Paderborn. Beide haben in Geisenheim studiert, ihre Kenntnisse bei Auslandsaufenthalten erweitert. Kurz vor ihrer ersten eigenen Lese 2003 haben sie auf dem verlassenen Flughafen in Lahr eine Unterkunft für ihren Wein gefunden – und damit den Namen für ihr Weingut: Shelter Winery. Inzwischen bauen sie ihre Weine bei Freunden in Eichstetten aus. Ihre Weinberge liegen in Kenzingen und Malterdingen. Sie bauen nur Spätburgunder an, den aber gibt es auch als Blanc de Noir und Sekt. Der Rotwein wird in Holzbottichen lange auf der Maische vergoren und im Barrique ausgebaut.

Vorjahre

Der 2008er Pinot Noir wurde erst sehr spät gefüllt, so konnten wir vor zwei Jahren nur den einfachen Spätburgunder und den „Blanc de Noirs" verkosten, beide waren wie gewohnt frisch und klar. Es hatte sich gelohnt, auf den 2008er Pinot Noir zu warten, denn er präsentierte sich im vergangenen Jahr herrlich präzise und puristisch. Aber auch der Sparkling gehörte einmal mehr zu den besten badischen Sekten, der Blanc de Noir war wunderschön frisch und fruchtbetont: Eine kleine, aber feine Kollektion hatte Hans-Bert Espe im vergangenen Jahr.

Neue Kollektion

Gleiches gilt in diesem Jahr: Der Sekt ist füllig, harmonisch und komplex, der Blanc de Noir wunderschön reintönig, so wie auch der frische, zupackende Spätburgunder; der neue Chardonnay zeigt rauchige Noten und etwas Gewürze im Bouquet, ist geradlinig im Mund bei guter Struktur. Der 2009er Pinot Noir ist fruchtbetont und frisch im Bouquet, klar und zupackend im Mund, besitzt gute Struktur und Kraft; der 2010er ist intensiv, reintönig, wunderschön klar und zupackend.

Weinbewertung

88 2007 „Sparkling" Sekt brut **19,- €**
85 2011 „Blanc de Noir" **9,- €**
86 2011 Chardonnay
85 2010 Spätburgunder **9,- €**
89 2009 Pinot Noir **28,- €**
89 2010 Pinot Noir **28,- €**

Sieben ★

Sekthof

Nahe

Binger Straße 11, 55452 Dorsheim
__Tel.__ 06721-994405, __Fax__: 06721-498999
www.oekosekt.de
sekthofsieben@t-online.de
***Besuchszeiten**: nach Vereinbarung*

Inhaber .... Joachim Sieben

1997 gründeten Joachim Sieben und Johanna Wagner-Sieben ihre Sektkellerei für Sekte aus biologischem Anbau. Die Trauben für die Sektgrundweine stammen aus Lagen rings um Dorsheim: Dorsheimer Goldloch, Burg

Layer Hölle, Burg Layer Johannisberg und Laubenheimer Vogelsang.

Vorjahre

Vor zwei Jahren überzeugte die Cuvée aus den drei Champagner-Rebsorten, ebenso der Spätburgunder „Blanc de noirs". Auch im vergangenen Jahr gefiel die Cuvée, ebenso der Riesling brut nature, der wie der Brut-Riesling oder der Chardonnay zunehmend bissiger daherkam.

Neue Kollektion

In diesem Jahr sind wieder, wie vor zwei Jahren, die Cuvée und der Spätburgunder „Blanc de noirs" unsere Favoriten, die Sekte sind füllig und harmonisch.

Weinbewertung

83 Chardonnay Sekt brut **12,5 %/12,30 €**
82 Riesling Sekt brut **12,5 %/9,- €**
82 Riesling Sekt brut nature **12,5 %/9,70 €**
84 Pinot Noir Chardonnay Pinot Meunier Sekt brut **13 %/14,90 €**
84 Spätburgunder „Blanc de noirs" Sekt brut **13,5%/12,50 €**
80 Schwarzriesling Rosé Sekt extra trocken **12,5 %/8,50 €**
80 Spätburgunder Sekt dry **13 %/11,50 €**

Siegloch-Klöpfer ★★

Weingut

Württemberg

Albertviller Straße 51, 71364 Winnenden
***Tel.** 07195-177120, **Fax:** 07195-177137*
www.siegloch-kloepfer.de
info@siegloch-kloepfer.de
***Besuchszeiten:** Di. + Fr. 16-19 Uhr, Do. 10-12 Uhr, Sa. 9-13 Uhr oder nach Vereinbarung*

Inhaber .... Birgit Siegloch
Rebfläche .... 6 Hektar

Das Weingut entstand 1993 durch die Zusammenlegung der Weinberge der Familien Klöpfer in Winnenden und Siegloch in Cannstatt. Seit dem Tod von Peter Siegloch im Frühjahr 2012 führt Birgit Siegloch den Betrieb zusammen mit ihren beiden Söhnen Markus und David, der zur Zeit noch in Geisenheim studiert. Ihre Weinberge liegen in Winnenden (Haselstein, Holzenberg) und Bad Cannstatt (Zuckerle, Berg). Auf den Muschelkalkböden im Cannstatter Zuckerle wachsen überwiegend Rotweine. Auf den Stubensandsteinböden in Winnenden, bis zu 400 Meter hoch, werden vor allem weiße Sorten angebaut. Rote Sorten aber überwiegen im Anbau. Neben Trollinger und Lemberger gibt es Muskattrollinger, Spätburgunder, Zweigelt, Portugieser, Dornfelder, Merlot und Syrah. An weißen Sorten werden Riesling, Weißburgunder, Gewürztraminer, Sauvignon Blanc, Müller-Thurgau und Silvaner angebaut. Die Weine werden betriebsintern mit 1 bis 3 Sternen klassifiziert, auf Prädikatsbezeichnungen wird verzichtet. Rotweine werden, teils nach Kaltmaceration, maischevergoren, bis zu vier Wochen. Markus Siegloch ist seit 2005 für den Weinausbau verantwortlich, seit 2007 wird er unterstützt von seinem Bruder David.

Vorjahre

Vor zwei Jahren beeindruckte die Kollektion, mit kraftvollen Rotweinen und fülligen Weißweinen, trocken wie edelsüß. Die 2010er Weißweine waren jahrgangsbedingt ein wenig verhaltener, aber frisch und klar. Die Vorteile lagen im vergangenen Jahr eindeutig im roten Segment, wo uns neben der Cuvée aus Zweigelt und Syrah auch der reinsortige Syrah und der Lemberger sehr gut gefielen.

Neue Kollektion

Sehr ähnlich präsentiert sich nun auch die neue Kollektion. Der Haselstein-Riesling ist klar und zupackend, der edelsüße Gewürztraminer sehr reintönig, trotzdem liegen die Vorteile einmal mehr im roten Segment, das kraftvolle, durchgegorene Rotweine bietet. Der Merlot ist fruchtbetont und zupackend, der Lemberger zeigt feine Würze im Bouquet, reife Frucht, etwas Vanille, ist füllig und reintönig im Mund, besitzt gute Struktur und jugendliche Tannine, der Spätburgunder zeigt rauchige Noten und reintönige Frucht im Bouquet, ist klar und geradlinig im Mund, kraftvoll und jugendlich.

Weinbewertung

80 2011 Riesling trocken **12,5 %/5,40 €**
82 2011 „Vivace*" Weißwein trocken **11,5 %/6,- €**
84 2011 Riesling*** trocken Winnender Haselstein **12,5 %/11,90 €**
77 2011 Riesling halbtrocken Cannstatter **11,5 %/4,60 €/1l**
85 2011 Gewürztraminer*** edelsüß Winnender Haselstein **9 %/11,90 €/0,5l**
82 2011 Spätburgunder* trocken Winnender Holzenberg **13 %/5,40 €**
81 2010 „Rubato*" Rotwein trocken **13 %/7,- €**
85 2010 Merlot** trocken Cannstatter Berg **13 %/12,50 €**
87 2010 Lemberger*** trocken Winnender Haselstein **13 %/17,80 €**
88 2010 Spätburgunder*** trocken Winnender Holzenberg **13 %/17,80 €**
79 2011 Trollinger mit Lemberger halbtrocken Cannstatter Zuckerle **12 %/4,60 €/1l**

★★★★

Siegrist

Weingut **Pfalz**

Am Hasensprung 4, 76829 Leinsweiler
***Tel.** 06345-1309, **Fax**: 06345-7542*
www.weingut-siegrist.de
wein@weingut-siegrist.de
***Besuchszeiten**: Mo.-Fr. 8-12 + 13:30-18 Uhr, Sa. bis 16 Uhr*

Inhaber .... Familien Siegrist & Schimpf
Rebfläche .... 14 Hektar

Thomas Siegrist hat das Weingut bekannt gemacht, das er heute zusammen mit Schwiegersohn Bruno Schimpf führt. Ihre Weinberge liegen in Leinsweiler, Ilbesheim, Eschbach und Wollmesheim. Im Kernstück des Sonnenbergs besitzen sie 2,5 Hektar. Wichtigste Rebsorte ist Riesling, gefolgt von Spätburgunder, Weißburgunder, Chardonnay, Silvaner und Grauburgunder. Mit dem Jahrgang 2011 wurde das Sortiment neu gegliedert, die Basis bilden die Solidus-Weine, darüber dann Concretus und Primus und an der Spitze die Großen Gewächse.

Vorjahre

Das Weingut Siegrist gehört seit Jahren zu den festen Größen in der Südpfalz, seit der ersten Ausgabe empfehlen wir die Weine. Seither haben Thomas Siegrist und Bruno Schimpf stetig zugelegt, beim Weißwein wie beim Rotwein. Siegrist-Weine brauchen Zeit. Davon konnten wir uns vor drei Jahren bei einem Besuch vor Ort überzeugen, mehr noch aber in unserer Verkostung der Rotweine des Jahrgangs 1998, aus der der 3-Sterne-Spätburgunder als Sieger hervorging, gefolgt vom 2-Sterne-Spätburgunder! Vor zwei Jahren hatten sich die zwei Großen Gewächse der Jahrgänge 2007 und 2008 vom Spätburgunder an die Spitze gesetzt. Auf dem gleichen hohen Niveau war das Große Gewächs vom Riesling, auch die übrigen Weißweine hatten uns sehr gut gefallen. Im letzten Jahr ragten aus einer erneut gleichmäßig sehr guten Kollektion mehrere Weißweine heraus: Die beiden „sur lie" ausgebauten Chardonnay und Pinot Blanc aus dem Jahrgang 2009, der „Eigensinn" und das Große Gewächs aus dem Sonnenberg.

Neue Kollektion

Auch in diesem Jahr ist die Kollektion wieder stark, weiß wie rot. An der Spitze steht das Große Gewächs vom Riesling aus dem Sonnenberg, ein eindringlicher Wein mit nachhaltiger mineralischer Würze, aber auch die Rieslinge Heidenbäumel, „Eigensinn" und der neue, in zwei Jahre alten Barriques ausgebaute, „Rudus" zeigen viel reintönige Frucht, Würze und Charakter. Die Weine der „Solidus"-Linie bieten viel Wein fürs Geld, gewohnt gut sind auch wieder der im Barrique ausgebaute kraftvolle 2010er Chardonnay und der eindringliche Pinot Blanc aus der „Concretus"-Linie. 2010 wurde im Weingut Siegrist konsequenterweise darauf verzichtet, ein Großes Gewächs vom Spätburgunder zu produzieren, die verkosteten 2009er Rotweine überzeugen mit klarer Frucht, Kraft und Würze, der Pinot Noir vom Lössriedel zeigt Eleganz.

Weinbewertung

85 2011 Gelber Muskateller trocken „Solidus" **12 %/7,50 €**
85 2011 Grüner Silvaner trocken „Solidus" **12 %/7,- €**
86 2011 Chardonnay trocken „Solidus" **12,5 %/7,- €**
88 2010 Chardonnay trocken „Primus" „sur lie" **13,5 %/24,- €**
86 2011 Pinot Blanc trocken „Solidus" **12 %/7,- €**
88 2011 Pinot Blanc trocken „Concretus" **14 %/12,- €**
82 2011 Riesling trocken **12 %/5,50 €/1l**
85 2011 Riesling trocken „Solidus" **12 %/7,- €**
87 2011 Riesling trocken „Concretus" Heidenbäumel **13 %/11,- €**
88 2011 Riesling trocken „Concretus" „Eigensinn" **14 %/11,- €**
88 2011 Riesling trocken „Primus" „Rudus" **13,5 %/16,-**
91 2011 Riesling „GG" Sonnenberg **13 %/22,- €**
84 2011 Pinot Noir „blanc de noir" trocken „Solidus" **13 %/7,50 €**
87 2009 Pinot Madeleine trocken „Concretus" **13,5 %/12,- €**
85 2009 Pinot Noir* trocken **12,5 %/8,- €**
88 2009 Pinot Noir trocken „Concretus" **13,5 %/18,- €**
90 2009 Pinot Noir trocken „Lössriedel" **13,5 %/33,- €**

★★☆

Dr. Siemens

Weingut

Mosel

Römerstraße 63, 54455 Serrig
Tel. *06581-9200992,* ***Fax:*** *06581-9200993*
www.dr-siemens.de
weingut@dr-siemens.de
Besuchszeiten: *nach Vereinbarung*

Inhaber .... Dr. Jochen Siemens
Rebfläche .... 14 Hektar

Das ehemalige Weingut Bert Simon, ganz am südlichen Ende des Weinbaugebietes Mosel, wurde von Karen und Jochen Siemens übernommen. Quereinsteiger Dr. Jochen Siemens war zuvor u. a. als Chefredakteur bei der Frankfurter Rundschau tätig. Auf dem eindrucksvollen Gut, von dem man hinunter auf die Saar blickt, möchte er elegante, leichte, zum Genuss animierende Weine erzeugen, die das Terroir zum Ausdruck bringen. Die Kellerwirtschaft wurde binnen kurzer Zeit auf den neuesten Stand der Technik gebracht. Außer Riesling werden auch Weiß- und Grauburgunder sowie Spätburgunder ausgebaut.

Vorjahre

Die Weine zeigen die klassische Saar-Art, eine auch auf die Spontanvergärung zurückzuführende Würze, sind aber im Gegensatz zu manch anderen Weinen der Region schon jung ausgewogen und animierend. 2009 war sehr gut geraten: Alle Weine waren elegant, saftig, rassig und ungeheuer animierend. 2010 konnte da nicht ganz mithalten. Die Weine besaßen im Allgemeinen nicht die Rasse ihrer Vorgänger, so dass die Süße oft dominierte. Sehr gut allerdings gefiel uns die Würtzberg Auslese, lies an den Jahrgang 2009er erinnern; auch die kraftvolle, zupackende Würtzberg-Spätlese „T" überzeugte.

Jahrgang 2011

2011 präsentiert sich etwas uneinheitlich:

Während die Burgunder etwas gefällig und süß sind, haben die Rieslinge deutlich an Präzision gewonnen. Der Scivaro ist füllig und kraftvoll, die „Alte Kupp" besitzt gute Konzentration und reife Frucht, Substanz und Frische. Die (trockene) Spätlese „T", die wie die „Alte Kupp" aus dem Würtzberg stammt, besitzt Fülle und Kraft, gute Substanz, Biss und Länge. Die süße Auslese schließlich ist reintönig und harmonisch, elegant und fruchtbetont.

Weinbewertung

82 2011 Pinot Blanc **12 %/7,- €**
81 2011 Auxerrois **12 %/7,- €**
81 2011 „Blanc de Noir" **12,5 %/7,- €**
86 2011 Riesling „Scivaro" **12 %/8,- €**
84 2011 Riesling „Terra Saar" **12,5 %/10,50 €**
87 2011 Riesling „Alte Kupp" **12 %/10,50 €**
88 2011 Riesling Spätlese „T" **12,5 %/14,- €**
89 2011 Riesling Auslese Würtzberg **9 %/20,- €**

★★★

Siener

Weingut **Pfalz**

Weinstraße 31, 76831 Birkweiler
***Tel.** 06345-3539, **Fax**: 06345-919100*
www.weingutsiener.de
info@weingutsiener.de
***Besuchszeiten**: Mo.-Fr. 8-12 + 13-18 Uhr, Sa. 9-16 Uhr (um Anmeldung wird gebeten)*

Inhaber .... Peter Siener
Rebfläche .... 10 Hektar

In den letzten Jahren standen die Zeichen auf Expansion beim Weingut Siener in Birkweiler, die Rebfläche wurde stetig erweitert. 40 Prozent der Weinberge liegen im Kastanienbusch, wo vor allem Riesling (auf Rotschiefer) und Spätburgunder (auf gelbem Buntsandstein) stehen. Die dritte wichtige Sorte, Weißburgunder, steht im Mandelberg auf reinem Kalk. Riesling nimmt inzwischen fast die Hälfte der Rebfläche ein, Spätburgunder ein Viertel, dazu gibt es Weiß- und Grauburgunder, aber auch ein wenig Silvaner, St. Laurent, Cabernet Sauvignon und Merlot.

Vorjahre

Seit der ersten Ausgabe empfehlen wir die Weine von Peter Siener, schon damals erklärten wir das Weingut zu einem der interessantesten in der Südpfalz. Heute gilt diese Aussage mehr denn je, denn mit seinen letzten Kollektionen zeigt Peter Siener Konstanz auf hohem Niveau, seine Spitzenweine gewinnen an Klasse, die Basisweine an Zuverlässigkeit. Vor zwei Jahren war der Schiefer-Riesling unser Favorit, noch vor Taschberg und Sonnenberg, wobei die Top-Rieslinge bei der Verkostung noch etwas verschlossen waren, ihre Qualität aber dennoch deutlich zeigten. Die Terroir-Rieslinge waren sehr puristisch, klar und herrlich leicht, der Weißburgunder vom Mandelberg war sehr gut. Im vergangenen Jahr stand der Schiefer-Riesling erneut vor dem Sonnenberg und dem mit etwas Restsüße – die geschmacklich allerdings kaum ins Gewicht fiel – versehenen Taschberg, alle drei Rieslinge waren klar und besaßen viel mineralischen Druck. Daneben standen wieder der Weißburgunder aus dem Mandelberg und der Spätburgunder aus dem Kastanienbusch an der Spitze einer sehr guten Kollektion.

Neue Kollektion

In diesem Jahr ist die Kollektion erneut stark, die Terroir-Rieslinge sind klar und mineralisch, bei den Lagenrieslingen führt wieder der Wein vom Schiefer mit viel Saft, feinem Biss und mineralischer Länge das Feld an, gefolgt vom fülligen Taschberg, der auch in diesem Jahr wieder halbtrocken ausgebaut ist, und dem Sonnenberg. Und auch der Weißburgunder aus dem Kastanienbusch zeigt viel reife Frucht und nachhaltige, mineralische Würze.

Weinbewertung

84 2011 Weißer Burgunder trocken **13 %/7,10 €**
88 2011 Weißer Burgunder trocken Birkweiler

Mandelberg **16,50 €**

85 2011 Riesling trocken „Buntsandstein" **12,5 %/7,90 €**

86 2011 Riesling trocken „Kalkmergel" **12,5 %/7,90 €**

86 2011 Riesling trocken „Rotliegend" **12,5 %/8,40 €**

87 2011 Riesling trocken Leinsweiler Sonnenberg **14,50 €**

89 2010 Riesling trocken „Schiefer" Birkweiler Kastanienbusch **19,50 €**

88 2011 Riesling „Taschberg" Birkweiler Kastanienbusch **12,50 €**

84 2010 Spätburgunder trocken „No. 1" **12,5 %/8,90 €**

★★

Siglinger

Öko-Weingut

Württemberg

Rebenstraße 21, 71384 Weinstadt-Großheppach
***Tel.** 07151-906288, **Fax**: 07151-906289*
www.weingut-siglinger.de
info@siglinger.de
***Besuchszeiten**: Fr. 17-19 Uhr, Sa. 9:30-13 Uhr*

Inhaber .... Familie Siglinger
Rebfläche .... 1,2 Hektar

Karin und Manfred Siglinger bewirtschaften den Betrieb bereits seit 1989 ökologisch nach den Richtlinien von Ecovin. Im Anbau dominieren rote Sorten wie Spätburgunder, Zweigelt, Trollinger, Regent und Dornfelder, sowie Muskattrollinger. An weißen Sorten gibt es Riesling und Chardonnay. Die Weißweine werden nach der Ganztraubenpressung gezügelt – möglichst spontan – vergoren. Die Rotweine werden nach der Maischegärung in Holzfässern ausgebaut und unfiltriert abgefüllt. Die mit „N" als „Schwäbische Naturgewächse" gekennzeichneten Weine sind eine vom Ecovin Württemberg entwickelte Weinlinie, deren Weine ausschließlich spontanvergoren und weder chaptalisiert noch geschönt werden.

Vorjahre

Vor zwei Jahren präsentierte sich die Kollektion sehr homogen, bot füllige Weißweine und kraftvolle Rotweine. Die rote Cuvée „Burris" gefiel uns besonders gut, aber auch der dicke, reintönige Chardonnay Eiswein; im vergangenen Jahr waren die 2009er Rotweine klar stärker als die Weißweine des Jahrgangs 2010.

Neue Kollektion

Die neue Kollektion ist wieder sehr homogen, präsentiert sich geschlossen auf gutem und sehr gutem Niveau, weiß wie rot. Der Gewürztraminer ist wunderschön reintönig und füllig, der im Barrique ausgebaute Chardonnay ist würzig und klar bei feinem Toast, besitzt gute Struktur und Wärme. Frisch und klar präsentiert sich der Rosé, kraftvoll und zupackend der Spätburgunder, ganz faszinierend ist auch der Muskat-Trollinger, mehr noch als Sekt denn als Wein, ist lebhaft, klar und zupackend.

Weinbewertung

86 2009 Muskat-Trollinger Crémant brut **12,5 %/12,- €**

83 2011 Cabernet Blanc*** trocken **13 %/10,- €**

84 2011 Chardonnay*** „N" trocken **14 %/11,- €**

87 2011 Chardonnay*** trocken Barrique **14 %/14,- €**

86 2011 Gewürztraminer** „N" **12,5 %/9,50 €**

82 2011 Cuvée Rosé*** „N" trocken **12,5 %/7,- €**

84 2011 Muskattrollinger* trocken **7,80 €**

84 2011 Trollinger „Alte Reben*" trocken **12 %/6,70 €**

84 2009 Zweigelt** trocken **13 %/8,80 €**

83 2010 „Quadriga*" Rotwein trocken **12,5 %/7,- €**

82 2009 Spätburgunder** trocken **13 %/9,- €**

85 2010 Spätburgunder*** „N" trocken **12,5 %/12,50 €**

Gebrüder Simon ★☆
- Weingut -

Mosel

Hauptstraße 6, 54492 Lösnich
Tel. 06532-2130, Fax: 06532-94369
www.gebrueder-simon.de
weingut@gebrueder-simon.de
Besuchszeiten: nach Vereinbarung
Probierstube, Weinseminare, Weinerlebnistouren, individueller Weinpräsent-Service

Inhaber .... Ingo Simon
Rebfläche .... 6,3 Hektar

Der Name des Weingutes leitet sich von den Gebrüdern Peter, Otto und Josef Simon ab. Das 1724 gegründete Weingut wird heute von Josefs Enkel Ingo Simon geführt, unterstützt wird er von der Badenerin Kirsten Pfitzer. Neben Riesling baut Simon vor allem noch Weißburgunder und Spätburgunder an. Die Hälfte seiner Weinberge befindet sich in Steillagen, im Erdener Treppchen und in der Lösnicher Försterlay. Die Weine werden teils im Stahltank, teils im traditionellen Fuder ausgebaut. Einen Namen hat sich Ingo Simon auch für Schaumweine gemacht, die schon mal mit Eiswein dosiert werden. Die verschiedenen Versionen ein und derselben Lage unterscheiden sich beispielsweise bezüglich der verwendeten Hefen, doch Simon experimentiert auch mit Kaltgärung oder Maischestandzeiten. Es werden Weinseminare und Weinerlebnistouren veranstaltet.

Vorjahre

2009 präsentierte sich geschlossen auf gutem Niveau. 2010 konnte da nicht mithalten, wir vermissten die Klarheit früherer Jahrgänge.

Jahrgang 2011

Auch 2011 präsentiert sich etwas uneinheitlich, die Stärken liegen eindeutig im restsüßen Segment. Die würzige, duftige Beerenauslese aus dem Treppchen gefällt gut, noch besser aber finden wir die feine, nach kandierten Früchten duftende Auslese, ebenfalls aus dem Treppchen.

Weinbewertung

82 Riesling Sekt brut **11,5 %/9,10 €**
81 2011 Riesling trocken „Version 2" Kinheimer Rosenberg **11,5 %/6,50 €**
81 2011 Riesling trocken Ürziger Würzgarten **12 %/6,80 €**
81 2011 Riesling trocken „Fass 1" Erdener Treppchen **12 %/7,- €**
79 2011 Riesling Spätlese „feinherb" Erdener Treppchen **10 %/7,50 €**
81 2011 Riesling Spätlese Lösnicher Försterlay **8,5 %/7,50 €**
85 2011 Riesling Spätlese Erdener Treppchen **9 %/6,50 €**
84 2011 Riesling Spätlese*** Erdener Treppchen **9 %/6,80 €**
81 2011 Riesling Spätlese Ürziger Würzgarten **8 %/8,90 €**
88 2011 Riesling Auslese Erdener Treppchen **8,5 %/9,- € %**
86 2011 Riesling Beerenauslese Erdener Treppchen **8,5 %/19,50 €**

Simon-Bürkle ★★☆
Weingut

Hessische Bergstraße

Wiesenpromenade 13, 64673 Zwingenberg
Tel. 06251-76446, Fax: 06251-788641
www.simon-buerkle.de
info@simon-buerkle.de
Besuchszeiten: Mo.-Fr. 9-12 + 15-18 Uhr, Sa. 9-13 Uhr
Restaurant, Weinbistro Bunter Löwe, Löwenplatz 6, Zwingenberg, Mo.-Fr. ab 17:30 Uhr, Sa./So. ab 11 Uhr

Inhaber .... Dagmar Simon, Wilfried Bürkle
Rebfläche .... 12 Hektar

Die Studienkollegen Kurt Simon, der 2003 verstarb, und Wilfried Bürkle haben 1991 gemeinsam dieses Weingut in Zwingenberg gegründet. Riesling, Weiß- und Grauburgunder, Chardonnay, Silvaner und Kerner wird angebaut, hinzu kommt ein für die Hessische Bergstraße recht hoher Rotweinanteil von 15 Prozent, der sich aufteilt auf Spätburgunder, Lemberger, Cabernet Sauvignon, St. Laurent und Dunkelfelder. 90 Prozent der Weine werden trocken oder halbtrocken ausgebaut.

Vorjahre

Vor zwei Jahren präsentierte sich der kraftvolle Cabernet Sauvignon von 2008 noch allzu tanninbetont, der Gewürztraminer gefiel uns wie immer sehr gut, noch besser aber der 2009er „Diorit". Angenehm überrascht hatten uns die feinen Sekte. Im vergangenen Jahr war der 2005er Cabernet Sauvignon unser Favorit, es folgte der Aurea-Sekt und eine Riege sehr guter Weine des Jahrgangs 2010.

Neue Kollektion

In diesem Jahr führen drei Weine eine sehr gute Kollektion an: Ein wunderbar gereifter, fruchtig-nussiger Sekt, eine herrlich reintönige Riesling-Auslese und ein eleganter Rotwein namens Pan. Auch der eindringliche Riesling Granit und der fruchtig-elegante Weißburgunder sind sehr gut.

Weinbewertung

87 2006 Riesling Sekt brut **12 %/13,- €**
82 2011 Riesling trocken **12 %/6,- €/1l**
81 2011 Silvaner trocken **12 %/6,- €/1l**
87 2011 „Granit" Riesling trocken **12 %/7,50 €**
84 2011 Grauburgunder Kabinett trocken **12,5 %/7,50 €**
84 2011 Muskateller trocken Zwingenberger Steingeröll **12 %/12,- €**
86 2011 Weißburgunder Spätlese trocken Zwingenberger Steingeröll **12 %/11,- €**
85 2011 Gewürztraminer trocken Alsbacher Schöntal **12 %/12,- €**
86 2011 Scheurebe Spätlese Auerbacher Höllberg **11%/12,- €**
87 2010 Riesling Auslese Auerbacher Höllberg **8,5 %/14,- €**
84 2011 Spätburgunder trocken Zwingenberger **13,5 %/10,- €**
87 2010 „Pan" Rotwein trocken Barrique **13 %/18,- €**

★

Singer

Weingut

Württemberg

Buocherstraße 46, 71404 Korb im Remstal
***Tel.** 07151-271068, **Fax**: 07151-271069*
www.weingut-singer.de
info@weingut-singer.de
***Besuchszeiten**: Mi.+Fr. 17-19 Uhr, Sa. 9-13 Uhr*

Inhaber............................Julian Singer
Rebfläche...............................2 Hektar

Julian und Barbara Singer (geborene Bader, die aus dem gleichnamigen Stettener Weingut stammt) haben ihr eigenes Weingut gegründet mit einheimischen Rebsorten wie Trollinger, Lemberger, Muskattrollinger, Kerner und Riesling, sie bauen aber auch internationale Rebsorten wie Syrah, Cabernet Sauvignon, Merlot und Cabernet Franc an.

Kollektion

Sehr gleichmäßig präsentiert sich die Kollektion mit zwei reintönigen süßen Weinen, Kerner und Muskattrollinger und geradlinigen Rotweinen, allen voran die kraftvolle Cuvée 1, die rauchige Noten und etwas Gewürze im Bouquet zeigt, sehr füllig im Mund ist bei guter Struktur und jugendlichen Tanninen.

Weinbewertung

82 2011 „Blanc de Noir" trocken **12 %/6,- €**
83 2011 Kerner „feinherb" „Elixier" **13 %/7,30 €**
82 2011 Trollinger trocken Holzfass Steinreinacher Hörnle **13 %/6,50 €**
82 2011 Regent **13,5 %/7,20 €**
85 2010 „Cuvée 1" Rotwein trocken **14 %/12,- €**
83 2011 Muskattrollinger **12 %/7,50 €**

Singer-Fischer ★
Weingut
Rheinhessen

Oberntrautstraße 39
55218 Ingelheim-Großwinternheim
***Tel.** 06130-944000, **Fax:** 06130-944002*
www.singer-fischer.de
weingut@singer-fischer.de
***Besuchszeiten:** nach Vereinbarung*
Gästezimmer

Inhaber .... Klaus Singer-Fischer
Rebfläche .... 8 Hektar

Klaus Singer-Fischer baut jeweils zur Hälfte weiße und rote Rebsorten an. Spätburgunder ist die wichtigste rote Rebsorte, gefolgt von Dornfelder, St. Laurent, Portugieser und Frühburgunder. Wichtigste weiße Rebsorten sind Silvaner, Riesling, Grauburgunder, Müller-Thurgau und Kerner. Die Rotweine werden maischevergoren (bis zu 14 Tage) und im Holz ausgebaut.

Vorjahre

Vor zwei Jahren präsentierte sich die Kollektion geschlossen auf gutem Niveau. Auch im schwierigen Jahrgang 2010 war die Kollektion ohne Fehl und Tadel, alle Weine waren frisch, klar und fruchtbetont, unser Favorit war die rote Barriquecuvée aus dem Jahr 2008.

Jahrgang 2011

2011 präsentiert sich sehr homogen auf gleichmäßigem Niveau, unser klarer Favorit ist der fruchtbetonte, zupackende Riesling aus dem Schlossberg.

Weinbewertung

81 2011 Silvaner trocken **12,5 %/4,80 €**
82 2010 Riesling trocken **13,5 %/4,80 €**
84 2010 Riesling trocken Schlossberg **13 %/6,50 €**
81 2010 Riesling Classic **13 %/4,80 €**
81 2010 Riesling Spätlese „feinherb" **13 %/7,50 €**

Sinß ★★
Weingut
Nahe

Hauptstraße 18, 55452 Windesheim
***Tel.** 06707-253, **Fax:** 06707-8510*
rudolf.sinss@t-online.de
***Besuchszeiten:** Mo.-Sa. 9-18 Uhr, nach Vereinbarung*

Inhaber .... Rudolf Sinß
Rebfläche .... 9 Hektar

Rudolf Sinß hat 1985 den elterlichen Betrieb übernommen. In den neunziger Jahren richtete er das Weingut auf Riesling und die Burgundersorten aus. Heute nehmen Riesling und Spätburgunder jeweils ein Viertel der Rebfläche ein, dicht gefolgt von Weiß- und Grauburgunder. Hinzu kommen andere Rebsorten wie Chardonnay, Scheurebe, Müller-Thurgau, Bacchus und Dornfelder. Die Rotweine werden alle maischevergoren und teilweise in Holzfässern, auch Barriques, ausgebaut. Die Weißweine werden in Edelstahltanks kühl vergoren. Nach seinem Geisenheim-Studium ist Sohn Johannes Sinß in den Betrieb eingestiegen und seit 2010 für den Weinausbau verantwortlich. Die Traubenannahme wurde modernisiert, ein Holzfasskeller gebaut und der Hof erneuert, ebenso wurde ein neues Gelände für Flaschenlager und Maschinenhalle erworben – die Zeichen stehen auf Expansion. Seit dem Jahrgang 2007 werden die trockenen Weißweine nicht mehr mit Prädikatsbezeichnungen versehen, die nach eigener Einschätzung besten Weine erhalten den Zusatz „S" oder „R".

Vorjahre

Grauburgunder und Spätburgunder ragten in den vergangenen Jahren meist heraus, sind üppig und kraftvoll, gehören immer wieder zu den Besten an der Nahe. Homogen und stark war die Kollektion vor zwei Jahren, bot füllige, kraftvolle Weiß- und Rotweine. Und auch der Jahrgang 2010 war hier gut gelungen, präsentierte sich geschlossen, wie gewohnt, mit fülligen, fruchtbetonten Weinen, die meist von deutlicher Restsüße geprägt waren.

Neue Kollektion

2011 stehen die beiden weißen „R"-Weine an der Spitze einer guten Kollektion: Der Grauburgunder „R" ist kraftvoll, füllig und harmonisch, der Riesling „R" besitzt Substanz, viel klare Frucht und mineralische Würze. Und auch die konzentrierte Beerenauslese und der reintönige 2009er Spätburgunder „R" überzeugen.

Weinbewertung

84 2011 Weißer Burgunder „S" trocken Windesheimer **14 %/8,- €**
82 2011 Grauburgunder trocken **13 %/6,20 €**
87 2011 Grauburgunder „R" trocken Windesheimer Rosenberg **14 %/14,- €**
82 2011 Riesling trocken **12,5 %/6,- €**
85 2011 Riesling „S" trocken Windesheimer **13,5 %/8,- €**
87 2011 Riesling „R" trocken Windesheimer Römerberg **13 %/14,- €**
86 2011 Riesling Auslese Windesheimer Rosenberg **8,5 %/14,- €**
87 2011 Riesling Beerenauslese Windesheimer Rosenberg **7,5 %/30,- €/0,375l**
81 2010 Spätburgunder „S" trocken Windesheimer **13,5 %/9,50 €**
86 2009 Spätburgunder „R" trocken Windesheimer Rosenberg **14,5 %/16,50 €**

★★

Wilhelm **Sitzius**

Weingut

Nahe

Naheweinstraße 87, 55450 Langenlonsheim
***Tel.** 06704-1309, **Fax:** 06704-2781*
www.sitzius.de
weingut@sitzius.de
***Besuchszeiten:** Mo.-Sa. 8-18 Uhr,*
So. nach Vereinbarung

Inhaber .... Wilhelm und Sonja Sitzius
Rebfläche .... 15 Hektar

Wilhelm Sitzius hat Weinberge nicht nur in besten Lagen von Langenlonsheim, Guldental und Laubenheim, sondern – durch seine Frau Sonja – auch in Oberhausen und Niederhausen. Wichtigste Rebsorte bei ihm ist Riesling, der 60 Prozent seiner Rebfläche einnimmt. Die Burgundersorten nehmen 30 Prozent ein, dazu gibt es etwas Kerner und Müller-Thurgau. An roten Sorten hat er Frühburgunder gepflanzt, aber auch Acolon, den Wilhelm Sitzius ebenso wie Cabernet Dorsa für Cuvées nutzt.

Vorjahre

2009 gefiel uns der Riesling aus der Hermannshöhle besonders gut, auch die edelsüßen Rieslinge überzeugten. 2010 fehlten jahrgangsbedingt die Highlights im weißen Segment, dafür entschädigten die beiden fülligen Spätburgunder aus dem Jahrgang 2007.

Neue Kollektion

2011 ragt nun wieder der Riesling aus der Hermannshöhle mit feiner mineralischer Würze und guter Länge aus einer homogenen Kollektion mit fülligen Weinen heraus.

Weinbewertung

80 2011 Silvaner trocken **12,5 %/4,90 €**
81 2011 Sauvignon Blanc trocken **12,5 %/7,60 €**
82 2011 Weißburgunder trocken „Silberkapsel" **13 %/7,50 €**
83 2011 Grauburgunder trocken „Silberkapsel" **13,5 %/8,- €**
81 2011 Riesling trocken **13,5 %/5,80 €**
82 2011 Riesling Kabinett trocken Oberhäuser Leistenberg **12 %/6,50 €**
84 2011 Riesling Spätlese trocken Oberhäuser Kieselberg **12 %/7,70 €**
86 2011 Riesling Spätlese trocken Niederhäuser Hermannshöhle **12,5 %/17,- €**
81 2011 Riesling Kabinett „feinherb" Oberhäuser Felsenberg **11 %/6,50 €**
82 2009 Cuvée „WS" Rotwein trocken **13,5 %/11,50 €**
81 2011 Spätburgunder trocken **13,5 %/8,20 €**

★★

Sohns

Weingut **Rheingau**

Hospitalstraße 25, 65366 Geisenheim
__Tel.__ 06722-8940, __Fax:__ 06722-75588
www.weingut-sohns.de
info@weingut-sohns.de
__Besuchszeiten:__ Mo.-So. nach Vereinbarung
Straußwirtschaft (Anfang Aug. - Mitte Sept.)

Inhaber .... Erich und Pascal Sohns
Rebfläche .... 6 Hektar

Pascal Sohns ist inzwischen Mitinhaber des Weinguts, Vater Erich ist aber immer noch aktiv im Betrieb. Neben Riesling, der 70 Prozent der Fläche einnimmt, werden auch Weißburgunder und Spätburgunder angebaut. Die Weinberge befinden sich in verschiedenen Lagen rund um Geisenheim sowie im benachbarten Winkel. Der Riesling wird komplett in Stahltanks ausgebaut, der Spätburgunder im Holzfass. Typisch für den Stil des Weinguts ist die Eleganz und Klarheit der stets animierenden Rieslinge.

Vorjahre

Die 2009er Weißweine überzeugten, beispielsweise mit den „Alten Reben". 2010 präsentieren sich die Rieslinge zuverlässig und kraftvoll. Auch der 2009er Barrique-Spätburgunder besaß Schmelz und Würze.

Neue Kollektion

Die 2011er sind sehr überzeugend ausgefallen. Ein nach Kernobst duftender trockener Riesling aus dem Kilzberg gehört zu den Highlights, die gehaltvollen „Alten Reben" besitzen Struktur, Fülle, eine leichte Kräuternote sowie eine dezente Restsüße. Auslese und Beerenauslese präsentieren sich zunächst verhalten, können aber im Glas zulegen; nicht auszuschließen, dass sie sich mit etwas Flaschenreife noch besser zeigen. Eine gute Balance sowie eine attraktive Beerenfrucht besitzt schließlich auch der Spätburgunder. Insgesamt eine reife Leistung!

Weinbewertung

82 2011 Riesling trocken „SE" **12 %/4,50 €**
84 2011 Riesling trocken Geisenheimer Mönchspfad **12 %/5,80 €**
87 2011 Riesling trocken Geisenheimer Kilzberg **13,5 %/8,50 €** ☺
82 2011 Weißburgunder trocken **13 %/6,90 €**
85 2011 Weißburgunder trocken „M" Geisenheimer Mönchspfad **13,5 %/11,50 €**
89 2011 Riesling trocken Erstes Gewächs Geisenheimer Kläuserweg **13,5 %/14,- €**
85 2011 Riesling „feinherb" Geisenheimer Kläuserweg **13 %/8,50 €**
88 2011 Riesling „Alte Reben" Geisenheimer Kläuserweg **13,5 % /12,50 €**
86 2011 Riesling Spätlese Geisenheimer Rothenberg **9,5 %/8,50 €**
86 2011 Riesling Auslese Geisenheimer Kläuserweg **9 %/12,- €/0,5l**
88 2011 Riesling Beerenauslese **8,5 %/28,- €/0,5l**
82 2011 Spätburgunder Rosé trocken **12 %/5,- €**
86 2010 Spätburgunder trocken Barrique **13,5 %/12,- €**

★★★

Solter

Sekthaus **Rheingau**

Zum Niederwald-Denkmal 2, 65385 Rüdesheim
__Tel.__ 06722-2566, __Fax__ 06722-910402
www.sekthaus-solter.de
mail@sekthaus-solter.de
__Besuchszeiten:__ Mo.-Fr. 8-17 Uhr, Sa. 10-17 Uhr
Straußwirtschaft Roseneck

Inhaber .... Sekthaus Solter GmbH & Co. KG
Geschäftsführer .... Helmut Solter
Rebfläche .... 6 Hektar

Helmut Solter, ein gebürtiger Kaiserstühler mit Erfahrungen in der Champagne, hat sich seit 1988 ganz auf Schaumweine spezialisiert; im Auftrag namhafter Kunden versektet er deren Grundweine. Nicht zu unter-

schätzten sind aber die eigenen Sekte, die er aus Riesling, aber auch aus Weiß- und Grauburgunder, aus Chardonnay und sogar aus Gewürztraminer oder weiß gekeltertem Spätburgunder herstellt. Inzwischen bewirtschaftet Solter seine Weinberge ökologisch. Die Kaiserstühler Lagen wurden mittlerweile aufgegeben, im Ausgleich dafür erwarb Solter Parzellen auf der Rüdesheim gegenüberliegenden Rheinseite.
Eine absolute Spezialität sind die viele Jahre auf der Hefe gereiften Riesling-Réserve-Sekte, die nach Bedarf degorgiert werden und trotz Dosagewerten von häufig über 11 Gramm pro Liter nicht breit, sondern sehr würzig, nach Kräutern duftend und wunderbar präzise wirken. Wer diese Stilistik schätzt, findet in Deutschland kaum etwas Besseres. Auch Weine wie der würzige „Lilly", eine lange auf der Hefe gereifte Rosé-Réserve, oder die mehr als 15 Jahre auf der Hefe gereifte Pinot-Cuvée zeigen eine im Rheingau und darüber hinaus seltene Geradlinigkeit; auch übertriebene Alkoholwerte sind hier nie zu finden.

Vorjahre

Für die vorletzte Ausgabe stellte Helmut Solter unter anderem einige reifere Sekte an, die mit ihrer Würze und dem speziellen Charakter faszinierten. Im Folgejahr begeisterten die reifen Raritäten aus 1993 und 1998 am meisten, aber auch der jugendliche, vergleichsweise niedrig dosierte 2007er Riesling oder die ungewöhnliche Rosé-Réserve aus 2004 verdienten Respekt.

Neue Kollektion

Helmut Solter zeigt in diesem Jahr deutlicher als je zuvor, wie unterschiedlich Schaumweine auf hohem Niveau ausfallen können. Die süffige, nach welken Beeren duftende Rosé-Réserve gehört zu den eigenwilligsten Schaumweinen, die man im Rheingau kaufen kann. Enorm spannend, mineralisch, lang und noch nicht am Ende seiner Entwicklung ist der kräuterwürzige, erstaunlich präsente und rassige 1996er Pinot, während der 2002er Riesling ebenfalls eine deutliche Kräuterwürze aufweist und mit seiner mineralischen Art die Klasse dieses Jahrgangs beweist. Dieser Wein könnte durchaus noch zulegen!

Weinbewertung

85 Riesling Sekt brut **12,5 %/12,- €**
87 Riesling Sekt extra brut „Blanc de Blancs" **12 %/12,50 €**
87 2007 Riesling Sekt brut „Réserve" **12,5 %/21,- €**
89+ 2002 Riesling Sekt brut „Réserve" **12 %/45,- €**
86 2006 Cuvée Pinot Sekt extra brut **13 %/16,- €**
90 1996 Pinot Cuvée Sekt brut „Réserve" **12 %/75,- €**
87 Cuvée „Henri Réserve" Sekt brut **13 %/15,- €**
87 Pinot Noir Rosé Sekt brut **12,5 %/12,- €**
88 2004 Rosé Sekt brut „Lilly Réserve" **12,5 %/19,- €**

★★★

Schloss **Sommerhausen**

Weingut

Franken

Ochsenfurter Straße 17-19, 97286 Sommerhausen
***Tel.** 09333-260, **Fax:** 09333-1488*
www.sommerhausen.com
info@sommerhausen.com
***Weinverkauf** im Schloss: Mo.-Fr. 9-18 Uhr, Sa. 10-16 Uhr, So. + feiertags 10-14 Uhr*
Weinproben in Gewölbekeller und Kelterhalle

Inhaber .... Martin Steinmann
Rebfläche .... 28 Hektar

Johann Kaspar Steinmann kaufte 1968 das Schloss Sommerhausen mit den dazugehörigen Weinbergen. Heute führt Sohn Martin das Weingut, die vormals zum Weingut gehörende Rebschule wird von seiner Schwester weitergeführt. Dadurch, dass dem Weingut immer eine Rebzüchtung angeschlossen war, erklärt sich auch, dass neben Silvaner und Riesling die Burgundersorten – mit für Franken ungewöhnlichen 35 Prozent – einen wichtigen Platz in den Weinbergen in Sommerhausen, Eibelstadt, Randersacker und

Iphofen einnehmen. Auch Spezialitäten wie Chardonnay, Rieslaner, Blauer Silvaner oder Auxerrois – den es bereits seit 1976 gibt – findet man bei Schloss Sommerhausen. An roten Sorten gibt es neben Spät- und Frühburgunder – von dem Schloss Sommerhausen eigene Klone hat – auch Zweigelt und Blauburger. Die Weine werden temperaturgesteuert vergoren und bleiben dann recht lange auf der Feinhefe liegen. Ziel von Martin Steinmann ist es, den Sortencharakter in den Weinen herauszuarbeiten. Die Weine werden überwiegend trocken ausgebaut. Bereits seit 1984 kommen besondere Weine ins Barrique. Eine Besonderheit von Schloss Sommerhausen sind die Sekte, die es hier seit 1982 gibt. Seit 1990 werden sie komplett im eigenen Haus hergestellt. Die Jahresproduktion liegt bei 15.000 Flaschen. Alle Sekte werden für mindestens drei Jahre, meist vier Jahre und mehr auf der Hefe ausgebaut. Eine Spezialität ist der ohne Dosage abgefüllte Auxerrois-Sekt.

Vorjahre

Vor zwei Jahren gefiel uns der Riesling als Großes Gewächs aus dem Steinbach am besten, auch die beiden Süßweine überzeugten mit Fülle und Schmelz. 2010 behauptete sich Martin Steinmann gut, seine Weine besaßen Ecken und Kanten, waren dabei klar und frisch. Unsere Favoriten waren der üppig-süße Weißwein „Scheherazade", der präzise Auxerrois-Sekt und das eigenwillige Große Gewächs.

Neue Kollektion

Die neue Kollektion ist die beste der letzten Jahre. Sie bringt zwei wunderschöne Sekte, beide komplex und klar, der Auxerrois puristisch, der Rosé harmonisch, fruchtbetont und lang. Alle Weine sind fruchtbetont und klar, Grau- und Weißburgunder besitzen gute Fülle und Substanz, die Scheurebe ist fruchtbetont und würzig, die Cuvée aus Muskateller und Muskatsilvaner kraftvoll und strukturiert. Unter den Großen Gewächsen präferieren wir den birnenduftigen Silvaner, der unwahrscheinlich füllig und saftig ist, der würzig-duftige Riesling besitzt aber ebenfalls viel Substanz und viel reife Frucht.

Weinbewertung

89 2005 Auxerrois Sekt extra brut **13 %/19,- €**
90 2008 Rosé Sekt brut **12,5 %/19,- €**
85 2011 Grüner Silvaner „ST 90" trocken **12 %/8,50 €**
86 2011 Scheurebe trocken „Kaspars S 88" **12 %/9,50 €**
85 2011 Silvaner Kabinett trocken Sommerhäuser Steinbach **13,5 %/9,50 €**
86 2011 Riesling Kabinett trocken Sommerhäuser Steinbach **13 %/9,50 €**
85 2011 Gewürztraminer & Silvaner trocken „Schenkentrunk" **13 %/9,50 €**
87 2011 „Dinarazade ST 5" Muskatsilvaner & Muskateller trocken **12,5 %/12,50 €**
87 2011 Grauburgunder „ST 100" trocken **14%/11,50 €**
87 2011 Weißburgunder „ST 15" trocken **13 %/11,50 €**
86 2011 Chardonnay „ST 130" trocken **13,5 %/11,50 €**
84 2011 „Blanc de Noir" trocken „bar roter Farbe" **12,5 %/9,50 €**
89 2011 Silvaner „GG" Sommerhäuser Steinbach **14 %/23,- €**
88 2011 Riesling „GG" Sommerhäuser Steinbach **14 %/23,- €**

Dominik Sona ★

Weingut

Pfalz

Klosterstraße 54, 67472 Esthal
***Tel.** 06325-2939, **Fax:** 06325-980137*
www.weingut-sona.de
info@weingut-sona.de
***Besuchszeiten:** nach Vereinbarung*

Inhaber .... Dominik Sona
Rebfläche .... 1 Hektar

Im Jahr 2002 hat Dominik Sona im St. Martiner Baron Flächen seines Großvaters übernommen, 2004 seinen ersten eigenen Wein gekeltert. Zu Riesling, Spätburgunder und Sauvignon Blanc kam inzwischen ein weiterer Riesling von Buntsandsteinterrassen aus dem St. Martiner Kirchberg ins Programm. Die Weißweine werden lange auf der Hefe ausgebaut, der Spätburgunder kommt nach der Maischegärung in Barriques und Tonneaux.

Vorjahre

Vor zwei Jahren konnte die feinherbe Riesling Spätlese vom Kirchberg überzeugen. Deren Nachfolger aus dem Jahrgang 2009 stand im vergangenen Jahr an der Spitze, der Wein brauchte allerdings viel Luft bis er sein ganz und gar eigenständiges und faszinierendes Bouquet offenbarte. Auch der sehr füllige und würzige, im Barrique spontan vergorene Sauvignon Blanc gefiel uns sehr gut.

Neue Kollektion

In diesem Jahr konnten wir nur vier Weine verkosten, die kleine Kollektion präsentiert sich sehr homogen, der Riesling aus dem Baron besitzt etwas mehr Druck, Kraft und mineralische Würze als die anderen, ebenfalls sehr gelungenen Rieslinge.

Weinbewertung

85 2011 Riesling Spätlese trocken **12,5 %/8,- €**
86 2011 Riesling Spätlese trocken St. Martiner Baron **13 %/15,- €**
85 2011 Riesling Spätlese „feinherb" **12,5 %/8,- €**
85 2011 Riesling „Angel Face" **10,5 %/7,50 €**

Sonnenberg ★★

Weingut

Ahr

Heerstraße 98, 53474 Bad Neuenahr
***Tel.** 02641-6713, **Fax:** 02641-201037*
www.weingut-sonnenberg.de
info@weingut-sonnenberg.de
***Besuchszeiten:** Mo.-Fr. 10:30-12 + 14-18 Uhr, Sa. 10:30-14 Uhr, So. 10:30-12 Uhr*
Straußwirtschaft (Herbst, Do./Fr. 18-22 Uhr, Sa. 15-22 Uhr); Ferienwohnungen/Ferienhaus

Inhaber .... Marc Linden
Rebfläche .... 6,5 Hektar

Das Weingut Sonnenberg wurde 1981 von Norbert und Elsbeth Görres mit 1,5 Hektar Weinbergen gegründet. Heute führt ihr Enkel Marc Linden das Gut. Er bewirtschaftet 7 Hektar Weinberge (davon ein Hektar in denkmalgeschützten Terrassenlagen), vor allem Spätburgunder, der zwei Drittel der Rebfläche einnimmt. Hinzu kommen Grauburgunder, Weißburgunder, Frühburgunder und Riesling. Die Reben wachsen in den Neuenahrer Lagen Sonnenberg und Schieferlay, sowie im Ahrweiler Ursulinengarten, wo der Frühburgunder wächst. 65 Prozent der Weine werden trocken ausgebaut.

Vorjahre

Die 2009er Rotweine waren stark, überzeugten mit reintöniger Frucht und Kraft, Spätburgunder „R" und „A" gefielen uns besonders gut. Sehr ähnlich präsentierten sich auch die 2010er, zeigten viel reife Frucht. Spätburgunder „R" und „A" gefielen uns einmal mehr am besten, auch der Frühburgunder überzeugte wie schon im Jahr zuvor, der reintönige Spätburgunder „S" bot ihm Paroli.

Jahrgang 2011

Auch 2011 zeigen sich die Rotweine sehr gleichmäßig auf gutem Niveau. Besser als Spätburgunder und Frühburgunder gefällt uns die Cuvée Innovation aus Spätburgunder, Domina und Regent, sie besitzt Fülle, Kraft und gute Struktur.

Weinbewertung

81 2011 Weißburgunder trocken **10,5 %/7,- €**
80 2011 Grauburgunder „feinherb" **11,5 %/7,- €**
82 2011 Spätburgunder „Blanc de Noir" „feinherb" **12 %/8,90 €**
83 2011 Spätburgunder trocken **12,5 %/7,50 €**
85 2011 Frühburgunder trocken **13 %/14,50 €**
83 2011 Spätburgunder trocken Neuenahrer Schieferlay **13 %/8,90 €**
86 2011 „Innovation" Rotwein trocken **13,5 %/12,- €**

★

Sonnenberg

Weingut **Pfalz**

Am Sonnenberg 1, 67271 Neuleiningen
***Tel.** 06359-82660, **Fax:** 06359-83002*
www.nippgen.net
info@nippgen.net
***Besuchszeiten:** Mo.-Fr. 8-12 + 13-19 Uhr, Sa. 8-18 Uhr, So.+ feiertags bis 12 Uhr oder nach Vereinbarung*
Hotel, Restaurant

Inhaber .... Elli Nippgen
Rebfläche .... 8 Hektar

1960 siedelte die Familie, mit damals 4 Hektar Reben, in den Sonnenberg oberhalb von Neuleiningen aus, 1970 übernahmen Karlheinz Nippgen und seine Frau den Betrieb. 1976 bauten sie ein kleines Hotel, in den achtziger Jahren wurde das Restaurant verpachtet und die Landwirtschaft aufgegeben. Auf 40 Prozent der Fläche stehen rote Reben: Spätburgunder, Schwarzriesling, Dornfelder, Portugieser und Acolon. Alle Rotweine werden maischevergoren, teils im Barrique ausgebaut. Wichtigste Weißweinsorten sind Riesling, Weißburgunder, Grauburgunder und Chardonnay, aber auch Bukettsorten wie Gewürztraminer und Scheurebe werden angebaut. Die Reben wachsen auf Kalk-Lehmböden mit hohem Muschelkalkanteil.

Vorjahre

Vor zwei Jahren wurde eine gleichmäßig gute Kollektion angeführt von drei trockenen Spätlesen: Riesling, Grauburgunder und Pinot Meunier (Schwarzriesling). Im vergangenen Jahr wurde eine ordentliche Kollektion vom Riesling Feuermännchen angeführt.

Neue Kollektion

In diesem Jahr überzeugen uns drei trockene weiße Spätlesen von großer Klarheit. Der Grauburgunder ist süffig, cremig und zeigt eine schöne Frucht, ähnlich der Weißburgunder mit hellerer Frucht. Auch der Rest der Kollektion ist tadellos.

Weinbewertung

86 2011 Riesling trocken Feuermännchen **13,5 %/8,- €**
86 2011 Weißer Burgunder Spätlese trocken **13 %/7,50 €**
87 2011 Grauer Burgunder Spätlese trocken Feuermännchen **13 %/8,- €**
83 2011 Sauvignon Blanc **12,5 %/6,90 €**
84 2011 Riesling Classic **12 %/ 5,60 €**
84 2011 Scheurebe **12 %/4,30 €** ☺
85 2011 Huxelrebe Beerenauslese **10 %/11,50 €**
86 2009 „Jean" Spätlese trocken **13,5 %/11,50 €**
85 2009 Spätburgunder Spätlese trocken „Alte Reben" **13,5%/9,80 €**

★★☆

Sonnenhof

Weingut Martin & Joachim Fischer **Württemberg**

Sonnenhof 2, 71665 Vaihingen-Gündelbach
***Tel.** 07042-81888-0, **Fax:** 07042-81888-6*
www.weingutsonnenhof.de
info@weingutsonnenhof.de
***Besuchszeiten:** Mo.-Fr. 8-12 + 13-18 Uhr, Sa. 9-12 Uhr + 13-17 Uhr*
Probierstube (bis 50 Personen)

Inhaber .... Martin und Joachim Fischer
Rebfläche .... 38 Hektar

Als wir Ende der achtziger Jahre das erste Mal den Sonnenhof besuchten, hatte Albrecht Fischer gerade begonnen, als Gründungsmitglied der Hades-Gruppe, mit seinen im Barrique ausgebauten Weinen überregional Aufmerksamkeit zu finden. Bis in die siebziger Jahre waren auf dem Bezner-Hof und dem Fischer-Hof Weinbau und Landwirtschaft nebeneinander betrieben worden. Dann hat man sich – bei gerade mal 5 Hektar Weinbergen – ganz auf den Weinbau verlegt. Heute gehört der Sonnenhof mit einer Jahresproduktion von 250.000 Flaschen zu den größten privaten Weingütern in Württemberg. Das Gros der Reben wächst an Südhängen mit Keuperböden, viele der Weinberge gehörten ehemals dem Kloster Maulbronn. Wichtigste Lage ist der Gündelbacher Wachtkopf, direkt beim Weingut gelegen. Hinzu kommen Weinberge im Hohenhaslacher Kirchberg, im Spielberger und Ochsenbacher Liebenberg und im Häfnerhaslacher Heiligenberg. Die Rotweinsorten nehmen drei Viertel der Fläche ein, den größten Anteil haben Lemberger, Spätburgunder und Trollinger. Dazu gibt es Muskat-Trollinger, Dornfelder, Schwarzriesling, Samtrot, Regent, Cabernet Mitos, Acolon, Merlot, Syrah und Cabernet Sauvignon. Bei den weißen Sorten ist die Liste nicht ganz so lang. Wichtigste Weißweinsorte ist der Riesling, es folgen Grauburgunder, Chardonnay, Müller-Thurgau, Kerner, Gewürztraminer und Muskateller. In den letzten Jahren wurde das Sortiment neu gegliedert in Gutsweine, Lagenweine und Hades-Barrique-Weine. Die Erträge wurden weiter reduziert, im Keller in neue Technik investiert. Die Söhne von Albrecht Fischer, Martin und Joachim, haben 2008 das Gut übernommen.

Vorjahre

Vor zwei Jahren präsentierte sich die Kollektion sehr homogen, mit Vorteilen im roten Segment, der Hades-Lemberger gefiel uns am besten. In der letztjährigen Kollektion gab es gleich mehrere starke, gewürzduftige Hades-Weine, neben dem Lemberger hinterliesen auch Spätburgunder und die Agnatus genannte Cuvée einen prächtigen Eindruck, im weißen Segment der Chardonnay.

Neue Kollektion

Auch in diesem Jahr sind die Spitzen im roten Segment zu finden. Die 2009er Riesling Auslese ist harmonisch gereift, der Hades-Chardonnay etwas zu sehr vom Holz geprägt. Besser integriert ist dies bei den drei roten Hades-Weinen: Der Lemberger zeigt viel Würze und Duft, ist füllig bei guter Struktur. Der Spätburgunder ist rauchig und würzig, relativ schlank, aber reintönig und strukturiert. Fülliger und kraftvoller ist die rote Cuvée, besitzt reife Frucht und viel Substanz.

Weinbewertung

83 2011 Chardonnay „S" trocken **12,5 %/10,- €**
83 2011 Riesling „S" trocken **13 %/12,- €**
85 2010 Chardonnay „Hades" **12 %/17,- €**
86 2009 Riesling Auslese **8,5 %/14,- €**
82 2009 Spätburgunder „S" **14 %/10,- €**
83 2009 Lemberger „S" **14 %/10,- €**
81 2009 „Kerberos" Rotwein „S" **14 %/14,- €**
88 2009 Spätburgunder „Hades" **13,5 %/20,- €**
87 2009 Lemberger „Hades" **13,5 %/20,- €**
89 2009 „Agnatus" Rotwein „Hades" **13,5 %/25,- €**

★☆

Speicher-Schuth

Weingut

Rheingau

Suttonstraße 23, 65399 Kiedrich
***Tel.** 06123-81421, **Fax** 06123-61615*
www.speicher-schuth.de
info@speicher-schuth.de
***Besuchszeiten**: nach Vereinbarung*
Gutsausschank

Inhaber .... Ralf Schuth
Rebfläche .... 13 Hektar

Das Weingut Speicher-Schuth baut außer Riesling eine beachtliche Menge Spätburgunder an (mehr als ein Fünftel der gesamten Rebfläche), dazu kommt etwas Chardonnay, inzwischen ist auch Cabernet Franc im Ertrag. Die Reben stehen beispielsweise in den Kiedricher Lagen Gräfenberg, Sandgrub, Klosterberg und Wasseros. Spitzenrieslinge reifen im Holzfass, alle Sorten werden spät gefüllt, viele erst im September. Ralf Schuths Terroir-Rieslinge aus Wasseros und Klosterberg sind oft die interessantesten Gewächse des Hauses, die eher dunklen, saftigen und zugänglichen Rotweine sollte man auf keinen Fall unterschätzen.

Vorjahre

Die 2009er überzeugten im Bereich der Basisweine wie auch in der Spitze. Aus dem Jahrgang 2010 stellte Ralf Schuth dann trockene und fast trockene Rieslinge vor, die mit ihrem feinen Duft ebenso gefielen wie mit ihrem Schmelz. Der „Terroir"-Wein aus der Wasseros besaß eine wunderschöne Balance.

Neue Kollektion

Ein saftiger, recht fülliger, leicht nach Apfel duftender „Terroir"-Riesling aus der Wasseros gehört auch diesmal zu den schönsten Weinen des Jahrgangs, aber bereits der trockene Liter-Wein überzeugt voll, während die trockene Spätlese aus dem Gräfenberg zum Zeitpunkt der Verkostung etwas unzugänglich wirkt. Mit relativ dunkler Farbe, reifer Beerenfrucht und leicht rauchiger Note präsentiert sich der 2009er Spätburgunder.

Weinbewertung

83 2011 Riesling trocken Kiedricher Sandgrub **11,5 %/5,50 €/1l**
83 2011 Riesling trocken Kiedricher Sandgrub **11,5 %/6,- €**
86 2011 Riesling Kabinett trocken „Terroir" Wasseros **12 %/7,50 €**
84? 2011 Riesling Spätlese trocken Kiedricher Gräfenberg **12,5 %/12,- €**
83 2011 Riesling Classic **11,5 %/6,- €**
82 2011 Riesling „feinherb" Kiedricher Sandgrub **11,5 %/5,50 €/1l**
84 2011 Riesling Kabinett „feinherb Terroir" Klosterberg **12 %/7,50 €**
84 2011 Riesling Kabinett Kiedricher Wasseros **9 %/6,- €**
88 2011 Riesling Spätlese Kiedricher Gräfenberg **12,5 %/12,- €**
82 2011 „Blanc de Noir" **11 %/7,50 €**
82 2011 Pinot Noir Rosé **11 %/6,- €**
87 2009 Pinot Noir Barrique **14 %/14,- €**

Gerold Spies ★

Weingut

Rheinhessen

Flachsgasse 2, 67596 Dittelsheim-Heßloch
Tel. *06244-7497,* ***Fax:*** *06244-57058*
www.weingut-spies.com
weingut.spies@t-online.de
Besuchszeiten: *täglich (außer So.) 8-18 Uhr*

Inhaber .... Gerold Spies
Rebfläche .... 22 Hektar

Das Weingut ist seit Jahrhunderten in Familienbesitz und wird heute von Gunhild und Gerold Spies geführt. Sohn Stefan, studierter Ökonom, ist für die Vermarktung verantwortlich. 16 verschiedene Rebsorten bauen sie an. Bei den weißen Sorten dominieren die Burgunder und der Riesling. Ein Drittel der Fläche entfällt auf Rotwein, wobei zu Spätburgunder, Dornfelder und Portugieser zuletzt Cabernet Sauvignon und Merlot hinzugekommen sind. Die Weinberge liegen in Dittelsheim (Leckerberg, Mönchhube, Geiersberg, Pfaffenmütze) und Bechtheim (Hasensprung). Die Weißweine liegen bis zum Frühjahr auf der Feinhefe, die besten Rotweine kommen ins Holz. Seit 2010 wird das Team durch den Weinbauingenieur Tobias Leib verstärkt.

Vorjahre

2009 hatte Gerold Spies eine wunderschöne Trockenbeerenauslese, der Rest der Kollektion war etwas verhalten. Diese gab es im vergangenen Jahr nochmals zu verkosten, gefiel uns besser als die Beerenauslese des Jahrgangs 2010.

Neue Kollektion

Die weißen 2011er präsentieren sich geschlossen auf gutem Niveau. Etwas besser gefallen uns die beiden Merlot, vor allem die barriqueausgebaute Variante des Jahrgangs 2009, ein fülliger und kraftvoller Wein mit reifer Frucht und feinen Vanillenoten.

Weinbewertung

82 2011 Riesling Spätlese trocken Dittelsheimer

Pfaffenmütze **13,5 %/6,90 €**
81 2011 Riesling Spätlese trocken Dittelsheimer Mönchhube **13,5 %/8,50 €**
81 2011 Grauburgunder Spätlese trocken **14 %/5,50 €**
81 2011 Silvaner Spätlese trocken **13 %/5,20 €**
87 2011 Bacchus Beerenauslese **8 %**
82 2011 Merlot Cabernet Sauvignon „Blanc de Noir" Spätlese trocken **13,5 %/6,20 €**
80 2011 Spätburgunder „Blanc de Noir" Spätlese trocken **13 %/5,90 €**
82 2011 Chardonnay Spätlese trocken **14 %/6,30 €**
82 2011 Bacchus Spätlese **11 %/4,50 €**
82 2011 Ortega Spätlese **11 %/4,20 €**
84 2010 Merlot trocken **13,5 %/5,95 €**
87 2009 Merlot trocken Barrique **14 %/13,90 €**

Uwe Spies ★
Weingut
Rheinhessen

Hauptstraße 26, 67596 Dittelsheim-Heßloch
***Tel.** 06244-7416, **Fax**: 06244-57500*
www.weingut-spies.de
info@weingut-spies.de
***Besuchszeiten**: Mo.-Fr. 8-18 Uhr, Sa. 9-17 Uhr nach Vereinbarung*

Inhaber .... Uwe Spies
Rebfläche .... 14 Hektar

1958 begannen Werner und Elisabeth Spies mit der Selbstvermarktung. Seit 1989 führen Uwe und Ingrid Spies das Gut, Sohn David studiert nach Winzerausbildung (bei Bassermann-Jordan und Rings) seit 2011 in Geisenheim, ist zusammen mit seinem Vater für den Weinausbau verantwortlich. Die Reben wachsen hauptsächlich in den Dittelsheimer Lagen Pfaffenmütze, Geiersberg und Leckerberg, vorwiegend auf Löss- und Tonmergelböden. Riesling, Silvaner, Grauburgunder und Müller-Thurgau sind die wichtigsten weißen Rebsorten, Spätburgunder, Dornfelder und Portugieser die wichtigsten roten. Dazu gibt es Weißburgunder, Sauvignon Blanc, Bacchus, Kerner, Merlot, Regent und St. Laurent.

Kollektion

In der stimmigen Kollektion ragen die beiden Lagenweine hervor. Der Leckerberg-Riesling ist füllig und harmonisch, besitzt reife süße Frucht, feine Frische und gute Struktur; die Scheurebe Auslese aus dem Brunnenhäuschen ist reintönig, süß und konzentriert.

Weinbewertung

79 2011 Riesling trocken **12,5 %/4,50 €/1l**
82 2011 Weißburgunder trocken **13 %/5,20 €**
82 2011 Riesling trocken Dittelsheimer **13 %/6,90 €**
80 2011 Grauburgunder trocken Dittelsheimer **13,5 %/5,60 €**
85 2011 Riesling trocken Dittelsheimer Leckerberg **13,5 %/12,20 €**
85 2011 Scheurebe Auslese „kalk.stein.scheu" Westhofener Brunnenhäuschen **11 %/10,20 €**

Spiess ★★★
Weingut Riederbacherhof
Rheinhessen

Gaustraße 2, 67595 Bechtheim
***Tel.** 06242-7633, **Fax**: 06242-6412*
www.spiess-wein.de
info@spiess-wein.de
***Besuchszeiten**: Mo.-Fr. 8-12 + 13-18 Uhr, Sa. 8-18 Uhr, So. Vormittag nach Vereinbarung*

Inhaber .... Jürgen Spiess
Rebfläche .... 28 Hektar

Die Weinberge von Jürgen Spiess liegen in Bechtheim, in den Lagen Hasensprung, Geyersberg, Stein, Heilig-Kreuz und Rosengarten. Die Hälfte der Rebfläche nehmen rote Trauben ein: Spätburgunder, St. Laurent und Dornfelder, aber auch internationale Sorten wie Cabernet Sauvignon und Merlot.

Bei den weißen Reben dominieren Riesling, Silvaner, Weißburgunder, Grauburgunder und Chardonnay. Die besten Weine werden seit 1992 mit dem Zusatz „S" (für Selektion) vermarktet. Die roten Topweine werden im Barrique ausgebaut. 2007 wurde der neue Gewölbekeller fertig gestellt.

Vorjahre

Vor zwei Jahren präsentierte sich die Kollektion sehr gleichmäßig, weiß wie rot, trocken wie edelsüß. Auch die letztjährige Kollektion überzeugte: Die 2010er Weißweine waren frisch, fruchtbetont und klar, zeigten erfreulich zuverlässiges Niveau, der Geyersberg-Riesling war hervorragend; die rote Riege präsentierte sich geschlossen.

Weißweine 2011

Auch 2011 tritt die weiße Riege sehr geschlossen auf, schon die Gutsweine sind fruchtbetont, füllig und klar, Chardonnay „S" und „R" sind füllig und mächtig, fast schon zu mächtig, der kraftvolle Geyersberg-Riesling gefällt uns noch besser, besitzt viel reife Frucht und viel Substanz. Und dass man sich auch auf edelsüß versteht zeigt die faszinierend dicke, konzentrierte, aber reintönige Trockenbeerenauslese.

Rotweine

Spätburgunder und Merlot aus dem Jahrgang 2010 sind fruchtbetont und klar, bei den 2009ern haben sich die Spätburgunder seit letztem Jahr schön entwickelt, an Komplexität gewonnen, auch der tanninbetonte Merlot gefällt uns sehr gut.

Weinbewertung

84 2011 Weißburgunder trocken **13 %/6,80 €**
84 2011 Chardonnay trocken **13,5 %/7,10 €**
83 2011 Grauburgunder trocken **13,5 %/8,- €**
83 2011 Riesling Kabinett trocken **12,5 %/6,- €**
85 2011 Chardonnay & Weißburgunder „S" trocken **14,5 %/9,40 €**
87 2011 Chardonnay „S" trocken **14,5 %/10,20 €**
88 2011 Chardonnay „R" trocken **15 %/20,50 €**
86 2011 Riesling trocken Bechtheimer **13,5%/11,30€**
89 2011 Riesling trocken Geyersberg **13,5%/20,50€**
90 2011 Riesling Trockenbeerenauslese Bechtheimer Heilig-Kreuz **6 %/a.A.**
85 2010 Spätburgunder trocken **13 %/6,90 €**
85 2010 Merlot „S" trocken **13 %/8,40 €**
85 2009 Cabernet Sauvignon „S" trocken **13%/8,40€**
87 2009 Spätburgunder trocken Bechtheimer **13,5 %/11,50 €**
87 2009 „Cuvée CM" Rotwein trocken **13,5%/16,90€**
86 2009 Cabernet Sauvignon „R" trocken **13,5 %/17,90 €**
88 2009 Merlot „R" trocken **14 %/17,90 €**
86 2008 Spätburgunder trocken Barrique Bechtheimer Hasensprung **14 %/20,50 €**
90 2009 Spätburgunder trocken Hasensprung **14 %/21,50 €**

★

Eugen **Spindler**

Weingut Lindenhof GbR

Pfalz

Weinstraße 55, 67147 Forst
***Tel.** 06326-338, **Fax:** 06326- 7556*
www.spindler-lindenhof.de
info@spindler-lindenhof.de
***Besuchszeiten**: Mo.-Fr. 10-12 Uhr + 14-17 Uhr, Sa. 10 16 Uhr*

Inhaber ...... Peter Spindler und Timo Spindler
Rebfläche .... 11 Hektar

Die Familie Spindler, deren Vorfahren aus dem Burgund stammen, betreibt seit 1620 Weinbau an der Mittelhaardt. Vor drei Generationen wurde der stattliche Weinbergsbesitz in drei Weingüter aufgeteilt. Eines davon ist der Lindenhof. Die heutigen Eigentümer sind Peter Spindler und Sohn Timo, der auch die Verantwortung für den An- und Ausbau der Weine übernommen hat. Die Weißweine werden in Edelstahltanks ausgebaut. Die Rotweine vergären auf der Maische und reifen in Eichenholzfässern und Barriques.

Kollektion

Die vorgestellten Weine zeigen große Klarheit und Frische, die Riesling Spätlese ist elegant. Der Spätburgunder ist feinfruchtig und von guter Struktur.

Weinbewertung

81 2011 Riesling Kabinett trocken Forster Mariengarten **11,5 %/5,50 €/1l**

84 2011 Riesling Kabinett trocken Forster Pechstein **12,5 %/9,- €**

83 2011 Riesling Kabinett trocken Forster Ungeheuer **12,5 %/9,50 €**

86 2011 Riesling Spätlese trocken Forster Jesuitengarten **13 %/11,50 €**

84 2011 Grauburgunder trocken **13,5 %/8,50 €**

86 2008 Spätburgunder Spätlese trocken Deidesheimer Herrgottsacker **13,5 %/9,50 €**

★★★★

Heinrich **Spindler**

Weingut

Pfalz

Weinstraße 44, 67147 Forst
Tel. 06326-280, Fax: 06326-7877
www.weingutheinrichspindler.de
info@weingutheinrichspindler.de
Besuchszeiten: Mo.-Fr. 9-18 Uhr, Sa. 10-16 Uhr
Weinrestaurant (Di.-Sa. 11:30-21:30 Uhr warme Küche)

Inhaber .... Hans Spindler
Rebfläche .... 16 Hektar

Hans Spindler führt heute in 13. Generation dieses Weingut mitten in Forst, das sich seit 1620 in Familienbesitz befindet. Mittlerweile wird er im Betrieb unterstützt von Sohn Markus. Sie besitzen Weinberge in allen Spitzenlagen von Forst (Ungeheuer, Pechstein, Kirchenstück, Freundstück, Jesuitengarten), sowie in Ruppertsberg (Reiterpfad) und Deidesheim. 85 Prozent der Rebfläche ist mit Riesling bestockt, die restlichen 15 Prozent mit Weißburgunder, Gewürztraminer, Scheurebe und Spätburgunder.

Vorjahre

Seit der ersten Ausgabe schon empfehlen wir die Weine von Hans Spindler, schon damals waren wir überrascht von seinen durchweg klaren, fruchtbetonten Rieslingen – und den moderaten Preisen. Jahr für Jahr führen wir Hans Spindler meist mit mehreren Weinen in unserer „Schnäppchenliste". In den letzten Jahren sind die Preise vor allem für die trockenen Spätlesen gestiegen, aber die Weine haben auch an Konzentration und Kraft gewonnen. Die Kabinettweine überraschen immer wieder mit ihrer Präzision und Reintönigkeit. Nicht viele Weingüter in der Pfalz zeigten eine solche Zuverlässigkeit und Konstanz im vergangenen Jahrzehnt. Der Jahrgang 2009 hatte in der Pfalz viele schwere, konzentrierte Rieslinge hervorgebracht. Da war vor zwei Jahren die Freude besonders groß, auf einen Riesling wie den herrlich frischen „Rural" zu treffen: 11,5 Prozent Alkohol! Wir waren beeindruckt von der hohen Qualität der Rieslinge aus dem Hause Spindler, das mit dem Jahrgang 2009 einen weiteren Schritt nach vorne gemacht hatte. Im vergangenen Jahr wurde Markus Spindler in das Talente-Programm des VDP aufgenommen. Die Spindlers hatten den schwierigen Jahrgang 2010 sehr gut in den Griff bekommen, die Spätlesen zeigten alle eine feine Frucht und ein klares Säurespiel, Eleganz und Harmonie. Die süße Auslese war herrlich klar, frisch und elegant.

Neue Kollektion

In diesem Jahr waren wir wieder beeindruckt von der hohen Qualität der Spindler-Rieslinge. Die Kabinettweine sind leicht, vielfruchtig, elegant und von spielerischer Frische. Die Spätlesen sind deutlich anspruchsvoller. Das Ungeheuer ist klar, mit viel Frucht und Substanz und feiner Mineralität. Der Pechstein ist wilder, exotisch, mit viel Druck und Länge. Fordernd ist auch der Jesuitengarten, er ist vielschichtig, spannend, hat viel Biss und Frucht. Sehr verschlossen zeigte sich das Kirchenstück, die Aromatik war unklar, der Wein zeigte aber große Kraft.

Weinbewertung

85 2011 Riesling trocken „Rural" **11,5 %/6,- €** ☺

87 2011 Riesling Kabinett trocken „Philosophie"

12,5 %/7,50 € ☺
87 2011 Riesling Kabinett trocken Forster Pechstein 12 %/8,20 € ☺
87 2011 Riesling Kabinett trocken Forster Ungeheuer 12 %/8,40 € ☺
89 2011 Riesling Spätlese trocken Forster Ungeheuer 13,5 %/13,- €
89 2011 Riesling Spätlese trocken Forster Pechstein 13,5 %/14,- €
90 2011 Riesling Spätlese trocken Forster Jesuitengarten 13,5 %/18 €
88 2011 Riesling Spätlese trocken Forster Kirchenstück 13,5 %/18,- €
85 2011 Riesling „feinherb" „Rural" 11 %/6,- € ☺
87 2011 Riesling Spätlese Forster Musenhang 11,5%/12,- €

Spohr ★
Weingut

Rheinhessen

Welschgasse 3, 67550 Worms
Tel. 06242-911060, Fax: 06242-9110630
www.weingutspohr.de
info@weingutspohr.de
Besuchszeiten: Mo.-Fr. 8-18 Uhr, Sa. 10-14 Uhr

Inhaber .... Heinz und Christian Spohr
Rebfläche .... 26 Hektar

Das Weingut Spohr befindet sich in Abenheim, einem Stadtteil von Worms. Die Weinberge liegen rund um Abenheim, in Bechtheim und im Liebfrauenstift-Kirchenstück in Worms. In der Linie „CS" (für Christian Spohr) werden die Weine der besten Lagen vermarktet.

Vorjahre

Vor zwei Jahren überzeugte der 2008er Spätburgunder, ebenso wie Chardonnay und Riesling aus dem Liebfrauenstift, Jahrgang 2009. 2010 war jahrgangsbedingt deutlich verhaltener – wie bei so vielen Weingütern in Rheinhessen.

Neue Kollektion

Die neue Kollektion gefällt uns besser, ist gleichmäßig auf gutem Niveau. Der füllige, kraftvolle Riesling aus dem Liebfrauenstift und die schmeichelnde Auslese sind unsere Favoriten, auch der Spätburgunder zeigt schöne Ansätze.

Weinbewertung

80 2011 Riesling Classic 12,5 %/5,60 €
79 2011 Weißburgunder Classic 12,5 %/5,60 €
81 2011 Riesling „S" trocken 12,5 %/7,90 €
81 2011 Chardonnay Liebfrauenstift 13 %/12,90 €
84 2011 Riesling Liebfrauenstift 13 %/12,90 €
86 2011 Riesling Auslese 8 %/14,- €
80 2009 Portugieser trocken 13,5 %/5,90 €
80 2009 Spätburgunder trocken 13 %/8,90 €
83 2009 Spätburgunder trocken Klausenberg 13,5 %/15,- €
79 2009 „Cuvée CS" Rotwein trocken 13,5 %/15,- €

Josef Spreitzer ★★★★
Weingut

Rheingau

Rheingaustraße 86, 65375 Oestrich
Tel. 06723-2625, Fax: 06723-4644
www.weingut-spreitzer.de
info@weingut-spreitzer.de
Besuchszeiten: Mo.-Fr. 9-12 + 13:30-18:30 Uhr, Sa. 9-16 Uhr
„Schlemmerwochen" Ende April/Anfang Mai

Inhaber .... Bernd und Andreas Spreitzer
Rebfläche .... 17 Hektar

Das Weingut Spreitzer ist eines der ältesten Weingüter in Oestrich und wird seit 1997 von den Brüdern Bernd und Andreas Spreitzer geführt. Das Gut – dessen Rebfläche inzwischen auf stolze 17 Hektar erweitert wurde – ist in einer Jugendstilvilla in der Nähe des Rheins untergebracht, wo die Weine in einem alten, 1743 erbauten Gewölbekeller lagern. Die Weinberge sind zu 90 Prozent mit Ries-

ling, zu einem Zehntel mit Spätburgunder bepflanzt. Die Moste werden, wenn möglich, spontanvergoren. Der Ausbau der Weine erfolgt teils im Edelstahl, teils in Holzfässern, wobei auch die im Edelstahl vergorenen Weine für kurze Zeit ins Holzfass kommen.
In den letzten Jahren ragten immer wieder drei Weine aus dem Sortiment heraus: Die beiden Ersten Gewächse, kompakt und erfreulich trocken und animierend, sowie die dichte, elegante Spätlese „303", deren Name an eine vom Großvater geerntete 1920er Oestricher Bremerberg-Eiserberg Trockenbeerenauslese erinnert. Jener Wein wurde mit dem sagenhaften Mostgewicht von 303 Grad Oechsle gelesen; ein ganzes Fass dieses Süßweines (600 Liter) erzielte Mitte der Zwanziger den phänomenalen Preis von 75.000 Reichsmark.

Vorjahre

Die 2009er gerieten sehr saftig, mit exzellenten Basisweinen, komplexen Ersten Gewächsen und eleganten Süßweinen. 2010 war in jeder Hinsicht ein großer Erfolg, auch wenn die Erntemengen um ein knappes Drittel unter dem langjährigen Mittel lagen. Aus spät gelesenen Trauben gelangen den Spreitzers zahlreiche Süßweine, die allesamt mit einer reintönigen Frucht und einem verführerischen Süße-Säure-Spiel begeistern und teilweise in gar nicht mal so kleinen Mengen vorrätig waren.

Neue Kollektion

Die 2011er sind kraftvoll und geradlinig, nicht nur die beiden Ersten Gewächse, von denen das Lenchen etwas zugänglicher wirkt, sondern auch der puristische, nach Äpfeln duftende „Alte-Reben"-Riesling aus dem Doosberg oder der enorm saftige Charta-Wein, der lediglich über einen Hauch von Süße verfügt. Was die edelsüßen Weine angeht, ist noch keine abschließende Einschätzung möglich. Zum Zeitpunkt der Verkostung wirkte die Auslese Goldkapsel noch völlig unfertig in der Nase. Der nach welken Früchten duftende Eiswein besitzt beachtliche Struktur, und die geradlinige Beerenauslese könnte noch deutlich zulegen, gar an das Niveau der schon jetzt begeisternden Trockenbeerenauslese herankommen.

Weinbewertung

84 2011 Riesling trocken Oestricher Doosberg **11,5 %/6,70 €**
85 2011 Riesling Kabinett trocken Oestricher Doosberg **11,6 %/8,50 €**
84 2011 Riesling Kabinett trocken Oestricher Lenchen **11,5 %/8,50 €**
86 2011 Riesling trocken „Alte Reben" Hallgartener Hendelberg **12,5 %/11,70 €**
88 2011 Riesling trocken „Alte Reben" Oestricher Doosberg **12,5 %/11,70 €**
91 2011 Riesling Erstes Gewächs Oestricher Lenchen „Rosengarten" **13 %/21,50 €**
91 2011 Riesling Erstes Gewächs trocken Hattenheimer Wisselbrunnen **13 %/21,50 €**
87 2011 Riesling Charta **12,5 %/10,80 €**
84 2011 Riesling Kabinett halbtrocken Winkeler Jesuitengarten **11,5 %/8,70 €**
88 2011 Riesling Spätlese halbtrocken Oestricher Lenchen **12 %/12,20 €**
84 2011 Riesling Kabinett Oestricher Lenchen **8,5 %/8,50 €**
88 2011 Riesling Spätlese Oestricher Lenchen **7,5 %/11,70 €**
90 2011 Riesling Spätlese „303" Oestricher Lenchen **7,5%/19,30 €**
89 2011 Riesling Auslese Oestricher Doosberg **7,5 %/16,30/0,375l**
89+ 2011 Riesling Auslese Goldkapsel Oestricher Lenchen **8,5 %/Verst.**
91 2011 Riesling Beerenauslese Oestricher Lenchen (91+? Punkte) **8,5 %/55,- €/0,375l**
93 2011 Riesling Eiswein Hallgartener Würzgarten **6,5 %/78,- €/0,375l**
94 2011 Riesling Trockenbeerenauslese Oestricher Doosberg **8 %/77,50 €/0,375l**

★
Springer
Weingut
Württemberg

Staufenberger Weg 4, 74074 Heilbronn
Tel. 07131-70695, Fax: 07131-256196
www.weingut-springer.de
info@weingut-springer.de
Besuchszeiten: Mo.-Do. 12-13:30 Uhr, Fr. 13-19 Uhr, Sa. 9-18 Uhr und nach Vereinbarung
Besenwirtschaft

Inhaber .... Felix Springer
Rebfläche .... 5,5 Hektar

Felix Springer hat bei Ellwanger gelernt, dann in Geisenheim studiert, ein Praxissemester bei Paul Fürst absolviert – seit 2007 ist er für den Weinausbau im elterlichen Weingut verantwortlich, das er inzwischen übernommen hat. Seine Weinberge liegen in Heilbronn und Flein. Hauptrebsorten sind Trollinger, Riesling, Spätburgunder und Lemberger. Dazu gibt es Schwarzriesling, Samtrot, Weißburgunder, Cabernet Dorsa, Müller-Thurgau, Clevner, Gewürztraminer und Dornfelder. Das Gros der Weine wird an Privatkunden verkauft, ein Teil in der Besenwirtschaft ausgeschenkt.

Vorjahre

Beim guten Debüt vor zwei Jahren gefiel uns die Cuvée „Der Springer" besonders gut. Im vergangenen Jahr führte der Folgejahrgang des Springers 2008 die neue Kollektion an, deren Stärken im roten Segment lagen.

Neue Kollektion

Die neue Kollektion ist sehr homogen, zeigt gutes Niveau – und für Württemberg erstaunlich moderate Preise. Einen neuen roten Springer gibt es dieses Jahr nicht, dafür springt der im Barrique ausgebaute Spätburgunder in die Bresche, zeigt rauchige Noten und klare reife Frucht, ist füllig und kraftvoll im Mund bei guter Struktur. Im weißen Segment gibt es einen starken Weißburgunder aus dem Holzfass, der kraftvoll und klar ist, gekonnt vinifiziert.

Weinbewertung

81 2011 Riesling Kabinett trocken Fleiner Sonnenberg **12,5 %/5,- €**
86 2010 Weißburgunder trocken Holzfass Heilbronner Stiftsberg **13 %/10,30 €**
81 2011 Rivaner Heilbronner Stiftsberg **12 %/3,80 €**
81 2011 Riesling Kabinett Heilbronner Stiftsberg **11 %/5,- €**
82 2011 Rosé Heilbronner Stiftsberg **11 %/4,- €**
81 2011 Trollinger trocken „Alte Rebe" Heilbronner Stiftsberg **13,5 %/4,80 €**
82 2010 Clevner trocken Heilbronner Stiftsberg **12 %/4,50 €**
83 2010 Lemberger trocken Heilbronner Stiftsberg **13 %/4,80 €**
80 2010 Cabernet Dorsa trocken Heilbronner Stiftsberg **13,5 %/5,- €**
83 2010 Frühburgunder trocken Holzfass Heilbronner Stiftsberg **13,5 %/5,90 €**
86 2009 Spätburgunder trocken Barrique Heilbronner Stiftsberg **13,5 %/9,70 €**
81 2010 Trollinger mit Lemberger Heilbronner Stiftsberg **12 %/4,- €/1l**

★
Springiersbacher Hof
Weingut, Michael Borchert
Mosel

Oberbachstraße 30, 56814 Ediger
Tel. 02675-1560, Fax: 02675-910149
www.moselhof.de
info@moselhof.de
Besuchszeiten: Wein-Café 12-19 Uhr
Ferienwohnungen

Inhaber .... Gabriele und Michael Borchert
Rebfläche .... 1,8 Hektar

Das Weingut hat seinen Sitz in einem Barockgebäude, das die Augustiner-Chorherren vom Kloster Springiersbach 1752 errichten liesen. 1997 gründeten Gabriele und Michael Borchert das Weingut praktisch neu, in dem sie einen Weinberg im Ediger Feuerberg pachteten. Nach und nach kauften sie Parzellen in besten Lagen im Calmont und im Elzhofberg, wo sie Steil-Terrassen rodeten und neu bepflanzten und eine Monorackbahn bauten. 2005 eröffneten sie das Wein-Café in einer ehemaligen Kelterscheune, 2010 nahmen sie eine Destille in Betrieb.

Kollektion

Die Weine präsentieren sich reintönig, sind kraftvoll und zupackend, trocken wie süß. Die beiden trockenen Weine aus dem Elzhofberg sind präzise und zupackend, auch die feinherbe Spätlese besitzt gute Struktur, der Wein aus dem Calmont ist herrlich kraftvoll, die Auslese schmeichelnd und frisch. Eine gelungene Kollektion – wir freuen uns auf die kommenden Jahrgänge.

Weinbewertung

84 2010 Riesling trocken Ediger Elzhofberg **12 %/7,50 €**

85 2011 Riesling Spätlese trocken Ediger Elzhofberg **11,5 %/7,- €**

85 2011 Riesling Ellerer Calmont **11 %/8,50 €**

84 2011 Riesling Spätlese „feinherb" „Franziska" Ediger Elzhofberg **11,5 %/6,50 €**

83 2011 Riesling Spätlese Ediger Osterlämmchen **8,5 %/6,50 €**

86 2011 Riesling Auslese Ediger Elzhofberg **10 %/10,50 €**

★★

Erich Stachel

Weingut

Pfalz

Bahnhofstraße 40, 67487 Maikammer
Tel. *06321-5112,* ***Fax:*** *06321-58561*
www.weingut-stachel.de
info@weingut-stachel.de
Besuchszeiten: *Mo.-Fr. 9-12 + 14:30-18 Uhr, Sa. 10-16 Uhr*

Inhaber .... Erich Stachel
Kellermeister .... Matthias Stachel
Rebfläche .... 15 Hektar

Die Weinberge von Erich Stachel liegen in Maikammer und Umgebung. An weißen Sorten baut er Riesling, Weißburgunder, Auxerrois, Silvaner, Chardonnay, Kerner, Müller-Thurgau, Gewürztraminer und Sauvignon Blanc an. Die Weißweine werden im Edelstahl kühl vergoren. An roten Sorten baut er Spätburgunder, St. Laurent, Dornfelder, Syrah, Regent, Merlot und Cabernet Sauvignon an. Die Rotweine werden in großen Eichenholzfässern oder im Barrique ausgebaut.

Vorjahre

Kellermeister Matthias Stachel zeigte vor zwei Jahren beeindruckende Konstanz: Die Rotweine überzeugten, Cabernet Sauvignon und Syrah waren hervorragende, hochwertige und sehr präzise Vertreter ihrer Rebsorte. Auch die Weißweine waren gut, wir sahen noch Potenzial nach oben. Im vergangenen Jahr waren die Weißweine bis auf den guten Riesling „Alte Reben" etwas zu verhalten. Die Stärken lagen weiterhin eindeutig im roten Barriquesegment, Cabernet Sauvignon, Merlot und Syrah waren gekonnt vinifiziert und gehörten zu den besten Vertretern ihrer Rebsorte in der Pfalz, der Spätburgunder aus dem Heiligenberg beeindruckte durch Reintönigkeit und Eleganz.

Neue Kollektion

In diesem Jahr gefallen uns unter den Weißweinen vor allem die klaren, reintönigen Rieslinge, der Wein aus dem Heiligenberg zeigt feine rauchig-mineralische Noten, der Weißburgunder aus dem Römerweg und der Chardonnay sind allerdings etwas zu wuchtig geraten. Der Spätburgunder Heiligenberg, Merlot, Syrah und St. Laurent sind alle kraftvoll und harmonisch mit gut integriertem Holz, der im letzten Jahr schon einmal verkostete Syrah hat im Vergleich zum vergangenen Jahr sogar noch etwas zugelegt.

Weinbewertung

84 2011 Sauvignon Blanc trocken Diedesfelder Johanniskirchel **13 %/8,50 €**

81 2011 Weißburgunder Kabinett trocken Maikammer **12 %/5,50 €**

83 2011 Weißburgunder Spätlese trocken Kirrweiler Römerweg **13 %/7,80 €**
82 2011 Chardonnay Spätlese trocken Maikammer Kirchenstück **13,5 %/5,50 €**
82 2011 Riesling Kabinett trocken Maikammer **12 %/5,20 €**
86 2011 Riesling trocken Maikammer Heiligenberg **13 %/8,50 €**
85 2011 Riesling trocken „Alte Reben" Alsterweiler Kapellenberg **13 %/9,80 €**
87 2009 Merlot trocken Maikammer Kirchenstück **14 %/17,80 €**
88 2009 Syrah trocken Maikammer Kirchenstück **14 %/23,- €**
86 2009 St. Laurent trocken Kirrweiler Mandelberg **13,5 %/16,- €**
83 2010 Spätburgunder trocken Maikammer **13 %/6,50 €**
87 2009 Spätburgunder trocken Maikammer Heiligenberg **13,5 %/18,- €**

★★☆

Staffelter Hof

Weingut **Mosel**

Robert-Schuman-Straße 208, 54536 Kröv
***Tel.** 06541-3708, **Fax:** 06541-3933*
www.staffelter-hof.de
info@staffelter-hof.de
***Besuchszeiten:** Mo.-Fr. ganztägig, am Wochenende nach Vereinbarung*
Gästezimmer, Ferienapartments

Inhaber . . . Jan-Matthias, Gerd und Gundi Klein
Rebfläche . . . . 9,5 Hektar

Das Weingut Staffelter Hof in Kröv ist eines der ältesten Weingüter an der Mosel. Im Jahre 862 schenkte Kaiser Lothar II. den Hof dem Kloster Stavelot. Bis zur Säkularisation gehörte der Hof Mönchen. 1805 erwarb der letzte Hofmann des Klosterguts, Peter Schneiders, ein Vorfahr der heutigen Besitzer, das Anwesen vom französischen Staat. Heute führen Gerd und Gundi Klein zusammen mit ihrem Sohn Jan-Matthias das Weingut. Ihre Weinberge, hauptsächlich mit Riesling bestockt, befinden sich in Kröv, Piesport und Neumagen-Dhron. Der Spitzenrotwein wird im Barrique ausgebaut. Neben Weinen erzeugt Gerd Klein in der hauseigenen Destille auch Hefe-, Trester- und Obstbrände.

Vorjahre

2009 überzeugten die beiden trockenen Spitzenweine, der Riesling von alten Reben und der Dhron Hofberger, mit Rasse und mineralischer Würze, die restsüßen Weine aus dem Steffensberg konnten gut mithalten. Auch 2010 gefielen uns die beiden kraftvollen trockenen Spätlesen sehr gut, der edelsüße Teil der Kollektion hatte ebenfalls viel zu bieten, bis hin zur Trockenbeerenauslese.

Jahrgang 2011

2011 präsentiert sich etwas weniger gleichmäßig. Trocken überzeugen der kraftvolle Riesling von alten Reben und der fast trockene, füllige Weine aus dem Dhron Hofberger. Etwas gleichmäßiger präsentiert sich der süße Teil der Kollektion mit feinen Kabinettweinen, einer würzigen Auslese, sowie Eiswein und Trockenbeerenauslese, die beide recht duftig, stoffig und konzentriert sind.

Weinbewertung

78 2011 Rivaner trocken „Diva" **11,5 %/5,50 €**
79 2011 Riesling trocken „Magnus" **11,5 %/6,90 €**
85 2011 Riesling trocken „Alte Reben S" **12 %/13,90 €**
87 2011 Riesling Spätlese „3/4 GeGe" Dhron Hifberger **13 %/12,90 €**
80 2011 Riesling „feinherb" Paradies **11 %/6,90 €**
82 2011 Riesling Kabinett „feinherb" Kröv Letterlay **11,5 %/9,50 €**
82 2011 Riesling „Knackarsch" **9,5 %/6,90 €**
83 2011 Riesling Kabinett Kröv Steffensberg **9 %/8,50 €**
84 2011 Riesling Spätlese Kröv Steffensberg **9 %/11,50 €**
86 2011 Riesling Auslese Kröv Steffensberg

9 %/19,50 €

86 2011 Riesling Eiswein Kröv Paradies **8 %/39,- €/0,375l**

88 2011 Riesling Trockenbeerenauslese Kröv Steffensberg **5,5 %/95,- €/0,375l**

Stahl ★★★

Winzerhof

Franken

Lange Dorfstraße 21, 97215 Auernhofen
***Tel.** 09848-96896, **Fax**: 09848-96898*
www.winzerhof-stahl.de
mail@winzerhof-stahl.de
***Besuchszeiten**: täglich nach Vereinbarung*
Weinrestaurant (Events und Menüs nach Anmeldung)
Heckenwirtschaft

Inhaber .... Christian Stahl
Rebfläche .... 15 Hektar

Bis 1984 war der Betrieb ein Bauernhof mit Ackerbau und Viehzucht. In diesem Jahr kaufte Albrecht Stahl im Zuge der Flurbereinigung Weinbergflächen im zehn Kilometer entfernten Taubertal. Anfangs wurde der Ertrag komplett an eine Weinkellerei abgeliefert, erst 1992 begann Albrecht Stahl seine Weine selbst auszubauen. Sohn Christian ist seit dem Jahrgang 2000 für die Vinifikation verantwortlich, inzwischen hat er den Betrieb übernommen. Die Weinberge liegen nicht nur im Tauberzeller Hasennestle und an der Tauber, sondern auch in Randersacker, Sommerhausen, Eibelstadt und Marktbreit, wo Christian Stahl Flächen gepachtet hat. Die angebauten Rebsorten sind Müller-Thurgau, Silvaner, Bacchus, Kerner, Spätburgunder, Regent und Domina. Zuletzt kamen Grauburgunder und Tauberschwarz hinzu, ein Teil des Bacchus wurde durch Scheurebe und Sauvignon Blanc ersetzt. Seit dem Jahrgang 2004 wird auf Prädikatsbezeichnungen verzichtet, die Weine werden betriebsintern in die drei Linien „feder stahl", „Damaszener Stahl" und „Edelstahl" klassifiziert.

Vorjahre

Die 2009er Kollektion bot wunderschön reintönige Weine, Silvaner und Müller-Thurgau gefielen uns besonders gut. Eine klasse Kollektion hatte Christian Stahl auch im problematischen Jahrgang 2010, angefangen vom leichten Sommer-Wein bis hin zu den kraftvollen Edelstahl-Silvanern, auch die Müller-Thurgau gefielen uns wie gehabt.

Jahrgang 2011

Immer neue Namen, neue Etiketten, da ist es nicht einfach die Übersicht zu behalten im Programm von Christian Stahl. Auch einen Süßwein bietet er an, wie überhaupt die einst puristisch trockenen Weine sich 2011 deutlich restsüßer präsentieren. Die Kollektion ist stark wie gewohnt, wird angeführt von den beiden fülligen, reintönigen Silvanern der Edesltahl-Linie, auch Scheurebe und Riesling sind wunderschön reintönig, besitzen Substanz, Kraft und Frische, in der Damaszener Stahl-Linie gefällt uns die harmonische Pinot-Cuvée besonders gut.

Weinbewertung

85 2011 Müller-Thurgau Hasennest „Damaszener Stahl" **12,5 %/9,50 €**

86 2011 Pinot Cuvée „Damaszener Stahl" **13 %/9,50 €**

83 2011 Scheurebe „flashback Damaszener Stahl" **12,5 %/9,50 €**

87 2011 Scheurebe (zweimännerwein) **13 %/15,- €**

85 2011 Silvaner „Damaszener Stahl" **12,5 %/8,50 €**

85 2011 Sauvignon Blanc (zweimännerwein) **13 %/15,- €**

88 2011 Silvaner „Edelstahl" **13 %/11,- €**

89 2011 Silvaner „Edelstahl best of" **13,5 %/14,- €**

87 2011 Riesling „Edelstahl best of" **13 %/14,- €**

85 2011 „Scheu im Heu" Weißwein **12 %**

★★★
Stallmann-Hiestand
Weingut **Rheinhessen**

Eisgasse 15, 55278 Uelversheim
Tel. *06249-8463,* ***Fax:*** *06249-8614*
www.weingut-stallmann-hiestand.de
info@weingut-stallmann-hiestand.de
Besuchszeiten: *nach Vereinbarung*

Inhaber .... Werner und Christoph Hiestand
Rebfläche .... 17,5 Hektar

Werner Hiestand will in Zukunft noch stärker auf die klassischen Rebsorten setzen – bei Weißweinen zumindest – und möchte den Anteil des Weißburgunders in seinen Weinbergen weiter erhöhen. Diese liegen in Dienheim und Uelversheim, aber auch in Guntersblum. Riesling und Spätburgunder sind die wichtigsten Rebsorten, gefolgt von den weißen Burgundern, Silvaner und Gewürztraminer. Portugieser, Weinsberger Cabernet-Kreuzungen (Cabernet Dorsa, Cabernet Cubin), Sankt Laurent und Sauvignon Blanc sind wichtige Bestandteile des Sortiments. Im Betrieb wird Werner Hiestand unterstützt von Sohn Christoph, als gelernter Krankenpfleger quasi Quereinsteiger, der 2007 sein Geisenheim-Studium abgeschlossen hat und Praktika bei Meyer-Näkel, Nederburg (Südafrika) und Knipser absolvierte. Er ist alleinverantwortlich für den Keller und Mitgesellschafter seines Vaters. Werner Hiestands Ehefrau Siglinde ist zusammen mit Christophs Lebensgefährtin Nora Ernst für das Marketing zuständig.

Vorjahre

Seit der ersten Ausgabe empfehlen wir die Weine von Werner Hiestand, schon damals haben wir die Reintönigkeit des gesamten Sortiments besonders gelobt. Jahr für Jahr präsentiert er höchst zuverlässige Kollektionen, zuletzt haben die Weine in der Spitze weiter zugelegt, haben an Komplexität und Nachhaltigkeit gewonnen. Vor zwei Jahren präsentierte sich die Kollektion geschlossen auf gutem Niveau. Die Grauburgunder gefielen uns besonders gut, die Rotweine waren wie gewohnt kraftvoll, fruchtbetont und klar. Die letztjährige Kollektion war die bisher beste von Werner und Christoph Hiestand – und dies in einem Jahrgang wie 2010. Unsere beiden Favoriten, Grauburgunder und Spätburgunder, stammten zwar aus dem Jahrgang 2009, nichtsdestotrotz lobten wir die 2010er, weil sie auf konstant sehr gutem Niveau sich wunderschön geschlossen präsentierten wie nur bei wenigen anderen Betrieben in Rheinhessen.

Neue Kollektion

Eine ebenso starke Kollektion folgt nun in diesem Jahr. Im homogenen weißen Segment gefällt uns der füllige, kraftvolle Grauburgunder besonders gut, auch der reintönige, zupackende Sauvignon Blanc überzeugt. Bei den trockenen Rieslingen gilt unsere leichte Präferenz dem kraftvollen Wein aus dem Dienheimer Kreuz, der zupackende Wein aus dem Hipping ebenso wie der geradlinige Riesling vom Tafelstein stehen ihm kaum nach, auch die süße Variante als „Geyerscheisser" überzeugt wie schon in den vergangenen Jahren. Die drei präsentierten Rotweine sind bärenstark: Der Spätburgunder vom Tafelstein ist klar und zupackend, die rote Cuvée wunderschön intensiv und fruchtbetont, konzentriert und füllig; noch besser aber gefällt uns der Spätburgunder „R", der rauchige Noten im Bouquet zeigt, etwas Toast, reintönige Frucht, gute Fülle und Substanz besitzt, Struktur und Länge.

Weinbewertung

84 2011 Weißburgunder „S" trocken **13 %/7,20 €**
87 2011 Grauburgunder „S" trocken **13,5 %/8,50 €** ☺
86 2011 Sauvignon Blanc trocken **12 %/8,20 €**
86 2011 Riesling Spätlese trocken Dienheimer Tafelstein **12,5 %/8,- €**
86 2011 Riesling Spätlese trocken Niersteiner Hipping **13 %/9,50 €**
87 2011 Riesling Auslese trocken Dienheimer Kreuz **13,5 %/12,- €**

86 2011 Gewürztraminer „feinherb" **12,5 %/8,20 €**
87 2011 Riesling Auslese „Geyerscheisser" Dienheimer Tafelstein **10 %/9,50 €**
82 2011 Rosé Saignée trocken **12,5 %/5,20 €**
87 2009 Spätburgunder trocken Dienheimer Tafelstein **14 %/15,- €**
88 2009 „Nero" Rotwein trocken **14 %/16,50 €**
89 2009 Spätburgunder „R" **14 %/20,- €**

Roland **Staudt** ★

Weingut

Franken

Am Maustal 3, 97320 Sulzfeld
***Tel.** 09321-6826, **Fax**: 09321-6927*
www.weingut-staudt.de
info@weingut-staudt.de
***Besuchszeiten**: Mo.-Sa., So. nach Vereinbarung*

Inhaber .... Roland Staudt
Rebfläche .... 9,5 Hektar

1984 wurde der erste Jahrgang erzeugt. Roland Staudt baut in seinen Weinbergen in den Sulzfelder Lagen Maustal und Cyriakusberg vor allem Müller-Thurgau und Silvaner an, die jeweils etwa ein Viertel der Rebfläche einnehmen. Hinzu kommen Bacchus, Kerner, Riesling, Weißburgunder, Gewürztraminer, Spätburgunder, Dornfelder, Cabernet Dorsa und Domina. Die Weißweine werden in temperaturgesteuerten Edelstahltanks ausgebaut, die Rotweine kommen nach der Maischegärung ins Holz.

Vorjahre

Mit einer sehr gleichmäßigen Kollektion stellten wir Roland Staudt vor zwei Jahren erstmals vor, Cabernet Dorsa und Weißburgunder gefielen uns besonders gut. Sehr ähnlich präsentierte sich die letztjährige Kollektion: Schon die beiden Literweine überzeugten mit Frische und Frucht, der Cabernet Dorsa gefiel uns erneut am besten.

Neue Kollektion

Die 2011er Weine sind etwas verhalten, die kraftvolle, reintönige trockene Silvaner Spätlese gefällt uns am besten; der Spätburgunder ist noch sehr jugendlich, der Cabernet Dorsa besitzt nicht die Substanz der im Vorjahr verkosteten barriqueausgebauten Variante.

Weinbewertung

78 2011 Silvaner trocken Sulzfelder Maustal **11,5 %/5,70 €/1l**
81 2011 „Monte C" Weißwein trocken **11,5 %/5,70 €**
83 2011 Silvaner Spätlese trocken Sulzfelder Maustal **12,5 %/8,- €**
80 2011 Rotling **11 %/5,70 €**
81 2011 Spätburgunder Spätlese trocken Sulzfelder Maustal **13,5 %/11,- €**
81 2009 Cabernet Dorsa Spätlese trocken **12,5 %/9,- €**

Schloss **Staufenberg** ★★

Weingut Markgraf v. Baden

Baden

Schloss Staufenberg 1, 77770 Durbach
***Tel.** 0781-42778, **Fax**: 0781-440578*
www.markgraf-von-baden.de
info@schloss-staufenberg.de
***Besuchszeiten**: Mo.-Fr. 9:30-12 + 13-17 Uhr, Sa. 10-16 Uhr, Gutsausschank*

Inhaber .... Markgraf von Baden
Betriebsleiter .... Achim Kirchner
Kellermeister .... Martin Kölble, Klaus Ebert
Rebfläche .... 27 Hektar

Schloss Staufenberg kam 1693 in den Besitz des Hauses Baden. In den Weinbergen von Schloss Staufenberg, am Durbacher Schlossberg, spielt Riesling mit 45 Prozent die wichtigste Rolle. Es folgen 30 Prozent Spätburgunder, Müller-Thurgau, Traminer, Weiß- und Grauburgunder, sowie Chardonnay. Die Rieslinge werden alle in Edelstahltanks ausgebaut, Spätburgunder im Barrique.

Vorjahre

Der prächtige Spätburgunder aus dem Schlossberg führte vor zwei Jahren eine ein wenig uneinheitliche Kollektion an. Die 2010er Weißweine präsentierten sich gleichmäßig; der Spätburgunder aus dem Schlossberg aber gab im vergangenen Jahr einmal mehr eine sehr gute Vorstellung. Noch faszinierender war der Spätburgunder „Fass No. 75“, hatte aber doch ein Manko: Es handelte sich wirklich nur um ein einziges kleines Fass.

Neue Kollektion

Die neue Kollektion präsentiert sich geschlossen auf gutem Niveau, bietet klare, fruchtbetonte Weine. Im weißen Segment ist der kraftvolle, klare Klingelberger 1782 unser Favorit; rot trumpft einmal mehr der Spätburgunder aus dem Schlossberg auf, ist füllig und harmonisch, kraftvoll und klar, besitzt gute Struktur und Substanz.

Weinbewertung

82 2011 Klingelberger Riesling trocken **11,5 %**

83 2011 Klingelberger Riesling Kabinett trocken **12 %**

84 2011 Klingelberger Riesling Spätlese trocken **12,5 %**

83 2011 Klingelberger Riesling trocken „Carl Friedrich“

87 2011 Klingelberger Riesling trocken „1782“ **12 %**

83 2011 Weißburgunder trocken **11,5 %**

85 2011 Grauburgunder trocken **13 %**

85 2011 Sauvignon Blanc trocken **12,5 %**

83 2011 Chardonnay trocken **12 %**

84 2011 Gewürztraminer Spätlese **11 %**

83 2010 Spätburgunder trocken **12,5 %**

88 2010 Spätburgunder trocken Durbacher Schlossberg **13,5 %**

★☆

Steffen-Prüm

Weingut

Mosel

Trierer Straße 12, 54484 Maring-Noviand
Tel. *06535-420,* ***Fax:*** *06535-1538*
www.weingutsteffen-pruem.de
info@weingutsteffen-pruem.de, www.sgpruem.com
Besuchszeiten: *täglich nach Vereinbarung*

Inhaber .... Gerd Steffen
Rebfläche .... 3,8 Hektar

Die Weinberge von Gerd und Marita Steffen liegen in Maring-Noviand (Sonnenuhr, Honigberg) und Lieser (Rosenlay, Niederberg-Helden), inzwischen sind sie auch im Erdener Treppchen vertreten. Sie bauen außer Riesling auch Findling, Dornfelder, Portugieser, Regent und Schwarzriesling an. Die Weine werden teils im Edelstahl, teils im Eichenholz ausgebaut.

Vorjahre

2009 brachte eine zuverlässige Leistung, vor allem die Goldkapsel-Spätlese ragte heraus. Eine überzeugende 2010er Kollektion folgte nach mit saftigen, reintönigen süßen und edelsüßen Rieslingen.

Jahrgang 2011

In diesem Jahr nun hat Gerd Steffen die neue Linie „S.G. Prüm“ eingeführt. Was daran neu sein soll, wie im beiliegenden Schreiben ständig formuliert wird, erschließt sich uns nicht; sichtbar ist nur, dass die Preise in dieser Linie deutlich über denen der „Traditionslinie“ Steffen-Prüm liegen. Die neue Kollektion präsentiert sich etwas uneinheitlich, hat ihre Stärken klar im süßen Segment mit einer saftigen Spätlese „ET“, einer duftigen würzigen Auslese und einer dicken, konzentrierten, gewürzduftigen Trockenbeerenauslese.

Weinbewertung

81 2011 Riesling Spätlese „feinherb“ Sonnenuhr **8,50 €**

80 2011 Riesling „No. 1“ „S.G. Prüm“ **9,50 €**

81 2011 Riesling Kabinett „feinherb“ „S.G. Prüm“ Niederberg Helden **11,50 €**

82 2011 Riesling „S" „S.G. Prüm" **14,50 €**
80 2011 Riesling Kabinett Honigberg **6,50 €**
82 2011 Riesling Spätlese Sonnenuhr **7,50 €**
83 2011 Riesling Spätlese „SL" „S.G. Prüm" **14,50 €**
85 2011 Riesling Spätlese „ET" „S.G. Prüm" **17,50 €**
87 2011 Riesling Auslese „S.G. Prüm" **22,50 €**
89 2011 Riesling Trockenbeerenauslese „S.G. Prüm" **80,- €/0,375l**

Steffens-Keß ★★★
Weingut

Mosel

Moselstraße 63, 56861 Reil
Tel. 06542-1246, Fax: 06542-1353
www.steffens-kess.de
weingut@steffens-kess.de
Besuchszeiten: nach Vereinbarung

Inhaber .... Harald Steffens
Rebfläche .... 4 Hektar

Harald Steffens und Marita Keß bauen fast ausschließlich Riesling an, ausnahmslos in Steillagen in der Reiler Goldlay, im Burger Wendelstück oder im Hahnenschrittchen. Bereits seit 1982 betreiben sie ökologischen Weinbau und sind Mitglied bei Ecovin. Die Moste werden mit den traubeneigenen Hefen vergoren und in Eichenholzfässern ausgebaut. Praktisch alle Weine werden trocken abgefüllt, nur in Ausnahmejahren werden, wenn die Gärung stockt, Weine mit einem kleinen Anteil Restsüße ausgebaut. Edelsüße Spezialitäten gehören nicht zum Programm: Harald Steffens baut eben nur das aus, was er selbst am liebsten trinkt.

Vorjahre

2009 waren die Weine geradlinig und präzise, zugänglich und herrlich animierend. Die 2010er Weine waren gewohnt präzise, reintönig und zupackend, zeigten die Handschrift, die man von Harald Steffens kennt. In der Spitze aber reichten sie jahrgangsbedingt nicht ganz an ihre Vorgänger heran.

Jahrgang 2011

Sehr stimmige präsentiert sich der Jahrgang 2011, bringt reintönige, präzise Weine. Schon die Qualitäts- und Kabinettweine bereiten viel Freude, sind alle frisch, klar und zupackend. Highlights für uns sind die trockene Spätlese aus dem Hahnenschrittchen mit viel Substanz und Kraft und die trockene Auslese aus der Goldlay, die sich wunderschön füllig und saftig präsentiert bei guter Struktur und Substanz.

Weinbewertung

84 2011 Riesling trocken Reiler Goldlay **11 %/6,50 €**
85 2011 Riesling trocken Burger Hahnenschrittchen **11 %/6,30 €**
85 2011 Riesling Kabinett trocken Burger Hahnenschrittchen **12 %/7,60 €**
86 2011 Riesling Kabinett trocken Reiler Goldlay **12 %/8,10 €**
88 2011 Riesling Spätlese trocken Burger Hahnenschrittchen **12 %/10,30 €**
86 2011 Riesling Spätlese trocken Burger Wendelstück **12 %/9,90 €**
89 2011 Riesling Auslese trocken Reiler Goldlay **13 %/14,30 €**

Karl Stein ★
Weingut

Nahe

Auf dem Stiel 12, 55585 Oberhausen
Tel. 06755-242, Fax: 06755-741
www.steinwein.de
info@steinwein.de
Besuchszeiten: Mo.-Sa. 7:30-18 Uhr und nach Vereinbarung

Inhaber .... Edith Schneider
.... Dr. Claudia Stein-Hammer
Rebfläche .... 10 Hektar

Seit 1960 erzeugt die Familie selbst Wein und Sekt. Riesling nimmt 40 Prozent der

Rebfläche ein. Weißburgunder 20 Prozent. Dazu gibt es Grauburgunder, Gewürztraminer, Silvaner, Kerner und Müller-Thurgau.

Vorjahre

Der Jahrgang 2009 präsentierte sich sehr geschlossen mit kraftvollen, markanten Rieslingen. Ähnlich fiel 2010 aus: Der Weißburgunder und die kräftigen Riesling Spätlesen gefielen uns gut, auch die sehr moderat kalkulierten Sekte zeigten gutes Niveau und Substanz.

Jahrgang 2011

2011 gefällt uns der rest- und edelsüße Teil der Kollektion wesentlich besser als die teilweise etwas bitteren trockene Weine. Spätlese, Auslese und Beerenauslese vom Riesling und die Gewürztraminer Auslese zeigen alle klare Frucht und feinen Säurebiss.

Weinbewertung

80 2011 Silvaner trocken **13,5 %/5,- €**

79 2011 Weißer Burgunder trocken Oberhäuser Rotenberg **13,5 %/6,- €**

80 2011 Grauer Burgunder trocken Oberhäuser Leistenberg **13,5 %/7,20 €**

79 2011 Chardonnay trocken Oberhäuser Kieselberg **13,5 %/7,20 €**

81 2011 Riesling trocken Oberhäuser Kieselberg **13,5 %/6,80 €**

82 2011 Riesling trocken Niederhäuser Felsensteyer **13,5 %/10,- €**

84 2011 Riesling und Gewürztraminer Spätlese Oberhäuser Rotenberg **11,5 %/7,20 €**

84 2011 Gewürztraminer Auslese Oberhäuser Rotenberg **10 %/7,50 €/0,5l**

80 2011 Riesling Classic **12,5 %/5,50 €**

82 2011 Riesling Oberhäuser Leistenberg **13 %/7,20 €**

84 2011 Riesling Spätlese Oberhäuser Felsenberg **8 %/6,40 €**

85 2011 Riesling Auslese Niederhäuser Felsensteyer **9 %/10,- €**

85 2011 Riesling Beerenauslese Oberhäuser Kieselberg **8 %/24,- €/0,375l**

★☆

Artur Steinmann

Weingut

Franken

Plan 4, 97286 Sommerhausen
Tel. *09333-90460,* ***Fax:*** *09333-904627*
www.artur-steinmann.de
info@pastoriushaus.de
Besuchszeiten: *Mo.-Sa. 9-12 + 13-18 Uhr, So. 9-12 Uhr*
Hotel

Inhaber .... Artur Steinmann
Rebfläche .... 15 Hektar

Das 1916 von Karl Steinmann gegründete Gut hat seinen Sitz in einem im 17. Jahrhundert erbauten Haus, in dem Franz David Pastorius geboren wurde, der erste deutsche Auswanderer nach Amerika, der 1683 in Pennsylvania die Stadt German-Town gründete. Karl Steinmanns Sohn konzentrierte sich seit den sechziger Jahren auf Weinbau, seit 1982 führt Enkel Artur Steinmann das Gut. Er baut vor allem Silvaner, Müller-Thurgau und Riesling, aber auch rote Rebsorten an.

Vorjahre

Sehr geschlossen präsentierte sich 2009. Einmal mehr gefiel uns ein Traminer, diesmal als Spätlese, besonders gut, ebenso die trockene Silvaner Spätlese und der barriqueausgebaute Weißburgunder. 2010 vermissten wir die Spätlesen. Die erzeugten Kabinett- und Qualitätsweine waren klar, frisch und geradlinig, angenehm leicht.

Jahrgang 2011

2011 sind die Spätlesen zurück, im Falle des Silvaners aus dem Steinbach besonders mächtig und füllig, der Wein von alten Reben aus dem Reifenstein ist kraftvoll und reintönig. Besser noch gefällt uns der Riesling aus dem Steinach, ist füllig und kraftvoll bei viel reifer Frucht und guter Substanz.

Weinbewertung

83 2011 Müller-Thurgau trocken „Frank & Frei" **11,5 %/6,- €**

81 2011 Weißburgunder Kabinett trocken Sommerhausen Ölspiel **11,5 %/8,- €**

85 2011 Silvaner trocken „Alte Reben" Sommerhausen Reifenstein **13 %/11,- €**

85 2011 Silvaner Spätlese trocken Sommerhausen Steinbach **14,5 %/14,- €**

87 2011 Riesling Spätlese trocken Sommerhausen Steinbach **13,5 %/12,5 €**

84 2011 Scheurebe Kabinett Sommerhausen Ölspiel **11 %/7,50 €**

★☆

Christoph **Steinmann**

Weingut

Franken

Neuenbergshof, 97286 Sommerhausen
***Tel.** 09333-436, **Fax:** 09333-785*
www.weingut-steinmann.de
weingut.steinmann@t-online.de
***Besuchszeiten:** Mo.-Sa. 8-18 Uhr*
Weinstube (bis 65 Personen), Weinproben nach Anmeldung, Häckerwirtschaft im Januar + Oktober, Gästeführungen in Weinberg, Keller und durch den Sommerhäuser Altort

Inhaber .... Christoph Steinmann
Rebfläche .... 14 Hektar

Das Weingut entstand in den sechziger Jahren als Aussiedlerbetrieb auf dem Neuenberg, inmitten der Weinberge. Noch heute betreibt Christoph Steinmann neben Weinbau auch Landwirtschaft und Obstbau. Die Reben wachsen teils auf Muschelkalkböden in den Sommerhäuser Lagen Reifenstein, Steinbach und Ölspiel und im Eibelstadter Kapellenberg. In den Lagen Winterhäuser Kaiser Wilhelm und Frickenhäuser Kapellenberg findet man kräftige Böden mit Lehm und Ton. Wichtigste Rebsorte ist Silvaner, der inzwischen mehr als ein Drittel der Rebfläche einnimmt. Es folgen Müller-Thurgau, Riesling und Weißburgunder, sowie rote Sorten (bereits seit 1974) wie Domina, Spätburgunder, Schwarzriesling und Portugieser. Dazu Spezialitäten wie Traminer und Scheurebe, sowie erstmals mit dem Jahrgang 2004 Blauer Silvaner und mit dem Jahrgang 2008 Sauvignon Blanc. Drei Viertel der Weine werden trocken ausgebaut.

Entwicklung

Schon in der ersten Ausgabe hatten wir das Weingut mit einer guten, gleichmäßigen Kollektion vorgestellt. Das ist die Stärke von Christoph Steinmann: Man wird nie enttäuscht, die Weine sind fruchtbetont und klar, trockene Spätlesen oder restsüße Weine ragen immer wieder einmal aus grundsoliden Kollektionen hervor.

Vorjahre

Vor zwei Jahren gefiel uns die trockene Silvaner Spätlese besonders gut, auch die barriqueausgebaute 2008er Domina überzeugte. Die letztjährige Kollektion war jahrgangsbedingt etwas verhaltener, bot aber gutes, gleichmäßiges Niveau mit frischen, klaren Weinen.

Neue Kollektion

2011 erntete Christoph Steinmann aufgrund des Spätfrostes nur die Hälfte eines normalen Ertrags. Seine Weine präsentieren sich wie gewohnt frisch und klar, der zupackende Sauvignon Blanc und die saftige Silvaner Spätlese gefallen uns im weißen Segment besonders gut, die im Barrique ausgebaute Domina ist füllig und kraftvoll, besitzt reife Frucht, gute Struktur und feine Noten von Bitterschokolade.

Weinbewertung

82 2011 „Frankolino" Silvaner trocken **12 %/4,90 €**

84 2011 Sauvignon Blanc Kabinett trocken Sommerhäuser Steinbach **13,5 %/6,50 €**

81 2011 Riesling Kabinett trocken Eibelstadter Kapellenberg **12,5 %/6,50 €**

84 2011 Silvaner Spätlese trocken Sommerhäuser Steinbach **13 %/7,50 €**

82 2011 Scheurebe Kabinett Sommerhäuser Steinbach **11,5 %/5,90 €**

86 2009 Domina Spätlese trocken Barrique Sommerhäuser Steinbach **14 %/16,- €**

★☆

Christian **Steinmetz**

Weingut

Mosel

Moselweinstraße 137, 54472 Brauneberg
Tel. *06534-947920,* ***Fax:*** *06534-947921*
www.weingut-csteinmetz.de
info@weingut-csteinmetz.de
Besuchszeiten: *Gutsausschank & Winzercafé von Ostern bis Oktober, Weinverkauf täglich nach Anmeldung*

Inhaber..................... Christian Steinmetz
Rebfläche............................. 2 Hektar

1999 erwarb Christian Steinmetz ein Winzeranwesen in Brauneberg. Die ersten Trauben wurden 2000 aus der Juffer, dem Kestener Paulinshofberg und der Mülheimer Sonnenlay geerntet, inzwischen werden auch Trauben aus den Graacher und Zeltinger Lagen verarbeitet. Spontangärung, teilweiser Einsatz von Edelstahldrucktanks (um einen Wein „sur lie" zu erzeugen) sowie – bei den „Alten Reben" – die Vergärung in Barriques gehören zum Konzept des Weingutes. 2005 wurde der Jungfernertrag einer Spätburgunderanlage gelesen. Seit Mai 2009 ergänzt ein Gutsausschank das Ensemble. Das Weingut wird im Nebenerwerb geführt, hauptberuflich ist Christian Steinmetz Außenbetriebsleiter bei Reichsgraf von Kesselstatt.

Vorjahre

2009 gefielen alle Weine, vom saftigen Basiswein bis zum komplexen Riesling von alten Reben. Die Weine waren würzig, besaßen Schmelz und meist eine Spur Restzucker, aber auch Fülle und Substanz. 2010 präsentierte sich geschlossen auf gutem Niveau, überzeugte trocken wie süß.

Jahrgang 2011

Sehr geschlossen präsentiert sich nun auch 2011, im trockenen Segment angeführt von drei kraftvollen und fülligen Rieslingen aus Sonnenuhr, Juffer und Himmelreich, im süßen Segment von der würzigen Auslese. ▬

Weinbewertung

80 2011 Riesling trocken **12 %/5,80 €**
80 2011 Riesling Kabinett trocken Mülheimer Sonnenlay **12,5 %/7,- €**
85 2011 Riesling Spätlese trocken „sur lie" Zeltinger Sonnenuhr **12,5 %/8,- €**
85 2011 Riesling Spätlese trocken „sur lie" Brauneberger Juffer **12,5 %/9,- €**
85 2011 Riesling „Alte Reben" Graacher Himmelreich **13 %/9,80 €**
82 2011 Riesling Spätlese „feinherb" Brauneberger Juffer **12 %/9,- €**
84 2011 Riesling Spätlese Brauneberger Juffer **9 %/9,- €**
85 2011 Riesling Auslese*** Brauneberger Juffer **12 %/12,50 €/0,5l**

★★

Günther **Steinmetz**

Weingut

Mosel

Moselweinstraße 154, 54472 Brauneberg
Tel. *06534-751,* ***Fax:*** *06534-940921*
www.weingut-guenther-steinmetz.de
info@weingut-guenther-steinmetz.de
Besuchszeiten: *täglich nach Vereinbarung*

Inhaber............ Edith und Stefan Steinmetz
Rebfläche............................. 7 Hektar

Das Weingut verfügt über einen uralten Gewölbekeller und über einen beachtlichen Bestand an alten, wurzelechten Rieslingreben. Seniorchef Günther Steinmetz hat die Verantwortung im Keller an seinen Sohn Stefan übergeben. Der baut neben Riesling noch Weiß- und Grauburgunder an, aber auch die roten Sorten Spätburgunder, Merlot und Dornfelder. Wichtigste Lage ist die Brauneberger Juffer, Spätburgunderreben wachsen beispielsweise im Graacher Himmelreich oder im Kestener Herrenberg.

Vorjahre

2009 gab es zahlreiche schlanke, frische Rieslinge, die in der Spitze viel Schmelz aufwiesen. Die 2010er Kollektion überzeugte durch ihre Geschlossenheit, alle Weine waren kraftvoll und klar, besaßen Substanz.

Jahrgang 2011

Sehr geschlossen präsentiert sich nun der Jahrgang 2011 auf durchweg gutem und sehr gutem Niveau. Das Sortiment zu verstehen ist nicht leicht, eine klare Linie würde uns da gut gefallen. Einige interessante Rieslinge findet man im feinherben Segment, auch wenn das „feinherb" manchmal auf dem Etikett erscheint, dann wieder nicht. Stimmig präsentieren sich die süßen Rieslinge bis hin zur Auslese aus der Juffer.

Weinbewertung

80 2011 Riesling **11,5 %/5,20 €**
85 2011 Riesling „HL" Brauneberger Juffer **13 %/12,50 €**
83 2011 Riesling Kabinett „feinherb" Brauneberger Juffer **10,5 %/7,- €**
82 2011 Riesling Brauneberger **12 %/6,80 €**
85 2011 Riesling Kestener Herrenberg **11,5 %/9,50€**
84 2011 Riesling „sur lie" Wintricher Geierslay **11,5 %/9,80 €**
84 2011 Riesling „feinherb" Wintricher Geierslay **11,5 %/9,80 €**
86 2011 Riesling „GD" Dhroner Hofberg **13 %/15,- €**
85 2011 Riesling „von den Terrassen" Piesporter Falkenberg **12 %/16,50 €**
85 2011 Riesling Spätlese** Brauneberger Juffer **9,5 %/9,80 €**
84 2011 Riesling Spätlese* Wintricher Geierslay **8,5 %/9,- €**
87 2011 Riesling Auslese** Brauneberger Juffer **10,5 %/15,- €**

★★

Stephan **Steinmetz**

Weingut

Mosel

Am Markusbrunnen 6, 54439 Wehr
***Tel.** 06583-234, **Fax**: 06583-1848*
www.der-weinmacher.de
info@der-weinmacher.de
***Besuchszeiten**: wochentags nach Vereinbarung*

Inhaber .... Stephan Steinmetz
Rebfläche .... 5,6 Hektar

Schon mit 22 Jahren hat Stephan Steinmetz das elterliche Weingut übernommen. Er ist an der Obermosel zu Hause, baut Elbling und die Burgundersorten an, aber keinen Riesling, auf Lagenbezeichnungen verzichtet er. Er erzeugt trockene Weine, hat immer auch Crémant im Programm, sowohl Elbling wie eine Burgundercuvée.

Vorjahre

Die 2009er Weißweine lagen auf gewohnt zuverlässigem Niveau, die Schaumweine waren herrlich präzise und sehr niedrig dosiert. Auch im vergangenen Jahr gefielen uns die Crémants gut, wie überhaupt die gesamte Kollektion sich geschlossen auf gutem Niveau präsentierte, der 2008er Spätburgunder war gekonnt vinifiziert

Neue Kollektion

Auch in diesem Jahr haben uns die beiden Crémants wieder viel Freude bereitet, sie sind frisch und klar, beide sehr jugendlich. Im weißen Segment hat der wunderschön reintönige Elbling die Burgunder hinter sich gelassen. Wie schon im Vorjahr überzeugt der Spätburgunder, dieses Jahr nun gleich doppelt: Der 2009er ist rauchig und kraftvoll, noch geprägt von jugendlichen Bitternoten; der reintönige 2007er ist kraftvoll und füllig, besitzt gute Struktur und Frische.

Weinbewertung

85 Elbling Crémant brut **11,5 %/9,- €**
86 „Liaison" Crémant brut **12,5 %/10,50 €**
81 2011 Elbling trocken **10,5 %/4,80 €/1l**

85 2011 Elbling trocken **11 %/5,- €** ☺
82 2011 Weißburgunder trocken **11,5 %/6,40 €**
82 2011 Auxerrois trocken **11 %/6,40 €**
83 2011 Grauburgunder trocken **12 %/7,20 €**
86 2007 Spätburgunder Barrique **13 %/10,50 €**
85 2009 Spätburgunder Barrique **13 %/10,50 €**
83 2011 Riesling Spätlese **10 %/8,- €**
81 2011 Portugieser Rosé **11 %/5,- €**
80 2010 Spätburgunder trocken **13 %/6,50 €**
80 2010 Saint Laurent trocken **12,5 %/6,- €**
85 2009 Spätburgunder trocken Klosterberg **14,5 %/20,50 €**

★

Steinmühle

Weingut

Rheinhessen

Eulenberg 18, 67574 Osthofen
***Tel.** 06242-1478, **Fax:** 06242-1580*
www.weingut-steinmuehle.de
info@weingut-steinmuehle.de
***Besuchszeiten:** nach Vereinbarung*

Inhaber .... Axel May
Rebfläche .... 15,5 Hektar

Das 1275 erstmals erwähnte Hof- und Weingut Steinmühle ist seit Anfang des 18. Jahrhunderts im Besitz der Familie, wird heute von Axel May geführt. Mit dem Jahrgang 2011 wurde das Sortiment neu gegliedert in Guts-, Orts- und Lagenweine.

Kollektion

Aus der Serie fruchtbetonter, klarer Weine ragen einige hervor: Die konzentrierte, klare Cuvée aus Weißburgunder und Grauburgunder; der frische, zupackende Riesling aus dem Liebenberg und ein fülliger, kraftvoller Spätburgunder mit viel Substanz und dezenten Bitternoten im Abgang.

Weinbewertung

81 2011 Sylvaner trocken **12 %/5,- €**
81 2011 Riesling trocken Osthofener **13 %/6,- €**
83 2011 Grauburgunder trocken Osthofener **13 %/6,50 €**
84 2011 Grauburgunder & Weißburgunder trocken „Opus 737" **13 %/7,50 €**
85 2011 Riesling trocken Liebenberg **13,5 %/10,- €**
81 2011 Weißburgunder Classic **12,5 %/5,30 €**
82 2011 Riesling Classic **12,5 %/5,30 €**

★★☆

Steitz

Weingut

Rheinhessen/Nahe

Mörsfelderstraße 3, 55599 Stein-Bockenheim
***Tel.** 06703-93080, **Fax:** 06703 -930890*
www.weingut-steitz.de
mail@weingut-steitz.de
***Besuchszeiten:** täglich außer So., nach Vereinbarung*
Weinprobierstube, Gästehaus
Gewölbekeller für Weinproben

Inhaber .. Gernod, Heidrun und Christian Steitz
Rebfläche .... 15 Hektar

Gernod und Heidrun Steitz werden seit 1994 im Betrieb von Sohn Christian unterstützt, der für Keller und Weinberge verantwortlich ist. Der Anbauschwerpunkt liegt auf den klassischen Rebsorten, vor allem den Burgundersorten (Weiß-, Grau- und Spätburgunder), die zusammen etwa 40 Prozent der Rebfläche einnehmen, sowie Riesling. Hinzu kommen Sorten wie Portugieser, Dornfelder, Müller-Thurgau und Chardonnay. St. Laurent ist inzwischen in Ertrag, dazu wurde ein wenig Cabernet Dorsa gepflanzt, der aber nur in Cuvées verwendet wird. Die Rotweine werden nach der Maischegärung im Holzfass ausgebaut. Die Weißweine werden reduktiv mit langem Feinhefelager ausgebaut. Prädikatsbezeichnungen bleiben restsüßen Weinen vorbehalten.

Vorjahre

Seit über einem Jahrzehnt bietet die Familie Steitz höchst zuverlässige, gute Qualität. Schon damals hatten wir erwartet, dass das

Weingut qualitativ zur rheinhessischen Spitze aufschließen kann. Schon damals waren alle Weine wunderschön reintönig und – im positiven Sinne – süffig. Erst in den letzten Jahren nun deutet sich an, dass man willens ist diesen weiteren Schritt zu gehen, die Weine haben deutlich an Profil gewonnen. Vor zwei Jahren überzeugte uns die Kollektion voll und ganz, zeigte gutes Niveau schon bei den Gutsweinen, die Lagenweine zeigten viel versprechende Ansätze. Mit der letztjährigen Kollektion wurde der sehr gute Eindruck der Vorjahre bestätigt: Die 2010er Weißweine waren frisch und klar bei guter Fülle, die Rotweine besaßen Frucht und Struktur.

Neue Kollektion

Die neue Kollektion überzeugt voll und ganz, bietet feine, reintönige Gutsweine und kraftvolle, zupackende Ortsweine. Am besten gefallen uns die Lagenweine: Der Silvaner Goldenes Horn ist reintönig und füllig bei guter Substanz, der Heerkretz-Riesling ist kraftvoll und klar, besitzt gute Struktur und reife Frucht. Noch besser gefällt uns der neue Grauburgunder aus dem Heerkretz, zeigt gute Konzentration und reintönige Frucht im Bouquet, ist füllig und kraftvoll im Mund, besitzt gute Struktur und Frische. Im roten Segment gefallen uns der wunderschön reintönige St. Laurent und der füllige Eichelberg-Spätburgunder besonders gut. ━

Weinbewertung

82 2012 Riesling trocken **11 %/6,- €**
82 2012 Grauburgunder trocken **12,5 %/6,- €**
84 2011 Riesling trocken „Steinriegel" Neu-Bamberger **12,5 %/8,50 €**
87 2011 Silvaner trocken Siefersheimer Goldenes Horn **14 %/12,- €**
87 2011 Riesling trocken Neu-Bamberger Heerkretz **13,5 %/13,- €**
88 2011 Grauburgunder trocken Siefersheimer Heerkretz **14 %/11,- €**
83 2011 Weißburgunder trocken „Achat" Stein-Bockenheimer **13 %/7,50 €**
85 2011 Chardonnay trocken „Achat" Wonsheimer **13 %/7,50 €**
84 2012 Riesling Spätlese **9 %/7,50 €**
83 2010 Spätburgunder trocken Wonsheimer **12 %/7,50 €**
86 2010 Saint-Laurent trocken Wendelsheimer **13 %/7,50 €**
86 2009 Spätburgunder trocken Fürfelder Eichelberg **13,5 %/14,50 €**

★

Jürgen **Stentz**

Weingut

Pfalz

Mörzheimer Hauptstraße 47, 76829 Landau-Mörzheim
***Tel.** 06341-30121, **Fax**: 06341-34565*
www.stentz.de
info@stentz.de
***Besuchszeiten**: Mi.-Fr. 9-12 + 14-18 Uhr, Sa. 9-14 Uhr oder nach Vereinbarung*
Gästehaus, Weinprobierstube (bis 40 Personen)

Inhaber .... Jürgen Stentz
Rebfläche .... 14 Hektar

Das Weingut Stentz ist in einem alten, denkmalgeschützten Anwesen, einer ehemaligen Wagnerei, untergebracht. Jürgen und Astrid Stentz haben das Weingut 1999 von seinen Eltern übernommen. Sie bauen vor allem Riesling und die Burgundersorten an, aber auch Dornfelder. Die Weißweine werden kühl und langsam vergoren. Die Rotweine kommen nach der Maischegärung ins Eichenholzfass.

Vorjahre

Seit über einem Jahrzehnt empfehlen wir die Weine von Jürgen Stentz. Jahr für Jahr präsentiert er sehr zuverlässige Kollektionen, immer wieder mit einzelnen Spitzen, vor allem bei den Burgundersorten. Vor zwei Jahren konnten Frühburgunder, Grauer Burgunder und ein bereits gut gereifter Riesling von 2008 überzeugen. Im letzten Jahr gefielen uns zwei Sekte aus dem Jahrgang 2009 am besten, die vorgestellten 2010er Weine waren uns hingegen ein wenig zu verhalten.

Neue Kollektion

In der aktuellen Kollektion sind die Basisweine wieder etwas verhalten, die Goldkapsel-Weine hingegen sind klar und sortentypisch, an der Spitze steht der gut balancierte Chardonnay, der mit feiner Frucht und Kräuternoten überzeugt.

Weinbewertung

80 „Der Stentz" Weißwein trocken **12,5 %/5,30 €**
82 2011 Weißer Burgunder trocken **12,5 %/5,90 €**
84 2011 Weißer Burgunder „49°10'24"N 8°04'05"O" **14 %/9,90 €**
83 2011 Chardonnay trocken **12,5 %/7,50 €**
85 2011 Chardonnay „49°09'21"N 8°04'25"O" **13 %/9,90 €**
80 2011 Riesling trocken **12 %/4,40 €/1l**
84 2011 Riesling „49°09'21"N 8°04'27"O" **12,5 %/9,90 €**
81 2011 Silvaner **11,5 %/5,30 €**

★★★

Stern

Weingut

Pfalz

Hauptstraße 199, 76879 Hochstadt
***Tel.** 06347-8634 oder 06347-700580*
***Fax**: 06347-7309*
www.weingut-stern.de
weingut.stern@gmx.de
***Besuchszeiten**: Mo.-Fr. 8-18 Uhr, Sa. 9-16 Uhr und nach Vereinbarung*
Weinstube „Zum Sterne Sepp" in Hochstadt

Inhaber .... Wolfgang und Dominic Stern
Rebfläche .... 8,5 Hektar

1952 kaufte Josef Stern den ersten Weinberg, 1960 begann er mit der Brennerei. 1980 übernahm Sohn Wolfgang den Betrieb, den er heute mit seinem Sohn Dominic führt. In den Weinbergen rund um Hochstadt wachsen die Reben auf sandigen Lössböden mit leichtem Kalkgehalt. Wolfgang und Dominic Stern haben den Anbau von Riesling und den Burgundersorten in den letzten Jahren forciert. Die Burgundersorten nehmen 35 Prozent der Rebfläche ein, Riesling 30 Prozent. Hinzu kommen Silvaner, Gewürztraminer, Müller-Thurgau, Dornfelder und Portugieser, aber auch Rieslaner, Merlot und Cabernet Sauvignon. Die Weißweine werden gezügelt vergoren und recht lange auf der Hefe ausgebaut. Rotweine werden prinzipiell maischevergoren und im Holz, teilweise im Barrique ausgebaut. Die „Pinotimes" genannten Weine entstehen aus der Zusammenarbeit der Cousins Dominic Stern und Philipp Kiefer (siehe Aloisiushof, Sankt Martin).

Vorjahre

Vor zwei Jahren unterstrichen die Sterns ihre Ambitionen vor allem im roten Bereich. Mit ihrer Kollektion aus dem Jahrgang 2008 gehörten sie zu den besten Rotweinwinzern der Pfalz. Die Weine hatten viel Kraft und Substanz, der „Pinotimes" zeigte zudem bereits Ansätze einer schwebenden Eleganz. Auch Sekt, Riesling und Chardonnay waren sehr gut. Im vergangenen Jahr standen erneut die Rotweine an der Spitze der gleichmäßig guten Kollektion, allen voran die kraftvolle, konzentrierte Cuvée „55" aus einem mit Merlot und Cabernet dichtbepflanzten Weinberg und der „Pinotimes"-Spätburgunder mit Substanz und Potential. Bei den Weißweinen zeigten Grauburgunder und Chardonnay aus dem Jahrgang 2010 im Gegensatz zu den etwas stoffigeren 2009ern mehr Finesse und Eleganz. Und auch der Pinot-Sekt war wieder sehr gut gelungen.

Neue Kollektion

In diesem Jahr konnten wir eine sehr gleichmäßige Kollektion auf hohem Niveau verkosten, weiß und rot überzeugen genauso wie die beiden Sekte. Unser Favorit unter den Weißweinen ist der kraftvolle, saftige und weiche Barrique-Chardonnay, aber auch der Grauburgunder und die beiden Rieslinge zeigen viel klare Frucht, der Silvaner besitzt feinen Schmelz. Unter den Rotweinen sind die beiden 2010er Cuvées jahrgangsbedingt etwas verhaltener, keinerlei Abstriche gibt es hingegen bei den zwei Spätburgundern, beide besitzen klare Frucht und feine Röstnoten, der „Pinotimes"-Pinot Noir ist auch 2010 wieder elegant und ausgewogen.

Weinbewertung

85 Pinot Cuvée*** Sekt brut **13 %/14,- €**
86 Pinot Rosé Sekt brut „Pinotimes" **13,5 %/16,- €**
86 2011 Grüner Silvaner*** trocken **13 %/9,- €**
85 2011 Sauvignon Blanc*** trocken **12,5 %/8,80 €**
86 2011 Grauer Burgunder*** Spätlese trocken „vom Löss-Lehm" **13,5 %/9,- €**
87 **2011 Chardonnay*** Spätlese trocken Barrique 13,5 %/14,- €**
86 2011 Riesling*** Spätlese trocken „Klostergarten" **13 %/9,50 €**
86 2011 Riesling*** Spätlese trocken „Im Langen Rain" **13 %/10,- €**
86 2010 Cuvée „Josef" Rotwein*** trocken Barrique **13,5 %/14,- €**
87 2010 Cuvée „55" Rotwein*** trocken Barrique **13,5 %/28,80 €**
87 2010 Spätburgunder*** trocken Barrique **13,5 %/15,50 €**
88 2010 Pinot Noir trocken „Pinotimes" **13,5 %/18,- €**

Stich ★★★
Weingut

Franken

Freudenberger Straße 73, 63927 Bürgstadt
***Tel.** 09371-5705, **Fax**: 09371-80973*
www.weingut-stich.de
info@weingut-stich.de
***Besuchszeiten**: Mo.-Fr. 8:30-18:30 Uhr, Sa. 8:30-16 Uhr*
Gutsausschank „Im Löwen" (ab Ostermontag 3 Wochen, 8 Tage im Juni/Juli), Kabarett und Wein im Sept., Weinproben bis 150 Personen

Inhaber .... Gerhard Stich
Rebfläche .... 8,5 Hektar

Das Weingut von Gerhard Stich hat seinen Sitz im 1901 erbauten ehemaligen Gasthof „Zum Löwen". Neben Weinbergen im Bürgstadter Centgrafenberg (Buntsandsteinverwitterungsböden) besitzt Gerhard Stich auch Weinberge am Fuß des Steigerwaldes, in der Lage Prichsenstadter Krone (tiefgründige, steinige Muschelkalkböden). Seine wichtigste Rebsorte ist der Spätburgunder. Hinzu kommen vor allem Müller-Thurgau, Silvaner, Bacchus, Weißburgunder und Gewürztraminer, aber auch Schwarzriesling und Frühburgunder.

Vorjahre

Vor zwei Jahren gefiel uns die Kollektion sehr gut, einmal mehr betörten die reintönigen, gekonnt vinifizierten Rotweine besonders, der weiße Teil der Kollektion präsentierte sich kraftvoll und frisch. 2010 behauptet sich Gerhard Stich sehr gut, alle Weine waren frisch und klar. Die Stars der letztjährigen Kollektion aber kamen aus den vorausgegangenen Jahrgängen mit dem im Holz ausgebauten Silvaner, sowie Frühburgunder und Spätburgunder aus der „Löwenlinie"; dass Stich-Weine haltbar sind, ja sich entwickeln, zeigte der Sieg des Spätburgunders in der 2001er-Verkostung.

Neue Kollektion

Die neue Kollektion ist stark, bringt wie gewohnt zuverlässige, klare Weißweine, am besten gefällt uns die kraftvolle, reintönige trockene Silvaner Spätlese aus dem Centgrafenberg. In der Spitze sind die Roten, wie meist, etwas stärker: Die trockene Spätburgunder Spätlese aus der Löwenlinie ist reintönig und rauchig, zeigt etwas Gewürze und rote Früchte im Bouquet. Im Mund präsentiert sie sich füllig, klar und zupackend bei guter Struktur und jugendlichen Tanninen. Etwas mehr Toast und Konzentration zeigt die „AAA"-Selektion, ist harmonisch, elegant und lang.

Weinbewertung

85 2009 Spätburgunder Rosé Sekt brut Bürgstadter **13,5 %/14,50 €**

83 2011 Müller-Thurgau trocken „Frank & Frei" **12 %/6,- €**
84 2011 Silvaner Kabinett trocken Prichsenstadter Krone **11,5 %/6,- €**
84 2011 Riesling Kabinett trocken Bürgstadter Centgrafenberg **11,5 %/8,80 €**
86 2011 Silvaner Spätlese trocken Bürgstadter Centgrafenberg **13 %/9,50 €**
83 2011 Rosé 12 %/6,20 €
84 2010 Spätburgunder trocken Bürgstadter Centgrafenberg **12 %/8,- €**
88 2009 Spätburgunder Spätlese trocken „Löwenlinie" Centgrafenberg **13 %/21,- €**
90 2009 Spätburgunder Spätlese „AAA" trocken „Löwenlinie" Centgrafenberg **13 %/31,- €**

★★★

Stigler

Weingut

Baden

Bachenstraße 29, 79241 Ihringen
***Tel.** 07668-297, **Fax:** 07668-94120*
www.weingut-stigler.de
info@weingut-stigler.de
***Besuchszeiten:** Mo.-Fr. 10-12 + 15-18 Uhr,*
Sa. nach Vereinbarung

Inhaber .... Andreas Stigler
Rebfläche .... 10,5 Hektar

Wichtigste Rebsorten bei Andreas Stigler sind Spätburgunder und Riesling, gefolgt von Weißburgunder und Silvaner. Das Gros seiner Weinberge liegt im Ihringer Winklerberg. Daneben besitzt Andreas Stigler auch Weinberge im Oberrotweiler Eichberg, im Ihringer Fohrenberg und seit 1992 im Freiburger Schlossberg, wo vor allem Spätburgunder steht, er zuletzt aber etwas Cabernet Franc und Petit Verdot gepflanzt hat. Die Weine von Andreas Stigler sind Spätentwickler und kommen oft erst ein Jahr nach der Ernte in den Verkauf.

Vorjahre

Andreas Stigler macht keine Weine für den schnellen Konsum: Sie besitzen Ecken und Kanten, sind eigenwillig, kraftvoll – und haben Wiedererkennungswert. Vor zwei Jahren präsentierte sich die Kollektion geschlossen, aus dem Jahrgang 2008 gefielen uns Riesling und Chardonnay besonders gut, aus 2009 Weißherbst und Traminer Auslese, aber auch Chenin Blanc und Sauvignon Blanc. Die 2009er Großen Gewächse wurden nicht vorgestellt – es folgte der Sprung zum Jahrgang 2010, sowohl Riesling als auch Weißburgunder waren im vergangenen Jahr kraftvoll und zupackend, der 2009er Chardonnay stand ihnen kaum nach, auch der fruchtbetonte, zupackende Spätburgunder „Backöfele" gefiel uns sehr gut, frisch und klar präsentierten sich die beiden Sekte.

Neue Kollektion

Auch in diesem Jahr präsentiert Andreas Stigler wieder eine eigenwillige Kollektion mit sehr eigenständigen Weinen. Neben Sauvignon Blanc und Chenin Blanc gibt es inzwischen auch Cabernet Franc und Petit Verdot in einer Cuvée, eine 1996er Trockenbeerenauslese, die erst 2012 gefüllt wurde, bekommt man auch nicht alle Tage zu verkosten. Im weißen Segment gefällt uns die Cuvée aus Sauvignon Blanc und Chenin Blanc etwas besser als ihre reinsortigen Varianten, der üppige Weißburgunder besitzt viel Duft und Stoff. Unter den beiden roten Großen Gewächsen präferieren wir leicht den fülligen, geradlinigen Spätburgunder vom Winklerberg.

Weinbewertung

87 2009 „Blanc de Blancs" Sekt brut **12,5 %/19,- €**
84 2011 Weißburgunder & Chardonnay Kabinett trocken **13 %/9,80 €**
86 2011 Sauvignon Blanc & Chenin Blanc Spätlese trocken Ihringen Winklerberg **14 %/14,50 €**
84 2011 Sauvignon Blanc Spätlese trocken Ihringen Winklerberg **14 %/15,50 €**
84 2011 Chenin Blanc Spätlese trocken Ihringen Winklerberg **14 %/15,50 €**
85 2011 Riesling „GG" „F36 Herrgottswinkel" Ihringen Winklerberg **12 %/21,- €**

87 2011 Weißburgunder „GG" „Pagode"" Ihringen Winklerberg **14,5 %/21,- €**
86 2009 Spätburgunder Weißherbst Trockenbeerenauslese Ihringen Winklerberg **11 %/65,- €/0,375l**
85 1996 Müller-Thurgau Trockenbeerenauslese Freiburg Schlossberg **9 %/75,- €/0,375l**
83 2011 Pinot Noir Rosé Spätlese trocken Freiburg Schlossberg **13,5 %/12,- €**
84 2011 „Cave" Cabernet Franc & Petit Verdot Spätlese trocken Freiburg Schlossberg **13,5 %/16,- €**
88 2009 Spätburgunder „GG" „Backöfele"" Ihringen Winklerberg **13,5 %/28,- €**
86 2009 Spätburgunder „GG" Freiburg Schlossberg **14 %/28,- €**

★★★★★

Jean **Stodden**

Weingut

Ahr

Rotweinstraße 7-9, 53506 Rech
***Tel.** 02643-3001, **Fax**: 02643-3003*
www.stodden.de
info@stodden.de
***Besuchszeiten**: Mo.-Fr. 9-12 + 13-18 Uhr, Sa. 10-14 Uhr*

Inhaber .... Gerhard Stodden
Rebfläche .... 6,5 Hektar

Die Weinberge von Gerhard Stodden liegen zu 90 Prozent in Steilhängen. Der Recher Herrenberg ist seine Paradelage, hinzu kommen die Lagen Neuenahrer Sonnenberg, Ahrweiler Rosenthal, Mayschosser Mönchberg und Dernauer Hardtberg. Neben Spätburgunder baut er etwas Riesling und Frühburgunder an. Den Portugieser hat er inzwischen ausgerissen und durch Spät- und Frühburgunder ersetzt. Alle Rotweine reifen nach der Maischegärung im Eichenholzfass, ausgesuchte Weine werden im Barrique ausgebaut. Diese Weine werden in der Serie „JS" vermarktet, die es seit 1989 gibt. Gerhard Stodden hat in den letzten Jahren den Barriqueanteil kräftig erhöht, ebenso den Anteil neuen Holzes. Er nutzt 228-Liter-Barriques aus Alliereiche, medium getoastet. Seit 1999 nutzt er für seine Spitzenweine nur noch neue Barriques. Seine Spitzenweine, insbesondere die aus seiner Grand Cru-Lage Recher Herrenberg, füllt Gerhard Stodden seit dem Jahrgang 1999 ohne Filtration ab. Er will gerbstoffreiche Weine machen, die sich durch gute Lagerfähigkeit auszeichnen. Seit Anfang 2001 arbeitet Sohn Alexander – nach Studium und Lehrjahren in Oregon und Südafrika – im Betrieb mit.

Während die meisten anderen Winzer an der Ahr ihre Spitzenweine schon im August oder September des auf die Ernte folgenden Jahres abfüllen, bleiben bei Gerhard und Alexander Stodden die Weine mindestens 15 Monate im Barrique oder im großen Holzfass. Mit dem Effekt, dass ihre Weine wesentlich haltbarer sind als die anderer Ahrwinzer. Aber auch mit dem Effekt, dass sie jünger wesentlich unzugänglicher sind. Sie setzen ihre Vision von großem Spätburgunder von der Ahr konsequent in die Tat um. Und große Spätburgunder zeichnen sich nun einmal auch durch ihr gutes Alterungspotenzial aus.

Vorjahre

2008 waren alle Weine herrlich präzise und reintönig, besaßen Kraft und Substanz, aber auch Eleganz und Frische – und waren von enormer Nachhaltigkeit: Eine grandiose Kollektion, angeführt von den beiden Weinen aus dem Recher Herrenberg, dem Großen Gewächs und dem Alten Reben-Spätburgunder. Ganz stark war auch der Jahrgang 2009, wobei es uns schwer fiel uns für einen der großartigen Spätburgunder zu entscheiden, so nah lagen sie beieinander, die drei Großen Gewächse, „Alte Reben" und „Lange Goldkapsel"; auch der Frühburgunder und der „normale" Spätburgunder aus dem Herrenberg waren hervorragend, die Einstiegsqualitäten sehr gut.

Weinbewertung

2010 wird uns die Entscheidung leicht gemacht, denn es gibt keine Großen Gewächse, nur den Alte Reben-Spätburgunder aus dem Herrenberg. Er ist faszinierend reintönig und konzentriert, kraftvoll und doch elegant, lang und nachhaltig. Der Rosenthal-Spätburgunder zeigt reife Frucht im Bouquet, dezent Vanille und Toast im Hintergrund, etwas Herzkirschen, ist füllig und schmeichelnd im Mund bei guter Substanz, erreicht aber nicht die Komplexität des „Alte Reben". Gleichauf mit dem Rosenthal sehen wir den Spätburgunder aus dem Herrenberg, der wunderschön reintönig und elegant ist, der Frühburgunder steht ihm nur wenig nach.

Weinbewertung

86 2011 Riesling Recher **12,5 %/13,- €**
86 2011 Spätburgunder „Blanc de Noir" **12 %/13,- €**
86 2011 Spätburgunder **13 %/13,- €**
86 2010 Spätburgunder „J" **14 %/16,- €**
87 2010 Spätburgunder „JS" **14 %/21,- €**
90 2010 Spätburgunder Recher Herrenberg **14 %/28,- €**
89 2010 Frühburgunder Recher Herrenberg **13,5 %/33,- €**
90 2010 Spätburgunder Ahrweiler Rosenthal **13,5 %/55,- €**
93 2010 Spätburgunder „Alte Reben" **13,5 %/150,- €/1,5l**

★★★★

J. Störrlein & Krenig

Weingut

Franken

Schulstraße 14, 97236 Randersacker
***Tel.** 0931-708281, **Fax:** 0931-701155*
www.stoerrlein.de
info@stoerrlein.de
***Besuchszeiten:** Mo.-Sa. 8-19 Uhr, So. nach Vereinbarung*
mehrmals kultur-kulinarische Wochenenden

Inhaber .... Armin Störrlein & Martin Krenig
Rebfläche .... 12,5 Hektar

Die Weinberge von Armin Störrlein liegen in den Randersackerer Lagen Sonnenstuhl, Marsberg und Pfülben. Wichtigste Rebsorten sind Silvaner, Riesling und Müller-Thurgau, gefolgt von den roten Sorten Schwarzriesling, Domina und Spätburgunder. Seine Rotweine baut Armin Störrlein immer im Holz aus (teils auch im Barrique). Auch die meisten Weißweine kommen nach dem Ausbau im Edelstahl noch für einige Monate in große Holzfässer und werden relativ spät abgefüllt.
2008 wurde das Weingut Josef Störrlein mit dem Weinbaubetrieb von Armin Störrleins Schwiegersohn Martin Krenig (4,5 Hektar) verschmolzen und trägt seither den Namen Weingut J. Störrlein & Krenig. Armin Störrlein und Tochter Christiane Störrlein-Krenig kümmern sich im Wesentlichen um Vinifikation und Vermarktung, Martin Krenig um die Bewirtschaftung der Weinberge. Durch den Zusammenschluss besitzt das Weingut nun über 5 Hektar von mehr als 30 Jahre alten Silvaner- und Rieslingreben.

Vorjahre

Seit der ersten Ausgabe empfehlen wir die Weine von Armin Störrlein, schon damals haben wir ihn als einen der Top-Winzer in Franken gelobt, haben besonders gewürdigt, dass er gleichermaßen hervorragende Weiß- und Rotweine erzeugt. Dies gilt uneingeschränkt auch heute noch. Im Gegenteil, hatten wir doch in den jüngsten Jahrgängen den Eindruck, dass es weiter voran geht, dass die Basisweine noch reintöniger und fruchtbetonter sind, bei den Spitzenweinen die Suche nach noch mehr Komplexität erkennbar wird. 2009 gab es drei hervorragende Trockenbeerenauslesen, der vom Riesling aus dem Sonnenstuhl galt unsere Präferenz. Ganz stark präsentierte sich das Quartett der Großen Gewächse aus dem Sonnenstuhl, alle vier waren hervorragend, stark waren auch die feinen, reintönigen Weine der Traditions-Linie. Auf diese starke Kollektion folgten ähnlich starke 2010er: Schon der Liter-Silvaner machte Freude, die Traditions-Weine waren fruchtbetont und klar, der

Weißburgunder gefiel uns als Großes Gewächs einmal mehr besonders gut, der Sekt gehörte zu den besten deutschen Rieslingsekten, im roten Segment präferierten wir 2009 den Frühburgunder gegenüber dem Spätburgunder.

Neue Kollektion

Rot wurde 2010 nur der Casparus erzeugt, der neben Cabernet Sauvignon ein wenig Früh- und Spätburgunder enthält. Edelsüß gibt es 2011 zwei faszinierende Trockenbeerenauslesen von Silvaner und Scheurebe, beide konzentriert und reintönig, frisch und komplex. Das trockene Segment präsentiert sich stimmig mit durchweg fruchtbetonten, klaren Weinen. Die beiden Traditions-Weine, Silvaner und Weißburgunder, sind kraftvoll und klar, der Gemischte Satz lebhaft und zupackend wie auch der fülligere Silvaner aus dem Pflülben: Drei Große Gewächse aus dem Sonnenstuhl gibt es: Der Weißburgunder ist saftig und füllig, der Riesling klar, lebhaft und frisch, dabei komplex wie auch der reintönige Silvaner, klar, harmonisch und lang. Stimmige, starke Kollektion!

Weinbewertung

83 2011 Silvaner trocken Randersacker Ewig Leben **12,5 %/6,90 €**
85 2011 „Blanc" Weißwein Kabinett trocken Randersacker **12,5 %/7,- €**
87 2011 Silvaner trocken „Tradition" Randersacker Sonnenstuhl **12,5 %/6,90 €**
86 2011 Weißburgunder trocken „Tradition" Randersacker Marsberg **12,5 %/9,- €**
87 2011 Gemischter Satz trocken „Frentsch im Steinriegel" Randersacker **13 %/10,- €**
87 2011 Silvaner trocken „Trias" Randersacker Pfülben **13,5 %/11,50 €**
89 2011 Silvaner „GG" Randersacker Sonnenstuhl **13,5 %/17,- €**
89 2011 Riesling „GG" Randersacker Sonnenstuhl **13 %/18,- €**
89 2011 Weißburgunder „GG" Randersacker Sonnenstuhl **13 %/22,- €**
92 2011 Scheurebe Trockenbeerenauslese Randersacker Sonnenstuhl **8 %/55,- €/0,375l**
92 2011 Silvaner Trockenbeerenauslese Randersacker Marsberg **8 %/55,- €/0,375l**
87 2010 „Casparus" Rotwein trocken Randersacker **13,5 %/17,- €**

★★

Alfons **Stoffel**

Weingut

Mosel

Maximinstraße 15, 54340 Leiwen
***Tel.** 06507-3312, **Fax**: 06507-4651*
www.weingut-stoffel.de
weingut-stoffel@t-online.de
***Besuchszeiten**: täglich nach Vereinbarung*
Wein- und Gästehaus St. Maximin (4 Sterne)

Inhaber............................Alfons Stoffel
Rebfläche...............................4 Hektar

Seit Alfons Stoffel das Weingut Anfang der 1970er Jahre übernommen hat, spezialisierte er sich ganz auf Riesling. 95 Prozent der Rebfläche nimmt er ein, hinzu kommt ein wenig Weißburgunder. Seine Weinberge befinden sich zum großen Teil in den Steillagen der Leiwener Laurentiuslay, Köwericher Laurentiuslay und Klüsserather Bruderschaft. Alfons Stoffel vergärt die Weine im Edelstahl, lässt sie aber teilweise auf der Feinhefe im Holzfuder reifen – was den Weinen gut zu tun scheint, präsentieren sie sich doch zugänglich, saftig, voller Substanz. Die Ernte wird komplett über die Flasche vermarktet, zu 90 Prozent über den Fachhandel. Seit 1999 gehört zum Weingut das Vier-Sterne-Gästehaus „St. Maximin" mit exklusiven Ferienwohnungen.

Vorjahre

2009 ragten die eleganten „Genius"-Rieslinge und der Eiswein heraus. Mit dem Jahrgang 2010 war der Höhenflug der letzten Jahre vorerst gestoppt: In der konsistenten Kollektion gefielen uns der mächtige trockene Genius-Riesling aus der Klüsserather

Bruderschaft und die duftige Beerenauslese am besten.

Jahrgang 2011

Die neue Kollektion ist sehr gleichmäßig, gefällt uns wieder besser, allen voran die süße Spätlese aus der Bruderschaft, die wunderschön frisch, harmonisch und reintönig ist. Dazu gibt es Beerenauslese und Trockenbeerenauslese, die beide enorm stoffig und konzentriert sind, dick und süß, vor allem bei der Trockenbeerenauslese ist die Süße in diesem Stadium allzu dominant.

Weinbewertung

81 2011 Riesling Hochgewächs trocken „Maximus" **11,5 %/6,50 €**

81 2011 Riesling Spätlese trocken Köwericher Laurentiuslay **11,5 %/8,50 €**

84 2011 Riesling Spätlese trocken „Genius" Klüsserather Bruderschaft **12 %/12,- €**

82 2011 Riesling Kabinett „feinherb" Leiwener Klostergarten **10 %/6,50 €**

83 2011 Riesling Spätlese „feinherb" „Symphonie" **11 %/8,50 €**

82 2011 Riesling Kabinett Leiwener Klostergarten **9 %/6,50 €**

86 2011 Riesling Spätlese „Genius" Klüsserather Bruderschaft **8,5 %/12,- €**

89 2011 Riesling Beerenauslese Köwericher Laurentiuslay **7 %/0,375l**

89 2011 Riesling Trockenbeerenauslese Köwericher Laurentiuslay **5,5 %/0,375l**

Stortz-Nicolaus ★★

Weingut

Pfalz

Weinstraße 601, 67434 Neustadt-Diedesfeld

***Tel.** 06321-31575, **Fax:** 06321-927870*

www.stortz-nicolaus.de

info@stortz-nicolaus.de

***Besuchszeiten:** Sa. 10-18 Uhr und nach Vereinbarung*

Inhaber .... Roland Stortz-Nicolaus

Rebfläche .... 4,1 Hektar

Roland Stortz-Nicolaus hat nach dem Studium in Geisenheim im elterlichen Betrieb gearbeitet, dann war er im Vertrieb von Wilmes tätig, hat in Neuseeland gearbeitet, später auch in Südafrika. Im Jahr 2000 übernahm er den elterlichen Betrieb, bepflanzte 80 Prozent der Weinberge neu und stellte von Fassweinvermarktung auf Flaschenvermarktung um. 2002 erzeugte er die ersten Weine, 2003 war dann der erste „richtige" Jahrgang, mit Weinen aus den neu angelegten Weinbergen. Zu 60 Prozent baut er rote Sorten an. Vor allem Spätburgunder, aber auch Merlot, Cabernet Sauvignon und Syrah. 2005 pflanzte er Auxerrois, im Jahr darauf Riesling, denn, man glaubt es kaum bei einem Pfälzer Weingut, bisher hatte Roland Stortz-Nicolaus keinen Riesling im Programm. Auch Sauvignon Blanc hat er inzwischen gepflanzt. Seine Weinberge liegen alle in Diedesfeld. Seit der Betriebsübernahme werden die Weinberge ökologisch bewirtschaftet, seit 2004 ist Roland Stortz-Nicolaus Mitglied bei Bioland, seit 2006 bietet er zertifiziert ökologische Weine an.

Vorjahre

Vor zwei Jahren lagen in einer gleichmäßigen Kollektion die Sekte und die Weißweine vor den Rotweinen. Im vergangenen Jahr konnten wir einen deutlichen Qualitätssprung nach oben feststellen. Die Kollektion war stark und fehlerfrei. An der Spitze stand ein Trio mit einem köstlichen Sauvignon Blanc vom Jahrgang 2010 und zwei sehr gelungenen Rotweinen von 2008.

Neue Kollektion

In diesem Jahr haben wir eine gute weiße Basiskollektion wiederum mit dem Sauvignon Blanc an der Spitze verkostet, alle Weine sind klar und frisch. Klar mit guter Struktur und Biss ist der Rosé-Sekt vom Cabernet Sauvignon, ein Exot unter den Schaumweinen. Die gute Rotweinkollektion wird angeführt von zwei vielversprechenden Fassproben. Der Syrah ist gut strukturiert, pfeffrig und komplex. Der Cabernet Sauvignon ist konzentriert, stoffig, reif mit großem Volumen. Der Pinot scheint etwas überreif zu sein.

Weinbewertung

86 2009 Cabernet Sauvignon Rosé Sekt extra trocken **13 %/10,50 €**
85 2011 Sauvignon Blanc trocken **12 %/8,- €**
82 2011 Weißer Burgunder **12,5 %/6,70 €**
83 2011 Riesling trocken **12,5 %/6,20 €**
82 2011 Silvaner trocken **12,5/5,20 €**
83 2011 „Blanc de Noirs" **11,5%/5,80 €**
83 2011 Cabernet Sauvignon Rosé **11,5 %/6,- €**
83 2010 Spätburgunder trocken **13 %/6,50 €**
82 2010 Dornfelder trocken **13,5 %/5,40 €**
84 2009 Pinot Noir trocken **14,5 %/10,50 €**
(88) 2009 Syrah trocken **13,5 %/16,50 €**
(87) 2009 Cabernet Sauvignon trocken **14 %/15,- €**

Thilo Strieth ★

Weingut

Rheingau

Hauptstraße 43, 65385 Rüdesheim-Aulhausen
***Tel.** 06722-4646*
www.weingut-strieth.de
weingut-strieth@t-online.de
***Besuchszeiten:** nach Vereinbarung*
Gutsausschank (Mai bis September)

Inhaber .... Fred Strieth
Rebfläche .... 4 Hektar

Das Weingut Strieth hat sich auf Riesling und Spätburgunder konzentriert und bewirtschaftet fast ausschließlich Steillagen. Die Weißweine werden mittels Ganztraubenkelterung gewonnen und im Edelstahl ausgebaut, die Rotweine reifen je nach Qualitätsstufe im großen Fass oder im Barrique.

Kollektion

Die zum Debüt vorgestellten Rieslinge des Jahrgangs 2011 zeigen eine klare, fruchtbetonte Art – vor allem die rassigen „Alten Reben" sowie die bestens balancierte Spätlese mit erstaunlich niedriger Süße wirken animierend. Was die Rotweine angeht, hat Fred Strieth eine ähnliche Philosophie wie bei den Weißweinen – sie sollen saftig und animierend schmecken. Vor allem beim 2009er Höllenberg-Spätburgunder mit seiner roten Beerenfrucht und der feinen Säure ist dies klar zu erkennen.

Weinbewertung

82 2011 Riesling trocken Rüdesheimer Berg Schlossberg **6,40 €**
85 2011 Riesling Spätlese trocken „Alte Reben" Rüdesheimer Berg Schlossberg **9,40 €**
85 2011 Riesling „feinherb Sinfonie" Rüdesheimer Berg Schlossberg **6,40 €**
86 2011 Riesling Spätlese Rüdesheimer Berg Kaisersteinfels **9,- €**
83 2011 Spätburgunder „Blanc de Noir" trocken Assmannshäuser **6,50 €**
85 2010 Spätburgunder trocken Rüdesheimer Berg Schlossberg **15,40 €**
87 2009 Spätburgunder Spätlese trocken Assmannshäuser Höllenberg **18,- €**

Stritzinger ★★

Weinbau

Franken

Bergwerkstraße 19, 63911 Klingenberg
***Tel.** 09372-922954, **Fax:** 09372-922512*
www.weinbau-stritzinger.de
info@weinbau-stritzinger.de
***Besuchszeiten:** nach Vereinbarung*

Inhaber .... Anja Stritzinger
Rebfläche .... 1,5 Hektar

Willi Stritzinger war 1985 Gründungsmitglied beim Bundesverband ökologischer Weinbau, 1972 hatte er mit einem Traminerweinberg mit dem Weinbau begonnen. Nach langjährigem Probieren wagte er 1990 die Umstellung auf ökologischen Weinbau (Mitglied bei Bioland). Seit 2001 führt seine Tochter Anja das Gut. Ihre Weinberge liegen fast alle in Steillagen im Klingenberger Schlossberg, hinzu kommt ein Weinberg im Bürgstadter Centgrafenberg. Die Reben wachsen hier am Untermain auf Buntsandsteinverwitterungsböden. Zu 70 Prozent baut Anja Stritzinger rote Sorten an, vor allem Spätburgunder, dazu Portugieser und Regent. An weißen Sorten gibt es Riesling, Gewürztraminer, Johanniter und Müller-Thurgau. Das Weingut ist Demonstrationsbetrieb Ökologischer Landbau.

Vorjahre

Vor zwei Jahren präsentierte sich die Kollektion geschlossen auf gutem Niveau, der kraftvolle 2009er Riesling (als halbtrockene Spätlese) hatte knapp die Nase vorne. Dieser präsentierte sich im vergangenen Jahr noch schöner, zeigte, dass Anja Stritzingers Rieslinge sich schön auf der Flasche entwickeln, wie auch ihre Spätburgunder; die Cuvée St. Urban gefiel uns sehr gut, auch Riesling und Gewürztraminer überzeugten im schwierigen Jahrgang 2010.

Neue Kollektion

Sehr geschlossen präsentiert sich die neue Kollektion. Unser Favorit im weißen Segment ist der herrlich rosenduftige Gewürztraminer, er besitzt reintönige Frucht, feine Säure und Biss. Im roten Segment überzeugt der reintönige, zupackende Spätburgunder, aber auch die Cuvée St. Urban – Spätburgunder, Dornfelder und Regent – macht 2010 wieder eine prächtige Figur, besitzt Kraft und Struktur, reife Frucht und feine Frische.

Weinbewertung

83 2011 „Sommer-Inspiration" Weißwein trocken **7,50 €**
85 2010 Riesling Kabinett trocken Klingenberger Schlossberg **9,80 €**
83 2011 Spätburgunder „Blanc de Noir" Kabinett halbtrocken **8,90 €**
86 2011 Gewürztraminer Spätlese Klingenberger Schlossberg **13,50 €**
84 2011 Portugieser trocken Klingenberger Schlossberg **7,50 €**
86 2010 Spätburgunder trocken Klingenberger Schlossberg **10,50 €**
86 2010 „St. Urban" Rotwein Spätlese trocken **14,50 €**

Strohm ★★

Weingut

Rheinhessen

Neu-Offsteiner Straße 44, 67591 Offstein
Tel. 06243-905117, Fax: 06243-905118
www.weingut-strohm.de
weingut-strohm@t-online.de
Besuchszeiten: nach Vereinbarung
3 Gästesuiten

Inhaber .... Rüdiger Strohm
Rebfläche .... 12,5 Hektar

Das Weingut Strohm wird geführt von Rüdiger Strohm und Lydia Bollig-Strohm, die von der Mosel stammt und 1991/1992 Deutsche Weinkönigin war. 1997 haben sie es übernommen, im Jahr darauf mit der Selbstvermarktung begonnen. Wichtigste Rebsorten sind Riesling, Müller-Thurgau, Dornfelder, Weißburgunder, Portugieser und Silvaner. Rüdiger Strohm verwendet für seine Weine keine Prädikatsbezeichnungen und auch keine Lagenangaben, die Weine werden intern mit bis zu drei Sternen klassifiziert.

Vorjahre

Vor zwei Jahren standen erneut die beiden Barriquecuvées an der Spitze einer starken Kollektion. Der Cultus aus dem Jahrgang 2008 war auch unser eindeutiger Favorit in der letztjährigen Kollektion. Die 2010er Weißweine waren recht verhalten, am besten gefiel uns der Rivaner.

Neue Kollektion

2011 präsentieren sie sich wieder in gewohnter Form, egal ob Weißburgunder, Grauburgunder oder Chardonnay, alle sind füllig und kraftvoll bei reifer klarer Frucht. Noch besser gefällt uns der üppige, fast allzu üppige Riesling von alten Reben. Das rote Segment bietet einen sehr eigenständigen, tanninbetonten Dornfelder; unser Favorit ist aber einmal mehr der Cultus, der aus Spätburgunder, Cabernet Dorsa und Acolon besteht, Fülle und Kraft besitzt, gute Konzentration und reife Frucht.

Weinbewertung

82 2011 Rivaner* trocken **12 %/5,- €**
84 2011 Grauburgunder** trocken **13,5 %/7,50 €**
84 2011 Weißburgunder** trocken **12,5 %/7,- €**
81 2010 Sauvignon Blanc** trocken **12 %/7,50 €**
85 2011 Chardonnay** trocken **13,5 %/7,50 €**
83 2011 Riesling** trocken **12,5 %/7,50 €**
86 2011 Riesling trocken „Alte Reben" **14 %/15,- €**
88 2009 „VI Nobilis" Weißwein *** trocken Barrique **13,5 %/15,- €**
80 2011 Riesling* halbtrocken **11 %/5,50 €/1l**
83 2011 Rosé** trocken **12 %/6,50 €**
85 2007 Dornfelder*** trocken Barrique **13 %/15,- €**
84 2009 „IV Amicus"*** Rotwein trocken **13,5 %/12,- €**
88 2007 „VII Cultus"*** Rotwein trocken **13,5 %/20,- €**

★

J. & H.A. Strub

Weingut **Rheinhessen**

Rheinstraße 42, 55283 Nierstein
***Tel.** 06133-5649, **Fax**: 06133-5501*
www.strub1710.de
info@strub1710.de
***Besuchszeiten**: Mo.-Fr. 8-17 Uhr, Sa. 8-13 Uhr und nach Vereinbarung*

Inhaber .... Walter Strub
Rebfläche .... 15 Hektar

Seit 1710 baut die Familie Strub Wein in Rheinhessen an. Walter Strub führt seit 1985 in elfter Generation den Betrieb, in dem er seit 1976, nach seinem Geisenheim-Studium, tätig ist. Seine Weinberge liegen in Nierstein, ein Teil im Roten Hang (Pettenthal, Hipping, Oelberg, Orbel), aber auch in den Lagen Rosenberg, Brückchen, Paterberg und Findling ist er vertreten. Riesling nimmt mehr als drei Viertel seiner Weinberge ein, dazu gibt es Müller-Thurgau, Spätburgunder, Weißburgunder und als Besonderheit Grüner Veltliner.

Vorjahr

In einer sehr gleichmäßigen Kollektion 2010 gefiel uns der Riesling „Im Taubennest" am besten.

Jahrgang 2011

Sehr ähnlich präsentiert sich nun auch 2011 mit einer konsistenten, geschlossenen Kollektion, trocken wie süß. Unser Favorit ist wieder der füllige, kraftvolle Riesling „im Taubennest", der frische zupackende Grüne Veltliner überrascht.

Weinbewertung

84 2011 Grüner Veltliner trocken **6,- €**
80 2011 Weißburgunder trocken **8,- €**
83 2011 Riesling Spätlese trocken Niersteiner Rosenberg **8,50 €**
85 2011 Riesling Spätlese trocken „Im Taubennest" Niersteiner Oelberg **10,- €**
83 2011 Riesling Spätlese „feinherb Roter Schiefer" Niersteiner Oelberg **10,- €**
82 2011 Riesling „soil to soul" **7,50 €**
81 2011 Riesling Kabinett Niersteiner Brückchen **8,50 €**
83 2011 Riesling Spätlese Niersteiner Paterberg **12,50 €**
83 2011 Riesling Spätlese Niersteiner Pettenthal **12,50 €**

★★★ Studert-Prüm

Weingut Maximinhof

Mosel

Hauptstraße 150, 54470 Bernkastel-Wehlen
***Tel.** 06531-2487, **Fax**: 06531-3920*
www.studert-pruem.com
info@studert-pruem.com
***Besuchszeiten**: Mo.-Do. 9-12 Uhr, 16-17:30 Uhr, Fr. 9-12 Uhr, sonst nach Vereinbarung*

Inhaber .... Stephan und Gerhard Studert
Rebfläche .... 5 Hektar

Die Weinbaugeschichte des Betriebes beginnt mit der Säkularisation; 1805 kam der Maximinhof in Familienbesitz. Der Name Studert taucht freilich schon Ende des 16. Jahrhunderts in den Annalen auf. Stephan und Gerhard Studert, die Weinbau in der zwölften Generation betreiben, bauen in ihren Weinbergen ausschließlich Riesling an. Der größte Teil ihrer Weinberge liegt in der Wehlener Sonnenuhr, aber sie besitzen auch Weinberge in Graach und Bernkastel. Die Weine werden teils im Edelstahl, teils im Holz ausgebaut; allerdings reifen auch die zunächst im Edelstahl ausgebauten Weine für mindestens drei Monate im Holz.

Vorjahre

2009 wurde eine Phalanx rassiger, animierender Rieslinge vorgestellt. Auch die 2010er waren frisch und elegant, sehr typisch für den Stil des Hauses. Die dicke Trockenbeerenauslese war ebenso wie die 3-Sterne-Auslese noch sehr verschlossen und schwefelgeprägt, beides Weine mit viel Potenzial; Kabinettweine und Spätlesen waren reintönig wie gewohnt.

Jahrgang 2011

Der neue Jahrgang präsentiert sich sehr geschlossen, wie gewohnt mit Stärken im restsüßen Segment. Die trockene Spätlese aus der Sonnenuhr ist klar und zupackend, noch besser aber gefällt uns die reintönige restsüße Variante mit ihrer feinen süßen Frucht, auch die Domprobst-Spätlese ist reintönig und zupackend; viel Duft und Gewürze zeigt die schon im Vorjahr vorgestellte Trockenbeerenauslese aus dem Jahrgang 2010, ist kraftvoll und stoffig.

Weinbewertung

85 2011 Riesling Spätlese trocken Wehlener Sonnenuhr **12 %/8,90 €**
82 2011 Riesling Classic **11,5 %/6,90 €**
83 2011 Riesling Kabinett „feinherb" Wehlener Sonnenuhr **11 %/7,90 €**
84 2011 Riesling Spätlese „feinherb" Bernkasteler Graben **10,5 %/8,90 €**
84 2011 Riesling Kabinett Wehlener Sonnenuhr **9 %/7,90 €**
83 2011 Riesling Kabinett Graacher Himmelreich **9,5 %/7,90 €**
86 2011 Riesling Spätlese Graacher Himmelreich **9,5 %/8,90 €**
87 2011 Riesling Spätlese Wehlener Sonnenuhr **9 %/8,90 €**
92 2010 Riesling Trockenbeerenauslese Wehlener Sonnenuhr **7 %/65,- €/0,375l**

★ Christian Sturm

Weingut

Franken

Freudenberger Straße 91, 63927 Bürgstadt
***Tel.** 09371-67854, **Fax**: 09371-959725*
www.weingut-sturm.com
info@weingut-sturm.com
***Besuchszeiten**: Di.-Fr. 9-12 + 14-18:30 Uhr, Sa. 9-15 Uhr oder nach Vereinbarung*
Häckerwirtschaft (Januar, Pfingsten, August)

Inhaber .... Christian Sturm
Rebfläche .... 7,5 Hektar

Seit dem 15. Jahrhundert baut die Familie Wein am Centgrafenberg an. 1993 übernahm Christian Sturm gemeinsam mit Ehefrau Michaela das Gut von seinem Vater Ludwig. An roten Sorten baut er Spätburgunder, Frühburgunder, Regent, Dornfelder und Portugieser an. Hinzu kommen die weißen Rebsorten Silvaner, Müller-Thurgau, Riesling, Weißburgunder und Bacchus. Die Rotweine werden maischevergoren und im Holz ausgebaut.

Vorjahre

Beim guten Debüt vor zwei Jahren gefielen uns eine Weißherbst Auslese und der 2008er Frühburgunder am besten. Die letztjährige Kollektion war sehr gleichmäßig, überzeugte mit der Zuverlässigkeit aller Weine, am besten fanden wir die beiden Weißburgunder und den Silvaner-Sekt.

Jahrgang 2011

Sehr gleichmäßig präsentiert sich nun der Jahrgang 2011 mit frischen, geradlinigen Weinen. Unser Favorit ist der füllige Weißburgunder, der gute Konzentration besitzt und viel reife süße Frucht.

Weinbewertung

83 2011 Weißburgunder Kabinett trocken Bürgstadter Centgrafenberg **12,5 %/6,60 €**

83 2011 Riesling Kabinett trocken Bürgstadter Centgrafenberg **12,5 %/6,60 €**

82 2011 Spätburgunder Kabinett „weißgekeltert" trocken Bürgstadter Centgrafenberg **12,5 %/6,60 €**

81 2011 Silvaner Spätlese trocken Bürgstadter Centgrafenberg **13,5 %/8,90 €**

85 2011 Weißburgunder Spätlese trocken Bürgstadter Centgrafenberg **13,5 %/11,50 €**

83 2011 Bacchus Kabinett Bürgstadter Centgrafenberg **11 %/5,60 €**

82 2011 Müller-Thurgau Kabinett „Sommersturm" Bürgstadter Centgrafenberg **11,5 %/5,60 €**

82 2011 Spätburgunder Rosé Kabinett „Sommersturm rosé" Bürgstadter Centgrafenberg **10,5 %/6,20 €**

82 2009 Frühburgunder trocken Bürgstadter Centgrafenberg **13 %/12,60 €**

82 2009 Spätburgunder Spätlese trocken Bürgstadter Centgrafenberg **13 %/14,60 €**

Stutz ★

Ökoweingut

Württemberg

Liebigstraße 49, 74074 Heilbronn
Tel. *07131-251325,* ***Fax:*** *07131-251367*
www.weingut-stutz.de
mail@weingut-stutz.de
Besuchszeiten: *Di./Do. 15-18 Uhr, Sa. 9-13 Uhr, jederzeit nach Vereinbarung*

Inhaber .... Andreas Stutz
Rebfläche .... 14 Hektar

Die Familie betreibt seit Generationen Weinbau, aber erst nach dem 2. Weltkrieg richtete man den ehemaligen landwirtschaftlichen Gemischtbetrieb ganz auf Weinbau aus. Andreas Stutz übernahm nach Beendigung seiner Ausbildung in Weinsberg 1994 das elterliche Weingut mit damals 2,5 Hektar Reben und stellte von naturnaher Wirtschaftsweise auf kontrolliert ökologischen Anbau um. 1995 wurde er Mitglied bei Ecovin, seit 2000 ist Andreas Stutz Vorsitzender des Württemberger Ecovin-Verbandes. Seit 2003 bebaut er seine Weinberge nach biologisch-dynamischen Methoden und ist Mitglied bei Demeter. Alle seine Weinberge befinden sich – verteilt auf 35 Parzellen – in der Gemarkung Heilbronn. Die Weinberge liegen alle in den Heilbronner Einzellagen Stiftsberg und Wartberg. Die Heilbronner Böden bestehen aus Keuper mit einer mächtigen Sandstein-Deckschicht. Knapp ein Drittel der Rebfläche nimmt Trollinger ein, es folgen Riesling, Lemberger und die roten Burgundersorten. Neben den weiteren typischen Württemberger Rebsorten wie Gewürztraminer, Grau- und Weißburgunder, Dornfelder und Kerner baut er seit 1998 auch pilzresistente Rebsorten wie Regent, Johanniter, Helios, Monarch, Prior, Solaris oder Léon Millot an, inzwischen auch Cabernet Carbon, Cabernet Cortis und Cabernet Carol. Mit dem Jahrgang 2008 kam Zweigelt neu ins Sortiment. Bei der Sekterzeugung wird seit 2008 mit Holunder, Rosen und Quitten experimentiert.

Vorjahre

Vor zwei Jahren waren Lemberger aus Holzfass und Barrique sortentypisch und kraftvoll, der Léon Millot füllig und eigenständig. Léon Millot und Lemberger gefielen uns auch im vergangenen Jahr wieder sehr gut, ebenso das süße „Naturgewächs", der Grauburgunder, die Kollektion insgesamt bot gutes, zuverlässiges Niveau.

Vorjahre

Dies gilt auch in diesem Jahr, nur die Spitzen vermissen wir doch; die Rotweine sind alle eigenwillig tanninbetont und ein klein wenig bitter im Abgang.

Weinbewertung

81 2011 Silvaner trocken **12,5 %/6,20 €**
80 2011 Riesling trocken „Edition" **13 %/7,90 €**
82 2011 Cabernet Blanc trocken „Edition" **11,5 %/8,20 €**
82 2011 Weißburgunder trocken „Edition" **13,5 %/7,90 €**
81 2011 Muscaris „Edition" **13,5 %/7,90 €**
81 2011 Riesling **12 %/6,40 €**
81 2011 Spätburgunder Rosé **12 %/5,60 €**
82 2009 „Vino Resisto" Rotwein trocken Holzfass „Edition" **13 %/9,10 €**
80 2009 Regent trocken Holzfass „Edition" **13,5 %/7,40 €**
82 2009 Lemberger trocken Holzfass „Edition F" **13,5 %/9,40 €**
80 2010 Léon Millot trocken Holzfass „Edition" **13 %/9,80 €**

★☆

Supp
Weingut

Württemberg

Weinsberger Straße 16, 74189 Weinsberg-Gellmersbach
Tel. 07134-14360, Fax: 07134-23263
www.supp-weingut.de
supp-weingut@t-online.de
Besuchszeiten: Mo.-Fr. 17-19 Uhr, Sa. 9:30-17 Uhr oder nach Vereinbarung
„Wirtschäftle", Pension

Inhaber......... Martin Supp & Benjamin Supp
Rebfläche............................ 7,6 Hektar

Seit Generationen betreibt die Familie Weinbau in Gellmersbach, seit 1982 vermarktet sie Weine selbst. Mehr als zwei Drittel der Weinberge von Martin Supp nehmen rote Sorten ein, wie Trollinger, Schwarzriesling, Lemberger, Samtrot, Spätburgunder und Dornfelder. Bereits seit 1994 baut er Weine im Barrique aus. Bei den weißen Sorten dominiert Riesling. Dazu gibt es vor allem Kerner und Grauburgunder, aber auch Muskateller und Gewürztraminer. Die Weißweine werden kühl vergoren und durchlaufen teilweise den biologischen Säureabbau, auch der Riesling. Die Weine werden zu 95 Prozent an Privatkunden verkauft, die Hälfte davon außerhalb Württembergs. Nach Beendigung seiner Ausbildung zum Weinbautechniker ist Benjamin Supp in den Betrieb eingestiegen. Bei trockenen Weinen wird auf Prädikatsstufen verzichtet, sie werden stattdessen mit Sternen gekennzeichnet. 2-Sterne-Rotweine werden teils maischeerhitzt, teils maischevergoren, 3-Sterne-Rotweine werden maischevergoren und kommen mindestens ein Jahr in gebrauchte Barriques. Der Anteil maischevergorener Weine wird stetig erhöht, ebenso der Ausbau im Holz.

Vorjahre

Vor zwei Jahren war die Kollektion sehr gleichmäßig, weiß wie rot. Auch die letztjährige Kollektion gefiel uns gut: Dornfelder und Cuvée Junior & Senior besaßen Kraft und Struktur, beim Lemberger zogen wir die 3-Sterne-Variante vor; im weißen Segment gefiel uns der Grauburgunder besonders gut.

Neue Kollektion

Auch in der aktuellen Kollektion haben die Rotweine die Nase vorne, die Weißweine sind ein wenig verhalten. Die 3-Sterne-Varianten sind reintönig und fruchtbetont, die Barriqueweine sehr tanninbetont, jugendlich. Der Lemberger hat das Holz am besten weggesteckt, ist klar und strukturiert. Sehr präzise ist auch der neue Wein im Programm, der Samtrot, durch die 18 Monate in neuen Barriques noch etwas verschlossen; fülliger ist die Cuvée Junior & Senior.

Weinbewertung

83 2008 Pinot „Blanc de Noir" Sekt brut **12,5 %/9,80 €**

83 2011 „Cuvée Weiß" trocken **13 %/7,90 €**

81 2011 Riesling*** trocken **13,5 %/7,20 €**

81 2011 Grauburgunder*** trocken **13 %/7,20 €**

83 2011 Muskateller** **12 %/5,50 €**

83 2010 Trollinger*** trocken **13,5 %/6,50 €**

84 2009 Spätburgunder*** trocken **13,5 %/7,60 €**

83 2009 „Cuvée S"*** Rotwein trocken **13,5 %/8,90 €**

84 2009 Lemberger*** trocken **14 %/7,70 €**

86 2009 Samtrot***** trocken Barrique **13,5 %/13,50 €**

87 2009 Lemberger***** trocken Barrique **13,5 %/14,- €**

86 2009 „Cuvée Junior & Senior"***** Rotwein trocken Barrique **13,5 %/16,20 €**

★★★★

Tesch

Weingut

Nahe

Naheweinstraße 99, 55450 Langenlonsheim
***Tel.** 06704-93040, **Fax**: 06704-930415*
www.weingut-tesch.de
info@weingut-tesch.de
***Besuchszeiten**: nach Vereinbarung*

Inhaber .... Dr. Martin Tesch
Rebfläche .... 18,9 Hektar

Das Weingut Tesch war bis in die siebziger Jahre hinein eines der größten Güter an der Nahe. Neben 35 Hektar Weinbergen gehörten noch 100 Hektar landwirtschaftliche Flächen zum Betrieb. Hartmut Tesch hat sich dann ganz auf Weinbau konzentriert – bei den Weinbergen auf die besten Lagen. In Laubenheim auf die Lagen Karthäuser, St. Remigiusberg und Krone, in Langenlonsheim auf den Löhrer Berg und den Königsschild. Heute führt sein Sohn Martin den Betrieb. Dominierende Rebsorte ist Riesling, der über 80 Prozent der Fläche einnimmt, hinzu kommt etwas Weißburgunder und Spätburgunder. Mit dem „Riesling-Unplugged" greift Martin Tesch den Naturweingedanken wieder auf und versucht eine Gegenbewegung zu initiieren zu dem, was in Deutschland derzeit in Mode ist: Immer alkoholreichere und süßere – angeblich trockene – Weine zu erzeugen. Er setzt auf durchgegorene Weine, die nicht aufgebessert werden, das heißt der Alkoholgehalt wird weder durch Chaptalisierung noch durch andere kellertechnische Verfahren (wie beispielsweise Konzentration der Moste) erhöht. Er hat sein Sortiment gestrafft und übersichtlicher gestaltet, so dass die verschiedenen Lagen schon anhand der Etiketten unterschieden werden können.

Vorjahre

2009 schloss nahtlos an das Vorjahr, die Weine präsentierten sich präzise, reintönig und mineralisch – und sehr moderat im Alkohol. Einmal mehr waren die Rieslinge aus St. Remigiusberg und Karthäuser unsere Favoriten, führten eine sehr stimmige Kollektion an. Die 2010er waren jahrgangsbedingt deutlich verhaltener. Der Riesling aus dem Karthäuser gefiel uns am besten zusammen mit dem Wein aus dem Löhrer Berg, der Wein aus dem St. Remigiusberg, meist unser betriebsinterner Favorit, konnte uns 2010 nicht überzeugen.

Jahrgang 2011

2011 führt der Riesling aus dem St. Remigiusberg die Kollektion wieder an, dicht gefolgt von den Weinen aus dem Karthäuser und der Krone. Alle Rieslinge zeigen wieder Präzision und Klarheit, sind saftig und mineralisch.

Weinbewertung

85 2011 Riesling trocken „Unplugged" **12 %/8,- €**

87 2011 Riesling trocken Langenlonsheimer Löhrer Berg **12,5 %/12,- €**

88 2011 Riesling trocken Laubenheimer Krone

12,5 %/12,- €
87 2011 Riesling trocken Langenlonsheimer Königsschild **12,5 %/12,- €**
88 2011 Riesling trocken Laubenheimer Karthäuser **13 %/12,- €**
89 2011 Riesling trocken Laubenheimer St. Remigiusberg **12,5 %/14,- €**

★★

Witwe Dr. H. Thanisch

Weingut, Erben Müller-Burggraef **Mosel**

Saarallee 24, 54470 Bernkastel-Kues
***Tel.** 06531-7570, **Fax**: 06531-7910*
www.dr-thanisch.de
weingut@dr-thanisch.de; maximilian@dr-thanisch.de
***Besuchszeiten**: Mo.-Fr. 10-16 Uhr,*
Wochenende nach Vereinbarung

Inhaber .... Barbara Rundquist
Gutsverwalter .... Maximilian Ferger
Rebfläche .... 13 Hektar

Der Betrieb entstand nach der Trennung des Gutes Witwe Dr. H. Thanisch im Jahr 1988. Inhaberin ist heute Barbara Rundquist. Angebaut werden zu rund 95 Prozent Riesling, unter anderem in den Bernkasteler Lagen Doctor, Badstube, Graben und Lay, im Graacher Himmelreich, der Brauneberger Juffer-Sonnenuhr und der Wehlener Sonnenuhr.

Vorjahre

Die 2009er mit Restsüße überzeugten, zeigten ein feines Süße-Säure-Spiel, und wirkten nie überladen. 2010 wurden die Weine sehr spät gefüllt, die vier verkosteten Weine gaben kein klares Bild, vor allem süße Rieslinge, die Stärke des Weinguts, wurden nur zwei vorgestellt.

Neue Kollektion

Dieses Jahr nun wurden neben dem neuen Jahrgang 2011 auch Weine aus 2010 vorgestellt; die süße, schmeichelnde 2010er Doctor-Spätlese mit ihrem säurebetonten Finale fanden wir besonders interessant. Ansonsten präsentiert sich die Kollektion über Jahrgänge und Prädikatsstufen hinweg sehr geschlossen, trocken wie süß.

Weinbewertung

82 2011 Riesling Spätlese trocken **12 %/11,50 €**
83 2011 Riesling Spätlese trocken Graacher Himmelreich **11,5 %/13,- €**
82 2011 Riesling **11 %/7,80 €**
84 2011 Riesling Kabinett Bernkasteler Badstube **9 %/9,50 €**
85 2010 Riesling Kabinett Berncasteler Doctor **8,5 %/20,- €**
84 2011 Riesling Kabinett Berncasteler Doctor **8 %/20,- €**
84 2011 Riesling Spätlese Bernkasteler Graben **8,5 %/16,- €**
86 2011 Riesling Spätlese Brauneberger Juffer-Sonnenuhr **8,5 %/14,- €**
87 2010 Riesling Spätlese Berncasteler Doctor **8 %/30,- €**
83 2010 Riesling Auslese Bernkasteler Lay **8,5 %/15,- €/0,375l**
86 2011 Riesling Auslese Bernkasteler Lay **9 %/15,- €/0,375l**
85 2010 Riesling Auslese Wehlener Sonnenuhr **8 %/25,- €**
85 2010 Riesling Auslese Berncasteler Doctor **8 %/25,- €/0,375l**
86 2011 Riesling Auslese Berncasteler Doctor **9 %/25,- €/0,375l**

★★★★

Wwe. Dr. H. Thanisch

Weingut, Erben Thanisch **Mosel**

Saarallee 31, 54470 Bernkastel-Kues
***Tel.** 06531-2282, **Fax**: 06531-2226*
www.thanisch.com
sofia@thanisch.com
***Besuchszeiten**: nach Vereinbarung*

Inhaber .... Sofia Thanisch
Rebfläche .... 6,5 Hektar

Das Weingut besitzt eine lange Geschichte, die bis ins 17. Jahrhundert reicht. Als eigentliche Gründer gelten indes Dr. Hugo Thanisch und – ab 1895 – dessen Witwe Katharina. Bereits in der ersten Hälfte des 20. Jahrhunderts war das Gut weltberühmt für seine Doctorweine. Nach der Teilung des Betriebes führt Sofia Thanisch, eine Urenkelin von Katharina und Hugo Thanisch, das Weingut Wwe. Dr. H. Thanisch – Erben Thanisch. Sie baut in ihren Weinbergen, die vor allem in Bernkastel, in den Lagen Doctor, Badstube und Lay, ausschließlich Riesling an. Die Weine werden in kleinen Gebinden bis 2000 Liter Inhalt, etwa jeweils zur Hälfte im Holz und im Edelstahl ausgebaut.

Vorjahre

Seit der ersten Ausgabe empfehlen wir die Weine von Sofia Thanisch und ihrem Team. Es sind klassische Moselrieslinge, die nicht auf Üppigkeit und Alkohol setzen, sondern auf Präzision und Eleganz. Das gilt für die immer feinen Kabinettweine ebenso wie für die Spätlesen, das gilt trocken wie süß. Üppigkeit und Konzentration findet man allerdings schon in Beerenauslesen und Trockenbeerenauslesen, die erzeugt werden, wenn der Jahrgang es zulässt. Die 2009er präsentierten sich wunderschön präzise, elegant und klar, zeigten etwas mineralische Noten und feine Länge. Klassische Moselrieslinge brachte auch der Jahrgang 2010: Trockene Weine gab es in diesem Jahr nicht, aber Kabinett und Spätlesen glänzten wie gewohnt mit reintöniger Frucht und feiner Frische. Stärker noch waren aber die edelsüßen Rieslinge, angeführt von der großartigen Trockenbeerenauslese aus dem Doctor.

Jahrgang 2011

Auch 2011 bringt eine klasse Kollektion mit feinen Rieslingen. Schon Gutsriesling und Kabinett sind reintönig und frisch, nicht zu süß wie oft bei anderen Weingütern. Der Kabinett aus der Badstube ist wunderschön elegant und lebhaft, der aus dem Doctor deutlich fülliger, besitzt mehr Substanz und Kraft. Die „normale" Spätlese aus dem Doctor ist frischer und eleganter als ihr Pendant, das zur 375-Jahr-Feier des Gutes aufgelegt wurde und mehr Konzentration und Fülle besitzt, bei der Verkostung noch etwas vom Schwefel geprägt. Faszinierendes Highlight ist die Auslese aus dem Doctor, die Fülle und Eleganz, Frische, Frucht und Konzentration verbindet, wunderschön lang ist.

Weinbewertung

88 2011 Riesling Spätlese trocken Bernkasteler Doctor **12 %/22,- €**
85 2011 Riesling **10,5 %/8,10 €**
86 2011 Riesling Kabinett **10,5 %/8,80 €**
88 2011 Riesling Kabinett Bernkasteler Badstube **8,5 %/9,50 €** ☺
89 2011 Riesling Kabinett Bernkasteler Doctor **8 %/16,- €**
90 2011 Riesling Spätlese Bernkasteler Doctor **8 %/23,- €**
90 2011 Riesling Spätlese „J" Bernkasteler Doctor **7,5 %/35,- €**
92 2011 Riesling Auslese Bernkasteler Doctor **8 %/32,- €**

★★☆

Ludwig Thanisch & Sohn
Weingut

Mosel

Moselstraße 56, 54470 Lieser
***Tel.** 06531-8227, **Fax:** 06531-8294*
www.thanisch.de
info@thanisch.de
***Besuchszeiten**: ganztägig geöffnet*

Inhaber............................Jörg Thanisch
Rebfläche..............................7 Hektar

Seit 1648 gibt es Weinbau in der Familie. 2001 hat Jörg Thanisch das Weingut von seinen Eltern übernommen. Neben dem dominierenden Riesling, der 85 Prozent seiner Weinberge einnimmt, baut er ein wenig Müller-Thurgau, Kerner, Dornfelder und bereits seit 1988 auch Spätburgunder an. 70 Prozent seiner Weinberge befinden sich in Steillagen. Die wichtigsten Lagen sind Lieser Lagen Niederberg-Helden und Süßenberg, sowie der Brauneberger Juffer. 2009 wurde das neue Kelterhaus fertig gestellt, die Rebfläche wurde um eine Parzelle im steilsten Bereich der Lage Niederberg-Helden vergrößert.

Vorjahre

2009 überzeugte, nicht nur mit dem feingliedrigen Kabinett aus der Lage Weisenstein, auch die trockenen Weine wirkten sehr präzise. 2010 reichte da nicht heran, die Vorteile lagen im restsüßen Segment, angeführt von der herrlich bissigen 3-Sterne-Auslese aus dem Brauneberger Juffer.

Jahrgang 2011

2011 präsentiert sich konsistent, trocken wie süß, bietet eine zupackende 2-Sterne-Spätlese, eine reintönige Auslese und als Höhepunkt einen konzentrierten, fülligen trockenen Riesling von alten Reben aus dem Niederberg Helden, ein Wein mit Substanz und Länge.

Weinbewertung

81 2011 Pinot Blanc trocken **13 %/7,95 €**
83 2011 Chardonnay „Zero" **13,5 %/9,50 €**
82 2011 Riesling Kabinett trocken Lieserer Niederberg-Helden **11,5 %/7,95 €**
83 2011 Riesling Spätlese trocken Lieserer Niederberg-Helden **12,5 %/9,95 €**
88 2011 Riesling trocken „Alte Reben R" Lieserer Niederberg-Helden **13 %/16,95 €**
82 2011 Riesling Kabinett „feinherb" Lieserer Niederberg-Helden **11 %/7,95 €**
84 2011 Riesling Spätlese „feinherb" Lieserer Niederberg-Helden **12 %/9,95 €**
83 2011 Riesling Kabinett Bernkastel-Cueser Weisenstein **9 %/7,95 €**
82 2011 Riesling Spätlese Lieserer Niederberg-Helden **8 %/9,95 €**
86 2011 Riesling Spätlese** Lieserer Niederberg-Helden **8 %/10,95 €**
87 2011 Riesling Auslese** Brauneberger Juffer **7,5 %/14,95 €**

★★★

Thörle

Winzerhof

Rheinhessen

Ostergasse 40, 55291 Saulheim
Tel. 06732-5443, Fax: 06732-960860
www.winzerhof-thoerle.de
info@winzerhof-thoerle.de
Besuchszeiten: Mo.-Fr. 8-18 Uhr, Sa. 9-17 Uhr
Gästehaus

Inhaber .... Rudolf Thörle
Rebfläche .... 17 Hektar

1985 haben Rudolf und Uta Thörle aus einem landwirtschaftlichen Gemischtbetrieb ein direktvermarktendes Weingut geschaffen. Seit Abschluss seiner Ausbildung in Heilbronn und praktischen Erfahrungen beim Weingut Wittmann und bei Eikendal (Südafrika) ist Sohn Johannes für den Weinausbau verantwortlich. Wichtigste weiße Sorten sind Silvaner, Riesling und die Burgundersorten. An roten Sorten gibt es Dornfelder, Spätburgunder und Portugieser. Die Rotweine werden in Eichenholzfässern ausgebaut, die Weißweine in Edelstahltanks kaltvergoren. Wichtigste Lage ist die sehr kalkreiche Saulheimer Hölle.

Vorjahre

Vor zwei Jahren war die Kollektion stark. Die Weine waren wohltuend trocken, aber etwas zu hoch im Alkohol – mit weniger Alkohol könnten die Rieslinge noch spannender sein, war unser Eindruck. Auch im roten Segment konnten die Thörles überzeugen, die edelsüßen Weine waren füllig und reintönig. Die letztjährige Kollektion brachte ambitionierte Weine, gekonnt vinifiziert, mit Substanz und Kraft. Die Rieslinge aus Probstey und Schlossberg gefielen uns ein klein wenig besser als der Wein aus der Hölle, angenehm überraschte der Silvaner Probstey, einer der besten Silvaner Rheinhessens; auch die Spätburgunder besaßen Kraft und Substanz. Überzeugend waren aber auch die Ortsweine, die dieselben Anlagen und Ambitionen zeigten wie die Lagenweine.

Neue Kollektion

Eine starke Kollektion folgt nun auch in diesem Jahr. Bei den Rieslingen kommt der kraftvolle, füllige Kalkstein-Riesling den Lagenweinen sehr nahe. Der Wein aus der Hölle ist würzig und konzentriert, dezent mineralisch, noch verschlossen; der aus der Probstey ist füllig und saftig, besitzt gute Substanz und Wärme; unser Favorit ist aber der kraftvolle Wein aus dem Schlossberg, der Fülle und Substanz mit Frische vereint. Der Weißburgunder vom Muschelkalk ist füllig und kraftvoll, gut strukturiert; der Silvaner von alten Reben besitzt gute Fülle und reife Frucht, noch konzentrierter ist der herrlich reintönige und nachhaltige Silvaner aus der Probstey. Unter den edelsüßen Weinen präferieren wir die stoffige Scheurebe Trockenbeerenauslese.

Weinbewertung

83 2011 Riesling trocken **12,5 %/6,80 €**
86 2011 Silvaner trocken „Alte Reben" Saulheimer **13,5 %/9,80 €**
87 2011 Riesling trocken „Kalkstein" Saulheimer **13,5 %/9,80 €**
87 2011 Weißburgunder trocken „Muschelkalk" Saulheimer **14 %/13,10 €**
85 2011 Chardonnay trocken „Muschelkalk" Saulheimer **13,5 %/a.A.**
88 2011 Riesling trocken Hölle **13,5 %/17,10 €**
89 2011 Riesling trocken Schlossberg **13,5 %/15,60 €**
88 2011 Riesling trocken Probstey **13,5 %/15,60 €**
88 2011 Silvaner trocken Probstey **14 %/17,10 €**
88 2011 Riesling Beerenauslese Hölle **7,5 %/25,- €/0,375l**
88 2011 Riesling Trockenbeerenauslese Probstey **6,5 %/49,- €/0,375l**
88 2011 Riesling Trockenbeerenauslese Hölle **7 %/59,- €/0,375l**
90 2011 Scheurebe Trockenbeerenauslese Schlossberg **6 %/59,- €/0,375l**

Thüringer ★

Weingut Bad Sulza

Saale-Unstrut

Sonnendorf, Nr. 17, 99518 Bad Sulza
***Tel.** 036461-20600, **Fax**: 036461-20861*
www.thueringer-wein.de
info@thueringer-wein.de
***Besuchszeiten**: Mo.-Fr. 10-18 Uhr, Sa. 10-16 Uhr, So. 10-13 Uhr*
Weinproben im Gewölbekeller (ab 20 Personen)

Inhaber .... Familie Burkhardt
.... Stadt Bad Sulza, Andreas Clauß
Geschäftsführer .... Andreas Clauß
Kellermeister .... Wolfram Proppe
Rebfläche .... 43 Hektar

Das Thüringer Weingut Bad Sulza wurde 1992 als erstes Weingut in Thüringen gegründet. Die Weinberge in Thüringen gehören weinbaugeografisch zum Weinanbaugebiet Saale-Unstrut, das größtenteils im Bundesland Sachsen-Anhalt liegt. 1998 hat das Thüringer Weingut seine neue Betriebsstätte in Sonnendorf, einem Ortsteil von Bad Sulza, bezogen. Derzeit ist das Thüringer Weingut Bad Sulza das größte private Weingut an Saale und Unstrut. Die Weinberge liegen an den Hängen des Ilmtals, vor allem in Bad Sulza, wo dem Weingut eine 22 Hektar große Fläche gehört und die Reben auf Muschelkalkböden wachsen. Die Lage heißt Sonnenberg, die Kernlage Sommerleite möchte man zukünftig als Einzellage eintragen lassen und nutzen. 14 Hektar liegen in Auerstedt (Tamsel, in Alleinbesitz), hinzu kommen 20 Ar im Dornburger Schlossberg (ebenfalls in Alleinbesitz), wo zwei kleine Terrassen gerodet und mit alten deutschen Sorten bepflanzt wurden. Nächstes Ziel ist die Rekultivierung des Vitzenburger Schlossbergs, der nördlichsten Lage im Gebiet (mit Buntsandsteinböden). Fast die gesamte Fläche wurde in den Jahren 1999 bis 2005 neu bepflanzt. Hauptrebsorte ist Müller-Thurgau.

Weitere wichtige weiße Rebsorten sind Kerner, Gutedel, Weiß- und Grauburgunder, sowie Riesling und Traminer. Neu gepflanzt wurden Muskateller, Scheurebe und Sauvignon Blanc, aber auch rote Sorten, zunächst Regent (mit 6 Hektar wichtigste rote Rebsorte), inzwischen auch Sorten wie Cabernet Dorsa, Cabernet Mitos, Frühburgunder, Pinotin und Cabertin. Die Weine tragen alle die Bereichsangabe „Thüringer" anstatt der Lagenbezeichnungen Bad Sulzaer Sonnenberg oder Auerstedter Tamsel. Die besten Weine des Jahrgangs werden seit dem Jahrgang 2004 in der Linie „Excellence" vermarktet, auf Prädikatsbezeichnungen wird verzichtet.

Vorjahre

Die 2009er und 2010er Weine waren etwas verhalten, besaßen aber klare Frucht, die Rotweine waren im vergangenen Jahr merklich säurebetont.

Jahrgang 2011

Der neue Jahrgang präsentiert sich sehr gleichmäßig auf gutem Niveau, am besten gefällt uns der füllige, kraftvolle Chardonnay, trotz seiner eigenwilligen Zitrusnoten im Bouquet.

Weinbewertung

81 2011 Gutedel trocken **12,5 %/7,- €**
81 2011 Riesling trocken **12,5 %/8,- €**
81 2011 Muskateller trocken **12 %/10,- €**
83 2011 Sauvignon Blanc trocken **12,5 %/10,- €**
82 2011 Auxerrois trocken „Excellence" **12,5%/12,- €**
83 2011 Riesling trocken „Excellence" **12,5 %/12,- €**
83 2011 Traminer trocken „Excellence" **13 %/12,- €**
82 2011 Grauburgunder trocken „Excellence" **14 %/14,- €**
85 2011 Chardonnay trocken „Excellence" **12,5 %/14,- €**
82 2011 Traminer Auslese „Excellence" **12 %/16,- €**
84 2011 Riesling Spätlese „Nikolauswein Excellence" **11 %/14,- €**
81 2011 Frühburgunder trocken **12,5 %/9,- €**

★

Julius **Treis**

Weingut

Mosel

Fischelstraße 24-26, 56861 Reil
Tel. 06542-900200, **Fax:** 06542-900201
www.treis-wein.de
wein.treis@t-online.de
Besuchszeiten: jederzeit

Inhaber .... Familie Treis
Rebfläche .... 4 Hektar

Die Familie betreibt seit dem 17. Jahrhundert Weinbau an der Mosel. Die Weinberge liegen in den Reiler Lagen Mullay-Hofberg, Falklay, Goldlay und Sorentberg, wo eine Steilstlage von Tobias Treis rekultiviert wurde. Neben Riesling wird auch Müller-Thurgau, Kerner, Dornfelder und Spätburgunder angebaut.

Kollektion

Die Weine sind fruchtbetont und klar, die kraftvolle trockene Spätlese von alten Reben besitzt gute Struktur und Frische, der jugendliche Rieslingsekt ist frisch und zupackend: Eine überzeugende Kollektion.

Weinbewertung

85 2010 Riesling Sekt brut **12,5 %/11,50 €**
81 2011 Riesling trocken **11 %/6,50 €**
86 2011 Riesling Spätlese trocken „Alte Reben" **12,5 %/10,- €**
81 2011 Riesling „feinherb" **11 %/6,50 €**
84 2011 Riesling Spätlese „feinherb" Mullay-Hofberg **12 %/10,- €**
84 2011 Riesling Spätlese*** Mullay-Hofberg **7,5 %/12,- €/0,5l**

★★

Trockene Schmitts

Weingut **Franken**

Maingasse 14a/Flecken 1, 97236 Randersacker
Tel. *0931-700490,* ***Fax****: 0931-3048815*
www.durchgegorene-weine.de
info@naturreine-weine.de
Besuchszeiten*: Mo.-Fr. 8-18 Uhr, Sa. 9-16 Uhr oder nach Vereinbarung*
Weinrestaurant „Ewig Leben"
Ferienwohnungen „Sartoriushaus"

Inhaber .... Paul Schmitt und Bruno Schmitt
Rebfläche .... 15 Hektar

Die Brüder Paul Schmitt („Haus der trockenen Weine") und Bruno Schmitt („Weingut Robert Schmitt") aus Randersacker haben ihre beiden Betriebe zusammengelegt und vermarkten seit dem Jahrgang 2002 ihre Weine gemeinsam unter dem Namen Weingut Trockene Schmitts. Angebaut werden vor allem Silvaner und Müller-Thurgau, aber auch Riesling, Rieslaner, Traminer, Scheurebe, Weißburgunder und Bacchus. Rote Sorten nehmen 10 Prozent der Rebfläche ein. Alle Weine kommen nach der Gärung im Edelstahl zur Reifung ins traditionelle Holzfass. Die Weine werden prinzipiell durchgegoren ausgebaut, meist mit weniger als einem Gramm Restzucker.

Vorjahre

In den vergangenen Jahren hatten Paul und Bruno Schmitt sehr schöne Kollektionen mit vielen kraftvollen, sehr eigenständigen Weinen. Kraftvoll und kantig präsentierten sich auch die Weine 2009. Der im Holzfass gereifte Silvaner gefiel uns besonders gut, aber auch mit edelsüßen und mit Rotweinen konnten die Schmitts vor zwei Jahren überzeugen. Ein Rotwein gefiel uns im vergangenen Jahr besonders gut, der 2009er Spätburgunder aus dem Sonnenstuhl; der ebenfalls im Barrique ausgebaute Weißburgunder aus dem gleichen Jahrgang stand ihm nur wenig nach. Die 2010er Weißweine präsentierten sich homogen, sie waren frisch und klar, alle enorm säurebetont.

Neue Kollektion

Sehr gleichmäßig präsentiert sich nun auch die neue Kollektion mit kraftvollen Weinen; unsere Präferenz gilt sowohl bei den Kabinettweinen als auch bei den Spätlesen dem Riesling, der Wein aus dem Pfülben ist füllig, kraftvoll und zupackend, zeigt dezente Zitrusnoten.

Weinbewertung

82 2011 Müller-Thurgau Kabinett trocken Randersackerer Ewig Leben **12 %/5,30 €**
81 2011 Silvaner Kabinett trocken Randersackerer Pfülben **13 %/7,40 €**
84 2011 Riesling Kabinett trocken Randersackerer Marsberg **12 %/7,90 €**
83 2011 Weißburgunder Kabinett trocken Randersackerer Marsberg **12,5 %/8,50 €**
84 2011 Silvaner Spätlese trocken „konsequent" Randersackerer Sonnenstuhl **13,5 %/8,90 €**
86 2011 Riesling Spätlese trocken „konsequent" Randersackerer Pfülben **13 %/10,90 €**
84 2011 Gewürztraminer Spätlese trocken „konsequent" Randersackerer Lämmerberg **13 %/10,50€**
80 2011 Rieslaner Spätlese trocken „konsequent" Randersackerer Sonnenstuhl **13 %/10,50 €**
83 2009 Frühburgunder Spätlese trocken Barrique „konsequent" Randersackerer Sonnenstuhl **14 %/18,- €**

★☆

Ungerer

Weingut **Württemberg**

Harsberger Straße 15, 74629 Renzen
Tel. *07949-419 + 940650,* ***Fax****: 07949-419*
www.weingut-ungerer.de
weingut-ungerer@t-online.de
Besuchszeiten*: Mo.-Fr. 17-19 Uhr, Sa. 9-13 Uhr oder nach Vereinbarung*
Weinstube (6 Tage im Monat geöffnet)
Wein- und Sektfest am letzten Sonntag im Aug.

Inhaber .... Familie Ungerer
Rebfläche .... 6,5 Hektar

Karl Ungerer und Sohn Karlheinz haben 1993 mit der Selbstvermarktung begonnen. Alle ihre Weinberge befinden sich in der Lage Heuholzer Dachsteiger. 65 Prozent der Fläche nehmen rote Sorten ein, vor allem Lemberger, Trollinger und die Burgundersorten. Dazu gibt es Dornfelder und Cabernet Mitos, der im Jahrgang 2002 erstmals sortenrein ausgebaut wurde. Zuletzt wurde etwas Regent in einer Steillage gepflanzt. Wichtigste weiße Rebsorten sind Riesling, Kerner, Traminer und Chardonnay. Die Rotweine werden maischevergoren. Die Weißweine vergären in Edelstahltanks, ausgesuchte Partien auch im Barrique.

Vorjahre

Vor zwei Jahren war die Kollektion sehr gleichmäßig, weiß wie rot, bot aber keine Spitzen wie in den vorausgegangenen Jahren. Die letztjährige Kollektion gefiel uns besser: Die Weißweine waren frisch und klar, die Rotweine besaßen Substanz und viel reife Frucht, unsere Favoriten waren der Pinot Noir und die „Saltatium virium" genannte Cuvée.

Neue Kollektion

Die neue Kollektion überrascht mit dem starken Niveau der Weißweine. Silvaner und Riesling sind fruchtbetont und zupackend, der Sauvignon Blanc herrlich intensiv und kraftvoll, der Barrique-Chardonnay von Vanillenoten geprägt. Etwas weniger gleichmäßig präsentiert sich der rote Teil der Kollektion, Cabernet Mitos und „Unglaublich" sind kraftvoll und tanninbetont wie auch der „Saltatium virium", der viel Substanz besitzt, aber auch kräftige, allzu kräftige Tannine.

Weinbewertung

84 2011 Sylvaner trocken „Edition Q" **13,5 %/9,05 €**
85 2011 Riesling trocken „Edition Q" **13 %/9,16 €**
85 2011 Sauvignon Blanc trocken „Sehnsucht" **13,5 %/10,- €**
86 2011 Chardonnay trocken Barrique **13,5%/19,04€**
82 2011 Bacchus Auslese **11,5 %/9,52 €**
82 2011 Trollinger trocken „Alte Rebe" **13 %/5,36 €**
83 2011 Lemberger Spätlese trocken **12 %/8,33 €**
82 2011 Regent trocken „Edition S" **13 %/12,85 €**
85 2011 Cabernet Mitos trocken **13,5 %/9,40 €**
85 2010 „Unglaublich" Rotwein trocken Barrique **13 %/12,50 €**
87 2010 „Saltatium virium VIII" Rotwein trocken Barrique **13,5 %/20,23 €**

★★☆

Untertürkheim
Weinmanufaktur

Württemberg

Strümpfelbacher Straße 47, 70327 Stuttgart
***Tel.** 0711-336381-0, **Fax**: 0711-336381-24*
www.weinmanufaktur.de
info@weinmanufaktur.de
***Besuchszeiten**: Mo.-Fr. 8-18 Uhr, Sa. 9-14 Uhr*
Weinproben (nach Vereinbarung)

Geschäftsführer .... Stefan Hübner
Kellermeister .... Jürgen Off
Mitglieder 87
Rebfläche .... 85 Hektar

Die Weinberge der 1887 gegründeten Untertürkheimer Genossenschaft liegen in den Untertürkheimer Lagen Mönchberg und Altenberg. Zwei Drittel der Weinberge sind mit roten Reben bestockt. Wichtigste Rebsorte ist der Trollinger, der knapp die Hälfte der Rebfläche einnimmt. Danach kommt Riesling, dann – mit gehörigem Abstand – Müller-Thurgau, Kerner, Lemberger und die Burgundersorten, aber auch Gewürztraminer, Muskattrollinger, Regent und Merlot. Die Weine sind betriebsintern mit bis zu drei Sternen klassifiziert, auf Prädikatsbezeichnungen bei trockenen Weinen wird verzichtet. Die Weißweine werden überwiegend im Edelstahl ausgebaut, der Grauburgunder auch im Holzfass. Die einfachen Rotweine werden maischeerhitzt, die besseren (2- und 3-Sterne-Weine) maischevergoren. Die besten Weine kommen im 1902 erbauten Kreuzgewölbekeller auch ins große Holzfass oder ins Barrique. Die als Barriqueweine gekennzeichneten Weine kommen ausschließlich in neue Fässer, Weine mit der Bezeichnung „Holzfass" werden in gebrauchten Barriques ausgebaut. Kellermeister Jürgen Off ist seit 1987 in Untertürkheim tätig, seit 2001 trägt er die Verantwortung im Keller.

Vorjahre

Vor zwei Jahren war der Lemberger unser klarer Favorit. Im vergangenen Jahr sahen wir gleich mehrere Rotweine gleichauf, alle besaßen viel Konzentration, Gewürznoten und Toast. Im weißen Segment gefiel uns, wie so oft, der 3-Sterne-Riesling am besten.

Neue Kollektion

Sehr ähnlich präsentiert sich nun der neue Jahrgang: Im weißen Segment ist eindeutig der Drei-Sterne-Riesling unser Favorit, ist füllig und kraftvoll, besitzt reife süße Frucht und Substanz. Rot sind wieder die Barriqueweine ganz stark, wobei dieses Jahr die Unterschiede zwischen den einzelnen Weinen deutlicher sind: Die Cuvée Concilium ist sehr von Gewürznoten geprägt, die Cuvée Mönch Berthold ebenfalls, besitzt aber mehr Substanz und Kraft, knapp am besten gefällt uns der Lemberger, der kraftvoll und reintönig ist, gute Struktur und Substanz besitzt bei jugendlichen Bitternoten.

Weinbewertung

81 2011 Riesling* trocken **12 %/6,70 €**
80 2011 Weißburgunder* trocken **12,5 %/6,70 €**
81 2011 „Mönch Berthold"** Weißwein trocken **13 %/8,40 €**
82 2011 Sauvignon Blanc** trocken **13 %/9,90 €**
87 2011 Riesling*** trocken **13 %/14,- €**
80 2011 Trollinger* trocken **12,5 %/5,40 €**
85 2010 „Mönch Berthold"** Rotwein trocken **13 %/8,40 €**
83 2010 Lemberger** trocken **13 %/8,90 €**
81 2010 Spätburgunder** trocken **12,5 %/8,70 €**
88 2009 Lemberger*** trocken **13,5 %/26,- €**
88 2009 „Mönch Berthold"*** Rotwein trocken **13,5 %/22,- €**
86 2009 „Cuvée Concilium"*** Rotwein trocken **14 %/15,50 €**

★★

vanelkan

Weingut

Mosel

Rieslingweg 1, 54318 Mertesdorf
Tel. *0651-9954475,* ***Fax****: 0651-9954476*
www.vanelkan.de
info@vanelkan.de
Besuchszeiten*: nach Vereinbarung*

Inhaber .... Marco van Elkan
Rebfläche .... 0,5 Hektar

Marco und Christina van Elkan haben 2001 zusammen mit Freunden eine kleine, von der Stilllegung bedrohte Parzelle im Ruwertal übernommen, ab 2003 kamen weitere Parzellen im Kaseler Nies'chen und in anderen Ruwerlagen hinzu. Ein Teil der Reben ist wurzelecht und bis zu 70 Jahre alt. Im Keller setzt man auf die kühle Vergärung der Weine im Edelstahltank, ausschließlich mit natürlichen Hefen.

Vorjahre

Die 2009er brachten eine weitere Steigerung, waren saftig und feingliedrig. Auch die 2010er präsentierten sich frisch, klar und elegant, blieben aber hinter dem Vorjahr zurück.

Jahrgang 2011

2011 wurde erstmals ein trockener Riesling aus dem Kaseler Nies'chen erzeugt; unser Favorit in der gleichmäßigen Kollektion ist aber die süße Spätlese, sie ist reintönig, frisch und zupackend.

Weinbewertung

84 2011 Riesling trocken „Alte Reben" Kaseler Nies'chen **11,5 %/8,50 €**
84 2011 Riesling Spätlese trocken „Schiefer" **11 %/7,- €**

85 2011 Riesling „feinherb Schiefer" **11 %/8,50 €**
86 2011 Riesling Spätlese „Schiefer" **8,5 %/9,20 €**

★★★★☆

Van Volxem

Weingut **Mosel**

Dehenstraße 2, 54459 Wiltingen/Saar
***Tel.** 06501-16510, **Fax**: 06501-13106*
www.vanvolxem.de
vanvolxem@t-online.de
***Besuchszeiten**: Mo.-Sa. nach Vereinbarung*

Inhaber .... Roman Niewodniczanski
Rebfläche .... 45 Hektar

Das ehemalige Klosterweingut der Luxemburger Jesuiten wurde auf den Fundamenten einer römischen Hofanlage erbaut. Ende 1999 wurde es von Roman Niewodniczanski erworben. Zu den Weinbergen in den Wiltinger Lagen Scharzhofberger, Braunfels, Klosterberg und Gottesfuß hat er in den vergangenen Jahren weitere Parzellen in besten Lagen der Saar hinzu erworben, beispielsweise im Wawerner Goldberg. Das Weingut wurde binnen weniger Jahre zu einem der größten Betriebe an der Mosel, das durchschnittliche Alter der Reben liegt bei über 40 Jahren. Die ältesten Reben, beispielsweise im Wiltinger Gottesfuß, sind 120 Jahre alt. Nach der schonenden Pressung werden die Weine im traditionellen Fuder langsam vergoren, ausschließlich mit den eigenen Hefen. Das Programm ist klar gegliedert: Es gibt außer dem Weißburgunder noch den „Saar Riesling", den fruchtigeren „Schiefer Riesling" und den leicht süßen „Rotschiefer", dann den Saar-Riesling „Alte Reben" – und schließlich die Lagenweine. Hierzu gehören Vols (auf dem Etikett steht aus rechtlichen Gründen Volz), der bis 1971 eine Einzellage war, Pergentsknopp (eine Scharzhofberger-Parzelle), der Riesling Kanzemer Altenberg und jener aus dem Gottesfuß, vom ältesten und steilsten Weinberg des Gutes. Nur edelsüße Weine tragen Prädikatsbezeichnungen.

Vorjahre

Die 2009er waren kraftvoll, stoffig und dominant, fordernd, präzise und nachhaltig, wenn auch vielleicht mancher Wein nicht ganz so präzise und nachhaltig wie 2008 war. 2010 waren die Weine etwas weniger komplex und präzise, dafür uniformer.

Jahrgang 2011

Auch 2011 wirken die Weine ein wenig uniform, oft deutlich vom Restzucker geprägt. Unser Favorit ist der Wein aus dem Gottesfuß, ein faszinierend reintöniger Riesling, füllig, komplex und mit guter Länge. Diese vermissen wir beim Scharzhofberger, der viel Fülle und Substanz besitzt, der Wein aus dem Goldberg besticht wie immer mit seiner Reintönigkeit, Volz präsentiert sich enorm duftig, besitzt aber viel Substanz, Altenberg ist saftig und klar bei reifer Frucht.

Weinbewertung

88 2011 Riesling Scharzhofberger
88 2011 Riesling Braunefels „Volz" **24,50 €**
90 2011 Riesling Gottesfüß „Alte Reben" **32,- €**
88 2011 Riesling Altenberg „Alte Reben" **32, €**
89 2011 Riesling Goldberg **16,90 €**

★★☆

Schloss Vaux

Sektmanufaktur **Rheingau**

Kiedricher Straße 18a, 65343 Eltville
***Tel.** 06123-62060, **Fax**: 06123-63339*
www.schloss-vaux.de
info@schloss-vaux.de
***Besuchszeiten**: Mo.-Fr. 8-18 Uhr, Sa. 10-14 Uhr*

Inhaber .... Nikolaus Graf von Plettenberg
Rebfläche .... keine eigenen Weinberge

Ihren Namen verdankt die 1868 gegründete Sektkellerei Schloss Vaux dem gleichnamigen Herrschaftsgebäude bei Metz. Ein Freundeskreis übernahm das Unternehmen, seit 1998 führt Nikolaus Graf von Plettenberg die Sektkellerei. Burgundersorten und Riesling werden in klassischer Flaschengärung versektet, die Grundweine stammen zum Teil von renommierten Rheingauer Erzeugern wie Robert König, der Domaine Assmannshausen (für den Spätburgunder), Langwerth von Simmern und Schloss Schönborn. Im Jahre 2007 wurde erstmals ein Sekt aus Sauvignon Blanc erzeugt, mit dem gleichen Jahrgang gab der erste Weißburgunder-Sekt mit Trauben aus ökologischem Anbau sein Debüt. Die Lagensekte, zum Beispiel aus dem Rüdesheimer Berg Schlossberg oder dem Erbacher Marcobrunn, gehören zu den besten Schaumweinen der Region, die Rotsekte sind immer eigenwillig, aber auch immer spannend.

Vorjahre

Sowohl die 2007er Sekte als auch die 2008er waren bestens balanciert, die 2009er Basisprodukte gefielen sehr. Schön, dass auch in diesem Jahr die Dosage eher niedrig lag.

Kollektion

In diesem Jahr wurden lediglich drei Sekte angestellt: An der Spitze ein faszinierend klarer, straff gewirkter Riesling aus dem Erbacher Marcobrunn und dem Lesegut des Weinguts Langwerth von Simmern. Der leicht nach Spargel duftende Sauvignon-Sekt aus dem Jahr 2010 und der Blanc de Noirs sind süffig, erfreulich trocken und leicht verständlich.

Weinbewertung

84 2009 „Blanc de Noirs" Sekt Brut **12,5 %/14,- €**
84 2010 Sauvignon Blanc Sekt Brut **12,5 %/15,- €**
88 2009 Riesling Sekt Brut Erbacher Marcobrunn **12,5 %/29,- €**

★★☆

Vereinigte Hospitien

Güterverwaltung **Mosel**

Krahnenufer 19, 54290 Trier
Tel. *0651-9451210, -9451211,* ***Fax:*** *0651-9452060*
www.vereinigtehospitien.de
weingut@vereinigtehospitien.de
Besuchszeiten: *Mo.-Do. 8-12:30 + 13:30-17 Uhr, Fr. 8-12:30 + 13:30-16 Uhr*

Inhaber .... Stiftung des öffentlichen Rechts
Betriebsleiter .... Joachim Arns
Rebfläche .... 25 Hektar

Die Vereinigten Hospitien bauen ausschließlich Riesling und Burgundersorten an. Die Weinberge liegen in bekannten Saar- und Mosel-Lagen, darunter drei arrondierte Lagen in Alleinbesitz: Serriger Schloss Saarfelser Schlossberg (5 Hektar), Trierer Augenscheiner (3,5 Hektar) und Wiltinger Hölle (2,5 Hektar). Aber auch in der Lage Scharzhofberger und in den Piesporter Goldtröpfchen und Schubertslay ist man vertreten, ebenso im Kanzemer Altenberg. 2008 wurde erstmals ein Großes Gewächs aus der Schubertslay erzeugt, 2010 erstmals ein Großes Gewächs aus dem Altenberg.

Vorjahre

2009 brachte frische, duftige, elegante Weine auf allen Qualitätsstufen hervor. 2010 hatten sich Joachim Arns und sein Team sehr gut behauptet, die Kollektion präsentierte sich geschlossen auf gutem und sehr gutem Niveau, mit Vorteilen im restsüßen Segment.

Jahrgang 2011

Sehr gleichmäßig präsentiert sich 2011, trocken wie süß. Trocken finden wir die beiden Varianten der Scharzhofberger-Spätlese spannend, beide Weine besitzen Kraft, Struktur und Substanz, die mit mehr Restzucker ist fülliger und schmeichelnder. Im süßen Segment gefällt uns die Augenscheiner-Auslese besonders gut, sie besitzt herrlich viel Frucht, Frische und Biss.

Weinbewertung

80 2011 Riesling trocken **11,5 %/6,70 €/1l**

88 2011 Riesling Spätlese trocken (durchgegoren) Scharzhofberger **13 %/12,- €**

88 2011 Riesling Spätlese trocken Scharzhofberger **12 %/12,50 €**

86 2010 Riesling „GG" Kanzem Altenberg **12 %/17,50 €**

81 2011 Riesling „feinherb" **11,5 %/6,- €**

83 2011 Riesling Kabinett „feinherb" Wiltinger Hölle **11 %/7,50 €**

85 2011 Riesling Spätlese „feinherb" Serriger Schloss Saarfelser Schlossberg **11 %/10,50 €**

82 2011 Riesling Kabinett Serriger Schloss Saarfelser Schlossberg **8 %/8,- €**

84 2011 Riesling Kabinett Piesporter Goldtröpfchen **9 %/8,50 €**

86 2011 Riesling Spätlese Scharzhofberger **7,5 %/12,50 €**

88 2011 Riesling Auslese Trierer Augenscheiner **7,5 %/15,90 €**

86 2011 Riesling Auslese Piesporter Goldtröpfchen **7,5 %/19,- €**

Villa Huesgen ★

Weingut

Mosel

An der Mosel 46, 56841 Traben-Trarbach
***Tel.** 06541-9281, **Fax:** 06541-4801*
www.villahuesgen.com
infowine-international.de
***Besuchszeiten:** Mo.-Fr. 9-17 Uhr und nach Vereinbarung (Tel. 0163-6437901)*

Inhaber .... Adolph Huesgen
Rebfläche .... 5 Hektar

Die Familie Huesgen ist seit 1735 in Traben-Trarbach zuhause, betreibt Weinbau und Weinhandel. Die Weinberge liegen in Enkirch und Traben-Trarbach, ausschließlich Riesling wird angebaut.

Kollektion

Der Schiefer-Riesling ist klar, geradlinig und zupackend, die Auslese besitzt herrlich viel Frucht, gute Struktur und Frische: Eine gelungene kleine Kollektion.

Weinbewertung

84 2011 Riesling trocken „Schiefer" **11,5 %/9,90 €**

82 2011 Riesling Kabinett „feinherb" Enkircher Steffensberg **10 %/12,50 €**

86 2011 Riesling Auslese Enkircher Steffensberg **7,5 %/19,50 €**

Fritz Völcker'sche ★☆

Gutsverwaltung

Pfalz

An der Eselshaut 15, 67435 Neustadt-Mußbach
***Tel.** 06321-66050, **Fax:** 06321-66054*
weingut-voelcker@t-online.de
***Besuchszeiten:** Mo.-Fr. 8-17 Uhr, Sa./So. nach Vereinbarung*

Inhaber .... Theresia Völcker
Rebfläche .... 9,12 Hektar

Das heutige Weingut der Fritz Völcker'schen Gutsverwaltung ist aus einer ehemaligen Mühle entstanden und wird in der neunten Generation von der Familie Völcker geleitet. In den Anfängen des 16. Jahrhunderts verkauften die ersten Generationen ihre Trauben an den damaligen Johanniterorden bis spätere Generationen um 1800 anfingen die ersten Weine in eigener Regie zu produzieren. In den vergangenen Jahren hat die Familie Völcker begonnen, in den traditionellen Lagen wieder Riesling anzupflanzen.

Vorjahre

Vor zwei Jahren wurde eine zurückhaltendere Kollektion gezeigt, sie war aber homogen gut, alle Weine waren frisch und klar. Im vergangenen Jahr gab es zum ersten Mal einen Riesling aus dem Mandelgarten, er zeigte viel Biss und hohen Extrakt, wirkte aber noch etwas unharmonisch. Unser Favorit war die pikante Rieslaner Auslese.

Neue Kollektion

Im zweiten Jahr der Erzeugung hat sich der Mandelgarten-Riesling an die Spitze der Weine dieser Rebsorte gesetzt, er ist konzentriert und hat eine süße, feine Frucht. Dass man sich auch auf den Barriqueausbau von Weißweinen versteht, beweist wieder einmal der würzig-elegante Chardonnay. An der Spitze sehen wir in diesem Jahr eine konzentrierte Rotwein-Cuvée von 2009.

Weinbewertung

82 2011 Riesling trocken **12 %/4,50 €/11**

82 2011 Weißburgunder Kabinett trocken **11,5 %/4,90 €**

84 2011 Riesling trocken Biengarten **12 %/8,-€**

85 2011 Riesling trocken Mandelgarten **12 %/8,- €**

82 2011 Chardonnay trocken **13 %/5,50 €**

87 2011 Chardonnay trocken Barrique **13,5 %/12,- €**

83 2011 Spätburgunder trocken **13,5 %/5,- €**

88 2009 „Cuvée N° 4" Rotwein trocken **13,5 %/22,- €**

86 2009 „Vom Krappgarten" Rotwein trocken **13,5 %/9,- €**

Volk ★

Weingut

Mittelrhein

Koblenzer Straße 6, 56322 Spay

***Tel.** 02628-8290, **Fax**: 02628-987416*

www.weingutvolk.de

info@weingutvolk.de

***Besuchszeiten**: Mo-Fr. 9-18 Uhr, Sa. 9-16 Uhr, sowie nach Vereinbarung*

Inhaber .... Jürgen Volk

Rebfläche .... 4 Hektar

Das Weingut Volk wird seit 1995 von Heidi und Jürgen Volk geführt, beide Weinbau-Ingenieure mit Geisenheim-Studium. Alle Weinberge befinden sich im Bopparder Hamm. Riesling ist die wichtigste Rebsorte, außerdem gibt es ein wenig Weißburgunder und Müller-Thurgau, dazu Spätburgunder und Regent. Die Rotweine werden maischevergoren. Im Sommer 2011 wurde die neue Vinothek eröffnet.

Vorjahre

Der Jahrgang 2009 fiel gleichmäßig aus, wobei wir in diesem Jahrgang die trockene Spätlese präferierten. Die 2010er waren gleichmäßig, aber jahrgangsbedingt etwas verhaltener.

Jahrgang 2011

Der Jahrgang 2011 ist zuverlässig ausgefallen. Vor allem die stoffige halbtrockene Spätlese aus dem Ohlenberg gefällt, der saftige, recht füllige Weißburgunder und die sehr geradlinige, komplett trocken wirkende Spätlese stehen diesem kaum nach.

Weinbewertung

84 2011 Weißburgunder trocken Bopparder Hamm **12,5 %/6,90 €**

82 2011 Riesling Hochgewächs trocken Bopparder Hamm Weingrube **12,5 %/5,10 €**

85 2011 Riesling Spätlese trocken Bopparder Hamm Ohlenberg **12 %/6,90 €**

82 2011 Riesling Hochgewächs halbtrocken Bopparder Hamm Weingrube **11,5 %/5,10 €**

85 2011 Riesling Spätlese halbtrocken Bopparder Hamm Ohlenberg **11,5 %/6,90 €**

82 2011 Regent trocken Bopparder Hamm **13 %/6,10 €**

★★★★★

Vollenweider

Weingut

Mosel

Wolfer Weg 53, 56841 Traben-Trarbach
***Tel.** 06541-814433, **Fax**: 06541-816773*
www.weingut-vollenweider.de
mail@weingut-vollenweider.de
***Besuchszeiten**: nur nach Vereinbarung*

Inhaber .... Daniel Vollenweider
Rebfläche .... 4,5 Hektar

Der junge Schweizer Daniel Vollenweider kam aus Leidenschaft für den Riesling an die Mosel. Seit dem Jahrgang 2000 (sein erster Jahrgang) bewirtschaftet er Reben in der Lage Wolfer Goldgrube in Traben-Trarbach, inzwischen sind auch eine Parzelle im Würzgarten (namens Schimbock) und eine im Kröver Steffensberg hinzugekommen, die Gesamtrebfläche des Betriebs wuchs auf über vier Hektar an. Die Goldgrube ist nicht flurbereinigt, so dass fast alle Parzellen dort noch mit wurzelechten Reben bepflanzt sind. Die Weine von Daniel Vollenweider gehen zu fast 100 Prozent in den Export. Er ist vor allem für seine Weine mit Restsüße bekannt geworden, überzeugt aber inzwischen auch mit seinen trockenen Rieslingen. Die Prädikate werden nicht nur nach dem Mostgewicht, sondern auch nach dem sensorischen Empfinden vergeben. Kabinett und Spätlese sind immer Weine ohne Botrytis. Ab dem Prädikat Auslese aufwärts erzeugt Vollenweider seine Weine aus reinen Botrytistrauben.

Vorjahre

Die 2009er waren saftig, voller Würze und Frucht. Sehr geschlossen im gewohnten Stil präsentierten sich die 2010er, wobei uns die Goldgrube-Rieslinge besser gefielen als ihre Pendants aus dem Steffensberg; Goldkapsel-Auslese und Beerenauslese krönten die Kollektion.

Jahrgang 2011

2011 hat Daniel Vollenweider zwei klare, frische trockene Rieslinge im Programm, den Riesling Wolfer und den Felsenfest. Der Kabinett ist frisch und fruchtbetont wie gewohnt, die Spätlese ist wunderschön elegant, besitzt herrlich viel Frucht, gute Struktur und Biss. Die Goldkapsel-Spätlese ist würzig und füllig, bietet etwas mehr Substanz und dieselbe betörende Frucht. Unter den beiden Goldkapsel-Auslesen präferieren wir ganz klar den Wein aus der Goldgrube, dir Auslese aus dem Steffensberg war zum Zeitpunkt der Verkostung allerdings noch sehr vom Schwefel geprägt. Die Goldgrube zeigt herrlich viel Frucht im Bouquet, viel Würze und Duft, ist füllig und schmeichelnd im Mund, besitzt viel Substanz und Länge. Aber es gibt noch eine Steigerung durch die Beerenauslese aus dem Steffensberg: Gute Konzentration, feine Würze und reife Frucht prägen das Bouquet, im Mund präsentiert sie sich füllig, konzentriert, herrlich reintönig und zupackend.

Weinbewertung

86 2011 Riesling „Felsenfest" **11,5 %/9,80 €**
85 2011 Riesling Wolfer **12,5 %/14,50 €**
86 2011 Riesling Kabinett Wolfer Goldgrube **8,5 %/12,- €**
88 2011 Riesling Spätlese Wolfer Goldgrube **8,5 %/18,- €**
89 2011 Riesling Spätlese (Goldkapsel) Wolfer Goldgrube **8,5 %/22,50 €**
89 2011 Riesling Auslese (Goldkapsel) Kröver Steffensberg **8,5 %/22,50 €/0,375l**
91 2011 Riesling Auslese (Goldkapsel) Wolfer Goldgrube **8,5 %/29,50 €/0,375l**
93 2011 Riesling Beerenauslese (Goldkapsel) Kröver Steffensberg **5,5 %/53,- €/0,375l**

Eva Vollmer ★

Weingut

Rheinhessen

Nieder-Olmer-Straße 65,
55129 Mainz-Ebersheim
Tel. *06136-46472,* **Fax:** *06136-46489*
www.evavollmer-wein.de
info@evavollmer-wein.de
Besuchszeiten: *nach Vereinbarung*

Inhaber .... Eva Vollmer und Robert Wagner
Rebfläche .... 9 Hektar

Eva Vollmer gründete 2007 zusammen mit ihrem Lebensgefährten Robert Wagner ihr eigenes Weingut. Sie ist Diplom-Ingenieurin für Weinbau, machte Praktika in Deutschland und Kalifornien. Ihr Vater Ottmar Vollmer führte einen typischen rheinhessischen Gemischtbetrieb, hatte den Ertrag seiner Weinberge im Fass vermarktet. Eva Vollmer stellte mit der Gründung des Weinguts auf ökologischen Weinbau um. Zwei Drittel der Ernte wird derzeit noch im Fass verkauft. Die Weinberge liegen in Ebersheim, Zornheim, Harxheim und Gau-Bischofsheim; die Reben wachsen auf Tonmergelböden in Kombination mit Lehm, Löss und Kalk. In ihrem kleinen Sortiment bietet sie Riesling, Silvaner, Weißburgunder und Scheurebe an, sowie die roten Sorten Spätburgunder und Dornfelder; nach eigener Einschätzung teilt sie ihre Weine in Punkt-Weine und Ausrufezeichen-Weine.

Vorjahre

Beim guten Debüt vor zwei Jahren hatten uns die beiden Selectionsweine, Silvaner und Riesling, besonders gut gefallen. Die 2010er Weißweine reichten nicht an ihre Vorgänger heran, dafür entschädigten die beiden sehr gekonnt vinifizierten Barriquerotweine aus 2009.

Neue Kollektion

In der ansonsten gleichmäßigen 2011er Kollektion ragt der im Halbstück ausgebaute Weißburgunder hervor, der füllig und klar ist, kraftvoll bei guter Struktur.

Weinbewertung

82 2011 Weißburgunder. trocken **13 %/7,90 €**
80 2011 Riesling. trocken **13 %/8,30 €**
82 2011 Silvaner! trocken **13 %/10,90 €**
81 2011 Riesling! trocken **13 %/11,30 €**
86 2011 Weißburgunder! trocken „Halbstück" **13,5 %/13,- €**
81 2011 Riesling! „feinherb" **12,5 %/9,50 €**

Schloss Vollrads ★★

Weingut

Rheingau

Schloss Vollrads, 65375 Oestrich-Winkel
Tel. *06723-660,* **Fax:** *06723-6666*
www.schlossvollrads.com/.de
info@schlossvollrads.com
Besuchszeiten: *Mo.-Fr. 9-18 Uhr, Sa., So. und Feiertage 11-19 Uhr*

Inhaber .... Nassauische Sparkasse
Gutsdirektor .... Dr. Rowald Hepp
Rebfläche .... 80 Hektar

Schloss Vollrads gehört zu den ältesten Weingütern der Welt und zu den ganz wenigen, die ihre Geschichte bis ins Hochmittelalter zurückverfolgen können: Weinhandel ist hier seit 1211 nachgewiesen. Mit dem Jahrgang 2011 feierte man dieses Jubiläum. In den letzten Jahren hat Schloss Vollrads weitere Weinberge erworben, inzwischen werden 80 Hektar bewirtschaftet. Gutsdirektor Rowald Hepp hat das Weingut nach schwierigen Zeiten stabilisiert, die Qualität ist in den letzten Jahren gleichmäßiger geworden. Gekühlte, langsame Vergärung ist typisch für den Rieslingstil des Hauses. Über alle Jahrgangsunterschiede hinweg wirken die Weine schlank, feingliedrig und zugänglich.

Vorjahre

Im Jahrgang 2009 gelang unter den wenigen verkosteten Weinen das Erste Gewächs gut, wenngleich es nicht überragend wirkte. Die

2010er fielen erfreulich aus: Neben dem schlanken, würzigen Ersten Gewächs, das sich noch besser entwickeln könnte, standen sehr feine, geradlinige Süßweine. Die Basisweine konnten da nicht ganz mithalten.

Neue Kollektion

Außer dem etwas brav wirkenden Ersten Gewächs hat Schloss Vollrads in diesem Jahr noch einen anderen trockenen Spitzenwein anzubieten. Der Riesling zu Ehren des 800-Jahr-Weinverkaufsjubiläums ist konzentriert und dicht, besitzt eine fast salzige Komponente und Nachhaltigkeit, wirkt derzeit aber noch ein wenig anstrengend. Unter den übrigen Weinen überzeugt die elegante Beerenauslese, während die Spätlese etwas verhalten ausfällt.

Weinbewertung

81 2011 Riesling trocken Schloss Vollrads **12,5 %/10,20 €**

83 2011 Riesling Kabinett trocken Schloss Vollrads **11,5 %/11,50 €**

85 2011 Riesling Spätlese trocken Schloss Vollrads **13 %/14,60 €**

87 2011 Riesling trocken Erstes Gewächs Schloss Vollrads

88+ 2011 Riesling trocken „800 Jahre Weinverkauf" Schloss Vollrads **13,5 %/35,- €**

82 2011 Riesling „feinherb" Schloss Vollrads **11,5 %/10,20 €**

83 2011 Riesling Kabinett „feinherb" Schloss Vollrads **10,5 %/11,50 €**

86 2011 Riesling „Edition" Schloss Vollrads **12,5 %/13,80 €**

83 2011 Riesling Kabinett Schloss Vollrads **9 %/11,50 €**

85 2011 Riesling Spätlese Schloss Vollrads **8 %/14,60 €**

87 2011 Riesling Auslese Schloss Vollrads **7,5 %/23,80 €/0,375l**

90 2011 Riesling Beerenauslese Schloss Vollrads **8,3 %/80,- €/0,375l**

Vols

★★☆

Weingut

Mosel

Zuckerberg, 54441 Ayl an der Saar

***Tel.** 0651-9935414*

www.vols.de

info@vols.de

***Besuchszeiten**: nach Vereinbarung*

Inhaber .... Helmut Plunien

Rebfläche .... 7 Hektar

Helmut Plunien war Güterdirektor der Bischöflichen Weingüter als er mit anfangs einem Hektar im Wiltinger Schlangengraben begann Wein unter eigenem Etikett zu vermarkten. 2010 hat er das Weingut Altenhofen in Ayl übernommen, so dass Weinberge in den Ayler Lagen Kupp, Scheidt und Schonfels hinzu kamen, in der Wiltinger Kupp konnte Helmut Plunien einen Rieslingweinberg mit 40 Jahre alten Reben erwerben. Riesling spielt die Hauptrolle in seinen Weinbergen, aber es gibt auch Weißburgunder, Spätburgunder, Chardonnay, Müller-Thurgau und Cabernet Sauvignon. Anfangs gab es zwei Weine im Sortiment, „Vols I" und „Vols II". Der „Vols I" wächst auf stark verwittertem Devonschiefer in einer wurzelechten Parzelle, die unmittelbar an den Scharzhofberger angrenzt; „Vols II" stammt aus südlich ausgerichteten Parzellen mit blauem Devonschiefer. 2008 wurde erstmals der „Vols S" vorgestellt, ein Wein, der aus einer Parzelle im Schlangengraben von teilweise über 90 Jahre alten Rebstöcken gewonnen wird. Helmut Plunien bietet an, die Weine nach 25 Jahren kostenlos neu zu verkorken.

Vorjahre

2009 begeisterte. 2010 waren einige Weine zum Zeitpunkt der Verkostung noch sehr jugendlich. Die Kollektion präsentierte sich geschlossen, Vols I und Vols II waren unsere Favoriten.

Jahrgang 2011

So langsam gewinnt das Programm an Kontur, auch wenn es immer noch nicht einfach zu verstehen ist, warum manche Weine Prädikatsbezeichnungen tragen, andere aber nicht. 2011 überzeugen wie schon zuletzt die Gutsweine, die Lagenweine besitzen Substanz und gute Struktur, auch wenn die Süße ihnen manchmal ein wenig die Nachhaltigkeit nimmt. Unsere Favoriten sind – mit aufsteigender Restsüße – die Weine aus Schlangengraben und Schönfels, sowie der Vols I. Die Auslese Ayler Kupp, unmittelbar nach der Füllung verkostet, war noch allzu unruhig.

Weinbewertung

83 2011 Riesling trocken **11,5 %/7,- €**
83 2011 Chardonnay trocken
83 2011 Weißburgunder trocken
85 2011 Riesling trocken Wiltinger **11,5 %/8,- €**
83 2011 Riesling „feinherb" **11 %/7,- €**
85 2011 Riesling Kabinett Leuker Kreuz **10,5 %/8,- €**
85 2011 Riesling Kabinett Ayler Kupp **10,5 %/10,- €**
84 2011 Riesling Kabinett Wiltinger Kupp
86 2011 Riesling Spätlese Ayler Kupp **9,5 %/14,- €**
88 2011 Riesling Schonfels **10,5 %/14,- €**
87 2011 Riesling Schlangengraben **12 %/14,- €**
86 2011 Riesling „Vols II"
88 2011 Riesling „Vols I" **7,5 %/20,- €**
86 2011 Riesling Auslese Ayler Kupp (86+? Punkte)

★

Stefanie Vornhecke
Weingut

Mosel

Zeller Straße 74, 56820 Senheim
Tel. 02673-4412, Fax: 02673-960294
www.weingut-vornhecke.de
stefanie.vornhecke@t-online.de
Besuchszeiten: Di.-Sa. 17-19 Uhr, So. 11-13 Uhr oder nach Vereinbarung; Ferienwohnungen

Inhaber .... Stefanie Vornhecke
Rebfläche .... 1,6 Hektar

Stefanie Vornhecke gründete 2001 ihr eigenes Weingut. Neben Riesling baut sie etwas Spätburgunder an.

Vorjahre

Im vergangenen Jahr wurden vor allem Weine des Jahrgangs 2009 vorgestellt, da 2010 nur 4.000 Liter Ertrag brachte

Neue Kollektion

Die 2011er nun präsentieren sich stimmig; am besten gefallen uns der füllige, saftige halbtrockene Wein aus dem Wahrsager und die reintönige trockene Spätlese; der 2004er Lacerta ist harmonisch gereift, besitzt Frische und Biss.

Weinbewertung

80 2010 Riesling trocken **11,5 %/5,80 €**
81 2011 Riesling Kabinett trocken Senheimer **11,5 %/6,50 €**
85 2011 Riesling Spätlese trocken Senheimer **12 %/8,50 €**
81 2011 Riesling Hochgewächs „feinherb" **11,5 %/5,80 €**
82 2011 Riesling Spätlese „feinherb" Senheimer **11 %/8,50 €**
84 2004 Riesling „Lacerta" **11 %/8,50 €**
85 2011 Riesling „Cygnus" Senheimer Wahrsager **12 %/9,50 €**

★★★☆

Wachtstetter
Weingut

Württemberg

Michelbacher Straße 8, 74397 Pfaffenhofen
Tel. 07046-329, Fax: 07046-931000
www.wachtstetter.de
info@wachtstetter.de
Besuchszeiten: Do. + Fr. 9-12 + 13:30-18 Uhr, Sa. 9-16 Uhr und nach Vereinbarung

Inhaber .... Rainer Wachtstetter
Rebfläche .... 16 Hektar

Mitte der achtziger Jahre wurden die landwirtschaftlichen Flächen verpachtet, erfolgte die Konzentration auf Wein. Diese Konzentration hat sich ausgezahlt, denn die Weine, die seit einigen Jahren aus diesem Pfaffenhofener Keller kommen, gehören zur Spitze in Württemberg, insbesondere die Rotweine. Seit Rainer Wachtstetter die Regie übernommen hat, wurde die Rebfläche erweitert, der Rotweinanteil ist auf mittlerweile 75 Prozent gestiegen. Trollinger und Lemberger sind weiterhin die wichtigsten Sorten, gefolgt von Spätburgunder, Schwarzriesling, Samtrot und Dornfelder. Aber auch Cabernet Cubin und Acolon kamen hinzu. Vor allem den Anbau von Lemberger will Rainer Wachtstetter weiter forcieren. Bei den weißen Sorten dominiert der Riesling. Hinzu kommen etwas Gewürztraminer, Grauburgunder und Kerner. Die barriqueausgebauten Spitzenweine vermarktet Rainer Wachtstetter in der Linie „Ernst Combé", benannt nach seinem Großvater. Sein Spitzenwein, der Lemberger „Junges Schwaben", kommt aus dem Mühlberg bei Pfaffenhofen, einem bis zu 60 Prozent steilen Süd-Südosthang.

Vorjahre

Vor zwei Jahren waren die Rotweine wieder bärenstark, Lemberger „Junges Schwaben" und die neue Cuvée Ernst Combé „R" gefielen uns besonders gut; auch bei den Weißweinen zeigt Rainer Wachtstetter Konstanz auf sehr hohem Niveau. Der 2008er Lemberger war herrlich präzise und reintönig, war unser Favorit in der letztjährigen Kollektion. Aber auch die anderen Barrique-Rotweine zeigten gewohnt hohes Niveau, schon der Trollinger machte Spaß; die 2010er Weißweine behaupteten sich gut.

Weiße Kollektion

Mit seinen Weißweinen wird Rainer Wachtstetter immer stärker, alle Weine haben wir dieses Jahr mit sehr gut bewertet. Der Sekt ist klar und zupackend, der Riesling Kabinett geradlinig und frisch, der Riesling Anna kraftvoll und strukturiert, besitzt Substanz. Der Grauburgunder ist kraftvoll, klar und zupackend, der Gewürztraminer wunderschön reintönig, der Blanc de Noir geradlinig und klar: Eine stimmige weiße Kollektion.

Rote Kollektion

Die Roten aber sind insgesamt noch ein klein wenig stärker. Die beiden roten Cuvées sind würzig und konzentriert, kraftvoll und klar, unterscheiden sich nur wenig von einander. Spannender, wie meist, aber nicht immer, sind die Lemberger. Schon der Felix ist wunderschön reintönig und zupackend, besitzt gute Struktur und Frische. Der Lemberger Ernst Combé ist ebenfalls faszinierend reintönig, füllig, kraftvoll und zupackend, besitzt gute Struktur und Substanz. Seit diesem Jahr ergänzt ein Lemberger-Großes Gewächs das Programm, wie der Lemberger Junges Schwaben, der dieses Jahr nicht vorgestellt wurde, stammt er aus dem Pfaffenhofener Hohenberg, allerdings von unterschiedlichen, auch räumlich getrennten Parzellen. Die Parzelle für den Junges Schwaben ist windoffener, die für das Große Gewächs liegt in einer leichten Mulde. Der Wein ist der schwierigste, den Rainer Wachtstetter dieses Jahr angestellt hat, anfangs sehr verschlossen und von Toast- und Gewürznoten geprägt, kommt erst nach zwei Tagen eine klare, eindringliche Lembergerfrucht zum Vorschein. Er besitzt Kraft und Substanz, gute Struktur und jugendliche Tannine, braucht Zeit. Aber ein spannender Wein: Weiter im Aufwind!

Weinbewertung

86 2010 Lemberger Sekt „weißgekeltert" brut **12,5 %/12,- €**
85 2011 Riesling Kabinett trocken **12 %/7,- €**
87 2011 Riesling trocken „Anna" **12,5 %/9,80 €**
87 2011 Grauburgunder trocken **12 %/9,50 €**
87 2011 Gewürztraminer trocken **13,5 %/9,50 €**
85 2011 Spätburgunder „Blanc de Noir" trocken **12 %/8,80 €**
84 2010 Trollinger trocken „Steillage" **12 %/6,50 €**
87 2009 Lemberger trocken „Felix" **13 %/9,80 €**
89 2009 Lemberger trocken „Ernst Combé" **13 %/16,- €**
91 2009 Lemberger „GG" Pfaffenhofen Hohenberg **13,5 %/25,- €**
88 2009 Cuvée „Ernst Combé" Rotwein trocken **13,5 %/16,- €**
89 2009 Cuvée „Ernst Combé R" Rotwein trocken **13,5 %/23,- €**

★★☆

Schloss **Wackerbarth**

Sächsisches Staatsweingut

Sachsen

Sächsisches Staatsweingut GmbH
Wackerbarthstraße 1, 01445 Radebeul
***Tel.** 0351-8955155, **Fax**: 0351-8955150*
www.schloss-wackerbarth.de
kontakt@schloss-wackerbarth.de
***Besuchszeiten**: täglich 9:30-22 Uhr*
Gasthaus, Veranstaltungen

Inhaber .... Sächsische Aufbaubank
Geschäftsführerin .... Sonja Schilg
Leiter Weinbau .... Andreas Knetsch
Kellermeister .... Jürgen Aumüller
Rebfläche .... 93 Hektar

Die Sächsische Staatsweingut GmbH mit Sitz in Schloss Wackerbarth bewirtschaftet an der Sächsischen Weinstraße zwischen Diesbar-Seußlitz und Radebeul 93 Hektar Weinberge, ein Drittel davon in Steillagen. Dazu gehören die Radebeuler Lagen Goldener Wagen, Steinrücken und Johannisberg oder die Seußlitzer Heinrichsburg. An weißen Sorten gibt es vor allem Riesling, Müller-Thurgau, Kerner und Weißburgunder, dazu Spezialitäten wie Traminer, Scheurebe, Bacchus und Goldriesling. An roten Rebsorten baut man Dornfelder, Spätburgunder und Frühburgunder an. Eine Spezialität von Schloss Wackerbarth ist die Sektherstellung. 2002 wurde die umfangreiche, zweijährige Sanierung des Schlosses abgeschlossen.

Vorjahre

Vor zwei Jahren gefiel uns der Frühburgunder gut, noch besser aber der Spätburgunder. Die Weißweine waren schwächer, gefielen uns dann 2010 wieder etwas besser, trotz des problematischen Jahrgangs. Insgesamt präsentierte sich die letztjährige Kollektion geschlossen, von den Sekten bis hin zur Beerenauslese.

Neue Kollektion

Die neue Kollektion überzeugt voll und ganz bietet kraftvolle und doch fruchtbetonte 2011er Weißweine. Unser Favorit ist allerdings der herrlich reintönige und füllige Traminer-Sekt aus dem Jahrgang 2007.

Weinbewertung

83 2009 Riesling Sekt brut **12,5 %/17,90 €**
86 2007 Traminer Sekt trocken **13 %/29,90 €**
83 2011 Weißburgunder Kabinett trocken **13 %/14,50 €**
82 2011 Grauburgunder Kabinett trocken **13 %/14,50 €**
82 2011 Riesling Kabinett trocken **12 %/14,50 €**
84 2011 Riesling Spätlese trocken Goldener Wagen **12,5 %/14,90 €/0,5l**
84 2011 Riesling Spätlese trocken Radebeuler Steinrücken **12 %/14,90 €/0,5l**
83 2011 Scheurebe Kabinett **12 %/14,50 €**
83 2011 Traminer Goldener Wagen **13 %/14,90 €/0,5l**

★★★☆

Wageck-Pfaffmann

Weingut

Pfalz

Luitpoldstraße 1, 67281 Bissersheim
***Tel.** 06359-2216, **Fax**: 06359-86668*
www.wageck-pfaffmann.de
weingut@wageck-pfaffmann.de
***Besuchszeiten**: Mo.-Sa. 8-12 + 13-18 Uhr, So. 10-12 Uhr und nach Vereinbarung*
Probierstube (bis 50 Personen)

Inhaber .... Gunter und Gertraud Pfaffmann
.... Frank und Thomas Pfaffmann
Rebfläche .... 39 Hektar

Das Weingut in seiner heutigen Form ist entstanden, als Gunter Pfaffmann aus Walsheim 1973 in den Betrieb eingeheiratet hat. Gunter und Gertraud Pfaffmann werden im Betrieb unterstützt von ihren Söhnen Frank und Thomas. Geisenheim-Absolvent Frank – mit Diplomarbeit über Rotweinbereitung – kümmert sich hauptsächlich um Keller und Außenbetrieb, Thomas ist für Büro und Verkauf zuständig. Die Weinberge der Familie

Pfaffmann liegen in Bissersheim (Goldberg, Steig, Orlenberg) und Großkarlbach (Burgweg und Osterberg). Rotweine nehmen etwa die Hälfte der Rebfläche ein, insgesamt 12 verschiedene rote Sorten baut man an. Wichtigste Rotweinsorte ist Dornfelder, dazu gibt es Portugieser, Spätburgunder, Frühburgunder und Schwarzriesling, aber auch Dunkelfelder, Lemberger, Merlot und Cabernet Sauvignon. Wichtigste weiße Sorten sind Riesling, Chardonnay, Müller-Thurgau, Sauvignon Blanc, Weißburgunder und Grauburgunder. Die Weine werden betriebsintern mit bis zu drei Sternen gekennzeichnet, auf Prädikatsangaben wird, außer bei edelsüßen Weinen, verzichtet. 2-Sterne-Rotweine werden im Holzfass ausgebaut, 3-Sterne-Rotweine im Barrique. 2004 wurde ein 3,2 Hektar großer Weinberg im Goldberg, in der Parzelle „In der Halde" zugepachtet, wo kleinbeerige Spätburgunderklone, Cabernet Franc, Gewürztraminer und Riesling angepflanzt wurden.

Vorjahre

Vor zwei Jahren hatten drei sehr gute, saftige Spätburgunder einen Vorteil gegenüber einer ebenfalls starken Weißweinriege, angeführt von Riesling, Weißburgunder und Blanc de Noir Sekt. Im vergangenen Jahr haben wir sowohl sehr gute Weißweine als auch sehr gute Rotweine verkostet. Zwei Rieslinge und jeweils ein Chardonnay, Weißburgunder und Sauvignon Blanc sahen wir gleichauf an der Spitze. Bei den Rotweinen gefielen uns am besten die konzentrierte Cuvée Wilhelm, der dunkle Portugieser von 81 Jahre alten Reben und der Gottes Berg-Spätburgunder.

Neue Kollektion

In diesem Jahr haben wir gleich sieben trockene Weißweine gleich hoch bewertet. Die beiden Sekte zeigen viel Frucht und nussige Noten, der Blanc de Noir ist straff, der Chardonnay zeigt Spiel. Bei den Rieslingen bestätigte sich der Eindruck des Vorjahres. In der Halde ist etwas schlanker und eleganter als der kräftigere Schützenhaus, der viel Konzentration zeigt mit heller Frucht und feinem Biss. In der Halde ist gelbfruchtig und ebenso konzentriert. Der Chardonnay Goldberg entwickelte in feinem Holz viel Frucht, er dürfte sich weiter gut entwickeln. Der Sauvignon Blanc Goldberg ist wie im Vorjahr reif, dicht und schwer, durch die feine Frucht hat er dennoch eine gewisse Eleganz. Gut, grün und sehr frisch ist der Bissersheimer Sauvignon Blanc. Sehr klar und reintönig sind die drei edelsüßen Weine, die Riesling Beerenauslese ist sehr süß und samtig dick, der Rieslaner Trockenbeerenauslese fehlt etwas der Biss, weshalb wir die Scheurebe bevorzugen, sie zeigt viel süße Frucht und eine sehr gute Säurestruktur, was dem Wein harmonische Spannung verleiht. Bei den Rotweinen sehen wir drei Weine an der Spitze. Der Portugieser von 1931 gepflanzten Reben ist sehr dunkel mit kühler Frucht, konzentriert und reich an Tanninen. Die Cuvée Wilhelm ist sehr konzentriert, duftig und reif. Eine ganz klare rote Frucht und (noch) etwas viel Biss hat der Spätburgunder Gottes Berg, der gemeinsam mit dem Weingut Rings ausgebaut wird.

Weinbewertung

87 2007 Blanc de Noir Sekt brut nature **12 %/12,90 €**

87 2009 Chardonnay Sekt brut **12 %/9,30 €**

80 2011 Riesling* trocken **12 %/4,20 €**

83 2011 Riesling** trocken Bissersheimer **13 %/7,80 €**

87 2011 Riesling*** trocken Schützenhaus **14 %/14,80 €**

87 2011 Riesling*** trocken In der Halde **13 %/14,80 €**

82 2011 Chardonnay** trocken Bissersheimer **13 %/6,30 €**

87 2011 Chardonnay*** trocken Goldberg **14 %/12,80 €**

83 2011 Sauvignon Blanc** trocken Bissersheimer **11,5 %/7,20 €**

87 2011 Sauvignon Blanc*** trocken Goldberg **13,5 %/12,80 €**

85 2011 Muskateller** trocken Großkarlbacher **12 %/7,80 €**
87 2011 Weißer Burgunder*** trocken Steinacker **14 %/12,80 €**
90 2011 Riesling*** Beerenauslese Goldberg **7 %/20,30 €**
92 2011 Scheurebe*** Beerenauslese Steinacker **6 %/20,30 €**
91 2011 Rieslaner*** Trockenbeerenauslese Goldberg **7 %/50,30 €**
87 2010 Portugieser*** trocken „HW31" **14 %/20,30 €**
86 2010 Spätburgunder*** trocken Goldberg **14 %/25,30 €**
86 2010 Spätburgunder*** trocken Burgweg **13,5 %/19,80 €**
83 2010 Spätburgunder** trocken Bissersheimer **13,5 %/15,80 €**
87 2010 Spätburgunder trocken „Gottes Berg" **13,5 %/32,- €**
84 2009 „Luise" Rotwein** trocken **13,5 %/8,80 €**
87 2009 „Wilhelm" Rotwein*** trocken **14 %/19,80 €**

Wagner ★

Weingut

Rheinhessen

Hauptstraße 30, 55270 Essenheim
Tel. 06136-87438, Fax: 06136-814709
www.wagner-wein.de
info@wagner-wein.de
Besuchszeiten: an allen Tagen geöffnet
Straußwirtschaft (Mai, Juni, Juli, Sept.)
„Hoffestspiele", Kleinkunstbühne: Theater, Kabarett und Musik im alten Fachwerkhof (Jun./Juli)
Weinbergswanderungen, „Krimi"-Wanderungen

Inhaber .... Ulrich Wagner, Dr. Andreas Wagner
Rebfläche .... 15 Hektar

Bereits im Jahr 1692 erwarben die Vorfahren der heutigen Besitzer Weinberge in Essenheim. 2002 haben die Brüder Ulrich und Andreas Wagner das Weingut von ihrem Vater Rudolf übernommen. Geisenheim-Absolvent Ulrich hatte nach Studienabschluss praktische Erfahrungen in Südafrika und beim Weingut Dr. Heger gesammelt. Er ist für den Keller verantwortlich, während der promovierte Historiker Andreas – der seit 2007 mehrere Winzerkrimis veröffentlichte – sich um die Vermarktung kümmert. Inzwischen ist auch der dritte Bruder Christian im Betrieb tätig. Sie bauen Grau- und Weißburgunder, Dornfelder, Spätburgunder, Riesling, Silvaner, Müller-Thurgau, Portugieser, sowie Merlot und Cabernet Sauvignon an. Die besten Weine eines Jahrgangs werden in der Linie „Jean" (der Name des Urgroßvaters) vermarktet.

Vorjahre

Die 2009er Kollektion präsentierte sich geschlossen auf gutem Niveau, am besten gefiel uns die Cuvée aus Weißburgunder und Riesling. Auch die letztjährige Kollektion war sehr gleichmäßig, weiß wie rot, Sekt, Sauvignon Blanc und die Cuvée aus Weißburgunder und Sauvignon Blanc gefielen uns am besten.

Neue Kollektion

Homogen ist nun auch der Jahrgang 2011, in dem uns die beiden Sauvignon Blanc am besten gefallen: Der „normale" Sauvignon Blanc ist klar, füllig und frisch, die im Barrique ausgebaute Variante ist kraftvoll und strukturiert, sehr vom Holz geprägt.

Weinbewertung

79 2011 Silvaner trocken Essenheim Domherr **13 %/4,40 €**
82 2011 Grauburgunder „Löss Jean" Elsheim Bockstein **13,5 %/7,20 €**
80 2011 Grauburgunder „Mergel Jean" Essenheim Teufelspfad **12,5 %/7,20 €**
84 2011 Sauvignon Blanc „vom sandigen Löss Jean" Essenheim Teufelspfad **13,5 %/7,20 €**
84 2011 Sauvignon Blanc Barrique Essenheim Teufelspfad **14 %/13,- €**
78 2011 Riesling trocken **12,5 %/4,- €/1l**
81 2011 Riesling „vom sandigen Löss Jean" Essen-

heim Teufelspfad **13,5 %/7,20 €**
78 2011 Riesling „Mergel Jean" **13,5 %/7,20 €**
81 2011 Weißburgunder „Kalkalgenriff Jean" **14 %/7,20 €**
81 2011 Scheurebe „Alte Reben" Essenheim Teufelspfad **13 %/7,20 €**
85 2011 Ortega Trockenbeerenauslese **8 %/15,- €/0,375l**
83 2010 Spätburgunder „Mergel Jean" **14 %/8,- €**

Wagner ★
Weingut
Württemberg

Kelteräcker 1, 71397 Leutenbach-Weiler zum Stein
***Tel.** 07195-61509, **Fax**: 07195-174616*
www.wagnerweingut.de
ingrid.wagner@wagnerweingut.de
***Besuchszeiten**: nach Vereinbarung; Besenwirtschaft*

Inhaber .... Ingrid Wagner
Rebfläche .... 2,7 Hektar

1994 begannen die Wagners in Leutenbach-Weiler zum Stein mit der Selbstvermarktung, im Dezember 1999 wurde die Besenwirtschaft eröffnet, die seither viermal im Jahr für jeweils knapp drei Wochen geöffnet hat. Die Weinberge liegen alle in Erligheim. Der Großteil der Rebfläche ist mit roten Reben bestockt: Lemberger, Trollinger, Spätburgunder, Portugieser und Muskat-Trollinger, neuerdings wird auch Merlot angebaut. Alle Rotweine werden maischevergoren. An weißen Sorten gibt es derzeit nur Riesling, Sauvignon Blanc und Gewürztraminer wurden neu gepflanzt. Junior Robin Wagner, derzeit in Winzerlehre, baute 2010 einen Lemberger im Barrique aus. Die ganze Produktion wird über die Flasche vermarktet.

Kollektion

Mit einer sehr gleichmäßigen Kollektion stellten wir das Weingut im vergangenen Jahr erstmals vor. Auch die neue Kollektion ist sehr gleichmäßig, ein Wein ragt heraus: Der im Holzfass ausgebaute Lemberger zeigt Gewürznoten im Bouquet, klare reife Frucht und gute Struktur im Mund.

Weinbewertung

81 2011 Riesling trocken „Edition W" **12,5 %/5,10 €**
81 2011 Trollinger „Blanc de Noir" trocken **12 %/5,20 €**
82 2011 Gewürztraminer Spätlese **12 %/7,50 €**
82 2011 Spätburgunder Weißherbst Auslese **12,5 %/7,50 €**
81 2011 Trollinger **12 %/4,10 €/1l**
78 2011 Trollinger & Lemberger trocken **12,5 %/4,90 €/1l**
83 2011 Lemberger trocken „Edition W" **13,5 %/7,90 €**
85 2011 Lemberger trocken Holzfass **14 %/13,50 €**
82 2011 Muskat-Trollinger **12 %/7,10 €**
80 2011 Samtrot Spätlese **12 %/7,10 €**

Dr. Heinz Wagner ★
Weingut
Mosel

Bahnhofstraße 3, 54439 Saarburg
***Tel.** 06581-2457, **Fax** 06581-6093*
www.weingutdrwagner.de
info@weingutdrwagner.de
***Besuchszeiten**: nach Vereinbarung*

Inhaber .... Christiane Wagner
Rebfläche .... 7 Hektar

Die Villa hinter dem Saarburger Bahnhof beherbergt eines der traditionsreichsten Weingüter der Saar. Gegründet wurde der Betrieb im Jahr 1880 von Josef Heinrich Wagner, dem Ururgroßvater der heutigen Inhaberin. Dessen Sohn Adolf machte einst den Saarsekt populär. Lange war Heinz Wagner für das Weingut verantwortlich, im Jahr 2009 übergab er es an Tochter Christiane, eine in Geisenheim ausgebildete Önologin. Das Weingut verfügt über Rebflächen in den Lagen Saarburger Rausch und Kupp sowie im Ockfener Bockstein. Angebaut werden ausschließlich Rieslingreben. Nach wie vor werden die Weine in Holzfässern auf klassische Art ausgebaut. Waren früher vor allem die Spät- und Auslesen mit Restsüße berühmt, konzentriert sich der Betrieb mehr und mehr auch auf trockene Rieslinge.

Vorjahre

Die 2009er waren saftig, würzig, teilweise überraschend füllig, auch in der Spitze sehr geradlinig und präzise. Die 2010er erreichten uns im vergangenen Jahr erst nach Redaktionsschluss. Die Kollektion überzeugte mit einer feinen trockenen Spätlese aus der Kupp und einer saftigen feinherben Spätlese aus dem Rausch; auch die Bockstein-Auslese war sehr gut.

Jahrgang 2011

2011 hat seine Stärken im süßen Segment: Die Bockstein-Spätlese ist frisch und elegant, klar und zupackend, die Auslese süß und konzentriert, besitzt feine Würze, Duft und Substanz.

Weinbewertung

79 2011 Riesling trocken Saar **12 %/7,40 €**
82 2011 Riesling Kabinett trocken Saarburger Rausch **11,5 %/8,90 €**
85 2011 Riesling Spätlese trocken „Alte Reben" Saarburger Kupp **12,5 %/13,60 €**
81 2011 Riesling „Generation V" **11 %/10,50 €**
81 2011 Riesling Kabinett „feinherb" Saarburger Kupp **11,5 %/8,90 €**
81 2011 Riesling Spätlese „feinherb" „Josef Heinrich" Saarburger Rausch **9,5 %/13,60 €**
82 2011 Riesling Kabinett Ockfener Bockstein **8,5 %/8,90 €**
87 2011 Riesling Spätlese Ockfener Bockstein **8,5 %/13,60 €**
88 2011 Riesling Auslese Ockfener Bockstein **8 %/18,50 €**

★★★★

Wagner-Stempel

Weingut **Rheinhessen**

Wöllsteiner Straße 10, 55599 Siefersheim
Tel. *06703-960330,* ***Fax:*** *06703-960331*
www.wagner-stempel.de
info@wagner-stempel.de
Besuchszeiten: *nach Vereinbarung*
Gästehaus

Inhaber .... Familie Wagner
Rebfläche .... 14 Hektar

Lothar Wagner hat 1985 mit der Flaschenweinvermarktung begonnen, seit 1995 ist dem Weingut ein Gästehaus mit 18 Betten angegliedert, das von seiner Frau Lore geführt wird. Für den Ausbau der Weine ist seit 1992 Sohn Daniel zuständig. Die Weinberge liegen in den Siefersheimer Lagen Heerkretz, Höllberg und Goldenes Horn. Das besondere an den Siefersheimer Lagen ist der Porphyr-Fels im Untergrund, der den Weinen eine ganz eigene Note verleiht. Die meisten Weine werden mit Rebsortenangabe vermarktet, nur die beiden Großen Gewächse und edelsüße Weine tragen eine Lagenbezeichnung. Wichtigste Rebsorte ist Riesling mit einem Anteil von über 50 Prozent, Tendenz steigend. Daneben werden Silvaner und Müller-Thurgau, verschiedene Burgundersorten, sowie Chardonnay, Sauvignon Blanc (2000 gepflanzt) und Scheurebe angebaut. Dazu kommen die roten Sorten St. Laurent, Spätburgunder und Merlot, zukünftig auch ein wenig Frühburgunder. St. Laurent war eine Spezialität in Siefersheim, wo es vor dem Zweiten Weltkrieg insgesamt 35 Hektar Weinberge mit dieser Rebsorte gab. Danach geriet sie in Vergessenheit, wird aber bereits seit 1991 wieder bei Wagner-Stempel angebaut. Alle Rotweine kommen ins Barrique und werden unfiltriert abgefüllt. In den letzten Jahren wurde das Weingut modernisiert. Zuletzt kam ein neues Kelterhaus hinzu, in dem die Trauben nur durch Kippen und ohne jedes Pumpen verarbeitet werden können. Seit September 2008 werden die Weinberge zertifiziert biologisch bewirtschaftet.

Vorjahre

Seit der ersten Ausgabe empfehlen wir die Weine von Wagner-Stempel, im Jahr davor hatten wir die Weine erstmals in Mondo vorgestellt. In diesem Zeitraum ging es stetig bergauf, immer mit der gesamten Kollektion: Die Basisweine haben zugelegt, die Spitzenweine ebenso und auch die edelsüßen Rieslinge wurden Jahr für Jahr besser. Stetige Verbesserung auf breiter Front, nicht nur bei einzelnen Show-Weinen: Das zeichnet ein hervorragendes Weingut aus. Sehr konsistent war die 2009er Kollektion: Feine Gutsweine, fülligere Ortsweine, zwei stoffige Große Gewächse und dazu eine stimmige edelsüße Kollektion. 2010 behauptete sich Daniel Wagner gut mit frischen, klaren Ortsweinen, dem wie immer beeindruckenden Riesling Porphyr und zwei wuchtigen Großen Gewächsen, wobei der Wein aus dem Heerkretz etwas druckvoller und nachhaltiger war als der aus dem Höllberg.

Neue Kollektion

Die neue Kollektion ist sehr gut und sehr stimmig. Die Gutsweine sind frisch, fruchtbetont und reintönig, der Sauvignon Blanc gehört zu den wenigen gelungenen Vertretern seiner Art in Rheinhessen, ist reintönig und zupackend. Ganz stark sind dann die Ortsweine: Der Silvaner ist wunderschön saftig und reintönig, Gleiches gilt für den Weißburgunder, der Riesling vom Porphyr ist herrlich klar und geradlinig, zupackend und nachhaltig. Eine weitere Steigerung folgt mit den Großen Gewächsen, wobei wir in diesem Jahr ganz klar den Heerkretz präferieren. Der Höllberg zeigt faszinierend viel Frucht im Bouquet, gelbe Früchte, ist frisch, klar und zupackend im Mund, besitzt feine süße Frucht und Biss. Der Heerkretz ist kraft- und druckvoller im Mund, nachhaltiger bei dezent mineralischen Noten.

Weinbewertung

84 2011 Silvaner trocken **12 %/7,50 €**
84 2011 Weißburgunder trocken **13 %/8,- €**
84 2011 Scheurebe trocken **12,5 %/8,- €**
84 2011 Riesling trocken **12,5 %/8,20 €**
88 2011 Sauvignon Blanc trocken **13 %**
87 2011 Silvaner trocken Siefersheim **13 %/14,- €**
87 2011 Weißburgunder trocken Siefersheim **13 %/14,- €**
87 2011 Riesling & Gewürztraminer trocken „Steinkönig" **13 %**
88 2011 Riesling trocken „vom Porphyr" Siefersheim **13 %/14,- €**
91 2011 Riesling „GG" Höllberg Siefersheim **13 %/26,- €**
91 2011 Riesling „GG" Heerkretz Siefersheim **13 %/26,- €**
87 2011 Riesling Spätlese Siefersheimer Heerkretz **7,5 %/15,- €**
89 2011 Riesling Auslese Siefersheimer Heerkretz **7,5 %/31,- €**
86 2010 „Steinkönig" Rotwein trocken **13 %**

★★

A. Waigand

Weingut

Franken

Dr. Vits-Straße 8, 63906 Erlenbach am Main
***Tel.** 09372-4596, **Fax**: 09372-940230*
www.weigand-wein.de
kontakt@waigand-wein.de
***Besuchszeiten**: nach Vereinbarung*
Häckerwirtschaft

Inhaber .... Albert Waigand
Ansprechpartner .... Verena Waigand
Rebfläche .... 1,6 Hektar

Das nach dem Zweiten Weltkrieg gegründete Weingut wird heute von Albert und Heike Waigand geführt, unterstützt von Tochter Verena, die nach Weinküferlehre ihr Studium der Weinbetriebswirtschaft in Heilbronn abgeschlossen hat. Die Weinberge liegen alle in Querterrassen im steilen Erlenbacher Hochberg, wo die Reben auf Buntsandstein wachsen. Weißburgunder und Spätburgunder werden im Holz ausgebaut, dazu gibt es Silvaner, Riesling, Kerner und Portugieser.

Kollektion

Weine der Jahrgänge 2009 bis 2011 konnten wir verkosten, und was wir verkosteten, das hat uns alles gut gefallen. Sehr klar und kraftvoll präsentiert sich der 2009er Weißburgunder, wie auch der Silvaner aus dem gleichen Jahrgang zeigt er keinerlei Altersnoten. Strukturiert und zupackend ist der Spätburgunder, fruchtbetont und frisch; die 15 Monate in neuen und gebrauchten Barriques ausgebaute Variante zeigt gute Struktur und Substanz, feine Wärme und dezente Vanillenoten bei reintöniger Frucht.

Weinbewertung

- **84** 2011 Müller-Thurgau trocken „Sommer-Feeling" Erlenbacher Hochberg **13 %/5,40 €**
- **82** 2010 Riesling Erlenbacher Hochberg **12 %/5,- €/0,5l**
- **84** 2009 Silvaner Spätlese trocken Erlenbacher Hochberg **12 %/7,50 €**
- **86** 2009 Weißburgunder Spätlese trocken Erlenbacher Hochberg **13,5 %/11,50 €**
- **85** 2011 Riesling Kabinett Erlenbacher Hochberg **12 %/7,50 €**
- **86** 2009 Spätburgunder trocken Erlenbacher Hochberg **13 %/8,50 €**
- **88** 2009 Spätburgunder trocken Barrique Erlenbacher Hochberg **14 %/15,- €**

Edgar Wallrapp ★

Winzerhof

Franken

Biebelrieder Straße 17, 97288 Theilheim
Tel. 09303-1580, Fax: 09303-8´981479
www.bio-weingut-wallrapp.de
edgar-wallrapp@t-online.de
Besuchszeiten: nach Vereinbarung

Inhaber .... Edgar Wallrapp
Rebfläche .... 2,5 Hektar

Seit 1984 erst baut die Familie Wein in Theilheim an, das in einem Seitental des Mains liegt. Die Weinberge werden biologisch bewirtschaftet, Edgar Wallrapp ist Mitglied bei Bioland. Er baut Müller-Thurgau und Silvaner an, Bacchus, Riesling und Johanniter, sowie einen fast hundert Jahre alten Weinberg mit einem altfränkischen Satz in der Machtilshäuser Sommerleite, der auch Rebsorten wie Gutedel und Roter Elbling enthält; an roten Sorten gibt es Domina, Regent und Dornfelder.

Kollektion

Ein klarer zupackender Silvaner von alten Reben, eine saftige trockene Silvaner Spätlese, ein kraftvoller, strukturierter Regent mit dezenten Bitternoten und ein kraftvoller Riesling, frisch, präzise und zupackend, haben uns am besten gefallen in der stimmigen Kollektion.

Weinbewertung

- **84** 2011 Silvaner Kabinett trocken „Alte Rebe" Theilheimer Altenberg **12,5 %/6,80 €**
- **82** 2011 Silvaner Kabinett trocken Theilheimer Altenberg **11 %/7,50 €**
- **85** 2011 Silvaner Spätlese trocken Theilheimer Altenberg **9,50 €**
- **85** 2011 Riesling Spätlese trocken Theilheimer Altenberg **12,5 %/9,50 €**
- **82** 2011 Rotling Kabinett Theilheimer Altenberg **11 %/5,50 €**
- **84** 2011 Regent Spätlese trocken Theilheimer Altenberg **13,5 %/8,50 €**

Alfred Walter ★

Weingut

Mosel

Hauptstraße 188, 56867 Briedel
Tel. 06542-98690, Fax: 06542-986925
www.weingut-walter.de
info@weingut-walter.de
Besuchszeiten: Mo.-Sa. nach Vereinbarung
Weinbar im Sommer Fr. + Sa. ab 17 Uhr

Inhaber .... Alfred Walter
Rebfläche .... 6,5 Hektar

Seit 1568 betreibt die Familie Weinbau in Briedel. Heute wird das Gut von Alfred und Alexa Walter geführt, die von ihrem Sohn Gerrit unterstützt werden, der inzwischen seine Tätigkeit als Kellermeister des Weinguts Dreißigacker beendet hat und voll in den Betrieb eingestiegen ist. Ihre Weinberge liegen überwiegend in Steillagen in Briedel und Pünderich. Riesling ist die wichtigste Rebsorte im Betrieb, daneben gibt es etwas Weißburgunder, Müller-Thurgau, Dornfelder und Spätburgunder. 2012 wurde das neue Kelterhaus fertig, so dass nun die ganze Traubenverarbeitung mittels Schwerkraft erledigt werden kann. Vergrößert und erneuert wurden auch Abfüll- und Verkostungsbereich mit einer an Wochenenden geöffneten Weinbar, neue Etiketten runden das moderne Erscheinungsbild ab.

Vorjahre

Beim guten Debüt im vergangenen Jahr machte ein kraftvoller trockener Riesling aus der Pündericher Marienburg die beste Figur.

Jahrgang 2011

Auch 2011 ist er konzentriert und kraftvoll, besitzt gute Struktur und Substanz, ist der beste Wein in einer ein klein wenig uneinheitlichen Kollektion; gute Ansätze zeigt auch der kraftvolle, füllige Weißburgunder aus dem Weisserberg.

Weinbewertung

80 2011 Weißburgunder trocken **13 %/5,80 €**
81 2011 Riesling trocken **12 %/5,80 €**
86 2011 Weißburgunder trocken Briedeler Weisserberg **13 %/10,50 €**
84 2011 Riesling Spätlese trocken Briedeler **12,5 %/7,- €**
87 2011 Riesling trocken Pündericher Marienburg **13 %/12,- €**
79 2011 Riesling Classic **12 %/5,80 €**
85 2011 Riesling Spätlese „feinherb“ Briedeler **11,5 %/7,- €**
82 2011 Riesling Kabinett **9,5 %/5,80 €**
85 2011 Riesling Spätlese Briedeler Schäferlay **8,5 %/7,- €**

Josef Walter ★★

Weingut

Franken

Freudenberger Straße 21-23, 63927 Bürgstadt
Tel. 09371-948766, Fax: 09371-948767
www.weingut-josef-walter.de
info@weingut-josef-walter.de
Besuchszeiten: Mi. + Fr. 9-12, Mo.-Fr. 14-18 Uhr, Sa. 9-15 Uhr und nach Vereinbarung
Hofweinfest erstes Juliwochenende

Inhaber .... Christoph und Daniela Walter
Rebfläche .... 3,5 Hektar

Das Bürgstadter Weingut war ursprünglich ein landwirtschaftlicher Gemischtbetrieb, der nebenher auch Wein anbaute. Christoph Walter ist nach seiner Ausbildung in Veitshöchheim und Stationen bei verschiedenen Weingütern 1996 in den Betrieb eingestiegen und hat die Verantwortung im Keller übernommen. Er begann mit dem Barriqueausbau und konzentrierte sich ganz auf Wein. Heute führt er den Betrieb zusammen mit Ehefrau Daniela, unterstützt von den Eltern Josef und Brigitte Walter. Ihre Weinberge liegen alle im Centgrafenberg. Drei Viertel der Rebfläche nehmen rote Rebsorten ein, vor allem Spätburgunder und

Frühburgunder, aber auch Domina und Regent. An weißen Rebsorten gibt es Silvaner, dazu Müller-Thurgau, Bacchus und Kerner.

Vorjahre

Die 2007er Rotwein-Riege hinterließ vor zwei Jahren einen blendenden Eindruck. 2008 war der Spätburgunder „J" etwas von Gewürznoten geprägt, Schmankerl wie im Jahr zuvor („R", „Pinot 274") wurden letztes Jahr nicht vorgestellt; am besten gefiel uns der reintönige Frühburgunder.

Neue Kollektion

Auch in diesem Jahr liegen die Vorteile ganz eindeutig im roten Segment, das angeführt wird von dem wunderschön reintönigen Pinot Noir, der kraftvoll ist, gute Struktur besitzt, reife Frucht und Substanz. Dass Walter-Weine gut reifen, habne wir schon öfter festgestellt, auch dieses Jahr haben sie sich in unseren 2002er-Verkostungen gut geschlagen, allen voran die geradlinige Domina.

Weinbewertung

83 2010 Pinot „Blanc de Noir" Sekt brut **12 %/13,- €**
82 2011 Spätburgunder „Blanc de Noir" trocken **11,5 %/7,50 €**
82 2011 Silvaner trocken Centgrafenberg **12 %/7,- €**
80 2011 Silvaner „S" Spätlese trocken Centgrafenberg **13,5 %/9,50 €**
83 2009 Silvaner „S" Spätlese trocken Centgrafenberg **12,5 %/9,50 €**
83 2008 Spätburgunder trocken **13 %/7,50 €**
85 2008 Spätburgunder „J" trocken Centgrafenberg **14 %**
87 2008 Frühburgunder „J" trocken Centgrafenberg **14 %**
88 2009 Pinot Noir trocken **13,5 %**
88 2002 Domina trocken **13 %/12,- €**
85 2002 Regent trocken **13 %/12,- €**
86 2002 Frühburgunder trocken Centgrafenberg **14 %/19,50 €**

Eugen Wambsganß ★

Weingut

Pfalz

Kirchhohl 10-12, 76829 Landau-Nussdorf
***Tel.** 06341-61990, **Fax**: 06341-60161*
www.eugen-wambsganss.de
iris.estelmann@t-online.de
***Besuchszeiten**: Mo.-Fr. 10-18 Uhr, Sa./So. nach Vereinbarung*

Inhaber .... Klaus und Iris Estelmann
Rebfläche .... 14,33 Hektar

In siebter Generation baut die Familie Wambsganß bzw. Estelmann Wein in Nussdorf an. Aus dem ehemaligen Mischbetrieb wurde vor über vierzig Jahren ein reiner Weinbaubetrieb. Eugen Wambsganß übergab das Weingut 1991 an seine Tochter Iris und ihren Mann Klaus Estelmann, Sohn Christian ist Geisenheim-Absolvent. Die Rebfläche wurde seit 1990 von 8 Hektar auf die heutigen 13 Hektar erweitert, die Weinberge liegen auf Nußdorfer Gemarkung. Wichtigste Rebsorten sind Riesling, Weißburgunder, Grauburgunder, Silvaner und Gewürztraminer, dazu gibt es Chardonnay, Auxerrois und einige Bukettsorten. Im roten Segment werden Spätburgunder, Sankt Laurent und Portugieser ergänzt durch Dornfelder, Merlot, Cabernet Sauvignon und Dunkelfelder. Die Spitzenrotweine werden – wie auch ausgewählte Weißweine – in Barriques ausgebaut, wobei Klaus und Iris Estelmann Nußdorfer Holz verwenden, das von der Tonnellerie François Frères verarbeitet wird.

Vorjahre

Vor zwei Jahren zeigten die verkosteten Rotweine oxidative Noten, vier oder fünf Jahre im Barrique sind einfach zu viel, zehren die Weine aus und machen sie müde. Schade um das gute Ausgangsmaterial. An der Spitze stand ein Grauburgunder. Im vergangenen Jahr gefiel uns eine klare

Rieslaner Auslese am besten, unter den Rotweinen zogen wir die einfachen, fruchtbetonten Exemplare der mit viel Holzwürze versehenen, oxidativen Cuvée „CC" vor.

Neue Kollektion

In diesem Jahr sind die Basisweine etwas verhalten, die weißen Lagenweine zeigen gute Sortentypizität. Der ambitionierte Spätburgunder aus dem Jahrgang 2009 will uns hingegen nicht gefallen, ist unharmonisch, mit zu trockenen Tanninen und störenden Röstnoten.

Weinbewertung

80 2010 Riesling Sekt brut **11,5 %/8,40 €**
81 2011 Weißer Burgunder trocken **11,5 %/5,50 €**
83 2011 Weißer Burgunder Spätlese trocken Walsheimer Silberberg **13,5 %/9,40 €**
81 2011 Grauer Burgunder trocken **12 %/5,40 €**
84 2011 Grauer Burgunder Spätlese trocken Nußdorfer Kaiserberg **12,5 %/9,40 €**
79 2011 Riesling trocken **11,5 %/€ 4,20/1l**
84 2011 Riesling Spätlese trocken Nußdorfer Herrenberg **13 %/9,40 €**
81 2010 St. Laurent trocken **12,5%/5,40 €**
77 2009 Spätburgunder trocken Nußdorfer Herrenberg **12,5 %/19,80 €**

★★★

Fritz **Waßmer**

Weingut

Baden

Lazariterstraße 2, 79189 Bad-Krozingen-Schlatt
***Tel.** 07633-3965, **Fax**: 07633-4458*
www.weingutfritzwassmer.de
mailweingutfritzwassmer.de
***Besuchzeiten**: Mo.-Fr. 9-18 Uhr, Sa. 10-16 Uhr*

Inhaber .... Fritz Waßmer
Rebfläche .... 35 Hektar

Fritz Waßmer baut wie sein Bruder Martin nicht nur Wein an, sondern auch Erdbeeren und Spargel, dazu verkauft er Weihnachtsbäume. 1999 hat er sich Weinberge im Breisgau gekauft. Zu 80 Prozent baut er Pinot Noir an. Er pflanzte ausschließlich Klone aus Burgund, auf schwach tragenden Unterlagsreben, bis zu 13.000 Stock je Hektar. Die Trauben werden in kleinen Kisten nach Schlatt transportiert und dort verarbeitet. Alle Spätburgunder werden spontanvergoren, teils in Holzgärtanks, teils in Edelstahltanks. 1999 erzeugte er seine ersten Rotweine, zwei Jahre später die ersten Weißweine. 2003 haben die neu gepflanzten Burgunderklone ihren ersten Ertrag gebracht.

Vorjahre

Vor zwei Jahren gefiel uns der Syrah wieder sehr gut, bei den Spätburgundern zogen wir den „Alte Reben" dem allzu eigenwilligen „XXL" vor. Der weiße Teil der Kollektion präsentierte sich geschlossen, wurde angeführt von kraftvollen „R"-Weinen des Jahrgangs 2008. Im vergangenen Jahr wurde die Kollektion angeführt von den beiden Top-Spätburgundern, Alte Reben und XXL, wobei letzterer sich noch sehr verschlossen gab; aber auch der Syrah und die Cuvée Felix gefielen uns sehr gut, ebenso die Riege kompakter Weißweine der R-Klasse.

Neue Kollektion

Eine umfangreiche Kollektion hat uns Fritz Waßmer auch dieses Jahr wieder vorgestellt. Im weißen Segment gefallen uns die 2010er R-Weine recht gut, sie sind kraftvoll und konzentriert, Weißburgunder wie Grauburgunder, auch der Chardonnay besitzt viel Substanz, der Viognier reintönige Frucht. Im roten Segment gefallen uns Spätburgunder Alte Reben und „XXL" sehr gut, auch wenn beide ein klein wenig vordergründig bleiben; noch besser finden wir den Syrah, der diesmal viel Säure aufweist, Tannine und reintönige Frucht.

Weinbewertung

85 2009 Chardonnay Sekt brut **12,5 %/14,50 €**
82 2011 Weißburgunder **12,5 %/6,80 €**
82 2011 Grauburgunder **13,5 %/7,30 €**
81 2011 Sauvignon Blanc **12 %/7,30 €**

81 2011 Auxerrois **12 %/7,30 €**
85 2011 Sauvignon Blanc „R" **13 %/14,50 €**
87 2010 Weißburgunder „R" **13 %/14,50 €**
86 2010 Grauburgunder „R" **13,5 %/14,50 €**
86 2010 Viognier **13,5 %/18,50 €**
87 2010 Chardonnay **13,5 %/16,50 €**
82 2011 Muskateller **10,5 %/7,80 €**
86 2011 Spätburgunder Weißherbst Auslese süß **9 %/18,50 €**
83 2010 Spätburgunder **13 %/7,80 €**
86 2010 Frühburgunder **13,5 %/14,50 €**
84 2010 Spätburgunder „M" **13,5 %/16,50 €**
86 2010 Spätburgunder „Alte Reben" **13,5 %/28,- €**
87 2010 Spätburgunder „XXL" **13,5 %/38,- €**
86 2010 Cuvée „Felix" Merlot & Cabernet Franc **13,5 %/19,80 €**
88 2010 Syrah trocken **13,5 %/28,- €**

★★★★

Martin Waßmer

Weingut

Baden

Am Sportplatz 3, 79189 Bad-Krozingen-Schlatt
***Tel.** 07633-15292, **Fax:** 07633-13384*
www.weingut-wassmer.de
wassmer-krozingen@t-online.de
***Besuchzeiten:** April-Juni tägl. 8-20 Uhr, sonst Mo.-Sa. 9-12:30 + 13:30-18 Uhr oder nach Vereinbarung*
Weinprobierstube, Bauernladen

Inhaber .... Martin Waßmer
Rebfläche .... 27 Hektar

Martin Waßmer stammt aus einem landwirtschaftlich orientierten Betrieb, der schon seit Generationen auch Weinbau betreibt. Während seiner Ausbildung zum Koch hat er 1980 mit dem Anbau von Spargel begonnen. Spargel und Erdbeeren sind flächenmäßig die wichtigsten landwirtschaftlichen Produkte in seinem Betrieb. Seine Liebe gilt aber dem Wein. Durch Seminare und Besuche bei anderen Winzern im In- und Ausland hat er sich Kenntnisse im Weinausbau verschafft und beschlossen selbst Wein zu machen und zu vermarkten. 1998 hat er zum letzten Mal an die Genossenschaft abgeliefert. Wichtigste Rebsorte bei Martin Waßmer ist der Spätburgunder. Hinzu kommen Weißburgunder, Grauburgunder, Müller-Thurgau und Gutedel, sowie inzwischen Muskateller und Chardonnay. Die Reben stehen in den Schlatter Lagen Maltesergarten, Steingrüble und Altenberg. Alle Weine werden möglichst mit ihren natürlichen Hefen vergoren und recht lange auf der Hefe ausgebaut. Die Rotweine kommen alle ins Holzfass, die besten Qualitäten ins Barrique. Die Klärung erfolgt durch Absetzen der Schwebstoffe, filtriert wird möglichst nicht.

Vorjahre

2009 stellten wir Fortschritte im weißen Segment fest – und Neues: Mit der Lagenbezeichnung Dottinger Castellberg gab es zwei „GC"-Weißweine. Der Chardonnay beeindruckte uns stark (viel, aber sehr schönes Holz), der Weißburgunder konnte ihm nicht das Wasser reichen. In der „SW"-Linie gefielen uns Grauburgunder und Sauvignon Blanc besonders gut. Sehr stimmig präsentierte sich der rote Teil der Kollektion, an der Spitze der Cabernet Sauvignon gleichauf mit dem Pinot Noir „GC". Das Programm ist nochmals deutlich größer geworden im vergangenen Jahr; dass die Kollektion etwas weniger homogen war als in früheren Jahren, schien uns aber weniger am großen Sortiment, sondern mehr am Jahrgang 2010 zu liegen, manche Weißweine erreichten nicht die Form früherer Jahre. Große Klasse war wieder der Chardonnay aus dem Castellberg, den Weißburgunder sahen wir fast gleichauf. Im roten Segment hatte sich einiges getan, neben Cabernet Sauvignon gab es nun auch Syrah, Cabernet Franc und Merlot in reinsortiger Form. Für uns hatten Syrah und Cabernet Sauvignon klar die Nase vorne, noch spannender aber fanden wir: Pinot Noir! Den „GC" gab es nun in zwei Versionen, einmal aus dem Maltesergarten, einmal aus dem Castellberg. Uns gefiel der Maltesergarten-Pinot klar besser, auch der langjährige Star im Sortiment, der SW aus dem Maltesergarten war ganz hervorragend.

Weißweine 2011

2011 gefallen uns die Weißweine insgesamt besser, auch wenn sie vor allem in der Spitze nicht ganz gleichmäßig sind. Die beiden Sauvignon Blanc besitzen Kraft und reintönige Frucht, Weiß- und Grauburgunder der SW-Linie sind füllig und sortentypisch, ebenso der kraftvolle Chardonnay. In der GC-Linie lässt uns der Chardonnay ratlos zurück, ist allzu duftig. Sehr gut gefällt uns der herrlich stoffige, deutlich vom Holz geprägte Grauburgunder, noch besser der Weißburgunder, der herrlich konzentriert ist, deutlich Toast im Bouquet zeigt, im Mund aber füllig und stoffig ist, gute Struktur und Substanz besitzt.

Rotweine 2010

Auch bei den Rotweinen ist die Kollektion nicht ganz gleichmäßig, einige Weine sind – bei viel Substanz und Kraft – von etwas harten Tanninen geprägt; die Spitze aber begeistert. Der Spätburgunder SW aus dem Maltesergarten ist faszinierend reintönig und komplex, frisch und zupackend, besitzt Druck und Länge. Der GC aus dem Dottinger Castellberg ist ebenfalls wunderschön reintönig, frisch und komplex, besitzt gute Struktur und Kraft, ist druckvoll und nachhaltig. Faszinierend konzentriert und klar präsentiert sich auch sein Pendant aus dem Maltesergarten, kraftvoll und füllig bei viel Substanz, Länge und Nachhall.

Weinbewertung

84 2008 Pinot Rosé Sekt brut **13 %/12,50 €**
85 2011 Weißburgunder trocken **13 %/7,60 €**
85 2011 Grauburgunder Spätlese trocken **13,5 %/10,80 €**
86 2011 Sauvignon Blanc trocken **12,5 %/9,50 €**
88 2011 Sauvignon Blanc „SW" trocken **13,5 %/16,50 €**
87 2011 Weißburgunder „SW" Spätlese trocken Schlatter Maltesergarten **13,5 %/14,50 €**
88 2011 Grauburgunder „SW" trocken Barrique **13,5 %/17,50 €**
88 2011 Chardonnay „SW" trocken **13,5 %/16,50 €**
86 2011 Chardonnay „GC" Dottinger Castellberg **14 %/32,- €**
91 2011 Weißburgunder „GC" Spätlese trocken Dottinger Castellberg **14 %/24,- €**
89 2011 Grauburgunder „GC" Spätlese trocken Dottinger Castellberg **14 %/24,- €**
87 2011 Riesling Spätlese trocken „Kalkstein" **12,5 %/13,50 €**
85 2011 Muskateller Kabinett **9,5 %/9,90 €**
84 2010 Gewürztraminer Ehrenstetter Ölberg **11,5 %/14,- €/0,5l**
88 2011 Weißburgunder Trockenbeerenauslese Dottinger Castellberg **9 %/60,- €/0,375l**
83 2010 Spätburgunder trocken **13,5 %/8,40 €**
85 2010 „Calmo" Rotwein trocken Barrique **14 %/18,- €**
88 2010 Frühburgunder trocken Laufener Altenberg **13,5 %/26,- €**
87 2010 Cabernet Sauvignon trocken Auggener Letten **14 %/28,- €**
88 2010 Merlot trocken Ehrenstetter Ölberg **14 %/42,- €**
86 2010 Spätburgunder Schlatter Maltesergarten **13,5 %/14,50 €**
93 2010 Spätburgunder „SW" Schlatter Maltesergarten **13,5 %/25,- €**
93 2010 Pinot Noir „GC" Dottinger Castellberg **14 %/58,- €**
94 2010 Pinot Noir „GC" Schlatter Maltesergarten **13,5 %/47,- €**

★

Udo **Weber**

Weingut

Nahe

Soonwaldstraße 41, 55569 Monzingen
***Tel.** 06751-3278, **Fax**: 06751-2076*
www.weingut-udo-weber.de
info@weingut-udo-weber.de
***Besuchszeiten**: täglich*
Weinprobierstube (bis 50 Personen)
2 Ferienwohnungen

Inhaber .... Udo Weber
Rebfläche .... 11,5 Hektar

Das Weingut Weber in Monzingen wird seit 1991 von Udo und Sabine Weber geführt. Ihre Weinberge liegen vor allem in den Monzinger Lagen Frühlingsplätzchen und Halenberg, aber auch in den benachbarten Gemeinden Meddersheim und Bad Sobernheim. Udo Weber hat in den letzten Jahren vor allem den Anbau der Burgundersorten forciert. Wichtigste Rebsorte ist aber Riesling, weitere weiße Sorten im Anbau sind Weißburgunder, Grauburgunder, Chardonnay, Gewürztraminer, Müller-Thurgau, Silvaner, Scheurebe und Bacchus. An roten Sorten gibt es Dornfelder und Spätburgunder, sowie Regent und Portugieser.

Vorjahre

2009 brachte einen feinen Eiswein, auch der trockene „Große Genuss" war ein Genuss, sie führten zusammen eine ansonsten ein wenig verhaltene Kollektion an. Auch die 2010er Weine waren insgesamt etwas verhalten. Dafür entschädigten die kraftvollen Burgunder des Jahrgangs 2009: Weißburgunder, Spätburgunder und Frühburgunder besaßen gute Struktur und klare Frucht.

Jahrgang 2011

2011 präsentiert sich die Kollektion wieder etwas stärker, mit leichten Vorteilen im süßen Segment. An der Spitze stehen die beiden Weine aus dem Halenberg: Der kraftvolle Riesling „Grosser Genuss" und eine konzentrierte, saftige und cremige Beerenauslese.

Weinbewertung

81 2011 Chardonnay trocken Monzinger Frühlingsplätzchen **13 %/6,40 €**
83 2011 Grauburgunder „S" Spätlese trocken Monzinger Frühlingsplätzchen **13,5 %/7,90 €**
81 2011 Riesling Spätlese trocken Weilerer Heiligenberg **13 %/6,90 €**
86 2011 Riesling „S" trocken „Grosser Genuss" Monzinger Halenberg **13 %/11,90 €**
83 2011 Riesling Spätlese halbtrocken Monzinger Frühlingsplätzchen **12,5 %/6,90 €**
83 2011 Riesling Spätlese Monzinger Frühlingsplätzchen **10 %/6,40 €**
85 2011 Riesling Auslese Monzinger Frühlingsplätzchen **10,5 %/8,90 €**
87 2011 Riesling Beerenauslese Monzinger Halenberg **9 %/14,90 €/0,5l**
78 2011 Portugieser Rosé Monzinger Frühlingsplätzchen **10 %/4,60 €**

★☆

Weber

Weingut

Baden

Im Offental 1, 77955 Ettenheim
***Tel.** 07822-8948-0, **Fax**: 07822-8948-12*
www.weingut-weber.de
info@weingut-weber.de
***Besuchszeiten**: Mi.-Sa. 9:30-12:30 + 14-20 Uhr, So. 11-20 Uhr; Restaurant Webers Gutsschänke (Mi.-So.)*

Inhaber .... Werner Weber
Rebfläche .... 12 Hektar

Alle Weinberge von Werner Weber liegen im Ettenheimer Kaiserberg, wo die Reben auf tiefgründigen, lehmhaltigen Lössböden wachsen. Wichtigste Rebsorte ist der Spätburgunder, der 40 Prozent der Rebfläche einnimmt. Es folgen Grauburgunder, Müller-Thurgau und Weißburgunder. Dazu gibt es Riesling, Chardonnay, Gewürztraminer und Scheurebe. Seit dem Jahrgang 2003 werden die Weine betriebsintern klassifiziert in die

Linien SE und SE*** Premium. Hinzu kommen barriqueausgebaute und edelsüße Weine.

Vorjahre

Vor zwei Jahren konnten die Weißweine den Roten Paroli bieten, der Chardonnay wurde von uns sogar noch ein klein wenig höher bewertet als die beiden kraftvollen Spätburgunder. Die 2010er Weißweine waren verhaltener, die Premiumweine waren zum Zeitpunkt der Verkostung noch nicht gefüllt. Am besten gefiel uns im vergangenen Jahr die Trockenbeerenauslese, gefolgt vom Barrique-Spätburgunder.

Neue Kollektion

Die neue Kollektion ist sehr verhalten, die Rotweine sind noch sehr jugendlich und tanninbetont, auch die Weißweine, vor allem der Premiumlinie, wirkten zum Zeitpunkt der Verkostung sehr verschlossen.

Weinbewertung

80 2011 Riesling „trocken Ettenheimer Kaiserberg **2,5 %**
81 2011 Weißburgunder trocken Ettenheimer Kaiserberg **12,5 %**
83 2011 Grauburgunder trocken Ettenheimer Kaiserberg **13 %**
84 2011 Sauvignon Blanc trocken Ettenheimer Kaiserberg **12,5 %**
81 2011 Grauburgunder „Premium“ trocken Ettenheimer Kaiserberg
82 2011 Chardonnay „Premium“ trocken Ettenheimer Kaiserberg
82 2010 Spätburgunder trocken „Alte Rebe“ Ettenheimer Kaiserberg
83 2010 Spätburgunder trocken Barrique Ettenheimer Kaiserberg
83 2010 Cabernet Mitos trocken Barrique Ettenheimer Kaiserberg

Weedenbornhof ★

Weingut

Rheinhessen

Am Römer 4-6, 55234 Monzernheim
***Tel.** 06244-387, **Fax:** 06244-57331*
www.weedenbornhof.de
weingut@weedenbornhof.de
***Besuchszeiten**: nach Vereinbarung*

Inhaber .... Familien Mattern & Roll
Rebfläche .... 15 Hektar

Der Weedenbornhof, mitten im Ortskern von Monzernheim gelegen, wird geführt von Heidrun und Udo Mattern, sowie ihrer Tochter Gesine und Ehemann Markus Roll. Sie haben ihr Weingut auf 15 Hektar vergrößert, indem sie von einem anderen Weingut langfristig Weinberge in besten Lagen von Monzernheim hinzugepachtet haben. Ihre Tochter Gesine ist nach Winzerlehre (bei Bassermann-Jordan) und Studium in den Betrieb eingetreten, ihr Ehemann Markus Roll war zuvor Juniorbetriebsleiter des Weingutes Roll in Dittelsheim-Heßloch. Wichtigste Rebsorten sind Riesling, Weißburgunder, Huxelrebe, Chardonnay und Sauvignon Blanc, sowie die roten Sorten Spätburgunder, Portugieser, St. Laurent, Dornfelder, Regent und Cabernet Sauvignon. Die Rotweine reifen in großen oder kleinen Holzfässern.

Kollektion

Die letztjährige Kollektion war jahrgangsbedingt etwas verhalten, präsentierte sich aber geschlossen, weiß wie rot. Sehr gleichmäßig ist nun auch der Jahrgang 2011 mit durchweg kompakten, teils verschlossenen Weinen; am besten gefällt uns der kraftvolle Steingrube-Riesling.

Weinbewertung

83 2011 Sauvignon Blanc trocken **12,5 %/8,20 €**
81 2011 Sauvignon Blanc „Terra Rossa“ Westhofener **13 %/12,90 €**
83 2011 Weißburgunder „vom Kalkmergel“ Westhofener **13,5 %/9,50 €**

83 2011 Riesling „Terra Rossa" Westhofener **13 %/10,90 €**
85 2011 Riesling Steingrube **13 %/15,90 €**
84 2011 Cabernet Sauvignon Westhofener **13,5 %/13,50 €**

★★★

Geheimrat J. Wegeler

Weingüter, Gutshaus Oestrich

Rheingau

Friedensplatz 9-11, 65375 Oestrich-Winkel
Tel. *06723-9909-0,* ***Fax:*** *06723-990966*
www.wegeler.com
info@wegeler.com
Besuchszeiten: *nach Vereinbarung*

Inhaber .... Familie Wegeler-Drieseberg
Gutsverwalter .... Michael Burgdorf
Kellermeister .... Andreas Holderrieth
Rebfläche .... 48 Hektar

Der erfolgreiche Weinhändler Julius Wegeler erwarb 1882 ein Weingut im Rheingau, das noch heute der Familie gehört. Geheimrat J. Wegeler Erben zählt mit Weinbergen in Rüdesheim, Winkel, Geisenheim und Oestrich zu den größten Privatgütern im Rheingau. 99 Prozent der Weinberge sind mit Riesling bepflanzt. Insgesamt 16 verschiedene Weinberge gehören zu den als „Erstes Gewächs" klassifizierten Lagen. Heute leitet Michael Burgdorf als Gutsverwalter den Betrieb, Kellermeister ist Andreas Holderrieth. Neben den Ersten Gewächsen gibt es den „Geheimrat J" als Erstwein des Gutes nach Vorbild der Erstweine in Bordeaux, aber auch der Goldkapsel-Riesling aus dem Rothenberg erhebt Anspruch auf den Titel des besten trockenen Wegeler-Weines. Die Rieslinge werden zwar überwiegend trocken und halbtrocken ausgebaut, besitzen aber auch im edelsüßen Bereich Renommee und werden exklusiv über Gastronomie und Weinfachhandel vertrieben. Der sehr lange auf der Hefe gereifte Schaumwein namens „Geheimrat J" gehört oft zu den interessantesten Sekten im Rheingau, er ist erfreulich niedrig dosiert und kommt spät auf den Markt.

Vorjahre

Die trockenen 2009er gerieten sehr gut und waren eine Steigerung zu den Vorjahren, die Auslesen waren wunderschön elegant. 2010 gelang beides: Feingliedrige Süßweine und, neben dem klaren Ersten Gewächs aus dem Schlossberg, ein eigenwilliger, aber auch sehr eigenständiger trockener Goldkapsel-Riesling aus dem Rothenberg.

Jahrgang 2011

Die 2011er Rieslinge überzeugen fast durchweg, nur dem „PUR" fehlt es etwas an Substanz. Sehr mineralisch und kraftvoll, präzise und vibrierend präsentiert sich die trockene „Goldkapsel"-Auslese aus dem Rothenberg, während der Schlossberg-Spitzenriesling etwas schlanker ausfällt. Individuell sind wieder mal die Weine der spät in den Verkauf gelangenden Serie „Geheimrat J": Vor allem der 2008er Schaumwein begeistert mit Finesse, wirkt angenehm trocken. Die Süßweine besitzen die typisch feine, elegante Art des Hauses, sind leicht cremig und schon in diesem Stadium animierend. Erstaunlicherweise gefällt die Auslese ihrer Balance wegen noch etwas besser als die Beerenauslese.

Weinbewertung

89 2008 Riesling Sekt Brut „Geheimrat J" **12,5 %/28,- €**
83 2011 Riesling trocken **12 %/9,70 €**
87 2011 Riesling Spätlese trocken Winkeler Hasensprung **12,5 %/17,- €**
86 2010 Riesling Spätlese trocken „Geheimrat J" **12,5 %/25,- €**
88 2011 Riesling trocken „GG" Rüdesheim Berg Schlossberg **13 %/25,- €**
91 2011 Riesling trocken „Goldkapsel" Geisenheim Rothenberg **13,5 %/49,- €**
85 2011 Riesling „Charta" **12 %/13,50 €**
82 2011 Riesling Kabinett „pur" **11 %/14,40 €**
86 2011 Riesling Kabinett Rüdesheimer Berg

Schlossberg **8 %/12,- €**

86 2011 Riesling Spätlese Rüdesheimer Berg Rottland **8,5 %/17,- €**

90 2011 Riesling Auslese Geisenheimer Rothenberg **8,3 %/17,- €/0,375l**

89 2011 Riesling Beerenauslese Geisenheimer Rothenberg **8,5 %/78,50 €/0,375l**

★★★☆

Geheimrat J. Wegeler

Weingüter, Gutshaus Bernkastel

Mosel

Martertal 2, 54470 Bernkastel-Kues
Tel. *06531-2493,* ***Fax:*** *06531-8723*
www.wegeler.com
info@wegeler.com
Besuchszeiten: *nach Vereinbarung*

Inhaber .... Familie Wegeler-Drieseberg
Gutsverwalter/Kellermeister .... Norbert Breit
Rebfläche .... 14 Hektar

Das Bernkasteler Gutshaus der Familie Wegeler-Drieseberg ist vor allem wegen seines Besitzes in der Lage Bernkasteler Doctor bekannt geworden. Im Jahr 1903 wurde der Gutshof errichtet, nachdem man Rebstöcke zu astronomischen Preisen im Doctor gekauft hatte. Heute besitzt das Weingut Weinberge in besten Lagen der Mittelmosel, wie Bernkasteler Doctor, Wehlener Sonnenuhr, Bernkasteler Badstube und Graacher Himmelreich und baut ausschließlich Riesling an. Die Weine werden wie die der anderen Wegeler-Güter exklusiv über Fachhandel und Gastronomie vertrieben.

Vorjahre

Gutsverwalter Norbert Breit hat den Rieslingstil mehr und mehr verfeinert: Die Weine präsentieren sich rassig, kraftvoll und mineralisch, sind reintönig und geradlinig schon im Basissegment, die edelsüßen Rieslinge gehören regelmäßig zu den besten an der Mosel. Sehr gleichmäßig zeigten sich die 2009er, allesamt klare, eher schlanke, rassige Weine. 2010 präsentierte Norbert Breit eine konsistente Kollektion auf hohem Niveau. Kabinett und Spätlesen waren frisch, reintönig und elegant, das Große Gewächs aus dem Doctor bot ein Mehr an Fülle und Kraft; die Highlights der Kollektion aber waren wie so oft die edelsüßen Weine aus dem Doctor.

Jahrgang 2011

Der Jahrgang 2011 ist ebenso stark, präsentiert sich konsistent, trocken wie süß. Die trockene Spätlese aus der Sonnenuhr ist kraftvoll und zupackend, besitzt reintönige Frucht, das Große Gewächs aus dem Doctor ist fülliger, noch kraftvoll, besitzt viel Substanz, ist jugendlich. Auch im süßen Segment überzeugt die Sonnenuhr-Spätlese, ist harmonisch und elegant, die Doctor-Spätlese ist komplexer und besitzt mehr Substanz, die Auslese ist faszinierend reintönig und lang. Gekrönt wird die Kollektion von einer konzentrierten, herrlich stoffigen und reintönigen Beerenauslese.

Weinbewertung

83 2011 Riesling Kabinett trocken Bernkasteler Badstube **12 %/12,- €**

88 2011 Riesling Spätlese trocken Wehlener Sonnenuhr **12,5 %/17,- €**

90 2011 Riesling „GG" Bernkasteler Doctor **13 %/41,- €**

83 2011 Riesling „feinherb" **11,5 %/9,50 €**

82 2011 Riesling Kabinett „feinherb" Graacher Himmelreich **11 %/12,- €**

86 2011 Riesling Spätlese „feinherb" Bernkasteler Badstube **12 %/13,50 €**

84 2011 Riesling Kabinett Wehlener Sonnenuhr **9 %/12,- €**

87 2011 Riesling Spätlese Wehlener Sonnenuhr **8 %/17,- €**

89 2011 Riesling Spätlese Bernkasteler Doctor **8,5 %/41,- €**

89 2011 Riesling Auslese Wehlener Sonnenuhr **8 %/18,50 €/0,375l**

90 2011 Riesling Auslese Bernkasteler Doctor **8 %/30,- €/0,375l**

93 2011 Riesling Beerenauslese Bernkasteler Doctor **7 %/87,- €/0,375l**

★★★

Karl **Wegner** & Sohn

Weingut

Pfalz

Am Neuberg 4, 67098 Bad Dürkheim
Tel. *06322-989327,* ***Fax****: 06322-989328*
www.weingut-wegner.de
info@weingut-wegner.de
Besuchszeiten*: Mo.-Fr. 9-12 + 13-18:30 Uhr, Sa. 9-17 Uhr; Ferienwohnung*

Inhaber........................Joachim Wegner
Rebfläche.............................9,9 Hektar

Karl Wegner ist 1976 an den Neuberg in Bad Dürkheim ausgesiedelt. Damals noch reiner Fassweinbetrieb, hat er dann 1980 mit der Flaschenvermarktung begonnen. 1989, nach Beendigung seines Geisenheim-Studiums, ist dann Sohn Joachim, dem das Weingut inzwischen gehört, in den Betrieb eingestiegen und seither für den Keller verantwortlich. Die Weinberge liegen alle in Bad Dürkheim und Ungstein. Wichtigste Rebsorte ist Riesling mit einem Anteil von 30 Prozent. Rotweine nehmen inzwischen 40 Prozent der Rebfläche ein, vor allem Dornfelder und Spätburgunder. 1996 wurde Sauvignon Blanc gepflanzt, zwei Jahre später Cabernet Sauvignon und Merlot. Auch die Weinsberger Neuzüchtungen Cabernet Dorsa, Cabernet Cubin und Cabernet Mitos hat Joachim Wegner angepflanzt, die er für Cuvées nutzt.

Vorjahre

Vor zwei Jahren präsentierte Joachim Wegner eine konsistente Kollektion mit fruchtbetonten, reintönigen Weißweinen und kraftvollen, eigenständigen Barrique-Rotweinen. Merlot und Riesling Auslese hatten uns neben dem „verrückten" Riesling „Lunatic" aus dem Barrique am besten gefallen. Im vergangenen Jahr waren wir wieder beeindruckt von einer tollen Kollektion. Die 2010er Weißweine waren alle gut bis sehr gut, mit schöner Frucht und hohen Extrakten. Deutlich an der Spitze stand die „Vision": Sehr viel Wein, sehr viel Riesling – für wenig Geld. Sehr gut waren auch Merlot von 2007 und der Cabernet Sauvignon von 2005, der sich seinem Höhepunkt näherte.

Neue Kollektion

Auch in diesem Jahr präsentiert Joachim Wegner eine Kollektion auf hohem Niveau. Die Weißweine sind von klarer Frucht und haben eine gute Struktur. Am besten gefällt uns in diesem Jahr bei den Weißweinen der Riesling aus dem Barrique, das feine Holz ist bereits sehr gut eingebunden. Von gleicher Qualität ist die „Vision" aus der gleichen Lage, er ist duftig, ganz klar und hat einen ganz feinen Biss. Fruchtbetont und saftig sind die beiden roten Pinots, der Unterschied zwischen den beiden Jahrgängen ist nicht sehr groß. Noch saftiger und beeriger sind die beiden Cabernet Sauvignon, sie haben eine gute Säure- und Tanninstruktur und wirken immer noch recht jung.

Weinbewertung

82 2011 Riesling Kabinett trocken Dürkheimer Fronhof **12,5 %/4,90 €/1l**
83 2011 Riesling Kabinett trocken Dürkheimer Rittergarten **12,5 %/6,20 €**
86 2011 Riesling Spätlese trocken „Vision" Ungsteiner Herrenberg **13 %/8,80 €**
87 2011 Riesling Spätlese trocken Barrique „Lunatic" Ungsteiner Herrenberg **13 %/14,30 €**
86 2011 Chardonnay Spätlese trocken Dürkheimer Feuerberg **13 %/7,60 €**
85 2011 Sauvignon Blanc Spätlese trocken Dürkheimer Feuerberg **12 %/8,70 €**
85 2011 Weißburgunder & Auxerrois trocken „2klang" Dürkheimer **12,5 %/8,70 €**
85 2011 Weißburgunder Kabinett trocken Dürkheimer Schenkenböhl **12 %/5,80 €** ☺
87 2011 Gewürztraminer Spätlese trocken Dürkheimer Feuerberg **14 %/8,20 €**
87 2008 Pinot Noir „R" trocken Dürkheimer Schenkenböhl **14 %/13,40 €**
87 2009 Pinot Noir „R" trocken Dürkheimer Schenkenböhl **14 %/13,40 €**
89 2008 Cabernet Sauvignon trocken Barrique „Machwerk" **14 %/15,40 €**
88 2007 Cabernet Sauvignon trocken Barrique „Machwerk" **14 %/15,40 €**

★★★★

Dr. Wehrheim

Weingut

Pfalz

Weinstraße 8, 76831 Birkweiler
Tel. 06345-3542, Fax: 06345-3869
www.weingut-wehrheim.de
dr.wehrheim@t-online.de
Besuchszeiten: Mo.-Fr. 9-12 + 14-18 Uhr, Sa. 10-16 Uhr
Gutsausschank: 3. Wochenende im August, Hoffest 2. Wochenende im September

Inhaber.................. Karl-Heinz Wehrheim
Rebfläche............................ 15 Hektar

Seit den achtziger Jahren schon gehört das Weingut Dr. Wehrheim zu den führenden Betrieben in der Südpfalz. Als eines der ersten Weingüter hier hat man konsequent auf trocken ausgebaute Weine, auf Burgundersorten und Riesling gesetzt. Der Riesling nimmt heute 45 Prozent der Weinberge ein, Weißburgunder, Grauburgunder und Chardonnay zusammen 25 Prozent. Weitere wichtige Sorten sind Spätburgunder und St. Laurent, die roten Sorten nehmen 15 Prozent der Rebfläche ein. Dazu pflegt man Südpfälzer Spezialitäten wie Silvaner, Gewürztraminer und Muskateller. Wichtigste Lagen von Karl-Heinz Wehrheim, der das Gut seit 1992 führt, sind die beiden Birkweiler Lagen Kastanienbusch und Mandelberg. Der Kastanienbusch, wo gut die Hälfte seiner Weinberge liegen, besteht aus unterschiedlichen Böden: Aus Rotliegendem, Buntsandstein und Keuper. Der Mandelberg hingegen besteht aus Muschelkalk. Hier hat Karl-Heinz Wehrheim zwei Parzellen mit Weißburgunder, aus denen sein Großes Gewächs Mandelberg kommt. Seine anderen Großen Gewächse, Riesling und Spätburgunder, kommen aus dem Kastanienbusch. Beim Riesling erzeugt Karl-Heinz Wehrheim zwei Große Gewächse: Der Kastanienbusch-Riesling stammt von Rotliegendem, der Riesling Köppel aber von Buntsandstein. Nur die Großen Gewächse tragen eine Lagenbezeichnung. Zur Kennzeichnung der Weine nach dem Terroir, auf dem sie gewachsen sind, bezeichnet Karl-Heinz Wehrheim einige Weine nach den Böden, Prädikatsbezeichnungen werden seit dem Jahrgang 2008 für trockene Weine nicht mehr verwendet. Im Ausbau arbeitet er verstärkt mit Maischestandzeiten bei den Weißweinen. Bis auf einige wenige edelsüße Weine werden alle Weine trocken ausgebaut. Alle Rotweine kommen ins Barrique (die „einfachen" Weine in gebrauchte Barriques). 2007 wurde mit der Umstellung auf biodynamischen Weinbau begonnen, aus dem Jahrgang 2010 gab es die ersten zertifizierten Bioweine.

Vorjahre

Vor zwei Jahren setzte sich der Präzisionsverlust, den wir ein Jahr zuvor bereits bei den Großen Gewächsen festgestellt hatten, im Mittelbau fort. Einige Weine zeigten sich unruhig, zudem fehlte es hier und da an Reintönigkeit. Fehlerfrei präsentierten sich die Großen Gewächse, angeführt vom Weißburgunder Mandelberg. Der war auch im vergangenen Jahr wieder der beste Wein der Kollektion, zusammen mit dem Spätburgunder aus dem Kastanienbusch, Jahrgang 2009. Die Terroirweine im Mittelbau waren im Jahrgang 2010 ohne Fehl und Tadel, ob Weiß- oder Grauburgunder, Riesling oder Chardonnay, alle Weine präsentierten sich klar und reintönig, mit dem jahrgangstypischen Biss und guter Substanz.

Neue Kollektion

In diesem Jahr ist die Kollektion konsistent und stark. An der Spitze liegen die drei weißen Großen Gewächse gleichauf, der Mandelberg-Weißburgunder ist kraftvoll, füllig und cremig, der hohe Alkoholgehalt ist harmonisch eingebunden, die beiden Großen Gewächse vom Riesling besitzen viel klare Frucht und Biss, unterscheiden sich aber deutlich, der Kastanienbusch ist kräuterwürziger, der Köppel etwas nachhaltiger. Und auch die Weine der Terroir-Linie überzeugen voll und ganz, Grauburgunder, Weißburgunder, Chardonnay und die beiden Rieslinge sind alle klar und reintönig, besitzen Kraft, Substanz und Länge.

Weinbewertung

86 2010 Rosé Sekt brut **12 %/16,- €**
88 2011 Grauer Burgunder „S" trocken „Keuper" **13,5 %/15,40 €**
87 2011 Chardonnay „S" trocken „Keuper" **13,5 %/16,90 €**
88 2011 Weißer Burgunder „S" trocken „Muschelkalk" **14 %/16,90 €**
90 2011 Weißer Burgunder „GG" Mandelberg **14,5 %/32,- €**
85 2011 Riesling trocken „Buntstück" **12 %/8,- €**
86 2011 Riesling trocken „Rotstück" **13 %/8,- €**
87 2011 Riesling „S" trocken „Buntsandstein" **13,5 %/14,50 €**
88 2011 Riesling „S" trocken „Rotliegendes" **13,5 %/15,- €**
90 2011 Riesling „GG" Kastanienbusch **13,5 %/27,- €**
90 2011 Riesling „GG" „Köppel" Kastanienbusch **14 %/27,- €**

★★★

Weik

Weingut

Pfalz

Lutwitzistraße 10, 67435 Neustadt-Mußbach
***Tel.** 06321-66838, **Fax:** 06321-60941*
www.weingut-weik.de
mail@weingut-weik.de
***Besuchszeiten:** Di.-Fr. 14-18 Uhr, Sa. 10-16 Uhr und nach Vereinbarung*

Inhaber .... Bernd Weik
Rebfläche .... 6 Hektar

Die Weinberge von Bernd Weik liegen in Mußbach (Eselshaut), in Gimmeldingen, Haardt und Königsbach. Wichtigste Rebsorte ist der Riesling mit einem Anteil von 30 Prozent an der Rebfläche, gefolgt von Sauvignon Blanc, Spätburgunder, St. Laurent, Grauburgunder und Weißburgunder. Rote Sorten nehmen 30 Prozent der Rebfläche ein. Die Weißweine werden im Edelstahl ausgebaut, die Rotweine im Holzfass. Die Topweine vermarktet Bernd Weik seit dem Jahrgang 2007 in der Linie „Löwenherz".

Vorjahre

Vor zwei Jahren ragten zwei Löwenherz-Weine aus einer guten, homogenen Kollektion hervor. Auch ein expressiver Sauvignon Blanc gefiel uns sehr gut, der Rest der Kollektion war gleichmäßig gut. Der Jahrgang 2010 trennte mal wieder die Spreu vom Weizen. Bernd Weik gehörte eindeutig zum Weizen. Die Löwenherz-Weine waren sehr gut bis hervorragend, noch besser als im vermeintlich größeren Jahrgang 2009. Die beiden Sauvignon Blanc waren deutsche Spitzenklasse. Aber auch die Riesling-Kollektion und die Chardonnays waren sehr gut. Auch sonst gab es nichts zu meckern. Sehr gut, mit klarer, kühler Frucht, war auch der Spätburgunder.

Neue Kollektion

In diesem Jahr setzt Bernd Weik noch einen drauf. Die drei Löwenherz Weine sind noch besser als ihre Jahrgangsvorgänger. Die sehr gute Riesling-Kollektion (einschließlich Sekt) wird gekrönt von einem dichten, reifen, eleganten Löwenherz, der trotz aller Konzentration nicht schwer ist. Ein Schnäppchen ist der Chardonnay mit toller Frucht, die an einen Sauvignon Blanc erinnert. Der Löwenherz-Chardonnay ist dicht, nachhaltig, elegant und sehr harmonisch. Die Sauvignons gehören wieder zu den besten in Deutschland. Aus der Meerspinne kommt ein vielfruchtiger, eleganter, frischer Sauvignon Blanc, bei der Löwenherz-Ausgabe kommt Reife und Konzentration dazu, der Wein schmeichelt sich an. Sehr fein. Der Weißburgunder ist fruchtig, straff und süffig. Der Pinot Noir ist durch seine kühle klare Frucht elegant, dezente Röstaromen sind unterlegt von einer sehr guten Tanninstruktur.

Weinbewertung

87 2010 Riesling Sekt brut **12,5 %/10,60 €**
82 2011 Riesling trocken **12 %/4,60 €/1l**
84 2011 Riesling trocken **12 %/5,80 €**
85 2011 Riesling trocken Königsbacher Idig **12,5 %/7,20 €**
85 2011 Riesling trocken Gimmeldinger Biengarten **12,5 %/8,40 €**
89 2011 Riesling trocken „Löwenherz" **12,5 %/13,50 €**
86 2011 Weißburgunder trocken Mußbacher Eselshaut **12,5 %/5,80 €** ☺
88 2011 Sauvignon Blanc trocken Gimmeldinger Meerspinne **12,5 %/9,80 €** ☺
90 2011 Sauvignon Blanc trocken „Löwenherz" **12,5 %/16,50 €**
86 2011 Chardonnay trocken **13 %/6,- €** ☺
90 2011 Chardonnay trocken „Löwenherz" **13,5 %/14,50 €**
88 2011 Pinot Noir trocken Gimmeldinger Biengarten **14 %/13,50 €**

★★★★★

Robert **Weil**

Weingut

Rheingau

Mühlberg 5, 65399 Kiedrich
***Tel.** 06123-2308, **Fax**: 06123-1546*
www.weingut-robert-weil.com
info@weingut-robert-weil.com
***Besuchszeiten**: Mo.-Fr. 8-17.30, Sa. 10-17, So. 11-17 Uhr*

Inhaber .... Suntory, Wilhelm Weil
Rebfläche .... 75 Hektar

Das Weingut Weil wird heute in vierter Generation von Wilhelm Weil geleitet. Gegründet wurde es von Robert Weil, der 1867 die ersten Weinberge im Kiedricher Berg kaufte. Heute wächst in den Weinbergen zu 98 Prozent Riesling, ergänzt um ein wenig Spätburgunder, der bereits 1975 gepflanzt wurde. 8 Hektar liegen im Kiedricher Gräfenberg, einer relativ hoch gelegenen Lage, wo die Trauben durch den Wind vom Taunus her recht lange am Stock bleiben können. Beim Weingut Robert Weil wird deshalb drei bis vier Wochen später geerntet als in den direkt am Rhein gelegenen Weinbergen. Die Trauben werden in mehreren Lesedurchgängen (bis zu 20!) recht spät geerntet. Nach etwa achtzehnstündiger Sedimentation werden die Moste recht zügig vergoren und mit nur einer Filtration relativ früh gefüllt.
2005 erhielt das Erste Gewächs aus dem Gräfenberg hausinterne Konkurrenz durch den neuen Wein im Programm, den Riesling aus dem Kiedricher Turmberg. Diese Lage wurde im Zuge des 1971er Weingesetzes abgeschafft, doch sie erbrachte in den Jahrzehnten zuvor Spitzenweine und ist nun wieder auf den Etiketten präsent. 2007 kam ein weiterer Lagenwein hinzu, derjenige aus dem Klosterberg. Das trockene Segment ist derzeit gegliedert in Gutsriesling, Kiedricher Riesling, drei Lagenrieslinge aus Gräfenberg, Turmberg und Klosterberg sowie das Erste Gewächs aus dem Gräfenberg.

Vorjahre

Mit edelsüßen Weinen hat Wilhelm Weil dem Weingut in den neunziger Jahren zu weltweitem Renommee verholfen. Kein Anderer hat damit im letzten Jahrzehnt so viel für den Ruf des Rheingauer Weines und für das Renommee des deutschen Weines insgesamt getan wie Wilhelm Weil. Während viele traditionsreiche Rheingauer Weingüter eine Schwächephase durchlebten, hat er es geschafft, mit herausragenden edelsüßen Weinen national und international Zeichen zu setzen. Die Rieslinge aus 2009 waren wunderbar rassig, nachhaltig und elegant. Wiederum zählte das Erste Gewächs zu den besten trockenen Weinen im Rheingau und darüber hinaus, die Beeren- und Trockenbeerenauslesen und der enorm nachhaltige Eiswein begeisterten. Die 2010er Kollektion zeigte sich unbeeindruckt vom Jahrgang, schon der Literriesling war sehr gut, die konsistente trockene Kollektion wurde einmal mehr angeführt vom Ersten Gewächs aus dem Gräfenberg. Noch spannender war der süße Teil der Kollektion, der mit ungeheuer präzise gearbeiteten Auslesen, Beeren- und Trockenbeerenauslesen aufwartete.

Jahrgang 2011

Die 2011er Rieslinge haben von der überdurchschnittlich langen Hängezeit am Stock und von einem besonders hohen Anteil an spontan vergorenen Mosten profitiert. Bereits die Basisweine sind animierend und klar, der trockene Turmberg-Riesling sowie das Erste Gewächs aus dem Gräfenberg begeistern wieder einmal mit Präzision, auch wenn Letzterer zum Zeitpunkt der Verkostung noch etwas unruhig wirkte. Unter den Süßweinen faszinieren beispielsweise eine saftige, ohne Botrytis gekelterte und nach getrocknetem Apfel duftende Auslese aus dem Klosterberg und die Goldkapsel-Auslese mit Noten von kandierten Aprikosen. Die nach Rosinen duftenden Trockenbeerenauslesen, in diesem Jahr lediglich in sehr kleinen Mengen erzeugt, werden noch viele Jahre brauchen, bis sie zur Trinkreife finden.

Weinbewertung

85 2011 Riesling trocken **12 %/12,- €/1l**
86 2011 Riesling trocken **12 %/12,80 €**
87 2011 Riesling trocken Kiedricher **12,5 %/15,80 €**
88 2011 Riesling trocken Kiedrich Klosterberg **12,5 %/23,- €**
90 2011 Riesling trocken Kiedrich Turmberg **13 %/23,- €**
89 2011 Riesling trocken Kiedrich Gräfenberg **13 %/23,- €**
93 2011 Riesling trocken Erstes Gewächs Kiedrich Gräfenberg **13,5 %/36,80 €**
88 2011 Riesling Kabinett **9 %/15,80 €**
88 2011 Riesling Spätlese **8,5 %/22,- €**
90 2011 Riesling Spätlese Kiedrich Klosterberg **8 %/36,80 €**
91 2011 Riesling Spätlese Kiedrich Turmberg **8,5 %/36,80 €**
91 2011 Riesling Spätlese Kiedrich Gräfenberg **8 %/36,80 €**
91 2011 Riesling Auslese Kiedrich Klosterberg **8,5 %/36,- €/0,375l**
90 2011 Riesling Auslese Kiedrich Turmberg **8,5 %/36,- €/0,375l**
92 2011 Riesling Auslese Kiedrich Gräfenberg **8,5 %/36,- €/0,375l**
95 2011 Riesling Auslese Goldkapsel Kiedrich Gräfenberg **7,5 %/Verst.**
93 2011 Riesling Beerenauslese Kiedrich Turmberg **7 %/150,- €/0,375l**
93 2011 Riesling Beerenauslese Kiedrich Gräfenberg **7,5 %/150,- €/0,375l**
94 2011 Riesling Trockenbeerenauslese Kiedrich Turmberg **6 %/310,- €/0,375l**
95 2011 Riesling Trockenbeerenauslese Kiedrich Gräfenberg **6 %/310,- €/0,375l**

★

Im Weinegg

Weingut

Rheingau

Kirchstraße 38, 65239 Hochheim
Tel. *0170-5559208,* ***Fax:*** *06146-90739918*
www.weinegg.de
f.schmidt@weinegg.de
Besuchszeiten: *Mi. 18-20 Uhr, Fr. + Sa. 12-14 + 18-21 Uhr, So. 12-20 Uhr*

Inhaber . . Fabian Schmidt, Engelbert Gemünden
Rebfläche . . . . 5 Hektar

Fabian Schmidt ist Quereinsteiger, die Mutter war Arzthelferin, der Vater Bankkaufmann. Gleich im Anschluss an das Studium Weinbau und Önologie in Geisenheim unterschrieb er den Gesellschaftervertrag für das Weingut Im Weinegg – auch deshalb, weil alte Rebbestände, historische Gebäude und Gewölbekeller zum Anwesen gehören. Angebaut werden zu 85 Prozent Riesling, dazu Grauburgunder, Spätburgunder, Merlot oder der seltene Rotberger. Die Reben stehen in den Hochheimer Lagen Stein, Hölle, Reichestal und Hochmeister. Die Weine werden in alten Stückfässern ausgebaut, lange auf der Feinhefe gelagert und frühestens im März des auf die Ernte folgenden Jahres abgefüllt.

Kollektion

Die 2011er verblüffen mit ihrer konsequenten Art. Schon der mit Batonnage vinifizierte Kabinett „Generation Riesling" zeigt eine wunderbare Präzision, die nach Steinobst duftende Selektion von alten Reben aus der Hölle besitzt eine animierende Frucht, ihr Pendant aus dem Hofmeister wirkt noch ein wenig nachhaltiger.

Weinbewertung

82 2011 Riesling Kabinett trocken **11,5 %/5,50 €**

85 2011 Riesling Kabinett trocken „Edition Generation Riesling" **11,5 %/7,- €**

87 2011 Riesling trocken „Alte Reben" Hochheimer Hölle **12,5 %/9,50 €**

88 2011 Riesling trocken „Alte Reben" Hochheimer Hofmeister **12,5 %/9,50 €** ☺

83 2011 Riesling „feinherb Alte Reben" Hochheimer Reichestal **11,5 %/9,50 €**

84 2011 Riesling Spätlese Hochheimer Reichestal **8,5 %/7,- €**

★★★★

Weingart

Weingut

Mittelrhein

Mainzer Straße 32, 56322 Spay
***Tel.** 02628-8735, **Fax:** 02628-2835*
www.weingut-weingart.de
mail@weingut-weingart.de
***Besuchszeiten:** Mo.-Sa. 9-19 Uhr*
Weinproben bis 30 Personen

Inhaber .... Familie Florian Weingart
Rebfläche .... 6,5 Hektar

Adolf Weingart hatte den landwirtschaftlichen Mischbetrieb ganz auf Weinbau umgestellt. Seit 1996 wird das Gut von seinem Sohn Florian geführt. Seine Weinberge liegen im Bopparder Hamm, in den Lagen Feuerlay, Ohlenberg und Engelstein; den Pachtvertrag für die Weinberge in der Lage Schloss Fürstenberg hat er beendet. Riesling dominiert bei Florian Weingart, dazu gibt es etwas Spätburgunder.

Vorjahre

Das Weingut gehört seit über einem Jahrzehnt zu den Spitzenbetrieben am Mittelrhein. Wobei sich in diesem Jahrzehnt die Weine stilistisch verändert haben. Sie haben deutlich an Profil gewonnen, sie sind – teils durch die inzwischen praktizierte Spontangärung – vielleicht etwas weniger fruchtbetont und zugänglich als früher, dafür aber präziser und nachhaltiger. Eine starke Kollektion präsentierte Florian Weingart mit dem 2009er Jahrgang – die Vorteile lagen im edelsüßen Segment, aber auch die restliche Rieslingkollektion, ob trocken, halbtrocken oder süß, präsentierte sich geschlossen auf gutem Niveau. Ähnlich das Bild 2010: Eine starke, geschlossene Kollektion wurde angeführt von zwei faszinierenden edelsüßen Weinen. Dazu gab es mit dem puristischen Sekt brut nature und dem eleganten Spätburgunder zwei schöne Überraschungen.

Jahrgang 2011

In 2011 wurden keine edelsüßen Weine jenseits der Auslese-Kategorie angestellt (eine Trockenbeerenauslese gärt noch), aber dafür komplexe, rassige Spätlesen sowie eine wunderschön reintönige, nach gelben Früchten, getrocknetem Apfel und einem Hauch Zitrusschalen duftende Auslese. Auch die unruhig wirkende, aber mineralisch-rassige und sehr komplexe Spätlese „anarchie" begeistert: Die Trauben für diesen Wein wurden mit 108 Grad Oechsle und einem gewissen Botrytisanteil gelesen. Die „feinherb plus" genannten Weine zeigen zwar eine merkliche Süße, aber auch eine vibrierende Art. Die eigenwillige Weißherbst Spätlese mit einem Hauch Süße und recht hohem Alkohol irritiert zwar ein wenig, besitzt allerdings auch eine erstaunliche Nachhaltigkeit.

Weinbewertung

84 2011 Riesling Kabinett trocken Bopparder Hamm Ohlenberg **12 %/6,50 €**

88 2011 Riesling Spätlese trocken Schloss Fürstenberg **13 %/9,- €** ☺
83 2011 Riesling Kabinett halbtrocken **10,5 %/6,50 €**
87 2011 Riesling Kabinett „feinherb plus" Schloss Fürstenberg **11 %/7,50 €** ☺
86 2011 Riesling Spätlese „feinherb" Bopparder Hamm **12 %/9,- €**
88 2011 Riesling Spätlese „feinherb plus" Bopparder Hamm Engelstein **12,5 %/11,- €**
85 2011 Riesling Kabinett Bopparder Hamm **8 %/7,- €**
86 2011 Riesling Spätlese **8,5 %/9,- €**
90 2011 Riesling Spätlese Schloss Fürstenberg **8 %/10,50 €** ☺
91 2011 Riesling Spätlese „anarchie" Bopparder Hamm Feuerlay **12 %/12,- €** ☺
91 2011 Riesling Auslese Bopparder Hamm Feuerlay **7,5 %/18,- €** ☺
86 2011 Spätburgunder Weißherbst Spätlese „feinherb" Spay **14 %/9,- €**

Weinreich ★☆

Weingut **Rheinhessen**

Riederbachstraße 7, 67595 Bechtheim
Tel. 06242-7675, Fax: 06242-7678
www.weinreich-wein.de, info@weinreich-wein.de
Besuchszeiten: Mo.-Sa. 8-18 Uhr
Gutsschänke, Gästehaus

Inhaber .... Weinreich GbR
Rebfläche .... 15 Hektar

Marc Weinreich schloss 2009 sein Studium als Weinbauingenieur ab. Etwa zur gleichen Zeit verstarb sein Vater, so dass Marc Weinreich Betriebsleiter des Schuhmacher-Weinreich genannten Weinguts wurde. Zusammen mit seiner Frau entwickelte er ein neues Betriebskonzept: Weinreich. Er begann mit der Umstellung auf ökologische Bewirtschaftung, vergärt überwiegend mit den natürlichen Hefen. Das Sortiment wurde eingeteilt in Guts-, Orts- und Lagenweine – Rieslinge aus Geyersberg und Hasensprung, sowie ein Spätburgunder aus dem Rosengarten sollen die Spitze des Sortiments bilden.

Vorjahre

Nach dem starken Debüt vor zwei Jahren blieben die 2010er Weine naturgemäß etwas verhaltener, dafür entschädigte im vergangenen Jahr der füllige 2009er Geyersberg-Riesling.

Neue Kollektion

Die neue Kollektion knüpft an den Jahrgang 2009 an, bietet fruchtbetonte, klare Weißweine, an der Spitze die beiden kraftvollen, fülligen Rieslinge aus Hasensprung und Geyersberg. Noch etwas besser gefällt uns der 2009er Spätburgunder aus dem Rosengarten, er ist reintönig, füllig, kraftvoll, besitzt gute Struktur und Frische. So darf es weitergehen.

Weinbewertung

85 2009 Pinot Sekt brut **13 %/16,50 €**
81 2011 Silvaner trocken **12,5 %/6,50 €**
81 2011 Riesling trocken **13 %/7,- €**
83 2011 Grauburgunder trocken **13 %/7,- €**
83 2011 Chardonnay & Weißburgunder **13,5 %/7,50 €**
84 2011 Riesling Bechtheimer **13,5 %/10,- €**
84 2011 Chardonnay Bechtheimer **13,5 %/11,50 €**
87 2011 Riesling trocken Hasensprung **13,5 %/16,50 €**
87 2011 Riesling trocken Geyersberg **13,5 %/20,50 €**
82 2010 Spätburgunder trocken **12,5 %/8,- €**
83 2010 Schwarzriesling trocken Bechtheimer **13 %/10,- €**
88 2009 Spätburgunder trocken Rosengarten **13,5 %/21,50 €**

★★★☆

Weinsberg

Staatsweingut

Württemberg

Traubenplatz 5, 74189 Weinsberg
***Tel.** 07134-504-167, **Fax**: 07134- 504-168*
www.lvwo.weinsberg.de
staatsweingut@lvwo.bwl.de
***Besuchszeiten**: Mo.-Fr. 9-17 Uhr*

Inhaber .... Land Baden-Württemberg
Direktor .... Dr. Günter Bäder
Rebfläche .... 40 Hektar

Von den 40 Hektar Weinbergen des Staatsweingutes Weinsberg befinden sich 18 Hektar in Weinsberg, 10 Hektar in Gundelsheim und 12 Hektar rund um die Burg Wildeck (in Alleinbesitz) bei Abstatt. Die 1868 als „Königliche Weinbauschule" gegründete Wein- und Obstbauschule in Weinsberg ist das älteste Weinbau-Lehrinstitut in Deutschland. Aus der Weinsberger Rebenzüchtung sind Rebsorten wie Kerner oder Dornfelder hervorgegangen. 1999 wurden sechs Rotwein-Neuzüchtungen der Öffentlichkeit vorgestellt: Acolon, Cabernet Cubin, Cabernet Dorio, Cabernet Dorsa, Cabernet Mitos und Palas. Man hat in die Kellerwirtschaft investiert und einen Kellerneubau fertig gestellt. Das Staatsweingut ist Mitglied der HADES-Gruppe.

Vorjahre

Seit einem Jahrzehnt empfehlen wir die Weine des Staatsweingutes Weinsberg, und in diesem Jahrzehnt ist es qualitativ stetig bergauf gegangen, so dass man heute mit den besten privaten Weingütern Württembergs konkurrieren kann. Die Hades-Weine gehören immer zur regionalen Spitze, in der sich auch die Großen Gewächse und die rote „Traum"-Cuvée etabliert haben.„Hades" schlägt „GG", konnte man vor zwei Jahren die Kollektion überschreiben. Der Grauburgunder gefiel uns besser als der Riesling Burg Wildeck, der Lemberger besser als die beiden Spätburgunder. Stark war auch die letztjährige Kollektion, vor allem im roten Segment, diesmal allerdings mit dem Unterschied, dass uns die Spätburgunder besser gefielen als der Lemberger oder die Cuvées; auch die Weißweine, bis hin zur Trockenbeerenauslese, überzeugten.

Weiße Kollektion

Die neue Kollektion bietet einen frischen, klaren Chardonnaysekt mit feiner süßer Frucht; klar und zupackend sind auch Sauvignon Blanc, Riesling und der Kerner „Justinus K.", reintönig und frisch der Traminer. Der Riesling Burg Wildeck zeigt gute Konzentration und reife Frucht im Bouquet, etwas Limone, ist füllig und saftig im Mund bei reifer Frucht.

Rote Kollektion

Im roten Segment gibt es einen rauchigen, sehr tanninbetonten Hades-Lemberger, die fruchtbetonte Cuvée Traumzeit, die enorm üppige, duftige Cuvée Traum, füllig und harmonisch, und etwas besonders Ungewöhnliches, eine Pinotage Beerenauslese, enorm süß. Am besten aber gefallen uns die beiden Spätburgunder-Großen Gewächse: Der Wein aus dem Himmelreich zeigt viel reife Frucht im Bouquet, Vanille, ist harmonisch im Mund, besitzt klare reife Frucht, gute Struktur und Frische. Reife Frucht und Vanille prägen auch den Spätburgunder von der Burg Wildeck, er ist füllig und harmonisch im Mund, herrlich reintönig und kraftvoll.

Weinbewertung

87 2001 Chardonnay Sekt brut Burg Wildeck **13 %/13,- €**
85 2011 „Justinus K." Weißwein trocken
84 2011 Sauvignon Blanc trocken **13 %/11,80 €**
85 2011 Riesling „S" trocken
89 2011 Riesling „GG" Burg Wildeck
86 2011 Traminer „S" **12 %/11,50 €**
88 2010 Lemberger trocken „Hades"
88 2010 Spätburgunder „GG" Burg Wildeck
90 2010 Spätburgunder „GG" Gundelsheimer Himmelreich
87 2009 „Traumzeit" Rotwein trocken **14 %/15,50 €**
89 2009 „Traum" Rotwein trocken **14 %/44,- €**
87 2011 Pinotage Beerenauslese

★★☆

Dr. F. Weins-Prüm

Weingut **Mosel**

Uferallee 20, 54470 Bernkastel-Wehlen
***Tel.** 06531-2270, **Fax**: 06531-3181*
info.weins-pruem@gmx.de
***Besuchszeiten**: nach Vereinbarung*

Inhaber .... Bert Selbach
Rebfläche .... 4 Hektar

Das Weingut geht, wie so viele Betriebe an der Mittelmosel, auf Sebastian Alois Prüm zurück. Die jüngste Tochter von dessen Sohn Mathias heiratete einst Dr. Franz Weins. Dessen Enkel Bert Selbach führt heute das Gut. Er baut ausschließlich Riesling an. Seine Reben stehen in den Lagen Wehlener Sonnenuhr, Graacher Himmelreich und Domprobst, Ürziger Würzgarten, sowie im Kernstück des Erdener Prälat. Das Gros seiner Weine baut er im traditionellen Fuder aus, die restsüßen Weine vergären mit den natürlichen, im Keller vorhandenen Hefen, nur die Qualitätsweine werden im Edelstahl ausgebaut. Etwa die Hälfte der Produktion wird an inländische Privatkunden verkauft (Tendenz steigend), die andere Hälfte geht in den Export.

Die Entwicklung

Klassischen Moselriesling aus Wehlen und Umgebung erhält man bei Bert Selbach – und das seit langen Jahren auf stets zuverlässigem, hohen Niveau. Schon in der ersten Ausgabe lobten wir seine süßen und edelsüßen Rieslinge, die immer fein und elegant sind und sehr gut reifen können. 2009 hatte eine Fülle von saftigen, rassigen Rieslingen in allen Prädikatsstufen zu bieten. Auch 2010 zeigten die Weine die typische Stilistik des Hauses, waren rassig und elegant, wunderschön reintönig. Die Auslese aus dem Prälat besaß viel Stoff, das Aushängeschild des Gutes, die Spätlese aus der Wehlener Sonnenuhr, bestach mit Eleganz und Biss, insgesamt aber wurden die vorausgegangenen Jahrgänge nicht ganz erreicht.

Jahrgang 2011

Die Stärke von Bert Selbach sind auch im Jahrgang 2011 die süßen Weine: Schon der frische, lebendige Kabinett macht viel Freude, die Spätlesen sind füllig und saftiger, der schmeichelnden Prälat-Spätlese gilt unsere leichte Präferenz.

Weinbewertung

83 2011 Riesling Spätlese „Fass 4" Graacher Domprobst **11,5 %/9,20 €**
83 2011 Riesling Spätlese „feinherb" Graacher Himmelreich **10,5 %/9,20 €**
85 2011 Riesling Kabinett Wehlener Sonnenuhr **8 %/8,- €**
86 2011 Riesling Spätlese Wehlener Sonnenuhr **7,5 %/9,40 €**
86 2011 Riesling Spätlese Graacher Domprobst **7,5 %/9,40 €**
87 2011 Riesling Spätlese Erdener Prälat **7,5 %/10,50 €**

★☆

weinwerk

das **Rheingau**

Grabenstraße 14, 65385 Rüdesheim
***Tel.** 06722-910797, **Fax**: 06722-910798*
www.wein-werk.com
info@wein-werk.com
***Besuchszeiten**: nach Vereinbarung*
Straußwirtschaft (nur wenige Tage im Jahr)

Inhaber .... Ingo Witt
Rebfläche .... 0,9 Hektar

Der Computerspezialist Hans-Joachim Klose und der ZDF-Journalist Ingo Witt begannen ab 1995 mit der Bewirtschaftung weniger Weinbergszeilen. Inzwischen wird der Betrieb, der über beinah einen Hektar im Rüdesheimer Drachenstein und im Magdalenenkreuz sowie in der Lorcher Krone verfügt, von Ingo Witt allein geführt. Die Weine tragen ausgefallene Namen, werden mit schlichten Etiketten versehen und zum Teil in der eigenen Straußwirtschaft ausgeschenkt. Dieses Lokal hat zwar nur an wenigen Tagen im Jahr geöffnet, gilt aber – zu Recht – als Geheimtipp im Rheingau. Ingo Witt hat seinen Betrieb inzwischen mit einer hochmodernen pneumatischen Kelter ausgestattet.

Vorjahre

Die 2009er überzeugten, alle Weine besaßen feine Säure, Frucht und Charme. Nicht ganz mithalten konnten da die 2010er Rieslinge, darunter ein recht fülliger, ungewöhnlich alkoholreicher Wein von alten Reben. Dennoch: Für einen Quereinsteiger war dies wieder mal eine beachtliche Leistung.

Neue Kollektion

Auch im Jahrgang 2011 bleibt Ingo Witt seinem Stil treu: Die Rieslinge besitzen eine direkte Art und im besten Fall attraktive Würze. Vom Begriff „Monster" sollte man sich nicht abschrecken lassen: Der so benannte Wein von alten Reben verfügt zwar über eine gehörige Portion Alkohol, aber auch über eine feine Säure.

Weinbewertung

83 2009 Riesling Sekt brut „stars" **12,5 %/12,- €**
82 2011 Riesling trocken „postcard from heaven" **12,5 %/6,- €**
82 2011 Riesling trocken Rüdesheim „lost in space" **12,5 %/8,- €**
86 2011 Riesling trocken „Alte Reben fly me to the moon" Rüdesheim Drachenstein **12,5 %/12,- €**
85 2011 Riesling trocken „Alte Reben Monster" Rüdesheim Drachenstein **14 %/16,- €**
86 2011 Riesling ***** „Edition Vincenz No. 1" **13,5 %/16,- €/0,5l**
82 2011 Spätburgunder „Blanc de Noir" trocken „drops of jupiter" Rüdesheim **12 %/6,- €**

★★★☆

Weiser-Künstler

Weingut

Mosel

Wilhelmstraße 11, 56841 Traben-Trarbach
Tel. *06541-819943,* ***Fax:*** *06541-813380*
www.weiser-kuenstler.de
weingut@weiser-kuenstler.de
Besuchszeiten: *nach Vereinbarung*

Inhaber .... Konstantin Weiser
.... Alexandra Künstler
Rebfläche .... 3 Hektar

Im Jahr 2005 gründete Konstantin Weiser, Bankkaufmann und Weinbautechniker, sein Weingut in Traben-Trarbach, ein Jahr später trat Alexandra Künstler in den Betrieb ein. Ihre Weinberge liegen in den Lagen Enkircher Ellergrub, Enkircher Zeppwingert und Steffensberg, sowie Trabener Gaispfad (0,5 Hektar in einer Parzelle). Ihre wichtigste Lage ist die Enkircher Ellergrub, wo die Reben auf blauem Devonschiefer wachsen und sie bis zu 100 Jahre alte wurzelechte Reben besitzen, 1,8 Hektar an einem Stück. Alle Reben wachsen in terrassierten Steillagen. Sie bauen ausschließlich Riesling an, ihr Schwerpunkt liegt auf der Erzeugung süßer und restsüßer Weine. Konstantin Weiser hatte bei Weingütern in der Pfalz, im Rheingau (Weingut Leitz) und in Neuseeland gearbeitet, war Betriebsleiter bei Immich-Batterieberg bevor er sich selbständig machte.

Vorjahre

Die Weine zeigen sich als Moselklassiker, sind geprägt von rauchig-würzigen Noten, welche auf die Vergärung mit natürlichen Hefen zurückzuführen sind, sie sind enorm rassig und nachhaltig. Die 2009er waren auch im trockenen Bereich wunderschön saftig; der Kabinett aus der Ellergrub gehörte zu den schönsten des Jahrgangs an der Mosel. Eine konsistente, sehr stimmige Kollektion schloss sich 2010 an. Die Weine waren puristisch und präzise, trocken wie süß; Highlights waren einmal mehr die edelsüßen Weine.

Jahrgang 2011

Sehr konsistent präsentiert sich der Jahrgang 2011 mit reintönigen, zupackenden Weinen, trocken wie süß, vom saftigen Gutsriesling über frische leichte Kabinettweine, fülligere, kraftvollere Spätlesen hin zu zwei klaren, würzigen Auslesen. Highlight des Jahrgangs ist eine faszinierend klare, konzentrierte Beerenauslese.

Weinbewertung

84 2011 Riesling Kabinett trocken Trabener Gaispfad **11,5 %/8,50 €**

87 2011 Riesling Spätlese trocken Enkircher Ellergrub **12 %/15,- €**

84 2011 Riesling **10,5 %/7,80 €**

87 2011 Riesling Spätlese „feinherb" Enkircher Steffensberg **11,5 %/14,- €**

84 2011 Riesling Kabinett Enkircher Ellergrub **8 %/9,50 €**

87 2011 Riesling Spätlese Enkircher Ellergrub **7,5 %/16,- €**

88 2011 Riesling Auslese Enkircher Ellergrub **7,5 %/18,- €/0,375l**

88 2011 Riesling Auslese Enkircher Steffensberg **7,5 %/16,- €/0,375l**

91 2011 Riesling Beerenauslese Enkircher Ellergrub **6,5 %/60,- €/0,375l**

★★☆

Eckhard **Weitzel**

Weingut

Rheinhessen

Backesgasse 7, 55218 Ingelheim
***Tel.** 06130-447, **Fax:** 06130-8438*
www.biowein-weitzel.de
eweitzel@biowein-weitzel.de
***Besuchszeiten**: werktags nach Vereinbarung*

Inhaber .... Eckhard und Elke Weitzel
Rebfläche .... 7 Hektar

Eckhard und Elke Weitzel führen das Gut in dritter Generation. Sie haben 1993 auf ökologischen Weinbau umgestellt. Die Weinberge liegen in Großwinternheim, gut die Hälfte davon in der Lage Bockstein (mit einer Steigung von bis zu 45 Prozent). Rote Sorten nehmen 60 Prozent der Fläche ein. Neben Portugieser und Spätburgunder gibt es Cabernet Sauvignon und Dornfelder. Die Rotweine werden maischevergoren und im Holz ausgebaut. Bei den Weißweinen dominiert Riesling, dazu gibt es Grauburgunder, Weißburgunder, Silvaner und Müller-Thurgau. Seit 2006 arbeitet Tochter Romy, Weinbautechnikerin, im Betrieb mit.

Vorjahre

Seit der ersten Ausgabe schon empfehlen wir die Weine von Eckhard Weitzel, seit über einem Jahrzehnt präsentiert er Jahr für Jahr zuverlässige Kollektionen auf sehr gutem Niveau mit fruchtbetonten, wunderschön reintönigen Weinen. Vor zwei Jahren gefielen uns die beiden Weine aus der Selection Rheinhessen, Riesling und Spätburgunder, sehr gut. Die letztjährige Kollektion bot schön fruchtbetonte 2010er Weißweine, am meisten beeindruckten uns allerdings die beiden Spätburgunder aus dem Jahrgang 2009.

Neue Kollektion

Die neue Kollektion präsentiert sich sehr gleichmäßig auf gutem Niveau. Die Weißweine sind frisch und klar, meist von einer merklichen Restsüße geprägt; die Rotweine sind geradlinig und zupackend, am besten gefällt uns der füllige, kraftvolle Cabernet Sauvignon aus dem Jahrgang 2008.

Weinbewertung

81 2011 Silvaner Spätlese trocken Groß-Winternheimer Bockstein **13,5 %/6,80 €**

84 2011 Riesling Spätlese trocken Groß-Winternheimer Bockstein **13 %/6,80 €**

84 2011 Weißburgunder trocken Ingelheimer **13 %/6,50 €**

84 2011 Grauburgunder trocken Groß-Winternheimer Bockstein **13,5 %/6,80 €**

85 2011 Riesling Auslese Groß-Winternheimer

11 %/12,50 €/0,5l

82 2011 Portugieser trocken „Alte Reben" Ingelheimer **13 %/5,50 €**

82 2011 Spätburgunder trocken Ingelheimer **14 %/5,90 €**

83 2010 Spätburgunder trocken Groß-Winternheimer Bockstein **14 %/7,50 €**

84 2010 „Cuvée No. 4" Cabernet Sauvignon Portugieser trocken **13,5 %/6,40 €**

87 2008 Cabernet Sauvignon trocken Groß-Winternheimer Bockstein **14,5 %/14,50 €**

★★★☆

Weltner

Weingut

Franken

Wiesenbronner Straße 17, 97348 Rödelsee
***Tel.** 09323-3646, **Fax**: 09323-3846*
www.weltnerwein.de
weingut.weltner@t-online.de
***Besuchszeiten**: Mo.-Fr. 9-12 + 13:30-18 Uhr, Sa. 10-16 Uhr*

Inhaber .... Paul Weltner
Rebfläche .... 8,5 Hektar

Die Weinberge von Paul Weltner, der das Weingut von seinem Vater Wolfgang übernommen hat, liegen an den südwestlichen Hängen des Schwanberges, in den Rödelseer Lagen Küchenmeister und Schwanleite, sowie im Iphöfer Julius-Echter-Berg. Mehr als die Hälfte seiner Weinberge ist mit Silvaner bepflanzt, es folgen Müller-Thurgau, Riesling, Scheurebe und Weißburgunder, aber auch Spätburgunder und Domina.

Vorjahre

Schon seit der ersten Ausgabe empfehlen wir die Weine von Paul Weltner, schon damals waren wir sehr angetan von der Frische und Reintönigkeit aller Weine. Seither ist es stetig weiter vorangegangen, die Weine haben an Fülle und Ausdruck gewonnen ohne diese Reintönigkeit zu verlieren, angefangen von den Kabinettweinen sind alle Kollektionen immer sehr zuverlässig. 2009 war wieder einmal das Große Gewächs aus dem Küchenmeister der herausragende Wein, der eine feine, bestechende Silvaner-Riege anführte. Auch die Weine der anderen Rebsorten waren wie gewohnt wunderschön reintönig. 2010 behauptete sich Paul Weltner gut, alle Weine waren frisch, klar und zupackend; das Große Gewächs gefiel uns allerdings nicht ganz so gut wie in den vorausgegangenen Jahrgängen. Sehr gut gefielen uns Scheurebe Auslese und Spätburgunder, knapp gefolgt von der neuen weißen Spitzencuvée aus Scheurebe und Silvaner.

Weinbewertung

Die neue Kollektion ist bärenstark, angefangen vom fruchtbetonten Müller-Thurgau bis hin zum kraftvollen, reintönigen Sauvignon Blanc, einem fülligen, harmonischen Weißburgunder, zwei reintönigen, zupackenden Rieslingen, einer faszinierend klaren Scheurebe und einem strukturierten Spätburgunder, der Frische, reintönige Frucht und gute Struktur besitzt. Die Leidenschaft Paul Weltners gilt allerdings dem Silvaner, eine tolle Riege stellt er 2011 vor: Der „kleine" Silvaner aus dem Küchenmeister ist fruchtbetont und reintönig, der von alten Reben aus der Schwanleite kraftvoll und klar, besitzt gute Struktur und Frische; üppiger und kraftvoller wird es mit dem Wein aus dem Julius-Echter-Berg, an der Spitze aber steht unangefochten das Große Gewächs, das viel Konzentration und Würze im Bouquet zeigt, füllig und kraftvoll im Mund ist, stoffig und komplex, viel Substanz besitzt, Länge und Nachhall. Nicht zu vergessen die weiße Cuvée, die eigenwillig und spannend ist, deutlich interessanter als im Vorjahr, komplex und druckvoll. Gratulation!

Weinbewertung

85 2011 Müller-Thurgau trocken Rödelseer **12 %/6,80 €**

86 2011 Sylvaner trocken Rödelseer Küchenmeister **13 %/10,50 €**

88 2011 Sylvaner trocken Iphöfer Julius-Echter-Berg **12,5 %/12,- €**
87 2011 Sylvaner trocken „Alte Reben" Rödelseer Schwanleite **13 %/9,80 €**
89 2011 Weißburgunder trocken Rödelseer Küchenmeister **14 %/10,50 €** ☺
88 2011 Sauvignon Blanc trocken Rödelseer Küchenmeister **12 %/10,50 €**
88 2011 Scheurebe trocken Rödelseer Schwanleite **12,5 %/11,- €**
87 2011 Riesling trocken „Silber" Rödelseer Küchenmeister **12,5 %/9,50 €**
89 2011 Riesling trocken „Gold" Rödelseer Küchenmeister **13 %/15,- €**
89 2007 Sylvaner „GG" Rödelseer Küchenmeister
91 2011 Sylvaner „GG" „Hoheleite" Rödelseer Küchenmeister **13 %/10,50 €**
90 2011 „Villsenah" Weißwein trocken **13 %/26,- €**
88 2010 Spätburgunder Rödelseer Küchenmeister **13 %/18,- €**

Dirk **Wendel** ★

Weingut

Rheinhessen

Zellertalstraße 48, 67551 Worms-Pfeddersheim
***Tel.** 06247-5720, **Fax**: 06247-5718*
www.weingut-wendel.de
weingut.wendel@t-online.de
***Besuchszeiten**: täglich von 8-19 Uhr*
Weinstube für 12-35 Personen

Inhaber .... Dirk Wendel
Rebfläche .... 5,5 Hektar

Nach seiner Lehre hat Dirk Wendel sich noch einige Jahre in der Pfalz und in Rheinhessen umgesehen. Dort hat er bei einem Weingut, einem Sekthaus und einem Rebveredler gearbeitet und übernahm 1997 den elterlichen Betrieb. Neben Riesling, Silvaner und den Burgundersorten baut er beispielsweise auch Sauvignon Blanc an. Bei den roten Sorten gibt es neben Portugieser und Dornfelder auch St. Laurent, Cabernet Sauvignon, Früh- und Spätburgunder. Auf Lagen- und Prädikatsbezeichnungen verzichtet Dirk Wendel ganz und bietet alle Weine als Qualitätsweine an. Seit 2010 werden die Weinberge biologisch bewirtschaftet.

Vorjahre

Vor zwei Jahren war die Kollektion sehr gleichmäßig, wenn auch ein wenig verhalten. Neben Sauvignon Blanc und Cabernet Dorsa hatte Dirk Wendel im vergangenen Jahr nur zwei eigenwillige Weine vorgestellt, den glühweinähnlichen „Emozione" und einen Riesling im Sherrystil.

Weinbewertung

Dieses Jahr gab es ihn in der Extra-Dry-Version – und er erinnert wirklich an Sherry, zeigt gute Präzision. Die Rieslinge sind kraftvoll, klar und eigenwillig, im roten Segment gefällt uns der rauchige Spätburgunder am besten.

Weinbewertung

83 2011 Riesling trocken Steingrube **12,5 %/6,50 €**
84 2011 Riesling trocken „sur levure" **13 %/9,- €**
85 2001 Riesling „Sherry Art Extra Dry" **16,5 %/10,50 €/0,5l**
82 2009 Frühburgunder trocken Holzfass **13,5 %/8,- €**
83 2009 Spätburgunder trocken Holzfass **13,5 %/8,- €**
81 2010 „Für Könige und Helden" Rotwein trocken Holzfass **13 %/9,- €**

werk2 ★

Weingut

Rheingau

Behlstraße 2, 65366 Geisenheim (Betrieb: Wass'sche Fabrik, Winkeler Straße 100b, 65366 Geisenheim)
***Tel.** 06722-4979712*
www.werk2.org, www.werkslounge.de
hklose@werk2.org
***Besuchszeiten**: nach Vereinbarung*

Inhaber .... Hans-Joachim Klose
Rebfläche .... 0,5 Hektar

Nachdem Hans-Joachim Klose zusammen mit Ingo Witt das Weinwerk in Rüdesheim aufgebaut hatte, startete der Nebenerwerbswinzer, von Beruf IT-Systemarchitekt, in Geisenheim neu. Angebaut werden heute Riesling und Spätburgunder.

Kollektion

Zum Debüt wurden Weine der Jahrgänge 2009 bis 2011 vorgestellt, mit Schraubverschluss, klingenden Namen und frischer Flaschenausstattung. Der rassige Riesling „dreamweaver" gefällt ebenso wie der unkomplizierte „smalltalk". Highlight ist allerdings die ungemein süffige, animierende Beerenauslese.

Weinbewertung

83 2009 Riesling Sekt brut „Pearl" **12 %/11,50 €**
83 2011 Riesling „smalltalk" **12,5 %/6,50 €**
85 2011 Riesling „dreamweaver" **12 %/10,- €**
83 2010 Riesling „dreamweaver" **12,5 %/9,- €**
89 2011 Riesling Beerenauslese „liquid sun" **9 %/25,- €**
83 2010 Spätburgunder „ruby" **13 %/10,- €**

★★★☆

Arndt F. Werner

Weingut

Rheinhessen

Mainzer Straße 97, 55218 Ingelheim
Tel. 06132-1090, Fax: 06132-431335
www.weingutwerner.de
info@weingutwerner.de
Besuchszeiten: Mo.-Fr. 9-12:30 + 14-18 Uhr, Sa. 9:30-14 Uhr
Probierzimmer und Weinterrasse, Proben im Barriquekeller, Weinseminare

Inhaber .... Arndt und Birgit Werner
Rebfläche .... 12 Hektar

Anfang der achtziger Jahre hat Arndt Werner, Diplom-Geograph, das Gut mit damals 3 Hektar Weinbergen von seinem Vater übernommen und mit der Umstellung auf ökologischen Weinbau begonnen. 1983 gründete er mit gleich denkenden Winzern den ersten Verband ökologischer Winzer in Deutschland. Heute ist Arndt Werner Mitglied bei Ecovin und Bioland. Darüber hinaus ist das Weingut Demonstrations-Ökoweingut des Bundesministeriums für Landwirtschaft und Verbraucherschutz. Arndt Werner baut in seinen Weinbergen viele rote Sorten an: Spätburgunder, Portugieser und Dornfelder, aber auch Frühburgunder, Regent und Cabernet Sauvignon (seit dem Jahrgang 2002). Die Rotweine werden nach der Maischegärung in Holzfässern ausgebaut. Bei Weißweinen beschränkt er sich auf Riesling, Silvaner und Chardonnay, sowie Grauburgunder und Weißburgunder. Der Weißweinanteil hat durch Neuanlagen von Weißburgunder, Riesling und Chardonnay etwas zugenommen, zuletzt wurde Cabernet Blanc gepflanzt – und vor allem mehr Riesling. Seit dem Jahrgang 2004 wird auf Prädikatsbezeichnungen verzichtet, die besten Weine werden in der „S"-Klasse angeboten. 95 Prozent der Weine werden an Endverbraucher verkauft. Nach der Teilaussiedlung an den Rand der Weinberge befinden sich Keller und Weinverkauf weiterhin im alten Hofgut.

Vorjahre

Vor zwei Jahren war die Kollektion sehr homogen, weiß wie rot. In der starken Rotweinriege galt unsere leichte Präferenz dem Frühburgunder, im weißen Segment gefiel uns wieder einmal der Weißburgunder besonders gut. Ähnlich war das Bild im vergangenen Jahr: Die überzeugende 2010er Weißweinkollektion wurde angeführt vom Weißburgunder, der Grauburgunder stand ihm in diesem Jahr nur wenig nach. Im roten Segment dominierten Frühburgunder und Spätburgunder.

Neue Kollektion

Die zweite Füllung des Frühburgunders gefällt uns nicht ganz so gut; unser Favorit im roten Segment ist in diesem Jahr der wunderschön reintönige, kraftvolle Cabernet Sauvignon. Aber auch sonst können die Roten sich sehen lassen, allen voran der etwas gewürzduftige, füllige Spätburgunder und der reintönige, fruchtbetonte, jugendliche Portugieser. Ebenbürtig ist auch wieder der weiße Teil der Kollektion, das ist das Schöne bei Arndt Werner. Und die Weißen sind noch näher zusammengerückt: Der Weißburgunder hat wieder ganz knapp die Nase vorne, ist füllig, konzentriert und reintönig; der Silvaner ist prächtig, füllig, üppig und süß, dabei wunderschön reintönig wie auch der kraftvolle Chardonnay. Riesling darf natürlich nicht fehlen, wir bevorzugen die trockene Variante der Selection Rheinhessen, die fein nach Zitrus duftet, wer's süßer mag, dem sei der halbtrockene Riesling S empfohlen.

Weinbewertung

87 2011 Silvaner trocken Selection Ingelheimer Steinacker **13,5 %/8,80 €**
85 2011 Grauburgunder „S" trocken Ingelheim **13 %/9,30 €**
87 2011 Chardonnay „S" trocken Ingelheim **13,5 %/10,30 €**
87 2011 Riesling trocken Selection Ingelheimer Steinacker **13,5 %/8,80 €**
88 2011 Weißburgunder trocken Selection Ingelheim **13,5 %/11,30 €**
86 2011 Riesling „S" halbtrocken Ingelheim **13 %/8,80 €**
83 2010 „Cuvée Noir S" trocken Ingelheimer Höllenweg **13,5 %/10,80 €**
85 2010 Saint Laurent „S" trocken **13,5 %/13,80 €**
84 2010 Blauer Frühburgunder „S" trocken **14 %/16,80 €**
88 2008 Cabernet Sauvignon „S" trocken Ingelheimer Höllenweg **14,5 %/16,80 €**
86 2011 Blauer Portugieser trocken Selection Ingelheimer Sonnenhang **14 %/16,80 €**
86 2009 Blauer Frühburgunder trocken Selection Ingelheim (2. Füllung) **15 %/19,80 €**
87 2009 Blauer Spätburgunder trocken Selection Ingelheim **15 %/19,80 €**

★★☆

O. Werner & Sohn

Weingut

Mosel

Römerstraße 17, 54340 Leiwen
***Tel.** 06507-4341, **Fax**: 06507-8355*
www.weingut-werner.de
weingut1@aol.com
***Besuchszeiten**: Mo.-Sa. 10-18 Uhr*
Probierstube (Weinprobe mit Essen)

Inhaber .... Bernhard Werner
Rebfläche .... 6 Hektar

Bernhard Werner war fast zehn Jahre Vorsitzender der „Vereinigung der Leiwener Jungwinzer", die seit Mitte der achtziger Jahre mit hochwertigen Rieslingen auf sich aufmerksam machen. Seine besten Parzellen liegen in den Lagen Schweicher Annaberg, Trittenheimer Apotheke und Leiwener Laurentiuslay. 80 Prozent seiner Weine baut er trocken oder halbtrocken aus.

Vorjahre

Die 2009er waren kraftvoll, würzig und zugänglich. Recht würzig präsentierten sich auch die 2010er, allerdings war die Kollektion nicht so ausgewogen wie in früheren Jahren. Das mächtige Große Gewächs und die duftige Beerenauslese gefielen uns am besten.

Jahrgang 2011

2011 präsentiert Bernhard Werner eine stimmige, starke Kollektion. Im trockenen Segment trumpft einmal mehr das wiederum sehr mächtige Große Gewächs aus dem Annaberg auf, restsüß betört die wunderschön reintönige Versteigerungsauslese besonders, sie besitzt herrlich viel Frucht und Stoff.

Weinbewertung

83 2011 Riesling trocken „vom steilen Hang" **12,5 %/6,50 €**
84 2011 Riesling Spätlese trocken Annaberg **13 %/8,80 €**
87 2011 Riesling trocken „GG" Schweicher Annaberg **13,5 %/15,60 €**

83 2011 Riesling Kabinett „feinherb" Apotheke **11 %/6,50 €**
83 2011 Riesling Spätlese „feinherb" Laurentiuslay **12,5 %/8,80 €**
84 2011 Riesling Kabinett Annaberg **9,5 %/6,50 €**
83 2011 Riesling Spätlese Annaberg **8,5 %/8,80 €**
87 2011 Riesling Auslese Apotheke **7,5 %/12,90 €**
90 2011 Riesling Auslese Annaberg **7,5 %/Verst.**

Domdechant

Werner'sches

Weingut ★★★

Rheingau

Rathausstraße 30, Postfach 1205, 65234 Hochheim
***Tel.** 06146-835037, **Fax**: 835038*
www.domdechantwerner.com
weingut@domdechantwerner.com
***Besuchszeiten**: Mo.-Fr. 8:30-17 Uhr, Sa. 9-12 Uhr, sonst nach telefonischer Anmeldung*
Weinproben für Gruppen ab 20 Personen nach Absprache

Inhaber .... Dr. Franz-Werner Michel
Rebfläche .... 12,5 Hektar

1780 erwarb der Vater des Mainzer Domdechanten Dr. Franz Werner vom Grafen Jork dieses Hochheimer Weingut. Domdechant Werner wird heute in siebter Generation von Franz-Werner Michel geführt, unterstützt wird er von Tochter Catharina Mauritz. Seine Weinberge liegen in den Hochheimer Lagen Domdechaney, Kirchenstück, Hölle, Stein, Stielweg und Reichestal. Neben Riesling (98 Prozent) baut Franz-Werner Michel ein klein wenig Spät- und Frühburgunder an. Die Weine werden überwiegend an Gastronomie und Fachhandel verkauft, etwa die Hälfte der Produktion wird exportiert.

In den letzten Jahren haben sich die Weine auf einem sehr gleichmäßigen Niveau etabliert: Alle sind geradlinig und besitzen viel Frucht, entwickeln sich langsam und können gut reifen. Die Lagenunterschiede werden immer besser herausgearbeitet, auch die Süßweine haben an Präzision gewonnen.

Vorjahre

Die 2009er wirkten saftig und überzeugend – von den Basisweinen bis zu den restsüßen Rieslingen. 2010 hatte geradlinige Erste Gewächse hervorgebracht, auch die Basisweine waren überzeugend, und der Frühburgunder aus 2009 machte mit seiner klaren Frucht viel Freude.

Jahrgang 2011

In diesem Jahr setzt das Weingut seinen Weg überzeugend fort. Geradlinigen Basisweinen stehen frische, rassige und nicht zu süß wirkende Erste Gewächse gegenüber. Vor allem der Riesling aus dem Kirchenstück begeistert derzeit mit Geradlinigkeit und einem angenehm trocken-präzisen Stil, während sein Pendant aus der Domdechaney etwas verhaltener wirkt. Auch die Süßweine gefallen sehr mit ihrer Würze und Klarheit. Unter dem Strich eine bewundernswerte Leistung.

Weinbewertung

84 2011 Riesling trocken Hochheimer **13 %/8,50 €**
87 2011 Riesling Kabinett trocken Hochheimer Hölle **13 %/9,75 €**
88 2011 Riesling Spätlese trocken Hochheimer Kirchenstück **12,5 %/12,50 €**
91 2011 Riesling Erstes Gewächs Hochheimer Kirchenstück **13,5 %/20,- €**
89 2011 Riesling Erstes Gewächs Hochheimer Domdechaney **13 %/24,- €**
85 2011 Riesling Classic **12,5 %/ 9,75 €**
86 2011 Riesling Kabinett Hochheimer Hölle **11 %/9,75 €**
87 2011 Riesling Spätlese Hochheimer Domdechaney **11 %/12,50 €**
89 2011 Riesling Auslese Hochheimer Domdechaney **8,8 %/20,- €**
91 2011 Riesling Beerenauslese Hochheimer Domdechaney **8 %/100,- €**
92 2011 Riesling Trockenbeerenauslese Hochheimer Domdechaney **8 %/150,- €**

Wernersbach ★☆

Weingut

Rheinhessen

Spitalstraße 41, 67596 Dittelsheim-Hessloch
***Tel.** 06244-4477, **Fax**: 06244-249*
www.wernersbach-weine.de
weingut@wernersbach-weine.de
***Besuchszeiten**: nach Vereinbarung*

Inhaber .... Stephan Wernersbach
Rebfläche .... 10 Hektar

Das Weingut in seiner heutigen Form wurde 1941 gegründet, doch lässt sich bis ins 17. Jahrhundert zurück Weinbau in der Familie nachweisen. 2005, noch während seines Studiums, hat Stephan Wernersbach die Weinberge übernommen, die von seinen Eltern als „Hobby" bewirtschaftet wurden. Zusammen mit Bruder Florian und den Eltern baute er das Gut auf. Die Weinberge liegen in Hessloch (Edle Weingärten, Liebfrauenberg, Mondschein) und Bechtheim (Geiersberg und Hasensprung mit dem Filetstück Löwenberg). Riesling, Silvaner, die Burgundersorten und Portugieser dominieren im Sortiment, hinzu kommen Chardonnay, Kerner, Müller-Thurgau, Dornfelder, Cabernet Sauvignon, Würzer und Huxelrebe. Die Weißweine werden nach kühler Gärung im Edelstahl ausgebaut, Rotweine kommen nach der Maischegärung ins Holz, teils auch ins Barrique.

Vorjahre

2009 wurden alle Rieslinge spontanvergoren; die Kollektion präsentierte sich geschlossen und homogen auf gutem Niveau, vor allem die Rieslinge bereiteten Freude. Auch 2010 lagen die Vorteile bei den Rieslingen; insgesamt aber war die Kollektion jahrgangsbedingt deutlich schwächer als gewohnt.

Jahrgang 2011

2011 präsentiert sich sehr gleichmäßig, die Gustweine sind frisch und klar, die Lagenweine bringen aber kein große Steigerung. Highlight im trockenen Segment ist einmal mehr der konzentrierte Riesling „Ars Antiqua, er besitzt Kraft, reife Frucht und gute Struktur. Edelsüß aber gibt es ein Glanzlicht zu vermelden, eine faszinierend reintönige Muskateller Beerenauslese, konzentriert, saftig, füllig und lang.

Weinbewertung

80 2011 Grüner Silvaner trocken **5,20 €**
80 2011 Riesling trocken **5,20 €**
81 2011 Chardonnay trocken **5,50 €**
82 2011 Weißburgunder Spätlese trocken Hesslocher Liebfrauenberg **6,20 €**
81 2011 Scheurebe Spätlese trocken Hesslocher Liebfrauenberg **8,20 €**
82 2011 Riesling trocken Hesslocher Mondschein **8,20 €**
82 2010 Riesling Spätlese trocken „Löwenberg" Bechtheimer Hasensprung **8,20 €**
86 2011 Riesling trocken „Ars Antiqua" **12,90 €**
84 2011 Riesling Spätlese Hesslocher Liebfrauenberg **6,50 €**
90 2011 Gelber Muskateller Beerenauslese Hesslocher Liebfrauenberg **36,- €**

Werther Windisch ★

Weingut

Rheinhessen

Schulstraße 3, 55278 Mommenheim
***Tel.** 06138-5587, **Fax**: 06138-5587*
www.werther-windisch.de
info@werther-windisch.de
***Besuchszeiten**: Mo.-Sa. 9-16 Uhr nach Vereinbarung*

Inhaber .... Hans Albert Windisch
Rebfläche .... 11 Hektar

Anfang der achtziger Jahre übernahm Hans-Albert Windisch das Gut von seinem Schwiegervater, fokussierte den Mischbetrieb immer stärker auf Weinbau. 2006 begann Sohn Jens seine Ausbildung mit Stationen in Neuseeland und Rheinhessen; er studiert derzeit in Geisenheim, ist für den Weinausbau verantwortlich. Die Weinberge liegen in Mommenheim, Harxheim, Zornheim und Selzen, zu 90 Prozent werden weiße Rebsorten angebaut. Wichtigste Rebsorte ist Silvaner, gefolgt von Weißburgunder, Riesling und Gewürztraminer, an roten Sorten gibt es Portugieser und Spätburgunder.

Kollektion

Eine stimmige Kollektion präsentieren Hans-Albert uns Jens Windisch mit klaren, fruchtbetonten Guts- und Ortsweinen, der kraftvolle Riesling gefällt uns besonders gut. Unser Favorit ist der Lagen-Silvaner aus der Harxheimer Lieth, ein konzentrierter, würziger Silvaner mit reifer Frucht, guter Fülle, Substanz und Frische.

Weinbewertung

82 2011 Riesling trocken **12 %/4,90 €**
81 2011 Weißburgunder trocken **12 %/4,90 €**
81 2011 Silvaner trocken „8°14' E" **13 %/7,50 €**
84 2011 Riesling trocken „8°14' E" **13 %/7,50 €**
82 2011 Weißburgunder trocken „8°14' E" **13 %/7,50 €**
86 2011 Silvaner trocken „Lieth" **13,5 %/15,- €**

★☆

Schloss Westerhaus

Weingut

Rheinhessen

Westerhaus, 55218 Ingelheim
***Tel.** 06130-6674, **Fax:** 06230-6608*
www.schloss-westerhaus.de
info@schloss-westerhaus.de
***Besuchszeiten:** Mo.-Sa. nach Vereinbarung*

Inhaber .. Ivonne Gräfin von Schönburg-Glauchau
...... Johannes Graf von Schönburg-Glauchau
Kellermeister .... Toni Frank
Rebfläche .... 15 Hektar

Das im Jahr 1900 von Heinrich Opel, einem der Söhne Adam Opels, gekaufte Weingut wird heute in vierter Generation von Ivonne Gräfin von Schönburg-Glauchau und ihrem Ehemann Johannes Graf von Schönburg-Glauchau geführt. 12 Hektar Weinberge befinden sich direkt unterhalb des Schlosses in der arrondierten Einzellage Oberingelheimer Schloss Westerhaus (in Alleinbesitz), wo die Reben auf Muschelkalkböden wachsen. Zwei Drittel der Weinberge nehmen weiße, ein Drittel rote Rebsorten ein. Neben Riesling liegt der Schwerpunkt auf Grauburgunder und Weißburgunder, auch Auxerrois wurde inzwischen angepflanzt. Bei den roten Sorten dominiert Spätburgunder, dazu gibt es Frühburgunder. In den letzten Jahren wurden die alten Holzfässer zum Teil durch Edelstahl ersetzt, aber es wurden auch neue Holzfässer angeschafft. Die Saphir-Linie wurde 2008 in die Ortslinie „Ingelheimer" integriert.

Vorjahre

2008 gefielen die beiden roten Burgunder, im weißen 2009er Segment der Riesling Maxima, der eine ansonsten etwas verhaltene weiße Kollektion anführte; eine schöne Überraschung bot der Chardonnay-Sekt. Die 2010er Weißweine waren frisch und etwas verhalten, die Rotweine etwas vom Holz dominiert, das Große Gewächs besaß gute Substanz.

Jahrgang 2011

2011 sind die Gutsweine frisch und klar, wenn auch etwas verhalten, unter den Ortsweinen gefällt uns der füllige, harmonische Riesling besonders gut. Die Riesling Spätlese ist wunderschön saftig und füllig, Highlight im Programm ist aber eindeutig die nach Litschi duftende Trockenbeerenauslese, die konzentriert, dick und klar ist.

Weinbewertung

80 2011 Müller-Thurgau trocken **12,5 %/5,90 €**
81 2011 Weißburgunder trocken **12,5 %/6,30 €**
81 2011 Chardonnay & Weißburgunder trocken **13,5 %/7,50 €**
80 2011 Grauburgunder trocken **12 %/6,30 €**
81 2011 Riesling trocken **12 %/6,80 €**

82 2011 Silvaner trocken **12 %/6,30 €**
86 2011 Riesling trocken Ingelheimer **13 %/11,50 €**
83 2011 Weißburgunder trocken Ingelheimer **14 %/11,50 €**
82 2011 Grauburgunder trocken Ingelheimer **14,5 %/11,50 €**
82 2011 Riesling „feinherb" **12,5 %/7,50 €**
86 2011 Riesling Spätlese „Maxima" **12,5 %/14,50 €**
90 2011 Riesling Trockenbeerenauslese Schloss Westerhaus **6 %/k.A.**

Michael Wiesler ★

Weingut

Baden

Krozinger Straße 26, 79219 Staufen
***Tel.** 07633-6905, **Fax**: 07633-6917*
www.weingut-wiesler.de
kontakt@weingut-wiesler.de
***Besuchzeiten**: Mo.-Fr. 15-18:30 Uhr, Sa. 9-13:30 Uhr*
Weinproben (10 bis 60 Personen)
Gutsschänke Apr. + Mai, Sept. + Okt., Do.-So. ab 16 Uhr

Inhaber .... Michael Wiesler
Rebfläche .... 6,8 Hektar

Karl Alfred Wiesler gründete 1927 das Weingut, das 1971 von den Söhnen Bernhard und Klaus Wiesler übernommen wurde. Michael Wiesler, der Sohn von Bernhard und Enkel des Gründers, übernahm 1990 den Betrieb, den er zusammen mit Ehefrau Kristina führt. 1994 modernisierten sie den Betrieb und errichteten einen Verkaufsraum, 2003 eröffneten sie dann die Gutsschänke. Die Weinberge liegen überwiegend in Hang- und Steillagen, alle im Staufener Schlossberg, wo die Reben auf Kalkverwitterungsböden wachsen. Ein Teil der Weinberge wurde bereits in den fünfziger Jahren gepflanzt. Der Schwerpunkt liegt auf den Burgundersorten. Dazu gibt es Gutedel, aber auch Gewürztraminer und Riesling.

Vorjahre

Vor zwei Jahren gefiel uns der 2008er Spätburgunder aus der Editions-Serie am besten. Sein Nachfolger gefiel uns letztes Jahr sehr gut, ebenso wie der Weißburgunder aus der Editions-Serie, beide hatten elf Monate Vollhefekontakt. Überhaupt überzeugte uns, angesichts des Jahrgangs, was Michael Wiesler auf die Flasche gebracht hatte, präsentierte er doch eine sehr konsistente Kollektion ohne jede Schwäche.

Neue Kollektion

Die neue Kollektion ist deutlich verhaltener, bringt frische, klare Weine, die recht zurückhaltend sind in der Frucht.

Weinbewertung

81 2011 Gutedel trocken Staufener Schlossberg **12 %/5,50 €**
82 2011 Gutedel trocken „Edition Wiesler" Staufener Schlossberg **12,5 %/6,90 €**
81 2011 Weißburgunder trocken Staufener Schlossberg **13,5 %/7,20 €**
81 2011 Grauburgunder trocken Staufener Schlossberg **13 %/7,20 €**
81 2011 Gewürztraminer trocken Staufener Schlossberg **13,5 %/8,50 €**
81 2011 Spätburgunder Weißherbst „feinherb" Staufener Schlossberg **12,5 %/7,20 €**
80 2011 Gutedel „feinherb" Staufener Schlossberg **11,5 %/5,50 €**
83 2010 Spätburgunder trocken Staufener Schlossberg **13,5 %/7,60 €**
81 2010 Spätburgunder „feinherb" Staufener Schlossberg **13 %/7,60 €**

★★★

Wilhelmshof

Weingut

Pfalz

Queichstraße 1, 76833 Siebeldingen
Tel. 06345-919147, Fax: 06345-919148
www.wilhelmshof.de
mail@wilhelmshof.de
Besuchszeiten: Mo.-Fr. 8-12 + 13-18 Uhr, Sa. 9-17 Uhr
Kellerführung nach Voranmeldung Sa. 10 Uhr

Inhaber .... Familie Roth-Ochocki
Rebfläche .... 18 Hektar

1975 haben die beiden Diplom-Önologen Christa und Herbert Roth den Wilhelmshof übernommen. Christa Roths Vater, Wilhelm Jung, hatte 1949 mit der Flaschenweinvermarktung begonnen. Christa und Wilhelm Roth strukturierten die Weinberge um, konzentrierten sich ganz auf Riesling, Weißburgunder, Spätburgunder und Grauburgunder. Und sie begannen Sekte zu erzeugen, mit denen sie bald auch außerhalb der Region einen Namen machten. Sekte werden nur brut oder extra brut angeboten. 2005 sind ihre Tochter Barbara und deren Ehemann Thorsten Ochocki in den Betrieb eingestiegen.

Vorjahre

Vor zwei Jahren stellten wir einen deutlichen Sprung nach vorne fest. Die Sekte waren hervorragend und spannend wie in den Vorjahren, angeführt wurde die Riege von einem betörend vielschichtigen Pinot „B" aus dem schwierigen Jahrgang 2006. Die Weißweine des Jahrgangs 2009 standen den Sekten nicht nach, sie waren elegant und reintönig mit viel Substanz, dazu kam der außergewöhnlich gute Spätburgunder „Wilhelm" aus dem Jahrgang 2007. Die erfreuliche Entwicklung setzte sich im letzten Jahr fort, egal ob bei weiß, rot oder beim Sekt – die Kollektion überzeugte auf ganzer Breite. Die Weißweine waren wieder reintönig und klar, Weißer und Grauer Burgunder „Alte Reben" aus dem Jahrgang 2009 besaßen beide Substanz und Potential, die Spätburgunder mit dem „Wilhelm" an der Spitze waren saftig, reintönig und intensiv und der faszinierende Pinot „B" gehörte einmal mehr zu den besten Sekten aus Deutschland.

Neue Kollektion

In diesem Jahr war der einmal mehr wunderbar komplexe und eindringliche Pinot „B" zum Zeitpunkt der Verkostung noch etwas unruhig, neben viel klarer Frucht standen noch leicht unharmonisch wirkende Röstnoten – aber wir sind zuversichtlich, dass diese sich mit noch etwas Flaschenreife in das elegante Gesamtbild des Sektes perfekt einbinden werden. Ganz stark unter den gewohnt guten Sekten finden wir in diesem Jahr auch den herrlich fruchtbetonten und frischen Weißburgunder. Die Weißweine zeigen viel klare, feine Frucht, die Spätlesen sind konzentriert und harmonisch, die im letzten Jahr schon einmal verkostete Spätburgunder Spätlese aus dem Jahrgang 2009 ist kraftvoll und elegant.

Weinbewertung

87 2009 Pinot Blanc de Noirs Sekt brut Siebeldinger Königsgarten **13 %/15,- €**
89+ 2009 Pinot „B" Sekt brut **13 %/21,- €**
88 2010 Weißer Burgunder Sekt brut Siebeldinger Königsgarten **12,5 %/13,- €**
86 2010 Riesling Sekt exrta brut Siebeldinger Königsgarten **12,5 %/12,- €**
84 2011 Weißer Burgunder Kabinett trocken Siebeldinger im Sonnenschein **12,5 %/6,60 €**
87 2011 Weißer Burgunder Spätlese trocken Siebeldinger im Sonnenschein **14 %/9,80 €**
85 2011 Grauer Burgunder Kabinett trocken Siebeldinger im Sonnenschein **13 %/6,60 €**
88 2011 Grauer Burgunder Spätlese trocken Siebeldinger im Sonnenschein **14,5 %/9,80 €**
85 2011 Riesling Kabinett trocken Frankweiler Kalkgrube **12 %/6,60 €**
87 2011 Riesling Spätlese trocken Frankweiler Kalkgrube **13 %/9,80 €**
85 2010 Spätburgunder trocken Siebeldinger im Sonnenschein **13,5 %/10,- €**
87 2009 Spätburgunder Spätlese trocken Siebeldinger im Sonnenschein **13,5 %/19,- €**

★☆

Wilker

Weingut

Pfalz

Hauptstraße 30, 76889 Pleisweiler-Oberhofen
***Tel.** 06343-2202, **Fax:** 06343-4379*
www.wilker.de, info@wilker.de
***Besuchszeiten**: Mo.-Sa. 9-18 Uhr, So. 10-12 Uhr*
Gutsausschank und Flammkuchenabende (nach Anmeldung), Hotel mit Restaurant

Inhaber .... Heinz und Jürgen Wilker
Rebfläche .... 19 Hektar

Heinz und Helga Wilker haben 1965 erstmals Weine selbst vermarktet. Heinz Wilker hat seither den ehemaligen landwirtschaftlichen Gemischtbetrieb ganz auf Wein ausgerichtet. Aus den Maisfeldern wurden Weinberge und aus dem Kuhstall der Weinkeller. Seit 1990 arbeitet Sohn Jürgen, der unter anderem Praktika in Oregon, Australien und Südafrika gemacht hat, im Betrieb mit und ist für den Keller verantwortlich. Rote Sorten nehmen 45 Prozent der Weinberge ein. Die wichtigsten roten Sorten sind Dornfelder und Trollinger, dann Spätburgunder und Portugieser. In den letzten Jahren wurden Acolon, Cabernet Cubin, Cabernet Dorsa, Cabernet Sauvignon und Frühburgunder gepflanzt. Das Weingut Wilker ist einer der ganz wenigen Betriebe in der Pfalz, der Trollinger anbaut, eine Rebsorte, die früher häufiger in den Weinbergen zwischen Wissembourg und Bad Bergzabern zu finden war. Wichtigste Weißweinsorte ist Riesling, gefolgt von Weißburgunder, Müller-Thurgau, Grauburgunder und Silvaner. Die Jahresproduktion von 150.000 Flaschen wird fast ganz an Privatkunden verkauft.

Vorjahre

Seit mehr als einem Jahrzehnt kennen wir die Wilkerschen Weine. Immer wieder sind die Kollektionen durch das gleichmäßige, gute Niveau aller Weine gekennzeichnet. Spitzen findet man regelmäßig im holzausgebauten roten Segment, beim Spätburgunder, aber auch beim Dornfelder. Vor zwei Jahren war einmal mehr die rote „Cuvée 5" unser Favorit, gefolgt von Grauburgunder und Riesling Spätlese. Alle Weißweine waren frisch und klar. Das war der Grauburgunder, der an der Spitze der Weißweinkollektion stand, auch im letzten Jahr wieder. Noch besser hatte uns der im Barrique ausgebaute kräftige Frühburgunder gefallen.

Neue Kollektion

In diesem Jahr bietet die Kollektion gleichmäßige Qualität auf gutem Niveau, die Weißweine sind klar und typisch, wir favorisieren ganz leicht den saftigen und fülligen Silvaner. Die beiden Barrique-Rotweine sind kraftvoll und gekonnt im Holz ausgebaut.

Weinbewertung

84 2011 Silvaner Spätlese trocken Schlossberg **13 %/7,90 €**
84 2011 Chardonnay trocken Schlossberg **13 %/7,90 €**
82 2011 Riesling trocken Nonnenbusch **12 %/5,90 €**
84 2011 Riesling Spätlese trocken Schlossberg **12,5 %/7,90 €**
82 2011 Sauvignon Blanc Schlossberg **13 %/7,90 €**
78 2011 Müller-Thurgau halbtrocken **11 %/4,10 €/1l**
83 2010 Dornfelder trocken Holzfass **13 %/7,50 €**
86 2009 Frühburgunder Spätlese trocken Barrique **14 %/19,- €**
82 2010 Spätburgunder trocken Holzfass **13,5 %/8,90 €**
86 2009 Spätburgunder Spätlese trocken Barrique **14 %/15,- €**

★★★
Willems-Willems
Weingut

Mosel

Mühlenstraße 13, 54320 Konz-Oberemmel
***Tel.** 06501-15816, **Fax**: 06501-150387*
info@weingut-willems.de
***Besuchszeiten**: nach Vereinbarung*

Inhaber .... Carolin & Jürgen Hofmann
Rebfläche .... 4,2 Hektar

Maria Willems, geborene Willems (daher der Name Willems-Willems für das Weingut) hat den Betrieb 1971 übernommen, inzwischen ist Tochter Carolin, verheiratete Hofmann, für den Betrieb zuständig. Ihre praktischen Erfahrungen sammelte sie in Australien und Südafrika, sowie beim Deutzerhof an der Ahr. 70 Prozent der Rebfläche nimmt Riesling ein. Hinzu kommen Spätburgunder, Dornfelder, Müller-Thurgau und Weißburgunder. Die Weinberge liegen überwiegend in Oberemmel, ein Rieslingweinberg befindet sich in Niedermennig. Die nominell besten Rieslinge nennen sich Altenberg, Herrenberg und nun auch „Unter der Kapelle", sie sind entweder trocken oder feinherb. Die Rotweine werden maischevergoren und teils im Barrique ausgebaut. Der „Fusion II" genannte Riesling ist ein Gemeinschaftsprojekt von Carolin und Jürgen Hofmann und vereint Trauben von der Saar und aus Rheinhessen.

Vorjahre

Nach sehr guten 2009ern waren die 2010er etwas verhaltener, besaßen Substanz und Kraft, aber nicht ganz die Komplexität ihrer Vorgänger. Der Riesling „Unter der Kapelle" gefiel uns am besten, der kraftvolle Wein aus dem Herrenberg stand ihm kaum nach, ebenso die würzige Auslese.

Jahrgang 2011

Geschlossen präsentiert sich der Jahrgang 2011. Saar- und Schiefer-Riesling sind klar und zupackend, Herrenberg, Altenberg und „Unter der Kapelle" alle drei enorm druckvoll, aber alle drei auch recht süß, was ihnen Präzision und Nachhaltigkeit nimmt; unser Favorit ist wie im Vorjahr „Unter der Kapelle". Spätlese und Auslese aus dem Altenberg, sind beide fruchtbetont und reintönig, sie runden das Programm ab.

Weinbewertung

84 2011 Riesling trocken Saar **12 %/7,50 €**
85 2011 Riesling trocken „Schiefer" **12 %/9,80 €**
86 2011 Riesling „feinherb" „Auf der Lauer" **11,5 %/9,80 €**
87 2011 Riesling „feinherb" Rosenberg **11,5 %/10,90 €**
87 2011 Riesling Altenberg **11,5 %/17,40 €**
87 2011 Riesling Herrenberg **11,5 %/17,40 €**
88 2011 Riesling „Unter der Kapelle" **11,5 %/20,- €**
87 2011 Riesling „Alte Reben Edmont" **11 %/19,- €**
86 2011 Riesling Spätlese Oberemmeler Altenberg **8,5 %/11,- €**
87 2011 Riesling Auslese Oberemmeler Altenberg **7,5 %/16,80 €**

★
Wind-Rabold
Wein- und Sektgut

Pfalz

Gaisbergstraße 9, 76835 Burrweiler
***Tel.** 06345-3692, **Fax**: 06345-5226*
www.wind-rabold.de
wind-rabold@t-online.de
***Besuchszeiten**: nach Vereinbarung Mo.-Fr. 9-18 Uhr, Sa. 9-17 Uhr*

Inhaber .... Rita und Josef Rabold
Rebfläche .... 12 Hektar

Zwei Drittel der Weinberge von Rita und Josef Rabold nehmen weiße Sorten ein, vor allem Riesling, aber auch Müller-Thurgau, Weißburgunder, Grauburgunder, Silvaner, Chardonnay, Sauvignon Blanc, Muskateller und Gewürztraminer. An roten Sorten gibt es Sankt Laurent, Dornfelder, Spätburgunder und Regent. Etwa die Hälfte der Produktion wird über die Flasche vermarktet, fast ausschließlich an Privatkunden. Die Weinberge liegen vor allem in Burrweiler, aber auch in Hainfeld, Flemlingen, Böchingen und Arzheim.

Vorjahre

In einer homogenen Kollektion vor zwei Jahren stand die Riesling Spätlese aus dem Altenforst an der Spitze. Dort stand der Wein auch im vergangenen Jahr wieder, in dem uns in einer insgesamt etwas verhalteneren Kollektion auch der Muskateller-Sekt gut gefallen hatte.

Neue Kollektion

Und auch in diesem Jahr präsentieren die Rabolds wieder zwei gute, cremige und füllige Sekte, die Weißweine mit dem Altenforst-Riesling an der Spitze sind saftig und klar, nur der feinherbe Riesling und der Rivaner fallen etwas ab.

Weinbewertung

84 2008 Pinot Blanc Sekt brut **12 %/8,40 €**
84 2008 Chardonnay Sekt brut **12,5 %/8,70 €**
79 2011 Rivaner trocken Arzheimer Rosenberg **12,5 %/3,40 €**
83 2011 Weißburgunder Spätlese trocken Hainfelder Kapelle **12,5 %/5,80 €**
81 2011 Riesling trocken Burrweiler Altenforst **12 %/3,60 €/1l**
83 2011 Riesling Spätlese trocken Burrweiler Schlossgarten **12 %/5,80 €**
85 2011 Riesling Auslese trocken Burrweiler Altenforst **13 %/7,90 €**
79 2011 Riesling Spätlese „feinherb" Arzheimer Seligmacher **11,5 %/5,80 €**
82 2011 Gewürztraminer Spätlese Burrweiler Schlossgarten **11,5 %/5,80 €**

★★★★☆

von Winning

Weingut

Pfalz

Weinstraße 10, 67146 Deidesheim
***Tel.** 06326-221, **Fax:** 06326-7920*
www.dr-deinhard.de
weingut@dr-deinhard.de
***Besuchszeiten:** Mo.-Fr. 8-17:30 Uhr, Sa. 9:30-17:30 Uhr, So. 10-15 Uhr*

Inhaber .... Achim Niederberger
Betriebsleiter .... Stephan Attmann
Außenbetriebsleiter .... Joachim Jaillet
Kellermeister .... Kurt Rathgeber
Rebfläche .... 36 Hektar

Das Weingut Dr. Deinhard entstand 1849, im Jahr nach der Heirat von Friedrich Deinhard (Sohn des Besitzers der Wein- und Sektkellerei Deinhard in Koblenz) mit Auguste Jordan, die ihre geerbten Weinberge in die Ehe einbrachte. Ihr Sohn Andreas Deinhard baute den Besitz aus, nach seinem Tod übernahm sein Schwiegersohn Hauptmann von Winning die Führung des Gutes. Nach dessen Tod erwarb es die Familie Hoch, die es 2007 an Achim Niederberger verkaufte, der zuvor schon die Weingüter Reichsrat von Buhl und Bassermann-Jordan erworben hatte. Das Weingut besitzt Weinberge in besten Lagen von Deidesheim (Leinhöhle, Mäushöhle, Grainhübel, Paradiesgarten, Kalkofen, Kieselberg, Herrgottsacker), Forst (Ungeheuer – 4 Hektar, Jesuitengarten) und Ruppertsberg (Reiterpfad, Nußbien, Linsenbusch, Spies). 80 Prozent der Rebfläche nimmt Riesling ein, hinzu kommen Weißburgunder, Grauburgunder, Chardonnay, Gewürztraminer und Spätburgunder, inzwischen auch Sauvignon Blanc. Das Weingut hat nach der Übernahme durch Achim Niederberger den Namen „von Winning" erhalten und bietet seit dem Jahrgang 2008 zur Linie „Dr. Deinhard" auch eine Linie „von Winning" an. Über Maischestandzeiten, Holzeinsatz, langes Hefelager, keine

Schönung und möglichst moderate Filtration möchte Betriebsleiter Stephan Attmann seiner Vorstellung von einem großen trockenen Riesling nahe kommen.

Vorjahre

Vor zwei Jahren waren die Lagenweine genau so hoch zu bewerten wie die Großen Gewächse. Der Fokus lag nicht auf Konzentration und Fülle, sondern auf fruchtiger Leichtigkeit und spielerischer Eleganz. Die Großen Gewächse aus dem Hause von Winning waren bei aller Komplexität von einer feinen Fruchtigkeit geprägt. Im vergangenen Jahr gehörte von Winning zu den Weingütern, die die Qualität des Vorjahres gehalten oder noch übertroffen haben. Die Lagenweine waren herrlich leicht, die Unterschiede der Terroirs waren fein herausgearbeitet. Die Weine zeigten grazile Eleganz wie der Paradiesgarten oder strenge Kraft wie der Ölberg. Das Ungeheuer zeigte klassisches Understatement, der Grainhübel stoffige, vielschichtige Frucht könnte und der Reiterpfad viel klassische Eleganz. Die Großen Gewächse waren einmal mehr beeindruckend. Neben dem Ungeheuer gab es noch einen weiteren „500"er Wein, einen Sauvignon Blanc. Attmann kann nicht nur Riesling und Sauvignon Blanc, auch der Weißburgunder zeigte große Klasse, ebenso eine Cuvée namens „Blanc", die mit viel süßem Schmelz daherschmeichelte.

Neue Kollektion

Eine außergewöhnliche gute Kollektion zeigt von Winning auch in diesem Jahr. Die Handschrift von Stephan Attmann ist klar ersichtlich. Die Arbeit im Weinberg ist die eine Sache, da wird versucht, das Terroir, den Boden, das Klima, den Jahrgang in die Trauben zu holen. Im Keller überlassen Attmann und seine Mannschaft dann aber wenig dem Zufall. Bei Verkostungen fallen seine Rieslinge aus dem Rahmen, allerdings ist er nicht mehr der einzige, der mit neuem Holz und Barrique-Fässern arbeitet. Seine Rieslinge polarisieren immer noch, zuweilen werden sie abgelehnt, weil „das nichts mit Riesling zu tun hat." Man spürt und schmeckt aber, dass da jemand große Weine machen will und das auch schafft. Sieben Große Gewächse haben wir verkostet und sie tragen das Prädikat „Groß" zu Recht. Exotisch, vielschichtig, würzig ist der Jesuitengarten, er kommt zunächst weich in den Mund, baut dann einen enormen Druck auf, wirkt burgundisch, fokussiert, elegant. Ähnlich ist das Kirchenstück, das Holz unterstützt den Wein, fügt sich harmonisch ein. Das eleganteste GG kommt aus dem Kalkofen, er ist etwas leiser als die anderen, aber sehr fein und sehr saftig. Bei ihm kommt die von Winning'sche Stilistik am deutlichsten zum Vorschein, ein Prototyp. Sehr klar, sehr saftig und präsent ist der wie immer spannende, zupackende Kieselberg. Der Pechstein zeigt viel Feuerstein, er ist geschliffen, würzig und sehr saftig. Der Spiess ist klar und spannend, noch etwas verschlossen. Langenmorgen ist eigenwillig, vielschichtig, spannend und süß. Bei den Lagenweinen zeichnet sich folgendes Bild: Ölberg ist der druckvollste, Ungeheuer der eleganteste, Paradiesgarten der leichtfüßigste, Grainhübel der verschlossenste.

Sehr gut sind wie immer die Sauvignon Blancs, die Nr. II zeigt viel Frucht und etwas Minze, die Nr. I ist wild, feuersteinig und von feinster Frucht. Die beiden Weißburgunder sind köstlich, saftig, frisch und druckvoll die Nr. II, der andere lag in sehr feinem Holz, er ist sehr burgundisch, fokussiert, schlank und lässt eine feine salzige Note auf der Zunge. Sehr gut ist die Deinhard-Linie, Paradiesgarten und Herrgottsacker sind ernstzunehmende Rieslinge auf hohem Niveau. Köstlich ist auch der WinWin genannte Riesling, herrlich leicht und süffig. Der Pinot Noir ist auf dem Sprung in die Champions League. Er ist von burgundischer Eleganz und Kühle, Frucht und Saft sind sehr fein, das Tanninkleid ist von einem sehr guten Schneider, es fließt am Körper entlang und bleibt nicht hängen. Grapefruit pur zeigt die Auslese von der Scheurebe, ein köstlicher süßer Wein mit Druck und Biss. Die Trockenbeerenauslese ist exotisch, dicht, dick, hoch konzentriert, eine süße Essenz.

Weinbewertung

84 2011 Riesling Kabinett trocken Ruppertsberger „Dr. Deinhard" **12 %/5,70 €/1l** ☺
86 2011 Riesling trocken Deidesheimer Paradiesgarten „Dr. Deinhard" **12,5 %/7,- €** ☺
87 2011 Riesling trocken Deidesheimer Herrgottsacker „Dr. Deinhard" **12,5 %/7,60 €** ☺
86 2011 Riesling trocken „Drache" **12 %/8,50 €**
88 2011 Riesling trocken „WinWin" **12 %/10,- €** ☺
89 2011 Riesling trocken Deidesheimer Paradiesgarten **12,5 %/12,50 €**
89 2011 Riesling trocken Deidesheimer Grainhübel **12,5 %/17,50 €**
90 2011 Riesling trocken Königsbacher Ölberg **12,5 %/15,- €** ☺
90 2011 Riesling trocken Forster Ungeheuer **13 %/17,50,- €**
93 2011 Riesling „GG" Jesuitengarten **13 %/38,- €**
93 2011 Riesling „GG" Kalkofen **13 %/26,- €**
92 2011 Riesling „GG" Langenmorgen **13 %/26,- €**
93 2011 Riesling „GG" Kieselberg **13 %/26,- €**
92 2011 Riesling „GG" Spieß **13 %/26,- €**
93 2011 Riesling „GG" Pechstein **13 %/38,- €**
92 2011 Riesling „GG" Kirchenstück **12,5 %/49,- €**
89 2011 Sauvignon Blanc „I" **12,5 %/17,50,- €**
87 2011 Sauvignon Blanc „II" **12,5 %/10,- €**
87 2011 Weißburgunder „II" **13 %/12,50,- €**
91 2010 Weißburgunder **13 %/24,- €**
92 2011 Riesling Trockenbeerenauslese Deidesheimer Kalkofen **6,5 %/58,- €/0,375l**
92 2010 Scheurebe Auslese **8,5 %/54,- €**
92 2010 Pinot Noir „I" **13,5 %/32,- €**
87 2009 „WinWin rot" **13 %/14,- €**

★★★

Winter

Weingut

Rheinhessen

Hauptstraße 17, 67596 Dittelsheim-Hessloch
***Tel.** 06244-7446, **Fax**: 06244-57046*
www.weingut-winter.de
info@weingut-winter.de
***Besuchszeiten**: Mo.-Fr. 8-12 + 13-18 Uhr, Sa. 9-12 + 13-17 Uhr*

Inhaber .... Edmund & Stefan Winter
Rebfläche .... 20 Hektar

Das Weingut Winter liegt im südlichen Rheinhessen, in Dittelsheim am Fuße des Kloppbergs, der höchsten Erhebung des Wonnegaus. Das Familienweingut wird heute von Edmund Winter und Sohn Stefan geführt. Ihre Weinberge liegen in Dittelsheim in den Lagen Geyersberg, Leckerberg, Pfaffenmütze und Mönchhube. Sie wollen im Anbau zukünftig vor allem auf Riesling und die Burgundersorten setzen. Die Weine werden teils im Edelstahl, teils im Holzfass ausgebaut.

Vorjahre

Die Gutsweine waren 2009 wunderschön reintönig und frisch, die Ortsweine etwas saftiger und fülliger, aber ebenso reintönig, die Lagenweine brachten eine weitere Steigerung. Auch im schwierigen Jahrgang 2010 schlug sich Stefan Winter prächtig, kaum ein Anderer in Rheinhessen hatte so feine, reintönige Ortsweine. Aber auch das Spitzensegment überzeugte mit den beiden Lagen-Rieslingen aus Leckerberg und Geyersberg, der Dittelsheimer Silvaner stand ihnen nicht nach.

Neue Kollektion

Auch 2011 sind die Gutsweine frisch und klar, am besten gefällt uns der reintönige Sauvignon Blanc. Die Ortsweine sind deutlich fülliger und cremiger, besitzten Substanz und reife süße Frucht. Die Lagenweine bringen eine weitere Steigerung: Der Leckerberg-Riesling ist frisch, klar und präzise, wunderschön lebhaft bei feiner süßer Frucht; sein Pendant aus dem Geyersberg besitzt gute Harmonie, klare reife Frucht, feine Frische und gute Substanz. Eine stimmige Kollektion!

Weinbewertung

85 2011 Silvaner trocken **12 %**
84 2011 Grauburgunder trocken **12,5 %**
84 2011 Weißburgunder trocken **12,5 %**
85 2011 Riesling trocken **12,5 %**
86 2011 Sauvignon Blanc trocken **13 %**
86 2011 Riesling trocken „Kalkstein" Dittelsheimer **13 %**
86 2011 Weißburgunder trocken Dittelsheimer **13 %**
85 2011 Silvaner trocken Dittelsheimer **12,5 %**
86 2011 Chardonnay trocken Dittelsheimer **13 %**
88 2011 Riesling trocken Leckerberg **13 %**
89 2011 Riesling trocken Geyersberg **13 %**
83 2010 Chardonnay „S" trocken Dittelsheim

Hans Winter ★★

Weingut

Baden

Weingasse 2, 69126 Heidelberg-Rohrbach
***Tel.** 06221-336717, **Fax:** 06221-395235*
www.weingut-hanswinter.de
info@weingut-hanswinter.de
***Besuchszeiten:** Mo.-Do. 17-19:30 Uhr, Fr. 9-19 Uhr, Sa. 9-13 Uhr oder nach Vereinbarung*

Inhaber .... Hans Winter
Kellermeister .... Hans Christian Winter
Rebfläche .... 6 Hektar

Das Weingut Winter liegt mitten im alten Ortskern des Heidelberger Stadtteils Rohrbach, wo die Familie schon seit Jahrhunderten Weinbau betreibt. Die Weinberge von Hans Winter liegen in den Heidelberger Lagen Burg und Herrenberg. Weiße Sorten dominieren im Anbau, vor allem Riesling, die Burgundersorten gewinnen immer mehr an Bedeutung. Knapp ein Viertel der Weinberge nehmen rote Sorten ein. Neben Spätburgunder und Portugieser gibt es Dornfelder und Regent. Alle Rotweine werden maischevergoren. Für den Weinausbau ist Hans Winters Sohn Hans Christian Winter verantwortlich.

Vorjahre

Vor zwei Jahren bestätigte Hans Christian Winter den guten Eindruck der Vorjahre, Rieslinge und Spätburgunder waren wie gehabt eine sichere Bank, die neue Grauburgunder Spätlese trocken schlug sich prächtig, die Kabinettweine waren klar und frisch, alle Burgunder erfreulich niedrig im Restzucker. Noch mehr freuten wir uns über die letztjährige Kollektion, denn 2010 war ein problematischer Jahrgang und es war nicht ohne Weiteres zu erwarten, dass ein junger Winzer mit einem solchen Jahrgang so gut zurecht kommt. Die 2010er Weißweine waren frisch und klar, zwei reintönige edelsüße Rieslinge krönten die Kollektion, auch die Rotweine präsentierten sich kraftvoll und klar.

Neue Kollektion

Mit der neuen Kollektion bestätigt Hans Christian Winter den sehr guten Eindruck der Vorjahre. Die Weißweine sind reintönig und frisch, nicht zu süß, der im Barrique ausgebaute Grauburgunder besitzt feine Toastnoten und gute Struktur. Auch die Rotweine überzeugen: Der Dornfelder ist fruchtbetont und geradlinig, die Spätburgunder-Riege bringt eine schöne Steigerung bis hin zur reintönigen, komplexen Barrique-Variante, nur der Alkohol erscheint uns ein wenig zu hoch. Nichtsdestotrotz eine starke Kollektion.

Weinbewertung

85 2011 Riesling Kabinett trocken Heidelberger Herrenberg **12,5 %/6,50 €**
82 2011 Weißburgunder trocken Heidelberger Herrenberg **12,5 %/6,50 €**
85 2011 Chardonnay & Weißburgunder trocken Heidelberger **13 %/6,50 €**
85 2011 Chardonnay trocken Heidelberger Burg

12,5 %/6,50 €
84 2011 Grauburgunder trocken Heidelberger Burg **13,5 %/6,- €**
88 2011 Grauburgunder „S" trocken Heidelberger Burg **14 %/11,- €**
86 2011 Spätburgunder „Blanc de Noir" trocken Heidelberger Herrenberg **12,5 %/7,- €** ☺
87 2010 Riesling Auslese Heidelberger Herrenberg **9,5 %/12,- €/0,375l**
84 2011 Spätburgunder Rosé Kabinett trocken Heidelberger Herrenberg **12,5 %/7,- €**
85 2010 Spätburgunder trocken Heidelberger Herrenberg **14,5 %/7,- €**
87 2010 Spätburgunder „S" trocken Heidelberger Herrenberg **14,5 %/11,- €**
89 2010 Spätburgunder trocken Barrique Heidelberger Herrenberg **14,5 %/18,- €**
85 2011 Dornfelder trocken Heidelberger Herrenberg **13 %/5,50 €** ☺

★★☆

Winterling

Sekt- und Weingut

Pfalz

Im Brühl 15, 67150 Niederkirchen
***Tel.** 06326-8952, **Fax:** 06326-980436*
www.winterling-sekt.de
info@winterling-sekt.de
***Besuchszeiten:** Mo.-Fr. 9-12 + 14-18 Uhr, Sa. 9-16 Uhr*
Picknick im Garten (Samstage im Juli + August),
Austern-Sektprobe (Samstage an Adventstagen)

Inhaber .... Anne und Martin Winterling
Rebfläche .... 10 Hektar

Das Sekt- und Weingut Winterling ist ein Familienbetrieb in Niederkirchen in der Pfalz. 1984 von Anne und Martin Winterling als Hobby begonnen, hat es sich heute zu einem beachtlichen Gut entwickelt. Wein spielt nur eine Nebenrolle, das Hauptaugenmerk liegt auf Sekt. Neben verschiedenen Riesling-Lagensekten bietet man Pinot und Chardonnay Sekt an. Die Weißweine werden in der Regel durchgegoren ausgebaut. Die Weinberge werden biologisch bewirtschaftet. Der älteste Sohn Stefan arbeitet als Betriebsleiter eines Weinguts auf Mallorca, der zweite Sohn Sebastian ist nach Abschluss seines Geisenheim-Studiums im Betrieb tätig, Tochter Susanne studiert derzeit Internationale Weinwirtschaft. Bei den Weißweinen liegt der Schwerpunkt auf Riesling und Sauvignon Blanc, die Burgundersorten werden versektet, aus Spätburgunder wird auch Rotwein gemacht.

Vorjahre

Vor zwei Jahren bestätigte sich der gute Eindruck der Vorjahre. Bei den Sekten gefiel uns der Weißburgunder am besten, bei den stillen Weinen taten sich ein fast trockener Gewürztraminer und der erste Eiswein, den das Weingut gelesen hat, hervor. Im vergangenen Jahr gefielen uns zwei Sekte sehr gut, der La Coulée d'Or hatte noch Potenzial, das „Geliebte Gretchen" hatte den Höhepunkt erreicht. Sehr fein war auch der Spätburgunder.

Neue Kollektion

Der Spätburgunder von 2010 führt in diesem Jahr die Kollektion an, ein eleganter und feiner Wein: Feine Röstaromen, feine Tannine, feine Frucht. Bei der Phalanx der sehr guten Schaumweine sahen wir den Fleur de Pinot in Front, ein frischer, fruchtiger Rosé. Der einzige Sekt, der Sommerling, überzeugte mit klarer Zitrusfrische, die anderen Schaumweine werden Cremant genannt. Der Blanc de Blanc „S" ist eher etwas für Freunde älterer Jahrgänge. Von den drei Sauvignon Blanc ist die Spätlese der Wein, über den man etwas länger nachdenken muss: Ein puristischer, durchgegorener Wein, eher Stein als Frucht. Der trockene Kabinett schmeckt nach Brennnessel und Stachelbeere, die „süße Sovie" schmeckt ebenfalls nach Brennessel, aber nach sehr süßer Brennessel. Nicht ganz einfach. Sehr gut, frisch und klar, ist die süße Riesling Auslese. ▬

Weinbewertung

86 2010 „Blanc de Blancs" Crémant brut **12 %/12,30 €**

87 2010 „Fleur de Pinot" Crémant brut **12,5 %/13,- €**

85 2009 Pinot Crémant brut **13 %/12,40 €**

85 2010 „Sommerling" Sekt brut **12,5 %/10,50 €**

85 2005 „Blanc de Blancs *S*" Crémant brut **14 %/16,80 €**

82 2011 Gutsriesling **11,5 %/6,10 €/1l**

85 2011 Riesling Spätlese trocken Deidesheimer Herrgottsacker **12 %/8,10 €**

86 2011 Sauvignon Blanc Kabinett trocken **12 %/11,20 €**

86 2010 Sauvignon Blanc *S* Spätlese trocken **12,5 %/18,70 €**

83 2011 Sauvignon Blanc Kabinett „Süße Sovie" **9,5 %/12,50 €**

86 2011 Riesling Auslese Deidesheimer Mäushöhle **10,5 %/12,50 €**

88 2010 Spätburgunder trocken „vom schwarzen Sand" **13,5 %/17,50 €**

★★★★

Hans Wirsching

Weingut

Franken

Ludwigstraße 16, 97346 Iphofen
***Tel.** 09323-87330, **Fax**: 09323-873390*
www.wirsching.de
info@wirsching.de
***Besuchszeiten**: täglich 8-18 Uhr, Sonn- und Feiertage 10-12:30 Uhr*
„Zur Iphöfer Kammer" (Marktplatz 24)

Inhaber .... Dr. Heinrich Wirsching
Betriebsleiter .... Dr. Uwe Matheus
Kellermeister .... Werner Probst
Rebfläche .... 75 Hektar

Das Weingut Wirsching gehört heute zu den größten Betrieben in Franken. Es verfügt über beträchtlichen Weinbergbesitz in den Iphöfer Renommierlagen Julius-Echter-Berg, Kronsberg und Kalb, wo die Böden aus Gipskeuper mit Einlagen von Schilfsandstein bestehen. Wichtigste Rebsorte ist der Silvaner mit einem Anteil von 40 Prozent. Es folgen Riesling, Grau- und Weißburgunder, aber auch Scheurebe und Spätburgunder.

Vorjahre

Ganz stark präsentierte sich der Jahrgang 2009: Gleich drei hervorragende edelsüße Weine brachte er hervor, im trockenen Segment trumpften wie gewohnt die Großen Gewächse auf, aber auch die trockene Scheurebe war 2009 besonders faszinierend. Auch 2010 hatte man sich gut behauptet, die Großen Gewächse gehörten zu den Jahrgangsbesten in Franken – und sie altern hervorragend, davon konnten wir uns anhand zweier Vertikalproben, Riesling und Silvaner, der Julius-Echter-Berg-Weine überzeugen.

Neue Kollektion

Die neue Kollektion ist bärenstark, schon die Kabinettweine besitzen reintönige Frucht, Kraft und Struktur, egal ob Silvaner oder Riesling, Scheurebe oder Weißburgunder. Ein viel diskutierter Wein ist die Scheurebe von alten Reben, konzentriert und stoffig, kraftvoll, faszinierend reintönig, aber irgendwie doch „too much". Die Großen Gewächse beeindrucken wie gewohnt: Der Silvaner aus dem Kronsberg ist wunderschön füllig und saftig, besitzt reife Frucht und gute Struktur, im Bouquet zeigt er gelbe Früchte und dezent Marzipan; sein Pendant aus dem Julius-Echter-Berg ist faszinierend präzise und stoffig, kraftvoll und klar, besitzt gute Struktur und Länge. Ähnlich ist das Bild beim Riesling: Der Wein aus dem Kronsberg ist wunderschön füllig und klar, harmonisch und lang, der aus dem Julius-Echter-Berg deutlich druckvoller und nachhaltiger. Zur Krönung des Jahrgangs gibt es zwei faszinierende Trockenbeerenauslesen, beide wunderschön konzentriert, dick und stoffig, reintönig und dominant.

Weinbewertung

85 2011 Silvaner Kabinett trocken Iphöfer Kalb **13 %/8,50 €**

87 2011 Silvaner Kabinett trocken Iphöfer Julius-Echter-Berg **13 %/11,- €**
86 2011 Riesling Kabinett trocken Iphöfer Julius-Echter-Berg **12,5 %/11,- €**
86 2011 Scheurebe Kabinett trocken Iphöfer Kronsberg **12 %/8,50 €**
87 2011 Weißburgunder Kabinett trocken Iphöfer Kronsberg **12,5 %/9,80 €**
85 2010 Silvaner Spätlese trocken „S" Iphöfer Kronsberg **12,5 %/13,50 €**
89 2011 Scheurebe Spätlese trocken „Alte Reben" Iphöfer Kronsberg **14 %/15,80 €**
89 2011 Silvaner „GG" Iphöfer Kronsberg **13,5 %/18,50 €**
90 2011 Silvaner „GG" Iphöfer Julius-Echter-Berg **13 %/21,- €**
89 2011 Riesling „GG" Iphöfer Kronsberg **13 %/18,50 €**
91 2011 Riesling „GG" Iphöfer Julius-Echter-Berg **21,- €**
87 2011 Gewürztraminer Spätlese Iphöfer Kalb **13 %/17,50 €**
89 2011 Riesling Beerenauslese Iphöfer Julius-Echter-Berg
92 2011 Rieslaner Trockenbeerenauslese Iphöfer Julius-Echter-Berg
93 2011 Riesling Trockenbeerenauslese Iphöfer Julius-Echter-Berg

Wittmann ★★★★★

Weingut

Rheinhessen

Mainzer Straße 19, 67593 Westhofen
***Tel.** 06244-905036, **Fax**: 06244-5578*
www.wittmannweingut.com
info@wittmannweingut.com
***Besuchszeiten**: nach Vereinbarung*

Inhaber .... Günter und Philipp Wittmann
Rebfläche .... 25 Hektar

Günter und Elisabeth Wittmann begannen Mitte der achtziger Jahre mit der Umstellung auf ökologische Bewirtschaftung und sind seit 1990 Mitglied bei Naturland. Sohn Philipp führt diesen Weg konsequent fort. Alle trockenen Weine werden als Qualitätswein vermarktet, nur die süßen Weine sind mit Prädikatsangabe versehen. Die Weine werden teils mit den eigenen Hefen, teils mit Reinzuchthefen vergoren, recht lange auf der Hefe ausgebaut und nur einmal vor der Abfüllung filtriert. Das Gros der Weine wird trocken ausgebaut. Drei Große Gewächse erzeugte Philipp Wittmann bisher und zwar von den Westhofener Lagen Aulerde, Kirchspiel und Morstein. Seit 2007 kommt als viertes Großes Gewächs der Wein aus dem Brunnenhäuschen hinzu. Diese bilden die Spitze der Pyramide. Danach kommt der Westhofener Riesling und schließlich der Gutsriesling. Die Spitzenweine der anderen weißen Sorten werden in der Reihe „S" vermarktet. Neben Chardonnay und Weißburgunder gibt es seit 2001 auch einen Silvaner „S". Süße und edelsüße Rieslinge bis hin zur Trockenbeerenauslese ergänzen regelmäßig das Programm.

Vorjahre

2009 waren die Gutsweine reintönig und frisch wie gewohnt, die Großen Gewächse waren kraftvoll, füllig und saftig, wirkten teils ein klein wenig süßer als in den letzten Jahren, vor allem Morstein und Brunnenhäuschen begeisterten uns, Aulerde und Kirchspiel standen ihnen kaum nach – und der Weißburgunder führte einmal mehr die S-Klasse an. Auch die 2010er Kollektion war bärenstark, schon die Gutsweine zeigten sich frisch und klar, waren alle sehr gut. Die Ortsweine brachten eine weitere Steigerung, Weißburgunder S und Chardonnay S waren einmal mehr hervorragend; bei den Großen Gewächsen sahen wir im Jahrgang 2010 ganz klar Morstein und Brunnenhäuschen vor Aulerde und Kirchspiel.

Gutsweine 2011

Philipp Wittmanns Gutsweine zeigen 2011 bestechend hohes Niveau. Der Silvaner ist faszinierend reintönig, besitzt gute Fülle und Harmonie; der Weißburgunder ist wunderschön saftig, reintönig, harmonisch und lang; der Riesling präsentiert sich herrlich sortentypisch und geradlinig, besitzt gute Fülle und viel Frucht; die Scheurebe fasziniert mit ihrem Bouquet, das Cassisnoten zeigt, ist klar, frisch und zupackend im Mund.

Ortswein/S-Klasse

Der Westhofener Riesling zeigt seit vielen Jahren eine beeindruckende Konstanz. 2011 gefällt er uns besonders gut, er ist frisch und reintönig, dabei füllig und fruchtbetont, besitzt gute Struktur und Biss, feine Frische im Abgang. Der Chardonnay „S" zeigt gute Konzentration und viel reife Frucht im Bouquet, etwas rauchige Noten, ist füllig und fruchtbetont im Mund, besitzt gute Struktur und Substanz, feine Süße. Ein klein wenig besser gefällt uns 2011 der Weißburgunder „S": Gute Konzentration, ganz dezenter Toast und gelbe Früchte prägen das Bouquet, im Mund präsentiert er sich offensiv und komplex, besitzt herrlich viel Frucht.

Große Gewächse

Die Stars im Programm sind aber wie gehabt die Großen Gewächse. Die Aulerde ist frisch, klar und wunderschön elegant, reintönig und lang. Das Kirchspiel ist etwas fülliger, besitzt viel Substanz und feine süße Frucht. Wesentlich fruchtbetonter und offensiver ist das Brunnenhäuschen, besitzt herrlich viel Frucht und Substanz, ist saftig und komplex, harmonisch und lang. Noch besser gefällt uns der Morstein, ist herrlich eindringlich und reintönig, konzentriert und komplex, besitzt faszinierend viel Frucht und Substanz, Länge und Nachhall – ein großer Wein! Viel Substanz und Konzentration kennzeichnet auch den Versteigerungswein La borne. Großartige Kollektion!

Weinbewertung

88 2011 Silvaner trocken **12,5 %/7,90 €** ☺
88 2011 Weißburgunder trocken **13 %/9,80 €** ☺
88 2011 Riesling trocken **12,5 %/9,80 €** ☺
87 2011 Scheurebe trocken **13 %/9,80 €**
90 2011 Riesling trocken Westhofener **13 %/15,90 €**
91 2011 Riesling „GG" Aulerde **13,5 %/26,- €**
91 2011 Riesling „GG" Kirchspiel **13,5 %/34,- €**
94 2011 Riesling „GG" Brunnenhäuschen **13 %/39,- €**
96 2011 Riesling „GG" Morstein **13,5 %/39,- €**
91 2011 Riesling trocken „La borne" **Verst.**
91 2011 Weißburgunder „S" **14 %/26,- €**
90 2011 Chardonnay „S" **13,5 %/26,- €**

★★★★☆

Familie Wöhrle

Weingut Stadt Lahr

Baden

Weinbergstraße 3, 77933 Lahr
Tel. 07821-25332, Fax: 07821-39398
www.weingut-stadt-lahr.de
info@weingut-stadt-lahr.de
Besuchszeiten: Mo.-Fr. 17-19 Uhr, Sa. 9-13 Uhr

Inhaber .... Familie Wöhrle
Rebfläche .... 13 Hektar

Das Weingut der Familie Wöhrle ist ein Familienbetrieb, der 1979 aus dem traditionsreichen Weingut der Stadt Lahr und dem Weinbaubetrieb Wöhrle entstanden ist. 1988 haben Hans und Monika Wöhrle ein Drittel der Rebfläche auf ökologische Bewirtschaftung umgestellt, seit 1990 wird die gesamte Fläche ökologisch bewirtschaftet. 1997 wurde das zuvor gepachtete Gut von Hans und Monika Wöhrle gekauft und anschließend saniert. Seit dem Jahr 2002 ist Sohn Markus im Betrieb tätig. Die Reben stehen alle am Lahrer Schutterlindenberg. Da der Schutterlindenberg aber mit der Einführung des Deutschen Weingesetzes zur Großlage „befördert" wurde, nutzt man seit dem Jahrgang 2004 anstelle der Bezeichnung Schutterlindenberg den Lagennamen Lahrer Kronenbühl. Die Großen Gewächse tragen seit dem Jahrgang 2009 die Lagenbezeichnungen Herrentisch und Kirchgasse. Der Herrentisch ist eine 5 Hektar große Südlage mit tiefgründigen Löss- und Lösslehmboden, von dort kommt aus einem halben Hektar großen Weinberg der Weißburgunder. Grau- und Spätburgunder kommen aus der Kirchgasse, einem 3 Hektar großen Südhang mit humusreichem Lösslehmboden, der sich in Alleinbesitz des Weingutes befindet und als neue Einzellage anerkannt wurde. Im Anbau dominieren die Burgundersorten und Riesling, bereits seit 1990 gibt es auch Chardonnay. Zuletzt wurden pilzresistente Sorten wie Johanniter und Bronner gepflanzt. Rote Sorten nehmen inzwischen 30 Prozent der Rebfläche ein. Alle Weine werden grundsätzlich durchgegoren. Die weißen Großen Gewächse werden komplett im Halbstück ausgebaut, zur Hälfte werden neue Fässer genutzt; der Spätburgunder wird in neuen Barriques ausgebaut.

Vorjahre

Seit der ersten Ausgabe empfehlen wir die Weine der Wöhrles, schon damals waren wir begeistert von der Stilistik, die Reintönigkeit und Frucht in den Vordergrund stellt. Jahr für Jahr sind die Kollektionen höchst zuverlässig, in den jüngsten Jahrgängen hat man in der Spitze weiter zugelegt, die eingeführten Großen Gewächse präsentieren sich komplex und nachhaltig. Spitze waren vor zwei Jahren einmal mehr die weißen Großen Gewächse, mindestens ebenso aber hatten es uns die wunderschön reintönigen Kabinettweine angetan, die Spätlesen brachten nicht immer eine Steigerung. Eine klasse, stimmige Kollektion präsentierten die Wöhrles im letzten Jahr. Nur wenige Weingüter in Deutschland hatten so reintönige, feine Kabinettweine, die bei 11,5° oder 12° Alkohol auch wirklich noch Kabinettweine waren. Sehr geschlossen präsentierten sich die Kronenbühl-Weine, die Großen Gewächse boten eine weitere Steigerung.

Neue Kollektion

Auch 2011 bringt wieder wunderschön reintönige, bestechend schöne Kabinettweine, der klare, harmonische Weißburgunder gefällt uns am besten. Die Kronenbühl-Weine, also die Spätlesen, sind fülliger und kräftiger, strukturiert und ebenso reintönig, Riesling und Grauburgunder gefallen uns in dieser Kategorie am besten; und natürlich der gekonnt im Barrique vinifizierte Chardonnay, der das Holz schön integriert hat, klare reife Frucht und feine Würze zeigt. Herrlich reintönig und konzentriert ist der Weißburgunder vom Herrentisch, wunderschön reintönig und lebhaft, besitzt gute Struktur, ganz dezent Tannine im Abgang und ein wenig bitter-mineralische Noten. Noch ein klein wenig besser gefällt uns der Grauburgunder Kirchgasse, ist reintönig, konzentriert, herrlich füllig und stoffig, besitzt viel Substanz, gute Länge und ganz dezente Tannine: Zwei spannende Große Gewächse!

Weinbewertung

85 2011 Riesling Kabinett trocken **12 %/8,- €**
86 2011 Auxerrois Kabinett trocken **12 %/8,- €**
87 2011 Weißburgunder Kabinett trocken **12,5 %/8,- €** ☺
86 2011 Grauburgunder Kabinett trocken **12,5 %/8,- €**
87 2011 Weißburgunder trocken Lahrer Kronenbühl **14 %/12,- €**
88 2011 Grauburgunder trocken Lahrer Kronenbühl **13,5 %/12,50 €**
88 2011 Riesling trocken Lahrer Kronenbühl **13 %/12,- €**
90 2010 Chardonnay Barrique Lahrer Kronenbühl **13 %/15,50 €**
91 2011 Weißburgunder „GG" Herrentisch **18,- €**
91 2011 Grauburgunder „GG" Kirchgasse **18,- €**
88 2011 Rieslaner Trockenbeerenauslese Lahrer Kronenbühl **8 %/45,- €/0,375l**
83 2010 Spätburgunder „bestes Fass" Lahrer Kronenbühl **13 %/12,50 €**
87 2010 Spätburgunder „SC" Lahrer Kronenbühl **13 %/17,- €**

★

Wöhrle

Weingut **Pfalz**

Leininger Ring 64, 67278 Bockenheim
***Tel.** 06359-4215, **Fax**: 06359-949367*
www.weingut-woehrle.de
info@weingut-woehrle.de
***Besuchszeiten**: Sa. 9-15 Uhr oder nach Vereinbarung*

Inhaber .... Andreas Wöhrle
Rebfläche .... 11 Hektar

Der im 18. Jahrhundert errichtete Hof ist seit 1844 im Besitz der Familie. Andreas Wöhrle trat nach dem Abschluss seines Studiums 1999 in den Betrieb ein, schon vorher war er für den Weinausbau verantwortlich. Bereits seit 1980 erfolgt die Bewirtschaftung nach ökologischen Richtlinien, das Weingut ist Gründungsmitglied bei Ecovin. Riesling und Spätburgunder sind die Hauptrebsorten, hinzu kommen Weißburgunder, Grauburgunder, Gewürztraminer und Portugieser, aber auch Dornfelder und Regent. Alle Rotweine werden im Holzfass ausgebaut.

Vorjahre

Vor zwei Jahren kamen die Riesling-Spätlesen nicht ganz an die Vorjahresweine heran, es fehlte etwas Substanz und Dichte. Die Kollektion war aber gleichmäßig gut. Im vergangenen Jahr verkosteten wir neben ordentlichen Weißweinen eine starke rote Kollektion mit einem pfeffrigen Cabernet an der Spitze. Der Spätburgunder aus dem Barrique war viel versprechend.

Neue Kollektion

In diesem Jahr verkosteten wir eine ordentliche Kollektion. Den Rieslingen fehlt zuweilen die Balance von Süße und Säure, dagegen sind die Burgunder harmonisch, saftig, frisch und klar. Der Silvaner ist beachtlich, mit feiner Frucht und gutem Zug.

Weinbewertung

80 2011 Riesling trocken **11,5 %/4,20 €/1l**
80 2011 Riesling trocken „vom" Grafenstück **12 %/5,20 €**
83 2011 Riesling trocken „aus der" Goldgrube **14 %/7,20 €**
80 2011 Riesling trocken „vom" Vogelsang **12,5 %/6,20 €**
83 2011 Weißer Burgunder trocken **12,5 %/5,20 €**
86 2011 Weißer Burgunder Spätlese trocken **13 %/7,80 €**
84 2011 Grauer Burgunder trocken **13 %/6,20 €**
86 2011 Silvaner Spätlese trocken **13 %/6,90 €**
83 2011 Cabernet Blanc trocken **13 %/7,30 €**
83 2011 Gewürztraminer Spätlese „feinherb" **13 %/7,80 €**
82 2011 Riesling „feinherb Alte Reben" **13 %/8,90 €**
80 2011 Riesling „feinherb von der Mauer" **11,5 %/6,20 €**

★★★★

Wöhrwag

Weingut **Württemberg**

Grunbacher Straße 5, 70327 Stuttgart-Untertürkheim
***Tel.** 0711-331662, **Fax**: 0711-332431*
www.woehrwag.de
info@woehrwag.de
***Besuchszeiten**: Mo.-Fr. 8-12 + 15-18:30 Uhr, Sa. 9-13 Uhr*

Inhaber .... Hans-Peter Wöhrwag
Rebfläche .... 18,5 Hektar

Die Weinberge von Hans-Peter Wöhrwag liegen im Untertürkheimer Herzogenberg. Er baut etwa zur Hälfte rote und weiße Sorten an. Wichtigste Rebsorte ist Riesling, der 40 Prozent der Fläche einnimmt. Hinzu kommen Weiß- und Grauburgunder, aber auch ein wenig Sauvignon Blanc, Müller-Thurgau und Muskateller. Bei den roten Sorten dominierte früher der Trollinger. Nach dem schweren Hagel im Juni 2000 rodete Hans-Peter Wöhrwag aber zwei Hektar Trollinger und legte dort Lemberger an, wobei Trollinger nach wie vor die wichtigste rote Rebsorte ist. Nach Lemberger folgen Merlot, Spätburgunder, Dornfelder und Cabernet Sauvignon. Merlot wurde anfangs nur für Cuvées verwandt, 2008 gab es den ersten sortenreinen Merlot. Im roten Segment spielen Cuvées eine wichtige Rolle: Moritz, Philipp und X heißen diese. Die Cuvée X bestand ursprünglich aus Merlot und Lemberger, heute besteht sie aus Merlot und Cabernet Sauvignon.

Vorjahre

2009 waren die Weißweine frisch, klar und zupackend, vielleicht nicht ganz so nachhaltig wie in früheren Jahren. Im roten Segment gefiel uns besonders der Pinot Noir, aber auch Lemberger und Merlot (der erste reinsortige Merlot von Hans-Peter Wöhrwag) bestachen mit ihrer Reintönigkeit. Gleich sechs Große Gewächse gab es letztes Jahr im Programm, drei weiße und drei rote. Unsere leichte Präferenz galt dem Pinot Noir vor dem Spätburgunder, aber auch Lemberger und Cuvée X gefielen uns sehr gut. Im weißen Segment bestach der füllige, ein wenig süße Grauburgunder unter den Großen Gewächsen, auch der Riesling war sehr gut, angenehm überrascht hat uns der Sauvignon Blanc, den wir eher nach Neuseeland denn nach Württemberg gesteckt hätten.

Weißweine 2011

Die Rieslinge präsentieren sich zuverlässig wie gewohnt, von Goldkapsel über Mineral bis zum Großen Gewächs gibt es eine stetige Steigerung. Sie sind frisch und klar, der Mineral duftet nach Zitrus, das Große Gewächs ebenso, auch nach Limone, ist zupackend und geradlinig, wunderschön puristisch. Auch der Sauvignon Blanc hat uns wieder sehr gut gefallen, ist frisch und geradlinig, lebhaft und sortentypisch. Angehem überrascht hat uns der Muskateller, der wunderschön fruchtbetont und reintönig ist, frisch und zupackend bei feiner süßer Frucht. Der Weißburgunder ist füllig und fruchtbetont, harmonisch und reintönig, der Grauburgunder konzentriert und klar, kraftvoll und frisch.

Rotweine

Die Cuvée Philipp aus Lemberger und Merlot ist würzig und fruchtbetont, zuverlässig wie immer. Kraftvoller und tanninbetonter ist die Cuvée X aus Merlot und Cabernet Sauvignon. 2009 zeigt sie dezente Schokonoten, gute Fülle und reife Frucht, 2010 mehr Cassis, ist füllig, strukturiert und frisch. Der Pinot Noir ist würzig und eindringlich, zeigt reife rote Früchte, ist präzise und strukturiert im Mund, jugendlich. Der Lemberger zeigt rauchige Noten im Bouquet, feinen Duft, reife Frucht, etwas Schokolade, ist füllig und harmonisch im Mund bei reifer Frucht und guter Substanz.

Weinbewertung

85 2011 Riesling trocken „Goldkapsel" Untertürkheimer Herzogenberg **12 %/8,90 €**
87 2011 Riesling trocken „Mineral" Untertürkheimer Herzogenberg **12,5 %/10,80 €**
88 2011 Sauvignon Blanc trocken Untertürkheimer Herzogenberg **12 %/14,50 €**
88 2011 Muskateller trocken Untertürkheimer Herzogenberg **12 %/10,80 €**
88 2011 Weißburgunder „GG" Untertürkheimer Herzogenberg **14 %/20,50 €**
88 2011 Grauburgunder „GG" Untertürkheimer Herzogenberg **13,5 %/20,50 €**
88 2011 Riesling „GG" Untertürkheimer Herzogenberg **13,5 %/19,- €**
86 2010 „Philipp" Rotwein trocken **13 %/17,50 €**
89 2009 „X" Rotwein trocken **13,5 %/21,50 €**
89 2010 „X" Rotwein trocken **14 %/21,50 €**
88 2010 Pinot Noir „GG" Untertürkheimer Herzogenberg **13,5 %/26,- €**
88 2010 Lemberger „GG" Untertürkheimer Herzogenberg **13,5 %/21,50 €**

★

Dr. Christopher **Wolf**

Weingut

Rheingau

Weinbergstraße 7, 65347 Hattenheim
***Tel.** 06723-88302*
www.rhein-wein.com
rheingauwolf@web.de
***Besuchszeiten**: jederzeit, ggf. nach. Voranmeldung*

Inhaber .... Dr. Christopher Wolf
Rebfläche .... 1,5 Hektar

Das Weingut in Hattenheim besteht seit 2003 und wird von dem Arzt Dr. Christopher Wolf und seiner Frau Julia nebenberuflich geführt. Angebaut werden Weißburgunder, Riesling und Spätburgunder in den Lagen Hassel, Doosberg, Schützenhaus und Nussbrunnen. Seit 2005 gehört auch eine Straußwirtschaft zum Gesamtkonzept.

Neue Kollektion

Die vorgestellten Weine der Jahrgänge 2010 und 2011 gefielen mit Klarheit und Würze. Vor allem die rassige Spätlese aus dem Nussbrunnen überzeugte sofort, während man über die beiden kraftvollen Kreationen der Serie „In Vino Lupi“ diskutieren kann. Vor allem der Blanc de Noir aus dem Barrique ist eigenwillig, besitzt eine ganz leichte Kaffeenote, allerdings auch eine animierende Säure.

Weinbewertung

79 2011 Perlwein „Chrissecco“ **11,5 %/4,50 €**
83 2011 Weißburgunder trocken **13 %/4,50 €**
84 2010 Riesling Spätlese trocken „Edition In Vino Lupi“ **13,5 %/13,- €**
84 2010 „Blanc de Noir“ Barrique „Edition In Vino Lupi“ **13,5 %/14,- €**
79 2011 Riesling Classic **12 %/4,20 €**
83 2011 Riesling Spätlese Hattenheimer Nussbrunnen **13,5 %/7,50 €**

★

Kirchengut **Wolf**

Weingut

Mosel

Berenbruchstraße 4, 56841 Traben-Trarbach-Wolf
***Tel.** 06541-6394, **Fax**: 06541-6395*
www.kirchengut-wolf.de. info@kirchengut-wolf.de
***Besuchszeiten**: immer nach Vereinbarung*

Inhaber .... Markus Boor
Rebfläche .... 4,5 Hektar

Markus und Ulrike Boor bewirtschaften das ehemalige Kirchengut seit 2001. Paradelage ist die Wolfer Goldgrube, aber sie besitzen auch Reben in den Wolfer Lagen Klosterberg und Schatzgarten, sowie im Trabener Würzgarten. Der Betrieb wurde auf biologischen Anbau umgestellt, ist Mitglied bei Ecovin. Außer Riesling bauen die Boors auch Rivaner und Weißburgunder an, sowie Merlot, Dornfelder und Spätburgunder. Im Versuchsanbau gibt es auch ein wenig Cabernet Blanc, der 2010 den ersten Ertrag erbrachte. Die Weine werden im traditionellen Holzfass ausgebaut.

Vorjahre

Die 2009er zeigten Würze und eine saftige Art, die Auslese hatte tropische Frucht und Biss. 2010 präsentierte sich konsistent, die Weine besaßen Frische, reintönige Frucht und Biss.

Jahrgang 2011

Recht ungleichmäßig präsentiert sich 2011: Die trockenen Weine wollen uns nicht so recht gefallen, Spätlesen und Auslese aber sind fruchtbetont, harmonisch und klar.

Weinbewertung

79 2011 Weißburgunder trocken **12 %/6,50 €**
76 2011 Riesling Classic **11,5 %/4,90 €**
79 2011 Riesling Kabinett trocken **12 %/7,20 €**
81 2011 Riesling Hochgewächs halbtrocken **11 %/6,20 €**
80 2011 Rivaner Classic **11,5 %/4,90 €**
84 2011 Riesling Spätlese „feinherb“ **11 %/9,- €**
85 2010 Riesling Spätlese **8 %/9,- €**
86 2010 Riesling Auslese **8 %/13,50 €**

Klaus **Wolf** ★

Weingut

Pfalz

Hauptstraße 36, 76831 Birkweiler
Tel. 06345-919203, Fax: 06345-919204
www.weingut-wolf-birkweiler.de
info@weingut-wolf-birkweiler.de
Besuchszeiten: nach Vereinbarung

Inhaber .... Klaus und Mathias Wolf
Rebfläche .... 11 Hektar

Weinbau wird in der Familie Wolf seit etlichen Jahrhunderten betrieben, 1620 wurde der Winzer Hans Wolf erstmals urkundlich in Birkweiler erwähnt. Seit 1986 führt Klaus Wolf das Familienweingut, im Frühjahr 2011 ist Sohn Mathias, nach Beendigung der Weinbaufachschule, in den Betrieb eingestiegen. Die Familie besitzt Weinberge in den Birkweiler Lagen Kastanienbusch, Mandelberg und Rosenberg, wichtigste Rebsorten sind für die Weißweine Riesling und die Burgundersorten, für die Rotweine sind es Spätburgunder, Sankt Laurent und etwas Cabernet Sauvignon. Seit dem Frühjahr 2011 ist das Sortiment in drei Weinlinien gegliedert: Gutsweine, Lagenweine und Terroirweine, gekennzeichnet durch ein, zwei oder drei kleine Weinblätter auf den Etiketten.

Vorjahr

Die im vergangenen Jahr angestellten sechs Weine zeigten ein klares Profil und eine durchgängige Stilistik, bei den beiden reintönigen und mineralischen Terroir-Rieslingen waren die Lagenunterschiede gut herausgearbeitet, die Burgunder waren klar und besaßen gute Substanz, ähnelten sich aber auch sehr – wir mutmaßten, dass hier vielleicht noch etwas der Mut zu mehr Individualität fehlte.

Neue Kollektion

In diesem Jahr sind alle Weißweine wieder sehr klar in der Frucht, die Terroir-Rieslinge sind noch etwas präziser als im vergangenen Jahr, die Burgunder sind wieder sehr ähnlich, beginnen aber doch auch kleine Unterschiede zu zeigen. Die Rotweine besitzen gute Substanz, aber auch zu viel Wucht und zu viel Restsüße.

Weinbewertung

83 2011 Auxerrois trocken Birkweiler Rosenberg **12,5 %/4,70 €**
86 2011 Weißer Burgunder trocken „Muschelkalk" Birkweiler Kastanienbusch **13,5 %/6,50 €** ☺
84 2011 Grauer Burgunder trocken Birkweiler Mandelberg **12,5 %/4,70 €** ☺
84 2011 Chardonnay trocken Birkweiler Mandelberg **12,5 %/4,70 €** ☺
84 2011 Riesling trocken Birkweiler Kastanienbusch **12,5 %/4,70 €** ☺
86 2011 Riesling trocken „Rotliegendes" Birkweiler Kastanienbusch **13 %/6,50 €** ☺
87 2011 Riesling trocken „Buntsandstein" Birkweiler Kastanienbusch **13 %/6,50 €** ☺
83 2011 Gewürztraminer „feinherb" Birkweiler Kastanienbusch **11,5 %/4,70 €**
83 2011 Riesling „feine Süße" **9 %/5,50 €**
84 2009 Cuvée „Lupa" Rotwein trocken Birkweiler Kastanienbusch **14 %/12,50 €**
83 2009 Cabernet Sauvignon trocken Birkweiler Kastanienbusch **14 %/10,50 €**
84 2009 Spätburgunder Auslese trocken Birkweiler Kastanienbusch **14 %/11,50 €**

Herzog von **Württemberg** ★★

Weingut

Württemberg

Schloss Monrepos, 71634 Ludwigsburg
Tel. 07141-22106-0, Fax: 07141-22106-260
www.weingut-wuerttemberg.de
weingut@hofkammer.de
Besuchszeiten: Mo.-Fr. 10-12 +13-18 Uhr, Sa. 10-16 Uhr
Schlosshotel Monrepos mit Restaurant
Gutsschenke, Golfplatz, Seeschloss Monrepos

Inhaber .... Herzog von Württemberg
Technischer Betriebsleiter .... Moriz Just
Kaufmännische Leiterin .... Claudia Krügele
Rebfläche .... 40 Hektar

Weinbau lässt sich im Hause Württemberg bis ins 13. Jahrhundert zurückverfolgen, die Hofkammerkellerei wurde 1677 gegründet, bis Ende des 19. Jahrhunderts wurden Weinberge in besten Württemberger Lagen erworben: Mönchberg (1671), Käsberg (1713), Steinbachhof (1757), Eilfingerberg (1872). Heute ist das Weingut mit 40 Hektar Weinbergen das größte private Weingut in Württemberg. Die Weinberge verteilen sich auf 8 Lagen: Maulbronner Eilfingerberg (14,6 Hektar mit Schilfsandsteinverwitterungsboden auf Gipskeuper), Mundelsheimer Käsberg (Muschelkalk), Untertürkheimer Mönchberg (mit Steinen durchsetzte Gipskeuperböden), Stettener Brotwasser (2,8 Hektar in Alleinbesitz, Schilfsandsteinboden), Hohenhaslacher Kirchberg, Asperger Berg und Gundelsbacher Steinbachhof und Wachtkopf. Weiße Rebsorten wachsen auf 23 Hektar: Riesling vor allem, aber auch Silvaner, Traminer und Weißburgunder. An roten Sorten werden Trollinger, Lemberger, Spätburgunder und Zweigelt angebaut, inzwischen wurden auch internationale Sorten wie Merlot, Cabernet Sauvignon und Sauvignon Blanc angelegt. Die Kellerei liegt im Park von Schloss Monrepos in Ludwigsburg.

Vorjahre

2009 war die Kollektion sehr gleichmäßig, der Lemberger aus dem Mönchberg, Jahrgang 2008, gefiel uns vor zwei Jahren besonders gut. Sein Nachfolger war im vergangenen Jahr unser Favorit in einer ansonsten etwas verhaltenen Kollektion.

Neue Kollektion

In der neuen Kollektion gefällt uns das Große Gewächs Stettener Brotwasser am besten, ist füllig und saftig, besitzt klare reife Frucht und gute Substanz; das rote Pendant aus dem Mönchberg erreicht nicht ganz die Klasse seiner Vorgänger.

Weinbewertung

83 2011 Riesling Kabinett trocken Maulbronner Eilfingerberg **12,5 %/8,50 €**

80 2011 Weißburgunder trocken Maulbronner Eilfingerberg **13 %/12,- €**

88 2011 Riesling „GG" Stettener Brotwasser **24,- €**

83 2010 Trollinger trocken Mundelsheimer Käsberg **12,5 %/8,20 €**

83 2010 Lemberger trocken Maulbronner Eilfingerberg **13 %/10,50 €**

85 2009 „Ducissa" Rotwein trocken **14 %/26,- €**

85 2010 Lemberger „GG" Untertürkheimer Mönchberg **29,- €**

★★★

Zalwander

Weingut

Baden

Hauptstraße 50, 79331 Köndringen

Tel. *07641-9649103,* ***Fax****: 07644-923837*

www.zalwander.de

weingut@zalwander.de

Besuchszeiten*: nach Vereinbarung*

Inhaber .... Elmar Lehmann, Odin Bauer

Rebfläche .... 1,3 Hektar

2002 haben sich Elmar Lehmann und Odin Bauer zusammengetan und das Weingut Zalwander gegründet. „Zu zweit" bedeutet das alemannische Zalwander. Ihre Weinberge liegen im Breisgau zwischen den Gemeinden Mundingen und Köndringen, wo die Reben auf Muschelkalk und Lösslehm wachsen. Hauptrebsorte ist Spätburgunder, der Spitzenwein stammt von mehr als 30 Jahre alten Reben in der Steillage Erdenhard, trägt neuerdings den Namen „Harte Erde". 2003 wurden Lemberger und Grauburgunder gepflanzt. Die Weine werden in burgundischen Stückfässern ausgebaut und ohne Filtration abgefüllt.

Vorjahre

Vor zwei Jahren besaß der Grauburgunder Struktur und Substanz, wie auch der gekonnt vinifizierte Spätburgunder Erdenhard aus dem Jahrgang 2008, sie führten eine konsistente Kollektion mit kraftvollen, eigenständigen Weinen an. Mit einem Jahr Flaschenreife präsentierte sich der Spätburgunder „Harte

Erde" im vergangenen Jahr noch schöner, sein Jahrgangsnachfolger stand ihm nicht nach, auch der Lemberger und der „normale" Spätburgunder gefielen uns sehr gut, ebenso der Blanc de Noirs und der puristische Grauburgunder.

Neue Kollektion

Auch die neue Kollektion präsentiert sich in bestechend guter Form. Der Blanc de Noirs ist kraftvoll und klar, der Grauburgunder herrlich reintönig, besitzt reife Frucht, gute Struktur und Frische. Kraftvoll, klar und herrlich reintönig ist auch der Lemberger, der Spätburgunder ist frisch und zupackend – und reintönig, wie alle seine Kollegen. Highlight ist einmal mehr der Erdenhardt, pardon: Harte Erde, ein faszinierend puristischer Spätburgunder, füllig und kraftvoll, sehr präzise und reintönig.

Weinbewertung

88 2011 Grauburgunder **13,5 %/15,-€**
86 2011 Spätburgunder „Blanc de Noirs" **12,5 %/10,-€**
86 2010 Spätburgunder **13 %/15,-€**
87 2010 Lemberger **13 %/15,-€**
91 2010 Spätburgunder „Harte Erde" **13,5 %/30,-€**

★☆

Otmar Zang

Weingut

Franken

Zum Katzenkopf 2, 97334 Sommerach
***Tel.** 09381-9278, **Fax:** 09381-9280*
www.weingut-zang.de
info@weingut-zang.de
***Besuchszeiten:** Mo.-Sa. 8-12 + 13-18 Uhr, So. 9-12 Uhr*
Ferienwohnung (4 Sterne)
„Jazz & Wein" im Mai

Inhaber .... Otmar Zang
Rebfläche .... 10 Hektar

Die Weinberge von Otmar Zang befinden sich in den Lagen Sommeracher Katzenkopf, Volkacher Ratsherr und Obervolkacher bzw. Rimbacher Landsknecht, wo Otmar Zang, nach eigenem Bekunden, der älteste Weinberg Frankens gehört. Die Reben wachsen vorwiegend auf Muschelkalk, teils auch auf Lösslehm und Lettenkeuper. Wichtigste Rebsorte ist Silvaner, gefolgt von Müller-Thurgau, Riesling, Bacchus, Weißburgunder und Scheurebe. An roten Sorten baut Otmar Zang Spätburgunder, Domina und Dornfelder an. Otmar Zang wird inzwischen im Betrieb unterstützt von Sohn Johannes.

Vorjahre

Die 2009er Kollektion gefiel uns sehr gut, alle Weine präsentierten sich reintönig, frisch und fruchtbetont. Unser Favorit war einmal mehr der „Alte Satz" aus dem Rimbacher Landsknecht, ein 1835 gepflanzter Weinberg, in dem unter anderem Riesling, Silvaner, Elbling, Muskateller und Traminer stehen, dicht gefolgt von Scheurebe, Riesling und zwei Silvanern. 2010 war der Aufwärtstrend erst einmal gestoppt: Die Weine waren zwar frisch und klar, blieben aber jahrgangsbedingt hinter den Vorjahren zurück.

Neue Kollektion

Die neue Kollektion nun ist ganz stark: Schon die Qualitäts- und Kabinettweine machen viel Freude mit ihrer reintönigen Frucht, die trockenen Spätlesen besitzen Substanz und viel reife süße Frucht, am meisten beeindruckt uns aber wieder einmal der Alte Satz, er besitzt reife Frucht, gute Struktur und Substanz. Im Auge behalten!

Weinbewertung

83 2011 Rivaner trocken „vom Muschelkalk" **12 %/6,- €**
82 2011 Silvaner trocken „vom Muschelkalk" **12,5 %/6,- €**
83 2011 Silvaner Kabinett trocken Sommeracher Katzenkopf **12,5 %/7,50 €**
88 2011 „Alter Satz" trocken Rimbacher Landsknecht **12,5 %/11,50 €**

86 2011 Silvaner Spätlese trocken Sommeracher Katzenkopf **13 %/9,50 €**
85 2011 Riesling Spätlese trocken Volkacher Ratsherr **13 %/9,80 €**
85 2011 Scheurebe Spätlese trocken Sommeracher Katzenkopf **13,5 %/9,2 €**

Zehe-Clauß ★

Weingut

Rheinhessen

Rheinhessenstraße 109, 55129 Mainz-Hechtsheim
Tel. 06131-9728942, Fax: 06131-9728943
info@zehe-clauss.de
www.zehe-clauss.de
***Besuchszeiten:** Do.+Fr. 13-19 Uhr, Sa. 9-18 Uhr und nach Vereinbarung*

Inhaber ... Birgit Zehe-Clauß und Marcus Clauß
Rebfläche ... 14,5 Hektar

Marcus Clauß, geboren in Esslingen, ist Diplom-Ingenieur für Getränketechnologie. Mit dem Jahrgang 2001 hat er die „MC Weinkollektion" auf dem Weingut seiner Schwiegereltern gestartet. Im Frühjahr 2010 gab er seine Beratertätigkeit auf und führt seither zusammen mit seiner Ehefrau Birgit Zehe-Clauß das Weingut, das den Namen Weingut Zehe-Clauß angenommen hat. Ihre Weinberge liegen in Hechtsheim, Laubenheim, Bodenheim, Gau-Bischofsheim und Nackenheim. Die Weißweine werden kühl vergoren und im Edelstahl ausgebaut, der Grauburgunder kommt für acht Monate ins Barrique. Die Rotweine werden nach der Maischegärung teils im Fass ausgebaut, filtriert wird nur einmal vor der Abfüllung. 2011 wurde mit der Umstellung auf ökologischen Weinbau begonnen.

Vorjahre

Vor zwei Jahren war der Riesling „First Clauß", unser Favorit in einer überzeugenden, sehr ausgewogenen Kollektion. Ähnlich war das Bild im vergangenen Jahr: Der feine Riesling „First Clauß" führte eine Kollektion ohne Fehl und Tadel an.

Neue Kollektion

Auch in der neuen Kollektion ist der „First Clauß" der beste Wein, ist würzig, füllig und kraftvoll; die Weißweine sind meist frisch, aber etwas verhalten.

Weinbewertung

82 2011 Silvaner „Secco" Perlwein „MC" **11,5 %/6,10 €**
83 2009 Pinot Sekt brut **12 %/11,80 €**
78 2011 Grauburgunder trocken **12 %/4,50 €**
80 2011 „Blanc de Noir" trocken **12,5 %/6,20 €**
81 2011 Riesling trocken „Edition MC" **13 %/6,20 €**
79 2011 Weißburgunder trocken „MC" **12,5 %/6,20 €**
81 2011 Grauburgunder trocken „MC" **12,5 %/6,30 €**
81 2011 Sauvignon Blanc trocken „MC" **12 %/6,30 €**
81 2011 Muskateller trocken „MC" **13 %/7,20 €**
86 2011 Riesling trocken „First Clauß" **12 %/10,50 €**
83 2011 Huxelrebe Beerenauslese **11,5 %/12,- €**
85 2011 Weißburgunder Trockenbeerenauslese **13 %/14,50 €**

Zehnthof ★★★★★

Weingut Luckert

Franken

Kettengasse 3, 97320 Sulzfeld
Tel. 09321-6536, Fax: 09321-5077
www.weingut-zehnthof.de
luckert@weingut-zehnthof.de
***Besuchszeiten:** Mo.-Sa. 8-12 + 13-18 Uhr*

Inhaber ... Familie Luckert
Rebfläche ... 15 Hektar

1962 füllte Theo Luckert seinen ersten Jahrgang auf Flaschen und begann mit der Selbstvermarktung. 1970 erwarb er den ehemaligen Zehnthof aus dem Jahr 1558, der Sitz und Namensgeber des Weingutes ist. Heute bewirtschaften Ulrich und Wolfgang Luckert mit ihren Familien die ausschließlich in Sulzfeld in den Lagen Maustal und Cyriakusberg liegenden Weinberge. Wichtigste Rebsorte beim Zehnthof ist Silvaner (mit bis zu 60 Jahre alten Reben). Es folgen Weißburgunder, Müller-Thurgau, Riesling, Kerner, sowie etwas Traminer, Rieslaner, Spätburgunder und Domina. Bereits seit 1986 gibt es Chardonnay. In den neunziger Jahren neu gepflanzt wurden Frühburgunder und Merlot, Sauvignon Blanc wurde erstmals 2003 geerntet. Die Weine werden spontanvergoren, oft mit Maischestandzeiten auch bei Weißweinen. Das Gros der Weine wird durchgegoren ausgebaut. Ulrich und Wolfgang Luckert wollen verstärkt große Holzfässer für Vergärung und Ausbau der Weine nutzen. Ihr Hauptaugenmerk gilt allerdings der weinbaulichen Arbeit. So nutzen sie seit Jahren ausschließlich die Kordon-Erziehung, reduzieren weiter stark die Erträge. Bereits 2005 haben sie Teilflächen auf ökologische Bewirtschaftung umgestellt, 2008 war die Hälfte des Betriebes umgestellt, 2009 der komplette Betrieb, bis jetzt ohne Zertifizierung.

Vorjahre

Ganz stark waren die Rotweine 2008, noch präziser, mineralischer, auch wenn sie sich alle noch sehr jugendlich präsentierten. Der Grand Noir begeisterte uns, ebenso Cabernet Sauvignon und Merlot, auch Frühburgunder und Spätburgunder, alle gewannen deutlich noch Tage nach dem Öffnen. Dies zeigten auch einige ältere Jahrgänge, die die Luckerts uns zugeschickt hatten: Tagelang nicht nur stabil, nein, sie wurden immer besser! Wir mussten uns eingestehen, dass wir manchen Wein in seiner Jugend wohl ein wenig unterschätzt hatten. Wie die Rotweine waren auch die 2009er Weißweine präziser und mineralischer als in den Jahren zuvor. Schon im Kabinettbereich und im Mittelsegment, mehr noch in der 3-Sterne-Klasse war ein Wein besser als der andere. Aufgrund des Jahrgangs hatten die Luckerts dann 2010 keine 3-Sterne-Selektionen erzeugt. Die Mittel-Linie konnte so ihr Niveau halten, bot frische, geradlinige, sehr reintönige Weine, auch die Basisweine überzeugten wie gewohnt. In der Spitze aber waren die Rotweine des Jahrgangs 2009 deutlich spannender, konzentriert und kraftvoll, präzise und mineralisch wie ihre Vorgänger.

Weißweine 2011

2011 trumpfen die Luckerts wieder mit gewohnter Stärke auf. Großartig sind schon die Einstiegsweine, der frische, reintönige Müller-Thurgau, der geradlinige Silvaner Kabinett und der faszinierend reintönige, recht füllige Silvaner von alten Reben. Das Mittelsegment bietet eine weitere Steigerung mit einem wunderschön reintönigen und harmonischen Gelbkalk-Silvaner, dem klaren, zupackenden Steinriegel-Riesling und einem harmonischen, feinen Weißburgunder von den Terrassen. Die 3-Sterne-Selektionen sind kraft- und druckvoller: Der Riesling ist präzise und zupackend, kraftvoll und nachhaltig wie auch die weiße Cuvée, die Frische und Komplexität vereint. Unser Favorit ist im Jahrgang 2011 der Silvaner, der füllig und kraftvoll ist, komplex und lang.

Rotweine 2010

2010 gibt es zwar weder Merlot noch Cabernet Sauvignon, aber das, was die Luckerts auf die Flasche gebracht haben, das überzeugt voll und ganz. Der Frühburgunder ist wunderschön reintönig und präzise, druckvoll und nachhaltig, was auch für den Spätburgunder gilt, der etwas mineralische Noten im Abgang zeigt. Noch etwas kraft- und druckvoller finden wir den Grand Noir, der Komplexität mit Frische vereint und mineralische Noten im Abgang aufweist.

Weinbewertung

87 2011 Müller-Thurgau trocken Sulzfelder Cyriakusberg **12,5 %/7,- €** ☺

87 2011 Silvaner Kabinett trocken Sulzfelder Cyriakusberg **13 %/9,50 €**

88 2011 Silvaner Kabinett trocken „Alte Reben" Sulzfelder Maustal **13 %/12,- €**

86 2011 Blauer Silvaner trocken Sulzfelder Maustal **13 %/10,- €**

90 2011 Silvaner trocken „Gelbkalk" Sulzfelder

Cyriakusberg **13,5 %/15,- €** ☺
89 2011 Riesling trocken „Steinriegel" Sulzfelder Maustal **12,5 %/15,- €**
89 2011 Weißburgunder trocken „Terrassen" Sulzfelder Cyriakusberg **13,5 %/15,- €**
90 2011 Weißburgunder*** Sulzfelder Cyriakusberg **13,5 %/26,- €**
90 2011 Riesling*** Sulzfelder Maustal **13,5 %/30,- €**
91 2011 Silvaner*** Sulzfelder Maustal **13,5 %/30,- €**
90 2011 „Unter der Mauer"*** Weißwein Sulzfelder Maustal **13,5 %/30,- €**
89 1990 Silvaner Beerenauslese Sulzfelder Cyriakusberg **10,5 %/100,- €**
86 2010 Spätburgunder trocken Sulzfelder Maustal **13 %/14,- €**
90 2010 Frühburgunder*** **13,5 %/35,- €**
90 2010 Spätburgunder*** **13,5 %/30,- €**
91 2010 „Grand Noir"*** **13,5 %/34,- €**

Zehntkeller ★★

Weingut **Franken**

Bahnhofstraße 12, 97346 Iphofen
***Tel.** 09323-844-0, **Fax:** 09323-844-123*
www.zehntkeller.de
zehntkeller@romantikhotels.com
***Besuchszeiten:** täglich 7-22 Uhr*
Hotel

Inhaber .... Heinrich Seufert
Rebfläche .... 26 Hektar

Der erstmals 1436 urkundlich erwähnte Zehntkeller war lange Zeit Sitz des Zehntgerichts, befindet sich seit Anfang des 20. Jahrhunderts in Familienbesitz. Nach und nach wurde das Gut zur Weinschänke, zur ländlichen Gaststätte und schließlich zum Hotel und Restaurant ausgebaut. Zum Haus gehören 26 Hektar Reben rund um den Schwanberg in den Iphöfer Lagen Julius-Echter-Berg, Kronsberg und Kalb sowie im Rödelseer Küchenmeister. Die wichtigsten Rebsorten sind Silvaner (30 Prozent) und Müller-Thurgau (20 Prozent), gefolgt von Riesling, Bacchus, Scheurebe, Kerner, Weißburgunder, Grauburgunder, Chardonnay (bereits seit Anfang der neunziger Jahre) und Sauvignon Blanc. Der Rotweinanteil liegt bei 20 Prozent: Spätburgunder, Frühburgunder, Blaufränkisch, Dornfelder, St. Laurent, Merlot (erste Ernte 2003) und Cabernet Sauvignon (erste Ernte 2004) werden angebaut. Die besten Rotweine werden dreizehn Monate im Barrique ausgebaut. Spitzenweine erhalten den Zusatz „SZ" auf dem Etikett, was für „Selektion Zehntkeller" steht. 2009 begann das Weingut die Umstellung auf biologischen Weinbau (Bioland).

Vorjahre

Vor zwei Jahren überzeugte die Kollektion, präsentierte sich homogen auf gutem Niveau, weiß wie rot. Auch im schwierigen Jahrgang 2010 hatte sich der Zehntkeller hervorragend behauptet, die Weißweine waren frisch und klar, dabei angenehm niedrig im Alkohol. Der stoffige SZ-Silvaner aus dem Julius-Echter-Berg gefiel uns einmal mehr besonders gut, im roten Teil der Kollektion der barriqueausgebaute Saint Laurent aus dem Jahrgang 2008.

Neue Kollektion

Die neue Kollektion präsentiert sich stimmig auf gutem und sehr gutem Niveau. Die Kabinettweine sind klar und fruchtbetont, die Spätlesen fülliger und kraftvoller, der strukturierte Chardonnay aus dem Barrique, Jahrgang 2009, gefällt uns besonders gut. Zwei kraftvolle Barrique-Rotweine und eine hervorragende, konzentrierte Trockenbeerenauslese runden das Programm ab.

Weinbewertung

84 2011 Silvaner Kabinett trocken Iphöfer Kalb **12 %/7,- €**
83 2011 Silvaner Kabinett trocken Iphöfer Julius-Echter-Berg **12 %/8,- €**
86 2011 Chardonnay Spätlese trocken Iphöfer

Kalb **12 %/10,- €**

83 2011 Scheurebe Spätlese trocken Iphöfer Kalb **12 %/12,- €**

85 2010 Sauvignon Blanc Spätlese trocken Iphöfer Kronsberg **12 %/11,- €**

87 2011 Silvaner Spätlese trocken „SZ" Iphöfer Julius-Echter-Berg **13 %/16,- €**

87 2011 Riesling Spätlese trocken „SZ" Iphöfer Julius-Echter-Berg **12,5 %/17,- €**

88 2009 Chardonnay Spätlese trocken „SZ" Barrique Iphöfer Kalb **12,5 %/15,- €**

87 2011 Riesling Auslese Iphöfer Julius-Echter-Berg **11 %/18,- €**

90 2011 Riesling Trockenbeerenauslese Iphöfer Kalb **7,5 %/40,- €/0,375l**

86 2009 Dornfelder trocken Barrique Iphöfer Kronsberg **12,5 %/9,50 €**

86 2009 Merlot trocken Barrique Iphöfer Kronsberg **13,5 %/14,- €**

★★★

Zelt

Weingut

Pfalz

Binsenstraße 2, 67229 Laumersheim
***Tel.** 06238-3281, **Fax**: 06238-1233*
www.weingutzelt.de
info@weingutzelt.de
***Besuchszeiten**: Mo.-Fr. 10-12 + 14-18 Uhr, Sa. 10-16 Uhr oder nach Vereinbarung*

Inhaber .... Ernst und Mario Zelt
Rebfläche .... 12 Hektar

Die Familie betreibt seit vier Generationen Weinbau, bis Mitte der neunziger Jahre war das Gut ein landwirtschaftlicher Gemischtbetrieb, der seinen Wein größtenteils an Kellereien verkaufte. Erst als Mario Zelt sich entschied das Weingut fortzuführen konzentrierte man sich ganz auf Wein. Mario Zelt hat in Geisenheim Önologie studiert und Praktika in Frankreich, Österreich und Südafrika gemacht. Alte Weinberge wurden gerodet und neue, auch internationale Rebsorten gepflanzt. Die Weinberge von Ernst und Mario Zelt liegen vor allem in den Laumersheimer Lagen Kirschgarten (Kalkmergel) und Mandelberg (kalkgeprägter Lehmboden), im Großkarlbacher Burgweg (Löss-Lehmschicht über Kalkgestein) und im Bissersheimer Goldberg (Lehm und Kalk). Jeweils zur Hälfte werden rote und weiße Rebsorten angebaut. Wichtigste weiße Rebsorte ist Riesling, gefolgt von Weißburgunder, Chardonnay und Sauvignon Blanc. Wichtigste rote Rebsorte ist der Spätburgunder, es folgen St. Laurent und Merlot. Die Weißweine werden nach individueller Maischestandzeit temperaturgekühlt vergoren und mehrere Monate auf der Feinhefe ausgebaut. Die Rotweine kommen nach der Maischegärung in neue oder gebrauchte Barriques.

Vorjahre

Vor zwei Jahren begeisterten uns die Rotweine, allen voran der St. Laurent und die beiden Spätburgunder. Bei den Weißweinen gefielen uns Weißburgunder, Chardonnay und Muskateller am besten. Mario Zelt hatte im vergangenen Jahr weiter zugelegt, sowohl bei den Rotweinen als auch bei den Weißweinen. An der Spitze standen die beiden Spätburgunder und der St. Laurent, der in Deutschland zu den besten seiner Rebsorte zählte. Die Cuvée Trilogie war ganz stark, ebenso der Chardonnay und die weißen Burgunder.

Neue Kollektion

In diesem Jahr untermauert Mario Zelt die bisher erreichte hohe Qualität. Die Weißweine sind von bestechender Klarheit, frisch und herrlich saftig, die Typizität der Rebsorten ist fein herausgearbeitet. Spätburgunder und Frühburgunder macht Mario Zelt auf einem sehr hohen Niveau, der Kirschgarten ist sehr fein, sehr elegant, sehr saftig, sehr kühl, sehr gekonnt.

Weinbewertung

85 2011 Riesling trocken **11,5 %/6,50 €**

87 2011 Riesling trocken Laumersheimer

12,5 %/9,50 €
88 2011 Riesling trocken Bissersheimer Goldberg **13,5 %/14,- €**
87 2011 Chardonnay trocken Laumersheimer **13,5 %/9,- €**
88 2011 Weißburgunder trocken Laumersheimer **13,5 %/9,- €** ☺
88 2011 Grauburgunder trocken Laumersheimer **13,5 %/9,- €** ☺
87 2011 Sauvignon Blanc trocken Laumersheimer **12 %/9,50 €**
87 2011 Muskateller trocken **12 %/6,50 €** ☺
86 2011 Gewürztramminer trocken Dirmsteiner **13,5 %/9,- €**
90 2010 Spätburgunder trocken Großkarlbacher Burgweg **13,5 %/16,- €**
91 2010 Spätburgunder trocken Laumersheimer Kirschgarten **13,5 %/25,- €**
90 2010 Frühburgunder trocken Bissersheimer Goldberg **13,5 %/18,- €**

★★☆

Oliver Zeter

Weingut **Pfalz**

Enggasse 20, 67435 Neustadt
***Tel.** 0172-7755815*
www.oliver-zeter.de
hallo@oliver-zeter.de
Verkauf über Weindepot Villa Tureme, Le Quartier Hornbach 15, 67433 Neustadt, Tel. 063321-481522, Mi.-Fr. 14-18:30 Uhr, Sa. 12-17 Uhr

Inhaber .... Oliver Zeter, Christian Zeter
Rebfläche .... 6,5 Hektar

Oliver Zeter absolvierte eine Winzerlehre beim Weingut Dr. Deinhard (heute von Winning) und dann eine Ausbildung zum Weinbautechniker in Weinsberg. Es folgten jeweils einjährige Auslandsaufenthalte in Italien und Südafrika. Für die Weinagentur Zeter war er zunächst in Hamburg, ist inzwischen aber wieder am Stammsitz in Neustadt tätig. Er hat verschiedene Parzellen mit Sauvignon Blanc (6 verschiedene Klone) und Viognier bepflanzt. Nach ersten Versuchen 2005 und 2006 brachte er 2007 seine ersten eigenen Weine auf den Markt.

Vorjahre

Vor zwei Jahren zeigte Oliver Zeter gleich drei Mal Sauvignon Blanc, darunter eine interessante und seltene süße Variante. Der „Fumé" war unser Favorit. Der Viognier war vielversprechend. Im vergangenen Jahr hatte der Viognier sein Versprechen schon eingelöst, der Sauvignon Blanc Fumé gefiel uns ebenfalls sehr gut. Herrlich saftig und klar war der süße Sauvignon Blanc. Als exotisches süßes Früchtchen, das nach Rosen und Rosinen duftete, hatte uns „Sweet Purple" gefallen. Eine feine, kleine Kollektion.

Neue Kollektion

In diesem Jahr hat sich die Kollektion mehr als verdoppelt. Sie ist beeindruckend. Sehr ordentlichen Basisqualitäten folgen sehr gute Réserve-Weine mit einem konzentrierten Weißburgunder an der Spitze. Drei trockene Sauvignon Blanc gibt es vom Jahrgang 2011, einen sehr frischen mit grünen Reflexen, einen Lagenwein, der sich komplex, durchgegoren, mit sehr viel Frucht und Konzentration präsentiert und den nachhaltigen Fumé mit feiner Frucht und gutem Holz. Elegant und komplex ist der Chardonnay, betörend elegant und sehr fein ist der Viognier, vielleicht eine Spür zu süß. Sauvignon Blanc Fumé und Viognier sind fast schon hervorragend zu nennen. Sehr gut sind auch die Rotweine mit dem stoffig-fülligen 2009er „Z" an der Spitze. Pinot Noir und St. Laurent haben eine gut herausgearbeitete, klare Frucht.

Weinbewertung

84 2011 Riesling trocken **12 %/7,50 €**
85 2011 Weißburgunder trocken **12,5 %/7,50 €**
82 2011 Grauburgunder trocken **12,5 %/7,50 €**
85 2011 Riesling trocken „Réserve" **12,5 %/14,- €**
87 2011 Weißburgunder trocken „Réserve" **13 %/14,- €**
86 2011 Grauburgunder trocken „Réserve"

13,5 %/14,- €

85 2011 Sauvignon Blanc trocken **12,5 %/11,- €**

87 2011 Sauvignon Blanc Heiligenberg Maikammer **13,5 %/10,- €**

89 2011 Sauvignon Blanc trocken „Fumé" **13 %/16,- €**

89 2011 Viognier trocken **14 %/16,- €**

87 2011 Chardonnay trocken **13 %/16,- €**

87 2010 Pinot Noir „Réserve" **13,5 %/22.- €**

88 2009 „Z" Rotwein trocken **13,5 %/14,- €**

87 2010 St. Laurent „Réserve" **13 %/22,- €**

★★★★☆

Zilliken

Weingut Forstmeister Geltz

Mosel

Heckingstraße. 20, 54439 Saarburg
Tel. 06581-2456, Fax: 06581-6763
www.zilliken-vdp.de
info@zilliken-vdp.de
Besuchszeiten: nach Vereinbarung

Inhaber .... Hans-Joachim Zilliken
Rebfläche .... 11 Hektar

Bereits seit mehr als 260 Jahren befindet sich das Weingut in Familienbesitz. Der königlich-preußische Forstmeister Ferdinand Geltz führte den Betrieb Anfang des 20. Jahrhunderts in die Spitze der Region. Hans-Joachim Zilliken und seine Tochter Dorothee bauen in den Weinbergen ausschließlich Riesling an. Wichtigste Lage ist der Saarburger Rausch, wo die Familie Zilliken acht Hektar Reben besitzt. Hinzu kommt etwas Besitz im Ockfener Bockstein und in zwei anderen Saarburger Lagen. Der gesamte Ausbau der Weine erfolgt im Holzfass. Die Weine sind Saarrieslinge im besten Sinne: Duftig, zart, ungeheuer alterungsfähig und selbst bei Hochprädikaten wie den Trockenbeerenauslesen beinah filigran. Die Zillikens wollen übrigens auch beim nichtsüßen Wein noch mehr Profil gewinnen. Das Große Gewächs aus dem Rausch sowie der nicht ganz trockene „Diabas" setzen neue Maßstäbe.

Vorjahre

Der 2009er Jahrgang übertraf die Vorgänger bezüglich Finesse, Würze und Frucht – bei den ungeheuer animierenden Kabinettweinen, aber auch beim spannenden „Diabas" oder der grandiosen, gleichzeitig opulenten und finessenreichen Trockenbeerenauslese. Eine Trockenbeerenauslese gab der Jahrgang 2010 nicht her, aber eine Reihe wunderschöner Auslesen, die mit der Abfüllnummer 1 gefiel uns wie auch Hans-Joachim Zilliken am besten. Lobenswert war der sehr gute Gutsriesling, auch der feinherbe Diabas gefiel uns sehr gut.

Jahrgang 2011

2011 hat Hans-Joachim Zilliken sein Sortiment im trockenen und feinherben Segment etwas differenziert, neben Gutsriesling gibt es nun einen Ortsriesling, trocken auch in einer „Alte Reben"-Variante. Der Spitzenwein im trockenen Segment ist das Große Gewächs aus dem Rausch, ein wunderschön reintöniger und zupackender Riesling mit gute Struktur und Präzision; wie im Vorjahr aber gefällt uns die feinherbe Variante Diabas ein klein wenig besser, ist ein klein wenig fruchtbetonter. Das süße Segment wird angeführt von der wunderschön eleganten, reintönigen Versteigerungs-Spätlese, herrlich fruchtbetont und mit feinem Biss, und der Auslese, die ebenso reintönig und elegant ist, gute Fülle, Komplexität und viel Länge besitzt.

Weinbewertung

86 2011 Riesling trocken **11,5 %/9,- €**

86 2011 Riesling trocken Saarburger **11 %/12,- €**

88 2011 Riesling trocken „Alte Reben" Saarburger **11,5 %/19,- €**

89 2011 Riesling „GG" Saarburg Rausch **12 %/30,- €**

85 2011 Riesling „Butterfly" **11 %/9,- €**

87 2011 Riesling „feinherb" Saarburger **10,5 %/12,-€**

90 2011 Riesling „Diabas" Saarburg Rausch **11,5 %/30,- €**

85 2011 Riesling Kabinett Saarburger **8 %/12,- €**

86 2011 Riesling Kabinett Ockfen Bockstein **8 %/14,- €**

87 2011 Riesling Kabinett Saarburg Rausch **8 %/14,- €**
89 2011 Riesling Spätlese Saarburg Rausch **7,5 %/22,- €**
92 2011 Riesling Spätlese Nr. 2 Saarburg Rausch **7,5 %/Verst.**
93 2011 Riesling Auslese Saarburg Rausch **7,5 %/40,- €**

Walter Zimmer ★★

Weingut **Württemberg**

Frauenländerstraße 85, 71394 Kernen-Stetten
Tel. *07151-910068,* ***Fax****: 07151-910067*
www.zimmer-weingut.de
info@zimmer-weingut.de
Besuchszeiten*: Mo.-Fr. 11:30-14+17-19 Uhr, Sa. 9-14 Uhr, sowie zu Öffnungszeiten des Weingutsausschanks (5 x im Jahr geöffnet, siehe Homepage)*

Inhaber .... Walter und Susanne Zimmer
Rebfläche .... 6,5 Hektar

Walter Zimmer baut 20 Rebsorten an. Die wichtigsten sind Trollinger und Riesling, mit deutlichem Abstand folgt Lemberger. Seine Weinberge liegen in Stetten, Strümpfelbach und umliegenden Gemeinden. Die Moste werden kühl vergoren, alle Rotweine durchlaufen die malolaktische Gärung.

Vorjahre

Die 2009er Weißweine zeigten sich kraftvoll und reintönig, die Rotweine besaßen Frische und Frucht. Der Sauvignon Blanc war unser Favorit im weißen Segment, bei den Rotweinen überraschte uns vor zwei Jahren der barriqueausgebaute Cabernet Dorio, Jahrgang 2007. Auch der mächtige 2009er war sehr gut, führte im vergangenen Jahr eine geschlossene Kollektion an, in der die Weißweine jahrgangsbedingt etwas hinter dem Vorjahr zurückblieben.

Neue Kollektion

Die 2011er Weißweine gefallen uns wieder gut, sie sind fruchtbetont, besitzen Säure, Süße und Biss. Unsere Präferenz gilt dem geradlinigen Sauvignon Blanc und dem reintönigen, kraftvollen 3-Sterne-Riesling. Rot haben die Barriqueweine die Nase vorne, der tanninbetonte Merlot und der stoffige, kraftvolle Lemberger.

Weinbewertung

83 2011 Weißburgunder trocken **11 %/6,70 €**
83 2011 Chardonnay trocken **12 %/6,70 €**
84 2011 Sauvignon Blanc trocken **11 %/9,20 €**
86 2011 Riesling*** trocken Stettener Pulvermächer **12 %/8,90 €**
83 2011 Riesling Kabinett Stettener Pulvermächer **10,5 %/6,10 €**
83 2011 Muskateller **10,5 %/6,50 €**
81 2011 Acolon trocken **13 %/5,80 €**
82 2010 Zweigelt trocken **13 %/5,80 €**
85 2008 Merlot trocken Barrique **13,5 %/19,20 €**
82 2011 Lemberger trocken **13,5 %/6,10 €**
83 2009 „Phantastico" Rotwein trocken Holzfass **13,5 %/9,20 €**
87 2009 Lemberger trocken Barrique **19,20 €**

Zimmer-Mengel ★

Weingut **Rheinhessen**

Im Adelpfad 1, 55270 Engelstadt
Tel. *06130-1788,* ***Fax****: 06130-7770*
www.weingut-zimmer-mengel.de
info@weingut-zimmer-mengel.de
Besuchszeiten*: nach Vereinbarung*
Straußwirtschaft von April-Juni + Aug./Sept.

Inhaber .... Andreas Mengel
Kellermeister .... Fabian Mengel
Rebfläche .... 19 Hektar

Das Weingut Zimmer-Mengel wird heute von Andreas Mengel geführt, unterstützt von Sohn Fabian, der nach seinem Geisenheim-Studium 2010 in den Betrieb eingestiegen und für den Weinausbau verantwortlich ist. Seither wurden Edelstahltanks, aber auch Holzfässer angeschafft. Die Weinberge liegen in den Engelstadter Lagen Römerberg und Adelpfad sowie den Elsheimer Lagen Bockstein und Blume. Der Schwerpunkt liegt auf Silvaner, den Burgundersorten und Riesling, aber auch Scheurebe und Portugieser spielen eine wichtige Rolle.

Kollektion

Eine stimmige Kollektion präsentieren Andreas und Fabian Mengel von den klaren Literweinen bis hin zu den im Holzfass ausgebauten Grauburgunder und Riesling. Der Riesling ist würzig, kraftvoll und zupackend, der Grauburgunder konzentriert und füllig, besitzt Kraft, reife Frucht und gute Struktur.

Weinbewertung

80 2011 Riesling trocken **12 %/3,80 €/1l**
80 2011 Silvaner trocken **12 %/3,70 €/1l**
82 2011 Scheurebe trocken **11 %/4,70 €**
86 2011 Grauburgunder Holzfass Elsheimer **13 %/9,50 €**
85 2011 Riesling Holzfass Engelstadter **12,5%/8,90€**
83 2009 „Cuvée F" Rotwein **13 %/6,80 €**

★★★☆

Zimmerle

Weingut

Württemberg

Kirchstraße 14, 71404 Korb
Tel. *07151-33893,* ***Fax:*** *07151-37422*
www.zimmerle-weingut.de
info@weingut-zimmerle.de
Besuchszeiten: *Mo.-Fr. 17-18:30 Uhr, Sa. 9-14 Uhr*

Inhaber .... Friedrich Zimmerle
Rebfläche .... 11 Hektar

Die Weinbautradition der aus Südtirol stammenden Familie lässt sich bis ins Jahr 1647 zurückverfolgen. 1979 hat Friedrich Zimmerle die Genossenschaft verlassen und mit der Selbstvermarktung begonnen. Seine Weinberge liegen in Korb, Kleinheppach, Großheppach, Hanweiler und Breunigsweiler. Vielfältige Bodentypen, wie Bunter Mergel, verschiedene Keuperarten, Muschelkalk, und unterschiedliche Höhenlagen bieten die Möglichkeit jede Rebsorte an ihrem optimalen Standort anzubauen. Friedrich Zimmerle baut zu 70 Prozent Rotweinsorten und zu 30 Prozent Weißweinsorten an. Neben den Burgundersorten gibt es Zweigelt, Lemberger, Merlot und Cabernet Sauvignon, dazu die weißen Sorten Riesling, Sauvignon Blanc, Chardonnay, Grauburgunder und Kerner. Die Weißweine werden kalt vergoren; die Rotweine nach Saftabzug maischevergoren, ausgesuchte Weine kommen 14 bis 24 Monate ins Barrique. Für seine Barriqueweine nutzt Friedrich Zimmerle überwiegend französische, aber auch schwäbische Eiche. An der Spitze des Sortiments stehen die im Barrique ausgebauten Rotweine. Friedrich Zimmerle betreibt auch zwei Brennereien.

Vorjahre

Vor zwei Jahren bot die Kollektion hohes Niveau und einige Highlights, vor allem durch die Barrique-Rotweine, allen voran die Cuvée Triologie. Die letztjährige Kollektion schloss nahtlos daran an: Die Barriqueweine begeisterten wie gewohnt, vor allem der Samtrot hatte es uns angetan, gefiel uns noch etwas besser als die Reserveweine des Jahrgangs 2007; aber auch die Basisweine machten viel Freude, weiß wie rot.

Weiße Kollektion

Im weißen Teil der Kollektion gefällt uns der füllige, kraftvolle Sauvignon Blanc, der reintönige Riesling, der sehr duftige Eiswein und schließlich auch die weiße Cuvée Triologie, die kraftvoll und komplex ist, reife Frucht besitzt, gute Struktur und Substanz.

Rote Kollektion

Der rote Teil der Kollektion ist stimmig, die 2011er Weine sind fruchtbetont und klar, der reintönige, zupackende Zweigelt gefällt uns besonders gut, auch der wunderbar fruchtbetonte, strukturierte Samtrot. Stärker noch aber sind die Barriqueweine: Der Zweigelt ist konzentriert und klar, besitzt Kraft und Struktur wie auch der Spätburgunder, der jugendlich ist, Zeit braucht. Wunderschön komplex und füllig ist die rote Cuvée Triologie, besitzt gute Struktur und Harmonie, viel Substanz und Länge.

Weinbewertung

86 2011 Sauvignon Blanc trocken „Vogel" **12,5 %/13,20 €**
86 2011 Riesling trocken **13 %/14,50 €**
89 2010 „Triologie" Weißwein trocken **13,5 %/17,20 €**
86 2010 Riesling Eiswein „Greta +eins" **6,5%/36,- €**
85 2011 Spätburgunder trocken „Glüver" **13%/8,90 €**
84 2011 „Trio" Rotwein trocken **13 %/9,30 €**
86 2011 Zweigelt trocken „Herrschaft" **13 %/12,90 €**
86 2011 Samtrot trocken „Wanne" **13 %/13,70 €**
85 2011 Trollinger trocken **13 %/10,70 €**
88 2009 Zweigelt trocken (Barrique) **13 %/22,- €**
88 2009 Spätburgunder trocken (Barrique) **13,5 %/24,- €**
90 2009 „Triologie" Rotwein trocken (Barrique) **13,5 %/26,50 €**

★☆

R. Zimmerlin

Weingut

Baden

Kirchweg 2, 79268 Bötzingen
***Tel.** 07663-1296, **Fax:** 07663-3510*
www.weingut-zimmerlin.com
info@weingut-zimmerlin.com
***Besuchszeiten:** Mo.-Fr. 8-12 + 14-18 Uhr, Sa. 10-12 Uhr*

Inhaber .... Alexander Steiner
Rebfläche .... 15 Hektar

Heinrich und Maria Zimmerlin waren noch Nebenerwerbswinzer, die nächste Generation aber, Rudolf und Olga Zimmerlin, gründeten 1955 das Weingut. Ihr Sohn Dietmar erweiterte den Betrieb, kaufte auch Trauben von befreundeten Winzern zu und eröffnete 1980 in Freiburg eine Weinstube. Nach seinem Tod führte seine Ehefrau Claudia den Betrieb weiter. Im April 2010 hat Alexander Steiner das Weingut übernommen. Vor allem die Burgundersorten werden angebaut, dazu Müller-Thurgau, Silvaner, Chardonnay, Gewürztraminer und Scheurebe.

Vorjahre

Vor zwei Jahren führte der Spätburgunder „Z" aus dem Eckberg eine ansonsten gleichmäßige Kollektion an. Auch den Jahrgang 2010 hatte das Weingut gut bewältigt: Die Weine waren frisch und klar, der kraftvolle Grauburgunder war gekonnt vinifiziert. Zusammen mit dem Premium-Spätburgunder aus dem Jahrgang 2009 stand er an der Spitze einer überzeugenden Kollektion.

Neue Kollektion

Klasse Kollektion, schöne Stilistik: So mögen wir das. Präzise, geradlinige Weißweine mit feiner Frucht, guter Struktur und Frische, zwei sehr gute weiße Burgunder von alten Reben an der Spitze. Präzise und klar auch die Rotweine, mit dem zupackenden Premium-Spätburgunder aus dem Eckberg als Highlight.

Weinbewertung

83 2011 Auxerrois Kabinett trocken „Edition" **11,5 %/7,10 €**
82 2011 Weißburgunder Kabinett trocken „Edition" **13 %/7,10 €**
84 2011 Grauburgunder Kabinett trocken „Edition" **12,5 %/7,70 €**
81 2011 Chardonnay Kabinett trocken „Edition" **12,5 %/6,90 €**
86 2011 Weißburgunder trocken „Alte Reben" Eichstetter Herrenbuck **14,5 %/9,50 €**
86 2011 Grauburgunder trocken „Alte Reben" Eichstetter Herrenbuck **12,5 %/9,70 €**
84 201 Spätburgunder Rosé Kabinett trocken „Edition" **12 %/6,90 €**
83 2011 Spätburgunder trocken „Edition" **13,5 %/7,20 €**
85 2010 Spätburgunder trocken „Alte Reben" Eichstetter Herrenbuck **12,5 %/10,50 €**
88 2010 Spätburgunder trocken „Premium" Bötzinger Eckberg **12,5 %/16,- €**

Zimmermann ★☆

Weingut

Baden

Auf dem Schliengener Berg, 79418 Schliengen
Tel. 07635-665, Fax: 07635-463
www.zimmermann-wein.de
info@zimmermann-wein.de
Besuchszeiten: Mo.-Fr. 9-12 + 14-18 Uhr, Sa. 10-12 Uhr

Inhaber .... Karl-Ernst Zimmermann
Rebfläche .... 19 Hektar

Das Weingut Zimmermann besteht seit 1985 und wird geführt von Karl-Ernst und Martina Zimmermann. Ihre Weinberge liegen in Schliengen, Bad Bellingen, Liel, Mauchen und Niedereggenen, alle in der Lage Sonnenstück. Angebaut werden Gutedel, Spätburgunder, Weißburgunder, Grauburgunder, Chardonnay, Riesling, Regent, Muskateller und Müller-Thurgau.

Vorjahre

Kraftvolle Rotweine, lebhafte, frische Weißweine präsentierte das Weingut vor zwei Jahren. Gut gefiel uns auch die letztjährige Kollektion: Die 2010er Weißweine waren frisch und reintönig, vor allem der im Holz ausgebaute Chardonnay überzeugte. Im roten Segment gefiel uns der Pinot Noir am besten, Merlot und Spätburgunder aus dem Barrique waren zwar kraftvoller, aber auch holzwürziger als der feine, reintönige Pinot Noir.

Neue Kollektion

Die 2011er Weißweine präsentieren sich gleichmäßig auf gutem Niveau. Unter den fast etwas vordergründigen „Angel Hill"-Rotweinen gefällt uns der frische, fruchtbetonte Cabernet Franc am besten.

Weinbewertung

82 Cuvée Sekt brut **12 %/9,- €**
80 2011 Gutedel trocken Bad Bellinger Sonnenstück **12 %/5,20 €**
79 2011 Weißburgunder trocken Schliengener Sonnenstück **13 %/7,20 €**
82 2011 Grauburgunder trocken Schliengener Sonnenstück **13 %/7,20 €**
84 2011 Chardonnay trocken Mauchener Sonnenstück **13 %/7,50 €**
82 2011 Sauvignon Blanc trocken Schliengener Sonnenstück **13 %/9,80 €**
83 2011 Muskateller Schliengener Sonnenstück **10 %/9,20 €**
82 2011 Spätburgunder trocken Schliengener Sonnenstück **12,5 %/7,20 €**
85 2010 Pinot Noir trocken **13,5 %/13,50 €**
86 2011 Cabernet Franc trocken „Angel Hill" Schliengener Sonnenstück **14 %/18,- €**
84 2011 Syrah trocken „Angel Hill" Schliengener Sonnenstück **13,5 %/18,- €**
84 2010 Merlot trocken „Angel Hill" Schliengener Sonnenstück **14 %/18,- €**

Emil Zimmermann ★★☆

Weingut

Pfalz

Grabenstraße 5, 67157 Wachenheim
Tel. 06322-2384, Fax: 06322-65160
weingut-juergen-zimmermann@t-online.de
Besuchszeiten: Mo.-Fr. 9-18 Uhr, Sa. 9-17 Uhr

Inhaber .... Jürgen Zimmermann
Rebfläche .... 10 Hektar

Emil Zimmermann, der Vater des heutigen Inhabers, hat sich in den fünfziger Jahren ganz auf Weinbau spezialisiert. Seit 1990 ist Sohn Jürgen im Betrieb, 1996 hat er ihn übernommen. Die Weinberge liegen alle rings um Wachenheim, in den Lagen Fuchsmantel, Gerümpel, Königswingert. Luginsland und Schlossberg. Riesling ist die wichtigste Rebsorte, nimmt zwei Drittel seiner Weinberge ein. Hinzu kommen Weißburgunder, Grauburgunder und Chardonnay, aber auch Scheurebe, Silvaner, Sauvignon Blanc, Müller-Thurgau und Gewürztraminer. Der Rotweinanteil –

Spätburgunder, Portugieser, Merlot und Cabernet Sauvignon – liegt bei 10 Prozent. Die Weine werden teils im Edelstahl, teils im Holz ausgebaut. 80 Prozent der Weine werden trocken ausgebaut.

Vorjahre

Vor zwei Jahren waren die 2009er Weine von Jürgen Zimmermann sehr stark, die trockenen Rieslinge präsentierten sich wunderschön reintönig und kraftvoll. Auch im vergangenen Jahr zeigte uns Jürgen Zimmermann eine sehr schöne Riesling-Kollektion, sie war jahrgangsbedingt etwas leichter ausgefallen. Auch die beiden weißen Burgunder waren sehr schön, frisch und klar; sehr gut waren auch die beiden Rotweine, der Spätburgunder zeigte dunkle Frucht, rauchige Noten und jugendliche Tannine.

Neue Kollektion

In diesem Jahr zeigt uns das Weingut Zimmermann wieder eine eindrucksvolle Riesling-Kollektion mit vier sehr guten trockenen Spätlesen. Sie sind eindringlich, konzentriert mit viel Frucht, etwas kräftiger als im vergangenen Jahr. Die Kabinett-Rieslinge sind frisch und klar und haben viel Biss. Eine Überraschung ist der köstliche Grauburgunder, er ist süffig, birnenfruchtig und hat feines Holz gesehen. Eine sehr schöne Kollektion! ▬

Weinbewertung

81 2011 Riesling Kabinett trocken **11,5 %/5,50 €/1l**
83 2011 Riesling Kabinett trocken **12 %/5,90 €**
85 2011 Riesling Kabinett trocken Wachenheimer Luginsland **12 %/6,90 €**
84 2011 Riesling Kabinett trocken Wachenheimer Königswingert **12 %/7,20 €**
87 2011 Riesling Spätlese trocken Wachenheimer Fuchsmantel **13 %/9,50 €**
87 2011 Riesling Spätlese trocken Wachenheimer Gerümpel **13 %/10,50 €**
88 2011 Riesling Spätlese trocken Wachenheimer Königswingert **13,5 %/9,50 €** ☺
87 2011 Riesling Spätlese trocken Wachenheimer Schenkenböhl **13 %/8,90 €**
86 2011 Gewürztraminer Kabinett trocken **12 %/7,50 €**
85 2011 Weißburgunder Kabinett trocken **12,5 %/6,80 €**
87 2011 Grauer Burgunder Spätlese trocken **13 %/8,20 €** ☺
86 2011 Chardonnay Spätlese trocken **13 %/8,50 €**

★★☆

Zipf

Weingut

Württemberg

Vorhofer Straße 4, 74245 Löwenstein
Tel. *07130-6165,* ***Fax****: 07130-9725*
www.zipf.com
weingut@zipf.com
Besuchszeiten*: Mo.-Fr. 13-18:30 Uhr, Sa. 9-16 Uhr, So. 9-12 Uhr*
Probierstube (bis 15 Personen)

Inhaber .... Familie Zipf
Rebfläche .... 13 Hektar

Weinbau betreibt die Familie Zipf in Löwenstein schon seit über 100 Jahren, das Weingut wurde jedoch erst 1964 von Hermann Zipf gegründet, von Reinhold Zipf dann bis 2004 geführt, als Sohn Jürgen, gelernter Weinbautechniker, den Betrieb übernahm. Jürgen Zipf baut zu knapp 60 Prozent rote Sorten an. Neben Lemberger, Schwarzriesling und Trollinger vor allem Spätburgunder und Acolon. Bei den weißen Sorten dominiert Riesling, dazu gibt es etwas Kerner, Scheurebe, Silvaner und Gewürztraminer. Jürgen Zipfs Weinberge liegen hauptsächlich in Löwenstein, im Wohlfahrtsberg, der einzigen Lage, die das Weingesetz für Löwenstein vorsieht, auch wenn der Boden alles andere als einheitlich ist, findet man doch teils Mergelschichten, teils Sandsteinbänke über dem Keupergestein. Die Weine bleiben recht lange auf der Feinhefe und durchlaufen fast alle den biologischen Säureabbau – auch Riesling. Die Weine werden überwiegend trocken oder halbtrocken ausgebaut. Jürgen Zipf klassifiziert sie betriebsintern mit bis zu vier Sternen, als Mitglied der Winzervereinigung „Junges Schwaben" bietet er als Spitzenwein einen gleichnamigen Wein, wobei er, anders als seine Kollegen, dabei auf eine barriqueausgebaute rote Cuvée setzt. Mit dem Barriqueausbau begann man schon 1991 beim Weingut Zipf.

Vorjahre

Als wir 1999 erstmals das Weingut in Mondo vorstellten, bescheinigten wir ihm eine gute gleichmäßige Qualität – darauf könne man aufbauen, lautete unser Fazit damals. Genau das tat Jürgen Zipf. Bestechend zuverlässig sind seine Basisweine, sein Trollinger „Steillage" gehört Jahr für Jahr zu den interessantesten Trollingern Württembergs und beweist, dass Trollinger mehr sein kann als nur einfach und belanglos. In der Spitze legte er in den letzten Jahren stetig zu, nicht nur mit der Cuvée „Junges Schwaben", auch mit Riesling und barriqueausgebautem Lemberger. Vor zwei Jahren bestätigte Jürgen Zipf den starken Eindruck der vorherigen Jahre: Die Basisweine waren klar und fruchtbetont, weiß wie rot, Riesling und Cuvée „Junges Schwaben" gehörten zu den Jahrgangsbesten in Württemberg. Im Jahrgang 2010 hatte Jürgen Zipf sich gut behauptet, die Weine waren fruchtbetont und klar. Besser gefielen uns im vergangenen Jahr aber die kraftvollen Rotweine, allen voran die Cuvée Junges Schwaben 2008 und der reintönige 2009er 4-Sterne-Lemberger.

Neue Kollektion

2011 gefallen vor allem die Rieslinge, die 4-Sterne-Variante zeigt Zitrus im Bouquet, ist frisch und zupackend im Mund. Die präsentierten Rotweine stammen überwiegend aus dem Jahrgang 2009. Die beiden Lemberger sind kraftvoll und zupackend, besitzen gute Struktur und reintönige Frucht; noch etwas besser gefällt uns die rote Cuvée Junges Schwaben: Sie zeigt rauchige Noten im Bouquet, gute Konzentration, etwas Gewürze, ist füllig und kraftvoll im Mund bei guter Substanz und Struktur.

Weinbewertung

86 2010 Riesling Sekt brut Löwensteiner Wohlfahrtsberg **12,5 %/10,50 €**
82 2011 Grüner Silvaner*** trocken „Alte Reben" Löwensteiner Wohlfahrtsberg **12,5 %/8,- €**
83 2011 Grauburgunder*** trocken Unterheinrieter **13 %/9,- €**
83 2011 Riesling** trocken Löwensteiner **12 %/6,- €**
85 2011 Riesling*** trocken „Inka" Löwensteiner Wohlfahrtsberg **12,5 %/8,- €**
86 2011 Weißer Riesling**** trocken Löwensteiner Wohlfahrtsberg **13 %/14,- €**
84 2011 Trollinger** Rosé trocken Löwensteiner **12 %/5,70 €**
85 2010 Blauer Trollinger** trocken „Steillage" **12,5 %/6,50 €**
85 2009 Blauer Zweigelt*** trocken Holzfass **13 %/7,70 €**
86 2009 Lemberger*** trocken „Steillage" **12,5 %/9,90 €**
87 2009 Lemberger**** trocken Barrique **13 %/16,50 €**
88 2009 „Junges Schwaben" Rotwein trocken Barrique **13 %/24,- €**

★☆

Julius Zotz
Weingut

Baden

Staufener Straße 3, 79423 Heitersheim
Tel. *07634-1059,* ***Fax:*** *07634-4758*
www.weingut-zotz.de
info@weingut-zotz.de
Besuchszeiten: *Mo.-Fr. 8-12:30 + 13:30-18 Uhr, Sa. 9-13 Uhr*

Inhaber .... Martin und Michael Zotz
Rebfläche .... 10 Hektar
Erzeugergemeinschaft .... 60 Hektar

1845 erwarb Karl Zotz den östlichen Teil des Malteserschlosses in Heitersheim und baute ein Weingut auf. Dieses wird heute von Martin und Michael Zotz geführt. Sie setzen auf die typischen Markgräfler Rebsorten wie Gutedel, Müller-Thurgau, Silvaner, die Burgundersorten, Nobling und Gewürztraminer. Das Weinprogramm teilt sich in eine Basislinie, die Serie „Exclusiv-Auswahl" für die jeweils besten Fässer, sowie die „Selektions"-Weine von ertragsreduzierten, alten Weinbergen.

Vorjahre

Sehr homogen war die Kollektion vor zwei Jahren, überzeugte gleichermaßen weiß wie rot. Ähnlich war auch die letztjährige Kollektion aus 2010er Weißweinen; die 2009er roten Selektionsweine lagen zum Zeitpunkt der Verkostung noch im Barrique.

Neue Kollektion

Sehr homogen und zuverlässig ist die neue Kollektion, bietet füllige weiße Premiumweine, einen saftigen Chasslie und gleichmäßiges Basisniveau: Darauf kann man aufbauen.

Weinbewertung

85 Nobling Sekt brut **12,5 %/7,80 €**

85 2011 „Chasslie" Gutedel „sur lie" trocken Heitersheimer Maltesergarten **12 %/6,90 €**

83 2011 Sauvignon Blanc Kabinett trocken Heitersheimer Maltesergarten **11 %/7,50 €**

82 2011 Grauburgunder Kabinett trocken Heitersheimer Maltesergarten **12,5 %/6,90 €**

85 2011 Weißburgunder trocken „Premium" Heitersheimer Maltesergarten **13 %/10,50 €**

85 2011 Grauburgunder trocken „Premium" Heitersheimer Maltesergarten **13 %/10,50 €**

82 2011 Gewürztraminer Kabinett Heitersheimer Maltesergarten **12 %/6,90 €**

82 2010 Spätburgunder trocken „Alte Reben" Heitersheimer Maltesergarten **12,5 %/7,90 €**

85 2009 Pinot Noir*** trocken Heitersheimer Maltesergarten **13,5%/10,50 €**

Anhang

Schnäppchen

In diesem Einkaufsführer sind Weine mit besonders gutem Preis-Leistungs-Verhältnis dadurch gekennzeichnet, dass die Preise dieser Weine farbig hervorgehoben sind. In diesem Verzeichnis sind alle diese Weine noch einmal getrennt nach Anbaugebieten aufgelistet. Darunter finden sich sowohl preiswerte Literweine mit überzeugender Qualität, als auch eine Reihe von Spitzenweinen, ja Weltklasse-Weinen, die gerade auch im internationalen Vergleich – fast – konkurrenzlos günstig sind. Zu jedem Wein wird die Bewertung, die der Wein erhalten hat, sowie der Preis aufgeführt (z.B. 86/5,50 €). Ist weiter nichts angegeben, handelt es sich um Preise für 0,75-Liter-Flaschen.

Baden

Öko-Weingut Gerhard **Aenis**

2011 Gutedel trocken .... 82/4,- €/1l

Weingut **Becker**

2011 Rosé trocken .... 83/4,30 €/1l

Weingut **Bercher**

2011 Weißburgunder Kabinett trocken
Burkheimer Feuerberg .... 87/8,50 €

2011 Grauburgunder Kabinett trocken
Burkheimer Schlossgarten .... 87/8,50 €

2011 Grauburgunder Kabinett trocken
Jechtinger Eichert .... 87/8,- €

2011 Chardonnay Spätlese trocken „SE" ... 92/18,- €

Weingut **Bielig**

2009 Merlot trocken Holzfass
Schriesheimer .... 85/6,- €

Weingut Hermann **Dörflinger**

2011 Gutedel trocken
Badenweiler Römerberg .... 85/5,50 €

Weinfamilie **Fendt**

2010 Riesling „Réserve" .... 89/10,- €

Weingut **Frick**

2011 Gutedel trocken
Binzener Sonnhohle .... 83/4,10 €/1l

2011 Weißburgunder Kabinett trocken
Binzener Sonnhohle .... 85/5,90 €

Weingut Arndt **Köbelin**

2011 Grauburgunder*** trocken .... 90/12,50 €

Weingut **Michel**

2011 Grauburgunder Kabinett trocken
Achkarrer Schlossberg .... 86/7,80 €

2011 Weißburgunder Spätlese trocken
Achkarrer Schlossberg .... 91/10,20 €

2011 Grauburgunder Spätlese trocken
Achkarrer Schlossberg .... 92/10,20 €

2011 Weißburgunder Spätlese*** trocken
Achkarrer Schlossberg .... 91/14,80 €

2011 Grauburgunder Spätlese*** trocken
Achkarrer Schlossberg .... 91/14,80 €

2011 Chardonnay Spätlese*** trocken
Achkarrer Schlossberg .... 91/14,80 €

Weingut W. **Schindler**

2011 Gutedel Kabinett trocken
Badenweiler Römerberg .... 84/4,40 €

Privat-Weingut H. **Schlumberger**

2011 Gutedel Kabinett trocken .... 85/6,- €

2011 Riesling „Kalkgestein" .... 89/12,- €

2011 Weißburgunder „Altenberg" ...... 89/11,50 €

Weingut **Seeger**

2011 Weißburgunder trocken .... 86/6,50 €

2011 Weißburgunder Kabinett trocken ... 87/7,90 €

2011 Grauburgunder Kabinett trocken ... 88/7,90 €

2011 Chardonnay trocken .... 87/7,90 €

2011 Weißburgunder trocken „AS" ...... 90/12,50 €

2011 Grauburgunder trocken „AS" ...... 91/12,50 €

2011 „Cuvée Georg" trocken „S" .... 91/13,50 €

2011 Weißburgunder „GG"
„Oberklamm" .... 92/19,50 €

2011 Grauburgunder „GG"
„Oberklamm" .... 95/19,50 €

2010 Grauburgunder trocken „S" .... 93/18,50 €

2011 Riesling trocken „Alte Reben" ..... 89/11,50 €

2011 Riesling trocken „Philipp Georg" ..... 89/11,50 €

2011 Riesling trocken „Anna Marie“ ..... 91/12,50 €
2011 Riesling „GG“
„Oberklamm“ ..... 95/25,- €
2010 „Anna“ Rotwein ..... 90/14,80 €

Weingut Hans **Winter**
2011 Spätburgunder „Blanc de Noirs“ trocken
Heidelberger Herrenberg ..... 86/7,- €
2011 Dornfelder trocken
Heidelberger Herrenberg ..... 85/5,50 €

Familie Wöhrle, Weingut der Stadt Lahr
2011 Weißburgunder Kabinett trocken ..... 87/8,- €
2011 Weißburgunder „GG“
Herrentisch ..... 91/18,- €
2011 Grauburgunder „GG“
Kirchgasse ..... 92/18,- €

Franken

Weingut **Brügel**
2011 Silvaner trocken ..... 84/5,70 €/1l
2011 Silvaner trocken ..... 85/6,- €
2011 Silvaner Kabinett trocken
Greuther Bastel ..... 86/7,- €
2011 Silvaner Kabinett trocken
Abtswinder Altenberg ..... 86/7,- €
2011 Silvaner Spätlese trocken
Greuther Bastel ..... 88/9,50 €

Weingut Clemens **Fröhlich**
2011 Silvaner Spätlese trocken
Escherndorfer Lump ..... 88/8,- €
2011 Silvaner Spätlese trocken „Beste Beere“
Escherndorfer Lump ..... 90/10,50 €

Weingut Michael **Fröhlich**
2011 Silvaner Kabinett trocken
Escherndorfer Lump ..... 86/7,- €
2011 Silvaner Spätlese trocken
Escherndorfer Lump ..... 88/9,- €
2011 Muskateller Kabinett
Untereisenheimer Sonnenberg ..... 86/6,50 €

Weingut Michael & Christine **Galena**
2011 Silvaner Spätlese trocken
Sommeracher Katzenkopf ..... 86/6,75 €

Weingut **Glaser-Himmelstoss**
2011 Riesling Kabinett trocken
Dettelbacher Berg-Rondell ..... 88/9,50 €
2011 Grauburgunder Spätlese trocken „Denker“
Dettelbacher Berg-Rondell ..... 89/12,- €
2011 Grauburgunder Spätlese trocken „Rebell“
Dettelbacher Berg-Rondell ..... 91/16,50 €

Weingut **Hofmann**
2011 „Flint“ Weißwein trocken ..... 85/6,- €
2011 Riesling Spätlese*** trocken
Röttinger Feuerstein ..... 89/9,50 €
2009 Spätburgunder trocken „RR“
Röttinger Feuerstein ..... 92/22,- €

Weingut am Stein - Ludwig **Knoll**
2011 Müller-Thurgau trocken
„Frank & Frei“ ..... 86/6,50 €
2011 Riesling trocken
Stettener Stein ..... 88/9,50 €

Weingut Max **Markert**
2011 Müller-Thurgau trocken
„Frank & Frei“ ..... 85/5,80 €
2011 Silvaner Kabinett trocken
Eibelstadter Kapellenberg ..... 83/5,50 €/1l
2011 Riesling Kabinett trocken
Eibelstadter Teufelstor ..... 86/7,- €

Weingut Rudolf **May**
2011 Grauburgunder trocken
„Kalkmineral“ ..... 87/8,- €

Weingut Max **Müller**
2011 Silvaner trocken
„Eigenart“ ..... 90/14,50 €
2011 Silvaner Spätlese trocken
„Alte Reben“ ..... 91/18,- €
2011 Weißburgunder Spätlese trocken
Sommeracher Katzenkopf ..... 88/10,- €

Weingut **Neuberger**
2011 Silvaner Kabinett trocken
Bürgstadter Centgrafenberg ..... 84/4,60 €

Weingut Gerhard **Roth**
2011 Riesling trocken „G“
Wiesenbronner Heller Berg ..... 89/12,- €

Weinbau **Rumpel & Schömig**
2011 Silvaner ..... 85/4,- €

2011 Müller-Thurgau .... 84/4,- €
2011 Rotling .... 83/4,- €
2010 Domina .... 87/7,- €

Weingut Rainer Sauer

2011 Müller-Thurgau trocken
„Frank & Frei" .... 87/6,- €
2011 Silvaner trocken .... 87/6,- €
2011 Silvaner Kabinett trocken
Escherndorfer Fürstenberg .... 88/7,50 €
2011 Silvaner Kabinett trocken
Escherndorfer Lump .... 89/7,80 €
2011 Riesling Kabinett trocken
Escherndorfer Lump .... 87/8,30 €
2011 Silvaner Kabinett trocken „Alte Reben"
Escherndorfer Lump .... 89/8,30 €
2011 Silvaner trocken „Freiraum" .... 90/10,30 €
2011 Silvaner Spätlese trocken
Escherndorfer Lump .... 90/10,50 €
2011 Silvaner Spätlese trocken „vom Muschelkalk"
Escherndorfer Lump .... 91/15,- €
2011 Silvaner Spätlese trocken „L"
Escherndorfer Lump .... 92/15,- €

Weingut Scheuring

2011 Silvaner „Franken" trocken .... 85/6,- €

Weingut Weltner

2011 Weißburgunder trocken
Rödelseer Küchenmeister .... 89/10,50 €

Weingut Zehnthof

2011 Müller-Thurgau trocken
Sulzfelder Cyriakusberg .... 87/7,- €
2011 Silvaner trocken „Gelbkalk"
Sulzfelder Cyriakusberg .... 90/15,- €

Mittelrhein

Weingut Müller

2011 Riesling Kabinett trocken „Alte Reben"
Bopparder Hamm Ohlenberg .... 87/7,50 €

Weingut Weingart

2011 Riesling Spätlese trocken
Schloss Fürstenberg .... 88/9,- €
2011 Riesling Kabinett „feinherb plus"
Schloss Fürstenberg .... 87/7,50 €
2011 Riesling Spätlese
Schloss Fürstenberg .... 90/10,50 €
2011 Riesling Spätlese „anarchie"
Bopparder Hamm Feuerlay .... 91/12,- €
2011 Riesling Auslese
Bopparder Hamm Feuerlay .... 91/18,- €

Mosel

Weingut Erben von Beulwitz

2011 Riesling Spätlese „Alte Reben"
Kaseler Nies'chen .... 89/11,50 €

Weingut Bottler

2011 Riesling „591 Molinum"
Mülheimer Sonnenlay .... 84/4,50 €

Weingut Frank Brohl

2011 Riesling Spätlese trocken
„Alte Reben 1889" .... 89/11,50 €
2011 Riesling Spätlese**
Pündericher Marienburg .... 90/11,50 €

Weingut Joh. Jos. Christoffel Erben

2011 Riesling Auslese***
Ürziger Würzgarten .... 92/19,80 €

Weingut Christoph Clüsserath

2011 Riesling trocken
Trittenheimer Altärchen .... 83/4,90 €/1l
2011 Weißburgunder trocken .... 86/5,20 €

Weingut Clüsserath-Weiler

2011 Riesling trocken .... 85/7,80 €/1l
2011 Riesling „feinherb" .... 85/7,80 €/1l
2011 Riesling „feinherb"
Trittenheimer Apotheke .... 89/11,50 €

Weingut Deutschherrenhof

2011 Riesling trocken „Alte Reben"
Trierer Deutschherrenberg .... 87/8,50 €

Weingut Bernhard Eifel

2011 Riesling trocken
„Maximilian E." .... 87/8,50 €
2011 Riesling Spätlese trocken
Trittenheimer Apotheke .... 88/10,- €

Weingut Willi Haag

2011 Riesling Spätlese „feinherb"
Brauneberger Juffer....................87/8,50 €

Weingut Jakoby-Mathy

2011 Riesling Spätlese (Goldkapsel)
Kinheimer Hubertuslay..................88/8,20 €
2011 Riesling Auslese „Eulenlay"
Kinheimer Rosenberg....................89/10,- €

Weingut Heribert Kerpen

2011 Riesling trocken
„Blauschiefer"............................85/5,90 €
2011 Riesling Spätlese trocken
Wehlener Sonnenuhr......................88/9,- €
2011 Riesling Spätlese trocken „Alte Reben"
Wehlener Sonnenuhr.....................89/11,- €
2011 Riesling Spätlese „feinherb"
Graacher Domprobst......................88/9,- €
2011 Riesling Spätlese
Wehlener Sonnenuhr......................89/9,- €
2011 Riesling Spätlese
Graacher Domprobst....................89/9,50 €
2011 Riesling Auslese
Wehlener Sonnenuhr...................89/11,50 €
2011 Riesling Auslese*
Wehlener Sonnenuhr....................91/13,- €
2011 Riesling Auslese**
Wehlener Sonnenuhr...................91/18,50 €

Weingut Rüdiger Kröber

2011 Riesling trocken
Winninger Domgarten...............83/5,30 €/1l

Weingut Schloss Lieser

2011 Riesling Kabinett
Brauneberger Juffer...................89/10,80 €
2011 Riesling Spätlese
Niederberg-Helden......................91/15,- €
2011 Riesling Spätlese
Juffer-Sonnenuhr......................92/16,50 €

Weingut Carl Loewen

2011 Riesling trocken
„Varidor"..................................87/7,- €
2011 Riesling trocken
„Alte Reben"..............................88/9,- €
2011 Riesling Spätlese
Laurentiuslay............................89/11,- €

2011 Riesling Auslese
Thörnicher Ritsch.......................90/15,- €

Weingut Markus Molitor

2011 Riesling Spätlese (weiße Kapsel)
Zeltinger Sonnenuhr...................91/16,90 €
2011 Riesling Kabinett (grüne Kapsel)
Bernkasteler Badstube.................89/11,50 €
2011 Riesling Spätlese (grüne Kapsel)
Graacher Himmelreich.................91/16,90 €
2011 Riesling Spätlese (goldene Kapsel)
Wehlener Sonnenuhr...................91/16,90 €
2011 Riesling Spätlese (goldene Kapsel)
Zeltinger Sonnenuhr...................91/17,90 €

Weingut Molitor-Rosenkreuz

2002 Riesling Spätlese trocken
Wintricher.................................88/9,- €

Weingut Ingo Norwig

2011 Riesling Spätlese trocken
Veldenzer Kirchberg......................84/5,- €

Weingut Reh

2011 Riesling trocken
„Schieferterrassen"........................85/6,- €
2011 Riesling Spätlese trocken „Layet 1900"
Mehringer Zellerberg.....................88/8,- €

Weingut Selbach-Oster

2011 Riesling Spätlese
Graacher Domprobst...................90/13,50 €
2011 Riesling „Anrecht"
Zeltinger Himmelreich..................91/18,- €

Weingut Stephan Steinmetz

2011 Elbling trocken......................85/5,- €

Weingut Thanisch, Erben Thanisch

2011 Riesling Kabinett trocken
Bernkasteler Badstube..................88/9,50 €

Nahe

Weingut Hahnmühle

2011 Riesling trocken „Alisencia S"........91/15,- €

Weingut Clemens Honrath

2011 Riesling Spätlese trocken
Langenlonsheimer Königsschild........86/6,50 €

Pfalz

Weingut Michael Andres
2011 Riesling trocken „Ferus" .... 87/8,- €
Weingut Bärenhof
2011 Riesling Spätlese trocken
Dürkheimer Rittergarten .... 85/4,80 €
2011 Riesling Spätlese trocken
Ungsteiner Weilberg .... 85/5,80 €
Weingut Benzinger
2011 Grauburgunder trocken „Alte Reben"
Kirchheimer Geißkopf .... 87/8,50 €
Weingut Bergdolt
2011 Weißburgunder Kabinett trocken
Duttweiler .... 87/7,50 €
2011 Weißburgunder Spätlese trocken
„St. Lamprecht" .... 89/12,- €
2011 Weißburgunder Spätlese trocken
„Lössriedel" .... 90/14,50 €
2011 Weißburgunder „GG"
Mandelberg .... 92/22,- €
Weingut Bohnenstiel
2011 Chardonnay Spätlese trocken ...... 85/5,90 €
Weingut Darting
2011 Riesling Kabinett trocken
Dürkheimer Fronhof .... 83/5,- €/1l
Weingut Fader
2011 Silvaner Spätlese trocken
„Kalkmergel" .... 85/5,80 €
2011 Gewürztraminer Spätlese trocken
Rhodter Rosengarten .... 86/6,50 €
2011 Weißburgunder Spätlese trocken
Rhodter Rosengarten .... 85/6,- €
2011 Riesling Spätlese trocken
„Kalkmergel" .... 86/7,- €
2011 Riesling Spätlese trocken
„Buntsandstein Alte Reben" .... 87/7,20 €
Weingut Karl-Heinz Gaul
2011 Grauburgunder Kabinett trocken
Sausenheimer Höllenpfad .... 86/6,- €
2011 Weißburgunder Spätlese trocken
Sausenheimer Honigsack .... 87/8,- €
Weingut Gies-Düppel
2011 Riesling trocken
„Rotliegendes Granit" .... 87/7,80 €
2011 Riesling trocken
„Muschelkalk Kalkstein" .... 87/7,80 €
Weingut Grimm
2011 Grauburgunder Spätlese trocken .. 85/5,40 €
2011 Chardonnay Spätlese trocken ...... 85/5,40 €
Weingut Hinterbichler
2011 „Stoana" Weißwein trocken .... 85/6,- €
Weingut Gerhard Klein
2011 Grüner Veltliner trocken
„vom Löss" .... 87/8,50 €
Weingut Koehler-Ruprecht
2011 Weißburgunder Kabinett trocken .... 85/6,- €
Weingut Jürgen Leiner
2011 Weißburgunder trocken
„Handwerk" .... 87/7,20 €
2011 Chardonnay trocken
„Handwerk" .... 87/7,20 €
Weingut Petri
2011 Riesling Kabinett trocken
Herxheimer Honigsack .... 84/4,90 €
2011 Riesling Spätlese trocken
Herxheimer Honigsack .... 87/6,70 €
2011 Riesling Spätlese trocken
Kallstadter Saumagen .... 88/7,80 €
2011 Weißburgunder Kabinett trocken .. 85/4,90 €
2011 Grauburgunder Spätlese trocken
Herxheimer Honigsack .... 87/6,70 €
2011 Riesling Spätlese halbtrocken
Herxheimer Himmelreich .... 86/6,70 €
Weingut Karl Pfaffmann
2011 Chardonnay Spätlese trocken
Walsheimer Silberberg .... 87/7,70 €
Weingut Pfirmann
2011 Weißburgunder trocken .... 84/4,80 €
2011 Weißburgunder trocken
Ilbesheimer Kalmit .... 88/9,80 €
Weingut Egon Schmitt
2011 Weißburgunder trocken
Dürkheimer Fronhof .... 87/7,80 €
2011 Chardonnay trocken
Dürkheimer Spielberg .... 88/9,50 €

Weingut Scholler
2011 Riesling trocken
Birkweiler Kastanienbusch .... 86/6,90 €
Weingut Sonnenberg
2011 Scheurebe .... 84/4,30 €
Weingut Heinrich Spindler
2011 Riesling trocken „Rural" .... 85/6,- €
2011 Riesling Kabinett trocken
„Philosophie" .... 87/7,50 €
2011 Riesling Kabinett trocken
Forster Ungeheuer .... 87/8,40 €
2011 Riesling Kabinett trocken
Forster Pechstein .... 87/8,20 €
2011 Riesling „feinherb" „Rural" .... 85/6,- €
Weingut Wegner
2011 Weißburgunder Kabinett trocken
Dürkheimer Schenkenböhl .... 85/5,80 €
Weingut Weik
2011 Weißburgunder trocken
Mußbacher Eselshaut .... 86/5,80 €
2011 Chardonnay trocken .... 86/6,- €
2011 Sauvignon Blanc trocken
Gimmeldinger Meerspinne .... 88/9,80 €
Weingut von Winning
2011 Riesling Kabinett trocken „Dr. Deinhard"
Ruppertsberger .... 84/5,70 €/1l
2011 Riesling trocken „Dr. Deinhard"
Deidesheimer Paradiesgarten .... 86/7,- €
2011 Riesling trocken „Dr. Deinhard"
Deidesheimer Herrgottsacker .... 87/7,60 €
2011 Riesling trocken „WinWin" .... 88/10,- €
2011 Riesling trocken
Königsbacher Ölberg .... 90/15,- €
Weingut Klaus Wolf
2011 Weißburgunder trocken „Muschelkalk"
Birkweiler Kastanienbusch .... 86/6,50 €
2011 Grauburgunder trocken
Birkweiler Mandelberg .... 84/4,70 €
2011 Chardonnay trocken
Birkweiler Mandelberg .... 84/4,70 €
2011 Riesling trocken
Birkweiler Kastanienbusch .... 84/4,70 €
2011 Riesling trocken „Rotliegendes"
Birkweiler Kastanienbusch .... 87/6,50 €
2010 Riesling trocken „Buntsandstein"
Birkweiler Kastanienbusch .... 87/6,50 €
Weingut Zelt
2011 Weißburgunder trocken
Laumersheimer .... 88/9,- €
2011 Grauburgunder trocken
Laumersheimer .... 88/9,- €
2011 Muskateller trocken .... 87/6,50 €
Weingut Zimmermann
2011 Riesling Spätlese trocken
Wachenheimer Königswingert .... 88/9,50 €
2011 Grauburgunder Spätlese trocken . . 87/8,20 €

Rheingau

Weingut Altenkirch
2011 Riesling trocken „Grauschiefer" ..... 87/8,25 €
2011 Riesling „feinherb Quarzschiefer" . . 87/8,25 €
Weingut Bott
2011 Riesling trocken .... 83/4,80 €/1l
2011 Riesling trocken „Drei Sterne"
Kostheimer .... 86/6,80 €
2011 Riesling halbtrocken .... 83/4,80 €/1l
Weingut Dillmann
2011 Riesling Spätlese trocken
Geisenheimer Kläuserweg .... 86/7,- €
Weingut Egert
2011 Riesling Spätlese trocken
Hattenheimer Wisselbrunnen .... 87/7,90 €
Weingut Carl Ehrhard
2011 Riesling trocken „Urstück Nr. 3"
Rüdesheimer Berg Rottland .... 89/10,80 €
Weingut George
2011 Riesling trocken
Rüdesheimer Bischofsberg .... 88/7,50 €
Weingut Hirschmann
2011 Riesling Kabinett halbtrocken
Winkeler Hasensprung .... 85/5,50 €
Weingut Graf von Kanitz
2011 Riesling Kabinett halbtrocken
Lorcher Krone .... 87/8,40 €

Weingut Johannes Ohlig
2011 Riesling Spätlese
Geisenheimer Kläuserweg .... 87/8,30 €
Weingut Querbach
2011 Riesling Schoppen .... 86/5,90 €/1l
2011 Riesling Classic .... 87/6,45 €
2011 Riesling Edition .... 88/7,75 €
2002 Riesling Edition .... 89/7,75 €
2011 Riesling Hallgarten................. 89/9,80 €
2002 Riesling Hallgarten................. 88/9,80 €
2011 Riesling „Querbach No. 1"
Oestrich Lenchen .... 89/11,85 €
2002 Riesling „Querbach No. 1"
Oestrich Lenchen .... 89/11,85 €
2011 Riesling Erstes Gewächs
Oestrich Doosberg .... 93/15,90 €
Weingut Fritz Rothenbach
2011 Riesling trocken
Oestricher Lenchen .... 85/3,70 €/1l
2011 Riesling Spätlese trocken
Oestricher Lenchen .... 85/5,80 €
2011 Riesling Kabinett halbtrocken
Oestricher Klosterberg .... 84/4,50 €
2011 Riesling Spätlese
Oestricher Doosberg .... 87/6,20 €
Weingut W.J. Schäfer
2011 Riesling Kabinett trocken
Hochheimer Hölle .... 86/7,- €
2011 Riesling Classic .... 85/6,- €
2011 Riesling Kabinett
Hochheimer Stein .... 85/6,- €
Weingut Sohns
2011 Riesling trocken
Geisenheimer Kilzberg .... 87/8,50 €
Weingut Im Weinegg
2011 Riesling trocken „Alte Reben
Hochheimer Hofmeister .... 88/9,50 €

Rheinhessen

Weingut Becker-Landgraf
2011 Riesling Gau-Odernheimer .... 89/10,40 €

Weingut Braunewell
2011 Riesling trocken .... 83/5,- €/1l
2011 Riesling trocken .... 85/5,90 €
Weingut Brinkmann
2011 Grauburgunder trocken
Jugenheimer .... 84/4,10 €
2011 Silvaner trocken „Alte Reben"
Jugenheimer Goldberg .... 85/4,80 €
Weingut Göhring
2011 Riesling trocken
Dalsheimer Bürgel .... 86/7,- €
Weingut Goldschmidt
2011 Scheurebe trocken „Jeanette" ...... 85/5,50 €
Weingut Heinrich Groh
2011 Kerner Spätlese .... 84/4,50 €
2011 Riesling Spätlese
Bechtheimer Geyersberg .... 85/6,- €
2011 Huxelrebe Auslese .... 85/6,- €
Weingut Heinrich Groh
2011 Kerner Spätlese .... 84/4,90 €
2011 Riesling Spätlese
Bechtheimer Geyersberg .... 85/6,- €
2011 Huxelrebe Auslese .... 85/6,- €
Weingut Kühling
2011 Riesling Auslese .... 87/8,50 €
Weingut Martinshof
2011 Riesling Spätlese trocken
Dienheimer Falkenberg .... 84/5,- €
Weingut Michel-Pfannebecker
2011 Riesling trocken .... 83/4,20 €/1l
Weingut Münzenberger
2011 Chardonnay trocken Selzen .... 84/5,- €
Weingut Posthof
2011 Kerner Spätlese
Elsheimer Blume .... 85/4,80 €
Weingut Riffel
2011 Riesling trocken .... 84/4,90 €
Weingut Adolf Schembs
2011 Muskateller trocken .... 86/7,- €
2009 St. Laurent trocken .... 88/10,- €
Weingut Lothar Schneider & Tochter
2011 Silvaner*** trocken .... 84/5,30 €
Weingut Stallmann-Hiestand

2011 Grauburgunder „S" trocken .... 87/8,50 €

Weingut **Wittmann**

2011 Silvaner trocken .... 88/7,90 €

2011 Weißburgunder trocken .... 88/9,80 €

2011 Riesling trocken .... 88/9,80 €

Württemberg

Weingut Gerhard **Aldinger**

2011 Trollinger** trocken
Fellbacher Lämmler .... 87/8,40 €

Weingut **Beurer**

2010 Riesling trocken „Schilfsandstein"
Stettener Pulvermächer .... 88/9,80 €

2010 Riesling trocken „Kieselsandstein"
Stettener Pulvermächer .... 91/14,- €

2010 Riesling „Junges Schwaben" .... 92/22,- €

Weingut **Dautel**

2011 Weißburgunder „S" .... 92/19,80 €

2011 Chardonnay „S" .... 92/19,80 €

2011 Riesling
Besigheimer Wurmberg .... 89/11,40 €

Weingut **Medinger**

2011 Trollinger trocken
Stettener Mönchberg .... 83/4,80 €/1l

Bestenlisten

Die folgende Zusammenstellung soll denjenigen, die sich für spezielle Rebsorten oder einen speziellen Weintyp interessieren, die Orientierung erleichtern. Wir haben bewusst darauf verzichtet, die Gruppen an den gesetzlichen Prädikats-Bezeichnungen wie Spätlese oder Auslese festzumachen, weil diese Bezeichnungen keine Weintypen repräsentieren, und die Weine, die diese Bezeichnungen tragen, selten miteinander vergleichbar sind. So findet man beispielsweise in einer Verkostung von süßen Riesling-„Spätlesen“ immer seltener Weine, die dem klassischen Typ einer Spätlese entsprechen. Die meisten Rieslinge in solchen Verkostungen sind abgestufte Auslesen, gar Beerenauslesen, andere wieder mit einem Anteil Eiswein „aufgemotzt“. Gleiches gilt auch für trockene Weine. Ist denn eine Kategorie „Kabinett“ sinnvoll, wenn dort Weine mit 14,5% Alkohol vertreten sind (jawohl, das gibt es!)? Da im deutschen Weingesetz nur Mindestgrenzen, aber keine Höchstgrenzen für den potentiellen Alkoholgehalt der Weine der einzelnen Prädikate festgesetzt sind, eignen sich diese Prädikate nicht als Weintypen. Noch weniger geeignet sind natürlich nicht gesetzlich geregelte Bezeichnungen, wie beispielsweise „feinherb“, die jeder Winzer nach Belieben aufs Etikett setzen kann. Wir unterscheiden folglich nur zwischen trockenen (gesetzlich trocken, also bis maximal 9 Gramm Restzucker je Liter) und süßen Weinen. Weine aus zurückliegenden Jahrgängen, die nicht mehr im Verkauf sind, werden nicht mehr in der Bestenliste aufgeführt. Desgleichen Weine, die schon in früheren Ausgaben vorgestellt wurden (Ausnahme: Neu degorgierte Sekte). Wir unterscheiden im Folgenden:

Trockene Weißweine
Riesling
Weißburgunder
Grauburgunder
Chardonnay
Silvaner
Sonstige weiße Rebsorten/Cuvées

Süße/edelsüße Weine
Riesling
Sonstige edelsüße Weine

Rotweine
Spätburgunder
Cuvées
Lemberger
Sonstige rote Rebsorten

Sekte

Riesling

96 Punkte

Weingut **Wittmann** Rheinhessen	2011 Morstein Westhofen Riesling „GG"

95 Punkte

Weingut Hermann **Dönnhoff** Nahe	2011 Hermannshöhle Riesling „GG"
Weingut Thomas **Seeger** Baden	2011 „Oberklamm" Riesling „GG"

94 Punkte

Weingut Hermann **Dönnhoff** Nahe	2011 Dellchen Riesling „GG"
Weingut **Emrich-Schönleber** Nahe	2011 Halenberg Riesling „GG"
Weingut Klaus **Keller** Rheinhessen	2011 Morstein Westhofen Riesling „GG"
Weingut Peter Jakob **Kühn** Rheingau	2010 „Schlehdorn" Riesling trocken
Weingut **Wittmann** Rheinhessen	2011 Brunnenhäuschen Westhofen Riesling „GG"

93 Punkte

Weingut Georg **Breuer** Rheingau	2011 Berg Schlossberg Rüdesheim Riesling
Weingut Hermann **Dönnhoff** Nahe	2011 Felsenberg Riesling „GG"
Weingut **Emrich-Schönleber** Nahe	2011 Frühlingsplätzchen Riesling „GG"
Weingut Rudolf **Fürst** Franken	2011 Centgrafenberg „R" Riesling „GG"
Weingut Schloss **Johannisberg** Rheingau	2011 Schloss Johannisberger Riesling Riesling Erstes Gewächs
Weingut Klaus **Keller** Rheinhessen	2011 Hubacker Dalsheim Riesling „GG"

Weingut Klaus **Keller** Rheinhessen	2011 „Abts.E“ Westhofen Riesling „GG“
Weingut Peter Jakob **Kühn** Rheingau	2010 St. Nikolaus „3 Trauben“ Riesling trocken
Weingut **Querbach** Rheingau	2011 Oestrich Doosberg Riesling Erstes Gewächs
Weingut Oekonomierat **Rebholz** Pfalz	2011 Im Sonnenschein Riesling „GG“
Weingut Oekonomierat **Rebholz** Pfalz	2011 „Ganz Horn“ Im Sonnenschein Riesling „GG“
Weingut **Schäfer-Fröhlich** Nahe	2011 Halenberg Monzingen Riesling „GG“
Weingut **Schäfer-Fröhlich** Nahe	2011 Felseneck Bockenau Riesling „GG“
Weingut Robert **Weil** Rheingau	2011 Kiedrich Gräfenberg Riesling trocken Erstes Gewächs
Weingut von **Winning** Pfalz	2011 Jesuitengarten Riesling „GG“
Weingut von **Winning** Pfalz	2011 Kalkofen Riesling „GG“
Weingut von **Winning** Pfalz	2011 Kieselberg Riesling „GG“
Weingut von **Winning** Pfalz	2011 Pechstein Riesling „GG“

92 Punkte

Weingut **Bassermann-Jordan** Pfalz	2011 Freundstück Riesling „GG“
Weingut **Battenfeld-Spanier** Rheinhessen	2011 „CO“ Riesling
Weingut **Beurer** Württemberg	2010 „Junges Schwaben“ Riesling trocken
Weingut **Bürklin-Wolf** Pfalz	2011 Pechstein Riesling „G.C.“
Weingut **Bürklin-Wolf** Pfalz	2011 Kirchenstück Riesling „G.C.“
Weingut **Bürklin-Wolf** Pfalz	2011 Gaisböhl Riesling „G.C.“
Weingut **Christmann** Pfalz	2011 Mandelgarten Gimmeldingen Riesling „GG“
Weingut **Christmann** Pfalz	2011 Idig Königsbach Riesling „GG“

Weingut **Emrich-Schönleber** Nahe	2011 „A.d.L." Riesling
Weingut Klaus **Keller** Rheinhessen	2011 „G-Max" Riesling trocken
Weingut **Knipser** Pfalz	2011 Mandelpfad Riesling „GG"
Weingut **Knipser** Pfalz	2011 „Reserve Halbstück" Riesling trocken
Weingut **Kühling-Gillot** Rheinhessen	2011 Rothenberg Riesling „GG"
Weingut Oekonomierat **Rebholz** Pfalz	2011 Kastanienbusch Riesling „GG"
Weingut Joh. Bapt. **Schäfer** Nahe	2011 Pittermännchen Dorsheim Riesling trocken
Weingut **Schäfer-Fröhlich** Nahe	2011 Felsenberg Schlossböckelheim Riesling „GG"
Weingut **Schäfer-Fröhlich** Nahe	2011 Kupfergrube Schlossböckelheim Riesling „GG"
Weingut von **Winning** Pfalz	2011 Kirchenstück Riesling „GG"
Weingut von **Winning** Pfalz	2011 Langenmorgen Riesling „GG"
Weingut von **Winning** Pfalz	2011 Spieß Riesling „GG"

91 Punkte

Weingut Gerhard **Aldinger** Württemberg	2011 „Marienglas" Gips Untertürkheim Riesling „GG"
Weingut Gerhard **Aldinger** Württemberg	2011 Lämmler Fellbach Riesling „GG"
Weingut **Bassermann-Jordan** Pfalz	2011 Hohenmorgen Riesling „GG"
Weingut **Bassermann-Jordan** Pfalz	2011 Ölberg Riesling „GG"
Weingut **Battenfeld-Spanier** Rheinhessen	2011 Kirchenstück Riesling „GG"
Weingut **Battenfeld-Spanier** Rheinhessen	2011 Zellerweg am Schwarzen Herrgott Riesling „GG"
Weingut **Beurer** Württemberg	2010 „Kieselsandstein" Pulvermächer Riesling trocken
Weingut Georg **Breuer** Rheingau	2011 Berg Rottland Rüdesheim Riesling

Weingut Georg **Breuer** Rheingau	2011 Rauenthal Nonnenberg Riesling
Weingut **Bürklin-Wolf** Pfalz	2011 Hohenmorgen Riesling „G.C."
Weingut **Bürklin-Wolf** Pfalz	2011 Kalkofen Riesling „G.C."
Weingut Reichsrat von **Buhl** Pfalz	2011 Pechstein Forst Riesling „GG"
Weingut Reichsrat von **Buhl** Pfalz	2011 Ungeheuer Forst Riesling „GG"
Weingut Clemens **Busch** Mosel	2011 Marienburg Pünderich Riesling „GG"
Weingut Clemens **Busch** Mosel	2011 „Fahrlay" Marienburg Pünderich Riesling „GG"
Weingut Clemens **Busch** Mosel	2011 „Rothenpfad" Marienburg Pünderich Riesling „GG"
Weingut **Dautel** Württemberg	2011 „Grübenstein" Sonnenberg Riesling „GG"
Schlossgut **Diel** Nahe	2011 Pittermännchen Dorsheim Riesling „GG"
Weingut **Dreißigacker** Rheinhessen	2011 Aulerde Riesling trocken
Weingut **Dreißigacker** Rheinhessen	2011 Geyersberg Riesling trocken
Gut **Hermannsberg** Nahe	2011 Kupfergrube Riesling „GG"
Weinhof **Herrenberg** Mosel	2011 Ockfener Bockstein Riesling
Weingut **Höfler** Franken	2011 Michelbacher Apostelgarten Riesling „GG"
Weingut **Johannishof** Rheingau	2011 Rüdesheim Berg Rottland Riesling Erstes Gewächs
Weingut Toni **Jost** Mittelrhein	2011 Bacharach Hahn Riesling „GG"
Weingut Klaus **Keller** Rheinhessen	2011 Kirchspiel Westhofen Riesling „GG"
Weingut **Knipser** Pfalz	2011 Steinbuckel Riesling „GG"
Weingut Ludwig **Knoll** Franken	2011 Innere Leiste Würzburg Riesling „GG"
Weingut **Kühling-Gillot** Rheinhessen	2011 Pettenthal Nierstein Riesling „GG"
Weingut Peter Jakob **Kühn**	2010 Doosberg „3 Trauben"

Rheingau	Riesling trocken
Weingut Günther **Künstler**	2011 Hochheim Kirchenstück
Rheingau	Riesling „Erstes Gewächs“
Weingut Philipp **Kuhn**	2011 Kirschgarten
Pfalz	Riesling „GG“
Weingut Philipp **Kuhn**	2011 Burgweg
Pfalz	Riesling „GG“
Weingut Schloss **Lieser**	2011 Niederberg-Helden
Mosel	Riesling „GG“
Weingut Carl **Loewen**	2011 Ritsch
Mosel	Riesling „GG“
Weingut Georg **Mosbacher**	2011 Pechstein Forst
Pfalz	Riesling „GG“
Weingut Georg **Mosbacher**	2011 Ungeheuer Forst
Pfalz	Riesling „GG“
Domänenweingut Schloss **Schönborn**	2011 Rüdesheimer Berg Schlossberg
Rheingau	Riesling Erstes Gewächs
Weingut Thomas **Seeger**	2011 „Anna Marie“
Baden	Riesling trocken
Weingut **Siegrist**	2011 Sonnenberg
Pfalz	Riesling „GG“
Weingut Josef **Spreitzer**	2011 Oestricher Lenchen „Rosengarten“
Rheingau	Riesling Erstes Gewächs
Weingut Josef **Spreitzer**	2011 Hattenheimer Wisselbrunnen
Rheingau	Riesling Erstes Gewächs
Weingut **Wagner-Stempel**	2011 Heerkretz
Rheinhessen	Riesling „GG“
Weingut Geheimrat J. **Wegeler**	2011 Geisenheim Rothenberg
Rheingau	Riesling trocken „Goldkapsel“
Weingut **Wittmann**	2011 Aulerde Westhofen
Rheinhessen	Riesling „GG“
Weingut **Wittmann**	2011 Kirchspiel Westhofen
Rheinhessen	Riesling „GG“
Weingut **Wittmann**	2011 „La Borne“
Rheinhessen	Riesling „GG“

90 Punkte

Weingut Graf **Adelmann**	2011 Süßmund Kleinbottwar
Württemberg	Riesling „GG“ „Das Lied von der Erde“
Weingut **Battenfeld-Spanier**	2011 Frauenberg
Rheinhessen	Riesling „GG“
Weingut **Becker-Landgraf**	2011 Ölberg

Rheinhessen	Riesling
Wein- und Sektgut **Bernhart**	2011 Sonnenberg
Pfalz	Riesling „GG“
Weingut Georg **Breuer**	2011 Berg Roseneck Rüdesheim
Rheingau	Riesling
Weingut Reichsrat von **Buhl**	2011 Jesuitengarten Forst
Pfalz	Riesling „GG“
Fürstlich **Castell**'sches Domänenamt	2011 Schlossberg
Franken	Riesling „GG“
Weingut **Christmann**	2011 Reiterpfad Ruppertsberg
Pfalz	Riesling „GG“
Weingut **Christmann**	2011 Langenmorgen Deidesheim
Pfalz	Riesling „GG“
Weingut **Clüsserath-Weiler**	2011 „Primus“ Trittenheimer Apotheke
Mosel	Riesling trocken
Weingut **Dreißigacker**	2011 Morstein
Rheinhessen	Riesling trocken
Weingut **Emrich-Schönleber**	2011 Halenberg
Nahe	Riesling trocken
Weingut **Emrich-Schönleber**	2011 Frühlingsplätzchen
Nahe	Riesling trocken
Weingut Rudolf **Fürst**	2011 Centgrafenberg
Franken	Riesling
Weingut **Grans-Fassian**	2011 Hofberg
Mosel	Riesling „GG“
Weingut **Grans-Fassian**	2011 Apotheke
Mosel	Riesling „GG“
Weingut Dr. **Heger**	2011 Winklerberg Ihringen
Baden	Riesling*** „GG“
Weingut Dr. **Heger**	2011 Schlossberg Achkarren
Baden	Riesling*** „GG“
Weingut **Hahnmühle**	2011 „Alisencia S“
Nahe	Riesling trocken
Gut **Hermannsberg**	2011 Hermannsberg
Nahe	Riesling „GG“
Gut **Hermannsberg**	2011 Bastei
Nahe	Riesling „GG“
Staatlicher **Hofkeller** Würzburg	2011 Pfülben Randersacker
Franken	Riesling „GG“
Weingut Fürst **Hohenlohe-Öhringen**	2011 Verrenberger Verrenberg
Württemberg	Riesling „GG“
Weingut **Immich-Batterieberg**	2011 Batterieberg
Mosel	Riesling

Weingut **Immich-Batterieberg** Mosel	2011 Steffensberg Riesling
Weingut **Juliusspital** Würzburg Franken	2011 Stein Würzburg Riesling „GG"
Weingut Klaus **Keller** Rheinhessen	2011 Nierstein Riesling trocken
Weingut Philipp **Kuhn** Pfalz	2011 Steinbuckel Riesling „GG"
Weingut Andreas **Laible** Baden	2011 Durbacher Plauelrain „Achat" Riesling Spätlese trocken
Weingut **Landgraf** Rheinhessen	2011 Saulheimer Schlossberg Riesling trocken
Weingut Hans **Lang** Rheingau	2011 Hattenheimer Wisselbrunnen Riesling Erstes Gewächs
Weingut Johannes **Leitz** Rheingau	2011 Rüdesheimer Berg Schlossberg Riesling trocken „Ehrenfels"
Weingut Johannes **Leitz** Rheingau	2011 Rüdesheimer Berg Roseneck Riesling trocken „katerloch"
Weingut Schloss **Lieser** Mosel	2011 Juffer-Sonnenuhr Riesling „GG"
Weingut Georg **Mosbacher** Pfalz	2011 Kieselberg Deidesheim Riesling „GG"
Weingut Eugen **Müller** Pfalz	2011 „Cyriakus" Forster Kirchenstück Riesling Spätlese trocken
Weingut Max **Müller** I Franken	2011 Escherndorfer Lump „Alte Reben" Riesling Spätlese trocken
Weingut Ludi **Neiss** Pfalz	2011 Burgweg Riesling trocken
Weingut **Pfeffingen** - Fuhrmann-Eymael Pfalz	2011 Herrenberg Ungstein Riesling „GG"
Weingut Schloss **Reinhartshausen** Rheingau	2011 Erbach Schlossberg Riesling Erstes Gewächs
Weingut Johann **Ruck** Franken	2011 Julius-Echter-Berg Iphofen Riesling „GG"
Weingut Horst **Sauer** Franken	2011 Lump Escherndorf Riesling „GG"
Weingut Joh. Bapt. **Schäfer** Nahe	2011 Goldloch Dorsheim Riesling trocken
Domänenweingut Schloss **Schönborn** Rheingau	2011 Hochheimer Domdechaney Riesling Erstes Gewächs
Weingut Heinrich **Spindler** Pfalz	2011 Forster Jesuitengarten Riesling Spätlese trocken
Weingut Geheimrat J. **Wegeler**	2011 Bernkastel Doctor

Mosel	Riesling „GG“
Weingut Dr. **Wehrheim**	2011 Kastanienbusch
Pfalz	Riesling „GG“
Weingut Dr. **Wehrheim**	2011 „Köppel“ Kastanienbusch
Pfalz	Riesling „GG“
Weingut Robert **Weil**	2011 Kiedrich Turmberg
Rheingau	Riesling trocken
Weingut von **Winning**	2011 Forster Ungeheuer
Pfalz	Riesling trocken
Weingut von **Winning**	2011 Königsbacher Ölberg
Pfalz	Riesling trocken
Weingut Hans **Wirsching**	2011 Julius-Echter-Berg Iphofen
Franken	Riesling „GG“
Weingut **Wittmann**	2011 Westhofener
Rheinhessen	Riesling trocken
Weingut **Zehnthof**	2011 Maustal ***
Franken	Riesling

Weißburgunder

92 Punkte

Weingut **Bergdolt** St. Lamprecht Pfalz	2011 Mandelberg Kirrweiler Weißburgunder „GG"
Weingut **Dautel** Württemberg	2011 „S" Weißburgunder
Weingut Franz **Keller** Baden	2011 „A" Weißburgunder
Weingut Thomas **Seeger** Baden	2011 Oberklamm Weißburgunder „GG"

91 Punkte

Weingut **Bercher** Baden	2011 Feuerberg Burkheim Weißburgunder „GG"
Weingut Dr. **Heger** Baden	2011 Winklerberg „Gras im Ofen" Weißburgunder*** „GG"
Weingut Dr. **Heger** Baden	2011 Winklerberg „vorderer Berg" Weißburgunder*** „GG"
Weingut Klaus **Keller** Rheinhessen	2011 „S" Weißburgunder trocken
Weingut **Knipser** Pfalz	2011 Kirschgarten Weißburgunder „GG"
Weingut Philipp **Kuhn** Pfalz	2011 Kirschgarten Pinot Blanc „GG"
Weingut **Michel** Baden	2011 Achkarrer Schlossberg Weißburgunder Spätlese trocken
Weingut **Michel** Baden	2011 Achkarrer Schlossberg Weißburgunder Spätlese*** trocken
Weingut Markus **Molitor** Mosel	2011 Wehlener Klosterberg*** Pinot Blanc
Weingut Oekonomierat **Rebholz** Pfalz	2011 Im Sonnenschein Weißburgunder „GG"
Weingut **Salwey** Baden	2011 Henkenberg Weißburgunder „GG"
Weingut Martin **Waßmer** Baden	2011 Weißburgunder Spätlese trocken „GC" Dottinger Castellberg
Weingut von **Winning** Pfalz	2011 Weißburgunder

Weingut **Wittmann**	2011 „S"
Rheinhessen	Weißburgunder trocken
Weingut Familie **Wöhrle**	2011 Herrentisch
Baden	Weißburgunder „GG"

90 Punkte

Weingut Gerhard **Aldinger**	2011 „Marienglas" Gips Untertürkheim
Württemberg	Weißburgunder „GG"
Weingut **Bergdolt** St. Lamprecht	2011 „Lössriedel"
Pfalz	Weißburgunder „S" trocken
Wein- und Sektgut **Bernhart**	2011 „Redling"
Pfalz	Weißburgunder „GG"
Weingut Dr. **Heger**	2011 Winklerberg „Rappenecker"
Baden	Weißburgunder*** „GG"
Weingut Bernhard **Huber**	2010 Malterdinger Bienenberg
Baden	Weißburgunder „GG"
Weingut Franz **Keller**	2011 „Franz Anton"
Baden	Weißburgunder
Weingut Ludwig **Knoll**	2011 „Montonia"
Franken	Weißburgunder trocken
Weingut Herbert **Meßmer**	2011 „IGJ" Burrweiler Schlossgarten
Pfalz	Weißburgunder „GG"
Weingut **Pfeffingen** - Fuhrmann-Eymael	2011 Herrenberg Ungstein
Pfalz	Weißburgunder „GG"
Weingut Thomas **Seeger**	2011 „AS"
Baden	Weißburgunder trocken
Weingut Dr. **Wehrheim**	2011 Mandelberg
Pfalz	Weißburgunder „GG"
Weingut **Zehnthof**	2011 Cyriakusberg ***
Franken	Weißburgunder

89 Punkte

Weingut **Bassermann-Jordan**	2011 „S"
Pfalz	Weißburgunder trocken
Weingut Friedrich **Becker**	2011 „Engga**e"
Pfalz	Weißburgunder trocken
Weingut **Bercher**	2011 Sasbacher Limburg
Baden	Weißburgunder Spätlese trocken
Weingut **Bergdolt** St. Lamprecht	2011 St. Lamprecht
Pfalz	Weißburgunder „S" trocken
Weingut **Dreißigacker**	2011 „Einzigacker"

Rheinhessen	Weißburgunder trocken
Weingut Dr. **Heger**	2011 Winklerberg Ihringen
Baden	Weißburgunder Spätlese trocken
Weingut Franz **Keller**	2011 Oberbergener Pulverbuck
Baden	Weißburgunder
Weingut Familie **Kranz**	2011 Ilbesheimer Kalmit
Pfalz	Weißburgunder „GG"
Weingut Markus **Molitor**	2011 Wehlener Klosterberg*
Mosel	Pinot Blanc
Weingut Burg **Ravensburg**	2011 Löchle
Baden	Weißburgunder
Weingut Oekonomierat **Rebholz**	2011 „Vom Muschelkalk" Birkweiler
Pfalz	Weißburgunder trocken
Weingut Rainer **Sauer**	2011 „L" Lump Escherndorf
Franken	Weißburgunder Spätlese trocken
Weingut Konrad **Schlör**	2011 First
Baden	Weißburgunder „GG"
Privat-Weingut H. **Schlumberger**	2011 Altenberg
Baden	Weißburgunder
Privat-Weingut H. **Schlumberger**	2011 „Wingerte"
Baden	Weißburgunder „GG"
Weingut J. **Störrlein & Krenig**	2011 Sonnenstuhl Randersacker
Franken	Weißburgunder „GG"
Weingut **Weltner**	2011 Rödelseer Küchenmeister
Franken	Weißburgunder trocken
Weingut **Zehnthof**	2011 Cyriakusberg „Terrassen"
Franken	Weißburgunder trocken

Grauburgunder

95 Punkte

Weingut Thomas **Seeger** Baden	2011 Oberklamm Grauburgunder „GG“

94 Punkte

Weingut Franz **Keller** Baden	2011 „S“ Grauburgunder
Weingut Franz **Keller** Baden	2011 „A“ Grauburgunder

92 Punkte

Weingut Dr. **Heger** Baden	2011 Schlossberg Achkarren Grauburgunder*** „GG“ Barrique
Weingut Dr. **Heger** Baden	2011 Winklerberg Ihringen Grauburgunder*** „GG“
Weingut **Michel** Baden	2011 Achkarrer Schlossberg Grauburgunder Spätlese trocken
Weingut Familie **Wöhrle** Baden	2011 Kirchgasse Grauburgunder „GG“

91 Punkte

Weingut **Bercher** Baden	2011 Feuerberg Burkheim Grauburgunder „GG“
Weingut **Glaser-Himmelstoss** Franken	2011 Dettelbacher Berg-Rondell „Denker“ Grauburgunder Spätlese trocken
Weingut **Michel** Baden	2011 Achkarrer Schlossberg Grauburgunder Spätlese*** trocken
Weingut Thomas **Seeger** Baden	2011 „AS“ Grauburgunder trocken

90 Punkte

Weingut **Bercher** Baden	2011 Schlossgarten Burkheim Grauburgunder „GG“
Weingut Klaus **Keller**	2011 „S“

Rheinhessen	Grauburgunder trocken
Weingut Arndt **Köbelin**	2011 Grauburgunder*** trocken
Baden	
Weingut Burg **Ravensburg**	2011 Löchle
Baden	Grauburgunder
Weingut **Salwey**	2011 Henkenberg
Baden	Grauburgunder „GG"

89 Punkte

Weingut **Bercher**	2011 Feuerberg Burkheim
Baden	Grauburgunder Spätlese trocken
Weingut **Braunewell**	2011 Teufelspfad
Rheinhessen	Grauburgunder
Weingut Jürgen **Ellwanger**	2010 „Hades"
Württemberg	Grauburgunder trocken
Weingut **Glaser-Himmelstoss**	2011 Dettelbacher Berg-Rondell „Denker"
Franken	Grauburgunder Spätlese trocken
Weingut Karl H. **Johner**	2009 „SJ"
Baden	Grauburgunder
Weingut Andreas **Laible**	2011 Durbacher Plauelrain
Baden	Grauburgunder „GG"
Weingut Herbert **Meßmer**	2011 Burrweiler Schlossgarten
Pfalz	Grauburgunder trocken „Selektion"
Weingut **Salwey**	2011 „RS"
Baden	Grauburgunder Spätlese trocken
Weingut Gregor & Thomas **Schätzle**	2011 Schelinger Kirchberg
Baden	Grauburgunder „RS"
Weingut Rainer **Schnaitmann**	2011 Lämmler Fellbach
Württemberg	Grauburgunder „GG"
Weingut Martin **Waßmer**	2011 Dottinger Castellberg „GC"
Baden	Grauburgunder Spätlese trocken

Chardonnay

93 Punkte

Weingut Franz **Keller** Baden	2011 „S“ Chardonnay
Weingut **Knipser** Pfalz	2011 Chardonnay****

92 Punkte

Weingut **Bercher** Baden	2011 „SE“ Chardonnay Spätlese trocken
Weingut **Dautel** Württemberg	2011 „S“ Chardonnay
Weingut Karl **Haidle** Württemberg	2010 Chardonnay trocken Barrique
Weingut Dr. **Heger** Baden	2011 Chardonnay trocken Barrique Winklerberg Ihringen
Weingut Bernhard **Huber** Baden	2010 Hecklinger Schlossberg Chardonnay trocken
Weingut Franz **Keller** Baden	2011 „A“ Chardonnay
Weingut Oekonomierat **Rebholz** Pfalz	2011 „R“ Chardonnay Spätlese trocken

91 Punkte

Weingut Bernhard **Huber** Baden	2010 Chardonnay trocken
Weingut **Michel** Baden	2011 Achkarrer Schlossberg Chardonnay Spätlese*** trocken
Weingut Thomas **Seeger** Baden	2011 „S“ Chardonnay trocken

90 Punkte

Weingut Friedrich **Becker** Pfalz	2010 „Mineral“ Chardonnay trocken
Weingut Hermann **Dörflinger** Baden	2011 Chardonnay Spätlese trocken Barrique Müllheimer Reggenhag

Weingut Franz **Keller** Baden	2011 „Franz Anton“ Chardonnay
Weingut **Weik** Pfalz	2011 Chardonnay trocken „Löwenherz“
Weingut **Wittmann** Rheinhessen	2011 „S“ Chardonnay trocken
Weingut Familie **Wöhrle** Baden	2010 Lahrer Kronenbühl Chardonnay trocken Barrique

89 Punkte

Weingut **Bassermann-Jordan** Pfalz	2011 „S“ Chardonnay trocken
Weingut Ludi **Neiss** Pfalz	2011 Chardonnay trocken Barrique

Silvaner

92 Punkte

Weingut Rainer **Sauer**	2011 Lump Escherndorf „L“
Franken	Silvaner Spätlese trocken

91 Punkte

Weingut Rudolf **May**	2011 „Recis 1963“
Franken	Silvaner trocken
Weingut Max **Müller** I	2011 „Alte Reben“
Franken	Silvaner Spätlese trocken
Weingut Rainer **Sauer**	2011 Lump Escherndorf „vom Muschelkalk“
Franken	Silvaner Spätlese trocken
Weingut Rainer **Sauer**	2011 Lump Escherndorf „Ab Ovo“
Franken	Silvaner Spätlese trocken
Weingut **Weltner**	2011 Küchenmeister „Hoheleite“
Franken	Sylvaner „GG“
Weingut **Zehnthof**	2011 Maustal ***
Franken	Silvaner

90 Punkte

Weingut Clemens **Fröhlich**	2011 Escherndorfer Lump
Franken	Silvaner Spätlese trocken „Beste Beere“
Weingut **Glaser-Himmelstoss**	2011 Dettelbacher Berg-Rondell
Franken	Silvaner Spätlese trocken
Weingut Dr. **Heger**	2011 Schlossberg Achkarren
Baden	Silvaner*** Spätlese trocken
Weingut Ludwig **Knoll**	2011 „Vinz“ alte Reben
Franken	Silvaner trocken
Weingut Ludwig **Knoll**	2011 Innere Leiste Würzburg
Franken	Silvaner „GG“
Weingut Ludwig **Knoll**	2011 „Hoch 3“
Franken	Silvaner trocken
Weingut Fürst **Löwenstein**	2011 Kallmuth Homburg „Asphodill“
Franken	Silvaner „GG“
Weingut Max **Müller** I	2011 „Eigenart“
Franken	Silvaner trocken
Weingut Johann **Ruck**	2011 Julius-Echter-Berg Iphofen

Franken	Silvaner „GG“
Weingut Johann **Ruck**	2008 „Myophorium“
Franken	trocken
Weingut Horst **Sauer**	2011 „Sehnsucht“
Franken	Silvaner trocken
Weingut Rainer **Sauer**	2011 „Freiraum“ Lump Escherndorf
Franken	Silvaner trocken
Weingut Rainer **Sauer**	2011 Lump Escherndorf
Franken	Silvaner Spätlese trocken
Weingut **Schmitt's Kinder**	2011 Pfülben Randersacker
Franken	Silvaner „GG“
Weingut Hans **Wirsching**	2011 Julius-Echter-Berg Iphofen
Franken	Silvaner „GG“
Weingut **Zehnthof**	2011 Cyriakusberg „Gelbkalk“
Franken	Silvaner trocken

89 Punkte

Weingut Michael **Fröhlich**	2011 Escherndorfer Lump
Franken	Silvaner „GG“
Weingut Rudolf **Fürst**	2011 Centgrafenberg
Franken	Silvaner
Weingut Dr. **Heger**	2011 Winklerberg Ihringen
Baden	Silvaner trocken
Weingut **Juliusspital** Würzburg	2011 Stein Würzburg
Franken	Silvaner „GG“
Weingut **Juliusspital** Würzburg	2011 Julius-Echter-Berg Iphofen
Franken	Silvaner „GG“
Weingut Klaus **Keller**	2011 „Feuervogel“
Rheinhessen	Silvaner
Weingut Rudolf **May**	2011 „Recis“
Franken	Silvaner trocken
Weingut **Rothe**	2011 „Muschelkalk“
Franken	Silvaner trocken Holzfass
Weingut Horst **Sauer**	2011 Lump Escherndorf
Franken	Silvaner „GG“
Weingut Rainer **Sauer**	2011 Lump Escherndorf
Franken	Silvaner Kabinett trocken
Weingut Rainer **Sauer**	2011 Lump Escherndorf „Alte Reben“
Franken	Silvaner Kabinett trocken
Weingut Schloss **Sommerhausen**	2011 Steinbach
Franken	Silvaner „GG“
Winzerhof **Stahl**	2011 „best of“ „Edelstahl“

Franken	Silvaner trocken
Weingut J. **Störrlein & Krenig**	2011 Sonnenstuhl Randersacker
Franken	Weißburgunder „GG“
Weingut **Winter**	2010 Dittelsheimer
Rheinhessen	Silvaner trocken
Weingut Hans **Wirsching**	2011 Kronsberg Iphofen
Franken	Silvaner „GG“
Weingut **Wittmann**	2010 Westhofener
Rheinhessen	Silvaner trocken
Weingut **Zehnthof**	2010 „Gelbkalk“ Sulzfeld Cyriakusberg
Franken	Silvaner Spätlese trocken

Sonstige weiße Rebsorten und Cuvées

91 Punkte

Weingut Adolf **Schembs** Rheinhessen	2009 Château Schembs
Weingut Thomas **Seeger** Baden	2011 Cuvée „Georg" trocken

90 Punkte

Weingut Gerhard **Aldinger** Württemberg	2011 Sauvignon Blanc***
Weingut Bernhard **Huber** Baden	2010 „Malterer" trocken
Weingut Ludwig **Knoll** Franken	2011 „Vinz" alte Reben Scheurebe trocken
Weingut Oekonomierat **Rebholz** Pfalz	2011 „PiNo" „R" Spätlese trocken
Weingut Johann **Ruck** Franken	2009 „Estheria" Weißwein trocken
Weingut **Weik** Pfalz	2011 Sauvignon Blanc trocken „Löwenherz"
Weingut **Weltner** Franken	2011 „Vilsenah" trocken
Weingut **Zehnthof** Franken	2011 Unter der Mauer *** Sulzfelder Maustal

89 Punkte

Weingut **Bassermann-Jordan** Pfalz	2011 „S" Sauvignon Blanc
Weingut **Dautel** Württemberg	2011 „Kreation weiß"
Weingut **Glaser-Himmelstoss** Franken	2011 Traminer Spätlese trocken Nordheimer Vögelein
Weingut Destillerie **Gutzler** Rheinhessen	2011 Chardonnay & Weißburgunder trocken Barrique
Weingut Rainer **Schnaitmann** Württemberg	2011 Sauvignon Blanc „Dreistern"

Weingut Rainer **Schnaitmann** Württemberg	2010 "GrauWeiss" „Dreistern"
Weingut Rainer **Schnaitmann** Württemberg	2011 Gewürztraminer „Dreistern"
Weingut Thomas **Seeger** Baden	2011 Auxerrois „AS" trocken
Weingut von **Winning** Pfalz	2011 Sauvignon Blanc „I"
Weingut **Zeter** Pfalz	2011 Sauvignon Blanc trocken „Fumé"
Weingut **Zeter** Pfalz	2011 Viognier trocken
Weingut **Zimmerle** Württemberg	2010 Triologie

Süße/edelsüße Rieslinge

98 Punkte

Weingut Schloss **Johannisberg** Rheingau	2011 Riesling Trockenbeerenauslese „S-Fass“ Schloss Johannisberger

97 Punkte

Weingut Markus **Molitor** Mosel	2006 Riesling Trockenbeerenauslese*** Zeltinger Sonnenuhr
Weingut **Schäfer-Fröhlich** Nahe	2011 Riesling Trockenbeerenauslese GK 28 Bockenauer Felseneck

96 Punkte

Weingut **Clüsserath-Weiler** Mosel	2011 Riesling Trockenbeerenauslese Mehringer Zellerberg
Weingut Schloss **Johannisberg** Rheingau	2011 Riesling Trockenbeerenauslese Schloss Johannisberger
Weingut Klaus **Keller** Rheinhessen	2011 Riesling Trockenbeerenauslese „Abts E.“ Versteigerung
Weingut Peter Jakob **Kühn** Rheingau	2011 Riesling Trockenbeerenauslese „E“ Oestrich Lenchen
Weingut Markus **Molitor** Mosel	2011 Riesling Trockenbeerenauslese* Zeltinger Sonnenuhr
Weingut **Schäfer-Fröhlich** Nahe	2011 Riesling Trockenbeerenauslese GK 27 Bockenauer Felseneck

95 Punkte

Weingut Schloss **Johannisberg** Rheingau	2011 Riesling Beerenauslese „Stückfass“ Schloss Johannisberger
Weingut Klaus **Keller** Rheinhessen	2011 Riesling Auslese*** Dalsheimer Hubacker
Weingut Klaus **Keller** Rheinhessen	2011 Riesling Trockenbeerenauslese Dalsheimer Hubacker
Weingut Klaus **Keller** Rheinhessen	2011 Riesling Trockenbeerenauslese „Abts E.“
Weingut Peter Jakob **Kühn** Rheingau	2011 Riesling Trockenbeerenauslese Oestrich Lenchen

Weingut Schloss **Lieser** Mosel	2011 Riesling Lange Auslese Goldkapsel Brauneberger Juffer-Sonnenuhr (Verst.)
Weingut Schloss **Lieser** Mosel	2011 Riesling Beerenauslese Lieserer Niederberg-Helden
Weingut **Schäfer-Fröhlich** Nahe	2011 Riesling Beerenauslese GK Bockenauer Felseneck
Weingut **Schäfer-Fröhlich** Nahe	2011 Riesling Trockenbeerenauslese 26 Bockenauer Felseneck
Weingut Robert **Weil** Rheingau	2011 Riesling Auslese Goldkapsel Kiedrich Gräfenberg
Weingut Robert **Weil** Rheingau	2011 Riesling Trockenbeerenauslese Kiedrich Gräfenberg

94 Punkte

Weingut **Bassermann-Jordan** Pfalz	2011 Riesling Trockenbeerenauslese
Weingut **Clüsserath-Weiler** Mosel	2011 Riesling Auslese** Mehringer Zellerberg
Weingut **Clüsserath-Weiler** Mosel	2011 Riesling Trockenbeerenauslese Trittenheimer Apotheke
Weingut Hermann **Dönnhoff** Nahe	2011 Riesling Auslese Niederhäuser Hermannshöhle
Weingut Schloss **Johannisberg** Rheingau	2011 Riesling Beerenauslese Schloss Johannisberger
Weingut Klaus **Keller** Rheinhessen	2011 Riesling Trockenbeerenauslese Westhofener Kirchspiel
Weingut Peter Jakob **Kühn** Rheingau	2011 Riesling Auslese Oestrich Lenchen
Weingut Schloss **Lieser** Mosel	2011 Riesling Auslese Lange Goldkapsel Niederberg-Helden
Weingut Schloss **Lieser** Mosel	2011 Riesling Lange Auslese Goldkapsel Juffer-Sonnenuhr
Weingut Carl **Loewen** Mosel	2011 Riesling Beerenauslese Maximin Herrenberg
Weingut Markus **Molitor** Mosel	2011 Riesling Auslese*** Zeltinger Sonnenuhr
Weingut Schloss **Reinhartshausen** Rheingau	2011 Riesling Trockenbeerenauslese Erbacher Marcobrunn
Weingut Josef **Rosch** Mosel	2011 Riesling Trockenbeerenauslese Trittenheimer Apotheke
Weingut Horst **Sauer** Franken	2011 Riesling Trockenbeerenauslese Escherndorfer Lump

Weingut **Schäfer-Fröhlich** Nahe	2011 Riesling Beerenauslese Bockenauer Felseneck
Domänenweingut Schloss **Schönborn** Rheingau	2011 Riesling Trockenbeerenauslese Erbacher Marcobrunn
Weingut Josef **Spreitzer** Rheingau	2011 Riesling Trockenbeerenauslese Oestricher Doosberg
Weingut Robert **Weil** Rheingau	2011 Riesling Trockenbeerenauslese Kiedrich Turmberg

93 Punkte

Weingut **Benderhof** Pfalz	2011 Riesling Beerenauslese Kallstadter Saumagen
Weingut Georg **Breuer** Rheingau	2011 Riesling Auslese Goldkapsel Berg Schlossberg Rüdesheim
Weingut Reichsrat von **Buhl** Pfalz	2011 Riesling Beerenauslese Forster Ungeheuer
Weingut Clemens **Busch** Mosel	2011 Riesling Auslese Lange Goldkapsel Marienburg Pünderich
Weingut Clemens **Busch** Mosel	2011 Riesling Beerenauslese „Falkenlay" Marienburg Pünderich
Weingut Dr. **Crusius** Nahe	2011 Riesling Trockenbeerenauslese „GK" Schlossböckelheimer Felsenberg
Weingut Hermann **Dönnhoff** Nahe	2011 Riesling Spätlese Niederhäuser Hermannshöhle
Weingut **Emrich-Schönleber** Nahe	2009 Halenberg „R" Riesling
Weingut **Emrich-Schönleber** Nahe	2011 Riesling Auslese Monzinger Halenberg
Weingut **Emrich-Schönleber** Nahe	2011 Riesling Beerenauslese Monzinger Halenberg
Weingut **Johannishof** Rheingau	2011 Rüdesheim Berg Rottland Riesling Trockenbeerenauslese
Weingut **Karthäuserhof** Mosel	2011 Riesling Trockenbeerenauslese „Nr. 54" Eitelsbacher Karthäuserhofberg
Weingut Bernhard & Beate **Knebel** Mosel	2011 Riesling Trockenbeerenauslese Röttgen
Weingut Peter Jakob **Kühn** Rheingau	2011 Riesling Beerenauslese Oestrich Lenchen
Weingut Günther **Künstler** Rheingau	2011 Riesling Trockenbeerenauslese Rüdesheimer Berg Rottland
Weingut Philipp **Kuhn** Pfalz	2011 Riesling Trockenbeerenauslese Kirschgarten

Weingut **Langwerth von Simmern** Rheingau	2011 Riesling Trockenbeerenauslese Erbacher Marcobrunn
Weingut Schloss **Lieser** Mosel	2011 Riesling Auslese Goldkapsel Juffer-Sonnenuhr
Weingut Carl **Loewen** Mosel	2011 Riesling Beerenauslese Ritsch
Weingut Markus **Molitor** Mosel	2011 Riesling Auslese*** Ürziger Würzgarten
Weingut Markus **Molitor** Mosel	2011 Riesling Auslese*** Graacher Himmelreich
Weingut Markus **Molitor** Mosel	2011 Riesling Auslese*** Wehlener Sonnenuhr
Weingut **Müller** Mittelrhein	2011 Riesling Trockenbeerenauslese Bopparder Hamm Engelstein
Weingut Josef **Rosch** Mosel	2011 Riesling Beerenauslese Trittenheimer Apotheke
Weingut Schloss **Reinhartshausen** Rheingau	2011 Riesling Trockenbeerenauslese Hattenheimer Wisselbrunnen
Weingut Joh. Bapt. **Schäfer** Nahe	2011 Riesling Trockenbeerenauslese Dorsheimer Pittermännchen
Weingut **Schäfer-Fröhlich** Nahe	2011 Riesling Auslese Goldkapsel Bockenauer Felseneck
C. von **Schubert**, Maximin Grünhaus Mosel	2011 Riesling Auslese Nr. 87 Maximin Grünhäuser Abtsberg
Weingut Josef **Spreitzer** Rheingau	2011 Riesling Eiswein Hallgartener Würzgarten
Weingut Geheimrat J. **Wegeler** Mosel	2011 Riesling Beerenauslese Bernkasteler Doctor
Weingut Robert **Weil** Rheingau	2011 Riesling Beerenauslese Kiedrich Turmberg
Weingut Robert **Weil** Rheingau	2011 Riesling Beerenauslese Kiedrich Gräfenberg
Weingut Hans **Wirsching** Franken	2011 Riesling Trockenbeerenauslese Julius-Echter-Berg Iphofen
Weingut Forstmeister Geltz – **Zilliken** Mosel	2011 Riesling Auslese Saarburger Rausch

Edelsüße Weine: Sonstige Rebsorten

94 Punkte

Weingut **Müller-Catoir** Pfalz	2011 Rieslaner Trockenbeerenauslese „270°" Herzog
Weingut Horst **Sauer** Franken	2011 Silvaner Trockenbeerenauslese Escherndorfer Lump

93 Punkte

Weingut **Müller-Catoir** Pfalz	2011 Rieslaner Trockenbeerenauslese Herzog

92 Punkte

Weingut Klaus **Keller** Rheinhessen	2011 Rieslaner Auslese Monsheimer Silberberg
Weingut J. **Störrlein & Krenig** Franken	2011 Scheurebe Trockenbeerenauslese Sonnenstuhl Randersacker
Weingut J. **Störrlein & Krenig** Franken	2011 Silvaner Trockenbeerenauslese Sonnenstuhl Marsberg
Weingut von **Winning** Pfalz	2011 Scheurebe Auslese
Weingut Hans **Wirsching** Franken	2011 Rieslaner Trockenbeerenauslese Julius-Echter-Berg Iphofen

91 Punkte

Weingut Klaus **Keller** Rheinhessen	2011 Scheurebe Auslese
Weingut **Schmitt's Kinder** Franken	2011 Rieslaner Trockenbeerenauslese Randersackerer Sonnenstuhl
Weingut Schloss **Schönborn** Franken	2011 Silvaner Trockenbeerenauslese Hallburger Schlossberg
Weingut **Seehof** Rheinhessen	2011 Scheurebe Trockenbeerenauslese Westhofener Morstein

Spätburgunder

95 Punkte

Weingut Rudolf **Fürst** Franken	2010 Schlossberg „R" Spätburgunder „GG"

94 Punkte

Weingut Rudolf **Fürst** Franken	2010 Centgrafenberg „R" Spätburgunder „GG"
Weingut Rudolf **Fürst** Franken	2010 Centgrafenberg Hundsrück Spätburgunder „GG"
Weingut Dr. **Heger** Baden	2010 „Häusleboden" Winklerberg Ihringen Spätburgunder*** „GG"
Weingut **Meyer-Näkel** Ahr	2010 Walporzheimer Kräuterberg Spätburgunder „GG"
Weingut Thomas **Seeger** Baden	2010 Spätburgunder „RRR"
Weingut Martin **Waßmer** Baden	2009 Schlatter Maltesergarten „GC" Pinot Noir trocken

93 Punkte

Weingut Friedrich **Becker** Pfalz	2010 Pinot Noir trocken
Weingut Bernhard **Huber** Baden	2010 „Wildenstein" Spätburgunder „R" trocken
Weingut Bernhard **Huber** Baden	2010 Schlossberg Hecklingen „R" Spätburgunder „GG"
Weingut Franz **Keller** Baden	2010 „A" Spätburgunder
Weingut **Knipser** Pfalz	2010 „Reserve" Spätburgunder
Weingut Jean **Stodden** Ahr	2010 „Alte Reben" Spätburgunder
Weingut Martin **Waßmer** Baden	2010 Schlatter Maltesergarten „SW" Spätburgunder trocken
Weingut Martin **Waßmer** Baden	2010 Dottinger Castellberg „GC" Pinot Noir trocken

92 Punkte

Weingut Friedrich **Becker** Pfalz	2010 „Res“ Spätburgunder trocken
Weingut Dr. **Heger** Baden	2010 Schlossberg Achkarren Spätburgunder*** „GG“
Weingut Dr. **Heger** Baden	2010 „vorderer Berg“ Winklerberg Ihringen Spätburgunder*** „GG“
Weingut **Hofmann** Franken	2009 Röttinger Feuerstein „RR“ Spätburgunder trocken
Weingut **Keller** Rheinhessen	2010 Bürgel Dalsheim „Felix“ Spätburgunder „GG“
Weingut der Stadt **Klingenberg** Franken	2010 Schlossberg Spätburgunder „GG“
Weingut **Knipser** Pfalz	2010 Mandelpfad Spätburgunder „GG“
Weingut **Knipser** Pfalz	2010 Burgweg Spätburgunder „GG“
Weingut Arndt **Köbelin** Baden	2010 „Eichenlaub“ Spätburgunder*** trocken
Weingut Philipp **Kuhn** Pfalz	2010 Kirschgarten Pinot Noir „GG“
Weingut **Meyer-Näkel** Ahr	2010 Dernauer Pfarrwingert Spätburgunder „GG“
Weingut **Michel** Baden	2010 Achkarrer Schlossberg „R“ Spätburgunder trocken
Weingut **Salwey** Baden	2010 Kirchberg „Rappen“ Spätburgunder
Weingut **Salwey** Baden	2010 Kirchberg Spätburgunder „GG“
Weingut Thomas **Seeger** Baden	2010 „Oberklamm“ Spätburgunder „GG“
Weingut von **Winning** Pfalz	2010 Pinot Noir „I“

91 Punkte

Weingut Friedrich **Becker** Pfalz	2010 „Kammerberg“ Spätburgunder „GG“
Wein- und Sektgut **Bernhart** Pfalz	2010 „Redling“ Spätburgunder „GG“
Weingut Rudolf **Fürst** Franken	2010 Centgrafenberg Spätburgunder

Weingut Bernhard **Huber** Baden	2010 Malterdingen Bienenberg „R" Spätburgunder „GG"
Weingut Bernhard **Huber** Baden	2010 Sommerhalde Bombach „R" Spätburgunder „GG"
Weingut Karl H. **Johner** Baden	2009 „SJ" Blauer Spätburgunder
Weingut Franz **Keller** Baden	2010 „S" Spätburgunder
Weingut **Knipser** Pfalz	2010 Kirschgarten Spätburgunder „GG"
Weingut **Kreuzberg** Ahr	2010 „Devonschiefer R" Spätburgunder
Weingut Oekonomierat **Rebholz** Pfalz	2007 Im Sonnenschein Spätburgunder „GG"
Weingut **Salwey** Baden	2010 Henkenberg Spätburgunder „GG"
Weingut **Salwey** Baden	2010 Eichberg Oberrotweil Spätburgunder „GG"
Privat-Weingut H. **Schlumberger** Baden	2010 „Wingerte" Pinot Noir „GG"
Weingut Thomas **Seeger** Baden	2010 „R" Spätburgunder
Weingut **Zelt** Pfalz	2010 Spätburgunder trocken Laumersheimer Kirschgarten
Weingut **Zalwander** Baden	2010 „Harte Erde" Spätburgunder

90 Punkte

Domäne **Assmannshausen** Rheingau	2009 Assmannshäuser Höllenberg Spätburgunder trocken „Cabinetkeller"
Weingut Friedrich **Becker** Pfalz	2010 „Sankt Paul" Spätburgunder „GG"
Weingut **Becker-Landgraf** Rheinhessen	2009 Rosenberg Spätburgunder
Weingut **Bercher** Baden	2010 Feuerberg Burkheim Spätburgunder „GG"
Weingut **Braunewell** Rheinhessen	2009 Teufelspfad „R" Spätburgunder
Weingut **Burggarten** Ahr	2010 Neuenahrer Schieferlay Spätburgunder trocken
Weingut **Burggarten** Ahr	2010 „R" Heimersheimer Burggarten Spätburgunder trocken

Weingut **Christmann** Pfalz	2009 Idig Königsbach Spätburgunder „GG“
Weingut **Dautel** Württemberg	2010 Sonnenberg Bönnigheim Spätburgunder „GG“
Weingut **Duijn** Baden	2009 „SD“ Bühlertäler Engelsfelsen Pinot Noir
Weingut Jürgen **Ellwanger** Württemberg	2010 Spätburgunder „GG“ Hebsacker Lichtenberg
Weingut Rudolf **Fürst** Franken	2010 Klingenberger Spätburgunder
Weingut Matthias **Gaul** Pfalz	2009 Pinot Noir trocken „S“ „Stepp & Gaul“
Geil's Sekt- und Weingut Rheinhessen	2009 Bürgel Dalsheim Spätburgunder trocken
Weingut **Heiner & Kreuzberg** Ahr	2009 Ahrweiler Silberberg Spätburgunder trocken
Biologisches Weingut **Höfflin** Baden	2010 „Biegarten“ Spätburgunder trocken Barrique
Weingut **Hofmann** Franken	2010 Röttinger Feuerstein „R“ Spätburgunder trocken
Weingut Bernhard **Huber** Baden	2010 „Alte Reben“ Spätburgunder
Weingut Klaus **Keller** Rheinhessen	2010 Frauenberg Spätburgunder „GG“
Weingut **Kistenmacher-Hengerer** Württemberg	2009 „Junges Schwaben“ Blauer Spätburgunder trocken
Weingut der Stadt **Klingenberg** Franken	2010 Klingenberger „R“ Spätburgunder
Weingut **Klumpp** Baden	2010 „Alte Reben“ Spätburgunder trocken
Weingut **Knab** Baden	2010 Endinger Engelsberg*** Spätburgunder trocken Barrique
Weingut **Krone** Assmannshausen Rheingau	2008 Spätburgunder trocken „Juwel“ Assmannshäuser
Weingut Günther **Künstler** Rheingau	2010 Hochheim Reichestal Spätburgunder „Erstes Gewächs“
Weingut **Michel** Baden	2010 Achkarrer Schlossberg Spätburgunder*** trocken
Weingut Ludi **Neiss** Pfalz	2009 „Glockenseil“ Kindenheimer Vogelsang Spätburgunder trocken
Weingut Richard **Östreicher** Franken	2009 „No. 1“ Sommeracher Katzenkopf Spätburgunder trocken
Weingut Oekonomierat **Rebholz**	2009 „vom Muschelkalk“

Pfalz	Spätburgunder „S" Spätlese trocken
Weingut Konrad **Schlör**	2010 First
Baden	Spätburgunder „GG"
Weingut **Schumacher**	2010 „Garten" Herxheimer Himmelreich
Pfalz	Spätburgunder trocken
Weingut Paul **Schumacher**	2010 Walporzheimer Kräuterberg
Ahr	Spätburgunder
Weingut Thomas **Seeger**	2010 „S"
Baden	Spätburgunder
Weingut **Siegrist**	2009 „Lössriedel"
Pfalz	Pinot Noir trocken
Weingut **Stich**	2009 Centgrafenberg „AAA"
Franken	Spätburgunder Spätlese trocken „Löwenlinie"
Weingut Jean **Stodden**	2010 Recher Herrenberg
Ahr	Spätburgunder
Weingut Jean **Stodden**	2010 Ahrweiler Rosenthal
Ahr	Spätburgunder
Staatsweingut **Weinsberg**	2010 Gundelsheimer Himmelreich
Württemberg	Spätburgunder „GG"
Weingut **Zehnthof**	2010 Spätburgunder***
Franken	
Weingut **Zelt**	2010 Spätburgunder trocken
Pfalz	Großkarlbacher Burgweg

Rote Cuvées

93 Punkte

Weingut **Dautel** Württemberg	2009 Kreation Rot

92 Punkte

Weingut Karl **Haidle** Württemberg	2010 Ypsilon
Weingut **Knipser** Pfalz	2009 Cuvée X

91 Punkte

Weingut Matthias **Gaul** Pfalz	2009 Grand Jeté
Weingut Thomas **Seeger** Baden	2010 Naan
Weingut **Zehnthof** Franken	2010 Grand Noir***

90 Punkte

Weingut Gerhard **Roth** Franken	2009 Purpur
Weingut Thomas **Seeger** Baden	2010 Anna
Weingut **Zimmerle** Württemberg	2009 Triologie

89 Punkte

Weingut **Bercher** Baden	2010 Limberg VIII
Weingut **Beurer** Württemberg	2009 Secundus
Fellbacher Weingärtner Württemberg	2008 Amandus Fellbacher Lämmler

Weingut Jürgen **Ellwanger** Württemberg	2009 Nicodemus
Weingut **Hensel** Pfalz	2009 Ikarus
Weingut Fürst **Hohenlohe-Öhringen** Württemberg	2010 Ex flammis orior
Weingut Fürst **Hohenlohe-Öhringen** Württemberg	2010 In senio
Weingut **Kusterer** Württemberg	2009 Melac*** trocken Esslinger Schenkenberg
Weingut **Rings** Pfalz	2009 Das Kreuz
Weingut Egon **Schmitt** Pfalz	2008 Duca XI
Weingut **Sonnenhof** Württemberg	2009 Agnatus
Weingut **Wachtstetter** Württemberg	2009 Cuvée Ernst Combé „R“
Staatsweingut **Weinsberg** Württemberg	2009 Traum
Weingut **Wöhrwag** Württemberg	2010 X
Weingut **Wöhrwag** Württemberg	2009 X

Lemberger

93 Punkte

Weingut Thomas **Seeger** Baden	2010 Lemberger „R“

91 Punkte

Weingut Gerhard **Aldinger** Württemberg	2010 Fellbacher Lämmler Fellbacher Lämmler
Weingut Karl **Haidle** Württemberg	2009 „Reserve“ Lemberger trocken Barrique
Weingut Burg **Ravensburg** Baden	2009 „Corvus“ Lemberger trocken
Weingut Rainer **Schnaitmann** Württemberg	2010 Lemberger“ GG“ Lämmler Fellbach
Weingut **Wachtstetter** Württemberg	2009 Hohenberg Pfaffenhofen Lemberger „GG“

90 Punkte

Weingut **Dautel** Württemberg	2010 Lemberger „GG“ „St. Michaelsfeder“ Michaelsberg
Weingut Jürgen **Ellwanger** Württemberg	2009 Lemberger trocken „Hades“
Weingut Thomas **Seeger** Baden	2010 Lemberger „S“

89 Punkte

Weingut Bernhard **Ellwanger** Württemberg	2009 Lemberger „SL“ trocken
Weingut Jürgen **Ellwanger** Württemberg	2010 Lemberger „GG“ Hebsacker Lichtenberg
Weingut Thomas **Hagenbucher** Baden	2011 Lemberger*** trocken Barrique Sulzfelder
Weingut Karl **Haidle** Württemberg	2010 Mönchberg Stetten Lemberger „GG“
Weingut **Heid** Württemberg	2010 Lemberger*** trocken Fellbacher Lämmler

Sonstige rote Rebsorten

93 Punkte

Weingut Rudolf **Fürst** Franken	2010 Frühburgunder „R" Centgrafenberg

91 Punkte

Weingut **Dautel** Württemberg	2009 Zweigelt „S"
Weingut Karl **Haidle** Württemberg	2010 Zweigelt trocken Barrique
Weingut Wolfgang **Klopfer** Württemberg	2009 Zweigelt trocken Barrique

90 Punkte

Weingut Gerhard **Aldinger** Württemberg	2010 Merlot***
Weingut Rudolf **Fürst** Franken	2010 Frühburgunder Centgrafenberg
Weingut **Horcher** Pfalz	2009 Merlot trocken „Gold"
Weingut **Knipser** Pfalz	2009 St. Laurent trocken
Weingut **Kusterer** Württemberg	2009 Merlot**** trocken Esslinger Schenkenberg
Weingut **Medinger** Württemberg	2009 Cabernet Cubin trocken Barrique
Weingut Richard **Östreicher** Franken	2009 Cabernet Sauvignon trocken Sommeracher Katzenkopf
Weingut Egon **Schmitt** Pfalz	2009 Cabernet Sauvignon trocken
Weingut Egon **Schmitt** Pfalz	2009 Merlot trocken
Weingut **Rings** Pfalz	2009 Portugieser trocken „Reserve"
Weingut **Rings** Pfalz	2009 Syrah trocken „Reserve"

Weingut Thomas **Seeger** Baden	2010 Schwarzriesling „R“
Weingut **Zelt** Pfalz	2010 Frühburgunder trocken bissersheimer Goldberg
Weingut **Zehnthof** Franken	2010 Frühburgunder***

89 Punkte

Weingut **Braunewell** Rheinhessen	2009 Merlot „R“ „François“
Weingut Bernhard **Ellwanger** Württemberg	2009 Syrah „SL“ trocken
Weingut Jürgen **Ellwanger** Württemberg	2009 Zweigeltrebe trocken „Hades“
Weingut Jürgen **Ellwanger** Württemberg	2009 Merlot trocken „Hades“
Weingut Fritz **Funk** Württemberg	2010 Syrah Auslese trocken Barrique
Weingut Matthias **Gaul** Pfalz	2009 Cabernet Sauvignon trocken
Weingut **Hofmann** Franken	2009 Tauberschwarz „R“ Röttinger Feuerstein „R“
Weingut **Klumpp** Baden	2010 St. Laurent trocken Eichholz
Weingut **Klumpp** Baden	2010 Syrah trocken Unteröwisheimer Kirchberg
Weingut Ludi **Neiss** Pfalz	2009 Syrah trocken Kindenheimer Katzenstein
Weingut Richard **Östreicher** Franken	2009 Merlot trocken Sommeracher Katzenkopf
Weingut **Schneider** Pfalz	2009 Syrah
Weingut Jean **Stodden** Ahr	2010 Frühburgunder Recher Herrenberg
Weingut Karl **Wegner** Pfalz	2008 Cabernet Sauvignon trocken Barrique „Machwerk“

Sekte

92 Punkte

Sekthaus **Raumland** Rheinhessen	2005 „Blanc et Noirs" brut nature

90 Punkte

Weingut Franz **Keller** Baden	2009 Chardonnay Zero Dosage
Sekthaus **Raumland** Rheinhessen	2005 „V Triumvirat Grande Cuvée" brut
Sekthaus **Raumland** Rheinhessen	2007 „V Triumvirat Grande Cuvée" brut
Sekthaus **Solter** Rheingau	1996 Pinot „Reserve" brut
Weingut Schloss **Sommerhausen** Franken	2008 Rosé brut

89 Punkte

Weingut **Andres & Mugler** Pfalz	2008 Cuvée Elena Brut
Weingut **Bergdolt** St. Lamprecht Pfalz	2008 Weißburgunder „S" extra brut
Weingut Reichsrat von **Buhl** Pfalz	2006 „Blanc de Noir" brut
Weingut Reichsrat von **Buhl** Pfalz	2008 Riesling brut Forster Pechstein
Sekthaus **Solter** Rheingau	2002 Riesling „Reserve" brut
Weingut Schloss **Sommerhausen** Franken	2005 Auxerrois extra brut
Weingut **Wilhelmshof** Pfalz	2009 Pinot „B" brut

Rebsorten

Dieses Verzeichnis enthält nur solche Rebsorten, die uns in den letzten Jahren reinsortig oder in Cuvées „auf die Zunge" gekommen sind. Darüber hinaus gibt es noch weitere Rebsorten, die früher ab und an in Deutschland zu finden waren, oft Neuzüchtungen, die im Versuchsanbau zu finden waren, dann aber züchterisch nicht weiter verfolgt wurden.

Rebsorte	weiße Rebsorten
Rebsorte	rote Rebsorten

Acolon ... gelegentlich als „Cabernet Acolon" bezeichnet. Weinsberger Neuzüchtung aus Lemberger und Dornfelder. Eine der neuen Sorten, die Rotweine im „Cabernettyp" erbringen sollen. Findet recht schnelle Verbreitung (500 Hektar), insbesondere in Württemberg, aber auch in Rheinhessen und der Pfalz, vereinzelt auch in Franken (Roth) zu finden. Reinsortige Weine erinnern im Bouquet deutlich an rote Johannisbeeren. Hat (bisher) noch keine denkwürdigen Weine erbracht, ab und an einige gute barriqueausgebaute Weine, meist aus Württemberg. Wird häufig für Cuvées genutzt.

Albalonga ... in den fünfziger Jahren in Würzburg als Kreuzung aus Rieslaner und Silvaner gezüchtet. Kaum verbreitet, findet man sie am ehesten noch in Franken (z.B. Staatlicher Hofkeller, Trockene Schmitts) oder Rheinhessen (z.B. Göhring). Kann ganz exzellente edelsüße Weine ergeben, die ein wenig an Rieslaner erinnern, auch trocken ausgebaut findet man Anklänge an Grapefruit, wie beim Rieslaner.

André ... in den sechziger Jahren in der ehemaligen Tschechoslowakei aus Blaufränkisch und Sankt Laurent gekreuzt. Einige wenige Hektar im Anbau in Sachsen und Saale-Unstrut (Pawis, Kloster Pforta), häufiger in Mähren zu finden. Die wenigen von uns bisher verkosteten Weine wiesen – bei feiner Frucht – eine deutliche Säure auf.

Arnsburger ... Geisenheimer Neuzüchtung aus zwei Rieslingklonen, benannt nach Kloster Arnsburg in Hessen. Hat sich in Deutschland nicht durchgesetzt, nur noch ganz wenige Anbauflächen. Auf Madeira wird Arnsburger für trockene Weine verwendet, reinsortig oder in Cuvées. Auch in Neuseeland findet man ein klein wenig Arnsburger.

Auxerrois ... Rebsorte aus der Burgunderfamilie, die vor allem im Kraichgau und an der Badischen Bergstraße (Seeger), sowie in der Südpfalz (heute auch immer häufiger im Norden der Pfalz, Schumacher) anzutreffen ist, in geringerem Umfang auch an der Obermosel. Bereits seit den siebziger Jahren auch in Franken bei Schloss Sommerhausen zu finden (immer wieder bemerkenswert der Sekt!). Außerhalb Deutschlands vor allem im Elsass verbreitet, wo sie früher oft einfach als „Pinot Blanc" bezeichnet wurde, heute immer häufiger als „Pinot Blanc Auxerrois". Auch in Luxemburg von Bedeutung. Findet sich heute vereinzelt in fast allen deutschen Anbaugebieten – mit steigender Beliebtheit, so in Rheinhessen (Gutzler, Hedesheimer Hof, Manz, Gröhl), an der Nahe (Crusius) oder in Württemberg (Hirth), auch im Breisgau (Wöhrle, Huber, Frey), am Kaiserstuhl (Knab, Fischer, Höfflin) und am Bodensee (Aufricht). Bei reifen Trauben ergeben sich recht stoffige Weine mit ausgeprägtem Bouquet und kräftiger Frucht (meist markanter als beim verwandten → Weißburgunder), aber niedriger Säure.

Bacchus . . . in den sechziger Jahren am Geilweilerhof durch Kreuzung von (Silvaner x Riesling) mit Müller-Thurgau entstanden hat Bacchus in kurzer Zeit in fast allen deutschen Weinbaugebieten Einzug gehalten. Größere Anbauflächen gibt es in Rheinhessen und der Pfalz, aber nur in Franken hat Bacchus ein eigenständiges Profil entwickelt mit interessanten Weinen. In Franken erfreut sich Bacchus bei Neuanlagen weiter großer Beliebtheit, während der Anbau in den anderen Anbaugebieten rückläufig ist. Bacchus profitiert sehr von kühler, langsamer Vergärung, die ausgeprägte Aromen zu Tage bringt, manchmal Anklänge an Johannisbeeren. Wird auch in Franken selten trocken ausgebaut, oft halbtrocken, gelegentlich edelsüß bis hin zur Trockenbeerenauslese.

Baron . . . pilzresistente Neuzüchtung aus Freiburg, gelegentlich in Cuvées zu finden.

Blauburger . . . österreichische Neuzüchtung aus Portugieser und Blaufränkisch. In Österreich auf etwa 1000 Hektar im Anbau, in Deutschland einige wenige Hektar im Versuchsanbau, vor allem in Franken (z.B. bei Schloss Sommerhausen, Hofmann). Ergibt recht füllige Weine bei zurückhaltender Frucht.

Blauer Frühburgunder . . . siehe → Frühburgunder.

Blauer Limberger . . . ampelografisch korrekte Bezeichnung des → Lemberger.

Blauer Portugieser . . . siehe → Portugieser.

Blauer Silvaner . . . Mutation des Grünen Silvaners, die sich von diesem lediglich durch die Rotfärbung der Beeren unterscheidet. Sehr selten zu finden (etwa 20 ha), vor allem in Franken z.B. bei Schloss Sommerhausen (die Rebschule Steinmann betreut die Rebsorte seit 1964), Zehnthof und Horst Sauer in Franken oder bei der Hahnmühle an der Nahe. Im Geschmack nicht vom Grünen → Silvaner zu unterscheiden, durch Maischestandzeiten ist eine leicht rötliche Färbung des Weines möglich. Erfreut sich derzeit steigender Beliebtheit.

Blauer Spätburgunder . . . siehe → Spätburgunder.

Blauer Wildbacher . . . alte Rebsorte, vermutlich aus dem Heunisch hervorgegangen. Früher auch in Deutschland verbreitet, heute vor allem in der Weststeiermark, wo sie den Schilcher genannten Wein ergibt. An der Hessischen Bergstraße (wo die Rebsorte früher als „Willbacher" bekannt war)von den Bergsträsser Winzern in Zusammenarbeit mit der Forschungsanstalt Geisenheim versuchsweise angebaut.

Blauer Zweigelt . . . siehe → Zweigelt.

Blaufränkisch . . . in Österreich übliche Bezeichnung für → Lemberger, gelegentlich auch in Deutschland (außerhalb Württembergs) auf dem Etikett zu finden, z.B. in Franken (Roth, Bürgerspital), in der Pfalz (Immengarten Hof) oder auch in Baden (Dütsch).

Bolero . . . pilzresistente Neuzüchtung aus Geisenheim, eine Kreuzung aus Rotberger und Reichensteiner die weitergekreuzt wurde mit der Sorte Chancellor. Bisher nur einzelne Versuchspflanzungen.

Bronner . . . pilzresistente Neuzüchtung aus Freiburg, gekreuzt aus Merzling und Rondo. Etwa drei Hektar im Versuchsanbau, vor allem in Baden, auch in Franken, oft in Cuvées mit anderen pilzresistenten Rebsorten zu finden („Bacat"), gelegentlich auch sortenrein anzutreffen.

Cabernet Blanc . . . pilzresistente Neuzüchtung aus der Schweiz, gekreuzt aus Cabernet Sauvignon und einer Hybridsorte. Inzwischen auch sortenrein in Deutschland immer häufiger zu finden, oft bei biologisch arbeitenden Betrieben. Nicht zu verwechseln mit einer in Australien zu findenden Mutation des Cabernet Sauvignon mit hellen Beeren, die den Namen Shalistin erhalten hat.

Cabernet Cantor . . . pilzresistente Neuzüchtung aus Freiburg, trotz des Namens keine Cabernet-Kreuzung.

Cabernet Carbon . . . pilzresistente Neuzüchtung aus Freiburg, vereinzelt in Baden zu finden.

Cabernet Carol . . . pilzresistente Neuzüchtung aus Freiburg (aus Cabernet Sauvignon und Solaris), ergibt farbintensive Weine mit Kraft und Tanninen.

Cabernet Cortis . . . pilzresistente Neuzüchtung aus Freiburg (ebenfalls aus Cabernet Sauvignon und Solaris), bisher vor allem in Cuvées verwendet.

Cabernet Cubin . . . Weinsberger Neuzüchtung aus Lemberger und Cabernet Sauvignon, die – obwohl erst seit 1998 im Versuchsanbau – derzeit rasche Verbreitung findet. Stellt hohe Anforderungen an die Lage und ergibt kraftvolle Rotweine. Bisher überwiegend für Cuvées verwendet, oft mit überzeugenden Ergebnissen (z.B. Cuvée Ernst Combé von Wachtstetter, Cuvée Nobilis von Gerhard Leiss), aber auch reinsortig sehr interessant, wie z.B. bei Stallmann-Hiestand in Rheinhessen, Schäfer-Heinrich und Medinger in Württemberg oder Immengarten Hof in der Pfalz.

Cabernet Dorio . . . Weinsberger Neuzüchtung aus Dornfelder und Cabernet Sauvignon, die deutliche Cabernet Sauvignon-Noten hervorbringt mit intensivem Duft, der manchmal an Cassis erinnert. Bisher selten reinsortig zu finden, da meist in Cuvées verwendet. Hat (bisher) reinsortig noch keine denkwürdigen Weine erbracht.

Cabernet Dorsa . . . wie der Cabernet Dorio eine Weinsberger Neuzüchtung aus Dornfelder und Cabernet Sauvignon. Im Bouquet Anklänge an rote Beeren (Johannisbeeren), ergibt fruchtbetonte, meist unkomplizierte Weine mit intensivem Bouquet. Sehr beliebt auch in Cuvées. Interessante Weine vor allem in Rheinhessen, in Cuvées (Manz), aber auch reinsortig (Stallmann-Hiestand, Kreichgauer). In der Pfalz als Cuvéebestandteil beim Weingut Pfeffingen, reinsortig beim Weingut Fitz-Ritter.

Cabernet Franc . . . gelegentlich findet man diese Rebsorte in Deutschland, die ihre Hauptverbreitungsgebiete in Frankreich hat, an der Loire (Bourgeuil, Chinon, Saumur) und in Bordeaux (wo sie meist als komplementäre Sorte zu → Cabernet Sauvignon und → Merlot in Cuvées genutzt wird). In Deutschland vor allem in der Pfalz, z.B. bei Knipser, Minges, als Bestandteil im Bordeaux-Blend Claret bei Pfleger, im Steinsatz von Schneider, reinsortig bei Matthias Gaul, außerhalb der Pfalz bei Schnaitmann in Württemberg, immer öfter auch in Rheinhessen und in Baden, z. b. bei Fritz und Martin Waßmer.

Cabernet Mitos . . . Weinsberger Neuzüchtung aus Lemberger und Cabernet Sauvignon, die Weine im Cabernettyp erbringen soll. Bisher meist in Cuvées verwendet, überzeugend bei Egon Schmitt.

Cabernet Sauvignon . . . Einer der Stars der internationalen Weinszene, der von Bordeaux bis Kalifornien in fast allen Weinbauregionen der Welt zu finden ist. In Deutschland erst seit wenigen Jahren im Anbau, vor allem in Baden, der Pfalz (Knipser, Minges, Horcher, Kuhn) und Rheinhessen, aber auch in Württemberg (Aldinger) an der Ahr (Kreuzberg) und in Baden (Martin Waßmer). Ganz stark auch bei Luckert (Franken). Zunehmend bessere Ergebnisse. Braucht eine lange Vegetationsperiode, weshalb er in manchen Jahren nicht ganz ausreift. Zeigt dann Anklänge an grüne Paprika. Reifer Cabernet weist hingegen deutliche Cassisaromen auf. Gelegentlich wird er nach Bordeaux-Vorbild in Cuvées mit → Merlot und/oder → Cabernet Franc genutzt.

Cabertin . . . Schweizer Neuzüchtung aus Pinot Noir, pilzresistent, bei einigen ökologisch arbeitenden Betrieben im Anbau.

Calandro . . . pilzresistente Neuzüchtung des Geilweilerhofes aus Domina und Regent.

Carmina . . . wie Domina eine Kreuzung aus Portugieser und Spätburgunder. Zuletzt noch beim Fürstlich Castell'schen Domänenamt in Cuvées verwendet, inzwischen gerodet.

Chardonel . . . Neuzüchtung aus Geneva (New York) aus Seyval Blanc und Chardonnay, pilzresistent; bei einigen biologisch arbeitenden Winzern für Cuvées verwendet.

Chardonnay . . . die vielleicht international renommierteste Weißweinsorte hat weltweite Verbreitung gefunden. In den letzten Jahren hat ihr Anbau in Deutschland stark zugenommen (sie wurde erst in den neunziger Jahren für deutsche Anbaugebiete zugelassen). Vor allem in Baden, der Pfalz und in Rheinhessen hat sie starke Zuwachsraten zu verzeichnen, aber auch in allen anderen deutschen Weinbaugebieten ist sie immer häufiger anzutreffen. Man mag stehen zu der Sorte wie man will, anerkennen muss man, dass sie sehr gute Weine ergeben kann. Auch in Deutschland. Jahr für Jahr gibt es mehr bemerkenswerte deutsche Chardonnay, vom Kaiserstuhl und aus der Pfalz vor allem, auch in Franken (Fürst, Zehnthof)und Rheinhessen (Wittmann) mit oder ohne Barriqueausbau. Über 1.100 Hektar sind in Deutschland mittlerweile mit Chardonnay bestockt.

Chasselas . . . französische Bezeichnung für → Gutedel, gelegentlich auch auf deutschen Etiketten zu finden (Schlossgut Ebringen).

Chenin Blanc . . . die wichtigste Rebsorte an der Loire, aber auch in Südafrika, erbringt bei maßvollen Erträgen sowohl trockene wie edelsüße Spitzenweine. In

Deutschland im Versuchsanbau bei Stigler in Ihringen, reinsortig und als Cuvée mit Sauvignon Blanc.

Clevner ... Mutation des Spätburgunders, die seit dem Mittelalter in Württemberg bekannt ist (insbesondere in der Gegend um Heilbronn). Wird neuerdings immer öfter auch als Frühburgunder bezeichnet. Im Geschmack jedoch weniger markant als der Frühburgunder (von der Ahr oder von Fürst aus Bürgstadt), was sicherlich mit an den Böden liegt. Der Württemberger Clevner ähnelt mehr dem Spätburgunder. Interessant bei Adelmann. Bitte beachten: In der Ortenau wird der → Rote Traminer auch als Clevner bezeichnet.

Dakapo ... in den siebziger Jahren in Geisenheim aus Deckrot und Portugieser gekreuzt. Wird (bisher) meist als Deckrotwein verwendet, ist gelegentlich aber auch sortenrein zu finden, z.B. bei Rothweiler an der Hessischen Bergstraße. In Cuvées z.B. bei Frick im Markgräflerland – und ohne Kennzeichnung in manch dunklem Spätburgunder.

Deckrot ... in Freiburg aus Grauburgunder und Färbertraube gekreuzt. Wird ausschließlich zur Farbaufbesserung anderer Rotweine verwendet (und ist sicherlich für manch dunklen badischen Spätburgunder verantwortlich).

Domina ... in den zwanziger Jahren am Geilweilerhof aus Portugieser und Spätburgunder gezüchtet. Erfreut sich steigender Beliebtheit in verschiedenen deutschen Anbaugebieten. Das Gros der derzeit gut 400 Hektar findet man in Franken. Von dort kommen auch die bisher interessantesten Weine, sowohl reinsortig (Zehnthof, Markert), als auch in Cuvées, oft mit Spätburgunder (Fürst, Ruck, Störrlein). Außerhalb Frankens immer häufiger zu finden, ohne jedoch bisher so überzeugende Weine wie in Franken zu erbringen.

Dornfelder ... bereits in den fünfziger Jahren entstandene Weinsberger Kreuzung aus Helfensteiner und Heroldrebe, hat ihre Eltern an Beliebtheit weit hinter sich gelassen und ist der Fläche nach die Nummer 2 unter den roten Rebsorten (über 8.000 Hektar im Anbau). Auch wenn „Connaisseurs" die Nase rümpfen – Dornfelder kann sehr interessante Weine erbringen, vor allem auch barriqueausgebaut. Allerdings führt die Beliebtheit der Rebsorte dazu, dass immer höhere Hektarerträge erzeugt werden – was bei Dornfelder leicht möglich ist – und die Weine immer früher abgefüllt werden.

Dunkelfelder ... einst auf Grund seiner dunklen Farbe als Deckrotwein genutzt, findet man ihn in letzter Zeit immer häufiger auch reinsortig (etwa 360 Hektar). Vor allem in der Pfalz und in Rheinhessen (z.B. bei Gallé) zeigt er, dass er, gerade auch barriqueausgebaut, gute Ergebnisse bringen kann. Interessant auch in Cuvées, z.B. bei Schmitt (Duca XI), Karst (Cadu) oder Zimmermann (Cuvée AZ).

Ehrenbreitsteiner ... Geisenheimer Neuzüchtung, Kreuzung aus Ehrenfelser und Reichensteiner. Kaum verbreitet, zuletzt noch etwa 10 Hektar im Anbau, hauptsächlich in Rheinhessen.

Ehrenfelser ... in den zwanziger Jahren in Geisenheim aus Riesling und Silvaner gezüchtet. Stark rückläufig im Anbau (noch 100 Hektar), am ehesten noch an der Hessischen Bergstraße. Ergibt fruchtbetonte Weine mit feiner Säure, eignet sich gut für edelsüße Weine.

Elbling ... auch: **Weißer Elbling**. In früheren Jahrhunderten weit verbreitet, findet man Elbling heute vor allem an der Obermosel und in Sachsen. Die Weine sind recht neutral im Geschmack, niedrig im Alkohol und oft säurebetont. Wird häufig zu Sekt verarbeitet.

Faberrebe ... in den zwanziger Jahren in Alzey aus Weißburgunder und Müller-Thurgau gezüchtet. Sie ergibt interessante Weine mit dezentem Muskatbouquet. Recht häufig in den Weinbergen in Rheinhessen und der Pfalz zu finden, seltener als Rebsortenbezeichnung auf Etiketten. Meist süß oder edelsüß zu finden, selten einmal trocken ausgebaut. Im Anbau stark rückläufig, die Rebfläche hat sich in den vergangenen fünf Jahren halbiert, aber immer noch mehr als 600 Hektar sind mit Faberrebe bestockt.

Färbertraube ... wird fast ausschließlich als Deckrotwein verwendet.

Findling ... Mutation des Müller-Thurgau. Kann faszinierende edelsüße Weine ergeben, jedoch selten zu finden, am ehesten an der Mosel (Schmitt-Rodermund, Hermes), beim Espenhof in Rheinhessen.

Fontanara ... Veitshöchheimer Neuzüchtung, Kreuzung aus Rieslaner und Müller-Thurgau. Früher gelegentlich in Franken zu finden, hat sich nicht durchgesetzt.

Freisamer ... 1916 in Freiburg aus Silvaner und Grauburgunder gezüchtet. Heute fast nur in Südbaden – insbesondere im Markgräflerland – zu finden, auch als Sekt. Als Cuvée-Bestandteil im „Malterer" von Bernhard Huber.

Frühburgunder ... auch: **Blauer Frühburgunder**, gelegentlich auch als Pinot Madeleine oder Pinot Noir Précoce bezeichnet. Mutation des Blauen Spätburgunders, reift deutlich vor dem → Spätburgunder aus, daher der Name. Führte lange Jahre nur ein Außenseiterdasein (nur noch 15 Hektar in den sechziger Jahren), war am ehesten noch am Untermain, in der Gegend von Ingelheim, bei Heilbronn und an der Ahr zu finden. Erfreut sich derzeit aber steigender Beliebtheit (250 Hektar), eigentlich in allen deutschen Anbaugebieten. Frühburgunder ergibt sehr eigenständige Weine – mit Wiedererkennungswert. Jahr für Jahr interessantere Weine von der Ahr, ganz faszinierend in Franken der „R" von Fürst, dazu Zehnthof, Walter, Höfling, Knapp. Im Rheingau immer häufiger zu finden; erste interessante Weine auch in Rheinhessen, in der Pfalz (Kuhn, Schumacher), an der Nahe und in Württemberg (Schnaitmann), wo er in der Gegend von Heilbronn seit langem als → Clevner bekannt ist. Auch in Baden zu finden, an der Hessischen Bergstraße, an der Mosel beim Römerhof und bei Richard Richter.

Früher Malingre ... Im 19. Jahrhundert in der Nähe von Paris aus Sämlingen gezogen, in Deutschland zugelassen, von Bedeutung als Tafeltraube und in der Rebzüchtung.

Frühroter Malvasier ... in Österreich noch weit verbreitet, wird sie heute in Deutschland fast gar nicht mehr angebaut. Noch einige wenige Hektar im Anbau in Rheinhessen.

Gänsfüsser ... diese vor 500 Jahren berühmteste Rebsorte der Pfalz ist auf Grund ihrer Ertragsschwäche nach und nach aus den Weinbergen verschwunden. Heute wird sie wieder betreut vom Staatsweingut mit Johannitergut in Mußbach.

Garanoir ... anfangs Granoir genannt. Eine im Weinbauinstitut Changin am Genfer See entstandene Kreuzung aus Gamay Noir und Reichensteiner. Wird in Deutschland ausschließlich bei Kuhnle in Strümpfelbach im Remstal angebaut.

Gelber Muskateller ... seit dem Mittelalter in Deutschland bekannt, am häufigsten am Kaiserstuhl zu finden (Heger), in der Ortenau (Schloss Ortenberg, Laible), auch an der Nahe (Korrell), in der Pfalz (Müller-Catoir, Rebholz, Brenneis-Koch, Schaefer, Rolf Pfaffmann), in Württemberg (Neipperg, Supp, Kistenmacher-Hengerer), Rheinhessen und Franken (Michael Fröhlich). Von trocken bis edelsüß in vielen Spielarten zu finden.

Gelber Orleans ... alte Rebsorte, die wegen ihrer späten Reife nicht mehr angebaut wurde. Früher (in gemischt stehenden Weinbergen) oft am Rande des Weinbergs angepflanzt, um potentielle Diebe mit den unreifen Trauben abzuschrecken. Bei Knipser in der Pfalz zu finden, auch bei Breuer im Rheingau.

Gewürztraminer ... in fast allen deutschen Anbaugebieten als Spezialität zu finden, außerhalb Deutschlands vor allem im Elsass, in Südtirol (vom Ort Tramin rührt der Name her) und in Osteuropa. Das Bouquet erinnert häufig an Rosen. Gewürztraminer eignet sich auch sehr gut für edelsüße Weine. Sowohl für trockene als auch für edelsüße Weine wird das Potenzial der Rebsorte in Deutschland – anders im Elsass und in Südtirol – zu wenig genutzt. Nur wenige Erzeuger bringen Jahr für Jahr sehr gute Gewürztraminer auf die Flasche (z.B. Glaser-Himmelstoß, Laible, Pix, Scheu).

Goldriesling ... Elsässer Züchtung aus Riesling und einer französischen Tafeltraube. In Deutschland vor allem in Sachsen und Saale-Unstrut zu finden. Ergibt recht neutrale Weine.

Grauer Burgunder ... auch: **Grauburgunder**, **Ruländer**, international als Pinot Gris bezeichnet (Pinot Grigio in Italien). Eine der wenigen Weißweinsorten in Deutschland, die im Anbau zulegt (4.400 Hektar). Als Ruländer (meist süß ausgebaut) nicht mehr gefragt, hat die Namensänderung – zusammen mit der Stiländerung – einen gewaltigen Boom ausgelöst. Das Gros der Spitzenweine kommt derzeit vom Kaiserstuhl, aber auch in der Pfalz, in Rheinhessen, im Markgräflerland, in Franken und an der Nahe findet man immer häufiger Spitzenweine.

Grüner Veltliner ... neben Riesling die bekannteste Rebsorte in Österreich. In Deutschland in Rheinhessen bei einigen Betrieben im Versuchsanbau, auch im Rheingau beim Weingut Koegler, in Franken beim Weingut LandArt, bei Gerhard Klein in der Pfalz.

Grüner Silvaner ... siehe → Silvaner.

Gutedel ... auch: **Weißer Gutedel**. Die Hauptrebsorte im badischen Markgräflerland, sonst aber kaum noch in Deutschland zu finden (ein wenig an Saale und Unstrut). Ergibt jung zu trinkende Weine mit verhaltenen Aromen. Durch kühle, langsame Vergärung gibt es neuerdings etwas ausdrucksstärkere Weine. In den letzten Jahren häufig auch edelsüß zu finden. Verbreitet in der Schweiz, wo er Fendant oder Chasselas (nach einem Ort in Burgund) genannt wird. In geringem Umfang auch noch im Elsass zu finden, mehr im Südwesten Frankreichs. Größte Anbauflächen in Rumänien (13.000 Hektar) und Ungarn (6.000 Hektar).

Hecker ... pilzresistente Neuzüchtung, bei einigen badischen Winzern im Versuchsanbau; auch als Tafeltraube angebaut, Ähnlichkeit mit Gutedel.

Hegel ... Weinsberger Kreuzung aus Heroldrebe und Helfensteiner. Ergibt leichte unkomplizierte Rotweine. Bei einigen Betrieben in Württemberg, vor allem im Remstal im Versuchsanbau, auch in Baden.

Helfensteiner ... in den dreißiger Jahren in Weinsberg aus Frühburgunder und Trollinger gezüchtet. Ergibt leichte Rotweine und ist heute nur noch selten zu finden.

Helios ... pilzresistente Neuzüchtung aus Freiburg, die man gelegentlich vor allem bei ökologisch wirtschaftenden Betrieben findet, z.B. bei Stutz.

Heroldrebe ... Kreuzung aus Portugieser und Lemberger, im Anbau rückläufig. Ergibt leichte, fruchtbetonte Weine mit deutlicher Säure. Vor allem in der Pfalz und in Württemberg noch zu finden. Am interessantesten als „Rosé".

Heunisch ... Weißer Heunisch. Alte Rebsorte, bis ins 19. Jahrhundert in Mitteleuropa weit verbreitet (in Frankreich als Gouais Blanc bekannt), heute noch Restbestände in Osteuropa. Wurde vom Weingut Georg Breuer wieder neu angepflanzt.

Hibernal ... pilzresistente Weißweinzüchtung (Kreuzung aus Seibel 7053 und Riesling), kaum verbreitet. Die von mir bisher verkosteten wenigen Weine zeigten sowohl im Bouquet als auch im Mund deutliche Anklänge an Johannisbeeren (ähnlich wie manchmal bei Scheurebe).

Hölder ... in den fünfziger Jahren in Weinsberg aus Riesling und Grauburgunder gezüchtet, benannt nach Friedrich Hölderlin. War in den achtziger Jahren häufiger bei einigen Württemberger, Badischen und Pfälzer Weingütern (im Versuchsanbau) zu finden, heute aber bedeutungslos, nur noch wenige Hektar im Anbau; reinsortig bei der Winzervereinigung Freyburg.

Huxelrebe ... in den zwanziger Jahren in Alzey aus Gutedel und der französischen Tafeltraube Courtillier Musqué gezüchtet und benannt nach dem Winzer Fritz Huxel aus Westhofen, der sie durch seine Anbauversuche bekannt gemacht hat. Hat sich als Spezialität vor allem in Rheinhessen etabliert, wo sie meist für edelsüße Weine genutzt wird. Häufiger auch in der Pfalz zu finden, aber auch in anderen deutschen Anbaugebieten gelegentlich anzutreffen, z.B. bei Brennfleck (Franken), Rothenbach (Rheingau) oder Rainer Schlumberger (Baden).

Irsay Oliver ... ungarische Züchtung aus den dreißiger Jahren. Einige Anpflanzungen in Sachsen und Saale-Unstrut.

Johanniter ... pilzresistente Neuzüchtung aus Freiburg (Muttersorte: Riesling), die man immer häufiger vor allem bei ökologisch wirtschaftenden Betrieben findet, inzwischen auf 50 Hektar angebaut. Ergibt Weine mit kräftiger Säure und erinnert im Bouquet etwas an Johannisbeeren und Holunder, manchmal auch an Melone.

Juwel ... Weinsberger Neuzüchtung der fünfziger Jahre aus Kerner und Silvaner, die auf etwa 25 Hektar angebaut wird, vor allem in Rheinhessen, auch in Württemberg. Selten reinsortig zu finden.

Kanzler ... in den zwanziger Jahren in Alzey aus Müller-Thurgau und Silvaner gekreuzte Züchtung, findet man heute am ehesten in Rheinhessen. Kanzler ergibt körperreiche Weine und eignet sich besonders gut für edelsüße Weine.

Kerner ... aus Trollinger und Riesling gekreuzte Traube, war bis in die neunziger Jahre hinein sehr beliebt in allen deutschen Regionen. Heute ist sie überall im Anbau rückläufig, wobei immer noch 3.800 Hektar Weinberge in Deutschland mit Kerner bepflanzt sind. Dabei ergibt sie interessante (auch edelsüße) Weine, vor allem in Franken und im Remstal. Auch barriqueausgebaut immer wieder interessante Ergebnisse.

Kernling ... Mutation des → Kerner mit rötlicher Beerenhaut. In verschiedenen Anbaugebieten gelegentlich zu finden, z.B. beim Thüringer Weingut Bad Sulza.

Klingelberger ... in der Ortenau übliche Bezeichnung für den → Riesling.

Lagrein ... wichtige Rebsorte in Südtirol, die gerbstoffreiche Weine ergibt. Versuchsweise schon länger bei einigen deutschen Weingütern zu finden, inzwischen auch reinsortige Weine (z.B. Karlheinz Keller, Egon Schmitt, Bergdolt Reif & Nett).

Lemberger . . . auch: **Blaufränkisch**, Blauer Limberger. Die im Burgenland als Blaufränkisch bekannte Rebsorte ist vor allem in Württemberg und im nördlichen Baden (Kraichgau, Badische Bergstraße, z.B. Seeger, Hummel, Burg Ravensburg) von Bedeutung, wo sie recht körperreiche, dichte Rotweine ergibt. Vereinzelt inzwischen auch in anderen deutschen Anbaugebieten zu finden, so in der Pfalz (Knipser, Kuhn), in Rheinhessen (Knobloch), am Kaiserstuhl (Fischer) und in Franken (Roth). Die größten Anbauflächen liegen in Ungarn, Österreich, Slowenien und Tschechien. Auch als Cuvéepartner interessant, wie viele Winzer im Burgenland unter Beweis stellen (dort oft Cuvées mit Zweigelt oder Cabernet Sauvignon). Auch in Württemberg gibt es einige wenige Cuvées, z.B. den Ypsilon von Haidle (Lemberger mit Zweigelt und Acolon). Gelegentlich auch als edelsüßer Weißherbst zu finden.

Léon Millot . . . pilzresistente Züchtung von 1911 aus Colmar. Gilt als Hybride und darf nur als Tafelwein vermarktet werden, z.B. bei Stutz.

Malbec . . . die aus Südfwestfrankreich (z.B. Madiran) bekannte Rebsorte, der Star in Argentinien, ist im Versuchsanbau auch in Deutschland zu finden, z.B. bei Peth-Wetz.

Maréchal Foch . . . wie Léon Millet eine pilzresistente Züchtung von 1911 aus Colmar. Gilt als Hybride und darf nur als Tafelwein vermarktet werden.

Mariensteiner . . . Würzburger Neuzüchtung aus Silvaner und Rieslaner, ist heute nur noch ganz selten in Franken oder Rheinhessen zu finden.

Merlot . . . ist derzeit überall auf der Welt sehr beliebt. Auch in Deutschland bauen viele Winzer inzwischen Merlot an, vor allem in der Pfalz und in Rheinhessen. 430 Hektar inzwischen, in allen deutschen Anbaugebieten immer öfter zu finden. Sehr beliebt derzeit im Remstal, wo erste sehr überzeugende Weine entstanden sind (z.B. bei Aldinger, Klopfer, Schnaitmann, Zimmerle). Immer überzeugend auch beim Zehnthof (Franken), bei Groh (Rheinhessen), relativ neu als Spitzencuvée von Graf Neipperg (S.E.). Wird sicherlich in den nächsten Jahren noch stark zulegen. International oft nach Vorbild von Bordeaux in Cuvées mit → Cabernet Sauvignon und/oder → Cabernet Franc genutzt (in Deutschland z.B. die Cuvée X von Knipser).

Merzling... Merzling ist eine pilzresistente Weißweinzüchtung (aus dem Jahr 1960) aus Freiburg, die vereinzelt in Baden, aber auch in der Pfalz, in Franken und in Rheinhessen zu finden ist.

Monarch . . . pilzresistente Neuzüchtung aus Freiburg (aus Solaris und Dornfelder).

Morio Muskat... einst wegen ihrer Muskatnoten beliebte Neuzüchtung aus Silvaner und Weißburgunder (nach ihrem Züchter Peter Morio benannt) hat in den letzten Jahren stark im Anbau abgenommen. Die Weine zeichnen sich durch ihr ausgeprägtes Muskatbouquet aus. Heute gibt es noch 600 Hektar, vor allem in Rheinhessen (Huff), Pfalz, Franken (Baldauf) und an der Mosel.

Müllerrebe... siehe → Schwarzriesling

Müller-Thurgau . . . immer öfter auch: Rivaner. Lange Jahre die am meisten verbreitete Rebsorte in Deutschland, ist Müller-Thurgau seit einigen Jahren stark rückläufig. Mit 13.000 Hektar liegt sie immer noch an Nummer 2 in der Rebsortenstatistik. In vielen Regionen wird sie heute auch in Cuvées verwendet oder als „Rivaner" bezeichnet. Nur in Franken pflegt man „den Müller" als regionale Sorte und von dort kommen auch die interessantesten Weine. Je nach Bodentyp fallen die Weine sehr unterschiedlich aus, gelegentlich weisen sie eine dezente Muskatnote im Bouquet auf, manchmal erinnern sie auch ein wenig an Aprikosen. Auch für edelsüße Weine gut geeignet.

Muscaris . . . pilzresistente Neuzüchtung aus Freiburg, gekreuzt aus Solaris und Muskateller, mit deutlicher Muskatnote, gelegentlich reinsortig zu finden, auch edelsüß.

Muskateller... siehe → Gelber Muskateller.

Muskat-Lemberger . . . neuer Name: → Wildmuskat. Faszinierende Lemberger-Variante mit deutlicher Muskatnote, nur beim Amalienhof in Württemberg zu finden. Erbringt hohe Mostgewichte (regelmäßig im Auslesebereich) und erscheint mir trocken ausgebaut (auch im Barrique) besonders interessant.

Muskat Ottonel... wegen der Schwierigkeiten im Anbau spielt Muskat-Ottonel nur eine Außenseiterrolle und hat nicht die Bedeutung des → Gelben Muskatellers. Am ehesten findet man ihn im Markgräflerland (z.B. Lämmlin-Schindler), selten einmal am Kaiserstuhl, an der Nahe, in Rheinhessen oder in der Pfalz.

Muskatsylvaner ... früher vor allem in der Steiermark genutzter Name für → Sauvignon Blanc, gelegentlich auch auf deutschen Etiketten zu finden, z.B. bei Schloss Sommerhausen.

Muskattrollinger ... eine Spielart des → Trollinger. Zeichnet sich – wie der Name sagt – durch eine ausgeprägte Muskatnote aus; gleichzeitig erinnert die Frucht an Trollinger (oft deutliche Kirschnote). Er wird derzeit wieder häufiger in Württemberg angebaut und ergibt meist leichte, säurebetonte Rotweine, auch als Sekt interessant, zeigt gelegentlich aber auch Kraft und Statur, z.B. bei Adelmann, Kistenmacher-Hengerer.

Nebbiolo ... Rotweinsorte aus Piemont, bisher nur einzelne Reben im Versuchsanbau in Deutschland, z.B. in der Pfalz (beim Weingut Brenneis-Koch) und in Baden.

Neronet ... tschechische Neuzüchtung, vor allem in Tschechien zu finden, gelegentlich in Deutschland (z.B. Welker-Emmerich).

Nobling ... Freiburger Neuzüchtung aus Silvaner und Gutedel, ist außerhalb des Markgräflerlandes kaum zu finden. Dort ist Nobling weit verbreitet. Nobling ergibt meist recht neutrale Weine (Ausnahme z.B. bei Frick, teils mit burgunderartiger Fülle) und wird auch zur Sektbereitung genutzt. Immer überzeugend: Der Sekt von Dörflinger, auch der von Frick.

Optima ... Neuzüchtung, wird wegen ihrer frühen Reife oft für Federweißer genutzt. Als Wein findet man sie meist süß oder edelsüß ausgebaut, z.B. bei Karlheinz Schneider an der Nahe oder Bunzelt in Franken.

Orion ... Neuzüchtung vom Geilweilerhof, gekreuzt in den sechziger Jahren aus Optima und Villard Blanc, pilzresistent.

Ortega ... einst in allen deutschen Anbaugebieten beliebt, findet man sie heute immer seltener, meist edelsüß ausgebaut. Dabei gibt es in Deutschland noch 650 Hektar Weinberge mit Ortega. Weist oft deutliche Zitrusfruchtnoten (Grapefruit, auch Orangenschalen) auf. Kann exzellente edelsüße Weine ergeben, mit Säure und Spiel. Vor allem in Rheinhessen (z.B. Scherner-Kleinhanss, Bischel, Wagner), in der Pfalz (Frey, Hagenbuch), an der Mosel (Bauer) und in Franken (Baldauf, Clemens Fröhlich).

Osteiner ... Geisenheimer Neuzüchtung, gekreuzt in den zwanziger Jahren aus Riesling und Silvaner, einige wenige Hektar in verschiedenen deutschen Anbaugebieten.

Palas ... eine der sechs Weinsberger Rotweinzüchtungen, die 1999 der Öffentlichkeit vorgestellt wurden, weniger erfolgreich als die anderen. Diese Kreuzung aus Trollinger und der Rubintraube (Mutation des Schwarzrieslings) ergibt farbintensive Rotweine.

Perle ... die in den zwanziger Jahren aus Gewürztraminer und Müller-Thurgau gekreuzte Rebsorte konnte sich nach anfänglichen Anbauerfolgen in verschiedenen Regionen (insbesondere Franken) nicht durchsetzen und ist heute nur noch selten zu finden (etwa 40 Hektar), vor allem in Rheinhessen und Franken.

Petit Verdot ... rote, spätreifende Sorte aus Bordeaux, die dort nur eine untergeordnete Rolle in Cuvées spielt. Geringe Anpflanzungen versuchsweise in Deutschland (Aldinger, Peth-Wetz). Inzwischen weltweit zu finden, vor allem in Australien (relativ viele reinsortige Weine), aber auch in Spanien, Italien, Südafrika, Chile, Argentinien und Kalifornien, eigentlich überall dort, wo man „Bordeaux Blends" erzeugt.

Phoenix ... pilzresistente Neuzüchtung vom Geilweilerhof (Kreuzung aus Bacchus und Seyve Villard 12-375), die Weißweine mit dezentem Muskataroma ergibt. Seit 1994 für Rheinland-Pfalz und Saarland als erste pilzresistente Rebsorte klassifiziert.

Pinotage ... Südafrikanische Neuzüchtung aus Cinsault (damals in Südafrika gelegentlich Hermitage genannt) und Pinot Noir, in Südafrika weit verbreitet: Inzwischen versuchsweise auch in Deutschland angebaut, beim Staatsweingut Weinsberg, auch in der Pfalz.

Pinotin ... Schweizer Neuzüchtung aus Pinot Noir, pilzresistent, gelegentlich auch sortenrein zu finden (z.B. Thüringer Weingut Bad Sulza), mit interessanten Ergebnissen.

Pinot Blanc ... internationale Bezeichnung für → Weißer Burgunder, inzwischen hin und wieder auf deutschen Etiketten zu finden (schon lange bei Koehler-Ruprecht).

Pinot Grigio ... italienische Bezeichnung für → Grauer Burgunder, einige Male auch auf deutschen Etiketten zu finden.

Pinot Gris ... internationale Bezeichnung für → Grauer Burgunder, ab und an auf deutschen Etiketten zu finden (z.B. bei Koehler-Ruprecht).

Pinot Madeleine ... in Frankreich übliche Bezeichnung für → Frühburgunder, heute gelegentlich auf deutschen Etiketten zu finden.

Pinot Meunier ... internationale Bezeichnung für → Schwarzriesling, heute immer öfter auch auf deutschen Etiketten zu finden.

Pinot Noir ... internationale Bezeichnung für → Spätburgunder, heute immer öfter auch auf deutschen Etiketten zu finden.

Pinot Noir Précoce ... gelegentlich benutzte Bezeichnung für → Frühburgunder.

Portugieser ... auch: **Blauer Portugieser**. Lange Jahre war Portugieser im Anbau rückläufig, weil er zu farbschwache Rotweine ergibt. Mit dem allgemeinen Rotweinboom steigt auch wieder die Anbaufläche von Portugieser (4.500 Hektar). Vor allem in Rheinhessen und der Pfalz ist er verbreitet, aber auch in anderen deutschen Weinbauregionen ist er zu finden. Einige Winzer zeigen, dass bei Ertragsbeschränkung sehr interessante Rotweine möglich sind. Recht wenig genutzt wird noch das Potential der Rebsorte für Rosés. Auch barriqueausgebaute Portugieser können recht interessant sein (z.B. bei Keth, Gallé in Rheinhessen, Schneider, Langenwalter in der Pfalz). Außer in Deutschland ist Portugieser insbesondere im Donauraum verbreitet, vor allem in Ungarn, Kroatien, Slowenien und Österreich.

Primera . . . pilzresistente Rebsorte aus Geisenheim, die einen recht neutralen Wein ergibt.

Prinzipal . . . pilzresistente Neuzüchtung, bisher ganz selten anzutreffen (am ehesten in Rheinhessen). Die wenigen von uns bisher verkosteten Weine fielen durch – eher unangenehme – blumig-duftige Noten im Bouquet auf.

Prior . . . pilzresistente Neuzüchtung aus Freiburg, bei einigen Ökoweingütern im Anbau, ist uns bisher aber noch nicht reinsortig begegnet.

Reberger . . . pilztolerante Neuzüchtung des Geilweilerhofes aus Regent und Lemberger, seit kurzem gelegentlich auch reinsortig zu finden.

Regent . . . Pilzresistente Sorte, die sich in allen Anbaugebieten steigender Beliebtheit erfreut, nicht nur bei Ökowinzern, über 2.000 Hektar inzwischen. Liegt heute bei Neuanpflanzungen an erster Stelle, noch vor Dornfelder. Vom Geilweilerhof aus Diana (Geilweilerhof-Züchtung aus Silvaner und Müller-Thurgau) und Chambourcin gekreuzt. Einigen wenigen sehr guten Weinen (meist barriqueausgebaut), die wir in den letzten Jahren probieren konnte, z.B. Heid, Siglinger und Jürgen Ellwanger in Württemberg, Schmitt in der Pfalz, Kühn, Walter und Felshof in Franken, WG Auggen und Winter in Baden, stehen viele allzu einfache, manchmal aufdringlich duftige Weine gegenüber.

Regner . . . in den zwanziger Jahren in Alzey gezüchtet. Ergibt weiche etwas säurearme Weine mit ganz leichter Muskatnote. Der Großteil der heute etwa 50 Hektar steht in Rheinhessen. Die Weine zeigen eine dem Müller-Thurgau ähnliche dezente Muskatnote. Recht selten reinsortig zu finden (z.B. bei Georg Jung).

Reichensteiner . . . Geisenheimer Neuzüchtung aus den dreißiger Jahren. Gut 100 Hektar noch im Anbau (Tendenz weiter abnehmend), vor allem in Rheinhessen, aber auch an der Mosel.

Rieslaner . . . die in den zwanziger Jahren in Würzburg aus Silvaner und Riesling gekreuzte Sorte hat sich als Spezialität in Franken etabliert, vor allem für süße und edelsüße Weine. Auch in der Pfalz (z.B. bei Pfeffingen, Müller-Catoir, Schaefer, Kuhn) und in Rheinhessen (z.B. bei Klaus Keller) erfreut sie sich zunehmender Beliebtheit und gehört so zu den ganz wenigen Weißweinsorten, deren Anbaufläche derzeit in Deutschland zunimmt. Auch trocken manchmal sehr gut, interessanter aber edelsüß, wo Rieslaner große Weine erbringen kann.

Riesling . . . auch: **Weißer Riesling**, **Klingelberger** (in der Ortenau). Riesling ist seit einigen Jahren die meistangebaute Rebsorte in Deutschland. Grund hierfür ist der starke Rückgang bei der bisherigen Nummer Eins, dem Müller-Thurgau. Denn Riesling selbst ist im Anbau leicht rückläufig. Riesling kann von trocken bis edelsüß exzellente Weine ergeben. Außerhalb Deutschlands gibt es nennenswerten Rieslinganbau im Elsass, in Österreich, in Norditalien (Riesling Renano, nicht zu verwechseln mit Riesling Italico, dem Welschriesling), in Neuseeland und Australien.

Rivaner . . . siehe → Müller-Thurgau.

Rondo ... pilzresistente Neuzüchtung, in den sechziger Jahren in der ehemaligen Tschechoslowakei aus St. Laurent und Zarya Severa (eine asiatische Rebe) gezüchtet. Wird heute in Geisenheim betreut und vor allem in Rheinhessen (Schönhals) bei einer Reihe von Winzern angebaut.

Rosenmuskateller ... in Italien: Moscato Rosa. Vor allem in Südtirol gelegentlich anzutreffende Sorte. In Rheinhessen beim Weingut Jean Buscher.

Rotberger ... in den zwanziger Jahren in Geisenheim aus Trollinger und Riesling gezüchtet, ist er vor allem an der Hessischen Bergstraße, im Rheingau und an der Ahr zu finden. Er ergibt recht hellrote Weine (Rosés), ähnlich dem Trollinger, und wird auch als Sekt ausgebaut. Reinsortig z.B. bei Schlossgut Schmitt oder Birkert.

Roter Elbling ... nach dem deutschen Weingesetz als Weißwein klassifiziert, obwohl eher als Rosé anzusehen. Der Unterschied zum Weißen → Elbling liegt in der Verfärbung der Beeren. Die Mostgewichte sind ein klein wenig höher, die Säure ist ein klein wenig niedriger. Der Rote Elbling ist eine Spezialität der Obermosel.

Roter Gutedel ... Mutation des Weißen → Gutedel, die in der deutschen Sortenliste als Weißwein geführt wird. Der Wein gleicht dem Weißen Gutedel, bei geringfügig niedrigerer Säure.

Roter Muskateller ... Mutation des → Gelben Muskatellers, mit dunkleren Beeren. Recht selten anzutreffen.

Roter Riesling ... Variante des Weißen → Riesling, dessen Beeren sich rotviolett verfärben. Bis ins 19. Jahrhundert in Deutschland im gemischten Anbau anzutreffen, seit 1996 von der Forschungsanstalt Geisenheim wieder betreut (z.B. bei Corvers-Kauter, Prinz, Bernhard Ellwanger).

Roter Traminer ... auch Clevner (Ortenau). Spielart des → Gewürztraminers, die vor allem in der Ortenau und in der Steiermark zu finden ist. Immer interessant sind die Weine von Andreas Laible.

Rubinet ... tschechische Neuzüchtung, vor allem in Tschechien zu finden, gelegentlich in Deutschland (in Cuvées).

Ruländer ... früher übliche Bezeichnung für → Grauer Burgunder, noch heute gelegentlich auf Etiketten zu finden, vor allem für restsüße Weine.

Saint Laurent ... siehe → Sankt Laurent.

Samtrot ... wohl eine Mutation aus dem → Schwarzriesling, der vor allem in der Gegend um Heilbronn, aber auch im Remstal anzutreffen ist. Im Geschmack deutliche Verwandtschaft mit Spätburgunder und Schwarzriesling. Starke Weine z.B. von Wachtstetter, Zimmerle, Schnaitmann, Aldinger, Dautel, Kistenmacher-Hengerer, Weingärtner Bad Cannstatt oder Sonnenhof.

Sangiovese ... wichtigste rote Sorte in der Toskana. Wird versuchsweise auch in Deutschland angebaut, manchmal reinsortig bei Philipp Kuhn.

Sankt Laurent ... auch: **Saint Laurent**. Eine ursprünglich fast ausschließlich in der Südpfalz anzutreffende Sorte (ganz stark bei Bernhart, Jülg, Heiner Sauer), die inzwischen auch im Norden der Pfalz (Knipser, Kuhn, Castel Peter, Corbet, Eymann, Pfleger) und in Rheinhessen immer häufiger anzutreffen ist. Kleine Flächen auch in anderen deutschen Anbaugebieten, z.B. Kraichgau (Klumpp), Franken (Kühn), Württemberg (Heid, Weingut der Stadt Stuttgart), Nahe (Montigny, Closheim), Hessische Bergstraße (Rothweiler, Bergsträsser Winzer) oder Kaiserstuhl (Fischer). Sie ergibt eigenständige Rotweine mit guter Substanz und eindringlicher Frucht, teils mit fleischigen Noten. In Zukunft sicherlich interessant auch für Cuvées (wie schon lange im Philipp L von Lergenmüller, inzwischen im Black Print von Schneider, als Juniorpartner auch im Steinsatz von Schneider). Im Burgenland weit verbreitet, auch in einigen osteuropäischen Ländern im Anbau.

Saphira . . . pilzresistente Weißweinneuzüchtung aus Geisenheim, die man bei einigen rheinhessischen Winzern (z.B. Schönhals) im Anbau findet. Aus Arnsburger (Kreuzung aus zwei Rieslingklonen) und Seyve Villard (Klon 1-72) gekreuzt. Im Bouquet sind die Weine eigenwillig blumig, im Mund dann recht neutral.

Sauvignon Blanc . . . Rebsorte von der Loire und aus Bordeaux, die weltweit verbreitet ist. In Deutschland seit 1830 beim Weingut Graf Wolff Metternich in Durbach angebaut. Heute immer häufiger in Deutschland zu finden (über 500 Hektar), insbesondere in Baden (Ortenau, Kaiserstuhl, Bodensee), der Pfalz und in Rheinhessen; auch im Remstal erfreut sie sich steigender Beliebtheit (wo sie – angeblich – schon früher unter ihrem auch in der Steiermark verwendeten Namen Muskat-Sylvaner angebaut wurde). Ganz faszinierend bei Schnaitmann, Aldinger, Wöhrwag, beiden Ellwangers, Heid, Drautz-Able, Beurer; sehr gut auch bei Knipser, Kuhn, von Winning, Zeter oder Weik. Leider allzu häufig bisher entweder recht neutrale oder aber blumige und süße (restsüße) Weine.

Sauvignon Gris . . . Spielart des Sauvignon Blanc, z.B. bei Knipser, Schloss Ortenberg.

Scheurebe . . . auch als Sämling 88 (in Österreich) bezeichnet. Zeichnet sich oft durch ihr Bouquet von schwarzen Johannisbeeren, auch Holunder und etwas Grapefruit aus. Für alle Weintypen geeignet, von trocken (Franken!, z.B. bei Ruck, Wirsching, Felshof, Knoll; aber auch bei Laible in der Ortenau, bei Schlumberger im Markgräflerland) bis edelsüß (Keller, Laible). Ganz brillant oft als Eiswein (z.B. bei Pfeffingen). In ganz Deutschland verbreitet, mit noch 1.700 Hektar.

Schönburger . . . vor allem in Rheinhessen gelegentlich anzutreffende Sorte, die im Bouquet ganz dezent an Muskat oder Traminer erinnert. Sie wurde in den dreißiger Jahren in Geisenheim gezüchtet.

Schwarzriesling . . . seltener auch: **Müllerrebe**. Der „Pinot Meunier" der Champagne wird in Deutschland vor allem in Württemberg, im Kraichgau (z.B. bei Hummel) und an der Badischen Bergstraße (Seeger) angebaut, auf insgesamt 2.400 Hektar. Auch in der Pfalz, in Rheinhessen und in Franken ist er immer häufiger zu finden. Schwarzriesling eignet sich auch sehr gut zur Sektherstellung.

Septimer . . . in den zwanziger Jahren in Alzey aus Gewürztraminer und Müller-

Thurgau gekreuzt. Heute kaum noch zu finden.

Shiraz ... siehe → Syrah.

Siegerrebe ... vor allem in Rheinhessen verbreitete Rebsorte, die ganz exzellente edelsüße Weine ergeben kann, z.B. bei Neef-Emmich oder Knobloch in Rheinhessen. Recht würzig im Bouquet, trocken ausgebaut wenig interessant.

Silcher ... in den fünfziger Jahren in Weinsberg aus Kerner und Silvaner gezüchtet, benannt nach dem Komponisten Friedrich Silcher. Vereinzelt in Württemberg und Baden zu finden (Versuchsanbau).

Silvaner ... auch: **Grüner Silvaner** oder **Sylvaner**. Silvaner, früher auch als „Franken" oder „Österreicher" bezeichnet, verdrängte im 19. Jahrhundert den dominierenden Elbling aus den Weinbergen und war bis in die sechziger Jahre des 20. Jahrhunderts die wichtigste Rebsorte in Deutschland. In allen deutschen Anbaugebieten zu finden, mit Schwerpunkten in Rheinhessen („RS-Rheinhessen-Silvaner"), Franken, Pfalz und am Kaiserstuhl. Je nach Boden sehr verschieden im Geschmack, ergibt Silvaner sehr gute Tischweine und teils brillante edelsüße Weine (Franken, vor allem bei Horst Sauer, auch Schloss Schönborn, immer öfter auch in Rheinhessen). Außerhalb Deutschlands findet man Silvaner z.B. im Elsass, in der Schweiz, in Österreich, in Südtirol (Eisacktal), sowie in den meisten osteuropäischen Weinbauländern.

Sirius ... Neuzüchtung vom Geilweilerhof, aus Bacchus und Villard Blanc, pilzresistent.

Solaris ... Neuzüchtung aus Freiburg, pilzresistent. Auch als Tafeltraube geeignet, zeichnet sich durch frühe Reife und hohe Mostgewichte aus. Bei einigen badischen Winzern im Anbau, reinsortig z.B. bei Schindler oder Engelhof, an der Mosel bei Ollinger-Gelz, in Sachsen beim weingut Drei Herren.

Souvignier Gris ... pilzresistente Neuzüchtung aus Freiburg, gekreuzt aus Cabernet Sauvignon und Bronner.

Spätburgunder ... auch: **Blauer Spätburgunder**, **Pinot Noir**, Blauburgunder. Die meistangebaute deutsche Rotweinsorte (12.000 Hektar). Ist in Baden und an der Ahr die Nummer 1 und in allen deutschen Anbaugebieten zu finden. Sehr bekannt ist der Spätburgunder aus Assmannshausen im Rheingau. Auch die Spätburgunder in der Pfalz bringen Jahr für Jahr überzeugende Ergebnisse, ebenso in Württemberg und in Franken (z.B. bei Fürst). Viele Spitzenweine kommen derzeit aus Baden. Noch zu wenig genutzt wird in Deutschland das Potential von Pinot Noir (eine der drei für die Erzeugung von Champagner genutzten Rebsorten) für Sekt. Sehr beliebt in Deutschland derzeit als „Blanc de Noir", das heißt weißgekeltert (was vielleicht daran liegt, dass man allzu viele Weinfreunde unter der Bezeichnung Weißherbst mit Abfallprodukten malträtiert hat).

Staufer ... pilzresistente Neuzüchtung vom Geilweilerhof aus Bacchus und Villard Blanc, bei einigen ökologisch arbeitenden Betrieben im Anbau.

Sylvaner ... in letzter Zeit häufiger anzutreffende Schreibweise für → Silvaner.

Syrah . . . gelegentlich auch: **Shiraz**. Rhone-Sorte, die schon lange in Übersee für Furore sorgt und in den letzten Jahren versuchsweise auch bei deutschen Winzern zu finden ist (vor allem in der Pfalz, z.B. bei Knipser – mit immer überzeugenden Weinen, bei Stortz-Nicolaus, Brenneis-Koch, Neiss, Stachel). Wird inzwischen auch in Württemberg (z.B. Jürgen Ellwanger, Bernhard Ellwanger, Schnaitmann, Wachtstetter, Funk), Rheinhessen (z.B. Kühling-Gillot) oder Baden (z.B. Fritz Waßmer, Hermann, Martin Waßmer) angebaut.

Tauberschwarz ... früher auch als Blauer Hängling bekannt. Alte Rotweinsorte, die fast ganz verschwunden war, bevor sie wieder züchterisch betreut wurde. Sie ist ausschließlich im Taubertal zu finden, wo sie heute als Spezialität wieder häufiger angebaut wird (14 Hektar), z.B. bei Hofmann in Röttingen, wo man auch erstmals Tauberschwarz im Barrique ausgebaut hat, auch bei Benz in Beckstein. Sie ergibt leichte, recht helle Rotweine mit feinem Duft, bei Ertragsreduzierung sind kräftigere Weine möglich. Gelegentlich auch in Tschechien und Kroatien zu finden.

Tempranillo . . . die bekannte spanische Rotweinsorte findet sich in der Pfalz im Versuchsanbau. Reinsortiger Tempranillo z.B. beim Weingut Jürgen Leiner in der Südpfalz.

Trollinger . . . in Südtirol als Vernatsch (oder Schiava) in mehreren Spielarten bekannt, spielt Trollinger in Deutschland nur in Württemberg eine wichtige Rolle, wo er die meistangebaute Rebsorte ist. Ganz selten einmal in der Südpfalz anzutreffen. Manche Erzeuger versuchen heute weichere, sanftere Weine zu erzeugen (durch malolaktische Gärung). Ich persönlich sehe das Potenzial von Trollinger vor allem darin „internationale Roséweine" zu erzeugen, d.h. nicht die traditionellen Trollinger Weißherbste, sondern frucht- und farbintensivere Rosés, die mit typischem, feinen Kirschenduft bezaubern. Interessant auch als Sekt.

Urban ... Blauer Urban. Alte Rebsorte, die wohl aus Süddeutschland oder Südtirol stammt, verwandt mit dem → Trollinger. Früher weit verbreitet, meist im Mischsatz angebaut. Reinsortig beim Weingut Adelmann.

Weißer Burgunder auch **Weißburgunder**, international als Pinot Blanc bezeichnet. Derzeit die weiße „In-Sorte" in Deutschland mit den stärksten Zuwachsraten von allen Weißweinsorten. In allen Anbaugebieten im Vormarsch mit zunehmend interessanteren Weinen, auch barriqueausgebaut, aus vielen Anbauregionen. Die meisten Topweine kommen derzeit vom Kaiserstuhl, aber auch sonst in Baden sehr gute Ergebnisse, wie z.B. im Markgräflerland. Immer besser werden auch Weißburgunder aus der Südpfalz und aus Franken. Außerhalb Deutschlands vor allem im Elsass und in Norditalien (Südtirol, Trentino, Friaul, Franciacorta) zu finden, aber auch in Österreich und den meisten osteuropäischen Anbaugebieten.

Weißer Gutedel ... siehe → Gutedel.

Weißer Riesling ... siehe → Riesling.

Wildmuskat . . . von Gerhard Strecker (Weingut Amalienhof, Württemberg) nach Aussaat von 200.000 Lemberger-Kernen über Jahre hinweg selektioniert. Der erste

Wein kam 1991 in den Verkauf, unter dem Namen → Muskat-Lemberger. Da dieser Name vom Bundessortenamt abgelehnt wurde, kommt der Wein seit 2003 als Wildmuskat auf den Markt. Hohe Mostgewichte und Extrakte sind typisch für den Wildmuskat, ebenso die deutliche, namensgebende Muskatnote. Der Amaliehof bietet Jahr für Jahr sehr interessante Weine an, trocken wie restsüß. Unser Favorit: Barriqueausgebauter Wildmuskat!

Würzer ... in den dreißiger Jahren in Alzey aus Gewürztraminer und Müller-Thurgau gekreuzt. Vor allem in Rheinhessen noch zu finden, mit feinem Bouquet, das manchmal etwas an Muskat, ein anderes Mal wieder mehr an Traminer erinnert. Gutes Potential für edelsüße Weine. In Franken bis vor kurzem noch beim Weingut Schmitt's Kinder in Randersacker, auch an der Nahe (Haas, Sitzius) zu finden.

Zähringer . . . Freiburger Kreuzung aus Traminer und Riesling. Hat sich nicht durchgesetzt und ist heute so gut wie gar nicht mehr zu finden.

Zweigelt ... auch: **Zweigeltrebe**, **Blauer Zweigelt**. In den zwanziger Jahren in Klosterneuburg in Österreich aus Blaufränkisch und Sankt Laurent gekreuzt. Erfolgreichste Neuzüchtung in Österreich, wo sie vor allem im Burgenland angebaut wird. Immer häufiger auch in Ungarn zu finden. In Deutschland vor allem bei einzelnen Winzern in Württemberg (insbesondere im Remstal) im Anbau, wo sie sowohl reinsortig als auch in Cuvées sehr interessante Weine ergibt (z.B. bei Haidle, Jürgen Ellwanger oder Zimmerle). Auch im Anbaugebiet Saale-Unstrut zu finden mit immer besser werdenden Weinen, z.B. bei Gussek.

Verzeichnis der Orte

Verzeichnis der Orte

Z